Weil, Gotshal & Manges LLP
Maximilianshöfe 4. OG
Maximilianstr. 13
80539 München
Tel. 089-24243-0 Fax 089-24243-399

ausbezier
asy 31.03.2025

D1748810

Mehrbrey
Handbuch Gesellschaftsrechtliche Streitigkeiten
Corporate Litigation

Mehrbrey

Handbuch Gesellschaftsrechtliche Streitigkeiten

Corporate Litigation

Herausgegeben von

Dr. Kim Lars Mehrbrey
Rechtsanwalt und Solicitor (England & Wales), Hogan Lovells International LLP, Düsseldorf

2. überarbeitete und erweiterte Auflage

Carl Heymanns Verlag 2015

Zitiervorschlag: Mehrbrey/*Bearbeiter*, Gesellschaftsrechtliche Streitigkeiten, § Rn.

Bibliografische Information der Deutschen Nationalbibliothek

Die Deutsche Nationalbibliothek verzeichnet diese Publikation in der Deutschen Nationalbibliografie; detaillierte bibliografische Daten sind im Internet über http://dnb.d-nb.de abrufbar.

ISBN 978-3-452-28270-5

www.wolterskluwer.de
www.carl-heymanns.de

Alle Rechte vorbehalten.

© 2015 Wolters Kluwer Deutschland GmbH, Luxemburger Straße 449, 50939 Köln.
Carl Heymanns eine Marke von Wolters Kluwer Deutschland GmbH.

Das Werk einschließlich aller seiner Teile ist urheberrechtlich geschützt. Jede Verwertung außerhalb der engen Grenzen des Urheberrechtsgesetzes ist ohne Zustimmung des Verlages unzulässig und strafbar. Das gilt insbesondere für Vervielfältigungen, Übersetzungen, Mikroverfilmungen und die Einspeicherung und Verarbeitung in elektronischen Systemen.

Verlag, Herausgeber und Autoren übernehmen keine Haftung für inhaltliche oder drucktechnische Fehler.

Umschlaggestaltung: Martina Busch, Grafikdesign, Homburg Kirrberg

Satz: Satz-Offizin Hümmer GmbH, Waldbüttelbrunn

Druck: Williams Lea & Tag GmbH, München

Gedruckt auf säurefreiem, alterungsbeständigem und chlorfreiem Papier.

Vorwort zur 2. Auflage

Einzelne Gesetzesänderungen, eine Flut aktueller Urteile sowie eine Vielzahl von neuen Veröffentlichungen zu gesellschaftsrechtlichen Streitigkeiten haben eine rasche Neuauflage des Werks erforderlich gemacht. Die sehr freundliche Aufnahme der ersten Auflage war Autoren, dem Verlag und dem Herausgeber nicht nur eine große Freude, sondern zugleich auch Ansporn und Verpflichtung, die Überarbeitung nicht allein darauf zu beschränken, die Ausführungen auf den aktuellen Stand von Rechtsprechung und Literatur zu bringen. Vielmehr gab die Überarbeitung Gelegenheit dazu, weitere Kapitel zu praxisrelevanten Teilbereichen gesellschaftsrechtlicher Streitigkeiten neu in das Werk aufzunehmen, bereits bestehende Kapitel auszuweiten und abzurunden sowie die Querverbindungen zwischen den einzelnen Kapiteln zu stärken. Dies hat dazu geführt, dass sowohl der Umfang des Werkes als auch die Anzahl der Autoren weiter zugenommen haben.

Mein herzlicher Dank gilt allen Autoren, die ihre Beiträge neben ihrer hohen Arbeitsbelastung mit viel Geduld und Akribie aktualisiert und um wichtige neue Aspekte ergänzt haben. Ferner danke ich dem Verlag für die hervorragende Zusammenarbeit sowie all den fleißigen ungenannten Helfern, ohne die eine Neuauflage nicht möglich gewesen wäre.

Wie immer freue ich mich über Anregungen, Lob und Kritik (kim.mehrbrey@hoganlovells.com).

Düsseldorf, im Juni 2015   Kim Mehrbrey

Vorwort

Anlass zu diesem Buch war ein empfundener Mangel. Während meiner täglichen Arbeit im Zusammenhang mit gesellschaftsrechtlichen Streitigkeiten vermisste ich eine zusammenfassende Darstellung dieses in der Praxis sehr bedeutenden Querschnittsbereichs. Die Idee, ein solches Werk selbst zu konzipieren, nahm immer konkretere Formen an, bis sie schließlich in das vorliegende Handbuch mündete, das sich zum Ziel gesetzt hat, die praktisch bedeutenden Streitigkeiten aller wesentlichen Gesellschaftsformen darzustellen.

Ich hatte das große Glück, für alle Bereiche Autoren mit hervorragender Expertise zu finden, die zusätzlich zu ihrer erheblichen beruflichen Belastung mit großer Aufopferung ihre Beiträge erstellt und dieses Werk erst möglich gemacht haben. Ihnen allen gilt mein herzlicher Dank. Ebenfalls habe ich dem Verlag zu danken, der das Projekt mit großer Verlässlichkeit und Freundlichkeit begleitet hat.

An der Erstellung eines solchen Buches sind so viele helfende Hände beteiligt, dass ein Dank an Einzelne notwendigerweise den Einsatz anderer unzureichend würdigen würde. An dieser Stelle sei daher – auch stellvertretend für alle Autoren – all den Sekretariatskräften, wissenschaftlichen und studentischen Mitarbeitern gedankt, die mit unermüdlichem Einsatz an der Erstellung dieses Werks mitgewirkt haben.

Kein Buch ist frei von Fehlern und auch dieses wird keine Ausnahme sein. Für Anregungen, Lob und Kritik wäre ich daher auch im Namen der Autoren dankbar (kim.mehrbrey@hoganlovells.com).

Düsseldorf, im Oktober 2012   Kim Mehrbrey

Bearbeiterverzeichnis

Wendelin Acker
Rechtsanwalt, AGS Legal, Frankfurt

Dr. Ingrid Andres
Rechtsanwältin, Hogan Lovells International LLP, Frankfurt

Dr. Sebastian Baur
Rechtsanwalt, Hogan Lovells International LLP, München

Dr. Tobias Böckmann, LL.M.
Rechtsanwalt, Hogan Lovells International LLP, Düsseldorf

Florian Bortfeldt
Rechtsanwalt, Hogan Lovells International LLP, München

Dr. Wolf Bussian, LL.M.
Rechtsanwalt, Allen & Overy LLP, Frankfurt

Andreas Ege
Rechtsanwalt, Altenburg, Fachanwälte für Arbeitsrecht, München

Dr. Olaf Gärtner
Rechtsanwalt, Dipl.-Kaufmann, Hogan Lovells International LLP, München

Andreas Gossen
Rechtsanwalt, Hogan Lovells International LLP, Düsseldorf

Sebastian Gräler
Wissenschaftlicher Mitarbeiter, Hogan Lovells International LLP, Düsseldorf

Dr. Karl von Hase
Rechtsanwalt, Fachanwalt für Handels- und Gesellschaftsrecht, Luther Rechtsanwaltsgesellschaft mbH, Düsseldorf

Dr. Detlef Haß
Rechtsanwalt, Hogan Lovells International LLP, München

Johannes Hieronymi
Rechtsanwalt, Morrison & Foerster LLP, Berlin

Dr. Tim Gero Joppich
Rechtsanwalt, Hogan Lovells International LLP, Düsseldorf

Philipp Kärcher
Rechtsanwalt, AGS Legal, Frankfurt

Dr. Thomas Keul
Rechtsanwalt, Morrison & Foerster LLP, Berlin

Dr. Julia Koch
Rechtsanwältin, Hogan Lovells International LLP, München

Almut Koy, Maître en droit
Rechtsanwältin, Allen & Overy LLP, Frankfurt

Dr. Helmut Krenek
Vorsitzender Richter am Landgericht München I

Dr. Elisabeth Kurzweil
Direktorin des Amtsgerichts Wolfratshausen

Bearbeiterverzeichnis

Dr. Marius Lampen, LL.M.
Rechtsanwalt, Hogan Lovells International LLP, Düsseldorf

Dr. Peter Lang
Rechtsanwalt, Hogan Lovells International LLP, München

Dr. Michael Leistikow
Rechtsanwalt, Hogan Lovells International LLP, Düsseldorf

Dr. Alexander Loos
Rechtsanwalt, Hogan Lovells International LLP, Düsseldorf

Dr. Henning Löwe, LL.M.
Rechtsanwalt, Hogan Lovells International LLP, Hamburg

Jonas Mark
Rechtsanwalt, JM Rechtsanwaltsgesellschaft mbH, München

Dr. Philipp Massari, LL.M.
Rechtsanwalt, Philip Morris Int. SA., Lausanne (Schweiz)

Dr. Kim Lars Mehrbrey
Rechtsanwalt und Solicitor (England & Wales), Hogan Lovells International LLP, Düsseldorf

Dr. Jörg Meißner
Rechtsanwalt, Morrison & Foerster LLP, Berlin

Dr. Andreas H. Meyer, LL.M.
Rechtsanwalt, Hogan Lovells International LLP, Hamburg

Dr. Werner Meyer
Vorsitzender Richter am Landgericht Nürnberg-Fürth

Matthias Murr
Wissenschaftlicher Mitarbeiter, Hogan Lovells International LLP, Frankfurt

Dr. Jörg Paura
Rechtsanwalt, Bird & Bird LLP, Hamburg

Karl Pörnbacher
Rechtsanwalt, Hogan Lovells International LLP, München

Jessica Rad
Rechtsanwältin, Hogan Lovells International LLP, München

Dr. Mirjam Rüve
Rechtsanwältin, Bird & Bird LLP, Hamburg

Prof. Dr. Michael Schlitt
Rechtsanwalt, Hogan Lovells International LLP, Frankfurt

Dr. Mathias Schönhaus
Rechtsanwalt, Steuerberater, Hogan Lovells International LLP, Düsseldorf

Thorsten Schumacher
Rechtsanwalt, Hogan Lovells International LLP, Düsseldorf

Franziska Stegmair, Maître en droit
Staatsanwältin, München

Jens Uhlendorf
Rechtsanwalt, Hogan Lovells International LLP, Düsseldorf

Thomas Weber
Rechtsanwalt, Hogan Lovells International LLP, München

Dr. Charlotte Willemer, Lic. en droit
Rechtsanwältin, Allen & Overy LLP, Frankfurt

Dr. Jürgen Johannes Witte
Rechtsanwalt, Hogan Lovells International LLP, Düsseldorf, Frankfurt

Daniel Wortmann
Rechtsanwalt, Hogan Lovells International LLP, München

Dr. Marc Zimmerling
Rechtsanwalt, Allen & Overy LLP, Frankfurt

Dr. Nikolas Zirngibl
Rechtsanwalt, Hogan Lovells International LLP, München

Inhaltsübersicht

Vorworte		V
Bearbeiterverzeichnis		VII
Abkürzungsverzeichnis (einschließlich der abgekürzt zitierten Literatur)		XLIX
Literaturverzeichnis		LXV

Teil 1	Einführung	1
§ 1	Einleitung	3
§ 2	Allgemeines zu gesellschaftsrechtlichen Streitigkeiten	5

Teil 2	Typische Konflikte in Kapitalgesellschaften	87
Abschnitt 1	Streitigkeiten in der Aktiengesellschaft	89
§ 3	Allgemeine prozessuale Besonderheiten bei der AG	89
§ 4	Streitpunkte in der Gründungsphase der Aktiengesellschaft	103
§ 5	Streitigkeiten um Aktien	154
§ 6	Durchsetzung von Aktionärsrechten und -pflichten	172
§ 7	Streitigkeiten um den Ausschluss des Aktionärs (einschl. Squeeze-out)	294
§ 8	Streitigkeiten im Zusammenhang mit der Hauptversammlung	314
§ 9	Streitigkeiten unter Beteiligung von Verwaltungsorganen	416
§ 10	Streitigkeiten bei der Beendigung der Aktiengesellschaft	484
§ 11	Besonderheiten bei der Europäischen (Aktien-)Gesellschaft (Societas Europaea – SE)	507
§ 12	Besonderheiten der KGaA	515
§ 13	Ausgewählte kapitalmarktrechtliche Streitigkeiten	525
Abschnitt 2	Streitigkeiten in der GmbH	547
§ 14	Allgemeine prozessuale Besonderheiten bei der GmbH	547
§ 15	Streitpunkte in der Gründungsphase der GmbH	561
§ 16	Streitigkeiten um Geschäftsanteile	605
§ 17	Durchsetzung von Gesellschafterrechten und -pflichten	650
§ 18	Streitigkeiten bei der Veränderung des Gesellschafterbestandes	665
§ 19	Streitigkeiten im Zusammenhang mit der Gesellschafterversammlung	687
§ 20	Streitigkeiten unter Beteiligung von Verwaltungsorganen	739
§ 21	Streitigkeiten bei der Beendigung der GmbH	784
§ 22	Besonderheiten bei der Unternehmergesellschaft (haftungsbeschränkt)	794
Abschnitt 3	Konzernrechtliche Streitigkeiten	804
§ 23	Einleitung zum Konzernrecht	804
§ 24	AG-Vertragskonzern (§§ 302–310 AktG)	805
§ 25	GmbH-Vertragskonzern (§§ 302–310 AktG weitgehend analog)	813
§ 26	Faktischer AG-Konzern (§§ 311–318 AktG)	817
§ 27	Faktischer GmbH-Konzern (Treuepflicht)	823
§ 28	Der sog. qualifiziert faktische Konzern und die Rechtsfigur der Existenzvernichtungshaftung	825

Inhaltsübersicht

Teil 3	Typische Konflikte in Personengesellschaften	829
Abschnitt 1	Streitigkeiten in der Gesellschaft bürgerlichen Rechts	831
§ 29	Allgemeine prozessuale Besonderheiten bei der GbR	831
§ 30	Streitpunkte bei der Gründung der GbR	846
§ 31	Streitigkeiten um Gesellschaftsanteile	859
§ 32	Durchsetzung von Gesellschafterrechten und -pflichten	867
§ 33	Streitigkeiten bei der Veränderung des Gesellschafterbestandes	883
§ 34	Streitigkeiten im Zusammenhang mit Gesellschafterbeschlüssen	894
§ 35	Streitigkeiten im Zusammenhang mit der Geschäftsführung	908
§ 36	Streitigkeiten bei der Auflösung und Beendigung der GbR	923
Abschnitt 2	Streitigkeiten in der offenen Handelsgesellschaft	934
§ 37	Allgemeine prozessuale Besonderheiten bei der OHG	934
§ 38	Streitpunkte bei der Gründung der OHG	938
§ 39	Streitigkeiten um Gesellschaftsanteile	943
§ 40	Durchsetzung von Gesellschafterrechten und -pflichten	944
§ 41	Streitigkeiten bei Veränderungen des Gesellschafterbestandes	953
§ 42	Streitigkeiten im Zusammenhang mit Gesellschafterbeschlüssen	956
§ 43	Streitigkeiten im Zusammenhang mit der Geschäftsführung	959
§ 44	Streitigkeiten bei der Auflösung und Beendigung der OHG	966
§ 45	Besonderheiten bei der Europäischen Wirtschaftlichen Interessenvereinigung (EWIV)	973
Abschnitt 3	Streitigkeiten in der Kommanditgesellschaft (einschl. GmbH & Co. KG)	984
§ 46	Allgemeine prozessuale Besonderheiten bei der KG und GmbH & Co. KG	984
§ 47	Streitpunkte bei der Gründung der KG	988
§ 48	Streitigkeiten um Gesellschaftsanteile	991
§ 49	Durchsetzung von Gesellschafterrechten und -pflichten	992
§ 50	Streitigkeiten bei der Veränderung des Gesellschafterbestands	997
§ 51	Streitigkeiten im Zusammenhang mit Gesellschafterbeschlüssen	998
§ 52	Streitigkeiten im Zusammenhang mit der Geschäftsführung	1001
§ 53	Streitigkeiten mit dem Beirat	1005
§ 54	Streitigkeiten bei Beendigung der Kommanditgesellschaft	1018
§ 55	Besonderheiten bei GmbH & Co. KG und Publikumsgesellschaften	1019
Abschnitt 4	Streitigkeiten in der Partnerschaftsgesellschaft	1027
§ 56	Allg. prozessuale Besonderheiten bei der Partnerschaftsgesellschaft	1027
§ 57	Streitpunkte bei der Gründung der Partnerschaftsgesellschaft	1032
§ 58	Streitigkeiten um Gesellschaftsanteile	1036
§ 59	Durchsetzung von Gesellschafterrechten und -pflichten	1038
§ 60	Streitigkeiten bei der Veränderung des Gesellschafterbestandes	1040
§ 61	Streitigkeiten im Zusammenhang mit Gesellschafterbeschlüssen	1041
§ 62	Streitigkeiten im Zusammenhang mit der Geschäftsführung	1042
§ 63	Streitigkeiten bei der Beendigung der Partnerschaftsgesellschaft	1043

Inhaltsübersicht

Teil 4	Sonstige Gesellschaftsformen	1045
Abschnitt 1	Streitigkeiten in der eingetragenen Genossenschaft	1047
§ 64	Allgemeine prozessuale Besonderheiten bei der eingetragenen Genossenschaft	1047
§ 65	Streitpunkte bei der Gründung der eingetragenen Genossenschaft	1049
§ 66	Streitigkeiten im Zusammenhang mit den Genossenschaftsanteilen	1052
§ 67	Durchsetzung von Mitgliederrechten und -pflichten	1056
§ 68	Streitigkeiten bei der Veränderung des Mitgliederbestands	1060
§ 69	Streitigkeiten im Zusammenhang mit den Beschlüssen der Generalversammlung	1066
§ 70	Streitigkeiten im Zusammenhang mit der Geschäftsführung	1070
§ 71	Streitigkeiten bei der Auflösung und Änderung der eingetragenen Genossenschaft	1073
Abschnitt 2	Streitigkeiten im Verein	1075
§ 72	Allgemeine prozessuale Besonderheiten des Vereins	1075
§ 73	Streitpunkte bei der Gründung des Vereins	1079
§ 74	Streitigkeiten im Zusammenhang mit den Mitgliedsanteilen	1081
§ 75	Durchsetzung von Mitgliederrechten und -pflichten	1082
§ 76	Streitigkeiten bei der Veränderung des Mitgliederbestandes	1087
§ 77	Streitigkeiten im Zusammenhang mit den Beschlüssen der Mitgliederversammlung	1088
§ 78	Streitigkeiten in Zusammenhang mit der Geschäftsführung	1092
§ 79	Streitigkeiten bei der Auflösung und Beendigung des Vereins	1095
§ 80	Besonderheiten des VVaG	1096
Abschnitt 3	Streitigkeiten in der rechtsfähigen Stiftung bürgerlichen Rechts	1107
§ 81	Allgemeine prozessuale Besonderheiten bei der Stiftung	1107
§ 82	Streitpunkte bei der Gründung der Stiftung	1111
§ 83	Durchsetzung der Destinatärsrechte	1115
§ 84	Streitigkeiten bei der Beschlussfassung in der Stiftung	1118
§ 85	Streitigkeiten unter Beteiligung der Verwaltungsorgane	1125
§ 86	Streitigkeiten mit der Stiftungsaufsicht	1134
§ 87	Streitigkeiten bei der Auflösung und Beendigung der Stiftung	1135
Abschnitt 4	Streitigkeiten in der englischen Limited	1138
§ 88	Internationale Zuständigkeit deutscher Gerichte	1138
§ 89	Anwendbares Recht	1145
§ 90	Streitpunkte bei Gründung einer englischen Limited	1147
§ 91	Streitigkeiten um Gesellschaftsanteile	1159
§ 92	Durchsetzung von Gesellschafterrechten und -pflichten sowie Minderheitenschutz	1168
§ 93	Durchgriffshaftung auf Gesellschafter und umgekehrter Durchgriff	1175
§ 94	Streitigkeiten bei Be- und Anstellung der Geschäftsführer	1190
§ 95	Streitigkeiten im Zusammenhang mit der Geschäftsführung	1198
§ 96	Actio pro socio (*derivative claim*)	1216
§ 97	Streitigkeiten bei der Auflösung und Beendigung der Limited	1221

Inhaltsübersicht

Teil 5	Streitigkeiten bei mittelbaren Unternehmensbeteiligungen	1229
Abschnitt 1	**Einleitung**	1231
§ 98	Formen und Abgrenzung mittelbarer Unternehmensbeteiligungen	1231
Abschnitt 2	**Streitigkeiten bei der stillen Gesellschaft**	1233
§ 99	Grundlegendes zur stillen Gesellschaft	1233
§ 100	Allgemeine prozessuale Besonderheiten bei der stillen Gesellschaft	1240
§ 101	Streitigkeiten bei der Gründung der stillen Gesellschaft	1243
§ 102	Streitigkeiten um Gesellschaftsanteile	1246
§ 103	Durchsetzung der Rechte und Pflichten der Gesellschafter der stillen Gesellschaft	1248
§ 104	Streitigkeiten bei der Veränderung des Gesellschafterbestandes	1259
§ 105	Streitigkeiten im Zusammenhang mit Gesellschafterbeschlüssen	1262
§ 106	Streitigkeiten im Zusammenhang mit der Geschäftsführung	1263
§ 107	Streitigkeiten bei der Auflösung und Beendigung der stillen Gesellschaft	1267
Abschnitt 3	**Unterbeteiligung**	1275
§ 108	Grundlegendes zur Unterbeteiligung	1275
§ 109	Allgemeine prozessuale Besonderheiten	1279
§ 110	Streitigkeiten bei der Begründung der Unterbeteiligung	1280
§ 111	Streitigkeiten um Anteile	1281
§ 112	Durchsetzung der Rechte und Pflichten der Gesellschafter der Unterbeteiligung	1282
§ 113	Streitigkeiten bei der Veränderung des Gesellschafterbestandes	1290
§ 114	Streitigkeiten im Zusammenhang mit Gesellschafterbeschlüssen	1290
§ 115	Streitigkeiten im Zusammenhang mit der Geschäftsführung	1290
§ 116	Streitigkeiten bei der Auflösung und Beendigung der Unterbeteiligung	1291
Abschnitt 4	**Streitigkeiten betreffend die Treuhand an Gesellschaftsanteilen**	1293
§ 117	Streitigkeiten bei der Begründung des Treuhandverhältnisses	1293
§ 118	Streitigkeiten bei Verfügungen des Treuhänders und bei Auswechslung des Treugebers	1298
§ 119	Durchsetzung der Rechte und Pflichten des Treugebers	1300
§ 120	Streitigkeiten bei der Beendigung der Treuhand	1306
§ 121	Streitigkeiten bei Einzelzwangsvollstreckung in das Treugut und Insolvenz des Treuhänders	1307
Abschnitt 5	**Streitigkeiten betreffend den Nießbrauch an Gesellschaftsanteilen**	1308
§ 122	Streitigkeiten bei der Begründung des Nießbrauchs	1308
§ 123	Streitigkeiten bei Verfügungen und bei Überlassung der Ausübung des Nießbrauchs	1313
§ 124	Durchsetzung der Rechte und Pflichten des Nießbrauchers	1315
§ 125	Streitigkeiten bei der Beendigung des Nießbrauchs	1326
Teil 6	**Konflikte bei der Umwandlung von Gesellschaften**	1327
§ 126	Überblick: Widerstreitende Interessen im Rahmen des Umwandlungsgesetzes	1329
§ 127	Streitigkeiten im Rahmen der Verschmelzung (§§ 2 ff. UmwG)	1335
§ 128	Streitigkeiten im Rahmen der Spaltung (§§ 123 ff. UmwG)	1368
§ 129	Streitigkeiten im Rahmen des Formwechsels (§§ 190 ff. UmwG)	1378

| § 130 | Streitigkeiten im Rahmen der Vermögensübertragung (§§ 174 ff. UmwG) | 1388 |

Teil 7	**Spruchverfahren**	1391
§ 131	Überblick über das Spruchverfahren	1393
§ 132	Streitigkeiten im Zusammenhang mit dem Spruchverfahren	1394
§ 133	Gerichtliche Entscheidung und Rechtsmittel	1413
§ 134	Grundfragen der Unternehmensbewertung	1418

Sachregister 1427

Inhaltsverzeichnis

Vorworte	V
Bearbeiterverzeichnis	VII
Abkürzungsverzeichnis (einschließlich der abgekürzt zitierten Literatur)	XLIX
Literaturverzeichnis	LXV

Teil 1 Einführung 1

§ 1 Einleitung (*Mehrbrey*) 3
A. Gegenstand des Werks 3
B. Gang der Darstellung 3

§ 2 Allgemeines zu gesellschaftsrechtlichen Streitigkeiten 5
A. Typische Beteiligte und Interessenlagen (*Mehrbrey*) 7
    I. Gesellschaft 7
    II. Gesellschafter 8
    III. Organe 8
B. Prozessuale Handlungsformen vor staatlichen Gerichten (*Mehrbrey*) 10
    I. Anfechtungsklage 10
    II. Nichtigkeitsklage 10
    III. Weitere Klagemöglichkeiten 11
    IV. Einstweiliger Rechtsschutz 11
C. Besonderheiten in Schiedsverfahren (*Pörnbacher/Baur*) 12
    I. Einführung 12
    II. Die Legitimation des Schiedsgerichts zum Streitentscheid 13
    III. Das Verfahren vor den Schiedsgerichten 20
    IV. Die Aufhebung von Schiedssprüchen 25
    V. Vollstreckbarerklärung von Schiedssprüchen 25
D. Internationale Bezüge (*Willemer*) 27
    I. Einführung 27
    II. Zuständigkeitsfragen 27
    III. Weitere prozessuale Fragen 29
    IV. Zustellungsfragen 31
    V. Anwendbares Gesellschaftsrecht 31
E. Compliance und gesellschaftsrechtliche Auseinandersetzungen (*Acker/Kärcher*) 32
    I. Einleitung 32
    II. Haftung für Vorstandshandeln 36
    III. Die Haftung des Aufsichtsrats 41
F. Gesellschaftsrechtliche Streitigkeiten und Mediation (*Kurzweil*) 44
    I. Überblick 44
    II. Arten der Mediation 44
    III. Wege in die Mediation 45
    IV. Ablauf der Mediation 47
    V. Rechtsfragen 48
    VI. Stärken und Schwächen der Mediation 50
G. Streitigkeiten in der Krise und Insolvenz (*Haß*) 52
    I. Einführung 52
    II. Typische Streitigkeiten in der Krise 53
    III. Typische Streitigkeiten in der Insolvenz 55
    IV. Prozessuale Besonderheiten 64

Inhaltsverzeichnis

H.	Gesellschaftsrechtliche Streitigkeiten beim Joint Venture (*Gärtner/Wortmann/Rad*)	67
	I. Besonderheiten von Joint-Venture-Streitigkeiten	67
	II. Streitigkeiten zwischen den Joint-Venture-Partnern	71
	III. Streitigkeiten unter Beteiligung von Gesellschaftsorganen	73
	IV. Konzernrechtliche Streitigkeiten	75
	V. Actio pro socio	76
I.	Arbeitsrechtliche Bezüge (*Joppich*)	76
	I. Das Arbeitsgerichtsverfahren	76
	II. Streitigkeiten mit Organmitgliedern vor den Arbeitsgerichten	78
	III. Arbeitsrechtliche Bezugspunkte bei der Unternehmensmitbestimmung	79
J.	Steuerrechtliche Bezüge (*Schönhaus*)	80
	I. Steuerveranlagung und Konflikte mit der Finanzverwaltung	80
	II. Steuerliche Hintergründe von Konflikten zwischen Gesellschaftern und/oder Gesellschaft	84

Teil 2 Typische Konflikte in Kapitalgesellschaften 87

Abschnitt 1 Streitigkeiten in der Aktiengesellschaft 89

§ 3 Allgemeine prozessuale Besonderheiten bei der AG (*Mehrbrey*) 89

A.	Partei- und Prozessfähigkeit der Aktiengesellschaft	89
	I. Parteifähigkeit	89
	II. Prozessfähigkeit	90
	III. Actio pro socio (Aktionärsklage)	92
B.	Organstreitigkeiten	92
	I. Klage durch das Gesamtorgan	92
	II. Klage durch einzelne Organmitglieder	93
C.	Gerichtliche Zuständigkeit	94
	I. Allgemeiner Gerichtsstand	94
	II. Ausschließlicher Gerichtsstand bei Anfechtungs- und Nichtigkeitsklagen	94
	III. Schiedsgerichte	96
D.	Zustellung	96
	I. Vertretung durch den Vorstand oder den Aufsichtsrat	96
	II. Vertretung durch Vorstand und Aufsichtsrat gemeinschaftlich	97
	III. Zustellung an eine empfangsberechtigte Person	98
	IV. Öffentliche Zustellung	98
	V. Folgen von Zustellungsmängeln	99
E.	Prozesskostenhilfe für die AG	99
F.	Zeugenbeweis	100
	I. Zeitweise Abberufung des Vorstandsmitglieds	100
	II. Grundsatz der Waffengleichheit	101
G.	Zwangsvollstreckung	101
	I. Pfändung von Einlageforderungen	101
	II. Abgabe einer eidesstattlichen Versicherung	102

§ 4 Streitpunkte in der Gründungsphase der Aktiengesellschaft (*Bortfeldt*) ... 103

A.	Überblick: Die Gründungsphasen der Aktiengesellschaft	104
	I. Die Vorgründungsphase	105
	II. Die Phase der Vorgesellschaft (Vor-Aktiengesellschaft)	106
	III. Die Nachgründungsphase	108
	IV. Vorratsgründung und Mantelverwendung bei der Aktiengesellschaft	108
B.	Streitigkeiten vor Eintragung der Aktiengesellschaft in das Handelsregister	109
	I. Die Vorgründungsgesellschaft	110

	II. Die Vorgesellschaft	115
	III. Streitigkeiten infolge fehlerhafter Gründungsvorgänge	124
	IV. Streitigkeiten bei der Eintragung in das Handelsregister	129
	V. Scheitern der Gründung nach Entstehung der Vorgesellschaft	136
C.	Streitigkeiten nach Eintragung der Aktiengesellschaft in das Handelsregister	143
	I. Streitigkeiten wegen fehlerhafter Satzung	143
	II. Ersatzansprüche der Gesellschaft gegen Gründer, Vorstand, Aufsichtsrat oder Gründungsprüfer	148
	III. Nachgründung	150
D.	Übergang von Prozessen der Vorgesellschaft auf die Aktiengesellschaft	153

§ 5 Streitigkeiten um Aktien (*Massari/Stegmair*) — 154

A.	Streitigkeiten bei der Übertragung von Aktien	155
	I. Übertragungsmöglichkeit	155
	II. Streitigkeiten infolge der Übertragung von vinkulierten Aktien: Klage auf Zustimmung bzw. Eintragung ins Aktienregister	156
	III. Streitigkeiten infolge der Übertragung von vinkulierten Aktien: Klagen bei bevorstehender bzw. bereits erteilter Zustimmung	164
B.	Streitigkeiten bei der Einziehung von Aktien, § 237 AktG: Anfechtung des Beschlusses	165
	I. Fehlende bzw. nachträglich beschlossene Satzungsregelung zur Zwangseinziehung	166
	II. Unzulässige Satzungsregelung zur Zwangseinziehung	166
	III. Voraussetzungen der Satzungsregelung zur Zwangseinziehung oder Anforderungen an den Einziehungsbeschluss der HV liegen nicht vor	167
	IV. Rechtsfolgen bei Verstößen gegen § 237 Abs. 3–5 AktG im vereinfachten Verfahren	167
C.	Streitigkeiten bei der Kraftloserklärung und dem Umtausch von Aktien	168
	I. Streitigkeiten bei der Kraftloserklärung abhanden gekommener oder vernichteter Aktien (§ 72 AktG)	168
	II. Streitigkeiten bei der Kraftloserklärung von Aktien wegen unterlassener Einreichung bei der Gesellschaft	169
	III. Kraftloserklärung im Zusammenhang mit dem Umtausch von Aktien bei der Verschmelzungen durch Aufnahme (§ 72 UmwG)	170
	IV. Kraftloserklärung im Zusammenhang mit dem Umtausch von Aktien beim Formwechsel (§ 248 UmwG)	171

§ 6 Durchsetzung von Aktionärsrechten und -pflichten — 172

A.	Auskunftsrecht und Auskunftserzwingungsverfahren (§ 132 AktG) (*Andres*)	175
	I. Auskunftsrecht (§ 131 AktG)	175
	II. Auskunftserzwingungsverfahren (§ 132 AktG)	185
B.	Die Sonderprüfung (§ 142 AktG) (*Weber*)	190
	I. Streitigkeiten im Zusammenhang mit dem Beschluss der Hauptversammlung zur Bestellung oder Abberufung von Sonderprüfern	190
	II. Gerichtliches Verfahren zur Bestellung von Sonderprüfern, § 142 Abs. 2 AktG	194
	III. Gerichtliches Verfahren zur Auswechslung von durch die Hauptversammlung bestellten Sonderprüfern, § 142 Abs. 4 AktG	202
	IV. Bestellung eines Sonderprüfers im Verfahren analog § 318 Abs. 4 Satz 2 HGB wegen nachträglichen Wegfalls	204
	V. Der Schadensersatzprozess gegen den Sonderprüfer	204
	VI. Streitigkeiten über einzelne Maßnahmen des Sonderprüfers	208
	VII. Verfahren zur Festlegung von Auslagen und Vergütung des Sonderprüfers, § 142 Abs. 6 Satz 2 AktG; Streitigkeiten betreffend die Vergütung des durch die Hauptversammlung bestellten Sonderprüfers	212

	VIII. Streitigkeiten im Zusammenhang mit dem Sonderprüfungsbericht, § 145 Abs. 4 bis 6 AktG	213
	IX. Ansprüche der Gesellschaft gegen die betreibende Aktionärsminderheit	215
C.	Der besondere Vertreter (*Krenek*)	216
	I. Allgemeines	216
	II. Bestellung des besonderen Vertreters	217
	III. Rechtsstellung des besonderen Vertreters	219
	IV. Rechte und Pflichten des besonderen Vertreters	220
	V. Die Geltendmachung der Ansprüche	223
	VI. Beendigung der Rechtsstellung als besonderer Vertreter	223
D.	Anträge auf Zusammensetzung bzw. Ergänzung des Aufsichtsrates (*Ege*)	225
	I. Zusammensetzung des Aufsichtsrates (Antrag nach § 98 Abs. 1 AktG)	225
	II. Ergänzung des Aufsichtsrates (Anträge nach § 104 AktG)	231
E.	Einberufung der Hauptversammlung oder Tagesordnungsergänzung auf Verlangen einer Aktionärsminderheit, § 122 Abs. 3 AktG (*Weber*)	235
	I. Zulässigkeit	236
	II. Begründetheit	239
	III. Verfahrensgrundsätze	242
	IV. Formulierungsbeispiel	242
	V. Entscheidung des Gerichts	243
	VI. Kosten	243
	VII. Einstweiliger Rechtsschutz	244
	VIII. Rechtsmittel	244
F.	Durchsetzung von Aktionärsrechten im Wege der Leistungs- oder Unterlassungsklage (*Mark*)	245
	I. Recht auf Teilnahme an der Hauptversammlung	245
	II. Stimmrechte	246
	III. Vermögensrechte	247
	IV. Durchsetzung rechtmäßigen Organhandelns	249
G.	Streitigkeiten um die Verletzung von Gesellschafterpflichten (einschl. Einlagenrückgewähr) (*Böckmann*)	251
	I. Verletzung gesetzlich normierter Gesellschafterpflichten	251
	II. Verletzung schuldrechtlich begründeter Gesellschafterpflichten	258
	III. Verletzung der gesellschafterlichen Treuepflicht	262
H.	Schadensersatzansprüche wegen Einflussnahme und deliktischer Handlungen (*Mehrbrey*)	265
	I. Schadensersatzansprüche nach § 117 Abs. 1 AktG	265
	II. Schadensersatzansprüche nach § 823 Abs. 1 und 2 oder § 826 BGB	270
	III. Schadensersatzansprüche wegen Verletzung gesellschaftsrechtlicher Treuepflichten	273
I.	Streitigkeiten im Zusammenhang mit dem Abschlussprüfer (§§ 318 Abs. 3, 4, 323 HGB) (*Mehrbrey/Lampen*)	273
	I. Antrag auf gerichtliche Ersetzung des Abschlussprüfers (§ 318 Abs. 3 HGB)	274
	II. Antrag auf gerichtliche Bestellung des Abschlussprüfers (§ 318 Abs. 4 HGB)	281
	III. Rechtsstellung des gerichtlich bestellten Abschlussprüfers	284
	IV. Haftung des Abschlussprüfers	285

§ 7 Streitigkeiten um den Ausschluss des Aktionärs (einschl. Squeeze-out) ... 294

A.	Ausschluss eines Aktionärs (*Meißner*)	294
	I. Gesetzlich geregelte Ausschlussverfahren	294
	II. Nicht geregelte Fälle, insbesondere wichtiger Grund	302
B.	Streitigkeiten über den Ausschluss von Minderheitsaktionären (Squeeze-out) (*Meißner/Hieronymi*)	304

	I.	Einleitung	304
	II.	Ablauf des Ausschlussverfahrens	304
	III.	Rechtsfolgen des Ausschlussverfahrens	308
	IV.	Rechtsschutz des Minderheitsaktionärs	308

§ 8 Streitigkeiten im Zusammenhang mit der Hauptversammlung — 314

A. Anfechtungsklage — 316
    I. Verfahrensbeteiligte (*Zimmerling/Koy*) — 317
    II. Anfechtungsverfahren — 321
    III. Anfechtungsgründe (*Zimmerling/Willemer*) — 342
    IV. Missbräuchliche Anfechtungsklagen — 364

B. Nichtigkeitsklage (*Bussian*) — 377
    I. Verhältnis von Nichtigkeits- und Anfechtungsklage — 377
    II. Anwendungsbereich — 379
    III. Parteien — 380
    IV. Entsprechende Anwendung der Regelungen für Anfechtungsklagen — 383
    V. Prozessuale Sonderregelungen für Nichtigkeitsklagen — 384
    VI. Urteilswirkung — 389
    VII. Geltendmachung der Nichtigkeit auf andere Weise, § 249 Abs. 1 S. 2 AktG — 390
    VIII. Klage auf Teilnichtigerklärung — 391

C. Allgemeine Feststellungsklage (*Bussian*) — 391
    I. Anwendungsfälle — 392
    II. Verfahrensfragen — 394
    III. Urteilswirkung — 394

D. Positive Beschlussfeststellungsklage (*Bussian*) — 395
    I. Klageantrag — 395
    II. Statthaftigkeit/Rechtsschutzbedürfnis — 396
    III. Verfahrensfragen — 396
    IV. Begründetheit — 397
    V. Wirkung des Urteils — 398
    VI. Rechtsmittel — 398
    VII. Bekanntmachungspflicht — 398

E. Einstweiliger Rechtsschutz (*Bussian*) — 399
    I. Eilverfahren vor der Hauptversammlung — 399
    II. Eilmaßnahmen hinsichtlich der Beschlussausführung — 400
    III. Verfahrensfragen — 401

F. Freigabeverfahren (*Bussian*) — 402
    I. Anwendungsbereich — 402
    II. Statthaftigkeit — 403
    III. Anwendbare Verfahrensvorschriften — 403
    IV. Voraussetzungen einer Freigabe — 406
    V. Wirkungen des Freigabebeschlusses — 411
    VI. Schadensersatzpflicht bei Erfolg der Klage nach erfolgter Freigabe — 412

G. Schiedsfähigkeit von Hauptversammlungsbeschlüssen (*Pörnbacher/Baur*) — 413
    I. Einleitung — 413
    II. Rechtliche Fragen — 413
    III. Praktische Probleme — 414
    IV. Fazit — 415

§ 9 Streitigkeiten unter Beteiligung von Verwaltungsorganen (*Witte/Gossen*) — 416

A. Vorstand als Kläger — 418
    I. Klage des Vorstandsmitglieds gegen seine Abberufung — 418
    II. Klage des Vorstandsmitglieds gegen die Kündigung seines Anstellungsvertrages — 424

Inhaltsverzeichnis

B.	Vorstand als Beklagter	430
	I. Schadensersatzklage der Gesellschaft gegen Vorstandsmitglieder	430
	II. Sonstige Klagen der Gesellschaft gegen den Vorstand	455
	III. Schadensersatzklage der Aktionäre gegen die Vorstandsmitglieder	457
	IV. Klage der Aktionäre auf Tätigwerden des Vorstands	464
	V. Klage Dritter gegen den Vorstand	465
C.	Aufsichtsrat als Kläger	469
	I. Streitigkeiten bei der Abberufung von Aufsichtsratsmitgliedern	469
	II. Gerichtliche Durchsetzung der Rechte des Aufsichtsrates	472
D.	Aufsichtsrat als Beklagter	476
	I. Klagen der Gesellschaft gegen den Aufsichtsrat auf Schadensersatz	476
	II. Nichtigkeitsfeststellungsklage über einen Aufsichtsratsbeschluss	482
	III. Klagen Dritter gegen den Aufsichtsrat	482

§ 10 Streitigkeiten bei der Beendigung der Aktiengesellschaft (*Paura*) 484

A.	Überblick (Auflösung und Liquidation von Gesellschaften)	485
	I. Auflösung und (Voll-) Beendigung	485
	II. Liquidation, Abwicklung und Auseinandersetzung	486
	III. Identität und Kontinuität des Rechtsträgers	487
	IV. Liquidation/liquidationsloses Erlöschen	487
	V. Bestellung der Abwickler/Liquidatoren	488
	VI. Der Gang des Verfahrens	489
B.	Rechtsstreitigkeiten	494
	I. Vorbemerkung	494
	II. Die Nichtigkeitsklage	494
	III. Die Löschung von Amts wegen	499
	IV. Gerichtliche Auflösung nach § 396 AktG	501
	V. Gerichtliche Bestellung und Abberufung von Abwicklern, Rechtsmittel	502
	VI. Wirkung der Löschung auf laufende Prozesse	505

§ 11 Besonderheiten bei der Europäischen (Aktien-)Gesellschaft (Societas Europaea – SE) (*Uhlendorf/Schumacher*) 507

A.	Einführung	507
	I. Rechtsquellen der SE	507
	II. Dualistische und monistische SE	508
B.	Beschlussmängelklagen in der SE	508
	I. Allgemeines	508
	II. Verfahrensrechtliche Besonderheiten bei Beschlussmängelklagen in der monistischen SE	509
	III. Besonderheiten bei Nichtigkeits- und Anfechtungsgründen	511
	IV. Beschlussmängelklagen gegen die Wahl der Aufsichts- bzw. Verwaltungsratsmitglieder	513
C.	Anträge auf Zusammensetzung bzw. Ergänzung des Aufsichts- bzw. Verwaltungsrats	514

§ 12 Besonderheiten der KGaA (*Meißner*) 515

A.	Allgemeine prozessuale Besonderheiten	515
	I. Anwendbares Recht	515
	II. Parteifähigkeit des Kollektivs der Kommanditaktionäre	516
	III. Parteifähigkeit der Komplementäre	517
	IV. Vertretung der KGaA im Prozess	517
	V. Organstreit	517
	VI. Actio pro socio	518
B.	Streitigkeiten in der Gründungphase der KGaA	518

C.	Streitigkeiten um Aktien und Vermögenseinlagen	518
D.	Durchsetzung von Aktionärsrechten und -pflichten	518
	I. Klage auf Zustimmung der Komplementäre	519
	II. Klage auf Zustimmung der Kommanditaktionäre	519
	III. Streit um Feststellung des Jahresabschlusses	519
	IV. Ansprüche der Gesellschaft gegen die Komplementäre	520
	V. Ansprüche der Komplementäre gegen die Gesellschaft	520
	VI. Ansprüche der Gesellschaft gegen einen Kommanditaktionär	520
	VII. Sonstige Ansprüche der Kommanditaktionäre gegenüber Komplementären	520
E.	Streitigkeiten bei Veränderungen des Gesellschafterbestands	521
	I. Ausschluss eines persönlich haftenden Gesellschafters	521
	II. Ausschluss eines Aktionärs	521
F.	Streitigkeiten im Zusammenhang mit Komplementär- und Hauptversammlungen	521
	I. Komplementärversammlung	521
	II. Hauptversammlung	521
G.	Streitigkeiten im Zusammenhang mit der Geschäftsführung	522
	I. Entzug von Geschäftsführungsbefugnis und/oder Vertretungsmacht	522
	II. Ansprüche der KGaA gegen einen geschäftsführenden Komplementär	522
H.	Streitigkeiten bei der Beendigung der KGaA	523

§ 13 Ausgewählte kapitalmarktrechtliche Streitigkeiten (*Schlitt/Murr*) ... 525

A.	Streitigkeiten bei Verletzung der guten Unternehmensführung (*corporate governance*)	526
	I. Fehlende Aktualisierung der Entsprechenserklärung (§ 161 AktG)	526
	II. Verstoß gegen Besetzungsregeln des Aufsichtsrats: insbesondere Fehlen eines unabhängigen Finanzexperten (§ 100 Abs. 5 AktG)	528
B.	Streitigkeiten bei der Nichterfüllung von Stimmrechtsmitteilungspflichten durch die Aktionäre	529
	I. Sanktionierte Mitteilungstatbestände (Überblick)	529
	II. Dauer des Stimmrechtsverlusts (§ 28 S. 1 WpHG)	530
	III. Einzelne Aspekte der auf die Verletzung von Mitteilungspflichten gestützten Anfechtung von Hauptversammlungsbeschlüssen	531
C.	Streitigkeiten bei Verletzung von Publizitätspflichten durch die Gesellschaft als Emittentin	531
	I. Fehlerhaftigkeit des Wertpapierprospekts – Prospekthaftung (§§ 21 ff. WpPG)	532
	II. Verletzung der Ad-hoc-Publizitätspflicht (§ 15 WpHG)	534
	III. Prozessuale Aspekte – Kapitalanlegermusterverfahren (KapMuG)	537
D.	Streitigkeiten bei Verletzung übernahmerechtlicher Pflichten	541
	I. Streitigkeiten im Zusammenhang mit ausgewählten Bieterpflichten	541
	II. Streitigkeiten bei Nichteinhaltung von Verhaltenspflichten der Zielgesellschaft	543
E.	Sicherung mitgliedschaftlicher Aktionärspositionen im Wege der einstweiligen Verfügung	544
	I. Tatbestandsvoraussetzungen und Rechtsfolgen der einstweiligen Verfügung gegen die genehmigte Kapitalerhöhung	545
	II. Verfahrensfragen	546

Abschnitt 2 Streitigkeiten in der GmbH ... 547

§ 14 Allgemeine prozessuale Besonderheiten bei der GmbH (*Mehrbrey*) ... 547

A.	Partei- und Prozessfähigkeit der GmbH	547
	I. Parteifähigkeit	547
	II. Prozessfähigkeit	547
B.	Die actio pro socio (Gesellschafterklage)	554
	I. Anwendungsfälle der actio pro socio	554

Inhaltsverzeichnis

	II. Subsidiarität der actio pro socio	555
	III. Klageantrag	556
C.	Organstreitigkeiten	556
D.	Gerichtliche Zuständigkeit	557
E.	Zustellung	557
	I. Vertretung durch die Geschäftsführer oder den Aufsichtsrat	557
	II. Vertretung durch einen Prozessvertreter, Prozesspfleger bzw. Notgeschäftsführer	559
	III. Empfangsberechtigte Person und öffentliche Zustellung	559
	IV. Heilung von Zustellungsmängeln	559
F.	Prozesskostenhilfe für die GmbH	559
G.	Zeugenbeweis	559
H.	Zwangsvollstreckung	560

§ 15 Streitpunkte in der Gründungsphase der GmbH (*Böckmann*) 561

A.	Überblick: Die Gründungsphasen der GmbH	563
	I. Vorgründungsgesellschaft	563
	II. Vorgesellschaft (Vor-GmbH)	564
	III. Unechte Vor-GmbH	564
	IV. Mantelnutzung	565
B.	Prozessuale Besonderheiten der Vorgründungsgesellschaft	565
	I. Vorgründungsgesellschaft in GbR-Form	566
	II. Vorgründungsgesellschaft in OHG-Form	566
C.	Vor-GmbH	566
	I. Prozessuale Besonderheiten	566
	II. Klage auf Auflösung der fehlerhaften Vorgesellschaft	570
	III. Haftung in der Vor-GmbH	577
	IV. Klage gegen einen handelnden Gründer einer GmbH, § 11 Abs. 2 GmbHG	579
D.	Das Schicksal von Prozessen beim Übergang in eine neue Gründungsphase	583
	I. Übergang eines Prozesses auf die Vor-GmbH	583
	II. Übergang eines Prozesses auf die GmbH nach Eintragung	586
	III. Fortsetzung von Streitigkeiten nach gescheiterter Eintragung durch die unechte Vor-GmbH	588
E.	Nach Eintragung: Klagen gegen die Gesellschafter wegen Mängeln bei der Kapitalaufbringung	590
	I. Bargründung	590
	II. Sachgründung	596
	III. Ausfallhaftung der Mitgesellschafter nach § 24 GmbHG bei rückständigen Bareinlagen	602

§ 16 Streitigkeiten um Geschäftsanteile 605

A.	Verfügungen über Geschäftsanteile (*Zirngibl*)	606
	I. Einführung	606
	II. Streitigkeiten um die Zulassung einer Due Diligence-Prüfung	610
	III. Streitigkeiten im Zusammenhang mit der Vinkulierung von Geschäftsanteilen	618
	IV. Klagen im Zusammenhang mit der Gesellschafterliste	624
B.	Teilung und Zusammenlegung von Geschäftsanteilen (*Zirngibl*)	628
	I. Einführung	628
	II. Klage auf Teilung	631
	III. Klage gegen erfolgte Teilung	633
	IV. Klage gegen Zusammenlegung	634
C.	Streitigkeiten bei der Einziehung von Geschäftsanteilen (*Gärtner*)	635
	I. Klage gegen die Einziehung	635

	II. Klage des Gesellschafters gegen die GmbH auf Einziehung seines Geschäftsanteils	640
	III. Klage auf angemessene Abfindung	641
D.	Streitigkeiten im Zusammenhang mit Kapitalerhöhungen (*Zirngibl*)	645
	I. Einführung	645
	II. Streitigkeiten zu Bezugsrechten	647
	III. Streitigkeiten zur Einforderung von Einzahlungen von Einlagen	648

§ 17 Durchsetzung von Gesellschafterrechten und -pflichten (*Leistikow*) 650

A.	Gesetzliche Rechte und Pflichten	650
	I. Durchsetzung von gesetzlichen Rechten	650
	II. Durchsetzung von Nachschusspflichten aufgrund gesetzlicher Bestimmungen, § 26 GmbHG	652
	III. Durchsetzung von gesetzlichen Informationsrechten, § 51b GmbHG	654
	IV. Durchsetzung einer Sonderprüfung	656
	V. Streitigkeiten im Zusammenhang mit dem Abschlussprüfer	658
B.	Im Gesellschaftsvertrag vereinbarte Rechte und Pflichten	658
	I. Durchsetzung von Sonder- bzw. Vorzugsrechten	658
	II. Durchsetzung von Nebenleistungspflichten	659
	III. Durchsetzung eines Wettbewerbsverbots	660
C.	Rechte und Pflichten aufgrund schuldrechtlicher Vereinbarung zwischen den Gesellschaftern	660
	I. Schuldrechtlich vereinbarte Nachschusspflichten mit der GmbH	661
	II. Sonstige Ansprüche aufgrund schuldrechtlicher Vereinbarung	661
D.	Ansprüche aufgrund der Verletzung von Rechten und Pflichten	662
	I. Durchsetzung von Schadensersatzansprüchen gegenüber der GmbH	662
	II. Streitigkeiten um die Verletzung von Gesellschafterpflichten (einschließlich des Empfangs verbotener Leistungen, §§ 30, 31 GmbHG)	662

§ 18 Streitigkeiten bei der Veränderung des Gesellschafterbestandes (*W. Meyer*) 665

A.	Streitigkeiten bei Hinzutreten eines neuen Gesellschafters	666
	I. Typische Streitfälle beim Anteilserwerb	666
	II. Typische Streitfälle bei Erbfolge	667
B.	Streitigkeiten bei Ausscheiden eines Gesellschafters	667
	I. Ausschluss eines Gesellschafters	667
	II. Zwangseinziehung von Gesellschaftsanteilen – § 34 Abs. 2 GmbHG	676
	III. Zwangsabtretung von Geschäftsanteilen	680
	IV. Austritt eines Gesellschafters	680
	V. Besonderheiten beim Rechtsschutz	681

§ 19 Streitigkeiten im Zusammenhang mit der Gesellschafterversammlung 687

A.	Nichtigkeitsklage §§ 249, 241 AktG analog (*Mehrbrey*)	688
	I. Allgemeines	688
	II. Prozessuale Voraussetzungen	688
	III. Materielle Voraussetzungen	690
	IV. Heilung der Nichtigkeit	696
	V. Streitgenossenschaft und Nebenintervention	698
	VI. Streitwert und Kostentragung	698
B.	Anfechtungsklage (*Mehrbrey*)	700
	I. Prozessuales	700
	II. Anfechtungsgründe formeller Art	703
	III. Anfechtungsgründe materieller Art	713
	IV. Präklusion von Anfechtungsgründen	718

V.	Heilung der Anfechtbarkeit bei Verfahrensmängeln	718
VI.	Mehrheit von Klägern, Streitwert und Kostentragung	718

C. Positive Beschlussfeststellungsklage (*Mehrbrey*) 718
    I. Anwendungsbereich 718
    II. Verfahren 719
    III. Voraussetzungen für die Erhebung der positiven Beschlussfeststellungsklage .. 722

D. Allgemeine Feststellungsklage (*Mehrbrey*) 723
    I. Anwendungsbereich 723
    II. Verfahren 724

E. Einstweiliger Rechtsschutz bei der Gesellschafterversammlung (*Mehrbrey*) 725
    I. Das Verfügungsverfahren 726
    II. Typische Phasen des einstweiligen Rechtsschutzes im Gesellschafterstreit 727
    III. Freigabeverfahren 732

F. Schiedsfähigkeit von Gesellschafterbeschlüssen (*Pörnbacher/Baur*) 733
    I. Anforderungen an die Schiedsfähigkeit von Gesellschafterbeschlüssen 733
    II. Praktische Umsetzung 735
    III. Fazit 738

§ 20 Streitigkeiten unter Beteiligung von Verwaltungsorganen (*Witte/Gossen*) 739

A. Geschäftsführer als Beklagter 740
    I. Klagen der Gesellschaft gegen den Geschäftsführer 741
    II. Klagen der einzelnen Gesellschafter gegen den Geschäftsführer 758
    III. Klagen Dritter gegen den Geschäftsführer (Außenhaftung) 761

B. Geschäftsführer als Kläger 766
    I. Klage des Geschäftsführers gegen seine Abberufung 767
    II. Klage des Geschäftsführers gegen die Kündigung seines Anstellungsvertrages . 776

C. Aufsichtsrat 780
    I. Fakultativer Aufsichtsrat 781
    II. Obligatorischer Aufsichtsrat 782

§ 21 Streitigkeiten bei der Beendigung der GmbH (*Paura*) 784

A. Überblick 784
    I. Einleitung 784
    II. Auflösungsgründe 784

B. Rechtsstreitigkeiten 785
    I. Auflösungsklage nach § 61 GmbHG 785
    II. Gerichtsschutz gegen Auflösung nach § 62 GmbHG 791
    III. Die Nichtigkeitsklage nach § 75 GmbHG 791
    IV. Antrag auf Bestellung von Liquidatoren, Rechtsmittel 793
    V. Wirkung der Auflösung auf laufende Gerichtsverfahren 793

§ 22 Besonderheiten bei der Unternehmergesellschaft (haftungsbeschränkt) (*Zirngibl/Lang*) 794

A. Einführung 794

B. Die Gründung der Unternehmergesellschaft 795
    I. Rechtsformzusatz, Volleinzahlungsgebot, Sacheinlageverbot 795
    II. Zulässigkeit verdeckter Sacheinlagen 796
    III. Gründung durch Verschmelzung, Aufspaltung oder Formwechsel? 797

C. Die Bildung der gesetzlichen Rücklage 798
    I. Allgemeines zur Rücklage 798
    II. Umgehung des Thesaurierungsgebots 798
    III. UG (haftungsbeschränkt) & Co. KG 799
    IV. UG als Konzerngesellschaft 800

	V. Verstöße gegen das Thesaurierungsgebot	800
D.	Kapitalerhöhungen und »Umwandlung« der UG in eine GmbH	801
	I. »Umwandlung« der UG in eine reguläre GmbH	801
	II. Reichweite des Sacheinlageverbots	801
	III. Reichweite des Volleinzahlungsgebots	802
E.	Zusammenfassung	803

Abschnitt 3 Konzernrechtliche Streitigkeiten ... 804

§ 23 Einleitung zum Konzernrecht (*Keul*) ... 804

§ 24 AG-Vertragskonzern (§§ 302–310 AktG) (*Keul*) ... 805
A. Begriff ... 805
B. Ausgleichs- und Abfindungsansprüche der abhängigen AG und ihrer Aktionäre gegen das herrschende Unternehmen ... 805
    I. Verlustausgleich aus § 302 Abs. 1 AktG ... 805
    II. Ausgleich und Abfindung aus § 304 Abs. 1 AktG bzw. § 305 Abs. 1 AktG ... 806
C. Schadensersatzansprüche der abhängigen AG und ihrer Aktionäre gegen das herrschende Unternehmen und seine gesetzlichen Vertreter ... 807
    I. § 309 Abs. 2 AktG (i. V. m. § 31 BGB analog) ... 807
    II. § 117 Abs. 1 AktG (i. V. m. § 31 BGB analog) ... 808
    III. Allgemeine gesellschaftsrechtliche Treuepflicht ... 809
D. Ansprüche der abhängigen AG und ihrer Aktionäre gegen die Organmitglieder der abhängigen AG ... 809
    I. § 310 Abs. 1 Satz 1 AktG ... 809
    II. § 117 Abs. 2 Satz 1 AktG ... 810
E. Anspruch der Gläubiger der abhängigen AG gegen das herrschende Unternehmen auf Sicherheitsleistung (bzw. unmittelbare Zahlung) aus § 303 Abs. 1 AktG ... 810
F. Regressansprüche des herrschenden Unternehmens gegen die Geschäftsleiter des herrschenden Unternehmens ... 811
G. Ansprüche des herrschenden Unternehmens gegen die abhängige AG und deren Vorstand ... 811
    I. Anspruch auf Befolgung von rechtmäßigen Weisungen aus § 308 Abs. 2 Satz 1 AktG ... 811
    II. Anspruch auf Schadensersatz wegen Nichtbefolgung von rechtmäßigen Weisungen aus dem Beherrschungsvertrag i. V. m. § 308 Abs. 2 Satz 1 AktG, § 280 Abs. 1 BGB (i. V. m. § 278 BGB) ... 811
H. Eigene Verfolgungsrechte der Aktionäre und Gläubiger ... 812
    I. § 309 Abs. 2 AktG ... 812
    II. §§ 117 Abs. 1 Satz 1, Abs. 2 Satz 1 AktG ... 812
    III. § 310 AktG ... 812
    IV. § 302 Abs. 1 AktG (umstritten) ... 812
    V. Nicht aber Schadensersatzansprüche aus Treuepflichtverletzung ... 812

§ 25 GmbH-Vertragskonzern (§§ 302–310 AktG weitgehend analog) (*Keul*) ... 813
A. Begriff und praktische Bedeutung ... 813
B. Anwendbares Recht ... 814
C. Ansprüche im GmbH-Vertragskonzern ... 815
    I. Ansprüche der abhängigen GmbH gegen das herrschende Unternehmen ... 815
    II. Ansprüche der Gesellschafter der abhängigen GmbH gegen das herrschende Unternehmen ... 815
    III. Ansprüche der Gläubiger der abhängigen GmbH gegen das herrschende Unternehmen ... 816

§ 26 Faktischer AG-Konzern (§§ 311–318 AktG) (*Keul*) 817
A. Begriff 817
B. Schadensersatz- und Rückgewähransprüche der abhängigen AG und ihrer Aktionäre gegen das herrschende Unternehmen und seine gesetzlichen Vertreter 817
    I. § 317 Abs. 1 AktG 817
    II. § 317 Abs. 3 AktG 819
    III. § 117 Abs. 1 AktG (i. V. m. § 31 BGB analog) 819
    IV. Allgemeine gesellschaftsrechtliche Treuepflicht 820
    V. § 62 Abs. 1 Satz 1 AktG 821
C. Schadensersatzansprüche der abhängigen AG und ihrer Aktionäre gegen die Organmitglieder der abhängigen AG 821
    I. §§ 318 Abs. 1, Abs. 2 AktG 821
    II. § 117 Abs. 2 Satz 1 AktG 821
D. Ausgleichs- und Abfindungsansprüche bei Bestehen eines isolierten Gewinnabführungsvertrags 821
E. Regressansprüche des herrschenden Unternehmens gegen die Geschäftsleiter des herrschenden Unternehmens 822
F. Eigene Verfolgungsrechte der Aktionäre und Gläubiger der abhängigen AG 822
    I. §§ 317 Abs. 1 Satz 1, Abs. 3 AktG und §§ 318 Abs. 1, Abs. 2 AktG 822
    II. §§ 117 Abs. 1 Satz 1, Abs. 2 Satz 1 AktG 822
    III. § 62 Abs. 1 Satz 1 AktG 822

§ 27 Faktischer GmbH-Konzern (Treuepflicht) (*Keul*) 823
A. Begriff 823
B. Anwendbares Recht 823
C. Schadensersatz- und Rückgewähransprüche der abhängigen GmbH und ihrer Gesellschafter gegen das herrschende Unternehmen 823
    I. Treuepflichtverletzung 823
    II. § 31 Abs. 1 GmbHG 824
D. Regressansprüche des herrschenden Unternehmens gegen die Geschäftsleiter des herrschenden Unternehmens 824

§ 28 Der sog. qualifiziert faktische Konzern und die Rechtsfigur der Existenzvernichtungshaftung (*Keul*) 825
A. Rechtslage im GmbH-Recht 825
    I. Historische Entwicklung 825
    II. Anspruch der abhängigen GmbH gegen das herrschende Unternehmen wegen existenzvernichtendem Eingriff aus § 826 BGB 826
B. Rechtslage im Aktienrecht 827

Teil 3 Typische Konflikte in Personengesellschaften 829

Abschnitt 1 Streitigkeiten in der Gesellschaft bürgerlichen Rechts 831

§ 29 Allgemeine prozessuale Besonderheiten bei der GbR (*Mehrbrey*) 831
A. Partei- und Prozessfähigkeit 831
    I. Parteifähigkeit 831
    II. Prozessfähigkeit 837
B. Die actio pro socio 838
    I. Anwendungsfälle der actio pro socio 838
    II. Subsidiarität der actio pro socio 838
    III. Weitere prozessuale Aspekte 839
    IV. Sonstige Fälle der Gesellschafterklage im eigenen Namen 840

C. Gerichtliche Zuständigkeit ... 840
    I. Außen-GbR ... 840
    II. Innen-GbR ... 841
D. Zustellung ... 841
E. Prozesskostenhilfe ... 841
F. Nebenintervention und Streitverkündung ... 841
G. Zeugenbeweis ... 842
    I. Außen-GbR ... 842
    II. Innen-GbR ... 843
H. Zwangsvollstreckung ... 843
    I. Außen-GbR ... 843
    II. Innen-GbR ... 845

§ 30 Streitpunkte bei der Gründung der GbR (*Löwe*) ... 846
A. Einleitung ... 846
B. Vorvertrag ... 846
C. Mitglieder ... 848
    I. Relevante Fragen ... 848
    II. Klageart ... 849
    III. Parteien ... 849
    IV. Rechtsschutzinteresse ... 851
    V. Zuständigkeit ... 851
D. Entstehung/Entstehungszeitpunkt ... 852
E. Fehlerhafte Gesellschaft ... 853
    I. Voraussetzungen ... 853
    II. Rechtsfolge ... 857
    III. Geltendmachung des Fehlers ... 857
F. Einstweiliger Rechtsschutz/Schiedsfähigkeit ... 858
    I. Einstweiliger Rechtsschutz ... 858
    II. Schiedsfähigkeit ... 858

§ 31 Streitigkeiten um Gesellschaftsanteile (*Meyer*) ... 859
A. Überblick: Übertragung von Gesellschaftsanteilen ... 859
B. Übertragung nach §§ 413, 398 BGB ... 860
    I. Allgemeines ... 860
    II. Pflicht zur Zustimmung? ... 862
    III. Unwirksame Übertragung ... 863
C. Rechtsstreitigkeiten in Folge der Vererbung von GbR-Anteilen ... 864
    I. Auflösung ... 864
    II. Abweichende gesellschaftsvertragliche Regelungen ... 865

§ 32 Durchsetzung von Gesellschafterrechten und -pflichten (*Rüve*) ... 867
A. Vermögensrechte und -pflichten ... 867
    I. Vermögensrechte ... 867
    II. Vermögenspflichten ... 874
B. Verwaltungsrechte und -pflichten ... 877
    I. Recht auf und Pflicht zur Mitwirkung bei Geschäftsführung und Vertretung ... 877
    II. Kündigungs-, Entziehungs-, und Ausschließungsrechte ... 877
    III. Kontroll- und Auskunftsrechte ... 878
C. Treuepflicht ... 879
    I. Grundsätzliche Durchsetzung der Treuepflicht ... 880
    II. Insbesondere: Wettbewerbsverbot ... 881
D. Ansprüche aufgrund der Verletzung von Gesellschafterpflichten ... 882

Inhaltsverzeichnis

§ 33 Streitigkeiten bei der Veränderung des Gesellschafterbestandes (*Meyer*) 883
A. Hinzutreten eines neuen Gesellschafters 883
B. Ausscheiden eines Gesellschafters 884
    I. Ausschließung eines Gesellschafters 884
    II. Austritt eines Gesellschafters 889
    III. Abfindung 890

§ 34 Streitigkeiten im Zusammenhang mit Gesellschafterbeschlüssen (*Löwe*) 894
A. Überblick: Beschlussfassung in der GbR 894
    I. Arten von Beschlüssen in der GbR 894
    II. Charakteristika von Gesellschafterbeschlüssen/Mehrheitserfordernisse 896
    III. Beschlussmängel 898
B. Stimmbindungsverträge 899
C. Geltendmachung von Beschlussmängeln 901
    I. Gesetzliches Leitbild 901
    II. Abweichende Vereinbarungen 903
    III. Einstweiliger Rechtsschutz, Abwehrrechte gegen Vollzugshandlungen 906

§ 35 Streitigkeiten im Zusammenhang mit der Geschäftsführung (*Rüve*) 908
A. Geschäftsführer als Beklagter 909
    I. Klage auf Schadensersatz 909
    II. Klage auf Auskunft und Rechenschaft 911
    III. Klagen im Zusammenhang mit Einzelmaßnahmen der Geschäftsführung ... 912
B. Geschäftsführer als Kläger 917
    I. Klage gegen die Entziehung der Geschäftsführungsbefugnis 917
    II. Klage auf Aufwendungsersatz und Geschäftsführervergütung 920
    III. Klage auf Entlastung 921
    IV. Klagen im Zusammenhang mit Einzelmaßnahmen der Geschäftsführung 922

§ 36 Streitigkeiten bei der Auflösung und Beendigung der GbR (*Paura*) 923
A. Überblick 923
    I. Einleitung 923
    II. Auseinandersetzung 923
    III. Auflösungsgründe 924
B. Rechtsstreitigkeiten 927
    I. Allgemeines 927
    II. Streitigkeiten um die Auflösung 927
    III. Streitigkeiten im Rahmen der Abwicklung 929
    IV. Prozessuale Auswirkung der Auflösung 932

Abschnitt 2 Streitigkeiten in der offenen Handelsgesellschaft 934

§ 37 Allgemeine prozessuale Besonderheiten bei der OHG (*Mehrbrey*) 934
A. Partei- und Prozessfähigkeit 934
    I. Parteifähigkeit 934
    II. Prozessfähigkeit 935
B. Die actio pro socio 935
C. Gerichtliche Zuständigkeit 935
D. Zustellung 936
E. Prozesskostenhilfe 936
F. Nebenintervention und Streitverkündung 936
G. Zeugenbeweis 937
H. Zwangsvollstreckung 937

§ 38 Streitpunkte bei der Gründung der OHG (*Löwe*) 938
A. Einleitung 938
B. Vorvertrag 938
C. Mitglieder 939
D. Entstehung/Entstehungszeitpunkt 940
E. Fehlerhafte Gesellschaft 941
F. Einstweiliger Rechtsschutz/Schiedsfähigkeit 942

§ 39 Streitigkeiten um Gesellschaftsanteile (*Meyer*) 943
A. Überblick: Übertragung von Gesellschaftsanteilen 943
B. Übertragung nach §§ 413, 398 BGB 943
C. Rechtsstreitigkeiten infolge der Vererbung von Gesellschaftsanteilen 943

§ 40 Durchsetzung von Gesellschafterrechten und -pflichten (*Rüve*) 944
A. Vermögensrechte und -pflichten 944
    I. Vermögensrechte 944
    II. Vermögenspflichten 949
B. Verwaltungsrechte und -pflichten 949
    I. Recht auf und Pflicht zur Mitwirkung bei Geschäftsführung und Vertretung, §§ 114, 115, 119, 125 HGB 950
    II. Entziehungs-, Kündigungs- und Ausschließungsrechte, §§ 117, 127, 132, 133, 140 HGB 950
    III. Kontroll- und Auskunftsrechte, § 118 HGB 950
C. Treuepflicht 950
    I. Grundsätzliche Durchsetzung der Treuepflicht 950
    II. Insbesondere: Wettbewerbsverbot, § 112 HGB 950
D. Ansprüche aufgrund der Verletzung von Gesellschafterpflichten .. 952
E. Streitigkeiten im Zusammenhang mit dem Abschlussprüfer 952

§ 41 Streitigkeiten bei Veränderungen des Gesellschafterbestandes (*Meyer*) 953
A. Hinzutreten eines neuen Gesellschafters 953
B. Ausscheiden eines Gesellschafters 953
    I. Ausschließung eines Gesellschafters 953
    II. Austritt eines Gesellschafters 955

§ 42 Streitigkeiten im Zusammenhang mit Gesellschafterbeschlüssen (*Löwe*) 956
A. Überblick: Beschlussfassung in der OHG 956
    I. Arten von Beschlüssen in der OHG 956
    II. Beschlussmängel 957
B. Geltendmachung von Beschlussmängeln 957
    I. Abweichende Vereinbarungen 957
    II. Einstweiliger Rechtsschutz, Abwehrrechte gegen Vollzugshandlungen 958

§ 43 Streitigkeiten im Zusammenhang mit der Geschäftsführung (*Rüve*) 959
A. Geschäftsführer als Beklagter 959
    I. Klage auf Entziehung der Geschäftsführungsbefugnis, § 117 HGB 960
    II. Klage auf Schadensersatz 962
    III. Klage auf Auskunft und Rechenschaft 963
    IV. Klagen im Zusammenhang mit Einzelmaßnahmen der Geschäftsführung 963
B. Geschäftsführer als Kläger 964
    I. Klage gegen die Entziehung der Geschäftsführungsbefugnis .. 964
    II. Klage auf Aufwendungsersatz und Geschäftsführervergütung .. 964

	III.	Klage auf Entlastung	965
	IV.	Klagen im Zusammenhang mit Einzelmaßnahmen der Geschäftsführung	965

§ 44 Streitigkeiten bei der Auflösung und Beendigung der OHG (*Paura*) ... 966
A. Überblick ... 966
   I. Entwicklung ... 966
   II. Vollbeendigung ... 966
   III. Auflösungsgründe ... 967
   IV. Auflösung durch gerichtliche Entscheidung ... 967
   V. Auflösung nach § 133 Abs. 2 HGB ... 968
B. Rechtsstreitigkeiten ... 968
   I. Allgemeines ... 968
   II. Die Auflösungsklage ... 968
   III. Gerichtliche Bestellung und Abberufung der Liquidatoren (§§ 146 Abs. 2 S. 1, 147 Abs. 2 HGB) ... 971
   IV. Weitere Streitigkeiten im Rahmen der Abwicklung (Durchsetzungssperre) ... 972
   V. Auswirkungen der Auflösung auf den laufenden Prozess ... 972

§ 45 Besonderheiten bei der Europäischen Wirtschaftlichen Interessenvereinigung (EWIV) (*Löwe*) ... 973
A. Rechtsgrundlagen ... 973
B. Struktur ... 974
C. Entstehung ... 974
D. Geschäftsführung ... 975
E. Beschlussmängel ... 975
F. Haftung ... 976
G. Gewinnbeteiligung ... 976
H. Informationsrecht ... 977
I. Ausschluss eines Mitglieds ... 978
J. Verfahren bei Sitzverlegung ... 979
K. Untersagung der Tätigkeit ... 979
L. Beendigung der EWIV ... 979
   I. Auflösung der EWIV ... 979
   II. Nichtigkeit ... 982

Abschnitt 3 Streitigkeiten in der Kommanditgesellschaft (einschl. GmbH & Co. KG) ... 984

§ 46 Allgemeine prozessuale Besonderheiten bei der KG und GmbH & Co. KG (*Mehrbrey*) ... 984
A. Partei- und Prozessfähigkeit ... 984
   I. Parteifähigkeit ... 984
   II. Prozessfähigkeit ... 985
B. Die actio pro socio ... 986
C. Gerichtliche Zuständigkeit ... 986
D. Zustellung ... 986
E. Prozesskostenhilfe ... 986
F. Nebenintervention und Streitverkündung ... 986
G. Zeugenbeweis ... 987
H. Zwangsvollstreckung ... 987

§ 47 Streitpunkte bei der Gründung der KG (*Löwe*)	988
A. Einleitung	988
B. Vorvertrag	988
C. Mitglieder	989
D. Entstehung/Entstehungszeitpunkt	989
E. Fehlerhafte Gesellschaft	989
F. Einstweiliger Rechtsschutz/Schiedsfähigkeit	990
§ 48 Streitigkeiten um Gesellschaftsanteile (*Meyer*)	**991**
§ 49 Durchsetzung von Gesellschafterrechten und -pflichten (*Rüve*)	**992**
A. Vermögensrechte und -pflichten	992
I. Vermögensrechte	992
II. Vermögenspflichten	993
B. Verwaltungsrechte und -pflichten	994
I. Recht auf und Pflicht zur Mitwirkung bei Geschäftsführung und Vertretung	994
II. Entziehungs-, Kündigungs- und Ausschließungsrechte	994
III. Kontroll- und Auskunftsrechte	994
C. Treuepflicht	995
D. Ansprüche aufgrund der Verletzung von Gesellschafterpflichten	996
E. Streitigkeiten im Zusammenhang mit dem Abschlussprüfer	996
§ 50 Streitigkeiten bei der Veränderung des Gesellschafterbestands (*Meyer*)	**997**
§ 51 Streitigkeiten im Zusammenhang mit Gesellschafterbeschlüssen (*Löwe*)	**998**
A. Überblick: Beschlussfassung in der KG	998
I. Arten von Beschlüssen in der KG	998
II. Beschlussmängel	999
B. Geltendmachung von Beschlussmängeln	999
I. Abweichende Vereinbarungen	999
II. Einstweiliger Rechtsschutz, Abwehrrechte gegen Vollzugshandlungen	1000
§ 52 Streitigkeiten im Zusammenhang mit der Geschäftsführung (*Rüve*)	**1001**
A. Geschäftsführer als Beklagter	1001
I. Klage auf Entziehung der Geschäftsführungsbefugnis, § 117 HGB	1001
II. Klage auf Schadensersatz	1002
III. Klage auf Auskunft und Rechenschaft	1002
IV. Klagen im Zusammenhang mit Einzelmaßnahmen der Geschäftsführung	1002
B. Geschäftsführer als Kläger	1003
I. Klage gegen die Entziehung der Geschäftsführungsbefugnis	1004
II. Klage auf Aufwendungsersatz und Geschäftsführervergütung	1004
III. Klage auf Entlastung	1004
IV. Klagen im Zusammenhang mit Einzelmaßnahmen der Geschäftsführung	1004
§ 53 Streitigkeiten mit dem Beirat (*Löwe*)	**1005**
A. Einleitung	1005
B. Streitigkeiten über die Mitgliedschaft im Beirat	1006
I. Streit nur unter Gesellschaftern	1006
II. Streit mit externem Beiratsmitglied (Nichtgesellschafter)	1008
C. Streitigkeiten um Beiratsbeschlüsse	1010
I. Klage gegen Beiratsbeschlüsse	1010
II. Klage auf Fassung eines bestimmten Beiratsbeschlusses	1012
III. Klage auf Unterlassung eines bestimmten Beiratsbeschlusses	1013

Inhaltsverzeichnis

	IV. Klage zur Durchsetzung/Verhinderung der Durchführung eines Beiratsbeschlusses	1015
D.	Streitigkeiten um sonstige Handlungen des Beirats	1016
E.	Haftung der Beiratsmitglieder	1016

§ 54 Streitigkeiten bei Beendigung der Kommanditgesellschaft (*Paura*) 1018

§ 55 Besonderheiten bei GmbH & Co. KG und Publikumsgesellschaften (*Meyer/Paura/Löwe/Rüve*) 1019

A.	GmbH & Co. KG	1019
	I. Streitigkeiten um Geschäftsanteile	1019
	II. Durchsetzung von Gesellschafterrechten und -pflichten	1020
	III. Streitigkeiten bei der Veränderung des Gesellschafterbestands	1021
	IV. Streitigkeiten im Zusammenhang mit Gesellschafterbeschlüssen	1022
	V. Streitigkeiten im Zusammenhang mit der Geschäftsführung	1022
	VI. Streitigkeiten bei Auflösung und Beendigung	1023
	VII. Beirat	1023
B.	Publikumsgesellschaften	1024
	I. Besonderheiten bei der Gründung	1024
	II. Durchsetzung von Gesellschafterrechten und -pflichten	1024
	III. Besonderheiten bei Veränderungen des Gesellschafterbestands	1025
	IV. Besonderheiten bei Gesellschafterbeschlüssen	1025
	V. Streitigkeiten im Zusammenhang mit der Geschäftsführung	1026
	VI. Besonderheiten bei der Auflösung und Beendigung von Publikumsgesellschaften	1026
	VII. Beirat	1026

Abschnitt 4 Streitigkeiten in der Partnerschaftsgesellschaft 1027

§ 56 Allg. prozessuale Besonderheiten bei der Partnerschaftsgesellschaft (*Mehrbrey*) .. 1027

A.	Partei- und Prozessfähigkeit	1027
	I. Parteifähigkeit	1027
	II. Prozessfähigkeit	1028
B.	Die actio pro socio	1028
C.	Gerichtliche Zuständigkeit	1028
D.	Zustellung	1028
E.	Prozesskostenhilfe	1028
F.	Nebenintervention und Streitverkündung	1029
G.	Zeugenbeweis	1029
H.	Zwangsvollstreckung	1029
	I. Besonderheiten der Partnerschaftsgesellschaft mit beschränkter Berufshaftung (PartG mbB)	1029
	I. Haftung im Außenverhältnis	1029
	II. Haftung der Partner gegenüber der Partnerschaftsgesellschaft im Innenverhältnis	1030
	III. Namensführungspflicht, § 8 Abs. 4 S. 3 PartGG	1031

§ 57 Streitpunkte bei der Gründung der Partnerschaftsgesellschaft (*Löwe*) 1032

A.	Einleitung	1032
B.	Vorvertrag	1032
C.	Mitglieder	1033
D.	Entstehung/Entstehungszeitpunkt	1033
E.	Fehlerhafte Gesellschaft	1034
F.	Einstweiliger Rechtsschutz/Schiedsfähigkeit	1035
G.	Besonderheiten bei der PartG mbB	1035

Inhaltsverzeichnis

§ 58 Streitigkeiten um Gesellschaftsanteile (*Meyer*) 1036
A. Überblick: Übertragung von Gesellschaftsanteilen 1036
B. Übertragung nach §§ 413, 398 BGB 1036
C. Rechtsstreitigkeiten infolge der Vererbung von PartG-Anteilen 1037

§ 59 Durchsetzung von Gesellschafterrechten und -pflichten (*Rüve*) 1038
A. Vermögensrechte und -pflichten 1038
B. Verwaltungsrechte und -pflichten 1039
C. Treuepflicht 1039

§ 60 Streitigkeiten bei der Veränderung des Gesellschafterbestandes (*Meyer*) 1040

§ 61 Streitigkeiten im Zusammenhang mit Gesellschafterbeschlüssen (*Löwe*) 1041

§ 62 Streitigkeiten im Zusammenhang mit der Geschäftsführung (*Rüve*) 1042

§ 63 Streitigkeiten bei der Beendigung der Partnerschaftsgesellschaft (*Paura*) 1043
A. Auflösung und Liquidation von Partnerschaftsgesellschaften 1043
  I. Verweisung auf die §§ 131–144 HGB (Auflösung) 1043
  II. Liquidation der Partnerschaft 1043
B. Streitigkeiten 1044
C. Partnerschaftsgesellschaft mit beschränkter Berufshaftung 1044

Teil 4 Sonstige Gesellschaftsformen 1045

Abschnitt 1 Streitigkeiten in der eingetragenen Genossenschaft 1047

§ 64 Allgemeine prozessuale Besonderheiten bei der eingetragenen Genossenschaft (*Loos*) 1047
A. Parteifähigkeit 1047
B. Prozessfähigkeit 1047
  I. Vertretung durch den Vorstand 1047
  II. Vertretung durch den Aufsichtsrat 1047
C. Gerichtsstand 1047

§ 65 Streitpunkte bei der Gründung der eingetragenen Genossenschaft (*Loos*) 1049
A. Gründungsphasen 1049
  I. Vorgründungsgesellschaft 1049
  II. Vorgenossenschaft 1050
B. Fehlerhafte Genossenschaft 1051

§ 66 Streitigkeiten im Zusammenhang mit den Genossenschaftsanteilen (*Loos*) 1052
A. Übertragung des Geschäftsguthabens, § 76 GenG 1052
  I. Gegenstand und Wirkung der Übertragung 1052
  II. Verfahren, Zeitpunkt und Ausschluss der Übertragung 1052
  III. Erwerber 1053
  IV. Nachschusspflicht des Veräußerers, § 76 Abs. 4 GenG 1053
  V. Einzelne Problemfelder 1053
B. Erhöhung, Herabsetzung und Zerlegung von Geschäftsanteilen, §§ 16 Abs. 2, 22, 22b GenG 1054
  I. Erhöhung des Geschäftsanteils 1054
  II. Herabsetzung des Geschäftsanteils 1054
  III. Die Zerlegung von Geschäftsanteilen 1055

Inhaltsverzeichnis

§ 67 Durchsetzung von Mitgliederrechten und -pflichten (*Loos*) 1056
A. Schutz des Mitglieds gegenüber der Genossenschaft 1056
B. Die Fördergeschäftsbeziehung 1057
    I. Inhaltskontrolle allgemeiner Fördergeschäftsbedingungen 1057
    II. Verbandsstrafenkontrolle 1057
C. Mitgliedschaftsrechte 1057
D. Mitgliedschaftspflichten 1058
E. Das Gleichbehandlungsgebot 1059

§ 68 Streitigkeiten bei der Veränderung des Mitgliederbestands (*Loos*) 1060
A. Hinzutreten eines neuen Mitglieds 1060
    I. Beitrittserklärung 1060
    II. Zulassung durch die Genossenschaft 1060
    III. Anspruch auf Aufnahme 1061
B. Ausscheiden eines Mitglieds 1061
    I. Kündigung 1061
    II. Ausschließung 1063

§ 69 Streitigkeiten im Zusammenhang mit den Beschlüssen der Generalversammlung (*Loos*) 1066
A. Mängelarten 1066
B. Klagearten 1066
    I. Nichtigkeitsklage, § 249 AktG analog 1066
    II. Anfechtungsklage, § 51 GenG 1067

§ 70 Streitigkeiten im Zusammenhang mit der Geschäftsführung (*Loos*) 1070
A. Gegenstand der Geschäftsführung 1070
B. Haftung für Pflichtverletzungen bei der Geschäftsführung, § 34 GenG . 1070
    I. Haftende Personen 1070
    II. Inhalt und Pflichtverletzung 1070
    III. Haftung gegenüber der Genossenschaft 1071
    IV. Haftung gegenüber den Mitgliedern 1071
    V. Beweislast 1072
    VI. Haftungsausschluss, § 34 Abs. 4 GenG 1072
    VII. Verfahren 1072
    VIII. Verjährung 1072

§ 71 Streitigkeiten bei der Auflösung und Änderung der eingetragenen Genossenschaft (*Loos*) 1073
A. Auflösungsgründe 1073
B. Auflösungsbeschluss 1073
    I. Allgemeines 1073
    II. Rechtsfolge 1073
    III. Beendigung 1074
C. Auflösungsklage, § 94 GenG 1074
    I. Abgrenzung zur Nichtigkeitsklage analog § 249 Abs. 1 S. 1 AktG 1074
    II. Satzungsmangel 1074
    III. Parteien 1074
    IV. Wirkung 1074

Inhaltsverzeichnis

Abschnitt 2 Streitigkeiten im Verein 1075

§ 72 Allgemeine prozessuale Besonderheiten des Vereins (*Loos*) 1075
A. Partei- und Prozessfähigkeit des eingetragenen Vereins 1075
    I. Parteifähigkeit 1075
    II. Prozessfähigkeit 1075
B. Gerichtliche Zuständigkeit 1076
    I. Allgemeiner Gerichtsstand 1076
    II. Besonderer Gerichtsstand 1076
    III. Sachliche Zuständigkeit 1076
C. Zustellung 1076
D. Prozesskostenhilfe 1077
E. Beweisaufnahme 1077
F. Zwangsvollstreckung 1078

§ 73 Streitpunkte bei der Gründung des Vereins (*Loos*) 1079
A. Gründungsphasen 1079
B. Verweigerung der Anmeldung durch den Vorstand 1079
C. Streitigkeiten bei Eintragung in das Vereinsregister 1079

§ 74 Streitigkeiten im Zusammenhang mit den Mitgliedsanteilen (*Loos*) 1081

§ 75 Durchsetzung von Mitgliederrechten und -pflichten (*Loos*) 1082
A. Durchsetzung von Mitgliederrechten 1082
    I. Rechtsweg bei einer Angelegenheit der inneren Ordnung des Vereins 1082
    II. Klage gegen Beschlüsse, die das Mitglied in seinen Rechten verletzen 1082
    III. Leistungsklage 1083
    IV. Klage auf Gleichbehandlung 1083
    V. Klage auf Schadensersatz 1083
    VI. Klage auf Freistellung 1083
    VII. Klage auf Unterlassung ehrverletzender Äußerungen 1084
B. Durchsetzung von Mitgliederpflichten 1084
    I. Vereinsstrafen 1084
    II. Klage auf Pflichterfüllung 1086
    III. Klage auf Stimmabgabe 1086

§ 76 Streitigkeiten bei der Veränderung des Mitgliederbestandes (*Loos*) 1087
A. Aufnahmepflicht 1087
B. Unterschreitung der Mindestmitgliederzahl 1087

§ 77 Streitigkeiten im Zusammenhang mit den Beschlüssen der Mitgliederversammlung (*Loos*) 1088
A. Einberufung der Mitgliederversammlung 1088
B. Fehlerhaftigkeit der Beschlüsse 1089
    I. Folgen der Fehlerhaftigkeit 1089
    II. Klage 1089
    III. Beweislast 1090
    IV. Urteilswirkungen 1091
    V. Positive Beschlussfeststellungsklage 1091

§ 78 Streitigkeiten in Zusammenhang mit der Geschäftsführung (*Loos*) 1092
A. Klage des Vereins gegen den Vorstand aus Anstellungsverhältnis 1092
B. Klage gegen den Vorstand aus Deliktsrecht 1092

C. Klagen in Zusammenhang mit der Entlastung des Vorstandes 1092
D. Klage auf Feststellung des Widerrufs der Bestellung 1093

§ 79 Streitigkeiten bei der Auflösung und Beendigung des Vereins (*Loos*) 1095

§ 80 Besonderheiten des VVaG (*Lampen*) 1096
A. Streitigkeiten mit der Aufsichtsbehörde 1097
    I. Verwaltungsrechtsweg 1097
    II. Erlaubnis zum Geschäftsbetrieb und Aufsicht bei der Anmeldung 1097
    III. Laufende Aufsicht 1098
    IV. Genehmigung zur Bestandsübertragung 1098
B. Allgemeine zivilprozessuale Voraussetzungen 1099
    I. Parteifähigkeit 1099
    II. Prozessfähigkeit 1099
    III. Gerichtliche Zuständigkeit 1099
C. Beschlussmängelstreitigkeiten 1100
    I. Größerer VVaG 1100
    II. Kleinerer VVaG 1101
D. Sonstige Streitigkeiten über Mitgliederrechte und -pflichten 1102
E. Streitigkeiten mit dem Vorstand 1102
    I. Abberufung 1102
    II. Schadensersatz 1103
F. Streitigkeiten mit dem Aufsichtsrat 1103
    I. Abberufung und Ergänzung 1103
    II. Schadensersatz 1104
G. Inhaltskontrolle von Satzungsbestimmungen 1104
H. Streitigkeiten über die Beendigung der Mitgliedschaft 1105
    I. Richtige Klageart 1105
    II. Voraussetzungen für einen Ausschluss 1105

Abschnitt 3 Streitigkeiten in der rechtsfähigen Stiftung bürgerlichen Rechts .. 1107

§ 81 Allgemeine prozessuale Besonderheiten bei der Stiftung (*Mehrbrey/Gräler*) 1107
A. Partei- und Prozessfähigkeit der Stiftung 1107
    I. Parteifähigkeit 1107
    II. Prozessfähigkeit 1107
B. Gerichtliche Zuständigkeit 1109
C. Zustellung 1109
D. Prozesskostenhilfe 1109
E. Beweisaufnahme 1110
F. Zwangsvollstreckung 1110

§ 82 Streitpunkte bei der Gründung der Stiftung (*Mehrbrey/Gräler*) 1111
A. Überblick: Die Gründung der Stiftung 1111
B. Streitigkeiten im Zusammenhang mit dem Stiftungsgeschäft 1111
C. Streitigkeiten bei der staatlichen Anerkennung der Stiftung 1112
    I. Klage auf Anerkennung der Stiftung 1112
    II. Weitere Klagen im Zusammenhang mit der Anerkennung der Stiftung 1113
D. Streitigkeiten bei der Leistung des zugesicherten Vermögens 1113

§ 83 Durchsetzung der Destinatärsrechte (*Mehrbrey/Gräler*) 1115
A. Klage auf Stiftungsleistungen 1115
B. Verwaltungs- und Mitwirkungsrechte 1116

  I. Keine gesellschaftsrechtliche Haftung nach deutschem Recht 1184
  II. Keine Durchgriffshaftung wegen materieller Unterkapitalisierung 1184
 D. Haftung für existenzvernichtenden Eingriff 1184
  I. Haftung für *asset stripping* nach englischem Recht 1184
  II. Einordnung der deutschen Existenzvernichtungshaftung 1185
  III. Voraussetzungen für die Anwendung deutschen Deliktsrechts 1186
  IV. Europarechtliche Zulässigkeit 1187
 E. Umgekehrter Durchgriff nach englischem Recht 1188

§ 94 Streitigkeiten bei Be- und Anstellung der Geschäftsführer (*von Hase*) 1190
 A. Die Rolle der *directors* als Geschäftsleitung 1190
  I. Lückenhafte gesetzliche Regelung und Mustersatzung 1190
  II. Verhältnis zur Gesellschafterversammlung 1191
 B. Bestellung der *directors* und Dienstvertrag 1191
  I. Die Organbestellung 1191
  II. Der Dienstvertrag und Schutz vor Übervorteilung 1192
 C. Schutz gutgläubiger Dritter bei Bestellungsmängeln 1193
 D. Abberufung vom Amt und Kündigung des Dienstvertrages 1194
  I. Recht zur jederzeitigen Abberufung 1194
  II. Abwehrmöglichkeiten des *directors* 1195
  III. Beendigung des Dienstvertrages und Schadensersatz 1197

§ 95 Streitigkeiten im Zusammenhang mit der Geschäftsführung (*von Hase*) 1198
 A. Die Vertretungsmacht der *directors* 1198
  I. Lückenhafte gesetzliche Regelung und Mustersatzung 1198
  II. Beschränkungen im Innenverhältnis und *ultra-vires*-Lehre 1199
  III. Schutz gutgläubiger Dritter 1200
  IV. Formerfordernisse bei rechtsgeschäftlichem Handeln 1204
  V. Insichgeschäfte (self-dealing) und § 181 BGB 1205
  VI. Bestellung zum ständigen Vertreter und Insichgeschäfte (§ 181 BGB) 1208
  VII. Doppelvertretung und *no conflict rule* 1209
 B. Haftung beim Auftreten unter falschem Namen und für nicht existente Person 1209
  I. Haftung nach deutschem Recht 1210
  II. Rechtsfolgen nach englischem Recht 1210
 C. Allgemeine Pflichten der *directors* 1210
  I. Die Pflichten im Überblick 1210
  II. Handeln im Sinne eines *enlightened shareholder values* 1212
  III. Pflichten von *de facto* und *shadow directors* 1213
  IV. Rechtsfolgen von Pflichtverstößen 1214
 D. Zustellungsadresse der *directors* 1215

§ 96 Actio pro socio (*derivative claim*) (*von Hase*) 1216
 A. Bedeutung von *actio pro socio* und *derivative claim* 1216
 B. Maßgeblichkeit des englischen Rechts 1216
 C. Voraussetzungen einer *derivative claim* 1217
  I. Allgemeine Voraussetzungen 1217
  II. Prozessführungsbefugnis (*permission to continue*) 1217
  III. Kostentragung bei Zulassung 1219
 D. Sonderformen der *derivative claim* 1219
  I. Übernahme einer Klage der Gesellschaft 1219
  II. Übernahme einer derivative claim eines Mitgesellschafters 1219
  III. *Double* und *multiple derivative claims* 1219
 E. Abgrenzung zu anderen Rechtsbehelfen 1220

Inhaltsverzeichnis

§ 97 Streitigkeiten bei der Auflösung und Beendigung der Limited (*von Hase*) 1221
A. Anwendbares Recht in Insolvenzsituation 1221
    I. Insolvenzfähigkeit und Insolvenzantragsrecht 1221
    II. Insolvenzantragspflicht 1222
B. Insolvenzverschleppungs- und Masseschmälerungshaftung 1224
    I. Insolvenzverschleppungshaftung 1224
    II. Verstoß gegen § 64 GmbHG 1226
C. Registerstreichung und Nachtragsliquidation 1226

Teil 5 Streitigkeiten bei mittelbaren Unternehmensbeteiligungen 1229

Abschnitt 1 Einleitung 1231

§ 98 Formen und Abgrenzung mittelbarer Unternehmensbeteiligungen (*Meyer/Löwe*) 1231
A. Begriff der mittelbaren Unternehmensbeteiligung 1231
B. Abgrenzung der verschiedenen Formen 1231

Abschnitt 2 Streitigkeiten bei der stillen Gesellschaft 1233

§ 99 Grundlegendes zur stillen Gesellschaft (*Meyer/Löwe*) 1233
A. Begriffsmerkmale und Rechtsnatur 1233
B. Gegenstand der stillen Beteiligung 1234
C. Intensität der Unternehmensbeteiligung 1236
    I. Die atypische stille Gesellschaft mit Vermögensbeteiligung des stillen Gesellschafters 1236
    II. Die atypische stille Gesellschaft mit Geschäftsführungsbeteiligung des stillen Gesellschafters 1237
    III. Die atypische mehrgliedrige stille Gesellschaft mit Verbandscharakter 1237
    IV. Kombination atypischer Merkmale 1238
D. Abschluss des Gesellschaftsvertrags 1238

§ 100 Allgemeine prozessuale Besonderheiten bei der stillen Gesellschaft (*Meyer/Löwe*) 1240
A. Parteifähigkeit 1240
B. Actio pro socio 1240
C. Gerichtliche Zuständigkeit 1240
D. Zustellung 1241
E. Prozesskostenhilfe 1241
F. Nebenintervention und Streitverkündung 1241
G. Zeugenbeweis 1242
H. Zwangsvollstreckung 1242

§ 101 Streitigkeiten bei der Gründung der stillen Gesellschaft (*Meyer/Löwe*) 1243
A. Einleitung 1243
B. Vorvertrag 1243
C. Klage auf Feststellung des Vertragstyps 1243
D. Gesellschafterstatus 1244
E. Entstehung/Entstehungszeitpunkt 1245
F. Fehlerhafte Gesellschaft 1245
G. Einstweiliger Rechtsschutz/Schiedsfähigkeit 1245

§ 102 Streitigkeiten um Gesellschaftsanteile (*Meyer/Löwe*) 1246
A. Übertragung der Gesellschafterstellung des Geschäftsinhabers 1246
B. Übertragung der Gesellschafterstellung des stillen Gesellschafters 1246

I.　Stille Gesellschaften ohne Verbandscharakter 1246
　　　II.　Stille Gesellschaft mit Verbandscharakter 1247

§ 103 Durchsetzung der Rechte und Pflichten der Gesellschafter der stillen Gesellschaft
　　　(*Meyer/Löwe*) 1248
A.　Klage des stillen Gesellschafters auf Aufnahme bzw. unveränderte Fortführung des
　　Geschäftsbetriebs 1248
B.　Anspruch des stillen Gesellschafters auf zweckentsprechenden Umgang mit der Einlage
　　und dem Geschäftsvermögen 1249
C.　Vermögensrechte und -pflichten 1249
　　　I.　Vermögensrechte des stillen Gesellschafters 1249
　　　II.　Vermögensrechte des Geschäftsinhabers 1253
D.　Verwaltungsrechte und -pflichten 1254
　　　I.　Recht auf und Pflicht zur Mitwirkung bei Geschäftsführung und Vertretung . 1254
　　　II.　Kündigungs-, Entziehungs- und Ausschließungsrechte 1255
　　　III.　Informations- und Kontrollrechte 1255
E.　Treuepflicht 1257
　　　I.　Allgemeines 1257
　　　II.　Wettbewerbsverbote 1257
F.　Ansprüche aufgrund der Verletzung von Gesellschafterpflichten 1258

§ 104 Streitigkeiten bei der Veränderung des Gesellschafterbestandes (*Meyer/Löwe*) . 1259
A.　Hinzutreten eines stillen Gesellschafters 1259
B.　Ausscheiden eines stillen Gesellschafters 1259
　　　I.　Ausschluss 1259
　　　II.　Austritt 1260
　　　III.　Abfindung 1261

§ 105 Streitigkeiten im Zusammenhang mit Gesellschafterbeschlüssen (*Meyer/Löwe*) 1262
A.　Grundsätzliches zur Willensbildung in der stillen Gesellschaft 1262
B.　Stimmbindungsverträge 1262
C.　Geltendmachung von Beschlussmängeln 1262

§ 106 Streitigkeiten im Zusammenhang mit der Geschäftsführung (*Meyer/Löwe*) . . . 1263
A.　Geschäftsführer als Beklagter 1263
　　　I.　Allgemeines 1263
　　　II.　Klage auf Schadensersatz 1264
　　　III.　Klage auf Auskunft und Rechenschaft 1264
　　　IV.　Klagen im Zusammenhang mit Einzelmaßnahmen der Geschäftsführung . . 1264
B.　Geschäftsführer als Kläger 1265
　　　I.　Klage gegen die Entziehung der Geschäftsführungsbefugnis 1265
　　　II.　Klage auf Aufwendungsersatz und Geschäftsführervergütung 1265
　　　III.　Klage auf Entlastung 1265
　　　IV.　Klagen im Zusammenhang mit Einzelmaßnahmen der Geschäftsführung . . . 1265

§ 107 Streitigkeiten bei der Auflösung und Beendigung der stillen Gesellschaft
　　　(*Meyer/Löwe*) 1267
A.　Rechtsfolge der Auflösung 1267
B.　Auflösungsgründe 1268
　　　I.　Auflösung durch Kündigung eines Gesellschafters, § 234 Abs. 1 HGB 1268
　　　II.　Auflösung durch Kündigung eines Gläubigers des stillen Gesellschafters,
　　　　§ 234 Abs. 1 HGB 1269
　　　III.　Auflösung durch Tod eines Gesellschafters 1269

IV.	Auflösung durch Insolvenz eines Gesellschafters	1270
V.	Veräußerung oder Einstellung des Handelsgeschäfts	1270
VI.	Umwandlung des stillen Gesellschafters oder des Geschäftsinhabers	1270

C. Auseinandersetzung ... 1271
    I. Typische stille Gesellschaft ... 1271
    II. Atypische stille Gesellschaft mit Vermögensbeteiligung des stillen Gesellschafters ... 1272
    III. Andere atypische Formen der stillen Gesellschaft ... 1273
    IV. Prozessuale Durchsetzung ... 1273

Abschnitt 3 Unterbeteiligung ... 1275

§ 108 Grundlegendes zur Unterbeteiligung (*Meyer/Löwe*) ... 1275
A. Begriffsmerkmale und Rechtsnatur ... 1275
B. Gegenstand der Unterbeteiligung ... 1276
C. Intensität der Unternehmensbeteiligung ... 1277
D. Abschluss des Gesellschaftsvertrags ... 1277

§ 109 Allgemeine prozessuale Besonderheiten (*Meyer/Löwe*) ... 1279

§ 110 Streitigkeiten bei der Begründung der Unterbeteiligung (*Meyer/Löwe*) ... 1280

§ 111 Streitigkeiten um Anteile (*Meyer/Löwe*) ... 1281

§ 112 Durchsetzung der Rechte und Pflichten der Gesellschafter der Unterbeteiligung (*Meyer/Löwe*) ... 1282
A. Aktiv- und Passivlegitimation ... 1282
B. Vermögensrechte und -pflichten ... 1282
    I. Beiträge und Einlagen ... 1282
    II. Ergebnisbeteiligung des Unterbeteiligten ... 1282
    III. Ansprüche des Unterbeteiligten nach Kapitalerhöhung in der Hauptgesellschaft ... 1284
    IV. Haftung ... 1284
C. Verwaltungsrechte und -pflichten ... 1285
    I. Recht auf und Pflicht zur Mitwirkung an der Geschäftsführung ... 1285
    II. Informations- und Kontrollrechte ... 1288
    III. Besonderheit: Verwaltungsrechte des Unterbeteiligten in der Hauptgesellschaft ... 1289
D. Treuepflicht und Wettbewerbsverbot ... 1289

§ 113 Streitigkeiten bei der Veränderung des Gesellschafterbestandes (*Meyer/Löwe*) ... 1290

§ 114 Streitigkeiten im Zusammenhang mit Gesellschafterbeschlüssen (*Meyer/Löwe*) ... 1290

§ 115 Streitigkeiten im Zusammenhang mit der Geschäftsführung (*Meyer/Löwe*) ... 1290

§ 116 Streitigkeiten bei der Auflösung und Beendigung der Unterbeteiligung (*Meyer/Löwe*) ... 1291
A. Rechtsfolge der Auflösung ... 1291
B. Auflösungsgründe ... 1291
C. Auseinandersetzung ... 1292

Inhaltsverzeichnis

Abschnitt 4 Streitigkeiten betreffend die Treuhand an Gesellschaftsanteilen .. 1293

§ 117 Streitigkeiten bei der Begründung des Treuhandverhältnisses (*Meyer/Löwe*) ... 1293
A. Grundlegendes zur Treuhand an Gesellschaftsanteilen 1293
    I. Begriffsmerkmale und Eingrenzung 1293
    II. Gegenstand der Treuhand 1294
    III. Intensität der Unternehmensbeteiligung 1294
    IV. Gesellschaftsrechtliche Zulässigkeit der Treuhand 1294
B. Entstehung der Treuhand 1295
    I. Schuldrechtliche und dingliche Voraussetzungen 1295
    II. Form- und Zustimmungserfordernisse 1295

§ 118 Streitigkeiten bei Verfügungen des Treuhänders und bei Auswechslung des Treugebers (*Meyer/Löwe*) 1298
A. Streitigkeiten bei Verfügungen des Treuhänders 1298
B. Streitigkeiten bei Auswechslung des Treugebers 1299

§ 119 Durchsetzung der Rechte und Pflichten des Treugebers (*Meyer/Löwe*) 1300
A. Überblick 1300
B. Vermögensrechte und -pflichten des Treugebers 1300
    I. Vermögensrechte 1300
    II. Vermögenspflichten 1301
C. Verwaltungsrechte und -pflichten des Treugebers 1303
    I. Verwaltungsrechte des Treugebers gegenüber der Gesellschaft 1303
    II. Treuepflicht 1305

§ 120 Streitigkeiten bei der Beendigung der Treuhand (*Meyer/Löwe*) 1306

§ 121 Streitigkeiten bei Einzelzwangsvollstreckung in das Treugut und Insolvenz des Treuhänders (*Meyer/Löwe*) 1307

Abschnitt 5 Streitigkeiten betreffend den Nießbrauch an Gesellschaftsanteilen 1308

§ 122 Streitigkeiten bei der Begründung des Nießbrauchs (*Meyer/Löwe*) 1308
A. Grundlegendes zum Nießbrauch 1308
    I. Gegenstand des Nießbrauchs 1308
    II. Intensität der Unternehmensbeteiligung 1308
    III. Zulässigkeit des Nießbrauchs an Gesellschaftsanteilen 1308
    IV. Eintragung ins Handelsregister 1309
B. Entstehung des Nießbrauchs 1309
    I. Kausalgeschäft 1309
    II. Dingliche Bestellung 1309

§ 123 Streitigkeiten bei Verfügungen und bei Überlassung der Ausübung des Nießbrauchs (*Meyer/Löwe*) 1313
A. Verfügung über die nießbrauchsbelasteten Gesellschaftsanteile 1313
    I. Allgemeines 1313
    II. Verfügung in Form der Übertragung der belasteten Gesellschaftsanteile .. 1314
B. Überlassung der Ausübung des Nießbrauchs an Dritte 1314

§ 124 Durchsetzung der Rechte und Pflichten des Nießbrauchers (*Meyer/Löwe*) 1315
A. Überblick 1315
B. Vermögensrechtliche Rechte und Pflichten 1315

		I.	Vermögensrechte	1315
		II.	Vermögenspflichten	1321
	C.	Mitverwaltungsrechte und -pflichten		1322
		I.	Mitverwaltungsrechte	1322
		II.	Treuepflicht	1324

§ 125 Streitigkeiten bei der Beendigung des Nießbrauchs (*Meyer/Löwe*) 1326

Teil 6 Konflikte bei der Umwandlung von Gesellschaften 1327

§ 126 Überblick: Widerstreitende Interessen im Rahmen des Umwandlungsgesetzes (*Uhlendorf/Schumacher*) 1329

- A. Einführung 1329
- B. Umwandlungsarten und umwandlungsfähige Rechtsträger 1330
  - I. Umwandlungsarten 1330
  - II. Umwandlungsfähige Rechtsträger 1330
- C. Das Baukastenprinzip des UmwG 1331
- D. Ablauf einer Umwandlung 1331
- E. Durch das UmwG geschützte Personengruppen 1332
  - I. Anteilsinhaber 1332
  - II. Inhaber von Sonderrechten 1332
  - III. Gläubiger 1333
  - IV. Arbeitnehmer 1333
- F. Gang der Darstellung 1334

§ 127 Streitigkeiten im Rahmen der Verschmelzung (§§ 2 ff. UmwG) (*Uhlendorf/ Schumacher*) 1335

- A. Überblick: Das Rechtsschutzsystem im Rahmen der Verschmelzung 1336
  - I. Arten der Verschmelzung, § 2 UmwG 1336
  - II. Phasen des Verschmelzungsvorgangs und Rechtsschutzmöglichkeiten .. 1336
- B. Rechtsschutzmöglichkeiten in der Vorbereitungsphase der Verschmelzung .. 1338
  - I. Verschmelzungsvertrag, §§ 4 ff. UmwG 1338
  - II. Der Verschmelzungsbericht, § 8 UmwG 1339
  - III. Verschmelzungsprüfung/Prüfungsbericht, §§ 9 ff. UmwG 1342
  - IV. Zuleitung an Betriebsräte, § 5 Abs. 3 UmwG 1343
- C. Rechtsschutzmöglichkeiten in der Beschlussphase der Verschmelzung 1344
  - I. Anfechtungsklage 1344
  - II. Nichtigkeitsklage 1352
  - III. Allgemeine Feststellungsklage 1353
  - IV. Wirkungen einer erhobenen Klage 1354
  - V. Wirkungen der Eintragung der Verschmelzung, § 20 UmwG 1354
  - VI. Spruchverfahren, §§ 1 ff. SpruchG 1355
- D. Rechtsschutzmöglichkeiten in der Anmeldungs- und Vollzugsphase der Verschmelzung 1356
  - I. Registerverfahren, §§ 16 ff. UmwG 1356
  - II. Freigabeverfahren, § 16 Abs. 3 UmwG 1357
  - III. Weitere Rechtsschutzmöglichkeiten 1366
- E. Sonderfragen: Prozessuale Auswirkungen der Verschmelzung 1367

§ 128 Streitigkeiten im Rahmen der Spaltung (§§ 123 ff. UmwG) (*Uhlendorf/ Schumacher*) 1368

- A. Überblick: Das Rechtsschutzsystem im Rahmen der Spaltung 1368
  - I. Arten der Spaltung, § 123 UmwG 1368

	II. Phasen der Spaltung und Rechtsschutzmöglichkeiten	1369
B.	Rechtsschutzmöglichkeiten in der Vorbereitungsphase der Spaltung	1370
	I. Spaltungsvertrag, § 126 UmwG/Spaltungsplan, § 136 UmwG	1370
	II. Spaltungsbericht, § 127 UmwG	1371
	III. Spaltungsprüfung/Prüfungsbericht, § 125 S. 1 i. V. m. §§ 9 ff. UmwG	1371
	IV. Zuleitung an Betriebsräte, § 126 Abs. 3 UmwG	1371
C.	Rechtsschutzmöglichkeiten in der Beschlussphase der Spaltung	1371
	I. Anfechtungsklage	1371
	II. Nichtigkeitsklage	1374
	III. Allgemeine Feststellungsklage	1374
	IV. Wirkungen einer erhobenen Klage	1374
	V. Wirkungen der Eintragung der Spaltung, § 131 UmwG	1374
	VI. Spruchverfahren, §§ 1 ff. SpruchG	1374
D.	Rechtsschutzmöglichkeiten in der Anmeldungs- und Vollzugsphase der Spaltung ..	1375
	I. Registerverfahren	1375
	II. Gerichtlicher Rechtsschutz	1375
E.	Sonderfragen: Prozessuale Auswirkungen der Spaltung	1375

§ 129 Streitigkeiten im Rahmen des Formwechsels (§§ 190 ff. UmwG) (*Uhlendorf/Schumacher*) 1378

A.	Überblick: Das Rechtsschutzsystem im Rahmen des Formwechsels	1378
	I. Das Wesen des Formwechsels	1378
	II. Gesetzesaufbau	1379
	III. Phasen des Formwechsels und Rechtsschutzmöglichkeiten	1379
B.	Rechtsschutzmöglichkeiten in der Vorbereitungsphase des Formwechsels	1380
	I. Umwandlungsbericht, § 192 UmwG	1380
	II. Formwechselprüfung	1381
	III. Zuleitung an Betriebsräte, § 194 Abs. 2 UmwG	1381
C.	Rechtsschutzmöglichkeiten in der Beschlussphase des Formwechsels	1381
	I. Anfechtungsklage	1381
	II. Nichtigkeitsklage	1385
	III. Allgemeine Feststellungsklage	1385
	IV. Wirkungen einer erhobenen Klage	1386
	V. Wirkungen der Eintragung des Formwechsels, § 202 UmwG	1386
	VI. Spruchverfahren, §§ 1 ff. SpruchG	1386
D.	Rechtsschutzmöglichkeiten in der Anmeldungs- und Vollzugsphase des Formwechsels	1386
E.	Sonderfragen: Prozessuale Auswirkungen des Formwechsels	1387

§ 130 Streitigkeiten im Rahmen der Vermögensübertragung (§§ 174 ff. UmwG) (*Uhlendorf/Schumacher*) 1388

A.	Arten der Vermögensübertragung und praktische Bedeutung	1388
B.	Rechtsschutzmöglichkeiten bei der Vermögensübertragung	1388
	I. Vermögensvollübertragung, §§ 176, 178, 180–183, 185–187, 188 UmwG ...	1389
	II. Vermögensteilübertragung, §§ 177, 179, 184, 189 UmwG	1389

Teil 7 Spruchverfahren 1391

§ 131 Überblick über das Spruchverfahren (*Krenek*) 1393

§ 132 Streitigkeiten im Zusammenhang mit dem Spruchverfahren (*Krenek*) 1394

A.	Verfahrensgrundsätze	1394
B.	Anwendungsbereich	1395
	I. Delisting	1395

XLVII

II.	Faktischer Beherrschungsvertrag	1397
III.	Übernahmerechtlicher Squeeze out und Angebote nach WpÜG	1397
IV.	Übertragende Auflösung	1397
V.	Vertragskonzernierte GmbH	1398
VI.	Mehrstimmrechte	1398
VII.	Zeitlicher Anwendungsbereich	1398

C. Zulässigkeit von Anträgen 1398
    I. Zuständiges Gericht 1398
    II. Antragsberechtigung 1400
    III. Antragsfrist und Antragsbegründung 1402
    IV. Antragsgegner 1406
D. Der gemeinsame Vertreter 1406
    I. Allgemeines 1406
    II. Rechte und Pflichten des gemeinsamen Vertreters 1408
    III. Besonderheiten der §§ 6 a bis 6 c SpruchG 1409
E. Die mündliche Verhandlung 1409
    I. Vorbereitung 1409
    II. Mündliche Verhandlung 1411

§ 133 Gerichtliche Entscheidung und Rechtsmittel (*Krenek*) 1413
A. Die Entscheidung 1413
    I. Beschluss 1413
    II. Vergleich 1415
B. Beschwerde 1415
    I. Zulässigkeit der Beschwerde 1415
    II. Begründetheit der Beschwerde 1417

§ 134 Grundfragen der Unternehmensbewertung (*Krenek*) 1418
A. Ermittlung des Unternehmenswerts 1418
    I. Planung 1419
    II. Kapitalisierungszinssatz 1421
    III. Nicht betriebsnotwendiges Vermögen 1423
B. Bedeutung des Börsenkurses 1423
C. Bedeutung weiterer Werte? 1424
    I. Liquidationswert? 1424
    II. Substanzwert? 1425
    III. Vorerwerbspreise? 1425

Sachregister 1427

Abkürzungsverzeichnis (einschließlich der abgekürzt zitierten Literatur)

a. A.	anderer Ansicht
AAA	American Arbitration Association
a. a. O.	am angegebenen Ort
ABGB	Allgemeines Bürgerliches Gesetzbuch für Österreich
Abk.	Abkommen
abl.	ablehnend
ABl.	Amtsblatt
ABl. EG	Amtsblatt der Europäischen Gemeinschaften
Abs.	Absatz
Abschn.	Abschnitt
Abt.	Abteilung
abw.	abweichend
AbzG	Gesetz betreffend die Abzahlungsgeschäfte (Abzahlungsgesetz) vom 16.5.1894, aufgehoben durch VerbrKrG zum 1.1.1991
abzgl.	abzüglich
AcP	Archiv für die zivilistische Praxis (Band, Jahr, Seite)
ADHGB	Allgemeines Deutsches Handelsgesetzbuch von 1861
ADS/*Bearbeiter*	*Adler/Düring/Schmaltz*, Rechnungslegung und Prüfung der Unternehmen
a. E.	am Ende
A/E/S/*Bearbeiter*	*Achilles/Ensthaler/Schmidt*, Kommentar zum GmbHG
a. F.	alte Fassung
AfA	Absetzung für Abnutzungen
AFG	Arbeitsförderungsgesetz vom 25.6.1969 (BGBl. I, 582), aufgehoben, jetzt SGB III
AfP	Archiv für Presserecht
AFRG	Arbeitsförderungsreformgesetz
AG	Amtsgericht; Aktiengesellschaft; Die Aktiengesellschaft (Zeitschrift)
AGB	Allgemeine Geschäftsbedingungen
AGB-Banken	Allgemeine Geschäftsbedingungen der (privaten) Banken
AGBG	Gesetz zur Regelung des Rechts der Allgemeinen Geschäftsbedingungen vom 9.12.1976 (BGBl. I, 3317, aufgehoben durch SchuldRModG)
AGBGB	Ausführungsgesetz zum BGB
AGB-Spark.	Allgemeine Geschäftsbedingungen der Sparkassen und Girozentralen
AGH	Anwaltsgerichtshof
AgrarR	Agrarrecht (Zeitschrift)
AktG	Gesetz über die Aktiengesellschaften und Kommanditgesellschaften auf Aktien (Aktiengesetz) vom 6.9.1965 (BGBl. I, 1089)
AKV	Deutscher Auslandskassenverein AG
allg.	allgemein
allg.M.	allgemeine Meinung
Alt.	Alternative
a. M.	anderer Meinung
ÄndAufhG	Gesetz über die Änderung oder Aufhebung von Gesetzen der DDR
ÄndG	Änderungsgesetz
AnfG	Gesetz betreffend die Anfechtung von Rechtshandlungen eines Schuldners außerhalb des Insolvenzverfahrens (Anfechtungsgesetz) vom 5.10.1994 (BGBl. I, 2911)
Anh.	Anhang
Anm.	Anmerkung
AnSVG	Gesetz zur Verbesserung des Anlegerschutzes (Anlegerschutzverbesserungsgesetz) vom 28.10.2004 (BGBl. I, 2630)
AnwBl	Anwaltsblatt
AnwK-AktR/*Bearbeiter*	*Heidel*, AnwaltKommentar Aktienrecht
AnwK-BGB/*Bearbeiter*	*Dauner-Lieb/Heidel/Ring*, AnwaltKommentar BGB, 5 Bände
AO	Abgabenordnung i. d. F. vom 1.10.2002 (BGBl. I, 3866)

Abkürzungsverzeichnis

AöR	Archiv für öffentliches Recht (Zeitschrift – Band, Seite)
AP	Nachschlagewerk des Bundesarbeitsgerichts (seit 1954, vorher: Arbeitsrechtliche Praxis)
AR	Aufsichtsrat
ArbeitserlaubnisVO	Arbeitserlaubnisverordnung
ArbG	Arbeitsgericht
ArbGG	Arbeitsgerichtsgesetz i. d. F. vom 2.7.1979 (BGBl. I, 853, ber 1036)
ArbNErfG	Gesetz über Arbeitnehmererfindungen (Arbeitnehmererfindungsgesetz)
arg.(e.)	argumentum ex
Art.	Artikel
Aufl.	Auflage
AÜG	Gesetz zur Regelung der gewerbsmäßigen Arbeitnehmerüber-lassung (Arbeitnehmerüberlassungsgesetz) i. d. F. vom 3.2.1995 (BGBl. I, 158)
ausführl.	ausführlich
AuslInvestmG	Gesetz über den Vertrieb ausländischer Investmentanteile und über die Besteuerung der Erträge aus ausländischen Investmentanteilen i. d. F. vom 9.9.1998 (BGBl. I, 2820), aufgehoben durch InvG 2003
AusfG	Ausführungsgesetz
ausschl.	ausschließlich
AVB	Allgemeine Versicherungsbedingungen
AVG	Angestelltenversicherungsgesetz i. d. F. vom 28.5.1924 (RGBl. I 563), aufgehoben
AVO	Ausführungsverordnung
AWD	Außenwirtschaftsdienst des Betriebsberaters (Zeitschrift)
AWG	Außenwirtschaftsgesetz vom 28.4.1961 (BGBl. I, 481)
Az.	Aktenzeichen
BaBiRiLiG	Gesetz zur Durchführung der Richtlinie des Rates der Europäischen Gemeinschaften über den Jahresabschluss und den konsolidierten Abschluss von Banken und anderen Finanzinstituten (Bankbilanzrichtlinie-Gesetz) vom 30.11.1990 (BGBl. I, 2570)
BaFin	Bundesanstalt für Finanzdienstleistungsaufsicht (seit 1.5.2002)
BAG	Bundesarbeitsgericht
BAGE	Entscheidungen des Bundesarbeitsgerichts (Band, Seite)
BAKred	Bundesaufsichtsamt für das Kreditwesen, seit 2002 BaFin
BankA	Bankarchiv, Zeitschrift für Bank- und Börsenwesen
Bank-Betrieb	Die Bank, Zeitschrift für Bankpolitik und Bankpraxis (bis 1976: Bank-Betrieb)
BAnz	Bundesanzeiger
BausparKG	Gesetz über Bausparkassen (Bausparkassengesetz) i. d. F. vom 15.2.1991 (BGBl. I, 454)
BayObLG	Bayerisches Oberstes Landesgericht
BayOLGZ	Entscheidungen des Bayerischen Obersten Landesgerichts in Zivilsachen
BayStiftG	Bayerisches Stiftungsgesetz
BB	Betriebs-Berater (Zeitschrift)
BBankG	Gesetz über die Deutsche Bundesbank i. d. F. vom 22.10.1992 (BGBl. I, 1782)
BBiG	Berufsbildungsgesetz vom 23.3.2005 (BGBl. I, 931)
BBl	Betriebswirtschaftliche Blätter (Zeitschrift)
BBRL	Bankbilanzrichtlinie
Bd.	Band
BdF	Bundesminister der Finanzen
BDSG	Gesetz zum Schutz vor Missbrauch personenbezogener Daten bei der Datenverarbeitung (Bundesdatenschutzgesetz) i. d. F. vom 20.12.1990 (BGBl. I, 2954)
Bearb.	Bearbeiter
Begr.	Begründung
Beil.	Beilage
Bem.	Bemerkung
ber.	berichtigt
bestr.	bestritten

Abkürzungsverzeichnis

betr.	betreffend
BetrR	Betriebsrat
BetrAVG	Gesetz zur Verbesserung der betrieblichen Altersversorgung (Betriebsrentengesetz) vom 19.12.1974 (BGBl. I, 3610)
BetrVG	Betriebsverfassungsgesetz i. d. F. vom 25.9.2001 (BGBl. I, 2518)
BeurkG	Beurkundungsgesetz vom 28.8.1969 (BGBl. I, 1513)
BewG	Bewertungsgesetz i. d. F. vom 1.2.1991 (BGBl. I, 230)
BFG	Bundesfinanzgericht
BFH	Bundesfinanzhof
BFHE	Sammlung der Entscheidungen und Gutachten des BFH
BFuP	Betriebswirtschaftliche Forschung und Praxis (Zeitschrift)
BGB	Bürgerliches Gesetzbuch vom 18.8.1896 (RGBl., 195), i. d. F. vom 2.1.2002 (BGBl. I, 42)
BGBl. I, II	Bundesgesetzblatt, Teil I und II (Teil, Seite)
BGH	Bundesgerichtshof
BGH EBE	Eildienst der Entscheidungen des BGH
BGHSt	Entscheidungen des BGH in Strafsachen (Band, Seite)
BGHZ	Entscheidungen des BGH in Zivilsachen (Band, Seite)
BilKomm/*Bearbeiter*	*Ellrott/Förschle/Hoyos/Winkeljohann*, Beck'scher Bilanzkommentar, Handelsbilanz Steuerbilanz
BilReG	Gesetz zur Einführung internationaler Rechnungslegungsstandards und zur Sicherung der Qualität der Abschlussprüfung (Bilanzrechtsreformgesetz) vom 4.12.2004 (BGBl. I, 3166)
BiRiLiG	Gesetz zur Durchführung der Vierten, Siebenten und Achten Richtlinie des Rates der Europäischen Gemeinschaften zur Koordinierung des Gesellschaftsrecht (Bilanzrichtlinien-Gesetz) vom 19.12.1985 (BGBl. I 1985, 2335)
BKartA	Bundeskartellamt
BKR	Zeitschrift für Bank- und Kapitalmarktrecht
Bl.	Blatt
B/L/A/H/*Bearbeiter*	*Baumbach/Lauterbach/Albers/Hartmann*, Zivilprozessordnung: ZPO
BMF	Bundesministerium der Finanzen
BMJ	Bundesministerium der Justiz
BMW	Bundesministerium für Wirtschaft (und Technologie)
BMinBlF	Bundesministerialblatt für Finanzen
BNotO	Bundesnotarordnung vom 24.2.1961 (BGBl. I, 1998)
BO	Börsenordnung
BörsG	Börsengesetz vom 21.6.2002 (BGBl. I, 2010)
BörsZulVO	Verordnung über die Zulassung von Wertpapieren zum amtlichen Markt an einer Wertpapierbörse (Börsenzulassungsverordnung) i. d. F. vom 9.9.1998 (BGBl. I, 2832)
BPatG	Bundespatentgericht
BR	Bundesrat
BRAGO	Bundesgebührenordnung für Rechtsanwälte (Bundesrechtsanwaltsgebührenordnung) vom 26.7.1957 (BGBl. I, 907), aufgehoben zum 1.7.2004 durch KostR-MoG vom 5.5.2005 (BGBl. I, 718), jetzt: RVG
BRAK	Bundesrechtsanwaltskammer
BRAK-Mitt.	BRAK-Mitteilungen (Zeitschrift)
BRAO	Bundesrechtsanwaltsordnung vom 1.8.1959 (BGBl. I, 565)
BR-Drs.	Bundesratsdrucksache
BSG	Bundessozialgericht
BSHG	Bundessozialhilfegesetz
BStBl. I, II	Bundessteuerblatt, Teil I und II (Teil, (Jahr) und Seite)
bspw.	beispielsweise
BT	Bundestag
BT-Drs.	Bundestags-Drucksache
Buchst.	Buchstabe
BuW	Betrieb und Wirtschaft (Zeitschrift)
BVerfG	Bundesverfassungsgericht

Abkürzungsverzeichnis

BVerfGE	Entscheidungen des Bundesverfassungsgerichts (Band, Seite)
BVerfGG	Gesetz über das Bundesverfassungsgericht
BVerwG	Bundesverwaltungsgericht
BVG	Besonderes Verhandlungsgremium
BVR	Bankvertragsrecht
BvS	Bundesanstalt für vereinigungsbedingte Sonderaufgaben (Treuhandanstalt)
BZRG	Gesetz über das Zentralregister und das Erziehungsregister (Bundeszentralregistergesetz) i. d. F. der Bekanntmachung vom 21.9.1984 (BGBl. I, 1229, ber. 1985 I, 195)
bzw.	beziehungsweise
CA	Companies Act
Cc	Code civil, Codice civile, Código civil
CDH	Centralvereinigung Deutscher Wirtschaftsverbände für Handelsvermittlung und Vertrieb
CESR	Committee of European Securities Regulators
cic	culpa in contrahendo
CR	Computer und Recht (Zeitschrift)
DArbR	Deutsches Arbeitsrecht (Zeitschrift)
DAV	Deutscher Anwaltverein
DB	Der Betrieb (Zeitschrift)
DBA	Doppelbesteuerungsabkommen
DBW	Die Betriebswirtschaft (Zeitschrift); vor 1977: Zeitschrift für Handelswissenschaft und Handelspraxis
DCGK	Deutscher Corporate Governance Kodex i. d. F. vom 2.6.2005
D/E/J/W/*Bearbeiter*	*Dötsch/Eversberg/Jost/Witt*, Die Körperschaftsteuer, Loseblatt-Sammlung
DepotG	Gesetz über die Verwaltung und Anschaffung von Wertpapieren (Depotgesetz) vom 4.2.1937 (RGBl. I, 171) i. d. F. vom 11.1.1995 (BGBl. I, 34)
ders.	derselbe
dgl.	dergleichen
DGVZ	Deutsche Gerichtsvollzieherzeitung (Zeitschrift)
d. h.	das heißt
DIS	Deutsche Institution für Schiedsgerichtsbarkeit e. V.
DIS-SchGO	Schiedsgerichtsordnung der Deutschen Institution für Schiedsgerichtsbarkeit e. V.
Diss.	Dissertation
DJ	Deutsche Justiz (Zeitschrift)
DJZ	Deutsche Juristenzeitung (Zeitschrift)
DMBilG	Gesetz über die Eröffnungsbilanz in Deutscher Mark und die Kapitalneufestsetzung (D-Mark-Bilanzgesetz) i. d. F. vom 28.7.1994 (BGBl. I, 1842)
DNotZ	Deutsche Notarzeitung (Zeitschrift)
DÖV	Die öffentliche Verwaltung (Zeitschrift)
DR	Deutsches Recht (Zeitschrift)
DrittelbG	Gesetz über die Drittelbeteiligung der Arbeitnehmer im Aufsichtsrat (Drittelbeteiligungsgesetz) vom 18.5.2004 (BGBl. I, 974)
DRpfl	Deutsche Rechtspflege (Zeitschrift)
DStR	Deutsches Steuerrecht (Zeitschrift); vor 1962: Deutsche Steuer-Rundschau
DStRE	Deutsches Steuerrecht – Entscheidungsdienst
DStZ	Deutsche Steuerzeitung
DVO	Durchführungsverordnung
DZWir	Deutsche Zeitschrift für Wirtschaftsrecht
e. A.	Einstweilige Anordnung
ebd.	ebenda
EBE/BGH	Eildienst Bundesgerichtliche Entscheidungen
EBITDA	earnings before interest, taxes, depreciation and amortization
E/B/J/S/*Bearbeiter*	*Ebenroth/Boujong/Joost/Strohn*, HGB, 2 Bände

EFG	Entscheidungen der Finanzgerichte
eG	eingetragene Genossenschaft
EG	Europäische Gemeinschaft; Einführungsgesetz; Vertrag zur Gründung der europäischen Gemeinschaft (ab 1.5.1999; vorher: EGV)
EGAktG	Einführungsgesetz zum Aktiengesetz vom 6.9.1965 (BGBl. I, 1185)
EGBGB	Einführungsgesetz zum Bürgerlichen Gesetzbuch vom 18.8.1896 (RGBl. 604)
EGGmbHG	Einführungsgesetz zum GmbH-Gesetz
EGHGB	Einführungsgesetz zum Handelsgesetzbuch vom 10.5.1897 (RGBl. 437)
EGInsO	Einführungsgesetz zur Insolvenzordnung
EGStGB	Einführungsgesetz zum Strafgesetzbuch
EGV/EG-Vertrag	Vertrag zur Gründung der Europäischen Gemeinschaft (vor 1.5.1999; seither: EG)
EHUG	Gesetz über elektronische Handelsregister und Genossenschaftsregister sowie das Unternehmensregister vom 10.11.2006 (BGBl. I, 2553)
Einf.	Einführung
EinigV	Einigungsvertrag
Einl.	Einleitung
einschl.	einschließlich
EMRK	Europäische Konvention zum Schutz der Menschenrechte und Grundfreiheiten
entspr.	entsprechend
EnWG	Energiewirtschaftsgesetz
ErbStG	Erbschaftsteuer- und Schenkungsteuergesetz i. d. F. der Bekanntmachung vom 27.2.1997 (BGBl. I, 378)
erg.	ergänzend
Erg.Lfg.	Ergänzungslieferung
ERJuKoG	Gesetz über elektronische Register und Justizkosten für Telekommunikation vom 10.12.2001 (BGBl. I, 3422)
Erl.	Erlass; Erläuterung(en)
EStDV	Einkommensteuer-Durchführungsverordnung
EStG	Einkommensteuergesetz i. d. F. vom 19.10.2002 (BGBl. I, 4210)
EStR	Einkommensteuerrichtlinien
etc.	et cetera
EU	Europäische Union
EuBVO	Verordnung (EG) Nr. Nr. 1206/2000 des Rates über die Zusammenarbeit zwischen den Gerichten der Mitgliedstaaten auf dem Gebiet der Beweisaufnahme
EuGH	Gerichtshof der Europäischen Gemeinschaften
EuGVO	Europäische Verordnung über die gerichtliche Zuständigkeit und die Anerkennung und Vollstreckung von Entscheidungen in Zivil- und Handelssachen vom 22.12.2000, ABlEG 2001 Nr. L 12/1, zuvor EuGVÜbk
EuGVÜ	Europäisches Übereinkommen über die gerichtliche Zuständigkeit und die Vollstreckung gerichtlicher Entscheidungen in Zivil- und Handelssachen vom 27.9.1968 (BGBl. I, 1972)
EuInsVO	Verordnung (EG) Nr. 1346/2000 des Rates über Insolvenzverfahren (ABl. EG Nr. L 160 S. 1)
EuroEG	Gesetz zur Einführung des Euro vom 9.6.1998 (BGBl. I, 1242)
EuZVO	Verordnung (EG) Nr. Nr. 1348/2001 des Rates über die Zustellung gerichtlicher und außergerichtlicher Schriftstücke
EuZW	Europäische Zeitschrift für Wirtschaftsrecht (Zeitschrift)
e. V.	einstweilige Verfügung; eingetragener Verein
EWiR	Entscheidungen zum Wirtschaftsrecht (Zeitschrift)
EWIV	Europäische Wirtschaftliche Interessenvereinigung
EWIVG/EWIV-AG	Gesetz zur Ausführung der EWG-Verordnung über die Europäische wirtschaftliche Interessenvereinigung (EWIV-Ausführungsgesetz) vom 14.4.1988 (BGBl. I, 514)
EWIV-VO	Verordnung (EWG) Nr. 2137/85 über die Schaffung einer Europäischen Wirtschaftlichen Interessenvereinigung
EWR	Europäischer Wirtschaftsraum
EzA	Entscheidungen zum Arbeitsrecht

Abkürzungsverzeichnis

f., ff.	folgende (r)
F&E	Forschung und Entwicklung
Fa.	Firma
FamRZ	Zeitschrift für Familienrecht
FAZ	Frankfurter Allgemeine Zeitung
FB	FinanzBetrieb (Zeitschrift)
FG	Finanzgericht
FG 50 Jahre BGH	*Canaris/Heldrich/Hopt/Schmidt/Roxin/Widmaier*, 50 Jahre Bundesgerichtshof, Festgabe aus der Wissenschaft, 4 Bände, 2000
FGG	Gesetz über die Angelegenheiten der freiwilligen Gerichtsbarkeit vom 17.5.1898 (RGBl. 189) i. d. F. vom 20.5.1898 (RGBl. 771)
FGO	Finanzgerichtsordnung
FGPrax	Praxis der freiwilligen Gerichtsbarkeit (Zeitschrift)
FinMin	Finanzministerium (eines Bundeslandes)
FK InsO/*Bearbeiter*	*Wimmer*, Frankfurter Kommentar zur Insolvenzordnung
FLF	Finanzierung Leasing Factoring (Zeitschrift)
Fn.	Fußnote
FR	Finanzrundschau Deutsches Steuerblatt (Zeitschrift)
FRA	Forward Rate Agreement
FS	Festschrift (für)
FusionsRL	Fusions-Richtlinie
G	Gesetz
GastG	Gaststättengesetz
GB	Grundbuch
GBA	Grundbuchamt
GBl.	Gesetzblatt
GBl. (DDR) I	Gesetzblatt Deutsche Demokratische Republik Teil I
GBO	Grundbuchordnung i. d. F. vom 26.5.1994 (BGBl. I, 1114)
GbR	Gesellschaft bürgerlichen Rechts
GebrMG	Gebrauchsmustergesetz i. d. F. vom 28.8.1986 (BGBl. I, 1455)
gem.	gemäß
GemSOGB	Gemeinsamer Senat der obersten Gerichtshöfe des Bundes
GenG	Gesetz betreffend die Erwerbs- und Wirtschaftsgenossenschaften (Genossenschaftsgesetz) vom 1.5.1889 (RGBl. 55) i. d. F. vom 19.8.1994 (BGBl. I, 220)
GenTG	Gentechnikgesetz
GeschmMG	Gesetz über den rechtlichen Schutz von Mustern und Modellen (Geschmacksmustergesetz) vom 12.3.2004 (BGBl. I, 390)
GesO	Gesamtvollstreckungsanordnung
GewArch	Gewerbearchiv (Zeitschrift)
GewO	Gewerbeordnung i. d. F. vom 22.2.1999 (BGBl. I, 202)
GewStG	Gewerbesteuergesetz i. d. F. vom 15.10.2002 (BGBl. I, 4167)
GG	Grundgesetz für die Bundesrepublik Deutschland vom 23.5.1949 (BGBl. I, 1)
ggf.	gegebenenfalls
G/H/E/K/*Bearbeiter*	*Geßler/Hefermehl/Eckhard/Kropff*, Münchener Kommentar Aktiengesetz, 9 Bände
GKG	Gerichtskostengesetz i. d. F. vom 15.12.1975 (BGBl. I, 3047)
GmbH	Gesellschaft mit beschränkter Haftung
GmbHÄndG	Gesetz zur Änderung des Gesetzes betreffend die Gesellschaften mit beschränkter Haftung und anderer handelsrechtlicher Vorschriften vom 4.7.1980 (BGBl. I, 836)
GmbH-Hdb/*Bearbeiter*	*GmbH-Handbuch*, Loseblatt, 5 Ordner
GmbHG	Gesetz betreffend die Gesellschaften mit beschränkter Haftung vom 20.4.1892 (RGBl., 477) i. d. F. vom 20.5.1898 (RGBl., 846), zuletzt geändert durch EHUG
GmbHR	GmbH-Rundschau (Zeitschrift)
GmbH-Stb	Der GmbH-Steuerberater (Zeitschrift)
GoA	Geschäftsführung ohne Auftrag
GoB	Grundsätze ordnungsgemäßer Buchführung

Abkürzungsverzeichnis

GoI	Grundsätze ordnungsgemäßer Inventur
grds.	grundsätzlich
GrEStG	Grunderwerbsteuergesetz
GroßkommAktG/*Bearbeiter*	*Hopt/Wiedemann*, Aktiengesetz Großkommentar
GroßkommHGB/*Bearbeiter*	*Staub/Canaris/Schilling/Ulmer*, Handelsgesetzbuch Großkommentar zum HGB und seinen Nebengesetzen, 9 Bände
GrS	Großer Senat
GrSZ	Großer Senat in Zivilsachen
GRUR	Gewerblicher Rechtsschutz und Urheberrecht (Zeitschrift)
GS	Gedächtnisschrift; Preußische Gesetzsammlung (Jahr, Seite)
GüKG	Güterkraftverkehrsgesetz i. d. F. vom 22.6.1998 (BGBl. I, 1485)
GuV	Gewinn- und Verlust-Rechnung
GVBl.	Gesetz- und Verordnungsblatt (Jahr, Seite)
GV	Gerichtsvollzieher
GVG	Gerichtsverfassungsgesetz
GWB	Gesetz gegen Wettbewerbsbeschränkungen i. d. F. vom 15.7.2005 (BGBl. I, 2114)
h. A.	herrschende Auffassung
HaftpflG	Haftpflichtgesetz
HansOLG	Hanseatisches OLG
HausTWG	Gesetz über den Widerruf von Haustürgeschäften und ähnlichen Geschäften vom 16.1.1986 (BGBl. I, 122), aufgehoben durch SchuldRModG
Hdb AG/*Bearbeiter*	*Müller/Rödder*, Beck'sches Handbuch der AG, mit KGaA, Gesellschaftsrecht Steuerrecht Börsengang
Hdb CorpGov/*Bearbeiter*	*Hommelhoff/Hopt/v. Werder/Kleindieck*, Handbuch Corporate Governance
Hdb GmbH/*Bearbeiter*	*Müller/Hense*, Beck'sches Handbuch der GmbH, Gesellschaftsrecht Steuerrecht
Hdb PersGes/*Bearbeiter*	*Müller/Hoffmann*, Beck'sches Handbuch der Personengesellschaften, Gesellschaftsrecht Steuerrecht
HessStiftG	Hessisches Stiftungsgesetz
HFA	Hauptfachausschuss des Instituts der Wirtschaftsprüfer
HGB	Handelsgesetzbuch vom 10.5.1897 (RGBl., 219), zuletzt geändert durch EHUG vom 10.11.2006
HGrG	Gesetz über die Grundsätze des Haushaltsrechts (Haushaltsgrundsätzegesetz) vom 19.8.1969 (BGBl. I, 1273)
H/H/R/*Bearbeiter*	*Herrmann/Heuer/Raupach*, Einkommensteuer- und Körperschaftsteuergesetz mit Nebengesetzen, Loseblatt-Sammlung, 20 Ordner
HinterlO	Hinterlegungsordnung vom 10.3.1937 (RGBl. I, 285)
HK GmbHG/*Bearbeiter*	*Bartl/Fichtelmann/Schlarb*, Heidelberger Kommentar zum GmbH-Recht
HK InsO/*Bearbeiter*	*Eickmann/Flessner/Irschlinger/Kirchhof/Kreft/Landfehrmann/Marotzke/Stephan*, Heidelberger Kommentar zur Insolvenzordnung
h. L.	herrschende Lehre
h. M.	herrschende Meinung
HRefG	Gesetz zur Neuregelung des Kaufmanns- und Firmenrechts und zur Änderung anderer handels- und gesellschaftsrechtlicher Vorschriften (Handelsrechtsreformgesetz – HRefG) vom 22.6.1998 (BGBl. I, 1474)
HReg	Handelsregister
HRegGebNeuOG	Gesetz zur Neuordnung der Gebühren in Handels-, Partnerschafts- und Genossenschaftsregistersachen (Handelsregistergebühren-Neuordnungsgesetz) vom 3.7.2004 (BGBl. I, 1410)
HRegGebV	Verordnung über Gebühren in Handels-, Partnerschafts- und Genossenschaftsregistersachen (Handelsregistergebührenverordnung) vom 30.9.2004 (BGBl. I, 2562)
HRR	Höchstrichterliche Rechtsprechung (Zeitschrift)
HRV	Verordnung über die Einrichtung und Führung des Handelsregisters (Handelsregisterverordnung) vom 12.8.1937 (RMBl., 515), zuletzt geändert durch EHUG vom 10.11.2006

Abkürzungsverzeichnis

Hs.	Halbsatz
Hrsg.	Herausgeber
H/T/M-T/*Bearbeiter*	*Hesselmann/Tillmann/Mueller-Thuns*, Handbuch der GmbH & Co. KG
HV	Hauptversammlung
HwO	Handwerksordnung
HypBG	Hypothekenbankgesetz i. d. F. vom 9.9.1998 (BGBl. I, 2674), aufgehoben durch PfandBG
i.A(bw).	in Abwicklung
IA	Insolvency Act
IAS	International Accounting Standard, ab 1.4.2001 IFRS
ICC	International Chamber of Commerce
ICC-SchGO	Schiedsgerichtsordnung des International Court of Arbitration of the International Chamber of Commerce
i. d. F.	in der Fassung
i. d.gelt.F.	in der geltenden Fassung
i. d. R.	in der Regel
IdW	Institut der Wirtschaftsprüfer in Deutschland e. V.
i. E.	im Einzelnen
i.Erg.	im Ergebnis
i. e. S.	im engeren Sinne
IFRS	International Financial Reporting Standard (seit 1.4.2001, zuvor: IAS)
IHK	Industrie- und Handelskammer
IHR	Richtlinien für Insidergeschäfte mit börsenorientierten oder öffentlich angebotenen Aktien (Insiderhandelsrichtlinien)
i. H. v.	in Höhe von
i.Ins.	in Insolvenz
i.L(iq).	in Liquidation
insbes.	insbesondere
InsO	Insolvenzordnung vom 5.10.1994 (BGBl. I, 2866)
InsVV	Insolvenzrechtliche Vergütungsverordnung
InvG	Investmentgesetz vom 15.12.2003 (BGBl. I, 2676)
InVo	Insolvenz und Vollstreckung (Zeitschrift)
IPR	Internationales Privatrecht
IPRax	Praxis des Internationalen Privat- und Verfahrensrechts (Zeitschrift)
IPRspr	Die Deutsche Rechtsprechung auf dem Gebiete des IPR (Zeitschrift)
i. S.	im Sinne
i. S. d.	im Sinne des (der)
IStR	Internationales Steuerrecht (Zeitschrift)
i. S. v.	im Sinne von
i. V. m.	in Verbindung mit
IZRspr	Sammlung der deutschen Entscheidungen zum internationalen Privatrecht
i.Zw.	im Zweifel
JA	Juristische Arbeitsblätter (Zeitschrift)
JKomG	Gesetz über die Verwendung elektronischer Kommunikationsformen in der Justiz (Justizkommunikationsgesetz) vom 22.3.2005 (BGBl. I, 837)
JR	Juristische Rundschau (Zeitschrift)
JuS	Juristische Schulung (Zeitschrift)
JurBüro	Das Juristische Büro (Zeitschrift)
JW	Juristische Wochenschrift (Zeitschrift)
JZ	Juristenzeitung (Zeitschrift)
KAGG	Gesetz über die Kapitalanlagegesellschaften i. d. F. vom 9.9.1998 (BGBl. I, 2726), aufgehoben durch InvG 2003
Kap.	Kapitel

Abkürzungsverzeichnis

KapAEG	Gesetz zur Verbesserung der Wettbewerbsfähigkeit deutscher Konzerne an Kapitalmärkten und zur Erleichterung der Aufnahme von Gesellschaftsdarlehen (Kapitalaufnahmeerleichterungsgesetz) vom 20.4.1998 (BGBl. I, 707)
KapErhG	Gesetz über die Kapitalerhöhung aus Gesellschaftsmitteln und über die Verschmelzung von Gesellschaften mit beschränkter Haftung vom 23.12.1959 (BGBl. I, 789), außer Kraft mit Wirkung vom 1.1.1995 durch Gesetz vom 28.10.1994 (BGBl. I, 3210)
KapErhStG	Gesetz über steuerrechtliche Maßnahmen bei Erhöhung des Nennkapitals aus Gesellschaftsmitteln vom 30.12.1959 (BGBl. I, 834; BStBl. I 1960, 14)
KapMuG	Gesetz zur Einführung von Kapitalanleger-Musterverfahren (Kapitalanleger-Musterverfahrensgesetz vom 16.8.2005 (BGBl. I, 2437, ber. BGBl. I, 3095)
Kfm.	Kaufmann
kfm.	kaufmännisch
KfW	Kreditanstalt für Wiederaufbau
KG	Kommanditgesellschaft; Kammergericht
KGaA	Kommanditgesellschaft auf Aktien
KGJ	Jahrbuch für die Entscheidungen des Kammergerichts (Band, Seite)
KO	Konkursordnung i. d. F. vom 20.5.1898 (RGBl. 612)
KöKo AktG/*Bearbeiter*	*Zöllner/Noack*, Kölner Kommentar zum Aktiengesetz, 8 Bände
KöKo WpÜG/*Bearbeiter*	*Hirte/v. Bülow*, Kölner Kommentar zum WpÜG
KonTraG	Gesetz über die Kontrolle und Transparenz im Unternehmensbereich vom 27.4.1998 (BGBl. I, 786)
KostO	Gesetz über die Kosten in Angelegenheiten der freiwilligen Gerichtsbarkeit (Kostenordnung) i. d. F. vom 26.7.1957 (BGBl. I, 960)
K/R/M/*Bearbeiter*	*Koller/Roth/Morck*, HGB
KSchG	Kündigungsschutzgesetz vom 25.8.1969 (BGBl. I, 1317)
KStG	Körperschaftsteuergesetz 2002 i. d. F. vom 15.10.2002 (BGBl. I, 4144)
KStR	Körperschaftsteuerrichtlinien
KTS	Konkurs, Treuhand- und Schiedsgerichtswesen (Zeitschrift)
KunstUrhG	Gesetz betreffend das Urheberrecht an Werken der bildenden Künste und der Photographie (Kunsturhebergesetz)
KV	Kostenverzeichnis
KVStG	Kapitalverkehrssteuergesetz i. d. F. vom 17.11.1972 (BGBl. I, 2129), aufgehoben
KWG	Gesetz über das Kreditwesen i. d. F. vom 9.9.1998 (BGBl. I, 2776)
LadschlG	Ladenschlussgesetz vom 28.11.1956 (BGBl. I, 875)
LAG	Landesarbeitsgericht
LAGE	Entscheidungssammlung Landesarbeitsgerichte
LFzG/LohnFG	Gesetz über die Fortzahlung des Arbeitsentgelts im Krankheitsfalle (Lohnfortzahlungsgesetz) vom 27.7.1969 (BGBl. I, 946)
LG	Landgericht
LHO	Landeshaushaltsordnung
lit.	litera, Buchstabe
LM	Lindenmaier-Möhring, Nachschlagewerk des Bundesgerichtshofs
LohnFG	s. LFzG
LPartG	Gesetz über die eingetragene Lebenspartnerschaft (Lebenspartnerschaftsgesetz) vom 16.2.2001 (BGBl. I, 66)
LPG	Landwirtschaftliche Produktionsgenossenschaft (DDR)
LS	Leitsatz
LSG	Landessozialgericht
LStDV	Lohnsteuer-Durchführungsverordnung
ltd./Ltd.	(engl.) Limited, private limited company by shares
LuftVG	Luftverkehrsgesetz i. d. F. vom 27.3.1999 (BGBl., 550)
LZ	Leipziger Zeitschrift für Deutsches Recht
MAH GmbH/*Bearbeiter*	*Römermann*, Münchener Anwaltshandbuch GmbH-Recht
MAH PersGes/*Bearbeiter*	*Gummert*, Münchener Anwaltshandbuch Personengesellschaftsrecht
m. Anm.	mit Anmerkung

Abkürzungsverzeichnis

MarkenG	Gesetz über den Schutz von Marken und sonstigen Kennzeichen (Markengesetz) vom 25.10.1994 (BGBl. I, 3082), ber. 1995 I 156
MDR	Monatsschrift für Deutsches Recht
MinBl.	Ministerialblatt
MindestKapG	RegE eines Gesetzes zur Neuregelung des Mindestkapitals der GmbH vom 14.6.2005 (BT-Drs. 15/5673), nicht beschlossen
MitbestErgG	Gesetz zur Ergänzung des Gesetzes über die Mitbestimmung der Arbeitnehmer in den Aufsichtsräten und Vorständen der Unternehmen des Bergbaus und der Eisen und Stahl erzeugenden Industrie vom 7.8.1956 (BGBl. I, 707)
MitbestG	Gesetz über die Mitbestimmung der Arbeitnehmer (Mitbestimmungsgesetz) vom 4.5.1976 (BGBl. I, 1153)
MittBl.	Mitteilungsblatt
MittBayNotK	Mitteilungen der Bayerischen Notarkammer
MittRhNotK	Mitteilungen der Rheinischen Notarkammer
MMR	MultiMedia und Recht (Zeitschrift)
m. N.	mit Nachweis(en)
MoMiG	Gesetze zur Modernisierung des GmbH-Rechts und zur Bekämpfung von Missbräuchen
MontanMitbestG	Gesetz über die Mitbestimmung der Arbeitnehmer in den Aufsichtsräten und Vorständen der Unternehmen des Bergbaus und der Eisen und Stahl erzeugenden Industrie (Montan-Mitbestimmungsgesetz) vom 21.5.1951 (BGBl. I, 347)
MontanMitbestErgG	Gesetz zur Ergänzung des Gesetzes über die Mitbestimmung der Arbeit-nehmer in den Aufsichtsräten und Vorständen der Unternehmen des Bergbaus und der Eisen und Stahl erzeugenden Industrie (Montan-Mitbestimmungsgesetz)
MRK	Menschenrechtskonvention
MüKo BGB/*Bearbeiter*	*Rebmann/Säcker/Rixecker*, Münchener Kommentar zum Bürgerlichen Gesetzbuch, 12 Bände und Loseblatt-Aktualisierungsband
MüKo AktG/*Bearbeiter*	*Kropff/Semler*, Münchener Kommentar Aktiengesetz 9 Bände
MüKo HGB/*Bearbeiter*	*K. Schmidt*, Münchener Kommentar zum Handelsgesetzbuch, 7 Bände und Ergänzungsband
MüKo ZPO/*Bearbeiter*	*Lüke/Wax*, Münchener Kommentar zur Zivilprozessordnung, 3 Bände und Aktualisierungsband
MünchHdb GesR I (II/III/IV/V)/*Bearbeiter*	Münchener Handbuch des Gesellschaftsrechts
MünchVertrHdb I/*Bearbeiter*	*Heidenhain/Meister/Waldner*, Münchener Vertragshandbuch Band 1: Gesellschaftsrecht)
MuSchG	Gesetz zum Schutze der erwerbstätigen Mutter (Mutterschutzgesetz) i. d. F. vom 20.6.2002 (BGBl. I, 1812)
m. w. N.	mit weiteren Nachweisen
m. w. V.	mit weiteren Verweisen
NachhBG	Gesetz zur zeitlichen Begrenzung der Nachhaftung von Gesellschaftern (Nachhaftungsbegrenzungsgesetz) vom 18.3.1994 (BGBl. I, 560)
NaStraG	Gesetz zur Namensaktie und zur Erleichterung der Stimmrechtsausübung (Namensaktiengesetz) vom 18.1.2001 (BGBl. I, 123)
n. F.	neue Fassung
NJ	Neue Justiz (Zeitschrift)
NJOZ	Neue Juristische Online-Zeitschrift
NJW	Neue Juristische Wochenschrift (Zeitschrift)
NJW-CoR	NJW-Computerreport (Zeitschrift)
NJW-RR	Neue Juristische Wochenschrift Rechtsprechungsreport (Zeitschrift)
NJWE-VHR	NJW-Entscheidungsdienst Versicherungs- und Haftpflicht (Zeitschrift)
NJWE-WettbR	NJW-Entscheidungsdienst für Wettbewerbsrecht (Zeitschrift)
Nr.	Nummer(n)
NRW	Nordrhein-Westfalen
NStZ	Neue Zeitschrift für Strafrecht
NStZ-RR	Neue Zeitschrift für Strafrecht Rechtsprechungsreport
NVwZ	Neue Zeitschrift für Verwaltungsrecht

NVwZ-RR	Neue Zeitschrift für Verwaltungsrecht Rechtsprechungsreport
NZA	Neue Zeitschrift für Arbeitsrecht
NZA-RR	Neue Zeitschrift für Sozialrecht
NZG	Neue Zeitschrift für Gesellschaftsrecht
o. ä. (Ä.)	oder ähnlich/oder Ähnliches
OECD-MA	OECD-Musterabkommen 2003 zur Vermeidung der Doppelbesteuerung auf dem Gebiet der Steuern vom Einkommen und vom Vermögen
OEEC	Organization for European Economic Cooperation
ÖJZ	Österreichische Juristenzeitung
o. g.	oben genannt(e/er/es)
OGH	Oberster Gerichtshof in Österreich
OGHZ	Amtliche Sammlung der Entscheidungen des OGH in Zivilsachen
OHG	Offene Handelsgesellschaft
OLG	Oberlandesgericht
OLGE	Sammlung der Rechtsprechung der Oberlandesgerichte (Band, Seite)
OLG-NL	OLG-Rechtsprechung Neue Länder
OLGR	OLG-Report (Zeitschrift)
OLGZ	Entscheidungen der Oberlandesgerichte in Zivilsachen einschließlich der freiwilligen Gerichtsbarkeit
ÖV	Die öffentliche Verwaltung (Zeitschrift)
OVG	Oberverwaltungsgericht
OVGE	Entscheidungen der Oberverwaltungsgerichte (Band, Seite)
OWiG	Gesetz über Ordnungswidrigkeiten i. d. F. vom 19.2.1987 (BGBl. I, 602)
p. a.	per annum
PachtKG	Pachtkreditgesetz
Palandt/*Bearbeiter*	Palandt, Kurzkommentar zum BGB
PartGG	Gesetz über Partnergesellschaften Angehöriger Freier Berufe (Partnerschaftsgesellschaftsgesetz) vom 25.7.1994 (BGBl. I, 1744)
PatAO	Patentanwaltsordnung
PatG	Patentgesetz i. d. F. vom 16.12.1980 (BGBl. 1981 I 1)
PersBfG	Gesetz über die Beförderungen von Personen zu Lande (Personenbeförderungsgesetz) i. d. F. vom 8.8.1990 (BGBl. I, 1690)
PfandBG	Pfandbriefgesetz vom 22.5.2005 (BGBl. I, 1373)
PGH	Produktionsgenossenschaft des Handwerks (DDR)
PrAngV(O)	Preisangabenverordnung vom 18.10.2002 (BGBl. I, 4197)
PaxisHdb GmbH-GF/*Bearbeiter*	Praxishandbuch GmbH-Geschäftsführer
ProdHaftG	Gesetz über die Haftung für fehlerhafte Produkte (Produkthaftungsgesetz) vom 15.12.1989 (BGBl. I, 2198)
PrüfbV	Prüfungsberichtsverordnung
PRV	Partnerschaftsregisterverordnung
PublG	Gesetz über die Rechnungslegung von bestimmten Unternehmen und Konzernen (Publizitätsgesetz) vom 15.8.1969 (BGBl. I 1189), berichtigt 1970 I 1113
Publikumsges.	Publikumsgesellschaft
pVV	positive Vertragsverletzung
PWW/*Bearbeiter*	*Prütting/Wegen/Weinreich*, Kommentar zum BGB
RA	Rechtsanwalt
RAK	Rechtsanwaltskammer
RberG	Rechtsberatungsgesetz vom 13.12.1935 (RGBl. I, 1478)
RdA	Recht der Arbeit (Zeitschrift)
Rdn.	Randnummer innerhalb des Werkes
Recht	Das Recht (seit 1935 Beilage zu Deutsche Justiz) (Zeitschrift, Jahr und Nr. der Entscheidung bzw. Jahr und Seite)
RefE	Referentenentwurf

Abkürzungsverzeichnis

RefE MoMiG	Referentenentwurf eines »Gesetzes zur Modernisierung des GmbH-Rechts und zur Bekämpfung von Missbräuchen« vom 29.5.2006
RegBegr.	(Gesetzes-)Begründung der Bundesregierung
RegBl.	Regierungsblatt
RegE	Regierungsentwurf
RegE BilMoG	Regierungsentwurf eines »Gesetzes zur Modernisierung des Bilanzrechts« vom 21.5.2008 (BT-Drs. 344/08 vom 23.5.2008)
RegE EHUG	Regierungsentwurf eines »Gesetzes über elektronische Handelsregister und Genossenschaftsregister sowie das Unternehmensregister« vom 14.12.2005 (BT-Drs. 16/960 vom 15.3.2006)
RegE MoMiG	Regierungsentwurf eines »Gesetzes zur Modernisierung des GmbH-Rechts und zur Bekämpfung von Missbräuchen« vom 23.5.2007 (BT-Drs. 16/6140 vom 25.7.2007)
RFH	Reichsfinanzhof
RG	Reichsgericht
RGSt	Amtliche Sammlung der Entscheidungen des Reichsgerichts in Strafsachen (Band, Seite)
RGZ	Reichsgericht, Entscheidungen in Zivilsachen
RGBl.	Reichsgesetzblatt
Richtl.	Richtlinie
RIW/AWD	Recht der internationalen Wirtschaft/Außenwirtschaftsdienst des Betriebs-Beraters (Zeitschrift)
RJM	Reichsministerium der Justiz
RL	Richtlinie
ROHG	Reichsoberhandelsgericht; mit Fundstelle: amtliche Entscheidungssammlung (Band, Seite)
Rn.	Randnummer in anderen Veröffentlichungen
Rpfleger	Der Deutsche Rechtspfleger (Zeitschrift)
RR	Rechtsprechungsreport
R/S-L/*Bearbeiter*	*Rowedder/Schmidt-Leithoff*, Gesetz betreffend die Gesellschaften mit beschränkter Haftung (GmbHG)
Rspr.	Rechtsprechung
RStBl.	Reichssteuerblatt (Jahr, Seite)
RVG	Gesetz über die Vergütung der Rechtsanwältinnen und Rechtsanwälte (Rechtsanwaltsvergütungsgesetz) vom 5.5.2004 (BGBl. I, 718), Ablösung der BRAGO
s.	siehe
S.	Seite; Satz
s. a.	siehe auch
SAE	Sammlung arbeitsrechtlicher Entscheidungen (Jahr, Seite)
S/B/B/*Bearbeiter*	*Sagasser/Bula/Brünger*, Umwandlungen
SCE	Societas Cooperativa Europaea – Europäische Genossenschaft
SCE-VO	Verordnung (EG) Nr. 1435/2003 des Rates vom 22. Juli 2003 über das Statut der Europäischen Genossenschaft
ScheckG	Scheckgesetz vom 14.8.1933 (RGBl. I, 597)
SchiedsG	Schiedsgericht
SchiedsVZ	Zeitschrift für Schiedsverfahren
SchuldRÄndG	Gesetz zur Änderung schuldrechtlicher Bestimmungen im Beitrittsgebiet (Schuldrechtsänderungsgesetz) vom 21.9.1994 (BGBl. I, 2538)
SchuldRAnpG	Gesetz zur Anpassung schuldrechtlicher Nutzungsverhältnisse an Grundstücken im Beitrittsgebiet (Schuldrechtanpassungsgesetz) vom 21.9.1994 (BGBl. I, 2538)
SchuldRModG	Gesetz zur Modernisierung des Schuldrechts vom 26.11.2001 (BGBl. I, 3138); Inkrafttreten 1.1.2002
Sec.	Section
SE	Societas Europaea – Europäische Aktiengesellschaft

Abkürzungsverzeichnis

SEAG	Gesetz zur Ausführung der Verordnung (EG9 Nr. 2157/2001 des Rates vom 8.10.2001 über das Statut der Europäischen Gesellschaft (SE) (SE-Ausführungsgesetz) vom 22.12.2004 (BGBl. I, 3675)
SEBG	Gesetz über die Beteiligung der Arbeitnehmer in einer Europäischen Gesellschaft (SE-Beteiligungsgesetz) vom 22.12.2004 (BGBl. I, 3675, 3686)
SEEG	Gesetz zur Einführung der Europäischen Gesellschaft vom 22.12.2004 (BGBl. I, 3675)
SE-RL	Richtlinie 2001/86/EG des Rates zur Ergänzung des Statuts der Europäischen Gesellschaft hinsichtlich der Beteiligung der Arbeitnehmer (SE-Richtlinie) vom 8.10.2001 (ABl. EG L 294/22)
SEStEG	Gesetz über steuerliche Begleitmaßnahmen zur Einführung der Europäischen Aktiengesellschaft (SE) – RegE (BR-Drs. 542/06 vom 11.8.2006)
SE-VO	Verordnung (EG) Nr. 2157/2001 des Rates über das Statut der Europäischen Gesellschaft (SE), Abl. EG L 294/1 vom 10.11.2001
SG	Sozialgericht
SGB	Sozialgesetzbuch
SGG	Sozialgerichtsgesetz
S/H/S/*Bearbeiter*	*Schmitt/Hörtnagl/Stratz*, Umwandlungsgesetz Umwandlungssteuergesetz: UmwG/UmwStG
SI	Statutory Instrument
Slg.	Sammlung
s. o.	siehe oben
sog.	so genannte(r/s)
SozPraxis	SozialPraxis (Zeitschrift) (vor 1940)
SpruchG	Gesetz über das gesellschaftrechtliche Spruchverfahren (Spruchverfahrensgesetz) vom 12.6.2003 (BGBl. I, 838)
Sudhoff/*Bearbeiter*	*Sudhoff*, Personengesellschaften, 8. Auflage 2005/*Bearbeiter*
Sudhoff GmbH & Co. KG/*Bearbeiter*	*Sudhoff*, GmbH & Co. KG, 6. Auflage 2005/*Bearbeiter*
S/S/S/*Bearbeiter*	*Singhof/Seiler/Schlitt*, Mittelbare Gesellschaftsbeteiligungen, Stille Gesellschaft Unterbeteiligungen Treuhand
Staudinger/*Bearbeiter*	J. von Staudingers Kommentar zum Bürgerlichen Gesetzbuch mit Einführungsgesetz und Nebengesetzen
StB	Der Steuerberater (Zeitschrift)
StBerG	Steuerberatungsgesetz i. d. F. vom 4.11.1975 (BGBl. I, 2735) Gesetz über die Rechtsverhältnisse der Steuerberater und Steuerbevollmächtigten vom 23.8.1961 (BGBl. I, 1301)
Stbg	Die Steuerberatung (Zeitschrift)
StBP	Die steuerliche Betriebsprüfung (Zeitschrift)
StGB	Strafgesetzbuch i. d. F. vom 13.11.1998 (BGBl. I, 3322)
StPO	Strafprozessordnung
str.	streitig
st.Rspr.	ständige Rechtsprechung
StSenkG	Steuersenkungsgesetz vom 23.10.2000 (BGBl. I, 1433)
StSenkErgG	Steuersenkungs-Ergänzungsgesetz vom 19.12.2000 (BGBl. I, 1812)
StuW	Steuer und Wirtschaft (Zeitschrift)
StV	Der Strafverteidiger (Zeitschrift)
s. u.	siehe unten
TDG	Gesetz über die Nutzung von Telediensten (Teledienstegesetz) vom 22.7.1997 (BGBl. I, 1870)
TKG	Telekommunikationsgesetz vom 22.6.2004 (BGBl. I, 1190)
TransportR	Transportrecht (Zeitschrift)
TransPuG	Gesetz zur weiteren Reform des Aktien- und Bilanzrechts, zu Transparenz und Publizität (Transparenz- und Publizitätsgesetz) vom 19.7.2002 (BGBl. I, 2681)
TreuhandG	Gesetz zur Privatisierung und Reorganisation des volkseigenen Vermögens vom 17.6.1990 (GBl. I, 300)

Abkürzungsverzeichnis

TRG	Gesetz zur Neuregelung des Fracht-, Speditions- und Lagerrechts (Transportrechtsreformgesetz) vom 25.6.1998 (BGBl. I, 1588)
TVG	Tarifvertragsgesetz i. d. F. vom 25.8.1969 (BGBl. I, 1323)
Tz.	Textziffer
u. a.	unter anderem
UBGG	Gesetz über Unternehmensbeteiligungsgesellschaften i. d. F. vom 9.9.1998 (BGBl. I, 2765)
UMAG	Gesetz zur Unternehmensintegrität und Modernisierung des Anfechtungsrechts vom 22.9.2005 (BGBl. I, 2802)
UmwBerG	Gesetz zur Bereinigung des Umwandlungsrechts vom 28.10.1994 (BGBl. I, 3210)
UmwG	Umwandlungsgesetz i. d. F. vom 28.10.1994 (BGBl. I, 3210), berichtigt 1995 I 428
UmwStE	Umwandlungssteuererlass vom 25.3.1998
UmwStG	Umwandlungssteuergesetz 2002 i. d. F. vom 15.10.2002 (BGBl. I, 4133)
UmwVO	Umwandlungsverordnung
unstr.	unstreitig
UNÜ 1958	UN-Übereinkommen über die Anerkennung und Vollstreckung ausländischer Schiedssprüche vom 10.6.1958
unumstr.	unumstritten
UrhG	Gesetz über Urheberrecht und verwandte Schutzrechte (Urheberrechtsgesetz) vom 9.9.1965 (BGBl. I, 1273)
UrhRWahrnehmungsG	Urheberrechtswahrnehmungsgesetz
Urt.	Urteil
UStG	Umsatzsteuergesetz 1999 i. d. F. vom 9.6.1999 (BGBl. I, 1270)
UStR	Umsatzsteuer Rundschau (Zeitschrift)
u. U.	unter Umständen
UWG	Gesetz gegen den unlauteren Wettbewerb vom 3.7.2004 (BGBl. I, 1414)
VAG	Gesetz über die Beaufsichtigung der privaten Versicherungsunternehmen und Bausparkassen (Versicherungsaufsichtsgesetz) i. d. F. vom 17.12.1992 (BGBl. I, 1993 I 2)
vEK	verwendbares Eigenkapital
VereinsG	Gesetz zur Regelung des öffentlichen Vereinsrechts (Vereinsgesetz) vom 5.8.1964 (BGBl. I, 593)
VerbrKrG	Verbraucherkreditgesetz vom 17.12.1990 (BGBl. I, 2840), aufgehoben durch SchuldRModG
VerglO	Vergleichsordnung vom 26.2.1935 (RGBl. I, 321)
VerkProspG	Wertpapier-Verkaufsprospektgesetz i. d. F. vom 9.9.1998 (BGBl. I, 2701)
VermBG	Vermögensbildungsgesetz
VermVerkProspV	Verordnung über Vermögensanlagen-Verkaufsprospekte vom 16.12.2004 (BGBl. I, 3464)
VersR	Versicherungsrecht (Zeitschrift)
VersRiLi	Versicherungsbilanzrichtlinie
VersRiLiG	Gesetz zur Durchführung der Richtlinie des Rates der Europäischen Gemeinschaften über den Jahresabschluss und den konsolidierten Abschluss von Versicherungsunternehmen (Versicherungsbilanzrichtlinie-Gesetz) vom 24.6.1994 (BGBl. I, 1377)
vGA	verdeckte Gewinnausschüttung(en)
VG	Verwaltungsgericht
VGH	Verwaltungsgerichtshof
vgl.	vergleiche
VIZ	Zeitschrift für Vermögens- und Investitionsrecht
VO	Verordnung
VOB	Verdingungsordnung für Bauleistungen
VOBl.	Verordnungsblatt
Vorb(em).	Vorbemerkung

VorsRichter	Vorsitzender Richter
VRS	Verkehrsrechts-Sammlung
VStG	Vermögensteuergesetz
v. T. w.	von Todes wegen
VuR	Verbraucher und Recht (Zeitschrift)
VVaG	Versicherungsverein auf Gegenseitigkeit
vVG	verdeckte Vorteilsgewährung
VVG	Gesetz über den Versicherungsvertrag (Versicherungsvertragsgesetz) vom 30.5.1908 (RGBl, 263)
VV RVG	Vergütungsverzeichnis zum RVG
VW	Versicherungswirtschaft (Zeitschrift)
VwGO	Verwaltungsgerichtsordnung i. d. F. vom 19.3.1991 (BGBl. I, 686)
VwVfG	Verwaltungsverfahrensgesetz
VwVG	Verwaltungs-Vollstreckungsgesetz
VwZG	Verwaltungs-Zustellungsgesetz
WährG	Währungsgesetz
WaffenG	Waffengesetz
WEG	Gesetz über das Wohnungseigentum und das Dauerwohnrecht
WG	Wechselgesetz vom 21.6.1933 (RGBl. I, 399)
wistra	Zeitschrift für Wirtschafts- und Steuerstrafrecht
WM	Wertpapiermitteilungen (Zeitschrift)
WPg	Die Wirtschaftsprüfung (Zeitschrift)
WP-Hdb	Wirtschaftsprüfer-Handbuch
WpHG	Gesetz über den Wertpapierhandel (Wertpapierhandelsgesetz) i. d. F. vom 9.9.1998 (BGBl. I, 2708)
WPO	Gesetz über eine Berufsordnung der Wirtschaftsprüfer (Wirtschaftsprüferordnung) i. d. F. vom 5.11.1975 (BGBl. I, 2803)
WpPG	Gesetz über die Erstellung, Billigung und Veröffentlichung des Prospekts, der beim öffentlichen Angebot von Wertpapieren oder bei der Zulassung von Wertpapieren zum Handel an einem organisierten Markt zu veröffentlichen ist (Wertpapierprospektgesetz) vom 22.6.2005 (BGBl. I, 1698)
WpÜG	Wertpapiererwerbs- und Übernahmegesetz vom 20.12.2001 (BGBl. I, 3822)
WRP	Wettbewerb in Recht und Praxis (Zeitschrift)
WRV	Weimarer Reichsverfassung
WuB	Entscheidungssammlung zum Wirtschafts- und Bankrecht (Loseblatt-Zeitschrift)
WuW	Wirtschaft und Wettbewerb (Zeitschrift)
ZAP	Zeitschrift für die anwaltliche Praxis
z. B.	zum Beispiel
ZBB	Zeitschrift für Bankrecht und Bankwirtschaft
ZBR	Zurückbehaltungsrecht
ZEV	Zeitschrift für Erbrecht und Vermögensnachfolge
ZfA	Zeitschrift für Arbeitsrecht
ZfB	Zeitschrift für Betriebswirtschaft
Zfbf	Zeitschrift für betriebswirtschaftliche Forschung
ZfRV	Zeitschrift für Rechtsvergleichung
ZfS	Zeitschrift für Schadensrecht (Jahr, Seite)
ZfV	Zeitschrift für Versicherungswesen
ZG	Zollgesetz
ZGR	Zeitschrift für Unternehmens- und Gesellschaftsrecht
ZHR	Zeitschrift für das gesamte Handelsrecht und Wirtschaftsrecht (Band (Jahr), Seite)
ZInsO	Zeitschrift für das gesamte Insolvenzrecht
ZIP	Zeitschrift für Wirtschaftsrecht und Insolvenzpraxis
ZMR	Zeitschrift für Miet- und Raumrecht
ZPO	Zivilprozessordnung i. d. F. vom 12.9.1950 (BGBl. I, 533)

Abkürzungsverzeichnis

ZS	Zivilsenat
ZSteu	Zeitschrift für Steuern und Recht
z. T.	zum Teil
zust.	zustimmend
zutr.	zutreffend
ZVG	Gesetz über die Zwangsversteigerung und Zwangsverwaltung (Zwangsversteigerungsgesetz) vom 24.3.1897 (RGBl., 97)
ZVI	Zeitschrift für Verbraucher- und Privat-Insolvenzrecht
zzgl.	zuzüglich
ZZP	Zeitschrift für Zivilprozess
z.Zt.	zur Zeit

Literaturverzeichnis

Altmeppen/Roth	GmbHG – Kommentar, 7. Aufl., 2012
Arens/Beckmann	Die anwaltliche Beratung des GmbH-Geschäftsführers, 2006
Assmann/Schneider	Wertpapierhandelsgesetz Kommentar, 6. Auflage 2012
Assmann/Schütze	Handbuch des Kapitalanlagerechts, 4. Auflage 2015
Autenrieth	Die Europäische wirtschaftliche Interessenvereinigung (EWIV) – Gesellschaftsrecht, Steuerrecht, 1. Aufl., 1990
Bader/Ronellenfitsch	Verwaltungsverfahrensgesetz, Kommentar, 1. Aufl., 2010
Baetge/Kirsch/Thiele	Bilanzrecht, 39. EGL 2011
Ballerstedt/Hefermehl	Festschrift für Gessler zum 65. Geburtstag am 5. März 1970, 1971
Bamberger/Roth	Kommentar zum Bürgerlichen Gesetzbuch, 3. Aufl., 2012
Bandel, Stefan	Einstweiliger Rechtsschutz im Schiedsverfahren. Zulässigkeit und Wirkungen schiedsrichterlicher und gerichtlicher einstweiliger Maßnahmen gemäß den Bestimmungen des SchiedsVfG, 2000
Banerjea	Die Gesellschafterklage im GmbH- und Aktienrecht, 2000
Bartl/Bartl/Fichtelmann/ Koch/Schlarb/Schmitt	Heidelberger Kommentar GmbH-Recht, 7. Aufl., 2014
Baumbach/Hopt	Handelsgesetzbuch, Kommentar, 36. Aufl., 2014
Baumbach/Hueck	GmbH-Gesetz, Kommentar, 20. Aufl., 2013
Baumbach/Lauterbach/ Albers/Hartmann	Zivilprozessordnung, Kommentar, 73. Aufl. 2015
Beck	Mediation und Vertraulichkeit, 2008
Becker	Verwaltungskontrolle durch Gesellschafterrechte, 1997
Benkel	Der Versicherungsverein auf Gegenseitigkeit, 2. Aufl., 2002
Bertram/Brinkmann/ Kessler/Müller	Haufe HGB Bilanz Kommentar, 2. Aufl. 2010
Beermann/Gosch	Abgabenordnung/Finanzgerichtsordnung Kommentar
Beuthien	Genossenschaftsgesetz mit Umwandlungs- und Kartellrecht sowie Statut der Europäischen Genossenschaft, 15. Aufl., 2011
Binz/Sorg	Die GmbH & Co. KG im Gesellschafts- und Steuerrecht, 11. Aufl., 2010
Bitter/Lutter/Priester/ Schön/Ulmer	FS für Karsten Schmidt zum 70. Geburtstag, 2009
Blaurock, Uwe	Handbuch Stille Gesellschaft, 7. Auflage 2010
Blümich	EStG, KStG, GewStG Kommentar, Loseblatt (126. Lfg. 2015)
Böckstiegel (Hrsg.)	Schiedsgerichtsbarkeit in gesellschaftsrechtlichen und erbrechtlichen Angelegenheiten, 1996
Böckstiegel/Nacimiento/ Kröll	Arbitration in Germany: The Model Law in Practice, 2007
Böckstiegel/Berger/Bredow	Die Beteiligung Dritter an Schiedsverfahren, 2005
Bork/Jacoby/Schwab	FamFG, Kommentar, 2. Aufl., 2013
Bork/Schäfer	GmbHG, Kommentar, 2. Aufl., 2012
Bormann/Kauka/ Ockelmann	Handbuch GmbH-Recht, 3. Aufl. 20015
Boxell	A Practitioner's Guide to Directors Duties and Responsibilities, 5. Aufl. 2013
Brand	Formularbuch zum Europäischen und Internationalen Zivilprozessrecht, 1. Aufl. 2011

Literaturverzeichnis

Brandner/Bergmann	Anfechtungsklage und Registersperre, in: Festschrift für Gerold Bezzenberger zum 70. Geburtstag am 13. März 2000, 59 ff.
Brondics	Die Aktionärsklage, 1988
Büchel/von Rechenberg	Handbuch des Fachanwalts Handels- und Gesellschaftsrecht, 2. Aufl., 2011
Buchetmann	Die teileingezahlte Aktie – insbesondere die Rechtsstellung der Inhaber teileingezahlter Aktien, 1972
Bumiller/Harders/Schwamb	FamFG Freiwillige Gerichtsbarkeit, Kommentar, 11. Aufl., 2015
Bunnemann/Zirngibl	Die Gesellschaft mit beschränkter Haftung in der Praxis, 2. Aufl., 2011
Burgard	Gestaltungsfreiheit im Stiftungsrecht, 2006
Bürgers/Körber	AktG, Kommentar, 3. Aufl., 2014
Butzke	Die Hauptversammlung der Aktiengesellschaft, 5. Aufl., 2011
Casper	Der Lückenschluss im Statut der Europäischen Aktiengesellschaft, in: Festschrift für Peter Ulmer, 2003, 51 ff.
Claussen/Scherrer	Kölner Kommentar zum Rechnungslegungsrecht, 2011
Dauner-Lieb/Simon	Kölner Kommentar zum UmwG, 2009
David/Dombek/Friedrichsen/Geschwandtner/Kögler/Kollmorgen/Pauly/Rohde/Schmidt/Teichmann	Gesellschaftsrecht – Vertragsgestaltung Prozessführung, 2009
Davies	Gower and Davies› Principles of Modern Company Law, 9. Aufl. 2012
Degner	Die vinkulierte Namensaktie im Börsenhandel, 2. Aufl., 1966
Dehner	BGB RGRK Band II/4 – §§ 631–811, 12. Aufl., 1987
Drescher	Die Haftung des GmbH-Geschäftsführers, 7. Aufl., 2013
Dunkl/Moeller/Baur/Feldmeier/	Handbuch des vorläufigen Rechtsschutzes: Einstweiliger Rechtsschutz in allen wichtigen Verfahrensfragen, 3. Aufl., 1999
Duve/Eidenmüller/Hacke	Mediation in der Wirtschaft, 2. Aufl., 2011
Düwell	Auswirkungen von Umwandlung und Betriebsübergang auf den Arbeitsgerichtsprozess, NZA 2012, 761 ff.
Ebenroth/Boujong/Joost/Strohn	Handelsgesetzbuch, Kommentar, 3. Aufl., 2014
Eberl	Beweis im Schiedsverfahren, 2015
Eckhardt/Hermanns	Kölner Handbuch des Gesellschaftsrechts, 2. Aufl., 2014
Ek	Haftungsrisiken für Vorstand und Aufsichtsrat, 2. Aufl., 2010
Emmerich/Habersack	Aktien- und GmbH-Konzernrecht, Kommentar, 7. Aufl., 2013
Ensthaler	Gemeinschaftskommentar zum Handelsgesetzbuch mit UN-Kaufrecht, 8. Aufl. 2014
Ensthaler/Füller/Schmidt	Kommentar zum GmbH-Gesetz, 2. Aufl., 2009
Erbs/Kohlhaas	Strafrechtliche Nebengesetze, Loseblattsammlung, 201. Ergänzungslieferung, Stand 2015
Erman/Westermann	Bürgerliches Gesetzbuch Band 1: §§ 1–758, AGG, UKlaG; Kommentar, 14. Aufl., 2014
Fahr/Kaulbach	Kommentar zum Versicherungsaufsichtsgesetz, 5. Aufl., 2012
Feine	Die Gesellschaft mit beschränkter Haftung, Band III – Sonderdruck aus Handbuch des gesamten Handelsrechts, Victor Ehrenberg, 1929
Feuerich, Wilhelm E.; Weyland, Dag	Bundesrechtsanwaltsordnung (Kommentar), 8. Auflage 2012
Fiebelkorn, Timo	Die Reform der aktienrechtlichen Beschlussmängelklagen, 1. Auflage 2013
Fleischer	Handbuch des Vorstandsrechts, 1. Aufl., 2006

Literaturverzeichnis

Flume	Allgemeiner Teil des bürgerlichen Rechts, 1. Band Teil 1, Die Personengesellschaft, 1977
Flume	Allgemeiner Teil des Bürgerlichen Rechts, Band 1, Teil 2, Die juristische Person, 1983
Fuchs	Wertpapierhandelsgesetz Kommentar, 1. Auflage 2009
Gadow	Aktiengesetz, Kommentar, 4. Aufl., 1997 ff.
Gadow/Heinichen	Aktiengesetz Großkommentar, 6. Lieferung §§ 241–255, 4. Aufl., 1995
Gaier, Reinhard; Wolf, Christian; Göcken, Stephan	Anwaltliches Berufsrecht (Kommentar), 2. Auflage 2014
Ganske	Das Recht der Europäischen wirtschaftlichen Interessenvereinigung (EWIV), 1. Aufl., 1988
Gärtner/Rose/Reul	Anfechtungs- und Nichtigkeitsgründe im Aktienrecht, 1. Auflage 2014
Gehrlein/Ekkenga/Simon	GmbHG – Gesetz betreffend die Gesellschaften mit beschränkter Haftung – Kommentar, 2. Auflage, 2015
Geimer	Internationales Zivilprozessrecht, 7. Aufl., 2014
Geimer/Schütze	Europäisches Zivilverfahrensrecht, 3. Aufl., 2010
Geßler	Aktiengesetz, Kommentar, Loseblattsammlung, Bd. 1, 30. Ergänzungslief., 2015
Geßler/Hefermehl/Eckhardt/Kropff	Aktiengesetz, Band 1, Kommentar, 1983
Goette	Die GmbH, 2. Aufl., 2002
Görling/Inderst/Bannenberg	Compliance im Unternehmen rechtssicher umsetzen, 2010
Gosch	Körperschaftsteuergesetz, 2. Auflage 2009
Goutier/Knopf/Tulloch	Kommentar zum Umwandlungsrecht. Umwandlungsgesetz – Umwandlungssteuergesetz, 1996
Gräber	Finanzgerichtsordnung, Kommentar, 7. Aufl., 2010
Greger/Unberath	Mediationsgesetz, 2012
Grigoleit/Rieder	GmbH-Recht nach dem MoMiG, 2009
Großfeld	Recht der Unternehmensbewertung, 7. Aufl., 2012
Grunewald	Gesellschaftsrecht, 9. Aufl., 2014
Grunewald	Der Ausschluss aus Gesellschaft und Verein, 1987
Grunewald/Schlitt	Einführung in das Kapitalmarktrecht, 3. Auflage 2014
Habersack/Hommelhoff	Festschrift für Wulf Goette zum 65. Geburtstag, 2011
Habersack/Mülbert/Schlitt	Handbuch der Kapitalmarktinformation, 2. Aufl., 2013
Habersack/Mülbert/Schlitt	Unternehmensfinanzierung am Kapitalmarkt, 3. Auflage 2013
Hachenburg	Gesetz betreffend die Gesellschaften mit beschränkter Haftung, Großkommentar, 8. Aufl., 1992 ff.
Haft/Schlieffen	Handbuch Mediation, 2. Aufl., 2009
Hahne/Munzig	Beck'scher Online-Kommentar FamFG, Edition 14, Stand 01.01.2015
Halm/Engelbrecht/Krahe	Handbuch des Fachanwalts Versicherungsrecht, 5. Aufl., 2015
Happ	Die GmbH im Prozess, 1997
Happ	Aktienrecht, Kommentar, 4. Aufl., 2015
Happ	Konzern- und Umwandlungsrecht, 2012
Hartmann	Kostengesetze, 45. Aufl., 2015
Haufe	HGB Bilanz Kommentar, 5. Aufl. 2014
Hauschka	Corporate Compliance, Handbuch der Haftungsvermeidung im Unternehmen, 2. Aufl., 2010
Haußleiter	FamFG, Kommentar, 1. Aufl., 2011

Literaturverzeichnis

HdB AG	Beck'sches Handbuch der AG, 2. Aufl., 2009
Heckschen/Heidinger	Die GmbH in der Gestaltungs-und Beratungspraxis, 3. Aufl., 2014
Heidel	Aktienrecht und Kapitalmarktrecht, Kommentar, 4. Aufl., 2014
Heinz/Hartung	Die englische Limited, 3. Aufl., 2012
Henn/Frodermann/Jannott	Handbuch des Aktienrechts, 8.Aufl., 2009
Henssler	Partnerschaftsgesellschaftsgesetz PartGG, Kommentar, 2. Aufl. 2008
Henssler/Strohn	Gesellschaftsrecht, 2. Auflage, 2014
Henssler, Martin; Prütting, Hanns	Bundesrechtsanwaltsordnung (Kommentar), 4. Auflage 2014
Hess/Oberhammer/Pfeiffer	European insolvency law: the Heidelberg-Luxembourg-Vienna report
Heyman/Emmerich/Horn	Handelsgesetzbuch Band 2, §§ 105–237, Kommentar, 2. Aufl., 1996
Hirte	Kapitalgesellschaftsrecht, 7. Aufl., 2012
Hirte/Bücker	Grenzüberschreitende Gesellschaften, 2. Aufl., 2006
Hölters	Aktiengesetz, Kommentar, 2. Aufl., 2014
Hopt/Wiedemann	Großkommentar zum Aktiengesetz, 4. Aufl., 1995 ff.
Hübschmann/Hepp/Spitaler	Abgabenordnung/Finanzgerichtsordnung Kommentar, Loseblatt (231. Lfg. März 2015)
Hueck/Canaris	Wertpapierrecht, 12. Aufl., 1986
Hüffer/Koch	Aktiengesetz, Kommentar, 11. Aufl., 2014
Jakob	Schutz der Stiftung, 2006
Jauernig	Bürgerliches Gesetzbuch, Kommentar, 14. Aufl., 2014
Jauernig/Hess	Zivilprozessrecht, 30. Aufl., 2011
Just, Clemens	Die englische Limited in der Praxis
Kallmeyer	Umwandlungsgesetz Kommentar- Verschmelzung, Spaltung und Formwechsel bei Handelsgesellschaften, 5. Aufl., 2013
Keidel	Kommentar zum Gesetz über das Verfahren in Familiensachen und die Angelegenheiten der freiwilligen Gerichtsbarkeit (FamFG), 18. Aufl., 2014
Kießling	Vorgründungs- und Vorgesellschaften, 1999
Kindl/Meller-Hannich/Wolf	Gesamtes Recht der Zwangsvollstreckung, 2. Aufl., 2013
Klöcker/Frowein	Spruchverfahrensgesetz, Kommmentar, 1. Aufl., 2004
KöKo	Kölner Kommentar zum Aktiengesetz, herausgegeben von Zöllner/Noack, 3. Aufl., 2004 ff.
Koller, Ingo; Kindler, Peter; Roth, Wolf-Henning; Mork, Winfried	Handelsgesetzbuch, 8. Auflage 2015
Krafka/Willer/Kühn	Handbuch Registerrecht, 9. Aufl., 2013
Kreindler, Richard/Schäfer, Jan/Wolff, Reinmar	Schiedsgerichtsbarkeit – Kompendium für die Praxis, 2006
Krieger/Schneider	Handbuch Managerhaftung, 2. Aufl. 2010
Kroiß/Breuer	Formularbibliothek Zivilprozess: Gesellschaftsrecht/Wettbewerbsrecht, 2. Aufl., 2010
Kropff	Aktiengesetz: Textausgabe des Aktiengesetzes vom 06.09.1965 mit Begründung des Regierungsentwurfs und Bericht des Rechtsausschusses des Deutschen Bundestages, 1965
Kropholler/von Hein	Europäisches Zivilprozessrecht, 9. Aufl., 2011
Kunz	Die Vorgesellschaft im Prozess und in der Zwangsvollstreckung – Eine Untersuchung zur Verfahrenssubjektivität d. echten u. unechten Vorgesellschaft, 1994
Kümpel/Wittig	Bank- und Kapitalmarktrecht, 4. Aufl., 2011

Literaturverzeichnis

Küting/Pfitzer/Weber	Handbuch der Rechnungslegung, 8. EGL 2010
Laars	Kommentar zum Versicherungsaufsichtsgesetz, 2. Aufl., 2013
Lachmann	Handbuch für die Schiedsgerichtspraxis, 3. Aufl., 2008
Lang/Weidmüller	Genossenschaftsgesetz mit Erläuterungen zum Umwandlungsgesetz, Kommentar, 37. Aufl., 2011
Lentner	Das Gesellschaftsrecht der Europäischen Wirtschaftlichen Interessenvereinigung (EWIV), 1. Aufl., 1994
Limmer	Handbuch der Unternehmensumwandlung, 4. Aufl., 2012
Lutter	Europäische Auslandsgesellschaften in Deutschland, 2005
Lutter	Kommentar zum Umwandlungsgesetz, Band 1 (§§ 1–122 l), 5. Aufl., 2014
Lutter	Kommentar zum Umwandlungsgesetz, Band 2 (§§ 123–325 – SpruchG) 5. Aufl., 2014
Lutter/Winter	Kommentar zum Umwandlungsgesetz, Band 1 (§§ 1–134) 4. Aufl., 2009
Lutter/Hommelhoff	GmbH-Gesetz, Kommentar, 18. Aufl., 2012
Lutter/Mertens/Ulmer	FS für Walter Stimpel zum 68. Geburtstag, 1985
Lutter/Winter	UmwG, Kommentar, 5. Aufl., 2014
Lutz	Der Gesellschafterstreit in der GbR, OHG, KG, GmbH & Co. KG und GmbH, 3. Aufl., 2013
Manz/Mayer/Schröder	Europäische Aktiengesellschaft SE, 2. Aufl. 2010
Marsch-Barner	Zur Nachberichterstattung bei der Verschmelzung, in: Festschrift für Georg Maier-Reimer, 425 ff., 2010
Marsch/Barner/Schäfer	Handbuch börsennotierte AG, 3. Aufl., 2014
Martens	Der Ausschluss des Bezugsrechts: BGHZ 33, 175, in: Festschrift für Robert Fischer, 437 ff.
Mayson/French/Ryan	Company Law, 31. Aufl., 2014
Marsch-Barner	Zur Nachberichterstattung bei der Verschmelzung, in: Festschrift für Georg Maier-Reimer, 425 ff., 2010
Maunz/Dürig	Grundgesetz, Bd. V Art. 54–85; Kommentar, Loseblattsammlung, 73. Ergänzungslieferung, 2014
Meilicke/Graf v. Westphalen/Hoffmann/Lenz/Wolff	Partnerschaftsgesellschaftsgesetz, Kommentar, 2. Aufl., 2006
Meyer-Landrut	Formular-Kommentar GmbH-Recht, 2. Aufl. 2014
Meyer-Landrut	Die europäische wirtschaftliche Interessensvereinigung, 1. Aufl., 1988
Michalski	OHG-Recht, Kommentar, 2000
Michalski	Kommentar zum Gesetz betreffend die Gesellschaften mit beschränkter Haftung, 2. Aufl., 2010
Michalski/Römermann	PartGG Kommentar zum Partnerschaftsgesellschaftsgesetz, 4. Aufl., 2014
Miras	Die neue Unternehmergesellschaft: Unternehmergesellschaft (haftungsbeschränkt) und vereinfachte Gründung nach neuem Recht, 2. Aufl., 2011
Mock	Verfahrens- und Prozessführung, 2. Aufl., 2012
Mock/Streppel	Taktik im gesellschaftsrechtlichen Verfahren, 2010
MüKo AktG	Münchener Kommentar zum AktG, herausgegeben von Goette/Habersack, 3. Aufl., 2008 ff.
MüKo BGB	Münchener Kommentar zum Bürgerlichen Gesetzbuch, herausgegeben von Säcker/Rixecker, 6. Aufl., 2012
MüKo GmbHG	Münchener Kommentar zum GmbHG, herausgegeben von Fleischer/Goette, 2. Aufl., 2014
MüKo HGB	Münchener Kommentar zum Handelsgesetzbuch, herausgegeben von K. Schmidt, 3. Aufl., 2010 ff.

Literaturverzeichnis

MüKo InsO	Münchener Kommentar zur Insolvenzordnung, herausgegeben von Kirchhof/Lwowski/Stürner, 3. Aufl., 2013
MüKo ZPO	Münchener Kommentar zur Zivilprozessordnung, herausgegeben von Rauscher/Wax/Wenzel, 4. Aufl., 2012
Müller/Winkeljohann	Beck'sches Handbuch der GmbH, Gesellschaftsrecht – Steuerrecht, 5. Aufl., 2014
MünchAnwHdb.Akt.-Recht	Münchener Anwaltshandbuch Aktienrecht, herausgegeben von Schüppen/Schaub, 2. Auf., 2010
MünchAnwHdb.GmbH-Recht	Münchener Anwaltshandbuch GmbH-Recht, herausgegeben von Römermann, 3. Aufl., 2014
MünchAnwHdb.PersG	Münchener Anwaltshandbuch Personengesellschaftsrecht, herausgegeben von Grummert, 2. Aufl., 2015
MünchHdb GesR	Münchener Handbuch des Gesellschaftsrecht, Band 1: GbR, OHG, PartG, Partenreederei, EWIV, herausgegeben von Gummert/Weipert, 4. Aufl., 2014
MünchHdb GesR	Münchener Handbuch des Gesellschaftsrecht, Band 2: KG, GmbH & Co KG, Publikums-KG, Stille Gesellschaft, herausgegeben von Gummert/Weipert, 4. Aufl., 2014
MünchHdb GesR	Münchener Handbuch des Gesellschaftsrecht, Band 3: GmbH, herausgegeben von Priester/Mayer, 4. Aufl., 2012
MünchHdb GesR	Münchener Handbuch des Gesellschaftsrecht, Band 4: AG, herausgegeben von Hoffmann-Becking, 3. Aufl., 2007
MünchHdb GesR	Münchener Handbuch des Gesellschaftsrecht, Band 5: Verein, Stiftung bürgerlichen Rechts, herausgegeben von Beuthien/Gummert, 3. Aufl., 2009
Musielak/Voit	ZPO, Kommentar, 12. Aufl., 2015
Mutter	Auskunftsansprüche des Aktionärs in der HV, 2002
Nagel/Gottwald	Internationales Zivilprozessrecht, 7. Aufl. 2013
Nerlich, Jörg; Römermann, Volker	Kommentar Insolvenzordnung, Stand August 2014
Oetker, Hartmut	Kommentar zum Handelsgesetzbuch, 3. Auflage 2013. (zitiert: Oetker/Bearbeiter)
Oldenbruch	Die Vertraulichkeit im Mediationsverfahren, 2006
Oppenländer/Trölitzsch	Praxishandbuch der GmbH-Geschäftsführung, 2. Aufl., 2011
Ott/Wiedemann	AktG: Großkommentar Bd. 5 (Mitbestimmungsgesetz, §§ 118–149), 4. Aufl., 2008
Otto	Handbuch der Stiftungspraxis, 2. Aufl. 2015
Pahlke/Koenig	Abgabenordnung, §§ 1 bis 368, Kommentar, 3. Aufl., 2014
Palandt	Bürgerliches Gesetzbuch, Kommentar, 74. Aufl., 2015
Papmehl	Die Schiedsfähigkeit gesellschaftsrechtlicher Streitigkeiten, 2001
Patzina/Bank/Schimmer/Simon-Widmann	Haftung von Unternehmensorganen, 2010
Peemöller	Praxishandbuch der Unternehmensbewertung, 6. Aufl., 2015
Pöhlmann/Fandrich/Bloehs	Genossenschaftsgesetz (nebst umwandlungsrechtlichen Vorschriften), Kommentar, 4. Aufl., 2012
Prinz/Hoffmann	Beck'sches Handbuch der Personengesellschaften, 4. Aufl., 2014
Prütting/Gehrlein	Zivilprozessordnung (ZPO), Kommentar, 7.Aufl., 2015
Prütting, Hanns; Wegen, Gerhard; Weinreich, Gerd	BGB Kommentar, 9. Auflage 2014
Raeschke-Kessler/Berger	Recht und Praxis des Schiedsverfahrens, 4. Auflage, 2012
Raiser/Veil	Recht der Kapitalgesellschaften, 5. Aufl., 2010
Rauscher	Europäisches Zivilprozessrecht, 2. Aufl., 2006

Reichert, Jochem	GmbH & Co. KG, 7. Auflage 2015
Reichert	Handbuch des Vereinsrechts, 12. Aufl., 2009
Rensen	Beschlussmängelstreitigkeiten in der GmbH, 1. Auflage, 2014
Rittner	Die werdende juristische Person – Untersuchungen zum Gesellschafts- und Unternehmensrecht, 1973
Roehricht/Graf von Westphalen	Handelsgesetzbuch HGB, Kommentar, 4. Aufl., 2014
Rosenberg/Schwab/Gottwald	Zivilprozessrecht, Kommentar, 17. Aufl., 2010
Roth/Altmeppen	GmbHG, Kommentar, 7. Aufl., 2012
Rowedder/Schmidt-Leithoff	GmbHG, Kommentar, 5. Aufl., 2013
Saenger	Zivilprozessordnung, Kommentar, 6. Aufl., 2015
Satzl, Florian	Freigabe von Gesellschafterbeschlüssen im Kapitalgesellschaftsrecht, 1. Auflage 2011
Sauter/Schweyer/Waldner	Der eingetragene Verein, 19. Aufl., 2010
Schäfer	Die Lehre vom fehlerhaften Verband – Grundlagen, Verhältnis zum allgemeinen Vertragsrecht und Anwendung auf Strukturänderungen, 2002
Schäfer/Hamann	Kapitalmarktgesetze, 7. Ergänzungslieferung, Stand: Jan. 2013
Schauhoff	Handbuch der Gemeinnützigkeit, 3. Aufl. 2010
Scherer	Münchener Anwaltshandbuch Erbrecht, 4. Aufl. 2014
Schlegelberger	Handelsgesetzbuch Band II: Handelsgesellschaften und stille Gesellschaften: §§ 105–342, Kommentar, 4. Aufl., 1960
Schlegelberger	Handelsgesetzbuch Band III 1. Hbd. §§ 105–160, Kommentar, 5. Aufl., 1992
Schlüter/Stolte	Stiftungsrecht, 2. Aufl. 2013
Schmidt K.	Gesellschaftsrecht, 4. Aufl., 2002
Schmidt/Lutter	Aktiengesetz, I. Band, §§ 1–149; Kommentar, 2. Aufl., 2010
Schmidt/Lutter	Aktiengesetz, II. Band, §§ 150–410 SpruchG; Kommentar, 2. Aufl., 2010
Schmitt/Hörtnagl/Stratz	Umwandlungsgesetz, Umwandlungssteuergesetz, Kommentar, 6. Aufl., 2013
Schneider/Herget	Streitwert-Kommentar für Zivilprozess und FamFG-Verfahren, 13. Aufl., 2011
Schoch/Schmidt-Aßmann/Pietzner	Verwaltungsgerichtsordnung, Kommentar, 27. Aufl., 2014
Scholz	Kommentar zum GmbHG, Band I §§ 1–34 GmbHG, 11. Aufl., 2012
Scholz	Kommentar zum GmbHG, Band II §§ 35–52, 11. Aufl., 2013
Scholz	Kommentar zum GmbHG, Band III §§ 53–85, Nachtrag MoMiG, §§ 1–4 EGGmbHG, 11. Aufl., 2015
Schulze/Dörner/Ebert	Bürgerliches Gesetzbuch, Kommentar, 8. Aufl., 2014
Schulz-Gardyan	Die sogenannte Aktionärsklage, 1991
Schwab	Das Prozeßrecht gesellschaftsinterner Streitigkeiten, 1. Aufl., 2005
Schwab/Walter	Schiedsgerichtsbarkeit, Kommentar, 7. Aufl., 2005
Schwark	Börsengesetz, Kommentar, 2. Aufl., 1994
Schwark/Zimmer	Kapitalmarktrechtskommentar, 4. Aufl., 2010
Schwerdtfeger	Kompaktkommentar Gesellschaftsrecht, 3. Aufl., 2015
Scriba	Die europäische wirtschaftliche Interessensvereinigung, 1. Aufl., 1988
Selbherr	Kommentar zur Europäischen wirtschaftlichen Interessenvereinigung (EWIV), 1. Aufl., 1995
Semler/Peltzer	Arbeitshandbuch für Vorstandsmitglieder, 2. Aufl., 2015
Semler/Stengel	UmwG, Kommentar, 3. Aufl., 2012

Literaturverzeichnis

Semler/Volhard/Reichert	Arbeitshandbuch Hauptversammlung, 3. Aufl., 2011
Semler/v. Schenck	Arbeitshandbuch für Aufsichtsratsmitglieder, 4. Aufl., 2013
Simon	Gesetz über das gesellschaftsrechtliche Spruchverfahren, Kommentar, 1. Aufl., 2007
Soergel	Bürgerliches Gesetzbuch, Kommentar, 13. Aufl., 2000 ff
Spahlinger/Wegen	Internationales Gesellschaftsrecht in der Praxis, 1. Aufl., 2005
Spindler/Stilz	Kommentar zum Aktiengesetz, Band 1, §§ 1–149, 2. Aufl., 2010
Spindler/Stilz	Kommentar zum Aktiengesetz, Band 2, §§ 150–410, 2. Aufl., 2010
Stallmann	Fehlerhafte Beschlüsse in der Stiftung bürgerlichen Rechts, 2014
Staub	Großkommentar HGB, 15 Bände, 5. Aufl., 2008 ff.
Staudinger	Kommentar zum BGB, 13. Aufl., 1998 ff.
Stein/Jonas	Kommentar zur Zivilprozessordnung, 10 Bände, 23. Aufl., 2014
Steiner	Die Hauptversammlung der Aktiengesellschaft, 1995
Stelkens/Bonk/Sachs	Verwaltungsverfahrensgesetz: VwVfG, Kommentar, 8. Aufl., 2014
Stephanblome	Gestaltungsmöglichkeiten beim verschmelzungsrechtlichen Squeeze-out, AG 2012, 814 ff.
Stöber/Otto	Handbuch des Vereinsrechts, 10. Aufl., 2012
Reichert	GmbH & Co. KG, 7. Aufl., 2015
Sudhoff	Personengesellschaften, 8. Aufl., 2005
Tipke/Kruse	Abgabenordnung/Finanzgerichtsordnung Kommentar, Loseblatt (139. Lfg, März 2015)
Thomas/Putzo	Zivilprozeßordnung (ZPO), Kommentar, 36. Aufl., 2015
Triebel/von Hase/Melerski	Die Limited in Deutschland, 1. Aufl., 2006
Trölitzsch/Leinekugel	Anwaltsstrategien bei Auseinandersetzungen unter GmbH-Gesellschaftern, 2008
Ulmer/Habersack/Löbbe	GmbHG – Gesetz betreffend die Gesellschaften mit beschränkter Haftung: GmbH – Großkommentar, Band II (§§ 29–52), 2. Aufl., 2014
Ulmer/Habersack/Winter	Großkommentar GmbHG, 3 Bände und Ergänzungsband, 2005 ff.
Ulmer/Hachenburg	GmbHG – Großkommentar, Erster Band, Allgemeine Einleitung; §§ 1–34, 8. Aufl., 1992
von Bargen	Gerichtsinterne Mediation, 2009
v. Campenhausen/Richter	Stiftungsrechts-Handbuch, 4. Aufl. 2014
von Godin/Wilhelmi	Aktiengesetz, Band 1, Kommentar, 4. Aufl., 1971
Vorwerk, Volkert; Wolf, Christian	Beck'scher Online-Kommentar, ZPO, Stand 1.1.2015 (zitiert: BeckOK ZPO/Bearbeiter)
Wachter	AktG, Kommentar, 2. Aufl., 2014
Wachter	Fachanwaltshandbuch Handels- und Gesellschaftsrecht, 3. Aufl., 2015
Waclawik	Prozessführung im Gesellschaftsrecht, 2. Aufl., 2013
Wank/Hirte/Frey/Fleischer/Thüsing	FS für Herbert Wiedemann zum 70. Geburtstag, 2002
Weber/Kersjes	Hauptversammlungsbeschlüsse vor Gericht, 2010
Wecker/Ohl	Compliance in der Unternehmerpraxis, 3. Aufl., 2013
Weiler/Schlickum	Praxisbuch Mediation, Falldokumentationen und Methodik zur Konfliktlösung, 2. Aufl., 2012
Wellhöfer/Peltzer/Müller	Die Haftung von Vorstand, Aufsichtsrat, Wirtschaftsprüfer, 1. Aufl. 2008
Wieczorek/Schütze	Zivilprozessordnung und Nebengesetze, Kommentar, Band 1 u. 2, 3. Aufl., 1994
Westermann	Handbuch der Personengesellschaften – Loseblattsammlung, 62. Ergänzungslieferung, Stand Feb. 2015

Wicke	Gesetz betreffend die Gesellschaften mit beschränkter Haftung (GmbHG), Kommentar, 2. Aufl., 2011
Widmann/Mayer	Umwandlungsrecht – Umwandlungsgesetz – Umwandlungssteuergesetz – Kommentar, Band 2 (Einführung UmwG, §§ 1–50) 129. EL
Wiedemann	Gesellschaftsrecht I, 1. Aufl., 2004
Wiedemann	Gesellschaftsrecht, Ein Lehrbuch des Unternehmens- und Verbandsrechts, Bd. I: Grundlagen, 1980
Wiedemann	Die Übertragung und Vererbung von Mitgliedschaftsrechten, 1965
Willemsen/Hohenstatt/Schweibert/Seibt	Umstrukturierung und Übertragung von Unternehmen, 4. Aufl., 2011
Winter	Mitgliedschaftliche Treuebindungen im GmbH-Recht, 1988
Wissmann	Die Arbeitnehmerbeteiligung in der »deutschen« SE vor Gericht, in: Festschrift Richardi, 2007, 841 ff.
Wood	Principles of Intzernational Insolvency, 2. Aufl., 2007
Ziemons/Binnewies	Handbuch der Aktiengesellschaft, 67. Ergänzungslieferung, Strand: Dez. 2014
Ziemons/Jaeger	Beck'scher Online Kommentar GmbHG, Edition 19, 2014
Zilles, Stephan	Schiedsgerichtsbarkeit im Gesellschaftsrecht, 2002
Zirngibl	Die Due Diligence bei der GmbH und der Aktiengesellschaft, Diss., 2003
Zöller	ZPO, Kommentar, 30. Aufl., 202014
Zöllner/Noack	Kölner Kommentar zum Aktiengesetz, Band 9, Spruchverfahrensgesetz, 3. Aufl., 3013
Zöllner/Noack	Kölner Kommentar zum Aktiengesetz, Band 8/1–4. Teillieferung (§§ 1–10 SE-VO), 3. Aufl., 2012
Zöllner/Noack	Kölner Kommentar zum Aktiengesetz, Band 8/1 – 3. Teillieferung (§§ 15–31 SE-VO), 3. Aufl., 2012

Teil 1 Einführung

§ 1 Einleitung

Übersicht

	Rdn.		Rdn.
A. Gegenstand des Werks	1	B. Gang der Darstellung	5

A. Gegenstand des Werks

Gesellschaftsrechtliche Streitigkeiten haben eine große Bedeutung in der Rechtspraxis. Sie treten in den unterschiedlichsten Formen auf und reichen von Meinungsverschiedenheiten in kleinen örtlichen Vereinen bis hin zu Disputen in den Hauptversammlungen börsennotierter Aktiengesellschaften. Die Häufigkeit und Bedeutsamkeit derartiger Konflikte findet ihre Entsprechung in der gerichtlichen Praxis. So befasst sich ein gesamter Senat des BGH, nämlich der 2. Zivilsenat, nahezu ausschließlich mit gesellschaftsrechtlichen Streitigkeiten. 1

Trotz dieser großen praktischen Bedeutung und der Flut gesellschafts- und prozessrechtlicher Darstellungen ist der Bereich gesellschaftsrechtlicher Streitigkeiten in der Rechtsliteratur bislang nur stiefmütterlich behandelt worden. Zwar werden in der prozessrechtlichen Literatur gesellschaftsrechtliche Sonderprobleme mitunter am Rande erörtert. Ähnliches gilt für gesellschaftsrechtliche Darstellungen, in denen vielfach im jeweiligen materiellrechtlichen Zusammenhang prozessuale Streitfragen erörtert werden. Zusammenfassende Darstellungen, die die Verknüpfungen zwischen materiellem Recht und Prozessrechtspraxis darstellen, sind hingegen sehr rar. Dieser Befund überrascht umso mehr, als dieser Querschnittsbereich in der Praxis zunehmend als eigener Bereich begriffen und – angloamerikanisch geprägt – als »Corporate Litigation« bezeichnet wird. 2

Diese Lücke soll durch das vorliegende Werk geschlossen werden. Es soll aufzeigen, welche gesellschaftsrechtlichen Konflikte typischerweise in der Praxis auftreten. Dem Leser soll eine Orientierungshilfe an die Hand gegeben werden, wie diese Konflikte von der Rechtsprechung oder der herrschenden Auffassung beurteilt werden und wie auf dieser Grundlage praktisch vorgegangen werden kann. Dabei sollen freilich auch abweichende Auffassungen nicht zu kurz kommen. Eine ausführliche Auseinandersetzung mit derartigen Streitfragen würde allerdings angesichts der Vielzahl gesellschaftsrechtlicher Streitfragen den Rahmen des Buches sprengen. Insoweit findet der Leser regelmäßig in den Fußnoten weiterführende Hinweise zum Streitstand. Noch weniger kann und will das Werk materielles gesellschaftsrechtliches Grundwissen vermitteln. Schon der Umfang des heutigen materiellen Gesellschaftsrechts hätte dies nicht erlaubt. 3

Zielsetzung des Werks ist es mithin, die praktisch relevanten Streitigkeiten in Kapital- und Personengesellschaften darzustellen. Dabei werden neben streitigen Fragen des Gesellschafts- und Prozessrechts auch Querbezüge zu anderen Rechtsgebieten aufgezeigt, soweit diese typischerweise im Zusammenhang mit gesellschaftsrechtlichen Streitigkeiten stehen, wie insbesondere bestimmte kapitalmarktrechtliche, insolvenzrechtliche, steuerrechtliche und arbeitsrechtliche Aspekte. Nicht behandelt ist hingegen der Bereich der Unternehmenskäufe. Denn dabei geht es in erster Linie um Fragen des allgemeinen Vertrags- und Schuldrechts. Zudem hätte eine nähere Behandlung mit diesem Thema Umfang und Struktur dieses Werks gesprengt. Ein gesondertes Handbuch zu Streitigkeiten beim Unternehmenskauf – der Darstellungsweise dieses Werkes folgend – befindet sich allerdings in Vorbereitung und wird zeitnah im hiesigen Verlag erscheinen.[1] 4

B. Gang der Darstellung

Angesichts der Vielzahl gesellschaftsrechtlicher Streitigkeiten und unterschiedlicher Gesellschaftsformen fällt eine übersichtliche Gliederung nicht leicht. Um dem Leser eine rasche Orientierung zu ermöglichen, folgt das Werk der Grundidee, die typischen prozessualen Probleme nach dem Le- 5

---

[1] Mehrbrey, Handbuch Streitigkeiten beim Unternehmenskauf – M&A-Litigation (Arbeitstitel), Carl Heymanns Verlag, vorauss. 2015.

benszyklus der jeweiligen Gesellschaftsform darzustellen. Innerhalb dieser Struktur wird wiederum, soweit möglich, nach bestimmten Klagetypen und -zielen unterschieden.

6 Einleitend werden in § 2 allgemeine Besonderheiten dargestellt, die übergreifender Natur sind und sich keiner bestimmten Gesellschaftsform zuordnen lassen. Daran anschließend werden die Kapitalgesellschaften behandelt (2. Teil), wobei auch konzernrechtliche Besonderheiten berücksichtigt werden (2. Teil, 3. Abschnitt). Die Personengesellschaften werden im 3. Teil dargestellt, während auf sonstige Gesellschaftsformen wie den Verein, die Stiftung oder die in Deutschland verbreitete englische Limited im 4. Teil und auf die verschiedenen Formen der mittelbaren Unternehmensbeteiligung im 5. Teil eingegangen wird. Abschließend werden rechtsformübergreifende Probleme wie bei der Umwandlung von Gesellschaften (6. Teil) und bei Spruchverfahren (7. Teil) behandelt.

7 Die Darstellung innerhalb der einzelnen Gesellschaftsformen vollzieht sich wie folgt: Zunächst werden in einem Einleitungskapitel die allgemeinen prozessualen Besonderheiten der jeweiligen Gesellschaftsform gewissermaßen »vor die Klammer gezogen«. Sodann erfolgt eine Darstellung der Probleme, geordnet nach dem »Lebenszyklus« der Gesellschaft, gleichsam von der Wiege (Gründung) bis zur Bahre (Liquidation). Soweit die jeweilige Gesellschaftsform Sonderformen aufweist, wie z. B. die KGaA bei der AG, wird diese Sonderform gegen Ende des jeweiligen Abschnitts behandelt. Auch im Übrigen erfolgt die Darstellung vom Allgemeinen hin zum Besonderen, so dass zur Vermeidung von Redundanzen auf die allgemeineren Ausführungen verwiesen werden kann.

8 Innerhalb der einzelnen Kapitel (»Lebensphasen«) erfolgt wieder eine Unterteilung nach den praxisrelevanten Streitfeldern. Soweit dies möglich und sinnvoll erschien, wurde insoweit nach Klagezielen und -typen geordnet.

§ 2 Allgemeines zu gesellschaftsrechtlichen Streitigkeiten

Übersicht

		Rdn.
A.	**Typische Beteiligte und Interessenlagen**	2
I.	Gesellschaft	3
II.	Gesellschafter	4
III.	Organe	8
	1. Vorstand/Geschäftsführung	8
	2. Aufsichtsrat/Beirat	12
	3. Hauptversammlung/Gesellschafterversammlung	14
B.	**Prozessuale Handlungsformen vor staatlichen Gerichten**	15
I.	Anfechtungsklage	17
II.	Nichtigkeitsklage	19
III.	Weitere Klagemöglichkeiten	21
IV.	Einstweiliger Rechtsschutz	22
C.	**Besonderheiten in Schiedsverfahren**	25
I.	Einführung	25
II.	Die Legitimation des Schiedsgerichts zum Streitentscheid	29
	1. Schiedsfähigkeit gesellschaftsrechtlicher Streitigkeiten	33
	a) Objektive Schiedsfähigkeit	34
	b) Subjektive Schiedsfähigkeit	36
	2. Form der Schiedsvereinbarung	37
	3. Nachträgliche Aufnahme einer Schiedsklausel	45
	4. Reichweite von Schiedsvereinbarungen	47
	a) Sachliche Reichweite	47
	b) Persönliche Reichweite	50
III.	Das Verfahren vor den Schiedsgerichten	58
	1. Allgemeines	58
	2. Organisation durch eine Institution	59
	3. Schiedsrichterauswahl	63
	4. Einstweiliger Rechtsschutz im Schiedsverfahren	65
	a) Zweckmäßigkeit des Antrags vor dem Schiedsgericht	66
	b) Verfahren vor dem Schiedsgericht	69
	c) Vollstreckbarerklärung	71
IV.	Die Aufhebung von Schiedssprüchen	74
V.	Vollstreckbarerklärung von Schiedssprüchen	76
	1. Bedeutung im Gesellschaftsrecht	77
	2. Verfahren	79
D.	**Internationale Bezüge**	81
I.	Einführung	81
II.	Zuständigkeitsfragen	82
	1. Geltung der EuGVO für EU-Gesellschaften	82
	2. Mögliche Gerichtsstände	83
	3. Ausschließliche Zuständigkeit im Sitzstaat für Anfechtungs- und Nichtigkeitsklagen	85
	4. Nicht-EU-Gesellschaften	88

		Rdn.
III.	Weitere prozessuale Fragen	89
	1. Partei-/Prozessfähigkeit	89
	2. Prozessführungsbefugnis	92
	3. Prozesskostensicherheit, § 110 ZPO	94
	4. Nebenintervention und Streitverkündung	95
IV.	Zustellungsfragen	96
V.	Anwendbares Gesellschaftsrecht	99
E.	**Compliance und gesellschaftsrechtliche Auseinandersetzungen**	101
I.	Einleitung	101
	1. Begriffsbestimmung	109
	2. Rechtsgrundlagen	112
II.	Haftung für Vorstandshandeln	118
	1. Überblick über die Haftungsgefahren	118
	a) Straf- und bußgeldrechtliche Haftungsgefahren	119
	b) Zivilrechtliche Haftung	124
	2. Die Business Judgement Rule	127
	3. Anforderungen an ordnungsgemäße Corporate-Compliance-Systeme	131
	a) Risikoanalyse	134
	b) Organisationspflichten	135
	c) Aufbau von Informationssystemen	142
	d) Kontrolle und Ahndung von Verstößen	144
	e) Dokumentation/Berichtspflichten	146
	f) Bekenntnis zur Corporate Compliance	148
	g) Konzernweite Überwachungspflicht	150
III.	Die Haftung des Aufsichtsrats	152
	1. Die Haftung des Aufsichtsrats gegenüber der Gesellschaft (Innenhaftung)	152
	2. Die Haftung des Aufsichtsrats gegenüber Dritten (Außenhaftung)	155
	3. Ordnungsgemäße Compliance beim Aufsichtsrat	156
	a) Sorgfältige Dokumentation	157
	b) Organisation und Delegation	159
	c) Konkrete Prüfungsanlässe	165
F.	**Gesellschaftsrechtliche Streitigkeiten und Mediation**	166
I.	Überblick	166
II.	Arten der Mediation	168
	1. Außergerichtliche Mediation	168
	2. Gerichtsnahe Mediation	169
	3. Gerichtsinterne Mediation	170
III.	Wege in die Mediation	171
	1. Vor dem Konflikt: Mediationsklausel	171
	2. Während des Konflikts: Mediationsvereinbarung	177

		Rdn.			Rdn.
	3. Mediation auf Vorschlag des Gerichts	180		b) Gesellschaftsrechtliche Erscheinungsformen des Equity Joint Ventures	291
IV.	Ablauf der Mediation	181		3. »Deadlock« zwischen den Gesellschaftern	294
	1. Eröffnung	182			
	2. Bestandsaufnahme	183			
	3. Interessenerforschung	184		4. Vereinbarung von Streitschlichtungsmechanismen	295
	4. Lösungssuche/Bewertung	185			
	5. Abschluss/Vereinbarung	186		a) (Fakultativer) Aufsichtsrat oder Beirat	296
V.	Rechtsfragen	187			
	1. Der Grundsatz der Vertraulichkeit	187		b) Gestuftes Eskalationsverfahren	297
	2. Fristen/Verjährung	191		c) Vereinbarung von Ausschluss- und Beendigungsmechanismen als ultima ratio	298
	3. Kein Anwaltszwang	194			
	4. Besonderheiten der gerichtsinternen Mediation	195			
VI.	Stärken und Schwächen der Mediation	201		aa) Klassische Andienungs- und Erwerbsrechte	299
	1. Vorteile der Mediation	202			
	2. Nachteile der Mediation	206		bb) »Russian Roulette« und »Texan Shoot Out«	300
G.	**Streitigkeiten in der Krise und Insolvenz**	210			
I.	Einführung	210	II.	Streitigkeiten zwischen den Joint-Venture-Partnern	306
II.	Typische Streitigkeiten in der Krise	214		1. Durchsetzung von Gesellschafterrechten und -pflichten	307
	1. Fall »co-op«	214			
	2. Schuldverschreibungen	218		2. Streitigkeiten innerhalb der Joint-Venture-GbR	310
	3. Sicherstellung der Weiterbelieferung durch einstweilige Verfügung	224			
				3. Beendigung des Joint Ventures	311
III.	Typische Streitigkeiten in der Insolvenz	231		a) Vertragliche Beendigungsmechanismen	311
	1. Inanspruchnahme der Gesellschafter aufgrund Gesellschafterstellung	236			
	a) Vermögensvermischung	240		b) Beendigungsoptionen außerhalb vertraglicher Regelungen	313
	b) Sphärenvermischung	244			
	c) Unterkapitalisierung	248		aa) Übertragung der Gesellschaftsanteile	314
	d) Existenzvernichtender Eingriff	253			
	e) Haftung wegen Insolvenzverschleppung	259		bb) Aufspaltung des Gemeinschaftsunternehmens	317
	2. Inanspruchnahme der Gesellschafter und Dritter aufgrund vertraglicher Sicherungsrechte	260		cc) Ausschluss eines Joint-Venture-Partners aus wichtigem Grund	318
	3. Insolvenzanfechtung	263	III.	Streitigkeiten unter Beteiligung von Gesellschaftsorganen	319
	4. Streitigkeiten bei gesellschaftsrechtlicher Umstrukturierung nach ESUG	267		1. Durchsetzung von Gesellschafterrechten	319
IV.	Prozessuale Besonderheiten	273			
	1. Auswirkungen einer Insolvenz auf laufende Verfahren	273		2. Entziehung der Geschäftsführungsbefugnis bzw. Abberufung der Geschäftsführung	321
	2. Internationale Zuständigkeit in Anfechtungsprozessen	280			
				3. Schadensersatzansprüche gegen Gesellschaftsorgane	322
	3. Besonderer Gerichtsstand des Insolvenzverwalters	282	IV.	Konzernrechtliche Streitigkeiten	325
H.	**Gesellschaftsrechtliche Streitigkeiten beim Joint Venture**	286		1. Ausgleichs- und Abfindungsansprüche der Joint-Venture-Gesellschaft gegen einen Joint-Venture-Partner	326
I.	Besonderheiten von Joint-Venture-Streitigkeiten	286			
	1. Konfliktträchtigkeit von Joint Ventures	286		2. Schadensersatzansprüche der Joint-Venture-Gesellschaft gegen einen Joint-Venture-Partner	327
	2. Erscheinungsformen von Joint Ventures	289	V.	Actio pro socio	328
			I.	**Arbeitsrechtliche Bezüge**	329
	a) Equity Joint Venture – Contractual Joint Venture	289	I.	Das Arbeitsgerichtsverfahren	330
				1. Zuständigkeit der Arbeitsgerichte	330
				2. Wesentliche Besonderheiten des arbeitsgerichtlichen Verfahrens	333

A. Typische Beteiligte und Interessenlagen § 2

		Rdn.			Rdn.

II.	Streitigkeiten mit Organmitgliedern vor den Arbeitsgerichten	337		b) Rechtsschutz im Steuerrecht
				  aa) Einspruchsverfahren beim Finanzamt
				  bb) Klageverfahren
					362
					363
					369

III.	Arbeitsrechtliche Bezugspunkte bei der Unternehmensmitbestimmung	343			
J.	**Steuerrechtliche Bezüge**	347	II.	Steuerliche Hintergründe von Konflikten zwischen Gesellschaftern und/oder Gesellschaft	372
I.	Steuerveranlagung und Konflikte mit der Finanzverwaltung	348		1. Verdeckte Gewinnausschüttungen der Gesellschaft	373
	1. Steuerliche Verpflichtungen und deren Umfang	348		2. Gewerbesteuerliche Belastungen bei Personengesellschaften	377
	a) Amtsermittlungsgrundsatz und Mitwirkungspflichten	349		a) Ergebnisse aus Sonder- sowie Ergänzungsbilanzen	378
	b) Erklärungs- und Anzeigepflichten	352		b) Gewerbesteuerbelastung infolge von Anteilsverkäufen	379
	2. Auswirkungen für die handelnden Personen	354			
	a) Persönliche Haftung für Steuerverbindlichkeiten	355		3. Handlungen oder Unterlassen der Gesellschafter mit steuerlichen Auswirkungen	380
	b) Straf- und ordnungswidrigkeitsrechtliche Aspekte	357		a) Untergang von Verlust- und Zinsvorträgen für Ertragsteuerzwecke	381
	3. Durchsetzung der eigenen Rechtsauffassung gegen die Finanzverwaltung	359		b) Grunderwerbsteuer infolge von Anteilsübertragungen	383
	a) Präventive Maßnahmen im Zusammenhang mit Steuern	360			

Bevor in den nachstehenden Abschnitten typische Streitigkeiten bei einzelnen Gesellschaftsformen dargestellt werden, werden zunächst allgemeine Charakteristika gesellschaftsrechtlicher Streitigkeiten behandelt. **1**

A. Typische Beteiligte und Interessenlagen

In gesellschaftsrechtlichen Streitigkeiten stehen sich – im Unterschied zu typischen zivilprozessualen Streitigkeiten – häufig eine Vielzahl von Beteiligten gegenüber. Typische Beteiligte sind zunächst die Gesellschaft als solche und die einzelnen Gesellschafter. Häufig sind darüber hinaus die einzelnen Organe der Gesellschaft, insbesondere der Vorstand bzw. die Geschäftsführung sowie der Aufsichtsrat bzw. Beirat, involviert. Nicht selten tritt eine Beteiligung außen stehender Personen, so z. B. der Gläubiger oder Schuldner der Gesellschaft, hinzu. **2**

I. Gesellschaft

In Streitigkeiten im gesellschaftsrechtlichen Bereich kann zunächst die Gesellschaft als solche beteiligt sein.[1] Das primäre Ziel, welches eine Gesellschaft verfolgt, wird durch den Gesellschaftsvertrag (Satzung)[2] bestimmt. Darüber hinaus haben Gesellschaften bzw. die für sie handelnden Organe die für sie geltenden gesetzlichen Vorschriften einzuhalten. Einer, wie es der Regelfall ist, kommerzielle Ziele verfolgenden Gesellschaft ist in einer gesellschaftsrechtlichen Auseinandersetzung zudem – jedenfalls mittelbar – daran gelegen, ihre finanziellen Interessen zu wahren. Darüber hinaus hat sie regelmäßig ein Interesse daran, Eingriffe in ihre interne Willensbildung zu verhindern, um so ihre Handlungsfähigkeit bzw. die ihrer Organe zu wahren. Regelmäßig wird es auch im Interesse der Gesellschaft liegen, interne Vorgänge nicht öffentlich zu machen. **3**

---

1 Zu Einzelheiten der Rechts- und Parteifähigkeit vgl. für die AG § 3 Rdn. 2, für die GmbH § 14 Rdn. 2, für die GbR § 29 Rdn. 2 und für die OHG § 37 Rdn. 3.
2 Die Begriffe Gesellschaftsvertrag und Satzung werden in diesem Werk entsprechend der Handhabung in der Praxis synonym verwandt.

II. Gesellschafter

4 Die Gesellschafter legen die Ziele der Gesellschaft durch Verabschiedung des Gesellschaftsvertrags fest. Dies gilt unabhängig von der Gründungsform der Gesellschaft als Personen- oder Kapitalgesellschaft.

5 Daneben verfolgt jeder einzelne Gesellschafter eigene Interessen höchstpersönlicher Natur, die häufig den Interessen der anderen Gesellschafter diametral entgegenstehen. Um Meinungsverschiedenheiten über die Rechtmäßigkeit getroffener Maßnahmen und den richtigen Kurs der Gesellschaft austragen zu können, können Gesellschafter regelmäßig als Kläger, Beklagter oder ggf. auch als Nebenintervenient an einem Prozess beteiligt sein. So kann ein Gesellschafter eine Klage gegen die Gesellschaft richten, etwa wenn er Anfechtungs- oder Nichtigkeitsklage gegen bestimmte von der Gesellschaftermehrheit gefasste Beschlüsse erhebt. Umgekehrt kann der Gesellschafter aber auch von der Gesellschaft verklagt werden. Denkbar sind mitunter – vor allem bei Personengesellschaften[3] – Klagen Dritter (zugleich) gegen den Gesellschafter. Zudem ist bei vielen Gesellschaftsformen anerkannt, dass auch der einzelne Gesellschafter Interessen der Gesellschaft gerichtlich durchsetzen kann.[4]

6 Eine in gesellschaftsrechtlichen Streitigkeiten verbreitete Konstellation ist ferner die Klage eines Gesellschafters gegen einen anderen (Mit-)Gesellschafter. Anwendungsfälle hierfür bestehen insbesondere im Personengesellschaftsrecht, so zum Beispiel bei Beschlussmängelstreitigkeiten und Streitigkeiten um die Führung und den Bestand der Gesellschaft.[5]

7 Die von dem einzelnen Gesellschafter verfolgten Interessen sind vielfach zunächst finanzieller Natur. Er wird über die Einlagenrückgewähr oder die Dividendenausschüttung an den Gewinnen der Gesellschaft beteiligt. Im Gegenzug ist der Gesellschafter verpflichtet, sich finanziell am Stammkapital der Gesellschaft zu beteiligen. Die Möglichkeit der Durchsetzung dieser finanziellen Interessen ergibt sich unter anderem aus der Möglichkeit der Gesellschafterklage. Zudem hat der Gesellschafter ein berechtigtes Interesse an der Wahrung der Handlungsfähigkeit der Gesellschaft sowie der interessengerechten Verfolgung der Ziele der Gesellschaft. Diese Handlungsfähigkeit ist mittelbar Voraussetzung für die Wahrung seiner finanziellen Interessen. Zudem folgt aus der Eigenschaft als Gesellschafter die Möglichkeit der Wahrnehmung von Verwaltungsrechten, insbesondere die Mitwirkung an der Organbestellung.

Eine Sonderstellung nimmt insoweit der stille Gesellschafter ein. Die Intensität seiner Beteiligung am kaufmännischen Unternehmen eines anderen hängt von der Ausgestaltung des Gesellschaftsvertrags ab.[6] Nicht nur daraus, sondern auch aus ihrem Charakter als reine Innengesellschaft ergeben sich bei Streitigkeiten unter Beteiligung einer stillen Gesellschaft Besonderheiten.[7]

III. Organe

1. Vorstand/Geschäftsführung

8 Die Gesellschaft selbst ist nicht handlungsfähig. Sie wird somit im Rechtsverkehr durch ihre Organe vertreten. Diesen obliegt die Vertretung der Gesellschaft in gerichtlichen und außergerichtlichen

---

3 S. näher § 29 Rdn. 10–23, § 37 Rdn. 5.
4 Diese Möglichkeit besteht im Rahmen der AG über die Aktionärsklage, vgl. dazu § 3 Rdn. 11, § 9 Rdn. 64–73, im Rahmen der GmbH durch die Gesellschafterklage, vgl. dazu § 14 Rdn. 37–48 sowie bei Personengesellschaften über die so genannte actio pro socio.
5 Vgl. dazu die weiteren Ausführungen für die GbR in § 34 Rdn. 32, 35, 39, 49–50, § 35 Rdn. 36, 43, für die OHG in § 42 Rdn. 11, § 43 Rdn. 26 und für die mehrgliedrige stille Gesellschaft in § 105 Rdn. 5.
6 Vgl. zu den verschiedenen Formen der stillen Beteiligung die Ausführungen in § 99 Rdn. 10–17.
7 Vgl. ausführlich zu den Besonderheiten der stillen Gesellschaft §§ 99 ff.

Streitigkeiten.[8] Dementsprechend können die Organe der Gesellschaft aktiv oder passiv an einem Prozess beteiligt sein.

Die Organe sind insbesondere befugt, die Rechte der Gesellschaft in ihrer Organeigenschaft geltend zu machen.[9] In diesem Zusammenhang haben sie zum Beispiel die Möglichkeit, Nichtigkeitsklage gegen die Gesellschaft mit dem Ziel der Feststellung der Nichtigkeit von Gesellschafterbeschlüssen zu erheben.[10]

Weiterhin kann ein Organ auch in Wahrnehmung eigener Interessen gegen die Gesellschaft klagen. So kann ein vertretungsberechtigtes Organ zum Beispiel gegen seine Abberufung oder Kündigung des Arbeitsverhältnisses Feststellungsklage gegen die Gesellschaft erheben.[11] Umgekehrt können die Organe grundsätzlich auch durch die Gesellschaft oder die Gesellschafter verklagt werden. In Betracht kommen insbesondere Klagen auf Schadensersatz wegen Pflichtverletzung. Solche Schadensersatzansprüche können aber auch von Dritten auf Grundlage einer vertraglichen oder deliktischen Haftungsnorm geltend gemacht werden.[12]

Das Interesse der vertretungsberechtigten Organe einer Gesellschaft liegt in der Führung der Gesellschaft in allen Belangen unter Wahrung der Grenzen unternehmerischer Entscheidungsfreiheit. Finanzielle Interessen stehen dabei im Hintergrund, da die vertretungsberechtigten Organe grundsätzlich festgelegte Bezüge auf dienstvertraglicher Grundlage erhalten; freilich tritt insbesondere bei größeren Gesellschaften häufig durch Bonusregelungen eine gewisse Kopplung an den wirtschaftlichen Erfolg der Gesellschaft hinzu.

2. Aufsichtsrat/Beirat

Die Kontrollorgane Aufsichtsrat und Beirat[13] sind ebenfalls häufig in gesellschaftsrechtliche Konflikte involviert. Die wesentliche Funktion von Aufsichtsrat und Beirat liegt regelmäßig in der Überwachung der geschäftsführenden Organe und vielfach auch in deren Beratung. Darüber hinaus obliegt ihnen häufig die Bestellung und mitunter auch Abberufung des vertretungsberechtigten Organs der Gesellschaft. Zudem vertreten sie die Gesellschaft gegenüber dem vertretungsberechtigten Organ, so zum Beispiel bei der Geltendmachung von Schadensersatzansprüchen.[14] Im Gegenzug haftet der Aufsichtsrat gegenüber der Gesellschaft bei Pflichtverletzungen.[15] Aufsichtsrat und Beirat werden durch die Gesellschafter gewählt und sind somit durch diese legitimiert.[16]

---

8 Vgl. dazu ausführlich zur AG § 3 Rdn. 3–10; zur GmbH § 14 Rdn. 4–36, zur GbR § 29 Rdn. 31–37 und zur OHG § 37 Rdn. 7–11.
9 Vgl. dazu ausführlich für die AG § 9 Rdn. 62–63, 152, 247, für die GmbH § 20 Rdn. 14–17, 93, für die GbR § 35 Rdn. 5–6, 11 und für die OHG § 43 Rdn. 5, 11, 22.
10 Vgl. BGH NJW-RR 2008, 706 für die Klage eines Geschäftsführers. Verneint wird hingegen die Klagebefugnis für Gesellschaftsorgane zur Erhebung einer Anfechtungsklage in der GmbH, BGHZ 76, 154 (159). Ausführlich dazu in § 19 Rdn. 64.
11 Weitergehend für die AG in § 9 Rdn. 3–52, für die GmbH in § 20 Rdn. 128–194, für die GbR in § 35 Rdn. 49–60 sowie für die OHG in § 43 Rdn. 32.
12 Ausführlich dazu für die AG in § 9 Rdn. 196–214, 266–272, für die GmbH in § 20 Rdn. 110–127.
13 Zur besseren Lesbarkeit wird in diesem Einführungskapitel nicht näher zwischen den Organen Aufsichtsrat und Beirat unterschieden, zu den Unterschieden im Einzelnen s. etwa MüKo GmbHG/*Spindler* § 52 Rn. 36 f. und 641 ff.
14 Für die AG gemäß §§ 84 Abs. 1, 111 Abs. 1, 112 AktG, für die GmbH § 52 GmbHG i. V. m. § 112 AktG und für die Personengesellschaften im Rahmen des Gesellschaftsvertrages. Weiterführend dazu für die AG § 9 Rdn. 62–63, für die GmbH § 20 Rdn. 16.
15 Als Haftungsgründe kommen hier insbesondere Treuepflichtverletzungen, z. B. §§ 43, 52 GmbHG i. V. m. §§ 116, 93 AktG, und Wettbewerbsverstöße in Betracht.
16 Ob der Aufsichtsrat der AG selbst aktivlegitimiert ist bei Klagen gegen den Vorstand, ist bisher noch weitgehend ungeklärt.

13 Das primäre Interesse des Aufsichtsrates bzw. Beirates liegt in der Einhaltung der gesetzlichen Vorschriften sowie der Wahrung der Gesellschaftsinteressen gegenüber dem vertretungsberechtigten Organ.

3. Hauptversammlung/Gesellschafterversammlung

14 Die Wahrnehmung von Gesellschafterrechten vollzieht sich bei Kapital- und Personengesellschaften im Rahmen der durch Gesetz und Gesellschaftsvertrag verliehenen Befugnisse in der Haupt- bzw. Gesellschafterversammlung.[17] Das Interesse der Haupt- bzw. Gesellschafterversammlung liegt insbesondere in der Wahrung ihrer Stimm- und Mitwirkungsrechte sowie in der Möglichkeit der gesellschaftsinternen Willensbildung.

B. Prozessuale Handlungsformen vor staatlichen Gerichten

15 Besondere gesellschaftsrechtliche Klagearten finden sich für die AG in §§ 243 ff. AktG. Für die GmbH fehlt es weitgehend an vergleichbaren Vorschriften, aus diesem Grund wendet die Rechtsprechung die aktienrechtlichen Vorschriften grundsätzlich entsprechend an, soweit nicht die Besonderheiten des GmbH-Rechts entgegenstehen.[18]

16 Für die weiteren Gesellschaftsformen sind diese Vorschriften grundsätzlich nicht entsprechend anwendbar. Besondere Klageformen gibt es in diesen Bereichen nicht. Auf Grundlage der Rechts- und Parteifähigkeit der Gesellschaften besteht aber die Möglichkeit einer Klage der Gesellschaft gegen einen ihrer Gesellschafter oder einer Klage gegen die Gesellschaft.[19]

I. Anfechtungsklage

17 Die Anfechtungsklage ist eine Gestaltungsklage, sie ist für die AG in § 246 AktG geregelt. Ziel der Anfechtungsklage – ebenso wie der Nichtigkeitsklage – ist die Beseitigung eines Beschlusses der Gesellschaft. Klageberechtigt sind der Aktionär, der Vorstand oder das Organmitglied. Das notwendige Rechtsschutzbedürfnis ist grundsätzlich zu bejahen, weil die Anfechtungsklage das einzige adäquate Mittel darstellt, einen rechtswidrigen Beschluss zu beseitigen.[20] Passivlegitimiert ist gemäß § 246 Abs. 2 S. 1 AktG allein die Gesellschaft. Voraussetzung einer Anfechtungsklage ist neben der Anfechtungsbefugnis im Sinne des § 245 AktG die Einhaltung der einmonatigen Ausschlussfrist ab Beschlussfassung nach § 246 Abs. 1 AktG.

18 Die Anfechtung eines Beschlusses der Gesellschafterversammlung der GmbH ist grundsätzlich ebenfalls mit einer Anfechtungsklage geltend zu machen.[21] Fehlt es hingegen an einer Niederschrift über den Beschluss, so ist die Beschlussfeststellungsklage die statthafte Klageart. Entgegen der Vorschriften des AktG bedarf es jedoch immer nicht der Einhaltung der Frist des § 246 Abs. 1 AktG.

II. Nichtigkeitsklage

19 Die Nichtigkeitsklage ist in § 249 AktG als besondere Form der Feststellungsklage des § 256 ZPO positivrechtlich geregelt. Sie weist einige Ähnlichkeiten mit der Anfechtungsklage auf, insbesondere

---

17 Für die Hauptversammlung der AG regelt dies §§ 118, 119 AktG, für die Gesellschafterversammlung der GmbH sieht dies § 45 GmbHG vor. Siehe weiterführend für die AG § 6, für die GmbH § 17, für die GbR § 32 und für die OHG § 40.
18 BGHZ 36, 207 (210 f.); 104, 66 (68 f.). Ausführlich dazu in § 19 Rdn. 1, 57.
19 Ausführlich zu den Klagemöglichkeiten im Rahmen der OHG in §§ 38 ff., im Zusammenhang mit einer GbR in §§ 30 ff., für die KG in §§ 47 ff., für die Partnerschaftsgesellschaft in §§ 57 ff., für die eingetragene Genossenschaft in §§ 65 ff., für den Verein in §§ 73 ff., für die Stiftung bürgerlichen Rechts in §§ 82 ff. sowie für die englische Limited in §§ 90 ff.
20 *Hüffer/Koch* § 246 Rn. 9. Eine subjektive Rechtsverletzung des Klägers ist hingegen nicht erforderlich, siehe nur BGH NZG 2005, 69. Weitergehend dazu in § 8 Rdn. 48–51.
21 Weitergehend dazu in § 19 Rdn. 57–121.

B. Prozessuale Handlungsformen vor staatlichen Gerichten § 2

verweist § 249 Abs. 1 S. 1 AktG auf die Geltung verschiedener anfechtungsrechtlicher Vorschriften. Ebenso wie die Anfechtungsklage hat sie zum Ziel, einen nichtigen Beschluss der Hauptversammlung zu beseitigen. Klageberechtigt sind – wie bei der Anfechtungsklage – nur die Aktionäre, der Vorstand sowie die Organmitglieder, passivlegitimiert ist allein die AG. Die Erhebung der Nichtigkeitsklage unterliegt hingegen nicht der Monatsfrist des § 246 Abs. 1 AktG. Darüber hinaus bedarf es auch keiner besonderen Befugnis zur Erhebung der Nichtigkeitsklage. Jedoch ist die Nichtigkeitsklage nur zulässig, wenn der Kläger ein berechtigtes Feststellungsinteresse nachweisen kann, dieses ist aber grundsätzlich schon in der Aktionärseigenschaft bzw. der korporationsrechtlichen Bindung der Organe an die AG zu erblicken.[22]

Bei der GmbH kann die Nichtigkeit der Gesellschaft geltend gemacht werden. Eine spezielle Regelung enthält § 75 GmbHG, der auf die §§ 246–248 AktG verweist. Als Nichtigkeitsgründe bestimmt § 75 Abs. 1 GmbHG das Fehlen von Bestimmungen über die Höhe des Stammkapitals oder über den Gegenstand des Unternehmens im Gesellschaftsvertrag sowie die Nichtigkeit der Bestimmungen des Gesellschaftsvertrags über den Gegenstand des Unternehmens.[23] 20

III. Weitere Klagemöglichkeiten

Im Bereich der AG sowie der GmbH bestehen daneben verschiedene spezielle Klagemöglichkeiten. Siehe dazu die Ausführungen in §§ 4 ff. für die AG und in §§ 15 ff. für die GmbH. 21

IV. Einstweiliger Rechtsschutz

Auch im Gesellschaftsrecht besteht die Möglichkeit des Erlasses einer einstweiligen Verfügung nach den Vorschriften der §§ 935 ff. ZPO. Voraussetzungen einer einstweiligen Anordnung sind ein Verfügungsanspruch und ein Verfügungsgrund im Sinne der §§ 935, 940 ZPO, die schlüssig behauptet und glaubhaft gemacht werden müssen. Jedoch gilt auch hier der Grundsatz des Verfahrens des einstweiligen Rechtsschutzes, dass eine Vorwegnahme der Hauptsache unzulässig ist. Der einstweilige Rechtsschutz spielt eine gewichtige Rolle bei gesellschaftsrechtlichen Streitigkeiten, da hier ein ausgeprägtes Konfliktpotential zwischen den Interessen des Antragstellers und dem Gesellschaftsinteresse an einer internen Willensbildung und -durchsetzung besteht, die nicht durch staatliche Organe übermäßig beeinträchtigt und beeinflusst werden soll. Parteien des Verfahrens des einstweiligen Rechtsschutzes sind dementsprechend grundsätzlich die Gesellschaft, die Gesellschafter und subsidiär deren Organe. 22

Das Vorliegen eines Verfügungsanspruches setzt das Bestehen einer materiellen Rechtsposition voraus, die akut gefährdet ist. Dieser Verfügungsanspruch resultiert im gesellschaftsrechtlichen Bereich regelmäßig aus der gesellschaftsrechtlichen Treuepflicht und daraus resultierenden Rechten und Pflichten der Gesellschaft und ihrer Organe. Das Vorliegen eines Verfügungsgrundes verlangt die besondere Eilbedürftigkeit der gerichtlichen Entscheidung, die einen drohenden Schaden für die Gesellschaft abwenden kann.[24] 23

Antragsgegner einer einstweiligen Verfügung eines Gesellschafters ist grundsätzlich die Gesellschaft, soweit nicht die Handlung einer einzelnen Person betroffen ist.[25] 24

---

[22] Ausführlich im Rahmen der AG in § 8 Rdn. 272 ff.
[23] Weitergehend die Ausführungen in § 21 Rdn. 23–30.
[24] In Betracht kommt dabei zum Beispiel die Inanspruchnahme einstweiligen Rechtsschutzes zur Verhinderung der Durchführung einer einberufenen Gesellschafterversammlung, vgl. OLG Koblenz NJW 1991, 1119, OLG Frankfurt a. M. BB 1982, 274; zustimmend *Buchta* DB 2008, 913. Ausführlich zu diesem Aspekt für die AG in § 8 Rdn. 332–334, für die GmbH in § 19 Rdn. 159–163.
[25] OLG München NZG 2014, 66 (67); OLG Nürnberg GmbHR 1993, 154; OLG Hamm GmbHR 1993, 743.

C. Besonderheiten in Schiedsverfahren

I. Einführung

25 Durch eine **Schiedsvereinbarung** können die Parteien Streitigkeiten der Entscheidung eines Schiedsgerichts unterwerfen mit der Folge, dass eine vor staatlichen Gerichten erhobene Klage (auf Rüge des Beklagten hin) als unzulässig abzuweisen ist, § 1032 Abs. 1 ZPO. Das deutsche Schiedsrecht ist in den §§ 1025–1066 ZPO geregelt.[26]

26 Im Bereich des Gesellschaftsrechts kommt der Schiedsgerichtsbarkeit **große Bedeutung** zu. Insbesondere bei Personenhandelsgesellschaften und der GmbH[27] ist häufig vorgesehen, dass Streitigkeiten unter Ausschluss der ordentlichen Gerichte durch ein Schiedsgericht entschieden werden sollen. Bei der AG[28] und allgemein bei großen Gesellschaften sind Schiedsklauseln hingegen weniger verbreitet.[29]

27 Für die Aufnahme einer Schiedsklausel in einen Gesellschaftsvertrag oder den späteren Abschluss einer Schiedsabrede zwischen den Gesellschaftern spricht vor allem, dass die Parteien die **Vertraulichkeit des Verfahrens** vereinbaren können. Eine solche Vereinbarung kann verhindern, dass der Markt oder Wettbewerber Zugang zu sensiblen Daten oder Kenntnis von vertraulichen Informationen aus oder Auseinandersetzungen innerhalb der Gesellschaft erhalten. Vor den ordentlichen Gerichten gilt hingegen der Öffentlichkeitsgrundsatz des § 169 Satz 1 GVG. Schiedsverfahren bieten auch prozessuale Möglichkeiten, die Vertraulichkeit von Dokumenten oder Informationen innerhalb des Verfahrens selbst, insbesondere also gegenüber der anderen Schiedspartei sicherzustellen. Beispielsweise können bestimmte, schützenswerte Informationen, zu denen die Gegenseite keinen Zugang haben soll, wenn das entsprechende Dokument vorgelegt wird, geschwärzt werden. Auch die Beschränkung derjenigen Personen, die für eine Partei Zugang zu den betreffenden Informationen haben dürfen – z. B. Anwälte (»*only-counsel review*«) oder ein sonstiger, genau definierter und zur Verschwiegenheit verpflichteter Personenkreis (»*clean team*«) – ist möglich. In Ausnahmefällen ist es sogar zulässig, ein *In camera*-Verfahren durchzuführen, d. h. eine Partei von einem Teil des Verfahrens ganz auszuschließen, um die Vertraulichkeit bestimmter Informationen sicherzustellen.[30]

27a Außerdem wirken die Parteien regelmäßig bei der Schiedsrichterauswahl mit. Sie bringen den Schiedsrichtern daher zumeist besonderes Vertrauen entgegen. Sie sind zudem frei, die Verfahrensregeln selbst festzulegen, was ein hohes Maß an **Flexibilität** gewährleistet. Gerade in innergesellschaftlichen Streitigkeiten ist es möglich, das Verfahren kompromissorientiert, konstruktiv und mit Blick auf die Bedürfnisse der auf Dauer angelegten Gesellschaft durchzuführen. Schiedsverfahren können in besonderer Weise dazu führen, zweckmäßige Lösungen zu finden, die auch die zukünftigen Beziehungen innerhalb der Gesellschaft im Blick behalten. Das Fehlen einer Berufungsinstanz bewirkt zudem eine Beschleunigung der Verfahren.

28 Im internationalen Bereich ist die **effektive Vollstreckung** von Schiedssprüchen nach dem New Yorker Übereinkommen über die Anerkennung und Vollstreckung ausländischer Schiedssprüche vom 10. Juni 1958 (UNÜ)[31] ein weiterer Vorteil der Schiedsgerichtsbarkeit, der jedoch im Bereich von gesellschaftsrechtlichen Streitigkeiten eher eine geringere Rolle spielt.[32]

---

26 Die §§ 1025 ff. ZPO finden Anwendung, wenn der Schiedsort i. S. d. § 1043 Abs. 1 ZPO in Deutschland liegt, § 1025 Abs. 1 ZPO.
27 Siehe zu Schiedsverfahren über Beschlüsse von Gesellschaftern einer GmbH § 19 Rdn. 182–201.
28 Siehe zu Schiedsverfahren über Hauptversammlungsbeschlüsse § 8 Rdn. 396–401.
29 *Papmehl* S. 1–3. Zur Rolle der Schiedsgerichtsbarkeit im Gesellschaftsrecht insgesamt *Goette*, AnwBl 2012, 33; *Heskamp* RNotZ 2012, 415.
30 Vgl. zu den Gestaltungsmöglichkeiten und Voraussetzungen ausführlich Eberl/*Pörnbacher/Knief*, § 9 Rn. 31–81; Łaszczuk/*Pörnbacher/Knief*, 456 (471–480).
31 BGBl. 1961 II, 121.
32 Vgl. zu den Vorteilen der Schiedsgerichtsbarkeit im Gesellschaftsrecht allgemein *Lutz*, Rn. 821; *Raeschke-Kessler/Wiegand* AnwBl 2007, 396 (396–398); *Zilles* S. 3–11.

C. Besonderheiten in Schiedsverfahren § 2

II. Die Legitimation des Schiedsgerichts zum Streitentscheid

Die Legitimation des Schiedsgerichts zur Streitentscheidung kann sich aus einer vertraglichen 29
Schiedsvereinbarung **nach § 1029 ZPO oder aus § 1066 ZPO** ohne Vertragsgrundlage ergeben.

Nach der Rspr. des BGH und der herrschenden Auffassung in der Literatur sind auf Schiedsklauseln 30
im **Personengesellschaftsrecht** die §§ 1029 ff. ZPO anzuwenden.[33]

Enthält die Satzung eines Vereins, eines Verbandes oder einer Körperschaft – und somit auch der 31
Gesellschaftsvertrag einer **Kapitalgesellschaft** – eine Schiedsklausel, gilt hierfür nach der Rspr. des
BGH und der h. M. in der Literatur § 1066 ZPO.[34] Die abweichende Auffassung möchte hingegen
die §§ 1025 ff. ZPO anwenden.[35] Der praktische Unterschied besteht darin, dass nur nach der h. M.
die Formvorschrift des § 1031 ZPO – und insbesondere des § 1031 Abs. 5 ZPO[36] – auf Schiedsklauseln in Gesellschaftsverträgen von Kapitalgesellschaften keine Anwendung findet.[37]

Nach ganz h. M. ist es auch im Bereich von Kapitalgesellschaften zulässig,[38] eine Schiedsverein- 32
barung **außerhalb der Satzung** abzuschließen. Es ist in der Praxis nicht unüblich, Nebenabreden
im Verhältnis der Gesellschafter bzw. Aktionäre untereinander und mit der Gesellschaft außerhalb
der Satzung zu treffen, beispielsweise, um die mit der Aufnahme der Regelung in die Satzung einhergehende Publizität zu vermeiden.[39] Damit sind jedoch ggfs. Nachteile bzw. zumindest Schwierigkeiten in der praktischen Umsetzung verbunden: Eine außerhalb der Satzung geschlossene Schiedsvereinbarung der Gesellschafter z. B. einer GmbH untereinander bzw. mit der Gesellschaft hat den
Formerfordernissen des § 1031 ZPO zu genügen, d. h. insbesondere auch § 1031 Abs. 5 ZPO, soweit Verbraucher beteiligt sind.[40] Zudem geht – anders als bei Personengesellschaften – die Schiedsvereinbarung bei einer Veräußerung von Gesellschaftsanteilen grds. nicht auf den Erwerber über, so
dass die Schiedsvereinbarung mit Anteilsübergang insgesamt unwirksam werden kann.[41]

1. Schiedsfähigkeit gesellschaftsrechtlicher Streitigkeiten

Ein Schiedsgericht kann nur dann über eine Streitigkeit entscheiden, wenn die betreffende Streitig- 33
keit Gegenstand einer Schiedsvereinbarung sein kann, also **objektiv schiedsfähig** ist i. S. d. § 1030
ZPO, und die am Streit Beteiligten konkret zum Abschluss einer Schiedsvereinbarung fähig sind,
demnach **subjektive Schiedsfähigkeit** vorliegt.

---

33 Dies gilt auch für die Publikumsgesellschaft, BGH NJW 1980, 1049 (1049–1050); OLG Karlsruhe NJW-RR 1991, 493; Baumbach/Hopt/*Hopt* vor § 1 Rn. 90; *Ebbing* NZG 1998, 281 (282); Musielak/*Voit* § 1066 Rn. 7; Saenger/*Saenger* § 1066 Rn. 8; Stein/Jonas/*Schlosser* § 1066 Rn. 5; Sudhoff/*Gerber* § 21 Rn. 14. Teilweise wird vertreten, auf Schiedsklauseln im Personengesellschaftsrecht sei § 1066 ZPO anzuwenden, was eine Beachtung der Formvorschrift des § 1031 ZPO entbehrlich machen würde, *Heskamp* RNotZ 2012, 415 (416); *K. Schmidt* BB 2001, 1857 (1862); Zöller/*Geimer* § 1066 Rn. 13.
34 BGH NJW 2004, 2226 (2227); BGH MDR 1951, 674; OLG Hamburg SchiedsVZ 2004, 266 (268); *Ebbing* NZG 1998, 281; Michalski/*Michalski/Funke* § 13 Rn. 90; MüKo ZPO/*Münch* § 1066 Rn. 3; Musielak/*Voit* § 1066 Rn. 7; Saenger/*Saenger* § 1066 Rn. 5.
35 *Heskamp* RNotZ 2012, 415 (416–417); *Schwab/Walter* Kap. 32 Rn. 5; Stein/Jonas/*Schlosser* § 1066 Rn. 10 ff.
36 Hierzu siehe Rdn. 40.
37 BGH NJW 1980, 1049; OLG Hamburg SchiedsVZ 2004, 266 (268); *Haas* SchiedsVZ 2007, 1 (2–3, 10); MüKo ZPO/*Münch* § 1066 Rn. 23; Zöller/*Geimer* § 1066 Rn. 24. Wird die Schiedsklausel in den Gesellschaftsvertrag aufgenommen, bleiben gesellschaftsrechtliche Formvorschriften freilich unberührt.
38 A. A. *Henze* ZIP 2002, 97 (100) für das Aktienrecht mit dem Argument, sonst würden zwingende aktienrechtliche Regelungen unterlaufen.
39 Hölters/*Solveen* § 23 Rn. 40; Hüffer/*Koch* § 23 Rn. 45; MüKo AktG/*Pentz* § 23 Rn. 189.
40 Hierzu siehe Rdn. 40.
41 Hierzu siehe Rdn. 51.

a) Objektive Schiedsfähigkeit

34 Objektiv schiedsfähig ist nach § 1030 Abs. 1 ZPO zunächst jeder vermögensrechtliche Anspruch. **Vermögensrechtlich** ist ein Anspruch, wenn er auf Geld oder geldwerte Gegenstände gerichtet ist oder aus einem vermögensrechtlichen Rechtsverhältnis hergeleitet wird.[42] Gesellschaftsrechtliche Streitigkeiten sind vermögensrechtlicher Natur. Der Begriff des vermögensrechtlichen Anspruchs i. S. d. § 1030 Abs. 1 ZPO erfasst neben Leistungs- und Feststellungsklagen auch die Gestaltungsklagen des Handels- und Gesellschaftsrechts nach §§ 127, 133, 140, 142 HGB, 61, 75 GmbHG, 246 AktG analog für die GmbH.[43] Dass die §§ 246 Abs. 3 Satz 1 AktG, 61 Abs. 3 GmbHG Streitigkeiten ausschließlich dem Landgericht zuweisen, in dessen Bezirk die Gesellschaft ihren Sitz hat, steht jedenfalls für die GmbH[44] nicht entgegen. Sie regeln lediglich die sachliche und örtliche Zuständigkeit unter den staatlichen Gerichten für den Fall, dass diese zulässigerweise angerufen werden. Eine Entscheidung darüber, ob und unter welchen Voraussetzungen der Rechtsstreit statt vor den staatlichen Gerichten auch vor einem privaten Schiedsgericht ausgetragen werden kann, ist diesen Bestimmungen nicht zu entnehmen.[45]

35 Etwas anderes gilt jedoch im **Aktienrecht**[46] im Hinblick auf § 23 Abs. 5 AktG, der vorschreibt, dass die Satzung von den Vorschriften des AktG nur abweichen darf, wenn dies ausdrücklich erlaubt ist (Grundsatz der Satzungsstrenge). Regelungen, die von den gesetzlichen Bestimmungen nicht abweichen, sondern diese ergänzen, sind zulässig, soweit das AktG keine abschließende Regelung enthält. Die Rechtsprechung hat die Frage, ob und inwieweit der Grundsatz der Satzungsstrenge der Aufnahme einer Schiedsklausel in die Satzung einer AG entgegensteht, noch nicht entschieden. Nach der h. M. in der Literatur ist die Entscheidung von Streitigkeiten innerhalb einer AG durch ein Schiedsgericht auf Basis einer statutarischen Schiedsklausel jedenfalls dann unzulässig, wenn das Aktienrecht unmittelbar Rechtsschutz durch staatliche Gerichte vorschreibt, wenn also explizit geregelt ist, dass für eine bestimmte Frage ein bestimmtes staatliches Gericht zuständig ist. Wo eine solche Regelung fehlt, kann eine Schiedsklausel in den Gesellschaftsvertrag aufgenommen werden.[47] Nach einer anderen Auffassung in der Literatur ist eine Schiedsklausel in der Satzung einer AG durch § 23 Abs. 5 AktG generell untersagt,[48] nach wieder anderer Meinung hingegen zulässig.[49] Aus praktischer Sicht ist aufgrund der unklaren Rechtslage die Aufnahme einer Schiedsklausel in die Satzung einer AG nicht zu empfehlen und gesetzgeberische Klarstellung wünschenswert. Außerhalb der Satzung ist der Abschluss einer Schiedsvereinbarung nach § 1029 ZPO möglich, der jedoch alle Gesellschafter zugestimmt haben müssen.[50]

---

42 *Raeschke-Kessler* SchiedsVZ 2003, 145 (152); *Sudhoff/Gerber* § 21 Rn. 3. § 1030 ZPO erweitert die Schiedsfähigkeit von Streitigkeiten gegenüber der früheren Regelung in § 1025 Abs. 1 ZPO, nach dem die Schiedsfähigkeit vermögensrechtlicher und nicht vermögensrechtlicher Streitigkeiten nur dann gegeben ist, wenn der geltend gemachte Anspruch vergleichsfähig war. Verfügungs-, Verzichts- oder Vergleichsverbote, wie etwa in § 89b HGB, §§ 50, 302 AktG oder § 9b GmbHG, stehen der Schiedsfähigkeit seit der Neuregelung nicht mehr entgegen, BT-Drucksache 13/5274, S. 34 f.
43 Siehe hierzu auch § 8 Rdn. 397, § 19 Rdn. 182–189.
44 Siehe § 19 Rdn. 182–189.
45 BGH NJW 2009, 1962 (1963–1964) – Schiedsfähigkeit II; BGH NJW 1996, 1753 (1754) – Schiedsfähigkeit I; *Lutz* Rn. 839–841; *Schwerdtfeger/Eberl/Eberl* Kap. 17 Rn. 25–27, 74–75. Zur Schiedsfähigkeit von GmbH-Gesellschafterbeschlüssen siehe § 19 Rdn. 182–189.
46 Zur Schiedsfähigkeit von Hauptversammlungsbeschlüssen siehe § 8 Rn. 397.
47 *Heidel/Braunfels* § 23 Rn. 44; *Hölters/Hölters* § 93 Rn. 345; MüKo AktG/*Pentz* § 23 Rn. 156.
48 *Heskamp* RNotZ 2012, 415 (424); *K. Schmidt* BB 2001, 1857 (1861); Musielak/*Voit* § 1066 Rn. 8.
49 *Hauschild/Böttcher* DNotZ 2012, 577 (586); *Umbeck* SchiedsVZ 2009, 143 (147); Zöller/*Geimer* § 1029 Rn. 75, § 1066 Rn. 12.
50 Deshalb wird eine solche Vereinbarung nur für nicht börsennotierte Aktiengesellschaften mit überschaubarem Kreis der Gesellschafter praktikabel sein, *Raescke-Kessler/Berger* Rn. 346–348; *Saenger/Splittgerber* DZWIR 2010, 177; *Schwedt/Lilja/Schaper* NZG 2009, 1281 (1285); Spindler/Stilz/*Dörr* § 246 Rn. 11. Siehe hierzu auch unten § 8 Rdn. 397–400.

C. Besonderheiten in Schiedsverfahren § 2

b) Subjektive Schiedsfähigkeit

Die subjektive Schiedsfähigkeit setzt voraus, dass die Partei rechts- und prozessfähig ist. Bei juristischen Personen ist das **Recht des Sitzes** entscheidend. Nach der Rechtsprechung des BGH ist auch die Außen-GbR aktiv wie passiv parteifähig. Damit ist sie auch schiedsfähig.[51]

2. Form der Schiedsvereinbarung

Für Schiedsklauseln auf vertraglicher Grundlage, also auch für Schiedsklauseln in Gesellschaftsverträgen von **Personengesellschaften**, sieht § 1031 Abs. 1 ZPO vor, dass die Schiedsvereinbarung **schriftlich** niedergelegt sein muss, entweder in einem von den Parteien unterzeichneten Dokument oder in einem zwischen ihnen gewechselten Schreiben.[52] Ist die Schiedsklausel im schriftlichen Gesellschaftsvertrag enthalten, ist das Schriftformerfordernis des § 1031 ZPO regelmäßig unproblematisch erfüllt.[53]

Eine Besonderheit kann sich im Hinblick auf den – im Zusammenhang mit notariell beurkundungsbedürftigen Rechtsgeschäften (z. B. im Fall eines Vertrages über den Kauf von GmbH-Anteilen gem. § 15 Abs. 4 Satz 1 GmbHG) geltenden – **Vollständigkeitsgrundsatz** ergeben. Danach sind alle Vereinbarungen, aus denen sich nach dem Willen der Parteien das schuldrechtliche Veräußerungsgeschäft zusammensetzt, formbedürftig. Gleiches gilt für weitere, nicht zum beurkundungsbedürftigen Rechtsgeschäft gehörende Vereinbarungen, die mit diesem eine rechtliche Einheit bilden, so dass sie nach dem Willen der Vertragschließenden derart voneinander abhängig sind, dass sie miteinander »stehen oder fallen«.[54] Hierfür genügt es, wenn das beurkundungsbedürftige Rechtsgeschäft von dem an sich nicht beurkundungsbedürftigen Rechtsgeschäft abhängig ist. Ist hingegen nur das nicht beurkundungsbedürftige Rechtsgeschäft von dem beurkundungsbedürftigen abhängig, bleibt Ersteres formfrei. Soll das beurkundungsbedürftige Rechtsgeschäft nicht ohne die Schiedsvereinbarung erfolgen, weil die Vertragsparteien einen entsprechenden Verknüpfungswillen haben, erstreckt sich das Beurkundungserfordernis (z. B. des § 15 Abs. 4 GmbHG) auch auf die Schiedsvereinbarung.[55]

In diesem Zusammenhang hat das OLG München entschieden,[56] dass i. d. R. keine **Mitbeurkundungsbedürftigkeit einer Schiedsordnung** besteht, auf die in einer Schiedsklausel (als Teil eines Vertrags über den Verkauf und die Übertragung von u. a. Gesellschaftsanteilen) Bezug genommen wird. Ob die Beurkundung der Schiedsordnung selbst notwendig ist, richtet sich danach, ob die Parteien der Schiedsinstitution die nähere Bestimmung der Verfahrensordnung überlassen oder die Anwendung einer ganz bestimmten Verfahrensordnung bzw. anderer konkret vereinbarter Verfahrensgrundsätze wünschen. Fehlen sonstige Anhaltspunkte, ist ein Verweis auf die Schiedsordnung einer bestimmten Schiedsinstitution (z. B. auf die Schiedsgerichtsordnung der Deutschen Institution für Schiedsgerichtsbarkeit (DIS-SchO)) in einer Schiedsklausel so zu verstehen, dass nach dem Willen der Parteien die Institution das Schiedsverfahren durch ihre Schiedsordnung ausgestalten soll. Die Institution bestimmt dann das Verfahren durch ihre Schiedsordnung in der jeweils gültigen Fassung.

---

51 BGH NJW 2001, 1056 (1056–1060); MüKo ZPO/*Münch* § 1029 Rn. 42; Musielak/*Voit* § 1029 Rn. 5; *Lachmann* Rn. 286–291; Saenger/*Saenger* § 1029 Rn. 8; Schwab/*Walter* Kap. 7 Rn. 35.
52 § 1031 Abs. 2, 3 ZPO regelt weitere Formen der Schiedsvereinbarung: Durch einseitig übermitteltes Schreiben, wenn kein rechtzeitiger Widerspruch erfolgt und der Inhalt nach der Verkehrssitte als Vertragsinhalt angesehen wird, sowie durch Bezugnahme.
53 *Ebbing* NZG 1998, 281 (282). Die Regelung des § 1031 ZPO gilt für Schiedsvereinbarungen, die nach dem 1. Januar 1998 geschlossen wurden. Für Altverträge beurteilt sich die Formwirksamkeit nach § 1027 ZPO a. F., Art. 4 § 1 SchiedsVfG. Danach muss die Schiedsvereinbarung grundsätzlich in einer besonderen Urkunde getroffen sein, die außer den Vereinbarungen zum Schiedsverfahren keine weiteren Regelungen enthält.
54 BGHZ 74, 346 (348); BGH NJW-RR 1989, 198 (199).
55 DNotI-Report 2008, 188.
56 OLG München RNotZ 2013, 639 (643–644).

Eine Mitbeurkundung der Schiedsordnung ist nicht notwendig. Nur wenn es den Parteien auf ganz bestimmte Verfahrensregelungen ankommt und weder Schiedsklausel noch Hauptvertrag ohne diese Regelungen geschlossen worden wären, ist die Schiedsordnung nach § 15 Abs. 4 GmbHG ebenfalls zu beurkunden.

40 § 1031 Abs. 5 ZPO enthält ferner ein besonderes Formerfordernis für den Fall, dass ein **Verbraucher** (§ 13 BGB) an der Schiedsvereinbarung beteiligt ist. Dann muss die Schiedsabrede in einer von den Parteien eigenhändig unterzeichneten Urkunde enthalten sein. Diese Urkunde darf keine anderen Vereinbarungen als die Schiedsabrede und Verfahrensregelungen enthalten. Erfolgt jedoch die Beurkundung durch einen Notar, ist keine gesonderte Urkunde erforderlich.[57]

41 Umstritten ist, ob jemand bei **Gründung einer Personenhandelsgesellschaft** als Verbraucher i. S. d. § 13 BGB handeln kann und § 1031 Abs. 5 ZPO demnach Anwendung findet. Teilweise wird vertreten, dass die Beteiligung an einer Personenhandelsgesellschaft Verbrauchergeschäft sein könne, wenn der Gesellschafter keine gewerblichen oder beruflich selbständigen Zwecke verfolge.[58] § 1031 Abs. 5 ZPO solle auch in diesen Fällen davor schützen, sich durch Unterzeichnung umfangreicher Vertragsvordrucke einer darin mehr oder weniger versteckt enthaltenen Schiedsklausel zu unterwerfen. Die Vertreter der Gegenauffassung bringen dagegen vor, dass der Abschluss eines solchen Vertrages regelmäßig nicht der »privaten Sphäre« eines »Verbrauchers« zugerechnet werden könne.[59] Bei **Publikumsgesellschaften** findet § 1031 Abs. 5 ZPO allerdings nach allgemeiner Auffassung Anwendung,[60] was dafür sprechen dürfte, die Verbrauchereigenschaft eines Gesellschafters auch bei anderen Gesellschaftsformen nicht generell auszuschließen.[61]

42 Bei Abschluss einer Schiedsvereinbarung durch alle Gesellschafter einer Kapitalgesellschaft und die Gesellschaft selbst in Form einer Nebenabrede **außerhalb der Satzung**, findet § 1031 ZPO ebenfalls Anwendung. Nach der Rechtsprechung des BGH stellt die rein kapitalmäßige Beteiligung an einer GmbH oder AG per se keine gewerbliche Tätigkeit, sondern bloße Vermögensverwaltung dar.[62] Entsprechend kann ein GmbH-Gesellschafter bzw. ein Aktionär grds. Verbraucher sein mit der Folge, dass § 1031 Abs. 5 ZPO auch insoweit Anwendung findet.[63]

43 Genügt die Vereinbarung der Form des § 1031 ZPO nicht, ist sie unwirksam.[64] Dies gilt nach der ganz h. M. absolut, so dass sich auch Gründungsgesellschafter einer Publikums-KG, der dann Verbraucher als Kapitalanleger unter Verletzung der Formvorschrift des § 1031 Abs. 5 ZPO beitreten, auf die Formnichtigkeit berufen können.[65] Vereinzelt wird dagegen vertreten, dass eine Schiedsvereinbarung auch bei Unwirksamkeit gegenüber Verbrauchern zwischen sonstigen Gesellschaftern un-

---

57 Musielak/*Voit* § 1031 Rn. 11. A. A. jedoch BLAH/*Hartmann* § 1031 Rn. 4. Nach BGH NJW 2005, 1273 (1274) liegt kein Handeln als Verbraucher, sondern als Unternehmer vor, wenn Rechtsgeschäfte im Zuge einer Existenzgründung vorgenommen werden (z. B. Kauf eines Anteils an einer freiberuflichen Gemeinschaftspraxis).
58 *Habersack* SchiedsVZ 2003, 241 (242); Stein/Jonas/*Schlosser* § 1031 Rn. 13; Sudhoff/*Gerber* § 21 Rn. 14; *Zilles*, S. 23.
59 Musielak/*Voit* § 1031 Rn. 9, Saenger/*Saenger* § 1031 Rn 10; *Schwab/Walter* Kap. 5 Rn. 20; Zöller/*Geimer* § 1031 Rn. 35b.
60 Musielak/*Voit* § 1031 Rn. 9; *Schwab/Walter* Kap. 5 Rn. 20; Zöller/*Geimer* § 1031 Rn. 35b.
61 Vgl. hierzu auch generell OLG Frankfurt BeckRS 2013, 22044, wonach für die Abgrenzung, welchem Bereich ein geschäftliches Handeln im Rahmen von § 13 BGB zuzuordnen ist, die – objektiv zu bestimmende – Zweckrichtung des Verhaltens entscheidend ist. Auf das Vorhandensein oder Nichtvorhandensein geschäftlicher Erfahrung, etwa aufgrund einer bereits ausgeübten gewerblichen oder selbstständigen beruflichen Tätigkeit, kommt es nicht an. Vielmehr ist maßgeblich, ob das Verhalten der Sache nach dem privaten – dann Verbraucherhandeln – oder dem gewerblich-beruflichen Bereich – dann Unternehmertum – zuzuordnen ist.
62 BGH NJW 2007, 759 (760).
63 Anders jedoch z. B. bei Existenzgründern, die sich an einer Gesellschaft im Vorfeld einer erst noch aufzunehmenden gewerblichen oder selbständigen Tätigkeit beteiligen, vgl. BGH NJW 2005, 1273 (1274).
64 Stein/Jonas/*Schlosser*, § 1031 Rn. 15; Zöller/*Geimer* § 1031 Rn. 39.
65 Vgl. BGH NJW 1980, 1049 zur Vorgängervorschrift § 1027 ZPO aF; Musielak/*Voit* § 1031 Rn. 16.

tereinander und mit der Gesellschaft relativ wirksam sei.[66] Eine **Heilung** ist möglich durch rügelose Einlassung auf die schiedsgerichtliche Verhandlung zur Hauptsache, § 1031 Abs. 6 ZPO. Die Schiedsvereinbarung ist im Übrigen nach § 1040 Abs. 1 Satz 2 ZPO vom Hauptvertrag unabhängig, d. h. Unwirksamkeit des Hauptvertrags hat nicht ipso iure die Unwirksamkeit der Schiedsvereinbarung zur Folge und umgekehrt.[67]

Die Formvorschrift des § 1031 ZPO gilt lediglich für die Vereinbarung, die dem Schiedsgericht unter Ausschluss der staatlichen Gerichte die Zuständigkeit zur Streitentscheidung einräumt. Fakultative Regelungen der Schiedsvereinbarung zum Verfahren – etwa zur Schiedsrichterbenennung, dem Schiedsort oder der Schiedsrichtervergütung – oder zum im Streitfall anzuwendenden Recht (§ 1051 Abs. 1 ZPO) sind hingegen formfrei möglich.[68] 44

3. Nachträgliche Aufnahme einer Schiedsklausel

Die Parteien müssen sich nicht bereits bei Begründung des Rechtsverhältnisses einigen, Streitigkeiten hieraus durch Schiedsgerichte entscheiden zu lassen. Auch später ist es möglich, eine Schiedsvereinbarung zu treffen oder eine Schiedsklausel in die Satzung einer juristischen Person oder eines nichtrechtsfähigen Vereins aufzunehmen. 45

Umstritten ist allerdings, ob eine Schiedsklausel auch durch **Mehrheitsbeschluss** nachträglich in einen Gesellschaftsvertrag eingefügt werden kann. Die h. M. geht davon aus, dass die nachträgliche Aufnahme einer Schiedsklausel in einen Gesellschaftsvertrag einer Personen- oder Kapitalgesellschaft eines einstimmigen Beschlusses der Gesellschafter bedarf. Begründet wird dies teils damit, dass der Zugang zu ordentlichen Gerichten unter dem Schutz des Kernbereichs der Mitgliedschaft stehe, teils mit der Garantie des gesetzlichen Richters nach Art. 101 Abs. 1 Satz 2 GG.[69] In der Literatur wird demgegenüber teilweise die Auffassung vertreten, ein Mehrheitsbeschluss sei ausreichend, wenn der Gesellschaftsvertrag auch für Vertragsänderungen eine Mehrheitsentscheidung vorsieht.[70] Dem ist zugute zu halten, dass Rechtsschutz durch Schiedsgerichte und staatlicher Rechtsschutz grundsätzlich gleichwertig ist,[71] so dass richtigerweise davon auszugehen ist, dass die nachträgliche Einführung einer Schiedsklausel in den Gesellschaftsvertrag per Mehrheitsbeschluss den Kernbereich der Mitgliedschaft nicht berührt. 46

4. Reichweite von Schiedsvereinbarungen

a) Sachliche Reichweite

Die Gesellschafter sind grundsätzlich frei, die sachliche Reichweite ihrer Schiedsvereinbarung, also die Frage, welche Streitigkeiten hiervon erfasst sein sollen, selbst festzulegen. Es gilt der Grundsatz, dass Schiedsklauseln in Gesellschaftsverträgen von Personen- und Kapitalgesellschaften weit auszulegen sind.[72] Häufig sehen Gesellschaftsverträge vor, dass sämtliche Streitigkeiten aus dem Gesell- 47

---

66 *Rüppell* BB 2014, 1091 (1098).
67 *Schwab/Walter* Kap. 4 Rn. 16–19.
68 *Lutz* Rn. 825, 830.
69 Michalski/*Michalski/Funke* § 13 Rn. 94 für Körperschaften; MüKo HGB/*K. Schmidt* § 105 Rn. 125 für Personengesellschaften; Roth/Altmeppen/*Roth* § 3 Rn. 43 für die GmbH; *K. Schmidt* BB 2001, 1857 (1861–1862); Sudhoff/*Gerber* § 21 Rn. 20; Zöller/*Geimer* § 1066 Rn. 7, 13. Siehe auch BGH NJW 2009, 1962 (1964–1965) – Schiedsfähigkeit II und BGH BB 2000, 1059 – Körbuch/Zuchtbuch (zur nachträglichen Aufnahme einer Schiedsklausel in die Satzung eines eingetragenen Vereins). Zur Frage der nachträglichen Anpassung einer bestehenden Schiedsklausel an die Erfordernisse des BGH in der Schiedsfähigkeit II-Entscheidung siehe § 19 Rdn. 196–200.
70 *Ebbing* NZG 2000, 898 (899) für satzungsmäßige Schiedsklauseln; *Habersack* SchiedsVZ 2003, 241 (245) für das Personengesellschaftsrecht; *Raeschke-Kessler* SchiedsVZ 2003, 145 (153–154); *Zilles*, S. 26–29.
71 BT-Drucksache 13/5274, S. 34, 46.
72 Schwerdtfeger/*Eberl/Eberl* Kap. 17 Rn. 38, 63. Zur Frage, ob eine Schiedsvereinbarung wirksam ist, wenn

schaftsvertrag und dem Gesellschaftsverhältnis (sog. **statutarische Streitigkeiten**) umfasst sein sollen.[73]

48   Darunter fallen grundsätzlich etwa Streitigkeiten über Beitragspflichten, die Geltendmachung von Schadenersatzansprüchen aus Treupflichtverletzung, über Auskunfts- und Einsichtsrechte, Beschlussmängel,[74] die Entziehung der Geschäftsführungs- oder Vertretungsbefugnis, die Ausschließung eines Gesellschafters oder die Auflösung der Gesellschaft[75] sowie Streitigkeiten nach Auflösung der Gesellschaft im Liquidationsstadium, da die Wirksamkeit der Schiedsvereinbarung nicht vom Fortbestehen der Gesellschaft abhängt.[76] Unerheblich ist, ob die Streitigkeit zwischen der Gesellschaft und den Gesellschaftern oder zwischen Gesellschaftern besteht, solange sie auf dem Gesellschaftsverhältnis beruht.[77] Eine Schiedsklausel erfasst grundsätzlich auch deliktische Ansprüche, soweit die schädigende Handlung in einem einheitlichen Lebensvorgang mit einer Vertragsverletzung steht.[78]

49   Nicht erfasst sind hingegen **Drittgeschäfte**, also solche Geschäfte, die mit außerhalb der Gesellschaft stehenden Dritten getätigt werden. Außerdem erfasst eine Schiedsvereinbarung keine Geschäfte zwischen der Gesellschaft und einem Gesellschafter, wenn dieser der Gesellschaft gegenüber wie ein Dritter kontrahiert, also ein Bezug zum gesellschaftlichen Rechtsverhältnis fehlt. **Individualansprüche**, die in die Satzung einer Kapitalgesellschaft aufgenommen wurden, gehören ebenfalls nicht zu den statutarischen Rechtsbeziehungen. Für sie ist eine schuldrechtliche Schiedsabrede nach §§ 1029 ff. ZPO erforderlich mit der Folge, dass die Form des § 1031 ZPO beachtet werden muss.[79] Wird der Gesellschaftsvertrag notariell beurkundet, ist auch die vertragliche Schiedsvereinbarung formwirksam.[80]

b) Persönliche Reichweite

50   Eine Schiedsvereinbarung nach § 1029 ZPO wirkt zunächst zwischen den Vertragsparteien. Der **Gesamt- oder Einzelrechtsnachfolger** des Gesellschafters einer Personengesellschaft ist ebenfalls an die Vereinbarung gebunden. Nach st. Rspr. des BGH muss mit dem Erwerber eines **Personengesellschaftsanteils** keine neue, den Erfordernissen des § 1031 ZPO entsprechende Schiedsvereinbarung abgeschlossen werden, da die Schiedsklausel eine Eigenschaft des abgetretenen Rechts darstellt und nach dem in § 401 BGB enthaltenen Grundgedanken mit dem abgetretenen Recht auf

---

ein in der Schiedsvereinbarung in Bezug genommener Schiedsvertrag nicht abgeschlossen wurde, OLG Karlsruhe NJOZ 2012, 809.
73   Verweist ein GmbH-Gesellschaftsvertrag global alle Streitigkeiten aus dem Gesellschaftsvertrag und Gesellschaftsverhältnis an ein Schiedsgericht, nimmt er jedoch – erkennbar um der (inzwischen überholten) »Schiedsfähigkeit I«-Rechtsprechung des BGH zu genügen – Beschlussmängelstreitigkeiten hiervon aus, so sind andere Streitigkeiten als Beschlussmängelstreitigkeiten von der Schiedsvereinbarung grundsätzlich erfasst. Dies gilt auch für Streitigkeiten über Rechtsverhältnisse, die für spätere Beschlussmängelstreitigkeiten präjudiziell sein können, etwa Vorfragen einer späteren Beschlussmängelstreitigkeit betreffen, und insoweit ein Schiedsspruch Bindungswirkung entfalten kann, OLG München, Urteil vom 09.08.2012, 23 U 4173/11; OLG München BeckRS 2014, 01197, m. Anm. *Gottschalk* GWR 2014, 85. Zur Schiedsfähigkeit von GmbH-Gesellschafterbeschlüssen insgesamt siehe § 19 Rdn. 182–189.
74   Zu den Besonderheiten im Recht der AG und der GmbH siehe § 8 Rdn. 396 ff. und § 19 Rdn. 182 ff.
75   Für Personengesellschaften: *Ebbing* NZG 1998, 281 (284, 287); *Habersack* SchiedsVZ 2003, 241 (245). Für Kapitalgesellschaften: OLG Hamm NZG 2000, 1182 (1183–1184, für § 51a GmbHG); Baumbach/Hueck/*Fastrich* § 13 Rn. 9; MüKo ZPO/*Münch* § 1066 Rn. 18; Musielak/*Voit* § 1066 Rn. 9.
76   OLG Karlsruhe NJOZ 2012, 809; Zöller/*Geimer* § 1029 Rn. 104.
77   *Habersack* SchiedsVZ 2003, 241 (245); Roth/Altmeppen/*Altmeppen* § 13 Rn. 6. Vgl. jedoch BGH NZG 2002, 83 (83–84) zur Klage einer KG gegen einen ihrer Gesellschafter auf Rückzahlung eines Darlehens (keine »gesellschaftsrechtliche Grundlage« der Darlehensgewährung).
78   BGH NJW 1988, 1215; Musielak/*Voit* § 1029 Rn. 23; Zöller/*Geimer* § 1029 Rn. 80.
79   MüKo ZPO/*Münch* § 1066 Rn. 17, 19.
80   BGH NJW 1963, 203 (204–205); Schwerdtfeger/*Eberl*/*Eberl* Kap. 17 Rn. 39.

C. Besonderheiten in Schiedsverfahren § 2

den Erwerber übergeht, sofern nichts Gegenteiliges vereinbart oder den Umständen zu entnehmen ist.[81]

Bei **Kapitalgesellschaften** ist jeder Gesellschafter, gleich ob er bereits bei der Gründung beteiligt war oder später der Gesellschaft beitrat, an die statutarische Schiedsklausel nach § 1066 ZPO gebunden.[82] Haben die Gesellschafter bzw. Aktionäre und die Gesellschaft eine Schiedsvereinbarung außerhalb der Satzung in Form einer Nebenabrede nach §§ 1029 ff. ZPO abgeschlossen, kommt – anders als bei Personengesellschaften – eine analoge Anwendung von § 401 BGB nach h. M. nicht in Betracht. Eine kenntnisunabhängige Bindung des Sonderrechtsnachfolgers an die Schiedsabrede besteht nicht. Dies wird damit begründet, dass Erwerber von Anteilen an Kapitalgesellschaften sich in stärkerem Maße auf den Inhalt der publizierten Satzung verließen.[83] Entsprechend müsste sichergestellt werden, dass neu eintretende Gesellschafter bzw. Erwerber von Gesellschaftsanteilen auch der Schiedsabrede beitreten, damit diese Wirkungen entfalten kann.[84] 51

Die Schiedsbindung eines Gesellschafters endet nicht automatisch mit seinem Ausscheiden durch Anteilsübertragung auf einen Dritten. Nach der Rspr. des BGH geht der Wille der vertragsschließenden Gesellschafter dann, wenn sie vereinbart haben, alle Streitigkeiten aus dem Gesellschaftsverhältnis durch ein Schiedsgericht entscheiden zu lassen, im Zweifel dahin, dass sich diese Vereinbarung auch auf Streitigkeiten mit **ausgeschiedenen Gesellschaftern** aus dem Gesellschaftsverhältnis bezieht. Insbesondere im Hinblick auf fortbestehende Pflichten des ausgeschiedenen Gesellschafters wie das Wettbewerbsverbot oder die nachwirkende Treuepflicht ist daher – vorbehaltlich anderweitiger Vereinbarung – davon auszugehen, dass Streitigkeiten hierüber der Schiedsvereinbarung unterfallen.[85] Auch bei Kapitalgesellschaften gilt die Schiedsklausel für Streitigkeiten mit ausgeschiedenen Gesellschaftern fort, soweit es um Nachwirkungen der Mitgliedschaft geht.[86] 52

Gebunden ist durch die Schiedsklausel auch der **Insolvenzverwalter**, es sei denn, er macht Ansprüche aus Insolvenzanfechtung geltend, die ihm aus eigenem Recht zustehen, oder die Schiedsabrede sollte ausnahmsweise nur zwischen den Beteiligten persönlich gelten.[87] 53

Darüber hinaus muss grundsätzlich nur derjenige die Schiedsvereinbarung gegen sich gelten lassen, der an ihrem Abschluss beteiligt war. Trifft also eine Gesellschaft mit einem Dritten eine Schiedsvereinbarung nach § 1029 ZPO, sind hieran nur die Gesellschaft und der Dritte gebunden, nicht jedoch die einzelnen Gesellschafter. Etwas anderes gilt jedoch nach der Rechtsprechung des BGH wegen der Haftungsvorschrift des **§ 128 Satz 1 HGB** für die persönlich haftenden Gesellschafter einer OHG und KG. Bei Rechtsstreitigkeiten, in denen Ansprüche gegen die Gesellschaft erhoben werden und es um die gleichgerichtete Haftung des Gesellschafters geht, ist somit eine im Allgemeinen zweckmäßige Verbindung der Klage gegen die Gesellschaft und gegen den Gesellschafter möglich (Passivprozesse). Unter die Schiedsvereinbarung fallen darüber hinaus auch die Forderungen gegen 54

---

81 BGH NJW-RR 2002, 1462 (1463); BGH NZG 1998, 63 (63–64); BGH NJW 1978, 1585 (1586); *Lachmann* Kap. 6 Rn. 514, 521–526. A. A. *Schwab/Walter* Kap. 7 Rn. 32; *Rüppell* BB 2014, 1091 (1098), die eine Anwendung von § 401 als verfehlt bezeichnen, da hiervon nur gewisse Sicherungsrechte, nicht aber die Gesamtheit vertraglich begründeter Pflichten und Rechte erfasst seien. Daher sei auch bei derivativem Anteilserwerb die Form des § 1031 Abs. 1 ZPO zu wahren.
82 BGH NJW 1979, 2567 (2567–2568); Michalski/*Michalski/Funke* § 13 Rn. 90; MüKo ZPO/*Münch* § 1066 Rn. 16.
83 *Heskamp* RNotZ 2012, 415 (420) m. w. N.
84 Z. B. durch Anteilsvinkulierung, Heskamp RNotZ 2012, 415 (426); *K. Schmidt* BB 2001, 1857 (1861). Siehe hierzu auch § 8 Rdn. 398–400.
85 BGH NJW-RR 2002, 1462 (1463); OLG Düsseldorf SchiedsVZ 2004, 161 (162–163); *Lachmann* Kap. 6 Rn. 469–470.
86 MüKo ZPO/*Münch* § 1066 Rn. 17; Musielak/*Voit* § 1066 Rn. 9; *Schwab/Walter* Kap. 32 Rn. 12.
87 BGH SchiedsVZ 2011, 281 (283–284); BGH DZWIR 2004, 161 (161–162); BGH NJW 1957, 791; MüKo ZPO/*Münch* § 1029 Rn. 50; Zöller/*Geimer* § 1029 Rn. 65. Auch der Testamentsvollstrecker ist durch die Schiedsvereinbarung gebunden, *Lachmann* Rn. 515–520; Musielak ZPO/*Voit* § 1029 Rn. 8.

den Vertragspartner, die der Gesellschafter gerade in dieser Eigenschaft erhebt oder sie von ihr herleitet (Aktivprozesse).[88] Für den Kommanditisten gilt diese Ausnahme nach der h. M. jedoch nicht. Er ist nicht an eine von der KG geschlossene Schiedsvereinbarung gebunden.[89]

55 Bei der **BGB-Gesellschaft** gilt folgendes: Hat die GbR mit einem Dritten eine Schiedsvereinbarung getroffen, gilt diese entsprechend dem zur OHG und KG Gesagten auch für die akzessorisch haftenden Gesellschafter. Schiedsklauseln, die durch die Gesellschafter vor der Entscheidung des BGH vom 29.01.2001[90], nach der die GbR rechts- und parteifähig ist, durch die Gesellschafter unterzeichnet wurden, binden auch die GbR. Nach der Rechtsprechungsänderung unterzeichnete Vereinbarungen binden die GbR nur, wenn die handelnden Gesellschafter ausdrücklich oder stillschweigend für die Gesellschaft handeln.[91]

56 Unter Hinweis auf die Haftungsregelung des § 11 Abs. 2 GmbHG wird überwiegend vertreten, dass der für die **Vorgesellschaft** Handelnde eine Schiedsvereinbarung der Vorgesellschaft gegen sich gelten lassen muss.[92] Nach einer Entscheidung des OLG München erstreckt sich die von einer juristischen Person (einer GmbH) eingegangene Schiedsvereinbarung auch auf deren Organe, wenn sie als solche »tätig geworden sind, aber auch wenn sie persönlich für das Handeln der juristischen Person in Anspruch genommen werden«.[93] In der Literatur stieß diese Entscheidung überwiegend auf Ablehnung.[94]

57 Nach manchen Jurisdiktionen kann sich eine Schiedsvereinbarung, die eine Gesellschaft abgeschlossen hat, unter bestimmten Voraussetzungen auch auf **konzernangehörige Unternehmen** erstrecken, auch wenn diese selbst die Vereinbarung nicht unterzeichnet haben. Ein solcher »Schiedsdurchgriff« im Konzern wird jedoch im deutschen Recht ganz überwiegend abgelehnt.[95]

III. Das Verfahren vor den Schiedsgerichten

1. Allgemeines

58 Innerhalb grundlegender gesetzlicher Regelungen[96] können die Parteien das Verfahren vor dem Schiedsgericht frei regeln, etwa die Verfahrenssprache festlegen oder eine Vereinbarung über den Schiedsort treffen, §§ 1042 Abs. 3, 1043 Abs. 1 Satz 1, 1045 Abs. 1 Satz 1 ZPO. Sie können sich nach § 1047 Abs. 1 Satz 1 ZPO auf ein schriftliches Verfahren oder die Durchführung von mündlichen Verhandlungen einigen. Auch die Einzelheiten der Beweisaufnahme oder die Erstellung eines Prozesskalenders zur Festlegung von Schriftsatzfristen oder zur Terminierung von Verhandlungen sind mögliche Gegenstände einer Parteivereinbarung. Die §§ 1025 ff. ZPO geben lediglich einen groben und vielfach disponiblen Rahmen vor, wie das Schiedsverfahren stattzufinden hat. Wo Parteivereinbarung und eine gesetzliche Regelung fehlen, kommt dem Schiedsgericht Ermessen zu,

---

88 BGH NJW-RR 1991, 423 (424); OLG Köln NJW 1961, 1312 (1312–1313); *Müller/Keilmann* SchiedsVZ 2007, 113 (115); *Schwab/Walter* Kap. 7 Rn. 35.
89 *Müller/Keilmann* SchiedsVZ 2007, 113 (116); MüKo ZPO/*Münch* § 1029 Rn. 51; *Lachmann* Rn. 504; *Schwab/Walter* Kap. 7 Rn. 35; Zöller/*Geimer* § 1029 Rn. 71. A. A.: *Kreindler/Schäfer/Wolff* Rn. 176; Musielak/*Voit* § 1029 Rn. 8.
90 NJW 2001, 1056.
91 *Schwab/Walter* Kap. 7 Rn. 35; *Lachmann* Rn. 505; Schwerdtfeger/*Eberl/Eberl* Kap. 17 Rn. 96–97; *Sudhoff/Gerber* § 21 Rn. 32–33; *Wiegand* SchiedsVZ 2003, 52 (56–58).
92 *Lachmann* Rn. 507; *Müller/Keilmann* SchiedsVZ 2007, 113 (116); Musielak/*Voit* § 1029 Rn. 8; Stein/Jonas/*Schlosser* § 1029 Rn. 34; Zöller/*Geimer* § 1029 Rn. 65. A. A.: *Schwab/Walter* Kap. 7 Rn. 35.
93 OLG München NJW-RR 1998, 198 (198–199).
94 *Lachmann* Rn. 506; *Müller/Keilmann* SchiedsVZ 2007, 113 (116); *Schwab/Walter* Kap. 7 Rn. 35. Zustimmend, soweit das Organ am Abschluss der Schiedsvereinbarung beteiligt war: Thomas/Putzo/*Reichold* § 1029 Rn. 14.
95 *Busse* SchiedsVZ 2005, 118 (119–123); *Kreindler/Schäfer/Wolff* Rn. 180–182; *Lachmann* Rn. 509–512; *Müller/Keilmann* SchiedsVZ 2007, 113 (117–119); Zöller/*Geimer* § 1029 Rn. 72.
96 Dazu *Lachmann* Rn. 1289–1366; Musielak/*Voit* § 1042 Rn. 2–7.

wie es das Verfahren gestaltet, § 1042 Abs. 4 Satz 1 ZPO. Dies gewährleistet ein **hohes Maß an Flexibilität**, das erfahrene Schiedsrichter auch anzuwenden wissen.[97] Gerade in Konstellationen mit ausländischen Beteiligten ermöglicht diese Flexibilität, die Bedürfnisse (z. B. im Hinblick auf die Verfahrenssprache) und Vorstellungen (z. B. im Rahmen der Beweisaufnahme und insbesondere bei der Zeugenvernehmung) der Parteien angemessen zu berücksichtigen.

2. Organisation durch eine Institution

Nach § 1042 Abs. 3 ZPO können die Parteien das Verfahren auch durch eine schiedsrichterliche Verfahrensordnung regeln. **Schiedsinstitutionen** stellen etablierte und praxisbewährte Regelungen zur Verfügung, die das Verfahren vorgeben. Beispiele für in der deutschen Praxis häufig gewählte Schiedsordnungen sind die Schiedsgerichtsordnungen der Internationalen Handelskammer (ICC-SchO)[98] oder der Deutschen Institution für Schiedsgerichtsbarkeit (DIS-SchO)[99]. Schiedsorganisationen nehmen auch administrative Tätigkeit wahr, nehmen etwa die Klage entgegen und stellen sie zu, und helfen in Situationen, in denen eine Partei ihrer Mitwirkungspflicht nicht genügt, beispielsweise bei der Schiedsrichterbenennung.[100] Exklusive Regeln für das Gesellschaftsrecht stellen die Ergänzenden Regeln für gesellschaftsrechtliche Streitigkeiten der DIS aus dem Jahr 2009 (**DIS-ERGeS**) dar, die die Vorgaben der Entscheidung des BGH vom 06.04.2009[101] an Schiedsklauseln für Beschlussmängelstreitigkeiten im GmbH-Recht umsetzen.[102]

59

Zumindest in komplexen Sachverhalten, etwa wenn die Gesellschaft aus mehr als zwei Gesellschaftern besteht oder die beteiligten Gesellschafter verschiedenen Rechtskreisen angehören, empfiehlt es sich regelmäßig, das Schiedsverfahren unter Aufsicht einer Schiedsinstitution durchzuführen.[103]

60

Möchten die Parteien ein Schiedsverfahren ohne Anbindung an eine Schiedsorganisation, also »ad hoc« durchführen, dabei aber nicht auf eine praxiserprobte Verfahrensordnung verzichten, können sie sich, insbesondere in internationalen Streitigkeiten, auf die Anwendung der UNCITRAL Arbitration Rules einigen, einer Schiedsordnung, die von der Kommission der Vereinten Nationen für internationales Handelsrecht veröffentlicht wird.[104]

61

Spezielle Regelungen für die Beweisaufnahme stellen die IBA-Regeln zur Beweisaufnahme in der internationalen Schiedsgerichtsbarkeit (**IBA-Regeln**) dar.[105] Eine Vereinbarung der IBA-Regeln kann etwa in Verfahren sinnvoll sein, an denen ausländische Parteien oder Schiedsrichter beteiligt sind, da sie einen angemessenen Ausgleich verschiedener Rechtstraditionen darstellen. Beispielsweise um einen sonst drohenden sehr weitreichenden Document Request[106] nach US-amerikanischem Vorbild zu verhindern, können sich die Parteien eines Schiedsverfahrens auf die Anwendung der IBA-Regeln verständigen. Auf der anderen Seite kann eine Anwendung der IBA-Regeln auch explizit ausgeschlossen werden. Dies ist insbesondere in Schiedsverfahren mit Beteiligten aus verschiedenen Ländern zweckmäßig, wenn die IBA-Regeln nicht angewendet werden sollen, da Schiedsrichter häufig dazu neigen, diese Regeln sonst direkt oder zumindest ihren Wertungen nach anzuwenden.

62

---

97 *Lachmann* Rn. 1379–1391; *Schwab/Walter* Kap. 15 Rn. 34–37.
98 Online verfügbar auf der Website der ICC unter www.iccwbo.org.
99 Online abrufbar auf der Website der DIS unter www.dis-arb.de.
100 *Schwab/Walter* Kap. 1 Rn. 10. Vgl. etwa Art. 10.2 ICC-SchO, § 13.2 DIS-SchO.
101 BGH NJW 2009, 1962 – Schiedsfähigkeit II.
102 Siehe hierzu § 19 Rdn. 192–195.
103 *Raeschke-Kessler/Wiegand* AnwBl 2007, 396 (399).
104 Online abrufbar auf der Website der UNCITRAL unter www.uncitral.org.
105 Online abrufbar auf der Website der IBA unter www.ibanet.org.
106 Vgl. den eher restriktiven Art. 3.3 IBA-Regeln.

3. Schiedsrichterauswahl

63 Die Parteien haben bei der Auswahl des Schiedsrichters oder der Schiedsrichter grundsätzlich die volle Freiheit. Allerdings zieht der verfassungsrechtliche Grundsatz, dass niemand Richter in eigener Sache sein darf, Grenzen. Ein unter Verletzung dieses Grundsatzes erlassener Schiedsspruch ist unabhängig von der Rüge einer Partei nach § 1059 Abs. 2 Nr. 2b) ZPO aufzuheben.[107] Das **Organ und die Mitglieder von Vertretungsorganen** einer juristischen Person können daher nicht Schiedsrichter sein, wenn die juristische Person Partei des Schiedsverfahrens ist.[108] Vorstandsmitglieder einer AG oder Geschäftsführer einer GmbH scheiden als Schiedsrichter aus, wenn die Gesellschaft am Schiedsverfahren beteiligt ist. Ebenso wenig kann die Gesellschafterversammlung einer GmbH als Schiedsgericht für Streitigkeiten zwischen der Gesellschaft und Gesellschaftern etabliert werden. **Gesellschafter einer Personengesellschaft** scheiden als Schiedsrichter in Streitigkeiten unter Beteiligung der Gesellschaft aus.[109] Allerdings hat der BGH die Benennung eines Schiedsrichters, der zugleich mitzeichnungsberechtigtes Mitglied des Vertretungsorgans einer am Streit beteiligten Partei war, durch beide Parteien in einem nach Entstehen der Streitigkeit geschlossenen Schiedsvertrag im Einzelfall für zulässig erachtet.[110]

64 Außerdem kann ein Schiedsrichter nach **§ 1036 Abs. 2 Satz 1 ZPO** abgelehnt werden, wenn Umstände vorliegen, die berechtigte Zweifel an seiner Unparteilichkeit oder Unabhängigkeit aufkommen lassen. Die §§ 41, 42 ZPO über den Ausschluss von Gerichtspersonen gelten zwar nicht unmittelbar, jedoch begründen ihre Tatbestände regelmäßig Zweifel i. S. d. § 1036 Abs. 2 Satz 1 ZPO.[111] Ist ein Schiedsrichter Aktionär einer Partei, der bei Unterliegen im Schiedsverfahren erhebliche wirtschaftliche Einbußen drohen, liegt ein Ablehnungsgrund vor.[112] Auch die Beteiligung an einer Tochtergesellschaft kann dann ausreichen. Bloße Kleinstbeteiligungen dürften jedoch nicht ausreichen, um Zweifel an der Unparteilichkeit oder Unabhängigkeit des Schiedsrichters zu begründen.[113] Die wirtschaftlich unbedeutende Beteiligung als Kommanditist an einer Publikums-KG des persönlich haftenden Gesellschafters einer Partei führt ebenfalls nicht zu einem Ablehnungsgrund.[114]

4. Einstweiliger Rechtsschutz im Schiedsverfahren

65 Vielfach besteht bei Streitigkeiten im Bereich des Gesellschaftsrechts ein großes Bedürfnis an schneller, vorläufiger Regelung bis zur endgültigen Entscheidung. Einstweiligem Rechtsschutz kommt etwa bei Beschlussmängelentscheidungen im GmbH-Recht Bedeutung zu, wenn die Ausführung eines anfechtbaren Beschlusses verhindert werden soll. Weitere Beispiele, in denen ein Antrag auf Erlass vorläufiger Maßnahmen bedeutsam werden kann, sind Klagen auf Entziehung der Geschäftsführungs- und Vertretungsbefugnis (§§ 117, 127 HGB), auf Ausschluss eines Gesellschafters (§ 140 HGB) oder auf Auflösung der Gesellschaft (§ 133 HGB).[115] Nach § 1041 Abs. 1 ZPO kann auch ein Schiedsgericht einstweilige Maßnahmen treffen.

---

107 OLG Frankfurt SchiedsVZ 2006, 329 (331); *Lachmann* Rn. 2310; Musielak/*Voit* § 1036 Rn. 4; Stein/Jonas/*Schlosser* § 1036 Rn. 3. Die Gegenauffassung nimmt einen Ablehnungsgrund i. S. d. § 1036 Abs. 2 Satz 1 ZPO an, Schwab/*Walter* Kap. 24 Rn. 18. Offen gelassen in MüKo ZPO/*Münch* § 1036 Rn. 11.
108 Siehe auch Ziff. 1.2 zu Teil II der IBA Guidelines on Conflicts of Interest in International Arbitration vom 23. Oktober 2014.
109 MüKo ZPO/*Münch* § 1036 Rn. 10; Scholz/*K. Schmidt* § 46 Rn. 2; Schwab/*Walter* Kap. 9 Rn. 6–7; Zöller/*Geimer* § 1035 Rn. 3. Nach h. M. scheiden auch Aufsichtsratsmitglieder als Schiedsrichter in Verfahren unter Beteiligung der Gesellschaft aus, MüKo ZPO/*Münch* § 1036 Rn. 10; Musielak/*Voit* § 1036 Rn. 5. A.A. Stein/Jonas/*Schlosser* § 1036 Rn. 8.
110 BGH NJW 1976, 109 (110–111). Kritisch hierzu: *Kornblum* BB 1977, 675 (675–678); MüKo ZPO/*Münch* § 1036 Rn. 10; Schwab/*Walter* Kap. 9 Rn. 6.
111 OLG Naumburg SchiedsVZ 2003, 134 (136); Musielak/*Voit* § 1036 Rn. 4; Saenger/*Saenger* § 1036 Rn. 8.
112 Musielak/*Voit* § 1036 Rn. 5; Stein/Jonas/*Schlosser* § 1036 Rn. 18.
113 *Mankowski* SchiedsVZ 2004, 304 (308); Stein/Jonas/*Schlosser* § 1036 Rn. 20.
114 OLG Naumburg SchiedsVZ 2003, 134 (136–137).
115 Schwerdtfeger/*Eberl*/*Eberl* Kap. 17 Rn. 139.

C. Besonderheiten in Schiedsverfahren § 2

a) Zweckmäßigkeit des Antrags vor dem Schiedsgericht

Wie sich aus § 1033 ZPO ergibt, besteht ein **Nebeneinander** des staatlichen und des schiedsgerichtlichen einstweiligen Rechtsschutzes.[116] Die §§ 1033 und 1041 ZPO stehen einander gleichrangig gegenüber. Die Parteien haben die freie Wahl, ob sie einen Antrag auf einstweiligen Rechtsschutz vor den staatlichen Gerichten oder einem Schiedsgericht stellen.[117] 66

In vielen Fällen dürfte der **gerichtliche Rechtsschutz** zweckmäßig sein, gerade wenn das Schiedsgericht noch nicht konstituiert ist.[118] Das staatliche Gericht ist verpflichtet, eine einstweilige Maßnahme zu erlassen, wenn deren gesetzliche Voraussetzungen vorliegen, während das Schiedsgericht diesbezüglich Ermessen hat. Außerdem ist die Entscheidung des staatlichen Richters sofort vollziehbar, während der Beschluss eines Schiedsgerichts in Angelegenheiten des vorläufigen Rechtsschutzes der Vollziehbarerklärung nach § 1041 Abs. 2 Satz 1 ZPO bedarf.[119] 67

Ein **Antrag zum Schiedsgericht** kann insbesondere zweckmäßig sein, wenn es sich bereits in die Streitmaterie eingearbeitet hat und über gute Sachverhaltskenntnis verfügt. Außerdem hat das Schiedsgericht bei der Gewährung von einstweiligem Rechtsschutz weitgehendes Ermessen. Dies betrifft zunächst bereits die Frage, ob einstweiliger Rechtsschutz gewährt wird. Während staatliche Gerichte dies nach dem Vorliegen von Anordnungsanspruch und Anordnungsgrund zu beurteilen haben, ist für ein Schiedsgericht nach § 1041 ZPO lediglich maßgeblich, ob es die Anordnung einer bestimmten Maßnahme »*in Bezug auf den Streitgegenstand für erforderlich*« hält. Das Kriterium der »Erforderlichkeit« räumt dem Schiedsgericht einen großen Beurteilungsspielraum ein. Außerdem kann ein Schiedsgericht auch Maßnahmen treffen, die dem deutschen Recht fremd sind, beispielsweise »freezing orders«[120] nach englischem Vorbild. Das Schiedsgericht ist ferner befugt, Maßnahmen zu treffen, die über die Entscheidung in der Hauptsache hinauswirken. Es kann Interimsmaßnahmen anordnen, wenn die Umsetzung eines Schiedsspruches Zeit in Anspruch nimmt. Schließlich besteht – ebenso wie im Hauptsacheverfahren – der Vorteil, dass die Vertraulichkeit des Verfahrens vereinbart werden kann.[121] 68

b) Verfahren vor dem Schiedsgericht

Einstweiliger Rechtsschutz durch ein Schiedsgericht setzt zunächst einen Antrag voraus. Der Antragsteller muss **glaubhaft machen**, dass die begehrte Maßnahme i. S. d. § 1041 Abs. 1 Satz 1 ZPO erforderlich ist.[122] Das Schiedsgericht ist zur Abnahme eidesstattlicher Versicherungen als Mittel der 69

---

116 Zöller/*Geimer* § 1033 Rn. 4, 6 hält es für möglich, dass die Parteien die Zuständigkeit der staatlichen Gerichte im Bereich des einstweiligen Rechtsschutzes ausschließen. Nach OLG München NJW-RR 2001, 711; MüKo ZPO/*Münch* § 1033 Rn. 18; Musielak/*Voit* § 1033 Rn. 3 ist das Nebeneinander der staatlichen und der Schiedsgerichte nach § 1033 ZPO hingegen zwingend.
117 *Schroth* SchiedsVZ 2003, 102 (104); Zöller/*Geimer* § 1033 Rn. 2.
118 Vgl. allerdings Art. 29 der ICC-Schiedsgerichtsordnung 2012 sowie Art. 43 der Internationalen Schweizerischen Schiedsordnung (Swiss Rules) 2012, die jeweils Rechtsschutz durch einen sog. »*Emergency Arbitrator*« bereits vor Konstituierung des Schiedsgerichts vorsehen.
119 BT-Drucksache 13/5274, S. 38–39; *Lachmann* Rn. 2933–2939; *Schwab/Walter* Kap. 17a Rn. 23; Zöller/*Geimer* § 1041 Rn. 1.
120 Ein Verbot, über Vermögenswerte zu verfügen. Im Unterschied zum dinglichen Arrest wirken »freezing orders« (oder »mareva injunctions«) *ad personam*, nicht *ad rem*. Sie führen nicht zu einer Pfändung von Vermögensgegenständen. »Freezing orders« sind nicht notwendigerweise auf das Hoheitsgebiet des Staates beschränkt, in dem sie erlassen werden. Sogar ein weltweites Verbot, über Vermögensgegenstände zu verfügen, ist möglich. Zu »freezing orders« in der internationalen Handelsschiedsgerichtsbarkeit *Schroeder* SchiedsVZ 2004, 26.
121 MüKo ZPO/*Münch* § 1041 Rn. 18–19; *Schroth* SchiedsVZ 2003, 102 (109); Stein/Jonas/*Schlosser* § 1041 Rn. 2–5.
122 Umstritten ist, welche Maßstäbe das Schiedsgericht bei der Prüfung der Erforderlichkeit anzusetzen hat. Nach teilweise vertretener Auffassung ist das Schiedsgericht an dieselben Grundsätze gebunden wie staatliche Gerichte, *Schütze* BB 1998, 1650 (1651). Die überwiegende Auffassung räumt dem Schiedsgericht

Glaubhaftmachung nicht befugt. Möglich ist jedoch die Inanspruchnahme staatlicher Rechtshilfe, indem die Versicherung von einem ordentlichen Gericht abgenommen und dann dem Schiedsgericht vorgelegt wird. Nach überwiegender Meinung kann die Anordnung wenn nötig *ex parte*, also ohne vorherige Anhörung des Gegners ergehen.[123] So wird möglichst effektiver Rechtsschutz gewährleistet. Das Schiedsgericht kann anordnen, dass der Antragsteller eine angemessene Sicherheitsleistung erbringt, § 1041 Abs. 1 Satz 2 ZPO.

70 Das Schiedsgericht entscheidet durch **Beschluss**. Rechtsmittel hiergegen bestehen nicht. Das Schiedsgericht kann bereits angeordnete Maßnahmen jederzeit aufheben oder ändern. Wenn sich die Anordnung einer Maßnahme des einstweiligen Rechtsschutzes später als von Anfang an ungerechtfertigt herausstellt, steht dem Antragsgegner nach Maßgabe von § 1041 Abs. 4 ZPO ein Schadensersatzanspruch gegen den Antragsteller zu.

c) *Vollstreckbarerklärung*

71 Die Entscheidung des Schiedsgerichts bedarf der Vollziehbarerklärung durch ein staatliches Gericht nach § 1041 Abs. 2 ZPO. Nur so wird ein vollstreckbarer Titel geschaffen. In vielen Fällen allerdings wird das Vollstreckungsverfahren nicht erforderlich sein. Im Allgemeinen sind die Parteien eines Schiedsverfahrens geneigt, vorläufigen Anordnungen nachzukommen.

72 Das Gericht – zuständig ist nach § 1062 Abs. 1 Nr. 3 ZPO das **Oberlandesgericht**, auf das sich die Parteien geeinigt haben oder in dessen Bezirk der Schiedsort liegt – entscheidet auf Antrag über die Vollziehbarerklärung nach pflichtgemäßem Ermessen.[124] Nach Auffassung des OLG Saarbrücken und der h. M. in der Literatur prüft es die Anordnung des Schiedsgerichts lediglich auf »greifbare Gesetzwidrigkeit« und offensichtliche Ermessensfehler. Dies wird damit begründet, dass das Schiedsgericht im Regelfall die erforderliche Abwägung zwischen den Interessen der Parteien beim Erlass einer einstweiligen Maßnahme bereits vorgenommen hat, so dass für eine eigene Entscheidung des staatlichen Gerichts wenig Raum bleibt.[125] Nach der Gegenauffassung findet eine umfassende Rechtmäßigkeitskontrolle statt, bei der das Gericht das eigene Ermessen an Stelle derjenigen des Schiedsgerichts setzen kann.[126] Gegen diese Auffassung spricht, dass die Effektivität des einstweiligen Rechtsschutzes massiv entwertet würde, wenn die stattgebende Entscheidung des Schiedsgerichts auch hinsichtlich der Ermessenserwägungen für das staatliche Gericht voll überprüfbar wäre. Für den Antragsteller wäre es praktisch immer günstiger, sogleich einstweiligen Rechtsschutz vor staatlichen Gerichten zu suchen, was § 1041 ZPO letztlich aushöhlen würde. Schließlich ist die Auffassung, die dem staatlichen Gericht die Möglichkeit zu einer umfassenden Prüfung einräumen möchte, auch deshalb abzulehnen, weil die Voraussetzungen für die Gewährung von einstweiligem Rechtsschutz durch ein Schiedsgericht nach § 1041 Abs. 1 ZPO (»*für erforderlich hält*«) von denen, die staatliche Gerichte zu beachten haben (§§ 916 ZPO ff.), eben verschieden sind.

---

bei seiner Entscheidung größeres Ermessen ein, da § 1041 Abs. 1 ZPO lediglich Erforderlichkeit der Maßnahme voraussetze und der Wortlaut daher weiter gefasst sei als in den §§ 916 ff. ZPO, *Bandel* S. 99–104; Stein/Jonas/*Schlosser* § 1041 Rn. 12; Zöller/*Geimer* § 1041 Rn. 1. Es darf bei der Entscheidung nicht in Rechte Dritter eingreifen und hat das Verbot der Vorwegnahme der Hauptsache zu beachten, Böckstiegel/Kröll/Nacimiento/*Kreindler/Schäfer* § 1041 Rn. 9, 14; Saenger/*Saenger* § 1041 Rn. 2.

123 *Lachmann*, Rn. 2907; Musielak/*Voit* § 1041 Rn. 3; Stein/Jonas/*Schlosser* § 1041 Rn. 11; Zöller/*Geimer* § 1041 Rn. 1. Nach der Gegenauffassung hat eine Anhörung des Antragsgegners zu erfolgen, vgl. *Gottwald/Adolphsen* DStR 1998, 1017 (1020); MüKo ZPO/*Münch* § 1041 Rn. 25. Vgl. auch Art. 17B UNCITRAL Model Law und hierzu *Zekoll/Giessen* SchiedsVZ 2010, 137.

124 Dieses Ermessen soll insbesondere die Prüfung der Gültigkeit der Schiedsvereinbarung und die Verweigerung der Vollziehbarerklärung etwa bei unverhältnismäßigen Anordnungen ermöglichen, BT-Drucksache 13/5274, S. 45.

125 OLG Saarbrücken SchiedsVZ 2007, 323 (325); OLG Frankfurt NJW-RR 2001, 1078 (1078); BLAH/*Hartmann* § 1041 Rn. 4; MüKo ZPO/*Münch* § 1041 Rn. 40; *Schwab/Walter* Kap. 17a Rn. 30.

126 *Schütze* BB 1998, 1650 (1652); Zöller/*Geimer* § 1041 Rn. 3.

C. Besonderheiten in Schiedsverfahren § 2

Die Vollziehbarerklärung darf nicht ergehen, wenn zwischenzeitlich nach § 1033 ZPO eine entsprechende Maßnahme vor staatlichen Gerichten beantragt worden ist, **§ 1041 Abs. 2 Satz 1 ZPO.** Das staatliche Gericht kann nach § 1041 Abs. 3 ZPO seinen Beschluss nachträglich aufheben oder ändern. 73

IV. Die Aufhebung von Schiedssprüchen

Rechtsmittel gegen einen Schiedsspruch an staatliche Gerichte gibt es nicht. Ergeht ein Schiedsspruch unter Erfüllung aller Förmlichkeiten des § 1054 ZPO (und gegebenenfalls nach Ausschöpfung der in der Schiedsabrede vorgesehenen Instanzen), erwächst der Schiedsspruch formell in Rechtskraft. Allerdings kann wegen der in § 1059 ZPO aufgeführten Mängel ein Antrag auf Aufhebung des Schiedsspruches zum nach § 1062 Abs. 1 Nr. 4 ZPO zuständigen **OLG** gestellt werden.[127] Der Antrag ist – vorbehaltlich einer anderweitigen Parteivereinbarung – innerhalb von drei Monaten geltend zu machen, nachdem der Antragsteller den Schiedsspruch empfangen hat, § 1059 Abs. 3 Satz 1, 2 ZPO. 74

Begründet ist der Antrag, wenn ein Aufhebungsgrund nach **§ 1059 Abs. 2 ZPO** vorliegt. Die Gründe des § 1059 Abs. 2 Nr. 1 ZPO sind vom Antragsteller »begründet«, also schlüssig und gegebenenfalls mit Beweisangebot geltend zu machen. Gründe nach § 1059 Abs. 2 Nr. 2 ZPO hat das Gericht von Amts wegen zu berücksichtigen.[128] Der Schiedsspruch ist etwa aufzuheben, wenn das Schiedsgericht über eine Materie entschieden hat, die von der Schiedsabrede nicht erfasst ist, § 1059 Abs. 2 Nr. 1c) ZPO. § 1059 Abs. 2 Nr. 2b) ZPO enthält eine Generalklausel, nach der das Gericht den Schiedsspruch aufzuheben hat, wenn seine Anerkennung oder Vollstreckung zu einem der öffentlichen Ordnung (ordre public) widersprechenden Ergebnis führt. Ein Aufhebungsgrund nach dieser Vorschrift kann sich aus Mängeln im Verfahren und aus inhaltlichen Mängeln ergeben. Eine Aufhebung kommt jedoch nur in Betracht, wenn das Schiedsgericht gegen wesentliche Grundsätze des Rechts verstoßen hat. Der Schiedsspruch wird nicht auf seine sachliche Richtigkeit hin überprüft. Eine »révision au fond« findet nicht statt.[129] Ein Verstoß gegen den verfahrensrechtlichen ordre public liegt nach Auffassung des OLG München etwa vor, wenn im Schiedsverfahren eine GbR verklagt war, das Schiedsgericht jedoch deren Gesellschafter verurteilt hatte.[130] 75

V. Vollstreckbarerklärung von Schiedssprüchen

Der Erlass eines Schiedsspruchs führt nicht unmittelbar zu einem Vollstreckungstitel. Um aus einem Schiedsspruch die Zwangsvollstreckung betreiben zu können, bedarf es der Vollstreckbarerklärung durch ein staatliches Gericht nach **§§ 1060, 1061 ZPO.** 76

1. Bedeutung im Gesellschaftsrecht

Der Vollstreckbarerklärung kommt, zumindest nach Auffassung des BayObLG und der wohl überwiegender Meinung in der Literatur, bei **Gestaltungsklagen** im Gesellschaftsrecht besondere Bedeutung zu. Gestaltungsklagen sind die Klagen auf Entziehung der Geschäftsführungs- und Vertretungsbefugnis nach §§ 117, 127 HGB, auf Auflösung der Gesellschaft nach § 133 HGB und auf Ausschließung eines Gesellschafters nach § 140 HGB. Dasselbe gilt für die Anfechtungsklage gegen Beschlüsse nach dem Recht der GmbH. Gestaltungswirkung haben außerdem die Klagen auf Ausschließung eines GmbH-Gesellschafters, auf Auflösung einer GmbH und auf Nichtigerklärung der GmbH.[131] 77

---

127 Zöller/*Geimer* § 1059 Rn. 1, 8.
128 Thomas/Putzo/*Reichold* § 1059 Rn. 6.
129 BGH NJW 2002, 3031 (3032); *Lachmann* Rn. 2294–2295; Saenger/*Saenger* § 1059 Rn. 15, 23.
130 OLG München v. 29.01.2007 – 34 Sch 23/06 (DIS-Datenbank).
131 Baumbach/Hopt/*Hopt*, § 117 Rn. 7, 9; § 127 Rn. 8; § 133 Rn. 15, § 140 Rn. 22; E/B/J/S/*Hillmann* § 127 Rn. 15; E/B/J/S/*Mayen* § 117 Rn. 23; Roth/Altmeppen/*Roth*, § 47 Rn. 136; Roth/Altmeppen/*Altmeppen*, § 34 Rn. 1; § 61 Rn. 10, § 75 Rn. 26.

78 Nach Auffassung des BayObLG und Teilen in der Literatur tritt die **Gestaltungswirkung** des Schiedsspruchs erst dann ein, wenn er rechtskräftig für vollstreckbar erklärt wurde. Die Entziehung der Vertretungsmacht, die Auflösung der Gesellschaft und der Ausschluss des Gesellschafters können erst dann nach §§ 106 Abs. 2 Nr. 4, 143 Abs. 1 Satz 1 Abs. 2 HGB in das Handelsregister eingetragen werden. Auch die Eintragung der Auflösung oder Nichtigerklärung einer GmbH in das Handelsregister ist demnach erst nach Vollziehbarerklärung des Schiedsspruchs möglich. Zur Begründung wird vorgebracht, dass das Schiedsverfahren und die Rechtskraft des Schiedsspruches lediglich auf einer privaten, durch die Parteien jederzeit zu beseitigenden Parteivereinbarung beruhen. Erst mit der Vollstreckbarerklärung sind nach dieser Auffassung die Möglichkeiten einer nachträglichen Aufhebung stark eingeschränkt und die Gefahr gebannt, dass der Schiedsspruch rückwirkend vernichtet wird.[132] Nach der Gegenauffassung entfaltet der Schiedsspruch bereits mit Rechtskraft Gestaltungswirkung. Begründet wird dies damit, dass ein Schiedsspruch nach § 1055 ZPO einem rechtskräftigen gerichtlichen Urteil gleichsteht und ein solches Urteil ohne Weiteres bereits Gestaltungswirkung hat.[133] Innerhalb dieser Auffassung ist umstritten, ob die Eintragung ins Handelsregister bereits mit Rechtskraft des Schiedsspruchs[134] oder erst mit der Vollstreckbarerklärung erfolgen kann.[135]

2. Verfahren

79 § 1060 ZPO regelt die Vollziehbarerklärung inländischer Schiedssprüche. Inländisch ist ein Schiedsspruch, wenn der Schiedsort i. S. d. §§ 1025 Abs. 1, 1043 Abs. 1 ZPO in Deutschland liegt. Für den Antrag auf Vollstreckbarerklärung ist nach der Rechtsprechung des BGH nicht erforderlich, dass der Schiedsspruch einen vollstreckbaren Inhalt hat, da die Erklärung auch dazu dient, den Schiedsspruch gegen die Geltendmachung von Aufhebungsgründen abzusichern.[136] Zuständig für die Entscheidung ist nach § 1062 Abs. 1 Nr. 4 ZPO das von den Parteien vereinbarte OLG oder, bei Fehlen einer Vereinbarung, das OLG, in dessen Bezirk der Schiedsort liegt. Der Antrag ist begründet, wenn kein Aufhebungsgrund nach § 1059 Abs. 2 ZPO besteht, § 1060 Abs. 2 Satz 1 ZPO. Gründe, auf die bereits erfolglos ein Aufhebungsantrag gestützt wurde, sind im Verfahren über die Vollziehbarerklärung nicht zu berücksichtigen. Im Interesse der Verfahrenskonzentration sind außerdem auch solche Einwendungen zuzulassen, die an sich zum Anwendungsbereich der Vollstreckungsgegenklage nach § 767 ZPO gehören.[137] Das staatliche Gericht entscheidet durch Beschluss, § 1063 Abs. 1 Satz 1 ZPO, gegen den nach §§ 1065 Abs. 1 Satz 1, 1062 Abs. 1 Nr. 4 ZPO die Rechtsbeschwerde zum BGH möglich ist.[138]

---

132 BayObLG BB 1984, 746 (746); Baumbach/Hopt/*Hopt* § 117 Rn. 8, § 133 Rn. 19, § 140 Rn. 22; BLAH/*Hartmann* § 1055 Rn. 7; E/B/J/S/*Hillmann* § 127 Rn. 14, 16; E/B/J/S/*Lorz* § 133 Rn. 47 § 140 Rn. 51; E/B/J/S/*Mayen* § 117 Rn. 28; MüKo HGB/*K. Schmidt* § 133 Rn. 58; § 140 Rn. 83.
133 *Lachmann* Rn. 1787; MüKo HGB/*Jickeli* § 117 Rn. 87 (»jedenfalls« im Rahmen des § 117 HGB); Röhricht/von Westphalen/*von Gerkan/Haas* § 117 Rn. 18, § 133 Rn. 21, § 140 Rn. 19; *Schwab/Walter* Kap. 21 Rn. 12; Zöller/*Geimer* § 1055 Rn. 2.
134 So Michalski/*Nerlich*, § 61 Rn. 45; *Vollmer* BB 1984, 1774 (1778); Zöller/*Geimer* § 1055 Rn. 2.
135 So Baumbach/Hueck/*Haas* § 61 Rn. 23.
136 BGH SchiedsVZ 2009, 176 (177); BGH NJW-RR 2007, 1366; BGH NJW-RR 2006, 995 (996); OLG München SchiedsVZ 2009, 127 (128); BLAH/*Hartmann* § 1060 Rn. 2, 5; *Kröll* SchiedsVZ 2007 145 (152); *Lachmann* Rn. 2402. A. A.: KG SchiedsVZ 2005, 310 (311); MüKo ZPO/*Münch* § 1060 Rn. 11; Musielak/*Voit* § 1060 Rn. 2, 5; Zöller/*Geimer* § 1060 Rn. 6.
137 BGH NJW-RR 2008, 558 (560); BGH SchiedsVZ 2008, 40 (43); Musielak/*Voit* § 1060 Rn. 12; *Schwab/Walter* Kap. 27 Rn. 12–17. A. A.: BayObLG NJW-RR 2001, 1363 (1363–1364); *Borris/Schmidt* SchiedsVZ 2004, 273 (276–279).
138 § 1060 Abs. 2 Satz 2 ZPO. Nach Satz 3 sind weiterhin Aufhebungsgründe nach § 1059 Abs. 2 Nr. 1 ZPO nicht zu berücksichtigen, die nicht nach § 1059 Abs. 3 ZPO fristgemäß geltend gemacht wurden. Zum Verfahren nach § 1060 ZPO vgl. auch §§ 1063–1065 ZPO und insgesamt *Lachmann*, Rn. 2397–2501; *Schwab/Walter* Kap. 26–29; Schwerdtfeger/*Eberl/Eberl* Kap. 17 Rn. 102–128.

Die Anerkennung und Vollstreckung ausländischer Schiedssprüche richtet sich gem. § 1061 ZPO **80** grundsätzlich[139] nach dem Übereinkommen vom 10. Juni 1958 über die Anerkennung und Vollstreckung ausländischer Schiedssprüche (**UNÜ**).[140] Das UNÜ gilt im Verhältnis zu anderen Vertragsstaaten staatsvertraglich und im Verhältnis zu Nicht-Vertragsstaaten als nationales Recht.[141] Das Verfahren der Anerkennung und Vollstreckung erfordert einen Antrag beim zuständigen OLG. Da nach Art. VII Abs. 1 UNÜ das Meistbegünstigungsprinzip gilt, ist dem Antrag der Schiedsspruch lediglich in Ur- oder beglaubigter Abschrift (§ 1064 Abs. 1 Satz 1 ZPO), nicht zusätzlich in deutscher Übersetzung (Art. IV Abs. 2 Satz 1 UNÜ), beizufügen. Das anerkennungsfreundlichere nationale Recht verdrängt insoweit das UNÜ.[142] Das Gericht prüft die Versagensgründe des Art. V UNÜ, die im Wesentlichen denen des § 1059 ZPO entsprechen. Das Gericht entscheidet durch Beschluss. Wird der Schiedsspruch später im Ausland aufgehoben, kann die Aufhebung der Vollstreckbarerklärung beantragt werden, § 1061 Abs. 3 ZPO.[143]

D. Internationale Bezüge

I. Einführung

Gesellschaftsrechtliche Streitigkeiten weisen immer häufiger auch internationale Bezüge auf, die sich **81** auf **zivilprozessuale oder materiellrechtliche Aspekte** dieser Streitigkeiten auswirken und ihren Ausgang erheblich beeinflussen können. Es ist deshalb von besonderer Bedeutung, diese Aspekte im Blick zu behalten, um sich vor Überraschungen im Rechtsstreit zu schützen und den erhöhten Aufwand, der sich bei Rechtsstreitigkeiten mit Auslandsbezug ergeben kann, abschätzen zu können. Die nachfolgende Zusammenfassung kann nur einen groben Überblick über einige Themen geben, die in gesellschaftsrechtlichen Streitigkeiten mit Auslandsbezug relevant werden können. Dabei ist in allererster Linie die internationale Zuständigkeit zu nennen. Aber auch weitere prozessuale Fragen und nicht zuletzt die Frage des anwendbaren (Gesellschafts-)rechts können in gesellschaftsrechtlichen Streitigkeiten mit internationalem Bezug entscheidend sein.

II. Zuständigkeitsfragen

1. Geltung der EuGVO für EU-Gesellschaften

Wenn in einer gesellschaftsrechtlichen Auseinandersetzung beispielsweise auf Klägerseite ein auslän- **82** discher Gesellschafter oder auf Beklagtenseite eine ausländische Gesellschaft oder eine deutsche Gesellschaft mit Verwaltungssitz im Ausland beteiligt sind, stellt sich die Frage, ob deutsche Gerichte für entsprechende Verfahren zuständig sind oder eine Klage ggf. im Ausland erhoben werden kann oder sogar erhoben werden muss. Diese Frage ist, sofern der **Beklagte seinen Wohnsitz in einem Mitgliedstaat der EU** hat, nach der Verordnung (EU) Nr. 1215/2012 des Europäischen Parlaments und des Rates vom 12. Dezember 2012 über die gerichtliche Zuständigkeit und die Anerkennung und Vollstreckung von Entscheidungen in Zivil- und Handelssachen (**EuGVO**) zu beurteilen.[144] Für Gesellschaften und juristische Personen gilt hier Art. 63 EuGVO, wonach Gesellschaften für die Anwen-

---

139 Vorschriften anderer Staatsverträge über die Anerkennung und Vollstreckung von Schiedssprüchen gelten nach § 1061 Abs. 1 Satz 2 ZPO vorrangig, vgl. hierzu Musielak/*Voit* § 1061 Rn. 7.
140 BGBl. 1961 II S. 121; Musielak/*Voit* § 1061 Rn. 8; Zöller/*Geimer* Anh. § 1061. Eine aktuelle Liste der Mitgliedstaaten ist verfügbar auf der Website der UNCITRAL unter http://www.uncitral.org/uncitral/en/uncitral_texts/arbitration/NYConvention_status.html.
141 Thomas/Putzo/*Reichold* § 1061 Rn. 5; Zöller/*Geimer* § 1061 Rn. 1.
142 Schwerdtfeger/*Eberl*/Eberl Kap. 17 Rn. 130, 132.
143 Zum Verfahren nach § 1061 ZPO vgl. *Lachmann* Rn. 2502–2776; *Schwab*/*Walter* Kap. 30; Schwerdtfeger/*Eberl*/Eberl Kap. 17 Rn. 129–138.
144 Die Verordnung ist gem. Art. 66 Abs. 1 EuGVO nur auf Verfahren anzuwenden, die am 10. Januar 2015 oder danach eingeleitet worden sind. Für Verfahren, die vor dem 10. Januar 2015 eingeleitet worden sind, gilt weiterhin die Verordnung (EG) Nr. 44/2001 des Rates vom 22.12.2000 über die gerichtliche Zuständigkeit und die Anerkennung und Vollstreckung von Entscheidungen in Zivil- und Handelssachen.

dung dieser Verordnung ihren Wohnsitz an dem Ort haben, an dem sich ihr **satzungsmäßiger Sitz, ihre Hauptverwaltung oder ihre Hauptniederlassung** befinden.

2. Mögliche Gerichtsstände

83 Natürliche Personen können also an ihrem Wohnsitz und EU-Gesellschaften am Ort ihres satzungsmäßigen Sitzes, ihrer Hauptverwaltung oder ihrer Hauptniederlassung als dem **allgemeinen Gerichtsstand** verklagt werden (Art. 4 Abs. 1 EuGVO), wenn kein abweichender ausschließlicher Gerichtsstand eingreift. Für bestimmte gesellschaftsrechtliche Streitigkeiten kommen aber auch die besonderen Gerichtsstände des **Erfüllungsortes** (Art. 7 Nr. 1 EuGVO) oder der **unerlaubten Handlung** (Art. 7 Nr. 2 EuGVO) in Betracht. Der Gerichtsstand des Erfüllungsortes erfasst beispielsweise Ansprüche aus der organschaftlichen Sonderbeziehung zwischen einer Gesellschaft und ihrem Geschäftsführer oder Vorstand.[145] Der Deliktsgerichtsstand kann für Klagen aus Insolvenzverschleppung oder Existenzvernichtungshaftung einschlägig sein (vgl. § 88 Rdn. 5, 14)[146] oder auch für sonstige Haftungsklagen gegen Organe, die eine unerlaubte Handlung zum Gegenstand haben.[147] Streitigkeiten über die Rückzahlungen von Zahlungen nach Insolvenzreife, insbesondere aus § 64 Satz 1 GmbHG, fallen nach jüngerer Entscheidung des EuGH jedoch unter die Europäische Insolvenzverordnung, sofern bereits ein Insolvenzverfahren im Gebiet eines Mitgliedstaates eröffnet worden ist (vgl. § 88 Rdn. 5).[148]

84 Möglich ist es aber auch, in **Gesellschaftsvertrag** oder **Satzung** eine **Gerichtsstandsvereinbarung** zu treffen.[149] Sofern sie die Voraussetzungen des Art. 25 EuGVO erfüllt, begründet sie für die Gesellschafter regelmäßig eine ausschließliche[150] internationale Zuständigkeit der Gerichte eines bestimmten Mitgliedstaates.[151] Dabei wird den Formerfordernissen des **Art. 25 EuGVO** durch Aufnahme der Gerichtsstandsklausel in die schriftliche Satzung genügt.[152] Welchen **Umfang** die Gerichtsstandsklausel hat, ob sie sich also beispielsweise auch auf deliktische Streitigkeiten einzelner Gesellschafter bezieht, ist durch Auslegung zu ermitteln.[153] Sie erstreckt sich wegen der ausschließlichen Zuständigkeit in Art. 24 Nr. 2 EuGVO aber beispielsweise nicht auf die Klage des directors einer Limited gegen seine Abberufung.[154]

3. Ausschließliche Zuständigkeit im Sitzstaat für Anfechtungs- und Nichtigkeitsklagen

85 Die zuvor genannten Gerichtsstände greifen jedoch nur dann ein, wenn keine **ausschließliche Zuständigkeit** begründet ist. Neben der ausschließlichen Zuständigkeit des Art. 24 Nr. 3 EuGVO für Registersachen kommt bei gesellschaftsrechtlichen Streitigkeiten insbesondere Art. 24 Nr. 2 EuGVO in Betracht. Hiernach sind für Klagen, welche die **Gültigkeit, die Nichtigkeit oder die Auflösung einer Gesellschaft** oder juristischen Person oder die **Gültigkeit der Beschlüsse ihrer Organe** zum Gegenstand haben, die Gerichte des Mitgliedstaats, in dessen Hoheitsgebiet die Gesellschaft oder juristische Person ihren Sitz hat, ausschließlich zuständig.[155] Anfechtungs- und Nichtigkeitskla-

---

145 OLG München NZG 1999, 1170; OLG Celle NZG 2000, 595; OLG Köln BeckRS 2010, 12145; offen gelassen OLG Köln NZG 2012, 233.
146 Anderes gilt, wenn man diese Ansprüche insolvenzrechtlich qualifiziert, vgl. § 88 Rdn. 5.
147 Siehe bspw. BGH ZIP 2014, 1997.
148 EuGH BeckRS 2014, 82509.
149 EuGH NJW 1992, 1671 – *Powell Duffryn plc/Wolfgang Petereit*.
150 Vgl. Art. 25 Abs. 1 Satz 2 EuGVO.
151 Sofern die Gerichtsstandsvereinbarung ein Gericht eines Drittstaates benennt, ist bei Nichtvorliegen zwischenstaatlicher Übereinkommen unklar, ob ein trotzdem angerufenes Gericht in der EU (z. B. am Beklagtensitz) die Gerichtsstandsvereinbarung beachtet oder seine Zuständigkeit nach Art. 4 EuGVO annehmen muss; vgl. bspw. Pohl IPRax 2013, 109 (112).
152 EuGH NJW 1992, 1671 – *Powell Duffryn plc/Wolfgang Petereit*.
153 Rauscher/*Mankowski* EuZPR Art. 23 Brüssel I-VO Rn. 51.
154 BGH NZG 2011, 1114 (1117).
155 Umfassend hierzu *Wedemann* AG 2011, 282 ff.

gen z. B. nach §§ 243, 249 AktG müssen also im Staat des Sitzes der Gesellschaft erhoben werden, wobei das Internationale Privatrecht des angerufenen Gerichts darüber entscheidet, wo sich der Sitz befindet (Art. 24 Nr. 2 Satz 2 EuGVO). Innerhalb der EU ist in diesem Zusammenhang die Gründungstheorie maßgeblich, so dass grundsätzlich auf den Satzungssitz im Herkunftsstaat, nicht den Verwaltungssitz abgestellt wird.[156]

Wie weit der Gerichtsstand des Art. 24 Nr. 2 EuGVO auszulegen ist, hat der EuGH dahingehend konkretisiert, dass nur Rechtsstreitigkeiten erfasst sind, die »**in erster Linie**« die Gültigkeit, die Nichtigkeit oder die Auflösung von Gesellschaften oder juristischen Personen oder die Gültigkeit von Beschlüssen ihrer Organe betreffen.[157] Deshalb reicht es beispielsweise nicht aus, sich auf die Unwirksamkeit eines Organbeschlusses lediglich als Vorfrage zu berufen, um einen Gerichtsstand nach Art. 24 Nr. 2 EuGVO zu begründen. 86

Ob Art. 24 Nr. 2 EuGVO, ggf. in analoger Anwendung, auch für **Spruchverfahren** gilt, in denen bei Strukturmaßnahmen um die Höhe von Ausgleichszahlungen an Aktionäre gestritten wird, ist umstritten, dürfte aber wegen des Zusammenhangs zum Beschlussmängelverfahren zu bejahen sein.[158] 87

4. Nicht-EU-Gesellschaften

Bei Nicht-EU-Gesellschaften oder sonstigen Beklagten richtet sich die internationale Zuständigkeit für gesellschaftsrechtliche Streitigkeiten nach den Zuständigkeitsregeln der ZPO bzw. Spezialgesetzen wie dem AktG. So hat beispielsweise das LG München entschieden, dass sich in einem Spruchverfahren mit einem kanadischen Antragsgegner die internationale Zuständigkeit nach den örtlichen Gerichtsstandsnormen richtet, im konkreten Fall nach § 2 SpruchG, so dass deutsche Gerichte international zuständig waren.[159] Bei den sonstigen deutschen Zuständigkeitsregelungen, die neben der örtlichen auch die internationale Zuständigkeit regeln (sog. **Doppelfunktionalität**), ist für gesellschaftsrechtliche Streitigkeiten insbesondere der **Gerichtsstand der Mitgliedschaft** (§ 22 ZPO) oder der Gerichtsstand der **Niederlassung** (§ 21 ZPO) relevant. 88

III. Weitere prozessuale Fragen

1. Partei-/Prozessfähigkeit

Die Frage der Parteifähigkeit von Auslandsgesellschaften, die lange Zeit umstritten war, ist inzwischen jedenfalls innerhalb der EU unproblematisch.[160] Parteifähig ist eine Gesellschaft nach wohl h. M., wenn sie nach ihrem Personalstatut entweder **partei- oder rechtsfähig** ist.[161] Für **EU-Auslandsgesellschaften** ist hierbei als Folge der EuGH-Rechtsprechung zur Niederlassungsfreiheit von Gesellschaften (Art. 49, 54 AEUV) auf das **Gründungsrecht** abzustellen.[162] Gleiches gilt für EWR-Staaten.[163] Auch für die Parteifähigkeit **amerikanischer Gesellschaften** gilt nach Art. XXV 89

---

156 BGH NZG 2011, 1114, dazu *Müller* NJW 2011, 3375; s. auch *Ringe* IPRax 2007, 388; Brand/*Wulff/Rubel* Formularbuch zum Europäischen und Internationalen Zivilprozessrecht A. I.76 Rn. 4, S. 166.
157 EuGH NZG 2011, 674 – Berliner Verkehrsbetriebe.
158 OLG Wien AG 2010, 49; *Wedemann* AG 2011, 282 (286) m. w. N.; *Knöfel* EWiR Art. 22 EuGVVO 1/2009, 51; *Meilicke/Lochner* AG 2010, 23; MüKo BGB/*Kindler* Internationales Handels- und Gesellschaftsrecht Rn. 853; *Wedemann* NZG 2011, 733 (735); wohl auch *Geimer/Schütze* EuZVR Art. 22 EuGVO Rn. 212b; a. A. *Mock* IPRax 2009, 271 (274).
159 LG München NZG 2009, 143 (148).
160 Ausführlich Musielak/*Weth* ZPO § 50 Rn. 29 ff.
161 MüKo ZPO/*Lindacher* § 50 Rn. 66 f.; Wieczorek/Schütze/*Hausmann* ZPO § 50 Rn. 70 ff. m. w. N. auch zu den Gegenstimmen.
162 EuGH NJW 1999, 2027 – *Centros*; EuGH NJW 2002, 3331 – *Überseering*; EuGH NJW 2003, 3331– *Inspire Art*.
163 BGH NJW 2005, 3351; Musielak/*Weth* ZPO § 50 Rn. 30.

Abs. 5 Satz 2 des deutsch-amerikanischen Freundschaftsvertrages vom 29.10.1954 das Gründungsrecht und nicht die Sitztheorie.[164]

90 Für Gesellschaften aus sonstigen **Drittstaaten**, für die kein Staatsvertrag wie mit den USA besteht, gilt bislang weiter die **Sitztheorie**.[165] Der BGH sieht es als Aufgabe des Gesetzgebers und nicht der Rechtsprechung an, ggf. auch für Drittstaaten die Sitztheorie aufzugeben. Kapitalgesellschaften aus Drittstaaten seien deshalb weiterhin als **rechtsfähige Personengesellschaft** deutschen Rechts zu behandeln, nämlich als offene Handelsgesellschaft oder Gesellschaft bürgerlichen Rechts, die keiner Eintragung in ein deutsches Register bedürfen.[166]

91 Die **Prozessfähigkeit** bestimmt sich nach herrschender Meinung nach dem Gesellschaftsstatut.[167] Für gesellschaftsrechtliche Streitigkeiten ist in diesem Zusammenhang insbesondere die **organschaftliche Vertretungsbefugnis** relevant. Auch hier ist für EU-Auslandsgesellschaften das Gründungsrecht als Gesellschaftsstatut maßgeblich, für Drittstaaten das Recht des Verwaltungssitzes.[168] Fehlt danach die Prozessfähigkeit, so ist die Gesellschaft gem. § 55 ZPO dennoch prozessfähig, wenn eine vergleichbare deutsche Gesellschaft dies wäre.[169]

2. Prozessführungsbefugnis

92 Eine weitere Prozessvoraussetzung, die in gesellschaftsrechtlichen Auseinandersetzungen mit internationalem Bezug besondere Fragestellungen aufwerfen kann, ist die Prozessführungsbefugnis, also die Frage, wer zur prozessualen Geltendmachung eines bestimmten materiellen Rechts befugt ist. Bei fehlender Prozessführungsbefugnis ist eine Klage als **unzulässig** abzuweisen.[170] Wie alle Prozessvoraussetzungen richtet sich die Frage der Prozessführungsbefugnis grundsätzlich nach dem Recht des angerufenen Gerichts (**lex fori**). Dies gilt jedenfalls dann, wenn sich die Prozessführungsbefugnis unmittelbar aus dem anwendbaren deutschen Prozessrecht ergibt (z. B. § 265 Abs. 2 ZPO).[171] Wenn das Prozessrecht aber auf materielles Recht verweist, dann ist die Prozessführungsbefugnis nach dem materiellen Recht des Staates zu ermitteln, das nach deutschem Internationalen Privatrecht zur Anwendung berufen ist (**lex causae**).[172]

93 In gesellschaftsrechtlichen Auseinandersetzungen mit Auslandsbezug kann die Frage der Prozessführungsbefugnis beispielsweise mit Eröffnung eines Insolvenzverfahrens relevant werden. Hier bestimmt das anwendbare **Insolvenzrecht** darüber, ob der Insolvenzverwalter Rechte der Gesellschaft gerichtlich geltend machen kann.[173] Ferner geht es um eine Frage der Prozessführungsbefugnis, wenn einzelne Gesellschafter Ansprüche der Gesellschaft geltend machen möchten (**actio pro socio**). Auch hier richtet sich die Prozessführungsbefugnis nach dem materiellen Recht (**Gesellschaftsstatut**).[174]

---

164 BGH NJW 2003, 1607.
165 BGH NJW 2009, 289 (291).
166 BGH NJW 2009, 289 (291).
167 Wieczorek/Schütze/*Hausmann* § 55 Rn. 39; MüKo BGB/*Kindler* Internationales Handels- und Gesellschaftsrecht Rn. 588; Michalski/*Leible* GmbHG Syst. Darst. 2 Rn. 118; wohl auch MüKo ZPO/*Lindacher* § 55 Rn. 6.
168 Musielak/*Weth* ZPO § 55 Rn. 6; MüKo ZPO/*Lindacher* § 55 Rn. 6.
169 Wieczorek/Schütze/*Hausmann* § 55 Rn. 40; MüKo BGB/*Kindler* Internationales Handels- und Gesellschaftsrecht Rn. 588; Michalski/*Leible* GmbHG Syst. Darst. 2 Rn. 121; *Spahlinger/Wegen* Internationales Gesellschaftsrecht Rn. 296.
170 BGH NJW 1987, 2018; *Nagel/Gottwald* IZPR § 4 Rn. 45; *Geimer* IZPR Rn. 2234.
171 BGH NJW 1992, 3096 (3097).
172 *Mock* RabelsZ 72 (2008), 264 (293).
173 BGH NJW 1994, 2549.
174 *Mock* RabelsZ 72 (2008), 264 (292 ff.); *Geimer* IZPR Rn. 2238.

3. Prozesskostensicherheit, § 110 ZPO

Wie in anderen Rechtsstreitigkeiten mit Auslandsbezug auch, kann die beklagte Partei von einem Kläger, der seinen gewöhnlichen Aufenthalt außerhalb der EU hat, nach § 110 ZPO Prozesskostensicherheit verlangen. 94

4. Nebenintervention und Streitverkündung

Auch die Möglichkeiten, Dritte in einen gesellschaftsrechtlichen Rechtsstreit mit Auslandsbezug einzubeziehen (Streitverkündung) bzw. sich als Dritter selbst an einem Rechtsstreit zu beteiligen (Nebenintervention, z. B. im Rahmen einer aktienrechtlichen Anfechtungsklage, vgl. § 8 Rdn. 18), richten sich als prozessuale Frage nach der lex fori.[175] 95

IV. Zustellungsfragen

Immer wieder relevant werden in gesellschaftsrechtlichen Auseinandersetzungen mit internationalem Bezug Zustellungsfragen. Die **praktischen Hindernisse**, die eine grenzüberschreitende Zustellung immer noch aufweisen kann, haben bei Anfechtungsklagen im Zusammenhang mit Freigabeanträgen zu einer **missbräuchlichen Praxis** geführt (vgl. § 8 Rdn. 197–198, 200), indem durch exotische Zustelladressen im Ausland wie Dubai oder China die Zustellung von Freigabeanträgen verzögert werden sollte.[176] Deshalb kommt Möglichkeiten vereinfachter Zustellungen oder von Zustellungen im Inland eine erhebliche praktische Bedeutung zu. 96

Innerhalb der EU richtet sich die grenzüberschreitende Zustellung nach der Verordnung (EG) Nr. 1393/2007 des Europäischen Parlaments und des Rates vom 13.11.2007 über die Zustellung gerichtlicher und außergerichtlicher Schriftstücke in Zivil- oder Handelssachen (**EuZVO**), die allerdings nur das »Wie« der Auslandszustellung regelt. Ob eine Zustellung ins Ausland aus Sicht der deutschen lex fori überhaupt erforderlich ist, regelt sich nach der ZPO.[177] Außerhalb der EU gilt für eine Reihe von Staaten das Haager Übereinkommen über die Zustellung gerichtlicher und außergerichtlicher Schriftstücke im Ausland in Zivil- oder Handelssachen vom 15.11.1965 (**HZÜ**).[178] 97

Um den zeit- und kostenintensiven Weg einer Auslandszustellung zu vermeiden, wurden durch das **MoMiG** verschiedene **Zustellungserleichterungen** gerade auch im Hinblick auf Auslandsgesellschaften eingeführt.[179] Beispielsweise kann nunmehr bei ausländischen Kapitalgesellschaften die Zustellung in bestimmten Fällen auch an die **deutsche Niederlassung** erfolgen. Dies ist dann der Fall, wenn die ausländische Kapitalgesellschaft nach § 13e Abs. 2 Satz 4 HGB eine Person, die für Willenserklärungen und Zustellungen an die Gesellschaft empfangsberechtigt ist, mit einer inländischen Anschrift zur Eintragung in das Handelsregister angemeldet hat, so dass nach **§ 13e Abs. 3 HGB** Zustellungen an die ausländische Gesellschaft hier erfolgen können.[180] Während die Bestellung entsprechender zustellungsbevollmächtigter Personen nach § 13e Abs. 2 Satz 4 HGB grundsätzlich fakultativ ist, müssen Kreditinstitute zwingend einen solchen Vertreter bestellen, **§ 53 Abs. 2 Nr. 1 KWG**, so dass hier immer eine Zustellung an die deutsche Niederlassung möglich ist.[181] 98

V. Anwendbares Gesellschaftsrecht

Das Recht, das in einer gesellschaftsrechtlichen Auseinandersetzung mit Auslandsbezug auf gesellschaftsrechtliche Fragestellungen anwendbar ist (auch »Gesellschaftsstatut« oder »Personalstatut 99

---

175 *Geimer* IZPR Rn. 2246; *Nagel/Gottwald* IZPR § 5 Rn. 51 ff.
176 So die Gesetzesbegründung zum ARUG in BT-Drs. 16/11642, S. 40.
177 *Zöller/Geimer* ZPO § 183 Rn. 21.
178 Im Einzelnen *Nagel/Gottwald* IZPR § 6 Rn. 64 ff.
179 Vgl. die Gesetzesbegründung in BT-Drs. 16/6140, S. 49; zu den Zustellungserleichterungen insgesamt *Steffek* BB 2007, 2077 ff.; *Kindler* NJW 2008, 3249 (3254).
180 *Kindler* NJW 2008, 3249 (3254).
181 *Baumbach/Hopt* HGB § 13e Rn. 3.

der Gesellschaft«), bestimmt sich bei **EU-Auslandsgesellschaften** als Folge der EuGH-Rechtsprechung zur Niederlassungsfreiheit von Gesellschaften (Art. 49, 54 AEUV) nach der **Gründungstheorie** (vgl. Rdn. 89 und § 89 Rdn. 2).[182] Die Verordnung (EG) Nr. 593/2008 des Europäischen Parlaments und des Rates über das auf vertragliche Schuldverhältnisse anzuwendende Recht (Rom I-VO) ist nicht anwendbar, da sie nach ihrem Art. 1 Abs. 2 lit. f nicht für gesellschaftsrechtliche Fragen gilt. Gleiches gilt für die Verordnung (EG) Nr. 864/2007 des Europäischen Parlaments und des Rates über das auf außervertragliche Schuldverhältnisse anzuwendende Recht (Rom II-VO). Bei **Nicht-EU-Auslandsgesellschaften** ist weiterhin – wenn nicht besondere staatsvertragliche Regelungen bestehen – auf das Recht am Verwaltungssitz abzustellen (**Sitztheorie**), vgl. Rdn. 90.

100 Welche Rechtsfragen im Einzelnen von der Geltung des Gesellschaftsrechts des Gründungsstaates erfasst werden, kann insbesondere im **Grenzbereich** zu anderen Rechtsgebieten wie dem **Insolvenzrecht** Schwierigkeiten bereiten (vgl. § 89 Rdn. 6 f.). So wurde dem EuGH nunmehr die Frage zur Vorabentscheidung vorgelegt, ob die Haftung nach § 64 Satz 1 GmbHG zum Insolvenz- und Gesellschaftsrecht gehört.[183] Auch bei Einzelaspekten wie **Vertretungs- oder Formfragen** oder auch **arbeitsrechtlichen Aspekten** ist jeweils im Einzelfall zu prüfen, ob die entsprechende Rechtsfrage vom Gesellschaftsstatut oder von einer gesondert zu bestimmenden Rechtsordnung geregelt wird (vgl. § 89 Rdn. 5). Im Hinblick auf den Zugang von Willenserklärungen hat der BGH beispielsweise für den Fall der Amtsniederlegungserklärung eines Geschäftsführers gegenüber dem im Ausland ansässigen Gesellschafter bestätigt, dass für den wirksamen Zugang das Formstatut, mithin das Recht des Ortes der Abgabe der Willenserklärung maßgeblich ist (Art. 11 EGBGB).[184]

E. Compliance und gesellschaftsrechtliche Auseinandersetzungen

I. Einleitung

101 Compliance dient in erster Linie der Vermeidung von möglichen Haftungsansprüchen und den damit verbundenen Auseinandersetzungen gegen Unternehmen und ihre Leitungs- und Aufsichtsorgane. Im Zentrum steht dabei die Vermeidung strafrechtlicher und kartellrechtlicher Verstöße.

102 Die Haftungsrisiken für Gesellschaften und ihre Organe sind in den letzten Jahren erheblich gestiegen. Die Wende wurde bereits 1997 durch die **ARAG/Garmenbeck-Entscheidung**[185] des Bundesgerichtshofs eingeleitet. Der Bundesgerichtshof stellte dabei fest, dass der Aufsichtsrat zur Geltendmachung von Ansprüchen gegenüber Vorständen verpflichtet ist, falls Ansprüche der Gesellschaft nach sachgerechter Prüfung erfolgversprechend erscheinen.

103 Einschneidende Gesetzesänderungen[186] und die immer strenger und umfassender werdende Rechtsprechung des Bundesgerichtshofs zur zivil- und strafrechtlichen Verantwortung von Unternehmen und ihren Leitungsorganen[187] stellen weitere Hauptursachen des gesteigerten Haftungsrisikos dar.

104 Zudem haben wirtschaftlich schwierige Zeiten, wie die Wirtschaftskrise der New Economy in den Jahren 2000/2001 oder die Finanzmarktkrise der vergangenen Jahre, aber auch öffentlichkeits-

---

182 EuGH NJW 1999, 2027 – *Centros*; EuGH NJW 2002, 3614 – *Überseering*; EuGH NJW 2003, 3331 – *Inspire Art*; EuGH NJW 2006, 425 – *Sevic*; EuGH EuZW 2012, 621 – *VALE*; umstritten ist, ob aufgrund der in einer steuerrechtlichen Frage ergangenen Entscheidung EuGH NZG 2006, 835 – *Cadbury Schweppes* die Geltung der Gründungstheorie für reine Briefkastengesellschaften eingeschränkt werden muss; hierzu *Roth* EuZW 2010, 607.
183 BGH BeckRS 2014, 23471.
184 BGH NZG 2011, 907 (908).
185 BGHZ 135, 244.
186 Bspw. KonTraG von 1998, TransPuG von 2002, UMAG von 2005 oder das Restrukturierungsgesetz vom Dezember 2010, BGBl. 2010, Teil 1 Nr. 63, S. 1900.
187 Vgl. die Übersicht bei *Kiethe* GmbHR 2007, 393 Fn. 1 u. 2; *Hauschka* § 1 Rn. 19.

E. Compliance und gesellschaftsrechtliche Auseinandersetzungen § 2

wirksame Wirtschaftsskandale wie Enron[188] oder Siemens[189], dazu geführt, dass vermeintliche Managementfehler viel stärker in den Blickpunkt von Gesellschaftern, Arbeitnehmervertretern und auch der breiten Öffentlichkeit geraten sind und dadurch ein Bedürfnis ausgelöst wurde, dass gesetzliche Bestimmungen sowie die Regeln zur guten Unternehmensführung (Corporate Governance) eingehalten und Verstöße entsprechend sanktioniert werden.[190]

Fälle wie Intel[191], Siemens[192], MAN[193] oder Ferrostaal[194] sind nur einige wenige, prominente Beispiele für Unternehmen, die aufgrund von Compliance-Verstößen erhebliche Schadensersatzzahlungen, Bußgelder und Strafen leisten mussten. Aber auch die Leitungs- und Aufsichtsorgane bleiben von einer persönlichen Inanspruchnahme nicht verschont, was sich ebenfalls an Fällen wie Siemens[195], MAN[196], BayernLB[197], HSH[198], Arcandor[199] oder WestLB[200] belegen lässt.

105

---

188 Der Enron-Konzern hatte durch gefälschte Bilanzen einen der größten Wirtschaftsskandale der US-Geschichte ausgelöst.
189 Der Siemens-Konzern stand 2006 im Mittelpunkt des größten Schmiergeld- und Korruptionsskandals der deutschen Wirtschaftsgeschichte.
190 *Hauschka* § 1 Rn. 19 u. Fn. 46.
191 Geldbuße wegen Kartellverstößen in Höhe von EUR 1 Mrd.; Entscheidung der EU-Kommission v. 13.5.2009, COMP/C.3/37.990.
192 Die Gesamtkosten des Korruptionsskandals belaufen sich für den Siemens-Konzern auf ca. EUR 2,9 Mrd., vgl. Manager Magazin-online v. 12.12.2008.
193 Bußgeld wegen Bestechung; EUR 150 Mio. und EUR 20 Mio. Steuernachzahlung, vgl. FAZ v. 12.12.2009, S. 15.
194 Die Ferrostaal AG war 2010 in einen Korruptionsskandal verwickelt. Abschöpfung und Bußgeld belaufen sich auf ca. EUR 210 Mio., vgl. SZ-online v. 30.10.2010.
195 Neun ehemalige Vorstands- und Aufsichtsratsmitgliedern haben freiwillig Schadensersatz wegen der Verletzung von Organisations- und Aufsichtspflichten im Zusammenhang mit der Korruptionsaffäre gezahlt, vgl. Pressemitteilung der Siemens AG v. 29.7.2010, abrufbar unter: http://www.siemens.com. Gegen Zahlung einer Geldauflage wurden die Strafprozesse gegen die weiteren Vorstände Ganswindt (EUR 175.000,00) und Neubürger (EUR 400.000,00) eingestellt, vgl. Spiegel-online v. 19.05.2011 und SZ-online v. 11.12.2013. Der Zivilprozess gegen den Vorstand Ganswindt wurde außergerichtlich verglichen, vgl. Pressemitteilung der Siemens AG v. 28.11.2012. Heinz-Joachim Neubürger wurde ursprünglich vom LG München I zur Zahlung von Schadensersatz i. H. v. EUR 15 Mio. verurteilt (Az.: 5 HK O 1387/10), vgl. SZ-online v. 11.12.2013. Auf seine Berufung hin, haben sich die Parteien auf eine Zahlung von EUR 2,5 Mio. verglichen, vgl. FAZ-online v. 12.12.2014.
196 Der Aufsichtsrat von MAN forderte insgesamt ca. EUR 237 Mio. Schadensersatz vom ehemaligen Vorstandsvorsitzenden und weiteren Vorständen wegen der der MAN aus der Korruptionsaffäre entstanden Schäden, vgl. SZ v. 17.1.2011, S. 17. Das Ermittlungsverfahren gegen den ehem. Vorstandvorsitzenden Hakan Samuelsson wegen des Verdachts der Beihilfe zur Bestechung wurde gegen eine Spende über EUR 500.000 eingestellt. Zivilrechtlich verglich sich Samuelsson mit der MAN SE auf Zahlung von EUR 1,25 Mio. Schadensersatz, vgl. Spiegel-online v. 22.08.2013.
197 Der ehem. Vorstand der BayernLB Gribkowsky wurde wegen Bestechlichkeit, Steuerhinterziehung und Veruntreuung von Bankvermögen zu 8,5 Jahren Haft verurteilt. Das Gericht stellte dabei fest, dass der Bank ein Schaden i. H. v. EUR 30 Mio. entstanden sei, die Gribkowsky zu ersetzen habe, vgl. Spiegel-online v. 21.08.2014. Der entsprechende Zivilprozess vor dem LG München I ist wohl noch nicht beendet, vgl. Handelsblatt-online v. 10.02.2014.
198 Sechs ehemalige Vorstände der HSH Nordbank wurden von dem Vorwurf der schweren Untreue freigesprochen; die Staatsanwaltschaft hat aber wohl Revision gegen das Urteil eingelegt, vgl. Handelsblatt-online, v. 10.07.2014. Die HSH Nordbank hat zudem bereits drei ehemalige Vorstände in Schiedsverfahren auf Schadensersatz in Anspruch genommen und mit den übrigen drei ehemaligen Vorständen, hierunter Dirk Jens Nonnenmacher, entsprechende Verjährungsverzichte vereinbart, vgl. Süddeutsche-online v. 09.07.2014.
199 Der ehemalige Vorstand der Arcandor AG, Thomas Middelhoff, wurde wegen Untreue und Steuerhinterziehung zu einer Freiheitsstrafe von 3 Jahren verurteilt (Urteil noch nicht rechtskräftig), vgl. Focus-online v. 14.11.2014. Middelhoff beabsichtigt, Revision gegen das Urteil einzulegen, vgl. Spiegel-online v. 16.11.2014.
200 Gegen den ehem. Vorstand der WestLB Sengera wurde Anklage wegen schwerer Untreue erhoben. Der

106 Die **persönliche Verantwortung** von Organen reicht von einer zivilrechtlichen Haftung bis hin zu einer strafrechtlichen Verfolgung. Für die betroffenen Geschäftsführer, Vorstände oder Aufsichtsräte ist es somit unumgänglich, das regulatorische Umfeld der eigenen Tätigkeit zu kennen und organisatorische Vorkehrungen zu treffen, um den sich aus diesem Umfeld ergebenen Anforderungen gerecht zu werden.[201]

107 Durch solche Risikomanagement- oder auch Corporate-Compliance-Systeme soll und kann potentiellen Schadenersatzansprüchen Dritter gegen die Gesellschaft (sog. Außenhaftung) die Grundlage entzogen und der Entstehung von Schadensersatzansprüchen der Gesellschaft gegen die Mitglieder des Geschäftsleitungs- und des Aufsichtsorgans (sog. Innenhaftung) entgegengewirkt werden.[202]

108 Viele Unternehmen erkennen zudem die wirtschaftlichen Vorteile in Corporate-Compliance-Systemen. So können bspw. *Blacklistings* vermieden werden. Auch legen Geschäftspartner aus Reputationsgründen immer verbreiteter großen Wert darauf, nur mit solchen Unternehmen Geschäftsbeziehungen zu unterhalten, die ein effektives Compliance-System vorweisen können.[203] Teilweise werden sogar Compliance-Audits gefordert.

1. Begriffsbestimmung

109 Bisher existiert keine generelle gesetzliche Definition der Begriffe »Compliance« oder »Corporate-Compliance«. Zudem war das allgemeine Begriffsverständnis aufgrund der aufgezeigten Entwicklungen der jüngeren Vergangenheit einem stetigen Wandel unterzogen.[204]

110 Allgemein umschreibt der Begriff »**Corporate-Compliance**« die Gesamtheit der Maßnahmen, die das rechtmäßige Verhalten eines Unternehmens, der Leitungs- und Aufsichtsorgane und seiner Mitarbeiter sicherstellen soll.[205] Dies beinhaltet neben der Einhaltung aller gesetzlichen Pflichten, Vorschriften, internen und externen Regeln sowie freiwilligen Verhaltensrichtlinien, die für das Unternehmen relevant sind, auch die fachliche Kompetenz und persönliche Verantwortung der Leitungs- und Aufsichtsorgane.[206]

111 Darüber hinaus existieren einige branchenspezifische, spezialgesetzliche Begriffsbestimmungen. So enthält der deutsche Corporate Governance Kodex (»DCGK«)[207] in Ziff. 4.1.3 eine durch einen Klammerzusatz als »Compliance« definierte Pflicht des Vorstandes einer börsennotierten AG, für die Einhaltung der gesetzlichen Bestimmungen und der unternehmensinternen Richtlinien zu sorgen und auf deren Beachtung durch die Konzernunternehmen hinzuwirken. Die Vorschriften des DCGK richten sich ausschließlich an börsennotierte Unternehmen[208], haben allerdings weder eine unmittelbare noch eine mittelbare Gesetzeskraft.[209] Dennoch wird teilweise daraus abgeleitet, dass darin eine verallgemeinerungsfähige Definition der Corporate-Compliance gesehen werden kann.[210]

BGH hob den ursprünglichen Freispruch auf und verwies das Verfahren zur erneuten Verhandlung an das LG Düsseldorf zurück, welches das Verfahren gegen Zahlung von EUR 100.000,00 einstellte, vgl. Manager-Magazin-online v. 18.02.2013.
201 *Rodewald/Unger* BB 2006, 113.
202 *Kiehte* GmbHR 2007, 393 (394).
203 Wecker/van Laak/*Vetter* S. 34.
204 *Hauschka* § 1 Rn. 1; *Fleischer* CCZ 2008, 1.
205 *Ek* S. 217; *Bürkle* BB 2007, 1797 (1798); *Wolf* DStR 2006, 1995; *Fleischer* CCZ 2008, 1.
206 *Ek* S. 217; Wecker/van Laak/*Wecker/Galla* S. 55; *Schneider* ZIP 2003, 645 (646); *Fleischer* CCZ 2008, 1.
207 In seiner Fassung vom 24.06.2014, veröffentlicht unter http://www.corporate-governance-code.de.
208 Vgl. § 161 AktG.
209 MüKo AktG/*Semler* § 161 Rn. 30.
210 Wecker/van Laak/*Vetter* S. 34; *Bürkle* BB 2007, 1797 (1798); *Fleischer* CCZ 2008, 1; Görling/Inderst/Bannenberg/*Poppe* § 1 Rn. 48 u. 54; a. A. *Hauschka* § 1 Rn. 23, der Ziff. 4.1.3 DCGK als deklaratorische Wiedergabe des geltenden Rechts auffasst.

2. Rechtsgrundlagen

Bei der AG verpflichtet § 91 Abs. 2 AktG den Vorstand dazu, geeignete Maßnahmen zu treffen, insbesondere eine Überwachung einzurichten, damit den Fortbestand der Gesellschaft gefährdende Entwicklungen frühzeitig erkannt werden können. Die Vorschrift wird durch die §§ 76 Abs. 1, 93 Abs. 1 Satz 2 AktG ergänzt, wonach der Vorstand die Gesellschaft unter eigener Verantwortung zu leiten und die Sorgfalt eines ordentlichen und gewissenhaften Geschäftsleiters anzuwenden hat. Eine entsprechende Regelung enthält § 43 Abs. 1 GmbHG für den Geschäftsführer der GmbH. Ob daraus eine rechtliche Verpflichtung des Unternehmens zur Installation eines Corporate-Compliance-Programms abgeleitet werden kann, ist in der Literatur umstritten.[211] In der Rechtsprechung wurde diese Frage nun erstmals bejaht. Inhaltlich überzeugend leitet das Landgericht München I in seiner Neubürger Entscheidung her, dass es der Gesamtverantwortung des Vorstands einer AG unterliegt, eine Compliance-Organisation einzurichten.[212] Dabei hat die Kammer allerdings offen gelassen, ob diese Verpflichtung aus § 91 Abs. 2 AktG oder aus §§ 76 Abs. 1, 93 Abs. 1 Satz 2 AktG abzuleiten ist.[213]

112

Teilweise wird eine Verpflichtung des Leitungsorgans zur Einrichtung einer Compliance-Organisation auch aus §§ 130, 9 OWiG abgeleitet.[214] Unterlässt das Leitungsorgan danach Aufsichtsmaßnahmen, die erforderlich sind, um im Unternehmen Pflichtverstöße zu verhindern, die den Inhaber treffen und deren Verletzung mit Strafe oder Geldbuße bedroht ist, handelt es gem. §§ 130 Abs. 1, 30 OWiG selbst dann ordnungswidrig, wenn eine Zuwiderhandlung begangen wird, die durch gehörige Aufsicht verhindert oder wesentlich erschwert worden wäre.

113

Bedenkt man die Masse an bußgeldbewehrte Unternehmenspflichten (bspw. aus dem Kartellrecht, Kapitalmarktrecht, Umweltrecht, Datenschutzrecht, Arbeitsstrafrecht, Außenwirtschaftsrecht, etc.) und deren nicht einheitliche Ausgestaltung, begründet § 130 OWiG allenfalls mittelbar eine allgemeine Verpflichtung der Leitungsorgane zur Einrichtung einer Compliance-Organisation. Überzeugender ist es deshalb, die Verpflichtung zur Einrichtung einer Compliance-Organisation des Vorstandes aus der allgemeinen Leitungspflicht nach §§ 76 Abs. 1, 93 Abs. 1 Satz 2 AktG abzuleiten.

114

Es bestehen zudem verschiedene spezialgesetzliche Bestimmungen, die den jeweiligen Adressatenkreis zur Vornahme von Compliance-Maßnahmen verpflichten.[215] So werden bspw. Wertpapierdienstleistungsunternehmen nach § 33 WpHG und Kreditinstitute nach § 25a KWG dazu verpflichtet, eine dauerhafte und wirksame Compliance-Organisation einzurichten, die ihre Aufgaben unabhängig wahrnehmen kann. Aus solchen spezialgesetzlichen Bestimmungen ergibt sich jedoch keine allgemeine Verpflichtung zur Einrichtung eines Corporate-Compliance-Systems.[216]

115

In einem Rundschreiben aus dem Jahr 2010 hat die BaFin die aus ihrer Sicht bestehenden Mindestanforderungen an eine Compliance-Organisation und die weiteren Verhaltens-, Organisations- und Transparenzpflichten nach §§ 31 ff. WpHG (sog. »MaComp«) ausführlich dargelegt.[217]

116

---

211 Befürwortend: *Fleischer* CCZ 2008, 1 (2); ders. NZG 2014, 321 ff.; *Schneider* ZIP 2003, 645 (648); Wecker/van Laak/*Vetter* S. 37; Ablehnend: *Hauschka* § 1 Rn. 23 m. w. N., der keine allgemeine Verpflichtung anerkennt.
212 LG München I NZG 2014, 345 ff. – Neubürger (das Berufungsverfahren wurde außergerichtlich verglichen, vgl. FAZ-online v. 12.12.2014).
213 LG München I NZG 2014, 345 (346) – Neubürger.
214 Wecker/van Laak/*Vetter* S. 37; *Hauschka* § 1 Rn. 21; Görling/Inderst/Bannenberg/*Poppe* § 1 Rn. 39; *Ek* S. 163; a. A. *Hauschka* § 1 Rn. 23; Fleischer NZG 2014, 321 (322).
215 Vgl. auch § 64a VAG, § 52a Abs. 2 BImSchG, § 53 KrW/AbfG, Art. 11 EG-Geldwäsche-Richtlinie, § 14 GeldwäscheG.
216 *Hauschka* § 1 Rn. 23.
217 BaFin, Rundschreiben vom 7.6.2010, 4/2010 (WA), Ga: WA 31-Wp 2000–2009/0010; zum Inhalt der MaComp, vgl. *Schäfer* BKR 2011, 45; *Zingl* BKR 2010, 500; *Engelhart* ZIP 2010, 1832; *Birnbaum/Küthemeier* WM 2011, 293; *Lösler* WM 2010, 1917.

117 Die Regelungen der MaComp stellen keine rechtlich-verbindlichen Regelungen dar.[218] Dennoch wird teilweise angenommen, dass sie auch außerhalb des Wertpapierhandels von grundlegender Bedeutung seien und künftig durchaus als »Best-Practice-Leitlinien« für Unternehmen und Aufsichtsbehörden dienen könnten.[219]

II. Haftung für Vorstandshandeln
1. Überblick über die Haftungsgefahren

118 Compliance-Verstöße führen immer häufiger zu Schadenersatzansprüchen der handelnden Organe gegenüber der Gesellschaft.[220] In vielen Fällen beruhen dabei Compliance-Verstöße nicht auf vorsätzlichen Pflichtverletzungen oder Schädigungen, sondern auf fahrlässigem Verhalten, falscher Risikoeinschätzung und vor allem unzureichender Tatsachenfeststellung oder Sachverhaltsaufklärung.[221]

a) Straf- und bußgeldrechtliche Haftungsgefahren

119 Leitungsorgane sind einem hohen strafrechtlichen Risiko ausgesetzt. Insbesondere im Krisenfall rücken Leitungsentscheidungen immer stärker in den Blickpunkt des öffentlichen Interesses und den Fokus der Strafverfolgungsbehörden.

120 Es liegt auf der Hand, dass sich Leitungsorgane sowohl durch eigenes aktives Tun, als auch durch Teilnahme (Anstiftung oder Beihilfe) an Straftaten von Unternehmensangehörigen strafbar machen können.[222] Delikte wie Betrug (§ 263 StGB), Untreue (§ 266 StGB) oder Insolvenzstraftaten (§§ 283 ff. StGB) sind hierbei häufig verwirklichte Delikte.[223]

121 Viel schwieriger zu beurteilen ist jedoch, ob den jeweiligen Leitungsorganen eine generelle **Garantenpflicht** zur Verhinderung betriebsbezogener Straftaten von Betriebsangehörigen zukommt (sog. Geschäftsherrenhaftung), bei deren Verletzung eine Unterlassensstrafbarkeit des Leitungsorgans in Betracht käme.[224] Eine solche Strafbarkeit setzt allerdings voraus, dass das Organ sowohl Vorsatz bzgl. seiner eigenen Beteiligungshandlung, als auch bzgl. der Begehung der Haupttat durch den jeweiligen Betriebsangehörigen hat.[225]

122 Darüber hinaus können nach §§ 130, 30 OWiG gegen eine Kapitalgesellschaft Bußgelder verhängt werden. Zudem bietet § 17 Abs. 4 OWiG die Möglichkeit, den wirtschaftlichen Vorteil einer Ordnungswidrigkeit abzuschöpfen, was häufig erhebliche Ausmaße annehmen kann. Auch das Geschäftsleitungsorgan kann unmittelbar Adressat einer Geldbuße sein (vgl. §§ 130, 9 OWiG).

123 Derzeit wird in Politik und Literatur vermehrt darüber nachgedacht, ob Deutschland ein Unternehmensstrafrecht einführen soll. Am 14. November 2013 hat die Justizministerkonferenz den »Entwurf eines Gesetzes zur Einführung der strafrechtlichen Verantwortlichkeit von Unternehmen und sonstigen Verbänden – VerbStrG« des Justizministeriums des Landes Nordrhein-Westfalen diskutiert. Dabei wurde der Entwurf ausdrücklich als Diskussionsgrundlage für detaillierte Beratungen über ein Unternehmensstrafrecht begrüßt.[226] Im Entwurf sind konkrete Straftatbestände enthalten, die von Unternehmen erfüllt werden können und die Geldstrafen und Vergabesperren bis zu einem Tätigkeitsverbot zur Konsequenz haben können. Auf der anderen Seite sieht der Entwurf die Möglich-

---

218 *Schäfer* BKR 2011, 45 (47).
219 *Engelhart* ZIP 2010, 1832 (1840).
220 *Kiethe* GmbHR 2007, 393 (395); *Hauschka* § 1 Rn. 8; *Vgl. hierzu auch § 9 Rdn. 55 ff.*
221 *Hauschka* NJW 2004, 257 (260).
222 *Lackhoff/Schulz* CCZ 2010, 81 (83).
223 *Kiethe* GmbHR 2007, 393 (395); einen umfassenden Überblick über Straftatbestände und Ordnungswidrigkeiten, die mit der Geschäftsleitungstätigkeit im Zusammenhang stehen, ist bei *Ek* S. 168 f. abgebildet.
224 *Rönnau/Schneider* ZIP 2010, 53 (54); *Lackhoff/Schulz* CCZ 2010, 81 (83).
225 *Lackhoff/Schulz* CCZ 2010, 81 (84).
226 Haubner DB 2014, 1358 ff.

E. Compliance und gesellschaftsrechtliche Auseinandersetzungen § 2

keit vor, eine Strafreduzierung vielleicht sogar Straffreiheit durch geeignete Compliance-Arbeit im Unternehmen zu erlangen.

b) Zivilrechtliche Haftung

Besondere Risikofaktoren für eine zivilrechtliche Haftung eines Unternehmens und seiner Leitungsorgane ergeben sich häufig aus der konkreten Branche des Unternehmens oder dem Umstand, dass die internationale Ausrichtung des Geschäftsfelds zur Anwendbarkeit weiterer Rechtsordnungen führt.[227] 124

Bei Rechtsverstößen und Pflichtverletzungen von Leitungsorganen, die einen Schaden bei einem Dritten oder einen Bußgeldtatbestand auslösen, liegt die Haftung des Unternehmens nahe. In solchen Fällen folgen in der Regel Regressansprüche der Gesellschaft gegenüber seinem pflichtwidrig handelnden Geschäftsleitungsorgan (vgl. §§ 93 Abs. 2 AktG, § 43 Abs. 2 GmbHG). 125

Es ist in der Literatur umstritten, ob aus der Geschäftsleitungstätigkeit auch solche Verkehrspflichten erwachsen können, bei deren Verletzung eine persönliche Außenhaftung des Leitungsorgans droht.[228] Das Haftungssystem der Kapitalgesellschaft geht grundsätzlich davon aus, dass eine Außenhaftung ausschließlich die Gesellschaft als eigentliche Beherrscherin und Nutznießerin der jeweiligen Gefahrenquelle trifft, nicht aber das für sie handelnde Organ.[229] Auf der anderen Seite hat der Bundesgerichtshof in seiner Baustoff-Entscheidung[230] ausgeführt, dass die von der Gesellschaft zum Schutze absoluter Rechtsgüter zu beachtenden Pflichten auch den Geschäftsleiter selbst treffen und bei Verletzung dieser Pflichten seine deliktische Eigenhaftung auslösen können, da insoweit eine Garantenstellung aus den ihm übertragenen organisatorischen Aufgaben begründet wird.[231] Inwiefern eine solche Garantenstellung entsteht, ist daher von Fall zu Fall zu beurteilen. 126

2. Die Business Judgement Rule

Nach § 93 Abs. 1 Satz 1 AktG haben die Vorstandsmitglieder einer AG bei ihrer Geschäftsführung die Sorgfalt eines ordentlichen und gewissenhaften Geschäftsleiters, nach § 43 Abs. 1 GmbHG die Geschäftsführer einer GmbH in den Angelegenheiten der Gesellschaft die Sorgfalt eines ordentlichen Geschäftsmannes anzuwenden. Nicht jede unternehmerische Fehleinschätzung und jeder geschäftliche Misserfolg stellt automatisch eine Pflichtverletzung mit Haftungsfolge dar. Natürlich muss es dem Leitungsorgan möglich sein, gewisse geschäftliche Risiken einzugehen, ohne dass dadurch gleich seine persönliche Haftung droht. 127

Daher bestimmt § 93 Abs. 1 Satz 2 AktG, dass eine Pflichtverletzung dann nicht vorliegt, wenn das Vorstandsmitglied bei einer unternehmerischen Entscheidung vernünftigerweise annehmen durfte, auf der Grundlage angemessener Information zum Wohle der Gesellschaft zu handeln. Diese sog. **Business Judgement Rule** wurde im Rahmen des UMAG[232] in § 93 AktG gesetzlich verankert. Sie gilt im Rahmen der Haftung eines Geschäftsführers einer GmbH nach § 43 Abs. 1 GmbHG analog.[233] 128

Der Wortlaut belegt bereits, dass die **Haftungsprivilegierung** auf unternehmerische Entscheidungen begrenzt ist und dann keine Anwendung findet, wenn nach der Satzung, der Geschäftsordnung oder dem Gesetz kein Beurteilungsspielraum des Geschäftsleitungsorgans besteht.[234] Nach § 93 Abs. 1 129

---

227 Sind bspw. die Anteile eines Unternehmens an der US-Börse gelistet, bestehen eine Vielzahl von weiteren, spezifischen Pflichten und Regelungen deren Nichtbeachtung erhebliche Haftungsrisiken bergen.
228 *Lackhoff/Schulz* CCZ 2010, 81 (85); MüKo AktG/*Spindler* § 93 Rn. 287.
229 MüKo AktG/*Spindler* § 93 Rn. 287.
230 BGHZ 109, 297.
231 Hierzu ausführlich: *Lackhoff/Schulz* CCZ 2010, 81 (84).
232 Gesetz zur Unternehmensintegrität und Modernisierung des Anfechtungsrechts, BT-Drucks. 15/5092, Art. 1.
233 Michalski/*Haas/Ziemons* § 43 Rn. 68; Baumbach/Hueck/*Zöllner/Noack*/§ 43 Rn. 22.
234 Michalski/*Haas/Ziemons* § 43 Rn. 69; MüKo AktG/*Spindler* § 93 Rn. 40.

Satz 2 AktG greift die Haftungsprivilegierung der *Business Judgement Rule* nur dann ein, wenn das Leitungsorgan bei seiner unternehmerischen Entscheidung die verfügbaren Informationsquellen tatsächlicher und rechtlicher Art hinreichend ausgeschöpft, auf dieser Grundlage die Vor- und Nachteile abgewogen und sich bei der Entscheidungsbildung nicht in einem Interessenkonflikt befunden hat.[235]

130 Im Hinblick auf Corporate-Compliance-Programme folgt daraus, dass sich ein Geschäftsleitungsorgan bei einer unternehmerischen Fehlentscheidung nur dann exkulpieren kann, wenn der Nachweis gelingt, dass das Unternehmen über ein geeignetes Informationsbeschaffungs- und Risikoüberwachungssystem verfügt.[236]

3. Anforderungen an ordnungsgemäße Corporate-Compliance-Systeme

131 Corporate-Compliance ist eine zentrale Aufgabe der Unternehmensleitung, die gleichzeitig Ausdruck und Bestandteil einer guten Corporate Governance ist.[237]

132 Allgemein verbindliche Leitlinien zur Ausgestaltung eines Corporate-Compliance-Programms lassen sich nur schwerlich aufstellen, da die Unternehmensleitung hierbei ein weites Handlungsermessen hat und die konkret erforderlichen Maßnahmen von vielen Einzelfaktoren, wie bspw. Unternehmensgegenstand, Unternehmensgröße, Branche, Konzernstruktur, Internationalisierungsgrad, Vielfalt und Bedeutung der einzuhaltenden Vorschriften, frühere Missstände und Unregelmäßigkeiten, abhängen.[238]

133 Generell bilden die Bereiche Information, Risiko, Organisation und Dokumentation im Hinblick auf die Vermeidung von Schadensfällen und Haftungsrisiken die Schwerpunkte eines Corporate-Compliance-Programms.[239] Daraus resultieren die nachfolgenden, allgemeinen Grundsätze, die bei der Ausgestaltung eines Corporate-Compliance-Programms zu beachten sind.

a) Risikoanalyse

134 Grundvoraussetzung eines Corporate-Compliance-Programms und damit der Absicherung gegen eine mögliche Haftung ist eine Bestandsaufnahme der im Unternehmen konkret bestehenden Compliance-Risiken.[240] Im Rahmen einer solchen Risikoanalyse sind die Eintrittswahrscheinlichkeit eines künftigen Rechtsverstoßes und des damit möglicherweise verbundenen Schadensumfangs zu ermitteln.[241] Im nächsten Schritt hat die Geschäftsleitung als Ergebnis der ermittelten Risiken darüber zu entscheiden, welche konkreten Compliance-Maßnahmen der Risikovorbeugung organisatorisch und strukturell ergriffen werden.

b) Organisationspflichten

135 Die Corporate-Compliance unterliegt der Gesamtverantwortung der Unternehmensleitung; Compliance ist also »**Chefsache**«.[242] In größeren Unternehmen kann die Unternehmensleitung jedoch nicht alle Aufgaben selbst wahrnehmen. Eine Delegation der einzelnen Compliance-Aufgaben ist daher geboten und erforderlich.[243]

---

235 Michalski/*Haas/Ziemons* § 43 Rn. 70; MüKo AktG/*Spindler* § 93 Rn. 47.
236 Hauschka/*Sieg/Zeidler* § 3 Rn. 16; Görling/Inderst/Bannenberg/*Poppe* § 1 Rn. 20.
237 *Kiethe* GmbHR 2007, 393 (394); *Fleischer* NZG 2004, 1129 (1131).
238 *Fleischer* CCZ 2008, 1 (2); *Bürkle* BB 2007, 1791; *Hauschka* AG 2004, 461 (465); *Kiethe* GmbHR 2007, 393 (396); Wecker/van Laak/*Vetter* S. 37.
239 *Kiethe* GmbHR 2007, 393 (394); *Hauschka* NJW 2004, 275 (259); *Rodewald/Unger* BB 2006, 113 (117).
240 *Schürrle/Olbers* CCZ 2010, 102; Hauschka/*Lampert* § 9 Rn. 8; Görling/Inderst/Bannenberg/*Rieder/Flage* § 2 Rn. 43; *Pietzke* CCZ 2010, 45 (50); Wecker/van Laak/*Vetter* S. 42.
241 *Schürrle/Olbers* CCZ 2010, 102; Hauschka/*Lampert* § 9 Rn. 8.
242 *Fleischer* CCZ 2008, 1 (3); *Kiethe* GmbHR 2007, 393 (397).
243 *Rodewald/Unger* BB 2006, 113 (114).

E. Compliance und gesellschaftsrechtliche Auseinandersetzungen § 2

Der Aufbau eines Corporate-Compliance-Systems setzt dabei zunächst voraus, dass die Compliance-Verantwortung (horizontal) einem oder mehreren Vorständen bzw. Geschäftsführern zugewiesen wird.[244] Die förmliche Zuweisung kann in der Satzung, der Geschäftsordnung des Vorstands, im Geschäftsverteilungsplan der Geschäftsführung oder durch einen Vorstandsbeschloss vorgenommen werden.[245] Dies kann zu einer Entlastung der übrigen Vorstände bzw. Geschäftsführer führen, allerdings sind wichtige Aufgabenbereiche, Risikoursachen oder existentielle Bedrohungen für das Unternehmen nicht delegierbar.[246] Hierfür besteht eine Universalzuständigkeit der Unternehmensleitung (vgl. § 77 Abs. 1 AktG, § 35 Abs. 2 GmbHG),[247] wozu auch die Verpflichtung zählt, die Effektivität des eingerichteten Compliance-Systems zu überwachen. 136

Die Zuweisung der Compliance-Kompetenz an ein Vorstands- bzw. Geschäftsführungsmitglied führt somit zu einer gespaltenen Pflichtenstellung der einzelnen Geschäftsleiter. Im eigenen Ressort übernimmt das Mitglied eine leitende, verwaltende und vor allem überwachende Tätigkeit.[248] Den übrigen Geschäftsleitungsmitgliedern kommt durch diese Ressortzuweisung eine Haftungserleichterung zugute. Ihre Restverantwortung für den Compliance-Bereich beschränkt sich auf Informations- und Überwachungspflichten, wie bspw. die Pflicht zum Eingreifen bei Zweifeln an der Recht- und Zweckmäßigkeit der Aufgabenerledigung durch den jeweils zuständig handelnden Vorstand bzw. Geschäftsführer.[249] Solange sie ihren Informations- und Überwachungspflichten nachkommen, handeln sie nicht pflichtwidrig und können dementsprechend auch nicht persönlich haften.[250] Zutreffend hat das Landgericht München I in seiner Neubürger-Entscheidung darauf hingewiesen, dass eine haftungsbefreiende Pflichtendelegation des Gesamtvorstandes auf einen einzelnen Vorstand dann ausscheidet, wenn es an einer klaren organisatorischen Zuordnung der Compliance-Verantwortung fehlt.[251] Die Compliance-Verantwortung liegt auch dann wieder beim Gesamtvorstand als zentrale Aufgabe der Unternehmensleitung, wenn – wie im der Entscheidung zugrunde liegenden Siemens-Fall – konkrete Anhaltspunkte bestehen, dass es an einer funktionierenden Compliance-Organisation fehlt,.[252] 137

Der für Compliance zuständige Vorstand bzw. Geschäftsführer kann Compliance-Aufgaben auch **vertikal** auf Mitarbeiter delegieren, solange er dabei die Kontrolle über die jeweilige Compliance-Organisation behält.[253] Unterhalb der Vorstands- bzw. Geschäftsführerebene wird vielfach die Einrichtung eines Compliance-Beauftragten geboten sein, der das Compliance-System aufbaut und weiterentwickelt (vielfach »Chief Compliance Officer« oder kurz »CCO« genannt).[254] 138

Dieser **Chief Compliance Officer** muss eine kurze Berichtslinie zu den verantwortlichen Leitungs- und Aufsichtsorganen haben. Er benötigt in der Regel einen organisatorischen Unterbau mit sachlichen und personellen Ressourcen. Je nach Unternehmenstätigkeit und -größe sind für einzelne Bereiche Mitarbeiter mit besonderen Verantwortungsbereichen, wie bspw. Datenschutz-, Umweltschutz- oder Arbeitssicherheitsbeauftragte gängige Praxis.[255] 139

---

244 *Kiethe* GmbHR 2007, 393 (397).
245 Fleischer NZG 2014, 321 (323); Hauschka/*Lampert* § 9 Rn. 14.
246 *Fleischer* CCZ 2008, 1 (3).
247 Hauschka/*Lampert* § 9 Rn. 14; Wecker/van Laak/*Vetter* S. 45; *Fleischer* CCZ 2008, 1 (3).
248 *Kiethe* GmbHR 2007, 393 (398).
249 *Rodewald/Unger* BB 2006, 113 (115); *Kiethe* GmbHR 2007, 393 (398).
250 *Rodewald/Unger* BB 2006, 113 (115); *Kiethe* GmbHR 2007, 393 (398); Schneider/Schneider GmbHR 2005, 1229 (1231); Fleischer NZG 2014 321 (323) m. w. N.
251 LG München I NZG 2014, 345 (347 a.E) – Neubürger.
252 LG München I NZG 2014, 345 (347 a.E) – Neubürger; Fleischer NZG 2014, 321 (323).
253 *Schürrle/Olbers* CCZ 2010, 102 ; *Fleischer* CCZ 2008, 1 (3).
254 Hauschka/*Bürkle* § 8 Rn. 10; *Fleischer* CCZ 2008, 1 (3); Görling/Inderst/Bannenberg/*Rieder/Flage* § 2 Rn. 43.
255 Hauschka/*Lampert* § 9 Rn. 15.

140 Der Chief Compliance Officer arbeitet regelmäßig nicht nur mit den dezentralen Compliance-Beauftragten und sonstigen Compliance-Mitarbeitern eng zusammen, sondern auch – sofern vorhanden – mit Unternehmensabteilungen wie der internen Revision, dem Risikomanagement, dem Controlling und der Rechtsabteilung, von denen der Compliance-Bereich jedenfalls in größeren Unternehmen organisatorisch getrennt eingerichtet wird und werden sollte.[256]

141 Auch hier gilt jedoch, dass eine haftungsmindernde Wirkung durch Übertragung von Compliance-Verantwortungen auf Mitarbeiter nur dann eintritt, wenn die Compliance-Struktur sachgerecht aufgestellt und die Mitarbeiter sachgerecht ausgewählt, kompetent, eingearbeitet, geschult und mit den nötigen Mitteln ausgestattet sind.[257] Ist das der Fall, haften die Unternehmensleiter nur noch für die Instruktion und Überwachung der Mitarbeiter (sog. Organisationsverschulden).[258]

c) Aufbau von Informationssystemen

142 Aufgrund der Anforderung in § 93 Abs. 1 Satz 2 AktG, unternehmerische Entscheidungen auf der Grundlage angemessener Informationen zu treffen[259], sollten Corporate-Compliance-Programme möglichst effiziente Informationssysteme (*Business Intelligence*) schaffen, die eine möglichst lückenlose Informationsbeschaffung sowie den ungehinderten Informationsfluss von nachgeordneten zu übergeordneten Ebenen bis hin zu den Leitungsorganen gewährleisten.[260]

143 Ein weiteres Mittel, frühzeitig Informationen über kritische Vorgänge zu erlangen, kann zudem die Bereitstellung einer Hotline sein. Mitarbeiter können auf diese Weise, am besten anonym, vertraulich Fehlverhalten anderer melden und dadurch entsprechende Abhilfemaßnahmen in die Wege leiten. Die Gefahren und der Nutzen eines solchen **Whistleblowings** werden in der Literatur umfassend diskutiert[261], gehören heute aber zum Standard einer effizienten Compliance-Organisation.

d) Kontrolle und Ahndung von Verstößen

144 Corporate-Compliance-Programme erfüllen naturgemäß nur dann ihren Zweck, wenn sie nicht nur pro forma eingerichtet, sondern wenn die Regeln aktiv kommuniziert, deren Einhaltung regelmäßig kontrolliert, Verstöße sanktioniert und die Mitarbeiter entsprechend geschult werden.

145 Reichen dabei stichprobenartige Kontrollen nicht aus, um etwaige Verstöße aufzudecken, sind Unternehmen im Rahmen des Zumutbaren und Verhältnismäßigen auch zu regelmäßigen Kontrollen sowie entsprechenden Sanktionen verpflichtet.[262] Daher kann es geboten sein, überraschend umfassendere Prüfungen durchzuführen. Dies kann in Form von unangekündigten Überprüfungen einzelner Abteilungen, aber auch durch externe Personen im Rahmen von vorgetäuschten Durchsuchungen[263], erfolgen.

e) Dokumentation/Berichtspflichten

146 Aufgrund der Beweislastregelung des § 93 Abs. 2 Satz 2 AktG hat das Vorstandsmitglied in einem etwaigen Haftungsprozess zur Abwendung der Ersatzpflicht darzulegen und zu beweisen, dass es die Sorgfalt eines ordentlichen und gewissenhaften Geschäftsleiters angewendet hat, was regelmäßig nur dann gelingt, wenn es die Einhaltung der Sorgfaltspflichten durch genaue Dokumentation der

---

256 *Kiethe* GmbHR 2007, 393 (397).
257 *Hauschka* AG 2004, 461 (466); *Kiethe* GmbHR 2007, 393 (399).
258 *Rodewald/Unger* BB 2006, 113 (115).
259 Rdn. 127–129.
260 *Hauschka* § 1 Rn. 30.
261 Vgl. die Nachweise bei Hauschka/*Lampert* § 9 Rn. 35.
262 BGH NStZ 1986, 34 (35); Hauschka/*Lampert* § 9 Rn. 34; *Bussmann/Matschke* CCZ 2009, 132 (136).
263 Sog. Probe- oder Mock-Dawnraids, vgl. Hauschka/*Lampert* § 9 Rn. 34.

E. Compliance und gesellschaftsrechtliche Auseinandersetzungen § 2

Compliance-Struktur und -Maßnahmen belegen kann.[264] Die Beweislastregelung in § 93 Abs. 2 Satz 2 AktG gilt für den Geschäftsführer der GmbH analog.[265]

Eine umfassende Dokumentation sämtlicher Entscheidungen, Prozesse, Maßnahmen und Berichtswege im Unternehmen ist auch deshalb erforderlich, damit die Unternehmensmitarbeiter durch eindeutige, schriftliche Regelwerke konkrete Anhaltspunkte für die Anwendung der Corporate-Compliance-Maßnahmen und -Strukturen erhalten.[266]

f) Bekenntnis zur Corporate Compliance

Ein ganz wesentlicher, übergreifender Bestandteil eines funktionierenden Compliance-Programms ist das unmissverständliche Bekenntnis der Unternehmensleitung zur Einhaltung des geltenden Rechts auch dann, wenn dadurch kurzfristige geschäftliche Chancen nicht wahrgenommen werden können.[267] Der Unternehmensleitung kommt hierbei eine Vorbildfunktion zu, aus der sich für die Unternehmensangehörigen ergibt, dass das Bekenntnis zur Rechtstreue ein ernsthaftes Anliegen des Unternehmens ist. Hierfür hat sich der Begriff »**Mission-Statement**« oder auch »**Compliance-Commitment**« herausgebildet.[268]

Bekannte Compliance-Skandale der jüngeren Vergangenheit zeigen, dass Compliance-Maßnahmen weitgehend ohne Wirkung bleiben, wenn es in der Unternehmenskultur an einem klaren Bekenntnis zur Corporate-Compliance fehlt.

g) Konzernweite Überwachungspflicht

In Konzernen stellt sich häufig die Frage, ob und wie der Konzern-Vorstand Corporate-Compliance-Systeme durchzusetzen hat.[269]

Selbstverständlich kann die Verpflichtung des Konzern-Vorstands zur Compliance dabei aber nicht weiter reichen, als es seine tatsächliche Einflussmöglichkeit hergibt. Hieraus folgt eine reduzierte Compliance-Verantwortung der Konzernleitungsorgane.[270] Deshalb hat der Konzernvorstand nach dem DCGK auf eine Konzern-Compliance auch lediglich hinzuwirken (Ziff. 4.1.3 DCGK), womit der Vorrang der tatsächlichen Einflussmöglichkeit betont, zugleich aber klar gestellt wird, dass die Konzernleitungsorgane alle zur Verfügung stehenden, gesellschaftsrechtlichen Einwirkungsmöglichkeiten ausschöpfen müssen, um ihrer »Hinwirkungspflicht« zu genügen.[271]

III. Die Haftung des Aufsichtsrats

1. Die Haftung des Aufsichtsrats gegenüber der Gesellschaft (Innenhaftung)

Der Aufsichtsrat ist nach § 111 Abs. 1 AktG dazu verpflichtet, die Geschäftsführung des Vorstands (§§ 76, 77 AktG) zu überwachen, was allerdings nicht alle Geschäftsführungsmaßnahmen des Vorstands umfasst, sondern sich auf die Leitungs- und Führungsentscheidungen sowie auf wesentliche Einzelgeschäftsführungsmaßnahmen beschränkt.[272] Dabei haben sie nach §§ 116, 93 AktG die Sorgfalt eines ordentlichen und gewissenhaften Aufsichtsrats anzuwenden.[273]

---

264 Hauschka/*Lampert* § 9 Rn. 34.
265 BGH NZG 2003, 81; Baumbach/Hueck/*Zöllner*/*Noack* § 43 Rn. 36.
266 *Kiethe* GmbHR 2007, 393 (400).
267 *Hauschka* § 1 Rn. 35; Hauschka/*Lampert* 9 Rn. 18; Wecker/van Laak/*Vetter* S. 43; *Pietzke* CCZ 2010, 45 (51); *Schürrle/Olbers* CCZ 2010, 102.
268 Hauschka/*Lampert* § 9 Rn. 18; *Pietzke* CCZ 2010, 45 (51).
269 Vgl. hierzu die umfassenden Darstellungen bei *Schneider* NZG 2009, 1321; *Fleischer* CCZ 2008, 1 (3); *Pietzke* CCZ 2010, 45 (52).
270 *Fleischer* CCZ 2008, 1 (6); Hauschka/*Bürkle* § 8 Rn. 65.
271 Hauschka/*Bürkle* § 8 Rn. 65.
272 *Hüffer* AktG § 111 Rn. 3; *Ek* S. 178.
273 *Ek* S. 202; *Hüffer* AktG § 116 Rn. 2.

153 Der Aufsichtsrat ist zudem dazu verpflichtet, die Effizienz der im Unternehmen bestehenden Compliance-Kontrolle zu überwachen.[274] Die Überwachungsaufgaben des Aufsichtsrats werden des Weiteren durch die gesetzlich festgelegten Prüfungs- und Berichtspflichten des Vorstands ergänzt.[275]

154 Wie eingangs schon erwähnt hat der Bundesgerichtshof in der ARAG-Garmenbeck-Entscheidung[276] ausdrücklich klar gestellt, dass der Aufsichtsrat dazu verpflichtet ist, Ansprüche der Gesellschaft gegen Vorstandsmitglieder ordnungsgemäß zu prüfen, ggf. geltend zu machen und durchzusetzen.[277] Verletzt der Aufsichtsrat diese Pflichten und entsteht der Gesellschaft daraus ein Schaden, so ist er persönlich der Gesellschaft zum Schadenersatz verpflichtet.[278] Auch weitere Pflichtverstöße mit Schadensfolge für die Gesellschaft können eine persönliche Schadensersatzpflicht auslösen.

2. Die Haftung des Aufsichtsrats gegenüber Dritten (Außenhaftung)

155 Die Haftung des Aufsichtsrats als Innenorgan der Aktiengesellschaft ist in den allermeisten Fällen auf eine Haftung gegenüber der Gesellschaft beschränkt.[279] Nur in Ausnahmefällen besteht eine Außenhaftung, wie bspw. im Fall der deliktischen Schädigung Dritter. Eine Haftung des Aufsichtsrats ist des Weiteren denkbar, wenn Aufsichtsratsmitglieder den Vorstand zu pflichtwidrigen Handlungen anstiften.[280]

3. Ordnungsgemäße Compliance beim Aufsichtsrat

156 Aus den §§ 111, 116, 93 AktG ergibt sich, dass die Aufsichtsratsmitglieder eine persönliche Haftung gegenüber der Gesellschaft vermeiden können, indem sie ihren Prüf- und Überwachungspflichten umfassend nachkommen. Dies schließt die Verantwortung des Aufsichtsrats ein, den Vorstand dahingehend zu überwachen, ob er seiner Compliance-Verantwortung pflichtgemäß nachgekommen ist und bei seinen Entscheidungen über Präventions- und Kontrollmaßnahmen wie auch bei der Auswahl und dem Aufbau von Sicherungseinrichtungen von seinem unternehmerischen Ermessen pflichtgemäß Gebrauch gemacht hat.[281]

a) Sorgfältige Dokumentation

157 Die einzelnen Aufsichtsratsmitglieder kommen ihren Überwachungs- und Prüfungspflichten u. a. dadurch nach, dass sie die Berichte des Vorstands persönlich lesen und hierüber in einem angemessenen Umfang beraten.

158 Damit die Aufsichtsratsmitglieder die pflichtgemäße Erfüllung ihrer Aufsicht nachweisen können, sollten die Beratungen, wesentliche Maßnahmen und Entscheidungen des Aufsichtsrats klar dokumentiert werden.[282] Auch sollte das einzelne Aufsichtsratsmitglied bei einer streitigen Abstimmung darauf hinwirken, dass wesentliche Diskussionsbeiträge, abweichende Meinungen, wichtige Fragen und Widersprüche in einer Abstimmung namentlich und wörtlich in der Sitzungsniederschrift wiedergegeben werden.[283]

---

274 *Hüffer* AktG § 111 Rn. 4.
275 Vgl. bspw. §§ 171 Abs. 1, 314 Abs. 1, 90 Abs. 1 AktG.
276 BGHZ 135, 244 – ARAG/Garmenbeck.
277 BGHZ 135, 244.
278 BGHZ 135, 244.
279 *Ek* S. 211; vgl. hierzu auch § 9 Rdn. 245 ff.
280 *Ek* S. 211.
281 Wecker/van Laak/*Vetter* S. 39.
282 *Ek* S. 216; *Schürrle/Olbers* CCZ 2010, 102 (104).
283 MünchHdb GesR IV/*Hoffmann-Becking* § 31 Rn. 100; MüKo AktG/*Habersack* § 107 Rn. 80.

b) Organisation und Delegation

Die Aufsichtsratsmitglieder sind nach § 111 Abs. 5 AktG dazu verpflichtet, die mit dem Amt verbundenen Pflichten selbst zu erfüllen. Die Pflichten sind **höchstpersönlich** und daher nicht delegierbar.[284] Gleichwohl bestehen gegen den Einsatz von Hilfskräften, der Zuziehung von Assistenten oder dem punktuellen Beistand durch Berater keine Bedenken, solange dies dem Zweck der Unterstützung und Vorbereitung der Tätigkeit des Aufsichtsratsmitglieds dient.[285]

159

Zudem besitzt der Aufsichtsrat Organisationsfreiheit, um seine Arbeitsfähigkeit herzustellen und durch koordiniertes, arbeitsteiliges Zusammenwirken seiner Mitglieder ein effizientes Handeln zu ermöglichen.[286] Daher hat der Aufsichtsrat das Recht, im Rahmen des § 107 Abs. 3 AktG Ausschüsse zu bilden und bestimmte Tätigkeiten auf diese zu übertragen.

160

Für börsennotierte Gesellschaften sieht Ziff. 5.3.2 des DCGK (vgl. auch § 161 AktG) des Weiteren vor, dass der Aufsichtsrat einen Prüfungsausschuss (Audit Committee) einrichten soll, der sich u. a. mit dem Risikomanagement **und der Compliance** befasst. Die Regelungen zur Compliance-Überwachung des Aufsichtsrats im DCGK können als allgemein anerkannte Mittel der sachgerechten Unternehmensorganisation angesehen werden, die ebenso auf die nichtbörsennotierte Aktiengesellschaft und die GmbH anzuwenden sind.[287]

161

Die Prüfung der Corporate-Compliance-Organisation des Unternehmens ist aber nicht originäre Aufgabe des Prüfungsausschusses, vielmehr muss der Aufsichtsrat dem Prüfungsausschuss die Überwachung der Corporate-Compliance durch einen spezifischen Organisationsakt übertragen.[288]

162

Dadurch verändern sich die Haftungsvoraussetzungen derjenigen Aufsichtsräte, die mit der betreffenden Angelegenheit nicht mehr unmittelbar befasst sind.[289] Diese haften dann nur noch dafür, dass die Delegation auf den Prüfungsausschuss im konkreten Fall zweckmäßig ist, die Mitglieder des Prüfungsausschusses richtig ausgewählt wurden, ihnen die nötigen Mittel zur Verfügung stehen, der Prüfungsausschuss seiner Überwachungsfunktion nachkommt, er in angemessenen Umfang regelmäßig dem Plenum Bericht erstattet (§ 107 Abs. 3 Satz 3 AktG) und auf Unstimmigkeiten bei der Tätigkeit des Prüfungsausschusses unverzüglich reagiert wird.[290]

163

Inhaltlich hat der Aufsichtsrat bzw. der Prüfungsausschuss die Compliance-Tätigkeit des Vorstands zu überwachen.[291] Die präventive Überwachungspflicht des Aufsichtsrats bzw. Prüfungsausschusses kann sich in besonderen Fällen sogar soweit verdichten, dass Zustimmungsvorbehalte für Geschäftsleitungsmaßnahmen angeordnet werden müssen, um Gesetzes- oder Satzungsverstöße des Vorstands zu verhindern, die möglicherweise irreparable Schäden für die Gesellschaft verursachen könnten.[292]

164

c) Konkrete Prüfungsanlässe

Erkennt der Aufsichtsrat bzw. Prüfungsausschuss, dass die Corporate-Compliance-Organisation defizitär ist oder andere Compliance-relevante Maßnahmen anstehen, die einer besonderen Überwachung bedürfen, wandelt sich die Überwachungspflicht zu einer **Handlungspflicht**.[293] Im Übrigen ist zu empfehlen, dass sich der Aufsichtsrat regelmäßig direkt von dem Compliance-Verantwort-

165

---

284 Hauschka/*Schmidt-Husson* § 7 Rn. 33.
285 MüKo AktG/*Habersack* § 111 Rn 132.
286 BGHZ 83, 106 (118); Hauschka/*Schmidt-Husson* § 7 Rn. 35.
287 *Bürkle* BB 2007, 1797 (1800).
288 *Schürrle/Olbers* CCZ 2010, 102 (104).
289 MüKo AktG/*Habersack* § 107 Rn. 159.
290 Hauschka/*Schmidt-Husson* § 7 Rn. 39.
291 BGH NJW-RR 2007, 390.
292 BGH BB 1994, 107 (111).
293 *Schürrle/Olbers* CCZ 2010, 102 (104).

lichen (Chief Compliance Officer) über alle Compliance-Maßnahmen und -Vorfälle berichten lässt und gegebenenfalls notwendige Maßnahmen veranlasst.

F. Gesellschaftsrechtliche Streitigkeiten und Mediation

I. Überblick

166 Die Mediation gehört gegenüber Gerichts- oder Schiedsgerichtsverfahren[294] zu den **alternativen Streitbeilegungsverfahren** (engl. Alternative Dispute Resolution, ADR). All diesen Verfahren ist gemeinsam, dass ein neutraler Dritter zur Konfliktlösung eingeschaltet wird, dem in unterschiedlicher Weise Einflussnahme und Entscheidungskompetenz zuerkannt werden.[295] Der neutrale Dritte im Mediationsverfahren, der Mediator, hat keine Entscheidungskompetenz, § 1 Abs. 1 MediationsG. Seine Aufgabe ist es, durch den Einsatz bestimmter Mediationstechniken den Verhandlungsprozess zu steuern und die Kommunikation der Beteiligten zu fördern. Für den Inhalt und das Ergebnis der Mediation sind allein die Konfliktpartner verantwortlich, § 1 Abs. 1 MediationsG.

167 Das Bundesverfassungsgericht führte in einem Beschluss aus: »Eine zunächst streitige Problemlage durch eine einverständliche Lösung zu bewältigen, ist auch in einem Rechtsstaat grundsätzlich vorzugswürdig gegenüber einer richterlichen Streitentscheidung«.[296] Ganz im Sinne dieser, die einvernehmliche Konfliktlösung stärkenden Aussage bestimmt die Richtlinie 2008/52/EG über »bestimmte Aspekte der Mediation in Zivil- und Handelssachen« vom 21.5.2008, in Kraft getreten am 13.6.2008, dass alternative Streitbeilegung erleichtert werden soll, um den Bürgern der Europäischen Union den freien Zugang zum Recht zu erleichtern. Zu diesem Zweck soll die Mediation gefördert werden.[297] Am 26.7.2012 trat in Deutschland das »**Gesetz zur Förderung der Mediation und anderer Verfahren der außergerichtlichen Konfliktbeilegung**« (MediationsG)[298] in Kraft. Sowohl der europäische als auch der deutsche Gesetzgeber geben damit der in Teilen der gerichtlichen und außergerichtlichen Praxis angewandten Mediation einen gesetzlichen Rahmen. Tatsächlich bietet das Mediationsverfahren Gesellschaftern eine interessante und häufig allein sinnvolle Möglichkeit, einen innerhalb der Gesellschaft aufgetretenen Konflikt zu lösen.[299] Dies gilt gleichermaßen für Konflikte auf Gesellschafterebene wie auf der Ebene der Geschäftsführung. Die Mediation hat sich dabei in der Praxis besonders dann als hilfreich erwiesen, wenn es zahlreiche Streitpunkte auf verschiedenen Ebenen gibt und die Sach- wie auch Rechtslage unübersichtlich und nicht eindeutig ist. Dies gilt auch für den Fall einer Insolvenz. Gerade Insolvenzverwalter stehen dem Verfahren der Mediation aufgeschlossen gegenüber.

II. Arten der Mediation

1. Außergerichtliche Mediation

168 Inzwischen bieten ein große Anzahl von Rechtsanwälten, Richtern, Sachverständigen und Angehörige anderer Berufsgruppen Mediation an. Mediatoren, die eine Ausbildung gem. §§ 5 Abs. 2, 6 MediationsG absolviert haben, dürfen sich als zertifizierter Mediator bezeichnen. Die Rechtsverordnung, die die Ausbildungskriterien des zertifizierten Mediators regeln soll, wurde allerdings noch nicht erlassen. Die Bezeichnung Mediator ist damit bislang nicht geschützt. Es empfiehlt sich, einen geeigneten Mediator über Listen anerkannter Berufsverbände zu suchen, da diese häufig den Nachweis von Mindeststandards der Ausbildung vor Aufnahme in ihre Mediatorenliste[300] verlangen. Wie viel praktische Mediationserfahrung die gelisteten Mediatoren mitbringen ist damit allerdings nicht

---

294 Vgl. § 2C.
295 Zu dem ADR-Spektrum: Haft/Schlieffen/*Schlieffen* § 1 Rn. 68; Greger/*Unberath* Einl. Rn. 211.
296 BVerfG NJW-RR 2007, 1073; zu dem verfassungsrechtlichen Rahmen: Greger/*Unberath* Einl. Rn. 5
297 Artikel 1 Abs. 1 RiLi 2008/52/EG; Artikel 12 Abs. 1 RiLi 2008/52/EG.
298 BGBL Teil I 2012 Nr. 35
299 Zu Ausschlusskriterien: Haft/Schlieffen/*Risse*/Wagner § 23 Rn. 47 ff.
300 Zum Beispiel Listen der Industrie- und Handelskammern oder Rechtsanwaltskammern.

F. Gesellschaftsrechtliche Streitigkeiten und Mediation   § 2

gesagt. Die Suche nach einem geeigneten Mediator kann schwierig sein, da im Wirtschafts- und Gesellschaftsrecht nur wenige Mediatoren über eine wirklich breite Mediationserfahrung verfügen. Es erscheint in jedem Fall ratsam, einen Mediator zu wählen, der im Quellberuf Richter oder Rechtsanwalt ist, da so die Chance auf eine rechtlich durchsetzbare Lösung des Konflikts deutlich erhöht wird.

2. Gerichtsnahe Mediation

Gemäß § 278a Abs. 1 ZPO kann das Gericht den Parteien vorschlagen, den Rechtsstreit im Rahmen einer außergerichtlichen Mediation zu erledigen. Das Gericht kann bei der Vermittlung eines geeigneten Mediators behilflich sein. Entscheiden sich die Parteien für diesen Weg, ordnet das Gericht das Ruhen des Verfahrens an (§ 278a Abs. 2, § 251 ZPO). 169

3. Gerichtsinterne Mediation

Auch hier ist bereits ein Prozess bei Gericht anhängig. Auf Vorschlag des Gerichts oder einer Partei wird das Verfahren an einen Güterichter verwiesen (§ 278 Abs. 5 Satz 1 ZPO). Der **Güterichter** ist regelmäßig ein eigens in Mediation ausgebildeter Richter. Da der Gesetzgeber den Güterichtern freie Wahl bei der Auswahl der Konfliktlösungsmethode lässt, sollten sich die Parteien erkundigen, ob der jeweilige Güterichter die Methode der Mediation anwendet. Der Güterichter ist **nicht der für die Streitsache zuständige Richter.** Anders als der beauftragte oder ersuchte Richter fertigt er über das Mediationsverfahren weder Vermerke noch Protokolle an, wenn dies nicht der gemeinsame Wunsch der Parteien ist (§ 159 Abs. 2 Satz 2 ZPO). Das in der Mediation erlangte Wissen behandelt er gegenüber dem Streitrichter oder anderen Dritten bei entsprechender Abrede ebenso vertraulich wie ein außergerichtlicher Mediator. Er fungiert im Mediationsverfahren nur insoweit als Richter, als er im Erfolgsfall wirksam einen vollstreckbaren **Vergleich** (§ 794 Abs. 1 Nr. 1 ZPO) protokollieren kann sowie den Vergleichsstreitwert festsetzen kann.[301] Ansonsten hat er weder richterliche Befugnisse noch unterliegt das Mediationsverfahren den Regeln der für das Streitverfahren maßgebenden Prozessordnung. 170

III. Wege in die Mediation

1. Vor dem Konflikt: Mediationsklausel

Ähnlich einer Schiedsabrede können die Gesellschafter in der Satzung oder die Geschäftsführer im Rahmen ihres Anstellungsvertrages vereinbaren, dass die Lösung etwaiger Konflikte zwischen den Vertragsschließenden zunächst in einer Mediation gesucht werden soll. Die Durchführung eines Mediationsverfahrens kann sogar zur **Voraussetzung eines Klageverfahrens** gemacht werden, mit der Folge, dass eine Klage, die vor Durchführung eines Mediationsverfahrens bei Gericht eingereicht wird, unzulässig ist[302]. Dabei kann die Mediationsklausel mit einer Schiedsklausel kombiniert oder isoliert vereinbart werden. Werden zwischen den Beteiligten eine Vielzahl von Verträgen abgeschlossen, weil die Geschäftsbeziehungen vielfältig sind, ist eine Rahmenvereinbarung über das Konfliktmanagement denkbar. 171

Der **Vorteil** der Vereinbarung einer solchen Mediationsklausel vor Entstehen des Konflikts ist, dass die Parteien sich in einer unbelasteten Situation auf ein vernünftiges Prozedere im Falle des Konflikts einigen können. Tritt der Konflikt ein, wird dadurch der ansonsten schwierige Weg in die Mediation erleichtert, wird doch der Vorschlag zur Mediation im Konfliktfall regelmäßig als Versuch der Übervorteilung angesehen. 172

---

301 *Greger*/Unberath Teil 4 Rn. 102.
302 Zöller/*Greger* Rn. 19a vor § 253 ZPO.

173 Ein **Nachteil** einer solchen Lösung könnte die taktische Überlegung eines Beteiligten sein, dass ihn im Falle einer Vertragsverletzung nicht gleich die volle Härte des Gesetzes treffen wird und man sich in der Mediation »schon irgendwie einigen« werde. Indes wird eine geschäftliche Beziehung zu einem Partner, der von vornherein den Vertragsbruch mit ins Kalkül zieht, ohnehin nicht von Dauer sein.

174 Zu beachten ist, dass es für die Mediation **keine gesetzliche Verfahrensordnung** gibt. Dies ist ein nicht zu unterschätzender **Vorteil**, da das Verfahren den Bedürfnissen der Parteien flexibel angepasst werden kann und damit regelmäßig schnell zu Ergebnissen führt. Denkbar ist allerdings, im Rahmen von Mediationsklauseln bewährte **Mediationsordnungen** zu vereinbaren wie sie von zahlreichen Organisationen ausgearbeitet wurden.[303] Nicht selten wird eine sogenannte Med-Arb-Klausel von Vorteil sein, mit der geregelt wird, dass sich im Falle des Scheiterns der Mediation ein Schiedsverfahren anschließt.[304]

175 Eine **Mediationsklausel** könnte beispielsweise lauten:[305]

176 *»I. Die Parteien werden sich nach Treu und Glauben darum bemühen, jede Streitigkeit, die sich aus diesem Vertrag ergibt oder im Zusammenhang mit seiner Durchführung entsteht, in direkten Verhandlungen unter Einbeziehung von Vertretern der Geschäftsführungsebene beizulegen.*

II. Vor Beschreiten des Rechtswegs werden die Parteien auf Antrag einer Partei gegenüber der anderen durch eine Mediation nach der im Zeitpunkt der Anrufung geltenden Verfahrensordnung der [...] durchführen.

III. Der Rechtsweg ist eröffnet, wenn entweder [a] sich die Parteien nicht innerhalb einer Frist von 60 Tagen seit Antrag einer Partei auf Durchführung einer Mediation gütlich geeinigt haben oder [b] beide Parteien einander schriftlich den Verzicht auf die Durchführung der Mediation erklären. Für diesen Fall vereinbaren die beiden Parteien den Gerichtsstand [...].«

2. Während des Konflikts: Mediationsvereinbarung

177 Haben die Parteien keine Mediationsklausel in die zwischen ihnen bestehenden Verträge aufgenommen, steht es Ihnen frei, **ad hoc** für den Streitfall eine Mediationsvereinbarung zu schließen. Die Mediation ist also nur möglich, wenn beide Seiten einverstanden sind. Leider wird in dieser Situation die Mediation oft allein deshalb abgelehnt, weil der Vorschlag von der Gegenseite kommt.

178 Die Mediationsvereinbarung kann auch mit dem zu schließenden Mediatorvertrag[306] kombiniert werden, etwa wie folgt:[307]

179 *»Zwischen*

1. ... GmbH

2. ... Rechtsanwälte ... (Prozessbevollmächtigte der Beteiligten zu 1.)

3. ... AG

4. ... Rechtsanwälte ... (Prozessbevollmächtigte der Beteiligten zu 3.)

5. Name des Mediators ...

wird folgende Vereinbarung getroffen:

I. Die Beteiligten zu 1. und 3. beauftragen den Mediator damit, sie bei der Bewältigung wirtschaftsrechtlicher Konflikte zwischen den Beteiligten zu 1. und 3. durch Mediation zu unterstützen.

II. Ziel der Mediation ist die möglichst eigenverantwortliche Konfliktbewältigung durch die Beteiligten zu 1. und 3. Der Mediator besitzt keine Entscheidungskompetenz. Er fördert als neutraler Vermittler die Suche

---

303 FA-HGR/*Lörcher* Kap. 30 Rn. 18.
304 FA-HGR/*Lörcher* Kap. 30 Rn. 21 m. w. V.
305 Zitiert nach *Duve/Eidenmüller/Hacke*, S. 402 f. m. w. Beispielen.
306 Vertrag zwischen den Parteien und dem Mediator über die Leistung höherer Dienste; vgl. hierzu *Duve/Eidenmüller/Hacke*, S. 405 f.; Haft/Schlieffen/*Heussen* § 17 Rn. 63 ff.; Haft/Schlieffen/*Hess* § 43 Rn. 30 ff.
307 Zitiert nach *Duve/Eidenmüller/Hacke* S. 363 f.

F. Gesellschaftsrechtliche Streitigkeiten und Mediation § 2

nach interessengerechten Einigungsmöglichkeiten. Seine Haftung ist auf Vorsatz und grobe Fahrlässigkeit beschränkt. Der Ablauf der Mediation im Einzelnen wird von den Beteiligten 1, 3 und 5 einvernehmlich festgelegt.

III. Alle Beteiligten verpflichten sich, die Mediation durch einen von Fairness, Offenheit und gegenseitigem Respekt geprägten Verhandlungsstil zu fördern. Dazu gehört insbesondere die Bereitschaft der Beteiligten zu 1 und 3 Informationen offen zu legen, die die Einigungschancen erhöhen könnten. Alle Beteiligten verpflichten sich, den Inhalt der in der Mediation offen gelegten Informationen vertraulich zu behandeln, insbesondere diese nicht in einem gerichtlichen oder schiedsgerichtlichen Verfahren gegen den anderen Beteiligten zu verwenden. Davon ausgenommen sind Informationen, die ein Beteiligter außerhalb der Mediation eigenständig erlangt hat oder erlangen könnte. Der Mediator verpflichtet sich darüber hinaus, Informationen, die nur ihm im Vertrauen von einem Beteiligten zugänglich gemacht wurden, entsprechend vertraulich zu behandeln. In einem gerichtlichen oder schiedsgerichtlichen Verfahren wird kein Beteiligter einen anderen Beteiligten als Zeugen über vertrauliche Inhalte des Mediationsverfahrens benennen.

IV. Die Mediation kann von den Beteiligten zu 1, 3 oder 5 jederzeit durch Erklärung gegenüber den übrigen Beteiligten beendet werden.

V. Der Mediator wird das Ergebnis der Mediation zu Beweiszwecken schriftlich dokumentieren. Alle Beteiligten werden das Dokument zeichnen. Für den Fall einer (auch teilweisen) Einigung, werden die Beteiligten zu 2 und 4 etwa noch erforderlichen Schritte zur rechtsverbindlichen Umsetzung des Mediationsergebnisses ergreifen.

VI. Für seine Tätigkeit erhält der Mediator eine Vergütung von Euro .../Stunde (Mediationszeit und Vorbereitungszeit) zuzüglich etwaiger Reise- und Aufenthaltskosten. Die Vergütung wird je zur Hälfte von den Beteiligten zu 1 und 3 geschuldet.«

3. Mediation auf Vorschlag des Gerichts

Selbst wenn die Parteien auch unter Mitwirkung der von ihnen beauftragten Rechtsanwälte außergerichtlich keine Lösung des Konflikts erreichen konnten, ist der Weg in die Mediation auch nach Klageerhebung nicht verschlossen. Der **Richter als Konfliktberater** kann mit den Parteien im Rahmen des in jedem Stadium des Verfahrens vorgeschriebenen Gütegesprächs (§ 278 Abs. 2 ZPO) erörtern, ob und in welcher Form die Mediation das geeignete Verfahren zur Konfliktlösung ist. Er kann die Parteien (auch auf Anregung einer der Beteiligten) an einen Güterichter des angerufenen Gerichts verweisen, § 278 Abs. 5 Satz 1 ZPO[308], oder einen außergerichtlich tätigen Mediator vermitteln[309]. Der Streitrichter kann als neutrale Person den Vorschlag der Mediation einbringen und die Parteien bei der Suche nach dem geeigneten Mediator unterstützen. 180

IV. Ablauf der Mediation

Die Mediation besteht regelmäßig aus **fünf** voneinander zu trennenden **Phasen:** Eröffnung, Bestandsaufnahme, Interessenerforschung, Lösungssuche/Bewertung, Abschluss/Vereinbarung.[310] 181

1. Eröffnung

In der Eröffnungsphase erläutert der Mediator die **Regeln** und den **Ablauf** der Mediation. Insbesondere vereinbart er mit den Parteien, soweit noch nicht geschehen, inwieweit Vertraulichkeit vereinbart werden soll.[311] Er klärt, ob alle für eine Einigung notwendigen Personen[312] anwesend sind, welche Themen Gegenstand der Mediation sein sollen und welchen Zeitrahmen die Parteien zur Verfügung haben. 182

---

308 Vgl. Rdn. 170.
309 Vgl. Rdn. 169.
310 *Duve/Eidenmüller/Hacke* S. 77 f. mit ausführlicher Darstellung der Methode der Mediation.
311 Vgl. Rdn. 178 f., 187 ff.
312 Bei Gremienvorbehalten reicht die Anwesenheit des mit der Konfliktlösung Beauftragten.

2. Bestandsaufnahme

183 Sämtliche **Themen**, die für die Lösung des Konflikts relevant sind, werden von den Parteien unter Anleitung des Mediators dargestellt und geordnet. Der Konflikt wird diagnostiziert, Emotionen verstanden, die Kommunikation gefördert.[313]

3. Interessenerforschung

184 Unter Anleitung des Mediators arbeiten die Parteien ihre in die **Zukunft** gerichteten Interessen und Anliegen, die hinter der Auseinandersetzung und den formulierten Positionen stehen, heraus und gewichten sie.[314]

4. Lösungssuche/Bewertung

185 Auf der Basis der ermittelten Interessen entwickeln die Parteien nun mit dem Mediator mögliche **Lösungsansätze**, wobei zunächst jegliche Bewertung unterbleibt. In einem zweiten Schritt werden die gefundenen Lösungen nach tatsächlicher und rechtlicher **Umsetzbarkeit** überprüft. Entscheidend ist, ob die Lösungsvorschläge einem etwaigen Prozessergebnis überlegen sind.[315]

5. Abschluss/Vereinbarung

186 Ziehen beide Parteien das Ergebnis der Mediation einem möglichen Ergebnis eines Rechtsstreits vor, schließen sie einen Vertrag, der, sofern die Mediation vor einem Güterichter stattgefunden hat, in der Regel ein **vollstreckbarer Vergleich** ist. Wird die Vereinbarung vor Anwälten geschlossen (§§ 796a ff. ZPO), fallen weitere Kosten, insbesondere für die Herstellung der Vollstreckbarkeit an.[316]

V. Rechtsfragen

1. Der Grundsatz der Vertraulichkeit

187 Ein unverzichtbares **Grundprinzip der Mediation** ist die Vertraulichkeit.[317] Der Erfolg der Mediation hängt entscheidend davon ab, ob sich die Parteien in der Lage sehen, alle regelungsbedürftigen Streitpunkte und ihre damit in Zusammenhang stehenden Interessen offen mitzuteilen. Ohne eine freie Kommunikation über die konfliktbezogenen Interessen der Parteien, gegebenenfalls in Einzelgesprächen, ist ein Erfolg der Mediation nur schwer denkbar. Es ist deshalb ein elementares Anliegen der Mediation, alle die Offenheit störenden Faktoren auszuschließen. Denn die Befürchtung, dass eine der Parteien Informationen aus der Mediation zu eigenen Zwecken und zum Nachteil der sich öffnenden Partei nutzen könnte, würde Offenheit unmöglich machen. Die Gewährung von Vertraulichkeit soll und muss daher zuverlässig verhindern, dass in der Mediation erlangte Informationen später im Streitverfahren gegen die sich öffnende Partei benutzt werden. Wird unter den Parteien Vertraulichkeit gewahrt, hat dies für den gesamten Einigungsprozess weitreichende, positive Auswirkungen. Ein offenes und vertrauliches Verhandlungsklima schafft Verständnis für die Positionen und Interessen der jeweils anderen Partei. Damit ist erkennbar, dass die Vertraulichkeit einerseits Mediation erst ermöglicht, andererseits das Verfahren auch fördert. Zu Recht kann die Wahrung der Vertraulichkeit als Achillesferse der Mediation bezeichnet werden.[318] Dabei sind grundsätzlich zwei Aspekte zu unterscheiden: die interne und die externe Vertraulichkeit.[319]

---

313 *Duve/Eidenmüller/Hacke* S. 124 ff. u. 133 ff.
314 *Duve/Eidenmüller/Hacke* S. 167 ff. stellen den oftmals schwierigen Prozess dar.
315 *Duve/Eidenmüller/Hacke* S. 187 ff.
316 Vgl. hierzu Haft/Schlieffen/*Heussen* § 17 Rn. 57a; Haft/Schlieffen/*Hess* § 43 Rn. 59 ff.
317 Vgl. Artikel 7 der Richtlinie 2008/52 EG; § 1 Abs. 1 MediationsG; Zöller/*Greger* § 278 Rn. 30; Haft/Schlieffen/*Hartmann* § 44 Rn. 1; *Oldenbruch* S. 5.
318 Haft/Schlieffen/*Hartmann* § 44 Rn. 2, 3.
319 Näher hierzu *Kurzweil* ZZP 2010, 77 (81).

F. Gesellschaftsrechtliche Streitigkeiten und Mediation § 2

Externe Vertraulichkeit meint den Umstand, dass alle am Mediationsgespräch Beteiligten sich gegenseitig Vertraulichkeit gegenüber Dritten zusagen. Das heißt, Informationen, die erstmals in der Mediation offenbart werden und nicht ohne weiteres für die Beteiligten anderweitig zu beschaffen wären, dürfen Außenstehenden nicht mitgeteilt werden. Externe Vertraulichkeit bedeutet: »Whatever is said in this room stays in this room«.[320] 188

Davon ist die **interne** Vertraulichkeit zu unterscheiden. Sie betrifft das Verbot, einem Medianten Informationen zu offenbaren, die der Mediator mit der ausdrücklichen Zusage, sie vertraulich zu behandeln, von dem anderen Medianten erhalten hat. Diese Situation ergibt sich vor allem nach **Einzelgesprächen** des Mediators mit einer Partei, aber auch im Vorfeld des eigentlichen Mediationsgesprächs, beispielsweise im Rahmen vorbereitender Telefonate oder an den Mediator gesandter Schreiben. Die interne Vertraulichkeit betrifft also die Vertraulichkeit »innerhalb des Mediationsraumes«.[321] 189

Der Mediator ist zur Verschwiegenheit verpflichtet, § 4 MediationsG. Gemäß § 383 Abs. 1 Nr. 6 ZPO steht ihm damit ein **Zeugnisverweigerungsrecht** hinsichtlich der im Rahmen der Mediation gewonnenen Erkenntnisse zu. Die Parteien untereinander sollten, wenn die Vertraulichkeit für sie entscheidend ist, eine **Vertraulichkeitsvereinbarung**[322] schließen.[323] 190

2. Fristen/Verjährung

Gesetzliche oder richterlich gesetzte **Fristen laufen grundsätzlich weiter.** Entscheiden sich die Parteien während eines anhängigen Prozesses für die außergerichtliche Mediation ordnet das Gericht das Ruhen des Verfahrens an, § 278a Abs. 2 ZPO. Der Bundesgerichtshof[324] lässt offen, ob Fristen auch vom Güterichter wirksam verlängert werden können. Er verneint dies, wenn die Frist schon abgelaufen ist. Das könnte darauf hindeuten, dass er den Güterichter grundsätzlich für zuständig hält. 191

Ein besonderes Problem ist der Wegfall der Dringlichkeit im Rahmen einer **einstweiligen Verfügung.** Die Angelegenheit erscheint nicht dringlich, wenn Zeit für eine Mediation ist. Wenn das zuständige Streitgericht (in Absprache mit dem Spruchkörper der Rechtsmittelinstanz) zusagt, im Falle des Scheiterns der Mediation eine einstweilige Verfügung nicht wegen fehlender Dringlichkeit abzuweisen sofern der Prozess dann unverzüglich aufgenommen wird, sichert bereits der Grundsatz eines fairen Verfahrens den Fortgang des Verfügungsverfahrens. 192

Die materiellen Ansprüche verjähren nach **§ 203 BGB** aufgrund der andauernden Verhandlungen nicht.[325] In Vorbereitung der Mediation können zeitlich begrenzte Verzichtserklärungen abgegeben werden. 193

3. Kein Anwaltszwang

Da das Mediationsverfahren keiner Prozessordnung unterliegt, gibt es keinen Anwaltszwang. Die Mediation ohne Anwälte in Wirtschaftskonflikten sollte aber dennoch die Ausnahme sein. Es ist ureigene **Aufgabe des Rechtsanwalts**, die Interessen seines Mandanten auch im Rahmen eines Mediationsgesprächs zu wahren. Er hat insbesondere die Erfolgsaussichten eines alternativ möglichen Prozesses und die **rechtliche Umsetzbarkeit der Mediationsvereinbarung** zu prüfen. Auf den Mediator sollten sich die Parteien, auch wenn dieser Jurist ist, nicht verlassen. Der Mediator ist eine neutrale Person ohne Entscheidungsbefugnis, der die Parteien nur durch die Mediation führt, § 1 Abs. 2 Me- 194

---

320 *Beck* S. 50 f.
321 Vgl. *Beck* S. 51.
322 Zur Gerichtsfestigkeit solcher Vereinbarungen Haft/Schlieffen/*Hartmann* § 44 Rn. 31 ff.
323 Beispiel siehe oben unter Rdn. 179 im Rahmen der Mediationsvereinbarung; Greger/*Unberath* § 4 Rn. 48 ff., 59 ff.
324 BGH NJW 2009, 1149.
325 Eingehend zur Verjährungsproblematik: Greger/*Unberath* § 1 Rn. 170 ff. Teil 4 Rn. 6.

diationsG. Er hat die Parteien, die ohne fachliche Beratung an der Mediation teilnehmen, auf die Möglichkeit hinzuweisen, die Vereinbarung bei Bedarf durch externe Berater überprüfen zu lassen, § 2 Abs. 6 Satz 2 MediationsG.

4. Besonderheiten der gerichtsinternen Mediation

195 Mediationsgespräche unterfallen nicht dem Öffentlichkeitsgrundsatz des § 169 GVG, da keine Verhandlung vor dem erkennenden Richter stattfindet. Bei Verweisung des Rechtsstreits an einen nicht entscheidungsbefugten Güterichter, § 278 Abs. 5 ZPO, ist das Gütegespräch/die Mediation **nicht öffentlich.**

196 Durch das Vergleichsprotokoll wird die **notarielle Form** ersetzt (§ 127a BGB). Gegebenenfalls sind mit dem Grundbuchamt/Registergericht die notwendigen Formulierungen vorab abzustimmen. Der Vergleich ist ein Vollstreckungstitel, § 794 Abs. 1 Nr. 1 ZPO.

197 Das **Mediationsgespräch ist freiwillig.** Dies gilt auch für den Güterichter. Der Güterichter fällt keine Entscheidung. Der grundsätzliche Anspruch jeder Partei, dass ihre Sache von dem für Fälle dieser Art nach dem Gesetz abstrakt-generell zuständigen Richter entschieden wird, ist nicht einschlägig.

198 Aufgrund des Mediationsgesprächs fallen keine weiteren **Gerichtsgebühren** an. Hinsichtlich der Rechtsanwaltsgebühren handelt es sich um Kosten des Rechtsstreits, wenn an den Güterichter aufgrund eines Beschlusses gem. § 278 Abs. 5 ZPO verwiesen wurde.[326] Im Falle eines Vergleichs fällt für die Prozessvertreter jeweils eine Einigungsgebühr an. Reisekosten, Tage- und Abwesenheitsgeld sind nach **§ 91 ZPO** erstattungsfähig, weil sie zur zweckentsprechenden Rechtsverteidigung notwendig sind und auch dann entstanden wären, wenn der Verhandlungstermin vor dem erkennenden Gericht stattgefunden hätte.[327]

199 **Prozesskostenhilfe** ist auch für den Teil eines Vergleichs zu bewilligen, der nicht Gegenstand der ursprünglichen Klage war, wenn die Einbeziehung auf Empfehlung des Gerichts erfolgt.[328] Ist sie bewilligt, hat der Anwalt Anspruch auf Vergütung der Auslagen, die durch die Teilnahme am Gütetermin entstehen.[329]

200 **§ 78 Abs. 3 ZPO** erlaubt den Vergleichsabschluss ohne Rechtsanwälte. Zu Vergleichszwecken Beigetretene brauchen keinen Anwalt.[330]

VI. Stärken und Schwächen der Mediation[331]

201 Aus dem Verfahren der Mediation erschließen sich deren Stärken und Schwächen unmittelbar. Jeder Konfliktbeteiligte muss sich zunächst darüber im Klaren werden, welches Ziel er verfolgt und welche **Interessen** ihn leiten. Daran wird sich **entscheiden**, ob er zur Konfliktlösung den Weg zu internen Abteilungen, zur staatlichen Gerichtsbarkeit[332], der Schiedsgerichtsbarkeit[333] oder in die Mediation suchen wird.

1. Vorteile der Mediation

202 **Klärung in kurzer Zeit:** Das Mediationsverfahren bietet die Möglichkeit binnen weniger Wochen den Konflikt endgültig zu klären. Gerichtliche und schiedsgerichtliche Verfahren ziehen sich häufig

---

326 OLG Celle NJW 2009, 1219 (allerdings zur Rechtslage vor Inkrafttreten des MediationsG); zu den Kosten eingehend Greger/*Unberath* Teil 4 Rn. 48 ff.
327 OLG Rostock BeckRS 2007, 1078.
328 OVG Bremen NVwZ-RR 2009, 271.
329 KG NJW 2009, 2754 (zur Rechtslage vor Inkrafttreten des MediationsG).
330 BGHZ 86, 160.
331 FA-HGR *Lörcher* Kap. 30 Rn. 15 ff. m. w. N.
332 Vgl. Rdn. 15 ff.
333 Vgl. Rdn. 25 ff.

in die Länge, da rechtliches Gehör gewährt werden muss, also viel Zeit für aufwendig erstellte Schriftsätze beider Parteien investiert werden muss. Selbst wenn die Mediation scheitert, was aller Erfahrung nach eher die Ausnahme ist, gehen nur wenige Wochen verloren. Ein Zeitraum, der angesichts der üblichen Verfahrensdauer vor den Gerichten und Schiedsgerichten nicht ernsthaft ins Gewicht fällt.

Gesamtlösung: Im Rahmen der Mediation ist, anders als in einem gerichtlichen Verfahren, die Bereinigung des gesamten Konflikts, auch zukunftsorientiert, möglich. Zuständigkeitsregeln spielen keine Rolle. Die detailgenaue Aufbereitung der Streitpunkte und deren Subsumtion unter bestimmte Anspruchsgrundlagen sind nicht erforderlich. Beispielsweise lassen sich sämtliche in einem komplexen Konflikt auftretende Streitpunkte, seien sie arbeitsrechtlicher, familienrechtlicher oder gesellschaftsrechtlicher Art in einem Verfahren beenden. 203

Geringe Kosten: Ein erfahrener Mediator wird nicht unerhebliche Stundensätze verlangen. Die Gesamtkosten einer Mediation sind dennoch regelmäßig deutlich geringer als die Kosten eines die Instanzen ausschöpfenden Gerichts- oder Schiedsgerichtsverfahrens. Ein Mediationsverfahren ist idealerweise mit einer Sitzung, regelmäßig aber mit einigen wenigen Sitzungen in kurzem zeitlichen Abstand beendet. Der Konflikt wird kompakt aufgearbeitet; dies vermeidet hohe Transaktionskosten (Zeugenabstellung, Gutachterkosten, Vorbereitungen für jeden einzelnen Gerichtstermin etc.). Da Rechtsanwälte bei gesellschaftsrechtlichen Streitigkeiten häufig nach Stundensätzen abrechnen, ist dieser Vorteil nicht zu unterschätzen. Das Mediationsverfahren zielt auf eine Einigung ab. Es entfallen daher die Kosten für eine Überprüfung eines gerichts- oder schiedsgerichtlichen Urteilsspruchs. Da der getroffene Vergleich nicht von dritter Seite (Richter) diktiert, sondern von den Parteien eigenverantwortlich und gemeinsam erarbeitet wird, werden die vereinbarten Ergebnisse in aller Regel akzeptiert. Vollstreckungskosten entstehen deshalb regelmäßig nicht. Erwähnt sei noch, dass die Mediation vor dem Güterichter neben den üblichen Gerichtsgebühren keine weiteren Gerichtskosten auslöst.[334] 204

Vertraulichkeit: Die Mediation findet in vertraulichem Rahmen und damit ohne Pressebegleitung oder sonstiger Öffentlichkeit statt. Dies gilt bereits für die Tatsache, dass überhaupt ein Mediationsverfahren in Gang kommt.[335] Dies ist bei der Auseinandersetzung von Gesellschaften oder dem Ausscheiden eines Gesellschafters oder Geschäftsführers/Vorstands mitunter von unschätzbarem Wert, liegt den Auseinandersetzungen doch nicht selten das Auseinanderbrechen langjähriger geschäftlicher Partnerschaften, Freundschaften, Familien oder gar Ehen/Lebensgemeinschaften zugrunde.[336] Die damit verbundene Emotionalität im Rahmen der Streitigkeiten ist im öffentlichen Gerichtsverfahren deplatziert und belastend. Die Mediation bietet hierfür Raum. Ziel der Mediation ist es gerade, den Konfliktparteien dies bewusst zu machen und sie wieder auf die Sachebene zurückzuführen. Zudem besteht in der nichtöffentlichen Mediation die Möglichkeit, Geschäftsgeheimnisse zu wahren. 205

2. Nachteile der Mediation

Der scheinbare Nachteil: Erfahrene Mediatoren sehen nicht selten die größte Hürde für eine erfolgreiche Mediation darin, die Parteien davon zu überzeugen, dass dieses Verfahren für sie der beste Weg zur Konfliktlösung ist. Die Kontrahenten sehen nur noch die wechselseitig eingenommenen Positionen, die »viel zu weit auseinander sind«, so dass sich »kein weiteres Wort lohnt«. Da sie gewohnt sind, in reinen Verteilungskämpfen zu denken und die Chancen der Erforschung der in die Zukunft gerichteten Interessen und Ziele aller Parteien unterschätzen, rechnen sie nicht mit einem Erfolg. 206

---

334 Siehe Rdn. 198.
335 Vgl. Rdn. 187 ff.
336 Anschauliche Beispiele finden sich in *Weiler/Schlickum*, Praxisbuch Mediation: Falldokumentationen und Methodik zur Konfliktlösung, 2. Aufl. 2012.

207 Hinzu kommt, dass allein der Vorschlag einer Partei, ein Mediationsgespräch zu führen, von der Gegenseite als reines taktisches Manöver erlebt wird. Allein aus diesem Grund wird die Zustimmung zur Mediation häufig verweigert. Hier hilft nur der Vorschlag von neutraler Seite, wie beispielsweise durch das bereits befasste Gericht.[337]

208 **Kein Schiedsspruch/Urteil:** Einigen sich die Konfliktparteien nicht, kann der Mediator kein Urteil und keinen Schiedsspruch fällen. Als Ultima Ratio bleibt ihm nur ein abschließender Vergleichsvorschlag. Dies wird allerdings von etlichen Mediatoren abgelehnt, da die Lösung im Rahmen der Mediation von den Parteien selbst erarbeitet werden und der Mediator nur dabei helfen soll, lösungsorientiert zu verhandeln. Da die Mediation nur begrenzt Zeit und Kosten verursacht,[338] kann anschließend allerdings ohne große Verluste ein kontradiktorisches Verfahren angestrengt oder weitergeführt werden.

209 **Möglicher Missbrauch:** Vereinzelt ist nicht auszuschließen, dass eine Partei versucht, durch die Mediation Zeit zu gewinnen oder aber den Gegner »am runden Tisch« auszuhorchen, um sich »Munition« für das anschließende Gerichtsverfahren zu verschaffen. Letzterem kann allerdings mit einer Vertraulichkeitsvereinbarung[339] begegnet werden.

G. Streitigkeiten in der Krise und Insolvenz

I. Einführung

210 In der Krise und Insolvenz ergeben sich für die Parteien, die vermögensmäßige Interessen an einem Unternehmen halten, wesentliche Wert- und damit Machtveränderungen. Mit dem Auftreten von Investoren, die an diesen Veränderungen ansetzen, kommen außerdem externe Spieler an den Tisch, zu denen keine Vertrauensbeziehungen bestehen. Dieses Gemisch ist ein Nährboden für eine Vielzahl von Streitigkeiten.

211 Allerdings ist die Krise, also das Vorfeld der Insolvenz, besonders dadurch gekennzeichnet, dass keine Zeit für Streitigkeiten vorhanden ist. Vor diesem Hintergrund gibt es in der **Krise** nur zwei Arten von Rechtsstreitigkeiten: Zum einen handelt es sich um reine **Zahlungs- oder Beitreibungsklagen**, bei denen der Gläubiger nach lang anhaltendem Verzug des Schuldners zur gerichtlichen Durchsetzung greift, um zu einem Titel zu gelangen. Diese Verfahren werden häufig durch die Insolvenz des Schuldners überholt. Zum anderen gibt es krisentypische Verfahren im Zusammenhang mit der **Durchsetzung von Restrukturierungsplänen**. Einer der ersten Fälle dieser Art war das berühmte, letztlich vom BGH entschiedene Verfahren um die co-op AG[340], in dem innerhalb einer Gläubigergemeinschaft zu klären war, ob ein Akkordstörer, also ein Gläubiger, der bei einem zustimmungspflichtigen Restrukturierungsplan nicht zustimmt, nach den Grundsätzen von Treu und Glauben zur Zustimmung gezwungen sein kann. In wirtschaftlich vergleichbaren Sachverhalten gibt es neuerdings Streitigkeiten im Zusammenhang mit dem neuen Schuldverschreibungsgesetz, die im Zusammenhang mit den Krisen von Pfleiderer AG und Q-Cells SE zu beobachten waren. Daneben kann es noch in Ausnahmefällen besondere Streitigkeiten im Zusammenhang mit Anlagevermögen geben, das für das Schuldner- aber auch für ein Gläubigerunternehmen für die Fortsetzung der Produktion entscheidend ist. In diesem Zusammenhang sieht man immer wieder Herausgabestreitigkeiten, die im Wege von einstweiligen Verfügungsverfahren durchgeführt werden.

212 **Ab Antragstellung** werden die Interessen hinsichtlich des Unternehmens neu geordnet. Hier setzen sich Insolvenzverwalter, Gläubiger und Gesellschafter auseinander, die jeweils ihr wirtschaftliches Fortkommen suchen. Für das Schuldnerunternehmen ist meist der Insolvenzverwalter Partei des Verfahrens. Neben Überlegungen, das Unternehmen zu sanieren, ist es die Aufgabe des Insolvenzverwal-

---

337 Rdn. 180.
338 Rdn. 204.
339 Rdn. 178 f., 190.
340 BGHZ 116, 319 – co-op.

ters, zur Massemehrung in Aktivprozessen Schadensersatzansprüche oder Vergütungsansprüche nach Lieferung oder Ansprüche aus Sicherungsrechten wie Patronatserklärungen geltend zu machen. Ein klassisches Mittel, die Insolvenzmasse zu mehren, ist weiterhin auch die insolvenzrechtliche Anfechtungsklage.

Dieser Struktur folgend gilt es hier, in einer Querschnittsbetrachtung Streitigkeiten unter dem Gesichtspunkt der Insolvenznähe näher auszuleuchten, die typischerweise während der Krise oder im eröffneten Insolvenzverfahren stattfinden. 213

II. Typische Streitigkeiten in der Krise

1. Fall »co-op«

In der Krise erhöhen sich die Einflussmöglichkeiten der Gläubiger auf ein Schuldnerunternehmen. Erweitern etwa die Banken den Kreditrahmen oder sehen Lieferanten von einer Fälligstellung von Forderungen ab, bleibt mehr Spielraum für eine Rettung des Unternehmens. 214

Außergerichtliche Sanierungsvergleiche sind daher häufig der erste Ansatz für eine Rettung des Unternehmens in der Krise. Ein solcher Vertrag zwischen dem krisenbedrohten Unternehmen und einer bestimmten Gläubigergruppe bietet den Beteiligten größtmögliche Flexibilität, erspart Kosten für das gerichtliche Insolvenzverfahren und verhindert ein nachteiliges öffentliches Bekanntwerden der Krise. In Abwesenheit von Mehrheitsklauseln in Konsortialverträgen oder Schuldverschreibungsbedingungen (siehe § 5 SchVG) ist dafür die Zustimmung aller Gläubiger einer Gruppe (etwa der Senior-Lender oder der Mezzanine-Gläubiger) Voraussetzung. 215

Wie der BGH im sog. **Akkordstörer**-Fall klargestellt hat, können Gläubiger, welche sich an einem außergerichtlichen Sanierungsvergleich nicht beteiligt haben, nicht daran gehindert werden, Ansprüche gegen den Schuldner in vollem Umfang geltend zu machen.[341] 216

In diesem Fall hat eine überwiegende Mehrheit der Gläubiger auf 75 % ihrer Forderungen verzichtet und damit die Rettung der co-op-Gruppe ermöglicht. Später forderte eine dänische Bank, die sich an dem Sanierungsvergleich nicht beteiligt hatte, Kredite in Höhe von DM 10 Mio. in vollem Umfang zurück; der BGH sah **keine rechtliche Möglichkeit**, dieses Verhalten eines Trittbrettfahrers zu **verhindern**.[342] In der Literatur wird vereinzelt vertreten, dass die Gläubiger sich nicht erst in der Insolvenz in einer »Gläubigergemeinschaft«[343] befinden, sondern bereits in der Krise und damit bei dem Abschluss eines Sanierungsvergleichs in einer gesellschaftsähnlichen Sonderverbindung[344], was jedoch überwiegend und zu Recht keinen Anklang findet.[345] Ein Mehrheitsregime wird nur durch Vertrag oder Insolvenz herbeigeführt. 217

2. Schuldverschreibungen

Während die Sanierung der Pfleiderer AG[346] und der Q-Cells SE[347] vor deren Insolvenz noch an der Ablehnung einzelner Anleihegläubiger, welche die Sanierungspläne nicht mittragen wollten, und der Nichtanwendung des **Schuldverschreibungsgesetzes** (SchVG) in seiner aktuellen Fassung scheiterten, hat die höchstrichterliche Rechtsprechung zwischenzeitlich hierzu gegensätzlich entschieden und die Anwendung bejaht. 218

---

341 BGHZ 116, 319 – co-op.
342 *Bitter* ZGR 2010, 147 (167).
343 *Haberscheid*, GS Rudolf Bruns, 1980, S. 253 (261 ff.).
344 *Eidenmüller*, Unternehmenssanierung zwischen Markt und Gesetz, S. 555 ff.
345 So etwa: *Müller*, Der Verband in der Insolvenz S. 273 ff.
346 OLG Frankfurt a. M. BB 2012, 1305– Pfleiderer AG.
347 LG Frankfurt a. M. ZIP 2012, 474 – Q-Cells SE.

Im Folgenden soll diese Entwicklung der Rechtsprechung nun kurz skizziert werden:

219 In beiden Fällen, also der Pfleiderer AG und der Q-Cells SE, ging es darum, dass zur Sanierung der sich in der Krise befindenden Unternehmen ein *debt-equity-swap* mit den Anleihegläubigern geplant war. Um dies zu erreichen, wollten sich sowohl die schuldnerischen Unternehmen, als auch die Mehrheit der Gläubiger den Mechanismus des neuen **Schuldverschreibungsgesetzes** (SchVG) aus dem Jahre 2009 zu Nutze machen. Dessen § 5 soll, nach der Intention des Gesetzgebers, Sanierungsmaßnahmen erleichtern, indem nun nicht mehr die Zustimmung sämtlicher Gläubiger notwendig ist, sondern Sanierungsmaßnahmen mit Wirkung für und gegen alle Anleihegläubiger durch einen reinen Mehrheitsbeschluss möglich werden (»**kollektive Bindung**«).

220 In diesem Sinne beschloss die Mehrheit der Anleihegläubiger bei Pfleiderer und Q-Cells zunächst, dass sie die Anwendung des SchVG wählen (§ 24 Abs. 2 SchVG). Des Weiteren beschlossen sie – wiederum mit Mehrheitsbeschluss –, als Sanierungsmaßnahme einen *debt-equity-swap* (näher dazu unten Rdn. 267).

221 Diese Beschlüsse waren in der Folge auf Veranlassung der Anleihegläubiger, die jene Beschlüsse nicht mittragen wollten, jeweils Gegenstand der sich anschließenden Rechtsbehelfsverfahren. Im Fall Pfleiderer entschied das OLG Frankfurt am Main[348], dass der Mehrheitsbeschluss unwirksam sei, da das SchVG und die darin gegebene Möglichkeit zu Mehrheitsentscheidungen aus sachlichen Gründen nicht anwendbar seien. Schon der Beschluss zur **Wahl des SchVG** sei **unwirksam**. Der sachliche Anwendungsbereich der SchVG sei auf Anleihen begrenzt, die von einem deutschen Emittenten ausgegeben worden sind. Im Fall Pfleiderer wurden die Anleihen jedoch von einer niederländischen Finanzierungstochter, der Pfleiderer BV, ausgegeben. Somit hätten die Gläubiger die Anwendung des SchVG nur einstimmig beschließen können – was indes nicht geschehen war. Somit waren auch alle folgenden Mehrheitsbeschlüsse zu Sanierungsmaßnahmen unwirksam.

222 Ebenso hatte bereits das LG Frankfurt[349] zuvor im Fall Q-Cells mit gleicher Argumentation den Antrag im Freigabeverfahren abgelehnt.

223 In der Folgezeit stießen diese Urteile auf starke **Kritik**. Hauptpunkt dieser Kritik war, dass sie einerseits zu hohe, sich im Gesetzestext nicht wiederfindende Hürden aufstellten, um eine Anwendung des aktuellen SchVG zu ermöglichen und dadurch andererseits dem Gesetzeszweck widersprächen, indem sie Unternehmenssanierungen erschweren, statt zu erleichtern.[350]

Diese Kritik seitens der Literatur wurde sodann vom OLG Schleswig[351] aufgenommen und schließlich vom BGH[352] in einem anderen Verfahren bestätigt. In seiner Entscheidung trat der BGH der grundsätzlichen Rechtsauffassung des OLG Frankfurt am Main in dessen Pfleiderer-Urteil entgegen und entschied, dass die Anwendung des aktuellen SchVG nicht einschränkend auszulegen ist. Vielmehr stellte der BGH klar, dass für die Anwendung (Opt-in) des aktuellen SchVG lediglich erforderlich ist, dass es sich um Schuldverschreibungen aus einer Gesamtemission handelt, die nach deutschem Recht und vor dem 5.8.2009 begeben wurden. Unerheblich hierfür ist, ob die Emittentin eine ausländische Gesellschaftsform oder ihren Sitz im Ausland hat, und ob die Schuldverschreibungen in sachlicher Hinsicht dem SchVG 1899 unterfielen. Weiter unerheblich ist, ob die Anleihebedingungen die Fassung von Mehrheitsbeschlüssen bereits vorsehen.[353]

---

348 OLG Frankfurt a. M. BB 2012, 1305– Pfleiderer AG.
349 LG Frankfurt a. M. ZIP 2012, 474 – Q-Cells SE.
350 *Friedl* BB 2012, 1305 (1309); *Lürken* GWR 2012, 227; *Lürken*, Änderung von Anleihebedingungen – Geltungsbereich des neuen Schuldverschreibungsgesetzes, auf www.handelsblatt.com, Stand: 25.7.2012; *Paulus* BB 2012, 1556; *Paulus* WM 2012, 1109; *Weckler*, NZI 2012, 477 (480).
351 OLG Schleswig AG 2014, 204
352 BGH BB 2014, 2572 mit Anmerkungen von Kessler
353 BGH BB 2014, 2572 vgl. dazu die Anmerkungen von Kessler BB 2014, 2572, 2575 m. w. N.

G. Streitigkeiten in der Krise und Insolvenz § 2

3. Sicherstellung der Weiterbelieferung durch einstweilige Verfügung

Ganz anders liegt der Fall des Gläubigers und Kunden, dessen Produktion von der drohenden **Insolvenz eines Zulieferers** (Automobil-, Flugzeug- oder Schienenfahrzeugindustrie) betroffen ist. Die in diesem Zusammenhang auftretenden Fragen sind zwar nicht originär gesellschaftsrechtlicher Art, werden hier aber aufgrund ihrer erheblichen praktischen Bedeutung dennoch kurz angesprochen. 224

Befindet sich ein Zulieferer in der Krise, der zur Produktion eine im Eigentum des Belieferten stehende und von ihm zur Nutzung überlassene Maschine oder ein Werkzeug verwendet und würde eine **Einstellung der Belieferung** mangels anderer kurzfristig in Frage kommender Zulieferer im belieferten Betrieb zu einem Produktionsstopp führen, so wird das belieferte Unternehmen daran interessiert sein, Zugriff auf diese Maschine zu erhalten. Die Kehrseite auf Seiten des Zulieferers sieht so aus, dass dem Zulieferbetrieb aufgrund eigener finanzieller Engpässe unabhängig von der Solvenz des Auftraggebers an einer schnellstmöglichen Versorgung mit Geldmitteln gelegen ist und er deshalb nur noch gegen Vorkasse liefern will. 225

In diesen Fällen kann sich ein Streit darüber ergeben, ob eine weitere Belieferung (unter unveränderten Konditionen) zu erfolgen hat oder der Belieferte die Herausgabe der vom Zulieferer verwendeten Maschine verlangen kann. Um eine schnelle gerichtliche und vorläufige Durchsetzung bzw. Sicherung der eigenen Ansprüche zu ermöglichen, bietet sich dem Belieferten in extrem gelagerten Fällen das Mittel einer **einstweiligen Verfügung auf Leistung** gegen den Zulieferer.[354] 226

Jedoch ist dieser Bereich noch nicht durch Rechtsprechung gesichert, so dass mangels entsprechender Orientierungshilfen **wenig Rechtssicherheit** besteht. Lediglich für Konstellationen mit Bezug zum Wettbewerbsrecht[355] und zur Daseinsvorsorge[356] (etwa Belieferung mit Strom oder Gas) finden sich mehrere Entscheidungen. 227

Bei der Erwirkung einer einstweiligen Leistungsverfügung begegnen dem Antragsteller insbesondere zwei Probleme: das Verbot der Vorwegnahme der Hauptsache sowie die Voraussetzung eines Interesses i. S. v. § 940 ZPO. 228

Werden etwa die Erzeugnisse des Zulieferers bei einer Weiterbelieferung verbaut, so ist dies regelmäßig nicht mehr rückgängig zu machen. Damit droht ein Verstoß gegen das Verbot der **Vorwegnahme der Hauptsache**, so dass nur ausnahmsweise und in besonders gelagerten Fällen einstweilige Verfügungen erlassen werden.[357] Eine solche Ausnahme kann bei besonderen Abhängigkeiten geboten sein, beispielsweise, wenn der Produktionsprozess des zu Beliefernden ohne die Erzeugnisse des Zulieferers stillsteht und dies zu einem wegen seiner Größe nicht wiedergutzumachenden finanziellen oder zu einem Reputationsschaden führen würde. Dies kann in der für die Automobilindustrie typischen Lieferkette zum Tragen kommen. 229

Es muss zudem ein **Interesse an der Verfügung** zur Abwendung eines wesentlichen Nachteils bestehen. Zwar wird hierfür inzwischen keine existenzielle Notlage mehr gefordert, doch muss zumindest der aus der Nichterfüllung entstehende Schaden außer Verhältnis zu demjenigen Schaden stehen, der dem Antragsgegner aus der sofortigen Erfüllung droht.[358] 230

III. Typische Streitigkeiten in der Insolvenz

Nicht von Zeitmangel, sondern vom Interesse des Insolvenzverwalters zur Massemehrung sind die typischerweise **nach Insolvenzeröffnung** auftretenden Streitigkeiten geprägt. 231

---

354 Zur Durchsetzung von Belieferungsansprüchen: *Klein/Burianski* NJW 2010, 2248; *Spehl* BB 2010, 267; *Kessel/Koch* BB 2009, 1032.
355 BGH BB 2006, 517; OLG Stuttgart WuW 1992, 69.
356 OLG München GRUR-RR 2003, 56; OLG München GRUR-RR 2002, 181.
357 Zöller ZPO/*Vollkommer* § 938 Rn. 3, § 940 Rn. 6.
358 *Kessel/Koch* BB 2009, 1032 (1035 ff.) m. w. N.

232 Sobald das Insolvenzverfahren über das Vermögen eines Unternehmens eröffnet wurde, ergeben sich neue Streitkonstellationen. Die augenfälligste Änderung ist dabei, dass der **Insolvenzverwalter** auf den Plan tritt und von nun an in alle Streitigkeiten, seien sie neu oder bereits vor Verfahrenseröffnung begonnen, involviert ist.

233 Ein Konfliktszenario, das besonders durch den Eintritt der Insolvenz befördert wird, ist der Versuch mancher Gläubiger, statt der Gesellschaft nunmehr deren **Gesellschafter in Anspruch zu nehmen**. Dies kann sich einerseits aus deren Gesellschafterstellung an sich ergeben, wenn den Gesellschaftern ein besonderes Fehlverhalten vorzuwerfen ist. Andererseits können auch vertragliche Ansprüche gegen Gesellschafter bestehen, nämlich wenn diese als Sicherungsgeber für die Gesellschaft fungierten.

234 Die klassisch insolvenztypische Streitigkeit ist darüber hinaus die **Anfechtungsklage des Insolvenzverwalters**. Auch diese soll mit ihren prozessualen Herausforderungen hier kurz dargestellt werden, da sie gerade im Zusammenhang mit Cash-Pooling von erhöhter gesellschaftsrechtlicher Relevanz ist.

235 Letztlich ergeben sich durch das Gesetz zur Erleichterung der Sanierung von Unternehmen (**ESUG**) Änderungen im Verfahren um den Insolvenzplan; auch hier sind neue Konfliktherde entstanden, die hier näher unter die Lupe genommen werden sollen.

1. Inanspruchnahme der Gesellschafter aufgrund Gesellschafterstellung

236 Ist ein Unternehmen in die Insolvenz geraten, so werden sich dessen Gläubiger nach Alterativen umsehen, um ihre ausstehenden Forderungen beizutreiben. So wird auch bei Kapitalgesellschaften, deren Sinn es ist, die Gesellschafter vor der persönlichen Haftung zu bewahren, oftmals versucht, direkt auf die Gesellschafter zurückzugreifen.

237 Allerdings ist eine solche »**Durchgriffshaftung**« nicht ohne weiteres möglich. Vielmehr ist ein besonderes Fehlverhalten der einzelnen Gesellschafter für ihre eigene Haftung erforderlich.

238 Selbst dies führt nicht in jeder Fallgruppe zu einem **direkten Anspruch gegen einen Gesellschafter**. Denn vielfach begründet ein solches Fehlverhalten eines Gesellschafters (nur) einen entsprechenden Schadensersatzanspruch der Gesellschaft gegen diesen. Solche aus einem persönlichen Fehlverhalten herrührende Schadensersatzansprüche macht indessen der Insolvenzverwalter geltend mit dem Ziel, die Masse zu vergrößern und somit letztlich die Quote der einzelnen Gläubiger bei der Verteilung der Insolvenzmasse zu erhöhen. Der verständige Gläubiger wird daraus den Schluss ziehen, dass in den Fällen, in denen er keinen eigenen direkten Anspruch gegen den Gesellschafter hat, es sinnvoller ist, bereits vor der Insolvenz und der dieser vorausgehenden kritischen Zeit eine etwaig bestehende Forderung der Gesellschaft gegen den Gesellschafter zu pfänden. Nachdem diese an den entsprechenden Gläubiger überwiesen wurde, kann dieser sie dann selbst beim Gesellschafter durchsetzen. Hier zeigt sich allerdings auch, dass dies typischerweise unpraktikabel ist, weil selten in der Krise noch die Zeit vorhanden ist, um diesen Prozess in anfechtungsfreier Zeit zum Abschluss zu bringen.

239 In welchen Fallgruppen also eine Durchgriffshaftung gegeben ist und in welchen nur ein Schadensersatzanspruch der Gesellschaft gegenüber einem Gesellschafter besteht, soll im Folgenden kurz dargestellt werden.

a) Vermögensvermischung

240 Im Fall einer Vermögensvermischung kommt es in der Tat zu einer **echten Durchgriffshaftung**, bei welcher der Gläubiger einen unmittelbaren Anspruch gegen den Gesellschafter geltend machen kann.

241 Eine Vermögensvermischung liegt vor, wenn keine **ausreichende Trennung** zwischen dem **Vermögen** der Gesellschaft und dem Privatvermögen eines Gesellschafters eingehalten wurde.[359] Voraussetzung

---

359 BGH NJW 2006, 1344 (1346).

G. Streitigkeiten in der Krise und Insolvenz §2

für eine Haftung ist also, dass eine Unterscheidung in Privatvermögen und Gesellschaftsvermögen nicht möglich ist.[360] Hierbei genügen einzelne Entnahmen des Gesellschafters aus dem Gesellschaftsvermögen nicht, sondern es ist eine mangelnde und intransparente Rechnungslegung erforderlich. Dies ist etwa der Fall, wenn eine eindeutige Zuordnung von Belegen und Buchungen zu den jeweiligen Vermögen nicht vorgenommen werden kann. Man spricht hierbei von einer sog. Waschkorblage, verwendet also eine bildhafte Beschreibung einer wahllosen Ansammlung an nicht den einzelnen Vermögen zugeordneten Belegen.[361]

Die Haftung wegen Vermögensvermischung ist keine Zustands-, sondern eine **Verhaltenshaftung** 242 und trifft einen Gesellschafter nur dann, wenn er aufgrund des von ihm wahrgenommenen Einflusses als Allein- oder Mehrheitsgesellschafter für den Vermögensvermischungstatbestand verantwortlich ist.[362]

Ihre Legitimation findet die Durchgriffshaftung wegen Vermögensvermischung darin, dass nicht 243 mehr nachvollziehbar ist, ob der Gesellschafter seiner **Pflicht zur Kapitalerhaltung** nachgekommen ist. Ohne dass überprüft werden kann, ob der Gesellschafter dieser Pflicht entsprochen hat, kann ihm im Gegenzug auch nicht das Privileg der Haftungsbegrenzung zugesprochen werden.[363]

b) Sphärenvermischung

Unter Sphärenvermischung versteht man, dass ein Gesellschafter im Rechtsverkehr **nach außen hin** 244 **nicht klar** erkennen lässt, ob er für die Gesellschaft oder im eigenen Namen handelt.[364]

Dies kann geschehen, wenn Gesellschafter und Gesellschaft den gleichen Sitz, die gleiche An- 245 schrift[365], das gleiche Personal[366], etc. teilen, wie etwa in manchen Konzernstrukturen.

Diese Sachverhalte sind grundsätzlich der Fallgruppe der allgemeinen **Rechtsscheinhaftung** zuzu- 246 ordnen. Sind deren Voraussetzungen[367] erfüllt, so haftet der Gesellschafter, der den Rechtsschein gegenüber einem Gläubiger gesetzt hat, diesem auch persönlich. Man kann hier also von einer unechten Durchgriffshaftung sprechen.

Kommt in solchen Fällen jedoch hinzu, dass der Gesellschafter auch sein eigenes Vermögen mit dem 247 der Gesellschaft vermischt, handelt es sich wiederum um Fälle der echten Durchgriffshaftung aufgrund Vermögensvermischung[368].

c) Unterkapitalisierung

Nach der nunmehr geltenden Rechtsprechung des BGH[369] ist in Fällen der bloßen Unterkapitalisie- 248 rung keine echte Durchgriffshaftung einzelner Gesellschafter gegenüber den Gläubigern gegeben. Vielmehr entsteht – bei Vorliegen entsprechender zusätzlicher Voraussetzungen – nur ein Schadensersatzanspruch der Gesellschaft gegen ihre Gesellschafter gem. § 826 BGB. Wenn eine arglistige Täuschung der Gläubiger über die Vermögenslage des Unternehmens Grundlage erfolgter Vertragsschlüsse zwischen Gläubiger und Gesellschaft war, kommt auch eine Haftung der Gesellschafter

---

360 Roth/Altmeppen/*Altmeppen* § 13 Rn. 133 ff.
361 Baumbach/Hueck/*Hueck/Fastrich* § 13 Rn. 45 m. w. N.
362 BGH NJW 2006, 1344 m. w. N.
363 BGH, Urt. v. 13.4.1994 – II ZR 16/93.
364 Baumbach/Hueck/*Hueck/Fastrich* § 13 Rn. 46.
365 Spindler/Stilz/*Fock* § 1 Rn. 57.
366 Römermann/*Römermann* § 20 Rn. 193.
367 Setzen eines Rechtsscheins/Zurechenbarkeit des Rechtsscheins/Entschließung des Dritten im Vertrauen auf den Rechtsschein Schutzwürdigkeit des Dritten.
368 Vgl. Rdn. 240.
369 BGH NJW 2008, 2437 (2438 ff.) – Gamma; BGH NJW 2007, 2689 – Trihotel.

selbst unter den Voraussetzungen des § 826 BGB auf das negative Interesse – den Kontrahierungsschaden – als Außenhaftung gegenüber den Gläubigern in Betracht.[370]

249 Zu einer Unterkapitalisierung kommt es, wenn das Eigenkapital im Verhältnis zum aus Unternehmenszweck und Geschäftstätigkeit entstehenden Finanzbedarf zu gering ist. Es sind dabei zwei Formen der Unterkapitalisierung zu unterscheiden. Bei der **nominellen** (oder auch formellen) **Unterkapitalisierung** wird der Fehlbetrag zwischen wirtschaftlich erforderlichem Finanzbedarf und vorhandenem Stammkapital eines Unternehmens durch Fremdkapital ausgeglichen, beispielsweise von den Gesellschaftern mittels Gesellschafterdarlehen; das Kapital steht also zur Verfügung, jedoch nicht als Eigenkapital. Unterbleibt ein solcher Ausgleich dagegen gänzlich, steht also für den Fehlbetrag weder Eigen- noch Fremdkapital zur Verfügung, spricht man von einer **materiellen Unterkapitalisierung**.

250 Der materiellen Unterkapitalisierung wurde durch Rechtsprechung und Literatur verschieden begegnet. Zunächst ist festzuhalten, dass eine materielle Unterkapitalisierung nicht per se zu einer Haftung der Gesellschafter führen darf, sondern ein besonders starkes Missverhältnis zwischen wirtschaftlich angemessenem und tatsächlich vorhandenem Kapital erforderlich ist. Andernfalls würde etwa die Haftungsprivilegierung der Rechtsformen GmbH und AG ins Leere laufen und diese damit eine ihrer wesentlichsten Eigenschaften verlieren.

251 Was genau der Maßstab für ein **besonders starkes Missverhältnis** sein soll, ist jedoch nur schwer auszumachen. Schließlich ist jede Insolvenz auf eine Unterkapitalisierung zurückzuführen, so dass nur schwer eine Grenze gezogen werden kann, ohne dass eine Durchgriffshaftung zur Regel würde. Dies spricht dafür, eine Haftung der Gesellschafter nur unter den besonderen Voraussetzungen des § 826 BGB, also im Fall einer sittenwidrigen vorsätzlichen Schädigung, in Betracht zu ziehen.[371]

Gegenüber einer **Haftung aus §§ 30, 31 GmbHG** ist dieser Anspruch nicht nachrangig, sondern steht in Anspruchsgrundlagenkonkurrenz mit diesen.[372]

252 Vor dieser Änderung der Rechtsprechung bejahte der BGH zeitweise »bei **Vorliegen ganz besonderer Umstände**« eine echte Durchgriffshaftung, so im Falle eines eingetragenen Vereins, der Pachtzinszahlungen der Mitglieder nur als durchlaufenden Posten an den Verpächter eines Grundstücks weiterleitete, jedoch mangels Möglichkeit des Vereins zur Vermögensbildung eine Pachterhöhung ins Leere lief.[373] Ebenso vertreten Teile der Literatur nach wie vor im Ergebnis eine solche Lösung. Argumentiert wird dabei, dass bei Unternehmenserfolg der Gewinn von den Gesellschaftern abgeschöpft werde, mangels Kapitalausstattung ein Misserfolg hingegen zu Lasten der Gesellschaftsgläubiger ginge. Damit ist das Risiko ohne Durchgriffshaftung einseitig verteilt, es kann durch die Unterkapitalisierung auf Kosten der Gläubiger spekuliert werden.[374]

d) Existenzvernichtender Eingriff

253 Ähnlich den Fällen der Unterkapitalisierung, hat die Rechtsprechung[375] zur Haftung für einen existenzvernichtenden Eingriff entschieden, dass keine echte Durchgriffshaftung, sondern wiederum nur ein Anspruch der Gesellschaft gegen ihre Gesellschafter nach **§ 826 BGB** besteht (vertiefend zur Rechtsfigur der Existenzvernichtungshaftung und dem sog. qualifiziert faktischen Konzern unter § 28 Rdn. 1–13).

254 Ein existenzvernichtender Eingriff liegt kurz beschrieben dann vor, wenn Gesellschafter missbräuchliche, zur Insolvenz der Gesellschaft führende und kompensationslose Eingriffe in das Gesellschafts-

---

370 BGH NJW 2008, 2437 (2440) – Gamma – Anspruch wurde ausdrücklich offen gelassen.
371 BGH NJW 2008, 2437 – Gamma.
372 BGH NJW 2008, 2437 – Gamma.
373 BGH NJW 1970, 2015.
374 *Bitter* ZInsO 2010, 1580 f. m. w. N.
375 BGH NJW 2007, 2689 – Trihotel.

G. Streitigkeiten in der Krise und Insolvenz § 2

vermögen tätigen.[376] Dadurch entziehen sie der Gesellschaft die Grundlage ihres wirtschaftlichen Handels und letztendlich die Grundlage zur Befriedigung ihrer Gläubiger.

Zunächst eröffnete der BGH eine Haftung in diesem Zusammenhang nur in Fällen eines **qualifizierten faktischen Konzerns**; also dann, wenn ein Gesellschafter mehr als nur eine GmbH beherrscht, und eine davon zugunsten einer anderen beherrschten GmbH instrumentalisiert.[377] Hierbei wurde eine Außenhaftung konstruiert, welche auf dem Rechtsgedanken einer Pflicht zum Verlustausgleich gemäß § 302 AktG basiert.[378] 255

Mit den Urteilen in den Fällen Bremer Vulkan[379] und KBV[380] gab der BGH diese Rechtsprechung auf und entwickelte eine Außenhaftung allgemein für Fälle des Missbrauchs der Rechtsform der **GmbH**, ohne konzernähnliche Konstellationen vorauszusetzen. Somit stellen Fälle des qualifizierten faktischen Konzerns nunmehr lediglich eine Untergruppe dar, sind als solche aber nach wie vor erfasst. 256

Die Außenhaftung wiederum wurde letztlich mit der Trihotel-Entscheidung[381] aufgegeben und vom BGH stattdessen eine **Innenhaftung nach § 826 BGB** angenommen, so dass nicht mehr den Gläubigern der Gesellschaft, sondern der Gesellschaft selbst ein Anspruch auf Schadensersatz zukommt. In der Literatur wird der Ausschluss einer Außenhaftung gegenüber den Gesellschaftsgläubigern kritisiert.[382] Mit diesem Urteil wendet sich der BGH außerdem von der Subsidiarität eines Anspruchs aus § 826 BGB ab; Ansprüche aus § 826 BGB stehen nunmehr neben anderen Ansprüchen auf Schadensersatz, etwa aus §§ 30, 31 GmbHG.[383] Für § 826 BGB ist Vorsatz erforderlich; diese über die grobe Fahrlässigkeit hinausgehende Voraussetzung soll verhindern, dass das gesellschaftsrechtliche Trennungsprinzip zu einfach überwunden wird.[384] 257

Es haften hier auch **Mitgesellschafter**, welchen zwar in diesem Zusammenhang nichts aus der Gesellschaft zugeflossen ist, die aber dennoch durch ihr Einverständnis mit dem Vermögensabzug aus der Gesellschaft an dem existenzvernichtenden Eingriff mitgewirkt haben.[385] Ebenfalls setzt sich ein als Liquidator eingesetzter Gesellschafter der Haftung aus, wenn er in das Gesellschaftsvermögen eingreift und damit die Insolvenz vertieft.[386] 258

Anzumerken ist diesbezüglich, dass dem nach § 826 BGB haftenden Gesellschafter auch die eigene Insolvenz nicht von dieser Haftung zu befreien vermag, da ein Anspruch aus § 826 BGB, somit auch die Haftung für den existenzvernichtenden Eingriff, gem. § 302 Nr. 1 InsO nicht von einer Restschuldbefreiung umfasst ist.[387]

e) Haftung wegen Insolvenzverschleppung

Als Anspruchsgegner für eine Haftung wegen Insolvenzverschleppung kommt zunächst der **Geschäftsführer** der Gesellschaft in Frage (§ 15a InsO).[388] Ist die Gesellschaft allerdings führungslos, 259

---

376 Wellhöfer/Peltzer/Mülle/*Wellhöfer* § 4 Rn. 319.
377 BGH NJW 1986, 188 – Autokran; NJW 1989, 1800 – Tiefbau; NJW 1991, 3142 – Video; NJW 1993, 1200 – TBB.
378 Baumbach/Hueck/*Hueck*/Fastrich § 13 Rn. 48 m. w. N.
379 BGHZ 149, 10 – Bremer Vulkan.
380 BGZ 151, 181 – KBV.
381 BGH NJW 2007, 2689 – Trihotel.
382 *Bitter* ZInsO 2010, 1521 m. w. N.
383 MüKo GmbHG/*Liebscher* Anhang Die GmbH als Konzernbaustein (GmbH-Konzernrecht), Rn. 575.
384 MüKo GmbHG/*Liebscher* Anhang Die GmbH als Konzernbaustein (GmbH-Konzernrecht), Rn. 572.
385 BGH NJW 2002, 1803.
386 BGH NJW 2009, 2127 – Sanitary.
387 MüKo GmbHG/*Liebscher* Anhang Die GmbH als Konzernbaustein (GmbH-Konzernrecht), Rn. 623.
388 Siehe auch: *Bitter* ZInsO 2010, 1567 (1572 ff.).

so können gleichermaßen auch die Gesellschafter in Anspruch genommen werden (§ 15a Abs. 3 InsO).

2. Inanspruchnahme der Gesellschafter und Dritter aufgrund vertraglicher Sicherungsrechte

260 Oftmals verpflichten sich – neben Dritten – vor allem Gesellschafter, unabhängig vom Haftungsregime der Gesellschaft, **vertraglich für die Verbindlichkeiten der Gesellschaft einzustehen**. Im Fall verbundener Unternehmen gilt dies auch für andere Konzerngesellschaften, insbesondere die Konzernmutter. In der Praxis gängig sind diesbezüglich Bürgschaften, Schuldbeitritte, selbständige Garantieversprechen und Patronatserklärungen. Solange die Schuldnergesellschaft wirtschaftlich vital ist, haben diese Sicherheiten kaum Konsequenzen für den Sicherungsgeber und werden deshalb oft auch leichtfertig geben. Gerät die Schuldnergesellschaft jedoch in die Krise, kommt den Sicherheiten umso größere Bedeutung zu. Befindet sich die Gesellschaft als originärer Schuldner bereits in Schwierigkeiten, scheiden zugleich meist auch Regressansprüche des Sicherungsgebers aus oder sind kaum werthaltig. In der Folge gibt es neben Streitigkeiten mit einzelnen Gläubigern immer wieder auch gesellschafts- oder konzerninterne Streitigkeiten.

261 Der jeweilige Sicherungsgeber haftet in den Fällen einer **Bürgschaft**, eines **Schuldbeitritts** oder einer **Garantie** gegenüber dem Gesellschaftsgläubiger aus Vertrag. Ist über das Vermögen des Hauptschuldners bereits das Insolvenzverfahren eröffnet worden, so ist dem bürgenden Gesellschafter nach § 773 Abs. 1 Nr. 3 BGB die Einrede der Vorausklage nicht mehr möglich und er kann vom Gläubiger direkt in Anspruch genommen werden.

262 Zudem haftet ein Sicherungsgeber gegenüber Gesellschaftsgläubigern, wenn er gegenüber diesen für die Gesellschaft eine **harte Patronatserklärung** (Letter of Support) abgegeben hat. Anders als die weiche Patronatserklärung setzt diese nicht lediglich eine moralisch verpflichtende Good-will-Erklärung, sondern eine rechtsverbindliche Erklärung darüber voraus, dafür Sorge zu tragen, dass die Gesellschaft die Verbindlichkeiten bedienen können wird (Ausstattungsverpflichtungsklausel).[389] Dem Adressaten der Patronatserklärung haftet der Sicherungsgeber gesamtschuldnerisch neben der Gesellschaft, wenn die Gesellschaft zahlungsunfähig wird; es entsteht ein direkter Anspruch des Adressaten auf Schadenersatz aus Nichterfüllung gegen den »Patron«.[390] In Deutschland hat sich hierzu eine einfach zu handhabende Kautelarpraxis herangebildet, im Rahmen derer der Patron recht klar einschätzen kann, ob er nun haftet oder nur eine unverbindliche Absicht erklärt hat.[391] Vorsicht ist allerdings geboten, wenn nach diesen Kriterien von **ausländischen** (Ober-)**Gesellschaften** Erklärungen ausgelegt werden. Denn ohne ausdrückliche Rechtswahl zugunsten des deutschen Rechts kann nicht für alle Jurisdiktionen von vornherein ausgeschlossen werden, dass das Heimatrecht des Patronats zur Anwendung kommt und danach eher von verbindlichen Zusagen auszugehen ist. Hier sollte also eine klare Rechtswahl möglichst verbunden mit einer Festlegung des Gerichtsstands erwogen werden, um nicht im Nachhinein mit einer nicht beabsichtigten Rechtsanwendung anderer Jurisdiktionen konfrontiert zu sein.

3. Insolvenzanfechtung

263 Parallel zu der Geltendmachung von Ansprüchen gegen die Geschäftsführung oder die Gesellschafter ergreifen **Insolvenzverwalter** regelmäßig das Mittel der Insolvenzanfechtung. Deren Ziel ist es, die Insolvenzmasse durch Rückgängigmachung von Rechtshandlungen zu mehren, soweit die Rechtshandlungen vor Verfahrenseröffnung durchgeführt wurden und sie die Gläubiger benachteiligen. Bei erfolgreicher Anfechtung besteht ein **Rückgewähranspruch des Insolvenzverwalters** gegen den betreffenden Gläubiger auf Leistung in die Insolvenzmasse. Zugleich lebt die ursprüngliche For-

---

389 Emmerich/Habersack/*Emmerich* § 302 Rn. 9 und 10.
390 BGH NJW 1992, 2093.
391 Vgl. nur *Wittig* WM 2003, 1981; *Maier-Reimer/Etzbach* NJW 2011, 1110 (1111).

G. Streitigkeiten in der Krise und Insolvenz § 2

derung des Gläubigers gegen den Schuldner wieder auf. Sie ist dann jedoch eine einfache Insolvenzforderung. Letztlich wird mit diesem Konzept dem Grundsatz der Gleichbehandlung der Gläubiger Rechnung getragen und dieses auf einen bestimmten Zeitraum vor Insolvenzeröffnung ausgedehnt.

Prozessual wird der Rückgewähranspruch in der Regel mittels der **Leistungsklage** durchgesetzt, wobei das Vorliegen der Voraussetzungen der einzelnen Anfechtungstatbestände meist einen Hauptstreitpunkt des Verfahrens darstellt. Hierbei ist der Insolvenzverwalter nicht selten gezwungen, Vermutungen zu äußern und Behauptungen aufzustellen.[392] Dies ist solange zulässig und weiterführend, als greifbare Anhaltspunkte für das Vorliegen eines bestimmten Sachverhalts bestehen[393] und Beweiserleichterungen für ihn streiten. 264

Streitigkeiten ergeben sich im Zusammenhang mit dem sog. **Cash-Pooling.** Hierbei handelt es sich um ein verbreitetes Liquiditätsmanagement in Unternehmensgruppen. Es werden liquide Mittel von den Tochtergesellschaften zu einem gemeinsamen Cash-Management geleitet. Ebenso werden Tochtergesellschaften mit einem negativen Saldo bei Bedarf liquide Mittel zugeführt oder ihre Verbindlichkeiten bei Fälligkeit direkt getilgt. Damit werden faktisch die Konten aller ausgeschlossenen Unternehmen zur Sicherheit auf null gesetzt. Diese Zahlungsvorgänge sind rechtlich als Darlehen zu beurteilen.[394] 265

Bereits aus gesellschaftsrechtlicher Sicht war und ist die Zulässigkeit dieser Praxis nicht unumstritten.[395] Doch auch wenn sie nach der Änderung des GmbH-Rechts als weitgehend zulässig anzusehen sind (§ 30 Abs. 1 GmbHG), so stellen sich erhebliche **Risiken im Umfeld der Unternehmensinsolvenz.** Denn dann besteht die Gefahr, dass ein Insolvenzverwalter sämtliche Rückzahlungen von Darlehen innerhalb eines Jahres vor Stellung des Insolvenzantrags anficht. Erhält eine Konzerntochter in dem relevanten Zeitraum wiederholt Zuwendungen aus dem Cash-Pool, welche nach kurzer Zeit wieder beglichen werden, so kann dieser alltägliche Vorgang im Falle der Insolvenz der Tochter sogar zur Insolvenz der Obergesellschaften führen.[396] Denn der Ausgleich der Zuwendungen erfolgt in Form eines Kontokorrentverhältnisses im Sinne von § 355 HGB und könnte gemäß § 96 Abs. 1 Nr. 3 InsO ex tunc unwirksam sein, wenn dieser im Rahmen einer anfechtbaren Rechtshandlung durchgeführt wurde.[397] Interessant wird dies deshalb, da nach § 135 InsO sämtliche Darlehensrückzahlungen, die innerhalb eines Jahres vor Stellung des Insolvenzantrags getätigt wurden, angefochten werden können. Denn die Anfechtbarkeit ist nicht mehr, wie noch unter der alten Fassung des § 135 InsO, auf kapitalersetzende Darlehen beschränkt. Verschärft wird diese Unwägbarkeit durch Stimmen in der Literatur, die sich dafür aussprechen, sämtliche Rückzahlungen zu addieren und nicht lediglich den Gesamtsaldo der Aus- und Rückzahlungen als Grundlage heranzuziehen.[398] Dies würde zu einer erheblichen Erhöhung des zugewendeten Betrags führen und den Konzern insgesamt belasten. Vor dem Hintergrund dieser nicht zu unterschätzenden insolvenzrechtlichen Risiken besteht eine erhebliche Unsicherheit bei der Strukturierung von Cash-Pool-Lösungen. Dennoch stellt das Cash-Pooling ein wichtiges Instrument zur Sicherung der Liquidität und zur Zinsoptimierung dar, auf welches Konzerne ungern verzichten. Solange hierzu keine Entscheidung des Gesetzgebers oder der höchstrichterlichen Rechtsprechung ergeht, wird sich an der Unsicherheit nichts ändern. Ein Ansatz wäre beispielsweise, das Bargeschäftsprivileg des § 142 InsO auf das Cash-Pooling anzuwenden.[399] Sehr bedeutsam ist dieses Thema auch aus Lieferantensicht, da **Zahlungen des Cashpool-** 266

---

392 Pape/Uhlenbruck/Voigt-Salus Insolvenzrecht Rn. 160.
393 BGH NJW-RR 2002, 1419.
394 BGH NJW 2006, 1736; MüKo BGB/*Berger* Vorbemerkung § 488 Rn. 32; *Zahrte* NZI 2010, 596.
395 Vgl. hierzu insbesondere das »November-Urteil« des BGH in BGHZ 157, 72 und BGHZ 149, 10 – Bremer Vulkan; BGHZ 151, 181 – KBV, sowie die Grundsatzentscheidung BGHZ 166, 8.
396 *Klinck/Gärtner* NZI 2008, 457; *Willemsen/Rechel* BB 2009, 2215 (2216).
397 *Klinck/Gärtner* NZI 2008, 457 (459); *Willemsen/Rechel* BB 2009, 2215.
398 *Willemsen/Rechel* BB 2009, 2215; *Klinck/Gärtner* NZI 2008, 457 (459).
399 Uhlenbruck/*Hirte* § 135 Rn. 1; *Zahrte* NZI 2010, 596.

Führers an Lieferanten auf fremde (der angeschlossenen Gesellschaften) **Schuld** mitunter unter der Schenkungsanfechtung nach § 134 InsO als anfechtbar angesehen werden. Für die Lieferanten ist die Zahlung durch Dritte häufig nicht erkenn- und beeinflussbar. Dieses Risiko ist daher Lieferanten, insbesondere wenn sie im Ausland sitzen, nur schwer vermittelbar, zumal ihnen das strenge und im internationalen Vergleich weitgehende Regime des deutschen Anfechtungsrechts fremd ist.

4. Streitigkeiten bei gesellschaftsrechtlicher Umstrukturierung nach ESUG

267 Wie bereits angedeutet, ist ein wichtiges Thema im Insolvenzverfahren die gesellschaftsrechtliche Umstrukturierung, die zwar oft der einzig verbleibende Weg zur Rettung des Unternehmens ist, aber auch ein erhebliches Konfliktpotential mit sich bringt. Man braucht sich nur die erwähnte »co-op-Problematik« oder die Fälle »Pfleiderer« und »Q-Cell« vor Augen führen, die in der Insolvenz zusätzlich an Brisanz gewinnen. In diesem Zusammenhang brachte das Gesetz zur Erleichterung der Sanierung von Unternehmen (ESUG), das am 13.12.2011 verkündet wurde, einige Neuerungen. Konfliktbeladen war das Thema u. a. deshalb, da bislang die **Einbeziehung von Gesellschaftern in das Insolvenzplanverfahren** nicht möglich war und gesellschaftsrechtliche Umstrukturierungsmaßnahmen nur im Einvernehmen mit den Gesellschaftern durchführbar waren. Als Beispiel sei hier der sog. *debt-equity-swap* genannt, bei dem vereinfacht gesagt, Fremdkapital zu Eigenkapital gemacht wird. Die Gläubiger übernehmen Anteile an der Gesellschaft und machen dafür ihre Insolvenzforderung zur Sacheinlage. Dieser essentielle Eingriff in die Gesellschaft war nur mit Zustimmung der Gesellschafter möglich.[400]

268 Mit dem Druckmittel des straffen Zeitplans in der Insolvenz und den möglichen Folgen eines Scheiterns der Sanierung, ließen sich einzelne Gesellschafter ihre Zustimmung sprichwörtlich vergolden[401] und nahmen Streitigkeiten mit den Mitgesellschaftern, dem Insolvenzverwalter und den Gläubigern in Kauf. Dieser Zahn sollte mit dem ESUG gezogen werden. Der Gesetzgeber erlaubt darin gewisse **Beschränkungen der Gesellschafterrechte in den Insolvenzplänen**, die unter Umständen gegen den Willen einzelner Gesellschafter durchgesetzt werden können. Ermöglicht wird dies unter anderem dadurch, dass die strikte Trennung zwischen Gesellschaftsrecht und Insolvenzrecht durchbrochen wird, was die Einbeziehung der Gesellschafter in den Insolvenzplan ermöglicht (§ 225a InsO).[402] Sind die Gesellschafter in dem Insolvenzplan vorgesehen, so stimmen sie als eigene Gruppe über diesen ab (§§ 222 Abs. 1 S. 2 Nr. 4, 243 InsO).

269 Die **Zustimmung der Gesellschafter** wird an vielen Stellen der neuen Fassung des Insolvenzgesetzes **modifiziert**, um eine reibungslose Abwicklung zu ermöglichen. So haben Gesellschafter, deren Rechte durch den Insolvenzplan nicht beeinträchtigt werden keine Stimmrechte (§§ 238a Abs. 2, 237 Abs. 2 InsO). Auch gilt die Zustimmung der Abstimmungsgruppe als erteilt, wenn die Mitglieder durch den Insolvenzplan voraussichtlich nicht schlechter gestellt werden, als sie ohne einen Plan stünden, sie angemessen an dem wirtschaftlichen Wert beteiligt werden, der auf der Grundlage des Plans den Beteiligten zufließen soll, und die Mehrheit der abstimmenden Gesellschafter dem Plan mit den erforderlichen Mehrheiten zugestimmt hat (Obstruktionsverbot § 245 Abs. 1 InsO). Interessant ist dies aus gesellschaftsrechtlicher Sicht deshalb, weil der insolvenzrechtliche Mechanismus auf die gesellschaftsrechtlichen Strukturen übertragen wird.[403]

270 Auf der anderen Seite sieht das Insolvenzrecht einen **Minderheitenschutz** in § 251 InsO vor. Danach kann ein Gesellschafter beantragen, die Zustimmung zum Insolvenzplan zu versagen (§ 248 InsO), wenn er rechtzeitig widersprochen hatte und er durch den Plan voraussichtlich schlechter gestellt wird, als er ohne einen Plan stünde. Einer Verzögerung durch solche Verfahren sollte mit § 251 Abs. 3 InsO der Boden entzogen werden. Danach ist der Antrag abzuweisen, wenn Mittel für den

---

400 *Eidenmüller/Engert* ZIP 2009, 541 (543); *Pleister/Kindler* ZIP 2010, 503.
401 *Brinkmann* WM 2011, 97.
402 *Simon/Merkelbach* NZG 2012, 121.
403 *Brinkmann* WM 2011, 97 (99).

G. Streitigkeiten in der Krise und Insolvenz § 2

Fall bereitgestellt werden, dass ein Beteiligter eine Schlechterstellung nachweist. Die Finanzierung dieser Mittel muss durch Rücklagen, Bankbürgschaften oder Ähnliches gesichert sein.[404] Dies bedeutet, dass durch die Bildung eines »Sonderfonds« das Durchgreifen des Rechtsmittels des § 251 InsO im Einzelfall nahezu ausgeschlossen werden kann. Sich in der Folge ergebende Streitigkeiten über die Ausgleichsansprüche sind außerhalb des Insolvenzverfahrens, vor den ordentlichen Gerichten zu klären (§ 251 Abs. 3 S. 2 InsO). Durch diese Trennung wollte der Gesetzgeber eine Beschleunigung des Insolvenzverfahrens erreichen.[405] Es drohen aber nicht selten eine Vielzahl von Klagen, beispielsweise, wenn die Sonderfondmittel nicht ausreichen. Dies ist insbesondere denkbar, wenn ein Hauptgläubiger oder eine ganze Gruppe von Gläubigern oder Gesellschaftern den Minderheitsschutz geltend machen. Das Gericht hat zu prüfen, ob die bereitgestellten Mittel eine Schlechterstellung ausgleichen.[406] Bei Feststellung einer Schlechterstellung und fehlender Bereitstellung von ausreichend Ausgleichsmitteln, wird das Gericht die Bestätigung des Insolvenzplans versagen.

Im Zusammenhang mit dem Blockadepotential Einzelner, richtet sich das Augenmerk zudem auf das Rechtsmittel der **sofortigen Beschwerde**. Dieses Rechtsmittel wurde von einzelnen Personen taktisch eingesetzt, um einen persönlichen Vorteil zu erpressen. Denn die sofortige Beschwerde hat aufschiebende Wirkung[407], sodass sich die Umsetzung eines Insolvenzplans schmerzhaft verzögern lässt. Um hier Verzögerungen des Verfahrens zu vermeiden, hat der Insolvenzverwalter nun, nach Umsetzung des ESUG, die Möglichkeit, die Zurückweisung der Beschwerde zu verlangen, wenn das alsbaldige Wirksamwerden des Insolvenzplans vorrangig erscheint, weil die Nachteile einer Verzögerung des Planvollzugs nach freier Überzeugung des Gerichts die Nachteile für den Beschwerdeführer überwiegen (§ 253 Abs. 4 InsO). Vorbild dieser Regelung war das aktienrechtliche Freigabeverfahren (§ 246a AktG).[408] Die beteiligten Parteien werden im Umfeld der sofortigen Beschwerde erhöhte Anstrengungen unternehmen, da es oft die letzte Möglichkeit ist, ihre Interessen zu wahren. Wird die Beschwerde zurückgewiesen, so ist dem Beschwerdeführer der Schaden aus der Masse zu ersetzen, der ihm durch den Planvollzug entsteht (§ 253 Abs. 4 S. 3 InsO).

271

Viele der dargestellten Neuerungen durch das ESUG wurden erstmals ausführlich im Falle des **Suhrkamp**-Insolvenzverfahrens auf ihre praktische Anwendbarkeit hin durch die Gerichte geprüft. Der Fall der Suhrkamp-Insolvenz hat binnen kurzer Zeit sowohl verschiedene Instanzgerichte[409] sowie zweimal den BGH[410] und kürzlich auch das BVerfG[411] beschäftigt. In seiner ersten Entscheidung[412] stellte der BGH bezüglich der **sofortigen Beschwerde** klar, dass nach dem Wortlaut des § 253 Abs. 2 Nr. 1 bis 3 InsO und dem Inhalt der Gesetzesmaterialien die Zulässigkeit der sofortigen Beschwerde nicht an die Voraussetzung gebunden ist, dass der Beschwerdeführer im Verfahren der Planbestätigung einen zulässigen **Minderheitenschutzantrag** nach § 251 InsO gestellt hat. In seiner zweiten Entscheidung[413] führte der BGH bezüglich § 253 Abs. 4 S. 1 und 2 InsO aus, dass die im Lichte der gesetzgeberischen Abwägung zum Zwecke der beschleunigten Plandurchsetzung eingeführte Bestimmung des § 253 Abs. 4 S. 1 und 2 InsO dahin auszulegen ist, dass ein **Rechtsmittel** gegen eine auf dieser Grundlage getroffene Entscheidung **unstatthaft** ist. Bereits aufgrund der Eigenart des § 253 Abs. 4 S. 1 und 2 InsO als summarisches Eilverfahren ist für eine Rechtsbeschwerde kein Raum. Die Unzulässigkeit der Rechtsbeschwerde folge ferner aus dem Verweis des Gesetzgebers

---

404 Begründung Regierungsentwurf BT-Drs. 17/5712 S. 35.
405 Begründung Regierungsentwurf BT-Drs. 17/5712 S. 35.
406 Begründung Regierungsentwurf BT-Drs. 17/5712 S. 35.
407 Braun/*Braun/Frank* § 253 Rn. 6; Andres/Leithaus/*Andres* § 253 Rn. 11; vgl. auch Empfehlung des Bundesrates BR-Drs. 127/1/11 S. 21.
408 *Römermann* NJW 2012, 645 (651); *Madaus* NZI 2012, 597 (598).
409 LG Berlin NZI 2015, 66.
410 BGH NZG 2014, 1309; BGH DZWiR 2014, 604;.
411 BVerfGG NZG 2015, 98.
412 BGH NZI 2014, 751.
413 BGH NZI 2014, 904.

auf das aktienrechtliche Freigabeverfahren des § 246a AktG, dem für § 253 Abs. 4 InsO Vorbildfunktion zukommt. Da im Freigabeverfahren eine Rechtsbeschwerde unstatthaft ist, gilt dies auch für das Verfahren nach § 253 Abs. 4 S. 1 und 2 InsO. Auch der in § 253 Abs. 4 S. 3 und 4 InsO geschaffene Schadensersatzanspruch unterstreicht die Auffassung des BGH, dass gegen eine gemäß § 254 Abs. 4 S. 1 und 2 InsO ergangene Entscheidung des Landgerichts eine Rechtsbeschwerde nicht statthaft ist.

272 Ist der **Insolvenzplan rechtskräftig bestätigt**, so gelten die in den Plan aufgenommenen Beschlüsse der Anteilsinhaber oder sonstigen Willenserklärungen der Beteiligten als in der vorgeschriebenen Form abgegeben. Gesellschaftsrechtlich erforderliche Ladungen, Bekanntmachungen und sonstige Maßnahmen zur Vorbereitung von Beschlüssen der Anteilsinhaber gelten als in der vorgeschriebenen Form bewirkt (§ 254a Abs. 2 InsO).

IV. Prozessuale Besonderheiten

1. Auswirkungen einer Insolvenz auf laufende Verfahren

273 Die Eröffnung des Insolvenzverfahrens hat Auswirkungen auf ein laufendes prozessuales Verfahren. Mit der Eröffnung des Insolvenzverfahrens geht das Recht des Schuldners, das zur Insolvenzmasse gehörende Vermögen zu verwalten und über dieses zu verfügen, kraft Gesetzes auf den Insolvenzverwalter über (§ 80 InsO). Dazu gehört auch die Prozessführungsbefugnis[414], was dem Insolvenzverwalter die Möglichkeit gibt, als Partei ein bereits rechtshängiges Verfahren weiterzuführen.[415] Damit der Insolvenzverwalter genügend Zeit hat (Art. 103 Abs. 1 GG), sich ein Bild von dem Verfahren zu machen und zu entscheiden, ob es sinnvoll ist, das Verfahren weiterzuführen, sieht § 240 ZPO eine **Unterbrechung des Verfahrens** vor. Betrifft nur einer von mehreren im Prozess zusammen geltend gemachten Ansprüchen die Insolvenzmasse, so wird grundsätzlich (zunächst) einheitlich der gesamte Rechtsstreit unterbrochen.[416] Gleichzeitig wird auch der Prozessgegner geschützt. Denn auch dieser soll ausreichend Zeit haben, sich auf die neue Situation einzustellen und die Weiterführung des Verfahrens zu überdenken.[417]

274 Im **Schiedsverfahren** ist die Rechtslage vergleichbar (siehe allgemein zum Schiedsverfahren § 2 Rdn. 25–79). Der Insolvenzverwalter ist an die Schiedsvereinbarung gebunden[418] und wird mit Eröffnung des Insolvenzverfahrens Partei des Schiedsverfahrens.[419] Zwar findet § 240 ZPO, sofern nicht vertraglich vereinbart, keine Anwendung[420], dennoch muss der Schiedsrichter insbesondere dem Insolvenzverwalter die Möglichkeit geben, sich auf die neue Situation einzustellen. Die Aussetzung des Verfahrens nach Maßgabe des § 240 ZPO ist hierzu eine geeignete Maßnahme. Anderenfalls bestünde die Gefahr, dass der Schiedsspruch in anderen Staaten wegen Verletzung des Grundsatzes des rechtlichen Gehörs nicht vollstreckbar erklärt wird (Art. V Abs. 2 lit. b UNÜ). Zudem müssen die Parteien in Passivprozessen Gelegenheit bekommen, Forderungen anzumelden und das Prüfverfahren nach §§ 174 ff. InsO durchzuführen. Die Durchführung des Anmelde- und Prüfverfahrens ist zwingend (§ 87 InsO). Daher würde ein Schiedsspruch gegen den ordre public interne verstoßen, wenn er Insolvenzforderungen feststellt, die nicht angemeldet wurden. Nach § 1059 ZPO ist das Verfahren somit zu unterbrechen.

---

414 BGHZ 50, 399.
415 Dies ist ein Fall des gesetzlichen Parteiwechsels.
416 BGH NJW-RR 2015, 433; BGH NJW 1966, 51.
417 Zöller ZPO/*Greger* § 240 Rn. 1.
418 RGZ 137, 109; BGHZ 179, 304; BGH NZI 2013, 934.
419 Sowohl nach der Amts-, als auch nach der Organtheorie findet ein Parteiwechsel statt; vgl. Uhlenbruck/*Uhlenbruck* § 80 Rn. 115.
420 Zöller ZPO/*Geimer* § 1042 Rn. 48; Musielak ZPO/*Stadler* § 240 Rn. 6.

G. Streitigkeiten in der Krise und Insolvenz   § 2

Das weitere Verfahren bei Passivprozessen hängt insbesondere davon ab, ob die Forderung zur Ta- 275
belle festgestellt wird. Ist die Forderung unbestritten und nach dem Prüftermin zur Insolvenztabelle festgestellt worden, bleibt dem Gläubiger keine andere Wahl, als das Verfahren zu beenden. Wird die Forderung nicht zur Tabelle festgestellt, muss der Gläubiger seine ursprüngliche Leistungsklage auf einen Antrag zur Feststellung der Forderung zur Tabelle umstellen. Komplex wird es dann, wenn der Insolvenzverwalter hiergegen den **Einwand der insolvenzrechtlichen Anfechtbarkeit** der Hauptforderung geltend machen möchte. Denn die Geltendmachung dieses Einwandes während des laufenden Schiedsverfahrens ist nach Ansicht des BGH nicht möglich.[421] Die grundsätzliche Bindung des Insolvenzverwalters an eine vom Schuldner vor der Eröffnung des Insolvenzverfahrens abgeschlossene Schiedsabrede gilt nicht, soweit es um Rechte des Insolvenzverwalters geht, die sich nicht unmittelbar aus dem vom Schuldner abgeschlossenen Vertrag ergeben, sondern auf der Insolvenzordnung beruhen.[422] Ansprüche aus einer Insolvenzanfechtung ebenso wie das Wahlrecht des Insolvenzverwalters aus § 103 InsO sind von der, der Hauptforderung zugrundeliegenden Schiedsabrede, nicht erfasst, sondern folgen aus dem originären Recht des Insolvenzverwalters, das nicht zur Disposition des Schuldners steht. Der BGH zeigte in diesem Zusammenhang die Möglichkeit auf, den Anfechtungseinwand im Vollstreckbarerklärungsverfahren (§ 1060 ZPO) geltend zu machen (siehe allgemein zur Vollstreckbarerklärung § 2 Rdn. 76–80).[423] Allerdings führt dies nicht weiter, wenn das Verfahren die Feststellung zur Tabelle zum Gegenstand hat. Denn die Feststellung der Forderung zur Tabelle bedarf keiner Vollstreckung, sondern wirkt von selbst.[424] Für den Insolvenzverwalter stellt sich daher die Frage, wie er am besten seine Interessen durchsetzen kann. Zu denken wäre beispielsweise an eine Vollstreckungsgegenklage, oder schlicht an ein paralleles Verfahren vor der ordentlichen Gerichtsbarkeit, in dem der Rückgewähranspruch aus einer erfolgten Anfechtung (§ 143 InsO) geltend gemacht wird. Insoweit besteht allerdings noch immer eine gewisse Unsicherheit. Der schnellste Weg wäre die Entscheidung über die Anfechtbarkeit und deren Folgen im Wege einer nachträglichen Abrede in das Schiedsverfahren aufzunehmen. Dieser Weg stößt jedoch vor allem aus Richtung der Insolvenzverwalter nicht selten auf Ablehnung, da zum Teil nur schwer nachvollziehbare Bedenken gegen die Teilnahme an Schiedsverfahren bestehen.

Ein besonderes Problem der Eröffnung des Insolvenzverfahrens im Laufe eines Schiedsverfahrens 276
zeigt sich bei **grenzüberschreitenden Sachverhalten**. Die internationale Komponente erfordert mit Blick auf eine mögliche Insolvenz eine sorgfältige Wahl des Schiedsortes. Beispielhaft sind hier die beiden **Elektrim ./. Vivendi** Entscheidungen.

Die erste dieser Entscheidungen erging durch den englischen **High Court of Justice**.[425] Ihr lag folgen- 277
der Sachverhalt zugrunde: Die Elektrim S. A., die Vivendi Universal S. A. und die Vivendi Telecom International S. A. schlossen einen Vertrag, der eine Schiedsvereinbarung enthielt. Auf den Vertrag war polnisches, auf die Schiedsklausel englisches Recht (LCIA-Schiedsregeln, Schiedsort London) anwendbar. Wegen Vertragsverletzungen wurde die Elektrim S. A., die ihren Sitz in Polen hatte, schiedsrechtlich verklagt, wurde jedoch während des Schiedsverfahrens insolvent. In einem solchen Fall sieht das polnische Insolvenzrecht vor, dass alle Schiedsvereinbarungen mit der insolventen Partei unwirksam werden und alle anhängigen Schiedsverfahren zu beenden sind (Art. 142 des polnischen Insolvenz- und Sanierungsgesetzes). Das Schiedsgericht erließ allerdings einen Zwischenschiedsspruch, in dem es die Fortsetzung des Verfahrens und die Fortdauer der Zuständigkeit feststellte, denn die Auswirkung einer Insolvenz auf ein laufendes Schiedsverfahren richte sich nach dem Recht des Staates, in dem der Parteienstreit anhängig sei. Danach sei das englische Schiedsrecht anwendbar, wonach sich keine Auswirkungen auf ein laufendes Verfahren ergäben. Der englische

---

[421] BGH SchiedsVZ 2008, 148.
[422] BGH NZI 2011, 634.
[423] BGH ZIP 2009, 627 (629).
[424] BGH ZIP 2009, 627 (629).
[425] Syska et al. v. Vivendi Universal SA et al, High Court of Justice [2008] EWHC 2155 (Comm) v. 2.10.2008, SchiedsVZ 2008, 316.

High Court of Justice, bestätigt durch den Court of Appeal[426], teilte diese Auffassung. Im Zentrum der Entscheidung stand die Auslegung der hier einschlägigen EuInsVO, insbesondere deren Art. 4 und 15.[427] Dabei kam der High Court zu dem Ergebnis, dass im Falle der Eröffnung des Insolvenzverfahrens nach Einleitung des Schiedsverfahrens die Art. 4 Abs. 2 lit. f, 15 EuInsVO Anwendung finden und damit das **lex arbitri**, hier also das englische Schiedsrecht zur Anwendung kommt.

278 Vor dem gleichen Hintergrund jedoch mit anderer Rechtsauffassung erging ein Urteil des **Schweizer Bundesgerichts**.[428] In diesem Fall schlossen Vivendi und Elektrim einen Vergleich, der eine Schiedsklausel (ICC-Schiedsklausel) mit dem Schiedsort Genf enthielt. Während des Schiedsverfahrens teilte Elektrim die Eröffnung des Insolvenzverfahrens mit. Daraufhin stellte das Schiedsgericht das Schiedsverfahren unter Hinweis auf Art. 142 des polnischen Insolvenz- und Sanierungsgesetzes ein. Das Schweizer Bundesgericht teilte die Ansicht, dass polnisches Recht anwendbar sei (*lex fori concursus*) und bestätigte den Zwischenschiedsspruch. Dabei stütze es sich, anders als der High Court auf das IPR der Schweiz, da die EuInsVO für die Schweiz keine Anwendung findet.

279 Trotz des gleich gelagerten Sachverhalts, unterschieden sich doch die Rechtsauffassungen der beiden Gerichte essentiell. Aus diesem Grund ist bei internationalen Sachverhalten besondere Aufmerksamkeit gefordert. Insbesondere die **Wahl des Schiedsortes** gibt dem Rechtsanwender die Möglichkeit den Fortgang des Verfahrens maßgeblich zu gestalten. Mit der Wahl eines Schiedsortes im europäischen Raum ist es möglich, sich an der Auslegung des High Court zu orientieren.[429] Damit ist beeinflussbar, welches Recht im Falle der Insolvenz Anwendung findet. Gewisse Risiken birgt dagegen unter diesem Gesichtspunkt die Vereinbarung eines Schiedsortes in der Schweiz, da das schweizerische Urteil eine Präzedenzwirkung entfaltet[430] und die Parteien auf das anwendbare Insolvenzrecht kaum Einfluss haben.

2. Internationale Zuständigkeit in Anfechtungsprozessen

280 Durch das Urteil des EuGH in Sachen »Deko Marty«[431] steht nunmehr fest, dass sich die internationale Zuständigkeit für Anfechtungsprozesse des Insolvenzverwalters – im Gleichlauf zur internationalen Zuständigkeit für das Insolvenzverfahren selbst – ebenfalls nach **Art. 3 EuInsVO** richtet; das bedeutet, dass die Gerichte des Staates zuständig sind, in dessen Gebiet der Insolvenzschuldner den Mittelpunkt seiner hauptsächlichen Interessen hat, soweit dies in einem europäischen Mitgliedstaat ist.[432]

281 Dieser Mittelpunkt der hauptsächlichen Interessen, das so genannte **COMI** (»centre of main interests«), meint den Ort, an dem der Schuldner üblicherweise, mithin für Dritte erkennbar, der Verwaltung seiner Interessen nachgeht.[433] Nach Art. 3 Abs. 1 S. 2 EUInsVO wird für Gesellschaften und juristische Personen widerleglich vermutet, dass der Mittelpunkt ihrer hauptsächlichen Interessen der Ort des satzungsmäßigen Sitzes ist. Somit kommt es letztlich auf die tatsächlichen Umstände eines Unternehmens für die Bestimmung des COMI an. Entgegen der Zielsetzung der Verordnung, einen eindeutigen Verfahrensort zu bestimmen, wird mitunter versucht, durch Veränderungen der

---

426 Court of Appeal [2009] EWCA Civ. 677 v. 9.7.2009 = IILR 2010, 39.
427 Verordnung (EG) Nr. 1346/2000 des Rates vom 29. Mai 2000 über Insolvenzverfahren, ABl. Nr. L 160 S. 1.
428 BGer Lausanne, Urteil v. 31.3.2009 – 4A 428/2008, 4 A 428/08.
429 *Pörnbacher/Kölbl*, Der Einfluss von Insolvenzverfahren auf internationale Schiedsverfahren, in: Essays in Honour of 60 years of the Court of Arbitration at the Polish Chamber of Commerce in Warsaw, S. 586–599.
430 Pörnbacher/Kölbl a. a. O.
431 EuGH NJW 2009, 2189.
432 Es handelt sich dabei denknotwendig um eine »ausschließliche« internationale Zuständigkeit, da andere Regelungen zur internationalen Zuständigkeit auf nationaler Ebene durch die Existenz der EUInsVO verdrängt werden; dies muss sowohl für die Verfahrenseröffnung, als auch für die Anfechtungsklagen gelten.
433 Erwägungsgrund 13; Haß/Huber/Gruber/Heiderhoff/*Haß/Herweg* Art. 3 Rn. 6.

tatsächlichen Verhältnisse vor Eintritt der Insolvenz den Verfahrensort nach eigenem Belieben zu bestimmen, und damit gegebenenfalls rechtsmissbräuchlich forum shopping zu betreiben.

Seit Dezember 2012 laufen die Reformbestrebungen der EuInsVO auf EU-Ebene, welche die Praxiserfahrungen seit Inkrafttreten der EuInsVO am 31.05.2002 und die damit verbundenen Rechtssicherheitsdefizite aufgreifen und beheben sollen. Die Reformvorschläge zielen zum einen auf eine verbesserte Abstimmung zwischen Haupt- und Sekundärinsolvenzverfahren, die Stärkung der Registerpublizität, die Erleichterung der grenzüberschreitenden Forderungsanmeldung und die Auswirkungen des Insolvenzverfahrens auf anhängige Schiedsverfahren und die Insolvenz von Unternehmensgruppen. Insolvenzverfahren, die ohne gerichtliche Beteiligung eröffnet werden, sollen nicht in den Anwendungsbereich der Verordnung aufgenommen werden.[434] Auch eine Mindestbelegenheitsdauer des COMI in einem Staat soll abweichend von dem Urteil »Interedil« (»période suspecte«) normiert werden, die sich auf die letzten drei Monate vor Insolvenzantragstellung erstreckt.

3. Besonderer Gerichtsstand des Insolvenzverwalters

Für Klagen, die sich nach Eröffnung des Insolvenzverfahrens gegen den Insolvenzverwalter – als Partei kraft Amtes – richten, gilt dessen allgemeiner Gerichtsstand nach **§ 19a ZPO**; er befindet sich an dem Ort, an dem auch das Insolvenzgericht seinen Sitz hat. 282

Sinn und Zweck dieser Regelung ist die Konzentration von insolvenznahen Prozessen am Sitz des Insolvenzgerichts. Es wird damit **Sach- und Ortsnähe** des Gerichts gewährleistet und die Prozesswirtschaftlichkeit gefördert.[435] 283

Es handelt sich dabei **nicht** um einen **ausschließlichen Gerichtsstand**[436], so dass bei Vorliegen eines besonderen Gerichtsstandes die Wahlmöglichkeit nach § 35 ZPO besteht, so wie andere ausschließliche Gerichtsstände beachtet werden müssen. 284

Anwendungsvoraussetzung für diesen Gerichtsstand ist insbesondere, dass es sich um eine **massebezogene Klage** handelt. Eine Definition der Insolvenzmasse enthält § 35 Abs. 1 InsO, wonach diese das gesamte Vermögen umfasst, das dem Schuldner zur Zeit der Eröffnung des Verfahrens gehört und das er während des Verfahrens erlangt. Exemplarisch können als massebezogene Klagen somit die Aus- und Absonderungsklagen[437] oder auch Klagen, mit denen Masseverbindlichkeiten geltend gemacht werden sollen[438], genannt werden. Ausgenommen vom Anwendungsbereich der Vorschrift sind Insolvenzfeststellungsklagen nach §§ 179 ff. InsO, für welche ein ausschließlicher Gerichtsstand gemäß § 180 Abs. 1 S. 2, 3 InsO gilt.[439] Ferner findet der § 19a InsO keine Anwendung für Klagen, die der Insolvenzverwalter selbst erhebt, auch nicht im Hinblick auf die internationale Zuständigkeit.[440] 285

H. Gesellschaftsrechtliche Streitigkeiten beim Joint Venture

I. Besonderheiten von Joint-Venture-Streitigkeiten

1. Konfliktträchtigkeit von Joint Ventures

Joint Ventures – wörtlich übersetzt ein »gemeinsames Wagnis« – stellen eine stetig zunehmende **Kooperationsmöglichkeit für Unternehmen** dar. Motive für die Zusammenarbeit sind regelmäßig wirtschaftlicher und/oder strategischer Art, beispielsweise das Zusammenbringen von Know-How, die 286

---

434 MüKo BGB/*Kindler*, Bd. 11 Verordnung (EG) Nr. 1346/2000 (EuInsVO), Vorbem. Rn. 2.
435 Musielak ZPO/*Heinrich* § 19a Rn. 1.
436 Musielak ZPO/*Heinrich* § 19a Rn. 6; BayObLG NJW-RR 2003, 926.
437 §§ 47 ff. InsO und §§ 49 ff., 165 ff. InsO.
438 §§ 53 ff. InsO.
439 MüKo ZPO/*Patzina* § 19a Rn. 9.
440 Musielak ZPO/*Heinrich* § 19a Rn. 5.

Aufteilung von Kosten und Risiken sowie, gerade bei internationalen Zusammenschlüssen, der erleichterte Eintritt in einen ausländischen Markt.

287 Die beteiligten Partner können dabei gemeinsame aber auch **gegenläufige Interessen** verfolgen, womit die Zusammenarbeit naturgemäß ein großes Konfliktpotenzial birgt. Insbesondere bei horizontalen Gemeinschaftsunternehmen – also Joint Ventures zwischen (dann ehemaligen) Wettbewerbern – führt die Tatsache, dass die Unternehmen vor dem Zusammenschluss oftmals über viele Jahre Wettbewerber waren, durchaus nicht zur Vereinfachung der Zusammenarbeit.

288 Trotz dieser Streitanfälligkeit lassen die Absprachen zwischen den Joint-Venture-Partnern (Konsortialvertrag, Satzung, Durchführungsverträge) immer noch in vielen Fällen **Vorkehrungen für den Konfliktfall** vermissen. Dies kann gerade bei paritätischen Joint Ventures mit identischer Beteiligungsquote schnell zu Pattsituationen, sog. Deadlocks, führen – mit desaströsen Folgen (vgl. unten, Rdn. 294).

2. Erscheinungsformen von Joint Ventures

a) Equity Joint Venture – Contractual Joint Venture

289 Joint Ventures können anhand vielfältiger Kriterien unterschieden werden. Die **Hauptunterscheidung** besteht jedoch zwischen sog. Equity Joint Ventures und Contractual Joint Ventures.

290 Während beim Contractual Joint Venture zwei Partnerunternehmen auf rein vertraglicher Ebene kooperieren, ohne dass eine neue, nach außen in Erscheinung tretende Gesellschaft geschaffen wird, beteiligen sie sich beim weit häufiger anzutreffenden Equity Joint Venture gemeinsam an einer Personen- oder Kapitalgesellschaft, dem sog. Gemeinschaftsunternehmen.[441]

b) Gesellschaftsrechtliche Erscheinungsformen des Equity Joint Ventures

291 Entschließen sich die Partner zur Gründung eines Equity Joint Ventures, hängt die **Wahl der Rechtsform** von diversen Faktoren, wie beispielsweise steuer- und haftungsrechtlichen Fragen ab. Diese Faktoren bedingen die Entscheidung für eine Personengesellschaft oder eine Kapitalgesellschaft. Wegen der Gefahr des haftungsrechtlichen Durchgriffs fällt die Wahl überwiegend auf die Rechtsform einer GmbH oder einer GmbH & Co. KG.[442]

292 Das Equity Joint Venture ist in der Regel ein **zweistufiges Gebilde**. Auf der ersten Stufe steht der Konsortialvertrag (Joint-Venture-Vereinbarung oder Grundvereinbarung), in dem die Joint-Venture-Partner Gegenstand, Ziel und Modalitäten der geplanten Zusammenarbeit festlegen.[443] Wegen der gemeinsamen Zweckverfolgung stellt dieser in aller Regel eine GbR in Form einer Innengesellschaft dar.[444] Gleichzeitig sind die Joint-Venture-Partner auf einer zweiten Stufe Gesellschafter des Gemeinschaftsunternehmens.

293 Angesichts der Tatsache, dass Joint Ventures in Deutschland weit überwiegend in der Form einer GmbH geführt werden, wird im Folgenden im Grundsatz von dieser Rechtsform ausgegangen.

3. »Deadlock« zwischen den Gesellschaftern

294 Insbesondere bei der zweigliedrigen GmbH mit identischen Beteiligungsverhältnissen können Meinungsverschiedenheiten zu **Pattsituationen**, sog. Deadlocks, führen. Da sich die Partner bei Abstimmungen aufgrund des Gleichgewichts der Kräfte gegenseitig blockieren, kann es zu einer Blockade des Unternehmens kommen, die im Extremfall die Existenz des Unternehmens bedroht.

---

441 MünchHdb GesR I/*Hamann/Fröhlich* § 28 Rn. 2.
442 MünchHdb GesR I/*Hamann/Fröhlich* § 28 Rn. 6; *Elfring* NZG 2012, 895 (895); ausführlich *Fett/Spiering* S. 254 ff.
443 MünchHdb GesR I/*Hamann/Fröhlich* § 28 Rn. 28.
444 MüKo BGB/*Ulmer/Schäfer* v. § 705 BGB Rn. 67.

4. Vereinbarung von Streitschlichtungsmechanismen

Konfliktsituationen in Joint-Venture-Strukturen lassen sich oftmals nur schwer voraussehen oder vermeiden. Es ist jedoch üblich, durch **vorsorgende vertragliche Gestaltungen** zumindest die Grundlagen zu schaffen, um einen aufkommenden Streit über Einzelmaßnahmen ggf. einer schnellen Lösung zuzuführen. Jedoch bergen auch solche Streitschlichtungsmechanismen ein erhebliches **Streitpotential**: So stellt sich regelmäßig die Frage, ob der jeweilige Mechanismus grundsätzlich zulässig ist, ob die jeweils geltenden Voraussetzungen eingetreten sind, und ob eine nachträgliche »Missbrauchskontrolle« erforderlich ist. In der Praxis sind insbesondere die folgenden Konstruktionen verbreitet:

295

a) (Fakultativer) Aufsichtsrat oder Beirat

Um bei Streitigkeiten eine Vermittlung durch externe Dritte zu ermöglichen, bietet es sich an, einen Aufsichtsrat oder Beirat einzusetzen. Dieser kann als eine Art Streitschlichter fungieren und zwischen den unterschiedlichen Gesellschafterinteressen **vermitteln**. Während ein solcher bei der Aktiengesellschaft zwingend ist (§ 30 Abs. 1 Satz 1 AktG), ist er bei der GmbH[445] und den Personengesellschaften zulässig, wenn auch nicht von vornherein vorgesehen. Um eine erneute Pattsituation zu verhindern, ist eine Besetzung in ungerader Anzahl oder ein Recht des Vorsitzenden zum Stichentscheid sinnvoll.[446] Die Reichweite der Entscheidungsbefugnis des Beirates ist jedoch immer am **Grundsatz der Verbandsautonomie** zu messen. Streitigkeiten in diesem Bereich können beispielsweise aufkommen, wenn (unzulässigerweise) Entscheidungen über wesentliche Fragen der GmbH – wie beispielsweise deren Auflösung – auf gesellschaftsfremde Dritte übertragen werden.[447]

296

b) Gestuftes Eskalationsverfahren

In der Joint-Venture-Vereinbarung sind für den Konfliktfall oftmals auch verschiedene **Eskalationsverfahren** vorgesehen. Bei Bestehen eines (fakultativen) Aufsichtsrats oder Beirats (vgl. oben) kann die Streitfrage – soweit zwischen den Geschäftsführern keine Einigung erzielt werden kann – beispielsweise diesem zur Beratung und (bindenden) Beschlussfassung vorgelegt werden. Soweit auf der ersten Stufe keine Einigung erzielt werden kann, kommt sodann eine Weitergabe an die nächste Stufe in Betracht, zumeist die Gesellschafterversammlung. Kann auch dort keine Einigung erreicht werden, bleibt als letzte Eskalationsstufe oftmals nur der Gang zu den Gerichten (vgl. unten, Rdn. 306 ff.). In vielen Fällen steigert bereits die Möglichkeit, anderenfalls mit einer bindenden Entscheidung eines anderen Organs »konfrontiert« zu werden, die Bereitschaft der Joint-Venture-Partner, sich intensiv um einen Konsens zu bemühen.[448]

297

c) Vereinbarung von Ausschluss- und Beendigungsmechanismen als ultima ratio

Soweit eine Streitigkeit unauflösbar ist (und nicht selten grundsätzliche Züge annimmt), bleibt als ultima ratio oftmals nur noch die Beendigung des Joint Ventures. Diesbezüglich können im Vorfeld Ausschluss- und Beendigungsmechanismen vereinbart werden, sog. Exit-Optionen.

298

aa) Klassische Andienungs- und Erwerbsrechte

Eine Möglichkeit zur Beendigung der Zusammenarbeit stellt die Vereinbarung von **Andienungs- und Ankaufsrechten** in Form von Put- und Call-Optionen dar. Dabei erhält einer der Joint-Venture-Partner das Recht, die Anteile des anderen zu erwerben (Call-Option) oder die eigene Beteiligung an diesen zu veräußern (Put-Option). Das Entstehen dieses Rechts sollte an das Eintreten bestimmter festgelegter Voraussetzungen oder Ereignisse geknüpft werden, da andernfalls streitig werden könnte,

299

---

445 Außerhalb der Regelungen der Mitbestimmung.
446 *Elfring* NZG 2012, 895 (898).
447 Michalski/*Römermann* § 45 Rn. 19; MüKo GmbHG/*Liebscher* § 52 Rn. 660.
448 *Elfring* NZG 2012, 895 (897).

wem das Erstausübungsrecht zusteht.[449] Zudem ist eine jederzeitige Hinauskündbarkeit eines Gesellschafters ohne weitere Voraussetzungen ebenfalls kritisch zu sehen, da davon auszugehen ist, dass die von der jederzeitigen Ausschließung bedrohten Gesellschafter ihre Rechte nicht wahrnehmen und ihre Pflichten nicht ordnungsgemäß erfüllen, sondern sich den Wünschen des oder der durch das Ausschließungsrecht begünstigten Gesellschafter beugen.[450]

bb) »Russian Roulette« und »Texan Shoot Out«[451]

300 Als weitere Exit-Option besteht die Möglichkeit der sog. »Russian Roulette«- oder »Texan Shoot Out«-Verfahren, die eine **Kombination aus freiwilliger und erzwungener Anteilsübertragung** und eine besondere Form der Andienungs- und Erwerbsrechte darstellen.[452] Ausgangssituation beider Verfahren ist, dass ein Joint-Venture-Partner (nachfolgend Partner A) die Zusammenarbeit mit dem anderen Partner (nachfolgend Partner B) beenden möchte.

301 Beim »Russian Roulette« unterbreitet Partner A hinsichtlich seiner Anteile Partner B ein **Verkaufsangebot** zu einem bestimmten Preis. Partner B hat daraufhin innerhalb einer zuvor festgelegten Frist die Möglichkeit, das unterbreitete Angebot anzunehmen und die Anteile zu erwerben.[453] Entscheidet sich Partner B nicht dafür, das Verkaufsangebot anzunehmen, muss er seine Anteile zum selben Preis und zu denselben Konditionen an Partner A verkaufen. Der martialische Vergleich mit dem klassischen Russischen Roulette soll verdeutlichen, dass der Ausgang für Partner A zuvor nicht kalkulierbar ist.

302 Beim »Texan Shoot Out« unterbreitet Partner A hinsichtlich seiner Anteile Partner B ein **Kaufangebot** zu einem bestimmten Preis. Partner B hat sodann die Möglichkeit, innerhalb einer zuvor festgelegten Frist das Angebot von Partner A anzunehmen und ihm seine Anteile zu verkaufen. Entscheidet sich Partner B nicht für einen Verkauf, so muss er Partner A für dessen Anteile ein höheres Angebot unterbreiten. Das Recht zur Angebotserhöhung wechselt zwischen den Joint-Venture-Partnern hin und her, bis die Auktion mit dem höchsten Gebot ihr Ende findet.[454]

303 Der Gesellschaftsvertrag kann vorsehen, dass die genannten Verfahren jederzeit oder nur bei Eintritt bestimmter Voraussetzungen durchgeführt werden dürfen.

304 Nachdem die Wirksamkeit dieser Beendigungsklauseln lange Zeit ungeklärt war, hat sich im Jahr 2013 erstmals ein Obergericht in einem *obiter dictum* mit dieser Frage in Bezug auf § 138 BGB beschäftigt und das »Russian Roulette«-Verfahren im zugrunde liegenden Fall für **wirksam** erachtet.[455] Zur Auflösung einer Selbstblockade in der Gesellschaft im Rahmen eines Deadlocks verfolge die Klausel einen berechtigten Zweck und sei daher sachlich gerechtfertigt. Zwar bestehe die grundsätzliche Möglichkeit eines Missbrauchsrisikos, die Grenze zur Sittenwidrigkeit sei jedoch nicht überschritten. Anlass für ein **richterliches Eingreifen** könne allenfalls dann bestehen, wenn ein finanzschwächerer Partner ein Erwerbsangebot von Anfang an nicht finanzieren kann und den für ihn nachteiligen Vollzugsmechanismus deshalb vermeiden muss.

305 Regelungen hinsichtlich »Russian Roulette«- oder »Texan Shoot Out«-Verfahren können entweder als unechte Satzungsbestandteile in den **Gesellschaftsvertrag** des Gemeinschaftsunternehmens oder aber in die **Joint-Venture-Vereinbarung** aufgenommen werden.[456] Da durch die Joint-Venture-Vereinbarung eine Innen-GbR[457] geschaffen wird, ist die Exit-Option bei Aufnahme in den Joint-

---

449 Vgl. ausführlich *Fett/Spiering* S. 414 ff.
450 BGH NJW 1990, 2622; MüKo GmbHG/*Strohn* § 34 Rn. 140 ff.; eingehend *Goette* DStR 2001, 533.
451 Vgl. hierzu auch Ausführungen in § 19 Fn. 372.
452 *Kuhn*/Schulte/Schwindt S. 333.
453 Eingehend hierzu: *Schulte/Sieger* NZG 2005, 24 (25); *Schroeder/Welpot*, NZG 2014, 609 (611).
454 *Willms/Bicker*, BB 2014, 1347 m. w. N.; *Schulte/Sieger* NZG 2005, 24 (25).
455 OLG Nürnberg, Urt. v. 20.12.2013 – 12 U 49/13; näher hierzu *Weidmann* DStR 2014, 1500.
456 MünchHdb GesR I/*Hamann/Fröhlich* § 28 Rn. 34.
457 Vgl. zur Innen-GbR Ausführungen in § 29 Rdn. 19 ff., 28 ff., 53.

H. Gesellschaftsrechtliche Streitigkeiten beim Joint Venture   § 2

Venture-Vertrag jedoch unter anderem an § 723 Abs. 3 BGB zu messen. Demnach sind Vereinbarungen, durch die das Kündigungsrecht ausgeschlossen oder unzulässig beschränkt wird, nichtig. Gerade mit Blick auf die Exit-Optionen, bei denen bei Ingangsetzung noch nicht feststeht, wer aus dem Gemeinschaftsunternehmen ausscheidet, kann dies kritisch zu beurteilen sein und ist bisher noch nicht höchstrichterlich geklärt.[458] Aus diesem Grund empfiehlt es sich derzeit in Fällen, in denen das Gemeinschaftsunternehmen eine Kapitalgesellschaft ist, die Exit-Option in Form der »Russian Roulette«- und »Texan-Shoot Out«-Verfahren im Gesellschaftsvertrag und nicht in der Joint-Venture-Vereinbarung niederzulegen.

II. Streitigkeiten zwischen den Joint-Venture-Partnern

Streitigkeiten zwischen den Joint-Venture-Partnern als Gesellschafter des Gemeinschaftsunternehmens können sich in diversen Situationen ergeben. Nachfolgend sollen die wichtigsten potentiellen »Konfliktherde« überblicksartig dargestellt werden. Dabei wird auf die weiterführenden Ausführungen in den übrigen Kapiteln dieses Handbuchs verwiesen.   306

1. Durchsetzung von Gesellschafterrechten und -pflichten

Zwischen den Gesellschaftern des Gemeinschaftsunternehmens kann es zu Meinungsverschiedenheiten z. B. über strategische oder finanzielle Fragen kommen. Gerade die Auseinandersetzung über die richtige Unternehmensstrategie nimmt in Joint Ventures einen größeren Raum ein als in anderen Gesellschaften, weil die Joint-Venture-Partner regelmäßig enger **in die Unternehmensführung** des Gemeinschaftsunternehmens **eingebunden** sind. Dabei besteht die Gefahr, dass sich einer der Joint-Venture-Partner im Konfliktfall über die Rechte des anderen Partners hinwegzusetzen versucht, um seine Vorstellungen durchzusetzen.   307

Hervorzuheben sind die folgenden Konstellationen: 308
– Durchsetzung von **Teilhabe- und Mitbestimmungsrechten**, z. B. die Teilnahme an Gesellschafterversammlungen (siehe § 17 Rdn. 8 ff.)
– Durchsetzung von **Handlungs- und Unterlassungspflichten** aufgrund gesellschaftsrechtlicher Treuepflichten[459], ggf. auch im Wege einstweiliger Verfügung[460]
– Durchsetzung von **Sonder- bzw. Vorzugsrechten**, z. B. Bestellungsrechte für die Geschäftsführung, Veto- und Weisungsrechte sowie besondere Auskunftsrechte (siehe § 17 Rdn. 36 ff., 61 ff.)

Bei der Verletzung dieser Rechte stehen dem betroffenen Gesellschafter Schadensersatzansprüche gegen seinen Mitgesellschafter zu (siehe § 17 Rdn. 65). In diesem Zusammenhang ist zu beachten, dass besondere Hürden für den Nachweis eine individuellen und unmittelbaren Schadens bestehen, der über den bei der Gesellschaft entstandenen Schaden hinausgeht.[461]   309

2. Streitigkeiten innerhalb der Joint-Venture-GbR

Nicht nur das Gemeinschaftsunternehmen, auch die durch den Joint-Venture-Vertrag geschaffene GbR in Form einer **Innengesellschaft** birgt Konfliktpotential. Hinsichtlich der dortigen potenziellen Streitigkeiten, wie beispielsweise bei der Gründung, bei der Durchsetzung von Gesellschafterrechten, bei Veränderungen des Gesellschafterbestands oder bei Auflösung und Beendigung der GbR, wird auf die Ausführungen zu den Streitigkeiten in der Gesellschaft bürgerlichen Rechts (§§ 29–36) verwiesen.   310

---

458 Vgl. hierzu ausführlich *Holler/Frese* BB 2014, 1479 (1481).
459 Eingehend Baumbach/Hueck/*Fastrich* § 13 Rn. 20 ff.; MüKo GmbHG/*Merkt* § 13 Rn. 88 ff.; siehe zur AG [§ 6 Rdn. 367 ff.]
460 OLG Düsseldorf NZG 2005, 633 (634); Michalski/*Michalski/Funke* § 13 Rn. 179; OLG Hamburg NJW 1992, 186.
461 Baumbach/Hueck/*Fastrich* § 13 Rn. 30; MüKo GmbHG/*Merkt* § 13 Rn. 196 ff.

3. Beendigung des Joint Ventures

a) Vertragliche Beendigungsmechanismen

311 Gelingt die Beilegung der Meinungsverschiedenheiten zwischen den Joint-Venture-Partnern nicht, bleibt oftmals nur die **Beendigung der Partnerschaft**. Hierzu können die Joint-Venture-Vereinbarung und der Gesellschaftsvertrag des Gemeinschaftsunternehmens **detaillierte Regelungen** enthalten. Hierzu gehört zunächst die Zwangseinziehung von Geschäftsanteilen. Die Einziehung muss gem. § 34 Abs. 1 GmbHG im Gesellschaftsvertrag ausdrücklich zugelassen sein, der auch die Einziehungsgründe angeben muss, § 34 Abs. 2 GmbHG. Oftmals ist die Einziehung an das Vorliegen eines »wichtigen Grundes« geknüpft, an den nach der Rechtsprechung des BGH infolge ihrer Eigenart bei der Zwei-Personen-GmbH besondere Anforderungen zu stellen sind. Diesbezüglich und hinsichtlich der Besonderheiten in der Zwei-Personen Gesellschaft ist auf die Ausführungen zu Streitigkeiten bei der Einziehung von Geschäftsanteilen zu verweisen (§ 16 Rdn. 181 ff.).[462]

312 Ebenfalls in Betracht kommen die bereits beschriebenen neuartigen Ausschluss- und Beendigungsmechanismen wie »Russian Roulette« und »Texan Shoot Out« (siehe oben, Rdn. 303 ff.).

b) Beendigungsoptionen außerhalb vertraglicher Regelungen

313 Auch außerhalb vertraglicher Regelungen bestehen verschiedene Beendigungsmöglichkeiten, von der Übertragung der Gesellschaftsanteile auf einen neuen Dritten bis hin zum Ausschluss des anderen Teils aus »wichtigem Grund«.

aa) Übertragung der Gesellschaftsanteile

314 Die Gesellschaftsanteile können **auf einen Dritten übertragen** werden, der an die Stelle des ausscheidenden Partners tritt. Die Übertragung von Geschäftsanteilen kann vertraglich an bestimmte Voraussetzungen geknüpft werden, bei deren Vorliegen die Zustimmung zur Übertragung zu erteilen ist. Bezüglich der in diesem Zusammenhang relevanten Streitigkeiten wird auf die Erläuterungen zu Streitigkeiten im Zusammenhang mit der Vinkulierung von Geschäftsanteilen (§ 16 Rdn. 71 ff.) verwiesen.[463]

315 Anglo-amerikanischer Einfluss macht sich in der Verbreitung sogenannter »Tag along«- (Mitverkaufs**recht**) und »Drag along«-Klauseln (Mitverkaufs**pflicht**) bemerkbar. »Tag along«-Klauseln ermöglichen, wenn ein Partner seine Anteile verkauft, eine Mitveräußerung zu gleichen Bedingungen und schützen dadurch den Mitgesellschafter, wenn es keinen liquiden Markt für die betroffenen Anteile gibt. »Drag along«-Klauseln verpflichten dagegen zur Mitveräußerung unter gleichen Bedingungen. So wird insbesondere gewährleistet, dass der Mehrheitsgesellschafter seine Anteile ohne eine seitens des Minderheitsgesellschafters bestehende Sperrminorität verkaufen kann. Eine Absicherung gegen die Nachteile dieser Konstrukte ist bei »Tag along« durch Put-Optionen (macht der Gesellschafter von seinem Mitverkaufsrecht gebrauch, so kann er statt an den Dritten auch an den Mitgesellschafter verkaufen) bzw. bei »Drag along« durch Call-Optionen (die Mitverkaufspflicht besteht, ist aber an feste Bedingungen verknüpft und es erwirbt zunächst nicht der Dritte, sondern der Mitgesellschafter die Anteile) möglich. Im Einzelfall hat eine nachträgliche Missbrauchskontrolle zu erfolgen.[464]

316 Da die Joint-Venture-Partner oftmals an der Zusammenarbeit gerade mit dem jeweils anderen Partner interessiert sind, kann es auch interessengerecht sein, die Abtretung von Geschäftsanteilen nicht nur zu erschweren, sondern gänzlich **auszuschließen**. Dem Gesellschafter verbleibt in diesem Fall

---

462 Zur Zwangseinziehung bei der AG vgl. § 5 Rdn. 72 ff.
463 Zur Vinkulierung von Aktien vgl. § 5 Rdn. 10 ff.
464 *Fleischer/Schneider* DB 2012, 961 ff.; MAH GmbHR/*Römermann* Teil A § 2 Rn. 221 ff.; MüHdBGesR/*Wirbel* Bd. 1, § 28 Rn. 56 f.

H. Gesellschaftsrechtliche Streitigkeiten beim Joint Venture § 2

immer noch das Kündigungs- und Austrittsrecht aus wichtigem Grund (näher hierzu § 18 Rdn. 80 ff.), so dass darin keine unzulässige Bindung des Gesellschafters liegt.[465]

bb) Aufspaltung des Gemeinschaftsunternehmens

Je nach Ausgestaltung des Joint Ventures ist auch eine **Aufspaltung** gem. § 123 Abs. 1 UmwG möglich.[466] Damit kann das Interesse der Gesellschafter gewahrt werden, weiterhin von den Werten zu profitieren, die sie in das Joint Venture eingebracht oder während des Bestands des Joint Ventures gemeinsam geschaffen haben. Zu den im Rahmen der Spaltung denkbaren Streitigkeiten und Rechtsschutzmöglichkeiten siehe § 128 § 93. 317

cc) Ausschluss eines Joint-Venture-Partners aus wichtigem Grund

Überdies kann ein Gesellschafter aus wichtigem Grund aus der GmbH ausgeschlossen werden. Dabei enthält das GmbHG anders als das HGB[467] keine ausdrückliche Regelung. Die Zwangsausschließung eines GmbH-Gesellschafters ist bei Vorliegen eines wichtigen Grundes jedoch **von der Rechtsprechung anerkannt**.[468] In Anlehnung an § 60 Abs. 1 Nr. 2 GmbHG setzt dies bei Schweigen der Satzung einen mit Dreiviertelmehrheit gefassten Gesellschafterbeschluss voraus, wobei der betroffene Joint-Venture-Partner infolge seiner eigenen Betroffenheit kein Stimmrecht hat.[469] In einer Zwei-Personen-Gesellschaft wird auf das Erfordernis eines Gesellschafterbeschlusses nach überwiegender Ansicht verzichtet, da in diesem Fall eine derartige Beschlussfassung sinnlos wäre.[470] Näher zu den Streitigkeiten bei Ausscheiden eines Gesellschafters sowie den prozessualen Besonderheiten § 18 Rdn. 12 ff. 318

III. Streitigkeiten unter Beteiligung von Gesellschaftsorganen

1. Durchsetzung von Gesellschafterrechten

Den Gesellschafterrechten kommt angesichts der im Gemeinschaftsunternehmen oftmals bestehenden Aufgabenteilung zentrale Bedeutung zu. Insbesondere wenn ein Geschäftsführer einem der Joint-Venture-Partner zuzuordnen ist, drohen bei einem Konflikt zwischen den Gesellschaftern unmittelbare Auswirkungen auf das **Tagesgeschäft** des Gemeinschaftsunternehmens, indem der Gesellschafter über »seinen« Geschäftsführer seine eigenen Interessen durchzusetzen versucht. Zum Schutz der Interessen der übrigen Gesellschafter besteht eine Reihe von Gesellschafterrechten, die nötigenfalls auch gerichtlich durchgesetzt werden können: 319
– Jedem GmbH-Gesellschafter sind von Gesetzes wegen **Einsichts- und Informationsrechte** (§ 51a GmbHG) eingeräumt. Diesbezüglich ist auf die Ausführungen zur Durchsetzung von gesetzlichen Informationsrechten (§ 17 Rdn. 20 ff.) und den Rechtsfolgen bei Verletzung derselben (§ 19 Rdn. 94 ff.) zu verweisen.[471]
– Die Befugnis, ein Anliegen im Rahmen der Gesellschafterversammlung zu präsentieren und zur Abstimmung zu stellen, wird durch die (unabdingbare) **Einberufungskompetenz** gem. § 50 GmbHG gesichert.[472]

---

465 Eingehend Baumbach/Hueck/*Fastrich* § 15 Rn. 37 ff.; MüKo GmbHG/*Reichert/Weller* § 15 Rn. 393.
466 *Weidmann* DStR 2014, 1500.
467 § 140 HGB.
468 BGH NJW 1953, 780; BGH NJW 1955, 667; Michalski/*Michalski/Funke* Anh. § 34 Rn. 4 m.w.N.; MüKo GmbHG/*Fleischer* Einleitung Rn. 183; ausführlich § 18 Rdn. 16 ff. sowie zur AG § 7 Rdn. 32 ff.
469 MüKo GmbHG/*Strohn* § 34 Rn. 149, 152.
470 MüKo GmbHG/*Strohn* § 34 Rn. 147.
471 Zudem besteht ein Sonderprüfungsrecht, das bei der GmbH aus § 46 Nr. 6 GmbHG folgt, vgl. ausführlich Baumbach/Hueck/*Zöllner* § 46 Rn. 51, und bei der AG aus § 142 AktG, vgl. ausführlich § 6 Rdn. 65 ff.
472 Eingehend Michalski/*Römermann* § 50 Rn. 1 ff.; Baumbach/Hueck/*Zöllner* § 50 Rn. 1 ff.; zur AG vgl. § 6 Rdn. 252 ff.

– Neben dem Recht zur Teilnahme an der Gesellschafterversammlung (§ 19 Rdn. 87 ff.) verfügen die Gesellschafter zudem über **Mitwirkungsrechte** bei der Beschlussfassung. Als Kern der Gesellschafterstellung hat jeder Gesellschafter das Recht, Anträge zu stellen (Antragsbefugnis)[473] und sich zu den Gegenständen der Tagesordnung zu äußern (Frage- und Rederecht)[474] (§ 19 Rdn. 91 ff.).

320 Wurden die Gesellschafterrechte verletzt, ist der Gesellschafterbeschluss gem. § 243 AktG analog anfechtbar, soweit der Verfahrensverstoß für das Beschlussergebnis relevant war (Relevanztheorie) (§ 19 Rdn. 102 ff.).[475]

2. Entziehung der Geschäftsführungsbefugnis bzw. Abberufung der Geschäftsführung

321 Ein klassischer Streitpunkt beim paritätischen Joint Venture ist die Abberufung des Geschäftsführers, gegen die sich der Geschäftsführer auf dem ordentlichen Rechtsweg zur Wehr setzen kann (siehe § 20 Rdn. 134 ff.). Ganz grundsätzlich ist dabei das Anstellungsverhältnis von der organschaftlichen Bestellung zu unterscheiden. Die materiellen Voraussetzungen der Kündigung des Anstellungsvertrags bemessen sich nach § 626 BGB (vgl. § 20 Rdn. 186 ff.), die materiellen Voraussetzungen der Abberufung unterliegen hingegen dem GmbHG. Nach § 38 Abs. 1 GmbHG ist der Geschäftsführer – soweit die Satzung keine strengeren Voraussetzungen, wie beispielsweise das Vorliegen eines wichtigen Grundes (§ 38 Abs. 2 GmbHG), vorsieht – frei abberufbar (vgl. § 20 Rdn. 164 ff.). Der Abberufungsbeschluss obliegt der dispositiven Vorschrift des § 46 Nr. 5 GmbHG zufolge der Gesellschafterversammlung und ist grundsätzlich mit einfacher Mehrheit zu fassen (§ 47 Abs. 1 GmbHG).[476] Beim paritätischen Joint Venture droht wegen des faktischen Einigungszwangs damit häufig eine **Pattsituation**. Das Stimmrecht des abzuberufenden Gesellschafter-Geschäftsführers ist zwar im Ausgangspunkt nicht durch § 47 Abs. 4 GmbHG ausgeschlossen, bei der Abberufung aus wichtigem Grund – die regelmäßig vorliegen wird – ist der betroffene Gesellschafter-Geschäftsführer dann allerdings doch vom Stimmrecht ausgeschlossen.[477] Hinsichtlich der Wirksamkeit des Abberufungsbeschlusses ist dabei in der zweigliedrigen GmbH **allein die materielle Rechtslage** maßgeblich. Bis zur gerichtlichen Entscheidung bleiben also beide Geschäftsführer – selbst bei wechselseitiger Abberufung – weiter im Amt.[478] Weder §§ 117, 127 HGB noch § 84 Abs. 3 Satz 4 AktG finden analoge Anwendung.[479] Näher hierzu und zur Möglichkeit des einstweiligen Rechtsschutzes: § 19 Rdn. 174 ff.

3. Schadensersatzansprüche gegen Gesellschaftsorgane

322 Der **Gesellschafterversammlung** obliegt gem. § 46 Nr. 8 GmbHG der Beschluss über etwaige Ersatzansprüche, welche der Gesellschaft aus Gründung oder Geschäftsführung gegen Geschäftsführer, Gesellschafter und (über den Wortlaut hinaus) Mitgliedern anderer Gesellschaftsorgane, wie beispielsweise des fakultativen Aufsichtsrats oder Beirats, zustehen.[480] Der Geschäftsführer ist grundsätzlich im Rahmen der Innenhaftung gegenüber der Gesellschaft verpflichtet, kann jedoch auch im Rahmen der Außenhaftung von den Gesellschaftern in Anspruch genommen werden. Hinsichtlich der insoweit einschlägigen prozessualen Fragen sowie der möglichen Anspruchsgrundlagen

---

473 MüKo GmbHG/*Drescher* § 47 Rn. 15 ff.
474 MüKo GmbHG/*Drescher* § 47 Rn. 25 ff.
475 Eingehend MüKo GmbHG/*Wertenbruch* Anh. § 47 Rn. 113 ff.
476 Die Satzung kann auch abweichende Mehrheitserfordernisse oder Einstimmigkeit vorsehen bzw. besondere Anforderungen an die Beschlussfähigkeit eines Abberufungsbeschluss stellen. Für die Abberufung aus wichtigem Grund reicht nach (noch) h. M. hingegen stets ein Abberufungsbeschluss mit einfacher Mehrheit, vgl. BGH WM 1988, 23; Roth/Altmeppen/*Altmeppen* § 38 Rn. 18; a. A. Baumbach/Hueck/*Zöllner/Noack* § 38 Rn. 30; Michalski/*Terlau* § 38 Rn. 57.
477 Eingehend MüKo GmbHG/*Stephan/Tieves* § 38 Rn. 24 f., 77 f.
478 Oppenländer/Trölitzsch § 9 Rn. 18; Michalksi/*Terlau* § 38 Rn. 66 f.
479 BGH NJW 1983, 938 (939).
480 Michalski/*Römermann* § 46 Rn. 411 ff.

H. Gesellschaftsrechtliche Streitigkeiten beim Joint Venture § 2

wird auf § 20 Rdn. 5 ff. verwiesen. Die Gesellschaft kann bei schuldhafter Pflichtverletzung auch von einem Aufsichtsrats-/Beiratsmitglied Schadensersatz verlangen, siehe § 20 Rdn. 198.

Der **Ermächtigungsbeschluss** der Gesellschafterversammlung im Sinne des § 48 Nr. 8 GmbHG ist materielle Voraussetzung für die Geltendmachung eines Schadensersatzanspruchs der Gesellschaft gegen ein Gesellschaftsorgan. Ebenso wie beim Ausschluss eines Joint-Venture-Partners aus wichtigem Grund (siehe oben Rdn. 318) stellt sich beim paritätischen Joint Venture die Frage nach Sinnhaftigkeit und Notwendigkeit eines förmlichen Gesellschafterbeschlusses, wenn einer der Joint-Venture-Partner gleichzeitig in Anspruch zu nehmender Gesellschafter-Geschäftsführer ist und damit gem. § 47 Abs. 4 GmbHG einem Stimmverbot unterliegt. Da es sich bei der Beschlussfassung des allein als stimmberechtigt verbliebenen Joint-Venture-Partners um eine bloße Förmelei handeln würde, kann in diesem Fall nach überwiegender Ansicht in Rechtsprechung und Literatur auf einen förmlichen Beschluss verzichtet werden.[481] 323

Gegenüber den einzelnen Gesellschaftern besteht hingegen grundsätzlich keine Ersatzpflicht des Geschäftsführers. Nach der bewussten Entscheidung des Gesetzgebers sind die Interessen der Gesellschafter durch das gesellschaftsrechtliche Organisationsrecht hinreichend geschützt.[482] Bezüglich der insoweit anerkannten Ausnahmen siehe § 20 Rdn. 94 ff. 324

IV. Konzernrechtliche Streitigkeiten

Durch die Gründung eines Equity Joint Ventures kann es zur Bildung einer **Konzernstruktur** kommen.[483] Das Gemeinschaftsunternehmen kann anerkanntermaßen von mehreren Unternehmen iSd § 17 AktG abhängig sein, soweit auf Dauer eine gemeinsame Herrschaftsausübung mit gemeinsamer Willensbildung besteht.[484] Eine solche kann entweder durch vertragliche Vereinbarung in der Joint-Venture-Vereinbarung oder durch tatsächliche Ausübung begründet werden.[485] Der mit der paritätischen Beteiligung verbundene faktische Einigungszwang allein genügt für das Erfordernis der gemeinsamen Beherrschung grundsätzlich nicht.[486] Liegt ein Beherrschungsvertrag vor, handelt es sich um einen GmbH-Vertragskonzern, auf den die §§ 302-310 AktG weitgehend analog anzuwenden sind. Wurde kein Beherrschungsvertrag geschlossen, handelt es sich um einen faktischen GmbH-Konzern.[487] 325

1. Ausgleichs- und Abfindungsansprüche der Joint-Venture-Gesellschaft gegen einen Joint-Venture-Partner

Der **Verlustausgleichsanspruch** des § 302 AktG findet auf den GmbH-Vertragskonzern analoge Anwendung, wobei jeder Joint-Venture-Partner in seiner Beziehung zum Gemeinschaftsunternehmen den Ausgleich schuldet.[488] Insoweit wird auf die Ausführungen zum AG-Vertragskonzern verwiesen (vgl. § 24). Die Ausgleichs- und Abfindungsansprüche nach § 304 AktG sind einer analogen Anwendung hingegen nicht zugänglich. 326

2. Schadensersatzansprüche der Joint-Venture-Gesellschaft gegen einen Joint-Venture-Partner

Die Regelungen der §§ 311 bis 318 AktG sind auf faktische GmbH-Konzerne ebenfalls nicht analog anwendbar. Streitigkeiten in GmbH-Konzernverhältnissen werden daher ausschließlich über die ge- 327

---

481 BGH NJW 1991. 1884; Michalski/*Römermann* § 46 Rn. 401; MüKo GmbHG/*Fleischer* § 43 Rn. 323.
482 Eingehend MüKo GmbHG/*Haas/Ziemons* § 43 Rn. 267 ff.
483 *Fett/Spiering* S. 197.
484 BGH NJW 1994, 855; MüKo AktG/*Bayer* § 17 Rn. 77.
485 MünchHdb GesR IV/*Krieger* § 68 Rn. 50 ff.; MünchHdb GesR I/*Hamann/Fröhlich* § 28 Rn. 16 ff.
486 Emmerich/Habersack, § 17 Rn. 31.
487 Vgl. zum AG-Vertragskonzern § 24, zum faktischen AG-Konzern § 26.
488 Emmerich/Habersack § 17 Rn. 32.

sellschaftsrechtliche **Treuepflicht** gelöst, wobei insoweit auf die Ausführungen zum faktischen GmbH-Konzern (vgl. § 27) verwiesen wird.

V. Actio pro socio

328 Infolge der oftmals gegenläufigen Interessen der Joint-Venture-Partner und dem oftmals bestehenden Stimmengleichgewicht kann die actio pro socio, also die **Geltendmachung von Sozialansprüchen der Gesellschaft durch einen Gesellschafter** im eigenen Namen (Gesellschafterklage), im Konfliktfall von Bedeutung sein. Die Existenz und Zulässigkeit der Gesellschafterklage ist im Rahmen der GmbH zwar anerkannt, die innere Zuständigkeitsordnung der GmbH hat nach h. M. jedoch Vorrang.[489] Zwar sind deshalb die Einwirkungsmöglichkeiten innerhalb der GmbH vorrangig auszuschöpfen. Soweit solche jedoch offensichtlich aussichtslos sind oder einen ungerechtfertigten Umweg darstellen, ist der Gesellschafter nicht durch die gesellschaftsrechtliche Ordnung gehindert und kann den Anspruch selbst einklagen, siehe auch § 14 Rdn. 41 ff.[490] Sofern aber bereits der Gesellschafterbeschluss materielle Voraussetzung für die Entstehung oder Fälligkeit des Anspruchs ist (z. B. Einforderung ausstehender Einlagen, § 46 Nr. 2 GmbHG, Geltendmachung von Ersatzansprüchen, § 48 Nr. 8 GmbHG), ist auch die Gesellschafterklage hieran gebunden.[491] Liegt ein ablehnender Gesellschafterbeschluss vor, verbleibt damit nur der Weg über die Anfechtungs- oder Nichtigkeitsklage, § 243 ff. AktG analog.[492] Bleibt das zuständige Organ hingegen gänzlich (pflichtwidrig) untätig, ist zu versuchen, einen dementsprechenden Beschluss der Gesellschafterversammlung herbeizuführen.[493] Ist ein derartiger Beschluss jedoch bereits gefasst, ist im Falle des pflichtwidrigen Unterlassens der Geschäftsführung die Durchsetzung im Wege der actio pro socio zulässig.[494]

I. Arbeitsrechtliche Bezüge

329 Sofern eine Gesellschaft Arbeitnehmer beschäftigt, wird sie sich bereits in ihrer Arbeitgeberfunktion unweigerlich über kurz oder lang mit arbeitsrechtlichen Streitigkeiten konfrontiert sehen. Es soll daher im Folgenden zunächst ein kurzer Überblick über die wesentlichen Besonderheiten des Arbeitsgerichtsverfahrens gegeben werden, bevor dann auf einige typische Schnittstellen zwischen gesellschaftsrechtlichen Streitigkeiten und dem Arbeitsrecht eingegangen wird: den Fragen rund um die Anstellung und den arbeitsrechtlichen Status von Organmitgliedern einerseits und der Arbeitnehmermitbestimmung im Aufsichtsrat andererseits.

I. Das Arbeitsgerichtsverfahren

1. Zuständigkeit der Arbeitsgerichte

330 Vor dem Arbeitsgericht kann in zwei unterschiedlichen Verfahrensarten gestritten werden, dem **Urteilsverfahren** und dem **Beschlussverfahren**. Welche der beiden Verfahrensarten für den betreffenden Rechtsstreit die richtige ist, wird dabei unmittelbar im Rahmen der Zuständigkeit entschieden. Man spricht insoweit auch von der Zuständigkeit des Arbeitsgerichts im Urteilsverfahren bzw. alternativ im Beschlussverfahren.

331 Die wichtigste Zuständigkeit der Arbeitsgerichte im Urteilsverfahren besteht für bürgerliche Streitigkeiten zwischen Arbeitnehmern und Arbeitgebern aus dem Arbeitsverhältnis sowie über das Bestehen oder das Nichtbestehen eines Arbeitsverhältnisses, § 2 Abs. 1 Nrrn. 3a und 3b ArbGG. Die Zuständigkeit im Beschlussverfahren ist demgegenüber für Streitigkeiten in Angelegenheiten rund um die

---

489 BGH NZG 2005, 216; Michalski/*Ebbing* § 14 Rn. 102 ff. m. w. N.
490 BGH NJW 1976, 191 (192); Michalski/*Römermann* § 46 Rn. 530 ff.
491 Baumbach/Hueck/*Fastrich* § 13 Rn. 39; Michalski/*Ebbing* § 14 Rn. 99; MüKo GmbHG/*Liebscher* § 46 Rn. 71.; BGH NJW 1959, 194; BGH NJW 1986, 2250 (2252).
492 Siehe dazu eingehend § 19 Rdn. 1 ff.
493 § 14 Rdn. 43 m. w. N.
494 Michalski/*Römermann* § 46 Rn. 141; MüKo GmbHG/*Liebscher* § 46 Rn. 72.

I. Arbeitsrechtliche Bezüge § 2

Arbeitnehmervertretungen gegeben. Dies betrifft insbesondere Angelegenheiten aus dem Betriebsverfassungsgesetz, § 2a Abs. 1 Nr. 1 ArbGG. Aber auch für Fragen der Unternehmensmitbestimmung, soweit sie die Wahl von Arbeitnehmervertretern in den Aufsichtsrat bzw. deren Abberufung mit Ausnahme von Abberufungen nach § 103 Abs. 3 AktG betreffen, sind die Arbeitsgerichte im Beschlussverfahren zuständig, § 2a Abs. 1 Nr. 3 ArbGG. Schließlich erstreckt sich die Zuständigkeit im Beschlussverfahren auch auf die Angelegenheiten der Arbeitnehmerbeteiligung in grenzüberschreitenden Zusammenhängen, so insbesondere im Zusammenhang mit der Errichtung eines Europäischen Betriebsrats (§ 2a Abs. 1 Nr. 3b ArbGG), bei der Gründung einer Europäischen Aktiengesellschaft (§ 2a Abs. 1 Nr. 3e ArbGG) sowie bei grenzüberschreitenden Verschmelzungen (§ 2a Abs. 1 Nr. 3g ArbGG).

Soweit es für die Zuständigkeit der Arbeitsgerichte darauf ankommt, dass es um eine Streitigkeit mit einem Arbeitnehmer oder einen Arbeitnehmer geht, enthält das ArbGG in § 5 eine eigenständige Definition des Arbeitnehmerbegriffs. Insbesondere Vertretungsorgane, also »*Personen in Betrieben einer juristischen Person oder einer Personengesamtheit, die kraft Gesetzes Satzung oder Gesellschaftsvertrag allein oder als Mitglieder des Vertretungsorgans zur Vertretung der juristischen Person oder der Personengesamtheit berufen sind*«, gelten nach der gesetzlichen Definition nicht als Arbeitnehmer im Sinne des ArbGG, § 5 Abs. 1 S. 3 ArbGG. Dies ist vor allem für Geschäftsführer und Vorstände von Bedeutung, soweit sie in eigener Sache vor dem Arbeitsgericht klagen bzw. verklagt werden. 332

2. Wesentliche Besonderheiten des arbeitsgerichtlichen Verfahrens

Der **arbeitsgerichtliche Instanzenzug** besteht aus Arbeitsgericht, Landesarbeitsgericht und Bundesarbeitsgericht. Im Urteilsverfahren findet gegen Urteile des Arbeitsgerichts die Berufung beim Landesarbeitsgericht statt, §§ 64 ff. ArbGG, und gegen Urteile die Revision beim Bundesarbeitsgericht, §§ 72 ff. ArbGG. Die Berufung ist unabhängig von ihrer auch sonst möglichen Zulassung durch das Arbeitsgericht stets in Kündigungsrechtsstreitigkeiten oder bei einem Beschwerdewert über EUR 600 zulässig. Die Revision ist hingegen davon abhängig, dass sie vom Landesarbeitsgericht zugelassen wurde, wobei der praktisch relevanteste Zulassungsgrund die grundsätzliche Bedeutung der entscheidungserheblichen Rechtsfrage ist, § 72 Abs. 2 Nr. 1 ArbGG. Das Bundesarbeitsgericht ist an die Zulassungsentscheidung des Landesarbeitsgerichts gebunden, § 72 Abs. 3 ArbGG. Die Entscheidung über die Nichtzulassung kann gesondert mit der Nichtzulassungsbeschwerde beim Bundesarbeitsgericht angegriffen werden, § 72a ArbGG. Im Beschlussverfahren ist gegen verfahrensbeendende Beschlüsse des Arbeitsgerichts die Beschwerde zum Landesarbeitsgericht stets zulässig, § 87 Abs. 1 ArbGG. Die Rechtsbeschwerde zum Bundesarbeitsgericht gegen die Beschlüsse des Landesarbeitsgerichts ist hingegen nur unter den gleichen Bedingungen wie die Revision im Urteilsverfahren zulässig, § 92 Abs. 1 S. 2 ArbGG. 333

Bei dem Urteilsverfahren handelt es sich um einen **Parteiprozess,** während in dem Beschlussverfahren der **Amtsermittlungsgrundsatz** gilt, § 83 Abs. 1 S. 1 ArbGG. 334

In allen arbeitsgerichtlichen Verfahren gilt in jedem Verfahrensstadium der **Beschleunigungsgrundsatz** gemäß § 9 Abs. 1 ArbGG. Dies führt in der Regel dazu, dass bereits wenige Wochen nach Eingang einer Klage- oder Antragsschrift ein (erster) Verhandlungstermin stattfindet. Im Urteilsverfahren ist dies zwingend die gesonderte **Güteverhandlung** vor dem Vorsitzenden, § 54 ArbGG. Im Beschlussverfahren ist eine Güteverhandlung fakultativ und in das Ermessen des Vorsitzenden gestellt, § 80 Abs. 2 S. 2 ArbGG. Es genügt, wenn die Klage bzw. Antragsschrift eine Woche vor diesem Termin der beklagten Partei zugestellt wurde, eine Aufforderung zur Einlassung ergeht in der Regel nicht, § 47 ArbGG. Kann in der Güteverhandlung eine gütliche Einigung nicht erzielt werden, soll die Verhandlung insgesamt in einem **Termin vor der Kammer** zu Ende geführt werden, § 57 Abs. 1 S. 1 ArbGG, der über den Verweis in § 80 Abs. 2 S. 1 ArbGG auch für das Beschlussverfahren gilt. Diese Verhandlung ist durch entsprechende prozessleitende Verfügungen des Vorsitzenden nach § 56 Abs. 1 ArbGG vorzubereiten. 335

Joppich

336 Für Beschlussverfahren nach § 2a Abs. 1 ArbGG werden keine **Gerichtskosten** erhoben, § 2 Abs. 2 GKG. Für Klagen und Anträge sind in beiden Verfahrensarten keine Kostenvorschüsse zu entrichten, § 11 GKG. Zudem gilt in Urteilsverfahren des ersten Rechtszuges nach § 12a Abs. 1 S. 1 ArbGG, dass der obsiegenden Partei kein Anspruch auf Erstattung der ihr entstandenen Kosten zusteht.

II. Streitigkeiten mit Organmitgliedern vor den Arbeitsgerichten

337 Organmitglieder, insbesondere Geschäftsführer einer GmbH, versuchen häufig, Streitigkeiten über Ansprüche gegen die Gesellschaft[495] vor dem Arbeitsgericht auszutragen. Die **Gründe** hierfür liegen zum einen in den attraktiveren verfahrensrechtlichen Besonderheiten, insbesondere der Verfahrensbeschleunigung und der Tatsache, dass keine Kostenvorschüsse geleistet werden müssen bzw. im Fall des Unterliegens die Kosten der Gegenseite nicht getragen werden müssen. Zum anderen versprechen sich viele Kläger offenbar, von der – vermeintlich – arbeitnehmerfreundlichen Einstellung der Arbeitsgerichte zu profitieren. Hinzu kommt, dass viele Geschäftsführer vor der Übernahme der Organstellung in einem Arbeitsverhältnis zu der Gesellschaft standen, also sozusagen eine Arbeitnehmervergangenheit in der Gesellschaft haben. Zudem ist eine deutliche Tendenz der Rechtsprechung in den letzten Jahren zu beobachten, Anstellungsverhältnisse von Geschäftsführern schneller als Arbeitsverträge zu qualifizieren, etwa auf Grund einer im Einzelfall stark ausgeprägten und gelebten Weisungsgebundenheit. Dies unterscheidet insbesondere den Fremdgeschäftsführer von dem weisungsunabhängigen Vorstand einer AG.

338 Dem steht gegenüber, dass nach **§ 5 Abs. 1 S. 3 ArbGG** Geschäftsführer (und andere Vertretungsorgane) nicht als Arbeitnehmer im Sinne des ArbGG gelten, so dass eine Zuständigkeit der Arbeitsgerichtsbarkeit nach § 2 Abs. 1 Nr. 3 ArbGG an sich nicht in Betracht kommt. Nach der so genannten »**Lagertheorie**« soll hierdurch vermieden werden, dass Streitigkeiten innerhalb des Arbeitgeberlagers, dem das Vertretungsorgan der Gesellschaft zugerechnet wird, vor den Arbeitsgerichten ausgetragen werden.[496]

339 Wann und unter welchen Voraussetzungen einem Geschäftsführer gleichwohl der Rechtsweg zu den Arbeitsgerichten offensteht, hat die Rechtsprechung in der Vergangenheit mehrfach beschäftigt. Für die Bestimmung der Reichweite des § 5 Abs. 1 S. 3 ArbGG gelten folgende **Grundsätze**:

340 Zunächst gilt die Beschränkung der arbeitsgerichtlichen Rechtsstellung nur für das **Rechtsverhältnis, das der Organstellung zugrunde liegt**. Besteht daneben ein weiteres, eigenständiges Rechtsverhältnis, das als Arbeitsverhältnis zu qualifizieren ist, so kann der Geschäftsführer hieraus auch in seiner Stellung als Arbeitnehmer vor den Arbeitsgerichten klagen. Daneben hat das Bundesarbeitsgericht die Reichweite der Sperrwirkung des § 5 Abs. 1 S. 3 ArbGG auch hinsichtlich des eigentlichen der Organstellung zugrunde liegenden Rechtsverhältnisses eingeschränkt, und zwar in zeitlicher Hinsicht. So greift die Sperrwirkung nur, solange der Geschäftsführer auch tatsächlich noch als Organ bestellt ist. In dem Moment, in dem die Organstellung, also das Amt als Geschäftsführer, endet, entfällt auch automatisch die Anwendung des § 5 Abs. 3 S. 3 ArbGG.[497] Dies gilt in einem Bestandsschutzverfahren nicht nur, wenn die Organstellung bereits im Zeitpunkt der Kündigung beendet war, sondern auch noch dann, wenn sie vor rechtskräftiger Entscheidung über die Rechtswegzuständigkeit beendet wird.[498]

341 Von der Frage der Rechtswegzuständigkeit ist naturgemäß die Frage zu unterscheiden, ob es sich auch **materiell um ein Arbeitsverhältnis handelt**, etwa weil ein zuvor bestehendes Arbeitsverhältnis nicht wirksam mit der Bestellung zum Organ aufgehoben wurde oder weil sich auf Grund der starken wirtschaftlichen Abhängigkeit und inhaltlicher Weisungsgebundenheit des Fremdgeschäftsführers das vermeintliche Dienstverhältnis als Arbeitsverhältnis darstellt. Insoweit genügt es zur Eröff-

---

495 Näher zu solchen Streitigkeiten § 9 A (bei der AG) und § 20 B (bei der GmbH).
496 Vgl. hierzu Stagat, NZA 2015, 194.
497 BAG NJW 2015, 570 ff.
498 Stagat, NZA 2015, 194 (197) unter Hinweis auf BAG NJW 2015, 570 ff.

I. Arbeitsrechtliche Bezüge § 2

nung des Rechtsweges zu den Arbeitsgerichten, dass die Sperrwirkung des § 5 Abs. 1 S. 3 ArbGG entfallen ist und das Bestehen eines Arbeitsverhältnisses behauptet wird.

Sofern dann auch materiell entweder das der Organstellung zugrundeliegende Anstellungsverhältnis als Arbeitsverhältnis einzuordnen ist oder neben dem Dienstverhältnis ein weiteres Arbeitsverhältnis besteht, kann sich der Geschäftsführer dann insoweit auch auf sämtliche Arbeitnehmerschutzrechte berufen. Dies betrifft insbesondere einen etwaigen Kündigungsschutz nach dem Kündigungsschutzgesetz. Soweit nicht (nur) der Bestand des Arbeitsverhältnisses, sondern (auch) einzelne Ansprüche aus selbigem in Streit stehen, kann sich der ehemalige Geschäftsführer dann auch z. B. auf die Grundsätze der AGB-Kontrolle von Arbeitsverträgen berufen. 342

III. Arbeitsrechtliche Bezugspunkte bei der Unternehmensmitbestimmung

Eine weitere typische Schnittstelle gesellschaftsrechtlicher Streitigkeiten zum Arbeitsrecht einschließlich der Arbeitsgerichtsbarkeit stellen Streitigkeiten in Angelegenheiten dar, die **mitbestimmte Aufsichtsräte**, etwa nach dem DrittelbG, dem MitbestG oder dem MontanMitbestG, betreffen. Während die Zivilgerichtsbarkeit über die Regelungen zum Statusverfahren nach §§ 98 ff. AktG[499] über die Grundfragen der Zusammensetzung des Aufsichtsrats einschließlich der Frage, ob ein Aufsichtsrat mitbestimmt ist oder nicht, zu entscheiden haben, liegt die Zuständigkeit für Fragen rund um die Wahl von Arbeitnehmervertretern in den Aufsichtsrat bei den Arbeitsgerichten, § 2a Abs. 1 Nr. 3 ArbGG. 343

Dass es dabei durchaus zu **unterschiedlichen Ansichten zwischen den Gerichtsbarkeiten** hinsichtlich gleich gelagerter Rechtsfragen kommen kann, hat sich in jüngster Zeit insbesondere bei der Berücksichtigung von Leiharbeitnehmern bei mitbestimmungsrelevanten Schwellenwerten gezeigt. Soweit es um die Schwellenwerte nach § 1 Abs. 1 Nr. 2 MitbestG bzw. § 1 Abs. 1 Nr. 1 DrittelbG, also um die das Frage der paritätischen bzw. drittelmitbestimmten Besetzung des Aufsichtsrats geht, schließen die zuständigen Zivilgerichte eine Berücksichtigung von Leiharbeitnehmern aus.[500] Demgegenüber ist innerhalb der Arbeitsgerichtsbarkeit in den letzten Jahren eine zunehmende Tendenz erkennbar, Leiharbeitnehmer bei arbeitsrechtlichen Schwellenwerten wie eigene Arbeitnehmer der Gesellschaft zu behandeln. Das Bundesarbeitsgericht hat beispielsweise für die Schwellenwerte für die Betriebsratsgröße in § 9 BetrVG[501], den Schwellenwert des § 111 BetrVG für die Interessenausgleichs- und Sozialplanpflicht bei Betriebsänderungen[502] und für die Berechnung der Betriebsgröße nach § 23 Abs. 1 KSchG[503] entschieden, dass in der Regel beschäftigte Leiharbeitnehmer hierfür jeweils mitzuzählen sind. 344

Auch wenn diese Entscheidung allesamt noch nicht Fragen der unternehmerischen Mitbestimmung betrafen, ist jedoch absehbar, dass die Aufgabe des langjährigen Grundsatzes »*Leiharbeitnehmer wählen, zählen aber nicht*« durch die Arbeitsgerichtsbarkeit auch vor mitbestimmungsrelevanten Schwellenwerten nicht halt machen wird, jedenfalls soweit die Zuständigkeit der Arbeitsgerichte besteht. So hat das LAG Hessen beispielsweise für die Frage, ob die Wahl der Arbeitnehmervertreter im Aufsichtsrat nach § 9 Abs. 1 MitbestG (Delegiertenwahl) oder nach § 9 Abs. 2 MitbestG (unmittelbare Wahl) entschieden, dass bei dem hierfür relevanten Schwellenwert von 8.000 Arbeitnehmern Leiharbeitnehmer mit zu berücksichtigen seien.[504] 345

Es ist zudem nicht ausgeschlossen, dass dieses Thema auch von Seiten des Gesetzgebers noch einmal aufgegriffen wird. Jedenfalls hat die Große Koalition vereinbart, noch in der laufenden Legislaturperiode Änderungen im Recht der Leiharbeit vorzunehmen. Allerdings ist im Koalitionsvertrag 346

---

499 Näher zu diesen Streitigkeiten unter § 6 D I.
500 So zuletzt OLG Hamburg NZG 2014, 787 ff.
501 BAG ZIP 2013, 1489 ff.
502 BAG ZIP 2012, 540 ff.
503 BAG ZIP 2013, 1442 ff.
504 LAG Hessen ZIP 2013, 1740 ff. n.rkr.

Joppich

bislang nur vorgesehen, die Berücksichtigung von Leiharbeitnehmern bei den betriebsverfassungsrechtlichen Schwellenwerten gesetzlich zu regeln.[505] Sollte eine entsprechende Regelung auf das Betriebsverfassungsrecht beschränkt bleiben, könnte hieraus im Umkehrschluss sogar gefolgert werden, dass eine Berücksichtigung von Leiharbeitnehmern bei den Schwellenwerten der Unternehmensmitbestimmung vom Gesetzgeber nicht gewollt ist.

J. Steuerrechtliche Bezüge

347 Streitige Verfahren mit steuerrechtlichen Bezügen ergeben sich bei sämtlichen Gesellschaftsformen, wobei Uneinigkeiten mit der Finanzverwaltung im Hinblick auf steuerliche Verpflichtungen eindeutig im Vordergrund stehen. Daneben können jedoch auch steuerliche Konsequenzen bestimmter Vorgänge auf Gesellschafts- bzw. Gesellschafterebene zu **Konflikten zwischen Gesellschaftern bzw. zwischen Gesellschaft und Gesellschaftern** führen.

I. Steuerveranlagung und Konflikte mit der Finanzverwaltung

1. Steuerliche Verpflichtungen und deren Umfang

348 Die Finanzverwaltung hat von Amts wegen die gesetzliche Steuerschuld des jeweiligen Steuerschuldners zu ermitteln und durchzusetzen, indem sie die zumeist auf Grundlage der von der Gesellschaft erstellten Steuererklärungen ermittelte Steuerschuld im Veranlagungsverfahren durch Steuerbescheid festsetzt und zugleich rechtskräftig bestehende Steuerverbindlichkeiten als ihre eigene Vollstreckungsbehörde durchsetzt. Der Finanzverwaltung stehen somit aufgrund **fiskalischer Erwägungen** weitreichende Befugnisse zur Verfügung, die erhebliches Konfliktpotential bieten und denen sich der Steuerpflichtige regelmäßig nur im Wege des (gerichtlichen) Rechtsschutzes erwehren kann.

a) Amtsermittlungsgrundsatz und Mitwirkungspflichten

349 Im Rahmen der Steuerveranlagung bestimmt die Finanzverwaltung Art und Umfang der Ermittlungen, ohne hierbei an das Vorbringen oder Beweisanträge der Beteiligten gebunden zu sein, § 88 Abs. 1 S. 2 AO. Damit sind umfangreiche **Mitwirkungspflichten des Steuerpflichtigen** verbunden, die sich nicht nur in der Erteilung von Auskünften gegenüber den Finanzbehörden erschöpfen, sondern auch die vollständige und wahrheitsgemäße Offenlegung aller für die Besteuerung erheblichen Tatsachen verlangen. Es ist mithin Aufgabe des Steuerpflichtigen, die Ermittlung seiner zutreffenden Steuerbelastung aktiv zu fördern, wobei die Grenzen der Verpflichtung des Steuerpflichtigen nicht abschließend bestimmt sind, sondern unter Beachtung aller Umstände des Einzelfalls nach Treu und Glaube ermittelt werden, § 90 Abs. 1 S. 3 AO.[506]

350 Erfüllt der Steuerpflichtige seine Mitwirkungspflichten nicht oder nicht hinreichend, ist das Finanzamt sowohl in der Lage, diese Mitwirkungspflichten zwangsweise durchzusetzen, als auch die Steuerfestsetzung mit merklich reduziertem Aufwand hinsichtlich der Sachverhaltsermittlung, d. h. bis hin zur Schätzung der Besteuerungsgrundlagen, durchzuführen. Zwar kann die Mitwirkungspflicht bis zum Schluss der mündlichen Verhandlung beim Finanzgericht grundsätzlich erfüllt werden, sofern keine gesetzliche Fristregelung besteht.[507] Allerdings sollten sowohl im Verwaltungsverfahren als auch im finanzgerichtlichen Verfahren die zur Vermeidung einer Verfahrensverzögerung eingeführten **Präklusionsregelungen** nicht unterschätzt werden.[508]

---

505 Koalitionsvertrag von CDU, CSU und SPD für die 18. Legislaturperiode, S. 69.
506 Vgl. HHSp/*Söhn* § 90 AO Rn. 98 m. w. N.
507 So sind Aufzeichnungen über grenzüberschreitende Leistungsbeziehungen zwischen verbundenen Personen zeitnah zu erstellen, § 90 Abs. 3 Satz 3 AO, und binnen 60 Tagen, bei außergewöhnlichen Geschäftsvorfällen innerhalb von 30 Tagen nach Aufforderung vorzulegen, § 90 Abs. 3 Sätze 8 ff.
508 Ausführlich hierzu Beermann/Gosch/*Stalbold* § 76 FGO Rn. 82.

J. Steuerrechtliche Bezüge § 2

Aufgrund der sich verschärfenden Herangehensweise der Finanzverwaltung und der persönlichen Konsequenzen einer Nichtbeachtung steuerlicher Verpflichtungen für verantwortliche Personen legen daher viele Gesellschaften einen deutlichen Schwerpunkt auf die organisatorische Absicherung der Erfüllung ihrer steuerrechtlichen Verpflichtungen und Obliegenheiten, wobei sich hierfür die Bezeichnung »**Tax Compliance**« eingebürgert hat.[509]

b) Erklärungs- und Anzeigepflichten

Als spezielle Ausprägung des Amtsermittlungsprinzips sehen die Steuergesetze Erklärungspflichten der Steuerpflichtigen vor, die entweder an den Ablauf eines bestimmten Zeitraums (z. B. Veranlagungszeitraum bei der Einkommen- und Körperschaftsteuer, §§ 25 Abs. 2 EStG, 31 KStG) oder an punktuelle Ereignisse (z. B. Dividendenausschüttung, § 45a EStG; Schenkung oder Erbfall, § 31 ErbStG) anknüpfen. Der Steuerpflichtige muss im Rahmen der **Erklärungspflichten** eigenständig die nach seiner Rechtsauffassung erfüllten Besteuerungstatbestände identifizieren und dem Finanzamt gegenüber offenlegen. Die Steuererklärungen sind hierbei in einer Weise zu erstellen, die es dem Finanzamt ermöglicht, die Besteuerungsgrundlagen grundsätzlich zweifelsfrei zu ermitteln. Dabei ist der Steuerpflichtige zugleich zur Vorsorge hinsichtlich der Vermeidung eines Beweisnotstands verpflichtet, d. h., dass für die Besteuerung relevante Informationen dem Steuerpflichtigen bis zur endgültigen Festsetzung der betreffenden Steuer zur Verfügung stehen.[510]

Darüber hinaus hat der Steuerpflichtige eine Vielzahlung von **Anzeigepflichten** zu beachten, z. B. die Anzeige der Übernahme eines Betriebes nach § 138 AO oder auch die Erfüllung eines grunderwerbsteuerrelevanten Vorgangs nach § 19 GrEStG. Die Auswirkungen einer unterlassenen oder verspäteten Anzeige können erheblich sein, z. B. verlängert die unterlassene Anzeige des Betriebsübergangs nach § 138 AO den Zeitraum, für den der Betriebsübernehmer für Steuerverbindlichkeiten des Betriebsübergebers zu haften hat bzw. führt bereits die verspätete oder unvollständige Anzeige eines Grunderwerbsteuertatbestands u. a. zum Verlust der Möglichkeit einer Steueraufhebung bei einer Rückabwicklung des betreffenden Vorgangs, § 16 Abs. 5 GrEStG.

2. Auswirkungen für die handelnden Personen

Die vorstehenden Verpflichtungen und Obliegenheiten bergen erhebliches Konfliktpotential für die leitenden Organe von Gesellschaften, die sowohl in finanzieller als auch in persönlicher Hinsicht gewichtige Auswirkungen zu berücksichtigen haben.[511] Die Geschäftsführung ist nämlich einerseits das gegenüber der Finanzverwaltung auftretende Organ der Personen- wie Kapitalgesellschaften und dementsprechend fokussieren sich die steuerrechtlichen Zwangs-, Haftungs- sowie Straftatbestände auf diese Personen. Anderseits gerät gerade die Geschäftsführung in Konflikt mit den Gesellschaftern, die ein Interesse an einer im Rahmen der gesetzlichen Möglichkeiten möglichst geringen Steuerbelastung haben und sich damit im natürlichen Widerspruch zum Verständnis der Finanzverwaltung befinden.

a) Persönliche Haftung für Steuerverbindlichkeiten

Die Geschäftsführung einer Gesellschaft haftet grundsätzlich unbeschränkt mit dem **Privatvermögen** für die steuerlichen Verbindlichkeiten der Gesellschaft, wenn steuerliche Verpflichtungen vorsätzlich oder grob fahrlässig verletzt und infolgedessen Ansprüche aus dem Steuerverhältnis nicht oder nicht rechtzeitig festgesetzt werden, § 69 AO. In subjektiver Hinsicht wird auf die gesellschaftsrechtlichen Anforderungen abgestellt, so dass grundsätzlich fehlende Erfahrung oder Wissen im Zu-

---

509 Vgl. hierzu Streck/Binnewies DStR 2009, 229 ff.; Hauschka/Besch/Starck § 34 Rn. 2 ff.; Kromer/Pumpler/Henschel BB 2013, 791 ff.
510 Vgl. HHSp/Söhn § 90 AO Rn. 102 ff.
511 Vgl. hierzu die Darstellung in § 9 Rdn. 206 zur Aktiengesellschaft.

sammenhang mit dem Steuerrecht sich nicht exkulpierend auswirkt.[512] Da es sich um eine **öffentlich-rechtliche Verpflichtung** handelt, kann auch nicht durch privatrechtliche Vereinbarung (z. B. im Dienstvertrag) eine Haftungsfreistellung erreicht werden. Allenfalls kann im begrenzten Umfang die Verantwortung bei einem Geschäftsführer konzentriert werden, was aber die übrigen Organe jedoch wiederum nicht von dessen Überwachung entbindet.[513]

356 Die Haftung kann sich indes unmittelbar nur auf Handlungen in Zeiträumen beziehen, in denen das betreffende Organ selbst Geschäftsführerpflichten zu erfüllen hat. Erkennt die Geschäftsführung indes, dass in der Vergangenheit abgegebene Erklärungen unzutreffend sind, sind unverzüglich korrigierte Erklärungen zu erstellen und bei der Finanzbehörde einzureichen, § 153 Abs. 1 Satz 2 AO. Wird die erforderliche Korrektur unterlassen, kann es zu einer **Haftungsverknüpfung** der gegenwärtigen Geschäftsführung für Pflichtverletzungen von ehemaligen Geschäftsführern kommen.

b) Straf- und ordnungswidrigkeitsrechtliche Aspekte

357 Unternehmen müssen sich zunehmend mit den straf- und ordnungswidrigkeitsrechtlichen Aspekten im steuerlichen Kontext auseinandersetzen. Sehr häufig werden Auswertungen der Betriebsprüfung an die **Straf- und Bußgeldstellen** übersandt, da dem Betriebsprüfer hinsichtlich der steuerstrafrechtlichen Würdigung keine Entscheidungskompetenz eingeräumt wird.[514] Die für die steuerlichen Belange Verantwortlichen sehen sich dann zum einen straf- oder ordnungswidrigkeitsrechtlichen Verfahren, § 369 ff. AO, zum anderen aber auch dem Risiko einer persönlichen Haftung für verkürzte oder hinterzogene Steuern, § 71 AO, ausgesetzt.

358 Auskunftsrechte gegenüber der Finanzverwaltung, ob und in welchen Umfang ein Straf- oder Ordnungswidrigkeitsverfahren eingeleitet wird, bestehen grundsätzlich vor Belehrung über die Beschuldigteneigenschaft nicht. Damit gerät der betreffende Geschäftsführer oder Mitarbeiter in einen **Zielkonflikt**. Denn einerseits ist er als Vertreter des Steuerpflichtigen zur vollständigen und ordnungsgemäßen Auskunft verpflichtet, andererseits muss er sich nicht selbst strafrechtlich belasten. Oft lässt sich dieser Konflikt allein durch Amtsniederlegung lösen, da das Steuerrecht keine Suspension der Mitwirkungsverpflichtungen kennt, sondern nur deren zwangsweise Durchsetzung aufhebt.[515]

3. Durchsetzung der eigenen Rechtsauffassung gegen die Finanzverwaltung

359 Die vorstehenden Verpflichtungen der Geschäftsführer und anderen mit den steuerlichen Belangen betrauten Personen sowie den daraus resultierenden Nachteilen und Risiken für die Gesellschaft und handelnden Personen verlangen ein präventives Vorgehen bei unklarer Steuerrechtslage, vor allem aber das Erfordernis der Durchsetzung eines effektiven Rechtsschutzes gegen die Finanzverwaltung.

a) Präventive Maßnahmen im Zusammenhang mit Steuern

360 Auch wenn das Finanzamt an das Vorbringen und die Beweisanträge des Steuerpflichtigen nicht gebunden ist, § 88 Abs. 1 S. 2 AO, kann es ermessensfehlerhaft handeln, wenn es den Hinweisen des Steuerpflichtigen nicht nachgeht.[516] Eine ordnungsgemäße Dokumentation und Buchhaltung sowie die Einhaltung der steuerlichen Aufbewahrungspflichten sind für die Durchsetzung der eigenen Position gegenüber dem Finanzamt zwingend erforderlich.

361 Sofern indes die steuerrechtliche Behandlung von Unternehmensumstrukturierung, -transaktion, laufenden Geschäftsvorfällen oder sonstigen zukünftigen Maßnahmen unklar ist, ist die Einholung

---

512 BFH BFH/NV 1997, 7 ff.
513 Grundlegend BFH BStBl II 1984, 776; ausführlich dazu Klein/*Rüsken* § 69 AO Rn. 105 ff.
514 Vgl. § 10 Betriebsprüfungsordnung vom 15. März 2000, BStBl. I 2000, 368.
515 Vgl. hierzu TK/*Seer* § 90 AO Rn. 11 m. w. N.
516 Vgl. Klein/*Rätke* § 88 AO Rn. 12.

J. Steuerrechtliche Bezüge   § 2

von rechtsverbindlichen Auskünften in Betracht zu ziehen. Neben der **Lohnsteueranrufungsauskunft** i. S. d. § 42e EStG, in deren Rahmen mit dem Betriebsstättenfinanzamt die lohnsteuerliche Behandlung bei Arbeitnehmerbezügen geklärt werden kann, ist die Beantragung einer (regelmäßig gebührenpflichtigen) **verbindlichen Auskunft** i. S. d. § 89 Abs. 2 AO eine Möglichkeit der Geschäftsführung, für zukünftige Sachverhalte eine abschließende Auskunft des zuständigen Finanzamts zu erhalten, an welche die Finanzverwaltung zu einem späteren Zeitpunkt grundsätzlich gebunden ist.

b) Rechtsschutz im Steuerrecht

Das Rechtsschutzverfahren im Steuerrecht ist – vergleichbar zum Verwaltungsverfahren – zweistufig aufgebaut. Dabei wird auch im Steuerrecht die weit überwiegende Anzahl von Streitigkeiten im Rahmen des einem Gerichtsverfahren vorgelagerten Einspruchsverfahrens bei dem zuständigen Finanzamt beigelegt. 362

aa) Einspruchsverfahren beim Finanzamt

Gegen einen belastenden Steuerverwaltungsakt ist grundsätzlich als **außergerichtlicher Rechtsbehelf** der Einspruch statthaft, § 347 AO. Der Einspruch ist binnen der Einspruchsfrist von einem Monat schriftlich oder elektronisch bzw. zur Niederschrift zu erklären. 363

Das Einspruchsverfahren ist vom Gesetzgeber als verlängertes Besteuerungsverfahren vorgesehen, d. h. im Rahmen des Einspruchsverfahrens kommt es zu einer Gesamtaufrollung des Sachverhalts und dessen rechtlicher Würdigung. Dem entspricht es, dass das Einspruchsverfahren gebührenfrei ist (und mithin keine Kostenerstattung im Falle des Obsiegens erfolgt) sowie keine Verzinsung von Steuererstattungsansprüchen erfolgt. Zugleich tritt eine **Hemmung der Festsetzungsverjährung** ein, so dass die Steuerfestsetzung nicht verjährt. 364

Grundsätzlich ist der Adressat des belastenden Steuerverwaltungsaktes einspruchsbefugt. Insbesondere im Bereich der Personengesellschaften, deren Einkünfte für ertragsteuerliche Zwecke den Gesellschaftern zugerechnet werden, gibt es hierzu weitreichende Sonderregelungen, die z. B. ausgeschiedenen Gesellschaftern separate **Einspruchsbefugnisse** einräumen, soweit sie betroffen sind. 365

Die Regelungen zum Einspruchsverfahren lassen erkennen, dass das Verfahren darauf ausgelegt ist, eine zutreffende Besteuerung zu erreichen. Der Steuerpflichtige hat hier insbesondere noch einmal das Recht, sämtliche Unterlagen zur Besteuerung einzusehen, um sich ein abschließendes Bild über die Rechtsauffassung der Finanzbehörde zu machen. 366

Die Einspruchseinlegung hebt nicht die Verpflichtung zur Zahlung der im angefochtenen Bescheid festgesetzten Steuer auf, § 361 Abs. 1 Satz 1 AO. Auf Antrag soll die Finanzbehörde die **Vollziehung aussetzen**, wenn ernsthafte Zweifel an dessen Rechtmäßigkeit bestehen oder die Vollziehung für den Steuerpflichtigen eine unbillige, nicht durch das überwiegende öffentliche Interesse gebotene Härte darstellt, § 361 Abs. 2 Satz 2 AO. Während dabei die Zweifel an der Rechtmäßigkeit im Rahmen einer summarischen Prüfung bestimmt werden, ist die selten praxisrelevante Aussetzungsvoraussetzung der unbilligen Härte nur gegeben, wenn wirtschaftliche Nachteile drohen, die über den reinen Regelungsgehalt hinausreichen und ein Tun, Dulden oder Unterlassen fordern, dessen nachteilige Folgen nicht oder schwer rückgängig zu machen sind oder die Existenz gefährden.[517] Dem Vorteil der Fälligkeitsaufschiebung stehen die Gefahr der Anordnung einer Sicherheitsleistung (regelmäßig durch Bankbürgschaft) sowie der Nachteil einer Verzinsung von 6 % im Unterliegensfalle gegenüber. Im Rahmen der Grunderwerbsteuer ist zudem zu berücksichtigen, dass die steuerliche Unbedenklichkeitsbescheinigung für die Eintragung in das Grundbuch nicht erteilt wird, solange die Steuerschuld im angefochtenen Umfang nicht getilgt ist. Daher ist grundsätzlich zwischen Beantragung der Aussetzung und vorläufiger Tilgung der Steuerschuld abzuwägen. 367

---

517 BFH BFH/NV 2005, 1778 m. w. N.

368 Sehr häufig wird anstelle einer **Einspruchsentscheidung** dem Einspruch durch den Erlass eines geänderten Steuerbescheides abgeholfen. Sofern die Finanzverwaltung indes die Rechtsauffassung des Steuerpflichtigen nicht teilt, ist das Einspruchsverfahren durch Erlass einer Einspruchsentscheidung beendet.

bb) Klageverfahren

369 Kann durch das Einspruchsverfahren kein Konsens gefunden werden, ist die Klageerhebung beim Finanzgericht möglich. Die Finanzgerichtsordnung sieht dabei als Besonderheit mit Finanzgerichten als Instanzengerichten sowie dem Bundesfinanzhof als Revisionsinstanz einen nur **zweizügigen Gerichtsaufbau** vor.

370 Das finanzgerichtliche Verfahren eröffnet dem Steuerpflichtigen die Möglichkeit, bis zum Schluss der mündlichen Verhandlung seine Beweismittel vorzutragen, das **Revisionsverfahren** beim Bundesfinanzhof letztmalig das Vortragen von abweichenden Rechtsauffassungen. Dabei besteht im Finanzgerichtsprozess eine weitgehende Übereinstimmung zu den Verfahrensregelungen der Verwaltungsgerichtsordnung.

371 Auch das finanzgerichtliche Verfahren hemmt grundsätzlich nicht die Fälligkeit einer Steuerverbindlichkeit. Daher ist – vergleichbar zur Einspruchseinlegung – die Möglichkeit der Beantragung der **Aussetzung der Vollziehung** nach § 69 FGO in Betracht zu ziehen.

II. Steuerliche Hintergründe von Konflikten zwischen Gesellschaftern und/oder Gesellschaft

372 Daneben kann das Steuerrecht Ausgangsbasis für Konflikte zwischen Gesellschaftern bzw. auch von Gesellschaftern mit der Gesellschaft als solcher sein. Die dafür bestehenden Ursachen sind mannigfaltig. Es gibt aber grundsätzliche **Konfliktsituationen**, bei denen regelmäßig durch Handlungen oder Unterlassen auf Gesellschafterebene Unstimmigkeiten zwischen den Gesellschaftern oder mit der Gesellschaft ausgelöst werden.

1. Verdeckte Gewinnausschüttungen der Gesellschaft

373 Ein regelmäßiges Streitthema bei Kapitalgesellschaften, insbesondere im mittelständischen Bereich, sind verdeckte Gewinnausschüttungen an einen oder mehrere Gesellschafter, die zu einer zusätzlichen, alle Gesellschafter belastenden Besteuerung auf Ebene der Gesellschaft führen.

374 Eine verdeckte Gewinnausschüttung ist eine Vermögensminderung oder eine verhinderten Vermögensmehrung, die sich auf die Höhe des Einkommens ausgewirkt hat, durch das Gesellschaftsverhältnis veranlasst ist und nicht im Zusammenhang mit einer offenen Ausschüttung steht.[518] Maßgebliches Kriterium ist die **Veranlassung durch das Gesellschaftsverhältnis**, die insbesondere bei folgenden Vorgängen vorliegt:
– Die Leistung an einen Gesellschafter erfolgt nicht zu fremdüblichen Konditionen.
– Eine klare und eindeutige sowie im Vorhinein getroffene Vereinbarung zwischen der Kapitalgesellschaft und einem beherrschenden Gesellschafter über Leistung und Gegenleistung fehlt bzw. die getroffenen Vereinbarungen werden nicht entsprechend umgesetzt oder sind zivilrechtlich unwirksam.[519]

375 Typische Konstellationen finden sich insbesondere im Rahmen der Vergütung von Gesellschaftergeschäftsführern, Nutzungsüberlassungen des Gesellschafters an die Gesellschaft oder der Überlassung von Geschäftschancen.[520]

---

[518] Vgl. nur R 36 Abs. 1 KStR sowie BFH BFH/NV 2014, 1501 m. w. N.
[519] Instruktiv dazu Gosch/*Gosch* § 8 KStG Rn. 156 ff.
[520] Vgl. die Aufstellung in H 36 V. Einzelfälle KStH sowie die umfangreichen Auflistungen in Blümich/*Rengers* § 8 KStG Rn. 480 ff. sowie Gosch/*Gosch* § 8 KStG Rn. 550 ff.

J. Steuerrechtliche Bezüge § 2

Verdeckte Gewinnausschüttungen **mindern das Einkommen der Gesellschaft nicht**, § 8 Abs. 3 S. 2 KStG. Soweit eine verdeckte Gewinnausschüttung vorliegt, kommt es folglich bei der Gesellschaft zu einer zusätzlichen Steuerbelastung, die von allen Gesellschaftern wirtschaftlich getragen wird, wobei die Vorteile aus der verdeckten Gewinnausschüttung regelmäßig nur einem Gesellschafter zugutekommen. Auch ist nach Auffassung der Rechtsprechung und der Finanzverwaltung die **Rückgängigmachung** einer verdeckten Gewinnausschüttung regelmäßig nicht möglich, so dass Ausgleichsverpflichtungen auf Basis von Satzungsregelungen bzw. auf Individualabreden nicht zu einer Aufhebung der Wirkungen einer verdeckten Gewinnausschüttung führen. Dementsprechend können solche Vereinbarungen lediglich einen Ausgleich für den bezogenen steuerlich nicht anerkannten Vorteil, nicht aber für die Mehrsteuer infolge einer verdeckten Gewinnausschüttung darstellen.[521] 376

2. Gewerbesteuerliche Belastungen bei Personengesellschaften

Auf Ebene von Personengesellschaften sind verdeckte Gewinnausschüttungen nicht denkbar. Allerdings ist eine gewerbliche Personengesellschaft Schuldnerin der Gewerbesteuer, auch soweit diese auf Ebene der Gesellschafter ausgelöst wird, § 5 Abs. 1 S. 3 GewStG. 377

a) Ergebnisse aus Sonder- sowie Ergänzungsbilanzen

In der gewerbesteuerlichen Bemessungsgrundlage sind auch Ergebnisse aus Sonder- und Ergänzungsbilanzen enthalten, die allein durch die Gesellschafter bestimmt werden. Während in den Ergänzungsbilanzen individuelle Wertkorrekturen des Gesellschafters zu Ansätzen in der Gesamthandsbilanz der Gesellschaft enthalten sind, spiegeln die Sonderbilanzen Aufwand und Ertrag aus den dem Gesellschafter gehörenden und mit der Beteiligung zusammenhängenden aktiven bzw. passiven Wirtschaftsgütern sowie die Sondervergütungen, d. h. Vergütungen der Gesellschaft an den betreffenden Gesellschafter für Dienstleistungen bzw. Nutzungsüberlassungen, wider. Folglich wird die **Gewerbesteuerbelastung** für diese Vorgänge nicht nur durch den auslösenden, begünstigten Gesellschafter getragen, sondern durch die Gesellschaft und damit durch alle beteiligten Gesellschafter. Insofern werden die sonstigen Gesellschafter, sofern sie keine vergleichbaren Belastungen auslösen, regelmäßig auf eine Kompensation hinwirken, dies umso mehr, als außergewöhnliche Umstände Hintergrund der gemeinschaftlichen Belastung sind. 378

b) Gewerbesteuerbelastung infolge von Anteilsverkäufen

Bei einer gewerblichen Personengesellschaft führt die Veräußerung der Gesellschaftsbeteiligung durch einen Gesellschafter in der Rechtsform einer Kapitalgesellschaft dazu, dass ein etwaiger **Veräußerungsgewinn Teil der gewerbesteuerlichen Bemessungsgrundlage** der Personengesellschaft ist. Damit tragen die verbleibenden und ggfs. neu eintretenden Gesellschafter die Gewerbesteuer auf den Veräußerungsgewinn des ausscheidenden Gesellschafters. Auch hier ist allein eine gesellschaftsvertragliche Regelung möglich, da ein unmittelbarer gesetzlicher Anspruch gegen den ausscheidenden Gesellschafter nicht gegeben ist.[522] 379

3. Handlungen oder Unterlassen der Gesellschafter mit steuerlichen Auswirkungen

In der jüngeren Vergangenheit hat der Steuergesetzgeber vermehrt Steuerfolgen auf Ebene der Gesellschaft mit Vorgängen auf Ebene der Gesellschafter oder in darüber liegenden Gesellschaftsebenen verknüpft. 380

a) Untergang von Verlust- und Zinsvorträgen für Ertragsteuerzwecke

Das deutsche Steuerrecht sieht grundsätzlich vor, dass in einem Veranlagungszeitraum nicht genutzte Verluste grundsätzlich unbeschränkt vorgetragen und mit zukünftigen Gewinnen verrechnet 381

---

521 Vgl. hierzu ausführlich Gosch/*Gosch* § 8 KStG Rn. 515 ff.
522 Vgl. hierzu z. B. *Scheifele* DStR 2006, 253 ff.

werden können.[523] Der Gesetzgeber versucht, eine als exzessiv empfundene Fremdfinanzierung zu unterbinden. Er hat dazu die Möglichkeit, Fremdfinanzierungsaufwendungen als steuermindernde Betriebsaufwendungen abzuziehen, letztlich einkommensabhängig ausgestaltet. Kann in einem Veranlagungszeitraum nicht der gesamte Finanzierungsaufwand abgezogen werden, ist der nicht abziehbare Teil als »Zinsvortrag« vortragsfähig. Sowohl **Verlustvortrag als auch Zinsvortrag** reduzieren eine zukünftige Steuerbelastung, da sie gegen zukünftige Erträge auf Gesellschaftsebene verrechnet werden können.

382 Verlust- und Zinsvorträge können jedoch teilweise bzw. vollständig nicht mehr genutzt werden, sofern mehr als 25 % (teilweiser Untergang) bzw. mehr als 50 % der Anteile an einer Kapitalgesellschaft oder einer Personengesellschaft übertragen werden, § 8c KStG. Dabei wird nicht allein auf die unmittelbaren Anteile abgestellt, sondern auch darüber liegende **Beteiligungsebenen** erfasst. Infolge dessen können selbst Anteilsverschiebungen auf Ebene von weitgestuften Konzernspitzen negative Auswirkungen auf Ebene einer Kapitalgesellschaft haben.[524] Bei Personengesellschaften führt zudem das Ausscheiden eines unmittelbaren Gesellschafters zum anteiligen Untergang der bestehenden gewerbesteuerpflichtigen Verlustvorträge.[525] Damit wird der betroffenen Gesellschaft durch Veränderungen auf Ebene des Gesellschafters oder weiteren Gesellschaftsebenen ein wirtschaftlicher Vorteil in Form zukünftiger Steuerminimierungspotentiale entzogen.

b) Grunderwerbsteuer infolge von Anteilsübertragungen

383 Vergleichbare Überlegungen gelten auch in Bezug auf grunderwerbsteuerliche Belastungen. Auch hier knüpfen Steuertatbestände an die unmittelbare bzw. mittelbare Übertragung von Beteiligungen an. Bei grundstücksbesitzenden Personengesellschaften führt die Übertragung von 95 % oder mehr der Anteile innerhalb von fünf Jahren zu einer grunderwerbsteuerlichen Belastung auf Ebene der Personengesellschaft, § 1 Abs. 2a GrEStG. Daneben gilt die **direkte bzw. indirekte Anteilsübertragung** zu 95 % oder mehr der Anteile einer Kapitalgesellschaft, die Gesellschafterin einer Grundstückspersonengesellschaft ist, als Übertragung der Beteiligung an der Personengesellschaft.

384 Gesetzlich besteht keine Möglichkeit, derartige schädliche Übertragungen zu unterbinden. Eine Lösung kann in Bezug auf die unmittelbaren Gesellschafter durch gesellschaftsvertragliche Regelungen, hinsichtlich übergeordneter Ebenen indes nur durch entsprechende Vereinbarung erreicht werden.

---

523 § 10d Abs. 2 EStG, § 8 Abs. 1 KStG, § 10a GewStG.
524 Vgl. nur *Dötsch/Pung* DB 08, 1706: »*Mittelbare Erwerbe ›bis zu den Sternen‹ können steuerschädlich sein*«.
525 R 10a.1 Abs. 3 S. 3 GewStR.

Teil 2 Typische Konflikte in Kapitalgesellschaften

Abschnitt 1 Streitigkeiten in der Aktiengesellschaft

§ 3 Allgemeine prozessuale Besonderheiten bei der AG

Übersicht

	Rdn.
A. Partei- und Prozessfähigkeit der Aktiengesellschaft	2
I. Parteifähigkeit	2
II. Prozessfähigkeit	3
1. Vertretung durch den Vorstand	3
2. Vertretung durch den Aufsichtsrat	4
3. Vertretung durch Vorstand und Aufsichtsrat gemeinschaftlich	6
4. Vertretung durch einen besonderen Vertreter	9
III. Actio pro socio (Aktionärsklage)	11
B. Organstreitigkeiten	12
I. Klage durch das Gesamtorgan	13
II. Klage durch einzelne Organmitglieder	15
C. Gerichtliche Zuständigkeit	17
I. Allgemeiner Gerichtsstand	17
II. Ausschließlicher Gerichtsstand bei Anfechtungs- und Nichtigkeitsklagen	18
1. Doppelzuständigkeit	22
2. Klage vor dem unzuständigen Gericht	23
III. Schiedsgerichte	25
D. Zustellung	27
I. Vertretung durch den Vorstand oder den Aufsichtsrat	28
II. Vertretung durch Vorstand und Aufsichtsrat gemeinschaftlich	33
III. Zustellung an eine empfangsberechtigte Person	39
IV. Öffentliche Zustellung	40
V. Folgen von Zustellungsmängeln	42
E. Prozesskostenhilfe für die AG	45
F. Zeugenbeweis	47
I. Zeitweise Abberufung des Vorstandsmitglieds	51
II. Grundsatz der Waffengleichheit	53
G. Zwangsvollstreckung	56
I. Pfändung von Einlageforderungen	57
II. Abgabe einer eidesstattlichen Versicherung	59

Streitigkeiten im Zusammenhang mit Aktiengesellschaften beurteilen sich in erster Linie nach den Regelungen des AktG. In **materiell-rechtlicher** Hinsicht bedarf es dabei nur selten eines Rückgriffs auf andere gesetzliche Regelungen. Handelt es sich um eine börsennotierte Aktiengesellschaft, sind freilich stets die zusätzlichen kapitalmarktrechtlichen Vorschriften im Auge zu behalten.[1] In **prozessualer** Hinsicht enthält das AktG zahlreiche Sonderregelungen in Ergänzung zu den Vorschriften der ZPO. Nachfolgend werden die wesentlichen allgemeinen prozessualen Besonderheiten aufgezeigt, die sich bei Streitigkeiten im Zusammenhang mit Aktiengesellschaften ergeben. Die spezielleren Probleme werden dann in den nachfolgenden Kapiteln vertieft. 1

A. Partei- und Prozessfähigkeit der Aktiengesellschaft

I. Parteifähigkeit

Die Aktiengesellschaft ist, wie sich bereits aus § 1 Abs. 1 S. 1 AktG ergibt, eine juristische Person und somit rechtsfähig. Daraus folgt die aktive und passive Parteifähigkeit gemäß § 50 Abs. 1 ZPO in einem Prozess. 2

Insbesondere bei fristgebundenen Klagen ist auf die richtige Bezeichnung der Gesellschaft zu achten. Eine **Rubrumsberichtigung** kommt nämlich nur dann in Betracht, wenn unzweifelhaft klar ist, welche Gesellschaft tatsächlich gemeint war. Bestehen hinsichtlich des tatsächlich Gemeinten Unsicherheiten oder wurde irrtümlich eine falsche Gesellschaft bezeichnet, ist eine Berichtigung des Rubrums nicht möglich.[2] In diesen Fällen muss der Kläger eine erneute Klage gegen die tatsächlich gemeinte Partei erheben. Dies ist nicht nur mit zusätzlichen Gerichts- und Rechtsanwaltskosten verbunden, sondern kann etwa bei fristgebundenen Anfechtungsklagen oft zu spät sein.

---

1 Zu kapitalmarktrechtlichen Besonderheiten bei gesellschaftsrechtlichen Streitigkeiten s. § 13.
2 BGH NZG 2013, 468 (468 f.).

II. Prozessfähigkeit

1. Vertretung durch den Vorstand

3 Die Aktiengesellschaft selbst ist nicht handlungsfähig und tritt im Rechtsverkehr daher nur mittels ihrer vertretungsberechtigten Organe auf. Aus § 78 Abs. 1 S. 1 AktG ergibt sich die Grundregel, dass der Vorstand in gerichtlichen und außergerichtlichen Angelegenheiten als Vertreter der Gesellschaft fungiert. Dabei stellt § 78 Abs. 2 S. 1 AktG den **Grundsatz der Gesamtvertretung** auf, welcher gemäß Abs. 3 in der Satzung[3] abgeändert werden kann. Soweit durch die Satzung nichts anderes bestimmt wird, vertreten somit alle Vorstandsmitglieder gemeinschaftlich die Gesellschaft.

2. Vertretung durch den Aufsichtsrat

4 Wenn die AG dem Vorstand im gerichtlichen oder außergerichtlichen Verkehr gegenübersteht (**§ 112 S. 1 AktG**), vertritt der Aufsichtsrat die Gesellschaft. Dies ist beispielsweise dann der Fall, wenn die AG Schadensersatzansprüche gegen den Vorstand geltend macht oder sich ein Vorstandsmitglied gegen seine Abberufung wehrt. § 112 AktG gilt nach der Rechtsprechung auch bei Beteiligung ausgeschiedener oder künftiger Vorstandsmitglieder, wenn die Streitigkeit ihren Ursprung in der Vorstandstätigkeit hat.[4] Zudem wird § 112 AktG bei solchen Streitigkeiten entsprechend angewendet, die gegen Unternehmen geführt werden, die zwar nicht rechtlich, aber wirtschaftlich mit dem Vorstandsmitglied identisch sind.[5]

5 Wird diesem in der Praxis vielfach übersehenen Sonderfall prozessual nicht Rechnung getragen, hat dies nicht selten fatale Konsequenzen. Denn nach Rechtsprechung und herrschender Lehre kann die fehlerhafte Vertretung der Gesellschaft durch den Vorstand in derartigen Fällen nicht durch eine bloße Rubrumsberichtigung geheilt werden. Bereits die **unrichtige Benennung zur Vertretung der AG** in der Klageschrift (»Klage der AG, vertreten durch den Vorstand...«) führt danach zu einem **Zulässigkeitsmangel**.[6] Die Angabe der Vertretungsverhältnisse ist in diesen Fällen auch dann fehlerhaft, wenn im Klagerubrum nicht sämtliche Aufsichtsratsmitglieder aufgeführt sind. Denn die Vertretung der Gesellschaft im Rahmen des § 112 AktG erfolgt durch das Gesamtorgan. Werden daher im Rubrum nicht sämtliche Aufsichtsratsmitglieder aufgeführt, besteht ebenfalls das Risiko einer Klageabweisung wegen Unzulässigkeit. Zwar legt die Rechtsprechung die Klage häufig dahingehend aus, dass die Klage trotz ihrer abweichenden Bezeichnung gegen die Gesellschaft, vertreten durch das Gesamtorgan, gerichtet und damit zulässig ist.[7] Um Risiken zu vermeiden, sollten im Rubrum jedoch vorsorglich möglichst alle Aufsichtsratsmitglieder genannt werden.

5a Ist eine Auslegung oder Berichtigung des Rubrums in diesen Fällen einer unrichtigen Angabe der Vertretungsverhältnisse nicht möglich, bleibt nur die **Heilung des Vertretungsmangels**. Dies erfordert aber, dass sich der Aufsichtsrat dazu bereit erklärt, die bisherige Prozessführung – ggf. auch konkludent – zu genehmigen und in den Prozess einzutreten.[8] Hierzu muss, was bis in die Revisionsinstanz von Amts wegen zu berücksichtigen ist, die Genehmigung vom Kläger dargelegt werden, tat-

---

3 Nicht aber, wie in der Praxis vielfach verkannt wird, durch bloße – rein im Innenverhältnis wirkende – Geschäftsordnungsregelungen oder sonstige Spartenregelungen, vgl. Hüffer/*Koch* § 78 Rn. 14, *Fleischer* § 2 Rn. 27.

4 Zu ausgeschiedenen Vorstandsmitgliedern: BGH NZG 2013, 792; ZIP 2006, 2213 (2214); ZIP 2005, 348 (349); NJW 2001, 1528; OLG Saarbrücken NZG 2012, 1348 (1349); zu künftigen Vorstandsmitgliedern: OLG Brandenburg, Urt. v. 14.01.2015 – 7 U 68/13; MüKo AktG/*Habersack* § 112 Rn. 11.

5 OLG Brandenburg, Urt. v. 14.01.2015 – 7 U 68/13, Rn. 35; OLG Saarbrücken AG 2012, 922 (923).

6 BGH NZG 2013, 792 (794); NJW-RR 2007, 98; MüKo AktG/*Habersack* § 112 Rn. 33.

7 So etwa OLG Stuttgart, Beschl. v. 28.05.2013 – 20 U 5/12, Rn. 22; OLG Hamburg AG 2002, 521 (522); aus der Literatur: Hüffer/*Koch* § 112 Rn. 13; MüKo AktG/*Habersack* § 112 Rn. 33.

8 BGH NZG 2013, 792 (794); BB 2009, 1041; NZG 1999, 1215 (Genehmigung auch noch in Berufungsinstanz möglich); OLG Zweibrücken, Urt. v. 13.10.2004 – 1 U 19/04; OLG Köln, Beschl. v. 27.9.2007 – 18 U 168/06; Schmidt/Lutter/*Drygala* § 112 Rn. 20; MüKo AktG/*Habersack* § 112 Rn. 34; ausführlich zur Genehmigungsmöglichkeit im außergerichtlichen Bereich: FS Hopt/*Schmitt* 1313 (1321).

A. Partei- und Prozessfähigkeit der Aktiengesellschaft § 3

sächlich erfolgt sein und auf einem ausdrücklichen Beschluss (§ 108 Abs. 1 AktG) des Aufsichtsrats beruhen. Ist dies nicht der Fall, bleibt regelmäßig nur die Klagerücknahme.

Einzelne Aufsichtsratsmitglieder können dem Rechtsstreit nach § 66 ZPO als **Nebenintervenient** beitreten, wenn ein rechtliches Interesse hierfür besteht. Ein solches rechtliches Interesse bejahte der BGH kürzlich in einem Fall, in dem der Vorstand die Wirksamkeit eines von dem Aufsichtsrat gefassten Abberufungsbeschlusses in Frage stellte.[9] 5b

3. Vertretung durch Vorstand und Aufsichtsrat gemeinschaftlich

Für bestimmte Klagearten ordnet das AktG darüber hinaus die gemeinschaftliche gerichtliche Vertretung durch Vorstand und Aufsichtsrat an. **§ 246 Abs. 2 S. 2 AktG** bestimmt, dass Vorstand und Aufsichtsrat gemeinsam die Vertretung übernehmen, wenn ein Aktionär Anfechtungsklage gegen einen Beschluss der Hauptversammlung erhebt. Diese Regelung gilt entsprechend für die weiteren im AktG geregelten Fälle der Anfechtungs- und Nichtigkeitsklagen.[10] 6

Das Erfordernis der gemeinschaftlichen Vertretung ist bei allen prozessualen Handlungen zu beachten, welche die AG vornimmt. So muss etwa die **Beauftragung eines Prozessbevollmächtigten** gemeinsam erfolgen. Wurde der Prozessvertreter nicht ordnungsgemäß bevollmächtigt, steht es gemäß § 89 ZPO im Ermessen des Gerichts, ob und unter welchen Voraussetzungen der Rechtsanwalt einstweilen zugelassen wird. Falls der Rechtsanwalt als Bevollmächtigter durch Beschluss zurückgewiesen wird, hätte dies ein Versäumnisurteil zur Folge.[11] Das Gericht kann ferner den Prozess vertagen und eine Frist für die nachträgliche Beibringung einer ordnungsgemäßen Bevollmächtigung setzen (§ 80 S. 2 HS. 2 ZPO).[12] Wurden bereits Prozesshandlungen vorgenommen, können diese von dem Organ, dessen Mitwirkung fehlte, nachträglich genehmigt werden. Sofern Aufsichtsrat oder Vorstand etwa aufgrund einer Amtsniederlegung handlungsunfähig sind und aus diesem Grund keine gesetzmäßige Prozessführung gewährleistet ist, kommt die Bestellung eines **Prozesspflegers** durch das Gericht gemäß § 57 ZPO in Betracht.[13] 7

Das **Erfordernis der Doppelvertretung entfällt** hingegen, wenn die Anfechtungs- oder Nichtigkeitsklage entweder vom Aufsichtsrat oder Vorstand erhoben wird. Dann ist das jeweils andere Organ zur Vertretung berufen (§ 246 Abs. 2 S. 3 AktG). Gleiches gilt, wenn eines der Organmitglieder klagt. Erhebt also z. B. ein Vorstandsmitglied eine Beschlussanfechtungsklage, ist (nur) der Aufsichtsrat zur prozessualen Vertretung berufen (näher zur Doppelvertretung § 8 Rdn. 14). 8

4. Vertretung durch einen besonderen Vertreter

Nach **§ 147 Abs. 2 S. 1 AktG** können die Hauptversammlung oder Aktionäre, deren Anteile mindestens zusammen 10 % des Grundkapitals oder den anteiligen Betrag von einer Million Euro erreichen, die Bestellung eines besonderen Vertreters erwirken. Aufgabe des besonderen Vertreters ist es, Ersatzansprüche der Gesellschaft gegen ihre Organe aus der Gründung oder – der praktisch häufigere Fall – der Geschäftsführung durchzusetzen. 9

---

9 BGH NZG 2013, 297 (298).
10 Dies sind die Verfahren nach §§ 249, 250 f., 253, 255, 256, 257 sowie 275 AktG – zu Nichtigkeits- und Anfechtungsklagen im Einzelnen s. § 8 Rdn. 2–292.
11 OLG Hamburg NZG 2003, 478 m. Anm. Mallmann EWiR 2003, 671.
12 Zöller/*Vollkommer* § 80 Rn. 11 f., § 88 Rn. 7.
13 OLG Dresden AG 2005, 812; Hüffer/*Koch* § 246 Rn. 30; MüKo AktG/*Hüffer* § 246 Rn. 67.

10 Die besonderen Vertreter haben nach überwiegender Ansicht Organqualität, da sie innerhalb ihrer Zuständigkeit die Vertretungsmacht von Vorstand und Aufsichtsrat verdrängen.[14] Die Aufgabe des besonderen Vertreters umfasst insbesondere die gerichtliche und außergerichtliche Geltendmachung der Ersatzansprüche (näher zur Vertretung durch einen besonderen Vertreter § 6 Rdn. 148–176).

III. Actio pro socio (Aktionärsklage)

11 Der durch das UMAG eingefügte § 148 AktG regelt nunmehr für das Aktienrecht einen Spezialfall der actio pro socio. Wird das dort geregelte Klagezulassungsverfahren durchlaufen, können die Aktionäre hinsichtlich bestimmter Ansprüche der Gesellschaft im eigenen Namen klagen. Darüber hinaus ist abgesehen von den Fällen der §§ 309 Abs. 4, 310 Abs. 4, 317 Abs. 4, 318 Abs. 4 AktG, die konzernrechtliche Sachverhalte betreffen (näher dazu § 24), anerkannt, dass eine actio pro socio nicht zulässig ist.[15]

B. Organstreitigkeiten

12 Ob sich Organe einer AG oder einzelne Organmitglieder mit anderen Organen gerichtlich auseinandersetzen können, ist im AktG nicht geregelt und auch höchstrichterlich in weiten Teilen noch ungeklärt. Problematisch ist bei diesen als Organstreitigkeiten bezeichneten Auseinandersetzungen, ob überhaupt ein klagbares Recht anzuerkennen ist und – falls dies bejaht wird – in wessen Namen die Klage zu erheben ist.[16]

I. Klage durch das Gesamtorgan

13 Diskutiert wird zunächst, ob ein Organ in seiner Gesamtheit dazu befugt ist, gegen andere Organe klageweise vorzugehen (**Interorganstreit**). Zumeist geht es dabei um Streitigkeiten, die vom Aufsichtsrat gegen den Vorstand geführt werden. Der Rechtsprechung lassen sich zur Zulässigkeit solcher Interorganstreitigkeiten bislang noch keine Leitlinien entnehmen. In der Literatur wird das Thema kontrovers und umfangreich diskutiert. Es ist zwischen zwei Ebenen zu unterscheiden. Zunächst stellt sich die materiell-rechtliche Frage, ob das betreffende Organ überhaupt ein klagbares Recht hat (hierzu Rdn. 14). Sodann ist die prozessrechtliche Frage zu klären, ob das Organ seine klagbaren Rechte vor Gericht im eigenen Namen oder nur im Namen der Gesellschaft durchsetzen kann (hierzu Rdn. 14a).[17]

14 Die Frage, ob dem Organ bei einer Verletzung **ausdrücklich normierter Rechte** ein einklagbares Recht zusteht, wird in der Literatur zumeist anhand von § 90 Abs. 3 S. 1 AktG, der dem Aufsichtsrat gegenüber dem Vorstand ein Informationsrecht gewährt, erörtert. Nach allgemeiner Meinung können solche ausdrücklich normierten Organrechte gerichtlich durchgesetzt werden.[18] Soweit also ausdrücklich normierte Rechte betroffen sind, stellt sich lediglich die Frage, ob das Organ auch im eigenen Namen klagen kann oder vielmehr im Namen der Gesellschaft vorgehen muss (hierzu Rdn. 14a). Höchst streitig ist hingegen, ob ein eigenes klagbares Recht **jenseits normierter Individualrechte** besteht. Praktisch relevant ist dies vor allem bei Übergriffen des Vorstands in die Kom-

---

14 BGH NZG 2011, 1383 (1384); NJW 1981, 1097 (1098); Heidel/*Lochner* § 147 Rn. 24 ff.; Hüffer/*Koch* § 147 Rn. 8.
15 Ausführlich hierzu *Schwab* § 2 S. 111–117; Spindler/Stilz/*Casper* Vorbem. z. §§ 241 ff. Rn. 29.
16 Unproblematisch sind aufgrund ausdrücklicher Regelung Anfechtungs- und Nichtigkeitsklagen nach §§ 245 Nr. 4, 5, 249 Abs. 1, 250 Abs. 3, 251 Abs. 2, 256 Abs. 7 AktG. Ebenso unproblematisch ist die Geltendmachung nicht organschaftlicher Rechte, wie z. B. von Vergütungsansprüchen.
17 Vgl. aber Grigoleit/*Grigoleit/Tomasic* § 90 Rn. 28; KöKo/*Kort* § 90 Rn. 190.
18 Bürgers/Körber/*Bürgers/Israel* § 90 Rn. 19; Fleischer/*Pentz* § 16 Rn. 170; Grigoleit/*Grigoleit/Tomasic* § 90 Rn. 32; Hopt/Wiedemann/*Kort* § 90 Rn. 183; Hüffer/*Koch* § 90 Rn. 17 ff.; KöKo/*Mertens/Cahn* § 90 Rn. 66; MüKo/*Spindler* § 90 Rn. 61; Schmidt/Lutter/*Krieger/Sailer-Coceani* § 90 Rn. 70; Spindler/Stilz/*Spindler* § 108 Rn. 83; Spindler/Stilz/*Casper* Vorbem. z. §§ 241 ff. Rn. 33f; Spindler/Stilz/*Fleischer* § 90 Rn. 69.

petenzen des Aufsichtsrats im Rahmen der Geschäftsführung. Diese Diskussion wird meist vor dem Hintergrund des Zustimmungsvorbehalts des Aufsichtsrats nach § 111 Abs. 4 S. 2 AktG geführt. Ein Teil der Literatur lehnt ein klagbares Abwehrrecht des Aufsichtsrats ab.[19] Nach dieser Ansicht sind Kompetenzüberschreitungen stets im Innenverhältnis der Gesellschaft zu klären. Dafür stelle das Gesetz hinreichende Sanktionsinstrumente – insbesondere die Möglichkeit der Abberufung einzelner Vorstandsmitglieder aus wichtigem Grund (§ 84 Abs. 3 AktG) – zur Verfügung. Nach anderer Ansicht kann der Aufsichtsrat klageweise gegen Kompetenzübergriffe des Vorstands vorgehen.[20] Ist also beispielsweise abzusehen, dass der Vorstand eine nach § 111 Abs. 4 S. 2 AktG zustimmungsbedürftige Maßnahme durchführen wird, obwohl der Aufsichtsrat seine Zustimmung nicht erteilt oder sogar schon ausdrücklich verweigert hat, kann der Aufsichtsrat nach letzterer Ansicht im Klagewege Unterlassung verlangen[21] und bei besonderer Eilbedürftigkeit auch im Wege des einstweiligen Rechtsschutzes vorgehen.[22] Überschreitet der Vorstand hingegen seine Kompetenzen, ohne gleichzeitig in die Kompetenzen des Aufsichtsrats einzugreifen, wird ein Klagerecht des Aufsichtsrats im Sinne ganz mehrheitlich abgelehnt.[23]

Nimmt man an, dass den Organen ein klagbares Recht – sei es aus ausdrücklich normierten Rechten, sei es aufgrund von Kompetenzübergriffen o. ä. – zusteht, stellt sich die Folgefrage, **in wessen Namen** dieses Recht prozessual geltend zu machen ist. Der BGH hat diese Frage ausdrücklich offen gelassen.[24] Nach überwiegend vertretener Ansicht sind Organrechte stets im Namen der Gesellschaft geltend zu machen.[25] Im Falle des § 90 Abs. 3 S. 1 AktG hieße das also, dass die Klage im Namen der AG, vertreten durch den Aufsichtsrat (§ 112 AktG), zu erheben wäre. Nach anderer Ansicht können Organe ihre Rechte auch im eigenen Namen geltend machen.[26] Im soeben erwähnten Beispiel wäre die Klage danach also vom Aufsichtsrat im eigenen Namen zu erheben. Klagegegner wären nach herrschender Auffassung jeweils die Vorstandsmitglieder als notwendige Streitgenossen.[27] 14a

II. Klage durch einzelne Organmitglieder

Einzelnen Organmitgliedern steht ein eigenes Klagerecht dann zu, wenn ihnen Individualrechte zuerkannt werden (z. B. für Aufsichtsratsmitglieder § 90 Abs. 3 S. 2 AktG).[28] Ebenso ist allgemein anerkannt, dass einzelne Aufsichtsratsmitglieder die Nichtigkeit von Aufsichtsratsbeschlüssen im Wege der allgemeinen Feststellungsklage geltend machen können (**Intraorganstreit**).[29] In diesen Fällen ist 15

---

19 Hüffer/*Koch* § 90 Rn. 24 f.; KöKo/*Mertens/Cahn* § 111 Rn. 37; Spindler/Stilz/*Spindler* § 108 Rn. 83; differenzierend: Grigoleit/*Grigoleit/Tomasic* § 90 Rn. 30 f.
20 *Bork* ZGR 1989, 1 (17 ff.); Fleischer/*Pentz* § 16 Rn. 171; *Fröhlich* ArbRB 2011, 62 (63); Hopt/Wiedemann/*Kort* Vorbem. z. § 76 Rn. 56, wobei derselbe in § 90 Rn. 208, 213 die gegenteilige Ansicht zu vertreten scheint; MüKo/*Habersack* § 111 Rn. 98; 129; *Raiser* ZGR 1989, 44 (61), Schmidt/Lutter/*Drygala* § 111 Rn. 16.
21 Zu der Frage, wer in diesem Fall passivlegitimiert wäre, siehe sogleich Rdn. 14a.
22 Fleischer/*Pentz* § 16 Rn. 171.
23 Großkomm/*Kort* § 90 Rn. 210; Raiser ZGR 1989, 45 (63 ff.).
24 BGH NJW 1989, 979 (981).
25 Bürgers/Körber/*Bürgers/Israel* § 90 Rn. 19; Fleischer/*Pentz* § 16 Rn. 171; Grigoleit/*Grigoleit/Tomasic* § 90 Rn. 37; Hüffer/*Koch* § 90 Rn. 19; MAH AktR/*Schüppen/Schaub* § 23 Rn. 47; KöKo/*Mertens/Cahn* § 90 Rn. 66; MüKo/*Spindler* § 90 Rn. 61; Nirk/Ziemons/Binnewies/*Jaeger* Rn. I 9.184; Schmidt/Lutter/*Krieger/Sailer-Coceani* § 90 Rn. 70; Spindler/Stilz/*Casper* Vorbem. z. §§ 241 ff. Rn. 33; Spindler/Stilz/*Spindler* § 108 Rn. 83.
26 *Bork* ZGR 1989, 1 (23 f.); Hopt/Wiedemann/*Kort* Vorbem. z. § 76 Rn. 56; MüKo/*Habersack* § 111 Rn. 98; 129; Schmidt/Lutter/*Drygala* § 111 Rn. 16; Spindler/Stilz/*Fleischer* § 90 Rn. 69 ff.
27 Bürgers/Körber/*Bürgers/Israel* § 90 Rn. 19; Fleischer/*Pentz* § 16 Rn. 171; KöKo/*Mertens/Cahn* § 90 Rn. 66; MüKo/*Spindler* § 90 Rn. 61; Schmidt/Lutter/*Krieger/Sailer-Coceani* § 90 Rn. 70; a. A. Großkomm/*Kort* § 90 Rn. 193.
28 Spindler/Stilz/*Fleischer* § 90 Rn. 71; MüKo AktG/*Spindler* Vorbem. Teil 4 Rn. 52.
29 BGH NZG 2013, 297 (298); NJW 1997, 1926; OLG Stuttgart, Urt. v. 30.5.2007 – 20 U 13/06.

lediglich umstritten, gegen wen die Klage zu richten ist. Der BGH geht im Falle einer Klage durch ein Aufsichtsratsmitglied von einer Passivlegitimation der Gesellschaft, vertreten durch den Vorstand, aus.[30] Dem folgt auch die herrschende Ansicht in der Literatur (vgl. hierzu weitergehend § 9 Rdn. 266–269).[31]

16 Inwieweit ein Aufsichtsratsmitglied im eigenen Namen wegen solcher Ansprüche klagen darf, die dem Gesamtorgan zustehen (**actio pro socio**), hängt zunächst davon ab, ob dem Aufsichtsrat als Gesamtorgan das beanspruchte Recht als eigenes Recht überhaupt zuerkannt wird (vgl. Rdn. 12–14a). Die Befugnis, Rechte, die dem Aufsichtsrat als Ganzes zustehen, auf diese Weise in Prozessstandschaft geltend zu machen, wird aber jedenfalls dann verneint, wenn Konflikte, die durch die vorhandenen Stimmenverhältnisse im Aufsichtsrat entstehen, über den Umweg einer gerichtlichen Inanspruchnahme ausgetragen werden sollen. Begründet wird dies damit, dass die Meinungsbildung innerhalb des Organs nicht umgangen werden soll.[32]

C. Gerichtliche Zuständigkeit

I. Allgemeiner Gerichtsstand

17 Der allgemeine Gerichtsstand für Klagen gegen eine AG als juristische Person wird gemäß § 17 Abs. 1 S. 1 ZPO nach dem **Sitz der Gesellschaft** bestimmt. Sofern eine AG über einen Doppelsitz verfügt, bestehen zwei allgemeine Gerichtsstände. Dann hat der Kläger gemäß § 35 ZPO die Wahl unter den zuständigen Gerichten. Im Falle einer ausschließlichen Zuständigkeit nach § 246 Abs. 3 AktG ist allerdings streitig, wo bei einem Doppelsitz Klage erhoben werden kann (vgl. Rdn. 22). Ob die **funktionelle Zuständigkeit** der Kammer für Handelssachen gegeben ist, richtet sich nach § 95 GVG.

II. Ausschließlicher Gerichtsstand bei Anfechtungs- und Nichtigkeitsklagen

18 Die gerichtliche Zuständigkeit ist für Anfechtungs- und Nichtigkeitsklagen, die im AktG geregelt sind, gemäß **§ 246 Abs. 3 AktG** speziell normiert.[33] Die Zuständigkeit ist sachlich, örtlich und nach herrschender Meinung (vgl. Rdn. 21) auch funktionell ausschließlich. Insofern sind Gerichtsstandsvereinbarungen nach § 40 Abs. 1 S. 1 Nr. 2 ZPO ausgeschlossen. Ebenso ausgeschlossen ist die Zuständigkeitsbegründung durch rügeloses Verhandeln (§ 40 Abs. 1 S. 2 ZPO).

19 Sachlich zuständig ist das **Landgericht**. Dies ergibt sich unmittelbar aus § 246 Abs. 3 Satz 1 AktG, so dass es keines Rückgriffs auf §§ 23 Nr. 1, 71 Abs. 1 GVG bedarf.

20 Örtlich zuständig ist das Gericht, in dessen Bezirk die Gesellschaft ihren Sitz hat. Nach § 246 Abs. 3 S. 3 i. V. m. § 148 Abs. 2 S. 3 AktG besteht zudem die Möglichkeit, dass die jeweilige Landesregierung die Zuständigkeit mehrerer Landgerichte an einem Landgericht **konzentriert** hat. Von dieser Ermächtigung haben die Länder zum Teil Gebrauch gemacht.[34]

---

30 BGH NJW 1983, 991.
31 OLG Hamburg BB 1992, 2312; Hüffer/*Koch* § 90 Rn. 22; Schmidt/Lutter/*Krieger/Sailer-Coceani* § 90 Rn. 71; Nirk/Ziemons/Binnewies/*Jaeger* Rn. 9.194; MüKo/*Spindler* § 90 Rn. 63; Spindler/Stilz/*Fleischer* § 90 Rn. 71; a. A. (Klagegegner sind die einzelnen Vorstandsmitglieder als Streitgenossen): LG Bonn AG 1987, 24; *Stodolkowitz* ZHR 154 1 (8, 15); a. A. (Klagegegner ist der Vorstand als solcher): LG Düsseldorf AG 1988, 386, *Bork* ZGR 1989, 1 (36).
32 BGH NJW 1989, 979 (981); OLG Celle NJW 1990, 582; OLG Stuttgart, Urt. v. 30.5.2007 – 20 U 13/06; Fleischer/*Pentz* § 16 Rn. 173; Spindler/Stilz/*Fleischer* § 90 Rn. 72.
33 Dies betrifft Verfahren nach §§ 249, 250 f., 253, 255, 256, 257 sowie 275 AktG – zu Nichtigkeits- und Anfechtungsklagen im Einzelnen s. § 8 Rdn. 2–292.
34 Baden Württemberg: § 13 Abs. 2 Nr. 7a ZuVOJu; Bayern: § 21 GZVJu; Hessen: § 32 Nr. 2 GZVJu; Niedersachsen: § 2 Nr. 7 ff. ZustVO-Justiz; Sachsen: § 10 Nr. 11 ff. SächsJOrgVO.

C. Gerichtliche Zuständigkeit

Funktionell zuständig ist die **Kammer für Handelssachen**, soweit eine solche an dem örtlich zuständigen Landgericht besteht.[35] Nach der Rechtsprechung und einem Teil der Literatur ist § 246 Abs. 3 S. 2 AktG ebenfalls als zwingende Anordnung zu interpretieren, so dass auch die funktionelle Zuständigkeit ausschließlich ist. Für die Zuweisung an die Kammer für Handelssachen bestehe demnach kein **Antragserfordernis** nach § 96 Abs. 1 GVG. Dafür wird angeführt, dass andererseits die neu geschaffene Regelung des § 246 Abs. 2 S. 2 AktG überflüssig wäre, da § 95 Abs. 2 GVG bereits zuvor bestimmte, dass Anfechtungs- und Nichtigkeitsklagen Handelssachen seien.[36]

1. Doppelzuständigkeit

Im Falle einer ausschließlichen Zuständigkeit nach § 246 Abs. 3 AktG ist die Behandlung von **Gesellschaften mit Doppelsitzen** streitig. Die Rechtsprechung und herrschende Lehre vertreten den Standpunkt, dass die ausschließliche Zuständigkeit zweier Gerichte hinzunehmen sei, da für eine Einschränkung, wie sie die Gegenmeinung annimmt, keine gesetzliche Grundlage bestehe. Der Kläger habe somit ein Wahlrecht zwischen den zwei ausschließlichen Gerichtsständen gemäß § 35 ZPO.[37] Die Gegenansicht sieht dies als Verstoß gegen den Zweck des § 246 Abs. 3 AktG an, der darin bestehe, divergierende Entscheidungen auszuschließen. Um eine Doppelzuständigkeit zu vermeiden, soll daher das Gericht am Ort des tatsächlichen Verwaltungssitzes entsprechend § 17 Abs. 1 ZPO allein zuständig sein.[38]

2. Klage vor dem unzuständigen Gericht

Trotz der von § 246 Abs. 3 S. 1 AktG angeordneten ausschließlichen Zuständigkeit wirkt die Klageerhebung vor dem **sachlich oder örtlich unzuständigen Gericht** nach dem BGH[39] fristwahrend, sofern nachträglich auf Antrag des Klägers ein Verweisungsbeschluss gemäß § 281 Abs. 1 S. 1 ZPO ergeht. Danach reicht es aus, wenn die Rechtshängigkeit innerhalb der Monatsfrist bei dem unzuständigen Gericht begründet wird, die Verweisung an das zuständige Gericht aber erst nach Ablauf der Frist erfolgt.

Wurde ein unzuständiges Gericht mit der Sache befasst, empfiehlt es sich allerdings, schnellstmöglich die Abgabe an das zuständige Gericht zu erwirken, um eine Klageabweisung wegen Verfristung zu verhindern. Denn die Rechtsprechung verlangt, dass die **Abgabe alsbald erfolgt** bzw. dass keine nennenswerte Verzögerung verursacht wird, wobei eine Verzögerung von vierzehn Tagen unter Berücksichtigung der Parteiinteressen noch als hinnehmbar erachtet wurde.[40] Ist eine weitere Verzögerung auf Umstände zurückzuführen, die der Antragsteller nicht zu vertreten hat, ist dies für die Fristwahrung unschädlich.[41] Weiß der Kläger allerdings, dass das angerufene Gericht unzuständig ist und

---

35 Ob dies am jeweiligen Gericht der Fall ist, lässt sich in der Regel beispielsweise über das Internetportal http://www.justiz.de/OrtsGerichtsverzeichnis/index.php in Erfahrung bringen.
36 OLG München NZG 2007, 947; Spindler/Stilz/*Dörr* § 246 Rn. 39; Schmidt/Lutter/*Schwab* § 246 Rn. 23; *Waclawik* Rn. 31; die a. A. (insbes. noch MAH AktR/*Meller* § 38 Rn. 5), wonach auch nach der Novellierung des § 246 Abs. 2 S. 2 AktG die §§ 95–99 GVG weiter anwendbar seien und die Verhandlung vor der Kammer für Handelssachen somit eines entsprechenden Antrages der Parteien bedürfe, wird kaum noch vertreten.
37 LG Berlin AG 1995, 41 (42); LG Bonn AG 1995, 44; KG AG 1996, 421; Hüffer/*Koch* § 246 Rn. 37; MüKo AktG/*Heider* § 5 Rn. 57; Happ/*Tielmann* 18.01 Rn. 3; Nirk/Ziemons/Binnewies/*Herchen* Rn. 10.1314; MAH AktR/*Meller* § 38 Rn. 4; *Waclawik* Rn. 27.
38 MüKo AktG/*Hüffer* § 246 Rn. 72; Spindler/Stilz/*Dörr* § 246 Rn. 40; Schmidt/Lutter/*Schwab* § 246 Rn. 21; *Bork* ZIP 1995, 609 (616).
39 BGH NJW-RR 2006, 1113 (zum Spruchverfahren); NJW 1998, 3648. Ebenso: OLG Dresden NJW-RR 1999, 683 (684); OLG Karlsruhe NZG 2005, 84; Hüffer/*Koch* § 246 Rn. 24; a. A.: KG AG 2000, 364; *Henn* AG 1989, 230.
40 BGH NJW 2004, 3775 (3776); NJW 2000, 2282; OLG Celle NJW 1969, 2054 (2055).
41 OLG Dresden NJW-RR 1999, 683 (684); BayObLG NZG 2001, 608.

stellt etwa schon in der Klageschrift den Verweisungsantrag, wird dies regelmäßig als rechtsmissbräuchlich zu werten sein. Die Klageerhebung vor dem unzuständigen Gericht genügt dann nicht zur Einhaltung der Klagefrist.[42]

III. Schiedsgerichte

25 Die Beilegung von Streitigkeiten unter Beteiligung einer AG ist regelmäßig auch durch Schiedsgerichte möglich, wenn dies in einer **Schiedsvereinbarung** geregelt wird.[43]

26 Sollen Schiedsklauseln hingegen bereits in der Satzung geregelt werden (**statutarische Schiedsklauseln**), ist dies vor dem Hintergrund des § 23 Abs. 5 AktG mit rechtlichen und vor allem bei Publikumsgesellschaften mit erheblichen praktischen Unsicherheiten behaftet.[44] Dies und die besondere Problematik der Schiedsfähigkeit von Hauptversammlungsbeschlüssen werden näher unter § 8 Rdn. 396–401 dargestellt.

D. Zustellung

27 Die wirksame Klageerhebung erfordert nach § 253 Abs. 1 ZPO eine ordnungsgemäße Zustellung. Dem Zustellungsadressaten muss die Klageschrift in der in §§ 173–190 ZPO bestimmten Form bekannt gegeben werden. Die einzelnen Zustellungserfordernisse bei Beteiligung einer Aktiengesellschaft unterscheiden sich danach, ob nur ein Organ die Prozessvertretung übernimmt oder die gemeinschaftliche Vertretung von Vorstand und Aufsichtsrat vorgeschrieben ist.

I. Vertretung durch den Vorstand oder den Aufsichtsrat

28 Da die AG nicht prozessfähig ist, kann die Klage bei einer Vertretung entweder durch den Vorstand oder durch den Aufsichtsrat gemäß § 170 Abs. 1, 2 ZPO dem Vertreter oder dem Leiter zugestellt werden. Wer Vertreter der AG ist, bestimmt sich nach §§ 78, 112 AktG. **Leiter** einer juristischen Person sind nach herrschender Ansicht solche Personen, die eine Leitungs- oder Repräsentanzfunktion wahrnehmen. Dies müssen nicht zwingend Organmitglieder sein (weiter Leiterbegriff).[45] Demzufolge kann die Zustellung z. B. auch an einen Betriebsleiter oder einen für die Finanzen zuständigen Prokuristen, der nicht zugleich Organmitglied ist, erfolgen.[46] In der Praxis ist allerdings oft schwer festzustellen, wer die Voraussetzungen des Leiterbegriffs nach § 170 Abs. 2 ZPO erfüllt. Daher ist eine Zustellung an den Leiter mit Risiken verbunden, so dass anzuraten ist, gemäß § 170 Abs. 1 ZPO die Zustellung an die **Vertreter** der Gesellschaft vorzunehmen.

29 Gemäß § 170 Abs. 3 ZPO reicht auch die Zustellung an **nur ein Mitglied** des vertretungsberechtigten Organs bzw. an nur einen Leiter. Dabei kann zunächst an jedem Ort persönlich zugestellt werden (§ 177 ZPO). Hiernach wird der Zustellungsprozess durch Übergabe einer Klageabschrift an das Organmitglied oder den Leiter abgeschlossen. Gelingt dies nicht, wird die Person also im Sinne des § 178 Abs. 1 ZPO »nicht angetroffen«, bedarf es der **Ersatzzustellung.** Nimmt eine in den Geschäftsräumen angestellte Person das zuzustellende Schriftstück entgegen, ist nach der Rechtsprechung darin die konkludente Erklärung zu sehen, dass der Zustellungsadressat »nicht angetroffen« werden kann.[47] Eine weitergehende Nachforschungspflicht besteht dann nicht, so dass die Voraus-

---

42 LG Köln AG 2009, 593 (594); Schmidt/Lutter/*Schwab* § 246 Rn. 8; Hüffer/*Koch* § 246 Rn. 24a.
43 Vgl. *Umbeck* SchiedsVZ 2009, 143–148 (insbes. zu Organhaftungsansprüchen) m. w. N.; zur Schiedsfähigkeit von Hauptversammlungsbeschlüssen § 8 Rdn. 396–401 sowie allgemein zu Schiedsverfahren bei gesellschaftsrechtlichen Streitigkeiten § 2 Rdn. 25–80.
44 Vgl. MüKo ZPO/*Münch* § 1066 Rn. 8–19; Nirk/Ziemons/Binnewies/*Schluck-Amend* Rn. 3.142–3.145; *Ebbing* NZG 1998, 281; *Umbeck* SchiedsVZ 2009, 143 (146); *Borris* NZG 2010, 481.
45 LArbG Baden-Württemberg, Urt. v. 22.1.2008 – 8 Sa 29/07 Rn. 26; Stein/Jonas/*Roth* § 170 Rn. 7; MüKo ZPO/*Häublein* § 170 Rn. 7; Wieczorek/Schütze/*Rohe* § 170 Rn. 23.
46 Stein/Jonas/*Roth* § 170 Rn. 7.
47 BGH, Beschl. v. 04.02.2015 – III ZR 513/13, Rn. 10.

setzungen für eine Ersatzzustellung vorliegen.[48] Für die Ersatzzustellung gilt, dass in den Geschäftsräumen aber auch in der Privatwohnung zugestellt werden kann (§ 178 Abs. 1 ZPO).

Bei einer **Vertretung durch den Vorstand** ist zu berücksichtigen, dass nach der Rechtsprechung des BGH und der herrschenden Lehre die namentliche Bezeichnung der einzelnen Vorstandsmitglieder nicht erforderlich ist, so dass die **Angabe der Gesellschaft genügt**. Bei der Angabe des Geschäftslokals kämen nämlich ohnehin nur die Vorstandsmitglieder als Adressaten in Betracht.[49] Die Bezeichnung der Gesellschaft als Zustellungsadressat ist im Falle der Vertretung durch den Vorstand also regelmäßig der einfachste Weg, die Zustellung zu bewirken. Bei einer Ersatzzustellung im Falle der Vertretung durch den Vorstand empfiehlt es sich ebenfalls, diese in den Geschäftsräumen vorzunehmen, weil dann nach § 178 Abs. 1 Nr. 2 ZPO die Möglichkeit besteht, die Zustellung an eine dort beschäftigte Person zu bewirken.[50] 30

Weiter erleichtert wurde die Zustellung an die Vorstandsmitglieder durch die mit dem MoMiG eingefügten §§ 37 Abs. 3 Nr. 1, 78 Abs. 2 S. 3 AktG. Danach gilt eine unwiderlegliche Vermutung dafür, dass die Vorstandsmitglieder unter der im Handelsregister einzutragenden Geschäftsanschrift die Möglichkeit zur Kenntnisnahme haben. 31

Vertritt der Aufsichtsrat die Gesellschaft, ist die Ersatzzustellung unter der Adresse der beklagten Gesellschaft zwar grundsätzlich möglich. Sie kommt in der Regel aber aus praktischen Gründen nicht in Betracht, wenn der Aufsichtsrat – wie häufig – dort keine eigenen Geschäftsräume unterhält, wie es § 178 Abs. 1 Nr. 2 ZPO voraussetzt (zur Ersatzzustellung an den Aufsichtsrat im Falle der Doppelvertretung vgl. Rdn. 35). Dann kann die Zustellung in gesellschaftsexternen Geschäftsräumen (§ 178 Abs. 1 Nr. 2 ZPO) oder unter der Privatanschrift der Aufsichtsratsmitglieder (§ 178 Abs. 1 Nr. 1 ZPO) erfolgen. 32

II. Vertretung durch Vorstand und Aufsichtsrat gemeinschaftlich

Handelt es sich um eine Klage, für die eine Doppelvertretung durch Vorstand und Aufsichtsrat vorgeschrieben ist, insbesondere also um eine Anfechtungsklage, soll nach herrschender Meinung eine Zustellung an einen Leiter der Gesellschaft nach § 170 Abs. 2 ZPO indes unwirksam sein. Grund hierfür ist, dass die alleinige Zustellung an den faktischen Leiter den Zweck der Doppelvertretung vereiteln würde.[51] Daher ist in den Fällen einer gesetzlich angeordneten Doppelvertretung eine **Zustellung an die Mitglieder der vertretungsberechtigten Organe erforderlich**. Insbesondere ist auch darauf zu achten, dass mindestens an jeweils ein Mitglied des Vorstands und ein Mitglied des Aufsichtsrates zugestellt wird. Aus dem Zweck der Doppelvertretung folgt in Abweichung von § 170 Abs. 3 ZPO, dass die Zustellung **an mehrere Mitglieder nur eines Organs nicht ausreichend ist**.[52] 33

Die **Ersatzzustellung an den Vorstand** kann, wie unter Rdn. 29, 30 beschrieben, mit Angabe der Gesellschaftsadresse erfolgen. 34

Problematischer gestaltet sich allerdings die **Ersatzzustellung an die Aufsichtsratsmitglieder**. Unterhalten der Aufsichtsrat bzw. einzelne Aufsichtsratsmitglieder in den Geschäftsräumen der Gesellschaft keine eigenen Büroräume, ist anerkannt, dass die Zustellung dort nicht erfolgen kann.[53] Verfügt der Aufsichtsrat über eigene Büroräume, ist streitig, ob eine Zustellung in den Gesellschafts- 35

---

48 BGH Beschl. v. 4.2.2015 – III ZR 513/13, Rn. 10; a. A. Stein/Jonas/*Roth* § 178 Rn. 5, der zumindest eine ausdrückliche Nachfrage für erforderlich hält.
49 BGHZ 107, 296 (299); OLG Brandenburg AG 2008, 497; Hüffer/*Koch* § 246 Rn. 32.
50 Zur Ersatzzustellung im Falle der Vertretung durch den Aufsichtsrat sogleich unter Rdn. 35.
51 MüKo ZPO/*Häublein* § 170 Rn. 7; *Tielmann* ZIP 2002, 1879 (1882).
52 BGH NJW 1992, 2099 (2100); OLG Stuttgart ZIP 2001, 650 (651); OLG Dresden AG 1996, 425; OLG Hamburg AG 2003, 519; KG AG 2005, 583; Wieczorek/Schütze/*Rohe* § 170 Rn. 30.
53 OLG Karlsruhe AG 2008, 718.

räumen zulässig ist. Die ständige Rechtsprechung und herrschende Lehre lehnen im Falle der Doppelvertretung die Ersatzzustellung in den Geschäftsräumen der beklagten Gesellschaft ab.[54] Begründet wird dies mit dem Zweck der Doppelvertretung, dem eine Übergabe an das Gesellschaftspersonal, welches dem Vorstand untersteht, widerspräche. Zudem könne nicht davon ausgegangen werden, dass sich die Aufsichtsratsmitglieder in den Geschäftsräumen üblicherweise aufhalten und es sich somit um eine zustellungsfähige Anschrift handelt.

36 Nach der **Mindermeinung** soll die Zustellung in den Gesellschaftsräumen hingegen möglich sein, da im Falle von § 246 AktG der Aufsichtsrat der gesetzliche Vertreter der Gesellschaft sei und dieser nicht anders behandelt werden dürfe als der Vorstand.[55]

37 Unterhält ein Aufsichtsratmitglied ein **gesellschaftsfremdes Büro**, z. B. ein Rechtsanwalts- oder Notarbüro, kann problemlos dort zugestellt werden.[56] § 178 Abs. 1 Nr. 2 ZPO trifft insoweit keine Differenzierung bezüglich der Art der Berufsausübung. Darüber hinaus ist die Zustellung in der Privatwohnung möglich nach § 178 Abs. 1 Nr. 1 ZPO.

38 Auch wenn die Zustellung an nur ein Aufsichtsratmitglied reicht (vgl. Rdn. 29), empfiehlt es sich in der Praxis, in der Klageschrift zur Minimierung von Risiken mehrere Aufsichtsratsmitglieder nebst – soweit bekannt – Privatadresse oder gesellschaftsfremder Geschäftsadresse anzugeben.

III. Zustellung an eine empfangsberechtigte Person

39 Nach § 39 Abs. 1 S. 2 AktG kann die Gesellschaft eine empfangsberechtigte Person – wie beispielsweise einen Rechtsanwalt – in das Handelsregister eintragen lassen, die als weiterer Zustellungsempfänger zur Verfügung steht.

IV. Öffentliche Zustellung

40 Ist die Zustellung unter der im Handelsregister eingetragenen Adresse unmöglich[57] und ist die Gesellschaft auch sonst nicht erreichbar, kann eine **öffentliche Zustellung gemäß § 185 Nr. 2 ZPO** veranlasst werden. Voraussetzung ist, dass ein Zustellungsversuch unter der eingetragenen Geschäftsadresse fehlgeschlagen ist und auch die eingetragenen Vertreter oder eine nach § 39 Abs. 1 S. 1 AktG eingetragene Empfangsperson nicht erreichbar sind. Ist darüber hinaus keine weitere inländische Adresse bekannt, kann das Verfahren der öffentlichen Zustellung eingeleitet werden. Weitere umfangreiche Nachforschungen obliegen dem Zustellungsveranlasser nicht.[58]

41 Über die **Bewilligung** der öffentlichen Zustellung entscheidet gemäß § 15a HGB das Amtsgericht, in dessen Bezirk sich die zum Handelsregister angemeldete Gesellschaft befindet. Die Bewilligung steht im Ermessen des Gerichts, wobei das Rechtsschutzbedürfnis des Klägers und das Schutzbedürfnis des Zustellungsadressaten gegeneinander abgewogen werden. Die Entscheidung ergeht durch Beschluss. Die Durchführung der öffentlichen Zustellung erfolgt durch Aushang einer Benachrichtigung an der Gerichtstafel des zuständigen Gerichts oder auf elektronischem Wege (§ 186 Abs. 2 S. 3 ZPO). Nach Ablauf von einem Monat nach Aushang der Benachrichtigung[59] wird die Zustellung fingiert (§ 188 ZPO).

---

54 BGHZ 107, 296 (299); OLG München AG 2008, 460; OLG Hamburg AG 2002, 521 (523); KG AG 2005, 583; Hüffer/Koch § 246 Rn. 34; Tielmann ZIP 2002, 1879 (1883); Waclawik Rn. 41.
55 MüKo ZPO/Häublein § 178 Rn. 20; MüKo AktG/Spindler § 78 Rn. 17; Borsch AG 2005, 607.
56 Schwerdtfeger/Plückelmann Kap. 19 Rn. 23; Hüffer/Koch § 246 Rn. 34; Tielmann ZIP 2002, 1879 (1883).
57 Da erst seit 1.11.2008 die (postalische) Adresse der AG im Handelsregister zu nennen ist (§ 37 Abs. 3 Nr. 1 AktG), ergibt sich seitdem ein deutlich erweiterter Anwendungsbereich für Fälle der öffentlichen Zustellung, insbesondere auch in Fällen sog. Firmenbestattung. Nach § 18 EGAktG besteht eine Anmeldepflicht auch für Altgesellschaften.
58 OLG Stuttgart NJOZ 2005, 45; Zöller/Stöber § 185 Rn. 4; Saenger/Eichele § 185 Rn. 6.
59 In der Praxis dauert es meist einige Tage, bis der Aushang tatsächlich bewirkt bzw. die Einstellung in das EDV-System erfolgt und die Monatsfrist somit erst in Gang gesetzt wird.

V. Folgen von Zustellungsmängeln

Die ordnungsgemäße Zustellung ist in der Praxis insbesondere bei solchen Klagen bedeutend, die der **Monatsfrist des § 246 Abs. 1 AktG** unterliegen.[60] Die Frist gilt dann als gewahrt, wenn die Klage innerhalb der Frist bei Gericht eingereicht[61] und die Klageschrift »demnächst« zugestellt wird (§ 167 ZPO). Geringfügig und damit hinnehmbar sind jedenfalls Verzögerungen von 14 Tagen, wobei bei der Berechnung die Zeiträume außer Betracht bleiben, in denen die fehlende Zustellung nicht durch den Kläger zu vertreten ist.[62]

42

Verstreicht die Monatsfrist nach § 246 Abs. 1 AktG, ohne dass eine ordnungsgemäße Zustellung bewirkt wurde, ist das Anfechtungsrecht unwiederbringlich verloren. Da die Frist nach § 246 Abs. 1 AktG eine **materiell-rechtliche Ausschlussfrist** ist (näher zur Anfechtungsfrist § 8 Rdn. 81–87),[63] besteht weder die Möglichkeit einer Fristverlängerung nach § 224 Abs. 2 ZPO noch die der Wiedereinsetzung in den vorigen Stand.

43

Es bleibt dann nur noch die Möglichkeit einer **Heilung** von Zustellungsmängeln nach § 189 ZPO. Dafür muss die ordnungsgemäße Zustellung nachträglich bewirkt werden. Dies muss allerdings, was praktisch meist nicht möglich sein wird, noch innerhalb der Frist von § 246 Abs. 1 AktG geschehen. Wurde von Vorstand und Aufsichtsrat zwischenzeitlich ein Prozessbevollmächtigter bestellt und geht diesem fristgemäß die Klageschrift zu, hat dies ebenso die Heilung zur Folge, denn die Ermächtigung, alle Prozesshandlungen vorzunehmen, umfasst regelmäßig auch die Entgegennahme von Zustellungen.[64]

44

E. Prozesskostenhilfe für die AG

Die Bewilligung von Prozesskostenhilfe für juristische Personen unterliegt **erheblich strengeren Voraussetzungen** als für natürliche Personen, so dass die Gewährung von Prozesskostenhilfe für eine AG selten ist. Die einzelnen Voraussetzungen ergeben sich aus § 116 S. 1 Nr. 2 ZPO.

45

Erforderlich ist insbesondere, dass auch die an der Prozessführung wirtschaftlich Beteiligten die finanziellen Mittel nicht aufbringen können. Wirtschaftlich beteiligt sind z. B. Großaktionäre oder 100 %-ige Tochtergesellschaften.[65] Weitere Voraussetzung für die Gewährung von Prozesskostenhilfe ist ein allgemeines Interesse an der Rechtsverfolgung. Ein solches liegt nur dann vor, wenn durch die Entscheidung größere Kreise der Bevölkerung oder des Wirtschaftslebens angesprochen und die Entscheidung soziale Wirkungen nach sich ziehen kann oder ein allgemeines Interesse an einer richtigen Entscheidung besteht.[66] Diese Voraussetzungen sind etwa dann gegeben, wenn ohne die

46

---

60 Außerdem die Klagen der §§ 246, 251, 255, 257 AktG. Der Regierungsentwurf zur Aktienrechtsnovelle 2014 (Entwurf eines Gesetzes zur Änderung des Aktiengesetzes) sieht für die so genannten nachgeschobenen Nichtigkeitsklagen in § 249 Abs. 2 S. 3 AktG eine relative Frist von einem Monat vor; der Regierungsentwurf ist unter www.bmjv.de zu finden.
61 Zum Ausnahmefall der Einreichung bei einem unzuständigen Gericht s. Rdn. 23–24 oben.
62 BGH NJW 2000, 2282; NJW 2004, 3775; OLG Koblenz v. 19.4.2013 – 6 U 733/12; KG AG 2005, 583; LG Hamburg AG 2002, 525; OLG Karlsruhe AG 2008, 718; MüKo AktG/*Häublein* § 167 Rn. 9 f.; Wieczorek/Schütze/*Rohe* § 167 Rn. 46. In der Praxis kommt es vielfach zu wochen- bis monatelangen Verzögerungen bei Zustellung der Klageschrift, die allerdings meist mit der Anforderung des Gerichtskostenvorschusses (§ 12 Abs. 1 GKG) zusammenhängen. In diesen Fällen ist danach zu differenzieren, inwieweit die Verzögerung auf gerichtsinterne Abläufe zurückzuführen ist, vgl. OLG Celle NZG 2014, 640.
63 BGH NJW 1998, 3344; MüKo AktG/*Hüffer* § 246 Rn. 36 f.
64 OLG München v. 12.03.2014 – 7 U 476/13, Rn. 27; AG 2008, 460.
65 OLG München DB 2003, 931; LG Dresden AG 1995, 335; Zöller/*Geimer* § 116 Rn. 22.
66 BGH Beschl. v. 28.09.2011 – I ZR 13/11; KG Berlin ZIP 2011, 542; vgl. zur Prozesskostenhilfe für juristische Personen auch EuGH EuZW 2011, 137.

Rechtsverfolgung zahlreiche Kleingläubiger negativ betroffen wären oder wenn die Gesellschaft eine große Zahl von Arbeitnehmern beschäftigt.[67]

F. Zeugenbeweis

47 Ist die Gesellschaft als Klägerin oder Beklagte an einem Prozess beteiligt, stellt sich die Frage, wer als Zeuge zur Verfügung steht.

48 Soweit die AG dem Regelfall entsprechend (zu Ausnahmen oben Rdn. 4–5, 9–10) in einem Rechtsstreit vom Vorstand vertreten wird, können die **Vorstandsmitglieder** dort **nicht als Zeugen** vernommen werden. Vielmehr unterliegen die Vorstandsmitglieder gemäß § 445 ZPO den Vorschriften über die Parteivernehmung. Das gilt für alle Organmitglieder unabhängig davon, ob das konkrete Mitglied an der Prozessführung beteiligt ist.[68]

49 Ist ausnahmsweise der **Aufsichtsrat** nach § 112 AktG vertretungsberechtigt, können Vorstandsmitglieder als Zeugen vernommen werden, nicht aber die Mitglieder des Aufsichtsrats. Im Fall einer Doppelvertretung scheiden dementsprechend sowohl die Vorstands- und auch die Aufsichtsratsmitglieder als Zeugen aus. Wurde hingegen gemäß § 147 Abs. 2 S. 1 AktG die gerichtliche Vertretung der Gesellschaft einem **besonderen Vertreter** überantwortet, sind die Mitglieder des Vorstands und des Aufsichtsrats fähig, Zeugen zu sein, denn sie treten im Prozess nicht als Organ der Gesellschaft auf.

50 Diese Unterscheidung nach Partei- und Zeugeneigenschaft hat erhebliche praktische Bedeutung, denn die **Vernehmung als Partei** ist nur sehr eingeschränkt nach Maßgabe der §§ 445, 447, 448 ZPO zulässig.

I. Zeitweise Abberufung des Vorstandsmitglieds

51 Da für die Beurteilung der Zeugnisfähigkeit der Zeitpunkt der Vernehmung maßgeblich ist,[69] könnte durch eine **zeitweise Abberufung des Vorstandsmitglieds** eine Zeugenvernehmung ermöglicht werden. Mit der Abberufung endet die Organeigenschaft, so dass die Zeugenvernehmung zulässig wird und somit einer im Einzelfall bestehenden Beweisnot abgeholfen werden kann. Der BGH sieht es sogar als **anwaltliche Pflichtverletzung** an, wenn der Mandant über diese prozesstaktische Möglichkeit nicht aufgeklärt wird und es entscheidend auf die Vernehmung des Vorstandsmitglieds als Zeuge ankommt.[70] Auch nach einer verbreiteten Ansicht in der Literatur bestehen grundsätzlich keine Bedenken gegen die Herbeiführung der formalen Voraussetzung einer Zeugenstellung. Allerdings müsse mit einer kritischen Würdigung der entsprechenden Aussage gerechnet werden.[71]

52 Vereinzelt wird die Zeugenbenennung aufgrund vorheriger prozesstaktischer Abberufung als **rechtsmissbräuchlich** angesehen, wobei Uneinigkeit darüber besteht, ob schon die Abberufung oder erst die Zeugenbenennung rechtsmissbräuchlich sein soll.[72]

---

67 BGH NJW 1991, 703; KG Berlin ZIP 2011, 542; OLG Celle NJW-RR 1986, 741; OLG Frankfurt a. M. NJW-RR 1996, 552.
68 MüKo AktG/*Spindler* § 78 Rn. 15.
69 BGH NJW-RR 2003, 1212; MüKo ZPO/*Schreiber* § 445 Rn. 4.
70 Zur GmbH: BGH NJW-RR 2003, 1212 (1213); aufgrund der Vergleichbarkeit der Sachverhalte ist diese Rspr. auch auf die AG zu übertragen.
71 Schwerdtfeger/*Plückelmann* Kap. 19 Rn. 28; Saenger/*Eichele* § 373 Rn. 8; Zöller/*Greger* § 373 Rn. 4; *Mock*/Streppel Rn. 81.
72 Scholz/*Schneider* § 35 Rn. 144; Roth/Altmeppen/*Altmeppen* § 35 Rn. 24; Stein/Jonas/*Leipold* § 455 Rn. 7; *Schmitz* GmbHR 2000, 1140 (1143).

II. Grundsatz der Waffengleichheit

Ist der Inhalt eines **Vier-Augen-Gesprächs** streitig, tritt häufig Beweisnot ein. In Ausnahmefällen kann der in Art. 6 Abs. 1 EMRK verankerte Grundsatz der Waffengleichheit es gebieten, dass ein Vorstandsmitglied, das an einem solchen Gespräch beteiligt war, als Partei gehört wird, ohne dass die gesetzlichen Voraussetzungen dafür vorliegen. Eine Entscheidung des EGMR[73] bestätigend nimmt die Rechtsprechung an, dass gegen das Prinzip der Waffengleichheit verstoßen wird, wenn eine klagende Gesellschaft ihr vertretungsberechtigtes Organ als Zeugen für den Inhalt eines Gesprächs unter vier Augen nicht benennen darf, während die Vernehmung einer am Gespräch beteiligten Person, die der Gegenpartei zuzurechnen ist, für zulässig erachtet wird.[74] 53

Eine der Waffengleichheit widersprechende Benachteiligung muss dann durch Vernehmung (§ 448 ZPO) oder Anhörung (§ 141 ZPO) der anderen Partei behoben werden. Zu beachten ist, dass ein Antrag auf Anhörung bzw. Vernehmung erforderlich ist, da dies nicht von Amts wegen erfolgt.[75] 54

Die Durchbrechung der Parteianhörungsregeln wird allerdings **restriktiv** gehandhabt. Einer Parteivernehmung bedarf es u. a. dann nicht, wenn über die den Gegner begünstigende Zeugenaussage hinaus sonstige Beweismittel und Indizien vorliegen, die für die Richtigkeit der Zeugenaussage sprechen.[76] Weiterhin liegt kein Fall einer Benachteiligung vor, wenn der Zeuge nicht ausschließlich dem gegnerischen Lager zugeordnet werden kann.[77] 55

G. Zwangsvollstreckung

Grundsätzlich unterliegt die Vollstreckung unter Beteiligung einer AG den **allgemeinen gesetzlichen Regelungen**. Besonderheiten können sich dann ergeben, wenn die AG Vollstreckungsschuldnerin ist. Dies gilt insbesondere für die Vollstreckung in Einlageschulden sowie bei der Abgabe einer eidesstattlichen Versicherung (zu Besonderheiten bei der Zustellung vgl. Rdn. 27–44). 56

I. Pfändung von Einlageforderungen

Die Pfändung von Einlageforderungen nach § 829 ZPO ist wegen des **Grundsatzes der Kapitalaufbringung** nur bedingt und unter engen Voraussetzungen möglich.[78] Voraussetzung für eine derartige Pfändung ist nach ständiger Rechtsprechung grundsätzlich, dass die Forderung gegen die AG vollwertig, d. h. aus dem Vermögen der Gesellschaft realisierbar ist.[79] 57

Auch nach Verpfändung bleibt allein der Vorstand dazu berechtigt, die Fälligkeit der Einlageforderung gemäß § 63 Abs. 1 AktG durch Zahlungsaufforderung herbeizuführen. Erst mit erfolgter Überweisung des Einlageanspruchs geht das Aufforderungsrecht auf den Vollstreckungsgläubiger über. 58

---

73 EGMR NJW 1995, 1413.
74 BGH NJW 1999, 363 (364); WM 2006, 658 (551); Schleswig-Holsteinisches OLG, Urt. v. 10.04.2014 – 5 U 128/12 Rn. 255; OLG Koblenz NJW-RR 2002, 630 (631); OLG Koblenz NJW-RR 2004, 414 (415); *Kappenhagen/Markus* BB 2006, 506 (510); *Schlosser* NJW 1995, 1404 (1405); a. A. OLG München NJW-RR 1996, 958 (960).
75 OLG Oldenburg, Urt. v. 7.4.2010 – 5 U 98/09.
76 BGH, Beschl. v. 14.03.2013 – VII ZR 39/12; NJW 2003, 3636; NJW-RR 2003, 1003; WM 2006, 548 (551); KG Berlin, Urt. v. 07.04.2014 – 22 U 86/13 Rn. 15.
77 BGH, Urt. v. 30.09.2004 – III ZR 369/03; OLG Koblenz NJW-RR 2004, 414 (415).
78 Zur Pfändung durch den Inferenten selbst: *Habersack/Weber* ZGR 2014, 509 (538 ff.).
79 Dazu und zu Ausnahmefällen vgl. BGH NJW 1992, 2229; NJW 1963, 102; OLG Celle 2000, 147.

II. Abgabe einer eidesstattlichen Versicherung

59 Die Abgabe einer eidesstattlichen Versicherung (§§ 802c, 883 Abs. 2 ZPO) muss durch das **vertretungsberechtigte Organ** vorgenommen werden.

Die Verpflichtung trifft diejenigen Vorstandsmitglieder, die am Tage des Termins bestellt sind. Nur bei gezielter Amtsniederlegung zum Zwecke der Vermeidung der Offenbarungspflicht ohne Benennung eines neuen Vorstandsmitglieds können auch **ehemalige Vorstandsmitglieder** herangezogen werden.[80]

60 Sind **mehrere gesetzliche Vertreter** vorhanden, ist streitig, wie zu verfahren ist. Eine Ansicht verlangt, dass so viele Vertreter geladen werden, wie zur Vertretung erforderlich sind.[81] Nach der Gegenansicht kann das Vollstreckungsgericht nach pflichtgemäßem Ermessen entsprechend §§ 455 Abs. 1 S. 2, 449 ZPO denjenigen auswählen, der die Versicherung abzugeben hat.[82]

---

[80] BGH WM 2007, 81; OLG Köln, Beschl. v. 19.4.2000 – 2 W 28/00.
[81] OLG Frankfurt NJW-RR 1988, 807; Zöller/*Stöber* § 802c Rn. 10.
[82] LG Frankfurt a. M., Beschl. v. 21.04.1993 – 2/9 T 207/93; Thomas/Putzo/*Hüßtege* § 802c Rn. 10; Stein/Jonas/*Münzberg* § 807 Rn. 52.

§ 4 Streitpunkte in der Gründungsphase der Aktiengesellschaft

Übersicht

	Rdn.
A. Überblick: Die Gründungsphasen der Aktiengesellschaft	1
I. Die Vorgründungsphase	3
II. Die Phase der Vorgesellschaft (Vor-Aktiengesellschaft)	8
III. Die Nachgründungsphase	13
IV. Vorratsgründung und Mantelverwendung bei der Aktiengesellschaft	16
B. Streitigkeiten vor Eintragung der Aktiengesellschaft in das Handelsregister	19
I. Die Vorgründungsgesellschaft	20
1. Streitigkeiten in Bezug auf die Feststellung der Satzung	22
a) Bei Vorliegen eines formwirksamen Vorvertrags	24
b) Bei Fehlen eines formwirksamen Vorvertrags	27
2. Streitigkeiten in Bezug auf die Verbindlichkeiten der Vorgründungsgesellschaft	30
3. Übergang von Prozessen der Vorgründungsgesellschaft auf die Vorgesellschaft	36
a) Aktivprozesse der Vorgründungsgesellschaft	37
b) Passivprozesse der Vorgründungsgesellschaft	40
II. Die Vorgesellschaft	42
1. Die Pflicht der Gründer zur Förderung des Gründungsprozesses	43
a) Die Bestellung des ersten Aufsichtsrats	44
b) Die Erstattung des Gründungsberichts	45
c) Die Leistung der Einlagen	46
aa) Bei Bestehen einer Bareinlageverpflichtung	47
bb) Bei Bestehen einer Sacheinlageverpflichtung	50
d) Die Anmeldung zum Handelsregister	53
e) Die allgemeine Pflicht zur Förderung der Gründung	54
2. Informationsrecht der Gründer	56
3. Mängel von Beschlüssen der Gründerversammlung	57
4. Geschäftsführungsbefugnis des Vorstands	59
5. Vertretungsmacht des Vorstands	64
6. Prozessuale Besonderheiten der Vorgesellschaft	67
a) Parteifähigkeit der Vorgesellschaft	68

	Rdn.
b) Prozessfähigkeit der Vorgesellschaft	72
c) Örtliche Zuständigkeit	75
d) Actio pro socio	77
e) Zustellung	78
f) Prozesskostenhilfe	79
g) Zwangsvollstreckung durch und gegen die Vorgesellschaft	80
III. Streitigkeiten infolge fehlerhafter Gründungsvorgänge	81
1. Fehlerhaftigkeit der Satzungsfeststellung und Aktienübernahme	84
2. Fehlerhaftigkeit einzelner Satzungsbestimmungen	90
3. Fehlerhaftigkeit der Bestellung des ersten Aufsichtsrats	92
4. Fehlerhaftigkeit der Bestellung des ersten Abschlussprüfers	94
5. Fehlerhaftigkeit der Bestellung des ersten Vorstands	95
6. Fehlerhaftigkeit des Gründungsberichts	97
7. Fehlerhaftigkeit der Gründungsprüfung	99
8. Fehlerhaftigkeit der Aufbringung des Grundkapitals	104
9. Fehlerhaftigkeit der Handelsregisteranmeldung	106
IV. Streitigkeiten bei der Eintragung in das Handelsregister	108
1. Rechtsmittel gegen Eintragung, Zwischenverfügung bzw. Ablehnungsbeschluss	112
2. Streitigkeiten in Bezug auf einzelne Eintragungsvoraussetzungen	114
a) Die Ordnungsmäßigkeit der Anmeldung der Aktiengesellschaft	115
aa) Die Bargründung	116
bb) Die Sachgründung	122
b) Die Ordnungsmäßigkeit der Errichtung der Aktiengesellschaft	125
aa) Der Wert von Sacheinlagen oder Sachübernahmen	126
bb) Die Eintragungsfähigkeit der Satzung	128
3. Die Aussetzung des Eintragungsverfahrens	131
V. Scheitern der Gründung nach Entstehung der Vorgesellschaft	132
1. Kündigung der Vorgesellschaft aus wichtigem Grund	136
2. Streitigkeiten über die Verantwortlichkeit für das Scheitern	139

	Rdn.			Rdn.
3. Streitigkeiten in Bezug auf die Haftung bei Scheitern der Gründung	144		5. Die Amtslöschung gemäß § 395 FamFG	175
a) Die Verlustdeckungshaftung	146	II.	Ersatzansprüche der Gesellschaft gegen Gründer, Vorstand, Aufsichtsrat oder Gründungsprüfer	177
b) Die Handelndenhaftung	150			
4. Streitigkeiten in Bezug auf die Liquidation bzw. die Fortführung des Unternehmens	156		1. Ersatzansprüche gegen Gründer	178
			2. Ersatzansprüche gegen Vorstand oder Aufsichtsrat	185
5. Die Haftung eines ausgeschiedenen Gründers	160		3. Ersatzansprüche gegen Gründungsprüfer	189
C. Streitigkeiten nach Eintragung der Aktiengesellschaft in das Handelsregister	161	III.	Nachgründung	192
			1. Voraussetzungen und Rechtsfolgen	192
I. Streitigkeiten wegen fehlerhafter Satzung	161		2. Klage auf Feststellung des Nichtbestehens des Vertragsverhältnisses	197
1. Die Klage auf Nichtigerklärung der Aktiengesellschaft	163		3. Anfechtungsklage gegen einen zustimmenden Hauptversammlungsbeschluss	200
2. Die Amtslöschung gemäß § 397 FamFG	167			
3. Die Amtsauflösung gemäß § 399 FamFG	171		4. Ersatzansprüche gegen Mitglieder des Vorstands und des Aufsichtsrats	201
4. Die Klage auf Feststellung der Nichtigkeit einzelner Satzungsbestimmungen	173		5. Rechtsbehelfe gegen die Ablehnung der Eintragung	203
		D.	Übergang von Prozessen der Vorgesellschaft auf die Aktiengesellschaft	204

A. Überblick: Die Gründungsphasen der Aktiengesellschaft

1 Aktiengesellschaften können auf zwei Arten entstehen, erstens durch Gründung nach den Vorschriften des Zweiten Teils des Ersten Buches des AktG (§§ 23–53) und zweitens durch Umwandlung nach den Vorschriften des UmwG.[1] Die häufigste Art der Entstehung ist die Neugründung.[2] Das UmwG verweist im Zusammenhang mit der Gründung des neuen Rechtsträgers bzw. dem Formwechsel allerdings jeweils auch auf die Gründungsvorschriften des AktG[3], sodass die nachfolgende Darstellung – mit einigen Modifikationen – auch auf die Fälle der Entstehung der Aktiengesellschaft durch Umwandlung herangezogen werden kann.

2 Nach der Konzeption des Gesetzes sind bei der Gründung einer Aktiengesellschaft drei Phasen zu unterscheiden. Für die Einordnung und Beurteilung von Streitigkeiten in Bezug auf die Aktiengesellschaft und ihre Vorstufen kommt es deshalb darauf an, in welcher Phase sich die Gesellschaft befindet. Die erste – auch **Vorgründungsstadium** genannte – Phase der Aktiengesellschaft endet mit der **Errichtung der Gesellschaft** durch die Übernahme aller Aktien durch die Gründer (§ 29 AktG). Die zweite Phase der sogenannten **Vorgesellschaft** oder **Gründungsgesellschaft** wird durch die konstitutiv wirkende **Eintragung** der Aktiengesellschaft **in das Handelsregister** abgeschlossen (§ 41 Abs. 1 S. 1 AktG). Von diesem Zeitpunkt an besteht die Aktiengesellschaft »als solche« und ist damit gegründet. Dennoch schließt sich daran noch eine zweijährige Phase der »**Nachgründung**« an (§ 52 AktG). In diesem Zeitraum sind bestimmte Verträge der Gesellschaft mit ihren Gründern oder mit mehr als 10 % am Grundkapital der Gesellschaft beteiligten Aktionären dem Nachgründungsregime des § 52 AktG unterworfen.

---

1 In Frage kommen die Verschmelzung durch Neugründung (§§ 36 ff. UmwG), die Spaltung zur Neugründung (§§ 135 ff. UmwG) und der Formwechsel (§§ 190 ff. UmwG). Zu Konflikten bei der Umwandlung von Gesellschaften siehe den Teil 5.
2 Siehe Sonderteil »Aktien-Report« 2008, R185 der Zeitschrift »Die Aktiengesellschaft«.
3 Siehe für die Verschmelzung durch Neugründung § 36 Abs. 2 S. 1 UmwG, für die Spaltung zur Neugründung § 135 Abs. 2 S. 1 UmwG und für den Formwechsel § 197 S. 1 UmwG.

A. Überblick: Die Gründungsphasen der Aktiengesellschaft § 4

Darüber hinaus finden Teile des Gründungsrechts der Aktiengesellschaft auch auf bestehende Aktiengesellschaften Anwendung, nämlich wenn ein Fall der Mantelverwendung vorliegt.

I. Die Vorgründungsphase

Im Zeitraum vor der Errichtung der Aktiengesellschaft (§ 29 AktG) sind regelmäßig **drei Konstellationen** anzutreffen. Abhängig von den konkreten Umständen des Einzelfalls sind dabei die Beziehungen und Rechtsverhältnisse der beteiligten Personen jeweils unterschiedlich zu beurteilen. 3

Belassen es die Beteiligten bei rechtlich **unverbindlichen Absichtserklärungen**, insbesondere bei bloßen Vorbereitungs- und Planungshandlungen ohne Rechtsbindungswille, entstehen rechtliche Verpflichtungen gegenüber Dritten oder unter den späteren Gründern erst mit der notariell beurkundeten Feststellung der Satzung und Übernahme aller Aktien (§ 23 AktG). Eine sogenannte Vorgründungsgesellschaft entsteht dadurch nicht. Kommt es nicht zur Errichtung der Aktiengesellschaft, kommen höchstens Ansprüche auf Schadensersatz gemäß § 311 Abs. 2 BGB wegen der Verletzung vorvertraglichen Vertrauens (culpa in contrahendo) in Betracht.[4] 4

Nur durch den Abschluss eines **notariell beurkundeten**[5] **Vorvertrags**, durch den sich die Beteiligten gegenseitig zur Gründung einer Aktiengesellschaft nach den im Vorvertrag näher bezeichneten Vorgaben verpflichten, kann eine einklagbare Verpflichtung zur Gründung einer Aktiengesellschaft begründet werden.[6] Dadurch entsteht regelmäßig eine als **Vorgründungsgesellschaft** bezeichnete (Innen-)Gesellschaft bürgerlichen Rechts, deren Zweck in der Errichtung einer Aktiengesellschaft besteht.[7] Die Rechtsverhältnisse der Vorgründungsgesellschaft werden durch die Vereinbarungen der Gesellschafter und im Übrigen die §§ 705 ff. BGB geregelt. Aktienrecht ist auf sie nicht anwendbar.[8] 5

Schließen die Beteiligten lediglich einen mündlichen oder schriftlichen und damit **formnichtigen**[9] **Vorvertrag**, haben sie keine wirksame Verpflichtung zur Errichtung einer Aktiengesellschaft begründet. Ergreifen sie dennoch Maßnahmen zur Erreichung dieses Zwecks, setzen sie damit eine fehlerhafte Vorgründungsgesellschaft in Vollzug[10], deren Rechtsverhältnisse sich gemäß den **Grundsätzen der fehlerhaften Gesellschaft** nach den §§ 705 ff. BGB richten. Treten die Beteiligten mit ihren 6

---

4 MüKo AktG/*Pentz* § 41 Rn. 12; GroßkommAktG/*K. Schmidt* § 41 Rn. 21; die Ansprüche sind beschränkt auf das negative Interesse, der Ersatz des positiven Interesses (Errichtung der Aktiengesellschaft) ist ausgeschlossen.
5 Nach ganz h. M. in Rechtsprechung und Literatur kann nur durch die notarielle Beurkundung auch der Begründung einer Verpflichtung zur Errichtung einer Aktiengesellschaft der von § 23 Abs. 1 S. 1 AktG bezweckte Formzwang (Beweis- und Warnfunktion) gewahrt werden; BGH WM 1988, 163 (164); Hüffer/*Koch* § 23 Rn. 14; MüKo AktG/*Pentz* § 41 Rn. 14; KöKo AktG/*M. Arnold* § 41 Rn. 10; GroßkommAktG/*K. Schmidt* § 41 Rn. 23; Spindler/Stilz/*Heidinger* § 41 Rn. 18.
6 MüKo AktG/*Pentz* § 41 Rn. 10, 13; GroßkommAktG/*K. Schmidt* § 41 Rn. 22; KöKo AktG/*M. Arnold* § 41 Rn. 10; MAH AktR/*Voß* § 12 Rn. 89; vgl. zur GmbH BGH NJW-RR 1988, 288 (289).
7 Vgl. für die GmbH BGHZ 91, 148 (151); BGH NJW 1983, 2822; MüKo AktG/*Pentz* § 41 Rn. 10, 17; KöKo AktG/*A. Arnold* § 23 Rn. 54; Hüffer/*Koch* § 23 Rn. 15; zweifelnd Spindler/Stilz/*Heidinger* § 41 Rn. 19; siehe auch GroßkommAktG/*K. Schmidt* § 41 Rn. 18 ff. Die genaue Bezeichnung der im Vorgründungsstadium bestehenden Gesellschaft variiert und ist umstritten. Sofern in diesem Stadium eine Gesellschaft besteht, wird diese nachfolgend durchgehend als »Vorgründungsgesellschaft« bezeichnet.
8 Vgl. für die GmbH BGHZ 91, 148 (151); KöKo AktG/*A. Arnold* § 23 Rn. 54, KöKo AktG/*M. Arnold* § 41 Rn. 8; Hüffer/*Koch* § 41 Rn. 3, § 23 Rn. 15; Spindler/Stilz/*Heidinger* § 41 Rn. 21; MüKo AktG/*Pentz* § 41 Rn. 18.
9 Siehe § 125 S. 1 BGB.
10 MüKo AktG/*Pentz* § 41 Rn. 11; GroßkommAktG/*Röhricht* § 23 Rn. 281; Invollzugsetzen spätestens mit der Aufnahme einer Tätigkeit nach außen; die konkreten Voraussetzungen für ein Invollzugsetzen sind umstritten, vgl. MüKo BGB/*Ulmer* § 705 Rn. 331.

Handlungen nach außen in Erscheinung und nehmen sie insbesondere schon gemeinschaftliche (Vorbereitungs-)Handlungen zum Betrieb des Unternehmens der späteren Vorgesellschaft oder Aktiengesellschaft vor, tun sie dies regelmäßig – abhängig von den Umständen des Einzelfalls – entweder im Namen der fehlerhaften Vorgründungsgesellschaft oder im Namen einer daneben bestehenden weiteren (Außen-)Gesellschaft bürgerlichen Rechts. Erreicht das Ausmaß der Tätigkeit bereits den Umfang eines Handelsgewerbes gemäß § 1 Abs. 2 HGB, entsteht kraft Gesetzes eine OHG (§ 105 HGB).[11]

7 Weder die (Innen-)Vorgründungsgesellschaft noch eine nach außen in Erscheinung getretene GbR oder OHG finden in der durch die Feststellung der Satzung und die Übernahme aller Aktien entstehenden Vorgesellschaft eine Fortsetzung (**Grundsatz der Diskontinuität**).[12] Eine Rechtsnachfolge kraft Gesetzes oder gar eine Identität der Rechtsgebilde findet nicht statt bzw. besteht nicht.[13] Eine ausschließlich auf die Errichtung der Aktiengesellschaft gerichtete Vorgründungsgesellschaft wird mit der Erreichung dieses Zwecks aufgelöst und beendet (§ 726 BGB).[14] Hat die Gesellschaft bereits Vermögen, Rechte oder Pflichten erworben, müssen diese durch entsprechende Vereinbarungen auf die Vorgesellschaft übergeleitet werden.[15] Im Übrigen ist die Gesellschaft nach den allgemeinen Vorschriften aufzulösen und auseinanderzusetzen.[16]

II. Die Phase der Vorgesellschaft (Vor-Aktiengesellschaft)

8 Mit der Feststellung der Satzung und der Übernahme aller Aktien durch die Gründer ist die Aktiengesellschaft errichtet (§ 29 AktG) und die Vorgesellschaft entstanden. Mit der Eintragung der Aktiengesellschaft im Handelsregister wird diese dann zur Aktiengesellschaft als vollendeter juristischer Person (**Identitätstheorie**).[17] Da der Rechtsträger lediglich seine Gesellschaftsform ändert, werden die Vermögensgegenstände, Verbindlichkeiten und sonstigen Rechtsverhältnisse der Vorgesellschaft ohne gesonderten Übertragungsakt solche der Aktiengesellschaft.[18] Diese Phase der Vor-Aktiengesellschaft hat jede Aktiengesellschaft zwingend zu durchlaufen.[19]

9 Die Vorgesellschaft wird in keine der vorhandenen Kategorien von Gesellschaften eingeordnet, sondern als **Gesellschaft *sui generis*** angesehen.[20] Auf sie ist neben den Gründungsvorschriften und den Bestimmungen der Satzung das Recht der eingetragenen Aktiengesellschaft anwendbar, soweit dieses nicht die Eintragung im Handelsregister voraussetzt.[21] Die Beurteilung der Anwendbarkeit im Ein-

---

11 MüKo AktG/*Pentz* § 41 Rn. 11; BGH NZG 2004, 663.
12 Vgl. für die GmbH BGHZ 91, 148 (151); BGH NJW 1992, 2698 f.; MüKo AktG/*Pentz* § 41 Rn. 17; KöKo AktG/*M. Arnold* § 41 Rn. 9; GroßkommAktG/*K. Schmidt* § 41 Rn. 37; Hüffer/*Koch* § 41 Rn. 3; Spindler/Stilz/*Heidinger* § 41 Rn. 25.
13 Vgl. für die GmbH BGHZ 91, 148 (151); MüKo AktG/*Pentz* § 41 Rn. 17; KöKo AktG/*M. Arnold* § 41 Rn. 9; GroßkommAktG/*K. Schmidt* § 41 Rn. 37; Spindler/Stilz/*Heidinger* § 41 Rn. 25.
14 Hüffer/*Koch* § 23 Rn. 15; Spindler/Stilz/*Heidinger* § 41 Rn. 23; MüKo AktG/*Pentz* § 41 Rn. 21; KöKo AktG/*A. Arnold* § 23 Rn. 54; GroßkommAktG/*K. Schmidt* § 41 Rn. 36.
15 MAH AktR/*Voß* § 12 Rn. 93; MüKo AktG/*Pentz* § 41 Rn. 17; Spindler/Stilz/*Heidinger* § 41 Rn. 23; GroßkommAktG/*K. Schmidt* § 41 Rn. 38.
16 Spindler/Stilz/*Heidinger* § 41 Rn. 23; KöKo AktG/*M. Arnold* § 41 Rn. 14; MüKo AktG/*Pentz* § 41 Rn. 21; Heidel/*Höhfeld* § 41 Rn. 4; a. A. GroßkommAktG/*K. Schmidt* § 41 Rn. 25.
17 H. M., GroßkommAktG/*K. Schmidt* § 41 Rn. 99; KöKo AktG/*M. Arnold* § 41 Rn. 26; MüKo AktG/*Pentz* § 41 Rn. 29, 107; nach a. A. zu dieser im Wesentlichen rein dogmatischen Frage findet eine Gesamtrechtsnachfolge mit liquidationsloser Beendigung der Vorgesellschaft statt, siehe z. B. Hüffer/*Koch* § 41 Rn. 16 f.
18 KöKo AktG/*M. Arnold* § 41 Rn. 26; Spindler/Stilz/*Heidinger* § 41 Rn. 34.
19 MünchHdbGesR AG/*Hoffmann-Becking* § 3 Rn. 31.
20 MAH AktR/*Voß* § 12 Rn. 95; MüKo AktG/*Pentz* § 41 Rn. 17; KöKo AktG/*M. Arnold* § 41 Rn. 17; MünchHdb GesR AG/*Hoffmann-Becking* § 3 Rn. 30; umstritten ist dabei allerdings, ob es sich um eine Gesamthandsgesellschaft (so die h. M.) oder eine Körperschaft handelt, weitere Nachweise bei Spindler/Stilz/*Heidinger* § 41 Rn. 27.
21 Vgl. für GmbH BGHZ 21, 242 (246), st. Rspr.; MünchHdb GesR AG/*Hoffmann-Becking* § 3 Rn. 33;

A. Überblick: Die Gründungsphasen der Aktiengesellschaft § 4

zelfall kann schwierig sein. Unbestritten ist, dass die Vorgesellschaft **eigene Rechtsfähigkeit**[22] besitzt und damit **aktiv** und **passiv parteifähig**[23] (§ 50 Abs. 1 ZPO) sowie **grundbuchfähig**[24] und **insolvenzfähig**[25] ist.

Die nachfolgend beschriebenen Schritte sind zwingend auf dem Weg von der Entstehung der Vorgesellschaft bis zur Entstehung der Aktiengesellschaft zu absolvieren: 10

Die **Satzung** der Aktiengesellschaft muss in notariell beurkundeter Form durch eine oder mehrere Person(en) **festgestellt** werden (§§ 2, 23 Abs. 1 S. 1 AktG). Das Gesetz schreibt dabei in § 23 Abs. 3 und 4 AktG einen bestimmten Mindestinhalt vor, der bei Vorliegen bestimmter Umstände um weitere Angaben zu ergänzen ist (vgl. § 26 AktG zu Sondervorteilen, Gründungsaufwand und § 27 AktG zu Sacheinlagen, Sachübernahmen). Regelmäßig in derselben notariellen Urkunde erfolgt die **Übernahme sämtlicher Aktien** durch die Gründer, die damit ihre Verpflichtung zur Leistung der Einlage begründen, sowie die **Bestellung des ersten Aufsichtsrats**[26] und des **Abschlussprüfers** für das erste (Rumpf-) Geschäftsjahr (§ 30 Abs. 1 AktG). Der Aufsichtsrat bestellt anschließend den **ersten Vorstand** (§ 30 Abs. 4 AktG). Nachdem die Gründer im schriftlichen **Gründungsbericht** über den Hergang der Gründung berichtet haben (§ 32 AktG), obliegt es den Mitgliedern des Vorstands und des Aufsichtsrats, den Hergang der Gründung in dem durch § 34 Abs. 1 AktG vorgegebenen Umfang zu prüfen (**Gründungsprüfung**, § 33 Abs. 1 AktG) und das Ergebnis in einem schriftlichen Prüfungsbericht festzuhalten (§ 34 Abs. 2 AktG). Diese Prüfung ist unter bestimmten Voraussetzungen durch die Prüfung eines externen Gründungsprüfers zu ergänzen (§ 33 Abs. 2 AktG). Vor der Anmeldung der Aktiengesellschaft zum Handelsregister ist das **Grundkapital** (zumindest teilweise) **aufzubringen** bzw. ist dessen **Aufbringung vorzubereiten**. Bei Bareinlagen ist mindestens ein Viertel des geringsten Ausgabebetrags sowie ein eventuelles Agio vollständig an die Gesellschaft bzw. den Vorstand zu zahlen (§§ 36a Abs. 1, 54 AktG). Sacheinlagen sind grundsätzlich vollständig zu leisten soweit diese nicht in der Verpflichtung bestehen, einen Vermögensgegenstand auf die Gesellschaft zu übertragen. In diesem Fall kann die Bewirkung der Leistung innerhalb von fünf Jahren nach der Eintragung erfolgen (§ 36a Abs. 2 S. 2 AktG). Nach der **Anmeldung** der Aktiengesellschaft **zum Handelsregister** durch alle Gründer sowie alle Mitglieder des Vorstands und des Aufsichtsrats (§§ 36, 37, 37a AktG) prüft das Registergericht die ordnungsgemäße Errichtung und Anmeldung (§ 38 AktG). Liegt kein Grund zur Ablehnung der Eintragung vor, erfolgt die konstitutiv wirkende Eintragung sowie die elektronische Bekanntmachung, dass diese erfolgt ist (§ 10 HGB). 11

Eine Vorgesellschaft entsteht auch dann, wenn lediglich ein einzelner Gründer durch (notariell beurkundete) einseitige, nicht empfangsbedürftige Willenserklärung[27] die Satzung feststellt und sämtliche Aktien übernimmt.[28] Die **Einpersonen-Gründung** ist in § 2 AktG ausdrücklich vorgesehen. Von Teilen der Literatur wird zwar bestritten, dass eine solche Einpersonen-Gründung zur Entste- 12

MAH AktR/*Voß* § 12 Rn. 103; MüKo AktG/*Pentz* § 41 Rn. 18; KöKo AktG/*M. Arnold* § 41 Rn. 17; GroßkommAktG/*K. Schmidt* § 41 Rn. 41.
22 KöKo AktG/*M. Arnold* § 41 Rn. 16; GroßkommAktG/*K. Schmidt* § 41 Rn. 39, 43.
23 BGH WM 1998, 245; BGHZ 169, 270; GroßkommAktG/*K. Schmidt* § 41 Rn. 48; MüKo ZPO § 50 Rn. 12; das OLG Köln (NZG 2000, 151) hat in einem Fall zur GmbH die Parteifähigkeit sogar noch vor die Entstehung der Vorgesellschaft angenommen und von einer latent existierenden Vorgesellschaft gesprochen; ähnlich bei der AG GroßkommAktG/*K. Schmidt* § 41 Rn. 37.
24 Vgl. für GmbH BGHZ 45, 338.
25 Vgl. für GmbH BGH ZIP 2003, 2123.
26 Besonderheiten in Bezug auf die Zusammensetzung des ersten Aufsichtsrats können sich aus mitbestimmungsrechtlichen Gesichtspunkten ergeben, vgl. §§ 30 Abs. 2 und 3, 31 AktG.
27 KöKo AktG/*M. Arnold* § 41 Rn. 95; Spindler/Stilz/*Heidinger* § 41 Rn. 118; MüKo AktG/*Pentz* § 41 Rn. 73; Hüffer/*Koch* § 2 Rn 4a.
28 KöKo AktG/*M. Arnold* § 41 Rn. 96 ff.; Spindler/Stilz/*Heidinger* § 41 Rn. 120 ff.; GroßkommAktG/*K. Schmidt* § 41 Rn. 136; MüKo AktG/*Pentz* § 41 Rn. 73; KapGesR/*Raiser* § 26 Rn 87 ff.

hung einer Vorgesellschaft führen kann;[29] stattdessen soll mangels teilrechtsfähiger Wirkungseinheit von der Errichtung bis zur Eintragung lediglich ein Sondervermögen des Alleingründers bestehen.[30] Die besseren Gründe, insbesondere der für Rechtssicherheit sorgende Gleichlauf zwischen Einpersonen- und Mehrpersonen-Vorgesellschaft und die dogmatischen Probleme der Sondervermögenstheorie vor allem bei der Kapitalaufbringung, sprechen allerdings für die Anerkennung der Vorgesellschaft.[31] Darüber hinaus geht die Rechtsprechung in Bezug auf die Vor-GmbH auch bei der Einpersonen-Gründung von der Entstehung einer Vorgesellschaft aus.[32] Diese Einordnung ist mit guten Gründen auch auf die Vor-AG übertragbar.[33] Folglich gelten von einigen Ausnahmen abgesehen[34] die für die Mehrpersonen-Gründung und -Vorgesellschaft geltenden Regelungen und Ausführungen auch für die Einpersonen-Gründung bzw. -Vorgesellschaft.[35]

III. Die Nachgründungsphase

13 Mit der Eintragung der Aktiengesellschaft in das Handelsregister ist der Gründungsvorgang abgeschlossen. Dennoch hat der Gesetzgeber das Bedürfnis gesehen, bestimmte Rechtsgeschäfte, die die Aktiengesellschaft auch nach der Eintragung durchführt, besonderen Voraussetzungen zu unterwerfen (§ 52 AktG). Im Wesentlichen geht es dabei darum, eine Umgehung der Gründungsvorschriften über Sacheinlagen zu verhindern.

14 In der zwei Jahre dauernden **Nachgründungsphase** bedürfen bestimmte Verträge zwischen der Aktiengesellschaft und den Gründern oder mit mehr als 10 % am Grundkapital beteiligten Aktionären für ihre Wirksamkeit der **Zustimmung der Hauptversammlung** und der **Eintragung in das Handelsregister** (§ 52 Abs. 1 AktG). Vor der Beschlussfassung durch die Hauptversammlung ist der Vertrag einer sogenannten **Nachgründungsprüfung** zu unterziehen, die an die Gründungsprüfung der Vorgesellschaft angelehnt ist (§ 52 Abs. 3 und 4 AktG). Bis das Registergericht seine eigene Prüfung abgeschlossen und den Vertrag in das Handelsregister eingetragen hat, bleibt dieser schwebend unwirksam.

15 Die Nachgründungsvorschriften finden nach herrschender Meinung auch bei Sachkapitalerhöhungen[36] und bestimmten umwandlungsrechtlichen Vorgängen Anwendung.[37]

IV. Vorratsgründung und Mantelverwendung bei der Aktiengesellschaft

16 Weitgehend anerkannt sind inzwischen auch die Zulässigkeit der **offenen Mantelgründung** (»Vorratsgründung«) sowie die analoge Anwendung des Gründungsrechts der Aktiengesellschaft auf die Verwendung eines solchen auf Vorrat gegründeten Mantels einer Aktiengesellschaft oder eines

---

29 Hüffer/*Koch* § 41 Rn. 3, 17a ff.; Bruski AG 1997, 17 (19, 20); vgl. zur GmbH GroßkommGmbHG/*Ulmer* § 11 Rn 18 ff.
30 Hüffer/*Koch* § 41 Rn. 3, 17a ff.
31 KöKo AktG/*M. Arnold* § 41 Rn. 96 ff.; Spindler/Stilz/*Heidinger* § 41 Rn. 120 ff.; GroßkommAktG/*K. Schmidt* § 41 Rn. 136; MüKo AktG/*Pentz* § 41 Rn. 73; KapGesR/*Raiser* § 26 Rn 87 ff.
32 BGH NJW 1992, 2698 (2699); NJW 1998, 1079 (1080), NZG 1999, 960; BFH NZG 2002, 399 (400), NZG 2011, 158 (159).
33 Siehe zur Übertragbarkeit der Rechtsprechung zur Vor-GmbH auf die Vor-AG Rdn. 19.
34 Vgl. dazu MüKo AktG/*Pentz* § 41 Rn. 79 ff.
35 MüKo AktG/*Pentz* § 41 Rn. 79 ff.; KöKo AktG/*M. Arnold* § 41 Rn. 98 f.; Spindler/Stilz/*Heidinger* § 41 Rn. 123 ff.; GroßkommAktG/*K. Schmidt* § 41 Rn. 137 ff.
36 Str., siehe OLG Oldenburg AG 2002, 620; MüKo AktG/*Pentz* § 52 Rn. 73 f.; KöKo AktG/*M. Arnold* § 52 Rn. 9; Spindler/Stilz/*Heidinger* § 52 Rn. 48; Hüffer/*Koch* § 52 Rn. 11; KapGesR/*Veil* § 10 Rn. 28; a. A. *Reichert* ZGR 2001, 554, 579 ff.; *Habersack* ZGR 2008, 48, 59 f.; *Mühlbert* AG 2003, 136 (139 ff.); offen gelassen in BGHZ 175, 265.
37 KöKo AktG/*M. Arnold* § 52 Rn. 8; Spindler/Stilz/*Heidinger* § 52 Rn. 46 f.; Hüffer/*Koch* § 52 Rn. 10; KapGesR/*Veil* § 10 Rn. 28.

früher aktiven und zwischenzeitlich inaktiv gewordenen Mantels (sogenannte **wirtschaftliche Neugründung**).[38]

Die Reichweite der Anwendbarkeit des Gründungsrechts auf die Verwendung einer Mantel-Aktiengesellschaft ist zwar in den Einzelheiten umstritten, im Grundsatz ist jedoch davon auszugehen, dass folgendes zu beachten ist:[39] 17
– die wirtschaftliche Neugründung ist dem Registergericht gegenüber offenzulegen und zum Handelsregister anzumelden (vgl. § 36ff. AktG), dabei spricht viel dafür, dass dies durch sämtliche Mitglieder des Vorstands und des Aufsichtsrats sowie durch alle Aktionäre zu erfolgen hat;
– im Zeitpunkt des nach außen in Erscheinung Tretens der wirtschaftlichen Neugründung entweder durch ihre Anmeldung zum Handelsregister oder durch die Aufnahme der neuen Geschäftstätigkeit muss bei der Gesellschaft wertmäßig Bar- und/oder Sachvermögen in Höhe des statutarischen Grundkapitals vorhanden sein (vgl. §§ 7, 36a AktG);
– im Rahmen der Anmeldung haben alle Anmeldenden zu versichern, dass die Anforderungen an die Kapitalaufbringung ordnungsgemäß erfüllt sind (vgl. § 37 Abs. 1 S. 1 AktG i. V. m. § 36 Abs. 2 AktG und § 36a AktG);
– ein Gründungsbericht muss erstellt und eine Gründungsprüfung muss durchgeführt werden (vgl. §§ 32ff. AktG);
– die Regelungen über die Bestellung des ersten Aufsichtsrats finden keine Anwendung.

Zu den Einzelheiten von Streitigkeiten im Zusammenhang mit den vorstehend genannten Regelungen des Gründungsrechts und der vom Registergericht durchzuführenden Prüfung gelten im Grundsatz die nachfolgenden Ausführungen entsprechend.

Für die Haftung der Aktionäre bei unterlassener Offenlegung der wirtschaftlichen Neugründung gilt 18
das vom BGH in seinem Urteil vom 6. März 2012 aufgestellte Konzept der modifizierten Unterbilanzhaftung.[40] Danach haften die Aktionäre im Umfang der Differenz zwischen dem statutarischen Stammkapital und dem Wert des Gesellschaftsvermögens zum Zeitpunkt des nach außen in Erscheinung Tretens der wirtschaftlichen Neugründung (und nicht zeitlich unbeschränkt bis zur tatsächlichen Offenlegung). Um die Aktionäre zur Offenlegung anzuhalten, weist der BGH ihnen für den Fall der unterlassenen Offenlegung in einem späteren Prozess die Darlegungs- und Beweislast zu, dass zum Zeitpunkt des nach außen in Erscheinung Tretens der wirtschaftlichen Neugründung tatsächlich keine Differenz bestand.[41]

B. Streitigkeiten vor Eintragung der Aktiengesellschaft in das Handelsregister

Die **gesetzlichen Regelungen** zur Gründung der Aktiengesellschaft sind **lückenhaft** und wurden vom 19
Gesetzgeber teilweise bewusst der **Ergänzung** und Ausfüllung durch **Rechtsprechung** und Wissenschaft überlassen.[42] Dieser Prozess hat dazu geführt, dass das heutige Konzept der werdenden Aktiengesellschaft stark von der Konzeption des ursprünglichen Gesetzgebers abweicht und dass viele Rechtsfragen, z. B. in Bezug auf das Haftungsregime der Vorgesellschaft, ohne Rückgriff auf die gesetzlichen Vorschriften beantwortet werden müssen.[43] In vielen Fällen sind dabei die einschlägigen Entscheidungen der **Rechtsprechung zur Vor-GmbH** ergangen.[44] Es besteht allerdings Einigkeit darüber, dass die dort entwickelten Regelungen auch bei der Vor-AG gelten.[45]

---

38 BGH NJW 1992, 1824; NJW 2003, 892; NJW 2003, 3198; NJW 2012, 1875; Hüffer/Koch § 23 Rn. 25 ff.; Spindler/Stilz/Limmer § 23 Rn. 42 ff.; Hölters/Solveen § 23 Rn. 44 ff.
39 Vgl. zu den Einzelheiten auch Winnen RNotZ 2013, 389 und Melchior AG 2013, R223.
40 BGH NJW 2012, 1875 (1876 ff.).
41 BGH NJW 2012, 1875 (1880 f.).
42 Kropff RegBegr., S. 60; KöKo AktG/M. Arnold § 41 Rn. 2; KapGesR/Veil § 10 Rn. 34.
43 GroßkommAktG/K. Schmidt § 41 Rn. 15 ff.
44 Siehe insbesondere BGH NJW 1981, 1373; NJW 1996, 1210; NJW 1997, 1507.
45 Vgl. BGHZ 117, 323; offen gelassen in BGH NJW 1992, 3300 (3302); BAG ZIP 2005, 350; OLG Mün-

I. Die Vorgründungsgesellschaft

20 Bei der Vorgründungsgesellschaft treten Streitigkeiten meist im Zusammenhang mit dem Übergang von der Vorgründungsgesellschaft auf die Vorgesellschaft auf. Wenn sich einer der Beteiligten nicht mehr an der Aktiengesellschaft beteiligen will, kommt es darauf an, ob ein **Anspruch auf Feststellung der Satzung** und Übernahme der Aktien wirksam begründet wurde. Außerdem kann streitig sein, wer nach dem Entstehen der Vorgesellschaft für die **Verbindlichkeiten** der Vorgründungsgesellschaft **haftet** und ob ein von der Vorgründungsgesellschaft geführter **Prozess** auf die Vorgesellschaft übergeht.

21 Die Ausführungen zu den prozessualen Besonderheiten der GmbH-Vorgründungsgesellschaft in § 15 Rdn. 10–12 gelten auch für die Vorgründungsgesellschaft der Aktiengesellschaft entsprechend.

1. Streitigkeiten in Bezug auf die Feststellung der Satzung

22 Können sich nach dem Abschluss eines Vorvertrags über die Gründung einer Aktiengesellschaft die Gründer in spe nicht auf einen endgültigen Satzungstext einigen oder weigert sich einer der vorgesehenen Gründer, die Satzung festzustellen, kommt es darauf an, ob die anderen Beteiligten durch den Vorvertrag wirksam einen **Anspruch auf Feststellung der Satzung** erworben haben. Um die Frage des Bestehens eines solchen Anspruchs geht es auch dann, wenn es endgültig nicht zur Satzungsfeststellung gekommen ist und einer der Beteiligten unter Berufung auf die Verletzung eines Anspruches auf Satzungsfeststellung den Ersatz (möglicherweise) bei ihm eingetretener Schäden geltend macht.

23 Die Lösung dieser Konflikte und die Frage, welche Rechte den einzelnen Beteiligten zur Durchsetzung ihrer Interessen zustehen, hängt davon ab, welche Vereinbarungen die Beteiligten geschlossen haben und insbesondere, ob die Beteiligten – was selten vorkommt – den **Vorvertrag in notariell beurkundeter Form** geschlossen haben. Nicht von diesem Formerfordernis erfasst sind allerdings Nebenabreden zwischen den Beteiligten, die sich nicht auf die Verpflichtung zur Gründung der Aktiengesellschaft beziehen oder die keine Verpflichtung für die Aktiengesellschaft beinhalten.[46]

a) Bei Vorliegen eines formwirksamen Vorvertrags

24 Haben sich die Beteiligten in notariell beurkundeter Form[47] verpflichtet, eine Aktiengesellschaft zu gründen und insbesondere die Satzung der Aktiengesellschaft festzustellen, stellt die Abgabe der entsprechenden Willenserklärung eine **Beitragspflicht des Vorgründungsgesellschafters** gegenüber der Vorgründungsgesellschaft[48] dar. Den Anspruch auf Abgabe dieser Willenserklärung kann die Vorgründungsgesellschaft oder ein anderer Gesellschafter im Wege der *actio pro socio* durch (Leistungs-)Klage gegen den sich weigernden Gesellschafter gerichtlich geltend machen.[49] Die Vollstreckung des Urteils erfolgt gemäß § 894 ZPO durch Fiktion der Abgabe der Willenserklärung.[50] In gleicher Weise können auch Ansprüche der Vorgründungsgesellschaft gegen einen Gesellschafter auf Zahlung von Schadensersatz gemäß § 280 BGB geltend gemacht werden, wenn der Gesellschaft aus der Verletzung der Beitragspflicht Schäden entstanden sind.

---

chen ZIP 2008, 1635; GroßkommAktG/*K. Schmidt* § 41 Rn. 44; KapGesR/*Veil* § 10 Rn. 34; Hüffer/*Koch*, § 41 Rn. 2; MünchHdb GesR AG/*Hoffmann-Becking* § 3 Rn. 32; Spindler/Stilz/*Heidinger* § 41 Rn. 72.

46 Z. B. Treuhandabreden, BGH WM 1971, 306 (307); MüKo AktG/*Pentz* § 41 Rn. 15; KöKo AktG/*M. Arnold* § 41 Rn. 10; Heidel/*Höhfeld* § 41 Rn. 3; Hüffer/*Koch* § 23 Rn. 14; vgl. auch KG AG 2004, 321.

47 Die Vollmacht zum Abschluss des Vorvertrags muss analog § 23 Abs. 1 S. 2 AktG notariell beglaubigt sein, MüKo AktG/*Pentz* § 41 Rn. 15; KöKo AktG/*M. Arnold* § 41 Rn. 10; Hüffer/*Koch* § 23 Rn. 14; GroßkommAktG/*Röhricht* § 23 Rn. 282; Spindler/Stilz/*Heidinger* § 41 Rn. 18.

48 Zur Entstehung der Vorgründungsgesellschaft und den möglichen Konstellationen vgl. Rdn. 3 ff.

49 KöKo AktG/*M. Arnold* § 41 Rn. 10, 22; MüKo AktG/*Pentz* § 41 Rn. 13; Hüffer/*Koch* § 23 Rn. 14; GroßkommAktG/*K. Schmidt* § 41 Rn. 23; Hölters/*Solveen* § 41 Rn. 4; Spindler/Stilz/*Heidinger*, § 41 Rn. 18; vgl. zur Durchsetzung von Gesellschafterrechten und -pflichten bei der GbR § 32.

50 MüKo AktG/*Pentz* § 41 Rn. 13; GroßkommAktG/*K. Schmidt* § 41 Rn. 23; Hüffer/*Koch* § 23 Rn. 14; KöKo AktG/*A. Arnold* § 23 Rn. 55.

Wesentliche Voraussetzung für das Bestehen eines Anspruchs auf Feststellung der Satzung ist allerdings, dass der Vorvertrag den **Inhalt** der noch festzustellenden Satzung **hinreichend genau bestimmt** oder diesen zumindest in bestimmbarer Weise vorgibt.[51] Alle wesentlichen von § 23 AktG geforderten Satzungsbestimmungen müssen im Streitfall durch das Gericht zumindest im Wege der (ergänzenden Vertrags-)Auslegung dem Vorvertrag entnommen werden können.[52] Unverzichtbar sind somit insbesondere Angaben zu den Gründern und der Art und Höhe ihrer Einlage, zum Grundkapital und seiner Ausgestaltung, zu Firma, Sitz und Gegenstand der Gesellschaft sowie zur Zahl der Mitglieder des Vorstands. 25

Enthält der Vorvertrag diese Angaben nicht, und können sich die Gründer nicht auf einen Satzungstext einigen, dann lag bei Abschluss des Vorvertrags keine Einigung, sondern vielmehr ein **Dissens** vor (§ 155 BGB).[53] Ein wirksamer Vorvertrag ist in diesem Fall im Zweifel trotz der notariellen Beurkundung nicht zustande gekommen und eine Verpflichtung zur Feststellung einer bestimmten Satzung wurde dadurch nicht begründet.[54] Eine Klage auf Abgabe der Willenserklärung zur Feststellung der Satzung hätte keinen Erfolg. 26

b) Bei Fehlen eines formwirksamen Vorvertrags

Haben die Beteiligten keinen formwirksamen Vorvertrag geschlossen, bestehen keine wechselseitigen Verpflichtungen zur Feststellung der Satzung einer Aktiengesellschaft und wären Klagen auf Abgabe einer entsprechenden Willenserklärung unbegründet. 27

Die Verteidigungsmittel desjenigen, der sich trotz des Abschlusses des (formunwirksamen) Vorvertrags der Feststellung der Satzung verweigert, hängen davon ab, ob bereits eine **fehlerhafte Vorgründungsgesellschaft in Vollzug gesetzt** worden ist oder nicht. **Vor** dem Invollzugsetzen kann sich der Betroffene wegen der fehlenden notariellen Beurkundung auf die Formnichtigkeit des Vorvertrags gemäß § 125 S. 1 BGB i. V. m. § 23 Abs. 1 S. 1 AktG entsprechend berufen.[55] Wurde die fehlerhafte Vorgründungsgesellschaft bereits in Vollzug gesetzt, kann der Betroffene unter Berufung auf die Formnichtigkeit des Vorvertrags durch Erklärung gegenüber seinen Mitgesellschaftern die Vorgründungsgesellschaft gemäß § 723 Abs. 1 S. 2 BGB **außerordentlich kündigen**.[56] Die Vorgründungsgesellschaft ist dann gemäß den §§ 730 bis 735 BGB abzuwickeln. 28

Eventuell entstandene Schäden können die anderen Beteiligten in beiden Fällen nur dann ersetzt verlangen, wenn im konkreten Einzelfall die Voraussetzungen einer vorvertraglichen Sorgfaltspflichtverletzung (**culpa in contrahendo**) gemäß § 311 Abs. 2 BGB erfüllt sind.[57] Bestand eine (fehlerhafte) Vorgesellschaft, können diese Ansprüche auf einer Verletzung der gesellschaftsrechtlichen Treuepflicht beruhen.[58] Die auf das negative Interesse beschränkten Schadensersatzansprüche können die übrigen Beteiligten für die bei ihnen persönlich eingetretenen Schäden im Wege der Leistungsklage gegen den Betroffenen direkt geltend machen.[59] 29

---

51 MüKo AktG/*Pentz* § 41 Rn. 13, KöKo AktG/*M. Arnold* § 41 Rn. 10; Spindler/Stilz/*Heidinger* § 41 Rn. 18; GroßkommAktG/*K. Schmidt* § 41 Rn. 23; Hüffer/*Koch* § 23 Rn. 14.
52 RGZ 156, 129 (138); BGH WM 1976, 180; KöKo AktG/*M. Arnold* § 41 Rn. 10, MüKo AktG/*Pentz* § 41 Rn. 13; Hüffer/*Koch* § 23 Rn. 14; GroßkommAktG/*K. Schmidt* § 41 Rn. 23; Spindler/Stilz/*Heidinger* § 41 Rn. 18.
53 Vgl. Staudinger/*Bork* § 155 Rn. 7; Palandt/*Ellenberger* § 155 Rn. 1; MüKo BGB/*Busche* § 155 Rn. 10.
54 Staudinger/*Bork* § 155 Rn. 13 ff.; Palandt/*Ellenberger* § 155 Rn. 5; MüKo BGB/*Busche* § 155 Rn. 14 ff.; Jauernig/*Mansel* § 155 Rn. 2.
55 Vgl. MüKo BGB/*Ulmer/Schäfer* § 705 Rn. 342.
56 MüKo BGB/*Ulmer* § 705 Rn. 345; Staudinger/*Habermeier* § 705 Rn. 67.
57 Vgl. BGH NJW-RR 1988, 288 (289); MüKo AktG/*Pentz* § 41 Rn. 12; GroßkommAktG/*K. Schmidt* § 41 Rn. 21.
58 MüKo AktG/*Pentz* § 41 Rn. 12; siehe Näheres zur Treupflicht in § 32 Rdn. 75–88 und § 40 Rdn. 41–51.
59 Vgl. BGH NJW-RR 1988, 288 (289); MüKo AktG/*Pentz* § 41 Rn. 12; GroßkommAktG/*K. Schmidt* § 41 Rn. 21.

2. Streitigkeiten in Bezug auf die Verbindlichkeiten der Vorgründungsgesellschaft

30 Sind die Gründer vor Errichtung der Aktiengesellschaft (§ 29 AktG) im Namen der noch nicht existierenden Vorgesellschaft bzw. Aktiengesellschaft **tätig geworden**, haben sie insbesondere bereits begonnen, das spätere Unternehmen der Aktiengesellschaft aufzubauen, oder haben sie ein bereits bestehendes Unternehmen, das in die Aktiengesellschaft eingebracht werden soll, weitergeführt, berechtigen und verpflichten sie damit – unabhängig davon, ob ein wirksamer Vorvertrag geschlossen wurde – im Zweifel die **Vorgründungsgesellschaft als Unternehmensträger** (GbR oder OHG).[60] Auf diese Gesellschaft und die Haftung für ihre Verbindlichkeiten findet **Aktienrecht keine Anwendung**[61], auch die Handelndenhaftung gemäß § 41 Abs. 1 S. 2 AktG kommt nicht zum Tragen.[62]

31 Macht ein Gläubiger dieses Unternehmens nach der Errichtung der Aktiengesellschaft seine Forderungen geltend, kann streitig werden, wer für diese Ansprüche einzustehen hat. Im Zentrum steht dabei die Frage, was mit den Verbindlichkeiten (aber auch den Vertragsverhältnissen und Vermögensgegenständen[63]) des Unternehmens der GbR bzw. OHG nach der Errichtung der Aktiengesellschaft geschieht und in welcher Beziehung Vorgründungsgesellschaft und Vorgesellschaft zueinander stehen.

32 Nach ganz herrschender Meinung in Rechtsprechung und Literatur ist die Vorgründungsgesellschaft gemäß dem **Grundsatz der Diskontinuität** nicht identisch mit der durch die Errichtung entstandenen Vorgesellschaft; sie besteht im Zweifel neben der Vorgesellschaft fort.[64] Eine Rechtsnachfolge findet nicht statt[65] und ein von der Vorgründungsgesellschaft betriebenes Unternehmen bzw. dessen sämtliche Rechte und Pflichten müssen (ggf. mit Zustimmung des Vertragspartners) ausdrücklich auf die Vorgesellschaft übertragen werden.[66]

33 Hat eine Übertragung der Verbindlichkeiten auf die Vorgesellschaft **nicht** stattgefunden, besteht folglich die **unbeschränkte, persönliche Haftung** der Gesellschafter der Vorgründungsgesellschaft für deren Verbindlichkeiten auch nach der Errichtung der Aktiengesellschaft fort.[67] Der Gläubiger kann seine Forderungen im Rahmen des allgemeinen Haftungsregimes von GbR bzw. OHG unmittelbar gegen die Gesellschafter der Vorgründungsgesellschaft geltend machen[68]. Der Ausgleich inner-

---

60 BGHZ 91, 148; MüKo AktG/*Pentz* § 41 Rn. 18, 20; MAH AktR/*Voß* § 12 Rn. 91; Spindler/Stilz/*Heidinger* § 41 Rn. 22; KöKo AktG/*M. Arnold* § 41 Rn. 12; vgl. zur Entstehung der Vorgründungsgesellschaft Rdn. 3 ff.
61 Allg. M., vgl. MüKo AktG/*Pentz* § 41 Rn. 18; KöKo AktG/*A. Arnold* § 23 Rn. 54; Hüffer/*Koch* § 41 Rn. 4, § 23 Rn. 15; Spindler/Stilz/*Heidinger* § 41 Rn. 21; Hölters/*Solveen* § 41 Rn. 5.
62 BGHZ 91, 148 (150); Hüffer/*Koch* § 41 Rn. 23; KöKo AktG/*M. Arnold* § 41 Rn. 13; GroßkommAktG/*K. Schmidt* § 41 Rn. 35; Spindler/Stilz/*Heidinger* § 41 Rn. 21; für GmbH unter Aufgabe bisheriger Rspr. BGH NJW 1984, 2164.
63 MüKo AktG/*Pentz* § 41 Rn. 17; zum Problem der Voreinzahlung siehe Spindler/Stilz/*Heidinger* § 41 Rn. 24; KöKo AktG/*M. Arnold* § 41 Rn. 15.
64 MüKo AktG/*Pentz* § 41 Rn. 21; Spindler/Stilz/*Heidinger* § 41 Rn. 23; Hölters/*Solveen*, § 41 Rn. 5; a. A. GroßkommAktG/*K. Schmidt* § 41 Rn. 25.
65 BGH NZG 2001, 561; MüKo AktG/*Pentz* § 41 Rn. 17; MAH AktR/*Voß* § 12 Rn. 91; Spindler/Stilz/*Heidinger* § 41 Rn. 23; KöKo AktG/*M. Arnold* § 41 Rn. 9; GroßkommAktG/*K. Schmidt* § 41 Rn. 37.
66 BGHZ 91, 148; NJW 1998, 1645; MüKo AktG/*Pentz* § 41 Rn. 17, 21. Eine Möglichkeit ist die Einzelübertragung einschließlich Schuldübernahme und Vertragsübernahme gemäß den §§ 414, 415 BGB, die allerdings die Zustimmung der Gläubiger bzw. Vertragspartner voraussetzt; weitaus eleganter ist die Übertragung sämtlicher Gesellschaftsanteile an der Vorgründungsgesellschaft auf die Vorgesellschaft mit der dadurch eintretenden Anwachsung des gesamten Vermögens auf die Vorgesellschaft, vgl. GroßkommAktG/*K. Schmidt* § 41 Rn. 28, 38; Spindler/Stilz/*Heidinger* § 41 Rn. 23; Hölters/*Solveen* § 41 Rn. 5.
67 OLG Köln, NJW-RR 1995, 1503; BGHZ 91, 148; MAH AktR/*Voß* § 12 Rn. 91; MüKo AktG/*Pentz* § 41 Rn. 20; Hölters/*Solveen* § 41 Rn. 5.
68 Gem. § 128 HGB (analog), vgl. BGHZ 146, 341; MüKo AktG/*Pentz* § 41 Rn. 20; GroßkommAktG/*K. Schmidt* § 41 Rn. 34; Spindler/Stilz/*Heidinger* § 41 Rn. 21, 76; MAH AktR/*Voß* § 12 Rn. 91.

B. Streitigkeiten vor Eintragung der Aktiengesellschaft in das Handelsregister § 4

halb des Gesellschafterkreises richtet sich dann ebenfalls nach den allgemeinen personengesellschaftsrechtlichen Grundsätzen.[69] Hat hingegen eine Übertragung der Verbindlichkeiten wirksam stattgefunden, gilt das **Haftungsregime der Vorgesellschaft** bzw. nach der Eintragung im Handelsregister das der Aktiengesellschaft.[70]

War dem Vertragspartner allerdings bewusst, dass mangels Errichtung noch keine Vorgesellschaft bestand und war dem gemeinsamen Parteiwillen hinreichend klar zu entnehmen, dass das Rechtsgeschäft allein die Vorgesellschaft berechtigen und verpflichten und damit unter der aufschiebenden Bedingung (§ 158 Abs. 1 BGB) der Errichtung der Aktiengesellschaft stehen sollte, ist die Haftung der Vorgründungsgesellschaft und ihrer Gesellschafter ausgeschlossen.[71] 34

Haben die späteren Gründer **ohne ordnungsgemäße Vertretungsmacht** der Vorgründungsgesellschaft gehandelt, haftet der jeweilige Handelnde für die Verbindlichkeiten aus diesem Rechtsgeschäft gemäß § 179 BGB persönlich.[72] 35

3. Übergang von Prozessen der Vorgründungsgesellschaft auf die Vorgesellschaft

Aufgrund der fehlenden Identität von Vorgründungsgesellschaft und Vorgesellschaft und der Notwendigkeit der ausdrücklichen Übertragung der Rechte und Pflichten der Vorgründungsgesellschaft auf die Vorgesellschaft[73] hat das Entstehen der Vorgesellschaft grundsätzlich **keinen Einfluss** auf von der Vorgründungsgesellschaft geführte Prozesse. 36

a) Aktivprozesse der Vorgründungsgesellschaft

Ein von der Vorgründungsgesellschaft gerichtlich geltend gemachter Anspruch kann trotz des anhängigen Aktivprozesses wirksam auf die Vorgesellschaft übertragen werden (§ 265 Abs. 1 ZPO). Auch wenn die Aktivlegitimation damit von der Vorgründungsgesellschaft auf die Vorgesellschaft übergeht, bleibt Erstere Kläger des Prozesses und führt diesen als **gesetzlicher Prozessstandschafter** für die Vorgesellschaft weiter (§ 265 Abs. 2 S. 1 ZPO).[74] Gleiches gilt bei der Übertragung einer streitbefangenen Sache. 37

Wird die Übertragung des Anspruchs nicht in den Prozess eingeführt (darlegungs- und beweispflichtig ist der Beklagte), ergeht das Urteil auf der Grundlage der materiellen Rechtslage vor der Übertragung.[75] Die Vorgesellschaft kann sich auf der Grundlage von § 325 ZPO gemäß § 727 ZPO eine vollstreckbare Ausfertigung eines der Klage stattgebenden Urteils erteilen lassen und im eigenen Namen vollstrecken.[76] Der Beklagte kann der Vorgesellschaft allerdings Leistungen an die Vorgründungsgesellschaft gemäß § 407 BGB entgegenhalten, wenn er von der Übertragung keine Kenntnis hatte.[77] Wird die Übertragung des Anspruchs im Prozess vorgetragen, muss die Vorgründungsgesellschaft den Klageantrag gemäß § 264 Nr. 3 ZPO auf Leistung an die Vorgesellschaft umstellen, da ansonsten das Gericht die Klage wegen der weggefallenen Aktivlegitimation der Vorgründungsgesell- 38

---

69 Siehe dazu § 32 Rdn. 1–44 und § 40 Rdn. 1–31.
70 Vgl. zur Haftung bei der Vorgesellschaft Rdn. 199 ff.
71 OLG Stuttgart NZG 2001, 86; Spindler/Stilz/*Heidinger* § 41 Rn. 22; MüKo AktG/*Pentz* § 41 Rn. 20; KöKo AktG/*M. Arnold* § 41 Rn. 12; GroßkommAktG/*K. Schmidt* § 41 Rn. 30.
72 Vgl. BAG NJW 2006, 3230; MüKo AktG/*Pentz* § 41 Rn. 20; GroßkommAktG/*K. Schmidt* § 41 Rn. 34.
73 Siehe Rdn. 32 ff.
74 Vgl. MüKo ZPO/*Becker-Eberhard* § 265 Rn. 5, 69; Thomas/Putzo/*Reichold* § 265 Rn. 1, 12; Rosenberg/Schwab/*Gottwald* § 100 Rn. 22; Musielak/Foerste § 265 Rn. 1, 9; Baumbach/Lauterbach/*Hartmann* § 265 Rn. 16; Saenger/*Saenger* § 265 Rn. 11, 12.
75 MüKo ZPO/*Becker-Eberhard* § 265 Rn. 79.
76 BGH NJW 1983, 886; MüKo ZPO/*Becker-Eberhard* § 265 Rn. 79; a. A. allerdings MüKo ZPO/*Wolfsteiner* § 727 Rn. 8, der eine Umschreibung des »schlicht falschen« Urteils für nicht möglich hält.
77 MüKo ZPO/*Becker-Eberhard* § 265 Rn. 80.

schaft als unbegründet abweisen wird.[78] Die Vollstreckung durch die Vorgesellschaft erfolgt wiederum gemäß §§ 325, 727 ZPO.

39 Mit **Zustimmung des Beklagten** (und der Vorgründungsgesellschaft) kann die Vorgesellschaft auch eine **Hauptintervention** (§ 64 ZPO) erheben oder gar im Wege eines **gewillkürten Parteiwechsels** vollständig anstelle der Vorgründungsgesellschaft als Kläger den Prozess übernehmen (§ 265 Abs. 2 S. 2 ZPO).[79] Die Zustimmung des Beklagten wird analog § 267 ZPO bei unwidersprochener Einlassung auf die geänderte Klage in der mündlichen Hauptverhandlung als erteilt angesehen.[80] Regelmäßig wird der Beklagte diese **Zustimmung** aber **verweigern**, da ihm für den Fall seines Obsiegens im Hinblick auf seinen **Kostenerstattungsanspruch** die Vorgründungsgesellschaft mit ihren unmittelbar haftenden Gesellschaftern als unterlegene Partei vorteilhafter erscheinen wird als die Vorgesellschaft. Bei verweigerter Zustimmung des Beklagten bleibt die Vorgründungsgesellschaft Partei des Prozesses und die Vorgesellschaft kann sich lediglich als Streitgehilfe gemäß §§ 66, 70 ZPO (**einfache Nebenintervention**) am Prozess beteiligen.[81] Eine streitgenössische Nebenintervention der Vorgesellschaft (§ 69 ZPO) ist gemäß § 265 Abs. 2 S. 3 ZPO zum Schutz des Beklagten – aber zulasten der prozessualen Möglichkeiten der Vorgesellschaft – ausgeschlossen.[82]

b) Passivprozesse der Vorgründungsgesellschaft

40 Soll eine Verbindlichkeit der Vorgründungsgesellschaft, in Bezug auf die der Gläubiger Klage erhoben hat, mit befreiender Wirkung auf die Vorgesellschaft übertragen werden, geht dies nur durch **Vertrag mit dem Gläubiger** (§ 414 BGB) bzw. mit seiner **Genehmigung** (§ 415 BGB). Stimmt der Gläubiger dieser Schuldübernahme zu, ist er in Bezug auf den von ihm geführten Prozess nicht mehr schutzwürdig. § 265 ZPO findet in diesem Fall keine Anwendung[83] und die Klage ist wegen weggefallener Passivlegitimation der beklagten Vorgründungsgesellschaft abzuweisen. Zur Vermeidung des damit verbundenen **Prozesskostenrisikos** wird der Gläubiger aber im Zweifel einen **Parteiwechsel** von der Vorgründungsgesellschaft zur Vorgesellschaft verlangen oder zumindest im Gegenzug für seine Erledigterklärung oder Klagerücknahme auf der **Übernahme der Prozesskosten** bestehen. Stimmt der Gläubiger der Schuldübernahme und einem Parteiwechsel nicht zu, insbesondere weil er die Vorgründungsgesellschaft und ihre unmittelbar haftenden Gesellschafter als Schuldner behalten will, bleibt die Vorgründungsgesellschaft Schuldner des Anspruchs und hat sie den Prozess zu Ende zu führen. Eine kumulative Schuld(mit)übernahme der Forderung des Gläubigers durch die Vorgesellschaft hat keine Auswirkungen auf den Prozess, insbesondere findet § 265 ZPO keine Anwendung.[84]

---

[78] Vgl. BGH NJW 1986, 3206 (3207); MüKo ZPO/*Becker-Eberhard* § 265 Rn. 83; Thomas/Putzo/*Reichold* § 265 Rn. 13; Musielak/*Foerste* § 265 Rn. 10; Baumbach/Lauterbach/*Hartmann* § 265 Rn. 17; eine Umstellung des Klageantrags kann auch unterbleiben, wenn die Vorgesellschaft die Vorgründungsgesellschaft zur Einziehung der übertragenen Forderung ermächtigt, vgl. BGH NJW 1995, 1217 (1219); MüKo ZPO/ *Becker-Eberhard* § 265 Rn. 86.

[79] MüKo ZPO/*Becker-Eberhard* § 265 Rn. 93; Thomas/Putzo/*Reichold* § 265 Rn. 17.; Musielak/*Foerste* § 265 Rn. 13; Baumbach/Lauterbach/*Hartmann* § 265 Rn. 23; Saenger/*Saenger* § 265 Rn. 17 ff.

[80] Musielak/*Foerste* § 265 Rn. 13; MüKo ZPO/*Becker-Eberhard* § 265 Rn. 96; Thomas/Putzo/*Reichold* § 265 Rn. 17.; Baumbach/Lauterbach/*Hartmann* § 265 Rn. 23.

[81] MüKo ZPO/*Becker-Eberhard* § 265 Rn. 102; Musielak/*Foerste* § 265 Rn. 15; Baumbach/Lauterbach/*Hartmann* § 265 Rn. 24; Saenger/*Saenger* § 265 Rn. 21.

[82] MüKo ZPO/*Becker-Eberhard* § 265 Rn. 102; Musielak/*Foerste* § 265 Rn. 15; Saenger/*Saenger* § 265 Rn. 21; Baumbach/Lauterbach/*Hartmann* § 265 Rn. 24.

[83] BGH NJW 1973, 1700; BGH NJW 2001, 1217; Rosenberg/Schwab/*Gottwald* § 100 Rn. 10; Zöller/*Greger* § 265 Rn. 5a; MüKo ZPO/*Becker-Eberhard* § 265 Rn. 55 ff.; Saenger/*Saenger* § 265 Rn. 7; a. A. Baumbach/Lauterbach/*Hartmann* § 265 Rn. 12.

[84] BGH NJW 2001, 1217 (1218); MüKo ZPO/*Becker-Eberhard* § 265 Rn. 57; Musielak/*Foerste* § 265 Rn. 6; Thomas/Putzo/*Reichold* § 265 Rn. 10; Baumbach/Lauterbach/*Hartmann* § 265 Rn. 12.

B. Streitigkeiten vor Eintragung der Aktiengesellschaft in das Handelsregister § 4

Überträgt die beklagte Vorgründungsgesellschaft während des Prozesses eine streitbefangene Sache auf die Vorgesellschaft, so hat das grundsätzlich keinen Einfluss auf den Prozess. Die Vorgründungsgesellschaft bleibt passivlegitimiert und der Kläger kann gemäß § 264 Nr. 3 ZPO zu einem Antrag auf Schadensersatz oder Erlösherausgabe übergehen oder sein gegen die Vorgründungsgesellschaft ergangenes Urteil gemäß §§ 325, 727 ZPO gegen die Vorgesellschaft vollstrecken.[85] 41

II. Die Vorgesellschaft

Streitigkeiten in Bezug auf die Vorgesellschaft drehen sich im Allgemeinen um die Rechte und Pflichten der Gründer, die Geschäftsführungsbefugnis und Vertretungsmacht des Vorstands oder Mängel von Beschlüssen der Gründerversammlung. Im Prozess gelten für die Vorgesellschaft die dargestellten prozessualen Besonderheiten. 42

1. Die Pflicht der Gründer zur Förderung des Gründungsprozesses

Stockt der Gründungsprozess, kommt es darauf an, in wieweit und mit welchen Maßnahmen die Gründer verpflichtet sind, den **Gründungsprozess fortzuführen** und zu **fördern**. Die korrespondierenden Ansprüche der übrigen Gründer bzw. der Vorgesellschaft ergeben sich teilweise unmittelbar aus dem Gesetz (z. B. §§ 30 Abs. 1, 32 Abs. 1, 36 Abs. 1 AktG etc.) und teilweise aus allgemeinen (Treue-)Grundsätzen aufgrund der Teilnahme an der Gründung. Im Einzelnen gilt Folgendes: 43

a) Die Bestellung des ersten Aufsichtsrats

Gemäß § 30 Abs. 1 S. 1 AktG haben die Gründer den ersten Aufsichtsrat der Gesellschaft zu bestellen. Die Bestellung hat – außer bei Vereinbarung von satzungsmäßigen Entsendungsrechten[86] – zwingend durch **Wahl der Gründer** zu erfolgen, eine Bestellung durch das Gericht (entsprechend § 104 AktG) ist unzulässig[87]. Die Wahl erfolgt mit der **Mehrheit der abgegebenen Stimmen**, sofern die Satzung nicht eine andere Mehrheit vorschreibt (§ 133 AktG).[88] Somit kommt es nicht auf die Beteiligung oder gar Zustimmung jedes einzelnen Gründers an[89] und die Mehrheit der Gründer kann die Wahl auch gegen den Willen einzelner Gründer vornehmen. Vertretung der Gründer bei der Wahl ist gemäß § 134 Abs. 3 AktG möglich.[90] Können sich die Gründer nicht auf einen Wahltermin einigen (ein Vorstand zur Einberufung einer entsprechenden Gründerversammlung besteht ja noch nicht), können Gründer, deren Anteile zusammen den zwanzigsten Teil des Grundkapitals oder den anteiligen Betrag von 500 000 Euro erreichen, entsprechend § 122 AktG beim Gericht beantragen[91], zur Einberufung der Versammlung ermächtigt zu werden, und aufgrund der entsprechenden gerichtlichen Ermächtigung die **Einberufung selbst vornehmen**.[92] 44

b) Die Erstattung des Gründungsberichts

Die gemäß § 32 Abs. 1 AktG bestehende Pflicht der Gründer zur Erstattung des Gründungsberichts ist von jedem Gründer persönlich durch Unterzeichnung eines gemeinsamen oder individuellen Be- 45

---

85 OLG Brandenburg NJW-RR 1996, 724; MüKo ZPO/*Becker-Eberhard* § 265 Rn. 91, 92; Thomas/Putzo/*Reichold* § 265 Rn. 14.; Musielak/*Foerste* § 265 Rn. 11; Baumbach/Lauterbach/*Hartmann* § 265 Rn. 20.
86 MüKo AktG/*Pentz* § 30 Rn. 15; Hüffer/*Koch*, § 30 Rn. 2; KöKo AktG/*A. Arnold* § 30 Rn. 7.
87 KöKo AktG/*A. Arnold* § 30 Rn. 5; Hüffer/*Koch* § 30 Rn. 2.
88 KöKo AktG/*A. Arnold* § 30 Rn. 6; Hüffer/*Koch* § 30 Rn. 2; Hölters/*Solveen* § 30 Rn. 4.
89 Wohl allg. M., vgl. KöKo AktG/*A. Arnold* § 30 Rn. 5; Hüffer/*Koch* § 30 Rn. 2; Hölters/*Solveen* § 30 Rn. 4; MüKo AktG/*Pentz* § 30 Rn. 15.
90 Hüffer/*Koch* § 30 Rn. 2; MüKo AktG/*Pentz* § 30 Rn. 12; mit Hölters/*Solveen* § 30 Rn. 4 kann man wegen der Neufassung des § 134 Abs. 3 S. 3 AktG abweichend von der in den vorgenannten Fundstellen zum Ausdruck kommenden früher allg. M. auch hier Textform für ausreichend halten.
91 Siehe dazu § 6 Rdn. 252–289.
92 KöKo AktG/*A. Arnold* § 30 Rn. 6; MüKo AktG/*Pentz* § 30 Rn. 11.

richts zu erfüllen.[93] Unterstützung dabei ist möglich, rechtsgeschäftliche Vertretung nicht.[94] Weigert sich ein Gründer, den Bericht zu erstellen bzw. zu unterzeichnen, können die Mitgründer einzeln oder gemeinsam (nicht aber die Vorgesellschaft) im Wege der Leistungsklage ihren Anspruch auf Erstattung des Berichts gegen diesen Gründer gerichtlich geltend machen.[95] Die Vollstreckung des entsprechenden Urteils ist nach § 888 Abs. 1 ZPO durch die Androhung von Zwangsgeld oder Zwangshaft vorzunehmen.[96] Die Erstattung des Berichts kann nicht über § 894 ZPO fingiert werden, da es sich dabei um eine höchstpersönlich zu erfüllende, nicht vertretbare Handlung des Gründers handelt.

c) Die Leistung der Einlagen

46 Mit der notariell beurkundeten Übernahme der Aktien gemäß § 23 Abs. 2 AktG begründet jeder Gründer die schuldrechtliche Verpflichtung zur Erbringung seiner Einlage. Je nachdem, ob ein Gründer sich zur Erbringung einer Bar- und/oder Sacheinlage[97] verpflichtet hat, bestehen für ihn im Rahmen des Gründungsprozesses unterschiedliche Pflichten.[98]

aa) Bei Bestehen einer Bareinlageverpflichtung

47 Die Anmeldung zum Handelsregister darf gemäß § 36 Abs. 2 AktG erst erfolgen, wenn auf jede Aktie der **eingeforderte Betrag ordnungsgemäß eingezahlt** worden ist. Die Zuständigkeit für die Einforderung liegt gemäß § 63 Abs. 1 S. 1 AktG beim **Vorstand** (und nicht bei den Gründern).[99] Wie eine ordnungsgemäße Zahlung mit Erfüllungswirkung (§ 362 Abs. 1 BGB) auszusehen hat, wird von § 54 Abs. 3 AktG genau vorgegeben. Ist die Höhe des einzufordernden Betrages nicht in der Satzung festgelegt, hat der Vorstand (bei entsprechendem Vorbehalt des Aufsichtsrats (§ 111 Abs. 4 S. 2 AktG) mit dessen Zustimmung) über die Höhe zu entscheiden.[100] Als Mindestbetrag hat er gemäß § 36a Abs. 1 AktG **mindestens ein Viertel des geringsten Ausgabebetrags** (§ 9 Abs. 1 AktG) sowie den Mehrbetrag eines eventuell vereinbarten (korporationsrechtlichen[101]) **Agios** einzufordern.[102] Erst mit der formlos möglichen Einforderung durch den Vorstand wird die Bareinlageverpflichtung der Gründer in der eingeforderten Höhe **fällig**.[103]

48 Zahlt ein Gründer den eingeforderten Betrag nicht, kann die Vorgesellschaft (vertreten durch den Vorstand) den ihr zustehenden Zahlungsanspruch[104] im Wege der Leistungsklage gerichtlich geltend

---

93 KöKo AktG/*A. Arnold* § 32 Rn. 3; Hüffer/*Koch* § 32 Rn. 2.
94 KöKo AktG/*A. Arnold* § 32 Rn. 3; Hüffer/*Koch* § 32 Rn. 2; MüKo AktG/*Pentz* § 32 Rn. 6; Hölters/*Solveen* § 32 Rn. 3.
95 KöKo AktG/*A. Arnold* § 32 Rn. 3; MüKo AktG/*Pentz* § 32 Rn. 8; Hüffer/*Koch* § 32 Rn. 2.
96 KöKo AktG/*A. Arnold* § 32 Rn. 3; MüKo AktG/*Pentz* § 32 Rn. 8; Hüffer/*Koch* § 32 Rn. 2; K. Schmidt/Lutter/*Bayer* § 32 Rn. 2.
97 Bei einer gemischten Bar-Sacheinlage (der Gründer hat auf eine Aktie sowohl eine Bar- als auch eine Sacheinlage zu leisten) ist jeder Einlageteil nach den für ihn maßgeblichen Regelungen zu behandeln. Bei einer getrennten Bar-Sacheinlage (der Gründer hat für einen Teil seiner Aktien eine Bareinlage und für den anderen Teil eine Sacheinlage zu leisten) sind die jeweiligen Aktien unabhängig von einander zu behandeln, vgl. KöKo AktG/*A. Arnold* § 36 Rn. 21.
98 Ob neben den Kapitalaufbringungsgrundsätzen (§§ 36 bis 38 AktG) auch die Kapitalerhaltungsgrundsätze bereits gelten ist umstritten; dagegen Spindler/Stilz/*Heidinger* § 41 Rn. 31 m. w. N.; dafür MüKo AktG/*Pentz* § 41 Rn. 44, GroßkommAktG/*K. Schmidt* § 41 Rn. 76.
99 OLG Hamburg NJOZ 2006, 3513 (3519); MüKo AktG/*Pentz* § 36 Rn. 42; Hüffer/*Koch* § 36 Rn. 6.
100 KöKo AktG/*A. Arnold* § 36 Rn. 23; MüKo AktG/*Pentz* § 36 Rn. 43.
101 Nicht erfasst sind weitere schuldrechtliche Einlageverpflichtungen der Gründer (auch schuldrechtliche Agios genannt), die die Gründer neben der Einlage aufgrund nicht-korporativer Gesellschaftervereinbarung übernehmen, vgl. KöKo AktG/*A. Arnold* § 36a Rn. 4; Hüffer/*Koch* § 36a Rn. 2a.
102 MüKo AktG/*Pentz* § 36 Rn. 43.
103 BGHZ 110, 47; 118, 83; KöKo AktG/*A. Arnold* § 36 Rn. 23; MüKo AktG/*Pentz* § 36 Rn. 42.
104 BGHZ 169, 270; Spindler/Stilz/*Heidinger* § 41 Rn. 30, Spindler/Stilz/*Cahn/v. Spannenberg* § 54 Rn. 11; GroßkommAktG/*K. Schmidt* § 41 Rn. 43, § 54 Rn. 16; MüKo AktG/*Bungeroth* § 54 Rn. 11; Hüffer/*Koch* § 54 Rn. 3.

machen. Die Möglichkeit eines Gründers, den Anspruch auf Zahlung an die Gesellschaft im Wege der *actio pro socio* geltend zu machen, besteht (anders als bei der GmbH) nicht.[105] Die Gründer sind insofern darauf beschränkt, über ein entsprechendes Verlangen der Gründer- bzw. Hauptversammlung gemäß § 147 AktG oder über die Aktionärsklage gemäß § 148 AktG Organhaftungsansprüche der Gesellschaft gegen ihre Organe aus der auf der fehlerhaften Einforderung beruhenden Verletzung von Vorstands- und/oder Aufsichtsratspflichten geltend zu machen.[106]

49 Da § 63 AktG bereits im Gründungsstadium gilt[107], können auch gemäß § 63 Abs. 2 S. 1 AktG Zinsen und gemäß § 63 Abs. 3 AktG eine in der Satzung festgelegte Vertragsstrafe geltend gemacht werden.[108]

bb) Bei Bestehen einer Sacheinlageverpflichtung

50 Hat sich ein Gründer zur Erbringung einer Sacheinlage verpflichtet, gilt § 36a Abs. 2 AktG (und nicht § 36 Abs. 2 i. V. m. § 36a Abs. 1 AktG). Legt die Satzung fest, dass die Sacheinlage vor der Eintragung in das Handelsregister zu leisten ist oder ergibt sich aufgrund der Auslegungsregel des § 271 BGB, dass die Sacheinlage sofort zu erbringen ist, hat der Gründer **vor der Anmeldung** zum Handelsregister den Gegenstand der Sacheinlage auf die Vorgesellschaft zu übertragen bzw. dieser zur Verfügung zu stellen.[109] Andernfalls wird das Registergericht die Eintragung nicht vornehmen.[110] Die Vorgesellschaft kann ihren Anspruch auf Leistung im Wege der Leistungsklage gerichtlich geltend machen.[111]

51 Besteht die Sacheinlage in der Verpflichtung, einen Vermögensgegenstand auf die Aktiengesellschaft zu übertragen, und bestimmt die Satzung, dass die Sacheinlage erst nach der Eintragung der Aktiengesellschaft in das Handelsregister fällig ist, kann ihre Eintragung erfolgen, ohne dass der Gründer den Vermögensgegenstand auf die Vorgesellschaft übertragen haben muss. Insoweit unterliegt der Gründer im Gründungsstadium keinen weiteren Verpflichtungen. Diese **Verschiebung des Fälligkeitszeitpunktes** ist zwar umstritten, ergibt sich aber nach herrschender Meinung aus der Entstehungsgeschichte der widersprüchlichen § 36a Abs. 2 S. 1 AktG und § 36a Abs. 2 S. 2 AktG und entspricht der registergerichtlichen Praxis.[112] § 36a Abs. 2 S. 2 AktG verpflichtet einen Gründer, der im Rahmen seiner Sacheinlageverpflichtung – dem Normalfall entsprechend – einen Vermögensgegenstand auf die Aktiengesellschaft zu übertragen hat, dies innerhalb von fünf Jahren nach der Eintragung der Aktiengesellschaft in das Handelsregister zu tun. Daraus ist zu schließen, dass, anders als § 36a Abs. 2 S. 1 i. V. m. § 37 Abs. 1 S. 1 Hs. 1 AktG vermuten lassen könnten, die dingliche Übertragung von Sacheinlagegegenständen nicht zwingend vor der Eintragung erfolgen muss, sondern auch noch danach erfolgen kann.[113] Entsprechende Pflichten eines Gründers vor der Eintragung bestehen somit nicht.

52 Ist Gegenstand der Sacheinlageverpflichtung die **Gebrauchsgewährung** oder **Nutzungsüberlassung** von Gegenständen, hat der Gründer gemäß § 36a Abs. 2 S. 1 AktG die Vorgesellschaft vor der Anmeldung zum Handelsregister in die Lage zu versetzen, den Gegenstand tatsächlich zu nutzen, also

---

105 MünchHdbGesR AG/*Wiesner* § 18 Rn. 7; vgl. auch *K. Schmidt* GesR § 21 IV 6; siehe zur Durchsetzung von Aktionärsrechten und -pflichten insgesamt § 6.
106 Vgl. MünchHdbGesR AG/*Wiesner* § 18 Rn. 5 f.; siehe auch Rdn. 141 ff.
107 OLG Hamburg NJOZ 2006, 3513 (3520); MüKo AktG/*Bayer* § 63 Rn. 5 f.
108 Zu den weiteren Folgen nicht rechtzeitiger Leistung der Einlagen siehe § 7 Rdn. 2–16.
109 KöKo AktG/*A. Arnold* § 36a Rn. 16 f.; MüKo AktG/*Pentz* § 36a Rn. 18 ff.; vgl. auch Hüffer/*Koch* § 36a Rn. 4.
110 KöKo AktG/*A. Arnold* § 36a Rn. 18; GroßkommAktG/*Röhricht* § 36a Rn. 12; a. A. Hüffer/*Koch* § 36a Rn. 4.
111 Hüffer/*Koch* § 36a Rn. 4.
112 Vgl. KöKo AktG/*A. Arnold* § 36a Rn. 7 ff.; MüKo AktG/*Pentz* § 36a Rn. 9 ff.; Hüffer/*Koch* § 36a Rn. 4; höchstrichterliche Rechtsprechung gibt es dazu – soweit ersichtlich – nicht.
113 KöKo AktG/*A. Arnold* § 36a Rn. 16 ff.; MüKo AktG/*Pentz* § 36a Rn. 18 ff.; Hüffer/*Koch* § 36a Rn. 4.

regelmäßig der Vorgesellschaft den **Besitz** an der Sache einzuräumen.[114] § 36a Abs. 2 S. 1 AktG gilt schon vom Wortlaut her nicht. Tut der Gründer dies nicht, kann die Vorgesellschaft den ihr zustehenden Anspruch im Wege der Leistungsklage gerichtlich geltend machen.

d) Die Anmeldung zum Handelsregister

53 Neben allen Mitgliedern des Vorstands und des Aufsichtsrats sind auch sämtliche Gründer gemäß § 36 Abs. 1 AktG verpflichtet, die Aktiengesellschaft zur Eintragung in das Handelsregister anzumelden. Die Pflicht entfällt nur dann, wenn der Gründer sich durch die mit der Anmeldung verbundenen Erklärungen zivil- oder strafrechtlich haftbar machen würde.[115] Rechtsgeschäftliche Vertretung ist bei der Anmeldung aufgrund der Höchstpersönlichkeit der Pflicht nicht möglich.[116] Der korrespondierende Anspruch gegen einen sich weigernden Gründer steht sowohl jedem Mitgründer als auch der Vorgesellschaft zu und kann im Wege der Leistungsklage gerichtlich geltend machen werden.[117] Die Vollstreckung des entsprechenden Urteils hat nach § 888 Abs. 1 ZPO durch die Androhung von Zwangsgeld oder Zwangshaft zu erfolgen.[118] Die Anmeldung durch den Gründer kann aufgrund der Höchstpersönlichkeit der Pflicht nicht nach § 894 ZPO fingiert werden[119]; auch § 16 Abs. 1 S. 1 HGB hilft somit nicht weiter.

e) Die allgemeine Pflicht zur Förderung der Gründung

54 Aufgrund ihrer Teilnahme an der Gründung sind die Gründer über die vorstehend dargestellten, gesetzlich festgelegten Pflichten hinaus verpflichtet, allgemein die Entstehung der Aktiengesellschaft zu fördern.[120] Sie haben all diejenigen Maßnahmen zu ergreifen oder an ihnen mitzuwirken, die **erforderlich** und **zumutbar** sind, um die Eintragung der Aktiengesellschaft im Handelsregister zu erreichen bzw. Eintragungshindernisse zu beseitigen.[121] Dies kann auch die **Mitwirkung an einer Satzungsänderung** erfordern, da Änderungen der Satzung im Gründungsstadium zwingend der Mitwirkung aller Gründer bedürfen (eine qualifizierte Mehrheit oder gar Einstimmigkeit ohne Beteiligung aller Gründer genügen nicht).[122] Häufig ergibt sich die Pflicht zur Mitwirkung an einer Satzungsänderung auch aus einer in der Satzung enthaltenen salvatorischen Klausel. Weigert sich ein Gründer, seine vorstehenden Förderungspflichten zu erfüllen, können die übrigen Gründer (einzeln oder gemeinsam), nicht aber die Vorgesellschaft[123], ihre korrespondierenden Ansprüche im Wege der Leistungsklage geltend machen.[124]

55 Entsteht durch die schuldhafte Verletzung einer solchen Pflicht durch einen Gründer bei der Gesellschaft ein Schaden, haben die übrigen Gründer (einzeln oder gemeinsam), nicht aber die Gesell-

---

114 KöKo AktG/*A. Arnold* § 36a Rn. 20; MüKo AktG/*Pentz* § 36a Rn. 21; Hüffer/*Koch* § 36a Rn. 4.
115 KöKo AktG/*A. Arnold* § 36 Rn. 9; MüKo AktG/*Pentz* § 36 Rn. 14.
116 BayObLG NJW 1987, 136; BayObLG DB 1987, 215; KöKo AktG/*A. Arnold* § 36 Rn. 11; MüKo AktG/*Pentz* § 36 Rn. 26; Hüffer/*Koch* § 36 Rn. 4; teilweise a.A, wenn auch bzgl. GmbH: Roth/Altmeppen/*Roth* § 7 Rn. 10.
117 KöKo AktG/*A. Arnold* § 36 Rn. 10; MüKo AktG/*Pentz* § 36 Rn. 19; Hüffer/*Koch* § 36 Rn. 5.
118 KöKo AktG/*A. Arnold* § 36 Rn. 10; MüKo AktG/*Pentz* § 36 Rn. 18 f.; Hüffer/*Koch* § 36 Rn. 5.
119 KöKo AktG/*A. Arnold* § 36 Rn. 10; MüKo AktG/*Pentz* § 36 Rn. 18 f.; Hüffer/*Koch* § 36 Rn. 5.
120 BGHZ 169, 270; KöKo AktG/*M. Arnold* § 41 Rn. 38; GroßkommAktG/*K. Schmidt* § 41 Rn. 55; MüKo AktG/*Pentz* § 41 Rn. 41.
121 KöKo AktG/*M. Arnold* § 41 Rn. 38; GroßkommAktG/*K. Schmidt* § 41 Rn. 55; MüKo AktG/*Pentz* § 41 Rn. 41.
122 KöKo AktG/*M. Arnold* § 41 Rn. 38; MüKo AktG/*Pentz* § 41 Rn. 41; vgl. auch BGHZ 155, 329; für zusätzliche Möglichkeit eines antizipierten Mehrheitsbeschlusses nach § 179 AktG GroßkommAktG/*K. Schmidt* § 41 Rn. 127; zur Auslegung der Satzung bei der Vorgesellschaft siehe MüKo AktG/*Pentz* § 41 Rn. 43 m. w. N.
123 Vgl. dazu MüKo AktG/*Pentz* § 41 Rn. 41 m. w. N. auch zur a. A.
124 MüKo AktG/*Pentz* § 41 Rn. 41; GroßkommAktG/*K. Schmidt* § 41 Rn. 55.

schaft, einen Anspruch gegen den betreffenden Gründer auf Leistung von Schadensersatz an die Gesellschaft.[125]

2. Informationsrecht der Gründer

Grundsätzlich ist das Informationsrecht eines Aktionärs gegenüber der Aktiengesellschaft auf das in § 131 AktG geregelte Maß beschränkt. Ob den Gründern im Hinblick auf ihre erweiterte Haftung ein darüber hinausgehendes Informationsrecht gegenüber der Vorgesellschaft zusteht, ist umstritten.[126] Meines Erachtens spricht Einiges dafür, dass die Gründer wegen ihres Haftungsrisikos über § 131 AktG hinaus im Rahmen eines **nachvollziehbaren Informationsbedürfnisses** gegenüber der Vorgesellschaft entsprechend § 716 BGB ein **Recht auf Einsicht in die Unterlagen** der Gesellschaft oder auf **Auskunft** durch den Vorstand haben.[127] Dieser Anspruch kann im Wege der Leistungsklage gegen die Vorgesellschaft gerichtlich geltend gemacht werden. 56

3. Mängel von Beschlüssen der Gründerversammlung

Auf Beschlussmängel der Gründerversammlung sind die **§§ 241 ff. AktG anzuwenden.**[128] Die Qualifikation der Vorgesellschaft als Vorstufe der fertigen Aktiengesellschaft spricht gegen die Anwendung personengesellschaftsrechtlicher Grundsätze. Bei der Vor-GmbH hat die Rechtsprechung im Übrigen die Anwendbarkeit der §§ 241 ff. AktG bereits angenommen.[129] 57

Die dreijährige Frist gemäß § 242 Abs. 2 AktG zur Geltendmachung von Nichtigkeitsmängeln fängt zum Schutz späterer Aktionäre erst mit der Eintragung der Aktiengesellschaft im Handelsregister zu laufen.[130] 58

4. Geschäftsführungsbefugnis des Vorstands

Streitigkeiten darüber, was der Vorstand der Vorgesellschaft darf und was nicht, mithin die Frage des Umfangs seiner Geschäftsführungsbefugnis, sind mit Blick auf die mit dem Handeln der Vorgesellschaft verbundenen Haftungsfolgen für die Gründer zu entscheiden.[131] 59

In der fertigen Aktiengesellschaft kann die Geschäftsführungsbefugnis des Vorstands als die Befugnis zur Wahrnehmung jedweder tatsächlicher oder rechtsgeschäftlicher Tätigkeit für die Aktiengesellschaft[132] nach § 82 Abs. 2 AktG durch die Satzung, den Aufsichtsrat, die Hauptversammlung und die Geschäftsordnungen des Vorstands und des Aufsichtsrats **nur** unter Beachtung der gesetzlichen Kompetenzordnung für die Aktiengesellschaft, insbesondere der nach § 76 Abs. 1 AktG **zwingenden Leitungskompetenz** des Vorstands, **eingeschränkt** werden. Bei der Vorgesellschaft hingegen ist die Geschäftsführungsbefugnis des Vorstands grundsätzlich **beschränkt** auf die Vornahme der zur Eintragung der Gesellschaft im Handelsregister erforderlichen Handlungen.[133] Neben den gesetzlich 60

---

125 MüKo AktG/*Pentz* § 41 Rn. 41; KöKo AktG/*M. Arnold* § 41 Rn. 39; Spindler/Stilz/*Heidinger* § 41 Rn. 64.
126 Dafür GroßkommAktG/*K. Schmidt* § 41 Rn. 55, 62; Spindler/Stilz/*Heidinger* § 41 Rn. 60; dagegen KöKo AktG/*M. Arnold* § 41 Rn. 35; Rechtsprechung gibt es zu dieser Frage – soweit ersichtlich – nicht.
127 Vgl. GroßkommAktG/*K. Schmidt* § 41 Rn. 62.
128 MüKo AktG/*Pentz* § 41 Rn. 40; KöKo AktG/*M. Arnold* § 41 Rn. 37; Spindler/Stilz/*Heidinger* § 41 Rn. 63; Hölters/*Solveen* § 41 Rn. 8; abl. zur GmbH GroßkommGmbHG/*Winter* § 11 Rn. 46; vgl. zu Streitigkeiten im Zusammenhang mit der Hauptversammlung § 8.
129 BGHZ 80, 212; BFH BB 1990, 1538.
130 MüKo AktG/*Pentz* § 41 Rn. 40; Spindler/Stilz/*Heidinger* § 41 Rn. 63.
131 Siehe dazu Rdn. 144 ff.
132 Hüffer/*Koch* § 77 Rn. 3.
133 GroßkommAktG/*K. Schmidt* § 41 Rn. 57; KöKo AktG/*M. Arnold* § 41 Rn. 31; MüKo AktG/*Pentz* § 41 Rn. 34; Spindler/Stilz/*Heidinger* § 41 Rn. 53; Hölters/*Solveen* § 41 Rn. 8; Hüffer/*Koch* § 41 Rn. 6; vgl. zur partiell gleichlaufenden Diskussion zum Zweck der Vorgesellschaft GroßkommAktG/*K. Schmidt* § 41 Rn. 51; MüKo AktG/*Pentz* § 41 Rn. 28; Spindler/Stilz/*Heidinger* § 41 Rn. 47.

festgeschriebenen Pflichten zur Mitwirkung an der Gründungsprüfung (§§ 33 Abs. 1, 34 AktG), zur Einforderung der Einlagen (§§ 63 Abs. 1, 36 Abs. 2, 36a AktG) und zur Anmeldung der Gesellschaft zum Handelsregister (§ 36 Abs. 1 AktG) gehört dazu die Vornahme aller sonstigen zur Herbeiführung der Eintragung und zur Vollendung des Gründungsvorgangs erforderlichen Handlungen und Maßnahmen.[134] Das kann auch die zum Schutz der Rechte der Vorgesellschaft notwendige Führung eines Prozesses für die Vorgesellschaft beinhalten.[135] Der Vorstand der Vorgesellschaft ist allerdings an Weisungen der Gründerversammlung gebunden, § 76 Abs. 1 AktG gilt insoweit nicht.[136]

61 Die Geschäftsführungsbefugnis des Vorstands kann darüber hinaus bis zur vollständigen Aufnahme einer unternehmerischen Tätigkeit hin **erweitert** werden.[137] Dies setzt allerdings – wegen der unbeschränkten, persönlichen Haftung der Gründer für die Verbindlichkeiten der Vorgesellschaft[138] – die formlos bzw. konkludent mögliche **Zustimmung jeden einzelnen Gründers** voraus (ein Mehrheitsbeschluss oder ein einstimmiger Beschluss ohne Beteiligung aller Gründer genügt nicht).[139] Sofern sich nicht ausnahmsweise aus Vereinbarungen der Gründer oder aus Treuegesichtspunkten eine Zustimmungspflicht ergibt, ist ein Gründer grundsätzlich nicht zur Erteilung dieser Zustimmung verpflichtet. Sind nicht alle Gründer mit der Erweiterung der Geschäftsführungsbefugnis einverstanden, ist der Vorstand somit lediglich zur Vornahme der Maßnahmen berechtigt, die zur Eintragung der Gesellschaft im Handelsregister erforderlich sind.

62 Im wichtigen Praxisfall der **Einbringung eines Unternehmens** als Sacheinlage in die Vorgesellschaft ist allerdings in der Aufnahme der Sacheinlageverpflichtung in die Satzung bereits die **konkludente Zustimmung** aller Gründer zur Erweiterung der Geschäftsführungsbefugnis des Vorstands auf die Fortführung des Unternehmens zu sehen. Damit erstreckt sich in diesem Fall die Geschäftsführungsbefugnis auch auf die Vornahme aller zur Fortführung erforderlichen Handlungen und Maßnahmen.[140]

63 Überschreitet der Vorstand die ihm zustehende Geschäftsführungsbefugnis, erscheint es angebracht, den einzelnen Gründern angesichts ihres Zustimmungsvorbehalts und der ihnen aus der unbeschränkten, persönlichen Haftung drohenden Risiken einen **eigenen Anspruch** gegen die Gesellschaft und die Mitglieder des Vorstands **auf Unterlassung** der nicht von der Geschäftsführungsbefugnis gedeckten Maßnahmen einzuräumen.[141] Als Anspruchsgrundlage kann dafür ein sich unmittelbar aus dem mitgliedschaftlichen Rechtsverhältnis ergebender verbandsrechtlicher Anspruch des Gründers auf Abwehr von Verstößen gegen ihm gegenüber bestehenden Verbandspflichten durch den Vorstand entsprechend den Holzmüller/Gelatine-Grundsätzen[142] herangezogen werden.[143] Die gericht-

---

134 KöKo AktG/*M. Arnold* § 41 Rn. 30; Hölters/*Solveen* § 41 Rn. 8; Spindler/Stilz/*Heidinger* § 41 Rn. 50.
135 KöKo AktG/*M. Arnold* § 41 Rn. 31.
136 BGHZ 169, 270; GroßkommAktG/*K. Schmidt* § 41 Rn. 57, KöKo AktG/*M. Arnold* § 41 Rn. 31; Spindler/Stilz/*Heidinger* § 41 Rn. 53; Hölters/*Solveen* § 41 Rn. 8; a. A. MüKo AktG/*Pentz* § 41 Rn. 33.
137 GroßkommAktG/*K. Schmidt* § 41 Rn. 57; KöKo AktG/*M. Arnold* § 41 Rn. 31; MüKo AktG/*Pentz* § 41 Rn. 28 ff., 34; Spindler/Stilz/*Heidinger* § 41 Rn. 53; Hüffer/*Koch* § 41 Rn. 6.
138 Siehe dazu Rdn. 146 ff.
139 BGHZ 80, 129; GroßkommAktG/*K. Schmidt* § 41 Rn. 57; KöKo AktG/*M. Arnold* § 41 Rn. 31; MüKo AktG/*Pentz* § 41 Rn. 34; Spindler/Stilz/*Heidinger* § 41 Rn. 53; Hüffer/*Koch* § 41 Rn. 6 (zweifelnd hinsichtlich der Formlosigkeit der Zustimmung); daneben kann sich die Erweiterung der Geschäftsführungsbefugnis auch aus der Satzung ergeben, was in der Praxis allerdings nicht vorkommen dürfte.
140 GroßkommAktG/*K. Schmidt* § 41 Rn. 57; KöKo AktG/*M. Arnold* § 41 Rn. 31; MüKo AktG/*Pentz* § 41 Rn. 34; Spindler/Stilz/*Heidinger* § 41 Rn. 53; Hüffer/*Koch* § 41 Rn. 6.
141 MüKo AktG/*Pentz* § 41 Rn. 35.
142 BGHZ 82, 122, BGHZ 159, 30; vgl. auch zu Individualrechten der Aktionäre bei Kapitalerhöhungen unter Bezugsrechtsausschluss BGHZ 136, 133 und BGHZ 164, 241 und BGHZ 164, 249; vgl. auch Hüffer/*Koch* § 119 Rn. 18; Spindler/Stilz/*Casper* Vor § 241 Rn. 15.
143 MüKo AktG/*Pentz* § 41 Rn. 35

liche Durchsetzung dieses Anspruches kann im Wege der (vorbeugenden) Unterlassungsklage bzw. wegen der Eilbedürftigkeit im Regelfall durch einstweilige Verfügung gemäß § 935 ZPO erfolgen.[144]

5. Vertretungsmacht des Vorstands

Die Vertretungsmacht des Vorstands für die fertige Aktiengesellschaft ist – von den gesetzlichen Ausnahmen abgesehen[145] – **unbeschränkt** (§ 78 Abs. 1 AktG) und **unbeschränkbar** (§ 82 Abs. 1 AktG).[146] 64

In Bezug auf den Umfang der Vertretungsmacht des Vorstands der Vorgesellschaft ist äußerst **umstritten**, ob der Vorstand die Vorgesellschaft gemäß § 82 Abs. 1 AktG umfassend vertreten kann oder ob er bei der Vertretung auf den Umfang der Geschäftsführungsbefugnis beschränkt ist. 65

Die **Rechtsprechung** geht nach wie vor davon aus, dass § 82 Abs. 1 AktG bei der Vorgesellschaft **nicht anwendbar** ist und dass der Vorstand die Vorgesellschaft nur im Rahmen der mit Zustimmung aller Gründer erweiterten **Geschäftsführungsbefugnis** vertreten kann.[147] In der Literatur scheint die überwiegende Meinung wohl inzwischen für die unbeschränkte Vertretungsmacht und die Anwendbarkeit von § 82 Abs. 1 AktG zu sein.[148] Allerdings wird man, solange die Rechtsprechung ihre Meinung nicht ändert, in der Praxis von einer beschränkten Vertretungsmacht des Vorstands auszugehen haben, auch wenn die besseren Gründe für die unbeschränkte Vertretungsmacht sprechen.[149] 66

6. Prozessuale Besonderheiten der Vorgesellschaft

Ausgangspunkt für die Stellung der Vorgesellschaft im Prozess ist die inzwischen einhellige Einordnung der Vorgesellschaft als körperschaftlich strukturierte Gesellschaft *sui generis*, auf die das für die Aktiengesellschaft geltende Recht Anwendung findet, sofern dieses nicht die Eintragung in das Handelsregister voraussetzt. Im Hinblick darauf ergeben sich bei der Vorgesellschaft die folgenden prozessualen Grundsätze bzw. Besonderheiten. 67

a) Parteifähigkeit der Vorgesellschaft

Mit der Anerkennung der **Rechtsfähigkeit** der Vorgesellschaft[150] steht ihr gemäß § 50 Abs. 1 ZPO auch die **aktive und passive (Zivil–)Prozessfähigkeit**[151] zu. Gleiches gilt für das **Verwaltungsverfahren** (§§ 11, 13 VwVfG)[152] und den **Verwaltungsprozess** (§§ 61, 63 VwGO)[153] sowie das **Finanzver-** 68

---

144 Vgl. OLG Hamm NZG 2008, 155 (Arcandor); Seiler/Singhof, Der Konzern 2003, 313.
145 Vgl. dazu Hüffer/*Koch* § 82 Rn. 3; MüKo AktG/*Spindler*, § 82 Rn. 18 ff.
146 Hüffer/*Koch* § 78 Rn. 5.
147 Vgl. zur GmbH BGHZ 80, 129; BGHZ 86, 122; BGHZ 105, 300; BGHZ 134, 333; BayObLG DNotZ 1986, 177; KG NJW-RR 1994, 494; OLG Hamm NZG 2002, 867.
148 GroßKommAktG/*K. Schmidt* § 41 Rn. 58; MüKo AktG/*Pentz* § 41 Rn. 34; KöKo AktG/*M. Arnold* § 41 Rn. 32; KapGesR/*Raiser* § 26 Rn. 107, 122; Beuthien, NJW 1997, 565 (sofern die Vorgesellschaft ein Handelsgewerbe i. S. v. § 1 Abs. 2 HGB betreibt); a. A. Hüffer/*Koch* § 82 Rn. 1, § 41 Rn. 11; Hölters/*Solveen* § 41 Rn. 10; K. Schmidt/Lutter/*Drygala* § 41 Rn. 6 f.; MünchHdb GesR AG/*Hoffmann-Becking* § 3 Rn. 37; Zöllner, FS Wiedemann, 2002, 1383 (1416).
149 Vgl. zu den Gründen MüKo AktG/*Pentz* § 41 Rn. 34 f.; GroßkommAktG/*K. Schmidt* § 41 Rn. 58.
150 BGHZ 117, 323; MüKo AktG/*Pentz* § 41 Rn. 52; Spindler/Stilz/*Heidinger* § 41 Rn. 28; Hüffer/*Koch* § 41 Rn. 4, 10; GroßkommAktG/*K. Schmidt* § 41 Rn. 43.
151 NJW 1998, 1079, BGHZ 169, 270; MüKo AktG/*Pentz* § 41 Rn. 52; Spindler/Stilz/*Heidinger* § 41 Rn. 28; Hüffer/*Koch* § 41 Rn. 10; GroßkommAktG/*K. Schmidt* § 41 Rn. 48; MüKo ZPO/*Lindacher* § 50 Rn. 11 f.; Musielak/*Weth* § 50 Rn. 17.
152 Evtl. nach § 11 Nr. 1, jdf. aber nach Nr. 2, vgl. Stelkens/Bonk/Sachs/*Bonk/Schmitz*, VwVfG, § 11 Rn. 5, 14, 22; Bader/Ronellenfitsch/*Gerstner-Heck*, VwVfG, § 11 Rn. 9 ff.
153 Hier für Anwendung von § 61 Nr. 2 VwGO Schoch/Schneider/Bier/*Bier*, VwGO, § 61 Rn. 5.

waltungsverfahren (§§ 78, 33 Abs. 1 AO)[154] und den **Finanzgerichtsprozess** (§ 57 FGO)[155]. Die Vorgesellschaft ist in den Verfahren der freiwilligen Gerichtsbarkeit **beteiligten- und beschwerdefähig**[156] sowie **handelsregisterfähig**[157].

69   In gleichem Maße ist angesichts der Anerkennung der Einpersonen-Vorgesellschaft auch diese parteifähig.[158]

70   Das OLG Köln hat sich in einem Fall zur GmbH nicht daran gestört, dass die Parteifähigkeit erst im Verlauf des Prozesses entstanden ist und von der Möglichkeit einer Heilung dieses Mangels gesprochen, wenn der Prozeß von Anfang an für die dann parteifähige Partei geführt wurde und diese die bisherige Prozessführung genehmigt.[159] Ob man tatsächlich von einer latent existierenden Vorgesellschaft sprechen kann, ist zumindest fraglich.[160]

71   Die Vorgesellschaft verliert ihre Parteifähigkeit auch nicht deshalb, weil ihre Eintragung im Handelsregister endgültig verweigert worden ist[161] oder sie die Eintragungsabsicht aufgegeben hat.[162] Sie besteht als rechtsfähige und damit parteifähige Liquidations- bzw. Abwicklungsgesellschaft bis zu ihrer (Voll-)Beendigung fort.[163] Sollte sie sich wegen der Fortführung des Geschäftsbetriebs in eine GbR oder OHG umwandeln, kann der Prozess von dieser nach Rubrumsberichtigung fortgeführt werden.[164]

b) Prozessfähigkeit der Vorgesellschaft

72   Die Prozessfähigkeit der Vorgesellschaft (§§ 51 Abs. 1, 52 ZPO) folgt den gleichen Regeln wie die der fertigen Aktiengesellschaft.[165] Die Vorgesellschaft wird somit gemäß § 78 AktG grundsätzlich **durch den Vorstand** oder einen vom Vorstand bevollmächtigten Vertreter **vertreten**.[166] Bei Prozessen gegen Vorstandsmitglieder erfolgt die Vertretung gemäß § 112 AktG durch den Aufsichtsrat.[167] Bei Anfechtungs- bzw. Nichtigkeitsklagen vertreten gemäß § 246 Abs. 2 AktG (i. V. m. § 249 Abs. 1 AktG bzw. § 275 Abs. 4 AktG) der Vorstand und der Aufsichtsrat die Vorgesellschaft gemeinsam bzw. bei Klagen eines Vorstandsmitglieds der Aufsichtsrat allein oder bei Klagen eines Aufsichtsratsmitglieds der Vorstand allein.[168]

73   Die Bezeichnung der Mitglieder des Organs, die die Vorgesellschaft vertreten, gehört in Schriftsätzen und Urteilen zur Parteibezeichnung (§§ 130 Nr. 1, 253 Abs. 4, 313 Abs. 1 Nr. 1 ZPO).[169]

---

154 Koenig/*Koenig*, AO, § 33 Rn. 8; Koenig/*Wünsch*, AO, § 78 Rn. 12.
155 Auch hier kommt es darauf an, dass sie Adressatin abgabenrechtlicher Rechte und Pflichten sein kann, vgl. Gräber/*von Groll*, FGO, § 57 Rn. 7; siehe insgesamt GroßkommAktG/*K. Schmidt* § 41 Rn. 48.
156 BGHZ 117, 323; MüKo AktG/*Pentz* § 41 Rn. 52; Spindler/Stilz/*Heidinger* § 41 Rn. 28; GroßkommAktG/*K. Schmidt* § 41 Rn. 47.
157 BGHZ 80, 129; MüKo AktG/*Pentz* § 41 Rn. 52; GroßkommAktG/*K. Schmidt* § 41 Rn. 47.
158 Vgl. zur Problematik der Einpersonen-Gründung Rdn. 12.
159 OLG Köln NZG 2000, 151
160 Nicht ganz abgeneigt für die AG GroßkommAktG/*K. Schmidt* § 41 Rn. 37.
161 So aber OLG Köln BB 1997, 1119.
162 So OLG Hamm NZG 2006, 754; korrigiert von BGH NJW 2008, 2441.
163 BGHZ 169, 270; Musielak/*Weth* § 50 Rn. 17; Spindler/Stilz/*Heidinger* § 41 Rn. 41.
164 BGH NJW 2008, 2441; Musielak/*Weth* § 50 Rn. 17; Spindler/Stilz/*Heidinger* § 41 Rn. 41.
165 Musielak/*Weth* § 51 Rn. 11; MüKo ZPO/*Lindacher* § 52 Rn. 27.
166 MüKo ZPO/*Lindacher* § 52 Rn. 25; Musielak/*Weth* § 51 Rn. 7.
167 MüKo ZPO/*Lindacher* § 52 Rn. 25; Musielak/*Weth* § 51 Rn. 7.
168 MüKo ZPO/*Lindacher* § 52 Rn. 25; Musielak/*Weth* § 51 Rn. 7; eine weitere Ausnahme von der Vertretung der Vorgesellschaft im Prozess ergibt sich aus § 147 Abs. 2 AktG (besonderer Vertreter, siehe dazu § 6 Rdn. 148–176), die aber bei der Vorgesellschaft in der Praxis keine Rolle spielt.
169 Vgl. Hüffer/*Koch* § 78 Rn. 4; gegen die Vorgesellschaft kann dennoch auch ohne die Bezeichnung wirksam Klage erhoben werden, weil § 130 Nr. 1 ZPO nur Soll-Vorschrift ist, Zustellungsprobleme stellen sich wegen § 170 Abs. 2 ZPO nicht, vgl. MüKo ZPO/*Becker-Eberhard* § 253 Rn. 62.

B. Streitigkeiten vor Eintragung der Aktiengesellschaft in das Handelsregister § 4

Nach Auffassung des BGH[170] verliert die Vorgesellschaft ihre Prozessfähigkeit in einem laufenden Prozess auch nicht durch die zwischenzeitliche Aufgabe der Eintragungsabsicht und die mit der Umwandlung in eine Personengesellschaft verbundene Änderung ihrer gesetzlichen Vertretung, wenn sie weiterhin durch einen Prozessbevollmächtigten vertreten wird (vgl. § 86 ZPO).[171]

74

c) Örtliche Zuständigkeit

Die für die fertige Aktiengesellschaft geltenden Regelungen über Gerichtstände (§§ 12 ff. ZPO, insbesondere § 17 ZPO) gelten auch für die Vorgesellschaft.[172]

75

§ 22 ZPO eröffnet für Klagen der Vorgesellschaft gegen einen Gründer oder für Klagen der Gründer untereinander aus dem Vorgesellschaftsverhältnis einen besonderen Gerichtsstand am Sitz der Vorgesellschaft.

76

d) Actio pro socio

Das Aktiengesetz enthält für die Durchsetzung und den Schutz der (Individual-)Rechte der Aktionäre ein klar konturiertes Regime von Klagerechten der Aktionäre (vgl. nur §§ 147 und 148 AktG)[173], in dessen Kontext die *actio pro socio* keinen Platz hat.[174] Für die Vorgesellschaft als »Vorstufe« der Aktiengesellschaft dürfte grundsätzlich nichts anderes gelten.[175] Teilweise wird allerdings eine *actio pro socio* im Grundsatz auch bei der Vorgesellschaft für zulässig gehalten.[176]

77

e) Zustellung

Die Vorgesellschaft betreffende Zustellungen können – sofern nicht §§ 171 bzw. 172 ZPO eingreifen – an ein Mitglied des Vorstandes als Zustellungsadressat und gesetzlichen Vertreter im Sinne von § 170 Abs. 1 S. 1, Abs. 3 ZPO erfolgen. Ist ein Vorstandsmitglied Partei des Rechtsstreits und damit Zustellungsveranlasser kann er – mangels für den Prozess bestehender Vertretungsmacht – nicht Zustellungsadressat sein[177] und kann gemäß § 112 AktG an ein Mitglied des Aufsichtsrats zugestellt werden (§ 170 Abs. 3 ZPO, § 112 S. 2 i. V. m. § 78 Abs. 2 S. 2 AktG).[178] Gleiches gilt gemäß § 78 Abs. 1 S. 2 AktG, wenn die Vorgesellschaft keinen Vorstand hat.

78

f) Prozesskostenhilfe

Die Vorgesellschaft kann als rechts- und parteifähiges Gebilde prozesskostenberechtigt gemäß § 116 S. 1 Nr. 2 ZPO sein.[179]

79

g) Zwangsvollstreckung durch und gegen die Vorgesellschaft

Aufgrund der Anerkennung der Vorgesellschaft als rechtsfähig und damit als Träger von Rechten und Pflichten bestehen im Rahmen der Zwangsvollstreckung keine Besonderheiten. Die Vorgesell-

80

---

170 BGH NJW 2008, 2441.
171 Spindler/Stilz/*Heidinger* § 41 Rn. 41; Weiß BB 2008, 1249; kritisch de Lousanoff NZG 2008, 490.
172 Vgl. KöKo AktG/*M. Arnold* § 41 Rn. 19.
173 Siehe dazu § 6.
174 MünchHdb GesR AG/*Wiesner* § 18 Rn. 7; MüKo AktG/*Schröer* § 147 Rn. 24, 26; Hüffer/Koch § 147 Rn. 5; Spindler/Stilz/*Casper* vor §§ 241 ff. Rn. 29; *Habersack* DStR 1998, 533.
175 Vgl. schon Rdn. 48 zur Einlageverpflichtung.
176 GroßkommAktG/*K. Schmidt* § 41 Rn. 55; Spindler/Stilz/*Heidinger* § 41 Rn. 64.
177 OLG München NZG 2004, 422; MüKo ZPO/*Häublein* § 170 Rn. 5.
178 Hüffer/*Koch* § 112 Rn. 5.
179 Vgl. MüKo ZPO/*Motzer* § 116 Rn. 20.

schaft kann für die ihr zustehenden Rechte Titel erstreiten und diese vollstrecken. Für die Zwangsvollstreckung in das Vermögen der Vorgesellschaft ist ein gegen diese gerichteter Titel erforderlich und ausreichend.[180]

III. Streitigkeiten infolge fehlerhafter Gründungsvorgänge

81 Führt die (angebliche) Fehlerhaftigkeit von Gründungsvorgängen zu Streitigkeiten zwischen den an der Gründung Beteiligten, hängen deren prozessuale Handlungsmöglichkeiten davon ab, welche Mängel geltend gemacht werden und in welchem Stadium der Gründung sich die Gesellschaft befindet.

82 **Nach der Eintragung** der Aktiengesellschaft in das Handelsregister und ihrer dadurch bedingten wirksamen Entstehung, können Mängel der Gründung nur noch in seltenen **Ausnahmefällen**, insbesondere denen des § 275 AktG, geltend gemacht werden.[181] Die allermeisten Mängel werden durch die Eintragung **geheilt**, auch wenn sie bereits vor der Eintragung geltend gemacht worden sein sollten.[182]

83 In der Zeit **vor der Eintragung** der Aktiengesellschaft in das Handelsregister ist zwischen Mängeln des rechtsgeschäftlichen Gründungstatbestands, die die **Satzung** und die **Aktienübernahme** in ihrer **Gesamtheit** betreffen, einerseits und Mängeln, die lediglich **einzelne Satzungsbestandteile** betreffen, andererseits zu differenzieren.[183] Darüber hinaus können auch Mängel der sonstigen bis zur Eintragung der Aktiengesellschaft erforderlichen **Einzelschritte** zu Streitigkeiten zwischen den Beteiligten führen.

1. Fehlerhaftigkeit der Satzungsfeststellung und Aktienübernahme

84 Die Fehlerhaftigkeit der Satzungsfeststellung und der Aktienübernahme kann auf unterschiedlichen **Mängeln der rechtsgeschäftlichen Erklärungen** der Gründer beruhen. In Betracht kommen insbesondere
– das Fehlen einzelner **Erklärungsbestandteile** (z. B. des § 23 Abs. 2 AktG),
– die fehlende **Zurechenbarkeit** von Erklärungen aufgrund Fälschung, Geschäftsunfähigkeit (§ 105 BGB), fehlender Einwilligung des gesetzlichen Vertreters eines Minderjährigen (§§ 107, 108 BGB), fehlender Vollmacht eines Vertreters oder fehlender Zustimmung eines Ehegatten (§ 1365 BGB),
– die fehlende **Form** gemäß § 23 Abs. 1 AktG (§ 125 BGB),
– das Bestehen eines Mangels gemäß **§§ 116 bis 118 BGB**,
– das Vorliegen eines **Anfechtungsgrundes** gemäß §§ 119, 123 BGB (§ 142 BGB),
– der Verstoß gegen ein **gesetzliches Verbot** (§ 134 BGB) oder die **guten Sitten** (§ 138 BGB) sowie
– das Bestehen von **Dissens** zwischen den Gründern (§§ 154, 155 BGB).[184]

85 Die Wirkung dieser Mängel und der Umgang mit ihnen hängen davon ab, ob die Vorgesellschaft bereits **in Vollzug gesetzt** worden ist oder nicht. **Vor** der Invollzugsetzung gelten die **allgemeinen rechtsgeschäftlichen Regeln** des BGB über Willensmängel und andere Fehler von Rechtsgeschäften. Folglich kann sich ein Gründer ohne weiteres auf die Nichtigkeit einer Willenserklärung berufen oder kann er seine eigene Willenserklärung durch Anfechtungserklärung gegenüber seinen Mitgrün-

---

180 GroßkommAktG/*K. Schmidt* § 41 Rn. 48, 77, 137; MüKo AktG/*Pentz* § 41 Rn. 31.
181 Hüffer/*Koch* § 23 Rn. 42, § 275 Rn. 1 ff.; KöKo AktG/*A. Arnold* § 23 Rn. 164; MAH AktR/*Peres* § 14 Rn. 64 ff., 68 ff.; MüKo AktG/*Pentz* § 23 Rn. 174; Spindler/Stilz/*Limmer* § 23 Rn. 38.
182 KöKo AktG/*A. Arnold* § 23 Rn. 165; MüKo AktG/*Pentz* § 23 Rn. 174; Spindler/Stilz/*Limmer* § 23 Rn. 38; RGZ 82, 375 (377); BGHZ 21, 378 (381).
183 MüKo AktG/*Pentz* § 23 Rn. 166; K. Schmidt/Lutter/*Seibt* § 23 Rn. 58.
184 Siehe dazu ausführlich MAH AktR/*Peres* § 14 Rn. 15 ff.; sowie MüKo AktG/*Pentz* § 23 Rn. 166; KöKo AktG/*A. Arnold* § 23 Rn. 156.

B. Streitigkeiten vor Eintragung der Aktiengesellschaft in das Handelsregister § 4

dern anfechten.[185] Eine eventuelle Leistungsklage der Vorgesellschaft auf Leistung der Einlagen[186] oder der Mitgründer auf Vornahme weiterer Gründungshandlungen[187] hätte keine Aussicht auf Erfolg. Sofern ein berechtigtes Interesse daran besteht, kann der Betroffene eine Feststellungsklage (§ 256 ZPO) gegen Mitgründer oder die Vorgesellschaft auf Feststellung erheben, dass er nicht Gründer geworden ist.

Nach der Invollzugsetzung der Vorgesellschaft gelten grundsätzlich die **Regeln der fehlerhaften Gesellschaft** und können solche Mängel nicht mehr mit ex tunc Wirkung geltend gemacht werden.[188] Die Folge der Invollzugsetzung ist vielmehr, dass die Geltendmachung eines Mangels durch entsprechende Erklärung gegenüber den übrigen Gründern lediglich zur **Auflösung** der Vorgesellschaft mit ex nunc Wirkung entsprechend § 723 Abs. 1 S. 2 BGB führt und dass die Vorgesellschaft entsprechend den §§ 262 ff. AktG **liquidiert** werden muss.[189] Keine Anwendung findet das Recht der fehlerhaften Gesellschaft allerdings nach (noch) herrschender Meinung, wenn **vorrangige Interessen** der Allgemeinheit oder besonders schutzwürdiger Personen tangiert sind, z. B. in den Fällen der Gesetzwidrigkeit (§ 134 BGB), Kartellrechtswidrigkeit oder Sittenwidrigkeit (§ 138 BGB) der Satzung (und nicht einzelner Bestimmungen) oder bei nicht ordnungsgemäßer Vertretung eines Minderjährigen.[190] 86

Die Vorgesellschaft ist spätestens dann in Vollzug gesetzt, wenn durch die (teilweise) Leistung der Einlagen **Gesellschaftsvermögen gebildet** wurde oder wenn durch die Organe eine **Tätigkeit nach außen aufgenommen** wird.[191] Die Rechtsprechung verlangt, dass »Rechtstatsachen geschaffen« wurden, an denen die Rechtsordnung nicht mehr vorbeigehen kann«.[192] 87

Hat einer der an der Gründung Beteiligten durch Geltendmachung eines relevanten Gründungsmangels die Auflösung der Vorgesellschaft erklärt, wird aber das Vorliegen des Gründungsmangels und damit auch der Auflösung von einem der Mitgründer bestritten, dürfte die gerichtliche Klärung der Frage regelmäßig im Rahmen einer Leistungsklage des Mitgründers und/oder der Vorgesellschaft auf Vornahme der weiteren notwendigen Gründungshandlungen, spätestens in Bezug auf die Mitwirkung an der Anmeldung der Aktiengesellschaft zum Handelsregister, erfolgen. Sofern ein berechtigtes Interesse daran besteht, kann der Betroffene auch eine Feststellungsklage (§ 256 ZPO) auf Feststellung erheben, dass die Vorgesellschaft aufgelöst ist. 88

---

185 MüKo AktG/*Pentz* § 23 Rn. 167; KöKo AktG/*A. Arnold* § 23 Rn. 158; Hüffer/*Koch* § 23 Rn. 41; Spindler/Stilz/*Limmer* § 23 Rn. 36.
186 Siehe dazu Rdn. 48.
187 Siehe Rdn. 43 ff.
188 MüKo AktG/*Pentz* § 23 Rn. 167; MüKo AktG/*Hüffer* § 275 Rn. 14; KöKo AktG/*A. Arnold* § 23 Rn. 160; Hüffer/*Koch* § 23 Rn. 41; Spindler/Stilz/*Limmer* § 23 Rn. 37; MAH AktR/*Peres* § 14 Rn. 35 ff.; vgl. zu den Einzelheiten auch BGH DStR 2008, 1100 (FRIZ I).
189 BGH NZG 2007, 20 (21); MüKo AktG/*Pentz* § 23 Rn. 171; KöKo AktG/*A. Arnold* § 23 Rn. 161; MAH AktR/*Peres* § 14 Rn. 47 ff.
190 BGHZ 75, 214 (217); Spindler/Stilz/*Limmer* § 23 Rn. 37; für die im Vordringen befindliche Meinung, nach der die Grundsätze der fehlerhaften Gesellschaft auch in diesen Fällen gelten sollen *K. Schmidt* GesR § 6 III 3; ders. AcP 186 (1986), 421, 444 ff.; MüKo AktG/*Pentz* § 23 Rn. 169 ff.; KöKo AktG/*A. Arnold* § 23 Rn. 162 f.; MAH AktR/*Peres* § 14 Rn. 39 ff.
191 MüKo AktG/*Pentz* § 23 Rn. 167; KöKo AktG/*A. Arnold* § 23 Rn. 158; Hüffer/*Koch* § 23 Rn. 41; Spindler/Stilz/*Limmer* § 23 Rn. 37; K. Schmidt/Lutter/*Seibt* § 23 Rn. 59; teilweise wird auch die Bestellung des Aufsichtsrats schon als ausreichend angesehen, vgl. MüKo AktG/*Pentz* § 23 Rn. 169; MAH AktR/*Peres* § 14 Rn. 45.
192 BGH NJW 1978, 2505; NJW 1992, 1501; bei Tätigkeit nach Außen, auch für nur vorbereitende Geschäfte für die GmbH bejaht von BGH NJW 1954, 1562 unter Hinweis auf RG DR 1941, 1943; Einlageleistung BGH NJW 1992, 1502; NZG 2005, 261; vgl. Baumbach/Hopt/*Roth* HGB § 105 Rn. 82 m. w. N. auch zu Stellungnahmen der Literatur.

2. Fehlerhaftigkeit einzelner Satzungsbestimmungen

89 Siehe auch die Ausführungen zu den Streitigkeiten in Bezug auf die Auflösung der Aktiengesellschaft in § 10 Rdn. 26–72, die gelten, sofern nicht die Eintragung der Aktiengesellschaft im Handelsregister vorausgesetzt wird.

2. Fehlerhaftigkeit einzelner Satzungsbestimmungen

90 Die Fehlerhaftigkeit einzelner Satzungsbestimmungen führt regelmäßig **nicht** zum Scheitern der Gründung der Aktiengesellschaft. Aufgrund einer in der Satzung aufgenommenen **salvatorischen Klausel** oder aufgrund ihrer **Treuepflicht** sind die Gründer nämlich (unabhängig von einem eventuellen Vollzug der Vorgesellschaft) regelmäßig verpflichtet, den Satzungsmangel im Rahmen des ihnen Zumutbaren zu **beseitigen**.[193] Die Möglichkeit zur Berufung auf die Gesamtnichtigkeit der Satzung über die Auslegungsregel des § 139 BGB wird überwiegend abgelehnt.[194]

91 Einer entsprechenden Satzungsänderung haben **sämtliche Gründer zuzustimmen**; die in § 179 AktG für Satzungsänderungen der eingetragenen Aktiengesellschaft niedergelegte 3/4 Mehrheit kann aufgrund der Verantwortlichkeit der Gründer nach § 46 AktG nicht ausreichen.[195] Zur Durchsetzung der Mitwirkungspflichten der Gründer siehe Rdn. 54 f.

3. Fehlerhaftigkeit der Bestellung des ersten Aufsichtsrats

92 Die Bestellung des ersten Aufsichtsrats der Aktiengesellschaft gemäß § 30 Abs. 1 AktG ist regelmäßig wenig fehleranfällig und konfliktträchtig. §§ 100 und 105 AktG sind anwendbar.[196] Da bei der Bargründung gemäß § 30 Abs. 2 AktG die Vorschriften über die Bestellung von Aufsichtsratsmitgliedern der Arbeitnehmer nicht anwendbar sind, hängt die Zusammensetzung des Aufsichtsrats lediglich von der Wahl der Gründer ab, die mit der einfachen Mehrheit der Stimmen erfolgen kann, sofern die Satzung nicht eine andere Mehrheit vorschreibt (§ 133 AktG).[197] Bei Vereinbarung einer Sacheinlage oder Sachübernahme haben die Gründer zwar gemäß § 31 Abs. 1 AktG bei der Zusammensetzung die spätere Beteiligung von Arbeitnehmervertretern zu berücksichtigen. Da allerdings die Beschlussfähigkeit des Aufsichtsrats dadurch nicht beeinträchtigt wird (vgl. § 31 Abs. 1 S. 2 und Abs. 2 AktG) und die Beteiligung der Arbeitnehmervertreter regelmäßig erst nach der Eintragung erfolgt, haben Streitigkeiten über die Zusammensetzung des Aufsichtsrats in der Gründungsphase regelmäßig keine Bedeutung.

93 Ist die Bestellung des Aufsichtsrats dennoch fehlerhaft, dann müssen die Mängel durch ordnungsgemäße (Neu-)Bestellung beseitigt werden, da der Aufsichtsrat den ersten Vorstand zu bestellen (§ 30 Abs. 4 AktG) und gemeinsam mit dem Vorstand die interne Gründungsprüfung durchzuführen hat (§ 33 Abs. 1 AktG) und sämtliche Mitglieder des Aufsichtsrats die Anmeldung der Aktiengesellschaft zum Handelsregister mit unterzeichnen müssen (§ 36 Abs. 1 AktG). Zu der Pflicht der Gründer zur Mitwirkung an der Bestellung des ersten Aufsichtsrats siehe Rdn. 44.

4. Fehlerhaftigkeit der Bestellung des ersten Abschlussprüfers

94 Für die Bestellung des Abschlussprüfers für das erste Voll- oder Rumpfgeschäftsjahrs (§ 30 Abs. 1 AktG) gelten die gleichen Regeln wie für die Bestellung für spätere Geschäftsjahre. Eine mögliche

---

193 MüKo AktG/*Pentz* § 23 Rn. 172, § 41 Rn. 41; KöKo AktG/*A. Arnold* § 23 Rn. 159; siehe auch Rdn. 54.
194 RGZ 114, 77 (81); MüKo AktG/*Pentz* § 23 Rn. 172; KöKo AktG/*A. Arnold* § 23 Rn. 159; K. Schmidt/Lutter/*Seibt* § 23 Rn. 61; Hüffer/*Koch* § 23 Rn. 41.
195 MüKo AktG/*Pentz* § 23 Rn. 172, § 41 Rn. 39; KöKo AktG/*A. Arnold* § 23 Rn. 159; K. Schmidt/Lutter/*Seibt* § 23 Rn. 61, § 41 Rn. 21; Hüffer/*Koch* § 41 Rn. 7; zur Zulässigkeit einer aufschiebend auf Eintragung bedingten Änderung nach § 179 AktG vgl. Spindler/Stilz/*Heidinger* § 41 Rn. 46; vgl. zur GmbH aus der Rspr. OLG Köln WM 1996, 207 mwN.
196 KöKo AktG/*A. Arnold* § 30 Rn. 7.
197 Siehe dazu Rdn. 44.

Fehlerhaftigkeit der Bestellung berührt die Eintragungsfähigkeit der Aktiengesellschaft nicht und kann nachgeholt werden und hat somit keine Auswirkungen auf den Gründungsvorgang.

5. Fehlerhaftigkeit der Bestellung des ersten Vorstands

Die Bestellung des ersten Vorstands erfolgt gemäß § 30 Abs. 4 AktG durch den Aufsichtsrat. Es bestehen keine Besonderheiten gegenüber der Bestellung bei der fertigen Aktiengesellschaft (vgl. § 84 AktG), so dass die allgemeinen Regeln in Bezug auf die Fehlerhaftigkeit von Vorstandsbestellungen gelten. 95

Ist die Bestellung des ersten Vorstands fehlerhaft, dann müssen die Mängel durch ordnungsgemäße (Neu-)Bestellung durch den Aufsichtsrat (im Extremfall nach Bestellung eines neuen Aufsichtsrats) beseitigt werden, da der Vorstand unter anderem gemeinsam mit dem Aufsichtsrat die interne Gründungsprüfung durchzuführen hat (§ 33 Abs. 1 AktG), an der Kapitalaufbringung beteiligt ist (vgl. §§ 36 Abs. 2, 36a, 63 Abs. 1 AktG) und die Anmeldung der Aktiengesellschaft zum Handelsregister mit zu unterzeichnen hat (§ 36 Abs. 1 AktG). Ob im Gründungsstadium eine Ersatzbestellung eines Notvorstands durch das Gericht gemäß § 85 AktG erfolgen kann, ist umstritten.[198] 96

6. Fehlerhaftigkeit des Gründungsberichts

Die Gründer sind untereinander verpflichtet, einen Gründungsbericht zu erstellen, (§ 32 Abs. 1 AktG).[199] Sie können, insbesondere bei Meinungsverschiedenheiten, auch eigene Teilberichte erstellen und müssen keinen gemeinsamen Gründungsbericht anfertigen.[200] Sind die Teilberichte der Gründer allerdings widersprüchlich bzw. ist der Teilbericht eines Gründers fehlerhaft, insbesondere weil Angaben zu den nach § 32 Abs. 2 und 3 AktG darzulegenden Punkten oder sonstigen wesentlichen Umständen der Gründung fehlen oder unrichtig sind, haben der Vorstand und Aufsichtsrat sowie der eventuelle externe Gründungsprüfer (§ 33 AktG) dies in ihrem Prüfungsbericht zu vermerken (vgl. § 34 Abs. 1 Nr. 1 AktG) und das Registergericht kann die Eintragung der Aktiengesellschaft in das Handelsregister verweigern (§ 38 Abs. 2 S. 1 AktG).[201] Aus diesen Gründen erscheint es sinnvoll, den übrigen Gründern neben dem gerichtlich durchsetzbaren Recht auf Beteiligung an der Erstellung des Gründungsberichts überhaupt auch ein Recht auf Erstellung eines ordnungsgemäßen (die Eintragung ermöglichenden) Berichts zu gewähren und ihnen die gleichen prozessualen Handlungsmöglichkeiten zur Verfügung zu stellen.[202] 97

Im Übrigen **haften** die Gründer im Fall der Eintragung der Gesellschaft gegenüber nach § 46 AktG für die Richtigkeit und Vollständigkeit ihrer Angaben[203], unterliegen sie gemäß § 399 Abs. 1 Nr. 2 AktG einer strafrechtlichen Verantwortlichkeit und können sie sich (späteren) Aktionären und/oder Gesellschaftsgläubigern gegenüber gemäß § 823 Abs. 2 BGB i. V. m. § 399 Abs. 1 Nr. 2 AktG bzw. gemäß § 826 BGB schadensersatzpflichtig machen.[204] 98

7. Fehlerhaftigkeit der Gründungsprüfung

Erstellen die Mitglieder des Vorstands und des Aufsichtsrats entgegen ihrer auf der Organstellung und dem Dienstvertrag beruhenden Verpflichtung den von ihnen gemäß §§ 33 Abs. 1, 34 Abs. 2 99

---

[198] Dafür MüKo ZPO/*Lindacher* § 52 Rn. 26; Musielak/*Weth* § 51 Rn. 7; MüKo AktG/*Pentz* § 41 Rn. 33; GroßkommAktG/*K. Schmidt* § 41 Rn. 57; KöKo AktG/*M. Arnold* § 41 Rn. 29; dagegen OLG Frankfurt WM 1996, 123; MünchHdb GesR AG/*Hoffmann-Becking* § 3 Rn. 35; Hüffer/*Koch* § 30 Rn. 12; KöKo AktG/*A. Arnold* § 30 Rn. 32; Spindler/Stilz/*Gerber* § 30 Rn. 22.
[199] Vgl. dazu Rdn. 45.
[200] MüKo AktG/*Pentz* § 32 Rn. 9; KöKo AktG/*A. Arnold* § 32 Rn. 4.
[201] Gleiches gilt natürlich auch in Bezug auf den gemeinsamen Gründungsbericht aller Gründer.
[202] Vgl. dazu Rdn. 45.
[203] Siehe dazu auch Rdn. 177 ff.
[204] MüKo AktG/*Pentz* § 32 Rn. 10; KöKo AktG/*A. Arnold* § 32 Rn. 23 f.

S. 1 AktG anzufertigenden Bericht über ihre Gründungsprüfung überhaupt nicht oder fehlerhaft[205], können sie grundsätzlich von der Vorgesellschaft (vertreten durch das jeweils andere Organ) im Wege der Leistungsklage auf ordnungsgemäße Erstellung verklagt werden.[206] Da allerdings die Vollstreckung eines entsprechenden Urteils an § 888 Abs. 3 ZPO scheitert[207], ist dies ein wenig praktikabler Weg und wird sich regelmäßig die Abberufung der jeweiligen Person(en) anbieten.[208] Da der Prüfungsbericht gemäß § 37 Abs. 4 Nr. 4 AktG der Handelsregisteranmeldung beizufügen ist, ist letztere ohne den Bericht unvollständig und wird die Eintragung allein aus diesem Grund abgelehnt (§ 38 Abs. 1 AktG).[209] Auch die »offensichtliche« Fehlerhaftigkeit des Prüfungsberichts berechtigt den Registerrichter zur Ablehnung der Eintragung (§ 38 Abs. 2 S. 1 AktG).

100 Die Mitglieder des Vorstands und des Aufsichtsrats **haften** im Fall der Eintragung der Gesellschaft gegenüber gemäß § 48 AktG und (späteren) Aktionären und/oder Gesellschaftsgläubigern gegenüber gemäß § 823 Abs. 2 BGB i. V. m. § 399 Abs. 1 Nr. 2 AktG bzw. gemäß § 826 BGB für die Richtigkeit und Vollständigkeit ihres Prüfungsberichts. Sie haben gemäß § 399 Abs. 1 Nr. 2 AktG falsche oder unvollständige Angaben strafrechtlich zu verantworten.

101 In den Fällen des § 33 Abs. 2 AktG hat durch den die Satzung beurkundenden Notar (§ 33 Abs. 3 S. 1 AktG) oder einen (oder mehrere) vom Gericht bestellte(n) Gründungsprüfer (§ 33 Abs. 3 S. 2 AktG) eine **externe Gründungsprüfung** stattzufinden. Können sich die Gründer nicht auf einen dem Gericht vorzuschlagenden Gründungsprüfer einigen und schlägt auch die Vorgesellschaft, vertreten durch den Vorstand, keinen Gründungsprüfer vor, ist dieser vom Gericht auszuwählen. Gegen die Entscheidung des Gerichts ist gemäß § 33 Abs. 3 S. 3 AktG die Beschwerde statthaft (§§ 58 ff. FamFG). Da auch der Prüfungsbericht des externen Gründungsprüfers gemäß § 37 Abs. 4 Nr. 4 AktG der Handelsregisteranmeldung beizufügen ist, ist diese ohne diesen Bericht unvollständig und wird die Eintragung allein aus diesem Grund abgelehnt (§ 38 Abs. 1 AktG).[210] Ist der Prüfungsbericht von einer Person erstellt worden, die gemäß § 33 Abs. 4 AktG nicht Gründungsprüfer sein soll bzw. ist der Prüfungsbericht inhaltlich fehlerhaft, hat das Registergericht dies bei seiner eigenen Prüfung (§ 38 AktG) zu berücksichtigen.[211] Ist der Prüfungsbericht von einer Person erstellt worden, die gemäß § 33 Abs. 5 AktG nicht Gründungsprüfer sein darf, so ist die Gründungsprüfung nach herrschender Meinung nichtig und hat das Gericht einen neuen externen Gründungsprüfer zu bestellen (ansonsten wäre die Eintragung mangels Vorliegens eines ordnungsgemäßen Gründungsberichts gemäß § 37 Abs. 4 Nr. 4 AktG abzulehnen).[212]

102 Der Gründungsprüfer **haftet** im Fall der Eintragung der Gesellschaft gegenüber gemäß § 49 AktG i. V. m. § 323 HGB, der Gesellschaft, Aktionären und Arbeitnehmern der Gesellschaft gegenüber gemäß § 823 Abs. 2 BGB i. V. m. § 404 AktG und späteren Aktionären und/oder Gesellschaftsgläubigern gemäß § 823 Abs. 2 BGB i. V. m. § 403 AktG bzw. gemäß § 826 BGB. Für eine Verletzung der Berichtspflicht (§ 403 AktG) oder der Geheimhaltungspflicht (§ 404 AktG) hat sich der Gründungsprüfer strafrechtlich zu verantworten.

103 Weigern sich die Gründer, dem externen Gründungsprüfer von diesem gemäß § 35 Abs. 1 AktG angeforderte Aufklärungen und Nachweise beizubringen, kann dieser entweder seinen Bericht unter

---

205 Zum Umfang der Prüfung siehe § 34 AktG sowie KöKo AktG/*A. Arnold* § 34 Rn. 5 f.; MüKo AktG/*Pentz* § 34 Rn. 7 ff.
206 MüKo AktG/*Pentz* § 33 Rn. 11; KöKo AktG/*A. Arnold* § 33 Rn. 7.
207 Zumindest analog anwendbar, vgl. MüKo AktG/*Pentz* § 33 Rn. 11; Hüffer/*Koch* § 33 Rn. 2; KöKo/*A. Arnold* § 33 Rn. 7; Spindler/Stilz/*Gerber* § 33 Rn. 6, die jedoch – wohl versehentlich – von § 888 Abs. 2 ZPO sprechen.
208 MüKo AktG/*Pentz* § 33 Rn. 11; KöKo AktG/*A. Arnold* § 33 Rn. 7.
209 KöKo AktG/*A. Arnold* § 34 Rn. 19; MüKo AktG/*Pentz* § 33 Rn. 65, § 34 Rn. 28.
210 MüKo AktG/*Pentz* § 33 Rn. 65; Hüffer/*Koch* § 33 Rn. 2, 10.
211 KöKo AktG/*A. Arnold* § 33 Rn. 36.
212 KöKo AktG/*A. Arnold* § 33 Rn. 37; MüKo AktG/*Pentz* § 33 Rn. 66 ff.; Hüffer/*Koch* § 33 Rn. 10; Spindler/Stilz/*Gerber* § 33 Rn. 24.

Hinweis auf die verweigerte Auskunft auf der Grundlage der vorhandenen Informationen erstellen oder gemäß § 35 Abs. 2 AktG beim zuständigen Gericht (§§ 375 Nr. 3, 376 Abs. 1, 377 FamFG, § 14 AktG) einen Antrag auf Entscheidung über sein Recht auf Auskunft stellen.[213] Die klageweise Geltendmachung eines Auskunftsanspruchs ist nicht möglich, da § 35 Abs. 1 AktG lediglich eine Auskunftsobliegenheit der Gründer und keine Auskunftspflicht statuiert.[214] Erteilen die Gründer trotz einer für den Gründungsprüfer positiven Entscheidung die Auskunft nicht, kann der Gründungsprüfer (muss er aber nicht) die Erteilung des Gründungsberichts verweigern mit der Folge, dass die Aktiengesellschaft nicht ins Handelsregister eingetragen wird.[215]

8. Fehlerhaftigkeit der Aufbringung des Grundkapitals

Zu Streitigkeiten in Bezug auf die Pflicht zur Leistung der Einlagen siehe Rdn. 47–49 für die Bareinlageverpflichtung und Rdn. 50–52 für die Sacheinlageverpflichtung. **104**

Zu Streitigkeiten über die Aufbringung des Grundkapitals im Hinblick auf die registergerichtliche Prüfung ihrer Ordnungsmäßigkeit siehe Rdn. 116–121 für die Bargründung und Rdn. 122–124 für die Sachgründung. **105**

9. Fehlerhaftigkeit der Handelsregisteranmeldung

Zu Streitigkeiten in Bezug auf die Pflicht der Gründer zur Mitwirkung an der Handelsregisteranmeldung siehe Rdn. 53. **106**

Zu Streitigkeiten in Bezug auf die vom Registergericht zu prüfende Ordnungsmäßigkeit der Anmeldung siehe Rdn. 115–124. **107**

IV. Streitigkeiten bei der Eintragung in das Handelsregister

Lehnt das Registergericht den – in den §§ 36 ff. AktG als Anmeldung bezeichneten – Antrag (im Sinne von § 382 Abs. 1 S. 1 FamFG) auf Eintragung einer Aktiengesellschaft in das Handelsregister ab, steht den Anmeldenden offen, den ihnen (vermeintlich) zustehenden **Anspruch auf Eintragung** der Aktiengesellschaft gerichtlich durchzusetzen. Ob ihnen ein Anspruch auf Eintragung zusteht, hängt davon ab, ob die für die Eintragung erforderlichen **formellen und materiellen Voraussetzungen** erfüllt sind.[216] **108**

Der **Umfang** der vom Registergericht durchzuführenden **Prüfung** und damit der zu erfüllenden Eintragungsvoraussetzungen wird von **§ 38 AktG** zwingend und abschließend vorgegeben.[217] Das Registergericht hat danach zu prüfen, ob die Gesellschaft **ordnungsgemäß errichtet und angemeldet** ist (§ 38 Abs. 1 S. 1 AktG).[218] § 38 Abs. 2 AktG gibt dem Gericht zur Vereinfachung der Prüfung bestimmte Ablehnungsgründe bzw. Maßstäbe in Bezug auf den Gründungsbericht und den Prüfungsbericht der Mitglieder des Vorstands und des Aufsichtsrats sowie hinsichtlich des (zu geringen) Werts von Sacheinlagen bzw. Sachübernahmen an die Hand. Für die Fälle der Sachgründung ohne externe Gründungsprüfung gemäß § 37a i. V. m. § 33a AktG beschränkt § 38 Abs. 3 AktG die Prüfung der Werthaltigkeit der Sacheinlagen oder Sachübernahmen auf die Erfüllung der Voraussetzun- **109**

---

213 MüKo AktG/*Pentz* § 35 Rn. 13 ff.
214 MüKo AktG/*Pentz* § 35 Rn. 7; KöKo AktG/*A. Arnold* § 35 Rn. 9; Hüffer/*Koch* § 35 Rn. 5; Spindler/Stilz/*Gerber* § 35 Rn. 3.
215 KöKo AktG/*A. Arnold* § 35 Rn. 7, 12; MüKo AktG/Pentz § 35 Rn. 15; Spindler/Stilz/*Gerber* § 35 Rn. 8; Hüffer/*Koch* § 35 Rn. 5.
216 MüKo AktG/*Pentz* § 38 Rn. 8; Spindler/Stilz/*Döbereiner* § 38 Rn. 1; GroßkommAktG/*Röhricht* § 38 Rn. 1.
217 MüKo AktG/*Pentz* § 38 Rn. 17; vgl. Hüffer/*Koch* § 38 Rn. 2 f.; Spindler/Stilz/*Döbereiner* § 38 Rn. 6; Hölters/*Solveen* § 38 Rn. 3; Heidel/*Terbrack* § 38 Rn. 2; zu außerhalb der Prüfungskompetenz des Registergerichts liegenden Gegenständen siehe MüKo AktG/*Pentz* § 38 Rn. 45 ff.
218 Siehe das Prüfungsschema bei Krafka/Kühn Rn. 1352a.

gen von § 37a AktG und für die Prüfung der Gründungssatzung der Aktiengesellschaft beschränkt § 38 Abs. 4 AktG die Ablehnungsgründe auf die dort genannten Gründe.

110 Sind im Rahmen des vorstehend beschriebenen Prüfungsumfangs sämtliche formellen und materiellen Eintragungsvoraussetzungen erfüllt, hat das Registergericht dem Eintragungsantrag durch Eintragung der Aktiengesellschaft in das Handelsregister stattzugeben (§ 38 Abs. 1 S. 2 AktG i. V. m. § 382 Abs. 1 S. 1 FamFG) und steht den Anmeldenden und der Gesellschaft ein im Beschwerdeverfahren durchzusetzender Anspruch auf Eintragung zu.[219] Kommt das Registergericht zu dem Ergebnis, dass der Antrag aufgrund der Mangelhaftigkeit (mindestens) einer der von ihm zu prüfenden Eintragungsvoraussetzungen nicht vollzogen werden kann, hängt sein weiteres Vorgehen davon ab, ob dem Vollzug der Anmeldung ein **behebbares** oder ein **endgültiges Hindernis** entgegensteht. Im Falle eines behebbaren Hindernisses (z. B. Unvollständigkeit der Anmeldung, heilungsfähige oder nachholbare inhaltliche Mängel der Anmeldung selbst oder eines eingereichten Dokuments) hat das Registergericht gemäß § 382 Abs. 4 FamFG, § 25 Abs. 1 S. 3 HRV den Antragstellern im Wege einer **Zwischenverfügung** eine angemessene Frist zur Beseitigung des Hindernisses zu bestimmen.[220] Ist das Eintragungshindernis endgültig (z. B. nicht eintragungsfähige Tatsache) oder wurde ein behebbares Hindernis nicht innerhalb der in einer Zwischenverfügung gesetzten Frist beseitigt, hat das Registergericht den Eintragungsantrag durch **begründeten Beschluss** (§§ 382 Abs. 3, 38 ff. FamFG) **abzulehnen** (§ 38 Abs. 1 S. 2 AktG).[221] Im Hinblick auf Kostengesichtspunkte kann das Gericht (muss es aber nicht) alternativ auch die Rücknahme des Eintragungsantrags (§ 22 Abs. 1 FamFG) anregen.[222]

111 Der **Prüfungsmaßstab** des Registergerichts ist allerdings auf die Beurteilung beschränkt, ob auf der Grundlage der eingereichten Unterlagen ein sachlich berechtigter Anlass für Zweifel an der Erfüllung der formellen und materiellen Eintragungsvoraussetzungen besteht.[223] Besteht ein solcher Zweifel nicht, ist einzutragen. Die volle Überzeugung des Gerichts darf nicht verlangt werden und Nachforschungen (grundsätzlich Amtsermittlungsgrundsatz, § 26 FamFG) dürfen nur bei konkretem Anlass für Zweifel durchgeführt werden.[224]

1. Rechtsmittel gegen Eintragung, Zwischenverfügung bzw. Ablehnungsbeschluss

112 § 383 Abs. 3 FamFG stellt ausdrücklich klar, dass die **erfolgte Eintragung** der Aktiengesellschaft im Handelsregister **nicht anfechtbar** ist. Nicht ausgeschlossen wird dadurch allerdings die sogenannte **Fassungsbeschwerde**, mit der ein Beteiligter gegen die äußere Gestaltung bzw. die Formulierung der Eintragung vorgehen kann.[225]

113 Eine vom Registergericht in Bezug auf die Anmeldung erlassene Zwischenverfügung ist gemäß §§ 382 Abs. 4 S. 2 i. V. m. 58 ff. FamFG[226] und ein durch das Registergericht ergangener Ablehnungsbeschluss ist gemäß §§ 58 ff. FamFG mit der **Beschwerde anfechtbar** (Statthaftigkeit).[227] Be-

---

219 KöKo AktG/*A. Arnold* § 38 Rn. 4; MüKo ZPO/*Krafka* § 382 FamFG Rn. 7; Hölters/*Solveen* § 38 Rn. 3; Hüffer/*Koch* § 38 Rn. 16 f.
220 Krafka/Kühn Rn. 166 ff.; vgl. auch Hölters/*Solveen* § 38 Rn. 15; Hüffer/*Koch* § 38 Rn. 16.
221 Krafka/Kühn Rn. 192 ff.; Hölters/*Solveen* § 38 Rn. 15.
222 MüKo ZPO/*Krafka* § 382 FamFG Rn. 3, 15; Krafka/Kühn Rn. 192; a. A. (Hinweis verpflichtend) Keidel/*Heinemann* § 382 Rn. 22.
223 MüKo AktG/*Pentz* § 38 Rn. 18; Hüffer/*Koch* § 38 Rn. 2; K. Schmidt/Lutter/*Kleindiek* § 38 Rn. 4; Spindler/Stilz/*Döbereiner* § 38 Rn. 6 ff.; Hölters/*Solveen* § 38 Rn. 3; Krafka/Willer/Kühn Rn. 1321; BGHZ 119, 177; BayObLG NJW 1973, 2068.
224 BGH BGHZ 119, 177; OLGR Karlsruhe 2002, 234; Hüffer/*Koch* § 38 Rn. 2; Heidel/*Terbrack* § 38 Rn. 3.
225 Vgl. näher dazu MüKo ZPO/*Krafka* § 382 FamFG Rn. 14, § 383 FamFG Rn. 12; Krafka, NZG 2009, 650, 653; Keidel/*Heinemann* § 383 Rn. 24.
226 MüKo ZPO/*Krafka* § 382 FamFG Rn. 18; Hölters/*Solveen* § 38 Rn. 16; Spindler/Stilz/*Döbereiner* § 38 Rn. 14; Hüffer/*Koch* § 38 Rn. 17.
227 MüKo ZPO/*Krafka* § 382 FamFG Rn. 17; Hölters/*Solveen* § 38 Rn. 16; Spindler/Stilz/*Döbereiner* § 38 Rn. 14; Hüffer/*Koch* § 38 Rn. 17.

B. Streitigkeiten vor Eintragung der Aktiengesellschaft in das Handelsregister § 4

schwerdeberechtigt ist entsprechend § 59 Abs. 2 FamFG die Vorgesellschaft, vertreten durch die Vorstandsmitglieder in vertretungsberechtigter Zahl, sowie jeder der Gründer.[228] Die Beschwerde ist innerhalb einer **Frist** von einem Monat nach der schriftlichen Bekanntgabe der Zwischenverfügung bzw. des Ablehnungsbeschlusses (§ 63 Abs. 1 und 3 FamFG) bei dem Gericht, dessen Entscheidung angefochten wird (§ 64 Abs. 1 FamFG), also beim Amtsgericht, durch Einreichung einer Beschwerdeschrift oder zur Niederschrift der Geschäftsstelle (§ 64 Abs. 2 FamFG) zu erheben. Die Beschwerde **soll** (muss aber nicht) **begründet** werden (§ 65 Abs. 1 FamFG). Hilft das Amtsgericht der Beschwerde nicht ab, hat es diese unverzüglich dem Oberlandesgericht als dem zuständigem Beschwerdegericht (§ 119 Abs. 1 Nr. 1b) GVG) vorzulegen (§ 68 Abs. 1 FamFG). Über die vom Beschwerdegericht gegen seine Entscheidung zugelassene Rechtsbeschwerde (§ 70 FamFG) entscheidet der Bundesgerichtshof (§ 133 GVG).

2. Streitigkeiten in Bezug auf einzelne Eintragungsvoraussetzungen

Im Rahmen des Eintragungsverfahrens sind in Bezug auf die vom Registergericht gemäß § 38 Abs. 1 AktG zu prüfende **Ordnungsmäßigkeit der Anmeldung** der Aktiengesellschaft die von den Anmeldenden abzugebenden **Erklärungen** und beizubringenden **Nachweise** über die **ordnungsgemäße Leistung der Einlagen** und in Bezug auf die **Ordnungsmäßigkeit der Errichtung** der Aktiengesellschaft der **Wert von Sacheinlagen oder Sachübernahmen** und die **Eintragungsfähigkeit der Satzung** die wichtigsten vorläufigen (Zwischenverfügung) bzw. endgültigen (Ablehnungsbeschluss) Ablehnungsgründe. In der Praxis kommt für die Anmeldenden ein Rechtsstreit über die Eintragungsvoraussetzungen allerdings regelmäßig nicht in Betracht. Um die Eintragung der Aktiengesellschaft in das Handelsregister möglichst schnell zu erreichen, wird den Forderungen des Registergerichts trotz möglicherweise anderer Rechtsauffassung häufig entsprochen. 114

a) Die Ordnungsmäßigkeit der Anmeldung der Aktiengesellschaft

In Bezug auf die Ordnungsmäßigkeit der **Anmeldung** entzünden sich Auseinandersetzungen zwischen dem Registergericht und den Anmeldenden meist an der Frage, ob die von den Anmeldenden abgegebenen Erklärungen über die **ordnungsgemäße Leistung der Einlagen** und die **freie Verfügung des Vorstands** hierüber (§§ 37 Abs. 1 S. 1 i. V. m. 36 Abs. 2 und 36a AktG) sowie die von den Anmeldenden diesbezüglich vorgelegten Nachweise (§ 37 Abs. 1 S. 2, 3 und 5 AktG) ausreichend sind oder ob das Registergericht neue Erklärungen und/oder weitere Nachweise verlangen kann.[229] Diese Erklärungen sind von allen Anmeldenden persönlich abzugeben[230] und sind mit möglicher persönlicher zivilrechtlicher Haftung (§§ 46, 48 AktG) und strafrechtlicher Verantwortung (§ 399 Abs. 1 Nr. 1 AktG) verbunden.[231] Die Anforderungen an die Erklärungen und Nachweise hängen davon ab, ob die Einlagen in Geld oder in sonstigen Vermögensgegenständen erbracht werden. 115

aa) Die Bargründung

Bei einer Bargründung haben die Anmeldenden gemäß § 37 Abs. 1 S. 1 i. V. m. §§ 36 Abs. 2 und 36a Abs. 1 AktG zu erklären, dass der eingeforderte Betrag **ordnungsgemäß eingezahlt** worden ist[232] und im Zeitpunkt der Einreichung der Anmeldung noch **zur freien Verfügung des Vorstands** steht.[233] Für 116

---

[228] KöKo AktG/*A. Arnold* § 36 Rn. 16, § 38 Rn. 34; MüKo AktG/*Pentz* § 36 Rn. 29, § 38 Rn. 14; Spindler/Stilz/*Döbereiner* § 38 Rn. 15; Heidel/*Terbrack* § 38 Rn. 30; MüKo ZPO/*Krafka* § 382 FamFG Rn. 17, 24; MAH AktR/*Peres* § 14 Rn. 8; Krafka, NZG 2009, 650 (654); nach Hüffer/*Koch* § 38 Rn. 17; Hölters/*Solveen* § 38 Rn. 16 sind die Gründer nur gemeinsam beschwerdebefugt.
[229] Zu den übrigen vom Registergericht in Bezug auf die Ordnungsmäßigkeit der Anmeldung zu prüfenden Eintragungsvoraussetzungen siehe MüKo AktG/*Pentz* § 38 Rn. 30 ff.
[230] KöKo AktG/*A. Arnold* § 37 Rn. 10; Heidel/*Terbrack* § 37 Rn. 3.
[231] MüKo AktG/*Pentz* § 37 Rn. 12.
[232] Zur ordnungsgemäßen Erbringung der Einlage siehe Rdn. 47 ff.
[233] KöKo AktG/*A. Arnold* § 37 Rn. 11; Hüffer/*Koch* § 37 Rn. 3; MüKo AktG/*Pentz* § 37 Rn. 17.

jeden Gründer einzeln ist anzugeben, zu welchem Betrag die Aktien an ihn ausgegeben worden sind und welcher Betrag in welcher Form darauf eingezahlt worden ist (§ 37 Abs. 1 S. 1 Hs. 2 AktG).[234] Ist ein Teil des eingezahlten Betrags auf der Grundlage von § 26 Abs. 2 AktG für Gründungsaufwand verwendet worden, sind die Posten einzeln aufzuführen.[235] Ist ein Teil des eingezahlten Betrags bereits für die Anschaffung von Vermögensgegenständen oder die Tilgung von Gesellschaftsverbindlichkeiten verwendet worden, sind die einzelnen Zahlungen aufzuschlüsseln und ist zu erklären, dass die angeschafften Gegenstände zur freien Verfügung des Vorstands stehen und dass der Wert der Gegenstände dem dafür ausgegebenen Barvermögen entspricht (Gebot der wertgleichen Deckung).[236]

117 Grundsätzlich haben die Erklärungen der Anmeldenden im Zeitpunkt des **Zugangs der Anmeldung** beim Gericht zutreffend zu sein.[237] War die ursprüngliche Anmeldung unvollständig und muss sie wiederholt werden, sind auch die Erklärungen zu wiederholen.[238] Ob auf eine Zwischenverfügung hin die Erklärungen wiederholt werden müssen, ist umstritten.[239] Meines Erachtens sprechen die besseren Gründe dafür, dass erneute Erklärungen vom Registergericht nur bei einer geänderten Sachlage gefordert werden können.[240]

118 Die **Richtigkeit** der Erklärungen ist dem Registergericht gemäß § 37 Abs. 1 S. 2 AktG **nachzuweisen**. Für den in der Praxis am häufigsten vorkommenden Fall der Einzahlung der Einlage auf ein Konto (vgl. § 54 Abs. 3 AktG) schreibt § 37 Abs. 1 S. 3 AktG zwingend den Nachweis durch eine **Bestätigung des kontoführenden Instituts** vor. Eine bestimmte Form ist für die Bestätigung des Kreditinstituts nicht vorgesehen, diese kann somit auch per Email oder gar mündlich erfolgen.[241] Inhaltlich hat das Kreditinstitut nach herrschender Meinung zu bestätigen, dass nach seiner Kenntnis keine der freien Verfügungsmacht des Vorstands entgegenstehenden Umstände vorliegen.[242] Das umfasst insbesondere die Bestätigung,
– dass der Betrag der Einlage vorbehaltlos auf dem Konto eingezahlt worden ist,
– dass von Seiten des Kreditinstituts keine Einschränkungen der freien Verfügbarkeit des Vorstands bestehen (z. B. wegen Pfand- oder Aufrechnungsrechten oder der Zahlung auf ein debitorisches Konto),
– dass nach seinem Kenntnisstand Dritte keine Rechte an dem eingezahlten Guthaben haben (z. B. aufgrund einer Pfändung) und
– dass ihm keine Abreden irgendeiner Form bekannt sind, nach denen die Einlage von der Gesellschaft wieder an den Einleger zurückfließen soll.[243]

119 Der Auffassung, dass die Bankbestätigung sich lediglich auf das Fehlen von Gegenrechten der Bank oder die vorbehaltlose Gutschrift der Einzahlung beziehe[244], ist nach dem Sinn und Zweck von § 37 Abs. 1 AktG nicht zuzustimmen. Die Bestätigung muss im Zeitpunkt ihrer Abgabe durch das Kredit-

---

234 KöKo AktG/*A. Arnold* § 37 Rn. 11; Spindler/Stilz/*Döbereiner* § 37 Rn. 3.
235 MüKo AktG/*Pentz* § 37 Rn. 20; Hüffer/*Koch* § 37 Rn. 3.
236 KöKo AktG/*A. Arnold* § 37 Rn. 12; Hüffer/*Koch* § 37 Rn. 3; MüKo AktG/*Pentz* § 37 Rn. 20; Spindler/Stilz/*Döbereiner* § 37 Rn. 3.
237 KöKo AktG/*A. Arnold* § 37 Rn. 10; MüKo AktG/*Pentz* § 37 Rn. 14; Spindler/Stilz/*Döbereiner* § 37 Rn. 3.
238 KG NJW 1972, 951; KöKo AktG/*A. Arnold* § 37 Rn. 10; MüKo AktG/*Pentz* § 37 Rn. 14.
239 Dafür MüKo AktG/*Pentz* § 37 Rn. 14; Hölters/*Solveen* § 37 Rn. 4.
240 KöKo AktG/*A. Arnold* § 37 Rn. 10; K. Schmidt/Lutter/*Kleindiek* § 37 Rn. 3; Hüffer/*Koch* § 37 Rn. 2.
241 KöKo AktG/*A. Arnold* § 37 Rn. 17; MüKo AktG/*Pentz* § 37 Rn. 27; Hüffer/*Koch* § 37 Rn. 3.
242 BGHZ 175, 86; vgl. auch BGHZ 113, 335 (350); BGHZ 119, 177; OLG Hamm NZG 2005, 438 (439); KöKo AktG/*A. Arnold* § 37 Rn. 21; Spindler/Stilz/*Döbereiner* § 37 Rn. 5; MüKo AktG/*Pentz* § 37 Rn. 31; Hüffer/*Koch* § 37 Rn. 3a; Heidel/*Terbrack* § 37 Rn. 27.
243 KöKo AktG/*A. Arnold* § 37 Rn. 22; MüKo AktG/*Pentz* § 37 Rn. 32; Heidel/*Terbrack* § 37 Rn. 27; s. a. Spindler/Stilz/*Döbereiner* § 38 Rn. 5.
244 LG Hamburg NJW 1976, 1980 (1981), zit. nach MüKo AktG/*Pentz* § 37 Rn. 29; tendenziell auch Hüffer/*Koch* § 37 Rn. 3a.

institut den ihm bekannten Stand wiedergeben.²⁴⁵ Hat der Vorstand bereits Verfügungen über das Guthaben vorgenommen, hat sich die Bestätigung auf den reduzierten Betrag zu beziehen.²⁴⁶ Findet das Kreditinstitut nach Erteilung der Bestätigung heraus, dass die freie Verfügbarkeit im Zeitpunkt der Bestätigung unrichtig war, oder wird die Bestätigung nachträglich unrichtig, besteht für das Kreditinstitut keine Verpflichtung, das Registergericht darüber aufzuklären.²⁴⁷ Nach § 37 Abs. 1 S. 4 AktG unterliegt die Bank gegenüber der Aktiengesellschaft einer verschuldensunabhängigen Gewährleistungshaftung für die Richtigkeit ihrer Erklärung, die dazu führen kann, dass die Bank die gesamte eingeforderte Bareinlage zu leisten hat.²⁴⁸

In den übrigen Fällen der Einzahlung der Einlagen (z. B. **Barzahlung**) liegt es im Ermessen des Registergerichts, welche Nachweise es für das Vorliegen der Voraussetzungen verlangt.²⁴⁹ Bei Verbrauch der Einlagen für Gründungsaufwand oder die Anschaffung von sonstigen Vermögensgegenständen etc., ist die wertgleiche Deckung durch Verträge, Rechnungen oder sonstige Belege nachzuweisen.²⁵⁰ **120**

Der **Verbrauch von Bareinlagen** nach der Einreichung der Anmeldung, aber vor der Eintragung, stellt grundsätzlich kein Eintragungshindernis dar, da die Gründer im Rahmen ihrer Vorbelastungshaftung für die im Zeitpunkt der Eintragung bestehende Differenz zwischen dem Grundkapital und dem Wert des Gesellschaftsvermögens einzustehen haben und deshalb die Ordnungsmäßigkeit der Gründung nicht in Zweifel steht.²⁵¹ Weitere Nachweise für die ordnungsgemäße Erbringung bzw. das weitere Vorhandensein der Einlagen kann das Registergericht allerdings dann verlangen, wenn es sachlich begründete Anhaltspunkte dafür hat, dass die Vorbelastungsansprüche gegen die Gründer nicht werthaltig sind.²⁵² Eine Erneuerung der Erklärungen der Anmeldenden und weitere Nachweise kann das Registergericht darüber hinaus auch dann fordern, wenn es sachlich begründete Hinweise für die (Teil-)Rückzahlung der Einlagen an einen oder mehrere Gründer hat.²⁵³ **121**

bb) Die Sachgründung

Bei einer Sachgründung haben die Anmeldenden gemäß § 37 Abs. 1 S. 1 i. V. m. § 36a Abs. 2 AktG zunächst zu erklären, dass der **Wert der Sacheinlage** dem **geringsten Ausgabebetrag** und bei Ausgabe der Aktien für einen höheren Betrag auch dem **Mehrbetrag entspricht**.²⁵⁴ Der weitere Inhalt der Erklärungen hängt davon ab, ob die Sacheinlage bereits **vor der Anmeldung** bewirkt wurde oder ob sie gemäß § 36a Abs. 2 S. 2 AktG erst inner**halb von fünf Jahren nach der Eintragung** ins Handelsregister bewirkt werden muss. Im ersten Fall ist zu erklären, dass die Sacheinlage vollständig erbracht wurde und endgültig zur freien Verfügung des Vorstands steht bzw. bei Gebrauchs- oder Nutzungsüberlassungen, dass der Gegenstand von der Aktiengesellschaft genutzt werden kann.²⁵⁵ Bei erst nachträglicher Leistung der Sacheinlage ist zu erklären, dass die Bewirkung zu dem vereinbarten Leis- **122**

---

245 KöKo AktG/*A. Arnold* § 37 Rn. 23; Spindler/Stilz/*Döbereiner* § 37 Rn. 5; Hölters/*Solveen* § 37 Rn. 7.
246 KöKo AktG/*A. Arnold* § 37 Rn. 22; nach a. A. sind zusätzlich Beträge und Empfänger aufzuführen, vgl. Hölters/*Solveen* § 37 Rn. 7; Spindler/Stilz/*Döbereiner* § 37 Rn. 5; unklar MüKo AktG/*Pentz* § 37 Rn. 34.
247 BGH NZG 2005, 976 (979); KöKo AktG/*A. Arnold* § 37 Rn. 23; Spindler/Stilz/*Döbereiner* § 37 Rn. 5; MüKo AktG/*Pentz* § 37 Rn. 33.
248 BGHZ 113, 335 (355); BGHZ 119, 177 (180); KöKo AktG/*A. Arnold* § 37 Rn. 24 ff.; Spindler/Stilz/*Döbereiner* § 37 Rn. 5; Hölters/*Solveen* § 37 Rn. 8.
249 BayObLG AG 2002, 397; KöKo AktG/*A. Arnold* § 37 Rn. 15; MüKo AktG/*Pentz* § 37 Rn. 23 f.
250 KöKo AktG/*A. Arnold* § 37 Rn. 16; Spindler/Stilz/*Döbereiner* § 37 Rn. 4; MüKo AktG/*Pentz* § 37 Rn. 25 f.
251 Hüffer/*Koch* § 38 Rn. 10; MüKo AktG/*Pentz* § 38 Rn. 21; Hölters/*Solveen* § 38 Rn. 3; a. A., BayOblG NZG 1999, 27 (zu GmbH).
252 KöKo AktG/*A. Arnold* § 38 Rn. 8; MüKo AktG/*Pentz* § 38 Rn. 22; Hüffer/*Koch* § 38 Rn. 10; Hölters/*Solveen* § 38 Rn. 3.
253 KöKo AktG/*A. Arnold* § 38 Rn. 8; MüKo AktG/*Pentz* § 38 Rn. 22.
254 MüKo AktG/*Pentz* § 37 Rn. 40; Spindler/Stilz/*Döbereiner* § 37 Rn. 9.
255 Spindler/Stilz/*Döbereiner* § 37 Rn. 8.

tungszeitpunkt bzw. spätestens innerhalb von fünf Jahren nach der Eintragung der Gesellschaft erfolgen wird.[256]

123 Besondere Nachweise sind bei der Sachgründung nicht erforderlich, da dem Registergericht bereits der Gründungsbericht und der Bericht der Gründungsprüfer vorgelegt werden muss.[257]

124 Nehmen die Gründer die Option zur **Sachgründung ohne externe Gründungsprüfung** gemäß § 33a AktG in Anspruch, haben sie in der Anmeldung zusätzlich die von § 37a Abs. 1 und 2 AktG vorgegebenen Erklärungen, Beschreibungen und Versicherungen abzugeben sowie die von § 37a Abs. 3 AktG vorgegebenen Unterlagen beizufügen.[258] Das Registergericht darf und muss in diesem Fall in Bezug auf die Werthaltigkeit der Sacheinlagen oder Sachübernahmen (die übrige Gründungsprüfung bleibt unberührt) gemäß § 38 Abs. 3 S. 1 AktG lediglich prüfen, ob die Voraussetzungen des § 37a AktG erfüllt sind.[259] Es ist damit auf die rein formale Prüfung beschränkt, ob die notwendigen Erklärungen und Unterlagen vorliegen, und darf eigene Ermittlungen zur Werthaltigkeit nicht anstellen.[260] Ob das Registergericht die Eintragung tatsächlich nur bei Nichteinhaltung der formalen Voraussetzungen und über § 38 Abs. 3 S. 2 AktG bei einer offenkundigen und erheblichen Überbewertung der Sacheinlagen oder Sachübernahmen ablehnen darf und nicht auch bei einem offensichtlichen Fehlen der Voraussetzungen für die Sachgründung ohne externe Gründungsprüfung gemäß § 33a AktG – wie der Regierungsentwurf zum ARUG dies darstellt[261] – ist allerdings fraglich.[262]

b) Die Ordnungsmäßigkeit der Errichtung der Aktiengesellschaft

125 Im Rahmen der Prüfung der Ordnungsmäßigkeit der **Errichtung** der Aktiengesellschaft stehen der **Wert von Sacheinlagen oder Sachübernahmen** einerseits und die **Eintragungsfähigkeit der Satzung** andererseits im Vordergrund.[263]

aa) Der Wert von Sacheinlagen oder Sachübernahmen

126 Bei der Prüfung des Werts von Sacheinlagen oder Sachübernahmen hat das Registergericht auch zu prüfen, ob möglicherweise eine (der Eintragung entgegenstehende) **verdeckte Sacheinlage** (§ 27 Abs. 3 AktG) oder ein entgegen § 27 Abs. 4 S. 2 AktG in der Anmeldung nicht angegebenes **Hin- und Herzahlen** im Sinne von § 27 Abs. 4 AktG vorliegt. Die Entscheidung des Richters über die Werthaltigkeit wird in mehrfacher Weise vorbereitet, nämlich durch (1.) die **Erklärungen** der Anmeldenden über den Wert der Sacheinlage gemäß § 37 Abs. 1 S. 1 i. V. m. § 36a Abs. 2 AktG[264], (2.) die der Anmeldung gemäß § 37 Abs. 4 Nr. 2 i. V. m. § 27 AktG beizufügenden, den Festsetzungen über die Sacheinlage zugrunde liegenden **Verträge** sowie (3.) den **Gründungsbericht** der Gründer und die **Prüfungsberichte** der Mitglieder des Vorstands und des Aufsichtsrats sowie der Gründungsprüfer (§ 37 Abs. 4 Nr. 4 AktG).

127 Gerichtliche Auseinandersetzungen der Anmeldenden mit dem Registergericht über die Werthaltigkeit der Sacheinlagen oder Sachübernahmen sind regelmäßig nur dann erfolgversprechend, wenn dem Registergericht **gravierende Fehler** unterlaufen sind. Eine Ablehnung der Eintragung kommt zwar gemäß § 38 Abs. 2 S. 2 AktG nur bei **nicht unwesentlichem Zurückbleiben** des Werts der Sach-

---

256 MüKo AktG/*Pentz* § 37 Rn. 41.
257 MüKo AktG/*Pentz* § 37 Rn. 40.
258 Siehe dazu KöKo AktG/*A. Arnold* § 37a Rn. 3 ff.; Hüffer/*Koch* § 37a Rn. 2 ff.
259 Vgl. KöKo AktG/*A. Arnold* § 38 Rn. 20; K. Schmidt/Lutter/*Kleindiek* § 38 Rn. 15.
260 KöKo AktG/*A. Arnold* § 38 Rn. 21; K. Schmidt/Lutter/*Kleindiek* § 38 Rn. 15; vgl. auch RegE ARUG, BT-Drucks. 16/11642 S. 24.
261 RegE ARUG, BT-Drucks. 16/11642 S. 24.
262 Siehe auch KöKo AktG/*A. Arnold* § 38 Rn. 22; K. Schmidt/Lutter/*Kleindiek* § 38 Rn. 17; gegen Prüfungsrecht: Hölters/*Solveen* § 38 Rn. 11; Hüffer/*Koch* § 38 Rn. 10a.
263 Zu den übrigen vom Registergericht in Bezug auf die Ordnungsmäßigkeit der Errichtung zu prüfenden Eintragungsvoraussetzungen siehe MüKo AktG/*Pentz* § 38 Rn. 41 ff.
264 Siehe Rdn. 116.

einlage oder der Sachübernahme hinter dem geringsten Ausgabebetrag der dafür zu gewährenden Aktien oder dem Wert der dafür zu gewährenden Leistungen in Betracht. Damit werden geringfügige Wertdifferenzen, die sich innerhalb der üblichen Bandbreite von Bewertungsdifferenzen halten, für unbeachtlich erklärt.[265] Allerdings hat das Registergericht bei seiner eigenen Entscheidung über die Werthaltigkeit, die es trotz der Prüfung des Gründungsprüfers immer zu treffen hat, einen gewissen (schmalen) **Ermessensspielraum** (»... kann die Eintragung auch ablehnen ...«) und wird es seine von den Gründungsprüfern abweichende Entscheidung aufgrund der fehlenden eigenen vertieften Expertise regelmäßig unter Zuhilfenahme eines Sachverständigen (z. B. gemäß § 380 FamFG, § 23 HRV der Industrie- und Handelskammer) getroffen haben.[266]

bb) Die Eintragungsfähigkeit der Satzung

Ein weiterer wichtiger Prüfungspunkt im Rahmen der Prüfung der Ordnungsmäßigkeit der Errichtung der Aktiengesellschaft ist die Eintragungsfähigkeit der Satzung. Während die **formell wirksame Feststellung** der Satzung uneingeschränkt überprüft werden kann und muss[267], schränkt § 38 Abs. 4 AktG im Interesse eines beschleunigten Eintragungsverfahrens den Prüfungsumfang des § 38 Abs. 1 AktG in Bezug auf **inhaltliche Satzungsmängel** ein.[268] In den § 38 Abs. 4 Nr. 1 bis 3 ist abschließend festgelegt, wegen welchen inhaltlichen Satzungsmängeln die Eintragung abgelehnt werden darf und muss.[269] Das Verhältnis der einzelnen Ziffern und die Frage, unter welchen Voraussetzungen ein relevanter inhaltlicher Satzungsmangel vorliegt, ist allerdings umstritten. So wird teilweise davon ausgegangen, dass die Eintragung nur dann wegen Gesetzeswidrigkeit einer Satzungsbestimmung abgelehnt werden kann, wenn die Voraussetzungen von Nr. 1 kumulativ mit denen von Nr. 2 oder Nr. 3 zusammenkommen.[270] Das würde dazu führen, dass im Rahmen der Gründung nur obligatorische Satzungsbestimmungen geprüft und zur Ablehnung der Eintragung herangezogen werden könnten.[271] Nach anderer, vorzugswürdiger Ansicht ist die Eintragung bereits dann abzulehnen, wenn einer der Nr. 1 bis Nr. 3 alternativ erfüllt ist.[272] Diese Sichtweise führt dazu, dass im Rahmen der registergerichtlichen Gründungsprüfung **zwingende Satzungsbestimmungen uneingeschränkt** und **fakultative Satzungsbestimmungen selektiv** auf ihre **Vereinbarkeit mit dem materiellen Recht** geprüft und bei einem Verstoß als Grund für eine Zwischenverfügung bzw. Ablehnung herangezogen werden können.[273]

128

Ein **relevanter inhaltlicher Satzungsmangel** liegt danach vor, wenn
- eine **zwingende Satzungsbestimmung** i. S. v. Nr. 1, d. h. eine Bestimmung, die Tatsachen oder Rechtsverhältnisse betrifft, die nach § 23 Abs. 3 AktG oder auf Grund anderer zwingender gesetzlicher Vorschriften in der Satzung bestimmt sein müssen oder die in das Handelsregister einzutragen oder von dem Gericht bekanntzumachen sind, **fehlt** (§ 38 Abs. 4 Nr. 1 AktG),
- eine **zwingende Satzungsbestimmung** i. S. v. Nr. 1 **gesetzwidrig** ist (§ 38 Abs. 4 Nr. 1 AktG)[274], wie zum Beispiel der Unternehmensgegenstand im Falle einer verdeckten Mantelgründung,
- eine **fakultative Satzungsbestimmung Vorschriften verletzt**, die ausschließlich oder überwiegend dem Schutz der Gläubiger der Gesellschaft oder sonst im öffentlichen Interesse gegeben sind (§ 38 Abs. 4 Nr. 2 AktG)[275] oder

129

---

265 MüKo AktG/*Pentz* § 38 Rn. 60; K. Schmidt/Lutter/*Kleindiek* § 38 Rn. 13.
266 MüKo AktG/*Pentz* § 38 Rn. 63 ff.; Krafka/Willer/Kühn Rn. 1320.
267 KöKo AktG/*A. Arnold* § 38 Rn. 25; MüKo AktG/*Pentz* § 38 Rn. 68, 71; Hüffer/*Koch* § 38 Rn. 7.
268 MüKo AktG/*Pentz* § 38 Rn. 67; KöKo AktG/*A. Arnold* § 38 Rn. 25.
269 MüKo AktG/*Pentz* § 38 Rn. 67.
270 So Hüffer/*Koch* § 38 Rn. 11 ff.; Spindler/Stilz/*Döbereiner* § 38 Rn. 10.
271 Vgl. KöKo AktG/*A. Arnold* § 38 Rn. 26.
272 KöKo AktG/*A. Arnold* § 38 Rn. 26; MüKo AktG/*Pentz* § 38 Rn. 69 ff.; K. Schmidt/Lutter/*Kleindiek* § 38 Rn. 18 ff.; MAH AktR/*Peres* § 14 Rn. 56 ff.; Krafka/Kühn Rn. 1321.
273 KöKo AktG/*A. Arnold* § 38 Rn. 26;
274 Näheres dazu siehe MüKo AktG/*Pentz* § 38 Rn. 74 ff.
275 Näheres dazu siehe MüKo AktG/*Pentz* § 38 Rn. 79 ff.

– die **Gesetzeswidrigkeit** einer zwingenden oder fakultativen Satzungsbestimmung die **Nichtigkeit der gesamten Satzung** zur Folge hat (§ 38 Abs. 4 Nr. 3 AktG).[276]

130 Zu den zwingenden Satzungsbestimmungen i. S. v. § 38 Abs. 4 Nr. 1 AktG gehören Regelungen zu den §§ 23 Abs. 3 und 4, 26 und 27 AktG sowie Bestimmungen zu solchen Gegenstände, die nach § 39 AktG im Handelsregister eingetragen werden müssen (z. B. Vertretungsmacht des Vorstands, eine möglicherweise begrenzte Dauer der Gesellschaft oder ein genehmigtes Kapital).[277] Die Regelung des Prüfungsumfangs der fakultativen Satzungsbestimmungen gemäß § 38 Abs. 4 Nr. 2 AktG ist an den Wortlaut der Nichtigkeitsgründe von Hauptversammlungsbeschlüssen gemäß § 241 Nr. 3 AktG angelehnt. Der Gesetzgeber hat allerdings für die Gründungsprüfung bewusst auf die Nichtigkeitsgründe der Unvereinbarkeit mit dem Wesen der Aktiengesellschaft (§ 241 Nr. 3 1. Alt AktG) und des Verstoßes gegen die guten Sitten (§ 241 Nr. 4 AktG) verzichtet.[278] Von § 38 Abs. 4 Nr. 3 AktG werden die seltenen Fälle erfasst, dass wegen einer fehlenden salvatorischen Klausel die Gesetzeswidrigkeit einer Satzungsbestimmung zur Nichtigkeit der gesamten Satzung führt (ausnahmsweise Anwendbarkeit von § 139 BGB) oder dass beispielsweise ein nichtiger Unternehmensgegenstand vereinbart wurde und die Gesellschaft mit einem anderen Unternehmensgegenstand nicht gegründet worden wäre.[279]

3. Die Aussetzung des Eintragungsverfahrens

131 Entsteht während des Eintragungsverfahrens zwischen den an der Gründung beteiligten Personen Streit über für die Eintragung relevante Umstände oder Rechtsverhältnisse, kann das Registergericht das Verfahren gemäß § 21 FamFG (wenn schon ein Rechtsstreit über diesen Punkt anhängig ist) oder gemäß § 381 i. V. m. § 21 FamFG (auch wenn noch kein Rechtsstreit über diesen Punkt anhängig ist) durch Beschluss (§ 38 FamFG) aussetzen. Dies kommt zum Beispiel bei Streit über die Wirksamkeit von Beschlüssen oder die Pflicht zur Befolgung einer Zwischenverfügung in Betracht.[280] Die Entscheidung über die Aussetzung steht im **pflichtgemäßen Ermessen** des Registergerichts und kann vom Registergericht jederzeit wieder zurückgenommen werden.[281] Die Aussetzungsentscheidung ist gemäß § 21 Abs. 2 FamFG mit der sofortigen Beschwerde entsprechend den §§ 567 bis 572 ZPO anfechtbar.

V. Scheitern der Gründung nach Entstehung der Vorgesellschaft

132 Die Gründung der Aktiengesellschaft ist gescheitert, wenn es trotz ihrer Errichtung (§ 29 AktG) nicht zur Eintragung in das Handelsregister kommt. Das Scheitern kann auf
– der **endgültigen Ablehnung** der Eintragung durch das Registergericht,
– der durch **Auflösungsbeschluss** dokumentierten Aufgabe der Eintragungsabsicht der Gründer (§ 262 Abs. 1 Nr. 2 AktG),
– der **Eröffnung des Insolvenzverfahrens** bzw. der Ablehnung der Eröffnung des Insolvenzverfahrens mangels Masse (§ 262 Abs. 1 Nr. 3 und 4 AktG) oder
– der **Kündigung** der Vorgesellschaft **aus wichtigem Grund** durch einen der Gründer (entsprechend § 723 Abs. 1 S. 2 und 3 Nr. 1 BGB) beruhen.[282]

---

[276] Näheres dazu siehe MüKo AktG/*Pentz* § 38 Rn. 72 f.; dabei ist der Anwendungsbereich von Nr. 3 in Bezug auf zwingende Satzungsbestimmungen größtenteils deckungsgleich mit dem von Nr. 1.
[277] KöKo AktG/*A. Arnold* § 38 Rn. 27; MüKo AktG/*Pentz* § 38 Rn. 74 ff.
[278] KöKo AktG/*A. Arnold* § 38 Rn. 28; MüKo AktG/*Pentz* § 38 Rn. 79 f.; vgl. Hüffer/*Koch* § 38 Rn. 11 f.
[279] KöKo AktG/*A. Arnold* § 38 Rn. 29; MüKo AktG/*Pentz* § 38 Rn. 72 f.; GroßkommAktG/*Röhricht* § 38 Rn. 55.
[280] MüKo ZPO/*Krafka* § 381 FamFG Rn. 5; Keidel/*Heinemann* § 381 Rn. 7.
[281] MüKo ZPO/*Krafka* § 381 FamFG Rn. 9; Keidel/*Heinemann* § 381 Rn. 8, 18.
[282] KöKo AktG/*M. Arnold* § 41 Rn. 59 ff.; MüKo AktG/*Pentz* § 41 Rn. 45 ff.; GroßkommAktG/*K. Schmidt* § 41 Rn. 123 ff.; Spindler/Stilz/*Heidinger* § 41 Rn. 39 ff.

B. Streitigkeiten vor Eintragung der Aktiengesellschaft in das Handelsregister § 4

Der Eintritt der vorstehend beschriebenen Ereignisse hat die **Auflösung** der Vorgesellschaft und ihre **Liquidation** gemäß den §§ 264 ff. AktG (und nicht entsprechend den §§ 730 ff. BGB) zur Folge.[283] Es gelten die gleichen Regeln wie für die fertige Aktiengesellschaft, soweit nicht die Eintragung im Handelsregister vorausgesetzt wird.[284] 133

Ein Scheitern der Gründung liegt auch vor, wenn die Gründer **stillschweigend** ihre **Absicht** zur Eintragung der Aktiengesellschaft **aufgeben** bzw. wenn sonstige Umstände eintreten, die der Eintragung entgegenstehen, ohne dass dies durch einen ausdrücklichen Auflösungsbeschluss dokumentiert wird. 134

Die Folgen des Scheiterns der Gründung, insbesondere die Verantwortlichkeit eines der Beteiligten für das Scheitern und die Haftungsfolgen für Gründer und Organe, sowie die Konsequenzen der Fortführung des Unternehmens trotz des Scheiterns sind – auch aufgrund ihrer unter Umständen schwerwiegenden Auswirkungen für die Beteiligten – teilweise heftig umstritten. 135

1. Kündigung der Vorgesellschaft aus wichtigem Grund

Die Kündigung der Vorgesellschaft aus wichtigem Grund durch einen der Gründer wird regelmäßig nur dann erfolgen, wenn die zwischen den Gründern bestehenden Streitigkeiten um wirtschaftliche und/oder rechtliche Themen bzw. die wirtschaftlichen Umstände der Beteiligten das einvernehmliche Ausscheiden des betreffenden Gründers aus der Vorgesellschaft nicht zulassen. 136

Entsprechend § 723 Abs. 1 S. 2 und 3 Nr. 1 BGB kann jeder Gründer die Vorgesellschaft kündigen, wenn ein wichtiger Grund vorliegt.[285] Das setzt voraus, dass dem betreffenden Gründer der **Verbleib** in der Vorgesellschaft **nicht mehr zugemutet** werden kann.[286] Gründe für die Unzumutbarkeit können sich ergeben aus der Unfähigkeit eines Gründers zur Erbringung seiner Einlage[287], dem Tod eines der Gründer[288] oder der erheblichen Verletzung der Pflichten eines der Gründer zur Förderung des Gründungsprozesses.[289] 137

Die Kündigung hat **gegenüber allen übrigen Gründern** zu erfolgen.[290] 138

2. Streitigkeiten über die Verantwortlichkeit für das Scheitern

Verletzt einer der Gründer eine der ihm im Rahmen des Gründungsprozesses obliegenden besonderen Pflichten[291] oder seine Pflicht zur allgemeinen Förderung des Gründungsprozesses und entsteht dadurch bei der Vorgesellschaft ein **Schaden**, haben die übrigen Gründer (einzeln oder gemeinsam), nicht aber die Vorgesellschaft, einen Anspruch gegen den Gründer auf Leistung von Schadensersatz an die Vorgesellschaft.[292] Dieser Anspruch kann von den übrigen Gründern im Wege der Leistungsklage geltend gemacht werden. 139

Das Scheitern der Gründung als solches stellt allerdings keinen Schaden der Vorgesellschaft selbst dar, so dass eine Klage eines Gründers gegen einen anderen Gründer unter Berufung auf die vorgenannten Pflichten bzw. entsprechende Pflichtverletzungen keine Aussicht auf Erfolg haben dürfte. 140

---

283 MüKo AktG/*Pentz* § 41 Rn. 49; Spindler/Stilz/*Heidinger* § 41 Rn. 43.
284 Vgl. zu Streitigkeiten in diesem Zusammenhang § 10 Rdn. 26 ff.
285 BGHZ 169, 270; MüKo AktG/*Pentz* § 41 Rn. 47; Spindler/Stilz/*Heidinger* § 41 Rn. 41; KöKo AktG/*M. Arnold* § 41 Rn. 61; Hüffer/*Koch* § 41 Rn. 3.
286 BGHZ 169, 270.
287 Dieser Fall lag BGHZ 169, 270 zugrunde.
288 MüKo AktG/*Pentz* § 41 Rn. 47; Spindler/Stilz/*Heidinger* § 41 Rn. 42; KöKo AktG/*M. Arnold* § 41 Rn. 61.
289 Siehe dazu Rdn. 43 ff.
290 Vgl. MüKo BGB/*Schäfer* § 723 Rn. 11.
291 Vgl. dazu Rdn. 44 ff.
292 MüKo AktG/*Pentz* § 41 Rn. 41; KöKo AktG/*M. Arnold* § 41 Rn. 39; Spindler/Stilz/*Heidinger* § 41 Rn. 64.

141 Ansprüche gegen Gründer, Organmitglieder oder Gründungsprüfer aus den §§ 46 bis 49 AktG kommen im Falle des Scheiterns der Gründung ebenfalls nicht in Betracht, da solche Ansprüche nur der eingetragenen Aktiengesellschaft zustehen.[293]

142 Im Übrigen können Ansprüche eines Gründers gegen einen anderen Gründer (lediglich) auf § 823 Abs. 2 BGB i. V. m. § 263 StGB oder auf § 826 BGB beruhen.

143 Die Mitglieder des Vorstands und des Aufsichtsrats haften für ihre **Pflichtverletzungen** im Stadium der Vorgesellschaft auch schon nach § 93 AktG bzw. §§ 116 i. V. m. 93 AktG.[294] Dass solche Pflichtverletzungen zum Scheitern der Gründung führen, sollte allerdings die Ausnahme sein, da die Gründer es über die entsprechende (mittelbare) Besetzung der Organe in der Hand haben, den Gründungsprozess zu steuern und zu kontrollieren.

3. Streitigkeiten in Bezug auf die Haftung bei Scheitern der Gründung

144 Ist die Gründung erfolgreich und wird die Aktiengesellschaft in das Handelsregister eingetragen, unterliegen die Gründer der sogenannten **Vorbelastungshaftung** (teilweise auch **Unterbilanzhaftung** genannt).[295] Danach haben sie gegenüber der Gesellschaft (also im **Innenverhältnis**) im Verhältnis der von ihnen übernommenen Einlagen **anteilig** für die **Differenz** zwischen dem tatsächlichen (möglicherweise sogar negativen) Vermögen der Aktiengesellschaft im Zeitpunkt der Eintragung und dem festgelegten Grundkapital einzustehen.[296] Bestehen für den Vorstand Anhaltspunkte für das Vorliegen einer solchen Differenz, hat er auf der Grundlage einer auf den Tag der Eintragung erstellten Vermögensbilanz die mit der Eintragung fälligen Ansprüche gegen die einzelnen Gründer zu ermitteln und (notfalls im Wege der Leistungsklage) im Namen der Aktiengesellschaft geltend zu machen.[297] Im Übrigen ist die Haftung für die Verbindlichkeiten der Aktiengesellschaft von nun an gemäß § 1 Abs. 1 S. 2 AktG auf das Gesellschaftsvermögen beschränkt.

145 Kommt es hingegen nicht zur Eintragung der errichteten Aktiengesellschaft und ist damit die Gründung gescheitert, haben die Gründer im Rahmen der sogenannten **Verlustdeckungshaftung** und die Mitglieder des Vorstands im Rahmen der **Handelndenhaftung** gemäß § 41 Abs. 1 S. 2 AktG für die Verbindlichkeiten der Vorgesellschaft einzustehen.[298] Diese Haftungen bergen Konfliktpotenzial, weil sie wegen ihrer Unbeschränktheit erhebliche Konsequenzen für den oder die Betroffenen haben können und weil ihre konkrete Ausgestaltung nachwievor umstritten ist. Im Kern geht es bei den Streitigkeiten darum, wem im Verhältnis von Gläubigern, Gründern und Organmitgliedern bei Scheitern der Gründung welche Risiken – auch in Bezug auf die prozessuale Durchsetzung von möglicherweise bestehenden Ansprüchen – zugewiesen werden.

a) Die Verlustdeckungshaftung

146 Nach Auffassung der Rechtsprechung[299] und der wohl herrschenden Meinung in der Literatur[300] ist die Verlustdeckungshaftung (parallel zur Vorbelastungshaftung) als **Innenhaftung der Gründer** ge-

---

293 Hüffer/*Koch* § 46 Rn. 5; MüKo AktG/*Pentz* § 46 Rn. 78.
294 Vgl. zum Vorstand MüKo AktG/*Pentz* § 41 Rn. 36; KöKo AktG/*M. Arnold* § 41 Rn. 33.
295 MüKo AktG/*Pentz* § 41 Rn. 110 f.; Spindler/Stilz/*Heidinger* § 41 Rn. 71 ff.; Hölters/*Solveen* § 41 Rn. 15.; Hüffer/*Koch* § 41 Rn. 8 f.; zur Entwicklung KöKo AktG/*M. Arnold* § 41 Rn. 44 ff.
296 Vgl. zu den Details dieser Haftung MüKo AktG/*Pentz* § 41 Rn. 113 ff.; Spindler/Stilz/*Heidinger* § 41 Rn. 71 ff.
297 MüKo AktG/*Pentz* § 41 Rn. 117 ff.; GroßkommAktG/*K. Schmidt* § 41 Rn 122; KöKo/*M. Arnold* § 41 Rn 51; Hölters/*Solveen* § 41 Rn. 15.
298 Hölters/*Solveen* § 41 Rn. 16; Spindler/Stilz/*Heidinger* § 41 Rn. 76; Hüffer/*Koch* § 41 Rn. 9a f.
299 BGH NJW 1996, 1210; BGHZ 134, 333; BGHZ 152, 290; vgl. auch NJW-RR 2006, 254; BAG NJOZ 2005, 4451.
300 MünchHdb GesR AG/*Hoffmann-Becking* § 4 Rn. 39; Spindler/Stilz/*Heidinger* § 41 Rn. 88; Hüffer/*Koch* § 41 Rn. 9a; vgl. auch KöKo AktG/*M. Arnold* § 41 Rn. 51; Hölters/*Solveen* § 41 Rn. 16;.a. A. und unter

B. Streitigkeiten vor Eintragung der Aktiengesellschaft in das Handelsregister § 4

genüber der Vorgesellschaft ausgestaltet.[301] Mit dem Scheitern der Gründung, also dem Beginn der Liquidation[302], steht der Vorgesellschaft ein fälliger und vom Vorstand geltend zu machender Anspruch gegen die Gründer auf **Deckung der bereits entstandenen** (und der künftig entstehenden) **Verluste** der Vorgesellschaft zu.[303] Wie bei der Vorbelastungshaftung haften die einzelnen Gründer nur **anteilig** in Höhe ihrer **Beteiligungsquote** (und nicht gesamtschuldnerisch).[304] Ob eine **Ausfallhaftung** bei unterbliebener Leistung eines der Gründer entsprechend § 24 GmbHG besteht, ist umstritten.[305] Die Höhe des auf den einzelnen Gründer entfallenden Anspruchs richtet sich nach den **tatsächlich entstandenen Verlusten** der Vorgesellschaft, das Grundkapital ist aufgrund des Scheiterns der Gründung nicht mehr zusätzlich aufzufüllen.[306]

Macht der Vorstand (was angesichts der Machtverhältnisse in der Vorgesellschaft eher der Regelfall sein dürfte) die Verlustdeckungsansprüche gegen die Gründer nicht (ernsthaft) geltend und kann deshalb die Vorgesellschaft die gegenüber den Gesellschaftsgläubigern bestehenden Verbindlichkeiten nicht erfüllen, sind die Gläubiger für die Durchsetzung ihrer Forderungen darauf verwiesen, im Rahmen der Vollstreckung in das Vermögen der Vorgesellschaft die gegen die einzelnen Gründer bestehenden Ansprüche aus der Verlustdeckungshaftung gemäß §§ 828 ff. ZPO **pfänden** und sich **überweisen** zu lassen.[307] Lediglich in den Fällen der **Vermögenslosigkeit** der Vorgesellschaft und der **Einpersonengründung** besteht ausnahmsweise eine **Außenhaftung** der Gründer und kann der Gläubiger seine Ansprüche unmittelbar gegen den bzw. die Gründer geltend machen und einklagen.[308] 147

Eine gewichtige **Mindermeinung** in der Literatur ist allerdings der Auffassung, dass die Verlustdeckungshaftung zum besseren Schutz der Gläubiger als **gesamtschuldnerische Aussenhaftung** der Gründer zu verstehen sei und dass deshalb die Gläubiger die Erfüllung ihrer Ansprüche gegen die Vorgesellschaft im Rahmen dieser Haftung direkt von den Gründern verlangen können müssen.[309] Angesichts der eindeutigen Festlegung der Rechtsprechung auf das Innenhaftungskonzept wird man allerdings in der Praxis diesem Ansatz der Mindermeinung nicht folgen können. 148

Im Übrigen werden die von der Mindermeinung monierten **Risiken für die Gläubiger** in Bezug auf die Durchsetzung ihrer Ansprüche dadurch gemildert, dass diese gemäß § 836 Abs. 3 ZPO vom **Schuldner**, also der Vorgesellschaft, und gemäß § 840 ZPO vom **Drittgläubiger**, also den Gründern, **Auskunft und Herausgabe von Dokumenten** zu den bestehenden Verlustdeckungsansprüchen verlangen können. Erfüllt die Vorgesellschaft ihre insofern bestehenden Pflichten nicht oder nicht ausreichend, können die Gläubiger ihre Auskunftsansprüche gemäß § 836 Abs. 3 S. 2 ZPO im Wege der Hilfsvollstreckung durchsetzen.[310] Für die Verletzung dieser Pflichten hat die 149

Bezeichnung seiner Auffassung als in der Literatur herrschend MüKo AktG/*Pentz* § 41 Rn. 55 m. w. N.; GroßkommAktG/*K. Schmidt* § 41 Rn. 84.
301 Die Grundsätze wurden zwar zur GmbH entwickelt, gelten aber nach a. M. in gleicher Weise bei der Aktiengesellschaft; vgl. KöKo AktG/*M. Arnold* § 41 Rn. 49.
302 Siehe Rdn. 132, 133.
303 So die Konzeption der h.M, vgl. BGH BGHZ 134, 333; zur a. A. vgl. MüKo AktG/*Pentz* § 41 Rn. 55.
304 BGHZ 134, 333; KöKo AktG/*M. Arnold* § 41 Rn. 50; Hüffer/*Koch* § 41 Rn. 9b; Hölters/*Solveen* § 41 Rn. 18; a. A. konsequent GroßkommAktG/*K. Schmidt* § 41 Rn. 84.
305 Dagegen OLG Karlsruhe AG 1999, 131, 132; KöKo AktG/*M. Arnold* § 41 Rn. 50; Wiedenmann, ZIP 1997, 2029, 2033; differenzierend Spindler/Stilz/*Heidinger* § 41 Rn. 94; dafür GroßkommAktG/*K. Schmidt* § 41 Rn. 85; Hüffer/*Koch* § 41 Rn. 9b.
306 Spindler/Stilz/*Heidinger* § 41 Rn. 87; Hüffer/*Koch* § 41 Rn. 9a.
307 Vgl. dazu Spindler/Stilz/*Heidinger* § 41 Rn. 88; Hölters/*Solveen* § 41 Rn. 16; Hüffer/*Koch* § 41 Rn. 15.
308 BGHZ 134, 333; BAG NZA 2006, 673; Spindler/Stilz/*Heidinger* § 41 Rn. 90; MüKo AktG/*Pentz* § 41 Rn. 55; KöKo AktG/*M. Arnold* § 41 Rn. 51; Hüffer/*Koch* § 41 Rn. 15.
309 GroßkommAktG/*K. Schmidt* § 41 Rn. 83 ff.; MüKo AktG/*Pentz* § 41 Rn. 55 ff.
310 MüKo ZPO/*Smid* § 836 Rn. 11; Kindl/Meller-Hannich/Wolf/*Bendtsen* § 829 ZPO Rn. 130.

Vorgesellschaft nach den §§ 286, 280 bzw. 823 BGB einzustehen.[311] § 840 ZPO gibt den Gläubigern – anders als § 836 Abs. 3 ZPO – keinen einklagbaren und vollstreckbaren materiell-rechtlichen Anspruch auf Auskunft, sondern begründet lediglich eine öffentlich-rechtliche Verpflichtung der Gründer als Drittschuldner, bei deren Nichterfüllung den Gläubigern gemäß § 840 Abs. 2 S. 2 ZPO ein (einklagbarer und vollstreckbarer) Anspruch auf Schadensersatz zusteht.[312] Diese Instrumente befreien die Gläubiger allerdings nicht davon herausfinden zu müssen, wer überhaupt Gründer ist (mangels Eintragung im Handelsregister ist dies noch nicht aus öffentlich zugänglichen Quellen ersichtlich) und gegen wen sie somit den Pfändungs- und Überweisungsbeschluss gemäß §§ 829, 835 ZPO erwirken müssen. Darüber hinaus müssen die Gläubiger sich eine Meinung dazu bilden, ob überhaupt aufgrund einer negativen Vermögenslage der Vorgesellschaft Verlustdeckungsansprüche der Vorgesellschaft gegen die Gründer bestehen. An die Substantiierung des Antrags auf Pfändung und Überweisung durch die Gläubiger sind allerdings keine allzu hohen Anforderungen zu stellen; der Vortrag muss grundsätzlich nur das Bestehen der Forderung und ihre Pfändbarkeit möglich erscheinen lassen[313] Im Übrigen wird es sich für die Gläubiger anbieten, sich über die Handelndenhaftung gemäß § 41 Abs. 1 S. 2 AktG an die Vorstandsmitglieder der Vorgesellschaft zu halten.[314]

b) Die Handelndenhaftung

150 Die Handelndenhaftung gemäß § 41 Abs. 1 S. 2 AktG als **spezifisch gesellschaftsrechtliche Haftung eigener Art** für **rechtsgeschäftliches Handeln** im Namen der Gesellschaft im Gründungsstadium[315] ist zwar rechtspolitisch umstritten[316], in ihren Voraussetzungen und Rechtsfolgen aber (inzwischen) relativ klar umrissen.[317] Sie **beginnt** mit der Errichtung der Aktiengesellschaft (§ 29 AktG) und **endet** mit ihrer Eintragung in das Handelsregister.[318] Handelnde in diesem Sinne sind die **Vorstandsmitglieder** und Personen, die als Vorstandsmitglieder auftreten (**faktische Organmitglieder**).[319] Vorstandsmitglieder (nicht aber die handelnden Personen selber) haften auch, wenn sie Dritten rechtsgeschäftliche Vollmacht erteilt haben.[320] Vorstandsmitglieder, die nicht unmittelbar oder mittelbar am Vertragsschluss beteiligt sind, haften nicht.[321] Ob Vertretungsmacht des Vorstands für die Gesellschaft besteht, ist unerheblich.[322] Da die Haftung auf **Ansprüche aus Rechtsgeschäften** (einschließlich Ersatzansprüche aus §§ 280, 311 Abs. 2 BGB sowie Ansprüche aus ungerechtfertiger Bereiche-

---

311 MüKo ZPO/*Smid* § 836 Rn. 11.
312 MüKo ZPO/*Smid* § 840 Rn. 20.
313 BGH NJW 2004, 2096; MüKo ZPO/*Smid* § 829 Rn. 20; vgl. zur Zulässigkeit der »Suchpfändung« einer mutmaßlichen Forderung gegenüber der unzulässigen »Ausforschungspfändung« ins Blaue hinein, die über § 836 ZPO Erkenntnisquellen schaffen soll: Kindl/Meller-Hannich/Wolf/*Bendtsen*, Zwangsvollstreckung, § 829 ZPO Rn. 78.
314 Siehe dazu Rdn. 150 ff.
315 BGHZ 91, 148 hat die frühere Rspr, die auch schon im Vorgründungsstadium Handelndenhaftung annahm, aufgegeben; vgl. MüKo AktG/*Pentz* § 41 Rn. 128; Spindler/Stilz/*Heidinger* § 41 Rn. 100; KöKo AktG/*M. Arnold* § 41 Rn. 67; Heidel/*Höhfeld* § 41 Rn. 30.
316 Hüffer/*Koch* § 41 Rn. 19; KöKo AktG/*M. Arnold* § 41 Rn. 65; GroßkommAktG/*K. Schmidt* § 41 Rn. 87.
317 Siehe dazu im Einzelnen MüKo AktG/*Pentz* § 41 Rn. 129 ff.; KöKo AktG/*M. Arnold* § 41 Rn. 70 ff.
318 MüKo AktG/*Pentz* § 41 Rn. 129; Spindler/Stilz/*Heidinger* § 41 Rn. 96; Hüffer/*Koch* § 41 Rn. 23, 25.
319 Eine Haftung von Aufsichtsratsmitgliedern ist im Rahmen von § 112 AktG denkbar, praktisch aber kaum relevant; MüKo AktG/*Pentz* § 41 Rn. 132; KöKo AktG/*M. Arnold* § 41 Rn. 70; Spindler/Stilz/*Heidinger* § 41 Rn. 102; die frühere Erstreckung des Handelndenbegiffs auch auf Gründer, die der Aufnahme der Geschäftstätigkeit zugestimmt hatten, ist inzwischen überholt, vgl. nur BGHZ 47, 25; BGHZ 65, 378 (381); BGHZ 66, 359 (361); MüKo AktG/*Pentz* § 41 Rn. 132.
320 BGHZ 53, 206; MüKo AktG/*Pentz* § 41 Rn. 132; Spindler/Stilz/*Heidinger* § 41 Rn. 103; Hüffer/*Koch* § 41 Rn. 20.
321 MüKo AktG/*Pentz* § 41 Rn. 138; Spindler/Stilz/*Heidinger* § 41 Rn. 103; GroßkommAktG/*K. Schmidt* § 41 Rn. 94.
322 Siehe zu dieser umstrittenen Frage Rdn. 65 f.

B. Streitigkeiten vor Eintragung der Aktiengesellschaft in das Handelsregister § 4

rung und Geschäftsführung ohne Auftrag) beschränkt ist[323], haften die Vorstandsmitglieder nicht für Ansprüche aus gesetzlichen Schuldverhältnissen, insbesondere aus unerlaubter Handlung.[324] Die Haftung ist **unbeschränkt, persönlich, primär** und **akzessorisch** sowie **gesamtschuldnerisch** mit weiteren Vorstandsmitgliedern (vgl. § 41 Abs. 1 S. 2 Hs. 2 AktG).[325] Sie besteht nur gegenüber gesellschaftsfremden Dritten, nicht gegenüber den Gründern.[326]

Da im Grundsatz anerkannt ist, dass das wirtschaftliche Risiko des unternehmerischen Handelns der Vorgesellschaft im Gründungsstadium nicht bei den Vorstandsmitgliedern liegen kann, besteht Einigkeit darüber, dass ein in Anspruch genommenes Vorstandsmitglied sich grundsätzlich **freistellen** lassen bzw. **Regress** nehmen kann.[327] 151

Gegen die Gesellschaft stehen dem Vorstandsmitglied aus seinem **Dienstvertrag** Ansprüche auf Freistellung bzw. Ersatz seiner Aufwendungen zu (§§ 611, 675 670, 257 BGB).[328] Freistellung (oder Sicherheitsleistung) kann das Vorstandsmitglied (notfalls im Wege der Leistungsklage) verlangen, sobald die Inanspruchnahme durch den Gesellschaftsgläubiger droht.[329] Macht das Vorstandsmitglied seine Ansprüche geltend, wird die Vorgesellschaft gemäß § 112 AktG durch den Aufsichtsrat vertreten. Erfüllt das Vorstandsmitglied die Gläubigerforderung, geht diese gemäß dem in den §§ 774 Abs. 1, 1143 Abs. 1, 1225 BGB niedergelegten Prinzip auf ihn über und kann er auch die übergegangene Forderung gegen die Gesellschaft geltend machen.[330] 152

Hat das Vorstandsmitglied pflichtwidrig gehandelt, hat es insbesondere die Grenzen der Geschäftsführungsbefugnis nicht eingehalten, sind vertragliche Regressansprüche ausgeschlossen; in Betracht kommen dann lediglich Ansprüche aus **Geschäftsführung ohne Auftrag** (§§ 683, 670 BGB).[331] Ansprüchen aus der übergegangenen Forderung[332] kann die Gesellschaft unter Umständen Schadensersatzansprüche aufgrund der Pflichtverletzung des Vorstandsmitglieds entgegenhalten.[333] 153

Gegen die **Gründer** steht dem Vorstandsmitglied nach umstrittener, aber herrschender Meinung **kein direkter Regressanspruch** zu. Das anderslautende Urteil des BGH zur GmbH aus dem Jahr 1982[334] dürfte durch die Rechtsprechungsänderung zur Gründerhaftung[335] überholt sein.[336] Erfüllt die Gesellschaft die dem Vorstandsmitglied zustehenden Freistellungs- bzw. Regressansprüche nicht, ist das von dem Gesellschaftsgläubiger in Anspruch genommene Vorstandsmitglied entsprechend dem Verständnis der Verlustdeckungshaftung als **Binnenhaftung** darauf beschränkt, in die Verlustdeckungsansprüche der Vorgesellschaft gegen die Gründer zu vollstrecken.[337] Zugute kommen dürfte dem Vorstandsmitglied allerdings zweierlei: **erstens,** dass die Geltendmachung der Verlust- 154

---

323 Teilw. str.: Gegen Haftung für GoA MüKo AktG/*Pentz* § 41 Rn. 137; dafür Hüffer/*Koch* § 41 Rn. 21; Spindler/Stilz/*Heidinger* § 41 Rn. 106; KöKo AktG/*M. Arnold* § 41 Rn. 75.
324 MüKo AktG/*Pentz* § 41 Rn. 137; KöKo AktG/*M. Arnold* § 41 Rn. 74.
325 KöKo AktG/*M. Arnold* § 41 Rn. 77; MüKo AktG/*Pentz* § 41 Rn. 142 ff.
326 BGH NJW 2004, 2519; MüKo AktG/*Pentz* § 41 Rn. 141; KöKo AktG/*M. Arnold* § 41 Rn. 76; Hölters/*Solveen* § 41 Rn. 23.
327 MüKo AktG/*Pentz* § 41 Rn. 148; GroßkommAktG/*K. Schmidt* § 41 Rn. 95; KöKo AktG/*M. Arnold* § 41 Rn. 79; Hüffer/*Koch* § 41 Rn. 26; Spindler/Stilz/*Heidinger* § 41 Rn. 114.
328 MüKo AktG/*Pentz* § 41 Rn. 148; Spindler/Stilz/*Heidinger* § 41 Rn. 114; Hüffer/*Koch* § 41 Rn. 26; Hölters/*Solveen* § 41 Rn. 23.
329 MüKo AktG/*Pentz* § 41 Rn. 148.
330 MüKo AktG/*Pentz* § 41 Rn. 148; Spindler/Stilz/*Heidinger* § 41 Rn. 114.
331 Hüffer/*Koch* § 41 Rn. 26; Hölters/*Solveen* § 41 Rn. 23.
332 Hüffer/*Koch* § 41 Rn. 26; Hölters/*Solveen* § 41 Rn. 23.
333 MüKo AktG/*Pentz* § 41 Rn. 148.
334 BGHZ 86, 122.
335 BGHZ 134, 333; siehe auch Rdn. 146 ff.
336 MüKo AktG/*Pentz* § 41 Rn. 149; GroßkommAktG/*K. Schmidt* § 41 Rn. 96; KöKo AktG/*M. Arnold* § 41 Rn. 80; Hüffer/*Koch* § 41 Rn. 26.
337 Siehe dazu Rdn. 149; KöKo AktG/*M. Arnold* § 41 Rn. 80; Hüffer/*Koch* § 41 Rn. 26; Spindler/Stilz/*Heidinger* § 41 Rn. 116; letztlich auch MüKo AktG/*Pentz* § 41 Rn. 150 f.

deckungsansprüche in der Hand des Vorstands selbst liegt und dass dieser dementsprechend frühzeitig und in Kenntnis der Vermögenslage der Vorgesellschaft auf die Erfüllung dieser Ansprüche durch die Gründer – notfalls auch im Wege der Leistungsklage – dringen kann und **zweitens,** dass das Vorstandsmitglied regelmäßig über die notwendigen Informationen zur Pfändung und Überweisung der Verlustdeckungsansprüche verfügen wird.

155 Daneben kann sich ein in Anspruch genommenes Vorstandsmitglied aufgrund des gesamtschuldnerischen Charakters der Handelndenhaftung (§ 41 Abs. 1 S. 2 Hs. 2 AktG) immer auch noch über die §§ 426 Abs. 1 und 2 BGB bei den **übrigen handelnden Vorstandsmitgliedern** zumindest teilweise schadlos halten.[338]

4. Streitigkeiten in Bezug auf die Liquidation bzw. die Fortführung des Unternehmens

156 Ist die Gründung der Aktiengesellschaft aus einem der unter Rdn. 132 aufgeführten Gründe gescheitert, hat insbesondere das Registergericht die Eintragung der Aktiengesellschaft in das Handelsregister endgültig abgelehnt oder hat einer der Gründer die Vorgesellschaft aus wichtigem Grund gekündigt, ist die Vorgesellschaft **aufgelöst** und beginnt die **Liquidation.** Die Vorstandsmitglieder als **Abwickler** (§ 265 Abs. 1 AktG)[339] haben gemäß § 268 Abs. 1 AktG die **laufenden Geschäfte zu beenden,** die **Forderungen einzuziehen,** das übrige **Vermögen in Geld umzusetzen** und die **Gläubiger zu befriedigen.** Sie unterliegen dabei gemäß § 268 Abs. 2 S. 2 AktG der Überwachung durch den Aufsichtsrat und haften für Pflichtverletzungen bei der Abwicklung der Vorgesellschaft gemäß § 268 Abs. 2 S. 1 i. V. m. § 93 AktG.[340] Streitigkeiten zwischen den Beteiligten sind grundsätzlich nach den entsprechenden aktienrechtlichen Regelungen zu lösen, sofern diese nicht die Eintragung in das Handelsregister voraussetzen.[341]

157 Wird die Liquidation nicht ordnungsgemäß betrieben und wird die **Geschäftstätigkeit** eines bereits bestehenden Unternehmens der Vorgesellschaft nicht sofort eingestellt, sondern vielmehr **fortgesetzt,** wandelt sich die Vorgesellschaft identitätswahrend kraft Gesetzes in eine **Gesellschaft bürgerlichen Rechts** bzw. in eine **OHG** (sofern bereits ein Handelsgewerbe im Sinne von § 1 Abs. 2 HGB betrieben wird).[342] Dementsprechend gelten für diese als »**unechte Vorgesellschaft**« bezeichnete Gesellschaft von diesem Zeitpunkt an die §§ 705 ff. BGB bzw. §§ 105 ff. HGB[343] und sind Streitigkeiten zwischen den Beteiligten nach den entsprechenden **personengesellschaftsrechtlichen** Regelungen zu lösen.[344] Für die Verbindlichkeiten der Gesellschaft haften die Gründer nun gemäß der für GbRs geltenden Akzessorietätstheorie bzw. bei der oHG gemäß § 128 HGB gegenüber den Gesellschaftsgläubigern unbeschränkt, persönlich und unmittelbar im Außenverhältnis.[345] Dies gilt für alle Verbindlichkeiten der Gesellschaft, unabhängig davon, ob sie vor oder nach dem Scheitern der Gründung und dieser Umwandlung entstanden sind.[346] Der gesamtschuldnerische Ausgleich zwischen den (früheren) Gründern erfolgt nach den allgemeinen personengesellschaftsrechtlichen

---

338 Spindler/Stilz/*Heidinger* § 41 Rn. 115.
339 Die Bestellung von Abwicklern durch die Gründerversammlung oder das Gericht gemäß § 265 Abs. 2 bzw. 3 AktG ist auch möglich.
340 Zur Geltendmachung entsprechender Ansprüche siehe § 9 Rdn. 53 ff.
341 Siehe dazu auch § 10 Rdn. 26 ff.
342 BGHZ 152, 290; NJW 2008, 2442; MüKo AktG/*Pentz* § 41 Rn. 83 ff., 92; GroßkommAktG/*K. Schmidt* § 41 Rn. 130; Spindler/Stilz/*Heidinger* § 41 Rn. 93.
343 Spindler/Stilz/*Heidinger* § 41 Rn. 92; MüKo AktG/*Pentz* § 41 Rn. 83; Hölters/*Solveen* § 41 Rn. 17; GroßkommAktG/*K. Schmidt* § 41 Rn. 131; vgl. BGH NJW 1998, 1079.
344 Vergleiche dazu insbesondere §§ 32, 34, 35 und 36 bzw. §§ 40, 42, 43 und 44.
345 Spindler/Stilz/*Heidinger* § 41 Rn. 92; MüKo AktG/*Pentz* § 41 Rn. 83; Hölters/*Solveen* § 41 Rn. 17; GroßkommAktG/*K. Schmidt* § 41 Rn. 131.
346 BGHZ 152, 290; Spindler/Stilz/*Heidinger* § 41 Rn. 93; Hölters/*Solveen* § 41 Rn. 23; GroßkommAktG/*K. Schmidt* § 41 Rn. 131 (der allerdings bereits vorher von unbegrenzter Haftung ausgeht).

Grundsätzen.³⁴⁷ Auch die Handelndenhaftung der früheren Vorstandsmitglieder gemäß § 41 Abs. 1 S. 2 AktG besteht fort.³⁴⁸

Das gleiche gilt in Fällen, in denen die Gründer **von Anfang an keine Eintragungsabsicht** hatten oder in denen die Gründer im Laufe der Zeit ihre **Eintragungsabsicht aufgegeben** haben, ohne dies durch einen ausdrücklichen Auflösungsbeschluss zu dokumentieren. Im ersten Fall hat – trotz der notariell beurkundeten Errichtung – zu keinem Zeitpunkt eine Vorgesellschaft im aktienrechtlichen Sinne existiert, sondern bestand von Anfang an eine Gesellschaft bürgerlichen Rechts bzw. eine OHG.³⁴⁹ Ist die Eintragungsabsicht erst zu einem späteren Zeitpunkt weggefallen, z. B. weil die Gründer sich nicht auf die Bewertung eines in die künftige Aktiengesellschaft einzubringendes Unternehmens einigen konnten, ist es aufgrund der meist fehlenden Dokumentation des Wegfalls regelmäßig schwer, den genauen Zeitpunkt der Umwandlung der Vorgesellschaft in die unechte Vorgesellschaft zu bestimmen. Auf den Wegfall der Eintragungsabsicht ist allerdings dann zu schließen, (1.) wenn von Seiten der an der Gründung beteiligten Personen die Gründung **nicht mehr ernstlich betrieben** wird, wenn insbesondere die für die Herstellung der Eintragungsfähigkeit erforderlichen Schritte nicht ergriffen werden³⁵⁰, (2.) wenn **nicht** innerhalb eines angemessenen Zeitraums die **Anmeldung** der Aktiengesellschaft **erfolgt**³⁵¹ oder (3.) wenn **nicht** auf **Anfragen** des **Registergerichts reagiert** wird.³⁵² 158

Von einem Scheitern der Gründung kann in diesem Fall allerdings so lange nicht ausgegangen werden, wie noch **mindestens einer der Gründer** weiterhin die **Eintragungsabsicht** besitzt und er bereit ist, die Pflichten der anderen Beteiligten in Bezug auf die Förderung der Gründung (notfalls auch gerichtlich) durchzusetzen.³⁵³ 159

5. Die Haftung eines ausgeschiedenen Gründers

Scheidet einer der Gründer aus der Vorgesellschaft bzw. der unechten Vorgesellschaft aus, hängt seine Haftung für die Verbindlichkeiten der Vorgesellschaft davon ab, welches **Haftungsregime** (Binnenhaftung im Rahmen der Verlustdeckungshaftung der Vorgesellschaft oder Aussenhaftung nach personengesellschaftsrechtlichen Grundsätzen bei der unechten Vorgesellschaft) **im Zeitpunkt seines Ausscheidens** galt.³⁵⁴ Ist er zu Zeiten der noch existierenden Vorgesellschaft ausgeschieden, sieht er sich lediglich den anteiligen Verlustdeckungshaftungsansprüchen der Vorgesellschaft ausgesetzt.³⁵⁵ Ist er erst im Zeitpunkt der unechten Vorgesellschaft ausgeschieden, richtet sich seine Aussenhaftung gegenüber den Gläubigern der Vorgesellschaft bei der Gesellschaft bürgerlichen Rechts nach § 736 Abs. 2 BGB i. V. m. § 160 HGB und bei der OHG nach § 160 HGB direkt.³⁵⁶ 160

C. Streitigkeiten nach Eintragung der Aktiengesellschaft in das Handelsregister

I. Streitigkeiten wegen fehlerhafter Satzung

Nach der Eintragung der Aktiengesellschaft in das Handelsregister kann ein einzelner Aktionär die Gesellschaft unter Berufung auf Mängel der Gründung, insbesondere inhaltliche Mängel der Satzung, nur noch unter sehr **eingeschränkten Voraussetzungen** wieder zum Erlöschen bringen. 161

---

347 Siehe dazu Rn. § 36 Rdn. 21 ff.
348 MüKo AktG/*Pentz* § 41 Rn. 87a.
349 MüKo AktG/*Pentz* § 41 Rn. 83; Spindler/Stilz/*Heidinger* § 41 Rn. 92.
350 Vgl. zu den Pflichten der Gründer in diesem Zusammenhang Rdn. 43 ff.
351 MüKo AktG/*Pentz* § 41 Rn. 90 spricht von vier bis sechs Wochen nach der Herbeiführung der Eintragungsfähigkeit der Aktiengesellschaft.
352 BGHZ 152, 290; MüKo AktG/*Pentz* § 41 Rn. 90
353 MüKo AktG/*Pentz* § 41 Rn. 90; siehe dazu im Einzelnen Rdn. 43 ff.
354 MüKo AktG/*Pentz* § 41 Rn. 87; Spindler/Stilz/*Heidinger* § 41 Rn. 93a.
355 MüKo AktG/*Pentz* § 41 Rn. 87; Spindler/Stilz/*Heidinger* § 41 Rn. 93a.
356 MüKo AktG/*Pentz* § 41 Rn. 87; Spindler/Stilz/*Heidinger* § 41 Rn. 93a.

Zum Schutz der (übrigen) Aktionäre und des Rechtsverkehrs genießt die einmal zur Entstehung gelangte Aktiengesellschaft einen weitgehenden **Bestandsschutz**.[357] Lediglich (in der Praxis kaum vorstellbare) schwerwiegende Verfahrensmängel können über die Amtslöschung gemäß § 395 FamFG zum unmittelbaren Erlöschen der Aktiengesellschaft führen. Durch **inhaltliche Mängel der Satzung** hingegen wird die Existenz der Aktiengesellschaft nicht mehr in Frage gestellt. Aus den Regelungen der §§ 275 bis 277 AktG betreffend die Klage auf Nichtigerklärung und den Regelungen der §§ 395, 397 und 399 FamFG betreffend die Löschung unzulässiger Eintragungen bzw. nichtiger Gesellschaften sowie die Auflösung wegen Mangels der Satzung ergibt sich vielmehr, dass die Eintragung der Aktiengesellschaft in das Handelsregister einen Großteil möglicher Gründungsmängel **heilt** oder diesen Mängeln zumindest die **Erheblichkeit** als Grund für die Beseitigung der Gesellschaft nimmt.[358] Nur noch besonders gravierende Satzungsmängel (vgl. § 275 Abs. 1 S. 1 AktG und § 399 FamFG) können zum Erlöschen der Gesellschaft führen[359], setzen aber jeweils eine geordnete Abwicklung gemäß den §§ 264 ff. AktG voraus (vgl. § 277 AktG).[360]

162 Welche Folgen ein bestimmter (Satzungs-)Mangel haben kann und welche Instrumente zur Geltendmachung dieses Mangels bestehen, hängt davon ab, um was für einen Mangel es sich handelt.

1. Die Klage auf Nichtigerklärung der Aktiengesellschaft

163 Eine Klage auf Nichtigerklärung der Aktiengesellschaft gemäß § 275 AktG[361] kann nur dann zum Erlöschen der eingetragenen Gesellschaft führen, wenn die Satzung **keine Bestimmungen** über die **Höhe des Grundkapitals** oder über den **Gegenstand des Unternehmens** enthält oder wenn die Bestimmungen der Satzung über den Gegenstand des Unternehmens **nichtig** sind (vgl. § 275 Abs. 1 S. 1 AktG).[362] Die in § 275 Abs. 1 S. 2 AktG ausdrücklich formulierte Hauptfunktion von § 275 AktG besteht somit darin, alle anderen Mängel der Satzung als Grundlage für die Klage auf Nichtigerklärung der Aktiengesellschaft auszuschließen.[363]

164 Anders als das Fehlen der Bestimmung über die Höhe des Grundkapitals ist das Fehlen oder die Nichtigkeit der Bestimmung über den Unternehmensgegenstand gemäß § 276 AktG **heilbar**. Dabei ist zu beachten, dass vor der Klageerhebung (als besondere Zulässigkeitsvoraussetzung) die Gesellschaft von einem der Klageberechtigten nach § 275 Abs. 2 AktG zur Heilung des Mangels innerhalb von drei Monaten aufgefordert worden sein muss.[364] **Klageberechtigt** ist nach § 275 Abs. 1 S. 1 AktG jeder Aktionär (auch der Inhaber stimmrechtsloser Aktien) sowie jedes Mitglied des Vorstands und des Aufsichtsrats. Die Aktionärseigenschaft muss vom Zeitpunkt der Klageerhebung bis zur letzten mündlichen Verhandlung bestehen; die Beteiligung an der Gründung, insbesondere der den Satzungsmangel begründenden Satzungsfeststellung, ist nicht erforderlich.[365] Die Klage ist **gegen die Aktiengesellschaft** zu erheben und darauf zu richten, die Gesellschaft für nichtig zu erklären. Sie ist eine **Gestaltungsklage** (und keine Feststellungsklage)[366] und kann nicht Gegenstand eines Schiedsverfahrens sein.[367] Die Klage kann nach § 275 Abs. 3 AktG nur innerhalb von **drei Jahren** nach der Eintragung der Aktiengesellschaft in das Handelsregister erhoben werden. Dabei handelt

---

357 Spindler/Stilz/*Bachmann* § 275 Rn. 2; MüKo ZPO/*Krafka* § 397 FamFG Rn. 2; MAH AktR/*Peres* § 14 Rn. 69, 83 ff.
358 MüKo AktG/*Pentz* § 23 Rn. 174; MAH AktR/*Peres* § 14 Rn. 68 f.
359 KöKo AktG/*Kraft* § 275 Rn. 6.
360 MüKo ZPO/*Krafka* § 397 FamFG Rn. 2; in diese Richtung auch Spindler/Stilz/*Bachmann* § 275 Rn. 1.
361 Vgl. dazu auch § 10 Rdn. 27–43.
362 Zu den Einzelheiten der Tatbestandsvoraussetzungen siehe MüKo AktG/*Hüffer* § 275 Rn. 16 ff.
363 Spindler/Stilz/*Bachmann* § 275 Rn. 12; MüKo AktG/*Hüffer* § 275 Rn. 33
364 Vgl. dazu MüKo AktG/*Hüffer* § 275 Rn. 41 ff.; in diesem Zusammenhang stellt sich die Frage, ob sich aus der Treuepflicht eine Pflicht zur Mitwirkung an der Heilung ergibt; vgl. dazu MüKo AktG/*Hüffer* § 276 Rn. 9 ff.
365 MüKo AktG/*Hüffer* § 275 Rn. 47.
366 KöKo AktG/*Kraft* § 275 Rn. 29; MüKo AktG/*Hüffer* § 275 Rn. 39.
367 Zu den prozessualen Einzelheiten der Klage siehe MüKo AktG/*Hüffer* § 275 Rn. 38 ff.

es sich um eine materiell-rechtliche Ausschlussfrist, in Bezug auf die eine Wiedereinsetzung in den vorigen Stand (§§ 233 ff. ZPO) oder eine Hemmung (§ 203 ff. BGB) nicht möglich ist und die auch nicht durch Parteivereinbarung oder die Satzung verlängert werden kann.[368] Die Überschreitung der Frist führt zur Unbegründetheit, nicht zur Unzulässigkeit, der Klage.[369] Über § 275 Abs. 4 S. 1 AktG wird ein Teil der Vorschriften zur Anfechtungsklage für anwendbar erklärt.[370] Ein laufendes Amtslöschungsverfahren nach § 397 FamFG[371] stellt kein Prozesshindernis dar.[372]

Rechtsfolge des stattgebenden Urteils ist nach § 277 AktG – anders als der Klageantrag vermuten lassen würde – nicht die Nichtigkeit bzw. unmittelbare Beseitigung der Gesellschaft, sondern vielmehr ihre **Auflösung**.[373] Die Gesellschaft muss nach den Regelungen der §§ 264 ff. AktG abgewickelt werden und besteht als Gesellschaft in Liquidation bis zur endgültigen Beendigung fort.[374] 165

Im Wege des **einstweiligen Rechtsschutzes** gemäß den §§ 935 ff. ZPO ist die Nichtigerklärung der Aktiengesellschaft nicht möglich.[375] Gegenstand einer einstweiligen Verfügung kann allerdings das an den Vorstand gerichtete Verbot sein, bestimmte, die spätere Abwicklung beeinträchtigende Maßnahmen vorzunehmen, sofern der Antragsteller in der Lage ist, die von diesen Maßnahmen ausgehende Gefahr substantiiert darzulegen.[376] 166

2. Die Amtslöschung gemäß § 397 FamFG

Die Nichtigerklärung und damit Auflösung (§ 277 AktG) der Aktiengesellschaft kann auch über die **Löschung** der Gesellschaft **von Amts wegen** gemäß § 397 FamFG erreicht werden.[377] Tatbestandlich müssen aufgrund des ausdrücklichen Verweises in § 397 S. 1 FamFG auf die §§ 275 und 276 AktG dieselben Voraussetzungen erfüllt sein. In Ausnahmefällen kann die Löschung trotz des Vorliegens der Tatbestandsvoraussetzungen aufgrund des Fehlens eines öffentlichen Interesses daran, z. B. wegen längeren Zeitablaufs, unterbleiben.[378] 167

Zuständig ist das Amtsgericht (als Registergericht), das von Amts wegen oder auf Antrag der berufsständischen Organe (§ 380 Abs. 1 FamFG) tätig wird.[379] Den Aktionären steht ein förmliches Antragsrecht nicht zu[380]; sie können beim Gericht lediglich die Löschung von Amts wegen anregen.[381] Eine solche Anregung kann allerdings auch durch andere Personen als die nach § 275 AktG Klageberechtigten erfolgen. Ob das Registergericht bei der Eröffnung des Verfahrens und der Entscheidung über die Löschung (»... kann ... gelöscht werden ...«) einen Ermessensspielraum hat, ist umstritten, erscheint aber fraglich.[382] Die Amtslöschung kann – wie § 275 Abs. 3 S. 2 AktG ausdrücklich klarstellt – auch noch nach Ablauf der Drei-Jahres-Frist des § 275 Abs. 3 S. 1 AktG erfolgen. Vor der 168

---

368 Hüffer/*Koch* § 275 Rn. 25; Spindler/Stilz/*Bachmann* § 275 Rn. 18; MüKo AktG/*Hüffer* § 275 Rn. 50.
369 MüKo AktG/*Hüffer* § 275 Rn. 50; Spindler/Stilz/*Bachmann* § 275 Rn. 18.
370 Zu den Einzelheiten siehe MüKo AktG/*Hüffer* § 275 Rn. 55.
371 Siehe dazu Rdn. 167 ff.
372 KöKo AktG/*Kraft* § 275 Rn. 32; MüKo AktG/*Hüffer* § 275 Rn. 40.
373 MüKo AktG/*Hüffer* § 275 Rn. 57.
374 Vgl. KöKo AktG/*Kraft* § 277 Rn. 2, 7; MüKo AktG/*Hüffer* § 277 Rn. 3, 7; Spindler/Stilz/*Bachmann* § 277 Rn. 5; K. Schmidt/Lutter/*Riesenhuber* § 277 Rn. 1, 4.
375 MüKo AktG/*Hüffer* § 275 Rn. 62; Spindler/Stilz/*Bachmann* § 275 Rn. 33; KöKo AktG/*Kraft* § 275 Rn. 49.
376 MüKo AktG/*Hüffer* § 275 Rn. 62; KöKo AktG/*Kraft* § 275 Rn. 49; Spindler/Stilz/*Bachmann* § 275 Rn. 33.
377 MüKo ZPO/*Krafka* § 397 FamFG Rn. 20; Keidel/*Heinemann* § 397 Rn. 25.
378 MüKo AktG/*Hüffer* § 275 Rn. 67; Spindler/Stilz/*Bachmann* § 275 Rn. 24; KöKo AktG/*Kraft* § 275 Rn. 52; Hüffer/*Koch* § 275 Rn. 32.
379 Keidel/*Heinemann* § 397 Rn. 16 f.; MüKo ZPO/*Krafka* § 397 FamFG Rn. 13 f.; zu den Einzelheiten des Verfahrens siehe MüKo AktG/*Hüffer* § 275 Rn. 69 ff.; MüKo ZPO/*Krafka* § 397 FamFG Rn. 13 ff.
380 Vgl. MüKo ZPO/*Krafka* § 397 FamFG Rn. 13.
381 KöKo AktG/*Kraft* § 275 Rn. 55.
382 Dagegen MüKo AktG/*Hüffer* § 275 Rn. 68; KöKo AktG/*Kraft* § 275 Rn. 52; Hüffer/*Koch* § 275 Rn. 33;

Löschung hat eine **Löschungsankündigung** mit Hinweis auf die fristgebundene Widerspruchsmöglichkeit an die Gesellschaft zu erfolgen (§ 397 i. V. m. § 395 Abs. 2 FamFG). Besteht eine Heilungsmöglichkeit (§ 276 AktG) ist in der Ankündigung ausdrücklich darauf hinzuweisen.[383]

169 Wird innerhalb der Widerspruchsfrist kein Widerspruch erhoben, kann die anschließende Verfügung des Registergerichts über die Löschung der Aktiengesellschaft **nicht** mit der Beschwerde angefochten werden.[384] Gegen die Zurückweisung des erhobenen Widerspruchs ist hingegen die **Beschwerde** gemäß §§ 397, 395 Abs. 3, 393 Abs. 3 i. V. m. §§ 58 ff. FamFG **statthaft**.[385]

170 Das Klageverfahren nach § 275 AktG und das Amtslöschungsverfahren nach § 397 FamFG können grundsätzlich **gleichberechtigt** nebeneinander verlaufen.[386] Sowohl das Streitgericht als auch das Registergericht kann allerdings das Verfahren nach § 148 ZPO bzw. nach § 21 FamFG aussetzen.[387] Ein die Nichtigkeit der Aktiengesellschaft aussprechendes streitiges Urteil **bindet** den Registerrichter und ist in das Handelsregister einzutragen.[388] Auf der anderen Seite ist das Klageverfahren in der Hauptsache erledigt, wenn die Aktiengesellschaft zwischenzeitlich von Amts wegen gelöscht wird.[389] Ein die Nichtigerklärung ablehnendes Urteil bzw. eine die angeregte Amtslöschung ablehnende Entscheidung binden das jeweils andere Gericht nicht, können in der Praxis allerdings eine gewisse **faktische Wirkung** entwickeln.[390]

3. Die Amtsauflösung gemäß § 399 FamFG

171 Die Auflösung der Aktiengesellschaft kann – neben den in § 275 Abs. 1 S. 1 AktG aufgelisteten drei Satzungsmängeln – auch noch über die Amtsauflösung gemäß § 399 FamFG i. V. m. § 262 Abs. 1 Nr. 5 AktG aufgrund von **weiteren Mängeln der Satzung** erreicht werden. Voraussetzung ist nach § 399 Abs. 1 S. 1 FamFG, dass erstens die Satzung eine der nach § 23 Abs. 3 Nr. 1, 4, 5 oder 6 AktG notwendigen Bestimmungen überhaupt nicht enthält oder dass eine dieser Bestimmungen oder die Bestimmung nach § 23 Abs. 3 Nr. 3 AktG nichtig ist und dass zweitens die Aktiengesellschaft diesen Mangel nicht innerhalb der vom Gericht gesetzten Frist behoben hat bzw. das Gericht im Rahmen eines Widerspruchs von der Zulässigkeit der konkreten Satzungsbestimmung überzeugt hat.[391]

172 Wie bei der Amtslöschung gemäß § 397 FamFG steht den Aktionären oder Dritten (mit Ausnahme der berufsständischen Organe, § 380 Abs. 1 FamFG) auch bei der Amtsauflösung gemäß § 399 FamFG kein Antragsrecht zu. Sie können lediglich das Tätigwerden des Gerichts anregen, das nach einer pflichtgemäßen Vorprüfung das Verfahren von Amts wegen zu eröffnen hat, wenn die Voraussetzungen vorliegen.[392] **Zuständig** ist das Amtsgericht (als Registergericht).[393] Die Gesellschaft ist gemäß § 399 Abs. 1 S. 1 FamFG vom Gericht **aufzufordern**, innerhalb der vom Gericht gesetzten angemessenen Frist eine den Mangel behebende Satzungsänderung zum Handelsregister anzumelden oder im Wege des Widerspruchs das Unterbleiben der Satzungsänderung zu rechtfertigen.

---

dafür Spindler/Stilz/*Bachmann* § 275 Rn. 24; Keidel/*Heinemann* § 397 Rn. 17; vgl. auch MüKo ZPO/*Krafka* § 397 FamFG Rn. 13.
383 MüKo ZPO/*Krafka* § 397 FamFG Rn. 15; Spindler/Stilz/*Bachmann* § 275 Rn. 25.
384 MüKo AktG/*Hüffer* § 275 Rn. 72.
385 MüKo AktG/*Hüffer* § 275 Rn. 72; Hüffer/*Koch* § 275 Rn. 33.
386 MüKo ZPO/*Krafka* § 397 FamFG Rn. 11; Keidel/*Heinemann* § 397 Rn. 19; Spindler/Stilz/*Bachmann* § 275 Rn. 27.
387 MüKo AktG/*Hüffer* § 275 Rn. 40, 74; MüKo ZPO/*Krafka* § 397 FamFG Rn. 11.
388 Spindler/Stilz/*Bachmann* § 275 Rn. 27; Hüffer/*Koch* § 275 Rn. 34; KöKo AktG/*Kraft* § 275 Rn. 54.
389 MüKo ZPO/*Krafka* § 397 FamFG Rn. 11; Hüffer/*Koch* § 275 Rn. 34.
390 MüKo AktG/*Hüffer* § 275 Rn. 74; ebenfalls Spindler/Stilz/*Bachmann* § 275 Rn. 27, der sogar eine faktische Bindungswirkung außer Acht lässt; a. A. KöKo AktG/*Kraft* § 275 Rn. 54.
391 Zu den Einzelheiten der Voraussetzungen siehe MüKo ZPO/*Krafka* § 399 FamFG Rn. 4 ff.
392 MüKo ZPO/*Krafka* § 399 FamFG Rn. 11; Keidel/*Heinemann* § 397 Rn. 17 f.
393 Keidel/*Heinemann* § 397 Rn. 16.

Wird der Satzungsmangel nicht behoben oder wird kein Widerspruch erhoben bzw. der Widerspruch nicht ausreichend gerechtfertigt, hat das Gericht (ohne eigenes Ermessen) gemäß § 399 Abs. 2 FamFG den **Mangel der Satzung festzustellen**.[394] Gegen den Feststellungsbeschluss, der regelmäßig mit der Zurückweisung eines eventuellen Widerspruchs verbunden wird (vgl. § 399 Abs. 2 S. 2 FamFG), ist gemäß § 399 Abs. 3 FamFG die **Beschwerde** (§§ 58 ff. FamFG) **statthaft**. Mit dem Eintritt der Rechtskraft des Feststellungsbeschlusses ist die Aktiengesellschaft gemäß § 262 Abs. 1 Nr. 5 AktG **aufgelöst** und muss sie gemäß den §§ 264 ff. AktG abgewickelt werden.[395]

4. Die Klage auf Feststellung der Nichtigkeit einzelner Satzungsbestimmungen

Alle anderen inhaltlichen Mängel der Satzung, die nicht ausdrücklich in § 275 AktG oder § 399 FamFG aufgeführt sind, können **nicht** zur Nichtigkeit bzw. Auflösung der Aktiengesellschaft führen.[396]

173

Die möglicherweise aufgrund des Verstoßes gegen § 23 Abs. 5 AktG bestehende **Nichtigkeit einer einzelnen Satzungsbestimmung** kann – sofern ein entsprechendes Feststellungsinteresse besteht – lediglich im Rahmen einer allgemeinen Feststellungsklage gemäß § 256 ZPO geltend gemacht werden.[397]

174

5. Die Amtslöschung gemäß § 395 FamFG

Mängel des Gründungsverfahrens, insbesondere Mängel der Erklärungen der beteiligten Personen oder Mängel des Eintragungsverfahrens, werden grundsätzlich mit der Eintragung der Aktiengesellschaft in das Handelsregister **geheilt**.[398] Nur bei **besonders schwerwiegenden Verfahrensmängeln** kann das Registergericht die Eintragung der Aktiengesellschaft gemäß § 395 FamFG **von Amts wegen** löschen.[399] Mit der Eintragung des Löschungsvermerks im Handelsregister (§ 395 Abs. 1 S. 2 FamFG) wird die Aktiengesellschaft wieder in das **vor der Eintragung bestehende Stadium** zurückversetzt.

175

Da die §§ 397 und 399 FamFG **vorrangige Spezialvorschriften** darstellen, kommt eine Amtslöschung nach § 395 FamFG in deren Anwendungsbereich nicht in Betracht.[400] Als für § 395 FamFG **relevante Mängel** kommen deshalb lediglich das **Fehlen der Satzungsfeststellung** oder der **Übernahme von Aktien** überhaupt oder die **Eintragung ohne oder aufgrund einer gefälschten Anmeldung** in Betracht.[401] Den Aktionären oder Dritten (mit Ausnahme der berufsständischen Organe, § 380 Abs. 1 FamFG) steht kein eigenes Antragsrecht zu; sie können lediglich das Tätigwerden des Gerichts anregen.[402] Der Vorstand als gesetzlicher Vertreter und die Aktionäre als Beteiligte sind vom Registergericht über die beabsichtigte Löschung zu informieren (§§ 395 Abs. 2 S. 2 i. V. m. 394 Abs. 2 S. 1 FamFG sowie 7 Abs. 2 Nr. 1 FamFG) und auf die Möglichkeit zur Einlegung eines Widerspruchs innerhalb der vom Gericht gesetzten Frist hinzuweisen (§ 395 Abs. 2 S. 1 FamFG).[403] Ge-

176

---

394 MüKo ZPO/*Krafka* § 399 FamFG Rn. 17; Keidel/*Heinemann* § 399 Rn. 31.
395 MüKo ZPO/*Krafka* § 399 FamFG Rn. 19.
396 MüKo AktG/*Pentz* § 23 Rn. 174, 181; MüKo AktG/*Hüffer* § 275 Rn. 33; Spindler/Stilz/*Bachmann* § 275 Rn. 12; KöKo AktG/*Kraft* § 275 Rn. 6, 11; MAH AktR/*Peres* § 14 Rn. 84 ff.
397 MüKo AktG/*Hüffer* § 275 Rn. 33; Spindler/Stilz/*Bachmann* § 275 Rn. 12; KöKo AktG/*Kraft* § 275 Rn. 11; Hüffer/*Koch* § 275 Rn. 18.
398 KöKo AktG/*Kraft* § 275 Rn. 6; MüKo AktG/*Pentz* § 23 Rn. 175 ff.; MüKo AktG/*Hüffer* § 275 Rn. 34 ff.; MAH AktR/*Peres* § 14 Rn. 69, 88.
399 Spindler/Stilz/*Bachmann* § 275 Rn. 28 ff.; KöKo AktG/*Kraft* § 275 Rn. 8; MüKo AktG/*Hüffer* § 275 Rn. 37.
400 OLG Frankfurt NZG 2003, 790 (791); MüKo ZPO/*Krafka* § 395 FamFG Rn. 4 f., § 397 FamFG Rn. 3, § 399 FamFG Rn. 3; Spindler/Stilz/*Bachmann* § 275 Rn. 28.
401 Spindler/Stilz/*Bachmann* § 275 Rn. 29; KöKo AktG/*Kraft* § 275 Rn. 8.
402 MüKo ZPO/*Krafka* § 395 FamFG Rn. 12; Keidel/*Heinemann* § 395 Rn. 26 f.
403 MüKo ZPO/*Krafka* § 395 FamFG Rn. 14 f.

gen die Zurückweisung des Widerspruchs (nicht die Eintragung des Löschungsvermerks) ist gemäß §§ 395 Abs. 3 i. V. m. 393 Abs. 3 FamFG die Beschwerde (§§ 58 ff. FamFG) statthaft.[404]

II. Ersatzansprüche der Gesellschaft gegen Gründer, Vorstand, Aufsichtsrat oder Gründungsprüfer

177 Zeigt sich nach der Eintragung der Aktiengesellschaft in das Handelsregister, dass einer der Gründer, ein Mitglied des Vorstands oder des Aufsichtsrats oder der Gründungsprüfer eine der für sie im Gründungsstadium bestehenden **Pflichten verletzt** hat und ist der Aktiengesellschaft dadurch ein **Schaden** entstanden, dann stehen der Gesellschaft gemäß den §§ 46 bis 51 AktG **Ersatzansprüche** gegen die jeweilige Person zu. Inhaber dieser Ansprüche ist allein die Aktiengesellschaft, so dass die Geltendmachung und Durchsetzung gemäß § 78 Abs. 1 S. 1 AktG durch den Vorstand zu erfolgen hat – sofern nicht eines seiner Mitglieder selbst Anspruchsgegner ist. Für die Ersatzansprüche gegen die Gründer und die Mitglieder des Vorstands und des Aufsichtsrats sehen §§ 50 und 51 AktG Sonderregeln über die Zulässigkeit des Verzichts auf oder den Vergleich über sowie bezüglich der Verjährung der Ersatzansprüche vor.

1. Ersatzansprüche gegen Gründer

178 Wird nach der Eintragung der Aktiengesellschaft in das Handelsregister deutlich, dass die **Aufbringung des Grundkapitals** der Gesellschaft nicht so erfolgt ist oder so erfolgt, wie dies von den Gründungsvorschriften vorgesehen ist, stehen der Aktiengesellschaft gegen die Gründer und deren »Hintermänner« (Abs. 5) im Rahmen des § 46 AktG Ansprüche auf Ersatz des dadurch der Gesellschaft entstandenen Schadens zu. Ist einer der in § 46 Abs. 1 oder 2 AktG aufgeführten Sachverhalte erfüllt, sind sämtliche Gründer gesamtschuldnerisch zum Schadensersatz verpflichtet. Die Gründer können sich allerdings nach § 46 Abs. 3 AktG exkulpieren, wenn sie nachweisen, dass sie die die Ersatzpflicht begründenden Tatsachen nicht kannten und auch nicht bei Anwendung der Sorgfalt eines ordentlichen Geschäftsmannes kennen mussten.[405]

179 **Tatbestandlich** setzt eine Schadensersatzpflicht voraus, dass entweder (1.) die von einem der Gründer oder einem Dritten zum Zwecke der Gründung gemachten **Angaben** über die Übernahme der Aktien, die Einzahlung auf die Aktien, die Verwendung eingezahlter Beträge, über Sondervorteile, den Gründungsaufwand, Sacheinlagen oder Sachübernahmen **unrichtig oder unvollständig** sind (§ 46 Abs. 1 S. 1 AktG), (2.) eine zur Annahme von Einzahlungen auf das Grundkapital bestimmte **Stelle** (§ 54 Abs. 3 AktG) hierzu **nicht geeignet** ist (§ 46 Abs. 1 S. 2 Alt. 1 AktG), (3.) die eingezahlten Beträge **nicht zur freien Verfügung des Vorstands** stehen (§ 46 Abs. 1 S. 2 Alt. 2 AktG) oder die Gesellschaft durch (zumindest) einen der Gründer **durch Einlagen, Sachübernahmen oder Gründungsaufwand** vorsätzlich oder aus grober Fahrlässigkeit **geschädigt** worden ist (§ 46 Abs. 2 AktG).[406]

180 Daneben sieht § 46 Abs. 4 AktG im Falle der Nichtleistung eines Gründers unter bestimmten Voraussetzungen eine **gesamtschuldnerische Ausfallhaftung** der übrigen Gründer vor. Danach haben diejenigen Gründer, die im Zeitpunkt der Feststellung der Satzung und der Übernahme der Aktien positive Kenntnis davon hatten, dass der betreffende Gründer zahlungsunfähig ist oder unfähig ist, eine Sacheinlage zu leisten, der Gesellschaft den Schaden zu ersetzen, der durch den Ausfall entsteht.[407]

181 Da diese **Ansprüche ausschließlich der Gesellschaft zustehen**, ist für deren Geltendmachung gegenüber den einzelnen Gründern nach den allgemeinen Regeln der Vorstand zuständig. Leisten die

---

404 MüKo ZPO/*Krafka* § 395 FamFG Rn. 18; Keidel/*Heinemann* § 395 Rn. 43.
405 Zum Verschulden siehe MüKo AktG/*Pentz* § 46 Rn. 64 ff.;
406 Zu den Einzelheiten der Tatbestandsvoraussetzungen siehe MüKo AktG/*Pentz* § 46 Rn. 16 ff.
407 Zu den Einzelheiten siehe MüKo AktG/*Pentz* § 46 Rn. 51 ff.; KöKo AktG/*M. Arnold* § 46 Rn. 47 ff.; Hüffer/*Koch* § 46 Rn. 15 f.

Gründer trotz Vorliegens aller Tatbestandsvoraussetzungen nicht, hat er Leistungsklage zu erheben. Da es sich um einen gesellschaftsrechtlichen Anspruch handelt, kommt die Geltendmachung am allgemeinen Gerichtsstand des Beklagten (§ 12 ZPO) oder am Sitz der Gesellschaft (§ 22 ZPO) in Frage, der besondere Gerichtsstand der unerlaubten Handlung nach § 32 ZPO ist nicht gegeben.[408]

Einer **Aktionärsmehrheit** wird es bei Streitigkeiten zwischen den Aktionären häufig auch gelingen, (über den Aufsichtsrat) ihren Einfluss auf den Vorstand geltend zu machen und die Durchsetzung bestehender Ersatzansprüche gegen Minderheitsgründeraktionäre durch die Gesellschaft erreichen zu können. 182

Minderheitsaktionäre hingegen werden kaum in der Lage sein, den Vorstand zur Durchsetzung möglicherweise bestehender Ersatzansprüche gegen den Mehrheitsgründeraktionär bewegen zu können. Grundsätzlich stehen den Aktionären im Fall der Untätigkeit des Vorstands zwar die Instrumente (1.) der Sonderprüfung nach § 142 AktG[409], (2.) der Fassung eines den Vorstand zur Geltendmachung der Ersatzansprüche verpflichtenden Hauptversammlungsbeschlusses nach § 147 Abs. 1 AktG, unter Umständen in Verbindung mit der Bestellung eines besonderen Vertreters nach § 147 Abs. 2 AktG[410], sowie (3.) der Geltendmachung der Ersatzansprüche durch einen Aktionär nach Zulassung der Klage durch das Gericht gemäß § 148 AktG zur Verfügung.[411] In der Praxis kommen diese Instrumente allerdings nur selten zur Anwendung. 183

Im Übrigen können der Aktiengesellschaft Schadensersatzansprüche gegen die Gründer auch über §§ 823 Abs. 2 BGB i. V. m. § 263 StGB oder § 826 BGB zustehen.[412] 184

2. Ersatzansprüche gegen Vorstand oder Aufsichtsrat

Die Mitglieder des Vorstands und des Aufsichtsrats einer Aktiengesellschaft haften nach § 48 AktG auch für die vor der Eintragung der Gesellschaft in das Handelsregister begangenen Pflichtverletzungen gemäß den **§§ 93 und 116 AktG**. Für Inhalt und Geltendmachung der der Gesellschaft zustehenden Ansprüche gelten somit die dort niedergelegten (allgemeinen) Regeln.[413] Lediglich die Fragen des Verzichts (§ 93 Abs. 4 S. 3 und 4 AktG) und der Verjährung (§ 93 Abs. 6 AktG) der Ersatzansprüche werden gesondert in den §§ 50 und 51 AktG geregelt. 185

Voraussetzung für das Entstehen der Ansprüche ist die **Eintragung** der Aktiengesellschaft in das Handelsregister.[414] Als hervorgehobene Pflichten werden in § 48 S. 1 AktG ausdrücklich die Verantwortlichkeit für die **Eignung** der zur Annahme von Einzahlungen auf die Aktien bestimmten **Stelle** (§ 54 Abs. 3 AktG) und für die **freie Verfügbarkeit des Vorstands** über die eingezahlten Beträge aufgeführt. Daneben haben die Verwaltungsmitglieder allerdings im Rahmen des von § 93 AktG festgelegten Sorgfaltsmaßstabs auch für die Verletzung aller anderen für sie in Bezug auf die Gründung bestehenden Pflichten, wie die Pflicht zur Prüfung des Gründungshergangs (§§ 33 Abs. 1 und 34 AktG) oder die Pflicht zur ordnungsgemäßen Anmeldung der Gesellschaft zum Handelsregister (§ 36 Abs. 1 AktG), einzustehen.[415] 186

Zur Durchsetzung der gegen die Mitglieder des Vorstands und des Aufsichtsrats bestehenden Ansprüche siehe § 9 Rdn. 53–213 bzw. § 9 Rdn. 245–271. 187

---

408 MüKo AktG/*Pentz* § 46 Rn. 77; KöKo AktG/*M. Arnold* § 46 Rn. 15; K. Schmidt/Lutter/*Bayer* § 46 Rn. 2; a. A. GroßkommAktG/*Ehricke* § 46 Rn. 8 f., 122, der auch den besonderen Gerichtsstand der unerlaubten Handlung gemäß § 32 ZPO für zulässig befindet.
409 Siehe dazu § 6 Rdn. 65 ff.
410 Siehe dazu § 6 Rdn. 148 ff.
411 Siehe dazu § 9 Rdn. 67 ff.
412 MüKo AktG/*Pentz* § 46 Rn. 15; Hüffer/*Koch* § 46 Rn. 3; KöKo AktG/*M. Arnold* § 46 Rn. 4.
413 Siehe dazu § 9 Rdn. 55 ff. und Rdn. 245 ff.
414 MüKo AktG/*Pentz* § 48 Rn. 6; Spindler/Stilz/*Gerber* § 48 Rn. 1; GroßkommAktG/*Ehricke* § 48 Rn. 8.
415 Vgl. dazu insbesondere MüKo AktG/*Pentz* § 48 Rn. 14 ff.

188 Im Übrigen können der Aktiengesellschaft Schadensersatzansprüche gegen die Verwaltungsmitglieder auch über §§ 823 Abs. 2, 840 BGB i. V. m. § 266 StGB oder § 826 BGB zustehen.[416]

3. Ersatzansprüche gegen Gründungsprüfer

189 Der Gründungsprüfer (§ 33 Abs. 2 AktG) haftet der Aktiengesellschaft gemäß § 49 AktG i. V. m. § 323 Abs. 1 bis 4 HGB für die von ihm im Rahmen seiner Gründungsprüfung begangenen Pflichtverletzungen.[417] Zu seinen Pflichten gehören gemäß § 323 Abs. 1 HGB insbesondere die **gewissenhafte und unparteiische Prüfung** sowie die **Verschwiegenheit** über die ihm im Rahmen der Prüfung bekannt gewordenen Umstände.[418] Daneben ist der Prüfer auch verpflichtet, auf schwerwiegende Bedenken gegen die Qualifikation bzw. Eignung von Vorstandsmitgliedern oder gegen die Überlebensfähigkeit der Gesellschaft hinzuweisen (»**Warnpflicht**«).[419]

190 Die Ansprüche der Gesellschaft sind entsprechend den allgemeinen Regeln vom Vorstand geltend zu machen. Die Verjährung der Ersatzansprüche richtet sich nach den allgemeinen Vorschriften der §§ 195, 199 BGB.[420]

191 Im Übrigen können der Aktiengesellschaft Schadensersatzansprüche gegen den Gründungsprüfer auch über §§ 823 Abs. 2, 840 BGB i. V. m. §§ 403, 404 AktG oder § 826 BGB zustehen.[421]

III. Nachgründung

1. Voraussetzungen und Rechtsfolgen

192 Zur **Sicherung der ordnungsgemäßen Kapitalaufbringung** und zum **Schutz vor der Umgehung der Sachgründungsvorschriften** sieht § 52 AktG zwingend vor, dass bestimmte wirtschaftlich erhebliche Verträge, die eine Aktiengesellschaft innerhalb von zwei Jahren nach ihrer Eintragung in das Handelsregister[422] mit einem Gründer oder einem Aktionär, der mit mehr als 10 % am Grundkapital der Gesellschaft beteiligt ist, abschließt, für ihre Wirksamkeit der **Zustimmung der Hauptversammlung** und der **Eintragung in das Handelsregister** bedürfen.[423] Auf Verträge, die vor der Eintragung der Aktiengesellschaft in das Handelsregister geschlossen worden sind, ist die Vorschrift nicht anwendbar.[424] Die Regeln zur verdeckten Sacheinlage werden von den Vorschriften über die Nachgründung nicht verdrängt[425], und es ist sorgfältig zu prüfen, ob der Sachverhalt nicht auf dieser Grundlage zu lösen ist.

193 Sofern es nicht um den Erwerb von Vermögensgegenständen im Rahmen der laufenden Geschäfte[426], in der Zwangsvollstreckung oder an der Börse geht (§ 52 Abs. 9 AktG), werden alle Verträge mit Gründern, mit mehr als 10 % beteiligten Aktionären und sonstigen in den Anwendungsbereich von § 52 AktG fallenden Personen[427] erfasst, auf deren Grundlage die Aktiengesellschaft Vermögens-

---

416 MüKo AktG/*Pentz* § 48 Rn. 11; KöKo AktG/*M. Arnold* § 48 Rn. 4; GroßkommAktG/*Ehricke* § 48 Rn. 32.
417 Zu den Einzelheiten siehe MüKo AktG/*Pentz* § 49 Rn. 19 ff.; GroßkommAktG/*Ehricke* § 49 Rn. 2 ff.
418 KöKo AktG/*M. Arnold* § 49 Rn. 9 ff.; MüKo AktG/*Pentz* § 49 Rn. 21 ff.; Spindler/Stilz/*Gerber* § 49 Rn. 4.
419 BGHZ 64, 52 (60) mit Hinweis auf BGHZ 16, 17 (25); MüKo AktG/*Pentz* § 49 Rn. 25; KöKo AktG/*M. Arnold* § 49 Rn. 11.
420 MüKo AktG/*Pentz* § 49 Rn. 43; K. Schmidt/Lutter/*Bayer* § 49 Rn. 2; Hüffer/*Koch* § 49 Rn. 4.
421 MüKo AktG/*Pentz* § 49 Rn. 18; GroßkommAktG/*Ehricke* § 49 Rn. 46.
422 Nach h. M. gilt die Vorschrift auch bei Sachkapitalerhöhungen entsprechend, vgl. OLG Oldenburg AG 2002, 620; MüKo AktG/*Pentz* § 52 Rn. 73 ff.; Hüffer/*Koch* § 52 Rn. 11; GroßkommAktG/*Priester* § 52 Rn. 22 f.
423 Vgl. MüKo AktG/*Pentz* § 52 Rn. 5; Hüffer/*Koch* § 52 Rn. 1; Spindler/Stilz/*Heidinger* § 52 Rn. 4 f.
424 MüKo AktG/*Pentz* § 52 Rn. 8.
425 BGHZ 175, 265 = NJW 2007, 3425 – Lurgi.
426 Siehe dazu Spindler/Stilz/*Heidinger* § 52 Rn. 17 ff.; MüKo AktG/*Pentz* § 52 Rn. 54 ff.
427 Siehe dazu MüKo AktG/*Pentz* § 52 Rn. 14; Hüffer/*Koch* § 52 Rn. 11.

gegenstände (auch Dienstleistungen[428]) für eine **Vergütung** erwerben soll, die **10 % des Grundkapitals** übersteigt. Ohne die Zustimmung der Hauptversammlung und die Handelsregistereintragung sind sowohl der betroffene Vertrag (§ 52 Abs. 1 S. 1 AktG) als auch sämtliche Rechtsgeschäfte zu seiner Ausführung (§ 52 Abs. 1 S. 2 AktG) **unwirksam**.[429] Besonderheiten der Beschlussfassung der Hauptversammlung und des registerrechtlichen Eintragungsverfahrens sind in § 52 Abs. 2 bis 8 AktG geregelt[430]; so sind insbesondere ein Nachgründungsbericht des Aufsichtsrats (Abs. 3) und eine Prüfung des Vertragsschlusses einschließlich Prüfungsbericht entsprechend den Regelungen über die Gründungsprüfung durch einen Gründungsprüfer (Abs. 4) erforderlich.

Aus einem Vertrag, auf den die Nachgründungsvorschriften anwendbar sind, der aber nicht in das Handelsregister eingetragen worden ist, können aufgrund seiner Unwirksamkeit weder der Vertragspartner (Gründer/Aktionär) noch die Aktiengesellschaft Rechte herleiten.[431] Bereits ausgetauschte Leistungen müssen **rückabgewickelt** werden. Neben Bereicherungsansprüchen nach den §§ 812 ff. BGB[432] bestehen bei Sachen auch Eigentumsherausgabeansprüche gemäß § 985 BGB.[433] Rechte sind nie wirksam übergegangen. Schadensersatzansprüche des Vertragspartners gegen die Aktiengesellschaft bestehen regelmäßig nicht, da dies den Schutzzweck von § 52 AktG unterlaufen würde.[434] 194

Im Übrigen können trotz Hauptversammlungsbeschluss und Eintragung im Handelsregister bei entsprechendem Verhältnis von Leistung und Gegenleistung auch die Voraussetzungen des § 57 AktG vorliegen, so dass der Aktiengesellschaft Ansprüche nach § 62 AktG zustehen können. Darüber hinaus lehnt der BGH, anders als Teile der Literatur,[435] die Anwendbarkeit des § 62 AktG auf die Nachgründung ab.[436] 195

Die Nachgründungsvorschriften finden nach herrschender Meinung auch bei **Sachkapitalerhöhungen**[437] und bestimmten **umwandlungsrechtlichen Vorgängen** Anwendung.[438] 196

2. Klage auf Feststellung des Nichtbestehens des Vertragsverhältnisses

Wird ein von § 52 AktG erfasster Vertrag trotz seiner Unwirksamkeit von dem Vertragspartner und der Aktiengesellschaft ausgeführt, kann ein Aktionär im Wege der **negativen Feststellungsklage** gemäß § 256 ZPO auf Feststellung des Nichtbestehens des Vertragsverhältnisses klagen. 197

Die Klage kann **gegen die Aktiengesellschaft und den Vertragspartner** gerichtet werden. Dabei ist nach ständiger Rechtsprechung des BGH unschädlich, dass Gegenstand der Feststellungsklage ein Rechtsverhältnis ist, an dem der Kläger nicht selbst beteiligt ist (**Drittrechtsverhältnis**).[439] Die Lite- 198

---

428 MüKo AktG/*Pentz* § 52 Rn. 17; Hüffer/*Koch* § 52 Rn. 4; KöKo AktG/*M. Arnold* § 52 Rn. 18.
429 Vgl. MüKo AktG/*Pentz* § 52 Rn. 4; Hüffer/*Koch* § 52 Rn. 7 ff.
430 Vgl. dazu MüKo AktG/*Pentz* § 52 Rn. 25 ff.
431 Vgl. MüKo AktG/*Pentz* § 52 Rn. 61.
432 BGHZ 175, 265 = NJW 2007, 3425 – Lurgi.
433 MüKo AktG/*Pentz* § 52 Rn. 62; K. Schmidt/Lutter/*Bayer* § 52 Rn. 44; KöKo AktG/*M. Arnold* § 52 Rn. 45.
434 MüKo AktG/*Pentz* § 52 Rn. 48; ähnlich GroßkommAktG/*Priester* § 52 Rn. 85, der allerdings unter Umständen eine Haftung aus culpa in contrahendo in Erwägung zieht.
435 BGHZ 175, 265 = NJW 2007, 3425 – Lurgi; zustimmend K. Schmidt/Lutter/*Bayer* § 52 Rn. 42; MüKo AktG/*Pentz* § 52 Rn. 62; letztlich auch Spindler/Stilz/*Heidinger* § 52 Rn. 86.
436 Hüffer/*Koch* § 52 Rn. 9; GroßkommAktG/*Priester* § 52 Rn. 88.
437 Str., siehe OLG Oldenburg AG 2002, 620; MüKo AktG/*Pentz* § 52 Rn. 73 f.; KöKo AktG/*M. Arnold* § 52 Rn. 9; Spindler/Stilz/*Heidinger* § 52 Rn. 48; Hüffer/*Koch* § 52 Rn. 11; KapGesR/*Veil* § 10 Rn. 28; a. A. *Reichert* ZGR 2001, 554, 579 ff.; *Habersack* ZGR 2008, 48, 59 f.; *Mühlbert* AG 2003, 136, 139 ff.; offen gelassen in BGHZ 175, 265 = NJW 2007, 3425 – Lurgi.
438 KöKo AktG/*M. Arnold* § 52 Rn. 8; Spindler/Stilz/*Heidinger* § 52 Rn. 46 f.; Hüffer/*Koch* § 52 Rn. 10; KapGesR/*Veil* § 10 Rn. 28.
439 BGH NJW 1990, 2627; NJW 1997, 318 (319); BGHZ 136, 332; BGHZ 164, 249.

ratur sieht das grundsätzlich etwas kritischer,[440] würde aber wohl in der vorliegenden Konstellation die Betroffenheit des Klägers und die Zulässigkeit der Feststellungsklage ebenfalls bejahen. Das notwendige Feststellungsinteresse des Klägers lässt sich gegenüber der Gesellschaft damit begründen, dass die Regelungen des § 52 AktG auch dem Schutz der Aktionäre dienen[441] und dass insbesondere das Unterlassen der Einholung eines zustimmenden Hauptversammlungsbeschlusses in die Rechte des Klägers als Aktionär eingreift.[442] Das Feststellungsinteresse des Klägers gegenüber dem Vertragspartner (Gründer/Aktionär) lässt sich wiederum auf die mögliche Verletzung von Treuepflichten und darauf beruhenden möglichen Schadensersatzpflichten gegenüber der Aktiengesellschaft stützen.[443] Das Feststellungsinteresse ist auch nicht wegen einer möglicherweise zu erhebenden Leistungsklage ausgeschlossen, da einem Aktionär eine Leistungsklage in dieser Konstellation nicht zur Verfügung steht. Der Gerichtsstand richtet sich nach §§ 13, 17, 22 ZPO. Im Prozess muss der Kläger behaupten und beweisen, dass die Aktiengesellschaft und der Vertragspartner den fraglichen Vertrag für wirksam halten und letztere müssen beweisen, dass der Vertrag wirksam besteht und die Anforderungen des § 52 AktG erfüllt oder (wahrscheinlicher) überhaupt nicht einschlägig sind.

199 Ein der **Klage stattgebendes Urteil** ist vom Vorstand der Aktiengesellschaft durch ordnungsgemäße Nachholung des Gründungsverfahrens oder durch Rückabwicklung bereits ausgetauschter Leistungen umzusetzen. Tun die Vorstandsmitglieder dies nicht, verletzen sie offensichtlich ihre Sorgfaltspflichten gemäß § 93 AktG und machen sich entsprechend schadensersatzpflichtig. Zur Durchsetzung von Schadensersatzansprüchen der Aktiengesellschaft gegen Vorstandsmitglieder siehe § 9 Rdn. 53–151.

3. Anfechtungsklage gegen einen zustimmenden Hauptversammlungsbeschluss

200 Stimmt die Hauptversammlung der Aktiengesellschaft dem Abschluss eines von § 52 Abs. 1 S. 1 AktG erfassten Vertrages mit der erforderlichen Mehrheit von drei Vierteln des bei der Beschlussfassung vertretenen Grundkapitals zu, obwohl (1.) die nach § 52 Abs. 2 S. 1 AktG erforderliche **Schriftform** (oder strengere Form) **nicht erfüllt** ist, (2.) der nach § 52 Abs. 3 AktG vom Aufsichtsrat zu erstellende **Nachgründungsbericht nicht vorliegt** oder (3.) die **Nachgründungsprüfung** gemäß § 52 Abs. 4 AktG **nicht erfolgt** ist, ist der Hauptversammlungsbeschluss **anfechtbar**.[444] Es gelten die allgemeinen Regelungen für Anfechtungsklagen gegen Hauptversammlungsbeschlüsse.[445]

4. Ersatzansprüche gegen Mitglieder des Vorstands und des Aufsichtsrats

201 **Verstoßen** die Mitglieder des Vorstands und des Aufsichtsrats im Zusammenhang mit dem Nachgründungsverfahren gegen die von § 46 AktG sanktionierten **Pflichten**, stehen der Aktiengesellschaft gemäß § 53 AktG **Ersatzansprüche** zu. Dabei unterliegen sie **verschärften Sorgfaltsanforderungen**, da § 53 S. 3 AktG ausdrücklich die Sorgfalt eines ordentlichen und gewissenhaften Geschäfts*leiters* und nicht lediglich Geschäfts*mannes* verlangt.[446] Im Übrigen gelten die Ausführungen in Rdn. 185–188 entsprechend, wobei zu beachten ist, dass für die Geltendmachung und Durchsetzung der Ansprüche gegen die Vorstandsmitglieder der Aufsichtsrat zuständig ist.

---

440 MüKo ZPO/*Becker-Eberhard* § 256 Rn. 34; Musielak/Foerste § 256 Rn. 5; Zöller/*Greger* § 256 Rn. 3b; vgl. auch *Ulrich/Jäckel* NZG 2009, 1132.
441 Spindler/Stilz/*Heidinger* § 52 Rn. 6; MüKo AktG/*Pentz* § 52 Rn. 5; GroßkommAktG/*Priester* § 52 Rn. 13.
442 Vgl. BGH NJW 1990, 2627 (2628).
443 Vgl. BGH NJW 1990, 2627 (2628).
444 MüKo AktG/*Pentz* § 52 Rn. 63 ff.; KöKo AktG/*M. Arnold* § 52 Rn. 23 ff.; Spindler/Stilz/*Heidinger* § 52 Rn. 93 ff.
445 Siehe § 8 Rdn. 2 ff.
446 KöKo AktG/*M. Arnold* § 53 Rn. 5; MüKo AktG/*Pentz* § 53 Rn. 12; GroßkommAktG/*Ehricke* § 53 Rn. 16.

Daneben besteht die allgemeine Haftung der Mitglieder des Vorstands und des Aufsichtsrats gemäß §§ 93, 116 AktG fort.[447]

5. Rechtsbehelfe gegen die Ablehnung der Eintragung

Lehnt das Registergericht die Eintragung des Vertrags in das Handelsregister ab, insbesondere aus den in § 52 Abs. 7 AktG niedergelegten Gründen, stehen der Aktiengesellschaft die in Rdn. 112–113 dargestellten **Rechtsbehelfe** gegen die Ablehnung zu.

D. Übergang von Prozessen der Vorgesellschaft auf die Aktiengesellschaft

Die Vorgesellschaft ist **aktiv** und **passiv parteifähig** und kann somit als Kläger oder Beklagter Partei eines Prozesses sein.[448] Aufgrund des geltenden **Kontinuitätsgrundsatzes** setzt sich die Vorgesellschaft in der Aktiengesellschaft fort und es bedarf **keines weiteren Aktes** zur Überleitung sämtlicher Vermögensgegenstände, Rechtsverhältnisse und Verbindlichkeiten von der Vorgesellschaft auf die Aktiengesellschaft.[449] Die Eintragung der Aktiengesellschaft in das Handelsregister hat somit keine Auswirkungen auf laufende Prozesse der Vorgesellschaft. Diese werden von der Aktiengesellschaft weitergeführt, ohne dass ein Parteiwechsel oder eine Unterbrechung des Prozesses eintritt oder dass es der Zustimmung der Gegenpartei (§ 265 Abs. 2 S. 2 ZPO ist nicht erfüllt), einer Klageänderung (§ 263 ZPO) oder sonstiger Prozesshandlung bedarf. Es ist lediglich zur Klarstellung der Wegfall des von der Vorgesellschaft geführten Firmenzusatzes »i. Gr.« dem Gericht anzuzeigen und das **Rubrum** entsprechend zu **berichtigen**.[450] Dies kann zu jeder Zeit des Verfahrens, auch in den Rechtsmittelinstanzen, erfolgen.[451] Bereits gegen die Vorgesellschaft erlangte **Vollstreckungstitel** können ohne Titelumschreibung gem. § 727 ZPO gegen die Aktiengesellschaft vollstreckt werden.[452]

---

[447] Hüffer/*Koch* § 53 Rn. 3; KöKo AktG/*M. Arnold* § 53 Rn. 7; MüKo AktG/*Pentz* § 53 Rn. 13; Spindler/Stilz/*Gerber* § 53 Rn. 4.

[448] Siehe Rdn. 68 ff.

[449] Siehe Rdn. 8.

[450] MüKo ZPO/*Lindacher* Vor §§ 50 ff. 21; MüKo ZPO/*Becker-Eberhard* § 263 Rn. 69; GroßkommAktG/*K. Schmidt* § 41 Rn. 101; vgl. auch OLG Stuttgart NJW-RR 1989, 637 (637 f.); OLG Hamm NJW-RR 1991, 188; Hachenburg/*Ulmer* § 11 GmbHG Rn 74; *K. Schmidt* GesR § 34 III 4 a; *Wiedemann* Jura 1970, 439 (462); MüKo HGB/*Heidinger* § 21 Rn. 12.

[451] BGH NJW 1962, 1441 (1442); MüKo ZPO/*Lindacher* Vor § 50 Rn. 21; Thomas/Putzo/*Hüßtege* Vor § 50 Rn. 4; Musielak/*Weth* § 50 Rn. 9.

[452] GroßkommAktG/*K. Schmidt* § 41 Rn. 101; vgl. entsprechend zur GmbH OLG Stuttgart NJW-RR 1989, 637 (638).

§ 5 Streitigkeiten um Aktien

Übersicht

	Rdn.
A. **Streitigkeiten bei der Übertragung von Aktien**	1
I. Übertragungsmöglichkeit	1
1. Rechtsgeschäftliche Übertragungsarten	1
2. Folgen der unterschiedlichen Übertragungsarten	5
a) Abtretung nach §§ 398, 413 ff. BGB	5
b) Übertragung nach §§ 929 ff. BGB	7
c) Übertragung durch Indossament	8
II. Streitigkeiten infolge der Übertragung von vinkulierten Aktien: Klage auf Zustimmung bzw. Eintragung ins Aktienregister	10
1. Streitigkeiten über Zustimmungsbedürftigkeit	12
a) Aktien werden nicht von der Satzungsregelung gem. § 68 Abs. 2 Satz 1 AktG erfasst	13
b) Übertragungsform wird von der Satzungsregelung nach § 68 Abs. 2 Satz 1 AktG nicht erfasst	18
c) Übertragung aufgrund unwirksamer Vinkulierungsklausel zustimmungsfrei	20
d) Rechtsschutz bei fehlender Zustimmungsbedürftigkeit: Klage auf Feststellung bzw. Eintragung ins Aktienregister	23
2. Streitigkeiten über Zustimmungserteilung und Schadensersatz wegen verweigerter Zustimmung	26
a) Anspruch des Veräußerers auf Erklärung und Zustimmungserteilung	26
aa) Anspruch auf Erklärung innerhalb angemessener Frist	26
bb) Anspruch auf Zustimmung bzw. ermessensfehlerfreie Entscheidung	27
(1) Gebunde Entscheidung	27
(2) Ermessenentscheidung	28
b) Inhalt des Anspruchs aus Zustimmungserteilung	44
c) Ansprüche des Erwerbers?	47
d) Schadensersatzansprüche des Veräußerers bei unberechtigter Zustimmungsverweigerung	52

	Rdn.
e) Schadensersatzansprüche des Erwerbers gegen den Veräußerer	54
III. Streitigkeiten infolge der Übertragung von vinkulierten Aktien: Klagen bei bevorstehender bzw. bereits erteilter Zustimmung	60
1. Klagen zur Verhinderung einer bevorstehenden Zustimmung und Schadensersatz wegen erteilter Zustimmung	60
2. Klage auf Feststellung, dass die Zustimmungserteilung unwirksam war	69
B. **Streitigkeiten bei der Einziehung von Aktien, § 237 AktG: Anfechtung des Beschlusses**	72
I. Fehlende bzw. nachträglich beschlossene Satzungsregelung zur Zwangseinziehung	75
II. Unzulässige Satzungsregelung zur Zwangseinziehung	78
III. Voraussetzungen der Satzungsregelung zur Zwangseinziehung oder Anforderungen an den Einziehungsbeschluss der HV liegen nicht vor	81
IV. Rechtsfolgen bei Verstößen gegen § 237 Abs. 3–5 AktG im vereinfachten Verfahren	84
C. **Streitigkeiten bei der Kraftloserklärung und dem Umtausch von Aktien**	87
I. Streitigkeiten bei der Kraftloserklärung abhanden gekommener oder vernichteter Aktien (§ 72 AktG)	87
1. Kraftloserklärung durch einen Nichtberechtigten	92
2. Streit über die Echtheit einer im Aufgebotsverfahren vorgelegten Urkunde	94
II. Streitigkeiten bei der Kraftloserklärung von Aktien wegen unterlassener Einreichung bei der Gesellschaft	99
1. Kraftloserklärung wegen unterlassener Einreichung zur Berichtigung oder Umtausch (§ 73 AktG)	99
2. Kraftloserklärung wegen unterlassener Einreichung zur Zusammenlegung (§ 226 AktG)	105
III. Kraftloserklärung im Zusammenhang mit dem Umtausch von Aktien bei der Verschmelzungen durch Aufnahme (§ 72 UmwG)	107
IV. Kraftloserklärung im Zusammenhang mit dem Umtausch von Aktien beim Formwechsel (§ 248 UmwG)	112

A. Streitigkeiten bei der Übertragung von Aktien

I. Übertragungsmöglichkeit

1. Rechtsgeschäftliche Übertragungsarten

Die durch Inhaberaktien verbrieften Mitgliedschaftsrechte können sowohl nach §§ 929 ff. BGB als auch durch Abtretung nach §§ 398, 413 BGB übertragen werden.[1]

Bei der Übertragung nach §§ 929 ff. BGB wird die Aktienurkunde übertragen und folgt das Mitgliedschaftsrecht dem Eigentum an der Aktienurkunde.[2] Eine Übertragung nach §§ 929 ff. BGB setzt daher voraus, dass die Inhaberaktie als Urkunde verbrieft wurde.[3] Wurden Inhaberaktien nicht als Urkunde verbrieft, existiert nur das Mitgliedschaftsrecht, das dann nur nach §§ 398, 413 BGB übertragen werden kann.

Die durch Namensaktien verbrieften Mitgliedschaftsrechte können hingegen nicht nach §§ 929 ff. BGB übertragen werden.[4] Namensaktien sind geborene Orderpapiere[5] und können nach §§ 398, 413 BGB oder durch Indossament übertragen werden.[6] Nur wenn Namensaktien blanko indossiert wurden, können sie entsprechend Art. 14 Abs. 2 WG auch nach §§ 929 ff. BGB übertragen werden.[7] Bei Namensaktien kann zur Übertragung gem. § 68 Abs. 2 Satz 1 AktG außerdem die Zustimmung der Gesellschaft erforderlich sein.[8]

Wenn das Mitgliedschaftsrecht sowohl durch Abtretung als auch nach §§ 929 ff. BGB übertragen werden kann, kann der nur bei der Übertragung nach §§ 929 ff. BGB gegebene Gutglaubensschutz[9] in Zweifelsfällen dafür sprechen, die Erklärungen der Parteien als Übertragung nach §§ 929 ff. BGB auszulegen.[10] Umgekehrt können bekannte Mängel bei der Verbriefung der Aktien, insbesondere Mängel des Begebungsvertrages, in Zweifelsfällen dafür sprechen, die Erklärungen als Abtretung nach §§ 398, 413 BGB auszulegen.[11]

2. Folgen der unterschiedlichen Übertragungsarten

a) Abtretung nach §§ 398, 413 ff. BGB

Wird ein in der Aktie verkörpertes Mitgliedschaftsrecht durch Abtretung nach §§ 398, 413 BGB übertragen, erwirbt der Zessionar bei wirksamer Abtretung das Eigentum an der Aktie nach § 952 Abs. 2 BGB und kann daher Herausgabe der Aktienurkunde nach § 985 BGB verlangen. Daneben kann dem Zessionar ein vertraglicher Herausgabeanspruch aus dem Kaufvertrag mit dem Zedenten auf Herausgabe der Aktie zustehen.

Bei der Abtretung nach §§ 413, 398 ff. BGB besteht mangels Rechtsscheintatbestandes keinerlei Gutglaubensschutz zugunsten des Erwerbers. Der Erwerber kann daher nur dann Inhaber des Mit-

---

1 KöKo AktG/*Lutter/Drygala* Anh. § 68 Rn. 17.
2 Hueck/Canaris Wertpapierrecht § 2 III 3 a).
3 Wurden die Mitgliedschaftsrechte in Form einer Dauerglobalurkunde verbrieft, ist allerdings umstritten, ob eine Übertragung nach §§ 929 ff. BGB möglich ist. Dies wird teilweise mit Hinblick darauf abgelehnt, dass es an der hierfür erforderlichen Besitzposition des Veräußerers fehle. Für die Möglichkeit der Übertragung nach §§ 929 ff. BGB: *Eder* NZG 2004, 107 (113 ff.), dagegen: *Habersack/Mayer* WM 2000, 1678 (1680 ff.); *Mentz/Fröhling* NZG 2002, 209.
4 *Mirow* NZG 2008, 52 (54).
5 KöKo AktG/*Lutter/Drygala* § 68 Rn. 7; Hueck/Canaris Wertpapierrecht § 2 III 2 b).
6 Hueck/Canaris Wertp19 Februar 2015apierrecht § 2 III 2 b); KöKo AktG/*Lutter/Drygala* § 68 Rn. 7 ff., 34.
7 Der Verweis auf Art. 14 WG wurde als selbstverständlich unterlassen, KöKo AktG/*Lutter/Drygala* § 68 Rn. 9.
8 Vgl. zu Streitigkeiten bei der Übertragung sog. vinkulierter Namensaktien sogleich unter Rdn. 10 f.
9 Vgl. hierzu unter Rdn. 7.
10 Vgl. hierzu *Eder* NZG 2004,107 (108).
11 Vgl. hierzu *Eder* NZG 2004,107 (108); *Mirow* NZG 2008, 52 (53).

gliedschaftsrechts und damit Inhaber der Aktie werden, wenn der Zedent tatsächlich Inhaber des Mitgliedschaftsrechts war.

b) Übertragung nach §§ 929 ff. BGB

7   Die Übertragung erfolgt durch dingliche Einigung gem. § 929 Satz 1 BGB und Übergabe im Sinne der §§ 929 Satz 1, Satz 2, 930, 931 BGB.[12] Welche Übergabeform bzw. welches Übergabesurrogat vereinbart wird, hängt von der Art der Verbriefung und der Form der Verwahrung der Aktie ab.[13] Je nach Übergabeform bzw. Übergabesurrogat ist der gute Glaube des Erwerbs an die Berechtigung des Veräußerers nach §§ 932–934 BGB geschützt.

c) Übertragung durch Indossament

8   Zur Übertragung durch Indossament bedarf es einer fest mit dem Wertpapier verbundenen schriftlichen Erklärung (Art. 13 Abs. 1 WG) und daneben der Übergabe und Einigung nach § 929 Satz 1 BGB.[14] Das Angebot zur Einigung nach § 929 Satz 1 BGB ergibt sich dabei in der Regel konkludent aus dem Indossament.[15]

9   Gemäß Art. 16 Abs. 1 WG wird zugunsten des durch ununterbrochene Indossamentenkette ausgewiesenen Indossatars, der im Besitz der Namensaktie ist, die Vermutung begründet, dass er Eigentümer der Urkunde und damit Aktionär ist.[16] Zudem bietet Art. 16 Abs. 2 WG einen erweiterten Gutglaubensschutz, da das Indossament und die Übertragung nach § 929 Satz 1 BGB das Mitgliedschaftsrecht bei ununterbrochener Indossamentenkette auch dann auf den gutgläubigen Erwerber überträgt, wenn die Aktie dem Berechtigten abhanden gekommen ist.[17]

II. Streitigkeiten infolge der Übertragung von vinkulierten Aktien: Klage auf Zustimmung bzw. Eintragung ins Aktienregister

10   Nach § 68 Abs. 2 Satz 1 AktG kann die Satzung die Übertragung von Namensaktien an die Zustimmung der Gesellschaft binden. Wenn die Satzung eine solche Regelung vorsieht, können bei der Übertragung von Namensaktien sowohl Streitigkeiten darüber entstehen, ob eine bestimmte Übertragung zustimmungsbedürftig ist, als auch darüber, ob der Veräußerer oder der Erwerber einen Anspruch auf Erteilung der Zustimmung hat.

11   Ist schon streitig, ob eine bestimmte Übertragung zustimmungsbedürftig ist, kommt für den Veräußerer wie den Erwerber eine Klage auf Feststellung, dass die Übertragung auch ohne Zustimmung bereits wirksam ist oder eine Klage auf Eintragung ins Aktienregister in Betracht. Wenn hingegen klar ist, dass die Übertragung der Zustimmung der Gesellschaft bedarf, kommt eine Klage auf Erteilung der Zustimmung in Betracht.

1. Streitigkeiten über Zustimmungsbedürftigkeit

12   Auch wenn die Satzung vorsieht, dass die Übertragung von Namensaktien der Zustimmung der Gesellschaft bedarf, ist die Übertragung von Namensaktien dennoch nicht zustimmungsbedürftig, wenn die von der Übertragung betroffenen Aktien oder die konkrete Übertragungsform von der Sat-

---

12   Zum Beispiel durch Einschaltung von Mittelspersonen (§ 929 Satz 1 BGB) oder nach §§ 929 Satz 1, 931 BGB durch Abtretung der Herausgabeansprüche des Veräußerers gegen die Depotbank/den Verwahrer gem. § 695 BGB oder §§ 546 Abs. 2, 604 Abs. 4 BGB analog (im Fall der Drittverwahrung), *Mirow* NZG 2008, 52 (54); *Eder* NZG 2004, 109.
13   Dazu ausführlich *Eder* NZG 2004, 107; *Mirow* NZG 2008, 52; *Mentz/Fröhling* NZG 2002, 201.
14   BGH NJW 1958, 302; KöKo AktG/*Lutter/Drygala* § 68 Rn. 13 m. w. N.; Hueck/Canaris Wertpapierrecht § 8 IV 2 a).
15   KöKo AktG/*Lutter/Drygala* § 68 Rn. 13.
16   KöKo AktG/*Lutter/Drygala* § 68 Rn. 17; Hüffer/*Koch* § 68 Rn. 8.
17   KöKo AktG/*Lutter/Drygala* § 68 Rn. 20 f.; Hüffer/*Koch* § 68 Rn. 9.

A. Streitigkeiten bei der Übertragung von Aktien § 5

zungsregelung nicht erfasst wird oder die Satzungsregelung wegen Verstoßes gegen § 23 Abs. 5 AktG unwirksam ist.

a) Aktien werden nicht von der Satzungsregelung gem. § 68 Abs. 2 Satz 1 AktG erfasst

Wird die Vinkulierung erst nachträglich eingeführt und verweigert auch nur ein Betroffener seine Zustimmung, so ist der Beschluss endgültig unwirksam (§ 180 Abs. 2 AktG).[18] Er wird auch nicht durch die Eintragung in das Handelsregister wirksam.[19] **13**

Der Aktionär, der die Zustimmung verweigert, kann seine Aktien ungehindert übertragen[20] und er kann der Gesellschaft gegenüber durch Feststellungsklage nach § 256 ZPO feststellen lassen, dass der Satzungsänderungsbeschluss mangels Zustimmung unwirksam ist.[21] **14**

Um zu verhindern, dass die nachträgliche Einführung der Vinkulierung insgesamt unwirksam ist, auch wenn nur ein Aktionär die notwendige Zustimmung verweigert, kann die Gesellschaft den Satzungsänderungsbeschluss auch so ausgestalten, dass die Vinkulierung von Namensaktien nur für diejenigen Aktionäre wirksam wird, die ihre Zustimmung erteilen.[22] **15**

In diesem Fall führt die Verweigerung der Zustimmung durch einzelne Aktionäre, abweichend vom zuvor beschriebenen Grundsatz, nicht zur Unwirksamkeit des Beschlusses insgesamt, sondern dazu, dass die Änderung nur den Verweigernden gegenüber nicht eintritt.[23] **16**

Entsprechendes gilt auch für Kapitalerhöhungen, bei denen die neuen Namensaktien vinkuliert sein sollen, wenn für die bisherigen Aktien keine Vinkulierung galt und das Bezugsrecht nach § 186 Abs. 1 AktG nicht ausgeschlossen wurde. In einem solchen Fall gewährt das Bezugsrecht nach § 186 Abs. 1 AktG ein Bezugsrecht auf nicht-vinkulierte Namensaktien.[24] Ein Beschluss, der dennoch vorsieht, dass die neuen Aktien vinkuliert sein sollen, bedarf daher der Zustimmung nach § 180 Abs. 2 AktG.[25] **17**

b) Übertragungsform wird von der Satzungsregelung nach § 68 Abs. 2 Satz 1 AktG nicht erfasst

Eine Vinkulierungsklausel nach § 68 Abs. 2 Satz 1 AktG kann nur rechtsgeschäftliche Übertragungen erfassen. Alle Fällen nicht-rechtsgeschäftlicher Übertragungen wie beispielsweise Erbfall können daher von einer Satzungsregelung nach § 68 Abs. 2 Satz 1 AktG von vornherein nicht erfasst sein.[26] **18**

Darüber hinaus kann die konkrete Satzungsregelung auf bestimmte rechtsgeschäftliche Übertragungen beschränkt sein. So kann beispielsweise die Übertragung an bestimmte Personen (z. B. Aktionäre oder Familienangehörige) ausgenommen sein.[27] **19**

c) Übertragung aufgrund unwirksamer Vinkulierungsklausel zustimmungsfrei

Die Übertragung ist auch dann nicht zustimmungsbedürftig, wenn die satzungsmäßige Vinkulierungsklausel wegen Verstoßes gegen § 23 Abs. 5 AktG nichtig ist.[28] **20**

---

18 RGZ 121, 238 (244); MüKo AktG/*Stein* § 180 Rn. 35.
19 Schmidt/Lutter AktG/*Seibt* § 180 Rn. 15.
20 Hüffer/*Koch* § 180 Rn. 9.
21 MüKo AktG/*Hüffer* § 241 Rn. 19; Schmidt/Lutter AktG/*Schwab* § 241 Rn. 3.
22 Schmidt/Lutter AktG/*Seibt* § 180 Rn. 15; Hüffer/*Koch* § 180 Rn. 9.
23 MüKo AktG/*Stein* § 180 Rn. 36; KöKo AktG/*Zöllner* § 180 Rn. 18.
24 MüKo AktG/*Stein* § 180 Rn. 24; Schmidt/Lutter AktG/*Seibt* § 180 Rn. 12.
25 MüKo AktG/*Stein* § 180 Rn. 24; Schmidt/Lutter AktG/*Seibt* § 180 Rn. 12.
26 Vgl. Heidel/*Heinrich* § 68 Rn. 14 mit weiteren Beispielen.
27 MüKo AktG/*Bayer* § 68 Rn. 58 und Hüffer/*Koch* § 68 Rn. 14 mit weiteren Beispielen.
28 MüKo AktG/*Bayer* § 68 Rn. 39; GroßkommAktG/*Merkt* § 68 Rn. 302 mit weiteren Beispielen.

21 Da § 68 Abs. 2 AktG als abschließende Regelung konzipiert ist, kann die Satzung den sachlichen Geltungsbereich der Vorschrift nicht erweitern.[29] Satzungsregelungen, die über § 68 Abs. 2 AktG hinausreichen, sind gem. § 23 Abs. 5 AktG nichtig.[30]

22 So kann beispielsweise die Satzung weder die Übertragbarkeit generell ausschließen[31], noch eine generelle Übertragungspflicht statuieren.[32] Ebenso unzulässig ist die Begründung einer Übertragungspflicht oder eines Erwerbsverbotes für eine bestimmte Gruppe von Aktionären[33] (z. B. für ausländische Aktionäre).[34] Auch eine Satzungsregelung, die bereits den Abschluss des Verpflichtungsgeschäfts an die Zustimmung der Gesellschaft bindet, ist wegen Verstoßes gegen § 23 Abs. 5 AktG nichtig.[35]

d) Rechtsschutz bei fehlender Zustimmungsbedürftigkeit: Klage auf Feststellung bzw. Eintragung ins Aktienregister

23 Ist die Übertragung von Aktien nicht an die Zustimmung der Gesellschaft gebunden, begründet § 67 Abs. 3 AktG einen klagbaren Anspruch des Veräußerers und des Erwerbers gegen die AG darauf, dass die Eintragung des Rechtsübergangs im Aktienregister unverzüglich vorgenommen wird.[36]

24 Der Streitwert einer Klage auf Eintragung in das Aktienregister beträgt regelmäßig 10 % bis 25 % des Werts der betroffenen Aktien.[37]

25 Alternativ zur Leistungsklage sollen, trotz prinzipieller Subsidiarität der Feststellungsklage gegenüber der Leistungsklage, die Beteiligten[38] zur Klärung der Mitgliedschaftsverhältnisse auch eine Feststellungsklage nach § 256 ZPO erheben können.[39]

2. Streitigkeiten über Zustimmungserteilung und Schadensersatz wegen verweigerter Zustimmung

a) Anspruch des Veräußerers auf Erklärung und Zustimmungserteilung

aa) Anspruch auf Erklärung innerhalb angemessener Frist

26 Wenn die Übertragung zustimmungsbedürftig ist, haben sowohl Veräußerer als auch Erwerber einen Anspruch auf Erklärung seitens der AG innerhalb angemessener Frist.[40] Kommt die AG dem nicht

---

29 GroßkommAktG/*Merkt* § 68 Rn. 300.
30 GroßkommAktG/*Merkt* § 68 Rn. 300.
31 MüKo AktG/*Bayer* § 68 Rn. 39; Hüffer/*Koch* § 68 Rn. 14; GroßkommAktG/*Merkt* § 68 Rn. 302.
32 BayObLG ZIP 1989, 638 (641) (für Belegschaftsaktien); MüKo AktG/*Bayer* § 68 Rn. 39.
33 Geßler/Hefermehl AktG/*Hefermehl/Bungeroth* § 68 Rn. 102; GroßkommAktG/*Merkt* § 68 Rn. 302.
34 *Lutter/Schneider* ZGR 1975, 182 (184 f.).
35 Hüffer/*Koch* § 68 Rn. 14; GroßkommAktG/*Merkt* § 68 Rn. 301.
36 Heidel/*Heinrich* § 67 Rn. 28; Hüffer/*Koch* § 67 Rn. 20; GroßkommAktG/*Merkt* § 67 Rn. 99; MüKo AktG/*Bayer* § 67 Rn. 91; KöKo AktG/*Lutter/Drygala* § 67 Rn. 103.
37 OLG Hamm BeckRS 2008,11651; Schmidt/Lutter AktG/*Bezzenberger* § 67 Rn. 22; KöKo AktG/*Lutter/Drygala* § 67 Rn. 7.
38 Zur Erhebung einer solchen Klage sollen der Veräußerer und der Erwerber befugt sein, da sich der Erwerber auf die Behauptung stützen könne, bereits ohne Zustimmung der Gesellschaft Aktionär geworden zu sein, *Degner* a. a. O. S. 40. Das Rechtsschutzbedürfnis der klagenden Partei folge daraus, dass die Gesellschaft die Rechtswirksamkeit der Übertragung zwischen Veräußerer und Erwerber bestreite und folglich beide Parteien an der alsbaldigen Feststellung der umstrittenen Mitgliedschaft interessiert seien; *Degner* a. a. O. S. 40.
39 Die Feststellungsklage wäre gerichtet auf die Feststellung, dass die Übertragung auch ohne Zustimmung der AG wirksam geworden sei, etwa wenn die Zustimmungsbedürftigkeit unklar ist, da die Satzung das Zustimmungserfordernis auf bestimmte Erwerbsvorgänge beschränkt, Geßler/Hefermehl AktG/*Hefermehl/Bungeroth* § 68 Rn. 127; *Degner* a. a. O. S. 40; *Buchetmann* a. a. O. S. 107; GroßkommAktG/*Merkt* § 68 Rn. 514; v. Godin/Wilhelmi AktG/*v. Godin/Wilhelmi* § 68 Anm. 12; MüKo AktG/*Bayer* § 68 Rn. 58.
40 KöKo AktG/*Lutter/Drygala* § 68 Rn. 88.

nach, so kann auf Erklärung durch die AG geklagt werden mit der Folge, dass die AG dann, wenn sie Klageabweisung beantragt, zur Aufdeckung ihrer Ablehnungsgründe verpflichtet ist.[41]

bb) Anspruch auf Zustimmung bzw. ermessensfehlerfreie Entscheidung

(1) Gebunde Entscheidung

Wird die erforderliche Zustimmung verweigert, hat der Veräußerer jedenfalls dann einen aus seiner Mitgliedschaft fließenden Anspruch[42] auf Zustimmung, wenn die satzungsgemäßen Voraussetzungen für eine Verweigerung nicht gegeben sind[43] oder diese Zustimmungspflichten enthält.[44] 27

(2) Ermessenentscheidung

Schwieriger gestaltet sich die Rechtslage, wenn die Satzung eine Ermessenentscheidung vorsieht. 28

Umstritten ist in diesem Fall, ob die Zustimmung grundsätzlich nur bei Vorliegen eines wichtigen Grundes verweigert werden darf.[45] 29

Die Verweigerung der Zustimmung soll nur dann einer Begründung bedürfen, wenn die Satzung die Verweigerungsgründe festgelegt,[46] nicht hingegen, wenn dies nicht der Fall ist und damit nur nach pflichtgemäßem Ermessen zu entscheiden ist.[47] 30

Wird die Verweigerung der Zustimmung nicht begründet, kann es unter Umständen für den Veräußerer und Erwerber schwierig sein, zu beurteilen, ob für die Verweigerung berechtigte Gesellschaftsinteressen sprechen oder ob die Zustimmung hätte erteilt werden müssen. Dies kann sich möglicherweise erst im gerichtlichen Verfahren herausstellen, da die Gesellschaft spätestens dann die Gründe darlegen muss, auf die sie ihre Verweigerung stützt.[48] 31

Ein Anspruch auf Zustimmung kommt nur ausnahmsweise dann in Betracht, wenn das zuständige Organ die Grenzen der Ermessensausübung überschritten hat und die Gesellschaft nicht spätestens im Prozess Gründe darlegen kann, die eine ermessensfehlerfreie Verweigerung rechtfertigen, oder das Ermessen reduziert ist, sodass alleine die Erteilung der Zustimmung dem pflichtgemäßen Ermessen entspricht.[49] 32

Eine Ermessensreduzierung kann sich insbesondere aus den gesellschaftsrechtlichen Grundsätzen der freien Übertragbarkeit von Aktien, des Austrittsrechts des Aktionärs[50] und des Gleichbehandlungsgrundsatzes (§ 53a AktG)[51] ergeben. 33

---

41 KöKo AktG/*Lutter/Drygala* § 68 Rn. 88.
42 *Wirth* DB 1992, 617 (621).
43 Schmidt/Lutter AktG/*Bezzenberger* § 68 Rn. 29; *Lutter* AG 1992, 369 (371); Geßler/Hefermehl AktG/*Hefermehl/Bungeroth* § 68 Rn. 127; *Geßler* AktG § 68 Rn. 10.
44 GroßkommAktG/*Merkt* § 68 Rn. 400.
45 Dagegen: LG Aachen AG 1962, 410 ff.; *Lutter* AG 1992, 369 (373); MüKo AktG/*Bayer* § 68 Rn. 76; Dafür: *Kossmann* BB 1985, 1364; *Immenga* AG 1992, 79 (82 f.).
46 Geßler/Hefermehl AktG/*Hefermehl/Bungeroth* § 68 Rn. 130; KöKö/*Lutter/Drygala* § 68 Rn. 88; kritisch MüKo AktG/*Bayer* § 68 Rn. 92.
47 MüKo AktG/*Bayer* § 68 Rn. 92; Geßler/Hefermehl AktG/*Hefermehl/Bungeroth* § 68 Rn. 130; a. A. *Wiedemann* Die Übertragung und Vererbung von Mitgliedschaftsrechten 1965, S. 107.
48 MüKo AktG/*Bayer* § 68 Rn. 92; Geßler/Hefermehl AktG/*Hefermehl/Bungeroth* § 68 Rn. 130.
49 Geßler/Hefermehl AktG/*Hefermehl/Bungeroth* § 68 Rn. 126; Schmidt/Lutter AktG/*Bezzenberger* § 68 Rn. 36; KöKo AktG/*Lutter/Drygala* § 68 Rn. 82; vgl. auch MüKo AktG/*Bayer* § 68 Rn. 107, der eine Parallele zum Verwaltungsrecht (Anspruch nur auf nochmalige, fehlerfreie Ermessensentscheidung) in Betracht zieht, diese aber i. E. ablehnt.
50 KöKo AktG/*Lutter/Drygala* § 68 Rn. 82; MüKo AktG/*Bayer* § 68 Rn. 81.
51 KöKo AktG/*Lutter/Drygala* § 68 Rn. 82.

34 Liegt eine Konstellation vor, in der das Zustimmungsermessen reduziert ist, soll dennoch eine ermessensfehlerfreie Verweigerung in Ausnahmekonstellation vorliegen können, wenn beispielsweise ein wichtiger Grund in der Person der Erwerbers gegeben oder ein Erwerbsangebot aus dem Kreis der übrigen Aktionäre zu einem angemessenen Preis vorliegt.[52]

35 Im Übrigen ist die Frage, wann eine Entscheidung ermessensfehlerhaft ist, nicht abschließend geklärt.[53]

36 Anerkannt ist, dass die Entscheidung nach pflichtgemäßem Ermessen zu erfolgen hat[54], d. h. kein freies Ermessen besteht[55] und dass die allgemeinen Grenzen der Rechtsausübung gelten, d. h. die Entscheidung nicht schikanös (§ 226 BGB), rechtsmissbräuchlich (§ 242 BGB) oder sittenwidrig (§ 826 BGB) sein darf.[56] Darüber hinaus sind in die Ermessenserwägungen jedenfalls die Interessen der Gesellschaft, sowie die des veräußerungswilligen Aktionärs mit einzubeziehen[57], nicht aber die des Erwerbers.[58]

37 Ob eine Ermessensreduzierung aufgrund der Börsennotierung der AG in Betracht kommt, ist umstritten.

38 Vinkulierte Namensaktien sind nach § 5 Abs. 2 Nr. 2 BörsZulV nur dann börsenzulassungsfähig, wenn das Zustimmungserfordernis nicht zu einer Störung des Börsenhandels führt.

39 Nach einer im Schrifttum geäußerten Ansicht[59] sei bei einer börsennotierten AG die Verweigerung der Zustimmung im Regelfall als rechtsmissbräuchlich anzusehen. Danach stünde dem veräußerungswilligen Aktionär stets ein Anspruch auf Zustimmung zur Übertragung zu.

40 Nach der heute wohl überwiegenden Ansicht soll auch die Börsennotierung einer AG nicht zu einer Ermessensreduzierung führen, da der Kapitalmarkt nicht zwingend eine derart weitreichende Fungibilität erfordere, was langjährige Erfahrungen mit dem Handel börsennotierter Namensaktien gezeigt haben sollen.[60] Auch die Rspr. geht davon aus, dass die Entscheidung über die Zustimmung nach pflichtgemäßem Ermessen zu treffen ist und keine Ermessensreduzierung vorliegt, wenn sich der Satzung nicht entnehmen lässt, wann zugestimmt werden muss.[61]

41 Auch die [jedenfalls früher][62] herrschende Praxis der Börsenzulassungsstellen, die Zulassung vinkulierter Namensaktien zum Börsenhandel davon abhängig zu machen, dass die Gesellschaft schriftlich gegenüber der Zulassungsstelle erklärt, von der Möglichkeit der Zustimmungsverweigerung keinen

---

52 KöKo AktG/*Lutter/Drygala* § 68 Rn. 82; MüKo AktG/*Bayer* § 68 Rn. 81.
53 Vgl. nur KöKo AktG/*Lutter/Drygala* § 68 Rn. 78 ff.; *Hüffer/Koch* § 68 Rn. 15; *Heidel/Heinrich* § 68 Rn. 17; *Wirth* DB 1992, 617 (618).
54 BGH DB 1987, 679; KöKo AktG/*Lutter/Drygala* § 68 Rn. 79, 82; *Hüffer/Koch* § 68 Rn. 15; *Heidel/Heinrich* § 68 Rn. 17; *Wirth* DB 1992, 617 (618); Geßler/Hefermehl AktG/*Hefermehl/Bungeroth* § 68 Rn. 124; *Geßler* AktG § 68 Rn. 8.
55 So früher noch das RG, RGZ 132, 149 (154 ff.).
56 KöKo AktG/*Lutter/Drygala* § 68 Rn. 78; GroßkommAktG/*Merkt* § 68 Rn. 424.
57 *Hüffer/Koch* § 68 Rn. 15; *Heidel/Heinrich* § 68 Rn. 17; welche Gesichtspunkte im Übrigen im Rahmen der Ermessensausübung zu berücksichtigen sind, hängt von den Umständen des Einzelfalls ab und lässt sich nicht abschließend aufzählen; so können auch die Interessen der Mitaktionäre und öffentliche Interessen eine Rolle spielen, GroßkommAktG/*Merkt* § 68 Rn. 409.
58 Die Interessen des Erwerbers sind mangels mitgliedschaftlichen Verhältnisses zur AG unbeachtlich, GroßkommAktG/*Merkt* § 68 Rn. 410; anders wohl wenn der Erwerber selbst bereits Aktionär der Gesellschaft ist, MüKo AktG/*Bayer* § 68 Rn. 72, GroßkommAktG/*Merkt* § 68 Rn. 410.
59 *Otto* DB-Beilage 12/88 S. 1, 7; *Kerber* WM 1990, 789 (792).
60 *Degner* WM 1990, 793; *Lutter* AG 1992, 369 (372); KöKo AktG/*Lutter/Drygala* § 68 Rn. 80.
61 BGH NJW 1987, 1019 (1020).
62 So *Wirth* DB 1992, 617 (618) auf Grundlage mündlicher Auskunft der Frankfurter Wertpapierbörse.

bzw. nur in außerordentlichen Fällen im Gesellschaftsinteresse Gebrauch zu machen (sog. »Allianz-Erklärung«[63]),[64] verschafft dem Veräußerer keinen Rechtsanspruch auf Zustimmung.[65]

Eine solche Erklärung bindet die Gesellschaft nicht gegenüber den Vertragsparteien eines Vertrages über die Veräußerung vinkulierter Namensaktien, sondern stellt eine Erklärung gegenüber der Börsenzulassungsstelle dar.[66] Die Nichteinhaltung der Verpflichtung kann als Sanktion nur den Widerruf der Börsenzulassung nach sich ziehen, führt aber nicht zur einer Zustimmungspflicht gegenüber dem Veräußerer oder dem Erwerber.[67] 42

Damit ergibt sich auch aus der Börsennotierung einer AG kein Anspruch auf Zustimmung. Aus ihr können sich jedoch mit Hinblick auf das Gleichbehandlungsgebot (§ 53a AktG) höhere Anforderungen für die Verweigerung ergeben.[68] 43

b) Inhalt des Anspruchs aus Zustimmungserteilung

Die Zustimmung ist eine empfangsbedürftige Willenserklärung der Aktiengesellschaft,[69] für die ausschließlich der Vorstand zuständig ist, auch wenn die Satzung vorsieht, dass der Aufsichtsrat oder die Hauptversammlung über die Erteilung der Zustimmung entscheiden.[70] Sie kann gem. § 182 Abs. 1 BGB sowohl gegenüber dem Veräußerer als auch gegenüber dem Erwerber abgegeben werden.[71] 44

Die Zustimmung kann vor der zustimmungsbedürftige Verfügung (dann Einwilligung gem. § 183 BGB) oder danach (dann Genehmigung gem. § 184 BGB) erklärt werden.[72] 45

Wird die Zustimmung unberechtigt verweigert und wurde die zustimmungsbedürftige Verfügung bereits vorgenommen, empfiehlt sich, die Klage nicht auf Zustimmung zur bereits vorgenommenen Verfügung, sondern auf Zustimmung zur erneuten Verfügung zu richten. Zwar soll nach *Karsten Schmidt* die unberechtigte Verweigerung der Zustimmung die bereits vorgenommene Verfügung unberührt lassen, so dass dieser noch zugestimmt werden kann.[73] Nach vielfach vertretener Auffassung soll jedoch auch die unberechtigte Verweigerung die bereits vorgenommen Verfügung unwirksam werden lassen, so dass dieser nicht mehr zugestimmt werden könne und es einer Neuvornahme der Übertragung bedürfe.[74] 46

c) Ansprüche des Erwerbers?

Dem Erwerber stehen im Fall der unberechtigten Verweigerung regelmäßig keine eigenen Ansprüche gegen die AG zu, da der Anspruch auf Zustimmung sich aus der Mitgliedschaft des Aktionärs ergibt und daher dem Erwerber nicht zusteht, solange er nicht Aktionär geworden ist.[75] In Betracht kommen lediglich Ansprüche nach § 826 BGB.[76] 47

---

63 *Degner* WM 1990, 793 (796).
64 Schäfer/Hamann/*Gebhardt* § 5 Rn. 16; Schwark BörsG/*Schwark* § 38 Rn. 4.
65 *Lutter* AG 1992, 369 (372).
66 *Lutter* AG 1992, 369 (371).
67 Schäfer/Hamann/*Gebhardt* § 5 Rn. 16; *Lutter* AG 1992, 369 (371 f.); a. A. *Degner* WM 1990, 793 (797).
68 *Lutter* AG 1992, 369 (372).
69 MüKo AktG/*Bayer* § 68 Rn. 84; Hüffer/*Koch* § 68 Rn. 15.
70 MüKo AktG/*Bayer* § 68 Rn. 87; Hüffer/*Koch* § 68 Rn. 15; Die Zustimmung soll auch pauschal abgegeben werden können vgl. Nodoushani ZGR 2014, 809.
71 LG Düsseldorf AG 1989, 332; MüKo AktG/*Bayer* § 68 Rn. 84.
72 BGH AG 1987, 155, NJW 1987, 1019; MüKo AktG/*Bayer* Rn. 85.
73 *K. Schmidt* FS Beusch 1993, S. 778 ff.; *ders.* AcP 189,1 ff., sympathisierend MüKo AktG/*Bayer* § 68 Rn. 99.
74 RGZ 123, 283; MüKo AktG/*Bayer* § 68 Rn. 99; Hüffer/Koch § 68 Rn. 16; Heidel/*Heinrich* § 68 Rn. 18; KöKo AktG/*Lutter*/Drygala § 68 Rn. 91, 93; GroßkommAktG/*Merkt* § 68 Rn. 501, 503.
75 KöKo AktG/*Lutter*/Drygala § 68 Rn. 92; *Wirth* DB 1992, 617 (621); Geßler/Hefermehl AktG/*Hefermehl*/Bungeroth § 68 Rn. 127; GroßkommAktG/*Merkt* § 68 Rn. 516; dazu kritisch *Immenga* AG 1992, 105 (106).
76 *Wirth* DB 1992, 617 (621); MüKo AktG/*Bayer* § 68 Rn. 109; KöKo AktG/*Lutter*/Drygala § 68 Rn. 91.

48 Auch kann der Veräußerer den Anspruch auf Zustimmung nicht an den Erwerber abtreten, da dieser Anspruch und die Mitgliedschaft untrennbar miteinander verbunden sind (Abspaltungsverbot).[77]

49 Auch eine Feststellungsklage des Erwerbers ist unzulässig, da es an einem nach § 256 ZPO erforderlichen Rechtsverhältnis zwischen Gesellschaft und Erwerber fehlt.[78]

50 In Betracht kommt nur eine Geltendmachung des Anspruchs des Veräußerers durch den Erwerber im Wege der gewillkürten Prozessstandschaft. Auch dieser Weg ist jedoch nicht unumstritten.[79]

51 Der Erwerber kann aber jedenfalls gegen den Veräußerer vorgehen und verlangen, dass dieser auf Grund seiner Verschaffungspflicht aus dem Kaufvertrag die AG auf Zustimmung verklagt.[80]

d) Schadensersatzansprüche des Veräußerers bei unberechtigter Zustimmungsverweigerung

52 Bei einer pflichtwidrigen Versagung der Zustimmung kommen Schadensersatzansprüche des Veräußerers gegen die Gesellschaft[81], gestützt auf das mitgliedschaftliche Rechtsverhältnis des Aktionärs zur Gesellschaft, in Betracht.[82]

53 Umstritten ist, ob der veräußerungswillige Aktionär außerdem Schadensersatzansprüche gegen den Vorstand geltend machen kann, der die Zustimmung unberechtigt verweigert hat.[83]

e) Schadensersatzansprüche des Erwerbers gegen den Veräußerer

54 Liegt der Übertragung der vinkulierten Namensaktien ein Kaufvertrag zugrunde, so ist der veräußernde Aktionär aus dem Kaufvertrag verpflichtet, alles in seiner Macht stehende zu tun, um die Zustimmung der Gesellschaft zu erreichen.[84] Der Erwerber kann etwa vom Veräußerer verlangen, die Gesellschaft auf Zustimmung zu verklagen.[85]

55 Kann eine Zustimmung der AG nicht erreicht werden, berührt dies die Wirksamkeit des Verpflichtungsgeschäfts nur dann, wenn die Parteien die Zustimmungserteilung als Bedingung für die Wirksamkeit des Verpflichtungsgeschäfts vereinbart haben.[86] Ist dies nicht der Fall, der Vertrag also trotz Zustimmungsverweigerung wirksam, stehen dem Erwerber gegen den Veräußerer jedenfalls dann

---

77 KöKo AktG/*Lutter/Drygala* § 68 Rn. 92; *Wirth* DB 1992, 617 (621); GroßkommAktG/*Merkt* § 68 Rn. 516; a.A. *Immenga* AG 1992, 105 (107).
78 *Wirth* DB 1992, 617 (621).
79 Für eine gewillkürte Prozessstandschaft: GroßkommAktG/*Merkt* § 68 Rn. 518; KöKo AktG/*Lutter/Drygala* § 68 Rn. 92; GroßkommAktG/*Merkt* § 68 Rn. 518; MüKo AktG/*Bayer* § 68 Rn. 110; dagegen: *Wirth* DB 1992, 617 (621).
80 *Wirth* DB 1992, 617 (621); Geßler/Hefermehl AktG/*Hefermehl/Bungeroth* § 68 Rn. 142; KöKo AktG/*Lutter/Drygala* § 68 Rn. 95.
81 *Wirth* DB 1992, 617 (621); Geßler/Hefermehl AktG/*Hefermehl/Bungeroth* § 68 Rn. 514; Hdb GesRIV/*Wiesner* § 14 Rn. 29; Heidel/*Heinrich* § 68 Rn. 19.
82 KöKo AktG/*Lutter/Drygala* § 68 Rn. 91; GroßkommAktG/*Merkt* § 68 Rn. 513; *Habersack* DStR 1998, 533 (534).
83 Dafür, weil sich der Schutz der Mitgliedschaft als »sonstiges Recht« i. S. v. §§ 823 Abs. 1, 1004 BGB auch auf das Verbandsinnenverhältnis erstrecke und damit auch gegen Handlungen des Vorstandes schütze: BGH NJW 1990, 2877 (für den Verein); KöKo AktG/*Mertens/Cahn* § 93 Rn. 211; *Habersack* DStR 1998, 533 (534); KöKo AktG/*Lutter/Drygala* § 68 Rn. 91 für den Fall, dass der Vorstand die von einem anderen Organ beschlossene Zustimmung unberechtigt verweigert.
Dagegen: *Seiler/Singhof* Der Konzern 2003, 313 (325); MüKo AktG/*Spindler* § 93 Rn. 271; Hdb GesRIV/*Wiesner* § 26 Rn. 30; mit dem Argument des Vorrangs der aktienrechtlichen Rechtsbehelfe, sodass die Mitgliedschaft nur gegen Außeneingriffe geschützt wäre.
84 RGZ 88, 319, 323; *Wirth* DB 1992, 617 (621); KöKo AktG/*Lutter/Drygala* § 68 Rn. 95.
85 Vgl. Nachweise in Fn. 80.
86 RGZ 132, 149, 157; KöKo AktG/*Lutter/Drygala* § 68 Rn. 96; Großkomm AktG/*Merkt* § 68 Rn. 507; MüKo AktG/*Bayer* § 68 Rn. 101; beim Erwerb über die Börse ist dies allerdings ausgeschlossen, MüKo AktG/*Bayer* § 68 Rn. 101; Großkomm AktG/*Merkt* § 68 Rn. 507.

A. Streitigkeiten bei der Übertragung von Aktien § 5

Mängelrechte wegen Rechtsmängelhaftung (§ 435 BGB) zu, wenn der Veräußerer bei Vertragsschluss die Vinkulierung nicht offen gelegt und daher nicht vinkulierte Aktien verkauft hat.[87] Hat der Veräußerer hingegen bei Vertragsschluss auf die Vinkulierung hingewiesen, ist umstritten, ob sich aus der Zustimmungsverweigerung Schadensersatzansprüche des Erwerbers ergeben.[88]

Rechtsschutzlos steht der Erwerber jedoch im Fall von börsennotierten vinkulierten Namensaktien. 56 Diese werden durch Blanko-Indossament übertragen.[89] Die Person des Veräußerers wird dem Erwerber nicht bekannt.[90] Praktisch hat der Erwerber keine Möglichkeit vom Veräußerer eine gerichtliche Überprüfung der Ermessensentscheidung des Vorstandes zu verlangen.[91]

Hinzu kommt, dass die allgemeinen zivilrechtlichen Vorschriften im Fall von börslichen Aktienkaufgeschäften von den spezialgesetzlichen Börsenregelungen über die Geschäftserfüllung überlagert werden.[92] An der Frankfurter Wertpapierbörse sind dies die Bedingungen für Geschäfte an der Frankfurter Wertpapierbörse. Nach § 16 der Bedingungen für Geschäfte an der Frankfurter Wertpapierbörse[93] gibt die Verweigerung der Zustimmung oder der Umschreibung dem Käufer keinen Anspruch auf Rückzahlung des Kaufpreises oder auf Schadensersatz, es sei denn, dass die Verweigerung auf einem Mangel beruht, der den Indossamenten, der Blankozession oder dem Blankoumschreibungsantrag anhaftet. 57

Dieser Ausschluss betrifft unmittelbar nur die am Börsengeschäft beteiligten Banken, die als Kommissionäre die Übertragungsgeschäfte ihrer Kunden ausführen.[94] Die Sonderbedingungen für Wertpapiergeschäfte, welche Banken meist im Verhältnis zu ihrem Kunden verwenden, verweisen jedoch in § 3[95] ihrerseits auf die Börsenusancen. Dadurch werden auch im Verhältnis zwischen Bank und Bankkunde als Käufer börsenzugelassener vinkulierter Namensaktien Ansprüche auf Rückzahlung des Kaufpreises oder Schadensersatz grundsätzlich ausgeschlossen.[96] 58

Vor diesem Hintergrund ist sehr umstritten, ob ein solcher Ausschluss in AGB wirksam ist oder wegen Verstoßes gegen das Verbot der unangemessenen Benachteiligung gem. § 307 Abs. 1 Satz 1 BGB unwirksam ist.[97] 59

---

87 KöKo AktG/*Lutter/Drygala* § 68 Rn. 98; umstritten ist, ob sich im Fall der endgültig verweigerten Genehmigung die Rechte des Käufers nach §§ 280, 283, oder § 311a BGB richten, KöKo AktG/*Lutter/Drygala* § 68 Rn. 96 ff.; MüKo AktG/*Bayer* § 68 Rn. 102 einerseits; Hdb GesRIV/*Wiesner* § 14 Rn. 28 andererseits.
88 Dafür KöKo AktG/*Lutter/Drygala* § 68 Rn. 100; dagegen MüKo AktG/*Bayer* § 68 Rn. 103.
89 *Wirth* DB 1992, 617 (621); *Immenga* AG 1992, 105 (107).
90 Das Blankoindossament schließt die Identifizierung aus, *Wirth* DB 1992, 617 (621); *Immenga* AG 1992, 105 (107).
91 *Wirth* DB 1992, 617 (621).
92 Schäfer/Hamann/*Gebhardt* § 5 Rn. 15; Schwark BörsG/*Schwark* § 38 Rn. 4; *Wirth* DB 1992, 617 (621); *Degner* WM 1990, 793 (794 f.).
93 Die Bedingungen für Geschäfte an der Frankfurter Wertpapierbörse (Stand: 28.11.2011) finden sich unter www.deutsche-boerse.com (abgerufen am 13.2.2012) und gelten für alle Geschäfte an der Frankfurter Wertpapierbörse (FWB) zwischen an ihr zum Börsenhandel zugelassenen Unternehmen oder zwischen diesen und der Eurex Clearing AG in den zum Börsenhandel im regulierten Markt zugelassenen oder einbezogenen Wertpapieren (vgl. § 1 der Bedingungen).
94 Geßler/Hefermehl AktG/*Hefermehl/Bungeroth* § 68 Rn. 165; *Wirth* DB 1992, 617 (618).
95 Baumbach/Hopt/*Hopt* AGB-WPGeschaefte-Banken § 3 Usancen/Unterrichtung/Preis.
96 Geßler/Hefermehl AktG/*Hefermehl/Bungeroth* § 68 Rn. 165; *Wirth* DB 1992, 617 (618).
97 Für die Wirksamkeit dieses Ausschlusses Geßler/Hefermehl AktG/*Hefermehl/Bungeroth* § 68 Rn. 166; a. A. KöKo AktG/*Lutter/Drygala* § 68 Rn. 103; eine besondere Beratungspflicht der Bank des Käufers nehmen Geßler/Hefermehl AktG/*Hefermehl/Bungeroth* § 68 Rn. 167 an.

III. Streitigkeiten infolge der Übertragung von vinkulierten Aktien: Klagen bei bevorstehender bzw. bereits erteilter Zustimmung

1. Klagen zur Verhinderung einer bevorstehenden Zustimmung und Schadensersatz wegen erteilter Zustimmung

60 Selbst eine rechtswidrige vom Vorstand beabsichtigte Zustimmung kann grundsätzlich nicht verhindert werden, da es im Aktienrecht nach einhelliger Auffassung keine allgemeine Aktionärsklage zur Verhinderung rechtswidriger Maßnahmen der Verwaltung gibt.[98] Eine Ausnahme gilt dann, wenn der Vorstand seine Zuständigkeiten überschreitet und in die Zuständigkeit und Mitwirkungsrechte der Aktionäre eingegriffen wird.[99]

61 Eine solche Zuständigkeitsüberschreitung kann sich sowohl daraus ergeben, dass die Satzung nach § 68 Abs. 2 Satz 3 AktG vorsieht, dass die Hauptversammlung über die Erteilung der Zustimmung entscheidet, als auch bei einer ungeschriebenen gesetzlichen Zuständigkeit der Hauptversammlung nach der »Holzmüller«-Rechtsprechung.[100]

62 Steht eine solche Zuständigkeitsüberschreitung bevor, können die Aktionäre im Wege der Klage oder einstweiligen Verfügung Unterlassung der Zustimmungserteilung verlangen.[101]

63 Außerdem ist denkbar, dass ein Aktionär erst nach der Übertragung einen Beseitigungsanspruch geltend macht und die Rückabwicklung der Übertragung fordert.[102]

64 Häufig wird jedoch die Rückabwicklung einer wegen Nichtbeachtung von Zuständigkeiten der Hauptversammlung angegriffenen Übertragung nach deren Vollzug schwierig oder gar unmöglich sein, da der Erwerber nicht bereit sein wird, den Kauf rückabzuwickeln.[103]

65 Unter solchen Umständen soll der Beseitigungsanspruch entfallen.[104]

66 Die mit der Rückabwicklung verbundenen Schwierigkeiten dürften der Grund dafür sein[105], dass der BGH daneben die Erhebung einer allgemeinen Feststellungsklage gemäß § 256 ZPO zulässt ohne

---

98 Heidel/*Heidel* § 246 Rn. 61.
99 Heidel/*Heidel* § 246 Rn. 62; *Lutter* AcP 180 (1980), 84 (142 f.); *Habersack* DStR 1998, 533 (535).
100 Die Grundsätze der »Holzmüller« (BGHZ 83, 122) und »Gelatine«- Entscheidung (BGHZ 159, 30) können nach einer Übertragung vinkulierter Namensaktien zu einer ungeschriebenen gesetzlichen Zuständigkeit der HV führen, da die Übertragung von Aktien einer Satzungsänderung ähnlich sein kann und strukturändernde Qualität aufweisen kann. So verhält es sich etwa dann, wenn die Zustimmung zur Abhängigkeit der AG von einem anderen Unternehmen führen würde, da der Erwerber durch die Übertragung einen Stimmanteil erreicht, der ihm maßgeblichen Einfluss auf die Entscheidungen der AG verschafft. Eine solche Entscheidung verändert die AG grundlegend durch den Verlust ihrer unternehmerischen Selbstständigkeit, wogegen die durch die Satzung eingeführte Vinkulierung ja gerade schützten sollte, KöKo AktG/*Lutter/Drygala* § 68 Rn. 68; Großkomm AktG/*Merkt* § 68 Rn. 368. Dies gilt aber nur dann, wenn der Vorstand die Zustimmung zur Übertragung erteilen möchte, nicht wenn er sie verweigern will, Großkomm AktG/*Merkt* § 68 Rn. 372 mit der Begründung, dass eine Verweigerung nicht in die bestehende Struktur der AG eingreifen kann; unentschieden MüKo AktG/*Bayer* § 68 Rn. 64.
101 Ein Verfügungsgrund nach § 935 ZPO ist in der Regel aufgrund der wesentlichen Erschwerung der Rechtsverwirklichung gegeben, da die Übertragung nur schwer oder gar nicht rückgängig gemacht werden kann, *Seiler/Singhof* Der Konzern 2003, 313, 316.
102 Diese Möglichkeit ist dem einzelnen Aktionär nach der »Holzmüller«-Entscheidung des BGH ebenfalls ausdrücklich eingeräumt, BGHZ 83, 122 (134 f.); *Seiler/Singhof* Der Konzern 2003, 313, 317, jedoch unter Einschränkungen hinsichtlich der Klagefrist und des Missbrauchsverbots, vgl. hierzu BGH AG 2006, 38 (39 ff.), NJW 2006, 374 (376 f.); BGHZ 83, 122 (135 f.).
103 *Seiler/Singhof* Der Konzern 2003, 313 (318).
104 BGHZ 62, 388 (391) (betreffend den Anspruch aus § 1004 BGB); *Seiler/Singhof* Der Konzern 2003, 313 (318).
105 *Seiler/Sinhof* Der Konzern 2003, 313 (319).

B. Streitigkeiten bei der Einziehung von Aktien, § 237 AktG: Anfechtung des Beschlusses § 5

sich mit der grundsätzlichen Subsidiarität der Feststellungsklage gegenüber der Beseitigungs- oder Unterlassungsklage auseinanderzusetzen.[106]

Die Klagen sind jeweils gegen die AG zu richten.[107] 67

Schließlich soll auf der Grundlage der §§ 823 Abs. 1, 1004 BGB jeder Aktionär sämtliche an der Zuständigkeitsüberschreitung beteiligten Personen – neben der Gesellschaft mithin auch deren Vorstandsmitglieder – auf Unterlassung und Beseitigung in Anspruch nehmen können (sehr umstr., vgl. oben Rdn. 62 ff.). 68

2. Klage auf Feststellung, dass die Zustimmungserteilung unwirksam war

Die Zustimmungserklärung durch den Vorstand ist wirksam, auch wenn die Erklärung pflichtwidrig[108] oder unter Übergehung der Zuständigkeit der Hauptversammlung erteilt wurde.[109] 69

Die Pflichtwidrigkeit des Vorstandshandelns kann zwar zur Haftung des Vorstands führen, berührt jedoch nicht die Wirksamkeit der Zustimmung im Außenverhältnis zum Veräußerer und Erwerber.[110] Eine Ausnahme gilt nur für die Fälle des evidenten Missbrauchs der Vertretungsmacht, der Kollusion[111] und der rechtsmissbräuchlichen Zustimmungserteilung[112] die zur Außenwirkung der Pflichtwidrigkeit und damit zur Unwirksamkeit der pflichtwidrig abgegebenen Erklärung führen.[113] 70

In einem solchen Fall kann der Aktionär Klage auf Feststellung erheben, dass die Übertragung der Aktie unwirksam war.[114] 71

B. Streitigkeiten bei der Einziehung von Aktien, § 237 AktG: Anfechtung des Beschlusses

Die Zwangseinziehung von Aktien nach § 237 AktG ist gemäß § 237 Abs. 1 Satz 2 AktG nur zulässig, wenn sie in der Gründungssatzung oder in einer Satzungsänderung vor Übernahme oder Zeichnung der Aktien angeordnet oder gestattet war. 72

Wenn die Satzung die Zwangseinziehung anordnet, entscheidet der Vorstand (§ 237 Abs. 6 Satz 2 AktG), ist die Zwangseinziehung hingegen nicht angeordnet, sondern gestattet, entscheidet die Hauptversammlung. 73

Fehlt eine Satzungsermächtigung, die die Zwangseinziehung der Aktien anordnet oder gestattet, ist die Entscheidung über die Zwangseinziehung nichtig (vgl. hierzu unter Rdn. 77). Entscheidet die 74

---

106 Vgl. BGHZ 83, 122 (125 ff.); dies wird teilweise kritisch beurteilt, vgl. MüKo AktG/*Kubis* § 119 Rn. 37; für die Zulässigkeit der Feststellungsklage sprechen vor allem prozesswirtschaftliche Gründe: ein Beseitigungsanspruch ist u. U. undurchsetzbar, der Vorstand wird jedoch auf ein Feststellungsurteil hin bestrebt sein, einen rechtmäßigen Zustand durch nachträgliche Einberufung der HV herzustellen, jedenfalls kann ein Feststellungsurteil für die Geltendmachung von noch nicht bezifferbaren Schadensersatzansprüchen von Bedeutung sein, BGH – Mangusta/Commerzbank II DStR 2005, 2092; *Kubis* DStR 2006, 188 (189); *Seiler/Singhof* Der Konzern 2003, 313 (319).
107 BGHZ 83, 122 (134); dies wird im Schrifttum kritisiert, die Stellungnahmen fordern stattdessen eine Klage gegen den pflichtwidrig handelnden Vorstand neben (so MünchHdbGesR IV/*F.-J. Semler* § 34 Rn. 44) oder anstelle (so *Sünner* AG 1983, 169 (170 f.)) der Gesellschaft.
108 Großkomm AktG/*Merkt* § 68 Rn. 487; Geßler/Hefermehl AktG/*Hefermehl/Bungeroth* § 68 Rn. 134.
109 KöKo AktG/*Lutter/Drygala* § 68 Rn. 89; Großkomm AktG/*Merkt* § 68 Rn. 486; Geßler/Hefermehl AktG/*Hefermehl/Bungeroth* § 68 Rn. 133; MüKo AktG/*Bayer* § 68 Rn. 94.
110 GroßkommAktG/*Merkt* § 68 Rn. 487; MüKo AktG/*Bayer* § 68 Rn. 94.
111 GroßkommAktG/*Merkt* § 68 Rn. 488; MüKo AktG/*Bayer* § 68 Rn. 94.
112 MüKo AktG/*Bayer* § 68 Rn. 95.
113 GroßkommAktG/*Merkt* § 68 Rn. 488; MüKo AktG/*Bayer* § 68 Rn. 94; KöKo AktG/*Lutter/Drygala* § 68 Rn. 91.
114 Im Rahmen von § 256 ZPO kann auch die Feststellung eines Rechtsverhältnisses begehrt werden, das zwischen einer Partei und einem Dritten besteht, soweit es für die Rechtsbeziehungen der Parteien eine Bedeutung hat, st. Rspr., vgl. BGH Senat NJW-RR 1991, 256, NJW 1993, 2540.

Hauptversammlung über die Zwangseinziehung und liegen die in der Satzung für die Zwangseinziehung vorgesehenen Voraussetzungen nicht vor oder ist die Entscheidung der Hauptversammlung über die Zwangseinziehung ermessensfehlerhaft, ist sie anfechtbar (vgl. hierzu unter Rdn. 81). Entscheidet dagegen im Fall der angeordneten Zwangseinziehung der Vorstand und fehlen die Voraussetzungen einer angeordneten Zwangseinziehung, ist die Einziehungsentscheidung des Vorstands nichtig (vgl. hierzu unter Rdn. 82).

I. Fehlende bzw. nachträglich beschlossene Satzungsregelung zur Zwangseinziehung

75   Sah die ursprüngliche Satzung keine Zwangseinziehung vor, sondern wird die Zwangseinziehung erst durch eine Satzungsänderung angeordnet oder gestattet, können nur Aktien eingezogen werden, die nach Wirksamkeit der Satzungsänderung (also nach Eintragung im Handelsregister, § 181 Abs. 3 AktG) übernommen oder gezeichnet werden.[115]

76   Zuvor gezeichnete Aktien unterliegen nicht der Zwangseinziehung, es sei denn, die betroffenen Aktionäre haben der Satzungsänderung zugestimmt oder nachträglich ihre Zustimmung gegenüber der Gesellschaft erklärt.[116] Auch wenn keine Satzungsermächtigung vorliegt, soll die Einziehung zulässig sein, wenn die betroffenen Aktionäre zustimmen.[117]

77   Fehlt eine satzungsmäßige Ermächtigungsgrundlage bzw. Zustimmung der Aktionäre, ist der Beschluss der HV nach § 241 Nr. 3 Alt. 3 AktG nichtig.[118] Diskutiert wird jedoch, ob ausnahmsweise die Einziehung auch ohne Satzungsregelung zur Zwangseinziehung möglich sein soll, wenn ein Aktionär aufgrund eines in seiner Person liegenden wichtigen Grundes ausgeschlossen werden soll.[119]

II. Unzulässige Satzungsregelung zur Zwangseinziehung

78   Im Falle der angeordneten Zwangseinziehung, muss die Satzung – anders als bei der gestatteten Zwangseinziehung[120] – die Gründe für die Zwangseinziehung festlegen.[121] Dabei besteht ein weiter Spielraum.[122]

---

115   KöKo AktG/*Lutter* § 237 Rn. 25; Hüffer/*Koch* § 237 Rn. 7.
116   Hüffer/*Koch* § 237 Rn. 8, kritisch *Lutter* in KöKo AktG § 237 Rn. 29 f., da die nachträgliche Zustimmung des betroffenen Aktionärs sich zu Lasten Dritter auswirken könne, denen beschränkt dingliche Rechte an der Aktie, die zuvor nicht zwangsweise eingezogen werden konnte, zustehen, i. E. aber zustimmend; unter Vorbehalt der Zustimmung etwaiger Inhaber solcher beschränkt dinglicher Rechte entsprechend §§ 1071, 1276 BGB Spindler/Stilz AktG/*Marsch-Barner* § 237 Rn. 10; MüKo AktG/*Oechsler* § 237 Rn. 24.
117   Hüffer/*Koch* § 237 Rn. 6; MüKo AktG/*Oechsler* § 237 Rn. 24; Spindler/Stilz AktG/*Marsch-Barner* § 237 Rn. 10.
118   Die Nichtigkeitsfolge ist umstritten: Für die bloße Anfechtbarkeit: V. Godin/Wilhelmi AktG/*Wilhelmi* § 237 Anm. 4, KöKo AktG/*Lutter* § 237 Rn. 54 mit der Begründung, dass § 237 Abs. 1 Satz 2 AktG weder dem Schutz der betroffenen Aktionäre, noch dem Schutz der Gläubiger der Gesellschaft diene; Für die Nichtigkeit wohl überwiegend: Hüffer/*Koch* § 237 Rn. 42; MüKo AktG/*Oechsler* § 237 Rn. 25; Spindler/Stilz AktG/*Marsch-Barner* § 237 Rn. 43.
119   Zum Streitstand ausführlich KöKo AktG/*Lutter* § 237 Rn. 118–121, i. E. bejahend; ebenfalls bejahend: MüKo AktG/*Oechsler* § 237 Rn. 25, 56 f. Dies gilt nur, wenn die allgemeinen Voraussetzungen eines solchen Ausschließungsrechts vorliegen, vgl. dazu etwa *Becker* ZGR 1986, 383 ff.
120   Ein Grund für die Einziehung muss in diesem Fall nicht bestimmt werden, Hüffer/*Koch* § 237 Rn. 15; KöKo AktG/*Lutter* § 237 Rn. 44; Spindler/Stilz AktG/*Marsch-Barner* § 237 Rn. 15; MüKo AktG/*Oechsler* § 237 Rn. 42; a. A. *Grünewald* Der Ausschluss aus Gesellschaft und Verein 1987, S. 232 f.
121   Hüffer/*Koch* § 237 Rn. 10; KöKo AktG/*Lutter* § 237 Rn. 34; Spindler/Stilz AktG/*Marsch-Barner* § 237 Rn. 11; MüKo AktG/*Oechsler* § 237 Rn. 28.
122   Mit zahlreichen Bsp. Hüffer/*Koch* § 237 Rn. 12 und KöKo AktG/*Lutter* § 237 Rn. 36 f.: Einziehung auf Verlangen des Aktionärs, Einziehung vinkulierter Namensaktien bei verweigerter Zustimmung zur Übertragung, Einziehung aufgrund persönlicher Verhältnisse des Aktionärs oder Einziehung der Aktien nur bestimmter Aktionäre. Die hiergegen teilweise vorgebrachten Bedenken im Hinblick auf den Gleichbehandlungsgrundsatz (so etwa Hüffer/*Koch* § 237 Rn. 11) sind unbegründet, da die Gründungssatzung einstimmig beschlossen wer-

Unzulässig sind nur solche Zwangseinziehungsgründe, die zur Umgehung des aktienrechtlichen Nebenleistungsverbots (§§ 54, 55 AktG) führen[123] oder gegen das Wesen der AG verstoßen.[124] 79

Die gestattete Zwangseinziehung kann zwar ohne Anordnung bestimmter Gründe in der Satzung erfolgen, der Einziehungsbeschluss muss jedoch sachlich gerechtfertigt, d. h. insbesondere erforderlich, verhältnismäßig und willkürfrei (§ 53a AktG) sein.[125] 80

III. Voraussetzungen der Satzungsregelung zur Zwangseinziehung oder Anforderungen an den Einziehungsbeschluss der HV liegen nicht vor

Werden bei gestatteter Zwangseinziehung die Voraussetzungen der satzungsmäßigen Ermächtigung nicht eingehalten oder ist der HV-Beschluss nicht sachlich gerechtfertigt, ist der HV-Beschluss nach § 243 Abs. 1 AktG anfechtbar.[126] 81

Entscheidet dagegen im Fall der angeordneten Zwangseinziehung der Vorstand und fehlen die Voraussetzungen einer angeordneten Zwangseinziehung, ist die Einziehungsentscheidung des Vorstands nichtig.[127] 82

Werden der Herabsetzungsbeschluss oder die Durchführung der Kapitalherabsetzung dennoch eingetragen, ist das Handelsregister unrichtig und die Eintragung von Amts wegen zu löschen.[128] 83

IV. Rechtsfolgen bei Verstößen gegen § 237 Abs. 3–5 AktG im vereinfachten Verfahren

Der HV-Beschluss im vereinfachten Verfahren ist nach § 241 Nr. 3 AktG nichtig, wenn nicht voll eingezahlte Aktien eingezogen werden[129], die Voraussetzungen des § 237 Abs. 3 Nr. 1 AktG nicht vorliegen oder der Betrag nicht durch den Bilanzgewinn oder eine andere Gewinnrücklage gedeckt ist (§ 237 Abs. 3 Nr. 2 AktG)[130], da in diesen Fällen die Interessen der Gläubiger i. S. d. § 241 Nr. 3 AktG betroffen sind.[131] 84

Wird entgegen § 237 Abs. 5 AktG in den Fällen des § 237 Abs. 3 Nr. 1, Nr. 2 AktG die Kapitalrücklage nicht in dem Jahresabschluss ausgewiesen, der auf die Kapitalherabsetzung folgt, ist der Jahresabschluss gemäß § 256 Abs. 1 Nr. 1, Nr. 4 AktG[132] und ein auf diesem Jahresabschluss beruhender Gewinnverwendungsbeschluss nichtig (§ 241 Nr. 3 AktG).[133] 85

---

den muss und bei einer Satzungsänderung nur diejenigen Aktien betroffen sind, die nach der wirksamen Satzungsänderung entstehen, sodass die Beschränkung auf dem freien Willen des Aktionärs beruht, MüKo AktG/*Oechsler* § 237 Rn. 36; so auch KöKo AktG/*Lutter* § 237 Rn. 37; Hdb GesRIV/*Krieger* § 62 Rn. 8.

123 Indem etwa die Zwangseinziehung angeordnet wird falls ein Aktionär gegen Nebenpflichten, die nicht von §§ 54, 55 AktG gedeckt sind, verstößt, RGZ 49, 77 (80); Hdb GesRIV/*Krieger* § 62 Rn. 8; KöKo AktG/*Lutter* § 237 Rn. 39; Hüffer/*Koch* § 237 Rn. 13; MüKo AktG/*Oechsler* § 237 Rn. 38.

124 Beispielsweise die Zwangseinziehung als Sanktion gegenüber Aktionären, die entgegen der Mehrheit in der Hauptversammlung gestimmt haben, Hüffer/*Koch* § 237 Rn. 13; KöKo AktG/*Lutter* § 237 Rn. 40.

125 Hüffer/*Koch* § 237 Rn. 16; KöKo AktG/*Lutter* § 237 Rn. 47; Spindler/Stilz AktG/*Marsch-Barner* § 237 Rn. 15; MüKo AktG/*Oechsler* § 237 Rn. 45.

126 Hüffer/*Koch* § 237 Rn. 42, 43; Heidel/*Terbrack* § 237 Rn. 97; MüKo AktG/*Oechsler* § 237 Rn. 25, 45; Spindler/Stilz AktG/*Marsch-Barner* § 237 Rn. 43.

127 Hdb GesRIV/*Krieger* § 62 Rn. 19; Heidel/*Terbrack* § 237 Rn. 98; KöKo AktG/*Lutter* § 237 Rn. 56; MüKo AktG/*Oechsler* § 237 Rn. 26.

128 Heidel/*Terbrack* § 238 Rn. 18; Hüffer/*Koch* § 238 Rn. 10.

129 KöKo AktG/*Lutter* § 237 Rn. 95; Hüffer/*Koch* § 237 Rn. 31, 43; MüKo AktG/*Oechsler* § 237 Rn. 101, 118.

130 Hüffer/*Koch* § 237 Rn. 43; MüKo AktG/*Oechsler* § 237 Rn. 118.

131 Hüffer/*Koch* § 237 Rn. 43; MüKo AktG/*Oechsler* § 237 Rn. 101.

132 Hüffer/*Koch* § 237 Rn. 38; KöKo AktG/*Lutter* § 237 Rn. 114; Spindler/Stilz AktG/*Marsch-Barner* § 237 Rn. 38.

133 Hüffer/*Koch* § 237 Rn. 38; KöKo AktG/*Lutter* § 237 Rn. 114; Spindler/Stilz AktG/*Marsch-Barner* § 237 Rn. 38.

86 Im Übrigen ist der Beschluss lediglich gem. § 243 Abs. 1 AktG anfechtbar.[134] Dies gilt etwa dann, wenn die Einziehung gem. § 237 Abs. 3 Nr. 2 AktG zu Lasten einer Gewinnrücklage erfolgt, die für einen anderen Zweck vorgesehen war[135] oder wenn die Verwendung des Bilanzgewinns den Gewinnanspruch der Aktionäre verletzt.[136]

C. Streitigkeiten bei der Kraftloserklärung und dem Umtausch von Aktien

I. Streitigkeiten bei der Kraftloserklärung abhanden gekommener oder vernichteter Aktien (§ 72 AktG)

87 Ist eine Aktie abhanden gekommen oder vernichtet, so kann die Urkunde nach § 72 AktG im Aufgebotsverfahren nach den Vorschriften der §§ 433 ff., 466 ff. FamFG für kraftlos erklärt werden. Die Vorschrift soll den Aktionär vor den nachteiligen Folgen schützen, die ihm durch den Verlust oder die Vernichtung der Urkunde drohen und insbesondere einen gutgläubigen Erwerb Dritter verhindern.[137]

88 Auf den Antrag gemäß § 434 Abs. 1 FamFG hin erlässt das Gericht das Aufgebot nach §§ 434 Abs. 2, 469 FamFG, das neben der Bezeichnung des Antragstellers (§ 434 Abs. 2 Satz 2 Nr. 1 FamFG) die öffentliche Aufforderung enthält, seine Rechte bis zu einem bestimmten Zeitpunkt beim Gericht anzumelden und die Urkunde vorzulegen (§ 469 Satz 1 FamFG), sowie die Androhung der Kraftloserklärung der Urkunde (§ 469 Satz 2 FamFG).

89 Nach § 435 Abs. 1 Satz 1 FamFG erfolgt die öffentliche Bekanntmachung des Aufgebots durch Aushang an der Gerichtstafel und durch einmalige Veröffentlichung im elektronischen Bundesanzeiger. Anstelle des Aushangs an der Gerichtstafel kann die öffentliche Bekanntmachung in einem elektronischen Informations- und Kommunikationssystem erfolgen, das im Gericht öffentlich zugänglich ist, § 435 Abs. 1 Satz 2 FamFG. Ferner kann das Gericht nach § 435 Abs. 2 FamFG anordnen, dass das Aufgebot zusätzlich auf andere Weise zu veröffentlichen ist.

90 Legt im Aufgebotsverfahren niemand die Urkunde vor, wird die Urkunde im Ausschließungsbeschluss für kraftlos erklärt (§ 478 Abs. 1 FamFG) und verbrieft damit nicht mehr die Mitgliedschaft.[138] Derjenige, der den Ausschließungsbeschluss erwirkt, ist nunmehr dem durch die Urkunde Verpflichteten gegenüber berechtigt, die Rechte aus der Urkunde geltend zu machen (§ 479 Abs. 1 FamFG) und kann von der Gesellschaft verlangen, dass für ihn eine neue Aktienurkunde ausgestellt wird (§ 72 Abs. 1 Satz 2 AktG, § 800 BGB).

91 Der Beschluss hat jedoch keine materiell-rechtliche Wirkung,[139] er beseitigt lediglich die Legitimationswirkung der alten Urkunde.[140]

1. Kraftloserklärung durch einen Nichtberechtigten

92 Wurde der Ausschließungsbeschluss von einem Nichtberechtigten erwirkt, bleibt der wirklich Berechtigte Aktionär.[141] Der Anspruch auf Verbriefung nach § 800 BGB i. V. m. § 72 Abs. 1 Satz 2 AktG steht dennoch dem Nichtberechtigten zu. Der Nichtberechtigte ist jedoch nach § 812 Abs. 1

---

134 Spindler/Stilz AktG/*Marsch-Barner* § 237 Rn. 43; Hüffer/*Koch* § 237 Rn. 43; KöKo AktG/*Lutter* § 237 Rn. 101.
135 KöKo AktG/*Lutter* § 237 Rn. 101; Spindler/Stilz AktG/*Marsch-Barner* § 237 Rn. 43; Hüffer/*Koch* § 237 Rn. 43; nach MüKo AktG/*Oechsler* § 237 Rn. 102 existieren die Verwendungsbestimmungen für Gewinne und Gewinnrücklagen in der Regel ausschließlich im Interesse der Aktionäre.
136 Hüffer/*Koch* § 237 Rn. 43; KöKo AktG/*Lutter* § 237 Rn. 101.
137 Spindler/Stilz AktG/*Cahn* § 72 Rn. 1.
138 Schmidt/Lutter AktG/*Bezzenberger* §§ 72–75 Rn. 5.
139 Hüffer/*Koch* § 72 Rn. 5; MüKo AktG/*Oechsler* § 72 Rn. 14; Heidel/*van Ooy* § 72 Rn. 16; Geßler/Hefermehl AktG/*Hefermehl/Bungeroth* § 72 Rn. 24; KöKo AktG/*Lutter/Drygala* § 72 Rn. 16.
140 Was etwa einen gutgläubigen Erwerb ausschließt, KöKo AktG/*Lutter/Drygala* § 72 Rn. 14, 16; GroßkommAktG/*Merkt* § 72 Rn. 24.
141 GroßkommAktG/*Merkt* § 72 Rn. 27; MüKo AktG/*Oechsler* § 72 Rn. 14.

Satz 1 Alt. 2 BGB verpflichtet, den Anspruch auf neuerliche Verbriefung des Mitgliedschaftsrechts an den Berechtigten abzutreten oder eine bereits ausgestellte neue Urkunde sowie den zu seinen Gunsten ergangenen Ausschließungsbeschluss an den wirklichen Rechtsinhaber herauszugeben.[142]

Solange keine neue Urkunde ausgestellt ist, ist das Mitgliedschaftsrecht nicht verbrieft, sodass eine Übertragung nicht nach §§ 929 ff. BGB, sondern nur nach §§ 398, 413 BGB erfolgen kann.[143] 93

2. Streit über die Echtheit einer im Aufgebotsverfahren vorgelegten Urkunde

Wird die Urkunde im Aufgebotsverfahren von einem Dritten vorgelegt, hat das Gericht den Antragsteller hiervon zu benachrichtigen und ihm innerhalb einer zu bestimmenden Frist die Möglichkeit zu geben, in die Urkunde Einsicht zu nehmen und eine Stellungnahme abzugeben (§ 477 FamFG). 94

Erkennt der Antragsteller die Identität der Urkunde an, endet das Aufgebotsverfahren ohne gesonderten Beschluss.[144] Der Antragsteller kann dann gegen den Dritten auf Herausgabe der Urkunde klagen.[145] 95

Wird hingegen vom Antragsteller die Echtheit der vorgelegten Urkunde bestritten, ist über die Echtheit der Urkunde und die an oder aus ihr geltend gemachten Rechte gesondert im Prozessweg zu entscheiden.[146] 96

In diesem Fall ist das Aufgebotsverfahren entweder bis zur endgültigen Entscheidung über das angemeldete Recht auszusetzen oder es ist im Ausschließungsbeschluss das angemeldete Recht vorzubehalten (§ 440 FamFG).[147] 97

Neben dem Aufgebotsverfahren kann der Antragsteller im Fall von Inhaberaktien gemäß § 480 FamFG eine Zahlungssperre beantragen.[148] 98

II. Streitigkeiten bei der Kraftloserklärung von Aktien wegen unterlassener Einreichung bei der Gesellschaft

1. Kraftloserklärung wegen unterlassener Einreichung zur Berichtigung oder Umtausch (§ 73 AktG)

Ist der Inhalt von Aktienurkunden durch eine Veränderung der rechtlichen Verhältnisse unrichtig geworden[149] und wurden diese trotz Aufforderung nicht zur Berichtigung oder zum Umtausch bei der Gesellschaft eingereicht, können diese Aktien mit Genehmigung des Gerichts[150] für kraftlos erklärt werden (§ 73 Abs. 1 Satz 1 AktG). 99

---

142 KöKo AktG/*Lutter/Drygala* § 72 Rn. 18; MüKo AktG/*Oechsler* § 72 Rn. 14; Spindler/Stilz AktG/*Cahn* § 72 Rn. 12.
143 Mangels Rechtsscheintatbestandes ohne Möglichkeit des gutgläubigen Erwerbs, MüKo AktG/*Oechsler* § 72 Rn. 15; Geßler/Hefermehl AktG/*Hefermehl/Bungeroth* § 72 Rn. 22.
144 BeckOK FamFG/*Schlögel* § 477 Rn. 3; MüKo FamFG/*Eickmann* § 484 Rn. 41. Dabei ist umstritten, ob das Aufgebotsverfahren erledigt ist, so *Haußleiter* FamFG § 477 Rn. 3; Keidel FamFG/*Giers* § 477 Rn. 2; MüKo FamFG/*Eickmann* § 484 Rn. 41; oder ob das Anerkenntnis der Urkunde als Antragsrücknahme zu werten ist, in diesem Sinne etwa BeckOK FamFG/*Schlögel* § 477 Rn. 3; Bork/Jacoby/Schwab FamFG/*Dutta* § 477 Rn. 3.
145 MüKo FamFG/*Eickmann* § 484 Rn. 41.
146 BeckOK FamFG/*Schlögel* § 477 Rn. 3; *Haußleiter* FamFG § 477 Rn. 4; Keidel FamFG/*Giers* § 477 Rn. 2; MüKo FamFG/*Eickmann* § 484 Rn. 40; a. A. für Streitigkeiten über die Identität der Urkunde: Bork/Jacoby/Schwab FamFG/*Dutta* § 477 Rn. 3: Klärung im Aufgebotsverfahren selbst, da es sich um eine materiell-rechtliche Voraussetzung für die Durchführung des Aufgebotsverfahrens handele.
147 Vgl. auch BeckOK FamFG/*Schlögel* § 477 Rn. 3; Keidel FamFG/*Giers* § 477 Rn. 2.
148 MüKo AktG/*Oechsler* § 72 Rn. 10; Spindler/Stilz AktG/*Cahn* § 72 Rn. 13.
149 Zu Veränderungen von rechtlichen Verhältnissen, die nicht oder nur unter bestimmten Voraussetzungen zu einer Kraftloserklärung führen können vgl. § 73 Abs. 1 Satz 2 und Satz 3 AktG.
150 Vgl. zur Zuständigkeit des Gerichts § 14 AktG, §§ 375 Nr. 3, 376, 377 FamFG, § 23a Abs. 2 Nr. 4 GVG.

100 Das Registergericht prüft, ob die notwendigen Voraussetzungen für eine Kraftloserklärung gem. § 73 AktG bestehen und ob die Gesellschaft ihr Ermessen ordnungsgemäß ausgeübt hat.[151] Es entscheidet durch Beschluss, gegen den, wenn die Genehmigung versagt wird, das Rechtsmittel der Beschwerde statthaft ist (§ 73 Abs. 1 Satz 4 AktG).

101 Eine Anhörung aller betroffenen Aktionäre durch das Gericht wird aufgrund der großen Anzahl der Betroffenen häufig nur schwer möglich sein.[152]

102 Die wirksame Kraftloserklärung hebt die Eigenschaft der Aktienurkunde als Wertpapier auf, wobei die Mitgliedschaft selbst unberührt bleibt.[153]

103 Fehlt eine der Voraussetzungen für die Kraftloserklärung der Aktien, ist die Kraftloserklärung der Aktien durch die Gesellschaft trotz gerichtlicher Genehmigung nichtig und die für kraftlos erklärten Urkunden bleiben wirksam.[154]

104 Allerdings kann die Bekanntmachung einer nichtigen Kraftloserklärung in den Gesellschaftsblättern gemäß § 73 Abs. 2 Satz 3 AktG die Verkehrsfähigkeit der betroffenen Aktien stören.[155] Die betroffenen Aktionäre haben daher bei Verschulden der Gesellschaft Anspruch auf Schadensersatz und/oder Beseitigung.[156]

2. Kraftloserklärung wegen unterlassener Einreichung zur Zusammenlegung (§ 226 AktG)

105 Sollen zur Durchführung der Herabsetzung des Grundkapitals Aktien zusammen gelegt werden, kann die Gesellschaft die Aktien für kraftlos erklären, die trotz Aufforderung nicht bei ihr eingereicht worden sind (§ 226 AktG). Anders als bei § 73 AktG geht es nicht darum, dass der Inhalt von Aktienurkunden, wie beispielsweise durch Reduzierung des Nennbetrags, unrichtig geworden ist, sondern es soll gewährleistet werden, dass die Zusammenlegung der Aktien auch ohne Mitwirkung der Aktionäre wie geplant umgesetzt werden kann.[157]

106 Dementsprechend ist auch im Gegensatz zu § 73 AktG ein finanzieller Ausgleich für die für kraftlos erklärten Aktien vorgesehen. Nach § 226 Abs. 3 AktG sind die neuen Aktien, die an Stelle der für kraftlos erklärten Aktien auszugeben sind, für Rechnung der Beteiligten zu verkaufen und der Erlös an die Beteiligten auszuzahlen bzw. zu hinterlegen.

III. Kraftloserklärung im Zusammenhang mit dem Umtausch von Aktien bei der Verschmelzungen durch Aufnahme (§ 72 UmwG)

107 Geschieht eine Verschmelzung durch Aufnahme und ist der übertragende Rechtsträger eine Aktiengesellschaft, gelten gem. § 72 Abs. 1 UmwG für den Umtausch der Aktien einer übertragenden Ak-

---

[151] Heidel/*van Ooy* § 73 Rn. 9; MüKo AktG/*Oechsler* § 73 Rn. 17.
[152] Geßler/Hefermehl AktG/*Hefermehl/Bungeroth* § 73 Rn. 23. Nach der früheren Rechtslage wurde die grundsätzlich vorgesehene Anhörung der Aktionäre deshalb als nicht »tunlich« i. S. d. § 146 Abs. 1 FGG a. F. angesehen, MüKo AktG/*Oechsler* § 73 Rn. 16; nach der neuen Rechtslage soll es darauf ankommen, ob die Anhörung zur Wahrung des rechtlichen Gehörs gem. § 34 Abs. 1 Nr. 1 FamFG erforderlich ist, Spindler/Stilz AktG/*Cahn* § 73 Rn. 14.
[153] Spindler/Stilz AktG/*Cahn* § 73 Rn. 22; gutgläubiger Erwerb ist jedoch mangels Rechtsscheintatbestandes ausgeschlossen, Heidel/*van Ooy* § 73 Rn. 12.
[154] KöKo AktG/*Lutter/Drygala* § 73 Rn. 25; MüKo AktG/*Oechsler* § 73 Rn. 28; Spindler/Stilz AktG/*Cahn* § 73 Rn. 22.
[155] MüKo AktG/*Oechsler* § 73 Rn. 29.
[156] So *Oechsler* in MüKo AktG § 73 Rn. 29 f., der dem § 73 Abs. 1, 2 AktG Schutzgesetzcharakter i. S. d. § 823 Abs. 2 BGB zuschreibt und Ansprüche aus §§ 1004, 823 BGB anerkennt; ebenso KöKo AktG/*Lutter/Drygala* § 73 Rn. 25.
[157] BGH AG 1992, 27 (28).

C. Streitigkeiten bei der Kraftloserklärung und dem Umtausch von Aktien § 5

tiengesellschaft § 73 Abs. 1 und Abs. 2 AktG, bei Zusammenlegung von Aktien dieser Gesellschaft § 226 Abs. 1 und 2 AktG entsprechend.

Dies bedeutet, dass der übernehmende Rechtsträger befugt ist, Aktien, die trotz Aufforderung nicht bei ihm eingereicht werden, für kraftlos zu erklären.[158] 108

Eine Zusammenlegung von Aktien kommt nur ausnahmsweise in Betracht, wenn die Nennbeträge der Aktien nicht übereinstimmen.[159] So kann eine Zusammenlegung beispielsweise erforderlich sein, wenn einem Aktionär für mehrere Aktien des übertragenden Rechtsträgers lediglich ein Anteil am übernehmenden Rechtsträger zusteht[160] oder wenn ein Aktionär weniger Anteile hält als er benötigt, um eine Aktie der übernehmenden Gesellschaft zu erwerben.[161] 109

Einer Genehmigung des Gerichts bedarf es nach § 72 Abs. 1 Satz 2 UmwG nicht. 110

Ist der übernehmende Rechtsträger ebenfalls eine Aktiengesellschaft, so gelten nach § 72 Abs. 2 UmwG auch die in Abs. 1 ausgeschlossenen §§ 73 Abs. 3, 4, 226 Abs. 3 AktG entsprechend. 111

IV. Kraftloserklärung im Zusammenhang mit dem Umtausch von Aktien beim Formwechsel (§ 248 UmwG)

§ 248 UmwG regelt den »Umtausch« von Anteilen bei einem Formwechsel von einer GmbH in eine AG/KGaA (Abs. 1) und umgekehrt (Abs. 2). Da jedoch für GmbH-Anteile in der Regel keine Anteilsscheine ausgegeben werden und solche – selbst wenn dies geschieht – keine Wertpapiere darstellen, liegt kein Umtausch im Sinne des § 73 AktG vor.[162] 112

Für den Formwechsel einer GmbH in eine AG stellt der Verweis auf § 73 AktG in § 248 Abs. 1 UmwG daher klar, dass die Gesellschaft die neuen Aktionäre auffordern kann, die Aktien abzuholen und gegebenenfalls bestehende Anteilsscheine einzureichen, die andernfalls für kraftlos erklärt werden (§ 73 Abs. 2 AktG).[163] Einer gerichtlichen Genehmigung bedarf es nicht, § 248 Abs. 3 UmwG. 113

Bei dem Formwechsel von einer GmbH in eine AG/KGaA hat die entsprechende Anwendung von § 226 AktG nur betreffend des Abs. 3 Bedeutung.[164] 114

Für den umgekehrten Fall des Formwechsels von einer AG/KGaA in eine GmbH verweist § 248 Abs. 2 UmwG nur auf § 73 Abs. 1 und 2 AktG sowie § 226 Abs. 1 und 2 AktG. Dadurch wird eine Ausgabe von Anteilscheinen für den neuen GmbH-Geschäftsanteil nach § 73 Abs. 3 AktG sowie eine öffentliche Versteigerung zusammengelegter GmbH-Geschäftsanteile nach § 226 Abs. 3 ausgeschlossen.[165] 115

Der Begriff »Umtausch« in der entsprechenden Anwendung des § 73 Abs. 1 AktG bedeutet im Rahmen des § 248 Abs. 2 UmwG, dass die Aktien bei der Gesellschaft eingereicht werden und zugleich festgestellt wird, welcher GmbH-Geschäftsanteil den Aktien entspricht und wer Inhaber des neuen GmbH-Geschäftsanteils ist.[166] Nicht eingereichte Aktien können entsprechend § 73 Abs. 1 AktG für kraftlos erklärt werden, ohne dass es einer gerichtlichen Genehmigung bedarf (§ 248 Abs. 3 UmwG). 116

---

158 Schmitt/Hörtnagl/Stratz UmwG/*Stratz* § 72 Rn. 4.
159 Schmitt/Hörtnagl/Stratz UmwG/*Stratz* § 72 Rn. 6; Semler/Stengel UmwG/*Diekmann* § 72 Rn. 10.
160 Schmitt/Hörtnagl/Stratz UmwG/*Stratz* § 72 Rn. 6.
161 Schmitt/Hörtnagl/Stratz UmwG/*Stratz* § 72 Rn. 6; Semler/Stengel UmwG/*Diekmann* § 72 Rn. 10.
162 Schmitt/Hörtnagl/Stratz UmwG/*Stratz* § 248 Rn. 2; Semler/Stengel UmwG/*Scheel* § 248 Rn. 1.
163 Schmitt/Hörtnagl/Stratz UmwG/*Stratz* § 248 Rn. 2.
164 Schmitt/Hörtnagl/Stratz UmwG/*Stratz* § 248 Rn. 5.
165 Schmitt/Hörtnagl/Stratz UmwG/*Stratz* § 248 Rn. 6
166 Schmitt/Hörtnagl/Stratz UmwG/*Stratz* § 248 Rn. 7.

§ 6 Durchsetzung von Aktionärsrechten und -pflichten

Übersicht

	Rdn.
A. **Auskunftsrecht und Auskunftserzwingungsverfahren (§ 132 AktG)**	1
I. Auskunftsrecht (§ 131 AktG)	1
1. Voraussetzungen des Auskunftsrechts	2
2. Schuldner des Auskunftsanspruchs	7
3. Gegenstand und Umfang des Auskunftsrechts	8
4. Form der Auskunftserteilung	11
5. Beschränkung des Frage- und Rederechts	14
6. Gesetzliche Gründe der Auskunftsverweigerung	17
a) Nachteilszufügung	18
b) Steuerliche Wertansätze und Höhe der Steuern	19
c) Stille Reserven	20
d) Bilanzierungs- und Bewertungsmethoden	21
e) Strafbarkeit der Auskunftserteilung	22
f) Sonderregelung für Kredit- und Finanzdienstleistungsinstitute	24
g) Anderweitige Bekanntmachung oder Beantwortung	25
7. Auskunftsrecht bei elektronischer Teilnahme an der Hauptversammlung	27
8. Weitere Schranken des Auskunftsrechts	29
a) Illoyale, grob eigennützige Rechtsausübung	30
b) Übermäßige Rechtsausübung	31
c) Widersprüchliches Verhalten	32
9. Rechtsfolgen bei Verletzung des Auskunftsrechts	33
a) Anfechtungsklage	34
b) Schadensersatzpflicht	36
c) Sonderprüfung und Strafbarkeit	37
II. Auskunftserzwingungsverfahren (§ 132 AktG)	38
1. Verhältnis zu anderen Klagemöglichkeiten	39
2. Sachliche und örtliche Zuständigkeit	43
3. Antrag	44
4. Gerichtliches Verfahren	50
5. Gerichtliche Entscheidung und Kosten	56
6. Folgen und Vollstreckung der gerichtlichen Entscheidung	60
7. Rechtstatsächliche Bedeutung	64
B. **Die Sonderprüfung (§ 142 AktG)**	65
I. Streitigkeiten im Zusammenhang mit dem Beschluss der Hauptversammlung zur Bestellung oder Abberufung von Sonderprüfern	66
1. Anfechtungs- und Nichtigkeitsklage	66
a) Bestellungsbeschluss	66
b) Abberufungsbeschluss	70
2. Positive Beschlussfeststellungsklage	71
II. Gerichtliches Verfahren zur Bestellung von Sonderprüfern, § 142 Abs. 2 AktG	73
1. Antragsberechtigung, Frist, Form, Zuständigkeit, Beteiligte, Berechtigungsnachweis, Subsidiarität	73
2. Materielle Antragserfordernisse	81
3. Rechtsmissbräuchlichkeit	90
4. Verfahrensgrundsätze, Entscheidung und Kosten	92
5. Rechtsbehelfe	96
III. Gerichtliches Verfahren zur Auswechslung von durch die Hauptversammlung bestellten Sonderprüfern, § 142 Abs. 4 AktG	100
IV. Bestellung eines Sonderprüfers im Verfahren analog § 318 Abs. 4 Satz 2 HGB wegen nachträglichen Wegfalls	105
V. Der Schadensersatzprozess gegen den Sonderprüfer	107
1. §§ 280 Abs. 1, 311 Abs. 2 Nr. 2 BGB (culpa in contrahendo)	108
2. §§ 144 AktG i. V. m. 323 HGB	109
3. §§ 823 Abs. 2 BGB i. V. m. 263, 266 StGB bzw. § 826 BGB	114
4. Haftung gegenüber Aktionären	115
a) Vertrag mit Schutzwirkung zugunsten Dritter	115
b) §§ 823 Abs. 2, 826 BGB	119
VI. Streitigkeiten über einzelne Maßnahmen des Sonderprüfers	120
VII. Verfahren zur Festlegung von Auslagen und Vergütung des Sonderprüfers, § 142 Abs. 6 Satz 2 AktG; Streitigkeiten betreffend die Vergütung des durch die Hauptversammlung bestellten Sonderprüfers	130
VIII. Streitigkeiten im Zusammenhang mit dem Sonderprüfungsbericht, § 145 Abs. 4 bis 6 AktG	137
1. Antrag auf Nichtaufnahme bestimmter Tatsachen in den Sonderprüfungsbericht, § 145 Abs. 4 und 5 AktG	137
2. Durchsetzung der Berichtspflicht	142
3. Verwendung des Sonderprüfungsberichts in Folgeprozessen	145
IX. Ansprüche der Gesellschaft gegen die betreibende Aktionärsminderheit	146
C. **Der besondere Vertreter**	148

		Rdn.
I.	Allgemeines	148
II.	Bestellung des besonderen Vertreters	150
	1. Beschluss der Hauptversammlung	150
	2. Bestellung durch das Gericht	154
III.	Rechtsstellung des besonderen Vertreters	159
IV.	Rechte und Pflichten des besonderen Vertreters	162
	1. Rechte	162
	a) Informationsrechte	162
	b) Rede- und Teilnahmerecht bei einer Hauptversammlung?	164
	2. Pflichten des besonderen Vertreters	166
V.	Die Geltendmachung der Ansprüche	168
VI.	Beendigung der Rechtsstellung als besonderer Vertreter	172
	1. Bei Bestellung durch die Hauptversammlung	172
	2. Bei Bestellung durch das Gericht	175
	3. Gemeinsame Beendigungsgründe	176
D.	**Anträge auf Zusammensetzung bzw. Ergänzung des Aufsichtsrates**	177
I.	Zusammensetzung des Aufsichtsrates (Antrag nach § 98 Abs. 1 AktG)	179
	1. Statusverfahren	179
	2. Antrag	185
	a) Antragsberechtigung eines Aktionärs	186
	b) Antragsfrist für den Aktionär	188
	c) Formelle Anforderungen für den gerichtlichen Antrag	190
	d) Inhaltliche Anforderungen für den gerichtlichen Antrag	193
	3. Zuständiges Gericht	195
	4. Verfahren	199
	a) In erster Instanz	199
	b) In zweiter Instanz	204
	c) In dritter Instanz	208
	5. Entscheidung	209
	6. Kosten	215
II.	Ergänzung des Aufsichtsrates (Anträge nach § 104 AktG)	218
	1. Ergänzungsverfahren	218
	2. Antrag	222
	a) Antragsberechtigung eines Aktionärs	223
	b) Antragsfrist für den Aktionär	225
	c) Formelle Anforderungen für den gerichtlichen Antrag	227
	d) Inhaltliche Anforderungen für den gerichtlichen Antrag	229
	3. Zuständiges Gericht	234
	4. Verfahren	237
	a) In erster Instanz	237
	b) In zweiter Instanz	240
	c) In dritter Instanz	244
	5. Entscheidung	245
	6. Kosten	249

		Rdn.
E.	**Einberufung der Hauptversammlung oder Tagesordnungsergänzung auf Verlangen einer Aktionärsminderheit, § 122 Abs. 3 AktG**	252
I.	Zulässigkeit	253
II.	Begründetheit	267
III.	Verfahrensgrundsätze	271
IV.	Formulierungsbeispiel	272
V.	Entscheidung des Gerichts	277
VI.	Kosten	278
VII.	Einstweiliger Rechtsschutz	281
VIII.	Rechtsmittel	285
F.	**Durchsetzung von Aktionärsrechten im Wege der Leistungs- oder Unterlassungsklage**	290
I.	Recht auf Teilnahme an der Hauptversammlung	290
	1. Gerichtliche Durchsetzung des Teilnahmerechts	290
	2. Ansprüche auf Schadensersatz bei Verletzung des Teilnahmerechts	296
II.	Stimmrechte	299
III.	Vermögensrechte	303
	1. Anspruch auf Bilanzgewinn, §§ 58 Abs. 4, 60 AktG	303
	2. Bezugsrecht bei Kapitalerhöhung, §§ 186 Abs. 1, 212 AktG	307
	3. Rückzahlungsansprüche infolge Kapitalherabsetzung, § 225 Abs. 2 AktG	312
	4. Beteiligung am Liquidationserlös, § 271 AktG	314
IV.	Durchsetzung rechtmäßigen Organhandelns	315
	1. Grundsätze im Gefolge der »Holzmüller«- Rechtsprechung	315
	2. Einzelfälle	321
G.	**Streitigkeiten um die Verletzung von Gesellschafterpflichten (einschl. Einlagenrückgewähr)**	326
I.	Verletzung gesetzlich normierter Gesellschafterpflichten	327
	1. Die Einlagepflicht des § 54 AktG	327
	a) Entstehung der Pflicht zur Erbringung der Einlage	327
	b) Prozessuale Geltendmachung der Einlageforderung durch die Gesellschaft	329
	aa) Kläger	329
	bb) Beklagter	330
	(1) Übernehmer/Zeichner	330
	(2) Erwerber	331
	(3) Kapitalerhöhung	337
	cc) Beweislast	339
	c) Keine prozessuale Geltendmachung des Einlageanspruchs durch einen Gesellschafter im Wege der actio pro socio	340

		Rdn.
	d) Keine Nachschusspflicht	341
	2. Die Nebenverpflichtungen des § 55 AktG	342
	3. Verbot der Einlagenrückgewähr	343
	a) Allgemeines	343
	b) Zahlung an Dritte und Zurechnung zu Aktionär	344
	c) Folgen unzulässiger Einlagenrückgewähr	346
	d) Einzelfälle	347
	aa) Darlehen an Aktionäre und Cash Management	347
	bb) Verträge mit Aktionären über Dienstleistungen oder Warenlieferungen	348
	cc) Erwerb eigener Aktien	349
	dd) Abkauf von Anfechtungsklagen	350
II.	Verletzung schuldrechtlich begründeter Gesellschafterpflichten	353
	1. Freiwillige Leistungen	353
	2. Schuldrechtliche Gesellschafterpflichten	354
	a) Rechtsnatur und Durchsetzung	354
	b) Voraussetzungen der wirksamen Begründung	357
	c) Inhaltliche Grenzen bei Stimmbindungsverträgen	362
	d) Unvereinbarkeit einer Satzungsbestimmung mit §§ 54, 55 AktG	363
	e) Änderung und Übergang schuldrechtlicher Verpflichtungen; Beweislast	364
III.	Verletzung der gesellschafterlichen Treuepflicht	367
	1. Geltungsgrund	367
	2. Inhalt der Treuepflicht	368
	3. Treuepflichtverletzung gegenüber der AG und Rechtsfolgen; actio pro socio	370
	a) Treuepflichtverletzung gegenüber der AG	370
	b) Keine prozessuale Geltendmachung des Schadensersatzanspruchs im Wege der actio pro socio	374
	4. Treuepflichtverletzung gegenüber den Mitaktionären und Rechtsfolgen	376
H.	**Schadensersatzansprüche wegen Einflussnahme und deliktischer Handlungen**	380
I.	Schadensersatzansprüche nach § 117 Abs. 1 AktG	381
	1. Voraussetzungen des Anspruchs	382
	a) Allgemeine Voraussetzungen	383
	b) Schaden	391
	2. Prozessuale Besonderheiten	400

		Rdn.
II.	Schadensersatzansprüche nach § 823 Abs. 1 und 2 oder § 826 BGB	406
	1. § 823 Abs. 1 BGB	407
	2. § 823 Abs. 2 BGB	408
	3. § 826 BGB	409
	a) Anspruch des einzelnen Aktionärs gegen andere Aktionäre	410
	b) Ansprüche der Gesellschaft gegen Aktionäre	412
	c) Ansprüche der Gesellschaft oder des Aktionärs gegen Dritte	414
	4. Prozessuale Besonderheiten	416
III.	Schadensersatzansprüche wegen Verletzung gesellschaftsrechtlicher Treuepflichten	417
I.	**Streitigkeiten im Zusammenhang mit dem Abschlussprüfer (§§ 318 Abs. 3, 4, 323 HGB)**	419
I.	Antrag auf gerichtliche Ersetzung des Abschlussprüfers (§ 318 Abs. 3 HGB)	420
	1. Anwendungsbereich	421
	a) Verhältnis zum Verfahren nach § 318 Abs. 4 HGB	421
	b) Verhältnis zur Anfechtungs- und Nichtigkeitsklage	422
	2. Voraussetzungen	424
	a) Antragsberechtigung	424
	b) Antragsfrist	428
	c) Widerspruch gegen die Wahl des Abschlussprüfers	430
	d) Glaubhaftmachung der Mindestbesitzzeit	431
	e) Ersetzungsgrund	432
	aa) Ausschlussgrund nach § 319 Abs. 2–5 HGB	433
	bb) Ausschlussgründe nach § 319a, b HGB	437
	cc) Weitere Ersetzungsgründe	438
	f) Erlöschen und Grenzen des Antragsrechts	439
	3. Verfahren	441
	4. Entscheidung, Kosten, Rechtsmittel	444
II.	Antrag auf gerichtliche Bestellung des Abschlussprüfers (§ 318 Abs. 4 HGB)	448
	1. Anwendungsbereich	449
	2. Voraussetzungen	450
	a) Antragsberechtigung	450
	b) Zeitpunkt der Antragstellung	451
	c) Antragsgründe	452
	aa) Fehlende Wahl des Abschlussprüfers	452
	bb) Ablehnung des Prüfungsauftrags	453
	cc) Wegfall des Abschlussprüfers	454
	dd) Verhinderung der rechtzeitigen Prüfung	455

	Rdn.		Rdn.
ee) Analoge Anwendung bei laufender Anfechtungsklage gegen den Wahlbeschluss des Abschlussprüfers	456	d) Mitverschulden der zu prüfenden Gesellschaft	471
3. Verfahren, Entscheidung, Kosten	457	e) Haftungsbegrenzung (§ 323 Abs. 2 HGB)	474
III. Rechtsstellung des gerichtlich bestellten Abschlussprüfers	461	f) Verjährung	478
IV. Haftung des Abschlussprüfers	463	g) Haftende Personen	479
1. Haftung gegenüber der Gesellschaft	464	h) Geltendmachung des Anspruchs	480
a) Pflichtverletzung	465	i) Sonstige Anspruchsgrundlagen	481
b) Verschulden	467	2. Haftung gegenüber Dritten	482
c) Schaden und Kausalität	469	a) Vertragliche Ansprüche	483
		b) Deliktische Ansprüche	486

A. Auskunftsrecht und Auskunftserzwingungsverfahren (§ 132 AktG)

I. Auskunftsrecht (§ 131 AktG)

Gemäß § 131 Abs. 1 S. 1 AktG ist der Vorstand verpflichtet, jedem Aktionär auf Verlangen in der Hauptversammlung Auskunft über Angelegenheiten der Gesellschaft zu geben, soweit sie zur sachgemäßen Beurteilung des Gegenstandes der Tagesordnung erforderlich ist. **Sinn und Zweck** des Auskunftsrechts ist es, dem Aktionär diejenigen konkreten Informationen zu verschaffen, die er zur sachgerechten Ausübung seines Rechts auf Teilnahme an der Hauptversammlung benötigt.[1] Von daher ist es ein **Individualrecht** des einzelnen Aktionärs, das auf die kollektive Willensbildung, die Information der Hauptversammlung als Organ, zielt.[2]

1

1. Voraussetzungen des Auskunftsrechts

Die Anspruchsberechtigung ist an das kumulative Vorliegen der **Aktionärseigenschaft** und der **Teilnahmeberechtigung** an der Hauptversammlung geknüpft. Unerheblich ist die Höhe der Beteiligung[3] und die Stimmberechtigung. Ein Erwerber, der nach dem Record Date Anteile erwirbt, hat im Gegensatz zu dem Veräußerer, der nach § 123 Abs. 3 S. 6 AktG neben dem Teilnahmerecht auch das Auskunftsrecht behält, kein Auskunftsrecht. Das Auskunftsrecht ist **kein höchstpersönliches Recht** und kann auch durch Dritte, z. B. Vertreter und Legitimationsaktionäre (§ 129 Abs. 3 AktG), ausgeübt werden. Ob die Vollmacht bzw. die Ermächtigung zur Ausübung des Stimmrechts im eigenen Namen auch die Geltendmachung des Auskunftsanspruchs umfasst, ist durch Auslegung zu ermitteln. Aufgrund der engen Verknüpfung von Auskunftsanspruch und Stimmrecht ist dies i. d. R. zu bejahen. Nach h. M. gilt dies zur Vermeidung von Abgrenzungsfragen und im Hinblick auf den mutmaßlichen Willen des Vollmachtgebers bzw. Legitimationszedenten auch für Auskunftsersuchen zu Gegenständen der Tagesordnung, über die kein Beschluss zu fassen ist.[4]

2

Der Aktionär muss die Auskunft **in der Hauptversammlung** verlangen. Bereits im Vorfeld der Hauptversammlung gestellte Auskunftsbegehren entsprechen diesen Anforderungen nach h. M. nur dann, wenn sie in der Hauptversammlung wiederholt werden.[5] § 131 AktG lässt sich entgegen einer in der Judikatur vereinzelt vertretenen Auffassung[6] nicht entnehmen, dass der Vorstand auch

3

---

1 BayObLG NJW-RR 1996, 679 (680); OLG München NZG 2002, 187 (188).
2 GroßkommAktG/*Decher* § 131 Rn. 105; MüKo AktG/*Kubis* § 131 Rn. 3.
3 BGHZ 119, 1 (17); KöKo AktG/*Kersting* § 131 Rn. 61; a. A. LG Berlin AG 1991, 34 (35) – Springer/Kirch, mit fragwürdiger Differenzierung nach der Höhe der Beteiligungen in Bezug auf die Auskunftsdichte.
4 LG Köln AG 1991, 38 – ddp; Schmidt/Lutter/*Spindler*, § 131 Rn. 13–15; KöKo AktG/*Kersting* § 131 Rn. 61–67.
5 LG Köln AG 1991, 38 – ddp; Schmidt/Lutter/*Spindler* § 131 Rn. 21; KöKo AktG/*Kersting* § 131 Rn. 481; a. A. *Meilicke/Heidel* DStR 1992, 72 (74).
6 LG Berlin AG 1997, 183 (185) – Brau und Brunnen AG.

unaufgefordert über alle Umstände, die Einfluss auf die zu fassenden Beschlüsse haben könnten, Auskunft geben muss[7].

4 Das Auskunftsverlangen ist **in deutscher Sprache** vorzubringen. Umstritten ist, ob der Versammlungsleiter fremdsprachige Fragen nach seinem Ermessen zulassen darf[8] oder ob dies im Hinblick auf die angestrebte kollektive Willensbildung der vorherigen Zustimmung sämtlicher Versammlungsteilnehmer bedarf.[9]

5 In zeitlicher Hinsicht sind Fragen bis zum Beginn der Abstimmung über den Tagesordnungspunkt zulässig, zu dem die Frage gestellt ist.[10]

6 Nach bislang h. M. können Fragen mangels gesetzlicher Vorgaben **mündlich oder schriftlich** gestellt werden.[11] Die insbes. in der Rechtsprechung vordringende Gegenansicht hält ausschließlich mündliche Auskunftsverlangen für zulässig. Sie verweist darauf, dass nur so alle Versammlungsteilnehmer von den Fragen Kenntnis nehmen und die Antworten verstehen könnten, also die kollektive Willensbildung gewährleistet werde. Auch gelte der Grundsatz der Mündlichkeit nicht nur für die Erteilung der Auskunft, sondern auch deren Grundlage. Im Übrigen ginge die durch das UMAG eingeführte Möglichkeit der Beschränkung des Fragerechts durch den Versammlungsleiter gemäß § 131 Abs. 2 S. 2 AktG bei der Zulässigkeit schriftlicher Fragen ins Leere.[12]

2. Schuldner des Auskunftsanspruchs

7 Auskunftsverpflichtet ist die Aktiengesellschaft, vertreten durch den **Vorstand**. Die Entscheidung über die Auskunftserteilung/-verweigerung hat als **Geschäftsführungsmaßnahme** gemäß § 77 Abs. 1 S. 1 AktG grds. einstimmig zu ergehen, sofern die Satzung oder Geschäftsordnung des Vorstands nicht nach § 77 Abs. 1 S. 2 AktG eine abweichende Regelung enthält. In der Praxis geschieht die Auskunftserteilung i. d. R. durch den Vorstandsvorsitzenden oder das zuständige Ressortmitglied ohne vorherige Beschlussfassung. Widerspricht keines seiner Mitglieder, ist hierin eine konkludente einvernehmliche Beschlussfassung durch den Gesamtvorstand zu sehen. Gleiches gilt, wenn sich der Vorstand Antworten von Aufsichtsratsmitgliedern oder Bemerkungen des Versammlungsleiters zur Auskunftsverweigerung zu Eigen macht.[13]

3. Gegenstand und Umfang des Auskunftsrechts

8 § 131 Abs. 1 S. 1 AktG beschränkt die Auskunftspflicht auf Angelegenheiten der Gesellschaft, die zur sachgemäßen Beurteilung eines Punktes der Tagesordnung erforderlich sind.

9 Das Tatbestandsmerkmal der **Angelegenheit der Gesellschaft** wird weit ausgelegt. Hierunter fällt alles, was sich auf die Gesellschaft und ihre Tätigkeit bezieht.[14] Dazu gehören etwa Fakten zu der Vermögens-, Finanz- und Ertragslage, den rechtlichen und tatsächlichen Verhältnissen innerhalb der Gesellschaftsorgane, der Geschäftspolitik und Öffentlichkeitsarbeit sowie den Personalangelegenheiten und darüber hinaus alle Umstände außerhalb der Gesellschaft, die einen rechtlichen oder tatsächlichen Bezug zum Unternehmen aufweisen, wie z. B. Angelegenheiten bei Beteiligungen

---

7 OLG Celle AG 1984, 266 (272) – Pelikan AG; BayObLG NJW-RR 1996, 679 (680); Schmidt/Lutter/*Spindler* § 131 Rn. 20.
8 So etwa: Schmidt/Lutter/*Spindler* § 131 Rn. 25.
9 So etwa: MüKo AktG/*Kubis* § 131 Rn. 27.
10 KöKo AktG/*Kersting* § 131 Rn. 483.
11 Z. B. GroßkommAktG/*Decher* § 131 Rn. 98; Schmidt/Lutter/*Spindler* § 131 Rn. 24; differenzierend insbes. danach, ob eine Beschränkung des Fragerechts nach § 131 Abs. 2 S. 2 AktG angeordnet ist oder nicht: KöKo AktG/*Kersting* § 131 Rn. 473–475.
12 OLG Frankfurt AG 2007, 451 (452); Hüffer/*Koch* § 131 Rn. 8; MüKo AktG/*Kubis* § 131 Rn. 29.
13 Lutter/Schmidt/*Spindler* AktG § 131 Rn. 16 f., 70 f.; KöKo AktG/*Kersting* § 131 Rn. 70–75.
14 OLG Düsseldorf AG 1988, 53 (54) – RWE; BayObLG AG 1996, 322 (323) – Markt- und Kühlhallen AG, München; KöKo AktG/*Kersting* § 131 Rn. 91; Hüffer/*Koch* § 131 Rn. 11.

A. Auskunftsrecht und Auskunftserzwingungsverfahren (§ 132 AktG) § 6

und verbundenen Unternehmen, bei Vertragspartnern, insbes. Kunden und Lieferanten, und Daten des Wettbewerbs, wie z. B. die Lage bei Konkurrenzunternehmen.[15] Nicht zu den Angelegenheiten der Gesellschaft gehören z. B. Fragen zu den Abstimmungsempfehlungen eines Kreditinstituts gegenüber seinen Depotkunden[16], den Motiven und Auffassungen von Aufsichtsratsmitgliedern[17] und der Aktionärsstruktur (Name der Aktionäre, Höhe von deren Beteiligung, Bescheide der BaFin gegenüber Mehrheitsaktionären).[18] Da es sich um ein anspruchsbegründendes Tatbestandselement handelt, ist es im Zweifelsfall Sache des Aktionärs, den Bezug zu der Gesellschaft darzutun.[19]

Das Kriterium der »**Erforderlichkeit zur sachgemäßen Beurteilung von Tagesordnungspunkten**« soll nach der Regierungsbegründung Missbräuche des Auskunftsrechts verhindern und einen ordnungsgemäßen Ablauf der Hauptversammlung gewährleisten.[20] Traditionell wird ein strenger Maßstab angelegt.[21] Die Einschränkung wirkt demnach in qualitativer Hinsicht insofern, als gewisse Informationen mangels Erreichens einer bestimmten Maßgeblichkeitsschwelle als für die Beurteilung des anstehenden Tagesordnungspunktes unerheblich eingestuft werden, und in quantitativer Hinsicht insoweit, als die Fülle von Fragen einzelner Aktionäre und der Detaillierungsgrad nachgesuchter Informationen anhand ihrer Beurteilungsrelevanz geprüft werden müssen.[22] Die Erforderlichkeit ist von dem Standpunkt eines objektiv denkenden (Durchschnitts-)Aktionärs zu beurteilen, der die Gesellschaftsverhältnisse nur aufgrund allgemein bekannter Tatsachen kennt und daher die begehrte Auskunft als nicht nur unwesentliches Beurteilungselement benötigt.[23] In der Literatur wurde dieser strenge Maßstab teilweise als unvereinbar mit Art. 9 Abs. 1 der Aktionärsrechterichtlinie 2007/36/EG beurteilt, da dieser ein umfassendes Fragerecht »zu Punkten auf der Tagesordnung« gewähre und kein Erforderlichkeitskriterium vorsehe.[24] Der BGH hat diese Bedenken verworfen. Das Fragerecht aus Art. 9 Abs. 1 der Richtlinie sei zwar in der Tat nicht von vorherein auf zur sachgemäßen Beurteilung von Tagesordnungspunkten erforderliche Informationen beschränkt; Art. 9 Abs. 2 S. 1 Fall 2 erlaube den Mitgliedstaaten jedoch Maßnahmen zur Gewährleistung des ordnungsgemäßen Ablaufs der Hauptversammlung.[25] Die Regelung eines Erforderlichkeitskriteriums sei eine solche Maßnahme und könne daher vom deutschen Gesetzgeber zulässigerweise getroffen werden.[26] Den Einwand, solche Maßnahmen dürften nur Einschränkungen organisatorischer Art umfassen, lehnt der BGH mit Hinweis auf Wortlaut und Zielsetzung der Vorschrift ab.[27] Bestehen Zweifel an der Erforderlichkeit der Auskunft, ist es Aufgabe des Versammlungsleiters, den Aktionär zu einer Darlegung der Beurteilungserheblichkeit aufzufordern. Kommt der Aktionär seiner Obliegenheit nicht nach, kann der Vorstand die Auskunft verweigern. Der Auskunftsanspruch erlischt aber nicht. Der Aktionär kann die Darlegungen zur Beurteilungsrelevanz vielmehr im Auskunftserzwingungsverfahren nachholen, trägt dann aber die volle Kostenlast (§ 132 Abs. 5 S. 7 AktG). Umstritten ist, ob sich im Anfechtungsverfahren dasselbe Ergebnis aus der entsprechenden Anwendung des § 91a ZPO ergibt[28], oder

10

---

15 MüKo AktG/*Kubis* § 131 Rn. 35–37; KöKo AktG/*Kersting* § 131 Rn. 90 f.; Schmidt/Lutter/*Spindler* § 131 Rn. 28, jeweils m. w. N.
16 BayObLG AG 1996, 563 (564 f.); kritisch: KöKo AktG/*Kersting* § 131 Rn. 95.
17 BVerfG NJW 2000, 349 (351).
18 KG AG 1994, 469 (473) – Allianz AG Holding; OLG Frankfurt, Urt. v. 16.2.2009 – 5 W 38/08; Schmidt/Lutter/*Spindler* § 131 Rn. 28.
19 MüKo AktG/*Kubis* § 131 Rn. 35, 37.
20 BegrRegE *Kropff* AktG, S. 185.
21 OLG Düsseldorf BB 1992, 177 (179 f.).
22 MüKo AktG/*Kubis* § 131 Rn. 38; Schmidt/Lutter/*Spindler* § 131 Rn. 29.
23 BGH NZG 2014, 423 (424); NJW 2005, 828 (829); BayObLG NJW-RR 1996, 679 (680); *Hüffer/Koch* § 131 Rn. 12; KöKo AktG/*Kersting* § 131 Rn. 101 f.
24 Schmidt/Lutter/*Spindler* § 131 Rn. 29; KöKo AktG/*Kersting* § 131 Rn. 112 ff.
25 BGH NJW 2014, 541 (542 ff.).
26 BGH NJW 2014, 541 (543 f.).
27 BGH NJW 2014, 541 (543 f.); *Hüffer/Koch* § 131 Rn. 12; MüKo AktG/*Kubis* § 131 Rn. 64, jeweils mit Nachweisen zur Gegenansicht.
28 So: MüKo AktG/*Kubis* § 131 Rn. 46.

ob dem Aktionär insoweit versagt werden muss, sich auf den aus seiner Obliegenheitsverletzung resultierenden Verstoß der Gesellschaft gegen § 131 Abs. 1 S. 1 AktG zu berufen, weil den Aktionären andernfalls das mutwillige Provozieren von Anfechtungsgründen gestattet und die Gesellschaft gezwungen würde, aus Vorsichtsgründen auch solche Fragen zu beantworten, deren Erforderlichkeit nicht erkennbar ist.[29]

4. Form der Auskunftserteilung

11 Die Erteilung der Auskunft erfolgt **in der Hauptversammlung.** Die Entscheidung über deren Ablauf obliegt dem Versammlungsleiter. Dieser entscheidet, ob Fragen unmittelbar zu beantworten sind oder zunächst gesammelt werden. Die Aktionäre haben keinen Anspruch auf eine bestimmte Vorgehensweise; sie können nach h. M. insbes. nicht die unmittelbare Beantwortung ihrer Fragen verlangen.[30] Innerhalb des durch die Versammlungsleitung gezogenen Rahmens ist der Vorstand bei der Beantwortung der Fragen frei. Er darf Einzelantworten geben, mehrere Fragen des Aktionärs oder mehrerer Aktionäre zusammengefasst oder blockweise beantworten und die Reihenfolge der Antworten festlegen. Die Grenze der Zulässigkeit wird erst überschritten, wenn die Auskunftserteilung erst nach Beschlussfassung über die betreffenden Tagesordnungspunkte erfolgt oder das Auskunftsrecht des Aktionärs durch überlanges Hinauszögern der Antwort in manipulativer Weise ausgehöhlt wird.[31]

12 Der Auskunftsanspruch ist grds. nur auf die Erteilung einer mündlichen Auskunft in der Hauptversammlung gerichtet.[32] Im Unterschied zum GmbH-Recht (§ 51a GmbHG) oder dem Recht der Personengesellschaften (§§ 118, 166 HGB) besteht auch kein Recht auf Einsichtnahme in die Bücher oder Gutachten der Gesellschaft.[33] Eine Ausnahme vom **Grundsatz der Mündlichkeit** macht der BGH im Interesse des Aktionärs, wenn dieser sich durch die Einsichtnahme in einschlägige Unterlagen schneller und zuverlässiger als mittels einer mündlichen Information unterrichten kann, wobei dem Ziel der kollektiven Willensbildung entsprechend dann auch allen anderen Aktionären die Möglichkeit zur Einsichtnahme gewährt werden muss.[34] Ein Anspruch auf Verlesung von Dokumenten besteht nach der Rechtsprechung nur bei Verträgen über »lebenswichtige Vorgänge« oder wenn Anhaltspunkte dafür bestehen, dass bei ihrer inhaltlichen Wiedergabe etwas Wesentliches verschwiegen wurde.[35] Liegen diese Voraussetzungen nicht vor, genügt eine korrekte, auf den wesentlichen Inhalt beschränkte Zusammenfassung, es sei denn, es kommt für die Beantwortung der Frage gerade auf den genauen Wortlaut an.[36]

13 **Vereinbarungen** zwischen Vorstand und Aktionär über eine spätere, i. d. R. schriftliche, Auskunftserteilung sind zulässig, wenn die darin liegende Rücknahme des Auskunftsverlangens gegenüber den anderen Aktionären offengelegt wird, damit diese sich die Frage zu Eigen machen können. Gleichwohl ist der Gesellschaft nicht zu einem solchen Vorgehen zu raten. Zum einen muss der Vorstand die erteilte Auskunft auf Verlangen nach § 131 Abs. 4 AktG nämlich in der nächstfolgenden Hauptversammlung allen dort anwesenden Aktionären erteilen, zum anderen ist streitig, welche Kon-

---

29 So: KöKo AktG/*Kersting* § 131 Rn. 478 f.
30 Schmidt/Lutter/*Spindler* § 131 Rn. 60; KöKo AktG/*Kersting* § 131 Rn. 499; a. A. *Meilicke/Heidel* DStR 1992, 72 (74).
31 Schmidt/Lutter/*Spindler* § 131 Rn. 60; KöKo AktG/*Kersting* § 131 Rn. 500; MüKo AktG/*Kubis* § 131 Rn. 79.
32 BGH NJW 1987, 3186 (3190); NJW 1993, 1976 (1982); GroßKommAktG/*Decher* § 131 Rn. 92; Schmidt/Lutter/*Spindler* § 131 Rn. 61.
33 GroßkommAktG/*Decher* § 131 Rn. 93.
34 BGH NJW 1987, 3186 (3190); kritisch dazu: MüKo AktG/*Kubis* § 131 Rn. 84, wonach es um ein Problem der Beurteilungsrelevanz gehe, dem durch die mündliche Mitteilung der wesentlichen Inhalte entsprochen werden könne.
35 BGH NJW 1967, 1462 (1463 f.); OLG Koblenz WM 1967, 1288 (1293).
36 Schmidt/Lutter/*Spindler* § 131 Rn. 61; GroßkommAktG/*Decher* § 131 Rn. 94.

sequenzen das Ausbleiben der Antwort hat. Höchstrichterlich ist noch nicht geklärt, ob der Aktionär seine Anfechtungsbefugnis aufgibt und die Verfristung des Antrags aus § 132 AktG riskiert[37], er auf sein Fragerecht verzichtet[38], ihm ein klagbarer vertraglicher Anspruch auf Erteilung der Auskunft zusteht oder ob der Gesellschaft die Berufung auf die Rücknahme des Informationsbegehrens gänzlich (§ 242 BGB) oder bis zur Erfüllung der Bedingung, der Auskunftserteilung, versagt ist.[39]

5. Beschränkung des Frage- und Rederechts

Nach § **131 Abs. 2 S. 2 AktG** kann die **Satzung** oder die **Geschäftsordnung** (§ 129 AktG) den Versammlungsleiter ermächtigen, das Rede- und/oder Fragerecht für den gesamten Verlauf der Hauptversammlung oder für einzelne Tagesordnungspunkte angemessen zu beschränken. Als zulässig werden etwa Beschränkungen der Redezeit von Zweitrednern, Abstufungen des Rede- und Fragerechts und Bestimmungen gesonderter Zeitkontingente angesehen. 14

Nach der Rechtsprechung des BGH[40] lässt § 131 Abs. 2 S. 2 AktG inhaltliche Regelungen konkreter Beschränkungen des Rede- und Fragerechts zu, etwa dahingehend, dass der Versammlungsleiter abstrakt ermächtigt wird, die Rede- und Fragezeit auf 15 Minuten je Wortmeldung eines Aktionärs sowie die zeitliche Höchstdauer der Hauptversammlung auf sechs Stunden[41] bei gewöhnlichen und zehn Stunden bei außergewöhnlichen Tagesordnungspunkten zu begrenzen und die Debatte um 22:30 Uhr zu schließen und mit den Abstimmungen zu beginnen. Dabei darf der Versammlungsleiter allerdings nur Maßnahmen anordnen, die im Rahmen der Sachdienlichkeit, Gleichbehandlung und Verhältnismäßigkeit zur sachgemäßen Abwicklung der Hauptversammlung erforderlich sind. Die Angemessenheit der angeordneten Beschränkung unterliegt vollumfänglich der gerichtlichen Kontrolle.[42] 15

Nach wie vor ist umstritten, ob der Versammlungsleiter nur das Rederecht oder mit der h. M., die sich auf die Entscheidung des BVerfG vom 20.9.1999[43] beruft, in der die Zivilgerichte aufgefordert werden, einer missbräuchlichen Handhabung des Rede- und Fragerechts durch einzelne Aktionäre im Interesse des durch Art. 14 Abs. 1 GG geschützten Informationsrechts der anderen Aktionäre entgegenzutreten, auch das Fragerecht **aus eigenem Ermessen** beschränken darf.[44] Von daher ist die Aufnahme einer Ermächtigung gemäß § 131 Abs. 2 S. 2 AktG in die Satzung dringend zu raten.[45] 16

6. Gesetzliche Gründe der Auskunftsverweigerung

Eine Pflicht zur Auskunftsverweigerung kann sich für den Vorstand aus § **93 Abs. 1 AktG** ergeben.[46] § **131 Abs. 3 AktG** ermöglicht dem Vorstand, die eigentlich sinnvolle Informationserteilung im übergeordneten Interesse der Gesellschaft zu verweigern. § 131 Abs. 3 S. 2 AktG stellt ausdrücklich klar, dass der Katalog der Auskunftsverweigerungsgründe in Satz 1 abschließend ist. Diese lassen sich in vier Gruppen einteilen, und zwar drohende Nachteile (Nr. 1), spezifische Informationen (Nrn. 2, 3, 4, 6), Strafbarkeit der Informationserteilung (Nr. 5) sowie vorab erteilte Informationen (Nr. 7).[47] 17

---

37 MüKo AktG/*Kubis* § 131 Rn. 85; Schmidt/Lutter/*Spindler* § 131 Rn. 62.
38 *Steiner* S. 89.
39 KöKo AktG/*Kersting* § 131 Rn. 493.
40 NJW 2010, 1604 – Redezeitbeschränkung.
41 Nach Ziff. 2.2.4 des DCGK sollte eine HV nach vier bis sechs Stunden beendet sein.
42 BGH NJW 2010, 1604 (1606) – Redezeitbeschränkung; Schmidt/Lutter/*Spindler* § 131 Rn. 66 f.
43 NJW 2000, 349 (351).
44 Zum *Streitstand:* KöKo AktG/*Kersting* § 131 Rn. 283–285; Mutter S. 62 f.
45 Formulierungsbeispiele bei Weißhaupt ZIP 2005, 1766 (1769 f.).
46 Hüffer/*Koch* § 131 Rn. 23.
47 KöKo AktG/*Kersting* § 131 Rn. 286 f.

a) Nachteilszufügung

18 Nach **§ 131 Abs. 3 S. 1 Nr. 1 AktG** darf der Vorstand die Auskunft verweigern, soweit deren Erteilung nach objektiver Abwägung die Interessen der Gesellschaft oder eines mit ihr i. S. d. § 15 AktG verbundenen Unternehmens mit Wahrscheinlichkeit in gewichtiger Weise beeinträchtigt.[48] Der Vorstand darf das Auskunftsverweigerungsrecht nicht zur Verschleierung eigenen Fehlverhaltens nutzen.[49] Vertragliche Geheimhaltungsabreden begründen nur dann ein Auskunftsverweigerungsrecht, wenn dieses objektiv notwendig ist, um einen drohenden nicht unerheblichen Nachteil für die Gesellschaft zu vermeiden.[50] Geheimgehalten werden dürfen etwa Informationen, die Rückschlüsse auf die interne Kalkulation und Preispolitik zulassen[51] oder laufende Verhandlungen beeinträchtigen.[52] Die Auskunft über vertrauliche Vorgänge in Sitzungen des Aufsichtsrats oder von ihm bestellten Ausschüssen kann verweigert werden.[53] Das gleiche gilt für Fragen der Zusammenarbeit zwischen Vorstand und Aufsichtsrat, etwa Vorschläge des Vorstands für Aufsichtsratsbeschlüsse.[54]

b) Steuerliche Wertansätze und Höhe der Steuern

19 Das Auskunftsverweigerungsrecht nach **§ 131 Abs. 3 S. 1 Nr. 2 AktG** soll die Aktionäre vor dem Irrtum schützen, der steuerliche Gewinn sei betriebswirtschaftlich erzielt und möglicherweise ausschüttungsfähig.[55]

c) Stille Reserven

20 **§ 131 Abs. 3 S. 1 Nr. 3 AktG** will Aktionären und wegen der weitgehenden Öffentlichkeit der Hauptversammlung auch Wettbewerbern und Vertragspartnern Informationen bezüglich des Bestehens und des Umfangs stiller Reserven verwehren. Das Verweigerungsrecht kann allerdings nur bestehen, wenn die Gesellschaft nicht nach IFRS, die weitgehend die Offenlegung der stillen Reserven allgemein vorschreiben, publizitätspflichtig ist.[56]

d) Bilanzierungs- und Bewertungsmethoden

21 **§ 131 Abs. 3 S. 1 Nr. 4 AktG** soll wie Nr. 3 die Informationserlangung von Wettbewerbern oder Vertragspartnern der Gesellschaft verhindern, und zwar im Hinblick auf Bilanzierungs- und Bewertungsmethoden. Da der Vorstand diese aber im Anhang des Jahresabschlusses zu erläutern hat (§§ 264 Abs. 2, 284 Abs. 2 Nr. 1 HGB) fehlt es i. d. R. bereits an der Erforderlichkeit der Auskunft i. S. v. § 131 Abs. 1 S. 1 AktG.[57]

e) Strafbarkeit der Auskunftserteilung

22 **§ 131 Abs. 3 S. 1 Nr. 5 AktG**, der nach h. M. auch für Ordnungswidrigkeiten gilt, soll die **Einheit der Rechtsordnung** sichern. Eine Auskunftsverweigerung kommt insbes. in Betracht, wenn durch die Erteilung der Auskunft objektiv der Straftatbestand des Verrats von Staatsgeheimnissen (§§ 93 ff. StGB), der üblen Nachrede (§ 186 StGB) oder der Preisgabe persönlicher Daten (§ 203 StGB) vorliegt. § 404 AktG (Verletzung der Geheimhaltungspflicht) begründet dagegen nach h. M. kein Ver-

---

48 GroßKommAktG/*Decher* § 131 Rn. 297–300; Schmidt/Lutter/*Spindler* § 131 Rn. 74–77.
49 BGH AG 1983, 75 (80); KöKo AktG/*Kersting* § 131 Rn. 294.
50 BayObLG AG 1996, 322 (323 f.) – Markt- und Kühlhallen AG, München; KöKo AktG/*Kersting* § 131 Rn. 298.
51 OLG Düsseldorf BB 1992, 177 (179).
52 KG AG 1996, 421 (423 f.) – VIAG AG.
53 BGH NJW 2014, 541 (546); NZG 2014, 423 (429) – Porsche SE.
54 BGH NZG 2014, 423 (429) – Porsche SE.
55 BegrRegE *Kropff* AktG, S. 186; Hüffer/*Koch* § 131 Rn. 28.
56 Schmidt/Lutter/*Spindler* § 131 Rn. 80; MüKo AktG/*Kubis* § 131 Rn. 118.
57 Schmidt/Lutter/*Spindler* § 131 Rn. 81.

A. Auskunftsrecht und Auskunftserzwingungsverfahren (§ 132 AktG) § 6

weigerungsrecht, da andernfalls § 131 Abs. 3 S. 1 Nr. 1 AktG oder das Auskunftsrecht insgesamt unterlaufen würden.[58]

Um Konflikte mit den kapitalmarktrechtlichen Straf- und Bußgeldvorschriften, die Verstöße gegen das Insiderrecht sanktionieren (§§ 38 Abs. 1 Nr. 2, 39 Abs. 2 Nr. 3 WpHG), zu vermeiden, sollte der Vorstand im Vorfeld der Hauptversammlung den vorgeschriebenen Weg der Ad-hoc-Publizität wählen. Hierdurch entfällt der Charakter der Insiderinformation und damit auch die Strafbarkeit und das Auskunftsverweigerungsrecht nach § 131 Abs. 1 S. 1 Nr. 5 AktG. Ist die Gesellschaft ihrer Ad-hoc-Pflicht nicht nachgekommen oder wird die begehrte Auskunft erst durch das Auskunftsbegehren kursrelevant und damit publizitätspflichtig, ist der Gesellschaft zu raten, ggf. während der Hauptversammlung eine Ad-hoc-Mitteilung herauszugeben und die Auskunft bis zur Herausgabe zurückzustellen.[59] 23

f) Sonderregelung für Kredit- und Finanzdienstleistungsinstitute

§ 131 Abs. 3 S. 1 Nr. 6 AktG will sicherstellen, dass die Auskunftspflicht von Kredit- und Finanzdienstleistungsinstituten i. S. d. §§ 1, 2 KWG hinsichtlich der Bilanzierungs- und Bewertungsmethoden sowie vorgenommenen Verrechnungen nicht weiter geht als die Pflicht zu Angaben im Jahresabschluss und Lagebericht aufgrund der Erleichterungen der §§ 340–340 f. HGB. Darüber hinaus soll das Vertrauen in die im Rahmen der Volkswirtschaft herausgehobene Stellung der Banken gewahrt werden. In der Literatur wurde teilweise die Fortgeltung einer vor der Einfügung des § 131 Abs. 3 S. 1 Nr. 6 AktG ergangenen Rechtsprechung befürwortet, nach der eine Auskunftspflicht bestehen sollte, wenn die Vorteile der offenen Beantwortung im Rahmen einer Gesamtabwägung die Nachteile überwiegen.[60] Die heute herrschende Gegenmeinung sieht unter der geltenden Rechtslage keinen Raum mehr für eine solche Abwägung.[61] Allenfalls bei erheblichen Pflichtverletzungen bei der Rechnungslegung solle das Auskunftsverweigerungsrecht des § 131 Abs. 3 S. 1 Nr. 6 AktG ausgeschlossen sein und eine Abwägung gestützt auf § 131 Abs. 3 S. 1 Nr. 1 AktG erfolgen.[62] 24

g) Anderweitige Bekanntmachung oder Beantwortung

§ 131 Abs. 3 S. 1 Nr. 7 AktG soll dem Vorstand ermöglichen, Informationen zu erwartbaren Standardfragen vorab zu geben sowie im Wege der Begrenzung des Mündlichkeitsprinzips tatsächlich gestellte Vorabfragen auch vorab zu beantworten. Zusatz- und Vertiefungsfragen sind in der Hauptversammlung im Rahmen der Erforderlichkeit zu beantworten.[63] Informationsmedium ist über sieben Tage vor und während der Hauptversammlung die Internetseite der Gesellschaft, die leicht zugänglich sein muss. Während die Regierungsbegründung insofern »nur« eindeutige Verknüpfungen fordert[64], geht eine in der Literatur stark vertretene Meinung davon aus, dass die Information von der Startseite aus entweder direkt oder durch höchstens einen Link auf die entsprechende Unterseite erreichbar sein muss.[65] Geringfügige und vorübergehende Störungen des allgemeinen Internetzugangs 25

---

58 KöKo AktG/*Kersting* § 131 Rn. 352, mit Hinweis darauf, dass die Gegenmeinung durch enge Auslegung des § 404 AktG zum gleichen Ergebnis kommt.
59 Ausführlich zum Meinungsstand: KöKo AktG/*Kersting* § 131 Rn. 45–49, 353; GroßkommAktG/*Decher* § 131 Rn. 326–329.
60 BGH NJW 1987, 3186; für Fortgeltung noch *Hüffer*, 10. Aufl. 2012, § 131 Rn. 32 mit dem Argument, die gesetzliche Regelung solle die frühere Rspr. nur klarstellen.
61 Jetzt auch Hüffer/*Koch* § 131 Rn. 32; MüKo AktG/*Kubis* § 131 Rn. 134; Schmidt/Lutter/*Spindler* § 131 Rn. 87.
62 MüKo AktG/*Kubis* § 131 Rn. 134; Schmidt/Lutter/*Spindler* § 131 Rn. 87.
63 *Hüffer/Koch* § 131 Rn. 32a f.; KöKo AktG/*Kersting* § 131 Rn. 357–360.
64 BegrRegE BT-Drucks. 15/5092, S. 17 f.
65 KöKo AktG/*Kersting* § 131 Rn. 363; *Spindler* NZG 2005, 825 (826) fordert aufgrund von § 5 Telemediengesetz einen Link auf der Eingangsseite bzw. unmissverständliche Hinweise.

führen nach der Regierungsbegründung nicht zu einer Fristverlängerung, da insgesamt die Möglichkeit der Kenntnisnahme verbleibt.[66]

26 Die Entscheidung des Vorstands über die Verweigerung der Auskunft unterliegt der **vollen gerichtlichen Überprüfbarkeit**.[67] Nach h. M. muss der Vorstand die Verweigerung der Auskunft mangels gesetzlicher Vorgabe nicht begründen.[68] Der BGH hat die Frage bisher offen gelassen, weil auch eine fehlende, unzutreffende oder unvollständige Begründung bei objektivem Vorliegen eines Auskunftsverweigerungsgrundes nicht zur Unwirksamkeit oder Unzulässigkeit der Auskunftsverweigerung führt.[69] Dementsprechend kann der Vorstand im Prozess die die Auskunftsverweigerung rechtfertigenden Gründe nachschieben. Das Unterlassen der Begründung kann dann aber ungeachtet des Obsiegens der Gesellschaft für diese nachteilige Kostenfolgen auslösen.[70]

7. Auskunftsrecht bei elektronischer Teilnahme an der Hauptversammlung

27 Nach § 118 Abs. 1 S. 2 AktG kann die Satzung vorsehen oder den Vorstand dazu ermächtigen, dass die Aktionäre auch ohne physische Präsenz an der Hauptversammlung teilnehmen und insbes. ihr Frage- und/oder Rederecht ganz oder teilweise im Wege elektronischer Kommunikation ausüben können. Zur Vermeidung von Anfechtungsrisiken ist eine Schlechterstellung der Präsenzteilnehmer zu vermeiden und auf eine Gleichstellung der Onlineteilnehmer untereinander zu achten. Unzulässig sind daher Gestaltungen, die den Onlineteilnehmern nicht nur ein minus des Vollrechts im Sinne eines teilweisen Fragerechts nach § 131 AktG, sondern ein aliud einräumen. Ein aliud liegt etwa vor, wenn das elektronische Fragerecht an ein Mindestquorum oder eine gewisse Haltefrist gebunden wird, weil dies zu unzulässigen Differenzierungen zwischen verschiedenen Gruppen von Onlineteilnehmern und zur Bildung von Minderheitenrechten führt.

28 Anfechtbar ist ein Verstoß gegen § 118 Abs. 1 S. 2 AktG entsprechend den allgemeinen Regeln, wenn er für das Beschlussergebnis relevant ist. Das ist der Fall, wenn die Präsenzteilnehmer gegenüber den Onlineteilnehmern schlechter gestellt wurden und mit dem Gleichheitsverstoß zugleich eine internationale Schlechterstellung der Präsenzteilnehmer einhergeht. Besteht der Verstoß in einer zu weitgehenden Beschränkung der Rechte bestimmter Gruppen von Onlineteilnehmern, geht ein Teil der Literatur davon aus, dass dieser nicht beschlussrelevant sei, da es den Aktionären unbenommen geblieben sei, der Beschränkung ihrer Rechte durch Präsenzteilnehmer zu entgehen. Den in der elektronischen Ausübung ihrer Rechte unzulässig eingeschränkten Onlineteilnehmern stünde daher allenfalls ein Schadensersatzanspruch aus § 280 Abs. 1 BGB, insbes. auf Erstattung der Fahrtkosten als Schadensbeseitigungsaufwendung, zu.[71] Die Gegenmeinung[72] setzt dem entgegen, dass damit den Onlineteilnehmern das Risiko der Beurteilung der Zulässigkeit der Teilnahmebedingungen auferlegt und damit ein unzulässiger Zwang zur physischen Teilnahme an der Hauptversammlung geschaffen werde.

8. Weitere Schranken des Auskunftsrechts

29 Es ist umstritten, ob der Vorstand die Auskunft auch wegen Rechtsmissbrauchs (§ 242 BGB) verweigern darf. Während ein Teil der Literatur auf § 131 Abs. 3 S. 2 AktG und das Ausreichen des Erforderlichkeitskriteriums des § 131 Abs. 1 AktG verweist[73], geht die h. M. zu Recht davon aus, dass S. 2

---

66 BegrRegE BT-Drucks. 15/5092, S. 18.
67 BegrRegE *Kropff* AktG, S. 188 f.; BGH NJW 1962, 104 (106 f.); Schmidt/Lutter/*Spindler* § 131 Rn. 73.
68 KG AG 1994, 469 (472); MüKo AktG/*Kubis* § 131 Rn. 108, 162; a. A. *Hüffer/Koch* § 131 Rn. 23; GroßKommAktG/*Decher* § 131 Rn. 291.
69 BGH NZG 2014, 423 (426, 431) – Porsche SE; NJW 1987, 3186 (3188); allg.M.: z. B.: Schmidt/Lutter/*Spindler* § 131 Rn. 73; GroßKommAktG/*Decher* § 131 Rn. 291.
70 MüKo AktG/*Kubis* § 131 Rn. 108 f.; GroßKommAktG/*Decher* § 131 Rn. 291.
71 KöKo AktG/*Kersting* § 131 Rn. 521–540.
72 Schmidt/Lutter/*Spindler* § 131 Rn. 108–114.
73 Meilicke/Heidel DStR 1992, 113 (115).

das Auskunftsverweigerungsrecht lediglich inhaltlich ergänzt, aber nicht den Rückgriff auf allgemeine rechtsvernichtende oder rechtshemmende Institute verbietet.[74] Dogmatisch wird der **Einwand des Rechtsmissbrauchs** überwiegend aus der Treuepflicht des Aktionärs gegenüber der Gesellschaft[75], teils aus einer immanenten Ausübungsschranke[76] abgeleitet. Folgende Fallgruppen werden unterschieden, wobei vorab stets kritisch zu prüfen ist, ob die Auskunft überhaupt i. S. d. § 131 Abs. 1 S. 1 AktG erforderlich ist:

a) Illoyale, grob eigennützige Rechtsausübung

Da das Auskunftsrecht ein eigennütziges Recht ist, liegt ein Missbrauch nicht schon dann vor, wenn der Aktionär mit seinem Auskunftsbegehren eigene, egoistische oder möglicherweise gesellschaftsfremde Interessen verfolgt. Nutzen die Aktionäre das Auskunftsrecht, um Fehler der Gesellschaft zu provozieren und sodann Anfechtungsklage zu erheben, um diese zu einer Leistung zu veranlassen, auf die sie keinen Anspruch haben, ist nicht die Frage, sondern die Erhebung der Anfechtungsklage rechtsmissbräuchlich. Anzuerkennen ist der Missbrauchseinwand erst, wenn die **Verfolgung sachfremder Ziele** derart überwiegt, dass das Verhalten des Aktionärs bei Abwägung nach Treu und Glauben nicht gebilligt werden kann. Das kann etwa der Fall sein, wenn das Auskunftsverlangen zur Verwendung in einem gegen die Gesellschaft anhängigen Rechtsstreit gestellt wird oder auf die Diskriminierung der Gesellschaft oder ihrer Organe abzielt.[77]

30

b) Übermäßige Rechtsausübung

Nach der Rechtsprechung trifft jeden Aktionär eine Treuepflicht, den ungestörten, zügigen Fortgang der Hauptversammlung nicht zu stören und insbes. eine zeitgerechte Beendigung nicht zu verhindern.[78] Damit ist es nicht vereinbar, wenn einzelne Aktionäre die Hauptversammlung durch stundenlange Rede- und Fragebeiträge zu Lasten anderer Hauptversammlungsteilnehmer monopolisieren. Ein **Verstoß gegen das Übermaßverbot** liegt etwa vor, wenn die Fragen aufgrund ihrer Quantität oder Qualität die Hauptversammlung blockieren, z. B. zur Beantwortung 25.000 Einzelangaben oder die Auswertung von 243 Unternehmensbewertungen erforderlich wären.[79] Aus Sicht der Gesellschaft empfiehlt sich ein Hinweis des Vorstands an den Aktionär, seine Fragen auszudünnen, wenn er sein Auskunftsrecht nicht insgesamt verlieren will.[80]

31

c) Widersprüchliches Verhalten

Widersprüchlich ist es etwa, wenn der Aktionär auf Nachfrage zu unbeantworteten Fragen schweigt, um später ein gerichtliches Verfahren auf diesen von ihm selbst verantworteten Informationsmangel zu stützen[81], oder Fragen nach Schluss der Debatte stellt und vorhergehende Wortmeldungen zu sonstigen Beiträgen genutzt hat, obwohl der Versammlungsleiter eine Stunde zuvor den Debattenschluss angekündigt und nur noch Fragen zugelassen hat.[82]

32

---

74 OLG Frankfurt AG 1984, 25 (26); MüKo AktG/*Kubis* § 131 Rn. 140; KöKo AktG/*Kersting* § 131 Rn. 379.
75 Z. B. *Hüffer/Koch* § 131 Rn. 33; Schmidt/Lutter/*Spindler* § 131 Rn. 91.
76 GroßKommAktG/*Decher* § 131 Rn. 276.
77 Schmidt/Lutter/*Spindler* § 131 Rn. 92; GroßKommAktG/*Decher* § 131 Rn. 278 f.; KöKo AktG/*Kersting* § 131 Rn. 384–387.
78 BGHZ 32, 159 (166).
79 OLG Frankfurt WM 1983, 1071 f.; GroßKommAktG/*Decher* § 131 Rn. 281–285; KöKo AktG/*Kersting* § 131 389–392.
80 GroßKommAktG/*Decher* § 131 Rn. 285.
81 LG München I, AG 2008, 904 (909) m. w. N.
82 LG Karlsruhe, AG 1998, 99 (100).

9. Rechtsfolgen bei Verletzung des Auskunftsrechts

33 Bei Verletzung des Auskunftsrechts stehen dem Aktionär neben dem gesondert zu behandelnden Auskunftserzwingungsverfahren[83] verschiedene Rechtsbehelfe zu:

a) Anfechtungsklage

34 Bei fehlender, unvollständiger oder inhaltlich unrichtiger Auskunft steht nicht nur dem Fragesteller, sondern jedem Aktionär, der gemäß § 245 Nr. 1 AktG gegen den angefochtenen Beschluss Widerspruch zur Niederschrift erklärt hat, ein **Anfechtungsrecht** gemäß §§ 243 Abs. 1, 131 Abs. 1 AktG zu.[84] Erforderlich ist die konkrete Angabe der angeblich nicht beantworteten Frage innerhalb der Frist des § 246 Abs. 1 AktG.[85] Erfolgt die Aussprache zu allen Tagesordnungspunkten in einer Generaldebatte, werden sämtliche Beschlüsse anfechtbar.[86]

35 Die Anfechtbarkeit des von der Verletzung des Auskunftsrechts betroffenen Hauptversammlungsbeschlusses ist die gravierenste Folge, weil dieser im Erfolgsfall mit der erweiterten Rechtskraftwirkung des § 248 AktG von Anfang an für nichtig erklärt wird. Dies setzt gemäß **§ 243 Abs. 4 S. 1 AktG** allerdings voraus, dass ein objektiv urteilender Aktionär, der vernünftig und im wohlverstandenen Unternehmensinteresse handelt, die Erteilung der verweigerten bzw. der richtigen und vollständigen Information als wesentliche Voraussetzung für seine Teilnahme an der Abstimmung angesehen hätte. Es kommt demzufolge nicht auf das hypothetische Abstimmungsverhalten, sondern die Bedeutung des Informationsmangels für die Willensbildung des Aktionärs an.[87] Dadurch wird für die Gesellschaft die Möglichkeit des Kausalitätsgegenbeweises wesentlich eingeschränkt.[88]

b) Schadensersatzpflicht

36 **Gegenüber der Gesellschaft** haftet der Vorstand bei einer Verletzung des Auskunftsrechts unter den Voraussetzungen des § 93 AktG, wobei der Schaden gemäß §§ 249 ff. BGB insbes. in den Kosten eines Auskunftserzwingungs- und/oder Anfechtungsverfahrens liegt.[89] Umstritten ist, inwieweit der Vorstand **gegenüber den Aktionären** schadensersatzpflichtig ist. Ein Teil der Literatur sieht § 131 Abs. 1 AktG als Schutzgesetz i. S. d. § 823 Abs. 2 BGB.[90] Nach der Gegenmeinung soll nur ein Verstoß gegen § 400 Abs. 1 Nr. 1 AktG und damit vorsätzliches Vorstandshandeln eine Ersatzpflicht begründen. Der Schaden kann etwa in den Folgen nachteiliger Anlageentscheidungen liegen.[91] Denkbar ist auch eine Schadensersatzpflicht der Gesellschaft, wobei die Zurechnung des haftungsbegründenden Handelns des Vorstands über § 31 BGB erfolgt.[92]

---

83 Dazu unter Rdn. 38 ff.
84 BGH WM 2012, 1773 (1777); BGH NJW 1992, 2760 (2763).
85 BGH NJW 2009, 2207 (2212) – Kirch/Deutsche Bank.
86 OLG Brandenburg AG 2003, 328 (329); Schmidt/Lutter/*Spindler* § 131 Rn. 116; Weber/Kersjes § 1 Rn. 515.
87 Schmidt/Lutter/*Schwab* § 243, Rn. 31 f.; zum Streit, ob der Wesentlichkeit i. S. d. § 243 Abs. 4 AktG gegenüber der Erforderlichkeit i. S. d. § 131 AktG eigenständige Bedeutung zukommt: Weber/Kersjes § 1 Rn. 513 f.
88 *Hüffer/Koch* § 131 Rn. 44; § 243 Rn. 45–62.
89 Nach MüKo AktG/*Kubis* § 131 Rn. 170 sollen nur die Vorstandsmitglieder, die bei der Abstimmung über die Auskunftsverweigerung für eine solche gestimmt bzw. die Auskunft ohne vorherige Beschlussfassung verweigert haben, ersatzpflichtig sein; a. A. Schmidt/Lutter/*Spindler* § 131 Rn. 117.
90 Schmidt/Lutter/*Spindler* § 131 Rn. 117.
91 MüKo AktG/*Kubis* § 131 Rn. 171.
92 MüKo AktG/*Kubis* § 131 Rn. 173.

c) Sonderprüfung und Strafbarkeit

Unter den Voraussetzungen des § 142 Abs. 1 AktG kann die Verweigerung einer vollständigen und richtigen Auskunft als Geschäftsführungsmaßnahme des Vorstands Gegenstand einer Sonderprüfung sein. § 258 Abs. 1 S. 1 Nr. 2 AktG enthält einen besonderen Sonderprüfungstatbestand, der auf die Vollständigkeit der Angaben im Anhang zum Jahresabschluss zielt, wenn der Vorstand diese trotz Nachfrage in der Hauptversammlung nicht komplettiert hat. Bei einer vorsätzlich unrichtigen oder verschleiernden Auskunft kommt eine Strafbarkeit des Vorstands nach § 400 Abs. 1 Nr. 1 AktG in Betracht.[93]

37

II. Auskunftserzwingungsverfahren (§ 132 AktG)

Den Anspruch auf Auskunftserteilung kann der Aktionär durch das in § 132 AktG geregelte Auskunftserzwingungsverfahren nach den Grundsätzen der freiwilligen Gerichtsbarkeit (§§ 132 Abs. 3 i. V. m. 99 Abs. 1 AktG) durchsetzen.

38

1. Verhältnis zu anderen Klagemöglichkeiten

Seit der Entscheidung des BGH vom 29.11.1982[94] ist allgemein anerkannt, dass das Auskunftserzwingungsverfahren und die **Anfechtungsklage** als voneinander unabhängige Verfahren nebeneinander stehen. Dies ergibt sich daraus, dass beide Verfahren ein unterschiedliches Ziel und ein ungleiches Gewicht haben. Während das Auskunftserzwingungsverfahren das individuelle Informationsbedürfnis des Aktionärs auf einem einfachen, schnellen und billigen Weg befriedigen soll und grds. nur inter partes wirkt, will der Kläger mit der Anfechtungsklage rückwirkend einen Hauptversammlungsbeschluss mit Wirkung für und gegen alle Aktionäre (§ 248 Abs. 1 S. 1 AktG) für nichtig erklären lassen. Das Auskunftserzwingungsverfahren ist daher weder Voraussetzung für die Anfechtungsklage, noch durch deren Erhebung ausgeschlossen.[95]

39

Umstritten ist, ob eine Entscheidung nach § 132 AktG Bindungswirkung für den Anfechtungsprozess entfaltet. Während ein Teil der Literatur auf die sonstige Gefahr divergierender Entscheidungen und die materielle Rechtskraftwirkung der Entscheidung im Auskunftserzwingungsverfahren verweist[96], lehnt die h. M.[97] und zwischenzeitlich auch der BGH[98] die Bindungswirkung ab. Begründet wird dies mit der fehlenden Verweisung auf § 99 Abs. 5 S. 2 AktG in § 132 Abs. 3 S. 1 AktG und dem stark eingeschränkten Instanzenzug im Auskunftserzwingungsverfahren. Mangels Bindungswirkung besteht keine Pflicht, aber die Möglichkeit des Gerichts, den Anfechtungsprozess zur Vermeidung divergierender Entscheidungen bis zur Entscheidung nach § 132 AktG gem. § 148 ZPO auszusetzen.[99]

40

Die Erhebung einer **allgemeinen Leistungsklage** auf Auskunftserteilung im ordentlichen Zivilprozess ist unzulässig, aber in einen Antrag nach § 132 AktG umzudeuten und nach § 17a Abs. 2, 6 GVG an das zuständige Gericht der freiwilligen Gerichtsbarkeit zu verweisen.[100]

41

Für eine **negative Feststellungsklage** der Gesellschaft mit dem Ziel, das Nichtbestehen einer Auskunftspflicht feststellen zu lassen, fehlt es an dem nach § 256 ZPO erforderlichen Feststellungsinteresse.[101]

42

---

93 MüKo AktG/*Kubis* § 131 Rn. 174 f.
94 AG 1983, 75 (76 f.).
95 BGH AG 1983, 75 (76 f.); GroßKommAktG/*Decher* § 132 Rn. 8–10; Schmidt/Lutter/*Spindler* § 132 Rn. 44, jeweils m. N. der Gegenmeinung.
96 Obermüller/Werner/Winden/*Butzke*, Rn. G 93.
97 MüKo AktG/*Kubis* § 132 Rn. 61; KöKo AktG/*Kersting* § 132 Rn. 11 f.
98 BGH AG 1983, 75 (76 f.); BGH NJW 2009, 2207 (2212) – Kirch/Deutsche Bank.
99 GroßKommAktG/*Decher* § 132 Rn. 12; MüKo AktG/*Kubis* § 132 Rn. 62.
100 Zu § 51b GmbHG: BGH NJW RR 1995, 1183 (1184); KöKo AktG/*Kersting* § 132 Rn. 14.
101 MüKo AktG/*Kubis* § 132 Rn. 65, m. N. der Gegenmeinung.

2. Sachliche und örtliche Zuständigkeit

43 Für das Auskunftserzwingungsverfahren ist ausschließlich **das Landgericht** zuständig, in dessen Bezirk die Gesellschaft ihren Sitz hat; soweit dort eine Kammer für Handelssachen gebildet ist, entscheidet auf Antrag diese (§ 132 Abs. 1 AktG i. V. m. §§ 71 Abs. 2 Nr. 4b, 95 Abs. 2 Nr. 2, 96 Abs. 1, 98, 101 Abs. 1 S. 1 GVG). Hat die Gesellschaft einen Doppelsitz, so kann der Antrag bei einem der beiden Sitzgerichte eingereicht werden. Bei diesem wird mit der Antragstellung eine Alleinzuständigkeit begründet, weil es zuerst mit der Angelegenheit befasst ist (§§ 132 Abs. 3, 99 Abs. 1 AktG i. V. m. § 2 Abs. 1 FamFG). Die Landesregierungen können zur Sicherung der einheitlichen Rechtsprechung durch Rechtsverordnung zentralisierte Zuständigkeiten von Landgerichten begründen (§ 71 Abs. 4 GVG). Von dieser Konzentrationsermächtigung haben die Bundesländer Baden-Württemberg, Bayern, Hessen, Niedersachsen, Nordrhein-Westfalen, Rheinland-Pfalz und Sachsen Gebrauch gemacht.[102]

3. Antrag

44 Das Gericht entscheidet nur auf Antrag (§ 132 Abs. 1 AktG). Der Antrag kann formlos, auch zu Protokoll der Geschäftsstelle des zuständigen Landgerichts oder eines beliebigen Amtsgerichts, gestellt werden (§§ 132 Abs. 3 S. 1, 99 Abs. 1 AktG i. V. m. § 25 Abs. 1, 2 FamFG). Es besteht **kein Anwaltszwang** (§ 10 FamFG). Der Antrag ist gegen die Gesellschaft, vertreten durch den Vorstand, zu richten (§ 78 Abs. 1 AktG) und soll begründet werden (§ 23 Abs. 1 FamFG).

45 **Antragsberechtigt** sind nur Aktionäre (§ 132 Abs. 2 S. 1 AktG), wobei die Aktionärseigenschaft durchgängig vom Zeitpunkt der Hauptversammlung bis zum Eintritt der Rechtskraft der Entscheidung vorliegen muss.[103] Der Aktionär muss an der Hauptversammlung persönlich, durch einen Legitimationsaktionär, einen Bevollmächtigten oder – im Fall des § 118 Abs. 1 S. 2 AktG – über das Internet teilgenommen haben.[104]

46 Darüber hinaus setzt die Antragsberechtigung nach § 132 Abs. 2 S. 1 Alt. 1 AktG voraus, dass dem Aktionär in der Hauptversammlung eine verlangte Auskunft nicht erteilt wurde, wobei es ausreicht, wenn er sich das konkrete Auskunftsbegehren eines anderen Aktionärs ausdrücklich zu Eigen macht. Unerheblich ist insoweit, ob über den Tagesordnungspunkt, auf den sich die Auskunft bezieht, Beschluss gefasst wurde, und ob der Aktionär hiergegen Widerspruch zur Niederschrift erklärt hat.[105] Umstritten ist, ob das Antragsrecht insoweit auch dann besteht, wenn eine **unrichtige Auskunft** erteilt wurde. Vorwiegend die Literatur sieht in der Erteilung einer unzutreffenden zugleich die Verweigerung der richtigen Auskunft und eine mindestens ebenso schwere Beeinträchtigung der Mitgliedschaftsrechte des Aktionärs.[106] Nach der Gegenmeinung[107] und den wohl überwiegenden Stimmen in der Rechtsprechung[108] dient § 132 AktG nur der Auskunftserzwingung. Die Überprüfung der Richtigkeit der Auskunft könne nur im Rahmen der Anfechtungsklage oder eines anderweitigen Rechtsschutzes, insbes. der Leistungs- oder Schadensersatzklage, erfolgen. Andernfalls würde die

---

102 KöKo AktG/*Kersting* § 132 Rn. 20 f.
103 KöKo AktG/*Kersting* § 132 Rn. 30; Schmidt/Lutter/*Spindler* § 132 Rn. 7.
104 KöKo AktG/*Kersting* § 132 Rn. 34.
105 LG Frankfurt, NZG 2005, 227 (227) – Kirch/Deutsche Bank; Schmidt/Lutter/*Spindler* § 132 Rn. 9; a. A.: Heidel/*Heidel*, § 132 Rn. 5, wonach es ausreicht, wenn sich der Aktionär pauschal die Fragen anderer Aktionäre zu Eigen macht, weil die Hauptversammlung durch die Notwendigkeit einer konkreten Bezeichnung unnötig lange mit Formalien aufgehalten würde.
106 KöKo AktG/*Kersting* § 132 Rn. 36, 6; MüKo AktG/*Kubis* § 132 Rn. 16; aber auch – ohne Begründung – OLG Stuttgart AG 2012, 377 (380 f.) – Porsche SE; ausdrücklich offengelassen von BGH NZG 2014, 423 (430 f.) – Porsche SE.
107 Henn/Frodermann/Jannott/*Göhmann* Kap. 9 Rn. 216.
108 KG AG 2010, 254 (254 f.); OLG Dresden AG 1999, 274 (276); LG Berlin WM 1990, 978 (983).

zeitintensive Ermittlung des Wahrheitsgehalts erteilter Auskünfte die bezweckte Verfahrensbeschleunigung beeinträchtigen und dem Aktionär eine vom Gesetzgeber nicht vorgesehene kostengünstige Rechtsposition verleihen.

Ein Aktionär, der kein eigenes Auskunftsverlangen gestellt hat, ist nach § 132 Abs. 2 S. 1 Alt. 2 AktG 47 nur antragsberechtigt, wenn zu dem auskunftsrelevanten Tagesordnungspunkt Beschluss gefasst wurde und der Aktionär selbst oder sein Vertreter in der Hauptversammlung erschienen ist und Widerspruch zur Niederschrift erklärt hat.[109]

Der Antrag ist binnen zwei Wochen nach der Hauptversammlung zu stellen, in der die verlangte Auskunft abgelehnt worden ist (§ 132 Abs. 2 S. 2 AktG i. V. m. § 16 Abs. 2 FamFG, § 222 ZPO, §§ 187 Abs. 1, 188 Abs. 2, 193 BGB). Die **materiell-rechtliche Ausschlussfrist** schließt Fristverlängerungen oder Wiedereinsetzungen in den vorigen Stand aus. Die fristgerechte Anrufung eines örtlichen oder sachlich unzuständigen Gerichts wirkt nach h. M. fristwahrend.[110] 48

Der Antrag darf seinem Inhalt und Umfang nach nicht über das in der Hauptversammlung gestellte 49 Auskunftsverlangen hinausgehen, wobei strenge Maßstäbe anzulegen sind.[111] Ob die **Identität des Auskunftsbegehrens** eine Frage der Antragsberechtigung[112] oder Begründetheit[113] ist, ist umstritten. Praktische Relevanz dürfte dem Streit insbesondere wegen der genannten Ausschlussfrist nicht zukommen.[114]

4. Gerichtliches Verfahren

Für das Auskunftsverfahren gilt der **Amtsermittlungsgrundsatz** (§§ 132 Abs. 3 S. 1, 99 Abs. 1 AktG, 50 § 26 FamFG). Von daher hat das Gericht von Amts wegen das Verfahren zu führen (Amtsbetrieb) und den Sachverhalt aufzuklären (Untersuchungsgrundsatz).

Der **Grundsatz des Amtsbetriebs** wird durch die Dispositionsmaxime eingeschränkt. Die Beteiligten 51 können über die Einleitung, Fortsetzung und Beendigung des Verfahrens durch Antragsrücknahme, Beendigungserklärung oder Vergleich (§§ 22, 36 FamFG) entscheiden.

Aufgrund des **Untersuchungsgrundsatzes** ist das Gericht nicht an das Vorbringen der Beteiligten gebunden, es kann aber eine förmliche Beweisaufnahme nach den Regeln der ZPO durchführen (§§ 29 f. FamFG). Die Beteiligten trifft grds. weder eine Darlegungs- noch eine Beweisführungslast. Eine Zurückweisung verspäteten Vorbringens und eine Säumnisentscheidung sind daher nicht möglich. Der Untersuchungsgrundsatz wird durch die **Verfahrensförderungspflicht** der Beteiligten gemäß § 27 FamFG beschränkt. Diese beinhaltet für alle Beteiligten die Obliegenheit, ohne vorherige Aufklärung durch das Gericht die für sie jeweils vorteilhaften Umstände darzulegen und die von der jeweils anderen Seite vorgebrachten Tatsachen zu bestreiten, um einer Anerkenntniswirkung zu entgehen. Der Antragsteller muss also zu den nicht erkennbaren Tatbestandsvoraussetzungen des § 131 AktG, wie der Beurteilungserheblichkeit seines Auskunftsbegehrens, die Gesellschaft z. B. zu dem Eingreifen von Auskunftsverweigerungsrechten und zur Erfüllung des Auskunftsanspruchs vortragen.[115] Die Gesellschaft muss hierbei die ein Auskunftsverweigerungsrecht begründenden Umstände nicht darlegen und beweisen, sondern nur die das Verweigerungsrecht begründenden Nachteile plau- 52

---

109 MüKo AktG/*Kubis* § 132 Rn. 17.
110 BayObLG AG 2002, 290 (291 f.); Schmidt/Lutter/*Spindler* § 132 Rn. 11, m. N. der Gegenmeinung.
111 BayObLG NJW-RR 1996, 679 (681).
112 So z. B.: Schmidt/Lutter/*Spindler* § 132 Rn. 18.
113 So z. B.: MüKo AktG/*Kubis* § 132 Rn. 35.
114 Ausführlich dazu: KöKo AktG/*Kersting* § 132 Rn. 39–41.
115 BGH NZG 2014, 423 (428) – Porsche SE; zum Ganzen: KöKo AktG/*Kersting* § 132 Rn. 60–63; MüKo AktG/*Kubis* § 132 Rn. 30–32; OLG Stuttgart AG 2012, 377 (380 f.) – Porsche SE, wonach der Aktionär bei Behauptung der Unrichtigkeit der erteilten Auskunft ausreichende Tatsachen darlegen muss, aus denen die Wahrscheinlichkeit der Unrichtigkeit folgt (dazu oben Rdn. 46, Fn. 106).

sibel machen.[116] Der Aktionär muss demgegenüber diejenigen Umstände darlegen, aus denen sich ein vorrangiges Aufklärungsinteresse der Gesamtheit der Aktionäre und der Gesellschaft ergibt.[117]

53 Die **Förderpflicht der Gesellschaft** geht allerdings nicht soweit, dass sie im Rahmen ihres Vortrags zum Bestehen von Auskunftsverweigerungsgründen zur Offenlegung der gewünschten Information und der daraus drohenden Nachteile verpflichtet ist. Andernfalls würde das Auskunftsverweigerungsrecht, insbes. des § 131 Abs. 3 S. 1 Nr. 1 AktG, praktisch beseitigt. Sie trifft daher nur eine **Plausibilitätslast**, d. h. sie muss das Vorliegen von Gründen für das Bestehen eines Auskunftsverweigerungsrechts für das Gericht deutlich und einsehbar machen, im Rahmen des § 131 Abs. 3 S. 1 Nr. 1 AktG etwa konkret darlegen, worin die Nachteile für die Gesellschaft gesehen werden. Diese Darlegung wird durch die Gerichte auf Stichhaltigkeit überprüft. Genügt die Gesellschaft ihrer Plausibilitätslast, obliegt es dem Aktionär, deren Vortrag zu erschüttern.[118]

54 Nach h. M. ist das Gericht grds. nicht verpflichtet, etwaige von der Gesellschaft nicht vorgebrachte Auskunftsverweigerungsgründe zu ermitteln. Etwas anderes soll nur für gerichtsbekannte oder sich geradezu aufdrängende Gründe gelten.[119]

55 Lässt sich der entscheidungserhebliche Sachverhalt nicht aufklären, trifft den jeweils förderungspflichtigen Beteiligten ungeachtet des Amtsermittlungsgrundsatzes die materielle Beweislast (Feststellungslast).[120]

5. Gerichtliche Entscheidung und Kosten

56 Das Landgericht entscheidet durch einen mit Gründen versehenen **Beschluss** (§§ 132 Abs. 3 S. 1, 99 Abs. 3 S. 1 AktG). Statthaftes Rechtsmittel ist die **Beschwerde**, wenn das Landgericht sie zulässt. Dies setzt voraus, dass die Rechtssache grundsätzliche Bedeutung hat, also eine klärungsfähige und klärungsbedürftige Rechtsfrage aufwirft, die in einer unbestimmten Vielzahl von Fällen von tatsächlicher, rechtlicher oder wirtschaftlicher Bedeutung sein kann, oder die Entscheidung des Beschwerdegerichts zur Fortbildung des Rechts, also zur Auslegung der Vorschrift oder zur Schließung von Gesetzeslücken, oder zur Sicherung einer einheitlichen Rechtsprechung gleich- oder höherrangiger Gerichte erforderlich ist (§ 132 Abs. 3 i. V. m. § 70 Abs. 2 FamFG).[121] Die Beschwerde ist innerhalb eines Monats nach schriftlicher Bekanntgabe des Beschlusses beim Landgericht einzureichen (§§ 63 Abs. 1, 3, 64 Abs. 1 FamFG). Das Landgericht hat der Beschwerde abzuhelfen, wenn es sie für begründet hält; andernfalls muss es die Beschwerde unverzüglich dem Oberlandesgericht als Beschwerdegericht vorlegen (§ 68 Abs. 1 S. 1 FamFG, § 119 Abs. 1 Nr. 2 GVG). Die Beschwerdeinstanz ist eine neue Tatsacheninstanz, so dass die Beschwerde auf neue Tatsachen und Beweismittel gestützt werden kann und das Beschwerdegericht nicht an die Tatsachenfeststellungen des Landgerichts gebunden ist.[122]

57 Gegen die Beschwerdeentscheidung des Oberlandesgerichts besteht die Möglichkeit der **Rechtsbeschwerde** zum BGH, wenn sie zugelassen wurde, wobei die Zulassungsgründe denen für die Zulassung der Beschwerde entsprechen (§ 70 FamFG).

58 Die Nichtzulassungsentscheidungen des Landgerichts und/oder Oberlandesgerichts sind im Hinblick auf die angestrebte Beschleunigung unanfechtbar. Lediglich, wenn die unanfechtbare Entschei-

---

116 BGH NZG 2014, 423 (426) – Porsche SE.
117 BGH NZG 2014, 423 (426) – Porsche SE.
118 BGHZ 119, 1 (17); KöKo AktG/*Kersting* § 132 Rn. 64 f.; Groß KommAktG/*Decher* § 132 Rn. 40 f.
119 Schmidt/Lutter/*Spindler* § 132 Rn. 20; a. A. KöKo AktG/*Kersting* § 132 Rn. 66, wonach das Gericht im Rahmen des Amtsermittlungsgrundsatzes auf nicht bedachte Auskunftsverweigerungsgründe hinweisen muss.
120 Schmidt/Lutter/*Spindler* § 132 Rn. 17.
121 Schmidt/Lutter/*Spindler* § 132 Rn. 22.
122 Ausführlich zum Ganzen: KöKo AktG/*Kersting* § 132 Rn. 77–82.

dung willkürlich bzw. greifbar gesetzeswidrig ist, wird ausnahmsweise eine außerordentliche Beschwerde zugelassen.[123]

Das Kostenrisiko ist für den Aktionär gering. Für die Gerichtskosten gilt gemäß § 132 Abs. 5 AktG die Kostenordnung; Rechtsanwaltskosten sind gemäß §§ 80, 81 FamFG nur erstattungsfähig, wenn sie zur Durchführung des Verfahrens notwendig waren und die Erstattung billigem Ermessen entspricht.[124]

6. Folgen und Vollstreckung der gerichtlichen Entscheidung

Mit Eintritt der Rechtskraft der stattgebenden Entscheidung hat der Vorstand die begehrte Auskunft **»auch außerhalb der Hauptversammlung zu geben«** (§ 132 Abs. 4 S. 1 AktG). Durch diese Formulierung wird ein Wahlrecht zugunsten des Antragstellers begründet. Dieser kann die Auskunft entweder auf der nächsten Hauptversammlung oder sofort verlangen. Die Erteilung außerhalb der Hauptversammlung hat keinen Einfluss auf die kollektive Willensbildung der Aktionäre, so dass sie auch schriftlich erfolgen kann. Sie hat aber zur Folge, dass **§ 131 Abs. 4 AktG** eingreift und die Auskunft auf Verlangen auch jedem anderen Aktionär in der Hauptversammlung erteilt werden muss.[125]

Da § 132 Abs. 3 S. 1 AktG nicht auf § 99 Abs. 4 S. 2 AktG verweist, muss die Entscheidung nicht in den Gesellschaftsblättern veröffentlicht werden.[126]

Mit Eintritt der Rechtskraft findet die Zwangsvollstreckung der Entscheidung nach den Vorschriften der ZPO statt (§§ 132 Abs. 3 S. 1, Abs. 4 S. 2, 99 Abs. 5 S. 1 AktG). Die Erteilung der Auskunft stellt eine nicht vertretbare Handlung dar, so dass sich die **Zwangsvollstreckung gemäß § 888 ZPO** mittels Zwangsgeld gegen die Gesellschaft oder Zwangshaft gegen eine vertretungsberechtigte Anzahl vom Gericht namentlich zu benennender Mitglieder des Vorstands richtet.[127]

Der Vorstand hat die rechtskräftige Entscheidung unverzüglich zur Eintragung in das Handelsregister einzureichen (§§ 132 Abs. 3 S. 1, 99 Abs. 5 S. 3 AktG, § 121 Abs. 1 S. 1 BGB). Die dadurch erreichte **Publizität** soll es den anderen Aktionären ermöglichen, ihren Auskunftsanspruch aus § 131 Abs. 4 S. 1 AktG geltend zu machen.[128]

7. Rechtstatsächliche Bedeutung

In rechtstatsächlicher Hinsicht hat sich das Auskunftserzwingungsverfahren zu einem **häufig genutzten Rechtsbehelf** gegen verweigerte oder unvollständige Auskünfte entwickelt. Der Grund für die Inanspruchnahme liegt allerdings weniger in dem vom Gesetzgeber beabsichtigten Beschleunigungseffekt als in dem verminderten Kostenrisiko. Für die Gesellschaft als Antragsgegnerin ist das Verfahren nach § 132 AktG in doppelter Hinsicht attraktiv. Zum einen nimmt es von den Aktionären den Druck, Informationsdefizite stets mit der »scharfen Waffe« der Beschlussanfechtung bekämpfen zu müssen. Zum anderen kann der Vorstand unangenehme Auskünfte mit der Folge zurückhalten, dass der fragende Aktionär mit überschaubarer Kostenlast allenfalls diejenigen Informationen einfordert, die in der Hauptversammlung ohnehin hätten erteilt werden müssen.[129]

---

123 Zum Ganzen: KöKo AktG/*Kersting* § 132 Rn. 74–92.
124 Ausführlich dazu: KöKo AktG/*Kersting* § 132 Rn. 109–119.
125 BayObLG NJW 1975, 740 (740); KöKo AktG/*Kersting* § 132 Rn. 93–95.
126 Schmidt/Lutter/*Spindler* § 132 Rn. 21.
127 BGH BB 1991, 1446 – Fachliche Empfehlung II; Schmidt/Lutter/*Spindler* § 132 Rn. 36.
128 KöKo AktG/*Kersting* § 132 Rn. 106–108.
129 MüKo AktG/*Kubis* § 132 Rn. 2.

B. Die Sonderprüfung (§ 142 AktG)

65 Im Vorfeld der Hauptversammlung steht nicht selten ein Begehren einer Aktionärsminderheit gegenüber dem Vorstand der Gesellschaft auf Ergänzung der Tagesordnung um die Beschlussfassung über die Bestellung von Sonderprüfern gemäß § 122 Abs. 2 AktG. Die Aktionärsminderheit ist hierauf angewiesen, sofern ein entsprechender Beschluss nicht bekanntmachungsfrei unter dem Tagesordnungspunkt »Entlastung« gefasst werden kann, weil sich Prüfungs- und Entlastungszeitraum decken.[130] Gegebenenfalls muss die Tagesordnungsergänzung im gerichtlichen Verfahren gemäß § 122 Abs. 3 AktG erzwungen werden (vgl. hierzu Rdn. 252 ff.).

I. Streitigkeiten im Zusammenhang mit dem Beschluss der Hauptversammlung zur Bestellung oder Abberufung von Sonderprüfern

1. Anfechtungs- und Nichtigkeitsklage

a) Bestellungsbeschluss

66 Wie fast alle Beschlüsse der Hauptversammlung unterliegt auch der Beschluss zur Bestellung von Sonderprüfern grundsätzlich der Anfechtungs- und Nichtigkeitsklage. Soweit nicht nachfolgend anders dargestellt, bestehen hierbei jedoch keine prozessualen Besonderheiten, so dass auf die allgemeinen Ausführungen zu Anfechtungs- und Nichtigkeitsklagen gegen Hauptversammlungsbeschlüsse bei § 8 A. und B. verwiesen werden kann. Im Übrigen ist Folgendes zu beachten:

67 Eine **Anfechtungsbefugnis des Sonderprüfers** besteht nicht, da § 245 AktG abschließend ist. Er kann aber auf Seiten der beklagten Aktiengesellschaft als Nebenintervenient beitreten, weil er ein rechtliches Interesse daran hat, dass die Anfechtungs- oder Nichtigkeitsklage gegen seine Bestellung abgewiesen wird.[131]

68 Die Anfechtungs- und Nichtigkeitsklage erfasst immer sowohl die Anordnung der Sonderprüfung an sich als auch die Bestellung des konkreten Sonderprüfers, da es sich um einen einheitlichen Beschlussgegenstand handelt und § 139 BGB daher keine Anwendung findet.[132]

69 Hinzuweisen ist auf folgende **spezielle Anfechtungs- und Nichtigkeitsgründe:**
– Anfechtbarkeit, wenn der Beschluss über den von § 142 Abs. 1 Satz AktG gezogenen **Prüfungsrahmen hinausgeht**;[133] ggf. sogar Nichtigkeit gemäß § 241 Nr. 3 AktG, wenn der Beschluss hierdurch in die Kompetenz anderer Organe oder vom Gesetz besonders bestimmter anderer Prüfer eingreift.[134]
– Anfechtbarkeit wegen **treuwidriger Ablehnung des Beschlusses** bei Annahme einer positiven Stimmpflicht: Dies ist theoretisch denkbar, wenn das Abstimmungsermessen der Aktionäre auf Null reduziert ist, weil einzig und allein die Bestellung des Sonderprüfers dem Wohl der gesamten

---

130 MüKo AktG/*Schröer* § 142 Rn. 33, auch mit Ausführungen zu weiteren denkbaren Tagesordnungspunkten (Verlustanzeige, Jahresabschluss), zu denen der Beschluss bekanntmachungsfrei zur Abstimmung gestellt werden kann, dann aber nur betreffend eines speziell hierauf gerichteten Prüfungsgegenstands; GroßkommAktG/*Bezzenberger* § 142 Rn. 26; Spindler/Stilz/*Mock* § 142 Rn. 69.
131 Spindler/Stilz/*Mock* § 142 Rn. 92.
132 GroßkommAktG/*Bezzenberger* § 142 Rn. 38; MüKo AktG/*Schröer* § 142 Rn. 55; Spindler/Stilz/*Mock* § 142 Rn. 91; Schmidt/Lutter/*Spindler* § 142 Rn. 25, 33; gemäß OLG Hamm AG 2011, 90 (92) soll jedoch die Aufteilung in zwei Tagesordnungspunkte keinen anfechtungsrelevanten Verfahrensfehler darstellen, wenn über beide Tagesordnungspunkte nacheinander und mit dem gleichen Ergebnis abgestimmt wird.
133 Schmidt/Lutter/*Spindler* § 142 Rn. 10; nach MüKo AktG/*Schröer* § 142 Rn. 3 könne die Hauptversammlung auch andere Arten von Prüfungen beschließen, die auch im Prüfungsgegenstand über § 142 Abs. 1 AktG hinausgingen, die dann aber nicht den §§ 142 bis 146 AktG unterlägen.
134 GroßkommAktG/*Bezzenberger* § 142 Rn. 36; Spindler/Stilz/*Mock* § 142 Rn. 88, 109; Schmidt/Lutter/ *Spindler* § 142 Rn. 33; MüKo AktG/*Schröer* § 142 Rn. 3.

B. Die Sonderprüfung (§ 142 AktG) § 6

Gesellschaft dient und jede andere Entscheidung ihr schweren Schaden zufügt.[135] Allein, dass Pflichtverletzungen von Vorstand und Aufsichtsrat im Raume stehen, reicht nicht,[136] denn ob die Hauptversammlung eine Sonderprüfung beschließen will oder nicht liegt grundsätzlich in ihrem freien Ermessen.[137] Minderheitsaktionäre sind durch das Verfahren gemäß § 142 Abs. 2 AktG ausreichend geschützt.[138]

– Anfechtbarkeit des Beschlusses betreffend die Anordnung der Sonderprüfung und die Bestellung des Sonderprüfers wegen **rechtsmissbräuchlicher Stimmausübung**, wenn aus dem Prüfungsergebnis keinerlei Folgerung mehr gezogen werden könnte, insbesondere mögliche Ersatzansprüche verjährt und die fraglichen Verwaltungsmitglieder sämtlich bereits ausgeschieden sind.[139]

– Verstoß gegen die **Stimmverbote** gemäß § 142 Abs. 1 Satz 2 oder 3 AktG: Anfechtbarkeit ist nur dann gegeben, wenn der Beschluss ohne die verbotene Stimmabgabe nicht zustande gekommen wäre.[140] Nach der Rechtsprechung greift das Stimmverbot bereits nicht ein, wenn kein zulässiger Sonderprüfungsantrag in der Hauptversammlung gestellt war.[141] Das Stimmverbot erfasst – zumindest falls der Minderheit der Weg gemäß § 142 Abs. 2 AktG offen steht – ebenso wenig wie das des § 136 Abs. 1 AktG den herrschenden Aktionär, soweit kein Organmitglied der Gesellschaft maßgeblichen Einfluss auf dessen Willensbildung ausüben kann, selbst wenn es um die Prüfung von Vorgängen geht, an denen er selbst unmittelbar beteiligt war.[142] Das Stimmverbot greift jedoch bei der Stimmausübung durch ein Organmitglied als Vertreter eines Aktionärs auch dann ein, wenn die Vollmacht die Anweisung zu einem bestimmten Abstimmungsverhalten enthält.[143] Bei ablehnendem Beschluss kann gleich das Verfahren gemäß § 142 Abs. 2 AktG betrieben werden.[144]

– Anfechtbarkeit wegen **fehlender Eignung** im Sinne von § 143 Abs. 1 AktG:[145] Einer qualifizierten Aktionärsminderheit sollen hier alternativ auch das Verfahren auf gerichtliche Bestellung eines Sonderprüfers gemäß § 142 Abs. 2 AktG (weil einem ablehnenden Hauptversammlungsbeschluss

---

135 OLG Stuttgart AG 2003, 588; eine Treuwidrigkeit der Ablehnung wurde z. B. in der Entscheidung LG Düsseldorf AG 1999, 94 (95) verneint.
136 OLG Stuttgart AG 2003, 588; OLG Düsseldorf NZG 2013, 546 (548).
137 OLG Düsseldorf NZG 2013, 546 (548).
138 OLG Düsseldorf NZG 2013, 546 (548).
139 MüKo AktG/*Schröer* § 142 Rn. 26; Hüffer/*Koch* § 142 Rn. 8; vgl. auch Schmidt/Lutter/*Spindler* § 142 Rn. 22.
140 GroßkommAktG/*Bezzenberger* § 142 Rn. 37; MüKo AktG/*Schröer* § 142 Rn. 56; Spindler/Stilz/*Mock* § 142 Rn. 87; Schmidt/Lutter/*Spindler* § 142 Rn. 32; vgl. auch OLG Hamm BeckRS 2013, 03219 für einen Fall des Mitzählens von gemäß § 135 Abs. 1 Satz 1, Abs. 8 AktG ungültigen Stimmen.
141 RGZ 146, 385 (393 f.); Hanseatisches OLG Hamburg AG 2011, 677 (679); ebenso Hüffer/*Koch* § 142 Rn. 2.
142 H. M., zuletzt LG München I, Urt. v. 28.8.2008 – 5 HKO 12861/07, Rz. 586, 621 (zitiert nach juris), mit umfangreichen weiteren Nachweisen; das Schrifttum verweist z.T auf die Anfechtung wegen treuwidriger Stimmausübung, so Schmidt/Lutter/*Spindler* § 142 Rn. 30, wohingegen nach MüKo AktG/*Schröer* § 142 Rn. 39 in der Regel kein Rechtsmissbrauch vorläge; a. A. Stimmverbot in erweiternder Auslegung des § 136 AktG gegenüber dem, der bei der Entscheidung über die Geltendmachung eines Anspruchs einem Stimmverbot unterläge, auch bereits bei der Entscheidung über die Sonderprüfung: LG Frankfurt AG 2005, 545 (547); explizit hiergegen LG Heilbronn AG 1971, 94 (95); LG Düsseldorf AG 1999, 94 (95); Hanseatisches OLG Hamburg AG 2003, 46 (48); ders. DB 1981, 80 (81); vgl. auch OLG Brandenburg AG 2003, 328 (329), das ein Stimmverbot von Mitgliedern des Vorstands und Aufsichtsrats bei einem Antrag auf Bestellung von Sonderprüfern nicht nachvollziehbar auf § 136 AktG stützte; für eine analoge Anwendung von § 142 Abs. 1 Satz 2 AktG auf die Mehrheitsaktionärin, wenn Gegenstand der beantragten Sonderprüfung die Geschäftsbeziehungen zu dieser sind, OLG Karlsruhe, Urt. v. 20.11.1987 – 15 U 102/85, Rz. 48 (zitiert nach juris).
143 OLG Köln AG 2003, 450 (451).
144 AG Ingolstadt AG 2002, 110; Schmidt/Lutter/*Spindler* § 142 Rn. 48.
145 MüKo AktG/*Schröer* § 143 Rn. 12; GroßkommAktG/*Bezzenberger* § 143 Rn. 8; Hüffer/*Koch* § 143 Rn. 5; Spindler/Stilz/*Mock* § 142 Rn. 89, § 143 Rn. 9; Schmidt/Lutter/*Spindler* § 143 Rn. 8; Bürgers/Körber/*Holzborn/Jänig* § 143 Rn. 4.

die Bestellung unter Verstoß gegen § 143 Abs. 1 oder 2 AktG gleichgestellt wird; eine vorherige Anfechtungsklage hiergegen wird als unnötiger Formalismus angesehen)[146] oder auf Auswechslung des von der Hauptversammlung bestellten Sonderprüfers gemäß § 142 Abs. 4 AktG[147] zur Verfügung stehen, die vorteilhafter sind, weil gleich auch die Bestellung eines neuen Sonderprüfers erreicht wird, während die Verbindung der Anfechtungsklage mit einer positiven Beschlussfeststellungsklage ausscheidet, weil schon gar kein ablehnender Hauptversammlungsbeschluss vorliegt. Dem ist nur eingeschränkt zuzustimmen. Eine Bestellung unter Verstoß gegen § 143 Abs. 1 (oder auch Abs. 2) AktG kann nicht gleichzeitig als Bestellung eines Sonderprüfers (§ 142 Abs. 4 AktG) und als Ablehnung der Bestellung eines Sonderprüfers (§ 142 Abs. 2 AktG) gewertet werden, weshalb eine kumulative Möglichkeit dieser Rechtsbehelfe nicht bestehen kann. Neben der Anfechtungsklage dürfte allein das Verfahren gemäß § 142 Abs. 4 AktG statthaft sein,[148] weil der Bestellungsbeschluss wirksam ist, bis er auf Anfechtungsklage hin vom Gericht durch Gestaltungsurteil (jedoch dann mit Rückwirkung) für nichtig erklärt wird. Der Verweis auf die bloße Möglichkeit der Anfechtung, die aus Effizienzgründen für entbehrlich gehalten wird,[149] überzeugt dogmatisch nicht. Auch thematisch passt das Verfahren nach § 142 Abs. 4 AktG wesentlich besser, da es dort um die mangelnde persönliche Eignung des Sonderprüfers geht; die Prüfung der materiellen Antragsvoraussetzungen des § 142 Abs. 2 AktG erscheint vor dem Hintergrund, dass die Hauptversammlungsmehrheit für die Bestellung eines Sonderprüfers gestimmt hat, eher fernliegend. Die Gefahr, dass ein anderer Aktionär Anfechtungsklage gegen den Bestellungsbeschluss der Hauptversammlung erhebt und diese im Falle ihres Erfolgs mit dem Bestellungsbeschluss auch die Grundlage für das Verfahren gemäß § 142 Abs. 4 AktG beseitigt,[150] erscheint demgegenüber hinnehmbar, denn zumindest besteht über die Erhebung einer solchen Klage innerhalb eines Monats nach der Hauptversammlung Klarheit, und die Antragsteller können sich durch Akteneinsicht rechtzeitig ein Bild über deren Erfolgsaussichten verschaffen.

— Anfechtbarkeit wegen **Inkompatibilität** im Sinne von § 143 Abs. 2 AktG:[151] Die Gegenansicht geht von Nichtigkeit gemäß § 241 Nr. 3 AktG aus.[152] Dies überzeugt nicht. Die Vorschrift dient nicht überwiegend dem Schutz der Gläubiger oder sonstiger öffentlicher Interessen, sondern weit überwiegend dem Interesse der Aktionäre[153] an einer unparteiischen Prüfung zur Verwirklichung der Zwecke des Instituts: Aufklärung der tatsächlichen Grundlagen für Ersatzansprüche oder personelle Konsequenzen sowie Präventionsfunktion[154]. Nicht zuletzt wird ein Sonderprüfungsantrag verbreitet als missbräuchlich angesehen, wenn rechtliche Konsequenzen aus dem aufzuklärenden Sachverhalt gar nicht mehr gezogen werden könnten (vgl. unten bei Rdn. 91). Soweit die Nichtigkeit des Prüfungsvertrags gemäß § 134 BGB auf den Beschluss ausstrahlen soll, spricht dagegen, dass § 134 BGB betreffend Hauptversammlungsbeschlüsse wegen des besonderen Be-

---

146 Spindler/Stilz/*Mock* § 142 Rn. 118, § 143 Rn. 11; für § 318 Abs. 4 HGB analog: GroßkommAktG/*Bezzenberger* § 142 Rn. 54.
147 GroßkommAktG/*Bezzenberger* § 142 Rn. 73, § 143 Rn. 8; MüKo AktG/*Schröer* § 142 Rn. 58, § 143 Rn. 12; Spindler/Stilz/*Mock* § 142 Rn. 89, § 143 Rn. 11; Schmidt/Lutter/*Spindler* § 142 Rn. 65; unklar Hüffer/*Koch* § 143 Rn. 5: »zusätzlich«.
148 So auch Bürgers/Körber/*Holzborn/Jänig* § 143 Rn. 4; MüKo AktG/*Schröer* § 142 Rn. 58; a. A. Spindler/Stilz/*Mock* § 143 Rn. 11: Verfahren gemäß § 142 Abs. 2 AktG vorzugswürdig.
149 So wohl Spindler/Stilz/*Mock* § 143 Rn. 11.
150 So Spindler/Stilz/*Mock* § 143 Rn. 43.
151 MüKo AktG/*Schröer* § 142 Rn. 55; § 143 Rn. 23; Hölters/*Hirschmann* § 143 Rn. 10; Spindler/Stilz/*Mock* § 142 Rn. 89, § 143 Rn. 39, bei Rn. 40 überzeugend auch gegen die Annahme eines Verstoßes gegen das Wesen der Aktiengesellschaft allein aus dem zwingenden Charakter der Bestellungsverbote.
152 Hüffer/*Koch* § 143 Rn. 6; Henssler/Strohn/*Liebscher* § 143 Rn. 5; Schmidt/Lutter/*Spindler* § 143 Rn. 32; Bürgers/Körber/*Holzborn/Jänig* § 143 Rn. 8; für Nichtigkeit auch des Bestellungsbeschlusses aufgrund angenommener Nichtigkeit des Prüfungsvertrags GroßkommAktG/*Bezzenberger* § 142 Rn. 36, § 143 Rn. 26.
153 So auch MüKo AktG/*Schröer* § 143 Rn. 25; Spindler/Stilz/*Mock* § 142 Rn. 89, § 143 Rn. 39; Hölters/*Hirschmann* § 143 Rn. 10; vgl. auch GroßkommAktG/*Bezzenberger* § 142 Rn. 41, § 143 Rn. 26.
154 Hierzu vgl. MüKo AktG/*Schröer* § 142 Rn. 4 f.

dürfnisses nach Rechtssicherheit durch § 241 AktG verdrängt wird.[155] Auch hier sollen, bei Erreichen des entsprechenden Quorums, nach einer Ansicht wahlweise die Verfahren gemäß § 142 Abs. 2 AktG und § 142 Abs. 4 AktG zur Verfügung stehen.[156] Einige Vertreter der Nichtigkeitstheorie gehen konsequenterweise von der Anwendbarkeit von § 142 Abs. 2 AktG aus.[157] Richtigerweise – unter Annahme bloßer Anfechtbarkeit – kommt auch hier nur das Verfahren gemäß § 142 Abs. 4 AktG in Betracht;[158] auf die obenstehenden Ausführungen zur Anfechtbarkeit wegen fehlender Eignung i. S. v. § 143 Abs. 1 AktG kann insoweit verwiesen werden.
– Anfechtbarkeit wegen Eingreifens **ungeschriebener allgemeiner Befangenheitsgründe**.[159]

b) Abberufungsbeschluss

Hat die Hauptversammlung die Sonderprüfung angeordnet und einen Sonderprüfer bestellt, kann sie den Sonderprüfer auch wiederum abberufen sowie ggf. die Anordnung der Sonderprüfung aufheben. Diese Entscheidung steht im freien Ermessen der Aktionärsmehrheit, ohne dass es darauf ankäme, ob die Durchführung der Sonderprüfung aufgrund des Vorliegens von objektiven Verdachtsmomenten gerechtfertigt wäre oder nicht; die Minderheitsaktionäre werden durch das Verfahren gemäß § 142 Abs. 2 AktG ausreichend geschützt.[160] Stimmverbote gemäß § 142 Abs. 1 Sätze 2 und 3 AktG gelten entsprechend.[161] Teilweise wird vertreten, der Sonderprüfer könne gegen den ihn abberufenden Hauptversammlungsbeschluss Anfechtungs- oder Nichtigkeitsklage erheben; § 245 Nr. 4 AktG gelte analog.[162] Gestützt wird dies auf eine Entscheidung des Landgerichts München I zur Parteifähigkeit und Anfechtungsbefugnis des besonderen Vertreters im Sinne von § 147 AktG gegen den ihn abberufenden Hauptversammlungsbeschluss.[163] Diese Ansicht ist jedoch abzulehnen, denn die in seinem Aufgabenbereich organähnliche Stellung des besonderen Vertreters mit der Befugnis als gesetzlicher Vertreter der Gesellschaft Ersatzansprüche zu verfolgen, kommt dem Sonderprüfer gerade nicht zu. Mangels Vergleichbarkeit zum Vorstand im Rahmen seines Aufgabenbereichs trägt die Berufung auf dieses Urteil nicht; für eine Analogie fehlt es hier bereits an einer vergleichbaren Interessenlage.[164]

2. Positive Beschlussfeststellungsklage

Die Anfechtungs- oder Nichtigkeitsklage gegen einen die Bestellung von Sonderprüfern ablehnenden Hauptversammlungsbeschluss kann unter Umständen mit einer positiven Beschlussfeststellungsklage dahingehend kombiniert werden, dass festgestellt wird, dass die Hauptversammlung den beantragten Beschluss betreffend die Bestellung eines bestimmten Sonderprüfers zur Prüfung eines bestimmten sonderprüfungsfähigen Vorgangs gefasst hat, denn dem Aktionär wäre durch reine Kassation des ablehnenden Beschlusses noch nicht geholfen.[165]

---

155 MüKo AktG/*Schröer* § 143 Rn. 25; ferner dazu MüKo AktG/*Hüffer* § 241 Rn. 8; Hölters/*Englisch* § 241 Rn. 5.
156 Spindler/Stilz/*Mock* § 142 Rn. 89, § 143 Rn. 42; Schmidt/Lutter/*Spindler* § 142 Rn. 49, 65.
157 Hüffer/*Koch* § 143 Rn. 6; Henssler/Strohn/*Liebscher* § 143 Rn. 5.
158 Zutreffend MüKo AktG/*Schröer* § 143 Rn. 25.
159 GroßkommAktG/*Bezzenberger* § 143 Rn. 11 f.
160 OLG Düsseldorf NZG 2013, 546 (548).
161 Hüffer/*Koch* § 142 Rn. 34; Schmidt/Lutter/*Spindler* § 142 Rn. 75.
162 Spindler/Stilz/*Mock* § 142 Rn. 105.
163 LG München I AG 2009, 796 (797 f.).
164 Ausdrücklich gegen die Organstellung z. B. auch GroßkommAktG/*Bezzenberger* § 142 Rn. 41.
165 Hanseatisches OLG Hamburg, insoweit nicht abgedruckt in AG 2011, 677 ff.; OLG Stuttgart NZG 2003, 1025 (1027); LG München I AG 2008, 720; OLG Brandenburg AG 2003, 328 (329); OLG Hamm BeckRS 2013, 03219; LG Dortmund AG 2009, 881 (882); wird in einem solchen Fall nur Anfechtungsklage ohne zusätzliche positive Feststellungsklage erhoben, kann das Rechtsschutzbedürfnis fehlen, vgl. OLG Düsseldorf AG 2006, 202 (205).

72 Dies ist insbesondere der Fall bei **falscher Ergebnisfeststellung** durch den Versammlungsleiter, beispielsweise wegen Nichtberücksichtigung des Stimmverbots gemäß § 142 Abs. 1 Satz 2 AktG[166], Berücksichtigung von Stimmen aus Aktien, für die das Stimmrecht gemäß § 28 Satz 1 WpHG nicht bestand[167] oder die gemäß § 135 Abs. 1 Satz 1, Abs. 8 AktG ungültig waren[168] oder umgekehrt Nichtberücksichtigung von Stimmen aufgrund irriger Annahme des Eingreifens des Stimmverbots[169], unter der Voraussetzung, dass aufgrund der wahren Mehrheitsverhältnisse in der Hauptversammlung bei korrekter Behandlung der Stimmen kein anderer als der antragsmäßige Beschluss anzunehmen wäre.[170] Theoretisch denkbar sind daneben Fälle, in denen allein die Anordnung der Sonderprüfung und die Bestellung des beantragten Sonderprüfers dem Wohl der Gesellschaft dienen und jede andere Entscheidung der Gesellschaft schweren Schaden zufügen würde und die Aktionäre daher in ihrer Stimmrechtsausübung trotz des insoweit bestehenden grundsätzlichen breiten Ermessens durch die gesellschaftsrechtliche Treuepflicht gebunden waren.[171] Praktisch sind Fälle, in denen nur ein ganz bestimmter Sonderprüfer geeignet ist, die Gesellschaftsinteressen zu wahren, allerdings kaum denkbar. Begründet kann die positive Feststellungsklage nur sein, wenn der gestellte Sonderprüfungsantrag den Anforderungen des § 142 Abs. 1 Satz 1 AktG genügte.[172]

II. Gerichtliches Verfahren zur Bestellung von Sonderprüfern, § 142 Abs. 2 AktG

1. Antragsberechtigung, Frist, Form, Zuständigkeit, Beteiligte, Berechtigungsnachweis, Subsidiarität

73 Der Antrag gemäß § 142 Abs. 2 AktG kann durch eine **qualifizierte Aktionärsminderheit** gestellt werden, die auf sich mindestens 1 % des Grundkapitals oder anteilig EUR 100.000 vereint. Die Antragsberechtigung entfällt mit Übergang der Aktien auf die Hauptaktionärin infolge der Eintragung eines squeeze-out, denn Sinn und Zweck des Verfahrens ist der Minderheitenschutz und die Aufhellung der tatsächlichen Grundlagen für Ersatzansprüche der Gesellschaft gegen Gründer und Verwaltungsmitglieder; der ausgeschlossene Aktionär wirkt am Willensbildungsprozess der Gesellschaft jedoch nicht mehr mit.[173] Bei Namensaktien ist wegen der Legitimationswirkung des § 67 Abs. 2 AktG grundsätzlich eine Eintragung im Aktienregister der Gesellschaft bei Antragstellung erforderlich,[174] wobei Aufzeichnungen über unverkörperte Mitgliedschaften freilich kein Aktienregister in diesem Sinne darstellen und auch nicht die Legitimationswirkung des § 67 Abs. 2 AktG mit sich bringen.[175]

74 Der Antrag hat **schriftlich oder zur Niederschrift der Geschäftsstelle** zu erfolgen, § 25 Abs. 1 FamFG, und soll gemäß § 23 Abs. 1 Satz 5 FamFG unterschrieben werden. Die Einreichung eines unterschriebenen Antrags per Telefax sowie eines Antrags per Computerfax mit eingescannter Unter-

---

166 Vgl. LG München I AG 2008, 720 f., wo die positive Feststellungsklage allerdings unbegründet war, weil der beantragte Beschluss nicht den Anforderungen des § 142 Abs. 1 AktG entsprach.
167 OLG Düsseldorf AG 2010, 330 ff.
168 OLG Hamm BeckRS 2013, 03219.
169 LG Dortmund AG 2009, 881 (882 f.) (wegen fehlerhafter Beurteilung des Vorliegens eines Stimmverbots allerdings aufgehoben durch OLG Hamm AG 2011, 90 ff.).
170 OLG Hamm AG 2011, 90 (92); LG München I AG 2008, 720 f.; LG Dortmund AG 2009, 881 (883).
171 OLG Stuttgart NZG 2003, 1025 (1027); Spindler/Stilz/*Mock* § 142 Rn. 93.
172 Unbegründet war die positive Feststellungsklage daher in der Entscheidung LG München I AG 2008, 720 f., weil der Antrag nicht auf die Prüfung bestimmter Vorgänge der Geschäftsführung gerichtet war; ebenso bei LG Dortmund AG 2009, 881 (883), weil er auf Prüfung von Maßnahmen in der originären Organkompetenz des Aufsichtsrats und auf reine Rechtsfragen gerichtet war.
173 OLG München AG 2010, 457 (458); Bürgers/Körber/*Holzborn/Jänig* § 142 Rn. 17; *Müller-Michaels/Wingerter* AG 2010, 903 (906).
174 OLG München AG 2006, 167 f.; Hüffer/*Koch* § 67 Rn. 14; GroßkommAktG/*Bezzenberger* § 142 Rn. 51; Schmidt/Lutter/*Spindler* § 142 Rn. 40.
175 OLG München AG 2005, 584 (585); MüKo AktG/*Bayer* § 67 Rn. 17; Hüffer/*Koch* § 67 Rn. 10.

B. Die Sonderprüfung (§ 142 AktG) § 6

schrift wird von der herrschenden Meinung trotz § 25 Abs. 1 FamFG als zulässig angesehen.[176] **Zuständig** ist das Landgericht, in dessen Bezirk die Gesellschaft ihren Sitz hat, § 142 Abs. 5 Satz 3 AktG. Dieses entscheidet durch die Kammer für Handelssachen, soweit gebildet, §§ 94, 95 Abs. 2 Nr. 2 i. V. m. 71 Abs. 2 Nr. 4b) GVG. Etliche Landesregierungen haben von der Möglichkeit einer Zuständigkeitskonzentration durch Rechtsverordnung gemäß § 71 Abs. 4 GVG Gebrauch gemacht.[177] Zu Fragen der internationalen Zuständigkeit siehe bei Spindler/Stilz/Mock § 142 Rn. 177.

Gemäß § 142 Abs. 8 AktG handelt es sich um ein **Verfahren der freiwilligen Gerichtsbarkeit**. Beteiligte sind der oder die Antragsteller (§ 7 Abs. 1 FamFG), aber auch die durch ihren Vorstand vertretene (§ 9 Abs. 3 FamFG) Aktiengesellschaft, wie sich indirekt aus § 142 Abs. 5 Satz 1 AktG[178] und daraus ergibt, dass sie als Antragsgegnerin unmittelbar Betroffene im Sinne des § 7 Abs. 2 Nr. 1 FamFG ist. 75

Ein **besonderes Rechtsschutzbedürfnis** ist, wie bei der Anfechtungs- und Nichtigkeitsklage, in der Regel nicht erforderlich, da es sich um ein objektives Kontrollinstrument handelt, welches sich bereits durch das Vorliegen des Verdachts einer Unredlichkeit oder groben Verletzung des Gesetzes oder der Satzung per se rechtfertigt.[179] Teilweise wird ein **allgemeines Rechtsschutzbedürfnis** gefordert, welches fehle, wenn die zu prüfenden Vorgänge keinerlei Bezug zur gegenwärtigen Lage der Gesellschaft haben, namentlich denkbare Ersatzansprüche verjährt sind, alle Beteiligten sich bereits verglichen haben und auch keine personellen Konsequenzen mehr gezogen werden können[180] oder die vom Antragsteller behaupteten Tatsachen unstreitig feststehen[181]. Die genaue Abgrenzung zum Rechtsmissbrauchseinwand, der nach herrschender Meinung zur Abweisung des Antrags als unbegründet führt (siehe unten Rdn. 91), ist jedoch fließend. 76

Die Antragsteller müssen nachweisen, dass sie mindestens seit drei Monaten vor dem Tag der Hauptversammlung Inhaber der erforderlichen Anzahl von Aktien der Gesellschaft sind und diese bis zur Entscheidung über den Antrag halten werden, § 142 Abs. 2 Satz 2 AktG. Ob dies die Führung des Beweises oder nur Glaubhaftmachung[182] erfordert, ist umstritten. Häufig wird eine Bestätigung des depotführenden Instituts über Vorbesitzzeit und Sperrvermerk (oder ggf. Verpflichtungserklärung, das Gericht über Veränderungen des Aktienbestands zu informieren[183]) in Betracht kommen, in übrigen Fällen jeweils eine eidesstattliche Versicherung des Antragstellers.[184] Handelt es sich um vinkulierte Namensaktien sind die Anforderungen geringer, weil eine Veräußerung nur mit Zustimmung der Antragsgegnerin erfolgen kann.[185] Eine besondere Antragsfrist besteht nicht; es sind nur die Grenzen des Missbrauchseinwands zu beachten.[186] 77

Der Antrag ist in zweifacher Hinsicht **subsidiär**, nämlich einmal gegenüber dem Verfahren gemäß § 258 AktG bei den dort genannten rechnungslegungsbezogenen Vorgängen und zum anderen nur zulässig, wenn die Hauptversammlung zuvor die Bestellung abgelehnt hat. Der Beschlussvor- 78

---

176 *Bumiller/Harders* § 25 Rn. 5.
177 Übersicht dazu bei Spindler/Stilz/*Mock* § 142 Fn. 282.
178 Spindler/Stilz/*Mock* § 142 Rn. 178.
179 MüKo AktG/*Schröer* § 142 Rn. 67; GroßkommAktG/*Bezzenberger* § 142 Rn. 58; Spindler/Stilz/*Mock* § 142 Rn. 132.
180 GroßkommAktG/*Bezzenberger* § 142 Rn. 58; MüKo AktG/*Schröer* § 142 Rn. 67.
181 KG AG 2012, 412 (413).
182 So Spindler/Stilz/*Mock* § 142 Rn. 138; a. A. Hüffer/*Koch* § 142 Rn. 23.
183 So z. B. bei der Entscheidung OLG Düsseldorf AG 2010, 126 ff., dort insoweit nicht abgedruckt; OLG München AG 2008, 33 (34).
184 Spindler/Stilz/*Mock* § 142 Rn. 138.
185 OLG München AG 2008, 33 (34).
186 GroßkommAktG/*Bezzenberger* § 142 Rn. 57; Bürgers/Körber/*Holzborn/Jänig* § 142 Rn. 18.

schlag in der Hauptversammlung muss jedoch nicht von den gleichen Aktionären gestellt worden sein, die nunmehr Antragsteller sind, diese müssen nicht einmal an der Hauptversammlung teilgenommen oder gar dort Widerspruch gegen den ablehnenden Beschluss erklärt haben.[187] Der Antrag muss jedoch deckungsgleich mit dem in der Hauptversammlung gestellten Antrag sein; eine Erweiterung oder Abänderung im Verfahren gemäß § 142 Abs. 2 AktG ist nicht möglich.[188] Einem ablehnendem Hauptversammlungsbeschluss stehen gleich: spätere Aufhebung eines zunächst zustimmenden Beschlusses durch die Hauptversammlung,[189] nichtiger oder für nichtig erklärter Bestellungsbeschluss,[190] Vertagung oder Absetzung von der Tagesordnung trotz ordnungsgemäßen Beschlussantrags.[191] Eine Ansicht subsumiert hierunter ferner die Bestellung unter Verstoß gegen die Anforderungen gemäß § 143 Abs. 1 oder 2 AktG,[192] da eine zusätzliche vorherige Anfechtung des Bestellungsbeschlusses als unnötiger Formalismus anzusehen sei. Das Vorliegen eines Verstoßes gegen § 143 AktG müssten die Antragsteller aber dann hinreichend glaubhaft machen. Dieser Auffassung ist nicht zuzustimmen, siehe bereits oben bei Rdn. 69.

79 Keine Subsidiarität besteht zur konzernrechtlichen Sonderprüfung gemäß § 315 AktG. Während § 315 Satz 1 AktG selten einschlägig sein dürfte, kann § 315 Satz 2 AktG betreffend die Prüfung der geschäftlichen Beziehungen der Gesellschaft zu dem herrschenden Unternehmen oder einem mit ihm verbundenen Unternehmen für die antragstellende Aktionärsminderheit vorteilhaft sein, da ein vorhergehender ablehnender Hauptversammlungsbeschluss nicht erforderlich ist.[193] Eröffnet ist deren Anwendungsbereich aber nur im faktischen Konzern,[194] und es geht ausschließlich um den Verdacht einer pflichtwidrigen Nachteilszufügung im Sinne von § 311 AktG.

80 Ein Angriff des ablehnenden Beschlusses mit Anfechtungs- bzw. Nichtigkeitsklage und positiver Beschlussfeststellungsklage führt nicht zur Aussetzung des Verfahrens gemäß § 148 ZPO, da diesen Verfahren keine Vorgreiflichkeit zukommt.[195] Gleiches gilt für die Klage gegen den eine bereits beschlossene Sonderprüfung widerrufenden Hauptversammlungsbeschluss, da dies den Minderheitenschutz unterlaufen und aufgrund der Zeitdauer die Effektivität der Sonderprüfung beeinträchtigen würde.[196]

---

187 OLG Frankfurt, Urt. v. 22.3.2007 – 12 U 77/06, Rz. 69 (zitiert nach juris); GroßkommAktG/*Bezzenberger* § 142 Rn. 48; MüKo AktG/*Schröer* § 142 Rn. 61; Hüffer/*Koch* § 142 Rn. 22; Spindler/Stilz/*Mock* § 142 Rn. 117; Bürgers/Körber/*Holzborn/Jänig* § 142 Rn. 16; Schmidt/Lutter/*Spindler* § 142 Rn. 41.
188 OLG München AG 2008, 33 (35); GroßkommAktG/*Bezzenberger* § 142 Rn. 56, mit Hinweis auf die Möglichkeit der Einschränkung; z. T. wohl a. A. MüKo AktG/*Schröer* § 142 Rn. 62: Bezeichnung muss nicht identisch sein, und auch ein Minus wird wohl für zulässig gehalten.
189 RGZ 143, 401 (410); OLG Düsseldorf AG 2010, 126; Hüffer/*Koch* § 142 Rn. 18; MüKo AktG/*Schröer* § 142 Rn. 60; Spindler/Stilz/*Mock* § 142 Rn. 117; Bürgers/Körber/*Holzborn/Jänig* § 142 Rn. 13; Schmidt/Lutter/*Spindler* § 142 Rn. 48; GroßkommAktG/*Bezzenberger* § 142 Rn. 43, 54.
190 MüKo AktG/*Schröer* § 142 Rn. 60; Spindler/Stilz/*Mock* § 142 Rn. 117; Schmidt/Lutter/*Spindler* § 142 Rn. 48; Bürgers/Körber/*Holzborn/Jänig* § 142 Rn. 13, die nur Nichtigkeit nennen; GroßkommAktG/*Bezzenberger* § 142 Rn. 54: nicht in den Fällen eines Verstoßes gegen § 143 Abs. 1 oder 2 AktG.
191 MüKo AktG/*Schröer* § 142 Rn. 60; GroßkommAktG/*Bezzenberger* § 142 Rn. 54; Hüffer/*Koch* § 142 Rn. 18; Spindler/Stilz/*Mock* § 142 Rn. 117; Bürgers/Körber/*Holzborn/Jänig* § 142 Rn. 13; Schmidt/Lutter/*Spindler* § 142 Rn. 48.
192 Spindler/Stilz/*Mock* § 142 Rn. 118; Bürgers/Körber/*Holzborn/Jänig* § 142 Rn. 13; bei § 143 Abs. 2 AktG auch Hüffer/*Koch* § 142 Rn. 18 und Schmidt/Lutter/*Spindler* § 142 Rn. 49.
193 Vgl. Bürgers/Körber/*Holzborn/Jänig* § 142 Rn. 2; MüKo AktG/*Altmeppen* § 315 Rn. 8.
194 Hüffer/*Koch* § 315 Rn. 1; Henssler/Strohn/*Bödeker* § 315 Rn. 1; a. A. Schneider AG 2008, 305 (308): auch im Vertragskonzern.
195 OLG Düsseldorf AG 2010, 126 (130); Spindler/Stilz/*Mock* § 142 Rn. 121; Schmidt/Lutter/*Spindler* § 142 Rn. 60.
196 *Spindler* NZG 2010, 281 (282).

2. Materielle Antragserfordernisse

Wie der Hauptversammlungsbeschluss auch, muss der Antrag den Sonderprüfungsgegenstand genau bezeichnen. Hierbei darf nicht über die Reichweite des Beschlussvorschlags hinausgegangen werden, den die Hauptversammlung abgelehnt hatte. Die Nennung eines bestimmten Sonderprüfers ist nicht zwingend, aber empfehlenswert. 81

Der Antrag muss sich auf einen **zulässigen Prüfungsgegenstand** beziehen, mithin einen Vorgang bei Gründung oder einen nicht mehr als fünf bzw. ggf. zehn Jahre (vom Zeitpunkt des ablehnenden Hauptversammlungsbeschlusses) zurückliegenden Vorgang bei der Geschäftsführung. Dies umfasst auch die nur in Absatz 1 ausdrücklich genannten Maßnahmen der Kapitalbeschaffung oder Kapitalherabsetzung.[197] Betreffend den zeitlichen Bezug reicht es aus, wenn bei einem sich über einen längeren Zeitraum erstreckenden Vorgang der letzte Teil noch in den Fünf- bzw. Zehnjahreszeitraum fällt.[198] 82

Der **Begriff der Geschäftsführung** im Rahmen der Sonderprüfung meint den gesamten Verantwortungsbereich des Vorstands im umfassenden Sinne des § 77 AktG.[199] Dies schließt auch Vorgänge im Konzern mit ein, wenn diese letztlich zugleich Vorgänge der Geschäftsführung auf Ebene der Antragsgegnerin darstellen,[200] jedoch auch nur dann, denn die Antragsbefugnis der Aktionäre erstreckt sich immer nur auf die »eigene« Gesellschaft.[201] Hierfür reicht es aus, dass die Gesellschaft als Erteilerin oder Empfängerin einer Weisung im Vertragskonzern die wirtschaftlichen Konsequenzen der Maßnahme zu tragen hat.[202] Betreffen die Vorgänge dagegen ausschließlich andere Konzernunternehmen, können sie nicht Gegenstand einer Sonderprüfung bei der Konzernobergesellschaft sein.[203] Wo hier die Grenze liegt, ist allerdings fraglich. Im Schrifttum wird wegen der Pflicht zur Konzernleitung und der Verantwortung für das Tagesgeschäft im Konzern zum Teil ein sehr weiter Maßstab angesetzt, wonach bei der Konzernobergesellschaft die Konzernleitung, die Beziehungen der Konzernobergesellschaft zu den anderen Konzerngesellschaften im Sinne von allen bei diesen durch die Konzernobergesellschaft veranlassten Vorgängen und – wegen der mit der einheitlichen Leitung übernommenen Verantwortung für die Vorgänge bei anderen Konzerngesellschaften – auch alle nicht veranlassten Vorgänge grundsätzlich sonderprüfungsfähig seien.[204] 83

Die Anordnung einer Sonderprüfung wurde **mangels Benennung eines sonderprüfungsfähigen Vorgangs** der Geschäftsführung beispielsweise in folgenden Fällen **abgelehnt**: 84
– Prüfung von Vorgängen im Zusammenhang mit der zum Februar 2007 oder spätestens zum 1. Oktober 2007 eingetretenen Zahlungsunfähigkeit der Gesellschaft.[205]
– Prüfung von in die originäre Kompetenz des Aufsichtsrats fallenden Maßnahmen[206] (anders, wenn sich die Tätigkeit des Aufsichtsrats durch Überwachung oder Ausübung einer Zustimmungskom-

---

197 Hüffer/*Koch* § 142 Rn. 19; Spindler/Stilz/*Mock* § 142 Rn. 122.
198 OLG Düsseldorf AG 2010, 126; GroßkommAktG/*Bezzenberger* § 142 Rn. 52; MüKo AktG/*Schröer* § 142 Rn. 63; Hüffer/*Koch* § 142 Rn. 19; Bürgers/Körber/*Holzborn/Jänig* § 142 Rn. 14; Schmidt/Lutter/*Spindler* § 142 Rn. 51.
199 OLG Düsseldorf AG 2010, 330 (332); KG AG 2012, 412 (413); LG Frankfurt, Urt. v. 12.3.2013 – 3-05 O 114/12, Rz. 138 (zitiert nach juris); Hüffer/*Koch* § 142 Rn. 4; Bürgers/Körber/*Holzborn/Jänig* § 142 Rn. 6; Schmidt/Lutter/*Spindler* § 142 Rn. 14; Schneider AG 2008, 305 (306).
200 OLG Düsseldorf AG 2010, 330 (332); MüKo AktG/*Schröer* § 142 Rn. 20; Bürgers/Körber/*Holzborn/Jänig* § 142 Rn. 6b; Schmidt/Lutter/*Spindler* § 142 Rn. 18.
201 *Schneider* AG 2008, 305 (307).
202 OLG Düsseldorf AG 2010, 330 (332); ebenso GroßkommAktG/*Bezzenberger* § 142 Rn. 15; MüKo AktG/*Schröer* § 142 Rn. 20; Schmidt/Lutter/*Spindler* § 142 Rn. 18.
203 OLG Düsseldorf AG 2010, 330 (332); MüKo AktG/*Schröer* § 142 Rn. 20; Bürgers/Körber/*Holzborn/Jänig* § 142 Rn. 6b; Schmidt/Lutter/*Spindler* § 142 Rn. 18.
204 *Schneider* AG 2008, 305 (308).
205 LG München I AG 2008, 720; kritische Anmerkung hierzu bei *Jänig* EWiR 2009, 325 f.; diesem beipflichtend Schmidt/Lutter/*Spindler* § 142 Rn. 9.
206 LG Dortmund AG 2009, 881 (883).

petenz auf die Geschäftsführung des Vorstands bezieht).[207] Der genaue Umfang, in dem Handlungen des Aufsichtsrats der Sonderprüfung unterliegen, ist stark umstritten.[208]
- Prüfung von reinen Rechtsfragen.[209]

85 Der Vorgang muss eine **ausreichende Bestimmtheit** aufweisen, wobei der erforderliche Grad auch von der Verfügbarkeit von Informationen für die Aktionäre abhängt, da die Informationspolitik des Vorstands nicht Einfluss darauf haben soll, ob eine Sonderprüfung eingeleitet werden kann.[210] Als zu unbestimmt angesehen wurde beispielsweise ein Antrag gerichtet auf Prüfung etwaiger unbesicherter Anzahlungen und unbesicherter bzw. nicht marktüblich verzinster Darlehen der Gesellschaft an Dritte und verbundene Unternehmen, da der Kreis der Dritten nicht konkretisiert wurde und daher eine unspezifische Überprüfung der gesamten Geschäftsführung des Vorstands in einem wichtigen Teilbereich hätte erfolgen müssen.[211] Auch aus einer Kumulation einer großen Zahl einzeln ausreichend bestimmter Vorgänge kann eine umfassende und unspezifische, somit unzulässige Überprüfung der gesamten Geschäftsführung resultieren.[212] Der Antrag ist jedoch grundsätzlich auslegungsfähig. So wurde es z. B. als hinreichend konkret angesehen, wenn die Prüfung der Zusammenarbeit mit der »L.-Gruppe« beantragt wurde und die Antragstellerin diesen Begriff dadurch konkretisierte, dass sie insbesondere auf den Geschäftsbericht des herrschenden Unternehmens verwies, in dem alle Gruppengesellschaften aufgezählt wurden.[213]

86 Zudem ist der Vortrag von **Tatsachen** erforderlich, die den **Verdacht** rechtfertigen, dass **Unredlichkeiten oder grobe Verletzungen des Gesetzes oder der Satzung** begangen wurden. Beispiele hierfür aus der Rechtsprechung sind:
- Ausgabe von neuen Aktien mittelbar an den Mehrheitsaktionär zu EUR 5 und zeitnah an Mitarbeiter zu EUR 9,30 je Aktie.[214]
- Eindeutige Überschreitung des Unternehmensgegenstands.[215]

87 Die Tatsachen müssen nicht glaubhaft gemacht oder bewiesen werden, aber es muss eine **gewisse Wahrscheinlichkeit** für ihr Vorliegen bestehen, was in der Regel einen ausreichend substantiierten Vortrag der Antragsteller erfordert, der das Gericht von hinreichenden Verdachtsmomenten überzeugt oder dieses zumindest zur weiteren Amtsermittlung gemäß § 26 FamFG veranlasst.[216] Die

---

207 OLG Düsseldorf AG 2010, 126.
208 Offensichtlich weit z. B. Hanseatisches OLG Hamburg AG 2011, 677 (680): Wahlvorschlag des Aufsichtsrats an die Hauptversammlung zur Bestellung von Prüfern gemäß § 124 Abs. 3 Satz 1 AktG sei prüfungsfähig, denn dies gehöre zum »Aufgabenbereich der Verwaltung« und sei daher »Geschäftsführung« im Sinne des § 142 Abs. 1 AktG; vgl. ferner Hüffer/*Koch* § 142 Rn. 5: soweit Tätigkeit des Aufsichtsrats Bezug zum Vorstand aufweist; ebenso Schmidt/Lutter/*Spindler* § 142 Rn. 16; GroßkommAktG/*Bezzenberger* § 142 Rn. 13; wohl auch *Schneider* AG 2008, 305 (307); Bürgers/Körber/*Holzborn/Jänig* § 142 Rn. 6a: gesamtes Tätigkeitsfeld des Aufsichtsrats, ausdrücklich hiergegen MüKo AktG/*Schröer* § 142 Rn. 21: nicht korporationsrechtliche Tätigkeit des Aufsichtsrats.
209 OLG Frankfurt AG 2011, 755 (757 f.) unter Offenlassung der dogmatischen Grundlage; KG AG 2012, 412 (413): fehlendes allgemeines Rechtsschutzbedürfnis; OLG Stuttgart AG 2009, 169 (171); LG Dortmund AG 2009, 881 (883).
210 Hanseatisches OLG Hamburg AG 2011, 677 (679); vgl. auch OLG Stuttgart AG 2009, 169 (171): einerseits nicht zu strenge Anforderungen, da es Minderheitsaktionären oft nicht möglich ist, die zu prüfenden Vorgänge exakt zu benennen, daher Auflockerungen bei gänzlich unklaren Sachverhalten; andererseits Verhinderung flächendeckender Ausforschung und Verursachung hoher Kosten bzw. Ressourcenbindung; LG Frankfurt, Urt. v. 12.03.2013 – 3-05 O 114/12, Rz. 139 (zitiert nach juris).
211 Hanseatisches OLG Hamburg AG 2011, 677 (680).
212 Hanseatisches OLG Hamburg AG 2011, 677 (680).
213 OLG Düsseldorf AG 2010, 330 (331).
214 OLG München AG 2008, 33 (36 f.); Hüffer/*Koch* § 142 Rn. 20.
215 OLG Düsseldorf AG 2010, 126 (127 f.); kritisch zu diesem Punkt der Entscheidung *Spindler* NZG 2010, 281 (283).
216 OLG Frankfurt AG 2011, 755 f.; OLG Stuttgart AG 2010, 717 (718); OLG Düsseldorf AG 2010, 126 (127); MüKo AktG/*Schröer* § 142 Rn. 71; GroßkommAktG/*Bezzenberger* § 142 Rn. 62; Hüffer/*Koch*

bloße Verdachtsäußerung oder Vermutungen reichen nicht; es müssen vielmehr Tatsachen substantiiert behauptet werden, die den genannten Verdacht rechtfertigen.[217] Die Gerichte legen hier überwiegend relativ strenge Maßstäbe an:[218] Die bloße Möglichkeit von Verfehlungen reiche nicht aus, es seien hohe Anforderungen an die Überzeugung des Gerichts vom Vorliegen der Tatsachen zu stellen.[219] Diese Überzeugung muss auch noch nach der Anhörung von Vorstand und Aufsichtsrat, die von § 142 Abs. 5 Satz 1 AktG ausdrücklich vorgesehen ist, bestehen.[220] Allein von einem möglichen Nachteil der Gesellschaft aufgrund Vorgängen bei Gründung oder Geschäftsführung dürfe noch nicht auf das Vorliegen von Unredlichkeiten oder groben Pflichtverletzungen geschlossen werden.[221] Die Anforderungen seien vergleichbar dem, was im Strafprozessrecht als hinreichender Tatverdacht bezeichnet werde.[222]

Grobe Verletzungen des Gesetzes oder der Satzung setzen ein schuldhaftes Handeln voraus und bedeuten, dass der Handelnde nicht nur unbedeutend, sondern erheblich von seinen Pflichten abgewichen ist, insbesondere eine Nichtverfolgung unerträglich erscheinen würde.[223] Vielfach wird vertreten, dass die Pflichtverletzung zu einer groben auch dadurch qualifiziert werden könne, dass der mit der Pflichtverletzung verursachte Schaden besonders gravierend sei.[224] Dies ist jedoch nicht unproblematisch, denn der Wortlaut spricht eher gegen eine solche Deutung, und auch die historische Auslegung gibt hierfür keine Anhaltspunkte. Eine einheitliche Auslegung des Begriffs in § 142 Abs. 2 und § 148 Abs. 1 Satz 2 Nr. 3 AktG erscheint angebracht und wurde auch vom Gesetzgeber im Rahmen des Gesetzes zur Unternehmensintegrität und Modernisierung des Anfechtungsrechts (UMAG) aus dem Jahr 2005 befürwortet.[225] Der Gesetzgeber des UMAG ging jedoch eher davon aus, dass Aspekte der Schadenshöhe im Rahmen der Verhältnismäßigkeitsprüfung des § 148 Abs. 1 Satz 2 Nr. 4 AktG zu berücksichtigen seien, die – nach seiner Auffassung – ungeschrieben auch im Rahmen des § 142 Abs. 2 AktG gelten solle.[226] Die besseren Gründe sprechen daher dafür, die Schadenshöhe insoweit unberücksichtigt zu lassen.

88

---

§ 142 Rn. 20; Spindler/Stilz/*Mock* § 142 Rn. 128; Bürgers/Körber/*Holzborn/Jänig* § 142 Rn. 15a: durch Amtsermittlungsgrundsatz eingeschränkte »Darlegungs- und Beweislast«; Schmidt/Lutter/*Spindler* § 142 Rn. 56.
217 OLG Frankfurt AG 2011, 755 f.; GroßkommAktG/*Bezzenberger* § 142 Rn. 62.
218 So ausdrücklich z. B. OLG Frankfurt AG 2011, 755 f. unter Berufung auf die Gesetzesbegründung zum UMAG; kritisch Bürgers/Körber/*Holzborn/Jänig* § 142 Rn. 15a in Abgrenzung zu § 148 Abs. 1 Nr. 3 AktG.
219 OLG Stuttgart AG 2010, 717 (718); OLG München AG 2010, 840 (841): »denklogisch wahrscheinlich und nicht bloß nur möglich«; ebenso OLG Düsseldorf AG 2010, 126 (127).
220 OLG Stuttgart AG 2010, 717 (718); OLG München AG 2010, 840 (841); OLG Düsseldorf AG 2010, 126 (127); OLG München AG 2008, 33 (35).
221 OLG Köln AG 2010, 414; ähnlich OLG Frankfurt AG 2011, 755 (757) betreffend die bloße Nachteilhaftigkeit oder gar Nichtvorteilhaftigkeit eines abgeschlossenen Vertrages.
222 OLG Köln AG 2010, 414 (415); gleiche Begrifflichkeit bei MüKo AktG/*Schröer* § 142 Rn. 71; GroßkommAktG/*Bezzenberger* § 142 Rn. 61; kritisch Bürgers/Körber/*Holzborn/Jänig* § 142 Rn. 15a.
223 OLG Düsseldorf AG 2010, 126 (127).
224 Z. B. OLG Düsseldorf AG 2010, 126 (127); MüKo AktG/*Schröer* § 142 Rn. 70; Bürgers/Körber/*Holzborn/Jänig* § 142 Rn. 15; Schmidt/Lutter/*Spindler* § 142 Rn. 54; GroßkommAktG/*Bezzenberger* § 142 Rn. 62.
225 Begründung zum Regierungsentwurf des Gesetzes zur Unternehmensintegrität und Modernisierung des Anfechtungsrechts (UMAG), BT-Drs. 15/5092, S. 18.
226 Begründung zum Regierungsentwurf des Gesetzes zur Unternehmensintegrität und Modernisierung des Anfechtungsrechts (UMAG), BT-Drs. 15/5092, S. 18; a. A. (keine Verhältnismäßigkeitsprüfung und Berücksichtigung im Rahmen der Schwere des Pflichtverstoßes) Bürgers/Körber/*Holzborn/Jänig* § 142 Rn. 15, 15b; Schmidt/Lutter/*Spindler* § 142 Rn. 52, 54.

89 Die Notwendigkeit oder Zweckmäßigkeit bestimmter unternehmerischer Entscheidungen kann nicht zum Gegenstand einer Sonderprüfung gemacht werden.[227]

3. Rechtsmissbräuchlichkeit

90 Dem Antrag dürfen schließlich – wie gerade schon erwähnt – nach herrschender Meinung, trotz gegenüber § 148 Abs. 1 Satz 2 Nr. 4 AktG fehlender Nennung, **keine überwiegenden Gründe des Gesellschaftswohls** entgegenstehen.[228] Dies stellt allein auf die Interessen der Gesellschaft ab, z. B. unnötige Kostenbelastung durch Mehrfachanträge,[229] Kosten der Sonderprüfung höher als der Schaden[230] oder drohende Ansprüche Dritter (nicht Aktionäre) gegen die Gesellschaft, die diese erst mithilfe der durch die Sonderprüfung ermittelten Tatsachengrundlage durchsetzen könnten.[231] Nicht ausreichend ist jedenfalls die unsubstantiierte Behauptung, der Schaden der Gesellschaft durch die Sonderprüfung stünde außer Verhältnis zu dem, was bei den fehlsamen Organmitgliedern im Rahmen von Schadensersatzprozessen beigetrieben werden könne.[232] Unabhängig ist diese Frage von den Motiven der Antragsteller.[233]

91 Diese sind bei der zu unterscheidenden Frage des **Missbrauchs des Antragsrechts** relevant. Ein solcher kann bei illoyaler, grob eigennütziger Rechtsausübung vorliegen und führt zur Abweisung des Antrags als unbegründet.[234] Beispiele hierfür sind:
– Ausforschung durch Wettbewerber als alleiniger Zweck,[235]
– erpresserischer Sonderprüfungsantrag,[236]
– Durchsetzung ausschließlich privater Belange[237], etwa wenn Schadensersatzansprüche gegen Vorstandsmitglieder oder personelle Konsequenzen gar nicht mehr in Betracht kommen.[238]

4. Verfahrensgrundsätze, Entscheidung und Kosten

92 Der oder die Antragsteller, die durch ihren Vorstand vertretene Gesellschaft und deren Aufsichtsrat sind gemäß § 142 Abs. 5 Satz 1 AktG (i. V. m. § 34 Abs. 1 Nr. 2 FamFG) **zu hören**. Dies kann schriftlich oder mündlich erfolgen.[239] Das Gericht darf bei unbestrittenem Sachvortrag von Amtsermittlung absehen.[240] Für die verdachtsbegründenden Umstände sind die Antragsteller **darlegungs-**

---

227 OLG München AG 2008, 33 (35).
228 OLG Düsseldorf AG 2010, 126 (127); Begründung zum Regierungsentwurf des Gesetzes zur Unternehmensintegrität und Modernisierung des Anfechtungsrechts (UMAG), BT-Drs. 15/5092, S. 18; Hüffer/*Koch* § 142 Rn. 21; Spindler/Stilz/*Mock* § 142 Rn. 129, auch mit näheren Ausführungen zum Prüfungsmaßstab; kritisch Schmidt/Lutter/*Spindler* § 142 Rn. 52; explizit a. A. MüKo AktG/*Schröer* § 142 Rn. 73.
229 Spindler/Stilz/*Mock* § 142 Rn. 135.
230 So *Müller-Michaels/Wingerter* AG 2010, 903 (909), wobei auch diese nicht ganz unberücksichtigt lassen wollen, dass die Präventivwirkung des Instituts nicht beeinträchtigt werden sollte (Präventivfunktion als positiver Abwägungsfaktor).
231 *Müller-Michaels/Wingerter* AG 2010, 903 (910): atypisches Risiko, das außerhalb des Zwecks der Sonderprüfung liegt.
232 OLG Düsseldorf AG 2010, 126 (130).
233 Spindler/Stilz/*Mock* § 142 Rn. 129.
234 OLG Düsseldorf AG 2010, 126 f.; MüKo AktG/*Schröer* § 142 Rn. 104; Hüffer/*Koch* § 142 Rn. 21; Spindler/Stilz/*Mock* § 142 Rn. 133 f.; Schmidt/Lutter/*Spindler* § 142 Rn. 59; für Unzulässigkeit hingegen AG Düsseldorf ZIP 1988, 970.
235 AG Ingolstadt AG 2002, 110 (dort i. E. aber verneint).
236 OLG München AG 2008, 33 (34 f.); OLG Düsseldorf AG 2010, 126; AG Düsseldorf ZIP 1988, 970; MüKo AktG/*Schröer* § 142 Rn. 106; Schmidt/Lutter/*Spindler* § 142 Rn. 59; GroßkommAktG/*Bezzenberger* § 142 Rn. 59.
237 Bürgers/Körber/*Holzborn/Jänig* § 142 Rn. 21.
238 OLG München AG 2010, 598 (600); KG AG 2012, 412 (413).
239 MüKo AktG/*Schröer* § 142 Rn. 77; Hüffer/*Koch* § 142 Rn. 29; Spindler/Stilz/*Mock* § 142 Rn. 179; Schmidt/Lutter/*Spindler* § 142 Rn. 60; Bürgers/Körber/*Holzborn/Jänig* § 142 Rn. 19.
240 GroßkommAktG/*Bezzenberger* § 142 Rn. 64.

B. Die Sonderprüfung (§ 142 AktG) § 6

pflichtig, wobei das Gericht die Sachnähe der Gesellschaft zu berücksichtigen und auch von dieser einen Beitrag zur Klärung des Sachverhalts zu fordern haben wird.[241] Antragsvoraussetzungen und Rechtsschutzbedürfnis sind von Amts wegen zu prüfen.[242]

Bis zur formellen Rechtskraft der Endentscheidung können der oder die Antragsteller das Verfahren durch **Antragsrücknahme** beenden, nach Erlass der Endentscheidung jedoch nur mit Zustimmung der übrigen Beteiligten, § 22 Abs. 1 FamFG. Teilweise wird vertreten, dass die Beteiligten das Verfahren – trotz der Erwähnung in § 142 Abs. 2 Satz 3 AktG – nicht durch Vergleich (§ 36 FamFG) beenden könnten, da zwar die Antragsteller, nicht jedoch der Vorstand als Vertreter der Aktiengesellschaft über den Verfahrensgegenstand verfügungsbefugt seien.[243] 93

Das Gericht entscheidet durch zu begründenden **Beschluss**, § 38 Abs. 1 Satz 1, Abs. 3 Satz 1 FamFG. Bekanntgabe hat an den oder die Antragsteller und die Gesellschaft zu erfolgen, § 41 FamFG. Leidet der Antrag an formellen Mängeln oder fehlt die Antragsberechtigung, ist er unzulässig; fehlen materielle Antragserfordernisse oder ist er rechtsmissbräuchlich, ist er als unbegründet zurückzuweisen.[244] Ein stattgebender Beschluss enthält sowohl die Anordnung der Sonderprüfung inklusive hinreichend konkreter Formulierung des Prüfungsauftrags als auch die Bestellung eines bestimmten Sonderprüfers.[245] Das Gericht wählt diesen – in den Grenzen des § 143 AktG – nach freiem Ermessen aus und ist insoweit nicht an den Vorschlag der Antragsteller gebunden. Teilweise wird angenommen, das Gericht könne dem Sonderprüfer auch einen Kosten- und/oder Zeitrahmen für die Prüfung aufgeben.[246] 94

Nach den allgemeinen Regeln für Verfahren der freiwilligen Gerichtsbarkeit trägt die **Gerichtskosten** derjenige, der die gerichtliche Tätigkeit veranlasst hat, § 22 Abs. 1 GNotKG. Hiervon weicht § 146 AktG ab: Bestellt das Gericht auf Antrag der Aktionärsminderheit Sonderprüfer, so trägt die Gesellschaft die Gerichtskosten. Die Norm ist abweichende bundesrechtliche Vorschrift im Sinne von § 81 Abs. 5 FamFG, so dass eine abweichende Kostenauferlegung durch das Gericht gemäß § 81 Abs. 1 FamFG ausscheiden muss. Ob die Sonderprüfung später tatsächlich Unregelmäßigkeiten aufdeckt, ist für diese Kostentragungspflicht unerheblich, sofern die Bestellung nicht durch zumindest grob fahrlässig unrichtigen Vortrag erwirkt wurde, was zu einem Kostenerstattungsanspruch der Gesellschaft gemäß § 146 Satz 2 AktG führen würde. Aufgrund der ratio legis der Kostentragungsregelung muss der Erstattungsanspruch nach zutreffender, aber bestrittener Auffassung auch eingreifen, wenn bei dergestalt unrichtigem Vortrag im Rahmen der Sonderprüfung dann tatsächlich Unregelmäßigkeiten zutage treten.[247] Wird der Antrag abgelehnt, bleibt es bei dem allgemeinen Grundsatz gemäß § 22 Abs. 1 GNotKG und der Möglichkeit einer abweichenden Entscheidung gemäß § 81 FamFG. Der Geschäftswert für die Gerichtskosten ist gemäß § 36 Abs. 1 GNotKG nach billigem Ermessen zu bestimmen[248] und notfalls der Regelwert von EUR 5.000 zugrunde zu legen, § 36 Abs. 3 GNotKG. Für **Anwalts-, Sachverständigen- und sonstige außergerichtliche Kosten** findet § 146 AktG keine Anwendung. Diese sind von jedem Beteiligten grundsätzlich selbst zu tragen, das Gericht kann jedoch gemäß §§ 80 Satz 1, 81 Abs. 1 Satz 1 FamFG von diesem Grundsatz unter dem Gesichtspunkt billigen Ermessens abweichen. 95

---

241 GroßkommAktG/*Bezzenberger* § 142 Rn. 64.
242 GroßkommAktG/*Bezzenberger* § 142 Rn. 64.
243 Spindler/Stilz/*Mock* § 142 Rn. 183.
244 Spindler/Stilz/*Mock* § 142 Rn. 178.
245 GroßkommAktG/*Bezzenberger* § 142 Rn. 66; Hüffer/*Koch* § 142 Rn. 32.
246 Spindler/Stilz/*Mock* § 142 Rn. 142; Bürgers/Körber/*Holzborn/Jänig* § 142 Rn. 19.
247 Schmidt/Lutter/*Spindler* § 146 Rn. 12, auch zur Frage einer Gesamtschuld mit den fehlhaften Organmitgliedern und dem Ausgleich zwischen diesen im Innenverhältnis; a. A. Spindler/Stilz/*Mock* § 146 Rn. 12; Bürgers/Körber/*Holzborn/Jänig* § 146 Rn. 8.
248 Erwägungen für eine Festsetzung (noch unter Geltung der KostO) z. B. in der Entscheidung OLG Köln AG 2010, 414 ff., dort insoweit nicht abgedruckt: EUR 250.000.

5. Rechtsbehelfe

96 Gegen die Entscheidung ist die **Beschwerde** (§ 402 Abs. 3 FamFG, § 142 Abs. 5 Satz 2 AktG, §§ 58 ff. FamFG) zum **Oberlandesgericht** (§ 119 Abs. 1 Nr. 2 GVG) statthaft. Sie ist beim Landgericht, dessen Beschluss angegriffen wird, binnen eines Monats ab jeweiliger Bekanntgabe des Beschlusses einzulegen, §§ 63 Abs. 1, Abs. 3 S. 1, 64 Abs. 1 FamFG.

97 Bei stattgebender Ausgangsentscheidung steht die **Beschwerdeberechtigung** der Gesellschaft vertreten durch Vorstand zu. Bei ablehnender oder hinter dem Antrag zurückbleibender Ausgangsentscheidung ist fraglich, ob die Beschwerdeberechtigung nur Antragstellern in Höhe des Quorums oder jedem einzelnen Antragsteller zukommt (vgl. § 59 Abs. 2 FamFG). Für den ebenfalls quorumsabhängigen Antrag gemäß § 122 Abs. 3 AktG existiert Rechtsprechung, dass die Beschwerdeberechtigung nur Antragstellern in Höhe des Quorums zukommt.[249] Andere Aktionäre sind nicht antragsberechtigt, weil es an einem unmittelbaren nachteiligen Eingriff in ihre Rechtsstellung durch die Entscheidung fehlt. Im Sonderfall einer gerichtlichen Bestellung unter Verstoß gegen § 143 Abs. 1 oder 2 AktG, die mangels Angriffs formell und materiell rechtskräftig und damit wirksam würde,[250] steht die Beschwerdeberechtigung sowohl den Antragstellern als auch der Gesellschaft zu.[251]

98 Die Beschwerde soll begründet werden und kann auf **neue Tatsachen und Beweismittel** gestützt werden, § 65 Abs. 1, 3 FamFG. Sie hat keine aufschiebende Wirkung. Das Beschwerdegericht kann die Vollziehung der Erstentscheidung aber durch **einstweilige Anordnung** vorübergehend aussetzen, § 64 Abs. 3 FamFG. Praktisch wird dies nur in Betracht kommen, wenn die Aktionärsminderheit vor dem Landgericht Erfolg hatte und die Gesellschaft hiergegen Beschwerde einlegt,[252] namentlich, um eine kostenintensive, ergebnislose Sonderprüfung zu vermeiden.[253] Eines Antrags hierfür bedarf es nicht, in der Praxis sollte er dennoch erfolgen.

99 Gegen die Entscheidung des Beschwerdegerichts ist die **Rechtsbeschwerde** zum Bundesgerichtshof (§ 133 GVG) binnen eines Monats statthaft, sofern vom Beschwerdegericht im Beschluss zugelassen, §§ 70 Abs. 1, 71 Abs. 1 S. 1 FamFG. Sie ist zuzulassen, wenn die Rechtssache grundsätzliche Bedeutung hat oder die Fortbildung des Rechts oder die Sicherung einer einheitlichen Rechtsprechung eine Entscheidung des Bundesgerichtshofs erforderlich macht.

III. Gerichtliches Verfahren zur Auswechslung von durch die Hauptversammlung bestellten Sonderprüfern, § 142 Abs. 4 AktG

100 Auf Antrag von Aktionären, die mindestens Aktien entsprechend 1 % oder anteilig EUR 100.000 des Grundkapitals halten, kann ein von der Hauptversammlung bestellter Sonderprüfer durch das Gericht aufgrund von in der Person des Sonderprüfers liegenden Gründen ausgewechselt werden. In diesem Verfahren können bei hinreichender Komplexität auch mehrere Sonderprüfer anstelle des oder der bisherigen,[254] nicht jedoch nur ein oder mehrere weitere Sonderprüfer hinzubestellt werden. Ob auch die Auswechslung eines gerichtlich bestellten Sonderprüfers danach möglich ist, ist umstritten.[255] Soweit dies abgelehnt wird, wird argumentiert, dass im Interesse der Rechtssicherheit die Änderung einer gerichtlichen Entscheidung nur gemäß § 48 FamFG oder aufgrund eines erfolgreichen,

---

249 OLG Zweibrücken WM 1997, 622 (623).
250 Hüffer/*Koch* § 143 Rn. 5.
251 Spindler/Stilz/*Mock* § 143 Rn. 12 und 44; vgl. auch Schmidt/Lutter/*Spindler* § 142 Rn. 77 und § 143 Rn. 33.
252 GroßkommAktG/*Bezzenberger* § 142 Rn. 68.
253 MüKo AktG/*Schröer* § 142 Rn. 79.
254 Insoweit a. A. MüKo AktG/*Schröer* § 142 Rn. 88: mehrere Sonderprüfer nur, wenn die Hauptversammlung mehrere bestellt hatte und die Auswechslung aller geboten erscheint.
255 Dafür in analoger Anwendung von Absatz 4: MüKo AktG/*Schröer* § 142 Rn. 88; GroßkommAktG/*Bezzenberger* § 142 Rn. 79 ff.; nach Eintritt der Rechtskraft des Bestellungsbeschlusses: Bürgers/Körber/*Holzborn/Jänig* § 143 Rn. 5, 9; dagegen Spindler/Stilz/*Mock* § 142 Rn. 157 f., § 143 Rn. 13.

B. Die Sonderprüfung (§ 142 AktG) § 6

fristgebunden Beschwerdeverfahrens in Betracht käme.[256] Der einmonatigen Beschwerdefrist käme besondere Bedeutung zu, weil durch eine nicht fristgebundene Anwendung des Verfahrens gemäß § 142 Abs. 4 AktG die besondere Position des Sonderprüfers gegenüber der Gesellschaft und ihren Organen nachhaltig beeinträchtigt würde, weil der Sonderprüfer stets der Gefahr einer Abberufung wegen bereits im Zeitpunkt der Bestellung vorliegenden Gründen ausgesetzt wäre. Die gerichtliche Bestellung sei in erhöhtem Maße dem Minderheitenschutz verpflichtet.[257]

Antragsberechtigt sind Aktionäre in Höhe des erforderlichen Quorums, die jedoch nicht zwingend identisch mit denjenigen sein müssen, die die Beschlussfassung der Hauptversammlung im Sinne von § 142 Abs. 1 AktG herbeigeführt haben.[258] Der Nachweis einer Vorbesitzzeit und das Halten bis zum Ende des Verfahrens ist gesetzlich hier nicht vorgesehen. Ob auch dem Vorstand der Gesellschaft die Antragsberechtigung zukommt, ist umstritten. Eine Ansicht lehnt dies unter Berufung auf den Wortlaut ab.[259] Die Gegenansicht bejaht dies, sofern eine sofortige Beschwerde nicht mehr möglich ist.[260] 101

Die **Antragsfrist** beträgt zwei Wochen ab Annahme des Prüfungsauftrags durch den Sonderprüfer, wobei der Tag des Wirksamwerdens hierbei gemäß § 187 Abs. 1 BGB nicht mitzählt.[261] Für die Berechnung gelten im Übrigen §§ 188 BGB, 16 Abs. 2 FamFG, 222 ZPO.[262] Nach herrschender Meinung kommt eine Wiedereinsetzung in den vorigen Stand nicht in Betracht, weil es sich um eine materielle Ausschlussfrist handelt.[263] Bei Verfristung ist der Antrag daher als unbegründet abzuweisen.[264] 102

Personenbezogene **Ersetzungsgründe** werden vom Gesetz in nicht abschließender Form genannt: mangelnde Sachkenntnis, Besorgnis der Befangenheit und Bedenken gegen die Zuverlässigkeit. Nach herrschender Meinung fällt hierunter auch, wenn der Sonderprüfer die Anforderungen gemäß § 143 Abs. 1 oder Abs. 2 AktG nicht erfüllt und der Bestellungsbeschluss daher anfechtbar ist.[265] Wie bereits im Rahmen der Darstellung zur Anfechtungs- und Nichtigkeitsklage erläutert, besteht keine Subsidiarität zu diesen Rechtsbehelfen, weil durch diese mangels gegebener Möglichkeit einer positiven Beschlussfeststellungsklage nicht die Möglichkeit besteht, die gerichtliche Bestellung eines neuen Sonderprüfers zu erreichen. Die Aktionärsminderheit wäre nach erfolgreicher Nichtigerklärung darauf angewiesen, nochmals den Weg durch die Hauptversammlung zu beschreiten, was wenig zeit- und kosteneffizient wäre. Bei erfolgreicher Anfechtungs- oder Nichtigkeitsklage soll jedoch Erledigung des Verfahrens gemäß Absatz 4 eintreten. Eine Ersatzbestellung müsse dann ausscheiden, weil es bereits keine Anordnung der Sonderprüfung mehr gebe.[266] Diese Unsicherheit könne die Aktionärsminderheit nur verhindern, wenn sie stattdessen das Verfahren gemäß Absatz 2 betreibe.[267] 103

---

256 Spindler/Stilz/*Mock* § 142 Rn. 169.
257 Spindler/Stilz/*Mock* § 142 Rn. 170.
258 MüKo AktG/*Schröer* § 142 Rn. 83; Spindler/Stilz/*Mock* § 142 Rn. 160; Schmidt/Lutter/*Spindler* § 142 Rn. 64.
259 Spindler/Stilz/*Mock* § 142 Rn. 160.
260 Schmidt/Lutter/*Spindler* § 142 Rn. 77, § 143 Rn. 33; für das Antragsrecht im Rahmen der analogen Anwendung auf den gerichtlich bestellten Sonderprüfer MüKo AktG/*Schröer* § 142 Rn. 89.
261 Schmidt/Lutter/*Spindler* § 142 Rn. 66; Spindler/Stilz/*Mock* § 142 Rn. 161; a. A. GroßkommAktG/*Bezzenberger* § 142 Rn. 76 und MüKo AktG/*Schröer* § 142 Rn. 84: Tag der Hauptversammlung, da nur dieser den Aktionären ersichtlich ist.
262 Schmidt/Lutter/*Spindler* § 142 Rn. 66.
263 MüKo AktG/*Schröer* § 142 Rn. 84; GroßkommAktG/*Bezzenberger* § 142 Rn. 76; Hüffer/*Koch* § 142 Rn. 28; Spindler/Stilz/*Mock* § 142 Rn. 161; Schmidt/Lutter/*Spindler* § 142 Rn. 65.
264 GroßkommAktG/*Bezzenberger* § 142 Rn. 76; Hüffer/*Koch* § 142 Rn. 28; Spindler/Stilz/*Mock* § 142 Rn. 161; Schmidt/Lutter/*Spindler* § 142 Rn. 66; a. A. unzulässig: MüKo AktG/*Schröer* § 142 Rn. 84.
265 GroßkommAktG/*Bezzenberger* § 142 Rn. 73; MüKo AktG/*Schröer* § 142 Rn. 85; Hüffer/*Koch* § 142 Rn. 27; Spindler/Stilz/*Mock* § 142 Rn. 163; Schmidt/Lutter/*Spindler* § 142 Rn. 65.
266 Spindler/Stilz/*Mock* § 142 Rn. 166.
267 Spindler/Stilz/*Mock* § 142 Rn. 167.

104 Für Fragen der Zuständigkeit, die Verfahrensgrundsätze, die Kosten und die Entscheidung des Gerichts kann grundsätzlich auf die obigen Ausführungen zu § 142 Abs. 2 AktG verwiesen werden. Es bestehen jedoch folgende **Besonderheiten:**
- Zwar werden im Rahmen des Verfahrens gemäß § 142 Abs. 4 AktG die Rechte des durch die Hauptversammlung bestellten Sonderprüfers unmittelbar betroffen im Sinne des § 7 Abs. 2 Nr. 1 FamFG, jedoch ist er gemäß § 142 Abs. 5 Satz 1 AktG trotzdem nicht als Beteiligter anzusehen, sondern seine Anhörung wird unabhängig davon angeordnet.
- Im stattgebenden gerichtlichen Beschluss sind zwingend die Abberufung des/der alten und die Bestellung des/der neuen Sonderprüfer(s) anzuordnen.
- Wird der von der Hauptversammlung bestellte Sonderprüfer im Verfahren abberufen, so ist auch er zusätzlich beschwerdeberechtigt.[268]
- Die Einleitung dieses Verfahrens zwingt den Sonderprüfer nicht dazu, seine Prüfungstätigkeit bis zur Entscheidung einzustellen oder erst gar nicht aufzunehmen.[269] Das Vertragsverhältnis wird jedoch mit Zustellung und Rechtskraft des Beschlusses aufgelöst, und es besteht nur ein Anspruch auf Vergütung entsprechend seiner bisherigen Tätigkeit und Anspruch auf Auslagenersatz.[270]

IV. Bestellung eines Sonderprüfers im Verfahren analog § 318 Abs. 4 Satz 2 HGB wegen nachträglichen Wegfalls

105 Vorstand, Aufsichtsrat und jeder Aktionär sollen zudem analog § 318 Abs. 4 Satz 2 HGB eine gerichtliche Ersatzbestellung verlangen können, wenn der Sonderprüfer die Annahme des Prüfungsauftrags ablehnt, weggefallen oder an der Durchführung der Sonderprüfung gehindert ist.[271] Der Vorstand ist analog § 318 Abs. 4 Satz 3 HGB hierzu bei Vorliegen der Voraussetzungen in der Regel sogar verpflichtet. Die Analogie wird sowohl für den Fall des von der Hauptversammlung als auch des durch Gericht bestellten Sonderprüfers befürwortet.[272]

106 Ein nachträglicher Wegfall im Sinne der Norm liegt vor, wenn der Sonderprüfer die Bestellung ablehnt, sein Amt niederlegt, den Prüfungsauftrag kündigt, verstirbt oder geschäftsunfähig wird.[273] Dies soll ferner der Fall sein bei nachträglichem Fehlen der Eignungsvoraussetzungen gemäß § 143 Abs. 1 AktG oder nachträglichem Entstehen von Bestellungsverboten gemäß § 143 Abs. 2 AktG.[274] Bei anfänglichem Fehlen kommen dagegen nur die Anfechtungsklage oder das Verfahren gemäß § 142 Abs. 4 AktG in Betracht, weil die in diesen Fällen (teilweise) vorgesehenen Fristen andernfalls unterlaufen werden könnten.[275]

V. Der Schadensersatzprozess gegen den Sonderprüfer

107 Denkbare Anspruchsgrundlagen für Schadensersatzansprüche der Gesellschaft gegen den Sonderprüfer können sein:

---

268 MüKo AktG/*Schröer* § 142 Rn. 88; Hüffer/*Koch* § 142 Rn. 30; Schmidt/Lutter/*Spindler* § 142 Rn. 69; Bürgers/Körber/*Holzborn/Jänig* § 142 Rn. 20.
269 OLG Düsseldorf, Urt. v. 25.3.2011 – 22 U 162/10, Rz. 45 (zitiert nach juris).
270 Schmidt/Lutter/*Spindler* § 142 Rn. 68.
271 MüKo AktG/*Schröer* § 142 Rn. 89; GroßkommAktG/*Bezzenberger* § 142 Rn. 54, 84; Spindler/Stilz/*Mock* § 142 Rn. 172.
272 MüKo AktG/*Schröer* § 142 Rn. 92; Spindler/Stilz/*Mock* § 142 Rn. 172.
273 GroßkommAktG/*Bezzenberger* § 142 Rn. 85; Spindler/Stilz/*Mock* § 142 Rn. 174.
274 Spindler/Stilz/*Mock* § 142 Rn. 171, 174, § 143 Rn. 49; GroßkommAktG/*Bezzenberger* § 142 Rn. 54, 86 ohne diese Einschränkung.
275 Offensichtlich a. A. MüKo AktG/*Schröer* § 142 Rn. 56.

B. Die Sonderprüfung (§ 142 AktG) § 6

1. §§ 280 Abs. 1, 311 Abs. 2 Nr. 2 BGB (culpa in contrahendo)

Diese Anspruchsgrundlage kann im Vorfeld der Prüfung relevant werden. Sie wird bejaht bei Annahme der Bestellung und Abschluss des Prüfungsvertrags trotz bekanntem oder erkennbarem Vorliegen eines Bestellungshindernisses.[276] 108

2. §§ 144 AktG i. V. m. 323 HGB

Hierbei handelt es sich um die grundlegende Anspruchsgrundlage sowohl gegen den von der Hauptversammlung als auch den durch Gericht bestellten Sonderprüfer wegen Verletzung der Sorgfalts- und Verschwiegenheitspflicht im Gesamtzusammenhang der Prüfung. Erfasst wird damit Fehlverhalten sowohl im Rahmen der Prüfungshandlungen als auch bei Abfassung des Prüfungsberichts.[277] Die jeweils anwendbaren standesrechtlichen Vorschriften bleiben unberührt.[278] 109

Die Vorschrift hat allerdings bis dato keine praktische Relevanz entfaltet. Gerichtsentscheidungen hierzu existieren nicht. Im Schrifttum werden als mögliche hierunter zu subsumierende **Pflichtwidrigkeiten** genannt: 110
– Vornahme nicht aller für die Aufklärung notwendigen Prüfungsmaßnahmen;[279]
– Mangelhafte Überprüfung von durch Dritte erteilter Auskünfte (mit Ausnahme von Auskünften von Verwaltungsmitgliedern anderer Konzernunternehmen, weil der Sonderprüfer hier auf das Auskunftsrecht gemäß §§ 145 Abs. 3 i. V. m. Abs. 2 AktG beschränkt ist);[280]
– Verletzung der Rücksichtnahmepflicht gegenüber der Gesellschaft, insbesondere zur zügigen Durchführung zur Vermeidung von Störungen des Geschäftsbetriebs;[281]
– Verletzung der Pflicht zur Unparteilichkeit;[282]
– Verletzung der Verschwiegenheitspflicht über Tatsachen, die im Rahmen der Sonderprüfung erlangt wurden (diese besteht nicht gegenüber den Vorstandsmitgliedern und dem Aufsichtsrat der zu prüfenden Gesellschaft, wohl aber gegenüber dem einzelnen, nicht besonders durch das Gesamtgremium ermächtigten Aufsichtsratsmitglied[283]), soweit es nicht um den Sonderprüfungsbericht geht (§ 145 Abs. 6 AktG), bei dem die Geheimhaltungsinteressen der Gesellschaft durch den Rechtsbehelf gemäß § 145 Abs. 4 AktG gewahrt werden.[284] Der die Verschwiegenheitspflicht strafrechtlich flankierende § 404 Abs. 1 Nr. 2 AktG ist zugunsten der Gesellschaft Schutzgesetz i. S. v. § 823 Abs. 2 BGB[285] und somit weitere potentielle Anspruchsgrundlage. Das Anstoßen

---

276 GroßkommAktG/*Bezzenberger* § 143 Rn. 25; MüKo AktG/*Schröer* § 142 Rn. 57, § 143 Rn. 14; Spindler/Stilz/*Mock* § 143 Rn. 47; Schmidt/Lutter/*Spindler* § 143 Rn. 9, § 144 Rn. 6; Bürgers/Körber/*Holzborn/Jänig* § 143 Rn. 4, § 144 Rn. 10.
277 GroßkommAktG/*Bezzenberger* § 144 Rn. 10; MüKo AktG/*Schröer/Schmidt-Pachinger* § 144 Rn. 7; Spindler/Stilz/*Mock* § 144 Rn. 5; Schmidt/Lutter/*Spindler* § 144 Rn. 6.
278 GroßkommAktG/*Bezzenberger* § 144 Rn. 5; Spindler/Stilz/*Mock* § 144 Rn. 5; Schmidt/Lutter/*Spindler* § 144 Rn. 6.
279 Spindler/Stilz/*Mock* § 144 Rn. 6; vgl. auch Schmidt/Lutter/*Spindler* § 144 Rn. 7: Grundsatz der Zielerreichung; Bürgers/Körber/*Holzborn/Jänig* § 144 Rn. 4.
280 Spindler/Stilz/*Mock* § 144 Rn. 8; MüKo AktG/*Schröer/Schmidt-Pachinger* § 144 Rn. 8; vgl. auch Schmidt/Lutter/*Spindler* § 144 Rn. 16.
281 Spindler/Stilz/*Mock* § 144 Rn. 9; vgl. auch Schmidt/Lutter/*Spindler* § 144 Rn. 7.
282 GroßkommAktG/*Bezzenberger* § 144 Rn. 12; MüKo AktG/*Schröer/Schmidt-Pachinger* § 144 Rn. 9; Spindler/Stilz/*Mock* § 144 Rn. 10; vgl. auch Bürgers/Körber/*Holzborn/Jänig* § 144 Rn. 4.
283 So für die Abschlussprüfung BilKomm/*Schmidt/Feldmüller* § 323 HGB Rn. 36, a. A. wohl Spindler/Stilz/*Mock* § 144 Rn. 11: nicht gegenüber Verwaltungsmitgliedern; tendenziell ebenfalls weiter Schmidt/Lutter/*Spindler* § 144 Rn. 10: nicht gegenüber einzelnen Aufsichtsratsmitgliedern, die mit der Sonderprüfung befasst sind und mit denen der Sonderprüfer zusammenarbeitet.
284 Spindler/Stilz/*Mock* § 144 Rn. 11 ff.
285 OLG Koblenz NJW-RR 1987, 809; Hölters/*Müller-Michaels* § 404 Rn. 3; MüKo AktG/*Schaal* § 404 Rn. 4; Spindler/Stilz/*Hefendehl* § 404 Rn. 9; MüKo StGB/*Kiethe/Hohmann* § 404 AktG Rn. 10; Bürgers/Körber/*Holzborn/Jänig* § 144 Rn. 10.

eines strafrechtlichen Ermittlungsverfahrens basierend auf § 404 Abs. 1 Nr. 2 AktG kann insoweit für die Durchsetzung zivilrechtlicher Schadensersatzansprüche bedeutsam sein, als es im Ermittlungsverfahren zur Sicherstellung von Beweisen kommen kann, die bei den oftmals bestehenden Beweisschwierigkeiten von elementarer Bedeutung sein können.[286]
- Verstoß gegen das Verwertungsverbot des § 323 Abs. 1 Satz 2 HGB;[287]
- Verspätete Vorlage des Prüfberichts.[288]

111 Die Haftung besteht bei **vorsätzlicher oder (auch leicht) fahrlässiger** Pflichtverletzung durch den Prüfer oder seine Gehilfen, wobei diese gemäß § 280 Abs. 1 Satz 2 BGB betreffend das Verschulden den Entlastungsbeweis zu führen haben.[289] Maßgeblich ist ein objektiver, bereichsspezifischer Sorgfaltsmaßstab, so dass die individuellen Fähigkeiten des Sonderprüfers irrelevant sind.[290] Mehrere Personen haften gemäß §§ 144 AktG, 323 Abs. 1 Satz 4 HGB als Gesamtschuldner (im Innenverhältnis gelten §§ 426, 254 BGB sowie gegenüber angestellten Prüfungsgehilfen ggf. arbeitsrechtliche Grundsätze zur internen Haftungsbeschränkung).[291] Trotz eigener Haftung der Prüfungsgehilfen haftet der Sonderprüfer für diese auch aufgrund von § 278 BGB sowie Prüfungsgesellschaften gemäß § 31 BGB für ihre gesetzlichen Vertreter.[292] Der Schaden einer pflichtwidrigen Sonderprüfung soll oftmals darin liegen, dass die Pflichtwidrigkeiten nicht aufgedeckt wurden und die Schadensersatzansprüche gegen die Betroffenen bereits verjährt sind.[293] Die praktische Relevanz dieses Falls mag jedoch nicht immer gegeben sein, denn der Anspruch gegen den Sonderprüfer aus §§ 144 AktG i. V. m. 323 HGB verjährt gemäß §§ 195, 199 Abs. 1 Nr. 1 BGB[294] in einem Zeitraum von drei bis vier Jahren, wobei freilich der Zeitpunkt des Verjährungsbeginns streitig ist.[295] Der Anspruch gegen ein Mitglied des Vorstands aus allgemeiner Organpflichtverletzung verjährt gemäß § 93 Abs. 6 AktG dagegen in fünf bzw. bei börsennotierten Gesellschaften in zehn Jahren ab Entstehen des Anspruchs. Letztlich kann sich je nach Zeitspanne zwischen Pflichtverletzung, dem Entdecken von Verdachtsmomenten, der Sonderprüferbestellung und der Fertigstellung des Prüfungsberichts bzw. Empfang der Vergütung oder Hauptversammlungsentscheidung ein geringer Anwendungsbereich ergeben, in dem die Verjährung des Anspruchs gegen das Organmitglied eingetreten, die Haftung des Sonderprüfers dagegen noch nicht verjährt ist. Ein anspruchskürzendes Mitverschulden gemäß § 254 BGB soll wegen der Eigenverantwortlichkeit des Sonderprüfers und seiner Kontrollfunktion nur in Ausnahmefällen in Betracht kommen.[296]

---

286 Hierzu: MüKo StGB/*Kiethe/Hohmann* § 404 AktG Rn. 10.
287 MüKo AktG/*Schröer/Schmidt-Pachinger* § 144 Rn. 7, 11; Spindler/Stilz/*Mock* § 144 Rn. 15; Bürgers/Körber/*Holzborn/Jänig* § 144 Rn. 4.
288 Schmidt/Lutter/*Spindler* § 144 Rn. 17.
289 Spindler/Stilz/*Mock* § 144 Rn. 21; Schmidt/Lutter/*Spindler* § 144 Rn. 18.
290 GroßkommAktG/*Bezzenberger* § 144 Rn. 17; MüKo AktG/*Schröer/Schmidt-Pachinger* § 144 Rn. 13; Spindler/Stilz/*Mock* § 144 Rn. 21; Schmidt/Lutter/*Spindler* § 144 Rn. 7, 18.
291 GroßkommAktG/*Bezzenberger* § 144 Rn. 22; Schmidt/Lutter/*Spindler* § 144 Rn. 17; Bürgers/Körber/*Holzborn/Jänig* § 144 Rn. 6.
292 MüKo AktG/*Schröer/Schmidt-Pachinger* § 144 Rn. 6; Schmidt/Lutter/*Spindler* § 144 Rn. 18.
293 Spindler/Stilz/*Mock* § 144 Rn. 23.
294 Insoweit unrichtigerweise noch auf den aufgehobenen § 323 Abs. 5 HGB abstellend Bürgers/Körber/*Holzborn/Jänig* § 144 Rn. 9.
295 Einerseits: Spindler/Stilz/*Mock* § 144 Rn. 26: Mit Abgabe des Sonderprüfungsberichts, denn damit habe der Sonderprüfer seine im Rahmen des Prüfungsauftrags geschuldete Leistung nicht, nicht vollständig oder fehlerhaft erbracht; andererseits: MüKo AktG/*Schröer/Schmidt-Pachinger* § 144 Rn. 16; Schmidt/Lutter/*Spindler* § 144 Rn. 20: Beginn erst, wenn der Sonderprüfer für einen fehlerhaften Bericht die Vergütung erlangt oder die Hauptversammlung nach Vorlage des Berichts eine die Gesellschaft schädigende Entscheidung getroffen hat; ähnlich Bürgers/Körber/*Holzborn/Jänig* § 144 Rn. 9 unter Berufung auf § 200 BGB.
296 Schmidt/Lutter/*Spindler* § 144 Rn. 19; Bürgers/Körber/*Holzborn/Jänig* § 144 Rn. 6: z. B. vorsätzliche Fehlinformation des Prüfers; ohne Betonung des Ausnahmecharakters GroßkommAktG/*Bezzenberger* § 144 Rn. 19.

B. Die Sonderprüfung (§ 142 AktG) § 6

Der Anspruch ist im Wege der **Leistungsklage** durch die Gesellschaft oder ggf. das verbundene Unternehmen (vgl. §§ 144 AktG, 323 Abs. 1 Satz 3 HGB) geltend zu machen. Die Gesellschaft trägt die **Beweislast** für Pflichtverletzung, Entstehung und Höhe des Schadens sowie die Kausalität zwischen Pflichtverletzung und Schadenseintritt (für fehlendes Verschulden liegt die Beweislast beim Beklagten, siehe schon oben).[297] Strittig ist, ob die Grundsätze des Anscheinsbeweises eingreifen.[298]

112

Die **Haftung** ist bei fahrlässigem Handeln auf EUR 1 Mio. bzw. bei der Prüfung einer börsennotierten Gesellschaft auf EUR 4 Mio. für die jeweilige Prüfung **begrenzt**, §§ 144 AktG, 323 Abs. 2 Satz 1 und 2 HGB. Einige Autoren befürworten generell eine Begrenzung auf EUR 1 Mio., da die höhere Haftung aus Gründen des Anlegerschutzes und zur Anpassung an internationale Standards für die Abschlussprüfung eingeführt worden sei.[299] Andere betonen, dass die Anwendung der höheren Haftungsgrenze bei börsennotierten Gesellschaften auch auf den Sonderprüfer ebenfalls den Belangen des Anlegerschutzes diene und daher anzuwenden sei.[300]

113

3. §§ 823 Abs. 2 BGB i.V. m. 263, 266 StGB bzw. § 826 BGB

Diese Anspruchsgrundlagen sind denkbar,[301] in der Praxis bis dato aber ohne Relevanz.

114

4. Haftung gegenüber Aktionären

a) Vertrag mit Schutzwirkung zugunsten Dritter

Im Schrifttum wird überwiegend angenommen, eine Haftung des Sonderprüfers gegenüber Aktionären könne nach den Grundsätzen des Vertrags mit Schutzwirkung zugunsten Dritter im Hinblick auf den Sonderprüfungsvertrag unter bestimmten Voraussetzungen in Betracht kommen.[302] Nicht abschließend geklärt ist jedoch, ob dies per se gegenüber allen Aktionären der Gesellschaft gelten soll,[303] oder im Fall des gerichtlich bestellten Sonderprüfers nur gegenüber der antragstellenden Aktionärsminderheit.[304]

115

Der Bundesgerichtshof hat betreffend die Dritthaftung von Abschlussprüfern eine zurückhaltende Tendenz an den Tag gelegt.[305] Es sei zwar nicht grundsätzlich ausgeschlossen, die Grundsätze der Dritthaftung aufgrund Vertrags mit Schutzwirkung zugunsten Dritter auch für die Pflichtprüfung des Abschlussprüfers zur Anwendung zu bringen, wenn sich für den Abschlussprüfer hinreichend deutlich ergebe, dass von ihm anlässlich dieser Prüfung eine Leistung begehrt werde, von der gegenüber einem Dritten, der auf seine Sachkunde vertraue, Gebrauch gemacht werden solle.[306] Dass § 323 Abs. 1 Satz 3 HGB die gesetzliche Haftung nur gegenüber der Gesellschaft und ggf. verbundenen Unternehmen anordne, stehe dem nicht entgegen, weil es Sache der Vertragspartner sei, zu bestimmen, gegenüber welchen Personen eine Schutzpflicht begründet werden solle.[307] Die in § 323 HGB zum Ausdruck kommende gesetzgeberische Intention, das Haftungsrisiko des Abschlussprüfers angemessen zu begrenzen, verbiete jedoch auch im Rahmen der vertraglichen Dritthaftung die Einbeziehung einer unbekannten Vielzahl von Gläubigern, Gesellschaftern oder Anteilserwerbern in

116

---

297 Spindler/Stilz/*Mock* § 144 Rn. 24.
298 Dafür Spindler/Stilz/*Mock* § 144 Rn. 24.
299 GroßkommAktG/*Bezzenberger* § 144 Rn. 28; MüKo AktG/*Schröer/Schmidt-Pachinger* § 144 Rn. 15; Hölters/*Hirschmann* § 144 Rn. 6.
300 Schmidt/Lutter/*Spindler* § 144 Rn. 19.
301 Spindler/Stilz/*Mock* § 144 Rn. 28; Bürgers/Körber/*Holzborn/Jänig* § 144 Rn. 10.
302 Bürgers/Körber/*Holzborn/Jänig* § 144 Rn. 11 ff.; Schmidt/Lutter/*Spindler* § 144 Rn. 22 ff.; Spindler/Stilz/*Mock* § 144 Rn. 30.
303 So Bürgers/Körber/*Holzborn/Jänig* § 144 Rn. 12.
304 So Schmidt/Lutter/*Spindler* § 144 Rn. 23; unentschieden hingegen Spindler/Stilz/*Mock* § 144 Rn. 30.
305 Grundlegend BGH NJW 1998, 1948 ff.; umfangreiche weitere Nachweise bei Schmidt/Lutter/*Spindler* § 144 Rn. 22, dort Fn. 94.
306 BGH NJW 1998, 1948 (1949).
307 BGH NJW 1998, 1948 (1949).

den Schutzbereich des Prüfungsauftrags.³⁰⁸ Anders sei dies nur, wenn die Vertragsteile übereinstimmend davon ausgehen, dass die Prüfung auch im Interesse eines bestimmten Dritten durchgeführt werde und diesem das Ergebnis als Entscheidungsgrundlage dienen solle. Dann komme eine Haftung des seine Prüfungspflichten verletzenden Prüfers nach diesen Grundsätzen in Betracht.³⁰⁹ Die bloße gesetzlich vorgeschriebene Publizität von Bestätigungsvermerken, auch wenn diese Dritten einen Einblick in die wirtschaftliche Situation des publizitätspflichtigen Unternehmens bieten sollen und damit für ein beabsichtigtes Engagement als Entscheidungsgrundlage dienen, reiche nicht, wenn nicht hinreichend deutlich werde, dass vom Abschlussprüfer im Drittinteresse eine besondere Leistung erwartet werde, die über die Erbringung der gesetzlich vorgeschriebenen Pflichtprüfung hinausgehe.³¹⁰

117 Der entscheidende, haftungsbegründende Unterschied der Sonderprüfung zur Abschlussprüfung wird vom Schrifttum darin gesehen, dass der Sonderprüfer gerade für die Prüfung eines konkreten Vorgangs, mithin anlassbezogen und außerordentlich eingeschaltet werde.³¹¹ Zudem habe die Sonderprüfung ihren Ausgangspunkt in einem Begehren von Aktionären, so dass dem Sonderprüfer das Interesse der Aktionäre am Prüfungsergebnis und dessen Auswirkungen auf nachfolgende Entscheidungen bekannt ist.³¹²

118 Erforderlich ist in jedem Fall ein originärer Eigenschaden der Aktionäre; ein bloßer Reflexschaden genügt nicht.³¹³ Die Haftungsbegrenzung gemäß §§ 144 AktG, 323 Abs. 2 Satz 1 und 2 HGB greift auch im Rahmen der Dritthaftung ein.³¹⁴ Ein Mitverschulden der Gesellschaft soll gemäß §§ 334, 846 BGB anzurechnen sein.³¹⁵

b) §§ 823 Abs. 2, 826 BGB

119 § 323 HGB ist kein Schutzgesetz im Sinne des § 823 Abs. 2 BGB.³¹⁶ Die theoretisch als Schutzgesetz in Frage kommenden §§ 263 ff. StGB dürften auch gegenüber den Aktionären in der Praxis kaum relevant werden; gleiches gilt für § 826 BGB. § 404 AktG (siehe dazu bereits oben bei Rdn. 110) wird auch als Schutzgesetz zugunsten der Aktionäre angesehen.³¹⁷

VI. Streitigkeiten über einzelne Maßnahmen des Sonderprüfers

120 Die Kompetenzen des Sonderprüfers sind in § 145 Abs. 1 bis 3 AktG geregelt. Dabei ist das **Einsichts- und Prüfungsrecht gemäß § 145 Abs. 1 AktG** umfassend zu verstehen und nicht auf die ausdrücklich genannten Handlungen beschränkt,³¹⁸ bzw. die in dieser Vorschrift genannten Begriffe extensiv auszulegen.³¹⁹ Ebenso bezieht es sich auch auf Unterlagen, die den Prüfungsgegenstand nur

---

308 BGH NJW 1998, 1948 (1950).
309 BGH NJW 1998, 1948 (1950).
310 BGH NJW 2006, 1975 (1976 f.).
311 Bürgers/Körber/*Holzborn/Jänig* § 144 Rn. 12; Spindler/Stilz/*Mock* § 144 Rn. 30; zurückhaltend GroßkommAktG/*Bezzenberger* § 144 Rn. 25.
312 Bürgers/Körber/*Holzborn/Jänig* § 144 Rn. 12.
313 Bürgers/Körber/*Holzborn/Jänig* § 144 Rn. 12; Schmidt/Lutter/*Spindler* § 144 Rn. 24.
314 BGH NJW 1998, 1948 (1951) für den Abschlussprüfer; GroßkommAktG/*Bezzenberger* § 144 Rn. 30; Bürgers/Körber/*Holzborn/Jänig* § 144 Rn. 13; Schmidt/Lutter/*Spindler* § 144 Rn. 24.
315 Schmidt/Lutter/*Spindler* § 144 Rn. 24.
316 OLG Celle NZG 2000, 613; OLG Bamberg NZG 2005, 186 (190); Spindler/Stilz/*Mock* § 144 Rn. 31; Bürgers/Körber/*Holzborn/Jänig* § 144 Rn. 14.; GroßkommAktG/*Bezzenberger* § 144 Rn. 27; Schmidt/Lutter/*Spindler* § 144 Rn. 25.
317 Bürgers/Körber/*Holzborn/Jänig* § 144 Rn. 14; Schmidt/Lutter/*Spindler* § 144 Rn. 25.
318 Spindler/Stilz/*Mock* § 145 Rn. 10.
319 Vgl. z. B. GroßkommAktG/*Bezzenberger* § 145 Rn. 12: »Schriften« im Sinne der Norm umfasse alle schriftlich, fotomechanisch, datentechnisch oder in anderer Weise dokumentierten Erklärungen und Vorgänge, die unmittelbar oder mittelbar für die Geschäftsführung von Bedeutung sind.

B. Die Sonderprüfung (§ 142 AktG) § 6

mittelbar betreffen.[320] Der Sonderprüfer hat insoweit nach pflichtgemäßem Ermessen vorzugehen; das Einsichtsrecht kann ihm verwehrt werden, wenn es rechtsmissbräuchlich ausgeübt wird, namentlich die Unterlagen in keinerlei Zusammenhang mit dem Prüfungsgegenstand stehen können.[321] Der Vorstand der Gesellschaft ist verpflichtet, die Einsichtnahme nicht nur zu dulden, sondern die Prüfungshandlung auch aktiv durch Bereitstellung der gewünschten Unterlagen[322] und durch Zurverfügungstellung von Räumen und technischen Hilfsmitteln[323] zu fördern. Nach dem Schrifttum ist die Mitnahme von Originalunterlagen unzulässig, jedoch kann die Anfertigung von Kopien zur Mitnahme verlangt werden.[324] Das Prüfungs- und Einsichtsrecht ist weder gegenständlich noch zeitlich auf den Sonderprüfungsgegenstand beschränkt, da auch Umfeldwissen erforderlich ist.[325] Wenn evident keinerlei Zusammenhang denkbar ist, ist die Ausübung jedoch missbräuchlich und muss nicht gestattet werden.[326] Der Vorstand ist insoweit jedoch beweisbelastet.[327]

Nach § 145 Abs. 2 AktG kann der Sonderprüfer zudem von den gegenwärtigen Mitgliedern des Vorstands und des Aufsichtsrats **Aufklärungen und Nachweise** verlangen, allerdings, strenger als im Rahmen des Absatzes 1, nur soweit dies die sorgfältige Prüfung der Vorgänge erforderlich macht. Hierfür trifft den Sonderprüfer jedoch nicht die Pflicht zur Glaubhaftmachung oder gar die volle Beweislast, sondern er hat die Notwendigkeit lediglich plausibel darzulegen.[328] Auch hier soll eine Pflicht der Verwaltungsmitglieder bestehen, aktiv alle sachdienlichen Informationen unaufgefordert offen zu legen.[329] Es ist umfassend Auskunft zu geben, und es kann nicht verlangt werden, dass dies nur auf gezielte Fragen erfolgt, weshalb die zur Auskunft verpflichtete Person nicht verlangen kann, dass ihr ein entsprechender Fragenkatalog oder eine Liste der gewünschten Unterlagen vorgelegt wird.[330] Diese Rechte bestehen nicht unmittelbar gegenüber Angestellten der Gesellschaft, jedoch ist der Vorstand verpflichtet, diese zur Kooperation anzuhalten.[331] Die Verwaltungsmitglieder können die Auskunft verweigern, wenn es sich um offensichtlich unsachgemäße und rechtsmissbräuchliche Fragen handelt.[332] Die Auskunftspflicht besteht auch, wenn sie für die Gesellschaft nachteilig ist.[333] Die Organmitglieder können sich auf keine Geheimhaltungspflicht berufen, auch die Auskunftsverweigerungsgründe gemäß § 131 Abs. 3 AktG sind nicht analog anwendbar.[334] Soweit sich die Organmitglieder durch die Auskunft strafbar machen oder sich der Gefahr einer Strafverfolgung aussetzen würden, besteht die Auskunftspflicht gegenüber dem Sonderprüfer jedoch nicht.[335]

121

---

320 Spindler/Stilz/*Mock* § 145 Rn. 12.
321 GroßkommAktG/*Bezzenberger* § 145 Rn. 16; MüKo AktG/*Schröer* § 145 Rn. 10; Spindler/Stilz/*Mock* § 145 Rn. 12.
322 BayObLG NZG 2000, 424 (425); GroßkommAktG/*Bezzenberger* § 145 Rn. 9 (auch mittels personeller Hilfskräfte); Bürgers/Körber/*Holzborn/Jänig* § 145 Rn. 4; MüKo AktG/*Schröer* § 145 Rn. 7; Spindler/Stilz/*Mock* § 145 Rn. 13; Hüffer/*Koch* § 145 Rn. 2; Schmidt/Lutter/*Spindler* § 145 Rn. 8.
323 MüKo AktG/*Schröer* § 145 Rn. 7; Hüffer/*Koch* § 145 Rn. 2; Bürgers/Körber/*Holzborn/Jänig* § 145 Rn. 4; Schmidt/Lutter/*Spindler* § 145 Rn. 8; GroßkommAktG/*Bezzenberger* § 145 Rn. 9.
324 MüKo AktG/*Schröer* § 145 Rn. 7; GroßkommAktG/*Bezzenberger* § 145 Rn. 13, 15.
325 MüKo AktG/*Schröer* § 145 Rn. 10; Hüffer/*Koch* § 145 Rn. 2; Schmidt/Lutter/*Spindler* § 145 Rn. 9.
326 MüKo AktG/*Schröer* § 145 Rn. 10; Hüffer/*Koch* § 145 Rn. 2; Schmidt/Lutter/*Spindler* § 145 Rn. 9.
327 MüKo AktG/*Schröer* § 145 Rn. 10; Schmidt/Lutter/*Spindler* § 145 Rn. 9.
328 MüKo AktG/*Schröer* § 145 Rn. 16; GroßkommAktG/*Bezzenberger* § 145 Rn. 19; Bürgers/Körber/*Holzborn/Jänig* § 145 Rn. 6; Schmidt/Lutter/*Spindler* § 145 Rn. 12.
329 GroßkommAktG/*Bezzenberger* § 145 Rn. 17; Hüffer/*Koch* § 145 Rn. 4; Spindler/Stilz/*Mock* § 145 Rn. 14; Schmidt/Lutter/*Spindler* § 145 Rn. 10.
330 OLG Düsseldorf, Urt. v. 25.3.2011 – 22 U 162/10, Rz. 47 (zitiert nach juris).
331 MüKo AktG/*Schröer* § 145 Rn. 15; GroßkommAktG/*Bezzenberger* § 145 Rn. 18; Hüffer/*Koch* § 145 Rn. 3; Spindler/Stilz/*Mock* § 145 Rn. 15; Schmidt/Lutter/*Spindler* § 145 Rn. 11.
332 GroßkommAktG/*Bezzenberger* § 145 Rn. 19; Spindler/Stilz/*Mock* § 145 Rn. 16.
333 Spindler/Stilz/*Mock* § 145 Rn. 17.
334 Spindler/Stilz/*Mock* § 145 Rn. 17; GroßkommAktG/*Bezzenberger* § 145 Rn. 20; Bürgers/Körber/*Holzborn/Jänig* § 145 Rn. 6; MüKo AktG/*Schaal* § 400 Rn. 57; MüKo AktG/*Schröer* § 145 Rn. 17; Schmidt/Lutter/*Spindler* § 145 Rn. 13.
335 GroßkommAktG/*Bezzenberger* § 145 Rn. 20; MüKo AktG/*Schröer* § 145 Rn. 18; Spindler/Stilz/*Mock*

122 **§ 145 Abs. 3 AktG** erstreckt das Aufklärungs- und Nachweisrecht auch auf **Konzernunternehmen, herrschende oder abhängige Unternehmen**.[336] Problematisch kann dies bei Unternehmen mit Sitz im Ausland werden; gegebenenfalls ist der Vorstand anzuhalten, seinen Einfluss auf diese Unternehmen geltend zu machen, damit der Sonderprüfer die erforderlichen Informationen erhält.[337] Das Einsichts- und Prüfungsrecht gemäß § 145 Abs. 1 AktG besteht hier jedoch nicht.[338]

123 Meinungsverschiedenheiten zwischen Sonderprüfer und Verwaltungsmitgliedern über die Reichweite der vorgenannten Rechte sind in der Regel vorprogrammiert. Zur Durchsetzung hilft dem Sonderprüfer lediglich und nur gegenüber Mitgliedern des Vorstands (nicht: gegenüber der Gesellschaft, dem Gesamtorgan Vorstand oder Aufsichtsratsmitgliedern) die **materielle Zwangsgeldandrohung gemäß § 407 Abs. 1 AktG**. Ein einklagbarer Erfüllungsanspruch besteht nicht.[339] Der für die Gründungsprüfung einschlägige § 35 Abs. 2 AktG ist nicht entsprechend anwendbar.[340] Die verfahrensrechtliche Umsetzung richtet sich nach den §§ 388 ff. FamFG. Hierbei handelt es sich jedoch um kein Antragsverfahren.[341] Das Registergericht[342] des Gesellschaftssitzes (§ 377 Abs. 1 FamFG, § 407 Abs. 1 Satz 1 AktG) muss (kein Ermessen) gemäß § 388 FamFG das Zwangsgeld androhen, wenn es von einem Sachverhalt glaubhaft Kenntnis erhält, der sein Einschreiten nach § 407 AktG rechtfertigt. Der Sonderprüfer kann die Einleitung des Verfahrens folglich aber im Sinne von § 24 Abs. 1 FamFG anregen.[343] Volle Gewissheit betreffend den Verstoß gegen eine Pflicht aus § 145 AktG ist für die Verfahrenseinleitung nicht erforderlich; der volle Nachweis und die endgültige Entscheidung sind dem Einspruchsverfahren vorbehalten.[344] Durch verfahrenseinleitende, den Beteiligten bekannt zu gebende Verfügung hat das Registergericht unter Androhung eines bezifferten Zwangsgeldes die zu erfüllende Pflicht genau zu bezeichnen und dem Vorstandsmitglied aufzugeben, diese innerhalb der gesetzten, angemessenen Frist zu erfüllen oder die Unterlassung im Einspruchsverfahren zu rechtfertigen.[345] Zwangsgeld kann in Höhe zwischen EUR 5 und EUR 5.000 verhängt werden, Art. 6 Abs. 1 Satz 1 EGStGB, § 407 Abs. 1 Satz 2 AktG. Erfüllt das betroffene Vorstandsmitglied weder die Pflicht, noch erhebt es Einspruch, wird durch Beschluss das angedrohte Zwangsgeld festgesetzt und die Aufforderung unter Androhung eines erneuten Zwangsgeldes wiederholt – solange bis die Pflicht erfüllt oder Einspruch erhoben wird (§ 389 Abs. 1, 3 FamFG).[346]

124 Der **Einspruch** kann schriftlich oder zu Protokoll der Geschäftsstelle gegen die Androhung des Zwangsgeldes innerhalb der gesetzten Frist erhoben werden; eine Begründung ist nicht erforderlich. Gegen die Zwangsgeldfestsetzung ist dagegen die Beschwerde statthaft (§ 391 Abs. 1 FamFG).[347] Dem Einspruch ist stattzugeben und die Verfügung aufzuheben, wenn er offensichtlich begründet ist. Dies ist den Beteiligten gem. § 41 FamFG bekannt zu geben. Hiergegen ist die Beschwerde statthaft. Anderenfalls lädt das Gericht nach pflichtgemäßem Ermessen zu einem Termin (§ 390 Abs. 1 FamFG). Da der Termin der Gewährung rechtlichen Gehörs dient, kann hiervon nur in wenigen

---

§ 145 Rn. 17; z. T. a. A. Bürgers/Körber/*Holzborn/Jänig* § 145 Rn. 6 und Schmidt/Lutter/*Spindler* § 145 Rn. 14: nicht im Fall lediglich der Gefahr der Strafverfolgung.

336 Kritisch *Schneider* AG 2008, 305 (310) betreffend die Auskunfts- und Nachweispflicht des beherrschten Unternehmens gegenüber dem Sonderprüfer beim herrschenden Unternehmen bei einfacher Abhängigkeit.
337 Zu dieser Problematik ausführlich vor allem Schmidt/Lutter/*Spindler* § 145 Rn. 16 m. w. N.
338 Kritisch *Schneider* AG 2008, 305 (309 f.) und GroßkommAktG/*Bezzenberger* § 145 Rn. 25.
339 MüKo AktG/*Schröer* § 145 Rn. 22; Schmidt/Lutter/*Spindler* § 145 Rn. 19.
340 MüKo AktG/*Schröer* § 145 Rn. 22; Henssler/Strohn/*Liebscher* § 145 Rn. 6.
341 BayObLG NJW-RR 2000, 771 (772).
342 Kritisch zu dieser Zuständigkeit vor dem grundsätzlichen Hintergrund der Zuständigkeit des Landgerichts in Sonderprüfungsfragen Bürgers/Körber/*Holzborn/Jänig* § 145 Rn. 8.
343 Vgl. BeckOK FamFG/*Munzig* § 388 Rn. 4.
344 OLG Frankfurt DNotZ 1979, 620; *Bumiller/Harders* § 388 Rn. 15.
345 *Bumiller/Harders* § 388 Rn. 17 ff.
346 *Bumiller/Harders* § 388 Rn. 20.
347 Vgl. hierzu OLG Karlsruhe NJW-RR 2000, 411 (412); *Bumiller/Harders* § 388 Rn. 15.

Ausnahmefällen abgesehen werden; offensichtliche Unbegründetheit des Einspruchs alleine ist nicht ausreichend.[348] Erscheint der Beteiligte nicht, so kann das Gericht nach Lage der Sache entscheiden (§ 390 Abs. 2 FamFG). Es gibt kein Versäumnisverfahren; das Gericht hat von Amts wegen die erforderlichen Ermittlungen anzustellen und Beweise zu erheben.[349]

Ist der Einspruch begründet, ist die Verfügung aufzuheben (§ 390 Abs. 3 FamFG). Ist er unbegründet, so ist er zu verwerfen und in der Regel das Zwangsgeld, ggf. ermäßigt, festzusetzen (§ 390 Abs. 4 FamFG) sowie über die Kosten zu entscheiden (§ 389 Abs. 2 FamFG). Auch gegen die Verwerfung und die Zwangsgeldfestsetzung ist die Beschwerde statthaft (§ 391 Abs. 1 FamFG). Zugleich hat eine neue Aufforderung nach § 388 FamFG zu ergehen (§ 390 Abs. 5 FamFG). Auf den Einspruch gegen die wiederholte Verfügung gemäß § 389 FamFG, wenn also noch keine Sachprüfung stattgefunden hat, kann das Gericht das frühere Zwangsgeld aufheben oder ermäßigen (§ 390 Abs. 6 FamFG). 125

Zuständig für die Beschwerde ist das **Oberlandesgericht**, §§ 58 ff. FamFG, § 119 Abs. 1 Nr. 1 lit. b) GVG. Das Zwangsgeld muss EUR 600 übersteigen, § 61 Abs. 1 FamFG,[350] sofern die Beschwerde nicht durch das Registergericht zugelassen wurde, § 61 Abs. 2 FamFG. Trotz Fehlens einer ausdrücklichen Regelung, soll die Beschwerde analog § 570 Abs. 1 ZPO aufschiebende Wirkung haben.[351] Sie ist beim Registergericht durch Einreichung einer Beschwerdeschrift oder zur Niederschrift der Geschäftsstelle einzulegen, § 64 FamFG. 126

Darüber hinaus und generell gegenüber Mitgliedern des Aufsichtsrats kommen dem Sonderprüfer keine weiteren Rechtsbehelfe zur Durchsetzung der Maßnahmen gemäß § 145 Abs. 1 bis 3 AktG zu.[352] Bei Verweigerung der Zusammenarbeit soll dem Sonderprüfer ein Entschädigungsanspruch nach § 642 BGB zustehen,[353] und in besonders krass gelagerten Fällen der Kooperationsverweigerung soll er berechtigt sein, den **Prüfungsauftrag zu kündigen**.[354] Eine Kündigung erfordert aber in der Regel, dass der Sonderprüfer zuvor im Einzelnen spezifiziert hatte, welche Mitwirkungshandlungen gefordert seien, im Falle von Vorstandsmitgliedern das Zwangsgeldverfahren angeregt und im Sinne von § 643 BGB vor der Kündigung vergeblich eine Frist gesetzt hatte.[355] 127

Besondere Rechtsbehelfe der Verwaltungsmitglieder bestehen nicht. Sie können ohnehin durch Verweigerung des Zugangs oder der sonstigen Kooperation den Sonderprüfer zur Initiative zwingen. 128

Strafrechtlich werden die zivilrechtlichen Pflichten zum Teil durch **§ 400 Abs. 1 Nr. 2 AktG** flankiert: Mit Freiheitsstrafe bis zu drei Jahren oder Geldstrafe werden Mitglieder des Vorstands oder des Aufsichtsrats (auch verbundener Unternehmen) bestraft, die in Aufklärungen oder Nachweisen falsche Angaben machen oder die Verhältnisse der Gesellschaft unrichtig wiedergeben oder verschleiern. Das Verschweigen erheblicher Umstände kann danach strafbar sein, wenn es zu einer Verschleierung im genannten Sinne führt, nicht jedoch die offene Auskunftsverweigerung.[356] 129

---

348 OLG Köln FGPrax 2010, 203 (205).
349 *Bumiller/Harders* § 390 Rn. 4.
350 OLG Zweibrücken NZG 2010, 794 (795): In diesem Fall bleibt dann nur die Rechtspflegererinnerung gem. § 11 Abs. 2 Satz 1 RPflG.
351 *Bumiller/Harders* § 391 Rn. 1, auch mit Nachweis zur Gegenansicht.
352 Spindler/Stilz/*Mock* § 145 Rn. 22 f.
353 GroßkommAktG/*Bezzenberger* § 145 Rn. 28; Spindler/Stilz/*Mock* § 145 Rn. 27; Schmidt/Lutter/*Spindler* § 145 Rn. 21.
354 MüKo AktG/*Schröer* § 142 Rn. 54; Spindler/Stilz/*Mock* § 145 Rn. 27; GroßkommAktG/*Bezzenberger* § 142 Rn. 45.
355 OLG Düsseldorf, Urt. v. 25.3.2011 – 22 U 162/10, Rz. 38–40 (zitiert nach juris); ähnlich GroßkommAktG/*Bezzenberger* § 142 Rn. 45.
356 MüKo AktG/*Schröer* § 145 Rn. 24; Schmidt/Lutter/*Spindler* § 145 Rn. 20.

VII. Verfahren zur Festlegung von Auslagen und Vergütung des Sonderprüfers, § 142 Abs. 6 Satz 2 AktG; Streitigkeiten betreffend die Vergütung des durch die Hauptversammlung bestellten Sonderprüfers

130 § 142 Abs. 6 Satz 1 AktG räumt dem gerichtlich bestellten Sonderprüfer einen Anspruch auf Ersatz angemessener barer Auslagen und Vergütung seiner Tätigkeit ein. Die Festsetzung erfolgt im gerichtlichen Verfahren gemäß § 142 Abs. 6 Satz 2 AktG, in dem sowohl der Sonderprüfer als auch die Gesellschaft antragsberechtigt sind. Ob stattdessen auch in diesem Fall eine Vergütungsvereinbarung mit der Gesellschaft zulässig[357] oder wegen Gefährdung der Unabhängigkeit der Sonderprüfer ausgeschlossen ist[358], ist umstritten.

131 Das Gericht nimmt hier gemäß §§ 675, 670, 667, 632 BGB die **übliche Vergütung** als Maßstab und orientiert sich an den Kriterien Umfang und Schwierigkeit der Sonderprüfung sowie Qualifikation des Prüfers.[359] Das Oberlandesgericht München hat einen durchschnittlichen Stundensatz von EUR 300 für Berufsträger verschiedener Hierarchiestufen in einer Wirtschaftsprüfungsgesellschaft im Rahmen eines Sonderprüfungsauftrags, der auch Unternehmensbewertungen erforderte, als angemessen erachtet.[360] Eine gerichtliche Entscheidung über Stundensätze kann bei Meinungsverschiedenheiten zwischen Sonderprüfer und Gesellschaft auch schon vor Beginn der Sonderprüfung erfolgen.[361] Ein Anspruch auf Festsetzung von Vergütungsvorschüssen besteht jedoch nicht, weil §§ 675, 669 BGB nur Vorschüsse für erforderliche Aufwendungen vorsehen;[362] für erbrachte Teilleistungen sollen jedoch gemäß § 632a BGB Abschlagszahlungen möglich sein.[363]

132 Statthafter Rechtsbehelf ist die **Beschwerde zum Oberlandesgericht**, die Rechtsbeschwerde zum Bundesgerichtshof ist ausgeschlossen, § 142 Abs. 6 Satz 3 Hs. 1 und 2 AktG.

133 § 142 Abs. 6 AktG enthält zwar selbst keine Kostentragungsregel, jedoch sollen die **Gerichtskosten** des erstinstanzlichen Festsetzungsverfahrens als Gerichtskosten im Sinne von § 146 Satz 1 AktG von der Gesellschaft zu tragen sein.[364] Der Geschäftswert wird durch das Gericht gemäß § 36 Abs. 1 GNotKG nach freiem Ermessen festgelegt.[365] Die Gerichtskosten einer erfolglosen Beschwerde trägt der Beschwerdeführer.[366] Die außergerichtlichen Kosten sind in allen Instanzen grundsätzlich von den Beteiligten selbst zu tragen.[367]

134 Die abschließende, auf einen bestimmten Geldbetrag lautende Entscheidung stellt einen Vollstreckungstitel dar, §§ 142 Abs. 6 Satz 4 AktG, 794 Abs. 1 Nr. 3 ZPO.

135 Kostenerstattungsansprüche betreffend die **Prüfungskosten** können sich für die Gesellschaft im Falle der Antragstellung durch eine Aktionärsminderheit unter zumindest grob fahrlässig unrichtigem Vortrag aus § 146 Satz 2 AktG ergeben. Deckt die Sonderprüfung ein Fehlverhalten von Verwal-

---

357 So MüKo AktG/*Schröer* § 142 Rn. 93 f.; Bürgers/Körber/*Holzborn/Jänig* § 142 Rn. 25.
358 So GroßkommAktG/*Bezzenberger* § 142 Rn. 91; Schmidt/Lutter/*Spindler* § 142 Rn. 71.
359 OLG München, Beschl. v. 4.6.2008 – 31 Wx 50/08, Rz. 8 (zitiert nach juris); GroßkommAktG/*Bezzenberger* § 142 Rn. 92.
360 OLG München, Beschl. v. 4.6.2008 – 31 Wx 50/08, Rz. 9 ff. (zitiert nach juris).
361 OLG München, Beschl. v. vom 4.6.2008 – 31 Wx 50/08, Rz. 5 f. (zitiert nach juris); Schmidt/Lutter/*Spindler* § 142 Rn. 71.
362 A. A. GroßkommAktG/*Bezzenberger* § 142 Rn. 92.
363 OLG München, Beschl. v. 4.6.2008 – 31 Wx 50/08, Rz. 12 (zitiert nach juris); für Anspruch auf Vergütungsvorschüsse jedoch Spindler/Stilz/*Mock* § 142 Rn. 190; dagegen Schmidt/Lutter/*Spindler* § 142 Rn. 70.
364 OLG München, Beschl. v. 4.6.2008 – 31 Wx 50/08, Rz. 13 (zitiert nach juris); Spindler/Stilz/*Mock* § 146 Rn. 6.
365 OLG München, Beschl. v. 4.6.2008 – 31 Wx 50/08, Rz. 14 (zitiert nach juris), noch zu § 30 KostO.
366 OLG München, Beschl. v. 4.6.2008 – 31 Wx 50/08, Rz. 13 (zitiert nach juris).
367 OLG München, Beschl. v. 4.6.2008 – 31 Wx 50/08, Rz. 14 (zitiert nach juris).

tungsmitgliedern auf, können die Kosten ggf. als Schadensposten im Rahmen der späteren Organhaftungsklage geltend gemacht werden.[368]

Für den durch die Hauptversammlung bestellten Sonderprüfer steht dieses Verfahren nicht zur Verfügung.[369] Er muss notfalls seine aufgrund Erbringung der Prüfungsleistungen geschuldete **Werkvergütung** im Wege der **Leistungsklage** gegen die Gesellschaft als Vertragspartnerin des Prüfungsvertrags geltend machen. Hierbei bestehen folgende Grundsätze: 136

– Dieser Anspruch besteht nicht, wenn sich der Sonderprüfungsbericht in der Aussage erschöpft, eine Prüfung sei mangels Kooperation der Verwaltungsmitglieder nicht möglich gewesen.
– Ein Vergütungsanspruch kann sich nach Kündigung des Prüfungsvertrags aus § 643 BGB ergeben. Eine Kündigung mangels Kooperation ist jedoch nur unter engen Voraussetzungen möglich (siehe dazu bereits bei Rdn. 127).
– Wird durch die Hauptversammlung die Aufhebung der Sonderprüfung und die Abberufung des Sonderprüfers beschlossen, kann sich ein Vergütungsanspruch aus § 649 BGB ergeben, da Ansprüche auf Auslagenersatz und Vergütung hierdurch nicht berührt werden.[370]
– Zu den angemessenen, vom Vergütungsanspruch erfassten Maßnahmen gehören jedenfalls Entwurf einer Prüfungsstrategie und Beratung dazu zwischen dem Sonderprüfer und seinen Mitarbeitern.[371] Zeiten für die Beschaffung von Informationen über die Gesellschaft aus allgemein zugänglichen Quellen vor Beginn der Prüfungshandlungen sind in der Regel als erforderlich anzusehen, weil eine ordnungsgemäße Prüfung ohne Beschaffung von Umfeldwissen (z. B. über Beteiligungsverhältnisse, Solvabilität, Aufsichtsratsmitglieder) als nicht zweckmäßig angesehen werden kann.[372]
– Der Sonderprüfer ist gehalten, unnötige Kosten zu vermeiden. Diese sind für die Ausführung des Auftrags nicht erforderlich im Sinne des § 670 BGB. Hierunter fällt z. B. der Aufwand durch unangemeldetes Aufsuchen in den Geschäftsräumen der Gesellschaft, wenn erkennbar keine Bereitschaft zur Zusammenarbeit von Seiten der Gesellschaft besteht.[373]

VIII. Streitigkeiten im Zusammenhang mit dem Sonderprüfungsbericht, § 145 Abs. 4 bis 6 AktG

1. Antrag auf Nichtaufnahme bestimmter Tatsachen in den Sonderprüfungsbericht, § 145 Abs. 4 und 5 AktG

§ 145 Abs. 6 Satz 2 AktG geht vom **Grundsatz der vollständigen Berichterstattung** aus. § 145 Abs. 4 und 5 AktG regeln jedoch ein gerichtliches Antragsverfahren nach dem FamFG (§§ 145 Abs. 5 Satz 2, 142 Abs. 8 AktG) betreffend die Nichtaufnahme bestimmter Tatsachen in den Sonderprüfungsbericht, wenn der Gesellschaft ansonsten schwere Schäden oder sonstige gravierende Nachteile drohen. Das Prüfungsrecht des Sonderprüfers wird hierdurch nicht eingeschränkt.[374] 137

Die **Antragsberechtigung** liegt beim Vorstand, der hierüber nach pflichtgemäßem Ermessen unverzüglich nach Erhalt des Sonderprüfungsberichts zu entscheiden hat.[375] Das Verfahren ist nach dem Willen des Gesetzgebers auf Sonderprüfungen, die auf ein Minderheitsverlangen im Sinne von § 142 Abs. 2 AktG zurückgehen, beschränkt,[376] auch wenn dies nicht hinreichend klar im Wortlaut zum Ausdruck kommt. 138

---

368 Hüffer/*Koch* § 146 Rn. 3; Spindler/Stilz/*Mock* § 146 Rn. 16.
369 Bürgers/Körber/*Holzborn/Jänig* § 142 Rn. 26; MüKo AktG/*Schröer* § 142 Rn. 94; Hüffer/*Koch* § 142 Rn. 33; Schmidt/Lutter/*Spindler* § 142 Rn. 70.
370 OLG Düsseldorf, Urt. v. 25.3.2011 – 22 U 162/10, Rn. 41 f. (zitiert nach juris); GroßkommAktG/*Bezzenberger* § 142 Rn. 44.
371 OLG Düsseldorf, Urt. v. 25.3.2011 – 22 U 162/10, Rn. 55 (zitiert nach juris).
372 OLG Düsseldorf, Urt. v. 25.3.2011 – 22 U 162/10, Rn. 61 (zitiert nach juris).
373 OLG Düsseldorf, Urt. v. 25.3.2011 – 22 U 162/10, Rn. 63 (zitiert nach juris).
374 Spindler/Stilz/*Mock* § 145 Rn. 29; Schmidt/Lutter/*Spindler* § 145 Rn. 31.
375 Spindler/Stilz/*Mock* § 145 Rn. 30.
376 Bürgers/Körber/*Holzborn/Jänig* § 145 Rn. 12; Schmidt/Lutter/*Spindler* § 145 Rn. 30.

139 **Zuständig** ist das **Landgericht** des Gesellschaftssitzes, § 145 Abs. 5 Satz 1 AktG – soweit gebildet die Kammer für Handelssachen (§§ 71 Abs. 2 Nr. 4b), 94, 95 Abs. 2 Nr. 2 GVG). Zahlreiche Bundesländer haben jedoch von der Möglichkeit der Zuständigkeitskonzentration gemäß § 71 Abs. 4 GVG Gebrauch gemacht.[377] Verfahrensbeteiligte sind der Vorstand und die Gesellschaft – nicht dagegen der Sonderprüfer, der ohne Entbindung von seiner Verschwiegenheitspflicht vom Zeugnisverweigerungsrecht gemäß § 383 Abs. 1 Nr. 6 ZPO Gebrauch machen muss.[378]

140 **Überwiegende Belange der Gesellschaft** müssen gegen die Aufnahme sprechen. Aufgrund der gesetzgeberischen Grundwertung erfordert dies, dass konkret ein schwerer Schaden oder ein anderer gravierender Nachteil drohen würde. Die bloße abstrakte Eignung dazu ist nicht ausreichend.[379] Ein Erfolg des Antrags ist zudem ausgeschlossen, wenn die fraglichen Tatsachen unerlässlich für die Darlegung einer Unredlichkeit oder groben Verletzung des Gesetzes sind, was praktisch nur für die Anstrengung eines anschließenden Klagezulassungsverfahrens durch eine Aktionärsminderheit von Belang sein kann (§ 148 Abs. 1 Satz 2 Nr. 3 AktG).[380] Es gilt der Amtsermittlungsgrundsatz, § 26 FamFG.[381]

141 Das Gericht entscheidet durch zu begründenden **Beschluss** (§ 38 FamFG). Statthaftes Rechtsmittel ist die Beschwerde, §§ 145 Abs. 5 Satz 2, 142 Abs. 5 Satz 2 AktG, 58 FamFG, einzulegen innerhalb eines Monats bei dem Landgericht, dessen Beschluss angefochten wird, §§ 63 Abs. 1, 64 Abs. 1 FamFG. Hilft das Landgericht der Beschwerde nicht ab, so ist diese unverzüglich an das zuständige Oberlandesgericht (§ 119 Abs. 1 Nr. 2 GVG) weiterzuleiten, § 68 Abs. 1 FamFG. (Nur) im Fall einer stattgebenden Entscheidung sind auch Aktionäre beschwerdeberechtigt, weil ihr Recht auf Erhalt des Sonderprüfungsberichts gemäß § 145 Abs. 6 Satz 4 AktG tangiert wird (vgl. § 59 Abs. 1 FamFG).[382] Gegen die Entscheidung des Beschwerdegerichts ist die Rechtsbeschwerde gemäß §§ 70 ff. FamFG statthaft, wenn sie im Beschluss zugelassen worden ist, § 70 Abs. 1 FamFG. Die Frist beträgt einen Monat ab schriftlicher Bekanntgabe des Beschlusses, § 71 Abs. 1 FamFG. Zuständig ist der Bundesgerichtshof, § 133 GVG.

2. Durchsetzung der Berichtspflicht

142 Nur die Gesellschaft ist Vertragspartnerin des Prüfungsvertrags. Nur sie kann daher gegen den Sonderprüfer **Leistungsklage auf Vorlage des Sonderprüfungsberichts** erheben.[383] Im Rahmen des Zwangsgeldverfahrens gemäß § 14 HGB kann nur die Einreichung des erstellten Berichts zum Handelsregister, nicht aber die Erstellung selbst durchgesetzt werden.[384] Aktionäre können gegebenenfalls das Verfahren gemäß § 142 Abs. 4 AktG wegen Befangenheit oder Zuverlässigkeitsbedenken betreiben.[385] Teilweise werden in diesem Fall ausnahmsweise auch Schadensersatzansprüche der Aktionäre nach den Grundsätzen des Vertrages mit Schutzwirkung zugunsten Dritter bejaht.[386]

143 Es handelt sich bei der Tätigkeit der Sonderprüfung um eine Geschäftsbesorgung, die auf die Erbringung einer Werkleistung gerichtet ist (§§ 675, 631 ff. BGB).[387] Geschuldet wird daher ein Erfolg im

---

[377] Übersicht bei Spindler/Stilz/*Mock* § 145 Fn. 48.
[378] Spindler/Stilz/*Mock* § 145 Rn. 34.
[379] Spindler/Stilz/*Mock* § 145 Rn. 31.
[380] Spindler/Stilz/*Mock* § 145 Rn. 32.
[381] Schmidt/Lutter/*Spindler* § 145 Rn. 3.
[382] Spindler/Stilz/*Mock* § 145 Rn. 35.
[383] GroßkommAktG/*Bezzenberger* § 145 Rn. 42; MüKo AktG/*Schröer* § 145 Rn. 44; Spindler/Stilz/*Mock* § 145 Rn. 45; Schmidt/Lutter/*Spindler* § 145 Rn. 36.
[384] BayObLG NJW 1986, 140; GroßkommAktG/*Bezzenberger* § 145 Rn. 42; Spindler/Stilz/*Mock* § 145 Rn. 45, 49; Schmidt/Lutter/*Spindler* § 145 Rn. 36.
[385] Schmidt/Lutter/*Spindler* § 145 Rn. 36.
[386] Schmidt/Lutter/*Spindler* § 145 Rn. 36.
[387] OLG Düsseldorf, Urt. v. 25.3.2011 – 22 U 162/10, Rz. 35 (zitiert nach juris); GroßkommAktG/*Bezzenberger* § 142 Rn. 41; MüKo AktG/*Schröer* § 142 Rn. 47; Hüffer/*Koch* § 142 Rn. 12; Schmidt/Lutter/*Spindler* § 142 Rn. 36.

Sinne eines Sonderprüfungsberichts, der den Prüfungsauftrag erfüllt. Beschränkt sich der Prüfungsbericht lediglich auf die Feststellung, dass eine Prüfung mangels Kooperation der Verwaltungsmitglieder nicht möglich war, stellt dies nicht das geschuldete Werk dar und ein werkvertraglicher Vergütungsanspruch besteht nicht.[388]

Entsteht der Gesellschaft durch die unterlassene oder verspätete Erstellung ein **Schaden**, steht ihr der Anspruch gemäß §§ 280 Abs. 1, 634 BGB zu, bei dem die Haftungsbegrenzung gemäß §§ 144 AktG, 323 Abs. 2 HGB relevant wird.[389] Ein falscher oder unvollständiger Bericht führt zur Strafbarkeit gemäß § 403 AktG. Diese Norm ist Schutzgesetz sowohl zugunsten der Gesellschaft als auch der Aktionäre, so dass in Verbindung mit § 823 Abs. 2 BGB auch zivilrechtliche Ansprüche gegen den Sonderprüfer geltend gemacht werden können.[390]

144

3. Verwendung des Sonderprüfungsberichts in Folgeprozessen

Für die Verwendung des Sonderprüfungsberichts in einem späteren Prozess gilt Folgendes:
– Der Sonderprüfungsbericht hat keine präjudizielle Wirkung.[391]
– Es handelt sich um ein von der Gesellschaft in Auftrag gegebenes Privatgutachten, und er kann daher nicht gemäß §§ 355 ff. ZPO als Beweismittel in den Prozess eingebracht werden,[392] wohl aber als qualifizierter Parteivortrag.[393]
– Der Sonderprüfer kann als Zeuge, auch sachverständiger Zeuge, betreffend die von ihm untersuchten Tatsachen vernommen werden.[394]
– Der Sonderprüfer kann im Prozess nicht als Sachverständiger bestellt werden, weil sein Prüfungsauftrag schon beendet ist.[395]

145

IX. Ansprüche der Gesellschaft gegen die betreibende Aktionärsminderheit

Erwirkt eine Aktionärsminderheit rechtsmissbräuchlich eine Sonderprüfung, sind folgende, mittels Leistungsklage durchsetzbare Ansprüche der Gesellschaft denkbar:
– Kostenerstattungsanspruch gemäß § 146 Satz 2 AktG gerichtet auf die Gerichtskosten des Verfahrens gemäß § 142 Abs. 2 oder Abs. 4 AktG und die Prüfungskosten bei vorsätzlich oder grob fahrlässig falschem Vortrag anlässlich der Sonderprüferbestellung (zur Frage, ob dies auch gilt, wenn trotzdem Unregelmäßigkeiten aufgedeckt wurden, siehe oben bei Rdn. 95).
– Schadensersatzanspruch gemäß § 826 BGB, wenn die Aktionärsminderheit ihre formale Rechtsposition durch die eingesetzten Mittel oder den verfolgten Zweck in sittenwidriger Weise missbraucht und hierbei vorsätzlich in Kenntnis der für die Sittenwidrigkeit maßgeblichen Umstände gehandelt hat.[396]
– §§ 823 Abs. 2 BGB i. V. m. 263 StGB[397], § 253 StGB[398] oder § 3 UWG,[399]

146

---

388 OLG Düsseldorf, Urt. v. 25.3.2011 – 22 U 162/10, Rz. 35–37 (zitiert nach juris).
389 Spindler/Stilz/*Mock* § 145 Rn. 46.
390 GroßkommAktG/*Bezzenberger* § 144 Rn. 27; MüKo AktG/*Schaal* § 403 Rn. 2a, 3.
391 Spindler/Stilz/*Mock* § 145 Rn. 58.
392 Spindler/Stilz/*Mock* § 145 Rn. 58.
393 Schmidt/Lutter/*Spindler* § 145 Rn. 35, dort Fn. 163; Bürgers/Körber/*Holzborn/Jänig* § 145 Rn. 14.
394 Bürgers/Körber/*Holzborn/Jänig* § 145 Rn. 14; Schmidt/Lutter/*Spindler* § 145 Rn. 35; Spindler/Stilz/*Mock* § 145 Rn. 58.
395 Spindler/Stilz/*Mock* § 145 Rn. 58; Schmidt/Lutter/*Spindler* § 145 Rn. 35: außerdem kein § 406 ZPO entsprechendes Ablehnungsrecht vorgesehen.
396 GroßkommAktG/*Bezzenberger* § 146 Rn. 11; Schmidt/Lutter/*Spindler* § 146 Rn. 14; Spindler/Stilz/*Mock* § 146 Rn. 13; MüKo AktG/*Schröer* § 142 Rn. 111.
397 GroßkommAktG/*Bezzenberger* § 146 Rn. 10; Spindler/Stilz/*Mock* § 146 Rn. 13; Schmidt/Lutter/*Spindler* § 146 Rn. 15.
398 GroßkommAktG/*Bezzenberger* § 146 Rn. 10; MüKo AktG/*Schröer* § 142 Rn. 111; Schmidt/Lutter/*Spindler* § 146 Rn. 15.
399 Schmidt/Lutter/*Spindler* § 146 Rn. 15.

- § 824 BGB[400] (wertungskonsistent zu § 146 Satz 2 AktG nur bei zumindest grob fahrlässigem Handeln),[401]
- Verletzung der gesellschaftsrechtlichen Treuepflicht i. V. m. § 280 Abs. 1 BGB, sofern die Antragsteller ihr Recht aus überwiegend eigennützigen Gründen entgegen den Interessen der Gesellschaft ausüben[402] (wertungskonsistent zu § 146 Satz 2 AktG nur bei zumindest grob fahrlässigem Handeln).[403]

147 Soweit ersichtlich, hat jedoch noch keine dieser Anspruchsgrundlagen im Zusammenhang mit missbräuchlichen Sonderprüfungsverlangen bis dato praktische Bedeutung erlangt.

C. Der besondere Vertreter

I. Allgemeines

148 Normalerweise werden (Ersatz-)Ansprüche der Aktiengesellschaft vom Vorstand und im Anwendungsbereich des § 112 AktG vom Aufsichtsrat geltend gemacht. Allerdings gibt es Konstellationen, in denen diese Organe Ansprüche nicht geltend machen (wollen). In dieser Situation hat das Gesetz zur Unternehmensintegrität und Modernisierung des Anfechtungsrechts (UMAG) die Möglichkeiten verbessert, dass auch Aktionäre tätig werden können. Neben der Vorschrift des § 148 AktG ist hier vor allem die Regelung des § 147 AktG von Bedeutung, durch die ein besonderer Vertreter bestellt werden kann. Die Bestellung des besonderen Vertreters knüpft an die Vorschrift des § 147 Abs. 1 AktG an. Danach müssen Ersatzansprüche der Gesellschaft aus der Gründung gegen die nach den §§ 46 bis 48, 53 AktG verpflichteten Personen oder aus der Geschäftsführung gegen die Mitglieder des Vorstands und des Aufsichtsrats oder aus § 117 AktG geltend gemacht werden, wenn es die Hauptversammlung mit einfacher Stimmenmehrheit beschließt. Zur Geltendmachung kann die Hauptversammlung gem. § 147 Abs. 2 S. 1 AktG besondere Vertreter bestellen. Der **Zweck dieser Regelung** liegt in der Erleichterung der Durchsetzung von Ersatzansprüchen der Gesellschaft, weil die Gefahr gesehen wird, dass diese Ansprüche von den zuständigen Organen aus Solidarität oder aus Furcht vor der Aufdeckung eigener Versäumnisse nicht verfolgt werden.[404] Anders als bei der Rechtsverfolgung durch den Aufsichtsrat bei Ansprüchen gegen den Vorstand begründet § 147 Abs. 1 AktG eine Pflicht zur Rechtsverfolgung und -durchsetzung für das zuständige Organ unabhängig von dessen Beurteilung hinsichtlich der Prozessrisiken oder der Klage entgegenstehender Gesellschaftsinteressen.[405]

149 Nach dem Wortlaut des § 147 Abs. 1 AktG sind nur Ansprüche aus der **Gründung und Nachgründung** der Aktiengesellschaft gegen die Gründer sowie die sich aus der **Geschäftsführung** gegen die Mitglieder des Vorstands und des Aufsichtsrats ergebenden Ansprüche aus §§ 93 Abs. 2, 116 AktG, 823 ff. BGB und die Ansprüche aus unzulässiger Einflussnahme gem. § 117 AktG umfasst, wobei sich dies auch auf bereits ausgeschiedene Organmitglieder beziehen muss.[406] Allerdings muss die Vor-

---

400 Spindler/Stilz/*Mock* § 146 Rn. 13; Schmidt/Lutter/*Spindler* § 146 Rn. 15; Bürgers/Körber/*Holzborn/Jänig* § 146 Rn. 10; GroßkommAktG/*Bezzenberger* § 146 Rn. 10.
401 Spindler/Stilz/*Mock* § 146 Rn. 15; Schmidt/Lutter/*Spindler* § 146 Rn. 17; Bürgers/Körber/*Holzborn/Jänig* § 146 Rn. 10.
402 Spindler/Stilz/*Mock* § 146 Rn. 14; Schmidt/Lutter/*Spindler* § 146 Rn. 16; MüKo AktG/*Schröer* § 142 Rn. 111; Bürgers/Körber/*Holzborn/Jänig* § 146 Rn. 10; GroßkommAktG/*Bezzenberger* § 146 Rn. 9; vgl. auch Hüffer/*Koch* § 146 Rn. 3.
403 Spindler/Stilz/*Mock* § 146 Rn. 15; Schmidt/Lutter/*Spindler* § 146 Rn. 17; Bürgers/Körber/*Holzborn/Jänig* § 146 Rn. 10; a. A. Hüffer/*Koch* § 146 Rn. 3: Ersatzpflicht auch bei einfacher Fahrlässigkeit.
404 BT-Drucks. 15/5092, S. 20; Schmidt/Lutter/*Spindler* § 147 Rn. 1; Hüffer/*Koch* AktG § 147 Rn. 1; Spindler/Stilz/*Mock* § 147 Rn. 1; Bürgers/Körber/*Holzborn/Jänig* § 147 Rn. 1; MüKo AktG/*Schröer* § 147 Rn. 15.
405 Schmidt/Lutter/*Spindler* § 147 Rn. 1; GroßkommAktG/*Bezzenberger* § 147 Rn. 7; Spindler/Stilz/*Mock* § 147 Rn. 29; Wachter/*Zwissler* § 147 Rn. 13.
406 GroßkommAktG/*Bezzenberger* § 147 Rn. 17; Spindler/Stilz/*Mock* § 147 Rn. 13; Schmidt/Lutter/*Spindler* § 147 Rn. 3; MüKo AktG/*Schröer* § 147 Rn. 22; *Kling* ZGR 2009, 190 (201).

schrift über den Wortlaut hinausgehend angesichts ihres Normzwecks auch Herausgabe- und Ausgleichsansprüche einschließlich solcher aus ungerechtfertigter Bereicherung umfassen, weil auch hier die Gefahr besteht, dass eine effektive Durchsetzung an widerstreitenden Interessen der zur Geltendmachung befugten Verwaltungsorgane scheitert und auch bei § 46 Nr. 8 GmbHG diese Ansprüche von dessen Anwendungsbereich erfasst werden.[407] Ebenfalls umstritten ist, ob über den Wortlaut hinaus in einer faktischen Konzernbeziehung die **konzernrechtlichen Ausgleichsansprüche** gegen die herrschende Gesellschaft und seine Verwaltungsmitglieder aus §§ 309, 317 AktG vom Anwendungsbereich des § 147 AktG erfasst sein können. Von einer Mindermeinung in der Literatur[408] wird davon ausgegangen, an die Stelle der sonst bei der Geltendmachung von Ersatzansprüchen bestehenden Minderheitenrechte trete das Klagerecht der Aktionäre. Die besseren Gründe sprechen indes für die Gegenmeinung,[409] die § 147 AktG auch auf die konzernrechtlichen Ansprüche aus §§ 309, 317, 318 AktG anwendet. Hierfür spricht bereits der Wortlaut, weil »aus der Geschäftsführung« entstandene Ansprüche konzernrechtliche Ansprüche einschließt, nachdem Vorgänge innerhalb eines faktischen Konzerns Maßnahmen der Geschäftsführung der beherrschten Gesellschaft sind. Zudem decken sich die Haftungstatbestände nach § 117 AktG und § 317 AktG bei einer faktischen Beherrschung weitgehend, wobei diese beiden Vorschriften nebeneinander zur Anwendung kommen. Auch ist bei Ansprüchen gegen das herrschende Unternehmen die Gefahr besonders groß, dass die Organe des beherrschten Unternehmens Haftungsansprüche unter dem Einfluss des herrschenden Unternehmens nicht von sich aus geltend machen; daher spricht auch der Normzweck für die Einbeziehung der Ansprüche aus §§ 317, 318 AktG in den Anwendungsbereich von § 147 AktG.

II. Bestellung des besonderen Vertreters

1. Beschluss der Hauptversammlung

Aufgrund von § 147 Abs. 2 S. 1 AktG erfolgt die Bestellung durch die Hauptversammlung mit einfacher Stimmenmehrheit gem. § 133 Abs. 1 AktG, wobei die Geltendmachung der Ansprüche und die Berufung des besonderen Vertreters in einem Beschluss zusammengefasst werden können. Für die Einberufung wie auch für die Abstimmung über den Antrag gelten die allgemeinen Bestimmungen. Dabei gelten aufgrund der Regelung in § 136 Abs. 1 S. 1 3. Alt. AktG auch die Stimmrechtsverbote für Aktionäre, gegen die sich der Anspruch richten soll.[410] Dies gilt auch dann, wenn über die Geltendmachung von Ersatzansprüchen gegen verschiedene Personen entschieden werden soll und nur gegen eine Person ein Stimmrechtsverbot besteht, weil auch in dieser Situation Sonderinteressen eines Aktionärs neutralisiert werden sollen.[411]

150

Der Beschluss der Hauptversammlung muss die Person des besonderen Vertreters[412] ebenso bezeichnen wie er die die Ansprüche begründenden Sachverhalte hinreichend konkret bezeichnen muss. Er

151

---

407 So die h. M.; vgl. Schmidt/Lutter/*Spindler* § 147 Rn. 3; GroßkommAktG/*Bezzenberger* § 147 Rn. 12; Spindler/Stilz/*Mock* § 147 Rn. 10; *Kling* ZGR 2009, 190 (201); für § 46 Nr. 8 GmbHG BGH NJW 1975, 977 (978); 1986, 2250 (2251 f.); a. A.: MüKo AktG/*Schröer* § 147 Rn. 19.
408 KöKo AktG/*Koppensteiner* § 317 Rn. 35; Bürgers/Körber/*Fett* § 317 Rn. 16; Hüffer/*Koch* § 147 Rn. 3; MünchHdb GesR IV/*Krieger* § 70 Rn. 163; *Kling* ZGR 2009, 190 (202 ff.).
409 OLG München ZIP 2008, 73 (75); ZIP 2008, 1916 (1918 f.); LG München I ZIP 2007, 2420 (2425 f.); MüKo AktG/*Kropff* § 317 Rn. 59 ff.; GroßkommAktG/*Bezzenberger* § 147 Rn. 13; GroßkommAktG/*Hirte* § 309 Rn. 41; Emmerich/Habersack/*Habersack* § 317 Rn. 27; Schmidt/Lutter/*Spindler* § 147 Rn. 4; MüKo AktG/*Schröer* § 147 Rn. 2018; Spindler/Stilz/*Mock* § 147 Rn. 11; Heidel/*Lochner* § 147 Rn. 4; Wachter/*Zwissler* § 147 Rn. 2; *Mock* DB 2008, 393 (394); *Westermann* AG 2009, 237 (242 f.); *Bernau* AG 2011, 894 (897 ff.).
410 BGHZ 97, 28 (34) zur GmbH; Hüffer/*Koch* § 147 Rn. 7; Schmidt/Lutter/*Spindler* § 147 Rn. 14; Spindler/Stilz/*Mock* § 147 Rn. 26; Heidel/*Lochner* § 147 Rn. 9.
411 OLG München ZIP 2008, 73 (74).
412 Schmidt/Lutter/*Spindler* § 147 Rn. 14.

muss erkennen lassen, in welcher Weise ein Vorgang zu Schäden der Gesellschaft geführt haben soll und welcher Art diese Schäden sein sollen; die anspruchsbegründenden Sachverhalte sind folglich so genau zu beschreiben, dass im Falle einer späteren Klageerhebung durch den besonderen Vertreter festgestellt werden kann, ob der Gegenstand der Klage mit den von der Hauptversammlung gemeinten Ansprüchen übereinstimmt.[413] Dabei dürfen die Anforderungen an die Konkretisierung allerdings nicht überspannt werden, weil sich bei der Vorbereitung der Geltendmachung regelmäßig Erkenntnisse ergeben, die Modifikationen erforderlich machen können und nicht davon ausgegangen werden kann, dass die Hauptversammlung bei komplexen Sachverhalten über die hinreichenden Informationen verfügt; anderenfalls würde der Schutzgedanke des § 147 AktG vereitelt werden.[414]

152 Zum besonderen Vertreter kann jede natürliche Person – die nicht zwingend Aktionär der Gesellschaft sein muss – bestellt werden, nicht aber eine juristische Person, wie ein Vergleich mit §§ 76, 100 AktG ergibt, nachdem der besondere Vertreter an deren Stelle tritt; juristische Personen scheiden folglich als besondere Vertreter aus.[415] Besondere Vorgaben an die Qualifikation macht das Gesetz nicht. So wird vor allem auch nicht eine Neutralität vorausgesetzt, weil es keine gesetzliche Pflicht gibt, nur neutrale Personen zum besonderen Vertreter zu bestellen.[416] Allerdings sollte die Person persönlich und fachlich geeignet sein sollte, Ansprüche geltend zu machen.[417]

153 Wird der Beschluss der Hauptversammlung über die Bestellung des besonderen Vertreters **für nichtig erklärt**, so hat dies aufgrund von § 241 Nr. 5 AktG die Nichtigkeit des Beschlusses mit Rückwirkung zur Folge. Allerdings bleiben in der Zwischenzeit vorgenommene Rechtshandlungen des besonderen Vertreters hiervon unberührt. Auf die Handlungen, die der besondere Vertreter in seinem Wirkungskreis vor der rechtskräftigen Aufhebung seiner Bestellung vorgenommen hat, ist die Lehre von der fehlerhaften Organstellung anzuwenden; Rechtshandlungen des fehlerhaft bestellten Organs berechtigen und verpflichten die Gesellschaft unabhängig davon, ob die Bestellung nichtig oder lediglich anfechtbar war. Dies gilt auch für den besonderen Vertreter, weil diesem gem. § 147 Abs. 2 S. 1 AktG Aufgaben übertragen werden, die auch den Organen der Gesellschaft obliegen.[418]

2. Bestellung durch das Gericht

154 Das Gericht hat auf Antrag von Aktionären, deren Anteile zusammen den zehnten Teil des Grundkapitals oder den anteiligen Betrag von € 1 Million erreichen, als Vertreter der Gesellschaft zur Geltendmachung des Ersatzanspruchs andere als die nach den §§ 78, 112 AktG (Vorstand oder Aufsichtsrat) oder nach § 147 Abs. 2 S. 1 AktG zur Vertretung der Gesellschaft berufenen Personen zu bestellen, wenn ihm dies für eine gehörige Geltendmachung zweckmäßig erscheint.

155 Dabei wird das Gericht im Verfahren der **freiwilligen Gerichtsbarkeit** nach den Vorgaben des FamFG tätig. Dabei kann der Antrag schriftlich eingereicht oder auch zu Protokoll der Geschäftsstelle gem. § 25 Abs. 1 FamFG erklärt werden. Eine Frist für den Antrag ist in § 147 Abs. 2 S. 2 AktG nicht vorgesehen. Der Antrag ist indes nur dann zulässig, wenn das in § 147 Abs. 2 S. 2

---

413 OLG München ZIP 2008, 1916 (1921); OLG Frankfurt AG 2004, 104 (105); OLG Stuttgart AG 2009, 109 (170); OLG Karlsruhe, Beschl. v. 16.06.2014 – 11 Wx 49/14; LG Stuttgart ZIP 2010, 329 (330); LG Duisburg ZIP 2013, 1379 (1380); MüKo AktG/*Schröer* § 147 Rn. 38; Schmidt/Lutter/*Spindler* § 147 Rn. 9; GroßkommAktG/*Bezzenberger* § 147 Rn. 19; wohl auch *Verhoeven* ZIP 2008, 245, 253; Heidel/*Lochner* § 147 Rn. 9.
414 OLG München ZIP 2008, 1916 (1920 f.); Schmidt/Lutter/*Spindler* § 147 Rn. 9.
415 Schmidt/Lutter/*Spindler* § 147 Rn. 22; GroßkommAktG/*Bezzenberger* § 147 Rn. 43; Bürgers/Körber/*Holzborn/Jänig* § 147 Rn. 11; MüKo AktG/*Schröer* § 147 Rn. 43; Heidel/*Lochner* § 147 Rn. 24; *Kling* ZGR 2009, 190 (198); a. A. wenig überzeugend *Verhoeven* ZIP 2008, 245 (248).
416 KG AG 2012, 328 f.; in diese Richtung auch MüKo AktG/*Schröer* § 147 Rn. 43, der nur Befangenheit als Ausschlussgrund ansieht.
417 Bürgers/Körber/*Holzborn/Jänig* § 147 Rn. 11.
418 BGH NZG 2011, 1383 (1384); OLG München ZIP 2010, 2202 (2204); LG München I ZIP 2007, 1809 (1814 f.); *Verhoeven* ZIP 2008, 245 (254); *Bayer/Lieder* NZG 2012, 1 (8 f.).

C. Der besondere Vertreter   § 6

AktG genannte Quorum erreicht wird und die Hauptversammlung einen Beschluss über die Rechtsverfolgung nach § 147 Abs. 1 AktG gefasst hat.[419] Insoweit müssen dem Antrag die entsprechenden Nachweise beigefügt werden, die hinsichtlich des Quorums bei Inhaberaktien regelmäßig mittels einer Bankbescheinigung und bei Namensaktien mittels Auszugs aus dem Aktienregister nach § 67 AktG geführt werden können.[420]

Für die Entscheidung sind aufgrund der Regelung in § 23 Abs. 1 Nr. 2, Abs. 2 Nr. 4a GVG die Amtsgerichte sachlich zuständig. Dabei hat der Gesetzgeber in §§ 375 Nr. 3, 376 Abs. 1 FamFG insoweit eine Zuständigkeitskonzentration vorgenommen, dass nur das beim Landgericht ansässige Amtsgericht sachlich zuständig ist. Die örtliche Zuständigkeit bestimmt sich nach § 14 AktG, § 377 FamFG als ausschließliche Zuständigkeit nach dem Amtsgericht für den Bezirk des Landgerichts, in dem die Gesellschaft ihren Sitz hat. Funktionell zuständig ist aufgrund der Regelung in § 17 Nr. 2a RPflG, § 375 Nr. 3 FamFG der Richter.   156

Das inhaltliche Kriterium für die Entscheidung des Gerichts ist durch § 147 Abs. 2 S. 2 AktG vorgegeben – der besondere Vertreter wird bestellt, wenn es dem Gericht zweckmäßig erscheint. Dies muss regelmäßig dann bejaht werden, wenn das Bestehen eines Anspruchs glaubhaft gemacht ist, wenngleich das Gericht die Erfolgsaussichten nicht überprüft[421], und sich der Anspruch gegen Mitglieder des Vorstands und Aufsichtsrats richtet, weil dann kaum davon ausgegangen werden kann, dass die Ansprüche geltend gemacht werden. Zudem wird das Gericht den besonderen Vertreter bestellen, wenn es objektive Anhaltspunkte dafür gibt, dass eine sachgerechte Geltendmachung durch den Vorstand, den Aufsichtsrat oder auch einen von der Hauptversammlung bestellten besonderen Vertreter nicht erwartet werden kann, weil deren Neutralität und Unabhängigkeit nicht gewährleistet erscheinen.[422] Hinsichtlich der Person des vom Gericht zu bestellenden besonderen Vertreters muss diese geeignet für die Wahrnehmung der Aufgaben sein; dabei ist das Gericht indes an den Vorschlag der Minderheit nicht gebunden, weil der besondere Vertreter der Vertreter der Gesellschaft ist und nicht der Vertreter der Minderheitsaktionäre. Die Auswahl des besonderen Vertreters muss das Gericht selbst vornehmen und darf nicht einem Dritten überlassen werden.[423]   157

Gegen den Beschluss findet aufgrund von §§ 147 Abs. 2 S. 4 AktG, 58 Abs. 1 FamFG das Rechtsmittel der Beschwerde statt, wobei die Monatsfrist des § 63 Abs. 1 FamFG zu wahren ist.[424] Gegen die Beschwerdeentscheidung kann im Falle der Zulassung gem. § 70 Abs. 1 FamFG Rechtsbeschwerde eingelegt werden.   158

III. Rechtsstellung des besonderen Vertreters

Nicht einheitlich beurteilt wird, welche Rechtsstellung dem besonderen Vertreter innerhalb des Organgefüges einer Aktiengesellschaft zukommt. Das OLG München[425] ging davon aus, dem besonderen Vertreter komme lediglich eine Vertretungsbefugnis zu einer prozessualen oder außerprozessualen Durchsetzung der Ersatzansprüche zu; die Einordnung als Organ der Aktiengesellschaft würde einen Fremdkörper darstellen. Dieser Auffassung kann indes nicht gefolgt werden. Der beson-   159

---

419 Schmidt/Lutter/*Spindler* § 147 Rn. 16.
420 GroßkommAktG/*Bezzenberger* § 147 Rn. 44; Schmidt/Lutter/*Spindler* § 147 Rn. 16.
421 KG NZG 2005, 319 f.; OLG Frankfurt AG 2004, 104 (105); Spindler/Stilz/*Mock* § 147 Rn. 53; Heidel/ Lochner § 147 Rn. 21; *Kling* ZGR 2009, 190 (195).
422 Schmidt/Lutter/*Spindler* § 147 Rn. 18; GroßkommAktG/*Bezzenberger* § 147 Rn. 41 und 46; Heidel/ Lochner § 147 Rn. 21.
423 OLG Frankfurt AG 2004, 104 (105); AG Nürtingen AG 1995, 287; Spindler/Stilz/*Mock* § 147 Rn. 54; Schmidt/Lutter/*Spindler* § 147 Rn. 18.
424 Hüffer/*Koch* § 147 Rn. 12; Heidel/*Lochner* § 147 Rn. 22.
425 OLG München ZIP 2008, 73 (79); gegen die Organstellung auch *A. Wirth/Pospiech* DB 2008, 2471 (2473 f.); *G. Wirth* in FS Hüffer, S. 1129, 1144 ff.; Wachter/*Zwissler* § 147 Rn. 12; von einer doch organähnlichen Stellung spricht das OLG München in einer späteren Entscheidung, vgl. OLG München ZIP 2008, 1916 (1920).

dere Vertreter muss in seinem Zuständigkeitsbereich als **Organ** der Aktiengesellschaft angesehen werden[426], nachdem er insoweit die von der Grundkonzeption des Aktiengesetzes vorgesehenen Organe verdrängt. In diesem Aufgabenbereich der Durchsetzung der Ansprüche ist seine Vertretungsmacht unbeschränkt und unbeschränkbar.

160 Ähnlich wie beim Vorstand mit der Trennung von Organstellung und der Vertragsbeziehung zur Gesellschaft gibt es auch beim besonderen Vertreter neben dem Bestellungsbeschluss die vertragliche Ebene zu beachten. Durch den Bestellungsbeschluss der Hauptversammlung und die Annahme der Bestellung kommt zwischen der Gesellschaft und dem besonderen Vertreter ein **Geschäftsbesorgungsvertrag** im Sinne des § 675 BGB zustande, dessen Inhalt sich nach den gesetzlichen Bestimmungen richtet.[427] Aus diesem Vertrag ergibt sich auch die Vergütung des besonderen Vertreters. Enthält der Bestellungsbeschluss hierüber keine Regelung, ist dem besonderen Vertreter entsprechend der Vorschriften der §§ 675, 612 Abs. 2 BGB eine übliche Vergütung zu zahlen, die sich an der Qualifikation des besonderen Vertreters sowie dem Umfang und der Dauer der Aufgabe orientieren wird.[428]

161 Bei der Bestellung durch das Gericht ergibt sich die Vergütungspflicht unmittelbar aus § 147 Abs. 2 S. 5 AktG, wonach der gerichtlich bestellte Vertreter von der Gesellschaft eine Vergütung für seine Tätigkeit verlangen kann. Der besondere Vertreter, der von der Hauptversammlung bestellt wurde, kann für seine notwendigen Auslagen Ersatz aufgrund von §§ 675, 670 BGB verlangen; für den gerichtlich bestellten Vertreter ergibt sich ein entsprechender Anspruch wiederum unmittelbar aus § 147 Abs. 2 S. 5 AktG.

IV. Rechte und Pflichten des besonderen Vertreters

1. Rechte

a) Informationsrechte

162 Die zentrale Aufgabe des besonderen Vertreters besteht in der Geltendmachung der Ansprüche, für die er bestellt ist. Dies hat zur Konsequenz, dass dem besonderen Vertreter alle Rechte zukommen müssen, die er zur Durchführung seiner Aufgaben bedarf. Dazu gehört auch ein **Auskunfts- und Einsichtsrecht**, das im Ausgangspunkt weitgehend unstreitig ist; diejenigen Bücher und Schriften der Gesellschaft, deren Einsichtnahme zur Geltendmachung von Ansprüchen notwendig ist, müssen dem besonderen Vertreter auch gegen den Willen des Vorstands zugänglich gemacht werden, ohne dass hierzu eine ausdrückliche gesetzliche Grundlage notwendig wäre.[429] Soweit teilweise verlangt

---

426 BGH NZG 2011, 1383 (1384) unter Hinweis auf ZIP 1981, 178 (179); LG München I AG 2007, 756; NJW 2009, 3794 (3795); LG Duisburg ZIP 2013, 1379 (1380); Spindler/Stilz/*Mock* § 147 Rn. 66; Schmidt/Lutter/*Spindler* § 147 Rn. 23; GroßkommAktG/*Bezzenberger* § 147 Rn. 52; Heidel/*Lochner* § 147 Rn. 16, 24; Hüffer/*Koch* § 147 Rn. 8; *Kling* ZGR 2009, 190 (211 ff.); mit eingehender Begründung vor allem überzeugend Mock DB 2008, 393 (395); ders. AG 2008, 839 (840); *Häsemeyer* ZHR 144 [1980], 265 (274); *Verhoeven* ZIP 2008, 245 (246 ff.); *Bayer/Lieder* NZG 2012, 1 (8).
427 Spindler/Stilz/*Mock* § 147 Rn. 37; GroßkommAktG/*Bezzenberger* § 147 Rn. 55; Heidel/*Lochner* § 147 Rn. 25.
428 KG AG 2012, 328 (329); Schmidt/Lutter/*Spindler* § 147 Rn. 30; GroßkommAktG/*Bezzenberger* § 147 Rn. 63; Hüffer/*Koch* § 147 Rn. 9; Heidel/*Lochner* § 147 Rn. 26; *Verhoeven* ZIP 2008, 245 (249); *U. H. Schneider* ZIP 2013, 1985 (1990).
429 So bereits RGZ 83, 248 (249, 252 f.) OLG München DB 1996, 1967; ZIP 2008, 73 (77); LG Duisburg ZIP 2013, 1379 (1380) m. krit. Anm. *Mock* EWiR 2013, 701 zur restriktiven Handhabung im Einzelfall; weitergehend im Umfang LG München I ZIP 2007, 1809 (1812); GroßkommAktG/*Bezzenberger* § 147 Rn. 57; Schmidt/Lutter/*Spindler* § 147 Rn. 26; Spindler/Stilz/*Mock* § 147 Rn. 78; Hüffer/*Koch* § 147 Rn. 9; Bürgers/Körber/*Holzborn/Jänig* § 147 Rn. 14; *Kling* ZGR 2009, 190 (218); MüKo AktG/*Schröer* § 147 Rn. 5; *U. H. Schneider* ZIP 2013, 1985 (1987); a. A. nicht überzeugend *Humrich* NZG 2014, 441 (444 ff.), der entsprechende Informationsrechte insgesamt ablehnt. Diese Rechte können nach der im Ausgangspunkt übereinstimmenden Rechtsprechung des LG München I wie auch des OLG München mittels

wird, trotz bestandskräftigen Beschlusses der Hauptversammlung könne der besondere Vertreter derartige Informationsrechte nur beim Bestehen eines hinreichenden Anfangsverdachts geltend machen,[430] kann dem nicht gefolgt werden. Zum einen würde dies gegen den Inhalt des Beschlusses über die Bestellung durch die Hauptversammlung verstoßen, der inzident das Bestehen eines solchen Verdachts bejaht. Zum anderen steht dies in Widerspruch zur Verpflichtung, die von der Hauptversammlung im Bestellungsbeschluss beschriebenen Ansprüche ohne eigenen Ermessensspielraum zu verfolgen.[431]

Umstritten ist dagegen, inwieweit sich der besondere Vertreter diese Unterlagen selbst verschaffen kann und zu diesem Zweck das Recht hat, ungehindert die Geschäftsräume zu betreten und von Mitarbeitern die Aushändigung von Unterlagen verlangen kann und diese zu befragen. Das OLG München[432] hat dies abgelehnt. Zur Begründung verweist es neben der fehlenden Organstellung auf die Aufgabe des besonderen Vertreters lediglich zur Geltendmachung des Ersatzanspruchs und grenzt dies von den Befugnissen des Sonderprüfers ab, der Vorgänge innerhalb der Gesellschaft umfassend in alle Richtungen hin überprüfen müsse; daher sehe § 147 AktG keine dem § 145 AktG vergleichbare Ermittlungskompetenz vor. Dieser Ansicht ist indes aus den nachstehenden Gründen nicht zu folgen.[433] Wenn der besondere Vertreter an die Stelle des Vorstands tritt, so müssen ihm auch die Befugnisse zustehen, die sonst der Vorstand hat. Die Parallele zum Sonderprüfer überzeugt nicht, weil der Bericht des Sonderprüfers nur die Grundlagen für die zuständigen Organe der Gesellschaft schafft, ob es zu einer Inanspruchnahme von Organmitgliedern kommt oder nicht; der Sonderprüfer trifft keine abschließende Entscheidung. Daher wird mit *Mock*[434] der besondere Vertreter als ein »aliud« im Vergleich zum Sonderprüfer anzusehen sein, so dass daraus keine zwingenden Schlüsse für die Befugnisse des besonderen Vertreters abgeleitet werden können.

163

b) Rede- und Teilnahmerecht bei einer Hauptversammlung?

In Rechtsprechung und Literatur ist umstritten, ob dem besonderen Vertreter bei einer Hauptversammlung ein **Rederecht** sowie die Befugnis zur **Beantwortung von Fragen** der Aktionäre zustehen können, wobei dies vor allem dann gilt, wenn es hierzu keinen eigenständigen Tagesordnungspunkt gibt. Teilweise wird die Ansicht vertreten, ihm stehe ein Rederecht auf der Hauptversammlung zu, weil sich dies aus der Organstellung ableiten lasse und es anderenfalls zu einer Behinderung seiner Tätigkeit komme.[435] Die besseren Gründe sprechen indes für die Gegenansicht, die ein Rederecht ablehnt, jedenfalls solange es keinen konkreten Bezug zu einem Tagesordnungspunkt gibt.[436] Dies ergibt sich aus dem Wesen der Hauptversammlung, deren Sinn nicht darin liegen kann, als Forum für die Diskussion von Fragen zu dienen, die außerhalb ihrer Zuständigkeit liegen, die sich an der konkreten Tagesordnung auszurichten hat. Ebenso wenig ist der besondere Vertreter befugt, Fragen

164

---

einstweiliger Verfügung gem. §§ 935 ff. ZPO durchgesetzt werden. Das LG München I ging in der soeben zitierten Entscheidung noch davon aus, dass dem besonderen Vertreter bei der Frage, welche Unterlagen relevant sind, ein weiter Ermessensspielraum zustehe, der nur auf Missbrauch hin überprüft werden könne.

430 LG Stuttgart ZIP 2010, 329 (330).
431 ebenso *Lochner* EWiR 2010, 3 f.
432 OLG München ZIP 2008, 73 (78 f.); ebenso Schmidt/Lutter/*Spindler* § 147 Rn. 26; Kling ZGR 2009, 190 (218).
433 LG München I ZIP 2007, 1809 (1815), wobei das Recht zur Befragung auf die Mitarbeiter beschränkt ist, die mit dem Gegenstand des Auftrags befasst waren; Spindler/Stilz/*Mock* § 147 Rn. 78; Schmidt/Lutter/*Spindler* § 147 Rn. 26; Heidel/*Lochner* § 147 Rn. 24a; Wachter/*Zwissler* § 147 Rn. 14; Mock DB 2008, 393; *U. H. Schneider* ZIP 2013, 1985 (1987).
434 DB 2008, 393 (396).
435 Spindler/Stilz/*Mock* § 147 Rn. 82; Heidel/*Lochner* § 147 Rn. 24; *Böbel*, Die Rechtsstellung der besonderen Vertreter gem. § 147 AktG, S. 123.
436 LG München I ZIP 2008, 1588 (1589 f.); Wachter/*Zwissler* § 147 Rn. 15; in diese Richtung auch *Mock* AG 2008, 839 (843 f.), der ebenfalls einen Bezug zur Tagesordnung verlangt.

von Aktionären während der Hauptversammlung zu beantworten.[437] § 131 Abs. 1 S. 1 AktG nennt den Vorstand als Auskunftsverpflichteten, wobei dies auch dann gilt, wenn es beispielsweise um Fragen geht, die nicht in seinen originären Zuständigkeitsbereich fallen wie beispielsweise solche des Aufsichtsrats.[438] Ein derartiges Recht lässt sich auch nicht aus einer allgemeinen Berichtspflicht ableiten[439], weil diese nicht den Vorgaben des Aktienrechts entspricht; aus den Vorschriften des Aktienrechts über die Berichtspflichten[440] kann keine Gesamtanalogie abgeleitet werden. Für eine Analogie zu § 666 BGB[441] fehlt es an der Vergleichbarkeit des besonderen Vertreters mit dem Beauftragten, weil der besondere Vertreter im Gegensatz zum Beauftragten (vgl. § 665 BGB) nicht weisungsabhängig ist – abgesehen von Vorgaben, die ihm die Hauptversammlung für die Geltendmachung durch den Beschluss nach § 147 Abs. 1 AktG machen kann; eine weitergehende Weisungsgebundenheit kann daraus aber nicht abgeleitet werden.[442]

165 Ein **Teilnahmerecht** wird dem besonderen Vertreter an der Hauptversammlung nicht zugemessen werden können, weil dies im Widerspruch zur Kompetenzordnung in der Aktiengesellschaft steht und vor allem auch vom Aufgabenbereich des besonderen Vertreters nicht umfasst sein wird.[443]

2. Pflichten des besonderen Vertreters

166 Da der besondere Vertreter als Organ der Gesellschaft angesehen werden muss, trifft ihn nach allgemeiner Meinung[444] in seinem Aufgabenbereich eine besondere Treuepflicht gegenüber der Gesellschaft, die als vertraglich begründet angesehen werden muss und die ihren Grund darin hat, dass er über fremde Vermögensinteressen verfügt. Da er in seinem Zuständigkeitsbereich die Organe der Gesellschaft verdrängt, treffen ihn aber insoweit auch die gesetzlichen Pflichten zur Verschwiegenheit[445] wie auch die kapitalmarktrechtlichen Pflichten insbesondere zur ad hoc-Publizität, soweit es um die Geltendmachung der Ansprüche geht.[446]

167 Verletzt der besondere Vertreter seine gesetzlichen Pflichten, so findet die Vorschrift des § 93 Abs. 2 AktG auf ihn analoge Anwendung, weshalb er unter den dort genannten Voraussetzungen zum Schadensersatz verpflichtet ist. Da er als Organ der Gesellschaft angesehen werden muss, so ist es nur konsequent, wenn die für die Organhaftung entwickelten Grundsätze auf ihn entsprechend angewandt werden.[447]

---

437 LG München I ZIP 2008, 1588 (1590); Spindler/Stilz/*Mock* § 147 Rn. 73; *G. Wirth*, in FS Hüffer, S. 1129 (1151); a. A. Verhoeven EWiR 2009, 65 (66).
438 MüKo AktG/*Kubis* § 131 Rn. 20; Schmidt/Lutter/*Spindler* § 131 Rn. 17.
439 LG München I ZIP 2008, 1588 (1590 f.); Spindler/Stilz/*Mock* § 147 Rn. 73; a. A. Schmidt/Lutter/*Spindler* § 147 Rn. 28; Kling ZGR 2009, 190 (219 f.).
440 V. a. §§ 172, 175 AktG über den Jahresabschluss, § 124 Abs. 2 S. 2 AktG, Zustimmung zu Strukturmaßnahmen wie Squeeze out, Umwandlung oder Beherrschungs- und Gewinnabführungsvertrag.
441 So aber *Böbel*, Die Rechtsstellung der besonderen Vertreter gem. § 147 AktG, S. 123.
442 LG München I ZIP 2008, 1588 (1591); Spindler/Stilz/*Mock* § 147 Rn. 72; *Mock* AG 2008, 839, 844; a. A. zum Teil *Verhoeven* ZIP 2008, 245 (248), der eine Weisungsgebundenheit insofern annimmt, als der besondere Vertreter den Inhalt des Bestellungsbeschlusses zu beachten hat.
443 LG München I ZIP 2008, 1588 (1589 f.); Schmidt/Lutter/*Spindler* § 147 Rn. 28; a. A. Spindler/Stilz/*Mock* § 147 Rn. 73; *Verhoeven* EWiR 2009, 65 (66).
444 Spindler/Stilz/*Mock* § 147 Rn. 68; GroßkommAktG/*Bezzenberger* § 147 Rn. 55; Wachter/*Zwissler* § 147 Rn. 16.
445 Spindler/Stilz/*Mock* § 147 Rn. 68; Wachter/*Zwissler* § 147 Rn. 16; Bürgers/Körber/*Holzborn/Jänig* § 147 Rn. 13; Mock AG 2008, 839 (840).
446 Schmidt/Lutter/*Spindler* § 147 Rn. 29; Spindler/Stilz/*Mock* § 147 Rn. 76; Mock AG 2008, 839 (847 f.).
447 Spindler/Stilz/*Mock* § 147 Rn. 69; Kling ZGR 2009, 190 (225 f.); *U. H. Schneider* ZIP 2013, 1985 (1991); a. A. GroßkommAktG/*Bezzenberger* § 147 Rn. 55; Hüffer/*Koch* § 147 Rn. 10; *Verhoeven* ZIP 2008, 245 (251), die wenig überzeugend den Haftungsmaßstab aus § 276 BGB anlegen wollen, weil namentlich der herangezogene Vergleich zur Haftung des Sonderprüfers angesichts der unterschiedlichen Stellung und Aufgaben nicht passt.

V. Die Geltendmachung der Ansprüche

Die Geltendmachung der Ersatzansprüche umfasst nach einhelliger Auffassung[448] sowohl die außergerichtliche wie auch die gerichtliche Durchsetzung. Dabei soll nach der Vorschrift des § 147 Abs. 1 S. 2 AktG der Ersatzanspruch binnen sechs Monaten seit dem Tage der Hauptversammlung geltend gemacht werden.[449]

168

Fraglich ist, wie der besondere Vertreter vorgehen muss, wenn sich bei der Geltendmachung ergibt, dass die Ansprüche nicht bestehen oder ihre Geltendmachung auf ein unvertretbar hohes Prozessrisiko hinausläuft. Hier wird vertreten, der besondere Vertreter müsse von der Geltendmachung absehen, um unnötige Kosten für die Gesellschaft zu vermeiden.[450] Dasselbe soll gelten, wenn sich die Aussichtslosigkeit im Laufe des Rechtsstreits herausstellt – in einer solchen Situation soll der besondere Vertreter zur Klagerücknahme gem. § 269 ZPO berechtigt sein. Insoweit bestehen indes Bedenken, inwieweit dies mit der Verpflichtung vereinbar ist, dass der besondere Vertreter keinen eigenen Beurteilungsspielraum hat, sondern die Ansprüche zwingend geltend machen muss. Daher wird davon auszugehen sein, dass der besondere Vertreter in einer solchen Situation sein Amt niederlegen muss, wenn er der Ansicht ist, die Geltendmachung führe zu keinem Erfolg.[451]

169

Will der besondere Vertreter gerichtlich oder außergerichtlich einen **Vergleich** mit den Anspruchsgegnern abschließen, muss ihm diese Befugnis zugesprochen werden; allerdings sind in diesem Zusammenhang die Vorgaben des § 93 Abs. 4 S. 3 AktG zu beachten, wenn Ansprüche gegen Mitglieder des Vorstands oder Aufsichtsrats geltend gemacht werden.[452] Ein **Verzicht** auf die Ansprüche ist dagegen entgegen einer zum Teil in der Literatur vertretenen Auffassung[453] nicht möglich, weil auch hier die Vorschrift des § 93 Abs. 4 S. 3 AktG eingreift, die einen Verzicht einschließlich des Antrags auf Erlass eines Verzichtsurteils im Sinne des § 306 ZPO ausschließt[454]; auch wenn die personelle Verflechtung mit den Anspruchsgegnern geringer ist oder vollständig fehlt, so ist zu beachten, dass das Verzichtsverbot allgemein gilt und dass der besondere Vertreter an die Stelle der Organe tritt, die ansonsten den Anspruch geltend machen müssten. Dann aber ist es gerechtfertigt, die Beschränkungen, die diese Organe treffen, auf den besonderen Vertreter ebenfalls anzuwenden.

170

Nicht zur Geltendmachung der Ansprüche gehört es, wenn der besondere Vertreter Anfechtungsklagen von Minderheitsaktionären unterstützt, die sich beispielsweise gegen einen Squeeze out richten; daher ist er nicht befugt, einem derartigen Anfechtungsprozess als Nebenintervenient beizutreten.[455]

171

VI. Beendigung der Rechtsstellung als besonderer Vertreter

1. Bei Bestellung durch die Hauptversammlung

Hatte die Hauptversammlung den besonderen Vertreter bestellt, so kann sie im Wege eines actus contrarius bis zum Abschluss seiner Tätigkeit auch den Beschluss über die **Abberufung** des besonde-

172

---

448 BGH NJW 1981, 1097 (1098); Schmidt/Lutter/*Spindler* § 147 Rn. 11; MüKo AktG/*Schröer* § 147 Rn. 30, 44; GroßkommAktG/*Bezzenberger* § 147 Rn. 39; Spindler/Stilz/*Mock* § 147 Rn. 59.
449 Diese Frist ist einer der entscheidenden Gesichtspunkte gewesen, damit der besondere Vertreter seine Einsichtsrechte auch mittels einstweiliger Verfügung geltend machen konnte; vgl. OLG München ZIP 2008, 73 (77).
450 Spindler/Stilz/*Mock* § 147 Rn. 62.
451 GroßkommAktG/*Bezzenberger* § 147 Rn. 56; Schmidt/Lutter/*Spindler* § 147 Rn. 24; MüKo AktG/*Schröer, 2. Aufl.*, § 147 Rn. 45; *Semler* AG 2005, 321 (330); a. A. Spindler/Stilz/*Mock* § 147 Rn. 62; nunmehr auch MüKo AktG/*Schröer* § 147 Rn. 46.
452 Schmidt/Lutter/*Spindler* § 147 Rn. 24; GroßkommAktG/*Bezzenberger* § 147 Rn. 56; Spindler/Stilz/*Mock* § 147 Rn. 63; MüKo AktG/*Schröer* § 147 Rn. 46; a. A. wohl *Westermann* AG 2009, 237 (240 f.).
453 *Kling* ZGR 2009, 190 (207 f.).
454 Ebenso Spindler/Stilz/*Mock* § 147 Rn. 63; Schmidt/Lutter/*Spindler* § 147 Rn. 24; GroßkommAktG/*Bezzenberger* § 147 Rn. 56; MüKo AktG/*Schröer* § 147 Rn. 46.
455 OLG München NZG 2009, 305 f.; MüKo AktG/*Schröer* § 147 Rn. 54; Hüffer/*Koch* § 147 Rn. 8.

ren Vertreters fassen.⁴⁵⁶ Für die Einberufung gelten die allgemeinen Regeln über Beschlüsse der Hauptversammlung, so dass es hierzu insbesondere auch eines gesonderten Tagesordnungspunktes bedarf. Ein wichtiger Grund ist hierfür nicht erforderlich; vielmehr steht es im Ermessen der Hauptversammlung, die Bestellung des besonderen Vertreters zu widerrufen.⁴⁵⁷ Die Vorschrift des § 626 Abs. 1 BGB kann nicht zur Anwendung gelangen, weil es hier um die Organstellung und nicht um eine vertragliche Beziehung geht. Auch bei der Beschlussfassung über die Abberufung gilt wie bei der Bestellung das Stimmrechtsverbot aus § 136 Abs. 1 S. 1 AktG, wenn sich der Anspruch gegen einen Aktionär richtet. Mit der Abberufung verbunden ist zugleich die Kündigung des Geschäftsbesorgungsvertrages, der dadurch ebenfalls mit Wirkung für die Zukunft endet.⁴⁵⁸

173 Ein Sonderproblem entsteht, wenn nach der Bestellung und der Aufnahme der Tätigkeit bei der Gesellschaft ein Squeeze out durchgeführt wird und der nunmehrige Alleinaktionär als Anspruchsgegner den Beschluss fasst, den Beschluss über die Geltendmachung der Ansprüche und die Bestellung des besonderen Vertreters aufzuheben. Die wohl überwiegend vertretene Auffassung lehnt in diesem Fall die Anwendung von § 136 Abs. 1 S. 1 AktG ab.⁴⁵⁹ Wird der Gesellschaftswille wie in einer Einpersonengesellschaft allein durch einen Alleinaktionär gebildet und bedürfe es damit keines Schutzes anderer Gesellschafter, bestehe kein Grund, den Alleinaktionär von der Stimmrechtsausübung auszuschließen. Anderenfalls läge ein nachhaltiger Eingriff in den Willensbildungsprozess der AG vor, der das Eigentumsrecht des Alleinaktionärs verletzen würde. Er wäre – obwohl alleiniger Eigentümer der Gesellschaft – gehindert, einen Gesellschaftswillen zu bilden. Auch wenn es sich um einen actus contrarius handele, so seien die beiden Hauptversammlungen angesichts der unterschiedlichen Aktionärsstruktur nicht miteinander zu vergleichen. Die besseren Gründe sprechen indes für die Gegenansicht, die § 136 Abs. 1 S. 1 AktG auch hier anwenden will und eine teleologische Reduktion verneint.⁴⁶⁰ Das Verbot des »Richtens in eigener Sache« als Normzweck des Stimmrechtsverbots gilt auch hier. Es muss verhindert werden, dass sich die Stimmabgabe nicht am Interesse der Gesellschaft, sondern an den Eigeninteressen des Abstimmenden orientiert. Eine dauernde Lähmung der Gesellschaft ist mit dieser Ansicht nicht verbunden, weil sich dieser Gefahr durch eine analoge Anwendung von § 142 Abs. 4 AktG beggnen lässt. Auch wird zur Begründung darauf verwiesen, dass die Aktiengesellschaft von ihrer Interessenslage her nicht notwendig identisch sein muss mit den Interessen ihrer Aktionäre bzw. dann ihres Alleinaktionärs.

174 Dem besonderen Vertreter muss im Falle seiner Abberufung durch die Hauptversammlung in analoger Anwendung von § 245 Nr. 4 AktG die Anfechtungsbefugnis gegen den Beschluss zugestanden werden.⁴⁶¹

---

456 Spindler/Stilz/*Mock* § 147 Rn. 85, der zutreffend darauf verweist, dass »Geltendmachung von Ersatzansprüchen« als Tagesordnungspunkt in der Einladung ausreicht; Schmidt/Lutter/*Spindler* § 147 Rn. 31; Heidel/*Lochner* § 147 Rn. 30; GroßkommAktG/*Bezzenberger* § 147 Rn. 61.
457 BGH AG 2013, 634; OLG München ZIP 2010, 725 (728); Spindler/Stilz/*Mock* § 147 Rn. 85; Schmidt/Lutter/*Spindler* § 147 Rn. 31; GroßkommAktG/*Bezzenberger* § 147 Rn. 61; MüKo AktG/*Schröer* § 147 Rn. 72; Bürgers/Körber/*Holzborn/Jänig* § 147 Rn. 14a; a. A. Heidel/*Lochner* § 147 Rn. 30 unter Hinweis auf § 626 Abs. 1 BGB.
458 Schmidt/Lutter/*Spindler* § 147 Rn. 25; Heidel/*Lochner* § 147 Rn. 30; Spindler/Stilz/*Mock* § 147 Rn. 89.
459 BGH NZG 2011, 950 (951) in Bestätigung von OLG München ZIP 2010, 725 (728 f.); Schmidt/Lutter/*Spindler* § 147 Rn. 31; *Altmeppen* NJW 2009, 3757 (3758 f.); *Peters/Hecker* NZG 2009, 1294 (1295).
460 LG München I NJW 2009, 3794 (3796 f.), als Vorinstanz zu OLG München ZIP 2010, 725; Spindler/Stilz/*Mock* § 147 Rn. 91; Heidel/*Lochner* § 147 Rn. 30; *Lutter* ZIP 2009, 2203; i. Erg. auch *Hirte/Mock* BB 2010, 775 (776), die zur Begründung vor allem auf die Folgen für ein Spruchverfahren der Minderheitsaktionäre abstellen.
461 LG München I NJW 2009, 3794 (3795 f.) – in dieser Entscheidung wurde auch die Parteifähigkeit des besonderen Vertreters bejaht; Spindler/Stilz/*Mock* § 147 Rn. 92.

2. Bei Bestellung durch das Gericht

Ist der besondere Vertreter durch das Gericht bestellt worden, so endet sein Amt mit der Bestellung eines neuen besonderen Vertreters durch das Gericht, wobei ein derartiger Antrag neben der qualifizierten Aktionärsminderheit auch von der an dem Verfahren beteiligten Gesellschaft gestellt werden kann.[462] Die Hauptversammlung kann einen vom Gericht bestellten besonderen Vertreter dagegen nicht abberufen.[463]

3. Gemeinsame Beendigungsgründe

Als weitere Beendigungsgründe sind der Tod des besonderen Vertreters[464] sowie entsprechend seiner Funktion der Abschluss der Tätigkeit[465] der Geltendmachung der Ansprüche entsprechend seiner Aufgabe zu nennen. Mit der Niederlegung des Amtes durch den besonderen Vertreter ist gleichfalls die Beendigung seiner Funktion verbunden.[466] Im Falle der Eröffnung des Insolvenzverfahrens ruht dagegen die Tätigkeit des besonderen Vertreters nur, ohne dass seine Organstellung dadurch berührt wäre.[467] Wie bei allen anderen Organen erlischt das Amt des besonderen Vertreters mit der Verschmelzung des übertragenden Rechtsträgers auf einen anderen Rechtsträger. Seine Aufgabe zur Geltendmachung der Ersatzansprüche obliegt nun den Organen der übernehmenden Gesellschaft; angesichts der Unterschiede der geltend zu machenden Ansprüche findet auch die Vorschrift des § 26 Abs. 1 S. 1 UmwG keine Anwendung.[468]

D. Anträge auf Zusammensetzung bzw. Ergänzung des Aufsichtsrates

Auseinandersetzungen im Zusammenhang mit der Zusammensetzung des Aufsichtsrates entstehen, wenn streitig oder ungewiss ist, nach welchen gesetzlichen Vorschriften der Aufsichtsrat zusammenzusetzen ist (nachfolgend Rdn. 179 ff. zum Antrag eines Aktionärs auf gerichtliche Entscheidung nach § 98 Abs. 1 AktG).

Streitbehaftet ist auch der Fall, in dem ein Aufsichtsrat zu ergänzen ist, weil ihm nicht die notwendige Zahl von Mitgliedern angehört (nachfolgend Rdn. 218 ff. zu Anträgen eines Aktionärs auf Ergänzung des Aufsichtsrates nach § 104 AktG).

I. Zusammensetzung des Aufsichtsrates (Antrag nach § 98 Abs. 1 AktG)

1. Statusverfahren

Zur Klärung der Frage, wie der Aufsichtsrat einer Gesellschaft[469] zutreffend zusammenzusetzen ist, ist ein **Statusverfahren** durchzuführen.

Die Ursachen dafür, dass die jeweilige Zusammensetzung des Aufsichtsrates im Streit steht, können vielfältig sein. In der Praxis häufig ist der Fall, in dem sich die bei Bildung des Aufsichtsrates maß-

---

462 Spindler/Stilz/*Mock* § 147 Rn. 94; GroßkommAktG/*Bezzenberger* § 147 Rn. 62; MüKo AktG/*Schröer* § 147 Rn. 73.
463 GroßkommAktG/*Bezzenberger* § 147 Rn. 62.
464 Spindler/Stilz/*Mock* § 147 Rn. 85; Wachter/Zwissler § 147 Rn. 18.
465 MüKo AktG/*Schröer*, 2. Aufl., § 147 Rn. 55.
466 GroßkommAktG/*Bezzenberger* § 147 Rn. 56, 60; Schmidt/Lutter/*Spindler* § 147 Rn. 33; Wachter/Zwissler § 147 Rn. 18; *Bayer/Lieder* NZG 2012, 1 (9).
467 BGH NJW 1981, 1097 (1098) = ZIP 1981, 178 (179); Spindler/Stilz/*Mock* § 147 Rn. 90.
468 BGH AG 2013, 634.
469 Das Statusverfahren ist – neben der AG – auch für die KGaA (vgl. § 278 Abs. 3 AktG), für alle mitbestimmten Gesellschaften (vgl. § 6 Abs. 2 MitbestG, § 1 Abs. 1 Nr. 3 DrittelbG, § 3 Abs. 2 MontanMitbestG, § 3 Abs. 2 MitbestErgG), für die nicht-mitbestimmte GmbH (vgl. § 27 EGAktG) und den Versicherungsverein auf Gegenseitigkeit (vgl. § 35 VAG) anzuwenden. Auf die dualistische Societas Europaea (SE) sind die §§ 97 ff. AktG ebenfalls anwendbar, wenn nicht die Satzung der SE abweichende Regelungen enthält; für die monistische SE ist ein eigenständiges Statusverfahren in § 25 SEAG geregelt.

geblichen tatsächlichen Verhältnisse über die Zeit geändert haben (z. B. die mit einem Absinken oder einem Anstieg der Arbeitnehmerzahl einhergehende Änderung des Mitbestimmungssystems oder auch die bloße Vergrößerung oder Verkleinerung des Aufsichtsrates, soweit diese wegen gestiegener oder gesunkener Arbeitnehmerzahlen gesetzlich vorgeschrieben ist).[470] Selten(er) ist der Fall, dass die Bildung des Aufsichtsrates auf einer (rechtlichen) Fehlbeurteilung beruhte, die korrigiert werden soll.[471]

181 Um ein Statusverfahren **aktiv** einzuleiten, kann ein Aktionär Antrag auf gerichtliche Feststellung der Zusammensetzung des Aufsichtsrates stellen (vgl. § 98 Abs. 1 AktG). Ein Aktionär kann eine initiative Klärung nur im Wege eines solchen Antrags erreichen.

182 Der Aktionär kann jedoch auch **reaktiv** einen Antrag stellen, wenn er sich gegen eine Bekanntmachung des Geschäftsführungsorgans zur Zusammensetzung des Aufsichtsrates wehren will. Die Bekanntmachung nach § 97 Abs. 1 AktG leitet ebenfalls das Statusverfahren ein, steht jedoch nur dem Geschäftsführungsorgan der betroffenen Gesellschaft offen; dieser Weg wird im Regelfall gewählt, wenn das Geschäftsführungsorgan der Auffassung ist, dass der Aufsichtsrat nicht nach den maßgeblichen Vorschriften zusammengesetzt ist (vgl. § 97 Abs. 3 S. 1 AktG unter Beachtung der sog. Bekanntmachungssperre nach § 97 Abs. 3 AktG, wenn bereits ein gerichtliches Verfahren nach § 98 Abs. 1 AktG eingeleitet ist). In der Bekanntmachung sind die nach Ansicht des Geschäftsführungsorgans maßgeblichen rechtlichen Vorschriften zu benennen, nach denen der Aufsichtsrat gebildet sein soll. Ein Aktionär kann innerhalb eines Monats nach dieser Bekanntmachung das zuständige Gericht anrufen und sich im Wege dieses Widerspruchs gegen die Bekanntmachung wehren.[472]

183 Das Statusverfahren ist **zweistufig:**[473]

184 Auf der ersten Stufe werden die für die Zusammensetzung des Aufsichtsrates maßgeblichen Vorschriften festgestellt. Auf der zweiten Stufe wird, soweit veranlasst, die Überleitung vollzogen, wobei die Zusammensetzung des Aufsichtsrates und gegebenenfalls auch die Satzung der Gesellschaft gemäß den in der ersten Stufe für die Zusammensetzung des Aufsichtsrates als maßgeblich festgestellten Vorschriften anzupassen ist (vgl. § 98 Abs. 4 AktG).

2. Antrag

185 Das gerichtliche Verfahren wird (nur) auf **Antrag** eingeleitet (Dispositionsgrundsatz).

---

470 Willemsen/Hohenstatt/Schweibert/Seibt/*Seibt* F Rn. 189 m. w. N. umfassend zur Darstellung der Anwendungsfälle eines Statusverfahrens, auch zur Frage der Durchführung eines Statusverfahrens, wenn die Änderung des Aufsichtsrates nicht zwingend geboten ist oder wegen einer Satzungsänderung notwendig wird.

471 Ein Statusverfahren ist auch in Fällen der Umwandlung zu führen, insbesondere – bei Vorliegen weiterer Voraussetzungen – bei Verschmelzung, Spaltung durch Aufnahme und bestimmten Fällen des Formwechsels. Zur aktuellen Streitfrage, ob bei der Ermittlung der für die Anwendung der Regelungen über die Unternehmensmitbestimmung maßgeblichen Unternehmensgröße die im Ausland beschäftigten Mitarbeiter, insbesondere auch der ausländischen Konzernunternehmen, mitzuberücksichtigen sind: LG Frankfurt, Beschl. v. 16.02.2015 – 3-16 O 1/14 (»Deutsche Börse«), in Abgrenzung zum OLG Zweibrücken, Beschl. v. 20.02.2014 – 3 W 150/13, mit dem Hinweis auf die (Un-)Geeignetheit des Statusverfahrens bei Streit über das Wahlrecht von ausländischen Belegschaften, wenn schon kein Streit oder Ungewissheit über die Zusammensetzung des Aufsichtsrats besteht.

472 Hölters AktG/*Simons* § 98 Rn. 6 zur Darstellung der herrschenden Auffassung, wonach ein unwidersprochen abgeschlossenes Bekanntmachungsverfahren nicht hindert, zusätzlich oder aus anderen Gründen einen Antrag nach § 98 AktG zu stellen.

473 Willemsen/Hohenstatt/Schweibert/Seibt/*Seibt* F Rn. 212 mit einer grafischen Darstellung zur Zweistufigkeit.

D. Anträge auf Zusammensetzung bzw. Ergänzung des Aufsichtsrates § 6

a) Antragsberechtigung eines Aktionärs

Die antragsberechtigten Personen und Gremien sind im Gesetz ausdrücklich, aber auch abschließend benannt (vgl. § 98 Abs. 2 AktG). 186

Bei einer Aktiengesellschaft generell antragsberechtigt ist auch jeder Aktionär[474] der Gesellschaft (vgl. § 98 Abs. 2 S. 1 Nr. 3 AktG), weil auch bei ihm ein offensichtliches Interesse an der richtigen Zusammensetzung des Aufsichtsrates unterstellt wird. 187

b) Antragsfrist für den Aktionär

Für die Stellung des Antrags durch einen Aktionär besteht im Grundsatz keine Antragsfrist. 188

Wird mit dem Antrag jedoch auf die Bekanntmachung des Geschäftsführungsorgans nach § 97 AktG reagiert, muss der Antrag innerhalb von einem Monat nach dieser Bekanntmachung gestellt werden. 189

c) Formelle Anforderungen für den gerichtlichen Antrag

Für den Antrag selbst sind keine besonderen Formvorschriften zu beachten. 190

Der Antrag kann schriftlich oder zu Protokoll der Geschäftsstelle des zuständigen Gerichts erklärt werden (vgl. § 25 FamFG).[475] Der Antrag muss nicht von einem Rechtsanwalt unterzeichnet sein. 191

Der antragstellende Aktionär hat seine Antragsberechtigung nachzuweisen; dies kann durch Vorlage einer Aktienurkunde oder einer Hinterlegungs- oder Depotbescheinigung erfolgen. 192

d) Inhaltliche Anforderungen für den gerichtlichen Antrag

Der Antrag muss auf die Änderung der Zusammensetzung des Aufsichtsrates gerichtet sein, d. h. muss dieses **Antragsziel** erkennen lassen und zeigen, dass die gegenwärtige Besetzung nach Auffassung des Antragstellers »streitig oder ungewiss« ist.[476] Der bloße Wunsch zur »Begutachtung« oder zur Bestätigung der Aufsichtsratsbesetzung ist nicht ausreichend.[477] 193

Es empfiehlt sich, in der **Begründung** die jeweils maßgeblichen Tatsachen möglichst umfassend vorzutragen und entsprechende Beweise anzubieten. Zu einer solchen Darstellung besteht zwar keine rechtliche Verpflichtung, weil im gesamten Verfahren der Grundsatz der Amtsermittlung gilt; danach hat das Gericht von Amts wegen alle Tatsachen zu erforschen, in die Verhandlung einzubringen und als Sachverhalt festzustellen (vgl. § 99 Abs. 1 AktG i. V. m. § 26 FamFG). An das Vorbringen und/oder die Beweisanträge der Beteiligten ist das Gericht hierbei nicht gebunden. Allerdings kann in der Praxis durch die empfohlene umfassende Darstellung in der Antragsschrift das Verfahren nicht unwesentlich beschleunigt werden. 194

3. Zuständiges Gericht

Der Antrag muss beim zuständigen Gericht eingereicht werden. 195

---

474 Hölters AktG/*Simons* § 98 Rn. 12 zu Namensaktien und dem Fall der Rechtsinhaberschaft durch mehrere.
475 Auch eine Antragserhebung per Telefax, Telekopie oder Telegramm wird als zulässig betrachtet (vgl. MüKo AktG/*Habersack* § 98 Rn. 3). Der Antrag kann auch zur Niederschrift der Geschäftsstelle eines jeden Amtsgerichts erklärt werden, wobei die Geschäftsstelle den Antrag unverzüglich an das zuständige Gericht zu übermitteln hat (vgl. § 25 Abs. 2 FamFG). Die Wirkung der Antragserhebung tritt erst ein, wenn das zuständige Gericht den Antrag erhalten hat (vgl. § 25 Abs. 3 FamFG).
476 MüKo AktG/*Habersack* § 98 Rn. 5; nach Spindler/Stilz/*Spindler* § 98 Rn. 9 besteht bei fehlendem Vortrag zu Tatsachen kein Rechtsschutzbedürfnis.
477 Hölters AktG/*Simons* § 98 Rn. 3 und 5.

196 Die (ausschließliche) **sachliche Zuständigkeit** liegt bei den Landgerichten; innerhalb der Landgerichte ist die Kammer für Handelssachen zuständig, falls eine solche gebildet ist, anderenfalls die Zivilkammer (vgl. § 98 Abs. 1 S. 1 AktG).[478]

197 Die (ausschließliche) **örtliche Zuständigkeit** liegt bei dem Gericht, in dessen Bezirk die Gesellschaft ihren Sitz hat (vgl. § 98 Abs. 1 S. 1 AktG; besteht ein Doppelsitz, sollen beide Sitzgerichte zuständig sein, mit einer Vorgriffszuständigkeit nach § 2 Abs. 1 FamFG des zuerst angerufenen Gerichts, auch bei verschiedenen Antragstellern).[479]

198 Um eine Konzentration der Verfahren und damit auch eine einheitliche Rechtsprechung zu gewährleisten, können die jeweiligen Landesregierungen durch Rechtsverordnung die Entscheidung für die Bezirke mehrerer Landgerichte einem Landgericht übertragen (vgl. § 71 Abs. 4 GVG); folgende Länder haben hiervon Gebrauch gemacht (in Klammern die jeweils für zuständig erklärten Landgerichte): Baden-Württemberg (LG Mannheim und LG Stuttgart), Bayern (LG München I und LG Nürnberg-Fürth), Hessen (LG Frankfurt a. M.), Niedersachsen (LG Hannover), Nordrhein-Westfalen (LG Dortmund, LG Düsseldorf und LG Köln) und Sachsen (LG Leipzig).[480]

4. Verfahren

a) In erster Instanz

199 Nach Stellung des Antrags hat das zuständige Landgericht den Antrag in den Gesellschaftsblättern, also jedenfalls im elektronischen Bundesanzeiger, bekannt zu machen (vgl. § 99 Abs. 2 S. 1 AktG).

200 Im Rahmen der **Amtsermittlung** müssen das Geschäftsführungsorgan, jedes Aufsichtsratsmitglied sowie die nach § 98 Abs. 2 AktG antragsberechtigten Betriebsräte, Sprecherausschüsse, Spitzenorganisationen und Gewerkschaften angehört werden (vgl. § 99 Abs. 2 S. 2 AktG). Diese Aufzählung ist jedoch nicht abschließend; anzuhören sind alle potentiell Betroffenen.[481]

201 Die **Anhörung** erfolgt durch Gelegenheit zur Stellungnahme. Dem soll bereits die Bekanntmachung im elektronischen Bundesanzeiger genügen, wenn diese ausdrücklich zur Stellungnahme innerhalb einer bestimmten angemessenen Frist auffordert, weil die materiell Beteiligten hierdurch von dem Verfahren Kenntnis erlangen und so die Möglichkeit erhalten, sich am Verfahren zu beteiligen.[482] Im Übrigen kann eine Anhörung mündlich oder schriftlich sowie innerhalb oder außerhalb eines formellen Termins durchgeführt werden, weil die Form einer Anhörung gesetzlich nicht vorgeschrieben ist.

202 Nach Abschluss der Ermittlungen entscheidet das Landgericht durch einen zu begründenden **Beschluss** (vgl. § 99 Abs. 3 S. 1 AktG, § 38 FamFG); dieser Beschluss ist dem Antragsteller und der Gesellschaft zuzustellen (vgl. § 99 Abs. 4 S. 1 AktG) und – ohne Gründe – in den Gesellschaftsblättern bekanntzumachen (vgl. § 99 Abs. 4 S. 2 AktG).

203 Eine generelle Einschätzung im Hinblick auf die zeitliche Dauer des Statusverfahrens ist infolge der regionalen Unterschiede schwer zu geben; zudem lassen die Verfahrensregeln dem jeweiligen Richter erheblichen Gestaltungsspielraum.

---

[478] MüKo AktG/*Habersack* § 98 Rn. 9 und Spindler/Stilz/*Spindler* § 98 Rn. 2 zur Reichweite der ausschließlichen Zuständigkeit der Landgerichte.
[479] Schmidt/Lutter AktG/*Drygala* § 98 Rn. 2; Hölters AktG/*Simons* § 98 Rn. 7.
[480] Schmidt/Lutter AktG/*Drygala* § 98 Rn. 3 und MüKo AktG/*Habersack* § 98 Rn. 8, jeweils mit Angaben zu den landesrechtlichen Regelungen.
[481] Hüffer/*Koch* § 99 Rn. 6.
[482] MüKo AktG/*Habersack* § 99 Rn. 15; Schmidt/Lutter AktG/*Drygala* § 98 Rn. 5; Hüffer/*Koch* § 99 Rn. 5.

D. Anträge auf Zusammensetzung bzw. Ergänzung des Aufsichtsrates § 6

b) In zweiter Instanz

Innerhalb einer Frist von einem Monat (vgl. § 63 Abs. 1 FamFG) kann **Beschwerde** gegen den Beschluss des Landgerichts eingelegt werden (vgl. § 99 Abs. 3 S. 2 AktG). Die Beschwerdefrist beginnt mit der Bekanntmachung der Entscheidung, für den Antragsteller und die Gesellschaft jedoch nicht vor Zustellung der Entscheidung (vgl. § 99 Abs. 4 S. 4 AktG). 204

Die Beschwerde muss beim Landgericht erhoben werden (vgl. § 64 Abs. 1 FamFG), als Beschwerdegericht entscheidet das zuständige Oberlandesgericht (vgl. § 119 GVG). Wie beim erstinstanzlichen Verfahren können die jeweiligen Landesregierungen durch Rechtsverordnung die Entscheidung einem Oberlandesgericht oder Obersten Landesgericht übertragen, um die Konzentration der Verfahren und damit auch eine einheitliche Rechtsprechung zu gewährleisten (vgl. § 99 Abs. 3 S. 5 AktG); folgende Länder haben hiervon Gebrauch gemacht (in Klammern die jeweils für zuständig erklärten Oberlandesgerichte): Bayern (OLG München), Rheinland-Pfalz (OLG Zweibrücken), Nordrhein-Westfalen (OLG Düsseldorf).[483] 205

Die Beschwerde kann von jedem nach § 98 Abs. 2 AktG Antragsberechtigten erhoben werden (vgl. § 99 Abs. 4 S. 3 AktG), sodass ein Aktionär auch an dieser Stelle in das Verfahren eingreifen kann. Die Beschwerdeschrift muss von einem Rechtsanwalt unterzeichnet sein (vgl. § 99 Abs. 3 S. 4 AktG).[484] 206

Die Beschwerde ist Rechtsbeschwerde; das Oberlandesgericht hat sich an die tatsächlichen Feststellungen des Landgerichts zu halten, soweit dessen Feststellung wiederum nicht selbst auf einer Gesetzesverletzung beruhte. 207

c) In dritter Instanz

Das Oberlandesgericht kann gegen die zweitinstanzliche Entscheidung die **Rechtsbeschwerde** zulassen bzw. hat diese zuzulassen, wenn die Rechtssache grundsätzliche Bedeutung hat oder die Fortbildung des Rechts oder die Sicherung einer einheitlichen Rechtsprechung eine solche Rechtsbeschwerde erfordert (vgl. § 70 Abs. 2. FamFG und zu weiteren Einzelheiten, auch zu Frist, Form und Verfahren: §§ 71 ff. FamFG). 208

5. Entscheidung

Die Entscheidung wird erst mit ihrer Rechtskraft wirksam (vgl. § 99 Abs. 5 S. 1 AktG).[485] 209

Beschlüsse des Landgerichts werden rechtskräftig, wenn nicht innerhalb einer Ein-Monats-Frist Beschwerde erhoben wird. Beschwerdeentscheidungen des Oberlandesgerichts werden unmittelbar mit ihrem Erlass rechtskräftig, soweit nicht die Rechtsbeschwerde zum BGH zugelassen ist. Beschwerdeentscheidungen des Bundesgerichtshofs werden ebenfalls unmittelbar mit ihrem Erlass rechtskräftig. 210

Die **rechtskräftige Entscheidung** stellt die in Zukunft für die Bildung des Aufsichtsrates anzuwendenden Vorschriften für jedermann verbindlich fest;[486] diese Entscheidung wirkt für und gegen alle, so dass auch andere Gerichte und Verwaltungsbehörden an diese Entscheidung gebunden sind (sog. 211

---

483 Vgl. Schmidt/Lutter AktG/*Drygala* § 98 Rn. 7 mit Angaben zu den landesrechtlichen Regelungen.
484 Daneben ist streitig, ob für das Verfahren im Übrigen Anwaltszwang besteht, zum Streitstand: Schmidt/Lutter AktG/*Drygala* § 98 Rn. 6, Fn. 13.
485 Der Antrag auf gerichtliche Feststellung kann (bis zur Rechtskraft der Entscheidung) jederzeit vom Antragsteller zurückgenommen werden; nach Erlass einer Entscheidung ist die Einwilligung der übrigen Beteiligten erforderlich (vgl. § 22 Abs. 1 FamFG); vgl. auch OLG Frankfurt, AG 2009, 701 Rn. 13 und Rn. 15.
486 Schmidt/Lutter AktG/*Drygala* § 98 Rn. 17 mit dem Hinweis, dass bis zum Abschluss des Verfahrens der Aufsichtsrat nach den bis dahin geltenden Vorschriften zu behandeln, insbesondere zu ergänzen ist; vgl. auch Hessisches LAG Der Konzern 2011, 72 – Orientierungssatz 2.

inter-omnes-Wirkung, vgl. § 99 Abs. 5 S. 2 AktG).[487] Die Unternehmensleitung hat die rechtskräftige Entscheidung mit Gründen unverzüglich zum Handelsregister einzureichen (vgl. § 99 Abs. 5 S. 3 AktG).

212 Entspricht die Zusammensetzung des Aufsichtsrates der gerichtlichen Entscheidung, gilt der bestehende Aufsichtsrat als richtig zusammengesetzt und muss nicht verändert werden (vgl. § 96 Abs. 2 AktG).

213 Entspricht die Zusammensetzung des Aufsichtsrates nicht der gerichtlichen Entscheidung, gelten ab Rechtskraft der Entscheidung die in der Entscheidung des Gerichts für die Bildung und Zusammensetzung des Aufsichtsrates als maßgeblich benannten Vorschriften; der Aufsichtsrat ist entsprechend neu zu bilden (vgl. § 98 Abs. 4 S. 1 AktG). Die Amtszeit der bisherigen Aufsichtsratsmitglieder endet automatisch nach Ablauf von sechs Monaten (ab dem Eintritt der Rechtskraft der Entscheidung) bzw. nach Beendigung einer vorher einberufenen Hauptversammlung bzw. Gesellschafterversammlung. Bis dahin amtieren die Aufsichtsratsmitglieder trotz Diskrepanz zwischen tatsächlicher und rechtlicher Lage rechtswirksam weiter (vgl. § 97 Abs. 2 S. 2 bis 4 AktG). Müssen zur Änderung der Zusammensetzung des Aufsichtsrates Wahlen durchgeführt werden, sind diese rechtzeitig vorzubereiten.[488] Auch Satzungsbestimmungen, die den entsprechend der Bekanntmachung anwendbaren gesetzlichen Vorschriften widersprechen, treten außer Kraft und werden durch die gesetzlichen Vorschriften ersetzt (vgl. § 97 Abs. 2 S. 2 AktG). Allerdings kann jede Hauptversammlung, die innerhalb der Frist von sechs Monaten (nach dem Ende der Monatsfrist des § 97 Abs. 2 S. 1 AktG) stattfindet, neue Satzungsbestimmungen mit einfacher Stimmenmehrheit beschließen (vgl. § 97 Abs. 2 S. 4 AktG). Für Unternehmen, die in den Anwendungsbereich des MitbestG »hineinwachsen«, ist bei der erstmaligen Anwendung des MitbestG die Regelung des § 37 MitbestG zu beachten.

214 Umstritten ist, ob eine rechtskräftige Entscheidung ein neuerliches Statusverfahren ausschließt, wenn keine Änderung der tatsächlichen Verhältnisse eingetreten ist.[489]

6. Kosten

215 Die **Kosten für das gerichtliche Verfahren** hat im Regelfall, unabhängig von der Person des Antragstellers oder dem Ausgang des Verfahrens, die Gesellschaft zu tragen (Kostenschuldnerin, vgl. § 23 Nr. 10 GNotKG); dies wird damit begründet, dass eine gerichtliche Feststellung über die richtige Zusammensetzung des Aufsichtsrates vorwiegend im Interesse der Gesellschaft liegt. Ausnahmsweise können diese Kosten ganz oder zum Teil dem Antragsteller auferlegt werden, wenn dies der Billigkeit entspricht (§ 99 Abs. 6 S. 1 AktG).[490] Das Gericht erhebt das Doppelte der vollen Gebühr (vgl. § 34 Abs. 3 GNotKG i.V.m. Nr. 13500 KV). Kostenvorschüsse werden nicht erhoben (vgl. §§ 13 S. 1, 22 Abs. 1 GNotKG).

216 Unter Zugrundelegung des § 75 GNotKG ist von einem Geschäftswert in Höhe von EUR 50.000,– auszugehen. Allerdings kommt dieser Regelwert gemäß §§ 75, 36 GNotKG nicht zur Anwendung, wenn sich sonst genügende Anhaltspunkte für eine Bestimmung des Geschäftswerts ergeben; in diesem Fall darf der Geschäftswert den Wert von EUR 1.000.000,– nicht übersteigen (§ 36 Abs. 2 GNotKG).

217 **Kosten der Beteiligten** werden nicht erstattet (vgl. § 99 Abs. 6 S. 2 AktG).

---

487 Vgl. zur Bindung: LAG Hamburg, Beschl. v. 3.12.2007 – 8 TaBV 1/07: Leitsatz »Die Gerichte für Arbeitssachen sind an Entscheidungen der ordentlichen Gerichte über die Frage, ob bei einer Gesellschaft ein Aufsichtsrat zu bilden ist, gebunden.«
488 *Schnitker/Grau* NZG 2007, 486 zu Aufsichtsratswahlen nach neuem Mitbestimmungsmodell, aber auch zur Frage, nach welchem Mitbestimmungsstatut in der Überleitungsphase eine etwaige gerichtliche Ersatzbestellung nach § 104 AktG vorzunehmen ist.
489 Zum Streitstand: K. Schmidt/Lutter AktG/*Drygala* § 98 Rn. 12.
490 Hüffer/*Koch* § 99 Rn. 12 zu den (seltenen) Ausnahmefällen nach § 99 Abs. 6 S. 1 AktG, in denen die Kosten dem Antragsteller auferlegt werden können, wenn dies der Billigkeit entspricht, z. B. bei offensichtlich unbegründetem Antrag.

D. Anträge auf Zusammensetzung bzw. Ergänzung des Aufsichtsrates § 6

II. Ergänzung des Aufsichtsrates (Anträge nach § 104 AktG)

1. Ergänzungsverfahren

Ist ein für die Gesellschaft[491] (gesetzlich vorgeschriebener)[492] Aufsichtsrat nicht vorschriftsmäßig besetzt, kann von einem Aktionär in den gesetzlich bestimmten Fällen ein gerichtliches **Ergänzungsverfahren**[493] eingeleitet werden. 218

So kann der Aktionär einen Antrag auf gerichtliche Ergänzung des Aufsichtsrates stellen, wenn dem Aufsichtsrat der Gesellschaft nicht die nach Satzung oder Gesetz zur Beschlussfähigkeit erforderliche Zahl von Mitgliedern angehört (vgl. § 104 Abs. 1 AktG). Ob ein Aufsichtsrat im Hinblick auf die Zahl seiner Mitglieder beschlussfähig ist, richtet sich in Aufsichtsräten ohne paritätische Arbeitnehmerbeteiligung nach § 108 Abs. 2 AktG, in Aufsichtsräten mit paritätischer Arbeitnehmerbeteiligung – entsprechend der jeweils anwendbaren Regelung – nach § 28 MitbestG, § 10 MontanMitbestG oder § 11 MitbestErgG. Nach wohl herrschender Auffassung findet das Verfahren auch Anwendung, wenn ein Aufsichtsratsmitglied dauerhaft verhindert ist.[494] 219

Der Aktionär kann zudem einen Antrag auf gerichtliche Ergänzung des Aufsichtsrates stellen, wenn der Aufsichtsrat der Gesellschaft sonst unvollständig besetzt ist (sog. Fall der Unterbesetzung, vgl. § 104 Abs. 2 und 3 AktG, insbesondere wenn dem Aufsichtsrat länger als drei Monate nicht die nach Gesetz oder Satzung festgelegte Zahl von Mitgliedern angehört). 220

Das Ergänzungsverfahren ist anwendbar für das Fehlen bzw. den Wegfall jeden[495] Aufsichtsratsmitglieds, auch zur Bestellung eines Aufsichtsratsvorsitzenden.[496] Es findet unabhängig davon Anwendung, ob die Gesellschaft mitbestimmt ist oder nicht, solange nur der Aufsichtsrat gesetzlich vorgeschrieben ist. 221

2. Antrag

Das gerichtliche Ergänzungsverfahren wird (nur) auf **Antrag** durchgeführt (Dispositionsgrundsatz); eine Ergänzung von Amts wegen erfolgt selbst in dringenden Fällen nicht. 222

---

[491] Das Ergänzungsverfahren ist – neben der AG – auch für die KGaA (vgl. § 278 Abs. 3 AktG) anwendbar, auch für alle mitbestimmten Gesellschaften (vgl. § 6 Abs. 2 MitbestG, § 1 Abs. 1 Nr. 3 DrittelbG, § 3 Abs. 2 MontanMitbestG, §§ 2, 3 Abs. 1 MitbestErgG), und für den Versicherungsverein auf Gegenseitigkeit (vgl. § 35 VAG). Auf die dualistische Societas Europaea (SE) ist § 104 AktG ebenfalls anwendbar; für die monistische SE ist ein eigenständiges Ergänzungsverfahren in § 30 SEAG geregelt. Vgl. auch MüKo AktG/*Habersack* § 104 Rn. 4.

[492] Hüffer/*Koch* § 104 Rn. 1: Keine analoge Anwendbarkeit bei nur fakultativen Aufsichtsräten oder ähnlichen Gremien; so auch OLG Frankfurt, NZG 2014, 462 zur Nicht-Anwendbarkeit bei fakultativem Aufsichtsrat einer GmbH, auch Hölters AktG/*Simons* § 104 Rn. 2, Spindler/Stilz/*Spindler* § 104 Rn. 1; Heidel AktG/*Terbrack/Lohr/Breuer/Fraune* § 104 Rn. 2.

[493] Zur bloßen Ersatzfunktion des Ergänzungsverfahrens: MüKo AktG/*Habersack* § 104 Rn. 2; Spindler/Stilz/*Spindler* § 104 Rn. 1, vgl. auch BayObLG, Beschl. v. 1.8.2003 – 3Z BR 107/03 zur Erledigung eines Verfahrens zur Ergänzung des Aufsichtsrates einer Aktiengesellschaft durch Neuwahl des Aufsichtsrates.

[494] Hüffer/*Koch* § 104 Rn. 2; MüKo AktG/*Habersack* § 104 Rn. 12; Schmidt/Lutter AktG/*Drygala* § 104 Rn. 3 m.w.N. Vgl. aber auch Hölters AktG/*Simons* § 104 Rn. 7 zu Fällen der (sonstigen) Beschlussunfähigkeit, bei denen das Verfahren nach § 104 AktG ebenfalls nicht anwendbar ist.

[495] Zur Reichweite: MüKo AktG/*Habersack* § 104 Rn. 5 m.w.N. Im Übrigen gilt jedenfalls die Ausnahme, dass eine gerichtliche Ergänzung nicht im Hinblick auf das »weitere Mitglied« vorgenommen werden kann (vgl. § 104 Abs. 3 Nr. 1 AktG); vgl. hierzu MüKo AktG/*Habersack* § 104 Rn. 28.

[496] Schmidt/Lutter AktG/*Drygala* § 104 Rn. 16, zur umstrittenen Anwendbarkeit bei Anhängigkeit einer Anfechtungsklage: Hölters AktG/*Simons* § 104 Rn. 17a, auch Hüffer/*Koch* § 104 Rn. 8; OLG München, Beschl. v. 18.1.2006 – 7 U 3729/05, Rn. 79 zur Möglichkeit einer gerichtlichen Bestellung während des laufenden Anfechtungsverfahrens, dagegen: OLG Köln AG 2011, 465, Rn. 17 bei »vorsorglichem Antrag«.

a) Antragsberechtigung eines Aktionärs

223 Antragsberechtigte Personen und Gremien sind im Gesetz ausdrücklich, aber auch abschließend benannt (vgl. § 104 Abs. 1 AktG und § 104 Abs. 2 i. V. m. Abs. 1 AktG).

224 Bei einer Aktiengesellschaft generell antragsberechtigt ist auch jeder Aktionär der Gesellschaft, unabhängig von der Höhe seiner Beteiligung (vgl. § 104 Abs. 1 S. 1 AktG).[497] Denn das Ergänzungsverfahren soll die Handlungs- und Funktionsfähigkeit des (gesetzlich vorgeschriebenen) Aufsichtsrates der Gesellschaft sicherstellen; an dieser Handlungs- und Funktionsfähigkeit hat gerade auch der Aktionär als Anteilseigner Interesse.[498]

b) Antragsfrist für den Aktionär

225 Für den Fall der Beschlussunfähigkeit besteht für den Aktionär keine Antragsfrist.

226 Dies gilt auch für den Fall der Unterbesetzung nach § 104 Abs. 2, 3 AktG. Allerdings ist bei der Antragstellung darauf zu achten, dass in materieller Hinsicht einer Unterbesetzung gerichtlich nur abgeholfen werden kann, wenn (im Zeitpunkt der Entscheidung des Gerichts) dem Aufsichtsrat der Gesellschaft länger als drei Monate[499] weniger Mitglieder angehört haben als durch Gesetz oder Satzung vorgeschrieben ist (vgl. § 104 Abs. 2 AktG). Nur wenn ein dringender Fall vorliegt, kann dem Antrag auch vor Ablauf der Drei-Monats-Frist entsprochen werden. Ein dringender Fall liegt vor bei Störungen der gesetzlichen Parität (vgl. § 104 Abs. 3 Nr. 2 AktG) oder bei Vorliegen eines sonst wichtigen Falles (z. B. wenn vom Aufsichtsrat auf einer bevorstehenden Sitzung Entscheidungen getroffen werden sollen, die erhebliche Bedeutung für Bestand und Struktur des Unternehmens haben).[500]

c) Formelle Anforderungen für den gerichtlichen Antrag

227 Für den Antrag selbst sind keine besonderen Formvorschriften zu beachten. Der Antrag kann schriftlich oder zu Protokoll der Geschäftsstelle des zuständigen Gerichts erklärt werden (vgl. § 25 FamFG). Der Antrag muss nicht von einem Rechtsanwalt unterzeichnet sein.

228 Der antragstellende Aktionär hat seine Antragsberechtigung nachzuweisen; dies kann durch Vorlage einer Aktienurkunde oder einer Hinterlegungs- oder Depotbescheinigung erfolgen.

d) Inhaltliche Anforderungen für den gerichtlichen Antrag

229 Der Antrag muss auf die Ergänzung des Aufsichtsrates gerichtet sein,[501] d. h. muss dieses **Antragsziel** erkennen lassen. Nicht ausreichend wäre ein auf die Ergänzung eines Ausschusses gerichteter Antrag.[502]

230 Zu beachten ist, dass bei einem auf die Erreichung der Beschlussfähigkeit gerichteten Antrag das Gericht die Ergänzung nur insoweit herstellen kann, bis die zur Beschlussfähigkeit erforderliche Zahl an

---

497 Spindler/Stilz/*Spindler* § 104 Rn. 18 m. w. N.
498 MüKo AktG/*Habersack* § 104 Rn. 18 zur (theoretischen) Antragspflicht für einen Aktionär.
499 Nach herrschender Auffassung beginnt die Frist mit objektivem Wegfall des Aufsichtsratsmitglieds; Fristberechnung nach § 187 BGB, vgl Schmidt/Lutter AktG/*Drygala* § 104 Rn. 14; Hölters AktG/*Simons* § 104 Rn. 13, auch klärend, dass bei Wegfall mehrerer Aufsichtsratsmitglieder für jedes Aufsichtsratsmitglied eine eigene Fristberechnung anzustellen ist.
500 Ausführlich zum Vorliegen eines dringenden Falles: Hölters AktG/*Simons* § 104 Rn. 14; auch Schmidt/Lutter AktG/*Drygala* § 104 Rn. 18 m. w. N.; MüKo AktG/*Habersack* § 104 Rn. 26; Spindler/Stilz/*Spindler* § 104 Rn. 30; Hüffer/*Koch* § 104 Rn. 10. *Fett/Theusinger* AG 425, 427 zur Frage, ob die »Lähmung« eines Aufsichtsrates infolge Fehlens eines Vorsitzenden einen dringenden Fall darstellen kann.
501 MüKo AktG/*Habersack* § 104 Rn. 8 zur möglichen zeitlichen Beschränkung des Antrags aufgrund Ziff. 5.4.3 S. 2 des Deutschen Corporate Governance Kodex.
502 Hölters AktG/*Simons* § 104 Rn. 9 zum Fall von durch den Ausfall eines Aufsichtsratsmitgliedes beschlussunfähig gewordenen Ausschüssen.

D. Anträge auf Zusammensetzung bzw. Ergänzung des Aufsichtsrates § 6

Aufsichtsratsmitgliedern vorhanden ist. Soll hingegen auf die gesetzliche oder satzungsmäßig vorgeschriebene Soll-Zahl ergänzt werden, kann neben dem Antrag auf Ergänzung zur Erreichung der Beschlussfähigkeit auch ein weiterer (und weitergehender) Antrag auf Ergänzung zur Erreichung der vollständigen Besetzung gestellt werden. Diesem weiteren Antrag wird jedoch nur dann entsprochen, wenn die hierzu notwendigen Voraussetzungen vorliegen (z. B. dringlicher Fall oder Ablauf der Drei-Monats-Frist).[503]

Es empfiehlt sich, in der **Begründung** die jeweils maßgeblichen Tatsachen möglichst umfassend vorzutragen und entsprechende Beweise anzubieten. Zu einer solchen Darstellung besteht zwar keine rechtliche Verpflichtung, weil im gesamten Verfahren der Grundsatz der Amtsermittlung gilt. Danach hat das Gericht von Amts wegen alle Tatsachen zu erforschen, in die Verhandlung einzubringen und als Sachverhalt festzustellen (vgl. § 26 FamFG). An das Vorbringen und/oder die Beweisanträge der Beteiligten ist das Gericht hierbei nicht gebunden. Allerdings kann in der Praxis durch eine umfassende Darstellung in der Antragsschrift das Verfahren nicht unwesentlich beschleunigt werden. 231

In der Praxis ist es üblich, zweckmäßig und auch ratsam, einen Vorschlag zur Auswahl des zu ergänzenden Aufsichtsratsmitglieds zu unterbreiten, samt einer entsprechenden Darstellung zur Eignung des vorgeschlagenen Kandidaten einschließlich des Fehlens von Bestellungshindernissen. Es empfiehlt sich auch die Beifügung eines Schreibens des vorgeschlagenen Kandidaten, in dem dieser sich bereit erklärt, im Fall seiner Bestellung das Amt zu übernehmen; durch dieses vorab erklärte Einverständnis wird unmittelbar mit der Bestellung die Amtsübernahme wirksam. 232

Unbedingt zu empfehlen ist im Fall der Unterbesetzung nach § 104 Abs. 2, 3 AktG auch eine Darlegung zur Frage des Vorliegens des Ablaufs der Drei-Monats-Frist oder dessen Entbehrlichkeit, weil ein dringender Fall vorliegt. 233

3. Zuständiges Gericht

Der jeweilige Antrag muss beim zuständigen Gericht eingereicht werden. 234

Die (ausschließliche) **sachliche Zuständigkeit** liegt beim Amtsgericht (vgl. § 23a Abs. 1 Nr. 2, Abs. 2 Nr. 4 GVG). 235

Die (ausschließliche) **örtliche Zuständigkeit** liegt bei dem Amtsgericht am Sitz des jeweiligen Landgerichts, in dessen Bezirk die Gesellschaft ihren Sitz hat (Konzentration gemäß §§ 375 Nr. 3 i. V.m 376 Abs. 1 FamFG, unter Hinweis auf mögliche (landesrechtliche) Sonderregelungen nach § 376 Abs. 2 FamFG). 236

4. Verfahren

a) In erster Instanz

Nach Eingang des Antrags wird das zuständige Amtsgericht unter Anwendung des **Amtsermittlungsgrundsatzes** (vgl. § 26 FamFG) prüfen, ob dem Antrag stattzugeben ist. 237

Zwingend zu beteiligen ist der Antragsteller (vgl. § 7 Abs. 1 FamFG), aber auch die im Einzelfall zu bestimmenden sonstigen Betroffenen (vgl. § 7 Abs. 2 Nr. 1 FamFG).[504] Eine **Anhörung** kann durch Gewährung der Möglichkeit zur schriftlichen Stellungnahme erfolgen; ob eine mündliche Verhandlung erfolgt, liegt im Ermessen des Gerichts. 238

---

503 Hölters AktG/*Simons* § 104 Rn. 10; MüKo AktG/*Habersack* § 104 Rn. 23; vgl. im Übrigen auch zum Verhältnis der Ergänzungsverfahren: OLG Düsseldorf ZIP 2010, 473.
504 MüKo AktG/*Habersack* § 104 Rn. 38, wonach regelmäßig der Vorstand und die amtierenden Aufsichtsratsmitglieder, und jedenfalls auch der zu Bestellende anzuhören sind, so auch Spindler/Stilz/*Spindler* § 104 Rn. 21; OLG Dresden NJW-RR 1998, 830.

239 Nach Abschluss seiner Ermittlungen entscheidet das Amtsgericht durch zu begründenden **Beschluss** (vgl. § 38 Abs. 1, 3 FamFG), der mit seiner Bekanntgabe wirksam wird (vgl. § 40 Abs. 1 FamG). Diese Bekanntgabe erfolgt gegenüber dem antragstellenden Aktionär, im Fall der Bestellung auch gegenüber der Gesellschaft und dem vom Gericht Bestellten durch die Zustellung des Beschlusses.[505] Im Übrigen erfolgt die Bekanntgabe durch Bekanntmachung nach § 106 AktG.[506]

b) In zweiter Instanz

240 Gegen die Entscheidung des Amtsgerichts kann **Beschwerde** erhoben werden (vgl. § 104 Abs. 1 S. 5, Abs. 2 S. 4 AktG i. V. m. §§ 402 Abs. 1, 375 Nr. 3 FamFG). Die Beschwerdefrist von einem Monat (vgl. § 63 Abs. 1 FamFG) beginnt mit Zustellung des Beschlusses, bei den Übrigen mit der Bekanntmachung nach § 106 AktG.[507]

241 Die Beschwerde muss beim Amtsgericht erhoben werden (vgl. § 64 Abs. 1 FamFG), das Abhilfemöglichkeit hat (vgl. § 68 Abs. 1 FamFG). Die Beschwerde kann durch Einreichung einer Beschwerdeschrift oder zur Niederschrift der Geschäftsstelle eingelegt werden und ist vom Beschwerdeführer oder seinem Bevollmächtigten zu unterzeichnen (vgl. § 64 Abs. 2 FamFG). Die Beschwerde muss nicht von einem Rechtsanwalt unterzeichnet sein. Als Beschwerdegericht entscheidet das zuständige Oberlandesgericht (vgl. § 119 GVG).

242 Die Beschwerdeberechtigung ergibt sich bei Zurückweisung eines Antrags in der ersten Instanz (nur) für den Antragsteller, mithin den antragstellenden Aktionär (vgl. § 59 Abs. 2 FamFG); wird hingegen einem Antrag auf Ergänzung in der ersten Instanz entsprochen, hängt die Beschwerdeberechtigung vom Vorliegen einer Rechtsbeeinträchtigung ab (vgl. § 59 Abs. 1 FamFG, z. B. auch für den Antragsteller, wenn ein Vorgeschlagener nicht vom Gericht bestellt wurde).[508]

243 Auch die zweite Instanz ist volle Tatsacheninstanz (unter Fortgeltung des Amtsermittlungsgrundsatzes, vgl. § 65 Abs. 3 FamFG).

c) In dritter Instanz

244 Das Oberlandesgericht kann gegen die zweitinstanzliche Entscheidung **Rechtsbeschwerde** zulassen bzw. hat diese zuzulassen, wenn die Rechtssache grundsätzliche Bedeutung hat oder die Fortbildung des Rechts oder die Sicherung einer einheitlichen Rechtsprechung eine solche Rechtsbeschwerde erfordert (vgl. § 70 Abs. 2. FamFG und zu weiteren Einzelheiten, auch zu Frist, Form und Verfahren: §§ 71 ff. FamFG, insbesondere § 75 FamFG zur Möglichkeit der Sprungrechtsbeschwerde).

5. Entscheidung

245 Liegen im Fall der Beschlussunfähigkeit oder der Unterbesetzung die entsprechenden Voraussetzungen nicht vor, ist der Antrag jeweils durch Beschluss zurückzuweisen.

---

505 MüKo AktG/*Habersack* § 104 Rn. 39; vgl. zur Frage, ob eine förmliche Zustellung notwendig ist oder schriftliche Bekanntgabe ausreicht: Spindler/Stilz/*Spindler* § 104 Rn. 21.
506 Schmidt/Lutter AktG/*Drygala* § 104 Rn. 10, unter Hinweis auf LG München I DB 2005, 1617.
507 MüKo AktG/*Habersack* § 104 Rn. 39, 42; Hüffer/*Koch* § 104 Rn. 7; OLG München ZIP 2006, 1770 zum Beginn der Frist bei nicht-antragstellendem Aktionär; a. A. Hölters AktG/*Simons* § 104 Rn. 40, für den bei einem Beschwerdeberechtigten, gegenüber dem die Entscheidung nicht individuell schriftlich bekannt gegeben wurde, die Frist (erst und spätestens) fünf Monate nach Erlass des Beschlusses beginnt (vgl. § 63 Abs. 3 S. 2 FamFG).
508 Hölters AktG/*Simons* § 104 Rn. 41 sieht die Beschwerdeberechtigung auch für alle Antragsberechtigten, die keinen Antrag gestellt haben. Zum Streitstand ausführlich: Spindler/Stilz/*Spindler* § 104 Rn. 26. Im Übrigen zu weiteren Fällen: Hüffer/*Koch* § 104 Rn. 7. Zur notwendigen materiellen Beschwer auch OLG Hamm ZIP 2011, 372 und LG Hannover ZIP 2009, 761 zur Beschwerdeberechtigung eines Aktionärs.

Bei Vorliegen der entsprechenden Voraussetzungen im Zeitpunkt der Entscheidung[509] hat das Gericht durch Beschluss: 246
- im Fall der **Beschlussunfähigkeit** den Aufsichtsrat zu ergänzen; dies führt jedoch nur zur »Auffüllung« des Aufsichtsrates, bis die zur Beschlussfähigkeit erforderliche Zahl an Aufsichtsratsmitgliedern vorhanden ist, nicht hingegen auf die gesetzliche oder satzungsmässig vorgeschriebene Soll-Zahl;
- im Fall der **Unterbesetzung** den Aufsichtsrat auf die gesetzliche oder satzungsmässig vorgeschriebene Soll-Zahl zu ergänzen.

Das Gericht hat bei Auswahl des Aufsichtsratsmitglieds bzw. der Aufsichtsratsmitglieder nach pflichtgemäßem Ermessen zu entscheiden (vgl. § 37 Abs. 1 FamG, unter Bindung an die Vorgaben, die sich aus § 104 Abs. 4 AktG ergeben, insbesondere Parität, Gruppenproporz und den Voraussetzungen einer Bestellung aus Satzung und Gesetz, sowie unter Beachtung der Interessen der Gesellschaft).[510] Eine Bindung an etwaige Vorschläge aus dem Antrag besteht nicht.[511] 247

Die Bestellung selbst wird erst mit der Annahme des Amtes durch den vom Gericht Bestellten (gegenüber der Gesellschaft) wirksam, wobei diese Annahme auch vor der Bekanntgabe erklärt werden kann, sodass in diesem Fall die vom Gericht bestellte Person auch unmittelbar mit der Bekanntgabe Aufsichtsratsmitglied wird.[512] 248

6. Kosten

Anders als beim Statusverfahren ergeben sich die Kostenfolgen beim Ergänzungsverfahren nach den allgemeinen Regelungen des Gerichts- und Notarkostengesetzes. Das Gericht erhebt das Doppelte der vollen Gebühr (§ 34 GNotKG i.V.m. Nr. 13500). Kostenvorschüsse können erhoben werden (§§ 13 S. 1, 22 Abs. 1 GNotKG). 249

Kostenschuldner ist der jeweilige antragstellende Aktionär als Veranlassender (vgl. § 22 Abs. 1 GNotKG), eine Erstattung der Kosten des Aktionärs durch die Gesellschaft kommt im Grundsatz nicht in Frage.[513] 250

Auch der Geschäftswert bemisst sich nach dem Gerichts- und Notarkostengesetz (vgl. für die erste Instanz: §§ 67 Abs. 1 Nr. 1, Abs. 3, 79 GNotKG, für die zweite Instanz: § 61 GNotKG), wobei sich ein Regelgeschäftswert in Höhe von EUR 60.000,- aus § 67 Abs. 1 Nr. 1 GNotKG ergibt. 251

E. Einberufung der Hauptversammlung oder Tagesordnungsergänzung auf Verlangen einer Aktionärsminderheit, § 122 Abs. 3 AktG

Im Rahmen eines der freiwilligen Gerichtsbarkeit unterliegenden Verfahrens nach § 122 Abs. 3 AktG kann eine Aktionärsminderheit erreichen, durch das Gericht selbst zur Einberufung der Hauptversammlung oder Bekanntmachung zusätzlicher Tagesordnungspunkte ermächtigt zu werden. Voraussetzung ist, dass der Vorstand einem entsprechenden berechtigten Verlangen der Aktio- 252

---

509 Vgl. OLG Köln AG 2011, 465, Rn. 17, wonach es nicht ausreicht, wenn sich eine Vakanz »in Zukunft« ergeben mag.
510 Ausführlich zu den Rahmenbedingungen der Auswahl, auch für die Konstellation, dass mehrere geeignete Kandidaten zur Verfügung stehen: Schmidt/Lutter AktG/*Drygala* § 104 Rn. 9 und 20, MüKo AktG/*Habersack* § 104 Rn. 31, Hölters AktG/*Simons* § 104 Rn. 27; Spindler/Stilz/*Spindler* § 104 Rn. 37. Vgl. zudem OLG München ZIP 2009, 2001, Rn. 21; vgl. auch OLG Hamm NZG 2013, 1099 zum Bestellungshindernis einer Interessenkollision.
511 OLG Bamberg NZG 2014, 497, Hölters AktG/*Simons* § 104 Rn. 27 mit dem zutreffenden Hinweis, dass Vorschläge bei Fehlen von Bestellungshindernissen in der Praxis regelmäßig berücksichtigt werden; vgl. BayObLG ZIP 1997,1883, 1884; OLG Schleswig ZIP 2004, 1143.
512 Zur Rechtsstellung und Amtsdauer des gerichtlich bestellten Aufsichtsratsmitglieds: Hölters AktG/*Simons* § 104 Rn. 31; Schmidt/Lutter AktG/*Drygala* § 104 Rn. 24.
513 Zur möglichen Erstattung: Spindler/Stilz/*Spindler* § 104 Rn. 25.

närsminderheit nicht nachgekommen ist. Eine Leistungsklage oder einstweilige Verfügung gemäß §§ 935 bis 942 ZPO kommen daneben nicht in Betracht.[514] Möglich ist jedoch ein Verfahren auf einstweilige Anordnung gemäß §§ 49 ff. FamFG[515] (siehe hierzu noch unten Rdn. 281 ff.).

I. Zulässigkeit

253 Der Antrag ist an das **Amtsgericht** (§ 23a Abs. 1 S. 1 Nr. 2, Abs. 2 Nr. 4 GVG, § 375 Nr. 3 FamFG), in dessen Bezirk das übergeordnete Landgericht seinen Sitz hat (§ 376 Abs. 1 FamFG), zu richten, wobei der Satzungssitz der Gesellschaft maßgeblich ist (§ 377 Abs. 1 FamFG). Abweichungen auf Landesebene durch Rechtsverordnung sind möglich (§ 376 Abs. 2 FamFG).[516] Das Amtsgericht entscheidet nicht als Registergericht, weil es sich nicht um eine Handelsregistersache gemäß § 374 Nr. 1 FamFG, sondern ein unternehmensrechtliches Verfahren gemäß § 375 Nr. 3 FamFG handelt.[517]

254 **Antragsberechtigt** sind die Aktionäre, deren Verlangen durch den Vorstand der Gesellschaft nicht entsprochen wurde. Erforderlich ist das kontinuierliche **Erreichen bzw. Überschreiten des Quorums** bis zum Zeitpunkt der jeweiligen gerichtlichen Entscheidung.[518] Dies verlangt nicht absolute Identität, so dass einzelne Aktionäre abspringen dürfen, wenn das Quorum durchgehend gewahrt bleibt.[519] Im Ergebnis müssen daher durchgehend zumindest in Höhe des Quorums die gleichen vom Wechsel nicht betroffenen Aktionäre vorhanden sein (zu Fragen der Gesamt- und Einzelrechtsnachfolge siehe sogleich).[520] Das Wiederauffüllen eines zwischenzeitlich verlorenen Quorums durch bislang nicht beteiligte Aktionäre ist dagegen nicht zulässig und erfordert ein vorheriges erneutes Verlangen gegenüber dem Vorstand.[521]

255 Die **Antragsberechtigung von Gesamtrechtsnachfolgern** anfänglich beteiligter Aktionäre ist anerkannt.[522] Dies lässt sich auf § 70 S. 2 AktG stützen, der die Anrechnung der Eigentumszeit des Rechtsvorgängers gerade für diese Zwecke anordnet. Die **Antragsberechtigung von Einzelrechtsnachfolgern** ist umstritten.[523] Hiergegen spricht, dass es an der notwendigen Vorbesitzzeit fehlen wird,[524] sofern nicht die Veräußerung an andere Aktionäre erfolgt, die bereits anfänglich am Quo-

---

514 KöKo AktG/*Noack/Zetzsche* § 122 Rn. 84; Spindler/Stilz/*Rieckers* § 122 Rn. 48; Großkomm AktG/*Werner* § 122 Rn. 53; Bürgers/Körber/*Reger* § 122 Rn. 17; für die Leistungsklage auch MüKo AktG/*Kubis* § 122 Rn. 43.
515 So zu Recht Schmidt/Lutter/*Ziemons* § 122 Rn. 48; a. A. wohl KöKo AktG/*Noack/Zetzsche* § 122 Rn. 84.
516 Vgl. konkret die Landesübersicht bei *Krafka/Willer/Kühn* Teil 1, Erster Abschnitt, A III. Rn. 13.
517 OLG Karlsruhe, Beschl. v. 16.06.2014 – 11 Wx 49/14, BeckRS 2014, 13776.
518 OLG Düsseldorf AG 2004, 211 f.; Hüffer/*Koch* AktG § 122 Rn. 3a; MüKo AktG/*Kubis* § 122 Rn. 45: Quorum soll bereits im Zeitpunkt der gerichtlichen Antragstellung nicht mehr erforderlich sein, Aktionärseigenschaft darf nur nicht völlig aufgegeben worden sein.
519 OLG Düsseldorf, AG 2004, 211 (212); Spindler/Stilz/*Rieckers* § 122 Rn. 50; Hüffer/*Koch* AktG § 122 Rn. 10; Semler/Volhard/Reichert/*Reichert/Balke* § 4 Rn. 50.
520 Großkomm AktG/*Werner* § 122 Rn. 55.
521 OLG Düsseldorf AG 2004, 211 (212); KöKo AktG/*Noack/Zetzsche* § 122 Rn. 89; Hölters/*Drinhausen* § 122 Rn. 22; Semler/Volhard/Reichert/*Reichert/Balke* § 4 Rn. 50; *Butzke* B. Rn. 123; Heidel/*Müller* § 122 AktG Rn. 29: »Klagegesellschaft bürgerlichen Rechts« endet mit Unterschreiten des Quorums, neu entstehendes Quorum fordert neue BGB-Gesellschaft und ist damit neuer Antragsteller; a. A. *Halberkamp/Gierke* NZG 2004, 494 (500): unnötige Förmelei, da Vorstand durch ablehnende Haltung kurz zuvor deutlich gemacht habe, dass er entsprechenden Aktionärsanträgen nicht Folge leisten werde.
522 KöKo AktG/*Noack/Zetzsche* § 122 Rn. 88; Spindler/Stilz/*Rieckers* § 122 Rn. Rn. 50; Schmidt/Lutter/*Ziemons* § 122 Rn. 46; Hüffer/*Koch* AktG § 122 Rn. 3a, 10; Hölters/*Drinhausen* § 122 Rn. 8; MüKo AktG/*Kubis* § 122 Rn. 45; Bürgers/Körber/*Reger* § 122 Rn. 18.
523 Dafür: Bürgers/Körber/*Reger* § 122 Rn. 18; wohl auch Großkomm AktG/*Werner* § 122 Rn. 10; dagegen: Hüffer/*Koch* AktG § 122 Rn. 10; MüKo AktG/*Kubis* § 122 Rn. 45; *Butzke* B. Rn. 103 Fn. 245; *Bezzenberger* FS Karsten Schmidt, 105 (111).
524 KöKo AktG/*Noack/Zetzsche* § 122 Rn. 88.

rum beteiligt waren.⁵²⁵ § 70 S. 2 AktG gilt hier, abgesehen vom unentgeltlichen Erwerb, nicht.⁵²⁶ Zudem haben Einzelrechtsnachfolger nicht selbst das erforderliche Verlangen an den Vorstand gestellt. Die personelle Zusammensetzung der antragstellenden Aktionärsgruppe kann für die Vorstandsentscheidung über das Begehren aber durchaus relevant werden (Stichwort: Einstufung des Begehrens als rechtsmissbräuchlich). Der Einzelrechtsnachfolger tritt zudem nur in die allgemeinen Mitgliedschaftsrechte ein, die die Aktie gewährt, aber nicht in die durch persönliche Erklärung erlangte Rechtsposition des Veräußerers.⁵²⁷ Bei Gesamtrechtsnachfolgern wird wegen vollständigen Eintritts in die Rechtsstellung dagegen dieses Erfordernis als erfüllt angesehen.⁵²⁸

Antragsgegner ist die Aktiengesellschaft, die als unmittelbar Betroffene gemäß § 7 Abs. 2 Nr. 1 FamFG zwingend hinzuzuziehen ist. Für sie handelt im Verfahren der **Vorstand**, § 9 Abs. 3 FamFG. **256**

Antragsvoraussetzung ist, dass der Vorstand einem **Verlangen gemäß § 122 Abs. 1 oder 2 AktG nicht nachgekommen** ist, sei es durch ausdrückliche Weigerung oder schlichte Untätigkeit. Ein erfolgloses Verlangen ist im Fall des § 122 Abs. 1 AktG ebenfalls gegeben, wenn der Vorstand zwar einen Termin für eine Hauptversammlung veröffentlicht, aber nicht die von den Antragstellern begehrten Tagesordnungspunkte bekannt gibt.⁵²⁹ Für das Vorliegen der Antragsvoraussetzungen trifft die Antragsteller grundsätzlich die Darlegungslast, die Erfüllung des Vorbesitzerfordernisses und die Einhaltung der Haltefrist sind aufgrund des Wortlauts von § 142 Abs. 2 S. 2 AktG nachzuweisen.⁵³⁰ **257**

Nach Auffassung des Kammergerichts entfällt das **Rechtsschutzbedürfnis** für einen Antrag auf Ergänzung der Tagesordnung nicht etwa deshalb, weil der fragliche Beschlussgegenstand bereits zuvor auf der Tagesordnung der Hauptversammlung stand, abgelehnt wurde und diese Beschlussfassung durch den Antragsteller mit Anfechtungs- und Beschlussfeststellungsklage angegriffen wird.⁵³¹ **258**

Eine **Antragsfrist** ist gesetzlich nicht genannt. Der Antrag ist aber unzulässig, wenn aufgrund Zeitablaufs nicht mehr sicher ist, dass die ablehnende Haltung des Vorstands noch besteht.⁵³² Das Gesamtverhalten der Gesellschaft nach Zugang des Verlangens ist hierfür im Einzelfall zu würdigen. Bei Hinhalten durch die Gesellschaft kann ein gerichtlicher Antrag auch vier Monate nach Zugang des Einberufungsverlangens noch zulässig sein.⁵³³ Unter normalen Umständen sollten aber zwei Wochen ausreichen.⁵³⁴ **259**

Der Antrag hat **schriftlich oder zur Niederschrift der Geschäftsstelle** zu erfolgen, § 25 Abs. 1 FamFG, und soll gemäß § 23 Abs. 1 S. 5 FamFG unterschrieben werden. Die Einreichung eines unterschriebenen Antrags per **Telefax** sowie eines Antrags per **Computerfax** mit eingescannter Unterschrift wird von der herrschenden Meinung trotz § 25 Abs. 1 FamFG als zulässig angesehen.⁵³⁵ Die Antragsteller haben hierbei den Nachweis des erforderlichen Aktienbesitzes und der Vorbesitzzeit zu erbringen, ein erfolgloses Begehren an den Vorstand gemäß § 122 Abs. 1 oder § 122 Abs. 2 AktG darzulegen sowie unter Angabe der Tagesordnung den Zweck und die Gründe des Begehrens mitzuteilen.⁵³⁶ **260**

---

525 *Bezzenberger* FS Karsten Schmidt, 105 (111).
526 MüKo AktG/*Bayer* § 70 Rn. 19.
527 *Bezzenberger* FS Karsten Schmidt, 105 (111).
528 KöKo AktG/*Noack/Zetzsche* § 122 Rn. 88; *Bezzenberger* FS Karsten Schmidt, 105 (111).
529 OLG München AG 2010, 84 (86); Spindler/Stilz/*Rieckers* § 122 Rn. 30.
530 Spindler/Stilz/*Rieckers* § 122 Rn. 51.
531 KG FGPrax 2012, 28 (29).
532 KöKo AktG/*Noack/Zetzsche* § 122 Rn. 86; Großkomm AktG/*Werner* § 122 Rn. 55; Spindler/Stilz/*Rieckers* § 122 Rn. 53; Hüffer/*Koch* AktG § 122 Rn. 10; MüKo AktG/*Kubis* § 122 Rn. 49; Bürgers/Körber/*Reger* § 122 Rn. 18; *Halberkamp/Gierke* NZG 2004, 494 (500); vgl. auch Hölters/*Drinhausen* § 122 Rn. 22: Dringlichkeit des Anliegens dann fraglich.
533 So in der Entscheidung OLG München AG 2010, 84 (86).
534 KöKo AktG/*Noack/Zetzsche* § 122 Rn. 86.
535 *Bumiller/Harders* § 25 Rn. 5; Spindler/Stilz/*Rieckers* § 122 Rn. 52.
536 GroßkommAktG/*Werner* § 122 Rn. 58; Semler/Volhard/Reichert/*Reichert/Balke* § 4 Rn. 53.

261 Der Antrag ist in analoger Anwendung des § 122 Abs. 3 AktG auch im Gründungsstadium bei der Vor-AG zulässig[537] und auch im Abwicklungsstadium nicht per se ausgeschlossen.[538] Bei eröffnetem Insolvenzverfahren mit Anordnung der Eigenverwaltung kann – je nach den begehrten Tagesordnungspunkten – die Regelung des § 276a InsO entgegenstehen, weil die Gegenstände nicht mehr in den Zuständigkeitsbereich der Hauptversammlung fallen.[539]

Exkurs: Vorbesitz- und Halteerfordernis

262 Der Verweis des § 122 Abs. 1 S. 3 AktG auf § 142 Abs. 2 S. 2 AktG bereitet Probleme, weil nicht klar ist, wie die dort geforderte Vorbesitzzeit von drei Monaten vor der Hauptversammlung auszulegen ist. Im Fall von § 122 Abs. 1 AktG ist gar kein Termin für die Hauptversammlung bekannt, von dem aus rückwärts gerechnet werden könnte. In der Praxis verursacht dies vor allem für börsennotierte Gesellschaften Schwierigkeiten, da sie in der Einberufung die Rechte der Aktionäre, unter anderem das Recht auf Tagesordnungsergänzung, anzugeben und zumindest rudimentär zu erläutern haben, § 121 Abs. 3 S. 3 Nr. 3 AktG.[540] Mangels anderen Anknüpfungspunkts und aufgrund von Sinn und Zweck der Frist, kurzfristigen Aktienerwerb zum Zwecke rechtsmissbräuchlicher Ausübung des Mitgliedschaftsrechts zu verhindern, ist für § 122 Abs. 1 AktG darauf abzustellen, ob die Aktien im Zeitpunkt des Zugangs des Einberufungsverlangens bereits drei Monate gehalten werden.[541]

263 Im Rahmen des Verlangens nach Tagesordnungsergänzung ist der Tag der Hauptversammlung in der Regel zwar bekannt, so dass von diesem drei Monate zurückgerechnet werden könnten. Jedoch verbietet der Wortlaut des § 122 Abs. 2 S. 1 AktG, der unmittelbar auf einen Gleichlauf mit den Voraussetzungen des § 122 Abs. 1 AktG abzielt (»in gleicher Weise«) und nicht etwa ebenfalls direkt auf § 142 Abs. 2 S. 2 AktG verweist, eine abweichende Auslegung.[542] Auslösend für eine Vorstandsentscheidung hinsichtlich Tagesordnungsergänzung kann nur ein berechtigtes Verlangen sein, zu dessen Voraussetzungen eben unter anderem der bestehende Vorbesitz gehört.[543] Schließlich ist selbst im Fall der Tagesordnungsergänzung der Tag der Hauptversammlung bei Zugang des Antrags nicht immer zwingend bekannt, da das Verlangen auch schon im Hinblick auf eine erwartete Hauptversammlung gestellt werden kann.[544] Bezugspunkt ist auch hier daher der Zeitpunkt des Zugangs des Antrags.[545]

---

537 AG Karlsruhe NZG 2001, 619; Hüffer/*Koch* AktG § 122 Rn. 1; MüKo AktG/*Kubis* § 122 Rn. 3.
538 Hanseatisches OLG Hamburg NZG 2003, 132 (134).
539 Vgl. die – in der Sache allerdings zu weit gehende – Entscheidung des AG Montabaur, Beschl. v. 19.06.2012 – HRB 20744, BeckRS 2012, 14971; zu Recht kritisch hierzu im Hinblick auf die vom Gericht abgelehnte Zuständigkeit der Hauptversammlung für die Wahl von Aufsichtsratsmitgliedern *Klöhn* DB 2013, 41 (43 f.); *Scheibner* DZWiR 2013, 279 (280) und OLG Düsseldorf AG 2013, 468 (469).
540 Vgl. hierzu auch *Schroeder/Pussar* BB 2010, 717 und *Kocher/Lönner* BB 2010, 1675; inwieweit Ausführungen zum Vorbesitzerfordernis von § 121 Abs. 3 S. 3 Nr. 1 AktG in der Einberufung tatsächlich gefordert werden, ist freilich umstritten, dürften Angaben hierzu jedenfalls als »weitergehende Erläuterung« auf der Internetseite der Gesellschaft erforderlich sein.
541 KöKo AktG/*Noack/Zetzsche* § 122 Rn. 29; Spindler/Stilz/*Rieckers* § 122 Rn. 12; Schmidt/Lutter/*Ziemons* § 122 Rn. 9; *Butzke* B. Rn. 103; Hüffer/*Koch* AktG § 122 Rn. 3a; Heidel/*Müller* § 122 AktG Rn. 12; Hölters/*Drinhausen* § 122 Rn. 7; *Kocher/Lönner* BB 2010, 1675; MüKo AktG/*Kubis* § 122 Rn. 8 (dort Fn. 27) und *Halberkamp/Gierke* NZG 2004, 494 (495), jeweils noch unter Geltung des Verweises auf § 147 Abs. 1 Satz 2 und 3 AktG; a. A., ebenfalls noch unter Geltung des Verweises auf § 147 Abs. 1 Satz 2 und 3 AktG: LG Detmold, Beschl. v. 18.6.2002 – 8 T 3/02, Rz. 5 (zitiert nach juris).
542 *Wilm* DB 2010, 1686 (1692, dort Fn. 56).
543 KöKo AktG/*Noack/Zetzsche* § 122 Rn. 29.
544 So explizit KG NZG 2003, 441 (442); KöKo AktG/*Noack/Zetzsche* § 122 Rn. 64; Spindler/Stilz/*Rieckers* § 122 Rn. 42; Hölters/*Drinhausen* § 122 Rn. 17; Großkomm AktG/*Werner* § 122 Rn. 49; *Butzke* B. Rn. 114; a. A. wohl *Schroeder/Pussar* BB 2010, 717 (720) und *Kocher/Lönner* BB 2010, 1675.
545 H. M., vgl. Spindler/Stilz/*Rieckers* § 122 Rn. 39; Hüffer/*Koch* AktG § 122 Rn. 9; Hölters/*Drinhausen* § 122 Rn. 17; *Wilm* DB 2010, 1686 (1692, dort Fn. 56); *Florstedt* ZIP 2010, 761 (765); *Schroeder/Pussar* BB 2010, 717 (720); *Grobecker* NZG 2010, 165 (167); a. A. *Döll* WM 2010, 103 (108).

E. Einberufung Hauptversammlung/Tagesordnungsergänzung auf Verlangen Aktionärsminderheit § 6

Die das Quorum bildenden Aktionäre müssen die Aktien zudem bis zur Entscheidung des Vorstands über die Einberufung oder Tagesordnungsergänzung halten, sofern kein Verfahren gemäß § 122 Abs. 3 AktG folgt, und andernfalls bis zur Entscheidung des Beschwerdegerichts.[546]

264

Vereinzelt wird auch die Auffassung vertreten, dass das dreimonatige Vorbesitzerfordernis und das Erfordernis des Haltens der Aktien über den Zeitpunkt der Antragstellung hinaus für Tagesordnungsergänzungsanträge gar nicht anwendbar seien, weil die Verweisung in § 122 Abs. 2 AktG nach ihrem Wortlaut (»In gleicher Weise können ... verlangen«) nur die Modalitäten der Antragstellung, nicht dagegen das Vorbesitzerfordernis als Ausübungsvoraussetzung erfasse.[547] Überdies handele es sich andernfalls um eine europarechtswidrige Erschwerung gegenüber der Regelung in der Aktionärsrechterichtlinie.

265

Bei der Erläuterung des Rechts auf Tagesordnungsergänzung gemäß § 121 Abs. 3 S. 3 Nr. 3 AktG in der Hauptversammlungseinladung empfiehlt es sich daher, bis zur gerichtlichen Klärung der Frage oder der Beseitigung der Unsicherheit durch den Gesetzgeber[548] darzustellen, dass »nach herrschender Meinung« ein Vorbesitzerfordernis und eine Haltenspflicht mit den oben genannten Voraussetzungen besteht.

266

II. Begründetheit

Das Amtsgericht hat dem Antrag (entgegen dem Wortlaut des § 122 Abs. 3 AktG) regelmäßig zu entsprechen, wenn das vorangegangene Verlangen gemäß § 122 Abs. 1 oder 2 AktG formell und materiell korrekt war, mithin alle gesetzlichen und satzungsmäßigen Erfordernisse beachtet hat, und ihm trotzdem nicht entsprochen wurde.[549] Insbesondere muss das Verlangen auf die Behandlung von Tagesordnungspunkten gerichtet sein, die in die Kompetenz der Hauptversammlung fallen,[550]

267

---

546 Zutreffend *Butzke* B. Rn. 105 und 113; KöKo AktG/*Noack*/*Zetzsche* § 122 Rn. 30; Spindler/Stilz/*Rieckers* § 122 Rn. 13; Schmidt/Lutter/*Ziemons* § 122 Rn. 12; Bürgers/Körber/*Reger* § 122 Rn. 5; *Schroeder*/*Pussar* BB 2010, 717 (720); Hüffer/*Koch* AktG § 122 Rn. 3a; teilweise a. A. Hölters/*Drinhausen* § 122 Rn. 8: bei Einberufungsverlangen Quorum nur im Zeitpunkt der Antragstellung erforderlich; ebenso Semler/Volhard/Reichert/*Reichert*/*Balke* § 4 Rn. 36; wieder anders MüKo AktG/*Kubis* § 122 Rn. 7, 29: Quorum wenn sich kein Verfahren nach § 122 Abs. 3 AktG anschließt nur im Zeitpunkt des Zugangs des Verlangens erforderlich, andernfalls bis zur Entscheidung des Beschwerdegerichts; wiederum anders Großkomm AktG/*Werner* § 122 Rn. 10: bei Einberufungsverlangen bis zur Hauptversammlung.
547 So Schmidt/Lutter/*Ziemons* § 122 Rn. 29 f.
548 Vgl. hierzu derzeit den Gesetzesentwurf der Bundesregierung zur Änderung des Aktiengesetzes (Aktienrechtsnovelle 2014), vom 7. Januar 2015, wonach § 122 Abs. 1 S. 3 AktG dergestalt geändert werden soll, dass es auf die Aktieninhaberschaft 90 Tage vor Zugang des Verlangens ankommt. Aus der Begründung des Regierungsentwurfs ergibt sich, dass dies gleichermaßen für das Tagesordnungsergänzungsverlangen gemäß § 122 Abs. 2 AktG gelten soll (S. 24). Zudem wird klargestellt, dass das Halteerfordernis bis zur Entscheidung des Vorstands bzw. des Gerichts über den Antrag gilt.
549 OLG München AG 2010, 84 (85); OLG Stuttgart AG 2009, 169 (170); OLG Hamm, Beschluss v. 11.7.2002 – 15 W 269/02, Rz. 25 (zitiert nach juris); KG FGPrax 2012, 28 (29); Schmidt/Lutter/*Ziemons* § 122 Rn. 49; *Butzke* B. Rn. 123.
550 OLG München AG 2010, 84 (85); OLG Stuttgart AG 2009, 169 (170); KG NZG 2003, 441 (443); KG FGPrax 2012, 28 (29); ablehnend im konkreten Fall daher z. B. VG Wiesbaden, Beschl. v. 29.1.2009 – 3 L 1224/08.WI, Rz. 14 (zitiert nach juris), welches Rechtsmissbräuchlichkeit bejahte, weil einzuberufende Hauptversammlung mit Geschäftsführungsaufgabe befasst werden sollte; zur Befassung der Hauptversammlung mit der Untersagung einer Geschäftsführungsmaßnahme unter dem Deckmantel einer Satzungsänderung vgl. OLG Stuttgart AG 2006, 727 (728); OLG Frankfurt AG 2005, 442; *Mertens* AG 1997, 481 (487 f.): Vorschläge zur Ergänzung des Unternehmensgegenstands, die der Sache nach eine Geschäftsführungsanweisung an den Vorstand darstellen; MüKo AktG/*Kubis* § 122 Rn. 15; Bürgers/Körber/*Reger* § 122 Rn. 10.

und die zu fassenden Beschlüsse müssen gesetzes- und satzungskonform[551] (siehe noch sogleich Rdn. 269) und mit der erforderlichen Bestimmtheit formuliert sein.[552]

268 Oftmals kann sich die Frage stellen, ob das Begehren der Aktionärsminderheit **rechtsmissbräuchlich** und deshalb zurückzuweisen ist. Der Einwand des Rechtsmissbrauchs soll nach herrschender Meinung allerdings nur zurückhaltend anzuwenden sein, um den verfolgten Zweck des Minderheitenschutzes nicht zu gefährden, soll aber betreffend das Einberufungsverlangen jedenfalls in Betracht kommen, wenn dem Antragsteller ein Zuwarten bis zur nächsten Hauptversammlung zumutbar ist.[553] Für dieses Begehren ist daher eine besondere Dringlichkeit erforderlich, da die Einberufung einer außerordentlichen Hauptversammlung für die Gesellschaft zeit- und kostenintensiv ist und in der Öffentlichkeit, insbesondere bei börsennotierten Gesellschaften, negative Aufmerksamkeit hervorruft.[554] Besondere Dringlichkeit wurde bei einer in knapp fünf Monaten anstehenden ordentlichen Hauptversammlung einer börsennotierten Aktiengesellschaft verneint.[555] Die Beurteilung der Dringlichkeit wird aber immer auch vom Inhalt des konkreten Begehrens der Antragsteller abhängig sein.[556] Bei einem Ergänzungsverlangen kommt es hingegen auf eine besondere Dringlichkeit nicht an, da die Hauptversammlung ohnehin stattfindet.[557] Das Schrifttum vertritt, dass der Antrag nach § 122 Abs. 1 AktG in formeller Hinsicht eine Rechtfertigung der Dringlichkeit als Bestandteil der Darlegung »der Gründe« erfordert.[558]

269 Rechtsmissbräuchlichkeit kann ferner vorliegen, wenn der Antrag der Durchsetzung rechtlich nicht zu billigender Zwecke dienen soll.[559] Dies muss dergestalt offensichtlich sein, dass es aufgrund der gesamten Umstände des Einzelfalls, ggf. nach Durchführung gebotener Ermittlungen, als erwiesen anzusehen ist.[560] Insbesondere darf die Argumentation, das Begehren sei rechtsmissbräuchlich, weil es darauf abziele, einen rechtswidrigen Beschluss zu fassen, nicht zu einer systemwidrigen Vorverlagerung der Prüfung einer etwaigen Beschlussmängelklage führen, zumal mit dem Einberufungsver-

---

551 OLG München AG 2010, 84 (85); OLG Stuttgart AG 2009, 169 (170); OLG Frankfurt AG 2005, 442; KG FGPrax 2012, 28 (29); *Mertens* AG 1997, 481 (487); MüKo AktG/*Kubis* § 122 Rn. 17; *Butzke* B. Rn. 108; Bürgers/Körber/*Reger* § 122 Rn. 11; *Halberkamp/Gierke* NZG 2004, 494 (498); Beispiel für Ablehnung von Rechtsmissbräuchlichkeit etwa LG Frankfurt NZG 2004, 339; OLG Karlsruhe, Beschl. v. 16.06.2014 – 11 Wx 49/14, BeckRS 2014, 13776.
552 Ablehnend daher z. B. OLG Stuttgart AG 2009, 169 (170 f.), weil Lebenssachverhalt für Geltendmachung von Ansprüchen gem. § 147 AktG und Sonderprüferbestellung nicht hinreichend genau bezeichnet war.
553 OLG München AG 2010, 84 (85); OLG Stuttgart AG 2009, 169 (170); OLG Frankfurt AG 2005, 442; OLG Hamm, Beschl. v. 11.7.2002 – 15 W 269/02, Rz. 27 ff. (zitiert nach juris) mit Gegenbeispiel fehlender Rechtsmissbräuchlichkeit des Verlangens auf Einberufung einer außerordentlichen Hauptversammlung trotz im Zeitpunkt der Entscheidung bevorstehender ordentlicher Hauptversammlung; vgl. auch OLG Karlsruhe, Beschl. v. 16.06.2014 – 11 Wx 49/14, BeckRS 2014, 13776: keine Zumutbarkeit des Zuwartens, wenn es um die Bestellung eines besonderen Vertreters zur Geltendmachung von Schadensersatzansprüchen geht; KöKo AktG/*Noack/Zetzsche* § 122 Rn. 67; Hüffer/*Koch* § 122 Rn. 6; Hölters/*Drinhausen* § 122 Rn. 15; Großkomm AktG/*Werner* § 122 Rn. 35; *Halberkamp/Gierke* NZG 2004, 494 (498); a. A. Heidel/*Müller* § 122 AktG Rn. 20.
554 OLG München AG 2010, 84 (85); OLG Frankfurt AG 2005, 442; OLG Karlsruhe, Beschl. v. 16.06. 2014–11 Wx 49/14, BeckRS 2014, 13776; KöKo AktG/*Noack/Zetzsche* § 122 Rn. 71; Spindler/Stilz/*Rieckers* § 122 Rn. 25; MüKo AktG/*Kubis* § 122 Rn. 18 f.
555 OLG Frankfurt AG 2005, 442 (443).
556 Vgl. insbesondere den Fall OLG Karlsruhe, Beschl. v. 16.06.2014 – 11 Wx 49/14, BeckRS 2014, 13776.
557 Spindler/Stilz/*Rieckers* § 122 Rn. 45.
558 Hüffer/*Koch* § 122 Rn. 4; MüKo AktG/*Kubis* § 122 Rn. 13; offen gelassen von OLG Karlsruhe, Beschl. v. 16.06.2014 – 11 Wx 49/14, BeckRS 2014, 13776.
559 KG NZG 2003, 441 (443): Ausspruch des Misstrauens gegenüber Vorstandsmitglied, nur um Abberufung aus wichtigem Grund zu ermöglichen und eigenen Interessen dienende, die Gesellschaft schädigende Geschäftsführungsmaßnahme durchzusetzen, die Vorstand bisher verweigerte; KG FGPrax 2012, 28 (31).
560 OLG Karlsruhe, Beschl. v. 16.06.2014 – 11 Wx 49/14, BeckRS 2014, 13776.

E. Einberufung Hauptversammlung/Tagesordnungsergänzung auf Verlangen Aktionärsminderheit § 6

langen ein Beschlussvorschlag gar nicht unterbreitet werden muss und offen ist, inwieweit die Hauptversammlung einen solchen Beschlussvorschlag fasst oder davon abweicht.[561] Anders ist dies, wenn Beratungen zu einem Tagesordnungspunkt verlangt werden, zu dem die Fassung eines rechtmäßigen Beschlusses schlechthin ausgeschlossen ist, weil er beispielsweise gar nicht in die Organzuständigkeit der Hauptversammlung fällt.[562] Es ist auch das vom Antragsteller zu erwartende Verhalten im Falle der Erteilung der Ermächtigung einzubeziehen, insbesondere, wenn es sich hierbei um den Mehrheitsaktionär handelt, der die ergänzten Gegenstände in der Hauptversammlung auch durchsetzen wird.[563] Umgekehrt kann nicht argumentiert werden, das Begehren von Minderheitsaktionären sei rechtsmissbräuchlich, da es in der Hauptversammlung ohnehin keine Mehrheit finden werde, weil die Minderheit ohne weiteres weitere Aktionäre überzeugen kann.[564] Anders kann dies freilich sein, wenn ein gleichartiger Beschlussvorschlag bei der vorhergehenden Hauptversammlung keine Mehrheit gefunden und sich die Sachlage seitdem nicht geändert hat.[565] Rechtsmissbrauch ist schließlich ferner anzunehmen, wenn, unabhängig von der Aussicht auf eine Mehrheit in der Hauptversammlung, das mit Einberufung oder Tagesordnungsergänzung verfolgte Begehren sich als zwecklos erweist, weil es auf wirtschaftlich nicht durchsetzbare Ziele gerichtet ist.[566] Im Schrifttum wird für die Frage des Rechtsmissbrauchs teilweise eine Orientierung an den Fallgruppen des § 126 Abs. 2 AktG befürwortet.[567] Tendenziell sind an die Annahme von Rechtsmissbrauch beim Ergänzungsverlangen höhere Anforderungen zu stellen als beim Einberufungsverlangen.[568]

Maßgeblicher **Beurteilungszeitpunkt** ist der der Entscheidung durch die letzte Tatsacheninstanz.[569] 270
Der Antragsteller kann auf eingetretene Veränderungen mit Erledigungserklärung reagieren.[570] Eine Hauptsacheerledigung tritt ein, wenn die Hauptversammlung entsprechend dem Verlangen gesetzes- und satzungsmäßig einberufen und durchgeführt worden ist.[571] Keine Hauptsacheerledigung tritt dagegen ein, wenn die Tagesordnung nicht dem Verlangen entsprach oder die Hauptversammlung, auf die sich das Verlangen bezog, stattfand, aber wegen Einberufungsmangels nicht beschlussfähig war.[572] Ein Tagesordnungsergänzungsverlangen soll nach wohl herrschender Meinung im Zweifel auch für die nächste Hauptversammlung gestellt sein, es sei denn, dass es nach seinem Inhalt mit

---

561 OLG Karlsruhe, Beschl. v. 16.06. 2014–11 Wx 49/14, BeckRS 2014, 13776.
562 OLG Karlsruhe, Beschl. v. 16.06. 2014–11 Wx 49/14, BeckRS 2014, 13776.
563 KG NZG 2003, 441 (443).
564 MüKo AktG/*Kubis* § 122 Rn. 26; KöKo AktG/*Noack/Zetzsche* § 122 Rn. 70; Spindler/Stilz/*Rieckers* § 122 Rn. 26; Hüffer/*Koch* AktG § 122 Rn. 6; Hölters/*Drinhausen* § 122 Rn. 14; *Butzke* B. Rn. 108; *Halberkamp/Gierke* NZG 2004, 494 (498).
565 KG FGPrax 2012, 28 (31); Schmidt/Lutter/*Ziemons* § 122 Rn. 19; Hölters/*Drinhausen* § 122 Rn. 15; *Butzke* B. Rn. 108; *Halberkamp/Gierke* NZG 2004, 494 (498): jedenfalls bei unmittelbarem zeitlichem Zusammenhang, wenn sich aus der formellen Begründung keine Änderung der Verhältnisse ergibt; differenzierend: MüKo AktG/*Kubis* § 122 Rn. 20, 35: missbräuchlich nur für den Fall des Einberufungsverlangens; zum Einberufungsverlangen auch Semler/Volhard/Reichert/*Reichert/Balke* § 4 Rn. 45.
566 KG AG 1980, 78 (79).
567 Z. B. *Mertens* AG 1997, 481 (489); Spindler/Stilz/*Rieckers* § 122 Rn. 23 f.; Bürgers/Körber/*Reger* § 122 Rn. 11; *Halberkamp/Gierke* NZG 2004, 494 (497); a. A. MüKo AktG/*Kubis* § 122 Rn. 25: § 126 AktG erfordere nur den Besitz einer einzigen Aktie, weswegen die Missbrauchsschwelle dort niedriger sei; ähnlich *Butzke* B. Rn. 108.
568 Semler/Volhard/Reichert/*Schlitt/Becker* § 4 Rn. 230.
569 OLG Frankfurt AG 2005, 442 (443); OLG München AG 2010, 84 (85); OLG Karlsruhe, Beschl. v. 16.6.2014 – 11 Wx 49/14, BeckRS 2014, 13776, für den Fall einer Antragstellung vor Entscheidung des Vorstands zum Begehren; KöKo AktG/*Noack/Zetzsche* § 122 Rn. 67; Spindler/Stilz/*Rieckers* § 122 Rn. 54.
570 OLG Frankfurt AG 2005, 442 (443).
571 BGH NZG 2012, 793 (794); zur Möglichkeit der Aussetzung des Verfahrens aus wichtigem Grund gemäß § 21 Abs. 1 FamFG nach Einberufung vgl. Bayer/Scholz/Weiß ZIP 2014, 1 (5).
572 KG NZG 2003, 441 (442).

den Gegenständen der bereits einberufenen Hauptversammlung derart in Zusammenhang steht, dass seine Aufrechterhaltung für eine spätere Hauptversammlung nicht sinnvoll wäre.[573] Eine andernfalls erzwungene erneute Antragstellung innerhalb kurzer Zeit wegen während des Durchlaufens des Instanzenzugs eingetretener Hauptsacheerledigung wäre kaum verfahrensökonomisch. Eine Berichtigung in der Rechtsbeschwerdeinstanz dahingehend, dass nunmehr statt zeitlich nicht mehr möglicher Tagesordnungsergänzung die Ermächtigung zur Einberufung einer neuen Hauptversammlung mit dem entsprechenden Tagesordnungspunkt begehrt wird, ist jedoch ausgeschlossen.[574]

III. Verfahrensgrundsätze

271 Es gilt der **Amtsermittlungsgrundsatz** (§ 26 FamFG), wobei der Vorstand vor der Entscheidung zu hören ist.[575] Im ersten und zweiten Rechtszug besteht grundsätzlich kein Anwaltszwang (§ 10 Abs. 1 FamFG). Die Parteien müssen für die von ihnen vorgebrachten Tatsachen den Vollbeweis erbringen, bloße Glaubhaftmachung reicht nicht.[576]

IV. Formulierungsbeispiel

272 »*I. Es wird beantragt, die Antragstellerin zu ermächtigen, eine außerordentliche Hauptversammlung einzuberufen, in der folgende Tagesordnungspunkte behandelt werden:*

1. [...]

II. Herr/Frau [...] wird mit der Leitung der aufgrund der unter Ziff. I beantragten gerichtlichen Ermächtigung von der Antragstellerin einberufenen Hauptversammlung betraut.«

273 Der Antrag zur Einberufung einer Hauptversammlung wie auch der Tenor der gerichtlichen Entscheidung haben nicht pauschal zu erfolgen, sondern die einzelnen, letzterenfalls für zulässig befundenen Tagesordnungspunkte zu nennen.[577] Die Bezeichnung als ordentliche oder außerordentliche Hauptversammlung ist dagegen nicht zwingend.[578] Ob auch ein **Versammlungsleiter** bestimmt wird und falls ja, die Auswahl der Person, stehen im Ermessen des Gerichts; die Antragsteller können im Rahmen ihres Antrags jedoch eine Anregung geben.[579] Teilweise wird eine Ermessensreduzierung auf Null angenommen, wenn die Gefahr besteht, dass eine ordnungsgemäße Behandlung des Anliegens der Minderheit durch den regulären Versammlungsleiter nicht gewährleistet ist.[580] Das Gericht hat das Ermessen bei der Auswahl selbst auszuüben und kann es nicht einem Dritten übertragen.[581]

274 Bei einem Tagesordnungsergänzungsverlangen ist fraglich, ob der Versammlungsleiter nur für die betroffenen und damit in Zusammenhang stehenden Tagesordnungspunkte bestellt werden kann.[582]

---

573 KG NZG 2003, 441 (442 f.); Heidel/*Müller* § 122 AktG Rn. 23; Bürgers/Körber/*Reger* § 122 Rn. 22; a. A. Spindler/Stilz/*Rieckers* § 122 Rn. 53.
574 KG NZG 2003, 441 (443).
575 Spindler/Stilz/*Rieckers* § 122 Rn. 48.
576 KöKo AktG/*Noack/Zetzsche* § 122 Rn. 94.
577 OLG München AG 2010, 84 (87); KöKo AktG/*Noack/Zetzsche* § 122 Rn. 96.
578 OLG München AG 2010, 84 (87).
579 OLG München AG 2010, 84 (87); Spindler/Stilz/*Rieckers* § 122 Rn. 56; Schmidt/Lutter/*Ziemons* § 122 Rn. 51; Bürgers/Körber/*Reger* § 122 Rn. 20.
580 OLG Düsseldorf AG 2013, 468 (469) für den Fall, dass die Abberufung der Mitglieder des Aufsichtsrats wegen persönlicher Verfehlungen Bestandteil der Tagesordnung und der Aufsichtsratsvorsitzende der satzungsmäßig berufene Versammlungsleiter ist; KöKo AktG/*Noack/Zetzsche* § 122 Rn. 100; Spindler/Stilz/*Rieckers* § 122 Rn. 56; Schmidt/Lutter/*Ziemons* § 122 Rn. 51; MüKo AktG/*Kubis* § 122 Rn. 60; Bürgers/Körber/*Reger* § 122 Rn. 20.
581 OLG Düsseldorf AG 2013, 468 (469).
582 So KöKo AktG/*Noack/Zetzsche* § 122 Rn. 104; Großkomm AktG/*Werner* § 122 Rn. 61; *Butzke* B. Rn. 129; im Grundsatz auch Spindler/Stilz/*Rieckers* § 122 Rn. 56; Schmidt/Lutter/*Ziemons* § 122 Rn. 51; ablehnend *Mertens* AG 1997, 481 (490); MüKo AktG/*Kubis* § 122 Rn. 60.

E. Einberufung Hauptversammlung/Tagesordnungsergänzung auf Verlangen Aktionärsminderheit § 6

Das überzeugt nicht, da die Aussprache zu den Tagesordnungspunkten, zumindest bei börsennotierten Gesellschaften, in der Regel in einer Generaldebatte im Rahmen des ersten Tagesordnungspunktes stattfindet. Eine Aufteilung wäre in diesem Fall kaum praktikabel und ineffizient.[583] Dagegen spricht auch der Wortlaut des Gesetzes (»den Vorsitzenden der Versammlung«, vgl. § 122 Abs. 3 S. 2 AktG). Möglich ist daher nur die komplette Auswechslung des Versammlungsleiters, welche bei einem Ergänzungsverlangen nur in extremen Ausnahmefällen in Betracht kommen wird.

Ein **isoliertes Begehren auf Bestimmung eines Versammlungsleiters** ist ausweislich des eindeutigen Wortlauts des Gesetzes (»zugleich«) nicht zulässig.[584] Die Gegenansicht argumentiert mit dem Sinn und Zweck der Durchsetzung des Minderheitenrechts; der Wortlaut beschreibe nur den Regelfall, hindere aber nicht die Ausnahme.[585] Ein Versammlungsleiter müsse jedenfalls in den Fällen bestimmt werden können, in denen die Voraussetzungen seiner Bestimmung zunächst vorgelegen hätten und das Gericht ihn nur deswegen nicht bestimmt hat, weil die Gesellschaft unter dem Druck des gerichtlichen Verfahrens dem Antrag der Minderheitsaktionäre nachgekommen ist.[586] Hätte der Gesetzgeber freilich ein derartiges Recht unabhängig vom Einberufungs- oder Ergänzungsverlangen regeln wollen, wäre eine Verortung im Rahmen der Vorschriften zur Durchführung der Hauptversammlung (z. B. in den §§ 129 bis 132 AktG) näherliegend gewesen.[587] 275

Strittig ist schließlich, ob bei Beantragung der Ermächtigung zur Einberufung einer Hauptversammlung als Minus auch zur Bekanntmachung von Gegenständen zur Tagesordnung ermächtigt werden kann.[588] 276

V. Entscheidung des Gerichts

Das Gericht entscheidet durch **zu begründenden Beschluss**, § 38 Abs. 1 S. 1, Abs. 3 S. 1 FamFG. Bekanntgabe hat an den oder die Antragsteller und die Gesellschaft zu erfolgen, § 41 FamFG. 277

VI. Kosten

Der Geschäftswert für die Gerichtskosten ist gemäß § 36 Abs. 1 GNotKG nach billigem Ermessen zu bestimmen. 278

Wird dem Antrag stattgegeben, hat die Gesellschaft die **Gerichtskosten** zu tragen, § 81 Abs. 5 FamFG, § 122 Abs. 4 AktG (dies gibt aber nur einen Erstattungsanspruch; die Antragsteller sind gemäß § 22 Abs. 1 GNotKG öffentlich-rechtlicher Kostenschuldner). 279

Die **außergerichtlichen Kosten** sind jeweils selbst zu tragen, sofern das Gericht nicht gemäß § 81 FamFG aus Billigkeitsgründen Abweichendes bestimmt.[589] Rechtsmittelkosten regelt § 84 FamFG. 280

---

583 I. E. auch *Mertens* AG 1997, 481 (490); MüKo AktG/*Kubis* § 122 Rn. 60; vgl. auch Spindler/Stilz/*Rieckers* § 122 Rn. 56: Hohes Gewicht der Einheitlichkeit der Versammlungsleitung; Schmidt/Lutter/*Ziemons* § 122 Rn. 51: Negative Effekte dadurch bedingter »Patchwork-Hauptversammlungsleitung« seien im Rahmen der gerichtlichen Abwägung zu berücksichtigen; a. A. *Butzke* B. Rn. 129: Trotz Ineffizienzen sollte Bestellung des Versammlungsleiters wegen des damit verbundenen schweren Eingriffs in die Privatautonomie auf die ergänzten Tagesordnungspunkte beschränkt bleiben.
584 LG Marburg AG 2005, 742 f.; *Butzke* B. Rn. 129; a. A. AG Frankfurt WuB II A. § 122 AktG 2.88, 583 (584); Hanseatisches OLG Hamburg, Beschl. v. 16.12.2011 – 11 W 89/11, BeckRS 2012, 08665.
585 KöKo AktG/*Noack*/*Zetzsche* § 122 Rn. 103; Spindler/Stilz/*Rieckers* § 122 Rn. 57; i. E. auch Großkomm AktG/*Werner* § 122 Rn. 62; ders. WuB II A. § 122 AktG 2.88, 583 (585).
586 Hanseatisches OLG Hamburg, Beschl. v. 16.12.2011 – 11 W 89/11, BeckRS 2012, 08665; zustimmend *Linnerz* GWR 2012, 247.
587 LG Marburg AG 2005, 742 (743).
588 Dafür KöKo AktG/*Noack*/*Zetzsche* § 122 Rn. 98.
589 Zur Auferlegung der der Gesellschaft entstandenen außergerichtlichen Kosten der Beschwerdeinstanz gegenüber dem Antragsteller wegen offensichtlichen Fehlens der Erfolgsaussicht des Antrags bzw. des Rechtsmittels (Begehren eines Hauptversammlungsbeschlusses betreffend die Untersagung einer Geschäftsführungsmaßnahme) noch unter Geltung von § 13a FGG, vgl. OLG Stuttgart AG 2006, 726.

VII. Einstweiliger Rechtsschutz

281 Die §§ 49 bis 57 FamFG enthalten einheitliche Regelungen zum einstweiligen Rechtsschutz, die grundsätzlich für alle dem FamFG unterliegenden Verfahren gelten, mithin auch für das Verfahren gemäß § 122 Abs. 3 AktG.

282 Nach § 49 Abs. 1 FamFG kann das Gericht durch **einstweilige Anordnung** eine vorläufige Maßnahme treffen, wenn Anordnungsanspruch und Anordnungsgrund bestehen. § 49 Abs. 2 FamFG zählt beispielhaft denkbare Maßnahmen auf. Es handelt sich hierbei um ein von der Hauptsache selbständiges Verfahren (vgl. § 51 Abs. 3 S. 1 FamFG). Zuständig ist das (potentielle) Hauptsachegericht (§ 50 Abs. 1 FamFG).

283 Zur Frage des **Anordnungsanspruchs** hat das Gericht im Rahmen einer exakten Schlüssigkeitsprüfung die materielle Rechtslage zu prüfen. Lediglich eine Amtsermittlung findet nicht statt, und die Beteiligten haben die für sie günstigen Tatsachen glaubhaft zu machen.[590] Ein **Anordnungsgrund** besteht, wenn die endgültige Regelung zu spät kommen würde, um das zu schützende Interesse zu wahren.[591]

284 Die Entscheidung steht nicht im Ermessen des Gerichts, sondern die einstweilige Anordnung hat im Fall des § 122 Abs. 3 AktG auf zu begründenden Antrag (vgl. § 51 Abs. 1 S. 1 und 2 FamFG) zu ergehen, wenn die Voraussetzungen dafür vorliegen. Diese sind glaubhaft zu machen. Die Entscheidung ist mit der Beschwerde anfechtbar. Daneben besteht die Möglichkeit eines Antrags gemäß § 52 Abs. 2 FamFG, mit der Folge, dass das Gericht anzuordnen hat, dass der Beteiligte, der die Anordnung erwirkt hat, das Hauptsachverfahren einzuleiten hat. Schließlich besteht die Möglichkeit der Überprüfung im Anordnungsverfahren selbst gemäß § 54 FamFG.

VIII. Rechtsmittel

285 Statthaftes Rechtsmittel ist die **Beschwerde zum Oberlandesgericht** (nicht zum Landgericht[592]), § 402 Abs. 3 FamFG i. V. m. § 122 Abs. 3 S. 4 AktG, §§ 58 ff. FamFG, § 119 Abs. 1 Nr. 1 lit. b) GVG. Sie ist beim Amtsgericht, dessen Beschluss angegriffen wird, binnen eines Monats ab jeweiliger Bekanntgabe des Beschlusses einzulegen, §§ 63 Abs. 1, Abs. 3 S. 1, 64 Abs. 1 FamFG.

286 Bei stattgebender Ausgangsentscheidung steht die **Beschwerdeberechtigung** der Gesellschaft vertreten durch den Vorstand zu. Bei ablehnender Ausgangsentscheidung ist umstritten, ob die Beschwerdeberechtigung nur Antragstellern in Höhe des Quorums[593] oder jedem einzelnen Antragsteller[594] zukommt (vgl. § 59 Abs. 2 FamFG). Andere Aktionäre sind nicht antragsberechtigt, weil es an einem unmittelbaren nachteiligen Eingriff in ihre Rechtsstellung durch die Entscheidung fehlt.[595]

287 Die Beschwerde soll begründet werden und kann auf **neue Tatsachen und Beweismittel** gestützt werden, § 65 Abs. 1, 3 FamFG. Sie hat keine aufschiebende Wirkung.[596] Das Beschwerdegericht kann die **Vollziehung der Erstentscheidung** aber durch einstweilige Anordnung vorübergehend **aussetzen**, § 64 Abs. 3 FamFG. Praktisch wird dies nur in Betracht kommen, wenn die Aktionärsminderheit vor

---

590 BeckOK FamFG/*Schlünder* § 49 Rn. 15.
591 Keidel/*Giers* § 49 Rn. 13.
592 Hierfür Spindler/Stilz/*Rieckers* § 122 Rn. 58 und Schmidt/Lutter/*Ziemons* § 122 Rn. 47; für die Zuständigkeit des Oberlandesgerichts z. B. KG FGPrax 2012, 28 (29); OLG Karlsruhe, Beschl. v. 16.6.2014 – 11 Wx 49/14, BeckRS 2014, 13776.
593 KöKo AktG/*Noack/Zetzsche* § 122 Rn. 106; Spindler/Stilz/*Rieckers* § 122 Rn. 58; Semler/Volhard/*Reichert/Balke* § 4 Rn. 56; Großkomm AktG/*Werner* § 122 Rn. 64.
594 MüKo AktG/*Kubis* § 122 Rn. 64.
595 KöKo AktG/*Noack/Zetzsche* § 122 Rn. 106; Semler/Volhard/Reichert/*Reichert/Balke* § 4 Rn. 56; Großkomm AktG/*Werner* § 122 Rn. 64.
596 KöKo AktG/*Noack/Zetzsche* § 122 Rn. 107; *Butzke* B. Rn. 127.

dem Amtsgericht Erfolg hatte und die Gesellschaft hiergegen Beschwerde einlegt. Eines Antrags hierfür bedarf es nicht, in der Praxis sollte er dennoch erfolgen.

Findet die durch die Minderheit einberufene Hauptversammlung oder eine Hauptversammlung mit dem begehrten Tagesordnungspunkt vor der Entscheidung in der Rechtsmittelinstanz statt, tritt Hauptsacheerledigung ein. Das Gericht hat dann die Rechtsbeschwerde wegen Entfall des Rechtsschutzbedürfnisses als unzulässig zu verwerfen (§ 74 Abs. 1 FamFG), wenn kein Fall des § 62 Abs. 1 FamFG vorliegt oder der Rechtsmittelführer sein Rechtsmittel nicht in zulässiger Weise auf den Kostenpunkt beschränkt.[597] Die Rechtmäßigkeit der Ermächtigung ist nach Beschlussfassung einer satzungs- und gesetzesmäßig einberufenen Hauptversammlung ohne Bedeutung, weil die gefassten Beschlüsse nicht mit der Begründung angefochten werden können, dass die Ermächtigung zur Einberufung nicht hätte erteilt werden dürfen.[598] 288

Gegen die Entscheidung des Beschwerdegerichts ist die **Rechtsbeschwerde zum Bundesgerichtshof** (§ 133 GVG) binnen eines Monats statthaft, sofern vom Beschwerdegericht im Beschluss zugelassen, §§ 70 Abs. 1, 71 Abs. 1 S. 1 FamFG. Sie ist zuzulassen, wenn die Rechtssache grundsätzliche Bedeutung hat oder die Fortbildung des Rechts oder die Sicherung einer einheitlichen Rechtsprechung eine Entscheidung des Bundesgerichtshofs erforderlich macht. 289

F. Durchsetzung von Aktionärsrechten im Wege der Leistungs- oder Unterlassungsklage

I. Recht auf Teilnahme an der Hauptversammlung

1. Gerichtliche Durchsetzung des Teilnahmerechts

Dass eine Verletzung des § 118 Abs. 1 AktG einen für gefasste Beschlüsse relevanten Anfechtungsgrund darstellt und damit eine Anfechtungsklage ermöglicht, steht außer Zweifel.[599] 290

Das primäre Interesse des in seinem Teilnahme- und damit seinem Mitgliedschaftsrecht verletzten Aktionärs ist in der Regel auf die Einforderung und ggf. zwangsweise Durchsetzung dieses Naturalanspruchs gerichtet. 291

Der Anspruch auf Teilnahme kann dabei durch **Leistungsklage** geltend gemacht werden. Aufgrund der rein faktisch regelmäßig nur kurzen Zeitspanne, bietet sich ein Antrag auf Erlass einer einstweiligen Verfügung jedoch eher an. Beide Möglichkeiten sind zulässig,[600] ihre tatsächliche Durchsetzbarkeit aber zweifelhaft, da Zugangsverweigerungen oder der Ausschluss von der Teilnahme regelmäßig erst unmittelbar vor Beginn oder in der laufenden Hauptversammlung erklärt werden.[601] 292

Ob wegen dieser rein tatsächlichen Rechtsschutzlücke auch die Erhebung einer **Feststellungsklage** zulässig ist, ist aufgrund des möglicherweise fehlenden **Feststellungsinteresses** umstritten. Dieses sei zu verneinen, da die Möglichkeit einer Anfechtungsklage für vergangene, die Möglichkeit einer Leistungsklage für zukünftige Teilnahmerechtsverletzungen bestehe.[602] 293

Dies überzeugt schon deshalb nicht, weil die mögliche Leistungsklage wiederum faktisch oft nicht erhoben werden kann, die mögliche Anfechtungsklage dagegen eben nur vergangene Beeinträchtigungen erfasst, aber nichts für das Interesse an einer zukünftigen Unterbindung teilnahmerechtswidrigen Verhaltens aussagt.[603] 294

---

597 BGH NZG 2012, 793 (794); vgl. auch OLG Düsseldorf AG 2013, 468.
598 BGH NZG 2012, 793 (794).
599 Vgl. MüKo AktG/*Kubis*, § 118 Rn. 71; Schmidt./Lutter/*Spindler* § 118 Rn. 34; Hüffer § 118 Rn. 9 ff.
600 MüKo AktG/*Kubis* § 118 Rn. 72; Großkommentar AktG/*Mülbert* § 118 Rn. 62; Hüffer a. a. O.; Spindler/a. a. O.; Hölters/*Drinhausen* § 118 Rn. 41.
601 Spindler/Stilz/*Hoffmann* § 118 Rn. 19.
602 Vgl. MüKo AktG/*Kubis* § 118 Rn. 72; Schmidt/Lutter/*Spindler* § 118 Rn. 34.
603 So auch Spindler/Stilz/*Hoffmann* § 118 Rn. 19; grundsätzlich zustimmend auch Hölters/*Drinhausen* § 118 Rn. 41.

295 Für die Bejahung des **berechtigten Feststellungsinteresses** dabei auf die »*Härte der Auseinandersetzung*« abzustellen[604], erscheint als mögliche Konkretisierung geeignet, sagt aber über die Frage der grundsätzlichen Zulässigkeit der Feststellungsklage nichts aus.

2. Ansprüche auf Schadensersatz bei Verletzung des Teilnahmerechts

296 Derartige Ansprüche sind vor allem dann aus Deliktsrecht denkbar, wenn und soweit die Verletzung des Teilnahmerechts als Verletzung eines **absolut geschützten Mitgliedschaftsrechts** angesehen wird.[605]

297 Selbst wenn man von der Existenz eines solchen deliktisch geschützten absoluten Mitgliedschaftsrechts ausgeht, so wird sich der Nachweis eines durch den Ausschluss entstandenen Schadens schwierig gestalten.[606] Gleichwohl ist er nicht ausgeschlossen. Zu denken ist dabei insbesondere an mögliche nutzlose Aufwendungen wie etwa Fahrtkosten.[607] Erhebliche Relevanz dürften diese Fälle dennoch nicht haben.

298 Jedenfalls wäre schadensmindernd gem. § 254 BGB das Unterlassen der möglichen und zulässigen[608] Anfechtungsklage zu berücksichtigen.[609] Dies gilt indes nicht für den genannten Aufwendungsersatz, da die Aufwendung auch bei einer Klage bereits getätigt wäre.[610]

II. Stimmrechte

299 Den Aktionären steht als mitgliedschaftliches Recht das Stimmrecht zu, wodurch ihnen die Möglichkeit gegeben wird, unmittelbar Einfluss in der Gesellschaft ausüben zu können. Ob das von § 12 i. V.m § 134 AktG gewährte Stimmrecht, welches wesentliches Mitverwaltungsrecht des Aktionärs ist,[611] durch **Leistungsklage** oder im Wege **einstweiligen Rechtsschutzes** eingefordert werden kann, ist in Literatur und Rspr. soweit ersichtlich, bisher nicht explizit behandelt worden. Wird dem Aktionär die Zulassung zur Abstimmung durch den Leiter der Hauptversammlung fälschlich untersagt mit der Begründung, dass es am Stimmrecht wegen eines aus § 136 AktG zu folgernden Stimmverbots fehle,[612] gehen manche Stimmen allerdings davon aus, dass der Aktionär seinen Anspruch auf Zulassung zur Abstimmung gegen die Gesellschaft im Wege einer einstweiligen Verfügung geltend machen könne.[613] Jedenfalls ist ein so gefasster Hauptversammlungsbeschluss zwar wirksam, jedoch dann anfechtbar, wenn sich die verbotswidrig abgegebenen Stimmen auf das Ergebnis ausgewirkt haben.[614]

300 Wird dagegen, trotz offensichtlich vorliegendem Stimmverbot, ein solches durch den Leiter der Hauptversammlung nicht ausgesprochen, so kommt nach umstrittener Ansicht neben einem Schadensersatzanspruch der Gesellschaft gegen denjenigen, der das Stimmrecht verbotswidrig ausgeübt hat, und gegen den Versammlungsleiter aus § 116 i. V.m § 93 AktG[615] ein solcher Anspruch auch des **einzelnen Aktionärs** aus §§ 116 i. V.m 93 AktG analog gegen den Versammlungsleiter in Be-

---

604 So etwa Großkommentar AktG/*Mülbert* § 118 Rn. 62.
605 So unkritisch hier Schmidt./Lutter/*Spindler* § 118 Rn. 34, der dagegen an anderer Stelle (MüKo AktG, § 93 Rn. 307) die Existenz eines vom Verbandsrecht losgelösten absoluten Rechts bei Verletzungen von Mitgliedschaftsrechten durch Gesellschaftsorgane mit gewichtigen Argumenten verneint; mit Verweis auf eine allgemeine Meinung Spindler/Stilz/*Hoffmann* § 118 Rn. 18, offen gelassen bei Großkommentar AktG/*Mülbert* § 118 Rn. 63, zweifelnd MüKo AktG/*Kubis*, § 118 Rn. 73.
606 Vgl. Schmidt./Lutter/*Spindler* § 118 Rn. 34.
607 Spindler/Stilz/*Hoffmann* § 118 Rn. 18.
608 Spindler/Stilz/*Hoffmann* § 118 Rn. 18.
609 So auch Spindler/Stilz/*Hoffmann* § 118 Rn. 18, Hölters/*Drinhausen* § 118 Rn. 41.
610 Vgl. Spindler/Stilz/*Hoffmann* § 118 Rn. 18.
611 Heidel/*Walter* Aktienrecht und Kapitalmarktrecht § 12 AktG Rn. 2.
612 MüKo AktG/*Schröer* § 136 Rn. 55.
613 MüKo AktG/*Schröer* § 136 Rn. 55 mit Verweis auf Grunsky ZIP 1991, 778 (782).
614 Vgl. BGH NZG 2006, 191 (192 f.).
615 Bejahend Schmidt./Lutter/*Spindler* § 136 Rn. 34; Hölters/*Hirschmann* § 136 Rn. 38; differenzierend nur für Leitung durch Aufsichtsratsmitglieder Spindler/Stilz/*Rieckers* § 136 Rn. 43.

F. Durchsetzung von Aktionärsrechten im Wege der Leistungs- oder Unterlassungsklage § 6

tracht.[616] Dieser wäre sodann durch **Leistungsklage** durchzusetzen. Ein solcher Direktanspruch ist jedoch nur schwerlich in die Systematik der §§ 93, 116 AktG einzupassen.[617] Da sich der Ersatzanspruch jedoch regelmäßig auf den erneuten Besuch der Hauptversammlung beschränken wird,[618] ist die praktische Bedeutung dieser Streitfrage eher gering.

Ob zudem den einzelnen Aktionären ein vorbeugender Anspruch auf **Ausspruch eines Stimmverbots** zusteht,[619] den sie gleichfalls durch Leistungsklage oder im Wege einstweiligen Rechtsschutzes durchsetzen könnten, ist ungeklärt. Dies ist jedenfalls wegen der vorbeugenden Einflussnahme auf die Beschlussfassung der Hauptversammlung ohne Beteiligung der Gesellschaft mit Problemen verbunden. 301

Gleiches gilt für die vorgängige Einflussnahme auf die Beschlussfassung in einer Hauptversammlung im Wege des vorläufigen Rechtsschutzes im verwandten Fall der **Durchsetzbarkeit eines Stimmbindungsvertrags**. Stimmbindungsverträge (§ 136 Abs. 2 AktG) begründen die Verpflichtung eines oder mehrerer Aktionäre, das Stimmrecht in der Hauptversammlung auf bestimmte Weise auszuüben oder nicht auszuüben.[620] Die Zulässigkeit solcher Stimmbindungsverträge ist unstreitig zulässig.[621] Aus einem solchen Stimmbindungsvertrag kann nach herrschender Meinung im Wege der Leitungsklage auf Erfüllung geklagt werden, d. h. dass der Verpflichtete abredegemäß sein Stimmrecht ausübt.[622] Die Durchsetzbarkeit einer solchen Stimmrechtsabrede im Wege des einstweiligen Rechtsschutzes ist hingegen höchst umstritten.[623] Im Ergebnis wird man die Durchsetzbarkeit jedoch konsequenter Weise bejahen müssen, geht man von der grundsätzlichen klageweisen Durchsetzbarkeit der Stimmrechtsabrede aus. Mangels Außenwirkung des Stimmrechtsvertrages ist nachträglicher Primärrechtsschutz gegen einen etwaigen Verstoß auch nicht im Wege der Beschlussanfechtung gegeben, weshalb der Berechtigte auf die Geltendmachung von Schadensersatzansprüchen beschränkt ist.[624] 302

III. Vermögensrechte

1. Anspruch auf Bilanzgewinn, §§ 58 Abs. 4, 60 AktG

Dieses, weithin als »das wichtigste(s) mitgliedschaftliche(s) Vermögensrecht des Aktionärs«[625] bezeichnete Recht umfasst neben dem allgemeinen Recht auf Gewinnbeteiligung auch einen konkreten Anspruch auf Leistung der Dividende.[626] 303

Der allgemeine mitgliedschaftliche Gewinnbeteiligungsanspruch soll dabei grundsätzlich nicht auf Zahlung, sondern auf **Herbeiführung eines Gewinnverwendungsbeschlusses** nach § 174 AktG gerichtet sein.[627] Er kann klageweise von jedem Aktionär gerichtlich geltend gemacht werden, sofern die Hauptversammlung nicht innerhalb der Frist des § 175 Absatz 1 Satz 2 AktG über die Gewinnverwendung beschließt.[628] 304

---

616 So dezidiert Schmidt./Lutter/*Spindler* § 136 Rn. 34; a. A. Spindler/Stilz/*Rieckers*, § 136 Rn. 43.
617 So Spindler/Stilz/*Rieckers* § 136 Rn. 43.
618 Schmidt./Lutter/*Spindler* § 136 Rn. 34.
619 Hierauf weist Schmidt./Lutter/*Spindler* § 136 Rn. 34 hin.
620 MüKo AktG/*Schröer* § 136 Rn. 56 und Rn. 72
621 Vgl. Spindler/Stilz/*Rieckers* § 136 Rn. 48 m. w. N.
622 Vgl. Spindler/Stilz/*Rieckers* § 136 Rn. 62 m. w.N
623 Siehe hierzu ausführlich Spindler/Stilz/*Rieckers* § 136 Rn. 64 f.
624 Vgl. Spindler/Stilz/*Rieckers* § 136 Rn. 65.
625 MüKo AktG/*Bayer* § 58 Rn. 96 m. w. N.
626 MüKo AktG/*Bayer* § 58 Rn. 96, zweifelnd nunmehr Hölters/*Waclawik* § 58 Rn. 29, der nur von einem Zahlungsanspruch des Aktionärs ausgeht, i. E. dürften aber wenig Unterschiede bestehen.
627 So etwa Spindler/Stilz/*Cahn/v.Spannenberg* § 58, Rn. 91 unter Verweis auf u. a. eine allgemeine Meinung.
628 Spindler/Stilz/*Cahn/v.Spannenberg* § 58 Rn. 91; MüKo AktG/*Bayer* § 58 Rn. 99.

305 Obwohl die Klage regelmäßig nicht auf einen »Gewinnverwendungsbeschluss bestimmten Inhalts«[629] gerichtet werden kann, und in den wenigen Ausnahmefällen[630] lediglich eine **positive Beschlussfeststellungsklage** zulässig ist,[631] ist wohl unstreitig, dass der Anspruch auf Herbeiführung eines Gewinnverwendungsbeschlusses an sich per **Leistungsklage** durchzusetzen ist.[632]

306 Darüber hinaus kann ein **Dividendenzahlungsanspruch**[633], der mit Fassung eines wirksamen, Ausschüttungen vorsehenden Gewinnverwendungsbeschluss entsteht, als individueller Anspruch[634] ebenso unproblematisch im Wege der Leistungsklage eingefordert werden. Der auf Zahlung gerichtete Anspruch ist ein klassischer Leistungsanspruch, weshalb eine gesonderte diesbezügliche Erläuterung nicht erforderlich ist.

2. Bezugsrecht bei Kapitalerhöhung, §§ 186 Abs. 1, 212 AktG

307 Den Aktionären steht als untrennbarer Bestandteil ihrer Mitgliedschaft bei einer ordentlichen Kapitalerhöhung sowie bei einer Kapitalerhöhung im Wege des genehmigten Kapitals ein verhaltener Anspruch gegen die AG auf Zuteilung neuer/junger Aktien im Umfang ihrer bisherigen Beteiligung zu.[635] Von einem sogenannten »Verhaltenen Anspruch« spricht man dann, wenn dieser dem Gläubiger nicht automatisch per Gesetz oder Vertrag sondern erst auf dessen ausdrückliches Verlangen entsteht und deshalb vom Gläubiger geltend gemacht werden muss.[636] Das Bezugsrecht ist für den Aktionär von wesentlicher Bedeutung, weil es dem jeweiligen Aktionär die Möglichkeit gibt, bei der Ausgabe neuer Aktien und der damit verbundenen Erhöhung des Gesellschaftskapitals ihre prozentuale Beteiligungsverhältnisse aufrecht zu erhalten.

308 **Bezugsberechtigt** sind gemäß § 186 Abs. 1 AktG die Aktionäre, auch Vorzugsaktionäre, deren Mitgliedschaftsrecht zum Zeitpunkt des Wirksamwerdens des Kapitalerhöhungsbeschlusses besteht. Üben sie rechtzeitig ihre Bezugserklärung aus, entsteht gegen die Aktiengesellschaft ein Anspruch auf Abschluss eines Zeichnungsvertrages[637] und spiegelbildlich eine Verpflichtung der Gesellschaft, dem Aktionär neue/junge Aktien zuzuteilen.[638]

309 **Verletzt** wird das **gesetzliche Bezugsrecht** dadurch, dass die Gesellschaft mit dem Bezugsberechtigten trotz ordnungsgemäßer Bezugs- und Zeichnungserklärung dennoch keinen Zeichnungsvertrag abschließt und die Eintragung der Durchführung der Kapitalerhöhung dessen ungeachtet aufgrund von Zeichnungsverträgen mit Dritten im Handelsregister erwirkt.[639] Gleiches gilt, wenn zwar der Zeichnungsvertrag mit dem bezugsberechtigten Aktionär abgeschlossen, dieser jedoch nicht in das Verzeichnis der Zeichner gemäß § 188 Abs. 3 Nr. 1 AktG aufgenommen oder der Zeichnungsschein nicht zu zur Eintragung im Handelsregister eingereicht wird.[640] In einem solchen Fall entfaltet die – unrichtige – Eintragung der Kapitalerhöhung Wirksamkeit (vgl. § 189 AktG), ohne dass der Bezugsberechtigte neue Aktien erhält; der Anspruch auf Zuteilung junger Aktien kann dann von der Gesellschaft nicht mehr erfüllt und vom Bezugsberechtigten nicht mehr durchgesetzt werden.

310 Werden diese Verpflichtungen nicht freiwillig erfüllt, so kann die Zuteilung des Bezugsrechts, der Abschluss des Zeichnungsvertrages oder die Einreichung zum Handelsregister klageweise gegenüber

---

629 Spindler/Stilz/*Cahn/v.Spannenberg* § 58 Rn. 92.
630 Dazu ausführlich Spindler/Stilz/*Cahn/v.Spannenberg* § 58 Rn. 92.
631 Spindler/Stilz/*Cahn/v.Spannenberg* § 58 Rn. 92.
632 MüKo AktG/*Bayer* § 58 Rn. 99 m. w. N.
633 Spindler/Stilz/*Cahn/v.Spannenberg* § 58 Rn. 94, erneut mit Verweis auf die allgemeine Meinung, insoweit auch ähnlich Hölters/*Waclawik* § 58 Rn. 31.
634 Hölters/*Waclawik* § 58 Rn. 31.
635 Spindler/Stilz/*Servatius* § 186 Rn. 7
636 Vgl. BeckOK BGB/*Unberath* § 285, Rn. 13.
637 Spindler/Stilz/*Servatius* a. a. O. Rn. 16; MüKo AktG/*Pfeifer* § 186 Rn. 51.
638 MüKo AktG/*Pfeifer* § 186 Rn. 51.
639 MüKo AktG/*Pfeifer* § 186 Rn. 53
640 Vgl. MüKo AktG/*Pfeifer* § 186 Rn. 53.

F. Durchsetzung von Aktionärsrechten im Wege der Leistungs- oder Unterlassungsklage § 6

der Aktiengesellschaft verlangt werden.[641] Zur Verhinderung des Anspruchsuntergangs durch Unmöglichkeit wegen Eintragung der Durchführung der Kapitalerhöhung in das Handelsregister, die zu einer Zuteilung an eine nicht bezugsberechtigte Person führen würde, ist **einstweiliger Rechtsschutz** gem. §§ 935, 940 ZPO zulässig.[642] Die Zuteilung kann dann durch eine einstweilige Verfügung verhindert werden.

Nach Eintragung des Kapitalerhöhungsbeschlusses im Handelsregister kann der Aktionär nicht mehr die Rückgängigmachung und Zuteilung der entsprechenden jungen Aktien an sich verlangen. Für diesen Fall kann er lediglich die Gesellschaft selbst auf **Schadensersatz** in Anspruch nehmen. Dieser ist im Wege der **Leistungsklage** als vertraglicher (§§ 280 Abs. 1, 3, 283 BGB) oder deliktischer (§ 823 Abs. 2 BGB i. V. m. § 186 AktG als Schutzgesetz im Sinne des § 823 Abs. 2 BGB) Anspruch möglich. 311

3. Rückzahlungsansprüche infolge Kapitalherabsetzung, § 225 Abs. 2 AktG

Zahlungen an Aktionäre, die erst durch eine Kapitalherabsetzung möglich wurden, können erst nach sechs Monaten geleistet werden, der Erlass von Einlageleistungen wird gleichfalls nicht vorher wirksam.[643] Danach sind sie jeweils unproblematisch, und ohne dass dies in der Literatur explizit behandelt würde, durch **Leistungsklage** geltend zu machen. 312

Ob einzelne Aktionäre von der Gesellschaft verlangen können, das Verbot des § 225 Abs. 2 AktG einzuhalten, und dies im Wege der **Unterlassungsklage** geltend machen können, wird soweit ersichtlich bisher nicht behandelt. Ein entsprechender Zugang zum **vorläufigen Rechtsschutz** sollte jedoch nach den allgemeinen Regelungen jedenfalls dem einzelnen Aktionär dann offen stehen, wenn nachgewiesen werden kann, dass durch die verbotene Auszahlung Rechte oder Vermögenswerte des einzelnen Gesellschafters dauerhaft und irreparabel gefährdet werden. 313

4. Beteiligung am Liquidationserlös, § 271 AktG

Anders als bei § 225 Absatz 2 AktG geht die Literatur bei § 271 AktG eindeutig davon aus, dass die Aktionäre, denen trotz Vorliegens der Voraussetzungen kein Liquidationserlös ausgeschüttet wird, ihren bestehenden **Zahlungsanspruch** im Wege der **Leistungsklage** gegen die Gesellschaft, die von den Abwicklern zu vertreten sei, geltend machen können.[644] 314

IV. Durchsetzung rechtmäßigen Organhandelns
1. Grundsätze im Gefolge der »Holzmüller«- Rechtsprechung

Grundsätzlich stehen der Hauptversammlung nur die gesetzlich zugewiesenen Kompetenzen (vgl. insbesondere § 119 AktG) zu. Darüber hinaus weist der Bundesgerichtshof der Hauptversammlung dann weitergehende Kompetenzen zu, die grundsätzlich in die Geschäftsführerzuständigkeit des Vorstands fallen, wenn die Maßnahmen zwar von der Satzung gedeckt sind, 315

> »gleichwohl aber so tief in die Mitgliedsrechte der Aktionäre und deren im Anteilseigentum verkörpertes Vermögensinteresse eingreifen, dass der Vorstand vernünftigerweise nicht annehmen kann, er dürfe sie in ausschließlich eigener Verantwortung treffen, ohne in die Hauptversammlung zu beteiligen.«[645]. 316

Der Vorstand hat in solchen Fällen demnach die Pflicht, die Hauptversammlung damit zu befassen. 317

---

641 Großkommentar AktG/*Wiedemann* § 186 Rn. 101; MüKo AktG/*Pfeifer* § 186 Rn. 51.
642 Großkommentar AktG/*Wiedemann* § 186 Rn. 101; MüKo AktG/*Pfeifer* § 186 Rn. 51.
643 Heidel/*Terbrack* § 225 Rn. 25 f.
644 Spindler/Stilz/*Bachmann* § 271 Rn. 14; Hölters/*Hirschmann* § 271 Rn. 10; Schmidt/Lutter/*Riesenhuber* §§ 271, 272 Rn. 8 f.
645 Vgl. BGHZ 83, 122 (Holzmüller).

318 Eine **allgemeine Aktionärsklage** zur Verhinderung rechtswidriger Maßnahmen des Vorstands gibt es insoweit zwar nicht.[646] Einklagbare Rechte stehen den Aktionären jedoch dann zu, wenn der Vorstand in ihre Zuständigkeit und Mitwirkungsrechte eingreift und der Vorstand gegen die vom Bundesgerichtshof aufgestellten Prinzipien der Einbindung der Hauptversammlung verstößt.[647]

319 Eine **Aktionärsklage** auf **Unterlassung** oder **Wiederherstellung** steht nach Ansicht des Bundesgerichtshofs seit der berühmten »**Holzmüller**«-Entscheidung dann zur Verfügung, wenn der Vorstand durch die angegriffene Maßnahme die Aktionäre bei einer von der Hauptversammlung mit zu entscheidenden Angelegenheit übergangen hat.[648] Ein solcher Anspruch richtet sich direkt gegen die Gesellschaft.[649] Die hiergegen verschiedentlich[650] erhobene Kritik, die vielmehr von einer Passivlegitimation des Vorstands ausgeht, findet wenig Resonanz.

320 **Grenze dieses Klagerechts**, ist, neben der vom BGH angenommenen **Verfristung** binnen eines Monats gem. § 246 AktG,[651] wohl lediglich der allgemeine **Missbrauchstatbestand**.[652] Aktionäre dürfen nämlich »bei rechtswidrigem Verwaltungshandeln ihre Rechte nicht unter Verletzung der Rücksichtnahmepflicht gegenüber der Gesellschaft missbräuchlich ausüben«.[653] Die genaue Reichweite dieser Grenze ist unklar, manche erachten sie für »kaum einmal einschlägig«.[654]

2. Einzelfälle

321 Welche Fälle konkret einen Eingriff in die Mitgliedsstellung des Aktionärs darstellen, ist noch immer unklar.[655] Entscheidende Frage wird regelmäßig die Bedeutung der konkret getroffenen Maßnahme sein.[656] Dies zu beurteilen ist wohl Wertungsfrage, die Literatur hat noch keine Fallgruppenbildung vorgenommen.[657]

322 Insoweit **bejahend** entschieden wurde soweit ersichtlich[658] die faktische Satzungsänderung,[659] die Überschreitung der Ermächtigung von Vorstand und Aufsichtsrat zum Bezugsrechtsausschluss beim genehmigten Kapital,[660] Strukturänderungen ohne Zustimmung der Hauptversammlung,[661] sowie Beteiligungsveräußerungen[662].

323 Eine echte »Hilfe« war, worauf Bartels[663] zu Recht hinweist, die Anerkennung dieser Fälle für die Aktionäre regelmäßig nicht, da ihre Anliegen zumeist von den Gerichten in concreto abschlägig beschieden worden seien.[664]

---

646 Heidel/*Heidel* § 246 Rn. 61, sowie kritisch § 241 Rn. 1; Großkommentar AktG/*Schmidt* § 91 Rn. 5.
647 Heidel/*Heidel* § 246 Rn. 62, grundlegend: BGHZ 83, 122 (133 f.) (Holzmüller).
648 BGHZ 83, 122, 133 f. (Holzmüller), Rn. 35 und 36.
649 Heidel/*Heidel*, § 246 Rn. 63.
650 Etwa MüKoAktG/*Kubis* § 119, Rn. 37; Sünner, AG 1983, 169, 170 f.; Rehbinder ZGR 1983, 92 (106).
651 BGHZ 83, 122 (133 f.) (Holzmüller), Rz. 39, zustimmend insoweit MüKoAktG/*Kubis* § 119 Rn. 37 m. w. N.
652 So die Interpretation von Heidel/*Heidel* § 246 Rn. 63.
653 BGH AG 2006, 38 (41) (Mangusta/Commerzbank II).
654 Heidel/*Heidel*, § 246 Rn. 63.
655 Heidel/*Heidel*, § 246 Rn. 64, ähnlich schon Habersack DStR 1998, 533.
656 Heidel/*Heidel* § 246 Rn. 65
657 Bei Heidel/*Heidel* § 246 Rn. 64 findet sich eine kasuistische Darstellung der Versuche der Literatur, Entscheidungskriterien aufzustellen; Versuche einer Systematisierung auch bei Bartels ZGR 2008, 723 (753 ff.).
658 Siehe hierzu ausführlich Heidel/*Heidel* § 246 Rn 64.
659 BGHZ 83, 122 (130) (Holzmüller).
660 BGHZ 136, (133, 140 f.) (Siemens/Nold); BGHZ 164 (249–261).
661 OLG Koblenz AG 2003, 522.
662 LG Duisburg NZG 2002, 643, hierfür schon Habersack, DStR 1998, 533 (535).
663 Bartels ZGR 2008, 723 (753 f.).
664 Bartels ZGR 2008, 723 (753).

Als weitere Maßnahmen, die die **Mitbestimmung der Hauptversammlung** auslösen, kommen ferner der Erwerb oder die Veräußerung von wichtigen Beteiligungen und Verlustübernahmezusagen in Betracht. 324

Festzuhalten bleibt insoweit, dass die klageweise Durchsetzung rechtmäßigen Organhandelns durch **Leistungs- bzw. Unterlassungsklage** nur in spezifischen **Einzelfällen** von Erfolg gekrönt sein wird. 325

G. Streitigkeiten um die Verletzung von Gesellschafterpflichten (einschl. Einlagenrückgewähr)

Gesellschafterpflichten können verschiedene Rechtsgrundlagen haben: Zum einen konstituiert das **Aktienrecht** selbst spezifische Gesellschafterpflichten (Rdn. 327 ff.), zum anderen kann sich ein Gesellschafter privatautonom durch **schuldrechtliche Vereinbarung** mit der Gesellschaft oder den Mitgesellschaftern Pflichten auferlegen (Rdn. 353 ff.). Zuletzt obliegen dem Gesellschafter solche Pflichten, die sich aus **allgemeinen gesellschaftsrechtlichen Grundsätzen** ableiten lassen (Rdn. 367 ff.). 326

I. Verletzung gesetzlich normierter Gesellschafterpflichten

1. Die Einlagepflicht des § 54 AktG

a) Entstehung der Pflicht zur Erbringung der Einlage

Elementare Pflicht eines Aktionärs ist die Erbringung seiner Einlage. Gem. § 54 Abs. 1 AktG wird seine Verpflichtung zur Einlageleistung durch den **Ausgabebetrag** der Aktie beschränkt. § 54 Abs. 3 AktG konkretisiert die Zahlungsmodalitäten und legt fest, dass Zahlungen stets **zur freien Verfügung** des Vorstandes geleistet werden müssen, um eine solide Kapitalausstattung der AG zu gewährleisten. Dies gilt auch für die Erbringung der Mindesteinlagen, § 36 Abs. 2 AktG. Deshalb sind insbesondere die **Leistung an Erfüllungs statt** (§ 364 Abs. 1 BGB), die **Aufrechnung** (§§ 387 ff. BGB) und eine **an einen Dritten erfolgende Leistung** (§§ 362 Abs. 2 i. V. m. 185 BGB) **unzulässig**.[665] Die Pflicht entsteht im Falle der Gründung mit der Übernahme der Aktien durch die Feststellung der Satzung gem. § 23 Abs. 2 Nr. 2 AktG und bei einer Kapitalerhöhung mit der Annahme der Zeichnungserklärung gem. § 185 AktG (ggf. i. V. m. § 198 Abs. 2 S. 1 AktG oder § 203 Abs. 1 S. 1 AktG) durch die Gesellschaft. Auch der Erwerb einer nicht voll eingezahlten Aktie führt zur Entstehung der Einlagepflicht des Erwerbers.[666] Ihrer Rechtsnatur nach ist die Einlagepflicht als eine **mitgliedschaftliche Pflicht** zu qualifizieren, die in keiner synallagmatischen Beziehung zu Rechten des Aktionärs steht. Ist die Einlage eines Gesellschafters rückständig, so verleiht dies der AG grundsätzlich nicht das Recht, den Aktionär in der Ausübung seiner Mitgliedschaftsrechte einzuschränken. Umgekehrt kann der Aktionär auch nicht die Leistung der Einlage verweigern, wenn er in der Ausübung seiner Rechte durch die AG eingeschränkt wird.[667] 327

Regelmäßig schuldet ein Gesellschafter zur Erfüllung seiner mitgliedschaftlichen Pflicht eine **Geldeinlage**, vgl. § 54 Abs. 2 AktG. Allerdings dient auch die unter engen Voraussetzungen (§§ 27, 34, 183, 194, 205 AktG) zulässige **Sacheinlage** der Erfüllung der Gesellschafterpflicht zur Einlageleistung. Die Sacheinlage bringt jedoch oft besondere Streitfragen mit sich. Ein Hauptproblem bei der Erbringung einer Sacheinlage stellt ihre Bewertung dar. Maßgeblich ist bei Gegenständen des Anlagevermögens der Wiederbeschaffungswert und bei solchen des Umlaufvermögens der Einzelveräußerungswert zum Zeitpunkt der Anmeldung.[668] Leistungsstörungen im Rahmen der Erbringung 328

---

665 RGZ 94, 61 (62); 144, 138 (146); 156, 23 (31); Heidel/*Janssen* § 54 Rn. 23.
666 MünchHdb GesR Band IV/*Wiesner* § 16 Rn. 3.
667 MüKo AktG/*Bungeroth* § 54 Rn. 5.
668 *Hüffer/Koch* AktG § 27 Rn. 20.

der Sacheinlage können die Entstehung einer Bareinlagepflicht des Aktionärs begründen.[669] Die **Bareinlagepflicht** kann damit **nicht völlig verdrängt** werden,[670] sondern sie besteht latent fort.

b) Prozessuale Geltendmachung der Einlageforderung durch die Gesellschaft

aa) Kläger

329 Inhaberin des Anspruchs auf Leistung der Einlage und damit aktivlegitimierte Klägerin im Rahmen eines Rechtsstreits auf Einlageleistung ist die Gesellschaft, vor ihrer Eintragung ins Handelsregister (§ 41 Abs. 1 S. 1 AktG) die **Vor-AG**.[671] Damit entsteht die Einlageleistungspflicht ungeachtet einer Handelsregistereintragung.[672] Im Namen der Gesellschaft haben die Vorstandsmitglieder (§ 78 Abs. 1 S. 1 Alt. 1 AktG) Leistungsklage auf Einzahlung der Einlagen an die Gesellschaft zu erheben. Denn an die Gesellschaft sind die Einlagemittel gem. §§ 929 ff. BGB – vertreten durch den Vorstand – zu übereignen.

bb) Beklagter

(1) Übernehmer/Zeichner

330 Schuldner der Einlagepflicht ist bei **Geldeinlagen** wie auch bei **Sacheinlagen** vor der Entstehung der AG gem. § 23 Abs. 2 Nr. 2 AktG der **Übernehmer** von Aktien, im Falle der Kapitalerhöhung gem. §§ 185, 198 Abs. 2 S. 1, 203 Abs. 1 AktG der **Zeichner**. § 54 Abs. 2 AktG, der als Schuldner bereits die Aktionäre nennt, ist insoweit ungenau, als die Verpflichtung zur Einlageerbringung selbstverständlich bereits vor Erlangung der Aktionärsstellung besteht.[673] Nach Entstehung der Aktiengesellschaft trifft die Einlageverpflichtung dann den Aktionär.

(2) Erwerber

331 Hat der Aktionär seine Aktien auf einen Dritten übertragen, so haftet dieser, da die mitgliedschaftliche Verpflichtung nun in seiner Person entstanden ist, für die Einlageforderung der Gesellschaft, ohne dass es einer **Schuldübernahme** bedürfte.[674] Den Veräußerer trifft nur noch die **subsidiäre Ausfallhaftung** gem. § 65 Abs. 1 S. 1 AktG, die nur dann ausgelöst wird, wenn ein vorrangiges Vorgehen gegen den Erwerber erfolglos bleibt.[675] Der Erwerber ist damit primär von der AG im Wege der Leistungsklage in Anspruch zu nehmen.

332 Ausnahmen bestehen in den folgenden Fällen:

333 Bei rückständigen Einzahlungen auf **Namensaktien** gilt nur der im Aktienregister Eingetragene im Verhältnis zur Gesellschaft als Aktionär, vgl. § 67 Abs. 2 S. 1 AktG. Der Eingetragene haftet, nicht etwa der wirkliche Aktionär.[676]

334 Des Weiteren verbleibt die Verpflichtung zur Erbringung einer **Sacheinlage** immer am ursprünglichen Schuldner bzw. dessen Gesamtrechtsnachfolger (vgl. §§ 54 Abs. 2, 65 Abs. 1 AktG). Sie entsteht **nicht in der Person des Erwerbers** der Aktien.[677] Die Sacheinlage ist damit weiterhin von demjenigen zu leisten, der seine Aktien vor vollständiger (§ 36a Abs. 2 S. 1 AktG) Erbringung der

---

669 Vgl. hierzu MüKo AktG/*Bungeroth* § 27 Rn. 50.
670 So MüKo AktG/*Bungeroth* § 54 Rn. 6.
671 *Hüffer/Koch* AktG § 54 Rn. 3; MüKo AktG/*Bungeroth* § 54 Rn. 11.
672 BGHZ 169, 270; OLG Nürnberg AG 1967, 362 (363).
673 Vgl. oben Rdn. 327; MüKo AktG/*Bungeroth* § 54 Rn. 12.
674 Heidel/*Janssen* § 54 Rn. 7.
675 *Hüffer/Koch* AktG § 54 Rn. 4.
676 MüKo AktG/*Bungeroth* § 54 Rn. 12.
677 H. M., *Hüffer/Koch* AktG § 54 Rn. 4; KöKo AktG/*Lutter* § 54 Rn. 11; MünchHdb AktG Band IV/*Wiesner* § 16 Rn. 3.

G. Streitigkeiten um die Verletzung von Gesellschafterpflichten (einschl. Einlagenrückgewähr) § 6

Sacheinlage an einen Dritten veräußert hat.[678] Kann die Sacheinlage nicht erlangt werden, geht auf den Dritten allerdings eine potentielle von der Sacheinlage nur **verdeckte**[679] **Bareinlageverpflichtung** über.[680] Denn andernfalls trüge die AG das durch Trennung von Einlagepflicht und Mitgliedschaft hervorgerufene Risiko der Kapitalbeschaffung.[681]

Mangels Passivlegitimation ist der Erwerber dann nicht richtiger Beklagter, wenn seine Haftung infolge eines **gutgläubigen (lastenfreien) Erwerbs** entfallen ist. Gibt die AG vor vollständiger Erfüllung der Einlagepflicht entgegen § 10 Abs. 2 S. 1 AktG **Inhaberaktien** aus, so hat ein gutgläubiger Erwerber im Interesse der Verkehrsfähigkeit der Aktien auf die Einlagepflicht bzw. den noch offenen Differenzbetrag nicht zu leisten.[682] Gleiches gilt bei Ausgabe von **Namensaktien**, die entgegen § 10 Abs. 2 S. 2 AktG keine oder eine überhöhte Angabe des Wertes der erfolgten Teilleistungen enthalten.[683] Bei Verpflichtung zur Leistung von **Sacheinlagen** führt der gutgläubige Erwerb zum Untergang der als Eventualverpflichtung ansonsten auf den Erwerber übergehenden verdeckten Bareinlagepflicht.[684] Die Beweislast für die Frage der Gutgläubigkeit trägt die AG.[685] 335

Der Maßstab für die Gutgläubigkeit ergibt sich aus § 932 Abs. 2 BGB analog, d. h. es ist darauf abzustellen, ob der Erwerber die noch (ganz oder teilweise) offene Einlageverpflichtung des Veräußerers **ohne grobe Fahrlässigkeit** nicht kennt.[686] Der bisherige Aktionär unterliegt – auch bei eigener Gutgläubigkeit[687] – weiterhin einer Haftung auf den gesamten Betrag der noch fortbestehenden[688] Einlageverpflichtung, die subsidiäre Ausfallhaftung von § 65 Abs. 1 S. 1 AktG kommt gar nicht zum Zuge.[689] Mit dem Auseinanderfallen der beim Veräußerer verbleibenden Einlagepflicht und dem beim Erwerber entstehenden Mitgliedschaftsrecht ist ein **Kaduzierungsverfahren** gemäß § 64 AktG gegenüber dem säumigen Altaktionär nicht mehr möglich.[690] 336

(3) Kapitalerhöhung

Im Falle der Kapitalerhöhung ist Schuldner der Einlagepflicht bei **Geldeinlagen** wie auch bei **Sacheinlagen** gem. §§ 185, 198 Abs. 2 S. 1, 203 Abs. 1 AktG der **Zeichner**. Die Einlagepflicht entsteht mit Annahme der Zeichnungserklärung durch die Gesellschaft. 337

Die Einlagepflicht des Zeichners kann wegen Berufung auf einen vermeintlich gutgläubigen Erwerb auch dann nicht entfallen, wenn er im Zuge einer **Kapitalerhöhung** sein mittelbares Bezugsrecht ausübt (§§ 186 Abs. 5, 203 Abs. 1 AktG). Trotz seiner Rechtsposition als (rechtstechnisch derivativer) 338

---

678 *Hüffer/Koch* AktG § 54 Rn. 4; Großkomm AktG/*Henze* § 54 Rn. 31.
679 So MüKo AktG/*Bungeroth* § 54 Rn. 6, der von einer Vorrangigkeit der durch eine Sacheinlage nur überlagerten Bareinlageverpflichtung ausgeht.
680 Großkomm AktG/*Henze* § 54 Rn. 32; MünchHdb GesR Band IV/*Wiesner* § 16 Rn. 3.
681 MüKo AktG/*Bungeroth* § 54 Rn. 13.
682 BGH ZIP 1993, 667 (673); OLG Köln AG 2002, 92 (93); OLG Düsseldorf ZIP 1991, 161 (168); MüKo AktG/*Bungeroth* § 54 Rn. 14; MünchHdb GesR Band IV/*Wiesner* § 16 Rn. 4.
683 BGH ZIP 1993, 667 (673); MüKo AktG/*Bungeroth* § 54 Rn. 15.
684 S. bereits oben unter Rdn. 334; MüKo AktG/*Bungeroth* § 54 Rn. 13.
685 MüKo AktG/*Bungeroth* § 54 Rn. 17.
686 OLG Köln AG 2002, 92 (93); Großkomm AktG/*Henze* § 54 Rn. 23; dies gilt ungeachtet des strengeren Maßstabes von § 62 Abs. 1 S. 2 AktG für die Einlagenrückgewähr, vgl. MüKo AktG/*Bungeroth* § 54 Rn. 17.
687 Großkomm AktG/*Henze* § 54 Rn. 24; MüKo AktG/*Bungeroth* § 54 Rn. 18.
688 Anders insoweit MünchHdb GesR Band IV/*Wiesner* § 16 Rn. 4, der von einem Untergang der Einlagepflicht spricht; diese haftet dem Veräußerer aber unverändert fortbestehend an. Großkomm AktG/ *Henze* § 54 Rn. 31 spricht ebenfalls vom Untergang, kommt aber über eine modifizierte Anwendung von § 65 Abs. 1 S. 1 AktG zu einer Haftung des Veräußerers.
689 RGZ 144, 138 (145); OLG Düsseldorf ZIP 1991, 161 (168); KöKo AktG/*Lutter* § 54 Rn. 7.
690 RGZ 144, 138 (1145); MüKo AktG/*Bungeroth* § 54 Rn. 18.

Zweiterwerber vom Kreditinstitut steht er einem originären Aktienerwerber gleich, womit für einen gutgläubigen Erwerb nach §§ 932, 936 BGB kein Raum ist.[691]

cc) Beweislast

339 Die Beweislast für die erfolgte vollständige Einlageleistung obliegt demjenigen Aktionär, der sich auf Erfüllung gem. § 362 Abs. 1 BGB beruft.[692] In bestimmten Fällen kann ein Indizienbeweis genügen.[693]

c) Keine prozessuale Geltendmachung des Einlageanspruchs durch einen Gesellschafter im Wege der actio pro socio

340 Gem. § 63 Abs. 1 S. 1 AktG sind die Einlagen nach Aufforderung durch den Vorstand zu leisten. § 63 Abs. 1 AktG regelt das Verfahren der Fälligstellung der Einlageverpflichtung. Die Aktivlegitimation der AG bleibt davon selbstverständlich unberührt. Erfasst ist vor allem die offene **Bareinlage**. Für die **Sacheinlage** enthält § 36a AktG eine Sonderregelung, welche die Fälligkeit entweder sofort oder innerhalb von fünf Jahren nach Eintragung der AG in das Handelsregister regelt. Allerdings kann die **Satzung** auch die Anwendung des § 63 AktG auf die Sacheinlage vorsehen. Ansonsten kommt § 63 AktG zur Anwendung, wenn die das Sacheinlageversprechen überlagernde Bareinlagepflicht wiederauflebt. Die Entscheidung über die Geltendmachung des primären Einlageanspruchs ist nach § 63 Abs. 1 S. 1 AktG Ausfluss der **Entscheidungs- und Leitungskompetenz des Vorstandes** gem. § 76 Abs. 1 AktG. Hierunter fällt – anders als bei der GmbH, § 46 Nr. 2 GmbHG – auch die Entscheidung, ob die Einforderung der Einlage geboten ist und im wohlverstandenen Interesse der Gesellschaft liegt.[694] Unterlässt der Vorstand die Geltendmachung des Einlageanspruchs der Gesellschaft entgegen deren Interessen, kann er sich nach § 93 Abs. 2 S. 1 AktG schadensersatzpflichtig machen. Diese Folge darf indes nicht dadurch unterlaufen werden, dass auf vorgeschaltetem Wege ein Aktionär in die autonome Ermessensfreiheit des Vorstandes eingreift und eine etwaige Ersatzpflicht durch Neutralisierung eines Schadens aus der Welt schafft. Eine **actio pro socio** eines einzelnen Aktionärs, im Namen der Gesellschaft die Einlage einzufordern, gibt es demzufolge nicht.

d) Keine Nachschusspflicht

341 Die Begrenzung der Leistungspflicht der Aktionäre auf den Ausgabebetrag gem. § 54 Abs. 1 AktG verbietet es der Gesellschaft, den Gesellschaftern **Nachschüsse** abzuverlangen. Entsprechende Satzungsbestimmungen scheitern an § 23 Abs. 5 S. 1 AktG (§ 54 Abs. 1 AktG ist zwingend), entsprechende HV-Beschlüsse sind nach § 241 Nr. 3 Var. 1 AktG nichtig.[695] Hat der Gesellschafter auf eine unwirksame Einforderung des Vorstandes hin geleistet, so kann er im Wege der **Leistungsklage** die mangels causa societatis geleistete Zahlung gestützt auf bereicherungsrechtliche Anspruchsgrundlagen (§ 812 Abs. 1 S. 1 Alt. 1 BGB) zurückverlangen.[696] Inwieweit eine schuldrechtliche Vereinbarung hieran etwas zu ändern vermag, indem sie einen potentiellen Rechtsgrund für die Leistung darstellt, wird an anderer Stelle erörtert.[697]

---

691 BGHZ ZIP 1993, 667 (673); MünchHdb GesR Band IV/*Wiesner* § 16 Rn. 4.
692 St. Rspr. des BGH und h. M., vgl. nur BGH NZG 2005, 45; NJW 1992, 2698; *Hüffer/Koch* AktG § 54 Rn. 20.
693 Vgl. hierzu BGH NJW 2007, 3067 für die GmbH.
694 *Schulz-Gardyan*, S. 83 f.; *Schwab*, S. 117; *Zöllner* ZGR 1988, 392 (402).
695 RGZ 113, 152 (154); Großkomm AktG/*Henze* § 54 Rn. 132; KöKo AktG/*Lutter* § 54 Rn. 13.
696 MüKo AktG/*Bungeroth* § 54 Rn. 21.
697 Vgl. hierzu unter Rdn. 354 ff.

2. Die Nebenverpflichtungen des § 55 AktG

Die Nebenverpflichtungen von Inhabern vinkulierter Namensaktien werden von § 55 AktG erschöpfend erfasst, soweit sie körperschaftsrechtlich, d. h. als mit der Mitgliedschaft in Verbindung stehend, ausgestaltet werden.[698] Sie können die primäre Einlagepflicht nicht ersetzen[699] und müssen Bestandteil der Satzung werden.[700] Letzteres kann bei Fassung der Gründungssatzung oder auch durch spätere Satzungsänderung erfolgen. Gemäß § 180 Abs. 1 AktG ist die **Zustimmung** der von der Nebenleistungspflicht betroffenen Aktionäre erforderlich.[701] **Leistungsstörungen** bei der Erfüllung der Gesellschafterpflicht lösen eine analoge Anwendung des schuldrechtlichen Leistungsstörungsrechts aus (§§ 280 ff., 320 ff., 437 ff., 275 ff. BGB). Bei Nichtleistung der Nebenverpflichtung ist eine **Kaduzierung** nach § 64 Abs. 3 S. 1 AktG der Gesellschaft indes nicht möglich, da diese an eine Verletzung der sich aus § 54 AktG ergebenden primären Einlageerbringungspflicht anknüpft.[702] Wegen ihrer körperschaftlichen Ausgestaltung **geht** die Nebenverpflichtung auf einen **Aktienerwerber über**. Der Veräußerer wird frei und haftet auch nicht subsidiär. Kennt der Erwerber die Nebenleistungspflichten jedoch ohne grobe Fahrlässigkeit nicht, erwirbt er die Aktien **gutgläubig lastenfrei**. Die mitgliedschaftlichen Nebenpflichten gehen dann unter.[703] Sie bleiben in diesem Fall, anders als die Einlagepflichten bei nicht voll eingezahlten Aktien, auch nicht beim Veräußerer bestehen. Indes sind in dieser Konstellation Schadensersatzansprüche der Gesellschaft gegen den Veräußerer nach § 826 BGB oder gegen Mitglieder des Vorstands oder des Aufsichtsrats nach §§ 93, 116 AktG denkbar.[704]

342

3. Verbot der Einlagenrückgewähr

a) Allgemeines

§ 57 Abs. 1 AktG enthält das Verbot der Einlagenrückgewähr. Damit wird der **Erhalt des Grundkapitals** gewährleistet. Die Reichweite dieses Verbots geht jedoch weiter, als es der Wortlaut vermuten lässt. Untersagt ist jedwede Leistung der AG, die nicht aus dem Bilanzgewinn erfolgt (§ 57 Abs. 3 AktG) oder sonst ausnahmsweise gesetzlich zugelassen ist.[705] Ob die gewährte Leistung eine Einlage i. S. v. § 54 AktG ist, ist ebenso wenig entscheidend wie der ursprüngliche Gegenstand der Einlageleistung. Gleichfalls nicht entscheidend für die Unzulässigkeit einer Einlagenrückgewähr ist, ob eine (in der Praxis selten zu beobachtende) offene Zuwendung erfolgt oder ob versucht wird, diese durch andere Geschäfte zu verschleiern und zu verdecken. Beide Formen sind unzulässig. Eine **verdeckte Rückgewähr** von Einlagen zeichnet sich dadurch aus, dass andere Geschäfte eine unzulässige Rückgewähr verschleiern sollen. So liegt in diesen Fällen ein **objektives Missverhältnis** zwischen Leistung und Gegenleistung vor, welches mit einem Dritten nicht in Kauf genommen worden wäre.[706] Ein objektives Missverhältnis kann anhand von Marktpreisen, Wiederbeschaffungswerten, anerkannte Bewertungsmethoden konkretisiert werden. Ein zusätzliches **subjektives Element** ist nicht erforderlich.[707]

343

---

[698] BayObLG 1989, 214 (215).
[699] Heidel/*Janssen* § 55 Rn. 3.
[700] RGZ 79, 332 (336); 83, 216 (218); *Hüffer/Koch* AktG § 55 Rn. 2; KöKo AktG/*Lutter* § 55 Rn. 17.
[701] RGZ 91, 166 (169); 121, 238 (241); 136, 313 (317); Heidel/*Janssen* § 55 Rn. 3; MüKo AktG/*Bungeroth* § 55 Rn. 8.
[702] Heidel/*Janssen* § 55 Rn. 8.
[703] Vgl. näher Heidel/*Janssen* § 55 Rn. 10; MüKo AktG/*Bungeroth* § 55 Rn. 43.
[704] MüKo AktG/*Bungeroth* § 55 Rn. 43.
[705] *Hüffer/Koch* AktG § 57 Rn. 2.
[706] Für zahlreiche Einzelfälle vgl. *Hüffer/Koch* AktG § 57 Rn. 12.
[707] OLG Koblenz AG 2007, 408 (410); BGH NJW 1996, 589 (590) für die GmbH.

b) Zahlung an Dritte und Zurechnung zu Aktionär

344 Dem Schutzzweck von § 57 AktG folgend erstreckt sich das Verbot ungerechtfertigter Zahlungen nur auf Zahlungen an Aktionäre. **Zahlungen an Dritte** (z. B. Sponsoring) sind daher nicht erfasst. Die Grenzen für derartige Zahlungen ergeben sich aus den allgemeinen Sorgfaltspflichten (§§ 93, 116 AktG). Um eine Umgehung des § 57 AktG zu verhindern, werden jedoch in verschiedenen Fallgruppen Zahlungen an Dritte einer Zahlung an Aktionäre gleichgestellt. Dafür haben sich zwei Fallgruppen herausgebildet. Zum einen erfolgt eine Zurechnung, wenn die Leistung am Ende über den Umweg des Dritten doch dem Aktionär zufließt. Zum anderen reicht es für eine Zuwendung bereits aus, wenn bei **wirtschaftlicher Betrachtung** die Leistung dem Aktionär zuzurechnen ist.[708] Dann kann die Leistung vom Aktionär zurückgefordert werden. Ist dagegen die Leistung an den Dritten schon deshalb verboten, weil er einem Aktionär gleichsteht, besteht gegen den Dritten ein Anspruch aus § 62 AktG analog; auch dann sind Verpflichtungs- und Verfügungsgeschäft wirksam.[709]

345 Abzugrenzen von der Leistung an Dritte sind **Leistungen durch Dritte**, also nicht durch die Gesellschaft selber. Auch bei solchen Leistungen ist entsprechen des Schutzwecks § 57 AktG dann einschlägig, wenn das Vermögen der Gesellschaft direkt oder indirekt gemindert wird. Daher sind auch Leistungen von im Mehrheitsbesitz stehenden Tochter- oder Enkelgesellschaften umfasst. Der leistende Dritte hat keinen Aufwendungsersatzanspruch aus § 670 BGB gegen die Gesellschaft.[710]

c) Folgen unzulässiger Einlagenrückgewähr

346 Bei Verstößen gegen das Verbot der Einlagenrückgewähr sind Verpflichtungs- und Vollzugsgeschäft entgegen früher herrschender Meinung **nicht nichtig**.[711] Es liegt bei § 57 AktG zwar ein gesetzliches Verbot i. S. d. § 134 BGB vor, dies führt dennoch nicht zur Nichtigkeit, denn die Rechtsfolgen des § 57 AktG sind in § 62 AktG spezialgesetzlich geregelt.[712] So folgt aus § 62 AktG ein schuldrechtlicher Rückgewähranspruch, welcher allgemeine Anspruchsgrundlagen des BGB, allen voran §§ 812 ff. BGB (insbesondere §§ 814, 817, 818 Abs. 3 BGB), verdrängt. Als weitere Folge machen sich die handelnden Organmitglieder nach den §§ 93, 117 AktG, deren Voraussetzungen im Einzelnen zu prüfen sind, ggf. schadensersatzpflichtig.

Unklar bleibt dagegen, ob als Rechtsfolge des § 62 AktG im Ergebnis nur die Wertdifferenz als Saldo auszugleichen ist oder, so der BGH zur Kapitalerhaltung bei der GmbH[713], der Anspruch auf Rückübertragung und Rückgabe der verbotswidrig ausgekehrten Vermögensgegenstände gerichtet ist.[714]

d) Einzelfälle

aa) Darlehen an Aktionäre und Cash Management

347 Ein wichtiger Anwendungsfall von § 57 AktG sind **Darlehen** an Aktionäre innerhalb von Unternehmensgruppen, wobei diese isoliert vergeben werden oder innerhalb eines **Cash Management-Systems** erfolgen können. Innerhalb eines Konzerns (§ 18 AktG) fallen solche Leistungen durch eine abhängige Gesellschaft nicht unter das Verbot der Einlagenrückgewähr, wenn ein **Beherrschungs- oder Gewinnabführungsvertrag** besteht (§ 291 Abs .3 AktG).[715] Ein Erfordernis, wonach die Leis-

---

708 MüKo AktG/*Bayer* § 57 Rn. 56.
709 *Hüffer/Koch* AktG § 57 Rn. 33.
710 *Hüffer/Koch* AktG § 57 Rn. 33.
711 BGHZ 196, 312 Rn. 14 ff.; *Hüffer/Koch* AktG § 57 Rn. 32; *Rothley* GWR 2013, 202.
712 BGHZ 196, 312 Rn. 15.
713 BGH NZG 2008, 467 (468).
714 *Rothley* GWR 2013, 202; kritisch zur Schutzwirkung des § 62 AktG bei nicht werthaltigem Rückzahlungsanspruch insbesondere im Fall der Verwertung von durch die AG bestellten Sicherheiten für Verbindlichkeiten der Aktionäre *Nodoushani* NZG 2013, 687 (691).
715 *Hüffer/Koch* AktG § 291 Rn. 36; Müko AktG/*Altmeppen* § 291 Rn. 228 f.

tung auch *auf Grund*, also nach zulässiger Weisung, erfolgt sein muss, wurde durch das MoMiG gestrichen.[716] Im Übrigen, also außerhalb von Beherrschungs- und Gewinnabführungsverträgen, sind Leistungen der AG an ihre Aktionäre nach § 57 Abs. 1 S. 3 Hs. 2 AktG dann vom Verbot der Einlagenrückgewähr suspendiert, wenn sie durch einen **vollwertigen Gegenleistungs- oder Rückgewähranspruch** gedeckt sind. Eine Konkretisierung des Begriffs der »Vollwertigkeit« durch den Gesetzgeber ist nicht erfolgt.[717]

bb) Verträge mit Aktionären über Dienstleistungen oder Warenlieferungen

Um eine offensichtlich § 57 AktG zuwider laufende Auszahlung zu umgehen, liegt der Gedanke nahe, mittels vertraglicher Austauschgeschäfte unzulässige Zahlungen zu verdecken. Beispielhaft erwähnt seien Verträge über den Verkauf von Gegenständen an Aktionäre unter dem Marktpreis oder über den Kauf von Gegenständen durch die Gesellschaft über dem Marktpreis. Denkbar sind zudem vielfältige Formen von Dienstleistungen, die nicht den Marktpreisen angepasst sind. 348

cc) Erwerb eigener Aktien

Der Erwerb eigener Aktien durch die Gesellschaft ist gesetzlich in §§ 71–71e AktG geregelt. Auch bei einem Erwerb eigener Aktien zu beachten, dass keine überhöhten Preise (bei börsennotierten Gesellschaften ist der Marktpreis maßgeblich) gezahlt werden. 349

dd) Abkauf von Anfechtungsklagen

Grundsätzlich als Verstoß gegen § 57 AktG und damit als unzulässig ist auch der »Abkauf« von Anfechtungsklagen durch die Gesellschaft anzusehen. Dies gilt unabhängig davon, ob die Leistungen an den Anfechtungskläger als Verfahrenskosten, Vergleich oder dergleichen deklariert werden.[718] Ein wirtschaftliches Interesse an einer schnellen Erledigung des Rechtsstreits kann eine Verletzung von § 57 AktG nicht rechtfertigen.[719] Hieraus folgt insbesondere, dass eine AG ihrem klagenden Gesellschafter bei überwiegenden Erfolgsaussichten seines Vorgehens keine Zahlungen für eine Klagerücknahme in Aussicht stellen darf.[720] Wird allerdings bei zwiespältiger Rechtslage **auf Vorschlag des Prozessgerichts** ein Vergleich geschlossen, so stellt dies i. d. R. keinen Verstoß gegen das Kapitalerhaltungsrecht dar.[721] 350

Leistungen, die entgegen § 57 AktG von einem Aktionär empfangen wurden, sind zurück zu gewähren (§ 62 Abs. 1 AktG). 351

§ 62 Abs. 2 S. 1 AktG sieht die **Befugnis der Gläubiger** der Gesellschaft vor, den Rückgewähranspruch geltend zu machen, wenn sie von der Gesellschaft keine Befriedigung erlangen können. Eine **Aktionärsklagebefugnis** besteht mangels gesetzgeberischer Erstreckung des Regelungsgehalts auf Aktionäre nicht.[722] Sollte die Gesellschaft eine Rückforderung unterlassen, so obliegt es alleine den Gläubigern, ein gerichtliches Vorgehen einzuleiten.[723] Dies auch nur, soweit diese von der Gesellschaft keine Befriedigung erlangen können (§ 62 Abs. 2 S. 1 AktG). 352

---

716 MüKo AktG/*Altmeppen* § 291 Rn. 226a.
717 Vgl. die Diskussion zum Meinungsstand bei *Hüffer/Koch* AktG § 57 Rn. 22 ff., 25.
718 MünchHdb GesR Band IV/*Wiesner* § 16 Rn. 46.
719 GroßkommAktG/*Henze* § 57 Rn. 71; KöKo AktG/*Lutter* § 57 Rn. 29; MüKo AktG/*Bayer* § 57 Rn. 88.
720 MüKo AktG/*Bayer* § 57 Rn. 88.
721 MüKo AktG/*Bayer* § 57 Rn. 88 Fn. 235; MünchHdb GesR Band IV/*Wiesner* § 16 Rn. 46; a. A. Großkomm AktG/*Henze* § 57 Rn. 71.
722 Ebenso *Brondics*, S. 108; *Raiser* ZHR 153 (1989), 1 (19); *Schulz-Gardyan*, S. 37 und 122; *Schwab*, S. 116.
723 A. A.: *Banerjea*, S. 184; *Becker*, S. 609 f.; *Lutter* ZHR 162 (1998), 164 (181); *Zöllner* ZGR 1988, 392 (402 und 406).

II. Verletzung schuldrechtlich begründeter Gesellschafterpflichten

1. Freiwillige Leistungen

353 Jeder Aktionär kann sich freiwillig zur Erbringung von Zusatzleistungen bereit erklären. Beispiele für solche Zusatzleistungen sind etwa die Zurverfügungstellung von Mitteln (schenkweise oder als Darlehen) und die Erbringung von Dienst- oder Sachleistungen. Die AG darf dem freiwillig eine Zusatzleistung übernehmenden Aktionär als Ausgleich einen Vorteil zukommen lassen.[724] Die damit für die anderen Aktionäre verbundenen Nachteile dürfen jedoch die Kehrseite des Vorteils nicht übersteigen, da sonst auf andere Aktionäre faktisch ein wirtschaftlicher Zwang ausgeübt wird, eigene Zusatzleistungen zur Vermeidung von Nachteilen erbringen zu müssen.[725] Auch innerhalb dieser Grenzen darf die Bevorzugung nur im Interesse der AG stattfinden und den Wert der Mehrleistung nicht übersteigen.[726] Zuletzt dürfen Ausgleichsleistungen der Gesellschaft nicht gegen das Gleichbehandlungsgebot des § 53a AktG verstoßen.[727] Freiwillige Leistungen sind seitens der Gesellschaft nicht einklagbar, da den Aktionären über die gesetzlich normierten Gesellschafterpflichten der §§ 54 f. AktG keine sonstigen Pflichten auferlegt werden dürfen.[728] Deshalb kann die Nichtleistung auch nicht mit der Sanktion einer Kaduzierung gem. § 64 Abs. 3 S. 1 AktG belegt werden, dementsprechende Abreden sind gem. § 134 BGB nichtig.[729] Liegt ihnen ein Hauptversammlungsbeschluss zugrunde, so kann ein Gesellschafter eine auf §§ 249 Abs. 1 S. 1, 241 Nr. 3 Var. 1 AktG gestützte Nichtigkeitsklage wegen Verstoßes der Abrede gegen das Wesen der Aktiengesellschaft erheben.[730]

2. Schuldrechtliche Gesellschafterpflichten

a) Rechtsnatur und Durchsetzung

354 Aktionäre können unabhängig von der Erbringung freiwilliger Leistungen auch gegenüber ihren Mitgesellschaftern durch (echten) Vertrag zugunsten Dritter (§ 328 BGB) oder unmittelbar durch Vertrag mit der AG schuldrechtliche Pflichten begründen, die über die in der Mitgliedschaft wurzelnden Pflichten hinausgehen und Leistungs- oder Unterlassungspflichten zur Folge haben.[731] Denn die Obergrenze des § 54 Abs. 1 AktG bezieht sich lediglich auf die **mitgliedschaftliche** Einlagepflicht.[732]

355 Mögliche Gegenstände solcher Vereinbarungen sind:
- Handlungs- und Unterlassungspflichten (Verfügung über Aktienbesitz oder Unterlassung einer solchen);[733]
- Verträge über die Ausübung von Mitgliedschaftsrechten und Stimmbindungsverträge. Hier macht sich jedoch die mangelnde Durchsetzungsmöglichkeit entsprechender Abreden auf gesellschaftsrechtlicher Grundlage besonders bemerkbar.
- Zusagen zur Gewährung von Darlehen[734] oder schenkweisen Überlassung von Finanzmitteln.

356 Da es sich von der Rechtsnatur her bei diesen Pflichten nicht um solche mit gesellschaftsrechtlichem Ursprung handelt, kann ihre Durchsetzung von der Gesellschaft auch nicht auf aktienrechtlichem,

---

724 MüKo AktG/*Bungeroth* § 54 Rn. 29.
725 RGZ 52, 287 (293); 76, 155 (157); 80, 81 (85); Spindler/Stilz AktG/*Cahn/v. Spannenberg* § 54 Rn. 34.
726 MüKo AktG/*Bungeroth* § 54 Rn. 29.
727 Vgl. RGZ 76, 155 (157); Großkomm AktG/*Henze* § 54 Rn. 79; KöKo AktG/*Lutter* § 54 Rn. 33.
728 Sofern dies nicht in einem schuldrechtlichen Vertrag geschieht, dazu unten unter Rdn. 354 ff.
729 MüKo AktG/*Bungeroth* § 54 Rn. 28.
730 *Hüffer/Koch* AktG § 54 Rn. 9.
731 RGZ 79, 332 (335); 83, 216 (218); 84, 328 (330); OLG München AG 2007, 292 (294); BayObLG NZG 2002, 583 (584).
732 Ganz h. M., vgl. RGZ 79, 332 (335); 83, 216 (218); 84, 328 (330); Großkomm AktG/*Henze* § 54 Rn. 53; MüKo AktG/*Bungeroth* § 54 Rn. 30.
733 BayObLG DB 1989, 214 (216 f.); KöKo AktG/*Lutter* § 54 Rn. 22 und 26.
734 Hölters/*Laubert* § 54 Rn. 7.

sondern nur schuldrechtlichem Wege erfolgen.⁷³⁵ Dies bedeutet, dass die Gesellschaft, sofern sie entweder auf Grund eines (echten) Vertrages zugunsten Dritter zwischen Aktionären ein eigenes Leistungsforderungsrecht erworben hat, oder sich ein solches aus einer Vereinbarung zwischen Gesellschaft und Aktionär ergibt, die Leistung oder Unterlassung im Wege einer **Leistungs- bzw. Unterlassungsklage** geltend machen muss. Ein aktienrechtlicher Ausschluss des Gesellschafters kommt nicht in Betracht.⁷³⁶ Die korporative Sanktion eines Gesellschafterausschlusses darf selbst dann nicht erfolgen, wenn sich der Gesellschafter schuldrechtlich mit diesem Instrumentarium einverstanden erklärt hat.⁷³⁷ Dies muss auch für den Fall gelten, dass eigentlich als mitgliedschaftliche Nebenpflichten (vgl. § 55 AktG) vereinbarungsfähige Pflichten unter Einhaltung der entsprechenden Voraussetzungen nur schuldrechtlich vereinbart werden.⁷³⁸ Die schuldrechtliche Ausgestaltung der Verpflichtung bringt also eine Erschwerung der Durchsetzbarkeit mit sich. Umgekehrt werden schuldrechtlich vereinbarte Pflichten der Aktionäre nicht durch §§ 54, 55 AktG begrenzt.⁷³⁹

b) Voraussetzungen der wirksamen Begründung

Die Begründung der schuldrechtlichen Verpflichtung ist formfrei möglich, soweit keine speziellen Formvorschriften eingreifen, z. B. §§ 311b Abs. 1, 518 Abs. 1 S. 1 BGB. Handelt es sich um eine Verpflichtung, die nur **schuldrechtlicher** Natur ist, so sind Formvorschriften des BGB stets einzuhalten. Wird die Vereinbarung um der Mitgliedschaft willen als **Mitgliedschaftsrecht**, also korporativ, ausgestaltet, so kommt es auf die Einhaltung von Formvorschriften nicht an.⁷⁴⁰ Von elementarer Bedeutung ist deshalb eine Abgrenzung korporativer von nicht korporativen Verpflichtungen. 357

Ist die Vereinbarung Bestandteil der Satzung, führt dies nicht automatisch dazu, dass die vom Gesellschafter auf sich genommene Verpflichtung korporativer Natur ist. Es bleibt den Aktionären unbenommen, eine individuelle Verpflichtung eines Aktionärs, die keine körperschaftliche Regelung enthält, sondern nur schuldrechtlicher Natur ist, Satzungsbestandteil werden zu lassen.⁷⁴¹ Umgekehrt ist die Aufnahme der Regelung in die Satzung auch nicht Wirksamkeitsvoraussetzung für eine korporationsrechtliche Verpflichtung des Gesellschafters.⁷⁴² Die Grenzen des Geltungsbereichs einer solchen Regelung werden dann durch die Rechtssätze des Schuldrechts gezogen, womit ein Gesellschafter nur persönlich, nicht aber in seiner Stellung als Anteilseigner berührt wird.⁷⁴³ Die rechtliche Qualifikation der durch den Gesellschafter auf sich genommenen Verpflichtung bleibt ohne ausdrückliche Einordnung damit **Auslegungsfrage**, bei der Vermutungsregeln zur Auslegungshilfe herangezogen werden können. Bei in **Satzungsbestimmungen** vorgesehenen Verpflichtungen, die sowohl innerhalb des von den §§ 54, 55 AktG vorgegebenen Rahmens mit der Mitgliedschaft verknüpft sein, aber auch eine schuldrechtliche Ausgestaltung erfahren könnten, wird **regelmäßig** von einer **korporationsrechtlichen** Natur ausgegangen.⁷⁴⁴ Bei Verpflichtungen wie Nachschüssen, Darlehen oder Schenkungen, die den Rahmen der zwingenden und abschließenden §§ 54, 55 358

---

735 Großkomm AktG/*Henze* § 54 Rn. 75; KöKo AktG/*Lutter* § 54 Rn. 21; MüKo AktG/*Bungeroth* § 54 Rn. 30; *Winter* ZHR 154 (1990), 259 (264 und 281); Hölters/*Laubert* § 54 Rn. 7.
736 *Hüffer/Koch* § 54 Rn. 8.
737 Großkomm AktG/*Henze* § 54 Rn. 75; KöKo AktG/*Lutter* § 54 Rn. 21; MüKo AktG/*Bungeroth* § 54 Rn. 30.
738 Zur generellen Möglichkeit vgl. RGZ 79, 332 (335).
739 Dazu sogleich unter Rdn. 356.
740 So z. B. MüKo BGB/*Koch* § 516 Rn. 98.
741 Allg. M., KöKo AktG/*Lutter* § 54 Rn. 24; *Priester* DB 1979, 681.
742 So BGH NZG 2006, 543 (544); *Priester* DB 1979, 681 (684) geht von einer Vermutung korporationsrechtlicher Natur der Bestimmung allein bei Aufnahme in die Satzung aus, da dies zur Bindung künftiger Anteilseigner führe; dazu u. unter Rdn. 365.
743 *Priester* DB 1979, 681.
744 Großkomm AktG/*Henze* § 54 Rn. 64; KöKo/*Zöllner* § 179 Rn. 7; MüKo AktG/*Bungeroth* § 54 Rn. 36; MünchHdb GesR Band IV/*Wiesner* § 16 Rn. 41; *Priester* DB 1979, 681 (684).

AktG⁷⁴⁵ sprengen und daher nicht wirksam als körperschaftliche Pflichten begründet werden könnten, geht die Vermutung dahin, dass solche Vereinbarungen nur als personenbezogene Pflichten gewollt waren.⁷⁴⁶ Dies gilt umso mehr, wenn die Verpflichtung nur für einen individuellen Aktionär begründet werden soll,⁷⁴⁷ selbst wenn diese Bestandteil der Gründungssatzung war.⁷⁴⁸

359 Wollen die Gründer ihrer AG etwa einen durchsetzbaren Anspruch auf vollen – und nicht nur anteiligen – Verlustausgleich⁷⁴⁹ gegen einen einzelnen Aktionär für während des Gründungsstadiums eingetretene Verluste verschaffen, so empfiehlt sich die notarielle Beurkundung der Verpflichtung, um dem möglichen Einwand der Formnichtigkeit zu entgehen.⁷⁵⁰ Geht eine Verpflichtung über den Rahmen der §§ 54, 55 AktG hinaus, kann auch eine Einfügung in der Satzung, dass der Charakter der verpflichtenden Satzungsbestimmung korporativer Natur sein solle, nicht helfen. Denn eine solche Bestimmung ist gem. § 23 Abs. 5 S. 1 AktG nichtig und kann nicht etwa in eine schuldrechtliche Verpflichtung umgedeutet werden.⁷⁵¹ Soll ein Gesellschafter also gerade auf korporationsrechtlicher Grundlage verpflichtet werden, so ist dies immer nur im Rahmen von §§ 54, 55 AktG möglich.

360 Unterbleibt eine Aufnahme der Verpflichtung des Gesellschafters in die Satzung, so hat dies umgekehrt aber nicht zwangsläufig zur Folge, dass die Verpflichtung nur schuldrechtlicher Natur ist und mit einem Formmangel behaftet sein könnte. Bei der Bestimmung der Rechtsnatur der Verpflichtung sind vielmehr sämtliche sonstige objektive Umstände zu berücksichtigen.⁷⁵² Der Aktionär, der sich im Gründungsstadium der AG zu einer Finanzierung oder einer Kreditsicherheit zugunsten der Gesellschaft bereit erklärt und sich hierdurch eine solide Kapitalausstattung sowie dadurch bedingt eine Verbesserung seiner eigenen durch die Mitgliedschaft vermittelten finanziellen Lage verspricht, handelt im Hinblick auf seine Mitgliedschaft.⁷⁵³ Dieses Ergebnis darf aber nicht darüber hinwegtäuschen, dass die Verpflichtung per se schuldrechtlicher Natur ist, sofern sie vor dem Hintergrund der §§ 54, 55 AktG als mitgliedschaftliche keinen Bestand haben könnte.⁷⁵⁴ Dass die Leistung durch den Gesellschafter causa societatis erfolgt, vermag nur die Unentgeltlichkeit der Leistung und damit die Anwendung des speziell schuldrechtlichen Schenkungsrechts zu beseitigen. Eine Klassifizierung der Verpflichtung des Aktionärs als korporationsrechtliche Regelung ist aber wegen der §§ 54, 55 AktG unmöglich. Die Gesellschaft hat daher Leistungsklage auf Erfüllung des schuldrechtlichen Vertrages (§§ 241 Abs. 1, 311 Abs. 1 BGB) zu erheben. Auf einen Aktienerwerber gehen sie nicht ohne Weiteres über.

361 Nach neuerer oberlandesgerichtlicher Rechtsprechung⁷⁵⁵ kann eine Leistung auch im umgekehrten Fall einer Zahlungszusage der Gesellschaft gegenüber einem (stillen) Gesellschafter causa societatis an diesen erfolgen, wenn der Entscheidung zur Leistungserbringung wirtschaftliche Interessen der Gesellschaft zugrunde liegen und die Auszahlung der Stärkung des Geschäftsbetriebs dient. Ent-

---

745 So BayObLG DB 1989, 214 (215).
746 Großkomm AktG/*Henze* § 54 Rn. 64; MüKo AktG/*Bungeroth* § 54 Rn. 36; *Priester* DB 1979, 681 (684).
747 Großkomm AktG/*Henze* § 54 Rn. 64; *Priester* DB 1979, 681 (684).
748 KöKo AktG/*Lutter* § 54 Rn. 25; abw. *Priester* DB 1979, 681 (684), der in diesem Fall eine Vermutung für eine korporative Ausgestaltung sprechen ließe.
749 Zur Vorbelastungshaftung allgemein unter § 4 Rdn. 144.
750 Vgl. BGH NZG 2006, 543 (544) – Becker/Stargate. Dem beklagten Aktionär wurde dort die Berufung auf den Formmangel eines Schenkungsversprechens mit der Begründung versagt, das Schenkungsrecht sei mangels Unentgeltlichkeit bei einer causa societatis erbrachten Leistung nicht einschlägig.
751 MüKo AktG/*Bungeroth* § 54 Rn. 37.
752 *Priester* DB 1979, 681 (684).
753 BGH NZG 2006, 543 (544); ähnlich BGH DStR 1997, 505 (506); Müko BGB/*Koch* § 516 Rn. 98.
754 Dies ist h. M., MüKo AktG/*Bungeroth* § 54 Rn. 23 und 37 für eine Satzungsbestimmung; KöKo AktG/*Lutter* § 54 Rn. 25 und 27; insoweit irritieren die Ausführungen des BGH in BGH NZG 2006, 543 (544), wonach die Rechtsnatur einer Finanzierungsvereinbarung dann ein anderes Rechtsgepräge finde, wenn eine Zahlungszusage im Hinblick auf die Stellung als Gründungsgesellschafter und damit die Mitgliedschaft causa societatis erfolgt.
755 OLG Schleswig-Holstein, Urt. v. 02.3.2011 – 9 U 22/10, nicht rechtskräftig.

scheidend für eine Leistung causa societatis ist, dass die durch die Zahlungszusage hervorgerufene Stärkung des Geschäftsbetriebs gerade durch die Leistung wegen einer Gesellschafterstellung des Leistungsempfängers vermittelt wird.[756]

c) Inhaltliche Grenzen bei Stimmbindungsverträgen

Schuldrechtliche Vereinbarungen über die Ausübung von Mitgliedschaftsrechten sind, sofern sie Stimmbindungsregelungen enthalten, an § 136 Abs. 2 AktG zu messen.[757] Danach ist ein Vertrag nichtig, in dem sich ein Aktionär verpflichtet, nach Weisung der Gesellschaft, des Vorstandes oder des Aufsichtsrates oder nach Weisung eines abhängigen Unternehmens der Gesellschaft das Stimmrecht auszuüben. Dies gilt auch für derartige zwischen den Aktionären begründete Verpflichtungen, d. h. sog. Poolverträge.[758] Von den wenigen aktienrechtlichen Verbotsnormen abgesehen, werden der Begründung beliebiger schuldrechtlicher Verpflichtungen des Aktionärs aber keine Schranken gesetzt.[759] 362

d) Unvereinbarkeit einer Satzungsbestimmung mit §§ 54, 55 AktG

Soll eine Verpflichtung des Aktionärs mitgliedschaftsrechtlich ausgestaltet werden und wird sie – was nach oben Gesagtem nicht erforderlich ist – zum Bestandteil der Satzung gemacht, so kann ein Aktionär im Falle eines Verstoßes der korporativen Verpflichtung gegen die §§ 54, 55 AktG die aus § 23 Abs. 5 S. 1 AktG folgende Unwirksamkeit der Verpflichtung im Wege einer **Feststellungsklage** feststellen lassen. Sollte die Verpflichtung des Aktionärs nach Entstehung der AG dadurch begründet werden, dass die Satzung im Wege eines mit Dreiviertel-Mehrheit gefassten Hauptversammlungsbeschlusses entsprechend geändert wird, so kann der Aktionär Klage auf **Feststellung der Nichtigkeit des Hauptversammlungsbeschlusses** gem. §§ 249 Abs. 1 S. 1, 241 Nr. 3 Var. 1 AktG erheben.[760] Eine Umdeutung in eine nichtkorporative Satzungsbestimmung muss ausscheiden.[761] 363

e) Änderung und Übergang schuldrechtlicher Verpflichtungen; Beweislast

Die im Grundsatz formlos mögliche Vereinbarung schuldrechtlicher Pflichten kann in selber Weise durch Änderungs- bzw. Aufhebungsvertrag modifiziert oder aufgehoben werden.[762] Selbst wenn die schuldrechtliche Verpflichtung Bestandteil der Satzung geworden ist, kommt es für eine wirksame Aufhebung der Verpflichtung nicht auf einen satzungsändernden Hauptversammlungsbeschluss an.[763] Stimmen im Rahmen eines Hauptversammlungsbeschlusses allerdings die Parteien der Vereinbarung für deren Abänderung oder Aufhebung, so stellt dies den Abschluss eines wirksamen Änderungs- bzw. Aufhebungsvertrages dar.[764] 364

Schuldrechtliche Verpflichtungen von Aktionären knüpfen **nicht** an deren **Aktionärsstellung** an. Sie gehen deshalb ohne Weiteres nicht auf einen Aktienerwerber über. Mitgliedschaft und schuldrechtliche Verpflichtung fallen dann auseinander, wobei die schuldrechtliche Vereinbarung nach Veräußerung unwirksam werden und wegfallen kann, wenn sie – ohne eine korporative Ausgestaltung erfah- 365

---

756 Nach MüKo BGB/*Koch* § 516 Rn. 98 liegt eine Leistung causa societatis im umgekehrten Fall etwa bei einer Leistungserbringung der Gesellschaft in Form einer verdeckten Gewinnausschüttungen an die Leistungsempfänger vor. Diese erfolgen zwangsläufig aufgrund der Gesellschafterstellung, womit §§ 516 ff. BGB unanwendbar sind.
757 Großkomm AktG/*Henze* § 54 Rn. 55.
758 MüKo AktG/*Bungeroth* § 54 Rn. 32.
759 Vgl. zur Zulässigkeit von Stimmbindungsverträgen mit Nichtaktionären BGH AG 2014, 705.
760 KöKo AktG/*Lutter* § 54 Rn. 25 und 27; MüKo AktG/*Bungeroth* § 54 Rn. 37.
761 Großkomm AktG/*Henze* § 54 Rn. 65; KöKo AktG/*Lutter* § 54 Rn. 27.
762 MüKo AktG/*Bungeroth* § 54 Rn. 40.
763 Großkomm AktG/*Henze* § 54 Rn. 65; *Priester* DB 1979, 681 (685); *Winkler* DNotZ 1969, 394 (401); für die GmbH: BGHZ 18, 205 (207); BGH NJW 1961, 507.
764 Großkomm AktG/*Henze* § 54 Rn. 67; MüKo AktG/*Bungeroth* § 54 Rn. 40.

ren zu haben – die Mitgliedschaft in der AG zur Existenzvoraussetzung hat.[765] Kautelarjuristisch empfiehlt sich deshalb aus Sicht der Gesellschaft unter entsprechenden Umständen eine Klarstellung, dass die Verpflichtung nicht an die Aktionärsstellung geknüpft sein soll. Die Veräußerung der Aktie durch den beklagten Aktionär während eines laufenden Prozesses würde sonst dazu führen, dass die AG ihre Klage ggf. für einseitig erledigt erklären muss. Bei vinkulierten Namensaktien besteht darüber hinaus die Möglichkeit, dass die AG ihre Zustimmung an die Übernahme der schuldrechtlichen Verpflichtung durch den Anteilserwerber knüpft.[766] Eine konkludente Übernahmeerklärung des Erwerbers wird man im Übrigen nicht allein aus dem Umstand folgern können, dass die schuldrechtliche Verpflichtung Satzungsbestandteil ist[767] und der Erwerber dies positiv weiß.[768] Eine Passivlegitimation kann dann nur dergestalt begründet werden, dass der Anteilserwerber mit der AG gem. § 414 BGB einen Schuldübernahmevertrag schließt oder ein zwischen Veräußerer und Erwerber geschlossener Schuldübernahmevertrag seitens der Gesellschaft gem. § 415 Abs. 1 S. 1 BGB genehmigt wird.

366 Die Beweislast für einen Übergang der schuldrechtlichen Verpflichtung trifft den, der sich darauf beruft.[769] Will die AG den Erwerber aus der schuldrechtlichen Verpflichtung des Altaktionärs in Anspruch nehmen, so hat sie das Vorliegen der Voraussetzungen von §§ 414, 415 Abs. 1 S. 1 BGB zu beweisen. Beruft sich der Veräußerer auf den Übergang, um von einer eigenen Verpflichtung frei zu werden, so hat er seinerseits entweder ein Vorliegen der Voraussetzungen der §§ 414, 415 BGB oder aber – wenn die Parteien die Verpflichtung an die Aktionärsstellung geknüpft haben – diese Verknüpfung darzulegen.

III. Verletzung der gesellschafterlichen Treuepflicht

1. Geltungsgrund

367 Die Existenz einer **mitgliedschaftlichen Treuepflicht** im Verhältnis der Gesellschafter zueinander sowie im Verhältnis des Gesellschafters gegenüber der AG ist mittlerweile in der Rechtsprechung und großen Teilen des Schrifttums anerkannt.[770] Sie folgt aus der durch den ursprünglichen Organisationsvertrag geschaffenen Satzung, die als organisationsrechtliche Sonderverbindung gemeinsame Interessen begründet und den Aktionären weitreichende Einwirkungsmöglichkeiten eröffnet.[771] Da sie also im Gesellschaftsverhältnis wurzelt, erstreckt sich ihr Anwendungsbereich nur auf den von der Satzung erfassten und durch Unternehmenszweck und -gegenstand eingegrenzten Bereich.[772]

2. Inhalt der Treuepflicht

368 Die Aktionäre sind kraft der ihnen obliegenden **Treuepflicht** verpflichtet, in den gesellschaftlichen Belangen auf die Interessen der AG und die gesellschaftsbezogenen Interessen der Mitaktionäre **Rücksicht zu nehmen**. Damit wird eine **Schranke** für die Ausübung der Aktionärsrechte errichtet.[773]

---

765 MüKo AktG/*Bungeroth* § 54 Rn. 41.
766 So Großkomm AktG/*Henze* § 54 Rn. 70; Heidel/*Janssen* § 54 Rn. 16a.E; KöKo AktG/*Lutter* § 54 Rn. 32; MüKo AktG/*Bungeroth* § 54 Rn. 42a.E; vgl. auch BayObLG DB 1989, 214 (217).
767 KöKo AktG/*Lutter* § 54 Rn. 29; MüKo AktG/*Bungeroth* § 54 Rn. 42; MünchHdb AktG Band IV/*Wiesner* § 16 Rn. 41; *Priester* DB 1979, 681 (686); *Winkler* DNotZ 1969, 394 (397).
768 A. A. KöKo AktG/*Lutter* § 54 Rn. 30; wie hier: MüKo AktG/*Bungeroth* § 54 Rn. 42; MünchHdb AktG Band IV/*Wiesner* § 16 Rn. 41; *Priester* DB 1979, 681 (686); *Winkler* DNotZ 1969, 394 (397).
769 MüKo AktG/*Bungeroth* § 54 Rn. 42.
770 Vgl. BGHZ 142, 167 (169) – Hilgers; BGHZ 129, 136 (143) – Girmes; BGH NJW 1992, 3167 (3171) – IBH/Scheich Kamel; BGHZ 103, 184 (194) – Linotype; Großkomm AktG/*Henze/Notz* Anh. § 53a Rn. 25 ff.; MüKo AktG/*Bungeroth* vor § 53a Rn. 17 ff.
771 BGHZ 129, 136 (147) – Girmes; Heidel/*Janssen* § 53a Rn. 26 ff.; *Hüffer/Koch* AktG § 53a Rn. 15.
772 Großkomm AktG/*Henze/Notz* Anh. § 53a Rn. 25; MüKo AktG/*Bungeroth* vor § 53a Rn. 26.
773 MüKo AktG/*Bungeroth* Vor § 53a Rn. 25.

G. Streitigkeiten um die Verletzung von Gesellschafterpflichten (einschl. Einlagenrückgewähr) § 6

Diese gebietet, dass eine willkürliche oder unverhältnismäßige Rechtsausübung zu unterbleiben hat.[774] Sie kann sich im Rahmen der Ausübung von mitgliedschaftlichen Befugnissen (bspw. Stimmrechtsausübung[775]), auch dahingehend erweitern, der Förderung des Gesellschaftszwecks dienliche Handlungen vorzunehmen und ihm zuwiderlaufende Maßnahmen zu unterlassen.[776] Allerdings ist bei der Annahme aktiver Förderpflichten besondere Zurückhaltung geboten.[777]

Im Verhältnis der Aktionäre zueinander verlangt die Treuepflicht, dass auf die mitgliedschaftlichen Interessen anderer Aktionäre angemessen Rücksicht zu nehmen ist.[778] 369

3. Treuepflichtverletzung gegenüber der AG und Rechtsfolgen; actio pro socio

a) Treuepflichtverletzung gegenüber der AG

Eine Treuepflichtverletzung gegenüber der AG liegt insbesondere bei Einwirkungen des Gesellschafters auf das Gesellschaftsunternehmen vor, die den berechtigten Interessen der Gesellschaft zuwiderlaufen.[779] Hierunter fällt auch die missbräuchliche Erhebung einer Anfechtungsklage gegen einen Hauptversammlungsbeschluss mit dem Ziel, sich den Lästigkeitswert der eigenen Klage von der Gesellschaft abkaufen zu lassen.[780] Weiterhin stellt die Ausübung des Stimmrechts zur Herbeiführung eines Beschlusses, der dem Aktionär einseitige Vorteile zulasten der Gesellschaft verschafft, oder zur Verhinderung eines Beschlusses, der im Interesse der Gesellschaft geboten ist, eine Treuepflichtverletzung gegenüber der Gesellschaft dar.[781] Des Weiteren können das Teilnahmerecht an der Hauptversammlung wie auch das Rede- und Fragerecht in der Hauptversammlung treupflichtwidrig genutzt werden. 370

Hat ein Aktionär einen Treupflichtverstoß zu vertreten, so ist er der Gesellschaft gegenüber gem. § 280 Abs. 1 S. 1 BGB zum Schadensersatz verpflichtet. Für die Ermittlung des Verschuldensmaßstabs ist der Rechtsgedanke der §§ 277, 708 BGB zu berücksichtigen, wonach eine Schadensersatzpflicht nur bei grober Fahrlässigkeit eintritt.[782] Bei einer Stimmrechtsausübung, die mit negativen Folgen für das Gesellschaftsunternehmen verbunden ist, wird man allerdings sogar vorsätzliches Verhalten verlangen müssen, da andernfalls ein Aktionär von der Ausübung seines elementaren mitgliedschaftlichen Rechts auf Grund einer potentiellen eigenen Haftbarkeit abgehalten werden könnte.[783] Ein solches Erfordernis korrespondiert auch mit der Regelung des § 243 Abs. 2 S. 1 AktG.[784] 371

---

774 Großkomm AktG/*Henze*/*Notz* Anh. § 53a Rn. 52, 55 und 57.
775 So *Hüffer*/*Koch* AktG § 53a Rn. 17; Großkomm AktG/*Henze*/*Notz* Anh. § 53a Rn. 54 macht die (Un-)Eigennützigkeit von der Einordnung des Beschlussgegenstandes im Einzelfall abhängig.
776 Zur gesellschaftlichen Treuepflicht des Aktionärs, einer Kapitalherabsetzung und -erhöhung zwecks Sanierung zuzustimmen, vgl. OLG München AG 2014, 546.
777 MüKo AktG/*Bungeroth* Vor § 53a Rn. 28.
778 BGHZ 103, 184 (194) – Linotype, wo erstmals in der Gerichtspraxis die Wirkungen der Treuepflicht im Verhältnis der Aktionäre anerkannt wurden; BGHZ 129, 136 (143) – Girmes; 142, 167 (179) – Hilgers.
779 *Hüffer*/*Koch* AktG § 53a Rn. 16; *Lutter* ZHR 153 (1989), 446 (452). Zu konzernrechtlichen Streitigkeiten in der AG siehe Abschnitt 3, §§ 23–24 sowie § 26.
780 Großkomm AktG/*Henze*/*Notz* Anh. § 53a Rn. 24; Heidel/*Janssen* § 53a Rn 30; *Hüffer*/*Koch* AktG § 245 Rn. 23 ff.
781 MüKo AktG/*Bungeroth* Vor § 53a Rn. 27.
782 Str., für das Ausreichen grober Fahrlässigkeit *Hüffer*/*Koch* AktG § 53a Rn. 28; a. A. MüKo AktG/*Bungeroth* vor § 53a Rn. 44, der Vorsatz für erforderlich hält; ebenso Großkomm AktG/*Henze*/*Notz* Anh. § 53a Rn. 149; Fahrlässigkeit reicht aber bei missbräuchlich erhobenen Anfechtungsklagen gegen Hauptversammlungsbeschlüsse aus, da sich ein Aktionär insoweit anwaltlicher Hilfe bedient, vgl. KöKo AktG/*Drygala* § 53a Rn. 132.
783 BGH 129, 136 (162) – Girmes; OLG Düsseldorf ZIP 1996, 1211 (1213); Großkomm AktG/*Henze*/*Notz* Anh. § 53a Rn. 147; MüKo AktG/*Bungeroth* vor § 53a Rn. 43.
784 *Hüffer*/*Koch* AktG § 53a Rn. 30.

372 Werden die oben aufgezeigten Schranken durch übermäßige oder widersprüchliche Ausübung von sogenannten »eigennützigen« Mitgliedschaftsrechten (Bsp.: Dividendenrecht) überschritten,[785] so hat dies zur Konsequenz, dass die **Rechtsausübung** durch den Aktionär keine Rechtsfolgen auslöst, sondern schlicht **unbeachtlich** ist.[786] Ob des Weiteren ein Schadensersatzanspruch der Gesellschaft das Vorliegen von Vorsatz verlangt, ist streitig.[787]

373 Schadensersatzansprüche wegen Treuepflichtverletzung unterliegen der regelmäßigen Verjährungsfrist der §§ 195 Abs. 1, 199 BGB.[788]

b) Keine prozessuale Geltendmachung des Schadensersatzanspruchs im Wege der actio pro socio

374 Verfolgt die Gesellschaft durch ihren Vorstand einen etwaigen Schadensersatzanspruch gegen den betreffenden Aktionär nicht, so steht den übrigen Aktionären nach der wohl überwiegenden Meinung in der juristischen Literatur keine Möglichkeit offen, Schadensersatz an die Gesellschaft im Wege der actio pro socio zu fordern. Dies wird teilweise mit der Begründung bejaht[789], aus dem Umstand, dass § 147 Abs. 1 S. 1 AktG keinen Bezug auf sich aus Treuepflichtverletzungen ergebende Schadensersatzansprüche nehme, sei zu folgern, dass derartige Ansprüche von einem einzelnen Aktionär – und damit ungeachtet der Erfordernisse des § 148 AktG – geltend gemacht werden könnten.[790]

375 Die Gegenmeinung begründet ihre Auffassung damit, dass die Voraussetzungen von § 148 AktG für die prozessuale Geltendmachung aller Aktionärsklagen, also auch hinsichtlich eines Schadensersatzanspruches aus Treuepflichtverletzung gegenüber der Gesellschaft, gelten sollen.[791] Eine Einzelklagebefugnis und damit ein Vorgehen im Wege der actio pro socio scheitere am durch § 148 AktG vorgegebenen Verfolgungskonzept gesellschaftlicher Ansprüche.[792] Demzufolge sei bei Treuepflichtverletzungen für die actio pro socio kein Platz.

4. Treuepflichtverletzung gegenüber den Mitaktionären und Rechtsfolgen

376 Hauptanwendungsfall für die Verletzung der zwischen den Aktionären bestehenden Treuepflicht ist die Pflicht der einen Hauptversammlungsbeschluss tragenden Mehrheit, nur nach den Maßstäben der Erforderlichkeit und der Verhältnismäßigkeit in die Mitgliedschaftsrechte der Minderheit einzugreifen (materielle Beschlusskontrolle).[793] Darüber hinaus kann die horizontal wirkende Treuepflicht aber auch eine positive Stimmabgabepflicht begründen.[794]

377 Die Rechtsfolge eines Verstoßes gegen die horizontale Treuepflicht bei der Ausübung des Stimmrechts ist die **Anfechtbarkeit** des entsprechenden Beschlusses nach § 243 Abs. 1 Alt. 1 AktG.

---

785 S. ausführlich MünchHdb GesR Band IV/*Wiesner* § 17 Rn. 20.
786 Großkomm AktG/*Henze/Notz* Anh. § 53a Rn. 128; *Hüffer/Koch* AktG § 53a Rn. 21; zur Treuepflicht als potentiellem Ansatzpunkt für Maßnahmen gegen Shareholder Activism vgl. *Bunz* NZG 2014, 1049 (1051).
787 Offen gelassen vom BGH in BGHZ 129, 136 (162) – Girmes; bejahend Großkomm AktG/*Henze/Notz* Anh. § 53a Rn. 149; *Lutter* JZ 1995, 1053 (1055); MünchHdb GesR Band IV/*Wiesner* § 17 Rn. 22.
788 KöKo AktG/*Drygala* § 53a Rn. 137.
789 *Banerjea*, S. 187 f.; Heidel/*Janssen* § 53a Rn. 31; *Hüffer/Koch* AktG § 53a Rn. 19 a. E.; für die GmbH *M. Winter*, S. 313, der eine restriktive Ausgestaltung einer Einzelklagebefugnis aus Gründen des Minderheitenschutzes ausdrücklich ablehnt.
790 *Banerjea*, S. 187, allerdings noch zur Rechtslage vor Inkrafttreten des UMAG.
791 H. M., vgl. *Hüffer/Koch* AktG § 148 Rn. 2.
792 So auch MünchHdb GesR Band IV/*Wiesner* § 18 Rn. 7, der dies auch für Ansprüche aus Verstößen gegen den Gleichbehandlungsgrundsatz so sieht; außerdem *Schwab*, S. 112 f.
793 *Hüffer/Koch* AktG, § 53a Rn. 21.
794 OLG Stuttgart AG 2003, 588 (590); regelmäßig aber Enthaltung ausreichend, vgl. BGH 129, 136 (162) – Girmes.

H. Schadensersatzansprüche wegen Einflussnahme und deliktischer Handlungen § 6

Auch eine einzelne Stimmabgabe kann nichtig und damit unbeachtlich sein, wenn sie treuwidrig erfolgt.[795]

Grundsätzlich ist auch eine **Schadensersatzpflicht** gegenüber dem Mitaktionär denkbar. Sie kann sich etwa für den Fall ergeben, dass sich ein Aktionär durch die Zahlung eines Großaktionärs seine Anfechtungsklage abkaufen lassen will.[796] Schadensersatz wegen Verletzung der Treuepflicht kommt jedoch nicht in Betracht, wenn eine außerhalb des mitgliedschaftlichen Bereichs liegende Pflicht verletzt wird. In einem solchen Fall müssen für einen Ersatzanspruch des Mitaktionärs aufgrund eines Reflexschadens die Voraussetzungen von § 826 BGB vorliegen.[797] Ob das Vorsatzerfordernis auch bei sonstigen Treuepflichtverletzungen Voraussetzung für die Entstehung eines Schadensersatzanspruchs ist, hat der BGH ausdrücklich offen gelassen.[798] 378

Da bei einer Treuepflichtverletzung auf horizontaler Eben der Schaden im Vermögen des einzelnen Aktionärs entsteht, ist allein dieser aktivlegitimiert. 379

H. Schadensersatzansprüche wegen Einflussnahme und deliktischer Handlungen

Aktionärsrechte wie auch -pflichten können ferner Gegenstand von Rechtsstreitigkeiten sein, wenn auf die Aktiengesellschaft in unzulässiger Weise Einfluss genommen oder deliktische Handlungen im Zusammenhang mit der Aktienbeteiligung erfolgen. Derartige Ansprüche aus § 117 AktG oder §§ 823 ff. BGB können sowohl der Gesellschaft selbst als auch einzelnen Aktionären gegen andere Aktionäre oder Dritte zustehen. 380

I. Schadensersatzansprüche nach § 117 Abs. 1 AktG

Schadensersatzansprüche der Gesellschaft oder einzelner Aktionäre wegen unzulässiger Einflussnahme auf die Belange der Gesellschaft werden durch § 117 AktG ermöglicht (zur Anwendung des § 117 Abs. 1, 2 AktG in konzernrechtlichen Streitigkeiten siehe näher unter § 24 Rdn. 16–19, 25, § 26 Rdn. 17). Während § 117 Abs. 1 S. 1 AktG dabei den **Anspruch der Gesellschaft** selbst regelt, gewährt Satz 2 den **Aktionären** einen Anspruch, soweit sie einen eigenen Schaden erlitten haben. Der einzelne Aktionär kann jedoch nicht die Rechte der Gesellschaft aus § 117 Abs. 1 S. 1 AktG geltend machen, es sei denn er ist zugleich Gläubiger der Gesellschaft im Sinne des § 117 Abs. 5 AktG.[799] Eine Ausnahme hiervon gilt in der **Insolvenz** der Gesellschaft. Dort kann der Aktionär ausnahmsweise den Anspruch der AG aus § 117 Abs. 1 S. 1 AktG selbst auf Leistung an die Gesellschaft einklagen. Soweit der geltend gemachte Betrag die zur vorrangigen Befriedigung der Gläubiger erforderliche Summe übersteigt, kann der Aktionär dann sogar ausnahmsweise auch auf Leistung an sich selbst klagen.[800] 381

1. Voraussetzungen des Anspruchs

Sowohl nach § 117 Abs. 1 S. 1 AktG als auch nach S. 2 ist Voraussetzung, dass eine Person durch eine vorsätzliche Einflussnahme auf ein Mitglied der Gesellschaft in Schädigungsabsicht einen Schaden verursacht hat. 382

---

795 H. M., vgl. BGHZ 102, 172 (176); Großkomm AktG/*Henze/Notz* Anh. § 53a Rn. 128 m. w. N.
796 *Lutter* ZHR 153 (1989), 446 (466).
797 BGH NJW 1992, 3167 (3171) – IBH/Scheich Kamel; hiernach besteht keine Schadensersatzpflicht bei Verleitung zur Fehlinvestition durch Zeichnung junger Aktien aus Kapitalerhöhung.
798 BGHZ 129, 136 (162) – Girmes; *Lutter* JZ 1995, 1053 (1055).
799 OLG Bremen NZG 2002, 186; LG Düsseldorf AG 1991, 70 (71).
800 BGH NJW 1995, 1739 (1747).

a) Allgemeine Voraussetzungen

383 **Anspruchsgegner** ist derjenige, der seinen Einfluss auf die Gesellschaft benutzt, um
– ein Mitglied des Vorstands,
– ein Mitglied des Aufsichtsrats,
– einen Prokuristen (§§ 48 ff. HGB) oder
– einen Handlungsbevollmächtigten (§ 54 HGB).

384 zu einem Handeln zu bestimmen. Anspruchsgegner können gemäß § 117 Abs. 2 AktG auch Mitglieder des Vorstands oder Aufsichtsrats sein, soweit diese Pflichten aus §§ 93, 116 AktG verletzt haben (zu den Ansprüchen aus §§ 93, 116 AktG siehe unter § 9 Rdn. 53–153). Zudem haftet gemäß § 117 **Abs. 3 AktG** zusätzlich derjenige gesamtschuldnerisch, der durch die schädigende Einflussnahme einen Vorteil erlangt hat, sofern er die Beeinflussung vorsätzlich veranlasst hat.

385 Ausreichend für den Anspruch ist jede Art von **Einfluss**, die nach Art und Intensität geeignet ist, eine der in § 117 Abs. 1 S. 1 AktG genannten Personen zu einem schädigenden Verhalten zu bestimmen[801] Einflussbegründend können zum Beispiel der mehrheitliche Besitz von Aktien, Kredit- oder Lieferbeziehungen zur Gesellschaft sowie die Mitgliedschaft in Gesellschaftsorganen oder Arbeitnehmervertretungen sein.[802] Der Schädiger hat seinen Einfluss dann **genutzt**, wenn er für das Handeln der beeinflussten Person ursächlich wird.[803]

386 Auf Grund der Deliktsähnlichkeit der Vorschrift bedarf es zudem der **Rechtswidrigkeit** der schädigenden Einflussnahme. In diesem Zusammenhang ist umstritten, ob die Rechtswidrigkeit bereits durch das Vorliegen der Tatbestandsmerkmale indiziert wird, ob allein ein pflichtwidriges Verhalten des Anspruchsgegners genügt oder ob eine positive Feststellung der Rechtswidrigkeit anhand einer Interessenabwägung erfolgen muss.[804]

387 In subjektiver Hinsicht setzt der Anspruch ein **vorsätzliches Handeln** des Anspruchsgegners hinsichtlich seiner schädigenden Einflussnahme voraus.[805] Ausreichend ist dabei bedingter Vorsatz. Ein vorsätzliches Handeln wurde vom BGH beispielsweise in einem Fall verneint, in dem der Anspruchsgegner mit seiner Einflussnahme zwar die Stellung eines Insolvenzantrags bei einer objektiv insolvenzreifen Gesellschaft verhinderte, dabei aber eine Sanierung der Gesellschaft ernsthaft für möglich hielt.[806]

388 Gemäß § 117 Abs. 4 AktG gelten für eine **Aufhebung der Ersatzpflicht**, so zum Beispiel durch Verzicht oder Vergleich, sinngemäß die Vorgaben des § 93 Abs. 4 S. 3 und 4 AktG. In zeitlicher Hinsicht ist eine Aufhebung demnach grundsätzlich erst nach Ablauf von drei Jahren zulässig, soweit nicht ein Fall des § 93 Abs. 4 S. 4 AktG vorliegt. Voraussetzung ist die Zustimmung der Hauptversammlung. Es darf kein Widerspruch einer Minderheit von 10 % des Grundkapitals vorliegen. Nach § 117 Abs. 6 AktG **verjähren** die Ansprüche in fünf Jahren. Die Frist beginnt gemäß § 200 BGB kenntnisunabhängig mit dem Tag der Entstehung des Anspruchs.[807] Auf Verjährung kann sich nicht berufen, wer die Geltendmachung von Ansprüchen aus § 117 Abs. 1 AktG arglistig verhindert hat.[808]

---

801 Hüffer/*Koch* § 117 Rn. 3.
802 Hüffer/*Koch* § 117 Rn. 3; MüKo AktG/*Spindler* § 117 Rn. 17 ff.
803 Hüffer/*Koch* § 117 Rn. 4.
804 Zu den einzelnen hierzu vertretenen Ansichten MüKo AktG/*Spindler* § 117 Rn. 31 ff. m. w. N. S. auch LG München I NZG 2014, 498 (502 f.), wo das Gericht eine Liquidationszufuhr für »unzweifelhaft geboten« hielt und aus diesem Grund die Rechtswidrigkeit eines Eingriffs im Zusammenhang mit einer Kreditgewährung verneinte.
805 Art und Höhe des Schadens müssen hingegen vom Vorsatz nicht umfasst sein, vgl. Hüffer/*Koch* § 117 Rn. 7.
806 BGH NJW 1982, 2823 (2827).
807 Hüffer/*Koch* § 117 Rn. 12.
808 Schmidt/Lutter/*Hommelhoff*/*Witt* AktG § 117 Rn. 28; Heidel/*Walchner* AktG § 117 Rn. 17.

H. Schadensersatzansprüche wegen Einflussnahme und deliktischer Handlungen § 6

Einen Ausschlusstatbestand begründet § 117 Abs. 7 AktG für den Fall der Ausübung der Leitungsmacht auf Grund eines Beherrschungsvertrages sowie für den Fall, dass der vermeintliche Schädiger die Leitungsmacht einer Hauptgesellschaft im Sinne des § 319 AktG, in die die geschädigte AG eingegliedert ist, ausübt. 389

Neben den Ansprüchen aus § 117 Abs. 1 AktG können Ansprüche aus §§ 309, 310, 317 AktG (zu diesen Ansprüchen siehe näher unter § 24 Rdn. 11–15, 21–24, § 26 Rdn. 2–16) bestehen.[809] 390

b) Schaden

Maßgebliches Abgrenzungskriterium zwischen den Ansprüchen aus § 117 Abs. 1 S. 1 und S. 2 AktG ist die Frage, ob es sich um einen Schaden der Gesellschaft (S. 1) oder einen Schaden des Aktionärs (S. 2) handelt. 391

Gemäß **§ 117 Abs. 1 S. 1 AktG** muss der **Gesellschaft** ein Schaden entstanden sein. Erfasst sind nur Vermögensschäden.[810] Das Vorliegen eines Schadens bestimmt sich nach den allgemeinen Regeln der §§ 249 ff. BGB.[811] Die Ermittlung des Schadens erfolgt somit anhand der Differenzhypothese durch einen Vergleich der Vermögenslage der Gesellschaft mit und – hypothetisch – ohne Eintritt des schädigenden Ereignisses. Gemäß § 252 BGB wird auch der entgangene Gewinn ersetzt.[812] 392

Dem **einzelnen Aktionär** kann ein eigener Anspruch auf Schadensersatz nach **§ 117 Abs. 1 S. 2 AktG** wegen vorsätzlicher schädigender Einflussnahme auf die Gesellschaft zustehen. 393

Voraussetzung der **Aktivlegitimation** des einzelnen Aktionärs ist seine Aktionärsstellung in dem Zeitpunkt, in dem die Einflussnahme im Sinne des § 117 Abs. 1 AktG, die seinen Schaden hervorgerufen hat, erfolgt ist.[813] Ob die Aktivlegitimation besteht, wenn er erst zu einem späteren Zeitpunkt Aktionär wurde, wird uneinheitlich beurteilt.[814] Folglich sind Schäden, die erst durch die Begründung der Aktionärseigenschaft – also durch Zeichnung – entstehen, von dem Anspruch aus § 117 Abs. 1 S. 2 AktG nicht erfasst.[815] Dies gilt auch dann, wenn ein Aktionär weitere Anteile zeichnet und gerade diese Zeichnung ursächlich für seinen Schaden ist.[816] 394

Maßgeblich für den Anspruch des einzelnen Aktionärs – in Abgrenzung zum Anspruch der Gesellschaft aus § 117 Abs. 1 S. 1 AktG – ist, dass ihm selbst ein Schaden entstanden ist. Diese Schäden dürfen gerade nicht auf einer Schädigung der AG beruhen. Erforderlich ist in diesem Zusammenhang die **Abgrenzung zum Reflexschaden**, dessen Ersatz der einzelne Aktionär nicht verlangen kann. Der Reflexschaden ist der Schaden, den der Aktionär lediglich auf Grund einer Schädigung der Gesellschaft erleidet.[817] Ein solcher Reflexschaden ist insbesondere der Kursverlust der Aktie infolge der Schädigung der AG.[818] Der zugrundeliegende Schaden kann in diesen Fällen nur durch die Gesellschaft ersetzt verlangt werden. Der Ausgleich des einzelnen Aktionärs erfolgt bei derartigen Reflexschäden nur über das Gesellschaftsvermögen. Dies gebieten die Grundsätze der Kapitalerhaltung 395

---

809 Hüffer/*Koch* § 117 Rn. 14; Spindler/Stilz/*Schall* AktG § 117 Rn. 9. Nach a. A. ist § 317 AktG lex specialis zu § 117 AktG, *Brüggemeier* AG 1988, 93 (101 f.).
810 Heidel/*Walchner* AktG § 117 Rn. 8.
811 Heidel/*Walchner* AktG § 117 Rn. 8; Spindler/Stilz/*Schall* AktG § 117 Rn. 18.
812 Hüffer/*Koch* § 117 Rn. 5.
813 BGH NJW 1992, 3167 (3171); NJW 1985, 1777 (1778); OLG Düsseldorf ZIP 1981, 847 (851); MüKo AktG/*Spindler* § 117 Rn. 53.
814 Generell verneinend MüKo AktG/*Spindler* § 117 Rn. 55; a. A. KöKo AktG/*Mertens/Kahn* § 117 Rn. 20, demzufolge auch derjenige, der erst nach dem Zeitpunkt der Einflussnahme Aktionär wurde, anspruchsberechtigt ist, sofern seine Schädigung im adäquaten Zusammenhang mit der Einflussname steht.
815 MüKo AktG/*Spindler* § 117 Rn. 55.
816 BGH NJW 1992, 3167 (3172).
817 Hüffer/*Koch* § 117 Rn. 9; MüKo AktG/*Spindler* § 117 Rn. 52.
818 BGH NJW 1988, 2794 (2796); NJW 1985, 1777 (1778).

und der Zweckbindung des Gesellschaftsvermögens.[819] Zudem soll der AG die eigene Durchsetzung ihrer Rechte nicht erschwert werden, indem ihr ein einzelner Aktionär zuvorkommt.[820]

396 § 117 Abs. 1 S. 2 AktG erkennt demzufolge nur solche **Schäden** als ersatzfähig an, die ihre Grundlage gerade nicht in der Wertminderung einer Aktie haben. So wird die Ersatzfähigkeit eines Schadens des Aktionärs z. B. bejaht, wenn der Schaden entstanden ist
– auf Grund eines überstürzten Aktienverkaufs nach einem Kursverlust,[821]
– durch Verkauf der Aktien unter Wert auf Grund einer negativen Äußerung des Anspruchsgegners, der Einfluss auf die AG genommen hat, in Höhe des entgangenen Gewinns;[822]
– weil die Verwaltung auf Veranlassung eines Aktionärs den Jahresabschluss so feststellt, dass keine ausschüttungsfähigen Gewinne vorliegen bzw. eine Dividendenverkürzung vorgenommen wird;[823]
– weil der Aktionär in seiner Aktionärseigenschaft der AG ein Überbrückungsdarlehen gewährt hat, mit dem er in der späteren Insolvenz der AG aber deshalb ausfiel, weil der Vorsitzende des Aufsichtsrats vor Eintritt der Zahlungsunfähigkeit den Vorstand dazu bestimmte, ungerechtfertigte Zahlungen zu leisten und Forderungen nicht zu verfolgen.[824]

397 Ein ersatzfähiger Schaden kann auch dann anzunehmen sein, wenn der Aktionär durch eine **fehlerhafte Ad-Hoc-Mitteilung (§ 15 WpHG)**, zu der ein Organmitglied beeinflusst wurde, zu einer ungünstigen Anlageentscheidung veranlasst wird. Kontrovers diskutiert wird, ob der Aktionär den Kursverlust seiner Aktie in diesem Fall ausnahmsweise direkt über den Anspruch gegen die Gesellschaft aus §§ 37b, c WpHG oder §§ 826, 31 BGB geltend machen kann.[825]

398 Als ausreichend für die Ersatzfähigkeit eines Schadens des Aktionärs wird es erachtet, wenn der Schaden in einem **inneren Zusammenhang** mit der Stellung als Aktionär oder der Anwartschaft auf den Erwerb einer Aktie steht. Ein solcher innerer Zusammenhang liegt nach dem BGH zum Beispiel dann vor, wenn ein Aktionär der Gesellschaft ein nicht zurückgezahltes Sanierungsdarlehen zur Rettung des eigenen Aktienkapitals ausgereicht hat.[826] Es reicht hingegen nicht aus, wenn die Beeinträchtigung der Vermögensinteressen des Aktionärs weder gesellschafts- noch mitgliedschaftsbezogen ist.[827]

399 Wird der einzelne Aktionär nicht durch einen Dritten, sondern durch ein Mitglied eines Organs der Gesellschaft geschädigt, stellt sich die Frage, ob sich der Anspruch aus § 117 Abs. 1 S. 2 AktG nicht gegen den Schädiger, sondern gemäß **§ 31 BGB** gegen die Gesellschaft richtet. Dies wird jedoch unter Hinweis auf das Schutzgut des § 117 Abs. 1 S. 2 AktG verneint. Die Vorschrift des § 117 Abs. 1 AktG diene vorrangig dazu, der Gesellschaft einen Anspruch zu vermitteln. Geschützt werde das Gesellschaftsvermögen sowie die Autonomie der Willensbildung der AG. Diese Zielsetzung würde aber konterkariert, wenn sich der Anspruch aus § 117 Abs. 1 S. 2 AktG i. V. m. § 31 BGB gegen die Gesellschaft richten würde.[828]

---

819 MüKo AktG/*Spindler* § 117 Rn. 52.
820 BGH NJW 1992, 3167 (3171 f.); NJW 1988, 2794 (2796); NJW 1985, 1777 (1778); LG Düsseldorf AG 1991, 70 (71).
821 BGH NJW 1992, 3167 (3172); MüKo AktG/*Spindler* § 117 Rn. 54.
822 MüKo AktG/*Spindler* § 117 Rn. 53.
823 BGH NJW 1992, 3167 (3171 f.); MüKo AktG/*Spindler* § 117 Rn. 54.
824 BGH NJW 1985, 1777 (1778).
825 Dafür: MüKo AktG/*Spindler* § 117 Rn. 54; kritisch hingegen: Spindler/Stilz/*Schall* AktG § 117 Rn. 20; GroßkommAktG/*Kort* § 117 Rn. 183.
826 BGH NJW 1985, 1777 (1778); KöKo AktG/*Mertens/Kahn* § 117 Rn. 20; a. A. Spindler/Stilz/*Schall* AktG § 117 Rn. 20.
827 BGH NJW 1992, 3167 (3171); so zum Beispiel, wenn der Aktionär gleichzeitig Lieferant oder Abnehmer der AG ist.
828 MüKo AktG/*Spindler* § 117 Rn. 56 m. w. N.

2. Prozessuale Besonderheiten

In prozessualer Hinsicht ist für die Geltendmachung des Anspruchs aus § 117 Abs. 1 AktG die **Leistungsklage** statthaft. Nach den allgemeinen prozessualen Regeln besteht zudem die Möglichkeit der Erhebung einer Feststellungsklage für den Fall, dass der Schaden der Gesellschaft oder des einzelnen Aktionärs noch nicht hinreichend bestimmbar ist. Bei drohendem Eintritt eines Schadens kann zudem eine vorbeugende Unterlassungsklage statthaft sein.[829] Der Antrag ist entweder auf Zahlung an die Gesellschaft oder den Aktionär, je nach Kläger, gerichtet. Die **Zinshöhe** richtet sich grundsätzlich nach §§ 291, 288 Abs. 1 BGB, beträgt also fünf Prozentpunkte über dem jeweiligen Basiszinssatz.[830] 400

Die Geltendmachung des Anspruchs der Gesellschaft aus Satz 1 liegt grundsätzlich in der **Zuständigkeit** des Vorstandes gemäß § 78 Abs. 1 AktG. Soweit der Anspruch ausnahmsweise gegen ein Mitglied des Vorstandes geltend gemacht wird, liegt die Zuständigkeit beim Aufsichtsrat gemäß § 112 AktG. Darüber hinaus kann der Anspruch der Gesellschaft auch gemäß § 147 AktG durch einen besonderen Vertreter geltend gemacht werden, soweit die Voraussetzungen für dessen Einsetzung erfüllt sind. 401

Ausnahmsweise kann auch ein Gläubiger der geschädigten Gesellschaft deren Schaden gemäß § 117 Abs. 5 AktG liquidieren, soweit die Gläubiger von der Gesellschaft keine Befriedigung erlangen können. Ein Anwendungsbereich für diese Regelung ist aufgrund gesetzgeberischer Fehlkonzeption und der gängigen Auslegung dieser Norm allerdings praktisch kaum vorstellbar. Denn es wird angenommen, dass der Gläubiger nur dann keine Befriedigung mehr von der AG erlangen kann, wenn diese bereits zahlungsunfähig ist, also ein Insolvenzgrund vorliegt. Die reine Zahlungsunwilligkeit reicht danach nicht aus.[831] Ab Eröffnung des Insolvenzverfahrens über das Vermögen der AG greift dann aber ohnehin die vorrangige Zuständigkeit des Insolvenzverwalters bzw. Sachwalters nach **§ 117 Abs. 5 S. 3 AktG** ein. 402

Auf Grund der Nähe des § 117 AktG zum Deliktsrecht ist eine Aufrechnung gemäß § 393 BGB unzulässig,[832] so dass bei Gegenansprüchen des Beklagten einzig eine **Widerklage** in Betracht kommt. Auf Grund dieser Deliktsähnlichkeit haften mehrere Schädiger – neben der spezialgesetzlichen Anordnung der Gesamtschuldnerschaft in § 117 Abs. 2, 3 AktG unter den dort aufgestellten Voraussetzungen – auch als Gesamtschuldner über §§ 830, 840 BGB, so dass eine subjektive Klagehäufung möglich ist.[833] 403

Die Klage ist grundsätzlich nach den allgemeinen Vorschriften am Wohnsitz des Beklagten zu erheben. Daneben besteht ein **Gerichtsstand** am Sitz der Gesellschaft, wenn es sich um eine Klage gegen einen Aktionär handelt im Sinne des § 22 ZPO. Weiterhin ist wohl der Gerichtsstand der unerlaubten Handlung des § 32 ZPO wegen der Deliktsähnlichkeit des Anspruchs aus § 117 Abs. 1 AktG eröffnet. 404

Es gilt der allgemeine Grundsatz, dass der Kläger die anspruchsbegründenden Tatsachen darlegen und beweisen muss. Eine Umkehr der **Beweislast** – vergleichbar mit § 93 Abs. 2 S. 2 AktG – wird im Rahmen des § 117 Abs. 1 AktG abgelehnt.[834] In Betracht kommen aber unter Umständen Erleichterungen der Beweislast für außerhalb der AG stehende Aktionäre unter dem Gesichtspunkt 405

---

829 MüKo AktG/*Spindler* § 117 Rn. 5.
830 Dies ist insbesondere dann der Fall, wenn der einzelne Aktionär nur Vermögensverwaltung betreibt und somit als Verbraucher (§ 13 BGB) auftritt, MüKo BGB/*Micklitz* § 13 Rn. 45. Aber auch in den sonstigen Fällen, in denen ein Unternehmer (§ 14 BGB) auf Aktionärsseite handelt, dürften die von der Rechtsprechung an den Begriff der »Entgeltforderung« i. S. d. § 288 Abs. 2 BGB gestellten Anforderungen praktisch nie erfüllt sein.
831 Zu der vergleichbaren Vorschrift des § 93 AktG siehe Hüffer/*Koch* AktG § 93 Rn. 33; MüKo AktG/*Spindler* § 93 Rn. 238.
832 MüKo AktG/*Spindler* § 117 Rn. 5.
833 MüKo AktG/*Spindler* § 117 Rn. 5.
834 Hüffer/*Koch* § 117 Rn. 7; Hölters/*Leuering/Goertz* AktG § 117 Rn. 10.

der Tatsachennähe oder des typischen Kausalverlaufs.[835] Zudem kann gegebenenfalls eine tatsächliche Vermutung dafür sprechen, dass der Anspruchsgegner seinen Einfluss ausgeübt und dies zum Schaden des Aktionärs geführt hat, soweit sein Einfluss und das Bestehen eines Schadens bewiesen sind.[836] Es gilt zudem § 287 ZPO.[837]

II. Schadensersatzansprüche nach § 823 Abs. 1 und 2 oder § 826 BGB

406 Neben den speziellen aktienrechtlichen Schadensersatzansprüchen können der Gesellschaft oder dem Aktionär auch Ansprüche nach den allgemeinen zivilrechtlichen Haftungsnormen wegen deliktischer Handlungen zustehen. Denn die Veranlassung zu einer schädlichen Einflussnahme nach § 117 Abs. 1 AktG kann zugleich eine sittenwidrige Schädigung i. S. d. § 826 BGB darstellen.[838] Zu beachten sind dabei die unterschiedlichen Verjährungsfristen. Im Gegensatz zu Ansprüchen aus § 117 AktG (dazu Rdn. 388) gelten im Deliktsrecht die allgemeinen Verjährungsregeln.[839] In Betracht kommen insbesondere die deliktischen Haftungstatbestände der §§ 823 Abs. 1, 2, 826 BGB. Derartige deliktische Ansprüche können, soweit sie dem einzelnen Aktionär zustehen, jedoch nach dem BGH **regelmäßig nicht gegen die Gesellschaft** gerichtet werden.[840] Grund dafür sind die Grundsätze der Kapitalerhaltung und der Zweckwidmung des Gesellschaftsvermögens sowie das Gebot der Gleichbehandlung aller Gesellschafter. Daher soll auch ein Anspruch des Aktionärs auf Leistung an sich selbst grundsätzlich ausgeschlossen sein (die ebenfalls grundsätzlich möglichen Ansprüche von Aktionären gegen den Vorstand der AG aus allgemeinen deliktischen Vorschriften werden in § 9 Rdn. 176–190 behandelt).[841]

1. § 823 Abs. 1 BGB

407 Anknüpfungspunkt für eine mögliche Haftung eines anderen Aktionärs oder eines Dritten aus § 823 Abs. 1 BGB ist (lediglich), dass der **Aktienbesitz** grundsätzlich als sonstiges Recht in den Schutzbereich des § 823 Abs. 1 BGB fällt.[842] Dieses Recht auf Aktienbesitz kann dann verletzt sein, wenn in Mitgliedschaftsrechte des Aktionärs eingegriffen wurde.[843] Eine Verletzung mitgliedschaftsrechtlicher Rechte durch einen außerhalb der AG stehenden Dritten ist allerdings kaum denkbar und praktische Fälle dazu nicht ersichtlich. Hinsichtlich einer Verletzung durch einen anderen Aktionär kommt unter Umständen die Verletzung einer gesellschaftsrechtlichen Treuepflicht in Betracht, dazu sogleich unter Rdn. 417–418.

2. § 823 Abs. 2 BGB

408 Eine Haftung eines Aktionärs oder eines Dritten gegenüber der Gesellschaft oder einem Aktionär aus § 823 Abs. 2 BGB i. V. m. einem **aktionärsrechtlichen Schutzgesetz** kommt ebenfalls nur in Ausnahmefällen in Betracht. Da die Vorschriften des AktG grundsätzlich dem Schutz der Gesellschaft und gerade nicht des einzelnen Aktionärs dienen, kommen diese als Schutzgesetz zugunsten einzelner Aktionäre nicht in Betracht. Zugunsten der Gesellschaft begründen die aktienrechtlichen Vorschriften nur Ansprüche gegenüber Organmitgliedern. Ansprüche kommen hingegen bei der Verletzung von

---

835 Hüffer/*Koch* § 117 Rn. 7.
836 Hölters/*Leuering/Goertz* AktG § 117 Rn. 10; MüKo AktG/*Spindler* § 117 Rn. 43.
837 Ausdrücklich für die ähnliche Vorschrift des § 317 Abs. 1 S. 2 AktG wird dies von Hüffer/*Koch* AktG § 317 Rn. 9 bejaht.
838 Hüffer/*Koch* § 117 Rn. 14.
839 Kritisch hierzu MüKo AktG/*Spindler* § 117 Rn. 88, demzufolge insoweit eine Harmonisierung des Verjährungsrechts notwendig ist.
840 BGH NJW 1988, 2794 (2796); .
841 BGH NJW 1992, 3167 (3171); NJW 1988, 2794 (2796).
842 RGZ 100, 274 (278); für die GmbH: 158, 248 (255).
843 BGH NJW 1988, 2794 (2796); vgl. MüKo BGB/*G. Wagner* § 823 Rn. 234 ff.

H. Schadensersatzansprüche wegen Einflussnahme und deliktischer Handlungen § 6

Straftatbeständen in Betracht. So können deliktische Ansprüche gegen andere Aktionäre oder Dritte bei einer Verletzung des Betrugstatbestands des § 263 StGB oder des Untreuetatbestands des § 266 StGB, die jeweils Schutzgesetze im Sinne von § 823 Abs. 2 BGB sind, bestehen.[844]

3. § 826 BGB

Von größerer Bedeutung für die aktienrechtliche Haftung von Mitaktionären und Dritten ist die Haftung wegen vorsätzlicher sittenwidriger Schädigung nach § 826 BGB.   409

a) Anspruch des einzelnen Aktionärs gegen andere Aktionäre

Die Vorschrift des § 826 BGB spielt – neben der Haftung auf Grund einer gesellschaftsrechtlichen Treuepflicht – eine bedeutende Rolle im Bereich der Haftung der Aktionäre untereinander, da in diesem Bereich speziellere aktienrechtliche Vorschriften nur selten in Betracht kommen. Ein Verhalten ist nach der bekannten Formel grundsätzlich dann sittenwidrig, wenn es gegen das Anstandsgefühl aller billig und gerecht Denkenden verstößt.[845] Als sittenwidrige Schädigung im Bereich der aktionärsrechtlichen Haftung hat die höchstrichterliche Rechtsprechung z. B. anerkannt: 410
– die Ablehnung eines Sanierungsvorschlages der Verwaltung;[846]
– die Erteilung einer bewusst unrichtigen Auskunft durch einen Aktionär über die eigene Zeichnung von Aktien zur Kapitalerhöhung mit dem Ziel, dass ein Dritter ebenfalls an der Kapitalerhöhung teilnimmt;[847]
– der Beschluss einer Kapitalerhöhung mit dem Ziel der Insolvenzverschleppung, veranlasst durch die Hausbank und Hauptkreditgeberin;[848]
– die Erhöhung des Grundkapitals durch die Mehrheitsaktionäre mit dem Ziel, deren Vorherrschaft auf Kosten der Altaktionäre zu sichern, bei gleichzeitigem Ausschluss von deren Bezugsrechten.[849]

Weiterhin kann eine **unzulässige Stimmrechtsausübung** – neben der Haftung nach § 117 Abs. 1 AktG und unter den Einschränkungen des § 117 Abs. 7 AktG – die Haftung eines Aktionärs gegenüber einem anderen Aktionär gem. § 826 BGB auslösen. Während eine solche Haftung von Mehrheitsaktionären gegenüber Minderheitsaktionären schon frühzeitig anerkannt wurde,[850] kommt die Haftung von Minderheitsaktionären nur unter strengeren Voraussetzungen in Betracht, damit diese nicht an der Wahrnehmung ihrer Aktionärsrechte gehindert werden.[851]   411

b) Ansprüche der Gesellschaft gegen Aktionäre

Besondere Bedeutung hat § 826 BGB in jüngerer Vergangenheit im Zusammenhang mit der Erhebung rechtsmissbräuchlicher **Anfechtungsklagen durch Aktionäre** erlangt.[852] Dabei ist insbesondere von Relevanz, dass die Schranken des § 242 BGB und des Rechtsmissbrauchs auch im Bereich der aktienrechtlichen Anfechtungsklage gelten.[853] Eine formal gerechtfertigte Anfechtungsklage wird ausnahmsweise dann als rechtsmissbräuchlich qualifiziert, wenn die Gesellschaft durch die Anfechtungsklage eines Aktionärs (regelmäßig durch sogenannte Berufsaktionäre) in grob eigennütziger   412

---

844 MüKo BGB/*G. Wagner* § 823 Rn. 424.
845 BGH NJW 1995, 1739 (1748).
846 BGH NJW 1995, 1739 (1748).
847 BGH NJW 1992, 3167 (3174).
848 BGH NJW 1986, 837; OLG Düsseldorf NZG 2008, 713 (gegen ein Aufsichtsratsmitglied).
849 RGZ 107, 72 (74 f.).
850 BGH NJW 1960, 235; RGZ 107, 72 (75).
851 BGH NJW 1995, 1739 (1741); NJW 1960, 235.
852 OLG Frankfurt NZG 2009, 222; zustimmend *Martens/Martens* AG 2009, 173; *Poelzig* DStR 2009, 1151.
853 BGH NJW 1989, 2689.

Weise veranlasst werden soll, eine Leistung zu erbringen, auf die kein Anspruch besteht.[854] Dies wurde z. B. bejaht, wenn die Anfechtungsklage
- mit dem Ziel erhoben wurde, sich den Lästigkeitswert der Klage abkaufen zu lassen (Missbrauch einer formalen Rechtsposition), dabei ist es unerheblich, ob die Anfechtungsklage Erfolg gehabt hätte;[855]
- zur Verzögerung der Anmeldung und Durchführung einer Kapitalerhöhung erhoben wurde;[856]
- zu einer Verletzung der Treuepflicht des Aktionärs, gesellschaftsrechtliche Mitgliedsrechte nur unter Berücksichtigung der Interessen der Mitaktionäre auszuüben, führt.[857]

413 Ein rechtsmissbräuchliches Verhalten wurde hingegen **verneint**
- für den Fall, dass ein Mehrheitsaktionär durch den Aufkauf von Aktien über die Börse gegenüber dem Minderheitsaktionär eine Treuepflichtverletzung durch Unterlassen einer Warnung vor vorzeitigem Aktienverkauf begeht;[858]
- bei einer vorfinanzierten Barkapitalerhöhung zu Sanierungszwecken, sofern keine verschleierte Sachgründung vorliegt.[859]

Der Anspruch aus § 826 BGB bei rechtsmissbräuchlich erhobener Anfechtungsklage steht lediglich **Mitaktionären und der betroffenen Gesellschaft** zu. Nicht anspruchsberechtigt sollen hingegen (noch) nicht zur Gesellschaft gehörende Aktionäre sowie außenstehende Dritte sein.[860]

c) Ansprüche der Gesellschaft oder des Aktionärs gegen Dritte

414 Ferner sind Ansprüche der Gesellschaft oder des einzelnen Aktionärs aus § 826 BGB gegen Dritte gelegentlich in der Praxis anzutreffen. Auch hier gilt der Grundsatz, dass im Falle einer Schädigung der Gesellschaft nur dieser ein Ersatzanspruch zusteht, nicht aber deren Mitgliedern.[861]

415 Eine **Haftung eines Dritten** aus § 826 BGB wurde zum Beispiel anerkannt
- bei einer fehlerhaften Berichterstattung durch ein Zeitungsunternehmen über die angeblich schlechte Situation einer Privatbank, die als AG organisiert ist, mit der Folge eines Vergleichsverfahrens;[862]
- bei Erhebung eines Widerspruchs durch einen Vertreter eines Aktionärs in der Hauptversammlung und Ankündigung der Erhebung einer Anfechtungsklage mit dem Ziel der Vereinbarung einer Abfindungszahlung;[863]
- bei treuwidriger Stimmrechtsausübung durch einen bevollmächtigten Stimmrechtsvertreter;[864]
- gegen einen Rechtsanwalt, der als Vertreter an dem Abschluss eines Vertrages über die Zahlung eines unzulässigen Abfindungsbetrages gegen Rücknahme einer aktienrechtlichen Anfechtungsklage und den dazu geführten Verhandlungen mitgewirkt hat.[865]

---

854 BGH NJW 1989, 2689.
855 LG Hamburg WM 2009, 1330 (Anspruch des Aktionärs) – die Berufungsinstanz (OLG Hamburg NZG 2011, 232) hat die Frage der Rechtsmissbräuchlichkeit indes wegen fehlender Aktivlegitmation dahinstehen lassen, dazu sogleich im Text.
856 Vgl. OLG Frankfurt NZG 2009, 222 (223). Klägerin war in diesem Fall die AG, deren Schaden in der verzögerten Eintragung der Erhöhung des Grundkapitals lag.
857 BGH NJW 1995, 1739 (1748).
858 BGH AG 1976, 218.
859 OLG Düsseldorf ZIP 1981, 847 (855).
860 OLG Hamburg NZG 2011, 232 (233); zustimmend *Krauss* GWR 2011, 10; *Hohl* BB 2011, 1172.
861 MüKo BGB/*G. Wagner* § 826 Rn. 152.
862 LG Hamburg WM 1998, 497 (jedoch nur auf Zahlung des Schadensersatzes an die Gesellschaft).
863 BGH NJW 1992, 2821 (2822); OLG Köln NJW-RR 1988, 1497 (1498).
864 BGH NJW 1995, 1739 (1748) (Vermeidung der Sanierung der AG).
865 BGH NJW 1992, 2821.

4. Prozessuale Besonderheiten

In prozessualer Hinsicht ist zu beachten, dass dem Kläger zusätzlich zum Wohnsitz des Beklagten nach §§ 12, 17 ZPO der deliktische Gerichtsstand des § 32 ZPO zur Verfügung steht. Bei einer Klage gegen einen anderen Aktionär kommt zudem der Gerichtsstand am Sitz der Gesellschaft gemäß § 22 ZPO in Betracht. Neben dem Leistungsantrag ist hinsichtlich des Klageantrags zu beachten, dass unter Umständen ein Antrag auf Feststellung, dass eine unerlaubte Handlung vorliegt, gestellt werden sollte, um die Privilegierungen der § 850 f. ZPO, § 175 Abs. 2 InsO und § 393 BGB zu erreichen.[866] 416

III. Schadensersatzansprüche wegen Verletzung gesellschaftsrechtlicher Treuepflichten

Aktionäre können untereinander und gegenüber der Gesellschaft wegen der **Verletzung gesellschaftsrechtlicher Treuepflichten** haften.[867] Die gesellschaftsrechtliche Treuepflicht ist Ausfluss des mitgliedschaftlichen Gemeinschaftsverhältnisses und verpflichtet die Gesellschafter, sich bei Ausübung ihrer mitgliedschaftlichen Befugnisse an den Interessen der Gesellschaft und dem Gesellschaftszweck zu orientieren und diesem zuwiderlaufende Maßnahmen zu unterlassen.[868] Einer solchen Treuepflicht unterliegt insbesondere der Mehrheitsaktionär, sie besteht aber auch auf Seiten des Minderheitsaktionärs.[869] Jedoch wird der Anwendungsbereich der Verletzung von Vermögensrechten des Aktionärs als gering angesehen.[870] Eine Treuepflichtverletzung, verbunden mit einem Schadensersatzverlangen eines Aktionärs, kommt insbesondere im Rahmen der **Stimmrechtsausübung** in Betracht, wenn Beschlüsse im Interesse der AG oder der Aktionäre durch einzelne Aktionäre auf Grundlage einer Sperrminorität verhindert werden.[871] Voraussetzung einer Treuepflichtverletzung ist aber die Verletzung einer Pflicht, die sich auf den vom Gesellschaftsvertrag und durch den Gesellschaftszweck erfassten Bereich erstreckt.[872] Dieser Anspruch kann auch entsprechend § 179 Abs. 1 BGB gegenüber einem nicht bevollmächtigten Stimmrechtsvertreter geltend gemacht werden.[873] 417

Prozessual ist im Falle einer Klage auf Schadensersatz wegen Verletzung gesellschaftsrechtlicher Treuepflichten zu beachten, dass wiederum der Gerichtsstand des § 22 ZPO eingreifen kann. Der Klageantrag ist gerichtet auf Ersatz in Höhe des durch das treuwidrige Verhalten verursachten Schadens. 418

I. Streitigkeiten im Zusammenhang mit dem Abschlussprüfer (§§ 318 Abs. 3, 4, 323 HGB)

Gesellschaftsrechtliche Streitigkeiten entstehen häufig im Zusammenhang mit der Bestellung des Abschlussprüfers einer Gesellschaft. Aktionäre haben insbesondere die Möglichkeit, einen Antrag auf gerichtliche Ersetzung (§ 318 Abs. 3 HGB) eines bereits gewählten Abschlussprüfers oder auf gerichtliche Bestellung des Abschlussprüfers der Gesellschaft (§ 318 Abs. 4 HGB) zu stellen. Daneben ist auch die Haftung des Abschlussprüfers (§ 323 HGB) bedeutsam. 419

---

866 OLG Frankfurt NZG 2009, 222.
867 BGH NJW 1988, 1579.
868 BGH NJW 1999, 3197 (3198); NJW 1995, 1739 (1745); NJW 1988, 1579 (1581); OLG Stuttgart NZG 2000, 159 (161 f.).
869 BGH NJW 1995, 1739 (1741).
870 MüKo AktG/*Bungeroth* Vor § 53a AktG Rn. 25.
871 BGH NJW 1995, 1739 (1742).
872 BGH NJW 1995, 1739 (1742); NJW 1992, 3167 (3171); NJW 1962, 859.
873 BGH NJW 1995, 1739 (1745).

I. Antrag auf gerichtliche Ersetzung des Abschlussprüfers (§ 318 Abs. 3 HGB)

420 Gesellschaften, bei denen es sich nicht um kleine Kapitalgesellschaften im Sinne des § 267 Abs. 1 HGB handelt, müssen ihren **Jahresabschluss** und ihren Lagebericht gemäß § 316 Abs. 1 S. 1 HGB durch einen Abschlussprüfer prüfen lassen. Für den Konzernabschluss sowie den Konzernlagebericht eines Konzerns gilt gemäß § 316 Abs. 2 HGB ebenfalls eine **Prüfungspflicht**, wenn das Mutterunternehmen gemäß §§ 290–293 HGB zur Aufstellung eines **Konzernabschlusses** verpflichtet ist.[874] Zur Abschlussprüfung gemäß § 316 Abs. 1 und Abs. 2 HGB sind unabhängig von der Rechtsform und der Größe zudem Kreditinstitute und Versicherungsunternehmen sowie deren Holdings (§§ 340k, 340i Abs. 3, 341k, 341i Abs. 2 HGB) und publizitätspflichtige Unternehmen (§ 14 PublG) verpflichtet.[875] Der Abschlussprüfer des Jahresabschlusses wird gemäß § 318 Abs. 1 S. 1 HGB grundsätzlich von den Gesellschaftern, der Abschlussprüfer des Konzernabschlusses von den Gesellschaftern des Mutterunternehmens gewählt.

420a Gemäß § 318 Abs. 3 HGB besteht bei allen prüfungspflichtigen Gesellschaften die Möglichkeit, bei Vorliegen der in dieser Regelung genannten Gründe den **gewählten Abschlussprüfer gerichtlich abzuberufen** und durch einen neuen **Abschlussprüfer ersetzen** zu lassen. Das Ersetzungsverfahren ist sowohl für den Einzel- als auch für den Konzernabschlussprüfer möglich.[876] Auf nicht prüfungspflichtige Gesellschaften findet § 318 Abs. 3 HGB hingegen keine Anwendung, bei diesen ist eine Abberufung und Neubestellung eines freiwillig bestellten Abschlussprüfers durch das zuständige Gesellschaftsorgan vorzunehmen.[877]

1. Anwendungsbereich

a) Verhältnis zum Verfahren nach § 318 Abs. 4 HGB

421 Das **gerichtliche Ersetzungsverfahren** nach § 318 Abs. 3 HGB kann eingeleitet werden, sobald ein Abschlussprüfer gewählt ist und solange dieser im Zeitpunkt der gerichtlichen Entscheidung über den Ersetzungsantrag noch wirksam bestellt ist.[878] Fehlt ein Abschlussprüfer, richtet sich das Verfahren auf gerichtliche Bestellung des Abschlussprüfers nach § 318 Abs. 4 HGB. Ein Vorgehen nach § 318 Abs. 4 HGB kommt demnach in Betracht, wenn der Wahlbeschluss, etwa wegen Verstoßes gegen § 319 Abs. 1 S. 1 HGB oder in Folge einer erfolgreichen Anfechtungsklage, nichtig ist[879] oder die Hauptversammlung den Wahlbeschluss aufgehoben hat.[880]

b) Verhältnis zur Anfechtungs- und Nichtigkeitsklage

422 Gemäß § 243 Abs. 3 Nr. 3 AktG kann die **Anfechtung des Wahlbeschlusses** des Abschlussprüfers nicht auf Gründe gestützt werden, die eine gerichtliche Ersetzung nach § 318 Abs. 3 HGB rechtfertigen (siehe hierzu auch § 8 Rdn. 173 f.). Deshalb kommt auch eine Anfechtungsklage gegen den Beschluss zur Bestellung des Abschlussprüfers, mit der die unzureichende Beantwortung von Fragen zur Unabhängigkeit des Abschlussprüfers als Verletzung des Informationsrechts nach § 131 AktG

---

874 MüKo HGB/*Ebke* § 316 Rn. 14.
875 Baumbach/*Hopt/Merkt* § 316 Rn. 1 und 3; MüKo HGB/*Ebke* § 316 Rn. 14.
876 Ensthaler/*Marsch-Barner* § 318 Rn. 6; Staub/*Habersack/Schürnbrand* § 318 Rn. 44, 62.
877 Baetge/Kirsch/Thiele/*Mattheus* § 318 Rn. 112; Ebenroth/Boujong/Joost/Strohn/*Wiedmann* § 318 Rn. 21.
878 Adler/Düring/Schmaltz § 318 HGB Rn. 320; MüKo HGB/*Ebke* § 318 Rn. 73; a. A.: Küting/Pfitzer/Weber/*Baetge/Thiele* § 318 HGB Rn. 81: Die Vollendung des Bestellungsprozesses sei nicht notwendig, es komme lediglich auf die Wahl des Abschlussprüfers an; a. A. auch Baetge/Kirsch/Thiele/*Mattheus* § 318 Rn. 113: Abschlussprüfer muss bereits gewählt sein und Erteilung des Prüfungsauftrags unmittelbar bevorstehen.
879 Adler/Düring/Schmaltz § 318 HGB Rn. 317; Baetge/Kirsch/Thiele/*Mattheus* § 318 Rn. 113; Küting/Pfitzer/Weber/*Baetge/Thiele* § 318 HGB Rn. 82; Staub/*Habersack/Schürnbrand* § 318 Rn. 44.
880 KöKo RLR/*Müller* § 318 HGB Rn. 87.

geltend gemacht wird, nicht in Betracht.[881] Wird dennoch **Anfechtungsklage** erhoben, ist diese insoweit **unzulässig**.[882] Gleiches gilt nach ganz herrschender Auffassung für eine Nichtigkeitsklage, auch wenn § 249 AktG seit Inkrafttreten des UMAG nicht mehr auf § 243 Abs. 3 Nr. 3 AktG verweist.[883] Begründet wird dies damit, dass es sich bei der Streichung dieses Verweises um ein offensichtliches Redaktionsversehen handele. Regelungsziel des Gesetzgebers sei es, Beschlussmängelklagen neben dem Ersetzungsverfahren auszuschließen.[884] Nach der Gegenauffassung scheidet eine berichtigende Auslegung aufgrund des eindeutigen Gesetzeswortlauts aus.[885]

Eine Anfechtungsklage gegen den Wahlbeschluss ist demgegenüber zulässig, wenn diese auf einen Anfechtungsgrund gestützt wird, der seine Ursache nicht in der Person des Abschlussprüfers hat.[886] Beispielsweise können Verletzungen von Verfahrensvorschriften bei der Beschlussfassung über die Wahl des Abschlussprüfers mit der Anfechtungsklage angegriffen werden.[887] 423

2. Voraussetzungen

a) Antragsberechtigung

Der Antrag auf gerichtliche Ersetzung des Abschlussprüfers kann nach § 318 Abs. 3 S. 1 HGB von den **gesetzlichen Vertretern, dem Aufsichtsrat und den Gesellschaftern** gestellt werden. Die Vorschrift ist zwingend und kann weder eingeschränkt noch erweitert werden.[888] 424

Gesetzlicher Vertreter der AG ist gemäß § 78 AktG der Vorstand. Dieser ist, genauso wie der Aufsichtsrat, nur als gesamtes Gremium **antragsberechtigt** (siehe zur Vertretung der AG § 3 Rdn. 3 ff.).[889] Im Innenverhältnis ist daher ein **Gremienbeschluss** erforderlich.[890] Zur Antragstellung kann das Gremium einzelne oder mehrere vertretungsberechtigte Mitglieder des Vorstands oder Aufsichtsrats ermächtigen, die ihre Vertretungsmacht gegenüber dem Gericht bei Antragstellung durch Vorlage des entsprechenden Beschlusses nachweisen müssen.[891] 425

Antragsberechtigt sind ferner die **Aktionäre** der AG, sofern deren Anteilsbesitz den Schwellenwert von 5 % des Grundkapitals oder einen Börsenwert von EUR 500.000 erreicht. Mehrere Aktionäre können den Antrag gemeinsam stellen.[892] Bei der Ermittlung der Beteiligungshöhe ist ausschließlich auf die kapitalmäßige Beteiligung abzustellen, die Höhe der Stimmrechte spielt keine Rolle.[893] Der 426

---

881 OLG München WM 2009, 265 (270); LG München I, Urt. v. 16.08.2007 – 5 HK O 17682/06 (Vorinstanz); Staub/*Habersack*/*Schürnbrand* § 318 Rn. 47.
882 BeBiKo/*Schmidt*/*Heinz* HGB § 318 Rn. 17; MüKo AktG/*Hüffer* § 243 Rn. 112; MüKo HGB/*Ebke* § 318 Rn. 48.
883 Baumbach/*Hopt*/*Merkt* § 318 Rn. 7; BeBiKo/*Schmidt*/*Heinz* HGB § 318 Rn. 17; Ensthaler/*Marsch-Barner* § 318 Rn. 10; MüKo HGB/*Ebke* § 318 Rn. 52; KöKo RLR/*Müller* § 318 HGB Rn. 76; a. A. AnwK-AktR/*Heidel* § 249 Rn. 3a.
884 MüKo HGB/*Ebke* § 318 Rn. 52; KöKo RLR/*Müller* § 318 HGB Rn. 76.
885 AnwK-AktR/*Heidel* § 249 Rn. 3a.
886 Küting/Pfitzer/Weber/*Baetge*/*Thiele* § 318 HGB Rn. 85.
887 BeBiKo/*Schmidt*/*Heinz* HGB § 318 Rn. 17.
888 Adler/Düring/Schmaltz § 318 HGB Rn. 322; Baetge/Kirsch/Thiele/*Mattheus* § 318 Rn. 118; Küting/Pfitzer/Weber/*Baetge*/*Thiele* § 318 HGB Rn. 93.
889 BeBiKo/*Schmidt*/*Heinz* HGB § 318 Rn. 18; KöKo RLR/*Müller* § 318 HGB Rn. 77 f.; MüKo Bilanzrecht/*Bormann* § 318 HGB Rn. 79 f.; Staub/*Habersack*/*Schürnbrand* § 318 Rn. 50 f.
890 Adler/Düring/Schmaltz § 318 HGB Rn. 324; Baetge/Kirsch/Thiele/*Mattheus* § 318 Rn. 118; BeBiKo/*Schmidt*/*Heinz* HGB § 318 Rn. 17; KöKo RLR/*Müller* § 318 HGB Rn. 78; Küting/Pfitzer/Weber/*Baetge*/*Thiele* § 318 HGB Rn. 88.
891 Adler/Düring/Schmaltz § 318 HGB Rn. 324; KöKo RLR/*Müller* § 318 HGB Rn. 78; Staub/*Habersack*/*Schürnbrand* § 318 Rn. 50.
892 Baumbach/*Hopt*/*Merkt* § 318 Rn. 8.
893 MüKo Bilanzrecht/*Bormann* § 318 HGB Rn. 86; Küting/Pfitzer/Weber/*Baetge*/*Thiele* § 318 HGB Rn. 91.

Börsenwert ist nach den §§ 5, 6 WpÜG-AngebotsVO zu ermitteln.[894] Bei nicht börsennotierten Unternehmen ist anstelle des Börsenwertes auf den Zeitwert der Anteile abzustellen.[895]

427 Steht die Gesellschaft unter staatlicher Aufsicht, wie etwa Kreditinstitute oder Versicherungsgesellschaften (§ 25 KWG, § 58 VAG), ist darüber hinaus auch die Aufsichtsbehörde antragsberechtigt (§ 318 Abs. 3 S. 6 HGB).

b) Antragsfrist

428 Gemäß § 318 Abs. 3 S. 2 HGB ist der Antrag auf Ersetzung des Abschlussprüfers **binnen zwei Wochen** nach dem Tag der Wahl des Abschlussprüfers zu stellen. Wird ein in seiner Person liegender Grund (Befangenheitsgrund) hingegen erst nach der Wahl bekannt oder tritt dieser erst nach der Wahl ein, kann der Antrag bis spätestens zwei Wochen nach dem Tag gestellt werden, an dem der Antragsberechtigte Kenntnis von den befangenheitsbegründenden Umständen erlangt hat oder ohne grobe Fahrlässigkeit hätte erlangen müssen (§ 318 Abs. 3 S. 3 HGB). Bei Antragstellung durch ein Organ der Gesellschaft richtet sich der Zeitpunkt der Kenntniserlangung danach, wann das Organmitglied, das als erstes Kenntnis von den anspruchsbegründenden Umständen hatte oder hätte haben müssen, die Möglichkeit hatte, diese dem gesamten Organ vorzulegen.[896]

429 Bei den angeführten Fristen handelt es sich um **zwingende Ausschlussfristen**, eine Wiedereinsetzung in den vorigen Stand, Unterbrechung oder Hemmung der Frist ist nicht möglich.[897] Die Fristberechnung richtet sich nach § 16 FamFG, § 222 ZPO, §§ 187 Abs. 1, 188 Abs. 2 BGB.[898]

c) Widerspruch gegen die Wahl des Abschlussprüfers

430 Soweit der Antrag auf gerichtliche Ersetzung von Aktionären gestellt wird, besteht nach § 318 Abs. 3 S. 2 Hs. 2 HGB die zusätzliche Voraussetzung, dass diese bei der Beschlussfassung gegen die Wahl des Abschlussprüfers **Widerspruch** erhoben haben müssen. Dies gilt allerdings nur für den Fall, dass der Befangenheitsgrund bereits bei der Wahl vorlag und bekannt war.[899] Auch wenn nach dem Wortlaut des § 318 Abs. 3 HGB der Widerspruch bei der Beschlussfassung erhoben werden muss, entspricht es der ganz herrschenden Auffassung in der Literatur, dass – wie bei § 245 AktG – ein Widerspruch bis zum Ende der Hauptversammlung ausreicht (siehe hierzu auch § 8 Rdn. 69).[900] Der Widerspruch muss ausdrücklich erklärt werden, eine bestimmte Form ist indes nicht vorgeschrieben, so dass der Widerspruch nicht zwingend zur Niederschrift erklärt werden muss.[901] Aus Beweisgründen wird sich dies allerdings empfehlen.[902] Eine Begründung des Widerspruchs ist nicht notwendig.[903] Stellen mehrere Aktionäre gemeinsam den Antrag auf gerichtliche Ersetzung des Abschluss-

---

894 AG Frankfurt, Beschluss v. 29.01.2009 – HRB 30000; Ensthaler/*Marsch-Barner* § 318 Rn. 6; MüKo Bilanzrecht/*Bormann* § 318 HGB Rn. 88; Staub/*Habersack/Schürnbrand* § 318 Rn. 53.
895 Küting/Pfitzer/Weber/*Baetge/Thiele* § 318 HGB Rn. 91.
896 MüKo Bilanzrecht/*Bormann* § 318 HGB Rn. 95 mit Verweis auf BGHZ 139, 89, 92 f. (Kenntniserlangung der Gesellschafter einer GmbH bei einer Kündigung).
897 Adler/Düring/Schmaltz § 318 HGB Rn. 341; BeBiKo/*Schmidt/Heinz* HGB § 318 Rn. 20; KöKo RLR/*Müller* § 318 HGB Rn. 86; Küting/Pfitzer/Weber/*Baetge/Thiele* § 318 HGB Rn. 94.
898 Baetge/Kirsch/Thiele/*Mattheus* § 318 Rn. 124; BeBiKo/*Schmidt/Heinz* HGB § 318 Rn. 20; MüKo Bilanzrecht/*Bormann* § 318 HGB Rn. 92; Staub/*Habersack/Schürnbrand* § 318 Rn. 57.
899 MüKo Bilanzrecht/*Bormann* § 318 HGB Rn. 97.
900 Baetge/Kirsch/Thiele/*Mattheus* § 318 Rn. 123; KöKo RLR/*Müller* § 318 HGB Rn. 82; MüKo Bilanzrecht/*Bormann* § 318 HGB Rn. 91; Küting/Pfitzer/Weber/*Baetge/Thiele* § 318 HGB Rn. 97; Staub/*Habersack/Schürnbrand* § 318 Rn. 54.
901 Ensthaler/*Marsch-Barner* § 318 Rn. 7; Staub/*Habersack/Schürnbrand* § 318 Rn. 54.
902 BeBiKo/*Schmidt/Heinz* HGB § 318 Rn. 18; KöKo RLR/*Müller* § 318 HGB Rn. 82; Küting/Pfitzer/Weber/*Baetge/Thiele* § 318 HGB Rn. 97.
903 Adler/Düring/Schmaltz § 318 HGB Rn. 336; BeBiKo/*Schmidt/Heinz* HGB § 318 Rn. 18; Küting/Pfitzer/Weber/*Baetge/Thiele* § 318 HGB Rn. 97.

prüfers, müssen auch sämtliche Aktionäre Widerspruch eingelegt haben.[904] Eine Zustimmung zum Wahlbeschluss steht dem Antrag auf Ersetzung nach umstrittener, aber überwiegender Auffassung nicht entgegen.[905]

d) Glaubhaftmachung der Mindestbesitzzeit

Stellen Aktionäre den Antrag auf gerichtliche Ersetzung des Abschlussprüfers, so müssen sie glaubhaft machen, dass sie seit mindestens drei Monaten vor dem Tag der Wahl des Abschlussprüfers Inhaber der Aktien sind (§ 318 Abs. 3 S. 4 HGB). Diese **Mindestbesitzzeit** gilt für sämtliche Aktien, die zur Erfüllung des **Quorums** benötigt werden.[906] Nach § 318 Abs. 3 S. 5 HGB reicht zur Glaubhaftmachung die eidesstaatliche Erklärung vor einem Notar aus. Alternativ sind auch Depotbescheinigungen, Abrechnungen oder bei Namensaktien die mehr als drei Monate zurückliegende und nach wie vor gültige Eintragung in das Aktienregister genügend.[907] Für die Zurechnung von Vorbesitzzeiten findet § 70 AktG Anwendung (zu den Einzelheiten vgl. die Ausführungen zur Mindestbesitzzeit bei der Bestellung eines Sonderprüfers (§ 6 Rdn. 77) sowie bei der Bestellung eines besonderen Vertreters (§ 6 Rdn. 155)).[908]

431

e) Ersetzungsgrund

Das Gericht ersetzt den Abschlussprüfer nach § 318 Abs. 3 S. 1 HGB, wenn dies aus einem in seiner Person liegenden Grund geboten erscheint. Dies ist gemäß § 318 Abs. 3 S. 1 letzter Halbsatz HGB insbesondere dann der Fall wenn ein Ausschlussgrund nach § 319 Abs. 2 bis 5 oder §§ 319a, b HGB besteht. Obwohl für das Verfahren der **Amtsermittlungsgrundsatz** des § 26 FamFG gilt,[909] hat der Antragsteller die Gründe darzulegen, die eine Ersetzung notwendig erscheinen lassen.[910] Allerdings muss er diese Gründe nicht nachweisen.[911]

432

aa) Ausschlussgrund nach § 319 Abs. 2–5 HGB

Nach § 319 Abs. 2 HGB ist ein Wirtschaftsprüfer oder vereidigter Buchprüfer als Abschlussprüfer ausgeschlossen, wenn Gründe, insbesondere Beziehungen geschäftlicher, finanzieller oder persönlicher Art, vorliegen, nach denen die **Besorgnis der Befangenheit** besteht. § 319 Abs. 2 HGB regelt damit den Grundtatbestand, der wiederum durch die Regelungen in § 319 Abs. 3 HGB und § 319a HGB konkretisiert wird. Liegen die in §§ 319 Abs. 3, 319a HGB geschilderten Voraussetzungen vor, wird eine Besorgnis der Befangenheit unwiderleglich vermutet.[912]

433

Der Rückgriff auf die Generalklausel des § 319 Abs. 2 HGB bleibt daneben möglich.[913] Dies gilt beispielsweise für den Fall, dass die in § 319 Abs. 3 HGB genannten Schwellenwerte (so darf der Abschlussprüfer gemäß § 319 Abs. 3 Nr. 2 HGB z.B. keine Anteile an einer Gesellschaft besitzen,

434

---

904 Ensthaler/*Marsch-Barner* § 318 Rn. 7; MüKo Bilanzrecht/*Bormann* § 318 HGB Rn. 91.
905 Baetge/Kirsch/Thiele/*Mattheus* § 318 Rn. 123; Staub/*Habersack/Schürnbrand* § 318 Rn. 54; KöKo RLR/ *Müller* § 318 HGB Rn. 82; MüKo Bilanzrecht/*Bormann* § 318 HGB Rn. 91; a.A: Adler/Düring/ Schmaltz § 318 HGB Rn. 337.
906 Baetge/Kirsch/Thiele/*Mattheus* § 318 Rn. 122.1; MüKo Bilanzrecht/*Bormann* § 318 HGB Rn. 89; Staub/*Habersack/Schürnbrand* § 318 Rn. 54.
907 AG Frankfurt, Beschluss v. 29.01.2009 – HRB 30000; Baetge/Kirsch/Thiele/*Mattheus* § 318 Rn. 122.1; Ensthaler/*Marsch-Barner* § 318 Rn. 7; Küting/Pfitzer/Weber/*Baetge/Thiele* § 318 HGB Rn. 98.
908 Hüffer/*Koch* § 70 Rn. 5; MüKo AktG/*Bayer* § 70 Rn. 3.
909 Baumbach/Hopt/*Merkt* § 318 Rn. 8; MüKo HGB/*Ebke* § 318 Rn. 74; Staub/*Habersack/Schürnbrand* § 318 Rn. 63.
910 MüKo Bilanzrecht/*Bormann* § 318 HGB Rn. 100; Staub/*Habersack/Schürnbrand* § 318 Rn. 59.
911 Staub/*Habersack/Schürnbrand* § 318 Rn. 59.
912 Baumbach/Hopt/*Merkt* § 319 Rn. 13; Staub/*Habersack/Schürnbrand* § 319 Rn. 18, 25. Für weitere Einzelheiten wird auf die einschlägigen Kommentierungen verwiesen.
913 Baumbach/Hopt/*Merkt* § 319 Rn. 14; MüKo HGB/*Ebke* § 318 Rn. 54; Staub/*Habersack/Schürnbrand* § 319 Rn. 18.

die mehr als 20 % der Anteile an der zu prüfenden Gesellschaft hält) nicht erreicht werden.[914] Hier müssen jedoch zusätzliche Umstände für das Vorliegen einer Besorgnis der Befangenheit sprechen.[915] § 319 Abs. 2 HGB verlangt eine Prüfung aller Umstände des Einzelfalls.[916] Für eine Besorgnis der Befangenheit können beispielsweise ein **Eigeninteresse des Abschlussprüfers** an dem Ergebnis der Prüfung, eine wirtschaftliche Abhängigkeit vom Unternehmen, ein besonderes Vertrauensverhältnis oder die Gefahr der Selbstprüfung sprechen.[917] Ob ein Ausschlussgrund gegeben ist, ist stets für das konkrete Geschäftsjahr zu prüfen.[918]

435 Ein Befangenheitsgrund wurde in der Rechtsprechung etwa darin gesehen,
– dass ein Abschlussprüfer bei der vorhergehenden Erstellung eines Verschmelzungsgutachtens absehbare Risiken für ein beteiligtes Unternehmen in Milliardenhöhe unberücksichtigt gelassen hatte und es daher aufgrund der »natürlichen Selbstrechtfertigungstendenz« auf der Hand liege, dass der Abschlussprüfer diese Risiken auch in seinen Berichten nach §§ 321, 322 HGB eher als ungefährlich darstelle (Verdeckungsrisiko),[919]
– dass der Abschlussprüfer organschaftliche Funktionen bei einem der zu prüfenden Gesellschaft nahestehenden Unternehmen wahrnahm, die nicht von § 319 Abs. 3 HGB erfasst waren.[920]

436 Ein Befangenheitsgrund wurde hingegen **nicht** darin gesehen,
– dass der Abschlussprüfer den Jahresabschluss des Vorjahres mit einem uneingeschränkten Prüfungsvermerk versehen hatte, obwohl dieser keine Rückstellungen wegen Schadensersatzansprüchen enthielt, wenn dies auf einer vertretbaren Wahrscheinlichkeitsbeurteilung beruhte, da sich in einem solchen Fall die Beurteilung von Jahr zu Jahr ändern könne und darin daher kein Eingeständnis eines früheren Fehlers zu sehen sei,[921]
– dass der Abschlussprüfer möglicherweise eine fehlerhafte Meinung hinsichtlich einzelner bilanzieller Fragen vertreten hatte, da das Verfahren des § 318 Abs. 3 HGB nicht der Klärung von Bilanzierungsfragen diene,[922]
– dass der Abschlussprüfer das Unternehmen fortlaufend in wirtschaftlichen oder rechtlichen Fragen beraten hatte, es sei denn, es liegt einer der in § 318 Abs. 3 S. 1 Nr. 3, 5 HGB oder § 319a Abs. 1 S. 1 Nr. 1–3 HGB geschilderten Fälle vor.[923]

bb) Ausschlussgründe nach § 319a, b HGB

437 §§ 319a, b HGB enthalten weitere Gründe, die eine Tätigkeit als Abschlussprüfer ausschließen. § 319a HGB regelt spezielle Ausschlussgründe für **kapitalmarktorientierte Unternehmen** im Sinne von § 264d HGB, die neben die Ausschlussgründe nach § 319 HGB treten.[924] § 319b HGB erstreckt den Großteil der in §§ 319, 319a HGB enthaltenen Ersetzungsgründe auf Mitglieder eines

---

914 Baumbach/*Hopt*/*Merkt* § 319 Rn. 14; MüKo Bilanzrecht/*Bormann* § 319 HGB Rn. 42 ff.; Staub/*Habersack*/*Schürnbrand* § 319 Rn. 18.
915 Staub/*Habersack*/*Schürnbrand* § 319 Rn. 18.
916 MüKo Bilanzrecht/*Bormann* § 319 HGB Rn. 39. Zu den im Einzelnen in der Literatur diskutierten Fallgruppen siehe etwa Adler/*Düring*/*Schmaltz* § 318 HGB Rn. 357 ff.; MüKo HGB/*Ebke* § 318 Rn. 54 ff., § 319 Rn. 22 ff.; Staub/*Habersack*/*Schürnbrand* § 319 Rn. 20 ff.
917 Staub/*Habersack*/*Schürnbrand* § 319 Rn. 21.
918 Staub/*Habersack*/*Schürnbrand* § 319 Rn. 19.
919 BGH NZG 2003, 216.
920 BGH NZG 2004, 770; OLG Karlsruhe, BeckRS 2003, 1804; Staub/*Habersack*/*Schürnbrand* § 319 Rn. 22.
921 BGH WM 2009, 459 ff. – Kirch – Deutsche Bank, OLG Frankfurt, BeckRS 2007, 12657; Staub/*Habersack*/*Schürnbrand* § 319 Rn. 22 mit Fn. 55.
922 AG Frankfurt, Beschluss v. 21.09.2009 – HRB 30000; in diese Richtung auch LG Köln, Beschluss v. 01.04.1997 – 3 O 504/96.
923 BayObLG WM 1987, 1361; Beschl. v. 12.12.2001 – 3Z BR 397/00; Baumbach/*Hopt*/*Merkt* § 319 Rn. 5.
924 Baumbach/*Hopt*/*Merkt* § 319 Rn. 1; Staub/*Habersack*/*Schürnbrand* § 319a Rn. 1.

Netzwerks. Ein solches Netzwerk liegt gemäß § 319b Abs. 1 S. 3 HGB vor, wenn Personen bei ihrer Berufsausübung zur Verfolgung gemeinsamer wirtschaftlicher Interessen für eine gewisse Dauer zusammenwirken.[925]

cc) Weitere Ersetzungsgründe

Neben den im Gesetz in den §§ 319 Abs. 2–5, 319a und b HGB aufgeführten Gründen kommen auch weitere ungeschriebene Ersetzungsgründe in Betracht, die jedoch stets unmittelbar mit der Person des Abschlussprüfers zusammenhängen müssen.[926] Als nicht ausreichender Ersetzungsgrund wird das Vorliegen von Meinungsverschiedenheiten zwischen Gesellschaft und Abschlussprüfer[927] oder die alleinige Einleitung eines berufsrechtlichen Verfahrens gegen den Abschlussprüfer angesehen.[928] Demgegenüber sollen mangelnde Branchen-, EDV-, oder Spezialkenntnisse die Ersetzung rechtfertigen.[929] Auch in dem Fall, dass der Prüfer trotz entsprechender Notwendigkeit keine weiteren Personen oder Sachmittel zur Prüfung heranzieht, soll eine Ersetzung gerechtfertigt sein.[930] 438

f) Erlöschen und Grenzen des Antragsrechts

Das Antragsrecht erlischt gemäß § 318 Abs. 3 S. 7 HGB nach Erteilung des **Bestätigungsvermerks**, im Fall einer Nachtragsprüfung nach § 316 Abs. 3 HGB nach Ergänzung des Bestätigungsvermerks. Erlischt das Antragsrecht während des laufenden Ersetzungsverfahrens, tritt Erledigung der Hauptsache ein.[931] 439

Das Antragsrecht nach § 318 Abs. 3 HGB findet bei **Rechtsmissbrauch** seine Grenze.[932] Wie bei der aktienrechtlichen Anfechtungsklage (siehe hierzu § 8 Rdn. 197 ff.) ist ein Ersetzungsantrag unzulässig, wenn die antragsberechtigten Aktionäre sich nur den Lästigkeitswert des Antrags abkaufen lassen wollen.[933] Daran anknüpfend wird Rechtsmissbräuchlichkeit auch für den Fall vertreten, dass der Antrag als Druckmittel für einen Schadensersatzprozess eingesetzt werden soll.[934] Rechtsmissbräuchlichkeit wird demgegenüber noch nicht allein deshalb angenommen, weil sich die den Antrag stellenden Aktionäre auch in anderen Rechtsstreitigkeiten mit der betroffenen Gesellschaft befinden.[935] 440

3. Verfahren

Das gerichtliche Verfahren richtet sich nach den Vorschriften des FamFG (vgl. § 23a Abs. 2 Nr. 4 GVG i. V. m. § 375 Nr. 1 FamFG).[936] Es gilt der **Amtsermittlungsgrundsatz** (§ 26 FamFG). **Zuständig** für den Antrag auf gerichtliche Ersetzung des Abschlussprüfers ist das **Amtsgericht am** 441

---

925 Zur Auslegung der Tatbestandsmerkmale vgl. MüKo HGB/*Ebke* § 319b Rn. 15–23.
926 Baetge/Kirsch/Thiele/*Mattheus* § 318 Rn. 137; Küting/Pfitzer/Weber/*Baetge/Thiele* § 318 Rn. 99.
927 Baetge/Kirsch/Thiele/*Mattheus* § 318 Rn. 141; Küting/Pfitzer/Weber/*Baetge/Thiele* § 318 Rn. 108; Staub/*Habersack/Schürnbrand* § 318 Rn. 59.
928 Baetge/Kirsch/Thiele/*Mattheus* § 318 Rn. 140.
929 Baetge/Kirsch/Thiele/*Mattheus* § 318 Rn. 138; Küting/Pfitzer/Weber/*Baetge/Thiele* § 318 Rn. 105 f.; Staub/*Habersack/Schürnbrand* § 318 Rn. 60.
930 Baetge/Kirsch/Thiele/*Mattheus* § 318 Rn. 139; Küting/Pfitzer/Weber/*Baetge/Thiele* § 318 Rn. 107; Staub/*Habersack/Schürnbrand* § 318 Rn. 61.
931 OLG Frankfurt, Beschl. v. 17.11.2009 – 20 W 328/09, BeckRS 2011, 15592; BayObLG NZG 2003, 291; Ensthaler/*Marsch-Barner* § 318 Rn. 6; MüKo HGB/*Ebke* § 318 Rn. 73; Staub/*Habersack/Schürnbrand* § 318 Rn. 58.
932 BeBiKo/*Schmidt/Heinz* HGB § 318 Rn. 17; MüKo HGB/*Ebke* § 318 Rn. 70; Küting/Pfitzer/Weber/ *Baetge/Thiele* § 318 HGB Rn. 91.
933 MüKo HGB/*Ebke* § 318 Rn. 70.
934 MüKo HGB/*Ebke* § 318 Rn. 70 mit Verweis auf OLG Frankfurt NJW-RR 1996, 417 (für den Fall der rechtsmissbräuchlichen Anfechtungsklage).
935 AG Frankfurt, Beschl. v. 29.01.2009 – HRB 30000.
936 Baumbach/*Hopt/Merkt* § 318 Rn. 8; MüKo HGB/*Ebke* § 318 Rn. 74; Staub/*Habersack/Schürnbrand* § 318 Rn. 63.

Sitz der Gesellschaft (§ 23a Abs. 2 Nr. 4 GVG, §§ 375 Nr. 1, 377 FamFG).[937] Eine Ausnahme kann sich allerdings nach § 376 Abs. 1 FamFG ergeben, wenn ein Amtsgericht, in dessen Bezirk das Landgericht seinen Sitz hat, für den gesamten Bezirk des Landgerichts zuständig ist oder eine nach § 376 Abs. 2 FamFG erlassene Rechtsverordnung die Zuständigkeit bei einem bestimmten Amtsgericht konzentriert.[938]

442 Gemäß § 318 Abs. 3 S. 1 HGB hat das Gericht die **Beteiligten** des Verfahrens und den gewählten Prüfer vor Erlass seiner Entscheidung **anzuhören**. Beteiligte sind der Antragsteller sowie die Gesellschaft, vertreten durch ihre gesetzlichen Vertreter.[939] Der anzuhörende Prüfer ist nach herrschender Meinung zugleich auch Beteiligter.[940] Ob darüber hinaus auch weitere Personen anzuhören sind, ist umstritten. Nach überwiegender Auffassung ist der Aufsichtsrat kein Beteiligter und auch nicht anzuhören.[941] Auch der gerichtlich einzusetzende neue Prüfer ist nach wohl überwiegender Auffassung kein Beteiligter des Verfahrens.[942] Die Anhörung kann für das Gericht gleichwohl empfehlenswert sein, um das Vorliegen von Widerrufs- und Befangenheitsgründen beim neuen Prüfer auszuschließen.[943] Zudem ist der Abschlussprüfer nicht zur Annahme des Mandats verpflichtet, so dass sich schon deshalb eine Anhörung empfiehlt, um dessen Bereitschaft zur Annahme des Amtes zu klären.

443 Das Gericht verfügt bei seiner Entscheidung über die Bestellung des neuen Abschlussprüfers über ein **Auswahlermessen**; an die Anträge der Parteien ist es nicht gebunden.[944] Bei seiner Auswahl hat das Gericht allerdings die Vorgaben der §§ 319, 319a, 319b HGB und der Satzung der zu prüfenden Gesellschaft zu beachten.[945]

4. Entscheidung, Kosten, Rechtsmittel

444 Das Gericht entscheidet durch **Beschluss**, der gemäß §§ 38, 40 FamFG den Beteiligten[946] (siehe zuvor Rdn. 442) sowie dem neuen Abschlussprüfer[947] zuzustellen ist. Der Beschluss des Gerichts ersetzt den Wahlbeschluss der Hauptversammlung und das Angebot auf Abschluss eines Prüfungsvertrages.[948] Dieses (Ersatz-)Angebot bedarf der Annahme durch den Abschlussprüfer, hierzu ist er jedoch nicht verpflichtet.[949] Nach überwiegender Auffassung ist die Annahme gegenüber der Gesell-

---

937 KöKo RLR/*Müller* § 318 HGB Rn. 96; MüKo HGB/*Ebke* § 318 Rn. 74.
938 MüKo Bilanzrecht/*Bormann* § 318 HGB Rn. 99.
939 Baetge/Kirsch/Thiele/*Mattheus* § 318 Rn. 146; Ebenroth/Boujong/Joost/Strohn/*Wiedmann* § 318 Rn. 17; MüKo Bilanzrecht/*Bormann* § 318 HGB Rn. 103. Bei Antragstellung durch den Vorstand wird die AG durch den Aufsichtsrat vertreten.
940 Baumbach/*Hopt*/*Merkt* § 318 Rn. 9; BeBiKo/*Schmidt*/*Heinz* HGB § 318 Rn. 21; Ebenroth/Boujong/Joost/Strohn/*Wiedmann* § 318 Rn. 17; Haufe HGB Bilanz Kommentar/*Veldkamp* § 318 HGB Rn. 39; a.A: Baetge/Kirsch/Thiele/*Mattheus* § 318 Rn. 146; MüKo Bilanzrecht/*Bormann* § 318 HGB Rn. 105.
941 BayObLG WM 1987, 1361 (1364); Baumbach/*Hopt*/*Merkt* § 318 Rn. 9; a.A.: BeBiKo/*Schmidt*/*Heinz* HGB § 318 Rn. 21; MüKo Bilanzrecht/*Bormann* § 318 HGB Rn. 104: Zu hören, obwohl er kein Verfahrensbeteiligter im eigentlichen Sinn sei.
942 Staub/*Habersack*/*Schürnbrand* § 318 Rn. 63; Baetge/Kirsch/Thiele/*Mattheus* § 318 Rn. 146; a.A: Ebenroth/Boujong/Joost/Strohn/*Wiedmann* § 318 Rn. 17.
943 BeBiKo/*Schmidt*/*Heinz* HGB § 318 Rn. 21
944 Baumbach/*Hopt*/*Merkt* § 318 Rn. 8; KöKo RLR/*Müller* § 318 HGB Rn. 99; MüKo HGB/*Ebke* § 318 Rn. 73; Staub/*Habersack*/*Schürnbrand* § 318 Rn. 64.
945 Baetge/Kirsch/Thiele/*Mattheus* § 318 HGB Rn. 149; KöKo RLR/*Müller* § 318 HGB Rn. 99; MüKo HGB/*Ebke* § 318 Rn. 73; Staub/*Habersack*/*Schürnbrand* § 318 Rn. 64.
946 MüKo Bilanzrecht/*Bormann* § 318 HGB Rn. 107.
947 Adler/Düring/Schmaltz § 318 HGB Rn. 422; Staub/*Habersack*/*Schürnbrand* § 318 Rn. 66.
948 Adler/Düring/Schmaltz § 318 HGB Rn. 422; Baetge/Kirsch/Thiele/*Mattheus* § 318 Rn. 148; KöKo RLR/*Müller* § 318 HGB Rn. 87; MüKo Bilanzrecht/*Bormann* § 318 HGB Rn. 109; MüKo HGB/*Ebke* § 318 Rn. 72.
949 Adler/Düring/Schmaltz § 318 HGB Rn. 422; Baetge/Kirsch/Thiele/*Mattheus* § 318 Rn. 148; MüKo Bilanzrecht/*Bormann* § 318 HGB Rn. 109; MüKo HGB/*Ebke* § 318 Rn. 72.

I. Streitigkeiten im Zusammenhang mit dem Abschlussprüfer   § 6

schaft zu erklären.[950] Mit der Annahme des Prüfungsauftrags kommt der Prüfungsvertrag zustande, zudem rückt der Prüfer in die korporationsrechtliche Stellung ein.[951] Zur Rechtsstellung des Abschlussprüfers siehe Rdn. 461–462.

Mit Wirksamwerden der Entscheidung im Sinne von § 40 Abs. 1 FamFG endet nach überwiegender Meinung das Amt des gewählten Abschlussprüfers.[952] Den mit dem Abschlussprüfer geschlossenen Prüfungsvertrag muss die Gesellschaft noch gesondert nach § 318 Abs. 1 S. 5 HGB widerrufen.[953] Für den Widerruf zuständig ist das Organ, das auch für die Erteilung des Prüfungsauftrags zuständig war.[954] Dies sind gemäß § 318 Abs. 1 S. 4 HGB die gesetzlichen Vertreter oder der Aufsichtsrat. 445

Die **Kosten** des Verfahrens werden den **Beteiligten** gemäß § 81 FamFG nach **billigem Ermessen** auferlegt.[955] Lehnt das Gericht den Antrag auf Ersetzung des Abschlussprüfers ab, sind die Kosten daher in der Regel dem Antragsteller aufzuerlegen.[956] Etwas anderes kann jedoch insbesondere dann gelten, wenn der Antrag von Vorstand oder Aufsichtsrat gestellt wurde. Da diese als als Vertreter der Gesellschaft handeln, wird für diesen Fall vertreten, dass dann im Regelfall die Gesellschaft die Kosten zu tragen hat.[957] Gleiches gilt, wenn der Antrag Erfolg hat.[958] 446

Gegen den Beschluss ist die **Beschwerde** vor dem OLG zulässig (§ 318 Abs. 3 S. 8 HGB, § 58 Abs. 1 FamFG, § 119 Abs. 1 Nr. 2 lit. b) GVG).[959] Diese entfaltet keine aufschiebende Wirkung.[960] Das Gericht kann jedoch einstweilige Anordnungen nach § 64 Abs. 3 FamFG treffen.[961] Hat die Beschwerde Erfolg, entfällt der Bestellungsbeschluss, so dass auch die Bestellung des Prüfers rückwirkend entfällt.[962] Sollte der Abschlussprüfer seine Prüfung zu diesem Zeitpunkt bereits abgeschlossen haben, bleibt die Aufhebung des Bestellungsbeschlusses analog § 47 FamFG ohne Einfluss auf die Wirksamkeit der Prüfung und den Bestätigungsvermerk.[963] 447

II. Antrag auf gerichtliche Bestellung des Abschlussprüfers (§ 318 Abs. 4 HGB)

§ 318 Abs. 4 S. 1 HGB ermöglicht die gerichtliche Bestellung eines Abschlussprüfers, wenn ein solcher bis zum Ablauf des Geschäftsjahres nicht gewählt worden ist. Gleiches gilt gemäß § 318 Abs. 4 S. 2 HGB, wenn ein gewählter Abschlussprüfer die Annahme des Prüfungsauftrags abgelehnt hat, weggefallen ist oder am rechtzeitigen Abschluss der Prüfung verhindert ist und ein anderer Abschlussprüfer nicht gewählt worden ist. 448

---

950 Baumbach/*Hopt/Merkt* § 318 Rn. 12; Baetge/Kirsch/Thiele/*Mattheus* § 318 Rn. 148; a. A.: Adler/Düring/Schmaltz § 318 HGB Rn. 422: Annahmeerklärung gegenüber Gericht.
951 Adler/Düring/Schmaltz § 318 HGB Rn. 423; Baetge/Kirsch/Thiele/*Mattheus* § 318 Rn. 148; Küting/Pfitzer/Weber/*Baetge/Thiele* § 318 HGB Rn. 113.
952 KöKo RLR/*Müller* § 318 HGB Rn. 97; MüKo HGB/*Ebke* § 318 Rn. 72; a. A.: MüKo Bilanzrecht/*Bormann* § 318 HGB Rn. 108.
953 KöKo RLR/*Müller* § 318 HGB Rn. 97; MüKo HGB/*Ebke* § 318 Rn. 72.
954 MüKo Bilanzrecht/*Bormann* § 318 HGB Rn. 46.
955 MüKo Bilanzrecht/*Bormann* § 318 HGB Rn. 112; Staub/*Habersack/Schürnbrand* § 318 Rn. 67.
956 Küting/Pfitzer/Weber/*Baetge/Thiele* § 318 HGB Rn. 118; Staub/*Habersack/Schürnbrand* § 318 Rn. 67; teilweise a. A. bei Baetge/Kirsch/Thiele/*Mattheus* § 318 Rn. 157: Prüfung, in wessen Interesse der Antrag lag.
957 Baetge/Kirsch/Thiele/*Mattheus* § 318 Rn. 157; Küting/Pfitzer/Weber/*Baetge/Thiele* § 318 HGB Rn. 118; Staub/*Habersack/Schürnbrand* § 318 Rn. 67.
958 Baetge/Kirsch/Thiele/*Mattheus* § 318 Rn. 157; Küting/Pfitzer/Weber/*Baetge/Thiele* § 318 HGB Rn. 118.
959 Baetge/Kirsch/Thiele/*Mattheus* § 318 Rn. 158; MüKo HGB/*Ebke* § 318 Rn. 74.
960 Staub/*Habersack/Schürnbrand* § 318 Rn. 66.
961 Staub/*Habersack/Schürnbrand* § 318 Rn. 66.
962 KöKo RLR/*Müller* § 318 HGB Rn. 100.
963 KöKo RLR/*Müller* § 318 HGB Rn. 100.

1. Anwendungsbereich

449 Das gerichtliche Bestellungsverfahren kommt sowohl für den Einzel- wie auch für den Konzernabschlussprüfer in Betracht.[964] Im Gegensatz zum gerichtlichen Ersetzungsverfahren nach § 318 Abs. 3 HGB geht es im Verfahren der gerichtlichen Bestellung um die erstmalige Einsetzung eines Abschlussprüfers. Möglich ist der Antrag auf gerichtliche Bestellung bei allen prüfungspflichten Gesellschaften (siehe oben unter Rdn. 420).[965]

2. Voraussetzungen

a) Antragsberechtigung

450 Antragsberechtigt sind nach dem zwingenden[966] § 318 Abs. 4 S. 1 HGB der Vorstand der AG als gesetzlicher Vertreter, der Aufsichtsrat sowie jeder Aktionär. Der Antrag von Vorstand und Aufsichtsrat setzt im Innenverhältnis einen entsprechenden Beschluss des Gremiums voraus.[967] Hierbei gelten die Ausführungen unter Rdn. 425 entsprechend. Für das **Antragsrecht** des Aktionärs gelten im Unterschied zum Verfahren nach § 318 Abs. 3 HGB keine weiteren Voraussetzungen. Jeder Aktionär ist berechtigt, den Antrag auf gerichtliche Bestellung des Abschlussprüfers zu stellen.

b) Zeitpunkt der Antragstellung

451 Äußerst umstritten ist die Frage, ab welchem **Zeitpunkt** der Antrag auf gerichtliche Bestellung des Abschlussprüfers möglich ist. Während früher überwiegend angenommen wurde, dass der Antrag erst nach Ablauf des Geschäftsjahres gestellt werden kann, geht eine sich heute im Vordringen befindende Auffassung[968] davon aus, dass der Antrag bereits vor Ablauf des Geschäftsjahres gestellt werden kann. Lediglich die gerichtliche Entscheidung dürfe erst nach Ablauf des Geschäftsjahres ergehen.

c) Antragsgründe

aa) Fehlende Wahl des Abschlussprüfers

452 Nach § 318 Abs. 4 S. 1 HGB bestellt das Gericht einen Abschlussprüfer, wenn ein solcher bis zum Ende des Geschäftsjahres **nicht gewählt** worden ist. Es kommt dabei nicht darauf an, ob auch bereits ein Prüfungsvertrag geschlossen wurde.[969] Ebenfalls von § 318 Abs. 4 HGB werden die Fälle des nichtigen oder des erfolgreich angefochtenen Wahlbeschlusses erfasst.[970] Ist die Nichtigkeit des Wahlbeschlusses noch nicht gerichtlich festgestellt worden, ist dies als Vorfrage im Verfahren nach § 318 Abs. 4 HGB zu klären.[971]

---

[964] Ensthaler/*Marsch-Barner* § 318 Rn. 11; Küting/Pfitzer/Weber/*Baetge*/Thiele § 318 HGB Rn. 121.
[965] MüKo Bilanzrecht/*Bormann* § 318 HGB Rn. 115.
[966] Adler/Düring/Schmaltz § 318 HGB Rn. 392; Baetge/Kirsch/Thiele/*Mattheus* § 318 Rn. 177.
[967] Adler/Düring/Schmaltz § 318 HGB Rn. 389; Baetge/Kirsch/Thiele/*Mattheus* § 318 Rn. 176.
[968] Baetge/Kirsch/Thiele/*Mattheus* § 318 Rn. 180; Staub/*Habersack*/Schürnbrand § 318 Rn. 70; v. Falkenhausen/*Koch* ZIP 2005, 602; a.A.: KöKo RLR/*Müller* § 318 Rn. 106 und MüKo HGB/*Ebke* § 318 Rn. 76: Antrag vor Ablauf des Geschäftsjahres nur möglich, wenn unzweifelhaft feststeht, dass es nicht mehr zu einem Wahlbeschluss kommt; a. A. BeBiKo/*Schmidt*/Heinz § 318 HGB Rn. 28 f.: Antrag erst nach Ablauf des Geschäftsjahres; differenzierend: Adler/Düring/Schmaltz § 318 HGB Rn. 401, 416 und Küting/Pfitzer/Weber/*Baetge*/Thiele § 318 HGB Rn. 128 ff.: Antrag nach S. 1 erst nach Ablauf des Geschäftsjahres, Antrag nach S. 2 bereits vor Ablauf des Geschäftsjahres zulässig.
[969] Küting/Pfitzer/Weber/*Baetge*/Thiele § 318 HGB Rn. 127.
[970] Adler/Düring/Schmaltz § 318 HGB Rn. 398; BeBiKo/*Schmidt*/Heinz HGB § 318 Rn. 26; KöKo RLR/*Müller* § 318 Rn. 108; Küting/Pfitzer/Weber/*Baetge*/Thiele § 318 HGB Rn. 126; MüKo Bilanzrecht/*Bormann* § 318 HGB Rn. 118; MüKo HGB/*Ebke* § 318 Rn. 77.
[971] Adler/Düring/Schmaltz § 318 HGB Rn. 399; KöKo RLR/*Müller* § 318 Rn. 108.

bb) Ablehnung des Prüfungsauftrags

§ 318 Abs. 4 S. 2 Alt. 1 HGB nennt weiter die Ablehnung des Prüfungsauftrags durch den gewählten Wirtschaftsprüfer als Antragsgrund. Nach § 51 WPO ist ein Wirtschaftsprüfer, der einen Auftrag nicht annehmen möchte, zur unverzüglichen Anzeige verpflichtet. 453

cc) Wegfall des Abschlussprüfers

Auch der **nachträgliche »Wegfall«** des Abschlussprüfers stellt einen Antragsgrund nach § 318 Abs. 4 S. 2 Alt. 2 HGB dar. Die Gründe hierfür können vielfältiger Natur sein. So kommen als Gründe nicht nur Tod oder Geschäftsunfähigkeit des Wirtschaftsprüfers, sondern auch die Fälle der Kündigung nach § 318 Abs. 6 HGB oder das Erlöschen der Prüfungsgesellschaft in Betracht.[972] Auch der Verlust der Zulassung als Wirtschaftsprüfer stellt einen Wegfall des Abschlussprüfers dar.[973] Liegt hingegen ein Fall der §§ 319 Abs. 2–4, 319a, b HGB vor, ist ausschließlich das Ersetzungsverfahren nach § 318 Abs. 3 HGB einschlägig.[974] 454

dd) Verhinderung der rechtzeitigen Prüfung

Als letzter Antragsgrund wird in § 318 Abs. 4 S. 2 Alt. 3 HGB die Konstellation genannt, dass der gewählte Abschlussprüfer an der **rechtzeitigen Prüfung verhindert** ist und ein anderer Abschlussprüfer nicht gewählt werden kann. Dies kommt in Betracht, wenn die Beendigung der Prüfung zwar grundsätzlich möglich bleibt (sonst Wegfall des Prüfers nach Alt. 2, dazu soeben Rdn. 454), der Prüfer aber aus tatsächlichen Gründen, wie etwa Zeitmangel, Personalengpässen oder Krankheit, den Abschluss nicht mehr rechtzeitig prüfen kann.[975] Die Rechtzeitigkeit der Prüfung bestimmt sich nach den gesetzlichen Vorgaben für die Aufstellung, Prüfung und Feststellung des Jahresabschlusses.[976] Die Verhinderungen dürfen hierbei nicht von der Gesellschaft zu vertreten sein.[977] Auch scheidet ein Verfahren nach § 318 Abs. 4 S. 2 Alt. 3 HGB aus, wenn der Abschlussprüfer in der Lage ist, die Gründe für die Verhinderung zu beheben; in diesen Fällen kommt nur das Ersetzungsverfahren nach § 318 Abs. 3 HGB in Betracht.[978] 455

ee) Analoge Anwendung bei laufender Anfechtungsklage gegen den Wahlbeschluss des Abschlussprüfers

Ein Antrag auf Bestellung eines Abschlussprüfers kann analog § 318 Abs. 4 HGB gestellt werden, wenn der Wahlbeschluss des Abschlussprüfers **angefochten** wird.[979] In diesem Fall kann durch das Gericht ein zweiter Abschlussprüfer bestellt werden.[980] Dies stellt sicher, dass auch bei Wegfall des ersten Abschlussprüfers durch den Erfolg der Anfechtungsklage Prüfung und Feststellung des Jahresabschlusses gewährleistet ist.[981] Sofern mit der Anfechtungsklage – wegen § 243 Abs. 3 Nr. 3 AktG der Regelfall – formelle Mängel gerügt werden, wird auch eine vorsorgliche Bestellung des gleichen Prüfers für möglich gehalten.[982] 456

---

972 Weitere mögliche Gründe bei KöKo RLR/*Müller* § 318 HGB Rn. 110 oder Küting/Pfitzer/Weber/*Baetge*/*Thiele* § 318 HGB Rn. 132.
973 Adler/Düring/Schmaltz § 318 HGB Rn. 409; MüKo Bilanzrecht/*Bormann* § 318 HGB Rn. 122.
974 MüKo Bilanzrecht/*Bormann* § 318 HGB Rn. 122.
975 Adler/Düring/Schmaltz § 318 HGB Rn. 412.
976 Adler/Düring/Schmaltz § 318 HGB Rn. 412.
977 Küting/Pfitzer/Weber/*Baetge*/*Thiele* § 318 HGB Rn. 133.
978 MüKo Bilanzrecht/*Bormann* § 318 HGB Rn. 124.
979 AG Wolfsburg, Beschluss v. 19.12.1989 – 2 HRB 215; Staub/*Habersack*/*Schürnbrand* § 318 Rn. 72; v. Falkenhausen/Kocher ZIP 2005, 602.
980 AG Wolfsburg, Beschluss v. 19.12.1989 – 2 HRB 215; Staub/*Habersack*/*Schürnbrand* § 318 Rn. 72.
981 AG Wolfsburg, Beschluss v. 19.12.1989 – 2 HRB 215.
982 *V. Falkenhausen*/*Kocher* ZIP 2005, 602.

3. Verfahren, Entscheidung, Kosten

457 Für das Verfahren auf gerichtliche Bestellung des Abschlussprüfers gelten grundsätzlich die gleichen Erwägungen wie für das Verfahren auf gerichtliche Ersetzung des Abschlussprüfers (siehe oben unter Rdn. 441–443).[983] Aus dem Antrag muss der einschlägige **Antragsgrund** hervorgehen, auch wenn der Antragsteller dessen Vorliegen nicht beweisen muss.[984]

458 Wählt die Hauptversammlung der Aktiengesellschaft einen neuen Abschlussprüfer, bevor ein gerichtlicher Abschlussprüfer wirksam (§ 40 Abs. 1 FamFG) bestellt worden ist, wird der Antrag auf gerichtliche Bestellung unbegründet; das **Verfahren erledigt sich**.[985] Wählt die Hauptversammlung hingegen einen Abschlussprüfer, nachdem ein Abschlussprüfer durch das Gericht wirksam bestellt wurde, ist der Beschluss der Hauptversammlung unwirksam.[986]

459 Umstritten ist demgegenüber die Konstellation, dass das Gericht in Unkenntnis einer erfolgten Wahl des Abschlussprüfers einen Prüfer bestellt. Mehrheitlich wird von der Wirksamkeit der gerichtlichen Bestellung ausgegangen.[987] Die Gesellschaft verfügt somit über zwei bestellte Prüfer.[988] Zur Auflösung dieser Situation schlagen manche vor, dass der gerichtlich bestellte Prüfer seine Tätigkeit versagen müsse,[989] andere meinen demgegenüber, die Gesellschaft könne die Wahl bzw. Bestellung des gewählten Abschlussprüfers rückgängig machen.[990]

460 Gegen die Entscheidung des Gerichts ist nur im Fall der Ablehnung der Bestellung eines Abschlussprüfers das Rechtsmittel der **Beschwerde** möglich. Bestellt das Gericht hingegen einen Abschlussprüfer, ist die Entscheidung unanfechtbar (§ 318 Abs. 4 S. 4 HGB).[991] Auch in dem Fall, in dem einem Gericht mehrere Anträge auf Bestellung verschiedener Prüfer vorliegen, führt die mit der Bestellung eines Prüfers einhergehende Ablehnung des anderen Prüfers nicht dazu, dass eine Beschwerde zulässig ist.[992]

III. Rechtsstellung des gerichtlich bestellten Abschlussprüfers

461 Mit der Annahme der gerichtlichen Bestellung wird die Bestellung zum Abschlussprüfer in den Fällen des § 318 Abs. 3 und 4 HGB wirksam, der Prüfungsvertrag kommt zustande. Abschlussprüfer und Gesellschaft steht es hierbei grundsätzlich frei, den **Inhalt des Prüfungsvertrags** zu modifizieren.[993] In der Praxis werden Abschlussprüfer und Gesellschaft vor allem im Zuge der Erklärung

---

983 Baumbach/*Hopt*/*Merkt* § 318 Rn. 11; Küting/Pfitzer/Weber/*Baetge*/*Thiele* § 318 HGB Rn. 135; KöKo RLR/*Müller* § 318 HGB Rn. 112; MüKo Bilanzrecht/*Bormann* § 318 HGB Rn. 129.
984 Küting/Pfitzer/Weber/*Baetge*/*Thiele* § 318 HGB Rn. 135.
985 Adler/Düring/Schmaltz § 318 HGB Rn. 403 f.; Baetge/Kirsch/Thiele/*Mattheus* § 318 Rn. 173; KöKo RLR/*Müller* § 318 HGB Rn. 102, 107; MüKo HGB/*Ebke* § 318 Rn. 77.
986 Adler/Düring/Schmaltz § 318 HGB Rn. 405; BeBiKo/*Schmidt*/*Heinz* HGB § 318 Rn. 28; Küting/Pfitzer/Weber/*Baetge*/*Thiele* § 318 HGB Rn. 129.
987 Adler/Düring/Schmaltz § 318 HGB Rn. 406; BeBiKo/*Schmidt*/*Heinz* HGB § 318 Rn. 28; Ensthaler/Marsch-Barner § 318 Rn. 11; KöKo RLR/*Müller* § 318 HGB Rn. 107; Küting/Pfitzer/Weber/*Baetge*/Thiele § 318 HGB Rn. 130; a. A.: Baetge/Kirsch/Thiele/*Mattheus* § 318 Rn. 193.
988 Adler/Düring/Schmaltz § 318 HGB Rn. 406; Ensthaler/*Marsch-Barner* § 318 Rn. 11; KöKo RLR/*Müller* § 318 HGB Rn. 107; Küting/Pfitzer/Weber/*Baetge*/*Thiele* § 318 HGB Rn. 130.
989 Ensthaler/*Marsch-Barner* § 318 Rn. 11; KöKo RLR/*Müller* § 318 HGB Rn. 107; MüKo HGB/*Ebke* § 318 Rn. 77; a. A.: Küting/Pfitzer/Weber/*Baetge*/*Thiele* § 318 HGB Rn. 130.
990 Adler/Düring/Schmaltz § 318 HGB Rn. 407; BeBiKo/*Schmidt*/*Heinz* HGB § 318 Rn. 28; Küting/Pfitzer/Weber/*Baetge*/*Thiele* § 318 HGB Rn. 130.
991 OLG Köln NJW-RR 2000, 844; OLG Düsseldorf, Beschl. v. 03.08.1998 – 3 Wx 237/98; Baumbach/*Hopt*/*Merkt* § 318 Rn. 11; Küting/Pfitzer/Weber/*Baetge*/*Thiele* § 318 HGB Rn. 140; MüKo Bilanzrecht/*Bormann* § 318 HGB Rn. 132.
992 OLG Düsseldorf, Beschl. v. 03.08.1998 – 3 Wx 237/98.
993 Adler/Düring/Schmaltz § 318 HGB Rn. 427; BeBiKo/*Schmidt*/*Heinz* HGB § 318 Rn. 32; KöKo RLR/*Müller* § 318 HGB Rn. 98; MüKo HGB/*Ebke* § 318 Rn. 72.

I. Streitigkeiten im Zusammenhang mit dem Abschlussprüfer § 6

der Annahme des Prüfungsauftrags Regelungen über die **Vergütung** treffen.⁹⁹⁴ Ansprüche aus derartigen Vereinbarungen kann der Abschlussprüfer im Wege der Leistungsklage gegen die Gesellschaft durchsetzen.⁹⁹⁵ Misslingt eine Einigung über die Vergütung oder möchte der Abschlussprüfer nicht gegen die Gesellschaft klagen, kann er einen Antrag nach § 318 Abs. 5 HGB auf gerichtliche Festsetzung der Vergütung stellen. Auf diesem Wege kann der Abschlussprüfer jedoch nicht die gegebenenfalls vertraglich vereinbarte, sondern nur eine durch das Gericht festgesetzte angemessene Vergütung erlangen.⁹⁹⁶ Bei der Höhe der Vergütung hat sich das Gericht an den berufsüblichen Tarifen zu orientieren.⁹⁹⁷ Stellt der Abschlussprüfer den gerichtlichen Antrag nach Abs. 5, soll dies nach teilweise vertretener Auffassung zur Folge haben, dass eine Leistungsklage auf eine vereinbarte Vergütung ausgeschlossen ist.⁹⁹⁸ Die Entscheidung des Gerichts nach § 318 Abs. 5 HGB ist Vollstreckungstitel nach § 794 Abs. 1 Nr. 3 ZPO.⁹⁹⁹ Gegen die Festsetzung ist nach § 318 Abs. 5 S. 3 HGB die Beschwerde möglich.

Im Übrigen entspricht die Rechtsstellung des gerichtlich bestellten Abschlussprüfers der des gewählten Prüfers.¹⁰⁰⁰ **462**

IV. Haftung des Abschlussprüfers

Besonders streitanfällig ist neben der gerichtlichen Ersetzung oder Bestellung des Abschlussprüfers auch dessen **Haftung**. Hierbei ist zwischen der Haftung des Abschlussprüfers gegenüber der Gesellschaft bzw. verbundenen Unternehmen und der Haftung gegenüber Dritten, beispielsweise Aktionären oder potentiellen Investoren, zu differenzieren. **463**

1. Haftung gegenüber der Gesellschaft

Nach § 323 Abs. 1 S. 3 HGB haften der Abschlussprüfer oder sonstige Personen, die mit der Abschlussprüfung befasst sind (Gehilfen), der Gesellschaft und etwaigen geschädigten verbundenen Unternehmen bei vorsätzlicher oder fahrlässiger Verletzung ihrer Pflichten auf Schadensersatz. Die Haftung ist nach § 323 Abs. 4 HGB zwingend und kann vertraglich weder ausgeschlossen noch beschränkt werden. § 323 HGB gilt nur für **Pflichtprüfungen**, auf freiwillige Prüfungen findet die Vorschrift auch keine analoge Anwendung.¹⁰⁰¹ Aufgrund zahlreicher gesetzlicher Verweisungen findet die Vorschrift jedoch auch auf weitere Prüfungstätigkeiten Anwendung, so gilt sie beispielsweise für den **464**

– Gründungs- (§ 49 AktG, siehe hierzu § 4 Rdn. 102, 189 ff.),
– Sonder- (§§ 142, 258 Abs. 5 AktG, siehe hierzu § 6 Rdn. 109 ff.),
– Eingliederungs- (§ 320 Abs. 3 S. 2 AktG) und
– Verschmelzungsprüfer (§ 11 Abs. 2 S. 1 UmwG, siehe hierzu § 127 Rdn. 34)
– sowie für die Prüfer von Kapitalerhöhungen (§ 209 Abs. 4 S. 2 AktG) und Unternehmensverträgen (§ 293d Abs. 2 AktG).¹⁰⁰²

---

994 KöKo RLR/*Müller* § 318 HGB Rn. 98; MüKo HGB/*Ebke* § 318 Rn. 72.
995 Adler/Düring/Schmaltz § 318 HGB Rn. 431; BeBiKo/*Schmidt/Heinz* § 318 HGB Rn. 32.
996 Adler/Düring/Schmaltz § 318 HGB Rn. 431.
997 KöKo RLR/*Müller* § 318 HGB Rn. 114.
998 BeBiKo/*Schmidt/Heinz* § 318 HGB Rn. 32; a. A.: Adler/Düring/Schmaltz § 318 HGB Rn. 431.
999 Adler/Düring/Schmaltz § 318 HGB Rn. 430; KöKo RLR/*Müller* § 318 HGB Rn. 115; Staub/*Habersack/Schürnbrand* § 318 Rn. 79.
1000 Staub/*Habersack/Schürnbrand* § 318 Rn. 78.
1001 BeBiKo/*Schmidt/Feldmüller* § 323 HGB Rn. 5; Ebenroth/Boujong/Joost/Strohn/*Böcking/Gros/Rabenhorst* § 323 Rn. 3; KöKo RLR/*Müller* § 323 HGB Rn. 9; Küting/Pfitzer/Weber/*Kuhner/Päßler* § 323 Rn. 1; MüKo HGB/*Ebke* § 323 Rn. 15.
1002 BeBiKo/*Schmidt/Feldmüller* § 323 HGB Rn. 3; Ebenroth/Boujong/Joost/Strohn/*Böcking/Gros/Rabenhorst* § 323 Rn. 2; KöKo RLR/*Müller* § 323 HGB Rn. 6; Küting/Pfitzer/Weber/*Kuhner/Päßler* § 323 Rn. 1; MüKo HGB/*Ebke* § 323 Rn. 16.

a) Pflichtverletzung

465 Haftungsbegründend kann nach überwiegender Ansicht jede Verletzung einer Pflicht sein, die im Zusammenhang mit der Durchführung der gesetzlichen Abschlussprüfung steht.[1003] Hierunter fallen insbesondere die Pflichten zur gewissenhaften und unparteiischen Prüfung, zur Verschwiegenheit und zum Verbot der unbefugten Nutzung von Geschäfts- und Betriebsgeheimnissen (§ 323 Abs. 1 S. 1 und 2 HGB). Die Pflichten gelten für sämtliche Tätigkeiten, die bei der Abschlussprüfung anfallen, also auch für die Einholung von Auskünften (§ 320 HGB), für die Berichterstattung (§ 321 HGB) und die Erteilung des Bestätigungsvermerks (§ 322 HGB).[1004] Eine typische **Pflichtverletzung** liegt beispielsweise darin, dass der Abschlussprüfer die Prüfung nicht mit der erforderlichen Sorgfalt durchführt und infolge dessen ein Bestätigungsvermerk erteilt wird, der nicht hätte erteilt werden dürfen.[1005] Im Zusammenhang mit der Prüfung der Frage, ob die erforderliche Sorgfalt eingehalten wurde, stellen die Regelungen der WPO und die IDW-Prüfungsstandards eine wichtige Entscheidungshilfe für die Gerichte dar, auch wenn diese nicht bindend sind.[1006] Internationale Prüfungsstandards binden demgegenüber im Rahmen des § 317 Abs. 5 HGB.[1007] Besondere Bedeutung entfaltet für den Abschlussprüfer zudem die Rechtsprechung des BGH und des BFH, die er bei Prüfungsfragen zu berücksichtigen hat.[1008]

466 Als Anspruchsteller trägt die Gesellschaft die **Darlegungs- und Beweislast** für das Vorliegen einer Pflichtverletzung.[1009] Ein unrichtiger Abschlussvermerk allein begründet noch nicht den Beweis des ersten Anscheins für das Vorliegen einer Pflichtverletzung.[1010] Darüber hinaus wird in der Literatur davon ausgegangen, dass aufgrund der Komplexität der Abschlussprüfung nur im Ausnahmefall aus dem Eintritt eines Schadens nach den Grundsätzen des Anscheinsbeweises eine Pflichtverletzung hergeleitet werden könne.[1011]

b) Verschulden

467 Die Haftung des Abschlussprüfers setzt schuldhaftes Handeln voraus. Die für das Eingreifen der **Haftungsobergrenze** nach § 323 Abs. 2 HGB (dazu unten Rdn. 474–477) wichtige Differenzierung zwischen Vorsatz und Fahrlässigkeit richtet sich nach den allgemeinen Grundsätzen des bürgerlichen Rechts.[1012] Für das Vorliegen von Fahrlässigkeit gilt ein objektiver Haftungsmaßstab, entscheidend ist, ob der Sorgfaltsmaßstab eingehalten wurde, den ein qualifizierter und gewissenhafter Abschluss-

---

1003 Baumbach/*Hopt*/*Merkt* § 323 Rn. 7; Ensthaler/*Marsch-Barner* § 323 Rn. 5; MüKo Bilanzrecht/*Bormann*/*Greulich* § 323 HGB Rn. 87; MüKo HGB/*Ebke* § 323 HGB Rn. 24; Wellhöfer/Peltzer/*Müller* § 24 Rn. 9; a. A.: BeBiKo/*Winkeljohann*/*Müller* § 323 HGB Rn. 101: Nur die in § 323 Abs. 1 S. 1 und 2 HGB genannten Pflichten sollen von § 323 Abs. 1 S. 3 HGB erfasst sein. Verletzt der Abschlussprüfer Pflichten, die aufgrund einer vertraglichen Ergänzungs des Prüfungsauftrags über den gesetzlichen Auftrag hinausgehen, findet § 323 Abs. 1 S. 3 HGB keine Anwendung, vgl. MüKo HGB/*Ebke* § 323 Rn. 24; Staub/*Habersack*/*Schürnbrand* § 323 Rn. 31.
1004 Küting/Pfitzer/Weber/*Kuhner*/*Päßler* § 323 Rn. 28.
1005 MüKo Bilanzrecht/*Bormann*/*Greulich* § 323 HGB Rn. 88.
1006 BeBiKo/*Schmidt*/*Feldmüller* § 323 HGB Rn. 12 ff.; Küting/Pfitzer/Weber/*Kuhner*/*Päßler* § 323 Rn. 28; MüKo Bilanzrecht/*Bormann*/*Greulich* § 323 HGB Rn. 37; Staub/*Habersack*/*Schürnbrand* § 323 Rn. 12 ff.; Wellhöfer/Peltzer/*Müller* § 24 Rn. 13f. § 25 Rn. 6.
1007 Küting/Pfitzer/Weber/*Kuhner*/*Päßler* § 323 Rn. 7; Staub/*Habersack*/*Schürnbrand* § 323 Rn. 14; Wellhöfer/Peltzer/*Müller* § 25 Rn. 5.
1008 Staub/*Habersack*/*Schürnbrand* § 323 Rn. 17; Haufe HGB Bilanz Kommentar/*Bertram* § 323 Rn. 77.
1009 BeBiKo/*Schmidt*/*Feldmüller* § 323 HGB Rn. 102; KöKo RLR/*Müller* § 323 HGB Rn. 64; Wellhöfer/Peltzer/*Müller* § 26 Rn. 2.
1010 BeBiKo/*Schmidt*/*Feldmüller* § 323 HGB Rn. 102; Staub/*Habersack*/*Schürnbrand* § 323 Rn. 41.
1011 Adler/Düring/Schmaltz § 323 Rn. 101; BeBiKo/*Schmidt*/*Feldmüller* § 323 HGB Rn. 102; Haufe HGB Bilanz Kommentar/*Bertram* § 323 Rn. 79, ohne dass ein solcher Ausnahmefall benannt wird.
1012 Küting/Pfitzer/Weber/*Kuhner*/*Päßler* § 323 Rn. 28; Staub/*Habersack*/*Schürnbrand* § 323 Rn. 32; Wellhöfer/Peltzer/*Müller* § 24 Rn. 62.

prüfer eingehalten hätte.[1013] Nach wohl überwiegender Ansicht wird das Verschulden wie bei § 280 Abs. 1 S. 2 BGB vermutet.[1014]

Der Abschlussprüfer haftet nicht nur für eigenes Verschulden, ihm wird auch das Handeln seiner Gehilfen nach § 278 BGB zugerechnet. Diese haften daneben gemäß § 323 Abs. 1 S. 3 HGB auch selbst, sofern sie eine schuldhafte Pflichtverletzung begangen haben (dazu unten Rdn. 479).[1015] Wirtschaftsprüfungsgesellschaften wird das Handeln ihrer Vertreter nach § 31 BGB (analog) zugerechnet.[1016] **468**

c) Schaden und Kausalität

Der Gesellschaft oder dem mit ihr verbundenen Unternehmen muss zudem ein **Vermögensschaden** entstanden sein, der adäquat kausal und zurechenbar auf die Pflichtverletzung des Abschlussprüfers zurückzuführen ist.[1017] Eine mangelhafte Prüfung allein ist genau so wenig ausreichend wie eine bloße Vermögensgefährdung.[1018] Der ersatzfähige Schaden ist nach der Differenzhypothese nach § 249 Abs. 1 BGB zu bemessen.[1019] Demnach ist das Vermögen nach Eintritt der Pflichtverletzung mit der hypothetischen Situation ohne Pflichtverletzung zu vergleichen.[1020] **469**

Ein ersatzfähiger Schaden wird etwa angenommen, **470**
– wenn der Abschlussprüfer pflichtwidrig einen uneingeschränkten Bestätigungsvermerk erteilt, obwohl der Jahresabschluss statt des tatsächlich eingetretenen Verlusts einen Gewinn ausweist und die Gesellschaft diesen daraufhin an ihre Aktionäre ausschüttet und eine Rückforderung an § 62 Abs. 1 S. 2 AktG scheitert,[1021]
– wenn die Gesellschaftsorgane aufgrund der soeben geschilderten Konstellation eine erhöhte Vergütung erhalten,[1022]
– bei einem zu Unrecht eingeschränkten oder verweigerten Testat mit der Folge, dass sich die Kreditkonditionen verschlechtern,[1023]
– bei Nichtaufdeckung von schwarzen Kassen,[1024]
– oder bei der Verbuchung und Bezahlung von Scheinrechnungen.[1025]

1013 Staub/*Habersack*/*Schürnbrand* § 323 Rn. 32; Wellhöfer/Peltzer/*Müller* § 24 Rn. 66.
1014 LG München I ZIP 2008, 1123; Baumbach/Hopt § 323 Rn. 7; MüKo Bilanzrecht/*Bormann*/*Greulich* § 323 HGB Rn. 120; Staub/*Habersack*/*Schürnbrand* § 323 Rn. 42; *Bärenz* BB 2003, 1781 ff.; a.A: LG Berlin ZinsO 2009, 1822; BeBiKo/*Schmidt*/*Feldmüller* § 323 HGB Rn. 102.
1015 BeBiKo/*Schmidt*/*Feldmüller* § 323 HGB Rn. 114; Koller/Roth/*Morck* § 323 Rn. 6.
1016 MüKo Bilanzrecht/*Bormann*/*Greulich* § 323 HGB Rn. 96; Staub/*Habersack*/*Schürnbrand* § 323 Rn. 33; Wellhöfer/Peltzer/*Müller* § 24 Rn. 68; *Bärenz* BB 2003, 1781 ff.
1017 MüKo Bilanzrecht/*Bormann*/*Greulich* § 323 HGB Rn. 97; MüKo HGB/*Ebke* § 323 Rn. 71; KöKo RLR/*Müller* § 323 HGB Rn. 70; Staub/*Habersack*/*Schürnbrand* § 323 Rn. 34.
1018 BGH NJW 1994, 323; KöKo RLR/*Müller* § 323 HGB Rn. 73; MüKo HGB/*Ebke* § 323 Rn. 71; Staub/*Habersack*/*Schürnbrand* § 323 Rn. 34.
1019 Küting/Pfitzer/Weber/*Kuhner*/*Päßler* § 323 Rn. 29; MüKo Bilanzrecht/*Bormann*/*Greulich* § 323 HGB Rn. 97; MüKo HGB/*Ebke* § 323 Rn. 71; Staub/*Habersack*/*Schürnbrand* § 323 Rn. 34.
1020 Staub/*Habersack*/*Schürnbrand* § 323 Rn. 34.
1021 BeBiKo/*Schmidt*/*Feldmüller* § 323 HGB Rn. 107; Haufe HGB Bilanz Kommentar/*Bertram* § 323 Rn. 80; Küting/Pfitzer/Weber/*Kuhner*/*Päßler* § 323 Rn. 29; Staub/*Habersack*/*Schürnbrand* § 323 Rn. 35.
1022 Staub/*Habersack*/*Schürnbrand* § 323 Rn. 35.
1023 Haufe HGB Bilanz Kommentar/*Bertram* § 323 Rn. 80; KöKo RLR/*Müller* § 323 HGB Rn. 72; Küting/Pfitzer/Weber/*Kuhner*/*Päßler* § 323 Rn. 29.
1024 BGH NJW 2010, 1808; KöKo RLR/*Müller* § 323 HGB Rn. 72.
1025 MüKo Bilanzrecht/*Bormann*/*Greulich* § 323 HGB Rn. 103.

d) Mitverschulden der zu prüfenden Gesellschaft

471 Die Haftung des Abschlussprüfers kann nach § 254 BGB wegen **Mitverschuldens** der Gesellschaft gemindert sein.[1028] Der zu prüfenden Gesellschaft wird hierbei das Verschulden ihrer gesetzlichen Vertreter nach § 31 BGB (analog) oder ihrer Erfüllungsgehilfen gemäß § 278 BGB zugerechnet.[1029] Allerdings wendet die Rechtsprechung § 254 BGB bei der Abschlussprüferhaftung nur mit Zurückhaltung an, da es vorrangige Aufgabe des Abschlussprüfers ist, Fehler in der Rechnungslegung des Unternehmens aufzudecken und den daraus drohenden Schaden vom Unternehmen abzuwenden.[1030] Selbst eine vorsätzliche Irreführung des Prüfers lässt dessen Ersatzpflicht nicht ohne weiteres gänzlich entfallen.[1031] Vielmehr ist eine Abwägung der gegenseitigen Verschuldensanteile nach den Umständen des Einzelfalles erforderlich.[1032] Bei der Abwägung der gegenseitigen Verschuldensanteile ist nach dem BGH grundsätzlich das gesamte schädigende Verhalten auf Seiten der Gesellschaft zu berücksichtigen, also auch mögliches pflichtwidriges Verhalten vor der Abschlussprüfung.[1033] Auf Seiten des Abschlussprüfers ist insbesondere die Schwere seiner Pflichtverletzung von Bedeutung, also beispielsweise das Ausmaß, in dem das Ergebnis der Prüfung von den tatsächlichen Verhältnissen abweicht.[1034]

472 In der Rechtsprechung wurde
– in einer Konstellation, in der der Geschäftsführer der zu prüfenden Gesellschaft den vor der Abschlussprüfung eingetretenen Schaden mitverursacht hatte, bei der Erstellung des Jahresabschlusses die entsprechenden Vorgänge verschleierte und während der Prüfung versuchte, die Aufdeckung zu vertuschen, ein der Gesellschaft zurechenbarer Mitverschuldensbeitrag von zwei Dritteln angenommen.[1035] Eine darüber hinaus gehende Haftungsreduzierung lehnte der BGH ab, weil sich das unlautere Verhalten des Geschäftsführers dem Abschlussprüfer hätte aufdrängen müssen,[1036]
– in einer Konstellation, in der der Abschlussprüfer vorsätzlich durch den Geschäftsführer irregeführt wurde, ein Mitverschuldensanteil der Gesellschaft in Höhe von 90 % angenommen. Die Haftung des Abschlussprüfers hat das OLG Köln hingegen nicht gänzlich ausgeschlossen, da das Verhalten des Abschlussprüfers an der Grenze zur groben Fahrlässigkeit lag. Dieser hatte es unterlassen, trotz vorliegender Anhaltspunkte Rechtsanwalts- und Saldenbestätigungen einzuholen, auffällige Geschäftsvorgänge wie stichtagsnahe Buchungen von Lieferungen und Leistungen keiner erhöhten Risikobetrachtung unterzogen und das interne Kontrollsystem nicht überprüft.[1037]

1026 BeBiKo/*Schmidt*/*Feldmüller* § 323 HGB Rn. 110; KöKo RLR/*Müller* § 323 HGB Rn. 75; Küting/Pfitzer/Weber/*Kuhner*/*Päßler* § 323 Rn. 29; Staub/*Habersack*/*Schürnbrand* § 323 Rn. 41.
1027 BeBiKo/*Schmidt*/*Feldmüller* § 323 HGB Rn. 109; Küting/Pfitzer/Weber/*Kuhner*/*Päßler* § 323 Rn. 29; Staub/*Habersack*/*Schürnbrand* § 323 Rn. 34.
1028 BGH NJW 2013, 2345 (2347); NJW 2010, 1808 (1812); Baumbach/*Hopt*/*Merkt* § 323 Rn. 7; Ebenroth/Boujong/Joost/Strohn/*Böcking*/*Gros*/*Rabenhorst* § 323 Rn. 19.
1029 BGH NJW 2010, 1808 (1812); BeBiKo/*Schmidt*/*Feldmüller* § 323 HGB Rn. 110; KöKo RLR/*Müller* § 323 HGB Rn. 81.
1030 BGH NJW 2013, 2345 (2347); NJW 2010, 1808 (1812); OLG Saarbrücken, Urt. v. 18.07.2013 – 4 U 278/11.
1031 BGH NJW 2013, 2345 (2347); NJW 2010, 1808 (1812).
1032 BGH NJW 2013, 2345 (2347); NJW 2010, 1808 (1812).
1033 BGH NJW 2010, 1808 (1812); BeBiKo/*Schmidt*/*Feldmüller* § 323 HGB Rn. 110.
1034 BGH NJW 2013, 2345 (2347).
1035 BGH NJW 2010, 1808 (1812 f.).
1036 BGH NJW 2010, 1808 (1813).
1037 OLG Köln, Urt. v. 23.09.2010 – 8 U 2/10.

I. Streitigkeiten im Zusammenhang mit dem Abschlussprüfer § 6

Demgegenüber wurde bei einem nur leicht fahrlässigen Handeln des Abschlussprüfers und vorsätzlicher Irreführung durch den Geschäftsführer, der die wirtschaftliche Situation der zu prüfenden Gesellschaft u. a. dadurch verschleierte, dass er eingereichte Unterlagen fälschte, angenommen, dass eine Haftung des Abschlussprüfers nach § 254 BGB ausscheidet.[1038]

In der Literatur wird bei Mitverschulden folgende Systematisierung vorgenommen: 473
– Handeln sowohl Gesellschaft als auch Abschlussprüfer vorsätzlich, kommt es zu einer Schadensteilung.[1039]
– Handelt der Abschlussprüfer vorsätzlich und die Gesellschaft fahrlässig, haftet nur der Abschlussprüfer, Mitverschulden scheidet aus.[1040]
– Handelt die Gesellschaft vorsätzlich und der Abschlussprüfer fahrlässig, wird der Anspruch wegen Mitverschulden in der Regel ausgeschlossen sein, es sei denn, den Abschlussprüfer trifft grobe Fahrlässigkeit (siehe hierzu bereits Rdn. 472).[1041]
– Handeln sowohl die Gesellschaft als auch der Abschlussprüfer einfach fahrlässig, wird ein Mitverschulden der Gesellschaft teilweise abgelehnt, teilweise hingegen bejaht.[1042]

e) Haftungsbegrenzung (§ 323 Abs. 2 HGB)

§ 323 Abs. 2 HGB enthält eine Beschränkung der gesetzlichen Abschlussprüferhaftung, nach der die 474
Haftung des Prüfers und der an der Prüfung mitwirkenden Personen bei Fahrlässigkeit auf einen Betrag von EUR 1 Million begrenzt ist. Sind die Aktien der geprüften Gesellschaft zum regulären Markt zugelassen, ist die Haftung auf EUR 4 Millionen begrenzt. Die **Haftungsbeschränkung** gilt für jeweils eine Abschlussprüfung und unabhängig davon, wie viele Personen an der Prüfung beteiligt waren und wieviele Pflichtverletzungen vorliegen.[1043] Auf freiwillige Abschlussprüfungen findet die Haftungsbeschränkung keine Anwendung.[1044]

Die Haftungsbeschränkung gilt allerdings nur zu Gunsten derjenigen Personen, die fahrlässig und 475
nicht vorsätzlich gehandelt haben.[1045] Bei mehreren ersatzverpflichteten Personen haften diese zwar als Gesamtschuldner, die fahrlässig Handelnden indes nur bis zur Haftungsobergrenze des § 323 Abs. 2 HGB, die vorsätzlich Handelnden hingegen unbeschränkt.[1046]

Für den Fall, dass der Gehilfe eines Abschlussprüfers vorsätzlich handelt, der Abschlussprüfer selbst 476
indes nicht, hätte § 278 BGB nach den gesetzlichen Regelungen an sich zur Folge, dass auch der Abschlussprüfer unbeschränkt haftet. Indes nimmt die herrschende Auffassung für diesen Fall an, dass der Abschlussprüfer nur beschränkt haftet, sofern er seine Auswahl- und Überwachungspflichten nicht selbst vorsätzlich verletzt hat.[1047] Anderes gilt hingegen für Wirtschaftsprüfungsgesellschaften: Diesen wird das vorsätzliche Handeln ihrer gesetzlichen Vertreter nach § 31 BGB zugerechnet, ohne dass eine Beschränkung stattfindet.[1048]

1038 OLG Saarbrücken, Urt. v. 18.07.2013 – 4 U 278/11; so auch OLG Thüringen, Urt. v. 16.01.2008 – 7 U 85/07.
1039 BeBiKo/*Schmidt/Feldmüller* § 323 HGB Rn. 105; Ebenroth/Boujong/Joost/Strohn/*Böcking/Gros/Rabenhorst* § 323 Rn. 20; MüKo HGB/*Ebke* § 323 Rn. 74.
1040 BeBiKo/*Schmidt/Feldmüller* § 323 HGB Rn. 105; MüKo HGB/*Ebke* § 323 Rn. 74.
1041 BeBiKo/*Schmidt/Feldmüller* § 323 HGB Rn. 105; Ebenroth/Boujong/Joost/Strohn/*Böcking/Gros/Rabenhorst* § 323 Rn. 20; MüKo HGB/*Ebke* § 323 Rn. 74.
1042 MüKo HGB/*Ebke* § 323 Rn. 74.
1043 BeBiKo/*Schmidt/Feldmüller* § 323 HGB Rn. 133; Küting/Pfitzer/Weber/*Kuhner/Päßler* § 323 Rn. 35; MüKo Bilanzrecht/*Bormann/Greulich* § 323 HGB Rn. 112; Staub/*Habersack/Schürnbrand* § 323 Rn. 48.
1044 Baumbach/Hueck/*Hopt/Merkt* § 323 Rn. 9; KöKo RLR/*Müller* § 323 HGB Rn. 96.
1045 Küting/Pfitzer/Weber/*Kuhner/Päßler* § 323 Rn. 36; MüKo Bilanzrecht/*Bormann/Greulich* § 323 HGB Rn. 114; Staub/*Habersack/Schürnbrand* § 323 Rn. 49.
1046 MüKo Bilanzrecht/*Bormann/Greulich* § 323 HGB Rn. 114; Staub/*Habersack/Schürnbrand* § 323 Rn. 49.
1047 BeBiKo/*Schmidt/Feldmüller* § 323 HGB Rn. 132; Baumbach/Hueck/*Hopt/Merkt* § 323 Rn. 9; Staub/*Habersack/Schürnbrand* § 323 Rn. 49; a.A: *Bärenz* BB 2003, 1781 (1783).
1048 BeBiKo/*Schmidt/Feldmüller* § 323 HGB Rn. 132; Küting/Pfitzer/Weber/*Kuhner/Päßler* § 323 Rn. 36;

477 Während eine vertragliche Begrenzung der gesetzlichen Abschlussprüferhaftung nach § 323 Abs. 4 HGB unwirksam ist, können die Haftungsobergrenzen des § 323 Abs. 2 HGB vertraglich wirksam erhöht werden, allerdings verstößt dies nach herrschender Auffassung gegen berufsrechtliche Grundsätze (§ 16 der Berufssatzung der Wirtschaftsprüfer).[1049]

f) Verjährung

478 Der Schadensersatzanspruch nach § 323 Abs. 1 BGB unterliegt der Regelverjährung nach den §§ 195 ff. BGB.[1050] Die **Verjährung** beginnt somit nach § 199 Abs. 1 BGB grundsätzlich mit Schluss des Jahres, in dem der Anspruch entstanden ist und der Gläubiger Kenntnis von den anspruchsbegründenden Tatsachen erhalten hat oder hätte erhalten müssen. Demnach setzt der Beginn der Verjährung insbesondere voraus, dass der Gesellschaft ein Schaden entstanden bzw. ein solcher absehbar ist.[1051] Die Erteilung des Abschlussprüfervermerks allein reicht somit noch nicht, um den Beginn der Verjährung auszulösen.[1052]

g) Haftende Personen

479 Zum Ersatz verpflichtet sind nach § 323 Abs. 1 S. 3 HGB die Personen, die die ihnen obliegenden Pflichten verletzen. Demnach kommen nicht nur der **Abschlussprüfer** selbst, sondern auch seine **Gehilfen** oder die gesetzlichen Vertreter einer Wirtschaftsprüfungsgesellschaft als Ersatzpflichtige in Betracht.[1053] Nach § 323 Abs. 1 S. 4 HGB haften sämtliche Schadensersatzpflichtigen als **Gesamtschuldner**. Die Gesellschaft kann somit jeden von ihnen in Anspruch nehmen, die entsprechende Person kann im Innenverhältnis jedoch nach § 426 BGB Ausgleich oder Freistellung verlangen. Im Innenverhältnis ist nach allgemeinen Regeln das Maß der Schadensverursachung und des Verschuldens maßgeblich.[1054] Für angestellte Prüfungsgehilfen gelten zudem arbeitsrechtliche Grundsätze, die zur vollständigen Freistellung im Innenverhältnis führen können.[1055]

h) Geltendmachung des Anspruchs

480 Der Anspruch gemäß § 323 Abs. 1 S. 3 HGB kann durch die geprüfte Gesellschaft und mit ihr verbundener Unternehmen im Sinne des § 271 Abs. 2 HGB, soweit diese geschädigt werden, geltend gemacht werden. Ein Verzicht oder Vergleich über bereits entstandene Ansprüche ist möglich, § 323 Abs. 4 HGB steht dem nicht entgegen.[1056]

i) Sonstige Anspruchsgrundlagen

481 Neben der Haftung nach § 323 HGB kommen grundsätzlich auch deliktische Ansprüche der geprüften Gesellschaft bzw. verbundenen Unternehmen gegen den Abschlussprüfer in Betracht, diese haben indes in der bisherigen Praxis nur eine untergeordnete Rolle gespielt.[1057]

Staub/*Habersack*/*Schürnbrand* § 323 Rn. 49; Wellhöfer/Peltzer/*Müller* § 27 Rn. 2; *Bärenz* BB 2003, 1781 (1783).

1049 KöKo RLR/*Müller* § 323 HGB Rn. 11; Küting/Pfitzer/Weber/*Kuhner*/*Päßler* § 323 Rn. 38; MüKo HGB/*Ebke* § 323 Rn. 73; Staub/*Habersack*/*Schürnbrand* § 323 Rn. 51; a. A.: MüKo Bilanzrecht/*Bormann*/*Greulich* § 323 HGB Rn. 117.

1050 Küting/Pfitzer/Weber/*Kuhner*/*Päßler* § 323 Rn. 39; MüKo HGB/*Ebke* § 323 Rn. 81; Staub/*Habersack*/*Schürnbrand* § 323 Rn. 39.

1051 Staub/*Habersack*/*Schürnbrand* § 323 Rn. 40.

1052 MüKo HGB/*Ebke* § 323 Rn. 82; Staub/*Habersack*/*Schürnbrand* § 323 Rn. 40.

1053 BeBiKo/*Schmidt*/*Feldmüller* § 323 HGB Rn. 112; Koller/Roth/*Morck* § 323 Rn. 6; MüKo Bilanzrecht/*Bormann*/*Greulich* § 323 HGB Rn. 125.

1054 BeBiKo/*Schmidt*/*Feldmüller* § 323 HGB Rn. 115; Wellhöfer/Peltzer/*Müller* § 27 Rn. 8.

1055 BeBiKo/*Schmidt*/*Feldmüller* § 323 HGB Rn. 115; MüKo Bilanzrecht/*Bormann*/*Greulich* § 323 HGB Rn. 126.

1056 MüKo Bilanzrecht/*Bormann*/*Greulich* § 323 HGB Rn. 116.

1057 BeBiKo/*Schmidt*/*Feldmüller* § 323 HGB Rn. 155; MüKo HGB/*Ebke* § 323 Rn. 84.

2. Haftung gegenüber Dritten

Neben der Haftung gegenüber der Gesellschaft bzw. verbundenen Unternehmen kommt auch eine Haftung des Abschlussprüfers gegenüber Dritten, die nicht Partei des Prüfungsvertrages sind, in Betracht. Denn auch Aktionäre, Anleger, Gläubiger oder sonstige Dritte können im Vertrauen auf die ordnungsgemäße Prüfung des Jahresabschlusses nachteilige Vermögensdispositionen treffen. Anspruchsgrundlage ist in diesen Fällen allerdings nicht § 323 Abs. 1 S. 3 HGB. Die Haftung nach § 323 Abs. 1 S. 3 HGB besteht nur gegenüber der Gesellschaft bzw. verbundenen Unternehmen.[1058] § 323 Abs. 1 HGB stellt auch kein Schutzgesetz im Sinne von § 823 Abs. 2 BGB dar.[1059]

482

a) Vertragliche Ansprüche

Vertragliche Ansprüche gegen den Abschlussprüfer können in Betracht kommen, wenn zwischen dem Abschlussprüfer und dem Dritten ein **selbständiger Auskunftsvertrag** geschlossen wird.[1060] Ein solcher Vertrag kann auch konkludent geschlossen werden, wenn der Abschlussprüfer dem Dritten Informationen zur Verfügung stellt.[1061] Ob der erforderliche Rechtsbindungswille für einen konkludenten Auskunftsvertrag vorliegt richtet sich danach, ob die Gesamtumstände unter Berücksichtigung der Verkehrsauffassung den Schluss zulassen, dass beide Parteien die Auskunft zum Gegenstand vertraglicher Beziehungen machen wollten.[1062] Nach der Rechtsprechung des BGH spricht für den Abschluss eines Auskunftsvertrags, dass die Auskunft für den Empfänger erkennbar von erheblicher Bedeutung ist und der Auskunftgeber für die Erteilung besonders sachkundig erscheint.[1063] Auf einen geschlossenen Auskunftsvertrag findet die gesetzliche Haftungsbeschränkung des § 323 Abs. 2 HGB keine Anwendung, da der Auskunftsvertrag vom Prüfungsauftrag unabhängig ist.[1064] Allerdings kann eine vertragliche Haftungsbeschränkung vereinbart werden.[1065] Ist der Abschlussprüfer in Verhandlungen mit einem Dritten eingebunden, ist auch eine Sachwalterhaftung nach § 311 Abs. 3 BGB denkbar.[1066]

483

Fehlt es an einem mit einem Dritten geschlossenen Vertrag, kann sich eine vertragliche Haftung nach den Grundsätzen des **Vertrags mit Schutzwirkung zugunsten Dritter** ergeben.[1067] Nach allgemeinen Grundsätzen bürgerlichen Rechts sind für eine Haftung die Leistungsnähe des Dritten, ein Einbeziehungsinteresse der Gesellschaft, die Erkennbarkeit von Leistungsnähe und Einbeziehungsinteresse und die Schutzbedürftigkeit des Dritten erforderlich.[1068] Bei der Frage, ob es tatsächlich zu einer Ein-

484

1058 BGH NJW 1998, 1948 ff.; OLG Düsseldorf NZG 1999, 901 (903); Baumbach/*Hopt*/*Merkt* § 323 Rn. 7; Koller/Roth/*Morck* § 323 Rn. 9; Küting/Pfitzer/Weber/*Kuhner*/*Päßler* § 323 Rn. 43; KöKo RLR/*Müller* § 323 HGB Rn. 85; MüKo Bilanzrecht/*Bormann*/*Greulich* § 323 HGB Rn. 132; MüKo HGB/*Ebke* § 323 Rn. 86.
1059 OLG Hamm BeckRS 2015, 00257; OLG Celle NZG 2000, 613; OLG Düsseldorf NZG 1999, 901 (903); Baumbach/*Hopt*/*Merkt* § 323 Rn. 8; Koller/Roth/*Morck* § 323 Rn. 9; MüKo HGB/*Ebke* § 323 Rn. 96; Staub/*Habersack*/*Schürnbrand* § 323 Rn. 68.
1060 OLG Düsseldorf BeckRS 2009, 28117; Staub/*Habersack*/*Schürnbrand* § 323 Rn. 55; KöKo RLR/*Müller* § 323 HGB Rn. 105.
1061 KöKo RLR/*Müller* § 323 HGB Rn. 107.
1062 BGH NJW 1992, 2080; BeBiKo/*Schmidt*/*Feldmüller* § 323 HGB Rn. 211; MüKo Bilanzrecht/*Bormann*/*Greulich* § 323 HGB Rn. 148.
1063 BGB NJW 1992, 2080.
1064 BeBiKo/*Schmidt*/*Feldmüller* § 323 HGB Rn. 213; Haufe HGB Bilanz Kommentar/*Bertram* § 323 Rn. 89; KöKo RLR/*Müller* § 323 HGB Rn. 106.
1065 KöKo RLR/*Müller* § 323 HGB Rn. 106.
1066 BeBiKo/*Schmidt*/*Feldmüller* § 323 HGB Rn. 220 ff.; KöKo RLR/*Müller* § 323 HGB Rn. 107; MüKo Bilanzrecht/*Bormann*/*Greulich* § 323 HGB Rn. 152 ff.
1067 BGH NJW 2014, 2345; NJW 2012, 3165 (3167); NJW 2006, 1975 (1976); NJW-RR 2006, 611 (612); NJW 1998, 1948; OLG Köln, Urt. v. 23.09.2010 – 8 U 2/10; OLG Düsseldorf BeckRS 2015, 09375; OLG Düsseldorf BeckRS 2009, 28117; NZG 1999, 901 (903).
1068 OLG Düsseldorf BeckRS 2009, 28117; KöKo RLR/*Müller* § 323 HGB Rn. 85; MüKo Bilanzrecht/*Bormann*/*Greulich* § 323 HGB Rn. 136 ff.; MüKo HGB/*Ebke* § 323 Rn. 133 f.

beziehung des Dritten kommt, wendet die Rechtsprechung einen strengen Maßstab an.[1069] Denn auch in diesem Rahmen sei die in § 323 HGB zum Ausdruck kommende gesetzgeberische Intention, das Haftungsrisiko des Wirtschaftsprüfers zu begrenzen, zu berücksichtigen.[1070] Die Einbeziehung einer unbekannten Vielzahl von Gläubigern, Gesellschaftern oder Anteilserwerbern in den Schutzbereich des Prüfungsvertrages würde dem Zweck des § 323 HGB, die Haftung des Abschlussprüfers zu begrenzen, widersprechen.[1071] Eine stillschweigende Ausdehnung der Haftung auf Dritte komme daher grundsätzlich nicht in Betracht, wenn nicht deutlich werde, dass vom Abschlussprüfer im Drittinteresse eine besondere Leistung erwartet werde, die über die Erbringung der gesetzlich vorgeschriebenen Pflichtprüfung hinausgehe.[1072] Um eine Haftung anzunehmen, müssten die Vertragsteile übereinstimmend davon ausgehen, dass die Prüfung auch im Interesse eines bestimmten Dritten durchgeführt werde und diesem als Entscheidungsgrundlage dienen soll.[1073] Dies wurde beispielsweise in einem Fall bejaht, in dem der Abschlussprüfer einem potentiellen Investor vor Erteilung des Testats die Auskunft gab, ein zuvor geänderter Jahresabschluss habe Bestand, werde bestätigt und einen Gewinn ausweisen und sich die Auskunft nachträglich als falsch herausstellte.[1074] Abgelehnt wurde dies bei Manipulationen durch die geprüfte Gesellschaft, um gegenüber der Bank durch uneingeschränkte Testate eine möglicherweise nicht vorhandene Kreditwürdigkeit vorzutäuschen. In diesem Fall fehle es an einem Einbeziehungsinteresse seitens der geprüften Gesellschaft, da diese gerade wolle, dass die Manipulation unentdeckt bleibe.[1075]

485 Der Abschlussprüfer kann bei einer Inanspruchnahme nach den Grundsätzen des Vertrags mit Schutzwirkung zugunsten Dritter analog § 334 BGB die Einwendungen erheben, die ihm auch gegen seinen Vertragspartner zustehen.[1076] Der Abschlussprüfer kann sich somit nach herrschender Meinung gegenüber dem Dritten auf die Haftungsbegrenzung des § 323 Abs. 2 HGB berufen.[1077]

b) Deliktische Ansprüche

486 Eine Haftung des Abschlussprüfers nach § 823 Abs. 1 BGB kommt in der Regel nicht in Betracht, da es an der Verletzung eines geschützen Rechtsguts fehlt.[1078] Eine Verletzung des eingerichteten und ausgeübten Gewerbebetriebs liegt allerdings bei einer vorsätzlichen Weitergabe von Informationen über die Kreditwürdigkeit der geprüften Gesellschaft.[1079] Auch aus § 824 BGB können sich im Ein-

---

1069 BGH NJW 2006, 1975 (1977); OLG Düsseldorf BeckRS 2015, 09375; OLG Düsseldorf BeckRS 2009, 28117; OLG Stuttgart BeckRS 2009, 28896.
1070 BGH NJW 2006, 1975 (1977); NJW-RR 2006, 611 (612); NJW 1998, 1948.
1071 BGH 2006, 1975 (1977); NJW 1998, 1948; OLG Stuttgart BeckRS 2009, 28896; OLG Düsseldorf NZG 1999, 901 (903).
1072 BGH NJW 2012, 3165 (3167); BeckRS 2008, 24194; NJW 2006, 1975 (1978); OLG Karlsruhe DStR 2015, 1334; OLG Düsseldorf BeckRS 2015, 09375; OLG Stuttgart BeckRS 2009, 28896; Haufe HGB Bilanz Kommentar/*Bertram* § 323 Rn. 86.
1073 BGH NJW 2012, 3165 (3167); NJW 1998, 1948; OLG Düsseldorf NZG 1999, 901 (903); Küting/Pfitzer/Weber/*Kuhner/Päßler* § 323 Rn. 45; Dogmatisch handelt es sich um die Frage, ob ein Einbeziehungsinteresse vorliegt, vgl. MüKo Bilanzrecht/*Bormann/Greulich* § 323 HGB Rn. 138 ff.
1074 BGH NJW 1998, 1948; MüKo Bilanzrecht/*Bormann/Greulich* § 323 HGB Rn. 138 ff.
1075 OLG Karlsruhe DStR 2015, 1334.
1076 KöKo RLR/*Müller* § 323 HGB Rn. 86.
1077 BGH NJW 1998, 1948 (1951); BeBiKo/Schmidt/Feldmüller § 323 Rn. 208; Ensthaler/*Marsch-Barner* § 323 Rn. 7; KöKo RLR/*Müller* § 323 HGB Rn. 86; Küting/Pfitzer/Weber/*Kuhner/Päßler* § 323 Rn. 45; MüKo Bilanzrecht/*Bormann/Greulich* § 323 HGB Rn. 146; *Weber* NZG 1999, 1 (7); a. A.: Staub/*Habersack/Schürnbrand* § 323 Rn. 61; *Canaris* ZHR 163 (1999), 204 (234).
1078 OLG Düsseldorf NZG 1999, 901 (903); MüKo Bilanzrecht/*Bormann/Greulich* § 323 HGB Rn. 157; MüKo HGB/*Ebke* § 323 Rn. 93; KöKo RLR/*Müller* § 323 HGB Rn. 109; Staub/*Habersack/Schürnbrand* § 323 Rn. 67.
1079 MüKo Bilanzrecht/*Bormann/Greulich* § 323 HGB Rn. 157; KöKo RLR/*Müller* § 323 HGB Rn. 109; Staub/*Habersack/Schürnbrand* § 323 Rn. 67.

zelfall Ansprüche gegen den Abschlussprüfer ergeben, wenn dieser der Wahrheit zuwider Tatsachen behauptet oder verbreitet, die geeignet sind, den Kredit der Gesellschaft zu schädigen.

Ferner können sich Ansprüche gegen den Abschlussprüfer ergeben, wenn dieser Schutzgesetze im Sinne des § 823 Abs. 2 BGB verletzt. Relevante Schutzgesetze sind vor allem § 332 HGB und die einschlägigen Vorschriften des StGB.[1080] § 43 Abs. 1 S. 1 WPO oder die (meisten) Vorschriften des Rechnungslegungsrechts – so insbesondere § 323 HGB (vgl. Rdn. 482) – stellen hingegen keine Schutzgesetze dar.[1081] 487

Möglich – und in der Praxis wiederholt schon relevant geworden – ist eine Haftung des Abschlussprüfers nach § 826 BGB. Hiernach haftet ein Abschlussprüfer, wenn er mit dem Vorsatz, Dritte zu schädigen, sittenwidrig seine Prüfungs-, Berichts-, oder Bestätigungspflichten verletzt.[1082] Nach Ansicht der Rechtsprechung kann bereits leichtfertiges oder gewissenloses Verhalten den Vorwurf der Sittenwidrigkeit begründen.[1083] Ein solcher Sittenverstoß wird von Teilen der Rechtsprechung und Literatur schon dann angenommen, wenn der Prüfer 488
– ohne Vornahme einer Prüfung einen Bestätigungsvermerk erteilt,[1084]
– sich gewissenlos über erkannte Bedenken hinwegsetzt,[1085]
– oder bei Fragen von erheblicher Bedeutung auf eine notwendige Prüfung bewußt verzichtet und prüffähige Angaben und Unterlagen einfach übernimmt.[1086]

Bei einer Vielzahl von (für sich allein nicht ausreichenden) Verstößen kann nach Auffassung des OLG Dresden im Einzelfall auf ein leichtfertiges und gewissenloses Verhalten geschlossen werden.[1087]

Die den Vorwurf der Sittenwidrigkeit begründenden Umstände müssen dem Abschlussprüfer bekannt sein.[1088] Daneben ist (bedingter) Vorsatz hinsichtlich der Schädigung eines Dritten notwendig, wobei es ausreicht, dass der Abschlussprüfer damit rechnet, dass Dritte im Vertrauen auf den Bestätigungsvermerk Vermögensdispositionen treffen.[1089]

Eine Haftung des Abschlussprüfers im Rahmen einer spezialgesetzlichen Prospekthaftung (§§ 21 ff. WpPG, § 12 WpÜG, § 306 KAGB, § 20 f. VermAnlG) kommt grundsätzlich nicht in Betracht, da dieser nicht dem Begriff des Prospektverantwortlichen unterfällt.[1090] Allerdings kann der Prüfer gegenüber Anlegern unter Umständen haften, wenn er jenseits der gesetzlichen Abschlussprüfung Beurteilungen abgibt, beispielsweise wenn er Gewinnerwartungen des Emittenten überprüft und für ein Prospekt testiert.[1091] 489

1080 OLG Düsseldorf NZG 1999, 901 (903); MüKo Bilanzrecht/*Bormann/Greulich* § 323 HGB Rn. 158; KöKo RLR/*Müller* § 323 HGB Rn. 110; Küting/Pfitzer/Weber/*Kuhner/Päßler* § 323 Rn. 44; Wellhöfer/Peltzer/*Müller* § 23 Rn. 48
1081 BeBiKo/*Schmidt/Feldmüller* § 323 HGB Rn. 178; MüKo HGB/*Ebke* § 323 Rn. 97; Staub/*Habersack/Schürnbrand* § 323 Rn. 68.
1082 OLG Düsseldorf NZG 1999, 901 (903).
1083 BGH NJW 2001, 360; OLG Düsseldorf BeckRS 2015, 09375; OLG Düsseldorf NZG 1999, 901 (903); KöKo RLR/*Müller* § 323 HGB Rn. 112.
1084 OLG Düsseldorf NZG 1999, 901 (903); MüKo Bilanzrecht/Bormann/Greulich § 323 HGB Rn. 160.
1085 BGH WM 1987, 257; OLG Dresden BeckRS 2014, 05017; OLG Düsseldorf NZG 1999, 901 (903); MüKo Bilanzrecht/Bormann/Greulich § 323 HGB Rn. 160.
1086 OLG Düsseldorf NZG 1999, 901 (903); MüKo Bilanzrecht/*Bormann/Greulich* § 323 HGB Rn. 160; Küting/Pfitzer/Weber/*Kuhner/Päßler* § 323 Rn. 44; Wellhöfer/Peltzer/*Müller* § 23 Rn. 50.
1087 OLG Dresden NZG 2014, 668.
1088 OLG Düsseldorf NZG 1999, 901 (903); MüKo Bilanzrecht/*Bormann/Greulich* § 323 HGB Rn. 163.
1089 MüKo Bilanzrecht/*Bormann/Greulich* § 323 HGB Rn. 164.
1090 BeBiKo/*Schmidt/Feldmüller* § 323 HGB Rn. 231; Schmitt DStR 2013, 1688 ff.
1091 BGH NJW 2014, 2345; vgl. zur Haftung im Zusammenhang mit der Prospekterstellung BeBiKo/*Schmidt/Feldmüller* § 323 HGB Rn. 232 ff.

§ 7 Streitigkeiten um den Ausschluss des Aktionärs (einschl. Squeeze-out)

Übersicht

	Rdn.
A. **Ausschluss eines Aktionärs**	1
I. Gesetzlich geregelte Ausschlussverfahren	1
1. Kaduzierung, §§ 64, 65 AktG	3
a) Gerichtliche Klärung der Wirksamkeit des Ausschlusses	3
b) Rechtsfolgen des unwirksamen Ausschlusses	11
c) Voraussetzungen der Kaduzierung	12
d) Ausfallhaftung und Neuausgabe von Aktien	17
e) Abdingbarkeit	19
2. Zwangseinziehung, § 237 AktG	20
a) Gerichtliche Klärung der Wirksamkeit des Ausschlusses	20
b) Wirksamkeitsvoraussetzungen der Zwangseinziehung	22
c) Einziehungsverfahren	25
d) Geltendmachung des Abfindungsanspruchs	29
II. Nicht geregelte Fälle, insbesondere wichtiger Grund	31
1. Rechtsgrundlage des Ausschlusses aus wichtigem Grund	32
2. Ausschlussklage der AG	34
B. **Streitigkeiten über den Ausschluss von Minderheitsaktionären (Squeeze-out)**	35
I. Einleitung	35
II. Ablauf des Ausschlussverfahrens	39
1. Vorbereitung: Feststellung der Beteiligungshöhe (§ 16 Abs. 2, Abs. 4 AktG)	40
2. Verlangen des Hauptaktionärs und Festlegung der Barabfindung (§§ 327a Abs. 1 S. 1, 327b AktG)	44
3. Schriftlicher Bericht und sachverständige Prüfer (§ 327c Abs. 2 AktG)	51
4. Bankgarantie (§ 327b Abs. 3 AktG)	54
5. Durchführung der Hauptversammlung (§ 327d AktG)	56
6. Übertragungsbeschluss (§ 327a Abs. 1 Satz 1, § 327e AktG)	57
III. Rechtsfolgen des Ausschlussverfahrens	59
1. Übergang der Aktien auf den Hauptaktionär	59
2. Anspruch auf angemessene Barabfindung	61
IV. Rechtsschutz des Minderheitsaktionärs	62
1. Beschlussmängelklage gegen den Übertragungsbeschluss	62
a) Allgemeines zur Zulässigkeit	62
b) Begründetheit einer Nichtigkeitsklage	63
c) Begründetheit einer Anfechtungsklage	64
aa) Verfahrensmängel	65
bb) Inhaltsmängel	67
d) Registersperre und Freigabeverfahren	72
e) Rechtsfolgen einer erfolgreichen Klage	81
2. Spruchverfahren	84

A. Ausschluss eines Aktionärs

I. Gesetzlich geregelte Ausschlussverfahren

1 Neben dem **Squeeze-Out von Minderheitsaktionären (§§ 327a ff. AktG)** (dazu unten § 7 B.) sieht das Gesetz weitere Verfahren vor, Aktionäre unabhängig von ihrer Beteiligungsquote auszuschließen: den Ausschluss eines Aktionärs wegen **Nichtleistung seiner Einlage (Kaduzierung, §§ 63 ff. AktG)** und die **Zwangseinziehung von Aktien im Zuge der Kapitalherabsetzung (§§ 237 ff. AktG)**. Beide Verfahren führen zum Verlust des Mitgliedschaftsrechts in der AG, jedoch bleibt bei der Kaduzierung die Aktie als solche bestehen, während die Zwangseinziehung die Vernichtung der Mitgliedschaftsrechte generell zur Folge hat. Auf den Fall der Nichtleistung der Einlage sind die §§ 63 ff. AktG abschließend anwendbar.[1]

2 **Abzugrenzen** sind die nachfolgenden Verfahren von sonstigen Gestaltungsmöglichkeiten, die nicht den Verlust der Mitgliedschaftsrechte zur Folge haben, nämlich der **Kraftloserklärung von Aktien (§§ 72, 73, 226 AktG)**, dem **Erwerb eigener Aktien durch die AG (§ 71 AktG)** und der **Auslosung von Aktien**.[2] Ebenfalls nicht hierunter fallen Konstellationen, in denen der Aktionär nicht zwangs-

---

[1] *Hüffer/Koch* AktG § 237 Rn. 13.
[2] *Hüffer/Koch* AktG, § 237 Rn. 2.

A. Ausschluss eines Aktionärs § 7

weise ausgeschlossen wird, sondern **freiwillig seine Mitgliedschaft aufgibt** bzw. ihm ein Wahlrecht eröffnet wird, Aktien zu behalten oder zu tauschen (z. B. bei der Verschmelzung). Der Fall der **zwangsweisen Zusammenlegung von Aktien** im Kapitalherabsetzungsverfahren bei Nennbetragsaktien (§ 222 Abs. 4 S. 2 AktG) führt nicht zum Ausschluss einzelner Aktionäre, sondern nur dazu, dass ihre Mitgliedschaftsrechte durch Zusammenlegung ihre rechtliche Selbständigkeit einbüßen.[3]

1. Kaduzierung, §§ 64, 65 AktG

a) Gerichtliche Klärung der Wirksamkeit des Ausschlusses

Die Entscheidung des im Kaduzierungsverfahren zuständigen Vorstands über die Verlustigerklärung der Mitgliedschaft in der AG nach § 64 Abs. 3 AktG wird durch Beschluss getroffen. Es handelt sich nicht lediglich um eine Ausführungsmaßnahme, da nach Einleitung des Kaduzierungsverfahrens erneutes Ermessen des Vorstands hinsichtlich der tatsächlichen Erklärung des Ausschlusses besteht (siehe Rdn. 16). Bei Nichtbeachtung der formellen und materiellen Voraussetzungen ist der Beschluss unterschiedslos nichtig. Die Ausschließung nach § 64 AktG geschieht **ohne Ausschließungsurteil**. Die Rechtslage ist insofern anders als bei § 140 HGB, dessen Grundsätze auch für die GmbH angewendet werden.[4] 3

Um sich gegen einen zu Unrecht erfolgten Ausschluss zu wehren, steht dem betroffenen Aktionär die **allgemeine Feststellungsklage (§ 256 Abs. 1 ZPO)** offen, mittels der er feststellen lassen kann, dass die **Ausschlusserklärung des Vorstands nichtig** ist.[5] Die Feststellungsklage ist in diesem Fall nicht subsidiär zur Leistungsklage; der Aktionär kann pflichtwidriges, kompetenzüberschreitendes Organhandeln, d. h. Handeln entgegen gesetzlicher oder satzungsmäßiger Ermächtigungen, zum Gegenstand einer allgemeinen Feststellungsklage machen.[6] Das erforderliche Feststellungsinteresse wird durch die Beeinträchtigung des Mitgliedschaftsrechts des Aktionärs vermittelt.[7] Da nicht lediglich Anfechtbarkeit der Ausschließungsentscheidung gegeben ist, ist mit dem BGH eine Analogie zur aktienrechtlichen Anfechtungsklage (§ 246 AktG) zu negieren. Ebenso ist eine Analogie zu der für einen Hauptversammlungsbeschluss konzipierten Nichtigkeitsklage (§ 249 AktG) abzulehnen.[8] Grundsätzlich unterliegt die allgemeine Feststellungsklage gemäß § 256 Abs. 1 ZPO keiner Frist. Teilweise wird jedoch die **Monatsfrist des § 246 Abs. 1 AktG** auf eine Klage auf Feststellung der Nichtigkeit eines Vorstandsbeschlusses entsprechend angewandt. Daher sollte nicht zu lange gewartet werden, bevor die Unwirksamkeit eines Ausschlusses geltend gemacht wird.[9] Eine **Bekanntmachungspflicht analog § 248a AktG** für den beendeten Feststellungsprozess besteht nicht, da eine Missbrauchsgefahr des Anfechtungsrechts ähnlich wie bei Hauptversammlungsbeschlüssen nicht gegeben ist.[10] Ob der Aktionär auch per einstweiligem Rechtsschutz eine **Feststellungsver-** 4

---

3 MüKo AktG/*Bachner* § 222 Rn. 48.
4 Vgl. BGHZ 153, 285.
5 Schmidt/Lutter/*Fleischer* § 64 Rn. 42; a. A. Spindler/Stilz/*Cahn* § 64 Rn. 56; GroßkommAktG/*Gehrlein* § 64 Rn. 64, die von einer positiven Feststellungsklage ausgehen; vgl. dazu auch unten Rdn. 5.
6 BGH NJW 2006, 374 – Mangusta/Commerzbank II: Schaffung von bedingtem Kapital mit Bezugsrechtsausschluss unter Überschreitung der Kompetenzen des Vorstands verbunden mit einer Verletzung von Aktionärsrechten. Hierzu auch GroßKommAktG/*Gehrlein* § 64 Rn. 64 und *Drinkuth*, AG 2006, 142.
7 Wird ein Aktionär pflichtwidrig ausgeschlossen, liegt hierin stets eine Kompetenzüberschreitung zulasten des einzelnen Aktionärs, die sich unmittelbar auf seine Mitgliedschaftsrechte auswirkt.
8 Vgl. BGH NJW 2006, 374 – Mangusta/Commerzbank II.
9 Vom BGH in NJW 2006, 374 – Mangusta/Commerzbank II offen gelassen, aber jedenfalls Geltendmachung ohne unangemessene Verzögerung; Frist beginnend ab Bekanntmachung der Tatsache, die Gegenstand der Klage sein soll: LG Berlin, NZG 2008, 670; § 246 AktG analog ablehnend, aber keine missbräuchlich zu späte Klageerhebung: LG Köln, AG 2008, 327; kritisch *Bartels* ZGR 2008, 723 (748), der auf die Parallele zur Nichtigkeitsklage nach § 249 AktG verweist, die ebenfalls keiner Frist unterliegt.
10 *Bartels* ZGR 2008, 723 (748).

fügung (§§ 935, 938 ZPO) erlangen kann, erscheint angesichts des Streits um deren Zulässigkeit fraglich.[11]

5   Die Mitgliedschaft in der AG begründet als subjektives Recht ein feststellungsfähiges Rechtsverhältnis i. S. d. § 256 Abs. 1 ZPO zwischen dem Aktionär und der AG.[12] Einer Klage auf **Feststellung des Bestands der Mitgliedschaft** in der AG wird jedoch angesichts der konkreten Ausschlussmaßnahme, die als Anlass zur Klage genommen werden kann, regelmäßig das erforderliche Feststellungsinteresse gemäß § 256 Abs. 1 ZPO fehlen. Im Übrigen entspricht nur der auf die Nichtigkeit der Ausschließungsentscheidung gerichtete Feststellungsantrag dem Rechtsschutzbegehren des Aktionärs, denn nur durch die Feststellung der Nichtigkeit des Ausschlusses erlangt seine Mitgliedschaft wieder Geltung.

6   Die Klage richtet sich **gegen die Gesellschaft**. Es handelt sich um eine zulässige **Drittfeststellungsklage**, denn für das Rechtsverhältnis zwischen dem Aktionär und der beklagten Gesellschaft (Mitgliedschaft) ist die Feststellung der Nichtigkeit des Ausschlusses durch den Vorstand präjudizierend, so dass das erforderliche Feststellungsinteresse besteht.[13]

7   Liegt (ausnahmsweise) zusätzlich ein den Ausschluss billigender **Hauptversammlungsbeschluss** vor, ist im Wege der Klagehäufung, § 260 ZPO, gegen den nichtigen Hauptversammlungsbeschluss vorzugehen. Hier kommt dann die spezifische **Nichtigkeitsklage des § 249 AktG** zum Tragen. Auch wenn die zwangsweise Verbindung von allgemeiner Feststellungsklage und Nichtigkeitsklage nicht auf der Grundlage des § 249 Abs. 2 AktG angenommen werden kann, so kommt zumindest eine Verbindung der Klagen nach § 147 ZPO in Betracht.[14] Auch können beide Klagen unter den gegebenen Voraussetzungen des § 260 ZPO (Identität der beklagten Aktiengesellschaft und parallele Gerichtszuständigkeit, aber verschiedene Streitgegenstände) verbunden werden. Für das Feststellungsinteresse gemäß § 256 Abs. 1 ZPO gelten die o. g. Überlegungen (siehe Rdn. 4–6).

8   Gegen eine **nicht angemessene Fristsetzung** oder eine **unwirksame Androhung** der Kaduzierung wird sich der Aktionär, der einen Ausschluss zu befürchten hat, im Wege einer **allgemeinen Feststellungsklage** nach § 256 Abs. 1 ZPO oder (bei Eilbedürftigkeit) einer **Feststellungsverfügung** nicht wehren können. Insofern handelt es sich lediglich um eine Vorfrage bzw. ein Element des späteren Rechtsverhältnisses, welches als solches nicht feststellungsfähig ist.[15]

9   Umstritten ist, ob auch eine **Leistungsklage** des Aktionärs in Form einer (**vorbeugenden**) **Unterlassungsklage**, gerichtet auf **Unterlassung des Ausschlusses** bzw. **Wiederherstellung der Mitgliedschaft** gegen die **Gesellschaft** in Betracht kommt.[16] Hier gelten grundsätzlich dieselben Anforderungen wie bei der allgemeinen Feststellungsklage: kompetenzüberschreitendes Handeln eines Organs entgegen gesetzlicher oder satzungsmäßiger Vorschriften, sofern hierdurch der Aktionär in seinen Mitgliedschaftsrechten beeinträchtigt ist.[17] Hält man in der Hauptsache eine Unterlassungsklage für statthaft, wird man auch die Zulässigkeit einer **Regelungsverfügung** (§§ 935, 940 ZPO) gegen den Voll-

---

11 Vgl. hierzu *Bartels* ZGR 2008, 723 (749 f.).
12 Für die AG bisher nicht höchstrichterlich anerkannt, jedoch ist unstreitig, dass Mitgliedschaftsrechte jeder Art feststellungsfähige subjektive Rechte sind, vgl. nur MüKo ZPO/*Becker-Eberhard* § 256 Rn. 11; zum Ausschluss aus der KG BGH NJW 2006, 2854 (2855).
13 Gegenstand der Feststellungsklage ist die Vorstandspflicht gegenüber der Gesellschaft zum rechtmäßigen Verwaltungshandeln, BGH NJW 2006, 374 (375) – Mangusta/Commerzbank II.
14 MüKo AktG/*Hüffer* § 249 Rn. 32.
15 MüKo ZPO/*Becker-Eberhard* § 256 Rn. 24 f.
16 Vgl. BGH NJW 1982, 1703 (1706) – Holzmüller (Nichtbeachtung der Kompetenzen der Hauptversammlung): grundsätzliche Zulässigkeit entsprechender Klagen, wenn aktienrechtliche Rechtsbehelfe nicht zur Verfügung stehen; allerdings in den mit der hier in Frage stehenden Konstellation vergleichbaren Siemens/Nold und Mangusta/Commerzbank II aaO nur obiter erwähnt.
17 Vgl. die Nachweise bei *Bartels* ZGR 2008, 723 (752 f.).

A. Ausschluss eines Aktionärs § 7

zug des Vorstandsbeschlusses bejahen müssen – auch wenn es sich bei der Kaduzierung nicht um den Fall einer eintragungsbedürftigen Strukturmaßnahme handelt.[18]

Hinsichtlich des **Streitwerts** gilt § 3 Hs. 1 ZPO. Maßgeblich ist das Interesse des klagenden Aktionärs am Erhalt seiner Mitgliedschaft, wofür der Verkehrswert seiner Anteile maßgeblich ist. Für die (positive) **Feststellungsklage** wird ein Streitwertabschlag von 20–50 % der Leistungsklage vorgenommen, um das wirtschaftliche Interesse an der begehrten Feststellung zu ermitteln.[19] Im Fall einer **Nichtigkeitsklage** gegen einen Hauptversammlungsbeschluss kommt § 247 AktG als lex specialis zum Tragen, wobei man auch hier den Wert der Beteiligung zugrunde legen muss. Eine Zusammenrechnung (§ 5 Hs. 1 ZPO) bei Verbindung von Feststellungs- und Nichtigkeitsklage wird man trotz unterschiedlicher Streitgegenstände nicht annehmen können, da wirtschaftliche Identität der Ansprüche besteht. 10

b) Rechtsfolgen des unwirksamen Ausschlusses

Die Entscheidung über den Ausschluss nach § 64 AktG ist nur **wirksam**, wenn alle **formellen und materiellen Anforderungen** eingehalten werden, ansonsten tritt unterschiedslos **Nichtigkeit** ein.[20] Ein unwirksamer Ausschluss hat zur Folge, dass das Mitgliedschaftsrecht des Aktionärs fortbesteht und alle seine hierauf gegründeten Verfügungen wirksam sind. Eine **Heilung ex tunc** ist nicht möglich.[21] In einem solchen Fall muss der entsprechende fehlerhafte Verfahrensschritt nachgeholt werden, sicherheitshalber jedoch das gesamte Verfahren. 11

c) Voraussetzungen der Kaduzierung

In **materieller Hinsicht** setzt das Kaduzierungsverfahren nach § 64 AktG voraus, dass der Aktionär trotz Aufforderung (§ 63 Abs. 1 AktG) und Nachfristsetzung mit Androhung der Verlustigerklärung seiner Aktien und bereits geleisteter Einlagen (§ 64 Abs. 1, 2 AktG) seine **offene Einlageschuld** nicht erbringt. Gemeint ist nur die **fällige Bareinlage** gleich aus welchem Rechtsgrund geschuldet, nicht Sacheinlagen.[22] Solange der Aktionär oder ein Dritter vor Wirksamwerden des Ausschlusses, d. h. seiner Bekanntgabe in den Gesellschaftsblättern (§ 64 Abs. 3 AktG), seiner Einlageverpflichtung vollständig nachkommt, ist die Kaduzierung abgewendet.[23] Danach ist die Kaduzierung unumkehrbar und der ausgeschlossene Aktionär kann nur sein Mitgliedschaftsrecht im Verwertungsverfahren nach § 65 Abs. 3 AktG zurück erwerben. 12

Die betreibende AG muss zwingend noch **Gläubigerin** der Einlageforderung sein.[24] Die Kaduzierung betrifft allein **Aktionäre**, nicht Zeichner oder Übernehmer von Aktien.[25] Regelmäßig wird es sich um im Aktienregister (§ 67 Abs. 2 AktG) eingetragene Inhaber von Namensaktien handeln. Streitig ist, ob die Kaduzierung auch erfolgen darf, wenn entgegen der Vorschrift des § 10 Abs. 2 13

---

18 Vgl. Musielak ZPO/*Huber* § 940 Rn. 9; zur Verhinderung der Schaffung vollendeter Tatsachen durch Umsetzung eines Bezugsrechtsausschlusses MüKo AktG/*Bayer* § 203 Rn. 171; zum Verfügungsgrund der drohenden Registereintragung *Hüffer/Koch* AktG § 243 Rn. 67.
19 Musielak ZPO/*Heinrich* § 3 Rn. 27.
20 Schmidt/Lutter/*Fleischer* § 64 Rn. 42; MüKo AktG/*Bayer* § 64 Rn. 90; KöKo AktG/*Lutter* § 64 Rn. 48.
21 MüKo AktG/*Bayer* § 64 Rn. 90
22 Vgl. zur Fälligkeit, KöKo AktG/*Lutte*r § 64 Rn. 11; eine erneute Aufforderung nach § 63 Abs. 1 AktG ist entbehrlich, wenn die Einlage bereits vor Eintragung der AG bzw. einer Kapitalerhöhung zu erbringen gewesen wäre und eine dahingehende Aufforderung erfolgte, GroßkommAktG/*Gehrlein* § 64 Rn. 17; MüKo AktG/*Bayer* § 64 Rn. 17.
23 Vgl. nur *Hüffer/Koch* AktG § 64 Rn. 6; maßgeblich ist nicht die Anweisung, sondern der tatsächliche Eingang der Einlage.
24 Eine Kaduzierung ist nach Abtretung der Forderung weder durch die AG noch durch den neuen Gläubiger möglich, MüKo AktG/*Bayer* § 64 Rn. 22 ff. m. w. N.
25 KöKo AktG/*Lutter* § 64 Rn. 12.

S. 1 AktG trotz nicht voller Einlagenleistung **Inhaber-** statt Namensaktien ausgegeben wurden.[26] Auch gegen den Aktionär in der Insolvenz kann sich der Ausschluss richten.[27]

14 Die Einleitung des Ausschlussverfahrens ist **Ermessensentscheidung** und obliegt im Regelfall ausschließlich dem **Vorstand**, zumindest wenn die Satzung keine abweichende Regelung enthält, etwa das Erfordernis eines zustimmenden **Hauptversammlungsbeschlusses**.[28] Das ausgeübte Ermessen ist gerichtlich auf Fehler überprüfbar. Bei Nichterbringung der Einlage ist Kaduzierung nicht zwingend, sie tritt neben die Möglichkeit, den rückständigen Betrag einzuklagen; allerdings sprechen regelmäßig Zweckmäßigkeitserwägungen, insbesondere der Rückgriff auf die Vordermänner (§ 65 Abs. 1 AktG), für die Kaduzierung.[29] Ermessensbindungen können aus dem Gleichbehandlungsgebot folgen (§ 53a AktG), wobei Abweichungen hiervon aus sachlichen Differenzierungsgründen gerechtfertigt sind. In der Insolvenz der AG geht die Zuständigkeit auf den **Insolvenzverwalter** über (§ 80 Abs. 1 InsO).

15 **Verfahrensrechtlich** ist insbesondere die Einhaltung von **Bekanntmachungsvorschriften** maßgeblich. Die **Nachfrist** muss dreimal in den Gesellschaftsblättern bekanntgegeben werden (§ 64 Abs. 2 AktG). Ein vorzeitige oder zu kurz bemessene Nachfristsetzung (vor Fälligkeit, ohne entsprechende Aufforderung, Nichteinhaltung der zeitlichen Vorgaben in § 64 Abs. 2 AktG) geht ins Leere.[30] Auch ist darauf zu achten, dass der Hinweis auf die **drohende Verlustigerklärung** der Aktien und der bereits geleisteten Einlagen unmissverständlich gestaltet wird und die betroffenen Aktionäre hinreichend individualisiert werden.[31] Unschädlich soll hingegen die falsche Bezifferung des Zahlungsrückstands sein.[32]

16 Genauso steht die **Ausschlusserklärung** selbst im **Ermessen** des zuständigen Organs und ist trotz Verfahrenseinleitung nicht zwingend; erfolgt sie, muss dies jedoch innerhalb eines angemessenen Zeitraums nach Ablauf der Nachfrist geschehen.[33] Auch die **Verlustigerklärung der Mitgliedschaft** ist (einmalig) in **allen** vorgesehenen Gesellschaftsblättern bekannt zu machen und wird erst dann wirksam. Wichtig ist auch hier die Individualisierung der Aktien unter Angabe von Serie, Nummer, Stückelung usw. (vgl. nur den Wortlaut des § 64 Abs. 3 S. 2 AktG).

d) Ausfallhaftung und Neuausgabe von Aktien

17 Bereits begründete Ansprüche aber auch Pflichten des Aktionärs gegen die AG werden durch den Ausschluss nicht berührt, da dieser nur **ex nunc** wirkt.[34] Bei **wirksamer** Kaduzierung erhält der ausgeschlossene Aktionär anders als im Falle der Zwangseinziehung nach § 237 AktG auch für bereits erbrachte Teilleistungen **keine Abfindung** und wird auch an einem Überschuss der Verwertung nicht beteiligt. Genauso wenig besteht ein bereicherungsrechtlicher Rückforderungsanspruch. Flankierend regelt § 65 AktG die **Verwertung der Mitgliedschaft des ausgeschlossenen Aktionärs** durch Inanspruchnahme der Vordermänner hinsichtlich des rückständigen Betrags (§ 65 Abs. 1 AktG) oder öffentliche Versteigerung bzw. freihändigen Verkauf der Aktien (§ 65 Abs. 3 AktG). Für die neu ausgegebenen Aktien besteht schließlich eine **Ausfallhaftung** des ausgeschlossenen Aktionärs, wenn die vorstehend genannten Inanspruchnahmemöglichkeiten nicht (vollständig) in Höhe des rückständi-

---

26 Dafür mit dem überwiegenden Teil der Literatur *Hüffer/Koch* § 64 Rn. 3.
27 MüKo AktG/*Bayer* § 64 Rn. 94.
28 Die h. M. lehnt eine zulässige abweichende Zuständigkeitsregelung wegen des Sachzusammenhangs mit § 63 AktG ab, MüKo AktG/*Bayer* § 64 Rn. 27 f. m. w. N.
29 Gegen solventen Aktionär in der Regel Klage auf Einlagenzahlung, gegen zahlungsunfähigen Betreibung des Kaduzierungsverfahrens, MüKo AktG/*Bayer* § 64 Rn. 35.
30 GroßkommAktG/*Gehrlein* § 64 Rn. 26, KöKo AktG/*Lutter* § 64 Rn. 16.
31 Eine Anlehnung am Wortlaut des § 64 AktG ist empfehlenswert; der bloße Hinweis auf eine »Kaduzierung« birgt Risiken.
32 Zumindest für die GmbH, vgl. Nachweise bei MüKo AktG/*Bayer* § 64 Rn. 44.
33 MünchHdb GesR IV/*Wiesner* § 16 Rn. 16.
34 MüKo AktG/*Bayer* § 64 Rn. 62.

gen Betrags greifen (§ 64 Abs. 4 S. 2 AktG). Werden die zwingenden Vorschriften hinsichtlich der Reihenfolge der in Anspruch zu nehmenden Personen nicht beachtet, so entfällt die Ausfallhaftung des Aktionärs.[35] Für die Geltendmachung der Ausfallhaftung gilt ebenso wie für die Einlageforderung der Gerichtsstand des § 22 ZPO, also der Gerichtsstand des Sitzes der Gesellschaft nach § 17 ZPO.

Die ausgegebenen **Aktienurkunden** sind eo ipso wertlos und die h. M. hält eine Verpflichtung der AG, die kaduzierten Aktien aus dem Verkehr zu ziehen, nicht für gegeben, da auch kein entsprechender Herausgabeanspruch gegen den Aktionär bestünde.[36] Aus Gründen des Verkehrsschutzes sind zwingend neue Aktien nach der Kaduzierung auszugeben (§ 64 Abs. 4 AktG). 18

e) Abdingbarkeit

§§ 64, 65 AktG sind **nicht dispositiv**; eine Abbedingung in der Satzung ist daher weder zugunsten noch zuungunsten des Aktionärs zulässig.[37] 19

2. Zwangseinziehung, § 237 AktG

a) Gerichtliche Klärung der Wirksamkeit des Ausschlusses

Bei der Zwangseinziehung gelten hinsichtlich der prozessualen Möglichkeiten des ausgeschlossenen Aktionärs ähnliche Vorgaben wie bei der Kaduzierung (vgl. Rn. 3 ff.), so dass danach differenziert werden muss, **welches Organ** gehandelt hat. Dies richtet sich danach, ob die Ermächtigung zur Zwangseinziehung in der Satzung als **Anordnung** (dann alleinige Zuständigkeit des **Vorstands**, dessen Einziehungshandlung **anstelle** des Hauptversammlungsbeschlusses tritt) oder als **Gestattung** (dann zwingend Beschluss der **Hauptversammlung** erforderlich) erfolgt. Im ersten Fall ist eine **allgemeine Feststellungsklage nach § 256 Abs. 1 ZPO**, gerichtet auf die Feststellung der **Nichtigkeit der Ausführungshandlung des Vorstands**, zu erheben.[38] Im Rahmen dessen ist zu prüfen, ob eine wirksame Anordnung als Grundlage vorlag, da die Einziehungsentscheidung bloßer Vollzug der Satzung ist. Die Rechtsprechung bejaht ein Rechtsschutzinteresse auch noch nach Eintragung der Kapitalerhöhung im Handelsregister und damit nach Wirksamwerden der Maßnahme.[39] Bei erforderlichem Hauptversammlungsbeschluss ist grundsätzlich **Anfechtungsklage** nach § 246 AktG zu erheben. Hierfür gelten dann die allgemeinen Verfahrensgrundsätze, insbesondere auch das **Freigabeverfahren nach § 246a AktG**, welches auf Beschlüsse über eine Kapitalherabsetzung anwendbar ist. 20

Eine (**vorbeugende**) **Unterlassungsklage** des einzelnen Aktionärs, gerichtet auf **Unterlassung der Eintragung der Kapitalherabsetzung** im Handelsregister, kommt nicht in Betracht, da sich das Abwehrrecht des Aktionärs auf eine Verletzung seiner mitgliedschaftlichen Rechte beschränkt (Zwangseinziehung seiner Mitgliedschaft), jedoch kein weitergehendes Recht auf pflichtgemäßes Organhandeln insgesamt (Rechtmäßigkeit der Kapitalherabsetzung im Übrigen) besteht. 21

---

35 GroßkommAktG/*Gehrlein* § 64 Rn. 56; Darlegungs- und Beweislast liegt bei der Gesellschaft unter Berücksichtigung der widerlegbaren Vermutung des § 65 Abs. 1 S. 3 AktG, Spindler/Stilz/*Cahn* § 64 Rn. 51.
36 Kritisch hierzu MüKo AktG/*Bayer* § 64 Rn. 74.
37 Ganz h. M.: BGH WM 2002, 555; *Hüffer/Koch* AktG § 64 Rn. 1; MünchHdb GesR IV/*Wiesner* § 16 Rn. 13; ausführlich zu verschiedenen Konstellationen KöKo AktG/*Lutter* § 64 Rn. 46.
38 Hierzu *Bartels* ZGR 2008, 723 (764 ff.) mit dem Hinweis, dass die Anwendbarkeit der Feststellungsklage auf Ausführungshandlungen des Vorstands bisher nicht höchstrichterlich bestätigt wurde.
39 Vgl. für die Kapitalerhöhung BGH NJW 2006, 374 (376) – Mangusta/Commerzbank II, begründet mit dem Hinweis auf Sekundäransprüche und sonstige Rechtsbehelfe.

b) Wirksamkeitsvoraussetzungen der Zwangseinziehung

22 Erfolgt die Ausführung, obwohl **keine rechtlich wirksame Anordnung** der Zwangseinziehung vorlag und kann diese auch nicht in eine wirksame Gestattung **umgedeutet** werden (**§ 140 BGB**), führt dies zur **Nichtigkeit** der Entscheidung des Vorstands.[40]

23 **Streitig** sind die Rechtsfolgen für den **Hauptversammlungsbeschluss** über die Kapitalherabsetzung bei **unwirksamer Gestattung**. Teilweise wird von bloßer **Anfechtbarkeit nach § 243 Abs. 1 AktG** ausgegangen[41]; teilweise wegen des stärksten Eingriffs überhaupt in das Mitgliedschaftsrecht des Aktionärs von **Nichtigkeit gemäß § 241 Nr. 3, Var. 3 AktG**.[42] Teilweise wird auch danach differenziert, ob eine Gestattung völlig fehlt (dann Nichtigkeit nach § 241 Nr. 3, da es an der Vorsehbarkeit der Einziehung fehlt) oder nur deren Rahmen bei der Ausübung überschritten wurde (dann Anfechtbarkeit).[43] Letztere Meinung erscheint angesichts des ausdifferenzierten Systems der Beschlussmängelklagen in §§ 241 ff. AktG vorzugswürdig.

24 Erfolgt die Einziehung im **vereinfachten Einziehungsverfahren** durch Beschluss nach § 237 Abs. 4 AktG, so ist bei Nichtvorliegen der Voraussetzungen nach § 237 Abs. 3 AktG **Nichtigkeit** des Hauptversammlungsbeschlusses gemäß § 241 Nr. 3, Var. 2 AktG anzunehmen, da die Vorschriften hauptsächlich dem Gläubigerschutz dienen.[44] Eine Umdeutung in einen Beschluss im ordentlichen Kapitalherabsetzungsverfahren wird meist an den Mehrheitsanforderungen der §§ 237 Abs. 2, 222 Abs. 1 AktG scheitern. Ausnahmsweise liegt nur **Anfechtbarkeit** vor, wenn die Einziehung zu Lasten einer anderen Gewinnrücklage erfolgt, die zu diesem Zweck nach § 237 Abs. 3 Nr. 2 AktG nicht hätte verwandt werden dürfen oder wenn die Verwendung des Bilanzgewinnes unter Verletzung des Gewinnanspruchs der Aktionäre erfolgt.[45] Auch bei Verstoß gegen die Vorschrift des § 237 Abs. 5 AktG über die **Kapitalrücklagenbildung** ist der Hauptversammlungsbeschluss **nichtig** nach § 241 Nr. 3, Var. 2 AktG; entsprechendes gilt für den Gewinnverwendungsbeschluss sowie den Jahresabschluss nach § 256 Abs. 1 Nr. 1 AktG.[46]

c) Einziehungsverfahren

25 Da die Zwangseinziehung **in Abgrenzung** zur Einziehung nach **Erwerb der Aktien nach § 237 Abs. 1 S. 1 Alt. 2 AktG** nicht freiwillig erfolgt, müssen die Voraussetzungen der Zwangseinziehung entweder schon detailliert in der Satzung geregelt werden (Anordnung) oder die Satzung muss eine Gestattung vorsehen, die dann durch einen Hauptversammlungsbeschluss zu konkretisieren ist (§ 237 Abs. 1 S. 2 AktG). Im Fall der **Anordnung** verbleibt kein Entscheidungsspielraum mehr. Will sich die AG die Möglichkeit eines Ausschlusses aus wichtigem, situationsbedingtem Grund vorbehalten, so bleibt nur die **Gestattung**. Nach überwiegender Ansicht ist die Einziehung auch zulässig, wenn unabhängig von Anordnung oder Gestattung der **betroffene Aktionär zustimmt**.[47]

---

40 KöKo AktG/*Lutter* § 237 Rn. 56.
41 KöKo AktG/*Lutter* § 237 Rn. 54; v. Godin/Wilhelmi AktG § 237 Rn. 4.
42 *Baumbach/Hueck* Aktiengesetz, § 237 Rn. 5.
43 Insbesondere Anfechtbarkeit bei fehlender sachlicher Rechtfertigung, MünchHdb GesR IV/*Krieger* § 62 Rn. 19; *Hüffer/Koch* AktG § 237 Rn. 42; MüKo AktG/*Oechsler* § 237 Rn. 25.
44 H. M. vgl. nur KöKo AktG/*Lutter* § 237 Rn. 95; Spindler/Stilz/*Marsch-Barner* § 237 Rn. 44; offen bleibt in der Literatur, ob dies auch den durch das TransPuG neu geregelten Fall der Amortisation in § 237 Abs. 3 Nr. 3 betrifft.
45 *Hüffer/Koch* AktG § 237 Rn. 43.
46 KöKo AktG/*Lutter* § 237 Rn. 114.
47 *Hüffer/Koch* AktG § 237 Rn. 8; differenzierend MüKo AktG/*Oechsler* § 237 Rn. 24, der dies nur für möglich hält, wenn keine Rechte Dritter an der Aktie bestehen. Die Zustimmung kann auch nicht durch eine Regelung zur Einziehung von Aktien in einem Insolvenzplan ersetzt werden, AG Charlottenburg ZIP 2015, 394.

A. Ausschluss eines Aktionärs § 7

Die **Anordnung** kann in der Gründungssatzung oder durch nachträgliche Satzungsänderung erfolgen, sofern die Änderung der Übernahme und Zeichnung der Aktien vorausgeht.[48] Maßgeblich für eine **wirksame** Anordnung ist vor allem die **Bestimmtheit**. Dies bedeutet, dass die Voraussetzungen so konkret dargelegt werden müssen, dass dem Vorstand kein eigener Entscheidungsspielraum mehr verbleibt. Häufig kommen als Gründe das Versterben des Aktionärs, die Pfändung seiner Aktien oder die Eröffnung des Insolvenzverfahrens über sein Vermögen in Betracht.[49] Von Seiten des Richters kommt eine **Umdeutung nach § 140 BGB** der unwirksamen Anordnung (insbesondere bei fehlender Bestimmtheit) in eine Gestattung – für die das Bestimmtheitserfordernis nicht gilt – in Betracht.[50] Die **Umsetzung einer Anordnung** bedarf lediglich einer Ausführung durch den Vorstand, § 237 Abs. 6 AktG, ohne dass ein Hauptversammlungsbeschluss notwendig ist.[51]

26

Bei der **Gestattung** muss die **Hauptversammlung** einen **Einziehungsbeschluss** fassen, und zwar im **ordentlichen** Kapitalherabsetzungsverfahren (§ 237 Abs. 2, 222 ff. AktG) mit Dreiviertelmehrheit. Im **vereinfachten** Verfahren (§ 237 Abs. 3–5 AktG), auf das die Vorschriften über die ordentliche Kapitalherabsetzung keine Anwendung finden, ist grundsätzlich einfache Mehrheit ausreichend. Es ist darauf zu achten, dass der **Zweck** der Kapitalherabsetzung im Beschluss angegeben wird, § 237 Abs. 2 S. 1 i. V. m. § 222 Abs. 3 AktG bzw. § 237 Abs. 4 S. 4 AktG. Die Gestattung kann nach h. M. aber so gestaltet sein, dass sie überhaupt keine Gründe nennt.[52] Jedoch unterliegt eine Einziehung dann strengeren Rechtfertigungsmaßstäben, insbesondere vor dem Hintergrund des Satzungszweckes und des Grundsatzes der Gleichbehandlung der Aktionäre nach § 53a AktG, falls nur die Aktien bestimmter Aktionäre der Einziehung unterliegen sollen.[53] Im Fall der **Amortisation** (**Einziehung von Stückaktien ohne Kapitalherabsetzung**) gemäß § 237 Abs. 3 Nr. 3 AktG muss der Einziehungsbeschluss bestimmen, dass sich der Anteil der übrigen Stückaktien am Grundkapital erhöht.[54]

27

Wirksam wird die Einziehung in den in § 237 AktG vorgesehenen Fällen nur durch **Anmeldung und Eintragung** des Beschlusses der Kapitalherabsetzung im Handelsregister in Kombination mit der zusätzlich notwendigen **Einziehungshandlung**, ohne dass es auch hier eines **Ausschließungsurteils** bedarf.[55] Erfolgt die Einziehung ohne Beschluss der Hauptversammlung, ist die Kapitalherabsetzung mit der Einziehung der Aktien bewirkt, § 238 S. 2 AktG. In jedem Fall ist die **Durchführung** der Kapitalherabsetzung zur Eintragung im Handelsregister anzumelden, § 239 AktG; diese Anmeldung kann verbunden werden mit der Anmeldung und Eintragung des Hauptversammlungsbeschlusses über die Herabsetzung. Die Einziehungshandlung i. S. d. § 238 S. 3 AktG fällt allein in die Zuständigkeit des Vorstands.[56]

28

---

48 Die Übernahme von Aktien erfasst alle anderen Fälle eines originären Erwerbs von Aktien, etwa Fällen der Kapitalerhöhung aus Gesellschaftsmitteln, *Hüffer/Koch* AktG § 237 Rn. 6; zulässig soll allerdings eine der Zeichnung der Aktien nachfolgende Anordnung sein, wenn eine Zustimmung sämtlicher Aktionäre vorliegt MünchHdb GesR IV/*Krieger* § 62 Rn. 6.
49 Vgl. zu weiteren Fallgruppen MüKo AktG/*Oechsler* § 237 Rn. 29 und *Kreklau/Schmalholz* BB 2011, 778.
50 Allg. Meinung, vgl. nur *Hüffer/Koch* AktG § 237 Rn. 10.
51 Diese Entscheidung ist Geschäftsführungsmaßnahme, d. h. reiner Umsetzungsakt, er bedarf nach h. M. keiner Eintragung im Handelsregister, vgl. *Hüffer/Koch* AktG § 237 Rn. 41; dennoch kann der Vorstand einen Hauptversammlungsbeschluss verlangen, da der Wortlaut darauf schließen lässt, dass die grundsätzliche Zuständigkeit der Hauptversammlung erhalten bleibt, vgl. MüKo AktG/*Oechsler* § 237 Rn. 112.
52 Vgl. Nachweise bei MüKo AktG/*Oechsler* § 237 Rn. 42 und zu Voraussetzungen an den Beschlussinhalt *Hüffer/Koch* AktG § 237 Rn. 24 f.
53 Vgl. MüKo AktG/*Oechsler* § 237 Rn. 42 ff. zu den Rechtfertigungsmaßstäben und Rn. 49 ff. zu einzelnen Einziehungsgründen.
54 Zur Amortisation ausführlich *Terbrack* DNotZ 2003, 743; *Tielmann* DStR 2003, 1796; *Wienecke/Förl* AG 2005, 189.
55 Mitgliedschaft besteht fort, wenn es an einem wirksamen Einziehungsbeschluss oder Vorstandshandlung fehlt.
56 H. M., vgl. nur *Hüffer/Koch* AktG § 238 Rn. 7 mit dem Hinweis, dass in den Fällen des § 237 Abs. 6 AktG der Einziehungshandlung keine eigenständige Bedeutung zukommt.

d) Geltendmachung des Abfindungsanspruchs

29 Seinen Anspruch auf Zahlung eines Einziehungsentgelts kann der betroffene Aktionär im Wege der **Leistungsklage** verfolgen. Die richterliche Klärung der Nichtigkeit der Zwangseinziehung wegen nur einer **fehlenden Regelung** zum Einziehungsentgelt kommt nicht in Betracht; lediglich bei **explizitem Ausschluss** des Einziehungsentgelts kann **Nichtigkeit** der Satzungsregelung anzunehmen sein.

30 Anspruchsgrundlage für eine Abfindung ist allein die **Satzung**, da § 237 Abs. 2 S. 3 AktG nicht explizit einen Anspruch auf Abfindung oder ein Einziehungsentgelt für den ausgeschlossenen Aktionär vorsieht, sondern lediglich das Ausschüttungsverbot des § 225 Abs. 2 AktG auf das Einziehungsentgelt sowie teilweise eingezahlte Aktien erstreckt.[57] Umstritten ist, ob Ausgleichsansprüche des Aktionärs für den Verlust seiner Mitgliedschaft in der Satzung ausgeschlossen werden können.[58] Jedoch führt das Fehlen einer Abfindungsregelung im Falle der **Anordnung** nur zu deren Unbestimmtheit mit der Möglichkeit einer Umdeutung in eine Gestattung, so dass im Ergebnis auf dieser Grundlage eine wirksame Einziehung erfolgen kann.[59] Denn auch wenn die Satzung keine Regelung enthält, soll die AG – zumindest bei einer **Gestattung** – verpflichtet sein, ein angemessenes Einziehungsentgelt zu zahlen.[60] Bei angeordneter Zwangseinziehung darf der Verwaltung im Hinblick auf das Einziehungsentgelt kein Entscheidungsspielraum mehr verbleiben.[61] Im Hinblick auf die **Höhe** des Einziehungsentgelts gilt, dass dieses nicht notwendig dem Marktwert der Aktie entsprechen muss, sondern auch darunter liegen kann.[62] Eine bestimmte Höhe muss nicht vorgesehen werden, aber die Satzung muss eine Bezugsgröße (Börsenpreis, Liquidationswert, Ertragswert etc.) nennen.[63] Der Zahlungsanspruch besteht analog § 797 S. 1 BGB nur Zug um Zug gegen Aushändigung der Aktienurkunden.[64]

II. Nicht geregelte Fälle, insbesondere wichtiger Grund

31 Ob darüber hinaus der Ausschluss eines Aktionärs aus einem **wichtigen Grund,** der in der Person des Aktionärs liegt, zulässig ist, ist nach wie vor höchst umstritten.[65]

1. Rechtsgrundlage des Ausschlusses aus wichtigem Grund

32 Zunächst ist **umstritten**, ob ein solcher Ausschluss bei Vorhandensein einer **Einziehungsgestattung** i. S. d. § 237 Abs. 1 S. 2 AktG zulässig ist.[66] Die wohl überwiegende Meinung hält dies zumindest dann für möglich, wenn die AG personal (mitunternehmerisch) strukturiert ist, so dass die Persönlichkeit des Aktionärs oder sein Verhalten geeignet ist, die Zweckerreichung der AG zu stören.[67] Ein

---

57 MüKo AktG/*Oechsler* § 237 Rn. 62; ein Verstoß hiergegen führt zur Nichtigkeit eines Hauptversammlungs- bzw. Gewinnverwendungsbeschlusses nach §§ 241 Abs. 1 Nr. 4, 253 Abs. 1 S. 1 AktG.

58 Für die Sittenwidrigkeit einer Aktionärsvereinbarung gemäß § 138 Abs. 1 BGB einer entschädigungslosen Entziehung des Mitgliedschaftsrechts in der AG (Art. 14 GG) als Sanktion einer Verletzung gegen eine Change of Control-Klausel OLG München, ZIP 2008, 220 (auch keine Rechtfertigung als Vertragsstrafe); die Kommentarliteratur scheint diesbezüglich auch dahin zu tendieren: *Hüffer/Koch* AktG § 237 Rn. 17; KöKo AktG/*Lutter* § 237 Rn. 65; MüKo AktG/*Oechsler* § 237 Rn. 65.

59 MüKo AktG/*Oechsler* § 237 Rn. 66; *Kreklau/Schmalholz* BB 2011, 778, 779.

60 *Hüffer/Koch* AktG § 237 Rn. 17 f.; MünchHdb GesR IV/*Krieger* § 62 Rn. 12.

61 *Hüffer/Koch* AktG § 237 Rn. 17.

62 Vgl. zu Einzelheiten KöKo AktG/*Lutter* § 237 Rn. 62 f.

63 *Kreklau/Schmalholz* BB 2011, 778.

64 *Hüffer/Koch* AktG § 238 Rn. 5; dagegen kein klagbarer Anspruch der AG auf Herausgabe der Urkunde.

65 Ausgangspunkt des Streits ist ein obiter dictum in einem frühen BGH-Urteil zur Ausschlussklage analog § 140 HGB bei der GmbH aus wichtigem, in der Person des Gesellschafters liegendem Grund, in dem der BGH äußerte, in der AG sei ein solches Bedürfnis wegen des kapitalbedingteren Charakters der Mitgliedschaft und des fehlenden persönlichen Vertrauensverhältnisses, BGHZ 9, 157, 163.

66 Schon rein begriffslogisch kann die Einziehung aus »wichtigem Grund« nicht per Anordnung erfolgen, da es sich hierbei um einen unbestimmten Rechtsbegriff handelt.

67 KöKo AktG/*Lutter*, § 237 Rn 50; *Becker* ZGR 1986, 383 (387 f.); *Reinisch*, Der Ausschluss von Aktionären

wichtiger Grund kann zum einen personenbedingt, zum anderen aber auch verhaltensbedingt sein, sofern es sich gleichzeitig um einen Verstoß gegen die Treuepflicht der Aktionäre untereinander handelt.[68] Der **verhaltensbedingte Grund** muss jedenfalls von einigem Gewicht sein, so dass die Zweckerreichung der Gesellschaft nachhaltig gestört ist, und es darf kein milderes Mittel als die Einziehung der Mitgliedschaft verfügbar sein.[69] Hier bietet sich ein Rückgriff auf die zu § 140 HGB entwickelten Fallgruppen an: strafbare Handlungen, Verrat von Geschäftsgeheimnissen, wiederholte Blockade wichtiger Entscheidungen und der Zusammenarbeit in Gremien.

Zum anderen ist umstritten, ob **auch bei Fehlen einer Einziehungsgestattung**, d. h. unabhängig von § 237 AktG, ein Ausschluss aufgrund eines wichtigen Grundes zulässig ist.[70] Teilweise wird hier die **allgemeine Ausschlussklage entsprechend § 140 HGB** erwogen; teilweise ein **Hauptversammlungsbeschluss** als ausreichend erachtet, gegen welchen der ausgeschlossene Aktionär dann wiederum gerichtlich vorgehen kann.[71] Sicherster Weg ist demnach, eine Ausschließungsklage kombiniert mit einem Hauptversammlungsbeschluss mit Dreiviertelmehrheit anzustreben.[72]

33

2. Ausschlussklage der AG

Anforderungen an die Ausschließungsklage und das anschließende Ausschließungsurteil ergeben sich aus § 140 HGB bzw. der entsprechenden Kommentarliteratur, auch zum Ausschluss aus wichtigem Grund aus der GmbH.[73] Die AG ist Klägerin, allerdings in **Prozessstandschaft** für die Aktionäre; sie wird hierbei durch ihre vertretungsberechtigten Organe vertreten.[74] Denn aus der personalen Struktur der AG (bei der überhaupt erst ein Ausschluss aus einem wichtigen Grund anzuerkennen ist) folgt, dass Gläubiger der streitgegenständlichen Verpflichtung (Austritt aus der AG) die übrigen Aktionäre sind. Vertreten wird, dass das Ausschließungsurteil als **Gestaltungsurteil** aufschiebend bedingt durch die Zahlung einer Abfindung an den ausgeschlossenen Aktionär ergeht.[75] Der Klageantrag muss entsprechend lauten: »Der Beklagte wird aus der Klägerin ausgeschlossen unter der aufschiebenden Bedingung, dass die Klägerin binnen X Monaten nach Rechtskraft des Urteils an den Beklagten X EUR zahlt.« Bis zum Bedingungseintritt sollen dann die Mitgliedschaftsrechte des Aktionärs suspendiert sein.[76] Nach anderer Ansicht soll die Klage **Leistungsklage** sein, gerichtet auf Übertragung der Mitgliedschaft, Zug um Zug gegen Zahlung der Abfindung.[77] Die **Verwertung des Geschäftsanteils** erfolgt – in jedem Fall erst nach Eintritt der Rechtskraft und Zahlung der Abfindung – wahlweise durch Einziehung, Übertragung der Aktien an die übrigen Aktionäre oder auf einen zur Übernahme der Aktien bereiten Dritten.[78] Als Streitwert nach § 3 Hs. 1 ZPO ist regelmäßig der Verkehrswert des betroffenen Anteils zu Grunde zu legen.[79]

34

---

aus der Aktiengesellschaft, 35 f.; zu weiteren Argumenten für diese Ansicht vgl. MüKo AktG/*Oechsler* § 237 Rn. 52.
68 MüKo AktG/*Oechsler* § 237 Rn. 53 f.
69 Ausschluss als ultima ratio *Raiser/Veil* KapGesR § 11 Rn. 77; MüKo AktG/*Oechsler* § 237 Rn. 53 f.
70 Dies bejahend *K. Schmidt* Gesellschaftsrecht § 28 I 5; MünchHdb GesR IV/*Krieger* § 62 Rn. 35; *Becker* ZGR 1986, 383 (387 f.); wohl auch *Grunewald*, Der Ausschluss aus Gesellschaft und Verein, 180 f.; a. A.: Geßler/Hefermehhl/*Eckardt* § 11 Rn. 39.
71 Vgl. zum Meinungsstand MüKo AktG/*Oechsler* § 237 Rn. 56.
72 KöKo AktG/*Lutter* § 237 Rn. 124.
73 MüKo GmbHG/*Fleischer* Einl. Rn. 182 ff.
74 *Becker* ZGR 1986, 383 (406 f.).
75 KöKo AktG/*Lutter* § 237 Rn. 125; *Becker* ZGR 1986, 383 (414); Die Abfindungszahlung bemisst sich entsprechend § 305 AktG nach dem vollen Verkehrswert und soll grundsätzlich aus dem laufenden Bilanzgewinn und verfügbaren Rücklagen bestritten werden, MüKo AktG/*Oechsler* § 237 Rn. 59. Maßgeblich ist insofern die zuletzt erfolgte Klageerhebung (sonst die Beschlussfassung).
76 KöKo AktG/*Lutter* § 237 Rn. 126.
77 *Grunewald*, Der Ausschluss aus Gesellschaft und Verein,110 f.
78 *Becker* ZGR 1986, 383 (409 f.).
79 Für die Ausschlussklage bei einem GmbH-Geschäftsanteil BGH BeckRS 2013, 09612

B. Streitigkeiten über den Ausschluss von Minderheitsaktionären (Squeeze-out)

I. Einleitung

35 Die §§ 327a–327 f. AktG[80] berechtigen den Aktionär einer Aktiengesellschaft oder einer Kommanditgesellschaft auf Aktien, der mit **mindestens 95 %** am Grundkapital beteiligt ist (**Hauptaktionär**), die neben ihm beteiligten Minderheitsaktionäre durch ein formalisiertes Verfahren auszuschließen (sog. Squeeze-out). **Zweck** dieses gesetzlichen Ausschlussverfahrens ist es, die Entfaltung der unternehmerischen Handlungsfreiheit des Hauptaktionärs sicherzustellen.[81] Der Squeeze-out macht den Haupt- zum Alleinaktionär (§ 327e Abs. 3 S. 1 AktG) und beendet damit den aus der Beteiligung von Minderheitsaktionären regelmäßig folgenden »erheblichen – kostspieligen – Formalaufwand«[82].

36 Die **Verfassungskonformität** der Squeeze-out-Regelungen wurde vom BVerfG bestätigt. Ein Entzug der Mitgliedschaft verstößt nicht gegen Art. 14 GG, da das Gesetz eine angemessene Barabfindung vorsieht.[83]

37 Im Regelfall kürzen die §§ 327a ff. AktG das Interesse des Minderheitsaktionärs auf einen reinen **Vermögensschutz**. Solange der Übertragungsbeschluss nicht an einem Mangel leidet, der ihn gerichtlich angreifbar macht (Rdn. 62–71), hat der Minderheitsaktionär seinen Ausschluss hinzunehmen und kann Rechtsschutz lediglich im **Spruchverfahren** suchen (Rdn. 84–85).

38 Neben dem aktienrechtlichen existieren noch ein **übernahmerechtlicher** (§§ 39a–39c WpÜG)[84] sowie ein **umwandlungsrechtlicher** (§ 62 Abs. 5 UmwG)[85] Squeeze-out, auf die hier jedoch nicht näher einzugehen ist.

II. Ablauf des Ausschlussverfahrens

39 Das Ausschlussverfahren beginnt auf Verlangen des Hauptaktionärs. Der Vorstand der Gesellschaft beruft daraufhin die Hauptversammlung ein, die einen Übertragungsbeschluss fasst. Mit Eintragung dieses Beschlusses in das Handelsregister gehen die Aktien der Minderheitsaktionäre auf den Hauptaktionär über. Zeitgleich erwerben die Minderheitsaktionäre einen Abfindungsanspruch.

1. Vorbereitung: Feststellung der Beteiligungshöhe (§ 16 Abs. 2, Abs. 4 AktG)

40 **Hauptaktionär** kann grds. jede inländische oder ausländische rechtsfähige natürliche, teilrechtsfähige oder juristische Person sein, die Aktien an der Gesellschaft erwerben und halten kann.[86] Es bestehen insofern keine Besonderheiten; entscheidend ist allein die Beteiligungshöhe von 95 %.[87]

41 Für die **Feststellung der Beteiligungshöhe** verweist § 327a Abs. 2 AktG auf die allgemeinen konzernrechtlichen Vorschriften § 16 Abs. 2, Abs. 4 AktG.[88] Das Gesetz erfordert **nur Kapitalmehrheit**, keine Stimmrechtsmehrheit, so dass auch stimmrechtslose Vorzugsaktien in die Berechnung einzubeziehen sind.[89] Mittelbar gehaltene Aktien sind nach Maßgabe des § 16 Abs. 4 AktG zuzurech-

---

80 In das AktG eingefügt durch Art. 7 Nr. 2 des Gesetzes zur Regelung von öffentlichen Angeboten zum Erwerb von Wertpapieren und von Unternehmensübernahmen vom 20.12.2001.
81 Emmerich/Habersack/*Habersack* § 327a Rn. 4; K. Schmidt/Lutter/*Schnorbus* Vor §§ 327a-327 f. Rn. 2. Für eine ausführliche Darstellung und Bewertung der Regelungsziele vgl. etwa GroßkommAktG/*Fleischer* Vor §§ 327a-f Rn. 8 ff.
82 RegBegr. BT-Drucks. 14/7034 S. 31. Beispiele für konkrete Erleichterungen bei Hüffer/*Koch* § 327a Rn. 1.
83 BVerfG NJW 2007, 3268.
84 Vgl. dazu etwa MüKo AktG/*Grunewald* § 39a WpÜG Rn. 1 ff.
85 Vgl. dazu etwa Semler/Stengel/*Diekmann* § 62 Rn. 32c ff.
86 K. Schmidt/Lutter/*Schnorbus* § 327a Rn. 4.
87 Hüffer/*Koch* § 327a Rn. 10.
88 Siehe zu Einzelheiten der Berechnung etwa Emmerich/Habersack/*Emmerich* § 16 Rn. 10 ff.
89 Ganz h. M., vgl. nur die Nachweise bei GroßkommAktG/*Fleischer* § 327a Rn. 18; a. A. KöKo AktG/*Koppensteiner* § 327a Rn. 12.

nen.⁹⁰ Aufgrund dieser Zurechnung kann es insbes. in mehrstufigen Konzernverhältnissen vorkommen, dass eine Gesellschaft mehrere Hauptaktionäre hat. Entscheidend ist, welcher von ihnen das Verlangen nach § 327a Abs. 1 S. 1 AktG äußert.⁹¹

Teilweise wird vertreten, Hauptaktionär könne nicht sein, wer an der Gesellschaft **ausschließlich** **42** **mittelbar beteiligt** ist.⁹² Es müsse zumindest eine Aktie unmittelbar gehalten werden, denn § 327a Abs. 1 Satz 1 AktG spreche von dem Verlangen eines »Aktionärs«.⁹³ Die wohl h. M. lehnt diese Einschränkung ab.⁹⁴

Da allein auf die dingliche Zuordnung der Aktien – also auf die formale Eigentümerposition – abzustellen ist, kann auch durch eine **Wertpapierleihe**⁹⁵ der Entleiher zum Hauptaktionär werden.⁹⁶ **43** Zu beachten ist jedoch, dass ein (absichtlich nur vorübergehender) Mehrheitserwerb auf diesem Wege nach umstrittener Ansicht **rechtsmissbräuchlich** sein und zur Anfechtbarkeit des Übertragungsbeschlusses führen kann (Rdn. 69).

2. Verlangen des Hauptaktionärs und Festlegung der Barabfindung (§§ 327a Abs. 1 S. 1, 327b AktG)

Das Verlangen des Hauptaktionärs ist ein einseitiges und formloses, **korporationsrechtliches Rechts-** **44** **geschäft** gegenüber der Gesellschaft, vertreten durch den Vorstand (§ 78 Abs. 2 Satz 2 AktG analog).⁹⁷

Ein wirksam geäußertes Verlangen verpflichtet den Vorstand zur **unverzüglichen** (§ 121 Abs. 1 **45** Satz 1 BGB) **Einberufung der Hauptversammlung** (§ 121 Abs. 1, Abs. 2 AktG). Die Beteiligungshöhe kann der Hauptaktionär mittels **Depotauszug** nachweisen.⁹⁸ Für die Modalitäten der Einberufung gelten grds. die allgemeinen Vorschriften der §§ 121 ff. AktG. Umstritten ist, ob § 124 Abs. 3 Satz 1 AktG anzuwenden ist.⁹⁹

Die den auszuschließenden Minderheitsaktionären zu gewährende **angemessene Barabfindung** **46** muss die Verhältnisse der Gesellschaft im Zeitpunkt der Beschlussfassung berücksichtigen (§ 327b Abs. 1 S. 1 AktG). Als angemessen in diesem Sinne ist eine Abfindung anzusehen, die dem ausscheidenden Aktionär eine volle Entschädigung dafür verschafft, was seine Beteiligung an dem Unternehmen wert ist. Sie muss also dem **vollen Wert seiner Beteiligung** entsprechen.¹⁰⁰ Hierfür ist der Grenzpreis zu ermitteln, zu dem der außenstehende Aktionär ohne Nachteil aus der Gesellschaft ausscheiden kann.¹⁰¹ Auszugehen ist grds. vom **Ertragswert**,¹⁰² wobei alternativ auch eine Bewertung

---

90 Vgl. dazu etwa GroßkommAktG/*Fleischer* § 327a Rn. 39 ff.
91 K. Schmidt/Lutter/*Schnorbus* § 327a Rn. 12.
92 Emmerich/Habersack/*Habersack* § 327a Rn. 17 m. w. N.
93 So etwa MüKo AktG/*Grunewald* § 327a Rn. 7.
94 OLG Stuttgart AG 2009, 204 (207); OLG Köln AG 2004, 39 (41); *Fleischer* ZGR 2002, 757 (775); *Fuhrmann* Der Konzern 2004, 1 (4); KöKo WpÜG/*Hasselbach* § 327a Rn. 44 m. w. N.
95 Die Wertpapierleihe ist rechtlich als Sachdarlehen, der Entleiher entsprechend als Darlehensnehmer, zu qualifizieren, vgl. GroßkommAktG/*Fleischer* § 327a Rn. 36. Der »Entleiher« wird also Eigentümer der »entliehenen« Wertpapiere und muss nach Vertragsablauf gem. § 607 Abs. 1 Satz 2 BGB lediglich vergleichbare Wertpapiere zurückgewähren, vgl. Hüffer/*Koch* § 327a Rn. 15.
96 BGH NZG 2009, 585 (586) – Wertpapierdarlehen.
97 Hüffer/*Koch* § 327a Rn. 11.
98 Vgl. Schüppen/Schaub/*Riehmer* MünchAnwHdb AktR § 44 Rn. 13.
99 Vgl. dazu Hüffer/*Koch* § 327a Rn. 11 mit Nachweisen zu beiden Ansichten.
100 BVerfGE 14, 263 (284); 100, 289 (304 f.); BVerfG AG 2013, 255 (256); OLG Frankfurt NZG 2011, 990 (991); BayObLG AG 1996, 127.
101 BGHZ 138, 136 (140).
102 So die wohl immer noch herrschende Praxis, vgl. dazu Emmerich/Habersack/*Emmerich* § 305 Rn. 51 sowie aus der Rechtsprechung KG NZG 2011, 1302 (1303 f.).

anhand des Börsenkurses angemessen sein kann, wenn dieser hinreichend aussagekräftig ist, um in einem späteren Spruchverfahren allein hierauf die gebotene Schätzung des Unternehmenswertes nach § 287 ZPO stützen zu können.[103] Es besteht nach st. Rspr. jedoch kein verfassungsrechtliches Gebot, diejenige Bewertungsmethode anzuwenden, die die Minderheitsaktionäre am meisten begünstigt.[104]

47 Uneinheitlich ist die Rechtsprechung bzgl. der Frage, ob der Barwert von Ausgleichszahlungen, die aufgrund eines vor dem Squeeze-out geschlossenen und noch bestehenden **Beherrschungs- und Gewinnabführungsvertrages** gezahlt wurden (§ 304 AktG), geeignet ist, den Unternehmenswert im Rahmen des Squeeze-out zu bestimmen. Das OLG Düsseldorf hat die Frage verneint, da der Barwert solcher Ausgleichszahlungen den Unternehmenswert nicht ausreichend widerspiegle.[105] Das OLG Frankfurt geht in einer aktuellen Entscheidung hingegen davon aus, der Barwert der Ausgleichszahlungen sei für die im Rahmen des Squeeze-out zu zahlende angemessene Abfindung maßgeblich.[106]

48 Bei börsennotierten Gesellschaften stellt der **Börsenkurs** regelmäßig eine Untergrenze für die zu gewährende Abfindung dar.[107] Diesen Anforderungen genügt eine Abfindung auf Grundlage eines gewichteten durchschnittlichen Börsenkurses der letzten drei Monate vor dem Zeitpunkt der erstmaligen Bekanntgabe des geplanten Squeeze-out.[108] Dabei ist darauf abzustellen, wann die Ankündigung der Strukturmaßnahme und damit die Veränderung der Markterwartung tatsächlich erfolgt ist.[109] Dies ist spätestens der Tag der Einladung zur Hauptversammlung. In der Praxis dürften dem jedoch regelmäßig die Veröffentlichungen von Presse- oder Ad-hoc-Mitteilungen vorausgehen.[110] Eine Unterschreitung des Börsenkurses kommt grds. nur dann in Betracht, wenn dieser ausnahmsweise nicht den Verkehrswert der Aktie widerspiegelt.[111]

49 Unterschiedlich beurteilt wird, ob das Verlangen **bereits einen bestimmten Abfindungsbetrag enthalten** muss,[112] oder ob dieser der Gesellschaft in einer gesonderten Mitteilung bekanntgegeben werden darf.[113] Unstreitig ist jedenfalls, dass der Abfindungsbetrag spätestens bei Bekanntmachung der Tagesordnung benannt werden muss, da die Bekanntmachung gem. § 327c Abs. 1 Nr. 2 AktG die festgelegte Barabfindung zu enthalten hat.

50 Mit der Einladung zur Hauptversammlung und Bekanntmachung der Tagesordnung ist der Hauptaktionär an sein Abfindungsangebot gebunden.[114]

---

103 So OLG Frankfurt NZG 2014, 464 im Fall des Squeeze-out der Hoechst AG; kritisch dazu *Ruthardt/Hachmeister* NZG 2014, 455 ff.
104 BVerfG NZG 2012, 907 (909); OLG Karlsruhe AG 2013, 765 (766); LG Frankfurt, Beschluss vom 27.05.2014 – 3–05 O 34/13 (juris).
105 OLG Düsseldorf AG 2012, 716 (718) m. w. N.
106 OLG Frankfurt ZIP 2014, 2439 (2440), vgl. dort für eine umfassende Streitdarstellung; vgl. aus der Literatur etwa *Ruthardt* Der Konzern 2013, 615 m. w. N.
107 BVerfGE 100, 289. Kritisch dazu *Burger* NZG 2012, 281 (289).
108 OLG Frankfurt NZG 2012, 549.
109 OLG Stuttgart AG 2013, 840.
110 So auch K. Schmidt/Lutter/*Schnorbus* § 327b Rn. 5.
111 BVerfGE 100, 289 (309); nach OLG München AG 2014, 714, 715 sei das etwa der Fall, wenn aufgrund einer bestehenden Marktenge ungewiss sei, ob der Minderheitsaktionär seine Aktien tatsächlich zum Börsenkurs hätte verkaufen können.
112 So die wohl h. M., vgl. etwa MüKo AktG/*Grunewald* § 327a Rn. 11; Emmerich/Habersack/*Habersack* § 327b Rn. 4; Hüffer/*Koch* § 327b Rn. 8.
113 MünchHdb GesR IV/*Austmann* § 74 Rn. 38; K. Schmidt/Lutter/*Schnorbus* § 327b Rn. 9; Bürgers/Körber/*Holzborn/Müller* § 327a Rn. 13.
114 KöKo AktG/*Koppensteiner* § 327b Rn. 4.

3. Schriftlicher Bericht und sachverständige Prüfer (§ 327c Abs. 2 AktG)

Der Hauptaktionär hat der Hauptversammlung einen **schriftlichen Bericht** vorzulegen, aus dem sich 51
die Voraussetzungen des Squeeze-out (insbes. die Beteiligungsquote) ergeben, und in dem die Angemessenheit der Barabfindung zu erläutern und zu begründen ist. Berichtsmängel können zur Anfechtbarkeit des Übertragungsbeschlusses (Rdn. 65) führen, die inhaltliche Richtigkeit kann indes nur Gegenstand eines Spruchverfahrens (Rdn. 84–85) werden.[115]

Ferner hat der Hauptaktionär einen gerichtlichen Antrag auf Bestellung einer oder mehrerer **sach-** 52
verständiger Prüfer zu stellen, die sodann die Angemessenheit der Barabfindung prüfen und einen Prüfbericht erstellen. Eine **Parallelprüfung** zeitgleich mit der Unternehmensbewertung durch den Hauptaktionär ist zulässig.[116] **Fehler** im Prüfungsbericht können zur Anfechtbarkeit des Übertragungsbeschlusses (Rdn. 65) führen. Hält der Prüfer die Abfindung für unangemessen, ist dies für den weiteren Verlauf des Ausschlussverfahrens ohne Bedeutung;[117] der Prüfbericht wird dann jedoch im Spruchverfahren relevant werden (Rdn. 84–85).

Von der Einberufung der Hauptversammlung an müssen der Bericht des Hauptaktionärs sowie der 53
Prüfbericht zusammen mit anderen Unterlagen in dem **Geschäftsraum** der Gesellschaft zur Einsicht der Aktionäre ausliegen oder über die **Internetseite** zugänglich sein (§ 327c Abs. 3, Abs. 5 AktG).

4. Bankgarantie (§ 327b Abs. 3 AktG)

Der Hauptaktionär hat zusätzlich die Garantieerklärung einer Bank zu übermitteln, nach der sich die 54
Bank verpflichtet, den Minderheitsaktionären die festgelegte Barabfindung zu zahlen. Diese Garantie fungiert als **akzessorisches Sicherungsmittel**. Die Minderheitsaktionäre erlangen einen direkten Anspruch gegen die Bank. Das Verhältnis zwischen Hauptaktionär und Bank ist daher als Vertrag zugunsten Dritter zu qualifizieren.[118] Der Sicherungsfall tritt ein, wenn der Hauptaktionär die Barabfindung nicht unmittelbar nach Eintragung des Übertragungsbeschlusses (Rdn. 61) leistet.[119]

Ausreichend ist es, wenn die Bankgarantie kurz vor der Einberufung vorliegt.[120] Die Bankgarantie 55
zählt nicht zu den Dokumenten, die von Beginn der Einberufung der Hauptversammlung an ausgelegt werden müssen. Die Aufzählung in § 327c Abs. 3 AktG ist insofern abschließend.[121]

5. Durchführung der Hauptversammlung (§ 327d AktG)

Während der Hauptversammlung sind die in § 327c Abs. 3 AktG genannten Unterlagen zugänglich 56
zu machen. Der Hauptaktionär ist zu Erläuterungen berechtigt, aber nicht verpflichtet.[122] Auch eine Erläuterungspflicht des Vorstands wird von der h. M. abgelehnt.[123] Es gilt allein das allgemeine Auskunftsrecht gem. § 131 AktG gegenüber der Gesellschaft.

6. Übertragungsbeschluss (§ 327a Abs. 1 Satz 1, § 327e AktG)

Nach ganz h. M. genügt für den Beschluss **einfache Stimmenmehrheit** gem. § 133 Abs. 1 AktG.[124] 57
Verschärfende Satzungsregeln sind jedoch möglich. Der Hauptaktionär unterliegt **keinem Stimm-**

---

115 Emmerich/Habersack/*Habersack* § 327c Rn. 7.
116 BGH NZG 2009, 585 (589) – Wertpapierdarlehen.
117 *Ott* DB 2003, 1615 (1616 f.); GroßkommAktG/*Fleischer* § 327c Rn. 41.
118 Emmerich/Habersack/*Habersack* § 327b Rn. 13.
119 Für weitere Einzelheiten vgl. K. Schmidt/Lutter/*Schnorbus* § 327b Rn. 33 ff.
120 Nach MüKo AktG/*Grunewald* § 327b Rn. 20 soll der Vorstand sogar zur Einberufung berechtigt sein, wenn die Garantie zwar noch nicht vorliegt, jedoch mit Sicherheit feststeht, dass sie zum Zeitpunkt der Hauptversammlung vorliegen wird.
121 MüKo AktG/*Grunewald* § 327c Rn. 17.
122 OLG Stuttgart AG 2004, 105 (106).
123 *Krieger* BB 2002, 53 (59); K. Schmidt/Lutter/*Schnorbus* § 327d Rn. 6 m. w. N.
124 KöKo AktG/Koppensteiner § 327a Rn. 23 m. w. N.

rechtsausschluss gem. § 136 Abs. 1 AktG. Bedeutsam sind die Konstellationen, in denen die Stimmkraft des Hauptaktionärs hinter seiner Kapitalbeteiligung zurückbleibt (insbes. bei stimmrechtslosen Vorzugsaktien).[125]

58 Mit **Eintragung** des Übertragungsbeschlusses in das Handelsregister gehen die Aktien der Minderheitsaktionäre auf den Hauptaktionär über (§ 327e Abs. 3 S. 1 AktG). Die Minderheit ist in diesem Zeitpunkt ausgeschlossen – der Suqueeze-out damit durchgeführt.

III. Rechtsfolgen des Ausschlussverfahrens

1. Übergang der Aktien auf den Hauptaktionär

59 Der Übergang erfolgt im Zeitpunkt der Eintragung **kraft Gesetzes,** ohne dass es eines gesonderten Übertragungsaktes bedarf.[126] Existieren aufgrund der Zurechnung gem. §§ 327a Abs. 2, 16 Abs. 4 AktG mehrere Hauptaktionäre (Rdn. 41), gehen die Aktien auf denjenigen über, der das Verlangen geäußert hat.[127]

60 Eigene **Aktien der Gesellschaft** sowie dem Hauptaktionär nach § 16 Abs. 4 AktG **zugerechnete Aktien** gehen nach wohl h. M. nicht über.[128]

2. Anspruch auf angemessene Barabfindung

61 Der Abfindungsanspruch der Minderheitsaktionäre entsteht ebenfalls im **Zeitpunkt der Eintragung** des Übertragungsbeschlusses.[129] Schuldner des Anspruchs ist nur der Hauptaktionär.[130] Daneben hat der Minderheitsaktionär einen unmittelbaren Anspruch gegen das Kreditinstitut aus der Gewährleistungserklärung nach § 327b AktG (Rdn. 54).

IV. Rechtsschutz des Minderheitsaktionärs

1. Beschlussmängelklage gegen den Übertragungsbeschluss

a) Allgemeines zur Zulässigkeit

62 Wie jeder Hauptversammlungsbeschluss, so kann grds. auch der Übertragungsbeschluss an Mängeln leiden, die ihn gem. §§ 241 ff. AktG gerichtlich angreifbar machen. Eine Anfechtungs- (§ 246 AktG) oder Nichtigkeitsklage (§ 249 AktG) ist **statthaft,** wenn der Minderheitsaktionär gegen den Ausschluss vorgehen und seinen Verbleib in der Gesellschaft erreichen will. Geht es dem Minderheitsaktionär hingegen nur um die Angemessenheit seiner Abfindung, ist er auf das Spruchverfahren verwiesen (Rdn. 84–85). Die Anfechtungsklage ist innerhalb **eines Monats** nach Beschlussfassung zu erheben (§ 246 Abs. 1 AktG). Die **Klagebefugnis** richtet sich nach § 245 AktG.[131]

b) Begründetheit einer Nichtigkeitsklage

63 Ein Übertragungsbeschlusses ist nichtig, wenn einer der abschließenden **Nichtigkeitsgründe** des **§ 241 AktG** vorliegt. Im Falle eines Squeeze-out kommen insbes. § 241 Nr. 3, 4 AktG in Betracht. Nach h. M. soll es »mit dem Wesen der Aktiengesellschaft« unvereinbar sein (§ 241 Nr. 3 AktG), wenn der Hauptaktionär im Zeitpunkt der Beschlussfassung nicht über die erforderliche

---

125 Vgl. dazu GroßkommAktG/*Fleischer* § 327a Rn. 68.
126 *Angerer* BKR 2002, 260 (266); Spindler/Stilz/*Singhof* § 327e Rn. 8.
127 K. Schmidt/Lutter/*Schnorbus* § 327e Rn. 21.
128 *Habersack* ZIP 2001, 1230 (1236); Hüffer/*Koch* § 327b Rn. 2 m. w. N.; a. A. MüKo AktG/*Grunewald* § 327b Rn. 11.
129 Vgl. für Einzelheiten etwa Spindler/Stilz/*Singhof* § 327b Rn. 9.
130 OLG Hamburg AG 2004, 622 (623).
131 Vgl. für Einzelheiten zur Zulässigkeit § 8 Rdn. 28–57.

95 %-Mehrheit verfügt.¹³² Die **Heilung** von Nichtigkeitsgründen ist unter den Voraussetzungen des § 242 AktG möglich.¹³³

c) Begründetheit einer Anfechtungsklage

Die Anfechtbarkeit richtet sich nach der allgemeinen Regel des § 243 AktG. Der Übertragungs- 64
beschluss ist anfechtbar, wenn er **formell** (Verfahren) oder **materiell** (Inhalt) gegen Gesetz oder Satzung verstößt.

aa) Verfahrensmängel

Verfahrensmängel betreffen das **Zustandekommen** des Beschlusses. Beim Squeeze-out sind insbes. 65
Verletzungen von Berichts- und Auslegungspflichten gem. § 327c Abs. 2, Abs. 3, § 327d AktG (Rdn. 51–53, 56) sowie des allgemeinen Auskunftsrechts gem. § 131 AktG denkbar. Auch Fehler bei der Einberufung oder Ankündigung kommen grds. in Betracht.¹³⁴ Nach h. M. führen jedoch nur solche Verfahrensmängel zur Anfechtbarkeit des Beschlusses, die für das Mitgliedschaftsrechts des Aktionärs von gewisser **Relevanz** sind.¹³⁵

Auf unrichtige, unvollständige oder unzureichende **Informationen** in der Hauptversammlung über 66
die Ermittlung, Höhe oder Angemessenheit der **Barabfindung** (§ 327c AktG) kann die Klage gem. § 243 Abs. 4 S. 2 AktG jedoch nicht gestützt werden, da § 327 f. S. 2 AktG für Bewertungsrügen ein Spruchverfahren vorsieht (Rdn. 84–85).

bb) Inhaltsmängel

Ein Squeeze-out bedarf grds. **keiner sachlichen Rechtfertigung**.¹³⁶ Es findet also **keine materielle** 67
Beschlusskontrolle statt.¹³⁷ Denn in den §§ 327a-327 f. AktG ist bereits eine Abwägung zugunsten des Hauptaktionärs angelegt, sodass es über die bloße Kapitalmehrheit hinaus keiner Verhältnismäßigkeit bedarf.¹³⁸

Eine Anfechtung soll lediglich in engen Ausnahmefällen möglich sein, in denen das Ausschlussver- 68
fahren **rechtsmissbräuchlich** betrieben wurde und der Übertragungsbeschluss damit **treuwidrig** ist.¹³⁹ Abzustellen sei darauf, ob die Durchführung des Squeeze-out dem Gesetzeszweck der §§ 327a-327 f. AktG (Rdn. 35) entspricht, oder allein auf die Förderung gesellschaftsfremder persönlicher Interessen des Hauptaktionärs abzielt.¹⁴⁰

---

132 KG NZG 2010, 224 (225); OLG München NZG 2007, 192 (193); GroßkommAktG/*Fleischer* § 327 f. Rn. 6; Gegen eine Nichtigkeit und für eine bloße Anfechtbarkeit *Mertens* AG 2002, 377 (383); MüKo AktG/*Grunewald* § 327a Rn. 16.
133 K. Schmidt/Lutter/*Schnorbus* § 327e Rn. 32.
134 Hüffer/*Koch* § 327a Rn. 19.
135 Sog. Relevanztheorie, vgl. etwa BGHZ 149, 158 (164 f.).
136 BGH NZG 2009, 585 (587) – Wertpapierdarlehen; OLG Frankfurt AG 2008, 167 (168); OLG Köln ZIP 2004, 760 (762).
137 *Fleischer* ZGR 2002, 757 (784); *Kort* ZIP 2006, 1519 (1520); *Mertens* AG 2002, 377; MüKo AktG/*Grunewald* § 327a Rn. 17. Zu typischen Anwendungsfällen einer materiellen Beschlusskontrolle vgl. K. Schmidt/Lutter/*Schwab* § 243 Rn. 11.
138 Allg. Meinung, vgl. nur Hüffer/*Koch* § 327a Rn. 14 m. w. N.; vgl. aus der Rechtsprechung etwa OLG Bremen AG 2013, 643 (647).
139 *Krieger* BB 2002, 53, 60 f.; *Grunewald* ZIP 2002, 18, 22 f.; KöKo WpÜG/*Hasselbach* § 327a Rn. 76 ff.; hingegen für eine Nichtigkeit des Beschlusses nach § 241 AktG OLG München NZG 2007, 192 (193); Heidel/*Heidel/Lochner* § 327a Rn. 18. Die Beweislast für den Rechtsmissbrauch liegt beim Minderheitsaktionär, vgl. OLG Stuttgart AG 2008, 464 (465).
140 In diesem Sinne etwa MüKo AktG/*Grunewald* § 327a Rn. 18; a. A. wohl Hüffer/*Koch* § 327a Rn. 20.

69 Nach einer Literaturauffassung soll insbes. ein **nur vorübergehendes Halten der Kapitalmehrheit** ein Indiz für einen Rechtsmissbrauch sein.[141] Soweit etwa eine **Wertpapierleihe** (Rdn. 43) nur dazu diene, die 95 %-Schwelle zu erreichen und die Rückabwicklung bereits ganz kurze Zeit nach dem Squeeze-out erfolge, sei ein Missbrauch gegeben.[142] Dieser Ansicht hat der BGH jedoch ausdrücklich widersprochen.[143] Ein nur vorübergehendes Erreichen der Kapitalschwelle sei für sich allein kein Indiz für einen Rechtsmissbrauch. Der Hauptaktionär müsse keine übergeordnete unternehmerische Zielsetzung darlegen, da dies auf ein – im Gesetz nicht angelegtes – Erfordernis einer sachlichen Rechtfertigung hinausliefe.[144] Zudem lasse das Gesetz völlig offen, auf welche Weise und für wie lange sich der Hauptaktionär die erforderliche Mehrheit verschafft.[145] Dies soll selbst dann gelten, wenn einzelne Vermögensrechte aus der Aktie schuldrechtlich beim »Verleiher« (eigentlich Darlehensgeber, Rdn. 43 mit Fn. 95) verbleiben sollen, dieser also wirtschaftlich Aktionär bleibt.

70 Als weitere Beispiele für einen unredlichen Erwerb der eigenen Rechtsposition werden ferner die kurzfristige **Bündelung** von Aktien[146] (etwa in einer BGB-Gesellschaft, um dadurch einen »Hauptaktionär für kurze Zeit zu kreieren«[147]) sowie die vorübergehende Schaffung von **Zurechnungstatbeständen** nach § 16 Abs. 4 AktG[148] diskutiert. Problematisch können ebenfalls sein: ein **Formwechsel** in die AG, der einzig zum Zwecke eines Squeeze-out erfolgt[149], ein Verstoß gegen mögliche **vertragliche Absprachen** der Aktionäre untereinander[150], sonstige Fälle, in denen sich der Hauptaktionär durch sein Übertragungsverlangen in Widerspruch zu einem zuvor geschaffenen Vertrauenstatbestand setzt (**venire contra factum proprium**, § 242 BGB)[151], eine **Kapitalerhöhung unter Bezugsrechtsausschluss**, die allein dem Erreichen der 95 %-Schwelle dient[152].

71 Auch Maßnahmen der Gesellschaft können gegenüber den Minderheitsaktionären treuwidrig sein und zu einer Anfechtung des Übertragungsbeschlusses führen. So z. B. der **Rückerwerb eigener Aktien** mit dem Ziel, dem Mehrheitsaktionär zum Hauptaktionärsstatus zu verhelfen.[153]

d) Registersperre und Freigabeverfahren

72 Gem. § 327e Abs. 2 AktG i. V. m. § 319 Abs. 5, Abs. 6 AktG begründen eine fehlende Negativerklärung[154] sowie anhängige Beschlussmängelklagen eine **Registersperre**. D. h. der Beschluss kann vorerst nicht eingetragen, der Squeeze-out nicht vollzogen werden.

---

141 *Baums* WM 2001, 1843 (1847); *Lieder/Stange* Der Konzern 2008, 617 (621); GroßkommAktG/*Fleischer* § 327a Rn. 79 f.; MüKo AktG/*Grunewald* § 327a Rn. 21.
142 MüKo AktG/*Grunewald* § 327a Rn. 21.
143 BGH NZG 2009, 585 (587) – Wertpapierdarlehen. Auch die wohl überwiegende Literatur steht auf der Seite des BGH. Vgl. nur Emmerich/Habersack/*Habersack* § 327a Rn. 28 m. w. N.
144 BGH NZG 2009, 585 (587) – Wertpapierdarlehen.
145 BGH NZG 2009, 585 (587) – Wertpapierdarlehen; ebenso *Schäfer/Dette* NZG 2009, 1 (4 f.).
146 K. Schmidt/Lutter/*Schnorbus* § 327 f. Rn. 14.
147 So etwa MüKo AktG/*Grunewald* § 327a Rn. 20.
148 Vgl. dazu *Maslo* NZG 2004, 163.
149 Vgl. dazu MüKo AktG/*Grunewald* § 327a Rn. 24; Emmerich/Habersack/*Habersack* § 327a Rn. 29 mit Hinweis auf die Wertungen aus einer älteren BGH-Entscheidung zu Treuepflichten in der AG (BGH NJW 1988, 1579 – Linotype); a. A. K. Schmidt/Lutter/*Schnorbus* § 327 f. Rn. 18.
150 OLG Celle AG 2004, 206 (207); *Buchta/Ott* DB 2005, 990 (993); Emmerich/Habersack/*Habersack* § 327a Rn. 31; a. A. KöKo AktG/*Koppensteiner* § 327 f. Rn. 6.
151 *Fleischer* ZGR 2002, 757 (785 f.); *Grunewald* ZIP 2002, 18 (22); *Schäfer/Dette* NZG 2009, 1 (6); Emmerich/Habersack/*Habersack* § 327a Rn. 30; MüKo AktG/*Grunewald* § 327a Rn. 28.
152 OLG Schleswig AG 2004, 155 (158 f.).
153 Denn eigene Aktien sind gem. §§ 327a Abs. 2, 16 Abs. 2 AktG bei der Berechnung der Beteiligungshöhe auszublenden, vgl. K. Schmidt/Lutter/*Schnorbus* § 327 f. Rn. 14.
154 Vgl. dazu GroßkommAktG/*Fleischer* § 327e Rn. 7 ff.

B. Streitigkeiten über den Ausschluss von Minderheitsaktionären (Squeeze-out) § 7

Mit dem **Freigabeverfahren** nach § 319 Abs. 6 AktG[155] hat der Gesetzgeber der Gesellschaft jedoch ein Instrument an die Hand gegeben, mit dem sie die Registersperre überwinden und eine bestandskräftige (§ 319 Abs. 6 Satz 11 AktG) Eintragung des Beschlusses trotz anhängiger Klage erreichen kann. 73

Das Freigabeverfahren wird eingeleitet durch einen **Antrag der Gesellschaft**, vertreten durch ihren Vorstand. Der Hauptaktionär ist nicht antragsberechtigt.[156] Da das Verfahren jedoch in seinem Interesse initiiert wird, hat er einen Anspruch gegen die Gesellschaft auf Antragstellung.[157] Im Gegenzug kann die Gesellschaft von dem Hauptaktionär Freistellung von möglichen Schadensersatzansprüchen der Minderheitsaktionäre (§ 327e Abs. 2 i. V. m. § 319 Abs. 6 Satz 10 AktG) verlangen.[158] 74

Zuständig ist seit der Gesetzesänderung durch das ARUG[159] das **Oberlandesgericht**, in dessen Bezirk die Gesellschaft ihren Sitz hat (§ 327e Abs. 2 i. V. m. § 319 Abs. 6 Satz 7 AktG). 75

Die **materiellen Beschlussvoraussetzungen** sind in § 327e Abs. 2 i. V. m. § 319 Abs. 6 Satz 3 Nr. 1–3 AktG geregelt. Ein Freigabebeschluss ergeht, wenn (**Nr. 1**) die Klage unzulässig oder offensichtlich unbegründet ist, (**Nr. 2**) der Kläger nicht binnen einer Woche nach Zustellung des Antrags durch Urkunden nachgewiesen hat, dass er seit Bekanntmachung der Einberufung einen anteiligen Betrag von mindestens 1.000 Euro hält oder (**Nr. 3**) das alsbaldige Wirksamwerden des Hauptversammlungsbeschlusses vorrangig erscheint, weil die vom Antragsteller dargelegten wesentlichen Nachteile für die Gesellschaft und ihre Aktionäre nach freier Überzeugung des Gerichts die Nachteile für den Antragsgegner überwiegen, es sei denn, es liegt eine besondere Schwere des Rechtsverstoßes vor. 76

Offensichtlich unbegründet i. S. d. § 319 Abs. 6 Satz 3 Nr. 1 AktG ist die Klage, wenn das Gericht nach **vollständiger rechtlicher Würdigung** eine andere Beurteilung für nicht oder kaum vertretbar hält.[160] Offensichtliche Unbegründetheit kann selbst dann vorliegen, wenn zu einer Rechtsfrage in Literatur und Rechtsprechung andere Ansichten vertreten werden.[161] Zweifel gehen zu Lasten des Antragstellers.[162] Offensichtlich unbegründet ist bspw. eine Klage, mit der der Kläger lediglich eine angebliche Verfassungswidrigkeit der §§ 327a ff. AktG vorträgt.[163] Wird die Anfechtungsklage auf eine angebliche Unangemessenheit der Barabfindung gestützt, ist die Klage nicht offensichtlich unbegründet, wenn die vom Hauptaktionär auf Grundlage eines eigenen Bewertungsgutachtens angebotene Barabfindung deutlich unter der Barabfindung liegt, die der gerichtlich bestellte Sachverständige ermittelt hat.[164] 77

Das **Bagatellquorum** des § 319 Abs. 6 Satz 3 Nr. 2 AktG wurde durch das ARUG eingeführt. Der Gesetzgeber will damit die übermäßige Belastung der Gerichte verringern, die sich in der Vergangen- 78

---

155 Vergleichbare Verfahren existieren in § 246a AktG und § 16 Abs. 3 UmwG.
156 Emmerich/Habersack/*Habersack* § 327e Rn. 6; MüKo AktG/*Grunewald* § 327e Rn. 6; a. A. KöKo AktG/*Koppensteiner* § 327e Rn. 5; Geibel/Süßmann/*Grzimek* § 327e Rn. 12.
157 K. Schmidt/Lutter/*Schnorbus* § 327 f. Rn. 9.
158 Emmerich/Habersack/*Habersack* § 327e Rn. 6.
159 Gesetz zur Umsetzung der Aktionärsrichtlinie vom 30.07.2009. Zuvor war das Landgericht der Hauptsache zuständig.
160 So die herrschende Gerichtspraxis, vgl. OLG München ZIP 2011, 2199 (2201) m. w. N. Die Gegenansicht vereint das Erfordernis einer vollumfänglichen rechtlichen Würdigung und verlangt eine leichte Erkennbarkeit der Unbegründetheit bei »mehr oder minder kursorischer Prüfung des Sachverhalts«, vgl. etwa LG Frankfurt NZG 2003, 731.
161 OLG Frankfurt AG 2008, 827.
162 OLG Frankfurt ZIP 2000, 1928 (1930 ff.).
163 OLG Düsseldorf AG 2004, 207 (208).
164 OLG Bremen AG 2013, 643 (644 f.). Dort lautete das Abfindungsangebot des Hauptaktionärs auf EUR 1,72 je EUR 1 Anteil am Grundkapital, während der gerichtlich bestellte Sachverständige eine realistische Wertuntergrenze von EUR 2,36 annahm.

heit daraus ergab, dass sich Kleinstaktionäre als »Trittbrettfahrer« den substantiierten Klagen anderer Aktionäre ohne eigenständigen Vortrag anschlossen.[165]

79 Bei Anwendung der **Interessenabwägungsklausel** nach § 319 Abs. 6 Satz 3 Nr. 3 AktG hat das Gericht in einem **ersten Schritt** zu prüfen, ob ein Rechtsverstoß von besonderer Schwere vorliegt. Diese besondere Schwere des Rechtsverstoßes liegt aber nicht schon dann vor, wenn der betroffene Beschluss wegen eines Rechtsverstoßes anfechtbar oder nichtig ist.[166] Entscheidend ist, ob elementare Aktionärsrechte – etwa durch absichtliche Verstöße gegen das Gleichbehandlungsgebot oder die Treuepflicht – so massiv verletzt worden sind, dass diese Verletzung selbst durch die nachträgliche Leistung von Schadensersatz nicht angemessen ausgeglichen werden kann.[167] In diesem Fall ist die Prüfung beendet und die Freigabe ist zu versagen.[168] Liegt kein besonders schwerer Rechtsverstoß vor, sind in einem **zweiten Schritt** nun die Interessen der Gesellschaft und die des klagenden Minderheitsaktionärs gegenüberzustellen; auf Seiten der Gesellschaft sind dabei jedoch auch und vor allem die Interessen des Hauptaktionärs zu berücksichtigen.[169] Konkret einzubeziehen sind dabei zum einen solche Nachteile, die infolge eines Aufschubs der Eintragung drohen, sowie darüber hinaus auch solche, die mit einem Erfolg der Nichtigkeits- und Anfechtungsklage und der daraus folgenden Nichteintragung einhergingen (sog. Nichteintragungsnachteile).[170] Da die Nachteile des Hauptaktionärs oftmals (aber nicht immer) nur aus vertanen Kostenvorteilen bestehen,[171] wird das Interesse des Minderheitsaktionärs am Fortbestand seiner Mitgliedschaft nicht selten mehr wiegen als das Interesse des Hauptaktionärs an einer baldigen Eintragung.[172] Anders kann es indes liegen, wenn die Eintragung besonders eilbedürftig ist.[173] Bei der Interessenabwägung kommt es – im Gegensatz zur Prüfung der Schwere der Rechtsverletzung auf der ersten Stufe – auf die Erfolgsaussichten in der Hauptsache grds. nicht an.[174]

80 Ist einer der Tatbestände des § 319 Abs. 6 Satz 3 AktG erfüllt, erlässt das Gericht einen **positiven Freigabebeschluss.** Der Beschluss bindet den Registerrichter und verpflichtet ihn zur Eintragung. Damit treten die Rechtsfolgen des Squeeze-out ein und das Ausschlussverfahren ist abgeschlossen. Sollte in der Hauptsache der Übertragungsbeschluss dennoch für nichtig erklärt werden, lässt dies die Durchführung des Squeeze-out unberührt (**Bestandskraft**, vgl. § 319 Abs. 6 Satz 11 AktG). Der Minderheitsaktionär ist dann lediglich auf einen Schadensersatzanspruch verwiesen, der jedoch nicht auf Rückabwicklung des Squeeze-out gerichtet sein kann (§ 327e Abs. 2 i. V. m. § 319 Abs. 6 Satz 10, 11 AktG).

e) Rechtsfolgen einer erfolgreichen Klage

81 Hat die Beschlussmängelklage Erfolg, erklärt das Gericht den Übertragungsbeschluss für nichtig (§§ 248 Abs. 1, 241 Nr. 5 AktG) bzw. stellt die Nichtigkeit fest (§ 249 Abs. 1 AktG).[175]

82 Tritt der Klageerfolg ein **bevor** der Übertragungsbeschluss **eingetragen** wurde, findet eine Eintragung nicht mehr statt. Der Squeeze-out ist dann gescheitert.

---

165 RegBegr. BT-Drucks. 16/11642 S. 42.
166 OLG Köln AG 2015, 39 (40).
167 OLG Köln ZIP 2014, 263; OLG Köln AG 2015, 39 (40).
168 K. Schmidt/Lutter/*Schnorbus* § 246a Rn. 10.
169 LG Köln NZG 2009, 467 (468); Emmerich/Habersack/*Habersack* § 327e Rn. 7.
170 OLG Köln AG 2015, 39.
171 MüKo AktG/*Grunewald* § 327e Rn. 7; LG Frankfurt NZG 2003, 731 wo Kostenvorteile in Höhe von 1 Mio. Euro nicht ausreichten, um das Vollzugsinteresse der Gesellschaft bzw. des Hauptaktionärs vorrangig erscheinen zu lassen.
172 Ebenso Emmerich/Habersack/*Habersack* § 327e Rn. 7; MüKo AktG/*Grunewald* § 327e Rn. 7.
173 K. Schmidt/Lutter/*Schnorbus* § 327e Rn. 16.
174 OLG Stuttgart AG 2003, 456 (458).
175 Nach h. M. ist die Nichtigkeitsklage nach § 249 AktG eine Feststellungsklage, vgl. K. Schmidt/Lutter/*Schwab* § 249 Rn. 1.

Obsiegt der Minderheitsaktionär hingegen **nachdem** der Beschluss **eingetragen** wurde, sind die Aktien bereits auf den Hauptaktionär übergegangen. Es ist nun wie folgt zu unterscheiden: Ist die Eintragung aufgrund eines **Freigabebeschlusses** erfolgt, ist Bestandskraft eingetreten; der Beschluss durfte trotz seiner Mängel durchgeführt werden und die Rechtsfolgen des Squeeze-out gelten unverändert fort (Rdn. 80). Ist die Eintragung **ohne Freigabeverfahren** erfolgt, ist die Durchführung des Beschlusses hingegen nicht bestandskräftig. Nach h. M. sollen hier jedoch die Grundsätze über die fehlerhafte Gesellschaft zur Anwendung gelangen, so dass der Minderheitsaktionär die Nichtigkeit des Beschlusses nur ex nunc gelten machen kann.[176] Er hat einen Anspruch gegen den Hauptaktionär auf Wiedereinräumung seiner Mitgliedschaft Zug-um-Zug gegen Rückgewähr der gezahlten Abfindung.[177]

83

2. Spruchverfahren

Gem. § 327 f. AktG i. V. m. § 1 Nr. 3 SpruchG ist ein Spruchverfahren in zwei Fällen **statthaft**: Die vom Hauptaktionär festgelegte Barabfindung ist nicht angemessen (§ 327 f. S. 2 AktG). Der Hauptaktionär hat eine Barabfindung nicht oder nicht angemessen angeboten und eine hierauf gestützte Anfechtungsklage ist innerhalb der Anfechtungsfrist nicht erhoben, zurückgenommen oder rechtskräftig abgewiesen worden (Subsidiarität, § 327 f. S. 3 AktG).

84

Zuständig ist das Landgericht, in dessen Bezirk die Gesellschaft ihren Sitz hat (§ 2 Abs. 1 S. 1 SpruchG). **Antragsberechtigt** ist gem. § 3 Nr. 2 SpruchG jeder ausgeschiedene Aktionär; bei Namensaktien nur, wer im Aktienregister eingetragen ist.[178] **Antragsgegner** ist der Hauptaktionär (§ 5 Nr. 3 SpruchG). Das Spruchverfahren muss innerhalb einer **Dreimonatsfrist** seit der Eintragung des Übertragungsbeschlusses im Handelsregister beantragt werden (§ 4 Abs. 1 Nr. 3 SpruchG). Der Antrag ist gem. § 4 Abs. 2 SpruchG mit einer **Begründung** zu versehen. Das Gericht entscheidet gem. § 11 Abs. 1 SpruchG durch Beschluss. Dieser kann entweder auf Erhöhung der Barabfindung oder auf Abweisung des Antrags lauten.[179] Eine Erhöhung kommt jedoch regelmäßig nicht in Betracht, wenn die angebotene Barabfindung von dem nach dem gerichtlichen Gutachten für angemessen erachteten Wert weniger als 1 % abweicht.[180]

85

---

176 GroßkommAktG/*Fleischer* § 327 f. Rn. 22 ff. Vgl. auch dort für Ausnahmen.
177 Spinder/Stilz/*Singhof* § 327e Rn. 11.
178 OLG Hamburg NZG 2004, 45.
179 Emmerich/Habersack/*Emmerich* § 11 SpruchG Rn. 3.
180 OLG Karlsruhe AG 2013, 353 (354); OLG Stuttgart AG 2011, 205 (211).

§ 8 Streitigkeiten im Zusammenhang mit der Hauptversammlung

Übersicht

	Rdn.
A. Anfechtungsklage	2
I. Verfahrensbeteiligte	3
1. Kläger	4
a) Aktionäre	5
b) Vorstand	8
c) Aufsichtsrat	12
2. Beklagte	13
3. Nebenintervenient	18
II. Anfechtungsverfahren	27
1. Zulässigkeit der Anfechtungsklage	28
a) Statthaftigkeit	29
aa) Gegenstand der Anfechtungsklage	30
bb) Verhältnis von Anfechtungs- und Nichtigkeitsklage	33
b) Zuständigkeit	36
c) Klageerhebung	38
aa) Klageantrag	38
bb) Klagezustellung	41
cc) Klagebekanntmachung	47
d) Rechtsschutzbedürfnis	48
e) Sonstige prozessuale Besonderheiten	52
aa) Darlegungs- und Beweislast	52
bb) Registersperre	54
cc) Einstweiliger Rechtsschutz	57
2. Begründetheit der Anfechtungsklage	58
a) Anfechtungsbefugnis	59
aa) Anfechtungsbefugnis des Aktionärs	60
(1) Der in der Hauptversammlung erschienene Aktionär	61
(2) Insbesondere: Anfechtungsbefugnis des Minderheitsaktionärs bei Klage gegen Squeeze-out-Beschluss	66
(3) Der nicht in der Hauptversammlung erschienene Aktionär	70
(4) Unzulässige Verfolgung von Sondervorteilen	75
bb) Anfechtungsbefugnis des Vorstands	78
cc) Anfechtungsbefugnis einzelner Organmitglieder	80
b) Anfechtungsfrist	81
c) Anfechtungsgrund	88
d) Kein Anfechtungsausschluss	89
aa) Bestätigungsbeschluss	90
bb) Heilung der Nichtigkeit	91
3. Beendigung des Anfechtungsverfahrens	92
a) Urteil	92
aa) Wirkung	93
bb) Eintragung im Handelsregister	101
cc) Streitwert der Anfechtungsklage	104
dd) Rechtsmittel	110
b) Sonstige Beendigungstatbestände	114
aa) Versäumnisurteil	115
bb) Anerkenntnis	116
cc) Klagerücknahme	117
dd) Prozessvergleich	119
ee) Amtslöschung	123
c) Bekanntmachung	124
III. Anfechtungsgründe	126
1. Einführung	126
2. Verletzung des Gesetzes oder der Satzung (§ 243 Abs. 1 AktG)	129
a) Objektive Rechtmäßigkeitsprüfung	130
aa) Verletzung des Gesetzes	130
bb) Verletzung der Satzung	133
cc) Nicht: Vertragsverletzungen, auch nicht Verletzung von Stimmbindungsverträgen	136
b) Verfahrensfehler	138
aa) Relevanz des Fehlers	139
bb) Fehler bei der Einberufung der Hauptversammlung	142
cc) Fehler bei der Durchführung der Hauptversammlung	146
dd) Fehler im Abstimmungsverfahren	149
ee) Beweislast	152
c) Inhaltsfehler	154
aa) Verletzung konkreter Einzelvorschriften	155
bb) Verletzung gesellschaftsrechtlicher Generalklauseln	156
(1) Gleichbehandlungsgebot	157
(2) Mitgliedschaftliche Treupflicht	158
cc) Beweislast	161
3. Unzulässige Verfolgung von Sondervorteilen	162
a) Tatbestandsvoraussetzungen (§ 243 Abs. 2 S. 1 AktG)	163
b) Der Ausschlusstatbestand des § 243 Abs. 2 S. 2 AktG	166
c) Beweislast	168
4. Ausschluss der Anfechtung (§ 243 Abs. 3 AktG)	169

	Rdn.
a) Technische Störungen bei der elektronischen Wahrnehmung von Rechten (Nr. 1)	170
b) Verletzung einzelner Publizitäts- und Weitergabepflichten (Nr. 2)	171
c) Vorrang des Ersetzungsverfahrens gemäß § 318 Abs. 3 HGB (Nr. 3)	173
5. Anfechtung wegen Informationsmängeln (§ 243 Abs. 4 AktG)	175
a) Informationsmängel nach Abs. 4 S. 1	176
b) Anfechtungsausschluss für Bewertungsrügen (§ 243 Abs. 4 S. 2 AktG)	179
6. Spezielle Anfechtungsklagen	181
7. Ausschluss der Anfechtung bei Bestätigungsbeschluss (§ 244 AktG)	186
a) Anforderungen an den Bestätigungsbeschluss	187
b) Rechtsfolge des Bestätigungsbeschlusses	189
c) Prozessuale Besonderheiten	191
aa) Erledigung der Anfechtungsklage bei wirksamem Bestätigungsbeschluss	192
bb) Klageerweiterung bei Anfechtung des Bestätigungsbeschlusses, Verfahrensverbindung	193
cc) Aussetzung bei getrennten Anfechtungsprozessen gegen Ausgangs- und Bestätigungsbeschluss	194
dd) Streitwert	196
IV. Missbräuchliche Anfechtungsklagen	197
1. Problemaufriss	197
a) Allgemeines	197
b) Versuche der Einschränkung missbräuchlicher Anfechtungsklagen	199
aa) Gesetzgebung	199
bb) Rechtsprechung	203
2. Voraussetzungen missbräuchlicher Anfechtungsklagen	205
a) Grundsatz	205
b) Einzelfälle	209
aa) Gesamtschau von Beweiszeichen	210
bb) Mögliche Indizien	212
(1) Überhöhte Kosten des Verfahrens	212
(2) Geringer Anteilsbesitz	213
(3) Wiederholtes Klagen	215
(4) Bereitwilligkeit zum Vergleich	217
(5) Geltend gemachte Anfechtungsgründe	219

	Rdn.
(6) Entschließung zur Einforderung von Sonderleistungen erst nach Klageerhebung genügt	221
(7) Erstreben der Leistung eines Aktionärs (nicht der Gesellschaft) genügt	222
(8) Wirtschaftliche Verflechtung mehrerer Kläger?	223
c) Darlegungs- und Beweislast	224
3. Rechtsfolgen	225
a) Unbegründetheit der Anfechtungsklage	225
b) Rückerstattung erhaltener Zahlungen	227
c) Schadensersatzansprüche	228
4. Ausblick	230
B. **Nichtigkeitsklage**	233
I. Verhältnis von Nichtigkeits- und Anfechtungsklage	235
1. Identisches Rechtsschutzziel	235
2. Nichtigkeitsklage nach Einleitung des Anfechtungsverfahrens	237
3. Nichtigkeitsklage nach Entscheidung im Anfechtungsverfahren	238
II. Anwendungsbereich	243
1. Ausgenommene Hauptversammlungsbeschlüsse	243
2. Analoge Anwendung der Regelungen zur Nichtigkeitsklage	244
III. Parteien	246
1. Klägerseite	246
a) Maßgeblicher Zeitpunkt	248
b) Veränderungen nach Klageerhebung	249
2. Beklagtenseite	255
IV. Entsprechende Anwendung der Regelungen für Anfechtungsklagen	257
V. Prozessuale Sonderregelungen für Nichtigkeitsklagen	262
1. Keine Klagefrist	263
a) Keine Einführung einer Klagefrist durch ARUG	264
b) Geplante relative Befristung der Nichtigkeitsklage	266
2. Klagebefugnis/Feststellungs- und Rechtsschutzinteresse	272
3. Verbindung von Prozessen	276
4. Klageerhebung durch Widerklage	280
VI. Urteilswirkung	281
VII. Geltendmachung der Nichtigkeit auf andere Weise, § 249 Abs. 1 S. 2 AktG	287
VIII. Klage auf Teilnichtigerklärung	292
C. **Allgemeine Feststellungsklage**	293
I. Anwendungsfälle	295
1. Beschlussmängelrecht	296

		Rdn.				Rdn.
	2. Außerhalb des Beschlussmängelrechts	302		3. Prozessbevollmächtigte		361
				4. Streitwert		362
II.	Verfahrensfragen	307		5. Glaubhaftmachung		363
III.	Urteilswirkung	309		6. Mündliche Verhandlung		364
D.	**Positive Beschlussfeststellungsklage**	312		7. Drei-Monats-Frist zur Beendigung des Freigabeverfahrens		367
I.	Klageantrag	313				
II.	Statthaftigkeit/Rechtsschutzbedürfnis	315	IV.	Voraussetzungen einer Freigabe		368
III.	Verfahrensfragen	318		1. Klage unzulässig oder offensichtlich unbegründet, § 246a Abs. 2 Nr. 1 AktG		369
IV.	Begründetheit	321				
V.	Wirkung des Urteils	326				
VI.	Rechtsmittel	328		2. Bagatellschwelle, § 246a Abs. 2 Nr. 2 AktG		374
VII.	Bekanntmachungspflicht	329				
E.	**Einstweiliger Rechtsschutz**	330		3. Interessenabwägung, § 246a Abs. 2 Nr. 3 AktG		380
I.	Eilverfahren vor der Hauptversammlung	331				
	1. Verhinderung von Hauptversammlung oder Beschlussfassung	332		a) Keine Freigabe bei besonderer Schwere des Rechtsverstoßes		381
	2. Erzwingung von Abstimmungsverhalten	335		b) Abwägung von Vollzugs- und Aussetzungsinteresse		384
II.	Eilmaßnahmen hinsichtlich der Beschlussausführung	340	V.	Wirkungen des Freigabebeschlusses		386
			VI.	Schadensersatzpflicht bei Erfolg der Klage nach erfolgter Freigabe		392
III.	Verfahrensfragen	345				
F.	**Freigabeverfahren**	348	G.	**Schiedsfähigkeit von Hauptversammlungsbeschlüssen**		396
I.	Anwendungsbereich	351				
II.	Statthaftigkeit	355	I.	Einleitung		396
III.	Anwendbare Verfahrensvorschriften	358	II.	Rechtliche Fragen		397
	1. Zuständigkeit	359	III.	Praktische Probleme		398
	2. Verfahrensbeteiligte	360	IV.	Fazit		401

1 Im Zusammenhang mit der Durchführung der Hauptversammlung einer Aktiengesellschaft kann es zu verschiedenen Streitigkeiten zwischen den beteiligten Akteuren kommen. Das Aktiengesetz sieht für diese Streitigkeiten spezielle Verfahrensarten vor. So können die nach dem Gesetz anfechtungsbefugten Personen von der Hauptversammlung gefasste Beschlüsse mit der **Anfechtungsklage** und der **Nichtigkeitsklage** gerichtlich auf das Vorliegen von Beschlussmängeln überprüfen lassen. Die **allgemeine Feststellungsklage** ermöglicht es auch Dritten, die ein Feststellungsinteresse haben, die Unwirksamkeit bzw. die Nichtigkeit eines Hauptversammlungsbeschlusses feststellen zu lassen. Mit dem Antrag auf Feststellung, dass ein Beschluss mit einem bestimmten Inhalt gefasst wurde, kann die **positive Beschlussfeststellungsklage** erhoben werden. In Fällen besonderer Eilbedürftigkeit ist es möglich, einen Antrag auf Erlass einer **einstweiligen Verfügung** zu stellen. Im Rahmen des **Freigabeverfahrens** kann die Aktiengesellschaft erreichen, dass ein Hauptversammlungsbeschluss trotz Anhängigkeit einer Anfechtungs- oder Nichtigkeitsklage im Handelsregister eingetragen wird. Umstritten ist, ob Streitigkeiten im Zusammenhang mit der Hauptversammlung auch Gegenstand von **Schiedsverfahren** sein können.

A. Anfechtungsklage

2 Die in den §§ 243 ff. AktG geregelte Anfechtungsklage ist neben der Nichtigkeitsklage die wichtigste Möglichkeit der gerichtlichen Geltendmachung von Beschlussmängeln. Es können sowohl Verfahrensfehler als auch inhaltliche Mängel des Beschlusses gerügt werden. Ziel der Anfechtungsklage ist die **Erklärung der Nichtigkeit** des angefochtenen Hauptversammlungsbeschlusses durch das Gericht. Dabei dient sie zum einen dem effektiven **Schutz der Minderheit** vor rechtswidrigen Beschlüssen der Mehrheit und ermöglicht zum anderen eine **allgemeine Kontrolle der Rechtmäßigkeit** des Verwaltungshandelns.[1]

---

1 Büchel/von Rechenberg/*Ludwig/Möhrle* 12. Kap. Rn. 1028.

A. Anfechtungsklage § 8

I. Verfahrensbeteiligte

Parteien des Anfechtungsverfahrens sind der bzw. die **Anfechtungskläger** sowie die **beklagte Aktiengesellschaft**. Darüber hinaus können sich weitere Aktionäre der Gesellschaft als **Nebenintervenienten** an dem Anfechtungsverfahren beteiligen. 3

1. Kläger

Kläger des Anfechtungsprozesses können nur die nach § 245 Nr. 1–5 AktG Anfechtungsbefugten 4 sein (siehe zur Anfechtungsbefugnis im Einzelnen Rdn. 59–80). Die Parteifähigkeit i. S. d. § 50 ZPO folgt somit aus der materiell-rechtlichen Anfechtungsbefugnis. Die Prüfung der Parteifähigkeit erfolgt gemäß § 56 ZPO von Amts wegen durch das Gericht.

a) Aktionäre

Gemäß **§ 245 Nr. 1–3 AktG** können die **Aktionäre der Gesellschaft** als Kläger im Anfechtungsprozess auftreten. Dabei kann jeder Aktionär alleine handeln, eine Mindestanzahl klagender Aktionäre ist für die Zulässigkeit der Anfechtungsklage nicht erforderlich. 5

In der Praxis schließen sich Aktionäre jedoch häufig zu Klägergruppen zusammen. Mehrere gegen 6 denselben Hauptversammlungsbeschluss klagende Aktionäre sind notwendige Streitgenossen i. S. d. § 62 ZPO. Es handelt sich dabei um einen Fall der **prozessrechtlich notwendigen Streitgenossenschaft**. Dies folgt daraus, dass das im Anfechtungsprozess ergehende Gestaltungsurteil nicht nur die Prozessparteien bindet, sondern gemäß § 248 Abs. 1 S. 1 AktG auch für und gegen alle Aktionäre sowie die Mitglieder des Vorstands und des Aufsichtsrats wirkt (siehe hierzu auch Rdn. 94). Daher kann stets nur eine einheitliche Entscheidung gegenüber allen Anfechtungsklägern ergehen.[2]

Mehrere Anfechtungsprozesse sind gemäß § 246 Abs. 3 S. 6 AktG zwingend zur gleichzeitigen Verhandlung und Entscheidung zu verbinden. Entscheidend ist dabei nur, dass sich die Klagen gegen denselben Hauptversammlungsbeschluss richten, die Geltendmachung des gleichen Anfechtungsgrundes ist demgegenüber nicht erforderlich. Hierdurch soll sichergestellt werden, dass über die Wirksamkeit ein und desselben Beschlusses keine unterschiedlichen, einander widersprechenden Entscheidungen ergehen.[3] Die Verbindung befreit den einzelnen Kläger aber nicht von den Zulässigkeitsvoraussetzungen sowie dem Erfordernis der Wahrung der Anfechtungsfrist des § 246 Abs. 1 AktG (siehe hierzu auch Rdn. 81–87). Für die Begründetheit gilt hingegen, dass es genügt, wenn der Beschlussmangel ausreichend substantiiert in einer Klage dargelegt wird.[4] 7

b) Vorstand

Auch der Vorstand als Kollegialorgan sowie einzelne anfechtungsbefugte Mitglieder des Vorstands 8 können Kläger einer Anfechtungsklage sein (vgl. **§ 245 Nr. 4, 5 AktG**).

Klagt der **Vorstand als Organ**, so ist seine jeweils aktuelle Besetzung maßgeblich. Ein Wechsel in der 9 Zusammensetzung des Vorstands während des Anfechtungsprozesses führt somit nicht zu einem Parteiwechsel. Für die wirksame Klageerhebung ist in Anwendung des § 77 Abs. 1 AktG grundsätzlich ein wirksamer, einstimmiger **Vorstandsbeschluss** erforderlich.[5] Fehlt es an einem solchen Beschluss, ist die Klage des Vorstands wegen mangelnder Prozessfähigkeit als unzulässig abzuweisen.[6]

---

2 BGH NJW 1993, 1976 (1983); 1999, 1638 (1639); 2007, 2207 (2215).
3 Hüffer/*Koch* § 246 Rn. 39.
4 *Waclawik* Rn. 35; *Weber/Kersjes* § 1 Rn. 17.
5 So auch MüKo AktG/*Hüffer* § 245 Rn. 66; Hölters/*Englisch* § 245 Rn. 37; einen Vorstandsbeschluss nicht zwingend für erforderlich hält *Waclawik* Rn. 65.
6 Für eine Abweisung als unbegründet MüKo AktG/*Hüffer* § 245 Rn. 66.

10 Für die Klage eines **einzelnen Vorstandsmitglieds** ist der Zeitpunkt der Klageerhebung für die Mitgliedschaft im Vorstand maßgeblich. Nicht erforderlich ist somit, dass der Kläger im Zeitpunkt der Beschlussfassung Vorstandsmitglied ist. Scheidet das Mitglied während des Anfechtungsverfahrens aus seinem Amt aus, ändert dies nichts an der Wirksamkeit der bereits erhobenen Klage. Das ausgeschiedene Vorstandsmitglied darf den Prozess zu Ende führen.[7]

11 Umstritten ist die Frage, ob es sich bei der Anfechtungsklage des Vorstands um einen **Insichprozess** handelt, die Gesellschaft also zugleich Klägerin und Beklagte ist.[8] Diese Auffassung ist aufgrund des eindeutigen Wortlauts des § 245 Nr. 4 AktG abzulehnen. Denn diese Norm regelt die Anfechtungsbefugnis des Vorstands als Organ. Er handelt somit aus eigenem Recht und nicht als Vertreter der Gesellschaft und ist daher selbst Partei des Rechtsstreits.[9]

c) Aufsichtsrat

12 § 245 Nr. 5 AktG eröffnet allein den einzelnen **anfechtungsbefugten Mitgliedern des Aufsichtsrats** die Möglichkeit zur Erhebung der Anfechtungsklage. Anders als der Vorstand (siehe oben Rdn. 8–11) ist der Aufsichtsrat als Organ somit kein tauglicher Kläger im Anfechtungsprozess. Eine analoge Anwendung des § 245 Nr. 4 AktG auf den Aufsichtsrat scheidet aufgrund des eindeutigen Wortlauts aus. Darüber hinaus folgt auch bereits aus der in § 111 Abs. 1 AktG normierten Funktion des Aufsichtsrats als Organ zur Überwachung des Vorstands, dass die Kontrolle der Hauptversammlung nicht zu seinen Aufgaben gehört und daher ein Anfechtungsrecht dieses Organs auch nicht erforderlich ist.[10]

2. Beklagte

13 Beklagte im Anfechtungsprozess kann gemäß **§ 246 Abs. 2 S. 1 AktG** nur die Gesellschaft selbst sein. Die Gesellschaftsorgane Vorstand, Aufsichtsrat und Hauptversammlung sowie die den Beschluss tragende Hauptversammlungsmehrheit sind nicht passivlegitimiert und damit nicht passiv parteifähig.[11] Wird die Klage gegen einen anderen Prozessgegner als die Gesellschaft gerichtet, ist sie folglich als unzulässig abzuweisen.

14 Die Gesellschaft wird bei Klagen von Aktionären gemäß **§ 246 Abs. 2 S. 2 AktG** gemeinsam durch Vorstand und Aufsichtsrat vertreten (**Grundsatz der Doppelvertretung**). Diesem Erfordernis liegt die Befürchtung zugrunde, dass der Vorstand anderenfalls einen »missliebigen« Hauptversammlungsbeschluss durch Abgabe eines Anerkenntnisses oder Abschluss eines Prozessvergleichs beseitigen könnte.[12] Die Rechtsprechung erstreckt das Doppelvertretungsgebot auf alle Prozesshandlungen, auch auf die Erteilung einer Prozessvollmacht, und auch auf die Fälle, in denen die Gefahr eines Interessenkonflikts zwischen den Organen ausgeschlossen ist.[13] Siehe zur Doppelvertretung auch schon § 3 Rdn. 6–8.

15 Nach § 246 Abs. 2 S. 3 AktG kann die beklagte Gesellschaft im Anfechtungsprozess nicht durch ein Organ bzw. ein Organmitglied vertreten werden, das gleichzeitig Kläger der Anfechtungsklage ist. Klagen der Vorstand oder einzelne Vorstandsmitglieder, so wird die Gesellschaft daher allein durch den Aufsichtsrat vertreten, § 246 Abs. 2 S. 3, 1. Var., 2. Var. AktG. Umgekehrt vertritt der Vorstand die Gesellschaft, wenn ein Mitglied des Aufsichtsrats klagt, § 246 Abs. 2 S. 3, 3. Var. AktG. Kommt

---

7 *Waclawik* Rn. 67; HK AktG/*Göz* § 245 Rn. 18.
8 So KöKo AktG/*Zöllner* § 246 Rn. 24.
9 So auch Müko AktG/*Hüffer* § 245 Rn. 67; Hölters/*Englisch* § 246 Rn. 2; *Weber/Kersjes* § 1 Rn. 16; HK AktG/*Göz* § 245 Rn. 16.
10 *Waclawik* Rn. 324.
11 *Hüffer/Koch* § 246 Rn. 4.
12 BGH NJW 1960, 1006 (1007); OLG Karlsruhe NZG 2008, 714 (715); die Rechtsprechung spricht von der Vermeidung eines »arglistigen Zusammenwirkens zwischen Vorstand und Anfechtungskläger«.
13 OLG Karlsruhe NZG 2008, 714 (715).

A. Anfechtungsklage § 8

neben dem Kläger kein anderes Vertretungsorgan als gesetzlicher Vertreter in Betracht, ist ein Prozesspfleger gemäß § 57 ZPO zu bestellen.[14]

Nach der Eröffnung des Insolvenzverfahrens über das Vermögen der Gesellschaft ist die Anfechtungsklage gegen den **Insolvenzverwalter** zu richten, wenn ein Beschluss angefochten wird, der das zur Insolvenzmasse gehörende Vermögen betrifft.[15] Dies gilt unabhängig davon, ob die Auswirkungen einer erfolgreichen Anfechtung auf die Insolvenzmasse positiver oder negativer Natur sind.[16] Der Insolvenzverwalter ist dabei gemäß § 80 Abs. 1 InsO **Partei kraft Amtes** und nicht etwa Vertreter der Gesellschaft, so dass auch keine Mitwirkung des Aufsichtsrats erforderlich ist. § 246 Abs. 2 S. 2 AktG ist in diesem Fall nicht einschlägig. 16

Im Falle der **Verschmelzung** der beklagten Gesellschaft während des Anfechtungsverfahrens tritt der übernehmende Rechtsträger gemäß § 20 Abs. 1 Nr. 1 UmwG in die Rechtsposition der erloschenen Gesellschaft ein.[17] Sofern der angefochtene Beschluss in der übernehmenden Gesellschaft nicht fortwirkt, entfällt jedoch das Rechtsschutzinteresse für die Anfechtungsklage.[18] Um die Abweisung der Klage als unzulässig zu verhindern, muss der Anfechtungskläger die Klage in diesem Fall für erledigt erklären. Schließt sich die übernehmende Gesellschaft der Erledigungserklärung an, ergeht ein Beschluss über die Kosten nach § 91a ZPO. Anderenfalls bewirkt die einseitige Erledigungserklärung des Klägers, dass der Klageantrag nunmehr darauf gerichtet ist, festzustellen, dass sich die Anfechtungsklage in der Hauptsache erledigt hat. 17

3. Nebenintervenient

Die Nebenintervention i. S. d. **§ 66 ZPO** hat im Rahmen von aktienrechtlichen Anfechtungsklagen eine besondere praktische Bedeutung. Jeder Aktionär kann der Anfechtungsklage als Nebenintervenient beitreten. Dies ermöglicht es Aktionären, sich einer anhängigen Anfechtungsklage ohne eigene inhaltliche Begründungen anzuschließen.[19] Das gemäß § 66 Abs. 1 ZPO erforderliche Interventionsinteresse folgt dabei aus der *inter omnes*-Wirkung des Urteils (siehe zu den Urteilswirkungen Rdn. 93–100): Die Tatsache, dass das Urteil gemäß § 248 Abs. 1 S. 1 AktG für und gegen jeden Aktionär wirkt, genügt, um ein **rechtliches Interesse aller Aktionäre** an dem Ausgang des Rechtsstreits zu begründen.[20] Dabei ist es unerheblich, ob der Aktionär auf Kläger- oder auf Beklagtenseite beitritt, da insoweit hinsichtlich der Rechtskrafterstreckung kein Unterschied besteht.[21] Da die Aktionäre nicht selbst passivlegitimiert sind, ist der Beitritt von Aktionären auf Seiten der beklagten Gesellschaft für sie die einzige Möglichkeit, Einfluss auf den Prozess zu nehmen, wenn sie ein Interesse an dem Bestand des angefochtenen Beschlusses haben.[22] 18

Nebeninterventionsfähig sind zudem auch alle anderen parteifähigen Personen und Organe, d. h. jedes Mitglied von Vorstand und Aufsichtsrat und der Vorstand selbst als Kollegialorgan.[23] Letzterer 19

---

14 KG Beschluss v. 25.1.2010 – 2 W 210/09.
15 OLG München NZI 2010, 1005; Schmidt/Lutter/*Schwab* § 246 Rn. 15; a. A. wonach stets die Gesellschaft, vertreten durch den Insolvenzverwalter, Partei bleibt Heidel/*Heidel* § 246 Rn. 44.
16 OLG München NZI 2010, 1005; a. A. Hüffer/*Koch* § 246 Rn. 29; *Weber/Kersjes* § 1 Rn. 30: Hiernach bleibt die Gesellschaft, vertreten durch den Insolvenzverwalter richtiger Klagegegner, wenn es sich um einen insolvenzneutralen Beschluss handelt oder das Gesellschaftsvermögen durch die erfolgreiche Anfechtung gemehrt wird; nach Schmidt/Lutter/*Schwab* § 246 Rn. 26 betrifft jeder Beschlussmängelstreit das Gesellschaftsvermögen, weshalb der Insolvenzverwalter immer der ausschließlich richtige Beklagte sei.
17 Semler/Stengel/*Kübler* § 20 Rn. 66.
18 BGH AG 2013, 634; OLG Schleswig BeckRS 2009, 25519.
19 *Meyer-Landrut/Pluskat* BB 2007, 2533.
20 BGH NJW-RR 2007, 1634 (1635); NZG 2008, 630.
21 BGH WM 2008, 1400 (1402); OLG Nürnberg ZIP 2009, 2470 (2471); OLG Hamburg ZIP 2008, 2330 (2331).
22 Hölters/*Englisch* § 246 Rn. 5.
23 Hüffer/*Koch* § 246 Rn. 5.

kann nach h. M. allerdings nur auf Seiten des Klägers beitreten, da § 245 Nr. 4 AktG nur die Parteifähigkeit des Vorstands für die Anfechtung begründet.[24]

20 Nicht auf Klägerseite als Nebenintervenient beitreten kann hingegen der nach § 147 Abs. 2 AktG zur Geltendmachung von Ersatzansprüchen der Gesellschaft bestellte **besondere Vertreter**, auch nicht in einem Rechtsstreit, in dem ein für das Bestehen der Ersatzansprüche möglicherweise relevanter Hauptversammlungsbeschluss angefochten wird. Denn der besondere Vertreter ist weder als »Organ« der Gesellschaft selbst parteifähig noch hat er ein eigenes rechtliches Interesse am Ausgang des Rechtsstreits i. S. d. § 66 ZPO.[25] Zur Rechtsstellung des besonderen Vertreters siehe im Einzelnen § 6 Rdn. 148–176.

21 Die Nebenintervention durch Dritte kommt nur in Betracht, soweit diese ein rechtliches Interesse an dem Hauptversammlungsbeschluss haben, so etwa die Partei eines Verschmelzungsvertrages an dem Zustimmungsbeschluss der Hauptversammlung zur Verschmelzung oder der Abschluss- oder Sonderprüfer, sofern für ihn ein Regressrisiko besteht.[26]

22 Seit der Novellierung des § 246 Abs. 4 S. 2 AktG durch das UMAG[27] muss sich der Aktionär als Nebenintervenient innerhalb **eines Monats nach der Bekanntmachung**[28] an der Klage beteiligen. Grund für diese zeitliche Beschränkung ist, dass der Nebenintervenient nicht besser stehen soll als der Kläger, der die materiell-rechtliche Anfechtungsfrist des § 246 Abs. 1 AktG beachten muss.[29] In der Literatur gegenüber dieser Vorschrift teilweise geäußerte verfassungsrechtliche Bedenken[30] sind von der Rechtsprechung bis jetzt abgelehnt worden.[31] Die Monatsfrist trage dem Gesetzeszweck des UMAG, die Zulässigkeit von Anfechtungsklagen im Interesse der Gesellschaft zu beschränken, angemessen Rechnung und stelle sich insgesamt nicht als unverhältnismäßig oder als sachlich ungerechtfertigter Eingriff in die Nebeninterventionsmöglichkeit dar.[32] Auf den auf Seiten der beklagten Gesellschaft beitretenden Aktionär findet die Nebeninterventionsfrist keine Anwendung.[33]

23 Nach wie vor umstritten ist, ob der auf Klägerseite beitretende Nebenintervenient selbst anfechtungsbefugt i. S. d. § 245 AktG sein muss (siehe zur Anfechtungsbefugnis im Einzelnen Rdn. 59–80).[34] Dagegen spricht, dass sich der Aktionär allein wegen seines rechtlichen Interesses, das bereits durch seine Aktionärsstellung begründet wird, an einem fremden Prozess beteiligt. Die Rechtsprechung lehnt das Erfordernis einer solchen Anfechtungsbefugnis daher auch konsequent ab[35]: Eine solche »Klagevoraussetzung« sei dem zivilprozessualen Institut der Nebenintervention fremd und würde das Rechtsinstitut der Nebenintervention für den Anfechtungsprozess praktisch abschaffen, so dass der Aktionär stets gezwungen wäre, selbst Anfechtungsklage zu erheben.[36]

24 Soweit der Nebenintervenient nach § 248 Abs. 1 S. 1 AktG das Urteil für und gegen sich gelten lassen muss – also als Aktionär oder Mitglied des Vorstands bzw. Aufsichtsrats –, wird er **notwendiger**

---

24 Hüffer/*Koch* § 246 Rn. 5; Hölters/*Englisch* § 246 Rn. 6; Heidel/*Heidel* § 246 Rn. 7.
25 OLG München NJW-RR 2009, 108; LG Düsseldorf AG 2014, 214.
26 OLG Düsseldorf AG 2004, 677 (678); Hüffer/*Koch* § 246 Rn. 6; MüKo AktG/*Hüffer* § 246 Rn. 10; Heidel/*Heidel* § 246 Rn. 7.
27 Gesetz zur Unternehmensintegrität und Modernisierung des Anfechtungsrechts vom 22. September 2005, BGBl. I S. 2802.
28 Siehe hierzu Rdn. 47.
29 BT-Ds. 15/5092, S. 27 zu Nr. 22.
30 Vgl. Schmidt/Lutter/*Schwab* § 246 Rn. 31; Heidel/*Heidel* § 246 Rn. 7b.
31 OLG Frankfurt a. M. NZG 2010, 785.
32 Vgl. OLG Frankfurt a. M. NZG 2010, 785 (786); *Goslar/v. der Linden* WM 2009, 492 (493); *Wilsing/Ogorek* NZG 2010, 1058.
33 BGH NZG 2009, 948.
34 Dafür *Meyer-Landrut/Pluskat* BB 2007, 2533 (2534); *Sturm* NZG 2006, 921 (922).
35 Vgl. BGH NJW-RR 2007, 1634; NZG 2008, 630; OLG Köln NJOZ 2010, 1323.
36 BGH NJW-RR 2007, 1634 (1635).

A. Anfechtungsklage § 8

Streitgenosse der Hauptpartei i. S. d. § 62 ZPO.[37] Danach wirken bei einem Beitritt auf Seiten der beklagten Gesellschaft Prozesshandlungen wie Anerkenntnis oder Verzicht grundsätzlich nicht zu seinen Lasten und er kann den Erlass eines Versäumnisurteils verhindern sowie selbst Rechtsmittel einlegen. Bei einem Beitritt auf Klägerseite kann der Nebenintervenient hingegen weder selbst die Klage zurücknehmen noch verhindern, dass die Hauptpartei die Rücknahme erklärt.[38] Soweit die Hauptpartei wegen Ablaufs der Anfechtungsfrist des § 246 Abs. 1 AktG mit ihrem Vorbringen präkludiert ist, gilt dies auch für den Nebenintervenienten (zur Anfechtungsfrist siehe im Einzelnen Rdn. 81–87).[39]

Aus der Eigenschaft des beitretenden Aktionärs als streitgenössischer Nebenintervenient folgert der BGH, dass der im Rahmen der Nebenintervention grundsätzlich geltende sogenannte »**Grundsatz der Kostenparallelität**« des § 101 Abs. 1 ZPO **keine Anwendung** findet. Über die Kosten der streitgenössischen Nebenintervention entscheidet das Gericht vielmehr nach §§ 101 Abs. 2, 100 ZPO eigenständig und unabhängig von der unterstützten Hauptpartei nach dem persönlichen Obsiegen und Unterliegen des Nebenintervenienten im Verhältnis zum Gegner.[40] Wird die Klage zurückgenommen, so hat der Intervenient auf Klägerseite gemäß **§ 269 Abs. 3 S. 2 ZPO** seine Kosten selbst zu tragen.[41] Dies gilt auch im Fall der Rücknahme der Klage durch die unterstützte Hauptpartei im Rahmen eines Vergleichs und gleichzeitiger Kostenübernahme durch die beklagte Aktiengesellschaft.[42] Eine Pflicht zur Übernahme der Kosten des auf Klägerseite beigetretenen Nebenintervenienten besteht nicht, weder für die Gesellschaft[43] noch für den Kläger[44], selbst wenn durch die Rücknahme der Klage der Nebenintervention der Boden entzogen wurde. Die Kosten eines auf Beklagtenseite beigetretenen Nebenintervenienten hat der Kläger im Fall der Klagerücknahme hingegen gemäß § 269 Abs. 3 S. 2 Hs. 1 ZPO zu tragen, soweit nicht ein Fall des § 269 Abs. 3 S. 2 Hs. 2 ZPO gegeben ist.[45]

Sofern ein Nebenintervenient mehreren aktienrechtlichen Anfechtungsverfahren, die denselben Hauptversammlungsbeschluss betreffen, beitritt, kann er grundsätzlich in jedem Verfahren seine jeweiligen Prozesskosten ersetzt verlangen, wenn das Gericht die Verfahren entgegen der Vorschrift des § 246 Abs. 3 S. 5 AktG nicht verbindet und den Klagen stattgibt.[46]

Der Streitwert einer durchgeführten Nebenintervention entspricht dem Streitwert der Hauptsache, wenn der Nebenintervenient im Prozess die gleichen Anträge wie die von ihm unterstützte Partei stellt.[47] Eine gesonderte Wertfestsetzung gemäß § 33 Abs. 1 RVG ist in diesem Fall nicht möglich.[48]

II. Anfechtungsverfahren

Das gerichtliche Verfahren zur Anfechtung von Hauptversammlungsbeschlüssen ist insbesondere in den §§ 245, 246, 247–248a AktG geregelt.

---

37 BGH NZG 2007, 675 (676); NZG 2009, 948 (949); NJW-RR 2007, 1577 (1578); OLG München NZG 2001, 616 (617).
38 BGH NZG 2010, 831 (832); OLG Köln NZG 2004, 46.
39 Hüffer/*Koch* § 246 Rn. 6; *Sturm* NZG 2006, 921 (922); *Goslar/v. der Linden* WM 2009, 492 (496 f.).
40 BGH NZG 2009, 948 (949); NJW-RR 2007, 1577.
41 BGH NJW-RR 2007, 1577; OLG Köln NJW-RR 1995, 1251; LG Düsseldorf AG 2014, 214; MüKo AktG/*Hüffer* § 246 Rn. 12.
42 BGH AG 2014, 813; Büchel/von Rechenberg/*Ludwig/Möhrle* 12. Kap. Rn. 1032.
43 Schmidt/Lutter/*Schwab* § 246 Rn. 34.
44 LG Düsseldorf AG 2014, 214.
45 BGH NZG 2010, 1066 (1067); LG Düsseldorf AG 2014, 214.
46 BGH NZG 2010, 831.
47 So BGH NJW 1960, 42; BeckRS 2013, 01255; a. A. Zöller/*Hergert* § 3 Rn. 16 Stichwort »Nebenintervention«; MüKo ZPO/*Wöstmann* § 3 Rn. 99 jeweils m. w. N.
48 BGH BeckRS 2013, 01255.

1. Zulässigkeit der Anfechtungsklage

28 Die aktienrechtliche Anfechtungsklage muss die allgemeinen zivilprozessualen Zulässigkeitsvoraussetzungen erfüllen. Darüber hinaus sind einige prozessuale Besonderheiten zu beachten.

a) Statthaftigkeit

29 Die Anfechtungsklage ist statthaft gegen **Hauptversammlungsbeschlüsse jeder Art** und nach § 241 Nr. 5 AktG darauf gerichtet, den jeweiligen Beschluss durch das Gericht für nichtig erklären zu lassen. Analoge Anwendung finden die Vorschriften über die Anfechtungsklage zudem gemäß § 138 S. 2 AktG auf **Sonderbeschlüsse** einzelner Aktionärsgruppen.

aa) Gegenstand der Anfechtungsklage

30 Maßgeblicher Gegenstand der Anfechtung ist der Beschluss in der Form und mit dem Inhalt, wie er sich aus der Niederschrift über die Hauptversammlung gemäß **§ 130 AktG** ergibt.[49] Nur diese stellt den Inhalt des Beschlusses verbindlich fest.[50]

31 Angefochten werden können grundsätzlich sowohl positive als auch negative Beschlüsse, d. h. Beschlüsse, mit denen ein Antrag abgelehnt wurde. Für letztere besteht jedoch in der Regel nur dann ein Rechtsschutzbedürfnis, wenn die Anfechtungsklage mit einem Antrag auf Feststellung der Annahme des Antrags durch die Hauptversammlung (sog. **positive Beschlussfeststellungsklage**, siehe hierzu im Einzelnen Rdn. 312–329) verbunden wird.[51]

32 Möglich ist grundsätzlich auch die Teilanfechtung eines Hauptversammlungsbeschlusses.[52] Voraussetzung ist aber stets die Teilbarkeit des betroffenen Beschlusses. Ansonsten gilt die Grundregel des § 139 BGB: Stehen mehrere Teile eines Hauptversammlungsbeschlusses dergestalt in innerem Zusammenhang, dass die Aktionäre den Beschluss nicht ohne den angefochtenen Teil gefasst hätten, so ist die teilweise Anfechtung unzulässig.[53]

bb) Verhältnis von Anfechtungs- und Nichtigkeitsklage

33 Von der früheren Rechtsprechung wurden die Streitgegenstände von Anfechtungs- und Nichtigkeitsklage gemäß dem im Zivilprozess geltenden zweigliedrigen Streitgegenstandsbegriff aufgrund der unterschiedlichen Antragsrichtung – Nichtigkeitserklärung bzw. Nichtigkeitsfeststellung – als nicht wesensgleich behandelt.[54] Dies hatte zur Folge, dass eine Anfechtungsklage als unstatthaft abgewiesen werden musste, wenn der angegriffene Beschluss *ipso iure* nichtig war. Die neue Rechtsprechung des BGH geht nun davon aus, dass beide Klagearten auf dasselbe Ziel, nämlich die **Klärung der Nichtigkeit des Hauptversammlungsbeschlusses mit Wirkung für und gegen jedermann**, gerichtet sind.[55] Die Form des Rechtsschutzes – Gestaltungs- oder Feststellungsurteil – wird dabei ausgeklammert.[56] Aus dieser Identität der Streitgegenstände folgt, dass jeder Klageantrag sowohl die Nichtigkeitserklärung als auch die Feststellung der Nichtigkeit einschließt. Das Stellen eines Hilfsantrags ist daher entbehrlich.[57] Dementsprechend ist es auch **keine Klageänderung** i. S. d. § 263 ZPO, wenn der Kläger während des Prozesses seinen Antrag von Nichtigkeitserklärung auf Nichtigkeitsfeststellung umstellt.[58]

---

49 *Waclawik* Rn. 45.
50 BGH NJW 1988, 1844; *Waclawik* Rn. 45.
51 Heidel/*Heidel* § 246 Rn. 16; MüKo AktG/*Hüffer* § 246 Rn. 17.
52 BGH NJW 1994, 520.
53 KG Beschluss v. 25.1.2010 – 2 W 210/09.
54 Siehe BGH NJW 1952, 98; NJW 1960, 1447.
55 BGH NJW 1997, 1510; NJW 1999, 1638; NJW 2002, 3465; dazu auch MüKo AktG/*Hüffer* § 246 Rn. 21.
56 MüKo AktG/*Hüffer* § 246 Rn. 21.
57 Vgl. Hüffer/*Koch* § 246 Rn. 13.
58 BGH NJW 2002, 3465 (3466).

A. Anfechtungsklage § 8

Nach Auffassung des BGH hat das Gericht den angefochtenen Beschluss anhand des gesamten 34
durch den Kläger vorgetragenen Sachverhalts auf seine Nichtigkeit hin zu überprüfen, unabhängig
davon, ob der Kläger die Gründe unter dem Gesichtspunkt der Nichtigkeit oder der Anfechtbarkeit
vorgetragen hat.[59] Dies folgt daraus, dass der BGH davon ausgeht, dass der der Anfechtungs- und
Nichtigkeitsklage zu Grunde liegende Lebenssachverhalt die gesamten der Entstehung des Beschlusses zu Grunde liegenden Umstände umfasst, das heißt den Beschlussgegenstand, den Inhalt des Beschlusses sowie die Vorgänge, die für den Ablauf des zur Beschlussfassung führenden Verfahrens maßgebend sind.[60] Hieraus folgt der BGH, dass der Streitgegenstand **alle dem Hauptversammlungsbeschluss anhaftenden Mängel**, mithin auch diejenigen, die nicht Gegenstand des Prozessvortrags sind, erfasst.[61] Dies begründet der BGH damit, dass es aus Gründen der Rechtssicherheit erforderlich sei, einheitlich die Übereinstimmung des angefochtenen Beschlusses mit Gesetz und Satzung zu überprüfen.[62] Eine weitergehende Unterteilung nach den einzelnen Fehlern könne diese einheitliche Überprüfung je nach Umfang und Einzelheiten des Klägervortrags verhindern.[63]

Diese Rechtsprechung ist in der Literatur auf Kritik gestoßen.[64] Die h. L. nimmt nach wie vor an, 35
dass Sachverhalt der Anfechtungs- und Nichtigkeitsklage nur diejenigen Tatsachen sind, aus denen
gerade der vom Kläger vorgetragene Beschlussmangel hergeleitet wird.[65] Der Kläger, der mehrere Beschlussmängel rügt, erhebt somit eine Klage mit mehreren Streitgegenständen.[66] An der Rechtsprechung des BGH wird insbesondere gerügt, dass eine solche »Rechtskontrollklage« zur Folge habe, dass eine gegen denselben Beschluss gerichtete, aber auf andere als die im Anfechtungsprozess erfolglos gerügten Beschlussmängel gestützte Nichtigkeitsklage durch die Rechtskraft des ersten Urteils präkludiert und damit unzulässig sei.[67] Zudem sei die Rechtsprechung des BGH inkonsequent, da dieser nun auch eigentlich das unbegrenzte Nachschieben von Anfechtungsgründen erlauben müsse, hiervon jedoch abgesehen habe (siehe hierzu Rdn. 86).[68]

b) Zuständigkeit

Gemäß § 246 Abs. 3 S. 1 AktG ist das Landgericht am Sitz der beklagten Gesellschaft sachlich und 36
örtlich **ausschließlich zuständig**. Gerichtsstandsvereinbarungen und rügeloses Einlassen sind daher
gemäß § 40 Abs. 2 S. 1 Nr. 2, S. 2 ZPO nicht zulässig. Verfügt eine Aktiengesellschaft über einen
Doppelsitz, sind grundsätzlich beide Landgerichte, in deren Bezirk jeweils ein Sitz der Gesellschaft
liegt, ausschließlich zuständig. Der Kläger hat dann nach § 35 ZPO ein Wahlrecht.[69] Verlegt die beklagte Gesellschaft ihren satzungsmäßigen Sitz zwischen Anhängigkeit und Rechtshängigkeit der
Klage, so ist für die Bestimmung der örtlichen Zuständigkeit der Zeitpunkt der **Klagezustellung**
maßgeblich.[70] Die Klageerhebung vor dem nunmehr unzuständigen Gericht wirkt jedoch fristwahrend.[71] Ist eine Gesellschaft zum Zeitpunkt der Erhebung der Anfechtungsklage bereits nach § 20

---

59 BGH NJW 1999, 1638; so auch OLG Frankfurt NZG 2008, 343.
60 BGH NJW 2002, 3465 (3466).
61 BGH NJW 2002, 3465 (3466).
62 BGH NJW 2002, 3465 (3466).
63 BGH NJW 2002, 3465 (3466).
64 Siehe Schmidt/Lutter/*Schwab* § 246 Rn. 1 f.; Hüffer/*Koch* § 246 Rn. 12; MüKo AktG/*Hüffer* § 246 Rn. 19 f.
65 Schmidt/Lutter/*Schwab* § 246 Rn. 1.
66 Schmidt/Lutter/*Schwab* § 246 Rn. 1.
67 MüKo AktG/*Hüffer* § 246 Rn. 20.
68 Schmidt/Lutter/*Schwab* § 246 Rn. 3.
69 KG WM 1996, 1454 (1455); Happ/*Tielmann* 18.01 Rn. 3; *Waclawik* Rn. 27; für alleinige Zuständigkeit des Gerichts des tatsächlichen inländischen Verwaltungssitzes Schmidt/Lutter/*Schwab* § 246 Rn. 23; MüKo AktG/*Hüffer* § 246 Rn. 72.
70 LG Frankfurt a. M. NZG 2010, 392.
71 Siehe hierzu Rdn. 85.

Abs. 1 Nr. 2 S. 1 UmwG erloschen, ist die Zuständigkeit des Landgerichts, in dessen Bezirk die Gesellschaft des übernehmenden Rechtsträgers ihren Sitz hat, gegeben.[72]

37 Sofern die jeweilige Landesregierung bzw. Landesjustizverwaltung von der Möglichkeit der **Konzentration der Zuständigkeit** durch Rechtsverordnung nach § 246 Abs. 3 S. 3 i. V. m. § 148 Abs. 2 S. 3 AktG Gebrauch gemacht hat, ist allein das in der Rechtsverordnung festgelegte Landgericht örtlich zuständig. Bisher haben sich sechs der Bundesländer mit mehr als einem Landgericht für eine derartige Zuständigkeitskonzentration entschieden.[73] Ebenfalls eine ausschließliche Zuständigkeit normiert nach h. M. § 246 Abs. 3 S. 2 AktG, wonach funktionell die **Kammer für Handelssachen** zuständig ist.[74] Zur gerichtlichen Zuständigkeit siehe ausführlich § 3 Rdn. 17–26.

c) Klageerhebung

aa) Klageantrag

38 Der **Klageantrag** der Anfechtungsklage muss auf die **Erklärung der Nichtigkeit** eines konkreten Hauptversammlungsbeschlusses gerichtet sein. Um die hinreichende Bestimmtheit des Antrags i. S. d. § 253 Abs. 2 Nr. 2 ZPO sicherzustellen, empfiehlt es sich, den angefochtenen Beschluss wörtlich aufzunehmen sowie das Datum der Hauptversammlung und den betroffenen Tagesordnungspunkt anzugeben.[75] Ein Klageantrag könnte daher lauten:

39 *»Es wird beantragt, den Beschluss der Hauptversammlung der Beklagten vom ... [Datum] zum Tagesordnungspunkt ... [Nummer], wonach ... [Wortlaut des Beschlusses], für nichtig zu erklären.«*

40 In der Praxis wird häufig hilfsweise die Feststellung der Nichtigkeit des Hauptversammlungsbeschlusses beantragt. Dies ist kostenrechtlich unschädlich, aufgrund der oben unter Rdn. 33 dargestellten Identität der Streitgegenstände von Anfechtungs- und Nichtigkeitsklage jedoch entbehrlich.

bb) Klagezustellung

41 Gemäß § 253 Abs. 1 ZPO erfolgt die Erhebung der Klage im Zivilprozess durch die ordnungsgemäße Zustellung der Klageschrift. Sofern ein **Fall der Doppelvertretung** der Gesellschaft durch Vorstand und Aufsichtsrat gegeben ist – also in dem häufigsten Fall der Aktionärsklage –, muss die Klageschrift notwendigerweise beiden Organen zugestellt werden, **§ 246 Abs. 2 S. 2 AktG, § 170 Abs. 1 ZPO**. Anderenfalls würde der Zweck der Doppelvertretung unterlaufen.[76] Dies gilt auch dann, wenn Vorstand und Hauptversammlungsmehrheit personenidentisch sind.[77] Nach § 170 Abs. 3 ZPO genügt jedoch die Zustellung an **jeweils ein Mitglied** des Vorstands und des Aufsichtsrats.

42 Für die Wirksamkeit der **Zustellung an den Vorstand** ist die Ersatzzustellung nach § 178 Abs. 1 Nr. 2 ZPO an der Geschäftsadresse der Gesellschaft ausreichend.[78] Nach der Rechtsprechung des BGH ist dafür nicht einmal die namentliche Nennung der Vorstandsmitglieder erforderlich, ausreichend ist die Angabe der beklagten Gesellschaft.[79] Möglich ist außerdem auch die Zustellung unter der Privatadresse des Vorstandsmitglieds.

---

72 LG Frankfurt a. M. NZG 2007, 120.
73 Eine Zuständigkeitskonzentration ist vorgesehen in Bayern (LG München I bzw. LG Nürnberg/Fürth), Baden-Württemberg (LG Mannheim bzw. LG Stuttgart), Hessen (LG Frankfurt a. M.), Nordrhein-Westfalen (LG Düsseldorf, LG Dortmund bzw. LG Köln) Niedersachsen (LG Hannover) und Sachsen (LG Leipzig); siehe auch die Übersicht bei Heidel/*Lochner* § 148 Rn. 19, Fn. 66.
74 OLG München NZG 2007, 947 (948).
75 *Waclawik* Rn. 50.
76 MüKo AktG/*Hüffer* § 246 Rn. 55; *Tielmann* ZIP 2002, 1879 (1882).
77 OLG Dresden NJW-RR 1997, 739.
78 MüKo ZPO/*Häublein* § 178 Rn 20.
79 BGH NJW 1989, 2689.

Die **Ersatzzustellung an den Aufsichtsrat** unter der Adresse der beklagten Gesellschaft kommt nur in 43
Betracht, wenn dieser dort eigene Büroräume hat, was in der Praxis eher selten der Fall ist. Am erfolgversprechendsten ist daher die Zustellung in externen Geschäftsräumen oder unter der Privatanschrift des jeweiligen Aufsichtsratsmitglieds.

Eine **Heilung von Zustellungsmängeln** nach § 189 ZPO – z. B. im Fall der fehlenden Zustellung an 44
beide Vertretungsorgane – setzt die körperliche Übergabe der zuzustellenden Klageschrift voraus.
Die bloße Kenntnisnahme ist nicht ausreichend, auch nicht die Übergabe eines gleichlautenden,
aber anderen Schriftstücks.[80] Im Falle der Heilung gilt die Zustellung in dem Zeitpunkt als erfolgt,
in dem die Klageschrift dem vorgesehenen Empfänger tatsächlich zugegangen ist. Eine Heilung der
materiell-rechtlichen Anfechtungsfrist gemäß § 246 Abs. 1 AktG ist auf diese Weise nicht möglich.[81]

§ 246 Abs. 3 S. 5 AktG ermöglicht es der Gesellschaft, eingereichte Klagen nach Ablauf der Anfech- 45
tungsfrist des § 246 Abs. 2 AktG bereits **vor Zustellung** einzusehen und sich von der Geschäftsstelle
Auszüge und Abschriften erteilen zu lassen. Diese Vorschrift soll dem Umstand Rechnung tragen,
dass in der Praxis zuweilen durch eine verzögerte Einzahlung des Prozesskostenvorschusses eine Verzögerung der Zustellung der Klage an die beklagte Gesellschaft erfolgt.[82]

Im Übrigen siehe zur Klagezustellung auch schon ausführlich § 3 Rdn. 27–44. 46

cc) Klagebekanntmachung

Gemäß **§ 246 Abs. 4 S. 1 AktG** muss der Vorstand die Erhebung der Anfechtungsklage und den Ter- 47
min zur mündlichen Verhandlung unverzüglich – d. h. gemäß § 121 Abs. 1 S. 1 BGB ohne schuldhaftes Zögern – in den Gesellschaftsblättern **bekanntmachen**. Nach § 25 S. 1 AktG ist damit zumindest die Bekanntmachung im elektronischen Bundesanzeiger[83] erforderlich. Dies gilt unabhängig
davon, wer die Klage erhoben hat. Die Bekanntmachung dient in erster Linie der Information der
Öffentlichkeit darüber, dass mit der fortdauernden Gültigkeit des Hauptversammlungsbeschlusses
nicht gerechnet werden kann.[84] Zudem versetzt sie die Aktionäre in die Lage, sich dem Verfahren als
Nebenintervenienten anzuschließen. Aus diesem Grund muss die Bekanntmachung auch den konkret angefochtenen Beschluss enthalten. Werden mehrere Beschlüsse angefochten, sind auch mehrere Bekanntmachungen erforderlich, diese können jedoch regelmäßig in einer Publikation zusammengefasst werden.[85] In der Regel enthalten die Bekanntmachungstexte außer den betroffenen
Beschlüssen und Hauptversammlungen auch das zuständige Prozessgericht und das Aktenzeichen
des Verfahrens. Eher selten sind hingegen Angaben zu der Begründung der Klage oder Stellungnahmen der Gesellschaft.[86] Neben der Klageerhebung ist der Termin zur mündlichen Verhandlung bekannt zu machen.[87] Hierunter fällt die Bekanntmachung des Haupttermins (§ 272 ZPO) und die
des frühen ersten Termins (§ 275 ZPO).[88] Auch die Anordnung eines schriftlichen Vorverfahrens
soll bekannt gemacht werden.[89]

---

80 OLG Karlsruhe NZG 2008, 714 (715).
81 *Waclawik* Rn. 107.
82 Hölters/*Englisch* § 246 Rn. 51.
83 http://www.bundesanzeiger.de.
84 BGH NJW 1998, 3345 (3346).
85 Hüffer/*Koch* § 246 Rn. 40.
86 Siehe hierzu im Einzelnen die Auswertung für das Jahr 2010 von *Bayer/Hoffman* AG 2011 R175 (R176).
87 Die Pflicht zur Bekanntmachung der mündlichen Verhandlung soll nach dem Gesetzesentwurf der Bundesregierung zur Änderung des Aktiengesetzes (Aktienrechtsnovelle 2014) v. 07.01.2015 entfallen, da die geltende Vorschrift in der Praxis Schwierigkeiten bereite und keine erkennbar praktische Bedeutung für die Beteiligten habe. Der Referentenentwurf ist abrufbar unter http://www.bmjv.de/SharedDocs/Downloads/DE/pdfs/Gesetze/GE_Aktienrechtsnovelle%202014.pdf?__blob=publicationFile (zuletzt abgerufen am 13.02.2015).
88 MüKo AktG/*Hüffer* § 246 Rn. 77; Heidel/*Heidel* § 246 Rn. 55.
89 MüKo AktG/*Hüffer* § 246 Rn. 77; Heidel/*Heidel* § 246 Rn. 55.

d) Rechtsschutzbedürfnis

48 An das auch im Anfechtungsverfahren erforderliche **Rechtsschutzbedürfnis** des Klägers sind keine besonders hohen Anforderungen zu stellen. Es genügt grundsätzlich, dass der Anfechtungskläger die Beseitigung eines gesetz- oder satzungswidrigen Beschlusses erstrebt.[90] Dies ist nur durch Klage und Urteil möglich. Eines persönlichen Vorteils im Falle der Beseitigung des Beschlusses bzw. einer Rechtsbeeinträchtigung durch den angefochtenen Beschluss bedarf es dabei nicht. Jeder Aktionär hat das Recht zu wissen, dass die Hauptversammlung nur rechtmäßige Beschlüsse fasst, unabhängig von der Anzahl der von ihm gehaltenen Aktien.[91] Dies folgt schon aus dem Zweck der Anfechtungsklage als Instrument zur Kontrolle des Gesellschaftshandelns.

49 Das Rechtsschutzbedürfnis ist nur in engen Ausnahmefällen zu verneinen. Dies ist zum einen der Fall bei der Anfechtung eines ablehnenden Beschlusses, sofern nicht gleichzeitig eine **positive Beschlussfeststellungsklage** erhoben wird (siehe hierzu auch schon Rdn. 31 sowie nachfolgend Rdn. 312–329). Das Rechtsschutzbedürfnis entfällt ferner, wenn die Klage sich gegen einen aufgehobenen Beschluss richtet, bspw. weil der Beschluss nach Anhängigkeit der Klage von der Hauptversammlung aufgehoben wird,[92] es sei denn, der aufgehobene Beschluss wirkt auf die Sach- und Rechtslage fort.[93] Gleiches gilt für den Fall, dass das mit der Anfechtung erstrebte Ereignis auf andere Weise eingetreten ist.[94] So führt der Rücktritt eines gewählten Aufsichtsratsmitglieds zum Wegfall des Rechtsschutzbedürfnisses für die Wahlanfechtung, wenn die vom Kläger angestrebte Nichtigerklärung der Wahl keinerlei Auswirkungen auf die Rechtsbeziehungen der Gesellschaft, der Aktionäre, der Mitglieder des Vorstands oder des Aufsichtsrats mehr entfalten kann.[95]

Die Eintragung der angefochtenen Maßnahme in das Handelsregister lässt das Rechtsschutzbedürfnis nur dann entfallen, wenn durch die Eintragung die Heilung des Mangels bewirkt wird.[96] Im Falle des Wirksamwerdens eines **Squeeze-out** während des Anfechtungsverfahrens entfällt grds. das Rechtsschutzbedürfnis mit dem Verlust der Aktionärseigenschaft.[97] Erklärt der Kläger die Anfechtungsklage in diesem Fall nicht für erledigt, wird sie als unzulässig abgewiesen. Anders ist dies, wenn der Ausgang des Verfahrens erhebliche Auswirkungen auf die für den Verlust der Mitgliedsrechte zu gewährende Barabfindung haben kann. In diesem Fall besteht nach der Rechtsprechung des BGH ein berechtigtes Interesse an der Fortführung des Verfahrens; die Klagebefugnis folgt hier dann aus § 265 Abs. 2 ZPO analog.[98]

50 Darüber hinaus entfällt das Rechtsschutzbedürfnis für die Anfechtung eines Hauptversammlungsbeschlusses auch dann nachträglich, wenn der angegriffene Beschluss **ohne den gerügten Fehler wiederholt wird**.[99] Entscheidend ist dabei, dass der Beschluss nicht lediglich im Sinne des § 244 AktG bestätigt (zur Bestätigung eines angefochtenen Beschlusses siehe Rdn. 90 und Rdn. 186–196), sondern vollständig ein zweites Mal gefasst wird. Haften dem neuen Beschluss aber weitere Mängel an, die auch schon der Erstbeschluss aufwies, so entfällt das Rechtsschutzbedürfnis nicht und beide Beschlüsse sind für nichtig zu erklären, selbst wenn der zweite Beschluss nicht angefochten wurde.[100]

---

90 OLG Jena NZG 2010, 467 (468).
91 OLG Jena NZG 2010, 467 (468); Heidel/*Heidel* § 246 Rn. 15.
92 *Waclawik* Rn 91.
93 BGH NJW-RR 2012, 106.
94 BGH NZG 2013, 456; BGH NJW-RR 2012, 106; Hüffer/*Koch* § 246 Rn. 10.
95 BGH AG 2013, 387.
96 OLG Stuttgart AG 2004, 271 (273).
97 OLG Frankfurt a. M. Der Konzern 2011, 56 (58 f.); OLG München BeckRS 2009, 20276; LG München BeckRS 2010, 27601; a. A. Spindler/Stilz/*Würthwein* § 243 Rn. 40
98 BGH NZG 2007, 26.
99 BGH WM 1956, 1352.
100 BGH WM 1956, 1352; Heidel/*Heidel* § 246 Rn. 17.

Kein Fall des fehlenden Rechtsschutzbedürfnisses ist hingegen der **Missbrauch des Anfechtungs-** 51
rechts. Ein rechtsmissbräuchliches Verhalten des Anfechtungsklägers führt nicht zur Unzulässigkeit
der Klage, sondern zur Unbegründetheit wegen Fehlens der materiell-rechtlichen Anfechtungsbefugnis.[101] Zu missbräuchlichen Anfechtungsklagen siehe ausführlich Rdn. 197–232. Gleiches gilt für
einen gefassten Bestätigungsbeschluss. Dieser lässt ebenfalls das Rechtsschutzbedürfnis nicht entfallen. Vielmehr kommt dem Bestätigungsbeschluss gemäß § 244 S. 1 Hs. 1 AktG materielle Heilungswirkung zu.[102]

e) Sonstige prozessuale Besonderheiten

aa) Darlegungs- und Beweislast

Die aktienrechtlichen Vorschriften enthalten keine besonderen Regeln zur Darlegungs- und Beweis- 52
last. Nach den allgemeinen Grundsätzen der **Normentheorie** trifft daher den Anfechtungskläger die
Pflicht, die anspruchsbegründenden Tatsachen, also insbesondere seine Anfechtungsbefugnis, die
Wahrung der Anfechtungsfrist und das Vorliegen eines Beschlussmangels, darzulegen und – im Bestreitensfall – zu beweisen.[103]

Während die früher h. M. für die Frage der Ursächlichkeit eines Verfahrensfehlers für das Beschluss- 53
ergebnis eine Beweislastumkehr annahm, mit der Folge, dass die beklagte Aktiengesellschaft beweisen musste, dass der Fehler keinen Einfluss auf das festgestellte Ergebnis hatte, stellt die Rechtsprechung nun darauf ab, ob es möglich oder ausgeschlossen ist, dass sich der Verfahrensfehler auf auf
das Beschlussergebnis ausgewirkt hat (sog. **Relevanztheorie**, siehe auch Rdn. 139–141).[104] Die Relevanzbetrachtung wurde mit der Einführung des § 243 Abs. 4 S. 1 AktG durch das UMAG nunmehr auch gesetzlich verankert. Hierbei handelt es sich um eine vom Gericht zu entscheidende
Rechtsfrage, so dass sich Probleme der Beweislastverteilung nicht mehr stellen.[105] Eine **Beweiserleichterung** kommt nach der Rechtsprechung nach dem sogenannten »**Grundsatz der größeren
Tatsachennähe**« ggf. in Betracht, wenn es um Umstände geht, die sich in der Sphäre oder im Wahrnehmungsbereich der Gesellschaft abgespielt haben. Die Gesellschaft kann hier eine sekundäre Darlegungslast treffen.[106] Siehe zur Beweislast ausführlich auch Rdn. 152 f., 161.

bb) Registersperre

Bestimmte Hauptversammlungsbeschlüsse müssen, damit sie wirksam werden, im Handelsregister 54
eingetragen werden. Zu nennen sind insbesondere Kapitalerhöhungen, Verschmelzungen und Squeeze-outs. Ordnet das Gesetz für einen solchen Beschluss die Registersperre an, z. B. § 327e Abs. 2
i. V. m. § 319 Abs. 5 S. 2 AktG für den Squeeze-out, so darf die Eintragung nur dann erfolgen,
wenn der Vorstand oder das sonst zuständige Vertretungsorgan gegenüber dem Registergericht erklärt, dass Anfechtungsklagen nicht oder nicht fristgemäß erhoben oder dass sie rechtskräftig abgewiesen oder zurückgenommen worden sind. Ist bereits eine Anfechtungsklage anhängig, kann die
Gesellschaft die Eintragung des Beschlusses vor Beendigung des Anfechtungsprozesses nur nach
der erfolgreichen Durchführung eines Freigabeverfahrens erreichen, in dem rechtskräftig festgestellt
wird, dass die gegen den Hauptversammlungsbeschluss gerichtete Klage der Eintragung nicht entgegensteht. Zum Freigabeverfahren siehe im Einzelnen Rdn. 348–395.

---

101 BGH NJW-RR 1992, 1388 (1389); KG NZG 2011, 146; Hüffer/*Koch* § 246 Rn. 9; zu missbräuchlichen Anfechtungsklagen siehe ausführlich Rdn. 197–232
102 BGH AG 2004, 204; Heidel/*Heidel* § 244 Rn. 7; zum Bestätigungsbeschluss siehe auch Rdn. 186–196.
103 Hüffer/*Koch* § 243 Rn. 59.
104 BGH NJW 2002, 1128 (1129); NJW 2004, 3561 (3562).
105 Hölters/*Englisch* § 243 Rn. 100; MüKo AktG/*Hüffer* § 243 Rn. 147; Spindler/Stilz/*Würthwein* § 243 Rn. 266.
106 OLG Stuttgart AG 2009, 124 (127).

55 Auch in den Fällen, in denen eine Registersperre nicht gesetzlich vorgesehen ist, führt die Erhebung der Anfechtungsklage häufig zu einer »**faktischen Registersperre**«. Denn gemäß § 21 Abs. 1 FamFG entscheidet das Registergericht nach pflichtgemäßem Ermessen über die Eintragung des Beschlusses im Handelsregister.[107] Dabei ist das Interesse der Gesellschaft an einer zeitnahen Eintragung gegen die Erfolgsaussichten einer Anfechtung abzuwägen. In der Praxis führt diese Abwägung häufig dazu, dass die Eintragung im Falle der Anhängigkeit einer Anfechtungsklage ausgesetzt wird.[108]

56 Soweit es um Kapitalmaßnahmen oder Unternehmensverträge geht, erlaubt der durch das UMAG eingeführte § 246a AktG der betroffenen Gesellschaft einen Antrag auf Feststellung, dass die Anfechtungsklage der Eintragung nicht entgegensteht. Ein solcher **Freigabebeschluss** darf nach § 246a Abs. 2 AktG aber nur ergehen, wenn die Anfechtungsklage unzulässig oder offensichtlich unbegründet ist, der Kläger einen Anteilsbesitz in Höhe von nominal mindestens € 1.000 nicht binnen einer Woche nach Zustellung des Antrags nachgewiesen hat oder wenn das alsbaldige Wirksamwerden des Hauptversammlungsbeschlusses nach freier Überzeugung des Gerichts unter Berücksichtigung der Schwere der mit der Klage geltend gemachten Rechtsverletzungen zur Abwendung der wesentlichen Nachteile für die Gesellschaft und ihre Aktionäre vorrangig erscheint.

cc) Einstweiliger Rechtsschutz

57 Einstweiliger Rechtsschutz kommt im Zusammenhang mit der Anfechtung von Hauptversammlungsbeschlüssen insbesondere in Form der Erwirkung einer einstweiligen Verfügung in Betracht. Nicht statthaft ist dabei die vorläufige Regelung der Beschlussunwirksamkeit, da dies eine **unzulässige Vorwegnahme der Hauptsache** bedeuten würde.[109] In Betracht kommt demgegenüber die Verhinderung der Ausführung des Beschlusses oder die Verhinderung der Eintragung des Beschlusses im Handelsregister, soweit dies zur Abwendung wesentlicher Nachteile erforderlich erscheint.[110] Ausführlich zum einstweiligen Rechtsschutz siehe Rdn. 330–347.

2. Begründetheit der Anfechtungsklage

58 Die Anfechtungsklage ist begründet, wenn der Kläger **anfechtungsbefugt** ist, die Klage innerhalb der **Anfechtungsfrist** erhoben worden ist, ein **Anfechtungsgrund** besteht und **kein Ausschlussgrund** gegeben ist.

a) Anfechtungsbefugnis

59 Der Kläger der Anfechtungsklage muss in dem konkreten Verfahren anfechtungsbefugt sein. Die Anfechtungsbefugnis ergibt sich aus **§ 245 AktG**. Es handelt sich hierbei um ein subjektives Recht. Das Fehlen der Anfechtungsbefugnis führt nicht zur Unzulässigkeit, sondern zur **Unbegründetheit der Klage**.[111]

aa) Anfechtungsbefugnis des Aktionärs

60 Die Voraussetzungen für die Anfechtungsbefugnis der Aktionäre der Gesellschaft sind in **§ 245 Nr. 1–3 AktG** geregelt. Die Aktionärseigenschaft allein ist zur Begründung der Anfechtungsbefugnis nicht ausreichend.

---

107 OLG Zweibrücken GmbHR 2012, 570 (571).
108 *Waclawik* Rn. 113.
109 HK AktG/*Göz* § 246 Rn. 48; *Waclawik* Rn. 136.
110 Heidel/*Heidel* § 246 Rn. 59.
111 BGH AG 2007, 863 (865); NJW-RR 2006, 1110 (1112); a. A. Schmidt/Lutter/*Schwa*b § 245 Rn. 2.

A. Anfechtungsklage § 8

(1) Der in der Hauptversammlung erschienene Aktionär

Nach § 245 Nr. 1 AktG ist jeder Aktionär anfechtungsbefugt, der in der Hauptversammlung, in der der angefochtene Beschluss gefasst wurde, erschienen ist, wenn er die Aktien schon vor der Bekanntmachung der Tagesordnung erworben hatte und gegen den Beschluss Widerspruch zur Niederschrift erklärt hat. 61

Der Aktionär ist **erschienen** i. S. d. § 245 Nr. 1 AktG, wenn er entweder persönlich in der Hauptversammlung anwesend ist oder sich durch einen Dritten vertreten lässt. Die Stellvertretung kann offen oder – im Wege der Ausübung des Stimmrechts für den, den es angeht – verdeckt erfolgen.[112] Zulässig ist darüber hinaus auch eine sogenannte **Legitimationsübertragung** gemäß § 129 Abs. 3 S. 1 AktG, bei der der Dritte ermächtigt wird, aus der fremden Aktie abzustimmen. Hierfür ist die Übertragung des Besitzes an den Aktien auf den Legitimationsvertreter erforderlich, der sodann gegenüber der Aktiengesellschaft als durch den Aktienbesitz legitimierter Vollrechtsinhaber auftritt.[113] Nicht ausreichend ist daher nur die Übertragung des Stimmrechts ohne Übergabe des Besitzes oder eines Surrogates an den Aktien.[114] 62

Das Gesetz fordert keine Mindestanzahl an Aktien, die der Aktionär halten muss, um anfechtungsbefugt zu sein. Ausreichend ist es daher, wenn der klagende Aktionär Inhaber einer einzigen Aktie ist. Trotz der mit Blick auf das Problem der sogenannten »Berufskläger« geäußerten Reformforderungen,[115] hat der Gesetzgeber auch durch das UMAG **kein Mindestquorum für Anfechtungsklagen** eingeführt. In der Praxis hat dies teilweise zur Folge, dass »Berufskläger« gezielt einzelne Aktien verschiedener Gesellschaften erwerben, um die Anfechtungsbefugnis zu erlangen und Anfechtungsklage erheben zu können. Diese Gefahr des Missbrauchs der Anfechtungsbefugnis wird im Einzelnen unter Rdn. 197–232 dargestellt. 63

Seit dem Inkrafttreten des UMAG ist für die Anfechtungsbefugnis des Aktionärs aber erforderlich, dass dieser die Aktien bereits **vor der Bekanntmachung der Tagesordnung** erworben hat. Hierdurch soll verhindert werden, dass die die Anfechtungsbefugnis begründenden Aktien erst kurz vor der Hauptversammlung mit dem alleinigen Ziel der Anfechtung der dort gefassten Beschlüsse erworben werden. 64

Weiter muss der Kläger grundsätzlich auch **im Zeitpunkt der Klageerhebung**, also ihrer Zustellung an die Beklagte, noch Aktionär sein. Für einen ehemaligen Aktionär, der seine Aktionärsstellung nach einem wirksamen Squeeze-out verloren hat, lässt sich auch aus der analogen Anwendung des § 265 Abs. 2 ZPO keine Anfechtungsbefugnis herleiten gegen einen Hauptversammlungsbeschluss, der erst nach Eintragung des Übertragungsbeschlusses in das Handelsregister ergangen ist.[116] 65

Der Aktionär muss bis zum Schluss der Hauptversammlung seinen **Widerspruch zur notariellen Niederschrift** über die Hauptversammlung nach § 130 AktG erklärt haben. Möglich ist es auch, den Widerspruch bereits vor der Abstimmung über den fraglichen Hauptversammlungsbeschluss zu erklären.[117] Der Widerspruch kann auch zu mehreren oder allen während der Hauptversammlung gefassten Beschlüssen erklärt werden. Es muss lediglich deutlich werden, gegen welche konkreten Beschlüsse der Aktionär Widerspruch erhebt. Hierfür ist es sogar ausreichend, den Widerspruch **vorab zu allen Beschlüssen der Tagesordnung** zu erklären.[118] Nach Beendigung der Hauptversamm-

---

112 Schmidt/Lutter/*Schwab* § 245 Rn. 11; Marsch-Barner/Schäfer/*Mimberg* § 37 Rn. 79.
113 KG AG 2010, 166 (168).
114 KG AG 2010, 166 (168).
115 So z. B. *Noack* BB 2007 Heft 32, Die erste Seite; *Meyer-Landrut/Pluskat* BB 2007, 2533 (2536); ablehnend Bericht der Regierungskommission Corporate Governance, D3.51 Rn. 145; siehe auch die Übersicht bei *Vetter* AG 2008, 177 (185).
116 OLG München AG 2010, 673 (674).
117 OLG Jena NZG 2006, 467 (469); a. A. LG Frankfurt a. M. NZG 2005, 721; NZG 2006, 438.
118 OLG Jena NZG 2006, 467 (469).

lung kann der Widerspruch nicht mehr erklärt werden. Etwas anderes gilt jedoch dann, wenn die Hauptversammlung unvermittelt geschlossen wurde und der Aktionär deshalb an der Erklärung des Widerspruchs gehindert war.[119] Aufgrund ihrer Eigenschaft als **öffentliche Urkunde** i. S. d. § 415 ZPO kann im Anfechtungsprozess der Beweis über die Erklärung des Widerspruchs durch die Niederschrift über die Hauptversammlung erbracht werden.

(2) Insbesondere: Anfechtungsbefugnis des Minderheitsaktionärs bei Klage gegen Squeeze-out-Beschluss

66 Eine Ausnahme von dem Erfordernis des Bestehens der Aktionärseigenschaft im Zeitpunkt der Klageerhebung gilt nach der Rechtsprechung für die Klage eines Minderheitsaktionärs gegen den Squeeze-out-Beschluss selbst. In diesem Fall ist der klagende Aktionär in verfassungskonformer Auslegung des § 245 Nr. 1 AktG auch dann anfechtungsbefugt, wenn er infolge der Eintragung des Übertragungsbeschlusses im Handelsregister seine Aktionärsstellung vor der Klagezustellung verliert.[120] Die Mitgliedschaft des Aktionärs in der beklagten Aktiengesellschaft, deren Erhaltung schließlich auch das Klageziel ist, wird daher für die Anfechtungsklage als fortbestehend angesehen. Hierdurch wird der **verfassungsrechtlich gebotenen Rechtsschutzmöglichkeit** gegen den Squeeze-out-Beschluss Rechnung getragen, die das Bundesverfassungsgericht in seinem Beschluss vom 9. Dezember 2009[121] gefordert hat. Hiernach stellt auch der Entzug der Mitgliedschaftsrechte des Aktionärs einen Eingriff in dessen Grundrecht aus Art. 14 Abs. 1 GG dar, so dass effektiver Rechtsschutz gegen den Ausschluss zu gewährleisten ist.[122] Dies bedeutet für die beklagte Gesellschaft, dass, wenn kein Freigabeverfahren durchgeführt wird, sie stets mit einer **möglichen Rückabwicklung** des bereits im Handelsregister eingetragenen Squeeze-out rechnen muss. Aus Sicht der Gesellschaft kann es daher ratsam sein, entweder ein Freigabeverfahren durchzuführen oder die Eintragung des Beschlusses im Handelsregister erst dann vorzunehmen, wenn sicher ist, dass eine Anfechtung nicht mehr möglich ist.[123] Aufgrund der Möglichkeit, noch bis zu drei Jahre nach der Eintragung des Beschlusses Nichtigkeitsklage zu erheben, vgl. § 242 Abs. 2 S. 1 AktG, besteht aber auch dann keine absolute Sicherheit vor einer Rückabwicklung.

67 Fraglich ist bei einer Eintragung, die keinen Bestandschutz durch einen Freigabebeschluss genießt, ob die Rückabwicklung *ex nunc*- oder *ex tunc*-Wirkung erfolgt, die ausgeschlossenen Minderheitsaktionäre also automatisch ihre Mitgliedsrechte zurückerhalten oder ob sie lediglich einen Anspruch auf Rückübertragung der Aktien gegen den Hauptaktionär haben. Die wohl h. M. geht davon aus, dass die Rückabwicklung nur mit Wirkung für die Zukunft erfolgt. Zur Begründung wird die **Lehre von der fehlerhaften Gesellschaft** herangezogen, derzufolge die Anwendung der bereicherungsrechtlichen Vorschriften auf eine bereits in Vollzug gesetzte, d. h. am Rechtsverkehr teilnehmende Gesellschaft aufgrund der Abwicklungsschwierigkeiten in der Praxis nicht in Betracht kommt.[124] Die gleichen Praktikabilitätserwägungen, vor allem auch unter Berücksichtigung der Dauer des Anfechtungsverfahrens, sprechen dafür, auch die Rückabwicklung des eingetragenen Squeeze-out nach Rechtskraft des Anfechtungsurteils nur mit Wirkung für die Zukunft vorzunehmen.[125] Hierdurch wird insbesondere die Rechtssicherheit für zwischenzeitlich aufgrund des eingetragenen Beschlusses getroffene Maßnahmen gewährleistet.[126] Auch der BGH scheint eher zur Annahme einer Rückabwicklung *ex nunc* zu tendieren, gleichwohl er die Frage im Ergebnis offenlässt.[127] Aus den Entscheidungsgründen ergibt sich jedoch, dass der BGH wohl von einem **Rückübertragungsanspruch der**

---

119 Marsch-Barner/Schäfer/*Mimberg* § 37 Rn. 81.
120 BGH NJW-RR 2011, 976; Beschluss v. 5.4.2011 – II ZR 83/10
121 BVerfG NJW-RR 2010, 1474.
122 BVerfG NJW-RR 2010, 1474 (1476).
123 *Ihrig/Seibel* BB 2011, 1613 (1617).
124 Schmidt/Lutter/*Schnorbus* § 245 Rn. 33; *Müller-Eising/Stoll* GWR 2011, 321244.
125 *Müller-Eising/Stoll* GWR 2011, 321244.
126 *Petersen/Habbe* NZG 2010, 1092 (1093).
127 BGH NJW-RR 2011, 976.

Minderheitsaktionäre ausgeht und damit einer Rückabwicklung *ex tunc* eher zurückhaltend gegenübersteht.[128]

Ist die Eintragung im Rahmen eines Freigabeverfahrens erfolgt, so genießt diese trotz etwaiger Mängel Bestandsschutz (§ 327e Abs. 2 i. V. m. 319 Abs. 6 S. 11 AktG). Eine Rückabwicklung in Form von Naturalrestitution scheidet ebenso aus, wie ein Anspruch gegen den Hauptaktionär auf Rückübertragung der Aktien.[129] 68

Hat der Aktionär bei der Abstimmung für den angefochtenen Beschluss gestimmt, so lässt dies die Anfechtungsbefugnis zumindest dann entfallen, wenn er im Zeitpunkt der Abstimmung hinreichende **Kenntnis von den der Anfechtungsklage zu Grunde gelegten Mängeln** hatte.[130] Dies gilt daher insbesondere für Mängel im vorbereitenden Verfahren, z. B. Einberufungsmängel, nicht aber für solche Mängel, die erst nach der Abstimmung entstehen, z. B. bei der Feststellung des Abstimmungsergebnisses.[131] 69

(3) Der nicht in der Hauptversammlung erschienene Aktionär

Der in der Hauptversammlung nicht anwesende Aktionär ist grundsätzlich nicht anfechtungsbefugt. Ausnahmen sind in **§ 245 Nr. 2 AktG** geregelt. Danach ist ein nicht in der Hauptversammlung erschienener Aktionär anfechtungsbefugt, wenn er zu der Hauptversammlung zu Unrecht nicht zugelassen worden ist, die Versammlung nicht ordnungsgemäß einberufen oder der Gegenstand der Beschlussfassung nicht ordnungsgemäß bekanntgemacht worden ist. Alle drei **Ausnahmetatbestände** haben gemeinsam, dass es sich um Fehler handelt, die aus der »**Sphäre der Gesellschaft**«[132] stammen und dazu führen, dass der Aktionär nicht oder nicht in der gesetzlich vorgeschriebenen Weise an der Hauptversammlung teilnehmen kann. Aus diesem Grund ist der nicht erschienene Aktionär auch anfechtungsbefugt, ohne dass er einen Widerspruch zur Niederschrift erklärt hat. Ist er hingegen trotz des Vorliegens eines Fehlers zur Hauptversammlung erschienen, so muss er auch den Widerspruch erklären.[133] Erschienen ist ein Aktionär nicht nur, wenn er persönlich anwesend ist, sondern auch dann, wenn er sich vertreten lässt oder ein Legitimationsaktionär für ihn auftritt.[134] 70

Ein Fall der **unberechtigten Nichtzulassung** i. S. d. § 245 Nr. 2 1. Fall AktG ist insbesondere die Verweigerung des Einlasses eines teilnahmeberechtigten Aktionärs.[135] Nach § 118 Abs. 1 AktG ist jeder Aktionär grundsätzlich zur Teilnahme an der Hauptversammlung berechtigt, so dass die Verweigerung der Zulassung nur dann berechtigt ist, wenn dem Aktionär entweder keine Verwaltungsrechte zustehen oder er die Teilnahmebedingungen, z. B. die Hinterlegung seiner Aktien, nicht erfüllt hat.[136] 71

Eine entsprechende Anwendung des § 245 Nr. 2 1. Fall AktG kommt stets dann in Betracht, wenn es dem Aktionär wie bei seinem Nichterscheinen **tatsächlich unmöglich** ist, einen Widerspruch zur Niederschrift zu erklären, und dies der Gesellschaft zuzurechnen ist.[137] Dies ist auch dann der Fall, wenn der Anteilsinhaber in der Versammlung erschienen war und er Gelegenheit zur Erklärung des Widerspruchs hatte, diese jedoch – etwa aufgrund von Fehlinformationen über die Notwendigkeit des Widerspruchs – nicht genutzt hat.[138] Auch in der nachträglichen **unrechtmäßigen Verweisung** 72

---

128 So auch *Müller-Eising/Stoll* GWR 2011, 321244; *Petersen/Habbe* NZG 2010, 1092 (1093).
129 Schmidt/Lutter/*Schnorbus* § 245 Rn. 18 ff., 34.
130 BGH NZG 2010, 946 (947) – Aufsichtsratsbericht; a. A. *Waclawik* Rn. 54.
131 Im Ergebnis offen gelassen von BGH NZG 2010, 946 (947).
132 MüKo AktG/*Hüffer* § 245 Rn. 41.
133 OLG Stuttgart AG 2007, 596 (597); MüKo AktG/*Hüffer* § 245 Rn. 41; *Waclawik* Rn. 62.
134 Siehe hierzu bereits Rdn. 62.
135 MüKo AktG/*Hüffer* § 245 Rn. 45.
136 MüKo AktG/*Hüffer* § 245 Rn. 46.
137 So zur gleichlautenden Vorschrift des § 29 Abs. 2 UmwG OLG München WM 2010, 1126 (1127).
138 Offen gelassen von OLG München WM 2010, 1126 (1128).

und **Entfernung** aus dem Sitzungssaal liegt daher eine unberechtigte Nichtzulassung.[139] Denn es macht keinen Unterschied, ob der Aktionär zu Unrecht gar nicht erst zur Hauptversammlung zugelassen oder bereits vor der Beschlussfassung unberechtigterweise von der weiteren Teilnahme ausgeschlossen wurde.[140] In jedem Fall wird dem betroffenen Aktionär die Möglichkeit genommen, seinen Widerspruch bis zum Ende der Hauptversammlung zu erklären. Demgegenüber ist die Anfechtungsbefugnis des Aktionärs dann abzulehnen, wenn dieser wegen eines **rechtmäßigen Saalverweises** aufgrund des Hausrechts der Gesellschaft an der Erklärung seines Widerspruchs gehindert war. Hier fehlt es nämlich gerade an einem Fehler aus dem Verantwortungsbereich der Gesellschaft, der eine Gleichstellung mit den gesetzlich geregelten Fällen rechtfertigen würde.[141]

73 Ein **Einberufungsfehler** i. S. d. § 245 Nr. 2 2. Fall AktG liegt vor, wenn gegen die Einberufungsvorschriften der §§ 121 ff. AktG verstoßen worden ist. Das gleiche gilt bei einer Verletzung der Mitteilungspflichten der §§ 124–127 AktG, nicht hingegen bei einem Verstoß gegen die Weitergabepflicht des § 128 AktG (vgl. § 243 Abs. 3 AktG).[142] Ein **Bekanntmachungsfehler** i. S. d. § 245 Nr. 2 3. Fall AktG ist demgegenüber gegeben, wenn die Gesellschaft bei der Bekanntmachung des Beschlussgegenstandes gegen die Regelungen des § 124 Abs. 1–3 AktG verstoßen hat.

74 Ist einer der drei Ausnahmetatbestände des § 245 Nr. 2 AktG erfüllt, ist die Anfechtung des Hauptversammlungsbeschlusses durch den anfechtungsbefugten Aktionär wegen aller Mängel möglich, nicht nur wegen der Verfahrensfehler des § 245 Nr. 2 AktG.

(4) Unzulässige Verfolgung von Sondervorteilen

75 § 245 Nr. 3 AktG bestimmt, dass Aktionäre auch dann anfechtungsbefugt sind, wenn der Hauptversammlungsbeschluss gegen § 243 Abs. 2 AktG verstößt. Danach ist eine **unzulässige Verfolgung von Sondervorteilen** gegeben, wenn ein Aktionär mit der Ausübung des Stimmrechts für sich oder einen Dritten Sondervorteile zum Schaden der Gesellschaft oder der anderen Aktionäre zu erlangen suchte und der Beschluss geeignet ist, diesem Zweck zu dienen. Die Anfechtungsbefugnis besteht sowohl für erschienene als auch für nicht erschienene Aktionäre und zwar unabhängig davon, ob sie einen Widerspruch zur Niederschrift erklärt haben. Erforderlich ist nur die Aktionärseigenschaft im Zeitpunkt der Bekanntmachung der Tagesordnung. Die Anfechtung kann in diesem Fall aber nur auf den Anfechtungsgrund der unzulässigen Verfolgung von Sondervorteilen gestützt werden. Liegen nur andere Beschlussmängel vor, ohne dass gleichzeitig die Voraussetzungen des § 245 Nr. 1 oder Nr. 2 AktG erfüllt sind, wird das Gericht die Klage als unbegründet abweisen.[143]

76 Anders als dies für die Fälle des § 245 Nr. 1 und 2 AktG der Fall ist, führt nach der Rechtsprechung des BGH der temporäre Rechtsverlust wegen der Nichterfüllung von Mitteilungspflichten nach **§ 20 Abs. 7 AktG** nicht zum Entfallen der Anfechtungsbefugnis nach § 245 Nr. 3 AktG.[144] Dies gilt zumindest dann, wenn die gemäß § 20 AktG erforderliche Mitteilung vor Ablauf der Anfechtungsfrist nachgeholt wird.[145]

77 Die Voraussetzungen der Anfechtung wegen unzulässiger Verfolgung von Sondervorteilen werden im Einzelnen unter Rdn. 162–168 erörtert.

---

139 OLG München WM 2010, 1859 (1860); MüKo AktG/*Hüffer* § 245 Rn. 47; Schmidt/Lutter/*Schwab* § 245 Rn. 21.
140 BGH NJW 1966, 43 (44).
141 So auch Schmidt/Lutter/*Schwab* § 245 Rn. 21; *Weber/Kersjes* § 1 Rn. 102; a. A. Heidel/*Heidel* § 245 Rn. 15.
142 MüKo AktG/*Hüffer* § 245 Rn. 48; Heidel/*Heidel* § 245 Rn. 17.
143 *Waclawik* Rn. 63.
144 BGH NZG 2009, 827 (828).
145 BGH NZG 2009, 827 (828).

A. Anfechtungsklage § 8

bb) Anfechtungsbefugnis des Vorstands

§ 245 Nr. 4 AktG normiert die Anfechtungsbefugnis des **Vorstands** einer Aktiengesellschaft. Diese ergibt sich aus der Pflicht des Vorstands aus § 83 Abs. 2 AktG, die Beschlüsse der Hauptversammlung auszuführen: Der Vorstand hat ein Recht, sich gerichtlich bestätigen zu lassen, dass die von ihm durchzuführenden Maßnahmen auf einem rechtmäßigen Beschluss beruhen.[146] Da der Vorstand der Hauptversammlung in der Praxis häufig selbst die Beschlussvorschläge unterbreitet, ist eine Anfechtung eines Beschlusses durch den Vorstand selten. In Betracht kommt eine solche Anfechtung insbesondere dann, wenn die Hauptversammlung in ihrer Beschlussfassung von dem ursprünglichen Vorschlag des Vorstands abweicht. Grundsätzlich lässt es die Anfechtungsbefugnis des Vorstands aber auch nicht entfallen, wenn sich die Anfechtung gegen einen von ihm selbst eingebrachten Beschlussvorschlag richtet.[147]   78

Die Anfechtungsbefugnis des Vorstands unterliegt **keinen verfahrensrechtlichen Beschränkungen.** Der Vorstand kann insbesondere einen Hauptversammlungsbeschluss auch dann anfechten, wenn er entgegen der Regelung des § 118 Abs. 3 S. 1 AktG nicht an der Hauptversammlung teilgenommen oder dem Beschluss nicht widersprochen hat.[148]   79

cc) Anfechtungsbefugnis einzelner Organmitglieder

Die Anfechtungsbefugnis der einzelnen **Vorstands- und Aufsichtsratsmitglieder**, die in § 245 Nr. 5 AktG geregelt ist, ergibt sich aus ihrer Pflicht, die Gesellschaftsinteressen zu wahren. Hierzu gehört auch sicherzustellen, dass durch die Hauptversammlung nur rechtmäßige Beschlüsse gefasst werden. Gleichzeitig schützt die Anfechtungsbefugnis die Organmitglieder davor, sich durch die Ausführung eines rechtswidrigen Beschlusses einer zivil- oder strafrechtlichen Haftung auszusetzen.[149]   80

b) Anfechtungsfrist

§ 246 Abs. 1 AktG regelt, dass die Anfechtungsklage innerhalb **eines Monats** nach der Beschlussfassung erhoben werden muss. Bei der Anfechtungsfrist handelt es sich um eine **materiell-rechtliche Ausschlussfrist.** Wird die Anfechtungsklage verspätet erhoben, wird sie daher nicht etwa als unzulässig, sondern als **unbegründet** abgewiesen.[150] Der Kläger verliert bei Fristversäumnis kraft Gesetzes seine materiell-rechtliche Anfechtungsbefugnis.[151] Dabei begründet die Nichtbeachtung der Anfechtungsfrist nicht nur eine Einrede der Beklagten, sondern wird durch das Gericht in jeder Lage des Verfahrens **von Amts wegen** geprüft.[152]   81

Ist die Anfechtungsfrist im Zeitpunkt der Klageerhebung bereits verstrichen, prüft das Gericht aufgrund der Identität der Streitgegenstände von Anfechtungs- und Nichtigkeitsklage, ob der Beschluss aus einem der in § 241 Nr. 1–4 AktG aufgeführten Gründe **nichtig** ist und stellt ggf. seine Nichtigkeit fest.[153]   82

Eine Verlängerung der Anfechtungsfrist aufgrund zivilprozessualer Regelungen ist wegen ihrer Qualifizierung als materiell-rechtlicher Frist nicht möglich, ebensowenig die Wiedereinsetzung in den vorigen Stand nach §§ 233 ff. ZPO.[154] Vertragliche Vereinbarungen der Parteien oder Satzungs-   83

---

146 *Waclawik* Rn. 64.
147 Allgemeine Meinung, siehe nur MüKo AktG/*Hüffer* § 245 Rn. 65; Spindler/Stilz/*Dörr* § 245 Rn. 41; Hölters/*Englisch* § 245 Rn. 38.
148 MüKo AktG/*Hüffer* § 245 Rn. 65.
149 MüKo AktG/*Hüffer* § 245 Rn. 17.
150 BGH NJW 1998, 3344 (3345); OLG Frankfurt a. M. WM 1984, 209 (211).
151 OLG Koblenz AG 2003, 522.
152 BGH NJW 1998, 3344 (3345); OLG Karlsruhe NZG 2008, 714 (716).
153 MüKo AktG/*Hüffer* § 246 Rn. 36.
154 LG München NZG 2009, 226 (227); Schmidt/Lutter/*Schwab* § 246 Rn. 9.

bestimmungen, die eine Verlängerung oder Verkürzung der Anfechtungsfrist vorsehen, sind nach § 23 Abs. 5 S. 1 AktG unwirksam.

84 Bei der Anfechtungsfrist handelt es sich um eine **Ereignisfrist** im Sinne des § 187 Abs. 1 BGB. Maßgebliches Ereignis ist die Beschlussfassung durch die Hauptversammlung. Findet die Hauptversammlung an mehreren Tagen statt, wird von der wohl überwiegenden Meinung in der Literatur vertreten, dass in diesem Fall auf den Schluss der Versammlung abzustellen sei, da bis zu diesem Zeitpunkt der Widerspruch zur Niederschrift erklärt werden könne.[155] Aus Gründen der Vorsicht ist es jedoch für den Anfechtungskläger mit Blick auf den eindeutigen Wortlaut des § 246 Abs. 1 AktG ratsam, für die Berechnung der Anfechtungsfrist den Tag der tatsächlichen Beschlussfassung zugrunde zu legen.[156] Der Fristlauf endet gemäß § 188 Abs. 2 BGB mit Ablauf des Tages, der in seiner Bezeichnung dem Tag des Ereignisses, d. h. der Beschlussfassung entspricht.

85 Grundsätzlich ist für die Wahrung der Anfechtungsfrist die **Erhebung der Klage**, d. h. gemäß § 253 Abs. 1 ZPO die Zustellung der Klageschrift an die Beklagte, innerhalb der Monatsfrist erforderlich. In Anwendung des § 167 ZPO ist es jedoch ausreichend, wenn die Klage bei Gericht eingereicht wird und die Zustellung »demnächst« erfolgt, ohne dass der Kläger eine etwaige Verzögerung verursacht hat.[157] Ausreichend zur Fristwahrung ist auch die Klageerhebung vor dem sachlich oder örtlich unzuständigen Gericht, selbst wenn der Verweisungsbeschluss gemäß § 281 Abs. 1 ZPO erst nach Ablauf der Anfechtungsfrist ergeht.[158] Etwas anderes gilt aber dann, wenn der Kläger die Unzuständigkeit des angerufenen Gerichts kennt und dieses zur Fristwahrung als Postweiterleitungsstelle missbraucht.[159]

86 Allein die Erhebung der Anfechtungsklage ist jedoch für die Wahrung der Anfechtungsfrist nicht ausreichend. Der Anfechtungskläger muss bereits in der Klageschrift die **Anfechtungsgründe in ihrem wesentlichen tatsächlichen Kern** darlegen.[160] Das Nachschieben oder Auswechseln von Gründen nach Fristablauf ist nicht zulässig, d. h. nicht fristgemäß geltend gemachte Beschlussmängel können nicht zur Begründetheit der Klage führen.[161] Dies gilt auch für den Fall, dass andere Kläger die Beschlussmängel fristgerecht geltend gemacht haben. Denn dem Kläger kommt der Umstand, dass andere Kläger die Anfechtungsgründe fristgerecht geltend gemacht haben, in seinem Verfahren nicht zugute.[162] Um der Gefahr der Präklusion vorzubeugen, empfiehlt es sich für den Anfechtungskläger, bereits in der Klageschrift umfassend zu sämtlichen möglicherweise in Betracht kommenden Anfechtungsgründen vorzutragen.

87 Das Stellen eines Antrags auf Prozesskostenhilfe für das Anfechtungsverfahren genügt aufgrund des eindeutigen Wortlauts des § 246 Abs. 1 AktG nicht für die Wahrung der Anfechtungsfrist.[163]

---

155 MüKo AktG/*Hüffer* § 246 Rn. 39; Heidel/*Heidel* § 246 Rn. 25; Schmidt/Lutter/*Schwab* § 246 Rn. 6; HK AktG/*Göz* § 246 Rn. 8.
156 So auch *Waclawik* Rn. 95.
157 BGH NZG 2011, 669 (670); NJW 2009, 2207 (2214) – Kirch/Deutsche Bank.
158 H. M., siehe OLG Karlsruhe NZG 2008 714 (715); Spindler/Stilz/*Dörr* § 246 Rn. 18; Schmidt/Lutter/*Schwab* § 246 Rn. 8; Hüffer/*Koch* § 246 Rn. 24; a. A. *Henn* AG 1989, 230 (232).
159 LG Köln AG 2009, 593 (594).
160 BGH NJW 1993, 400 (404); NZG 2005, 479 (481); NJW 2009, 2207 (2212); NZG 2010, 943 (946).
161 BGH AG 2005, 395 (397).
162 BGH AG 2012, 882 (883); NZG 2011, 669 (670).
163 OLG Celle AG 2010, 367; zustimmend, aber im Ergebnis offen gelassen OLG Karlsruhe NZG 2013, 942 (944 f.); KöKo AktG/*Zöllner* § 246 Rn. 15; MünchHdb GesR/*Semler* § 41 Rn 72; *Henn* AG 1989, 230 (232); *Werner* AG 1968, 181 (184); a. A. Großkomm AktG/*K. Schmidt* § 246 Rn. 21; Spindler/Stilz/*Dörr* § 246 Rn. 17; Hüffer/*Koch* § 246 Rn. 25; Heidel/*Heidel* § 246 Rn. 29; MüKo AktG/*Hüffer* § 246 Rn. 42 f.; Schmidt/Lutter/*Schwab* § 246 Rn. 10; Henssler/Strohn/*Drescher* AktG § 246 Rn. 7.

A. Anfechtungsklage § 8

c) Anfechtungsgrund

Voraussetzung der erfolgreichen Anfechtung des Hauptversammlungsbeschlusses ist das Vorliegen eines **Anfechtungsgrundes**. Der angefochtene Hauptversammlungsbeschluss muss also mängelbehaftet sein. Die zur Nichtigkeit des Beschlusses führenden Anfechtungsgründe sind in § 243 AktG abschließend aufgeführt. Nach der Generalklausel des § 243 Abs. 1 AktG ist die Anfechtung insbesondere dann möglich, wenn der Beschluss gegen eine gesetzliche oder satzungsmäßige Regelung verstößt. Die Anfechtungsklage ermöglicht somit eine umfassende Prüfung der Rechtmäßigkeit des Hauptversammlungsbeschlusses. Zu den einzelnen Anfechtungsgründen siehe ausführlich Rdn. 126–196. 88

d) Kein Anfechtungsausschluss

Die Anfechtung des Hauptversammlungsbeschlusses darf nicht ausgeschlossen sein. Bei Vorliegen eines **Ausschlussgrundes** wird die Anfechtungsklage als **unbegründet** abgewiesen. 89

aa) Bestätigungsbeschluss

Nach **§ 244 S. 1 AktG** ist die Anfechtung eines Beschlusses ausgeschlossen, wenn dieser von der Hauptversammlung **durch einen neuen Beschluss bestätigt** wurde und dieser Beschluss nicht innerhalb der Anfechtungsfrist angefochten oder die Anfechtung rechtskräftig zurückgewiesen wurde. Die Anerkennung des angefochtenen Beschlusses durch die Hauptversammlung als »gültige Regelung der betreffenden Gesellschaftsangelegenheit«[164] beseitigt dessen Anfechtbarkeit mit Wirkung für die Zukunft. Dabei entfällt für die Anfechtungsklage nicht nur das Rechtsschutzbedürfnis, sondern der Bestätigungsbeschluss bewirkt die materiell-rechtliche Heilung des Beschlussmangels.[165] Eine bereits anhängige Anfechtungsklage wird daher nicht lediglich unzulässig, sondern **nachträglich unbegründet**.[166] Zum Bestätigungsbeschluss siehe ausführlich Rdn. 186–196. 90

bb) Heilung der Nichtigkeit

§ 242 AktG sieht die **Heilung** nichtiger Hauptversammlungsbeschlüsse durch Eintragung ins Handelsregister und ggf. Fristablauf vor. Mit Eintreten der Heilungsvoraussetzungen wird die Nichtigkeit des Beschlusses mit *ex tunc*-Wirkung beseitigt, und der Beschluss kann nicht mehr angefochten werden. Eine bereits anhängige **Anfechtungsklage wird unbegründet**.[167] Nach h. M. führt die Heilung darüber hinaus auch zur rückwirkenden Gesetzmäßigkeit des Beschlusses.[168] Möglich ist jedoch nur die Heilung der in § 242 Abs. 1–3 AktG abschließend genannten Beschlussmängel. 91

3. Beendigung des Anfechtungsverfahrens

a) Urteil

Über die Anfechtungsklage entscheidet das Gericht grundsätzlich durch Urteil. 92

aa) Wirkung

Ist die Anfechtungsklage zulässig und begründet, erklärt das Gericht den angefochtenen Hauptversammlungsbeschluss im Tenor des Anfechtungsurteils für nichtig. Aufgrund der in § 241 Nr. 5 AktG angeordneten **Gestaltungswirkung** des Urteils entfaltet es *inter omnes*-Wirkung. Die Nichtigkeit des Hauptversammlungsbeschlusses gilt somit für und gegen jedermann. 93

---

164 So BGH NJW 2004, 1165.
165 Hüffer/*Koch* § 244 Rn. 5; Marsch-Barner/Schäfer/*Mimberg* § 37 Rn. 64; a. A. *Zöllner* AG 2004, 397 (402).
166 BGH NJW 2004, 1165.
167 BGH NJW 1987, 902 (903); Heidel/*Heidel* § 242 Rn. 2.
168 OLG Düsseldorf NZG 2001, 1036 (1038); Hüffer/*Koch* § 242 Rn. 7; HK AktG/*Göz* § 242 Rn. 9.

94 § 248 Abs. 1 S. 1 AktG definiert den **personellen Geltungsbereich der materiellen Rechtskraft** des Anfechtungsurteils. Danach bindet das Urteil neben den Prozessparteien – also stets der Gesellschaft – auch alle Aktionäre sowie die Mitglieder des Vorstands und des Aufsichtsrats, unabhängig davon, ob sie an dem Anfechtungsverfahren als Partei beteiligt waren. Eine erneute Klage einer zu diesem Personenkreis gehörenden Person ist dann aufgrund entgegenstehender Rechtskraft unzulässig. Bereits anhängige Klagen sind in der Hauptsache erledigt.[169] Aus der Identität der Streitgegenstände von Anfechtungs- und Nichtigkeitsklage folgt, dass weder eine erneute Anfechtungsklage noch eine Nichtigkeitsklage zulässig ist.[170]

95 Das Anfechtungsurteil wirkt auf den **Zeitpunkt der Beschlussfassung zurück**, der Beschluss ist also von Anfang an nichtig.[171] Diese Rückwirkung findet grundsätzlich auch auf Durchführungsgeschäfte Anwendung, die nach der Beschlussfassung auf der Grundlage des nichtigen Beschlusses getätigt wurden und deren Wirksamkeit von der Wirksamkeit des Hauptversammlungsbeschlusses abhängt. So ist beispielsweise ein Nachgründungsgeschäft i. S. d. § 52 AktG *ex tunc* unwirksam und nach bereicherungsrechtlichen Vorschriften rückabzuwickeln, soweit durch das Urteil die zum Abschluss des Vertrags erforderliche Zustimmung der Hauptversammlung vernichtet wurde. Etwas anderes gilt hingegen, soweit das Durchführungsgeschäft entsprechend den **Grundsätzen von der fehlerhaften Gesellschaft** zu behandeln ist.[172] Der Hauptanwendungsfall ist die bereits im Handelsregister eingetragene Kapitalerhöhung. Zwar bleibt es auch in dieser Konstellation bei der Rückwirkung des Urteils.[173] Aufgrund des vorhandenen Erhöhungswillens und der bereits (ggf. auch nur teilweise) erfolgten Durchführung der Erhöhung wird jedoch angenommen, dass die Kapitalerhöhung bis zum Eintritt der Rechtskraft des Anfechtungsurteils als wirksam zu behandeln ist.[174] Das rechtskräftige Anfechtungsurteil entfaltet seine **Rechtswirkung sodann nur *ex nunc***, also mit Wirkung für die Zukunft.[175]

96 Diese Urteilsfolgen werden grundsätzlich sowohl durch streitige Urteile als auch durch Versäumnis- sowie Anerkenntnisurteile bewirkt. Zur Beendigung des Anfechtungsverfahrens durch Versäumnis- und Anerkenntnisurteil siehe im Einzelnen Rdn. 115 und 116.

97 In Anwendung des § 139 BGB hat die Nichtigkeit eines Teils des Hauptversammlungsbeschlusses nicht notwendigerweise die Gesamtnichtigkeit zur Folge. Es ist durch Auslegung zu ermitteln, ob der wirksame Teil auch ohne den nichtigen Rest beschlossen worden wäre.[176]

98 Ist Gegenstand des Urteils ein **Sonderbeschluss** i. S. d. § 138 AktG, führt der Erfolg der Anfechtungsklage dazu, dass der Hauptversammlungsbeschluss zunächst schwebend unwirksam bleibt, bis die notwendige Zustimmung durch einen neuen Sonderbeschluss nachgeholt wird.[177] Ebenso bleiben Gewinnabführungsverträge, die auf der Grundlage eines für nichtig erklärten Hauptversammlungsbeschlusses geschlossen wurden, schwebend unwirksam, bis sich eine der Vertragsparteien auf die Nichtigkeit beruft.[178]

99 Wird die **Anfechtungsklage abgewiesen**, so hat dieses Urteil **keine materiell-rechtliche Bestätigungswirkung**. Über die Wirksamkeit und Rechtmäßigkeit des angefochtenen Hauptversammlungsbeschlusses wird somit durch das Urteil keine allgemeingültige, unwiderlegliche Aussage ge-

---

169 Heidel/*Heidel* § 248 Rn. 13.
170 MüKo AktG/*Hüffer* § 246 Rn. 24.
171 Büchel/von Rechenberg/*Ludwig/Möhrle* 12. Kap. Rn. 1051; Heidel/*Heidel* § 248 Rn. 4.
172 Zu den Prinzipien und der Anwendbarkeit der Lehre von der fehlerhaften Gesellschaft siehe bereits Rdn. 67.
173 BGH NJW 1998, 3345 (3346).
174 MüKo AktG/*Hüffer* § 248 Rn. 21.
175 Büchel/von Rechenberg/*Ludwig/Möhrle* 12. Kap. Rn. 1051; Hölters/*Englisch* § 248 Rn. 16.
176 Büchel/von Rechenberg/*Ludwig/Möhrle* 12. Kap. Rn. 1053.
177 Spindler/Stilz/*Rieckers* § 138 Rn. 25.
178 BGH NJW 1988, 1326 (1327).

A. Anfechtungsklage § 8

troffen.[179] Anders als das stattgebende Urteil bindet das abweisende Urteil nur die Parteien des Anfechtungsprozesses. Dies folgt aus dem Wortlaut des § 248 Abs. 1 S. 1 AktG, der eine Rechtskrafterstreckung nur für das stattgebende Urteil anordnet. Aus diesem Grund ist nur eine Klage desselben Klägers mit demselben Streitgegenstand unzulässig. Andere anfechtungsbefugte Personen sind an der Erhebung einer erneuten Anfechtungsklage gegen denselben Hauptversammlungsbeschluss hingegen nicht gehindert.

Auch der unterlegene Anfechtungskläger kann den Beschluss erneut im Wege der Anfechtungsklage 100 angreifen, wenn die im neuen Verfahren gerügten Beschlussmängel von dem mit der ursprünglichen Klage vorgetragenen Lebenssachverhalt nicht erfasst waren. Hinsichtlich **neuer Beschlussmängel** ist eine neue Klage zulässig, soweit der Kläger diese nicht bereits im ersten Anfechtungsprozess vortragen konnte.[180] In der Regel wird einer solchen Klage aber der Ablauf der Anfechtungsfrist entgegenstehen.

bb) Eintragung im Handelsregister

Der Vorstand hat das der Klage ganz oder teilweise stattgebende **Anfechtungsurteil** gemäß § 248 101 Abs. 1 S. 2 AktG unverzüglich **zum Handelsregister einzureichen.** Diese Pflicht folgt aus der Gestaltungswirkung des Urteils und dem sich daraus ergebenden Erfordernis, nicht an dem Anfechtungsprozess beteiligte Dritte über die Nichtigkeit des Hauptversammlungsbeschlusses zu informieren.[181] Die Einreichungspflicht besteht unabhängig davon, ob es sich bei dem angefochtenen Hauptversammlungsbeschluss um einen eintragungsbedürftigen Beschluss handelt oder nicht.

Nach § 248 Abs. 1 S. 3 AktG ist das Urteil selbst im Handelsregister einzutragen, soweit der für nich- 102 tig erklärte Beschluss eintragungsbedürftig und im Handelsregister eingetragen war. Aus dem Wortlaut folgt, dass das Urteil nicht eingetragen werden muss, wenn schon der angefochtene Beschluss nicht eingetragen war. § 248 Abs. 1 S. 4 AktG bestimmt, dass die Eintragung des Urteils in gleicher Weise bekannt zu machen ist wie der Beschluss.

Die **Eintragungspflicht** wird durch die Regelung des § 248 Abs. 2 AktG für den Fall erweitert, dass 103 Gegenstand des für nichtig erklärten Hauptversammlungsbeschlusses eine Satzungsänderung war. Dann muss das Urteil mit dem vollständigen Satzungstext, wie er sich unter Berücksichtigung des Urteils und aller bisherigen Satzungsänderungen ergibt, sowie einer dies bestätigenden Notarbescheinigung zum Handelsregister eingereicht werden. In diesem Fall besteht die erweiterte Eintragungspflicht auch dann, wenn die Satzungsänderung selbst noch nicht im Handelsregister eingetragen worden war. Etwas anderes gilt nur, wenn der ursprüngliche Hauptversammlungsbeschluss noch nicht zur Eintragung angemeldet war.[182]

cc) Streitwert der Anfechtungsklage

Anders als bei Leistungsklagen ergibt sich der **Streitwert** der Anfechtungsklage nicht aus dem Kla- 104 geantrag. Aus diesem Grund bestimmt § **247 Abs. 1 S. 1 AktG**, dass das Prozessgericht den Streitwert der Anfechtungsklage unter Berücksichtigung aller Umstände des einzelnen Falles, insbesondere der Bedeutung der Sache für die Parteien, nach billigem Ermessen festsetzt.

Welche Umstände im jeweiligen Fall entscheidungsrelevant sind und welche Bedeutung die Sache 105 für die Parteien hat, hängt nach der Rechtsprechung in entscheidendem Maße von Inhalt und Gegenstand des angefochtenen Hauptversammlungsbeschlusses ab. Art und Zahl der geltend gemachten Anfechtungsgründe sind demgegenüber alleine nicht geeignet, den Streitwert zu beeinflussen.[183]

---

179 *Waclawik* Rn. 127.
180 Heidel/*Heidel* § 248 Rn. 15; Spindler/Stilz/*Dörr*, § 248 Rn. 27; für die generelle Unzulässigkeit einer erneuten Klage unabhängig vom Lebenssachverhalt KöKo AktG/*Zöllner*, § 246 Rn. 85.
181 *Waclawik* Rn. 128.
182 Heidel/*Heidel* § 248 Rn. 18; MüKo AktG/*Hüffer* § 248 Rn. 33.
183 BGH NJW-RR 1995, 225.

In die **Ermessensentscheidung** ist somit sowohl die wirtschaftliche Bedeutung des Beschlusses für die beklagte Gesellschaft mit einzubeziehen als auch der Umfang des Aktienbesitzes des Klägers.[184] Der Streitwert wird dabei in der Regel durch den Wert der von dem Kläger gehaltenen Aktien begrenzt.[185] Für das Interesse der Gesellschaft an der Aufrechterhaltung des angefochtenen Beschlusses ist der Vermögenswert der beschlossenen Maßnahme maßgeblich.[186] Hierzu gehört auch das Interesse, das die anderen Aktionäre an der Verteidigung der angefochtenen Beschlüsse haben, weil sie von einem rechtskräftigen Urteil gemäß § 248 Abs. 1 S. 1 AktG mitbetroffen werden.[187]

106 § 247 Abs. 1 S. 2 AktG enthält eine **Begrenzung des Regelstreitwerts** der Anfechtungsklage. Danach darf der Streitwert 1/10 des Grundkapitals oder, wenn dieses Zehntel mehr als € 500.000 beträgt, € 500.000 nur insoweit überschreiten, als die Bedeutung der Sache für den Kläger höher zu bewerten ist. Dies kommt insbesondere in Betracht, wenn der Kläger Aktienbesitz in erheblichem Umfang hat.[188] Gleichzeitig folgt aus der Vorschrift, dass der Regelstreitwert nicht aufgrund eines besonders großen Interesses der beklagten Gesellschaft an der Wirksamkeit des Beschlusses überschritten werden kann. Für die in § 247 Abs. 1 S. 2 AktG festgelegte 10 %-Grenze ist das zum Zeitpunkt der Klageerhebung oder der Rechtsmitteleinlegung im Handelsregister eingetragene Grundkapital der Gesellschaft maßgeblich.[189]

107 Werden in einer Anfechtungsklage mehrere Beschlüsse angefochten, ermittelt das Gericht für jeden Beschluss den Streitwert nach Maßgabe des § 247 Abs. 1 S. 1 AktG gesondert und addiert die für jeden Antrag festgesetzten **Teilstreitwerte**.[190] Die Höchstgrenze des § 247 Abs. 1 S. 2 AktG findet dabei für jeden einzelnen Klageantrag Anwendung.[191] Führen mehrere Aktionäre, deren Aktienbesitz unterschiedlich ist, Anfechtungsklagen gegen denselben Hauptversammlungsbeschluss, bestimmt sich der Gesamtstreitwert für das Verfahren nach dem höchsten Einzelstreitwert.[192]

108 Die Vorschrift des § 247 Abs. 2 AktG ermöglicht es dem Prozessgericht, den Streitwert auf Antrag einer Partei herabzusetzen, wenn diese glaubhaft macht, dass die Belastung mit den Prozesskosten ihre wirtschaftliche Lage erheblich gefährden würde.

109 Die Anfechtungsklagen verschiedener Kläger gegen denselben Beschluss sind bis zu ihrer Verbindung nach § 246 Abs. 3 S. 6 AktG selbstständige gebührenrechtliche Angelegenheiten i. S. d. §§ 15 Abs. 1, 17 Nr. 1 RVG.[193] Sind Gebührentatbestände sowohl vor als auch nach der Verbindung entstanden, hat der **Rechtsanwalt ein Wahlrecht**, ob die die nach § 15 Abs. 4 RVG unentziehbar entstandenen Gebühren aus den Einzelwerten der verschiedenen Verfahren oder aus dem Gesamtwert nach der Verbindung verlangt (vgl. auch Rdn. 277).[194]

Ähnlich verhält es sich mit den Gerichtskosten. Auch diese sind vor einer Verbindung der Prozesse nach § 246 Abs. 3 S. 6 AktG gebührenrechtlich selbständig mit der Folge, dass die mit der Einreichung der jeweiligen Klage anfallende Gebühr für das Verfahren im Allgemeinen gemäß § 6 Abs. 1 Nr. 1 GKG nach der Prozessverbindung bestehen bleibt.[195]

---

184 *Waclawik* Rn. 130.
185 OLG Stuttgart NZG 2004, 463; OLG Frankfurt a. M. AG 2005, 122; Hölters/*Englisch* § 247 Rn. 11; a. A. *Waclawik* Rn. 130; Schmidt/Lutter/*Schwab* § 247 Rn. 4.
186 OLG Stuttgart NZG 2004, 463 (464).
187 OLG Düsseldorf BeckRS 2012, 02252
188 *Waclawik* Rn. 131.
189 Hölters/*Englisch* § 247 Rn. 16.
190 MAH AktR/*Meller* § 38 Rn. 150.
191 Hüffer/*Koch* § 247 Rn. 9.
192 OLG Stuttgart NZG 2001, 522 (523).
193 BGH NJW-RR 2010, 1697 (1698) zu § 15 Abs. 2 S. 2 RVG a. F. Mit dem KostRMoG 2 RVG v. 23.7.2013 (BGBl. I S. 586) wurde § 15 Abs. 2 S. 2 RVG a. F. durch § 17 Nr. 1 RVG ersetzt. Inhaltliche Änderungen gingen damit nicht einher.
194 BGH NJW-RR 2010, 1697 (1698).
195 BGH AG 2013, 594.

A. Anfechtungsklage § 8

dd) Rechtsmittel

Gegen das Urteil im Anfechtungsprozess stehen den Parteien die Rechtsmittel der ZPO zur Verfügung. Die nach § 511 Abs. 2 Nr. 1 ZPO erforderliche **Berufungssumme** ist im Anfechtungsverfahren regelmäßig überschritten.[196] Die Wertbemessung der Beschwerde richtet sich dabei nach den Grundsätzen des § 247 Abs. 1 AktG, wonach es für die Wertbemessung auf die Bedeutung der Sache für die Parteien ankommt (siehe hierzu Rdn. 104 und 105).[197] **110**

Auch der **streitgenössische Nebenintervenient** ist zur Einlegung von Rechtsmitteln berechtigt.[198] Er kann grds. unabhängig von der Hauptpartei[199] und gegen deren Willen[200] Rechtsmittel einlegen. Die Berufungs- oder Revisionsfrist ist daher auch durch das Rechtsmittel des Nebenintervenienten gewahrt, wenn dieser das Rechtsmittel innerhalb der für ihn laufenden Frist einlegt. Der Fristlauf beginnt im Regelfall mit der Urteilszustellung an ihn.[201] Sind mehrere Aktionäre den Anfechtungsverfahren als streitgenössische Nebenintervenienten beigetreten, tritt die Rechtskraft erst mit Ablauf der Rechtsmittelfrist für alle ein.[202] Die Berechtigung des (streitgenössischen) Nebenintervenienten zur Einlegung von Rechtsmitteln entfällt bei Klagerücknahme (§ 269 ZPO) oder übereinstimmender Erledigungserklärung (§ 91a ZPO).[203] Eine Prozessfortführung durch den Nebenintervenienten ist in diesem Fall ausgeschlossen, da der Nebenintervenient nicht über den Streitgegenstand verfügen kann.[204] **111**

Die **Rücknahme eines Rechtsmittels** durch einen Streitgenossen entzieht weiteren Streitgenossen ihre Stellung als Partei der Berufungsinstanz, wenn nur der das Rechtsmittel zurücknehmende Streitgenosse Berufung eingelegt hat und die Einlegung nach Ablauf der für die weiteren Streitgenossen laufenden Frist erfolgt ist; denn in diesem Fall haben die weiteren Streitgenossen nur eine von dem Rechtsmittelführer abhängige Stellung erlangt.[205] Dies gilt entsprechend für den streitgenössischen Nebenintervenienten.[206] **112**

Die unterlegene Aktiengesellschaft kann das Anfechtungsurteil durch Erklärung eines Rechtsmittelverzichtes oder durch Rücknahme bereits eingelegter Rechtsmittel rechtskräftig werden lassen. Dies folgt aus dem auch im Anfechtungsverfahren geltenden **Dispositionsgrundsatz**.[207] **113**

b) Sonstige Beendigungstatbestände

Neben der Beendigung des Anfechtungsverfahrens durch Urteil kommen weitere Beendigungstatbestände in Betracht. **114**

aa) Versäumnisurteil

Die beklagte Gesellschaft kann auch ein **Versäumnisurteil** gegen sich ergehen lassen.[208] Dies folgt aus dem auch im aktienrechtlichen Anfechtungsprozess anwendbaren **Dispositionsgrundsatz**, der es **115**

---

196 *Weber/Kersjes* § 1 Rn. 631.
197 BGH AG 2011, 823.
198 BGH NZG 1999, 68.
199 BGH NJW 2008, 1889; NJW-RR 1999, 285 (286); NJW-RR 1997, 865.
200 Hüffer/*Koch* § 246 Rn. 7; Henssler/Strohn/*Drescher* AktG § 246 Rn. 25.
201 Spindler/Stilz/*Dörr* § 246 Rn. 37; Henssler/Strohn/*Drescher* AktG § 246 Rn. 25; zum Fristlauf bei einfacher Nebenintervention siehe BGH ZIP 2013, 2032.
202 MüKo AktG/*Hüffer* § 248 Rn. 11.
203 OLG Köln NZG 2004, 46 (47); Hüffer/*Koch* § 246 Rn. 7; Großkomm AktG/*K. Schmidt* § 246 Rn. 46; MünchHdb GesR/*Semler* § 41 Rn 66; FS Maier-Reimer, 2010, S. 1 (4 f.); *Austmann* ZHR 158 (1994), 495 (513 f.).
204 OLG Köln NZG 2004, 46 (47).
205 BGH NZG 1999, 68 (69).
206 BGH NZG 1999, 68 (69).
207 MüKo AktG/*Hüffer* § 246 Rn. 28; siehe zur Geltung des Dispositionsgrundsatzes Rdn. 115.
208 BGH NZG 1999, 68; Spindler/Stilz/*Dörr* § 246 Rn. 49; Hölters/*Englisch* § 246 Rn. 58; Heidel/*Heidel* § 246 Rn. 35; MüKo AktG/*Hüffer* § 246 Rn. 28; a. A. Schmidt/Lutter/*Schwab* § 246 Rn. 21.

Vorstand und Aufsichtsrat als Vertreter der Gesellschaft erlaubt zu entscheiden, ob und inwieweit diese sich gegen die Anfechtungsklage verteidigt, und es ihnen daher auch ermöglicht, Tatsachen nach § 288 ZPO zuzugestehen.[209] Bei substantiiertem Klagevortrag ist dieser im Falle der Säumnis der Beklagten als zugestanden anzusehen.[210]

bb) Anerkenntnis

116 Umstritten ist, ob das Gericht über eine Anfechtungsklage überhaupt durch **Anerkenntnisurteil** i. S. d. § 307 ZPO entscheiden darf, die beklagte Gesellschaft also ein wirksames Anerkenntnis abgeben kann. Im Ergebnis ist dies mit der h. M. zu bejahen.[211] Zum einen ergibt sich dies schon aus dem auch im aktienrechtlichen Anfechtungsverfahren geltenden **Dispositionsgrundsatz** (siehe bereits Rdn. 115). Darüber hinaus ist die Kontrolle der Rechtmäßigkeit des Handelns der Gesellschaft gerade Aufgabe des Vorstands, so dass davon auszugehen ist, dass dieser auch nur im Falle des tatsächlichen Vorliegens von Beschlussmängeln das Anerkenntnis erklären würde. Vor der Gefahr eines missbräuchlichen Anerkenntnisses schützt das **Prinzip der Doppelvertretung** durch Vorstand und Aufsichtsrat im Anfechtungsprozess (siehe hierzu schon Rdn. 14 sowie § 3 Rdn. 6–8). Aktionäre, die ein Interesse an dem Bestand des Beschlusses haben, können dem Rechtsstreit auf Seiten der beklagten Gesellschaft als **streitgenössische Nebenintervenienten** beitreten und das Anerkenntnisurteil verhindern.[212]

cc) Klagerücknahme

117 Nimmt der Anfechtungskläger die Klage zurück, wird der Rechtsstreit gemäß § 269 Abs. 3 S. 1 ZPO als nicht anhängig geworden angesehen. Die erneute Erhebung einer Anfechtungsklage durch denselben Kläger ist daher möglich. In der Regel wird diese aber aufgrund des Ablaufs der Monatsfrist des § 246 Abs. 1 AktG als unbegründet abgewiesen werden.

118 Die Klagerücknahme beendet den Rechtsstreit **auch im Verhältnis zu einem streitgenössischen Nebenintervenienten**.[213] Dies folgt daraus, dass dieser gerade nicht Partei des Anfechtungsprozesses wird und damit auch nicht über den Streitgegenstand verfügen kann.[214]

dd) Prozessvergleich

119 Hinsichtlich der Zulässigkeit eines zwischen den Parteien des Anfechtungsverfahrens zur Beendigung des Rechtsstreits geschlossenen **Prozessvergleichs** ist zu differenzieren. Über die Frage der Wirksamkeit des Beschlusses können die Parteien aufgrund der Gestaltungswirkung und der Rechtskrafterstreckung eines Anfechtungsurteils keine vergleichsweise Regelung treffen. **Die Beschlusswirksamkeit unterliegt nicht der Parteidisposition**.[215] Zudem liegt die Fassung von Aufhebungsbeschlüssen ausschließlich im Zuständigkeitsbereich der Hauptversammlung, so dass es Vorstand und Aufsichtsrat an der materiell-rechtlichen Verfügungsbefugnis fehlt.[216] Soweit die Vereinbarung den Beschluss selbst unberührt lässt, ist eine vergleichsweise Einigung hingegen möglich. So ist es

---

209 *Weber/Kersjes* § 1 Rn. 597; Marsch-Barner/Schäfer/*Mimberg* § 37 Rn. 121.
210 *Weber/Kersjes* § 1 Rn. 597.
211 Zum GmbH-Recht OLG Naumburg NJW-RR 1998, 1195; Heidel/*Heidel* § 246 Rn. 35; Hüffer/*Koch* § 246 Rn. 17; MAH AktR/*Meller* § 38 Rn. 126; a. A. Hölters/*Englisch* § 246 Rn. 61; Schmidt/Lutter/ *Schwab* § 246 Rn. 21; im Ergebnis offen gelassen von BGH NJW 1975, 1273.
212 MAH AktR/*Meller* § 38 Rn. 126.
213 BGH NZG 2010 831 (832); OLG Köln NZG 2004, 46.
214 OLG Köln NZG 2004, 46.
215 BGH MDR 1951, 674.
216 OLG Jena ZIP 2006, 729 (730).

insbesondere grundsätzlich zulässig, eine Vereinbarung über die Rücknahme der Anfechtungsklage durch den Kläger zu treffen. In der Regel erfolgt die Rücknahme im Gegenzug gegen die Übernahme der Prozesskosten durch die beklagte Gesellschaft. Eine solche Vereinbarung hat auf die Wirksamkeit des Hauptversammlungsbeschlusses keine unmittelbaren Auswirkungen und ist daher grundsätzlich zulässig.

In der Praxis kommt bei derartigen Vergleichsgestaltungen jedoch unter Umständen ein Verstoß gegen §§ 53a, 57 AktG durch die Gesellschaft in Betracht. Dies ist insbesondere dann der Fall, wenn Anhaltspunkte dafür gegeben sind, dass die erhobene Anfechtungsklage keine Aussicht auf Erfolg hat und der Vergleichsschluss ausschließlich der beschleunigten Verfahrensbeendigung dient.[217] Es ist somit stets eine Missbrauchsprüfung vorzunehmen und zu untersuchen, ob ein Fall des »**Abkaufens des Anfechtungsrechts**« gegeben ist. 120

Umstritten ist, ob sich die beklagte Gesellschaft im Rahmen eines Vergleichs dazu verpflichten kann, den angefochtenen Hauptversammlungsbeschluss nicht auszuführen. Dies ist im Ergebnis zu bejahen, da die Vorschrift des § 83 Abs. 2 AktG, die den Vorstand zur Ausführung der Beschlüsse der Hauptversammlung verpflichtet, nur im Innenverhältnis wirkt.[218] 121

Nimmt der durch den streitgenössischen Nebenintervenienten unterstützte Kläger die Klage im Rahmen eines Vergleichs zurück, an dem der Nebenintervenient nicht beteiligt ist, hat dieser seine außergerichtlichen Kosten gemäß § 269 Abs. 3 S. 2 ZPO selbst zu tragen.[219] 122

ee) Amtslöschung

Aus § 241 Nr. 6 AktG ergibt sich, dass die Beseitigung des Hauptversammlungsbeschlusses auch außerhalb des gerichtlichen Anfechtungsverfahrens möglich ist. Danach kann ein in das Handelsregister eingetragener Beschluss der Hauptversammlung einer Aktiengesellschaft durch eine rechtskräftige Entscheidung des Registergerichts nach §§ 398, 395 FamFG als nichtig gelöscht werden. Voraussetzung ist, dass der Beschluss durch seinen Inhalt zwingende Vorschriften des Gesetzes verletzt und seine Beseitigung im öffentlichen Interesse erforderlich erscheint. Die Löschung erfolgt von Amts wegen, ist also nicht antragsgebunden. An das öffentliche Interesse an der Beseitigung des Beschlusses sind erhöhte Anforderungen zu stellen. Allein das Interesse einzelner oder sogar aller Aktionäre an der Nichtigkeitserklärung genügt nicht, da hierfür die Anfechtungsklage das vorrangige Rechtsmittel ist.[220] 123

c) Bekanntmachung

Unabhängig davon, auf welche Weise der Prozess beendet wurde, sind börsennotierte Gesellschaften seit der Einführung des § 248a S. 1 AktG durch das UMAG verpflichtet, die **Beendigung des Anfechtungsverfahrens unverzüglich in den Geschäftsblättern bekannt zu machen**. Dies gilt insbesondere auch für den Abschluss eines gerichtlichen oder außergerichtlichen Vergleichs. Die Bekanntmachungspflicht soll verhindern, dass die Gesellschaft das Anfechtungsrecht des Klägers durch verdeckte Leistungen »abkauft«.[221] 124

Die Bekanntmachung muss nach §§ 248a S. 2, 149 Abs. 2 S. 1 AktG die Art der Beendigung, alle mit ihr im Zusammenhang stehenden Vereinbarungen einschließlich der Nebenabreden im vollständigen Wortlaut sowie die Namen der Beteiligten enthalten. Etwaige Leistungen der Gesellschaft und 125

---

217 *Waclawik* Rn. 121.
218 So auch MüKo AktG/*Hüffer* § 246 Rn. 30; zustimmend mit der Einschränkung, dass alle streitgenössischen Nebenintervenienten dem Vergleich zustimmen, Heidel/*Heidel* § 246 Rn. 37; generell ablehnend Hölters/*Englisch* § 246 Rn. 59.
219 BGH NJW-RR 2007, 1577; zu den Kosten der Nebenintervention siehe bereits Rdn. 25–26.
220 *Waclawik* Rn. 138.
221 *Waclawik* Rn. 110.

ihr zurechenbare Leistungen Dritter sind nach §§ 248a S. 2, 149 Abs. 2 S. 2 AktG gesondert zu beschreiben und hervorzuheben. Sämtliche Leistungspflichten werden erst mit der vollständigen Bekanntmachung wirksam, §§ 248a S. 2, 149 Abs. 2 S. 3 AktG.

III. Anfechtungsgründe

1. Einführung

126 Ein Hauptversammlungsbeschluss kann nur dann durch ein Gestaltungsurteil für nichtig erklärt werden, wenn er bestimmte Mängel aufweist, also ein Anfechtungsgrund vorliegt. Anfechtungsgründe sind in § 243 AktG normiert. Neben § 243 AktG kennt das Aktienrecht in den §§ 251, 254, 255 und 257 AktG noch spezielle Anfechtungsklagen gegen bestimmte Beschlussformen (hierzu Rdn. 181–185). Für ein Rechtsschutzinteresse des Aktionärs an der Anfechtung genügt es, wenn ein von § 243 AktG erfasster Beschlussmangel vorgetragen wird; eines darüber hinaus gehenden Rechtsschutzinteresses bedarf es nicht, weil es sich bereits daraus ergibt, dass die Erhebung der Anfechtungsklage der Herbeiführung eines Gesetz und Satzung entsprechenden Rechtszustandes dient.[222] Insbesondere ist eine Betroffenheit in subjektiven Rechten oder Interessen des Anfechtenden nicht erforderlich. Es genügt, wenn der Kläger sich auf eine objektive Rechtswidrigkeit des Beschlusses beruft.[223] Erforderlich ist indes eine Anfechtungsbefugnis nach § 245 AktG (siehe Rdn. 59–80). Ihr Fehlen führt allerdings nicht zum Wegfall des Rechtsschutzbedürfnisses und damit zur Unzulässigkeit, sondern zur Unbegründetheit der Klage (siehe Rdn. 59).

127 § 243 AktG sieht in Abs. 1 eine Generalklausel für die Anfechtung (hierzu Rdn. 129–161) und in Abs. 2 einen speziellen Anfechtungsgrund vor (hierzu Rdn. 162–168). In Abs. 3 sind Ausschlussgründe der Anfechtung geregelt, die durch das ARUG[224] mit Wirkung zum 1. September 2009 ergänzt wurden (hierzu Rdn. 169–174). Abs. 4 enthält eine besondere Regelung im Hinblick auf unrichtige, unvollständige oder verweigerte Erteilung von Informationen (hierzu Rdn. 175–180). Um der Nichtigerklärung nach erfolgter Anfechtung zuvorzukommen, hat die Hauptversammlung gemäß § 244 AktG die Möglichkeit, einen Bestätigungsbeschluss zu erlassen (hierzu Rdn. 186–196).

128 Die in § 243 AktG aufgeführten Anfechtungsgründe können unabhängig davon vorliegen, ob es sich bei dem anzufechtenden Hauptversammlungsbeschluss um einen dem jeweiligen Antrag stattgebenden oder diesen ablehnenden Beschluss handelt.[225] Auch kann sich ein anfechtungsrelevanter Fehler ebenso aus der unterbliebenen wie aus der unrichtigen Anwendung entsprechender Bestimmungen ergeben.[226] Entscheidend ist, dass ein objektiver Rechtsverstoß im Sinne der in § 243 AktG genannten Voraussetzungen vorliegt.

2. Verletzung des Gesetzes oder der Satzung (§ 243 Abs. 1 AktG)

129 Ein Hauptversammlungsbeschluss ist nach der Generalklausel des § 243 Abs. 1 AktG anfechtbar, wenn er das Gesetz oder die Satzung verletzt. Der Anfechtungsgrund des § 243 Abs. 1 AktG eröffnet also eine umfassende objektive Rechtmäßigkeitsprüfung des Beschlusses (Rdn. 130–137). Dabei lassen sich mögliche Verstöße gegen Gesetz oder Satzung wiederum in zwei Gruppen einteilen, zum einen in Beschlussmängel verfahrensrechtlicher (Rdn. 138–153) und zum anderen in Beschlussmängel inhaltlicher Natur (Rdn. 154–161). Inhaltsfehler bilden immer einen tauglichen Anfechtungsgrund, ein verfahrensbezogener Mangel hat jedoch nicht zwingend die Anfechtbarkeit zur Folge (dazu ausführlich Rdn. 139 ff.). Ein Beschluss kann gleichzeitig an Inhalts- und Verfahrensfehlern leiden.[227]

---

222 BGH NJW 1989, 2689 (2691).
223 Schmidt/Lutter/*Schwab* § 243 Rn. 2.
224 Gesetz zur Umsetzung der Aktionärsrechterichtlinie vom 30. Juli 2009, BGBl. I S. 2479.
225 MüKo AktG/*Hüffer* § 241 Rn. 9.
226 Hdb AktR/*Göhmann* Kap. 9 Rn. 298.
227 *Waclawik* Rn. 69.

A. Anfechtungsklage § 8

a) Objektive Rechtmäßigkeitsprüfung

aa) Verletzung des Gesetzes

»Gesetz« im Sinne des § 243 Abs. 1 Alt. 1 AktG ist jede Rechtsnorm; es gilt der materielle Gesetzesbegriff des **Art. 2 EGBGB**.[228] Unter den Gesetzesbegriff können neben formellen Gesetzen auch für die Aktiengesellschaft geltende Rechtsverordnungen und Satzungen öffentlich-rechtlicher Körperschaften fallen; desgleichen geschriebene und ungeschriebene Rechtsnormen, die im Übrigen nicht nur dem Aktienrecht entspringen müssen, sondern auch zu **anderen Rechtsgebieten** gehören können, wenn sie denn für die Aktiengesellschaft gelten.[229] **130**

Auch **gesetzliche Soll-Vorschriften** sind Gesetze im Sinne des Art. 2 EGBGB. Umstritten ist allerdings, ob gesetzliche Soll-Vorschriften wie z. B. §§ 176,[230] 182 Abs. 4,[231] 192 Abs. 2 AktG[232] auch unter § 243 Abs. 1 AktG fallen, oder ob die Vorschrift entgegen ihrem allgemeinen Wortlaut ihrem Zweck entsprechend einschränkend ausgelegt werden muss. Die Rechtsprechung und die wohl überwiegende Meinung in der Literatur gehen jedoch davon aus, dass auch ein Verstoß gegen Soll-Vorschriften in der Regel die Anfechtbarkeit des Beschlusses zur Folge hat.[233] § 243 Abs. 1 AktG biete keine Anhaltspunkte für eine generelle Ausnahmestellung von Soll-Vorschriften.[234] Anderen Stimmen zufolge ist die Anfechtbarkeit bei Verletzung gesetzlicher Soll-Vorschriften zumindest nicht der Regelfall, vielmehr sei eine Einzelfallprüfung unter Heranziehung der verletzten Norm selbst anzustellen.[235] Ein »Soll« könne sowohl ein »Muss« als auch ein »Kann« bedeuten.[236] Wieder andere Autoren sehen das Regel-Ausnahme-Verhältnis sogar umgekehrt: Die Verletzung von Soll-Bestimmungen könne lediglich im Einzelfall einen von der Norm erfassten Gesetzesverstoß begründen.[237] **131**

Ein Hauptversammlungsbeschluss, der gegen Vorgaben des **Deutschen Corporate Governance Kodex (DCGK)** verstößt, ist nicht nach § 243 Abs. 1 AktG anfechtbar. Den Regelungen des DCGK kommt keine Gesetzesqualität zu.[238] Indes können ein Fehlen oder die Unrichtigkeit der gem. § 161 AktG abzugebenden Entsprechenserklärung wegen der darin liegenden Verletzung von Organpflichten zur Anfechtbarkeit der gleichwohl gefassten Entlastungsbeschlüsse führen, wenn die Unrichtigkeit der Entsprechenserklärung auch im konkreten Einzelfall Gewicht hat und ein objektiv urteilender Aktionär die Informationserteilung als Voraussetzung für die sachgerechte Wahrnehmung seines Teilnahme- und Mitgliedschaftsrechts ansähe.[239] In Betracht kann dies insbesondere in Fällen kommen, in denen entgegen der Empfehlung 5.5.3 des DCGK nicht über das Vorliegen und/oder die praktische Behandlung eines Interessenkonflikts in der Person eines Organmitglieds berichtet wird.[240] Fällt der Gesetzesverstoß nur einzelnen Organmitgliedern zur Last, so soll dies nicht notwendigerweise die Anfechtbarkeit der Gesamtentlastung zur Folge haben, sofern nicht die übrigen Organmitglieder die Unrichtigkeit kannten oder kennen mussten.[241] Im Einzelnen sind zu den Folgen von Verstößen gegen **132**

---

228 HK AktG/*Göz* § 243 Rn. 3.
229 Hüffer/*Koch* § 243 Rn. 5.
230 Hierzu MüKo AktG/*Hennrichs/Pöschke* § 176 Rn. 22 f.
231 Hierzu MüKo AktG/*Peifer* § 182 Rn. 69.
232 Hierzu Hüffer/*Koch* § 192 Rn. 8.
233 RGZ 68, 232 (233); RGZ 170, 83 (97); Hüffer/*Koch* § 243 Rn. 6; MAH AktR/*Meller* § 38 Rn. 54; Marsch-Barner/Schäfer/*Mimberg* § 37 Rn. 39.
234 Hüffer/*Koch* § 243 Rn. 6; Marsch-Barner/Schäfer/*Mimberg* § 37 Rn. 39.
235 MAH AktR/*Meller* § 38 Rn. 54.
236 HK AktG/*Göz* § 243 Rn. 3.
237 Hdb AktR/*Göhmann* Kap. 9 Rn. 299; wohl auch *Waclawik* Rn. 69.
238 Hüffer/*Koch* § 243 Rn. 5.
239 So ausdrücklich BGH NZG 2013, 783; vgl. im Übrigen BGH NJW 2012, 3235 (3237); NZG 2012, 347; NZG 2009, 1270 (1272) – Umschreibungsstopp; OLG Frankfurt NZG 2014, 1017; OLG München NZG 2008, 337 (338).
240 Hüffer/*Koch* § 161 Rn. 31.
241 BGH NJW 2009, 2207 – Kirch/Deutsche Bank; OLG München NZG 2008, 337 (338); Hüffer/*Koch* § 161 Rn. 31; Hölters/*Hölters* § 161 Rn. 59.

den DCGK noch verschiedene Fragen ungeklärt.[242] Neben dem Problemkreis einer unrichtigen Entsprechenserklärung wird vertreten, dass der Kodex, der weithin allgemein gültige Standards guter Unternehmensführung enthält, bei der Auslegung von Regelungen des Gesetzes und der Satzung herangezogen werden und auch in dieser Hinsicht anfechtungsrelevant werden könne.[243]

bb) Verletzung der Satzung

133 Ein Anfechtungsgrund nach § 243 Abs. 1 Alt. 2 AktG kann auch darin liegen, dass der Hauptversammlungsbeschluss nicht der Satzung in der zum Zeitpunkt der Beschlussfassung geltenden Fassung entspricht. Ob ein solcher Satzungsverstoß besteht, ist durch Auslegung der Satzung zu ermitteln. Verliert ein zunächst satzungskonformer Hauptversammlungsbeschluss nachträglich seine Grundlage, wenn sich die Satzung als nichtig erweist, kann dies zu einer Anfechtbarkeit des Beschlusses führen, wenn die Anfechtungsfrist noch nicht abgelaufen ist.[244]

134 Eine zur Anfechtung berechtigende Verletzung der Satzung kann beispielsweise daraus folgen, dass bei einer Abstimmung zwar die gesetzlich vorgeschriebenen, nicht aber die (strengeren) satzungsmäßigen Mehrheitsverhältnisse gewahrt wurden[245] oder ein durch den entsprechenden Beschluss gewähltes Aufsichtsratsmitglied entgegen der Satzung nicht Aktionär der Gesellschaft ist oder andere persönliche Voraussetzungen nicht erfüllt.[246] Sofern Satzungsverstöße dauerhafte Wirkung haben, beispielsweise faktisch den Unternehmensgegenstand ändern, sind entsprechende Beschlüsse nicht nur anfechtbar, sondern mangels Eintragung sogar nichtig, weil sie im Ergebnis auf die Änderung der Satzung gerichtet sind.[247]

135 Allein **unbedeutende Satzungsverstöße** begründen die Anfechtung nicht.[248] Ebenso hat die Verletzung der **Geschäftsordnung** der Hauptversammlung (§ 129 Abs. 1 S. 1 AktG) nicht ohne weiteres ein Anfechtungsrecht zur Folge, weil der Geschäftsordnung keine Satzungsqualität zukommt.[249] Verstöße gegen die Geschäftsordnung können jedoch mittelbar zu einer Anfechtbarkeit führen, wenn gleichzeitig Teilnahmerechte oder der Gleichbehandlungsgrundsatz verletzt werden und damit auch ein Gesetzesverstoß vorliegt.[250]

cc) Nicht: Vertragsverletzungen, auch nicht Verletzung von Stimmbindungsverträgen

136 Die Missachtung schuldrechtlicher Verträge ist nicht geeignet, ein Anfechtungsrecht der Aktionäre zu begründen.[251] Ein Vertrag hat weder Gesetzes- noch Satzungscharakter, so dass die Tatbestandsvoraussetzungen des § 243 Abs. 1 AktG nicht erfüllt sind. Die Vertragswidrigkeit eines Hauptversammlungsbeschlusses macht ihn also nicht anfechtbar, und zwar auch nicht über den Rechtsgrundsatz *pacta sunt servanda*.[252]

137 Dies gilt grundsätzlich auch für unter den Aktionären bestehende **Stimmbindungsverträge**, die zur Ausübung des Stimmrechts in der vertraglich festgelegten Weise verpflichten.[253] Etwas anderes ist nur für den Fall anzunehmen, dass die Stimmbindung in die Satzung aufgenommen wurde.[254]

---

242 Umfassend MüKo AktG/*W. Goette* § 161 Rn. 22 ff.; Heidel/*Heidel* § 243 Rn. 7a ff.; Hüffer/*Koch* § 161 Rn. 31 jeweils m. w. N.
243 Heidel/*Heidel* § 243 Rn. 7a.
244 Spindler/Stilz/*Würthwein* § 243 Rn. 65.
245 MüKo AktG/*Hüffer* § 243 Rn. 20.
246 MüKo AktG/*Hüffer* § 243 Rn. 20.
247 Spindler/Stilz/*Würthwein* § 243 Rn. 70
248 Hüffer/*Koch* § 243 Rn. 6; a. A. KöKo AktG/*Zöllner* § 242 Rn. 73.
249 MüKo AktG/*Hüffer* § 243 Rn. 22; Schmidt/Lutter/*Schwab* § 243 Rn. 17.
250 Spindler/Stilz/*Würthwein* § 243 Rn. 72; MüKo AktG/*Hüffer* § 243 Rn. 22.
251 Hdb AktR/*Göhmann* Kap. 9 Rn. 298.
252 LG Bonn BeckRS 2001, 06427; Hüffer/*Koch* § 243 Rn. 8, 10.
253 Marsch-Barner/Schäfer/*Mimberg* § 37 Rn. 40; Hüffer/*Koch* § 243 Rn. 9.
254 Hüffer/*Koch* § 243 Rn. 9.

A. Anfechtungsklage § 8

Dann handelt es sich aber auch nicht mehr um eine bloße Vertrags-, sondern um eine zur Anfechtbarkeit führende Satzungsverletzung. Nach der Rechtsprechung des BGH gibt es eine weitere Ausnahme, die allerdings in der Literatur[255] kontrovers diskutiert wird: Hätten sich sämtliche Gesellschafter dem jeweiligen Stimmbindungsvertrag unterworfen (sog. **Konsortialabrede**), so sei die schuldrechtliche Nebenabrede als eine solche der Gesellschaft – mithin als gesellschaftsvertragliche Regelung – zu behandeln.[256] Ein unter Verstoß gegen einen solchen universalen Stimmbindungsvertrag gefasster Hauptversammlungsbeschluss liefere damit ausnahmsweise einen tauglichen Anfechtungsgrund. Gegen diese Rechtsprechung wird insbesondere vorgebracht, dass die Satzung durch die Berücksichtigung der Konsortialvereinbarung gleichsam durch eine »Schattenordnung« konterkariert und auch die Registerpublizität umgangen würde.[257]

b) Verfahrensfehler

Häufig treten Gesetzes- und Satzungsverstöße in Form einer Verletzung verfahrensrechtlicher Vorschriften auf, die sich in Fehler bei der Einberufung der Hauptversammlung (Rdn. 142–145), Fehler bei der Durchführung der Hauptversammlung (Rdn. 146–148) und in Fehler im Abstimmungsverfahren (Rdn. 149–151) untergliedern lassen. Der Mangel besteht insofern nicht im inhaltlichen Ergebnis des Beschlusses, sondern in der Art und Weise seines Zustandekommens. Es führt indes nicht jeder Verfahrensfehler zwangsläufig zur Anfechtbarkeit des Beschlusses. 138

aa) Relevanz des Fehlers

Ein Verfahrensfehler führt zwar nicht nur dann zur Anfechtbarkeit des Beschlusses, wenn er für das Abstimmungsergebnis tatsächlich ursächlich im Sinne eines Kausalzusammenhangs geworden ist. Erforderlich ist aber jedenfalls, dass die Verletzung der Verfahrensvorschrift für das Beschlussergebnis **relevant** geworden ist.[258] Nicht zur Anfechtung berechtigen sollen hiernach solche Mängel, die für das Ergebnis der Beschlussfassung ohne Bedeutung waren.[259] Dem **Verzicht auf Kausalitätserwägungen** zugunsten einer Relevanzbetrachtung hat sich letztlich auch der BGH angeschlossen.[260] 139

Das Kriterium der Relevanz verlangt eine am Zweck der verletzten Norm orientierte wertende Betrachtung nach der jeweiligen **Bedeutung des Verfahrensfehlers für die gesellschaftsrechtlichen Teilnahme- und Mitwirkungsrechte**.[261] Wenn konkret geschützte mitgliedschaftsrechtliche Verwaltungsrechte von der Verletzung betroffen sind und sich dies in der Regel nachteilig auf das Beschlussergebnis auswirkt, berechtigt ein Verstoß gegen die entsprechende Verfahrensvorschrift zur Anfechtung.[262] Darauf, ob der Verfahrensmangel für die konkrete Beschlussfassung tatsächlich ursächlich geworden ist oder dies schon aufgrund der Mehrheitsverhältnisse unwahrscheinlich ist, soll es jedoch nicht ankommen. So kann beispielsweise der unberechtigte Saalverweis eines einzigen Minderheitsaktionärs auch dann die Anfechtung aller Beschlüsse der Hauptversammlung begründen, wenn ein Hauptaktionär mehr als 99 % des Grundkapitals und der Stimmen auf sich vereint.[263] Entscheidend 140

---

255 Vgl. Hüffer/*Koch* § 243 Rn. 10 m. w. N.; Schmidt/Lutter/*Schwab* § 243 Rn. 19; Marsch-Barner/Schäfer/*Mimberg* § 37 Rn. 40.
256 BGH NJW 1983, 1910 (1911); NJW 1987, 1890 (1892).
257 Spindler/Stilz/*Würthwein* § 243 Rn. 76.
258 BGH NJW 2002, 1128 (1129).
259 Hüffer/*Koch* § 243 Rn. 12.
260 BGH NJW 2002, 1128; zu entsprechenden Stimmen in der Literatur siehe die Nachweise bei Hüffer/*Koch* § 243 Rn. 13.
261 BGH NJW 2002, 1128 (1129); NJW 2008, 69 (73).
262 BGH NJW 2002, 1128 (1129).
263 LG Köln AG 2005, 696; Hüffer/*Koch* § 243 Rn. 16; *Waclawik* Rn. 73.

ist allein, ob es – bei wertender Betrachtungsweise – möglich ist, dass sich der Verfahrensfehler auf das Beschlussverhalten ausgewirkt hat.[264]

141 Auch wenn nunmehr die Relevanz für das Beschlussergebnis als das entscheidende Kriterium für die Bestimmung eines zur Anfechtung berechtigenden Verfahrensmangels dient, kann im Einzelfall die Frage, ob eine solche Relevanz vorliegt, durchaus fraglich sein, wie sich an den nachfolgend erläuterten Fallgruppen möglicher Verfahrensfehler verdeutlichen lässt.

bb) Fehler bei der Einberufung der Hauptversammlung

142 Für das Teilnahme- und Mitwirkungsrecht des betreffenden Aktionärs relevante Verfahrensfehler können bereits im Rahmen der Einberufung der Hauptversammlung geschehen. Einberufungsfehler werden in der **Praxis häufig** als Anfechtungsgrund herangezogen. Bei der Vorbereitung einer Hauptversammlung ist vor diesem Hintergrund besonders auf die Einhaltung der entsprechenden gesetzlichen Anforderungen zu achten, um Anfechtungsrisiken so weit wie möglich zu vermeiden. So kann beispielsweise die **Einladung** gegen die Einberufungsvorschriften der §§ 121 bis 123 AktG verstoßen oder die **Bekanntmachung der Tagesordnung** im Sinne der §§ 124 bis 127 AktG fehlerhaft sein.[265] Voraussetzung für die Anfechtbarkeit entsprechender Verfahrensfehler ist neben ihrer Relevanz im zuvor erörterten Sinne (Rdn. 139–141), dass sie nicht bereits zur Nichtigkeit des Beschlusses nach § 241 Nr. 1 AktG führen und auch keine die Mängel heilende Vollversammlung im Sinne von § 121 Abs. 6 AktG vorliegt.[266]

143 Zur Anfechtbarkeit kann zum Beispiel die Einberufung zur **Unzeit**[267] oder die Einberufung an einem gemäß § 121 Abs. 5 AktG unzulässigen Versammlungsort führen, wenn nicht ein sachlicher Grund für die Einberufung an einem anderen **Ort** spricht.[268] Ein Versammlungsort im Ausland kann indessen durch die Satzung wirksam bestimmt werden, wobei aber dem Einberufungsorgan keine Auswahl unter einer großen Zahl geografisch weit auseinanderliegenden Orten verbleiben darf.[269]

Zur Anfechtbarkeit kann ferner ein fehlender Hinweis auf die **gerichtliche Ermächtigung** bei Einberufung durch eine Minderheit (§ 122 Abs. 3 S. 3 AktG) führen.[270] Gleiches gilt für die fehlende Bekanntgabe des **Einberufungsorgans**.[271] Ein Anfechtungsgrund besteht ferner bei Nichteinhaltung der gesetzlichen oder statutarischen **Einberufungsfrist**.[272]

144 In der Einberufung ist nach § 121 Abs. 3 S. 2 AktG auch die **Tagesordnung** anzugeben; fehlt diese Angabe, begründet dies – anders als im Fall fehlender Angaben nach § 121 Abs. 3 S. 1 AktG, der zur Nichtigkeit führt (§ 241 Nr. 1 AktG) – die Anfechtbarkeit von in der Hauptversammlung ergangenen Beschlüssen. Die Tagesordnung muss auch vollständig sein, denn die Beschlussfassung über einen nicht in der Tagesordnung angekündigten Gegenstand (§ 124 Abs. 4 S. 1 AktG) berechtigt ebenfalls zur Anfechtung.[273] Dasselbe gilt für die Beschlussfassung über einen von einem unterbesetzten Vorstand unterbreiteten Beschlussvorschlag (§ 124 Abs. 3 AktG).[274] Ein Anfechtungsgrund

---

264 BGH NJW 2002, 1128 (1129).
265 HK AktG/*Göz* § 243 Rn. 7; Hüffer/*Koch* § 243 Rn. 14.
266 Hdb AktR/*Göhmann* Kap. 9 Rn. 300.
267 Spindler/Stilz/*Würthwein* § 243 Rn. 103.
268 BGH WM 1985, 567; Schmidt/Lutter/*Schwab* § 243 Rn. 7; Spindler/Stilz/*Würthwein* § 243 Rn. 101.
269 BGH NJW 2015, 336 (337 f.).
270 RGZ 170, 83; Schmidt/Lutter/*Schwab* § 243 Rn. 7.
271 Spindler/Stilz/*Würthwein* § 243 Rn. 97.
272 BGH NJW 1987, 2580 (2581); NZG 1998, 152 (153); Schmidt/Lutter/*Schwab* § 243 Rn. 7; MüKo AktG/*Hüffer* § 243 Rn. 32; Marsch-Barner/Schäfer/*Mimberg* § 37 Rn. 47.
273 Schmidt/Lutter/*Schwab* § 243 Rn. 7 m.w.N.
274 BGH NJW 2002, 1128; OLG Dresden NZG 1999, 1004; MüKo AktG/*Hüffer* § 243 Rn. 33; Schmidt/Lutter/*Schwab* § 243 Rn. 7.

liegt auch vor, wenn ein Beschlussvorschlag des Vorstands oder Aufsichtsrats gänzlich fehlt[275] oder im Sonderfall der Aufsichtsrats- oder Prüferwahl auch der Vorstand einen Vorschlag unterbreitet,[276] selbst wenn dieser nicht zur Abstimmung gestellt wird.[277] Die fehlerhafte Bekanntmachung von **Teilnahme- und Stimmrechtsausübungsbedingungen** kann ebenfalls die Anfechtbarkeit zur Folge haben.[278] Ob hierzu auch die **Vertretungsvoraussetzungen** gehören und welche Rechtsfolgen sich aus einem Verstoß ergeben, war in der Rechtsprechung umstritten.[279] Mit der Neufassung des § 241 Nr. 1 AktG ist allerdings klargestellt, dass entsprechende Verstöße jedenfalls nicht zur Nichtigkeit, sondern allenfalls zur Anfechtbarkeit führen, wenn der Verstoß gegen § 121 Abs. 3 AktG relevant ist.[280] Verstöße der Gesellschaft gegen ihre Pflicht zur Bekanntmachung von nach Einberufung der Hauptversammlung eingehenden **Tagesordnungsergänzungsanträgen** führen zur Anfechtbarkeit des Beschlusses über den ergänzten Tagesordnungspunkt sowie der Beschlüsse zu den weiteren Punkten der Tagesordnung.[281] Auch die Verletzung der Mitteilungspflichten für die Aktionäre und an Aufsichtsratsmitglieder gemäß § 125 Abs. 1 bis 3 AktG begründet eine Gesetzesverletzung, die einen Anfechtungsgrund darstellt.[282] Wenn Gegenanträge einzelner Aktionäre nach § 126 AktG verspätet zugänglich gemacht werden, kann auch dies die Anfechtbarkeit begründen.[283]

Hingegen berechtigt beispielsweise ein Verstoß gegen § 124 Abs. 3 AktG wegen einer fehlerhaften Angabe des ausgeübten Berufs (»Kaufmann« statt »kaufmännische Tätigkeit für verschiedene Gesellschaften, u. a. als Aufsichtsrat der Beklagten«) nach der Rechtsprechung des BGH als »Marginalie« mangels Relevanz für die Abstimmung nicht zur Anfechtung.[284]

145

cc) Fehler bei der Durchführung der Hauptversammlung

Anfechtungsrelevante Verfahrensfehler können auch während der laufenden Hauptversammlung auftreten. Es ist anerkannt, dass an oberster Stelle der versammlungsgebundenen Aktionärsrechte das nicht ausdrücklich geregelte, aber aus der Mitgliedschaft folgende Teilnahmerecht steht.[285] Aus dem Teilnahmerecht folgen wiederum das Anwesenheitsrecht in der Hauptversammlung, das Rederecht, das Recht zur Stellung von Beschlussanträgen sowie das Recht zur Einsichtnahme in das Teilnehmerverzeichnis.[286] Verfassungsrechtlich geschützt ist auch das Informationsrecht des Aktionärs.[287] Wegen der großen Bedeutung des subjektiven Rechts der Aktionäre auf Teilnahme an der Hauptversammlung ist die Relevanz der in diesem Abschnitt genannten Mängel regelmäßig zu be-

146

---

275 Hüffer/*Koch* § 124 Rn. 17; zur Beschlussfassung nach Bekanntmachung der Tagesordnung OLG Stuttgart BeckRS 2013, 00660.
276 OLG Hamm AG 1986, 260 (261); OLG München AG 2003, 645; Hüffer/*Koch* § 124 Rn. 18.
277 BGH NJW 2003, 970 (971).
278 Hüffer/*Koch* § 121 Rn. 10 f.; siehe in diesem Zusammenhang auch OLG Frankfurt a. M. NZG 2010, 1426 und BGH BeckRS 2012, 11540.
279 Dafür OLG Frankfurt a. M. NZG 2010, 1271 (Nichtigkeit); OLG Frankfurt a. M. NZG 2009, 1183 (Nichtigkeit); OLG Frankfurt a. M. NZG 2008, 796 (Nichtigkeit); LG Frankfurt a. M. NZG 2008, 792 (Nichtigkeit); dagegen KG NZG 2009, 1389 (1391 f.) (keine Nichtigkeit und wegen fehlender Relevanz des Verfahrensverstoßes für das Mitgliedschafts- bzw. Mitwirkungsrecht des Aktionärs auch keine Anfechtbarkeit); OLG München AG 2008, 746 (weder nichtig noch anfechtbar); OLG Bremen AG 2009, 412 (nicht nichtig, ggf. anfechtbar).
280 *Heider/Hirte* GWR 2010, 474; Spindler/Stilz/*Rieckers* § 121 Rn. 104.
281 Hüffer/*Koch* § 124 Rn. 18.
282 Hölters/*Drinhausen* § 125 Rn. 14; ausgenommen von der Anfechtbarkeit sind Verstöße gegen die Soll-Vorschrift des Abs. 1 S. 5 Hs. 2.
283 BGH NJW 2000, 1328 f.; Marsch-Barner/Schäfer/*Mimberg* § 37 Rn. 47.
284 BGH DStR 2007, 1493.
285 LG Köln AG 2005, 696; MüKo AktG/*Kubis* § 118 Rn. 38.
286 MüKo AktG/*Kubis* § 118 Rn. 65, 39 ff., § 129 Rn. 37.
287 BVerfG NJW 2000, 349.

jahen.[288] Namentlich geht es etwa um unzulässige **Beschränkungen des Teilnahme- oder Rederechts**.[289] Praktisch häufig ist daneben die **Nichtbeantwortung von Fragen**, die Aktionäre unter anderem in der Hauptversammlung gestellt haben, mithin eine Verletzung des Informationsrechts (zu diesem Themenkomplex Rdn. 175–178).[290]

147 Im Einzelnen können zur Anfechtung berechtigen beispielsweise nicht erforderliche oder unverhältnismäßige **Ordnungsmaßnahmen**, wie z. B. ein Saalverweis, wenn nicht die Ausschließung gerechtfertigt ist, weil der Aktionär den reibungslosen Ablauf der Hauptversammlung stört und die Störung nicht auf andere Weise behoben werden kann.[291] Zur erfolgreichen Anfechtung führen auch zu strenge **Zugangsbeschränkungen** wie die quantitative oder qualitative Überspannung der Einlasskontrollen, etwa durch Taschenkontrolle.[292] Ebenfalls die Anfechtung begründen kann eine Ungleichbehandlung entgegen § 53a AktG bei der Zumessung der **Redezeit** durch den Versammlungsleiter, die dazu führt, dass rechtzeitige Wortmeldungen wegen Debattenschlusses nicht mehr berücksichtigt werden und nicht alle Aktionäre, die das Wort begehren, ihre Fragen stellen können.[293] Dabei liegt eine Redezeitbeschränkung grds. im Ermessen des Versammlungsleiters. Dieses Ermessen ist nur überschritten, wenn das gewählte Vorgehen gezielt dazu missbraucht wird, z. B. zunächst der Unternehmensführung »genehme« Aktionäre aufzurufen und befürchtete »Querulanten« in ihrer Redezeit durch einen späteren Aufruf zu benachteiligen.[294] Einen zur Anfechtung berechtigenden Verstoß gegen Verfahrensvorschriften bei Durchführung der Hauptversammlung kann ferner eine anlasslose, rein vorsorgliche und damit unverhältnismäßige Verkürzung der Redezeit **bereits zu Beginn der Hauptversammlung** darstellen.[295] Voraussetzung für eine generelle Redezeitbeschränkung in der Hauptversammlung ist nämlich die objektive Gefährdung zwingender zeitlicher Grenzen der Hauptversammlung.[296] Der bloße Wunsch der Verwaltung der AG und/oder der Mehrheit der Aktionäre nach einer zügigen Hauptversammlung genügt hierfür nicht, so dass der Versammlungsleiter eine Prognoseentscheidung hinsichtlich der möglichen **tatsächlichen Gefährdung der zeitlichen Grenzen** zu treffen hat.[297] Eine solche Gefährdung kann beispielsweise aufgrund einer Vielzahl von Tagesordnungspunkten bestehen.[298]

Organisatorische Defizite, wie etwa die nicht ausreichende Anzahl von Sitzplätzen oder die mangelhafte Bild- oder Tonübertragung, können ebenfalls zu einer Anfechtbarkeit führen, sofern hierdurch das Teilnahmerecht nicht nur unerheblich eingeschränkt wird.[299] Indes ist eine Übertragung der Hauptversammlung in Nebenräume nicht erforderlich; auch wenn diese zum Präsenzbereich zählen, wird das Teilnahmerecht des Aktionärs nicht dadurch beeinträchtigt, dass eine zugesagte Übertragung

---

288 LG Frankfurt a. M. AG 2013, 178; LG München I AG 2011, 263 (264); LG München I AG 2000, 139; Marsch-Barner/Schäfer/*Mimberg* § 37 Rn. 48; Spindler/Stilz/*Würthwein* § 243 Rn. 117; Hüffer/*Koch* § 243 Rn. 16; MüKo AktG/*Kubis* § 118 Rn. 46; *Waclawik* Rn. 73.
289 BGH NJW 1966, 43; OLG Frankfurt a. M. NZG 2007, 310; LG München I AG 2011, 263; LG München I AG 2000, 139; HK AktG/*Göz* § 243 Rn. 7; Hüffer/*Koch* § 243 Rn. 16.
290 BGH NJW 1992, 2760; HK AktG/*Göz* § 243 Rn. 7; Hüffer/*Koch* § 243 Rn. 17.
291 So im Fall BGH NJW 1966, 43, dem ein rechtmäßiger Saalverweis zugrunde lag. Um einen unverhältnismäßigen und damit zur Anfechtung berechtigenden Saalverweis ging es im Fall LG Köln AG 2005, 696; siehe auch Hüffer/*Koch* § 243 Rn. 16.
292 OLG Frankfurt a. M. NZG 2007, 310.
293 LG Frankfurt a. M. AG 2013, 178; LG München I AG 2000, 139; Hüffer/*Koch* § 243 Rn. 16; vgl. aber auch OLG München BB 2011, 3021.
294 OLG Frankfurt BeckRs 2015, 00419.
295 LG München I NJOZ 2010, 1333 (1335); a. A. OLG Frankfurt a. M. NZG 2009, 1066.
296 LG Köln AG 2005, 696 (698); Hüffer/*Koch* § 129 Rn. 24; Großkomm AktG/*Mülbert* vor §§ 118–147 Rn 152; vgl. auch OLG München BB 2011, 3021.
297 LG Köln AG 2005, 696 (698).
298 OLG Frankfurt a. M. NZG 2009, 1066.
299 MüKo AktG/*Kubis* § 118 Rn. 70; Heidel/*Krenek/Pluta* § 118 Rn. 9.

A. Anfechtungsklage　§ 8

in einem Nebenraum nicht stattfindet.[300] Denn der anwesende Aktionär kann beim Verlassen des Versammlungsraumes unschwer erkennen, dass die zugesagte Übertragung in den Nebenräumen nicht erfolgt und selbst entscheiden, ob er in den Versammlungsraum zurückkehren möchte oder nicht.[301]

Demgegenüber hat eine Verletzung der Teilnahmepflicht einzelner Vorstands- oder Aufsichtsratsmitglieder durch grundloses Fernbleiben **keine beschlussrechtlichen Konsequenzen**.[302] Nicht zur Anfechtbarkeit führt es ferner, wenn ohne erneute Bekanntmachung über einen Vorschlag Beschluss gefasst wird, der zwar von dem in der Tagesordnung bekannt gemachten Beschlussvorschlag abweicht, sich aber im Rahmen des zuvor bekannt gemachten Tagesordnungspunkts hält.[303] Schließlich führt auch die ermessensfehlerhafte Bestimmung der **Reihenfolge der Wortmeldungen** durch den Versammlungsleiter trotz Rechtsverletzung nicht zur Anfechtung, weil einem solchen Fehler keine anfechtungsbegründende Relevanz zukommt.[304]

dd) Fehler im Abstimmungsverfahren

Eine weitere Fallgruppe von Verfahrensverstößen, die zur Anfechtbarkeit führen können, bilden Fehler im Abstimmungsverfahren. Die Fehlerhaftigkeit des Abstimmungsverfahrens wird durch die Anfechtung der hieraus folgenden Beschlussfassung geltend gemacht, deren Ergebnis jeweils durch den Versammlungsleiter verbindlich festgestellt wird, § 130 Abs. 2 AktG. Ein Aktionär, der sich beispielsweise auf die fehlerhafte Ermittlung des Abstimmungsergebnisses mit der Begründung berufen möchte, es sei ein Beschluss ohne die **notwendige Stimmenmehrheit** verkündet worden, muss deshalb den Beschluss gerichtlich anfechten; der Beschluss ist nicht nichtig.[305] Dies gilt selbst dann, wenn der vom Versammlungsleiter festgestellte Beschluss »stimmlos« gefasst wurde, weil sämtliche Aktionäre kein Stimmrecht hatten.[306] Im Sinne der **Relevanztheorie** ist Voraussetzung der Anfechtbarkeit bei Fehlern im Abstimmungsverfahren, dass der Fehler für das Abstimmungsergebnis potenziell kausal geworden ist, was insbesondere dann nicht der Fall ist, wenn die erforderliche Mehrheit auch nach Abzug der fälschlich mitgezählten Stimmen verbleibt.[307]

Die Feststellung des Abstimmungsergebnisses ist beispielsweise dann fehlerhaft und kann damit die Anfechtbarkeit des Hauptversammlungsbeschlusses zur Folge haben, wenn in Fällen des § 136 AktG (»**Ausschluss des Stimmrechts**«) Stimmen mitgezählt wurden, wenn Stimmen aus anderen Gründen **ungültig** waren (vgl. auch §§ 20 Abs. 7, 21 Abs. 4 AktG, § 28 WpHG, § 59 WpÜG) und trotzdem Berücksichtigung fanden oder wenn **Bevollmächtigte** nicht zur Stimmabgabe zugelassen wurden.[308] Gleiches gilt, wenn der Versammlungsleiter wegen unberechtigter Annahme eines **Teilnahmehindernisses** Stimmen nicht beachtet hat.[309] Ebenso kann bei einem **Zählfehler** angefochten werden oder dann, wenn der Versammlungsleiter seiner Beschlussfeststellung irrig **falsche Mehrheitserfordernisse** zugrunde legt und daher zu Unrecht eine Beschlussfassung feststellt.[310]

300　BGH NZG 2013, 1430; zustimmend von Falkenhausen ZIP 2013, 2257; OLG Frankfurt BeckRs 2015, 00419; aA LG München I BeckRS 2010, 12956.
301　BGH NZG 2013, 1430.
302　Hüffer/*Koch* § 118 Rn. 21; Spindler/Stilz/*Hoffmann* § 118 Rn. 22.
303　OLG Celle AG 1993, 178; OLG Hamm AG 2005, 361. Von der Bekanntmachung nicht gedeckt und damit anfechtbar war der Beschluss in der Entscheidung des OLG Frankfurt a. M. AG 2005, 167.
304　LG Düsseldorf BeckRS 2007, 19819; vgl. auch OLG München BB 2011, 3021.
305　BGH NJW-RR 2006, 472 (473); NZG 2006, 505 (507); Schmidt/Lutter/*Schwab* § 243 Rn. 10.
306　BGH NZG 2006, 505 (507); LG Berlin ZIP 2012, 1034; Schmidt/Lutter/*Schwab* § 243 Rn. 10.
307　Hüffer/*Koch* § 243 Rn. 19.
308　BGH NJW 1988, 1844; NJW 1986, 2051; Hüffer/*Koch* § 243 Rn. 19; Marsch-Barner/Schäfer/*Mimberg* § 37 Rn. 53.
309　Schmidt/Lutter/*Schwab* § 243 Rn. 10; vgl. auch LG Berlin ZIP 2012, 1034.
310　Marsch-Barner/Schäfer/*Mimberg* § 37 Rn. 53.

151 Fehler im Abstimmungsverfahren können sich auch im Zusammenhang mit einer **Abwahl des Versammlungsleiters** aus wichtigem Grund ergeben.[311] Wenn im Rahmen der Generaldebatte ein entsprechender Abwahlantrag gestellt wird, ist nach der Rechtsprechung darüber noch vor den Sachanträgen abzustimmen.[312] Lässt der Versammlungsleiter trotz schlüssigen Vortrags eines wichtigen Grundes nicht über den Abwahlantrag abstimmen, ist er im Folgenden nicht mehr berechtigt, die nach § 130 Abs. 2 AktG erforderlichen Feststellungen zu treffen,[313] was nach Ansicht der Rechtsprechung zur Nichtigkeit nach § 241 Nr. 2 AktG,[314] nach anderer Ansicht in der Literatur[315] zur Anfechtbarkeit nachfolgender Beschlüsse führt. Umgekehrt kann eine tatsächliche Abberufung des Versammlungsleiters, wenn sie zu Unrecht erfolgte, weil z.B. ein wichtiger Grund nicht vorlag, zur Anfechtbarkeit der nach der Abberufung verkündeten Entscheidungen führen.[316]

ee) Beweislast

152 Grundsätzlich gelten im Anfechtungsrecht die allgemeinen Regeln zur Beweislast, wonach jede Partei die Umstände darzulegen und ggf. zu beweisen hat, die für sie günstig sind (**Normentheorie**).[317] Insbesondere ist von diesem Grundsatz nach ganz herrschender Meinung nicht etwa aus Gründen des Minderheitenschutzes eine Ausnahme zu machen und eine allgemeine Beweislastumkehr anzunehmen.[318] Vielmehr hat der Anfechtungskläger die Voraussetzungen seines Anfechtungsrechts darzulegen und zu beweisen. Dies gilt auch für etwaige Verfahrensfehler, auf die der Anfechtungskläger die Anfechtung stützt. Ein Verfahrensfehler muss vom Kläger im Einzelnen dargelegt und ggf. bewiesen werden; der Kläger kann nicht etwa eine »pauschale Verfahrensrüge« erheben.[319]

153 Die **Relevanz** des Verfahrensfehlers als weitere Anfechtungsvoraussetzung stellt eine vom Gericht zu entscheidende Rechtsfrage dar, so dass sich Fragen der Beweislast nicht stellen.[320] Anderes gilt nur bei Fehlern im **Abstimmungsverfahren** (hierzu Rdn. 149–151): Hier muss der Anfechtungskläger den Zählfehler beweisen.[321] Der beklagten Gesellschaft obliegt wiederum die Beweislast für die Frage, ob trotz des Fehlers eine Mehrheit für den entsprechenden Beschluss zustande gekommen wäre.[322] Im Rahmen der **sekundären Darlegungslast** muss die beklagte Gesellschaft außerdem Abstimmungsunterlagen vorlegen.[323] **Beweiserleichterungen** können bei der Verletzung von **Informationspflichten** gelten, weil es hier im Einzelfall für den Kläger aufgrund fehlender Einblicke schwer möglich sein kann, zu den vorhandenen Informationen bei der Gesellschaft vorzutragen.[324] Hier genügt es, dass der Anfechtungskläger Tatsachen darlegen und beweisen kann, die plausible Anhaltspunkte für eine mangelhafte Erfüllung der Informationspflichten bieten.[325] Der Gesellschaft obliegt

---

311 Umfassend *Rose* NZG 2007, 241.
312 LG Frankfurt a. M. AG 2005, 892 (893); MüKo AktG/*Kubis* § 119 Rn. 114 f.
313 LG Köln AG 2005, 696 (701); LG Frankfurt a. M. AG 2005, 892 (893); vgl. aber auch LG Frankfurt a. M. BeckRS 2012, 09259.
314 LG Köln AG 2005, 696 (701); LG Frankfurt a. M. AG 2005, 892 (893).
315 *Rose* NZG 2007, 241 (244) m. w. N.
316 *Rose* NZG 2007, 241 (244); MüKo AktG/*Kubis* § 119 Rn. 115.
317 OLG München AG 2003, 452 (453); Spindler/Stilz/*Würthwein* § 243 Rn. 264; MüKo AktG/*Hüffer* § 243 Rn. 144; Hölters/*Englisch* § 243 Rn. 97.
318 MüKo AktG/*Hüffer* § 243 Rn. 144; Hölters/*Englisch* § 243 Rn. 97.
319 MüKo AktG/*Hüffer* § 243 Rn. 144.
320 MüKo AktG/*Hüffer* § 243 Rn. 147; Spindler/Stilz/*Würthwein* § 243 Rn. 266; Hölters/*Englisch* § 243 Rn. 100.
321 MüKo AktG/*Hüffer* § 243 Rn. 147.
322 MüKo AktG/*Hüffer* § 243 Rn. 147; Spindler/Stilz/*Würthwein* § 243 Rn. 272; Hölters/*Englisch* § 243 Rn. 100.
323 Spindler/Stilz/*Würthwein* § 243 Rn. 272.
324 Spindler/Stilz/*Würthwein* § 243 Rn. 265; Hölters/*Englisch* § 243 Rn. 96, 101.
325 MüKo AktG/*Hüffer* § 243 Rn. 148; Spindler/Stilz/*Würthwein* § 243 Rn. 265; Hölters/*Englisch* § 243 Rn. 101.

A. Anfechtungsklage

dann eine sekundäre Darlegungslast.³²⁶ Reine Behauptungen ins Blaue hinein genügen jedoch nicht, um die sekundäre Beweislast der beklagten Gesellschaft auszulösen.³²⁷

c) Inhaltsfehler

Auch wenn ein Hauptversammlungsbeschluss formell ordnungsgemäß zustande gekommen ist, kann er wegen inhaltlicher Mängel anfechtbar sein. Der Gesetzes- oder Satzungsverstoß liegt dann darin, dass die **Inhalte** des Beschlusses als Ergebnis der Beschlussfassung nicht mit Gesetz oder Satzung in Einklang stehen. Dabei kann der betreffende Beschluss entweder konkrete Einzelvorschriften verletzen oder im Widerspruch zu gesellschaftsrechtlichen Generalklauseln stehen. Inhaltliche Mängel führen **stets zur Anfechtbarkeit** des Beschlusses; auf Kausalität oder Relevanz (vgl. Rdn. 139–141) kommt es bei Inhaltsmängeln nicht an.

154

aa) Verletzung konkreter Einzelvorschriften

Ein Hauptversammlungsbeschluss, der gegen konkrete (aktienrechtliche) Einzelvorschriften verstößt, kann angefochten werden, wenn nicht schon Nichtigkeit nach § 241 Nr. 3 (Alt. 2 oder Alt. 3) AktG gegeben ist.³²⁸ Diese Nichtigkeitsregelungen haben einen weiten Anwendungsbereich; außerdem existieren für bestimmte Arten von Hauptversammlungsbeschlüssen Sonderregelungen zu Inhaltsmängeln in den §§ 251, 254, 255 AktG (hierzu Rdn. 181–185), so dass der Anfechtung wegen Verletzung konkreter Einzelvorschriften **keine große praktische Bedeutung** zukommt.³²⁹ Ein Beispiel für einen Verstoß gegen konkrete Einzelvorschriften, der nicht zur Nichtigkeit oder zur Anfechtbarkeit nach §§ 251, 254, 255 AktG führt, kann ein Verstoß gegen § 222 Abs. 3 AktG, also eine fehlende Zweckangabe bei der Kapitalherabsetzung, sein.³³⁰

155

bb) Verletzung gesellschaftsrechtlicher Generalklauseln

Erhebliche praktische Bedeutung haben dagegen Beschlussmängel in Form einer Verletzung gesellschaftsrechtlicher Generalklauseln. Dies betrifft insbesondere das Gleichbehandlungsgebot (§ 53a AktG) sowie die mitgliedschaftliche Treupflicht.

156

(1) Gleichbehandlungsgebot

Das Gleichbehandlungsgebot nach § 53a AktG verbietet nicht jede Ungleichbehandlung der Aktionäre, sondern nur die **willkürliche Ungleichbehandlung.** Das Gebot der Gleichbehandlung im Aktienrecht lässt vielmehr eine Ungleichbehandlung der Aktionäre zu, wenn sie sachlich berechtigt ist und damit nicht den Charakter der Willkür trägt.³³¹ Deshalb stellt beispielsweise eine Umwandlungsprämie bei einer Umwandlung von Vorzugs- in Stammaktien, die einen 17 %-igen Abschlag beinhaltet, noch keine gleichheitssatzwidrige Bevorteilung der Vorzugsaktionäre gegenüber den Stammaktionären dar, wenn damit ein maßgeblicher Umwandlungserfolg erreichbar ist.³³² Die Vereinheitlichung der Aktiengattung und die dadurch gestärkte Position einer Aktienindexzugehörigkeit können einen sachlichen Grund für eine Differenzierung bilden.³³³

157

---

326 Spindler/Stilz/*Würthwein* § 243 Rn. 265, 268.
327 OLG Stuttgart AG 2009, 124 (127).
328 Hüffer/*Koch* § 243 Rn. 20.
329 Marsch-Barner/Schäfer/*Mimberg* § 37 Rn. 55; Hüffer/*Koch* § 243 Rn. 20.
330 KöKo AktG/*Zöllner* § 243 Rn. 139; Marsch-Barner/Schäfer/*Mimberg* § 37 Rn. 55.
331 BGH NJW 1993, 400 (402).
332 OLG Köln NZG 2002, 966 (967 f.).
333 HK AktG/*Göz* § 243 Rn. 13.

(2) Mitgliedschaftliche Treupflicht

158 Die Möglichkeit, einen Hauptversammlungsbeschluss im Hinblick auf einen Verstoß gegen die **mitgliedschaftliche Treupflicht** durch eine materielle Beschlusskontrolle überprüfen zu lassen, ist seit langem, jedenfalls nach der »Kali + Salz«-Entscheidung des BGH[334] höchstrichterlich anerkannt. Zugrunde liegt der Rechtsgrundsatz, dass die für eine Aktionärsmehrheit bestehende Möglichkeit, durch Einflussnahme auf die Geschäftsführung die gesellschaftsbezogenen Interessen der Mitaktionäre zu beeinträchtigen, als Gegengewicht die gesellschaftsrechtliche Pflicht umfasst, auf diese Interessen der Mitaktionäre Rücksicht zu nehmen.[335] Die den jeweiligen Beschluss tragende Mehrheit trifft mithin die Pflicht, nur nach Maßstäben der Erforderlichkeit und Verhältnismäßigkeit in die Mitgliedschaftsrechte der Minderheitsaktionäre einzugreifen.[336] Ein Hauptversammlungsbeschluss kann also wegen Verletzung der mitgliedschaftlichen Treupflicht nach § 243 Abs. 1 AktG angefochten werden, wenn er in die Mitgliedschaftsrechte der Minderheit eingreift, **ohne sachlich gerechtfertigt** zu sein, oder wenn er trotz sachlicher Rechtfertigung **unverhältnismäßig** in die Minderheitsinteressen eingreift.[337] Mittels einer materiellen Beschlusskontrolle können aber auch die **Interessen der Mehrheit** gewahrt werden: Auch dem Minderheitsaktionär obliegt nämlich eine Treupflicht gegenüber seinen Mitaktionären. Sie verpflichtet ihn, seine Mitgliedsrechte, insbesondere seine Mitverwaltungs- und Kontrollrechte, unter angemessener Berücksichtigung der gesellschaftsbezogenen Interessen der anderen Aktionäre auszuüben, wenn etwa die Minderheit durch ein bestimmtes Minderheitenquorum die Beschlussergebnisse willkürlich und einseitig in ihrem Sinne zu lenken vermag.[338]

159 Eine **Treupflichtverletzung** des Mehrheitsaktionärs liegt zum Beispiel dann vor, wenn dieser vor Beschlussfassung über die Auflösung der Gesellschaft mit dem Vorstand bereits über die Übernahme wesentlicher Teile des Gesellschaftsvermögens Verhandlungen geführt und Absprachen getroffen hat.[339] Sie liegt auch dann vor, wenn der Mehrheitsaktionär die Mitgliedschaftsrechte der übrigen Aktionäre unzulässig einschränkt, indem er die Ausgliederung von für die übrigen Aktionäre wesentlichen Geschäftsbereichen an eine gemeinnützige KGaA beschließt, und dadurch deren Anteil an der Entwicklung des Ertragswerts entfällt.[340] Minderheitsaktionäre verstoßen gegen ihre Treupflicht, wenn sie eine sinnvolle und mehrheitlich angestrebte Sanierung der Gesellschaft aus eigennützigen Gründen verhindern.[341] Einer sachlichen Rechtfertigung bedarf auch ein Beschluss, der zur Abhängigkeit der Gesellschaft führen kann.[342] Ein Entlastungsbeschluss ist anfechtbar, wenn Gegenstand der Entlastung ein Verhalten ist, das eindeutig einen schwerwiegenden Gesetzes- oder Satzungsverstoß darstellt, weil anderenfalls eine zur Billigung rechtsbrechenden Verhaltens entschlossene Mehrheit gegen den Widerstand einer gesetzes- und satzungstreuen Minderheit eine Entlastung der Verwaltung jederzeit unter Verstoß gegen die mitgliedschaftliche Treupflicht durchsetzen könnte.[343] Die Aufgabe der Macrotron-Rechtsprechung durch den BGH[344] berührt die dort aufgestellten Voraussetzungen für die Anfechtung eines Entlastungsbeschlusses nicht. In der Rechtsprechung wird zudem angenommen, dass die Rechtsverstöße den Teilnehmern der Hauptversammlung darüber hinaus bekannt oder für sie zumindest erkennbar sein müssen, um die Anfechtbarkeit des Entlas-

---

334 BGH NJW 1978, 1316.
335 BGH NJW 1976, 191.
336 Happ/*Tielmann*, Kap. 18.01 Rn. 12 S. 2080; Hüffer/*Koch* § 243 Rn. 24.
337 Hüffer/*Koch* § 243 Rn. 24.
338 BGH NJW 1995, 1739; Marsch-Barner/Schäfer/*Mimberg* § 37 Rn. 57.
339 BGH NJW 1988, 1579 (1581 f.).
340 KG NZG 2010, 462.
341 BGH NJW 1995, 1739.
342 Hdb AktR/*Göhmann* Kap. 9 Rn. 303.
343 BGH NJW 2003, 1032 (1033) – Macrotron; NJW 2005, 828; NZG 2009, 1270; DStR 2009, 2692; NJW-RR 2012, 558; NZG 2012, 1064; AG 2013, 90; NZG 2013, 783; OLG Frankfurt a. M. AG 2014, 373; OLG Nürnberg AG 2007, 295 (297); siehe auch MüKo AktG/*Kubis*, § 120 Rn. 15; Hüffer/*Koch* § 120 Rn. 11 f.
344 BGH NJW 2014, 146.

tungsbeschlusses zu begründen, da die Rechtswidrigkeit des Beschlusses aus der Ermessensüberschreitung der Mehrheit und nicht aus der Pflichtverletzung selbst folge.[345] Im Übrigen wird die materielle Beschlusskontrolle häufig im Zusammenhang mit Fragen des Bezugsrechtsausschlusses bei einer Kapitalerhöhung oder bei Schaffung eines genehmigten Kapitals relevant.[346]

Eine **materielle Beschlusskontrolle** ist indes **ausgeschlossen**, wenn das Gesetz den Eingriff in die Mitgliedschaft ohne sachliche Rechtfertigung durch Gesellschaftsinteressen selbst vorsieht, oder wenn die gesetzliche Erlaubnis des Eingriffs in Mitgliedschaftsrechte als Abwägung des Gesetzgebers gegen die beteiligten Minderheitsinteressen zu begreifen ist.[347] Zwar gilt die Treupflicht auch für derartige Beschlüsse; allerdings setzen sich die den Eingriff gestattenden gesetzlichen Regelungen als **Spezialvorschriften** gegenüber der Treupflicht als Generalklausel durch.[348] Dementsprechend bedürfen – da die Zulässigkeit solcher Maßnahmen vom Gesetz vorausgesetzt ist – Beschlüsse zu Unternehmensverträgen, Eingliederungen, Verschmelzungen oder Formwechseln grundsätzlich keiner besonderen sachlichen Rechtfertigung.[349]

160

cc) Beweislast

Auch im Hinblick auf die Beweislast für Inhaltsmängel gelten die allgemeinen Grundsätze, so dass der Anfechtungskläger diejenigen Tatsachen darlegen und beweisen muss, aus denen sich der entsprechende Gesetzes- oder Satzungsverstoß ergibt. Bei Verstößen gegen das **Gleichbehandlungsgebot** (siehe Rdn. 157) muss der Anfechtungskläger mithin die Ungleichbehandlung beweisen; der Gesellschaft obliegt hingegen die Beweislast dafür, dass die Ungleichbehandlung sachlich gerechtfertigt ist.[350] Bei **Treupflichtverletzungen** gelten nach inzwischen[351] herrschender Auffassung die gleichen Grundsätze: Der Anfechtungskläger muss die Verletzung der Treupflicht und die beklagte Gesellschaft muss die sachliche Rechtfertigung darlegen und beweisen.[352]

161

3. Unzulässige Verfolgung von Sondervorteilen

Der Anfechtungsgrund nach § 243 Abs. 2 AktG wegen Erstrebens von Sondervorteilen enthält eine besondere Ausprägung der gesellschaftsrechtlichen Treupflicht und des Gleichbehandlungsgebots aus § 53a AktG.[353] Diesen Grundsätzen würde es widersprechen, einzelnen Aktionären besondere Vorteile zum Nachteil der übrigen Aktionäre, also ohne angemessenen Ausgleich zu gewähren. Die praktische Bedeutung der Regelung ist relativ gering. Wenn die Voraussetzungen des § 243 Abs. 2 AktG erfüllt sind, sind meist auch zugleich die Treupflicht oder das Gleichbehandlungsgebot verletzt. Damit besteht dann auch ein Anfechtungsrecht nach § 243 Abs. 1 AktG, das durch den spezielleren Abs. 2 auch nicht gesperrt wird, so dass es eines Rückgriffs auf § 243 Abs. 2 AktG regelmäßig nicht bedarf.[354] Nur in besonderen Ausnahmefällen kann das Aktionärsverhalten im Einzelfall missbrauchsbehaftet sein, obwohl die materielle Beschlusskontrolle nicht greift.[355] Dabei ist zu be-

162

---

345 OLG Frankfurt ZIP 2007, 26 (27); OLG Köln NZG 2009, 1110 (1111); OLG Stuttgart AG 2011, 93 (94); Spindler/Stilz/*Hoffmann* Rn. 49; MüKo AktG/*Kubis* § 120 Rn. 18; *Litzenberger* NZG 2010, 854 (856); offen gelassen von BGH AG 2013, 90.
346 BGH NJW 1978, 1316; BGH NJW 1982, 2444; Hüffer/*Koch* § 243 Rn. 25.
347 Hüffer/*Koch* § 243 Rn. 24.
348 Marsch-Barner/Schäfer/*Mimberg* § 37 Rn. 58.
349 Str., siehe Hüffer/*Koch* § 243 Rn. 24, 26 f. m. w. N.
350 Hölters/*Englisch* § 243 Rn. 102; Hüffer/*Koch* § 243 Rn. 63; MüKo AktG/*Hüffer* § 243 Rn. 149.
351 Anders wohl noch BGH NJW 1978, 1316.
352 Hölters/*Englisch* § 243 Rn. 103; Hüffer/*Koch* § 243 Rn. 64; differenzierend MüKo AktG/*Hüffer* § 243 Rn. 150 f.
353 Vgl. Schmidt/Lutter/*Schwab* § 243 Rn. 20; Hdb AktR/*Göhmann* Kap. 9 Rn. 304.
354 Hüffer/*Koch* § 243 Rn. 32; Marsch-Barner/Schäfer/*Mimberg* § 37 Rn. 61; Schmidt/Lutter/*Schwab* § 243 Rn. 20; HK AktG/*Göz* § 243 Rn. 16.
355 Hüffer/*Koch* § 243 Rn. 32.

rücksichtigen, dass es nach § 245 Nr. 3 AktG für die Anfechtungsbefugnis wegen Erstrebens von Sondervorteilen nicht erforderlich ist, dass der Aktionär in der Hauptversammlung erschienen ist und gegen den Beschluss Widerspruch zur Niederschrift erklärt hat (vgl. § 245 Nr. 1 AktG).[356]

a) Tatbestandsvoraussetzungen (§ 243 Abs. 2 S. 1 AktG)

163 Die Anfechtung kann gemäß § 243 Abs. 2 S. 1 AktG also darauf gestützt werden, dass ein Aktionär mit der Stimmrechtsausübung für sich oder einen Dritten Sondervorteile zum Schaden der Gesellschaft oder der anderen Aktionäre zu erlangen sucht und der Beschluss geeignet ist, diesem Zweck zu dienen. Der Begriff **Sondervorteil** ist jedoch gesetzlich nicht definiert. Nach der Rechtsprechung kommt es hierfür auf eine **sachwidrige Bevorzugung** des Aktionärs oder eines Dritten im Rahmen einer Gesamtwürdigung an.[357] *Hüffer* umschreibt den Begriff Sondervorteil dabei wie folgt: »Sondervorteil ist ohne Rücksicht auf die Art seiner Erlangung jedweder Vorteil, sofern es bei einer Gesamtwürdigung der Fallumstände als sachwidrige, mit den Interessen der Gesellschaft oder ihrer Aktionäre unvereinbare Bevorzugung erscheint, dem Aktionär oder einem Dritten den Vorteilserwerb zu gestatten oder den bereits vollzogenen Erwerb hinzunehmen«.[358] Die Art des Sondervorteils ist dabei unerheblich; regelmäßig geht es zwar um vermögenswerte Vorteile, es kommen aber auch korporationsrechtliche Vorteile in Betracht, die die gesellschaftsinterne Stellung eines Aktionärs sachwidrig verbessern.[359] Ein Sondervorteil im Sinne des § 243 Abs. 2 S. 1 AktG kann insbesondere daran gemessen werden, ob der begünstigte Aktionär oder Dritte keine adäquate Gegenleistung für den Vorteil erbringen muss, die Konditionen also nicht marktüblich sind (sog. **Vergleichsmarktkonzept**).[360] Wenn es keinen Vergleichsmarkt gibt, kommt es darauf an, ob – entsprechend dem Sorgfaltsstandard des § 93 AktG – ein pflichtbewusster Vorstand diesen Vorteil hätte gewähren dürfen.[361]

164 Beispielsweise erstrebt ein Mehrheitsaktionär einen Sondervorteil zum Schaden der Gesellschaft und der anderen Aktionäre, wenn er in der Hauptversammlung einem Betriebspachtvertrag mit sich selbst zustimmt, obwohl ein Dritter von gleicher Bonität bei sonst identischen Pachtbedingungen einen wesentlich höheren Pachtzins verbindlich bietet.[362] Dabei ist unerheblich, ob bei Fehlen eines seriösen Wettbewerbsangebotes der mit dem Mehrheitsaktionär vereinbarte Pachtzins als angemessen angesehen werden könnte.[363] Ein Sondervorteil kann auch vorliegen, wenn durch einen Tantiemebeschluss die Gesamtbezüge des Mehrheitsgesellschafters eine unangemessene Höhe erreichen.[364] Gleiches gilt für eine unangemessen überhöhte Aufsichtsratsvergütung.[365] Ein durch einen Rechtsformwechsel allein dem Mehrheitsaktionär entstehender Steuervorteil stellt indes keinen verbotenen Sondervorteil dar, wenn sich dieser Vorteil aus den geltenden Steuergesetzen ergibt und deshalb von den Minderheitsaktionären hinzunehmen ist.[366]

165 Weitere Anfechtungsvoraussetzung ist, dass der Aktionär gerade versucht, den Sondervorteil **mit der Ausübung seines Stimmrechts** zu erlangen. Diese Voraussetzung ist auch erfüllt, wenn ein Vertreter oder Legitimationsaktionär eingeschaltet wird; dann greifen § 166 Abs. 1 und Abs. 2 BGB ein.[367] Ferner muss nach dem Wortlaut des § 243 Abs. 2 AktG versucht werden, den Sondervorteil zum

---

356 Schmidt/Lutter/*Schwab* § 243 Rn. 20.
357 BGH NJW 1998, 2054 (2056); NZG 2009, 827 (828).
358 MüKo AktG/*Hüffer* § 243 Rn. 75.
359 *Hüffer* § 243 Rn. 35; HK AktG/*Göz* § 243 Rn. 17.
360 Schmidt/Lutter/*Schwab* § 243 Rn. 21; MüKo AktG/*Hüffer* § 243 Rn. 78 f.
361 MüKo AktG/*Hüffer* § 243 Rn. 79; MAH AktR/*Meller* § 38 Rn. 62.
362 OLG Frankfurt a. M. AG 1973, 136.
363 OLG Frankfurt a. M. AG 1973, 136.
364 BGH WM 1976, 1226; Schmidt/Lutter/*Schwab* § 243 Rn. 22.
365 Schmidt/Lutter/*Schwab* § 243 Rn. 22.
366 BGH AG 2005, 613; Hüffer/*Koch* § 243 Rn. 36; HK AktG/*Göz* § 243 Rn. 17.
367 Hüffer/*Koch* § 243 Rn. 33.

Schaden der Gesellschaft oder der anderen Aktionäre zu erlangen. Hieraus folgt, dass zwischen dem erstrebten Schaden und der Vorteilsgewährung ein Kausalzusammenhang bestehen muss.[368] Schließlich ist erforderlich, dass der Hauptversammlungsbeschluss auch abstrakt **geeignet** ist, **den angestrebten Sondervorteil herbeizuführen**; ob der Aktionär den Sondervorteil zum Schaden der Gesellschaft oder der anderen Aktionäre tatsächlich erlangt, ist für die Anfechtbarkeit nicht maßgeblich.[369] Subjektiv fordert § 243 Abs. 2 S. 1 AktG einen auf den Erwerb des Sondervorteils gerichteten **Vorsatz** im Sinne von Absicht.[370] Der Schaden der Gesellschaft oder der anderen Aktionäre muss vom Vorsatz nicht erfasst sein, wenngleich ein solches Bewusstsein in der Regel mit dem Vorsatz bezüglich des Sondervorteils einhergeht.[371]

b) Der Ausschlusstatbestand des § 243 Abs. 2 S. 2 AktG

Auch wenn die Tatbestandsvoraussetzungen des Satzes 1 vorliegen, ist die Anfechtung des entsprechenden Hauptversammlungsbeschlusses dennoch gemäß § 243 Abs. 2 S. 2 AktG ausgeschlossen, wenn den Aktionären ein **angemessener (finanzieller) Ausgleich** gewährt wird. Der Ausgleich muss in dem Beschluss, auf dem auch der Sondervorteil beruht, selbst geregelt werden; die bloße Ankündigung eines Ausgleichs bzw. ein nachträglicher Ergänzungsbeschluss reichen nicht aus.[372] Ein Ausgleich ist dann finanziell angemessen, wenn er bei vernünftiger kaufmännischer Beurteilung einen geeigneten Ersatz für die Verluste der anderen Aktionäre oder der Gesellschaft leistet.[373] Schuldner der Ausgleichsleistung kann in der Regel nur der nach § 243 Abs. 2 S. 1 AktG bevorzugte Aktionär oder Dritte, also der Vorteilsempfänger, sein.[374] Wegen § 57 AktG (Verbot der Einlagenrückgewähr) scheidet ein Ausgleich durch die Gesellschaft praktisch aus.[375]

166

Die h. M. hält die Regelung des § 243 Abs. 2 S. 2 AktG für **misslungen**, da sie den Schutz der Minderheit auf eine reine Vermögenssicherung reduziere.[376] Auch deshalb kann die Regelung die Anfechtungsmöglichkeit lediglich für den Sonderfall des § 243 Abs. 2 S. 1 AktG beseitigen. Der Rechtsgedanke ist keinesfalls auf die Anfechtung im Sinne der Generalklausel des Abs. 1 zu übertragen.[377]

167

c) Beweislast

Im Rahmen einer Anfechtungsklage, die sich auf die unzulässige Verfolgung von Sondervorteilen stützt, muss der Kläger die tatsächlichen Umstände darlegen und ggf. beweisen, aus denen sich die unzulässige Verfolgung von Sondervorteilen ergibt; die Beweislast für die Gewährung eines angemessenen finanziellen Ausgleichs trägt die beklagte Gesellschaft.[378] Dabei werden an den substantiierten Klägervortrag in diesem Zusammenhang keine zu hohen Anforderungen gestellt, weil die Möglichkeiten des Klägers, zu den ihm häufig nicht im Einzelnen bekannten Umständen vorzutragen, begrenzt sind.[379]

168

---

368 Hüffer/*Koch* § 243 Rn. 33.
369 Hölters/*Englisch* § 243 Rn. 59.
370 Schmidt/Lutter/*Schwab* § 243 Rn. 24.
371 Hüffer/*Koch* § 243 Rn. 34; Schmidt/Lutter/*Schwab* § 243 Rn. 24.
372 MAH AktR/*Meller* § 38 Rn. 67; Marsch-Barner/Schäfer/*Mimberg* § 37 Rn. 63.
373 MüKo AktG/*Hüffer* § 243 Rn. 96; Schmidt/Lutter/*Schwab* § 243 Rn. 27.
374 MüKo AktG/*Hüffer* § 243 Rn. 98; MAH AktR/*Meller* § 38 Rn. 68.
375 MAH AktR/*Meller* § 38 Rn. 68; HK AktG/*Göz* § 243 Rn. 19; Hdb AktR/*Göhmann* Kap. 9 Rn. 304.
376 Hüffer/*Koch* § 243 Rn. 37; Marsch-Barner/Schäfer/*Mimberg* § 37 Rn. 63, jeweils m. w. N.
377 Hdb AktR/*Göhmann* Kap. 9 Rn. 304; Marsch-Barner/Schäfer/*Mimberg* § 37 Rn. 63; Hüffer/*Koch* § 243 Rn. 37; Schmidt/Lutter/*Schwab* § 243 Rn. 25; HK AktG/*Göz* § 243 Rn. 19.
378 BGH NJW 1988, 1579 (1582); MüKo AktG/*Hüffer* § 243 Rn. 152; Hüffer/*Koch* § 243 Rn. 65.
379 BGH NJW 1988, 1579 (1582); Hölters/*Englisch* § 243 Rn. 103; Hüffer/*Koch* § 243 Rn. 65.

4. Ausschluss der Anfechtung (§ 243 Abs. 3 AktG)

169 Neben dem beschriebenen Anfechtungsausschluss nach § 243 Abs. 2 S. 2 AktG wegen Zahlung eines angemessenen Ausgleichs, der sich allein auf die Vorschrift des § 243 Abs. 2 S. 1 AktG bezieht, existieren in § 243 Abs. 3 AktG weitere Ausschlussgründe, die auch die Anfechtungsmöglichkeit nach § 243 Abs. 1 AktG beseitigen.

a) Technische Störungen bei der elektronischen Wahrnehmung von Rechten (Nr. 1)

170 Gemäß § 243 Abs. 3 Nr. 1 AktG kann die Anfechtung nicht auf die durch eine technische Störung verursachte Verletzung von Rechten, die nach § 118 Abs. 1 S. 2, Abs. 2 AktG und § 134 Abs. 3 AktG auf elektronischem Wege wahrgenommen wurden, gestützt werden. Eine entsprechende **Anfechtungsklage** wäre **unbegründet**. Die Möglichkeit der Aktionäre, gemäß § 118 Abs. 1 S. 2 AktG online an der Hauptversammlung teilzunehmen, soll nach dem Willen des Gesetzgebers nämlich nicht zu einer Erweiterung der Anfechtungsmöglichkeiten bei technischen Störungen führen.[380] Der Anfechtungsausschluss gilt jedoch nicht für grob fahrlässiges oder sogar vorsätzliches Handeln der Gesellschaft. Der Gesetzestext macht dabei durch die Formulierung »es sei denn« deutlich, dass der Anfechtungskläger die **Darlegungs- und Beweislast** für ein solches Verschulden trägt.[381] In der Satzung kann ein strengerer Verschuldensmaßstab als grob fahrlässiges Verhalten bestimmt werden.

b) Verletzung einzelner Publizitäts- und Weitergabepflichten (Nr. 2)

171 Nach § 243 Abs. 3 Nr. 2 AktG kann die Anfechtung auch nicht mit der Verletzung der Publizitäts- und Weitergabepflichten gemäß §§ 121 Abs. 4a, 124a, 128 AktG begründet werden. Eine solche **Anfechtungsklage** wäre ebenfalls **unbegründet**. Die Aufnahme der §§ 121 Abs. 4a, 124a AktG in die nicht zur Anfechtung berechtigenden Vorschriften ist durch das ARUG erfolgt. Damit können Verstöße gegen die Pflicht bestimmter börsennotierter Gesellschaften, die Einberufung bestimmten Medien zur Veröffentlichung zuzuleiten, und gegen die Pflicht, alsbald nach der Einberufung bestimmte Veröffentlichungen auf der Internetseite der Gesellschaft vorzunehmen, die Anfechtung nicht begründen. Die Sanktionierung erfolgt also nicht im Wege der Beschlussmängelklage, sondern nach Ordnungswidrigkeitenrecht (§ 405 Abs. 3a AktG).[382]

172 Auch ein Verstoß gegen § 128 AktG, mithin die Verletzung der gesetzlichen Pflicht von Kreditinstituten zur Übermittlung von Mitteilungen im Sinne von § 125 AktG an die Aktionäre, berechtigt nach § 243 Abs. 3 Nr. 2 AktG nicht zur Anfechtung. Grund ist, dass es sich hier nicht um eine Pflichtverletzung der Gesellschaft, sondern des Kreditinstituts handelt, das dem Lager des Aktionärs zuzuordnen ist und auf dessen ordnungsgemäße Pflichterfüllung die Gesellschaft nicht unmittelbar Einfluss nehmen kann.

c) Vorrang des Ersetzungsverfahrens gemäß § 318 Abs. 3 HGB (Nr. 3)

173 Zur **Unzulässigkeit** einer Anfechtungs- und Nichtigkeitsklage führt der Ausschlussgrund des § 243 Abs. 3 Nr. 3 AktG. Hiernach kann die Anfechtungsklage gegen einen Hauptversammlungsbeschluss nicht auf Gründe gestützt werden, die ein sog. Ersetzungsverfahren nach § 318 Abs. 3 HGB rechtfertigen. Nach § 318 Abs. 3 HGB kann der gesetzliche Abschlussprüfer unter bestimmten Voraussetzungen, die in seiner Person liegen, durch das Gericht ersetzt werden. Schon das Anfechtungsverfahren als solches ist für diesbezügliche Streitigkeiten **unstatthaft**.[383] Das Ersetzungsverfahren ist insoweit, d. h. im Hinblick auf Gründe, die in der Person des Abschlussprüfers liegen, vorrangig und abschließend.[384] Auch kann es nur binnen einer **Frist von zwei Wochen** nach der Wahl beantragt

---

380 RegBegr. BT-Drucks. 16/11642, S. 40.
381 RegBegr. BT-Drucks. 16/11642, S. 40.
382 RegBegr. BT-Drucks. 16/11642, S. 40.
383 LG Köln NJW-RR 1998, 247.
384 Happ/*Tielmann*, Kap. 18.01 Rn. 12 S. 2077; Schmidt/Lutter/*Schwab* § 243 Rn. 15.

werden, § 318 Abs. 3 S. 2 HGB. Eine Anfechtungsklage, die sich auf andere Beschlussmängel im Zusammenhang mit der Wahl des Abschlussprüfers stützt, bleibt jedoch zulässig.[385] Wenn also ein Prüfer befangen ist, so kann der Aktionär nicht die Wahl anfechten, sondern er muss das Ersetzungsverfahren betreiben. Dieses steht nach § 318 Abs. 3 S. 1 HGB zwar nur solchen Aktionären offen, die 5 % des Grundkapitals oder einen Börsenwert von € 500.000 halten; dennoch gilt der Ausschlussgrund des § 243 Abs. 3 Nr. 3 AktG auch für alle übrigen Aktionäre.

Durch den Anfechtungsausschluss des § 243 Abs. 3 Nr. 3 AktG soll sichergestellt werden, dass stets ein gültig bestellter Abschlussprüfer vorhanden ist und Missbrauchsprobleme, die durch die Erhebung von Anfechtungsklagen entstehen, reduziert werden.[386] **Nichtigkeitsklagen** sind nach der Gesetzesbegründung ebenfalls unzulässig,[387] auch wenn wohl aufgrund eines Redaktionsversehens in § 249 AktG ein entsprechender Verweis fehlt. Die Wirksamkeit eines Beschlusses über die Wahl des Abschlussprüfers kann also mit dem Verweis auf eine Befangenheit insgesamt nicht in Frage gestellt werden.

174

5. Anfechtung wegen Informationsmängeln (§ 243 Abs. 4 AktG)

§ 243 Abs. 4 AktG präzisiert die praxisrelevante Anfechtung wegen Informationsmängeln. Satz 1 betrifft dabei Informationsmängel im Allgemeinen, während Satz 2 den vollständigen Ausschluss der Anfechtung wegen sog. Bewertungsrügen regelt (siehe Rdn. 179 f.). Die Vorschrift stellt keinen eigenständigen Anfechtungsgrund dar, sondern setzt einen Verfahrensfehler im Sinne des § 243 Abs. 1 AktG voraus.[388]

175

a) Informationsmängel nach Abs. 4 S. 1

Gemäß § 131 Abs. 1 S. 1 AktG ist jedem Aktionär auf Verlangen in der Hauptversammlung vom Vorstand Auskunft über Angelegenheiten der Gesellschaft zu geben, soweit sie zur sachgemäßen Beurteilung des Gegenstands der Tagesordnung erforderlich ist. Nach h. M. ist eine Information erforderlich, wenn ein objektiv urteilender Aktionär, der die Gesellschaftsverhältnisse nur auf Grund allgemein bekannter Tatsachen kennt, die begehrte Auskunft als nicht nur unwesentliches Beurteilungselement benötigt.[389] Die Erforderlichkeit einer Information kann dabei immer nur in Zusammenhang mit einem konkreten Tagesordnungspunkt der Hauptversammlung beurteilt und beantwortet werden.[390]

176

Nach § 243 Abs. 4 S. 1 AktG kann wegen unrichtiger, unvollständiger oder verweigerter Erteilung von Informationen nur angefochten werden, wenn ein objektiv urteilender Aktionär die Erteilung der Information als wesentliche Voraussetzung für die sachgerechte Wahrnehmung seiner Teilnahme- und Mitgliedschaftsrechte angesehen hätte. Als objektiv urteilender Aktionär ist dabei der vernünftig und im wohlverstandenen Unternehmensinteresse handelnde Aktionär anzusehen.[391] Die Neufassung des § 243 Abs. 4 S. 1 AktG durch das UMAG sollte nach der Gesetzesbegründung zwar keine Einschränkung, sondern eine Festschreibung der auch bisher vom BGH angewandten Auslegungsgrundsätze darstellen und die **Bedeutung der Information für die Urteilsbildung des Aktionärs** als Voraussetzung des Anfechtungsrechts betonen.[392] Hiernach kommt es entscheidend darauf an, ob ein objektiv urteilender Aktionär sein Stimmverhalten von der Erteilung einer bestimmten Information abhängig gemacht hätte.[393] Dennoch ist die Auslegung der Vorschrift im Hinblick

---

385 RegBegr. BT-Drucks. 15/3419, S. 55.
386 RegBegr. BT-Drs. 15/3419, S. 55.
387 RegBegr. BT-Drs. 15/3419, S. 54.
388 Hüffer/*Koch* § 243 Rn. 45.
389 BGH NJW 2005, 828 (829); NZG 2014, 423 (424); OLG Frankfurt a. M. NZG 2013, 23 (24).
390 OLG Frankfurt a. M. NZG 2013, 23 (24).
391 RegBegr. BT-Drs. 15/5092, S. 26.
392 RegBegr. BT-Drs. 15/5092, S. 26.
393 RegBegr. BT-Drs. 15/5092, S. 26.

auf das Erfordernis der »wesentlichen« Voraussetzung nach wie vor umstritten, und es wird erörtert, ob der Gesetzgeber mit seiner Formulierung über die bisher von der Rechtsprechung praktizierte Relevanzbetrachtung hinausgehen wollte.[394] Jedenfalls nach der Rechtsprechung des OLG Frankfurt a. M.[395] muss für eine Nichtigerklärung des Beschlusses hinzukommen, dass es sich aus Sicht des objektiv urteilenden Aktionärs um eine »wesentliche« Information handelt, die dann vorliegt, wenn der objektiv urteilende Aktionär sich ohne die vorherige ordnungsgemäße Erteilung der (erfragten) Information eine sachgerechte Meinung zur Beschlussvorlage nicht hätte bilden können. Bei einer pauschalen Frage oder einer Frage, welche auf Informationen gerichtet ist, die zumindest teilweise nicht für die Beurteilung eines Tagesordnungspunkts relevant sind, muss der Aktionär durch Nachfrage deutlich machen, dass detailliertere Informationen erwünscht sind.[396] Dies gilt insbesondere dann, wenn er aus seiner Sicht eine unzureichende Pauschalantwort erhält.[397]

177 Unter den zuvor genannten Voraussetzungen berechtigen Informationsmängel unterschiedlicher Art zur Anfechtung, »Kernfall« des Informationsmangels ist aber die **Auskunftsverweigerung**.[398] Als weitere Informationsmängel kommen beispielsweise der Verstoß gegen die Pflicht zur Auslegung des Gewinnverwendungsbeschlusses nach § 175 Abs. 2 S. 1 AktG[399] oder die Verletzung der Berichtspflicht bei einem Bezugsrechtsausschluss gemäß § 186 Abs. 4 S. 2 AktG[400] in Betracht. Darüber hinaus kann ein Informationspflichtverstoß in nicht unerheblichen Mängeln des Verschmelzungsberichts nach § 8 UmwG liegen, es sei denn, die Informationen beziehen sich auf eine Abfindung (hierzu Rdn. 179).[401] Schließlich kommen Verstöße gegen Informationspflichten aus § 179a Abs. 2 AktG bei der Vermögensübertragung in Frage.[402]

178 Die Anfechtung wegen Auskunftsverweigerung ist nicht durch die Möglichkeit der Durchführung eines **Auskunftserzwingungsverfahrens nach § 132 AktG** ausgeschlossen.[403] Die vorherige Durchführung eines Auskunftserzwingungsverfahrens ist auch keine Voraussetzung für eine Anfechtung wegen Informationsmängeln. Beide Verfahren sind voneinander unabhängige Rechtsbehelfe, die ein **unterschiedliches Rechtsschutzziel** verfolgen.[404] Nach der Rechtsprechung des BGH[405] soll das Auskunftserzwingungsverfahren auf einem einfachen, schnellen und billigen Weg das individuelle Informationsbedürfnis eines Aktionärs befriedigen. Streitgegenstand des Anfechtungsprozesses ist hingegen, dass ein Hauptversammlungsbeschluss mit der erweiterten Rechtskraftwirkung des § 248 AktG von Anfang an für nichtig erklärt werden soll, weil vor dem Beschluss eine bestimmte Auskunft hätte erteilt werden müssen.[406] Höchstrichterlich noch ungeklärt ist allerdings die Frage, ob das Gericht im Anfechtungsprozess an eine Entscheidung im Auskunftserzwingungsverfahren **gebunden** ist.[407] Ungeklärt ist ferner, ob es zulässig ist, den Anfechtungsprozess bis zur Entscheidung im Auskunftserzwingungsverfahren nach § 148 ZPO auszusetzen.[408] Ein **Aussetzungserfordernis** besteht aufgrund der Unabhängigkeit der Verfahren jedenfalls nicht.[409]

---

394 Vgl. Hdb AktR/*Göhmann* Kap. 9 Rn. 309; Hüffer/*Koch* § 243 Rn. 46b; Schmidt/Lutter/*Schwab* § 243 Rn. 31; MAH AktR/*Meller* § 38 Rn. 75b f.; Marsch-Barner/Schäfer/*Mimberg* § 37 Rn. 46b.
395 OLG Frankfurt a. M. BeckRS 2010, 25449; diesem nachfolgend LG Frankfurt a. M. BeckRS 2014, 01250; a. A. Hüffer/*Koch* § 243 Rn. 46b.
396 BGH NZG 2014, 27 (32).
397 BGH NZG 2014, 27 (32).
398 Hüffer/*Koch* § 243 Rn. 47.
399 MAH AktR/*Meller* § 38 Rn. 75d; vgl. auch LG Frankfurt a. M. BeckRS 2012, 02303.
400 BGH NJW 1982; OLG Frankfurt a. M. NZG 2011, 1029 (1030 f.); Hüffer/*Koch* § 243 Rn. 47a.
401 BGH NJW 1989, 2689 (2691).
402 BGH NJW 1982, 933; Hüffer/*Koch* § 243 Rn. 47a.
403 Henssler/Strohn/*Drescher* AktG § 243 Rn. 12.
404 KG NZG 2001, 803 (804).
405 BGH NJW 1983, 878 (879).
406 BGH NJW 1983, 878 (879).
407 Bejahend das OLG Stuttgart NJW-RR 1992, 1450.
408 Hüffer/*Koch* § 243 Rn. 47.
409 KG NZG 2001, 803 (804).

A. Anfechtungsklage § 8

b) Anfechtungsausschluss für Bewertungsrügen (§ 243 Abs. 4 S. 2 AktG)

§ 243 Abs. 4 S. 2 AktG bildet wiederum eine Ausnahme zur Regelung des Satzes 1. Danach kann eine Anfechtungsklage nicht auf unrichtige, unvollständige oder unzureichende Informationen in der Hauptversammlung über die Ermittlung, Höhe oder Angemessenheit von Ausgleich, Abfindung, Zuzahlung oder über sonstige Kompensationen gestützt werden, wenn das Gesetz für Bewertungsrügen ein Spruchverfahren vorsieht (hierzu § 132 Rdn. 3–4). Aus dem Wortlaut der Vorschrift ergeben sich bereits zwei Einschränkungen, für die der Anfechtungsausschluss bei Bewertungsrügen nicht gilt. Zum einen gilt der Ausschluss nur für unrichtige, unvollständige oder unzureichende Informationen, mithin **nicht** für den Fall der »**Totalverweigerung**«.[410] Zum anderen betrifft er nur Informationen in der Hauptversammlung, mithin nicht Informationsmängel im **Vorfeld oder außerhalb der Hauptversammlung**.[411] In diesen Fällen bleibt die Anfechtungsklage möglich. 179

Noch nicht höchstrichterlich geklärt ist die Frage, ob das Vorliegen eines Ausschlussgrundes nach Abs. 4 S. 2 zur **Unzulässigkeit oder Unbegründetheit** der Anfechtungsklage führt.[412] Das Thema wurde nach Inkrafttreten der Vorschrift insbesondere im Hinblick auf intertemporale Fragen diskutiert.[413] 180

6. Spezielle Anfechtungsklagen

In den §§ 251, 254, 255, 257 AktG finden sich Regelungen über die Anfechtung bestimmter Hauptversammlungsbeschlüsse. Teilweise gehen diese Regelungen dem § 243 AktG vor, teilweise sind sie daneben anwendbar. 181

In **§ 251 AktG** ist die Anfechtung der **Wahl von Aufsichtsratsmitgliedern durch die Hauptversammlung** wegen Verletzung des Gesetzes oder der Satzung geregelt. Aus dem konkreten Verweis auf § 243 Abs. 4 AktG folgt, dass ein Rückgriff auf § 243 AktG auch nur in dieser Hinsicht möglich, also eine Anfechtung wegen Informationsmängeln denkbar ist. Nach § 251 Abs. 1 S. 3 AktG kann die Anfechtbarkeit durch Bestätigungsbeschluss nach § 244 AktG beseitigt werden (hierzu Rdn. 186–196). Anfechtungsbefugnis und Anfechtungsverfahren richten sich nach § 251 Abs. 2 und 3 AktG. Im Übrigen ist § 251 AktG speziell und **abschließend**. Als Gesetzesverletzungen kommen speziell im Zusammenhang mit der Wahl von Aufsichtsratsmitgliedern beispielsweise Verstöße gegen die §§ 126 f. AktG (Mitteilung von Wahlvorschlägen von Aktionären) oder gegen § 137 AktG (Vorrang von Minderheitswahlverlangen bei Aufsichtsratswahlen) in Betracht. Ein Satzungsverstoß ist möglich, wenn das gewählte Aufsichtsratsmitglied die von der Satzung nach § 100 Abs. 4 AktG vorgesehenen persönlichen Voraussetzungen nicht erfüllt. Umstritten ist, ob bei Abgabe einer Entsprechenserklärung nach § 161 AktG auch der Verstoß des Wahlbeschlusses gegen den Corporate Governance Kodex die Anfechtbarkeit nach § 251 AktG begründet.[414] Jedenfalls kann nach § 251 Abs. 1 S. 2 AktG die Anfechtung auch darauf gestützt werden, dass für den – praktisch eher seltenen[415] – Fall der Bindung der Hauptversammlung an Wahlvorschläge der Wahlvorschlag gesetzwidrig zustande gekommen ist. Insoweit geht § 251 AktG über § 243 AktG hinaus.[416] 182

Die Anfechtung von **Beschlüssen über die Verwendung des Bilanzgewinns** richtet sich nach § 254 AktG. Schon nach dem Wortlaut (»... außer nach § 243...«) verdrängt § 254 AktG die Anfechtungsmöglichkeiten nach § 243 AktG nicht, sondern ist **neben § 243 AktG anwendbar**. § 254 Abs. 2 AktG verweist auch auf die allgemeinen Voraussetzungen für Anfechtungsbefugnis und -ver- 183

---

410 BT-Drs. 15/5092, S. 26.
411 BT-Drs. 15/5092, S. 26.
412 Hierzu *Schwab* NZG 2007, 521 (523 ff.); Hölters/*Englisch* § 243 Rn. 95 jeweils m. w. N.
413 Hölters/*Englisch* § 243 Rn. 95 mit Nachweisen aus der Rechtsprechung in Fn. 280.
414 Bejahend das OLG München NZG 2009, 508; LG Hannover NZG 2010, 744; kritisch hierzu *Wettich* AG 2012, 725 (736).
415 *Waclawik* Rn. 172.
416 *Waclawik* Rn. 172.

fahren. Über die allgemeinen Anfechtungsregelungen hinaus hält § 254 Abs. 1 AktG allerdings den zusätzlichen Anfechtungsgrund der **übermäßigen Rücklagenbildung** bereit: Hiernach kann der Beschluss über die Verwendung des Bilanzgewinns auch angefochten werden, wenn die Hauptversammlung aus dem Bilanzgewinn Beträge in Gewinnrücklagen einstellt oder als Gewinn vorträgt, die nicht nach Gesetz oder Satzung von der Verteilung unter die Aktionäre ausgeschlossen sind, obwohl die Einstellung oder der Gewinnvortrag bei vernünftiger kaufmännischer Beurteilung nicht notwendig ist, um die Lebens- und Widerstandsfähigkeit der Gesellschaft für einen hinsichtlich der wirtschaftlichen und finanziellen Notwendigkeiten übersehbaren Zeitraum zu sichern und dadurch unter die Aktionäre kein Gewinn in Höhe von mindestens 4 % des Grundkapitals abzüglich von noch nicht eingeforderten Einlagen verteilt werden kann. Regelungszweck der Norm ist nach der Gesetzesbegründung der »Schutz der Minderheit vor einer Aushungerungspolitik der Mehrheit«.[417] Die **Beweislast** für die Einstellung in Gewinnrücklagen oder den Gewinnvortrag trägt der Anfechtungskläger ebenso wie die Beweislast dafür, dass kein Gewinn in Höhe von mindestens 4 % des Grundkapitals verteilt werden kann; die beklagte Gesellschaft hingegen muss beweisen, dass Einstellung oder Gewinnvortrag bei vernünftiger kaufmännischer Beurteilung notwendig sind, um die Lebens- und Widerstandsfähigkeit der Gesellschaft zu sichern.[418]

184 § 255 AktG regelt die Anfechtbarkeit von **Hauptversammlungsbeschlüssen über Kapitalerhöhungen gegen Einlagen.** Abs. 1 stellt ausdrücklich klar, dass eine Anfechtung daneben auch **nach § 243 AktG möglich** ist. Die weiteren Anfechtungsvoraussetzungen richten sich ebenfalls nach den allgemeinen Vorschriften, vgl. § 255 Abs. 3 AktG. Eigenständigen Bedeutungsgehalt hat die Vorschrift aber in ihrem Abs. 2. Hiernach kann bei einer Kapitalerhöhung unter Bezugsrechtsausschluss die Anfechtungsklage auch darauf gestützt werden, dass der sich aus dem Erhöhungsbeschluss ergebende Ausgabebetrag oder der Mindestbetrag, unter dem die neuen Aktien nicht ausgegeben werden sollen, unangemessen niedrig ist. Dies gilt nach Satz 2 jedoch nicht, wenn die neuen Aktien von einem Dritten mit der Verpflichtung übernommen werden sollen, sie den Aktionären zum Bezug anzubieten, die Aktionäre also ein mittelbares Bezugsrecht besitzen. Die Regelung dient damit in erster Linie dem »**Schutz vor einer Wertverwässerung**«: Altaktionäre sollen keine Entwertung ihrer Mitgliedschaftsrechte erleiden, weil wegen eines unangemessen niedrigen Ausgabepreises junger Aktien der Wert der Altanteile sinkt.[419] Eine solche Wertverwässerung begründet nicht ohne Weiteres eine Gesetzes- oder Satzungsverletzung, so dass § 255 AktG insoweit die Anfechtungsmöglichkeiten gegenüber § 243 AktG erweitert.

185 Die Regelung des § 257 **AktG** schließlich betrifft die Anfechtung der **Feststellung des Jahresabschlusses durch die Hauptversammlung** (§ 173 AktG), eröffnet im Umkehrschluss aber keine Anfechtungsmöglichkeit gegen die Feststellung durch Vorstand und Aufsichtsrat (§ 172 AktG). Gemäß § 257 Abs. 1 S. 1 AktG kann die Anfechtung nach § 243 AktG erfolgen, wobei Satz 2 Inhaltsmängel des Jahresabschlusses von der Anfechtung ausnimmt. Ein entsprechender inhaltlicher Gesetzes- oder Satzungsverstoß berechtigt also nicht zur Anfechtung. Die Anfechtung kann mithin im Wesentlichen[420] nur **wegen Verfahrensfehlern bei der Beschlussfassung** begründet sein (hierzu Rdn. 149–151). Die weiteren Anfechtungsvoraussetzungen richten sich ebenfalls nach den allgemeinen Vorschriften, § 257 Abs. 2 S. 1 AktG. Klarstellend weist § 257 Abs. 2 S. 2 AktG dabei darauf hin, dass die Anfechtungsfrist auch dann mit der Beschlussfassung beginnt, wenn der Jahresabschluss nach § 316 Abs. 3 HGB erneut zu prüfen ist (Nachtragsprüfung).

---

417 Hüffer/*Koch* § 254 Rn. 1.
418 Spindler/Stilz/*Würthwein* § 254 Rn. 19.
419 OLG München NZG 2006, 784 (788).
420 Theoretisch möglich ist auch die Anfechtung wegen Erstrebens von Sondervorteilen, die nicht gleichzeitig einen Inhaltsmangel begründen; siehe Hölters/*Waclawik* § 257 Rn. 7.

7. Ausschluss der Anfechtung bei Bestätigungsbeschluss (§ 244 AktG)

Zur Schaffung von **Rechtssicherheit** hat die Hauptversammlung nach § 244 S. 1 AktG die Möglichkeit, die Anfechtbarkeit eines zuvor gefassten mangelhaften Beschlusses oder jedenfalls entsprechende Zweifel durch Bestätigung des Beschlusses zu beseitigen. Eine Bestätigung nichtiger Hauptversammlungsbeschlüsse ist hingegen nicht möglich.[421] Zur Beseitigung der Anfechtbarkeit bedarf es eines neuen Beschlusses, der wiederum nicht innerhalb der Anfechtungsfrist angefochten oder dessen Anfechtung rechtskräftig zurückgewiesen worden ist. Damit erkennt die Hauptversammlung den Erstbeschluss als gültige Regelung der betreffenden Gesellschaftsangelegenheit an und beseitigt mit Wirkung für die Zukunft dessen behauptete oder tatsächlich bestehende Anfechtbarkeit.[422] Es liegt also eine **Heilung** des Ausgangsbeschlusses und **keine Neuvornahme** vor.[423] Bei einer Neuvornahme begreift die Hauptversammlung den Ausgangsbeschluss gerade nicht als verbindlich, sondern möchte ihn vielmehr wegen seiner tatsächlichen oder vermuteten Mängel durch einen weiteren Beschluss ersetzen.[424] Ob ein Bestätigungsbeschluss oder eine Neuvornahme vorliegen, ist durch Auslegung zu ermitteln. Dabei kommt ein Bestätigungsbeschluss jedenfalls nur dann in Betracht, wenn er inhaltlich mit dem Ausgangsbeschluss übereinstimmt, weil anderenfalls der Beschluss neu ist und nicht Gegenstand einer Bestätigung sein kann. Möglich sind jedoch Ergänzungen z. B. in der Formulierung, die den Inhalt des Erstbeschlusses nicht tangieren.[425]

186

a) Anforderungen an den Bestätigungsbeschluss

Ein Bestätigungsbeschluss ist ebenso wie der Ausgangsbeschluss anfechtbar, wenn letzterer an inhaltlichen Mängeln leidet, weil der Bestätigungsbeschluss zwangsläufig auch darunter leidet.[426] Verstößt der Erstbeschluss etwa gegen das Verbot der Gewährung von Sondervorteilen nach § 243 Abs. 2 AktG, so wird ebenso der Bestätigungsbeschluss unter diesem Inhaltsfehler leiden.[427] Auch ein inhaltlich mangelhafter Bestätigungsbeschluss erwächst jedoch in endgültige Wirksamkeit, wenn er unangefochten bleibt. Bei Inhaltsmängeln muss deshalb neben dem Ausgangs- auch der Bestätigungsbeschluss angegriffen werden (sog. **Doppelanfechtung**) und zwar auch dann, wenn beide Beschlüsse unter demselben Mangel leiden. **Verfahrensfehler** können indes beim Zustandekommen des Bestätigungsbeschlusses **behoben** werden.[428] Beispielsweise kann die Tagesordnung nun ordnungsgemäß angekündigt, ein fehlerhafter Vorstandsbericht nachgebessert, Berichte können ausgelegt[429] oder zuvor verweigerte Auskünfte erteilt[430] werden.[431] Nach dem BGH liegt ein heilbarer Verfahrensfehler auch dann vor, wenn das Abstimmungsergebnis hinsichtlich des Erstbeschlusses – infolge von Zählfehlern, Mitzählung von unter **Verletzung eines Stimmverbots** abgegebenen Stimmen oder ähnlichen Irrtümern – fehlerhaft festgestellt worden ist.[432]

187

Da der Bestätigungsbeschluss die Mängel des Ausgangsbeschlusses heilen soll, kommt es für das Vorliegen der **materiellrechtlichen Voraussetzungen** auf den **Zeitpunkt des ursprünglichen Beschlusses** an, so dass im Zeitpunkt der Bestätigung die materiellen Voraussetzungen für den Erstbeschluss

188

---

421 BGH NJW 2004, 3561 (3562); NZG 2011, 669 (672).
422 BGH NJW 2004, 1165.
423 OLG Frankfurt a. M. BeckRS 2010, 25449.
424 Hüffer/*Koch* § 244 Rn. 2a.
425 Spindler/Stilz/*Würthwein* § 244 Rn. 25.
426 BGH NJW-RR 2011, 976 (979).
427 *Habersack/Schürnbrand* FS Hadding (2004) 391 (394).
428 Schmidt/Lutter/*Schwab* § 244 Rn. 3, 11.
429 LG Karlsruhe DB 2000, 1608.
430 BGH NJW 2004, 1165 (1166).
431 Schmidt/Lutter/*Schwab* § 244 Rn. 11.
432 BGH NJW-RR 2006, 472; OLG Stuttgart NZG 2004, 822; LG Köln NZG 2009, 1150; a. A. OLG München AG 2003, 645; LG München DB 2003, 1268; LG Mannheim AG 2005, 780; Schmidt/Lutter/*Schwab* § 244 Rn. 4.

nicht mehr erfüllt sein müssen.[433] Beispielsweise ist eine Aktualisierung des für den Erstbeschluss vorgeschriebenen Berichts entbehrlich.[434] Für die **Rechtslage** kommt es ebenfalls auf den Zeitpunkt des Ausgangsbeschlusses an: Änderungen, die bis zur Fassung des Bestätigungsbeschlusses erfolgen, bleiben außer Betracht.[435] Im Übrigen gelten für den Bestätigungsbeschluss als gewöhnlichen Hauptversammlungsbeschluss die entsprechenden Wirksamkeitsvoraussetzungen, z. B. Mehrheitserfordernisse. Eine zeitliche Grenze für die Bestätigung existiert nicht, diese ist auch Jahre nach dem ursprünglichen Hauptversammlungsbeschluss noch möglich.[436]

b) Rechtsfolge des Bestätigungsbeschlusses

189 Sobald der Bestätigungsbeschluss endgültig wirksam ist, also nach Ablauf der Monatsfrist des § 246 Abs. 1 AktG oder einer rechtskräftigen Entscheidung, kann nach § 244 S. 1 AktG die Anfechtung »nicht mehr geltend gemacht werden«. Trotz dieser prozessualen Formulierung beseitigt die erfolgreiche Bestätigung nicht nur das Rechtsschutzinteresse für eine Anfechtungsklage, sondern der Bestätigung kommt **materiell-rechtliche Wirkung** zu, das heißt, der ursprünglich rechtswidrige Beschluss wird rechtmäßig.[437] Die gegen den Erstbeschluss gerichtete Anfechtungsklage wird **unbegründet**, es entfällt nicht lediglich das Rechtsschutzbedürfnis des Anfechtungsklägers.[438] Dabei gilt die Bestätigung nur *ex nunc*, also für die Zukunft ab dem **Datum des Bestätigungsbeschlusses**, und wirkt nicht auf den Zeitpunkt der ersten Beschlussfassung zurück.[439] Der Bestätigung eines Gewinnverwendungsbeschlusses wohnt nach Auffassung des LG Frankfurt eine Gestaltungserklärung inne.[440] Diese mache zwar nicht den Erstbeschluss ab dessen Fassung gültig, lasse ihn aber trotz möglicher Mängel für die Zukunft gültig bleiben. Dividendenbezugsberechtigt seien daher nur diejenigen Aktionäre, welche auch zum Zeitpunkt des Erstbeschlusses Aktionäre waren und nicht diejenigen, die erst zum Zeitpunkt des Bestätigungsbeschlusses diese Eigenschaft aufwiesen.

190 Nach **§ 244 S. 2 AktG** kann der Anfechtungskläger jedoch die Anfechtung weiterhin mit dem Ziel geltend machen, den anfechtbaren Beschluss für die Zeit bis zum Bestätigungsbeschluss für nichtig zu erklären, wenn er daran ein **rechtliches Interesse** hat. Fehlt ein rechtliches Interesse, dann ist die Klage **unzulässig**.[441] Ein solches rechtliches Interesse kommt beispielsweise dann in Betracht, wenn der für nichtig erklärte Beschluss Grundlage für eine bereits umgesetzte weitere Maßnahme war.[442] Der ursprünglich auf Nichtigerklärung gerichtete Klageantrag muss dann entsprechend umgestellt werden, was entweder als stets zulässige **Klageänderung**[443] oder als ggf. zustimmungspflichtige Beschränkung des Klageantrags nach §§ 264 Nr. 2 ZPO, 269 ZPO[444] angesehen wird. Dabei muss der Klageantrag den Zeitraum der Nichtigkeitserklärung, mithin auch das Datum des Bestätigungsbeschlusses genau bezeichnen, und das Gericht muss entsprechend tenorieren.[445]

c) Prozessuale Besonderheiten

191 Die mögliche zeitliche Überschneidung von Anfechtungsklagen gegen den Ausgangsbeschluss und solchen gegen den Bestätigungsbeschluss führt zu prozessualen Besonderheiten, da der Ausgang des

---

433 BGH NJW 2004, 1165.
434 KG NZG 2008, 29 (30).
435 BGH NJW 2004, 1165 (1166).
436 OLG München DStR 1997, 1778 (1779).
437 BGH NJW 2004, 1165; Schmidt/Lutter/*Schwab* § 244 Rn. 15.
438 BGH NJW 2004, 1165.
439 BGH NJW 2004, 1165 (1166).
440 LG Frankfurt a. M. AG 2014, 132 (134).
441 Schmidt/Lutter/*Schwab* § 244 Rn. 22; a. A. MüKo AktG/*Hüffer* § 244 Rn. 15.
442 Ausführlich Schmidt/Lutter/*Schwab* § 244 Rn. 23.
443 MüKo AktG/*Hüffer* § 244 Rn. 16; Schmidt/Lutter/*Schwab* § 244 Rn. 22.
444 Großkomm AktG/*K. Schmidt* § 244 Rn. 24; Hölters/*Englisch* § 244 Rn. 10.
445 Schmidt/Lutter/*Schwab* § 244 Rn. 24.

A. Anfechtungsklage § 8

Anfechtungsstreits gegen den Bestätigungsbeschluss die Begründetheit der Anfechtungsklage gegen den Ausgangsbeschluss beeinflusst.

aa) Erledigung der Anfechtungsklage bei wirksamem Bestätigungsbeschluss

Wenn eine Anfechtungsklage gegen den Bestätigungsbeschluss nach § 244 AktG rechtskräftig abgewiesen worden oder die Anfechtungsfrist abgelaufen ist, so ist der Ausgangsbeschluss für die Zukunft wirksam. Eine laufende Anfechtungsklage gegen den Ausgangsbeschluss müsste also ebenfalls als unbegründet zurückgewiesen werden mit der **Kostenfolge** des §§ 91, 92 ZPO. Um der Kostentragungspflicht wegen Unterliegens zu entgehen, kann der Anfechtungskläger die Klage **in der Hauptsache für erledigt erklären**. Eine hilfsweise Erledigungserklärung nach einem Bestätigungsbeschluss ist allerdings unzulässig, weil hierfür das rechtliche Interesse fehlt.[446] Schließt sich die beklagte Gesellschaft der Erledigung an (übereinstimmende Erledigungserklärung), so werden die Kosten nach § 91a ZPO unter Berücksichtigung des bisherigen Sach- und Streitstandes nach billigem Ermessen verteilt. Wenn die Anfechtungsklage also zunächst zulässig und begründet war, weil der Ausgangsbeschluss tatsächlich zur Anfechtung berechtigende Mängel aufwies, kann der Anfechtungskläger so die Kostentragungspflicht umgehen. Widerspricht die beklagte Gesellschaft der Erledigung, etwa weil sie der Auffassung ist, dass die Klage von Anfang an unzulässig oder unbegründet war, kann der Anfechtungskläger den **Klageantrag umstellen** (§ 264 Nr. 2 ZPO) und beantragen **festzustellen**, dass sich der Rechtsstreit in der Hauptsache erledigt hat. Die Kostenfolge bestimmt sich dann wiederum nach §§ 91, 92 ZPO, so dass die Kosten je nachdem, ob die Anfechtungsklage ursprünglich zulässig und begründet war oder nicht,[447] der beklagten Gesellschaft oder dem Anfechtungskläger auferlegt werden.

192

bb) Klageerweiterung bei Anfechtung des Bestätigungsbeschlusses, Verfahrensverbindung

Regelmäßig wird bereits eine Anfechtungsklage anhängig sein, wenn eine Anfechtungsklage desselben oder eines anderen Anfechtungsklägers gegen den Bestätigungsbeschluss erhoben wird. Wenn der Kläger des Ausgangsprozesses die Anfechtungsklage gegen den Bestätigungsbeschluss erhebt, so kann er dies durch **Erweiterung des Antrags im Ausgangsprozess** tun, die nach § 264 Nr. 2 ZPO zulässig ist.[448] Wenn ein anderer Kläger den Ausgangsbeschluss anficht, so kann der Prozess über den Bestätigungsbeschluss mit dem Prozess gegen den Ausgangsbeschluss verbunden werden, § 147 ZPO. Theoretische Schwierigkeiten dergestalt, dass bei einer gleichzeitigen Abweisung beider Klagen der Bestätigungsbeschluss vor Eintritt der Rechtskraft noch nicht endgültig wirksam ist, können durch eine auflösende Bedingung im Urteil über die Anfechtungsklage gegen den Erstbeschluss gelöst werden.[449]

193

cc) Aussetzung bei getrennten Anfechtungsprozessen gegen Ausgangs- und Bestätigungsbeschluss

Die Anfechtungsprozesse gegen Ausgangs- und Bestätigungsbeschluss können getrennt geführt werden, wenn beispielsweise der Anfechtungsstreit über den Ausgangsbeschluss sich schon im Revisionsverfahren befindet oder ausnahmsweise verschiedene Gerichte befasst sind.[450] Der Anfechtungsstreit über den Bestätigungsbeschluss wirkt sich dann nicht ohne weiteres auf den Anfechtungsstreit über den Ausgangsbeschluss aus. Der Bestätigungsbeschluss ist also nicht gleichsam von Amts wegen zu

194

---

446 BGH AG 2010, 749; AG 2011, 335 (337); anders noch die Vorinstanz OLG Frankfurt a. M. NJOZ 2010, 1326.
447 So im Fall BGH DStR 2006, 863.
448 Schmidt/Lutter/*Schwab* § 244 Rn. 21; MüKo AktG/*Hüffer* § 244 Rn. 20; Hölters/*Englisch* § 244 Rn. 14, nach a. A. richtet sich die Zulässigkeit nach § 263 ZPO, vgl. OLG Stuttgart AG 2005, 125 (126); HK AktG/*Göz* § 244 Rn. 9.
449 Schmidt/Lutter/*Schwab* § 244 Rn. 21.
450 MüKo AktG/*Hüffer* § 244 Rn. 22.

berücksichtigen, geschweige denn ist die Wirksamkeit des Bestätigungsbeschlusses inzident zu prüfen.[451] In aller Regel wird jedoch die beklagte Gesellschaft den **Bestätigungsbeschluss im Rahmen der Verteidigung vortragen.** Wenn der Bestätigungsbeschluss erst in der **Berufungsinstanz** gefasst wird, ist entsprechender Vortrag als neue Tatsache auch ohne weiteres noch möglich, § 531 Abs. 2 ZPO. Obwohl neue Tatsachen in der **Revisionsinstanz** nach § 559 Abs. 1 ZPO nicht mehr zu berücksichtigen sind, muss für den erst dann gefassten Bestätigungsbeschluss ausnahmsweise etwas anderes gelten, um eine Stattgabe der Anfechtungsklage im Ausgangsprozess trotz endgültig wirksamer Bestätigung des Ausgangsbeschlusses zu vermeiden.[452]

195 Wegen der Auswirkungen, die ein endgültig wirksamer Bestätigungsbeschluss auf die Begründetheit der Anfechtungsklage haben kann, muss der Anfechtungsstreit über den Bestätigungsbeschluss im Anfechtungsstreit über den Ausgangsbeschluss berücksichtigt werden, wenn entsprechend vorgetragen wird. Dies ist schon deshalb erforderlich, um **widersprechende Entscheidungen** zu vermeiden, und folgt nach einer Ansicht aus Art. 103 Abs. 1 GG.[453] Wenn nicht die Anfechtungsklage über den Ausgangsbeschluss aus anderen Gründen abweisungsreif ist, ist das Verfahren daher bis zur Entscheidung über den Bestätigungsbeschluss als vorgreiflich auszusetzen, § 148 ZPO.[454]

dd) Streitwert

196 Der Streitwert für Anfechtungsklagen gegen den Ausgangs- und Bestätigungsbeschluss richtet sich nach § 247 **AktG.** Auch wenn Einigkeit darüber besteht, dass mit der erstrebten Nichtigerklärung von Ausgangs- und Bestätigungsbeschluss zwei verschiedene Streitgegenstände betroffen sind, ist umstritten, wie dies bei der Streitwertfestsetzung zu berücksichtigen ist. Nach einer Auffassung darf der Streitwert der Anfechtungsklage gegen beide Beschlüsse die **Streitwertobergrenze** nach § 247 Abs. 1 S. 2 AktG nicht übersteigen;[455] nach anderer Ansicht sollte jedenfalls der Streitwert für den Bestätigungsbeschluss deutlich geringer als für den Ausgangsbeschluss anzusetzen sein.[456]

IV. Missbräuchliche Anfechtungsklagen

1. Problemaufriss

a) Allgemeines

197 Das Phänomen der sog. »**Berufskläger**« beschäftigt seit Jahren Aktiengesellschaften, Gerichte und auch den Gesetzgeber.[457] Bei diesem auch als »**räuberische Aktionäre**« bezeichneten Personenkreis der Berufskläger handelt es sich um Minderheitsaktionäre, die regelmäßig Hauptversammlungsbeschlüsse selbst gerichtlich anfechten bzw. die Feststellung ihrer Nichtigkeit begehren oder sich der Anfechtungs- oder Nichtigkeitsklage eines anderen Aktionärs anschließen (z. B. durch Nebenintervention, sog. »Trittbrettfahrer«). Damit geht es diesen Aktionären nicht um die Rechtmäßigkeit der Beschlussfassung, sondern sie wollen zumeist eine Registereintragung der beschlossenen Maßnahmen blockieren und letztlich einen für sie **günstigen Vergleichsabschluss** erreichen oder über die **Erstattung von Anwaltskosten** von der Erhebung der Klage profitieren. Unter dem Druck der Gesellschaft, durch die Hauptversammlung beschlossene Maßnahmen möglichst zeitnah umsetzen zu wollen, waren Berufskläger in dieser Hinsicht nur allzu oft erfolgreich und haben sich den Lästig-

---

451 Schmidt/Lutter/*Schwab* § 244 Rn. 17; *Bokern* AG 2005, 285 (287).
452 *Kocher* NZG 2006, 1 (6); Hüffer/*Koch* § 244 Rn. 10 m. w. N.
453 Schmidt/Lutter/*Schwab* § 244 Rn. 17.
454 BGH NJW-RR 2006, 472 (im Tatbestand); Schmidt/Lutter/*Schwab* § 244 Rn. 17; MüKo AktG/*Hüffer* § 244 Rn. 22; Hölters/*Englisch* § 244 Rn. 15; a. A. *Bokern* AG 2005, 285 (286).
455 Schmidt/Lutter/*Schwab* § 244 Rn. 21; MüKo AktG/*Hüffer* § 244 Rn. 23
456 Hölters/*Englisch* § 244 Rn. 16; Spindler/Stilz/*Würthwein* § 244 Rn. 50.
457 Zum Problemkreis Hüffer/*Koch* § 245 Rn. 22–35; MüKo AktG/*Hüffer* § 245 Rn. 52–63; Heidel/*Heidel* § 245 Rn. 28–36; Weber/*Kersjes* § 1 Rn. 56–68.

keitswert durch eine Klagerücknahme im Vergleichswege häufig zum Schaden der Gesellschaft **teuer abkaufen** lassen.[458]

Das Drohpotential, das mit den Anfechtungsklagen räuberischer Aktionäre einhergeht, ergibt sich aus der Registersperre, die regelmäßige Folge von Anfechtungs- und Nichtigkeitsklagen ist. Teilweise ist gesetzlich vorgesehen, dass Hauptversammlungsbeschlüsse, deren Wirksamkeit mit einer Klage angegriffen wurde, nicht in das Handelsregister eingetragen werden dürfen (§ 319 Abs. 5 S. 2 AktG, § 16 Abs. 2 S. 2 UmwG); der Vorstand muss vielmehr vor der Eintragung eine Erklärung abgeben, dass eine solche Klage nicht vorliegt (»**Negativerklärung**«). Teilweise ergibt sich aber auch eine **faktische Registersperre** in den Fällen, in denen das Gesetz eine Registersperre nicht ausdrücklich vorsieht. Sie folgt daraus, dass das Registergericht die Eintragung nach § 21 Abs. 1 FamFG[459] zumeist aussetzt, wenn ein eintragungspflichtiger Hauptversammlungsbeschluss Gegenstand einer Anfechtungsklage ist.[460] Nach § 21 Abs. 1 FamFG kann das Gericht das Verfahren aus wichtigem Grund aussetzen, insbesondere wenn die Entscheidung ganz oder zum Teil von dem Bestehen oder Nichtbestehen eines Rechtsverhältnisses abhängt, das den Gegenstand eines anderen anhängigen Verfahrens bildet.[461] Folge der Registersperre bzw. der Aussetzung ist, dass die einzutragenden Beschlüsse nicht durchgeführt werden können, so dass die Gesellschaft regelmäßig daran interessiert ist, die gegen den Hauptversammlungsbeschluss gerichtete Anfechtungs- oder Nichtigkeitsklage selbst, oder aber – durch ein Freigabeverfahren – wenigstens ihre registerrechtlichen Wirkungen schnellstmöglich zu beseitigen. 198

b) Versuche der Einschränkung missbräuchlicher Anfechtungsklagen

aa) Gesetzgebung

Um die missbräuchliche Ausnutzung des Anfechtungsrechts von Aktionären einzuschränken, hat der Gesetzgeber durch das am 23. September 2005 in Kraft getretene Gesetz zur Unternehmensintegrität und Modernisierung des Anfechtungsrechts (**UMAG**) besondere Voraussetzungen für Aktionärsklagen gegen Hauptversammlungsbeschlüsse, namentlich das Erfordernis eines **Erwerbs der Aktien vor Bekanntmachung der Tagesordnung**, eingeführt (§ 245 Nr. 1 und 3 AktG). Weiter wurde bei Klagen gegen bestimmte Beschlussgegenstände ein **Freigabeverfahren**, wie es zuvor bereits aus dem Umwandlungsgesetz bekannt war, eröffnet (**§ 246a AktG**, hierzu Rdn. 56). Hinzu kam die in § 248a AktG eingeführte Pflicht, die Verfahrensbeendigung in einem Anfechtungsverfahren, einschließlich prozessvermeidender Absprachen (§ 149 Abs. 3 AktG), in den Gesellschaftsblättern bekannt zu machen. Überdies wurden Möglichkeiten der Nebenintervention dadurch eingeschränkt, dass sich ein Aktionär nach § 246 Abs. 4 S. 2 AktG nur innerhalb eines Monats nach der Bekanntmachung als Nebenintervenient an der Klage beteiligen kann (hierzu Rdn. 22). Diese Maßnahmen konnten die Flut von Aktionärsklagen, mit denen Aktiengesellschaften in Deutschland zu kämpfen haben, jedoch nicht eindämmen; vielmehr stieg die Anzahl der Anfechtungs- und Nichtigkeitsklagen nach Inkrafttreten des UMAG weiter.[462] 199

Durch das Gesetz zur Umsetzung der Aktionärsrechterichtlinie (**ARUG**),[463] das am 1. September 2009 in Kraft trat, wurden die Möglichkeiten missbräuchlicher Anfechtungsklagen durch Änderun- 200

---

458 Dabei erbringt ein Aktionär, der durch die Erhebung von Anfechtungsklagen versucht, finanzielle Vorteile zu erzielen, steuerbare und steuerpflichtige Umsätze, wenn er sich zur Klagerücknahme verpflichtet, siehe FG Berlin-Brandenburg AG 2011, 387; insgesamt zur Steuersituation räuberischer Aktionäre *Olgemöller* AG 2011, 547.
459 Bis 31.8.2009: § 127 FGG. Auch wenn eine Anfechtungsklage noch nicht anhängig ist, ist eine Aussetzung nach § 381 FamFG möglich, wenn die sonstigen Voraussetzungen des § 21 Abs. 1 FamFG erfüllt sind.
460 OLG Frankfurt a. M. NZG 2009, 222 (223); Hüffer/Koch § 243 Rn. 53.
461 Zur Rolle des Registergericht und den Belastungen und Haftungsrisiken für Registerrichter, die mit missbräuchlichen Anfechtungsklagen einhergehen, *Schulte* ZIP 2010, 1166.
462 Vgl. die Studie von *Baums/Keinath/Gajek* ZIP 2007, 1629; optimistisch allerdings für das Jahr 2010 *Bayer/Hoffman* AG 2011 R176 f.
463 Hierzu *Niemeier* ZIP 2008, 1148; *Waclawik* ZIP 2008, 1141; *Florstedt* AG 2009, 465; *Koch/Wackerbeck*

gen im Freigabeverfahren, namentlich die Einführung eines **Mindestquorums für das Freigabeverfahren** (»**Bagatellquorum**«, § 246a Abs. 2 Nr. 2 AktG) und eine Neufassung der **Interessenabwägungsklausel** (§ 246a Abs. 2 Nr. 3 AktG) deshalb weiter eingeschränkt (hierzu Rdn. 380–385). Gleichzeitig wurde der Instanzenzug gestrafft, indem für das Freigabeverfahren eine Eingangszuständigkeit der **Oberlandesgerichte** geschaffen wurde (§ 246a Abs. 1 S. 3 AktG, § 319 Abs. 6 S. 7 AktG, § 16 Abs. 3 S. 7 UmwG), deren Entscheidungen nach § 246a Abs. 3 S. 4 Akt*G* **unanfechtbar** sind.[464] Eine weitere durch das ARUG eingeführte Neuerung liegt darin, dass im Interesse einer Beschleunigung des Freigabeverfahrens die §§ 82, 83 Abs. 1, 84 ZPO entsprechend anwendbar sind (§ 246a Abs. 1 S. 2 AktG), so dass auch für das Freigabeverfahren die Prozessvollmacht des Anfechtungsverfahrens gilt. Hierdurch soll die Praxis missbräuchlicher Anfechtungskläger, durch exotische Zustelladressen im Ausland wie Dubai oder China die Zustellung des Freigabeantrags zu verzögern, verhindert werden.[465]

201 Die Erfolge beider gesetzgeberischer Maßnahmen – des UMAG und des ARUG – waren bei Inkrafttreten bezweifelt und kritisiert worden.[466] Um die Wirksamkeit der Änderungen durch das ARUG, insbesondere der eingeführten Eingangszuständigkeit des OLG im Hinblick auf die Verfahrensdauer, einschätzen zu können, hatte der Gesetzgeber selbst eine Untersuchung angeordnet.[467] Die vom Bundesjustizministerium in Auftrag gegebene Studie zu Anfechtungsklagen und Freigabeverfahren[468] und eine parallel durchgeführte Studie[469] haben zumindest dem ARUG eine deutliche Wirkung attestiert. So sind seit 2009 sowohl Beschlussmängelklagen als auch Freigabeverfahren stark zurückgegangen[470] und die »Massenverfahren« mit subjektiver Klagehäufung und Nebeninterventionen auf Klägerseite haben signifikant abgenommen.[471] Weiter hat die vom Bundesjustizministerium beauftragte Studie eine merkliche Abnahme aller berufsklägerischen Aktivitäten seit Inkrafttreten des ARUG[472] und eine eindeutige Beschleunigung des Freigabeverfahrens konstatiert.[473]

202 Trotz dieser positiven Tendenzen wird auch nach Inkrafttreten des ARUG weiterer Handlungsbedarf des Gesetzgebers gesehen.[474] Weitere Einschränkungen der Klagemöglichkeiten sind – wie auch bereits in der Aktienrechtsnovelle 2012 – im Hinblick auf sog. »nachgeschobene Nichtigkeitsklagen« in

---

ZIP 2009, 1603; *Leuering* NJW-Spezial 2009, 543; *Verse* NZG 2009, 1127; zu den praktischen Ergebnissen der bisherigen Rechtsprechung unter dem ARUG *Kläsener/Wasse* AG 2010, 202.

464 Von der Einführung einer Eingangszuständigkeit der Oberlandesgerichte auch für Anfechtungsklagen und andere Beschlussmängelstreitigkeiten selbst, wie sie im Gesetzentwurf des Bundesrates zur Einführung erstinstanzlicher Zuständigkeiten des Oberlandesgerichts in aktienrechtlichen Streitigkeiten vorgesehen war (BT-Drs. 16/9020, S. 1), wurde allerdings abgesehen; siehe auch die Stellungnahme der Bundesregierung BT-Drs. 16/9020, S. 22; kritisch hierzu und für eine Eingangszuständigkeit *Verse* NZG 2009, 1127 (1128); *Habersack/Stilz* ZGR 2010, 710 (729).
465 So die Gesetzesbegründung in BT-Drs. 16/11642 S. 40.
466 *Habersack/Stilz* ZGR 2010, 710; *Waclawik* ZIP 2008, 1141 (1145 f.); *Schall/Habbe/Wiegand* NJW 2010, 1789 (1791 f.); *Hüffer/Koch* § 245 Rn. 27 f.
467 BT-Drs. 16/13098 S. 41.
468 *Bayer/Hoffmann/Sawada* ZIP 2012, 897; Volltext abrufbar auf der Homepage des Bundesjustizministeriums, http://www.bmj.de/.
469 *Baums/Drinhausen/Keinath* ZIP 2011, 2329.
470 Zum Rückgang der Beschlussmängelklagen: *Bayer/Hoffmann/Sawada* ZIP 2012, 897 (900): von 501 in 2008 zu 115 in 2010; *Baums/Drinhausen/Keinath* ZIP 2011, 2329 (2332): von 554 in 2008 auf 162 in 2010; zum Rückgang der Freigabeverfahren: *Bayer/Hoffmann/Sawada* ZIP 2012, 897 (907): von 117 vor ARUG zu 38 nach ARUG; *Baums/Drinhausen/Keinath* ZIP 2011, 2329 (2348): von 40 vor ARUG zu 21 nach ARUG.
471 *Bayer/Hoffmann/Sawada* ZIP 2012, 897 (903 f.); *Baums/Drinhausen/Keinath* ZIP 2011, 2329 (2332 f.).
472 *Bayer/Hoffmann/Sawada* ZIP 2012, 897 (902 f.); *Bayer/Hoffmann* ZIP 2013, 1193 (1200 ff.).
473 *Bayer/Hoffmann/Sawada* sprechen von einer deutlichen Beschleunigung hin zu einem veritablen »Eilverfahren«, ZIP 2012, 897 (908 f., 909).
474 Zu den weitergehenden Vorschlägen beider Studien siehe Rdn. 230.

A. Anfechtungsklage   § 8

dem Regierungsentwurf für ein Gesetz zur Änderung des Aktiengesetzes (**Aktienrechtsnovelle 2014**) geplant (siehe hierzu Rdn. 230 ff.).

bb) Rechtsprechung

Nicht nur der Gesetzgeber, sondern auch die Gerichte versuchen insbesondere auf Druck der Praxis – wenn auch zögerlich – seit längerer Zeit, dem Klagegewerbe Grenzen zu setzen.[475] So hat beispielsweise das LG Frankfurt a. M. eine Aktionärsklage als rechtsmissbräuchlich angesehen und den Kläger zu Schadensersatz verurteilt, weil die Klage allein mit dem Ziel erhoben wurde, eine dem Aktionär nicht zustehende Sonderleistung zu erlangen, und der Kläger sich den »Lästigkeitswert« seiner Klage abkaufen lassen wollte (hierzu noch Rdn. 217).[476] Die Entscheidung wurde durch das OLG Frankfurt a. M. bestätigt,[477] und auch der BGH[478] hat die Nichtzulassungsbeschwerde abschlägig beschieden. Eine Rechtsmissbräuchlichkeit (und erst recht Schadensersatzansprüche) werden indes nicht regelmäßig, sondern nur aufgrund von Einzelfallentscheidungen bejaht werden können.[479] 203

Der BGH hat auch versucht, den stetig steigenden Nebeninterventionen von »Trittbrettfahrern«, die sich einer Aktionärsklage anschließen, jedenfalls faktisch einen Riegel vorzuschieben, und hat klargestellt, dass Nebenintervenienten im Falle eines Vergleichs zwischen Aktionärskläger und Gesellschaft nicht mehr ohne weiteres mit einer Erstattung auch ihrer eigenen Kosten rechnen können, weil der Grundsatz der Kostenparallelität bei der streitgenössischen Nebenintervention nicht gilt.[480] Auf missbräuchliche Aktionärsklagen als solche hat diese Entscheidung jedoch keine abschreckende Wirkung. Insgesamt hängen die Chancen der erfolgreichen Zurückweisung missbräuchlicher Anfechtungsklagen und ihre Rechtsfolgen aufgrund der einzelfallbezogenen Voraussetzungen, die die Rechtsprechung an einen Rechtsmissbrauch stellt, von unscharfen Kriterien ab, die eine Systematisierung der Konstellationen trotz der umfangreichen Rechtsprechung erschweren (hierzu noch Rdn. 209–223).[481] 204

2. Voraussetzungen missbräuchlicher Anfechtungsklagen

a) Grundsatz

Das Verbot des Rechtsmissbrauchs nach § 242 BGB ist auch im Rahmen von Aktionärsanfechtungsklagen zu berücksichtigen.[482] Dies gilt, obwohl Gegenstand des Anfechtungsrechts des Aktionärs die gerichtliche Überprüfung von Hauptversammlungsbeschlüssen auf ihre objektive Rechtmäßigkeit, d. h. ihre Vereinbarkeit mit Gesetz und Satzung, ist (siehe Rdn. 129).[483] Eine Wahrnehmung subjektiver, eigener Interessen des Klägers ist zur Erhebung einer Anfechtungsklage zwar gerade nicht erforderlich.[484] Die im allgemeinen Interesse liegende objektive Rechtmäßigkeitskontrolle soll viel- 205

---

475 Siehe z. B. BGH NJW 1989, 2689; NJW 1992, 569; NJW 1992, 2821; NJW-RR 1992, 1388; OLG Stuttgart NZG 2001, 277; OLG Stuttgart AG 2003, 456; OLG Stuttgart NZG 2003, 1170; OLG Frankfurt a. M. NZG 2009, 222; OLG Celle AG 2010, 367; OLG Frankfurt a. M. BeckRS 2011, 02572; LG Frankfurt a. M. NZG 2007, 949; LG Frankfurt a. M. NZG 2008, 917; LG Hamburg ZIP 2009, 686.
476 LG Frankfurt a. M. NZG 2007, 949; vgl. auch LG Düsseldorf BeckRS 2011, 24100.
477 OLG Frankfurt a. M. NZG 2009, 222; hierzu *Martens/Martens* AG 2009, 173; *Poelzig* DStR 2009, 1151.
478 BGH BeckRS 2010, 21505.
479 So KG NZG 2011, 146, welches allerdings im zu beurteilenden Fall eine Rechtsmissbräuchlichkeit verneinte (siehe auch Rdn. 214); hierzu *Lorenz* GWR 2011, 33.
480 BGH NZG 2007, 789; zur Situation eines Beitritts auf Beklagtenseite BGH NZG 2009, 948.
481 Eine »tatbestandliche Verfestigung« der Missbrauchsfälle mit dem Ziel, die Entscheidung durch Subsumtion zu gewinnen, ist nach MüKo AktG/*Hüffer* § 245 Rn. 58 allerdings auch gar nicht erstrebenswert.
482 MüKo AktG/*Hüffer* § 245 Rn. 55.
483 BGH NJW 1989, 2689 (2691) m. w. N.
484 BGH NJW 1989, 2689.

mehr nach dem Willen des Gesetzgebers durch den einzelnen Aktionär initiiert werden, so dass ein **institutioneller Rechtsmissbrauch ausgeschlossen** ist, weil Ziel und Aufgabe des Anfechtungsrechts bereits mit der durch den Aktionär angestoßenen Überprüfung des angefochtenen Beschlusses erreicht sind.[485]

206 Dennoch schließt der objektive Kontrollzweck des Anfechtungsrechts den **Einwand des individuellen Rechtsmissbrauchs** nicht aus, weshalb in Ausnahmefällen eine eigensüchtige Interessenverfolgung den Vorwurf des Rechtsmissbrauchs begründen kann.[486] Nach der Rechtsprechung des BGH kann ein Rechtsmissbrauch dann vorliegen, »wenn der Kläger eine Anfechtungsklage mit dem Ziel erhebt, die verklagte Gesellschaft **in grob eigennütziger Weise zu einer Leistung zu veranlassen, auf die er keinen Anspruch hat** und billigerweise auch nicht erheben kann, wobei er sich im allgemeinen von der Vorstellung leiten lassen will, die verklagte Gesellschaft werde die Leistung erbringen, weil sie hoffe, dass der Eintritt anfechtungsbedingter Nachteile und Schäden dadurch vermieden oder zumindest gering gehalten werden könne«.[487] Hieraus folgt, dass nicht die Erhebung der Anfechtungsklage mit der Folge einer Rechtmäßigkeitsprüfung des angegriffenen Beschlusses alleine den Vorwurf rechtsmissbräuchlichen Verhaltens rechtfertigen kann. Vielmehr nimmt das Gesetz grundsätzlich die Nachteile, die der Gesellschaft insbesondere dadurch entstehen können, dass angefochtene Beschlüsse entweder kraft gesetzlicher Anordnung vor rechtskräftiger Abweisung der Klage grundsätzlich nicht in das Handelsregister eingetragen werden oder ihre Eintragung sich bis zur rechtskräftigen Entscheidung über den Freigabeantrag verzögert, in Kauf.[488] Die Rechtsmissbräuchlichkeit des Handelns eines Aktionärs folgt jedoch aus der Relation des verwendeten Mittels, d. h. der Anfechtungsklage, zu dem angestrebten Zweck, d. h. regelmäßig der Erlangung eines finanziellen Vorteils, unter gleichzeitigem Missbrauch einer vom Gesetz eingeräumten Position, die Rechtmäßigkeitskontrolle von Hauptversammlungsbeschlüssen initiieren zu können mit den sich daraus für die Durchführung des Beschlusses ergebenden Konsequenzen.[489]

207 Für die Missbräuchlichkeit ist also eine Betrachtung der **Zweck-Mittel-Relation** entscheidend.[490] Dabei muss es sich bei dem erstrebten Zweck nicht zwingend um einen finanziellen Vorteil handeln. Auch die Verfolgung sonstiger grob eigennütziger Interessen wie des Zieles, besonderen Einfluss auszuüben oder der Gesellschaft den eigenen Willen aufzuzwingen, kann einen Rechtsmissbrauch begründen.[491] Ferner genügt es, wenn der Zweck, in grob eigennütziger Weise eine **Leistung** zu veranlassen, vorliegt und **im Vordergrund** steht. Unschädlich für die rechtsmissbräuchliche Bereicherungsabsicht ist es, wenn gleichzeitig ein **politisches Ziel**, etwa »zur Verbesserung der Rechte der Kleinaktionäre gegenüber wirtschaftlich mächtigeren Aktiengesellschaften beizutragen, [**mitschwingt**]«.[492] Nicht erforderlich für die Begründung einer rechtsmissbräuchlichen Anfechtungsklage ist auch die Geltendmachung einer ungerechtfertigten Forderung durch strafrechtlich relevantes Verhalten, also durch Nötigung oder Erpressung.[493] Zu berücksichtigen ist schließlich, dass die Möglichkeit der Einleitung eines Freigabeverfahrens nichts an der Rechtsmissbräuchlichkeit ändert: So betonte auch das OLG Frankfurt a. M., dass eine missbräuchliche Klage nicht deshalb erlaubt sei, weil der Geschädigte die Möglichkeit erlangt hat, sich einer missbräuchlichen Klage – mit zeitlicher Verzögerung – teilweise zu erwehren.[494]

---

485 BGH NJW 1989, 2689 (2691 f.) m. w. N.; Hüffer/*Koch* § 245 Rn. 23.
486 BGH NJW 1989, 2689 (2692); MüKo AktG/Hüffer/*Koch* § 245 Rn. 58.
487 BGH NJW 1989, 2689 (2692); vgl. auch LG Düsseldorf BeckRS 2011, 24100.
488 LG Frankfurt a. M. NZG 2007, 949 (950).
489 LG Frankfurt a. M. NZG 2007, 949 (950).
490 LG Düsseldorf BeckRS 2011, 24100; *Weber/Kersjes* § 1 Rn. 57.
491 OLG Düsseldorf ZIP 1997, 1153; Hüffer/*Koch* § 245 Rn. 24; *Weber/Kersjes* § 1 Rn. 57.
492 OLG Frankfurt a. M. NZG 2009, 222 (225).
493 BGH NJW 1989, 2689 (2692).
494 OLG Frankfurt a. M. NZG 2009, 222 (223).

A. Anfechtungsklage § 8

Schon bei einer Betrachtung dieser grundsätzlichen Merkmale missbräuchlichen Verhaltens wird deutlich, dass aufgrund der aufgezeigten eher vagen Kriterien zur Bestimmung eines Rechtsmissbrauchs wie der Zweck-Mittel-Relation und dem groben Eigennutz stets eine Einzelfallbetrachtung unter Berücksichtigung der konkreten Situation zu erfolgen hat, um eine Treuwidrigkeit im Sinne des § 242 BGB annehmen zu können. Bei dieser Einzelfallbetrachtung ist insbesondere der eingangs erläuterte Zweck des Anfechtungsrechts als einer Rechtmäßigkeitskontrolle von Beschlüssen, die weder ein besonderes Rechtsschutzinteresse noch ein berechtigtes Eigeninteresse voraussetzt, zu berücksichtigen.[495] Hieraus folgt, dass eine Anfechtungsklage nur in **Ausnahmefällen** rechtsmissbräuchlich sein kann.[496]

208

b) Einzelfälle

Ob eine die Annahme rechtsmissbräuchlichen Verhaltens begründende Ausnahme vorliegt, beurteilt sich nach der Rechtsprechung aufgrund einer **Gesamtschau von Indizien** (siehe Rdn. 210–223). Maßgeblicher Zeitpunkt für die Beurteilung der Missbräuchlichkeit der Klage ist dabei der **Schluss der mündlichen Verhandlung**, so dass Missbräuchlichkeit beispielsweise nicht vorliegt, wenn ein Anfechtungskläger nach Scheitern von Vergleichsverhandlungen die Klage weiter verfolgt, ohne – wie ursprünglich – eine Leistung zu erstreben, auf die er billigerweise keinen Anspruch hat.[497] Welche Indizien allerdings überhaupt dazu geeignet sind, für sich alleine genommen oder im Zusammenspiel mit anderen Umständen einen Missbrauch des Anfechtungsrechts anzunehmen, wird in der Praxis durchaus unterschiedlich bewertet und ist zum Teil auch bislang nicht höchstrichterlich entschieden.[498] Als problematisch erweist sich insbesondere der auch in der Literatur immer wieder diskutierte Umstand, dass Kriterien, die der Gesetzgeber ausdrücklich nicht zur Voraussetzung des Anfechtungsrechts gemacht hat (z. B. einen Mindestanteilsbesitz), mittelbar als ein im Rahmen des Rechtsmissbrauchs zu berücksichtigendes Indiz geeignet sein sollen, das Aktionärsanfechtungsrecht einzuschränken.[499] Wegen dieser Unsicherheiten verbleibt es den betroffenen Gesellschaften bis zu einer höchstrichterlichen oder gesetzgeberischen Klärung nur, wie bislang ein möglichst umfassendes Bündel der nachfolgend (Rdn. 210–223) aufgeführten Indizien für einen Rechtsmissbrauch, darunter insbesondere einen dem Kläger nicht gebührenden Sondervorteil, darzulegen und zu beweisen (zur Beweislast Rdn. 224).

209

aa) Gesamtschau von Beweiszeichen

In der Rechtsprechung wird eine Beurteilung anhand der konkreten Umstände des Einzelfalls vorgenommen, um zu entscheiden, ob auf Seiten des klagenden Aktionärs rechtsmissbräuchliches Verhalten anzunehmen ist.[500] Beispielsweise hat das OLG Frankfurt a. M.[501] eine Gesamtschau aus »vier individuellen Beweiszeichen« durchgeführt, von denen zwar »jedes **für sich allein nicht tragfähig** war«, einen Rechtsmissbrauch anzunehmen.[502] Nach Auffassung des Gerichts ergaben die Kriterien jedoch »**in ihrer Gesamtschau ein überzeugendes Bild**«, das auf eine verwerfliche Gesinnung des Anfechtungsklägers schließen ließ.[503] Ähnlich dieser durch den BGH[504] durch Zurückweisung

210

---

495 LG München I AG 2011, 263 (264); LG Hamburg AG 2009, 553.
496 LG München I AG 2011, 263 (264); LG Hamburg AG 2009, 553.
497 OLG Frankfurt a. M. AG 2011, 303 (304).
498 Zu einen Missbrauch indizierenden Tatsachen auch im Zusammenhang mit der Beweiswürdigung nach § 286 ZPO MüKo AktG/*Hüffer* § 245 Rn. 62.
499 KG NZG 2011, 146 (147).
500 Z. B. BGH NJW 1989, 2689; NJW 1992, 569; *Weber/Kersjes* § 1 Rn. 59.
501 OLG Frankfurt a. M. NZG 2009, 222 (225).
502 Bei den Kriterien handelte es sich um die Bereitwilligkeit des Klägers zum Vergleichsschluss, die geltend gemachten lediglich formellen Klagegründe, einen geringen Aktienbesitz und zahlreiche frühere durch Vergleich beendete aktienrechtliche Anfechtungsverfahren des Klägers.
503 OLG Frankfurt a. M. NZG 2009, 222 (225); vgl. auch LG Düsseldorf BeckRS 2011, 24100.
504 BGH BeckRS 2010, 21505.

der Nichtzulassungsbeschwerde bestätigten Entscheidung hat das OLG Celle im Rahmen einer sofortigen Beschwerde in einem PKH-Verfahren aufgrund einer Gesamtschau entschieden, dass die Anfechtungsklage eines Aktionärs mutwillig im Sinne des § 114 ZPO (und der Antrag auf Prozesskostenhilfe deshalb zu Recht zurückgewiesen worden) sei, wenn der Aktionär lediglich drei Aktien der Aktiengesellschaft besitze, wenn selbst bei einer möglichen Streitwertspaltung die voraussichtlichen Kosten des Rechtsstreits den vom Aktionär behaupteten wirtschaftlichen Nachteil um ein Mehrfaches übersteigen würden und wenn der finanziell beengte Aktionär erkennbar (zum wiederholten Male) versuche, nach dem Vorbild eines so genannten »räuberischen Aktionärs« Beschlüsse allein deswegen anzufechten, um sich der Gesellschaft lästig zu machen und im Wege eines Vergleichs hinauskaufen zu lassen.[505]

211 Das Kammergericht schloss sich in einer aktuellen Entscheidung zwar der Vorgehensweise des OLG Frankfurt a. M., eine Gesamtbetrachtung einzelner Indizien vorzunehmen, an.[506] Indes lehnte es durchweg ab, aufgrund der von der beklagten Gesellschaft vorgetragenen Beweisanzeichen isoliert oder in einer Gesamtabwägung einen Rechtsmissbrauch anzunehmen und stellte letztlich darauf ab, dass ein dem Kläger nicht gebührender Sondervorteil im Sinne der BGH-Rechtsprechung[507] im Ergebnis nicht erkennbar sei.[508] Diese Divergenzen der obergerichtlichen Rechtsprechung bei der Vornahme der für einen Rechtsmissbrauch maßgeblichen Gesamtschau verdeutlichen, dass eine eindeutige Bildung von Fallgruppen rechtsmissbräuchlicher Anfechtungsklagen bislang nicht möglich ist.

bb) Mögliche Indizien

(1) Überhöhte Kosten des Verfahrens

212 Ein Indiz für rechtsmissbräuchliches Verhalten können unverhältnismäßig hohe Kosten des Verfahrens sein. So hat das OLG Frankfurt a. M. entschieden, dass eine aktienrechtliche Anfechtungsklage auch dann wegen Rechtsmissbrauchs unbegründet sein kann, wenn der Kläger nach Klageerhebung einen Vergleich erstrebt, der wegen eines sachlich nicht gerechtfertigten hohen Vergleichsmehrwerts zu überhöhten Kosten bei der Beklagten durch die Übernahme der Rechtsanwaltskosten des Klägers führen würde.[509] Auch das OLG Celle hat die Auffassung vertreten, dass die Anfechtungsklage eines Aktionärs u. a. deshalb mutwillig im Sinne des § 114 ZPO sei, wenn selbst bei einer möglichen Streitwertspaltung die voraussichtlichen Kosten des Rechtsstreits den vom Aktionär behaupteten wirtschaftlichen Nachteil in Form einer »Verwässerung« durch den Bezugsrechtsausschluss um ein Mehrfaches übersteigen würden.[510]

(2) Geringer Anteilsbesitz

213 Mit dem ARUG hat der Gesetzgeber im Freigabeverfahren einen Mindestanteilsbesitz zur Voraussetzung für die Möglichkeit gemacht, sich gegen einen Freigabeantrag einer Aktiengesellschaft erfolgreich zur Wehr zu setzen (siehe Rdn. 200). Die Anfechtungsklage setzt einen solchen Mindestanteilsbesitz gerade nicht voraus. In der Rechtsprechung wird allerdings vertreten, dass geringer Anteilsbesitz ein Anzeichen für rechtsmissbräuchliches Verhalten von Anfechtungsklägern sein könnte. So hat das OLG Celle entschieden, dass die Anfechtungsklage eines Aktionärs u. a. deshalb mutwillig im Sinne des § 114 ZPO sei, wenn dieser lediglich drei Aktien der Aktiengesellschaft besitze.[511] Auch das OLG Frankfurt a. M. berücksichtigte im Rahmen einer Gesamtschau, dass ein ganz gerin-

---

505 OLG Celle AG 2010, 367; dazu *Witte* EWiR § 114 ZPO 1/10, 439.
506 KG NZG 2011, 146.
507 Z. B. BGH NJW 1989, 2689.
508 KG NZG 2011, 146 (147).
509 OLG Frankfurt a. M. Beck RS 2011, 02572.
510 OLG Celle AG 2010, 367; dazu *Witte* EWiR § 114 ZPO 1/10, 439; siehe auch *Weber/Kersjes* § 1 Rn. 59 mit Verweis auf die unveröffentlichte Entscheidung LG Berlin, Urt. v. 8.5.2009, Az. 94 O 66/08.
511 OLG Celle AG 2010, 367; dazu *Witte* EWiR § 114 ZPO 1/10, 439.

A. Anfechtungsklage § 8

ger Umfang des Aktienbesitzes jedenfalls darauf hindeute, dass der Kläger in dem zu Grunde liegenden Fall mit der Teilnahme an der Hauptversammlung nicht nur wirtschaftliche Aktionärsinteressen verband, auch wenn nicht auszuschließen sei, dass es sich dabei um legitime Interessen (»Zeitvertreib, Aktionärsverpflegung oder Selbstdarstellung«) handelte.[512]

Anders jedoch vertritt das Kammergericht die Auffassung, dass ein geringer Anteilsbesitz auch im Rahmen einer Gesamtschau kein ausreichendes Beweisanzeichen für einen Rechtsmissbrauch darstellen könne.[513] Die Klagebefugnis sei gerade nicht von einem Mindestanteil abhängig, was der Gesetzgeber auch bewusst so entschieden habe (vgl. § 246a Abs. 2 Nr. 2 AktG). Solange dies gelte, könne aus einem geringen Aktienbesitz keine Hilfstatsache für einen Rechtsmissbrauch hergeleitet werden. 214

(3) Wiederholtes Klagen

Schon seit längerem ist in der Rechtsprechung anerkannt, dass sich aus früheren Klagen desselben Klägers gegen andere Gesellschaften Anhaltspunkte für die Rechtsmissbräuchlichkeit einer Klage ableiten lassen können, wenn diese mit dem Ziel erhoben waren, Lästigkeitszahlungen der Gesellschaft zu erreichen.[514] Dies gelte umso mehr, wenn es sich um Klagen gegen dieselbe Gesellschaft handelte, sich die Verfahren zeitlich überlagerten und die Umstände, die sich aus den vorherigen Verfahren ergeben haben, so schwerwiegend und offensichtlich seien, dass sich die Rechtsausübung auch in dem zur Entscheidung anstehenden Verfahren als rechtsmissbräuchlich darstellte.[515] 215

So entschied auch das OLG Celle, dass die Anfechtungsklage eines Aktionärs u. a. mutwillig im Sinne des § 114 ZPO sei, wenn der finanziell beengte Aktionär erkennbar (zum wiederholten Male) versuche, nach dem Vorbild eines »räuberischen Aktionärs« Beschlüsse allein deswegen anzufechten, um sich der Gesellschaft lästig zu machen und im Wege eines Vergleichs hinauskaufen zu lassen.[516] Das OLG Frankfurt a. M. betonte ebenfalls im Rahmen einer Gesamtschau, dass die umfassende Beteiligung des dortigen Anfechtungsklägers in aktienrechtlichen Anfechtungsklagen darauf hindeute, dass der Kläger planmäßig Einkünfte aus aktienrechtlichen Anfechtungsverfahren beziehe, und zwar selbst dann, wenn alle seine Klagen begründet gewesen wären.[517] Der Kläger war bereits in dieser Hinsicht gerichtsbekannt und auch in der »Baums-Studie«[518] als Mehrfachkläger und Nebenintervenient selbst und durch eine Gesellschaft, an der er beteiligt war, umfassend in Erscheinung getreten.[519] 216

(4) Bereitwilligkeit zum Vergleich

Die Bereitwilligkeit des Klägers, mit der Gesellschaft einen Vergleich zu schließen, kann nach der Rechtsprechung jedenfalls dann ein Indiz für eine rechtsmissbräuchliche Gesinnung des Anfechtungsklägers darstellen, wenn daraus deutlich wird, dass der Kläger eine Sonderleistung erstrebt, auf die er keinen Anspruch hat. So hat z. B. das LG Hamburg eine Vergleichsbereitschaft als Indiz für ein rechtsmissbräuchliches Handeln eines Aktionärsklägers angesehen.[520] Auch das OLG Frankfurt a. M. hat den Umstand, dass der dortige Kläger »allzu bereitwillig« auf einen Vergleichsvorschlag einging, als Indiz für einen Rechtsmissbrauch bewertet.[521] 217

---

512 OLG Frankfurt a. M. NZG 2009, 222 (225).
513 KG NZG 2011, 146 (147).
514 BGH NJW-RR 1992, 1388; OLG Stuttgart NZG 2003, 1170 (1171); AG 2003, 456 (457); Hüffer/*Koch* § 245 Rn. 24 f.
515 OLG Stuttgart NZG 2003, 1170 (1171).
516 OLG Celle AG 2010, 367; dazu *Witte* EWiR § 114 ZPO 1/10, 439.
517 OLG Frankfurt a. M. NZG 2009, 222 (225); ebenso LG Hamburg AG 2009, 553.
518 *Baums/Keinath/Gajek* ZIP 2007, 1629.
519 OLG Frankfurt a. M. NZG 2009, 222 (225).
520 LG Hamburg AG 2009, 553.
521 OLG Frankfurt a. M. NZG 2009, 222 (225).

218 Anders jedoch hat das Kammergericht die Auffassung vertreten, dass das Führen einer Vielzahl von aktienrechtlichen Verfahren, in denen ein Kläger zum Teil die Bereitschaft zum Vergleichsabschluss gezeigt hatte, für die Frage des Vorliegens eines Rechtsmissbrauchs nicht relevant sei.[522] Dies folge daraus, dass die vergleichsweise Beilegung eines Rechtsstreits stets vorzugswürdig und von den Gerichten zu motivieren sei. Es komme im Übrigen auf die Vergleichsbereitschaft im konkreten zu entscheidenden Fall und nicht in vorangegangenen Auseinandersetzungen an.

(5) Geltend gemachte Anfechtungsgründe

219 Zum Teil wird in der Rechtsprechung zur Beurteilung eines rechtsmissbräuchlichen Verhaltens auch auf die mit der Anfechtungsklage geltend gemachten Beschlussmängel und die Frage abgestellt, ob es sich hierbei um materielle oder lediglich formelle Fehler handelt. So hat das OLG Frankfurt a. M. es im Rahmen einer Gesamtschau für relevant erachtet, dass zwar die Anfechtungsgründe »nicht unvertretbar« seien, jedoch im Wesentlichen »formaler Natur« und jedenfalls für die Wahrung der Interessen des Anfechtungsklägers ohne Belang geblieben seien.[523] Auch für die Gesamtheit der Aktionäre seien die möglichen Verletzungen ohne Relevanz. Im konkreten Fall ging es um ein Rüge des Versammlungsorts, eine Unrichtigkeit der Auslegung der Abschlussunterlagen gemäß § 175 Abs. 2 AktG und eine fehlende Regelung zu Bezugsrechtsspitzen (§ 186 Abs. 4 AktG).[524]

220 Im Gegensatz hierzu vertritt jedoch das Kammergericht die Auffassung, dass das Aktienrecht nicht zwischen formellen und materiellen Beschlussmängeln differenziere, so dass eine auf formelle Mängel beschränkte Anfechtungsklage weder isoliert noch im Rahmen einer Gesamtabwägung ein Beweiszeichen für Rechtsmissbräuchlichkeit darstellen könne.[525] Die Frage der Relevanz eines formellen Mangels sei keine Frage des Rechtsmissbrauchs.

(6) Entschließung zur Einforderung von Sonderleistungen erst nach Klageerhebung genügt

221 Im Rahmen der Prüfung der Frage, ob der Anfechtungskläger eine unverhältnismäßige Sonderleistung erstrebt, wird es als ausreichend angesehen, wenn ein solches Begehren erst im Laufe des Prozesses entsteht. Einer Anfechtungsklage i. S. des § 246 AktG kann deshalb auch dann mit dem Einwand des individuellen Rechtsmissbrauchs begegnet werden, wenn sich der Kläger erst nach Erhebung der Anfechtungsklage dazu entschließt, die Gesellschaft in grob eigennütziger Weise zu einer Leistung zu veranlassen, auf die er keinen Anspruch hat und billigerweise auch nicht erheben kann.[526] So hat auch das LG Hamburg einen Rechtsmissbrauch in einem Fall bejaht, in dem der Kläger sich erst nach Klageerhebung entschlossen hatte, Sonderleistungen einzufordern, um sich den Lästigkeitswert seiner Klage abkaufen zu lassen.[527]

(7) Erstreben der Leistung eines Aktionärs (nicht der Gesellschaft) genügt

222 Ausreichend ist es ferner für den Vorwurf rechtsmissbräuchlichen Verhaltens, wenn ein Anfechtungskläger die unverhältnismäßige Sonderleistung nicht von der Gesellschaft, sondern von einem Aktionär begehrt. Zwar erstreben Anfechtungskläger regelmäßig eine Leistung der Gesellschaft. Nach der Rechtsprechung des OLG Frankfurt a. M. kann ein missbräuchliches Verhalten aber auch dann vorliegen, wenn das wirtschaftliche Verlangen nicht gegen die Gesellschaft, sondern einen Mitaktionär gerichtet ist.[528] Da der individuelle Rechtsmissbrauch seine Grundlage in einem Verstoß gegen § 242 BGB habe, und Treuebindungen auch zwischen den Aktionären bestünden, ergebe sich aus

---

522 KG NZG 2011, 146 (147).
523 OLG Frankfurt a. M. NZG 2009, 222 (225); das LG Hamburg AG 2009, 553 hat in einem anderen Fall dahinstehen lassen, ob die vorgebrachten Anfechtungsgründe lediglich formaler Natur waren.
524 OLG Frankfurt a. M. NZG 2009, 222 (225).
525 KG NZG 2011, 146 (147).
526 BGH NJW 1992, 569; MüKo AktG/*Hüffer* § 245 Rn. 59.
527 LG Hamburg ZIP 2009, 686.
528 OLG Frankfurt a. M. NZG 2009, 222 (223 f.); *Weber/Kersjes* § 1 Rn. 57.

der Sonderrechtsbeziehung der Aktionäre untereinander wegen § 705 BGB die Pflicht, auf die gesellschaftsbezogenen Interessen der Mitaktionäre Rücksicht zu nehmen. Dies folge letztlich daraus, dass der Kleinaktionär in der speziellen Situation der Anfechtungsklage die Möglichkeit habe, gesellschaftsbezogenen Interessen der anderen Aktionäre zuwider zu handeln und diese trotz seines geringen Aktienbesitzes wirtschaftlich zu beschädigen. Insgesamt gebe es keinen sachlichen Grund, höhere Anforderungen an die Annahme eines Klagemissbrauchs zu stellen, sofern die Leistung nicht von der Gesellschaft, sondern von einem Mitaktionär gefordert wird. Das Verhalten des Klägers sei nach der Rechtsbeziehung zur beklagten Gesellschaft zu beurteilen, und nicht danach, wer unmittelbar oder mittelbar betroffen ist und deshalb zu einer wirtschaftlich selbstschädigenden Maßnahme genötigt sein könnte.

(8) Wirtschaftliche Verflechtung mehrerer Kläger?

Eine wirtschaftliche Verflechtung mehrerer Kläger hat das Kammergericht im Rahmen einer Gesamtschau nicht als Indiz für rechtsmissbräuchliche Absichten ausreichen lassen, weil eine mehrfache Klageerhebung durch eine Verflochtenheit nicht sinnlos würde. Ein Aktionär würde nur durch eine eigene Klage ausreichend in die Lage versetzt, seine Rechte selbst angemessen durchzusetzen. Ein Aktionär müsse sich nicht auf die Wahrnehmung seiner Rechte durch ihm nahestehende Dritte verweisen lassen.[529] 223

c) Darlegungs- und Beweislast

Die Beweislast für ein rechtsmissbräuchliches Verhalten des Aktionärs trägt die beklagte Gesellschaft, weil es sich um einen Einwand gegen die Anfechtungsbefugnis als Voraussetzung der Begründetheit der Klage handelt.[530] Dabei können allerdings die Grundsätze des Anscheinsbeweises nicht herangezogen werden.[531] Dies hat auch das OLG Frankfurt a. M. noch einmal betont:[532] Es gebe keinen Satz der Lebenserfahrung und keinen typischen Verlauf dahin, dass jeder Aktionärsvergleich von einem schon anfänglich böswilligen Aktionär abgeschlossen werde. Auch aus der Häufung von Vergleichen bei einzelnen immer wieder auftretenden Aktionärsklägern könne ein solcher Erfahrungssatz nicht angenommen werden. Derartige Umstände können jedoch als Indizien im Rahmen der freien Beweiswürdigung nach § 286 ZPO und als Bestandteil der Gesamtschau (hierzu Rdn. 210 f.) berücksichtigt werden. 224

3. Rechtsfolgen

a) Unbegründetheit der Anfechtungsklage

Nach ständiger Rechtsprechung bedarf die Zulässigkeit der **Anfechtungsklage** keiner Darlegung eines besonderen Rechtsschutzinteresses (siehe auch Rdn. 48–51), weil sich das Rechtsschutzinteresse für eine solche Klage bereits daraus ergibt, dass ihre Erhebung der Herbeiführung eines Gesetz und Satzung entsprechenden Rechtszustandes dient.[533] Eine missbräuchliche Ausübung des Anfechtungsrechts berührt die Zulässigkeit einer Anfechtungsklage daher in der Regel nicht. Missbraucht der Aktionär sein Anfechtungsrecht, verliert er aber die materiell-rechtliche Anfechtungsbefugnis.[534] Eine von ihm erhobene aktienrechtliche Anfechtungsklage ist somit zwar **zulässig, aber unbegründet**.[535] 225

---

529 KG NZG 2011, 146 (147).
530 Ganz h. M., siehe nur BGH NJW 1989, 2689; MüKo AktG/*Hüffer* § 245 Rn. 62 m. w. N. in Fn. 186.
531 MüKo AktG/*Hüffer* § 245 Rn. 62.
532 OLG Frankfurt a. M. NZG 2009, 222 (224 f.).
533 Siehe nur BGH NJW 1989, 2689 (2691).
534 BGH NJW-RR 1992, 1388.
535 BGH NJW-RR 1992, 1388; LG Hamburg ZIP 2009, 686; MüKo AktG/*Hüffer* § 245 Rn. 55.

226 Wird eine rechtsmissbräuchliche **Nichtigkeitsklage** erhoben, führt dies – anders als bei der Anfechtungsklage – nicht nur zur Unbegründetheit; vielmehr ist die Klage **unzulässig**, weil nicht ein Gestaltungsrecht, sondern ein prozessuales Recht missbraucht wird.[536] Eine Nichtigkeitsklage, mit der gleichzeitig Anfechtungsgründe geltend gemacht werden, ist ebenfalls als unzulässig abzuweisen.[537]

b) Rückerstattung erhaltener Zahlungen

227 Zahlungen der Gesellschaft an den Anfechtungskläger können eine verbotene Einlagenrückgewähr nach § 57 AktG darstellen. Wenn sich ein Anfechtungskläger vergleichsweise zur Rücknahme der Anfechtungsklage verpflichtet und hierfür von der Gesellschaft eine Zahlung als Gegenleistung erhält, so wird diese Zahlung im Hinblick auf die Gesellschafterstellung des Aktionärs erbracht, der nur in seiner Eigenschaft als Aktionär die Klage zurücknehmen oder auf diese verzichten kann.[538] Die Zahlung wird aber nicht zur Befriedigung eines anteiligen Anspruchs auf den ausschüttungsfähigen Bilanzgewinn vorgenommen und ist daher nach dem Aktiengesetz unzulässig.[539] Der Aktiengesellschaft steht daher nach § 62 Abs. 1 AktG ein Anspruch auf Rückgewähr des ausgezahlten Betrages zu.[540]

c) Schadensersatzansprüche

228 Im Fall einer rechtsmissbräuchlichen Anfechtungs- oder Nichtigkeitsklage können der beklagten Gesellschaft Schadensersatzansprüche aus **§ 826 BGB** oder aus **§ 823 Abs. 2 BGB i. V. m. § 253 StGB** zustehen. Dies ist in Rechtsprechung und Literatur grundsätzlich anerkannt,[541] bedarf aber ebenso wie die Rechtsmissbräuchlichkeit der Prüfung der Umstände im Einzelfall und ist nicht ohne Weiteres erfolgreich. Jedenfalls hat der BGH vor kurzem die Nichtzulassungsbeschwerde des wegen einer rechtsmissbräuchlichen Anfechtungsklage zur Leistung von Schadensersatz Verurteilten Berufsklägers verworfen.[542] Schadensersatzansprüche wegen missbräuchlicher Anfechtungsklagen können auch im Wege der **Widerklage im Anfechtungsprozess** geltend gemacht werden.[543] Sie sind allein durch den Vorstand zu führen (§ 78 Abs. 1 AktG), § 246 Abs. 2 S. 2 AktG ist nicht anwendbar.[544] Als mögliche Schadensposten kommen Schäden in Betracht, die durch die Verzögerung der Eintragung der durch die Hauptversammlung beschlossenen Maßnahme entstehen, beispielsweise die Kosten des Freigabeverfahrens.[545]

229 Fraglich ist, ob Schadensersatzansprüche nach den Grundsätzen des *venire contra factum proprium* ausgeschlossen sind, wenn die Gesellschaft die Initiative zum Vergleichsschluss ergreift.[546] Dies ist richtigerweise zu verneinen, weil eine Initiative der verklagten Gesellschaft zu Verhandlungen nicht ausschließt, dass der Kläger die Anfechtungsklage mit dem Ziel erhoben hat, die Gesellschaft zu einer unbilligen Zahlung zu veranlassen, auf die er keinen Anspruch hatte.[547] Wegen fehlenden Schutzzweckzusammenhangs können allerdings Schadensersatzansprüche aus § 826 BGB wegen rechtsmissbräuchlicher Anfechtung gegenüber **Aktionären einer dritten Gesellschaft** nach einer Entscheidung des OLG Hamburg nicht in Betracht kommen.[548] Das OLG kam – anders als die

---

536 OLG Frankfurt a. M. NJW-RR 1991, 805; OLG Stuttgart NZG 2003, 1170; Hüffer/*Koch* § 245 Rn. 30, § 249 Rn. 11.
537 OLG Frankfurt a. M. NJW-RR 1991, 805; OLG Stuttgart NZG 2003, 1170; Hüffer/*Koch* § 245 Rn. 30, § 249 Rn. 11.
538 BGH NJW 1992, 2821.
539 BGH NJW 1992, 2821.
540 BGH NJW 1992, 2821; MüKo AktG/*Hüffer* § 245 Rn. 63.
541 Siehe nur OLG Frankfurt a. M. NZG 2009, 222; MüKo AktG/*Hüffer* § 245 Rn. 63.
542 BGH BeckRS 2010, 21505.
543 OLG Frankfurt a. M. NZG 2009, 222.
544 OLG Frankfurt a. M. NZG 2009, 222.
545 OLG Frankfurt a. M. NZG 2009, 222 (223).
546 OLG Frankfurt a. M. WM 1990, 211; OLG Frankfurt a. M. NZG 2009, 222 (224).
547 OLG Frankfurt a. M. WM 1990, 211; in diesem Sinne auch MüKo AktG/*Hüffer* § 245 Rn. 59.
548 OLG Hamburg AG 2011, 301; hierzu *Krauss* GWR 2011, 10.

A. Anfechtungsklage § 8

erstinstanzliche Entscheidung des LG Hamburg[549] – zu dem Ergebnis, dass zwar anerkanntermaßen Treupflichten zwischen den Aktionären bestehen. Auch dem Minderheitsaktionär obliegt eine Treupflicht gegenüber seinen Mitaktionären, die ihn verpflichtet, seine Mitgliedsrechte, insbesondere seine Mitverwaltungs- und Kontrollrechte, unter angemessener Berücksichtigung der gesellschaftsbezogenen Interessen der anderen Aktionäre auszuüben.[550] Diese Treupflicht erstrecke sich aber nicht auf Dritte, die in vertraglichen Beziehungen mit der verklagten Aktiengesellschaft stehen oder solche Beziehungen eingehen wollen.[551] Hier handele es sich um lediglich mittelbare Schäden, die außerhalb des geschützten mitgliedschaftlichen Bereiches entstünden. Deshalb sei der Schaden, der dem Aktionär einer in eine Aktiengesellschaft einzubringenden weiteren Aktiengesellschaft dadurch entstanden sei, dass Aktionäre der übernehmenden Gesellschaft den entsprechenden Hauptversammlungsbeschluss angefochten haben, nicht ersatzfähig.

4. Ausblick

Es zeigt sich, dass auf dem Gebiet der missbräuchlichen Anfechtungsklagen noch einige Fragen ungeklärt sind. Zwar stellen die empirischen Studien nach den Änderungen durch das ARUG ausdrücklich positive Tendenzen fest (siehe Rdn. 201–202), dennoch besteht weiterhin Reformbedarf.[552] Dies wird auch in der Literatur erörtert; die in Betracht gezogenen Maßnahmen reichen von einem Abrücken von der automatischen Suspensivwirkung der Anfechtung und Umkehrung des Freigabeverfahrens in ein Aussetzungsverfahren[553] über ein Abkoppeln der Wirksamkeit der Maßnahme von der Wirksamkeit des Hauptversammlungsbeschlusses bzw. dessen Registereintragung[554] bis zu einer Grundsatzreform des Beschlussmängelrechts, u. a. mit Ausweitung der OLG-Zuständigkeit auf alle Beschlussmängelklagen.[555] Weitere Vorschläge betreffen mit Verweis auf die Rechtsprechung[556] einen Schadensersatzanspruch gegen missbräuchliche Anfechtungskläger, etwa auf Grundlage von § 826 BGB oder unter Neuschaffung einer Haftungsregel.[557] *Baums/Drinhausen/Keinath* schlagen ebenfalls konkrete Maßnahmen vor: Da die stark erhöhten Vergleichsmehrwerte (oft € 25–30 Mio.) auch einen Kostenerstattungsanspruch entsprechend erhöhen, solle durch die Deckelung der Vergleichswerte der finanzieller Anreiz missbräuchlicher Anfechtungsklagen entfallen.[558] Dies könne in einem zusätzlichen § 247a AktG verhältnismäßig leicht erfolgen.[559] Weiter wird seit jeher die Einführung eines Mindestquorums für die Erhebung einer Anfechtungsklage diskutiert.[560]

230

Auch der Gesetzgeber hält das Problem missbräuchlicher Anfechtungsklagen offenbar noch nicht für gelöst und wird mit der **Aktienrechtsnovelle 2014** erneut zur Einschränkung der Klagen räuberischer Aktionäre tätig. So befasst sich der Regierungsentwurf vom 7. Januar 2015[561] – wie auch schon die

231

---

549 LG Hamburg WM 2009, 1330.
550 BGH NJW 1995, 1739.
551 OLG Hamburg AG 2011, 301.
552 *Baums/Drinhausen/Keinath* ZIP 2011, 2329 (2349 f., 2351 f.); *Bayer/Hoffmann/Sawada* ZIP 2012, 897 (910) halten das Beschlussmängelrecht so für »dogmatisch in sich nicht mehr stimmig«.
553 *Helm/Manthey* NZG 2010, 415 (417 f.); *Hemeling* ZHR 172 (2008), 379 (384).
554 *Schall/Habbe/Wiegand* NJW 2010, 1789 (1792).
555 *Habersack/Stilz* ZGR 2010, 710 (722 ff.) unter Bezugnahme auf den Vorschlag des Bundesrats (BR-Drucks. 847/08, S. 12) und des Arbeitskreises Beschlussmängelrecht, abgedruckt in AG 2008, 617.
556 OLG Frankfurt a. M. NZG 2009, 222.
557 *Hess/Leser* FS Schneider (2011) 519 (525 ff.) mit Verweis auf § 200 Abs. 2 AktG a. F. und § 198 Abs. 2 österreichisches AktG.
558 Vorschlag bereits bei *Baums/Keinath/Gajek* ZIP 2007, 1629 (1635); erneut bei *Baums/Drinhausen/Keinath* ZIP 2011, 2329 (2349 f.).
559 *Baums/Drinhausen/Keinath* ZIP 2011, 2329 (2350).
560 Zum Meinungstand vgl. *Hüffer/Koch* § 245 Rn. 33.
561 Abrufbar unter http://www.bmjv.de/SharedDocs/Downloads/DE/pdfs/Gesetze/GE_Aktienrechtsnovelle%202014.pdf?__blob=publicationFile (zuletzt abgerufen am 13.02.2015).

aufgrund des Endes der Legislaturperiode gescheiterte Aktienrechtsnovelle 2012[562] – unter anderem mit dem Phänomen der sog. **nachgeschobenen Nichtigkeitsklagen.** Diese Klagen werden in der Praxis oft kurz vor oder kurz nach Abschluss eines erfolgreichen Freigabeverfahrens, aber vor Eintragung des Beschlusses in das Handelsregister eingereicht, um die Eintragung erneut erheblich zu verzögern und ein weiteres Freigabeverfahren erforderlich zu machen. Auch im Fall von voraussichtlich erfolgreichen Beschlussmängelklagen kommt es indes zu nachgeschobenen Nichtigkeitsklagen in einem späten Verfahrensstadium, da so mit geringem Aufwand ein Kostenerstattungsanspruch erzeugt werden kann.[563] Das ist bislang möglich, da die Nichtigkeitsklage im Gegensatz zur Anfechtungsklage keiner Frist unterworfen ist.

232 Entgegen der Empfehlung des Rechtsausschusses[564] knüpft der Regierungsentwurf an die in der Aktienrechtsnovelle 2012 vorgesehene Regelung an und sieht vor, dass für Fälle, »in denen die Erhebung von Nichtigkeitsklagen bewusst zweckwidrig hinausgezögert wird, um den Lästigkeitswert von Beschlussmängelverfahren zu erhöhen, oder einfach, um einen ungerechtfertigten Kostenvorteil zu erlangen«,[565] die Nichtigkeitsklage einer »relativen Befristung« unterworfen werden soll.[566] Dies bedeutet, dass sie zwar grundsätzlich unbefristet möglich bleibt. Sofern allerdings gegen einen Beschluss der Hauptversammlung eine Beschlussmängelklage erhoben wird, müssen (weitere) Nichtigkeitsklagen gegen den Beschluss innerhalb eines Monats nach Veröffentlichung des ursprünglichen Beschlussmängelverfahrens in den Gesellschaftsblättern (§ 246 Abs. 4 S. 1 AktG) erhoben werden.[567] Die Einführung der relativen Befristung soll nicht nur für freigabefähige oder eintragungsbedürftige Hauptversammlungsbeschlüsse gelten, sondern für alle Hauptversammlungsbeschlüsse, die mit einer Nichtigkeitsklage angegriffen werden können.[568] Der – in der Aktienrechtsnovelle 2012 noch nicht enthaltene – Verweis auf § 249 Abs. 1 S. 1 AktG stellt klar, dass sowohl die Bekanntmachung der Erhebung einer Anfechtungsklage als auch einer Nichtigkeitsklage die Nichtigkeitsklagefrist in Lauf setzt.[569] Ob die vorgesehene Regelung zur relativen Befristung den Interessen der betroffenen Gesellschaften gerecht wird, schnellstmöglich Klarheit über die Wirksamkeit von Hauptversammlungsbeschlüssen zu erlangen, wurde allerdings schon im Zusammenhang mit der Aktienrechtsnovelle 2012 teilweise bezweifelt, da trotz der vorgesehenen Neuregelung weiterhin nicht unerhebliche Verzögerungen möglich bleiben.[570] Allerdings gibt es in der Literatur auch positivere Stimmen bzw. solche, die mit der Regelung »leben können«.[571] Der Bedarf nach einer – wenn auch nicht sofortigen – grundsätzlichen Reform des Beschlussmängelrechts besteht aber nach wie vor fort.[572]

---

562 Gesetz zur Verbesserung der Kontrolle der Vorstandsvergütung und Änderung weiterer aktienrechtlicher Vorschriften (VorstKoG), BT-Drs. 852/11.
563 Regierungsentwurf S. 34.
564 BT-Drs. 17/14214, dort S. 18.
565 Regierungsentwurf S. 1.
566 Diese relative Befristung begründet einen Unterschied zu § 14 UmwG, der eine absolute Befristung vorsieht, so dass im Umwandlungsrecht die Frist für Anfechtungs- und Nichtigkeitsklage gleichermaßen gilt; siehe *Bungert/Wettich* ZIP 2011, 160 (163).
567 Regierungsentwurf S. 13.
568 Regierungsentwurf S. 35.
569 Regierungsentwurf S. 36.
570 *Götze* NZG 2012, 321 (328) mit Wunsch nach einer »absoluten« Frist; *Drinhausen/Keinath* BB 2011, 11 (16); *Bungert/Wettich* ZIP 2011, 160 (163); optimistischer *Seibert/Böttcher* ZIP 2012, 12 (14 f.); *Nikoleyczik* GWR 2010, 594; der Handelsrechtsausschuss des DAV hält an der Forderung nach einer generellen Befristung fest, NZG 2012, 380 (383 f.).
571 *Bayer* AG 2012, 141 (148 f.; 151); *Bayer/Hoffmann/Sawada* ZIP 2012, 897 (910).
572 *Götze* NZG 2012, 321 (328); *Bayer/Hoffmann/Sawada* ZIP 2012, 897 (910).

B. Nichtigkeitsklage

Statt Anfechtungsklage (Antrag auf Nichtigerklärung)[573] zu erheben, kann ein Kläger unter – nachfolgend näher zu betrachtenden – Umständen auch im Wege der Nichtigkeitsklage nach § 249 Abs. 1 AktG die Nichtigkeit des Hauptversammlungsbeschlusses gerichtlich feststellen lassen.[574] Stellt das Gericht die Nichtigkeit eines Beschlusses fest, entfaltet dieser von Anfang an keine Wirkung. Ist die Nichtigkeitsklage erhoben, verhindert sie die Heilung des Beschlusses nach § 242 Abs. 2 AktG. Insofern hat die Nichtigkeitsklage eine gestaltende Wirkung.[575]

233

Die Nichtigkeitsklage ist anders als die Anfechtungsklage[576] bisher[577] nicht fristgebunden (hierzu sogleich Näheres unter Rdn. 263–271), kann aber nur auf eingeschränkte Gründe gestützt werden, die schwerer wiegen, als bloße Anfechtungsgründe. Als Nichtigkeitsgründe spielen in der Praxis vor allem Einberufungsmängel[578] eine Rolle, seltener auch Beurkundungsmängel[579] und Beschlüsse, die gegen das Wesen der Aktiengesellschaft oder die guten Sitten verstoßen.[580] Für Hauptversammlungsbeschlüsse über Kapitalerhöhungen oder -herabsetzungen und Sanierungsmaßnahmen sind besondere Nichtigkeitsgründe vorgesehen.[581] Ebenfalls jeweils gesondert geregelt ist die Nichtigkeit von Beschlüssen über die Wahl von Aufsichtratsmitgliedern[582], die Gewinnverwendung[583] und des festgestellten Jahresabschlusses.[584] Für die zahlreichen materiell-rechtlichen Fragestellungen ist auf die einschlägigen Kommentare und Handbücher zu verweisen.

234

I. Verhältnis von Nichtigkeits- und Anfechtungsklage

1. Identisches Rechtsschutzziel

Anfechtungsklage und Nichtigkeitsklage sind auf **dasselbe Rechtsschutzziel** gerichtet, nämlich die richterliche Klärung der Nichtigkeit des Gesellschafterbeschlusses mit Wirkung für und gegen jedermann.[585] Ob der Beschluss nichtig oder »nur« anfechtbar ist, ist eine reine Rechtsfrage, die allein das Gericht zu entscheiden hat. Das Gericht muss daher stets sowohl die Anfechtbarkeit als auch die Nichtigkeit des Beschlusses prüfen, unabhängig davon, ob nur Anfechtungsklage oder nur Nichtigkeitsklage oder beides erhoben wurde.[586] Zumeist werden Anfechtungs- und Nichtigkeitsklage ohnehin parallel erhoben.

235

---

[573] Herrn Lars Eickmeier sei gedankt für seine wertvolle Unterstützung bei der Erstellung der Neuauflage dieses Kapitels.
Beispiel für die Antragsformulierung: »*Der von der Hauptversammlung der YAG vom … zu Tagesordnungspunkt Y gefasste Beschluss wird für nichtig erklärt*«.

[574] Beispiel für die Antragsformulierung: »*Es wird festgestellt, dass der von der Hauptversammlung der YAG vom … zu Tagesordnungspunkt X gefasste Beschluss nichtig ist*«.

[575] KöKo AktG/*Zöllner* § 249 Rn. 25.

[576] § 246 Abs. 1 AktG.

[577] Im Rahmen der Aktienrechtsnovelle 2012 war eine relative Befristung der Nichtigkeitsklage geplant, wovon aber zugunsten einer umfassenden Neuregelung des Beschlussmängelrechts abgesehen wurde, vgl. hierzu Rdn. 266 ff.

[578] § 241 Nr. 1 AktG.

[579] § 241 Nr. 2 AktG.

[580] § 241 Nr. 3 und 4 AktG.

[581] § 241 AktG verweist hierzu auf §§ 192 Abs. 4, 212, 217 Abs. 2, 228 Abs. 2, 234 Abs. 3 und 235 Abs. 2 AktG.

[582] § 250 AktG.

[583] § 253 AktG.

[584] § 256 AktG.

[585] BGHZ 134, 364; anders noch BGHZ 32, 318 (322).

[586] BGHZ 134, 364 (366); 160, 253 (256); NJW 1999, 1638; OLG Frankfurt a. M. NZG 2008, 343.

236 Der Nichtigkeitsantrag schließt damit den Anfechtungsantrag ein und umgekehrt. Zwischen beiden Anträge beststeht insbesondere **kein Eventualverhältnis**.[587] Dennoch wird in der Praxis regelmäßig Nichtigkeitsklage und hilfsweise Anfechtungsklage erhoben. Eine solche Antragstellung ist überflüssig, löst aber auch keine zusätzlichen Kosten aus.[588] Ein Wechsel zwischen den beiden Klageanträgen ist folglich auch keine Klageänderung.[589]

2. Nichtigkeitsklage nach Einleitung des Anfechtungsverfahrens

237 Trotz des identischen Streitgegenstandes steht einer Nichtigkeitsklage nicht das Prozesshindernis der **Rechtshängigkeit** entgegen, wenn derselbe Sachverhalt schon Gegenstand einer Anfechtungsklage ist.[590] Zwar schließt es § 263 Abs. 3 Nr. 1 ZPO im Grundsatz aus, dass eine erneute Klage zum gleichen Streitgegenstand erhoben wird. Jedoch sieht § 249 Abs. 2 S. 1 AktG gerade für den Fall, dass Anfechtungs- und Nichtigkeitsklage erhoben werden, die Prozessverbindung vor, nicht aber die Unzulässigkeit der später erhobenen Klagen. Nicht einmal eine bereits anhängige Nichtigkeitsklage führt zur Unzulässigkeit einer weiteren Nichtigkeitsklage, weil § 249 Abs. 2 S. 1 AktG, der die Verbindung mehrerer Nichtigkeitsklagen anordnet, eine Ausnahme zu § 261 Abs. 3 Nr. 1 ZPO darstellt.[591] Gleiches gilt für das Verhältnis von Anfechtungs- und Nichtigkeitsklage: auch hier sieht das Aktienrecht, diesmal in § 249 Abs. 2 S. 2 AktG, eine Ausnahme von § 263 Abs. 3 Nr. 1 ZPO vor.

3. Nichtigkeitsklage nach Entscheidung im Anfechtungsverfahren

238 Praktisch noch wichtiger ist, dass mit dem rechtskräftigen Sachurteil über eine Anfechtungsklage eine spätere (nicht fristgebundene) Nichtigkeitsklage gegen den gleichen Hauptversammlungsbeschluss zumeist wegen **entgegenstehender Rechtskraft** ausgeschlossen ist[592]

239 Ein **stattgebendes Urteil** im Anfechtungsverfahren wirkt gemäß § 248 Abs. 1 AktG für und gegen jedermann. Der Beschluss ist damit beseitigt.

240 Im Falle eines **abweisenden Sachurteils** im Anfechtungsverfahren ist die Nichtigkeitsklage eines anderen Aktionärs nicht ausgeschlossen.[593] **Umstritten** ist, ob zudem auch eine weitere Anfechtungs- oder Nichtigkeitsklage desselben Aktionärs zulässig bleibt, wenn sie sich auf einen **neuen Sachverhalt** stützt (was wegen der Frist nach § 246 Abs. 1 AktG nur für die Nichtigkeitsklage praktisch werden kann). In einer Entscheidung im Jahr 2002 nahm der BGH an, dass Streitgegenstand der aktienrechtlichen Nichtigkeits- und Anfechtungsklage das mit der Klage verfolgte prozessuale Ziel ist, nämlich richterlich klären zu lassen, ob ein Hauptversammlungsbeschluss nach Gegenstand, Inhalt oder Verfahren gegen Gesetz oder Satzung verstößt.[594] Nach diesem sogenannten **eingliedrigen Streitgegenstandsbegriff** wäre über die Rechtskontrolle bereits entschieden, und zwar unabhängig vom Sachverhalt. Eine erneute Klage würde an der entgegenstehenden Rechtskraft scheitern.[595] Die Literatur ist dem entgegengetreten und bestimmte den Streitgegenstand auch für die Nichtigkeitsklage anhand des herkömmlichen zweigliedrigen Streitgegenstandsbegriffs (Klageantrag und Lebenssachverhalt), so dass der Sachverhalt einzubeziehen ist.[596] In späteren Entscheidungen stellte der BGH klar, dass er in Übereinstimmung mit der hL vom zweigliedrigen Streitgegenstandsbegriff ausgeht, wo-

---

587 BGHZ 134, 364.
588 HK AktG/*Göz* § 246 Rn. 4; Hüffer/*Koch* § 246 Rn. 13; *Kindl* ZGR 2000, 167 (177); *Tielmann* WM 2007, 1686 (1689).
589 KöKo AktG/*Zöllner* § 246 Rn. 56; GroßkommAktG/*K. Schmidt* § 249 Rn. 21.
590 A. A. Hüffer/*Koch* § 246 Rn. 14.
591 Schmidt/Lutter/*Schwab* § 249 Rn 8; Hölters/*Englisch* § 249 Rn. 36.
592 Hüffer/*Koch* § 246 Rn. 14; Henssler/Strohn/*Drescher* AktG § 246 Rn. 30; Spindler/Stilz/*Dörr* § 246 Rn. 7.
593 *Bub* AG 2002, 677; Ulmer/*Raiser*, GmbHG, Anh. § 47 Rn. 263.
594 BGHZ 152, 1 (5).
595 BGHZ 152, 1 (5); KöKo AktG/*Zöllner*, § 246, Rn. 47 ff.; HK AktG/*Göz* § 246 Rn. 4.
596 Schmidt/Lutter/*Schwab* § 249 Rn. 2; Hüffer/*Koch* § 246 Rn. 11–14; MüKo AktG/*Hüffer* § 246 Rn. 22.

nach der Streitgegenstand durch den Tatsachenvortrag des Klägers bestimmt wird.[597] Eine Nichtigkeitsklage desselben Aktionärs ist damit trotz abweisenden Sachurteils zulässig, wenn er sie auf einen anderen Sachverhalt stützt.

Auf Grundlage des zweigliedrigen Streitgegenstandsbegriffs kann der Kläger zudem unter Umständen den **Prüfungsumfang** dadurch beschränken, dass er seinen Tatsachenvortrag entsprechend einschränkt.[598] 241

Das **abweisende Prozessurteil** im Anfechtungsverfahren schließlich entfaltet keine Rechtskraft und steht daher einer späteren Nichtigkeitsklage nicht entgegen.[599] 242

II. Anwendungsbereich

1. Ausgenommene Hauptversammlungsbeschlüsse

Der Hauptversammlungsbeschluss, durch den der Abschlussprüfer gewählt wurde, kann nicht im Wege der Nichtigkeitsklage angegriffen werden. Die Kassation dieses sogenannten **Prüferwahlbeschlusses** soll durch § 243 Abs. 3 Nr. 2 AktG (auf welchen § 249 AktG infolge eines Redaktionsversehens[600] nicht verweist) dem Ersetzungsverfahren nach § 318 Abs. 3 HGB vorbehalten bleiben.[601] Das Ersetzungsverfahren ist hier *lex specialis*. 243

2. Analoge Anwendung der Regelungen zur Nichtigkeitsklage

Ob die Regelungen zur Nichtigkeitsklage in Fällen der **Unwirksamkeit** (in Abgrenzung zur Nichtigkeit) von Beschlüssen analog anwendbar sind, ist umstritten.[602] Klar ist dies, wo das Gesetz die Anwendbarkeit ausdrücklich anordnet.[603] In den übrigen Fällen könnte statt der Nichtigkeitsklage eine normale Feststellungsklage nach § 256 ZPO zu erheben sein. Der praktisch wesentliche Unterschied wäre, dass nur die Nichtigkeitsklage in entsprechender Anwendung des § 248 AktG für und gegen jedermann wirkt. Die Befürworter einer Überprüfung der Unwirksamkeit eines Beschlusses im Wege der allgemeinen Feststellungsklage sehen kein zwingendes Bedürfnis für eine Wirkung eines entsprechenden Urteils für und gegen jedermann.[604] Unwirksamkeit und Nichtigkeit seien nicht vergleichbar.[605] Die Unwirksamkeit eines Beschlusses sei daher durch allgemeine Feststellungsklage nach § 256 ZPO zu überprüfen, was freilich ein besonderes Feststellungsinteresse des Klägers voraussetzt.[606] Dem halten die Befürworter einer analogen Anwendung der Regelungen für die Nichtigkeitsklage auf die Feststellung der Unwirksamkeit eines Beschlusses entgegen, dass das Bedürfnis nach umfassender Wirkung eines stattgebenden Urteils, nach angemessener Vertretung der Gesellschaft und nach Konzentration der Verfahren bei einem Gericht bei der Feststellungsklage auf Unwirksamkeit eines Beschlusses kaum geringer sei als bei einer Nichtigkeits- oder Anfechtungsklage.[607] 244

---

597 BGH NZG 2005, 479 (481); BGH NJW-RR 2010, 954.
598 Dafür Hüffer/*Koch* § 246 Rn. 13.
599 Hüffer/*Koch* § 246 Rn. 14.
600 MüKo AktG/*Hüffer* § 249 Rn. 1, 18.
601 Schmidt/Lutter/*Schwab* § 249 Rn. 5; MüKo AktG/*Hüffer* § 249 Rn. 1, 18.
602 Gegen eine analoge Anwendung der Nichtigkeitsregelungen MüKo AktG/*Hüffer* § 249 Rn. 34 sowie § 241 Rn. 16; Hüffer/*Koch* § 249 Rn. 21; MünchHdb GesR IV/*J. Semler* § 41 Rn. 95; Spindler/Stilz/*Dörr* § 249 Rn. 5; für eine analoge Anwendung der Nichtigkeitsregelungen GroßkommAktG/*K. Schmidt* § 249 Rn. 9 (bei endgültiger Unwirksamkeit); KöKo AktG/*Zöllner* § 249 Rn. 51; Heidel/*Heidel* § 249 Rn. 19; Schmidt/Lutter/*Schwab* § 249 Rn. 14; vgl. hierzu die Ausführungen zur allgemeinen Feststellungsklage, Rdn. 300.
603 §§ 173 Abs. 3, 217 Abs. 2, 228 Abs. 2, 234 Abs. 3 und 235 Abs. 2 AktG.
604 MüKo AktG/*Hüffer* § 249 Rn. 34 sowie § 241 Rn. 16; MünchHdb GesR IV/*J. Semler* § 41 Rn. 95.
605 MüKo AktG/*Hüffer* § 249 Rn. 34; Hüffer/*Koch* § 249 Rn. 21.
606 Spindler/Stilz/*Dörr* § 249 Rn. 5.
607 KöKo AktG/*Zöllner* § 249 Rn. 51; Heidel/*Heidel* § 249 Rn. 19.

245 Ob gegen **Scheinbeschlüsse** mit der allgemeinen Feststellungsklage vorgegangen werden muss[608] oder ob die Nichtigkeitsklage in entsprechender Anwendung zur Verfügung steht[609], ist umstritten. Zu Recht wurde darauf hingewiesen, dass solche sogenannten Scheinbeschlüsse entweder anfechtbar oder nichtig sein werden, womit die entsprechenden Klagen unmittelbar anwendbar sind.[610] Bereits vom BGH geklärt wurde hingegen, dass § 249 AktG auf fehlerhafte Beschlüsse des Aufsichtsrats der AG keine entsprechende Anwendung findet.[611]

III. Parteien

1. Klägerseite

246 Die Nichtigkeitsklage kann gemäß § 249 Abs. 1 S. 1 AktG nur durch einen **Aktionär**, den **Vorstand** als Organ oder ein **Vorstands- oder Aufsichtsratsmitglied** erhoben werden. Klagt ein anderer auf Feststellung der Nichtigkeit eines Hauptversammlungsbeschlusses, liegt keine Nichtigkeitsklage, sondern eine allgemeine Feststellungsklage nach § 256 ZPO vor.[612] Deswegen ist die Aktionärseigenschaft des Klägers bzw. dessen Eigenschaft als Organ(mitglied) nicht Zulässigkeitsvoraussetzung einer Klage auf Feststellung der Nichtigkeit eines Hauptversammlungsbeschlusses, sondern lediglich maßgeblich für die **Einordnung** einer solchen Klage **als Nichtigkeitsklage**, auf welche die in § 249 AktG genannten Vorschriften der Anfechtungsklage Anwendung finden. Ist der Kläger weder Aktionär noch Organ(mitglied), bleibt es bei den allgemeinen Regelungen für eine Feststellungsklage, eine solche Klage ist aber nicht *per se* unzulässig.[613]

247 Ob die Voraussetzungen einer Nichtigkeitsklage vorliegen, hat das Gericht – auch noch in der Revisionsinstanz[614] – **von Amts wegen** zu prüfen[615], wobei der entsprechende **Nachweis** dem **Aktionär** obliegt[616]. Die Aktionärseigenschaft bzw. die Eigenschaft als Organ(mitglied) ist daher anhand der objektiven Verhältnisse zu bestimmen und kann nicht schon auf bloßes Nichtbestreiten (§ 138 Abs. 3 ZPO) gestützt werden. Jedoch ist das Gericht zu Nachforschungen nur verpflichtet, wenn Anhaltspunkte dafür vorliegen, dass eine unstrittig gebliebene Aktionärseigenschaft objektiv nicht vorliegt.[617]

a) Maßgeblicher Zeitpunkt

248 Hinsichtlich des für die Aktionärseigenschaft maßgeblichen **Zeitpunkts** besteht zunächst Einigkeit darin, dass der Kläger nicht bereits bei Beschlussfassung Aktionär gewesen sein muss. Vielmehr reicht die Aktionärsstellung bei Klageerhebung aus.[618] Für die Klagebefugnis gegen Squeeze-Out-Beschlüsse hat der BGH entschieden, dass der Aktionär, der sich mit der Beschlussmängelklage gegen den Übertragungsbeschluss wendet, auch dann klagebefugt ist, wenn die Aktien bereits vor der Zustellung der Klage durch Eintragung des Beschlusses in das Handelsregister auf den Hauptaktionär

---

608 Spindler/Stilz/*Dörr* § 249 Rn. 5.
609 So KöKo AktG/*Zöllner* § 249 Rn. 7 sowie GroßkommAktG/*K. Schmidt* § 249 Rn. 10.
610 MüKo AktG/*Hüffer* § 249 Rn. 35.
611 BGHZ 122, 342.
612 KöKo AktG/*Zöllner* § 249 Rn. 3.
613 MüKo AktG/*Hüffer* § 249 Rn. 10; Hüffer/*Koch* § 249 Rn. 4; HK AktG/*Göz* § 249 Rn. 2; zustimmend Spindler/Stilz/*Dörr* § 249 Rn. 7; KöKo AktG/*Zöllner*, § 249 Rn. 10; ähnlich GroßkommAktG/*K. Schmidt* § 249 Rn. 12: als Nichtigkeitsklage wegen Unzulässigkeit abzuweisen aber als allgemeine Feststellungsklage auszulegen.
614 Vgl. BGHZ 43, 261 (265); Spindler/Stilz/*Dörr* § 249 Rn. 7; MüKo AktG/*Hüffer* § 249 Rn. 10.
615 Spindler/Stilz/*Dörr* § 249 Rn. 7; MüKo AktG/*Hüffer* § 249 Rn. 10.
616 KöKo AktG/*Zöllner* § 249 Rn. 15.
617 Vgl. MüKo AktG/*Hüffer* § 249 Rn. 10; KöKo AktG/*Zöllner* § 249 Rn. 13; GroßkommAktG/*K. Schmidt* § 249 Rn. 13.
618 OLG Stuttgart AG 2001, 315, 316 liSp; GroßkommAktG/*K. Schmidt* § 249 Rn. 13.

übergegangen sind.[619] Um den Minderheitsaktionär nicht rechtlos gegen die zwangsweise Übertragung seiner Aktien zu stellen, ist seine Mitgliedschaft in der beklagten Aktiengesellschaft, deren Erhaltung letztlich das Ziel der Klage ist, für diese Klage als fortbestehend anzusehen.[620]

b) Veränderungen nach Klageerhebung

Umstritten ist jedoch, wie sich nach Klageerhebung erfolgende Veränderungen (Verlust bzw. Erwerb der Aktionärseigenschaft oder Organmitgliedschaft des Klägers) auswirken: 249

Einigkeit besteht noch darüber, dass eine von einem Nicht-Aktionär bzw. Nicht-Organmitglied zunächst als allgemeine Feststellungsklage erhobene Klage kraft Gesetzes zu einer Nichtigkeitsklage wird, wenn der Kläger **nachträglich die Aktionärs- bzw. Organstellung erwirbt.**[621] Dem Urteil wird die in § 248 AktG angeordnete erweiterte Wirkung zukommen[622], weshalb es sachlich gerechtfertigt ist, dass die Vorgaben des § 249 Abs. 1 S. 1 AktG für Anfechtungsklagen nachträglich anwendbar werden. Infolgedessen ist die Bekanntmachung der Klage ebenso nachzuholen, wie ihre Zustellung auch an den Aufsichtsrat (zusätzlich zur bereits erfolgten Zustellung an den Vorstand). Umstritten ist lediglich, ob in einem solchen Fall eine an den Anforderungen des § 263 ZPO (Einwilligung des Beklagten oder Sachdienlichkeit) zu messende Klageänderung vorliegt.[623] Zutreffend wird davon auszugehen sein, dass wegen einer »*später eingetretenen Veränderung*« im Sinne von § 264 Nr. 3 ZPO schon *keine* Klageänderung vorliegt.[624] 250

Umstritten ist der umgekehrte Fall des **Verlusts der Aktionärseigenschaft während des Rechtsstreits.** Für die GmbH hat der für Gesellschaftsrecht zuständige II. Zivilsenat des BGH angenommen, dass die Abtretung des Geschäftsanteils auf den Prozess keinen Einfluss hat, weil § 265 Abs. 2 ZPO Anwendung findet. Nach dieser Vorschrift hat die Veräußerung oder Abtretung der in Streit befangenen Sache auf den Prozess keinen Einfluss.[625] Derselbe Senat hat diese Rechtsprechung auch ausdrücklich auf die aktienrechtliche Anfechtungsklage (freilich noch nicht auf die Nichtigkeitsklage) übertragen.[626] Teilweise[627] wird eine andere Entscheidung des BGH, und zwar eine Entscheidung, die der Senat für Landwirtschaftssachen für die Genossenschaft getroffen hat[628], dahin (miss-)verstanden, dass der BGH die Fortführung der Klage generell nicht als Nichtigkeits- sondern nur als bloße Feststellungsklage zulasse. Das würde jedoch der zuerst genannten Entscheidung des Gesellschaftsrechtsenats widersprechen und ist der zuletzt genannten Entscheidung auch nicht zu entnehmen. Der für Landwirtschaftssachen zuständige Senat hat die Anwendung von § 265 Abs. 2 ZPO allein deshalb abgelehnt, weil diese Vorschrift die Fortführung des Streites durch die *bisher klagebefugte* Partei voraussetzt, im zu entscheidenden Fall der Genosse aber verstorben war. Im Gegensatz zu diesem war der Erbe aber nie klagebefugt, so dass ihm auch nicht die Fortführung des Rechtsstreits als Nichtigkeitsklage zuzugestehen war, vielmehr lediglich die vom Mitgliedschaftsrecht unabhängige allgemeine Feststellungsklage blieb.[629] Für den anders gelagerten Fall, dass der ursprünglich klagebe- 251

---

619 BGH NZG 2011, 669; vgl. auch die Anmerkung von *Müller-Eising/Stoll*, GWR 2011, 349.
620 BGH NZG 2011, 669.
621 Spindler/Stilz/*Dörr* § 249 Rn. 9; Hüffer/*Koch* § 249 Rn. 6; MüKo AktG/*Hüffer* § 249 Rn. 12; KöKo AktG/*Zöllner* § 249 Rn. 14; Schmidt/Lutter/*Schwab* § 249 Rn. 4; HK AktG/*Göz* § 249 Rn. 5.
622 Hierzu Näheres unter Rdn. 281–286.
623 Dafür GroßkommAktG/*K. Schmidt* § 249 Rn. 14; dagegen MüKo AktG/*Hüffer* § 249 Rn. 12.
624 Im Ergebnis ebenso Schmidt/Lutter/*Schwab* § 249 Rn. 4: Klageänderung, die nach § 264 Nr. 3 ZPO zulässig sei.
625 BGHZ 43, 261 (266) (für die GmbH); im Ergebnis wie der BGH: GroßkommAktG/*K. Schmidt* § 249 Rn. 15; KöKo AktG/*Zöllner* § 249 Rn. 13; Spindler/Stilz/*Dörr* § 249 Rn. 10; Schmidt/Lutter/*Schwab* § 249 Rn. 4; a. A. OLG München GWR 2009, 246.
626 BGHZ 169, 221.
627 Schmidt/Lutter/*Schwab* § 249 Rn. 4; MüKo AktG/*Hüffer* § 249 Rn. 13.
628 BGH AG 1999, 180.
629 BGH AG 1999, 180 (181).

fugte Gesellschafter den Prozess nach Veräußerung seines Mitgliedanteils fortführt, wollte es diese Entscheidung ersichtlich bei den vom Senat für Gesellschaftsrecht aufgestellten Grundsätzen belassen. Im Ergebnis ist daher den Entscheidungen des BGH zu entnehmen, dass der **nachträgliche Wegfall der Aktionärsstellung die Nichtigkeitsklage unberührt** lässt, diese also insbesondere nicht als bloße Feststellungsklage weiterzuführen wäre.[630]

252 Nach einer Gegenmeinung in der Literatur soll die Fortführung der Klage zwar möglich sein, jedoch nur als **allgemeine Feststellungsklage**, weil mit der Aktionärseigenschaft eine Voraussetzung der Nichtigkeitsklage als besondere Verfahrensart entfallen sei.[631] Auch das LG München sowie das OLG München nehmen an, dass wenn im Laufe einer Nichtigkeitsklage die Aktionärsstellung des Klägers endet (dort durch Eintragung eines Squeeze Out), die Klage mangels Anwendbarkeit von § 265 ZPO nur als allgemeine Feststellungsklage fortgeführt werden kann.[632]

253 Der **praktische Unterschied** zwischen beiden Meinungen ist begrenzt. Der BGH lässt die Fortführung des Anfechtungs- oder Nichtigkeitsprozesses trotz des nachträglichen Wegfalls der Aktionärsstellung nur zu, sofern der Aktionär daran noch ein rechtliches Interesse hat.[633] Die für eine allgemeine Feststellungsklage zu nehmende Hürde eines besonderen Feststellungsinteresses an der Weiterführung des Prozesses[634] ist bei einem solchen rechtlichen Interesse aber ebenfalls genommen. Der einzige, praktisch allerdings nicht unerhebliche Unterschied zwischen beiden Auffassungen ist, dass ein Urteil nach der Mindermeinung keine Wirkung *inter omnes* entfalten würde, während der BGH bei einem rechtlichen Interesse des ehemaligen Aktionärs an eben dieser Wirkung in entsprechender Anwendung von § 248 AktG eine solche Wirkung für und gegen jedermann zulässt.[635] Die Auffassung des BGH ermöglicht es, das häufig gegebene praktische Bedürfnis nach einer über die Parteien hinausgehenden Wirkung des Urteils zu befriedigen, und ist daher zu begrüßen.[636]

254 Fälle des **nachträglichen Erwerbs oder Verlustes der Organmitgliedschaft** sind nach den soeben für die Aktionärseigenschaft dargelegten Grundsätzen zu beurteilen.[637] Einige Vertreter der Auffassung, dass der nachträgliche Wegfall der Aktionärsstellung die Fortführung der Nichtigkeitsklage unberührt lässt, bewerten dies freilich für den Fall des **Ausscheidens des klagenden Organmitglieds** anders. In einem solchen Fall soll die Klage vom ausgeschiedenen Organmitglied als allgemeine Feststellungsklage fortzuführen sein, was ein Feststellungsinteresse voraussetze und zudem nur zu einem *inter partes* wirkenden Urteil führen könne.[638] Begründet wird dies damit, dass die Nichtigkeitsklage, anders als die Anfechtungsklage, nicht der Rechtmäßigkeitskontrolle diene.[639] An Vorgaben der Rechtsprechung hierzu fehlt es soweit ersichtlich bisher.

---

630 Ebenso *Gärtner/Mark* MDR 2010, 1; Spindler/Stilz/*Dörr* § 249 Rn. 10; GroßkommAktG/*K. Schmidt* § 249 Rn. 15.
631 Hüffer/*Koch* § 249 Rn. 6; MüKo AktG/*Hüffer* § 249 Rn. 13.
632 OLG München GWR 2009, 246; LG München NZG 2009, 1311.
633 BGHZ 169, 221.
634 KöKo AktG/*Zöllner* § 249 Rn. 21; LG München NZG 2009, 1311 (1314); das OLG München hat es für dieses allgemeine Feststellungsinteresse ausreichen lassen, dass der angegriffene Beschluss Auswirkungen auf den Abfindungsanspruch infolge des Squeeze Out haben kann, OLG München GWR 2009, 246.
635 BGHZ 169, 221; ebenso OLG Frankfurt a. M., Urt. v. 20.04.2010 – Az.: 5 U 65/07.
636 Ausführlich hierzu *Gärtner/Mark* MDR 2010, 1.
637 MüKo AktG/*Hüffer* § 249 Rn. 15; Spindler/Stilz/*Dörr* § 249 Rn. 11.
638 Spindler/Stilz/*Dörr* § 249 Rn. 11; MüKo AktG/*Hüffer* § 249 Rn. 15, als Vertreter der Mindermeinung schon hinsichtlich des nachträglichen Verlusts der Aktionärsstellung sieht dies für den Fall des Ausscheidens eines Organmitglieds ebenso: die Klage könne nur noch als reguläre Feststellungsklage Erfolg haben; a. A. wohl HK AktG/*Göz* § 249 Rn. 6.
639 Spindler/Stilz/*Dörr* § 249 Rn. 11.

B. Nichtigkeitsklage   § 8

2. Beklagtenseite

Die Nichtigkeitsklage kann nur gegenüber der **Gesellschaft** erhoben werden. Eine nicht gegen die Gesellschaft erhobene Klage auf Feststellung der Nichtigkeit eines Hauptversammlungsbeschlusses ist eine allgemeine Feststellungsklage nach § 256 ZPO.[640] 255

Wie bei einer Anfechtungsklage ist die Gesellschaft auch bei einer Nichtigkeitsklage durch Vorstand und Aufsichtsrat zu vertreten (sog. **Doppelvertretung**, § 246 Abs. 2 AktG), so dass die Nichtigkeitsklage an mindestens je ein[641] Mitglied beider Organe zugestellt werden muss.[642] Wo sie statthaft ist, verdrängt die Nichtigkeitsklage die Möglichkeit der allgemeinen Feststellungsklage, was zur Folge hat, dass eine nur dem Vorstand (und nicht auch dem Aufsichtsrat) zugestellte Nichtigkeitsklage nicht als allgemeine Feststellungsklage fortgeführt werden kann, sondern als unzulässig abzuweisen ist.[643] Die Zustellung wird durch bloße Kenntnisnahme nicht ersetzt.[644] 256

IV. Entsprechende Anwendung der Regelungen für Anfechtungsklagen

Auf die Nichtigkeitsklage sind in weiten Teilen die **Regelungen** zur **Anfechtungsklage entsprechend** anzuwenden, § 249 Abs. 1 S. 1 AktG. Das ist Folge der auch für das Nichtigkeitsurteil angeordneten parteiübergreifenden Wirkung.[645] 257

So ist die Nichtigkeitsklage infolge des Verweises in § 249 Abs. 1 S. 1 AktG auf § 246 Abs. 3 S. 1 bis 3 AktG bei dem auch für die Anfechtungsklage ausschließlich zuständigen Landgericht am Sitz der Gesellschaft bzw. dem infolge einer Zuständigkeitskonzentration zuständigen Landgericht anhängig zu machen. Das umfasst auch die funktionale Zuständigkeit der Kammer für Handelssachen.[646] Ebenfalls entsprechend gelten nach der ausdrücklichen gesetzlichen Anordnung in § 249 Abs. 1 S. 1 AktG die Regelungen zu Freigabeverfahren (§ 246a AktG) (hierzu unter Rdn. 348–395), Streitwert (§ 247 AktG)[647], und den Bekanntmachungen (von Erhebung der Klage, erstem Termin zur mündlichen Verhandlung und – bei börsennotierten Gesellschaften – Verfahrensbeendigung).[648] Ebenfalls keine Unterschiede bestehen mit Blick auf das Rechtsschutzbedürfnis und den Streitgegenstand.[649] 258

Der Aktionär kann sich auch an der Nichtigkeitsklage nur innerhalb eines Monats nach Bekanntmachung der Klage durch den Vorstand im Wege der **Nebenintervention** beteiligen, § 246 Abs. 4 S. 2 AktG gilt entsprechend.[650] An der Nebenintervention hat der Aktionär wie bei der Anfechtungsklage schon wegen der Wirkung auch des Nichtigkeitsurteils für und gegen alle Aktionäre ein rechtliches Interesse.[651] Diese Nebenintervention ist ebenso wie bei der Anfechtungsklage eine streitgenös- 259

---

640 KöKo AktG/*Zöllner* § 249 Rn. 23; GroßkommAktG/*K. Schmidt* § 249 Rn. 17; Spindler/Stilz/*Dörr* § 249 Rn. 12; zur allgemeinen Feststellungsklage siehe Rdn. 293–311.
641 Vgl. § 170 Abs. 3 ZPO, der bei mehreren gesetzlichen Vertretern die Zustellung an einen von ihnen ausreichen lässt.
642 BGHZ 32, 114 (119); BGH NJW 1992, 2099; HK AktG/*Göz* § 249 Rn. 7; Hölters/*Englisch* § 249 Rn. 23; zu den Einzelheiten dieser Zustellung siehe die Ausführungen zur Anfechtungsklage unter Rdn. 41–46.
643 BGHZ 70, 384 (388) (zur Genossenschaft); OLG Düsseldorf AG 1968, 19 (22); MüKo AktG/*Hüffer* § 249 Rn. 11; Hüffer/*Koch* § 249 Rn. 2; GroßkommAktG/*K. Schmidt* § 249 Rn. 18.
644 BGHZ 70, 384 (387); GroßkommAktG/*K. Schmidt* § 249 Rn. 18.
645 MüKo AktG/*Hüffer* § 249 Rn. 2.
646 MüKo AktG/*Hüffer* § 249 Rn. 20; GroßkommAktG/*K. Schmidt* § 249 Rn. 19.
647 Der BGH hat jüngst bestätigt, dass sich bei Anfechtungs- und Nichtigkeitsklagen auch die Wertbemessung der Beschwer oder des Beschwerdegegenstands nach den Grundsätzen des § 247 Abs. 1 AktG richtet, BGH NZG 2011, 997.
648 §§ 246 Abs. 4 S. 1, 248 Abs. 1 S. 2 bis 4, Abs. 2, 248a AktG.
649 BGHZ 70, 384 (387).
650 OLG Frankfurt a. M. NZG 2010, 785; LG Frankfurt a. M. WM 2010, 618; vgl. auch Spindler/Stilz/*Dörr* § 249 Rn. 16; *Jäger* NZG 2011, 210 (213).
651 OLG Nürnberg MDR 2009, 1401; LG Düsseldorf BeckRS 2011, 24100.

sische.[652] Der Nebenintervenient kann demnach insbesondere die Säumnis ausschließen und die Rechtskraft durch eigenes Rechtsmittel verhindern.[653]

260 Ob die Gesellschaft die Nichtigkeit **anerkennen** kann, ist umstritten.[654] Hier gelten letztlich die gleichen Überlegungen wie zur Anerkennung bei Anfechtungsklagen.[655]

261 Ebenfalls streitig ist, ob das für die Anfechtungsklage in § 246 Abs. 3 S. 3 AktG geregelte **Verbot der mündlichen Verhandlung vor Ablauf der Monatsfrist** des § 246 Abs. 1 AktG auch für Nichtigkeitsklagen gilt. Dafür spricht, dass § 249 Abs. 1 S. 1 AktG auf dieses Verbot verweist. Teilweise wird jedoch vertreten, dieser Verweis gehe ins Leere, weil die Monatsfrist selbst für die Nichtigkeitsklage nicht gilt.[656] Dafür, dass auch bei der Nichtigkeitsklage eine mündliche Verhandlung vor Ablauf der Monatsfrist ausgeschlossen sein soll, spricht aber der Zweck dieser Vorgabe. Sie soll sicherstellen, dass das Gericht vor dem ersten Termin die zu verbindenden Klagen sammeln und verbinden kann.[657] Dieser Zweck kann aber für Nichtigkeitsverfahren ebenso erreicht werden. Zu den mit einer (nicht fristgebundenen) Nichtigkeitsklage zu verbindenden Prozessen zählen gemäß § 249 Abs. 2 S. 2 AktG Anfechtungsprozesse. Würde über eine Nichtigkeitsklage vor Ablauf der Anfechtungsfrist verhandelt, wäre nicht auszuschließen, dass hierdurch eine eigentlich gewollte Verbindung mit einem Anfechtungsverfahren vereitelt wird. In der Praxis wird sich das Problem freilich selten stellen, da eine mündliche Verhandlung über eine Nichtigkeitsklage noch vor Ablauf der Monatsfrist kaum je terminiert werden dürfte.

V. Prozessuale Sonderregelungen für Nichtigkeitsklagen

262 Trotz dieser Anlehnung des Nichtigkeitsverfahrens an das Anfechtungsverfahren gelten für das erstgenannte einige prozessuale Sonderregeln.

1. Keine Klagefrist

263 Der wichtigste Unterschied ist, dass die für Anfechtungsklagen geltende Monatsfrist des § 246 Abs. 1 AktG auf die Nichtigkeitsklage nicht anzuwenden ist.[658] § 249 Abs. 1 S. 1 AktG verweist nicht auf diese Fristregelung. Für Verschmelzungsbeschlüsse gilt freilich die Monatsfrist des § 14 Abs. 1 UmwG auch für Nichtigkeitsklagen.[659]

a) Keine Einführung einer Klagefrist durch ARUG

264 Auch der mit der Neufassung durch das Gesetz zur Umsetzung der Aktionärsrechterichtlinie (»**ARUG**«) eingeführte Verweis des § 249 Abs. 1 S. 2 AktG auf § 246 Abs. 3 S. 5 AktG (Recht der Gesellschaft, nach Ablauf der Monatsfrist des § 246 Abs. 1 AktG bereits vor Zustellung Akteneinsicht zu nehmen) bezieht sich lediglich auf die Akteneinsicht vor Zustellung und begründet nach der Regierungsbegründung keine Klagefrist für die Nichtigkeitsklage.[660]

---

652 BGH NJW 2001, 2638; AG 1999, 228; OLG Schleswig AG 1993, 930; OLG Nürnberg MDR 2009, 1401; Spindler/Stilz/*Dörr* § 249 Rn. 16; MüKo AktG/*Hüffer* § 249 Rn. 17.
653 MüKo AktG/*Hüffer* § 249 Rn. 17; Hölters/*Englisch* § 249 Rn. 21.
654 Die Möglichkeit eines Anerkenntnisurteils bejahend KöKo AktG/*Zöllner* § 249 Rn. 29; ablehnend hingegen GroßkommAktG/*K. Schmidt* § 249 Rn. 25.
655 Vgl. zu dieser Frage daher die Ausführungen zur Anfechtungsklage, Rdn. 116.
656 *Hüffer* § 249 Rn. 14; MüKo AktG/*Hüffer* § 249 Rn. 20.
657 KöKo AktG/*Zöllner* § 246 Rn. 23; *Hüffer* § 246 Rn. 38.
658 BGH NJW 1995, 260; KöKo AktG/*Zöllner* § 249 Rn. 2; MüKo AktG/*Hüffer* § 249 Rn. 3; GroßkommAktG/*K. Schmidt* § 249 Rn. 43; MünchHdb GesR IV/*F. – J. Semler* § 41 Rn. 73, 102, 106.
659 Heidel/*Heidel* § 249 Rn. 3.
660 BT-Drs. 16/11642, S. 42.

B. Nichtigkeitsklage § 8

Nichtigkeitsgründe unterliegen auch dann nicht der Frist des § 246 Abs. 1 AktG, wenn darauf eine Anfechtungsklage gestützt wird. Ob die entsprechenden Umstände nicht mehr geltend gemacht werden können, richtet sich allein danach, ob die Nichtigkeit zwischenzeitlich geheilt wurde (§ 242 AktG).[661] 265

b) Geplante relative Befristung der Nichtigkeitsklage

Bereits der Referentenentwurf zur Aktienrechtsnovelle 2012[662] sah daher zur Eindämmung des Missbrauchs eine relative Befristung der Nichtigkeitsklage vor.[663] Das Bundesministerium der Justiz (BMJ) hatte dabei zum einen Fälle vor Augen, in denen die Gesellschaft mit ihrem Freigabeantrag Erfolg hat, aber noch vor Eintragung des Hauptversammlungsbeschlusses eine neue Nichtigkeitsklage erhoben wird. Dies könne zu einer weiteren Verzögerung des Registerverfahrens führen und ein erneutes Freigabeverfahren erforderlich machen. Zum anderen komme es vor, dass in laufenden Beschlussmängelverfahren, in denen sich ein Erfolg des Klägers abzeichnet (etwa durch richterliche Hinweise), Nichtigkeitsklagen nachgeschoben werden, um so mit unverhältnismäßig niedrigem prozessualen Risiko und Aufwand zu einem Kostenerstattungsanspruch zu gelangen.[664] 266

Solchen Fällen sollte entgegengewirkt werden, ohne aber andererseits das Klagerecht der überwiegenden Mehrheit anständiger Aktionäre unangemessen einzuschränken.[665] Dafür sollte die Nichtigkeitsklage künftig einer **relativen Befristung** unterworfen werden. Grundsätzlich sollte sie zwar unbefristet möglich bleiben. Wurde aber gegen einen Beschluss der Hauptversammlung eine Anfechtungs- oder Nichtigkeitsklage erhoben, mussten (weitere) Nichtigkeitsklagen gegen den Beschluss innerhalb eines Monats nach Bekanntmachung[666] des ursprünglichen Beschlussmängelverfahrens erhoben werden.[667] Eine **nach Fristablauf nachgeschobene Nichtigkeitsklage** sollte nicht mehr zu einer (faktischen) Registersperre führen, weil die Verfristung ohne weiteres feststellbar wäre, so dass das Registergericht das Eintragungsverfahren deswegen nicht gemäß § 21 Abs. 1 S. 1 FamFG aussetzen würde.[668] Zudem sollte nach Ablauf der Frist auch das Nachschieben von Nichtigkeitsgründen im Rahmen eines laufenden Beschlussmängelverfahrens ausgeschlossen sein. Insoweit sollten die gleichen Regeln gelten wie beim Nachschieben von Anfechtungsgründen im Rahmen von § 246 Abs. 1 AktG.[669] Hierfür sollte dem § 249 Abs. AktG folgender Absatz 3 angefügt werden: 267

»*(3) Ist die Erhebung einer Klage gegen einen Beschluss der Hauptversammlung gemäß § 246 Absatz 4 Satz 1 bekannt gemacht, so kann ein Aktionär Nichtigkeitsklage gegen diesen Beschluss nur innerhalb eines Monats nach der Bekanntmachung erheben.*«[670]

---

661 BGH NJW 1995, 260.
662 Entwurf eines Gesetzes zur Änderung des Aktiengesetzes (Aktienrechtnovelle 2012) vom 14.03.2012, BT-Drs. 17/8989.
663 In seiner Stellungnahme zu dem Entwurf eines Gesetzes zur Umsetzung der Aktionärsrechterichtlinie (ARUG) hatte der Bundesrat die Bundesregierung unter anderem gebeten zu prüfen, »*ob eine Einschränkung missbräuchlicher Aktionärsklagen dadurch erfolgen kann, dass auch Nichtigkeitsklagen gegen Hauptversammlungsbeschlüsse einer Klagefrist unterworfen werden. [...] Dem häufig auftretenden Phänomen [der nachgeschobenen Nichtigkeitsklage] könnte man dadurch begegnen, dass man für die Nichtigkeitsklage ähnlich der Anfechtungsklage (dort § 246 Abs. 1 AktG) eine Klagefrist von einem Monat einräumt.*« BT-Drs. 16/11642, S. 55.
664 Referentenentwurf des BMJ vom 2. November 2010, S. 1, 20.
665 Kritisch zu dem Entwurf jedoch *Habersack* BB 2011, 1, der eine Verschärfung des Trends rügte, »*die Beschlussmängelklage des Kleinaktionärs zu einem stumpfen Schwert*« zu degradieren und »*damit die Effektivität der Selbstkontrolle der Hauptversammlungsbeschlüsse deutscher Aktiengesellschaften nachhaltig*« zu lähmen.
666 § 246 Abs. 4 S. 1 AktG.
667 Referentenentwurf des BMJ vom 2. November 2010, S. 2, 8.
668 Referentenentwurf des BMJ vom 2. November 2010, S. 20; Regierungsentwurf vom 30. Dezember 2011, BR-Drs. 852/11, S. 22.
669 Referentenentwurf des BMJ vom 2. November 2010, S. 22; Regierungsentwurf vom 30. Dezember 2011, BR-Drs. 852/11, S. 22.
670 Referentenentwurf des BMJ vom 2. November 2010, S. 5.

268 Durch diese bloß **relative Befristung** sollte die umfassende inhaltliche Beschlussmängelkontrolle erhalten bleiben, weil der Lauf der relativen Nichtigkeitsklagefrist nur begann, wenn der Hauptversammlungsbeschluss ohnehin angegriffen wurde.[671] Diese bloß relative Befristung wäre freilich dem praktischen Bedürfnis nach Bestandssicherheit häufig nicht gerecht geworden. Vorzugswürdig wäre eine absolute Befristung auch der Nichtigkeitsklage auf einen Monat[672] oder zumindest eine absolute Befristung für bestimmte Strukturmaßnahmen.[673] Zu Recht wird darauf hingewiesen, dass dem Minderheitsaktionär nach Ablauf dieser Frist noch die Möglichkeit des Schadensersatzes in Geld bliebe.[674]

269 Befristet werden sollte nach diesem Entwurf allein die Nichtigkeitsklage der **Aktionäre**, während die Nichtigkeitsklage von Organen oder Organmitgliedern gemäß § 249 Abs. 1 S. 1 AktG von der Befristung unberührt bleiben sollte. Eine Befristung hielt der Gesetzgeber in diesen Fällen für nicht erforderlich, weil missbräuchlich nachgeschobene Nichtigkeitsklagen seitens dieser Klageberechtigten in der Praxis nicht zu beobachten sind.[675] Die relative Befristung betraf nicht nur freigabefähige (§ 246a AktG) oder eintragungsbedürftige, sondern alle Hauptversammlungsbeschlüsse, die tauglicher Gegenstand einer Nichtigkeitsklage sein können.[676] Der Regierungsentwurf verwies zur Begründung auf die Erwägung, dass missbräuchlich nachgeschobene Nichtigkeitsklagen nicht nur dazu eingesetzt werden, um eintragungsbedürftige Beschlüsse zu blockieren, sondern auch, um mit verhältnismäßig niedrigem Prozessrisiko und Aufwand einen Kostenerstattungsanspruch zu erlangen. In diesem Fall spielen weder die Freigabefähigkeit noch die Eintragungsbedürftigkeit des angegriffenen Beschlusses eine Rolle.[677]

270 Nach Vorstellung des BMJ hatte es der Vorstand so durch eine rechtzeitige Veröffentlichung der Ausgangsklage in der Hand, dass bis zu einem etwaigen Erlass des Freigabebeschlusses die relative Nichtigkeitsklagefrist für die Aktionäre abgelaufen war.[678] Die Frist sollte dabei nur zu laufen beginnen, wenn die **Bekanntmachung** in Übereinstimmung mit den Vorgaben des § 246 Abs. 4 S. 1 AktG erfolgt war.[679] Die Formulierung »Bekanntmachung der Erhebung einer Klage« brachte dabei zum Ausdruck, dass sowohl die Bekanntmachung einer Anfechtungsklage (§ 246 Absatz 4 Satz 1 AktG im unmittelbaren Anwendungsbereich) als auch einer Nichtigkeitsklage (§ 246 Absatz 4 Satz 1 in Verbindung mit § 249 Absatz 1 Satz 1 AktG) die Nichtigkeitsklagefrist in Lauf setzt.[680]

271 Die relative Befristung der Nichtigkeitsklage wurde in der 17. Legislaturperiode mit der Begründung aus dem Entwurf gestrichen, dass eine Lösung mit weiterem Blick auf das gesamte System des Beschlussmängelrechts erwogen werden solle.[681] Die »Aktienrechtsnovelle 2013« (die ohnehin am Einspruch des Bundesrates scheiterte) sah daher eine relative Befristung der Nichtigkeitsklage nicht mehr vor[682], ebenso wenig die noch im Jahr 2014 diskutierte Aktienrechtsnovelle 2014.[683] Anfang

---

671 Referentenentwurf des BMJ vom 2. November 2010, S. 20; Regierungsentwurf vom 30. Dezember 2011, BR-Drs. 852/11, S. 22.
672 *Müller-Eising/Stoll* GWR 2011, 349; Handelsrechtsausschuss des DAV NZG 2011, 217 (221) und NZG 2012, 380 (382).
673 *Diekmann/Nolting*, NZG 2011, 6 (9), *Drinhausen/Keinath* BB 2011, 11 (16); kritisch hingegen bereits gegenüber der relativen Befristung *Habersack* BB 2011, 1.
674 *Müller-Eising/Stoll* GWR 2011, 349.
675 Referentenentwurf des BMJ vom 2. November 2010, S. 21; Regierungsentwurf vom 30. Dezember 2011, BR-Drs. 852/11, S. 23.
676 Regierungsentwurf vom 30. Dezember 2011, BR-Drs. 852/11, S. 22.
677 Regierungsentwurf vom 30. Dezember 2011, BR-Drs. 852/11, S. 23.
678 Referentenentwurf des BMJ vom 2. November 2010, S. 20; Regierungsentwurf vom 30. Dezember 2011, BR-Drs. 852/11, S. 23.
679 Referentenentwurf des BMJ vom 2. November 2010, S. 21.
680 Regierungsentwurf vom 30. Dezember 2011, BR-Drs. 852/11, S. 23.
681 BT-Drs. 17/14214, S. 18.
682 BT-PlPR 17/250, S 32067D.
683 Referentenentwurf des Bundesministeriums der Justiz und für Verbraucherschutz vom 11.4.2014 abrufbar

B. Nichtigkeitsklage § 8

2015 jedoch beschloss die Bundesregierung mit ihrem Entwurf zur Aktienrechtsnovelle 2014 erneut eine relative Befristung der Nichtigkeitsklage entsprechend der der Aktienrechtsnovelle 2012 in Angriff zu nehmen.[684]

2. Klagebefugnis/Feststellungs- und Rechtsschutzinteresse

Als Feststellungsklage setzt die Nichtigkeitsklage ein **Feststellungsinteresse** voraus, das für den **Aktionär** freilich grundsätzlich bereits aus seiner Mitgliedschaft folgt (zum Verlust der Aktionärsstellung während des Verfahrens vgl. Rdn. 251). Die Nichtigkeitsklage eines Gesellschafters erfordert daher keinen besonderen Nachweis des Feststellungsinteresses[685], dem Aktionär ist durch das Gesetz die Befugnis verliehen, die objektive Rechtswidrigkeit eines Hauptversammlungsbeschlusses gerichtlich überprüfen zu lassen.[686] Für **Organmitglieder** ergibt sich das Feststellungsinteresse aus ihrer kooperationsrechtlichen Beziehung zur Gesellschaft.[687] 272

In Ausnahmefällen kann das allgemeine Rechtsschutzinteresse fehlen,[688] z. B. wenn ein mit einem Mangel behafteter Hauptversammlungsbeschluss erneuert wird, ohne dass der Mangel auch dem neuen Beschluss anhaftet.[689] Die **rechtsmissbräuchlich** erhobene oder weiterbetriebene Nichtigkeitsklage ist wegen fehlenden Rechtsschutzbedürfnisses als unzulässig abzuweisen.[690] 273

Die Nichtigkeitsklage ist nicht an eine Anfechtungsbefugnis des Aktionärs geknüpft, § 249 Abs. 1 AktG verweist nicht auf § 245 Abs. 1 AktG. Insbesondere ist **nicht erforderlich**, dass der Aktionär gegen den angegriffenen Beschluss **Widerspruch** zur Niederschrift erklärt hat. 274

Es wird jedoch diskutiert, ob das **Vorbesitzerfordernis** des § 245 Abs. 1 Nr. 1 und Nr. 3 AktG im Wege der teilanalogen Anwendung auch für die Nichtigkeitsklage gelten soll. Hierfür wird angeführt, dass angesichts der Identität der Rechtsschutzziele die Nichtigkeitsklage nicht leichter zugänglich sein dürfe als die Anfechtungsklage.[691] Die Nichtigkeitsklage wird jedoch in jedem Fall leichter zugänglich sein, schon weil sie keiner Klagefrist unterliegt. Zudem lassen sich geringere Klagehürden bei Nichtigkeit eines Beschlusses auch inhaltlich begründen. Nichtigkeitsgründe sind deshalb leichter geltend zu machen als Anfechtungsgründe, weil sie schwerer wiegen. Die Gesellschaft bedarf bei der Nichtigkeit weniger, der Aktionär hingegen mehr Schutzes. Das lässt die im Wortlaut des § 249 Abs. 1 S. 1 AktG klar angelegte Differenzierung hinsichtlich der Klagebefugnis angemessen erscheinen.[692] 275

3. Verbindung von Prozessen

Mehrere Nichtigkeitsprozesse sind zu verbinden. Den Verweis auf die Regelung, dass mehrere Anfechtungsprozesse zu verbinden sind (§ 246 Abs. 3 S. 6 AktG), spart § 249 Abs. 1 S. 1 AktG zwar 276

---

unter http://www.bundesgerichtshof.de/SharedDocs/Downloads/DE/Bibliothek/Gesetzesmaterialien/18_wp/Aktienrechtsnovelle_2014/refe.pdf (Stand 13.2.2015).
684 Gesetzesentwurf der Bunderegierung zur Änderung des Aktiengesetzes (Aktienrechtsnovelle 2014) vom 7.1.2015 abrufbar unter http://www.bmjv.de/SharedDocs/Downloads/DE/pdfs/Gesetze/GE_Aktienrechtsnovelle%202014.pdf;jsessionid=B12935AF019BAB327224618934DD0AD3.1_cid324?__blob=publicationFile (Stand 13.2.2015).
685 BGHZ 43, 261 (265).
686 Schmidt/Lutter/*Schwab* § 249 Rn. 3; KöKo AktG/*Zöllner* § 249 Rn. 10, 20.
687 Hüffer/*Koch* § 249 Rn. 11; Schmidt/Lutter/*Schwab* § 249 Rn. 3.
688 Zuletzt BGH ZIP 2012, 1753.
689 BGHZ 21, 354 (356); weitergehend KöKo AktG/*Zöllner* § 249 Rn. 21: bei ablehnenden Beschlüssen sowie wenn die Gesellschaft selbst von ihrer Nichtigkeit ausgeht und die Voraussetzungen einer Heilung nicht vorliegen.
690 OLG Frankfurt a. M. AG 1991, 208; OLG Stuttgart AG 2001, 315 (316); OLG Stuttgart AG 2003, 165; LG München I BeckRS 2012, 06365; Schmidt/Lutter/*Schwab* § 249 Rn. 5; GroßkommAktG/*K. Schmidt* § 249 Rn. 29; HK AktG/*Göz* § 249 Rn. 8.
691 Hüffer/*Koch* § 249 Rn. 4.
692 Im Ergebnis ebenso Heidel/*Heidel* § 249 Rn. 5.

aus, die entsprechende Regelung wird aber in § 249 Abs. 2 S. 1 AktG auch für die Nichtigkeitsklage wiederholt. Das ist schon ein Gebot der effizienten Verfahrensführung und zudem der einzige Weg, widersprüchliche Entscheidungen zu verhindern.[693] Das Verbindungsgebot gilt jedoch nur für Nichtigkeitsklagen gegen denselben Beschluss.[694]

277 Nach herrschender Meinung ist das Gericht auch verpflichtet, **Anfechtungs- und Nichtigkeitsprozesse** betreffend denselben Beschluss miteinander zu verbinden.[695] Dem Wortlaut des § 249 Abs. 2 S. 2 AktG (»*Nichtigkeits- und Anfechtungsprozesse können verbunden werden*«) ist eine solche Pflicht nicht zu entnehmen, vielmehr wird dem Gericht Ermessen eingeräumt. Dieses Ermessen wird freilich dadurch erheblich eingeschränkt, dass angesichts des identischen Rechtsschutzziels von Anfechtungs- und Nichtigkeitsklage die Prozessverbindung in der Regel die allein richtige verfahrensleitende Entscheidung ist.[696] Anfechtungs- und Nichtigkeitsklagen verschiedener Kläger gegen denselben Hauptversammlungsbeschluss sind selbstständige gebührenrechtliche Angelegenheiten nach §§ 15 Abs. 1, 17 Nr. 1 RVG, wobei von einer einzigen Angelegenheit i. S. v. § 17 Nr. 1 RVG erst ab dem Zeitpunkt ihrer Verbindung (§ 246 Abs. 3 S. 6 AktG) auszugehen ist.[697] Werden die Klagen nach Rechtshängigkeit verbunden, hat der Rechtsanwalt ein Wahlrecht. Er kann die ihm nach § 15 Abs. 4 RVG unentziehbar entstandenen Gebühren aus den ursprünglich selbstständigen Verfahren nebst der nach der Verbindung verwirklichten Gebührentatbestände (bspw. Terminsgebühr) oder die Gebühren aus dem verbundenen Verfahren geltend machen.[698] Der Wert der verbundenen Verfahren wird dabei nicht zusammengerechnet; die Gebühren richten sich vielmehr nach dem höchsten Einzelstreitwert.[699]

278 Verfolgt ein nicht zur Nichtigkeitsklage befugter Dritter das Ziel der gerichtlichen Feststellung der Nichtigkeit eines Beschlusses im Wege der **allgemeinen Feststellungsklage nach § 256 ZPO** (zu dieser Rdn. 293–311.), soll diese Klage nicht zwingend mit einer etwaigen Nichtigkeitsklage gegen denselben Beschluss zu verbinden sein. Vielmehr bleibt es nach absolut herrschender Literaturmeinung bei dem Ermessen des Gerichts nach § 147 ZPO.[700] Vereinzelt wird sogar vertreten, wegen der unterschiedlichen Rechtskraftwirkung scheide eine Verbindung von Feststellungs- und Nichtigkeitsklage generell aus.[701] Diese Einstimmigkeit überrascht. Das Nichtigkeitsurteil entfaltet gemäß §§ 249 Abs. 1 S. 1, 248 AktG Wirkung für und gegen jedermann. Dieses Urteil kann damit auch einem Feststellungsurteil widersprechen, das mit Wirkung *inter partes* zu einem gegenteiligen Ergebnis kommen mag. Auch die Parteien der Feststellungsklage sind aber vor widersprüchlichen Entscheidungen zu schützen. So hat der BGH in einer Entscheidung angenommen, dass wenn es zu einer solchen Verbindung einer Nichtigkeitsklage mit der allgemeinen Feststellungsklage eines Dritten gekommen ist, ein Teilurteil über die Feststellungsklage des Dritten unzulässig ist, weil die Gefahr einander widersprechender Entscheidungen besteht.[702] Die spätere Entscheidung über die Nichtigkeitsklage des Gesellschafters könne wegen ihrer Wirkung *inter omnes* auch Auswirkungen

---

693 Ebenso Schmidt/Lutter/*Schwab* § 249 Rn. 8.
694 KöKo AktG/*Zöllner* § 249 Rn. 32; Schmidt/Lutter/*Schwab* § 249 Rn. 8.
695 KöKo AktG/*Zöllner* § 246 Rn. 82; Spindler/Stilz/*Dörr* § 249 Rn. 24; Heidel/*Heidel* § 249 Rn. 18; differenzierend GroßkommAktG/*K. Schmidt* § 249 Rn. 27 und Schmidt/Lutter/*Schwab* § 249 Rn. 2: Verbindungszwang nur für Anfechtungs- und Nichtigkeitsklagen, die auf denselben Beschlussmangel gestützt werden, jedoch Ermessen des Gerichts bei Geltendmachung verschiedener Beschlussmängel.
696 Hüffer/*Koch* § 249 Rn. 20; MüKo AktG/*Hüffer* § 249 Rn. 33; HK AktG/*Göz* § 249 Rn. 11.
697 BGH NJW-RR 2010, 1697; KG NJOZ 2010, 998; siehe auch Rdn. 109.
698 BGH NJW-RR 2010, 1697.
699 KG KGR Berlin 2008, 486 (487).
700 Hüffer/*Koch* § 249 Rn. 20; MüKo AktG/*Hüffer* § 249 Rn. 32; Heidel/*Heidel* § 249 Rn. 17; Schmidt/Lutter/*Schwab* § 249 Rn. 8; GroßkommAktG/*K. Schmidt* § 249 Rn. 39.
701 Spindler/Stilz/*Dörr* § 249 Rn. 24; im vom BGH NZG 2008, 912, entschiedenen Fall freilich ist es zu einer solchen Verbindung gekommen, die der BGH nicht beanstandet, durch das Verbot eines Teilurteils vielmehr bestätigt hat.
702 BGH NZG 2008, 912 (913).

B. Nichtigkeitsklage § 8

auf die allgemeine Feststellungsklage eines Nichtgesellschafters haben.[703] Diese Begründung legt einen Verbindungszwang auch einer Nichtigkeitsklage und einer von einem Dritten erhobenen allgemeinen Feststellungsklage mit gleichem Ziel nahe: Unterbleibt die Verbindung, besteht die Gefahr widersprüchlicher Entscheidungen ebenso wie bei einem Teilurteil. Daher ist es nur konsequent, einen **Verbindungszwang auch zwischen Nichtigkeitsklage und allgemeiner Feststellungsklage**, die auf die Feststellung der Nichtigkeit desselben Beschlusses gerichtet ist, anzunehmen. Es bleibt jedoch zu betonen, dass ein solcher Verbindungszwang **von der Literatur bisher einhellig abgelehnt** und in der Rechtsprechung soweit ersichtlich noch nicht beurteilt wurde.

Die Verbindung lässt die in den einzelnen Verfahren bereits angefallenen **Gerichtsgebühren** unberührt[704], während für Akte nach der Verbindung die Gebühren aus dem zusammengerechneten Streitwert zu ermitteln sind.[705] 279

4. Klageerhebung durch Widerklage

Die Nichtigkeitsklage kann grundsätzlich nicht im Wege der Widerklage erhoben werden.[706] In Betracht käme dies ohnehin nur bei einer von der Gesellschaft erhobenen Klage (weil die Nichtigkeitsklage stets gegen die Gesellschaft gerichtet sein muss). Hinsichtlich einer solchen Klage würde die Gesellschaft aber alleine von ihrem Vorstand vertreten, während für die Nichtigkeitsklage eine Vertretung durch Vorstand und Aufsichtsrat erforderlich wäre, § 249 Abs. 1 S. 1 i. V. m. § 246 Abs. 2 S. 2 und 3 AktG. Allerdings stellt sich dieses Vertretungsproblem nicht, wenn die Nichtigkeitsklage von einem Aufsichtsratsmitglied erhoben wird, weil die Gesellschaft in diesem Fall alleine vom Vorstand vertreten wird, § 246 Abs. 2 S. 3 AktG. (Nur) ein von der Gesellschaft beklagtes Aufsichtsratsmitglied kann die Nichtigkeitsklage daher auch im Wege der Widerklage erheben.[707] 280

VI. Urteilswirkung

Die Nichtigkeitsklage ist nach Auffassung des BGH sowie der h. M. in der Literatur anders als die Anfechtungsklage nicht Gestaltungs-, sondern **Feststellungsklage**.[708] Eine Mindermeinung in der Literatur hingegen geht von einer einheitlichen kassatorischen Klage aus.[709] Ihre Vertreter halten der h. M. entgegen, dass diese Einordnung der einhellig bejahten Identität des Streitgegenstands von Anfechtungs- und Nichtigkeitsklage widerspreche. Es sei schwer einsehbar, wie ein Antrag auf Rechtsgestaltung und ein Antrag auf Feststellung dasselbe Ziel sollen verfolgen können.[710] Zudem sei nicht zu erklären, wie das Nichtigkeitsurteil, wenn es ein bloßes Feststellungsurteil wäre, für und gegen jedermann wirken solle.[711] Nennenswerte praktische Auswirkungen hat die umstrittene dogmatische Einordnung nicht. Insbesondere besteht im Ergebnis Einigkeit, dass das Nichtigkeitsurteil infolge der in § 249 Abs. 1 S. 1 AktG ausdrücklich angeordneten Anwendung von § 248 AktG nicht nur zwischen den Prozessparteien wirkt.[712] 281

---

703 BGH NZG 2008, 912 (913).
704 BGH AG 2013, 594; OLG Koblenz AG 2005, 661; OLG Oldenburg JurBüro 2003, 322; OLG Koblenz AG 1995, 283.
705 Stein/Jonas/*Leipold* § 147, Rn. 27 f.; Hartmann Kostengesetze KV 1210 Rn. 27.
706 MüKo AktG/*Hüffer* § 249 Rn. 9; KöKo AktG/*Zöllner* § 249 Rn. 9.
707 MüKo AktG/*Hüffer* § 249 Rn. 9.
708 RGZ 170, 83 (87); BGHZ 32, 318 (322); BGH NJW 1952, 98; OLG Düsseldorf ZIP 1997, 1153; MüKo AktG/*Hüffer* § 249 Rn. 4; Hüffer/*Koch* § 249 Rn. 10; KöKo AktG/*Zöllner* § 249 Rn. 25; Spindler/Stilz/*Dörr* § 249 Rn. 2 und 4.
709 GroßkommAktG/*K. Schmidt* § 249 Rn. 1 und 4; *Kindl* ZGR 2000, 166 (172).
710 *Kindl* ZGR 2000, 166 (172).
711 GroßkommAktG/*K. Schmidt* § 249 Rn. 4; *Kindl* ZGR 2000, 166 (173).
712 So auch die h. M., welche die Nichtigkeitsklage als Feststellungsklage einordnet, vgl. MüKo AktG/*Hüffer* § 249 Rn. 25 m. w. N.

282 Das **stattgebende Urteil** wirkt vielmehr für und gegen alle Aktionäre sowie die Mitglieder des Vorstands und des Aufsichtsrats.[713] Eine neue Nichtigkeits- oder Anfechtungsklage gegen den gleichen Beschluss wäre unzulässig.[714] Für die Anfechtungsklage wird § 248 AktG dahin ausgelegt, dass ein Urteil auch Gestaltungswirkung gegenüber Dritten haben soll.[715] Der BGH hat diese weitergehende Gestaltungswirkung auch auf Nichtigkeitsklagen übertragen, so dass auch das Urteil über eine Nichtigkeitsklage gegenüber Dritten wirkt. Zur Begründung führte der BGH an, es wäre nicht verständlich, wenn ein Urteil, das einen Beschluss auf eine Anfechtungsklage für nichtig erklärt, Wirkung für und gegen alle hat, während die auf eine Nichtigkeitsklage erfolgende richterliche Feststellung eines schwerwiegenden Beschlussmangels nur die in §§ 249 Abs. 1, 248 Abs. 1 S. 1 AktG genannten Personen bindet.[716]

283 Ein die Nichtigkeitsklage **abweisendes Sachurteil** hingegen bindet alleine die Prozessparteien, hat also keine Wirkung *inter omnes*. § 248 Abs. 1 S. 1 AktG gilt ausdrücklich nur für Urteile, die den Beschluss für nichtig erklären. Während daher derselbe Kläger nicht erneut klagen kann – sofern er nicht seine Klage auf einen neuen Sachverhalt stützt – bleibt die Klage eines anderen Klagebefugten trotz der Abweisung der ersten Nichtigkeitsklage zulässig.[717] Dies gilt selbst dann, wenn die gleichen Nichtigkeitsgründe bereits in den ersten Prozess eingeführt wurden und über sie entschieden wurde, da diese Entscheidung nur mit Wirkung gegenüber dem dortigen Kläger getroffen wurde.[718]

284 Ein **abweisendes Prozessurteil** schließlich hindert schon nach allgemeinen Grundsätzen weder den Kläger noch Dritte an einer erneuten bzw. späteren Klage.[719]

285 Für Nichtigkeitsklagen gegen den Beschluss zur Wahl eines Aufsichtsratsmitglieds (§ 250 AktG) ordnet **§ 252 Abs. 1 AktG** die Drittwirkung des stattgebenden Nichtigkeitsurteils ausdrücklich an. Dabei wird ausdrücklich auch die Arbeitnehmerseite einbezogen. Das geht über den Wortlaut des § 248 Abs. 1 S. 1 AktG hinaus, entspricht aber ohnehin dem heute einhelligen Verständnis, dass die Drittwirkung (auch eines feststellenden Nichtigkeitsurteils) nicht auf die in dieser Vorschrift genannten Aktionäre und Organmitglieder beschränkt sein soll. Das abweisende Urteil hingegen hat auch hier keine Drittwirkung.[720]

286 Der Vorstand ist infolge des Verweises des § 249 Abs. 1 S. 1 AktG auf § 248 AktG verpflichtet, ein Nichtigkeitsurteil unverzüglich zum **Handelsregister einzureichen**, im Falle eines satzungsändernden Beschlusses mit dem zusätzlichen Inhalt nach § 248 Abs. 2 AktG. Sofern der Beschluss eingetragen wurde, ist er durch einen Vermerk nach § 44 HRV im Handelsregister als nichtig auszuweisen und die Eintragung dieses Vermerkes wie der ursprüngliche Beschluss bekannt zu machen.[721]

VII. Geltendmachung der Nichtigkeit auf andere Weise, § 249 Abs. 1 S. 2 AktG

287 Liegt ein Nichtigkeitsgrund vor, ist der Beschluss – anders als bei der bloßen Anfechtbarkeit – bereits kraft Gesetzes unwirksam. Durch die Nichtigkeitsklage wird diese Unwirksamkeit lediglich fest-

---

713 Vgl. etwa BGH AG 1999, 228.
714 HK AktG/*Göz* § 249 Rn. 12.
715 GroßkommAktG/*K. Schmidt* § 248 Rn. 5; KöKo AktG/*Zöllner* § 248 Rn. 16; Hüffer/*Koch* § 248 Rn. 5.; vgl. hierzu Rdn. 93.
716 BGH NZG 2008, 912, Tz. 8; ebenso KöKo AktG/*Zöllner* § 249 Rn. 40 f.; MüKo AktG/*Hüffer* § 249 Rn. 25; Hüffer/*Koch* § 249 Rn. 17; Spindler/Stilz/*Dörr* § 249 Rn. 19; GroßkommAktG/*K. Schmidt* § 249 Rn. 31; MünchHdb GesR IV/*F. – J. Semler* § 41 Rn. 100.
717 OLG Düsseldorf NZG 2003, 588 (593); AG 2009, 666 (667); Gehrlein AG 1994, 103 (107); Spindler/Stilz/*Dörr* § 249 Rn. 20; Hüffer/*Koch* § 248, Rn. 14; MüKo AktG/*Hüffer* § 249 Rn. 26.
718 Hüffer/*Koch* § 248 Rn. 14.
719 MüKo AktG/*Hüffer* § 249 Rn. 26.
720 Hüffer/*Koch* § 252 Rn. 1.
721 MüKo AktG/*Hüffer* § 249 Rn. 27.

gestellt, nicht aber erst herbeigeführt. Deswegen[722] kann die Nichtigkeit gemäß § 249 Abs. 1 S. 2 AktG auch auf andere Weise als durch Erhebung der Nichtigkeitsklage geltend gemacht werden.

Daraus folgt zunächst, dass auch die **Anfechtungsklage** auf Nichtigkeitsgründe gestützt werden kann. Liegt ein Nichtigkeitsgrund vor, ist dem Aktionär eine erfolgreiche Anfechtungsklage auch dann möglich, wenn er die Frist nach § 246 Abs. 1 AktG versäumt hat, denn diese Frist gilt nicht für Nichtigkeitsgründe.[723] 288

Der Aktionär kann zudem die Nichtigkeit einwenden, wenn er sich gegen Ansprüche **verteidigt**, die aus dem Beschluss gegen ihn geltend gemacht werden.[724] Diese Einrede der Nichtigkeit steht auch der Gesellschaft zu, etwa wenn ein Aktionär auf Grundlage eines nichtigen Gewinnverwendungsbeschlusses die Gewinnauszahlung verlangt.[725] 289

Die Nichtigkeit ist ferner als **Eintragungshindernis**[726] vom Registergericht von Amts wegen zu prüfen. In der Praxis ist demjenigen, der auf diese Registerkontrolle baut, zu empfehlen, den zuständigen Rechtspfleger auf entsprechende Nichtigkeitsgründe im Rahmen einer formlosen Anregung rechtzeitig (u. U. bereits vor Beschlussfassung) hinzuweisen. 290

Der Aktionär kann die Nichtigkeit jedoch **nicht** im Wege einer **allgemeinen Feststellungsklage** geltend machen, da ihm angesichts der Möglichkeit der *inter omnes* wirkenden Nichtigkeitsklage das erforderliche Feststellungsinteresse fehlt.[727] Zudem kann der Aktionär sich nicht den für die Nichtigkeitsklage geltenden Bestimmungen entziehen.[728] 291

VIII. Klage auf Teilnichtigerklärung

Eine Klage auf Feststellung der **Teilnichtigkeit** kommt in Betracht, wenn sich ein Mangel nicht auf alle Gegenstände des Beschlusses bezieht.[729] Das wird nur bei inhaltlichen Mängeln denkbar sein. Die Klage kann jedoch nur dann erfolgreich auf teilweise Feststellung der Nichtigkeit unter Aufrechterhaltung des Beschlusses im Übrigen gerichtet werden, wenn sich trotz der anwendbaren[730] Auslegungsregelung des § 139 BGB ergibt, dass sich die Mangelhaftigkeit nicht auf den gesamten Beschluss bezieht.[731] 292

C. Allgemeine Feststellungsklage

Die allgemeine Feststellungsklage als Instrument aktienrechtlicher Auseinandersetzungen fristet ein **Ausnahmedasein**. Sie ist insbesondere kein Mittel der Beschlussmängelbeseitigung. Ist das Beschlussergebnis vom Versammlungsleiter festgestellt worden, kommt eine allgemeine Feststellungsklage gemäß § 256 ZPO anstelle oder neben der Anfechtungsklage nicht in Betracht.[732] 293

---

722 Spindler/Stilz/*Dörr* § 249 Rn. 4 am Ende, 23: »*zwingende Folge des Vorliegens eines Nichtigkeitsgrundes*«.
723 BGHZ 32, 318 (324) (für die Genossenschaft bei analoger Anwendung der Regelungen für die AG); BGH NJW 1995, 260 (261); Hüffer/*Koch* § 246 Rn. 20.
724 RGZ 120, 28 (31); Hüffer/*Koch* § 249 Rn. 19; Spindler/Stilz/*Dörr* § 249 Rn. 23; GroßkommAktG/*K. Schmidt* § 249 Rn. 7; KöKo AktG/*Zöllner* § 249 Rn. 5; MüKo AktG/*Hüffer* § 249 Rn. 30, nennt als Beispiel den Kapitalerhöhungsbeschluss.
725 KöKo AktG/*Zöllner* § 249 Rn. 5; Spindler/Stilz/*Dörr* § 249 Rn. 23.
726 KöKo AktG/*Zöllner* § 241 Rn. 33; MüKo AktG/*Hüffer* § 241 Rn. 95.
727 BGHZ 70, 384 (388); OLG Hamburg NJW-RR 1996, 1065; OLG Koblenz NZG 2006, 270.
728 KöKo AktG/*Zöllner* § 249 Rn. 3; Spindler/Stilz/*Dörr* § 249 Rn. 25; MüKo AktG/*Hüffer* § 249 Rn. 7; a. A. GroßkommAktG/*K. Schmidt* § 249 Rn. 8.
729 KöKo AktG/*Zöllner* § 249 Rn. 46.
730 RGZ 146, 385 (394); BGHZ 11, 231 (246); NJW 1988, 1214.
731 BGH ZIP 1982, 689 (692); NJW 1994, 520; OLG Hamburg AG 2000, 326 (328).
732 BGHZ 104, 66 (69); AG 2003, 383; ZIP 1999, 656.

294 Sie ist andererseits durch die aktienrechtlichen Regelungen aber auch nicht ausgeschlossen. Der BGH hat in seiner Holzmüller-Entscheidung angenommen, dass eine materiell begründete Rechtsverfolgung grundsätzlich nicht daran scheitern darf, dass die dem Aktiengesetz eigenen Rechtsbehelfe tatbestandsmäßig versagen. Dann muss der in seinen Rechten verletzte Aktionär auf die Mittel zurückgreifen können, die ihm die allgemeinen Gesetze zur Verfügung stellen, es sei denn, der Sinn einer aktienrechtlichen Bestimmung liege gerade darin, diese Möglichkeit aus besonderen Gründen zu unterbinden. Das Aktiengesetz stehe aber einer Feststellungsklage nicht grundsätzlich entgegen.[733] In Betracht kommt die allgemeine Feststellungsklage demnach lediglich, wo »*die dem Aktiengesetz eigenen Rechtsbehelfe tatbestandsmäßig versagen*«, also eine Lücke gelassen haben. Die in der Praxis bedeutendste Lücke wird zudem durch die gesondert zu behandelnde positive Beschlussfeststellungsklage geschlossen (vgl. Rdn. 312–329.).

I. Anwendungsfälle

295 Eine allgemeine Feststellungsklage gegen eine Gesellschaft, gerichtet auf die Feststellung, dass zwischen der Gesellschaft und einem Dritten ein Rechtsverhältnis bestehe oder nicht bestehe, kommt in Betracht, wenn dies zugleich für die Rechtsbeziehungen der Parteien untereinander von Bedeutung ist, der Kläger an einer alsbaldigen Klärung dieses Drittverhältnisses ein rechtliches Interesse hat und das Aktienrecht für die Austragung eines solchen Streits keine abschließende Regelung enthält.[734] Die praktischen Anwendungsfälle sind selten, weil es zumeist an einem **Feststellungsinteresse** fehlt.[735] Vor allem die folgenden Anwendungsfälle sind jedoch von Bedeutung:

1. Beschlussmängelrecht

296 Grundsätzlich unterfällt die **Nichtigkeit eines Beschlusses** der Definition des Bestehens oder Nichtbestehens eines Rechtsverhältnisses.[736] Wo die Nichtigkeit im Wege der Anfechtungs- und Nichtigkeitsklage geltend gemacht werden kann, fehlt es aber am erforderlichen Feststellungsinteresse.[737] Daher verbleibt für die allgemeine Feststellungsklage im Beschlussmängelrecht lediglich der folgende Anwendungsbereich:

297 Ein **Außenstehender** (der weder Aktionär noch Organmitglied ist) kann bei entsprechendem Feststellungsinteresse (nur) eine allgemeine Feststellungsklage erheben, um die Nichtigkeit eines Hauptversammlungsbeschlusses feststellen zu lassen.[738] Das gilt insbesondere für die Klage eines ehemaligen Organmitglieds gegen den Beschluss, durch den es abberufen wurde.[739] Für die Aktiengesellschaft kann dies allein die Klage eines Aufsichtsratsmitgliedes gegen einen Abberufungsbeschluss nach § 103 AktG betreffen.

298 Eine **gegen einen anderen Gesellschafter** gerichtete allgemeine Feststellungsklage betreffend die Feststellung der Nichtigkeit von Gesellschafterbeschlüssen ist unzulässig, wenn der klagende Gesell-

---

733 BGHZ 83, 122 – Holzmüller.
734 LG München NZG 2009, 226 (227); LG Frankfurt a. M. BeckRS 2011, 26747; vgl. BGHZ 164, 249 – Mangusta/Commerzbank II.
735 KöKo AktG/*Zöllner* § 249 Rn. 4; MüKo AktG/*Hüffer* § 249 Rn. 6: Feststellungsinteresse nur in Ausnahmefällen.
736 KöKo AktG/*Zöllner* § 249 Rn. 3; GroßkommAktG/*K. Schmidt* § 249 Rn. 34.
737 BGHZ 70, 384 (388); OLG Koblenz NZG 2006, 270 (271); GroßkommAktG/*K. Schmidt* § 249 Rn. 34; MüKo AktG/*Hüffer* § 249 Rn. 7; MünchHdb GesR IV/*F. – J. Semler* § 41 Rn. 97.
738 BGH AG 2009, 167; NJW 1966, 1458 zum Treugeber eines GmbH-Gesellschafters; Hüffer/*Koch* § 249 Rn. 12; OLG Naumburg AG 1998, 430 (Feststellungsinteresse des Betriebsrates bei Klage auf Feststellung der Nichtigkeit eines Umwandlungsbeschlusses abgelehnt); GroßkommAktG/*K. Schmidt* § 249 Rn. 36; Spindler/Stilz/*Dörr* § 249 Rn. 25; MüKo AktG/*Hüffer* § 249 Rn. 6.
739 BGH NJW 1966, 1458 (1459) (Abberufung eines GmbH-Geschäftsführers); Schmidt/Lutter/*Schwab* § 249 Rn. 11.

schafter aufgrund desselben Tatbestands die Nichtigkeit im Wege einer Nichtigkeitsklage feststellen lassen könnte.[740] Es fehlt das Feststellungsinteresse nach § 256 ZPO, soweit die Anfechtungs- oder Nichtigkeitsklage möglich ist.[741] Die allgemeine Feststellungsklage gegen einen anderen soll jedoch bei Vorliegen eines entsprechenden Rechtsschutzbedürfnisses möglich bleiben.[742]

Sofern man eine Anfechtungs- oder Nichtigkeitsklage gegen **Nicht- oder Scheinbeschlüsse** nicht zulässt[743], steht zur Überprüfung solcher Beschlüsse die allgemeine Feststellungsklage nach § 256 ZPO zur Verfügung.[744] Zudem kann durch eine Feststellungsklage geklärt werden, ob und mit welchem Inhalt ein Beschluss gefasst worden ist, wenn der Versammlungsleiter das Ergebnis nicht festgestellt hat.[745]

299

Als weiterer Anwendungsfall der allgemeinen Feststellungsklage im Beschlussmängelrecht kommt die Klage auf Feststellung der **Unwirksamkeit** (in Abgrenzung zur Nichtigkeit) von Beschlüssen in Betracht.[746] Die Streitgegenstände sind bei der Anfechtung des Beschlusses und der Feststellung seiner Unwirksamkeit verschieden, womit die Rechtshängigkeit der einen Klage nicht daran hindert, auch noch die andere zu erheben.[747]

300

Die Nichtigkeit von **Aufsichtsratsbeschlüssen** kann ebenfalls im Wege der allgemeinen Feststellungsklage geklärt werden.[748]

301

2. Außerhalb des Beschlussmängelrechts

Einen größeren Anwendungsbereich hat die allgemeine Feststellungsklage in aktienrechtlichen Auseinandersetzungen außerhalb des Beschlussmängelrechts.

302

Nach der Holzmüller-Entscheidung des BGH kommt die allgemeine Feststellungsklage insbesondere in Betracht, wenn es an einem angreifbaren **Beschluss überhaupt fehlt**.[749] Macht ein Aktionär geltend, der Vorstand habe eine notwendige Zustimmung der Hauptversammlung nicht eingeholt, kann er demnach auf Feststellung klagen, dass die Maßnahme nichtig oder unzulässig sei.[750]

303

Im Zusammenhang mit der Ausnutzung eines genehmigten Kapitals mit Bezugsrechtsausschluss hat der BGH bereits wiederholt entschieden, dass der in seinen Mitgliedschaftsrechten beeinträchtigte Aktionär **pflichtwidriges, kompetenzüberschreitendes Organhandeln** des Vorstands und des Aufsichtsrats zum Gegenstand einer gegen die Gesellschaft zu richtenden allgemeinen Feststellungsklage machen kann.[751] Zur Verhinderung rechtswidriger Maßnahmen der Verwaltung steht die allgemeine Feststellungsklage hingegen nicht zur Verfügung.[752]

304

In Betracht kommt ferner eine auf die gerichtliche Feststellung der **(Un-)Wirksamkeit von Satzungsbestimmungen** gerichtete Klage. Eine solche Unwirksamkeit kann ohne einen satzungsändernden Beschluss (der mit der Anfechtungs- oder Nichtigkeitsklage anzugreifen wäre) eintreten, wo sich die gesetzlichen Vorgaben oder die Rechtsprechung ändern. An einer solchen Feststellung kann der Aktionär, unter Umständen aber auch die Gesellschaft, ein erhebliches Interesse haben. Als Beispiel

305

---

740 OLG Hamburg ZIP 1995, 1513 zur GmbH.
741 Hüffer/*Koch* § 249 Rn. 12.
742 MüKo AktG/*Hüffer* § 249 Rn. 16.
743 Vgl. hierzu Rdn. 245.
744 MüKo HGB/*Enzinger* § 119 Rn. 101; *Mülbert/Gramse* WM 2002, 2085.
745 St. Rspr., BGHZ 104, 66 (68); DStR 2009, 2545.
746 Hüffer/*Koch* § 249 Rn. 21, § 246 Rn. 41; Schmidt/Lutter/*Schwab* § 249 Rn. 13; vgl. hierzu bereits Rdn. 244.
747 Zuletzt BGH ZIP 2012, 1750; MüKo AktG/*Hüffer* § 246 Rn. 83.
748 GroßkommAktG/*K. Schmidt* § 249 Rn. 11.
749 BGHZ 83, 122 – Holzmüller.
750 BGHZ 83, 122 – Holzmüller.
751 BGHZ 164, 249 – Mangusta/Commerzbank II; 136, 133 (140) – Siemens/Nold.
752 AllgM, vgl. statt aller GroßkommAktG/*K. Schmidt* § 241 Rn. 5; Heidel/*Heidel* § 246 Rn. 61.

sei an eine Satzungsregelung zu einer abgesenkten Sperrminorität gedacht, deren Wirksamkeit durch andere Aktionäre in Zweifel gezogen wird.

306 Geht es dem Aktionär oder der Gesellschaft um die Feststellung der Unwirksamkeit einer Satzungsbestimmung, käme zwar alternativ in Betracht, am **Registergericht eine Löschung** anzuregen. Verstößt eine Satzungsregelung gegen zwingendes Gesetzesrecht, kann das Registergericht sie von Amts wegen löschen, § 242 Abs. 2 S. 3 AktG analog i. V. m. § 395 FamFG.[753] Der Aktionär kann eine solche Amtslöschung (nur) anregen.[754] Voraussetzung für eine solche Amtslöschung ist aber eine klare und eindeutige Rechtslage.[755] Die Löschung darf nur erfolgen, wenn die Unzulässigkeit der Eintragung nach Überprüfung aller hierfür maßgebenden Umstände ohne vernünftigen Zweifel zu bejahen ist. Ist dies nicht der Fall, so ist derjenige, der eine Eintragung gelöscht haben will, auf den Prozessweg zu verweisen.[756] Hinzu kommt, dass das Registergericht, wenn die Voraussetzungen für eine Löschung vorliegen, zu dieser Maßnahme nur berechtigt, nicht aber verpflichtet ist. Zur Löschung verpflichtet ist das Registergericht nur bei völlig zweifels- und bedenkenfreier Sach- und Rechtslage[757] und auch dann nur, wenn das Fortbestehen der Eintragung Schädigungen Berechtigter zur Folge hätte oder dem öffentlichen Interesse widerspräche.[758] Aufgrund des fehlenden formalen Antragsrechts, vor allem aber wegen dieser hohen Hürde für eine Amtslöschung erweist sich dieser Weg zumeist als unzureichend. Eine Klage auf Feststellung der Nichtigkeit von Satzungsbestimmungen, die § 23 Abs. 5 AktG verletzen, ist daher als allgemeine Feststellungsklage nach § 256 ZPO zulässig.[759]

II. Verfahrensfragen

307 Die Klage ist gegen die Gesellschaft zu richten, nicht gegen das jeweils handelnde Organ(mitglied).[760] Die besondere Vertretungsregelung des § 246 Abs. 2 AktG gilt nicht, die Gesellschaft wird lediglich von ihrem **Vorstand** vertreten.[761] Es besteht weder eine ausschließliche Zuständigkeit am Sitz der Gesellschaft noch gelten die Streitwertregelung des § 247 AktG oder die Vorgaben zur Bekanntmachung.[762]

308 Eine **Heilung** des Beschlusses während des anhängigen Feststellungsprozesses führt zur **Erledigung** dieses Verfahrens.[763]

III. Urteilswirkung

309 Ein Urteil über eine allgemeine Feststellungsklage bindet **allein die Parteien** des Verfahrens.[764] Der wesentliche Unterschied der allgemeinen Feststellungsklage zur Anfechtungs- und Nichtigkeitsklage liegt gerade darin, dass § 248 AktG nicht anwendbar ist.

---

753 BGH NJW 2000, 2819 (2820); früher: §§ 142 Abs. 1, 144 Abs. 2 FGG.
754 Zur Möglichkeit einer solchen Anregung OLG Frankfurt a. M. NZG 2002, 294.
755 BayObLG Rpfleger 1979, 15; FGPrax 2002, 82; OLG Düsseldorf NJW-RR 1998, 756 (757); BayObLGZ 1978, 87 (93).
756 BayObLG Rpfleger 1979, 15; FGPrax 2002, 82.
757 OLG Düsseldorf NJW-RR 1998, 756 (757).
758 Vgl. BayObLGZ 1978, 87 (93).
759 Einhellige Auffassung: MüKo AktG/*Hüffer*, § 275 Rn. 33; G/H/E/K/*Hüffer*, § 275 Rn. 33; Hüffer/*Koch* § 275 Rn. 18; KöKo AktG/*Kraft*, § 275 Rn. 11; Spindler/Stilz/*Bachmann*, § 275 Rn. 12; GroßkommAktG/*Wiedemann* § 275 Rn. 2 am Ende; zur GmbH Anton, GmbHR 1973, 75 (78).
760 Vgl. BGHZ 83, 122 (134) – Holzmüller; Heidel/*Heidel* § 246 Rn. 63.
761 KöKo AktG/*Zöllner* § 249 Rn. 4; Spindler/Stilz/*Dörr* § 249 Rn. 26; MüKo AktG/*Hüffer* § 249 Rn. 6.
762 KöKo AktG/*Zöllner* § 249 Rn. 4; GroßkommAktG/*K. Schmidt* § 249 Rn. 36 f.; MüKo AktG/*Hüffer* § 249 Rn. 6.
763 Schmidt/Lutter/*Schwab* § 249 Rn. 12.
764 Schmidt/Lutter/*Schwab* § 249 Rn. 12; Spindler/Stilz/*Dörr* § 249 Rn. 26; MüKo AktG/*Hüffer* § 249 Rn. 6.

Etwas anderes soll jedoch nach einer Literaturauffassung gelten, wenn das Gericht einer Klage auf Feststellung der **Unwirksamkeit** eines Beschlusses stattgibt. Weil die Unwirksamkeit des Beschlusses und dessen Nichtigkeit unterschiedliche Streitgegenstände sind, finden die Regelungen der Anfechtungs- und Nichtigkeitsklage hier nach einer weit verbreiteten Auffassung keine unmittelbare Anwendung.[765] Dennoch soll dieses Urteil nach teilweise vertretener Auffassung Rechtskraft für und gegen alle Aktionäre und Verwaltungsmitglieder entfalten, weil dem Kläger andernfalls der Rechtsschutz **faktisch unmöglich** würde, da er ansonsten jeden Aktionär einzeln auf die Feststellung der Unwirksamkeit verklagen müsste.[766] Zudem bestünde dann für die Gesellschaft die **Gefahr widersprüchlicher Entscheidungen**.[767] Zu rechtfertigen ist diese erweiterte Rechtskraftwirkung aber nur, wenn die Verfahrensregeln der Anfechtungs- und Nichtigkeitsklage eingehalten wurden, die anderen Aktionären die Möglichkeit einer Beteiligung an der Auseinandersetzung ermöglichen. Letztlich vorzugswürdig ist daher die Auffassung, nach welcher für die Klage auf Feststellung der Unwirksamkeit die Regelungen der Nichtigkeitsklage entsprechend gelten sollen. 310

Eine weitere Ausnahme von der Wirkung des Urteils nur zwischen den Parteien wird für den Fall vertreten, dass das Gericht die Nichtigkeit einzelner **Satzungsbestimmungen** feststellt. Diese Feststellung soll in entsprechender Anwendung des § 248 AktG die Satzungsbestimmung gegenüber allen Aktionären sowie gegenüber den Organen der Gesellschaft unwirksam machen.[768] Die Nichtigkeit der Satzungsbestimmung ist vom Vorstand zum Handelsregister anzumelden und dort einzutragen, §§ 249, 248 Abs. 2 AktG analog.[769] Um den anderen Aktionären die Möglichkeit einer Beteiligung zu ermöglichen, werden auch in einem solchen Verfahren die Vorgaben zur Nichtigkeitsklage einzuhalten, insbesondere also bereits die Erhebung einer entsprechenden Klage sowie der Termin zur mündlichen Verhandlung von der Gesellschaft in analoger Anwendung von § 246 Abs. 4 AktG bekannt zu machen sein. 311

D. Positive Beschlussfeststellungsklage

Mit einer erfolgreichen Anfechtungs- oder Nichtigkeitsklage vermag der Aktionär einen rechtswidrig gefassten Beschluss zu beseitigen. Im Regelfall hat er sein Rechtsschutzziel dadurch erreicht. Das ist nur dann anders, wenn er einen **ablehnenden Beschluss** angegriffen hat. Wurde beispielsweise eine beantragte Satzungsänderung abgelehnt, bewirkt die Beseitigung dieses ablehnenden Beschlusses noch nicht die beantragte Satzungsänderung. Das der tatsächlichen Abstimmungsmehrheit entsprechende Ergebnis, nämlich die Änderung der Satzung, kann allein hierdurch nicht herbeigeführt werden. Hierfür bedarf es über die bloß kassatorische Wirkung der Anfechtungs- und Nichtigkeitsklage hinaus einer positiven Feststellung des Gerichts, dass der Beschlussantrag von Rechts wegen anzunehmen gewesen wäre. Das Aktiengesetz sieht für eine solche Beschlussfeststellung kein ausdrückliches Instrument vor. Die **Rechtsprechung** hat dem Aktionär hierfür die positive Beschlussfeststellungsklage an die Hand gegeben. 312

I. Klageantrag

Nach einhelliger Meinung kann die Anfechtungs- und Nichtigkeitsklage mit dem Feststellungsantrag verbunden werden, dass der Beschlussantrag angenommen wurde.[770] Der Aktionär beantragt 313

---

765 Vgl. hierzu bereits Rdn. 244.
766 Schmidt/Lutter/*Schwab* § 249 Rn. 14.
767 KöKo AktG/*Zöllner* § 249 Rn. 51; im Ergebnis bei endgültig unwirksamen Beschlüssen ebenso GroßkommAktG/*K. Schmidt* § 249 Rn. 9.
768 Hdb AG/*Zätzsch* § 3 Rn. 380.
769 Hdb AG/*Zätzsch* § 3 Rn. 380.
770 BGHZ 76, 191 (197); 88, 320 (329); 97, 28 (30); AG 2001, 587 (588); OLG Brandenburg AG 2003, 328 (329); LG München ZIP 2008, 555; Hüffer/*Koch* § 246 Rn. 42; MüKo AktG/*Hüffer* § 246 Rn. 85; GroßkommAktG/*K. Schmidt* § 241 Rn. 98 ff.; KöKo AktG/*Zöllner* § 248 Rn. 24 ff.

beispielsweise bei der unwirksamen Ablehnung eines Satzungsänderungsbeschlusses, dass das Gericht nicht nur die Unwirksamkeit des satzungsändernden Beschlusses feststellt, sondern darüber hinaus auch ausspricht, dass die Satzungsänderung – die treuwidrig abgegebenen Stimmen nicht berücksichtigt – von der Hauptversammlung angenommen wurde.[771]

314 Die positive Beschlussfeststellungsklage kann demzufolge nur zusammen mit einer Anfechtungs- oder Nichtigkeitsklage erhoben werden, weil erst die Beseitigung des ablehnenden Beschlusses den Weg frei macht für eine positive Beschlussfeststellung.

II. Statthaftigkeit/Rechtsschutzbedürfnis

315 Die positive Beschlussfeststellungsklage kann sich nach ihrem Zweck nur gegen die **Ablehnung** eines Beschlussantrags durch Gesellschafterbeschluss richten. Eine Verbindung der Anfechtungsklage mit einer positiven Beschlussfeststellungs-klage scheidet aus, wenn der Kläger umgekehrt einen positiven Gesellschafterbeschluss anficht.[772] Ist ein solcher annehmender Beschluss auf die Anfechtungsklage für nichtig zu erklären, steht damit zugleich fest, dass der in der Gesellschafterversammlung gestellte Antrag keinen Erfolg hatte.[773] Einer weitergehenden Feststellung bedarf es damit nicht.[774] Es fehlt am Rechtsschutzbedürfnis.

316 Die Möglichkeit, eine positive Feststellungsklage zu erheben, macht es nicht überflüssig, gegen das festgestellte und verkündete Beschlussergebnis Anfechtungsklage zu erheben. Der positive Feststellungsantrag ergänzt nur den Anfechtungsantrag, kann ihn aber nicht ersetzen. Nur bei rechtzeitiger Anfechtung des ablehnenden Beschlusses ist der Weg dafür frei, den abgelehnten Antrag aufgrund der dann vorliegenden mehrheitlichen Zustimmung zur Geltung zu bringen.[775] Eine **isoliert erhobene positive Beschlussfeststellungsklage** ist deswegen **unzulässig**.[776] Der Anfechtungsantrag ist auch nicht in dem Feststellungsantrag enthalten, da die durch die Anfechtung bewirkte Kassation des Beschlusses durch den Feststellungsantrag, der keine Gestaltungswirkung entfaltet, nicht erreicht werden kann.[777]

317 Anfechtungs- und positive Beschlussfeststellungsklage lassen nicht das Rechtsschutzbedürfnis des klagenden Minderheitsaktionärs für einen **Antrag an das Registergericht** auf Einberufung der Hauptversammlung zu Neuvornahme des angefochtenen Beschlusses entfallen.[778]

III. Verfahrensfragen

318 Die positive Feststellungsklage unterliegt im Wesentlichen den gleichen Verfahrensregelungen wie die Anfechtungsklage[779], deren Annex sie ist. Die positive Beschlussfeststellungsklage muss in derselben **Frist** wie die Anfechtungsklage erhoben und in dem gleichen Prozess behandelt werden. Dies ist erforderlich, um die Rechtskrafterstreckung nach § 248 AktG analog zu rechtfertigen[780], derzufolge das Urteil den Beschlussinhalt nicht nur zwischen den Parteien, sondern für und gegen alle Aktionäre und Organmitglieder festlegt.[781] Aus dem gleichen Grund muss die Gesellschaft gemäß § 246 Abs. 4 AktG analog die Erhebung der positiven Beschlussfeststellungsklage in den Gesellschaftsblättern **bekannt machen**.[782] Nur so ist nämlich gesichert, dass der Aktionär von der beantragten Beschlussfest-

---

771 KöKo AktG/*Zöllner* § 179 Rn. 213.
772 BGH AG 2003, 383; vgl. auch BGHZ 97, 30; 104, 66 (69).
773 BGH AG 2003, 383.
774 Hüffer/*Koch* § 246 Rn. 42.
775 BGHZ 88, 320 (329); OLG Hamburg AG 2003, 46 (48); HK AktG/*Göz* § 246 Rn. 46.
776 MüKo AktG/*Hüffer* § 246 Rn. 86.
777 Vgl. BGHZ 88, 320 (329).
778 KG Beschl. v. 25.8.2011 – Az.: 25 W 63/11.
779 MüKo AktG/*Hüffer* § 246 Rn. 82, 84, 87 f.
780 BGHZ 76, 191.
781 MüKo AktG/*Hüffer* § 246 Rn. 88.
782 HK AktG/*Göz* § 246 Rn. 46.

D. Positive Beschlussfeststellungsklage §8

stellung erfährt und sich gegebenenfalls durch Beitritt auf Seiten der Gesellschaft gegen diese wehren kann. Es ist jedoch nicht notwendig, dass der Gesellschafter, der ein abweichendes Beschlussergebnis festgestellt wissen will, dieses Ergebnis ebenfalls protokollieren lässt. Der gemäß § 245 Nr. 1 AktG erklärte Widerspruch zur Niederschrift gegen den Beschluss reicht aus.[783]

Die Gesellschaft wird entsprechend § 246 Abs. 2 AktG auch hinsichtlich der positiven Beschlussfeststellungsklage **von Vorstand und Aufsichtsrat vertreten.** Die Klage muss in analoger Anwendung des § 246 Abs. 3 S. 1 und 2 AktG vor dem ausschließlich zuständigen Landgericht des Gesellschaftssitzes erhoben werden, wenn eine Kammer für Handelssachen gebildet ist, bei dieser.[784] Damit ist also das Gericht ausschließlich zuständig, das auch über die kassatorische Klage entscheidet. 319

Die Gesellschafter können sich auf der Kläger- oder der Beklagtenseite als Nebenintervenienten beteiligen. Wegen der Wirkung der Entscheidung für und gegen alle Aktionäre sind sie dann **streitgenössische Nebenintervenienten.**[785] 320

IV. Begründetheit

Die positive Beschlussanfechtungsklage ist unbegründet, wenn der durch die Anfechtungs- oder Nichtigkeitsklage angegriffene, ablehnende Beschluss rechtmäßig ist. Erst die erfolgreiche Anfechtungsklage macht den Weg für die positive Beschlussfeststellung frei.[786] Die positive Beschlussfeststellung ist demnach **echter Eventualantrag** zur Anfechtung oder Nichtigkeit; sie kann nur Erfolg haben, wenn auch der Hauptantrag Erfolg hat. 321

Wenn die Anfechtungs- oder Nichtigkeitsklage Erfolg hat, folgt daraus jedoch noch nicht, dass auch die positive Beschlussfeststellungsklage begründet wäre. War der ablehnende Beschluss beispielsweise infolge eines Einberufungsmangels nichtig, ist damit selbstredend noch nichts dazu ausgesagt, ob der Antrag ohne diesen Fehler angenommen worden wäre. Es darf auch nicht darum gehen, einen mangelhaften und deshalb wirksam angefochtenen Beschluss durch einen überhaupt nicht gefassten anderen Beschluss zu ersetzen.[787] Die Anfechtungsklage richtet sich gegen die unrichtige Feststellung eines in Wirklichkeit gar nicht so zustande gekommenen Beschlusses, wogegen die damit verbundene Feststellungsklage verbindlich klären soll, was in Wahrheit beschlossen worden ist.[788] 322

In der Sache erfolgreich kann die positive Beschlussfeststellungsklage daher nur sein, wenn die Hauptversammlung den abgelehnten Beschluss entgegen der vorläufig verbindlichen[789] Feststellung des Versammlungsleiters **tatsächlich angenommen hat** (Zählfehler; unzutreffende Auslegung eines Mehrheitserfordernisses[790]; Mitzählen nicht berücksichtigungsfähiger Stimmen[791]; Missachtung von Stimmverboten[792]) oder **hätte annehmen müssen** (Treuepflichtverletzung). Eine solche Treuepflichtverletzung liegt namentlich vor, wenn ein Antrag abgelehnt wurde, weil Mitgesellschafter rechtsmissbräuchlich gegen diesen gestimmt haben und der Versammlungsleiter die treuwidrigen Nein-Stimmen dennoch als wirksam abgegeben oder zumindest vertreten wertet.[793] Dann können sich die Befürworter durch Anfechtungsklage wehren und durch positive Beschlussfeststellungsklage das zutreffende Ergebnis feststellen lassen.[794] 323

---

783 BGHZ 76, 191, 200; HK AktG/*Göz* § 246 Rn. 46; MüKo AktG/*Hüffer* § 246 Rn. 87.
784 MüKo AktG/*Hüffer* § 246 Rn. 88.
785 BGH AG 1999, 228 (229); Hölters/Englisch § 246 Rn. 8.
786 BGHZ 76, 191.
787 BGHZ 76, 191.
788 BGHZ 76, 191.
789 RGZ 75, 239 (242); BGHZ 14, 25 (35); 76, 191 (197); DB 1997, 153 (155).
790 So im Fall BGHZ 76, 191.
791 OLG Hamm ZIP 2013, 1024.
792 HK AktG/*Göz* § 246 Rn. 46; Heidel/*Heidel* § 246 Rn. 12.
793 BGHZ 88, 320.
794 KöKo AktG/*Zöllner* § 179 Rn. 213; Hüffer/*Koch* § 179 Rn. 31, sowie § 130 Rn. 22 f.; MüKo AktG/*Bungeroth* Vor § 53a Rn. 42;, Happ/*Tielmann* Kap. 18.01 Rn. 9, S. 2071.

324 Die positive Beschlussfeststellungsklage ist freilich auch dann unbegründet, wenn der Beschluss mit dem beantragten Inhalt **seinerseits gegen Gesetz oder Satzung verstößt**.[795] Solche Mängel des Beschlusses, dessen Feststellung begehrt wird, können von anderen Anfechtungsbefugten, insbesondere Aktionären, im Wege der streitgenössischen Nebenintervention auf Seiten der beklagten Gesellschaft im selben Prozess einredeweise geltend gemacht werden.[796] Aufgrund seiner Anfechtungsbefugnis (§ 245 Nr. 4 AktG) ist auch der Vorstand zu einer solchen Nebenintervention berechtigt.[797]

325 Im Rahmen der positiven Beschlussfeststellungsklage kann ein Beschlussergebnis schließlich nur dann festgestellt werden, wenn auf Grund der in Wirklichkeit anzunehmenden **Mehrheitsverhältnisse** der Hauptversammlung kein anderer als ein antragsgemäßer Beschluss anzunehmen wäre.[798]

V. Wirkung des Urteils

326 Die in § 248 AktG vorgesehene erweiterte Rechtskraftwirkung des Urteils über die Anfechtungsklage, das ein unrichtig verkündetes (negatives) Beschlussergebnis für nichtig erklärt, ist nach dem BGH in entsprechender Anwendung dieser Vorschrift auch auf die damit verbundene (positive) Beschlussfeststellung zu erstrecken.[799] Die positive Beschlussfeststellung wirkt also wie auch das Anfechtungsurteil **für und gegen jedermann**.

327 Gegen den gerichtlich festgestellten Beschluss kann **keine erneute Anfechtungsklage** erhoben werden.[800] Dem berechtigten Bedürfnis, insbesondere den Aktionären Gelegenheit zu geben, einen etwaigen Mangel des gerichtlich festgestellten Beschlusses geltend machen zu können, ist dadurch ausreichend Rechnung getragen, dass Mängel an dem Beschluss, dessen Feststellung der Kläger wünscht, im Wege der Nebenintervention auf Seiten der Gesellschaft in demselben Prozess einredeweise geltend gemacht werden können.[801]

VI. Rechtsmittel

328 Die positive Beschlussfeststellungsklage ist eine Feststellungsklage nach § 256 ZPO. Statthaftes Rechtsmittel ist daher stets die **Berufung**, § 511 Abs. 1 ZPO. Dies gilt sowohl im Falle der Beschlussfeststellung durch das Gericht als auch bei Klageabweisung.

VII. Bekanntmachungspflicht

329 Der BGH verlangt, dass in analoger Anwendung von § 246 Abs. 4 AktG neben der Erhebung der Anfechtungs- oder Nichtigkeitsklage (und später auch der Termin zur mündlichen Verhandlung) vom Vorstand der beklagten Gesellschaft auch die positive Beschlussfeststellungsklage **unverzüglich bekannt gemacht** wird, um den Mitaktionären Gelegenheit zur Stellungnahme sowie für Einwendungen zu geben.[802] Ist diese Bekanntmachung durch den Vorstand nicht gewährleistet, hat das Gericht die Klageerhebung bekannt zu machen.[803]

---

795 LG München WM 2008, 2297; Hüffer/*Koch* § 246 Rn. 42.
796 BGHZ 76, 191.
797 BGHZ 76, 191, wobei der BGH offen gelassen hat, ob der Vorstand im Falle einer solchen Nebenintervention die Vertretung der beklagten Gesellschaft in entsprechender Anwendung des § 246 Abs. 2 S. 3 AktG dem Aufsichtsrat allein überlassen muss.
798 LG München AG 2008, 720; LG Dortmund, BeckRS 2009, 23516.
799 BGHZ 76, 191.
800 Hüffer/*Koch* § 246 Rn. 43; a. A. *Bauschatz* NZG 2002, 317 (319), der infolge der beschränkten Verfahrensrechte des Nebenintervenienten in Fällen sich widersprechender Interessen von Gesellschaft und beitretenden Aktionär Rechtsschutzlücken befürchtet.
801 Vgl. BGHZ 76, 191.
802 BGHZ 76, 191 (200).
803 BGHZ 97, 28.

E. Einstweiliger Rechtsschutz

Maßnahmen des einstweiligen Rechtsschutzes haben sowohl im Vorfeld der Hauptversammlung als auch zur Erzwingung oder Verhinderung der nachfolgenden Beschlussumsetzung große Bedeutung. 330

I. Eilverfahren vor der Hauptversammlung

Vor der Hauptversammlung kommt einstweiliger Rechtsschutz zum einen zur **Verhinderung** der Hauptversammlung oder zumindest einzelner Beschlussfassungen in Betracht (hierzu unter 1.), zum anderen zur **Erzwingung** eines bestimmten Abstimmungsverhaltens (hierzu unter 2.). 331

1. Verhinderung von Hauptversammlung oder Beschlussfassung

Die Hauptversammlung oder auch nur eine einzelne Beschlussfassung wird der Aktionär nur ausnahmsweise verhindern können. Eine einstweilige Verfügung setzt voraus, dass der Aktionär einen materiellen Anspruch auf die begehrte Verfügung hat (**Verfügungsanspruch**) und erfordert zusätzlich eine besondere Dringlichkeit (**Verfügungsgrund**). Sowohl Verfügungsanspruch als auch Verfügungsgrund sind vom **Antragsteller glaubhaft** zu machen, §§ 936, 920 Abs. 2 ZPO. 332

Regelmäßig fehlt es bereits an einem **Verfügungsanspruch** des Aktionärs darauf, bereits die Willensbildung der Gesellschaft zu verhindern.[804] Anders kann dies insbesondere bei der Einberufung der Hauptversammlung durch einen Nichtberechtigten sein.[805] Auf einer solchen Versammlung gefasste Beschlüsse wären ohnehin eindeutig nichtig.[806] Ein schützenswertes Interesse an der Durchführung einer solchen Hauptversammlung fehlt daher regelmäßig. 333

Auch der **Verfügungsgrund** wird zumeist fehlen. Durch den Beschluss selbst werden noch keine Tatsachen geschaffen, weil etwa rechtswidrige Beschlüsse ihrerseits mit einer Anfechtungsklage oder einstweiligen Verfügung angegriffen werden können, der Aktionär also nicht schutzlos steht.[807] Zugleich ist eine einstweilige Verfügung mit dem Verbot, den angefochtenen Beschluss zur Eintragung in das Handelsregister anzumelden, gegenüber dem Eingriff in die Willensbildungsfreiheit des Mitgesellschafters durch Untersagung der Beschlussfassung der geringere Eingriff und damit vorrangig.[808] 334

2. Erzwingung von Abstimmungsverhalten

Maßnahmen des einstweiligen Rechtsschutzes, die sich auf das **Abstimmungsverhalten** in einer Gesellschaft beziehen, lässt die Rechtsprechung für eine GmbH bereits seit Längerem grundsätzlich zu.[809] Nach einer Entscheidung des OLG München soll ein solcher Eilantrag auch für eine Aktiengesellschaft möglich sein.[810] Solche Eilmaßnahmen sollen jedoch unter besonderen Umständen und strenger Prüfung ihrer Erforderlichkeit in Betracht kommen.[811] 335

Für die Erzwingung eines bestimmten Abstimmungsverhaltens (positive Stimmpflicht) fehlt es regelmäßig bereits an einem **Verfügungsanspruch**, da der Aktionär in seiner Stimmrechtsausübung 336

---

804 OLG Jena NZG 2002, 89.
805 Spindler/Stilz/*Würthwein* § 243 Rn. 275.
806 OLG Saarbrücken GmbHR 2006, 987 (zur GmbH).
807 Zum abberufenen Geschäftsführer einer GmbH OLG Jena NZG 2002, 89 (90).
808 Zur GmbH OLG Hamm DB 1992, 2129.
809 OLG Koblenz NJW 1986, 1692; OLG Düsseldorf NZG 2005, 633.
810 OLG München NZG 2007, 152; zustimmend *Kort* NZG 2007, 169 (170).
811 OLG Hamburg NJW 1992, 186; OLG Koblenz NJW 1986, 1692; OLG Düsseldorf NZG 2005, 633; OLG München NZG 2007; zurückhaltend Hüffer/*Koch* § 243 Rn. 66: »*allenfalls in engen Ausnahmefällen*«; generell ablehnend noch die ältere Rechtsprechung, z. B. OLG Celle GmbH-RdSchau 1981, 264; OLG Frankfurt a. M. BB 1982, 274.

grundsätzlich frei ist.[812] Eine in der Praxis nicht seltene Ausnahme sind **Stimmbindungsverträge**.[813] Zudem kann dem Aktionär im Einzelfall aus seiner gesellschaftsrechtlichen Treuepflicht eine positive Stimmpflicht auferlegt sein. Häufiger jedoch besteht ein Verfügungsanspruch auf Unterlassung eines bestimmten Abstimmungsverhaltens oder der Stimmrechtsausübung insgesamt, letzteres etwa bei gesetzlichen Stimmrechtsverboten.

337 Selbst wo der Verfügungsanspruch gegeben ist, liegt **nur selten** ein **Verfügungsgrund** vor. Zwar wird die Dringlichkeit häufig durch die unmittelbar bevorstehende Beschlussfassung gegeben sein.[814] Die Gerichte erkennen jedoch die Gefahr, dass eine einstweilige Anordnung zu einer Beschlussfassung eine endgültige Rechtslage schafft, was dem Charakter des vorläufigen Rechtsschutzes und der Willensbildung in der Gesellschaft widerspricht. Der Erlass einer solchen einstweiligen Verfügung soll daher nur bei eindeutiger Sach- und Rechtslage und bei besonders schwerwiegenden Beeinträchtigungen der Interessen des Verfügungsklägers, gegen die andernfalls wirksamer Rechtsschutz versagt bliebe, in Betracht kommen.[815]

338 Als **milderes Mittel** steht dem Aktionär regelmäßig der nachwirkende Rechtsschutz gegen die Vollziehung des Beschlusses zur Verfügung.[816] Ein bestimmtes Abstimmungsverhalten in der Hauptversammlung kann Mitaktionären daher nicht im Wege des einstweiligen Rechtsschutzes untersagt oder gar vorgegeben werden, wenn sich der Antragsteller mit wirksamen Mitteln gegen einen Vollzug des befürchteten Beschlusses zur Wehr setzen kann.[817] Dabei ist auch zu berücksichtigen, dass dem Aktionär zusätzlich zur Anfechtungs- und Nichtigkeitsklage auch der einstweilige Rechtsschutz zur Verhinderung der Beschlussumsetzung zur Verfügung stehen kann.

339 Eine einstweilige Verfügung kommt hingegen in Betracht, wenn die objektive Gefahr besteht, dass ohne den Erlass der einstweiligen Verfügung die Verwirklichung der Rechte des Antragstellers vereitelt oder wesentlich erschwert werden könnte. Denkbar ist dies insbesondere, wenn der Zeitablauf selbst zu **irreparabler Schädigung** des Antragstellers führen würde, der keine oder zumindest keine überwiegenden, irreparablen Schädigungen des Antragsgegners gegenüberstehen.[818]

II. Eilmaßnahmen hinsichtlich der Beschlussausführung

340 Eine größere Rolle spielt der einstweilige Rechtsschutz im Nachgang zur Hauptversammlung. Dass eine Anfechtungs- oder Nichtigkeitsklage erhoben wurde, hindert die Gesellschaft nicht zwingend daran, den angegriffenen Beschluss bereits umzusetzen.

341 Bedarf es zum Vollzug der **Eintragung in das Handelsregister**, so kann mittels einstweiliger Verfügung dem Vorstand einer Aktiengesellschaft die Anmeldung des Beschlusses **untersagt** oder die Rücknahme eines bereits gestellten Eintragungsantrags geboten werden. Der Verfügungsanspruch setzt voraus, dass eine Anfechtungsklage erhoben wurde und dass diese schlüssig ist.[819] Folge einer solchen Verfügung ist, dass eine Eintragung gemäß § 16 Abs. 2 HGB vorläufig unterbunden wird.[820] Das Registergericht ist durch diese Vorschrift an die einstweilige Verfügung gebunden, dürfte also eine entgegen dem Verbot beantragte Eintragung nicht vornehmen.[821]

---

812 MüKo ZPO/*Drescher* § 935 Rn. 66.
813 Z. B. BGHZ 48, 163 (zur GmbH); OLG Koblenz NJW 1986, 1692.
814 MüKo ZPO/*Drescher* § 935 Rn. 67.
815 OLG München NZG 2007, 152; *Kort* NZG 2007, 169 (170).
816 OLG Düsseldorf NZG 2005, 633; OLG München NZG 2007, 152.
817 OLG München NZG 2007, 152.
818 MüKo ZPO/*Drescher* § 935 Rn. 67.
819 Hüffer/*Koch* § 243 Rn. 68.
820 BVerfG WM 2004, 2354; OLG München NZG 2007, 152; zur GmbH: OLG Koblenz NJW-RR 1986, 1039 und OLG Hamm DB 1992, 2129.
821 OLG Koblenz NJW-RR 1986, 1039; *Damm* ZHR 154 (1990), 413 (438); Hüffer/*Koch* § 243 Rn. 66.

E. Einstweiliger Rechtsschutz § 8

Zweifelhaft ist, ob eine einstweilige **Verfügung auf Eintragung eines Beschlusses** zulässig ist.[822] Eine solche einstweilige Verfügung scheidet jedenfalls aus, wo das Freigabeverfahren statthaft ist (Näheres zum Freigabeverfahren unter Rdn. 348–395).[823] Das speziellere Freigabeverfahren verdrängt das Verfügungsverfahren nach der ZPO.[824] Sofern der Beschluss im Freigabeverfahren überprüft werden kann (Kapitalmaßnahmen, Unternehmensverträge, Eingliederung, Squeeze Out, umwandlungsrechtliche Maßnahmen), hat die Gesellschaft also nicht die Möglichkeit, die Eintragung in das Handelsregister im Wege der einstweiligen Verfügung zu erzwingen. Umstritten ist, ob diese Sperrwirkung voraussetzt, dass die Gesellschaft das speziellere Freigabeverfahren tatsächlich eingeleitet hat.[825]

342

Für die nicht von Freigabeverfahren erfassten Bereiche wird vertreten, dass nach einer Aussetzung der Eintragung[826] durch das Registergericht vom Prozessgericht eine Regelungsverfügung getroffen werden könne, die feststellt, dass die Erhebung der Anfechtungsklage einer Eintragung des Beschlusses nicht entgegensteht. Der Registerrichter soll dann zwar sonstige Eintragungsvoraussetzungen selbständig prüfen, die Eintragung aber nicht wegen Erhebung der Anfechtungsklage oder der sie stützenden Gründe ablehnen können.[827] Eine entsprechende Verfügung kann sowohl von der Gesellschaft, als auch von Aktionären beantragt werden. Freilich wird in solchen Fällen regelmäßig sorgfältig zu prüfen sein, ob die Eintragung zu einer Vorwegnahme der Hauptsache führen würde.

343

Die Verhinderung von Beschlussausführungen durch eine einstweilige Verfügung kann im Einzelfall zu erheblichen Nachteilen der Gesellschaft führen. Der Aktionär wird daher stets das **Risiko einer Schadensersatzpflicht** gegenüber der Gesellschaft in seine Entscheidung über solche Schritte einzubeziehen haben. Erweist sich die Anordnung einer einstweiligen Verfügung als von Anfang an ungerechtfertigt oder wird die angeordnete Maßregel wegen ausbleibenden Betreibens eines Hauptsacheverfahrens trotz entsprechender Anordnung aufgehoben[828], so ist der Antragsteller gemäß § 945 ZPO verpflichtet, dem Gegner den Schaden zu ersetzen, der ihm aus der Vollziehung der angeordneten Maßregel oder dadurch entsteht, dass er Sicherheit leistet, um die Vollziehung abzuwenden oder die Aufhebung der Maßregel zu erwirken.

344

III. Verfahrensfragen

Grundsätzlich hat vor dem Erlass einer einstweiligen Verfügung eine **mündliche Verhandlung** stattzufinden. Nach § 937 Abs. 2 ZPO kann von der mündlichen Verhandlung nur in dringenden Fällen abgesehen werden. Ein »dringender Fall« im Sinne dieser Vorschrift setzt voraus, dass die Durchführung eines selbst kurzfristig anberaumten Termins wegen der daraus folgenden Verzögerung den Zweck des einstweiligen Rechtsschutzes gefährden würde.[829]

345

Mit einer **Schutzschrift**, also einem vorbeugenden Schriftsatz gegen einen erwarteten Antrag auf Erlass einer einstweiligen Verfügung, kann der mögliche Antragsgegner verhindern, dass ein »dringender Fall« angenommen und dem Gesuch ohne mündliche Verhandlung stattgegeben wird. Der Richter hat die Schutzschrift zwar zu berücksichtigen, ist durch sie aber nicht verpflichtet, vor Erlass der einstweiligen Verfügung mündlich zu verhandeln. Sieht der entscheidende Richter sich aufgrund der Schutzschrift zu einer mündlichen Verhandlung veranlasst, übermittelt er dem Antragsteller zusammen mit der Ladung diese Schutzschrift. Vor Beantragung der einstweiligen Verfügung kann der spätere Antragsteller aber vom Gericht weder Auskunft fordern, ob eine Schutzschrift vorliegt, noch diese einsehen.[830]

346

---

822 Hüffer/*Koch* § 246a Rn. 27.
823 Zur Statthaftigkeit des Freigabeverfahrens vgl. Rdn. 355–357.
824 Baumbach/Hueck/*Zöllner* GmbHG Anh. § 47 Rn. 205; Hüffer/*Koch* 246a Rn. 27.
825 Dafür Hüffer/*Koch* § 246a Rn. 27; dagegen Schmidt/Lutter/*Schwab* § 246a Rn. 36.
826 §§ 21, 381 FamFG.
827 Baumbach/Hueck/*Zöllner* GmbHG Anh. § 47 Rn 205 m. w. N.
828 §§ 926 Abs. 2, 942 Abs. 3 ZPO.
829 Musielak/*Huber* § 937 Rn. 4.
830 Musielak/*Huber* § 937 Rn. 7.

347 Zuständiges Gericht für den Erlass einer einstweiligen Verfügung ist gemäß § 937 Abs. 1 ZPO das **Gericht der Hauptsache**, z. B. also der Leistungsklage auf positive Stimmabgabe.

F. Freigabeverfahren

348 Das Freigabeverfahren gemäß § 246a AktG dient als **Eilverfahren eigener Art** dazu, zeitnah die Eintragung von Kapitalmaßnahmen oder Unternehmensverträgen in das Handelsregister durchzusetzen, obwohl gegen den zugrundeliegenden Hauptversammlungsbeschluss geklagt wurde. Ohne das Freigabeverfahren führt eine solche Klage in der Regel dazu, dass das Registergericht das Eintragungsverfahren nach §§ 21 Abs. 1, 381 FamFG aussetzt und die Entscheidung über die Klage gegen den einzutragenden Beschluss abwartet (sog. faktische Registersperre). Die dadurch bewirkte Verzögerung in der Umsetzung von eintragungspflichtigen Beschlüssen kann für die Gesellschaft schwerwiegende Nachteile mit sich bringen.

349 **Zweck** des Freigabeverfahrens ist damit die **Überwindung der faktischen Registersperre**. Der Beschluss wird eingetragen, bevor seine Rechtmäßigkeit endgültig geklärt wurde. Erweist sich die Klage gegen den Beschluss im Nachhinein als zulässig und begründet, lässt dies die Durchführung des Beschlusses infolge des in § 246a Abs. 4 S. 2 AktG angeordneten **Bestandsschutzes** unberührt. Der Aktionärsschutz bleibt insofern auf einen Schadensersatzanspruch beschränkt, § 246a Abs. 4 S. 1 AktG.

350 Um die Wirkung des ARUG auf das Freigabeverfahren zu überprüfen, hatte das BMJ eine Studie in Auftrag gegebenen.[831] Mit deren Veröffentlichung[832] liegt zu der Ende 2011 erschienenen Studie von *Baums/Drinhausen/Keinath*[833] nun eine zweite Studie vor, die dem ARUG mehr als die Halbierung der Anzahl der Freigabeverfahren attestiert.[834] *Bayer/Hoffmann/Sawada* messen zudem eine deutliche Beschleunigung und sehen in dem Freigabeverfahren wegen Wegfalls der Berufungsinstanz inzwischen ein echtes Eilverfahren.[835] Die Studie von *Baums/Drinhausen/Keinath* hingegen konnte keine Verfahrensbeschleunigung feststellen.[836]

I. Anwendungsbereich

351 Das Freigabeverfahren steht gemäß § 246a Abs. 1 S. 1 AktG für Beschlüsse über Maßnahmen der **Kapitalbeschaffung oder -herabsetzung**[837] und **Unternehmensverträge**[838] zur Verfügung. Für **Eingliederungen** und den **Ausschluss von Minderheitsaktionären** (Squeeze Out) sehen §§ 319 Abs. 6, 327e Abs. 2 AktG eine seit dem ARUG inhaltsgleiche Regelung zum Freigabeverfahren vor. Die Regelungen wurden an § 246a Abs. 1 S. 1 AktG angepasst, um den »Gleichlauf sämtlicher Freigabeverfahren« herzustellen.[839]

352 Eine **analoge Anwendung** des Freigabeverfahrens auf andere als die genannten Hauptversammlungsbeschlüsse **scheidet aus**. Es fehlt bereits an einer planwidrigen Regelungslücke, die Voraussetzung einer solchen Analogie wäre.[840]

353 Die gegen den Beschluss erhobene Klage ist zumeist eine **Anfechtungsklage**, kann aber, wie der mit dem UMAG eingeführte Verweis des § 249 Abs. 1 S. 1 AktG auf § 246a AktG klargestellt, auch eine

---

831 BT-Drs. 16/13098 S. 41.
832 *Bayer/Hoffmann/Sawada* ZIP 2012, 897; siehe hierzu bereits oben Rdn. 200 f.
833 ZIP 2011, 2329.
834 *Bayer/Hoffmann/Sawada* ZIP 2012, 897 (907); *Baums/Drinhausen/Keinath* ZIP 2011, 2329 (2348) .
835 *Bayer/Hoffmann/Sawada* ZIP 2012, 897 (907 ff., 910).
836 *Baums/Drinhausen/Keinath* ZIP 2011, 2329 (2348 f.).
837 §§ 182 bis 240 AktG.
838 §§ 291 bis 307 AktG.
839 BT-Drs. 16/11642, S. 40, 43, linke Spalte; zu den praxisrelevanten umwandlungsrechtlichen Sachverhalten und das diesbezügliche Freigabeverfahren nach § 16 Abs. 3 UmwG vgl. § 127 Rdn. 92–127.
840 LG München AG 2008, 340 (341) zum Fortsetzungsbeschluss; LG Hanau ZIP 1995, 1820 (1822) zu § 16 Abs. 3 UmwG; Schmidt/Lutter/*Schwab* § 246a Rn. 1; *Göz/Holzborn* WM 2006, 157 (161).

F. Freigabeverfahren   § 8

Nichtigkeitsklage sein.[841] Grund hierfür ist, dass Anfechtungs- und Nichtigkeitsklage auf das gleiche Rechtsschutzziel gerichtet sind.[842] Stünde für die Nichtigkeitsklage kein Freigabeverfahren zur Verfügung, könnte der Kläger daher durch die Wahl der Rechtsschutzform die faktische Registersperre, die das Freigabeverfahren überwinden soll, aufrechterhalten.[843] Schließlich steht auch bei einer **allgemeinen Feststellungsklage**[844] gegen einen entsprechenden Hauptversammlungsbeschluss das Freigabeverfahren zur Verfügung.[845]

In **zeitlicher Hinsicht** ist das Freigabeverfahren auch auf solche Beschlüsse anwendbar, die vor der Einführung dieses Verfahrens (1. November 2005) geschlossen wurden (sog. Altbeschlüsse).[846]   354

II. Statthaftigkeit

Das Freigabeverfahren kann erst eingeleitet werden, wenn die Klage gegen den Beschluss rechtshängig ist, also der Gesellschaft zugestellt wurde (vgl. §§ 246a Abs. 1 S. 1 AktG, 253 Abs. 1, 261 Abs. 1 ZPO). Das mit dem ARUG in § 246 Abs. 3 S. 5 AktG eingeführte Recht der Gesellschaft, die Klageschrift bereits vor ihrer Zustellung einzusehen, verschafft ihr jedoch den in der Praxis erheblichen Vorteil, sich früher auf das Freigabeverfahren vorbereiten zu können, was auch Intention des Gesetzgebers war.[847] Der Gesetzgeber hat damit auf die Praxis einiger Aktionärskläger reagiert, die Zustellung der Klage, etwa durch spätes oder unvollständiges Einzahlen des Prozesskostenvorschusses oder Zustelladressen im Ausland, zu verzögern, weil die Gesellschaft vor der Zustellung keinen Anspruch auf Akteneinsicht hatte und den Freigabeantrag bis dahin nur unvollständig vorbereiten konnte.   355

Das Freigabeverfahren ist auch dann zulässig, wenn der Beschluss der Hauptversammlung **bereits in das Handelsregister eingetragen** wurde.[848] Der mit dem Freigabebeschluss über die Überwindung der faktischen Registersperre hinaus verbundene Bestandsschutz wird durch die bloße Eintragung noch nicht erreicht.[849] Vielmehr bedarf es eines Freigabeschlusses, damit z. B. eine Rückabwicklung von Strukturmaßnahmen selbst dann ausgeschlossen ist, wenn die im Hauptsacheverfahren erhobene Klage Erfolg haben sollte. Auch nach der Regierungsbegründung soll es »nicht ausgeschlossen« sein, die Freigabeentscheidung auch dann noch zu beantragen, wenn der Hauptversammlungsbeschluss bereits eingetragen ist.[850] Praxisrelevant ist dies vor allem, wenn keine Anfechtungsklage erhoben wurde und daher zunächst auch kein Freigabeverfahren durchgeführt werden konnte, später aber doch noch Nichtigkeitsklage erhoben wird.[851]   356

Nicht mehr statthaft hingegen ist das Freigabeverfahren, wenn bereits rechtskräftig über die Hauptsacheklage gegen den Beschluss entschieden wurde. Für eine Prüfung im Eilverfahren besteht dann kein schutzwürdiges Interesse mehr.   357

III. Anwendbare Verfahrensvorschriften

Das Freigabeverfahren unterliegt grundsätzlich den Regelungen der ZPO (und nicht des FamFG). Obwohl es sich um ein Eilverfahren handelt, sind dabei nicht die Regelungen der ZPO für einstwei-   358

---

841   MüKo AktG/*Hüffer* § 249 Rn. 22; HK AktG/*Göz* § 249 Rn. 9.
842   RegBegr. BR-Drs. 3/05, S. 63.
843   MüKo AktG/*Hüffer* § 249 Rn. 22.
844   Vgl. hierzu Rdn. 293–311.
845   Spindler/Stilz/*Dörr* § 246a Rn. 7; Hüffer/*Koch* § 246a, Rn. 5; a. A. offenbar *Weber/Kersjes* § 3 Rn. 2.
846   *Ihrig/Erwin* BB 2005, 1973; Spindler/Stilz/*Dörr* § 246a, Rn. 9; *Kort* NZG 2007, 169 (171); Hüffer/*Koch* § 246a Rn. 3.
847   BT-Drs. 16/11642, S. 41.
848   OLG München DB 2006, 1608 (1610); OLG Celle AG 2008, 217; OLG Frankfurt a. M. AG 2008, 826; OLG Düsseldorf AG 2009, 538 (539); *Müller-Eising/Stoll* GWR 2011, 349.
849   *Ihrig/Erwin* BB 2005, 1973 (1974); *Veil* AG 2005, 567 (573); *Kort* BB 2005, 1577 (1581).
850   RegE UMAG, BT-Drs. 15/5092 v. 14.3.2005, S. 27 r. Sp.
851   DAV-Handelsrechtsausschuss NZG 2005, 388 (393).

lige Verfügungen (§ 916 ff. ZPO) anwendbar[852], sondern nach der ausdrücklichen Anordnung des § 246a Abs. 1 S. 2 AktG die **Vorschriften der ZPO für erstinstanzliche Verfahren** vor dem Landgericht (§§ 253–494a ZPO).

1. Zuständigkeit

359 **Erst- und letztinstanzlich** zuständig für Freigabeverfahren ist seit dem ARUG das Oberlandesgericht. Das sollte der Verfahrensverkürzung und damit der Verringerung des Lästigkeitswertes von Freigabe- und Anfechtungsverfahren dienen.[853] Bis dahin hatte das Durchlaufen des Freigabeverfahrens durch beide Instanzen häufig 8 bis 12 Monate in Anspruch genommen.[854] Durch die Verkürzung auf eine Instanz hat sich die Verfahrensdauer auf durchschnittlich 3–4 Monate verkürzt.[855] Örtlich zuständig ist gemäß § 246a Abs. 1 S. 3 AktG stets das **Oberlandesgericht am Sitz der Gesellschaft**. Anders als bei der Anfechtungs- und Nichtigkeitsklage[856] ist der Landesgesetzgeber nicht ermächtigt, die Zuständigkeit für mehrere Bezirke oder gar landesweit bei einem oder mehreren Oberlandesgerichten zu konzentrieren.[857] Es entscheidet stets der voll besetzte Senat mit drei[858] Berufsrichtern, die Übertragung der Sache auf einen Einzelrichter ist gesetzlich ausgeschlossen.[859] Die Geschäftsverteilungspläne der Oberlandesgerichte sehen üblicherweise die Spezialzuständigkeit eines Senats vor.[860]

2. Verfahrensbeteiligte

360 Das Freigabeverfahren kann **nur von der Gesellschaft eingeleitet** werden, nicht hingegen vom Aktionär, § 246a Abs. 1 S. 1 AktG. Die Gesellschaft wird im Freigabeverfahren allein vom Vorstand vertreten, also anders als bei der Anfechtungs- und Nichtigkeitsklage nicht auch vom Aufsichtsrat. Der Freigabeantrag ist **gegen sämtliche Kläger** zu richten, die gegen den Beschluss vorgehen[861], sei es im Wege der Anfechtungsklage oder durch eine Nichtigkeits- oder Feststellungsklage, nicht jedoch gegen Nebenintervenienten zu diesen Klagen.[862]

3. Prozessbevollmächtigte

361 Mit dem ARUG wurde die Wirkung der Prozessvollmacht für das Anfechtungsverfahren auch auf das Freigabeverfahren erstreckt. Hintergrund ist, dass einzelne Anfechtungskläger sich – oftmals nur zu diesem Zweck gegründeter – Unternehmen mit Sitz im Ausland, beispielsweise in Dubai oder der Volksrepublik China, bedienten, denen sie ihren Aktienbesitz übertragen. Für das Freigabe-

---

852 A. A. *Weber/Kersjes* § 3 Rn. 1.
853 Nach *Bayer/Hoffmann/Sawada* ZIP 2012, 897 (909 f.) war nur der Wegfall der Beschwerdeinstanz, nicht aber die neue Eingangszuständigkeit eine wirksame Maßnahme.
854 Vgl. zu den Einzelheiten der Instanzenverkürzung *Verse* NZG 2009, 1127.
855 *Baums/Drinhausen/Keinath* ZIP 2011, 2329 (2349) haben ermittelt, dass die (freilich bisher sehr wenigen) Verfahren, die nach Inkrafttreten des ARUG vom OLG erst- und letztinstanzlich entschieden wurden, um Durchschnitt nach 103 Tagen beendet waren; die Langfassung der Studie ist abrufbar unter http://www.ilf-frankfurt.de/uploads/media/ILF_WP_130.pdf; zur Verfahrensverkürzung auch *Bayer/Hoffmann/Sawada* ZIP 2012, 897 (909 f.).
856 § 246 Abs. 3 S. 3 i. V. m. § 148 Abs. 2 S. 3 und 4 AktG.
857 Kritisch hierzu *Verse* NZG 2009, 1127 (1128): »kaum erklärbare Divergenz«, »Ungereimtheit«, Konzentration »im Interesse der Qualitätssicherung der Rechtsprechung sehr wünschenswert«.
858 § 122 Abs. 1 GVG.
859 §§ 246a Abs. 3 S. 1, 319 Abs. 6 S. 8 AktG, § 16 Abs. 3 S. 8 UmwG.
860 Z. B. nach den Geschäftsverteilungsplänen 2014 am OLG Frankfurt a. M. der für Handelssachen zuständige 5. Zivilsenat; OLG München 7. und 23. Zivilsenat; OLG Stuttgart 20. Zivilsenat; OLG Düsseldorf 6. Zivilsenat; Hanseatisches OLG Hamburg 11. Zivilsenat.
861 OLG Jena AG 2007, 32, zu mehreren Anfechtungsklägern.
862 OLG Düsseldorf AG 2005, 654; OLG Frankfurt a. M. AG 2008, 667 (668); OLG Stuttgart AG 2005, 662 (663); OLG Jena AG 2007, 32; zustimmend *Hüffer/Koch* § 246a, Rn. 6.

F. Freigabeverfahren   § 8

verfahren benannten diese Anfechtungskläger dann, anders als für das Anfechtungsverfahren, keinen deutschen Prozessbevollmächtigten. Die Zustellung gerichtlicher Schriftstücke im Ausland – regelmäßig durch die Behörden des Sitzstaates – führte teilweise zu sehr erheblichen Verzögerungen.[863] Um zu verhindern, dass Anfechtungskläger durch solche Verzögerungen Gesellschaften auch mit aussichtslosen Anfechtungsklagen zum Vergleichsschluss bewegen können, ordnet § 246a Abs. 1 S. 2 AktG mit der entsprechenden Anwendung der §§ 82, 83 Abs. 1 und 84 ZPO an, dass die **Vollmacht für das Anfechtungsverfahren** – im Außenverhältnis unabdingbar – **auch für das Freigabeverfahren gilt**, wobei mehrere Prozessbevollmächtigte jeweils einzeln vertretungsberechtigt sind.[864] Folge ist insbesondere, dass der Freigabeantrag dem Prozessbevollmächtigten aus dem Anfechtungsverfahren zugestellt werden kann.[865]

4. Streitwert

Der **Streitwert** des Freigabeverfahrens ist nach § 247 AktG zu bestimmen, § 246a Abs. 1 S. 2 AktG. 362
Da die Zuständigkeit bereits gesetzlich dem OLG zugewiesen und zudem ein Rechtsmittel streitwertunabhängig ausgeschlossen ist, hat der Streitwert des Freigabeverfahrens allein für die Gebührenberechnung Bedeutung. Der Gesetzgeber hat die Anwendbarkeit von § 247 AktG angeordnet, um auch im Freigabeverfahren einen angemessenen Regelstreitwert sicherzustellen und zudem die wirtschaftlich schwächeren Prozessparteien zu schützen.[866]

5. Glaubhaftmachung

Für Tatsachen ist entsprechend dem Eilcharakter des Freigabeverfahrens **kein Vollbeweis** zu erbringen, 363
diese sind vielmehr gemäß § 246a Abs. 3 S. 3 AktG lediglich glaubhaft zu machen. Die Parteien können sich damit gemäß § 294 Abs. 1 ZPO aller Beweismittel bedienen und auch zur Versicherung an Eides statt zugelassen werden. Jedoch sind nur präsente Beweismittel zulässig.[867]

6. Mündliche Verhandlung

Über den Freigabeantrag ist stets durch **Beschluss** zu entscheiden, § 246a Abs. 2 AktG. Beschlüsse 364
können gemäß § 128 Abs. 2 ZPO ohne mündliche Verhandlung ergehen, soweit nichts anderes bestimmt ist. Eine ausdrückliche Anordnung hierzu enthält das Aktiengesetz nicht, § 246a Abs. 1 S. 2 AktG erklärt aber die Vorschriften der ZPO für das erstinstanzliche Verfahren vor dem Landgericht für anwendbar, die eine mündliche Verhandlung vorsehen.[868] Zudem kann im Freigabeverfahren gemäß § 246a Abs. 3 S. 2 AktG (nur) in dringenden Fällen auf eine mündliche Verhandlung verzichtet werden. Im Umkehrschluss ist die **mündliche Verhandlung** demnach **die Regel**.[869] Wegen Dringlichkeit entbehrlich ist sie nur, wenn selbst bei schnellstmöglicher Terminierung – gemäß § 217 ZPO beträgt die Ladungsfrist im Anwaltsprozess mindestens eine Woche – der Zweck der mit der Hauptversammlung verfolgten Maßnahme gefährdet würde.[870] Das LG Münster hat angenommen, dass dies der Fall sein kann, wenn die Ladung im Ausland zugestellt werden müsste.[871] Allerdings ist dem Antragsgegner dann grundsätzlich durch ausreichende Schriftsatzfrist rechtliches Gehör zu gewähren.[872] Diese Schriftsatzfrist kann jedoch angesichts des Eilcharakters des Freigabeverfahrens und infolge der besonderen Dringlichkeit, die vorliegen muss, wenn auf die mündliche

---

863 Regierungsentwurf ARUG BT-Drs. 16/11642, S. 40.
864 Regierungsentwurf ARUG BT-Drs. 16/11642, S. 40 f.
865 Hüffer/*Koch* § 246a Rn. 9.
866 Regierungsentwurf ARUG BT-Drs. 16/11642, S. 41.
867 § 294 Abs. 2 ZPO; vgl. auch BT-Drs. 15/5092, S. 28.
868 § 272 ZPO.
869 Hölters/*Englisch* § 246a AktG Rn. 50; Heidel/*Schatz* § 246a Rn. 19.
870 Schmidt/Lutter/*Schwab* § 246a Rn. 31; Hölters/*Englisch* § 246a Rn. 50.
871 LG Münster AG 2007, 377 (378).
872 LG Münster AG 2007, 377 (378); Hölters/*Englisch* § 246a Rn. 50.

Verhandlung verzichtet wird, auch sehr kurz sein. Sie darf auch die für eine Ladung geltende Wochenfrist unterschreiten.[873]

365 Nach einer Literaturauffassung kann der Beschluss ferner dann ohne mündliche Verhandlung ergehen, wenn der Freigabeantrag als unzulässig oder unbegründet zurückzuweisen ist.[874] Zur Begründung wird auf § 937 Abs. 2 ZPO verwiesen, der im einstweiligen Verfügungsverfahren die mündliche Verhandlung nicht nur in dringenden Fällen für entbehrlich erklärt, sondern auch dann, wenn der Antrag auf Erlass einer einstweiligen Verfügung zurückzuweisen ist. Hiergegen spricht, dass § 246a Abs. 3 S. 2 AktG diese zweite Begründung für den Verzicht auf eine mündliche Verhandlung anders als § 937 Abs. 2 ZPO nicht vorsieht. § 937 Abs. 2 ZPO ist auch nicht von der Verweisung des § 246a Abs. 1 S. 2 AktG auf die anwendbaren Vorschriften der ZPO erfasst. Vor allem aber ist zu beachten, dass ein Antragsteller, dessen Antrag auf Erlass einer einstweilige Verfügung nach § 937 Abs. 2 ZPO zurückgewiesen wird, sofort das Rechtsmittelgericht anrufen oder den Antrag, etwa mit neuen Mitteln der Glaubhaftmachung, wiederholen kann.[875] Der Gesellschaft hingegen steht bei **Zurückweisung ihres Freigabeantrags** kein Rechtsmittel zur Verfügung, § 246a Abs. 3 S. 4 AktG. Im Falle der Zurückweisung als unbegründet soll zudem nach dem LG Frankfurt a. M. ein erneuter Freigabeantrag zwischen den gleichen Parteien ausgeschlossen sein.[876] Die Gesellschaft hätte dann die Möglichkeit, hinsichtlich einer bestimmten Klage die Freigabe zu erwirken, endgültig verloren, ohne zuvor in einer mündlichen Verhandlung Gelegenheit gehabt zu haben, ihre Rechtsposition vorzutragen. Es ist nichts dafür ersichtlich, dass der Gesetzgeber dies gewollt hätte.

366 Anders als nach den Regelungen der ZPO (§ 278 Abs. 2 ZPO) ist eine dem Haupttermin vorausgehende Güteverhandlung im Freigabeverfahren nach der ausdrücklichen Anordnung des § 246a Abs. 3 S. 1 2. HS AktG nicht zwingend. Die Güteverhandlung bleibt aber zulässig.[877]

7. Drei-Monats-Frist zur Beendigung des Freigabeverfahrens

367 Der Beschluss über die Freigabe bzw. deren Ablehnung soll gemäß § 246a Abs. 3 S. 6 AktG spätestens **drei Monate nach Antragstellung** ergehen. Als Sollvorschrift ist diese Zeitvorgabe für das Gericht nicht bindend. Jedoch ist das Gericht gemäß § 246a Abs. 3 S. 6 2. Hs. AktG verpflichtet, Verzögerungen durch besonderen (freilich unanfechtbaren) Beschluss zu begründen. Das Gericht kann diesen Beschluss nach Sinn und Zweck der Zeitvorgabe – Beschleunigung des Freigabeverfahrens – nicht mit dem Freigabebeschluss verbinden, vielmehr muss er sofort mit Ablauf der Regelfrist von drei Monaten ergehen.[878] Empirische Studien belegen, dass die Dreimonatsfrist von den Gerichten durchschnittlich eingehalten wird.[879]

IV. Voraussetzungen einer Freigabe

368 Die drei alternativen Voraussetzungen, unter denen ein Freigabebeschluss zu ergehen hat, sind in § 246a Abs. 2 AktG aufgezählt. Identische Vorgaben machen § 319 Abs. 6 S. 3 AktG für Eingliederungsbeschlüsse und § 16 Abs. 3 S. 3 UmwG für Verschmelzungsbeschlüsse.

---

873 Schmidt/Lutter/*Schwab* § 246a Rn. 31; Hölters/*Englisch* § 246a Rn. 50.
874 Schmidt/Lutter/*Schwab* § 246a Rn. 31; Hölters/*Englisch* § 246a Rn. 50.
875 MüKo ZPO/*Drescher* § 937 Rn. 7.
876 LG Frankfurt a. M. ZIP 2007, 2004.
877 MüKo AktG/*Hüffer* § 246a Rn. 31; Heidel/*Schatz* § 246a Rn. 19.
878 *Wilsing* DB 2005, 35 (38); Hölters/*Englisch* § 246a Rn. 52.
879 *Baums/Drinhausen/Keinath* ZIP 2011, 2329 (2348 f.), haben eine durchschnittliche Dauer für das Durchlaufen *einer Instanz* des Freigabeverfahrens vor und nach ARUG von 90,51 Tagen ermittelt, die Studie von *Bayer/Hoffmann/Sawada* ZIP 2012, 897 (908 f.) kommt zu einer ähnlichen Einschätzung.

F. Freigabeverfahren § 8

1. Klage unzulässig oder offensichtlich unbegründet, § 246a Abs. 2 Nr. 1 AktG

Das Gericht hat die Freigabe zunächst dann zu erteilen, wenn die Klage gegen den angegriffenen Beschluss **keine Aussicht auf Erfolg** hat. Die Klage muss gemäß § 246a Abs. 2 Nr. 1 AktG entweder unzulässig oder aber offensichtlich unbegründet sein. 369

Unzulässige Klagen sind in der Praxis selten[880], insbesondere weil eine nach der Monatsfrist des § 246 Abs. 1 AktG eingereichte Anfechtungsklage nicht unzulässig, sondern unbegründet ist. Als Beispiele für eine Unzulässigkeit der Klage werden genannt, dass der Kläger nicht durch einen Rechtsanwalt vertreten ist[881], die Klage nicht den Anforderungen des § 253 ZPO entspricht[882], der Anfechtungskläger nicht parteifähig ist oder die Anfechtungsklage gegenüber einem Ersetzungsverfahren nach § 318 Abs. 3 HGB[883] oder einem Spruchverfahren[884] subsidiär ist.[885] Vor dem Freigabebeschluss soll dem Kläger durch richterlichen Hinweis (im Freigabeverfahren) Gelegenheit zu geben sein, den Verfahrensmangel im Hauptsacheverfahren zu beseitigen.[886] Leistet der Kläger diesem Hinweis nicht Folge, kann dem Freigabeantrag aber auch bei noch behebbarer Unzulässigkeit stattgegeben werden.[887] 370

Die **offensichtliche Unbegründetheit** ist der bei weitem häufigste Grund für eine Freigabe.[888] Offensichtlich unbegründet ist eine Klage nach **herrschender Meinung** in Rechtsprechung[889] und Literatur[890], wenn das Scheitern der Klage mit Sicherheit vorhersehbar ist, ohne dass es darauf ankäme, dass die Unbegründetheit auch bei rein kursorischer Prüfung offenbar würde.[891] Die **Gegenmeinung**[892] betont den Eilcharakter des Freigabeverfahrens und die damit nach Auffassung ihrer Vertreter notwendig einhergehende summarische Prüfung. Die drei Oberlandesgerichte (Frankfurt a. M., Stuttgart und Düsseldorf), welche zunächst mit der Gegenmeinung die Zulässigkeit eines summarischen Verfahrens vertreten hatten, haben sich der herrschenden Meinung angeschlossen und verlangen nunmehr eine vollständige Prüfung.[893] Einigkeit dürfte darin bestehen, dass auch im summarischen 371

---

880 Vgl. *Baums/Drinhausen/Keinath* ZIP 2011, 2329 (2349).
881 Spindler/Stilz/*Dörr* § 246a Rn. 20.
882 Spindler/Stilz/*Dörr* § 246a Rn. 20.
883 Die Subsidiarität gegenüber dem Ersetzungsverfahren wird angeordnet in § 243 Abs. 3 Nr. 3 AktG.
884 Die Subsidiarität gegenüber dem Spruchverfahren wird angeordnet in § 243 Abs. 4 S. 2 AktG.
885 MüKo AktG/*Hüffer* § 246a Rn. 19.
886 Spindler/Stilz/*Dörr* § 246a Rn. 20.
887 Schmidt/Lutter/*Schwab* § 246a Rn. 2 m. w. N.; Hölters/*Englisch* § 246a Rn. 22.
888 *Baums/Drinhausen/Keinath* ZIP 2011, 2329 (2349), haben ermittelt, dass die Gerichte sich in 69 % der Fälle, in denen Freigabe erfolgte, darauf gestützt haben, die Klage sei offensichtlich unbegründet.
889 OLG München BeckRS 2014, 03440; NZG 2013, 459 (461); GWR 2011, 363; OLG Karlsruhe ZIP 2007, 270 (271); OLG Köln AG 2004, 39; OLG Hamburg AG 2003, 441 (444); AG 2003, 696; NZG 2005, 86; OLG Jena AG 2007, 31 (32); in jüngeren Entscheidungen auch die OLGs Frankfurt a. M., Stuttgart und Düsseldorf, s. hierzu sogleich.
890 MüKo AktG/*Hüffer* § 246a Rn. 20; Spindler/Stilz/*Dörr* § 246a Rn. 25; HK AktG/*Göz* § 246a Rn. 4; DAV-Handelsrechtsausschuss NZG 2005, 388 (393): »Maßgeblich ist nicht der Zeitaufwand bei der Prüfung, sondern das Maß an Sicherheit, die das Gericht bei seiner Prognose gewinnt«.
891 Vgl. auch die RegBegr. in BT-Drs. 15/5092, S. 29: »Bei der Auslegung des Kriteriums ›offensichtlich unbegründet‹ kommt es nicht darauf an, welcher Prüfungsaufwand erforderlich ist, um die Unbegründetheit der Anfechtungsklage festzustellen. Maßgeblich ist das Maß an Sicherheit, mit der sich die Unbegründetheit der Anfechtungsklage unter den Bedingungen des Eilverfahrens prognostizieren lässt. Offensichtlich unbegründet ist eine Anfechtungsklage dann, wenn mit hoher Sicherheit die Unbegründetheit der Klage vorhersagen lässt, der für diese Prognose erforderliche Prüfungsaufwand des Prozessgerichts ist nicht entscheidend«.
892 OLG Frankfurt a. M. DB 1997, 1911; ZIP 2000, 1928; OLG Stuttgart AG 1997, 138 (139); OLG Düsseldorf ZIP 1999, 793; LG Frankfurt a. M. NZG 2003, 731; LG Hanau AG 1996, 90 (91); LG Freiburg AG 1998, 536 (537); LG Duisburg NZG 1999, 564 (565); Schmidt/Lutter/*Schwab* § 246a Rn. 3; Lutter/Winter/*Bork* § 16 UmwG Rn. 19a.
893 OLG Frankfurt a. M. AG 1998, 428 (429); AG 2003, 573 (574); AG 2006, 249 (250); AG 2008, 827; OLG Stuttgart AG 2004, 105 (106); OLG Düsseldorf AG 2004, 207 (208).

Verfahren eine lediglich kursorische Prüfung allein hinsichtlich der Tatsachengrundlage zulässig ist, während die rechtliche Beurteilung ohne Einschränkungen zu erfolgen hat.[894] Umstritten ist hinsichtlich der rechtlichen Überprüfung lediglich, ob eine eindeutige rechtliche Beurteilung voraussetzt, dass die relevante Rechtsfrage bereits höchstrichterlich entschieden wurde. Die herrschende Meinung verneint dies, hält eine aus rechtlichen Gründen offensichtliche Unbegründetheit also auch bei bisher nicht erfolgter Klärung durch den BGH für möglich.[895]

372 Im Übrigen beschränkt sich der Streit auf die Frage, in welchem Umfang bereits im Freigabeverfahren die Sachverhaltsermittlung, etwa durch aufwändige Beweisaufnahmen, zu erfolgen hat. In der Vielzahl der Fälle jedoch wird es keiner aufwändigen Tatsachenermittlung bedürfen, um die Erfolgsaussichten der häufig auf formale Gründe gestützten Klage beurteilen zu können. In den verbleibenden Fällen ist zu berücksichtigen, dass gemäß § 246a Abs. 3 S. 3 AktG die Tatsachen, auf Grund derer der Beschluss ergehen kann, nicht zu beweisen, sondern lediglich glaubhaft zu machen sind.[896] Einer aufwändigen Beweiserhebung wird es daher auch bei strittiger und komplexer Tatsachengrundlage nicht bedürfen.[897] Gelingt es jedoch nicht, dem Gericht die überwiegende Wahrscheinlichkeit der bestrittenen Tatsache glaubhaft zu machen, ist auch die offensichtliche Unbegründetheit nicht glaubhaft gemacht, womit ein allein hierauf gestützter Freigabeantrag keinen Erfolg haben kann.[898]

373 Offensichtlich unbegründet kann eine Klage dabei auch durch einen nach ihrer Erhebung gefassten **Bestätigungsbeschluss** (§ 244 AktG) werden.[899] Ist der Bestätigungsbeschluss ebenfalls angefochten worden, so erstreckt sich die Prüfung der offensichtlichen Unbegründetheit oder Unzulässigkeit nach § 246a Abs. 2 Nr. 1 AktG auch auf diesen.[900]

2. Bagatellschwelle, § 246a Abs. 2 Nr. 2 AktG

374 Die durch das ARUG in § 246a Abs. 2 Nr. 2 AktG eingeführte sogenannte **Bagatellschwelle** (auch: Bagatellquorum) von **EUR 1.000** dient dazu, missbräuchliche Klagen von Trittbrettfahrern einzudämmen und die Gerichte zu entlasten.[901] Der **Nachweis** kann mittels Depotbescheinigung erbracht werden.[902] Er ist urkundlich i. S. v. §§ 415ff. ZPO zu führen, sodass die Vorlage von Kopien ausscheidet,[903] und innerhalb einer nicht verlängerbaren[904] Frist von einer Woche ab Zustellung des Antrags zu erbringen.[905] Da es sich um eine materiell-rechtliche Ausschlussfrist handelt, kommt wegen Fristversäumung eine Wiedereinsetzung in den vorigen Stand nicht in Betracht.[906] Empirische Zahlen belegen die große praktische Bedeutung dieser Bagatellschwelle.[907]

---

894 Vgl. etwa Spindler/Stilz/*Dörr* § 246a Rn. 25; Hölters/*Englisch* § 246a Rn. 24.
895 OLG Karlsruhe ZIP 2007, 270 (272); OLG Hamburg ZIP 2012, 1347; Hüffer/*Koch* § 246a Rn. 17; MüKo AktG/*Hüffer* § 246a Rn. 21; Hölters/*Englisch* § 246a Rn. 24; a. A. OLG München NZG 2012, 261; Schmidt/Lutter/*Schwab* § 246a Rn. 3; *Halfmeier* WM 2006, 1465 (1466); differenzierend *Sosnitza* NZG 1999, 965 (970): Entscheidung des BGH nur erforderlich, wenn die Frage in Literatur und Rechtsprechung umstritten ist.
896 Hölters/*Englisch* § 246a Rn. 23.
897 A. A. Spindler/Stilz/*Dörr* § 246a Rn. 25: »nur dann offensichtlich unbegründet, wenn auch ohne Beweisaufnahme mit überwiegender Wahrscheinlichkeit vorhergesagt werden kann, dass das Vorbringen der Gesellschaft zutrifft«.
898 *Sosnitza* NZG 1999, 965 (970).
899 *Ihrig/Erwin* BB 2005, 1973 (1978); zustimmend MüKo AktG/*Hüffer* § 246a Rn. 21, und Hölters/*Englisch* § 246a Rn. 24.
900 OLG München NZG 2013, 459 (461).
901 RegBegr. ARUG BT-Drs. 16/11642, S. 42.
902 MüKo AktG/*Hüffer* § 246a Rn. 23.
903 OLG Bamberg NJW-RR 2014, 352 (353).
904 MüKo AktG/*Hüffer* § 246a Rn. 24.
905 OLG Bamberg NJW-RR 2014, 352 (353 f.).
906 OLG Nürnberg AG 2012, 758 (759 f.); AG 2011, 179 MüKo AktG/*Hüffer* § 246a Rn. 24.
907 *Baums/Drinhausen/Keinath* ZIP 2011, 2329 (2349), haben ermittelt, dass in 8 von den 21 nach Inkraft-

F. Freigabeverfahren § 8

Maßgeblich für das Erreichen des Quorums ist **nicht der Börsenwert**, sondern der rechnerische Anteil am Grundkapital (Stückaktien) bzw. der Nennbetrag (Nennbetragsaktien).[908] Der Gesetzgeber ging dabei davon aus, dass der Börsenwert bei normalen Börsenwerten im Mittelmaß und ohne Berücksichtigung von Extremfällen etwa das zehn- bis zwanzigfache des Nennwertes beträgt.[909] Hat der Antragsgegner die notwendige Anzahl von Aktien nicht bereits im Zeitpunkt der Bekanntmachung der Einberufung der Hauptversammlung gehalten, hat das Gericht Freigabe zu erteilen. Der Antragsgegner muss die Anteile demnach bei Bekanntmachung der Einberufung bereits gehalten haben.[910] Andernfalls könnte der Aktionär noch am Tag der Bekanntmachung kurzfristig seinen Anteilsbesitz erhöhen und so den Freigabebeschluss verhindern.[911] 375

Nach teilweise vertretener Auffassung hat der Antragsgegner das Quorum dabei nur bis zum Tag der Klageerhebung zu halten[912], während andere verlangen, dass das Quorum noch bei dessen Nachweis gehalten werden muss.[913] Allein die letztgenannte Auffassung steht mit dem Wortlaut des § 246a Abs. 2 Nr. 2 AktG in Einklang zu bringen: der Kläger muss »binnen einer Woche nach Zustellung des Antrags durch Urkunden nachgewiesen« haben, dass er das Quorum »hält« (nicht etwa: zu einem früheren Zeitpunkt »gehalten hat«). Das Halten des Aktienquorums bis zur Entscheidung ist indes nicht erforderlich.[914]

Nach Auffassung des OLG Frankfurt a. M.[915] soll der zu führende Nachweis entbehrlich sein, wenn der **Aktienbesitz** zwischen den Parteien **unstreitig** ist. Dem ist das KG ausdrücklich entgegen getreten. Würde es sich um eine bloße Verfahrensvorschrift handeln, könnte der Aktienbesitz noch in der mündlichen Verhandlung unstreitig werden, was aber mit der vom Gesetzgeber ausdrücklich geforderten und nach einhelliger Meinung auch nicht verlängerbaren Wochenfrist nicht zu vereinbaren sei.[916] Der Meinung des KG haben sich das OLG Hamm[917] und das OLG Köln[918] angeschlossen. Auch das OLG Nürnberg folgt unter ausdrücklicher Aufgabe seiner vorherigen Rechtsprechung[919] nunmehr dieser Ansicht.[920] 376

Der Nachweis soll nach Auffassung des KG dabei **auch für vinkulierte Namensaktien** erforderlich sein. Der Gesetzgeber habe das Erfordernis des Nachweises des Erreichens des Quorums binnen Wochenfrist für das Freigabeverfahren generell aufgestellt und gerade nicht einen bestimmten Aktientyp davon ausgenommen.[921] 377

---

treten des ARUG entschiedenen Fällen darauf hingewiesen wurde, dass der Antragsgegner das Bagatellquorum nicht nachgewiesen habe.
908 *Verse* NZG 2009, 1127 (1129).
909 RegBegr. ARUG BT-Drs. 16/11642, S. 42.
910 OLG Nürnberg ZIP 2012, 2052 (2053 f.); 2010, 2498 (2499); *Fiebelkorn*, S. 187 f.; wohl auch OLG München NZG 2013, 622 (623).
911 *Wilsing/Saß* DB 2011, 919 (921 f.); a. A. OLG Frankfurt BeckRS 2011, 16034; Heidel/*Schatz*, § 246a Rn. 42, 44; *Bayer* FS Hoffmann-Becking (2013) 91 (105 f.).
912 OLG Nürnberg AG 2012, 758 (»*dass es dem Kläger möglich ist, absehbar erforderliche Unterlagen schon bei Erhebung der Anfechtungsklage bereitzuhalten*«); OLG Köln BeckRS 2012, 03266 (»*[Der Kläger] kann [...] vorsorglich der Klageschrift den Nachweis über das Erreichen des Quorums beifügen.*«); OLG Frankfurt BeckRS 2011, 16034 (»*dass es ausreicht, wenn die Bescheinigung im Zusammenhang mit der Einreichung der Klage beschafft [...] wird*«); Heidel/*Schatz*, § 246a Rn. 43 f.; *Bayer* FS Hoffmann-Becking (2013) 91 (106.); *Fiebelkorn*, S. 187; *Satzl*, S. 203.
913 OLG Bamberg NJW-RR 2014, 352 (354); Hölters/*Englisch*, § 246a Rn. 25; Henssler/Strohn/*Drescher* AktG § 246a Rn. 6; *Wilsing/Saß* DB 2011, 919 (922)
914 Henssler/Strohn/*Drescher* AktG § 246a Rn. 6.
915 OLG Frankfurt a. M. NZG 2010, 824; AG 2012, 414.
916 KG NZG 2011, 305 (306).
917 OLG Hamm NZG 2011, 1031.
918 OLG Köln BeckRS 2012, 03266.
919 OLG Nürnberg NZG 2011, 150.
920 OLG Nürnberg AG 2012, 758.
921 KG NZG 2011, 305 (306).

378 Nach wohl herrschender Meinung sind nur solche Anfechtungsgründe im Freigabeverfahren zu berücksichtigen, die von Anfechtungsklägern vorgetragen werden, die das Quorum rechtzeitig nachgewiesen haben.[922] Hieran hat das OLG München jedoch in einem *obiter dictum* mit ausführlicher Begründung Zweifel angemeldet. Der vom BGH für Anfechtungs- und Nichtigkeitsklagen vorgegebene eingliedrige Streitgegenstandsbegriff des BGH sei auch im Freigabeverfahren zu berücksichtigen und könne dafür sprechen, bei der Frage der offensichtlichen Unbegründetheit der Klage eine umfassende Prüfung des angegriffenen Hauptversammlungsbeschlusses vorzunehmen.[923] Diese Entscheidung vermag nicht zu überzeugen. Der BGH vertritt nicht (mehr) den eingliedrigen Streitgegenstandsbegriff. Zudem steht diese Ansicht im Widerspruch zur gesetzgeberischen Intention der Beschleunigung des Freigabeverfahrens.[924]

379 Die Bagatellschwelle des § 246a Abs. 2 Nr. 2 AktG muss nach richtiger Auffassung für **Nebenintervenienten** des Anfechtungsprozesses entsprechend gelten.[925] Der mit seiner Beteiligung unter dem Schwellenwert liegende Aktionär wird nicht dadurch schützenswerter, dass er nicht selbst Anfechtungsklage erhoben hat, sondern sich an dieser lediglich als Nebenintervenient beteiligt. Zudem wäre andernfalls eine Umgehung der Bagatellschwelle möglich.

3. Interessenabwägung, § 246a Abs. 2 Nr. 3 AktG

380 Der Freigabebeschluss hat schließlich zu ergehen, wenn das alsbaldige Wirksamwerden des Hauptversammlungsbeschlusses vorrangig erscheint, weil die vom Antragsteller dargelegten wesentlichen Nachteile für die Gesellschaft und ihre Aktionäre nach freier Überzeugung des Gerichts die Nachteile für den Antragsgegner überwiegen, es sei denn, es liegt eine besondere Schwere des Rechtsverstoßes vor.

a) Keine Freigabe bei besonderer Schwere des Rechtsverstoßes

381 Eine Interessenabwägung ist damit zunächst ausdrücklich ausgeschlossen, wenn eine **besondere Schwere** des Rechtsverstoßes vorliegt. In einem solchen Fall darf die Freigabe unabhängig vom Vollzugsinteresse der Gesellschaft nicht erfolgen. Die besondere Schwere des behaupteten Rechtsverstoßes ist vom Antragsgegner darzulegen.[926]

382 Für die Beurteilung der besonderen Schwere ist ausweislich der Regierungsbegründung zum ARUG auf die Bedeutung der verletzten Norm und das Ausmaß der Rechtsverletzung abzustellen. Für die Bedeutung der Norm soll die Unterscheidung des Gesetzgebers zwischen nichtigen, anfechtbaren, durch Eintragung heilbaren und bestätigungsfähigen Beschlüssen zu beachten sein (§§ 241, 242 Abs. 1, 243, 244 AktG). Freilich führt nicht jeder Nichtigkeitsgrund zu einer besonderen Schwere des Verstoßes.[927] Für das Ausmaß des Verstoßes soll es zunächst ganz allgemein darauf ankommen, ob ein Verstoß so krass rechtswidrig ist, dass eine Eintragung und damit Durchführung »unerträglich« wäre. Als Kriterien nennt die Regierungsbegründung, ob es sich um einen gezielten Verstoß handelt, der den Kläger im Vergleich zu der Mehrheit ungleich trifft, oder ob der Kläger schwerwiegende wirtschaftliche Nachteile erleidet, die sich nicht auf andere Weise, etwa durch Schadenersatzansprüche ausgleichen lassen.

---

922 OLG Frankfurt BeckRS 2011, 24255; OLG Nürnberg AG 2012, 758 (760); OLG Rostock AG 2013, 768 (769); MüKo AktG/*Hüffer* § 246a Rn. 24; Hölters/*Englisch* § 246a Rn. 29; Heidel/*Schatz* § 246a Rn. 49 f.; *Verse* NZG 2009, 1127 (1130); *Kläsener/Wasse* AG 2010, 202 (204).
923 OLG München AG 2010, 170.
924 Vgl. BT-Drucks. 16/11642, S. 40.
925 *Verse* NZG 2009, 1127 (1130); Handelsrechtsausschuss DAV NZG 2008, 534 (542).
926 RegBegr. ARUG BT-Drs. 16/11642, S. 41; MüKo AktG/*Hüffer* § 246a Rn. 28.
927 RegBegr. ARUG BT-Drs. 16/11642, S. 41; *Verse* NZG 2009, 1127 (1130).

F. Freigabeverfahren §8

Die besondere Schwere des Verstoßes und die dem zugrunde liegenden Tatsachen sind **vom Antragsgegner glaubhaft zu machen**.[928] Das folgt bereits daraus, dass nach dem Wortlaut des Gesetzes die Freigabe bei vorrangigem Interesse der Gesellschaft die Regel sein soll, die nur im Ausnahmefall einer besonderen Schwere des Verstoßes nicht gelten soll (»*es sei denn, es liegt eine besondere Schwere des Rechtsverstoßes vor*«).

383

b) Abwägung von Vollzugs- und Aussetzungsinteresse

Hat der Antragsgegner nicht darzulegen vermocht, dass der vorgeworfene Rechtsverstoß besonders schwer wiegt, hat das Gericht eine Abwägung zwischen dem Interesse des Klägers einerseits und den wirtschaftlichen Interessen der Gesellschaft und ihrer übrigen Aktionäre andererseits vorzunehmen.[929] Diese Abwägung wird **in aller Regel zu Gunsten der Gesellschaft** ausgehen.[930] Denn zum einen sind bei dieser Abwägung ausweislich des Wortlauts die Erfolgsaussichten der Klage und die Schwere der geltend gemachten Rechtsverletzung auszublenden. Der mutmaßliche Erfolg der Klage hindert die Freigabe nicht, ihr voraussichtliches Scheitern hingegen kann für eine Freigabe sprechen.[931] Zum anderen sind nur die Interessen des jeweils klagenden Aktionärs zu berücksichtigen, während auf der anderen Seite das Interesse der Gesellschaft und ihrer Aktionäre in der Waagschale liegen. Schließlich sind als Interessen der Gesellschaft nach dem Willen des Gesetzgebers alle nicht vernachlässigbaren wirtschaftlichen Nachteile einzubeziehen.[932] Dennoch haben sich die Ergebnisse der Anwendung der Interessenabwägungsklausel durch das ARUG nicht erkennbar verändert.[933]

384

Als wesentliche Nachteile der Gesellschaft oder ihrer Aktionäre, die ein Interesse am Vollzug begründen, kommen insbesondere die Schäden aus der Verzögerung der beschlossenen Maßnahmen, aber auch Kosten einer Wiederholung der Hauptversammlung[934] und Zinsnachteile in Betracht. Allein die Kosten für die abzuhaltende Hauptversammlung rechtfertigen die Freigabe ohne Hinzutreten weiterer Gründe jedoch nicht, weil ansonsten die Freigabe außer in den Fällen des besonders schweren Rechtsverstoßes stets zu erteilen wäre.[935]

385

V. Wirkungen des Freigabebeschlusses

Das Gericht entscheidet durch **Beschluss**. Im Falle der Freigabe stellt das Gericht gemäß § 246a Abs. 1 S. 1 AktG fest, dass die Erhebung der Klage der Eintragung nicht entgegensteht und Mängel des Hauptversammlungsbeschlusses die Wirkung der Eintragung unberührt lassen.

386

Der Freigabebeschluss **überwindet die faktische Registersperre**, indem er für das Registergericht bindend ist. Diese Bindungswirkung ist in § 246a Abs. 3 S. 5 AktG ausdrücklich angeordnet. Das Registergericht darf die Eintragung trotz des anhängigen Klageverfahrens gegen den Beschluss nicht weiterhin nach § 21 FamFG aussetzen. Die auf diesen Feststellungsbeschluss eingetragene Kapitalmaßnahme bzw. der Unternehmensvertrag bleibt selbst dann wirksam, wenn der Beschluss im Hauptsacheverfahren später für nichtig befunden werden sollte, § 246a Abs. 4 S. 2 AktG.[936]

387

Dieser **Bestandsschutz** gilt nach herrschender Meinung nur für Beschlüsse, die aufgrund eines Freigabeverfahrens eingetragen wurden.[937] Nicht im Freigabeverfahren geprüfte Beschlüsse können da-

388

---

928 *Verse* NZG 2009, 1127 (1130).
929 RegBegr. ARUG BT-Drs. 16/11642, S. 41.
930 *Verse* NZG 2009, 1127 (1130).
931 MüKo AktG/*Hüffer* § 246a Rn. 27, 28; Spindler/Stilz/*Dörr* § 246a Rn. 30.
932 Rechtsausschuss BT-Drs. 16/13098, S. 60; *Verse* NZG 2009, 1127 (1130).
933 *Baums/Drinhausen/Keinath* ZIP 2011, 2329 (2349).
934 OLG Frankfurt a. M., Beschl. v. 11.4.2011 – Az.: 5 Sch 4/10; **a. A.** Heidel/*Schatz* § 246a Rn. 62.
935 OLG Frankfurt a. M., Beschl. v. 11.4.2011 – Az.: 5 Sch 4/10.
936 OLG Celle AG 2008, 217; Hüffer/*Koch* § 246a, Rn. 12; *Diekmann/Leuring* NZV 2004, 249 (254).
937 *Ihrig/Erwin* BB 2005, 1973 (1975); DAV-Handelsrechtsausschuss NZG 2005, 388 (393); *Kort* NZG 2007, 169 (171); *Kort* BB 2005, 1577 (1581); Hüffer/*Koch* § 246a Rn. 11; Heidel/*Schatz* § 246a Rn. 85; kritisch *Diekmann/Leuring* NZV 2004, 249 (254), die auf die abweichende Regelung in § 20 Abs. 2 UmwG und

her durch eine nachträgliche Nichtigkeitsklage noch für unwirksam erklärt werden. Deswegen hat die Gesellschaft ein Interesse und auch die Berechtigung, auch nach Eintragung noch ein Freigabeverfahren anzustrengen.[938]

389 Selbst für Beschlüsse, die das Freigabeverfahren durchlaufen haben, erstreckt sich der Bestandsschutz nach wohl herrschender Meinung nur auf solche **Mängel, die im Freigabeverfahren auch geprüft wurden**.[939] Das ist auf Grundlage des vertretenen zweigliedrigen Streitgegenstandsbegriffes[940], wodurch auch bei der Beschlussanfechtung der Streitgegenstand nicht nur durch den Antrag, sondern auch den Sachverhalt bestimmt wird, konsequent. Im Umkehrschluss folgt hieraus aber auch, dass solche Mängel, die im Freigabeverfahren nicht geprüft wurden, bspw. weil das Bagatellquorum nicht erreicht wurde oder die Anfechtungsklage bereits unzulässig war, keinen Bestandsschutz genießen, soweit ihre Geltendmachung nicht nach § 246 Abs. 1 AktG ausgeschlossen ist[941]; insofern lebt trotz Freigabeschlusses die Aussetzungsbefugnis des Registergerichts wieder auf.[942]

390 Eine später erhobene Nichtigkeitsklage (sog. nachgeschobene Nichtigkeitsklage[943]) kann erneut eine faktische Registersperre auslösen und ein weiteres Freigabeverfahren erfordern, soweit die Beschlussmängel nicht bereits im vorausgegangen Freigabeverfahren geprüft wurden. Wurden aber die Beschlussmängel bereits umfassend im Freigabeverfahren geprüft, so ist das Registergericht an den rechtskräftigen Freigabebeschluss gebunden.[944] Eine erneute Überprüfung findet nicht statt.

391 Der Beschluss des Oberlandesgerichts ist gemäß § 246a Abs. 3 S. 4 AktG **unanfechtbar**, gleich ob der die Freigabe erteilt oder zurückweist. Ist ein Freigabeantrag materiell rechtskräftig als unbegründet abgewiesen worden, ist ein erneutes Freigabeverfahren zwischen den Parteien hinsichtlich desselben Hauptversammlungsbeschlusses unstatthaft.[945] Umstritten ist, ob das auch gelten soll, wenn die Sachlage sich verändert hat. Die wohl herrschende Meinung lässt in einem solchen Fall ein erneutes Freigabeverfahren zu.[946] Nach der Gegenansicht bleibt ein erneutes Freigabeverfahren hinsichtlich des gleichen Beschlusses und zwischen den gleichen Parteien auch bei veränderter Sachlage unzulässig.[947] Diese Mindermeinung dürfte eher mit dem eingliedrigen Streitgegenstandsbegriff, den der BGH bei gerichtlichen Überprüfung von Hauptversammlungsbeschlüssen zugrunde legt, zu vereinbaren sein.

VI. Schadensersatzpflicht bei Erfolg der Klage nach erfolgter Freigabe

392 Hat die Gesellschaft einen Freigabebeschluss erwirkt, erweist sich die Klage aber später im Hauptsacheverfahren als begründet, kann die Gesellschaft dem Antragsgegner gemäß § 246a Abs. 4 S. 1 AktG zum Schadensersatz verpflichtet sein. Anspruchsvoraussetzung ist demnach, dass der unterlegene Antragsgegner mit seiner Anfechtungs- bzw. Nichtigkeitsklage Erfolg hatte.[948]

---

den entgegenstehenden Vorschlag der Regierungskommission, *Baums*, Bericht der Regierungskommission Corporate Governance, 2001 (auch BT-Drs. 14/7515 v. 14.8.2001), Rn. 153 verweisen.
938 *Müller-Eising/Stoll* GWR 2011, 349.
939 Noack NZG 2008, 441 (446); Hüffer/*Koch* § 246a Rn. 11.
940 Vgl. hierzu Rdn. 240 f.
941 Hüffer/*Koch* § 246a Rn. 11.
942 Hölters/*Englisch* § 246a Rn. 17.
943 Siehe hierzu Rdn. 266 ff.
944 Henssler/Strohn/*Drescher* AktG § 246a Rn. 18.
945 LG Frankfurt a. M. ZIP 2007, 2004.
946 OLG München NZG 2013, 459; OLG Frankfurt a. M. ZIP 2008, 138 (139); *Ihrig/Erwin* BB 2005, 1973 (1978); *Fassbender* AG 2006, 872 (881); *Rieckers* BB 2005, 1348 (1351); *Riegger/Schokenhoff* ZIP 1997, 2105 (2110).
947 LG Frankfurt a. M. ZIP 2007, 2004 (sogar für den Fall der Bestätigung des Beschlusses durch die Hauptversammlung).
948 Spindler/Stilz/*Dörr* § 246a Rn. 40; infolgedessen führt die Freigabenentscheidung auch nicht zur Erledigung des Anfechtungs- bzw. Nichtigkeitsprozesses, Schmidt/Lutter/*Schwab* § 246a Rn. 50.

G. Schiedsfähigkeit von Hauptversammlungsbeschlüssen

Die Vorschrift überträgt einen allgemeinen Rechtsgedanken auf das aktienrechtliche Freigabeverfahren. Wer sich auf das Ergebnis eines summarischen Eilverfahrens stützt, tut dies auf eigenes Risiko. Bestätigt das Hauptsacheverfahren dieses vorläufige Ergebnis nicht, hat er **verschuldensunabhängig**[949] für die dem Antragsgegner durch die »voreiligen« Maßnahmen entstandenen Schäden einzustehen. 393

Während jedoch § 945 ZPO für Eilverfahren nach der ZPO verlangt, den Zustand wiederherzustellen, beschränkt § 246a Abs. 4 S. 2 AktG den Anspruch auf Naturalrestitution erheblich. Wurde ein Hauptversammlungsbeschluss aufgrund eines Freigabebeschlusses in das Handelsregister eingetragen, lässt eine erfolgreiche Anfechtungs- oder Nichtigkeitsklage die Durchführung des Beschlusses unberührt. Ausdrücklich ordnet das Gesetz an, dass die Beseitigung der Eintragungswirkung nicht als Schadensersatz verlangt werden kann, § 246a Abs. 4 S. 2 2. Hs. AktG. Diese **Bestandskraft** ist demnach weniger der Grund für einen Schadensersatzanspruch des später erfolgreichen Antragsgegners[950], als vielmehr eine wesentliche **Einschränkung**[951] dieses Schadensersatzanspruches. Trotz Nichtigkeit des Hauptversammlungsbeschlusses infolge einer erfolgreichen Anfechtungs- oder Nichtigkeitsklage darf der eingetragene Hauptversammlungsbeschluss also weder durch Eintragung des der Klage stattgebenden Urteils mittels Vermerk nach § 44 HRV als nichtig bezeichnet werden, noch nach § 398 FamFG von Amts wegen als nichtig gelöscht werden.[952] 394

Der Antragsgegner ist auf den Ersatz desjenigen Schadens beschränkt, der ihm **adäquat kausal** durch die Eintragung des mängelbehafteten Hauptversammlungsbeschlusses entstanden ist. In der Praxis sind dies vor allem die Kosten, die der Kläger für das Freigabeverfahren aufgewendet hat. Die Kosten für das Anfechtungs- und Nichtigkeitsverfahren hingegen kann der dortige Kläger schon unabhängig von § 246a Abs. 4 AktG als prozessuale Nebenentscheidung ersetz verlangen. Im Falle eines unberechtigten Bezugsrechtsausschlusses bei einer Kapitalerhöhung kommt ein Verwässerungsschaden des Aktionärs in Betracht.[953] Die **Beweislast** für die haftungsausfüllende Kausalität liegt bei dem **Antragsgegner**, das Gericht kann den Schaden aber analog § 287 ZPO schätzen.[954] 395

G. Schiedsfähigkeit von Hauptversammlungsbeschlüssen

I. Einleitung

Wie bereits dargestellt, kann die Entscheidung, Streitigkeiten vor einem Schiedsgericht entscheiden zu lassen, für Gesellschaft und Gesellschafter erhebliche Vorteile bieten.[955] Im Gegensatz zu Beschlussmängelstreitigkeiten im Recht der GmbH, die nach der Rspr. des BGH schiedsfähig sind,[956] ist die Schiedsfähigkeit solcher Rechtsstreitigkeiten im Aktienrecht weiter umstritten. 396

II. Rechtliche Fragen

Während die §§ 241 ff. AktG analog auf die GmbH angewendet werden,[957] gilt **§ 23 Abs. 5 AktG** ausschließlich für Aktiengesellschaften.[958] Abweichungen von den Regelungen des AktG in der Satzung sind nach dieser Vorschrift nur erlaubt, wo dies ausdrücklich zugelassen ist. Ergänzungen zu den gesetzlichen Bestimmungen sind zulässig, soweit das AktG keine abschließende Regelung enthält. Die Rechtsprechung hat bislang nicht geklärt, ob die Satzung einer AG gem. § 1066 ZPO vor- 397

---

949 BT-Drs. 15/5092, S. 29; allgemeine Auffassung.
950 So aber Hölter/*Englisch* § 246a Rn. 54.
951 BT-Drs. 15/5092, S. 29; Spindler/Stilz/*Dörr* § 246a Rn. 41.
952 BT-Drs. 15/5092, S. 28.
953 *Ihrig/Erwin* BB 2005, 1973 (1977); MüKo AktG/*Hüffer* § 246a Rn. 37.
954 MüKo AktG/*Hüffer* § 246a Rn. 37.
955 § 2 Rdn. 25–28.
956 § 19 Rdn. 182.
957 § 19 Rdn. 183.
958 Heidel/*Braunfels* § 23 Rn. 40; KöKo AktG/*Arnold* § 23 Rn. 134.

sehen kann, dass Streitigkeiten über Beschlussmängelstreitigkeiten durch ein Schiedsgericht entschieden werden. Da die §§ 241 ff. AktG bei solchen Streitigkeiten (ohne ausdrücklich geregelte Ausnahme) die **Anfechtungs- und Nichtigkeitsklage** zum Landgericht vorsehen, in dessen Bezirk die AG ihren Sitz hat, hält die h. M. eine derartige Bestimmung in der Satzung für unzulässig.[959] Nach der Gegenauffassung kann die Satzung einer AG hingegen vorsehen, dass ein Schiedsgericht über Beschlussmängelstreitigkeiten entscheidet: § 246 Abs. 3 S. 1 AktG regle nur die Zuständigkeit in Fällen, in denen überhaupt staatliche Gerichte angerufen werden, solle aber keine Form der Gerichtsbarkeit ausschließen.[960] In der Praxis empfiehlt sich angesichts der unklaren Rechtslage, auf eine Regelung in der Satzung zu verzichten, nach der ein Schiedsgericht über Beschlussmängelstreitigkeiten entscheiden soll. Zulässig ist hingegen der Abschluss eines Schiedsvereinbarung außerhalb der Satzung nach § 1029 ZPO, der jedoch alle Gesellschafter und die Gesellschaft selbst zugestimmt haben müssen. Deshalb wird eine solche Vereinbarung nur für nicht börsennotierte Aktiengesellschaften mit überschaubarem Kreis der Gesellschafter praktikabel sein.[961]

III. Praktische Probleme

398 Neben der kautelarjuristisch nicht unkomplizierten Ausgestaltung einer für Beschlussmängelklagen **wirksamen Schiedsabrede oder -vereinbarung,**[962] birgt die Notwendigkeit, eine rechtssichere Schiedsvereinbarung in der AG per Nebenabrede abzuschließen, spezifische Gefahren. Während durch die Aufnahme einer Schiedsklausel in der Satzung ohne weiteres auch neu hinzukommende Aktionäre einbezogen wären,[963] stellt sich bei einer satzungsbegleitenden Nebenabrede das Problem, neue Aktionäre an die Schiedsvereinbarung zu binden, da die Aktienveräußerung nicht zum Pflichtenübergang auf den Käufer führt.[964] Es wird vorgeschlagen, diese Problematik über vinkulierte Namensaktien zu lösen,[965] deren Ausgabe freilich einen tiefen Eingriff in die Gesellschaftsstruktur darstellt und nur in wenigen Fällen zweckmäßig sein dürfte.[966]

399 Weiterhin ist zu beachten, dass eine Schiedsvereinbarung nach § 1029 ZPO im Gegensatz zu einer satzungsmäßigen Schiedsklausel nach § 1066 der **Form des § 1031 ZPO** genügen muss.[967]

400 Das bei GmbH-Streitigkeiten auftretende Problem, alle Gesellschafter über die Einleitung einer Beschlussmängelklage informieren zu müssen, ist bei der AG hingegen insofern entschärft, als dass gem. § 246 Abs. 4 AktG (analog) eine Bekanntmachung in den Gesellschaftsblättern genügen dürfte.[968]

---

959 Heidel/*Heidel* § 246 Rn. 14; Hüffer/*Koch* AktG § 246 Rn. 18; Hölters/*Englisch* § 246 Rn. 62; MüKo AktG/*Hüffer* § 246 Rn. 33; *K. Schmidt* BB 2001, 1857 (1861); Spindler/Stilz/*Dörr* § 246 Rn. 10. Diskutiert wird eine Lockerung zumindest für nicht börsennotierte Aktiengesellschaften, *Goette* GWR 2009, 103 (105); *Riegger/Wilske* ZGR 2010, 733 (747–748); *K. Schmidt* BB 2001, 1857 (1860–1861).

960 *Habersack* JZ 2009, 797 (799); *Lüke/Blenske* ZGR 1998, 253 (258); *Saenger/Splittgerber* DZWIR 2010, 177, die angesichts der Rechtsunsicherheit in dieser Frage für eine gesetzgeberische Klarstellung eintreten; K. Schmidt/Lutter/*Schwab* § 246 Rn. 40–46; *Raeschke-Kessler* SchiedsVZ 2003, 145 (152); Zöller/*Geimer* § 1066 Rn. 12.

961 *Borris* NZG 2010, 481 (486); *Raeschke-Kessler/Berger* Rn. 346–348; *Saenger/Splittgerber* DZWIR 2010, 177; *K. Schmidt* BB 2001, 1857 (1861); *Schwedt/Lilja/Schaper* NZG 2009, 1281 (1285); Spindler/Stilz/*Dörr* § 246 Rn. 11.

962 Siehe dazu § 19 Rdn. 182–201.

963 *Borris* NZG 2010, 481 (484); MüKo ZPO/*Münch* § 1066 Rn. 16.

964 Hüffer AktG § 23 Rn. 46; KöKo AktG/*Arnold* § 23 Rn. 177; *Saenger/Splittgerber* DZWIR 2010, 177.

965 *K. Schmidt* BB 2001, 1857 (1861); ebenso wohl *Borris* NZG 2010, 481 (484). Eine rein schuldrechtliche Verpflichtung hingegen kann nur zu Schadensersatzansprüchen führen (MüKo AktG/*Bayer* § 68 Rn. 42) und somit nicht sicherstellen, dass die Schiedsvereinbarung bei Aktionärswechsel operabel bleibt.

966 Siehe hierzu auch § 2 Rdn. 51.

967 Schwerdtfeger/*Eberl*/Eberl Kap. 17 Rn. 60. Besondere Aufmerksamkeit ist dabei der Frage zu widmen, ob Verbraucher beteiligt sind, vgl. § 1031 Abs. 5 ZPO.

968 *Borris* NZG 2010, 481 (484).

IV. Fazit

Die Möglichkeit der Aufnahme einer Schiedsklausel in der Satzung ist aus praktischer Sicht wün- **401** schenswert, nach h. M. aber unzulässig. Demgegenüber dürfte die Vereinbarung per satzungsergänzender Nebenabrede zwar rechtlich nicht zu beanstanden, jedoch nur in Ausnahmefällen praktikabel sein. Zumindest bis zu einer Reform von entweder § 23 Abs. 5 AktG[969] oder § 246 AktG[970] haben Schiedsverfahren über Hauptversammlungsbeschlüsse nur **geringe praktische Relevanz**.

---

[969] Vgl. zur Diskussion KöKo AktG/*Arnold* § 23 Rn. 131 ff. m. w. N.
[970] Vgl. für einen entsprechenden Vorschlag *K. Schmidt* BB 2001, 1857 (1861).

§ 9 Streitigkeiten unter Beteiligung von Verwaltungsorganen

Übersicht

	Rdn.
A. **Vorstand als Kläger**	2
I. Klage des Vorstandsmitglieds gegen seine Abberufung	3
1. Allgemeines	3
2. Zulässigkeit	5
a) Zuständigkeit und Klagegegner	5
b) Statthafte Klageart	7
c) Rechtsschutzinteresse	11
d) Sonstige prozessuale Besonderheiten	12
aa) Darlegungs- und Beweislast	12
bb) Streitwert	13
cc) Einstweiliger Rechtsschutz	14
3. Begründetheit	15
a) Formelle Voraussetzungen einer Abberufung	16
b) Materielle Voraussetzungen einer Abberufung	21
4. Folgen einer erfolgreichen Klage	28
II. Klage des Vorstandsmitglieds gegen die Kündigung seines Anstellungsvertrages	29
1. Allgemeines	29
2. Zulässigkeit	32
a) Zuständigkeit und Klagegegner	32
b) Statthafte Klageart	33
2. Begründetheit	35
a) Formelle Voraussetzungen	37
aa) Zuständigkeit	37
bb) Kündigungserklärung	38
cc) Abmahnung	40
dd) Frist des § 626 Abs. 2 BGB	41
b) Materielle Voraussetzungen	48
B. **Vorstand als Beklagter**	53
I. Schadensersatzklage der Gesellschaft gegen Vorstandsmitglieder	55
1. Haftung der Vorstandsmitglieder gegenüber der Gesellschaft nach § 93 AktG	57
a) Allgemeines	57
b) Zulässigkeit	60
aa) Zuständigkeit	60
bb) Anspruchsverfolgung	62
(1) Anspruchsverfolgung durch den Aufsichtsrat	62
(2) Anspruchsverfolgung durch die Hauptversammlung oder eine Aktionärsminderheit	64
(3) Anspruchsverfolgung durch einzelne Aktionäre und Gläubiger	70
cc) Prozessuale Besonderheiten (Darlegungs- und Beweislastverteilung)	71

	Rdn.
c) Begründetheit der Schadensersatzklage nach § 93 Abs. 2 AktG	74
aa) Pflichtverletzung	75
(1) Verletzung ausdrücklich geregelter Pflichten	78
(a) Pflichten im Zusammenhang mit Kapitalverlust und Insolvenzreife nach § 92 AktG, § 15a InsO	80
(b) Berichtspflicht des § 90 AktG	83
(c) Buchführungspflicht des § 91 Abs. 1 AktG	84
(d) Pflichten im Zusammenhang mit der Hauptversammlung	85
(e) Gründungsspezifische Pflichten	86
(f) Fehlerhafte Primärmarktinformation nach dem WpPG	87
(g) Fehlerhafte Sekundärmarktinformation nach dem WpHG	88
(2) Verletzung allgemeiner Pflichten	89
(a) Sorgfaltspflicht	90
(b) Treuepflicht	101
(c) Verschwiegenheitspflicht	104
bb) Verschulden	105
cc) Schaden der Gesellschaft	106
dd) Kausalität	109
ee) Haftungsausschluss, Verzicht und Vergleich gem. § 93 Abs. 4 AktG	112
(1) Haftungsausschluss durch Hauptversammlungsbeschluss	113
(2) Verzicht und Vergleich	117
ff) Verjährung	118
gg) Gesamtschuldnerische Haftung	123
d) Begründetheit der Schadensersatzklage nach § 93 Abs. 3 AktG	124
aa) Allgemeines	124
bb) Einzelfälle	128
2. Haftung der Vorstandmitglieder gegenüber der Gesellschaft nach weiteren Haftungsnormen	139
a) Haftung gem. § 117 AktG	140
b) Haftung im Konzern, §§ 309 Abs. 2, 310 Abs. 1, 318 Abs. 1, 323 Abs. 1 AktG	142

	Rdn.
aa) Pflichten der Vorstandsmitglieder im Vertragskonzern	143
bb) Pflichten der Vorstandsmitglieder im faktischen Konzern	146
c) Haftung nach §§ 46, 48 AktG	149
d) Haftung gem. § 25 UmwG	150
e) Verjährung	151
II. Sonstige Klagen der Gesellschaft gegen den Vorstand	152
1. Unterlassungsansprüche	152
2. Klagen zur Durchsetzung der Rechte aus § 83 AktG	155
3. Sonstige Ansprüche	158
III. Schadensersatzklage der Aktionäre gegen die Vorstandsmitglieder	160
1. Allgemeines	160
2. Haftung gem. § 117 Abs. 1 S. 2 AktG	162
3. Außenhaftung im Konzern	163
a) Haftung im Vertragskonzern	163
b) Haftung im faktischen Konzern	164
4. Haftung gem. § 25 Abs. 1 S. 1 UmwG	166
5. Haftung nach dem WpPG wegen fehlerhafter Primärmarktinformation	167
6. Keine Außenhaftung nach dem WpHG bei fehlerhafter Sekundärmarktinformation	169
7. Vertragliche Ansprüche	170
8. Vertragsähnliche Ansprüche	172
9. Deliktische Haftung	176
a) Haftung aus § 823 Abs. 1 BGB	178
b) Haftung aus § 823 Abs. 2 BGB i. V. m. einem Schutzgesetz	181
aa) Allgemeines	181
bb) Schutzgesetze	182
(1) Aktienrechtliche Vorschriften als Schutzgesetz	182
(2) Strafrechtliche Vorschriften als Schutzgesetz	185
(3) Sonstige Vorschriften als Schutzgesetz	186
c) Haftung aus § 826 BGB	189
10. Verjährung	191
IV. Klage der Aktionäre auf Tätigwerden des Vorstands	192
V. Klage Dritter gegen den Vorstand	196
1. Allgemeines	196
2. Haftung gem. § 93 Abs. 5 S. 1 AktG	198
3. Haftung gem. § 117 Abs. 5 S. 1 AktG	201
4. Außenhaftung im Konzern	202
5. Haftung gem. § 25 Abs. 1 S. 1 UmwG	203
6. Haftung wegen Pflichtverletzung bei Gründung der AG	204
7. Haftung wegen Verstoßes gegen wettbewerbs- sowie immaterial-güterrechtliche Vorschriften	205
8. Haftung für die Erfüllung steuerlicher Pflichten	206
9. Vertragliche Ansprüche	207
10. Vertragsähnliche Ansprüche	208
11. Deliktische Haftung	209
a) Haftung gem. § 823 Abs. 1 BGB	210
b) Haftung gem. § 823 Abs. 2 BGB	212
c) Haftung gem. § 826 BGB	213
C. Aufsichtsrat als Kläger	215
I. Streitigkeiten bei der Abberufung von Aufsichtsratsmitgliedern	215
1. Überblick	215
2. Abberufung nach § 103 AktG	216
a) Abberufung durch die Hauptversammlung nach § 103 Abs. 1 AktG	218
b) Abberufung durch den Entsendungsberechtigten gemäß § 103 Abs. 2 AktG	221
c) Gerichtliche Abberufung aus wichtigem Grund gemäß § 103 Abs. 3 AktG	223
II. Gerichtliche Durchsetzung der Rechte des Aufsichtsrates	228
1. Geltendmachung von Vergütungs- und Auslagenersatzansprüchen	229
a) Vergütungsansprüche	230
b) Auslagenersatzansprüche	234
2. Geltendmachung von Informations- und Mitwirkungsrechten gegenüber dem Vorstand	235
a) Durchsetzung der Rechte des Gesamtorgans	236
b) Durchsetzung von subjektiven Organrechten	238
aa) Durchsetzung von organinternen Befugnissen	239
bb) Durchsetzung von Rechten gegenüber anderen Gesellschaftsorganen	242
D. Aufsichtsrat als Beklagter	245
I. Klagen der Gesellschaft gegen den Aufsichtsrat auf Schadensersatz	245
1. Schadensersatz nach §§ 116 S. 1 i. V. m. 93 Abs. 2 S. 1 AktG	246
a) Zulässigkeit	247
b) Sonstige prozessuale Besonderheiten (Darlegungs- und Beweislastverteilung)	249
c) Begründetheit	250
aa) Pflichtverletzungen	251
(1) Sorgfaltspflicht	251
(2) Verschwiegenheitspflicht	257
(3) Treuepflicht	258
bb) Verschulden	260

	Rdn.		Rdn.
cc) Schaden	261	III. Klagen Dritter gegen den Aufsichtsrat	270
dd) Haftungsausschluss	262	1. Haftung gegenüber Dritten nach §§ 116 S. 1 i. V. m. 93 Abs. 5 S. 1 AktG und § 117 Abs. 2 S. 1, Abs. 5 S. 1 AktG	270
ee) Verjährung	263		
2. Schädigende Einflussnahme nach § 117 Abs. 2 S. 1 AktG	264		
3. Haftung im Konzern	265	2. Haftung nach allgemeinem Deliktsrecht	271
II. Nichtigkeitsfeststellungsklage über einen Aufsichtsratsbeschluss	266		

1 Die Organisationsverfassung der Aktiengesellschaft, auch Binnenverfassung genannt, wird in §§ 76–117 AktG umfassend geregelt. Anders als bei der GmbH eröffnet der Gesetzgeber nur wenig Spielraum zur autonomen Ausgestaltung der Binnenverfassung durch Satzung, § 23 Abs. 5 AktG. Mit Vorstand, Aufsichtsrat und Hauptversammlung sind obligatorisch drei Organe vorgesehen, die selbst nicht rechtsfähig sind und lediglich für die Aktiengesellschaft handeln können.[1] Der Vorstand ist das Leitungsorgan der Gesellschaft, § 76 Abs. 1 AktG. Der Aufsichtsrat ist deren Überwachungs- und Kontrollorgan, § 111 Abs. 1 AktG. Die Aktionäre üben ihre Rechte in Angelegenheiten der Gesellschaft in der Hauptversammlung aus, § 118 Abs. 1 AktG. Vorstand und Aufsichtsrat werden zusammen als die Verwaltung der Aktiengesellschaft bezeichnet.[2] Die Verwaltung ist durch das sog. dualistische System geprägt, das eine zwingende Trennung zwischen dem Leitungsorgan und dem Überwachungsorgan vorsieht.[3] Insbesondere aus dem Spannungsverhältnis zwischen Aufsichtsrat und Vorstand untereinander, aber auch aus dem Verhältnis beider Verwaltungsorgane zu der Gesellschaft, ergibt sich eine Fülle von Rechtsfragen, die im Folgenden näher erörtert werden sollen. Die Streitigkeiten im Zusammenhang mit der Hauptversammlung sind hingegen bereits in § 8 dargestellt worden.

A. Vorstand als Kläger

2 Trifft der Aufsichtsrat Maßnahmen gegen ein Vorstandsmitglied, bedarf es einer genauen Prüfung, ob das Vorstandsmitglied durch diese Maßnahmen in seiner organschaftlichen Vorstandsstellung und/oder in seiner schuldrechtlichen Anstellung betroffen ist. Dementsprechend muss das Vorstandsmitglied eine Klage gegen seine **organschaftliche Abberufung** anstrengen (dazu Rdn. 3–28) oder gegen die **Kündigung seines Anstellungsvertrages** vorgehen (dazu Rdn. 29–52).

I. Klage des Vorstandsmitglieds gegen seine Abberufung

1. Allgemeines

3 Die Abberufung eines Vorstandsmitgliedes erfolgt aus wichtigem Grund nach § 84 Abs. 3 AktG durch einen Abberufungsbeschluss des Aufsichtsrates. Das sog. Trennungsprinzip gebietet eine Differenzierung zwischen der Organstellung und dem Anstellungsvertrag.[4] Die organschaftliche Abberufung führt daher nicht zwingend zur Beendigung des schuldrechtlichen Anstellungsverhältnisses, sodass die Kündigung des Anstellungsvertrags grundsätzlich gesondert erfolgen muss.[5]

4 § 84 Abs. 3 S. 4 AktG bestimmt, dass der Widerruf wirksam ist, bis seine Unwirksamkeit rechtskräftig festgestellt ist. Nach nahezu einhelliger Meinung bezieht sich § 84 Abs. 3 S. 4 AktG jedoch nur auf das Erfordernis eines wichtigen Abberufungsgrundes.[6] Die Bestellung des abberufenen Vor-

---

1 MüKo AktG/*Spindler* Vorbemerkung § 76 Rn. 1.
2 MünchHdb GesR IV/*Wiesner* § 19 Rn. 1.
3 Hüffer/*Koch* § 76 Rn. 5.
4 BGHZ 78, 82 (84); 79, 38 (41); 89, 48 (52); BGH NJW 1989, 2683; BGH NJW 2003, 351; KöKo AktG/*Mertens/Cahn* § 84 Rn. 4; MüKo AktG/*Spindler* § 84 Rn. 10; Hüffer/*Koch* § 84 Rn. 2.
5 BGH NZG 2011, 112 (113); NJW 2003, 351 (beide zur GmbH); KöKo AktG/*Mertens/Cahn* § 84 Rn. 106; zur Klage eines Vorstandsmitgliedes gegen die Kündigung seines Anstellungsvertrages: Rdn. 29–52.
6 LG München I AG 1986, 142 (143); Hüffer/*Koch* § 84 Rn. 34; AnwK-AktR/*Oltmanns* § 84 Rn. 26; a. A. *Schürnbrand* NZG 2008, 609 (611).

standsmitglieds endet demnach bei Vorliegen eines Aufsichtsratsbeschlusses mit Zugang der Widerrufserklärung selbst dann, wenn ein wichtiger Grund gefehlt haben sollte. Das abberufene Vorstandsmitglied ist folglich nicht berechtigt, die Vorstandsgeschäfte fortzuführen.[7] Die Erhebung einer Klage gegen die Abberufung hat daher keinen Suspensiveffekt. Die Organstellung endet dagegen nicht, wenn ein entsprechender Beschluss des Aufsichtsrats fehlt oder aufgrund von Verfahrensmängeln ungültig ist.[8] Das gleiche soll auch für evident willkürliche oder gesetzeswidrige Aufsichtsratsbeschlüsse gelten.[9]

2. Zulässigkeit

a) Zuständigkeit und Klagegegner

Es handelt sich um eine Klage aus dem Rechtsverhältnis zwischen dem Vorsteher einer Handelsgesellschaft und der Gesellschaft i. S. d. § 95 Abs. 1 Nr. 4 lit. a GVG und damit um eine Handelssache. Daher ist – sofern vorhanden – gem. § 94 GVG die Kammer für Handelssachen zuständig, wenn die Parteien dies beantragen, vgl. §§ 96, 98 Abs. 1 GVG.[10] Die örtliche Zuständigkeit der Landgerichte richtet sich nach dem Sitz der Gesellschaft, §§ 12, 17 Abs. 1 S. 1 ZPO.

Die Klage richtet sich gegen die durch den Aufsichtsrat vertretene Gesellschaft, vgl. § 112 S. 1 AktG.[11]

b) Statthafte Klageart

Aufgrund der Regelung des § 84 Abs. 3 S. 4 AktG ist für die statthafte Klageart gegen die Abberufung neben dem Begehren des abberufenen Vorstandsmitglieds der Angriffsgegenstand sowie der Zeitpunkt der Klageerhebung von Bedeutung.

Ist die Amtszeit des betroffenen Vorstandsmitglieds zum Zeitpunkt der Klageerhebung noch nicht abgelaufen und strebt das Vorstandsmitglied seine Wiedereinsetzung an, so muss das Fehlen eines wichtigen Grundes durch eine **Gestaltungsklage** geltend gemacht werden.[12] Die gerichtliche Gestaltung (ex nunc) ist notwendig, da die Bestellung des Vorstandsmitgliedes gem. § 84 Abs. 3 S. 4 AktG auch dann endet, wenn ein wichtiger Grund nicht vorliegt.[13]

Stützt das Vorstandsmitglied im Falle der noch andauernden Amtszeit sein Begehren, wieder in das Amt eingesetzt zu werden, ausschließlich auf das Fehlen oder die Ungültigkeit des Abberufungsbeschlusses, handelt es sich um eine echte **Feststellungsklage**.[14] Durch das rechtskräftige Urteil wird festgestellt, dass die Abberufung von vornherein unwirksam war und der Abberufene nach wie vor Vorstandsmitglied ist (ex tunc-Wirkung).[15] Da ein fehlender oder unwirksamer Aufsichtsratsbeschluss entsprechend § 244 AktG durch einen bestätigenden Beschluss nachgeholt bzw. geheilt werden kann,[16] wird empfohlen, im Zweifel in der Hauptsache auf Feststellung der Nichtigkeit

---

7 MüKo AktG/*Spindler* § 84 Rn. 140.
8 Hüffer/*Koch* § 84 Rn. 39; Schmidt/Lutter/*Seibt* § 84 Rn. 52; KöKo AktG/*Mertens*/*Cahn* § 84 Rn. 116; MüKo AktG/*Spindler* § 84 Rn. 142.
9 KöKo AktG/*Mertens*/*Cahn* § 84 Rn. 119; AnwK-AktR/*Oltmanns*, § 84 Rn. 28.
10 KöKo AktG/*Mertens*/*Cahn* § 84 Rn. 134; Zöller ZPO/*Lückemann* § 94 GVG Rn. 1.
11 Ausführlich hierzu § 3 Rdn. 4 f.
12 OLG Hamm AG 2010, 789 (791); LG Darmstadt AG 1987, 318 (319); KG AG 1984, 24 (25); Hüffer/*Koch* § 84 Rn. 42; AnwK-AktR/*Oltmanns*/*Unger* § 84 Rn. 27; MünchHdb GesR IV/*Wiesner* § 20 Rn. 53.
13 MüKo AktG/*Spindler* § 84 Rn. 143; Spindler/Stilz/*Fleischer* § 84 Rn. 131–132; AnwK-AktR/*Oltmanns*/*Unger* § 84 Rn. 26; a. A. Hüffer/*Koch* § 84 Rn. 42 (»rückwirkend«).
14 OLG Hamm AG 2010, 789 (791); OLG Stuttgart AG 2003, 211 (212); Hüffer/*Koch* § 84 Rn. 34; AnwK-AktR/*Oltmanns*/*Unger* § 84 Rn. 27; MünchHdb GesR IV/*Wiesner* § 20 Rn. 53.
15 MüKo AktG/*Spindler* § 84 Rn. 143; Spindler/Stilz/*Fleischer* § 84 Rn. 131.
16 OLG Stuttgart AG 2003, 211 (212); MüKo AktG/*Spindler* § 84 Rn. 142.

der Abberufung mangels Vorliegens eines (wirksamen) Abberufungsbeschlusses und hilfsweise auf Unwirksamkeitserklärung der Abberufung mangels Vorliegens eines wichtigen Grundes zu klagen.[17]

10 Nach Ablauf der Amtsperiode oder nach Amtsniederlegung durch das Vorstandsmitglied kann das Gericht lediglich feststellen, dass die Abberufung unwirksam war. In diesem Fall ist also ebenfalls eine **Feststellungsklage** statthaft.[18] Läuft die Amtszeit vor dem Schluss der letzten mündlichen Verhandlung ab, was aufgrund der Verfahrensdauer solcher Rechtsstreitigkeiten regelmäßig der Fall ist, stellt sich die Frage, ob der ursprüngliche Gestaltungsantrag als Minus das Feststellungsbegehren enthält[19] oder aber (ggf. nach entsprechendem Hinweis) im Wege der sachdienlichen oder nach § 264 Nr. 2 ZPO zulässigen Klageänderung auf die Feststellung zu beschränken ist, dass die Abberufung rechtswidrig gewesen sei.[20] Es bietet sich deshalb an, die Klage gleich mit einem hilfsweise gestellten Feststellungsbegehren zu erheben.[21]

c) Rechtsschutzinteresse

11 Das Rechtsschutzinteresse ist grundsätzlich immer gegeben, selbst dann, wenn die Bestellung des Vorstandsmitglieds etwa durch Ablauf der regulären Amtszeit bereits geendet hat. Die rückwirkende Wiederherstellung der Bestellung ist in diesem Fall zwar faktisch nicht mehr möglich. Gleichwohl besteht nach überwiegender Auffassung regelmäßig ein rechtliches Interesse des Vorstandsmitglieds an der Feststellung der Unwirksamkeit des Widerrufsbeschlusses.[22] Das kann insbesondere bei Koppelung des Dienstvertrages an das Vorstandsamt oder auch bei anderen rechtlichen bzw. wirtschaftlichen Interessen wie etwa Schadensersatz oder Rehabilitierung der Fall sein.[23]

d) Sonstige prozessuale Besonderheiten

aa) Darlegungs- und Beweislast

12 Die Darlegungs- und Beweislast für alle Tatsachen, auf denen die Abberufung beruht, wie das Vorliegen eines wichtigen Grundes, trägt grundsätzlich die Aktiengesellschaft.[24] Beruft sich das abberufene Vorstandsmitglied allerdings im Falle eines Vertrauensentzugs durch die Hauptversammlung darauf, dass das Misstrauensvotum aus offenbar unsachlichen Gründen erfolgt ist, trägt es hierfür die Beweislast.[25] Die Gesellschaft hat jedoch die Gründe für den Vertrauensentzug darzulegen.[26]

bb) Streitwert

13 Der Streitwert gem. § 3 ZPO und die Beschwer gem. § 511 Abs. 2 Nr. 1 ZPO bestimmen sich bei Streitigkeiten, die nur die Wirksamkeit der Abberufung eines Organmitglieds betreffen, ausschließlich nach dem Interesse der Gesellschaft, den Abberufenen von der Leitung der Gesellschaft fernzuhalten bzw. nach dem gegenteiligen Interesse des Organmitglieds, weiterhin Leitungsmacht auszuüben. Weder das Gehaltsinteresse des Abberufenen noch sonstige Abberufungsfolgen sind von Belang.[27]

---

17 Hüffer/*Koch* § 84 Rn. 42; Fleischer Hdb VorstandsR/*Thüsing* § 5 Rn. 48.
18 KöKo AktG/*Mertens/Cahn* § 84 Rn. 28, 135; GroßKomm AktG/*Kort* § 84 Rn. 207.
19 öOGH AG 2001, 100 (103).
20 KöKo AktG/*Mertens/Cahn* § 84 Rn. 28; a. A. MüKo AktG/*Spindler* § 84 Rn. 148: Die Klage sei in der Hauptsache für erledigt zu erklären, weil die Unwirksamkeit des Widerrufs der Bestellung mangels rückwirkender Kraft der Entscheidung nicht mehr festgestellt werden könne.
21 öOGH AG 1996, 39 (41); Semler/v. Schenck/*Fonk* § 9 Rn. 314 und Fn. 1045.
22 OLG Hamm AG 2010, 789 (791); öOGH AG 2001, 100 (103); KöKo AktG/*Mertens/Cahn* § 84 Rn. 28, 138.
23 OLG Hamm AG 2010, 789 (791); öOGH AG 2001, 100 (103); *Janzen* NZG 2003, 468 (472).
24 GroßKomm AktG/*Kort* § 84 Rn. 543; *Grumann/Gillmann* DB 2003, 770 (772).
25 BGH DB 1975, 1548 (1549); *Grumann/Gillmann* DB 2003, 770 (772).
26 öOGH AG 1999, 140 (141).
27 BGH DStR 2009, 1656 (1657); NJW-RR 1995, 1502; 1990, 1123 (1124).

A. Vorstand als Kläger § 9

cc) Einstweiliger Rechtsschutz

Da über die Wirksamkeit der Abberufung nur in einem Hauptsacheverfahren rechtskräftig entschieden werden kann, muss bei der Frage der Möglichkeit des einstweiligen Rechtsschutzes differenziert werden. Bezieht sich das Begehren, die Unwirksamkeit des Widerrufs festzustellen, auf das Fehlen eines wichtigen Grundes, kann die Wiedereinsetzung des Vorstandsmitgliedes im einstweiligen Rechtsschutz nicht erlangt werden, sondern es muss ein Endurteil eines Hauptsacheverfahrens vorliegen. Bezieht sich das Begehren auf die formelle Unwirksamkeit des Aufsichtsratsbeschlusses, kann dies im einstweiligen Rechtsschutz geltend gemacht werden.[28] § 84 Abs. 3 S. 4 AktG steht der Zulässigkeit eines Antrags auf Erlass einer einstweiligen Verfügung nicht entgegen, da diese Regelung einen formell wirksamen Widerrufsbeschluss voraussetzt.[29] Der Verfügungsgrund nach §§ 935, 940 ZPO ergibt sich ohne weiteres daraus, dass die Überprüfung des Abberufungsbeschlusses im Hauptsacheverfahren dem Vorstandsmitglied aufgrund der regelmäßig langen Verfahrensdauer nicht zumutbar ist.[30]

14

3. Begründetheit

Der Aufsichtsrat kann nach § 84 Abs. 3 S. 1 AktG die Bestellung zum Vorstandsmitglied widerrufen, wenn ein wichtiger Grund vorliegt. In formeller Hinsicht ist ein wirksamer Beschluss des Aufsichtsrates erforderlich. Die Widerrufserklärung muss ferner dem Vorstandsmitglied zugehen. Materielle Voraussetzung ist das Vorliegen eines wichtigen Grundes.

15

a) Formelle Voraussetzungen einer Abberufung

Ein wirksamer Widerruf der Bestellung erfordert stets einen **Beschluss** des Aufsichtsrats, § 108 Abs. 1 AktG. Zuständig für die Beschlussfassung ist ausschließlich der Gesamtaufsichtsrat.[31] Eine Delegation auf einen Ausschuss ist gem. § 107 Abs. 3 S. 3 AktG unzulässig.[32] Es bedarf grundsätzlich der einfachen Stimmenmehrheit, wobei Stimmenthaltungen nicht als Nein-Stimmen gelten.[33] In mitbestimmten Gesellschaften benötigt der Aufsichtsrat jedoch (bei der ersten Abstimmung) eine Mehrheit von zwei Drittel der Stimmen, § 31 Abs. 5 i. V. m. Abs. 2 MitbestG.[34] Erforderlich ist eine ausdrückliche Beschlussfassung. Ein konkludentes Handeln hat nach allgemeiner Meinung nicht die Rechtswirkungen eines Beschlusses.[35] Möglich ist aber die Auslegung eines ausdrücklich gefassten Beschlusses über seinen Wortlaut hinaus.[36]

16

Des Weiteren sind die allgemeinen **aktienrechtlichen und satzungsmäßigen Anforderungen** an die Einberufung einer Aufsichtsratssitzung einzuhalten, wozu insbesondere eine deutliche und nicht nur allgemeine Bezeichnung der Abberufung des Vorstandsmitgliedes in einem Tagesordnungspunkt zählt.[37] Der Mitteilung der Abberufungsgründe bedarf es dagegen nicht.[38]

17

---

28 OLG Stuttgart AG 1985, 193; Fleischer Hdb VorstandsR/*Thüsing* § 5 Rn. 32; Hüffer/*Koch* § 84 Rn. 42.
29 OLG Hamm AG 2010, 789 (791); OLG Köln NZG 2008, 635; Hüffer/*Koch* § 84 Rn. 40; a. A. nur Schürnbrand NZG 2008, 609 (611).
30 OLG Köln NZG 2008, 635 (637); OLG Stuttgart AG 1985, 193 (194) – Dornier; Hüffer/*Koch* § 84 Rn. 42; Hölters/*Weber* § 84 Rn. 84; AnwK-AktR/*Oltmanns* § 84 Rn. 28.
31 OLG Stuttgart AG 2003, 211 (212).
32 BGH NJW 1981, 757 (758); 1984, 733 (735); NZG 2009, 664.
33 Hüffer/*Koch* § 108 Rn. 6.
34 Vgl. zum Wahl- und Abberufungsverfahren in mitbestimmten Gesellschaften: MüKo AktG/*Gach* § 31 MitbestG Rn. 10.
35 BGHZ 10, 187 (194); 41, 282 (286); BGH NJW 1989, 1928 (1929); AG 2010, 632 (633 f.); OLG Schleswig AG 2001, 651 (653); Hüffer/*Koch* § 108 Rn. 4.
36 BGH NJW 1989, 1928 (1929); LG München I NZG 2009, 143 (144 f.); Hüffer/*Koch* § 108 Rn. 4.
37 BGH NZG 2000, 945 (946); NJW 1962, 393 (394) (zur GmbH); OLG Stuttgart AG 1985, 193 (194) – Dornier.
38 BGH NZG 2000, 945 (946); NJW 1962, 393 (394).

18 Die vom Aufsichtsrat beschlossene Abberufung ist eine **empfangsbedürftige Willenserklärung** und wird somit erst in dem Moment wirksam, in dem sie dem betroffenen Vorstandsmitglied zugeht, § 130 Abs. 1 S. 1 BGB.[39] Die Erklärung kann auch durch ein bevollmächtigtes Aufsichtsratsmitglied abgegeben werden,[40] wobei regelmäßig von einer konkludenten Bevollmächtigung des Aufsichtsratsvorsitzenden auszugehen ist.[41] Die Übermittlung durch den Vorstand als Erklärungsboten ist ebenfalls möglich.[42]

19 Die **Zwei-Wochen-Frist** des § 626 Abs. 2 BGB ist bei der Abberufung eines Vorstandsmitgliedes nicht anwendbar.[43] Allerdings kann bei langem Zuwarten und entsprechendem Verhalten des Aufsichtsrates eine Verwirkung nach allgemeinen Rechtsgrundsätzen eintreten.[44]

20 **Formal fehlerhafte Widerrufsbeschlüsse** sind unwirksam, können allerdings durch einen Bestätigungsbeschluss in entsprechender Anwendung des § 244 AktG geheilt werden.[45]

b) Materielle Voraussetzungen einer Abberufung

21 Die Abberufung eines Vorstandsmitgliedes bedarf eines **wichtigen Grunds.** Der wichtige Grund zur Beendigung der Organstellung liegt vor, wenn der Gesellschaft die weitere Ausübung der Organfunktion durch das Vorstandsmitglied bis zum Ablauf seiner regulären Amtszeit **unzumutbar** ist.[46] Dafür sind nach herrschender Meinung die Interessen der Gesellschaft und des Vorstandsmitgliedes in jedem Einzelfall gegeneinander abzuwägen.[47] Eine andere Ansicht will hier allein auf die Interessen der Aktiengesellschaft abstellen und die Interessen des Vorstandsmitgliedes auf der Ebene des Anstellungsvertrages berücksichtigen.[48] Diese Interessengewichtung ist allerdings zu einseitig. Denn der Kündigungsschutz macht eine Interessenabwägung nicht entbehrlich, sondern ist lediglich einer der dabei als relevant zu betrachtenden Faktoren und führt dazu, dass die Interessen der Aktiengesellschaft überwiegend berücksichtigt werden können.[49]

22 Das Gericht kann das Vorliegen eines wichtigen Grundes vollumfänglich überprüfen; dem Aufsichtsrat steht insoweit kein überprüfungsfreier Beurteilungsspielraum zu.[50]

23 Das Vorliegen eines wichtigen Grunds ist in jedem Einzelfall zu prüfen. Als wichtige Gründe bezeichnet § 84 Abs. 3 S. 2 AktG beispielhaft grobe Pflichtverletzungen, die Unfähigkeit zur ordnungsgemäßen Geschäftsführung und den Vertrauensentzug durch die Hauptversammlung. Der Vertrauensentzug darf jedoch nicht aus offenbar unsachlichen Gründen erfolgt sein.

24 In folgenden Konstellationen wurde eine **grobe Pflichtverletzung** angenommen:[51]
– Wiederholte Übergriffe in den Zuständigkeitsbereich anderer Vorstandsmitglieder,[52]

---

39 LG München I AG 1986, 142.
40 Hüffer/*Koch* § 84 Rn. 33, 48; MüKo AktG/*Spindler* § 84 Rn. 123.
41 MüKo AktG/*Spindler* § 84 Rn. 123; Semler/v. Schenck/*Semler* § 4 Rn. 147; *Bauer/Krieger* ZIP 2004, 1247 (1248); a. A. OLG Düsseldorf AG 2004, 321 (322 f.).
42 BGHZ 12, 327 (334–336); OLG Stuttgart AG 2003, 211 (212).
43 Spindler/Stilz/*Fleischer* § 84 Rn. 98; *Janzen* NZG 2003, 468 (469).
44 BGH NJW-RR 1992, 292 (294 f.); 1993, 1253 (1254) (beide zur GmbH); Spindler/Stilz/*Fleischer* § 84 Rn. 98; *Janzen* NZG 2003, 468 (469).
45 MüKo AktG/*Spindler* § 84 Rn. 142.
46 BGH AG 2007, 125; NJW-RR 1988, 352 (353); *Fleck* WM 1985, 677 (680) (zur GmbH).
47 BGH NJW-RR 1988, 352 (353); KG AG 2007, 745 (746 f.); Hüffer/*Koch* § 84 Rn. 34; KöKo AktG/*Mertens* § 84 Rn. 121; *Janzen* NZG 2003, 468 (470).
48 AnwK-AktR/*Oltmanns* § 84 Rn. 20; MünchHdb GesR IV/*Wiesner* § 20 Rn. 44.
49 KG AG 2007, 745 (746 f.); Hüffer/*Koch* § 84 Rn. 34.
50 Lutter/Krieger/*Krieger* § 7 Rn. 374.
51 Vgl. zu den nachfolgenden Beispielen: KöKo AktG/*Mertens/Cahn* § 84 Rn. 125; AnwK-AktR/*Oltmanns* § 84 Rn. 22; Hüffer/*Koch* § 84 Rn. 36.
52 BGH AG 1998, 519.

A. Vorstand als Kläger § 9

- Missachtung von Zustimmungsvorbehalten des Aufsichtsrats[53] oder andere grobe Kompetenzverstöße,[54]
- Mangelnde Offenheit oder Verletzung von Informations- bzw. Berichtspflichten gegenüber dem Aufsichtsrat,[55]
- Einsatz von Mitarbeitern der AG für private Belange,[56]
- Verletzung von Buchführungspflichten,[57]
- Manipulation in der Bilanz oder im Warenlager,[58]
- Verletzung von Geheimhaltungspflichten,[59]
- Aneignung von Gesellschaftsvermögen,[60]
- Strafbare Handlungen, auch im privaten Bereich,[61]
- Verletzung organschaftlicher Kernpflichten (z. B. Nichterrichtung eines Risikofrüherkennungssystems nach § 91 Abs. 2 AktG).[62]

Als **Unfähigkeit zur ordnungsgemäßen Geschäftsführung** wird angesehen:[63]   25
- Fehlen notwendiger Kenntnisse,[64]
- Fehlen gesetzlicher Voraussetzungen für das Betreiben der Geschäfte des Unternehmens,[65]
- tiefgreifendes Zerwürfnis zwischen Vorstandsmitgliedern, zwischen Vorstand und Aufsichtsrat oder zwischen Vorstand und nachgeordneter Führungsebene.[66]

Im Falle des **Vertrauensentzuges** durch die Hauptversammlung bedarf es keiner weiteren Gründe.   26
Insbesondere ist ein persönlicher Vorwurf – im Sinne eines vorwerfbaren Pflichtenverstoßes – gegenüber dem Vorstandsmitglied nicht erforderlich. Dies gilt sogar dann, wenn das Vorstandsmitglied bei Meinungsverschiedenheit über wesentliche Unternehmensentscheidungen objektiv im Recht ist.[67] Allerdings darf der Vertrauensentzug nicht auf offenbar unsachlichen Gründen beruhen. Eine solche Unsachlichkeit liegt vor bei Willkür, Vorwänden oder offenbarer Treuwidrigkeit.[68] Offenbar unsachliche Gründe machen den Vertrauensentzug wirkungslos, so dass der Aufsichtsrat nicht widerrufen darf.[69] Der Aufsichtsrat trifft auch im Übrigen eine eigenständige Entscheidung über die Abberufung; eine Verpflichtung für den Aufsichtsrat, auf Grund eines bereits erfolgten Vertrauensentzuges durch die Hauptversammlung zu handeln, besteht nicht.[70] Der Beschluss der Hauptversammlung über den Vertrauensentzug muss der Abberufungsentscheidung des Aufsichtsrats vorausgehen. Ein der Abberufung nachfolgender Vertrauensentzug ist unzulässig.[71]

---

53 BGH AG 1998, 519; OLG München AG 2005, 776 (778); OLG Stuttgart AG 2013, 599 (602).
54 OLG Karlsruhe NZG 2000, 264 (265–267); OLG Hamburg ZIP 1991, 1430 (1432 f.) (zur GmbH); OLG Hamm GmbHR 1992, 805 (806) (zur GmbH); OLG Stuttgart AG 2013, 599 (602).
55 BGHZ 20, 239 (246); BGH AG 1998, 519; Berücksichtigung im Rahmen einer Gesamtabwägung: öOGH AG 2001, 100 (104); OLG Stuttgart AG 1979, 200 (201 f.).
56 OLG Düsseldorf AG 2012, 511 (512).
57 BGH AG 1998, 519 (520).
58 OLG Düsseldorf WM 1992, 14 (19).
59 BGH AG 1998, 519 (520).
60 BGH WM 1984, 29 (30); OLG Stuttgart AG 2003, 211 (213).
61 BGH WM 1956, 1513.
62 LG Berlin AG 2002, 682 (683 f.).
63 Diese und weitere Beispiele: KöKo AktG/*Mertens/Cahn* § 84 Rn. 125; AnwK-AktR/*Oltmanns* § 84 Rn. 23; Hüffer/*Koch* § 84 Rn. 35, 36; Schmidt/Lutter/*Seibt* § 84 Rn. 49a.
64 OLG Stuttgart GmbHR 1957, 59 (60) (zur GmbH).
65 OLG Stuttgart AG 2003, 211 (212 f.).
66 BGH ZIP 1992, 760 (761); AG 1998, 519; LG Köln AG 2004, 570.
67 Schmidt/Lutter/*Seibt* § 84 Rn. 50.
68 KG ZIP 2003, 1042 (1046 f.); Hüffer/*Koch* § 84 Rn. 37.
69 Hüffer/*Koch* § 84 Rn. 37.
70 KöKo AktG/*Mertens/Cahn* § 84 Rn. 105, 129; Schmidt/Lutter/*Seibt* § 84 Rn. 51.
71 KG AG 2007, 745 (746); KöKo AktG/*Mertens/Cahn* § 84 Rn. 127.

27 Das **Nachschieben von Widerrufsgründen** durch entsprechenden Beschluss des Aufsichtsrates ist nur möglich, wenn sie bei der Widerrufserklärung schon vorhanden, aber dem Aufsichtsrat nicht bekannt waren, ansonsten ist das Widerrufsrecht verwirkt.[72]

4. Folgen einer erfolgreichen Klage

28 Das Vorstandsmitglied tritt in seine Position im Vorstand wieder ein, wenn innerhalb der Amtsperiode die Unwirksamkeit des Widerrufs der Bestellung rechtskräftig festgestellt wird,[73] denn die Klageerhebung hat weder einen Suspensiveffekt noch unterbricht sie die Bestellungsdauer.[74] Die Bestellung eines neu berufenen Vorstandsmitgliedes wird durch einen Klageerfolg des unwirksam abberufenen Vorstandsmitgliedes nicht automatisch unwirksam. Allerdings kann insoweit ein wichtiger Grund zur Abberufung des neu bestellten Vorstandsmitglieds gegeben sein.[75]

II. Klage des Vorstandsmitglieds gegen die Kündigung seines Anstellungsvertrages

1. Allgemeines

29 Die ordentliche Kündigung des Vorstands-Anstellungsvertrags kommt zwar grundsätzlich in Betracht,[76] ist aber regelmäßig aufgrund der zwingenden Befristung des Anstellungsverhältnisses (§ 84 Abs. 1 S. 5, 1. Hs. i. V. m. Abs. 1 S. 1 AktG) und mangels ausdrücklicher vertraglicher Vereinbarung eines ordentlichen Kündigungsrechts ausgeschlossen.[77] Daher ist in der Praxis in der Regel nur die außerordentliche Kündigung relevant und bildet den Gegenstand der folgenden Darstellung.

30 Wie bereits ausgeführt (vgl. Rdn. 3), führt die organschaftliche Abberufung nicht zwingend zur Beendigung des schuldrechtlichen Anstellungsverhältnisses, sodass die Kündigung des Anstellungsvertrags grundsätzlich gesondert erfolgen muss.[78] Die schuldrechtliche Stellung des Vorstandsmitglieds kann jedoch vertraglich an seine organschaftliche Stellung gekoppelt werden. **Gleichlauf- oder Koppelungsklauseln** sind vertragliche Regelungen in Anstellungsverträgen, die der Gesellschaft das Recht geben, bei Abberufung des Organvertreters aus der Organstellung auch seinen Arbeitsvertrag zu kündigen.[79] Alternativ kann das Vorliegen der organschaftlichen Stellung als auflösende Bedingung im Anstellungsvertrag aufgenommen werden. Die Zulässigkeit solcher Gleichlaufklauseln ist strittig. Der BGH bejaht deren Zulässigkeit mit der Einschränkung der analogen Anwendung der Kündigungsfrist des § 622 BGB, wenn die Kündigung nicht auf einem wichtigen Grund (vgl. § 626 Abs. 1 BGB), sondern lediglich auf der Gleichlaufklausel fußt.[80] Dem folgt ein Teil der Literatur und sieht den Schutz des Vorstandsmitgliedes durch das Erfordernis eines wichtigen Grundes für die Abberufung als gewährleistet an, da die Beurteilung des wichtigen Grundes sich auch nach den Interessen des Vorstandsmitgliedes richtet.[81]

---

72 BGHZ 13, 188 (194 f.); KöKo AktG/*Mertens/Cahn* § 84 Rn. 140; MüKo AktG/*Spindler* § 84 Rn. 145; Hüffer/*Koch* § 84 Rn. 42.
73 öOGH AG 2001, 100 (102).
74 Schmidt/Lutter/*Seibt* § 84 Rn. 53.
75 KöKo AktG/*Mertens/Cahn* § 84 Rn. 133, 142; a. A. Schmidt/Lutter/*Seibt* § 84 Rn. 55.
76 OLG Hamm NZG 1999, 836 (837).
77 OLG Hamm NZG 1999, 836; *Schumacher-Mohr* ZIP 2002, 2245. Vgl. auch § 15 Abs. 3 TzBfG.
78 BGH NZG 2011, 112 (113); NJW 2003, 351 (beide für die GmbH); KöKo AktG/*Mertens/Cahn* § 84 Rn. 106.
79 *Tschöpe/Wortmann* NZG 2009, 85 (86 f.); KöKo AktG/*Mertens/Cahn* § 84 Rn. 106, 165.
80 BGH NJW 1989, 2683 (2684); NZG 1999, 1215 (1216) (für die GmbH); KöKo AktG/*Mertens/Cahn* § 84 Rn. 55.
81 *Tschöpe/Wortmann* NZG 2009, 85 (87); zur Beurteilung des wichtigen Grundes im Sinne des § 84 Abs. 3 S. 1 AktG vgl. schon Rdn. 21–26

A. Vorstand als Kläger § 9

Fehlt eine derartige vertragliche Regelung, wird die Gesellschaft den Anstellungsvertrag gesondert kündigen müssen. In diesem Fall wird das gekündigte Vorstandsmitglied (ggf. neben der Abberufung) gegen die Kündigung gerichtlich vorgehen können.

2. Zulässigkeit

a) Zuständigkeit und Klagegegner

Für die Streitigkeiten zwischen der Gesellschaft und dem Vorstandsmitglied ist der Rechtsweg zu den Arbeitsgerichten nicht gegeben, vgl. § 5 Abs. 1 S. 3 ArbGG. Somit sind nach § 13 GVG die ordentlichen Gerichte zuständig. Die Rechtsstreitigkeiten zwischen dem Vorstandsmitglied und der Gesellschaft können vor der Kammer für Handelssachen nach §§ 12, 17 Abs. 1 S. 1 ZPO am örtlich zuständigen Landgericht geführt werden, vgl. §§ 94, 95 Abs. 1 Nr. 4 lit. a, 96, 98 Abs. 1 GVG.[82] Passivlegitimiert ist die Aktiengesellschaft, die gem. § 112 AktG durch den Aufsichtsrat vertreten wird.[83]

b) Statthafte Klageart

Das gekündigte Vorstandsmitglied kann gegen die außerordentliche Kündigung seines Anstellungsvertrags eine **Feststellungsklage** erheben,[84] welche mit der Klage gegen den Widerruf der Bestellung als Vorstandsmitglied verbunden werden kann.[85] Die Feststellung der Unwirksamkeit der Kündigung erfolgt ex tunc, sodass die Vergütung dem Vorstandsmitglied nachzuzahlen ist.[86] Nach Auffassung der Rechtsprechung soll er dabei auch an Gehaltserhöhungen der aktiven Vorstandsmitglieder teilnehmen.[87] Die Weiterzahlung der Bezüge kann aber auch sogleich im Wege der **Leistungsklage** verfolgt werden.[88]

Soweit die Vergütungsansprüche bei einer unterstellten Unwirksamkeit der Kündigung im Zeitpunkt der Antragstellung schon fällig sind, ist vor Klageerhebung die Möglichkeit eines **Urkundenprozesses** nach §§ 592 ff. ZPO zu prüfen.[89] Der Vorteil liegt darin, dass der Kläger ohne Sicherheitsleistung vollstrecken kann (vgl. §§ 708 Nr. 4, 711 ZPO) und die Gesellschaft in ihrer Verteidigung auf die im Urkundenprozess gem. § 595 ZPO zulässigen Verteidigungsansprüche beschränkt ist. Außerdem droht dem Urkundenprozess nicht die Aussetzung nach § 148 ZPO wegen einer vermeintlichen Vorgreiflichkeit bis zur rechtskräftigen Entscheidung der Feststellungsklage, da die im Urkundenprozess gegebene Möglichkeit der Einleitung des Nachverfahrens die Gefahr von einander widersprechenden rechtskräftigen Entscheidungen bannt.[90] Der Urkundenprozess ist auch nicht in analoger Anwendung des § 46 Abs. 2 S. 2 ArbGG ausgeschlossen, da es an der Schutzbedürftigkeit der Gesellschaft fehlt.[91] In Bezug auf noch nicht fällige Zahlungen kann der Urkundenprozess nicht angestrengt werden,[92] sodass insoweit nur eine Leistungsklage i. S. v. § 259 ZPO statthaft ist.

---

82 KöKo AktG/*Mertens/Cahn* § 84 Rn. 98, 134, 185; Zöller/*Lückemann* § 94 GVG Rn. 1.
83 Ausführlich hierzu § 3 Rn. 4 f.
84 MüKo AktG/*Spindler* § 84 Rn. 196; Spindler/Stilz/*Fleischer* § 84 Rn. 168.
85 MüKo AktG/*Spindler* § 84 Rn. 196; Spindler/Stilz/*Fleischer* § 84 Rn. 168; KöKo AktG/*Mertens/Cahn* § 84 Rn. 134, 137.
86 MüKo AktG/*Spindler* § 84 Rn. 196.
87 BGH WM 1990, 1461 (1462) (für den GmbH-Geschäftsführer); einschränkend MüKo AktG/*Spindler* § 84 Rn. 178: Dies könne nicht für erfolgsabhängige Vergütungsbestandteile gelten.
88 MüKo AktG/*Spindler* § 84 Rn. 196.
89 *Fischer* NJW 2003, 333; *Janzen* NZG 2003, 468 (474); KöKo AktG/*Mertens/Cahn* § 84 Rn. 185; Musielak/Voit/*Voit* § 592 Rn. 1.
90 KöKo AktG/*Mertens/Cahn* § 84 Rn. 185.
91 Musielak/Voit//*Voit* § 592 Rn. 5; Saenger/*Eichele* § 592 Rn. 3; *Pesch* NZA 957 (958).
92 *Fischer* NJW 2003, 333 (334).

2. Begründetheit

35 § 84 Abs. 3 S. 5 AktG verweist auf die allgemeinen Vorschriften des Dienstvertragsrechts, sodass § 626 BGB für die außerordentliche Kündigung Anwendung findet.[93]

36 Vorstandsmitglieder sind wegen ihrer unabhängigen Stellung grundsätzlich keine Arbeitnehmer.[94] **Arbeitsrechtliche Schutznormen** gelten für sie nur, wenn ihre Stellung tatsächlich arbeitnehmerähnlich ist.[95] Häufig ist in den jeweiligen Gesetzen ausdrücklich geregelt, ob sie für Vorstandsmitglieder gelten oder nicht.[96] Eine individualvertragliche **Vereinbarung der entsprechenden Anwendung des Kündigungsschutzgesetzes** – wie sie der BGH für den Geschäftsführer einer GmbH anerkannt hat[97] – ist für das Vorstandsmitglied einer Aktiengesellschaft nicht zulässig, da durch eine solche Gestaltung des Anstellungsvertrages die in § 84 Abs. 1 S. 5 AktG vorgesehene Entschließungsfreiheit des Aufsichtsrates unzulässig beeinträchtigt würde.[98]

a) Formelle Voraussetzungen

aa) Zuständigkeit

37 **Zuständig** für die Kündigung des Anstellungsvertrages ist gem. § 112 S. 1 AktG der Aufsichtsrat, der durch Beschluss entscheidet, § 108 Abs. 1 AktG.[99] Der Aufsichtsrat kann – anders als bei der Abberufung[100] – seine Entscheidungsbefugnisse auf einen Ausschuss übertragen.[101] Der Ausschuss darf allerdings die dem Gesamtaufsichtsrat obliegende Entscheidung über die Abberufung nicht präjudizieren, sodass die Kündigung erst nach erfolgter Abberufung oder unter der Bedingung der Abberufung erfolgen darf.[102] Für die Beschlussfassung genügt die einfache Mehrheit der Aufsichtsrats- bzw. Ausschussmitglieder.[103] Dies gilt nach § 29 Abs. 1 MitbestG auch im Falle der mitbestimmten Gesellschaft, da § 31 Abs. 5 i. V. m. Abs. 2 MitbestG nur für die Abberufung gilt.[104]

bb) Kündigungserklärung

38 Neben dem Aufsichtsratsbeschluss bedarf es einer **Kündigungserklärung**. Die Kündigung als **empfangsbedürftige Willenserklärung** entfaltet erst dann ihre Wirkung, wenn sie dem Vorstandsmitglied zugeht. Die Kündigungserklärung ist formfrei und ohne Begründung möglich.[105] Ebenso wie der Widerruf der Bestellung kann auch die Kündigung durch ein einzelnes Aufsichtsratsmitglied, das als Erklärungsvertreter oder Bote auftritt, erfolgen; regelmäßig ist der Aufsichtsrats- bzw. Ausschussvorsitzende als ermächtigt anzusehen.[106]

---

93 KöKo AktG/*Mertens/Cahn* § 84 Rn. 152.
94 BGHZ 12, 1 (8); 36, 142 (143); 49, 30 (31); BGH WM 1988, 298 (299) (die letzten beiden Urteile zur GmbH); MünchHdb GesR IV/*Wiesner* § 19 Rn 40, § 21 Rn 5; KöKo AktG/*Mertens/Cahn* § 84 Rn. 35; Hüffer/*Koch* § 84 Rn. 14; MüKo AktG/*Spindler* § 84 Rn. 59.
95 BGH NJW 1981, 2465 (2466); BGHZ 10, 187 (192 193); Hüffer/*Koch* § 84 Rn. 14, 24; *Spindler/Stilz/Fleischer* § 84 Rn. 27; *Fleischer Hdb VorstandsR/Thüsing* § 4 Rn. 55; MüKo AktG/*Spindler* § 84 Rn. 59.
96 MüKo AktG/*Spindler* § 84 Rn. 59.
97 BGH NZG 2010, 827 (828); siehe auch § 20 Rdn. 189–193.
98 BAGE 132, 27.
99 Hüffer/*Koch* § 84 Rn. 48.
100 Vgl. Rdn. 16.
101 BGH NJW 1976, 145 (146); Schmidt/Lutter/*Seibt* § 84 Rn. 61.
102 BGH NZG 2009, 664; BGHZ 83, 144 (155); 79, 38 (42); KöKo AktG/*Mertens/Cahn* § 84 Rn. 151; AnwK-AktR/*Oltmanns* § 84 Rn. 33.
103 Vgl. Rdn. 16.
104 MüKo AktG/*Gach* § 31 MitbestG Rn. 23.
105 KöKo AktG/*Mertens/Cahn* § 84 Rn. 152.
106 OLG Düsseldorf AG 2012, 511; KöKo AktG/*Mertens/Cahn* § 84 Rn. 152 m. w. N.; Hüffer/*Koch* § 84 Rn. 33.

Problematisch sind die in der Praxis häufigen Fälle, in denen der Aufsichtsrat beschließt, das Vorstandsmitglied »abzuberufen«. Nach allgemeiner Ansicht muss durch eine entsprechende **Auslegung** der Aufsichtsratsmaßnahme festgestellt werden, ob im Widerruf der Bestellung zugleich eine konkludente außerordentliche Kündigung des Anstellungsvertrages zu sehen ist.[107] Die im Schrifttum wohl herrschende Auffassung will im Zweifel von einer Kündigung ausgehen.[108] Dieser Ansicht wird teilweise zumindest dann widersprochen, wenn in der Widerrufserklärung weder in der Terminologie noch sonstige Bezugnahmen auf das Anstellungsverhältnis zu finden sind.[109] 39

cc) Abmahnung

Strittig ist, ob es einer vorherigen **Abmahnung** bedarf. Die Rechtsprechung und ein Teil der Literatur halten eine Abmahnung für nicht erforderlich, da der organschaftliche Vertreter in gewissem Umfang Arbeitgeberfunktionen wahrnimmt und es an dem für das Abmahnerfordernis maßgeblichen Schutzbedürfnis fehlt.[110] Dies soll nach dem BGH auch für § 314 Abs. 2 BGB gelten, da die genannte Funktionszuweisung ein besonderer Umstand i. S. v. § 323 Abs. 2 Nr. 3 BGB ist, auf den § 314 Abs. 2 S. 2 BGB verweist.[111] Nach einer Literaturauffassung ist eine Abmahnung nicht per se gem. §§ 323 Abs. 2 Nr. 3 i. V. m. 314 Abs. 2 S. 2 BGB entbehrlich und soll zumindest in minder schweren Fällen angebracht sein.[112] 40

dd) Frist des § 626 Abs. 2 BGB

Weitere Voraussetzung für eine wirksame Kündigung ist die **Einhaltung der zweiwöchigen Kündigungserklärungsfrist** des § 626 Abs. 2 BGB. Bei Versäumung dieser Frist wird unwiderleglich vermutet, dass die Fortsetzung des Dienstverhältnisses trotz des Vorliegens eines wichtigen Kündigungsgrundes weiterhin zumutbar ist.[113] 41

Nach dem Wortlaut des § 626 Abs. 2 S. 2 BGB beginnt die Frist in dem Zeitpunkt, in dem der Kündigungsberechtigte von den für die Kündigung maßgeblichen Tatsachen Kenntnis erlangt. Kündigungsberechtigt ist der Aufsichtsrat als Gesamtgremium. 42

Bezüglich der **Kenntniserlangung** ist nach herrschender Auffassung in Rechtsprechung und Literatur auf alle Aufsichtsratsmitglieder, also das gesamte Kollektivorgan Aufsichtsrat abzustellen.[114] Nicht ausreichend ist die Kenntnis (irgend-)eines Aufsichtsratsmitglieds[115] oder des Aufsichtsratsvorsitzenden.[116] Entscheidend für den Fristbeginn ist auch, dass die Aufsichtsratsmitglieder die Kenntnis nicht nur außerdienstlich, sondern im Rahmen einer Gremiumssitzung erlangen, da sie 43

---

107 BGHZ 12, 337 (339 f.); 18, 334; BGH WM 1973, 639 (zur Genossenschaft); OLG Hamburg ZIP 1991, 1430 (1435 f.) (zur GmbH); MüKo AktG/*Spindler* § 84 Rn. 119; KöKo AktG/*Mertens/Cahn* § 84 Rn. 106.
108 KöKo AktG/*Mertens/Cahn* § 84 Rn. 106; *Janzen* NZG 2003, 468 (472).
109 *Janzen* NZG 2003, 468 (472).
110 BGH NJW 2000, 1638 (1639); NZG 2002, 46 (47); OLG Celle NZG 2004, 475 (478); OLG Düsseldorf AG 2008, 166; Schmidt/Lutter/*Seibt* § 84 Rn. 66.
111 BGH NZG 2007, 674.
112 KöKo AktG/*Mertens/Cahn* § 84 Rn. 163; AnwK-AktR/*Oltmanns* § 84 Rn. 35.
113 ErfurterKomm/*Müller-Glöge* § 626 BGB Rn. 221; MAH AktR/*Nehls* § 22 Rn. 169.
114 BGHZ 139, 89 (92) (zur GmbH); BGH ZIP 2001, 1957 (zur GmbH); NZG 2002, 46 (48); AG 1981, 47 (48); OLG Jena NZG 1999, 1069; OLG München NZG 2009, 665 (666) (zur GmbH); LG Berlin AG 2002, 682 (684); KöKo AktG/*Mertens/Cahn* § 84 Rn. 176, 179; *Schumacher/Mohr* ZIP 2002, 2245 (2246); Schmidt/Lutter/*Seibt* § 84 Rn. 64; MüKo AktG/*Spindler* § 84 Rn. 171.
115 So noch BGHZ 41, 282 (287); jetzt aber BGH ZIP 2001, 1957 (1958).
116 So aber BGH NJW-RR 1990, 1330 (1332), der im konkreten Fall besonders darauf abstellt, dass das Mitglied den Aufsichtsrat in einer danach stattgefundenen Aufsichtsratssitzung hätte unterrichten können; KöKo AktG/*Mertens/Cahn* § 84 Rn. 178.

sonst nicht in der Lage sind, Konsequenzen hieraus zu ziehen.[117] Der BGH nimmt an, dass die Frist gem. § 626 Abs. 2 BGB grundsätzlich erst dann anläuft, wenn alle Mitglieder des Aufsichtsrates von den die außerordentliche Kündigung begründenden Umständen Kenntnis erlangt haben und die Einberufung der Aufsichtsratssitzung nicht unangemessen verzögert worden ist.[118] Dies führt für ein Aufsichtsratsmitglied, das von möglichen Kündigungsgründen (auch außerdienstlich) erfährt, zu der Verpflichtung, unverzüglich den Aufsichtsratsvorsitzenden zu informieren und eine Einberufung des Aufsichtsrates zu verlangen, damit schnellstmöglich eine Willensbildung im Aufsichtsrat herbeigeführt werden kann.[119] Für die »unverzügliche« Einberufung der Aufsichtsratssitzung gem. § 110 Abs. 1 S. 1 AktG werden dem Vorsitzenden vom Schrifttum zwei Wochen zugebilligt.[120] Hinzu sollten nach dem Schrifttum weitere zwei Wochen gem. § 110 Abs. 1 S. 2 AktG kommen.[121] Erst ab dem Sitzungstag läuft die zweiwöchige Kündigungserklärungsfrist des § 626 Abs. 2 BGB, sodass die Zeitspanne von der Kenntniserlangung durch ein Aufsichtsratsmitglied bis zum Ablauf der Ausschlussfrist (mit den Maßstäben der Literatur) höchstens sechs Wochen betragen kann.[122] Sind die für die Einberufung der Aufsichtsratssitzung erforderlichen Rechtshandlungen tatsächlich früher vorgenommen worden und konnte die Aufsichtsratssitzung dementsprechend ebenfalls eher stattfinden, so kann die Frist auch zu laufen beginnen.[123] Die Rechtsprechung hat noch keine positive Aussage zur Unverzüglichkeit getroffen, negativ aber eine Zeitspanne von zweieinhalb und drei Monaten als zu lang bezeichnet.[124] Wird die Einberufung des Aufsichtsrates verzögert oder versäumt, muss sich die Aktiengesellschaft so behandeln lassen, als wenn die Aufsichtsratssitzung mit der angemessenen Beschleunigung einberufen worden wäre.[125]

44 Zu beachten ist auch der **Umfang der erforderlichen Kenntnis.** Nach ständiger Rechtsprechung des BGH ist eine positive, sichere und umfassende Kenntnis der Tatsachen, die den wichtigen Grund ausmachen, erforderlich.[126] Entscheidend ist also, dass sich der Aufsichtsrat ein abschließendes Bild vom Sachverhalt gemacht hat. Ist eine Sachverhaltsaufklärung notwendig, beginnt die Kündigungsfrist erst nach den entsprechenden Ermittlungen oder aber auch ohne tatsächliche Kenntnisnahme nach dem dafür objektiv erforderlichen Zeitraum, wenn die Ermittlungen nicht mit der dafür erforderlichen Eile und angemessener Beschleunigung durchgeführt werden.[127] Selbst wenn die Um-

---

117 BGHZ 139, 89 (92) (zur GmbH); KöKo AktG/*Mertens/Cahn* § 84 Rn. 176; MAH AktR/*Nehls* § 22 Rn. 166; Schmidt/Lutter/*Seibt* § 84 Rn. 64; MüKo AktG/*Spindler* § 84 Rn. 171; Schwerdtfeger GesR/*Paschke* § 85 Rn. 47.
118 BGHZ 139, 89 (92) (zur GmbH); AnwK-AktR/*Oltmanns* § 84 Rn. 37.
119 BGHZ 139, 89 (92 f.) (zur GmbH); OLG Jena NZG 1999, 1069 (1070); KG NZG 2000, 101 (102 f.); KG AG 2005, 205 (209 f.); OLG Karlsruhe AG 2005, 210 (212); OLG München AG 2005, 776 (777 f.); Spindler/Stilz/*Fleischer* § 84 Rn. 159; KöKo AktG/*Mertens/Cahn* § 84 Rn. 177; *Schumacher/Mohr* ZIP 2002, 2245 (2246).
120 *Schumacher/Mohr* ZIP 2002, 2245 (2247 f.); KöKo AktG/*Mertens/Cahn* § 84 Rn. 177; MüKo AktG/*Spindler* § 84 Rn. 171; Schmidt/Lutter/*Seibt* § 84 Rn. 64.
121 *Schumacher/Mohr* ZIP 2002, 2245 (2247 f.); MüKo AktG/*Spindler* § 84 Rn. 171; Schmidt/Lutter/*Seibt* § 84 Rn. 64.
122 *Schumacher/Mohr* ZIP 2002, 2245 (2248).
123 *Schumacher/Mohr* ZIP 2002, 2245 (2248).
124 OLG München AG 2005, 776 (777 f.); KG AG 2005, 205 (209 f.); KöKo AktG/*Mertens/Cahn* § 84 Rn. 177.
125 BGHZ 139, 89 (92 f.) (zur GmbH); BGH ZIP 1996, 636 (zur GmbH); OLG Jena NZG 1999, 1069 (1070); KG NZG 2000, 101 (102); KG AG 2005, 205 (209 f.); OLG Karlsruhe AG 2005, 210 (212); OLG München AG 2005, 776 (777 f.); Schwerdtfeger GesR/*Paschke* § 85 Rn. 47.
126 BGH NJW 1996, 1403 (1404) (zur GmbH); DStR 1997, 1338 (1339); NJW 1976, 797; OLG Jena NZG 1999, 1069 (1070); OLG Karlsruhe NZG 1999, 1012; OLG München ZIP 2005, 1781 (1784).
127 BGH ZIP 1996, 636 (637) (zur GmbH); KöKo AktG/*Mertens/Cahn* § 84 Rn. 175; MAH AktR/*Nehls* § 22 Rn. 167; Schwerdtfeger GesR/*Paschke* § 85 Rn. 47.

stände für eine Verdachtskündigung vorliegen, darf sich die Gesellschaft eine angemessene Zeitspanne für die Sachverhaltsaufklärung nehmen.¹²⁸

Umstritten ist, wie in mitbestimmten Gesellschaften der Konflikt zwischen der Zwei-Wochen-Frist des § 626 Abs. 2 BGB und der für den Widerruf der Bestellung geltenden Monatsfrist des § 31 Abs. 5 i. V. m. Abs. 3 S. 1 MitbestG aufzulösen ist. Nach einer Auffassung ändert das für die Abberufung des Vorstandsmitglieds maßgebliche Verfahren des § 31 MitbestG die zwingende Kündigungsfrist des § 626 Abs. 2 BGB nicht, da die Gesellschaft sonst in einem gewissen Rahmen über den Fristbeginn des § 626 Abs. 2 BGB disponieren könnte.¹²⁹ Nach anderer Auffassung beginnt die Frist des § 626 Abs. 2 BGB erst mit Abschluss des mehrstufigen Widerrufsverfahrens zu laufen.¹³⁰ 45

Eine Hemmung der Frist kann bei einem zwischen dem Vorstandsmitglied und dem Aufsichtsrat vereinbarten Moratorium zur Vorbereitung einer einvernehmlichen Beendigung eintreten.¹³¹ 46

Das **Nachschieben von weiteren Kündigungsgründen** ist nach ständiger Rechtsprechung und der herrschenden Meinung zeitlich uneingeschränkt möglich, soweit die geltend gemachten Umstände – unabhängig von der sachlichen Nähe zu den ursprünglichen Gründen – bei Ausspruch der Kündigung objektiv vorlagen und dem kündigenden Gesellschaftsorgan nicht länger als zwei Wochen vor der Kündigung bekannt geworden sind.¹³² Insbesondere ist es nicht erforderlich, eine neue Kündigung unter Beachtung der Frist des § 626 Abs. 2 BGB auszusprechen bzw. das Nachschieben der Gründe innerhalb dieser Frist vorzunehmen, da der bereits fristlos Gekündigte damit rechnen muss, dass bei Ausspruch der Kündigung noch nicht entdeckte Kündigungsgründe nachgeschoben werden und sich die Ausschlussfrist des § 626 BGB nach dem eindeutigen Wortlaut allein auf die Ausübung des Kündigungsrechts bezieht.¹³³ Nach Ansicht des BGH darf der Kündigende mit der Geltendmachung eines später entdeckten Kündigungsgrundes sogar bewusst abwarten, um diesen nur »im Notfall« heranzuziehen.¹³⁴ 47

b) Materielle Voraussetzungen

Als materielle Kündigungsvoraussetzung ist ein **wichtiger Grund** i. S. v. § 626 Abs. 1 BGB erforderlich. 48

Die Anforderungen an den wichtigen Grund können sich in den Fällen einer außerordentlichen Kündigung gem. § 626 Abs. 1 BGB und der Abberufung gem. § 84 Abs. 3 S. 1 AktG unterscheiden. Allerdings liegt in den Fällen, in denen ein wichtiger Grund i. S. d. § 626 Abs. 1 BGB bejaht wird, stets auch ein wichtiger Abberufungsgrund gem. § 84 Abs. 3 S. 1 AktG vor.¹³⁵ Für den umgekehrten Fall gilt dies jedoch nicht.¹³⁶ Somit sind Konstellationen denkbar, in denen eine organschaftliche Abberufung rechtmäßig erfolgt, die außerordentliche Kündigung aber rechtswidrig ist. Ein klassisches Beispiel hierfür ist der Vertrauensentzug durch die Hauptversammlung.¹³⁷ 49

Ein wichtiger Grund für die außerordentliche Kündigung des Anstellungsvertrags liegt vor, wenn der Gesellschaft die Fortsetzung des Dienstverhältnisses unter Aufrechterhaltung der Vergütungspflicht 50

---

128 BGH WM 1976, 77 (78); KG AG 2005, 205 (209); KöKo AktG/*Mertens/Cahn* § 84 Rn. 179.
129 KöKo AktG/*Mertens/Cahn* § 84 Rn. 174; LG Ravensburg EWiR 1985, 415.
130 Hüffer/*Koch* § 84 Rn. 33 m. w. N.
131 KöKo AktG/*Mertens/Cahn* § 84 Rn. 181.
132 BGH NZG 2004, 186 (188); GmbHR 2005, 1049 (1050); Bamberger/Roth/*Fuchs* § 626 Rn. 56.
133 BGHZ 157, 151 (157).
134 BGHZ 157, 151 (158).
135 OLG Düsseldorf WM 1992, 14 (19).
136 BGH NJW-RR 1996, 156; KöKo AktG/*Mertens/Cahn* § 84 Rn. 154.
137 *Janzen* NZG 2003, 468 (469, 471); AnwK-AktR/*Oltmanns* § 84 Rn. 35.

bis zu einem ordentlichen Ablauf nicht zugemutet werden kann.[138] Die Darlegungs- und Beweislast für das Vorliegen des wichtigen Grundes trägt die Gesellschaft.[139]

51 Demgemäß erfolgt die Prüfung des wichtigen Grundes i. S. d. § 626 Abs. 1 BGB zweistufig. Zunächst wird geprüft, ob Tatsachen vorliegen, die überhaupt als Kündigungsgrund in Betracht kommen. Anschließend ist im Rahmen einer umfassenden Interessenabwägung zu klären, ob der Gesellschaft trotz dieser Tatsachen eine Fortsetzung des Anstellungsvertrages bis zur ordentlichen Beendigung zumutbar ist.[140]

52 Zu beachten ist, dass allein der Vertrauensentzug durch die Hauptversammlung keinen wichtigen Grund darstellt; vielmehr muss hier auf den Grund des Vertrauensentzuges abgestellt und dieser gewichtet werden.[141]

B. Vorstand als Beklagter

53 Treten in dem Dreiecksverhältnis zwischen Vorstand, Gesellschaft und Aktionären bzw. sonstigen Dritten Haftungsfragen auf, so sind unterschiedliche Konstellationen von Rechtsstreitigkeiten denkbar. Das Vorstandsmitglied haftet zum einen der **Gesellschaft** gegenüber (dazu Rdn. 55–151), zum anderen kann ihm aber auch eine Inanspruchnahme durch die **Aktionäre** (dazu Rdn. 160–191) oder sonstige **Dritte** (dazu Rdn. 196–214) drohen.

54 Das Vorstandsmitglied kann zudem durch Klagen, die sich nicht auf einen Schadensersatz, sondern auf ein bestimmtes **Tun oder Unterlassen** beziehen, von der Gesellschaft (dazu Rdn. 152–159) und den Aktionären oder dem Aufsichtsrat (dazu Rdn. 192–195) in Anspruch genommen werden.

I. Schadensersatzklage der Gesellschaft gegen Vorstandsmitglieder

55 Vorstandsmitglieder sind für ihr organschaftliches Handeln verantwortlich. Dies erklärt sich aus ihrer Stellung als Treuhänder für fremdes Vermögen, das ihnen zur Verwaltung und Mehrung anvertraut wurde.[142] Des Weiteren hat die Haftung eine Steuerungsfunktion: Die Vorstandsmitglieder sollen zu einem verantwortungsvollen und sorgfältigen Umgang mit den fremden Gütern angehalten werden. Dadurch wird die Haftung auch ein wichtiges Element in der Implementierung einer modernen Corporate Governance.

56 Kommt es zu einer Pflichtverletzung ist die Verantwortlichkeit der Vorstandsmitglieder gegenüber der Gesellschaft – sog. **Innenhaftung** – von der Verantwortlichkeit gegenüber den Aktionären und Dritten – sog. **Außenhaftung**[143] – zu unterscheiden. Die überwiegende Anzahl der Innenhaftungsfälle richtet sich nach § 93 Abs. 2 S. 1 AktG, die somit als zentrale Haftungsnorm für die Innenhaftung von Vorstandsmitgliedern bezeichnet werden kann. Demnach sind Vorstandsmitglieder, die ihre Pflichten verletzen, der Gesellschaft zum Ersatz des daraus entstehenden Schadens verpflichtet. In Sonderfällen kommt eine Haftungsverschärfung nach § 93 Abs. 3 AktG in Betracht. Weitere, die Innenhaftung des Vorstandsmitgliedes auslösende Normen finden sich in Spezialtatbeständen des AktG (§ 48 AktG, § 117 Abs. 2 AktG, §§ 309 Abs. 2, 310 Abs. 1, 318 Abs. 1, 323 Abs. 1 AktG)[144] oder in spezialgesetzlichen Regelungen (§ 25 UmwG für Schäden im Rahmen einer Verschmelzung, §§ 37b, 37c WpHG bei der Verletzung insiderrechtlicher Vorschriften, §§ 21, 22 WpPG für die Ver-

---

138 BGH NJW-RR 1996, 156.
139 Hüffer/*Koch* § 84 Rn. 50; Spindler/Stilz/*Fleischer* § 84 Rn. 166.
140 Vgl. zu den zu berücksichtigenden Abwägungskriterien: *Janzen* NZG 2003, 468 (473); AnwK-AktR/*Oltmanns* § 84 Rn. 35; Beispiele aus der Rechtsprechung für das Vorliegen eines wichtigen Grundes: KöKo AktG/*Mertens/Cahn* § 84 Rn. 155.
141 Hüffer/*Koch* § 84 Rn. 50; Schmidt/Lutter/*Seibt* § 84 Rn. 156.
142 Krieger/Schneider/*Lutter* § 1 Rn. 1 m. w. N.
143 Zur Außenhaftung siehe Rdn. 160–191 und 196–214.
144 Siehe zur Haftung nach § 48 AktG § 4 Rdn. 185 f., zur Haftung nach § 117 Abs. 2 AktG Rdn. 140 f., zur Haftung nach §§ 310 Abs. 1, 318 Abs. 1, 323 Abs. 1 AktG Rdn. 142–148.

letzung von Pflichten im Zusammenhang mit der Erstellung von Börsenzulassungs- oder sonstigen Prospekten).[145] Eine Außenhaftung des Vorstandsmitgliedes soll nach dem Grundsatz der Haftungskonzentration und dem Grundsatz der Organbinnenhaftung nur in Ausnahmefällen gegeben sein.[146]

1. Haftung der Vorstandsmitglieder gegenüber der Gesellschaft nach § 93 AktG

a) Allgemeines

In § 93 AktG ist zum einen die von Vorstandsmitgliedern anzuwendende Sorgfaltspflicht und zum anderen die sie betreffende Haftung geregelt. Die Normstruktur des § 93 AktG stellt sich wie folgt dar: Abs. 1 stellt den Verhaltens- und Sorgfaltsmaßstab auf; Abs. 2 enthält die Generalklausel für die Schadensersatzpflicht; Abs. 3 listet katalogartig Sondertatbestände auf;[147] Abs. 4 behandelt die Möglichkeit eines Haftungsausschlusses; Abs. 5 benennt die Rechte der Gesellschaftsgläubiger; Abs. 6 enthält Regelungen bezüglich der Verjährung der entstandenen Ansprüche. 57

Adressat der Regelung des § 93 AktG sind alle Vorstandsmitglieder. Neben den ordentlichen Vorstandsmitgliedern erstreckt sich der persönliche Anwendungsbereich also auch auf die gem. § 85 AktG gerichtlich bestellten Vorstandsmitglieder, die gem. § 94 AktG stellvertretenden Vorstandsmitglieder und die gem. § 105 Abs. 2 AktG nur vorübergehend in den Vorstand entsandten Aufsichtsratsmitglieder.[148] 58

Für den Beginn der Haftung ist ausschließlich auf die tatsächliche Aufnahme des organschaftlichen Vorstandsamtes abzustellen. Auf den Abschluss des Anstellungsvertrages und/oder die Wirksamkeit der Bestellung kommt es nicht an.[149] Somit werden auch fehlerhaft bestellte Vorstandsmitglieder von § 93 AktG erfasst, sobald sie ihr Amt ausüben. Ebenso soll nach der Rechtsprechung und der vorherrschenden Ansicht im Schrifttum auch das faktische Organ, also eine Person, die als Organ auftritt, ohne hierzu bestellt worden zu sein, haften.[150] Das Ende der Haftung tritt bei wirksamer Beendigung des Vorstandsamtes ein, welche regelmäßig durch Zeitablauf, Aufhebung, Abberufung oder Amtsniederlegung erfolgt.[151] 59

b) Zulässigkeit

aa) Zuständigkeit

Sachlich und funktional ist die Kammer für Handelssachen des Landgerichts (bei Nichtbestehen einer Kammer für Handelssachen: Zivilkammer) zuständig, §§ 94, 96, 98 Abs. 1 GVG, da Rechtsstreitigkeiten aus § 93 AktG Handelssachen i. S. d. § 95 Abs. 1 Nr. 4 lit. a GVG darstellen.[152] Für das Klagezulassungsverfahren der Aktionärsminderheit ist eine ausschließliche Zuständigkeit der Kammer für Handelssachen am Landgericht gem. § 148 Abs. 2 S. 2 AktG gegeben. 60

Bezüglich der **örtlichen Zuständigkeit** liegt stets der allgemeine Gerichtsstand des Wohnsitzes des Beklagten vor, § 13 ZPO.[153] Zudem besteht der besondere Gerichtsstand des Erfüllungsortes gem. § 29 ZPO.[154] Die den Gerichtsort begründende Verpflichtung ist die dem Vorstandsmitglied im Rahmen 61

---

145 Siehe zur Haftung nach § 25 UmwG Rdn. 150, zur Haftung nach §§ 37b, 37c WpHG Rdn. 88 und zur Haftung nach §§ 21, 22 WpPG Rdn. 87.
146 Vgl. hierzu Rdn. 160 f.
147 Siehe zum Verhältnis von Abs. 3 zu Abs. 2 noch Rdn. 124.
148 Schmidt/Lutter/*Krieger/Sailer-Coceani* § 93 Rn. 1; *Ek*, S. 30.
149 BGHZ 41, 282 (287); Schmidt/Lutter/*Krieger/Sailer-Coceani* § 93 Rn. 2; *Ek*, S. 31.
150 BGHZ 104, 44 (46); 150, 61 (68) (beide für die GmbH); Hüffer/*Koch* § 93 Rn. 38; *Ek*, S. 31; a. A.: KöKo AktG/*Mertens/Cahn* § 93 Rn. 12.
151 AnwK-AktR/*Schmidt* § 93 Rn. 2.
152 KöKo AktG/*Mertens/Cahn* § 84 Rn. 134; Zöller/*Lückemann* § 94 GVG Rn. 1.
153 GroßKomm AktG/*Hopt* § 93 Rn. 452.
154 Hüffer/*Koch* § 93 Rn. 57; MüKo AktG/*Spindler* § 93 Rn. 337.; AnwK-AktR/*Schmidt* § 93 Rn. 198.

des § 93 AktG obliegende Sorgfaltspflicht, welche regelmäßig am Ort des Gesellschaftssitzes zu erfüllen ist.[155] Der Gerichtsstand der unerlaubten Handlung gem. § 32 ZPO ist bei Ansprüchen aus § 93 Abs. 2 AktG nicht gegeben.[156] Sollte allerdings ein Gericht auf Grund konkurrierender Ansprüche aus unerlaubter Handlung[157] gem. § 32 ZPO angerufen worden sein, kann nach neuerer Rechtsprechung des BGH das Gericht die Sache kraft Sachzusammenhangs umfassend, also auch bezüglich des § 93 AktG, entscheiden.[158]

bb) Anspruchsverfolgung

(1) Anspruchsverfolgung durch den Aufsichtsrat

62 Um Interessenkonflikten und etwaigen Befangenheiten vorzubeugen und eine Gefährdung der Gesellschaftsinteressen zu verhindern, wird die Gesellschaft gem. § 112 S. 1 AktG bei gerichtlichem und außergerichtlichem Vorgehen gegen Vorstandsmitglieder durch den Aufsichtsrat vertreten.[159] Dies gilt ebenso gegenüber unwirksam bestellten und schon ausgeschiedenen Vorstandsmitgliedern.[160] Solange kein wirksamer Vergleich oder Verzicht gem. § 93 Abs. 4 S. 3 AktG geschlossen wurde oder ein besonderer Vertreter durch die Hauptversammlung bzw. ein Gericht bestellt worden ist, ist der Aufsichtsrat grundsätzlich verpflichtet, etwaigen Schadensersatzansprüchen gegen die Vorstandsmitglieder nachzugehen.[161] Die Verpflichtung, Schadensersatzansprüche geltend zu machen, trifft dabei den Aufsichtsrat in seiner Gesamtheit.[162] Allerdings kann der Aufsichtsrat die Befugnis, Beschlüsse über die Gesellschaftsvertretung zu fassen und diese sodann auszuführen, auf einen Ausschuss übertragen.[163]

63 Ein **Vertretungsmangel** führt zur Unzulässigkeit der Klage.[164] Erklärt der Aufsichtsrat vor dem Schluss der letzten mündlichen Verhandlung, er trete in den Prozess ein und genehmigt die bisherige Prozessführung durch den Vorstand, ist der Vertretungsmangel geheilt.[165] Eine bloße Rubrumsberichtigung genügt dagegen nicht. Es bedarf vielmehr – sollte der Aufsichtsrat die Genehmigung nicht erteilen – einer erneuten Klagezustellung an die Gesellschaft vertreten durch den Aufsichtsrat.[166]

(2) Anspruchsverfolgung durch die Hauptversammlung oder eine Aktionärsminderheit

64 Zusätzlich ermöglichen die §§ 147, 148 AktG der Hauptversammlung und zum Teil schon einer Aktionärsminderheit auf die Geltendmachung der Ersatzansprüche einzuwirken. In der Praxis haben diese Bestimmungen bislang nur eine geringe Bedeutung erlangt.[167]

---

155 Spindler/Stilz/*Fleischer* § 93 Rn. 306; GroßKomm AktG/*Hopt* § 93 Rn. 452; AnwK-AktR/*Schmidt* § 93 Rn. 198.
156 GroßKomm AktG/*Hopt* § 93 Rn. 452; Hüffer/*Koch* § 93 Rn. 57; MüKo AktG/*Spindler* § 93 Rn. 337.
157 Zu den Ansprüchen der Aktionäreoder eines Dritten aus unerlaubter Handlung siehe Rdn. 176–189 und 209–214.
158 BGHZ 153, 173 (180 f.); MüKo AktG/*Spindler* § 93 Rn. 337.
159 Ganz h. M.: BGH NZG 2009, 466 (467); 2007, 31; BGHZ 103, 213 (216); 130, 108 (111); BGH NJW 1989, 2055 (2056); AG 1991, 269 (270); OLG München EWiR 2009, 397; Hüffer/*Koch* § 112 Rn. 1; AnwK-AktR/*Breuer/Fraune* § 112 Rn. 1.; *Ek*, S. 134.
160 Hüffer/*Koch* § 112 Rn. 1.
161 BGHZ 135, 244 (251) – ARAG/Garmenbeck; Krieger/Schneider/*Krieger* § 3 Rn. 47; MüKo AktG/*Spindler* § 93 Rn. 190; AnwK-AktR/*Schmidt* § 93 Rn. 148.
162 MAH AktR/*Schüppen/Unsöld* § 23 Rn. 21; Semler/v. Schenck/*v. Schenck* § 7 Rn. 289.
163 BGHZ 65, 190 (191); OLG Stuttgart AG 1993, 85 (86); Hüffer/*Koch* § 112 Rn. 8; Semler/v. Schenck/*Semler* § 4 Rn 144; Spindler/Stilz/*Spindler* § 112 Rn. 29; MüKo AktG/*Habersack* § 112 Rn. 22.
164 BGH ZIP 2009, 717 (718); AG 1991, 269; WM 1990, 630 (hinsichtlich des Aufsichtsrates einer GmbH).
165 BGH ZIP 2009, 717 (718); OLG Frankfurt a. M. ZIP 2011, 2008 (2009).
166 BGH ZIP 2009, 717 (718).
167 Krieger/Schneider/*Krieger* § 3 Rn. 50.

B. Vorstand als Beklagter § 9

(a) Klageerzwingungsverfahren gem. § 147 Abs. 1 S. 1 AktG

Nach § 147 Abs. 1 S. 1 AktG ist ein Ersatzanspruch der Gesellschaft geltend zu machen, wenn die 65
Hauptversammlung dies mit einfacher Stimmenmehrheit beschließt (**Klageerzwingungsverfahren der Aktionäre**). Aus dem Beschluss der Hauptversammlung muss sich hinlänglich genau ergeben, welche Ersatzansprüche gemeint sind und wer der Anspruchsgegner ist.[168] Der Beschluss darf nur gefasst werden, wenn er zuvor in der Tagesordnung zur Hauptversammlung gem. § 124 Abs. 1 AktG angekündigt wurde oder nach § 124 Abs. 4 S. 2, 2. Fall AktG bekanntmachungsfrei ist.[169] Bei dem sich anschließenden Rechtsstreit spielt die Hauptversammlung allerdings keine Rolle; Parteien bleiben grundsätzlich die durch den Aufsichtsrat gem. § 112 S. 1 AktG vertretene Gesellschaft und das Vorstandsmitglied.[170] Die gerichtliche Geltendmachung soll gem. § 147 Abs. 1 S. 2 AktG binnen sechs Monaten nach dem Hauptversammlungsbeschluss erfolgen.

(b) Bestellung des besonderen Vertreters gem. § 147 Abs. 2 S. 1 AktG

Gemäß § 147 Abs. 2 S. 1 AktG kann die Hauptversammlung durch Beschluss mit einfacher Mehr- 66
heit (vgl. § 133 Abs. 1 AktG) einen oder mehrere **besondere Vertreter** zur Geltendmachung des Ersatzanspruches bestellen.[171]

(c) Gerichtliches Klagezulassungsverfahren gem. § 148 AktG

Der § 148 AktG wurde durch das Gesetz zur Unternehmensintegrität und Modernisierung des An- 67
fechtungsrechts (UMAG) mit Wirkung zum 1.11.2005 eingeführt und schafft erstmals die Möglichkeit einer allgemeinen Aktionärsklage einer Aktionärsminderheit zur Geltendmachung von Ersatzansprüchen der Gesellschaft i. S. d. § 147 Abs. 1 AktG.[172] Die Ersatzansprüche werden dabei von den Aktionären im eigenen Namen für die Gesellschaft, als actio pro societate, geltend gemacht.[173] Dies setzt gem. § 148 Abs. 1 S. 1 AktG eine **qualifizierte Aktionärsminderheit** voraus: Die Anteile der Aktionäre müssen zusammen mindestens 1 % des Grundkapitals oder einen anteiligen Betrag von 100.000 € erreichen. Die weiteren Anforderungen des Klagezulassungsverfahrens und der notwendigen Klagebefugnis können weitgehend dem Wortlaut des § 148 Abs. 1 und Abs. 2 AktG entnommen werden.[174] § 148 Abs. 1 S. 2 Nr. 3 AktG setzt den Verdacht einer Schadensentstehung durch eine Unredlichkeit oder eine grobe Gesetzes- oder Satzungsverletzung voraus. Die Rechtsprechung hat in einem Vorstandshandeln ohne angemessene Informationsgrundlage eine grobe Gesetzesverletzung gesehen.[175]

Ist ein Klagezulassungsverfahren erfolgreich durchgeführt, kann die Klage gem. § 148 Abs. 4 S. 1 68
AktG nur binnen drei Monaten nach Eintritt der Rechtskraft erhoben werden, wenn die Aktionäre die Gesellschaft nochmals unter Setzung einer angemessenen Frist vergeblich aufgefordert haben, selbst Klage zu erheben. Nach § 148 Abs. 5 S. 1 AktG wirkt ein ergangenes Urteil für und gegen die Gesellschaft und die unbeteiligten Aktionäre. Gleiches gilt bei einem nach § 149 AktG bekannt zumachenden Vergleich, mit der Einschränkung, dass er für und gegen die Gesellschaft nur nach Klagezulassung gilt, § 148 Abs. 5 S. 1 AktG. § 148 Abs. 3 AktG bringt die Subsidiarität des Klagezulassungsverfahren gegenüber einer Rechtsverfolgung durch die Aktiengesellschaft selbst zum Ausdruck.

Insgesamt verfolgt die Regelung des Klagezulassungsverfahrens gem. § 148 AktG das Ziel, die 69
Durchsetzung der Ersatzansprüche der Gesellschaft zu verbessern; gleichzeitig soll allerdings durch

---

168 OLG München ZIP 2008, 1916 (1919 -1922); Hüffer/*Koch* § 147 Rn. 4; *Ek*, S. 136.
169 Hüffer/*Koch* § 147 Rn. 4; *Ek*, S. 136.
170 Hüffer/*Koch* § 147 Rn. 6; Krieger/Schneider/*Krieger* § 3 Rn. 51.
171 Vgl. zum besonderen Vertreter § 6 Rdn. 148–176
172 AnwK-AktR/*Lochner* § 148 Rn. 1; Krieger/Schneider/*Lutter* § 1 Rn. 24–25.
173 AnwK-AktR/*Lochner* § 148 Rn. 1; *Ek*, S. 138.
174 Ausführlich: *Ek*, S. 139.
175 OLG Düsseldorf ZIP 2010, 28 (31–33); AnwK-AktR/*Lochner* § 148 Rn. 14.

das erforderliche gerichtliche Zulassungsverfahren und die Publizität nach § 149 AktG ein Missbrauch verhindert werden.[176]

(3) Anspruchsverfolgung durch einzelne Aktionäre und Gläubiger

70 Einzelne Aktionäre können außer in den von den §§ 147, 148 AktG erfassten Fällen nicht eigenständig Ansprüche verfolgen.[177] Die Gläubiger der Gesellschaft dürfen nur dann Schadensersatzansprüche der Gesellschaft geltend machen und Zahlung an sich selbst verlangen, wenn die Voraussetzungen des § 93 Abs. 5 AktG gegeben sind.[178] Nach Eröffnung des Insolvenzverfahrens wird das Verfolgungsrecht des Gläubigers durch den Insolvenzverwalter bzw. im Falle der Eigenverwaltung durch den Sachwalter ausgeübt, vgl. § 93 Abs. 5 S. 4 AktG.

cc) Prozessuale Besonderheiten (Darlegungs- und Beweislastverteilung)

71 Grundsätzlich hat im Zivilprozess jede Partei das für sie Günstige zur Anspruchsbegründung darzulegen. Da aber das Vorstandsmitglied im Vergleich zu dem den Ersatzanspruch verfolgenden Aufsichtsrat oder besonderen Vertreter eine größere Sachnähe und einen in der Regel leichteren Zugriff auf die Geschäftsunterlagen hat, greift bei der Verfolgung von Schadensersatzansprüchen der Gesellschaft gegen das Vorstandsmitglied die **Beweislastumkehr des § 93 Abs. 2 S. 2 AktG**.[179] Hiernach wird das Vorliegen des pflichtwidrigen Verhaltens des Vorstandsmitglieds vermutet, daher muss er im Streitfall nachweisen, dass er die Sorgfalt eines ordentlichen und gewissenhaften Geschäftsleiters angewandt hat. Nach allgemeiner Ansicht gilt die Beweislastumkehr nicht nur für das Vorliegen des Verschuldens,[180] sondern auch schon für die Beurteilung einer Pflichtverletzung.[181] Für die weiteren Tatbestandsmerkmale – Eintritt und Höhe des Schadens, Handlung des jeweiligen Vorstandsmitgliedes, Kausalität zwischen Handlung und dem eingetretenen Schaden – verbleibt die Beweislast gemäß den allgemeinen Regeln bei der Gesellschaft.[182] Ebenso trifft die Gesellschaft die Darlegungslast dafür, dass das Verhalten des Vorstandsmitglieds überhaupt als pflichtwidrig in Betracht kommt,[183] Sache des Vorstandsmitgliedes ist es dann, die Erfüllung seiner Pflichten und das fehlende Verschulden zu beweisen oder aber nachzuweisen, dass der Schaden auch bei pflichtgemäßem Verhalten entstanden wäre.[184]

72 Der die Beweislastumkehr begründende Hintergedanke der Sachnähe ist bei **ausgeschiedenen Vorstandsmitgliedern** problematisch, da diese keinen bzw. keinen ungehinderten Zugang mehr zu den Geschäftsunterlagen haben. Trotzdem bleibt es auch für ausgeschiedene Vorstandsmitglieder bei der Beweislastumkehr.[185] Ihnen wird gegen die Gesellschaft ein Anspruch auf Einsichtnahme in alle zur Verteidigung notwendigen Unterlagen nach § 810 BGB gewährt.[186]

73 Ist ein Sondertatbestand des § 93 Abs. 3 AktG erfüllt, erstreckt sich die Beweislastumkehr auch auf den Schaden.[187]

---

176 Hüffer/*Koch* § 148, Rn. 1; RegBegr BR-Drucks. 3/05, S. 39–40.
177 Krieger/Schneider/*Krieger* § 3 Rn. 53. Vgl. Rdn. 65 und 67–69.
178 Dazu noch ausführlich unter Rdn. 198–200.
179 *Ek*, S. 129.
180 So aber *Fleck* GmbHR 1997, 237 (239); *Frels* AG 1960, 296 (zu § 84 Abs. 2 AktG).
181 BGHZ 152, 280 (284); Hüffer/*Koch* § 93 Rn. 53; GroßKomm AktG/*Hopt* § 93 Rn. 285, 286; *Goette* ZGR 1995, 648 (649).
182 Hüffer/*Koch* § 93 Rn. 53; KöKo AktG/*Mertens/Cahn* § 93 Rn. 138; *Ek*, S. 129.
183 OLG Nürnberg BB 2015, 83.
184 Hüffer/*Koch* § 93 Rn. 53; MüKo AktG/*Spindler* § 93 Rn. 185; *Goette* ZGR 1995, 648 (674).
185 Krieger/Schneider/*Krieger* § 3 Rn. 41.
186 *Ek*, S. 130; Wellhöfer/Peltzer/Müller/*Wellhöfer* § 2 Rn. 59; zu den Einzelheiten siehe eingehend *Ruchatz* AG 2015, 1 ff.
187 Siehe dazu Rdn. 125 f.

c) Begründetheit der Schadensersatzklage nach § 93 Abs. 2 AktG

Der Schadensersatzanspruch nach § 93 Abs. 2 AktG setzt voraus, dass das Vorstandsmitglied **schuldhaft** eine **Pflicht verletzt** hat und dadurch der Gesellschaft **kausal** ein **Schaden** entstanden ist. Bei unternehmerischen Entscheidungen ist die Business Judgement Rule des § 93 Abs. 1 S. 2 AktG zu beachten. Es darf **kein Haftungsausschluss** nach § 93 Abs. 4 AktG sowie **keine Verjährung** nach § 93 Abs. 6 AktG vorliegen.

aa) Pflichtverletzung

Zunächst bedarf es einer Pflichtverletzung. Dabei ist, wie sich aus § 76 Abs. 1 AktG ergibt, grundsätzlich von einer eigenverantwortlichen und somit unternehmerisch freien Leitung der Gesellschaft durch die Vorstandsmitglieder auszugehen. Diese freie Leitung wird grundlegend durch die Prinzipien der Gesetzes-, Satzungs- und Vertragstreue eingeschränkt, die zusammenfassend als **Legalitätspflicht** bezeichnet werden und somit den tatsächlichen Handlungsspielraum des Vorstandsmitgliedes vorgeben.[188] Innerhalb dieses Handlungsrahmens hat das Vorstandsmitglied gem. § 93 Abs. 1 S. 1 AktG die Sorgfalt eines ordentlichen und gewissenhaften Geschäftsleiters zu beachten, der wie ein Treuhänder fremde Vermögensinteressen verwaltet und alles unterlässt, was das Unternehmen schädigen könnte (allgemeine Sorgfaltspflicht für Vorstandsmitglieder).[189] Nach überwiegender Ansicht kommt § 93 Abs. 1 S. 1 AktG dabei eine **Doppelfunktion** zu, indem er neben der generalklauselartig formulierten, objektiven Verhaltenspflicht des Vorstandes den Verschuldensmaßstab umschreibt, dem die Vorstandsmitglieder unterliegen.[190]

Grundsätzlich besteht eine **Gesamtverantwortlichkeit** jedes Vorstandsmitgliedes für das gesamte Handeln der Gesellschaft. Um die damit einhergehenden Haftungsrisiken zu reduzieren, wird in der Praxis die Verantwortlichkeit für bestimmte Ressorts an einzelne Vorstandsmitglieder delegiert. Eine Delegation ist allerdings nur in Bezug auf Geschäftsführungsaufgaben (§ 77 Abs. 1 AktG), nicht in Bezug auf Leitungsaufgaben (§ 76 Abs. 1 AktG) möglich.[191] Die **Delegation** führt zu einer Ressortverantwortlichkeit mit im Wesentlichen zwei Folgen: Erstens sind an das zuständige Vorstandsmitglied nun höhere Anforderungen bei der Pflichterfüllung zu stellen.[192] Zweitens beschränkt sich der Pflichtenkreis der für das Ressort nicht zuständigen Vorstandsmitglieder auf Informations- und Kontroll-/Überwachungspflichten. Hierzu gehört es, sicherzustellen, dass in den Vorstandssitzungen über wesentliche Angelegenheiten des jeweiligen Ressorts berichtet wird.[193] Entsteht dabei der Verdacht, dass die Geschäfte nicht ordnungsgemäß geführt wurden oder kommt es zu Zweifeln und Unstimmigkeiten, müssen die Vorstandsmitglieder sich einschalten und die Umstände aufklären, um sich nicht selbst pflichtwidrig zu verhalten.[194]

Der Maßstab der sorgfältigen Unternehmensführung und somit das Vorliegen einer Pflichtverletzung wird in zwei Schritten ermittelt. Zunächst kann sich eine Pflichtverletzung aus dem Verstoß gegen eine ausdrücklich geregelte Pflicht ergeben. Ist dies nicht der Fall, ist zu prüfen, ob ein Verstoß gegen die allgemeinen Sorgfaltspflichten der Generalklausel des § 93 Abs. 1 S. 1 AktG vorliegt.

---

188 AnwK-AktR/*Schmidt* § 93 Rn. 6, 7; Schmidt/Lutter/*Krieger/Sailer-Coceani* § 93 Rn. 6.
189 BGHZ 129, 30 (34) (zum GmbH-Geschäftsführer); OLG Düsseldorf AG 1997, 231 (234 f.); OLG Hamm AG 1995, 512 (514); MüKo AktG/*Spindler* § 93 Rn. 21; Hüffer/*Koch* § 93 Rn. 6; Schmidt/Lutter/*Krieger/Sailer-Coceani* § 93 Rn. 5; KöKo AktG/*Mertens/Cahn* § 93 Rn. 10; *Ek*, S. 3.
190 Schmidt/Lutter/*Krieger/Sailer-Coceani* § 93 Rn. 5; *Ek*, S. 96; *Harnos/Rudzio* JuS 2010, 104 (105); KöKo AktG/*Mertens/Cahn* § 93 Rn. 11.
191 Hüffer/*Koch* § 76 Rn. 8.
192 *Froesch* DB 2009, 722; *Krause* BB 2009, 1370; Krieger/Schneider/*Lutter* § 1 Rn. 11; *Ek*, S. 34.
193 *Ek*, S. 35 m. w. N.; Krieger/Schneider/*Lutter* § 3 Rn. 20 m. w. N.
194 BGHZ 133, 370 (378.); OLG Köln NZG 2001, 135 (136); OLG Köln AG 2000, 281 (284) (Unterlassungspflicht gemäß § 264 StGB); OLG Koblenz NZG 1998, 953 (954); KöKo AktG/*Mertens/Cahn* § 77 Rn. 25.

(1) Verletzung ausdrücklich geregelter Pflichten

78 Eine einen Ersatzanspruch begründende Pflichtverletzung kann sich aus einem Verstoß gegen eine in der Satzung, im Anstellungsvertrag oder im Gesetz ausdrücklich geregelte Pflicht ergeben. Als gesetzlich geregelte Pflichten kommen insbesondere die Einzelvorschriften des AktG in Betracht:
– die gründungsspezifischen Pflichten der §§ 46, 48 AktG,[195]
– das Verbot der verdeckten Gewinnausschüttung nach § 57 AktG,[196]
– die Einschränkungen für den Erwerb eigener Aktien gem. § 71 AktG,
– die ordnungsgemäße Angabe auf Geschäftsbriefen nach § 80 AktG,
– die Handelsregistereintragung von Änderungen des Vorstands oder der Vertretungsbefugnis eines Vorstandsmitglieds nach § 81 Abs. 1 AktG,
– die Vorbereitung und Ausführung von Hauptversammlungsbeschlüssen gem. § 83 AktG,[197]
– das Wettbewerbsverbot des § 88 AktG,[198]
– die Berichterstattung an den Aufsichtsrat nach § 90 AktG,[199]
– die Buchführungs- und Bilanzierungspflichten der § 91 Abs. 1 AktG, §§ 238 ff. HGB,
– die Pflicht bei Kapitalverlust die Hauptversammlung einzuberufen und ihr dies anzuzeigen gem. § 92 Abs. 1 AktG,[200]
– die Verpflichtung, ab Insolvenzreife das Zahlungsverbot nach § 92 Abs. 2 AktG zu beachten und nach § 15a Abs. 1 S. 1 InsO den Insolvenzantrag zu stellen,[201]
– die Beschränkung der Geschäftsführungsbefugnis durch Zustimmungsvorbehalte des Aufsichtsrates nach § 111 Abs. 4 S. 2 AktG,
– die Gefahrerkennungspflicht des § 91 Abs. 2 AktG.[202]

79 Im Folgenden werden besonders praxisrelevante Pflichtverletzungen überblickartig behandelt:

(a) Pflichten im Zusammenhang mit Kapitalverlust und Insolvenzreife nach § 92 AktG, § 15a InsO

80 Ergibt sich bei Aufstellung der Jahresbilanz bzw. einer Zwischenbilanz oder ist bei pflichtgemäßem Ermessen anzunehmen, dass das satzungsmäßige Grundkapital mindestens zur Hälfte durch Verluste der Gesellschaft aufgezehrt ist, so hat der Vorstand unverzüglich eine Hauptversammlung einzuberufen und dies anzuzeigen, **§ 92 Abs. 1 AktG.** Dies dient der Information der Hauptversammlung über eine krisenhafte Zuspitzung der wirtschaftlichen Lage der Gesellschaft sowie der Herstellung der Handlungsfähigkeit der Aktionäre in der Hauptversammlung.[203]

81 Nach **§ 92 Abs. 2 AktG** besteht eine Verpflichtung des Vorstandes, keine Zahlungen mehr zu leisten, nachdem die **Zahlungsunfähigkeit** der Gesellschaft eingetreten ist oder sich ihre **Überschuldung** ergeben hat.[204] Der Begriff der **Überschuldung** ist in § 19 Abs. 2 S. 1 InsO legal definiert. Aufgrund der Banken- und Finanzmarktkrise kehrte der Gesetzgeber durch das Finanzmarktstabilisierungsgesetz vom 17.10.2008 zunächst vorübergehend,[205] nunmehr jedoch entfristet[206] zur zweistufigen

---

195 Siehe Rdn. 86 und § 4 Rdn. 177–188.
196 Vgl. hierzu die Ausführungen zu § 93 Abs. 3 Nr. 1 AktG: Rdn. 129 f.
197 Vgl. zu Streitigkeiten im Zusammenhang mit der Hauptversammlung Rdn. 85 und § 8.
198 Vgl. zum Wettbewerbsverbot als besondere Ausprägung der Treuepflicht: Rdn. 102.
199 Siehe hierzu Rdn. 83, 236 und 243.
200 Siehe sogleich Rdn. 80.
201 Siehe sogleich Rdn. 81 f.
202 Zur Verpflichtung der Einrichtung eines funktionierenden Compliancesystems vgl. § 2 Rdn. 102–165 sowie sogleich Rdn. 91.
203 BGH NJW 1979, 1829 (1831); Hüffer/*Koch* § 92 Rn. 1; KöKo AktG/*Mertens/Cahn* § 92 Rn. 6.
204 Ausführlich zu Streitigkeiten in der Krise und in der Insolvenz: § 2 Rdn. 210–285.
205 Im Rahmen des Finanzmarktstabilisierungsgesetzes vom 17.10.2008 (BGBl I, S. 1982) für den Zeitraum befristet bis zum 31.12.2010, durch das Gesetz zur Erleichterung der Sanierung von Unternehmen vom 24.9.2009 (BGBl I, S. 3151) verlängert bis zum 31.12.2013.
206 Entfristet durch das Gesetz zur Einführung einer Rechtsbehelfsbelehrung im Zivilprozess und zur Änderung anderer Vorschriften vom 05.12.2012 (BGBl I, S. 2418).

modifizierten Überschuldungsprüfung zurück.²⁰⁷ Eine Gesellschaft ist nach der Legaldefinition des § 19 Abs. 2 S. 1 InsO überschuldet, wenn das Vermögen des Schuldners die bestehenden Verbindlichkeiten nicht mehr deckt, es sei denn, die Fortführung des Unternehmens ist nach den Umständen überwiegend wahrscheinlich. Der Überschuldungstatbestand setzt zusätzlich zur rechnerischen Überschuldung also eine negative Fortführungsprognose voraus.

Seit dem MoMiG ergibt sich die Pflicht jedes Vorstandsmitgliedes, im Falle der Zahlungsunfähigkeit oder Überschuldung der Gesellschaft einen Antrag auf Eröffnung der Insolvenz zu stellen, aus § 15a Abs. 1 S. 1 InsO.²⁰⁸ Der Antrag muss ohne schuldhaftes Zögern, spätestens aber drei Wochen nach Eintritt der Zahlungsunfähigkeit oder Überschuldung gestellt werden. Es ist streitig, ob für den Fristbeginn bereits die objektive Erkennbarkeit des Insolvenzgrundes genügt²⁰⁹ oder ob zusätzlich die positive Kenntnis oder böswillige Unkenntnis des Vorstandsmitgliedes erforderlich ist.²¹⁰ Verstößt ein Vorstandsmitglied gegen die Insolvenzantragspflicht, ist es der Gesellschaft nach § 93 Abs. 2 AktG schadenersatzpflichtig, auch wenn es meist an einem Schaden der Gesellschaft fehlen wird.²¹¹ 82

(b) Berichtspflicht des § 90 AktG

Der Aufsichtsrat bedarf zur Wahrnehmung seiner Überwachungs- und Kontrollfunktion der ständigen Berichterstattung durch den Vorstand. Wenn der Vorstand gegen die umfassenden Berichtspflichten des § 90 AktG verstößt, ist er der Gesellschaft zum Ersatz des daraus entstehenden Schadens verpflichtet.²¹² Ein adäquat kausaler Schaden ist nur anzunehmen, wenn der eingetretene Verlust bei richtiger und rechtzeitiger Information hätte verhindert werden können.²¹³ 83

(c) Buchführungspflicht des § 91 Abs. 1 AktG

Die Buchführungspflicht gem. § 91 Abs. 1 AktG wird durch die Vorschriften über die Rechnungslegung nach §§ 150 ff. AktG und die allgemeinen Buchführungs- und Bilanzierungsvorschriften der §§ 238 ff. HGB konkretisiert.²¹⁴ Wird die Buchführungspflicht auf einzelne Vorstandsmitglieder delegiert, bleiben die anderen Mitglieder wegen der Bedeutung dieser Pflicht zu einer im Vergleich zu anderen Aufgaben intensiveren Kontrolle verpflichtet.²¹⁵ 84

(d) Pflichten im Zusammenhang mit der Hauptversammlung

Der Vorstand hat als Vertreter der Gesellschaft dafür Sorge zu tragen, dass die Hauptversammlung in ordnungsgemäßer Art und Weise vorbereitet und durchgeführt wird und dass alle Beschlüsse der Hauptversammlung (soweit es im Einflussbereich des Vorstandes liegt) anfechtungssicher zustande kommen. Beispielhafte Pflichten sind die Einhaltung der Formalia, wie die rechtzeitige und inhaltlich richtige Einberufung, die Erstellung von Vorstandsberichten, der Jahresabschluss, der Lagebericht, die fristgerechte Veröffentlichung etwaiger Gegenanträge von Aktionären oder die Beantwor- 85

---

207 Braun/*Bußhardt* § 19 Rn. 3; Andres/*Leithaus* § 19 Rn. 1.
208 Vorher § 92 Abs. 2 AktG a. F.
209 So BGHZ 143, 184 (185) hinsichtlich § 64 Abs. 1 GmbHG a. F.; MüKo AktG/*Spindler* § 92 Rn. 67; Spindler/Stilz/*Fleischer* § 92 Rn. 68.
210 So BGHZ 75, 96 (110 f.) (hinsichtlich § 92 Abs. 2 AktG a. F.); OLG Frankfurt NZG 2004, 1157 (1159); KöKo AktG/*Mertens/Cahn* Anh. zu § 92 Rn. 21.
211 OLG Koblenz AG 2009, 336 (337); Spindler/Stilz/*Fleischer* § 92 Rn. 72.
212 Zu weiteren Ansprüchen wegen der Verletzung der Berichtspflicht siehe Rdn. 236, 243.
213 *Ek*, S. 58–63 m. w. N.
214 MüKo AktG/*Spindler* § 91 Rn. 9; Spindler/Stilz/*Fleischer* § 91 Rn 5.
215 LG Berlin AG 2002, 682 (684) für die Implementierung eines Risikomanagementsystems; aus formalen Gründen aufgehoben durch KG NZG 2004, 1165; *Fleischer* WM 2006, 2021 (2024); Preußner/Zimmermann AG 2002, 657 (661).

tung zulässiger Fragen der Aktionäre.[216] Bei zurechenbaren Versäumnissen besteht eine persönliche Ersatzpflicht des Vorstandsmitgliedes.[217]

(e) Gründungsspezifische Pflichten

86 Kommt es bei der Gründung der Gesellschaft zu Verletzungen von gründungsspezifischen Pflichten, stellt dies eine Pflichtverletzung dar, die die allgemeine Haftung nach § 93 Abs. 2 AktG begründen kann und die neben die spezialgesetzlich geregelte Haftung des § 48 S. 1 AktG tritt.[218]

(f) Fehlerhafte Primärmarktinformation nach dem WpPG

87 Wesentliche Haftungsgrundlage für fehlerhafte Primärmarktinformation ist die Prospekthaftung, die sich aus den §§ 21–25 WpPG ergibt.[219] Demnach führt eine Unrichtigkeit oder Unvollständigkeit der (Börsenzulassungs-)Prospektangaben zu einer Haftung, wenn diese Angaben für einen durchschnittlichen Anleger von wesentlicher Bedeutung für die Anlageentscheidung sind, vgl. §§ 21 Abs. 1 S. 1, 22 WpPG. Das gleiche gilt für das Nichtveröffentlichen eines Prospekts entgegen der Pflicht des § 3 Abs. 1 S. 1 WpPG, vgl. § 24 Abs. 1 S. 1 WpPG. Nach dem Konzept der Organbinnenhaftung liegt in den eben beschriebenen Fällen eine Ersatzpflicht auslösende Pflichtverletzung des Vorstandsmitgliedes vor.[220]

(g) Fehlerhafte Sekundärmarktinformation nach dem WpHG

88 In höherem Maße praxisrelevant sind Verstöße gegen das WpHG im Zusammenhang mit Insiderinformationen. Eine Haftung gem. §§ 37b, 37c WpHG kann sich für die emittierende Gesellschaft gegenüber Dritten ergeben, wenn sie gegen die Mitteilungspflicht des § 15 Abs. 1 S. 1 WpHG verstößt. Danach sind Insiderinformationen, die einen Inlandsemittenten von Aktien oder anderen Finanzinstrumenten betreffen, unverzüglich zu veröffentlichen, wenn eine Befreiung nach § 15 Abs. 3 WpHG nicht gegeben ist.[221] Das Vorstandsmitglied haftet Dritten gegenüber nicht persönlich, kann aber von der im Außenverhältnis zum Schadensersatz verpflichteten Gesellschaft im Innenverhältnis in Anspruch genommen werden, da dem Vorstandsmitglied entweder einer falsche Beurteilung der Insiderinformationen oder ein Kontroll-/Organisationsverschulden bei Nichtkenntnis der Informationen vorgeworfen werden muss.[222] Neben den §§ 37b, 37c WpHG ist wesentliche Haftungsgrundlage nach mehreren höchstrichterlichen Entscheidungen auch § 826 BGB (siehe Rdn. 189).

(2) Verletzung allgemeiner Pflichten

89 Wird man im Rahmen der ausdrücklich geregelten Pflichten nicht fündig, ist auf die **Generalklausel des § 93 Abs. 1 S. 1 AktG** abzustellen, die den Maßstab eines ordentlichen und gewissenhaften Geschäftsleiters vorgibt, der nicht eigene, sondern wie ein Treuhänder fremde Vermögensinteressen verwaltet und alles unterlässt, was das Unternehmen schädigen könnte.[223] Bezugspunkt für den Sorgfaltsmaßstab ist die Gesellschaft und nicht der Aktionär, auch wenn er Haupt- oder sogar Alleinaktionär ist.[224]

---

216 *Ek*, S. 77.
217 *Ek*, S. 67; Streitigkeiten im Zusammenhang mit der Hauptversammlung vgl. § 8.
218 *Ek*, S. 39; siehe zu gründungsspezifischen Pflichtverletzungen § 4 Rdn. 177–188.
219 Die §§ 44–47 BörsG, aus denen sich die Haftung vor dem 1.6.2012 ergab, wurden durch das Gesetz zur Novellierung des Finanzanlagenvermittler- und Vermögensanlagenrechts vom 6.12.2011 (BGBl. I S. 248) aufgehoben.
220 Zur Haftung des Vorstandes gegenüber Aktionären nach §§ 21, 22, 24 WpPG siehe Rdn. 167.
221 Krieger/Schneider/*Krämer* § 28 Rn. 8; Ausführlich dazu: *Ek*, S. 113–115.
222 *Ek*, S. 120 m. w. N.
223 BGH NJW 1995, 1298 (zum GmbH-Geschäftsführer); OLG Düsseldorf AG 1997, 231 (234 f.); OLG Hamm AG 1995, 512 (513 f.); MüKo AktG/*Spindler* § 93 Rn. 26; Hüffer/*Koch* § 93 Rn. 4; Schmidt/Lutter/*Krieger/Sailer-Coceani* § 93 Rn. 5; *Ek*, S. 3.
224 OLG Frankfurt AG 2011, 918 (919).

B. Vorstand als Beklagter § 9

(a) Sorgfaltspflicht

Um die allgemeine Sorgfaltspflicht zu bestimmen, ist vergleichsweise auf ein Unternehmen von glei- 90
cher Art bzgl. Tätigkeit, Größe und wirtschaftlicher Lage abzustellen und zu fragen, welche Sorgfalt
ein pflichtbewusster, selbstständig tätiger Geschäftsleiter dort angewandt hätte.[225] Eine in der Branche übliche Nachlässigkeit entlastet den Vorstand nicht (normativer Maßstab).[226] Zu der Einhaltung der erforderlichen Sorgfalt gehört die Ordnungsmäßigkeit der Geschäftsführung, die die sachgerechte Leitung und Überwachung des Unternehmens bezeichnet.[227] Diese umfasst die zweckmäßige Organisation der Gesellschaft nach betriebswirtschaftlichen Erkenntnissen, die Wirtschaftlichkeit der Geschäftsführung und die Zweckmäßigkeit der Leitungsentscheidungen. Verstöße gegen die allgemeine Sorgfaltspflicht wurden u. a. angenommen bei: Betreiben unternehmenszweckwidriger Geschäfte;[228] Verschwendung von Vermögenswerten; Eingehung von unvertretbaren Risiken; unterlassener Durchsetzung von Ansprüchen der Gesellschaft, ohne dass überwiegende Interessen entgegenstehen; Kreditvergabe ohne ausreichende Prüfung der Kreditwürdigkeit; Erwerb von Unternehmen und Beteiligungen ohne entsprechende due diligence – Prüfung.[229]

Von besonderer aktueller Relevanz hinsichtlich der in § 93 Abs. 1 S. 1 AktG geforderten objektivier- 91
ten Sorgfaltsanforderungen an den ordentlichen und gewissenhaften Geschäftsleiter, ist die Pflicht
zur Einrichtung eines funktionierenden Compliance-Systems. Wie das LG München I in der nunmehr ersten bekanntgewordenen zivilgerichtlichen Entscheidung zu **Compliance-Pflichten** des Vorstands entschieden hat, gehört »die Einhaltung des Legalitätsprinzips und demgemäß die Einrichtung eines funktionierenden Compliance-Systems (...) zur Gesamtverantwortung des Vorstands«.[230] Im Rahmen seiner Legalitätspflicht müsse ein Vorstandsmitglied dafür Sorge tragen, dass das Unternehmen so organisiert und beaufsichtigt wird, dass keine Gesetzesverstöße erfolgen. Seiner Organisationspflicht genüge das Vorstandsmitglied bei entsprechender Gefährdungslage nur dann, wenn es eine auf Schadensprävention und Kontrolle angelegte Compliance-Organisation einrichte.[231] Dogmatisch könne es dahinstehen, ob sich die Compliance-Pflicht bereits unmittelbar aus § 91 Abs. 2 AktG oder aus der allgemeinen Leitungspflicht der §§ 76 Abs. 1, 93 Abs. 1 AktG herleite.[232] Die wohl herrschende Ansicht in der Literatur knüpft die Compliance-Pflicht des Vorstands an die gesetzliche Leitungs- und Sorgfaltspflicht, §§ 76 Abs. 1, 93 Abs. 1 AktG, an.[233] Hinsichtlich des konkreten Pflichtenrahmens, der Ausgestaltung der Compliance-Organisation, kommt es nach dem Urteil des LG München I einzelfallbezogen auf Art, Größe und Organisation des Unternehmens, die zu beachtenden Vorschriften, geografische Präsenz und Verdachtsfälle in der Vergangenheit an.[234] Neben einer Konkretisierung der Reichweite aktienrechtlicher Compliance-Pflichten, zeigt das Urteil auch die Möglichkeit der tatsächlichen erfolgreichen Inanspruchnahme von Vorstandsmitgliedern durch das Unternehmen bei der Verletzung von Compliance-Pflichten auf.[235] Gesetzliche Spezialregelungen existieren für Kredit- und Finanzdienstleistungsinstitute (§ 25a Abs. 1 S. 1 KWG), Wertpapierdienstleistungsunternehmen (§ 33 Abs. 1 S. 1 WpHG i. V. m. § 25a Abs. 1 KWG und § 33 Abs. 1 S. 2 Nr. 1 WpHG) und Versicherungsunternehmen (§ 64a Abs. 1 S. 1 VAG),

---

[225] OLG Jena NZG 2001, 86 (87); MüKo AktG/*Spindler* § 93 Rn. 25; Krieger/Schneider/*Lutter* § 3 Rn. 4.
[226] MüKo AktG/*Spindler* § 93 Rn. 25; Hüffer/*Koch* § 93 Rn. 7.
[227] Krieger/Schneider/*Krieger* § 3 Rn. 6.
[228] BGH NJW 2013, 1958.
[229] Krieger/Schneider/*Krieger* § 3 Rn. 7 m. w.N .
[230] LG München I NZG 2014, 345 – Siemens/Neubürger.
[231] LG München I NZG 2014, 345 (346) – Siemens/Neubürger; *Bürkle* CCZ 2015, 52; *Fleischer* NZG 2014, 321 (322).
[232] LG München I NZG 2014, 345 (346) – Siemens/Neubürger.
[233] *Bürkle* CCZ 2015, 52; *Fleischer* NZG 2014, 321 (322) m. w. N.
[234] LG München I NZG 2014, 345 (347) – Siemens/Neubürger.
[235] Ausführlich zu dem Urteil und seinen Konsequenzen s. bspw. *Bürkle* CCZ 2015, 52; *Fleischer* NZG 2014, 321.

die diese zur Einrichtung einer ordnungsgemäßen Geschäftsorganisation, welche die Einhaltung der gesetzlichen Bestimmungen gewährleistet, verpflichtet.[236]

92 Fehlen dem Vorstand die notwendigen Informationen oder die Sachkunde, so gehört es zur allgemeinen Sorgfalt, einen **externen (Rechts–)Rat** einzuholen. Die Vorstandsmitglieder müssen eine angemessene Anstrengung unternehmen, einen unabhängigen und fachkundigen Berufsträger zu finden und diesen anschließend zum einen vollständig zu unterrichten und zum anderen sein Ergebnis einer Plausibilitätskontrolle zu unterziehen.[237] Geschieht dies nicht, kann ein Auswahlverschulden vorliegen, das einen Verstoß gegen die Sorgfaltspflicht des Vorstandsmitgliedes bedeutet.[238] Entlastend wirkt nicht, wenn ein Aufsichtsratmitglied den Vorstand falsch beraten hat, denn dessen Überwachungspflicht steht neben derjenigen des Vorstands (§ 93 Abs. 4 S. 2 AktG). Wird den Anforderungen genügt, liegt keine Pflichtverletzung vor, selbst wenn sich der Rat im Nachhinein als unzutreffend herausstellen sollte.[239]

93 Gem. § 93 Abs. 1 S. 2 AktG liegt keine Pflichtverletzung vor, wenn das Vorstandsmitglied bei seiner unternehmerischen Entscheidung vernünftigerweise annehmen durfte, auf der Grundlage angemessener Informationen zum Wohle der Gesellschaft zu handeln. Eingeführt wurde diese aus dem US-amerikanischen Recht bekannte **Business Judgement Rule** durch das UMAG, führt aber de facto nur die Rechtsprechung des BGH seit der wegweisenden »ARAG/Garmenbeck«-Entscheidung fort.[240] Diese Rechtsprechung, nach der eine Haftung nur bei schlechthin unvertretbaren Entscheidungen in Betracht kommt,[241] kann zur Konkretisierung von § 93 Abs. 1 S. 2 AktG herangezogen werden.[242]

94 Die dient dazu, dem Vorstandsmitglied den für unternehmerische Entscheidungen notwendigen Handlungsspielraum zu eröffnen, ohne den eine effektive Leitung der Gesellschaft nicht möglich wäre.[243] Für die nach bestem Wissen und Gewissen getroffenen Entscheidungen wird ein Haftungsprivileg geschaffen (sog. safe harbour).[244] Zur Beurteilung des Vorstandshandelns ist strikt auf eine ex-ante-Betrachtung abzustellen, um einen angemessenen unternehmerischen Wagemut zu fördern bzw. zu erhalten und die Gefahr des sog. »hindsight bias« einer im Nachhinein urteilenden Person zu vermeiden.[245] Bei gerichtlicher Nachprüfung muss – soweit das Gericht nicht ausreichend darlegen kann, eigene unternehmerische Sachkunde zu besitzen – grundsätzlich ein Sachverständigengutachten eingefordert werden, um festzustellen, ob die vom Vorstandsmitglied angewandten Untersuchungen »branchenübliche Prognosetechniken« darstellen.[246]

95 § 93 Abs. 1 S. 2 AktG schließt bei Vorliegen der Voraussetzungen eine Pflichtverletzung aus. Es handelt sich also nicht bloß um eine Beweislastregelung oder eine Exkulpationsmöglichkeit im Verschulden. Das Vorstandsmitglied handelte demnach pflichtgemäß, so dass die Innenhaftung entfällt und auch keine statusrechtlichen Konsequenzen, insbesondere eine Abberufung aus wichtigem Grund gem. § 84 Abs. 3 AktG, drohen.[247] Der Umkehrschluss, dass bei Nichtvorliegen der Voraussetzun-

---

236 Hölters/*Hölters* § 93 Rn. 95.
237 BGH BB 2011, 2960 (2962); 2007, 1801 (1802).
238 Krieger/Schneider/*Krieger* § 3 Rn. 8.
239 BGH ZIP 2007, 1265 (1267); OLG Stuttgart AG 2010, 133 (135); Krieger/Schneider/*Krieger* § 3 Rn. 8; *Fleischer* NZG 2010, 121.
240 MüKo AktG/*Spindler* § 93 Rn. 36; zur weitergehenden Entwicklung vgl.: *Lutter* ZIP 2007, 841 (842); *Weiss/Buchner* WM 2005, 162 (163).
241 BGHZ 135, 244 (253); BGH NZG 2002, 195 (196).
242 Krieger/Schneider/*Lutter* § 3 Rn. 13; *Roth* BB 2004, 1066 (1068).
243 So auch BGHZ 135, 244 (253); BGH NZG 2002, 195 (196); *Redeke* ZIP 2011, 59 (60); *Ek*, S. 12.
244 *Ek*, S. 3; *Redeke* ZIP 2011, 59 (60); Hüffer/*Koch* § 93 Rn. 17.
245 *Redeke* ZIP 2011, 59 (60); AnwK-AktR/*Schmidt* § 93 Rn. 90.
246 BGH NZG 2011, 549 (551).
247 *Redeke* ZIP 2011, 59 (60); Krieger/Schneider/*Krieger* § 3 Rn. 14; Hüffer/*Koch* § 93 Rn. 12; zur Abberufung und Kündigung eines Vorstandsmitgliedes siehe auch Rdn. 3–52.

gen des § 93 Abs. 1 S. 2 AktG eine Pflichtverletzung vorliegt, ist nicht möglich.[248] Allerdings trägt in diesem Fall das Vorstandsmitglied nach Maßgabe des § 93 Abs. 2 S. 2 AktG die Darlegungs- und Beweislast dafür, dass es sich pflichtgemäß verhalten hat.[249] Nach einem Beschluss des OLG Nürnberg kommt der Gesellschaft die Beweiserleichterung des § 93 Abs. 2 S. 2 AktG jedoch nicht zu Gute, wenn das Verhalten des Organmitglieds lediglich wertneutral war.[250] Bei einer wertneutralen Handlung (hier: Reisekostenerstattung für eine Geschäftsreise), welche als solche keinen ausreichenden Anhaltspunkt dafür liefert, dass das Vorstandsmitglied bei Vornahme der Handlung auch nur »möglicherweise« seine Pflichten als Geschäftsleiter verletzt hat, hat die Gesellschaft weitere Umstände und Indiztatsachen darzulegen und gegebenenfalls zu beweisen, die zumindest den Anschein begründen, dass das Verhalten des Vorstandsmitglieds pflichtwidrig gewesen sein könnte.[251]

Die **Voraussetzungen** zur Anwendung der Business Judgement Rule sind folgende:[252] **96**
– Vorliegen einer unternehmerischen Entscheidung,
– Handeln zum Wohl der Gesellschaft,
– Handeln auf der Basis angemessener Informationen,
– Gutgläubigkeit sowie
– kein Interessenskonflikt des Vorstandsmitgliedes.

Eine **unternehmerische Entscheidung** ist die bewusste Auswahl einer von mehreren unternehmerischen Handlungsmöglichkeiten, die sich durch ihre Zukunftsbezogenheit und ihren prognostischen Charakter auszeichnet, regelmäßig ein Risiko oder eine Unsicherheit enthält, unter Zweckmäßigkeitsgesichtspunkten zu treffen ist und sowohl in einem aktiven Tun als auch einem Unterlassen zu sehen sein kann.[253] Abzugrenzen ist die unternehmerische Entscheidung deswegen von sog. Pflichtaufgaben des Vorstandes (z. B. §§ 83, 90, 91, 92 Abs. 1 und Abs. 2, 124 Abs. 3, 131, 161, 170 Abs. 1 AktG, § 34 Abs. 1 AO) und der Pflicht, sich selbst gesetzestreu zu verhalten und für das gesetzesmäßige Verhalten der Gesellschaft zu sorgen (Legalitätspflicht). In diesen Fällen findet § 93 Abs. 1 S. 2 AktG keine Anwendung.[254] **97**

Eine unternehmerische Entscheidung muss stets **auf der Grundlage angemessener Informationen** erfolgen.[255] Nach dem BGH kommt dem Vorstand der Haftungsfreiraum des § 93 Abs. 1 S. 2 AktG erst zugute, wenn er »in der konkreten Entscheidungssituation alle verfügbaren Informationsquellen rechtlicher und tatsächlicher Art aus[ge]schöpf[t] hat«.[256] Diese hohen Anforderungen an die Angemessenheit werden in der Literatur wegen ihrer Entfernung vom Wortlaut der Norm (»vernünftigerweise annehmen durfte«, »angemessene[…] Informationen«) stark kritisiert.[257] Stattdessen wird ein flexibler Maßstab bevorzugt: Das Ausmaß der erforderlichen Informationen soll sich insbesondere nach der Bedeutung und Risikoträchtigkeit der in Rede stehenden Entscheidung, der verfügbaren Zeit sowie den Kosten und Nutzen einer weiteren Informationsbeschaffung richten.[258] Maßgeblich für den gebotenen Informationsbedarf müssen also die konkrete Entscheidungssituation und die ex-ante-Perspektive des Entscheidenden sein.[259] Seine Beurteilung muss nach objektiven Maßstäben bei nachträglicher Überprüfung noch als nachvollziehbar (oder »vernünftig«) anzu- **98**

---

248 MüKo AktG/*Spindler* § 93 Rn. 40; Schmidt/Lutter/*Krieger/Sailer-Coceani* § 93 Rn. 11.
249 Schmidt/Lutter/*Krieger/Sailer-Coceani* § 93 Rn. 11.
250 OLG Nürnberg BB 2015, 83.
251 OLG Nürnberg BB 2015, 83.
252 Lutter ZIP 2007, 841 (843–845); AnwK-AktR/*Schmidt* § 93 Rn. 82 ff.; *Ek*, S. 14–18.
253 MüKo AktG/*Spindler* § 93 Rn. 43; Krieger/Schneider/*Krieger* § 3 Rn. 15; Hüffer/*Koch* § 93 Rn. 16.
254 Begr. RegE zum UMAG, BT-Durucks. 15/5092, S. 11.
255 BGH ZIP 2007, 224; 2008, 1675 (jeweils zur GmbH); 2009, 223 (zur Genossenschaft).
256 BGH NJW 2008, 3361 (3362) (hinsichtlich des Geschäftsführers der GmbH).
257 Spindler/Stilz/*Fleischer* § 93 Rn. 75; *Fleischer* NJW 2009, 2337 (2339); *Kocher* CCZ 2009, 215 (220 f.); *Redeke* NZG 2009, 496 (497).
258 Krieger/Schneider/*Krieger* § 3 Rn. 16; MüKo AktG/*Spindler* § 93 Rn. 48; *Redeke* ZIP 2011, 59 (60).
259 Vgl. dazu ausführlich: *Ek*, S. 16.

sehen sein.[260] So kann in Fällen von eilbedürftigen Entscheidungen auch eine Beschränkung auf eine summarische Prüfung angebracht sein.[261] Ein Fehlen angemessener Informationen sah der BGH beispielsweise in einer wesentlichen Kreditvergabe an Bankkunden ohne zeitnahe Informationen über die Fähigkeit zur Kreditbedienung.[262] In einer aktuellen Entscheidung lehnte das LG Düsseldorf die Haftung des Vorstands einer Genossenschaftsbank für den Wertverfall von Finanzprodukten ab, da dieser die Entscheidungsgrundlagen sorgfältig ermittelt, das Für und Wider der Entscheidung mit gebotener Sorgfalt abgewogen hatte und das Fehlschlagen der Kapitalanlage auf den Auswirkungen der Finanzmarktkrise beruhte.[263]

99 Ein **Handeln zum Wohl der Gesellschaft** liegt vor, wenn die Entscheidung der Erhaltung des Bestandes, der langfristigen Ertragsstärkung, der Wettbewerbfähigkeit des Unternehmens und der Steigerung des nachhaltigen Unternehmenswertes dient.[264] Ein Handeln zum Wohl der Gesellschaft kann der Vorstand nur annehmen, wenn sorgfältige Risikoabwägungen vorangegangen sind und kein übergroßes Risiko eingegangen wurde.[265]

100 Das Vorstandsmitglied muss im Rahmen der Entscheidungsfindung **gutgläubig und frei von jeglichem Interessenwiderstreit** gewesen sein.[266] Glaubt der Handelnde selber nicht an die Richtigkeit seiner Entscheidung, verdient er keinen Schutz.[267] Besteht beim Vorstandsmitglied ein Interessenkonflikt, sind die Voraussetzungen der Business Judgement Rule nicht erfüllt.[268] Daraus folgt allerdings keine Erfolgshaftung des Vorstandsmitgliedes,[269] sondern lediglich eine volle gerichtliche Überprüfbarkeit, ob das Vorstandsmitglied mit der Sorgfalt eines ordentlichen Geschäftsmannes gehandelt hat, mithin, ob das Vorstandsmitglied trotz des bestehenden Interessenwiderstreits annehmen durfte, im besten Interesse der Gesellschaft gehandelt zu haben.[270] Ist künftig eine Entscheidung zu treffen, so ist umstritten, ob es genügt, dass das Vorstandsmitglied seinen Vorstandskollegen den Interessenkonflikt offen legt[271] oder ob mit der überwiegenden Ansicht davon auszugehen ist, dass das betroffene Vorstandsmitglied nicht an der Entscheidung mitwirken darf.[272]

(b) Treuepflicht

101 Aufgrund seiner Stellung als Organ und als Treuhänder fremden Vermögens wird dem Vorstandsmitglied eine besondere Treuepflicht auferlegt.[273] Diese geht über Inhalt und Umfang der Grundsätze von Treu und Glauben gem. § 242 BGB hinaus und fordert den vollen Einsatz seiner Person (auch im Privatleben).[274] Das Vorstandsmitglied ist verpflichtet, Schaden von der Gesellschaft abzuwenden und die Interessen der Gesellschaft als vorrangig vor den eigenen (und dritten) Interessen zu behan-

---

260 Hüffer/*Koch* § 93 Rn. 22; Krieger/Schneider/*Krieger* § 3 Rn. 17; *Goette* ZGR 2008, 436 (448) (der die Wortanordnung der Gesetzesformulierung kritisiert).
261 MüKo AktG/*Spindler* § 93 Rn. 48.
262 BGH ZIP 2009, 223.
263 LG Düsseldorf BB 2014, 2388.
264 AnwK-AktR/*Schmidt* § 93 Rn. 88; Krieger/Schneider/*Krieger* § 3 Rn. 16; *Fleischer* ZIP 2004, 685 (690) mit Verweis auf RegBegr BR-Drucks. 3/05, S. 19–20.
265 Krieger/Schneider/*Krieger* § 3 Rn. 16.
266 RegBegr BR-Drucks. 3/05, S. 20; Spindler/Stilz/*Fleischer* § 93 Rn. 76.
267 Spindler/Stilz/*Fleischer* § 93 Rn. 76.
268 RegBegr BR-Drucks. 3/05, S. 20; Hüffer/*Koch* § 93 Rn. 25; Schmidt/Lutter/*Krieger/Sailer-Coceani* § 93 Rn. 15; *Lutter* ZIP 2007, 841 (844); einschränkend MüKo AktG/*Spindler* § 93 Rn. 61.
269 So aber: *Lutter* in FS Canaris 2007, Bd. 2, 245 (247).
270 Krieger/Schneider/*Krieger* § 3 Rn. 18.
271 Krieger/Schneider/*Krieger* § 3 Rn. 18; RegBegr, BR-Drucks. 3/05, S. 20.
272 MüKo AktG/*Spindler* § 93 Rn. 61.
273 Hüffer/*Koch* § 84 Rn. 10 f.; MüKo AktG/*Spindler* § 76 Rn. 14; Krieger/Schneider/*Krieger* § 3 Rn. 31.
274 BGH BB 2011, 2960 (2962).

deln.²⁷⁵ Das beinhaltet auch die Vermeidung oder zumindest Offenlegung von Interessenkonflikten²⁷⁶ und erst recht die Nichtannahme von Zuwendungen Dritter.²⁷⁷

Die Vorstandsmitglieder trifft als besonderer Teil der Treuepflicht ein **Wettbewerbsverbot**.²⁷⁸ Dieses ist in § 88 AktG ausdrücklich normiert und hat einen doppelten Schutzzweck. Zum einen soll die Gesellschaft vor Wettbewerbshandlungen des Vorstandsmitgliedes geschützt werden und zum anderen soll ein anderweitiger Einsatz der Arbeitskraft des Vorstandsmitgliedes verhindert werden.²⁷⁹ Das »echte« Wettbewerbsverbot des § 88 Abs. 1 S. 1, 2. Alt. AktG soll Konkurrenz verhüten, indem es ein Tätigwerden des Vorstandsmitgliedes im Geschäftszweig der Gesellschaft für eigene oder fremde Rechnung verhindert.²⁸⁰ Das »unechte« Wettbewerbsverbot des § 88 Abs. 1 S. 1, 1. Alt., S. 2 AktG untersagt dem Vorstandsmitglied schlechthin, ohne Einwilligung des Aufsichtsrates ein Handelsgewerbe zu betreiben und/oder Vorstandsmitglied, Geschäftsführer oder persönlich haftender Gesellschafter einer anderen Handelsgesellschaft zu sein, wobei es nach allgemeiner Ansicht nicht darauf ankommt, ob es sich um ein konkurrierendes Handelsunternehmen handelt.²⁸¹ Bestehende verfassungsrechtliche Bedenken, die eine verfassungskonforme Auslegung des § 88 Abs. 1 S. 1, 1. Alt., S. 2 AktG, wie sie z. B. für das Wettbewerbsverbot des Handlungsgehilfen (§ 60 HGB) erfolgt, anmahnen, haben sich nicht durchsetzen können.²⁸² 102

Ergänzend zum weiten Anwendungsbereich des Wettbewerbsverbotes verbietet die **Geschäftschancenlehre** einem Vorstandsmitglied Geschäftschancen der Gesellschaft (sog. corporate opportunities) an sich zu ziehen und im eigenen Interesse zu verwirklichen.²⁸³ Dabei gilt es vornehmlich Schutzlücken des Wettbewerbsverbotes zu schließen, die regelmäßig in den drei folgenden Fallgruppen zusammengefasst werden: Ausnutzen von Geschäftschancen nach Ausscheiden des Vorstandsmitgliedes, Wahrnehmung geschäftszweigneutraler Geschäfte und Wahrnehmung von Geschäften jenseits des Unternehmensgegenstands.²⁸⁴ 103

(c) Verschwiegenheitspflicht

§ 93 Abs. 1 S. 3 AktG betont die Verschwiegenheitspflicht der Mitglieder des Vorstandes. Vorstandsmitglieder haben demnach über vertrauliche Angaben und Geheimnisse der Gesellschaft, namentlich Betriebs- oder Geschäftsgeheimnisse, die ihnen durch ihre Amtstätigkeit bekannt geworden sind, Stillschweigen zu bewahren. Geheimnisse der Gesellschaft sind alle Tatsachen der Gesellschaft, die nur einem begrenzten Personenkreis bekannt sind und nach dem bekundeten oder mutmaßlichen Willen der Gesellschaft geheim gehalten werden sollen, sofern ein berechtigtes wirtschaftliches Interesse an der Geheimhaltung besteht.²⁸⁵ Die Verschwiegenheitspflicht überdauert die Amtszeit und kann wegen ihres zwingenden Charakters nicht abweichend geregelt werden.²⁸⁶ Sie besteht auch gegenüber den Aktionären, den Arbeitnehmern, dem Betriebsrat und anderen Organen der Betriebsverfassung, nicht aber zwischen einzelnen Vorstandsmitgliedern oder gegenüber Auf- 104

---

275 Schmidt/Lutter/*Krieger/Sailer-Coceani* § 93 Rn. 16; *Ek*, S. 96 f.; Krieger/Schneider/*Krieger* § 3 Rn. 31; MüKo AktG/*Spindler* § 93 Rn. 108.
276 MüKo AktG/*Spindler* § 93 Rn. 92; Krieger/Schneider/*Krieger* § 3 Rn. 32; vgl. auch Ziff. 4.3.4. DCGK.
277 BGH NJW 2001, 2476 (2477); OLG Düsseldorf WM 2000, 1393 (1397 f.); MüKo AktG/*Spindler* § 93 Rn. 111; *Fleischer* WM 2003, 1045 (1056); vgl. auch Ziffer 4.3.2. DCGK.
278 Krieger/Schneider/*Verse* § 22 Rn. 1; Vgl. auch Ziffer 4.3.1. DCGK.
279 BGH ZIP 1997, 1063 (1064); BGH NJW 2001, 2476; KöKo AktG/*Mertens/Cahn* § 88 Rn. 2; Krieger/Schneider/*Verse* § 22 Rn. 5; *Ek*, S. 97.
280 *Fleischer* AG 2005, 336 (337); Krieger/Schneider/*Verse* § 22 Rn. 6.
281 Statt aller: Krieger/Schneider/*Verse* § 22 Rn. 6.
282 Krieger/Schneider/*Verse* § 22 Rn. 6; KöKo AktG/*Mertens/Cahn* § 88 Rn. 9; zur verfassungskonformen Auslegung des § 60 HGB: BAGE 22, 344; 42, 329 (334).
283 *Ek*, S. 98.
284 Krieger/Schneider/*Verse* § 22 Rn. 24 f.
285 BGHZ 64, 325 (329); BGH NJW 1997, 1985 (1987); Hüffer/*Koch* § 93 Rn. 29 f.
286 MüKo AktG/*Spindler* § 93 Rn. 132, 142; Krieger/Schneider/*Lutter* § 3 Rn. 33.

sichtsratsmitgliedern.[287] Die Verschwiegenheitspflicht unterliegt einer Vielzahl von gesetzlichen Durchbrechungen – beispielweise besteht sie nicht gegenüber den Abschlussprüfern (§ 320 Abs. 2 HGB) und gegenüber der Prüfstelle für Rechnungslegung (§ 93 Abs. 1 S. 4 AktG). Des Weiteren sind die kapitalmarktrechtlichen Vorschriften über die ad hoc – Publizität (§ 15 WpHG) und die Abgabe von Beteiligungsmitteilungen (§§ 21 ff. WpHG) zu beachten.

bb) Verschulden

105 Die Haftung nach § 93 AktG setzt voraus, dass das Vorstandsmitglied die Pflicht schuldhaft, also vorsätzlich oder fahrlässig, verletzt hat.[288] Der objektivierte Verschuldensmaßstab des ordentlichen und gewissenhaften Geschäftsleiters nach § 93 Abs. 1 S. 1 AktG gilt unabhängig von den tatsächlichen persönlichen Kenntnissen und Fähigkeiten (keine Entlastungsmöglichkeit bei persönlicher Unkenntnis oder Unfähigkeit),[289] daher spielt das Verschulden in der Praxis nur eine geringe Rolle.[290] Der Bezugspunkt des Verschuldens ist die Pflichtwidrigkeit, nicht der Schaden, weshalb ein Bewusstsein des Vorstandsmitgliedes, dass es die Gesellschaft schädigt, nicht erforderlich ist.[291] Das Vorstandsmitglied haftet nur für eigenes Verschulden, ein Fremdverschulden von z. B. anderen Vorstandsmitgliedern oder Angestellten kann ihm nicht über §§ 278, 831 BGB zugerechnet werden.[292] Wohl ist aber ein eigenes Verschulden bzgl. der Auswahl, Einweisung oder Überwachung vorstellbar.[293] Die allgemeinen arbeitsrechtlichen Grundsätze zum innerbetrieblichen Haftungsausgleich finden bei Vorstandsmitgliedern keine Anwendung, so dass schon bei leichten Sorgfaltsverstößen eine unbegrenzte Haftung eintritt.[294]

cc) Schaden der Gesellschaft

106 Ein Schadensersatzanspruch der Gesellschaft gegen das Vorstandsmitglied setzt weiter den Eintritt eines Schadens voraus, der nach den allgemeinen Vorschriften der §§ 249 ff. BGB berechnet wird und dem Grundsatz der Naturalrestitution verpflichtet ist.[295] Die Wiederherstellung des Zustandes ohne schadenstiftendes Ereignis (vgl. § 249 Abs. 1 BGB) wird regelmäßig aus tatsächlichen Gründen nicht möglich sein, sodass der Vermögensschaden in Geld auszugleichen ist, § 251 Abs. 1, 1. Alt. BGB.[296] Die Anwendbarkeit der §§ 249 ff. BGB schließt ebenso die Regeln zum Vorteilsausgleich mit ein.[297]

107 Ein Schaden ist jede Minderung[298] sowie jede unterbliebene Mehrung des Gesellschaftsvermögens, die nach den regelmäßigen Umständen zu erwarten gewesen wäre, vgl. § 252 BGB.[299] Eine negative Entwicklung des Aktienkurses stellt keinen Schaden der Gesellschaft dar, da das Vermögen der Gesellschaft davon unbeeinflusst bleibt.

---

287 Krieger/Schneider/*Lutter* § 3 Rn. 36.
288 MüKo AktG/*Spindler* § 93 Rn. 176.
289 Hüffer/*Koch* § 93 Rn. 43; MüKo AktG/*Spindler* § 93 Rn. 176; Krieger/Schneider/*Krieger* § 3 Rn. 37.
290 MüKo AktG/*Spindler* § 93 Rn. 176; Spindler/Stilz/*Fleischer* § 93 Rn. 205.
291 MüKo AktG/*Spindler* § 93 Rn. 178; Spindler/Stilz/*Fleischer* § 93 Rn. 208.
292 MüKo AktG/*Spindler* § 93 Rn. 179; Hüffer/*Koch* § 93 Rn. 14; Spindler/Stilz/*Fleischer* § 93 Rn. 207.
293 Hüffer/*Koch* § 93 Rn. 46; Spindler/Stilz/*Fleischer* § 93 Rn. 207.
294 Wellhöfer/Peltzer/Müller/*Wellhöfer* § 2 Rn. 36.
295 Wellhöfer/Peltzer/Müller/*Wellhöfer* § 2 Rn. 37, 41; Hüffer/*Koch* § 93 Rn. 47.
296 Wellhöfer/Peltzer/Müller/*Wellhöfer* § 2 Rn. 41.
297 BGH NJW 2013, 2114; BGH NJW 2013, 1958; detailliert vgl. Hüffer/*Koch* § 93 Rn. 49.
298 Nach dem mittlerweile überholten gesellschaftsrechtsspezifischen Schadensbegriff sollte nicht jede Vermögensminderung als Vermögensschaden anzusehen sein, sondern nur eine dem Unternehmenszweck widersprechende Beeinträchtigung des Gesellschaftsvermögens. Dem Anliegen dieses Schadensbegriffs, Sozialaufwendungen ausscheiden zu lassen, kann auf der Ebene der Pflichtwidrigkeit Genüge geleistet werden, vgl. Hüffer/*Koch* § 93 Rn. 47 f.; Spindler/Stilz AktG/*Fleischer* § 93 Rn. 212.
299 GroßKomm AktG/*Hopt* § 93 Rn. 264; Wellhöfer/Peltzer/Müller/*Wellhöfer* § 2 Rn. 37.

B. Vorstand als Beklagter § 9

Eine besondere praktische Bedeutung kommt der Frage zu, ob und inwieweit Bußgelder, die der Gesellschaft z. B. wegen eines Kartellverstoßes (§ 81 GWB) oder wegen der Verletzung einer Aufsichtspflicht im Unternehmen (§ 130 OWiG) auferlegt werden, einen Schaden darstellen.[300] Die ganz herrschende Meinung sieht Bußgelder grundsätzlich uneingeschränkt als ersatzfähigen Schaden an.[301]

108

dd) Kausalität

Zwischen dem pflichtwidrigen Verhalten des Vorstandsmitgliedes und dem Schaden der Gesellschaft muss ein Kausalnexus gegeben sein, mithin die pflichtwidrige Handlung den Schaden adäquat kausal herbeigeführt haben.[302] Nach der anzuwendenden Adäquanztheorie muss die Pflichtverletzung nach dem gewöhnlichen Lauf der Dinge und der Lebenserfahrung geeignet sein, eine Beeinträchtigung dieser Art herbeizuführen; zudem ist der Schutzzweck der Innenhaftungsnormen zu beachten.[303]

109

Ein Vorstandsmitglied kann einwenden, dass der Schaden auch bei **rechtmäßigem Alternativverhalten** eingetreten wäre, soweit es sich nicht um die Verletzung von Organisations-, Kompetenz- oder Verfahrensregeln handelt.[304] In den genannten Fällen dienen die Regeln gerade der Abstimmung und Herbeiführung gemeinsamer Beschlüsse und Verfahrensweisen im Vorstand, so dass es dieser Ausnahme bedarf, um eine Sanktionierung über die Schadensersatzpflicht herbeizuführen und dem Schutzzweck gerecht zu werden.[305] Der Schadenseintritt auch bei rechtmäßigem Alternativverhalten ist grds. ein haftungsausschließender Einwand, wobei den Vorstand dabei die Beweislast trifft.[306]

110

Problematisch kann die Darlegung der Kausalität bei **Kollegialentscheidungen** sein, da bei einem deutlichen Mehrheitsbeschluss jedes Vorstandsmitglied behaupten könnte, seine Stimme sei für das Abstimmungsergebnis nicht ausschlaggebend und folglich nicht kausal. Bei streitiger Begründung herrscht im Ergebnis Einigkeit, dass dieser Einwand nicht zum Tragen kommen kann.[307] Vielmehr kann es bei nicht ermittelbaren Kausalbeiträgen, aber sicherer gemeinsamer Verursachung zu einem Rückgriff auf die allgemeine Regel des § 830 Abs. 1 S. 2 BGB kommen, da das jeweilige Vorstandsmitglied jedenfalls insoweit pflichtwidrig handelt, als es den gesellschaftsschädlichen Beschluss nicht verhindert.[308]

111

ee) Haftungsausschluss, Verzicht und Vergleich gem. § 93 Abs. 4 AktG

In § 93 Abs. 4 AktG werden Möglichkeiten genannt, die die Ersatzpflicht eines Vorstandsmitglieds reduzieren oder sogar vollständig entfallen lassen können.

112

(1) Haftungsausschluss durch Hauptversammlungsbeschluss

Wenn die den Schadensersatz begründende Handlung auf einem gesetzmäßigen Hauptversammlungsbeschluss beruht, ist die Schadensersatzpflicht der Vorstandsmitglieder gegenüber der Gesellschaft ausgeschlossen, § 93 Abs. 4 S. 1 AktG. Diese Regelung soll die Vorstandsmitglieder privilegieren, da für sie eine Verpflichtung zur Ausführung gesetzmäßiger Hauptversammlungsbeschlüsse

113

---

300 Krieger/Schneider/*Krieger* § 3 Rn. 39.
301 Hüffer/*Koch* § 93 Rn. 48.
302 Allg. Ansicht; MüKo AktG/*Spindler* § 93 Rn. 174.
303 GroßKomm AktG/*Hopt* § 93 Rn. 266; *Ek*, S. 128.
304 Krieger/Schneider/*Krieger* § 3 Rn. 40; MüKo AktG/*Spindler* § 93 Rn. 174.
305 MüKo AktG/*Spindler* § 93 Rn. 174; KöKo AktG/*Mertens/Cahn* § 93 Rn. 150.
306 BGH NJW 2013, 1958; Hüffer/*Koch* § 93 Rn. 50.
307 Ausführlich: MüKo AktG/*Spindler* § 93 Rn. 175 m. w. N.
308 MüKo AktG/*Spindler* § 93 Rn. 175; *Fleischer* BB 2004, 2645 (2647); *Röckrath* NStZ 2003, 641 (644).

besteht, vgl. § 83 Abs. 2 AktG.[309] Nach dem eindeutigen Wortlaut des § 93 Abs. 4 S. 2 AktG kann eine Ersatzpflicht nicht durch eine Billigung des Aufsichtsrates ausgeschlossen werden.[310] So unterliegt bei der Übernahme einer Geldstrafe, Geldbuße oder Geldauflage durch die Gesellschaft (vertreten durch den Aufsichtsrat), welche durch eine aktive Leistung eine dauerhafte Vermögenseinbuße der Gesellschaft herbeiführt, diese Abrede der Übernahme im Falle einer Pflichtverletzung des Vorstands im Innenverhältnis den Voraussetzungen des § 93 Abs. 4 S. 3 AktG.[311] Will sich ein Vorstandsmitglied zur Entlastung auf die Gesetzmäßigkeit eines Hauptversammlungsbeschlusses berufen, so obliegt ihm die Darlegungs- und Beweislast.[312]

114 Vorauszusetzen ist ein formeller **Beschluss** der Hauptversammlung; sonstige Meinungsäußerungen oder Empfehlungen der Hauptversammlung oder gar einzelner Aktionäre genügen nicht.[313] Die Handlung des Vorstandsmitgliedes muss auf dem Beschluss **beruhen**. Dies setzt nach allgemeiner Meinung regelmäßig einen vorangehenden Beschluss voraus. Eine nachträgliche Billigung genügt für § 93 Abs. 4 S. 1 AktG nicht.[314]

115 Ein Beschluss ist **gesetzmäßig**, wenn er weder nichtig gem. § 241 AktG noch anfechtbar gem. §§ 243 ff. AktG ist. Ein Beschluss, den die Hauptversammlung fasst, ohne dass eine organschaftliche Zuständigkeit besteht, ist nichtig,[315] so z. B. bei einem Beschluss in Angelegenheiten der Geschäftsführung, den die Hauptversammlung ohne Verlangen des Vorstandes fasst, vgl. § 119 Abs. 2 AktG.[316] Die **Heilung der Nichtigkeit** eines Hauptversammlungsbeschlusses ist im Rahmen des § 242 AktG möglich. Der BGH und ein Teil der Literatur sehen als Folge der Heilung die Beseitigung der Nichtigkeit mit der Folge, dass der Hauptversammlungsbeschluss gesetzmäßig im Sinne des § 93 Abs. 4 S. 1 AktG wird.[317] Nach anderer Auffassung besteht bei einem geheilten Hauptversammlungsbeschluss trotz der Heilung keine Ausführungspflicht gem. § 83 Abs. 2 AktG, sodass spiegelbildlich auch keine Entlastung eintrete.[318] Anfechtbare Beschlüsse werden durch Ablauf der Anfechtungsfrist des § 246 AktG **unanfechtbar.** Auch hier ist umstritten, ob die unanfechtbar gewordenen Beschlüsse dann gesetzmäßig im Sinne des § 93 Abs. 4 S. 1 AktG sind. Die h. M. bejaht dies, mit der Folge, dass eine Entlastung des Vorstandsmitgliedes möglich ist.[319] Eine andere Ansicht sieht die materielle Rechtswidrigkeit des Beschlusses durch den formalen Ablauf der Anfechtungsfrist nicht überwunden, sodass der Beschluss gesetzeswidrig bleibe und folglich zur Entlastung des Vorstandes nicht geeignet sei.[320]

116 Nach h. M. kann sich also das Vorstandsmitglied bei geheilten und unanfechtbaren Hauptversammlungsbeschlüssen entlasten. Jedoch kann sich in diesen Fällen eine Schadenersatzpflicht daraus ergeben, dass das Vorstandsmitglied pflichtwidrig nicht oder nicht rechtzeitig gegen den geheilten Hauptversammlungsbeschluss im Wege der **Nichtigkeitsklage** vorgegangen ist (§ 249 Abs. 1 AktG) bzw. den unanfechtbaren Beschluss nicht rechtzeitig im Wege der **Anfechtungsklage** beseitigt hat (§§ 243, 245 Nr. 4, Nr. 5 AktG).[321] Eine Verpflichtung zur Erhebung einer Anfechtungsklage besteht nach

---

309 Schmidt/Lutter/*Krieger/Sailer-Coceani* § 93 Rn. 46; bei Zweifeln hinsichtlich der Ausführungspflicht des Vorstandes kann eine Feststellungsklage erhoben werden, vgl. Rdn. 155.
310 Wellhöfer/Peltzer/Müller/*Wellhöfer* § 2 Rn. 63; Hüffer/*Koch* § 93 Rn. 75.
311 BGH BB 2014, 2509.
312 MüKo AktG/*Spindler* § 93 Rn. 239.
313 Hüffer/*Koch* § 93 Rn. 73; MüKo AktG/*Spindler* § 93 Rn. 239; Spindler/Stilz/*Fleischer* § 93 Rn. 266.
314 OLG München ZIP 2008, 1916 (1918); Hüffer/*Koch* § 93 Rn. 25; Spindler/Stilz AktG/*Fleischer* § 93 Rn. 267.
315 Hüffer/*Koch* § 93 Rn. 73.
316 Hüffer/*Koch* § 93 Rn. 73; bedingte Lockerungen durch BGH NJW 1982, 1703.
317 BGHZ 33, 175 (176); Hüffer/*Koch* § 93 Rn. 73, § 242 Rn. 7; Spindler/Stilz/*Casper* § 242 Rn. 12.
318 KöKo AktG/*Mertens/Cahn* § 93 Rn. 155.
319 MüKo AktG/*Spindler* § 93 Rn. 237; Hüffer/*Koch* § 93 Rn. 73.
320 KöKo AktG/*Mertens/Cahn* § 93 Rn. 156; MünchHdb GesR IV/*Wiesner* § 26 Rn 15.
321 MüKo AktG/*Spindler* § 93 Rn. 237; Spindler/Stilz/*Fleischer* § 93 Rn. 273; zur Nichtigkeits- und zur Anfechtungsklage generell: § 8 Rdn. 2–292.

h. M. aber nicht generell, sondern nur, wenn der Gesellschaft durch die Beschlussausführung Schaden droht.[322] Eine weitere Ausnahme gilt nach allgemeiner Ansicht für durch das Vorstandsmitglied **pflichtwidrig herbeigeführte** Hauptversammlungsbeschlüsse.[323] Die Schadenersatzpflicht bleibt bestehen, weil die Berufung auf § 93 Abs. 4 S. 1 AktG rechtsmissbräuchlich ist, wenn die Vorstandsmitglieder die Hauptversammlung durch unrichtige oder unvollständige Informationen zu einem nachteiligen Beschluss bewegt haben.[324] Ausnahmsweise kann die Schadensersatzpflicht auch bei gesetzmäßigen Hauptversammlungsbeschlüssen bestehen bleiben, wenn eine **wesentliche Veränderung** der maßgeblichen Umstände eingetreten ist, so dass eine Ausführung des Beschlusses gesellschaftsschädlich wäre.[325] Der Vorstand kann dann dazu verpflichtet sein, die Ausführung des Beschlusses zurückzustellen und einen erneuten Hauptversammlungsbeschluss herbeizuführen.[326]

(2) Verzicht und Vergleich

Ein nachträglicher Ausschluss der Haftungspflicht ist nur unter den engen Voraussetzungen des § 93 Abs. 4 S. 3 und S. 4 AktG durch einen Verzicht der Gesellschaft auf die Ersatzansprüche oder einen entsprechenden Vergleich möglich. Ein unter Verstoß gegen diese Norm erfolgter Verzicht oder geschlossener Vergleich ist nichtig.[327] Gleiches gilt für eine Verpflichtung der Gesellschaft zur Übernahme von Geldsanktionen, wenn das Vorstandsmitglied durch die strafbare Handlung zugleich eine Pflichtverletzung begangen hat.[328]

117

ff) Verjährung

Die in § 93 Abs. 6 AktG geregelte Verjährungsfrist sah bislang eine Verjährung der Ansprüche des § 93 Abs. 1–5 AktG in fünf Jahren vor. Durch das Restrukturierungsgesetz vom 09.12.2010[329] wurde die Verjährungsfrist für börsennotierte Aktiengesellschaften i. S. d. § 3 Abs. 2 AktG nun von fünf auf zehn Jahre verdoppelt.[330] Für die Börsennotierung ist der Zeitpunkt der Pflichtverletzung, nicht der des Schadeneintritts maßgeblich.[331] Bei allen anderen Aktiengesellschaften bleibt es bei der fünfjährigen Verjährungsfrist. Eine vertragliche Verlängerung oder Verkürzung der Frist ist nicht möglich.[332] Die Fristen gelten für alle Ansprüche aus § 93 Abs. 1–5 AktG (auch i. V. m. § 116 Abs. 1 AktG), auch für die Verfolgungsrechte der Gesellschaftsgläubiger und des Insolvenzverwalters.[333]

118

Der Beginn der aktienrechtlichen Sonderfrist berechnet sich gem. §§ 200, 187 Abs. 1 BGB nach dem Zeitpunkt der Entstehung des Schadensersatzanspruches unabhängig von der Kenntniserlangung.[334] Ein Anspruch ist entstanden, wenn er klageweise geltend gemacht werden kann.[335] Der Schaden muss dem Grunde nach entstanden sein, auch wenn seine Höhe noch nicht geklärt ist oder seine Entwicklung noch nicht abgeschlossen ist.[336] Eine neue Verjährungsfrist beginnt aber

119

---

322 AnwK-AktR/*Schmidt* § 93 Rn. 128; MüKo AktG/*Spindler* § 93 Rn. 237; Schmidt/Lutter/*Krieger/Sailer-Coceani* § 93 Rn. 48.
323 Hüffer/*Koch* § 93 Rn. 74; GroßKomm AktG/*Hopt* § 93 Rn. 325.
324 Spindler/Stilz/*Fleischer* § 93 Rn. 272; MüKo AktG/*Spindler* § 93 Rn. 244.
325 Spindler/Stilz/*Fleischer* § 93 Rn. 275; MüKo AktG/*Spindler* § 93 Rn. 244.
326 Schmidt/Lutter/*Krieger/Sailer-Coceani* § 93 Rn. 49; MünchHb GesR IV/*Wiesner* § 26 Rn. 16; MüKo AktG/*Spindler* § 93 Rn. 244.
327 MüKo AktG/*Spindler* § 93 Rn. 254.
328 BGH BB 2014, 2509.
329 BGBl. I, S. 1900.
330 Auch für schon vor dem 15.12.2010 entstandene und bisher nicht verjährte Ansprüche, vgl. § 24 EGAktG.
331 BT-Drucks 17/3024, S. 82; *Harbarth/Jaspers* NZG 2011, 368 (372).
332 Wellhöfer/Peltzer/Müller/*Wellhöfer* § 2 Rn. 67.
333 AnwK-AktR/*Schmidt* § 93 Rn. 179; Hüffer/*Koch* § 93 Rn. 87; Spindler/Stilz/*Fleischer* § 93 Rn. 301.
334 Hüffer/*Koch* § 93 Rn. 87; *Ek* S. 130; MüKo AktG/*Spindler* § 93 Rn. 291.
335 Hüffer/*Koch* § 93 Rn. 87.
336 BGHZ 100, 228 (231); 124, 27 (30); Schmidt/Lutter/*Krieger/Sailer-Coceani* § 93 Rn. 61; AnwK-AktR/*Schmidt* § 93 Rn. 181; Hüffer/*Koch* § 93 Rn. 37.

nur bei nicht vorhersehbaren Schäden zu laufen.³³⁷ Ebenso unterliegt bei wiederholten Verstößen jede pflichtwidrige Handlung einer neuen, eigenen Verjährung.³³⁸ Das Verschweigen der pflichtwidrigen Handlung stellt keine neue Pflichtverletzung dar.³³⁹

120 Das Fristende ergibt sich aus § 188 Abs. 2 BGB. Eine Hemmung der Verjährung (§§ 203 ff. BGB) durch die Gesellschaft wirkt auch für die Gesellschaftsgläubiger.³⁴⁰ Wird andererseits die Hemmung durch den Gesellschaftsgläubiger herbeigeführt, gilt diese nach h. M. nicht zugunsten der Gesellschaft, sondern lediglich für den Gesellschaftsgläubiger selbst und für den Insolvenzverwalter.³⁴¹

121 Die Verjährungsfrist des § 93 Abs. 6 AktG hat keine Auswirkungen auf etwaige in Anspruchskonkurrenz stehende Ansprüche auf Schadensersatz aus Delikt oder sonstigen Vertragsverhältnissen.³⁴² Diese verjähren selbstständig.³⁴³

122 Lässt der Aufsichtsrat eine Schadensersatzpflicht gegen ein Vorstandsmitglied verjähren, so läuft dies auf einen faktischen Verzicht hinaus, den auch die strengen Voraussetzungen des § 93 Abs. 4 AktG³⁴⁴ nicht verhindern können. Allerdings kann sich der Aufsichtsrat in diesem Falle selbst schadensersatzpflichtig machen.³⁴⁵

gg) Gesamtschuldnerische Haftung

123 Gibt es mehrere Vorstandsmitglieder, die ihre Pflicht verletzt haben, haften sie nach § 93 Abs. 2 S. 1 AktG der Gesellschaft gegenüber als Gesamtschuldner (§§ 421 ff. BGB). Sind neben den Vorstandsmitgliedern auch Mitglieder des Aufsichtsrates haftbar, so haften alle gesamtschuldnerisch.³⁴⁶ Gesamtschuldnerische Haftung bedeutet, dass die Gesellschaft von jedem haftenden Vorstandsmitglied den Schaden in ganzer Höhe verlangen kann. Dabei ist der Grad des individuellen Verschuldens oder die Schwere der Sorgfaltspflichtwidrigkeit im Verhältnis zur Gesellschaft unbeachtlich und wird nur im Ausgleich zwischen den haftenden Vorstandsmitgliedern nach § 426 BGB bedeutsam.³⁴⁷

d) Begründetheit der Schadensersatzklage nach § 93 Abs. 3 AktG

aa) Allgemeines

124 Mit den Sondertatbeständen des § 93 Abs. 3 AktG wird ein (nicht abschließender) Katalog sehr schwerer Verstöße im Rahmen der Kapitalaufbringung und der Kapitalerhaltung aufgestellt.³⁴⁸ Auch hier wird vorausgesetzt, dass das Vorstandsmitglied schuldhaft gehandelt hat und der Gesellschaft ein Schaden entstanden ist, somit stellt § 93 Abs. 3 AktG einen echten Schadensersatzanspruch dar und nicht lediglich einen verschuldensunabhängigen Folgenbeseitigungsanspruch.³⁴⁹

---

337 BGHZ 100, 228 (232); BGH NJW 1995, 1614; 1993, 648 (650); 1991, 973; Spindler/Stilz/*Fleischer* § 93 Rn. 302; MüKo AktG/*Spindler* § 93 Rn. 292.
338 MüKo AktG/*Spindler* § 93 Rn. 292; Spindler/Stilz/*Fleischer* § 93 Rn. 302; KöKo AktG/*Mertens/Cahn* § 93 Rn. 202.
339 MüKo AktG/*Spindler* § 93 Rn. 293; Spindler/Stilz/*Fleischer* § 93 Rn. 302.
340 Hüffer/*Koch* § 93 Rn. 37; MüKo AktG/*Spindler* § 93 Rn. 294; Spindler/Stilz/*Fleischer* § 93 Rn. 303; KöKo AktG/*Mertens/Cahn* § 93 Rn. 205.
341 AnwK-AktR/*Schmidt* § 93 Rn. 182; MüKo AktG/*Spindler* § 93 Rn. 294; Spindler/Stilz/*Fleischer* § 93 Rn. 303; Hüffer/*Koch* § 93 Rn. 87.
342 AnwK-AktR/*Schmidt* § 93 Rn. 183; Hüffer/*Koch* § 93 Rn. 86.
343 Harbarth/Jaspers NZG 2011, 368 (373); Hüffer/*Koch* § 93 Rn. 86.
344 Siehe hierzu Rdn. 117.
345 BGHZ 135, 244; *Ek*, S. 133; AnwK-AktR/*Schmidt* § 93 Rn. 140.
346 KöKo AktG/*Mertens/Cahn* § 93 Rn. 50; *Ek*, S. 37.
347 Wellhöfer/Peltzer/Müller/*Wellhöfer* § 2 Rn. 49; Hüffer/*Koch* § 93 Rn. 57; *Ek*, S. 36.
348 AnwK-AktR/*Schmidt* § 93 Rn. 122.
349 Spindler/Stilz/*Fleischer* § 93 Rn. 211; Hüffer/*Koch* § 93 Rn. 68; KöKo AktG/*Mertens/Cahn* § 93 Rn. 125; MünchHdb GesR IV/*Wiesner* § 26 Rn. 19; MüKo AktG/*Spindler* § 93 Rn. 221; a. A.: Habersack/Schürnbrand WM 2005, 957 (960 f.).

B. Vorstand als Beklagter § 9

Die bei § 93 Abs. 2 AktG dargestellten Voraussetzungen gelten auch für den Anspruch aus § 93 Abs. 3 AktG.[350] Ausnahmen werden sogleich erörtert.

In den Fällen des § 93 Abs. 3 AktG greift eine **Schadensvermutung** zugunsten der Gesellschaft ein. Falls eine der tatbestandlich umschriebenen Pflichtverletzungen vorliegt, ist von einem Mindestschaden in Höhe des Mittelabflusses (§ 93 Abs. 3 Nr. 1 bis 3, 5 bis 9 AktG) bzw. der Mittelvorenthaltung (§ 93 Abs. 3 Nr. 4 AktG) auszugehen.[351] Somit ist das Vorstandsmitglied in diesen Fällen – anders als beim § 93 Abs. 2 AktG – auch darlegungs- und beweispflichtig dafür, dass der Aktiengesellschaft kein Schaden entstanden ist.[352] Dafür genügt aber nicht der Nachweis, dass der Gesellschaft bisher kein Schaden entstanden ist, vielmehr muss das Vorstandsmitglied zu seiner Entlastung vortragen, dass eine Schädigung der Gesellschaft nicht mehr möglich ist, weil die Gesellschaft den abgeflossenen oder vorenthaltenen Vermögenswert endgültig wiedererlangt hat.[353]

125

Soweit ein über die abgeflossenen bzw. vorenthaltenen Mittel hinausgehender Schadensersatz gefordert werden soll, tritt die allgemeine Beweislastregel ein, wonach die Gesellschaft, die das Vorstandsmitglied in Anspruch nimmt, den Beweis erbringen muss.[354] Auch in diesen Fällen bleibt die Anspruchsgrundlage § 93 Abs. 3 AktG.[355]

126

Eine gesonderte Verjährungsfrist läuft für jede nach § 93 Abs. 3 AktG pflichtwidrige Handlung.[356]

127

bb) Einzelfälle

Der Katalog des § 93 Abs. 3 AktG nennt folgende Einzelfälle, die hier kurz erläutert werden sollen:[357]

128

In Nr. 1 wird eine Schadensersatzpflicht der Vorstandsmitglieder für die Fälle der gesetzes-/verbotswidrigen **Einlagenrückgewähr** an die Aktionäre vorgesehen. Dazu gehören (offene oder verdeckte) Verstöße gegen § 57 Abs. 1 AktG, der jede Leistung der Gesellschaft verbietet, die wegen der Mitgliedschaft einzelner oder aller Aktionäre erbracht wird und nicht aus dem Bilanzgewinn erfolgt oder ausnahmsweise gesetzlich zugelassen ist.[358] Dabei ist nicht entscheidend, ob die zurückgewährten Mittel ursprünglich als Einlage im Sinne von § 54 AktG anzusehen waren.[359] Erfasst werden auch Umgehungsgeschäfte, z. B. Leistungen der Gesellschaft an Ehegatten oder Kinder des Aktionärs,[360] Leistungen eines Dritten an Aktionäre, wenn der Dritte für Rechnung der Gesellschaft leistet und somit das Gesellschaftsvermögen belastet[361] und Leistungen der Gesellschaft an Dritte, wenn diese dem Aktionär zuzurechnen sind.

129

---

350 Siehe Rdn. 105–123.
351 Hüffer/*Koch* § 93 Rn. 68; AnwK-AktR/*Schmidt* § 93 Rn. 123.
352 Schmidt/Lutter/*Krieger/Sailer-Coceani* § 93 Rn. 44; AnwK-AktR/*Schmidt* § 93 Rn. 123; MüKo AktG/*Spindler* § 93 Rn. 222; OLG Stuttgart NZG 2010, 141 (142 f.); *Ek*, S. 44.
353 Schmidt/Lutter/*Krieger/Sailer-Coceani* § 93 Rn. 44; MüKo AktG/*Spindler* § 93 Rn. 222; Spindler/Stilz/*Fleischer* § 93 Rn. 258; KöKo AktG/*Mertens/Cahn* § 93 Rn. 134; OLG Stuttgart NZG 2010, 141 (142) m. w. N. (bei Redaktionsschluss noch nicht rechtskräftig; BGH führt die Revision unter Aktenzeichen II ZR 289/09).
354 AnwK-AktR/*Schmidt* § 93 Rn. 124; MüKo AktG/*Spindler* § 93 Rn. 233; Hüffer/*Koch* § 93 Rn. 69; *Ek*, S. 44.
355 Hüffer/*Koch* § 93 Rn. 69; KöKo AktG/*Mertens/Cahn* § 93 Rn. 134.
356 OLG Stuttgart NZG 2010, 141 (146).
357 Vgl. Auflistungen, Erläuterungen und weitere Nachweise bei: Schmidt/Lutter/*Krieger/Sailer-Coceani* § 93 Rn. 45; AnwK-AktR/*Schmidt* § 93 Rn. 125; Hüffer/*Koch* § 93 Rn. 70 f.
358 RGZ 77, 11 (13); BGHZ 90, 381 (386); OLG Frankfurt/Main AG 1996, 324 (325); OLG Hamburg AG 1980, 275 (278); Hüffer/*Koch* § 57 Rn. 2.
359 *Ek*, S. 45.
360 Hüffer/*Koch* § 57 Rn. 19; KöKo AktG/*Drygala* § 57 Rn. 37; *Ek*, S. 45.
361 Hüffer/*Koch* § 57 Rn. 19; KöKo AktG/*Drygala* § 57 Rn. 38; *Ek*, S. 45.

130 Beispielsweise wird von der Rechtsprechung eine Vergabe eines nicht angemessen verzinsten und/oder nicht banküblich abgesicherten Darlehens an das herrschende Unternehmen als ein Verstoß gegen das Verbot der Einlagenrückgewähr angesehen, wenn im Zeitpunkt der Darlehensausreichung kein vollwertiger Rückzahlungsanspruch besteht.[362] Eine Pflichtverletzung im Sinne der Nr. 1 kann in den Fällen des sog. Cash Poolings gegeben sein, wenn in einem Cash-Management-System die Umlaufvermögen mehrerer beteiligter Unternehmen (regelmäßig konzernweit) zusammengeführt werden und Saldo Darlehen gegeben bzw. genommen werden.[363] Eine Verletzung des Zahlungsverbotes aus § 230 AktG für Beträge, die aus einer Auflösung von Kapital- oder Gewinnrücklagen bzw. aus einer Kapitalherabsetzung gewonnen wurden, wird ebenfalls von Nr. 1 erfasst (sog. vereinfachte Kapitalherabsetzung).[364]

131 Nr. 2 sieht eine Haftung für **gesetzeswidrige** (Verstoß gegen die §§ 57 Abs. 2 und 3, 58 Abs. 4, 233 AktG) **Zahlungen von Zinsen oder Gewinnanteilen** an Aktionäre vor. Zinsen im Sinne von § 57 Abs. 2 AktG sind dabei – unabhängig von der tatsächlichen Bezeichnung – alle wiederkehrenden, in ihrer Höhe bestimmten oder bestimmbaren Zahlungen auf die Einlage des Aktionärs, die ohne Rücksicht auf den Bilanzgewinn geleistet werden sollen.[365] Erfasst werden ebenfalls Dividendengarantien.[366] Nach § 57 Abs. 3 AktG muss bei einer über den Bilanzgewinn hinausgehenden Verteilung von Gesellschaftsvermögen eine förmliche Auflösung der Gesellschaft unter Einhaltung der in §§ 271, 272 AktG geregelten Gläubigerschutzregulatorien vorweg gehen.[367] Bei jeder Gewinnausschüttung ist § 233 AktG zu beachten, der in Abs. 1 die Ausschüttung an die Aktionäre davon abhängig macht, dass die gesetzliche Rücklage und die Kapitalrücklage zusammen 10 % des Grundkapitals erreicht haben und in Abs. 2 die Höhe des auszuschüttenden Gewinns bei vorangegangener Kapitalherabsetzung für die auf den Beschluss folgenden Jahre auf 4 % des Grundkapitals beschränkt.

132 Nach Nr. 3 besteht eine Schadensersatzpflicht, wenn es zu einer **gesetzwidrigen Zeichnung, Inpfandnahme oder Einziehung oder einem gesetzwidrigen Erwerb eigener Aktien** der Gesellschaft oder einer anderen abhängigen oder in Mehrheitsbesitz stehenden Gesellschaft kommt, mithin Verstöße gegen die §§ 56, 71 ff. und 237 ff. AktG vorliegen.[368]

133 Nr. 4 erfasst die **gesetzwidrige Aktienausgabe** vor der vollen Leistung des Ausgabebetrages, der sich als Maßgabe des § 9 AktG aus der Satzung ergibt. Damit sind Fälle des § 10 Abs. 2 AktG erfasst, bei denen Aktien vor der Leistung des Ausgabebetrages (und eines etwaig geschuldeten Agios) als Inhaberaktien ausgegeben werden und somit ein Schaden entsteht, der sich aus der Differenz von der tatsächlichen Einlageleistung und dem vollen Ausgabebetrag errechnet.[369] Ebenso soll auch die Leistung einer nach § 27 Abs. 2 AktG unzulässigen Sacheinlage behandelt werden.

134 Nr. 5 beinhaltet die **gesetzwidrige Verteilung des Gesellschaftsvermögens**, womit – teils in Überschneidung und Präzisierung zu Nr. 1 und 2 – Verstöße gegen die §§ 57 Abs. 3, 225 Abs. 2, 230, 233, 237 Abs. 2, 271 und 272 AktG erfasst sind.[370] Insbesondere bei Verstößen gegen §§ 61 und 225 Abs. 2 AktG kommt dem Tatbestand der Nr. 5 eine eigenständige Bedeutung zu.[371]

135 Nach Nr. 6 besteht eine Schadensersatzpflicht für **gesetzwidrige Zahlungen nach Insolvenzreife**, sofern nicht eine Rechtfertigungsklausel nach § 92 Abs. 2 AktG greift oder eine Antragspflicht aufgrund besonderer Vorschriften nicht besteht. Wird gegen das Zahlungsverbot des § 92 Abs. 2

---

[362] BGHZ 179, 71 (76).
[363] Ausführlich und m. w. N.: *Ek*, S. 108.
[364] MüKo AktG/*Spindler* § 93 Rn. 224; MüKo AktG/*Oechsler* § 230 Rn. 11, 13; *Ek*, S. 45.
[365] Hüffer/*Koch* § 57 Rn. 30; KöKo AktG/*Drygala* § 57 Rn. 129.
[366] Hüffer/*Koch* § 57 Rn. 30; KöKo AktG/*Drygala* § 57 Rn. 130.
[367] *Ek*, S. 46.
[368] Ausführlich: *Ek*, S. 47.
[369] Hüffer/*Koch* § 93 Rn. 70; *Ek*, S. 48.
[370] KöKo AktG/*Mertens/Cahn* § 93 Rn. 130; Hüffer/*Koch* § 93 Rn. 70; *Ek*, S. 48.
[371] *Ek*, S. 48.

AktG verstoßen, tritt jedoch bei der Gesellschaft in der Regel kein Schaden ein, da sie durch die erfolgten Zahlungen von ihren Verbindlichkeiten befreit worden ist.[372] Jedoch ist hier nicht auf den Schaden der Gesellschaft, sondern auf den Schaden der Gläubiger, der in Folge der Masseschmälerung eingetreten ist, abzustellen.[373] Wie oben dargestellt, wird dieser Schaden im Rahmen des § 93 Abs. 3 AktG vermutet. § 92 Abs. 2 S. 2 AktG umfasst keine Zahlungen, die mit der Sorgfalt eines ordentlichen und gewissenhaften Geschäftsleiters vereinbar sind. Dies sind regelmäßig masseneutrale oder zur Abwendung der Insolvenz innerhalb der Insolvenzantragsfrist des § 15a Abs. 1 S. 1 InsO erfolgte Zahlungen.[374] Nach Ansicht des BGH fallen auch eine Zahlung des Arbeitnehmeranteils zur Sozialversicherung und die Zahlung von Steuern wegen der drohenden Strafverfolgung des Vorstandes zu der Sorgfalt eines ordentlichen und gewissenhaften Geschäftsleiters.[375] Der Begriff der Überschuldung ist in § 19 Abs. 2 InsO geregelt. Aufgrund der Banken- und Finanzmarktkrise kehrte der Gesetzgeber durch das Finanzmarktstabilisierungsgesetz vom 17.10.2008 zunächst vorübergehend,[376] nunmehr jedoch entfristet[377] zur zweistufigen modifizierten Überschuldungsprüfung zurück.[378] Zuvor lag eine Überschuldung schon dann vor, wenn das Vermögen des Schuldners die bestehenden Verbindlichkeiten nicht mehr deckt. Nunmehr liegt eine Überschuldung erst dann vor, wenn zudem eine negative Fortführungsprognose gegeben ist.[379] Der sachliche und zeitliche Umfang des Zahlungsverbots ist strittig. Nach dem Wortlaut bezieht sich das Verbot nur auf »Zahlungen«. Nach aktueller Rechtsprechung sind jedoch nicht nur Geldzahlungen, sondern auch sonstige Leistungen – wie z. B. Scheckeinreichungen auf ein debitorisches Konto der Gesellschaft umfasst.[380] Der BGH nimmt das Zahlungsverbot bereits ab Eintritt der Insolvenzreife an.[381]

Nr. 7 erfasst **gesetzwidrige Vergütungszahlungen an Aufsichtsratsmitglieder.** Dies betrifft Verstöße gegen §§ 113, 114 AktG, also Leistungen, die aufgrund nicht genehmigter oder nicht genehmigungsfähiger Verträge mit Aufsichtsratsmitgliedern erfolgen. In der Praxis sind dies zumeist Beraterverträge.[382] Detailfragen sind umstritten.[383] So gilt das Verbot des § 114 AktG nicht nur für die unmittelbar mit dem Aufsichtsratsmitglied geschlossenen Verträge, sondern auch für Verträge mit Gesellschaftern, die dem Umfeld des Aufsichtsratsmitglieds zuzuordnen sind, was die Frage nach der Ausgestaltung der Zuordnung aufwirft. Der BGH hält den Anwendungsbereich der §§ 113, 114 AktG immer schon dann für eröffnet, wenn dem Aufsichtsratsmitglied mittelbar eine Zuwendung zukommt, die nicht geringfügig oder von vernachlässigenswertem Umfang ist.[384] Das OLG Frankfurt entschied kürzlich, dass Vorstandsmitglieder nach § 93 Abs. 3 Nr. 7 AktG haften, wenn Zahlungen auf erbrachte Beratungsleistungen des Aufsichtsratsmitglieds erfolgen, bevor der Gesamtaufsichtsrat die zugrunde liegenden Beratungsverträge genehmigt hat.[385] Auch wenn die Ge- 136

---

372 GroßKomm AktG/*Habersack* § 92 Rn. 96.
373 Hüffer/*Koch* § 92 Rn. 32; *Ek,* S. 49.
374 KöKo AktG/*Mertens/Cahn* § 92 Rn. 59; *Ek,* S. 50.
375 BGH NJW 2007, 2118; *Ek,* S. 50.
376 Im Rahmen des Finanzmarktstabilisierungsgesetzes vom 17.10.2008 (BGBl I, S. 1982) für den Zeitraum befristet bis zum 31.12.2010, durch das Gesetz zur Erleichterung der Sanierung von Unternehmen vom 24.9.2009 (BGBl I, S. 3151) verlängert bis zum 31.12.2013.
377 Entfristet durch das Gesetz zur Einführung einer Rechtsbehelfsbelehrung im Zivilprozess und zur Änderung anderer Vorschriften vom 05.12.2012 (BGBl I, S. 2418).
378 Braun/*Bußhardt* § 19 Rn. 3; Andres/*Leithaus* § 19 Rn. 1.
379 Hüffer/*Koch* § 92 Rn. 16.
380 BGHZ 143, 184 (186); BGH NJW 2001 304 (305); OLG Jena NZG 2002, 1116 (1117); KöKo AktG/*Mertens/Cahn* § 92 Rn. 59.
381 Zur bislang zerstrittenen Literatur siehe: Spindler/Stilz/*Fleischer* § 92 Rn. 59 m. w. N.
382 *Ek,* S. 54.
383 Neben den hier genannten Streitpunkten, vergleiche *Ek,* S. 55–56: Abgrenzung zwischen zulässiger und unzulässiger Tätigkeit; Bestimmtheitserfordernis der Vergütungsregelung; Beschlussfassung bei mit drei Personen besetzten Aufsichtsräten.
384 BGH NJW 2007, 298.
385 OLG Frankfurt NJW 2011, 1231 (1232) – Fresenius SE.

nehmigung nachträglich erfolgt, könne die Rückwirkungsfiktion des § 184 Abs. 1 BGB nichts daran ändern, dass die Zahlungen pflichtwidrig geleistet wurden.[386] Der BGH stimmte dem OLG Frankfurt – entgegen der wohl herrschenden Ansicht in der Literatur – in diesem Punkt zu. Die nachträgliche Genehmigung schaffe zwar einen Rechtsgrund für die Vergütungszahlung, ändere jedoch nichts an der Regelwidrigkeit des Verhaltens.[387] Allerdings hob der Senat das Urteil auf, da die Hauptversammlung den Vorstand wirksam entlastet habe. Die Entlastungsbeschlüsse seien mangels schwerwiegender Gesetzes- oder Satzungsverstoßes nicht anfechtbar.[388]

137 In Nr. 8 wird auf die **gesetzwidrige Gewährung von Krediten** Bezug genommen. Dies sind unzulässige Kreditgewährungen unter Verstoß gegen die §§ 89, 115 AktG an Vorstandsmitglieder, leitende Angestellte und Aufsichtsratsmitglieder. Der Kreditgewährung sind Stundungen, die Bereitstellung von Sicherheiten sowie die Gestattung von Entnahmen durch Vorstandsmitglieder gleichgestellt.[389] Erfasst werden auch Umgehungstatbestände, wie z. B. die Kreditvergabe an Ehepartner eines Vorstandsmitgliedes. Die ohne entsprechenden und konkreten Aufsichtsratsbeschluss gewährten Kredite sind als Schaden anzusehen, wenn sie entgegen der §§ 89 Abs. 5, 115 Abs. 4 AktG nicht oder nicht sofort zurückgewährt werden.

138 Nr. 9 sieht schließlich eine Haftung für die **gesetzwidrige Ausgabe von Bezugsaktien** bei der bedingten Kapitalerhöhung außerhalb des festgesetzten Zwecks oder vor der vollen Leistung des Gegenwerts vor und bezieht sich damit auf Verstöße gegen § 199 AktG.

2. Haftung der Vorstandmitglieder gegenüber der Gesellschaft nach weiteren Haftungsnormen

139 Die Haftung eines Vorstandsmitgliedes gegenüber der Gesellschaft kommt auch auf Grund weiterer Haftungsnormen in Betracht.

a) Haftung gem. § 117 AktG

140 Gemäß § 117 Abs. 1 S. 1 AktG ist jeder, also auch ein Vorstandsmitglied, der Gesellschaft zum Schadensersatz verpflichtet, der vorsätzlich unter Benutzung seines Einflusses auf die Gesellschaft ein Mitglied des Vorstandes oder des Aufsichtsrates, einen Prokuristen oder einen Handlungsbevollmächtigten dazu bestimmt, zum Schaden der Gesellschaft oder ihrer Aktionäre zu handeln (siehe § 6 Rdn. 381–405). Die Vorstandsmitglieder (und die Aufsichtsratsmitglieder)[390] haften zudem gesamtschuldnerisch neben demjenigen, den die Haftung aus § 117 Abs. 1 S. 1 AktG trifft, wenn sie unter Verletzung ihrer Pflichten gehandelt haben, § 117 Abs. 2 S. 1 AktG. Weil neben den Tatbestandsvoraussetzungen der § 117 Abs. 1 S. 1 und Abs. 2 S. 1 AktG immer auch die Voraussetzungen des § 93 Abs. 2 AktG erfüllt sind (bei einer nachteiligen Einflussnahme handelt das Vorstandsmitglied stets pflichtwidrig), kommt dem § 117 AktG im Hinblick auf einen Schadensersatzanspruch der Gesellschaft gegen den Vorstand keine eigenständige Bedeutung zu.[391] Wichtig ist aber § 117 Abs. 1 S. 2 AktG, der einen Schadensersatzanspruch der Aktionäre gegen das Vorstandsmitglied begründet, wenn sie einen ersatzfähigen Schaden erlitten haben.[392]

---

386 OLG Frankfurt NJW 2011, 1231 (1233) – Fresenius SE.
387 BGHZ 194, 14 (21) – Fresenius.
388 BGHZ 194, 14 (22) – Fresenius.
389 Hüffer/*Koch* § 89 Rn. 2; KöKo AktG/*Mertens/Cahn* § 89 Rn. 13.
390 Siehe zur Haftung der Aufsichtsratsmitglieder gem. § 117 Abs. 2 S. 1 AktG Rdn. 264.
391 Wellhöfer/Peltzer/Müller/*Wellhöfer* § 2 Rn. 6; *Ek*, S. 95.
392 Hüffer/*Koch* § 117 Rn. 9; Wellhöfer/Peltzer/Müller/*Wellhöfer* § 2 Rn. 6; *Ek*, S. 95; zur Haftung eines Vorstandsmitgliedes gegenüber den Aktionären aus § 117 Abs. 1 S. 2 AktG siehe Rdn. 162.

B. Vorstand als Beklagter § 9

141 Neben § 117 AktG ist § 826 BGB anwendbar.[393] Bei Bestehen eines Beherrschungsvertrags und unzulässiger Ausübung von Leitungsmacht kann idealkonkurrierend neben der Haftung nach §§ 309, 310 AktG auf § 117 AktG zurückgegriffen werden.[394] Hingegen wird nach herrschender Meinung § 117 AktG von § 311 AktG verdrängt, außer es erfolgt eine Nachteilszufügung ohne angemessenen Ausgleich (vgl. § 311 Abs. 2 AktG), so dass neben § 317 AktG auch § 117 AktG anwendbar bleibt.[395]

b) Haftung im Konzern, §§ 309 Abs. 2, 310 Abs. 1, 318 Abs. 1, 323 Abs. 1 AktG

142 Im Konzern, also bei der Zusammenfassung von einem oder mehreren abhängigen Unternehmen unter der einheitlichen Leitung des herrschenden Unternehmens, § 18 Abs. 1 S. 1 AktG, ergeben sich für die Vorstandsmitglieder zusätzliche Pflichten, die sich in den §§ 291 ff. AktG bzw. §§ 311 ff. AktG finden lassen. Grundsätzlich muss dabei einerseits zwischen Konzernverhältnissen mit und ohne Beherrschungsvertrag, andererseits den Pflichten der Organmitglieder des beherrschten bzw. des herrschenden Unternehmens unterschieden werden.[396]

aa) Pflichten der Vorstandsmitglieder im Vertragskonzern

143 Ein Vertragskonzern liegt bei einem Beherrschungsvertrag im Sinne der Legaldefinition des § 291 Abs. 1 AktG vor, wenn also ein Vertrag besteht, durch den eine Aktiengesellschaft oder eine Kommanditgesellschaft auf Aktien die Leitung ihrer Gesellschaft einem anderen Unternehmen unterstellt.[397]

144 Das **Vorstandsmitglied des herrschenden Unternehmens** trifft die allgemeine Sorgfaltspflicht aus §§ 76, 93 AktG gegenüber dem herrschenden Unternehmen, die nach h. M. konzernweit zu verstehen ist.[398] Gegenüber der beherrschten Gesellschaft ergibt sich die Sorgfaltspflicht des Vorstandsmitgliedes des herrschenden Unternehmens aus § 309 Abs. 1 AktG, der dem § 93 AktG weitgehend nachgebildet ist und entsprechend die Sorgfalt eines ordentlichen und gewissenhaften Geschäftsleiters fordert. Bei Pflichtverletzungen haftet es gem. § 309 Abs. 2 S. 1 AktG. Eine für die beherrschte Gesellschaft nachteilige Weisung ist in § 308 Abs. 1 S. 2 AktG ausdrücklich zugelassen und stellt an sich keine Sorgfaltspflichtverletzung dar, solange Konzerninteressen verfolgt werden und die Überlebensfähigkeit der abhängigen Gesellschaft gewährleistet ist.[399]

145 Für das **Vorstandsmitglied eines beherrschten Unternehmens** kommt es zu einem Interessenkonflikt, da es einerseits gem. §§ 76, 93 AktG im besten Interesse seiner Gesellschaft zu handeln hat, andererseits gem. § 308 Abs. 2 AktG verpflichtet ist, den Weisungen des herrschenden Unternehmens zu folgen. Da nur rechtmäßige Weisungen auszuführen sind, muss das Vorstandsmitglied die Weisungen des herrschenden Unternehmens auf ihre Rechtmäßigkeit überprüfen. Tut er das nicht, verletzt er seine Sorgfaltspflicht.[400] Die sich daraus ergebende Haftung des Vorstandsmitgliedes gem. § 310 Abs. 1 S. 1 AktG steht konkurrierend neben der Haftung aus § 93 AktG und findet ihre eigenständige Bedeutung in der Normierung der Gesamtschuldnerschaft der Organmitglieder der herrschenden und der beherrschten Gesellschaft.[401]

---

[393] Hüffer/*Koch* § 117 Rn. 14.
[394] Wellhöfer/Peltzer/Müller/*Wellhöfer* § 2 Rn. 26.
[395] Hüffer/*Koch* § 117 Rn. 14.
[396] *Ek*, S. 100.
[397] Hüffer/*Koch* § 18 Rn. 3; *Ek*, S. 100.
[398] *Ek* S. 100–104.
[399] Hüffer/*Koch* § 308 Rn. 21 f.; *Ek*, S. 103; Wellhöfer/Peltzer/Müller/*Wellhöfer* § 4 Rn. 386.
[400] Hüffer/*Koch* § 310 Rn. 3; *Ek*, S. 103; Wellhöfer/Peltzer/Müller/*Wellhöfer* § 4 Rn. 391.
[401] Hüffer/*Koch* § 310 Rn. 1; *Ek*, S. 104; Wellhöfer/Peltzer/Müller/*Wellhöfer* § 4 Rn. 410.

bb) Pflichten der Vorstandsmitglieder im faktischen Konzern

146 Ein faktischer Konzern ist gegeben, wenn zwischen dem herrschenden Unternehmen und der abhängigen Gesellschaft zwar kein Beherrschungsvertrag abgeschlossen wurde, aber ein Abhängigkeitsverhältnis im Sinne der §§ 17, 18 AktG besteht.[402]

147 Das **Vorstandsmitglied eines herrschenden Unternehmens** hat die Leitungsverantwortung ausschließlich an dem Interesse des eigenen Unternehmens zu orientieren, da nach h. M. bei einem bloß faktischen Konzern keine Konzernleitungsmacht bzw. -pflicht des herrschenden Unternehmens gegenüber der abhängigen Gesellschaft besteht, sondern vielmehr der Vorstand der abhängigen Gesellschaft die Geschäfte der Gesellschaft in eigener Verantwortung führt.[403] Veranlasst das herrschende Unternehmen die abhängige Gesellschaft zu einem nachteiligen Rechtsgeschäft, muss dafür ein Ausgleich gewährt werden, vgl. § 311 Abs. 1 AktG. Erfolgt kein Nachteilsausgleich, so ist das herrschende Unternehmen zum Ersatz des daraus entstehenden Schadens verpflichtet, § 317 Abs. 1 AktG. Diese Ersatzpflicht kann die abhängige Gesellschaft gegen das Vorstandsmitglied der herrschenden Gesellschaft durchsetzen, das gesamtschuldnerisch neben dem herrschenden Unternehmen haftet, § 317 Abs. 3 AktG.

148 Das **Vorstandsmitglied des beherrschten Unternehmens** haftet gem. § 93 AktG im Falle der Befolgung einer nicht zulässigen Weisung des herrschenden Unternehmens.[404] Dabei ist nicht jede nachteilige Weisung als unzulässig anzusehen, sondern nur solche, bei denen das herrschende Unternehmen nicht zum Ausgleich des Nachteils bereit oder in der Lage ist.[405] Zudem haften die Vorstandsmitglieder der beherrschten Gesellschaft dieser gem. § 318 Abs. 1 AktG.

c) Haftung nach §§ 46, 48 AktG

149 Kommt es bei der Gründung der Gesellschaft zu Pflichtverletzungen, haften die bei der Gründung mitwirkenden Vorstandsmitglieder nach §§ 46, 48 AktG.[406]

d) Haftung gem. § 25 UmwG

150 Wenn eine Aktiengesellschaft bei einer Verschmelzung übertragender Rechtsträger ist, haften die Vorstandsmitglieder der Gesellschaft für alle Schäden, die dieser im Rahmen der Verschmelzung entstehen, § 25 Abs. 1 S. 1 UmwG. In Anlehnung an § 93 Abs. 2 S. 2 AktG liegt die Darlegungs- und Beweislast bzgl. des pflichtgemäßen Handelns oder eines fehlenden Verschuldens gem. § 25 Abs. 1 S. 2 UmwG bei dem Vorstandsmitglied.[407] Die Geltendmachung des Anspruchs obliegt einem gerichtlich bestimmten besonderen Vertreter, § 26 Abs. 1 S. 1 und S. 2 AktG.

e) Verjährung

151 Für die soeben dargestellten Ansprüche gelten grundsätzlich die allgemeinen Verjährungsregeln der §§ 194 ff. BGB. Abweichend davon findet sich die Sonderregelung einer fünfjährigen Verjährungsfrist für die konzernrechtlichen Ansprüche in § 309 Abs. 5 AktG (ggf. i. V. m. §§ 310 Abs. 4, 318 Abs. 4 AktG).

---

402 *Ek*, S. 104.
403 Hüffer/*Koch* § 311 Rn. 5, 48; ders. § 76 Rn. 47 f.; *Ek*, S. 104; Wellhöfer/Peltzer/Müller/*Wellhöfer* § 4 Rn. 411; *Fleischer* DB 2005, 759 (761 f.).
404 *Ek*, S. 106.
405 *Ek*, S. 107.
406 Ausführlich hierzu § 4 Rdn. 177–187.
407 Wellhöfer/Peltzer/Müller/*Wellhöfer* § 2 Rn. 8.

II. Sonstige Klagen der Gesellschaft gegen den Vorstand

1. Unterlassungsansprüche

Bei rechtswidrigen Handlungen des Vorstandes können der Gesellschaft neben Schadensersatzansprüchen auch Ansprüche auf Unterlassen zustehen.[408] Der Unterlassungsanspruch setzt kein Verschulden voraus.[409] Zur Geltendmachung ist auch hier vorrangig der Aufsichtsrat berufen, § 112 S. 1 AktG, der den Anspruch im Wege der **Leistungsklage** durchsetzen kann.[410] Dem einzelnen Aufsichtsratsmitglied fehlt indes die Prozessführungsbefugnis.[411] Die Abwehr zukünftiger Beeinträchtigungen ist unter den zusätzlichen Voraussetzungen des § 259 ZPO im Wege der **vorbeugenden Unterlassungsklage** möglich.[412] In tatsächlicher Hinsicht muss zumindest nachgewiesen werden, dass eine Maßnahme ernsthaft droht und sich nicht nur im Diskussionsstadium befindet.[413] Sachlich ist, sofern vorhanden und von den Parteien beantragt, die Kammer für Handelssachen am Landgericht zuständig, §§ 94, 95 Abs. 1 Nr. 4 lit. a, 96, 98 Abs. 1 GVG. Örtlich zuständig ist das Gericht am Wohnort des Vorstandes, §§ 12, 13 ZPO oder am Erfüllungsort, dem Sitz der Gesellschaft, §§ 12, 29 ZPO.[414]

152

Besonders relevant werden Unterlassungsansprüche
- bei Verstößen gegen ein Wettbewerbsverbot i. S. v. § 88 AktG,[415]
- bei unautorisierten Konzernbildungsmaßnahmen,[416]
- bei Veräußerung einer wesentlichen Unternehmensbeteiligung[417] oder sonstigen schwerwiegenden Eingriffen in die Unternehmensstruktur unter Anwendung der »Holzmüller«-Grundsätze,[418]
- bei Vornahme von nachteiligen Geschäften i. S. v. §§ 311, 317 AktG,[419]
- bei der Durchsetzung von Zustimmungsvorbehalten i. S. v. § 111 Abs. 4 S. 2 AktG,[420]
- bei sonstigen gesetzlich oder satzungsmäßig konkret ausformulierten Verhaltenspflichten.[421]

153

Unzulässig sind Unterlassungsklagen hingegen
- bei Abwehrmaßnahmen des Vorstandes gegen feindliche Übernahmen,[422]
- bei bevorstehenden rechtswidrigen Hauptversammlungsbeschlüssen, da ein Unterlassungsanspruch zu einer Umgehung der besonderen Voraussetzungen der Anfechtungsklage führen würde,[423]
- bei allen übrigen Maßnahmen der Geschäftsführung, da andernfalls in das Kompetenzgefüge der Aktiengesellschaft eingegriffen würde.[424]

154

---

408 BGHZ 136, 133 (141).
409 MüKo AktG/*Spindler* § 88 Rn. 29; Spindler/Stilz/*Fleischer* § 88 Rn. 33.
410 MüKo AktG/*Spindler* § 88 Rn. 29.
411 OLG Stuttgart NZG 2007, 549; offengelassen von BGH, Beschl. v. 25.06.2008, II ZR 141/07.
412 Schmidt/Lutter/*Seibt* § 88 Rn. 11.
413 MAH AktR/*Tretter* § 41 Rn. 34.
414 Vgl. Rdn. 61.
415 MüKo AktG/*Spindler* § 88 Rn. 29.
416 MüKo AktG/*Kubis* § 119 Rn. 103.
417 LG Duisburg NZG 2002, 643.
418 BGHZ 106, 54 (64); AnwK-AktR/*Glade* WpÜG § 33 Rn. 25; MAH AktR/*Tretter* § 41 Rn. 16; *Krieger* ZHR 163 (1999), 342 (354 f.).
419 MüKo AktG/*Altmeppen* § 317 Rn. 48.
420 Fleischer/*Pentz* § 17 Rn. 173; *Stodolkowitz* ZHR 154 (1990), 1 (10).
421 *Stodolkowitz* ZHR 154 (1990), 1 (11).
422 LG Düsseldorf WM 2000, 528 (529 f.).
423 MAH AktR/*Tretter* § 41 Rn. 6.
424 OLG Hamburg ZIP 1980, 1000 (1002, 1003); *Krieger* ZHR 163 (1999), 342 (353 f.); MAH AktR/*Tretter* § 41 Rn. 9.

2. Klagen zur Durchsetzung der Rechte aus § 83 AktG

155 Ist zweifelhaft, ob eine Pflicht des Vorstandes zur Vorbereitung oder Ausführung der Maßnahme der Hauptversammlung besteht, kann eine **Feststellungsklage** erhoben werden.[425] Die Ausführungspflicht des Vorstandes besteht nämlich nur, wenn die Hauptversammlung im Rahmen ihrer Zuständigkeit »gesetzmäßig« entschieden hat, da nur in diesem Fall das Haftungsprivileg des § 93 Abs. 4 S. 1 AktG greift.[426] Der Anspruch ergibt sich dabei unmittelbar aus dem Hauptversammlungsbeschluss und kann nur durch die Gesellschaft, vertreten durch den Aufsichtsrat (§ 112 S. 1 AktG), geltend gemacht werden.[427] Ein Feststellungsinteresse i. S. v. § 256 Abs. 1 ZPO besteht dabei aufgrund der Unsicherheit, ob der Beschluss »gesetzmäßig« erfolgt ist.

156 Die h. M. geht darüber hinaus davon aus, dass auch eine **Erfüllungsklage** auf Vorbereitung oder Ausführung des Hauptversammlungsbeschlusses statthaft ist.[428] Die Gegenansicht verweist darauf, dass es sich letztendlich um einen ihrer Ansicht nach nicht zulässigen Interorganstreit[429] zwischen Hauptversammlung und Vorstand handelt und befürwortet stattdessen einen auf Erfüllung gerichteten Individualanspruch der Aktionäre wegen der Verletzung ihrer Mitgliedschaftsrechte.[430]

157 In jedem Fall besteht ein Schadensersatzanspruch gegen die Vorstandsmitglieder aus § 93 Abs. 2 S. 1 AktG (Rdn. 78). Zudem liegt in der Verletzung der Ausführungspflicht ein wichtiger Grund für die Abberufung des Vorstandsmitglieds (Rdn. 21–26) und für die Kündigung seines Anstellungsvertrages (Rdn. 48–52).

3. Sonstige Ansprüche

158 Nach ganz h. M. ist eine Leistungsklage gegen die Vorstandsmitglieder als notwendige Streitgenossen auf Erfüllung der **Berichtspflicht** aus § 90 AktG zu erheben.[431] Andere sind der Ansicht, dass nur der Aufsichtsrat Klage erheben statthaft ist.[432] Daneben ist das Verfahren auf Zwangsgeld nach § 407 Abs. 1 AktG möglich, ebenso eine Schadensersatzklage nach § 93 Abs. 2 AktG.[433] In der Verletzung der Berichtspflicht kann auch ein wichtiger Grund für die Abberufung des Vorstandsmitgliedes gem. § 84 Abs. 3 AktG (Rdn. 21–26) und für die außerordentliche Kündigung des Anstellungsvertrages (Rdn. 48–52) liegen.[434]

159 Ob die durch den Aufsichtsrat vertretene Gesellschaft über die vorgenannten Fallgruppen hinaus bestimmte Maßnahmen der Geschäftsführung erzwingen kann, ist strittig. Teilweise werden Ansprüche der Gesellschaft angenommen, sofern das Gesetz **konkrete Handlungspflichten** des Vorstandes statuiert, beispielsweise für die Vorlage des Jahresabschlusses, § 170 Abs. 1 AktG, und des Konzernberichts § 314 Abs. 1 AktG.[435] Nach dieser Ansicht könne eine Verpflichtung des Vorstandes unmittelbar aus dem Anstellungsverhältnis bzw. aufgrund der Organbestellung angenommen werden.[436] Die überwiegende Auffassung lehnt dahingehende Erfüllungsansprüche jedoch unter Hinweis auf

---

425 MüKo AktG/*Spindler* § 83 Rn. 26.
426 KöKo AktG/*Mertens/Cahn* § 83 Rn. 9; MüKo AktG/*Spindler* § 83 Rn. 18; vgl. hierzu schon Rdn. 113.
427 MüKo AktG/*Spindler* § 83 Rn. 26.
428 MüKo AktG/*Spindler* § 83 Rn. 27; AnwK-AktR/*Oltmanns* § 83 Rn. 6; Schmidt/Lutter/*Seibt* § 83 Rn. 13; MünchHdb GesR IV/*Wiesner* § 25 Rn. 81.
429 Vgl. hierzu § 3 Rdn. 13.
430 Hüffer/*Koch* § 83 Rn. 6; KöKo AktG/*Mertens/Cahn* § 83 Rn. 12.
431 Hüffer/*Koch* § 90 Rn. 15; Schmidt/Lutter/*Krieger/Sailer-Coceani* § 90 Rn. 70; MüKo AktG/*Spindler* § 90 Rn. 61; AnwK-AktR/*Oltmanns* § 90 Rn. 24; Fleischer/*Pentz* § 16 Rn. 170.
432 GroßKomm AktG/*Kort* § 90 Rn. 183. Vgl. zur Klage durch den Aufsichtsrat Rdn. 236.
433 Spindler/Stilz/*Fleischer* § 90 Rn. 63; AnwK-AktR/*Oltmans* § 90 Rn. 26; Zur Haftung nach § 93 Abs. 2 AktG siehe oben Rdn. 83.
434 Spindler/Stilz/*Fleischer* § 90 Rn. 66; GroßKomm AktG/*Kort* § 90 Rn. 188.
435 *Stodolkowitz* ZHR 154 (1990), 1 (10 f.).
436 *Stodolkowitz* ZHR 154 (1990), 1 (4 f.).

die Möglichkeit des Zwangsgeldverfahrens nach § 407 Abs. 1 AktG ab.[437] Sonstige Maßnahmen der Geschäftsführung können nicht unmittelbar erzwungen werden.

III. Schadensersatzklage der Aktionäre gegen die Vorstandsmitglieder

1. Allgemeines

In dem Dreiecksverhältnis zwischen Vorstand, Gesellschaft und Aktionären herrschen grundsätzlich folgende Haftungskonstellationen: Kommt es aufgrund einer Pflichtverletzung des Vorstandes zu einem Schaden der Gesellschaft, haftet der Vorstand gem. § 93 Abs. 2 AktG (**Innenhaftung**).[438] Fügt der Vorstand im Rahmen seiner Tätigkeit für die Gesellschaft jedoch einem Dritten (Aktionär oder Gesellschaftsgläubiger) einen Schaden zu, haftet grundsätzlich nur die Gesellschaft und nicht das Vorstandsmitglied persönlich, wenn die Voraussetzungen des § 31 BGB gegeben sind und folglich das Handeln des Vorstandsmitgliedes der Gesellschaft zugerechnet wird.[439] Das Vorstandsmitglied haftet dann der Gesellschaft gegenüber gem. § 93 Abs. 2 AktG. Dies spiegelt den im Kapitalgesellschaftsrecht vorherrschenden **Grundsatz der Haftungskonzentration** wider.[440] Den Aktionären steht allerdings zum einen die Möglichkeit zu, nach Maßgabe des § 147 AktG die Geltendmachung des Schadensersatzanspruches durch einfachen Mehrheitsbeschluss in der Hauptversammlung zu erzwingen (Rdn. 65) und zum anderen die Möglichkeit nach Durchführung eines Klagezulassungsverfahrens gem. § 148 AktG im eigenen Namen den Anspruch der Gesellschaft für diese geltend zu machen (Rdn. 67–69).

160

Eine **Außenhaftung**, also eine direkte Haftung des Vorstandes gegenüber Dritten (Aktionär oder Gesellschaftsgläubiger) kommt nur in eng begrenzten Ausnahmefällen in Betracht.[441] In zunehmendem Maße werden jedoch zusätzliche Haftungsgrundlagen durch den Gesetzgeber geschaffen[442] und eine Außenhaftung durch die Gerichte bejaht.[443] Im AktG finden sich Anspruchsgrundlagen im § 117 Abs. 1 S. 2 AktG für die Fälle der vorsätzlichen, schädigenden Einflussnahme auf die Gesellschaft und im § 317 Abs. 1 S. 2 AktG für die konzernrechtliche Haftung. Einen konzernrechtlichen Anspruch der Gesellschaft kann der Aktionär in eigenem Namen (jedoch mit Leistung an die Gesellschaft) geltend machen, § 309 Abs. 4 S. 1, S. 2 AktG (ggf. i. V. m. §§ 310 Abs. 4, 317 Abs. 4, 318 Abs. 4 AktG). Diesen spezialgesetzlichen Regelungen kommt allerdings neben dem der Gesellschaft zustehenden Anspruch aus § 93 Abs. 2 AktG oder einem entsprechenden Vorgehen der Aktionäre gem. §§ 147, 148 AktG in der Praxis kaum eine Bedeutung zu.[444] Wichtiger ist die deliktsrechtliche, ggf. auch die vertragliche oder vertragsähnliche Haftung. Ansprüche können sich auch aus dem UmwG, dem WpPG und dem WpHG ergeben. Häufig decken sich der Schaden des Aktionärs und der Schaden der Gesellschaft, weil durch die Minderung des Gesellschaftsvermögens der Wert der Aktien sinkt.[445] Dies wird als **Doppelschaden**, manchmal auch als Reflexschaden oder mittelbarer Schaden bezeichnet. In diesen Fällen kann nach der Rechtsprechung bezüglich der sich überschneidenden Ersatzforderungen nur eine Schadensersatzleistung an die Gesellschaft gefordert werden.[446] Eine Leistung an sich selbst kann der Aktionär nur dann verlangen, wenn er einen darüber

161

---

437 AnwK-AktR/*Steiner* § 170 Rn. 23; MüKo AktG/*Kopff* § 170 Rn. 36.
438 Ausführlich zur Haftung nach § 93 Abs. 2 AktG Rdn. 57–138.
439 BGH NJW 2003, 2984; Palandt/*Ellenberger* § 31 Rn. 2; Wellhöfer/Peltzer/Müller/*Müller* § 1 Rn. 35.
440 Wellhöfer/Peltzer/Müller/*Wellhöfer* § 1 Rn. 35.
441 Fleischer/*Fleischer* § 11 Rn. 1 m. w. N.
442 Wellhöfer/Peltzer/Müller/*Müller* § 1 Rn. 36; MüKo AktG/*Spindler* § 93 Rn. 3.
443 BGHZ 109, 297 (303–305) (GmbH-Geschäftsführer); Spindler/Stilz/*Fleischer* § 93 Rn. 308.
444 Krieger/Schneider/*Krieger* § 3 Rn. 3.
445 MüKo AktG/*Spindler* § 93 Rn. 298.
446 BGH NJW 1985, 1900 (hinsichtlich der AG); 1987, 1077 (1080); 1988, 413 (415); BGHZ 129, 136 (165); BGH NZG 2003, 85.

hinausgehenden Schaden erlitten hat.[447] Dem entsprechen auch die Regelungen der §§ 117 Abs. 1 S. 2, 317 Abs. 1 S. 2 AktG.[448]

2. Haftung gem. § 117 Abs. 1 S. 2 AktG

162 Gemäß § 117 Abs. 1 S. 1 AktG haften Vorstandsmitglieder, die vorsätzlich unter Benutzung ihres Einflusses auf die Gesellschaft ein Vorstands- oder Aufsichtsratsmitglied, einen Prokuristen oder einen Handlungsbevollmächtigten dazu bestimmen, zum Schaden der Gesellschaft zu handeln, nur der Gesellschaft gegenüber. Gleiches gilt für die Vorstandsmitglieder, die bei Verletzung ihrer Pflichten gem. § 117 Abs. 2 S. 1 AktG als Gesamtschuldner neben einem Dritten haften, der die Voraussetzungen des § 117 Abs. 1 S. 1 AktG erfüllt.[449] Haben aber die Aktionäre selbst – also über den ihnen mittelbar durch die Schädigung der Gesellschaft hinausgehenden Schaden – einen ersatzfähigen Schaden erlitten, haftet das Vorstandsmitglied ihnen aus der jeweiligen Norm i. V. m. § 117 Abs. 1 S. 2 AktG.[450]

3. Außenhaftung im Konzern[451]

a) Haftung im Vertragskonzern

163 Steht der abhängigen Gesellschaft im Vertragskonzern ein Schadensersatzanspruch gegen ein Vorstandsmitglied der herrschenden Gesellschaft wegen einer sorgfaltspflichtwidrigen Weisung zu, so kann neben der abhängigen Gesellschaft jeder ihrer Aktionäre diesen Anspruch geltend machen, indem er Leistung an die Gesellschaft fordert, § 309 Abs. 2 i. V. m. Abs. 4 S. 1, S. 2 AktG.[452] Wegen des Verweises in § 310 Abs. 4 AktG auf § 309 Abs. 4 S. 1, S. 2 AktG können die Aktionäre auch ihre eigenen Vorstandsmitglieder auf Zahlung an die Gesellschaft in Anspruch nehmen, wenn diese eine sorgfaltspflichtwidrige Weisung pflichtwidrig umgesetzt haben.[453]

b) Haftung im faktischen Konzern

164 Steht der abhängigen Gesellschaft im faktischen Konzern ein Schadensersatzanspruch gegen ein Vorstandsmitglied der herrschenden Gesellschaft auf Grund eines nicht ausgeglichenen nachteiligen Rechtsgeschäfts oder einer entsprechenden Maßnahme zu, so kann neben der abhängigen Gesellschaft jeder ihrer Aktionäre diesen Anspruch geltend machen, indem er Leistung an die Gesellschaft fordert, §§ 317 Abs. 1 S. 1, Abs. 3, Abs. 4 i. V. m. 309 Abs. 4 S. 1, S. 2 AktG.[454] Ist der Aktionär über den ihm durch die Schädigung der abhängigen Gesellschaft entstandenen Schaden zusätzlich selbst geschädigt worden, so kann er die Leistung eines entsprechenden Ersatzanspruches an sich selbst fordern, § 317 Abs. 1 S. 2 AktG.

165 Steht der abhängigen Gesellschaft im faktischen Konzern ein Schadensersatzanspruch gegen die eigenen Vorstandsmitglieder aus den Gründen des § 318 Abs. 1 AktG zu, kann jeder Aktionär diesen geltend machen, indem er Leistung an die Gesellschaft fordert, § 318 Abs. 1, S. 1, Abs. 4 i. V. m. § 309 Abs. 4 S. 1, S. 2 AktG.[455]

---

447 Schmidt/Lutter/*Krieger*/*Sailer-Coceani* § 93 Rn. 65; AnwK-AktR/*Schmidt* § 93 Rn. 170 f.
448 MüKo AktG/*Spindler* § 93 Rn. 302.
449 Zur Haftung aus § 117 Abs. 1 S. 1 und Abs. 2 S. 1 AktG siehe Rdn. 140 und § 6 Rdn. 38, 409.
450 Hüffer/*Koch* § 117 Rn. 9; Wellhöfer/Peltzer/Müller/*Wellhöfer* § 2 Rn. 6; ders. § 3, Rn. 5; *Ek*, S. 95.
451 Vgl. für die Ansprüche der Gesellschaft gegen die Vorstandsmitglieder des herrschenden und des beherrschten Unternehmens Rdn. 142–148.
452 Wellhöfer/Peltzer/Müller/*Wellhöfer* § 3 Rn. 7.
453 Wellhöfer/Peltzer/Müller/*Wellhöfer* § 3 Rn. 8.
454 Wellhöfer/Peltzer/Müller/*Wellhöfer* § 3 Rn. 9.
455 Wellhöfer/Peltzer/Müller/*Wellhöfer* § 3 Rn. 11.

4. Haftung gem. § 25 Abs. 1 S. 1 UmwG

Die Vorstandsmitglieder des übertragenden Rechtsträgers im Rahmen einer Verschmelzung haften unmittelbar den Aktionären für den Schaden, den diese durch Pflichtverletzung des Vorstands bei Abschluss des Verschmelzungsvertrages erlitten haben.[456]

166

5. Haftung nach dem WpPG wegen fehlerhafter Primärmarktinformation

Wesentliche Haftungsgrundlage für fehlerhafte Primärmarktinformation ist die börsengesetzliche Prospekthaftung, die sich aus den §§ 21–25 WpPG ergibt.[457] Sind in einem (Börsenzulassungs-)Prospekt wesentliche Angaben unrichtig oder unvollständig verlautbart worden, kann der Erwerber von Wertpapieren gem. § 21 Abs. 1 S. 1 bzw. § 22 WpPG einen Schadensersatzanspruch gegen einen Prospektverantwortlichen geltend machen. Prospektverantwortlicher ist gem. § 21 Abs. 1 S. 1 Nr. 1 WpPG der Prospekterlasser bzw. gem. § 21 Abs. 1 S. 1 Nr. 2 WpPG der Prospektveranlasser. Der BGH sieht eine Prospektverantwortlichkeit eines Vorstandsmitgliedes ohne nähere Begründung als gegeben an.[458] In der Literatur wird eine Prospektverantwortlichkeit als Ausnahmefall gesehen. So soll die bloße Eigenschaft, Vorstandsmitglied im Zeitpunkt des Prospekterlasses gewesen zu sein, nicht ausreichen.[459] Eine Durchgriffshaftung des Vorstandsmitgliedes soll nur in den Fällen eintreten, in denen das Vorstandsmitglied die Prospekterstellung wesentlich steuert und ein über die Organstellung hinausgehendes haftungsbegründendes Eigeninteresse an der Emission hat.[460] Ansonsten kommt eine deliktsrechtliche Haftung in Betracht.[461] Die Haftung für das Nichtveröffentlichen eines Prospekts entgegen der Pflicht des § 3 Abs. 1 S. 1 WpPG findet sich in § 24 Abs. 1 S. 1 WpPG.

167

Ist der Anwendungsbereich der spezialgesetzlichen Prospekthaftungstatbestände nicht eröffnet, so kann subsidiär auf die allgemeine zivilrechtliche Prospekthaftung zurückgegriffen werden.[462]

168

6. Keine Außenhaftung nach dem WpHG bei fehlerhafter Sekundärmarktinformation

Die Haftung gemäß §§ 37b, 37c WpHG wegen Verstößen gegen die Ad-hoc-Mitteilungspflicht des § 15 Abs. 1 WpHG[463] trifft im Außenverhältnis nur die emittierende Gesellschaft und nicht das Vorstandsmitglied persönlich.[464]

169

7. Vertragliche Ansprüche

Ein vertraglicher Schadensersatzanspruch der Aktionäre gegen das Vorstandsmitglied aus §§ 280 Abs. 1, 240 Abs. 2 AktG scheidet grundsätzlich aus, weil der Anstellungsvertrag des Vorstandsmitgliedes **keinen Vertrag mit Schutzwirkung zugunsten Dritter** darstellt. Zwar entsteht ihnen durch die Pflichtverletzung des Vorstandsmitgliedes ein Schaden in Form der Entwertung ihrer Aktien, dieser wird jedoch durch die Ersatzleistung des Vorstandsmitgliedes an die Gesellschaft beseitigt, so dass es an dem Merkmal der Schutzbedürftigkeit fehlt.[465] Ausnahmsweise kann dies bei entsprechender Vertragsgestaltung im Einzelfall anders sein.[466]

170

---

456 Wellhöfer/Peltzer/Müller/*Wellhöfer* § 3 Rn. 12; § 5 Rn. 1.
457 Die §§ 44–47 BörsG, aus denen sich die Haftung vor dem 1.6.2012 ergab, wurden aufgehoben durch das Gesetz zur Novellierung des Finanzanlagenvermittler- und Vermögensanlagenrechts vom 6.12.2011.
458 BGHZ 123, 106 (109 f.).
459 Wellhöfer/Peltzer/Müller/*Wellhöfer* § 5 Rn. 46.
460 Krieger/Schneider/*Krämer* § 28 Rn. 25; Wellhöfer/Peltzer/Müller/*Wellhöfer* § 5 Rn. 46.
461 Siehe dazu Rdn. 186, 189 f.
462 Siehe sogleich bei Rdn. 175.
463 Ausführlich dazu: *Ek*, S. 113.
464 Krieger/Schneider/*Krämer* § 28 Rn. 1.
465 MüKo AktG/*Spindler* § 93 Rn. 300; Schmidt/Lutter/*Krieger/Sailer-Coceani* § 93 Rn. 64.
466 BGH NJW 1995, 1353 (für die GmbH); Wellhöfer/Peltzer/Müller/*Wellhöfer* § 3 Rn. 14.

171 Eine vertragliche Haftung kann sich aufgrund einer Bürgschaft[467] oder eines Schuldbeitritts ergeben.[468] Im Falle eines Schuldbeitritts sind nach der Rechtsprechung die Regelungen des Verbraucherkreditrechts (§§ 355 ff., 491 ff. BGB) auch bei einem Gesellschafter-Geschäftsführer zu beachten[469] und entsprechend wohl auch bei einem Vorstandsmitglied einer AG.[470]

8. Vertragsähnliche Ansprüche

172 Nach den von der Rechtsprechung entwickelten Grundsätzen der culpa in contrahendo (cic) haben die Parteien im Vorfeld des Vertragsschlusses eine Pflicht zur besonderen Rücksichtnahme auf die Rechte, Rechtsgüter oder Interessen des anderen Teils. Diese Verpflichtung trifft jedoch die Gesellschaft als Vertragspartei, so dass eine Inanspruchnahme des Vorstandsmitgliedes im Rahmen der cic gem. §§ 280 Abs. 1, 311 Abs. 2, 241 Abs. 2 BGB regelmäßig nicht möglich ist.[471]

173 Ausnahmsweise kann gem. § 311 Abs. 3 BGB aber auch ein Schuldverhältnis mit Pflichten nach § 241 Abs. 2 BGB zu Personen entstehen, die nicht selbst Vertragspartei werden sollen. Durch jahrelange Rechtsprechung haben sich hier zwei Fallgruppen entwickelt: die des Prokurators in rem suam und die der Sachwalterhaftung.

174 Der **Prokurator in rem suam** kennzeichnet sich durch ein unmittelbares, wirtschaftliches Eigeninteresse an dem Vertragsabschluss aus. Dieses muss so stark sein, dass er »wirtschaftlich gesehen« die eigentliche Partei ist.[472] Dafür sind die bloße Stellung als Vorstandsmitglied oder die (auch gleichzeitige) Aktionärseigenschaft nicht ausreichend.[473] Dies gilt selbst dann, wenn das Vorstandsmitglied mit einer Bürgschaft oder Grundschuld für die Gesellschaft haftet und durch den Vertrag das Risiko einer persönlichen Inanspruchnahme verringern will.[474] Anders kann der Fall liegen, wenn das Vorstandsmitglied im Vorfeld einer Garantiezusage ein zusätzliches, von ihm persönlich ausgehendes Vertrauen auf die Vollständigkeit und Richtigkeit seiner Erklärungen hervorgerufen hat, die Erklärung also als selbstständiges Garantieversprechen aufgefasst werden kann.[475]

175 Die **Sachwalterhaftung** kann Vertreter und Verhandlungsgehilfen treffen, wenn sie im Rahmen der Vertragsverhandlungen in besonderem Maße Vertrauen für sich persönlich in Anspruch nehmen (vgl. § 311 Abs. 3 S. 2 BGB) und dadurch dem anderen Teil eine zusätzliche persönliche Gewähr für das Zustandekommen und die Erfüllung des Vertrags bieten.[476] Hierzu gehört die bürgerlich-rechtliche Prospekthaftung, die sich insofern von der spezialgesetzlichen Prospekthaftung[477] unterscheidet, als dass von ihr ein größerer Personenkreis erfasst ist und bereits einfache Fahrlässigkeit die Haftung auslöst.[478] Wegen der Ausdehnung der Rechtslage bleibt für die Anwendung der zivilrechtliche Prospekthaftung allerdings nur wenig Raum, da nach allgemeiner Meinung nicht subsidiär auf sie zurückgegriffen werden kann, wenn der Anwendungsbereich der spezialgesetzlichen

---

467 BGHZ 153, 337 (340) (für die GmbH).
468 Wellhöfer/Peltzer/Müller/*Wellhöfer* § 3 Rn. 14; Spindler/Stilz/*Fleischer* § 93 Rn. 309.
469 BGHZ 133, 71 (77) (für die GmbH).
470 Wellhöfer/Peltzer/Müller/*Wellhöfer* § 3 Rn. 14.
471 Wellhöfer/Peltzer/Müller/*Wellhöfer* § 3 Rn. 16; Krieger/Schneider/*Krämer* § 28 Rn. 32.
472 MüKo BGB/*Emmerich* § 311 Rn. 188; Palandt/*Grüneberg* § 311 Rn. 61.
473 BAG NJW 2014, 2669; Palandt/*Grüneberg* § 311 Rn. 65; Wellhöfer/Peltzer/Müller/*Wellhöfer* § 3 Rn. 17.
474 Palandt/*Grüneberg* § 311 Rn. 65; Wellhöfer/Peltzer/Müller/*Wellhöfer* § 3 Rn. 17.
475 MüKo BGB/*Emmerich* § 311 Rn. 190; Wellhöfer/Peltzer/Müller/*Wellhöfer* § 3 Rn. 17 .
476 BGH NJW 1985, 2584 (2585); 1989, 293 (294); NJW-RR 2006, 993 (994); MüKo BGB/*Emmerich* § 311 Rn. 191.
477 Siehe oben Rdn. 167.
478 MüKo BGB/*Emmerich* § 311 Rn. 150; Wellhöfer/Peltzer/Müller/*Wellhöfer* § 5 Rn. 50.

Prospekthaftungstatbeständen eröffnet ist.[479] Der BGH hat jedoch für § 13 VerkprospG a. F. (nun teilweise in § 22 WpPG kodifiziert) entschieden, dass dieser eine Haftung aus cic nicht ausschließt.[480]

9. Deliktische Haftung[481]

Das Vorstandsmitglied haftet bei eigenhändiger Verletzung absolut geschützter Rechtsgüter (§ 823 Abs. 1 BGB) und bei Schutzgesetzverletzungen (§ 823 Abs. 2 BGB) dem betroffenen Aktionär unmittelbar.[482] Dies gilt unabhängig davon, ob sein Verhalten der Gesellschaft gemäß § 31 BGB zuzurechnen ist.[483] Eine Haftung der Gesellschaft nach § 831 BGB kommt ohnehin nicht in Betracht, da nach ständiger Rechtsprechung in einem Organ einer juristischen Person kein Verrichtungsgehilfe zu sehen ist.[484]

176

Im Anwendungsbereich der spezialgesetzlichen Prospekthaftung bleiben Ansprüche aus unerlaubter Handlung bestehen, vgl. § 25 Abs. 2 WpPG.

177

a) Haftung aus § 823 Abs. 1 BGB

Das Vorstandsmitglied haftet dem Aktionär, wenn es ein in § 823 Abs. 1 BGB genanntes Rechtsgut eigenhändig oder als Teilnehmer unmittelbar[485] verletzt,[486] soweit dem Aktionär ein über den Doppelschaden[487] hinausgehender Schaden entstanden ist.[488]

178

Eine Haftung kommt darüber hinaus auch bei nicht in § 823 Abs. 1 BGB genannten Rechtsgütern in Betracht, sofern es sich um absolut geschützte Rechtsgüter handelt.[489] Dazu zählt nicht das Vermögen an sich, jedoch aufgrund seiner Ausschlussfunktion gegenüber beliebigen Dritten das **Mitgliedschaftsrecht eines Aktionärs**, auch wenn dessen genauer Zuweisungsgehalt insbesondere im Hinblick auf die Verletzung durch Gesellschaftsorgane erhebliche Schwierigkeiten bereitet.[490] Der Eingriff muss in ein Recht, das aus der Mitgliedschaft fließt (z. B. Stimm- oder Gewinnbezugsrechte), erfolgen,[491] reine Wertminderungen des Anteils reichen nicht aus.[492] Teilweise wird die deliktische Haftung aus § 823 Abs. 1 BGB ausgeschlossen, um dem Vorrang des aktienrechtlichen Rechtsschutzsystems zum Durchbruch zu verhelfen.[493]

179

Ein Anspruch wegen der Verletzung des **Rechts am eingerichteten und ausgeübten Gewerbebetrieb** steht nur der Gesellschaft, nicht den Aktionären zu.[494]

180

---

479 Palandt/*Grüneberg* § 311 Rn. 68; *Suchomel* NJW 2013, 1126; *Benecke* BB 2006, 2597 (2600); *Braun/Rotter* BKR 2003, 918 (921); *Fleischer* BKR 2004, 339 (343); *Janert/Th. Schuster* BB 2005, 987 (991); *Kiethe* MDR 2006, 843 (845); *J. Sittmann* NJW 1998, 3761 (3762); *Spindler* NJW 2004, 3449 (3455).
480 BGHZ 177, 25 (32).
481 Siehe hierzu auch § 6 Rn. 406–415.
482 Wellhöfer/Peltzer/Müller/*Wellhöfer* § 3 Rn. 20 f.; Spindler/Stilz/*Fleischer* § 93 Rn. 313.
483 Wellhöfer/Peltzer/Müller/*Wellhöfer* § 3 Rn. 20 f.; Spindler/Stilz/*Fleischer* § 93 Rn. 313.
484 Palandt/*Sprau* § 831 Rn. 3; Wellhöfer/Peltzer/Müller/*Wellhöfer* § 3 Rn. 21.
485 Vgl. zu mittelbaren Verletzungen Rdn. 211.
486 Krieger/Schneider/*Krieger* § 7 Rn. 29.
487 Siehe oben Rdn. 161.
488 Wellhöfer/Peltzer/Müller/*Wellhöfer* § 3 Rn. 28.
489 MüKo BGB/*Wagner* § 823 Rn. 205.
490 GroßKomm AktG/*Hopt* § 93 Rn. 471; MüKo AktG/*Spindler* § 93 Rn. 304.
491 Beispiele für angenommene Eingriffe durch ein Vorstandsmitglied finden sich bei MüKo AktG/*Spindler* § 93 Rn. 305 m. w. N. und Wellhöfer/Peltzer/Müller/*Wellhöfer* § 3 Rn. 27 m. w. N.
492 MüKo AktG/*Spindler* § 93 Rn. 305.
493 Schmidt/Lutter/*Krieger/Sailer-Coceani* § 93 Rn. 63; MüKo AktG/*Spindler* § 93 Rn. 307 f.; *Ek*, S. 150 f.
494 BGHZ 166, 84 (108); Krieger/Schneider/*Krieger* § 7 Rn. 30; GroßKomm AktG/*Hopt* § 93 Rn. 470; a. A. OLG München NJW-RR 1991, 928 (929).

b) Haftung aus § 823 Abs. 2 BGB i. V. m. einem Schutzgesetz

aa) Allgemeines

181 Ein deliktischer Schadensersatzanspruch des Aktionärs gegen das Vorstandsmitglied aus § 823 Abs. 2 BGB kommt in Betracht, wenn gegen ein Gesetz verstoßen wurde, das den Schutz des Aktionärs bezweckt.[495] Ein Schutzgesetz liegt vor, wenn ein Gesetz nicht nur dem Schutz der Allgemeinheit dient oder die innerstaatliche Ordnung regeln soll, sondern einen Einzelnen (hier den Aktionär) über eine bloße Reflexwirkung hinaus schützen soll.[496] Von Bedeutung ist die Frage, ob die Verhaltenspflicht das Vorstandsmitglied gerade in seiner Eigenschaft als Organwalter trifft, denn dann ergibt sich wegen des Grundsatzes der Haftungskonzentration ein höherer Begründungsbedarf für eine deliktische Außenhaftung.[497]

bb) Schutzgesetze

(1) Aktienrechtliche Vorschriften als Schutzgesetz

182 Nach herrschender Auffassung handelt es sich bei § 93 AktG nicht um ein Schutzgesetz i. S. d. § 823 Abs. 2 BGB für Aktionäre, Gläubiger oder sonstige Dritte.[498] § 93 Abs. 1 AktG betrifft nur die Pflichten des Vorstandsmitgliedes aus dem durch die Bestellung begründeten Rechtsverhältnis zur Gesellschaft,[499] während § 93 Abs. 2, Abs. 3 allein den Schutz der Gesellschaft gegen Pflichtverletzungen ihrer Vorstandsmitglieder bezwecken.[500] Außerdem wäre die Vorschrift des § 147 AktG überflüssig, wenn ein Aktionär aus § 823 Abs. 2 BGB i. V. m. § 92 Abs. 2 AktG klagen könnte.[501] Keine Schutzgesetze zugunsten der Aktionäre sind die Regelungen hinsichtlich der Gesellschaftsgründung, §§ 46, 48 AktG, der Buchführungspflicht, § 91 AktG, der Angaben auf dem Geschäftsbrief, § 80 AktG, über die Verteilung des Abwicklungsüberschusses, § 272 AktG, und über die das Grundkapital beeinträchtigenden Rückzahlungen, §§ 57, 62, 93 Abs. 3 Nr. 1 AktG.[502]

183 Umstritten ist die Schutzgesetzeigenschaft der §§ 92 Abs. 1 i. V. m. 401 Abs. 1 AktG, die dem Vorstand die Pflicht auferlegen, bei Kapitalverlust die Hauptversammlung einzuberufen. Teilweise wird der Zweck des § 92 Abs. 1 AktG nur in der Herstellung der Handlungsfähigkeit der Hauptversammlung gesehen und daher die Schutzgesetzeigenschaft gegenüber Aktionären abgelehnt,[503] daneben wird teilweise aber auch ein individualschützender Charakter zugunsten der Aktionäre bejaht.[504] Danach sei § 92 Abs. 1 AktG als Schutzgesetz anzusehen, weil die Mitgliedschaftsrechte der Aktionäre beschnitten würden, da sie bei fehlender Unterrichtung durch den Vorstand das Schicksal der Gesellschaft nicht mitbestimmen könnten.[505]

184 Als Schutzgesetze anerkannt sind die falsche Angaben oder falsche Darstellungen unter Strafe stellenden §§ 399, 400 AktG für den Schutz künftiger Aktionäre,[506] nach Ansicht des BGH auch für

---

495 Wellhöfer/Peltzer/Müller/*Wellhöfer* § 3 Rn. 29.
496 BGH NJW 2014, 64; BGH NJW 1992, 241 (242); 2004, 356 (357); 2004, 1949; Palandt/*Sprau* § 823 Rn. 58.
497 Spindler/Stilz/*Fleischer* § 93 Rn. 318; *Verse* ZHR 170 (2006), 398 (401, 403.).
498 LG Bonn AG 2001, 484 (486); LG Düsseldorf AG 1991, 70 (71); KöKo AktG/*Mertens/Cahn* § 93 Rn. 207; MüKo AktG/*Spindler* § 93 Rn. 309.
499 BGHZ 110, 342 (360); BGH NJW 1979, 1829; Hüffer/*Koch* § 93 Rn. 19; MüKo AktG/*Spindler* § 93 Rn. 273.
500 MüKo AktG/*Spindler* § 93 Rn. 309; AnwK-AktG/*Schmidt* § 93 Rn. 165 f.
501 MüKo AktG/*Spindler* § 93 Rn. 309.
502 Wellhöfer/Peltzer/Müller/*Wellhöfer* § 3 Rn. 38 f., 41–44.
503 Hüffer/*Koch* § 92 Rn. 7; KöKo AktG/*Mertens/Cahn* § 92 Rn. 24.
504 MüKo AktG/*Spindler* § 92 Rn. 20; Spindler/Stilz/*Fleischer* § 92 Rn. 17.
505 MüKo AktG/*Spindler* § 92 Rn. 20.
506 BGHZ 105, 121 (124); Palandt/*Sprau* § 823 Rn. 63; Wellhöfer/Peltzer/Müller/*Wellhöfer* § 3 Rn. 35.

den Schutz gegenwärtiger Aktionäre.[507] Auch der die Verletzung von Geheimhaltungspflichten unter Strafe stellende § 404 AktG wird als Schutzgesetz zugunsten der Aktionäre angesehen.[508] Nach wohl herrschender Meinung kann ein Aktionär bei der Auskunftsverweigerung nicht bloß ein Auskunftserzwingungsverfahren nach § 132 AktG einleiten, sondern auch einen Schadensersatzanspruch gem. § 823 Abs. 2 BGB i. V. m. § 131 AktG.[509]

(2) Strafrechtliche Vorschriften als Schutzgesetz

Als strafrechtliche Schutzgesetze sind §§ 263, 264a StGB[510] und nach umstrittener Meinung § 266 StGB[511] anzusehen. Dabei ist zu beachten, dass § 266 StGB nur den gegenwärtigen Aktienbesitz schützt.[512] Nicht erfasst werden künftige Aktionäre, mithin, dass Aktionäre durch eine unrichtige Ad-hoc-Mitteilung zum Erwerb von Aktien verleitet wurden.[513] Diese Konstellation kann allerdings durch § 826 BGB[514] oder durch §§ 823 Abs. 2 BGB i. V. m. 399, 400 AktG erfasst werden.[515] 185

(3) Sonstige Vorschriften als Schutzgesetz

Die eine Pflicht der börsennotierten Gesellschaft zu Ad-hoc-Mitteilungen konstituierende Regelung des § 15 WpHG wird vom BGH nicht als Schutzgesetz angesehen,[516] ein Anspruch kann aber nach § 826 BGB in Betracht kommen.[517] Die Schutzgesetzeigenschaft des § 3 Abs. 1 und 3 und der §§ 21, 23 WpPG (§ 44, 45 BörsG a. F.) wird überwiegend verneint.[518] Hingegen kann § 5 WpPG als Schutzgesetz eingeordnet werden.[519] 186

Die ganz herrschende Meinung sieht § 130 OWiG, der eine Verletzung der Aufsichtspflicht in Unternehmen und Betrieben sanktioniert, nicht als Schutzgesetz im Sinne des § 823 Abs. 2 BGB an.[520] 187

Fraglich ist die Schutzgesetzeigenschaft von § 15a InsO, in der seit dem MoMiG die Pflicht des Vorstandes geregelt ist, bei Zahlungsunfähigkeit oder Überschuldung der Gesellschaft unverzüglich einen Insolvenzeröffnungsantrag zu stellen (früher: § 92 Abs. 2 AktG a. F.). § 92 Abs. 2 S. 1 AktG. ist Schutzgesetz zugunsten der Gläubiger.[521] 188

c) Haftung aus § 826 BGB

§ 826 BGB spielt insbesondere bei Aktionären, die ihre Aktien erst nach dem schädigenden Ereignis erworben haben, eine Rolle, da in diesem Falle § 266 StGB und § 15 WpHG nicht als Schutzgesetz 189

---

507 BGH NJW 2004, 2668 (2670) – Infomatec I (für § 400 AktG); 2001, 3622 (3624); a. A. Wellhöfer/Peltzer/Müller/*Wellhöfer* § 3 Rn. 35.
508 OLG Koblenz DB 1987, 1036; Spindler/Stilz/*Hefendehl* § 404 Rn. 9; Schmidt/Lutter/*Oetker* § 404 Rn. 1; Wellhöfer/Peltzer/Müller/*Wellhöfer* § 3 Rn. 36; MüKo AktG/*Schaal* § 404 Rn. 4.
509 MüKo AktG/*Kubis* § 131 Rn. 171; Wellhöfer/Peltzer/Müller/*Wellhöfer* § 3 Rn. 34; a. A.: Hüffer/*Koch* § 131 Rn. 44; KöKo AktG/*Kersting* § 131 Rn. 563.
510 Dazu ausführlich: AnwK-AktR/*Schmidt* § 93 Rn. 167.
511 OLG Celle GmbHR 2006, 377 (378 f.); OLG Frankfurt NJW-RR 2003, 1532 (1537); wohl auch BGH WM 2005, 1606; a. A. MüKo AktG/*Spindler* § 93 Rn. 311.
512 RGZ 157, 213 (216) (für § 294 AktG i. d. F. von 1937); Wellhöfer/Peltzer/Müller/*Wellhöfer* § 3 Rn. 37.
513 MüKo AktG/*Spindler* § 93 Rn. 314.
514 Siehe dazu Rdn. 189 f.
515 Siehe hierzu Rdn. 184.
516 BGH NJW 2004, 2664 – Infomatec I.
517 Vgl. Rdn. 189.
518 Krieger/Schneider/*Krämer* § 28 Rn. 36.
519 Krieger/Schneider/*Krämer* § 28 Rn. 36.
520 Wellhöfer/Peltzer/Müller/*Wellhöfer* § 3 Rn. 46.
521 MüKo AktG/*Spindler* § 92 Rn. 37 m. w. N.

i. S. d. § 823 Abs. 2 BGB angesehen werden.[522] Die BGH-Rechtsprechung hat § 826 BGB zur zentralen Haftungsnorm gegen Vorstandsmitglieder im Rahmen der Außenhaftung bei fehlerhaften Sekundärmarktinformationen entwickelt.[523] Ein Schadensersatzanspruch gem. § 826 BGB setzt voraus, dass der Dritte durch eine Handlung des Vorstandsmitgliedes in einer gegen die guten Sitten verstoßenden Weise geschädigt worden ist.[524] Gibt ein Vorstandsmitglied eine nach § 15 WpHG abzugebende Ad-hoc-Mitteilung bewusst falsch ab, kann dies nach höchstrichterlicher Rechtsprechung eine vorsätzliche sittenwidrige Schädigung des Aktionärs im Sinne des § 826 BGB bedeuten, da die Mindestanforderungen an ein ordnungsgemäßes Verhalten im Rechtsverkehr auf dem Kapitalmarkt nicht erfüllt sind.[525] Das Vorstandsmitglied muss vorsätzlich (auch grobe Fahrlässigkeit reicht nicht aus) in Bezug auf die falsche Information und den Eintritt eines schädigenden Erfolges gehandelt haben, wobei sich der Vorsatz der Schädigung nicht auf eine bestimmte Person bezogen haben muss.[526] Des Weiteren muss noch die subjektive Voraussetzung des besonders verwerflichen Handelns hinzukommen, die durch eine grob unrichtige Ad-hoc-Mitteilung gem. § 15 WpHG indiziert sein kann.[527] Dem Geschädigten obliegt die volle Darlegungs- und Beweislast bezüglich der Kausalität der fehlerhaften Ad-hoc-Mitteilung für seine Kaufentscheidung.[528] Einen Prima-facie-Beweis erkennt der BGH insoweit selbst bei extrem unseriösen Kapitalmarktinformationen nicht an.[529] In der Praxis wird dieser Beweis auf Grund der regelmäßig multikausalen Kaufentscheidung schwierig zu erbringen sein.[530]

190 Entsprechendes gilt bei fehlerhaften Primärmarktinformationen.[531]

10. Verjährung

191 Für die soeben dargestellten Ansprüche gelten grundsätzlich die allgemeinen Verjährungsregeln der §§ 194 ff. BGB. Abweichend davon findet sich die Sonderregelung einer fünfjährigen Verjährungsfrist für die konzernrechtlichen Ansprüche in den §§ 310 Abs. 4, 318 Abs. 4, 309 Abs. 5 AktG.

IV. Klage der Aktionäre auf Tätigwerden des Vorstands

192 Im Gegensatz zu der Frage, ob eine Erfüllungsklage auf Durchsetzung der Rechte aus **§ 83 Abs. 2 AktG** statthaft ist (Rdn. 156), besteht Einigkeit darüber, dass einzelne Aktionäre den Vorstand auf Ausführung der in der Hauptversammlung beschlossenen Maßnahmen in Anspruch nehmen können.[532] Es handelt sich um einen auf Erfüllung gerichteten Individualanspruch der Aktionäre wegen der Verletzung ihrer Mitgliedschaftsrechte.[533]

193 Das Auskunftsrecht aus **§ 131 AktG** (vgl. § 6 Rdn. 1–37) kann grundsätzlich nur im Zusammenhang mit der Hauptversammlung geltend gemacht werden.[534] Eine eigenständige Leistungsklage auf Auskunftserteilung vor ordentlichen Gerichten ist aufgrund der vorrangigen Zuweisung an

---

522 Siehe Rdn. 185 und 186.
523 BGH AG 2007, 169 (170) Krieger/Schneider/*Krämer* § 28 Rn. 54.
524 Beispiele für die Annahme einer Haftung aus § 826 BGB finden sich bei MüKo AktG/*Spindler* § 93 Rn. 316.
525 BGH NZG 2007, 269 (271); Krieger/Schneider/*Lutter* § 1 Rn. 29; Schmidt/Lutter/*Krieger/Sailer* § 93 Rn. 64.
526 MüKo AktG/*Spindler* § 93 Rn. 333.
527 BGHZ 160, 149 (157); OLG Frankfurt AG 2006, 162, 163–165; MüKo AktG/*Spindler* § 93 Rn. 334.
528 AnwK-AktR/*Schmidt* § 93 Rn. 168; Wellhöfer/Peltzer/Müller/*Wellhöfer* § 3 Rn. 48.
529 BGH ZIP 2007, 326 (327); Wellhöfer/Peltzer/Müller/*Wellhöfer* § 3 Rn. 48.
530 Semler/Peltzer/*Peltzer* § 9 Rn. 222; Wellhöfer/Peltzer/Müller/*Wellhöfer* § 3 Rn. 48.
531 Ausführlich Krieger/Schneider/*Krämer* § 28 Rn. 39–45.
532 Fleischer/*Pentz* § 17 Rn. 134; Hüffer/*Koch* § 83 Rn. 6; KöKo AktG/*Mertens/Cahn* § 83 Rn. 12; Schmidt/Lutter/*Seibt* § 83 Rn. 14.
533 Fleischer/*Pentz* § 17 Rn. 134; Schmidt/Lutter/*Seibt* § 83 Rn. 14.
534 Schmidt/Lutter/*Spindler* § 131 Rn. 4.

die Freiwillige Gerichtsbarkeit in §§ 132 Abs. 3 S. 1 i. V. m. 99 Abs. 1 S. 1 AktG unzulässig.[535] Allgemein anerkannt ist jedoch, dass neben dem Auskunftserzwingungsverfahren nach § 132 Abs. 1 S. 1 AktG die Anfechtungsklage nach § 243 Abs. 1 AktG zulässig ist.[536] Es handelt sich um zwei voneinander unabhängige Verfahren.[537]

Ob daneben die Möglichkeit besteht, weitere Ansprüche auf Erfüllung bestimmter Pflichten klageweise durchzusetzen, hängt entscheidend davon ab, ob ein **Interorganstreit** für zulässig gehalten wird. Hinsichtlich der weiteren Einzelheiten wird auf die Ausführungen in § 3 Rdn. 13 verwiesen. 194

Eine Klage im Wege der so genannten **actio pro socio** ist im Aktienrecht prinzipiell nicht vorgesehen, wobei dies sowohl für Aktionäre als auch für einzelne Aufsichtsratsmitglieder[538] gilt.[539] Angesichts der besonderen Regelungen der §§ 93, 116, 147 AktG ist hierfür kein Raum.[540] Die Aktionäre können also nicht Ersatzansprüche der Gesellschaft für diese geltend machen. Anders ist dies indes bei Eingriffen in die Mitgliedschaftsrechte der Aktionäre. Neben dem Schadensersatzanspruch der Gesellschaft aus § 93 Abs. 2 S. 1 AktG (Rdn. 57–123) können sich Ansprüche der Einzelaktionäre aus § 823 Abs. 1 BGB ergeben, da die Mitgliedschaft des Aktionärs als eigentumsähnliches Recht deliktisch geschützt wird (vgl. Rdn. 179).[541] Weiterhin können einzelne Aktionäre die Rechte der Gesellschaft auf **Unterlassung** wahrnehmen, wenn der Vorstand die Kompetenzen der Hauptversammlung missachtet und damit die mitgliedschaftlichen Rechte der Aktionäre verletzt.[542] Zudem besteht bei Kapitalerhöhungen ggf. ein Anspruch auf Abwehr eines rechtswidrigen Bezugsrechtsausschlusses, der mit einer Unterlassungsklage geltend gemacht werden kann.[543] 195

V. Klage Dritter gegen den Vorstand

1. Allgemeines

Nach dem **Grundsatz der Haftungskonzentration** haftet den Dritten bei Vorliegen der Voraussetzungen des § 31 BGB grundsätzlich nur die Gesellschaft und nicht das Vorstandsmitglied persönlich, während die Gesellschaft dann gem. § 93 Abs. 2 AktG den Vorstand in Anspruch nehmen kann.[544] 196

Dritte können – insofern als Ausnahme zum Grundsatz der Haftungskonzentration – Vorstandsmitglieder insbesondere auf Grund spezialgesetzlicher Regelungen des Aktiengesetzes oder des Umwandlungsgesetzes persönlich in Anspruch nehmen. Neben diesen spezialgesetzlichen Außenhaftungsregelungen können Dritte auch Ansprüche aus vorvertraglicher Pflichtverletzung oder unerlaubter Handlung geltend machen. Diese persönliche Haftung des Vorstandsmitgliedes für unerlaubte Handlungen wird auch nicht durch eine Haftung der Gesellschaft verdrängt, die sich das Handeln des Vorstandsmitgliedes als Organperson nach § 31 BGB zurechnen lassen muss.[545] 197

---

535 MüKo AktG/*Kubis* § 132 Rn. 64.
536 BGHZ 86, 1 (3); Hüffer/*Koch* § 132 Rn. 2; MüKo AktG/*Kubis* § 132 Rn. 60; KöKo AktG/*Kersting* § 131 Rn. 560.
537 Hüffer/*Koch* § 132 Rn. 2; MüKo AktG/*Kubis* § 132 Rn. 60; KöKo AktG/*Kersting* § 131 Rn. 560.
538 Vgl. § 3 Rdn. 16.
539 MüKo AktG/*Schröer* § 147 Rn. 31; MAH AktR/*Tretter* § 41 Rn. 11.
540 BGHZ 83, 122 (133); MüKo AktG/*Schröer* § 147 Rn. 31.
541 GroßKomm AktG/*Habersack* § 83 Rn. 16; MAH AktR/*Tretter* § 41 Rn. 13.
542 MüKo AktG/*Schröer* § 147 Rn. 31.
543 BGH NJW 1997, 2815 (2816); AnwK-AktR/*Groß*/*Fischer* § 203 Rn. 122; *Krieger* ZHR 163 (1999), 343 (357).
544 Siehe ausführlicher hinsichtlich der Haftung zwischen Gesellschaft, Aktionär und Vorstand Rdn. 160.
545 BGH NJW 1996 1535 (1536); 1974, 1371 (1372); Hüffer/*Koch* § 93 Rn. 65; *Ek*, S. 144.

2. Haftung gem. § 93 Abs. 5 S. 1 AktG

198 Die der Gesellschaft zustehenden Schadensersatzansprüche können von den Gläubigern der Gesellschaft geltend gemacht werden, wenn diese sonst keine Befriedigung von der Gesellschaft erlangen können, § 93 Abs. 5 S. 1 AktG. Der Schadensersatzanspruch der Gesellschaft gegen das Vorstandsmitglied[546] muss sich auf die Organtätigkeit beziehen, aber nicht tituliert sein.[547] Bezüglich der Schwere des Verschuldens muss nach der Art des Ersatzanspruches differenziert werden. Hat ein Vorstandsmitglied einen der Sondertatbestände des § 93 Abs. 3 AktG verwirklicht, ist jeder Verschuldensgrad ausreichend.[548] Bei einer Haftung nach § 93 Abs. 2 AktG muss eine gröbliche Pflichtverletzung, also grobe Fahrlässigkeit oder Vorsatz vorliegen, vgl. § 93 Abs. 5 S. 2, 1. Hs. AktG.[549] Auch hier ist die Umkehr der Beweislast gem. § 93 Abs. 2 S. 2, Abs. 5 S. 2, 2. Hs. AktG zu beachten. § 93 Abs. 5 S. 3 AktG weist darauf hin, dass ein Verzicht oder Vergleich i. S. d. § 93 Abs. 4 S. 3 AktG oder ein gesetzmäßiger Beschluss der Hauptversammlung i. S. d. § 93 Abs. 4 S. 1 AktG nicht dem Anspruch des Gläubigers entgegengehalten werden kann,[550] dieser mithin unabhängig vom Gesellschaftsanspruch besteht.[551] Hat die Gesellschaft den Anspruch jedoch abgetreten, scheidet auch ein Anspruch des Gläubigers aus, es sei denn, dessen Voraussetzungen lagen schon zum Zeitpunkt der Abtretung vor. Dann ist die Abtretung wegen Umgehung des § 93 Abs. 5 S. 1 AktG unwirksam.[552]

199 Der Gläubiger muss gegen die Gesellschaft eine auf Geld gerichtete oder in eine Geldforderung übergehbare fällige Forderung haben, wobei es nicht auf deren Rechtsgrund, Höhe oder Entstehungszeitpunkt ankommt.[553] An einer Befriedigung durch die Gesellschaft fehlt es, wenn die Gesellschaft objektiv nicht dazu in der Lage ist, zu zahlen.[554] Ein fruchtloser Vollstreckungsversuch muss nicht erfolgt sein, doch ist die bloße Zahlungsunwilligkeit der Gesellschaft nicht genügend.[555] Meist wird bei Zahlungsunfähigkeit aber ohnehin das Insolvenzverfahren über das Vermögen der Gesellschaft eröffnet sein, so dass die Geltendmachung des Ersatzanspruchs dem Insolvenzverwalter zusteht, vgl. § 93 Abs. 5 S. 4 AktG.[556]

200 Der Gläubiger kann und muss Zahlung an sich selbst und nicht an die Gesellschaft begehren.[557] Das Vorstandsmitglied wiederum kann mit befreiender Wirkung sowohl an den Gläubiger als auch an die Gesellschaft leisten.[558] Will der Gläubiger dies verhindern, muss er zusätzlich den Anspruch der Gesellschaft aufgrund eines gegen diese erstrittenen Schuldtitels pfänden und sich zur Einziehung überweisen lassen.[559] Auch wenn das betroffene Vorstandsmitglied bei Klageerhebung durch den Gesellschaftsgläubiger schon durch die Gesellschaft verklagt worden ist, steht ihm die Einrede der Rechtshängigkeit (vgl. § 261 Abs. 3 Nr. 1 ZPO) nicht zu.[560] Ebenso wenig entfaltet ein im Prozess

---

546 Ausführlich hierzu Rdn. 60–151.
547 MüKo AktG/*Spindler* § 93 Rn. 269; Spindler/Stilz/*Fleischer* § 93 Rn. 297.
548 AnwK-AktR/*Schmidt* § 93 Rn. 154.
549 Wellhöfer/Peltzer/Müller/*Wellhöfer* § 3 Rn. 80.
550 Ausführlich: MüKo AktG/Spindler § 93 Rn. 281 f.
551 Hüffer/*Koch* § 93 Rn. 82.
552 MüKo AktG/*Spindler* § 93 Rn. 269; a. A. GroßKomm AktG/*Hopt* § 93 Rn. 418.
553 MüKo AktG/*Spindler* § 93 Rn. 268; Spindler/Stilz/*Fleischer* § 93 Rn. 295.
554 MüKo AktG/*Spindler* § 93 Rn. 271.
555 *Ek*, S. 142; AnwK-AktR/*Schmidt* § 93 Rn. 151; KöKo AktG/*Mertens/Cahn*, § 93 Rn. 182.
556 Spindler/Stilz/*Fleischer* § 93 Rn. 293.
557 MüKo AktG/*Spindler* § 93 Rn. 272; MünchHdb GesR IV/*Wiesner* § 26 Rn. 25;; Fleischer/*Fleischer* § 11 Rn. 118; Hüffer/*Koch* § 93 Rn. 83.
558 Schmidt/Lutter/*Krieger/Sailer-Coceani* § 93 Rn. 59; MüKo AktG/*Spindler* § 93 Rn. 273; *Gundlach/Frenzel/Strandmann* DZWIR 2007, 142 (144).
559 MüKo AktG/*Spindler* § 93 Rn. 273; MünchHdb GesR IV/*Wiesner* § 26 Rn. 27; Hüffer/*Koch* § 93 Rn. 83.
560 MüKo AktG/*Spindler* § 93 Rn. 277; Hüffer/*Koch* § 93 Rn. 83.

gegen die Gesellschaft ergangenes Urteil Rechtskraftwirkung gegen den Gläubiger;[561] dem Vorstandsmitglied bleibt dann die Möglichkeit der Vollstreckungsabwehrklage nach § 767 ZPO.[562]

3. Haftung gem. § 117 Abs. 5 S. 1 AktG

Die grundsätzlich nur der Gesellschaft zustehenden Ersatzansprüche aus § 117 Abs. 1 S. 1 und Abs. 2 S. 1 AktG können von den Gesellschaftsgläubigern geltend gemacht werden, wenn von der Gesellschaft keine Befriedigung erlangt werden kann, § 117 Abs. 5 S. 1 AktG. Die Norm entspricht § 93 Abs. 5 AktG, sodass auf die obigen Ausführungen verwiesen wird.[563] **201**

4. Außenhaftung im Konzern

Können die Gläubiger der Gesellschaft von dieser keine Befriedigung erlangen, können sie die Vorstandsmitglieder der Konzerngesellschaften, die ihnen wie den Aktionären haften,[564] auf Leistung an sich selbst in Anspruch nehmen, § 309 Abs. 4 S. 3 AktG (ggf. i. V. m. § 310 Abs. 4 AktG, § 317 Abs. 4 AktG oder § 318 Abs. 4 AktG).[565] Auch hier kann bezüglich der Voraussetzungen auf die Ausführungen zu § 93 Abs. 5 AktG verwiesen werden.[566] **202**

5. Haftung gem. § 25 Abs. 1 S. 1 UmwG

§ 25 Abs. 1 S. 1 UmwG statuiert den seltenen Fall der gesetzlich geregelten persönlichen Außenhaftung, nach welcher die Vorstandsmitglieder der übertragenden Gesellschaft unmittelbar den Gläubigern der Gesellschaft für den Schaden haften, den diese durch Pflichtverletzungen des Vorstandes bei Abschluss des Verschmelzungsvertrages erlitten haben.[567] **203**

6. Haftung wegen Pflichtverletzung bei Gründung der AG

Hält ein Vorstandsmitglied bei der Gründung der Gesellschaft nicht die Sorgfalt eines ordentlichen und gewissenhaften Geschäftsleiters ein,[568] so kann ein Gläubiger, der von der Gesellschaft keine Befriedigung erlangen kann, seine Schadensersatzansprüche unmittelbar gegenüber dem Vorstandsmitglied geltend machen, §§ 48 S. 2 i. V. m. 93 Abs. 5 AktG.[569] **204**

7. Haftung wegen Verstoßes gegen wettbewerbs- sowie immaterial-güterrechtliche Vorschriften

Eine Inanspruchnahme des Vorstandsmitglied nach wettbewerbs- sowie immaterial-güterrechtlichen Vorschriften (§§ 8, 9 UWG, § 33 GWB, § 97 Abs. 1 UrhG, § 15 Abs. 5 MarkG, § 139 Abs. 2 PatentG) kommt in Betracht, wenn das Vorstandsmitglied als Täter oder Teilnehmer des Normverstoßes anzusehen ist. Dies setzt voraus, dass das Vorstandsmitglied Kenntnis von der Handlung und die Möglichkeit zur Abwehr hatte. Nach h. M. reicht eine fahrlässige Unkenntnis nicht aus, um eine persönliche Inanspruchnahme des Vorstandsmitgliedes herbeizuführen.[570] **205**

---

561 MünchHdb GesR IV/*Wiesner* § 26 Rn. 27.
562 MüKo AktG/*Spindler* § 93 Rn. 277.
563 Siehe Rdn. 198–200.
564 Vgl. dazu oben Rdn. 163–165.
565 Wellhöfer/Peltzer/Müller/*Wellhöfer* § 3 Rn. 82.
566 Siehe Rdn. 198–200.
567 Wellhöfer/Peltzer/Müller/*Wellhöfer* § 3 Rn. 12, § 5 Rn. 1
568 Vgl. hierzu Rdn. 149 und § 4 Rdn. 177–187.
569 Hüffer/*Koch* § 48 Rn. 7; Wellhöfer/Peltzer/Müller/*Wellhöfer* § 3 Rn. 79.
570 BGH NJW 1987, 127 (129); a. A. OLG Frankfurt GRUR-RR 2001, 198 (199).

8. Haftung für die Erfüllung steuerlicher Pflichten

206 Den Vorstandsmitgliedern obliegt die Verantwortung für die Erfüllung der steuerlichen Pflichten der Gesellschaft, § 34 Abs. 1 S. 1 AO. Die §§ 69–76 AO enthalten die wichtigsten allgemeinen steuerlichen Haftungstatbestände, wobei in der Praxis insbesondere dem § 69 AO Bedeutung zukommt.[571] Nach dieser Vorschrift kann das Vorstandsmitglied als persönlich Haftender für die Steuerschuld der Aktiengesellschaft, die nicht selbst handlungsfähig ist, in Anspruch genommen werden. Wirtschaftlich betrachtet hat die Haftung nach § 69 AO Schadensersatzcharakter.[572] Die steuerrelevante Pflichtverletzung des Vorstandsmitgliedes muss vorsätzlich oder grob fahrlässig begangen worden sein und kausal zu einem Haftungsschaden geführt haben. Grundsätzlich sind alle Vorstandsmitglieder zur Erfüllung der steuerlichen Obliegenheiten verpflichtet und haften dementsprechend.[573] Eine Begrenzung dieser Gesamtverantwortung – wenn auch kein Haftungsausschluss – kommt für die anderen Vorstandsmitglieder in Betracht, wenn ein Vorstandsmitglied nach der internen Geschäftsverteilung für die Erfüllung der steuerlichen Pflichten zuständig ist.[574]

9. Vertragliche Ansprüche

207 Das Vorstandsmitglied haftet Dritten grundsätzlich nicht aufgrund seines Anstellungsvertrages, auch nicht nach den Grundsätzen des Vertrages mit Schutzwirkung zugunsten Dritter. Durch ein Garantieversprechen, einen Schuldbeitritt oder eine Bürgschaft kann sich jedoch, wie beim Aktionär,[575] eine vertragliche Haftung ergeben.[576]

10. Vertragsähnliche Ansprüche

208 Ausnahmsweise kann gem. § 311 Abs. 3 BGB ein Schuldverhältnis mit Pflichten nach § 241 Abs. 2 BGB zu Personen entstehen, die nicht selbst Vertragspartei werden sollen. Der Vorstand kann von einem Dritten in Anspruch genommen werden, wenn er ein unmittelbares wirtschaftliches Eigeninteresse hat (Fallgruppe des **Prokurators in rem suam**) oder wenn er in besonderem Maße Vertrauen für sich persönlich in Anspruch nimmt (Fallgruppe der **Sachwalterhaftung**).[577]

11. Deliktische Haftung

209 Bei der durch die Gesetzgebung zunehmend ausgeweiteten und verschärften Außenhaftung des Vorstandsmitgliedes spielen die deliktischen Anspruchsgrundlagen eine wichtige Rolle.[578]

a) Haftung gem. § 823 Abs. 1 BGB

210 Das Vorstandsmitglied haftet einem Dritten, wenn es ein in § 823 Abs. 1 BGB genanntes Rechtsgut eigenhändig oder als Teilnehmer unmittelbar verletzt.[579] In seiner Kirch/Breuer-Entscheidung hat der XI. Zivilsenat des BGH aus den vertraglichen Interessenwahrungs-, Schutz- und Loyalitätspflichten der Gesellschaft gegenüber dem Dritten eine allgemeine Verhaltenspflicht des Vorstands hergeleitet. Ein Gesellschaftsorgan müsse sich hinsichtlich des Integritätsinteresses des Dritten wie eine natürliche Person verhalten und dem Dritten keinen Schaden zufügen.[580]

---

571 Krieger/Schneider/*Prinz/Hick* § 32 Rn. 2.
572 *Beermann* DStR 1994, 805 (807); Krieger/Schneider/*Prinz/Hick* § 32 Rn. 9.
573 BFH/NV 2004, 157.
574 Krieger/Schneider/*Prinz/Hick* § 32 Rn. 13.
575 Siehe oben Rdn. 171.
576 Wellhöfer/Peltzer/Müller/*Wellhöfer* § 3 Rn. 91.
577 Ausführlich hierzu bei der Haftung des Vorstands gegenüber dem Aktionär: Rdn. 172–175.
578 *Ek*, S. 149; Wellhöfer/Peltzer/Müller/*Wellhöfer* § 3 Rn. 97.
579 Krieger/Schneider/*Krieger* § 7 Rn. 29.
580 BGH NJW 2006, 830 (843) – Kirch/Breuer. Kritisch hierzu: Schmitt, Organhaftung und D&O-Versicherung, S. 55 ff.

Problematisch ist die Haftung bei **mittelbaren Verletzungen.** Der VI. Zivilsenat des BGH hat im Baustoff-Urteil einen deliktischer Schadensersatzanspruch aus § 823 Abs. 1 BGB aufgrund einer **Verletzung von Verkehrspflichten** bejaht.[581] Aus den der Gesellschaft gegenüber bestehenden Organpflichten folge eine Garantenstellung zum Schutz fremder, der Einflusssphäre der Gesellschaft anvertrauter Rechtsgüter, wenn der entsprechende Zuständigkeits- und Organisationsbereich dem Geschäftsleiter als Aufgabe zugewiesen sei oder von ihm in Anspruch genommen werde. Obwohl der II. Zivilsenat sich kritisch zu der ausgeweiteten Außenhaftung geäußert hat, weil Organisationspflichten nur der Gesellschaft gegenüber bestünden,[582] hat der VI. Zivilsenat diese Linie in einem späteren Urteil bestätigt.[583] Das Schrifttum diskutiert diese Tendenz der Ausweitung der persönlichen Haftung der Vorstandsmitglieder kritisch, ohne dass sich ein klares Meinungsbild ergibt.[584] 211

b) Haftung gem. § 823 Abs. 2 BGB

Es kommt ein deliktischer Schadensersatzanspruch aus § 823 Abs. 2 BGB in Betracht, wenn das Vorstandsmitglied gegen ein Schutzgesetz verstößt. Schutzgesetze finden sich vornehmlich im AktG und im StGB. Oftmals sind Normen nicht per se als Schutzgesetze anzusehen, sondern nur in Bezug auf Gläubiger der Gesellschaft.[585] 212

c) Haftung gem. § 826 BGB

Im Rahmen des § 826 BGB ist wiederum insbesondere an die Fälle der fehlerhaften Primär- oder Sekundärmarktinformationen zu denken. Hier kann auf die Ausführungen in Rdn. 189 f. verwiesen werden. 213

Eine Haftung nach § 826 BGB kann sich auch bei einer Inkaufnahme der späteren Unmöglichkeit der Erfüllung einer eingegangenen Verbindlichkeit ergeben.[586] 214

C. Aufsichtsrat als Kläger

I. Streitigkeiten bei der Abberufung von Aufsichtsratsmitgliedern

1. Überblick

Die Besetzung des Aufsichtsrates liegt prinzipiell allein in der Verantwortung der Aktionäre.[587] Anders ist dies nur dann, wenn die Aktiengesellschaft der Mitbestimmung nach MontanMitBestG, MitBestG, DrittelbG oder MgVG unterliegt. Sobald das Unternehmen die gesetzlichen Grenzwerte[588] überschreitet, gelten einige Besonderheiten, die in der nachfolgenden Darstellung zu berücksichtigen sind. Probleme, die bei der Besetzung des Aufsichtsrats im Zusammenhang mit dem Statusverfahren nach § 98 AktG auftreten können, wurden bereits unter § 6 Rdn. 179–217 dargestellt. Gleiches gilt für Fragen, die die Beschlussfähigkeit des Aufsichtsrats aufwirft. Auf die dortigen Darstellungen wird insoweit verwiesen. 215

---

581 BGHZ 109, 297 (302–305) (GmbH-Geschäftsführer).
582 BGHZ 125, 366 (375).
583 BGH NJW 2001, 964 (965) – Kindertee.
584 Schmidt/Lutter/*Krieger/Sailer-Coceani* § 93 Rn. 69 m. w.N; Hüffer/*Koch* § 93 Rn. 66 m. w. N.; MüKo AktG/*Spindler* § 93 Rn. 324.
585 Vgl. hierzu Rdn. 182–188.
586 BGH NJW 1994, 197; Wellhöfer/Peltzer/Müller/*Wellhöfer* § 3 Rn. 126.
587 Hüffer/*Koch* § 96 Rn. 2.
588 § 1 Abs. 1 Nr. 2 MitBestG: über 2000 Arbeitnehmer; § 1 Abs. 1 Nr. 1 DrittelbG: über 500 Arbeitnehmer bzw. AG, die keine Familiengesellschaft ist, wurde vor dem 10.08.1994 eingetragen; § 1 MontanMitBestG knüpft von vornherein an den Unternehmenszweck an.

2. Abberufung nach § 103 AktG

216 Einer der prozessual relevantesten Fälle der Beendigung der Mitgliedschaft im Aufsichtsrat ist, neben der erfolgreichen Anfechtung der Wahl des Aufsichtsratsmitgliedes durch die Hauptversammlung gem. § 251 Abs. 1 S. 1 AktG,[589] die Abberufung des Aufsichtsratsmitglieds als die vorzeitige, gegen den Willen des Betroffenen erfolgende Mandatsbeendigung.[590] Der Gesetzgeber unterscheidet in § 103 AktG grundlegend zwischen der Abberufung gewählter bzw. entsandter Aufsichtsratsmitglieder durch das Bestellungsorgan, § 103 Abs. 1 und 2 AktG, und der gerichtlichen Abberufung nach § 103 Abs. 3 AktG. Den erstgenannten Regelungen liegt dabei der Gedanke zugrunde, dass ein Aufsichtsratsmitglied nicht gegen den Willen des Bestellungsorgans für die Dauer der gesamten Amtszeit im Amt bleiben soll.[591] Bei Arbeitnehmervertretern sehen die einschlägigen Beteiligungsgesetze besondere Regelungen vor, die neben § 103 Abs. 3 AktG Anwendung finden, § 103 Abs. 4 AktG.

217 Mit der Abberufung enden die organschaftlichen Rechte und Pflichten zwischen der Gesellschaft und dem Aufsichtsratsmitglied, mit Ausnahme z. B. der Verschwiegenheitspflicht.[592] Im Gegensatz zum Vorstandsmitglied besteht kein gesonderter schuldrechtlicher Vertrag, der einer Kündigung bedürfte.[593]

a) Abberufung durch die Hauptversammlung nach § 103 Abs. 1 AktG

218 Gemäß § 103 Abs. 1 AktG kann die Hauptversammlung die von ihr ohne Bindung an einen Wahlvorschlag (vgl. § 101 Abs. 1 S. 2 AktG) gewählten Aufsichtsratsmitglieder vor Ablauf der Amtszeit jederzeit abberufen. Ein besonderer Grund ist dabei nicht erforderlich, es genügt der Vertrauensentzug durch die Hauptversammlung.[594] Die Abberufung ist nur an formale Anforderungen geknüpft. Erforderlich ist – vorbehaltlich einer anderen satzungsmäßigen Regelung (vgl. § 103 Abs. 1 S. 3 AktG) – eine Beschlussfassung mit Dreiviertelmehrheit, § 103 Abs. 1 S. 2 AktG. Einer Aktionärsminderheit ist das Recht der Abberufung verwehrt.[595] Ist der betroffene Aufsichtsrat zugleich Aktionär, folgt daraus kein Stimmverbot.[596] Die Abberufungskompetenz kann nicht übertragen werden, allerdings kann in der Zustimmung der Hauptversammlung zu einem durch einen Dritten gefassten Abberufungsbeschluss ein Abberufungsbeschluss der Hauptversammlung nach § 103 Abs. 1 S. 1 AktG zu sehen sein.[597] In jedem Fall muss dem Aufsichtsratsmitglied die Abberufung erklärt werden, wobei bei anwesenden Aufsichtsratsmitgliedern die Beschlussfassung als Erklärung genügt.[598]

219 Nach h. M. hat nur ein wirksamer Abberufungsbeschluss den automatischen Amtsverlust des Aufsichtsratsmitglieds zur Folge.[599]

---

589 Siehe hierzu § 8 Rdn. 182.
590 Weitere Fälle der Amtsbeendigung sind beispielsweise: Ablauf der Amtszeit (§ 102 AktG), Tod des Aufsichtsratsmitglieds, Amtsniederlegung, Eintritt eines gesetzlichen Hinderungsgrundes (§ 100 Abs. 1 und 2 AktG), Verschmelzung bei der übertragenden AG und Formwechsel, soweit nicht die Voraussetzungen des § 203 UmwG vorliegen. Vgl. hierzu und zum Ausscheiden der Arbeitnehmervertreter nach den verschiedenen Mitbestimmungsgesetzen: Semler/Von Schenck/*Semler/Wagner* § 2 Rn. 46.
591 Schmidt/Lutter/*Drygala* § 103 Rn. 1.
592 MüKo AktG/*Habersack* § 103 Rn. 20; siehe sogleich zur Verschwiegenheitspflicht Rdn. 257.
593 MüKo AktG/*Habersack* § 103 Rn. 20.
594 KG NZG 2003, 441 (446); MüKo AktG/*Habersack* § 103 Rn. 12; Schmidt/Lutter/*Drygala* § 103 Rn. 3; Semler/von Schenck/*Scholz* § 11 Rn. 40.
595 OLG Düsseldorf WiB 1997, 759 (die abschließende Regelung des § 103 Abs. 1 S. 2 AktG kann grundsätzlich nicht durch die Ausschaltung der Stimmen der Mehrheitsaktionäre wegen Verstoßes gegen die allgemeine Treuepflicht umgangen werden).
596 AnwK-AktR/*Breuer/Fraune* § 103 Rn. 4; Hüffer/*Koch* § 103 Rn. 4, MüKo AktG/*Habersack* § 103 Rn. 13; einschränkend: *Heller* NZG 2009, 1170 (1171).
597 MüKo AktG/*Habersack* § 103 Rn. 10.
598 Hüffer/*Koch* § 103 Rn. 5.
599 KöKo AktG/*Mertens/Cahn* § 103 Rn. 7; a. A. MüKo AktG/*Habersack* § 103 Rn. 22, Hüffer/*Koch* § 103 Rn. 6.

Die Abberufung nach § 103 Abs. 1 S. 1 AktG ist in der Sache einer gerichtlichen Kontrolle nicht zugänglich, da das Gesetz selbst einen Eingriff in die Mitgliedschaftsrechte vorsieht.[600] Dem abberufenen Aufsichtsratsmitglied steht daher **kein Rechtsbehelf** gegen die Entscheidung der Hauptversammlung zur Verfügung.[601] Ein Abberufungsbeschluss der Hauptversammlung kann jedoch wegen formaler Fehler mit der Anfechtungsklage angegriffen werden.[602] 220

b) Abberufung durch den Entsendungsberechtigten gemäß § 103 Abs. 2 AktG

Jederzeit abberufen werden können auch Aufsichtsratsmitglieder, die aufgrund der Satzung entsandt worden sind, § 103 Abs. 2 S. 1 AktG. Das Abberufungsrecht steht dem jeweiligen Entsender zu und ist ebenfalls nicht an sachliche Kriterien geknüpft.[603] Eine gerichtliche Überprüfung ist vor diesem Hintergrund nicht möglich. Der Entsender ist in seiner Entscheidung frei. Es kann zwar gegenüber der Gesellschaft eine Verpflichtung bestehen, ein Aufsichtsratsmitglied bei unzumutbarer Amtsführung abzuberufen,[604] allerdings kann dieser Anspruch nicht gerichtlich durchgesetzt werden. Eine entsprechende Klage ist unzulässig.[605] Gegebenenfalls macht sich der Entsender jedoch gegenüber der Gesellschaft schadensersatzpflichtig.[606] Eine entsprechende Klage ist nach den allgemeinen Sachentscheidungsvoraussetzungen zulässig. 221

Nach § 103 Abs. 2 S. 2 AktG kann die Hauptversammlung das entsandte Aufsichtsratsmitglied mit einfacher Mehrheit abberufen, wenn die in der Satzung bestimmten Voraussetzungen des Entsendungsrechts weggefallen sind. 222

c) Gerichtliche Abberufung aus wichtigem Grund gemäß § 103 Abs. 3 AktG

Die Abberufung eines Aufsichtsratsmitgliedes kann auf Antrag auch durch Gericht erfolgen, wenn ein wichtiger Grund vorliegt, § 103 Abs. 3 S. 1 AktG. 223

Das Verfahren beginnt mit einem Antrag, der beim nach § 14 AktG i. V. m. § 23a Abs. 1 Nr. 2, Abs. 2 Nr. 4 GVG i. V. m. § 375 Nr. 3 FamFG zuständigen Amtsgericht am Sitz der Gesellschaft zu stellen ist. Das Verfahren richtet sich nach §§ 23 ff. FamFG. Das Amtsgericht entscheidet durch Beschluss, §§ 38 ff. FamFG, gegen den die **Beschwerde** mit Monatsfrist[607] zum Landgericht nach **§ 103 Abs. 3 S. 4 AktG i. V. m. § 58, 63 FamFG** statthaft ist. Anders als bei der Abberufung gem. § 103 Abs. 1 und 2 AktG kann sich das Aufsichtsratsmitglied also gegen die gerichtliche Abberufung zur Wehr setzen. Über eine gegen die Beschwerde gerichtete Rechtsbeschwerde nach § 70 Abs. 1 und 2 FamFG entscheidet letztinstanzlich gem. § 133 GVG der Bundesgerichtshof. 224

Antragsberechtigt sind nach § 103 Abs. 3 S. 2 AktG der Aufsichtsrat und unter den zusätzlichen Voraussetzungen des § 103 Abs. 3 S. 3 AktG die Aktionäre. Demnach können diese einen Antrag stellen, sofern sie einen Anteil von 10 % des Grundkapitals oder ein Aktienpaket im Wert von 1 Mio. Euro halten und das Aufsichtsratsmitglied auf Grund der Satzung in den Aufsichtsrat entsandt worden ist. Bei der Antragstellung durch den Aufsichtsrat ist das betroffene Aufsichtsratsmitglied nach h. M. analog § 34 BGB einem Stimmrechtsverbot unterworfen.[608] Die Beschlussfassung in einem dreiköpfigen Gremium kann daher problematisch sein, weil nach § 108 Abs. 2 S. 3 AktG in jedem Fall drei Mitglieder an der Beschlussfassung des Aufsichtsrats teilnehmen müssen. Der BGH bejaht 225

---

600 OLG Düsseldorf WiB 1997, 759; Hüffer/*Koch* § 243 Rn. 24 ff.
601 Semler/v. Schenck/*Scholz* § 11 Rn. 41.
602 Siehe zur Anfechtungsklage gegen Hauptversammlungsbeschlüsse § 8 Rdn. 2–232.
603 Schmidt/Lutter/*Drygala* § 103 Rn. 8.
604 MüKo AktG/*Habersack* § 103 Rn. 24.
605 Schmidt/Lutter/*Drygala* § 103 Rn. 10; MüKo AktG/*Habersack* § 103 Rn. 24.
606 Schmidt/Lutter/*Drygala* § 103 Rn. 10.
607 Vor dem 1.9.2009: sofortige Beschwerde.
608 BGH NJW-RR 2007, 1484 (1485); BayObLG NZG 2003, 691 (692); AnwK-AktR/*Breuner/Fraune* § 108 Rn. 13; MünchHdb GesR IV/*Hoffmann-Becking* § 30 Rn. 58; Hüffer/*Koch* § 108 Rn. 9.

die Beschlussfähigkeit, verlangt aber die Enthaltung des betroffenen Aufsichtsratsmitglieds.[609] Da der BGH aber selbst bei einer positiven Stimmabgabe von einer wirksamen Beschlussfassung ausgeht, sofern diese keinen Einfluss auf das Beschlussergebnis gehabt hat,[610] ist darüber hinaus anzunehmen, dass das Stimmverhalten des betroffenen Aufsichtsratsmitgliedes nicht relevant für die Beschlussfassung ist.[611] Einige Obergerichte sowie Teile der Literatur gehen demgegenüber aufgrund des klaren Wortlauts von der Beschlussunfähigkeit des Aufsichtsrates aus.[612] Möglich wäre in diesem Fall allein die Ersatzbestellung durch das Gericht nach § 104 Abs. 1 S. 1 AktG.[613] Unstreitig ist hingegen, dass der Vorstand nicht antragsbefugt ist.[614]

226 Das Abberufungsverfahren hat in der Sache Erfolg, wenn in der Person des Aufsichtsratsmitgliedes ein wichtiger Grund vorliegt. Maßstab ist insofern wie bei der Abberufung eines Vorstandsmitglieds § 84 Abs. 3 S. 2 AktG, weshalb insoweit auf die obigen Ausführungen verwiesen wird.[615] Ein wichtiger Grund liegt vor, wenn die Fortsetzung des Amtsverhältnisses bis zum Ende der Laufzeit der Gesellschaft nicht zuzumuten ist.[616] Als schwer wiegende Pflichtverletzungen des Aufsichtsratsmitglieds werden insbesondere angesehen:
– die wiederholte Anmaßung von Kontrollbefugnissen des Gesamtorgans durch einzelne Mitglieder,[617]
– die Behinderung der Zusammenarbeit im Aufsichtsrat bzw. die Zerstörung der Vertrauensbasis durch ständiges intrigantes Verhalten,[618]
– ein Verstoß gegen Verschwiegenheitsverpflichtungen,[619]
– eine Kontaktaufnahme zu Geschäftspartnern der Gesellschaft mit dem Ziel der Erörterung sachlicher Einzelheiten der Geschäftsbeziehungen,[620]
– die Verletzung von Insiderverboten,[621]
– sonstige schwere Sorgfalts- und Treuepflichtverletzungen.

227 Nicht abschließend geklärt ist, ob die Tätigkeit für ein Konkurrenzunternehmen einen Abberufungsgrund i. S. v. § 103 Abs. 3 S. 1 AktG darstellt.[622] Ohne eine objektiv feststellbare Beeinträchtigung der Unternehmensinteressen dürfte dies jedoch kaum anzunehmen sein.[623]

II. Gerichtliche Durchsetzung der Rechte des Aufsichtsrates

228 Der Aufsichtsrat kann seine Rechte gerichtlich gegenüber der Gesellschaft durchsetzen, die dabei vom Vorstand im Rahmen der Geschäftsführungsbefugnis nach § 78 Abs. 1 S. 1 AktG vertreten wird. Ob daneben Ansprüche des Aufsichtsrates oder einzelner Mitglieder denkbar sind, die im

---

609 BGH NJW-RR 2007, 1484.
610 BGH NJW-RR 2007, 1484 (1485).
611 *Priester* AG 2007, 190 (193); *Stadler/Berner* NZG 2003, 49 (53).
612 BayObLG NZG 2003, 691; OLG Frankfurt ZIP 2005, 2322 (2324 f.); Schmidt/Lutter/*Drygala* § 103 Rn. 13.
613 Lutter/Krieger/*Krieger* § 12 Rn. 833.
614 MünchHdb GesR IV/*Hoffmann-Becking* § 30 Rn. 58.
615 Siehe Rdn. 21–27.
616 OLG Frankfurt AG 2008, 456 (457); OLG Stuttgart AG 2007, 218; LG Frankfurt NJW 1987, 505; Hüffer/*Koch* § 103 Rn. 10; MüKo AktG/*Habersack* § 103 Rn. 39.
617 OLG Frankfurt/Main NZG 2008, 272 (273).
618 *Säcker* NJW 1986, 803, 810; Hüffer/*Koch* § 103 Rn. 41.
619 OLG Stuttgart NZG 2007, 72.
620 OLG Zweibrücken DB 1990, 1401.
621 Semler/v. Schenck/*Scholz* § 11 Rn. 63.
622 Zum Streitstand: Schmidt/Lutter/*Drygala* § 103 Rn. 17.
623 Schmidt/Lutter/*Drygala* § 103 Rn. 17.

Wege des Inter- oder Intraorganstreitverfahrens geltend gemacht werden können, ist umstritten[624] und bereits unter § 3 Rdn. 12–16 erörtert worden.

1. Geltendmachung von Vergütungs- und Auslagenersatzansprüchen

Unproblematisch ist die Durchsetzung persönlicher Rechte außerhalb der organschaftlichen Befugnisse (Vergütungs- und Auslagenersatzansprüche) durch einzelne Aufsichtsratsmitglieder. Die einzelnen Aufsichtsratsmitglieder sind Anspruchsinhaber und daher selbst zur Geltendmachung befugt.[625] Schuldnerin des Anspruchs ist die Gesellschaft.[626] Die **Leistungsklage** ist also gegen die Aktiengesellschaft, vertreten durch den Vorstand, § 112 AktG, zu richten.[627]

a) Vergütungsansprüche

Ob die Mitglieder des Aufsichtsrates eine Vergütung erhalten, liegt im **Ermessen** der Aktionäre (§ 113 Abs. 1 S. 1 AktG: »kann«).[628] Die Hauptversammlung kann eine Vergütung entweder bewilligen oder in der Satzung vorsehen, § 113 Abs. 1 S. 2 AktG. Zwischen der Gesellschaft und den einzelnen Aufsichtsratsmitgliedern besteht nach in der neueren Literatur weit überwiegender Ansicht kein vertragliches Anstellungsverhältnis.[629] Der etwaige Vergütungsanspruch ist allein mit der Amtsstellung verbunden,[630] daher kann Grundlage eines Vergütungsanspruchs nur eine entsprechende Satzungsbestimmung oder ein festsetzender Hauptversammlungsbeschluss sein.[631] Vertragliche Ansprüche, wie etwa bei der Vorstandsvergütung, existieren nicht.

Die **Höhe der Vergütung** ist gesetzlich nicht festgelegt, soll sich aber an den Aufgaben des Aufsichtsrates unter Berücksichtigung des Zustandes der Gesellschaft orientieren, § 113 Abs. 1 S. 3 AktG. In der Praxis werden häufig ein fester Betrag und ein am Unternehmensgewinn orientierter Bonus miteinander kombiniert.[632] Der Vergütungsanspruch ist – vorbehaltlich abweichender Satzungsbestimmungen oder Hauptversammlungsbeschlüsse – bei fester Vergütung bereits zu Beginn des Geschäftsjahres, bei erfolgsabhängigen Prämien mit der Feststellung des Jahresabschlusses fällig.[633]

Strittig ist, ob die Gesellschaft die Zahlung einer Vergütung unter Hinweis auf die **Untätigkeit eines Aufsichtsratsmitgliedes** verweigern kann. Die wohl h. M. geht davon aus, dass ein unentschuldigtes Fernbleiben bzw. ein regelmäßiges Fehlen bei Sitzungen zu einer Anspruchskürzung bis auf Null führen kann.[634] Wird hingegen geltend gemacht, ein Aufsichtsratsmitglied habe seine Überwachungspflichten nicht ausreichend erfüllt, bleibt der Anspruch auf Vergütung prinzipiell bestehen, weil diese Aufgabe dem Gesamtorgan obliegt.[635] Eine Anspruchskürzung kommt aber in Betracht, wenn das Aufsichtsratsmitglied ihm gesondert übertragene Aufgaben nicht erfüllt.[636]

Die **Verjährung** möglicher Zahlungsansprüche richtet sich nach den allgemeinen Vorschriften der §§ 195, 199 BGB.

---

624 Zum Streitstand: Hüffer/*Koch* § 90 Rn. 16 ff.; KöKo AktG/*Mertens/Cahn* § 76 Rn. 4; MünchHdb GesR IV/*Hoffmann-Becking* § 33 Rn. 69.
625 MüKo AktG/*Habersack* § 113 Rn. 37; MünchHdb GesR IV/*Hoffmann-Becking* § 33 Rn. 70.
626 MüKo AktG/*Habersack* § 113 Rn. 37.
627 MünchHdb GesR IV/*Hoffmann-Becking* § 33 Rn. 70; Hüffer/*Koch* § 90 Rn. 16.
628 Semler/v. Schenck/*Semler/Wagner* § 10 Rn. 8.
629 MüKo AktG/*Habersack* § 101 Rn. 67; Hüffer/*Koch* § 101 Rn. 2, § 113 Rn. 2.
630 Hüffer/*Koch* § 113 Rn. 2; MünchHdb GesR IV/*Hoffmann-Becking* § 33 Rn. 10; Schmidt/Lutter/*Drygala* § 113 Rn. 6.
631 MüKo AktG/*Habersack* § 113 Rn. 27.
632 MüKo AktG/*Habersack* § 113 Rn. 7; MAH AktR/*Schüppen/Unsöld* § 23 Rn. 13.
633 MüKo AktG/*Habersack* § 113 Rn. 44; Semler/v. Schenck/*Semler/Wagner* § 10 Rn. 4 f.
634 MüKo AktG/*Habersack* § 113 Rn. 45; Semler/v. Schenck/*Semler/Wagner* § 10 Rn. 61; a. A. *Natzel* DB 1965, 1429 (1434).
635 MüKo AktG/*Habersack* § 113 Rn. 45.
636 MüKo AktG/*Habersack* § 113 Rn. 45.

b) Auslagenersatzansprüche

234 Unabhängig von einer Vergütung nach der Satzung bzw. dem Hauptversammlungsbeschluss kann ein Aufwendungsersatzanspruch aus §§ 675 Abs. 1, 670 BGB bestehen, sofern das Aufsichtsratsmitglied erforderliche Aufwendungen in Erfüllung seiner Tätigkeit gemacht hat.[637] In diesem Zusammenhang müssen auch etwaige materiell-rechtliche Kostenerstattungsansprüche der einzelnen Aufsichtsratsmitglieder gegen die Aktiengesellschaft erwähnt werden, die im Rahmen der pflichtgemäßen Aufgabenwahrnehmung entstehen können. Daneben können für die Leistungen der einzelnen Aufsichtsratsmitglieder außerhalb ihrer Tätigkeit im Aufsichtsrat selbstständige Ansprüche aus Beratungsverträgen bestehen. Zu beachten ist, dass derartige Verträge einer Zustimmung des Aufsichtsrats bedürfen, § 114 AktG.[638] Zur Durchsetzung steht in beiden Fällen die Leistungsklage zur Verfügung, wobei sich für die Zulässigkeit keine Besonderheiten ergeben.

2. Geltendmachung von Informations- und Mitwirkungsrechten gegenüber dem Vorstand

235 Die Überwachungsaufgabe des Aufsichtsrates erfordert seine ständige Unterrichtung über Maßnahmen der Geschäftsführung, weshalb das Gesetz verschiedene Informations- und Mitwirkungsrechte vorsieht, die der Aufsichtsrat insbesondere gegenüber dem Vorstand geltend machen kann. Vor diesem Hintergrund sind in erster Linie Rechtsstreitigkeiten zwischen den einzelnen Organen, insbesondere zwischen Aufsichtsrat und Vorstand, denkbar. Daneben räumt das Gesetz auch einzelnen Aufsichtsratsmitgliedern Informations- und Mitwirkungsrechte ein, die diese als individuelles Recht geltend machen können. Insofern ist weiter danach zu differenzieren, ob es sich um einen internen Streit innerhalb des Aufsichtsrats oder um einen Streit eines einzelnen Aufsichtsratsmitgliedes mit einem anderen Organ handelt.

a) Durchsetzung der Rechte des Gesamtorgans

236 Die Rechte, die dem Aufsichtsrat als Gesamtheit zustehen, können prinzipiell auch nur von diesem geltend gemacht werden. Dazu zählt insbesondere der Anspruch des Aufsichtsrates auf Berichterstattung durch den Vorstand gemäß § 90 Abs. 3 S. 1 AktG. Da der Aufsichtsrat von der Geschäftsführung im Wesentlichen ausgeschlossen ist, bedarf er zur Wahrnehmung seiner Überwachungs- und Kontrollfunktion der ständigen Berichterstattung durch den Vorstand. Mit der Berichterstattungspflicht des Vorstandes aus § 90 Abs. 1 S. 1 AktG korrespondiert insoweit ein gerichtlich durchsetzbarer Anspruch. Der Aufsichtsrat muss in die Lage versetzt werden, die Geschäftspolitik des Vorstandes in der Vergangenheit, aber auch für die Zukunft beurteilen zu können.[639] Der Begriff der »Angelegenheiten der Gesellschaft« in § 90 Abs. 3 S. 1 AktG ist dabei weit auszulegen und erfasst nicht nur Vorgänge von erheblicher Bedeutung.[640]

237 Da der so genannte Interorganstreit überwiegend abgelehnt wird (vgl. § 3 Rdn. 13), sind Ansprüche des Aufsichtsrates als Gesamtgremium regelmäßig gegenüber der Gesellschaft geltend zu machen.

b) Durchsetzung von subjektiven Organrechten

238 Subjektive Rechte stehen den einzelnen Aufsichtsratsmitgliedern zu, sie haben jedoch grundsätzlich über die gesetzlich ausdrücklich geregelten keine hinausgehenden eigenen Klagerechte.[641] Zu unterscheiden ist zwischen organinternen Rechten gegenüber dem Gremium Aufsichtsrat und Rechten,

---

637 Vgl. hierzu im Einzelnen: Lutter/Krieger/*Krieger* § 12 Rn. 845; MünchHdb GesR IV/*Hoffmann-Becking* § 33 Rn. 12.
638 Vgl. hierzu im Einzelnen: Lutter/Krieger/*Krieger* § 12 Rn. 858.
639 Zum Inhalt der Berichte im Einzelnen: Lutter/Krieger/*Krieger* § 6 Rn. 224.
640 MüKo AktG/*Spindler* § 90 Rn. 34.
641 BGHZ 106, 54 (62).

die dem einzelnen Aufsichtsratsmitglied gegenüber anderen Gesellschaftsorganen zustehen und die es gegebenenfalls für den Aufsichtsrat geltend macht.

aa) Durchsetzung von organinternen Befugnissen

Gegenüber dem Aufsichtsrat kann das einzelne Mitglied – vorbehaltlich weitergehender Regelungen in der Satzung – folgende Rechte auch gerichtlich durchsetzen: 239
- Teilnahme an den Sitzungen des Aufsichtsrates aufgrund der Funktion als bestelltes Gremiumsmitglied[642] und, soweit nicht ein rechtmäßiger Ausschluss durch den Aufsichtsratsvorsitzenden gegeben ist, an Sitzungen der Aufsichtsratsausschüsse (§ 109 Abs. 2 AktG),[643]
- Ergänzung der Tagesordnung,[644]
- Einsichtnahme in die schriftlichen Berichte des Vorstandes, § 90 Abs. 5 AktG, wobei wegen § 111 Abs. 5 AktG kein generelles Recht besteht, bei der Einsichtnahme einen Sachverständigen hinzuzuziehen,[645]
- Stellen von Beschlussanträgen und Teilnahme an den Abstimmungen.[646]

Einschränkungen dieser Rechte können sich aus dem allgemeinen Grundsatz ergeben, dass niemand Richter in eigener Sache sein kann, wie dies in §§ 34, 28 Abs. 1 BGB, § 136 Abs. 1 AktG deutlich wird, oder aus sonstigen Interessenkollisionen.[647] Alle weiteren individuellen Organrechte wie Teilnahme-, Rede-, Informations- und Stimmrechte kann das einzelne Aufsichtsratsmitglied ohne weiteres geltend machen.[648] 240

Richtiger Klagegegner ist bei Ablehnung des Intraorganstreits (vgl. § 3 Rdn. 15) die Gesellschaft, vertreten durch ihren Vorstand.[649] 241

bb) Durchsetzung von Rechten gegenüber anderen Gesellschaftsorganen

Organschaftliche Rechte, wie das Recht auf Berichterstattung, stehen zwar in erster Linie dem Gesamtgremium zu, daneben gibt es aber auch subjektive Rechte einzelner Aufsichtsratsmitglieder gegenüber anderen Gesellschaftsorganen, die ebenfalls gerichtlich durchgesetzt werden können. Dazu zählen im Einzelnen:[650] 242
- Anspruch auf Berichterstattung an den Gesamtaufsichtsrat, § 90 Abs. 3 S. 2 AktG,
- Mitteilungsrecht über Einberufung der Hauptversammlung nebst dazugehöriger Unterlagen, § 125 Abs. 3 AktG,
- Teilnahmerecht an Hauptversammlungen, § 118 Abs. 2 S. 1 AktG, allerdings weder Antrags- noch Stimmrecht.

Da es sich bei § 90 AktG um das Informationsrecht des Aufsichtsrates in seiner Gesamtheit handelt, kann das einzelne Mitglied die Berichterstattung nur an den gesamten Aufsichtsrat verlangen.[651] Ein Anspruch auf Vorabinformation zugunsten einzelner Aufsichtsratsmitglieder besteht vor diesem Hintergrund nicht.[652] Es bleibt dem Vorstand jedoch unbenommen, einzelne Aufsichtsratsmit- 243

---

642 Hüffer/*Koch* § 109 Rn. 2, 6; Semler/v. Schenck/*Gittermann* § 6 Rn. 178.
643 Lutter/Krieger/*Krieger* § 12 Rn. 827; MAH AktR/*Schüppen/Unsöld* § 23 Rn. 203.
644 Lutter/Krieger/*Krieger* § 12 Rn. 826.
645 BGH NJW 1983, 991.
646 Lutter/Krieger/*Krieger* § 12 Rn. 825.
647 BGH NJW-RR 2007, 1484 (1485); BayObLG NZG 2003, 691 (693).
648 Lutter/Krieger/*Krieger* § 12 Rn. 838.
649 BGH NJW 1983, 991; LG Düsseldorf AG 1988, 386; für eine analoge Anwendung von § 112 S. 1 AktG: Lutter/Krieger/*Krieger* § 12 Rn. 837 und *Stodolkowitz* ZHR 154 (1990), 1 (16).
650 Vgl. Lutter/Krieger/*Krieger* § 12 Rn. 830; MünchHdb GesR IV/*Hoffmann-Becking* § 33 Rn. 75.
651 OLG Stuttgart NZG 2007, 549 (550); Hölters/*Müller-Michaels* § 90 Rn. 18; Lutter/Krieger/*Krieger* § 12 Rn. 829.
652 LG Bonn AG 1987, 24 (25).

glieder zu unterrichten.[653] Eine Grenze findet das Informationsrecht des einzelnen Aufsichtsratsmitgliedes grundsätzlich nur in Missbrauchsfällen.[654] Solche Situationen können insbesondere dann entstehen, wenn konkrete Anhaltspunkte dafür bestehen, dass ein Aufsichtsratsmitglied eigene oder gesellschaftsschädliche Interessen verfolgt.[655]

244 Klagen einzelner Mitglieder des Aufsichtsrates aus eigenem Recht sind zulässig.[656] Soweit im Übrigen ein Recht nur dem Aufsichtsrat insgesamt zusteht, sind die einzelnen Mitglieder zur Geltendmachung dieser Rechte nicht befugt.[657] Als actio pro socio können Klagen nur im Einzelfall erhoben werden, wenn nicht auf diesem Weg Konflikte zwischen Mehrheit und Minderheit im Aufsichtsrat ausgelagert werden.[658] Hinsichtlich der übrigen prozessualen Besonderheiten wird auf die Ausführungen in § 3 Rdn. 16 verwiesen.

D. Aufsichtsrat als Beklagter

I. Klagen der Gesellschaft gegen den Aufsichtsrat auf Schadensersatz

245 Da der BGH den sog. Organstreit ablehnt, kann der Aufsichtsrat als solcher streng genommen nicht an einem Rechtsstreit beteiligt sein. Lediglich die einzelnen Aufsichtsratsmitglieder können, ggf. als Streitgenossen, Gegner der Aktiengesellschaft auf Beklagtenseite sein. Die Ersatzansprüche gegen ein Mitglied des Aufsichtsrats stehen grundsätzlich der Gesellschaft zu, weil der Aufsichtsrat nur der Gesellschaft gegenüber vermögensbetreuungspflichtig ist.[659] Die Aufsichtsratsmitglieder sind daher grundsätzlich nicht den Aktionären zum Schadensersatz verpflichtet.

1. Schadensersatz nach §§ 116 S. 1 i.V.m. 93 Abs. 2 S. 1 AktG

246 Die Schadensersatzpflicht der einzelnen Aufsichtsratsmitglieder ist im Wesentlichen parallel zu der Haftung des Vorstandes ausgestaltet. Zum Schadensersatz ist ein Mitglied des Aufsichtsrats nach §§ 116 S. 1 i.V.m. 93 Abs. 2 S. 1 AktG verpflichtet, wenn es schuldhaft seine Pflichten verletzt und der Gesellschaft dadurch ein Schaden entsteht. Soweit sich für die Haftung des Aufsichtsrates keine Besonderheiten ergeben, auf die im Folgenden eingegangen wird, wird auf die Ausführungen zur Vorstandshaftung verwiesen.[660]

a) Zulässigkeit

247 Die Durchsetzung von Schadensersatzansprüchen gegen die Aufsichtsratsmitglieder ist Aufgabe des Vorstands. Dieser entscheidet darüber im Rahmen der allgemeinen Geschäftsführungsbefugnis gem. § 78 Abs. 1 S. 1 AktG. In entsprechender Anwendung der »ARAG/Garmenbeck«-Rechtsprechung, die sich auf den umgekehrten Fall bezieht,[661] ist der Vorstand grundsätzlich verpflichtet, die Schadensersatzansprüche zu verfolgen, wenn er nach einer sorgfältigen und sachgerechten Analyse zum Ergebnis gelangt, dass sie erfolgversprechend geltend gemacht werden können.[662] Bei Untätigkeit des Vorstands kann die Hauptversammlung mit einfacher Mehrheit die Durchsetzung der Schadensersatzansprüche zugunsten der Gesellschaft erzwingen, § 147 Abs. 1 S. 1 AktG.[663]

---

653 MüKo AktG/*Spindler* § 90 Rn. 43.
654 Hölters/*Müller-Michaels* § 90 Rn. 18; KöKo AktG/*Mertens/Cahn* § 90 Rn. 50.
655 Schmidt/Lutter/*Krieger/Sailer-Coceani* § 90 Rn. 45.
656 BGHZ 85, 293 (295); MünchHdb GesR IV/*Hoffmann-Becking* § 33 Rn. 75.
657 BGHZ 106, 54 (63).
658 Ausdrücklich offen lassend: BGHZ 106, 54 (59–62).
659 BGH NJW-RR 1986, 1158 (1159); Schwerdtfeger GesR/*Paschcke* § 116 AktG Rn. 13.
660 Siehe Rdn. 60–138.
661 Hierzu sogleich Rdn. 256.
662 Lutter/Krieger/*Krieger* § 13 Rn. 1013.
663 Vgl. z. B. den Fall der »HypoVereinsbank«, OLG München NZG 2008, 230; i. Ü. vgl. zum besonderen Vertreter nach § 147 AktG und zum Klagezulassungsverfahren nach § 148 AktG Rdn. 66–69 und § 6 Rdn. 148–176.

D. Aufsichtsrat als Beklagter § 9

Die gerichtliche Zuständigkeit richtet sich nach den allgemeinen Vorschriften, wobei zu beachten ist, 248 dass bei einem Streit zwischen Gesellschaft und Aufsichtsrat über etwaige Pflichtverletzungen dieser als Vorsteher i. S. v. § 95 Abs. 1 Nr. 4 lit. a GVG anzusehen ist, weshalb die Zuständigkeit der Kammer für Handelssachen gegeben ist (wenn keine Kammer für Handelssachen gebildet ist: Zivilkammer).[664] Neben der örtlichen Zuständigkeit nach §§ 12, 13 ZPO kommt bei Klagen aus Organhaftung auch eine Zuständigkeit nach § 29 ZPO in Betracht. Als Erfüllungsort gilt grundsätzlich der Gesellschaftssitz.[665]

b) Sonstige prozessuale Besonderheiten (Darlegungs- und Beweislastverteilung)

Im Zusammenhang mit der Verteilung der Darlegungs- und Beweislast gelten die gleichen Grund- 249 sätze wie bei der Vorstandshaftung.[666] Hinsichtlich der Pflichtwidrigkeit greift wie bei der Vorstandshaftung die **Beweislastumkehr** aus § 93 Abs. 2 S. 2 AktG.

c) Begründetheit

Der Schadensersatzanspruch § 116 i. V. m. § 93 Abs. 2 AktG setzt voraus, dass das Aufsichtsratsmit- 250 glied **schuldhaft** eine **Pflicht** verletzt hat und dadurch der Gesellschaft **kausal** ein **Schaden** entstanden ist. Es darf **kein Haftungsausschluss** nach § 93 Abs. 4 AktG vorliegen sowie **keine Verjährung** nach § 93 Abs. 6 AktG eingetreten sein.

aa) Pflichtverletzungen

(1) Sorgfaltspflicht

Die Aufsichtsratsmitglieder haben bei ihrer Amtsführung die Sorgfalt eines ordentlichen und gewis- 251 senhaften Aufsichtsführenden und Beraters anzuwenden.[667] Dies gilt als typisierter Verschuldensmaßstab nach heute ganz h. M. für alle Aufsichtsratsmitglieder, auch für diejenigen der Arbeitnehmerseite.[668] Jedes Mitglied muss die Fähigkeiten und Kenntnisse besitzen oder sich aneignen, die zum Verständnis oder zur Beurteilung aller normalen Geschäftsvorgänge erforderlich sind (Mindeststandard).[669] Differenzierungen sind allerdings nach Art und Größe des Unternehmens statthaft. Durch Übernahme einer besonderen Funktion können für einzelne Mitglieder erhöhte Anforderungen gelten. Die übernommenen Tätigkeiten müssen jedoch zum Pflichtenkreis des Aufsichtsrats gehören; handelt es sich um eine zusätzliche Aufgabe, über die Überwachung des Vorstandes hinaus, so kann für diese Tätigkeit keine Haftung nach §§ 116, 93 AktG begründet werden.[670] Das gleiche gilt nach h. M. für ein Mitglied, das aufgrund seiner Spezialkenntnisse in den Aufsichtsrat gewählt wurde, bezüglich dieses speziellen Gebiets.[671] So haftet ein Aufsichtsratsmitglied, wenn es im Rahmen seines Spezialgebiets dem Vorstand eine falsche Auskunft gegeben hat.[672]

---

664 OLG München NZG 2010, 668 (669).
665 BGH NJW-RR 1992, 800 (801); LG Dortmund AG 2002, 97 (98).
666 OLG Hamm, Urteil vom 20.03.2006, Az. 8 U 208/01 – juris Rn. 28; Krieger/Schneider/*Krieger* § 3 Rn. 41. Vgl. zur Vorstandshaftung Rdn. 71–73
667 BGH NJW 1991, 1830 (1831); MünchHdb GesR IV/*Hoffmann-Becking* § 33 Rn. 58.
668 BGHZ 85, 293 (295 f.); Hüffer/*Koch* § 116 Rn. 3; MüKo AktG/*Habersack* § 116 Rn. 23; Spindler/Stilz/*Spindler* § 116 Rn. 8; MünchHdb GesR IV/*Hoffmann-Becking* § 33 Rn. 61; *Edenfeld/Neufang* AG 1999, 49 (50).
669 BGHZ 85, 293 (295 f.).
670 LG Ravensburg NZG 2014, 1233 für die Übernahme der Versammlungsleitung durch ein Mitglied des Aufsichtsrates.
671 BGH AG 2011, 876; OLG Düsseldorf ZIP 1984, 825 (830 f.); Hüffer/*Koch* § 116 Rn. 4; MüKo AktG/*Habersack* § 116 Rn. 28; Spindler/Stilz/*Spindler* § 116 Rn. 17; a. A.; GroßKomm AktG/*Hopt/Roth* § 116 Rn. 52; *Schmidt* GesR § 28 III 1d.
672 BGH BB 2011, 2960 (2962).

252 Die **Überwachungsfunktion**, die sich aus § 111 Abs. 1 AktG ergibt, ist bei möglichen Pflichtverletzungen zentraler Anknüpfungspunkt. Jedes Mitglied ist verpflichtet, an der Erfüllung der Aufgaben des Aufsichtsrates mitzuwirken, sich somit aktiv an der Arbeit des Gremiums zu beteiligen.[673] Grundlegend ist auch die Pflicht zur insgesamt sorgfältigen Amtsführung, die beispielsweise beinhaltet, sich zumindest einen groben Überblick über die Geschäftstätigkeiten der Gesellschaft zu verschaffen.[674] Auch die regelmäßige Einberufung von Sitzungen gehört zu den grundlegenden Pflichten,[675] wobei diese wegen § 110 Abs. 1 S. 1 AktG auch das einzelne Mitglied trifft. Darüber hinaus bestehen zahlreiche Sorgfalts- und Treuepflichten sowie besondere Informationspflichten, auf die nunmehr im Einzelnen eingegangen werden soll.

253 Der Überwachung unterliegen grundsätzlich nur die Leitungsentscheidungen des Vorstandes, während der Aufsichtsrat zu einer Kontrolle der alltäglichen Geschäftsführung nicht berufen ist.[676] Diesbezüglich muss der Aufsichtsrat insbesondere dafür Sorge tragen, dass das Handeln des Vorstandes den gesetzlichen Vorgaben entspricht. Daneben umfasst die Überwachung auch die Wirtschaftlichkeit und Zweckmäßigkeit einer Leitungsentscheidung.[677] Bei der Beurteilung, ob eine Pflichtverletzung anzunehmen ist, wirkt in diesem Zusammenhang die Beachtung der **Business Judgement Rule** des § 93 Abs. 1 S. 2 AktG auch zugunsten der Aufsichtsratsmitglieder haftungsbeschränkend bzw. haftungsausschließend.[678] Diesbezüglich gelten die Maßstäbe der Vorstandshaftung[679] sinngemäß, wobei vom Aufsichtsrat eine umfassende Abwägung erwartet wird, die sich – eine umfassende Information vorausgesetzt – auch in der Diskussion mit dem Vorstand entwickeln kann.[680] Da dem Vorstand ein eigener Ermessensspielraum zusteht, darf der Aufsichtsrat jedoch seine Abwägungsentscheidung nicht an die Stelle der Entscheidung des Vorstandes setzen, solange dessen Handeln kaufmännisch vertretbar erscheint.[681] Entscheidend ist, dass sich der Aufsichtsrat hinreichend informiert hat. Bei offensichtlich unvertretbaren Entscheidungen des Vorstandes kann hingegen eine Pflicht bestehen, die Geschäftsführung ad hoc zu einer zustimmungsbedürftigen Maßnahme i. S. v. § 111 Abs. 4 S. 2 AktG zu erklären, um sodann die Zustimmung zu verweigern.[682] Ein Zustimmungsvorbehalt kann auch erforderlich sein, wenn der Verdacht begründet ist, dass der Vorstand seiner Verpflichtung zur Offenheit gegenüber dem Aufsichtsrat nur unzureichend nachkommt.[683] Erhöhte Anforderungen an die Überwachung bestehen naturgemäß, wenn sich das Unternehmen in wirtschaftlicher Schieflage befindet. Will der Aufsichtsrat in diesem Fall sein Haftungsrisiko minimieren, muss die Kontrolldichte erhöht werden.[684] Der Aufsichtsrat kann insbesondere verpflichtet sein, auf die Stellung eines Insolvenzantrages hinzuwirken.[685]

254 Um seiner Überwachungsfunktion gerecht zu werden, benötigt der Aufsichtsrat fortwährend Informationen, die für seine Urteilsbildung erforderlich sind.[686] Informationsdefizite gehen prinzipiell nicht zu Lasten des Aufsichtsrates, sofern er pflichtgemäß um Information nachgesucht hat. Der Aufsichtsrat und seine Mitglieder müssen also selbst darauf hinwirken, dass der Vorstand seiner Berichtspflicht aus § 90 Abs. 1 S. 1 AktG gerecht wird, wenn zu befürchten ist, dass die Berichte des Vor-

---

673 Lutter/Krieger/*Krieger* § 12 Rn. 885.
674 OLG Düsseldorf BB 1984, 998 (999).
675 Lutter/Krieger/*Krieger* § 13 Rn. 989.
676 Lutter/Krieger/*Krieger* § 13 Rn. 985.
677 LG Stuttgart AG 2000, 237 (238); *Fonk* ZGR 2006, 841 (863).
678 Lutter/Krieger/*Krieger* § 13 Rn. 986.
679 Dazu ausführlich Rdn. 93–100.
680 Vgl. Ziff. 3.2. DCGK; MAH AktR/*Ritter* § 24 Rn. 120.
681 LG Stuttgart AG 2000, 237 (238); Schmidt/Lutter/*Drygala* § 116 Rn. 11; MAH AktR/*Ritter* § 24 Rn. 120.
682 BGH NZG 2007, 187 (188); BGHZ 124, 111 (127).
683 LG Bielefeld AG 2000, 136 (138).
684 *Kiefner/Langen* NJW 2011, 192 (194).
685 BGH NJW 2009, 2454 (2455).
686 Lutter/Krieger/*Krieger* § 12 Rn. 890.

D. Aufsichtsrat als Beklagter § 9

standes unvollständig, unrichtig oder fehlerhaft sind.[687] Dies gilt insbesondere vor dem Hintergrund, dass in der jüngeren Vergangenheit die präventive Aufsichtsfunktion ein höheres Gewicht erhalten hat.[688] Sofern eine Information erteilt worden ist, darf der Aufsichtsrat auf die Richtigkeit und Vollständigkeit vertrauen, solange gegenteilige Anhaltspunkte nicht ersichtlich sind.[689] Insofern gilt ein subjektiver Haftungsmaßstab. Bei einer komplexen Rechtsfrage sind die Aufsichtsratsmitglieder gehalten, die Rechtslage sorgfältig zu prüfen und gegebenenfalls Rechtsrat einzuholen.[690]

Die Kontrolle nachrangiger Leitungsebenen obliegt ausschließlich dem Vorstand, der hier im Rahmen seiner Leitungsfunktion tätig wird. Der Aufsichtsrat muss sich zur Meidung einer Inanspruchnahme regelmäßig durch den Vorstand über getroffene Maßnahmen unterrichten lassen und das im Rahmen der Corporate Governance eingerichtete Kontrollsystem auf seine Funktionsweise überprüfen.[691] 255

Auch die zu Unrecht **unterlassene Geltendmachung** eines Schadensersatzanspruches gegen den Vorstand kann unter Anwendung der »ARAG/Garmenbeck«-Grundsätze eine Pflichtverletzung darstellen.[692] Nach diesen Grundsätzen obliegt es dem Aufsichtsrat, das Handeln des Vorstandes dahingehend zu überprüfen, ob eine Entscheidung im Rahmen des unternehmerisch Verantwortbaren liegt.[693] Diese Verpflichtung ergibt sich einerseits aus der Überwachungskompetenz des Aufsichtsrates gem. § 111 Abs. 1 AktG, andererseits aus § 112 AktG.[694] Der Aufsichtsrat prüft in zwei Schritten. Erforderlich ist zunächst die Feststellung des zum Schadensersatz verpflichtenden Tatbestandes in tatsächlicher wie rechtlicher Hinsicht.[695] Die rechtliche Beurteilung kann Dritten übertragen werden.[696] Bei der Beurteilung, ob eine Pflichtverletzung angenommen werden kann, muss der Aufsichtsrat einen weiten Handlungsspielraum des Vorstandes zugrunde legen.[697] In einem zweiten Schritt müssen die Prozessrisiken sowie die Zweckmäßigkeit der Forderungsverfolgung analysiert werden.[698] Bei der Prüfung des Prozessrisikos bedarf es sodann einer sorgfältigen und sachgerecht durchzuführenden Risikoanalyse, ob und in welchem Umfang die gerichtliche Geltendmachung zu einem Schadensausgleich führt.[699] Gewissheit ist dabei jedoch nicht erforderlich.[700] Nach einer positiven Prüfung ist der Schadensersatz einzuklagen.[701] Nur ausnahmsweise – wie sich aus einer Zusammenschau der §§ 93 Abs. 4, 148 Abs. 1 S. 2 Nr. 4 AktG ergibt – kann der Aufsichtsrat von der Anspruchsverfolgung absehen, wenn überwiegende Gründe des Unternehmenswohls ein solches Vorgehen gebieten.[702] Dem Aufsichtsrat steht ein sehr weites Ermessen zu, so dass im Prozessfall die Einwendung des Beklagten, der Aufsichtsrat habe sich nicht hinreichend mit seinen Einwendungen befasst, immer dann fehlgeht, wenn die Klageerhebung die Grenzen des Vertretbaren nicht klar überschreitet oder nicht willkürlich erscheint.[703] 256

---

687 MünchHdb GesR IV/*Hoffmann-Becking* § 33 Rn. 62a.
688 Hüffer/*Koch* § 111 Rn. 13.
689 LG Bonn, Urteil vom 22.01.2008, Az. 11 O 38/03 – juris Rn. 98.
690 OLG Frankfurt/Main, Urteil vom 19.12.2001, Az. 9 U 187/00 – juris Rn. 17.
691 BGH NJW 2009, 850 (853); MAH AktR/*Ritter* § 24 Rn. 119.
692 BGHZ 135, 244; MAH AktR/*Ritter* § 24 Rn. 118.
693 BGHZ 135, 244–257; weiterführende Literatur: *Fischer* BB 1996, 225; GroßKomm AktG/*Hopt/Roth* § 111 Rn. 352; *Götz* NJW 1997, 3275; *Henze* NJW 1998, 3309; *Grooterhorst* ZIP 1999, 1117; *Horn* ZIP 1997, 1129; Hüffer/*Koch* NZG 2007, 47; *Kindler* ZHR 162 (1998), 101.
694 BGHZ 135, 244 (252).
695 BGHZ 135, 244 (252).
696 Krieger/Schneider/*Krieger* § 3 Rn. 47.
697 BGHZ 135, 244 (253); ausführlich dazu: Rdn. 93–100.
698 BGHZ 135, 244 (253); Lutter/Krieger/*Krieger* § 7 Rn. 441.
699 BGHZ 135, 244 (254).
700 BGHZ 135, 244 (254).
701 Lutter/Krieger/*Krieger* § 7 Rn. 442.
702 BGHZ 135, 244 (254); Krieger/Schneider/*Krieger* § 3 Rn. 48; AnwK-AktR/*Schmidt* § 93 Rn. 148; *Zimmermann* DB 2008, 687.
703 Krieger/Schneider/*Krieger* § 3 Rn. 47; BGHZ 135, 244 (247).

(2) Verschwiegenheitspflicht

257 Die Verschwiegenheitspflicht wird in § 116 S. 2 AktG besonders herausgestellt und zählt zu den zentralen Pflichten des einzelnen Aufsichtsratsmitgliedes. Tatsächlich folgt die Pflicht bereits aus der organschaftlichen Stellung des Aufsichtsrates, ebenso aus §§ 116 S. 1 i. V. m. 93 Abs. 1 S. 3 AktG, weshalb § 116 S. 2 AktG nur klarstellenden Charakter und Appellfunktion hat.[704] Die Verschwiegenheitspflicht ist das notwendige Korrelat zu den Informationsrechten des Aufsichtsrates.[705] Sie gebietet es, über vertrauliche Angaben und Geheimnisse[706] der Gesellschaft Stillschweigen zu bewahren[707] und gilt auch über das Ausscheiden aus dem Gremium hinaus.[708] Geschützt sind insbesondere das Beratungs- und Abstimmungsgeheimnis innerhalb des Aufsichtsrates sowie die unternehmerischen und finanziellen Kenndaten, von denen ein Aufsichtsratsmitglied Kenntnis erlangt.[709] Die Verschwiegenheitspflicht kann auch die Rückgabe von Unterlagen umfassen.[710] Verstöße stellen unproblematisch eine Pflichtverletzung dar und begründen einen Schadensersatzanspruch. Daneben besteht die Möglichkeit der Strafverfolgung nach § 404 Abs. 1 Nr. 1 AktG.

(3) Treuepflicht

258 Die Treuepflichten, die sich aus dem Bestellungsverhältnis ergeben, sind zahlreich. Exemplarisch sollen hier genannt werden:
– Mitteilungspflichten einzelner Aufsichtsratsmitglieder bezüglich unrechtmäßigen Vorstandshandelns,[711]
– Vermeidung von Interessenkonflikten.[712]

259 Im Gegensatz zum Vorstand unterliegen die Mitglieder des Aufsichtsrates keinem allgemeinen Wettbewerbsverbot.[713]

bb) Verschulden

260 Die Pflichtwidrigkeit indiziert zugleich das Verschulden, § 93 Abs. 2 S. 2 AktG.[714] Das Verschulden wird im Rahmen der **Beweislastumkehr** wie auch bei der Haftung des Vorstandes bei Vorliegen der objektiven Pflichtwidrigkeit vom Gesetz vermutet.[715] Strenger ist der Maßstab, wenn einem einzelnen Aufsichtsratsmitglied besondere Aufgaben übertragen werden.[716] Gleiches gilt für Aufsichtsräte mit Sonderkenntnissen. Bei mangelnden Kenntnissen oder Fähigkeiten liegt ein Übernahmeverschulden vor.[717] Vorwerfbar ist nur eigenes Verschulden.[718] Es kommt daher auf das Verhalten des einzelnen Aufsichtsratsmitgliedes an.

---

704 Hüffer/*Koch* § 116 Rn. 1, 9, 10.
705 MüKo AktG/*Habersack* § 116 Rn. 49. Vgl. zu diesem Zusammenspiel auch Ziffer 3.5 DCGK.
706 Übersicht über einige typische Geheimnisse bei: Lutter/Krieger/*Krieger* § 6 Rn. 269–274.
707 MüKo AktG/*Habersack* § 116 Rn. 49.
708 MüKo AktG/*Habersack* § 116 Rn. 50; Spindler/Stilz/*Spindler* § 116 Rn. 88.
709 Schmidt/Lutter/*Drygala* § 116 Rn. 24.
710 OLG Düsseldorf NZG 2007, 632 (633).
711 OLG Hamm, Urteil vom 20.03.2006, Az. 8 U 208/01 – juris Rn. 22.
712 Ausführlich dazu: Hüffer/*Koch* § 116 Rn. 7 f.; Semler/v. Schenck/*Marsch-Barner* § 12 Rn. 79.
713 Hölters/*Hambloch-Gesinn/Gesinn* § 116 Rn. 56; MüKo AktG/*Habersac*k § 116 Rn. 48; zum Wettbewerbsverbot des Vorstandsmitglieds Rdn. 102.
714 Krieger/Schneider/*Krieger* § 3 Rn. 37.
715 Lutter/Krieger/*Krieger* § 13 Rn. 982. Vgl. Rdn. 71, 105.
716 Krieger/Schneider/*Krieger* § 3 Rn. 38.
717 MüKo AktG/*Habersack* § 116 Rn. 70.
718 Krieger/Schneider/*Krieger* § 3 Rn. 28.

cc) Schaden

Da das AktG selbst keine Vorschriften zum Schaden bzw. Haftungsumfang beinhaltet, gelten die §§ 249 ff. BGB.[719] Ein Schaden der Insolvenzgläubiger steht dabei einem Schaden der Gesellschaft wegen §§ 116 S. 1 i. V. m. 93 Abs. 3 Nr. 6 gleich, wenn der Aufsichtsrat seine Pflicht zur Überwachung des Vorstandes in Bezug auf § 92 Abs. 2 S. 1 AktG verletzt.[720] **261**

dd) Haftungsausschluss

Ausgeschlossen ist die Haftung, wenn das Handeln des Aufsichtsrates auf einem gesetzmäßigen Beschluss der Hauptversammlung beruht, § 93 Abs. 4 S. 1 AktG.[721] Rechtmäßiges Alternativverhalten kann nur außerhalb von Organisations-, Kompetenz- und Verfahrensvorschriften und in engen Grenzen zu einem Haftungsausschluss führen. Eine Entlastung des Aufsichtsrates durch die Hauptversammlung schließt wegen § 93 Abs. 4 S. 3 AktG eine Haftung nicht aus. Ein Verzicht auf Ansprüche kommt prinzipiell erst nach Ablauf der dort bestimmten Drei-Jahres-Frist in Betracht. **262**

ee) Verjährung

Für die Verjährung gilt seit Inkrafttreten des Restrukturierungsgesetzes am 1.1.2011 wie bei der Vorstandshaftung[722] eine auf zehn Jahre verlängerte Verjährungsfrist, sofern die Gesellschaft börsennotiert ist, §§ 116 AktG i. V. m. 93 Abs. 6 AktG. Im Übrigen beträgt die Verjährungsfrist fünf Jahre ab Entstehung des Schadensersatzanspruchs. **263**

2. Schädigende Einflussnahme nach § 117 Abs. 2 S. 1 AktG

Durch § 117 AktG soll die Aktiengesellschaft vor schädigender Einflussnahme geschützt werden. Schadensersatzpflichtig ist in erster Linie derjenige, der von außerhalb Einfluss auf die Geschäftspolitik nimmt, § 117 Abs. 1 S. 1.[723] Die gesamtschuldnerische Haftung des beeinflussten Aufsichtsratsmitgliedes kommt nach § 117 Abs. 2 S. 1 AktG nur daneben in Betracht. Anknüpfungspunkt ist insofern der Umstand, dass das Aufsichtsratsmitglied seine Handlung nicht an den Interessen der Gesellschaft, sondern an den Interessen des Einflussnehmers ausgerichtet hat. Ob darüber hinaus auch Organmitglieder nach § 117 Abs. 2 S. 1 haften, die es pflichtwidrig unterlassen haben, den Schaden zu verhindern, ist zweifelhaft. Die h. M. lehnt dies mit Begründung ab, dass jedenfalls ein Anspruch der Gesellschaft aus §§ 116 S. 1 i. V. m. 93 Abs. 2 S. 1 AktG bestehe.[724] Der Anspruch nach § 117 Abs. 2 S. 1, Abs. 1 S. 1 AktG steht ausschließlich der Gesellschaft zu und muss durch den Vorstand im Wege der **Leistungsklage** geltend gemacht werden. Für Schäden, die nicht der Gesellschaft, sondern den Aktionären entstehen, haften die beeinflussten Aufsichtsratsmitglieder nach § 117 Abs. 2 S. 1, Abs. 1 S. 2 AktG. **264**

3. Haftung im Konzern

Die §§ 310 Abs. 1 S. 1, 318 Abs. 2 AktG sehen für die Aufsicht im Konzern eine zur Haftung des Vorstandes parallel laufende Haftung vor.[725] **265**

---

719 BGH NJW 2011, 221 (222); Krieger/Schneider/*Krieger* § 3 Rn. 39.
720 BGH NJW 2011, 221 (223).
721 Vgl. hierzu Rdn. 113–116
722 Dazu ausführlich Rdn. 118–122.
723 Es kommt aber auch eine Einflussnahme durch ein Aufsichtsratsmitglied und somit eine Haftung nach § 117 Abs. 1 S. 1 in Betracht.
724 Schmidt/Lutter/*Hommelhoff/Witt* § 117 Rn. 15.
725 Vgl. die Ausführungen zur Haftung des Vorstands in Rdn. 142–148.

II. Nichtigkeitkeitsfeststellungsklage über einen Aufsichtsratsbeschluss

266 Aufsichtsratsbeschlüsse nach § 108 Abs. 1 AktG unterliegen nicht den einschränkenden Vorschriften der §§ 241 ff. AktG, weshalb der BGH in ständiger Rechtsprechung davon ausgeht, dass die Nichtigkeit (§§ 134, 138 BGB) eines verfahrensrechtlich oder inhaltlich gesetzes- oder satzungswidrigen Beschlusses im Wege der **Feststellungsklage** nach § 256 Abs. 1 ZPO festgestellt werden kann.[726] Keine Nichtigkeit liegt nach h. M. bei nur leichten Verfahrensverstößen vor,[727] ebenso wenig bei fehlender Stimmenmehrheit, da hier schon gar kein Beschluss vorliegt.[728] Hingegen ist der Beschluss nichtig, wenn der Aufsichtsrat nicht beschlussfähig war.[729]

267 Da dem Aufsichtsrat als Organ die Parteifähigkeit fehlt, ist die Klage nach h. M. gegen die Gesellschaft zu richten.[730] Klagebefugt sind einzelne Aufsichtsratsmitglieder.[731] Dass insoweit ein Feststellungsinteresse besteht, hat der BGH in der »ARAG/Garmenbeck«-Entscheidung erstmals festgestellt und mit der Organstellung des einzelnen Aufsichtsratsmitgliedes begründet.[732] Daraus folgt unmittelbar eine Gesamtverantwortung für die Rechtmäßigkeit von Beschlüssen des Gremiums, welche eine Klagebefugnis des einzelnen Mitgliedes begründet. Teilweise wird ein Feststellungsinteresse des einzelnen Aufsichtsratsmitgliedes schon dann angenommen, wenn es sich von einem Beschluss distanzieren möchte, um die Haftungsfolge des §§ 116 S. 1 i. V. m. 93 Abs. 2 S. 1 AktG zu vermeiden.[733] Allerdings hat der BGH diese Frage ausdrücklich offen gelassen.[734] In der obergerichtlichen Rechtsprechung wird ein solches Feststellungsinteresse bisher abgelehnt.[735]

268 Klagebefugt kann nach streitiger Ansicht je nach Inhalt des Beschlusses auch das Vorstandsmitglied sein,[736] der Aktionär hingegen grundsätzlich nicht, es sei denn der Beschluss verletzt seine mitgliedschaftlichen Rechte.[737]

269 Bei Verweigerung der Zustimmung zu einem nach § 111 Abs. 4 S. 2 AktG zustimmungsbedürftigen Geschäft gibt es keine Klagemöglichkeit.[738] Hier besteht für den Vorstand lediglich die Möglichkeit, einen Beschluss der Hauptversammlung herbeizuführen, § 111 Abs. 4 S. 3 AktG.

III. Klagen Dritter gegen den Aufsichtsrat

1. Haftung gegenüber Dritten nach §§ 116 S. 1 i. V. m. 93 Abs. 5 S. 1 AktG und § 117 Abs. 2 S. 1, Abs. 5 S. 1 AktG

270 Auch Dritten gegenüber können Aufsichtsratsmitglieder in Ausnahmefällen persönlich haften. §§ 116 S. 1 i. V. m. 93 Abs. 5 S. 1 AktG räumt den Gläubigern der Aktiengesellschaft ein besonderes Verfolgungsrecht ein, durch das sie selbstständig Ansprüche der Gesellschaft gegen Aufsichtsratsmitglieder geltend machen können. Gleiches gilt für den Schadensersatzanspruch aus § 117 Abs. 2 S. 1, Abs. 5 S. 1 AktG. Hinsichtlich der Einzelheiten wird auf die Darstellung beim Vorstand verwiesen.[739]

---

726 BGHZ 83, 144 (146); 122, 342 (346, 351); *Bork* ZIP 1991, 137 (143); MünchHdb GesR IV/*Hoffmann-Becking* § 33 Rn. 72.
727 BGHZ 47, 341 (350); Hüffer/*Koch* § 108 Rn. 26.
728 Hüffer/*Koch* § 108 Rn. 6, 25 f.,
729 BayObLG NZG 2003, 691 (693 f.); Hüffer/*Koch* § 108 Rn. 27.
730 Münch Hdb GesR IV/*Hoffmann-Becking* § 33 Rn. 72.
731 MüKo AktG/*Habersack* § 108 Rn. 85.
732 BGHZ 135, 244 (248).
733 *Bork* ZIP 1991, 137 (146); *Stodolkowitz* ZHR 154 (1990), 1 (18).
734 BGHZ 135, 244 (248).
735 OLG Stuttgart NZG 2007, 549.
736 MüKo AktG/*Habersack* § 108 Rn. 85; Hölters/*Hambloch-Gesinn/Gesinn* § 108 Rn. 76; Hüffer/*Koch* § 108 Rn. 30; a. A. BGHZ 122, 342 (345).
737 MüKo AktG/*Habersack* § 108 Rn. 85.
738 Münch Hdb GesR IV/*Hoffmann-Becking* § 29 Rn. 48.
739 Haftung nach § 93 Abs. 5 S. 1 AktG: Rdn. 198–200; Haftung nach § 117 Abs. 2 S. 1, Abs. 5 S. 1: Rdn. 201.

2. Haftung nach allgemeinem Deliktsrecht

Daneben kommt eine Haftung nach dem allgemeinen Deliktsrecht in §§ 823 ff. BGB in Betracht, z. B. wenn Dritte unmittelbar durch das pflichtwidrige Handeln oder Unterlassen eines Aufsichtsratsmitgliedes geschädigt werden.[740] In der Praxis dürften indes kaum Sachverhalte denkbar sein, in denen das Handeln des Aufsichtsrates unmittelbar zu einer Drittschädigung kommt, da drittschützende Handlungspflichten im Regelfall dem Vorstand auferlegt sind.[741] Eine Haftung der Aufsichtsratsmitglieder kann allenfalls in Betracht kommen, wenn sie vorsätzlich bzw. zumindest im Sinne eines bewussten Sichverschließens das sittenwidrige und strafbare Verhalten des Vorstandes unterstützen.[742] Gleiches gilt für sonstige Anstiftungs- und Beihilfehandlungen.[743]

271

Da es sich bei den §§ 116, 93 AktG um besondere Ansprüche der Gesellschaft gegen ihre Organe handelt, stellen diese keine Schutzgesetze i. S. v. § 823 Abs. 2 BGB dar.[744]

272

---

740 MüKo AktG/*Spindler* § 93 Rn. 323.
741 Lutter/Krieger/*Krieger* § 13 Rn. 1023.
742 OLG Düsseldorf DB 2008, 1961 (1962).
743 Krieger/Schneider/*Schneider* § 9 Rn. 9; *Lutter/Krieger* § 13 Rn. 1023.
744 AnwK-AktR/*Breuer/Fraune* § 116 Rn. 13b; MünchHdb GesR IV/*Hoffmann-Becking* § 29 Rn. 48.

§ 10 Streitigkeiten bei der Beendigung der Aktiengesellschaft

Übersicht

	Rdn.
A. Überblick (Auflösung und Liquidation von Gesellschaften)	1
I. Auflösung und (Voll-) Beendigung	1
1. Auflösung	1
2. Auflösungsgründe	3
3. Vollbeendigung	4
II. Liquidation, Abwicklung und Auseinandersetzung	6
III. Identität und Kontinuität des Rechtsträgers	8
IV. Liquidation/liquidationsloses Erlöschen	10
V. Bestellung der Abwickler/Liquidatoren	11
VI. Der Gang des Verfahrens	14
1. Das Gesetz	14
2. Gläubigeraufruf, Sperrjahr und Zeichnung der Liquidatoren	16
3. Beendigung der laufenden Geschäfte	18
4. Erfüllen von Verbindlichkeiten	19
5. Einziehung von Forderungen/Umsetzung des Vermögens in Geld	20
6. Verwaltung und Vertretung	22
7. Schlussrechnung, Anmeldung des Schlusses der Liquidation und Löschung der Kapitalgesellschaft	24
B. Rechtsstreitigkeiten	26
I. Vorbemerkung	26
II. Die Nichtigkeitsklage	27
1. Auflösungsklage	27
2. Der Anwendungsbereich	28
3. Die drei Nichtigkeitsgründe	29
a) Fehlende Bestimmung über die Höhe des Grundkapitals	29
b) Fehlen der Bestimmung über den Gegenstand des Unternehmens	30
c) Nichtigkeit der Bestimmung über den Unternehmensgegenstand	31
aa) Restriktive Auslegung	31
bb) Gesetzes- oder sittenwidriger Unternehmensgegenstand	32
d) Keine Nichtigkeit	33
aa) Vorgeschobener Unternehmensgegenstand (Mantel- oder Vorratsgründung)	33
bb) Nachträgliche Änderung	34
cc) Tatsächliche Änderung des Unternehmensgegenstandes	35
4. Heilung	36
5. Die Klage (§ 275 Abs. 2 bis 4 AktG)	37

	Rdn.
a) Sinngemäße Anwendung der Regeln über die Beschlussanfechtungsklage	37
b) Zuständiges Gericht, Schiedsfähigkeit	38
c) Die Klageberechtigten	39
d) Abmahnung (§ 275 Abs. 2 AktG)	40
6. Wirkung des Urteils	41
a) Das stattgebende Urteil	41
b) Das abweisende Urteil	42
c) Einstweilige Verfügung	43
III. Die Löschung von Amts wegen	44
1. Löschung nach § 397 FamFG	44
a) Verhältnis zur Nichtigkeitsklage	44
b) Erledigung der Streitsache	45
c) Materielle Voraussetzungen	46
d) Das Verfahren	47
e) Ermessen	48
f) Löschungsankündigung	49
g) Löschung	50
h) Rechtsbehelf gegen die Löschung	51
2. Verfahren nach §§ 394, 395, 398 und 399 FamFG	52
IV. Gerichtliche Auflösung nach § 396 AktG	53
V. Gerichtliche Bestellung und Abberufung von Abwicklern, Rechtsmittel	57
1. Unternehmensrechtliches Verfahren	57
2. Wichtiger Grund	58
3. Anträge	59
4. Antragsberechtigung	60
5. Anhörung	61
6. Die Entscheidung	62
7. Rechtsmittel	63
8. Einstweiliger Rechtsschutz	64
9. Weitere Verfahren	65
a) Bestellung von (Nachtrags-)Abwicklern	65
b) Aufbewahrung von Büchern und Schriften	66
c) Beschwerde nach § 273 Abs. 5 AktG	67
VI. Wirkung der Löschung auf laufende Prozesse	68
1. Parteifähigkeit	68
2. Aktivprozess	69
3. Passivprozess	70
4. Prozessstandschaft	71
5. Zwangsvollstreckung	72

A. Überblick (Auflösung und Liquidation von Gesellschaften)

I. Auflösung und (Voll-) Beendigung

1. Auflösung

Während noch im 19. Jahrhundert die Gesetzgeber des ADHGB des Preußischen Entwurfs sowie des Bürgerlichen Gesetzbuches,[1] aber auch die Literatur[2] davon ausgingen, dass die Auflösung die Beendigung der Existenz der Gesellschaft zur Folge hat, ist heute geklärt, dass dies nicht der Fall ist. Die Existenz der Gesellschaft braucht deswegen nicht fingiert zu werden.[3] Heute werden die Regelungen der § 264 Abs. 2 AktG, § 49 Abs. 2 BGB, § 87 Abs. 1 GenG, § 69 GmbHG und § 156 HGB als Ausdruck der **tatsächlichen Fortexistenz der aufgelösten Gesellschaften** interpretiert.[4] Die Auflösung wird heute als Tatbestand im Leben der Gesellschaft verstanden.[5] Sie markiert nach heute ganz herrschender Auffassung allein den Übergang der Gesellschaft vom werbenden Dasein in das Stadium der Liquidation.[6]

Nach herrschender Auffassung ist die Auflösung gleichbedeutend mit einer Zweckänderung der Gesellschaft.[7] Bereits das Reichsgericht ging allerdings davon aus, dass der satzungsmäßige Zweck nicht verändert wird, sondern allein das Weiterbestehen der Gesellschaft verneint wird.[8] *Karsten Schmidt*[9] hat daraus zu Recht abgeleitet, dass nicht der **Verbandszweck** als solcher beseitigt, sondern vielmehr **vom Verfahrenszweck der Liquidation**, d. h. eines Verfahrens, das auf das Ende der Gesellschaft gerichtet ist, **überlagert wird**. Soweit man eine solche Überlagerung als Änderung des Satzungszwecks selber ansehen möchte, fallen die Ansichten nicht auseinander. Maßgeblich erscheint indessen, dass die Gesellschaft nach wie vor ebenso wie im werbenden Stadium ihren satzungsgemäßen Zweck verfolgen darf, soweit dies nicht in zwingendem Widerspruch zum Zweck des Liquidationsverfahrens steht.

2. Auflösungsgründe

Während die Auflösungsgründe bei der Gesellschaft mit beschränkter Haftung und den Personengesellschaften in unterschiedlichem Umfang satzungsdispositiv bzw. in die Disposition der Gesellschaftsvertragschließenden gestellt sind (dazu jeweils noch § 21 Rdn. 2, 3 und § 36 Rdn. 7), sind die vom Gesetz **in § 262 Abs. 1 AktG** und darüber hinaus **genannten Auflösungsgründe abschließend**. Es gilt das Prinzip der Satzungsstrenge aus § 23 Abs. 5 AktG, das satzungsmäßige Auflösungsgründe ausschließt.[10] Gründe für die Auflösung einer Aktiengesellschaft sind:
– der Ablauf der in der Satzung bestimmten Zeit;
– ein Beschluss der Hauptversammlung – die Satzung kann eine größere als die gesetzliche Dreiviertelmehrheit vorsehen;
– die Eröffnung des Insolvenzverfahrens über das Vermögen der Gesellschaft;
– die Rechtskraft des Beschlusses, durch den die Eröffnung des Insolvenzverfahrens mangels Masse abgelehnt wird;

---

1 *Lutz* Protokolle, 4542 f.; Begründung PreußE Bn. II Satz, 70; Motive Mugdan I, 413 f.; Protokolle Mugdan I, 655 f.
2 Vgl. nur *von Gierke* Genossenschaftstheorie 858 f.
3 So noch insb. Anschütz/*von Völdendorff* ADHGB Art. 133 Anm. I; Art. 244 Anm. II (AG).
4 Staudinger/*Weick* § 49 Rn. 16; Soergel/*Hadding* § 49 Rn. 1.
5 Grundlegend *K. Schmidt* ZHR 153 (1989), 287; *Paura* Liquidation und Liquidationspflichten 4.
6 Hüffer/*Koch* AktG § 262 Rn. 2; s. a. bereits *Wimpfheimer* Die Gesellschaften des Handelsrechts und des bürgerlichen Rechts im Stadium der Liquidation 1908, S. 82.
7 Vgl. Baumbach/Hopt/*Roth* HGB § 145 Rn. 4; MüKo AktG/*Hüffer* § 262 Rn. 12; Hüffer/*Koch* AktG § 262 Rn. 2; *Hillers* Personengesellschaft und Liquidation S. 20 f.; Ulmer/Schäfer/*Schäfer* Gesellschaft bürgerlichen Rechts (GbR) Vor § 723 Rn. 6; *Wiedemann* Gesellschaftsrecht Bd. 1 S. 145 u. v. m.
8 RGZ 118, 337 (341).
9 *K.Schmidt* GesR § 11 V 4c); ders. ZHR 153 (1989), 281; Scholz/*K. Schmidt* GmbHG § 69 Rn. 3.
10 MüKo AktG/*Hüffer* § 262 Rn. 19 ff.; Hüffer/*Koch* AktG § 262 Rn. 7; grundlegend KöKo AktG/*Kraft* § 262 Rn. 16 ff.; a. A. RGZ 279, 418 (422); Großkomm AktG/*K.Schmidt* § 262 Rn. 8.

– die Rechtskraft einer Verfügung des Registergerichts, durch welche nach § 399 FamFG ein Mangel der Satzung festgestellt worden ist;
– die Löschung der Gesellschaft wegen Vermögenslosigkeit nach § 394 FamFG;
– die Entstehung einer Kein-Personen AG (theoretisch);
– Gemeinwohlgefährdung nach § 396 AktG;
– Rücknahme der Erlaubnis nach § 38 KWG/§ 87 VAG.

3. Vollbeendigung

4 Während bei Personengesellschaften die Vermögenslosigkeit der Gesellschaft zwingend zur Vollbeendigung führt,[11] sind die tatbestandlichen Voraussetzungen für die Vollbeendigung von juristischen Personen umstritten. Nach heute herrschender Meinung ist **sowohl** die **Vermögenslosigkeit als auch die Löschung der Gesellschaft im Handelsregister** Voraussetzung der Vollbeendigung (Lehre vom Doppeltatbestand).[12] Die früher herrschende Auffassung der automatischen Vollbeendigung bei Vermögenslosigkeit wird kaum noch vertreten.[13] Demgegenüber besteht die Auffassung, dass es allein auf die Löschung der Kapitalgesellschaft im Handelsregister ankommt,[14] weiterhin fort. Der heute herrschenden Lehre vom Doppeltatbestand ist unbedingt der Vorzug zu geben.

5 Die Lehre von der allein konstitutiven Löschung der Kapitalgesellschaft im Register muss eine Rechtszuständigkeit fingieren. Noch vorhandenes Vermögen (das im Wege der Nachtragsliquidation zu liquidieren sein wird) muss diese Lehre einer fiktiven Gesellschaft aus ehemaligen Aktionären (bzw. GmbH-Gesellschaftern) zuordnen. Die Entstehung einer rechtsfähigen Abwicklungsgesellschaft aus ehemaligen Aktionären ist eine reine Fiktion.[15] Da die fiktive Abwicklungsgesellschaft keine Kapitalgesellschaft sein kann (sie bedarf eben der Eintragung im Handelsregister), handelt es sich nach dem Typenzwang des Gesellschaftsrechts um eine Personengesellschaft, in der die Aktionäre als Personengesellschafter persönlich unbeschränkt haften. Bereits diese Überlegung zeigt, dass die nach wie vor vertretene Theorie,[16] nach der allein die Löschung der Kapitalgesellschaft zur Vollbeendigung der Gesellschaft führt, unrichtig ist. Die **Lehre vom Doppeltatbestand**, die neben der Löschung die Vermögenslosigkeit fordert und deshalb im Falle fehlender Vermögenslosigkeit, also bei Nachtragsabwicklungsbedarf, vom Fortbestand der juristischen Person ausgehen kann, **verdient** daher **den Vorzug**.

II. Liquidation, Abwicklung und Auseinandersetzung

6 Die Begriffe Liquidation, Abwicklung und Auseinandersetzung werden weitgehend ohne inhaltliche Differenzierung nebeneinander und austauschbar für denselben Vorgang gebraucht.[17] Es geht um das Auseinanderdividieren einer Gesellschaft unter Aufhebung sämtlicher gesellschaftsrechtlicher Bindungen zwischen den Gesellschaftern. Zunächst geht es um das Liquidieren im engeren Sinne, d. h. **das Verflüssigen oder »Versilbern« vorhandener Werte des Gesellschaftsvermögens**. Der in zwei Phasen erfolgende Abbau der Gesellschaft[18] durch Beendigung ihrer rechtlichen Beziehungen nach außen (§ 268 AktG; §§ 49, 733 BGB; § 88 GenG; § 70 GmbHG; § 149 HGB) und nach in-

---

11 Ganz herrschende Auffassung RG JW 1926, 1432 (1433); BGH NJW 1979, 1987; BFH NJW 1990, 2647; vgl. Baumbach/Hopt/*Roth* HGB § 157 Rn. 3; Ulmer/Schäfer/*Schäfer* GbR § 730 Rn. 2.
12 Grundlegend Scholz/*K. Schmidt* GmbHG 6. Aufl. § 74 Rn. 14; dem folgend Baumbach/Hueck/*Haas* GmbHG § 60 Rn. 6; Lutter/Hommelhoff/*Kleindiek* GmbHG § 74 Rn. 6; R/S-L/*Gesell* GmbHG § 60 Rn. 54; *K. Schmidt* GmbHR 1988, 209 (211).
13 Vgl. nur OLG Stuttgart ZIP 1986, 647 (648); BAG NJW 1988, 2637.
14 Insb. MüKo AktG/*Hüffer* § 262 Rn. 85 ff.; Hüffer/*Koch* AktG § 262 Rn. 23 f.; vgl. auch bereits *Hönn* ZHR 138 (1974), 50 (69).
15 So auch *Hönn* ZHR 138 (1974), 50 (59).
16 Insb. Hüffer/*Koch* AktG § 273 Rn. 7, 13.
17 Vgl. *Hillers* S. 15; *Paura* S. 7.
18 *Wimpfheimer* S. 31; *Wiedemann* Gesellschaftsrecht Bd. 1, S. 147.

nen (§ 271 AktG; §§ 45, 734 BGB; § 91 GenG; § 72 GmbHG; § 155 HGB) ist strukturell und funktionell gleichartig. Das Verfahrensziel ist stets die Vollbeendigung des Verbandes.

Neben dem Vorgang mit dem gesetzlichen Ziel der Vollbeendigung bezeichnet die Liquidation auch den Zustand des »Aufgelöst-Seins« der Gesellschaft, auf den die Organe, d. h. die Liquidatoren nach § 268 Abs. 1 AktG, § 85 Abs. 3 GenG, § 68 Abs. 2 GmbHG, § 153 HGB durch Zeichnung mit einem Liquidationszusatz (in Liqui o. ä.)[19] hinweisen müssen. Beendet wird der **Zustand des »Aufgelöst-Seins«** regelmäßig durch Vollbeendigung der Gesellschaft und lediglich in Ausnahmefällen durch Fortsetzung der Gesellschaft in Folge eines Fortsetzungsbeschlusses. Während die Abwicklung 100-prozentig synonym zur Liquidation gebraucht wird, bezeichnet »Auseinandersetzung«, wie in BGB und HGB verwendet, an sich nur die Lösung der rechtlichen Beziehungen zwischen den Gesellschaftern, weshalb entweder von Abwicklung[20] oder von Liquidation[21] gesprochen werden sollte.

III. Identität und Kontinuität des Rechtsträgers

Soweit die Gesellschaft im werbenden Stadium Trägerin von Rechten und Pflichten sein konnte, also insbesondere die Kapitalgesellschaften und die Personenhandelsgesellschaften, bleibt sie vollständig identisch. Daneben ist die **Kontinuität ihrer Rechtsverhältnisse** heute unbestritten.[22] Die fortbestehende juristische Person, wie die Aktiengesellschaft i. L. oder die GmbH i. L., behält ihre Rechtsfähigkeit bis zu ihrer Vollbeendigung durch Vermögenslosigkeit und Löschung im Handelsregister.[23] Ihre Prozess- und Parteifähigkeit[24] wird ebenso wenig von der Auflösung berührt wie ihre Insolvenzfähigkeit.[25] Als Liquidationsgesellschaft bleibt sie Inhaberin eingetragener gewerblicher Schutzrechte, wie Patente und Marken.[26] Die Gesellschaft behält ihre Organe, wobei die Vorstände bzw. Geschäftsführer »geborene Liquidatoren« sind.[27]

Soweit nicht die Satzung, der Gesellschaftsvertrag oder ein Hauptversammlungs-/Gesellschafterbeschluss ein anderes bestimmt, werden daher **die bisherigen Vertretungsorgane zu Liquidatoren bzw. Abwicklern**. Zwar ergeben sich Besonderheiten bei der Bestellung und Abberufung der Abwickler/Liquidatoren,[28] jedoch bleibt es beim Kollegialprinzip, das durch Gesellschaftsvertrag/Satzung abgeändert werden kann. Dabei reicht für die Bestellung von Liquidatoren regelmäßig ein einfacher Beschluss zur Vertretungsregelung aus.

IV. Liquidation/liquidationsloses Erlöschen

Der für die Kapitalgesellschaft wie die Aktiengesellschaft maßgebliche Doppeltatbestand aus Vermögenslosigkeit und Löschung im Handelsregister wird im Regelfall so verwirklicht, dass die Vermögenslosigkeit der aufgelösten Gesellschaft durch Liquidation hergestellt wird. Nach § 394

---

19 Vgl. näher Ulmer/Habersack/Winter/*Paura* GmbHG § 68 Rn. 15.
20 Ulmer/Schäfer/*Schäfer* GbR Vor § 723 Rn. 5 ff.
21 *K. Schmidt* GesR § 59 V 2.
22 Vgl. Michalski/*Nerlich* GmbHG § 69 Rn. 3; Scholz/*K.Schmidt* GmbHG § 69 Rn. 4; Ulmer/Habersack/Winter/*Paura* GmbHG § 69 Rn. 1.
23 Vgl. unten Rdn. 24.
24 Ständige Rechtsprechung, vgl. nur RGZ 82, 84; 134, 94; OLG Koblenz GmbHR 1991, 315; MüKo AktG/*Hüffer* § 262 Rn. 14; Lutter/Hommelhoff/*Kleindiek* GmbHG § 69 Rn. 1; Michalski/*Nerlich* GmbHG § 69 Rn. 1; Scholz/*K. Schmidt* GmbHG § 69 Rn. 2; Ulmer/Habersack/Winter/*Paura* GmbHG § 69 Rn. 2.
25 Allg. Meinung, vgl. MüKo InsO/*Ott/Vuia* § 11 Rn. 70 und zu ihrer Grundbuchfähigkeit OLG Braunschweig Recht 1912 Nr. 342; Scholz/*K. Schmidt* GmbHG § 69 Rn. 2; Ulmer/Habersack/Winter/*Paura* GmbHG § 69 Rn. 2.
26 Lutter/Hommelhoff/*Kleindiek* GmbHG § 69 Rn. 1; Ulmer/Habersack/Winter/*Paura* GmbHG § 69 Rn. 2.
27 Ulmer/Habersack/Winter/*Paura* GmbHG § 66 Rn. 16 ff.
28 Dazu sogleich Rdn. 11

FamFG löscht das Gericht auf Antrag etwa des Finanzamtes[29] bzw. nach einer entsprechenden Anregung von Aktionären, Gläubigern oder Mitgliedern von Gesellschaftsorganen von Amts wegen.[30] Dies gilt unabhängig davon, wie die Vermögenslosigkeit eingetreten ist. Das Gesetz stellt lediglich klar, dass **nach einem beendeten Insolvenzverfahren von Amts wegen zu löschen ist**. Neben diesem Erlöschen kommen für die Kapitalgesellschaften insbesondere Umwandlungstatbestände wie Verschmelzungen bzw. Formwechsel in eine Personengesellschaft als Tatbestand liquidationslosen Erlöschens in Betracht. Die Vermögenslosigkeit wird hier durch Gesamtrechtsnachfolge des neuen, etwa aus der Verschmelzung hervorgegangenen Rechtsträgers hergestellt. Die Löschung erfolgt nach den Maßgaben des Umwandlungsgesetzes.[31] Im Regelfall wird die Vermögenslosigkeit indessen durch ein Liquidationsverfahren hergestellt.

V. Bestellung der Abwickler/Liquidatoren

11 Die Liquidation bei Kapitalgesellschaften findet durch die Mitglieder des Vorstandes bzw. die Geschäftsführer[32], bei Personenhandelsgesellschaften durch sämtliche Gesellschafter (§ 146 Abs. 1 S. 1 HGB) statt. Sie sind sogenannte **geborene Liquidatoren**, die in **Kontinuität des Amtes** die Geschäftsführung fortführen.[33] In den Personengesellschaften kann genau genommen nicht von einer Kontinuität des Amtes gesprochen werden. Vielmehr sind dort alle Gesellschafter, auch Kommanditisten,[34] zu Liquidatoren berufen, auch soweit sie im werbenden Stadium von der Geschäftsführung ausgeschlossen waren (§§ 117, 127 HGB).[35] In Kapitalgesellschaften sind sämtliche Geschäftsführer Liquidatoren, also insbesondere auch der Arbeitsdirektor (§ 33 MitbestG; § 13 MontanMitbestG).[36] In montan-mitbestimmten Aktiengesellschaften gilt für den Arbeitsdirektor eine Besonderheit (§ 265 Abs. 6 AktG). Für ihn gelten die Absätze 2 bis 5 des § 265 AktG nicht. Er wird nach § 13 MontanMitbestG Liquidator, ohne dass die Satzung oder ein Hauptversammlungsbeschluss hieran etwas ändern könnten.[37] Arbeitsdirektoren nach dem Mitbestimmungsgesetz 1976, aber eigentümlicherweise auch nach dem Mitbestimmungsergänzungsgesetz, sind demgegenüber ebenso der Disposition der Gesellschafter durch Satzung/Gesellschaftsvertrag oder Hauptversammlungs-/Gesellschafterversammlungsbeschluss ausgesetzt.

12 Bei Aktiengesellschaften und GmbHs kann sowohl die **Satzung bzw. der Gesellschaftsvertrag** als auch ein **Haupt- bzw. Gesellschafterversammlungsbeschluss** andere Personen, auch juristische Personen und Personenhandelsgesellschaften,[38] zu Liquidatoren bzw. Abwicklern bestimmen (§ 66 Abs. 1 GmbHG; § 265 Abs. 2 AktG). Lediglich in der GmbH kann die Bestellungs- und Abberufungskompetenz im Gesellschaftsvertrag auf einen Beirat oder Aufsichtsrat übertragen werden.[39] Dort ist es auch zulässig, einzelnen Gesellschaftern ein **Sonderrecht auf Bestellung von Liquidatoren** einzuräumen.[40]

---

29 Keidel/*Heinemann* FamFG § 394 Rn. 15.
30 MüKo FamFG/*Krafka* § 394 Rn. 7; Keidel/*Heinemann* FamFG § 394 Rn. 16.
31 §§ 19, 20 UmwG.
32 § 265 Abs. 1, § 66 Abs. 1 erster Hs. GmbHG.
33 Baumbach/Hueck/*Haas* GmbHG § 66 Rn. 12; Lutter/Hommelhoff/*Kleindiek* GmbHG § 66 Rn. 2; Michalski/*Nerlich* GmbHG § 66 Rn. 9, 21; Roth/Altmeppen/*Altmeppen* § 66 Rn. 14; Scholz/K. Schmidt GmbHG § 66 Rn. 4; Ulmer/Habersack/Winter/*Paura* GmbHG § 66 Rn. 16; MüKo AktG/*Hüffer* § 265 Rn. 5 ff.
34 BGH WM 1982, 1170.
35 Baumbach/Hopt/*Hopt* HGB § 146 Rn. 2.
36 Allg. Meinung, vgl. nur Baumbach/Hueck/*Haas* GmbHG § 66 Rn. 8; R/S-L/*Gesell* GmbHG § 66 Rn. 4; Scholz/K. Schmidt GmbHG § 66 Rn. 5; Ulmer/Habersack/Winter/*Paura* GmbHG § 66 Rn. 18.
37 MüKo AktG/*Hüffer* § 265 Rn. 37.
38 MüKo AktG/*Hüffer* § 265 Rn. 11; Ulmer/Habersack/Winter/*Paura* GmbHG § 66 Rn. 12 f.
39 Ulmer/Habersack/Winter/*Paura* GmbHG § 66 Rn. 23; a. A. RGZ 145, 99 (104); Baumbach/Hueck/*Haas* GmbHG § 66 Rn. 13; Roth/Altmeppen/*Altmeppen* § 66 Rn. 22; Michalski/*Nerlich* GmbHG § 66 Rn. 26; R/S-L/*Gesell* GmbHG § 66 Rn. 9.
40 Scholz/K. Schmidt GmbHG § 66 Rn. 10; dem folgend Ulmer/Habersack/Winter/*Paura* GmbHG § 66 Rn. 23.

A. Überblick (Auflösung und Liquidation von Gesellschaften) § 10

In der Aktiengesellschaft ist das Recht der Hauptversammlung zur Bestimmung der Abwickler satzungsfest. Entgegenstehende Klauseln oder nachträglich gefasste Änderungsbeschlüsse sind nichtig.[41] In jedem Falle geht ein Beschluss der Gesellschafterversammlung bzw. Hauptversammlung der Bestimmung in der Satzung bzw. des Gesellschaftsvertrages vor. Einer satzungsändernden Mehrheit bedarf ein solcher Beschluss weder in der GmbH[42] noch in der Aktiengesellschaft[43]. Soweit die Satzung der Aktiengesellschaft dies vorsieht oder ein Beschluss der Hauptversammlung den Aufsichtsrat hierzu ermächtigt, entscheidet dieser (§ 269 Abs. 3 S. 2 AktG) lediglich über die **konkrete Vertretungsbefugnis** der bereits bestellten Abwickler. Ein eigenes Recht zur Bestellung oder Abberufung hat der Aufsichtsrat nicht; es kann ihm auch nicht übertragen werden.

Zum Schutz der Minderheit sehen das Aktiengesetz und das GmbH-Gesetz die **gerichtliche Bestellung von Abwicklern bzw. Liquidatoren** vor (§ 66 Abs. 2 GmbHG, § 265 Abs. 3 AktG). Hierzu bedarf es bei der Aktiengesellschaft eines Antrages des Aufsichtsrates oder einer Minderheit von Aktionären, deren Anteile zusammen den zwanzigsten Teil des Grundkapitals oder den anteiligen Betrag von EUR 500.000,– erreichen; bei der GmbH eines Antrages von Gesellschaftern, deren Geschäftsanteile zusammen mindestens dem zehnten Teil des Stammkapitals entsprechen. Daneben muss ein wichtiger Grund vorhanden sein.[44] In gerichtlichen Verfahren gilt der Amtsermittlungsgrundsatz. Im Verfahren sind die Abwickler/Liquidatoren vom Gericht anzuhören, wenn es tunlich ist (§ 26 FamFG). Antragsgegnerin ist regelmäßig die AG bzw. GmbH. Da von Amts wegen ermittelt wird, sind indessen auch andere Beteiligte, wie dissentierende Gesellschafter oder ein Aufsichtsrat, anzuhören.[45]

VI. Der Gang des Verfahrens

1. Das Gesetz

Das Gesetz enthält im Aktiengesetz, im GmbH-Gesetz oder im Handelsgesetzbuch **keine konkreten Vorgaben, wie abzuwickeln bzw. zu liquidieren ist.** Aus den §§ 268 AktG, 70 GmbHG und § 149 HGB ergeben sich aber fast wortgleich die Pflichten der Abwickler bzw. Liquidatoren, aus denen sich wiederum ein regelmäßiger Verfahrensgang ableiten lässt. Eine Besonderheit ergibt sich für die Liquidatoren von Personenhandelsgesellschaften und anderen Personengesellschaften. Sie haben die zusätzliche Aufgabe des vollständigen Ausgleichs unter den Gesellschaftern.[46] Die Vertretungsbefugnis der Liquidatoren bzw. Abwickler ist Dritten gegenüber ebenso unbeschränkt und unbeschränkbar wie die der Vorstände und Geschäftsführer (im Falle von Personenhandelsgesellschaften der zur Geschäftsführung und Vertretung berufenen Gesellschafter).[47] Für die Personenhandelsgesellschaften ergibt sich dies unmittelbar aus § 151 HGB, für die Aktiengesellschaft aus der Verweisung in § 268 Abs. 2 AktG sowie für die GmbH aus § 71 Abs. 4 GmbHG, der ausdrücklich auf § 37 GmbHG verweist.

Die gesetzlichen Vorgaben zu den Aufgaben der Liquidatoren sind daher **im Kern Regelungen der Geschäftsführungsbefugnis.**[48] Diese Geschäftsführungsbefugnis wird ganz wesentlich vom Liquida-

---

41 MüKo AktG/*Hüffer* § 265 Rn. 10.
42 Allgemeine Meinung.
43 MüKo AktG/*Hüffer* § 265 Rn. 10.
44 Vgl. zur Kasuistik MüKo AktG/*Hüffer* § 265 Rn. 17 f.; Ulmer/Habersack/Winter/*Paura* GmbHG § 66 Rn. 37 f.
45 MüKo AktG/*Hüffer* § 265 Rn. 20; Ulmer/Habersack/Winter/*Paura* GmbHG § 66 Rn. 45.
46 *K. Schmidt* ZHR 153 (1989), 270 (294).
47 BayObLG BB 1985, 1148 (1149); OLG Stuttgart ZIP 1986, 647 (648); LG Köln DNotZ 1980, 422 (423); Baumbach/Hueck/*Haas* GmbHG § 70 Rn. 2; Lutter/Hommelhoff/*Kleindiek* GmbHG § 70 Rn. 2; Michalski/*Nerlich* GmbHG § 70 Rn. 36; Roth/Altmeppen/*Altmeppen* GmbHG § 70 Rn. 24; R/S-L/*Gesell* GmbHG § 70 Rn. 5; Scholz/*K. Schmidt* GmbHG § 70 Rn. 3; Ulmer/Habersack/Winter/*Paura* GmbHG § 70 Rn. 27; *Hofmann* GmbHR 1976, 229 (234); *Frotz* Verkehrsschutz im Vertretungsrecht 1972, S. 602 f.; eingehend *K. Schmidt* ACP 174 (1974), 55 (73 f.); MüKo AktG/*Hüffer* § 268 Rn. 25 f. m. w. N.
48 Ulmer/Habersack/Winter/*Paura* GmbHG § 70 Rn. 1.

tionszweck bestimmt. Dabei schließt diese Orientierung am Liquidationszweck eine Fortführung des Unternehmens für eine Übergangszeit zum Zwecke der Teil- bzw. Gesamtveräußerung keineswegs aus. Es steht vielmehr im Ermessen der Liquidatoren, innerhalb ihrer Liquidationsstrategie das Unternehmen einstweilen fortzuführen, wenn und soweit sich dies an einer raschen und erfolgreichen Liquidation orientiert.[49] Wie an anderer Stelle bereits bemerkt,[50] wird eine Gesamtveräußerung des Unternehmens in aller Regel vor der Liquidation, d. h. quasi als vorletzter Akt der werbenden Gesellschaft, stattfinden. Bereits die Tatsache der Auflösung und das Führen eine Liquidationsfirma werden den »good will« jedenfalls regelmäßig negativ beeinflussen und damit den erzielbaren Preis für das Unternehmen erheblich mindern.

2. Gläubigeraufruf, Sperrjahr und Zeichnung der Liquidatoren

16 Während die **Anmeldung der Auflösung** zur Eintragung in das Handelsregister bei der Aktiengesellschaft der Vorstand vorzunehmen hat (§ 263 S. 1 AktG), trifft diese Verpflichtung in der GmbH nach ganz herrschender Meinung[51] die Liquidatoren. **In den Personenhandelsgesellschaften** ordnet § 143 Abs. 1 HGB die **Anmeldung durch sämtliche Gesellschafter** an. Auch die Anmeldung der Liquidatoren ist in der Aktiengesellschaft Sache des Vorstandes (§ 266 Abs. 1 AktG), während in der GmbH den letzten Geschäftsführern diese Pflicht zugewiesen wird (§ 67 Abs. 1 GmbHG), weshalb im GmbH-Recht ein durch nichts erklärlicher Widerspruch zwischen der Anmeldung der Auflösung und der Anmeldung der ersten Liquidatoren entsteht.[52]

17 Der unter Hinweis auf die Auflösung bekannt zu machende **Gläubigeraufruf** (§ 267 AktG, § 65 Abs. 2 GmbHG) dient in erster Linie dem Gläubigeraufgebot[53] und **setzt das Sperrjahr in Lauf** (§ 272 AktG, § 73 GmbHG). Während des Sperrjahres sind Ausschüttungen jeglicher Art an Gesellschafter verboten, um die zur Gläubigerbefriedigung erforderliche Verteilungsmasse nicht zu gefährden.[54] Sowohl in der Aktiengesellschaft (§ 267 AktG) als auch in der GmbH sind zur Bekanntmachung des Gläubigeraufrufes die Liquidatoren berufen.[55] Nach dem Gesetz zur Umsetzung der Aktionärsrechterichtlinie (ARUG) vom 30. Juli 2009[56] ist der Gläubigeraufruf nur noch einmal, nicht wie zuvor dreimal vorzunehmen. In der Personengesellschaft erschien dem Gesetzgeber ein Gläubigeraufruf wegen der fortbestehenden persönlichen Haftung sämtlicher Gesellschafter bzw. persönlich haftender Gesellschafter entbehrlich. *Karsten Schmidt* regt wegen der de facto fehlenden persönlichen unbeschränkten Haftung eines Gesellschafters **bei der GmbH & Co. KG eine entsprechende Anwendung von § 65 Abs. 2 GmbHG** an.[57] Dieser Auffassung ist unbedingt zu folgen, auch wenn die Bekanntmachung gesetzlich nicht vorgesehen ist. Die Bekanntmachungen der Komplementär-GmbH und der KG sollten zwingend gemeinsam vorgenommen werden.

---

49 Eingehend *Meyer* Liquidatorenkompetenzen und Gesellschafterkompetenzen in der aufgelösten GmbH 1996, S. 80 f.; Scholz/*K. Schmidt* GmbHG § 70 Rn. 6; Ulmer/Habersack/Winter/*Paura* GmbHG § 70 Rn. 5.
50 Ulmer/Habersack/Winter/*Paura* GmbHG § 70 Rn. 3.
51 BayObLG BB 1994, 959; BB 1994, 960 (961); LG Halle NZI 2004, 631; Baumbach/Hueck/*Haas* GmbHG § 65 Rn. 7; Lutter/Hommelhoff/*Kleindiek* GmbHG § 65 Rn. 2; Michalski/*Nerlich* GmbHG § 65 Rn. 9; Roth/Altmeppen/*Altmeppen* § 65 Rn. 6; Scholz/*K. Schmidt* GmbHG §§ 65 Rn. 7; Ulmer/Habersack/Winter/*Paura* GmbHG § 65 Rn. 3.
52 Im Einzelnen Ulmer/Habersack/Winter/*Paura* GmbHG § 65 Rn. 3 f. und § 67 Rn. 8 f.
53 Scholz/*K. Schmidt* GmbHG § 65 Rn. 12.
54 Vgl. zur Natur und Funktion des Sperrjahres Scholz/*K. Schmidt* GmbHG § 73 Rn. 3 f. m. w. N.
55 Hüffer/*Koch* AktG § 267 Rn. 1; Ulmer/Habersack/Winter/*Paura* GmbHG § 65 Rn. 35.
56 BGBl. I, S. 2479.
57 Scholz/*K. Schmidt* GmbHG § 65 Rn. 28.

3. Beendigung der laufenden Geschäfte

Unter Beendigung der laufenden Geschäfte wird allgemein die Beendigung der Geschäftstätigkeit der Gesellschaft als solche verstanden.[58] Dabei kann der Betrieb des Unternehmens wie im werbenden Stadium fortgeführt werden, bis der Zeitpunkt für eine optimale Verwertung gekommen ist.[59] Die Vorschrift des § 70 S. 2 GmbHG ist anders als § 268 Abs. 1 S. 2 AktG zu eng gefasst. Es geht hier wie dort um die Erfüllung einer unternehmerischen Aufgabe, die darin besteht, im Interesse der Gläubiger und Aktionäre eine möglichst große Verteilungsmasse zu erwirtschaften.[60] Dabei ist neben der Eingehung werbender Geschäfte auch die Eingehung neuer gesellschaftsrechtlicher Bindungen denkbar.[61] Die Grenze der zulässigen Geschäfte dürfte dort liegen, wo eine faktische Rückumwandlung der Gesellschaft in eine werbende festgestellt werden kann, ohne dass ein legitimierender Fortsetzungsbeschluss gefasst wurde.[62] 18

4. Erfüllen von Verbindlichkeiten

Nach § 268 Abs. 1 AktG sind die Gläubiger zu befriedigen. In § 70 GmbHG heißt es, die Verpflichtungen der aufgelösten Gesellschaft seien zu erfüllen, während es in § 149 HGB auch heißt, die Gläubiger seien zu befriedigen. Gemeint ist immer dasselbe. Die Befriedigung der Gläubiger folgt den **Regeln des Bürgerlichen Gesetzbuches**.[63] Die Befriedigung noch nicht fälliger Verbindlichkeiten kann durch Hinterlegung sichergestellt werden.[64] Verjährte Forderungen dürfen befriedigt werden, soweit dies dem Liquidationszweck einer möglichst nachhaltigen, aber auch raschen Verwertung des Vermögens dient.[65] Eine Rangfolge unter den Gläubigern gibt es nicht; die Geltung der par conditio creditorum in der masselosen Liquidation der Kapitalgesellschaft ist zwar erwägenswert,[66] gesetzlich vorgesehen ist sie nicht. Von der Rechtsprechung ist insoweit lediglich anerkannt, dass in der masselosen Liquidation Ansprüche von Gesellschaftern oder ihnen nahestehenden Personen nicht vorrangig befriedigt werden dürfen.[67] Von dem **Grundsatz**, dass eine **gleichmäßige Befriedigung nicht gesetzlich vorgesehen** ist, weicht auch das Steuerrecht nicht ab. Eine generelle quotale Befriedigung wird nicht gefordert.[68] Lediglich soweit es um die Haftung des Liquidators aus §§ 34 Abs. 1, 69 AO geht, hat der BFH entschieden, dass eine Haftung ausscheidet, wenn und soweit der Liquidator gleichmäßig befriedigt hat.[69] Die Haftung muss jedoch im Einzelfall geprüft werden, wobei der 19

---

58 Baumbach/Hueck/*Haas* GmbHG § 70 Rn. 4; Michalski/*Nerlich* GmbHG § 70 Rn. 15; R/S-L/*Gesell* GmbHG § 70 Rn. 7; Scholz/*K. Schmidt* GmbHG § 70 Rn. 7; Ulmer/Habersack/Winter/*Paura* GmbHG § 70 Rn. 7; so auch bereits *Wimpfheimer* Die Gesellschaft des Handelsrechts und des bürgerlichen Rechts im Stadium der Liquidation, 1908, S. 158 f.
59 Lutter/Hommelhoff/*Kleindiek* GmbHG § 70 Rn. 4; Michalski/*Nerlich* GmbHG § 70 Rn. 15; R/S-L/*Gesell* GmbHG § 70 Rn. 9; Scholz/*K. Schmidt* GmbHG § 70 Rn. 7; Ulmer/Habersack/Winter/*Paura* GmbHG § 70 Rn. 8; vgl. bereits RGZ 72, 240 (Genossenschaft).
60 Hüffer/*Koch* AktG § 268 Rn. 2; Ulmer/Habersack/Winter/*Paura* GmbHG § 70 Rn. 26 m. z. w. N.
61 Vgl. KGJ 21, 256; OLG Dresden Recht 1905, 771; LG Köln DNotZ 1980, 422 (423 f.); Scholz/*K. Schmidt* GmbHG § 70 Rn. 16; Ulmer/Habersack/Winter/*Paura* GmbHG § 70 Rn. 26.
62 Baumbach/Hueck/*Haas* GmbHG § 70 Rn. 10; Michalski/*Nerlich* GmbHG § 70 Rn. 18; R/S-L/*Gesell* GmbHG § 70 Rn. 9; Scholz/*K. Schmidt* GmbHG § 70 Rn. 16; Ulmer/Habersack/Winter/*Paura* GmbHG § 70 Rn. 26.
63 Hüffer/*Koch* AktG § 268 Rn. 4.
64 Michalski/*Nerlich* GmbHG § 70 Rn. 22; Scholz/*K. Schmidt* GmbHG § 70 Rn. 5; Ulmer/Habersack/Winter/*Paura* GmbHG § 70 Rn. 10.
65 RG LZ 1919, 376 (zur AG); Baumbach/Hueck/*Haas* GmbHG § 70 Rn. 5; Ulmer/Habersack/Winter/*Paura* GmbHG § 70 Rn. 10.
66 Eingehend *Schulz* Die masselose Liquidation in der GmbH 1986, 158 (170); Scholz/*K. Schmidt* GmbHG § 70 Rn. 10; Ulmer/Habersack/Winter/*Paura* GmbHG § 70 Rn. 12.
67 BGHZ 53, 71 (74).
68 A. A. Michalski/*Nerlich* GmbHG § 70 Rn. 35; Roth/Altmeppen/*Altmeppen* § 70 Rn. 15.
69 BFH BeckRS 2001, 25005921.

BFH keineswegs der Auffassung ist, die Liquidatoren hätten das Recht, andere Gläubiger nur quotal zu befriedigen.

5. Einziehung von Forderungen/Umsetzung des Vermögens in Geld

20 Sämtliche Forderungen der Gesellschaft sind von den Liquidatoren/Abwicklern einzuziehen (§ 268 Abs. 1 AktG, § 70 GmbHG). Ebenso wie die Geschäftsführer können die Liquidatoren Forderungen auch durch Verkauf, Abtretung oder Aufrechnung verwerten.[70] Forderungen gegenüber früheren Geschäftsführern oder anderen Organen sind selbstverständlich in vollem Umfang einzuziehen,[71] während **Einlageverpflichtungen, Nachschüsse und Ansprüche wegen verbotener Einlagenrückgewähr** lediglich insoweit einzuziehen sind, als sie zur Befriedigung der Gläubiger erforderlich sind.[72] Anders ist dies lediglich in Personen- und Personenhandelsgesellschaften, da dort die vollständige Abwicklung auch der internen Forderungen und Verbindlichkeiten zum Aufgabenfeld der Liquidatoren gehört.

21 Schließlich haben die Liquidatoren das **Vermögen der Gesellschaft in Geld umzusetzen.** Nach heute allgemeiner Meinung[73] können die Liquidatoren das Unternehmen im Ganzen mit Firma[74] oder in Teilen[75] veräußern. Dabei ist eine Veräußerung des Unternehmens an einen Gesellschafter grundsätzlich zulässig.[76] Zulässig ist ebenfalls die Einbringung des Unternehmens der Gesellschaft in eine andere Gesellschaft sowohl als Zwischenstufe zur Verwertung der Anteile an der neuen Gesellschaft als auch als endgültige Liquidationsmaßnahme.[77] Umstritten ist, mit welcher Beschlussmehrheit die Gesellschafter einer solchen Einbringung gegen Beteiligung zustimmen müssen.[78] § 179a AktG, der bei Vermögensübertragung lediglich eine Dreiviertelmehrheit vorsieht, hilft hier nicht darüber hinweg, dass der einzelne Aktionär die in seinem Eigentum stehenden Aktien tauschen muss. Lediglich dort, wo es im Umwandlungsrecht gesetzlich vorgesehen ist, kann deswegen eine Mehrheitsentscheidung ausreichen.[79]

6. Verwaltung und Vertretung

22 Aufgabe der Liquidatoren ist unter anderem, das **Vermögen angemessen zu verwalten.**[80] Dies bezieht sich nicht nur auf Grundstücke und andere Vermögensgegenstände, sondern insbesondere auch auf Gelder, die im Laufe der Liquidation bereits aus der Verflüssigung der Anlagegegenstände gewonnen

---

70 Baumbach/Hueck/*Haas* GmbHG § 70 Rn. 7; Michalski/*Nerlich* GmbHG Rn. 24; Scholz/*K. Schmidt* GmbHG § 70 Rn. 12; Ulmer/Habersack/Winter/*Paura* GmbHG § 70 Rn. 14; Hüffer/*Koch* AktG § 268 Rn. 4; MüKo AktG/*Hüffer* § 268 Rn. 17.
71 BGH NJW 2001, 304; Baumbach/Hueck/*Haas* GmbHG § 70 Rn. 7; Ulmer/Habersack/Winter/*Paura* GmbHG § 70 Rn. 15.
72 BGH NJW 1970, 469 (470); WM 1977, 617 (618); Ulmer/Habersack/Winter/*Paura* GmbHG § 70 Rn. 16 m. w. N.
73 Vgl. nur Baumbach/Hueck/*Haas* GmbHG § 70 Rn. 8; Lutter/Hommelhoff/*Kleindiek* GmbHG § 70 Rn. 4, 14; Michalski/*Nerlich* GmbHG § 70 Rn. 27; R/S-L/*Gesell* GmbHG § 70 Rn. 16; Scholz/*K. Schmidt* GmbHG § 70 Rn. 14; Ulmer/Habersack/Winter/*Paura* GmbHG § 70 Rn. 17; Hüffer/*Koch* AktG § 268 Rn. 3; MüKo AktG/*Hüffer* § 268 Rn. 14.
74 BGHZ 76, 352 (356); BGHZ 103, 184 (192); OLG Hamm BB 1954, 1913.
75 Hüffer/*Koch* AktG § 268 Rn. 3; Ulmer/Habersack/Winter/*Paura* GmbHG § 70 Rn. 17.
76 Ulmer/Habersack/Winter/*Paura* GmbHG § 70 Rn. 20.
77 BGH AG 2004, 670 (671); Hüffer/*Koch* AktG § 268 Rn. 3; MüKo AktG/*Hüffer* § 268 Rn. 12; Ulmer/Habersack/Winter/*Paura* GmbHG § 70 Rn. 22.
78 Unentschieden zuletzt BGH AG 2004, 670 (671); mit guten Gründen für eine Zustimmungspflicht aller Aktionäre/Gesellschafter MüKo AktG/*Hüffer* § 268 Rn. 14 f.; Scholz/*K. Schmidt* GmbHG § 70 Rn. 14; Ulmer/Habersack/Winter/*Paura* GmbHG § 70 Rn. 22.
79 Anders für die in Auflösung befindliche LPG BGH AG 2004, 670 (671).
80 Allg. Meinung, vgl. Baumbach/Hueck/*Haas* GmbHG § 70 Rn. 9; Lutter/Hommelhoff/*Kleindiek* GmbHG § 70 Rn. 15; Michalski/*Nerlich* GmbHG § 70 Rn. 32; Scholz/*K. Schmidt* GmbHG § 70 Rn. 15; Ulmer/Habersack/Winter/*Paura* GmbHG § 70 Rn. 23.

A. Überblick (Auflösung und Liquidation von Gesellschaften) § 10

wurden. Sie sind angemessen, d. h. so anzulegen, dass sie einen möglichst hohen Ertrag erbringen, aber bei der erwarteten Beendigung der Liquidation zur Auszahlung bereit stehen. Wo Gläubiger allmählich zu befriedigen sind, kann auch eine auf mehrere Jahre angelegte Pacht oder Miete dem Liquidationszweck dienen.[81] Stimmrechte in Tochtergesellschaften müssen weiterhin ausgeübt werden.[82]

Schließlich **vertreten die Liquidatoren/Abwickler die Gesellschaft gerichtlich und außergerichtlich.** Ihre Stellung entspricht nahezu vollständig der des Vorstandes bzw. der Geschäftsführer. Sie üben insbesondere auch den Besitz für die Gesellschaft aus.[83] Wird der Auflösungsbeschluss mit der Anfechtungsklage angegriffen, so werden die Aktiengesellschaft und die GmbH durch ihren Abwickler/Liquidator vertreten.[84] Schließlich obliegt den Abwicklern/Liquidatoren die Liquidationsrechnungslegung sowie die laufende Rechnungslegung im Stadium der Liquidation.[85] Worauf insbesondere die interne Rechnungslegung, d. h. die Rechenschaft über den Fortgang und den Erfolg der Liquidation, zurückzuführen ist, ist im Einzelnen umstritten.[86] Da jedenfalls der erläuternde Bericht zur Liquidationseröffnungsbilanz und seine Fortschreibung in Liquidationsjahresbilanzen inhaltlich mit der internen Rechnungslegung übereinstimmt, ist unerheblich, ob man die Rechenwerke (in ihrer Begründung) getrennt voneinander behandelt oder aber als Einheit. Beide Rechenwerke dienen gerade nicht nur dem Verkehr, sondern auch den Gesellschaftern als Informationsquelle. 23

7. Schlussrechnung, Anmeldung des Schlusses der Liquidation und Löschung der Kapitalgesellschaft

Nach § 273 Abs. 1 AktG und § 74 Abs. 1 GmbHG haben die Abwickler/Liquidatoren die **Schlussrechnung zu legen und den Schluss der Abwicklung zur Eintragung in das Handelsregister anzumelden,** woraufhin die Gesellschaft zu löschen ist. Die Verpflichtung, eine Schlussrechnung zu legen, besteht gegenüber der Gesellschaft.[87] Begreift man die Liquidationsschlussrechnung, d. h. die Rechenschaft gegenüber den Gesellschaftern, als zwingenden Bestandteil der Liquidationsschlussbilanz, liegt eine Schlussrechnung im Zeitpunkt der Liquidationsschlussbilanz vor. Dann haben die Abwickler/Liquidatoren in vertretungsberechtigter Zahl den Schluss der Abwicklung anzumelden.[88] Die Anmeldung erfolgt in der Form des § 12 Abs. 1 HGB, § 129 BGB, d. h. in notariell beglaubigter Form und kann mittels Zwangsgeld erzwungen werden.[89] Die vom Notar in elektronischer Form eingereichte Anmeldung wird auf ihren korrekten Inhalt überprüft.[90] Können etwaige Bedenken des Registergerichts nicht ausgeräumt werden, unterbleibt die Eintragung.[91] 24

---

81 Ulmer/Habersack/Winter/*Paura* GmbHG § 70 Rn. 23.
82 R/S-L/*Gesell* GmbHG § 70 Rn. 21; Scholz/*K. Schmidt* GmbHG § 70 Rn. 15; Ulmer/Habersack/Winter/*Paura* GmbHG § 70 Rn. 23.
83 Scholz/*K. Schmidt* GmbHG § 70 Rn. 2; Ulmer/Habersack/Winter/*Paura* GmbHG § 70 Rn. 24.
84 BGHZ 36, 207 (209).
85 Hierzu umfassend *Scherrer/Heni* Liquidations-Rechnungslegung S. 4 ff.
86 *Scherrer/Heni* S. 215; Baumbach/Hueck/*Haas* GmbHG § 71 Rn. 8; Ulmer/Habersack/Winter/*Paura* GmbHG § 71 Rn. 18.
87 Meyer-Landrut/Miller/Niehus/*Meyer-Landrut* GmbHG § 74 Rn. 2; R/S-L/*Gesell* GmbHG § 74 Rn. 3; Scholz/*K. Schmidt* GmbHG § 74 Rn. 3; Ulmer/Habersack/Winter/*Paura* GmbHG § 74 Rn. 9.
88 MüKo AktG/*Hüffer* § 273 Rn. 11; Hüffer/*Koch* AktG § 273 Rn. 5; Ulmer/Habersack/Winter/*Paura* GmbHG § 74 Rn. 11.
89 Baumbach/Hueck/*Haas* GmbHG § 74 Rn. 4; Michalski/*Nerlich* GmbHG § 74 Rn. 12; Scholz/*K. Schmidt* GmbHG § 74 Rn. 7; Ulmer/Habersack/Winter/*Paura* GmbHG § 74 Rn. 11.
90 Baumbach/Hueck/*Haas* GmbHG § 74 Rn. 5; Lutter/Hommelhoff/*Kleindiek* GmbHG § 74 Rn. 10; Scholz/*K. Schmidt* GmbHG § 74 Rn. 5; Ulmer/Habersack/Winter/*Paura* GmbHG § 74 Rn. 12; vgl. bereits KG JW 1932, 2623 (2624); KG DR 1941, 2130 (2131); OLG Hamm NZG 2001, 1040 (1041).
91 OLG Köln RNotZ 2005, 50 (52).

25 Auf welcher Grundlage daneben eine Löschung von Amts wegen infrage kommt, ist umstritten. Man wird diese nur auf § 394 FamFG und keinesfalls auf § 31 Abs. 2 S. 2 HGB stützen können.[92] Sowohl die Abwickler einer Aktiengesellschaft als auch die Liquidatoren einer GmbH sind **zur Sicherstellung der Verwahrung von Büchern und Schriften der Gesellschaft verpflichtet**.[93] Bei Aktiengesellschaften wird der Ort der Aufbewahrung durch das Gericht bestimmt. Ein etwaiger Antrag der Abwickler ist nur als Anregung aufzufassen, da die Entscheidung von Amts wegen erfolgt.[94] Eine entsprechende Regelung fehlt im Recht der GmbH, dort ist lediglich geregelt, dass das Gericht in Ermangelung einer gesellschaftsvertraglichen Regelung einen Gesellschafter oder Dritten zum Verwahrer der Bücher und Schriften bestimmen kann.

B. Rechtsstreitigkeiten

I. Vorbemerkung

26 Im Folgenden sollen **allein spezifische Rechtsstreitigkeiten** im Zusammenhang mit der Auflösung und Beendigung der Aktiengesellschaft dargestellt werden. Nach dem Grundsatz der umfassenden Kontinuität des Rechtsträgers nach Auflösung kommen auch während der Liquidation grundsätzlich alle gesellschaftsrechtlichen Auseinandersetzungen in Betracht. Inhaltlich wird man beachten müssen, dass der Liquidationszweck den Gesellschaftszweck überlagert und insbesondere Treuepflichten der Gesellschaft und den Mitgesellschaftern gegenüber modifiziert und im Laufe des Verfahrens minimiert. Mitwirkungspflichten, etwa im Hinblick auf Kapitalmaßnahmen, sind nur in eng umgrenzten Ausnahmefällen möglich, etwa wenn die Gesellschaft planwidrig aufgelöst ist und ihr Fortbestand von einer Kapitalmaßnahme abhängig ist.[95] Wo eine wie auch immer geartete **Einzahlungsverpflichtung** des Gesellschafters besteht, ist diese automatisch auf das **zur Befriedigung der Gläubiger** erforderliche Maß beschränkt. **Klagen auf Abfindung** richten sich nach Auflösung allein auf die Liquidationsquote.[96]

II. Die Nichtigkeitsklage

1. Auflösungsklage

27 Trotz der Bezeichnung als Nichtigkeitsklage handelt es sich bei der **Klage nach § 275 AktG, § 75 GmbHG** um eine **Auflösungsklage**. Es geht keinesfalls um die Feststellung einer Nichtigkeit im Sinne der Rechtsgeschäftslehre, sondern um die Vernichtbarkeit der Gesellschaft im Wege von Auflösung und Liquidation. Die Nichtigkeitsgründe sind deshalb der Sache nach Auflösungsgründe; die Nichtigkeitsklage eine auf Auflösung gerichtete **Gestaltungsklage**.[97] Die Aufrechterhaltung der Gesellschaft trotz »Nichtigkeit« dient dem Bestandsschutz und Verkehrsschutz und wird zu Recht als gesetzliche Ausprägung des Grundsatzes der fehlerhaften Gesellschaft angesehen.

---

92 A. A. Baumbach/Hueck/*Haas* GmbHG § 74 Rn. 5; unter Hinweis auf Hachenburg/*Hohner* § 74 Rn. 20.
93 Baumbach/Hueck/*Haas* GmbHG § 74 Rn. 10; Lutter/Hommelhoff/*Kleindiek* GmbHG § 74 Rn. 15; Scholz/*K. Schmidt* GmbHG § 74 Rn. 29; Ulmer/Habersack/Winter/*Paura* GmbHG § 74 Rn. 16; MüKo AktG/*Hüffer* § 273 Rn. 17.
94 MüKo AktG/*Hüffer* § 73 Rn. 20.
95 Vgl. insoweit BGHZ 98, 276 (281 f.) zur planwidrig aufgelösten GmbH, die ihr gesetzliches Stammkapital nicht von DM 20.000,– auf DM 50.000,– erhöht hatte. Das Beispiel, das eine Anpassung des gesetzlichen Mindestkapitals durch den Gesetzgeber voraussetzt, zeigt, wie speziell der Fall liegen muss, um eine derartige Mitwirkungspflicht zu bejahen.
96 In der Aktiengesellschaft Klage auf Einziehungsentgelt nach § 237 Abs. 2 AktG.
97 MüKo AktG/*Hüffer* § 275 Rn. 39; grundlegend *K. Schmidt* GesR § 6 II. 1. b), § 38 IV. 2; Ulmer/Habersack/Winter/*Paura* GmbHG § 75 Rn. 1, 23; KöKo AktG/*Kraft* § 275 Rn. 29; *Waclawik* Prozessführung im Gesellschaftsrecht Rn. 378, 383.

2. Der Anwendungsbereich

Es besteht nahezu vollständige Einigkeit darin, dass eine Nichtigkeitsklage **allein gegen eine eingetragene Aktiengesellschaft** erhoben werden kann.[98] Zwar gelten bei der Vorgesellschaft ebenfalls die Grundsätze der fehlerhaften Gesellschaft. Einer Zulassung der Nichtigkeitsklage bedarf es insoweit aber nicht. Die Fehlerhaftigkeit kann durch eine Feststellungsklage bzw. gegen die Eintragung gerichtete einstweilige Verfügung verhindert werden.[99] Demgegenüber ist die Klage auf Nichtigerklärung auch dann noch möglich, wenn die Gesellschaft aus anderen Gründen (§ 262 AktG) bereits aufgelöst ist.[100] Die Anwendbarkeit auf durch Umwandlung entstandene Aktiengesellschaften ist umstritten. Während eine Auffassung meint, der absolute Bestandsschutz des Umwandlungsgesetzes schütze die Gesellschaft,[101] geht die herrschende Meinung zu Recht davon aus, dass die durch Umwandlung entstandene Aktiengesellschaft keinesfalls zu entschmelzen oder rückumzuwandeln sei, sondern schlicht die neue Aktiengesellschaft, die mit einem Nichtigkeitsgrund behaftet ist, abgewickelt werde und der Schutzzweck des § 20 Abs. 2 UmwG nicht berührt werde.[102]

28

3. Die drei Nichtigkeitsgründe

a) Fehlende Bestimmung über die Höhe des Grundkapitals

Das **vollständige Fehlen jeder Angabe zur Höhe des Grundkapitals** führt zur Nichtigkeit der Aktiengesellschaft. Anders als bei den zwei folgenden Nichtigkeitsgründen ist bei Fehlen der Angaben zum Grundkapital keine Heilung nach § 276 AktG möglich.[103] Fehlerhafte und zur Nichtigkeit führende Angaben zum Grundkapital sind ebenso wenig relevant wie eine nicht ausreichende Höhe oder die Angabe des Betrages in einer anderen Währung als Euro.[104] Jede andere Form der ungenügenden Angabe zum Grundkapital kann zur Auflösung durch Verfügung des Registergerichts (§ 399 FamFG in Verbindung mit § 262 Abs. 1 Nr. 5 AktG bzw. § 289 Abs. 2 Nr. 2 AktG) führen.

29

b) Fehlen der Bestimmung über den Gegenstand des Unternehmens

Wie auch beim Fehlen der Bestimmung über das Grundkapital stellt nur das **gänzliche Fehlen einer Bestimmung über den Gegenstand des Unternehmens** einen Nichtigkeitsgrund im Sinne von § 275 Abs. 1 AktG dar.[105] Die praktische Relevanz der Nichtigkeitsgründe »Fehlen einer Angabe zum Grundkapital und zum Unternehmensgegenstand« ist beschränkt. Die Wahrscheinlichkeit, dass der beurkundende Notar den Mangel nicht erkennt bzw. ignoriert und dass das eintragende Gericht den Mangel gleichfalls übersieht, ist nahezu null. Tatsächliche Relevanz dürfte deswegen nur der letzte der genannten Nichtigkeitsgründe haben.

30

---

98 Bei entsprechendem Rechtschutzbedürfnis will *K. Schmidt* die Anwendung auf die Vor-GmbH zulassen, Scholz/*K. Schmidt* GmbHG § 75 Rn. 2.
99 Siehe LG Heilbronn AG 1971, 372; Ulmer/Habersack/Winter/*Paura* GmbHG § 75 Rn. 5.
100 Statt Vieler MüKo AktG/*Hüffer* § 275 Rn. 9.
101 MüKo AktG/*Hüffer* § 275 Rn. 13; Hüffer/*Koch* AktG § 275 Rn. 7; Heidel/*Wermeckes* AktG § 275 Rn. 2.
102 Lutter/*Grunewald* UmwG § 36 Rn. 10; Kallmeyer/*Marsch-Barner* UmwG § 36 Rn. 8; KöKo AktG/*Kraft* § 275 Rn. 13.
103 Heidel/*Wermeckes* AktG § 275 Rn. 3; MüKo AktG/*Hüffer* § 275 Rn. 16; Ulmer/Habersack/Winter/*Paura* GmbHG § 75 Rn. 11.
104 MüKo AktG/*Hüffer* § 275 Rn. 19; Ulmer/Habersack/Winter/*Paura* Rn. 11.
105 MüKo AktG/*Hüffer* § 275 Rn. 19; Hüffer/*Koch* AktG § 275 Rn. 10; Baumbach/Hueck/*Haas* GmbHG § 75 Rn. 14; Ulmer/Habersack/Winter/*Paura* GmbHG § 75 Rn. 12; KöKo AktG/*Kraft* § 275 Rn. 16; Scholz/*K. Schmidt* GmbHG § 75 Rn. 11.

c) Nichtigkeit der Bestimmung über den Unternehmensgegenstand

aa) Restriktive Auslegung

31   Die Marleasing-Entscheidung des Europäischen Gerichtshofs[106] hat klargestellt, dass die Nichtigkeitsgründe des nationalen Rechts im Sinne des Katalogs der **Nichtigkeitsgründe aus Artikel 11 der Publizitätsrichtlinie**[107] auszulegen sind. Danach sind nicht nur die genannten Nichtigkeitsgründe abschließend, sondern eine Nichtigkeit im Sinne von § 275 AktG, § 75 GmbHG ist nur dann gegeben, wenn sie sich aus dem Wortlaut der Satzung selbst ergibt.[108] Eine weitere Auslegung unter Hinweis darauf, dass Nichtigkeit im Sinne der § 275 AktG, § 75 GmbHG keine rechtsgeschäftliche Nichtigkeit, sondern vielmehr nur eine Auflösbarkeit ist,[109] überzeugt nicht. Mit dieser Argumentation könnte auch behauptet werden, dass Art. 11 der Richtlinie gänzlich ohne Einfluss auf die Fassung und die Auslegung von § 275 AktG, § 75 GmbHG war und ist. Dies ist so nicht haltbar.

bb) Gesetzes- oder sittenwidriger Unternehmensgegenstand

32   Ist der in der Satzung angegebene Unternehmensgegenstand gesetzes- oder sittenwidrig, so liegt ein Nichtigkeitsgrund im Sinne von § 275 AktG vor. Verstößt der Unternehmensgegenstand gegen ein **strafrechtliches Verbot**, erscheint dies evident.[110] Auch der offen zutage liegende **Verstoß gegen ein staatliches Monopol**[111] führt ebenso zur Nichtigkeit wie der Verstoß gegen das **Kartellverbot**. Nicht zur Nichtigkeit führt indessen der Verstoß des Unternehmensgegenstandes gegen §§ 39, 40 KWG; die in § 43 Abs. 2 KWG geregelte registergerichtliche Sanktion ist insoweit abschließend.[112] Wegen Sittenwidrigkeit wäre unter Umständen etwa der Unternehmensgegenstand »Betrieb eines Bordells«[113] ein Nichtigkeitsgrund. Insoweit ist zu berücksichtigen, dass sich die Auffassung zur Sittenwidrigkeit rasch ändert und ältere Rechtsprechung möglicherweise nicht mehr geeignet ist, die »guten Sitten« abzubilden.[114]

d) Keine Nichtigkeit

aa) Vorgeschobener Unternehmensgegenstand (Mantel- oder Vorratsgründung)

33   Die tatsächliche Tätigkeit des Unternehmens ist unerheblich. Wenn es um die Nichtigkeit im Sinne von § 275 AktG geht, kommt es **allein auf die in der Satzung angegebene und veröffentlichte Fassung des Unternehmensgegenstandes** an. Etwas anderes kann nach nach der oben zitierten Marleasing-Entscheidung[115] nicht gelten. Die Problematik der Mantel- oder Vorratsgründung, die früher unter dem Oberbegriff vorgeschobener Unternehmensgegenstand diskutiert wurde, hat sich erübrigt. Die offene Mantelgründung ist zulässig.[116] Wird korrekt die Angabe »Verwaltung eigenen Vermögens« in den Unternehmensgegenstand aufgenommen, ist dies ohne jeden Zweifel zulässig.

---

106 EuGH Slg. 1990 I 4135 = DB 1991, 157.
107 68/151/EWG Abl. EG Nr. L vom 14.03.1968.
108 Siehe insb. MüKo AktG/*Hüffer* § 275 Rn. 23.
109 Scholz/*K. Schmidt* GmbHG § 75 Rn. 11.
110 *Hüffer/Koch* AktG § 275 Rn. 15 nennt u. a. Hehlerei, gewerblichen Schmuggel und verbotenes Glücksspiel.
111 BayObLG NJW 1971, 528; BayObLGZ 1972, 126 (129); *Hüffer/Koch* AktG § 275 Rn. 15.
112 Siehe GroßKomm AktG/*Wiedemann* 3. Aufl. § 275 Rn. 3; Ulmer/Habersack/Winter/*Paura* GmbHG § 75 Rn. 17 (zur GmbH).
113 BGHZ 41, 341 (342).
114 So herrscht beispielsweise seit Erlass des ProstG Streit darüber, ob der Vertrag zwischen Prostituierter und Freier weiterhin als sittenwidrig einzustufen ist. Die h. M. lehnt dies ab: BGH NJW 2006, 3490 (3491); BVerwG NVwZ 2003, 603, (604); MüKo BGB/*Armbrüster* Anhang zu § 138 BGB: ProstG § 1 Rn. 7; zum Streitstand und m. w. N. siehe Staudinger/*Fischinger* Anhang zu § 138 BGB: ProstG § 1 Rn. 10 f.
115 S. o. EuGH Slg. 1990 I 4135 = DB 1991, 157.
116 BGHZ 117, 323 (325 f.); 153, 158 (161).

bb) Nachträgliche Änderung

Die nachträgliche Änderung des Unternehmensgegenstandes durch Satzungsänderung ist kein Anwendungsfall der Nichtigkeitsklage. Die **Satzungsänderung selbst wäre** nach § 241 Nr. 3 und 4 AktG **nichtig**, so dass die ursprüngliche Satzung weiterhin Geltung beanspruchen könnte.[117]

cc) Tatsächliche Änderung des Unternehmensgegenstandes

Die Diskussion darüber, ob eine tatsächliche Änderung des Unternehmensgegenstandes zur Nichtigkeit führt, dürfte nach der Marleasing-Entscheidung (oben Rdn. 31) beendet sein. Da es auf die tatsächliche Tätigkeit der Gesellschaft nicht ankommt, kann die nur **tatsächliche Änderung** des Unternehmensgegenstandes im Rahmen der Nichtigkeitsklage **nicht relevant** sein.

4. Heilung

Nach dem Gesetz (§ 276 AktG) ist allein in den Fällen der fehlenden oder nichtigen Bestimmung zum Unternehmensgegenstand eine **Heilung durch Satzungsänderung** möglich. Richtigerweise wird man zur Aktiengesellschaft wie zur GmbH[118] annehmen müssen, dass alle durch satzungsändernden Beschluss heilbaren Auflösungs- und Nichtigkeitsgründe auch in der Aktiengesellschaft nach § 276 AktG heilbar sind. Die herrschende Meinung[119] lehnt eine Anwendung von § 276 AktG über den Wortlaut hinaus ab. Eine andere Begründung, als dass der Gesetzgeber die Möglichkeit hatte zu differenzieren, wird nicht gegeben. Insbesondere wird die von *Karsten Schmidt* zur Begründung der Rechtsfortbildung angeführte umfassende Fortsetzbarkeit aufgelöster Gesellschaften nicht diskutiert.

5. Die Klage (§ 275 Abs. 2 bis 4 AktG)

a) Sinngemäße Anwendung der Regeln über die Beschlussanfechtungsklage

Auf die Nichtigkeitsklage als Gestaltungsklage,[120] nicht Feststellungsklage, finden gemäß § 249 Abs. 1 S. 1 AktG die allgemeinen **Regelungen über die Beschlussanfechtungsklage** der §§ 246 ff. AktG Anwendung. Wie dort, ist Passivpartei die Aktiengesellschaft selbst (§ 246 Abs. 2 S. 1 AktG). Es gilt das Prinzip der Doppelvertretung (§ 246 Abs. 2 S. 2 AktG). Zu den Zustellungsregeln ist auf § 8 Rdn. 41 ff. zu verweisen. Im Folgenden soll allein auf die Besonderheiten der Nichtigkeitsklage eingegangen werden.

b) Zuständiges Gericht, Schiedsfähigkeit

Ausschließlich zuständig für die Entscheidung über die Nichtigkeitsklage ist das **Landgericht des Gesellschaftssitzes** (§ 246 Abs. 3 S. 1 AktG). Der Rechtsstreit gehört vor die Kammer für Handelssachen (§ 95 Abs. 2 GVG i. V. m. § 246 Abs. 3 S. 2 AktG). Anders als für die GmbH ist die Nichtigkeitsklage gegen die Aktiengesellschaft nicht schiedsfähig. Das Prinzip der Satzungsstrenge (§ 23 Abs. 5 AktG) lässt eine den Anforderungen der Rechtsprechung entsprechende Satzungsbestimmung für die Aktiengesellschaft nicht zu.[121] Ein Satzungsschiedsgericht ist somit nicht möglich; ein einfacher Schiedsvertrag hätte indessen keine parteiübergreifende Wirkung, die er wegen der Gestaltungswirkung des Urteils aber benötigte.[122]

---

117 MüKo AktG/*Hüffer* § 275 Rn. 24; KöKo AktG/*Kraft* § 275 Rn. 26, der zu Recht darauf hinweist, dass die Gesellschafter den Beschluss, nicht die Gesellschaft aus der Welt schaffen wollen.
118 Grundlegend Scholz/*K. Schmidt* GmbHG § 76 Rn. 5; dem folgend Ulmer/Habersack/Winter/*Paura* GmbHG § 76 Rn. 4.
119 Insb. MüKo AktG/*Hüffer* § 276 Rn. 5 m. w. N.
120 Dazu bereits oben Rdn. 27.
121 Hüffer/*Koch* AktG § 275 Rn. 19; BGH NJW 1996, 1753 (1754).
122 Vgl. zur Schiedsfähigkeit der Anfechtungsklage: *Waclawik* Prozessführung im Gesellschaftsrecht Rn. 33.

c) Die Klageberechtigten

39 Während die **Aktiengesellschaft** bei der Beschlussanfechtungsklage **Passivpartei** des Prozesses ist, können **alle Aktionäre**, die im Zeitpunkt der Klageerhebung bis zur letzten mündlichen Tatsachenverhandlung Aktionäre sind, die **Klage erheben**. Daneben können alle Vorstandsmitglieder und Aufsichtsratsmitglieder die Nichtigkeitsklage erheben; nicht indessen die Kollegialorgane als solche.[123] Dritten, auch Pfandnehmern, Nießbrauchern, Inhabern von Genussrechten oder Wandelobligationen sowie sonstigen Gläubigern der Gesellschaft steht das Klagerecht nicht zu.[124] Die Nichtigkeitsklage ist binnen drei Jahren nach der Eintragung der Gesellschaft zu erheben (§ 275 Abs. 3 AktG). Die damit statuierte Frist ist eine materiell-rechtliche Ausschlussfrist. Die verspätete Klageerhebung führt nicht zur Unzulässigkeit, sondern zur Unbegründetheit der Klage.[125] Die Frist funktioniert damit wie die Monatsfrist zur Erhebung der Anfechtungsklage (§ 246 Abs. 1 AktG), weshalb an dieser Stelle auf die obigen Ausführungen hierzu verwiesen werden kann.[126] Der Antrag auf Prozesskostenhilfe innerhalb der Dreijahresfrist reicht nach heute einhelliger Auffassung zur Fristwahrung aus.[127]

d) Abmahnung (§ 275 Abs. 2 AktG)

40 Das Gesetz sieht vor, dass die Klage erst erhoben werden kann, nachdem ein Klageberechtigter die **Gesellschaft aufgefordert** hat, den **Mangel zu beseitigen** und sie binnen drei Monaten dieser Aufforderung nicht nachgekommen ist. Geht man davon aus, dass jeder Mangel heilbar ist,[128] ist die Abmahnung stets Voraussetzung für die Klage. Einer Differenzierung zwischen heilbaren und nicht heilbaren Mängeln bedarf es deswegen insoweit nicht.[129] Die Aufforderung braucht nicht durch den späteren Kläger erfolgt zu sein, sie muss indessen von einer klageberechtigten Person vorgenommen worden sein.[130] Eine vor Ablauf der Dreimonatsfrist oder ohne vorherige Aufforderung erhobene Klage ist unzulässig. Eine Ausnahme ist anzuerkennen, wenn bei Abwarten der Dreimonatsfrist die Dreijahresfrist des § 275 Abs. 3 S. 1 AktG abgelaufen wäre.[131]

6. Wirkung des Urteils

a) Das stattgebende Urteil

41 Die Rechtskraft des stattgebenden Urteils **wirkt für und gegen alle Klageberechtigten**.[132] Es wirkt gleichsam auch gegen das Registergericht im Verfahren der Amtslöschung nach § 397 FamFG.[133] Nach ganz herrschender Meinung tritt mit Rechtskraft des Urteils auch die Gestaltungswirkung ein.[134] Die gegenteilige Auffassung von *Kraft*[135] ist mit dem Charakter des Gestaltungsurteils nicht vereinbar. Mit Rechtskraft des Urteils tritt daher die Auflösung ein; die Eintragung nach § 277 AktG ist deklaratorisch.

---

123 MüKo AktG/*Hüffer* § 275 Rn. 48; *ders.* § 275 Rn. 22; KöKo AktG/*Kraft* § 275 Rn. 34.
124 Heidel/*Wermeckes* AktG § 275 Rn. 11.
125 *Waclawik* Prozessführung im Gesellschaftsrecht Rn. 381.
126 Vgl. § 8 Rdn. 81 ff.
127 Vgl. MüKo AktG/*Hüffer* § 275 Rn. 53 m. w.N auch zur früheren Diskussion.
128 S. o. Rdn. 36.
129 A. A. MüKo AktG/*Hüffer* § 275 Rn. 41.
130 Heidel/*Wermeckes* AktG § 275 Rn. 12; MüKo AktG/*Hüffer* § 275 Rn. 42.
131 KöKo AktG/*Kraft* § 275 Rn. 39.
132 MüKo AktG/*Hüffer* § 275 Rn. 58; Heidel/*Wermeckes* AktG § 275 Rn. 15; Baumbach/Hueck/*Haas* GmbHG § 75 Rn. 29 (zur GmbH).
133 KöKo AktG/*Kraft* § 275 Rn. 54.
134 MüKo AktG/*Hüffer* § 275 Rn. 61 unter Hinweis auf die Kommentarliteratur zum GmbHG; vgl. nur R/S-L/*Baukelmann* GmbHG § 75 Rn. 32; Scholz/*K. Schmidt* GmbHG § 75 Rn. 21; Ulmer/Habersack/Winter/*Paura* GmbHG § 75 Rn. 34.
135 KöKo AktG/*Kraft* § 275 Rn. 46.

b) Das abweisende Urteil

Das abweisende Urteil entfaltet keine **Rechtskraftwirkung** gegenüber anderen Klageberechtigten, sondern **allein gegenüber den tatsächlichen Klägern**.[136] Früher wurde vertreten, dass die Amtslöschung (heute § 397 FamFG) nicht auf Gründe gestützt werden könne, die bereits Gegenstand einer abgewiesenen Nichtigkeitsklage waren.[137] Die heute ganz herrschende Meinung geht indessen davon aus, dass es mangels gesetzlicher Rechtskrafterstreckung eine förmliche Bindungswirkung nicht geben kann.[138]

42

c) Einstweilige Verfügung

Die Gesellschaft kann **nicht durch einstweilige Verfügung** für nichtig erklärt werden.[139] Da die Gesellschaft bis zur Rechtskraft der Nichtigkeitserklärung werbend fortbesteht, wird für den Zeitraum nach Erhebung der Nichtigkeitsklage bis zur Rechtskraft des Urteils die grundsätzliche Anwendbarkeit der §§ 935 ff. ZPO angenommen.[140] Die Auflösung selbst kann aber nicht durch einstweilige Verfügung ausgesprochen werden, deshalb kann Gegenstand der einstweiligen Verfügung etwa die Untersagung werbender Geschäfte, die über Abwicklungstätigkeiten hinaus gehen, sein.[141] Der Antragsteller hat insoweit substantiiert vorzutragen, in welcher Weise er durch die Fortführung der Geschäfte gefährdet ist.

43

III. Die Löschung von Amts wegen

1. Löschung nach § 397 FamFG

a) Verhältnis zur Nichtigkeitsklage

Das Verfahren der Amtslöschung nach § 397 FamFG (früher § 144 Abs. 1 FGG) steht **vollkommen unabhängig neben der Nichtigkeitsklage**. Selbst die rechtskräftige Abweisung einer Nichtigkeitsklage schließt die Einleitung des Offizialverfahrens nach § 397 FamFG nicht aus. Das Registergericht wird bei seiner Entscheidungsfindung aber wohl häufig die Klagabweisung bei seiner eigenen Entscheidung berücksichtigen.[142] Eine Löschung von Amts wegen nach § 395 FamFG (früher § 142 FGG) ist demgegenüber ausgeschlossen, da § 397 FamFG insoweit lex specialis ist.[143]

44

b) Erledigung der Streitsache

Eine **anhängige Nichtigkeitsklage wird durch die Amtslöschung** nach § 397 FamFG **erledigt**.[144] Dem Kläger einer Nichtigkeitsklage ist deswegen zu empfehlen, die Amtslöschung durch das zuständige Registergericht (§§ 397, 395 FamFG) anzuregen. Zu betonen ist auch, dass die Verhandlung über die Nichtigkeitsklage nach § 148 ZPO bis zur Erledigung des Verfahrens nach dem FamFG ausgesetzt werden kann.[145]

45

---

136 MüKo AktG/*Hüffer* § 275 Rn. 59; Baumbach/Hueck/*Haas* GmbHG § 75 Rn. 29; R/S-L/*Baukelmann* GmbHG § 75 Rn. 32; Scholz/*K. Schmidt* GmbHG § 75 Rn. 20.
137 KöKo AktG/*Kraft* § 275 Rn. 54; Geßler/Hefermehl/*Hüffer* § 275 Rn. 74.
138 So jetzt auch explizit MüKo AktG/*Hüffer* § 275 Rn. 74; MüKo FamFG/*Krafka* § 397 Rn. 11 m. w. N.; Scholz/*K. Schmidt* GmbHG § 75 Rn. 21; Ulmer/Habersack/Winter/*Paura* GmbHG § 75 Rn. 34 (jeweils zur GmbH).
139 Ulmer/Habersack/Winter/*Paura* GmbHG § 75 Rn. 35 m. w. N.
140 MüKo AktG/*Hüffer* § 275 Rn. 62.
141 *Hüffer* a. a. O. m. z. w. N.
142 MüKo AktG/*Hüffer* § 275 Rn. 74.
143 Ulmer/Habersack/Winter/*Paura* GmbHG § 75 Rn. 37 m. w. N.
144 MüKo AktG/*Hüffer* § 275 Rn. 74.
145 Scholz/*K. Schmidt* GmbHG § 75 Rn. 29; Ulmer/Habersack/Winter/*Paura* GmbHG § 75 Rn. 49.

c) Materielle Voraussetzungen

46 Zu den materiellen Voraussetzungen für die Amtslöschung verweist § 397 FamFG auf §§ 275, 276 AktG. Die **Löschung** ist immer dann (und nur dann!) gerechtfertigt, **wenn auch eine Nichtigkeitsklage begründet wäre**, d. h. ein Nichtigkeitsgrund vorliegt, der nicht nach § 276 AktG oder anderweitig geheilt ist.[146] Andere Nichtigkeitsgründe sind im Rahmen von § 397 FamFG unbeachtlich.

d) Das Verfahren

47 Das Verfahren, für das im Wesentlichen auf § 395 FamFG verwiesen wird, findet **ausschließlich vor dem Registergericht** statt. Nach dem ersatzlosen Streichen der § 143 FGG entsprechenden Norm des § 396 FamFG[147] ist eine ergänzende Zuständigkeit des übergeordneten Landgerichts nicht mehr gegeben. Das Verfahren nach § 395 FamFG wird von Amts wegen oder auf Antrag der berufsständischen Organe hin eingeleitet (§ 395 Abs. 1 FamFG). Beteiligte des Verfahrens ist allein die Gesellschaft selbst, die berufsständischen Organe, wie Industrie- und Handelskammern, Handwerkskammern, etc., haben eine besondere verfahrensmäßige Rechtsstellung; sie sind insbesondere beschwerdebefugt.[148]

e) Ermessen

48 Die Kommentarliteratur zum FamFG ebenso wie die frühere Kommentarliteratur zum FGG ist nahezu einhellig der Meinung, die Entscheidung des Gerichts über die Amtslöschung ergehe nach pflichtgemäßem Ermessen.[149] Die gesellschaftsrechtliche Literatur geht nahezu einhellig davon aus, dass die Löschung nicht vom öffentlichen Interesse abhängt und deshalb die Entscheidung über die Löschung der nichtigen Gesellschaft **keinen Raum für eine Interessenabwägung** enthält.[150]

f) Löschungsankündigung

49 Die Löschung ist der Aktiengesellschaft vom Gericht anzukündigen und zugleich eine angemessene Frist zur Geltendmachung eines Widerspruchs zu bestimmen (§ 395 Abs. 2 S. 1 FamFG). Eine Mindestlänge der Frist ist nach Einführung des FamFG nicht mehr vorgeschrieben.[151] Über den Widerspruch entscheidet das Registergericht durch Beschluss. Gegen den Beschluss des Registergerichts ist die Beschwerde gemäß § 58 FamFG gegeben.

g) Löschung

50 **Ist die Frist für den Widerspruch abgelaufen** oder der Widerspruch rechtskräftig zurückgewiesen worden, verfügt das Registergericht die **Löschung**.

---

146 Ulmer/Habersack/Winter/*Paura* GmbHG § 75 Rn. 38; Keidel/*Heinemann* FamFG § 397 Rn. 8.
147 Hierzu Prütting/Helms/*Holzer* FamFG § 396 Rn. 1.
148 Keidel/*Heinemann* FamFG § 393 Rn. 26; vgl. auch bereits OLG Hamm DNotZ 1954, 92; OLG Düsseldorf DNotZ 1957, 417 (beide zu § 126 FGG).
149 Keidel/*Heinemann* FamFG § 397 Rn. 17; MüKo FamFG/*Krafka* § 397 Rn. 13; Prütting/Helms/*Holzer* FamFG § 395 Rn. 28.
150 Baumbach/Hueck/*Baumbach/Hueck/Fastrich/Haas/Noack/Zöllner* GmbHG Anh. § 77 Rn. 25; Lutter/Hommelhoff/*Kleindiek* GmbHG § 75 Rn. 6; Roth/Altmeppen/*Altmeppen* § 75 Rn. 34; Hüffer/*Koch* AktG § 275 Rn. 32; MüKo AktG/*Hüffer* § 275 Rn. 68; KöKo AktG/*Kraft* § 275 Rn. 52.
151 Keidel/*Heinemann* FamFG § 397 Rn. 22; MüKo FamFG/Krafka § 397 Rn. 17; Prütting/Helms/*Holzer* FamFG § 397 Rn. 14.

h) Rechtsbehelf gegen die Löschung

Nach herrschender Auffassung ist ein Rechtsbehelf gegen die Löschung selbst nicht gegeben; es könne lediglich die Löschung der Löschungseintragung von Amts wegen angeregt werden.[152] Dem ist zu widersprechen. Vielmehr ist die Beschwerde nach § 58 FamFG zulässig. Es geht hier nicht um die Anfechtung der Löschungsverfügung, sondern um die **Anfechtbarkeit der Löschung**, die als solche Außenwirkung entfaltet und die **Gesellschaft beschwert**, soweit die Entscheidung unberechtigt war. 51

2. Verfahren nach §§ 394, 395, 398 und 399 FamFG

Die Löschung vermögensloser Gesellschaften (§ 394 FamFG), die Löschung unzulässiger Eintragungen (§ 395 FamFG), die Löschung nichtiger Beschlüsse (§ 398 FamFG) und die Auflösung wegen Mangels der Satzung (§ 399 FamFG) folgen alle dem Verfahren nach §§ 395 Abs. 2, 394 Abs. 2 S. 1 und 2 FamFG. Zum Verfahren nach § 399 FamFG in Verbindung mit § 262 Abs. 1 Nr. 1 AktG wird vertreten, dass **dem Registergericht kein Ermessen zusteht**, bei Kenntnis entsprechender Mängel auf Seiten des Gerichts daher kein Ermessen im Hinblick auf die Feststellung des Mangels der Satzung und Eintragung der Auflösung besteht.[153] Die kaum nachvollziehbare Unterscheidung, nach der ein einfacher Mangel im Sinne von § 399 FamFG zur Auflösung führen muss, ein qualifizierter Mangel im Sinne von § 397 FamFG in Verbindung mit § 275 AktG aber nur zur Auflösung führen kann, vermag die herrschende Auffassung in der FamFG-Literatur nicht zu erklären. Zwar kann sie sich auf den Wortlaut des Gesetzes stützen, nach dem die nichtige Gesellschaft nach § 397 FamFG tatsächlich nur aufgelöst werden »kann«. Betrachtet man hingegen den Sinn und Zweck der Regelungen, kann es beim gravierenderen Mangel nach § 397 FamFG ebenfalls kein Ermessen geben. **Entgegen der ganz herrschenden Meinung** muss eine rechtsfehlerhafte Löschung auch im Rahmen der Verfahren nach §§ 394, 395, 398 und 399 FamFG **mit der Beschwerde nach § 58 FamFG angreifbar** sein.[154] 52

IV. Gerichtliche Auflösung nach § 396 AktG

Anders als bei der Gesellschaft mit beschränkter Haftung, kann die Verwaltungsbehörde die Aktiengesellschaft **nicht** selbst **durch Verwaltungsakt** auflösen.[155] Die oberste Landesbehörde, d. h. das Wirtschaftsministerium bzw. der Wirtschaftssenator, ist nach § 396 Abs. 1 S. 2 AktG vielmehr darauf verwiesen, die Klage auf Auflösung als **Gestaltungsklage**[156] zu erheben. 53

Das Verfahren ist ein streitiges **Zivilrechtsverfahren**, für das in vollem Umfang die Zivilprozessordnung gilt.[157] Das zuständige Gericht ist nach § 396 Abs. 1 S. 2 AktG das Landgericht am Gesellschaftssitz. Funktionell zuständig ist die Kammer für Handelssachen. Gegen das landgerichtliche Urteil findet die Berufung statt. Für die Revision gegen das Berufungsurteil gelten die allgemeinen zivilprozesslichen Grundsätze. 54

Inhaltlich ist der Klage stattzugeben, wenn die Gesellschaft durch die Handlungen ihrer Verwaltungsträger das **Gemeinwohl gefährdet** (§ 396 Abs. 1 S. 1 AktG). Dies ist insbesondere bei gesetzeswidrigem Verhalten der Fall.[158] In Betracht kommt jede gesetzes- oder sittenwidrige Handlung nach §§ 134, 138 BGB, die die Verwaltungsträger nach Aufforderung durch die Behörde nicht abstellen. Der unzweideutigen Aufforderung bedarf es schon deswegen, weil die Erhebung der Klage als Ver- 55

---

152 Vgl. OLG Stuttgart Rpfleger 1974, 198; Baumbach/Hueck/*Baumbach/Hueck/Fastrich/Haas/Noack/Zöllner* GmbHG Anh. § 77 Rn. 11 m. w. N.
153 Prütting/Helms/*Holzer* FamFG § 399 Rn. 18.
154 Siehe dazu bereits oben Rdn. 51.
155 Zur GmbH § 62 GmbHG.
156 Hüffer/*Koch* AktG § 396 Rn. 6.
157 *Koch* a. a. O.
158 Hüffer/*Koch* AktG § 396 Rn. 3; KöKo AktG/*Zöllner* § 396 Rn. 12.

waltungshandeln willkürfrei und verhältnismäßig sein muss.[159] Die beklagte Gesellschaft kann durch Abberufung der gesetzes- oder sittenwidrig handelnden Verwaltungsträger während des Rechtsstreits die Klage unbegründet machen.[160]

56 Das **stattgebende Auflösungsurteil** überführt die Gesellschaft, wie in den Fällen des § 262 Abs. 1 AktG, allein in das **Stadium der Abwicklung.** Nach herrschender Meinung[161] kann die so aufgelöste Gesellschaft nicht fortgesetzt werden. Dieser Auffassung ist zu widersprechen,[162] da die Frage der Fortsetzungsfähigkeit allein von der nachhaltigen Beseitigung des Auflösungsgrundes, nicht von der Natur des Auflösungsgrundes abhängig ist. Zu beachten ist, dass grundsätzlich die inkriminierte Verhaltensweisen begehenden Vorstandsmitglieder zu Abwicklern berufen sind. Lediglich auf Antrag der obersten Landesbehörde werden diese abberufen und andere Abwickler bestellt (§ 396 Abs. 2 S. 2 AktG).

V. Gerichtliche Bestellung und Abberufung von Abwicklern, Rechtsmittel

1. Unternehmensrechtliches Verfahren

57 Die gerichtliche Bestellung von Abwicklern bzw. deren Abberufung nach § 273 Abs. 3 AktG ist ein unternehmensrechtliches Verfahren im Sinne von § 375 Nr. 3 FamFG. Sachlich zuständig ist das **Amtsgericht als Gericht der freiwilligen Gerichtsbarkeit** (§ 23a Abs. 1 Nr. 2, Abs. 2 Nr. 4 GVG). Örtlich ist das Gericht am Sitz der Gesellschaft zuständig (§ 377 FamFG), soweit nicht die Landesregierungen von der jeweiligen Verordnungsermächtigung nach § 376 Abs. 2 FamFG Gebrauch gemacht haben und die Zuständigkeit einem Amtsgericht zugewiesen haben.[163] Funktionell sind die Entscheidungen in den unternehmensrechtlichen Verfahren umfangreich den **Rechtspflegern zugewiesen** (§ 3 Nr. 2 lit. d) RPflG). Ausgenommen hiervon sind die den Richtern vorbehaltenen unternehmensrechtlichen Verfahren nach § 17 Nr. 2 lit. a) RPflG. Die Regelung des § 17 Nr. 2 lit. a) RPflG führt dazu, dass die **Bestellung von Abwicklern in der Aktiengesellschaft dem Richter vorbehalten** ist, während die Bestellung von Liquidatoren in der GmbH und den Personenhandelsgesellschaften durch den Rechtspfleger erfolgt.

2. Wichtiger Grund

58 Die **gerichtliche Bestellung** eines Abwicklers **bedarf** ebenso wie die Abberufung eines Abwicklers eines **wichtigen Grundes** (§ 265 Abs. 2 S. 3 AktG). Eine gerichtliche Bestellung oder Abberufung eines Arbeitsdirektors (§ 265 Abs. 6 AktG) findet nicht statt. Es bleibt vielmehr nach §§ 12, 13 MontanMitbestG bei der Bestellung und Abberufung aus wichtigem Grund durch den Aufsichtsrat (§ 84 AktG). Wichtige Gründe für die Bestellung bzw. Abberufung eines Abwicklers liegen insbesondere vor, wenn dauerhaft Abwickler fehlen, bei Parteilichkeit der Abwickler, bei groben Pflichtverletzungen und Unfähigkeit.[164]

3. Anträge

59 Überall dort, wo es um den Ersatz von unfähigen oder für eine Minderheit unzumutbaren Abwicklern geht, wird der **Antrag auf Abberufung** aus wichtigem Grund **regelmäßig mit dem Antrag auf gerichtliche Bestellung eines neuen Abwicklers verbunden** werden.[165] Bei der Bestimmung der Zahl

---

159 Hüffer/*Koch* AktG § 396 Rn. 8.
160 *Koch* a. a. O.
161 Hüffer/*Koch* AktG § 396 Rn. 9; KöKo AktG/*Zöllner* § 396 Rn. 24.
162 Großkomm AktG/*K. Schmidt* § 396 Rn. 21.
163 Vgl. zu den einzelnen Rechtsverordnungen der Länder die Übersicht bei Keidel/*Heinemann* FamFG § 376 Rn. 10 ff.
164 BayObLG NJW 1955, 1678; BayObLGZ 1969, 65 (68); BayObLG NJW-RR 1996, 1384; OLG Hamm BB 1958, 497; OLG Hamm BB 1960, 918; Hüffer/*Koch* AktG § 265 Rn. 8; MüKo AktG/*Hüffer* § 265 Rn. 17 f.
165 Ulmer/Habersack/Winter/*Paura* GmbHG § 66 Rn. 39.

B. Rechtsstreitigkeiten § 10

der zu ernennenden Liquidatoren und bei der Auswahl der Personen ist das Gericht nicht an die Anträge gebunden.[166] Das Gericht muss indessen eine objektiv geeignete, unparteiische Person bestimmen.[167] Wer von vornherein erklärt, er werde das Amt nicht annehmen, ist ungeeignet.[168]

4. Antragsberechtigung

Berechtigt, den Antrag an das Registergericht zu stellen, ist **zunächst der Aufsichtsrat** (§ 265 Abs. 3 S. 1 AktG). Der Aufsichtsrat handelt durch den Vorsitzenden aufgrund eines Beschlusses (§ 108 Abs. 1 AktG). Eine schriftliche Beschlussfassung setzt die Niederschrift im Sinne von § 107 Abs. 2 AktG voraus; eine Mitunterzeichnung des Antrages durch alle Aufsichtsratsmitglieder reicht nicht.[169] Neben dem Aufsichtsrat kann eine **qualifizierte Minderheit von Aktionären**, die entweder 5 % des Grundkapitals auf sich vereinigen kann oder Aktien hält, deren anteiliger Betrag EUR 500.000,– erreicht, einen Antrag stellen. Erfüllt ein einziger Aktionär diese Voraussetzung, ist er antragsberechtigt.[170] Die antragstellenden Aktionäre haben nicht nur den Umfang ihrer Beteiligung **glaubhaft zu machen**, sondern auch, dass sie mindestens drei Monate Inhaber der Aktien sind (§ 265 Abs. 3 S. 2 AktG). Ausreichendes Mittel einer Glaubhaftmachung ist allerdings nach § 265 Abs. 3 S. 3 AktG die Abgabe einer eidesstattlichen Versicherung vor einem Gericht oder einem Notar. Der Vorlage von anderen Mitteln der Glaubhaftmachung bedarf es deswegen nicht.

60

5. Anhörung

Die Antragsgegnerin, d. h. die Aktiengesellschaft selbst, ist nach §§ 27, 34 Abs. 1 Nr. 1 FamFG anzuhören.[171] Nach dem **Amtsermittlungsgrundsatz des § 26 FamFG** kann es jedoch zur Aufklärung der Tatsachen geboten sein, auch andere Personen anzuhören.[172] Geboten kann insbesondere sein, die Mitglieder des Aufsichtsrates bzw. auch die Aktionäre anzuhören.

61

6. Die Entscheidung

Die Entscheidung über die **Bestellung** von Abwicklern bzw. ihre **Abberufung** ergeht durch Beschluss. Der Beschluss ist nach § 38 Abs. 3 S. 1 FamFG zu begründen.[173]

62

7. Rechtsmittel

Gegen den Beschluss findet die **Beschwerde nach § 58 FamFG** statt. Sie ist nach § 63 Abs. 1 FamFG binnen einer Frist von einem Monat einzulegen. Die Frist beginnt mit der schriftlichen Bekanntgabe des Beschlusses (§ 41 FamFG). Die mündliche Bekanntgabe, die nach § 22 Abs. 1 S. 2 FGG a. F. ausreichend war, reicht nicht mehr.[174] Die Frist beginnt für jeden Beschwerdeberechtigten mit der Bekanntgabe an diesen (§ 63 Abs. 3 S. 1 FamFG). Sind mehrere Personen beschwerdeberechtigt, können durch unterschiedlichen Zugang der Bekanntgabe voneinander abweichende Fristen zur Einlegung der Beschwerde in Lauf gesetzt werden.[175] Die Rechtsmittelfrist darf voll ausgeschöpft werden.[176]

63

---

166 Allg. Meinung, vgl. BayObLGZ 24, 58, 59 f.; Hüffer/*Koch* AktG § 265 Rn. 9; Baumbach/Hueck/*Haas* GmbHG § 66 Rn. 21; Ulmer/Habersack/Winter/*Paura* GmbHG § 66 Rn. 43.
167 BayObLG JFG 2, 168 (KG).
168 BayObLGZ 1996, 129 (131); Hüffer/*Koch* AktG § 265 Rn. 9.
169 MüKo AktG/*Hüffer* § 265 Rn. 14; a. A. KöKo AktG/*Kraft* § 265 Rn. 17.
170 MüKo AktG/*Hüffer* § 265 Rn. 15.
171 Hüffer/*Koch* AktG § 265 Rn. 9.
172 MüKo AktG/*Hüffer* § 265 Rn. 20.
173 Zu Gegenstand und Umfang der Begründung Keidel/*Meyer-Holz* FamFG § 38 Rn. 63 f.
174 Prütting/Helms/*Abramenko* FamFG § 63 Rn. 5; Keidel/*Sternal* FamFG § 63 Rn. 15.
175 BGH NJW 2002, 2252; BayObLG FGPrax 1999, 82; BayObLGZ 1994, 391; OLG Brandenburg FamRZ 2000, 1028; Keidel/*Sternal* FamFG § 63 Rn. 20.
176 BVerfGE 52, 203 (208) = NJW 1980, 580.

Wird der Antrag abgewiesen, sind der bzw. die **Antragsteller beschwerdebefugt**.[177] Eine Minderheit von Aktionären muss jedenfalls eines der Quoren des § 265 Abs. 3 S. 1 AktG auch bei Einlegung der Beschwerde erreichen.[178] Hat der Antrag Erfolg, ist die Aktiengesellschaft als unterliegende Antragsgegnerin zur Beschwerde befugt. Beschwerden von einzelnen Aktionären sind demgegenüber ebenso unzulässig, wie eine solche des Aufsichtsrats.[179] Gegen die Beschwerdeentscheidung ist **allein die Rechtsbeschwerde nach § 70 FamFG statthaft**. Eine weitere Beschwerde findet nicht statt.

8. Einstweiliger Rechtsschutz

64 Die bisher herrschende Meinung hielt die Bestellung von Abwicklern/Liquidatoren durch einstweilige Verfügung für ausgeschlossen, da das FGG keine Regelungen zur einstweiligen Verfügung enthielt.[180] Das FamFG sieht dagegen in §§ 49 ff. FamFG das Verfahren der einstweiligen Verfügung vor, sodass nun auch die Bestellung von Abwicklern/Liquidatoren auf diesem Wege erfolgen können muss.[181] Zudem besteht die Möglichkeit **bei entsprechender Eilbedürftigkeit** einen **Notabwickler** zu bestellen(§ 264 Abs. 3 AktG i. V. m. § 85 Abs. 1 AktG). Das Verfahren ist ein aliud zur Bestellung gerichtlicher Liquidatoren;[182] es entspricht vollständig dem Verfahren zur Bestellung eines Notvorstandes (dazu unten § 14 Rdn. 14).

9. Weitere Verfahren

a) Bestellung von (Nachtrags-)Abwicklern

65 Die Bestellungen von Abwicklern nach § 264 Abs. 2 S. 2 AktG und § 273 Abs. 4 AktG setzen beide voraus, dass nach Löschung der Aktiengesellschaft noch **weitere Abwicklungsmaßnahmen** erforderlich sind. Wurde die Gesellschaft aufgrund Vermögenslosigkeit gelöscht, wird bei Abwicklungsmaßnahmen, die noch vorhandenes Vermögen voraussetzen,[183] und Löschung nach Abschluss eines Liquidationsverfahrens ein Abwickler gerichtlich auf Antrag bestellt. Anders als bei Bestellung von gerichtlichen Abwicklern nach § 265 Abs. 3 AktG sind alle Gläubiger und Aktionäre berechtigt, einen Antrag auf Bestellung eines Nachtragsliquidators zu stellen.[184] Ebenso wie frühere Organmitglieder im Rahmen des Verfahrens nach § 273 Abs. 4 AktG berechtigt sind, den Antrag zu stellen, sollten sie im Verfahren nach § 264 Abs. 2 S. 2 AktG als antragsberechtigt anerkannt werden. Das Gericht entscheidet über den Nachtragsabwickler nach pflichtgemäßem Ermessen.[185] Erforderlich ist auch hier das **Einverständnis der in Aussicht genommenen Personen**.[186]

b) Aufbewahrung von Büchern und Schriften

66 Die Bücher und Schriften der Aktiengesellschaft sind **nach § 257 HGB** zehn bzw. sechs Jahre **aufzubewahren**. Der **Ort der Aufbewahrung** wird nach § 273 Abs. 2 AktG **vom Gericht bestimmt**. Wie die Bestellung eines Liquidators oder Nachtragsliquidators, ist die Bestimmung des Aufbewahrungs-

---

177 Hüffer/*Koch* AktG § 265 Rn. 9.
178 MüKo AktG/*Hüffer* § 265 Rn. 25.
179 KG OLGR 8, 235 f.; KG Recht 1930 Nr. 902; Hüffer/*Koch* AktG § 265 Rn. 9; MüKo AktG/*Hüffer* § 265 Rn. 25; speziell zum Aufsichtsrat OLG Rostock JFG 2, 231 f.
180 OLG Dresden OLGR 16, 196 f.; MüKo AktG/*Hüffer* § 265 Rn. 26; *Hüffer* AktG 10. Auflage 2012 § 265 Rn. 9.
181 Hüffer/*Koch* AktG § 265 Rn. 9; Henssler/Strohn/*Drescher* AktG § 265 Rn. 6; Spindler/Stilz/*Bachmann* AktG § 265 Rn. 14a.
182 Scholz/*K. Schmidt* GmbHG § 66 Rn. 34; Ulmer/Habersack/Winter/*Paura* GmbHG § 66 Rn. 50; vgl. auch BayObLG BB 1976, 998.
183 Scholz/*K. Schmidt* GmbHG § 74 Rn. 20a; Ulmer/Habersack/Winter/*Paura* GmbHG § 66 Rn. 80.
184 Hüffer/*Koch* AktG § 264 Rn. 14, § 273 Rn. 15 unter Hinweis auf OLG Koblenz ZIP 2007, 2166 (zur GmbH).
185 BGHZ 53, 264 (269).
186 OLG München NZG 2008, 555 (557); Hüffer/*Koch* AktG § 273 Rn. 16.

ortes für die Bücher und Schriften ein unternehmensrechtliches Verfahren nach § 375 Nr. 3 FamFG. Zu den Zuständigkeiten ist daher auf Rdn. 57 zu verweisen. Zur allgemeinen Sicherung der Aufbewahrungspflicht ist von § 273 Abs. 2 AktG über § 257 HGB hinaus angeordnet, dass alle Bücher und Schriften für die Dauer von zehn Jahren zu hinterlegen sind.

c) Beschwerde nach § 273 Abs. 5 AktG

Für die Bestellung von Nachtragsliquidatoren im Sinne von § 273 Abs. 4 AktG ordnet das Gesetz in § 273 Abs. 5 AktG an, dass gegen die gerichtliche Entscheidung das Rechtsmittel der Beschwerde zulässig ist. Die Beschwerde ist wie die gegen die Bestellung von Abwicklern nach § 265 Abs. 3 AktG gerichtete Beschwerde **innerhalb der Monatsfrist des § 63 FamFG einzureichen**. Gleiches gilt auch für die Beschwerde gegen eine Entscheidung nach § 264 Abs. 2 S. 2 AktG.[187]

67

VI. Wirkung der Löschung auf laufende Prozesse

1. Parteifähigkeit

Bereits die **Behauptung noch verteilungsfähigen Rechtsvermögens** erhält die Parteifähigkeit der gelöschten Gesellschaft.[188] Lediglich bei Löschung der Gesellschaft und tatsächlicher Vermögenslosigkeit entfällt die Parteifähigkeit. Die Auffassung von der konstitutiven Wirkung der Löschung,[189] die ein Entfallen der Parteifähigkeit mit Löschung der Gesellschaft zur Folge hat, hat sich nicht durchsetzen können.

68

2. Aktivprozess

Ein anhängiger **Aktivprozess schließt die Löschung der Gesellschaft** aus.[190] Der von der Gesellschaft geltend gemachte Anspruch stellt einen Vermögensgegenstand dar, der jedenfalls zu verteilungsfähigem Vermögen führen könnte.[191] Eine trotz anhängigen Aktivprozesses der Gesellschaft vorgenommene Löschung begründet die Nachtragsliquidation. Durch Entfallen des Vorstandes bzw. des Geschäftsführungsorgans wird die Gesellschaft im Zeitpunkt ihrer Löschung prozessunfähig.[192] Ist ein Prozessbevollmächtigter bestellt, besteht die Prozessvollmacht über den Zeitpunkt der Löschung hinaus nach § 86 ZPO fort.[193] In allen anderen Fällen ist die Handlungsfähigkeit durch **Bestellung eines Nachtragsliquidators** wiederherzustellen.

69

3. Passivprozess

Ein anhängiger **Passivprozess hindert die Löschung** ebenso wie ein Aktivprozess.[194] Herrschende Meinung insoweit ist, dass bereits der mögliche Kostenerstattungsanspruch der Gesellschaft im Pas-

70

---

187 Die früher insoweit herrschende Meinung, dass dort die sofortige Beschwerde stattfindet, muss nach Einführung des FamFG und Änderung von § 273 Abs. 5 AktG dahingehend interpretiert werden, dass in beiden Verfahren zur Bestellung von Nachtragsliquidatoren dasselbe Rechtsmittel stattfindet.
188 BGH NJW 1982, 238; OLG Koblenz NJW-RR 1999, 39 (40); vgl. bereits für Genossenschaften BGH WM 1986, 145; Scholz/*K. Schmidt* GmbHG § 74 Rn. 17; Ulmer/Habersack/Winter/*Paura* GmbHG § 74 Rn. 33.
189 MüKo AktG/*Hüffer* § 273 Rn. 14 ff., 46; Hachenburg/*Ulmer* GmbHG (8. Aufl.), Anh. § 60 Nr. 47.
190 BAG AP ZPO § 50 Nr. 6; *Uhlenbruck* ZIP 1996, 1641 (1649); Ulmer/Habersack/Winter/*Paura* GmbHG § 74 Rn. 34.
191 BHG LM Nr. 1 zu § 74 GmbHG; NJW-RR 1986, 394; BayObLG NZG 2004, 1164 (1165); OLG Koblenz NJW-RR 2004, 1222; Baumbach/Hueck/*Haas* GmbHG § 74 Rn. 18; Scholz/*K. Schmidt* GmbHG § 74 Rn. 17 a. A.
192 Hessisches FG EFG 1998, 1144 (1145); LG Mainz NJW-RR 1999, 1716; OLG Hamm GmbHR 1997, 1155; Baumbach/Hueck/*Haas* GmbHG § 74 Rn. 18; Ulmer/Habersack/Winter/*Paura* GmbHG § 74 Rn. 34.
193 BFH NJW-RR 2001, 244; BGH NJW-RR 1994, 542.
194 BGH GmbHR 1994, 260; Scholz/*K. Schmidt* GmbHG § 74 Rn. 17b.

sivprozess als die Vollbeendigung hinderndes Aktivum die Löschung hindert.[195] Richtig erscheint, dass derjenige, der substantiiert Ansprüche gegen die gelöschte Gesellschaft behauptet, prozessual die Möglichkeit haben muss, diese Behauptung von einem Gericht überprüfen zu lassen. Ist die Behauptung des Klägers falsch, geht dies allein zu seinen Lasten, da er bei Vermögenslosigkeit der beklagten Gesellschaft die Kosten des Verfahrens zu tragen hat. Die Begründung, der im Falle des Scheiterns der Klage zugunsten der gelöschten Gesellschaft bestehende Kostenerstattungsanspruch hindere die Löschung, ist demgegenüber nicht überzeugend, insbesondere wenn große Teile der zu erstattenden Kosten im laufenden Verfahren noch nicht entstanden sind, sondern erst später entstehen. Demgegenüber reichen insbesondere behauptete **Ersatzansprüche gegen Gesellschafter oder Liquidatoren aus**, **Vermögen der Gesellschaft** zu belegen, das eine Fortführung des Prozesses rechtfertigt. Gleiches gilt für die Erhebung eines Prozesses gegen die gelöschte Gesellschaft. Im Fall substantiiert behaupteten Gesellschaftsvermögens findet die Nachtragsliquidation unter Prozessführung durch den Nachtragsliquidator statt. Nichtvermögensrechtliche Streitigkeiten führt nach richtiger Ansicht der vom Gericht bestellte Verwahrer der Bücher und Schriften.[196]

4. Prozessstandschaft

71 Eine gewillkürte Prozessstandschaft, in der eine vermögenslose Gesellschaft klagt, scheidet ebenso aus wie die gesetzliche Prozessstandschaft.[197] Der von der erloschenen Gesellschaft in Prozessstandschaft geführte Prozess kann **nur unter Parteiwechsel** fortgesetzt werden.[198]

5. Zwangsvollstreckung

72 Die **Zwangsvollstreckung** gegen die gelöschte Gesellschaft **bleibt zulässig**. Voraussetzung ist die Behauptung noch vorhandenen Vermögens der Gesellschaft. Der vollstreckende Gläubiger soll das Recht behalten, seine Behauptung noch vorhandenen Vermögens zu verifizieren. Der die Zwangsvollstreckung betreibende Gläubiger trägt die Kosten. Wichtig ist insoweit, dass die Pfändung noch vorhandener Ansprüche etwa gegen Liquidatoren oder auch andere zulässig bleibt. Wie für die GmbH[199] vertreten, können Klagen beim gerichtlichen Verwahrer der Bücher und Schriften zugestellt werden, der als Beteiligter im Sinne von § 273 Abs. 4 AktG anzusehen ist und deswegen bei vermögensrechtlichen Streitigkeiten den Antrag auf gerichtliche Bestellung eines Nachtragsliquidators stellen kann.

---

195 BGH NJW-RR 1991, 660; OLG Hamm NJW-RR 1987, 1254 (1255); Scholz/*K. Schmidt* GmbHG § 74 Rn. 17a–17 f. m. w. N.
196 Grundlegend Scholz/*K. Schmidt* GmbHG § 74 Rn. 20 f.
197 BGH NJW 1986, 850 (851); OLG Köln GmbHR 1993, 511; Ulmer/Habersack/Winter/*Paura* GmbHG § 74 Rn. 36.
198 Scholz/*K. Schmidt* GmbHG § 74 Rn. 17b; Ulmer/Habersack/Winter/*Paura* GmbHG § 74 Rn. 36.
199 Grundlegend Scholz/*K. Schmidt* GmbHG § 74 Rn. 20.

§ 11 Besonderheiten bei der Europäischen (Aktien-)Gesellschaft (Societas Europaea – SE)

Übersicht

	Rdn.		Rdn.
A. Einführung	1	a) Nichtigkeit wegen Verstoßes gegen das Prinzip der Satzungsstrenge, § 241 Nr. 3 Alt. 1 AktG	13
I. Rechtsquellen der SE	3		
II. Dualistische und monistische SE	5		
B. Beschlussmängelklagen in der SE	6	b) Nichtigkeit von kompetenzübergreifenden Beschlüssen, § 241 Nr. 3 Alt. 3 AktG	16
I. Allgemeines	6		
II. Verfahrensrechtliche Besonderheiten bei Beschlussmängelklagen in der monistischen SE	8	2. Besonderheiten bei Anfechtungsgründen	18
1. Allgemeines	8	IV. Beschlussmängelklagen gegen die Wahl der Aufsichts- bzw. Verwaltungsratsmitglieder	20
2. Anfechtungsbefugnis	9		
3. Vertretung der monistischen SE	10		
III. Besonderheiten bei Nichtigkeits- und Anfechtungsgründen	11	C. Anträge auf Zusammensetzung bzw. Ergänzung des Aufsichts- bzw. Verwaltungsrats	22
1. Besonderheiten bei Nichtigkeitsgründen	12		

A. Einführung

In den bisherigen Kapiteln ist detailliert das ausdifferenzierte Rechtsschutzsystem der »deutschen« Aktiengesellschaft erörtert worden. Seit dem Jahre 2001[1] steht deutschen Unternehmen mit der Europäischen Aktiengesellschaft (*Societas Europaea* – SE) erstmals auch eine neue, **supranationale Rechtsform** zur Verfügung, die sich wachsender Beliebtheit erfreut.[2] Mit der steigenden Anzahl von SEs mit Satzungssitz in Deutschland[3] wächst auch die Bedeutung der für die SE zur Verfügung stehenden Rechtsschutzmöglichkeiten.[4] 1

Die folgenden Ausführungen verstehen sich als Ergänzungen der Ausführungen zur AG und legen den **Schwerpunkt** auf die Darstellung der wesentlichen **Besonderheiten der Beschlusskontrolle** in der SE. In diesem Kapitel wird nicht auf Streitigkeiten aus oder in Zusammenhang mit der Beteiligung von Arbeitnehmern (unternehmerische Mitbestimmung, besonderes Verhandlungsgremium) eingegangen, da es sich nicht um genuin gesellschaftsrechtliche Streitigkeiten handelt. Für diese Streitigkeiten, die sich auch und gerade in der SE in vielfacher Hinsicht stellen, sei auf das entsprechende Spezialschrifttum verwiesen.[5] 2

I. Rechtsquellen der SE

Die SE wird vorbehaltlich der Bestimmungen der SE-VO »*in jedem Mitgliedsstaat wie eine Aktiengesellschaft behandelt, die nach dem Recht des* [jeweiligen][6] *Sitzstaats der SE gegründet wurde.*«[7] Neben der SE-VO bilden in Deutschland das SEAG[8], das Aktiengesetz und die jeweilige Satzung die 3

---

1 Verordnung (EG) Nr. 2157/2001 des Rates vom 8. Oktober 2001, ABl. L. 294, S. 1.
2 Prominente Beispiele: Allianz SE, ARAG SE, BASF SE, Fresenius SE & Co. KGaA, Porsche Holding SE und PUMA SE.
3 Soweit nicht abweichend gekennzeichnet, beziehen sich sämtliche Ausführungen in diesem § 11 auf eine SE mit Satzungssitz in Deutschland.
4 Vgl. LG Stuttgart Der Konzern 2010, 379 ff. und OLG Stuttgart AG 2011, 93 ff. (rkr. nach Zurückweisung der Nichtzulassungsbeschwerde durch BGH, Beschluss v. 17.4.2012 – II ZR 235/10).
5 Eine erste gute Übersicht mit weiterführenden Fundstellen bietet *Wissmann* FS f. Richardi, 841 ff.
6 Einfügung durch Verfasser.
7 Art. 10 SE-VO.
8 Gesetz zur Ausführung der Verordnung (EG) Nr. 2157/2001 des Rates vom 8. Oktober 2001 über das Statut der Europäischen Gesellschaft (SE).

maßgeblichen gesellschaftsrechtlichen Rechtsquellen der SE. Aus Art. 9 SE-VO ergibt sich damit folgende vierstufige[9] Normenhierarchie:
- Stufe 1: SE-VO;
- Stufe 2: SEAG;
- Stufe 3: AktG; und
- Stufe 4: Satzung der SE.

4   Ergänzend zu diesen Rechtsquellen sind für die unternehmerische und betriebliche **Mitbestimmung** der Arbeitnehmer in der SE die SE-RL[10] sowie das diese in Deutschland umsetzende SEBG[11] zu beachten.

II. Dualistische und monistische SE

5   Wie erwähnt, ist die SE grundsätzlich wie eine AG zu behandeln. Dennoch hat die SE-VO für das deutsche Recht eine wesentliche Neuerung gebracht, lässt sie doch neben dem bereits bekannten dualistischen System aus Leitungs- und Aufsichtsorgan ein dem deutschen Aktienrecht bislang fremdes, englischen und amerikanischen Vorbildern entlehntes, *One-Tier-* oder **monistisches System** zu (vgl. Art. 38 lit. b) Alt. 2 SE-VO).[12] Wesentliches Charakteristikum dieser Organisationsverfassung ist die Konzentration von Leitungs- und Kontrollfunktionen in einem einheitlichen Organ, dem Verwaltungsrat.[13]

B. Beschlussmängelklagen in der SE

I. Allgemeines

6   Die SE-VO enthält weder materiell-rechtliche Vorgaben zur Beschlusskontrolle noch dazugehörige Verfahrensbestimmungen.[14] Die **Rechtsschutzmöglichkeiten** gegen Beschlüsse der Hauptversammlung einer SE bestimmen sich daher nach den entsprechenden Vorschriften des **nationalen Rechts**, also des AktG, der ZPO und dem FamFG[15] (vgl. Art. 9 Abs. 1 lit. c) ii) SE-VO).[16] Dieser Verweis ist **umfassend** zu verstehen und bezieht sich sowohl auf materiell-rechtliche Vorgaben für eine Beschlusskontrolle, Vorschriften über die Heilung von Beschlussmängeln,[17] als auch auf die entsprechenden Verfahrensregelungen.[18] Für die dualistische SE kann wegen der strukturellen Vergleichbarkeit mit der AG zunächst vollumfänglich auf die zur AG gemachten Ausführungen verwiesen werden.[19]

---

9   Der in Art. 9 Abs. 1 lit. b) angeordnete Vorrang der Satzung der SE vor dem nationalen Recht beruht allein auf dem Primat der SE-VO, so dass eine fünfte Hierarchieebene nicht erforderlich ist (zutreffend MüKo AktG/*Schäfer* Art. 9 SE-VO Rn. 22; a. A. *Wagner* NZG 2002, 985, 986). Vgl. auch Rdn. 13 ff. zur Satzungsstrenge bei der SE.
10 Richtlinie 2001/86/EG des Rates vom 8. Oktober 2001 zur Ergänzung des Statuts der Europäischen Gesellschaft hinsichtlich der Beteiligung der Arbeitnehmer, ABl. L 294, S. 22.
11 Gesetz über die Beteiligung der Arbeitnehmer in der Europäischen Gesellschaft v. 22.12.2004.
12 MüKo AktG/*Reichert/Brandes* Art. 38 SE-VO Rn. 4.
13 Zu den Kompetenzen von geschäftsführenden Direktoren und Verwaltungsrat *Rockstroh* BB 2012, 1620 ff.
14 Lutter/Hommelhoff/*Spindler* SE-Kommentar Art. 53 SE-VO Rn. 32; Van Hulle/Maul/Drinhausen/*Maul* 5. Abschnitt § 4 Rn. 74. Weiterführend KöKo AktG/*Kiem* Art. 57 SE-VO Rn. 43.
15 Vgl. § 6 Rdn. 38 ff. zum Auskunftserzwingungsverfahren.
16 Lutter/Hommelhoff/*Spindler* SE-Kommentar Art. 53 SE-VO Rn. 32 (noch auf FGG verweisend); MüKo AktG/*Kubis* Art. 53 SE-VO Rn. 22.
17 Insbesondere §§ 242, 244 AktG, KöKo/*Kiem* Art. 57 SE-VO Rn. 45.
18 Lutter/Hommelhoff/*Spindler* Art. 53 SE-VO Rn. 32.
19 § 8 Rdn. 1 ff.

B. Beschlussmängelklagen in der SE   § 11

Nachfolgend werden daher nur verfahrensrechtliche Besonderheiten in der monistischen SE sowie 7
einige Besonderheiten bei Nichtigkeits- und Anfechtungsgründen in der (monistischen und dualistischen) SE dargestellt.[20]

II. Verfahrensrechtliche Besonderheiten bei Beschlussmängelklagen in der monistischen SE

1. Allgemeines

Im Grundsatz finden die für aktienrechtliche Beschlussmängelklagen geltenden Verfahrensvorschrif- 8
ten auch bei der monistischen SE Anwendung.[21] Da das Verhältnis zwischen geschäftsführenden Direktoren und Verwaltungsrat in der monistischen SE aber nicht deckungsgleich mit dem Verhältnis zwischen Vorstand und Aufsichtsrat in der AG ist, sind die **§§ 245, 246 AktG nur eingeschränkt anwendbar**.[22] Anders als in dem Verhältnis der Gesellschaftsorgane Vorstand und Aufsichtsrat bei der AG kann der Verwaltungsrat einer monistischen SE den geschäftsführenden Direktoren etwa Weisungen erteilen[23] und auf diese Weise unmittelbar Einfluss auf die Geschäftsführung nehmen. Darüber hinaus kann er die geschäftsführenden Direktoren jederzeit abberufen.[24] Im Hierarchiegefüge der monistischen SE hat somit der **Verwaltungsrat** die **unternehmerische Oberleitung** inne.[25] Hieraus ergeben sich verfahrensrechtliche Besonderheiten:

2. Anfechtungsbefugnis

Für die Anfechtungsbefugnis i. S. v. § 245 Nr. 4 und Nr. 5 AktG[26] ergibt sich daraus Folgendes: 9
– Grundgedanke der **Anfechtungsbefugnis des Vorstands** gemäß § 245 Nr. 4 AktG ist, dass den Vorstand der AG aufgrund seiner unternehmerischen Leitungskompetenz die Verantwortung für die Rechtmäßigkeitskontrolle von Hauptversammlungsbeschlüssen der Gesellschaft trifft.[27] Die unternehmerische Leitungskompetenz obliegt bei der monistischen SE aber dem Verwaltungsrat, so dass der **Verwaltungsrat als Organ** gemäß § 245 Nr. 4 AktG anfechtungsbefugt ist.[28] Die geschäftsführenden Direktoren sind in dieser Eigenschaft nicht gemäß § 245 Nr. 4 AktG anfechtungsbefugt. Etwas anderes gilt freilich, wenn geschäftsführende Direktoren gleichzeitig Mitglieder des Verwaltungsrats (vgl. § 40 Abs. 1 S. 2 SEAG) der Gesellschaft sind und in dieser Eigenschaft (als Teil des Organs Verwaltungsrat) Hauptversammlungsbeschlüsse anfechten.[29]
– Abweichend stellt sich die Rechtslage für die **Anfechtungsbefugnis einzelner Organmitglieder** gemäß § 245 Nr. 5 AktG dar. Bei § 245 Nr. 5 AktG handelt es sich zwar ebenfalls um eine Ausprägung des Rechts einzelner Organmitglieder zur Kontrolle der Rechtmäßigkeit von Hauptver-

---

20 Allgemein zu Beschlussmängelklagen bei der SE vgl. die Ausführungen von *Göz* ZGR 2008, 593 ff.; Manz/Mayer/Schröder/*Mayer* Artikel 57 SE-VO Rn. 58 ff.
21 Vgl. Rdn. 6.
22 Zu pauschal MüKo AktG/*Reichert/Brandes* Art. 43 SE-VO Rn. 189; dagegen: *Göz* ZGR 2008, 593 (597).
23 Statt vieler: *Schwarz* Anh. Art. 43 SE-VO Rn. 278.
24 § 40 Abs. 5 S. 1 SEAG »*sofern die Satzung nichts anderes regelt*«.
25 Lutter/Hommelhoff/*Teichmann* SE-Kommentar Anh. Art. 43 SE-VO (§ 22 SEAG) Rn. 12; *Göz* ZGR 2008, 593 (597).
26 Die Anfechtungsbefugnis der Aktionäre der monistischen SE gemäß § 245 Nr. 1–3 AktG bleibt unverändert.
27 Spindler/Stilz/*Dörr* § 245 Rn. 41.
28 Manz/Mayer/Schröder/*Mayer* Artikel 57 SE-VO Rn. 79; *Göz* ZGR 2008, 593 (598); wohl auch Lutter/Hommelhoff/*Teichmann* SE-Kommentar, Anh. Art. 43 SE-VO (§ 32 SEAG) Rn. 4. Der Verwaltungsrat ist als Kollegialorgan in seiner jeweiligen Zusammensetzung anfechtungsbefugt, d. h. Änderungen in der personellen Zusammensetzung während des Prozesses führen nicht zu einem Parteiwechsel; über die Klageerhebung entscheidet der Verwaltungsrat durch Beschluss, Spindler/Stilz/*Dörr* § 245 Rn. 42 f.
29 Hierzu und zur Anfechtungsbefugnis geschäftsführender Direktoren in ihrer gleichzeitigen Eigenschaft als Aktionär, Manz/Mayer/Schröder/*Mayer* Artikel 57 SE-VO Rn. 79.

sammlungsbeschlüssen.³⁰ Anders als die Anfechtungsbefugnis gemäß § 245 Nr. 4 AktG dient die Anfechtungsbefugnis gemäß § 245 Nr. 5 AktG jedoch nicht ausschließlich der Rechtmäßigkeitskontrolle, sondern auch dem **individuellen Schutz** der Organmitglieder, die durch die Ausführung eines gesetz- bzw. satzungswidrigen Hauptversammlungsbeschlusses eine strafbare Handlung oder eine Ordnungswidrigkeit begehen würden oder sich schadensersatzpflichtig machen würden.³¹ Dieses Risiko trifft aber die **geschäftsführenden Direktoren** und die **Mitglieder des Verwaltungsrats** gleichermaßen,³² so dass die Anfechtungsbefugnis unter den weiteren Voraussetzungen des § 245 Nr. 5 AktG sowohl den geschäftsführenden Direktoren als auch den Mitgliedern des Verwaltungsrats zusteht.³³

3. Vertretung der monistischen SE

10 Ausgangspunkt für die Frage der gerichtlichen Vertretung der monistischen SE ist § 41 Abs. 1 S. 1 SEAG, der diese den **geschäftsführenden Direktoren** zuweist.³⁴ Eine bedeutende **Ausnahme** von diesem Grundsatz gilt jedoch für **Beschlussmängelklagen** (Art. 9 Abs. 1 lit. c) ii) SE-VO i. V. m. §§ 246 Abs. 2 S. 2 und 3, 249 Abs. 1 AktG). Grundgedanke dieser Regelungen ist, dass eine Interessenkollision durch Beteiligung von Mitgliedern desselben Gesellschaftsorgans sowohl auf Kläger- als auch Beklagtenseite verhindert werden soll.³⁵ Übertragen auf die Vertretung der monistischen SE in Beschlussmängelklagen gilt:

– In den **praktisch relevantesten Fällen** der Beschlussmängelklagen von Aktionären (§ 245 Nr. 1–3 AktG) wird die monistische SE durch den Verwaltungsrat und die geschäftsführenden Direktoren vertreten (so genannte **Doppelvertretung**).³⁶ Die Zustellung der Beschlussmängelklage hat folglich an die geschäftsführenden Direktoren und den Verwaltungsrat zu erfolgen, wobei die Zustellung an jeweils einen geschäftsführenden Direktor und ein Mitglied des Verwaltungsrats genügt (§ 170 Abs. 3 ZPO).³⁷

– Wird eine Beschlussmängelklage von einem geschäftsführenden Direktor³⁸ erhoben (§ 245 Nr. 5 AktG), wird die Gesellschaft vom Verwaltungsrat vertreten.³⁹ Bei einer Beschlussmängelklage eines Verwaltungsratsmitglieds (§ 245 Nr. 5 AktG) bzw. des Verwaltungsrats (§ 245 Nr. 4 AktG) vertreten die geschäftsführenden Direktoren die Gesellschaft.⁴⁰ Diese Grundsätze gelten auch für

---

30 Spindler/Stilz/*Dörr* § 245 Rn. 48.
31 Spindler/Stilz/*Dörr* § 245 Rn. 9.
32 Exemplarisch die (gemäß § 399 Abs. 1 Nr. 4 AktG strafbewehrten) Handelsregisteranmeldungen bei Kapitalerhöhungen (§§ 184 Abs. 1 S. 1, 188 Abs. 1 AktG), die von den geschäftsführenden Direktoren zusammen mit dem Vorsitzenden des Verwaltungsrats vorzunehmen sind. § 40 Abs. 2 S. 4 SEAG überträgt nur diejenigen Anmeldebefugnisse auf die geschäftsführenden Direktoren, die in der AG dem Vorstand zugewiesen sind, nicht jedoch diejenigen für die in der AG der Aufsichtsrat (mit)zuständig ist, Lutter/Hommelhoff/*Teichmann* SE-Kommentar, Art. 43 SE-VO (§ 40 SEAG) Rn. 35; Manz/Mayer/Schröder/*Manz* Artikel 43 SE-VO Rn. 144 m. w. N. in Fn. 226.
33 Ohne Begründung befürwortend bzw. voraussetzend auch Manz/Mayer/Schröder/*Mayer* Artikel 57 SE-VO Rn. 84 und *Göz* ZGR 2008, 593 (598).
34 Entsprechend gehört die Bezeichnung der geschäftsführenden Direktoren zur Parteibezeichnung der monistischen SE in Schriftsätzen und Urteilen (§§ 130 Ziff. 1, 253 Abs. 4, 313 Abs. 1 Ziff. 1 ZPO). Fehlende Angaben in der Klageschrift zur Vertretung der beklagten Gesellschaft können jedoch auch noch nach Ablauf der Monatsfrist des § 246 Abs. 1 AktG nachgeholt werden (für die AG: BGHZ 32, 114 (118); MüKo AktG/*Hüffer* § 246 AktG Rn. 55).
35 Spindler/Stilz/*Dörr* § 246 Rn. 30; BegrRegE *Kropff*, S. 333.
36 Manz/Mayer/Schröder/*Mayer* Artikel 57 SE-VO Rn. 83.
37 Für die AG: MüKo AktG/*Hüffer* § 246 AktG Rn. 59.
38 Bei der Darstellung in diesem Unterpunkt wird unterstellt, dass der klagende geschäftsführende Direktor nicht gleichzeitig Mitglied des Verwaltungsrats bzw. das klagende Verwaltungsratsmitglied nicht gleichzeitig geschäftsführender Direktor ist.
39 MüKo AktG/*Reichert/Brandes* § 43 SE-VO Rn. 189; Manz/Mayer/Schröder/*Mayer* Artikel 57 SE-VO Rn. 84.
40 *Göz* ZGR 2008, 593 (598) mit Fn. 20. Die von *Göz* für Beschlussmängelklagen des Verwaltungsrats postu-

B. Beschlussmängelklagen in der SE § 11

den Fall, dass der geschäftsführende Direktor bzw. das Verwaltungsratsmitglied/der Verwaltungsrat zusammen mit Aktionären klagt[41] sowie für den Fall, dass ein geschäftsführender Direktor bzw. Verwaltungsratsmitglied in seiner Eigenschaft als Aktionär klagt.[42]

– Wird die Beschlussmängelklage vom Verwaltungsrat (§ 245 Nr. 4 AktG) bzw. einem Verwaltungsratsmitglied (§ 245 Nr. 5 AktG) und einem geschäftsführenden Direktor (§ 245 Nr. 5 AktG) erhoben, sind schließlich sowohl Verwaltungsrat als auch die geschäftsführenden Direktoren wegen möglicher Interessenkonflikte an der Vertretung der Gesellschaft gehindert. Vergleichbar der Rechtslage bei der AG muss der Vorsitzende des Prozessgerichts der Gesellschaft in diesem Fall nach § 57 Abs. 1 ZPO einen **Prozesspfleger** bestellen und die Hauptversammlung kann analog § 147 Abs. 1 AktG einen **besonderen Vertreter** bestellen.[43] Über diese bereits von der AG bekannten Konstellationen hinaus ist wegen § 40 Abs. 1 S. 2 SEAG immer dann ein Prozesspfleger gerichtlich bzw. ein besonderer Vertreter durch die Hauptversammlung zu bestellen, wenn das klagende Verwaltungsratsmitglied zugleich geschäftsführender Direktor bzw. umgekehrt der klagende geschäftsführende Direktor zugleich Mitglied des Verwaltungsrats ist.[44] Diese Grundsätze gelten schließlich auch wieder für den Fall, dass der geschäftsführende Direktor bzw. das Verwaltungsratsmitglied/der Verwaltungsrat zusammen mit Aktionären klagt[45] sowie für den Fall, dass ein geschäftsführender Direktor (der zugleich Verwaltungsratsmitglied ist) bzw. ein Verwaltungsratsmitglied (das zugleich geschäftsführender Direktor ist) in seiner Eigenschaft als Aktionär klagt.[46]

III. Besonderheiten bei Nichtigkeits- und Anfechtungsgründen

Für Beschlussmängelklagen in der (monistischen und dualistischen) SE gelten zunächst die bereits an anderer Stelle dieses Buches erörterten Nichtigkeits- und Anfechtungsgründe entsprechend.[47] 11

1. Besonderheiten bei Nichtigkeitsgründen

Neben den bereits für die AG erörterten Nichtigkeitsgründen[48] kommen für die SE folgende Nichtigkeitsgründe in Betracht: 12

a) Nichtigkeit wegen Verstoßes gegen das Prinzip der Satzungsstrenge, § 241 Nr. 3 Alt. 1 AktG

Der Hauptversammlungsbeschluss einer AG, der gegen das Prinzip der **Satzungsstrenge** (§ 23 Abs. 5 13
AktG)[49] verstößt, ist mit dem Wesen der Aktiengesellschaft unvereinbar und daher nach § 241 Nr. 3

---

lierte Vertretung durch einen vom Gericht zu bestellenden besonderen Vertreter mag *de lege ferenda* wünschenswert sein, findet jedoch keine Stütze im Gesetz; ablehnend auch Manz/Mayer/Schröder/*Mayer* Artikel 57 SE-VO Rn. 84.

41 Zur Rechtslage bei der AG: Spindler/Stilz/*Dörr* § 246 Rn. 30; GroßkommAktG/*K. Schmidt* § 246 Rn. 38; KöKo AktG/*Zöllner* § 246 Rn. 36.
42 Zur Rechtslage bei der AG: § 3 Rdn. 3–16; siehe auch Spindler/Stilz/*Dörr* § 246 Rn. 30; MüKo AktG/*Hüffer* § 246 Rn. 66.
43 Mit dessen Eintritt das Amt des Prozesspflegers endet; zur Rechtslage bei der AG: Spindler/Stilz/*Dörr* § 246 Rn. 31 m. w. N.
44 Manz/Mayer/Schröder/*Mayer* Artikel 57 SE-VO Rn. 84, wenngleich nur für den Fall, dass das klagende Verwaltungsratsmitglied zugleich geschäftsführender Direktor ist und nur die Bestellung eines Prozesspflegers fordernd.
45 Vgl. oben Fn. 41.
46 Vgl. oben Fn. 42.
47 Vgl. § 8 Rdn. 126 ff. und 233 ff.
48 Über den Verweis in Art. 5 SE-VO gelten die im Eingangssatz des § 241 AktG genannten Nichtigkeitsgründe; ferner kommen schwerwiegende Verfahrensmängel (§§ 241 Nr. 1 und 2, 118 ff. AktG i. V. m. Art. 53 SE-VO) und schwere inhaltliche Mängel (§ 241 Nr. 3 und 4 AktG i. V. m. Art. 9 Abs. 1 lit. c) ii) SE-VO) in Betracht, vgl. *Göz* ZGR 2008, 593 (610 ff.).
49 Zum Prinzip der Satzungsstrenge vgl. Spindler/Stilz/*Limmer* § 23 AktG Rn. 28 ff.

Alt. 1 AktG nichtig.⁵⁰ Für die SE ergibt sich aus der eingangs dargestellten Normenhierarchie⁵¹ die Besonderheit, dass zunächst die **Anwendbarkeit und Reichweite** des Prinzips der Satzungsstrenge zu klären ist.⁵² Danach gilt:

– Für in der SE-VO geregelte Bereiche: Von der SE-VO **abweichende** Satzungsregelungen können nur getroffen werden, wenn die **SE-VO** dies **ausdrücklich zulässt**.⁵³ Anders als das AktG⁵⁴ enthält die SE-VO jedoch keine Regelung über die Zulässigkeit von **ergänzenden** Satzungsregelungen.⁵⁵ Nach zutreffender Ansicht kann in Art. 9 Abs. 1 lit. b) SE-VO auch nicht eine dem § 23 Abs. 5 S. 2 AktG vergleichbare Regelung über die Zulässigkeit ergänzender Satzungsregelungen hineingelesen werden.⁵⁶ Satzungsregelungen bei bewussten⁵⁷ Regelungslücken der SE-VO sind vielmehr anhand der nachstehenden Grundsätze zu beurteilen.

– Für in der SE-VO nicht geregelte Bereiche bzw. nicht geregelte Teile eines in der SE-VO nur teilweise geregelten Bereiches: Für diese Bereiche bzw. Bereichsteile gelten das nationale Recht und dessen Bestimmungen zur Zulässigkeit von Satzungsregelungen.⁵⁸ **Abweichende** Satzungsregelungen sind hiernach nur zulässig, wenn und soweit das **nationale Recht** (SEAG,⁵⁹ AktG) diese **ausdrücklich zulässt**,⁶⁰ und **ergänzende** Satzungsregelungen sind nur zulässig, wenn und soweit das nationale Recht **keine abschließende Regelung** enthält.⁶¹

14 Ein SE-Hauptversammlungsbeschluss ist daher nichtig i. S. d. § 241 Nr. 3 Alt. 1 AktG, wenn:
– In einem von der SE-VO erfassten Regelungsbereich abweichende Satzungsregelungen ohne ausdrückliche Ermächtigung durch die SE-VO getroffen werden; oder
– in Bereichen, die dem nationalen Recht unterliegen, Satzungsregelungen getroffen werden, die gegen das Prinzip und die Reichweite der Satzungsstrenge (§ 23 Abs. 5 AktG) verstoßen.⁶²

15 Für die **monistische** SE ist schließlich zu beachten, dass die in §§ 20–49 SEAG enthaltenen Regelungen zur Organisationsverfassung an die Stelle der §§ 76–116 AktG treten. Verstößt eine Satzungsregelung gegen eine dieser Normen, ist sie wegen eines Verstoßes gegen das Prinzip der Satzungsstrenge nichtig.⁶³

b) Nichtigkeit von kompetenzübergreifenden Beschlüssen, § 241 Nr. 3 Alt. 3 AktG

16 Fasst die SE-Hauptversammlung einen Beschluss, der in die ausschließliche Zuständigkeit eines anderen Gesellschaftsorgans fällt, so stellt dies einen inhaltlichen Beschlussmangel dar, der den **Kern des korporativen Charakters** der SE berührt und daher nach § 241 Nr. 3 Alt. 3 AktG nichtig ist.⁶⁴

---

50 Für Nichtigkeitsklage § 8 Rdn. 233 ff.
51 Siehe Rdn. 3 f.
52 *Göz* ZGR 2008, 593 (612 ff.); MüKo AktG/*Schäfer* Art. 9 SE-VO Rn. 5, 26; Spindler/Stilz/*Casper* Art. 9 SE-VO Rn. 5.
53 Vgl. Art. 9 Abs. 1 lit. b) SE-VO; statt vieler KöKo AktG/*Veil* Art. 9 SE-VO Rn. 77; Manz/Mayer/Schröder/*Schröder* Art. 9 SE-VO Rn. 47. Legitimierende Satzungsregelungen finden sich z. B. in Art. 39 Abs. 4, 43 Abs. 2 SE-VO (weitere Beispiele bei KöKo AktG/*Veil* Art. 9 SE-VO Rn. 77).
54 Vgl. § 23 Abs. 5 S. 2 AktG.
55 Lutter/Hommelhoff/*Hommelhoff*/Teichmann SE-Kommentar Art. 9 SE-VO (§ 1 SEAG) Rn. 41; KöKo AktG/*Veil* Art. 9 SE-VO Rn. 77.
56 *Casper* FS Ulmer, S. 51 (71); MüKo AktG/*Schäfer* Art. 9 SE-VO Rn. 26.
57 Zur gemeinschaftsrechtlichen Ausfüllung unbewusster/planwidriger Regelungslücken MüKo AktG/*Schäfer* Art. 9 SE-VO Rn. 26 i. V. m. Rn. 15.
58 Vgl. § 23 Abs. 5 AktG i. V. m. Art. 9 Abs. 1 lit. c) iii) SE-VO.
59 *Schwarz* Art. 9 SE-VO Rn. 48 ff.; Art. 6 SE-VO Rn. 80 ff.; MüKo AktG/*Schäfer* Art. 9 SE-VO Rn. 5.
60 KöKo AktG/*Maul* Art. 6 SE-VO Rn. 16.
61 Manz/Mayer/Schröder/*Schröder* Art. 9 SE-VO Rn. 48 f. und Rn. 108.
62 *Göz* ZGR 2008, 593 (613).
63 *Göz* ZGR 2008, 593 (614).
64 Zur AG: Spindler/Stilz/*Würthwein* § 241 Rn. 223.

Sowohl die geschriebenen als auch ungeschriebenen[65] Kompetenzen der Hauptversammlung einer (dualistischen oder monistischen) SE entsprechen im Wesentlichen denjenigen der Hauptversammlung in der AG.[66] Es kann daher auf die entsprechenden Ausführungen zur AG verwiesen werden.[67]

Bei der **monistischen** SE ist ferner das nach den zwingenden Vorschriften der §§ 20–49 SEAG ausgestaltete **Verhältnis zwischen Verwaltungsrat und geschäftsführenden Direktoren** zu beachten. Hauptversammlungsbeschlüsse, die in dieses Verhältnis eingreifen, sind nach § 241 Nr. 3 Alt. 3 AktG nichtig. In Betracht kommen etwa:[68]
– Eingriffe in die Aufgaben und Rechte des Verwaltungsrats gemäß § 22 SEAG;
– Übertragung von gesetzlich dem Verwaltungsrat zugewiesenen Aufgaben an die geschäftsführenden Direktoren (vgl. § 40 Abs. 2 S. 3 SEAG);
– Entbindung der geschäftsführenden Direktoren von der Beachtung von Weisungen des Verwaltungsrats entgegen § 44 Abs. 2 SEAG; und
– Eingriffe in die innere Ordnung des Verwaltungsrats entgegen § 34 SEAG.

2. Besonderheiten bei Anfechtungsgründen

Die Frage der Anfechtbarkeit von Hauptversammlungsbeschlüssen einer SE bestimmt sich nach § 243 AktG.[69] Entsprechend der auf die SE anwendbaren Normenhierarchie[70] sind im Rahmen der **formellen Beschlusskontrolle** zunächst Verletzungen von Verfahrensvorschriften aus der SE-VO oder dem SEAG zu überprüfen.[71] Hierzu sieht die SE-VO in den Art. 54–60 einige **Sonderregelungen** zur Einberufung und zur Beschlussfassung in der SE vor, die ihrerseits teilweise durch Vorschriften des SEAG ergänzt bzw. abgeändert werden.[72] Abgesehen von diesen Regelungen gelten über die Generalverweisung in Art. 53 SE-VO die Vorschriften des AktG für die Organisation und den Ablauf der Hauptversammlung sowie für das Abstimmungsverfahren auch für die SE, so dass auf die entsprechenden Ausführungen zur AG verwiesen werden kann.[73]

Im Rahmen der **materiellen Beschlusskontrolle** ergeben sich **keine Besonderheiten** gegenüber der Rechtslage bei der AG, so dass auf die entsprechenden Ausführungen zur AG verwiesen werden kann.[74]

IV. Beschlussmängelklagen gegen die Wahl der Aufsichts- bzw. Verwaltungsratsmitglieder

Beschlussmängelklagen gegen die Wahl der Aufsichts- bzw. Verwaltungsratsmitglieder der (dualistischen bzw. monistischen) SE richten sich ebenso wie die Beschlussmängelklagen gegen die Wahl von Aufsichtsratsmitgliedern der AG nach Spezialvorschriften, die die allgemeinen Vorschriften über Beschlussmängelklagen ergänzen bzw. verdrängen.[75]

---

65 Vor allem die so genannte Holzmüller- bzw. Gelatine-Rechtsprechung des BGH in BGHZ 83, 122 ff. und BGHZ 159, 30 ff.
66 *Göz* ZGR 2008, 593 (615); vgl. daneben die in der SE-VO geregelten gemeinschaftsrechtlichen Kompetenzen aus Art. 8 SE-VO (Sitzverlegung), Art. 59 Abs. 1 SE-VO (Satzungsänderung) und Art. 66 Abs. 6 SE-VO (Rückumwandlung in nationale AG).
67 Vgl. § 8 Rdn. 1 ff. sowie das aktienrechtliche Spezialschrifttum.
68 Vgl. zu den Einzelheiten *Göz* ZGR 2008, 593 (616).
69 Vgl. Art. 9 Abs. 1 lit. c) ii) SE-VO.
70 Vgl. Rdn. 3 f.
71 *Göz* ZGR 2008, 593 (618).
72 Vgl. z. B. die Einberufungsquoren in Art. 55 Abs. 1 SE-VO einerseits und § 50 Abs. 1 SEAG andererseits.
73 Vgl. § 8 Rdn. 126 ff. sowie das aktienrechtliche Spezialschrifttum.
74 Vgl. § 8 Rdn. 126 ff. sowie das aktienrechtliche Spezialschrifttum.
75 Exemplarisch: Manz/Mayer/Schröder/*Manz* Art. 43 SE-VO Rn. 96.

21 Für die **dualistische SE** gelten die aktienrechtlichen Vorschriften[76] entsprechend (Art. 9 Abs. 1 lit. c) i) SE-VO i. V. m. § 17 Abs. 3 S. 2, Abs. 4 SEAG und §§ 250–252 AktG), wobei für Nichtigkeitsklagen auch der SE-Betriebsrat parteifähig ist (§ 17 Abs. 3 S. 2 SEAG). Für die **monistische SE** hat der Gesetzgeber eine Parallelnormierung in §§ 31–33 SEAG vorgesehen, die den §§ 250–252 AktG aber weitgehend entspricht.[77]

C. Anträge auf Zusammensetzung bzw. Ergänzung des Aufsichts- bzw. Verwaltungsrats

22 Ebenso wie für die AG existiert auch für die SE ein so genanntes **Statusverfahren** zur Feststellung oder Herstellung einer ordnungsmäßigen Zusammensetzung des Aufsichts- bzw. Verwaltungsrats.[78] Für die **dualistische SE** gelten die Vorschriften des aktienrechtlichen Statusverfahrens entsprechend (Art. 9 Abs. 1 lit. c) ii) SE-VO i. V. m. §§ 97–99 AktG), während sich der Gesetzgeber auch für das Statusverfahren in der **monistischen SE** für eine Parallelnormierung in §§ 25 f. SEAG entschieden hat. Abgesehen von den nachstehend dargestellten Unterschieden, entspricht das Statusverfahren in der (monistischen oder dualistischen) SE[79] aber grundsätzlich dem Statusverfahren in der AG,[80] so dass auf die diesbezüglichen Ausführungen verwiesen werden kann.[81]

23 **Unterschiede** bestehen vor allem im erweiterten **Anwendungsbereich** des SE-Statusverfahrens:[82]
– Die Zusammensetzung des Aufsichts- bzw. Verwaltungsrats der SE bestimmt sich in erster Linie nach der zwischen der Anteilseigner- und der Arbeitnehmerseite nach § 21 SEBG ausgehandelten Beteiligungsvereinbarung. Das SE-Statusverfahren ist daher auch bei einer Abweichung der tatsächlichen Zusammensetzung des Aufsichts- bzw. Verwaltungsrats von den maßgeblichen **Bestimmungen der Beteiligungsvereinbarung** durchzuführen;[83] und
– das SE-Statusverfahren kann ferner ggf. auch dann Anwendung finden, wenn es zu **strukturellen Änderungen** der SE kommt, die geeignet sind, Beteiligungsrechte der Arbeitnehmer zu mindern.[84] In dem Fall können die nach § 18 Abs. 3 SEBG durchzuführenden Neuverhandlungen dazu führen, dass die tatsächliche Zusammensetzung des Aufsichts- bzw. Verwaltungsrats nicht mehr mit den vertraglich oder gesetzlich geforderten Vorgaben übereinstimmt.[85]

24 Ebenfalls auf die aktienrechtliche Darstellung verwiesen werden[86] kann schließlich für **Anträge auf Ergänzung des Aufsichts-** (Art. 9 Abs. 1 lit. c) ii) SE-VO i. V. m. § 104 AktG) bzw. **Verwaltungsrats** (§ 30 SEAG).[87]

---

76 Vgl. weiterführend das aktienrechtliche Spezialschrifttum.
77 Hierzu und weiterführend *Göz* ZGR 2008, 593 (622 ff.).
78 Lutter/Hommelhoff/*Teichmann* SE-Kommentar, Anh. Art. 43 SE-VO (§ 25 SEAG) Rn. 1.
79 Nachfolgend: SE-Statusverfahren.
80 MüKo AktG/*Reichert/Brandes* Art. 43 SE-VO Rn. 67.
81 Siehe § 6 Rdn. 179 ff.
82 MüKo AktG/*Reichert/Brandes* Art. 43 SE-VO Rn. 69 weisen allerdings zutreffend darauf hin, dass die tatsächliche Bedeutung des SE-Statusverfahrens jedenfalls dann geringer als bei der AG ist, wenn sich die unternehmerische Mitbestimmung nach der Auffanglösung (§§ 35 ff. SEBG) regelt, da diese – anders als dies bei Anwendbarkeit des MitbestG oder des DrittelbG – statisch ist und daher Veränderungen der Arbeitnehmerzahlen keine Auswirkung auf die Zusammensetzung des Aufsichts- oder Verwaltungsrates haben.
83 Spindler/Stiltz/*Eberspächer* Art. 43 SE-VO Rn. 30.
84 MüKo AktG/*Reichert/Brandes* Art. 43 SE-VO Rn. 67; *Wissmann* FS Richardi, S. 841 (852). Eine Anwendung auf die erstmalige Zusammensetzung des Verwaltungsrates kommt hingegen nicht in Betracht, MüKo AktG/*Reichert/Brandes* Art. 43 SE-VO Rn. 68.
85 MüKo AktG/*Reichert/Brandes* Art. 43 SE-VO Rn. 70.
86 Siehe § 6 Rdn. 218 ff.
87 Statt vieler *Timm-Wagner* SEAG § 30 SEAG Rn. 1.

§ 12 Besonderheiten der KGaA

Übersicht

		Rdn.			Rdn.
A.	**Allgemeine prozessuale Besonderheiten**	1	VI.	Ansprüche der Gesellschaft gegen einen Kommanditaktionär	20
I.	Anwendbares Recht	2	VII.	Sonstige Ansprüche der Kommanditaktionäre gegenüber Komplementären	21
II.	Parteifähigkeit des Kollektivs der Kommanditaktionäre	3	**E.**	**Streitigkeiten bei Veränderungen des Gesellschafterbestands**	23
III.	Parteifähigkeit der Komplementäre	6	I.	Ausschluss eines persönlich haftenden Gesellschafters	23
IV.	Vertretung der KGaA im Prozess	7	II.	Ausschluss eines Aktionärs	25
V.	Organstreit	8	**F.**	**Streitigkeiten im Zusammenhang mit Komplementär- und Hauptversammlungen**	26
VI.	Actio pro socio	9	I.	Komplementärversammlung	26
B.	**Streitigkeiten in der Gründungphase der KGaA**	10	II.	Hauptversammlung	27
C.	**Streitigkeiten um Aktien und Vermögenseinlagen**	11	**G.**	**Streitigkeiten im Zusammenhang mit der Geschäftsführung**	31
D.	**Durchsetzung von Aktionärsrechten und -pflichten**	12	I.	Entzug von Geschäftsführungsbefugnis und/oder Vertretungsmacht	31
I.	Klage auf Zustimmung der Komplementäre	13	II.	Ansprüche der KGaA gegen einen geschäftsführenden Komplementär	32
II.	Klage auf Zustimmung der Kommanditaktionäre	14	**H.**	**Streitigkeiten bei der Beendigung der KGaA**	36
III.	Streit um Feststellung des Jahresabschlusses	16			
IV.	Ansprüche der Gesellschaft gegen die Komplementäre	18			
V.	Ansprüche der Komplementäre gegen die Gesellschaft	19			

A. Allgemeine prozessuale Besonderheiten

Die Kommanditgesellschaft auf Aktien (KGaA) ist eine »**hybride**« **Rechtsform**. Sie vereint sowohl Elemente der personenorientierten Kommanditgesellschaft als auch der kapitalorientierten Aktiengesellschaft (duale Rechtsstruktur) und stellt wegen ihres Mischformcharakters besondere Anforderungen an den Rechtsanwender.[1] Die KGaA ist nach **§ 278 Abs. 1 AktG** eine Gesellschaft mit eigener Rechtspersönlichkeit, bei der mindestens ein Gesellschafter den Gesellschaftsgläubigern unbeschränkt haftet und die übrigen Gesellschafter an dem in Aktien zerlegten Grundkapital beteiligt sind, ohne persönlich für die Verbindlichkeiten der Gesellschaft zu haften. Die KGaA umfasst also zwei Gruppen von Gesellschaftern: die persönlich haftenden Gesellschafter (Komplementäre) mit Geschäftsführungs- und Vertretungsbefugnis[2] und die Kommanditaktionäre, deren Stellung der Stellung eines Kommanditisten in der KG entspricht.[3] Die **Organe** der KGaA sind: Komplementär(e), Hauptversammlung und Aufsichtsrat. 1

I. Anwendbares Recht

Nach einer dreifachen Normenhierarchie gilt Folgendes:[4] Als **leges speciales** genießen die **§§ 279 ff. AktG**, die ausdrücklich Regelungen über die KGaA treffen, Anwendungsvorrang. Soweit das Rechtsverhältnis der persönlich haftenden Gesellschafter untereinander sowie gegenüber der Gesamtheit der Kommanditaktionäre oder gegenüber Dritten betroffen ist, findet nach **§ 278 Abs. 2 AktG** das Personengesellschaftsrecht der Kommanditgesellschaft Anwendung. Im Übrigen, nämlich dann, 2

---

1 Schütz/Bürgers/Riotte/*Fett* § 3 Rn. 2; *Drüen/van Heek*, DStR 2012, 541.
2 Hierbei muss es sich nicht notwendigerweise um eine natürliche Person handeln; vgl. zur Komplementärstellung der GbR *Heinze*, DNotZ 2012, 426.
3 GroßKommAktG/*Assmann/Sethe* § 287 Rn. 57.
4 Münch Hdb GesR IV/*Herfs* § 75 Rn. 9.

wenn das Verhältnis der Kommanditaktionäre untereinander oder das Verhältnis der KGaA als juristische Person gegenüber Dritten betroffen ist, gelten die Vorschriften über die Aktiengesellschaft, **§ 278 Abs. 3 AktG**. Hieraus folgen auch Unterschiede in der **Satzungsdispositivität** der Regelungen: die Satzungsstrenge (§ 23 Abs. 5 AktG) gilt immer dann, wenn die Anwendung der §§ 279 ff. AktG in Frage steht bzw. die Bestimmungen des AktG über § 278 Abs. 3 AktG anwendbar sind. Soweit Personengesellschaftsrecht anwendbar ist, sind Abweichungen in der Satzung – auch im Hinblick auf die Organisationsverfassung der AG selbst – hingegen zulässig.[5]

II. Parteifähigkeit des Kollektivs der Kommanditaktionäre

3 Gemäß § 287 Abs. 2 AktG werden die Kommanditaktionäre in Rechtsstreitigkeiten, die die Gesamtheit der Kommanditaktionäre gegen die persönlich haftenden Gesellschafter aktiv wie passiv führen, durch den Aufsichtsrat vertreten, wenn die Hauptversammlung keinen besonderen Vertreter gewählt hat. Hieraus folgt jedoch nicht die Parteifähigkeit des Kollektivs der Kommanditaktionäre.[6] Denn diese verfügen als Gruppe nicht über eine eigene Rechtspersönlichkeit. Geht es um **Rechte der Gesamtheit der Kommanditaktionäre**, die im Personengesellschaftsrecht gründen, so werden diese nach h. M. von der **Hauptversammlung** wahrgenommen; den einzelnen Aktionären stehen keine individuell einklagbaren Rechte zu.[7] Auch eine Geltendmachung der Rechte der Gesamtheit der Kommanditaktionäre in notwendiger Streitgenossenschaft gemäß § 62 Abs. 1 Alt. 1 ZPO durch mehrere Aktionäre scheidet anders als bei Personengesellschaften aus.[8] Der **Aufsichtsrat** führt bei vorliegendem Hauptversammlungsbeschluss über die Klageerhebung im Rahmen seiner **Ausführungskompetenz** die Klageerhebung (insbesondere gegen die Komplementäre) durch (§ 287 Abs. 1 AktG).[9]

4 Allerdings ist auch die **Hauptversammlung kein parteifähiges Organ**. Kläger kann daher nur die **KGaA in gesetzlicher Prozessstandschaft** sein.[10] Somit ist die **KGaA** nach mittlerweile überwiegender Auffassung **selbst Partei** des Rechtsstreits.[11] Dass die KGaA ihrerseits über Rechtspersönlichkeit verfügt, ist nunmehr ausdrücklich in § 278 Abs. 1 AktG normiert. Die Regelung des § 287 Abs. 2 S. 1 AktG ist demgegenüber als reine Kompetenznorm zu begreifen und weist nicht die Parteirolle zu. Genauso wenig kann dies aus der Bestimmung des § 287 Abs. 2 S. 2 AktG über die Kostentragung hergeleitet werden.[12] Sicherheitshalber sollte bei Rechtsstreitigkeiten unter Beteiligung der Gesellschaftergruppe der Kommanditaktionäre die **Parteibezeichnung** wie folgt lauten: »Die Gesamtheit der Kommanditaktionäre der X-KGaA, vertreten durch den Aufsichtsrat«.[13]

5 Nach § 287 Abs. 2 S. 2 AktG fallen die Kosten zunächst der KGaA zur Last, was selbstverständlich ist, wenn man ihr die Parteirolle zuweist. Unüblich ist dagegen der in § 287 Abs. 2 S. 2 AktG nor-

---

5 *Hüffer/Koch* AktG § 278 Rn. 18 f.; KöKo AktG/*Mertens/Cahn* § 278 Rn. 4.
6 Schütz/Bürgers/Riotte/*Reger* Hdb KGaA § 5 Rn. 613 f.
7 Schütz/Bürgers/Riotte/*Reger* Hdb KGaA § 5 Rn. 620; GroßKommAktG/*Assmann/Sethe* § 278 Rn. 93; a. A. MünchHdb GesR IV/*Herfs* § 77 Rn. 56; MüKo AktG/*Perlitt* § 278 Rn. 87; KöKo AktG/*Mertens/Cahn* § 278 Rn. 50.
8 Schütz/Bürgers/Riotte/*Reger* Hdb KGaA § 5 Rn. 621 ähnlich GroßKommAktG/*Assmann/Sethe* § 278 Rn. 93.
9 Etwas anderes gilt nur für besonders gelagerte Konstellationen, in denen der einzelne Aktionär seine Rechte gegenüber der Hauptversammlung geltend macht; hier muss er selbst klagebefugt sein (siehe hierzu Rdn. 28).
10 Deutlich nur bei Schütz/Bürgers/Riotte/*Reger* Hdb KGaA § 5 Rn. 613 f.
11 So *Hüffer/Koch*, § 287 Rn. 2; KöKo AktG/*Mertens/Cahn* § 287 Rn. 20; Müko AktG/*Perlitt* § 287 Rn. 74 f.; GroßkommAktG/*Assmann/Sethe* § 287 Rn. 31; Spindler/Stilz/*Bachmann* § 287 Rn. 24; Schmidt/Lutter/*K. Schmidt* § 287 Rn. 20; Schütz/Bürgers/Riotte/*Reger* Hdb KGaA § 5 Rn. 606, a. A. noch die mittlerweile rechtshistorische Ansicht in GroßkommAktG/*Barz (Vorauft.)* Rn. 8; RGZ 74, 301 (303).
12 So aber wohl MünchHdb GesR IV/*Herfs* § 77 Rn. 57.
13 *Schütz/Bürgers/Riotte/Fett* Hdb KGaA § 3 Rn. 6; GroßkommAktG/*Assmann/Sethe* § 287 Rn. 62; *Hüffer/Koch* AktG § 287 Rn. 2.

A. Allgemeine prozessuale Besonderheiten   § 12

mierte Rückgriff gegen die Kommanditaktionäre, der nach h. M. auf den Anteil am Gesellschaftsvermögen beschränkt sein soll.[14]

III. Parteifähigkeit der Komplementäre

Anders als die Kommanditaktionäre sind die **Komplementäre einzeln** oder auch in ihrer **Gesamtheit** 6 aktiv und passiv **parteifähig**.[15] Insofern gelten die Grundsätze des Personengesellschaftsrechts.[16] Regelmäßig sind die Komplementäre dabei **notwendige Streitgenossen iSd. § 62 Abs. 1 Alt. 1 ZPO**, insbesondere wenn es darum geht, Ansprüche geltend zu machen, die dem Kollektiv der Komplementäre zustehen (z. B. die Zustimmung der Hauptversammlung zu Grundlagengeschäften, siehe Rdn. 14 f.).[17]

IV. Vertretung der KGaA im Prozess

Dem **Aufsichtsrat** kommt als **Vertretungsorgan der KGaA** im Prozess eine herausgehobene Stellung 7 zu. Die Regelung des § 112 AktG, wonach bei der AG der Aufsichtsrat die Gesellschaft gegenüber Vorstandsmitgliedern gerichtlich und außergerichtlich vertritt, gilt – angesichts der Gleichstellung von Vorstand und Gesamtheit der Komplementäre (§ 283 AktG) – bei der KGaA **analog**. Der Aufsichtsrat vertritt die Gesellschaft somit im **Anfechtungsprozess der Komplementäre** (siehe Rdn. 27) sowie allgemein in **gerichtlichen und außergerichtlichen Angelegenheiten gegenüber den Komplementären**,[18] wozu auch die Geltendmachung von Ersatzansprüchen aus nicht ordnungsgemäßer Geschäftsführung gegenüber den Komplementären zählt (siehe Rdn. 32 f.). Darüber hinaus ist der Aufsichtsrat **Exekutivorgan** der Gesamtheit der Kommanditaktionäre (§ 287 Abs. 1 AktG), woraus die Befugnis folgt, in Streitigkeiten der **Kommanditaktionäre als Kollektiv** diese gegen die persönlich haftenden Gesellschafter zu vertreten, es sei denn die Hauptversammlung hat zu diesem Zweck einen besonderen Vertreter gewählt (§ 287 Abs. 2 S. 1 AktG). Bei Klagen der KGaA gegen den Geschäftsführer oder einen Gesellschafter der Komplementärgesellschaft gilt das **Personengesellschaftsrecht**, d. h. die KGaA wird durch ihre **Komplementärgesellschaft** vertreten, diese wiederum durch ihre Geschäftsführer (§ 278 Abs. 2 AktG i. V. m. §§ 161 Abs. 2, 125 HGB).[19] Im umgekehrten Fall gilt dies auch bei Klagen der Komplementäre auf Gewinnansprüche gegen die KGaA (siehe Rdn. 19); diese unterfallen nicht § 278 Abs. 3 AktG. Denn hierbei handelt es sich um ein Rechtverhältnis, welches im Personengesellschaftsrecht wurzelt und das sich folglich in Ermangelung einer anderslautenden Satzungsregelung nach § 278 Abs. 2 AktG i. V. m. §§ 168, 121 HGB richtet.[20]

V. Organstreit

Die Zulässigkeit eines **Organstreits** in Form des **Interorganstreits** zwischen **zwei Organen** in der Par- 8 teirolle (z. B. Hauptversammlung gegen Komplementäre) ist bei der KGaA ebenso wie bei der AG umstritten. Von der wohl h. M. wird ein Interorganstreit abgelehnt. Anderes gilt für den sog. **Intraorganstreit** eines Organmitglieds gegen das Organ, dem er angehört; ein solcher Intraorganstreit wird als zulässig betrachtet (vgl. Teil 2 § 3 B.).

---

14 *Hüffer/Koch* AktG § 287 Rn. 3, MüKo AktG/*Perlitt* § 287 Rn. 76 f.; zur Antragsbefugnis eines Komplementärs nach § 104 Abs. 1 AktG und damit auch zur Beschwerdebefugnis in diesem Zusammenhang nach § 59 FamFG vgl. OLG Frankfurt ZIP 2015, 170 ff..
15 *Schütz/Bürgers/Riotte/Reger* Hdb KGaA § 5 Rn. 642 ff.
16 Siehe hierzu Baumbach/Hopt/*Roth* § 128 Rn. 39.
17 *Schütz/Bürgers/Riotte/Reger* Hdb KGaA § 5 Rn. 625.
18 Das gilt auch gegenüber ehemaligen Komplementären, selbst wenn diese mittlerweile selbst Mitglied des Aufsichtsrats sind, siehe BGH NJW-RR 2005, 682.
19 Für den Fall, dass sich die Klage gegen den einzigen Geschäftsführer der Komplementärgesellschaft richtet, kann ein unzulässiger In-Sich-Prozess durch die Bestellung eines Rechtspflegers vermieden werden, vgl. *Schütz/Bürgers/Riotte/Reger* Hdb KGaA § 5 Rn. 650 m. w. N.
20 MüKo AktG/*Perlitt* § 281 Rn. 33.

VI. Actio pro socio

9 Als **actio pro socio** bezeichnet man im Allgemeinen die gerichtliche Geltendmachung von **Ansprüchen der Gesellschaft** aus dem Gesellschaftsverhältnis gegen Gesellschafter durch Mitgesellschafter.[21] Bei der KGaA wird die actio pro socio für einen einzelnen **Komplementär** teilweise unbeschränkt[22] und teilweise nur bei Vorliegen eines wichtigen Grundes bzw. eines eigenen schutzwürdigen Interesses zugelassen.[23] Die **Kommanditaktionäre** können nicht **einzeln** Ansprüche der Gesellschaft im Wege der actio pro socio verfolgen, da zum einen die KGaA keinen einzelnen Kommanditisten kennt und zum anderen ein Vorrang der insoweit abschließenden Regelungen in §§ 147, 148 AktG besteht, die ein Klageerzwingungsverfahren der Aktionärsminderheit im Hinblick auf die in § 147 Abs. 1 S. 1 AktG genannten Ansprüche aus Gründung oder Geschäftsführung normieren.[24] Die **Gesamtheit der Kommanditaktionäre** kann im Wege der actio pro socio Ansprüche der Gesellschaft, die auf dem Gesellschaftsverhältnis beruhen, gegen Komplementäre geltend machen. Für die Geltendmachung von Ersatzansprüchen gegen die Geschäftsführung und von Ersatzansprüchen der KGaA aus § 117 AktG wird die actio pro socio der Gesamtheit der Kommanditaktionäre durch die speziellere Regelung des § 147 AktG jedoch verdrängt.[25]

B. Streitigkeiten in der Gründungphase der KGaA

10 Anders als bei der AG zählen zu den Gründern der KGaA, gegen die Ansprüche aus § 46 AktG sowie strafrechtliche Vorwürfe gemäß § 399 Abs. 1 Nr. 1 und 2 StGB erhoben werden können, nicht nur die Aktionäre, sondern auch die Komplementäre.[26] Eine Einmann-Gründung durch einen einzelnen Komplementär, der alle Aktien übernimmt, ist zulässig.[27] Im Übrigen gelten für die **Gründung der KGaA** die **Vorschriften der §§ 23 bis 53 AktG** (§ 278 Abs. 3 AktG), soweit nicht die §§ 280–283 AktG besondere Formvorschriften enthalten, die sich auf die Stellung der Komplementäre beziehen. Insofern kann hinsichtlich der Streitigkeiten in der Gründungsphase auf das entsprechende Kapitel zur AG verwiesen werden (vgl. Teil A § 4).

C. Streitigkeiten um Aktien und Vermögenseinlagen

11 Für das in **Aktien** zerlegte **Grundkapital** gelten die §§ 6 ff. AktG. Darüber hinaus sind **Vermögenseinlagen** der **persönlich haftenden Gesellschafter**, die nicht auf das Grundkapital geleistet werden, gemäß § 281 Abs. 2 AktG möglich, sofern die Satzung dies vorsieht.[28] Die Leistung der Vermögenseinlage sowie die Rechtsfolgen einer verspäteten Leistung richten sich nach dem Recht der KG, §§ 161 Abs. 2, 105 Abs. 2 HGB i. V. m. §§ 705 ff. BGB, § 111 HGB. Vermögenseinlagen unterliegen anders als das Grundkapital auch nicht den aktienrechtlichen Vorschriften der Kapitalaufbringung und -erhaltung. Die Ansprüche der Gesellschaft gegen die einzelnen Komplementäre wegen ihrer vereinbarten Einlagepflicht kann entweder durch die Gesellschaft im Wege der Leistungsklage oder im Wege der actio pro socio nach vorhergehender Einforderung geltend gemacht werden.[29]

D. Durchsetzung von Aktionärsrechten und -pflichten

12 Hauptanwendungsfall von Klagen zur Durchsetzung von Aktionärsrechten und -pflichten sind **Klagen auf Zustimmung gegen die andere Gesellschaftergruppe** zu Maßnahmen, die der Zustimmung **aller Gesellschafter** bedürfen, z. B. Zustimmung zum **Jahresabschluss** (§ 286 Abs. 1 AktG), die Zu-

---

21 Vgl. Baumbach/Hopt/*Roth* § 109 Rn. 32.
22 GroßkommAktG/*Assmann/Sethe* § 278 Rn. 62; KöKo AktG/*Mertens/Cahn* § 278 Rn. 27.
23 MüKo AktG/*Perlitt* § 278 Rn. 80 ff.
24 GroßKommAktG/*Assmann/Sethe* § 278 Rn. 86, 93.
25 Schütz/Bürgers/Riotte/*Reger* Hdb KGaA § 5 Rn. 666.
26 MüKo AktG/*Perlitt* § 280 Rn. 18.
27 Münch Hdb GesR IV/*Herfs* § 76 Rn. 1.
28 Ansonsten erfolgt die Leistung der Einlage ohne Rechtsgrund, Münch Hdb GesR IV/*Herfs* § 76 Rn. 21.
29 Schütz/Bürgers/Riotte/*Reger* Hdb KGaA § 5 Rn. 638, 671.

D. Durchsetzung von Aktionärsrechten und -pflichten § 12

stimmung zu **Satzungsänderungen und sonstigen Grundlagengeschäften** (Unternehmensverträge, Umwandlungen) sowie zu außergewöhnlichen Geschäftsführungsmaßnahmen der Komplementäre (§ 285 Abs. 2 S. 1 bzw. § 278 Abs. 2 AktG i. V. m. 1, §§ 164 S. 1, 116 Abs. 2 HGB). Erklärungsempfänger der Zustimmung durch die Komplementäre (einschließlich der nicht geschäftsführenden Komplementäre) ist die Hauptversammlung oder der Aufsichtsrat.[30] Mit der h. M. ist eine Organklage in diesen Fällen abzulehnen (siehe oben Rdn. 8).

I. Klage auf Zustimmung der Komplementäre

Für die Klage der Kommanditaktionäre gegen die Komplementäre auf **Zustimmung** zu einer bestimmten Maßnahme existiert keine Spezialregelung. Damit richtet sich die Klageart nach Personengesellschaftsrecht. Es ist folglich **Leistungsklage der KGaA** gegen die Komplementäre auf Zustimmung zu erheben, die mit der Rechtskraft des Urteils nach § 894 Abs. 1 S. 1 ZPO fingiert wird.[31] 13

II. Klage auf Zustimmung der Kommanditaktionäre

Neben Beschlüssen über den Ausschluss eines Komplementärs (siehe dazu unten Rdn. 23 f.) gilt bei Beschlüssen über **Grundlagengeschäfte** in der KGaA allgemein ein Zustimmungserfordernis aller Gesellschafter. Dies betrifft insbesondere **jegliche Beschlussfassung über Satzungsänderungen**. 14

Versagen die Kommanditaktionäre durch einen ablehnenden Hauptversammlungsbeschluss ihre Zustimmung, so ist von den Komplementären eine **Anfechtungs- bzw. Nichtigkeitsklage** kombiniert mit einer **positiven Beschlussfeststellungsklage** (auf Zustimmung der Kommanditaktionäre durch Beschluss der Hauptversammlung) zu erheben.[32] Denn insofern gelten nach §§ 283 Nr. 13, 245 Nr. 4 AktG die **prozessrechtlichen Spezialvorschriften der Beschlussmängelanfechtung** vorrangig. 15

III. Streit um Feststellung des Jahresabschlusses

In der Praxis kommt es häufig vor, dass die Gesellschaftergruppen uneinig über die Feststellung des von den Komplementären aufgestellten Jahresabschlusses sind. Zur Feststellung ist grundsätzlich die Zustimmung beider Gesellschaftergruppen notwendig (§ 286 Abs. 1 AktG). Die Hauptversammlung kann den von den Komplementären aufgestellten Jahresabschluss durch Beschluss entsprechend § 173 Abs. 3 S. 1 AktG abändern. Streitig ist, wie eine Feststellung erreicht werden kann, wenn die Komplementäre dem abgeänderten Jahresabschluss nicht zustimmen. Da die Komplementäre bei der Aufstellung des Jahresabschlusses über weitgehende Ermessensspielräume verfügen, wäre es problematisch, wenn dieses Ermessen durch das Gericht ersetzt werden könnte. Wegen dieser Bedenken wird vereinzelt vertreten, dass eine fortbestehende Uneinigkeit zur Auflösung der Gesellschaft führen müsse.[33] Die überwiegende Ansicht nimmt jedoch eine grundsätzliche Klagemöglichkeit an und schlägt dafür folgende Klagearten vor[34]: Handelt es sich um die Klage der **Kommanditaktionäre**, ist mangels Feststellungsinteresse nicht Feststellungsklage, sondern **Leistungsklage** durch die KGaA gerichtet auf **Zustimmung** gegen die Komplementäre zu erheben, wofür dann § 894 Abs. 1 S. 1 ZPO gilt.[35] Handelt es sich dagegen um eine Klage der Komplementäre mit dem Ziel der Feststellung des Jahresabschlusses ist eine Anfechtungsklage im Hinblick auf den abgeänderten Beschluss, verbunden mit einer **positiven Beschlussfeststellungsklage (Gestaltungsklage)** gegen die 16

---

30 *Hüffer/Koch* AktG § 285 Rn. 3.
31 *Schütz/Bürgers/Riotte/Reger* Hdb KGaA § 5 Rn. 627.
32 MüKo AktG/*Perlitt* § 278 Rn. 205 und § 286 Rn. 70 ff.; KöKo AktG/*Mertens/Cahn* § 278 Rn. 62; Schütz/Bürgers/Riotte/*Reger* Hdb KGaA § 5 Rn. 625 f.
33 *Hüffer/Koch* AktG § 286 Rn. 1 mit Hinweis auf RGZ 49, 141, 146.
34 Vgl. Überblick bei MüKo AktG/*Perlitt* § 286 Rn. 69 f.; GroßKommAKtG/*Assmann/Sethe* § 286 Rn. 15–19;
35 Münch Hdb GesR IV/*Herfs* § 80 Rn. 13; KöKo AktG/*Mertens/Cahn* § 286 Rn. 32; Spindler/Stilz/*Bachmann* § 286 Rn. 4; a. A. offenbar Schütz/Bürgers/Riotte/*Reger* Hdb KGaA § 5 Rn. 632; MüKo AktG/*Perlitt* § 286 Rn. 70.

KGaA zu erheben.³⁶ In beiden Fällen stützt sich die Klage auf das Gesellschaftsverhältnis und die Treuepflicht der Gesellschafter, die sich aus der Notwendigkeit des Zusammenwirkens ergibt.³⁷

17 Ob die Klage erfolgreich ist, richtet sich nach dem geltend gemachten **Zustimmungsgrund**.³⁸ Geht es um die verweigerte Zustimmung der Hauptversammlung, hat die Klage Erfolg, wenn die Zustimmung aus gesellschaftsfremden Erwägungen verweigert wurde. Richtet sich die Klage gegen die Komplementäre, besteht nur Aussicht auf Erfolg, wenn es um Ergebnisverwendung und damit um ein mitgliedschaftliches Recht der Aktionäre geht, nicht aber, wenn das Bilanzierungsermessen der Komplementäre und damit die Entscheidungsprärogative der Komplementäre hinsichtlich der langfristigen Geschäftspolitik in Frage steht.³⁹

IV. Ansprüche der Gesellschaft gegen die Komplementäre

18 Neben Ersatzansprüchen, die der Gesellschaft aus der fehlerhaften Geschäftsführung gemäß §§ 283 Nr. 8, 93 Abs. 2 AktG erwachsen (siehe dazu unten Rdn. 32 f.), kommt – soweit vereinbart – als Grundlage für Rechtsstreitigkeiten die **Einlageverpflichtung der Komplementäre** in Betracht. Hier sind die Grundsätze der **actio pro socio** anwendbar.

V. Ansprüche der Komplementäre gegen die Gesellschaft

19 Häufigste Prozesskonstellation für einen Rechtsstreit zwischen Komplementären und Gesellschaft sind Streitigkeiten über die Wirksamkeit von Hauptversammlungsbeschlüssen. Gemäß § 283 Abs. 1 Nr. 13 AktG richtet sich die Nichtigkeit und Anfechtung von Hauptversammlungsbeschlüssen nach Aktienrecht (siehe dazu Teil 2 § 8 A. und B.). Daneben kommen hauptsächlich Klagen auf Durchsetzung von Mitgliedschaftsrechten (z. B. **Gewinnbezugs- und Entnahmerecht**) in Betracht.

VI. Ansprüche der Gesellschaft gegen einen Kommanditaktionär

20 Wichtigster Anspruch der Gesellschaft gegen einen einzelnen Kommanditaktionär ist der Anspruch auf Einlageleistung gemäß § 278 Abs. 3 i. V. m. § 54 AktG. Dieser ist nach den Grundsätzen der actio pro socio geltend zu machen. Gegen die Gesamtheit der Kommanditaktionäre stehen der Gesellschaft dagegen keine Ansprüche zu.⁴⁰

VII. Sonstige Ansprüche der Kommanditaktionäre gegenüber Komplementären

21 Nach § 278 Abs. 3 i. V. m. §§ 131, 132 AktG haben die Kommanditaktionäre gegenüber den geschäftsführungsbefugten Komplementären die Möglichkeit, ihr **Auskunftsrecht** im entsprechenden Auskunftserzwingungsverfahren durchzusetzen (vgl. Teil 2 § 6 A.). Daneben besteht für die Gesamtheit der Kommanditaktionäre auch ein Prüfungs- und Einsichtsrecht gemäß § 278 Abs. 2 AktG i. V. m. § 166 HGB sowie ein Auskunftsrecht gemäß § 278 Abs. 2 AktG i. V. m. §§ 161 Abs. 2, 105 Abs. 3 HGB, §§ 713, 666 BGB gegenüber den geschäftsführenden Komplementären.⁴¹

22 Zudem können die Kommanditaktionäre die Einhaltung ihrer **Mitentscheidungsrechte** (Zustimmungsvorbehalt bei außergewöhnlichen Geschäftsführungsmaßnahmen und Grundlagenentscheidungen) gerichtlich durchsetzen. Dabei handelt es sich jedoch nicht um die Geltendmachung individueller Rechtsverletzungen, sondern um die Geltendmachung von Rechten, die dem Kollektiv der

---

36 H. M.; vgl. nur Heidel AktG/*Wichert* § 286 Rn. 8; *K.* Schmidt/Lutter/*K. Schmidt* § 286 Rn 2 f.; Spindler/Stilz AktG/*Bachmann* § 286 Rn 4.
37 MüKo AktG/*Perlitt* § 286 Rn. 69 f.
38 Vgl. Münch Hdb GesR IV/*Herfs* § 80 Rn. 13.
39 KöKo AktG/*Mertens*/*Cahn* § 286 Rn. 32; Müko AktG/*Perlitt* § 286 Rn. 71.
40 Schütz/Bürgers/Riotte/*Reger* Hdb KGaA § 5 Rn. 676 f.
41 Schütz/Bürgers/Riotte/*Reger* Hdb KGaA § 5 Rn. 361.

F. Streitigkeiten im Zusammenhang mit Komplementär- und Hauptversammlungen

Kommanditaktionäre gegenüber den Komplementären zustehen. Insofern sind diese Rechte nach den Grundsätzen der actio pro socio geltend zu machen.[42]

E. Streitigkeiten bei Veränderungen des Gesellschafterbestands

I. Ausschluss eines persönlich haftenden Gesellschafters

Die Klage auf Ausschluss eines Komplementärs richtet sich gemäß §§ 278 Abs. 2 AktG, 161 Abs. 2, 140 HGB nach Personengesellschaftsrecht, das eine Gesellschafterklage, d. h. einen Rechtsstreit zwischen Gesellschaftern vorsieht. Folglich ist die **Ausschlussklage** durch die Gesellschaft (in Prozessstandschaft für die Gesamtheit der Kommanditaktionäre) in notwendiger Streitgenossenschaft gemäß § 62 Abs. 1 Alt. 1 ZPO mit den übrigen Komplementären zu erheben.[43] Alternativ ist auch eine außergerichtliche Zustimmungserklärung einzelner Komplementäre oder des Aufsichtsrats zur Klageerhebung durch die übrigen Gesellschafter zulässig.[44] Bei Vorliegen eines Ausschlussgrundes in der Person des Komplementärs kann eine **Zustimmungspflicht** der jeweiligen Gesellschaftergruppe zur Erhebung der Ausschlussklage aus gesellschaftsrechtlichen Treuepflichten bestehen.[45]

23

Die **Klage auf Zustimmung zur Klageerhebung** und die eigentliche Ausschlussklage können im Wege der Klagehäufung (§ 260 ZPO) miteinander verbunden werden.[46]

24

II. Ausschluss eines Aktionärs

Der Ausschluss eines Aktionärs richtet sich nach den aktienrechtlichen Vorschriften gemäß § 278 Abs. 3 AktG i. V. m. §§ 64, 237, 327a AktG (vgl. § 7).

25

F. Streitigkeiten im Zusammenhang mit Komplementär- und Hauptversammlungen

I. Komplementärversammlung

Für das Verhältnis der Komplementäre untereinander und gegenüber der Gesamtheit der Kommanditaktionäre findet das Recht der Kommanditgesellschaft Anwendung (§ 278 Abs. 2 AktG). Beschlüsse der **Komplementärversammlung** sind bei Fehlerhaftigkeit **nichtig**.[47] Die Nichtigkeit ist mit der **allgemeinen Feststellungsklage** gemäß § 256 Abs. 1 ZPO geltend zu machen.[48] Als Nichtigkeitsgründe kommen jegliche Verstöße gegen Gesetzes- oder Satzungsrecht in Betracht, insbesondere Verfahrensverstöße oder auch Verstöße gegen materielles Recht (z. B. gesellschaftsrechtliche Treuepflicht oder Gleichbehandlungsgebot).

26

II. Hauptversammlung

Die aktienrechtlichen Vorschriften über die Nichtigkeit und Anfechtung von **Hauptversammlungsbeschlüssen (§§ 241 bis 255 AktG)** gelten entsprechend für die KGaA und sind abschließend für das Vorgehen gegen Hauptversammlungsbeschlüsse.[49] **Anfechtungsbefugt** sind nach §§ 245 Nr. 4, 283 Nr. 13 AktG auch die **Komplementäre in ihrer Gesamtheit** in notwendiger Streitgenossenschaft gemäß § 62 Abs. 1 Alt. 1 ZPO. Die Anfechtungsbefugnis besteht unabhängig von der Geschäftsfüh-

27

---

42 Schütz/Bürgers/Riotte/*Reger* Hdb KGaA § 5 Rn. 655.
43 Schütz/Bürgers/Riotte/*Reger* Hdb KGaA § 5 Rn. 634.
44 Vgl. für das Recht der KG BGH WM 1997, 2169, 2170.
45 BGHZ 68, 81, 82; BGHZ 64, 253, 257; MüKo AktG/*Perlitt* § 285 Rn. 61.
46 BGHZ 68, 81, 84.
47 Baumbach/Hopt/*Roth* § 119 Rn. 31.
48 Ein Urteil hat lediglich inter-partes-Wirkung, vgl. BGH NJW 1999, 3113; a. A. *K. Schmidt* § 15 II 3.
49 GroßkommAktG/*Assmann*/*Sethe* § 285 Rn. 10–13.

rungsbefugnis.[50] Auch hat unter den Voraussetzungen des § 245 Nr. 5 AktG jeder Komplementär ein **individuelles** Anfechtungsrecht.[51] Das Anfechtungsrecht der **Kommanditaktionäre** folgt aus § 245 Nr. 1–3 AktG. Auch der **Aufsichtsrat** kann nach § 245 Nr. 5 AktG klagebefugt sein. Entsprechend den aktienrechtlichen Vorschriften ist grundsätzlich lediglich von der Anfechtbarkeit des Hauptversammlungsbeschlusses auszugehen; nur in den Ausnahmefällen des § 241 AktG ist Nichtigkeit anzunehmen.

28 Die Vorschrift des **§ 256 Abs. 2 AktG** (Nichtigkeit des durch Vorstand und Aufsichtsrat festgestellten Jahresabschlusses bei nicht ordnungsgemäßer Mitwirkung beider Organe) ist nicht anwendbar auf die KGaA. Denn gemäß § 286 Abs. 1 S. 1 AktG liegt die Zuständigkeit zur Feststellung des Jahresabschlusses bei der Hauptversammlung (siehe Rdn. 16).[52]

29 Im Anfechtungsprozess wird die KGaA durch die persönlich haftenden Gesellschafter und den Aufsichtsrat gemeinsam vertreten, sofern die Kommanditaktionäre klagen (**§ 246 Abs. 2 S. 2 AktG analog**). Erfolgt die Klageerhebung hingegen durch einen persönlich haftenden Gesellschafter, so erfolgt die Vertretung allein durch den Aufsichtsrat (**§ 246 Abs. 2 S. 3 AktG analog**).[53]

30 Hinsichtlich eines **einstweiligen Rechtsschutzes** sowohl gegen die Umsetzung bereits gefasster Beschlüsse als auch gegen die drohende Beschlussfassung gelten die allgemeinen Grundsätze, wonach zumindest der retroaktive Rechtsschutz gegen die Ausführung bereits gefasster Beschlüsse zulässig ist, nicht aber der präventive Rechtsschutz gegen die Beschlussfassung selbst (vgl. dazu § 8 Rdn. 330–347).[54]

G. Streitigkeiten im Zusammenhang mit der Geschäftsführung

I. Entzug von Geschäftsführungsbefugnis und/oder Vertretungsmacht

31 Der **Entzug der Geschäftsführungsbefugnis bzw. Vertretungsbefugnis eines Komplementärs** richtet sich nach § 278 Abs. 2 AktG i. V. m. §§ 161 Abs. 2, 117, 127 HGB, mithin nach dem Recht der Kommanditgesellschaft. In der Literatur war bislang umstritten, ob die KGaA selbst[55] oder die persönlich haftenden Gesellschafter und für die Kommanditaktionäre der Aufsichtsrat[56] zum Führen der Entzugsklage befugt sind. Höchstrichterlich ist diese Frage noch nicht geklärt. Die Rechtsprechung scheint aber von einer Klagebefugnis der Gesellschaft selbst, vertreten durch den Aufsichtsrat, auszugehen.[57]

II. Ansprüche der KGaA gegen einen geschäftsführenden Komplementär

32 Als Ansprüche der KGaA gegen die geschäftsführenden Komplementäre kommen vor allem Ersatzansprüche wegen **fehlerhafter Geschäftsführung** (§§ 283 Nr. 8, 93 Abs. 2 AktG), **Wettbewerbsverstöße** (§ 284 Abs. 2 S. 1 AktG), **Rückzahlungsansprüche** wegen gesetzeswidriger Entnahmen sowie aus Sorgfaltspflichtverletzung (§§ 283 Nr. 3, 93 Abs. 2 AktG), wegen **unerlaubter Handlung** (§ 823 Abs. 2 BGB, 288 Abs. 1 AktG) oder wegen **missbräuchlichen Einflusses auf die Gesellschaft**, (§ 117 Abs. 2 AktG) in Betracht.[58] Im Hinblick auf **drohende** Wettbewerbsverstöße ist auch eine **Unterlassungsklage** möglich.

---

50 MüKo AktG/*Perlitt* § 283 Rn. 39.
51 MüKo AktG/*Perlitt* § 283 Rn. 40; a. A. GroßkommAktG/*Assmann/Sethe* § 285 Rn. 12; KöKo AktG/*Mertens/Cahn* § 283 Rn. 20.
52 *Hüffer/Koch* AktG § 283 Rn. 3.
53 Schütz/Bürgers/Riotte/*Reger* Hdb KGaA § 5 Rn. 649.
54 Schütz/Bürgers/Riotte/*Reger* Hdb KGaA § 5 Rn. 656 f.
55 KöKo AktG/*Mertens/Cahn* § 278 Rn. 79, so auch noch *Hüffer* AktG, 10. Auflage 2012, § 278 Rn. 13.
56 Spindler/Stilz/*Bachmann* § 278 Rn. 75; MüKo AktG/*Perlitt* § 278 Rn. 188 m. w. N.
57 OLG Frankfurt Urt. v. 18.3.2014 – 5 U 90/13, Rn. 42, aber derzeit anhängig BGH – II ZR 144/14.
58 Vgl. Schütz/Bürgers/Riotte/*Reger* Hdb KGaA § 5 Rn. 636.

H. Streitigkeiten bei der Beendigung der KGaA

Das Verfahren der Klageerhebung bei der Geltendmachung von Ersatzansprüchen aus sorgfaltswidriger Geschäftsführung gestaltet sich wie bei der Aktiengesellschaft (§ 283 Nr. 8 AktG): Der **Aufsichtsrat** hat gemäß § 111 AktG die Erhebung von Ersatzansprüchen zu prüfen und ist ggf. verpflichtet, diese auch durchzusetzen. Eine Pflicht des Aufsichtsrats zur Geltendmachung von Ersatzansprüchen besteht jedenfalls, wenn es die Hauptversammlung beschließt oder Aktionäre, deren Anteile zusammen den zehnten Teil des Grundkapitals oder den anteiligen Betrag von einer Million Euro erreichen, dies verlangen (§ **147 Abs. 1 AktG**).[59] 33

Ferner kann die KGaA ihr **Auskunftsrecht** gegen die geschäftsführenden Komplementäre nach § 278 Abs. 2 AktG i. V. m. §§ 161 Abs. 2, 105 Abs. 3 HGB, §§ 713, 666 BGB geltend machen. 34

Sämtliche der oben genannten Ansprüche können auch nach den Grundsätzen der actio pro socio geltend gemacht werden.[60] 35

H. Streitigkeiten bei der Beendigung der KGaA

Gemäß **§ 289 Abs. 1 AktG** kann die **Auflösung der KGaA** durch Vereinbarung oder kraft Gesetzes eintreten. Nach § 289 Abs. 2 AktG gelten als gesetzliche Auflösungsgründe sowohl die des Rechts der Kommanditgesellschaft (§ 161 Abs. 2 i. V. m. §§ 131 HGB) als auch die in § 289 Abs. 2 bis 6 AktG genannten und für die KGaA spezifisch geltenden Gründe. Die Gründe der § 289 Abs. 1 und 2 AktG sind nicht abschließend.[61] Einen Auflösungsgrund stellt auch das Ausscheiden des einzigen Komplementärs dar, nicht aber das Ausscheiden eines von mehreren Komplementären oder Kommanditaktionären.[62] Ebenso wenig begründet die Vereinigung aller Aktien in der Hand eines Komplementärs (Einmann-KGaA) oder die Sitzverlegung ins Ausland eine Auflösung.[63] 36

Soll die Auflösung durch **Gesellschafterbeschluss** erfolgen, ist zwingend die Zustimmung beider Gesellschaftergruppen (Komplementäre und Kommanditaktionäre) erforderlich. Die Initiative kann dabei von beiden Gruppen ausgehen.[64] Der Hauptversammlungsbeschluss bedarf einer Mehrheit, die mindestens drei Viertel des bei der Beschlussfassung vertretenden Grundkapitals umfasst (§ 289 Abs. 4 AktG). Die Satzung kann eine größere Kapitalmehrheit und weitere Erfordernisse bestimmen.[65] Für die Komplementäre ist grundsätzlich Einstimmigkeit zur Fassung des **Auflösungsbeschlusses** notwendig.[66] Der Auflösungsbeschluss in der Form des § 285 Abs. 3 S. 2 AktG bedarf der **Anmeldung zum Handelsregister** (§ 289 Abs. 6 AktG). Die Auflösung tritt bereits mit der letzten erforderlichen Zustimmung ein; die Eintragung im Handelsregister hat lediglich deklaratorische Bedeutung.[67] Die fehlende Zustimmung der jeweils anderen Gesellschaftergruppe macht den Auflösungsbeschluss schwebend unwirksam; Heilung tritt allerdings analog § 242 Abs. 2 AktG nach Ablauf von drei Jahren ein.[68] Mängel des Auflösungsbeschlusses können mit den aktienrechtlichen **Beschlussmängelklagen** geltend gemacht werden (§§ 241 ff. AktG).[69] 37

Daneben kann die KGaA gemäß §§ 278 Abs. 2 AktG, 131 Abs. 1 Nr. 4 HGB durch gerichtliche Entscheidung aufgelöst werden, wenn ein wichtiger Grund vorliegt (§ 133 Abs. 4 HGB). Die Auflösung kann sowohl von jedem einzelnen persönlich haftenden Gesellschafter als auch von der Gesamtheit der Kommanditaktionäre verlangt werden. Das Verlangen ist durch eine **Auflösungsklage** geltend zu 38

---

59 Vgl. Schütz/Bürgers/Riotte/*Reger* Hdb KGaA § 5 Rn. 648.
60 Vgl. Schütz/Bürgers/Riotte/*Reger* Hdb KGaA § 5 Rn. 672 f.
61 *Hüffer/Koch* AktG § 289 Rn. 1.
62 Münch Hdb GesR IV/*Herfs* § 76 Rn. 28, 28b.
63 Letzteres str., vgl. nur *Hüffer/Koch* AktG § 289 Rn. 1.
64 Schütz/Bürgers/Riotte/*Reger* Hdb KGaA § 8 Rn. 7.
65 Müko AktG/*Perlitt* § 289 Rn. 92 u. 37.
66 Abweichende Satzungsgestaltung in beiden Konstellationen möglich, MüKo AktG/*Perlitt* § 289 Rn. 16 f.
67 KöKo AktG/*Mertens/Cahn* § 289 Rn. 15.
68 GroßKomm AktG/*Assmann-Sethe* § 285 Rn. 64.
69 Vgl. Großkomm AktG/*Assmann/Sethe* § 289 Rn. 29 f.

machen; die Auflösung tritt mit Rechtskraft des Gestaltungsurteils ein.[70] Wollen die Kommanditaktionäre die Gesellschaft per gerichtlicher Entscheidung auflösen, ist zunächst ein Gesellschafterbeschluss mit einer Mehrheit, die mindestens drei Viertel des bei der Beschlussfassung vertretenen Grundkapitals erreicht, zu fassen. Im Gerichtsverfahren werden die Kommanditaktionäre durch den Aufsichtsrat vertreten, es sei denn die Hauptversammlung hat einen besonderen Vertreter bestimmt (§ 287 Abs. 2 AktG). Ein die Auflösung begehrender Komplementär muss seine Klage gegen die KGaA, vertreten durch den Aufsichtsrat, und gegen die übrigen Komplementäre richten.[71] Ein wichtiger Grund liegt beispielsweise in einer grob fahrlässigen oder vorsätzlichen Verletzung satzungsmäßiger Pflichten durch die Komplementäre oder Kommanditaktionäre.[72]

---

70 Schütz/Bürgers/Riotte/*Reger* Hdb KGaA § 8 Rn. 22 f.
71 Münch Hdb GesR IV/*Herfs* § 76 Rn. 34.
72 Schütz/Bürgers/Riotte/*Reger* Hdb KGaA § 8 Rn. 24.

§ 13 Ausgewählte kapitalmarktrechtliche Streitigkeiten

Übersicht

	Rdn.
A. Streitigkeiten bei Verletzung der guten Unternehmensführung (*corporate governance*)	2
I. Fehlende Aktualisierung der Entsprechenserklärung (§ 161 AktG)	3
1. Anfechtbarkeit von Entlastungsbeschlüssen	4
2. Anfechtbarkeit von Wahlbeschlüssen	5
II. Verstoß gegen Besetzungsregeln des Aufsichtsrats: insbesondere Fehlen eines unabhängigen Finanzexperten (§ 100 Abs. 5 AktG)	6
B. Streitigkeiten bei der Nichterfüllung von Stimmrechtsmitteilungspflichten durch die Aktionäre	8
I. Sanktionierte Mitteilungstatbestände (Überblick)	9
II. Dauer des Stimmrechtsverlusts (§ 28 S. 1 WpHG)	15
III. Einzelne Aspekte der auf die Verletzung von Mitteilungspflichten gestützten Anfechtung von Hauptversammlungsbeschlüssen	17
C. Streitigkeiten bei Verletzung von Publizitätspflichten durch die Gesellschaft als Emittentin	19
I. Fehlerhaftigkeit des Wertpapierprospekts – Prospekthaftung (§§ 21 ff. WpPG)	20
1. Adressat, Voraussetzungen, und Umfang der Prospekthaftung (§§ 21 ff. WpPG)	21
2. Sonderstreitfall: Rückgriffsanspruch des Emittenten bei Sekundärplatzierungen von Aktien	25
II. Verletzung der Ad-hoc-Publizitätspflicht (§ 15 WpHG)	26
1. Ad-hoc-Publizitätspflichten	27
2. Kapitalmarktrechtliche Haftung des Emittenten (§§ 37b, c WpHG)	30
III. Prozessuale Aspekte – Kapitalanlegermusterverfahren (KapMuG)	34
1. Anwendungsbereich des Kapitalanlegermusterverfahrens	35

	Rdn.
2. Ablauf des Kapitalanlegermusterverfahrens	37
3. Ausgewählte prozessuale Besonderheiten des Musterverfahrens	41
a) Aussetzung aller von der Entscheidung im Musterverfahren abhängigen Individualverfahren (§ 8 KapMuG)	42
b) Stellung der Beteiligten im Musterverfahren (§ 9 KapMuG)	44
c) Bindungswirkung des Musterentscheids	47
D. Streitigkeiten bei Verletzung übernahmerechtlicher Pflichten	48
I. Streitigkeiten im Zusammenhang mit ausgewählten Bieterpflichten	49
1. Vorliegen eines Kontrollerwerbs – insbesondere Zurechnung aufgrund eines abgestimmten Verhaltens (§ 30 Abs. 2 WpÜG)	50
2. Befreiung von der Pflicht zur Abgabe eines Angebots (§ 37 WpÜG) und verwaltungsrechtlicher Drittrechtsschutz	53
3. Rechtsverlust bei Unterlassen der Veröffentlichung des Kontrollerwerbs und der Abgabe eines Pflichtangebots (§ 35 Abs. 1 und 2 WpÜG, § 59 WpÜG)	55
II. Streitigkeiten bei Nichteinhaltung von Verhaltenspflichten der Zielgesellschaft	57
E. Sicherung mitgliedschaftlicher Aktionärspositionen im Wege der einstweiligen Verfügung	60
I. Tatbestandsvoraussetzungen und Rechtsfolgen der einstweiligen Verfügung gegen die genehmigte Kapitalerhöhung	61
1. Verfügungsanspruch	61
2. Verfügungsgrund	62
3. Interessenabwägung	63
4. Inhalt der einstweiligen Verfügung	64
II. Verfahrensfragen	65

Als Akteure am Kapitalmarkt sind börsennotierte Gesellschaften Adressaten kapitalmarktrechtlicher Vorschriften. Das Kapitalmarktrecht als eine vergleichsweise junge Rechtsmaterie ist in den letzten Jahren einer zunehmenden Kodifikation zugeführt worden. Im Mittelpunkt verschiedener Gesetzesreformen, insbesondere auf europäischer Ebene, stand das Bestreben, die Transparenz des Kapitalmarktes für alle teilhabenden Marktakteure zu erhöhen und damit das Vertrauen in die Institution des Kapitalmarkts zu stärken. 1

Angesichts der Fülle kapitalmarktrechtlicher Regelungen ist eine Vielzahl von Streitigkeiten denkbar. Nachfolgend sollen einige wesentlichste kapitalmarktrechtliche Themengebiete auf ihre potentielle

»Streitanfälligkeit« untersucht werden. Wo dies möglich ist, sollen hierzu einschlägige Beispiele praktischer Rechtsstreitigkeiten herangezogen werden. Einzelne kapitalmarktrechtliche Normen und Anspruchsgrundlagen, die für die typischen Streitkonstellationen zentrale Bedeutung haben, werden dabei näher erläutert.

Insbesondere sollen die folgenden aus Sicht der Praxis relevanten Konstellationen beleuchtet werden: die Verletzung gesetzlicher Anforderungen an die gute Unternehmensführung (dazu unter A., Rdn. 2 ff.), die Nichterfüllung von Stimmrechtsmitteilungspflichten durch Aktionäre (dazu unter B., Rdn. 8 ff.), die Verletzung von Publizitätspflichten durch die Gesellschaft als Emittentin am Kapitalmarkt (dazu unter C., Rdn. 19 ff.) sowie Streitigkeiten im Rahmen des Übernahmerechts nach dem WpÜG (dazu unter D., Rdn. 48 ff.). Abschließend soll auf ausgewählte Aspekte des einstweiligen Rechtsschutzes im Recht der börsennotierten Aktiengesellschaften eingegangen werden (dazu unter E., Rdn. 60 ff.).

A. Streitigkeiten bei Verletzung der guten Unternehmensführung (*corporate governance*)

2 Themen der guten Unternehmensführung sind zuletzt häufiger Gegenstand gerichtlicher Auseinandersetzung gewesen. Im Fokus standen hier die einmal jährlich durch Vorstand und Aufsichtsrat börsennotierter Aktiengesellschaften abzugebende Entsprechenserklärung (§ 161 AktG) sowie die Rechtsfolgen eines späteren Abweichens von deren Vorgaben durch die Gesellschaft (hierzu unter Rdn. 3 ff.). Neuere gesetzliche Anforderungen an die Besetzung des Aufsichtsrats – insbesondere das Erfordernis eines unabhängigen Finanzexperten im Aufsichtsrat – bilden einen weiteren Schwerpunkt der Diskussion im Schrifttum um die gute Unternehmensführung (hierzu unter Rdn. 6 ff.).

I. Fehlende Aktualisierung der Entsprechenserklärung (§ 161 AktG)

3 In der **Entsprechenserklärung** geben Vorstand und Aufsichtsrat eine Erklärung darüber ab, ob die Unternehmensführung den Verhaltensempfehlungen des Deutschen Corporate Governance Kodex (DCGK) entsprochen hat und in Zukunft entsprechen wird. Vergangene oder in Zukunft beabsichtigte Abweichungen von Kodex-Empfehlungen sind zu benennen und zu begründen *(comply or explain)* (§ 161 Abs. 1 S. 1 AktG).[1] Ändert die Gesellschaft ihre zuvor erklärten Absichten in Bezug auf die Einhaltung des Kodex, muss sie dies den Aktionären durch eine Berichtigung der vorhandenen unrichtig gewordenen Entsprechenserklärung bekannt machen.[2] Der **Verstoß gegen die Aktualisierungspflicht** stellt eine Gesetzesverletzung dar.[3] Neben einer möglichen Haftung der Gesellschaft oder ihrer Organe[4] kann ein Verstoß nach neuerer Rechtsprechung die Anfechtbarkeit späterer Entlastungs- oder Wahlbeschlüsse der Hauptversammlung nach sich ziehen:

1. Anfechtbarkeit von Entlastungsbeschlüssen

4 In zwei Entscheidungen hat der BGH die Anfechtbarkeit von Hauptversammlungsbeschlüssen über die **Entlastung** von Vorstand und Aufsichtsrat bejaht, wenn diese Organe zuvor eine unrichtige Entsprechenserklärung abgegeben oder es unterlassen haben, eine unrichtig gewordene Entsprechenserklärung umgehend zu berichtigen.[5] Voraussetzung der Anfechtbarkeit ist dabei nach Ansicht

---

1 Die Begründungspflicht für Abweichungen wurde nachträglich eingeführt durch das Gesetz zur Modernisierung des Bilanzrechts (BilMoG) vom 25.5.2009 (BGBl. I 2009, 1102).
2 BGH NZG 2009, 342 (345) – Kirch/Deutsche Bank; OLG München NZG 2009, 508 (510) – MAN/VW; Hüffer/*Koch* § 161 Rn. 20; Schmidt/Lutter/*Spindler* § 161 Rn. 43.
3 Heidel/*Kirschbaum* § 161 AktG Rn. 76a.
4 Hierzu Schmidt/Lutter/*Spindler* § 161 Rn. 65 ff.; Spindler/Stilz/*Sester* § 161 Rn. 61 ff.
5 BGH NZG 2009, 342 (345) – Kirch/Deutsche Bank; NZG 2009, 1270 (1272) – Umschreibestopp, dem folgend OLG Frankfurt NZG 2011, 1029 (1030 f.); OLG München AG 2009, 294 (295 f.); im Grundsatz auch OLG Frankfurt NZG 2014, 1017 (1019); Hüffer/*Koch* § 161 Rn. 31; *Goette* FS Hüffer, 225 (235); *Kiefner* NZG 2011, 201 (202 f.); kritisch *Bröcker* Konzern 2011, 313 (315 f.); *Kremer* ZIP 2011, 1177 (1179 f.).

A. Streitigkeiten bei Verletzung der guten Unternehmensführung (corporate governance) § 13

des BGH, dass die unterbliebene Information sich auf einen nicht unwesentlichen Punkt der Entsprechenserklärung bezieht, also für einen objektiv urteilenden Aktionär bei der Abstimmung relevant ist.[6] Bejaht wurde dies in beiden Entscheidungen für den Fall, dass entgegen der Empfehlung in Ziffer 5.5.3. DCGK ein Interessenskonflikt im Aufsichtsratsbericht nicht offengelegt und diese Abweichung entgegen § 161 AktG nicht erklärt wurde.[7] Hierbei verlangt Ziffer 5.5.3. DCGK nach Ansicht des BGH keine Darlegung der Interessenkonflikte im Einzelnen. Ausreichend sei bereits die Benennung der Aufsichtsratsmitglieder, bei denen Interessenkonflikte vorliegen, sowie die Behandlung dieser Konflikte unter Darstellung der jeweiligen Beratungsgegenstände.[8]

Die Anfechtbarkeit der Entlastungsbeschlüsse ist nach Auffassung des BGH insgesamt gerechtfertigt, wenn alle Organmitglieder die maßgeblichen Tatsachen kannten und die Entsprechenserklärung von beiden Organen gemeinsam abgegeben wurde, auch wenn die der Unrichtigkeit der Entsprechenserklärung zugrundeliegenden Umstände nur bei einem Organmitglied vorliegen.[9]

2. Anfechtbarkeit von Wahlbeschlüssen

Nach neuerer Rechtsprechung kann ein Beschluss der Hauptversammlung über die **Wahl eines Aufsichtsratsmitglieds** ebenfalls wegen unrichtiger Entsprechenserklärung anfechtbar sein (§§ 243, 251 AktG).[10] Dies ist der Fall, wenn der Beschluss der Hauptversammlung auf einem Vorschlagsbeschluss des Aufsichtsrats beruht, den dieser in Abweichung von den Kodexempfehlungen gefasst und dies nicht vorher oder gleichzeitig bekannt gemacht hat.[11] Konkret ging es in einer Entscheidung um einen Wahlvorschlag des Aufsichtsrats, der die nach Ziffer 5.4.1. DCGK durch den Aufsichtsrat beschlossene Regel-Altersgrenze für Aufsichtsratsmitglieder missachtete.[12] In einem anderen Fall versäumte es der Aufsichtsrat, in seinem Wahlvorschlag das Vorliegen von Interessenkonflikten in der Person des zu wählenden Aufsichtsratsmitglieds offenzulegen.[13]

5

---

6   BGH NZG 2009, 1270 (1272) – Umschreibestopp; BGH NZG 2012, 1064 (1066) – Fresenius; BGH NZG 2013, 783.
7   BGH NZG 2009, 1270 (1272) – Umschreibestopp.
8   BGH NZG 2013, 783 (784), entgegen dem Urteil der Vorinstanz, LG Frankfurt am Main 17.05.2011 – 5 O 74/10.
9   BGH NZG 2009, 342 (346) – Kirch/Deutsche Bank; weitere Fallbeispiele bei *Kiefner* NZG 2011, 201 (205 f.), vergleiche zu den Urteilen auch § 8 Rn. 132 sowie ausführlich zur Anfechtungsklage gegen Beschlüsse der Hauptversammlung und zu weiteren Anfechtungsgründen § 8 Rn. 2 ff., 126 ff.Siehe instruktiv zur Anfechtbarkeit von Entlastungsbeschlüssen wegen Verstoßes gegen die Erklärungspflicht des § 161 Abs. 1 AktG auch Habersack/Mülbert/Schlitt/*Kiem* Kapitalmarktinformation § 13 Rn. 130 ff.; *Mülbert/Wilhelm* ZHR 176 (2012), 286 (291 ff.).
10 Besondere Bedeutung erlangt die Anfechtbarkeit von Wahlbeschlüssen durch die am 19.02.2013 ergangene Entscheidung des BGH, in der der II. Zivilsenat die Anwendung der Lehre vom fehlerhaft bestellten Organ abgelehnt hat; BGH AG 2013, 387. Siehe hierzu auch *Rieckers* AG 2013, 383; *Kocher* BB 2013, 1166; *Tielmann/Struck* BB 2013, 1548.
11 OLG München NZG 2009, 508 (510) – MAN/VW; LG Hannover NZG 2010, 744 (748) – Continental/Schaeffler; zustimmend *Deilmann/Albrecht* AG 2009, 727 (732 f.); *E. Vetter* NZG 2008, 121 (123 f.); *Habersack* FS Goette, 121 (122 ff.); kritisch *Hüffer* ZIP 2010, 1979 (1980 f.); *Kiefner* NZG 2011, 201 (203 f.); *Kocher* BB 2010, 264 (266); *Hoffmann-Becking* ZIP 2011, 1173 (1175); *Mülbert/Wilhelm* ZHR 176 (2012), 286 (295 ff.); *Kocher* GWR 2013, 509 (510).
12 OLG München NZG 2009, 508 ff. – MAN/VW; kritisch hierzu *Kocher/Bedkowski* BB 2009, 232 (234).
13 LG Hannover NZG 2010, 744 ff. – Continental/Schaeffler. Kritisch hierzu *Rieder* NZG 2010, 737 (738): weitere Fallbeispiele bei *Kiefner* NZG 2011, 201 (206 ff.). Siehe instruktiv zum Anfechtungsrisiko von Wahlbeschlüssen wegen Verstoßes gegen die Erklärungspflicht des § 161 Abs. 1 AktG auch Habersack/Mülbert/Schlitt/*Kiem* Kapitalmarktinformation § 13 Rn. 135 ff.; *Mülbert/Wilhelm* ZHR 176 (2012), 286 (295 ff.); *Kocher* GWR 2013, 509 (510).

II. Verstoß gegen Besetzungsregeln des Aufsichtsrats: insbesondere Fehlen eines unabhängigen Finanzexperten (§ 100 Abs. 5 AktG)

6   Zur Sicherstellung einer guten Unternehmensführung sieht das Aktienrecht detaillierte Anforderungen an die **Besetzung des Aufsichtsrats** börsennotierter Aktiengesellschaften vor. Neben der grundsätzlichen Anordnung eines zweijährigen Bestellungshindernisses für ehemalige Vorstandsmitglieder derselben Gesellschaft (§ 100 Abs. 2 S. 1 Nr. 4 AktG)[14] besteht insbesondere das Erfordernis, den Aufsichtsrat mit einem **unabhängigen, sachverständigen Aufsichtsratsmitglied** zu besetzen (§ 100 Abs. 5 AktG i. d. F. des BilMoG[15]). Nach der Rechtsprechung muss das sachverständige Mitglied zwar fachlich in der Lage sein, die vom Vorstand gegebenen Informationen kritisch zu hinterfragen, seine Kenntnisse in den gesetzlich geforderten Bereichen der Rechnungslegung oder Abschlussprüfung aber nicht durch eine schwerpunktmäßige Tätigkeit erworben haben.[16] Die darüber hinaus geforderte Unabhängigkeit ist nach der Rechtsprechung jedenfalls dann nicht gewährleistet, wenn die Person geschäftliche Beziehungen zur Gesellschaft unterhält. Hierunter sind in diesem Rahmen neben Austauschverträgen jegliche gewillkürten oder gesetzlichen Beziehungen im Rahmen der personeneigenen wirtschaftlichen Betätigung zu verstehen.[17]

7   Mit den **Rechtsfolgen** des Fehlens eines unabhängigen Finanzexperten hatte die Rechtsprechung sich bislang noch nicht zu befassen. In der Literatur ist diese Frage sehr umstritten. Einigkeit besteht zunächst darüber, dass die Wahl eines die Experteneigenschaft nicht aufweisenden Aufsichtsratsmitglieds in einen bislang finanzexpertenlosen Aufsichtsrat nicht nichtig ist.[18] Dies ergibt sich im Umkehrschluss aus § 250 Abs. 1 Nr. 4 AktG, der die Nichtigkeitsfolge für die Wahl von Aufsichtsratsmitgliedern aufgrund von Besetzungshindernissen nicht auf den Fall des fehlenden Finanzexperten ausdehnt. Dass der Verstoß gegen die Besetzungsregel die Wahl eines nicht sachverständigen Aufsichtsratsmitglieds hingegen anfechtbar macht (§ 251 Abs. 1 S. 1 AktG), wird von der überwiegenden Ansicht bejaht.[19] Die Gegenauffassung argumentiert, dass die Besetzungsregel sich an den Aufsichtsrat als Gesamtorgan wende und nicht auf die Wahl einzelner Aufsichtsratsmitglieder durchschlagen könne.[20] Letztere Ansicht überzeugt. Anderenfalls wäre nicht eindeutig feststellbar, die Wahl welchen Aufsichtsratsmitglieds anfechtbar ist, wenn kein Aufsichtsmitglied die geforderte Kompetenz mit sich bringt. Ferner entstünde durch die Offenheit der Kriterien des § 100 Abs. 5 AktG erhebliche Rechtsunsicherheit für Gesellschaften hinsichtlich der Wirksamkeit der Wahlbeschlüsse und mittelbar auch der durch den Aufsichtsrat selbst gefassten Beschlüsse.[21]

---

14 Eingeführt durch das Gesetz zur Angemessenheit der Vorstandsvergütung (VorstAG) vom 31.7.2009 (BGBl. I 2009, S. 2509). Eine Ausnahme von dem Bestellungshindernis besteht für den Fall, dass Aktionäre, die mehr als 25 Prozent der Stimmrechte an der Gesellschaft halten, das ehemalige Vorstandsmitglied für die Wahl zum Aufsichtsrat vorschlagen (§ 100 Abs. 2 S. 1 Nr. 4 2. Hs. AktG).
15 Gesetz zur Modernisierung des Bilanzrechts (BilMoG) vom 25.5.2009 (BGBl. I 2009, 1102).
16 OLG München AG 2010, 639; OLG Hamm NZG 2013, 1099 (1100).
17 OLG Hamm NZG 2013, 1099 (1100); zu den Kriterien der Unabhängigkeit Heidel/*Breuner/Fraune* § 100 AktG Rn. 19; *Kremer/Werder* AG 2013, 340 ff.
18 LG München NZG 2010, 621; Schmidt/Lutter/*Drygala* § 100 Rn. 60; Hölters § 100 AktG Rn. 56; *Gesell* ZGR 2011, 361 (392).
19 *Diekmann/Bidmon* NZG 2009, 1087 (1091); *Habersack* AG 2008, 98 (102); Heidel/*Breuer/Fraune* § 100 AktG Rn. 22; *Jaspers* AG 2009, 607 (612 f.); Spindler/Stilz/*Spindler* § 100 Rn. 44; *v. Falkenhausen/Kocher* ZIP 2009, 1601 ff.; *Widmann* DB 2009, 2602 (2603); sympathisierend LG München AG 2010, 922 (923); beschränkt auf die Einzelwahl eines Aufsichtsratsmitglieds *Gsell* ZGR 2011, 361 (393 f.).
20 Schmidt/Lutter/*Drygala* § 100 Rn. 62; Hölters/*Simons* § 100 AktG Rn. 56; Hüffer/*Koch* § 100 Rn. 28; Gesell ZGR 2011, 361 (392 f.) lediglich für die Pflicht zur Offenlegung des Verstoßes daher *Gruber* NZG 2008, 12 (14).
21 Schmidt/Lutter/*Drygala* § 100 Rn. 62. Die erfolgreiche Anfechtungsklage des Wahlbeschlusses hätte zur Folge, dass die Legitimität der jeweiligen Aufsichtsratsmitglieder rückwirkend auf den Zeitpunkt der Bestellung entfiele, so dass zwischenzeitlich gefasste Beschlüsse des Aufsichtsrats etwa wegen mangelnder Beschlussfähigkeit des Aufsichtsrats unwirksam werden könnten, *Staake* ZIP 2010, 1013 (1020).

Durch den vom Bundeskabinett am 11.12.2014 und dem Deutschen Bundestag am 06.03.2015 in 2. und 3. Lesung beschlossenen Entwurf des Gesetzes für die gleichberechtigte Teilhabe von Frauen und Männern an Führungspositionen in der Privatwirtschaft und im öffentlichen Dienst[22] gilt ab dem 01.01.2016 für Aufsichtsräte von börsennotierten und voll mitbestimmungspflichtigen Unternehmen eine fixe Geschlechterquote, wonach sich der Aufsichtsrat zu mindestens 30 Prozent aus Frauen und zu mindestens 30 Prozent aus Männern zusammensetzen muss.[23] Anders als bei der oben angesprochenen Wahl von unabhängigen Finanzexperten in den Aufsichtsrat, hat der Gesetzgeber die Rechtsfolgen eines Verstoßes gegen die fixe Geschlechterquote ausdrücklich geregelt. So wird in § 250 Abs. 1 Nr. 5 AktG n. F. die Nichtigkeit von Aufsichtsratswahlen, die gegen die Geschlechterquote verstoßen, angeordnet sein.[24]

B. Streitigkeiten bei der Nichterfüllung von Stimmrechtsmitteilungspflichten durch die Aktionäre

Um die Zusammensetzung des Aktionärskreises und die sich hieraus ergebenden Machtverhältnisse für alle Kapitalmarktteilnehmer sichtbar zu machen, verpflichtet das Gesetz die Aktionäre, die Höhe der durch sie an der Gesellschaft gehaltenen Stimmrechte bei Über- oder Unterschreiten bestimmter Schwellenwerte mitzuteilen (§§ 21 ff. WpHG). Die **Verletzung dieser Mitteilungspflichten** kann sowohl ordnungswidrigkeitsrechtlich (§ 39 Abs. 2 Nr. 2e) WpHG)[25] als auch zivilrechtlich durch den Verlust der Rechte aus den gehaltenen Aktien sanktioniert werden (§ 28 S. 1 WpHG). Dabei wird die Sanktion des möglichen Verlusts des Stimmrechts aus den offenzulegenden Aktien insbesondere im Rahmen aktionärsrechtlicher **Anfechtungsklagen** virulent. Die Berufung auf die Verletzung einer Mitteilungspflicht durch den Mehrheitsaktionär gehört zum Standardrepertoire von Anfechtungsklägern.[26]

8

Da der Gesetzgeber die Sanktion des Stimmrechtsverlusts nur an die Verletzung bestimmter Stimmrechtsmitteilungspflichten geknüpft hat, sollen die jeweils sanktionierten Mitteilungstatbestände sowie die Voraussetzungen für deren Vorliegen nachfolgend kurz umrissen werden. Danach ist auf die Dauer des Stimmrechtsverlusts sowie einzelne Aspekte der hierauf gegründeten Anfechtungsklagen einzugehen.

I. Sanktionierte Mitteilungstatbestände (Überblick)

Von der Sanktion eines möglichen Rechtsverlusts erfasst ist zunächst der **Kerntatbestand der Meldepflichten**, wonach der Aktionär das Erreichen, Über- oder Unterschreiten der dort genannten Stimmrechtsschwellen (z. B. 3 %, 5 %, 10 %, 15 %, 20 %, 25 %) dem Emittenten und der BaFin mitzuteilen hat (§ 21 Abs. 1 und Abs. 1a WpHG).

9

Der die Mitteilungspflicht auslösende Erwerbsvorgang bzw. das diese Pflicht auslösende Verlustereignis kann sowohl rechtsgeschäftlich als auch auf sonstige Weise, etwa im Wege der Gesamtrechtsnachfolge, z. B. bei Verschmelzungen (§ 20 Abs. 1 Nr. 1 UmwG) oder durch Kapitalerhöhungen und -herabsetzungen, verwirklicht werden.[27] Im Fall eines rechtsgeschäftlichen Erwerbsvorgangs wird die Mitteilungspflicht grundsätzlich erst durch die dingliche Rechtsänderung ausgelöst.[28]

10

---

22 BT-Drucks. 18/3784.
23 Durch Artikel 3 Nr. 4b) des Gesetzes für die gleichberechtigte Teilhabe von Frauen und Männern an Führungspositionen in der Privatwirtschaft und im öffentlichen Dienst wird der Wortlaut des § 96 AktG, der die Zusammensetzung des Aufsichtsrats festsetzt, entsprechend geändert.
24 Vgl. Artikel 3 Nr. 9c) des Gesetzes für die gleichberechtigte Teilhabe von Frauen und Männern an Führungspositionen in der Privatwirtschaft und im öffentlichen Dienst.
25 Assmann/U. H. Schneider/*U. H. Schneider* § 28 Rn. 77 f.
26 *Klein/Theusinger* NZG 2009, 250 (251).
27 Hölters/*Hirschmann* § 22 AktG Anh Rn. 8; Fuchs/*Dehlinger/Zimmermann* § 21 Rn. 36 ff.
28 Assmann/U. H. Schneider/*U. H. Schneider* § 21 Rn. 70 ff.; Fuchs/*Dehlinger/Zimmermann* § 21 Rn. 28; Schwark/Zimmer/*Schwark* § 21 WpHG Rn. 17; Hölters/*Hirschmann* § 22 WpHG Anh Rn. 8.

Bei der erstmaligen Zulassung der Aktien zum Handel genügt bereits das Halten von Beteiligungen im mitteilungsrelevanten Umfang, um Stimmrechtsmeldepflichten für den Inhaber zu begründen (§ 21 Abs. 1a WpHG).

11 In bestimmten Konstellationen können dem Meldepflichtigen auch fremde Stimmrechte **zuzurechnen** sein. Dies gilt etwa für Stimmrechte aus Aktien, die einem seiner Tochterunternehmen gehören (§ 22 Abs. 1 S. 1 Nr. 1, Abs. 3 WpHG). Ebenso sind dem Meldepflichtigen Stimmrechte aus Aktien zuzurechnen, die Dritte für seine Rechnung halten (§ 22 Abs. 1 S. 1 Nr. 2 WpHG).[29] Dabei erfolgt nach neuerer Rechtsprechung des BGH zu Recht keine Zurechnung der vom meldepflichtigen Treugeber gehaltenen Stimmen auf den Dritten bzw. Treuhänder.[30]

12 Die weiteren Zurechnungstatbestände des § 22 Abs. 1 S. 1 WpHG sowie die Zurechnung aufgrund eines abgestimmten Verhaltens (§ 22 Abs. 2 WpHG) werden nicht durch den Rechtsverlust sanktioniert (§ 28 S. 1 WpHG).[31]

13 Der Nichterfüllung der relevanten Mitteilungspflichten gleichstehen kann auch die **fehlerhafte** Mitteilung.[32] Allerdings muss der formale oder inhaltliche Mangel dann geeignet sein, den Informationszweck der §§ 21, 22 WpHG zu vereiteln.[33] So genügt etwa die fehlende Angabe der Umfirmierung des Meldepflichtigen nicht für den Rechtsverlust.[34]

14 Richtiger Ansicht nach kann sich der Meldepflichtige exkulpieren, wenn er den meldepflichtigen Sachverhalt in tatsächlicher Hinsicht unverschuldet verkannt hat[35] Rechtsirrtümer schließen den Verfall der Stimmrechte hingegen nur ausnahmsweise aus.[36]

II. Dauer des Stimmrechtsverlusts (§ 28 S. 1 WpHG)

15 Die Sanktion des Stimmrechtsverlusts besteht im Falle des § 28 S. 1 WpHG bis zur Nachholung der versäumten Handlung fort.[37] Der Rechtsverlust kann sich um sechs Monate nach Erfüllung der Mitteilungspflichten verlängern, wenn die Höhe der Stimmrechte vorsätzlich nicht gemeldet oder die Mitteilung hierüber grob fahrlässig unterlassen wurde (§ 28 S. 3 WpHG).[38]

16 Die nachträgliche Erfüllung der versäumten Pflicht lässt die Stimmrechte nicht rückwirkend wiederaufleben.[39] Auf den Rechtsnachfolger geht der Rechtsverlust nicht über.[40] Veräußert ein die Meldepflicht verletzender Aktionär in der Folge einen Teil seiner Beteiligung und sinkt seine Beteiligung

---

29 Im Rahmen eines Wertpapierdarlehens hält der Darlehensnehmer nur dann für Rechnung des Darlehensgebers im Sinne der §§ 28, 22 Abs. 1 S. 1 Nr. 2 WpHG, wenn dieser nach der Vertragsgestaltung weiterhin Einfluss auf die Stimmrechtsausübung nehmen kann, BGH NZG 2009, 585 (589).
30 BGH NZG 2011, 1147 (1148 f.), entgegen Urteil der Vorinstanz OLG München NZG 2009, 1386 (1387 f.); hierzu *Schürnbrand* NZG 2011, 1213; *Brellochs* ZIP 2011, 2225.
31 LG Köln NZG 2009, 1150 (1151) – Strabag AG, HV 2007; Schwark/Zimmer/*Schwark* § 28 WpHG Rn. 12.
32 Müko AktG/*Bayer* Anh. § 22, § 28 WpHG Rn. 3; Assmann/U. H.Schneider/*U. H.Schneider* § 28 Rn. 16.
33 OLG Stuttgart AG 2013, 604 (607); Hüffer/*Koch* § 20 Rn. 8; Fuchs/*Dehlinger/Zimmermann* § 28 Rn. 12 ff.; Schwark/Zimmer/*Schwark* § 28 WpHG Rn. 5.
34 OLG Düsseldorf AG 2010, 711 (712); OLG Stuttgart AG 2013, 604 (607).
35 Assmann/U. H.Schneider/*U. H.Schneider* § 28 Rn. 20; Schwark/Zimmer/*Schwark* § 28 WpHG Rn. 7.
36 LG Köln AG 2008, 336 (337); Assmann/U. H.Schneider/*U. H.Schneider* § 28 Rn. 20a.
37 Schmidt/Lutter/*Veil* Anh. § 22 AktG, § 28 WpHG Rn. 12; Schwark/Zimmer/*Noack/Zetzsche* § 59 WpÜG Rn. 7; Heidel/*Heinrich* § 28 WpHG Rn. 15; KöKo WpHG/*Kremer/Oesterhaus* § 28 Rn. 83.
38 Hierzu *Chachulski* BKR 2010, 281; zur Bagatellklausel des § 28 S. 4 WpHG Schwark/Zimmer/*Schwark* § 28 WpHG Rn. 11.
39 Schmidt/Lutter/*Veil* Anh. § 22 AktG, § 28 WpHG Rn. 12; Schwark/Zimmer/*Noack/Zetzsche* § 59 WpÜG Rn. 7.
40 BGH NZG 2009, 585 (589); OLG Hamm AG 2009, 876 (880); OLG Stuttgart AG 2005, 125 (127); KöKo WpHG/*Kremer/Oesterhaus* § 28 Rn. 99.

damit unter die Grenze von 3 % ab, bleibt der Rechtsverlust aufgrund der ursprünglichen Verletzung der Mitteilungspflicht gleichwohl bestehen.[41]

III. Einzelne Aspekte der auf die Verletzung von Mitteilungspflichten gestützten Anfechtung von Hauptversammlungsbeschlüssen

Unterliegt ein Aktionär aufgrund einer Verletzung der Mitteilungspflichten einem Stimmrechtsausschluss und stimmt dieser Aktionär im Rahmen der Hauptversammlung gleichwohl mit ab, ist der Hauptversammlungsbeschluss allein dann **anfechtbar** (§ 243 Abs. 1 AktG), wenn sich bei korrekter Stimmzählung ein anderes Resultat ergeben hätte, die Stimmabgabe des ausgeschlossenen Aktionärs sich also auf das Beschlussergebnis ausgewirkt hat.[42] Ein wegen Nichtbeachtung des Stimmrechtsverlusts angefochtener Hauptversammlungsbeschluss ist richtiger, aber nicht unumstrittener Ansicht nach bestätigungsfähig (§ 244 AktG).[43]

17

Zweifelhaft ist, ob sich der Rechtsverlust zudem auf die **Anfechtungsbefugnis** (§ 245 AktG) des Meldepflichtigen selbst erstreckt. Während dies teilweise uneingeschränkt bejaht wird,[44] ist richtigerweise nach den gesetzlichen Fallgruppen der Anfechtungsbefugnis in § 245 AktG zu differenzieren.[45] So ist der berechtigterweise stimmrechtslose Aktionär nicht zur Anfechtung befugt, soweit die Anfechtung die Teilnahme an der Hauptversammlung voraussetzt (§ 245 Nr. 1 AktG). Die Anfechtungsbefugnis besteht jedoch weiterhin für Anfechtungsgründe, die allein an die Aktionärseigenschaft anknüpfen (§ 245 Nr. 3 AktG i. V. m. § 243 Abs. 2 AktG), da diese nicht vom Rechtsverlust betroffen ist. Anfechtungsbefugt ist auch der zu Unrecht aufgrund eines vermeintlichen Stimmrechtsverlustes von der Teilnahme an der Hauptversammlung ausgeschlossene Aktionär, der seine Anfechtung auf diesen Ausschluss gründet (§ 245 Nr. 2 AktG).

18

C. Streitigkeiten bei Verletzung von Publizitätspflichten durch die Gesellschaft als Emittentin

Als Emittentin von Wertpapieren am Kapitalmarkt hat die Gesellschaft eine Vielzahl von **Informationspflichten** zu erfüllen. So kann etwa im Rahmen von Primärmarkttransaktionen wie der Emission neuer Aktien am Kapitalmarkt die Erstellung eines Wertpapierprospekts – sowohl im Hinblick auf das Vorliegen eines öffentlichen Angebots (§ 3 Abs. 1 WpPG) als auch aufgrund der Zulassung der Aktien am regulierten Markt (§ 3 Abs. 4 WpPG, § 32 Abs. 3 Nr. 2 BörsG) – erforderlich werden. Im Falle einer Zulassung der Aktien zum Handel am regulierten Markt treten als Zulassungsfolgepflichten die Pflicht zur Veröffentlichung von Ad-hoc-Mitteilungen (§ 15 WpHG), zur regelmäßigen Finanzberichterstattung (§§ 37v ff. WpHG)[46] sowie zur Erteilung von bestimmten Informationen gegenüber Wertpapierinhabern (§§ 30a ff. WpHG) hinzu.[47] **Streitigkeiten** betreffen in diesem

19

---

41 Marsch-Barner/Schäfer/*Schäfer* § 18 Rn. 55.
42 BGH AG 2014, 624; BGH AG 2011, 518 (520 f.); OLG Stuttgart NZG 2005, 432 (435); OLG München AG 2005, 407 (408); KöKo WpHG/*Kremer/Oesterhaus* § 28 Rn. 59; Marsch-Barner/Schäfer/*Schäfer* § 18 Rn. 58; *Merkner* AG 2012, 199 (205); Hüffer/*Koch* § 243 Rn. 19; hierzu auch § 8 Rn. 150 sowie im Einzelnen zur Anfechtung von Hauptversammlungsbeschlüssen aufgrund von Verfahrensfehlern § 8 Rn. 138 ff.
43 LG Köln Konzern 2009, 372 (377); *Flume* Konzern 2009, 385 (388 ff.); KöKo WpHG/*Kremer/Oesterhaus* § 28 Rn. 59; Fuchs/*Dehlinger/Zimmermann* § 28 WpHG Rn. 39; *Segna* AG 2008, 311 (318); *Kirschner* DB 2008, 623 (625); a. A. LG Mannheim AG 2005, 780; Marsch-Barner/Schäfer/*Schäfer* § 18 Rn. 58 (alle zu § 28 S. 1 WpHG).
44 OLG München NZG 2009, 1386 (1387) (zu § 28 S. 1 WpHG); Fuchs/*Dehlinger/Zimmermann* § 28 Rn. 33.
45 KöKo WpHG/*Kremer/Oesterhaus* § 28 Rn. 56; *Petersen* NZG 2009, 1373 (1377); in Bezug auf § 59 WpÜG: Schwark/Zimmer/*Noack/Zetzsche* § 59 WpÜG Rn. 14; Müko AktG/*Schlitt/Ries* § 59 WpÜG Rn. 40.
46 Hierzu Habersack/Mülbert/Schlitt/*Götze/Wunderlich* Kapitalmarktinformation § 9.
47 Hierzu Habersack/Mülbert/Schlitt/*Kiem* Kapitalmarktinformation § 12.

Bereich vor allem Haftungsansprüche von Anlegern gegen den Emittenten aufgrund der Verletzung dieser Informationspflichten.

Den Schwerpunkt der weiteren Darstellung sollen Streitigkeiten im Fall der Fehlerhaftigkeit des Wertpapierprospekts (dazu unter Rdn. 20 ff.) und der Verletzung der Ad-hoc-Mitteilungspflicht (dazu unter Rdn. 26 ff.) bilden. Abschließend ist auf das zur erleichterten Durchsetzung möglicher Haftungsansprüche der Anleger geschaffene Kapitalanlegermusterverfahren einzugehen (dazu unter Rdn. 34 ff.).

I. Fehlerhaftigkeit des Wertpapierprospekts – Prospekthaftung (§§ 21 ff. WpPG)

20 Der für ein öffentliches Angebot von Wertpapieren bzw. deren Zulassung zum Handel am regulierten Markt erforderliche **Wertpapierprospekt** stellt zumeist das Kerndokument kapitalmarktrechtlicher Transaktionen dar. Zu Streitigkeiten im Zusammenhang mit dem Prospekt kommt es etwa, wenn Anleger sich auf die Unrichtig- oder Unvollständigkeit des Prospekts berufen und aus diesem Grund etwa die Rückabwicklung des Anlagegeschäfts vom Emittenten verlangen.[48] Im Zuge der gesetzlichen Neuordnung der **Prospekthaftung** hat der Gesetzgeber die Haftung für fehlerhafte Wertpapierverkaufs- und Börsenzulassungsprospekte in den §§ 21 bis 25 WpPG geregelt.[49] Bis zur Neuordnung befand sich die Regelung der Prospekthaftung für Börsenzulassungsprospekte in den §§ 44 bis 47 BörsG. Über die Verweisung in § 13 VerkProspG galten die börsengesetzlichen Regelungen auch für Wertpapierverkaufsprospekte. Im Hinblick auf die Formulierung der Haftungstatbestände ergeben sich zu den früheren Vorschriften mit Ausnahme der Verjährungsvorschriften keine Änderungen, sodass die Rechtsprechung und Literatur hierzu weiterhin herangezogen werden können.[50]

Im Folgenden sollen zunächst der Adressatenkreis, die Voraussetzungen und der Umfang der gesetzlichen Prospekthaftung umrissen werden. Anschließend ist auf die Frage eines möglichen Rückgriffs des Emittenten bei Altaktionären einzugehen, wenn die betreffende Kapitalmarkttransaktion – hier die öffentliche Umplatzierungen von Aktien – unmittelbar nur den abgebenden Altaktionären finanzielle Vorteile gewährt.

1. Adressat, Voraussetzungen, und Umfang der Prospekthaftung (§§ 21 ff. WpPG)

21 **Adressaten** der Prospekthaftung sind als Prospektverantwortliche (§ 21 Abs. 1 S. 1 Nr. 1 WpPG) in der Regel der Emittent sowie die emissionsbegleitenden Banken (§ 32 Abs. 2 BörsG), die im Prospekt ausdrücklich die Verantwortung für dessen Inhalt übernehmen (§ 5 Abs. 4 WpPG). Darüber

---

48 Prominente Beispiele hierfür sind die nach dem Kurseinbruch der »Deutsche Telekom«-Aktie im Jahr 2000 annähernd 17.000 eingegangenen Prospekthaftungsklagen enttäuschter Kapitalanleger beim LG Frankfurt a. M. Angesichts der Klageflut gaben die Telekom-Prozesse den Anstoß zur Einführung des Kapitalanlegermusterverfahrens (siehe Rdn. 34 ff.). In seinem Musterentscheid vom 16.5.2012 hatte das OLG Frankfurt die Fehlerhaftigkeit des Verkaufsprospekts verneint, OLG Frankfurt NZG 2012, 747 ff. Auf die Rechtsbeschwerden des Musterklägers hin hat der BGH mit Beschluss vom 21.10.2014 den Musterentscheid des OLG Frankfurt teilweise aufgehoben, BGH WM 2015, 22 ff. Anders als das OLG sah der XI. Zivilsenat in der Beschreibung der Vorgänge um die konzerninterne Übertragung von durch die Telekom gehaltenen Aktien an eine Tochtergesellschaft einen Prospektfehler. Die Sache wurde daher zur erneuten Verhandlung und Entscheidung an das OLG Frankfurt zurückgewiesen.
49 Die Neuordnung der gesetzlichen Prospekthaftung erfolgte durch das am 1.6.2012 in Kraft getretene Gesetz zur Novellierung des Finanzanlagenvermittler- und Vermögensanlagenrechts vom 6.12.2011 (BGBl. I 2011, 2481). Die neuen Vorschriften gelten für am oder nach dem 1.6.2012 veröffentlichte Wertpapierverkaufsprospekte (§ 37 WpPG) und Börsenzulassungsprospekte (§ 52 Abs. 8 BörsG). Siehe zur Neuregelung *Leuering* NJW 2012, 1905 ff.
50 Dazu *Leuering* NJW 2012, 1905 (1906). Die Abschaffung der spezialgesetzlichen Verjährungsregelung (§ 46 BörsG a. F.) führt zu einer erheblichen Haftungsverschärfung für die Prospektverantwortlichen.

C. Streitigkeiten bei Verletzung von Publizitätspflichten durch die Gesellschaft als Emittentin § 13

hinaus können als sogenannte Prospektveranlasser diejenigen haften, von denen der Erlass des Prospekts ausgeht (§ 21 Abs. 1 S. 1 Nr. 2 WpPG).[51]

Ersatzberechtigte der Prospekthaftung sind Anleger, die die Wertpapiere nach Veröffentlichung des Prospekts und innerhalb einer sechsmonatigen Frist seit Einführung der Wertpapiere erworben haben (§ 21 Abs. 1 S. 1 WpPG). Die Ersatzberechtigung entfällt nicht durch die Weiterveräußerung der Papiere (§ 21 Abs. 2 WpPG). 22

Voraussetzung der gesetzlichen Prospekthaftung ist, dass für die Beurteilung der Wertpapiere wesentliche Angaben **unrichtig** oder **unvollständig** sind.[52] Weitere Voraussetzung ist die Ursächlichkeit zwischen der Fehlerhaftigkeit des Prospekts und dem Erwerb der Wertpapiere durch den Anleger. Diese haftungsbegründende **Kausalität** wird zugunsten des Anlegers vermutet. Den Nachweis fehlender Kausalität hat der Haftungsadressat zu erbringen (§ 23 Abs. 2 Nr. 1 WpPG). Nach der Rechtsprechung genügt hierfür nicht der bloße Nachweis, dass der Anleger den Prospekt nicht kannte. Denn der ursächliche Zusammenhang zwischen den Angaben im Prospekt und dem Erwerb der Wertpapiere wird vermutet, wenn der Erwerb der Papiere nach der Veröffentlichung des Prospekts erfolgte.[53] Vielmehr muss der Haftungsadressat darlegen und beweisen, dass entgegen der grundsätzlichen Vermutung[54] keine positive Anlagestimmung vorlag oder diese zum Zeitpunkt des Erwerbs der Aktien bereits beendet war.[55] Weiter hat der Haftungsadressat sein fehlendes Verschulden (§ 23 Abs. 1 WpPG) sowie das Fehlen eines Kausalitätszusammenhangs zwischen den fehlerhaften Angaben im Prospekt und der Minderung des Börsenpreises der Wertpapiere darzulegen und zu beweisen (§ 23 Abs. 2 Nr. 2 WpPG). 23

Gegenüber Anlegern, die noch im Besitz der Wertpapiere sind, schuldet der Haftungsadressat die Übernahme der Wertpapiere Zug um Zug gegen Erstattung des – allerdings durch den Ausgabepreis begrenzten – tatsächlichen Erwerbspreises sowie der mit dem Erwerb verbundenen üblichen Kosten, insbesondere Provisionen (§ 21 Abs. 1 S. 1 WpPG).[56] Diejenigen Wertpapierinhaber, die ihre Wertpapiere nicht mehr besitzen, können die Zahlung des Unterschiedsbetrages zwischen dem Erwerbspreis – soweit dieser nicht den ersten Ausgabepreis überschreitet – und dem niedrigeren Veräußerungspreis verlangen (§ 21 Abs. 2 WpPG). 24

2. Sonderstreitfall: Rückgriffsanspruch des Emittenten bei Sekundärplatzierungen von Aktien

Neben Prospekthaftungsklagen der Anleger gegen den Emittenten kann die Verteilung des Prospekthaftungsrisikos zwischen den an einer Kapitalmarkttransaktion Beteiligten Anlass zu weiteren Streitigkeiten geben. So ging es in einem im Mai 2011 durch den BGH[57] entschiedenen Fall um die Frage, inwieweit der Emittent bei einer **öffentlichen Umplatzierung von Aktien** Rückgriff von den hieran beteiligten abgebenden Altaktionären nehmen konnte, nachdem er im Außenverhältnis von Anlegern prospekthaftungsrechtlich in Anspruch genommen wurde.[58] Im Fall hatte der Emittent den 25

---

51 Zu Einzelheiten siehe etwa *Groß* § 21 WpHG Rn. 35; Schwark/Zimmer/*Schwark* §§ 44, 45 BörsG Rn. 9; *Wackerbarth* WM 2011, 193 ff.
52 BGH WM 1982 862 (863) – BuM; OLG Frankfurt, WM 1994, 291 (295) – Bond; zu den Einzelheiten der Beurteilung der Unrichtig- und Unvollständigkeit wesentlicher Angaben des Prospekts Marsch-Barner/Schäfer/*Krämer* § 10 Rn. 317 ff.
53 BGH WM 1982, 862 (867 f.) – BuM; OLG Frankfurt WM 1994, 291 (298) – Bond.
54 OLG Frankfurt Urt. v. 19.07.2005 – 5 U 182/03 Rn. 73.
55 OLG Frankfurt WM 1994, 291 (298) – Bond.
56 Habersack/Mülbert/Schlitt/*Habersack* Kapitalmarktinformation § 29 Rn. 45 f.
57 BGH WM 2011, 1273 – Dritter Börsengang.
58 Die Prospekthaftung ging hier auf eine Sammelklage in den USA zurück, da die umzuplatzierenden Aktien u. a. auch in den USA platziert wurden. Zum Sachverhalt siehe *Podewils* NZG 2009, 1101.

für die öffentliche Umplatzierung der Aktien erforderlichen Verkaufsprospekt[59] erstellt und insoweit die Haftung gegenüber den Anlegern übernommen. Eine Freistellung von der Prospekthaftung durch die umplatzierenden Aktionäre konnte der Emittent nicht für sich durchsetzen. Nach der Beendigung der Prospekthaftungsprozesse durch Vergleich verlangte der Emittent Ersatz für die an die Prospekthaftungskläger geleistete Vergleichssumme sowie die Rechtsverteidigungskosten von den abgebenden Altaktionären. In seiner in der Begründung nicht überzeugenden Entscheidung bejahte der BGH einen Anspruch des Emittenten insbesondere gestützt auf die Haftung der Aktionäre für den Empfang verbotener Leistungen (§§ 62, 57 AktG). In der Übernahme des Prospekthaftungsrisikos anlässlich der Umplatzierung der Aktien sei eine Leistung des Emittenten zu sehen, die nicht durch eine gleichwertige Leistung der Aktionäre aufgewogen wurde. Insbesondere genügten nicht der Gesellschaft zuwachsende etwaige wirtschaftliche Vorteile durch die Umplatzierung der Aktien.[60]

II. Verletzung der Ad-hoc-Publizitätspflicht (§ 15 WpHG)

26 Die Pflicht zur Veröffentlichung von **Ad-hoc-Mitteilungen** des Emittenten kann auf zweierlei Weise Anlass zu Rechtsstreitigkeiten geben. Zum einen werden Verstöße gegen die Pflicht zur Veröffentlichung von Ad-hoc-Mitteilungen ordnungswidrigkeitsrechtlich sanktioniert.[61] In diesem Rahmen kann die Ausstellung von Bußgeldbescheiden der BaFin gegen den Emittenten Gegenstand gerichtlicher Auseinandersetzung sein. Zum anderen können Aktionäre oder frühere Aktionäre vom Emittenten den Ersatz des Schadens verlangen, der ihnen aufgrund einer unterlassenen, verspäteten oder fehlerhaften Ad-hoc-Mitteilung des Emittenten entstanden ist (§§ 37b, c WpHG).

Im Folgenden soll die mögliche Schadensersatzhaftung des Emittenten im Vordergrund stehen. Bevor deren Voraussetzungen und Inhalt umrissen werden, ist zunächst auf einzelne rechtlich streitige Fragen hinsichtlich des Tatbestands der Ad-hoc-Mitteilungspflicht einzugehen.

1. Ad-hoc-Publizitätspflichten

27 Den **Grundtatbestand** der Ad-hoc-Publizitätspflichten bildet § 15 Abs. 1 S. 1 WpHG, wonach der Emittent[62] Insiderinformationen[63], die ihn unmittelbar betreffen, unverzüglich zu veröffentlichen hat.[64] Insiderinformationen (§ 13 Abs. 1 S. 1 WpHG) betreffen den Emittenten insbesondere

---

59 Die Prospektpflicht beim öffentlichen Angebot von Wertpapieren geht hier auf § 3 Abs. 1 WpPG zurück. Zur Prospektpflicht Grunewald/Schlitt/*Schäfer* § 11 II. 1.
60 BGH WM 2011, 1273 (1275) – Dritter Börsengang (Tz. 24 ff.); *C. Schäfer* ZIP 2010, 1877 (1882); *Ziemons* GWR 2011, 404; *Podewils* DStR 2011, 1530 (1531); zur Gegenauffassung *Schlitt* CFL 2010, 304; kritisch auch *Fleischer/Thaten* NZG 2011, 1081 (1082 f.); *Arnold/Aubel* ZGR 2012, 113 (131 ff.); siehe hierzu auch Thesenpapier des Arbeitskreises zum »Deutsche Telekom III-Urteil« des BGH betreffend die Auslegung ausgewählter für das Aktienemissionsgeschäft wesentlicher Entscheidungsgründe des Urteils, abgedruckt in CFL 2011, 377 ff.
61 § 39 Abs. 2 Nr. 2c, Nr. 5 bis 7 WpHG; hierzu Assmann/Schneider/*Assmann* § 15 WpHG Rn. 284 ff.
62 Zum Begriff des Normadressaten der Veröffentlichungspflicht Grunewald/Schlitt/*Stoppel* § 14 II. 1. a); Marsch-Barner/Schäfer/*Schäfer* § 14 Rn. 30 ff.; Emittentenleitfaden der BaFin, 4. Auflage, S. 45 ff. mit Beispielen.
63 Zum Begriff der Insiderinformation siehe Grunewald/Schlitt/*Stoppel* § 13 II. 2.; Habersack/Mülbert/Schlitt//*Frowein* Kapitalmarktinformation § 10 Rn. 10; KöKo WpHG/*Klöhn* § 13 Rn. 13 ff.
64 Insiderinformationen sind des Weiteren zu veröffentlichen, wenn sie der Emittent oder eine in seinem Auftrag oder für seine Rechnung tätige Person einem anderen im Rahmen seiner Befugnisse weitergibt oder zugänglich macht (§ 15 Abs. 1 S. 4 WpHG). Werden Insiderinformationen einem Dritten unwissentlich zugänglich gemacht, ist die Veröffentlichung unverzüglich nachzuholen (§ 15 Abs. 1 S. 5 WpHG). Zuletzt besteht die Pflicht, bereits veröffentlichte, aber unwahre Insiderinformationen unverzüglich zu korrigieren (§ 15 Abs. 2 S. 2 WpHG).

dann unmittelbar, wenn sie sich auf Umstände beziehen, die in seinem Tätigkeitsbereich eingetreten sind (§ 15 Abs. 1 S. 3 WpHG).[65]

Besonderen Anlass für Streitigkeiten bietet in der Praxis die Frage, ab welchem Zeitpunkt im Rahmen **mehrstufiger Entscheidungsprozesse** eine veröffentlichungspflichtige Insiderinformation angenommen werden muss. Betroffen sind Sachverhalte, bei denen einem Vorhaben verschiedene vorbereitende oder durchführende Zwischenschritte, wie etwa Gremienbeschlüsse, vorausgehen und der Erfolg des zukünftigen Vorhabens an sich noch ungewiss ist.[66] Da veröffentlichungspflichtige Insiderinformationen auch Umstände sein können, bei denen mit hinreichender Wahrscheinlichkeit davon ausgegangen werden kann, dass sie in Zukunft eintreten (§ 13 Abs. 1 S. 3 WpHG), stellt sich die Frage, ob bereits verwirklichte Zwischenschritte auf dem Weg zu dem künftigen Ereignis selbst als Insiderinformation zu veröffentlichen sind oder ob alleiniger Anknüpfungspunkt für die Veröffentlichungspflicht das zukünftige Ereignis bleibt. Dies war in der Literatur und Rechtsprechung zunächst umstritten[67] und dann aber unlängst Gegenstand einer Entscheidung des EuGH.[68] Hierin bestätigte der Gerichtshof die Meinung der Rechtsprechung und Literatur,[69] nach der jeder Zwischenschritt eines gestreckten Entscheidungsprozesses als solcher eine publizitätspflichtige Insiderinformation darstellen könne.[70] In der Praxis ist bei gestreckten Geschehensabläufen nun vor jedem denkbaren Zwischenschritt die Pflicht zur Veröffentlichung einer Ad-hoc-Mitteilung zu prüfen.[71] 28

Auf die Frage des BGH an den EuGH, welchen Grad die hinreichende Wahrscheinlichkeit eines zukünftigen Ereignisses erreichen müsse, um die Ad-hoc-Mitteilungspflicht auszulösen, hat der EuGH keine hohe Wahrscheinlichkeit verlangt.[72] Es genüge, wenn eine umfassende Würdigung der bereits verfügbaren Anhaltspunkte ergebe, dass der zukünftige Eintritt des jeweiligen Ereignisses tatsächlich erwartet werden könne.[73] Tatsächlich erwartet werden kann ein Ereignis nur dann, wenn sein Eintritt wahrscheinlicher ist als sein Ausbleiben. Insoweit wird es weiterhin auf die schon bislang vom BGH geforderte überwiegende Wahrscheinlichkeit (50 % + x) und damit keine Risikogewichtung ankommen.[74] Für die Beurteilung der hinreichenden Wahrscheinlichkeit bleibe die Frage der Kurserheblichkeit außen vor.[75]

Bedeutung erlangt vor dem Hintergrund dieser Auslegungsschwierigkeiten die Möglichkeit des Emittenten, die allgemeine Veröffentlichungspflicht solange aufzuschieben, wie es der Schutz seiner 29

---

65 Zum Erfordernis des unmittelbaren Emittentenbezugs Habersack/Mülbert/Schlitt//*Frowein* Kapitalmarktinformation § 10 Rn. 30.
66 Schwark/Zimmer/*Schwark/Kruse* § 13 WpHG Rn. 19.
67 Für eine Veröffentlichungspflicht auch von Zwischenschritten, soweit sie für sich betrachtet Insiderinformationen darstellen OLG Frankfurt, NZG 2009, 391 – Vorstandswechsel; Fuchs/*Mennicke/Jakovou* § 13 WpHG Rn. 72; *Widder*, GWR 2011, 1; dagegen OLG Stuttgart NZG 2009, 624 (626 f.) – DaimlerChrysler; Schwark/Zimmer/*Schwark/Kruse* § 13 WpHG Rn. 10a; Assmann/Schneider/*Assmann* § 13 Rn. 28; zur Problematik gestreckter Sachverhalte bei M&A-Transaktionen *Widder/Kocher* CFL 2011, 88 ff.
68 EuGH ZIP 2012, 1282. Hierzu *Hitzer* NZG 2012, 860 ff.; *Kocher/Widder* BB 2012, 1820 f.; *Schall* ZIP 2012, 1286 ff.; *Wilsing/Goslar* DStR 2012, 1709 ff. sowie den Vorlagebeschluss des BGH NZG 2011, 109 – DaimlerChrysler.
69 OLG Frankfurt, NZG 2009, 391 – Vorstandswechsel; Fuchs/*Mennicke/Jakovou* § 13 Rn. 72; *Widder*, GWR 2011, 1; in der Tendenz auch Vorlagebeschluss des BGH, NZG 2011, 109 (111) – Daimler/Chrysler.
70 EuGH ZIP 2012, 1282 (1284) (Tz. 27).
71 *Hitzer* NZG 2012, 860 (861 f.); *Seibold* NZG 2013, 809 ff.
72 EuGH ZIP 2012, 1282 (1285) (Tz. 46).
73 EuGH ZIP 2012, 1282 (1285) (Tz. 49).
74 So zutreffend *Hitzer* NZG 2012, 860 (862); *Schall* ZIP 2012, 1286 (1288); *Wilsing/Goslar* DStR 2012, 1709 (1711 f.).
75 EuGH ZIP 2012, 1282 (1285) (Tz. 50). Zu Recht zustimmend *Kocher/Widder* BB 2012, 1820.

berechtigten Interessen erfordert (§ 15 Abs. 3 S. 1 WpHG).[76] Bislang nicht abschließend geklärt ist die Frage, ob es für die Befreiung von der Veröffentlichungspflicht einer aktiven Entscheidung des Emittenten bedarf oder ob diese kraft Gesetzes eintritt.[77] In der Praxis ist es daher ratsam, bereits frühzeitig vorsorglich eine Selbstbefreiungsentscheidung zu treffen.[78]

2. Kapitalmarktrechtliche Haftung des Emittenten (§§ 37b, c WpHG)

30 Wegen einer unterlassenen oder verspäteten sowie einer unwahren Ad-hoc-Mitteilung haftet der Emittent den Anlegern auf **Schadensersatz**, die ihre Finanzinstrumente vor Bekanntwerden der Insiderinformation oder ihrer Unrichtigkeit erworben haben und nach ihrem Bekanntwerden noch besitzen. Denn diese haben infolge der Pflichtverletzung des Emittenten die Wertpapiere dann beispielsweise zu einem höheren Preis als bei rechtzeitigem Bekanntwerden der Tatsache am Markt erworben. Umgekehrt sind die Anleger anspruchsberechtigt, die Wertpapiere des Emittenten bei positiver unterlassener oder verspäteter bzw. negativer unrichtiger Ad-hoc-Mitteilung zu günstig veräußert haben, mithin in Kenntnis der Information zu einem höheren Preis veräußert hätten.[79]

31 Die **Beweislast** für die Anspruchsvoraussetzungen trägt der Anleger. Das Verschulden des Emittenten wird dabei vermutet (§§ 37b Abs. 2, 37c Abs. 2 WpHG). Der Emittent kann sich jedoch für leichte Fahrlässigkeit entlasten. Streitig ist, ob der Anleger das Bestehen einer konkreten **Kausalität** zwischen der Pflichtverletzung des Emittenten und seiner Anlageentscheidung darzulegen und zu beweisen hat.[80] Dafür spricht, dass der Wortlaut der Haftungsnormen der §§ 37b, 37c WpHG keine Beweislastumkehr wie im Fall der gesetzlichen Prospekthaftung (§ 23 Abs. 2 WpPG) vorsieht. Zudem muss nach dem Wortlaut der Haftungsnorm für die pflichtwidrige Falschmitteilung von Insiderinformationen (§ 37c Abs. 1 WpHG) der Schaden durch das Vertrauen des Anlegers in die Richtigkeit der Information entstanden sein.[81] Diese Ansicht hat der BGH in seiner IKB-Entscheidung bestätigt.[82] Allerdings verlangt der BGH den Nachweis der Kausalität zwischen der Pflichtverletzung des Emittenten und der Anlageentscheidung nur für den Fall, dass der Anleger die Rückabwicklung des Wertpapiergeschäfts verlangt.[83] Anders liege es, wenn lediglich der Kursdifferenzschaden geltend gemacht werde. Hier müsse der Anleger nur darlegen, dass bei pflichtgemäßer, also rechtzeitiger Erfüllung der Ad-hoc-Pflicht der Kurs zum Zeitpunkt seines Kaufes niedriger bzw. im Zeitpunkt des Verkaufs höher gewesen wäre.[84] Der Kursdifferenzschaden ergibt sich aus der Differenz zwischen dem tatsächlich erzielten Erwerbs- oder Verkaufspreis und dem hypothetischen Preis des Wertpapiers bei pflichtgemäßem Publizitätsverhalten des Emittenten im Zeitpunkt der Transaktion.[85]

---

76 Zur Selbstbefreiung von der Veröffentlichungspflicht siehe Habersack/Mülbert/Schlitt/*Frowein* Kapitalmarktinformation, § 10 Rn. 76 ff.
77 Für eine Befreiung kraft Gesetzes u. a. OLG Stuttgart, NZG 2009, 624 (635) – DaimlerChrysler, hingegen ausdrücklich offenlassend in der nachfolgenden Instanz BGH ZIP 2013, 1165.; Schwark/Zimmer/*Zimmer/Kruse* § 15 WpHG Rn. 54; KöKo WpHG/*Klöhn* § 15 Rn 315 ff.; Marsch-Barner/Schäfer/*Schäfer* § 15 Rn. 35c; *Ihrig/Kranz* BB 2013, 451 (452 ff.). Gegen eine Befreiung kraft Gesetzes u. a. BaFin, Emittentenleitfaden (Stand: 28.4.2009), S. 65.; Habersack/Mülbert/Schlitt/*Frohwein* Kapitalmarktinformation § 10 Rn. 74; *Pattberg/Bredol* NZG 2013, 87 f.; *Krämer/Teigelack* AG 2012, 20 (23).
78 *Widder* BB 2013, 1483 (1488).
79 Heidel/*Fischer zu Cramburg/Royé* § 37c WpHG Rn. 6.
80 Habersack/Mülbert/Schlitt/*Mülbert/Steup* Unternehmensfinanzierung § 41 Rn. 231.
81 Habersack/Mülbert/Schlitt/*Mülbert/Steup*, Unternehmensfinanzierung § 41 Rn. 231; Fuchs/*Fuchs* §§ 37b, 37c WpHG Rn. 29; für eine bloße abstrakte Kausalität zwischen der Informationspflichtverletzung des Emittenten und der Kursentwicklung der gehandelten Papiere Marsch-Barner/Schäfer/*Schäfer* § 17 Rn. 30; Schwark/Zimmer/*Zimmer/Grotheer* §§ 37b, 37c WpHG Rn. 90.
82 BGH AG 2012, 209 (216) (Tz. 61 ff.) – IKB. Hierzu *Spindler* NZG 2012, 575 ff.; *von Bernuth/Wagner/Kremer* WM 2012, 831 ff.; *Klöhn* AG 2012, 345 ff.
83 BGH AG 2012, 209 (216) (Tz. 67).
84 BGH AG 2012, 209 (216).
85 Schwark/Zimmer/*Zimmer/Grotheer* §§ 37b, 37c WpHG Rn. 86.

C. Streitigkeiten bei Verletzung von Publizitätspflichten durch die Gesellschaft als Emittentin § 13

In seiner Entscheidung bejaht der BGH damit auch die zuvor im Schrifttum umstrittene Frage, ob 32 der Anleger im Rahmen des Schadensersatzanspruches nach §§ 37b, 37c WpHG die **Rückgängigmachung des Wertpapiergeschäfts** verlangen kann.[86] Die zunächst überwiegende Auffassung hatte dies mit der Begründung verneint, dass der Anleger bei Rückgewähr des gezahlten Kaufpreises Zug um Zug gegen Herausgabe der erworbenen Papiere zu historischen Konditionen rückabwickeln könnte. Das Risiko eines Kursverfalls aufgrund externer, nicht mit der Informationspflichtverletzung zusammenhängender Umstände würde dabei in unangemessener Weise auf den Emittenten abgewälzt.[87] Zu ersetzen sei vielmehr nur der Kursdifferenzschaden. Diese Ansicht überzeugt weiterhin.[88]

Neben der spezialgesetzlichen Haftung kann der Emittent insbesondere aufgrund einer Informationsdeliktshaftung nach § 826 BGB in Anspruch genommen werden.[89] Hierzu muss der Emittent indes wissentlich eine gebotene Ad-hoc-Mitteilung unterlassen oder eine unrichtige Ad-hoc-Mitteilung veröffentlicht haben. Für die Informationspflichtverletzung von Vertretungsorganen haftet der Emittent nach § 31 BGB.[90]

III. Prozessuale Aspekte – Kapitalanlegermusterverfahren (KapMuG)

Die Durchsetzung von Ansprüchen aus fehlerhafter Kapitalmarktinformation wird prozessual durch 34 die Möglichkeit der Einleitung eines Musterverfahrens erleichtert. Typischerweise sind Kapitalmarkthaftungsprozesse Massenverfahren, da die fehlerhafte Kapitalmarktinformation in der Regel eine große Anzahl von Anlegern betrifft.[91] In der Folge liegt den entsprechenden Klagen derselbe Sachverhalt zugrunde, so dass die Klärung derselben komplexen Tatsachen- und Rechtsfragen erforderlich wird. Das **Kapitalanlegermusterverfahren**, eingeführt durch das Kapitalanleger-Musterfahrensgesetz (KapMuG),[92] reformiert durch das Kapitalanleger- Musterverfahrensgesetz von 2012[93], gewährt den Beteiligten eines erstinstanzlichen kapitalmarktrechtlichen Rechtsstreits im Rahmen eines Musterverfahrens die Möglichkeit, einzelne entscheidungserhebliche Tatsachen mit Bindungswirkung für alle gleichgelagerten anhängigen Verfahren einheitlich feststellen oder ent-

---

86 BGH AG 2012, 209 (216) (Tz. 50). Gegen die Möglichkeit der Rückabwicklung Schwark/Zimmer/*Zimmer*/*Grotheer* §§ 37b, 37c WpHG Rn. 86 ff.; Habersack/Mülbert/Schlitt/*Maier-Reimer*/*Seulen* Kapitalmarktinformation § 30 Rn. 129 ff.; *Mülbert/Steub* WM 2005, 1633 (1635 ff.); dafür KöKo. WpHG/*Möllers*/*Leisch* §§ 37b, 37c Rn. 263 ff.; Kümpel/Wittig/*Oulds* Bank- und Kapitalmarktrecht Rn. 14.267.
87 Marsch-Barner/Schäfer/*Schäfer* Hdb. börsennotierte AG § 17 Rn. 26; Habersack/Mülbert/Schlitt/*Mülbert*/*Steup* Unternehmensfinanzierung § 41 Rn. 213 ff.; Schwark/Zimmer/*Zimmer*/*Grotheer* §§ 37b, 37c WpHG Rn. 89.
88 Kritisch zur Entscheidung des IKB-Urteils mit überzeugenden Argumenten *Klöhn* AG 2012, 345 (352 ff.); *Spindler* NZG 2012 575 (577 f.).
89 Hierzu Schwark/Zimmer/*Zimmer*/*Grotheer* §§ 37b, 37c WpHG Rn. 114 ff.; KöKo WpHG/*Möllers*/*Leisch* §§ 37b, c Rn. 34 und 419 ff.; zur Haftung der Organe aufgrund einer Verletzung von Ad-hoc-Veröffentlichungspflichten Habersack/Mülbert/Schlitt/*Maier-Reimer*/*Seulen* Kapitalmarktinformation § 30 Rn. 188 ff.
90 BGH NZG 2005, 672 (673) – EM.TV; KöKo WpHG/*Möllers*/*Leisch* §§ 37b, c Rn. 422 ff.; zur möglichen Haftung des Vorstands wegen fehlerhafter Sekundärmarktinformation vergleiche auch § 9 Rdn. 88.
91 Habersack/Mülbert/Schlitt/*Schmitz* Kapitalmarktinformation § 33 Rn. 2.
92 Gesetz zur Einführung von Kapitalanleger-Musterverfahren v. 16.8.2005, BGBl. I, 2437. Der zeitliche Geltungsbereich des KapMuG wurde bis zum 31.10.2012 durch das Gesetz zur Einführung einer Musterwiderrufsinformation für Verbraucherdarlehensverträge, zur Änderung der Vorschriften über das Widerrufsrecht bei Verbraucherdarlehensverträgen und zur Änderung des Darlehensvermittlungsrecht (BGBl. I 2010, 977, 979) verlängert.
93 BGBl. 2012, Teil 1 Nr. 50, S. 2182; die zeitliche Geltung ist wiederum auf acht Jahre beschränkt. Für Verfahren, in denen vor dem 01.11.2012 mündlich verhandelt wurde, gilt das KapMuG von 2005 fort. Zu den Neuerungen im Zuge der Reform siehe etwa *Wardenbach* GWR 2013, 35 ff.; *Halfmeier* ZIP 2011, 1900 ff.; *Sustmann/Schmidt-Bendun* NZG 2011, 1207 ff. sowie *von Bernuth/Kremer* NZG 2012, 890 ff. m. w. N.

scheidungserhebliche Rechtsfragen klären zu lassen (§ 2 Abs. 1 S. 1 KapMuG).[94] Im Folgenden sollen der sachliche Anwendungsbereich, der Ablauf sowie ausgewählte prozessuale Besonderheiten dieses Verfahrens kurz skizziert werden:

1. Anwendungsbereich des Kapitalanlegermusterverfahrens

35 Die erstinstanzlichen Verfahren, in denen ein Musterverfahren durch die Beteiligten beantragt werden kann, sind sachlich auf die Geltendmachung **bestimmter Ansprüche** beschränkt. Erfasst werden zum einen Schadensersatzansprüche wegen falscher, irreführender oder unterlassener öffentlicher Kapitalmarktinformation (§ 1 Abs. 1 S. 1 Nr. 1 KapMuG) sowie Schadensersatzansprüche wegen Verwendung einer falschen oder irreführenden öffentlichen Kapitalmarktinformation oder wegen Unterlassung der gebotenen Aufklärung darüber, dass eine öffentliche Kapitalmarktinformation falsch oder irreführend ist (§ 1 Abs. 1 S. 1 Nr. 2 KapMuG). Mit der Aufnahme der Nr. 2 hat der Gesetzgeber den Anwendungsbereich des KapMuG entgegen der bis zu diesem Zeitpunkt in der höchstrichterlichen Rechtsprechung herrschenden Ansicht[95] ausdrücklich auch auf vertragliche Ansprüche, etwa wegen fehlerhafter Anlageberatung oder -vermittlung, ausgedehnt. Zum anderen können Erfüllungsansprüche aus Vertrag, die auf einem Angebot nach dem WpÜG beruhen, den Anwendungsbereich des KapMuG eröffnen (§ 1 Abs. 1 S. 1 Nr. 3 KapMuG).[96]

36 **Öffentliche Kapitalmarktinformationen** umfassen dabei insbesondere Prospekte nach dem WpPG, Ad-hoc-Mitteilungen, Informationen über Verhältnisse der Gesellschaft, Jahresabschlüsse, Konzernabschlüsse und Ähnliches (§ 1 Abs. 2 S. 2 KapMuG). Vom Anwendungsbereich ausgenommen sind dagegen sämtliche Arten nicht verallgemeinerungsfähiger Tatsachen oder Rechtsfragen, wie einzelfallabhängige Fragen der Kausalität oder eines etwaigen Mitverschuldens.[97]

2. Ablauf des Kapitalanlegermusterverfahrens

37 Im Wesentlichen lässt sich das Kapitalanlegermusterverfahren in zwei Abschnitte gliedern: in das **Vorlageverfahren** (§§ 2 bis 8 KapMuG) und das eigentliche **Musterverfahren** (§§ 9 bis 21 KapMuG).[98]

38 Das Vorverfahren dient der Herbeiführung einer Entscheidung über die Zulassung des Musterverfahrens.[99] Eingeleitet wird es durch die Stellung eines **Musterverfahrensantrags** beim Prozessgericht durch den Kläger oder den Beklagten eines erstinstanzlichen Verfahrens (§ 2 Abs. 2 KapMuG). Den zulässigen Antrag veröffentlicht das Prozessgericht im Klageregister des Bundesanzeigers (§ 3 Abs. 2 KapMuG) und führt damit die Unterbrechung des Individualverfahrens herbei (§ 5 KapMuG). Das Vorlageverfahren endet, sobald innerhalb von sechs Monaten nach der ersten Bekanntmachung eines Musterverfahrensantrags in mindestens neun weiteren Rechtsstreiten gleichgerichtete Musterverfahrensanträge bekannt gemacht wurden (§ 6 Abs. 1 S. 1 KapMuG) und das Prozessgericht, bei dem der

---

94 Instruktiv zum ganzen Themenkomplex des Musterverfahrens nach dem KapMuG *Meller-Hannich* ZBB 2011, 180 ff.
95 BGH ZIP 2011, 147; BGH NJW 2009, 513.
96 Beachte die gleichlaufenden Zuständigkeitsregelungen für Kapitalmarktinformationshaftungsprozesse in § 71 Abs. 2 Nr. 3 GVG, § 66 Abs. 1 S. 1 WpÜG und § 32b Abs. 1 ZPO. Ausschließlich sachlich zuständig ist für Schadensersatzansprüche aufgrund falscher, irreführender oder unterlassener öffentlicher Kapitalmarktinformation oder für vertragliche, auf einem Angebot nach dem WpÜG beruhende Erfüllungsansprüche das Landgericht. Örtliche zuständig ist das Gericht am Sitz des Emittenten, des Anbieters oder der Zielgesellschaft. Das Gleiche gilt nun auch für Ansprüche aufgrund fehlerhafter Anlageberatung oder -vermittlung, soweit sich die Klage zumindest auch gegen den Emittenten, den Anbieter oder die Zielgesellschaft richtet.
97 BGH NZG 2008, 592; BGH NJW 2009, 513.
98 Siehe Assmann/Schütze/*Schütze* § 25 Rn. 61.
99 Siehe Assmann/Schütze/*Schütze* § 25 Rn. 62.

erste bekannt gemachte Musterverfahrensantrag gestellt wurde, einen **Vorlagebeschluss** erlässt (§ 6 Abs. 2 KapMuG). Mit dem Vorlagebeschluss wird das Musterverfahren vor dem im Rechtszug übergeordneten OLG über das Feststellungsziel der Musterverfahrensanträge eingeleitet.

Das OLG bestimmt den **Musterkläger** aus dem Kreis der Kläger aller ausgesetzten Verfahren (§ 9 Abs. 2 KapMuG) und macht das Musterverfahren im Klageregister bekannt (§ 10 Abs. 1 KapMuG). Die Beklagten der ausgesetzten Verfahren werden zu streitgenössischen **Musterbeklagten** des Musterverfahrens (§ 9 Abs. 5 KapMuG). Die Kläger, die nicht als Musterkläger ausgewählt wurden, erhalten die Stellung von Beigeladenen im Musterverfahren (§ 9 Abs. 3 KapMuG). Das Musterverfahren endet mit dem **Musterentscheid** des OLG (16 Abs. 1 KapMuG). Der Musterentscheid bindet die Prozessgerichte der ausgesetzten Verfahren (§ 22 Abs. 1 S. 1 KapMuG). Mit der Einreichung des rechtskräftigen Musterentscheids durch einen Beteiligten des Musterverfahrens wird der Rechtsstreit in der Hauptsache wieder aufgenommen (§ 22 Abs. 4 KapMuG). 39

Gegen den Musterentscheid ist die **Rechtsbeschwerde** vor dem BGH statthaft (§ 20 KapMuG).[100] 40

3. Ausgewählte prozessuale Besonderheiten des Musterverfahrens

Das Ziel der Verfahrensbündelung zur verbindlichen Klärung einer Vorfrage, die für eine Vielzahl von Individualverfahren entscheidungserheblich ist, erreicht das KapMuG in zwei Schritten: zunächst durch die Aussetzung aller anhängigen inhaltlich betroffenen Verfahren und anschließend durch die Bindungswirkung des Musterentscheids für alle diese Verfahren. Nachfolgend soll daher kurz auf die Aussetzung, die dadurch bewirkte Stellung der Beteiligten sowie die Bindungswirkung eingegangen werden. 41

a) Aussetzung aller von der Entscheidung im Musterverfahren abhängigen Individualverfahren (§ 8 KapMuG)

Zentrales Element des Kapitalanlegermusterverfahrens ist die notwendige **Aussetzung** aller anhängigen Individualprozesse, deren Entscheidung von den geltend gemachten Feststellungszielen abhängt. Dies gilt unabhängig davon, ob in dem jeweiligen Rechtsstreit ein Musterverfahrensantrag gestellt wurde (§ 8 Abs. 1 S. 1 und 2 KapMuG). Auf diese Weise wird die durch das KapMuG angestrebte Verfahrensbündelung erzielt[101] und eine einheitliche Klärung von verschiedene Prozesse betreffenden Musterfragen erreicht.[102] 42

Die Aussetzungswirkung betrifft sowohl bereits anhängige Verfahren als auch solche, die bis zum Erlass des Musterentscheids noch anhängig werden. Die Aussetzung kann auch erfolgen, wenn sich der Rechtsstreit im Berufungs- oder Revisionsverfahren befindet.[103] Für die Aussetzung eines anhängigen Verfahrens genügt es bereits, wenn die Entscheidung des Rechtsstreits mit hinreichender Wahrscheinlichkeit von den geltend gemachten Feststellungszielen abhängen kann. Nicht erforderlich ist, dass die Entscheidung nach Klärung sämtlicher übriger Anspruchsvoraussetzungen und Rechtsfragen nur noch von den Feststellungszielen abhängt.[104] Der Aussetzungsbeschluss ist nach neuer Rechtslage[105] **anfechtbar**. Damit soll den Parteien des Ausgangsverfahrens die Möglichkeit er- 43

---

100 Von der Möglichkeit der Rechtsbeschwerde machte der Musterkläger im Falle des Musterentscheids des OLG Frankfurt (OLG Frankfurt NZG 2012, 747 ff.) in Bezug auf die Fehlerhaftigkeit des Verkaufsprospekts der Deutschen Telekom erfolgreich Gebrauch. Siehe näheres hierzu in FN. 49.
101 Vorwerk/Wolf/*Fullenkamp* § 7 Rn. 1.
102 Auf den Aspekt der ordnungspolitischen Steuerungsfunktion kapitalmarktrechtlicher Haftungsnormen durch das KapMuG hinweisend *Meller/Hannich* ZBB 2011 180, 182.
103 Vorwerk/Wolf/*Fullenkamp* § 7 Rn. 12; Habersack/Mülbert/Schlitt/*Schmitz* Kapitalmarktinformation § 33 Rn. 205.
104 So GesE, BT-Drucks. 17/8799, 20.
105 Gemeint ist hiermit die Rechtslage seit der Reformation des KapMuG durch das Kapitalanleger-Musterverfahrensgesetz von 2012.

öffnet werden, sich gegen einen zu Unrecht ergangenen Aussetzungsbeschluss zur Wehr zu setzen und ein möglicherweise jahrelanges Zuwarten auf den Ausgang des Musterverfahrens vor der Fortsetzung des Ausgangsverfahrens abzuwenden.[106] Eine weitere Neuerung im Vergleich zur alten Rechtslage stellt die Einführung eines **vereinfachten Klagerücknahmeverfahrens** dar. So kann der Kläger seine Klage im Hinblick auf das erhöhte Prozesskostenrisiko bei Teilnahme am Musterverfahren innerhalb eines Monats nach Zustellung des Aussetzungsbeschlusses ohne Einwilligung des Beklagten zurücknehmen, auch wenn im Ausgangsverfahren bereits mündlich verhandelt wurde (§ 8 Abs. 2 KapMuG). Kritisiert wird an dieser Regelung, dass sie zu Lasten der Rechtssicherheit des Beklagten geht, der befürchten muss, erneut durch den Kläger in Anspruch genommen zu werden, ohne eine in Rechtskraft erwachsende Sachentscheidung nach Beginn der mündlichen Verhandlung erzwingen zu können (§ 269 Abs. 1 ZPO).[107] Zudem kann der Kläger bei zu Recht ergangenem Aussetzungsbeschluss nicht anders als durch die Rücknahme seiner Klage – also den völligen Verzicht auf die Verfolgung seiner Rechte – verhindern, dass sich die Fortsetzung seines Prozesses in erheblichem Maß durch das Musterverfahren verzögert.[108] Dies ist jedoch vor dem Hintergrund hinzunehmen, dass das aussetzende Gericht die Wahrscheinlichkeit der Entscheidungserheblichkeit der Feststellungsziele für das Ausgangsverfahren überprüft und diese Entscheidung anfechtbar ist.

b) Stellung der Beteiligten im Musterverfahren (§ 9 KapMuG)

44 Die **Beteiligten** des Musterverfahrens sind der Musterkläger und die Musterbeklagten als Parteien sowie die übrigen Kläger der ausgesetzten Rechtsstreite als Beigeladene (§ 9 Abs. 1 KapMuG).

45 Den **Musterkläger** bestimmt das OLG nach billigem Ermessen aus den Klägern der ausgesetzten Verfahren (§ 9 Abs. 2 KapMuG). Der Musterkläger kann diese Rolle durch Rücknahme seiner Klage beenden (§ 13 Abs. 1 S. 1 KapMuG). Rechtlich führt der Musterkläger seinen eigenen Prozess, faktisch nimmt er zudem die Rolle des Repräsentanten oder Interessenverwalters aller Kläger ein.[109] Dementsprechend prüft das Gesetz nach neuer Rechtslage insbesondere die Eignung des Musterklägers zur Führung des Musterverfahrens unter Berücksichtigung der Interessen der Beigeladenen.[110] Ein Widerruf der Ernennung des Musterbeklagten ist auf Antrag eines Beigeladenen möglich (§ 9 Abs. 4 KapMuG).

46 Die Stellung der **Beigeladenen** entspricht im Wesentlichen der des einfachen Nebenintervenienten (§ 67 ZPO).[111] Die Beigeladen müssen das Musterverfahren in der Lage annehmen, in der es sich zum Zeitpunkt der Aussetzung befindet (§ 14 S. 1 KapMuG). Sie dürfen alle Angriffs- und Verteidigungsmittel geltend machen und alle Prozesshandlungen vornehmen, solange diese nicht in Widerspruch zu den Erklärungen und Handlungen des Musterklägers stehen (§ 14 S. 2 KapMuG). Allerdings stehen ihnen nur eingeschränkte Informationsrechte zu. Schriftsätze des Musterklägers und der Musterbeklagten werden ihnen nur auf schriftlichen Antrag[112], die der anderen Beigeladenen gar nicht mitgeteilt[113] (§ 12 Abs. 2 S. 2 und 3 KapMuG). Immerhin werden sie nach Abschluss des Musterverfahrens mit dem Einwand, dass das Musterverfahren durch den Musterkläger mangelhaft geführt worden ist, insoweit gehört, als sie durch die Lage des Musterverfahrens zum Zeitpunkt der Aussetzung des von ihnen geführten Rechtsstreits oder durch Handlungen des Musterklägers verhindert waren, Angriffs- oder Verteidigungsmittel geltend zu machen, oder ihnen unbekannte An-

---

106 GesE, BT-Drucks. 17/8799, 21.
107 *Sustmann/Schmidt-Bendun* NZG 2011, 12007 (1209 f.).
108 So zutreffend *Schneider/Heppner* BB 2011, 2947 (2948 f.); *Halfmeier* ZIP 2011, 1900 (1902).
109 Vorwerk/Wolf/*Lange* § 12 Rn. 4.
110 Die Evaluation des KapMuG hat ergeben, dass die Bereitschaft der Beteiligten zur Wahrnehmung ihrer Rechte die Qualität des Musterverfahrens entscheidend verbessert und vor diesem Hintergrund die Eignung des Musterklägers von besonderer Bedeutung ist. GesE, BT-Drucks. 17/8799, 21.
111 Zu den gleichwohl bestehenden Unterschieden Vorwerk/Wolf/*Lange* § 12 Rn. 3 ff.
112 Heidel/*Gängel/Huth/Gansel* § 12 KapMuG Rn. 9.
113 Heidel/*Gängel/Huth/Gansel* § 12 KapMuG Rn. 9.

griffs- oder Verteidigungsmittel von dem Musterkläger schuldhaft nicht geltend gemacht wurden (§ 22 Abs. 3 KapMuG).

c) Bindungswirkung des Musterentscheids

Der Musterentscheid **bindet** die Prozessgerichte in allen ausgesetzten Verfahren, deren Entscheidung von den gestellten Vorlagefragen abhängt (§ 22 Abs. 1 S. 1 KapMuG). Er ist der Rechtskraft fähig (§ 22 Abs. 2 KapMuG). Insoweit entfaltet er direkte Bindungswirkung für alle Beteiligten. Er wirkt auch für und gegen den Musterkläger und die Beigeladenen, die ihre Klage im Ausgangsverfahren zurückgenommen haben (§ 22 Abs. 1 S. 2 und 3 KapMuG). An dieser Stelle wird noch einmal die Tragweite der obligatorischen Einbeziehung gleichgerichteter Individualverfahren in den Musterprozess deutlich. Allerdings können die Beigeladen die Bindungswirkung mit dem Einwand der mangelhaften Prozessführung der Hauptpartei (§ 22 Abs. 3 KapMuG) durchbrechen.[114]

D. Streitigkeiten bei Verletzung übernahmerechtlicher Pflichten

Öffentliche Angebote, die auf den Erwerb von durch eine Zielgesellschaft ausgegebenen und zum Handel an einem organisierten Markt zugelassenen Wertpapieren gerichtet sind, unterliegen besonderen durch das WpÜG vorgegebenen Verfahrensanforderungen (§ 1 Abs. 1 WpÜG). An übernahmerechtlichen Verfahren beteiligt sind regelmäßig der Bieter, die Zielgesellschaft, deren Anteilseigner sowie die BaFin als Aufsichtsbehörde über die jeweiligen Verfahrensabschnitte. Entsprechend seinem Regelungsziel, die Rechte der Anteilseigner durch ein geordnetes Angebotsverfahren zu schützen, begründet das WpÜG allein Pflichten auf Seiten des Bieters und der Zielgesellschaft. Übernahmerechtliche Streitigkeiten ergeben sich daher insbesondere, wenn der Bieter (hierzu unter Rdn. 49 ff.) oder die Zielgesellschaft (hierzu unter Rdn. 57 ff.) ihre gesetzlichen Pflichten zum Schutz der Aktionäre der Zielgesellschaft verletzen.

I. Streitigkeiten im Zusammenhang mit ausgewählten Bieterpflichten

Das Verfahren zur Abgabe von öffentlichen Erwerbsangeboten ist zum Schutz der Aktionäre der Zielgesellschaft eng geregelt. Die Verletzung der dem Bieter in diesem Rahmen auferlegten Pflichten ist häufig Gegenstand nicht nur zivilrechtlicher, sondern auch verwaltungsrechtlicher Streitigkeiten. Sehr häufig entstehen **übernahmerechtliche Streitigkeiten** im Zusammenhang mit der Pflicht zur Abgabe eines Pflichtangebots im Fall des Kontrollerwerbs über eine Zielgesellschaft (§§ 35 Abs. 1 und 2, 29 Abs. 2 WpÜG). Zentral ist hierbei zunächst die Frage, ob ein Kontrollerwerb etwa aufgrund einer Zurechnung von Stimmrechten überhaupt vorliegt (hierzu unter Rdn. 50 ff.). Eine typische übernahmerechtliche Streitigkeit betrifft weiter die Frage, inwiefern Aktionäre der Zielgesellschaft gegen sie belastende verwaltungsrechtliche Entscheidungen der BaFin – etwa die Befreiung des Bieters von der Angebotspflicht – einschreiten können (hierzu unter Rdn. 53 f.). Zuletzt ist auf die Rechtsfolgen der Nichtbeachtung der Angebotspflicht – insbesondere den Verlust des Stimmrechts an den durch den Bieter gehaltenen Aktien – sowie daraus entstehende Anfechtungsrisiken für Hauptversammlungsbeschlüsse hinzuweisen (hierzu unter Rdn. 55 f.).

1. Vorliegen eines Kontrollerwerbs – insbesondere Zurechnung aufgrund eines abgestimmten Verhaltens (§ 30 Abs. 2 WpÜG)

Auslöser für die Pflicht zur Abgabe eines Pflichtangebots ist das Erreichen der Kontrollschwelle von mindestens 30 % der Stimmrechte an der Zielgesellschaft. Dabei werden nicht nur die eigenen Stimmen des Erwerbers bei der Berechnung des Stimmrechtsanteils berücksichtigt, sondern zusätzlich Stimmrechte Dritter einbezogen, sofern sie dem Erwerber nach bestimmten, gesetzlich definierten Tatbeständen zugerechnet werden können (§ 30 Abs. 1 und 2 WpÜG). Insbesondere die **Zurechnung** aufgrund eines abgestimmten Verhaltens (*acting in concert*) war Gegenstand mehrfacher ge-

---

114 Siehe oben Rdn. 46.

richtlicher Entscheidungen.[115] die zu einer näheren Konkretisierung durch den Gesetzgeber führten.[116]

51 Die Zurechnung der Stimmrechte des Dritten setzt voraus, dass der Bieter sein Verhalten in Bezug auf die Zielgesellschaft mit dem Dritten auf Grund einer Vereinbarung oder in sonstiger Weise abstimmt, ausgenommen sind Vereinbarungen in Einzelfällen (§ 30 Abs. 2 S. 1 WpÜG). Ein abgestimmtes Verhalten liegt vor, wenn der Bieter oder sein Tochterunternehmen und der Dritte sich über die Ausübung von Stimmrechten verständigen oder mit dem Ziel einer dauerhaften und erheblichen Änderung der unternehmerischen Ausrichtung der Zielgesellschaft in sonstiger Weise zusammenwirken (§ 30 Abs. 2 S. 2 WpÜG). Feststeht damit, dass nicht mehr nur die Stimmrechtskoordination auf Hauptversammlungen, sondern auch die Abstimmung von Aktionären außerhalb der Hauptversammlung ein abgestimmtes Verhalten darstellen kann.[117]

52 Im Hinblick auf die Verpflichtungen, die eine Zurechnung nach sich zieht, kommt der **Einzelfallausnahme** besondere Bedeutung zu.[118] Umstritten ist, ob sich das Vorliegen eines Einzelfalles formal auf die Häufigkeit des Abstimmungsverhaltens bezieht.[119] oder ob materiell danach zu entscheiden ist, ob mit der Abstimmung weitreichende unternehmerische Pläne umgesetzt werden sollen.[120] Da nach den Gesetzesmaterialieneine Zurechnung nur dort erfolgen soll, wo im Rahmen einer längerfristigen Strategie die gemeinsame Verfolgung unternehmerischer Ziele angestrebt wird,[121] ist der formellen Auslegung zuzustimmen, zumal bereits der Wortlaut auf das Handeln des Bieters und nicht dessen Auswirkungen abstellt.[122] Hinzukommt, dass angesichts der gravierenden Rechtsfolgen im Fall des Verstoßes gegen die Bieterpflichten die materielle, eher schwer abgrenzbare Auslegung unverhältnismäßig erscheint.

2. Befreiung von der Pflicht zur Abgabe eines Angebots (§ 37 WpÜG) und verwaltungsrechtlicher Drittrechtsschutz

53 Trotz des formalen Kontrollerwerbs kann die Pflicht zur Abgabe eines Pflichtangebots entfallen, wenn aufgrund gesetzlicher Ausnahmetatbestände bestimmte Stimmrechte des Bieters unberücksichtigt bleiben dürfen (§ 36 WpÜG) oder die BaFin auf Antrag des Bieters diesem eine **Befreiung** von der Angebotspflicht erteilt (§ 37 Abs. 1 WpÜG). Die Befreiungstatbestände werden durch die aufgrund § 37 Abs. 2 WpÜG erlassenen WpÜG-AngebotsVO konkretisiert (§ 9 WpÜG-AngebotsVO). Von praktischer Bedeutung sind insbesondere die Befreiung im Zusammenhang mit der Sanierung der Zielgesellschaft (§ 9 S. 1 Nr. 3 WpÜG-AngebotsVO)[123] sowie die Befreiung aufgrund des nur vorübergehenden Überschreitens der Kontrollschwelle (§ 37 Abs. 1 3. Alt. WpÜG i. V. m. § 9 S. 1 Nr. 6 WpÜG-AngebotsVO).[124] Der Erlass der Befreiung steht im Ermessen der BaFin.

54 Gegen die **Ablehnung** des Befreiungsantrags durch die BaFin kann der Bieter Widerspruch (§ 41 WpÜG) einlegen. Weist die BaFin auch den Widerspruch zurück, hat der Bieter die Möglichkeit, Beschwerde vor dem OLG Frankfurt zu erheben (§ 48 Abs. 4 WpÜG). In diesem Fall handelt es sich trotz der ordentlichen Gerichtszuständigkeit um eine verwaltungsrechtliche Streitigkeit. Recht-

---

115 BGH NZG 2006, 945 – WMF.
116 Gesetz zur Begrenzung der mit Finanzinvestitionen verbundenen Risiken (Risikobegrenzungsgesetz) v. 12.8.2008, (BGBl. I S. 1666).
117 KöKo WpÜG/*von Bülow* § 30 Rn. 228.
118 *Kocher* Konzern 2010, 162 m. w. N. zum umfangreichen Schrifttum.
119 So insbesondere die obergerichtliche Rechtsprechung OLG Stuttgart ZIP 2004, 2232 (2236 f.); OLG Frankfurt ZIP 2004, 1309 (1314); tendenziell auch der BGH, wenn auch zurückhaltender NZG 2006, 945 (947) – WMF.
120 AG 2005, 482 (483 f.); *Hoppe/Michel* BaFinJournal 04/10, 3 ff.
121 Bericht des Finanzausschusses (7. Ausschuss), BT-Drucks. 16/9821, S. 12.
122 So auch KöKo WpÜG/*von Bülow* § 30 Rn. 236.
123 Hierzu Hölters/*Bouchon/Müller-Michaels* Hdb. Unternehmenskauf Teil XI Rn. 126 ff.
124 Hierzu Müko AktG/*Schlitt/Ries* § 37 WpÜG Rn. 42 ff.

D. Streitigkeiten bei Verletzung übernahmerechtlicher Pflichten   § 13

lich umstritten ist, ob einzelnen Aktionären Rechtsmittel gegen die Erteilung der Befreiung durch die BaFin zustehen. Praktisch relevant ist dies vor dem Hintergrund, dass die Befreiung den Aktionären die Möglichkeit abschneidet, ihre Aktien in ein Pflichtangebot des Kontrollerwerbers einzuliefern und von den für Pflichtangebote geltenden Mindestpreisregeln (§ 31 Abs. 1 WpÜG, §§ 3 ff. WpÜG-AngebotsVO) zu profitieren. Die Rechtsprechung verneinte indes die Möglichkeit verwaltungsgerichtlichen Rechtsschutzes der Aktionäre mit der Begründung, dass die Regelungen des WpÜG keine subjektiv öffentlichen Rechte vermittelten und ihnen damit kein Drittschutz zukäme.[125] So handele die BaFin allein im öffentlichen Interesse (§ 4 Abs. 2 WpÜG).[126] Gegen diese Auffassung spricht indessen der Wortlaut des § 37 Abs. 1 WpÜG, der die BaFin bei der Ausübung ihres Ermessens ausdrücklich auch zur Berücksichtigung der Interessen der Aktionäre verpflichtet.[127]

3. Rechtsverlust bei Unterlassen der Veröffentlichung des Kontrollerwerbs und der Abgabe eines Pflichtangebots (§ 35 Abs. 1 und 2 WpÜG, § 59 WpÜG)

Weitere Streitigkeiten ergeben sich aus den weitreichenden Rechtsfolgen bei Nichtbefolgung der Veröffentlichungs- und Angebotserstellungspflicht. Neben der Pflicht zur Verzinsung der geschuldeten Gegenleistung für die Zeit der pflichtwidrigen Unterlassung (§ 38 WpÜG) und der ordnungswidrigkeitsrechtlichen Sanktion (§ 60 Abs. 1 Nr. 1a, Nr. 2a und b, Nr. 3, Nr. 4 und Nr. 5 WpÜG) **verliert** der Kontrollerwerber seine **Rechte aus den gehaltenen Aktien** (§ 59 S. 1 WpÜG). Insoweit gleicht die Rechtsfolge derjenigen des bereits oben beschrieben Rechtsverlusts bei Nichterfüllung der Beteiligungspublizität (§ 28 S. 1 WpHG). Es entstehen insbesondere die gleichen Risiken für die Anfechtbarkeit von Hauptversammlungsbeschlüssen, wenn Aktionäre in der Hauptversammlung trotz des Rechtsverlusts abstimmen. Auf die obigen Ausführungen[128] kann insoweit verwiesen werden. 55

Der Rechtsverlust tritt ein, sobald der Kontrollerwerber seinen Pflichten zur Veröffentlichung der Kontrollerlangung und zur Abgabe des Angebots schuldhaft nicht nachgekommen ist. Er dauert solange an, wie die gebotenen Handlungen nicht vorgenommen werden.[129] Der Rechtsverlust bleibt auch dann bestehen, wenn der Kontrollerwerber nach der Unterlassung die 30%-Schwelle der Stimmrechte wieder unterschritten hat, sofern das Versäumte nicht nachgeholt wurde.[130] 56

II. Streitigkeiten bei Nichteinhaltung von Verhaltenspflichten der Zielgesellschaft

In der Übernahmesituation unterliegen die Organe der Zielgesellschaft typischerweise einem Interessenskonflikt. Rechtlich stellt sich die Frage der Zulässigkeit von das Übernahmeangebot möglicherweise beeinträchtigenden Maßnahmen des Vorstands. Die Rechtsprechung hatte bisher nur in einem Fall zu entscheiden, ob eine **Abwehrmaßnahme** des Vorstands als unzulässig zu beurteilen war.[131] Die noch vor Inkrafttreten des WpÜG ergehende Entscheidung beschäftigte sich mit der Frage, ob durch den Vorstand ergriffene Abwehrmaßnahmen aufgrund einer notwendigen Kompetenzverlagerung auf die Hauptversammlung einen Unterlassungsanspruch der Aktionäre begründeten. 57

Das WpÜG regelt die **Verhaltenspflichten** des Vorstands nunmehr ausdrücklich für die Phase nach der Veröffentlichung der Angebotsentscheidung (§ 10 Abs. 1 WpÜG) bis zur Veröffentlichung des Angebotsergebnisses (§ 23 Abs. 1 S. 1 Nr. 2 bzw. Nr. 3 WpÜG). Für diesen Zeitraum sind dem Vor- 58

---

125 OLG Frankfurt a. M., ZIP 2003, 1297 – ProSiebenSat. 1 Media; OLG Frankfurt, AG 2012, 335 ff.
126 OLG Frankfurt a. M., ZIP 2003, 1297 (1299) – ProSiebenSat. 1 Media; Heidel/*Bert* § 4 WpÜG Rn 4 f.
127 Insoweit für eine drittschützende Wirkung plädieren *Cahn* ZHR 167 (2003), 262 (293); *Ihrig* ZHR 167 (2003), 315 (344); tendenziell auch Marsch-Barner/Schäfer/*Drinkuth* § 60 Rn. 356 ff. Zu weiteren relevanten Drittschutzkonstellationen in Übernahmeverfahren *Pohlmann* ZGR 2007, 1 ff.
128 Siehe unter B. III.
129 Müko AktG/*Schlitt/Ries* § 59 WpÜG Rn. 41.
130 OLG Frankfurt a. M. NZG 2007, 553.
131 LG Düsseldorf, AG 2000, 233 – Vodafone/Mannesmann; OLG Düsseldorf, AG 2001, 267 als Beschwerdegericht im gleichen Fall.

stand grundsätzlich alle Handlungen, die eine Übernahme verhindern können, verboten (§ 33 Abs. 1 S. 1). Ausnahmen bestehen insbesondere für Geschäftsführungsmaßnahmen des Vorstands, denen der Aufsichtsrat zugestimmt hat (§ 33 Abs. 1 S. 3. Alt. WpÜG) oder Maßnahmen, die der Vorstand aufgrund eines nach der Veröffentlichung der Angebotsentscheidung des Bieters ergehenden Ermächtigungsbeschlusses der Hauptversammlung trifft (§ 33 Abs. 2 WpÜG).

59 Die in der Praxis relevanteste Fallgruppe zur Verhinderung eines Übernahmeangebots ist das Ausnutzen genehmigten Kapitals unter Ausschluss des Bezugsrechts der Aktionäre durch den Vorstand. Verschiedene Aspekte sind hier umstritten. Insbesondere stellt sich die Frage, ob der Vorstand eine bestehende generell formulierte Ermächtigung der Hauptversammlung ausnutzen kann, die nicht ausdrücklich vorsieht, dass der Bezugsrechtsausschluss zur Abwehr eines Übernahmeangebots erfolgen kann oder ob es hierfür eines besonderen Ermächtigungsbeschlusses der Hauptversammlung nach § 33 Abs. 2 WpÜG bedarf[132]. Richtiger Ansicht nach soll ein übernahmerechtlicher Ermächtigungsbeschluss der Hauptversammlung dem Vorstand nur eine zusätzliche Handlungsmöglichkeit einräumen. Die Befugnis, bereits vorhandene Ermächtigungen mit Zustimmung des Aufsichtsrats auszunutzen, soll hiervon gerade nicht berührt werden.[133]

E. Sicherung mitgliedschaftlicher Aktionärspositionen im Wege der einstweiligen Verfügung

60 Weitere **Streitigkeiten** ergeben sich bei börsennotierten Aktiengesellschaften, wenn einzelne Aktionäre sich durch Geschäftsführungsmaßnahmen oder Hauptversammlungsbeschlüsse in ihren **mitgliedschaftlichen Rechtspositionen** verletzt sehen.

Denkbare Fallkonstellationen sind die bereits angesprochenen unzulässigen Abwehrmaßnahmen des Vorstands gegen öffentliche Übernahmeangebote, durch die Aktionäre an einer möglicherweise wirtschaftlich vorteilhaften Veräußerung ihrer Aktien gehindert werden. Auch außerhalb von Übernahmesituationen können Aktionäre ihre Rechte durch Kapitalerhöhungen beeinträchtigt sehen, insbesondere im Fall des Ausschlusses ihres Bezugsrechts. Eine weitere themenverwandte Fallgruppe stellt der Börsengang von Tochtergesellschaften dar. Auf der Ebene der Muttergesellschaft sehen Aktionäre ihre Rechte möglicherweise verletzt, wenn die Verwaltung der Muttergesellschaft den Börsengang ihrer Tochtergesellschaft ohne die Zustimmung der Hauptversammlung der Muttergesellschaft beschließt und den Aktionären kein Vorerwerbsrecht auf die durch eine den Börsengang begleitende Kapitalerhöhung geschaffenen neuen Aktien der Tochtergesellschaft einräumt.[134] In all diesen Fällen besteht aus Sicht der Aktionäre die Gefahr, dass sich die eingetretene Rechtsverletzung gegebenenfalls **nicht mehr vollständig rückgängig** machen lässt, sodass sich die Streitigkeit typischerweise auf die Ebene des vorläufigen Rechtsschutzes verlagert. Aktionäre versuchen dann, ihre Rechte im Wege der **einstweiligen Verfügung** (§§ 935, 940 ZPO) durchzusetzen.

Im Folgenden sollen die Tatbestandsvoraussetzungen und Rechtsfolgen der einstweiligen Verfügung daher näher erläutert werden; der Darstellung wird der praktisch relevante Fall einer gegen den Beschluss des Vorstands über die Ausübung eines genehmigten Kapitals gerichteten einstweiligen Verfügung zugrunde gelegt (dazu unter Rdn. 61 ff.).[135] Abschließend wird auf ausgewählte Verfahrensfragen eingegangen (dazu unter Rdn. 65 ff.).

---

132 Für eine Ausnutzungsbefugnis Heidel/*Glade* § 33 WpÜG Rn. 16; Müko AktG/*Schlitt/Ries* § 33 WpÜG Rn. 140; für die Erforderlichkeit eines Beschlusses nach § 33 Abs. 2 WpÜG *Bayer* ZGR 2002, 588, 612 ff.; KöKo WpÜG/*Hirte* § 33 Rn. 92.

133 Dies entspricht gerade der gesetzgeberischen Absicht, den Kompetenzspielraum des Vorstands durch die zusätzlichen Handlungsoptionen des § 33 Abs. 1 S. 2 WpÜG zu erweitern. Begr. Beschluss Finanzausschuss BT-Drucks. 14/7477, S. 50.

134 Hierzu Habersack/Mülbert/Schlitt/*Singhof/Weber* Unternehmensfinanzierung § 4 Rn. 72.

135 Zum Themenkomplex der einstweiligen Verfügung gegen die Eintragung von Hauptversammlungsbeschlüssen vergleiche § 8 Rdn. 340 ff.

E. Sicherung mitgliedschaftlicher Aktionärspositionen im Wege der einstweiligen Verfügung § 13

I. Tatbestandsvoraussetzungen und Rechtsfolgen der einstweiligen Verfügung gegen die genehmigte Kapitalerhöhung

1. Verfügungsanspruch

Bei Kapitalerhöhungen aus genehmigtem Kapital ist ein **Verfügungsanspruch** (§ 920 ZPO i. V. m. 61 § 936 ZPO) zu bejahen, wenn sich der antragstellende Aktionär materiell auf einen Unterlassungsanspruch aufgrund der Verletzung seiner mitgliedschaftlichen Rechte berufen kann. Dies ist etwa der Fall, wenn der Vorstand bei der Ausübung des genehmigten Kapitals die zeitlichen, betragsmäßigen oder inhaltlichen Grenzen der Hauptversammlungsermächtigung überschreitet.[136] Weiter ist eine Verletzung der mitgliedschaftlichen Rechte anzunehmen, wenn der Vorstand das Bezugsrecht der Aktionäre ausschließt, ohne dass dieser Ausschluss hinreichend sachlich gerechtfertigt ist[137] oder ohne dass die gesetzlichen Voraussetzungen des § 255 Abs. 2 AktG oder des § 186 Abs. 3 S. 4 AktG gewahrt sind.[138] Gerade der bei börsennotierten Aktiengesellschaften zulässige vereinfachte Bezugsrechtsausschluss hält viele noch nicht abschließend geklärte rechtliche Fragen bereit.[139]

2. Verfügungsgrund

Der **Verfügungsgrund** ist im Falle von Kapitalerhöhungen regelmäßig gegeben, da diese nach Aus- 62 gabe der Aktien ohne die Mitwirkung der neuen Anteilsinhaber nur noch schwerlich rückabzuwickeln sind.[140] Dies gilt insbesondere, wenn die Aktien nach der Handelsregistereintragung – ohne durch eine gesonderte Wertpapierkennziffer separiert zu sein – zum Börsenhandel zugelassen sind.[141]

3. Interessenabwägung

Bei der im einstweiligen Verfügungsverfahren gebotenen **Interessenabwägung** zwischen den Interes- 63 sen der Parteien an dem Erlass oder der Versagung der beantragten Maßnahme[142] hat das Gericht auch die Marktgegebenheiten zu berücksichtigen. Ist die Gesellschaft etwa aufgrund der einstweiligen Verfügung gezwungen, eine Kapitalmaßnahme zu einem späteren Zeitpunkt bei deutlich schlechterem Börsenklima durchzuführen, kann eine Platzierung von Aktien unter Umständen wirtschaftlich ungünstig oder unmöglich werden. Bei Drohen solcher irreparabler Eingriffe in die Sphäre der Gesellschaft sind entsprechend höhere Anforderungen an die Prüfung des Verfügungsanspruchs zu stellen.[143]

4. Inhalt der einstweiligen Verfügung

Vor Eintragung der Kapitalerhöhung in das Handelsregister kann eine einstweilige Verfügung mit 64 dem Inhalt ergehen, das Eintragungsverfahren nicht weiter fortzusetzen.[144] Nach der Eintragung kann zumindest noch die weitere Durchführung, insbesondere die Ausgabe der neuen Aktien untersagt werden.[145]

---

136 *Busch* NZG 2006, 81 (83); Großkomm AktG/*Hirte* § 203 AktG Rn. 130.
137 BGHZ 136, 133 (140 f.) – Siemens/Nold.
138 *Busch* NZG 2006, 81 (83 f.); *Schlitt/Seiler* ZHR 166 (2002), 544 (559).
139 *Busch* NZG 2006, 81 (83 f.); *Ihrig*, Liber Amicorum Happ, 2006, 109 ff.; *Schlitt/Schäfer* AG 2005, 67 ff.; *Seibt* CFL 2011, 74 ff.
140 Großkomm AktG/*Hirte* § 203 Rn. 128; *Schlitt/Seiler* ZHR 166 (2002), 544 (563); zur Bestandskraft der Kapitalerhöhung nach Registereintragung *Busch* NZG 2006, 81 (86 f.).
141 *Schlitt/Seiler* ZHR 166 (2002), 544 (549).
142 *Singhof* WuB II. A. § 203 AktG 1.01, 175 (179).
143 *Schlitt/Seiler* ZHR 166 (2002), 544 (570).
144 GroßKomm AktG/*Hirte* § 203 Rn. 131.
145 *Schlitt/Seiler* ZHR 166 (2002), 544 (576).

II. Verfahrensfragen

65 Für die einstweilige Verfügung ist das **Gericht** der bereits anhängigen Hauptsache zuständig, anderenfalls das in der Hauptsache zuständige Gericht. Im Allgemeinen ist dies das Landgericht des Gesellschaftssitzes und dort die Kammer für Handelssachen (§ 95 Abs. 1 Ziff. 4a GVG).[146] Antragsgegner ist die Gesellschaft.[147]

66 Der **Streitwert** bestimmt sich nach überwiegender Ansicht analog § 247 Abs. 1 AktG unter Berücksichtigung der Umstände des Einzelfalls, insbesondere der Bedeutung der Sache für die Parteien.[148] Da die Bedeutung der Sache für die Gesellschaft regelmäßig höher zu bewerten ist als für den antragstellenden Aktionär, wirkt die von § 247 Abs. 1 S. 2 AktG festgelegte Höchstsumme von 500.000 Euro insoweit regelmäßig streitwertbegrenzend.

67 Bei der Beantragung der einstweiligen Verfügung haben Aktionäre das Risiko der **Schadensersatzpflicht** nach § 945 ZPO einzukalkulieren.[149] Diese droht, wenn sich die Verfügung als von Anfang an ungerechtfertigt erweist, ohne dass es auf ein Verschulden des Antragstellers ankäme.

68 Der Gefahr, dass Kapitalmaßnahmen durch einstweilige Verfügungen verzögert oder aufgehalten werden, kann die Gesellschaft durch das Einlegen von **Schutzschriften** bei den Gerichten begegnen, die für den erwarteten Antrag auf Erlass der einstweiligen Verfügung zuständig sind.[150] Diese Gefahr besteht insbesondere bei Bezugsrechtsemissionen, bei denen die Aktionäre die zwingende zweiwöchige Bezugsfrist (§ 186 Abs. 1 S. 2 AktG) für die Antragstellung ausschöpfen können.[151]

---

146 Die Zuständigkeitsregel des § 246 Abs. 3 S. 2 AktG i. V. m. § 95 Abs. 2 GVG gilt insoweit direkt nur für Anfechtungsklagen und analog für positive Beschlussfeststellungsklagen, MüKo AktG/*Hüffer* § 246 Rn. 69, 88.
147 Für die zugrundeliegende Unterlassungsklage gegen die Ausnutzung genehmigten Kapitals in der Hauptsache, Hüffer/*Koch* § 203 Rn. 39.
148 OLG Düsseldorf DB 2000, 2210 (2211) (für den Fall, dass ein Aktionär im Wege der einstweiligen Verfügung gegen Abwehrmaßnahmen des Vorstands gegen ein Übernahmeangebot vorgeht); Großkomm AktG/*Hirte* § 202 Rn. 132; (für die zugrundeliegende Unterlassungsklage gegen die Ausnutzung genehmigten Kapitals in der Hauptsache); Hüffer/*Koch* § 203 Rn. 39.
149 MüKo AktG/*Hüffer* § 243 Rn. 155; Schlitt/*Seiler* ZHR 166 (2002), 544 (579 ff.).
150 Zur Schutzschrift in diesem Fall Schlitt/*Seiler* ZHR 166 (2002), 544 (581 ff.).
151 *Seibt/Voigt* AG 2009, 133 (142).

Abschnitt 2 Streitigkeiten in der GmbH

§ 14 Allgemeine prozessuale Besonderheiten bei der GmbH

Übersicht

		Rdn.				Rdn.
A.	Partei- und Prozessfähigkeit der GmbH	2			3. Vertretung durch Prozessvertreter	27
I.	Parteifähigkeit	2	B.		Die actio pro socio (Gesellschafterklage)	37
II.	Prozessfähigkeit	3	I.		Anwendungsfälle der actio pro socio	38
	1. Vertretung durch die Geschäftsführer	4	II.		Subsidiarität der actio pro socio	41
	a) Prozesse unter Beteiligung von Geschäftsführern	6	III.		Klageantrag	48
	b) Handlungsmöglichkeiten, wenn die vorhandenen Geschäftsführer keine satzungsgemäße Vertretung gewährleisten können	8	C.		Organstreitigkeiten	49
			D.		Gerichtliche Zuständigkeit	52
			E.		Zustellung	55
			I.		Vertretung durch die Geschäftsführer oder den Aufsichtsrat	56
	aa) Bestellung eines Prozesspflegers	10	II.		Vertretung durch einen Prozessvertreter, Prozesspfleger bzw. Notgeschäftsführer	63
	bb) Bestellung eines Notgeschäftsführers	14	III.		Empfangsberechtigte Person und öffentliche Zustellung	64
	2. Vertretung durch den Aufsichtsrat	18	IV.		Heilung von Zustellungsmängeln	66
	a) Fakultativer Aufsichtsrat	18	F.		Prozesskostenhilfe für die GmbH	68
	b) Obligatorischer Aufsichtsrat	24	G.		Zeugenbeweis	69
	c) Folgen einer unrichtigen Vertretungsbezeichnung durch die Geschäftsführer	26	H.		Zwangsvollstreckung	73

Prozessuale Regelungen zur GmbH finden sich im GmbHG nur vereinzelt. Vielfach erfolgt der Rückgriff auf Regelungen des AktG, die entsprechend angewendet werden, oder auf die allgemeinen Vorschriften der ZPO. Die wesentlichen Besonderheiten bei der Beteiligung einer GmbH an einem Rechtsstreit werden nachfolgend dargestellt. 1

A. Partei- und Prozessfähigkeit der GmbH

I. Parteifähigkeit

Die GmbH wird mit Eintragung in das Handelsregister **rechtsfähig** (§ 13 Abs. 1 GmbHG) und zugleich parteifähig (§ 50 Abs. 1 ZPO).[1] Aber auch schon vor Eintragung in das Handelsregister ist die Gesellschaft als Vor-GmbH parteifähig (näher dazu § 15 Rdn. 13). Die Parteifähigkeit erlischt erst mit Beendigung der Gesellschaft, nicht schon durch Einleitung der Liquidation (näher dazu § 21 Rdn. 1, § 10 Rdn. 1–10). 2

II. Prozessfähigkeit

Wird die Gesellschaft im Rechtsstreit nicht von dem richtigen Organ vertreten, hat dies in aller Regel die Unzulässigkeit der vorgenommenen Prozesshandlung zur Folge, soweit nicht im Einzelfall die Genehmigung der bisherigen Prozessführung durch das eigentlich zuständige Organ möglich ist (zu derartigen Genehmigungsmöglichkeiten Rdn. 26). Von daher ist großes Augenmerk darauf zu legen, wer in der konkreten Konfliktsituation das **zuständige Organ** ist (zu besonderen Vertretungsproblemen während der Gründungsphase vgl. § 15 Rdn. 14, 16–19). 3

---

[1] Dies gilt, solange die Gesellschaft über verwertbares Vermögen verfügt, BGH, Urt. v. 08.10.2013 – II ZR 269/12; BGH NJW-RR 2011, 115 Rn. 12. Näher zu den sich bei Fehlen oder Fortfall des Geschäftsführers ergebenden prozessualen Konsequenzen Rdn. 8–17 unten.

1. Vertretung durch die Geschäftsführer

4 Nach dem in § 35 Abs. 1 S. 1 GmbHG aufgestellten Grundsatz wird die GmbH im Rechtsstreit durch ihre Geschäftsführer vertreten. Für die **Aktivvertretung** gilt dabei der Grundsatz der **Gesamtvertretung**, wonach alle Organmitglieder nur gemeinschaftlich handeln dürfen. Verfügt eine Gesellschaft über mehr als zwei Geschäftsführer, ist die gemeinsame Vertretung durch alle Geschäftsführer unpraktikabel und daher selten. Häufiger sind in diesen Fällen statutarische Regelungen, die Einzelvertretungsbefugnis oder die gemeinschaftliche Vertretungsbefugnis zweier Geschäftsführer (modifizierte Gesamtvertretung) oder die eines Geschäftsführers mit einem Prokuristen (unechte Gesamtvertretung) vorsehen.[2] Werden derartige statutarische Ausnahmeregelungen nicht im Prozess beachtet, kann dies zu einem prozessualen Vertretungsmangel führen.

5 Für den Fall der bloßen Entgegennahme von Willenserklärungen (**Passivvertretung**) statuiert § 35 Abs. 2 S. 2 GmbHG zwingend eine **Einzelvertretungsbefugnis** der Mitglieder der Geschäftsführung. An die GmbH gerichtete Willenserklärungen sowie geschäftsähnliche Handlungen können also stets gegenüber nur einem vertretungsberechtigten Organmitglied abgegeben werden. Eine Mahnung oder Mängelanzeige kann somit unabhängig von den Vertretungsregelungen im Gesellschaftsvertrag wirksam gegenüber nur einem Geschäftsführer erklärt werden (zu Fragen der Zustellung vgl. Rdn. 55–67).[3]

a) Prozesse unter Beteiligung von Geschäftsführern

6 Auch bei Prozessen, an denen ein Geschäftsführer als Partei beteiligt ist, können die übrigen nicht am Prozess beteiligten Geschäftsführer die Vertretung der Gesellschaft übernehmen. § 46 Nr. 8 Alt. 2 GmbHG gewährt der Gesellschafterversammlung in diesen Fällen zwar grundsätzlich das **Recht, einen Prozessvertreter zu bestellen.** Sind aber noch genügend weitere Geschäftsführer vorhanden, die nicht am Prozess beteiligt sind und die zusammen noch eine satzungsgemäße Vertretung gewährleisten, können diese nach Ansicht des BGH und der herrschenden Lehre bis zu einer anderweitigen Entscheidung der Gesellschafterversammlung die Vertretung der Gesellschaft übernehmen.[4] Daran anknüpfend wird diesen weiteren Geschäftsführern aber teilweise die innenrechtliche Verpflichtung auferlegt, einen Beschluss der Gesellschafterversammlung gemäß § 46 Nr. 8 Alt. 2 GmbHG über die Vertretung der Gesellschaft herbeizuführen.[5] Andernfalls liege ein Pflichtenverstoß der handelnden Geschäftsführer vor.

7 Sobald die Gesellschafterversammlung von ihrer Befugnis, einen (anderen) Prozessvertreter zu bestellen, Gebrauch gemacht hat, verlieren die übrigen Geschäftsführer die **Vertretungsmacht** für den Prozess. Solange kein anderweitiger Beschluss gefasst wurde, sind die Geschäftsführer, mit Ausnahme des prozessbeteiligten Geschäftsführers, als Vertreter im Rubrum zu nennen. Prozesstaktisch kann die Bestellung eines Prozessvertreters nach § 46 Nr. 8 Alt. 2 GmbHG im Einzelfall von Vorteil sein, weil dadurch eine Vernehmung der Geschäftsführer als Zeugen ermöglicht wird (näher zur Zeugenvernehmung Rdn. 69–72).

---

2 Vgl. näher hierzu Schwerdtfeger/*Alexander* § 35 GmbHG Rn. 14–17.
3 Lutter/Hommelhoff/*Kleindiek* § 35 Rn. 27 m. w. N.
4 BGH NJW-RR 1992, 993; OLG Brandenburg NJW-RR 1998, 1196 (1197); Scholz/*Schmidt* § 46 Rn. 164; Michalski/*Römermann* § 46 Rn. 522; Schwerdtfeger/*Alexander* § 46 GmbHG Rn. 39; MüKo GmbHG/*Liebscher* § 46 Rn. 288; MAH GmbH/*Terlau/Hürten* § 10 Rn. 178; a. A. Roth/Altmeppen/*Roth* § 46 Rn. 54–55., wonach die Gesellschafterversammlung einen entsprechenden Beschluss zwingend fassen muss.
5 Baumbach/Hueck/*Zöllner* § 46 Rn. 68; Lutter/Hommelhoff/*Bayer* § 46 Rn. 42; *Happ*, GmbH im Prozess, § 2 Rn. 19; a. A. Großkomm GmbHG/*Hüffer/Schürnbrand* § 46 Rn. 124, wonach die Geschäftsführer die Gesellschafterversammlung lediglich über den Vorgang in Kenntnis zu setzen und ihr die Bestellung eines besonderen Vertreters zu ermöglichen haben.

A. Partei- und Prozessfähigkeit der GmbH § 14

b) Handlungsmöglichkeiten, wenn die vorhandenen Geschäftsführer keine satzungsgemäße Vertretung gewährleisten können

Probleme ergeben sich, wenn ein oder mehrere Geschäftsführer vorübergehend oder dauerhaft **an der Prozessführung gehindert** sind und dadurch die satzungsgemäße Vertretung nicht mehr gewährleistet werden kann. Die Gesellschaft wäre in diesen Fällen nicht prozessfähig.[6] Die im Rahmen des MoMiG eingeführte Regelung des § 35 Abs. 1 S. 2 GmbHG, wonach bei Führungslosigkeit jeder einzelne Gesellschafter die Gesellschaft vertritt, trifft lediglich eine Regelung für die Passivvertretung, also für die Entgegennahme von Willenserklärungen (dazu soeben Rdn. 5). Für die Führung von Aktiv- wie Passivprozessen besagt dies jedoch nichts. Die Regelung verhilft dem Kläger lediglich zur Rechtshängigkeit seines Prozesses.[7] 8

Wird gegen eine führungslose GmbH Klage erhoben, ist die Klage **unzulässig**.[8] § 241 Abs. 1 ZPO ist nicht anwendbar.[9] Sofern die GmbH im Laufe des Prozesses führungslos wird, müsste das Verfahren nach § 241 Abs. 1 ZPO unterbrochen werden, falls noch kein Prozessbevollmächtigter gemäß § 246 Abs. 1 ZPO bestellt wurde. Dem Prozessgegner stehen **zwei Möglichkeiten** zur Verfügung, um einer Klageabweisung durch Prozessurteil beziehungsweise – im Falle der nachträglichen Führungslosigkeit – einer weiteren Verzögerung durch Unterbrechung entgegenzuwirken: 9

aa) Bestellung eines Prozesspflegers

Zum einen kann der Kläger einen Antrag dahingehend stellen, dass das Gericht einen Prozesspfleger nach § 57 ZPO bestellt.[10] Analog ist § 57 ZPO anzuwenden, wenn der Verlust der Prozessfähigkeit des Vertreters während des Rechtsstreits eintritt und dadurch eine Verfahrensunterbrechung zu befürchten ist.[11] 10

Ist die Gesellschaft schon bei Klageerhebung führungslos, sollte der Antrag auf Bestellung des Prozesspflegers zweckmäßigerweise bereits mit Einreichung der Klageschrift gestellt werden, um Verfahrensverzögerungen zu vermeiden. Wurde bereits ein Prozesspfleger bestellt, hat dieser im Prozess die Stellung eines gesetzlichen Vertreters.[12] Dies sollte im **Klagerubrum** durch Angabe des Prozesspflegers als Vertreter berücksichtigt werden. Weiterhin ist die Privat- oder Geschäftsadresse des Prozesspflegers im Klagerubrum anzugeben, wenn dieser nicht am Geschäftssitz der GmbH ansässig ist.[13] 11

Tritt die Führungslosigkeit der Gesellschaft erst während des Prozesses ein, empfiehlt sich gleichfalls eine zügige Antragstellung, um die Voraussetzungen für eine schnelle **Wiederaufnahme** des Verfahrens zu schaffen. 12

Trotz Bestellung eines Prozesspflegers bleibt die Gesellschafterversammlung weiterhin berechtigt, **nachträglich** einen Prozessvertreter nach § 46 Nr. 8 Alt. 2 GmbHG oder einen Geschäftsführer zu bestellen. Mit Eintritt einer dieser Personen in den Prozess erlischt die Vertretungsbefugnis des Prozesspflegers.[14] 13

---

6 BFH GmbHR 2013, 167; BGH NJW-RR 2011, 115 Rn. 12.
7 BFH GmbHR 2013, 167; BGH NJW-RR 2011, 115 Rn. 13; ZIP 2007, 144 (145); *Fest* NZG 2011, 130; *K. Schmidt* GmbHR 2011, 113 (114).
8 BGH NJW-RR 2011, 115 Rn. 12; NJW 1993, 1654; OLG Karlsruhe, Urt. v. 31.7.2013 – 7 U 184/12 Rn. 10; MAH GmbH/*Römermann* § 25 Rn. 2.
9 Saenger/*Wöstmann* § 241 Rn. 1.
10 BGH NJW-RR 2011, 115 Rn. 14; Scholz/*Schmidt* § 46 Rn. 175; Michalski/*Römermann* § 46 Rn. 476.
11 BAG NJW 2008, 603 (604); OLG München ZInsO 2006, 882; OLG Stuttgart MDR 1996, 198; MüKo ZPO/*Lindacher* § 57 Rn. 8; Zöller/*Vollkommer* § 57 Rn. 3. Gegen eine analoge Anwendung: OLG Karlsruhe v. 31.07.2013 – 7 U 184/12; Baumbach/Lauterbach/Albers/*Hartmann* § 57 Rn. 4.
12 Baumbach/Lauterbach/Albers/*Hartmann* § 57 Rn. 11; Zöller/*Vollkommer* § 57 Rn. 9.
13 *Bergwitz* GmbHR 2008, 226 (228).
14 Scholz/*Schmidt* § 46 Rn. 166; *Happ*, GmbH im Prozess, § 2 Rn. 51.

bb) Bestellung eines Notgeschäftsführers

14 Die Bestellung eines Notgeschäftsführers gemäß **§ 29 BGB analog** kommt im Aktiv- wie auch im Passivprozess in Betracht.[15] Im Passivprozess wird allerdings regelmäßig die Bestellung eines Prozesspflegers gemäß § 57 ZPO vorzuziehen sein, da dies einen milderen Eingriff in die Rechte der Gesellschafter darstellt und zudem geringeren Voraussetzungen unterliegt.[16]

15 Die Bestellung erfolgt auf Antrag eines **Beteiligten** an das Amtsgericht am Sitz der Gesellschaft, wobei Beteiligter jede Person ist, die ein schutzwürdiges Interesse an der Bestellung hat. Dies können auch Dritte, wie z. B. Gesellschaftsgläubiger, die andererseits einen Nachteil erleiden würden, sein.[17] Im Antrag sind die Voraussetzungen des § 29 BGB glaubhaft zu machen. Das Verfahren der Bestellung richtet sich nach §§ 1–110 FamFG.[18]

16 Nimmt der Notgeschäftsführer das Amt an, ist dieser **organschaftlicher Vertreter** der GmbH gleich einem GmbH-Geschäftsführer und in seiner Vertretungsbefugnis nicht nur auf den konkreten Prozess beschränkt.[19] Im Rubrum der Klage ist die Vertretung durch den Notgeschäftsführer nebst seiner Privatadresse/Geschäftsanschrift anzugeben.[20]

17 Die Vertretungsbefugnis des Notgeschäftsführers **endet**, sobald der Grund für seine Bestellung weggefallen ist. Dies ist insbesondere dann der Fall, wenn die Gesellschafterversammlung einen Prozessvertreter oder Geschäftsführer in vertretungsberechtigter Zahl bestellt.[21] Eines formellen Widerrufs seitens des Gerichts bedarf es dann nicht mehr.

2. Vertretung durch den Aufsichtsrat

a) Fakultativer Aufsichtsrat

18 Verfügt die Gesellschaft über einen fakultativen Aufsichtsrat, geht die Vertretungsmacht bei Prozessen gegen die Geschäftsführer gemäß **§ 52 Abs. 1 GmbHG i. V. m. § 112 AktG** auf diesen über, soweit statutarisch nicht etwas anderes bestimmt wurde.[22] Dies gilt auch für Prozesse gegenüber ehemaligen Geschäftsführern.[23]

19 Der Anwendungsbereich des § 52 Abs. 1 GmbHG i. V. m. § 112 AktG ist allerdings eher begrenzt. Dies ist darauf zurückzuführen, dass § 52 Abs. 1 GmbHG nicht auf § 84 AktG verweist. Die **Personalkompetenz** müsste dem Aufsichtsrat mithin durch Gesellschaftsvertrag ausdrücklich eingeräumt werden. Ist dies unterblieben, so verbleiben die Bestellung der Geschäftsführer, deren Entlastung und Abberufung sowie – was im Einzelnen umstritten ist – Gegenstände, die als Annexkompetenzen hierzu anzusehen sind, in der Zuständigkeit der Gesellschafterversammlung (§ 46 Nr. 5 GmbHG)[24], so dass insoweit kein Raum für die Vertretung durch den fakultativen Aufsichtsrat ist.

---

15 BGH NJW-RR 2011, 115 (116); OLG Frankfurt a. M. NZG 2014, 391; Michalski/*Römermann* § 46 Rn. 477.
16 OLG München NZG 2008, 160; OLG Zweibrücken GmbHR 2007, 544; Scholz/*Schmidt* § 46 Rn. 166, 175; *Mock/Streppel* Rn. 74.
17 MüKo BGB/*Reuter* § 29 Rn. 13; *Happ*, GmbH im Prozess, § 2 Rn. 53.
18 Vgl. zu den Voraussetzungen und dem Verfahren des § 29 BGB OLG Frankfurt a. M. NZG 2014, 391; OLG München BB 2007, 2311; Schwerdtfeger/*S. Eberl/W. Eberl* Kap. 5 Rn. 299–302; Palandt/*Ellenberger* § 29 Rn. 2–5.
19 Staudinger/*Weick* § 29 Rn. 10. Eine Verpflichtung zur Annahme des Amtes besteht jedoch nicht: KG NJW-RR 2001, 900.
20 *Bergwitz* GmbHR 2008, 226 (230).
21 *Happ*, GmbH im Prozess, § 2 Rn. 62.
22 BGH NJW-RR 2004, 330 (331).
23 BGH NJW-RR 2004, 330 (331); NJW 1989, 2055 (2056); OLG München DStR 2003, 1719.
24 GroßkommGmbHG/*Heermann* § 52 Rn. 104; Lutter/Hommelhoff/*Lutter* § 52 Rn. 77; Michalski/*Giedinghagen* § 52 Rn. 277.

A. Partei- und Prozessfähigkeit der GmbH § 14

Problematisch ist die **Vertretung im Prozess**. Der Aufsichtsrat ist gemäß § 52 Abs. 1 GmbHG i. V. m. § 112 AktG jedenfalls dann vertretungsberechtigt, wenn der Streitgegenstand nicht die Funktion des Geschäftsführers betrifft (z. B. Streitigkeiten im Zusammenhang mit der Gewährung eines privaten Darlehens an einen Geschäftsführer).[25] Dies ist unstreitig. Soweit der Prozess allerdings mit der Personalkompetenz in Zusammenhang steht, ist die Vertretungsbefugnis des Aufsichtsrats umstritten. Nach der Rechtsprechung und Teilen der Literatur soll der fakultative Aufsichtsrat auch insoweit für die Vertretung der Gesellschaft zuständig sein.[26] Nach wohl herrschender Auffassung in der Literatur hat der fakultative Aufsichtsrat nur dann Vertretungsmacht, wenn ihm in der Satzung die Personalkompetenz eingeräumt wurde.[27] Die Vertretung durch den Aufsichtsrat im Prozess ist bei der GmbH mithin mit zusätzlichen Schwierigkeiten behaftet und sollte gründlich geprüft werden; der weite Wortlaut des § 112 AktG verleitet schnell zu Fehlannahmen. 19a

Dies gilt umso mehr, als nach Ansicht der Rechtsprechung und eines großen Teils der Literatur die Gesellschafterversammlung trotz vorhandenen fakultativen Aufsichtsrates nach § 46 Nr. 8 Alt. 2 GmbHG tätig werden und die prozessuale Vertretung auf einen eigenen Vertreter übertragen kann (vgl. Rdn. 6, 28). 20

Besteht nach alledem dennoch eine Vertretungsbefugnis des Aufsichtsrates, so vertreten alle Aufsichtsratsmitglieder gemeinschaftlich, denn die Vertretungsbefugnis steht dem Aufsichtsrat in seiner Gesamtheit zu (**Gesamtvertretungsbefugnis**). Ein etwaiger Organbeschluss, wonach einzelne Mitglieder – gegebenenfalls auch ein Dritter – zur Vertretung ermächtigt werden, hat lediglich innenrechtliche Wirkungen. Auch in diesen Fällen bleibt der Aufsichtsrat nach außen hin als Kollegialorgan Vertreter der Gesellschaft.[28] Demgemäß ist im Rubrum stets sinngemäß anzugeben: 21

»*die ABC-GmbH, vertreten durch den Aufsichtsrat . . . . .*« 22

Passiv kann die GmbH jedenfalls durch den **Aufsichtsratsvorsitzenden** vertreten werden.[29] Eine verbreitete Auffassung im Schrifttum hält es hingegen für ausreichend, dass Willenserklärungen gegenüber einem beliebigen Aufsichtsratsmitglied abgegeben werden.[30] Mangels diesbezüglicher obergerichtlicher Rechtsprechung ist mithin zu empfehlen, Prozesshandlungen, wie etwa die Annahme eines Vergleichsangebotes, jedenfalls auch an den Aufsichtsratsvorsitzenden zu richten, da dies nach beiden Ansichten ausreichend ist. 23

b) Obligatorischer Aufsichtsrat

Wurde der Aufsichtsrat der Gesellschaft nach § 25 Abs. 1 S. 1 Nr. 2 MitbestG, § 1 Abs. 1 Nr. 3 DrittelbG oder § 3 Abs. 2 Montan-MitbestG konstituiert, steht die Regelung des **§ 112 AktG** nicht zur Disposition, kann also statutarisch **nicht abbedungen** werden.[31] Eine verbreitete Ansicht wendet allerdings **§ 147 Abs. 2 AktG analog** auch auf die GmbH an.[32] Dies bedeutet, dass im Falle der Geltendmachung von Ersatzansprüchen gegen die Geschäftsführer auch die Gesellschafterversammlung – selbst bei Vorliegen eines obligatorischen Aufsichtsrats – zur Bestellung eines (besonderen) Vertreters befugt ist, der die Vertretungszuständigkeit des Aufsichtsrates verdrängen würde (vgl. unten Rdn. 28). 24

---

25 GroßkommGmbHG/*Heermann* § 52 Rn. 105; Ensthaler/Füller/Schmidt/*Schmidt* § 52 Rn. 8; Schwerdtfeger/*Alexander* § 52 GmbHG Rn. 20; Michalski/*Giedinghagen* § 52 Rn. 278.
26 BGH NJW-RR 2008, 484 (485); DStR 2007, 1358 (1359); ZIP 2004, 237; OLG Köln, Urt. v. 23.05.2006 – 18 U 50/05; Baumbach/Hueck/*Zöllner/Noack* § 52 Rn. 116.
27 Ulmer/Habersack/Löbbe/*Heermann* § 52 Rn. 104; Lutter/Hommelhoff/*Lutter* § 52 Rn. 77; Michalski/*Giedinghagen* § 52 Rn. 277; MAH GmbH/*Römermann* § 25 Rn. 12.
28 BGH ZIP 2008, 1114 (1115); *Bergwitz* GmbHR 2008, 225 (230).
29 Lutter/Hommelhoff/*Lutter* § 52 Rn. 79; GroßkommGmbHG/*Heermann* § 52 Rn. 106.
30 Scholz/*Schneider* § 52 Rn. 177; Oppenländer/Trölitzsch/*Jaeger* § 20 Rn. 28; Arens/Beckmann § 8 Rn. 5; BeckOK GmbHG/*Jaeger* § 52 Rn. 37.
31 Lutter/Hommelhoff/*Lutter* § 52 Rn. 48; Michalski/*Giedinghagen* § 52 Rn. 280.
32 Ensthaler/Füller/Schmidt/*Schmidt* § 46 Rn. 44; Baumbach/Hueck/*Zöllner* § 46 Rn. 66; Roth/Altmeppen/*Roth* § 46 Rn. 56; Michalski/*Giedinghagen* § 52 Rn. 280; Lutter/Hommelhoff/*Bayer* § 46 Rn. 43.

25 Dem Aufsichtsrat, welcher nach dem MitbestG oder dem Montan-MitbestG konstituiert wurde, steht anders als dem fakultativen Aufsichtsrat **auch die Personalkompetenz** zu. Dies ergibt sich aus § 31 MitbestG, § 12 Montan-Mitbestg i. V. m. § 84 AktG. Nach herrschender Meinung umfasst diese Kompetenz auch das Anstellungsverhältnis der Geschäftsführer.[33] Ist also dieser Sachbereich betroffen, obliegt es dem Aufsichtsrat, Prozesshandlungen mit Wirkung für und gegen die Gesellschaft vorzunehmen.

c) Folgen einer unrichtigen Vertretungsbezeichnung durch die Geschäftsführer

26 Ist der Aufsichtsrat nach den gesetzlichen oder statutarischen Bestimmungen Vertreter der Gesellschaft, ist unbedingt darauf zu achten, dass der Aufsichtsrat im **Klagerubrum** auch als Vertretungsorgan angegeben wird. Ansonsten droht eine Klageabweisung durch Prozessurteil. Geheilt werden kann der Mangel nur, wenn der Aufsichtsrat den laufenden Prozess übernimmt und die bisherige Prozessführung zumindest konkludent genehmigt.[34]

3. Vertretung durch Prozessvertreter

27 Besteht kein Aufsichtsrat, obliegt in Prozessen gegen die Geschäftsführer gemäß § 46 Nr. 8 Alt. 2 GmbHG die Vertretung primär der Gesellschafterversammlung (vgl. oben Rdn. 6–7). Im Gegensatz zur 1. Alt., welche die **Entscheidungszuständigkeit** der Gesellschafterversammlung über die Geltendmachung von Ansprüchen gegen die Geschäftsführer betrifft und Auswirkungen auf die Begründetheit der dort genannten Ansprüche hat (dazu unten § 20 Rdn. 50–51), normiert die 2. Alt. die **Vertretungsbefugnis** der Gesellschafterversammlung und betrifft damit die Zulässigkeit einer Klage. Nach im Einzelnen umstrittener Ansicht der höchstrichterlichen Rechtsprechung und herrschenden Lehre greift § 46 Nr. 8 Alt. 2 GmbH aufgrund der weiterhin bestehenden Interessenkollision auch bei Prozessen gegen **ehemalige Geschäftsführer** ein.[35]

28 Die **Kompetenz der Gesellschafterversammlung** nach § 46 Nr. 8 Alt. 2 GmbHG zur Bestellung eines Prozessvertreters wird nach Ansicht der Rechtsprechung und einem Teil der Literatur auch dann nicht ausgeschlossen, wenn ein fakultativer Aufsichtsrat besteht.[36] Die Gegenansicht hält § 46 Nr. 8 Alt. 2 GmbHG hingegen bei bestehendem fakultativen Aufsichtsrat für unanwendbar, da es bei Vorhandensein des Kontrollorgans Aufsichtsrat der Vertretung durch die Gesellschafterversammlung nicht mehr bedürfe.[37] Nach einer weiteren Ansicht soll zumindest eine Entscheidungsbefugnis der Gesellschafterversammlung analog § 147 Abs. 2 AktG bestehen, wenn es um Ersatzansprüche gegen die Geschäftsführer geht.[38] Dies soll sogar im Falle eines obligatorischen Aufsichtsrates der Fall sein.

29 Die Figur des Prozessvertreters ist erforderlich, weil die Gesellschafterversammlung in einem Prozess nicht selbst handlungsfähig wäre. Seine Bestellung erfolgt durch **Beschluss** und steht im Ermes-

---

33 BGH NJW 1984, 733; Roth/Altmeppen/*Altmeppen* § 52 Rn. 59.
34 BGH ZIP 2009, 717 (718); NJW 1999, 3263; Roth/Altmeppen/*Altmeppen* § 52 Rn. 31. Näher zu dieser Problematik bereits § 3 Rdn. 5 f.
35 BGH NJW 1992, 977; Lutter/Hommelhoff/*Bayer* § 46 Rn. 44; Michalski/*Römermann* § 46 Rn. 485; *Bergwitz* GmbHR 2008, 225 (226); a. A.: OLG Brandenburg NZG 1998, 466, das den Normzweck in der Sicherung der organschaftlichen Handlungsfähigkeit sieht; so auch: GroßkommGmbHG/*Hüffer/Schürnbrand* § 46 Rn. 105, allerdings differenzierend im Falle der Geltendmachung von Ersatzansprüchen; Roth/Altmeppen/*Roth* § 46 Rn. 57; Baumbach/Hueck/*Zöllner* § 46 Rn. 67. Im Einzelnen zu den damit verbundenen Fragen auch unten § 20 Rdn. 50–51.
36 BGH NJW-RR 2008, 484 (485); DStR 2007, 1358 (1359); MAH GmbH/*Terlau/Hürten* § 10 Rn. 179; Roth/Altmeppen/*Roth* § 46 Rn. 66.
37 Schwerdtfeger/*S. Eberl/W. Eberl* Kap. 5 Rn. 290; Oppenländer/Trölitzsch/*Trölitzsch* § 17 Rn. 25; *Happ*, GmbH im Prozess, § 2 Rn. 28.
38 Ensthaler/Füller/Schmidt/*Schmidt* § 46 Rn. 44; Michalski/*Giedinghagen* § 52 Rn. 280; Lutter/Hommelhoff/*Bayer* § 46 Rn. 43.

A. Partei- und Prozessfähigkeit der GmbH § 14

sen der Gesellschafterversammlung. Der Beschluss zur Bestellung des Prozessvertreters erfolgt durch einfache Mehrheit (§ 47 Abs. 1 GmbHG). Soweit ein Geschäftsführer, der von dem Rechtsstreit betroffen ist, zugleich Gesellschafter ist, ist er von der Abstimmung ausgeschlossen. Soll einer der Gesellschafter zum Prozessvertreter bestellt werden, hat dies auf das Stimmrecht bei der Beschlussfassung hingegen keinen Einfluss.[39] Nach Bestellung des Prozessvertreters gemäß § 46 Nr. 8 Alt. 2 GmbHG behält die Gesellschafterversammlung ihre Vertretungsmacht und insbesondere die Befugnis, über die Person des Prozessvertreters frei zu bestimmen. Sie kann ihn daher, sofern die Satzung nichts Anderweitiges bestimmt, jederzeit durch Beschluss mit einfacher Mehrheit abberufen.[40]

Bleibt die Gesellschafterversammlung indes **untätig**, vertreten die übrigen Geschäftsführer nach herrschender Meinung, soweit in vertretungsberechtigter Zahl noch vorhanden, die Gesellschaft (vgl. oben Rdn. 6–7).[41] Andererseits ist die Bestellung eines Prozesspflegers bzw. Notgeschäftsführers zu erwägen (vgl. oben Rdn. 8–17). 30

Als Prozessvertreter können Gesellschafter, Mitglieder von Gesellschaftsorganen oder auch Dritte bestellt werden.[42] Wird ein Rechtsanwalt als Prozessvertreter bestellt, ist dieser nicht nur Prozessbevollmächtigter gemäß §§ 78 ff. ZPO, sondern hat zugleich eine organähnliche Stellung.[43] Der Prozessvertreter ist nach außen hin berechtigt, im Namen der Gesellschaft sämtliche Prozesshandlungen vorzunehmen. Er ist mithin auch für die Bestellung eines Prozessbevollmächtigten oder den Abschluss eines Vergleichs zuständig.[44] Nur im Innenverhältnis ist er gegenüber der Gesellschafterversammlung weisungsgebunden.[45] 31

Im **Prozess** ist Vorsicht walten zu lassen, wenn ein Prozessvertreter bestellt wurde. Dies gilt insbesondere für das Klagerubrum. So hält der BGH eine Klage gegen die GmbH, vertreten durch die Geschäftsführer, für unzulässig, wenn die GmbH von einem fakultativen Aufsichtsrat vertreten wird.[46] Aufgrund der Vergleichbarkeit der Sachverhalte liegt eine Übertragung dieser Rechtsprechung auf den Fall, dass unrichtigerweise die Geschäftsführer als Vertreter bezeichnet wurden, obwohl ein Prozessvertreter bestellt ist, nahe. Um eine Klageabweisung durch Prozessurteil zu verhindern, empfiehlt es sich daher, im Rubrum die Vertretung durch einen Prozessvertreter anzugeben.[47] 32

Die weiterhin bestehende Vertretungsmacht der Gesellschafterversammlung (dazu schon oben Rdn. 28) sollte im Rubrum berücksichtigt werden. Daher ist folgende Formulierung zu empfehlen: 33

»*X-GmbH [Gesellschaftsadresse], vertreten durch die Gesellschafterversammlung, diese vertreten durch den Prozessvertreter ... [Privatadresse/Geschäftsanschrift]....*«[48] 34

Ist nicht bekannt, ob ein Prozessvertreter bestellt worden ist, kann das Rubrum wie folgt formuliert werden: 35

»*X-GmbH [Gesellschaftsadresse], vertreten durch die Geschäftsführer, hilfsweise für den Fall einer Bestellung eines Prozessvertreters: vertreten durch die Gesellschafterversammlung, diese vertreten durch den Prozessvertreter....*«[49] 36

---

39 BGH NJW 1992, 977 (978); Baumbach/Hueck/*Zöllner* § 46 Rn. 70.
40 Baumbach/Hueck/*Zöllner* § 46 Rn. 71; Michalski/*Römermann* § 46 Rn. 512.
41 Schwerdtfeger/*S. Eberl/W. Eberl* Kap. 5 Rn. 298 m. w. N.
42 Baumbach/Hueck/*Zöllner* § 46 Rn. 69; Scholz/*Schmidt* § 46 Rn. 172.
43 Scholz/*Schmidt* § 46 Rn. 172; Gach/*Pfüller* GmbHR 1998, 64 (70).
44 Baumbach/Hueck/*Zöllner* § 46 Rn. 71; ausführlich zu den Befugnissen des Prozessvertreters *Klose/Schade* GmbHR 2011, 244–248.
45 Lutter/Hommelhoff/*Bayer* § 46 Rn. 45; Bartl/*Fichtelmann* § 46 Rn. 99.
46 BGH NZG 2004, 327; NJW 1999, 3263; NJW-RR 1990, 739; zur Heilungsmöglichkeit OLG Köln v. 23.05.2006 – 18 U 50/05; zur entsprechenden Problematik bei der AG vgl. § 3 Rdn. 5.
47 *Gach/Pfüller* GmbHR 1998, 64 (69); *Bergwitz* GmbHR 2008, 225 (226).
48 *Gach/Pfüller* GmbHR 1998, 64 (69).
49 *Bergwitz* GmbHR 2008, 225 (227).

B. Die actio pro socio (Gesellschafterklage)

37 Die actio pro socio oder Gesellschafterklage[50] ist nach herrschender Ansicht ein **besonderer Fall der Prozessstandschaft**.[51] Die Rechtsfigur stammt ursprünglich aus dem Personengesellschaftsrecht (näher dazu § 29 Rdn. 38–45). Die Übertragung auf Kapitalgesellschaften ist aber in Rechtsprechung und herrschender Lehre inzwischen anerkannt.[52]

I. Anwendungsfälle der actio pro socio

38 Um eine actio pro socio handelt es sich, wenn Gesellschafter Ansprüche, die der Gesellschaft gegen einzelne Gesellschafter zustehen und die ihre Grundlage im Gesellschaftsverhältnis haben (**Sozialansprüche**), im eigenen Namen gerichtlich geltend machen. Praktisch relevant sind dabei vor allem:
– Ansprüche auf Einlagezahlungen,
– Ansprüche aus Verlustdeckungs- und Vorbelastungshaftung,
– Ansprüche auf Erstattung verbotener Rückzahlungen (§ 31 GmbHG),
– Unterlassungsansprüche bei Verstößen gegen das Wettbewerbsverbot sowie
– Schadensersatzansprüche wegen Treuepflichtverletzungen.[53]

39 Die Gesellschafter können im Wege der actio pro socio nach herrschender Meinung nur klagen, soweit die geltend gemachten Ansprüche **aus dem Gesellschaftsverhältnis** resultieren.[54] Ansprüche gegen Dritte oder Ansprüche gegen andere Gesellschafter aufgrund allgemeiner schuldrechtlicher Beziehungen können daher nicht im Wege der actio pro socio verfolgt werden, sondern sind von der Geschäftsführung geltend zu machen.

40 Differenziert beurteilt wird die Zulässigkeit der actio pro socio bei **Streitigkeiten mit Geschäftsführern**. Für unproblematisch zulässig gehalten wird die actio pro socio, wenn diese gegen Gesellschaftergeschäftsführer gerichtet ist und es um deren Pflichten als Gesellschafter geht. Es handelt sich dann um eine »normale« actio pro socio.[55] Nach umstrittener Meinung steht dem einzelnen GmbH-Gesellschafter darüber hinaus grundsätzlich kein Klagerecht gegen Gesellschaftsorgane zu, da es insoweit an einer Rechtsbeziehung fehle.[56] Davon macht ein Teil dieser Auffassung eine Ausnahme, soweit die Geschäftsführung in den Zuständigkeitsbereich der Gesellschafterversammlung eingreift.[57] Eine weitere Auffassung bejaht stets die Zulässigkeit einer actio pro socio gegen Geschäftsführer.[58]

---

50 Vgl. zur Terminologie: *Happ*, GmbH im Prozess, § 3 Rn. 6 m. w. N.
51 OLG Düsseldorf DB 1993, 2474; Baumbach/Hueck/*Fastrich* § 13 Rn. 37; Lutter/Hommelhoff/*Lutter* § 13 Rn. 54; MüKo ZPO/*Lindacher* Vorb. §§ 50 ff. Rn. 50; Michalski/*Ebbing* § 14 Rn. 95; a. A.: Roth/Altmeppen/*Altmeppen* § 13 Rn. 17, wonach sich der klagende Gesellschafter auf ein eigenes Recht beruft; ausführlich zu diesem Streit: *Schwab* § 2 S. 46–74.
52 Vgl. nur BGH NZG 2005, 216; NZG 2004, 516; OLG Jena GmbHR 2014, 706; Schwerdtfeger/*S. Eberl/W. Eberl* Kap. 5 Rn. 328 m. w.N; *Rossa-Heise* GmbH-StB 2014, 23 (24 ff.).
53 Michalski/*Ebbing* § 14 Rn. 99; vgl. weiterführend zur Klage auf Feststellung der Gesellschafterstellung: Schwerdtfeger/*S. Eberl/W. Eberl* Kap. 5 Rn. 343.
54 Baumbach/Hueck/*Fastrich* § 13 Rn. 38; *Happ*, GmbH im Prozess, § 3 Rn. 7.
55 Baumbach/Hueck/*Fastrich* § 13 Rn. 38; Michalski/*Ebbing* § 14 Rn. 101.
56 BGH WM 1982, 928; Baumbach/Hueck/*Fastrich* § 13 Rn. 38; Michalski/*Ebbing* § 14 Rn. 101; MüKo GmbHG/*Merkt* § 13 Rn. 327. Zu der Frage, ob einzelne Aufsichtsratsmitglieder im Wege der actio pro socio Rechte des Aufsichtsrats geltend machen können vgl. Rdn. 51.
57 Michalski/*Ebbing* § 14 Rn. 108; Roth/Altmeppen/*Altmeppen* § 13 Rn. 26; Schwerdtfeger/*S. Eberl/W. Eberl* Kap. 5 Rn. 343; kritisch Baumbach/Hueck/*Fastrich* § 13 Rn. 38.
58 OLG Jena GmbHR 2014, 706 (708) allerdings beschränkt auf den einstweiligen Rechtsschutz; OLG Koblenz NJW-RR 1991, 487 (488 f.); Ensthaler/Füller/Schmidt/*Schmidt* § 46 Rn. 40; *Happ*, GmbH im Prozess, § 27 Rn. 8; vgl. weiterführend zur Abwehrklage gegen rechtswidriges Organhandeln: Schwerdtfeger/*S. Eberl/W. Eberl* Kap. 5 Rn. 344.

II. Subsidiarität der actio pro socio

Eine weitere Einschränkung der actio pro socio liegt in deren Subsidiarität. Sie stellt eine Notzuständigkeit der Gesellschafter dar. Daher greift die actio pro socio – als weitere Voraussetzung – nur ein, wenn das eigentlich **zuständige Organ nicht tätig wird** oder ein Tätigwerden wegen zu erwartender Interessenkonflikte nicht wahrscheinlich ist.[59] Es handelt sich also um ein typisches Instrument des Minderheitenschutzes. Grund für diese Einschränkung ist, dass die gesetzliche Kompetenzverteilung (insbesondere §§ 35, 46, 52 GmbHG) nicht durch eine zu extensive Anwendung der actio pro socio ausgehebelt werden soll. 41

Verfolgt das zuständige Organ bereits den streitgegenständlichen Anspruch, ist ein Klagerecht der Gesellschafter daher nach ganz herrschender Auffassung ausgeschlossen.[60] 42

Bleibt das zuständige Organ zunächst untätig, **ohne** dass bereits ein **zum Tätigwerden verpflichtender Gesellschafterbeschluss** gefasst wurde, sind zunächst innenrechtliche Maßnahmen zu ergreifen, um auf das Organ einzuwirken. Gegen ein pflichtwidriges Unterlassen der Geschäftsführer kann durch Ausübung des allgemeinen Weisungsrechts vorgegangen werden. Es muss also versucht werden, einen dahingehenden Beschluss der Gesellschafterversammlung in die Wege zu leiten.[61] 43

Von dem Erfordernis, zunächst innenrechtliche Maßnahmen einzuleiten, wird von Rechtsprechung und Literatur eine **Ausnahme** gemacht, wenn offensichtlich ist, dass der Anspruch wegen vorhandener Interessenkonflikte nicht verfolgt werden wird und in dieser Weigerung ein Verstoß gegen die Treuepflicht zu sehen ist. In diesem Fall wäre es eine unnötige Förmelei, zunächst die Einleitung innenrechtlicher Maßnahmen, also insbesondere Versuche zur Herbeiführung entsprechender Gesellschafterbeschlüsse, zu verlangen.[62] Derartige Ausnahmefälle können vor allem in Zweimanngesellschaften, führungslosen Gesellschaften oder Gesellschaften, in denen die Mehrheitsgesellschafter offensichtlich zusammenwirken, auftauchen.[63] Ist der Gesellschafterbeschluss hingegen erforderlich, um den Anspruch erst entstehen oder fällig werden zu lassen (z. B. Ansprüche aus §§ 26 Abs. 1 oder 46 Nr. 2, Nr. 8 Alt. 1 GmbHG; letzteres str.), ist dieser nach herrschender Ansicht zwingend vorab einzuholen. Schließlich schaffe ein entsprechender Beschluss erst die Voraussetzungen für die Begründetheit des Anspruchs. Werde der Anspruch nicht vom Anspruchsinhaber selbst verfolgt, könne nichts anderes gelten.[64] Daher bleibe nur der Weg über eine Anfechtungs- bzw. Zustimmungsklage. 44

Wurde ein **Gesellschafterbeschluss gefasst**, der vorsieht, dass die Geschäftsführer rechtliche Schritte einleiten und wird dieser nicht befolgt, besteht ein eigenes Verfolgungsrecht der Gesellschafter.[65] 45

Problematisch ist der Fall, wenn ein **ablehnender Beschluss** ergangen ist. Beschließt die Mehrheit der Gesellschafter, dass der Geschäftsführung keine entsprechende Weisung erteilt werden soll, wäre nach der gesetzlichen Konzeption zunächst Anfechtungs- oder Nichtigkeitsklage analog §§ 243 ff. 46

---

59 BGH NJW 1990, 2627 (2628); OLG Sachsen-Anhalt v. 8.1.2013 – 1 U 52/12 Rn. 41; OLG Koblenz NZG 2010, 1023 (1024); Enthaler/Füller/Schmidt/*Enthaler* § 13 Rn. 30.
60 Baumbach/Hueck/*Fastrich* § 13 Rn. 39; Michalski/*Ebbing* § 14 Rn. 104; a. A.: Lutter/Hommelhoff/*Lutter*/*Bayer* § 13 Rn. 54.
61 Schwerdtfeger/*S. Eberl*/*W. Eberl* Kap. 5 Rn. 333.
62 BGH BB 2005, 456 (457); NJW 1990, 2627 (2628); OLG Jena GmbHR 2014, 706 (708) allerdings beschränkt auf den einstweiligen Rechtsschutz; OLG Düsseldorf ZIP 1994, 619 (621).
63 MAH GmbH/*Römermann* § 25 Rn. 18.
64 Enthaler/Füller/Schmidt/*Schmidt* § 46 Rn. 10; Baumbach/Hueck/*Fastrich* § 13 Rn. 39; Scholz/*Schmidt* § 46 Rn. 161; *Mock/Streppel* Rn. 94; Ausnahmen vom Beschlusserfordernis im Falle des § 46 Nr. 8 GmbHG möglich: Michalski/*Ebbing* § 14 Rn. 99, 104; GroßkommGmbHG/*Hüffer/Schürnbrand* § 46 Rn. 29, 116.
65 BGH NJW 1990, 2627 (2628), wonach sogar ein Gesellschafterbeschluss entbehrlich ist, wenn zu erwarten ist, dass die Geschäftsführung den Anspruch nicht verfolgt; Enthaler/Füller/Schmidt/*Enthaler* § 46 Rn. 40.

AktG zu erheben (dazu § 19). Ein Teil von Rechtsprechung und Literatur macht hier eine weitere Ausnahme von dem Subsidiaritätsverhältnis, namentlich von dem Erfordernis einer vorrangigen Anfechtungs- oder Nichtigkeitsklage. Um eine unnötige Verdoppelung von Prozessen zu vermeiden, soll der einzelne Gesellschafter den Ersatzanspruch unmittelbar vor Gericht einklagen können, ohne vorher eine Beschlussmängelklage anstrengen zu müssen.[66] Die Rechtmäßigkeit des Beschlusses wird in dem Verfahren über den Ersatzanspruch als Vorfrage inzident geprüft.

47 Nach anderer Ansicht muss der Gesellschafter zunächst im Wege der Anfechtungsklage gegen den ablehnenden Beschluss vorgehen.[67] Dies sei zwingende Folge des Subsidiaritätsgrundsatzes. Nur im Falle der Nichtigkeit könne dies inzident in dem Verfahren über den Anspruch der Gesellschaft geprüft werden. Diese ungeklärte Rechtslage beschert dem Praktiker ein Dilemma. Geht er nämlich sogleich im Wege der actio pro socio vor, läuft er Gefahr, mit seiner Klage abgewiesen und auf die Erhebung einer Anfechtungsklage verwiesen zu werden. Obendrein wird diese dann regelmäßig bereits verfristet sein (§ 246 Abs. 1 AktG analog), so dass der Gesellschafter dann im Ergebnis rechtsschutzlos gestellt wird. Entscheidet er sich hingegen für den sichersten Weg – die zuvorige Erhebung einer Anfechtungsklage – nimmt er eine regelmäßig mehrjährige Verzögerung in Kauf.

III. Klageantrag

48 Die Klage des Gesellschafters im Rahmen der actio pro socio muss **auf Leistung an die Gesellschaft** lauten, denn diese bleibt Inhaberin des Anspruchs. Der Klageantrag ist also bei Leistungsklagen in der Weise zu formulieren, dass »an die ... GmbH« zu leisten ist.[68] Das in der Sache ergehende Urteil ist für die Gesellschaft bindend.[69] Das Prozesskostenrisiko trifft allein den klagenden Gesellschafter.[70]

C. Organstreitigkeiten

49 Streitigkeiten zwischen den Organen der GmbH spielen in der gerichtlichen Praxis nur **selten** eine Rolle (ausführlich zum Organstreit bei der AG § 3 Rdn. 12–14a). Hierzu trägt insbesondere die übergeordnete Stellung der Gesellschafterversammlung (vgl. § 46 Nr. 8 GmbHG), die sich jederzeit durch ihre Weisungsbefugnis und Personalkompetenz gegen rechtswidriges Geschäftsführerhandeln durchsetzen kann, bei.[71] Weiterhin ausschlaggebend ist die Tatsache, dass nur selten ein Aufsichtsrat besteht.

50 Zunächst stellt sich die materiell-rechtliche Frage, ob der **Aufsichtsrat als Gesamtorgan**, sofern ein solcher besteht, überhaupt ein klagbares Recht hat. Jedenfalls die Informationsrechte nach § 90 Abs. 3 AktG (i. V. m. § 52 Abs. 1 GmbHG) können nach wohl überwiegender Meinung gerichtlich durchgesetzt werden.[72] Die im Aktienrecht kontrovers diskutierte Frage, ob der Aufsichtsrat darüber hinaus auch gegen Kompetenzüberschreitungen der Geschäftsführung gerichtlich vorgehen kann, ist bei der GmbH wegen der weitgehenden Weisungsbefugnisse der Gesellschafterversammlung weniger relevant. Teilweise wird dem GmbH-Aufsichtsrat dennoch ein eigenes Klagerecht zuerkannt.[73]

---

66 OLG Düsseldorf GmbHR 1994, 172 (174); Ensthaler/Füller/Schmidt/*Schmidt* § 46 Rn. 40; GroßkommGmbHG/*Hüffer/Schürnbrand* § 46 Rn. 115; BeckOK/*Schindler* § 46 Rn. 121; Scholz/*Schmidt* § 46 Rn. 161; Scholz/*Emmerich/Bitter* § 13 Rn. 47.
67 OLG Köln NJW-RR 1994, 616 (617); Michalski/*Römermann* § 46 Rn. 533; Michalski/*Ebbing* § 14 Rn. 104; Baumbach/Hueck/ *Fastrich* § 13 Rn. 39; Roth/Altmeppen/*Altmeppen* § 13 Rn. 21; ausführlich zum Meinungsstand: *Schwab* § 2 S. 75–94.
68 Schwerdtfeger/*S. Eberl/W. Eberl* Kap. 5 Rn. 338.
69 *Happ*, GmbH im Prozess, § 3 Rn. 21; Michalski/*Ebbing* § 14 Rn. 105.
70 Allg. M. vgl. nur Baumbach/Hueck/ *Fastrich* § 13 Rn. 39.
71 Baumbach/Hueck/*Zöllner* § 45 Rn. 25; Oppenländer/Trölitzsch/*Jaeger* § 20 Rn. 45; Roth/Altmeppen/*Altmeppen* § 52 Rn. 67.
72 Zur Durchsetzung des den Gesellschaftern zustehenden Informationsrechts vgl. § 51b GmbHG (hierzu § 17 Rdn. 20 ff.).
73 Vgl. hierzu MüKo GmbHG/*Spindler* § 52 Rn. 630.

Sofern dem Aufsichtsrat in einer GmbH klagbare Rechte zuerkannt werden, sind diese nach herrschender Ansicht im Namen der Gesellschaft, vertreten durch den GmbH-Aufsichtsrat, einzuklagen.[74] Klagen des GmbH-Aufsichtsrats im eigenen Namen sind hiernach mangels Rechtsfähigkeit unzulässig.[75]

Klagen **einzelner Aufsichtsratsmitglieder** sind – abgesehen von dem Fall des § 90 Abs. 5 AktG analog (i. V. m. § 52 Abs. 1 GmbHG), der den einzelnen Mitgliedern ein Individualrecht gewährt und der Durchsetzung organschaftlicher Rechte, wie des Rede-, Antrags- und Teilnahmerechtes dient – nicht zulässig.[76] Sofern es sich um Rechte des Gesamtorgans handelt, ist die Willensbildung innerhalb des Organs vorrangig und darf nicht durch Klagen im Wege der actio pro socio umgangen werden.[77] 51

D. Gerichtliche Zuständigkeit

Der allgemeine Gerichtsstand einer GmbH befindet sich nach §§ 12, 17 ZPO an ihrem statutarischen Sitz (§ 4a GmbHG). Nach § 21 ZPO können weitere Gerichtsstände am Ort einer Niederlassung begründet sein, soweit ein Bezug zu dem dortigen Geschäftsbetrieb vorliegt.[78] Verfügt die Gesellschaft über einen Doppelsitz oder über verschiedene Niederlassungen, hat der Kläger nach § 35 ZPO die Wahl unter den nach §§ 12, 17, 21 ZPO zuständigen Gerichten. 52

Für Klagen gegen Gesellschafter wegen Ansprüchen, die aus dem Gesellschaftsvertrag resultieren, ergibt sich – neben dem allgemeinen Gerichtsstand nach §§ 12, 13 ZPO – aus §§ 29, 17 ZPO die örtliche Zuständigkeit des Gerichts am Sitz der Gesellschaft. Der Gesellschaftssitz ist Erfüllungsort der Verpflichtungen aus dem Gesellschaftsvertrag. Weiterhin kommt für solche Streitigkeiten der besondere Gerichtsstand der Mitgliedschaft nach § 22 ZPO i. V. m. § 17 ZPO in Betracht. 53

Im Falle von Anfechtungs- und Nichtigkeitsklagen gilt der ausschließliche Gerichtsstand nach § 246 Abs. 3 AktG analog.[79] Danach ist das Landgericht, in dessen Bezirk die Gesellschaft ihren Sitz hat, zuständig (ausführlich hierzu § 3 Rdn. 18–24; § 8 Rdn. 36–37). 54

E. Zustellung

Die ordnungsgemäße Zustellung einer Klage bestimmt sich nach den §§ 173–190 ZPO. Durch das MoMiG wurden zusätzliche Bestimmungen eingefügt, welche die Zustellung an die Gesellschaft erleichtern sollen. 55

I. Vertretung durch die Geschäftsführer oder den Aufsichtsrat

Die Klageschrift ist dem Vertreter der Gesellschaft zuzustellen. Im Falle der Vertretung der Gesellschaft durch den Aufsichtsrat oder die Geschäftsführer reicht es, wenn die Klage an ein einzelnes Organmitglied zugestellt wird (§§ 170 Abs. 1, 3 ZPO). Auf den Streit im Rahmen des § 52 GmbHG i. V. m. §§ 112 S. 2, 78 Abs. 2 S. 2 AktG, ob die Passivvertretung nur durch den Aufsichtsratsvorsitzenden erfolgt (dazu Rdn. 23), kommt es hinsichtlich der Zustellung wegen der vorrangigen Regelung des § 170 Abs. 3 ZPO nicht an. Daneben besteht die Möglichkeit der Zustellung an einen »Leiter« der Gesellschaft (§ 170 Abs. 2 ZPO) mit den damit verbundenen Unsicherheiten.[80] 56

---

74 Schwerdtfeger/*S. Eberl/W. Eberl* Kap. 5 Rn. 346.
75 Oppenländer/Trölitzsch/*Jaeger* § 20 Rn. 45; Scholz/*Schneider* § 52 Rn. 561; Roth/Altmeppen/*Altmeppen* § 52 Rn. 67; Schwerdtfeger/*S. Eberl/W. Eberl* Kap. 5Rn. 345.
76 Schwerdtfeger/*S. Eberl/W. Eberl* Kap. 5 Rn. 348 f.
77 BGH NJW 1989, 979 (981) zur AG; Oppenländer/Trölitzsch/*Jaeger* § 20 Rn. 45; Roth/Altmeppen/*Altmeppen* § 52 Rn. 66; Scholz/*Schneider* § 52 Rn. 565.
78 Ausführlich hierzu Schwerdtfeger/*S. Eberl/W. Eberl* Kap. 5 Rn. 316.
79 *Waclawik* Rn. 404.
80 Zum Begriff des Leiters vgl. § 3 Rdn. 28.

57 Wegen § 35 Abs. 2 S. 2 GmbHG, § 170 Abs. 3 ZPO kann den Geschäftsführern auch zugestellt werden, wenn diese für die Aktivvertretung in nicht vertretungsberechtigter Zahl vorhanden sind.[81] Diese zustellungsrechtliche Regelung ist von der Frage, ob die GmbH ordnungsgemäß vertreten wird, zu trennen, so dass es zu einem Auseinanderfallen von Vertretungsberechtigtem und Zustellungsadressaten kommen kann.

58 Eine Sondersituation entsteht, wenn der Geschäftsführer gegen die Gesellschaft klagt und ihm sodann die Klageschrift als Vertreter der Gesellschaft zugestellt wird. Nach der Rechtsprechung des BGH ist die Zustellung wirksam.[82] § 178 Abs. 2 ZPO (§ 185 ZPO a. F.) stehe dem nicht entgegen, da sich diese Vorschrift nur auf die Ersatzzustellung beziehe und die Zustellung an einen gesetzlichen Vertreter der Gesellschaft keine solche Ersatzzustellung sei. Zwar hätte es der Geschäftsführer in diesem Fall bereits dadurch in der Hand, die Prozessaussichten zu beeinflussen, dass er die übrigen Gesellschafter entgegen seiner hierzu bestehenden Verpflichtung nicht über die Klageerhebung informiert. Gleichwohl wird die Zustellung in diesen Fällen als wirksam angesehen. Denn dadurch würde sich nur ein in der Gesellschaftersphäre durch die Auswahl des Geschäftsführers begründetes Risiko verwirklichen.

59 Die Zustellung an die Geschäftsführer wurde durch die mit dem MoMiG neu eingefügten §§ 10 Abs. 2 S. 2, 35 Abs. 2 S. 4 GmbHG erleichtert. Danach gilt nunmehr eine unwiderlegliche Vermutung dafür, dass die Geschäftsführer unter der im Handelsregister eingetragenen Gesellschaftsadresse erreicht werden können.[83] Die Möglichkeit der Kenntnisnahme von Schriftstücken wird unter dieser Adresse fingiert, vorausgesetzt dort befindet sich ein Geschäftslokal.[84] Dafür, dass die Erklärung auch in den Machtbereich des Zustellungsempfängers gelangt ist, trägt der Absender die Beweislast. Eine Fiktion erfolgt diesbezüglich nicht.[85] Eine Zustellung bei der Geschäftsanschrift ist demzufolge unabhängig davon möglich, ob dort ein Geschäftsführer tatsächlich erreichbar ist.

60 Sind die Geschäftsführer Zustellungsempfänger, ist für die Abfassung des Klagerubrums zudem zu berücksichtigen, dass nach der Rechtsprechung des BGH zur AG die namentliche Bezeichnung der einzelnen Mitglieder nicht erforderlich ist, so dass die **Angabe der Gesellschaft genügt**.[86] Auf das Recht der GmbH ist diese Rechtsprechung wohl zu übertragen.[87]

61 Ist die GmbH **führungslos**, wird sie nach § 35 Abs. 1 S. 2 GmbHG bei Zustellungen von den Gesellschaftern vertreten. Durch diese Regelung soll insbesondere den so genannten »Bestattungsfällen« entgegengewirkt werden, bei denen Gesellschaften versuchen, sich für die Gläubiger unerreichbar zu machen, indem die Geschäftsführer ihr Amt niederlegen, so dass Zustellungen und der Zugang von Willenserklärungen vereitelt werden.[88] Diese Vereitelungstaktik geht nunmehr ins Leere, denn sofern alle Geschäftsführer ausgeschieden sind und die Gesellschaft damit führungslos ist, können die Zustellungen und Willenserklärungen gegenüber den Gesellschaftern bewirkt werden (näher dazu Rdn. 9 ff.).

62 Ist der **Aufsichtsrat** zur Vertretung der Gesellschaft berufen, sind im Klagerubrum zweckmäßigerweise als Zustellungsadresse gesellschaftsfremde Geschäftsräume des Aufsichtsrats bzw. die Privat-

---

81 Baumbach/Hueck/*Zöllner/Noack* § 35 Rn. 104; Zöller/*Stöber* § 170 Rn. 6; nach a. A. bedarf es keines Rückgriffs auf § 170 Abs. 3 ZPO, Michalski/*Michalski/Funke* § 13 Rn. 75.
82 BGH NJW 1984, 57 f.; bestätigt durch BVerfG NJW 1984, 2567 (2568); ebenso *Happ*, GmbH im Prozess, § 7 Rn. 27; a. A. MünchHdb. GmbHR/*Marsch-Barner/Diekmann* § 44 Rn. 10.
83 Die Pflicht zu Anmeldung einer Gesellschaftsadresse gilt gemäß § 3 Abs. 1 S. 2 EGGmbHG auch für zum Zeitpunkt der Einführung des MoMiG bereits bestehende Gesellschaften.
84 Ensthaler/Füller/Schmidt/*Schmidt* § 35 Rn. 54; *Wicke* § 35 Rn. 31; Baumbach/Hueck/*Zöllner/Noack* § 35 Rn. 104a.
85 *Wicke* § 35 Rn. 30; Baumbach/Hueck/*Zöllner/Noack* § 35 Rn. 104a; *Steffek* BB 2007, 2077 (2079).
86 Vgl. § 3 Rdn. 30; BGH NJW-RR 1989, 1374; OLG Brandenburg AG 2008, 497; Hüffer/*Koch* § 246 Rn. 32.
87 *Happ*, GmbH im Prozess, § 7 Rn. 5.
88 *Steffek* BB 2007, 2077 (2080).

anschriften der Aufsichtsratsmitglieder anzugeben, da die Aufsichtsratsmitglieder in den Gesellschaftsräumen häufig nicht erreichbar sind (näher zur Zustellung an die Geschäftsführer bzw. den Aufsichtsrat § 3 Rdn. 27–38).

II. Vertretung durch einen Prozessvertreter, Prozesspfleger bzw. Notgeschäftsführer

Wurden ein Prozessvertreter, ein Prozesspfleger oder ein Notgeschäftsführer bestellt, sollte die Bezeichnung im Klagerubrum möglichst genau vorgenommen werden, insbesondere wenn es sich dabei um gesellschaftsfremde Personen handelt, die nicht unter der Gesellschaftsadresse erreichbar sind. Die genaue Bezeichnung ist zwar keine zwingende Zulässigkeitsvoraussetzung (§ 130 Nr. 1 ZPO), jedoch trägt der Kläger das Risiko dafür, dass die Zustellung rechtzeitig innerhalb des von § 167 ZPO gewährten Zeitraums erfolgt.[89] Aus diesem Grund ist anzuraten, den Namen des Vertreters nebst Privatadresse anzuführen.   63

III. Empfangsberechtigte Person und öffentliche Zustellung

Nach §§ 10 Abs. 2 S. 2 i. V. m. 35 Abs. 2 S. 4 GmbHG kann die Gesellschaft eine **empfangsberechtigte Person** in das Handelsregister eintragen lassen, die als weiterer Zustellungsempfänger zur Verfügung steht.[90]   64

Ist der Aufenthalt der vertretungsberechtigten Person nicht bekannt und ist auch eine Ersatzzustellung nach § 178 ZPO nicht möglich, kommt die öffentliche Zustellung nach § 185 Nr. 2 ZPO in Betracht (vgl. zu den Voraussetzungen und der Durchführung der öffentlichen Zustellung § 3 Rdn. 40–41).[91]   65

IV. Heilung von Zustellungsmängeln

Wurde die Zustellung nicht ordnungsgemäß bewirkt, kann dieser Mangel durch nachträgliches Bewirken nach § 189 ZPO geheilt werden (näher hierzu § 3 Rdn. 42–44).   66

In Betracht kommt weiterhin die Heilung durch Verzichtserklärung bzw. rügelose Einlassung nach § 295 S. 1 ZPO. Im Falle von fristgebundenen Klagen müssten die entsprechenden Handlungen allerdings noch innerhalb der Frist vorgenommen werden.   67

F. Prozesskostenhilfe für die GmbH

Die Bewilligung von Prozesskostenhilfe für eine GmbH unterliegt den restriktiven Voraussetzungen des § 116 S. 1 Nr. 2 ZPO.[92] Es ist insbesondere zusätzlich zu den allgemeinen Voraussetzungen nach § 114 ZPO darzulegen, dass auch die an der Prozessführung wirtschaftlich Beteiligten (z. B. Großaktionäre, alleinige Tochtergesellschaften) nicht fähig sind, die erforderlichen Mittel aufzubringen und dass ein allgemeines Interesse an der Rechtsverfolgung besteht.[93]   68

G. Zeugenbeweis

Diejenigen, die in einem Prozess die Gesellschaft vertreten, werden als Partei des Verfahrens angesehen und können daher nur als Partei nach Maßgabe der §§ 445–448 ZPO vernommen werden. Auf-   69

---

89 Baumbach/Lauterbach/Albers/*Hartmann* § 130 Rn. 8; *Bergwitz* GmbHR 2008, 225 (226).
90 Oppenländer/Trölitzsch/*Trölitzsch* § 17 Rn. 30; Baumbach/Hueck/*Zöllner/Noack* § 35 Rn. 104b; Ensthaler/Füller/Schmidt/*Schmidt* § 35 Rn. 56.
91 Seitdem durch Einfügung des § 10 Abs. 1 S. 1 GmbHG i. V. m. § 3 Abs. 1 EGGmbHG die postalische Adresse der Gesellschaft im Handelsregister einzusehen ist, ergibt sich für die öffentliche Zustellung ein weiter Anwendungsbereich.
92 Zu den einzelnen Voraussetzungen vgl. Brandenburgisches OLG, Urt. v. 24.02.2014 – 2 W 8/13; OLG Karlsruhe, Urt. v. 28.03.2013 – 9 W 60/12; MüKo ZPO/*Motzer* § 116 Rn. 20–25.
93 Ausführlich hierzu Schwerdtfeger/*S. Eberl/W. Eberl* Kap. 5 Rn. 320–322.

grund ihrer Stellung im Unternehmen und dem damit einhergehenden Wissen besteht allerdings häufig ein Interesse daran, die Aussagen von Geschäftsführern als Beweismittel in den Prozess einzuführen. Abhängig vom Einzelfall gibt es im Wesentlichen drei Wege, um eine Vernehmung der Geschäftsführer zu ermöglichen.

70 Soweit § 46 Nr. 8 Alt. 2 GmbHG anwendbar ist, es sich also um einen Prozess unter Beteiligung eines Geschäftsführers handelt, kann die Gesellschafterversammlung die Vertretung übernehmen und einen **Prozessvertreter bestellen.** Dann wäre der Geschäftsführer nicht mehr Partei des Verfahrens und könnte als Zeuge vernommen werden.[94]

71 Weiterhin kommt in Betracht, das zu vernehmende Mitglied der Geschäftsführung **zeitweise abzuberufen**, denn für die Beurteilung der Zeugnisfähigkeit ist der Zeitpunkt der Vernehmung entscheidend.[95] Der BGH bewertet es unter bestimmten Umständen sogar als anwaltliche Pflichtverletzung, wenn der Mandant auf diese prozesstaktische Möglichkeit nicht hingewiesen wird und es entscheidend auf die Aussage des Geschäftsführers ankommt.[96]

72 Im Falle von **Vier-Augen-Gesprächen** kann das Gericht aufgrund des Grundsatzes der Waffengleichheit verpflichtet sein, auf Antrag eine Parteivernehmung (§ 448 ZPO) oder Anhörung (§ 141 ZPO) durchzuführen (ausführlicher zum Zeugenbeweis § 3 Rdn. 47–55).[97]

H. Zwangsvollstreckung

73 Die Vollstreckung gestaltet sich auch bei Beteiligung einer GmbH grundsätzlich nach den allgemeinen Regelungen der ZPO. Die wesentlichen zu beachtenden Besonderheiten werden im Folgenden kurz angerissen.[98]

74 Die **Pfändung von Einlageforderungen** der GmbH ist durch den Grundsatz der Kapitalaufbringung begrenzt. Nach ständiger Rechtsprechung folgt aus dieser Maxime, dass eine Pfändung nur dann zulässig ist, wenn die Forderung gegen die GmbH vollwertig, d. h. aus dem Vermögen der Gesellschaft realisierbar ist.[99]

75 Eine **eidesstattliche Versicherung** (§§ 802c, 883 Abs. 2 ZPO) ist von dem vertretungsberechtigten Organ abzugeben. Problematisch ist, wie bei einem mehrgliedrigem Organ zu verfahren ist. Eine Ansicht verlangt, dass die Vertreter in vertretungsberechtigter Zahl zu laden sind.[100] Nach anderer Ansicht kann das Gericht nach eigenem Ermessen ein Organmitglied auswählen.[101]

76 Hat ein Gesellschafter im Wege der **actio pro socio** ein Urteil auf Leistung an die Gesellschaft erstritten, kann die GmbH sich entsprechend § 727 ZPO eine vollstreckbare Ausfertigung erteilen lassen und damit die Vollstreckung aus dem Urteil einleiten.[102]

---

94 BGH NJW-RR 2003, 1212; Saenger/*Eichele* § 373 Rn. 8.
95 BGH NJW-RR 2003, 1212; MüKo ZPO/*Schreiber* § 445 Rn. 4; Saenger/*Eichele* § 373 Rn. 8.
96 BGH NJW-RR 2003, 1212; OLG Koblenz v. 30.10.2009 – 10 U 1143/08; Saenger/*Eichele* § 373 Rn. 8; Zöller/*Greger* § 373 Rn. 4; Mock/*Streppel* Rn. 81; *Happ*, GmbH im Prozess, § 8 Rn. 3; a. A. wonach die prozesstaktische Abberufung als rechtsmissbräuchlich anzusehen ist: Roth/Altmeppen/*Altmeppen* § 35 Rn. 24; Stein/Jonas/*Leipold* § 455 Rn. 7; *Schmitz* GmbHR 2000, 1140 (1143).
97 EGMR NJW 1995, 1413; BGH NJW 1999, 363 (364); OLG Koblenz NJW-RR 2002, 630; vgl. *Kappenhagen*/*Markus* BB 2006, 506 m. w. N.
98 Ausführlich zur Zwangsvollstreckung bei Beteiligung einer GmbH: *Happ*, GmbH im Prozess, § 9.
99 Dazu und zu Ausnahmefällen BGH NJW 1992, 2229; NJW 1963, 102; ausführlich *Happ*, GmbH im Prozess, § 9 Rn. 11–14.
100 OLG Frankfurt NJW-RR 1988, 807; Zöller/*Stöber* § 807 Rn. 10.
101 LG Frankfurt a. M., Beschl. v. 21.4.1993 – 2/9 T 207/93; MüKo ZPO/*Eickmann* § 807 Rn. 32; Thomas/Putzo/*Hüßtege* § 807 Rn. 17.
102 *Happ*, GmbH im Prozess, § 9 Rn. 5 mit weiteren Ausführungen zur Vollstreckungsstandschaft im Wege der actio pro socio.

§ 15 Streitpunkte in der Gründungsphase der GmbH

Übersicht

	Rdn.
A. **Überblick: Die Gründungsphasen der GmbH**	1
I. Vorgründungsgesellschaft	2
II. Vorgesellschaft (Vor-GmbH)	5
III. Unechte Vor-GmbH	6
IV. Mantelnutzung	7
B. **Prozessuale Besonderheiten der Vorgründungsgesellschaft**	10
I. Vorgründungsgesellschaft in GbR-Form	11
II. Vorgründungsgesellschaft in OHG-Form	12
C. **Vor-GmbH**	13
I. Prozessuale Besonderheiten	13
1. Während des Erkenntnisverfahrens	13
a) Parteifähigkeit der Vor-GmbH	13
b) Prozessfähigkeit	14
c) Parteifähigkeit der Einmann-Vor-GmbH	15
d) Umfang der Vertretungsbefugnis der Geschäftsführungsorgane (insbes. im Hinblick auf die Führung von Aktiv- und Passivprozessen)	16
e) Bildung und Vertretungsbefugnis des Aufsichtsrates	20
f) Geltung der actio pro socio-Grundsätze während der Vor-GmbH-Phase	21
g) Örtliche Gerichtszuständigkeit	22
h) Prozesskostenhilfe	24
i) Zustellung	25
2. Während des Zwangsvollstreckungsverfahrens	26
II. Klage auf Auflösung der fehlerhaften Vorgesellschaft	27
1. Mangelbehafteter Gesellschaftsvertrag	28
a) Zeitraum vor Invollzugsetzung und Eintragung	28
aa) Nichtigkeits- und Unwirksamkeitsgründe	29
bb) Gründe, die zur Anfechtbarkeit führen	31
b) Zeitraum nach Invollzugsetzung und vor Eintragung	33
aa) Auflösung der fehlerhaften Vorgesellschaft	33
bb) Keine Notwendigkeit der Erhebung einer Gestaltungsklage	34
cc) Feststellungsinteresse gem. § 256 Abs. ZPO	37
dd) Eingeschränkte Wirkung nur mit Wirkung ex nunc ab Geltendmachung des Gründungsmangels	38
c) Zeitraum nach Anmeldung und Eintragung	39
aa) Nichtigkeitsklage gem. § 75 GmbHG	40
bb) Amtsauflösung gem. § 399 FamFG	41
cc) Sonstige Mängel des Gesellschaftsvertrags	42
2. Mangelbehaftete Beitrittswillenserklärung	43
a) Unheilbare Mängel	44
b) Heilbare Mängel	48
3. Wirkungen der außergerichtlichen Erklärung der Kündigung gem. § 723 Abs. 1 S. 2 und 3 Nr. 1 BGB	49
III. Haftung in der Vor-GmbH	50
1. Haftungsmodell der Rechtsprechung	51
2. Haftung des ausscheidenden Gesellschafters	52
3. Haftung des eintretenden Gesellschafters	55
IV. Klage gegen einen handelnden Gründer einer GmbH, § 11 Abs. 2 GmbHG	56
1. Handelnder als Prozessgegner	56
2. Zeitraum der Geltendmachung	62
3. Auswirkungen der Eintragung der GmbH auf die Handelndenhaftung während eines rechtshängigen Prozesses	63
4. Ausnahmsweise keine Enthaftung; Beweislast	65
5. Befreiende Schuldübernahme nach Rechtshängigkeit und mangelnde Enthaftung trotz GmbH-Eintragung	67
6. Auswirkung der Eintragung der GmbH nach Abschluss des Erkenntnisverfahrens	69
7. Regressanspruch des Handelnden	70
D. **Das Schicksal von Prozessen beim Übergang in eine neue Gründungsphase**	71
I. Übergang eines Prozesses auf die Vor-GmbH	71
1. Partei- und Prozessfähigkeit der Vorgründungsgesellschaft und der Vor-GmbH	72
2. Voraussetzungen für den Übergang eines Prozesses	74
a) Übertragung der Sachlegitimation auf die Vor-GmbH und Übernahme des Prozesses durch die Vor-GmbH beim Aktivprozess	74

		Rdn.			Rdn.
	b) Übertragung der Sachlegitimation auf die Vor-GmbH und Übernahme des Prozesses durch die Vor-GmbH beim Passivprozess .	78		c) Verbot des Hin- und Herzahlens aa) Definition und Abgrenzung zur verdeckten Sacheinlage . cc) Beweislast	109 109 115
	3. Folgen der Prozessübernahme durch die Vor-GmbH	80		2. Deckungshaftung bei Voreinzahlung an Vorgründungsgesellschaft	116
	4. Fehlende Zustimmung des Prozessgegners	81		3. Einforderung durch Gesellschafter, Anforderung durch Geschäftsführer	119
	5. Wechsel der Vertretungsbefugnis . .	82		4. Einziehung im Insolvenzfall	121
	6. Die Stellung der Vorgründungsgesellschaft als Vollstreckungsgläubigerin bzw. -schuldnerin nach Entstehung der Vor-GmbH	83		5. Beweislast	122
			II.	Sachgründung	123
				1. Erbringung von Sacheinlagen	123
				2. Differenzhaftung gem. § 9 GmbHG; Fälligkeit	125
II.	Übergang eines Prozesses auf die GmbH nach Eintragung	87		3. Geltendmachung durch den Geschäftsführer	127
	1. Prozessuale Auswirkungen der Entstehung der GmbH während eines Prozesses der Vorgesellschaft auf die Sachlegitimation	87		4. Beweislast	129
				5. Verbot verdeckter Sacheinlage(n) . . a) Definition und Voraussetzungen von § 19 Abs. 4 GmbHG	132 132
	2. Prozessuale Auswirkungen der Entstehung der GmbH während eines Prozesses der Vorgesellschaft auf die Prozessübernahmevoraussetzungen .	88		b) Rechtsfolgen	135
				c) Heilung verdeckter Sacheinlage .	137
				d) Sanktionen gegen den Gesellschafter und Auswirkung der Anrechnung im Verhältnis der Gesellschafter untereinander . . .	140
	3. Sonderfall der Geschäftsführerhaftung gegenüber der Vor-GmbH	89			
	4. Die Stellung der Vor-GmbH als Vollstreckungsgläubigerin bzw. -schuldnerin nach Entstehung der GmbH	90		aa) Strafrechtliche Verantwortlichkeit und deliktische Haftung	140
				bb) Keine legitimierende Wirkung der Anrechnung . . .	141
	5. Vollstreckung in Vor-GmbH-Anteile	91		cc) Rechtsschutzmöglichkeiten gegen die Durchführung verdeckter Sacheinlagen	142
III.	Fortsetzung von Streitigkeiten nach gescheiterter Eintragung durch die unechte Vor-GmbH	92			
	1. Parteifähigkeit der unechten Vor-GmbH	93		e) Beweislast für Werthaltigkeit . . .	145
			III.	Ausfallhaftung der Mitgesellschafter nach § 24 GmbHG bei rückständigen Bareinlagen	146
	2. Prozessfähigkeit der unechten Vor-GmbH	95			
	3. Die Stellung der Vor-GmbH als Vollstreckungsgläubigerin bzw. -schuldnerin nach Umwandlung in eine unechte Vor-GmbH	98		1. Materiell-rechtliche Tatbestandsvoraussetzungen, Reichweite und Rechtsfolgen von § 24 S. 1 GmbHG	146
				2. Geltendmachung durch den Geschäftsführer; Beweislast	148
E.	**Nach Eintragung: Klagen gegen die Gesellschafter wegen Mängeln bei der Kapitalaufbringung**	99		3. Geltendmachung von Ersatzansprüchen gegen die Geschäftsführer, ggf. Streitverkündung durch in Anspruch genommenen Gesellschafter	149
I.	Bargründung	100			
	1. Keine Einschränkung der Disposition über den Einlageanspruch	101		a) Geschäftsführer als Beklagter eines Regressanspruches	149
	a) Allgemeine Erwägungen zur Reichweite des § 19 Abs. 2 S. 1 GmbHG	101		b) Streitverkündung gegenüber Geschäftsführer	150
	b) Verbot der Aufrechnung	104		c) Streitverkündung gegenüber Rechtsvorgänger	151
	aa) Aufrechnung seitens der Gesellschafter	104			
	bb) Aufrechnung seitens der Gesellschaft	105		d) Streitverkündung gegenüber (ausgeschiedenem) Gesellschafter . .	152
	cc) Beweislast	108			

A. Überblick: Die Gründungsphasen der GmbH

Bis die Eintragung der GmbH ins Handelsregister erfolgt, die gem. § 11 Abs. 1 GmbHG konstitutive Voraussetzung für deren Entstehung ist, sind zwei divergierende Phasen rechtlich strikt zu trennen: Das Durchlaufen der Vorgründungsphase sowie die sich hieran anschließende, durch die Errichtung der Gesellschaft ausgelöste Vor-GmbH-Phase. Einer Trennung bedarf es insbes. deshalb, weil der Kontinuitätsgrundsatz als Bindeglied zwischen der Vor-GmbH-Phase und der Phase der rechtlichen Existenz der GmbH als solcher nicht auch auf die Vorgründungsphase Anwendung findet,[1] was zahlreiche prozessuale und haftungsrechtliche Probleme während beider Phasen aufwirft. Gesteigerte Bedeutung erfährt die Materie obendrein dadurch, dass in der Praxis von der Einigung über die Errichtung einer GmbH bis zu deren Entstehung durch Eintragung im Einzelfall auch einmal Jahre vergehen können.

I. Vorgründungsgesellschaft

Die Vorgründungsphase erstreckt sich von der grds. **formlos** möglichen Vereinbarung der zukünftigen GmbH-Gesellschafter zur Gründung einer GmbH (Vorgründungsvertrag) bis zum Abschluss des notariellen Gesellschaftsvertrags. Man spricht folglich von einer Vorgründungsgesellschaft, die entweder in Form einer **GbR** mit dem Ziel der Errichtung einer (Vor-)GmbH, vgl. § 705 BGB, oder in Form einer **OHG** existiert. Als OHG ist die Vorgründungsgesellschaft dann zu qualifizieren, wenn der Geschäftsbetrieb der künftigen GmbH bereits vor der notariellen Gründung aufgenommen wird und die Tatbestandsvoraussetzungen des § 123 Abs. 2 Hs. 2 HGB i. Ü. erfüllt sind.[2] Es muss sich also um ein **Handelsgewerbe** handeln und die Handelsregistereintragung nur deklaratorischer Natur sein, vgl. §§ 105 Abs. 1, 1 Abs. 1 und 2, S. 1 Hs. 1 HGB. Die notarielle Beurkundung des Vorgründungsvertrages mit dem Inhalt der Verpflichtung der Gesellschafter zu einer GmbH-Gründung ist erforderlich, wenn diese Verpflichtung auch einklagbar[3] und gem. § 894 S. 1 ZPO vollstreckbar sein soll.[4] Fehlt es an der notariellen Beurkundung, so greifen die Grundsätze über die Lehre von der fehlerhaften Gesellschaft.[5]

Allerdings geht nicht jeder GmbH-Gründung notwendigerweise ein Vorgründungsvertrag voraus, da es den Gründern in diesem Stadium noch an einem entsprechenden Rechtsbindungswillen fehlen kann.[6] Gleichwohl liegt ein Vorgründungsstadium vor (Vorgründungsgesellschaft in weiterem Sinne[7]), in dem sich die zukünftigen Gründer der GmbH in eine Planungs- und Verhandlungsphase und damit einen verletzungsfähigen vorvertraglichen Bereich begeben, bei dem unter dem Gesichtspunkt des Vertrauensschutzes bei Verletzung vorvertraglicher Pflichten Ansprüche aus §§ 280 Abs. 1, 241 Abs. 2, 311 Abs. 2 BGB erwachsen können.[8]

---

1 BGHZ 91, 151; BGH WM 1996, 722; NJW 1998, 1645; NJW-RR 2001, 1042 (1043); Lutter/Hommelhoff/*Bayer* § 11 Rn. 2; Rowedder/Schmidt-Leithoff/*Schmidt-Leithoff*, § 11 Rn. 7; abw. *Kießling*, S. 352 f., der für eine uniforme Gründungsphase plädiert.
2 Eine Unterscheidung zwischen Vorvertragspflichten der Gründer im Innenverhältnis (Vorgründungsgesellschaft als Innengesellschaft) und solchen, die sich im Zuge der durch Mitunternehmerschaft entstandenen OHG im Außenverhältnis ergeben, ist nicht notwendig, vgl. Baumbach/Hueck/*Fastrich* § 11 Rn. 36; anders aber Scholz/*K. Schmidt* § 11 Rn. 15 f., der für eine Trennung von Gründungsvorvertragsverhältnis und der unternehmenstragenden Gesellschaft (Mitunternehmerschaft) plädiert.
3 RGZ 156, 129 (138); BGH NJW-RR 1988, 288; Baumbach/Hueck/*Fastrich* § 11 Rn. 35; Hachenburg/*Ulmer* § 11 Rn. 21.
4 RGZ 66, 116 (121); 156, 129 (138); BGH WM 1976, 180; OLG München GmbHR 1958, 195.
5 Dazu u. unter Rdn. 27 ff.
6 Scholz/*K. Schmidt* § 11 Rn. 7.
7 BGH DB 1991, 2588 zur Unterscheidung zwischen Vorgründungsgesellschaft »im weiteren Sinn« und »im engeren Sinn«.
8 BGH DB 1988, 223; Scholz/*K. Schmidt* § 11 Rn. 8.

4 Die Vorgründungsgesellschaft endet durch **Zweckerreichung**, vgl. § 726 Alt. 1 BGB, d. h. mit Abschluss des notariell beurkundeten Gesellschaftsvertrages. Eine Beendigung der Vorgründungsgesellschaft findet indes trotz Entstehens einer (Vor-)GmbH dann nicht statt, wenn im Vorgründungsvertrag den Zweck des Abschlusses eines notariell beurkundeten Gesellschaftsvertrages übersteigende Zwecke vereinbart sind.[9] Ist bei der Vorgründungsgesellschaft Gesamthandsvermögen vorhanden, so hat eine **Auseinandersetzung** gem. §§ 730 ff. BGB bzw. eine **Liquidation** gem. §§ 145 ff. HGB zu erfolgen,[10] infolge derer es möglich ist, das Gesamthandsvermögen der Vorgründungsgesellschaft durch Einzelrechtsnachfolge auf die Vorgesellschaft zu übertragen.[11] Zu der im Vorfeld der Beurkundung einer Kapitalerhöhung bei der GmbH entstehenden »Vorbeteiligungsgesellschaft«, auf welche die Grundsätze der Vorgründungsgesellschaft entsprechend anzuwenden sind,[12] siehe unten Teil D. § 16 Rdn. 235 (Fn. 259).

II. Vorgesellschaft (Vor-GmbH)

5 Mit Abschluss des notariell beurkundeten Gesellschaftsvertrages gem. § 2 Abs. 1 S. 1 GmbHG erfolgt die Errichtung der Vor-GmbH (auch GmbH i.Gr.) und endet die Phase der Vorgründung. Die Vorgesellschaft stellt im Hinblick auf die Vorgründungsgesellschaft ein aliud dar. Ihrer Rechtsnatur nach ist die Vor-GmbH nach allgemeiner Ansicht eine **Gesellschaft sui generis**,[13] der aufgrund ihrer während dieser Gründungsphase vorhandenen körperschaftlichen Strukturen zumindest **Teilrechtsfähigkeit** zukommt, vgl. §§ 7 Abs. 2 S. 1, 8 Abs. 1 Nr. 2 i. V. m. § 11 Abs. 2 GmbHG.[14] Die Regelungen des GmbHG sind auf die Vor-GmbH insoweit anwendbar, als hierfür die Eintragung in das Handelsregister nicht Voraussetzung ist.[15] Ihre Rechte und Pflichten gehen auf die nach Eintragung entstandene GmbH über, ohne dass es hierzu irgendwelcher Übertragungstatbestände bedürfte (**Kontinuität**[16]). Entsprechendes gilt für die **Einmann-Vor-GmbH**.[17]

III. Unechte Vor-GmbH

6 Besteht bei Errichtung der Gesellschaft schon **keine Gründungsabsicht** der Gesellschafter mehr[18], fällt diese während der Vor-GmbH-Phase aus sonstigen Gründen weg[19] oder wird durch rechtskräftige Ablehnung des Eintragungsantrages der Zweck der Vorgesellschaft, nämlich die Eintragung der GmbH, unmöglich (vgl. § 726 Alt. 2 BGB) und setzt die vermeintliche Vor-GmbH ihre Geschäfte dennoch fort, so spricht man von einer **unechten (auch fehlgeschlagenen) Vorgesellschaft**, an die andere prozessuale und haftungsrechtliche Rechtsfolgen zu knüpfen sind als an die echte Vor-GmbH. Die unechte Vor-GmbH besteht in der Rechtsform einer GbR oder OHG.[20] Aus diesem Grunde kann bezüglich der prozessualen und haftungsrechtlichen Besonderheiten der unechten Vor-GmbH auf die folgende Darstellung zu den Vorgründungsgesellschaften verwiesen werden.[21]

---

9 Michalski/*Michalski/Funke* § 11 Rn. 19, 26; Scholz/*K. Schmidt* § 11 Rn. 14.
10 Hachenburg/*Ulmer* § 11 Rn. 21.
11 Dies ist zwingend notwendig, da der Kontinuitätsgrundsatz nicht greift, vgl. u. Rdn. 71 ff.
12 Vgl. OLG Schleswig-Holstein DStR 2014, 2246 (2249).
13 Baumbach/Hueck/*Fastrich* § 11 Rn. 6.
14 BGHZ 117, 323 (326); *Goette* § 1 Rn. 37; MünchHdb GesR Band III/*Gummert* § 16 Rn. 6; Römermann/*Strehle* § 3 Rn. 76; einschränkend Beck'sches Hdb GmbH/*Schwaiger* § 2 Rn. 15–17.
15 St. Rspr. des BGH, BGHZ 21, 242 (246); 45, 338 (347); 51, 30 (32); 72, 45 (48); 80, 129 (132); 134, 333 (336).
16 Ob nur Kontinuität der Rechtsverhältnisse gegeben ist oder aber sogar Identität des Rechtsträgers (Identitätsgrundsatz) vorliegt, ist ein hier nicht zu erörternder Theorienstreit ohne sonderlich relevante praktische Auswirkungen; vgl. hierzu Hachenburg/*Ulmer* § 11 Rn. 10, 73; Scholz/*K. Schmidt* § 11 Rn. 26.
17 Dazu Scholz/*K. Schmidt* § 11 Rn. 177.
18 BGHZ 22, 240; BGH NJW 2000, 1193 (1194).
19 BGH NZG 2004, 663; NJW 2003, 429 (430).
20 BGHZ 80, 129 (142).
21 S. u. Rdn. 10 ff.

IV. Mantelnutzung

In der Praxis besteht ein großes Bedürfnis zur Nutzung sogenannter Mantel-GmbHs. Darunter versteht man, dass ein oder mehrere »Gründer« die Anteile an einer bereits wirksam bestehenden und **wirtschaftlich inaktiven GmbH** zwecks Ausgestaltung mit einem neuen Geschäftsgegenstand und nachfolgender Aktivierung erwerben. Diese GmbH kann entweder nur zur Vorhaltung gegründet sein (sog. **Vorrats-GmbH**), oder ihre ursprüngliche Tätigkeit beendet haben und seitdem als Mantel vorgehalten werden (sog. **Mantel-GmbH**). Die rechtliche Bewertung im Rahmen der Aktivierung unterscheidet sich nicht. Die Mantel-GmbH wird entsprechend der individuellen Bedürfnisse ggf. mit zusätzlichem Kapital ausgestattet und der Gesellschaftsvertrag angepasst. Der Vorteil der Nutzung einer Mantel-GmbH liegt darin, dass **ohne Verzögerungen** und **ohne das Stadium der Vor-GmbH** zügig eine Gesellschaft zur Verfügung steht. Mantel-GmbHs sind **grundsätzlich zulässig**.[22] Beim Kauf einer solchen bereits bestehenden Mantel-GmbH sind jedoch einige **Besonderheiten** im Vergleich zum Kauf einer werbenden Gesellschaft zu beachten.

Die Verwendung einer Mantel-GmbH wird als **wirtschaftliche Neugründung** angesehen und muss als solche gegenüber dem Registergericht offengelegt werden.[23] Daher sind die gesetzlichen Vorschriften zur Kapitalaufbringung einschließlich der registerrechtlichen Kontrolle auch im Zeitpunkt der Aufnahme des Geschäftsbetriebs analog anzuwenden.[24] Insbesondere ist Folgendes zu beachten:
– **Anmeldepflichten des § 54 GmbHG** sind zu beachten (Änderung des Unternehmensgegenstands, der Firma, der Geschäftsführer);
– **Versicherung der Geschäftsführer gemäß § 8 Abs. 2 GmbHG** über die erfolgten Einlageleistungen hat zu erfolgen. Die Höhe des einzuzahlenden Kapitals hat sich dabei an dem satzungsmäßigen Kapital und nicht an dem gesetzlichen Mindestkapital zu orientieren.[25]
– Unterbleibt die Offenlegung der wirtschaftlichen Neugründung gegenüber dem Registergericht, folgt daraus eine **Unterbilanzhaftung** in Höhe der Differenz zwischen dem Vermögen der Gesellschaft und dem satzungsmäßigen Stammkapital **im Zeitpunkt der wirtschaftlichen Neugründung**.[26] Anknüpfungspunkt für die wirtschaftliche Neugründung ohne Offenlegung ist der Zeitpunkt, in dem die wirtschaftliche Tätigkeit nach außen in Erscheinung tritt oder durch Anmeldung einer Satzungsänderung. Die Beweislast dafür, dass zum Zeitpunkt der wirtschaftlichen Neugründung das Gesellschaftsvermögen zumindest dem Stammkapital entsprach, tragen die Gesellschafter.[27]

Um sich einer ordnungsgemäßen Kapitalaufbringung zu vergewissern und um eine Unterbilanzhaftung bis zur Höhe des in der Satzung ausgewiesenen Stammkapitals zu vermeiden, empfiehlt es sich daher, eine Zwischenbilanz zu Verkehrswerten aufzustellen.[28]

B. Prozessuale Besonderheiten der Vorgründungsgesellschaft

Zentraler Anknüpfungspunkt für die prozessrechtlichen Besonderheiten der Vorgründungsgesellschaft ist zunächst deren Rechtsform. Daher ist zwischen der Vorgründungsgesellschaft in Form einer GbR und der in Form einer OHG zu differenzieren.

---

22 BGH NJW 2003, 892 (893).
23 BGH NJW 2012, 1875; OLG Düsseldorf DNotZ 2013, 70 (72).
24 BGH NJW 2003, 892 (893); NJW 2003, 3198 (3199).
25 BGH NJW 2003, 3198 (3120).
26 BGH BB 2011, 2443.
27 BGH NJW 2012, 1875 (1877, 1880); *Zöllter-Petzoldt*, NJW-Spezial 2012, 335 (335); OLG Düsseldorf DNotZ 2103, 70 (72).
28 So auch Römermann/*Wiese*/*Matschernus* § 5 Rn. 62.

I. Vorgründungsgesellschaft in GbR-Form

11 Ist die Vorgründungsgesellschaft entsprechend der oben[29] aufgeführten Merkmale als GbR, und nicht als OHG, zu qualifizieren, richten sich die Rechtsverhältnisse der Gesellschaft sowie die im Rechtsverkehr mit ihr geltenden Regelungen nach dem Recht der GbR. Danach ist die Außen-GbR teilrechtsfähig und im Rahmen eines Zivilprozesses parteifähig. GmbH-Recht findet anders als bei der Vor-GmbH keine Anwendung. Prozessuale Rechtsfragen können daher den Ausführungen zur GbR entnommen werden.[30] Dies gilt sowohl für das Erkenntnis- als auch für das Vollstreckungsverfahren.

II. Vorgründungsgesellschaft in OHG-Form

12 Ist die Vorgründungsgesellschaft entsprechend der oben[31] aufgeführten Merkmale als OHG zu qualifizieren, richten sich die Rechtsverhältnisse der Gesellschaft sowie die im Rechtsverkehr mit ihr geltenden Regelungen entsprechend nach dem Recht der OHG. Aufgrund der normativ verankerten Rechtsfähigkeit der OHG sowie des Vorhandenseins eines Registers stellen sich weitaus weniger Probleme als bei der GbR. Insoweit kann sowohl für das Erkenntnis- als auch für das Vollstreckungsverfahren auf die obigen Ausführungen im Kapitel zur OHG verwiesen werden.[32]

C. Vor-GmbH

I. Prozessuale Besonderheiten

1. Während des Erkenntnisverfahrens

a) Parteifähigkeit der Vor-GmbH

13 Die generelle aktive sowie passive Parteifähigkeit der Vor-GmbH ist heute allg. anerkannt.[33] Sie ist eine logische Folge der ihr zuzubilligenden (**Teil–**) **Rechtsfähigkeit**.[34] Da die Vor-GmbH Trägerin des Unternehmens ist, wird ihre Einbeziehung als Partei in einen Prozess nicht dadurch beeinträchtigt, dass bei Klageeinreichung die Firma der künftigen GmbH ohne Zusatz verwendet wird, wenngleich eine korrekte Bezeichnung zu empfehlen ist. Auch im rechtsgeschäftlichen Bereich ist es irrelevant, wenn im Namen der zukünftigen GmbH und nicht der Vorgesellschaft gehandelt wird. Es gelten ganz allg. die Regeln über **unternehmensbezogene Rechtsgeschäfte**.[35] Die Vor-GmbH bleibt auch als Abwicklungsgesellschaft bis zur Vollbeendigung bestehen und als solche auch partei- und prozessfähig. Sie wird im Prozess dann durch ihre Liquidatoren vertreten.[36]

b) Prozessfähigkeit

14 Die Vor-GmbH ist selbst nicht prozessfähig und wird im Prozess durch ihre Geschäftsführer vertreten, § 35 Abs. 1 S. 1 Alt. 1 GmbHG analog, § 51 Abs. 1 Var. 2 ZPO.[37] Bei Prozessen gegen Geschäftsführer findet § 46 Nr. 8 HS. 2 GmbHG analoge Anwendung. Dann liegt es in der Kompetenz der Gesellschafterversammlung, einen Prozessvertreter der Vor-GmbH zu bestimmen. Die Geschäftsführer werden als **Partei** und nicht als Zeugen vernommen, entsprechendes gilt im Rahmen

---

29 S. o. Rdn. 2.
30 S. u. §§ 29 ff.
31 S. o. Rdn. 2.
32 S. u. §§ 38 ff.
33 BGHZ 79, 239 (241); BGH NJW 1998, 1079; Hachenburg/*Ulmer* § 11 Rn. 50 m. w. N.
34 So auch *Goette* § 1 Rn. 37; Lutter/Hommelhoff/*Bayer* § 11 Rn. 5; *Raiser/Veil* § 26 Rn. 119; vgl. auch oben unter Rdn. 5.
35 Allg.M., BGH BB 1990, 86; BayObLG BB 1986, 549; Roth/Altmeppen/*Roth* § 11 Rn. 28 f.; Rowedder/*Schmidt-Leithoff* § 11 Rn. 83 und 85; Scholz/*K. Schmidt* § 11 Rn. 59 ff.; Ulmer/*Ulmer* § 11 Rn. 73 f.
36 BGHZ 36, 207; *Goette* § 10 Rn. 43; str. ist, ob bei der Liquidation einer Vorgesellschaft Restriktionen der Vertretungsbefugnis anzuwenden sind.
37 Scholz/*K. Schmidt* § 11 Rn. 75; *Happ* § 13 Rn. 25.

der Liquidation für die Liquidatoren.[38] Zum Umfang der Vertretungsbefugnis der Geschäftsführer sowohl im Prozess als auch in der Liquidation der Vor-GmbH siehe sogleich.[39]

c) Parteifähigkeit der Einmann-Vor-GmbH

Parteifähigkeit setzt grds. Rechtsfähigkeit voraus, § 50 Abs. 1 ZPO. Gem. § 1 GmbHG ist auch die Einmann-GmbH rechtsfähig. Entsprechend ist auch die **Einmann-Vor-GmbH zulässig und (teil)rechtsfähig**.[40] Bei der Einmann-Vor-GmbH ist auf eine klare Trennung der Vermögensmassen zu achten.

d) Umfang der Vertretungsbefugnis der Geschäftsführungsorgane (insbes. im Hinblick auf die Führung von Aktiv- und Passivprozessen)

Da die Gesellschaft gem. § 6 Abs. 1 Alt. 1 GmbHG schon im Gründungsstadium (zumindest) einen Geschäftsführer haben muss, gilt § 35 GmbHG analog. Die Vor-GmbH wird also insbesondere gerichtlich und außergerichtlich vom Geschäftsführer vertreten. Anders als § 37 Abs. 2 S. 1 GmbHG es für die GmbH anordnet, ist diese Vertretungsbefugnis ohne ausdrückliche Ermächtigung der Gesellschafter weder unbeschränkt noch unbeschränkbar.[41] Die Vertretungsmacht ist durch den Gründungszweck vielmehr grds. **auf gründungsnotwendige Geschäfte beschränkt**. Die Beschränkung wird mit zwei Überlegungen begründet:
– Kein Vertrauensschutz: Die Vor-GmbH – jedenfalls, wenn sie unter »GmbH i.Gr.« firmiert, hat den offensichtlichen Zweck ihrer Gründung. Der Rechtsverkehr ist insoweit nicht schützenswert.[42]
– Haftungsrisiken für die Gesellschafter: Die Gesellschafter der Vor-Gesellschaft haften mit ihrem Privatvermögen nach Innen unbegrenzt für Verluste bzw. nach GmbH-Entstehung im Rahmen einer unbegrenzten Unterbilanzhaftung. Besonders im Falle von zulässiger Fremdorganschaft (§ 6 Abs. 3 S. 1 Alt. 2 GmbHG) stellt eine unbeschränkte Vertretungsmacht ein nicht angemessenes Risiko dar.[43]

Zur Ermittlung des **genauen Umfangs** der (begrenzten) Vertretungsmacht ist zwischen Bar- und Sachgründungen zu differenzieren.[44] Soll nämlich im Rahmen einer **Sachgründung** ein Unternehmen in die zukünftige GmbH eingebracht werden, so impliziert dies eine Ausdehnung der Vertretungsbefugnisse der Vor-GmbH-Geschäftsführer. Denn sie müssen die Werterhaltung des eingebrachten Unternehmens bis zum für die Werthaltigkeitskontrolle der Sacheinlage maßgeblichen Zeitpunkt sicherstellen.[45] Maßgeblicher Zeitpunkt ist die Anmeldung der Gesellschaft zur Eintragung (§ 9c Abs. 1 S. 2 GmbHG). Bei **Bargründungen** beschränkt sich die Vertretungsmacht auf die für das Ziel der Eintragung unabdingbaren Geschäfte. Es bleibt allen Gesellschaftern gemeinsam unbenommen, durch eine entsprechende Ermächtigung der Geschäftsführung die Aufnahme des vollen Geschäftsbetriebs zu gestatten.[46]

Nach erfolgter Zustimmung zu unternehmerischer Tätigkeit durch die Gesellschafter vor Handelsregistereintragung gelten die allgemeinen Kompetenzregelungen zur Geschäftsführung in der GmbH.[47] Danach ist auch die **Führung von Prozessen** umfasst. Fehlt es indes an der Gestattung

---
38 Scholz/*K. Schmidt* § 11 Rn. 75.
39 S. Rdn. 16 ff.
40 BGH ZIP 1999, 489; ZIP 1998, 109; Scholz/*K. Schmidt* § 11 Rn. 169.
41 So aber im Vordringen befindlich *K. Schmidt* § 34 III 3 b; Michalski/*Michalski/Funke* § 11 Rn. 55; *Raiser/Veil* § 26 Rn. 107 und 122; Scholz/*K. Schmidt* § 11 Rn. 72 ff.
42 *Lachmann* NJW 1998, 2263 (2264); *Lutter* JuS 1998, 1073 (1076).
43 BGHZ 86, 122 (125); Lutter/Hommelhoff/*Bayer* § 11 Rn. 14; Roth/Altmeppen/*Roth* § 11 Rn. 47.
44 Hachenburg/*Ulmer*, § 11 Rn. 55.
45 BGHZ 45, 343; 65, 382; 72, 45; 86, 122 (125).
46 BGHZ 80, 129 (139); 80, 183; Baumbach/Hueck/*Fastrich* § 11 Rn. 20.
47 Scholz/*K. Schmidt* § 11 Rn. 59.

werbender unternehmerischer Tätigkeit, so ist den **Gesellschaftern** die **ausschließliche Entscheidungskompetenz** bezüglich der Beteiligung an einem Rechtsstreit vorbehalten.[48] Wenn durch eine Sacheinlage die Beteiligung an einem Prozess im Stadium der Vor-GmbH erforderlich wird, besteht Vertretungsmacht der Geschäftsführer auch ohne ausdrückliche Erweiterung der Befugnisse durch die Gesellschafter. Weiterhin besteht aktive **Prozessführungsbefugnis**, soweit das Handeln des Geschäftsführers darauf abzielt, die gesetzlichen Eintragungsvoraussetzungen sowie die Eintragung selbst herbeizuführen.[49] Unter die Herbeiführung der gesetzlichen Eintragungsvoraussetzungen fällt dabei bspw. – sofern die Voraussetzungen von §§ 45 Abs. 2, 46 Nr. 2 GmbHG erfüllt sind – die prozessuale Geltendmachung von Ansprüchen gegen Gesellschafter wegen ausstehender Einlagen.[50]

19 Im Falle der **Liquidation** der Vor-GmbH infolge rechtskräftiger Ablehnung der Eintragung durch das Registergericht oder infolge Auflösungsbeschlusses durch die Gesellschafter wird die Vorgesellschaft durch ihre Geschäftsführer als Liquidatoren liquidiert, §§ 66 Abs. 1, 67 Abs. 1 Alt. 1 GmbHG analog. Dem steht nicht die auf die Besorgung von Gründungsgeschäften begrenzte Vertretungsbefugnis der Gesellschafter entgegen. Da eine Gründung unmöglich geworden ist, ist es jetzt ihre Aufgabe, laufende Geschäfte zu beendigen, was auch aktive und passive **Prozessführungsbefugnis** mit einschließt, vgl. § 70 S. 1 Hs. 2 Alt. 1 GmbHG analog. Die §§ 66 ff. GmbHG sind auch auf die Vor-GmbH anwendbar. Die früher vertretene Ansicht, wonach im Falle der Liquidation einer Vor-GmbH nicht das Liquidationsrecht des GmbHG, sondern die §§ 730 ff. BGB analog angewendet und damit eine Auseinandersetzung durch alle Gesellschafter erfolgen sollte,[51] wird nur noch auf die Konstellation angewandt, in der vor Auflösung der Gesellschaft zumindest phasenweise eine unechte Vorgesellschaft bestanden hat[52], die rechtlich nach den Grundsätzen zur Vorgründungsgesellschaft, d. h. Personengesellschaftsrecht, behandelt wird. Liegt eine OHG vor, so müssen die §§ 145 ff. HGB greifen.

e) Bildung und Vertretungsbefugnis des Aufsichtsrates

20 Die Bildung eines fakultativen Aufsichtsrates während der Vor-GmbH-Phase ist, sollte dies im Gesellschaftsvertrag vorgesehen sein, nach § 52 Abs. 2 S. 1 GmbHG **möglich**.[53] Seine Befugnisse richten sich nach den allgemeinen für die GmbH geltenden Vorschriften (z. B. § 52 GmbHG). Problematisch ist, ob ein mitbestimmter Aufsichtsrat schon **vor GmbH-Entstehung** zu bilden ist, falls ein Unternehmen mit mehr als 500 (§§ 1 Abs. 1, 4 Abs. 1 DrittelbG) oder mehr als 2000 (§§ 1 Abs. 1, 6 Abs. 1 Hs. 1 MitbestG) Arbeitnehmern eingebracht wird. Dies wird **abgelehnt**, da die Mitbestimmung in einem Unternehmen an das Bestehen einer konkreten Rechtsform gekoppelt ist, vor Eintragung der GmbH in das Handelsregister die GmbH als solche indes noch nicht existiert.[54]

f) Geltung der actio pro socio-Grundsätze während der Vor-GmbH-Phase

21 In der Phase der Vorgesellschaft können der Vor-GmbH zustehende Ansprüche nicht ohne Weiteres durch einzelne Gesellschafter geltend gemacht werden. Vielmehr finden die für die GmbH maßgeblichen Voraussetzungen für die Zulässigkeit einer **actio pro socio** Anwendung, da die in den §§ 45 ff. GmbHG normierten Zuständigkeitsregelungen eine Entstehung der GmbH nicht voraussetzen.[55] Hiermit einher geht eine generelle Geltung des Subsidiaritätsgrundsatzes. Bei Untätigkeit der Or-

---

48 *Happ* § 13 Rn. 20.
49 BGHZ 80, 129 (139).
50 *Happ* § 13 Rn. 26.
51 BGHZ 51, 27, 34; BGH WM 1983, 86.
52 Scholz/*K. Schmidt* § 11 Rn. 65.
53 H. M., Scholz/*K. Schmidt* § 11 Rn. 61; Ulmer/*Ulmer* § 11 Rn. 44.
54 BayObLG NZG 2000, 932 (933); Baumbach/Hueck/*Fastrich* § 6 Rn. 35.
55 *Happ* § 13 Rn. 49.

gane haben einzelne Gesellschafter grds. zunächst ihre rechtlichen Einwirkungsmöglichkeiten auszuschöpfen (z. B. Anfechtungsklage gegen rechtswidrig ablehnenden Gesellschafterbeschluss).[56]

g) Örtliche Gerichtszuständigkeit

Da für die Vor-GmbH im Wesentlichen dieselben gesellschaftsrechtlichen Regelungen wie für die GmbH gelten, finden auch die entsprechenden prozessualen Regelungen (§§ 17, 22 ZPO) Anwendung.[57] 22

Grundsätzlich richtet sich der allgemeine Gerichtsstand von Gesellschaften oder juristischen Personen, die ihren Sitz in einem Mitgliedsstaat der EU haben, gem. Art. 2 i. V. m. Art. 60 EuGVVO, nach deren Geschäftssitz. Als Gerichtsstand kann allerdings bei Streitigkeiten über das Bestehen von vertraglichen Ansprüchen auch gem. Art. 5 Nr. 1a) EuGVVO der Erfüllungsort gewählt werden. Dies ist vor allem für Streitigkeiten über Ansprüche aus Unterbilanzhaftung relevant.[58]

Ein Sonderaspekt ergibt sich bei einer Inanspruchnahme des Geschäftsführers aus **unerlaubter Handlung**. Während der Vor-GmbH-Phase kann sich die klagende Vor-GmbH trotz eventueller Gesellschafterstellung des Geschäftsführers **nicht auf § 22 ZPO berufen**, um den Geschäftsführer am besonderen Gerichtsstand der Mitgliedschaft – und damit dem Sitz der Gesellschaft – in Anspruch zu nehmen, da der Geschäftsführer nicht in Eigenschaft seiner Stellung als Gesellschafter in Anspruch genommen werden soll, sondern vielmehr als Organ der Vor-GmbH.[59] Es bleibt nur der **allgemeine Gerichtsstand** des Wohnsitzes des Geschäftsführers gem. §§ 12, 13 ZPO bzw. der besondere Gerichtsstand der unerlaubten Handlung gem. § 32 ZPO. Während der Phase des Bestehens einer **Vorgründungsgesellschaft** greift § 22 ZPO hingegen nach h. M., da die Haftung des Geschäftsführers nicht auf seiner Organstellung, sondern auf der Stellung als Gesellschafter beruht.[60] § 22 ZPO kommt folgerichtig auch dann zur Anwendung, wenn während des Prozesses aus der Vorgesellschaft eine unechte Vor-GmbH geworden ist, da insoweit wiederum das Prozessrecht der Personen(handels)gesellschaften einschlägig ist.[61] Wird in solch einem Fall ein Gesellschafter-Geschäftsführer der Vor-GmbH noch zum Zeitpunkt der Existenz der Gesellschaft als Vor-GmbH (zunächst) unzulässiger Weise am Gerichtstand des § 22 ZPO aus Delikt in Anspruch genommen, so macht dies die Klage der Vor-GmbH nicht unzulässig.[62] Eines Verweisungsantrages nach § 281 Abs. 1 S. 1 Alt. 1 ZPO (evtl. i. V. m. § 495 ZPO) seitens der Gesellschaft bedarf es nicht. 23

h) Prozesskostenhilfe

Als parteifähiges Rechtsgebilde sui generis kann die Vor-GmbH unproblematisch als parteifähig angesehen werden.[63] Es findet wegen der Geltung des Kontinuitätsgrundsatzes als Bindeglied von Vor-GmbH-Phase und Entstehung der GmbH auch eine Erstreckung der einer Vor-GmbH bewilligten Prozesskostenhilfe auf die GmbH statt, sei es, dass man Identität der Vermögensträger annimmt oder von einer Form der Universalsukzession[64] ausgeht. 24

---

56 Siehe näher Baumbach/Hueck/*Fastrich* § 13 Rn. 39.
57 OLG Brandenburg DStR 2004, 194 zu § 17 ZPO.
58 OLG Rostock GmbHR 2014, 1264 (1265).
59 MüKo ZPO/*Patzina* § 22 Rn. 7; Stein/Jonas/*Roth* § 22 Rn. 10 und 12.
60 Baumbach/Lauterbach/Albers/Hartmann § 22 Rn. 5; MüKo ZPO/*Patzina* § 22 Rn. 7; Stein/Jonas/*Roth* § 22 Rn. 12; gegen eine Anwendung von § 22 ZPO hingegen Musielak/*Heinrich* § 22 Rn. 5; Saenger/*Bendtsen* § 22 Rn. 2.
61 So auch *Happ* § 13 Rn. 53.
62 § 22 ZPO grds. auch dann anwendbar ist, wenn im Zeitpunkt der Klageerhebung die Mitgliedschaft des Beklagten noch nicht bestand, vgl. MüKo ZPO/*Patzina* § 22 Rn. 6.
63 MüKo ZPO/*Lindacher* § 50 Rn. 11 f.
64 Vgl. zu diesem dogmatischen und an dieser Stelle nicht relevanten Streit auch Rdn. 94.

i) Zustellung

25 Im Prozess ist, da die Vor-GmbH selbst Partei sein kann, an deren Geschäftsführer gem. § 170 Abs. 1 S. 1 ZPO zuzustellen. Sind mehrere gesetzliche Vertreter bestellt, genügt die Zustellung auch an nur einen Geschäftsführer, § 170 Abs. 3 Alt. 1 ZPO.

2. Während des Zwangsvollstreckungsverfahrens

26 Ist ein Titel zugunsten oder zulasten der Vor-GmbH ergangen, so wird grds. sie selbst hieraus berechtigt bzw. verpflichtet. Die Entstehung einer GmbH durch Handelsregistereintragung nach Abschluss des Erkenntnisverfahrens ändert hieran nichts. Probleme ergeben sich indes dann, wenn die Vor-GmbH aus einem zugunsten der Vorgründungsgesellschaft ergangenen Titel vollstrecken will oder aus einem zulasten der Vorgründungsgesellschaft ergangenen Titel seitens des Vollstreckungsgläubigers in ihr Vermögen vollstreckt werden soll.[65]

II. Klage auf Auflösung der fehlerhaften Vorgesellschaft

27 Eine fehlerhafte Vorgesellschaft liegt dann vor, wenn sie auf mangelhafter Vertragsgrundlage durch Aufnahme der Geschäftstätigkeit nach außen in Vollzug gesetzt wurde.[66] Eine Invollzugsetzung liegt darüber hinaus auch dann vor, wenn ein Gesellschafter im Innenverhältnis bereits seiner Einlagepflicht nachgekommen[67] oder durch die Fassung von Gesellschafterbeschlüssen der Organisationsapparat der Vorgesellschaft in Gang gesetzt worden ist.[68] Bei den prozessualen Möglichkeiten zur Auflösung der Vor-GmbH vor ihrer Eintragung in das Handelsregister ist zunächst die Mangelhaftigkeit (Nichtigkeit oder Anfechtbarkeit) **des gesamten Gesellschaftsvertrages** von der Mangelhaftigkeit (Nichtigkeit oder Anfechtbarkeit) **einer einzelnen Beitrittserklärung** andererseits zu unterscheiden. Dabei sind jeweils **einzelne Entstehungsphasen** (zwischen Gründung und Invollzugsetzung einerseits; zwischen Invollzugsetzung und Eintragung andererseits) separat voneinander zu betrachten. Die prozessualen Handlungsmöglichkeiten ändern sich sodann nach Eintragung der Gesellschaft ins Handelsregister. Dasselbe gilt für die Geltendmachung von Mängeln von Beitrittserklärung und Gesellschaftsvertrag nach Eintragung. Ist nämlich nur eine Beitrittswillenserklärung nichtig, so ändert dies grds. nichts am Bestand der Gesellschaft als solcher. Dem sich auf die Nichtigkeit oder Unwirksamkeit seiner Erklärung Berufenden kommt dann aber keine Gesellschafterstellung zu. Für § 139 BGB ist kein Raum.[69]

1. Mangelbehafteter Gesellschaftsvertrag

a) Zeitraum vor Invollzugsetzung und Eintragung

28 Für den Zeitraum zwischen Gründung und Invollzugsetzung ist zunächst zwischen Gründen, welche die **Nichtigkeit** oder die Unwirksamkeit des Gesellschaftsvertrages zur Folge haben, und solchen, die eine **Anfechtbarkeit** begründen zu unterscheiden. Für dieses Stadium gelten die allgemeinen Rechtssätze des BGB ohne Einschränkung.

---

65 S. u. näher bei Rdn. 83 ff.
66 BGHZ 3, 285 (288); RGZ 165, 193 (205); Michalski/*Michalski* § 2 Rn. 56; Roth/Altmeppen/*Roth* § 11 Rn. 66.; Scholz/*Emmerich* § 2 Rn. 69; einschränkend MünchHdb GesR Band I/*Bälz* § 100 Rn. 297, der die Aufnahme von Geschäften erst dann für die Invollzugsetzung als ausreichend ansieht, wenn Aktivvermögen erworben worden ist.
67 BGHZ 13, 320 (321); RGZ 166, 51 (59); Baumbach/Hueck/*Fastrich* § 2 Rn. 39; Michalski/*Michalski* § 2 Rn. 57; Scholz/*Emmerich* § 2 Rn. 69.
68 BGHZ 116, 37 (49); *K. Schmidt* § 6 III 1b.
69 BGHZ 47, 293 (301); 49, 364 (365); Ulmer/*Ulmer* § 2 Rn. 87.

aa) Nichtigkeits- und Unwirksamkeitsgründe

Vor Invollzugsetzung der Gesellschaft ist es den einzelnen Gesellschaftern grds. möglich, die Nichtigkeit oder Unwirksamkeit des Gesellschaftsvertrages nach den allgemeinen Vorschriften des BGB hinsichtlich Nichtigkeit und Unwirksamkeit geltend zu machen und gegebenenfalls mittels Feststellungsklage (§ 256 ZPO) feststellen zu lassen.[70] 29

Beispiele für Nichtigkeitsgründe sind: 30
– **Gesetzes- oder Sittenwidrigkeit des Gesellschaftszwecks**, etwa weil ein besonderes Gesetz die Wahl der Rechtsform der GmbH für diesen Zweck ausschließt oder er gegen die guten Sitten verstößt, (§§ 134, 138 BGB)[71];
– **Nichteinhaltung von Formerfordernissen** bei Abschluss des Gesellschaftsvertrages (§ 2 Abs. 1 S. 1 GmbHG, § 125 S. 1 BGB);
– **Nichtbeachtung** der Anforderungen des gesetzlichen **Mindestinhalts** des Gesellschaftsvertrages (§ 3 Abs. 1 GmbHG, § 134 BGB)[72] oder;
– **Mangelnde Vollmacht** eines Vertreters bei Vertragsschluss oder Nichtbeachtung von deren Form durch den Vollmachtgeber (§ 2 Abs. 2 GmbHG i. V. m. § 125 S. 1 BGB) oder gesetzlicher Vertretungsmacht (§ 177 ff. BGB; bei der Einmann-Gründung gilt § 180 S. 1 BGB)[73];
– **Verweigert** im Falle der Abgabe der Beitrittserklärung durch einen falsus procurator der vermeintlich Vertretene die nach §§ 177 Abs. 1, 184 Abs. 1 BGB mögliche[74] und erforderliche **Genehmigung**, so ist der Gesellschaftsvertrag endgültig nichtig.[75]

bb) Gründe, die zur Anfechtbarkeit führen

Hiervon zu unterscheiden sind solche Gründe, die lediglich zur **Anfechtbarkeit** des Gesellschaftsvertrages führen und ipso iure keine Nichtigkeit oder (schwebende) Unwirksamkeit zur Folge haben. Die Anfechtung wirkt ex tunc.[76] Beispiele sind: 31
– **Inhalts- bzw. Erklärungsirrtum** gem. § 119 Abs. 1 Alt. 1 oder 2 BGB;
– **Kausale arglistige Täuschung** für die Abgabe der Beitrittserklärung durch einen Gesellschafter (§ 123 Abs. 1 BGB) oder durch einen Dritten (§ 123 Abs 2 BGB; bei Drittem Zurechnungskriterien maßgeblich).

Nach erfolgter Anfechtung kann der Gesellschafter klageweise die ex-tunc-Nichtigkeit seiner Beitrittserklärung (§ 142 Abs. 1 BGB) sowie die Nichtigkeit des gesamten Gesellschaftsvertrages über § 139 BGB feststellen lassen.[77] Ein anfechtbarer Gesellschaftsvertrag kann nicht mehr angefochten werden, wenn er von dem Anfechtungsberechtigten **bestätigt** wird (§ 144 BGB). Eine Bestätigung kann regelmäßig in der Invollzugsetzung der Vor-GmbH nach Kenntniserlangung vom Mangel durch alle Gesellschafter gesehen werden.[78] Die wirksame Anfechtung einer einzelnen Beitrittserklärung während des Zeitraums vor Invollzugsetzung bewirkt damit die Vernichtung der gesamten Gesellschaft. 32

---

70 Michalski/*Michalski* § 2 Rn. 54. Baumbach/Hueck/*Fastrich* § 2 Rn. 37 und § 3 Rn. 22.
71 Vgl. BGHZ 62, 234; BayObLG DB 1972, 1015.
72 Vgl. Baumbach/Hueck/*Fastrich* § 2 Rn. 14.
73 LG Berlin GmbHR 1996, 123; Ulmer/*Ulmer* § 2 Rn. 27a.
74 H. M., OLG Düsseldorf NJW-RR 1996, 550; Roth/Altmeppen/*Roth* § 2 Rn. 30; Ulmer/*Ulmer* § 2 Rn. 27a.
75 Baumbach/Hueck/*Fastrich* § 2 Rn. 22.
76 Michalski/*Michalski* § 2 Rn. 54.
77 Baumbach/Hueck/*Fastrich* § 2 Rn. 38.
78 Vgl. allgemein zur Bestätigung einer Gesellschaft durch Invollzugsetzen MüKo BGB/*Ulmer* § 705 Rn. 357.

b) Zeitraum nach Invollzugsetzung und vor Eintragung

aa) Auflösung der fehlerhaften Vorgesellschaft

33 Wird die Gesellschaft dadurch in Vollzug gesetzt, dass die Mindesteinlagen gem. § 7 Abs. 2 und 3 GmbHG geleistet werden und hierdurch ein Gesellschaftsvermögen gebildet wird oder dass vorbereitende Geschäfte für den Betrieb der Gesellschaft vorgenommen werden, so ist eine bereicherungsrechtliche Rückabwicklung gescheiterter Verträge nicht interessengerecht. Es sind deshalb die **Grundsätze über die fehlerhafte Gesellschaft**[79] anzuwenden,[80] Die Gesellschaft wird nach der Lehre zur fehlerhaften Gesellschaft mit Wirkung für die Vergangenheit als wirksam fingiert und kann nur mit **ex-nunc-Wirkung aufgelöst** und unter Anwendung der Normen des GmbHG liquidiert werden. Nur noch in Ausnahmefällen kommt es zu einer Rückabwicklung der Gesellschaft.[81] Zur Geltendmachung der Gründungsmängel ist im Falle der Geltendmachung von Nichtigkeits- und Unwirksamkeitsgründen jeder Gesellschafter, im Falle der Geltendmachung von Anfechtungsgründen jeder anfechtungsberechtigte Gesellschafter, der die Anfechtung gem. § 143 Abs. 1 und 2 BGB gegenüber den anderen Gesellschaftern erklärt, mit Wirkung für die Zukunft befugt.

bb) Keine Notwendigkeit der Erhebung einer Gestaltungsklage

34 Zur Auflösung der fehlerhaften Vorgesellschaft ist nach Rechtsprechung und herrschender Lehre eine **Kündigung** gegenüber der Gesellschaft und den Mitgesellschaftern des Inhalts, dass die Gesellschaft aus wichtigem Grund gekündigt werde, ausreichend. Es bedarf **keiner Gestaltungsklage** der Gesellschafter gem. § 133 Abs. 1 HGB, § 61 GmbHG analog.[82]

35 Wird die Wirksamkeit der Kündigung bestritten, kann **Klage auf Feststellung der Auflösung** durch Kündigung erhoben werden. Will ein sich gegen die Wirksamkeit der Kündigung durch einen anderen Gesellschafter stellender Gesellschafter Rechtssicherheit schon vor Eintragung der GmbH ins Handelsregister erlangen, so bleibt es ihm unbenommen, **negative Feststellungsklage** gem. § 256 Abs. 1 ZPO mit dem Feststellungsantrag zu erheben, dass die Gesellschaft nicht infolge Kündigung aufgelöst worden ist.

36 Jeder einzelne Gesellschafter kann die Kündigung gem. § 723 Abs. 1 S. 2 und 3 Nr. 1 BGB unter Berufung auf einen wichtigen Grund für die Auflösung[83] erklären und so die fehlerhafte Vorgesellschaft zu Fall bringen.[84] Die Kündigung setzt voraus, dass die vertraglich vereinbarte Gründung der Gesellschaft bzw. die Verfolgung der mit der Gründung verfolgten Zwecke dem kündigenden Gesellschafter aufgrund der mangelbehafteten Vertragsgrundlage **unzumutbar** ist. Je personalistischer die Struktur der GmbH dabei ist, desto eher ist es möglich, dass ein objektiver Mangel individuellen Einschlag entfaltet. Um der Auflösung bindende Wirkung zukommen zu lassen, ist ggf. Feststellungsklage gem. § 256 Abs. 1 ZPO gegen die Vor-GmbH mit dem Antrag zu erheben, festzustellen, dass die

---

[79] Allg. zu den für Personengesellschaften entwickelten Gründsätzen über die fehlerhafte Gesellschaft *Michalski*, OHG-Recht § 105 Rn. 86 ff.
[80] BGHZ 13, 320 (321); 51, 30 (33); Rowedder/*Schmidt-Leithoff* § 2 Rn. 54; Scholz/*Emmerich* § 2 Rn. 70; Ulmer/*Ulmer* § 2 Rn. 92.
[81] BGHZ 13, 320 für den Fall, dass sich ein Gesellschafter auf Grund arglistiger Täuschung einen besonders günstigen Gewinn- oder Liquidationsanteil zusagen lässt; Michalski/*Michalski* § 2 Rn. 56.
[82] Str., so BGH DStR 2006, 2322 (2323) für die fehlgeschlagene Vor-AG; OLG Dresden GmbHR 1968, 186; Großkomm AktG/*Barz* § 29 Rn. 13 für die Vor-AG; Baumbach/Hueck/*Fastrich* § 2 Rn. 39; Michalski/*Michalski* § 2 Rn. 56; Roth/Altmeppen/*Roth* § 11 Rn. 59; Scholz/*Emmerich* § 2 Rn. 70; Ulmer/*Ulmer* § 2 Rn. 92 und § 11 Rn. 53; a. A.: *Feine*, S. 208; MünchHdb GesR Band III/*Gummert* § 16 Rn. 19; Rittner, S. 347 f.; Rowedder/Schmidt-Leithoff/*Schmidt-Leithoff* § 2 Rn. 67 mit der Einschränkung, dass § 61 Abs. 2 S. 2 GmbHG nicht angewendet wird.
[83] BGH DStR 2006, 2322 für die fehlgeschlagene Vor-AG bei Nichterbringbarkeit der Einlage durch einen Gründungsgesellschafter.
[84] Baumbach/Hueck/*Fastrich* § 2 Rn. 39; Michalski/*Michalski* § 2 Rn. 56; Ulmer/*Ulmer* § 11 Rn. 53; offen lassend Scholz/*Emmerich* § 2 Rn. 70.

C. Vor-GmbH

Vor-GmbH durch die auf § 723 Abs. 1 S. 2 und 3 Nr. 1 BGB gestützte Kündigung aufgelöst wurde. Ggf. ist darüber hinaus eine Feststellungsklage gegen die Geschäftsführer mit dem Antrag zu erheben, festzustellen, dass diese gem. §§ 66 ff. GmbHG analog[85] die Liquidation zu besorgen haben.[86]

cc) Feststellungsinteresse gem. § 256 Abs. ZPO

Erhebt ein kündigender Gesellschafter **Klage auf Feststellung der Auflösung**, ist ein **besonderes Feststellungsinteresse** in der Regel gegeben. Da ein Gesellschafter sowohl zur Vorgesellschaft als auch zu den anderen Gesellschaftern in Rechtsbeziehungen steht und ihn die Pflichten zur Leistung der Mindesteinzahlungen sowie zur Förderung der Entstehung der GmbH durch Vornahme aller hierzu erforderlichen Handlungen[87] treffen, ergibt sich sein rechtliches Interesse i. S. v. § 256 Abs. 1 ZPO an einer Feststellung der Auflösung der Vor-GmbH gegenüber dieser und den anderen Gesellschaftern daraus, dass mit der Auflösung und dem sich damit wandelnden Gesellschaftszweck in einen Abwicklungszweck die Grundlage für das Bestehen dieser Pflichten entfällt.[88]

37

dd) Eingeschränkte Wirkung nur mit Wirkung ex nunc ab Geltendmachung des Gründungsmangels

Die **Involzugsetzung** der Vor-GmbH hat eine eingeschränkte und geänderte Anwendung der allgemeinen BGB-Vorschriften zur Folge. Vertragsmängel, insbes. die Anfechtbarkeit gem. §§ 119, 123 BGB, die Gesetzes- oder Sittenwidrigkeit (§§ 134, 138 BGB) sowie die schwebende Unwirksamkeit (§§ 108 Abs. 1, 177 Abs. 1 BGB) bei fehlender Genehmigung durch den Vertreter bzw. den Vertretenen, können von jedem Gesellschafter geltend gemacht werden, indem eine Auflösungserklärung gem. § 723 Abs. 1 S. 2 und 3 Nr. 1 BGB abgegeben wird. Hierbei ist aber während der Phase nach Involzugsetzung zu beachten, dass die Auflösung nur **mit Wirkung ex nunc** ab Abgabe der Auflösungserklärung möglich ist. Der Mangel muss im Zeitpunkt der Geltendmachung noch fortdauern, darf also nicht durch Bestätigung des Rechtsgeschäfts nach §§ 141, 144 BGB geheilt worden sein.[89]

38

c) Zeitraum nach Anmeldung und Eintragung

Mit der Eintragung der GmbH in das Handelsregister entsteht diese ungeachtet etwaiger dem Gesellschaftsvertrag anhaftender Mängel. Die **Nichtigkeit** des Gesellschaftsvertrages oder der Vollmacht zum Abschluss des Gesellschaftsvertrages nach § 125 S. 1 BGB wegen Verstoßes gegen das Beurkundungserfordernis des § 2 Abs. 1 S. 1 GmbHG bzw. des § 2 Abs. 2 GmbHG wird durch die Eintragung **geheilt** und kann demnach nicht mehr geltend gemacht werden.[90] Dies gilt allerdings **nicht** für den Fall der Abgabe der Beitrittserklärung durch einen **falsus procurator**. Hier kommt nach Eintragung nur noch eine **Genehmigung** in der Form des § 2 Abs. 2 GmbHG in Betracht. Bleibt sie aus, so ergibt sich für den vermeintlich Vertretenen keine Bindung an den Gesellschaftsvertrag.[91] Nur durch auch nach Eintragung noch mögliche Genehmigung kann eine Gesellschafterstellung noch begründet werden. Hinsichtlich sonstiger Mängel des Gesellschaftsvertrags tritt zwar keine Heilung ein, die Gesellschafter können sie indes nicht länger geltend machen.[92] Wollen die Gesellschafter die Eintragung daher noch verhindern, um nicht Gefahr zu laufen, den überwiegenden Teil von Mängeln des Gesellschaftsvertrages nicht mehr gerichtlich geltend machen zu können, so empfiehlt es sich für die

39

---

85 S. zum Problem der Anwendung des Kapitalgesellschaftsliquidationsrechts bei der Vor-GmbH Rdn. 49.
86 So in BGH DStR 2006, 2322 für die nicht fehlerhafte Vor-AG.
87 S. hierzu allg. Baumbach/Hueck/*Fastrich* § 11 Rn. 8.
88 Entschieden in BGH DStR 2006, 2322 für den Fall der nicht fehlerhaften Vor-AG.
89 Rowedder/Schmidt-Leithoff/*Schmidt-Leithoff* § 2 Rn. 56.
90 H. M., Scholz/*Emmerich* § 2 Rn. 32; Ulmer/*Ulmer* § 2 Rn. 41.
91 Baumbach/Hueck/*Fastrich* § 2 Rn. 23.
92 Baumbach/Hueck/*Fastrich* § 2 Rn. 40.

Gesellschafter, einen Antrag auf **Erlass einer einstweiligen Verfügung** gegen die Eintragung zu stellen.[93]

aa) Nichtigkeitsklage gem. § 75 GmbHG

40 Nach Eintragung der GmbH in das Handelsregister steht den Gesellschaftern, Geschäftsführern und Aufsichtsratsmitgliedern jeweils die **Nichtigkeitsklage** gem. § 75 GmbHG gegen die Gesellschaft zur Verfügung, mit der die Nichtigerklärung der Gesellschaft bei Verstößen gegen die abschließend[94] in § 75 Abs. 1 GmbHG aufgezählten Bestimmungen mit Wirkung ex nunc- ab Rechtskraft der stattgebenden Entscheidung begehrt werden kann.[95] § 75 GmbHG gewährt also bei anderen als den aufgeführten Mängeln den Bestand der auf fehlerhafter Vertragsgrundlage eingetragenen Gesellschaft.[96] Die Klage ist entgegen ihrem auf eine Nichtigerklärung der Gesellschaft gerichteten Wortlaut als eine auf Auflösung der Gesellschaft gerichtete Gestaltungsklage zu verstehen.[97] Mit dem erschöpfenden Katalog des § 75 Abs. 1 GmbHG für die Geltendmachung von Nichtigkeitsgründen korrespondiert § 397 S. 2 FamFG, weswegen sonstige wegen eines Mangels wesentlicher Voraussetzungen unzulässige GmbH-Eintragungen nicht über § 395 Abs. 1 S. 1 FamFG gelöscht werden können.[98] Die Nichtigkeitsklage bei der AG wird in § 10 besprochen.[99]

bb) Amtsauflösung gem. § 399 FamFG

41 Gem. § 399 Abs. 4 i. V. m. Abs. 1 FamFG findet das **Amtsauflösungsverfahren** für die GmbH dann statt, wenn der Gesellschaftsvertrag eine der nach § 3 Abs. 1 Nr. 1 oder Nr. 4 GmbHG wesentlichen Bestimmungen nicht enthält bzw. diese nichtig sind oder die Bestimmung nach § 3 Abs. 1 Nr. 3 GmbHG nichtig ist.[100] Mit Rechtskraft der Verfügung des Registergerichts wird die GmbH gem. § 60 Abs. 1 Nr. 6 GmbHG aufgelöst.

cc) Sonstige Mängel des Gesellschaftsvertrags

42 Andere Mängel zeitigen grds. **keine Auswirkungen** auf den Bestand der eingetragenen Gesellschaft (abschließende Enumeration in § 75 Abs. 1 GmbHG). Ansonsten liefe der Gläubigerschutz leer, da entgegen § 30 Abs. 1 GmbHG im Rahmen der Rückabwicklung der Gesellschaft die Einlagen an die Gesellschafter zurückbezahlt würden und hierdurch in den gem. § 13 Abs. 2 GmbHG garantierten Haftungsfonds eingegriffen würde.[101] Bezüglich sonstiger, außerhalb des Anwendungsbereichs der § 75 GmbHG oder § 399 Abs. 4 FamFG liegender Mängel des Gesellschaftsvertrags tritt zwar keine Heilung ein, die Gesellschafter können diese Mängel indes nicht länger geltend machen.[102] Der Bestand des Gesellschaftsvertrages bleibt mangels Einschlägigkeit von § 139 BGB unberührt.[103] Es kommt allerdings eine Auflösungsklage nach § 61 GmbHG in Betracht, sofern unter Fortwirkung des Mangels die Fortführung der Gesellschaft unzumutbar ist.[104] Wird ein einzelner Gesellschafter von

---

93 RGZ 82, 357 (379); LG Heilbronn AG 1971, 372.
94 BGHZ 21, 381.
95 RGZ 73, 429 (431); BGHZ 21, 378 (381); KG OLGR 19, 371; OLG Frankfurt NZG 2002, 294.
96 Ulmer/*Ulmer* § 2 Rn. 92.
97 RGZ 148, 225 (232); 165, 193 (201); MünchHdb GesR Band I/*Bälz* § 100 Rn. 322.
98 BayObLG 1969, 219; OLG Frankfurt NZG 2002, 294.
99 Vgl. dort insbesondere § 10 Rdn. 27 ff.
100 Baumbach/Hueck/*Fastrich* § 2 Rn. 42.
101 Michalski/*Michalski* § 2 Rn. 60.
102 Baumbach/Hueck/*Fastrich* § 2 Rn. 40; zu Mängeln der Beitrittswillenserklärung sogleich unter Rdn. 44 ff.
103 Baumbach/Hueck/*Fastrich* § 2 Rn. 43; Ulmer/*Ulmer* § 2 Rn. 87
104 Rowedder/Schmidt-Leithoff/*Rasner* § 61 Rn. 9, 9a; Scholz/*K. Schmidt/Bitter* § 61 Rn. 19; Ulmer/*Caspar* § 61 Rn. 24.

C. Vor-GmbH § 15

dem Mangel negativ betroffen, so kann er u. U. ausgeschlossen werden[105] oder ein außerordentliches Austrittsrecht geltend machen.[106] Als Ausschließungsmittel ist dann aber eine Klage erforderlich.[107]

2. Mangelbehaftete Beitrittswillenserklärung

Vielfach führen Mängel der Beitrittserklärung auch zu Mängeln bei der Errichtung der Gesellschaft durch Abschluss des Gesellschaftsvertrages. Es finden damit dieselben Grundsätze wie für die Behandlung von Mängeln des Gesellschaftsvertrages Anwendung. 43

a) Unheilbare Mängel

Typischerweise kollidieren die Interessen des Gesellschafters an der Geltendmachung seines Mangels mit den Interessen der Gesellschaft und der Rechtsordnung an Rechtssicherheit. Bei einer im Handelsregister eingetragenen GmbH hat grundsätzlich das Interesse der Gesellschaft und der Rechtsordnung **Vorrang**. Das **Bestandsinteresse** tritt nur dann zurück, wenn dem Gründer die Willenserklärung überhaupt nicht zugerechnet werden kann.[108] Nichtigkeit ist dann gegeben bei 44
- mangelnder Geschäftsfähigkeit[109] oder
- Betreuung[110],
- dem nicht veranlassten Auftreten eines falsus procurator[111],
- der Entwendung, Fälschung oder Nichtvorlage einer Vollmacht[112] oder
- Drohung mit Gewalt.[113]

Uneinheitlich wird die Frage beantwortet, ob die Bedingung oder Befristung der Beitrittswillenserklärung durch den Gründungsgesellschafter ebenfalls dessen Bindung an den Gesellschaftsvertrag entfallen lässt.[114] Wird die Gesellschaft eingetragen, obwohl unheilbare Nichtigkeit einer einzelnen Beitrittserklärung in einem der o. g. Fälle vorliegt, **entsteht die GmbH dennoch**.[115] Für den betroffenen Gesellschafter ergeben sich aus seiner Erklärung indes weder Rechte noch Pflichten, insbes. kann er nicht zur Zahlung seiner Einlage angehalten werden, weshalb auch kein Geschäftsanteil entstehen kann.[116] Folge ist, dass die Summe der Nennbeträge aller Geschäftsanteile nach Eintragung nicht mehr mit der Stammkapitalziffer übereinstimmt (§ 5 Abs. 3 S. 2 GmbHG), was allerdings 45

---

105 Allg. anerkannt, BGHZ 9 157; 16, 322; 32, 22; 80, 349; Lutter/Hommelhoff/*Lutter* § 34 Rn. 52 ff.; Roth/Altmeppen/*Altmeppen* § 60 Rn. 77 ff.; Rowedder/Schmidt-Leithoff/*Bergmann* Anh. § 34 Rn. 79 f.; Ulmer/*Ulmer* Anh. § 34 Rn. 9.
106 Allg. anerkannt, RGZ 128, 16; BGHZ 9, 162; 116, (369); OLG München DB 1990, 473; Lutter/Hommelhoff/*Lutter* § 34 Rn. 70 ff.; Roth/Altmeppen/*Altmeppen* § 60 Rn. 100 ff.; Rowedder/Schmidt-Leithoff/*Bergmann* Anh. § 34 Rn. 101; Scholz/Winter/Seibt Anh. § 34 Rn. 13; Ulmer/*Ulmer* Anh. § 34 Rn. 46.
107 OLG Hamm DB 1994, 1232; Scholz/*Seibt* Anh. § 34 Rn. 37.
108 Baumbach/Hueck/*Fastrich* § 2 Rn. 44.
109 Michalski/*Michalski* § 2 Rn. 64; Scholz/*Emmerich* § 2 Rn. 66; Ulmer/*Ulmer* § 2 Rn. 98 f.; dagegen für wirksame Beteiligung eines Gründers auch bei beschränkter Geschäftsfähigkeit *Schäfer*, S. 284; jedoch ist selbst die Konstruktion eines hinkenden (nur profitierenden) Gesellschafters dem Gesellschaftsrecht fremd.
110 RGZ 68, 344 (352); 145, 155 (159); 147, 257 (271); BGHZ 17, 160, 166; BGH WM 1980, 866; NJW 1992, 1503 (1504).
111 KG OLGZ 1968, 477 (481); Scholz/*Emmerich* § 2 Rn. 74; Ulmer/*Ulmer* § 2 Rn. 42 und 101.
112 H. M., Lutter/Hommelhoff/*Bayer* § 2 Rn. 29; Michalski/*Michalski* § 2 Rn. 65; Roth/Altmeppen/*Roth* § 2 Rn. 38 f.; Rowedder/Schmidt-Leithoff/*Schmidt-Leithoff* § 2 Rn. 73; Zurechenbarkeit liegt aber dann noch vor, wenn der Gründer gar nicht erkannt hat, dass er eine Beitrittserklärung abgegeben hat, RGZ (VZS) 57, 292 (297), 88, 187; 123, 202 (207); 124, 279 (297).
113 RGZ 68, 344 (352); 147, 257 (271).
114 Vgl. hierzu RGZ 83, 264; Roth/Altmeppen/*Roth* § 2 Rn. 38; Rowedder/Schmidt-Leithoff/*Schmidt-Leithoff* § 2 Rn. 72; Scholz/*Emmerich* § 2 Rn. 75; Ulmer/*Ulmer* § 2 Rn. 113.
115 Michalski/*Michalski* § 2 Rn. 67.
116 Baumbach/Hueck/*Fastrich* § 2 Rn. 45; Lutter/Hommelhoff/*Bayer* § 2 Rn. 30.

keine **Ausfallhaftung** der übrigen Gesellschafter gem. § 24 S. 1 GmbHG auslöst,[117] da der entsprechende Geschäftsanteil nie existiert hat,[118] bzw. die Einlage nie geschuldet war.[119]

46 Die nichtige Beitrittserklärung ermöglicht auch nicht die Erhebung einer Gestaltungsklage gem. § 75 GmbHG, da eine Bestimmung über die Höhe des Stammkapitals im Gesellschaftsvertrag enthalten ist. Neben § 75 GmbHG scheidet eine Anwendung von § 395 FamFG i. Ü. aus.[120] Da aber ein Verstoß gegen § 3 Abs. 1 Nr. 4 GmbHG gegeben ist, kann die Gesellschaft wegen Satzungsmangels gem. § 399 Abs. 4 i. V. m. Abs. 1 FamFG von Amts wegen aufgelöst werden.[121] Die Heilung des Mangels ist zum einen durch eine jederzeit durchführbare Kapitalherabsetzung denkbar, zum anderen durch die Beteiligung eines Dritten an einer die Stammkapitalziffer nicht modifizierenden Kapitalerhöhung.[122]

47 Ist nur noch eine einzige Beitrittserklärung wirksam, so ist der Gesellschaftsvertrag als einseitiger Organisationsakt aufrechtzuerhalten. Es finden die Regeln zur **Einmann-Gründung** Anwendung, d. h. mit Eintragung der fehlerhaften Einmann-Vor-GmbH entsteht eine Einmann-GmbH.[123] Liegt überhaupt keine wirksame Beitrittserklärung vor, ist str., ob die Gesellschaft zur Entstehung gelangt. Zum Teil[124] wird vertreten, dass eine Gesellschaft dann überhaupt nicht entstehen könne, wenn weder Gesellschafter noch Geschäftsanteile vorhanden seien und damit auch keine Einlageverpflichtungen bestünden. Es habe dementsprechend eine Amtslöschung der nur scheinbar existenten Gesellschaft in Analogie zu §§ 395 Abs. 1, 397 S. 2 i. V. m. S. 1 FamFG stattzufinden. Andere[125] wiederum bejahen die Entstehung der Gesellschaft und plädieren dafür, diese sei gem. § 399 Abs. 4 i. V. m. Abs. 1 FamFG analog wegen Satzungsmangels aufzulösen.

b) Heilbare Mängel

48 Mit der Eintragung können sämtliche heilbaren Mängel vom Gesellschafter gegenüber der Gesellschaft nicht mehr geltend gemacht werden.[126] Selbst wenn bereits vor Eintragung in das Handelsregister eine Anfechtung seitens des Gesellschafters gegenüber der Vorgesellschaft erklärt wurde, so verliert diese mit Eintragung der Gesellschaft ihre Wirkung.[127] Will ein Gesellschafter die für ihn missliche Heilungsfolge durch Eintragung noch abwenden und wegen seines Willensmangels eine rechtliche Bindung an den Gesellschaftsvertrag verhindern, so hat er **einstweiligen Rechtsschutz** zu bemühen. Geheilt werden auch Beitrittserklärungen, die lediglich zum Schein (§ 117 Abs. 1 BGB) oder in der Erwartung abgegeben werden, der Mangel der Ernstlichkeit werde nicht verkannt (§ 118 BGB).[128]

---

117 KG OLGZ 1968, 477 (483); Baumbach/Hueck/*Fastrich* § 2 Rn. 45.
118 Michalski/*Michalski* § 2 Rn. 67.
119 Baumbach/Hueck/*Fastrich* § 2 Rn. 45; abw. Lutter/Hommelhoff/*Bayer* § 2 Rn. 30.
120 Vgl. Rdn. 40.
121 Baumbach/Hueck/*Fastrich* § 2 Rn. 45; Lutter/Hommelhoff/*Bayer* § 2 Rn. 30; Michalski/*Michalski* § 2 Rn. 67; Roth/Altmeppen/*Roth* § 2 Rn. 44; Scholz/*Emmerich* § 2 Rn. 71; Ulmer/*Ulmer* § 2 Rn. 102 f.; a. A.: Rowedder/Schmidt-Leithoff/*Schmidt-Leithoff* § 2 Rn. 74, anders aber bei fehlender Vollmacht, vgl. Rn. 57.
122 KG DR 1943, 1230; Baumbach/Hueck/*Fastrich* § 2 Rn. 45; Michalski/*Michalski* § 2 Rn. 67; Rowedder/Schmidt-Leithoff/*Schmidt-Leithoff* § 2 Rn. 75; Scholz/*Emmerich* § 2 Rn. 79; Ulmer/*Ulmer* § 2 Rn. 109 f.
123 Schäfer, S. 167; Ulmer/*Ulmer* § 2 Rn. 96.
124 Bislang h. M., Baumbach/Hueck/*Fastrich* § 2 Rn. 46; Rowedder/Schmidt-Leithoff/*Schmidt-Leithoff* § 2 Rn. 71; Scholz/*Emmerich* § 2 Rn. 77.
125 KG NZG 2001, 225; *Grooterhorst* NZG 2007, 605 (608); Michalski/*Michalski* § 2 Rn. 67; Roth/Altmeppen/*Roth* § 2 Rn. 45; Ulmer/*Ulmer* § 2 Rn. 97.
126 Baumbach/Hueck/*Fastrich* § 2 Rn. 40.
127 RGZ 82, 376 (378); Rowedder/Schmidt-Leithoff/*Schmidt-Leithoff* § 2 Rn. 72; Scholz/*Emmerich* § 2 Rn. 81.
128 RGZ (VZS) 57, 292 (297); 124, 279 (287); RG JW 1904, 563 (564); 1935, 3613; BGHZ 21, 378 (381); KG OLGZ 1968, 477 (481).

3. Wirkungen der außergerichtlichen Erklärung der Kündigung gem. § 723 Abs. 1 S. 2 und 3 Nr. 1 BGB

Bei Vorliegen eines Auflösungsgrundes und einer Auflösungserklärung tritt die Vorgesellschaft in die Liquidationsphase ein. Ihr werbender Zweck ändert sich in einen Abwicklungszweck.[129] Strittig war lange Zeit, welches Liquidationsrecht in einem solchen Fall zur Anwendung gelangen sollte, das der Personen(handels)gesellschaften (§§ 730 ff. BGB analog bzw. § 145 ff. HGB analog) oder das der Kapitalgesellschaften (§§ 66 ff. GmbHG analog). Früher wurde vielfach[130] eine analoge Anwendung des Personen(handels)gesellschaftsrechts befürwortet, mit der Folge, dass die Gesellschafter als Liquidatoren fungierten. Da mittlerweile aber die rechtliche Selbstständigkeit der Vor-GmbH und die Nähe, die sie in der Vorgesellschaftsphase zur GmbH aufweist, anerkannt sind, werden heute[131] **die Vorschriften des Kapitalgesellschaftsrechts, d. h. die §§ 66 ff. GmbHG analog herangezogen**, mit der stets für die Vorgesellschaft geltenden Einschränkung, dass die Anwendung nicht dadurch gesperrt ist, dass Geltungsvoraussetzung der jeweiligen Normen gerade die Eintragung im Handelsregister ist. Die §§ 730 ff. BGB bzw. §§ 145 ff. HGB analog passen auch deshalb nicht, da die Vor-GmbH gegenüber der Vorgründungsgesellschaft, auf die das Liquidationsrecht der Personen(handels)gesellschaften selbstverständlich anwendbar ist, ein aliud darstellt. Als Liquidatoren sind demzufolge grds. gem. § 66 Abs. 1 HS. 1 GmbHG analog die Geschäftsführer berufen.[132]

49

III. Haftung in der Vor-GmbH

Bei der Haftung für die Verbindlichkeiten der Vorgesellschaft ist zwischen der Haftung der Vorgesellschaft selbst, der ihrer Gesellschafter und der sog. Handelndenhaftung nach § 11 Abs. 2 GmbHG zu unterscheiden. Die Rechtsprechung des BGH hat im Grundsatzurteil BGHZ 134, 333 hierzu ein einheitliches Haftungsmodell entwickelt.

50

1. Haftungsmodell der Rechtsprechung

Die Vorgesellschaft selbst haftet mit ihrem Gesellschaftsvermögen für Verbindlichkeiten. Sie wird als Trägerin des Gesellschaftsvermögens durch das Handeln der Geschäftsführung verpflichtet. Für zum Schadensersatz verpflichtendes (insbes. deliktisches) Verhalten der Geschäftsführer haftet die Vorgesellschaft über die entsprechende Anwendung des § 31 BGB. **Die Gesellschafter** haften bei der Vor-GmbH **bis zur Eintragung der Gesellschaft in das Handelsregister** grds. im Rahmen einer gesellschaftsinternen anteiligen **Verlustdeckungshaftung** unbeschränkt und mit ihrem persönlichen Vermögen für sämtliche mit Aufnahme der Geschäftstätigkeit entstehenden Anlaufverluste, soweit der Geschäftsbeginn vom jeweiligen Einverständnis des Gründers gedeckt ist.[133] Dabei entstehen die gegen die Vor-GmbH geltend zu machenden Ansprüche mit Eintritt der Verluste, werden aber erst mit Scheitern der Vor-GmbH fällig.[134] Eine unbeschränkte **Außenhaftung** existiert in der Vor-GmbH in eng begrenzten, allerdings durchaus praktisch bedeutsamen Ausnahmefällen: bei Einpersonengründung; bei einem einzigen Gläubiger; bei Vermögenslosigkeit der Vorgesellschaft (str.).[135]

51

---

129 Baumbach/Hueck/*Haas* § 60 Rn. 9.
130 BGHZ 51, 30 (34); 86, 122 (127); BGH NJW 1963, 859; OLG Düsseldorf GmbHR 1994, 178; heute auch noch MünchHdb GesR Band I/*Bälz* § 100 Rn. 319, der die Vor-GmbH als eine Sonderform einer Personen(handels)gesellschaft sieht.
131 BGH NJW 2008, 2441; 2007, 589 (Vor-AG); 1998, 1079 (1080); 2008, 2441; 2007, 589 (Vor-AG); 1998, 1079 (1080); Roth/Altmeppen/*Roth* § 11 Rn. 59; Rowedder/Schmidt-Leithoff/*Schmidt-Leithoff* § 11 Rn. 69; Scholz/*K. Schmidt* 11 Rn. 65; Ulmer/*Ulmer* § 11 Rn. 55.
132 Zur Stellung der Vorstandsmitglieder einer Aktiengesellschaft als Liquidatoren vgl. o. § 10 Rdn. 9, 11 ff.
133 BGHZ 134, 333 (336).
134 Str., so jedenfalls Baumbach/Hueck/*Fastrich* § 11 Rn. 26 m. w. N.
135 Vgl. näher Baumbach/Hueck//*Fastrich* § 11 Rn. 27.

Nach Eintragung gilt als Äquivalent eine **unbegrenzte, nach Innen** gerichtete **proratarische Unterbilanzhaftung** (auch als **Vorbelastungshaftung** bezeichnet).[136] Die Haftung ist nicht auf die von den Gesellschaftern übernommenen Nennbeträge beschränkt, sondern umfasst auch darüber hinaus zum Zeitpunkt der Eintragung bestehende Verluste.[137] Die Darlegungs- und Beweislast für die Vorbelastungen trägt grundsätzlich die Gesellschaft bzw. der Insolvenzverwalter.[138] Bestehen jedoch Anhaltspunkte für eine Minderung des Stammkapitals, das Fehlen einer Vorbelastungsbilanz und gar sonstiger geordneter Aufzeichnungen, so trifft die Gesellschafter die Pflicht zur Darlegung, dass keine Unterbilanz bestand.[139] Maßgeblicher Berechnungsstichtag für den Umfang der Haftung ist die Handelsregistereintragung.[140]

2. Haftung des ausscheidenden Gesellschafters

52 Findet ein **Gesellschafterwechsel** vor Eintragung der Gesellschaft statt, so **haften** jedenfalls **die vorhandenen Gesellschafter**.[141] Zur Frage, ob sich für die Haftung eines Gesellschafters etwas ändert, wenn er durch einstimmige Änderung des Gründervertrages aus der Gesellschaft ausscheidet, liegt – soweit ersichtlich[142] – keine Rspr. vor. Bei einem Ausscheiden eines Gesellschafters vor Entstehung der Verbindlichkeit kommt eine Haftung entsprechend den im Personen(handels)gesellschaftsrecht geltenden Grundsätzen nicht in Betracht.[143] Problematisch ist einzig, ob ein ausgeschiedener Gesellschafter pro rata nach innen für eine Gesellschaftsverbindlichkeit haftet, die während seiner Mitgliedschaft begründet worden ist.

53 Zunächst einmal erscheint es denkbar, eine Haftung der Ausgeschiedenen auf eine Analogie zu § 22 GmbHG zu fußen. Nach § 22 Abs. 3 S. 1 GmbHG haftet der Rechtsvorgänger der Gesellschaft für die nicht erbrachte Einlage seines Rechtsnachfolgers während eines Zeitraums von fünf Jahren. Die Vorschrift müsste in doppelter Hinsicht extensiv ausgelegt werden: Zum einen muss ihr Geltungsbereich auf die Vorgesellschaft ausgedehnt werden, zum anderen muss die Haftung des Ausgeschiedenen als eine Leistung auf die Einlage begriffen werden.

54 Eher ist ein Weg zur Haftungspflicht über die allgemeinen Grundsätze der Verlustdeckungs- bzw. Unterbilanzhaftung gangbar. Diese Haftungskonzeption ist Ausfluss des Strebens nach effektivem Gläubigerschutz schon in der Gründungsphase. Mit dieser Zielrichtung muss auf der anderen Seite eine – u. U. zeitlich beschränkte – **Nachhaftung im Falle des Ausscheidens** eines Gesellschafters korrespondieren, um den eben gewonnenen Gläubigervorteil nicht wieder zu nivellieren. Effektiver Gläubigerschutz erfordert auch eine Nachhaftung des ausgeschiedenen Gesellschafters. Denn sonst könnten sich einzelne Gesellschafter durch einseitiges Ausscheiden der Haftung entziehen.[144] Dies erscheint sachgerecht, denn zum Zeitpunkt seiner Mitgliedschaft konnte der nachträglich Ausscheidende das Ausmaß von durch die Gesellschaft mit seiner Zustimmung aufgenommenen Verbindlichkeiten überblicken. Für ihn ist sein Haftungsrisiko damit absehbar.[145] Folglich erscheint eine – in Anlehnung an § 160 Abs. 1 S. 1 HGB und § 736 Abs. 2 BGB auf fünf Jahre begrenzte – nach Innen erfolgende anteilige Nachhaftung zumutbar. Gesellschaftsgläubiger können naturgemäß nicht die Gefahr prognostizieren, dass an der Grenze der Privatinsolvenz befindliche Gesellschafter ausschließlich die Haftungsverantwortung eines liquiden austretenden Gesellschafters übernehmen.

---

136 Baumbach/Hueck/*Fastrich* § 11 Rn. 25.
137 BGHZ 105, 300 (303).
138 OLG Rostock GmbHR 2014, 1264 (1265).
139 BGH NZG 2003, 393.
140 OLG Rostock GmbHR 2014, 1264 (1265).
141 Baumbach/Hueck/*Fastrich* § 11 Rn. 26.
142 So auch Heckschen/Heidinger/*Heidinger* § 3 Rn. 88.
143 OLG Düsseldorf GmbHR 1995, 823; Baumbach/Hueck/*Fastrich* § 11 Rn. 26.
144 So auch Heckschen/Heidinger/*Heidinger* § 3 Rn. 92; Rowedder/Schmidt-Leithoff/*Rittner/Schmidt-Leithoff* § 11 Rn. 62.
145 In diese Richtung geht auch OLG Düsseldorf GmbHR 1995, 823 (824); Heckschen/Heidinger/*Heidinger* § 3 Rn. 93 begründet eine Haftung aus einem allg. »Veranlasserprinzip«.

3. Haftung des eintretenden Gesellschafters

§ 16 Abs. 2 GmbHG enthält den nach GmbH-Eintragung geltenden Grundsatz, dass ein Erwerber 55
für **Einlageverpflichtungen** des Ausscheidenden, die in dem Zeitpunkt rückständig sind, ab dem der
Erwerber eine Gesellschafterstellung gegenüber der Gesellschaft innehat, neben dem Veräußerer haftet.[146] Verallgemeinert bedeutet dies, dass sich an die Verpflichtungen des Ausscheidenden dieselben
Verpflichtungen für den Eintretenden knüpfen. Dieser Grundsatz muss zur Verwirklichung eines
einheitlichen Haftungskonzeptes für von der Gesellschaft im Vorstadium mit Zustimmung des austretenden Gesellschafters aufgenommene Verpflichtungen auch für die Vor-GmbH-Phase gelten,
denn mit der Übernahme des Geschäftsanteils durch den Eintretenden gibt dieser zumindest konkludent zu verstehen, die Zustimmung des Ausscheidenden zur Verpflichtung der Vor-GmbH zu billigen und die Haftungskonzeption auf sich nehmen zu wollen. Bleibt eine Eintragung der GmbH
aus, entsteht damit eine **Verlustdeckungshaftung**. Erfolgt sie, so kommt es zu einer **Differenz-
bzw. Unterbilanzhaftung**. Dem Eintretenden kommt einerseits zu Gute, dass sämtliche Aktiva
der Vor-GmbH auf die GmbH übergehen, andererseits hat er im Gegenzug für auf dem Vermögen
der Vor-GmbH lastende Passiva im Rahmen einer Innenhaftung einzustehen. Dies gebieten wiederum Gläubigerschutz und eine einheitliche Haftungskonzeption.[147]

IV. Klage gegen einen handelnden Gründer einer GmbH, § 11 Abs. 2 GmbHG

1. Handelnder als Prozessgegner

Haben die Geschäftsführer im Rahmen ihrer Vertretungsmacht vor Eintragung der Gesellschaft ins 56
Handelsregister Geschäfte im Namen der Vorgesellschaft oder der Gesellschaft getätigt, so **haftet die
Vorgesellschaft** mit ihrem Vermögen. Die Gesellschafter haften gegenüber den Gläubigern unmittelbar nur in Ausnahmefällen.[148] Die **Handelndenhaftung** des § 11 Abs. 2 GmbHG hat gegenüber der
Haftung der Vorgesellschaft und deren Gesellschafter nur geringe praktische Bedeutung. Sie schließt
eine Lücke für die Gläubiger dort, wo wegen Überschreitung oder Fehlen der Vertretungsmacht oder
bei gescheiterter Gründung (str.[149]) das sonstige Haftungssystem keinen Schutz bietet.

Handelnder i. S. v. § 11 Abs. 2 GmbHG ist, wer als (Gesellschafter-)Geschäftsführer für die Vor- 57
GmbH rechtsgeschäftlich tätig wird oder wer in vergleichbarer Position im Rechtsverkehr auftritt.[150]
Erforderlich ist, dass die Person für die **konkrete die Verpflichtung** entstehen lassende Geschäftstätigkeit zumindest **mitverantwortlich** ist.[151] Ein Geschäftsführer, der nur das Handeln seines Mitgeschäftsführers **duldet oder billigt**, unterliegt keiner Haftung,[152] wohl aber im Falle von Gesamtvertretung ein Geschäftsführer, der den anderen zum Abschluss eines Vertrages ermächtigt. Insofern
haften beide als Gesamtschuldner.[153]

Nicht passivlegitimiert ist derjenige, der nur in Vollmacht des Geschäftsführers einer noch nicht ein- 58
getragenen GmbH handelt.[154] Der Vollmacht erteilende, nur mittelbar am Rechtsgeschäft beteiligte
Geschäftsführer handelt gleichwohl i. S. v. § 11 Abs. 2 GmbHG.[155] Das Vorhandensein von Vertretungsmacht ist für die Anwendung von § 11 Abs. 2 GmbHG ohne Bedeutung,[156] denn es ist gerade
Telos der Vorschrift, einen Gläubigernachteil durch mangelnde rechtsgeschäftliche Bindung der Vor-

---

146 Siehe hierzu § 6 Rdn. 331 ff.
147 Heckschen/Heidinger/*Heidinger* § 3 Rn. 95.
148 Siehe oben unter Rdn. 50 ff.
149 Baumbach/Hueck/*Fastrich* § 11 Rn. 33 u. 45.
150 BGHZ 47, 25; 65, 378 (380); 91, 148 (149).
151 BGHZ 65, 378 (381).
152 BGH NJW-RR 1986, 116; Scholz/*K. Schmidt* § 11 Rn. 103.
153 BGH NJW 1974, 1284 (1285).
154 BGHZ 66, 359.
155 BGHZ 53, 206 (208); 69, 95 (101).
156 BGHZ 53, 210 (216).

gesellschaft abzufangen.[157] Eine Haftung des Handelnden selbst kann sich aus § 179 BGB dann ergeben, wenn der Handelnde keine Vollmacht besaß oder für einen nicht existenten Rechtsträger (auch wenn der Handelnde den Eindruck erweckt der Rechtsträger existiere[158]) handelte.[159] § 11 Abs. 2 GmbHG ist insoweit lex specialis zu § 179 BGB, als dass die Handelndenhaftung aus Gläubigerschutzgesichtspunkten von den Haftungsabmilderungen einer Nichtkenntnis der beschränkten Vertretungsbefugnis des Geschäftsführers (§ 179 Abs. 2 BGB) oder einer positiven Kenntnis bzw. einem Kennenmüssen des Gläubigers bezüglich des Mangels der Vertretungsmacht (§ 179 Abs. 3 S. 1 BGB) losgelöst ist.[160] Der Vertreter selbst trägt die Beweislast für sein Handeln mit Vertretungsmacht.[161]

59 § 11 Abs. 2 GmbHG gewährt nur **Dritten**, jedoch nicht den Gesellschaftern als Gläubigern, einen Anspruch.[162] Ein Verschulden ist nicht vonnöten.[163]

60 Der Geschäftsführer bzw. der, der wie ein solcher auftritt, kann die Handelndenhaftung durch **ausdrücklichen Haftungsausschluss** für den Einzelfall ausschließen, da § 11 Abs. 2 GmbHG dispositiv ist.[164] Ein genereller Haftungsausschluss in AGB ist indes unwirksam.[165]

61 Durch die Handelndenhaftung soll der Gläubiger so gestellt werden, wie er stünde, wenn er mit der Vorgesellschaft selbst den Vertrag geschlossen hätte. Der Handelnde kann gegenüber dem Gläubiger also alle **Einreden und Einwendungen** erheben, die der Vor-GmbH gegen diesen zustehen bzw. ihr zustünden, wenn wirksam für sie gehandelt worden wäre.[166]

2. Zeitraum der Geltendmachung

62 Ansprüche aus § 11 Abs. 2 GmbHG können vom Gläubiger nur solange geltend gemacht werden, wie eine Handelndenhaftung von Geschäftsführern oder ähnlich Auftretenden überhaupt besteht. Eine Verpflichtung aus Handelndenhaftung kommt ausschließlich ab dem Zeitraum **nach Errichtung der Gesellschaft** in Betracht. Für Rechtsgeschäfte aus der Vorgründungsphase findet § 11 Abs. 2 GmbHG keine Anwendung.[167] Eine Haftung aus § 11 Abs. 2 GmbHG kann sich schon deshalb nicht ergeben, da ein völlig anderes Rechtssubjekt verpflichtet worden ist, nämlich die Vorgründungsgesellschaft, deren (Gesellschafter-)Geschäftsführer nicht zwangsläufig mit denen der Vorgesellschaft übereinstimmen. § 11 Abs. 2 GmbHG knüpft aber an die Existenz einer Vorgesellschaft und damit an ein Handeln von deren Geschäftsführern oder ähnlich auftretenden Personen an.[168] Die Handelndenhaftung **endet** sodann mit Abschluss der Vorgesellschaftsphase, d. h. mit **Eintragung** der GmbH ins Handelsregister.[169] § 11 Abs. 2 GmbHG ist dann wegen Beschränkung der Haftung auf das Vermögen der Gesellschaft und ergänzender Differenz- bzw. Unterbilanzhaftung überflüssig. Dies ist heute allg.[170] anerkannt und gilt auch im Falle eines Übergangs von durch

---

157 *Dreher* DStR 1992, 33 (36).
158 OLG Stuttgart GmbHR 2014, 94 (95).
159 Brandenburgisches OLG, Urt. v. 05.4.2011 –11 U 121/09, Rn. 70.
160 Hachenburg/*Ulmer* § 11 Rn. 101.
161 Brandenburgisches OLG, Urt. v. 05.4.2011 – 11 U 121/09, Rn. 71.
162 *Dreher* DStR 1992, 33 (36); Rowedder/Schmidt-Leithoff/*Rittner* § 11 Rn. 113 m. w. N.
163 *Dreher* DStR 1992, 33 (36).
164 BGHZ 15, 206; 53, 213; NJW 1973, 798; allg. M., vgl. nur Baumbach/Hueck/*Fastrich* § 11 Rn. 52.
165 Scholz/*K. Schmidt* § 11 Rn. 122.
166 Scholz/*K. Schmidt* § 11 Rn. 123; Ulmer/*Ulmer* § 11 Rn. 141.
167 Brandenburgisches OLG, Urt. v. 05.4.2011 – 11 U 121/09, Rn. 63.
168 BGHZ 91, 148; Baumbach/Hueck/*Fastrich* § 11 Rn. 46; Scholz/*K. Schmidt* § 11 Rn. 112.
169 BGHZ 69, 95 (103); 80, 129 (137 ff.); 80, 182; Baumbach/Hueck/*Fastrich* § 11 Rn. 53; Scholz/*K. Schmidt* § 11 Rn. 130.; unklar: OLG Rostock GmbHR 2014, 1264 (1265), das feststellt, dass die Haftung aus § 11 Abs. 2 GmbHG erst mit Handelsregistereintragung beginne; gemeint ist aber wohl die Unterbilanzhaftung.
170 BGHZ 69, 103; 70, 139; 76, 323; 80, 182; NJW 1982, 932; 1983, 2822; Lutter/Hommelhoff/*Bayer* § 11 Rn. 29; Roth/Altmeppen/*Roth* § 11 Rn. 33.

den Handelnden begründeten Dauerschuldverhältnissen.[171] Eine Enthaftung ist auch nicht durch die Verwendung von AGB seitens des Gläubigers dadurch abwendbar, dass § 11 Abs. 2 GmbHG auch für den Zeitraum nach Eintragung der GmbH generelle Geltung beansprucht, da eine solche Klausel in AGB überraschend i. S. v. § 305c Abs. 1 BGB und damit nichtig ist.[172] Die Handelndenhaftung **bleibt** dagegen auch nach Eintragung **bestehen**, soweit der Geschäftsführer seine Vertretungsmacht überschritten hat oder andere Personen ohne Vertretungsmacht wie Geschäftsführer gehandelt haben.[173]

3. Auswirkungen der Eintragung der GmbH auf die Handelndenhaftung während eines rechtshängigen Prozesses

Da mit der Eintragung der GmbH ins Handelsregister materiell-rechtlich die Verantwortlichkeit des Handelnden i. S. v. § 11 Abs. 2 GmbHG erlischt, ist offenkundig, dass ein Kläger während eines materiell-rechtlich auf die Handelndenhaftung des § 11 Abs. 2 GmbHG gestützten Prozesses in prozessualen Zugzwang bezüglich seiner Klage gerät. Denn eine Enthaftung des Handelnden kann nicht dadurch umgangen werden, dass ein Anspruch aus Handelndenhaftung vor Eintragung der GmbH ins Handelsregister rechtshängig gemacht wird.[174] Vor diesem Hintergrund bietet sich ein Vorgehen über § 11 Abs. 2 GmbHG gegen den Handelnden in der Praxis nur dann an, wenn zum einen die Solvenz des Handelnden außer Frage steht und zum anderen eine Eintragung der GmbH auf einen längeren Zeitraum nicht absehbar ist.[175] Ist der Handelnde gleichzeitig Gründer, so trifft ihn für die Vorgründungsphase ohnehin eine Verlustdeckungshaftung. Die Eintragung der GmbH während des Prozesses löst dann lediglich eine Umwandlung der Verlustdeckungs- in eine Unterbilanzhaftung aus. Selbst wenn die übrigen Gründungsgesellschafter insolvent sind, haftet der letzte Gründer auf Differenz über die Ausfallhaftung[176] gem. § 24 S. 2 i. V. m. S. 1 GmbHG. 63

Aus prozessualer Sicht ist in diesem Fall die **einseitige Erledigterklärung** durch den Gläubiger zu empfehlen, da die Eintragung der GmbH ins Handelsregister während eines rechtshängigen Prozesses ein erledigendes Ereignis darstellt.[177] Die einseitige Erledigungserklärung stellt dann eine zulässige Klageänderung i. S. v. § 264 Nr. 2 ZPO in eine Feststellungsklage dar, mit dem Antrag, festzustellen, dass sich die ursprünglich zulässige und begründete Klage durch ein nach Rechtshängigkeit eingetretenes Ereignis – eben die Eintragung der GmbH – erledigt hat, d. h. unzulässig oder unbegründet geworden ist. Auf die einseitige Erledigterklärung des Gläubigers findet § 91a Abs. 1 S. 1 ZPO keine analoge Anwendung. Es kommt also nicht zu einem Kostenbeschluss, sondern einem Sachurteil. Demgegenüber führt die **Klagerücknahme** in aller Regel zur Kostentragung durch den Kläger, vgl. § 269 Abs. 3 S. 2 ZPO. 64

4. Ausnahmsweise keine Enthaftung; Beweislast

Trotz Eintragung der GmbH in das Handelsregister **besteht** der vorher rechtshängig gemachte Anspruch aus Handelndenhaftung dann **fort**, wenn die GmbH durch das Handeln überhaupt **nicht verpflichtet** worden ist und das Fehlen einer Genehmigung durch die Vor-GmbH bzw. die spätere GmbH zu keinem Zeitpunkt zu einer Verpflichtung der Gesellschaft geführt hat.[178] Dies gilt selbst- 65

---

171 BGHZ 70, 132 (141); Scholz/*K. Schmidt* § 11 Rn. 130; Ulmer/*Ulmer* § 11 Rn. 143.
172 OLG Brandenburg GmbHR 2002, 109.
173 Siehe unter Rdn. 56 ff.
174 Ulmer/*Ulmer* § 11 Rn. 146.
175 *Cebulla* NZG 2001, 972 (977).
176 Diese erfasst nämlich auch Ansprüche der Gesellschaft gegen ihre Gründer aus Verlustdeckungs- und Unterbilanzhaftung, vgl. Rdn. 146.
177 *Drescher*, Rn. 877; *Müther* MDR 2001, 366 (367); Ulmer/*Ulmer* § 11 Rn. 146.
178 H. M., BGHZ 80, 182 (183); Baumbach/Hueck/*Fastrich* § 11 Rn. 53; Michalski/*Michalski/Funke* § 11 Rn. 109; Roth/Altmeppen/*Roth* § 11 Rn. 33; Ulmer/*Ulmer* § 11 Rn. 147; a. A.: Scholz/*K. Schmidt* § 11 Rn. 132, der für Fälle fehlender Vertretungsmacht § 179 BGB anwenden will, mit Eintragung der GmbH aber stets Nichtgeltung von § 11 Abs. 2 GmbHG annimmt.

verständlich auch dann, wenn eine Eintragung der GmbH im Falle der unechten Vorgesellschaft ausbleibt. Erfolgt die Eintragung und entsteht die GmbH, so ist für die Handelndenhaftung auch dann kein Raum mehr, wenn offensichtlich ist, dass sich die Verpflichtung auf die Vor-GmbH bezog und die GmbH mit abgewandelter Firma eingetragen wurde.[179]

66 Sind die vertragliche Bindung der Vor-GmbH sowie hierdurch bedingt eine etwaige Enthaftung des Handelnden streitig, so hat der Handelnde den Beweis für seine Enthaftung und eine wirksame Verpflichtung der GmbH evtl. nach Genehmigungserteilung durch die Vor-GmbH bzw. GmbH zu erbringen.[180]

5. Befreiende Schuldübernahme nach Rechtshängigkeit und mangelnde Enthaftung trotz GmbH-Eintragung

67 Die nach Eintragung entstandene GmbH kann durch Rechtsgeschäft die noch nicht untergegangene Verpflichtung aus § 11 Abs. 2 GmbHG noch während eines rechtshängigen Prozesses übernehmen, § 414 BGB oder § 415 Abs. 1 S. 1 BGB. **Passivlegitimiert** ist nunmehr die GmbH.

68 Der **BGH**[181] und Teile der Literatur[182] lehnen eine Anwendung von § 265 Abs. 2 ZPO in diesem Fall ab. § 265 Abs. 2 ZPO betreffe nach seinem Telos nur Fälle der Veränderung der Berechtigung, nicht auch der Verpflichtung.[183] Hat der Gläubiger an der Änderung der Passivlegitimation mitgewirkt, so hat er einer Klageabweisung prozessrechtlich dergestalt entgegenzuwirken, dass er die Klage entweder zurücknimmt oder aber die Hauptsache für einseitig erledigt erklärt.[184] Sodann hat er die GmbH zu verklagen.

Unberührt hiervon bleibt natürlich die Möglichkeit, im Wege eines gewillkürten Parteiwechsels auf Beklagtenseite nach den allgemeinen Regeln die GmbH Prozesspartei werden zu lassen.[185]

6. Auswirkung der Eintragung der GmbH nach Abschluss des Erkenntnisverfahrens

69 Nach Eintragung der GmbH ins Handelsregister steht dem Handelnden gegen den auf § 11 Abs. 2 GmbHG gestützten, bereits titulierten Anspruch die materielle **Einrede weggefallener Passivlegitimation** zu. Diese ist durch eine Vollstreckungsabwehrklage gem. § 767 Abs. 1 ZPO beim Prozessgericht des ersten Rechtszuges geltend zu machen.[186] Der Gläubiger kann dann nur noch auf das Vermögen der GmbH zugreifen. Bei unzureichendem Haftungsfonds kann der Gläubiger die sich aus der unbegrenzten proratarischen Differenz- bzw. Unterbilanzhaftung ergebenden Ansprüche der Gesellschaft gegen ihre Gründungsgesellschafter pfänden und sich zur Einziehung überweisen lassen, §§ 829 Abs. 1, 835 Abs. 1 Alt. 1 ZPO.

7. Regressanspruch des Handelnden

70 Dem Handelnden steht es nach Inanspruchnahme durch einen Gesellschaftsgläubiger frei, gem. §§ 675 Abs. 1, 670 BGB bei der Vorgesellschaft **Regress** zu nehmen, sofern er im Einklang mit der ihm durch den Gesellschaftsvertrag oder dem Zustimmungsbeschluss der Gesellschafter eingeräumten Vertretungsbefugnis kontrahiert hat.[187]

---

179 OLG Oldenburg NZG 2001, 811 (812); i. Ü. s. zum Fortbestehen der Handelndenhaftung in Ausnahmefällen Rdn. 63 ff.
180 Ulmer/*Ulmer* § 11 Rn. 147.
181 BGH NJW 1973, 1700.
182 Stein/Jonas/*Roth* § 265 Rn. 5; Thomas/Putzo/*Reichhold* § 265 Rn. 10; Zöller/*Greger* § 265 Rn. 5a.
183 BGH NJW 1973, 1700.
184 BGH NJW 1973, 1700 (1701).
185 Zöller/*Greger* § 265 Rn. 5a und zum gewillkürten Parteiwechsel allgemein Rn. 7.
186 *Cebulla* NZG 2001, 972 (977).
187 Baumbach/Hueck/*Fastrich* § 11 Rn. 54; Roth/Altmeppen/*Roth* § 11 Rn. 34.

D. Das Schicksal von Prozessen beim Übergang in eine neue Gründungsphase

I. Übergang eines Prozesses auf die Vor-GmbH

Da beim Übergang von der Vorgründungsphase in das Stadium der Vorgesellschaft das Kontinuitätsprinzip nicht gilt und mit der Vor-GmbH ein rechtlich eigenständiger Vermögensträger entsteht, geht der von einer oder gegen eine Vorgründungsgesellschaft geführte Prozess nicht automatisch auf die Vor-GmbH über. 71

1. Partei- und Prozessfähigkeit der Vorgründungsgesellschaft und der Vor-GmbH

Tritt eine **Vorgründungsgesellschaft** in Form einer GbR oder einer OHG in einem Prozess als Aktiv- oder Passivpartei auf, so ist es bedeutungslos, dass die Vorgründungsgesellschaft die Vor-GmbH-Phase erreicht oder eine GmbH entsteht. Der Rechtsstreit ist auch **nach notarieller Beurkundung** des Gesellschaftsvertrages oder Eintragung der GmbH in das Handelsregister durch die Vorgründungsgesellschaft **im eigenen Namen fortzuführen**.[188] 72

Tritt eine **Vor-GmbH** als Partei eines Prozesses auf, obwohl sie erst im Laufe des Prozesses durch Beurkundung des Gesellschaftsvertrags entsteht, so reicht dies zur **rückwirkenden** Herstellung der Partei- und Prozessfähigkeit aus, wenn die Vor-GmbH die bisherige Prozessführung für und gegen die Vorgründungsgesellschaft genehmigt.[189] Die Genehmigung hat dann zur Folge, dass die Vorgesellschaft als **von Anfang an parteifähig** anzusehen ist. Davon zu unterscheiden ist die Frage, ob die Vor-GmbH nach Genehmigung auch aktiv- bzw. passivlegitimiert ist.[190] 73

2. Voraussetzungen für den Übergang eines Prozesses

a) Übertragung der Sachlegitimation auf die Vor-GmbH und Übernahme des Prozesses durch die Vor-GmbH beim Aktivprozess

Will die Vor-GmbH einen Anspruch der Vorgründungsgesellschaft durchsetzen, muss ihr dieser durch gesonderte **Einzelübertragung** verschafft werden.[191] Eine solche Übertragung kann auch konkludent erfolgen, weshalb keine allzu großen Anforderungen an den Verfügungsakt zu stellen sind. Ergeben sich Anhaltspunkte hierfür aus dem Gesellschaftsvertrag oder finden sich Verbuchungen in den Unterlagen der Vor-GmbH, so kann dies ausreichen.[192] Die Übertragung eines Anspruchs kann auch durch Einbringung eines Streitgegenstandes von der Vorgründungsgesellschaft in die Vorgesellschaft im Rahmen der Einlageleistung nach Errichtung der Gesellschaft, die sich während des Prozesses vollzogen hat, erfolgen.[193] 74

Ausnahmsweise lässt sich eine Berechtigung der Vorgesellschaft auch über einen (echten) Vertrag zu Gunsten Dritter konstruieren.[194] Erforderlich ist aber ein besonderer Erklärungstatbestand. Grundsätzlich gilt: Tritt eine Person für die Vor-GmbH oder die GmbH vor Abschluss des notariellen Gesellschaftsvertrag auf, so ist berechtigt und verpflichtet der wahre Rechtsträger, nämlich die Vorgründungsgesellschaft.[195] 75

In jedem Fall ist die **Zustimmung des Prozessgegners** zur Fortsetzung der Prozessführung durch die Vor-GmbH vonnöten, § 265 Abs. 2 S. 2 ZPO, die auch durch **rügelose Einlassung** gem. § 267 ZPO erfolgen kann. Bleibt sie aus, so muss die Gründungsgesellschaft ihren Antrag auf Leistung an die 76

---

188 So *Happ* § 13 Rn. 34 zur Fortsetzung des Prozesses durch die Gründungsgesellschafter im eigenen Namen vor Anerkennung der (Teil-) Rechtsfähigkeit der Außen-GbR.
189 OLG Köln NZG 2000, 151 (152); Baumbach/Hueck/*Fastrich* § 11 Rn. 17.
190 Vgl. den Fall OLG Köln NZG 2000, 151 und sogleich.
191 OLG Köln NZG 2000, 151 (152).
192 Vgl. BGH DStR 1991, 1465 (1466); Römermann/*Strehle* § 3 Rn. 77.
193 *Happ* § 13 Rn. 35.
194 Baumbach/Hueck/*Fastrich* § 11 Rn. 38.
195 BGHZ 62, 216 (219); 91, 148 (152).

Vor-GmbH umstellen, da nach Übertragung nur noch die Vor-GmbH Aktivlegitimation bezüglich einer Leistungsklage besitzt.[196] Hierauf hat das Gericht hinzuweisen, § 139 Abs. 1 ZPO.[197] Die Zustimmung wird i. Ü. nur **schwer zu erlangen** sein, da der Beklagte im Falle des Aktivprozesses der Vorgründungsgesellschaft bei eigenem Obsiegen von einer unbeschränkten akzessorischen (Außen-)Haftung der Vorgründungsgesellschafter für seinen Kostenerstattungsanspruch profitiert.

77 Bleibt die Zustimmung des Beklagten aus und stellen die Gesellschafter der Vorgründungsgesellschaft ihren Antrag nicht auf Leistung an die Vor-GmbH nach Errichtung bzw. an die GmbH nach Eintragung um, so fehlt der Vorgründungsgesellschaft infolge des Übertragungstatbestandes die Aktivlegitimation.[198] Wird die Klage abgewiesen, so steht einer neuen Klage der Vor-GmbH trotz auch ihr gegenüber geltender Rechtskraft (§ 325 ZPO)[199] die **materielle Rechtskraft** des Urteils gegen die Vorgründungsgesellschaft nicht entgegen. Denn aufgrund Antragsverschiedenheit ist ein **neuer Streitgegenstand** gegeben. Die Klage der Vor-GmbH scheitert an der Rechtskraft der Abweisung der Klage der Vorgründungsgesellschaft nur, wenn der Klageantrag der Vorgründungsgesellschaft im Vorprozess umgestellt worden ist.[200] Für die Antragsverschiedenheit muss es i. Ü. belanglos sein, wenn die Vorgründungsgesellschaft schon im Namen der GmbH i.Gr. aufgetreten ist und die Vor-GmbH sodann unter demselben Namen klagt, da Rechtsträgerverschiedenheit gegeben ist.

b) Übertragung der Sachlegitimation auf die Vor-GmbH und Übernahme des Prozesses durch die Vor-GmbH beim Passivprozess

78 Während des Passivprozesses bedarf es der Vereinbarung einer Schuldübernahme sowie deren Genehmigung durch den Gläubiger der Vorgründungsgesellschaft gem. §§ 414, 415 Abs. 1 BGB. Der Vertragsschluss eines Gläubigers mit einer Vor-GmbH bzw. GmbH i.Gr. kann **nicht als konkludente Zustimmung** i. S. v. § 415 Abs. 1 S. 1 BGB zur zukünftigen Übernahme einer für die Vorgründungsgesellschaft bestehenden Verbindlichkeit durch die Vorgesellschaft verstanden werden.[201] Dies aus zwei Gründen: Zum einen würden hierdurch die Grundsätze der Verpflichtung des Unternehmensträgers beim unternehmensbezogenen Geschäft unterlaufen. Zum anderen würde dem Gläubiger einer Vorgründungsgesellschaft mit einer solchen Zustimmung der Zugriff auf das Gesellschaftervermögen nur noch im Wege einer (wenn auch ebenfalls unbegrenzten) proratarischen Innenhaftung ermöglicht. Etwas anderes kann nur gelten, wenn eine klare und zutreffende Unterrichtung über die Gesamtumstände, d. h. über die rechtlichen Verhältnisse zwischen ursprünglichem Schuldner (Vorgründungsgesellschaft) und Übernehmer (Vor-GmbH), erfolgt ist.[202] Fehlt eine Zustimmung des Gläubigers oder bleibt seine Genehmigung bezüglich der Vertragsübernahme aus, so ist weiterhin nur die Vorgründungsgesellschaft passivlegitimiert, eine Klage gegen die Vor-GmbH ist schon aus diesem Grunde unbegründet.

79 Wird während des Passivprozesses ein Gegenstand ohne Zustimmung des Prozessgegners von der Vorgründungsgesellschaft auf die Vor-GmbH übertragen, so hat dies grds. **keinen Einfluss auf den Prozessverlauf**.[203] Wird also die hinsichtlich des veräußerten Gegenstandes weiterhin prozessführungsbefugte Vorgründungsgesellschaft antragsgemäß verurteilt, so kann sich der Kläger durch Titelumschreibung gem. § 727 ZPO gegen die Vor-GmbH einen Vollstreckungstitel verschaffen.

---

196 BGH NJW 1986, 3206 (3207); MüKo ZPO/*Becker-Eberhard* § 265 Rn. 83; *Happ* § 13 Rn. 35.
197 MüKo ZPO/*Becker-Eberhard* § 265 Rn. 83.
198 St. Rspr. (Relevanztheorie) seit RGZ 56, 301; BGHZ 26, 31 (37); vgl. auch Musielak/*Foerste* § 265 Rn. 10 m. w. N.
199 Nach § 325 ZPO erwächst ein Urteil auch gegenüber dem Zessionar in Rechtskraft, vgl. MüKo ZPO/*Gottwald* § 325 Rn. 27.
200 MüKo ZPO/*Becker-Eberhard* § 265 Rn. 90.
201 Nach BGH NJW 1998, 1645 (1646) gilt dies selbst dann nicht, wenn der Vertragspartner täuschungsbedingt davon ausgeht, mit einer bereits bestehenden GmbH zu kontrahieren.
202 *Gehrlein* NJW 1998, 2651 (2652).
203 BGH ZZP 88, 324 (328); MüKo ZPO/*Becker-Eberhard* § 265 Rn. 91; Musielak/*Foerste* § 265 Rn. 11; Stein/Jonas/*Roth* § 265 Rn. 26; Thomas/Putzo/*Reichhold* § 265 Rn. 14 (Irrelevanztheorie).

Eine **Verurteilung der Vorgesellschaft** ist aber nur dann möglich, wenn diese den Prozess übernommen hat. Hierfür müssen wiederum die Voraussetzungen für einen gewillkürten nach § 265 Abs. 2 S. 2 ZPO gesetzlich zugelassenen **Parteiwechsel** erfüllt sein. Neben der Zustimmung des Klägers ist auch die Zustimmung der Vorgründungsgesellschaft vonnöten. Letztere folgt aus den allgemeinen Grundsätzen über die Zulässigkeit eines gewillkürten Parteiwechsels.[204]

3. Folgen der Prozessübernahme durch die Vor-GmbH

Ist die Übernahme des Prozesses der Vorgründungsgesellschaft wirksam durch die Vor-GmbH erfolgt, so hat dies zur Folge, dass die Vorgründungsgesellschaft ohne besondere gerichtliche Entscheidung und ohne eine Klagerücknahme seitens der Vorgesellschaft aus dem Prozess ausscheidet. Als Rechtsnachfolgerin ist die Vor-GmbH an die bestehende Prozesslage gebunden.[205] Nach jüngerer Rspr. des BGH[206] sind dem Rechtsnachfolger die vor und nach Prozessübernahme entstandenen Kosten nicht länger in Gänze aufzuerlegen[207], sondern es ergeht eine **gesonderte Kostenentscheidung** zugunsten oder zu Lasten des Ausgeschiedenen.[208] 80

4. Fehlende Zustimmung des Prozessgegners

Fehlt die Zustimmung des Gegners zur Prozessübernahme gem. § 265 Abs. 2 S. 2 ZPO, so bleibt der Vorgesellschaft die Möglichkeit zur Unterstützung der Vorgründungsgesellschaft als Streitgehilfin gem. §§ 66, 70 Abs. 1 ZPO. Laut § 265 Abs. 2 S. 3 ZPO ist § 69 ZPO, obschon die Voraussetzungen einer streitgenössischen Nebenintervention i. S. v. § 69 ZPO gegeben sind, nicht anzuwenden. Dies gilt auch dann, wenn die Veräußerung durch die Vorgründungsgesellschaft innerhalb des anhängigen Prozesses erfolgt ist.[209] 81

5. Wechsel der Vertretungsbefugnis

Ist ein Prozessübergang inklusive Verschaffung von Aktiv- und/oder Passivlegitimation erfolgt, so hat dies einen rechtsformbedingten Wechsel der Vertretungsbefugnis der Prozesspartei gewordenen Vor-GmbH zur Folge. Es sind nunmehr gem. § 35 Abs. 1 S. 1 Alt. 1 GmbHG analog die Geschäftsführer zur Vertretung der Vor-GmbH berufen und nicht mehr die Gesellschafter gem. §§ 709 Abs. 1, 714 BGB bzw. § 125 Abs. 1 HGB. 82

6. Die Stellung der Vorgründungsgesellschaft als Vollstreckungsgläubigerin bzw. -schuldnerin nach Entstehung der Vor-GmbH

Ist ein Titel zugunsten oder zulasten der Vorgründungsgesellschaft ergangen, so wird sie **selbst hieraus berechtigt bzw. verpflichtet**, selbst wenn sie in Form einer GbR besteht, da die Außen-GbR (teil)rechtsfähig und deshalb auch im Vollstreckungsverfahren parteifähig ist. Die Errichtung einer Vor-GmbH nach Abschluss des Erkenntnisverfahrens ändert hieran nichts. Erfolgt die Errichtung der Vor-GmbH während des Erkenntnisverfahrens, so kann ihre Berechtigung oder Verpflichtung aus einem Titel nur dadurch erreicht werden, dass sie Partei des Rechtsstreits wird. 83

Haben die Gesellschafter einer Vorgründungsgesellschaft einen Anspruch, der Streitgegenstand eines von der Vorgründungsgesellschaft geführten Prozesses ist, **auf die während des Prozesses errichtete Vor-GmbH im Wege der Einzelrechtsnachfolge übertragen** und wurde der Klageantrag ent- 84

---

204 MüKo ZPO/*Becker-Eberhard* § 265 Rn. 93; Zöller/*Greger* § 265 Rn. 7.
205 MüKo ZPO/*Becker-Eberhard* § 265 Rn. 99.
206 BGH NJW 2006, 1351 (1354) zur in § 266 ZPO angeordneten Rechtsnachfolge.
207 So noch die allg. M., vgl. nur Stein/Jonas/*Roth* § 265 Rn. 35; Zöller/*Greger*, § 265 Rn. 8; möglich war dann aber ein Regress nach den Vorschriften des BGB, der in einem gesonderten Verfahren geltend zu machen war, vgl. Stein/Jonas/*Roth* § 265 Rn. 35.
208 Vgl. ausführlich zur Begründung MüKo ZPO/*Becker-Eberhard* § 265 Rn. 101.
209 Vgl. MüKo ZPO/*Becker-Eberhard* § 265 Rn. 102.

sprechend auf Leistung an die Vor-GmbH umgestellt, so bleibt es dennoch grundsätzlich bei der **Vollstreckung durch die Vorgesellschaft**, es sei denn, die Vor-GmbH ist in den von dem Vorgründungsgesellschafter geführten Prozess eingetreten oder konnte diesen übernehmen (§ 265 Abs. 2 S. 2 ZPO). Denn trotz Anpassung des Antrages zur Leistung an den Dritten ist dennoch dem Kläger der Titel zu erteilen,[210] selbst wenn die Rechtsnachfolge offenkundig ist.[211] Die Vor-GmbH als materiell betroffene Partei kann nur auf Grundlage einer zu beantragenden **vollstreckbaren Ausfertigung** nach § 727 Abs. 1 ZPO gegen den Vollstreckungsschuldner vorgehen.[212] Voraussetzung hierfür ist aber, dass der Vorgründungsgesellschafter während des Erkenntnisverfahrens den Eintritt der Rechtsnachfolge durch die Vor-GmbH durch Umstellung seines Klageantrages zur Geltung bringt.[213] Geschieht dies nicht, so ist das Urteil falsch und eine Titelumschreibung scheidet aus.[214]

85 Solange das Vollstreckungsgericht der Vor-GmbH noch keine Klausel erteilt hat, verbleibt das Recht auf Erteilung einer Vollstreckungsklausel bei den Gründungsgesellschaftern, obschon nach Übergang der Streitsache in das Vermögen der Vor-GmbH und der hierdurch bedingten Antragsumstellung sich der Titel auf die Vorgesellschaft bezieht.[215] Dasselbe gilt, wenn der Vor-GmbH die Streitsache **nach Abschluss des Erkenntnisverfahrens übertragen** wird. Insofern ist der Anwendungsbereich von § 750 ZPO eröffnet.

86 In das Vermögen einer Vorgesellschaft kann nach Umschreibung der Vollstreckungsklausel gem. § 727 Abs. 1 ZPO (oder ggf. nach Klage gem. § 731 ZPO) auf Grund eines gegen die Vorgründungsgesellschaft oder einen Vorgründungsgesellschafter ergangenen Titels nur vollstreckt werden, wenn die Vor-GmbH für die entsprechende Verpflichtung Rechtsnachfolgerin der Vorgründungsgesellschaft ist bzw. der Streitgegenstand durch den Vorgründungsgesellschafter bspw. im Rahmen seiner Einlagepflicht in das Gesellschaftsvermögen der Vor-GmbH eingeführt wurde.[216]

II. Übergang eines Prozesses auf die GmbH nach Eintragung

1. Prozessuale Auswirkungen der Entstehung der GmbH während eines Prozesses der Vorgesellschaft auf die Sachlegitimation

87 Die Eintragung der GmbH in das Handelsregister hat aufgrund des **Kontinuitätsgrundsatzes** für den Rechtsstreit der Vor-GmbH die Folge, dass sämtliche Aktiva und Passiva ohne die Notwendigkeit irgendeines Übertragungstatbestandes und unabhängig von der Gestattung einer Schuldübernahme durch den Gläubiger gem. § 415 Abs. 1 S. 1 BGB bzw. des Abschlusses eines Übernahmevertrages zwischen Gläubiger und Übernehmer gem. § 414 BGB auf die GmbH übergehen.[217] Verbindlichkeiten gehen allerdings nur insoweit über, als die Gesellschaft im Vorstadium wirksam durch ihre Geschäftsführer vertreten worden ist. Demzufolge kann die GmbH von der Vor-GmbH erlangte Ansprüche im eigenen Namen geltend machen bzw. hat sie für von der Vor-GmbH eingegangene Verpflichtungen einzustehen.

2. Prozessuale Auswirkungen der Entstehung der GmbH während eines Prozesses der Vorgesellschaft auf die Prozessübernahmevoraussetzungen

88 Da die sich aus der Vor-GmbH entwickelnde GmbH mit der Vorgesellschaft rechtlich identisch ist, wird die GmbH mit ihrer Eintragung **ohne weiteres Aktiv- bzw. Passivpartei des Rechtsstreits**. § 265 Abs. 2 S. 2 ZPO findet in diesem Entstehungsabschnitt der GmbH keine Anwendung, da

---

210 Musielak/*Foerste* § 265 Rn. 10.
211 MüKo ZPO/*Becker-Eberhard* § 265 Rn. 89.
212 BGH NJW 1984, 806; MüKo ZPO/*Wolfsteiner* § 727 Rn. 8; Musielak/*Foerste* § 265 Rn. 10.
213 MüKo ZPO/*Wolfsteiner* § 727 Rn. 8.
214 Stein/Jonas/*Münzberg* § 727 Rn. 12
215 BGHZ 113, 90 (93); Baumbach/Lauterbach/Albers/Hartmann § 727 Rn. 33; *Happ* § 13 Rn. 70.
216 *Happ* § 13 Rn. 73; MüKo ZPO/*Becker-Eberhard* § 265 Rn. 91.
217 Baumbach/Hueck/*Fastrich* § 11 Rn. 56.

es schon tatbestandlich nicht um einen Fall der Rechtsnachfolge geht. Denn in der Form einer Vorgesellschaft war die GmbH aufgrund rechtlicher Identität schon von Anfang an Prozesspartei. Zum selben Ergebnis gelangt man, wenn man eine Universalsukzession der als Rechtssubjekt neu entstandenen GmbH annimmt, denn diese stellt keinen Fall der Rechtsnachfolge i. S. v. § 265 Abs. 2 S. 2 ZPO dar. Einzig erforderlich wird eine Berichtigung des Rubrums, sollte die Vor-GmbH im Rechtsverkehr unter der Firmierung »i.Gr.« aufgetreten sein.[218]

3. Sonderfall der Geschäftsführerhaftung gegenüber der Vor-GmbH

Die Geschäftsführer der entstandenen GmbH haften der Gesellschaft nach § 43 Abs. 2 GmbHG analog für Schäden aus Pflichtverletzungen, die sie gegenüber der Vor-GmbH begangen haben. Es handelt sich um Ansprüche der Vorgesellschaft, die ohne weiteres auf die GmbH übergehen und für die die Geschäftsführer solidarisch haften, sofern nicht § 9a GmbHG als lex specialis während der Gründungsphase einschlägig ist.[219] 89

4. Die Stellung der Vor-GmbH als Vollstreckungsgläubigerin bzw. -schuldnerin nach Entstehung der GmbH

Aufgrund ihrer Parteifähigkeit kann die Vor-GmbH selbst Vollstreckungsgläubigerin sein. Damit in ihr Vermögen vollstreckt werden kann, bedarf es eines gegen die Vor-GmbH gerichteten Titels.[220] Hat die Vor-GmbH mit der Vornahme von Vollstreckungshandlungen begonnen und erfolgt in dieser Phase die Eintragung der GmbH in das Handelsregister, kann ohne eine vollstreckbare Ausfertigung für den Rechtsnachfolger i. S. v. § 727 ZPO durch die GmbH weiter vollstreckt werden.[221] Die Änderung der Firmierung ist lediglich durch einen Klauselvermerk kenntlich zu machen.[222] 90

5. Vollstreckung in Vor-GmbH-Anteile

Da die Anteile an einer Vorgesellschaft nach überwiegender Auffassung nicht abtretbar sind,[223] ist gem. §§ 857 Abs. 1 i. V. m. 851 Abs. 1 ZPO auch deren **Pfändung unmöglich**.[224] Möglich ist aber die **Pfändung des zukünftigen GmbH-Geschäftsanteils**, wobei sie nicht wirksam wird, bis die GmbH entstanden ist. Drittschuldnerin ist dann die zukünftige GmbH,[225] wobei eine Zustellung gem. § 829 Abs. 2 S. 1 ZPO erst mit Eintragung in das Handelsregister wirksam wird.[226] Gem. § 829 Abs. 3 ZPO ist die Pfändung auch nicht vorher als bewirkt anzusehen.[227] Eine vorherige Drittschuldnererklärung gem. § 840 ZPO entfaltet keine Wirkung.[228] 91

---

218 *Happ* § 13 Rn. 45.
219 BGH WM 1986, 789; Ulmer/*Ulmer* § 11 Rn. 43.
220 Scholz/*K. Schmidt* § 11 Rn. 42.
221 BGHZ 80, 129 (138); 91, 148 (151); MüKo ZPO/*Wolfsteiner* § 727 Rn. 15; Zöller/*Stöber* § 727 Rn. 35.
222 Zöller/*Stöber* § 727 Rn. 35.
223 Abw. aber Scholz/*K. Schmidt* § 11 Rn. 50, der gleichwohl die Satzungsänderung als sicherste Methode der Änderung des Gründerkreises sieht.
224 A. A.: Musielak/*Becker* § 859 Rn. 13, der von der Pfändbarkeit von Geschäftsanteilen der Vor-GmbH jedenfalls bei Zustimmungspflicht der (Vor-)GmbH zur Übertragung ausgeht; so wie hier aber *Happ* § 13 Rn. 81.
225 Kindl/Meller-Hannich/Wolf/*Koch*, Schwerpunktbeitrag Zwangsvollstreckung in Gesellschaftsanteile Rn. 18.
226 *Happ* § 13 Rn. 81.
227 Kindl/Meller-Hannich/Wolf/*Koch*, Schwerpunktbeitrag Zwangsvollstreckung in Gesellschaftsanteile Rn. 19.
228 *Happ* § 13 Rn. 81.

III. Fortsetzung von Streitigkeiten nach gescheiterter Eintragung durch die unechte Vor-GmbH

92 Um die Fortsetzung von Rechtsstreitigkeiten durch die unechte Vor-GmbH ranken sich vielfältige Fragestellungen, die bisher nur teilweise durch die Rechtsprechung geklärt wurden. So stellt sich zum einen die Frage nach der Partei- und Prozessfähigkeit der unechten Vor-GmbH, zum anderen hieran anschließend die Frage, ob es zu einem gesetzlichen Parteiwechsel zwischen Vorgesellschaft und unechter Vor-GmbH kommt, wenn die Vorgesellschaft während eines rechtshängigen Prozesses die dogmatische Einkleidung einer unechten Vor-GmbH erhält.

1. Parteifähigkeit der unechten Vor-GmbH

93 Auch die **unechte Vor-GmbH ist parteifähig**.[229] Im Falle der Aufgabe der Eintragungsabsicht vor Stellung des Eintragungsantrages bzw. der Fortführung der Geschäfte trotz rechtskräftiger Ablehnung des Eintragungsantrages kann nämlich ein Rechtsformwechsel keine Auswirkung auf die Identität des Vermögensträgers haben. Im Falle der Liquidation der echten bzw. unechten Vorgesellschaft – je nachdem ob vor Liquidation die Gesellschaft noch werbend tätig geworden ist – besteht die Parteifähigkeit im Rahmen eines Aktivprozesses solange fort, wie die Abwicklung andauert.[230]

94 Es ist davon auszugehen, dass die Vor-GmbH vergleichbar einer gesetzlichen Umwandlung mit allen Rechten und Pflichten im Wege der **Universalsukzession** in eine Personen(handels)- oder Abwicklungsgesellschaft übergeht, womit sie dann in dieser neuen Erscheinung den Rechtsstreit der Vor-GmbH ohne Unterbrechung selbst fortsetzt.[231] Zwar greift § 239 Abs. 1 ZPO analog grds. auch bei liquidationslosem Erlöschen juristischer Personen und anschließender Gesamtrechtsnachfolge.[232] Dieser Fall liegt hier aber nicht vor. Die Umwandlung einer (echten) Vor-GmbH in eine unechte stellt nämlich eine formwechselnde (gesetzlich nicht normierte) Umwandlung dar, bei der die Identität des Rechtssubjekts sich nicht verändert. Es handelt sich also auch nicht um eine Rechtsnachfolge i. S. v. § 239 Abs. 1 ZPO.[233] Für diese Konstellation kommt eine (doppelt) analoge Anwendung von § 239 Abs. 1 ZPO deshalb nicht in Betracht,[234] ihr bedarf es auch überhaupt nicht, da einem Rechtsformwechsel schlicht mit einer Rubrumsberichtigung begegnet werden kann.[235] Nach Aufgabe der Eintragungsabsicht bleibt die Vor-GmbH also als Personen(handels)- oder Abwicklungsgesellschaft parteifähig.

2. Prozessfähigkeit der unechten Vor-GmbH

95 Wandelt sich die Vorgesellschaft während des Prozesses in eine Abwicklungsgesellschaft, so hat dies auf die **Prozessfähigkeit** der Gesellschaft grds. keinen Einfluss, da sie gem. § 66 Abs. 1 HS. 1

---

229 BGH NJW 2008, 2441 (2242) unter Aufhebung des Urteils der Vorinstanz OLG Hamm ZIP 2006, 2031; a.A OLG Köln GmbHR 1997, 601 (602) im besonderen Fall der Einmann-Vor-GmbH; *Happ* § 13 Rn. 36; *Müther* MDR 2001, 366 (371) jeweils zur Rechtslage vor Anerkennung der (Teil-)Rechtsfähigkeit der Außen-GbR und damit ihrer Rechtsfähigkeit.
230 So auch Heckschen/Heidinger/*Heidinger* § 3 Rn. 6; a. A.: *Happ* § 13 Rn. 36–39; *Kunz*, S. 136, jeweils zur Rechtslage vor Anerkennung der (Teil-)Rechts- und damit Parteifähigkeit der (Außen-)GbR.
231 Baumbach/Hueck/*Fastrich* § 11 Rn. 32.
232 BGH MDR 2004, 950; NJW 1971, 1844; Saenger/*Saenger* § 239 Rn. 2.
233 So aber *Müther* MDR 2001, 366 (370), allerdings zur Rechtslage vor Anerkennung der (Teil-)Rechtsfähigkeit der Außen-GbR.
234 Musielak/*Stadler* § 239 Rn. 5; Saenger/*Saenger* § 239 Rn. 2; Zöller/*Greger* § 239 Rn. 6; scheinbar auch Stein/Jonas/*Roth* § 239 Rn. 7, der davon ausgeht, dass § 239 ZPO auf eine aufgelöste, aber dennoch fortgeführte Gesellschaft keine Anwendung findet.
235 BGH NJW 2008, 2441 (2242); DStR 2004, 1337.

GmbHG[236] durch ihre geborenen Liquidatoren, das heißt die auch vor Liquidation gem. § 35 Abs. 1 S. 1 Alt. 1 GmbHG analog zur Vertretung berufenen Geschäftsführer, vertreten wird. Es ergeben sich daher grds. keine Probleme hinsichtlich der Prozessfähigkeit der in Liquidation befindlichen Gesellschaft.

Nimmt die Vorgesellschaft hingegen während des Rechtsstreits die Form einer Personen(handels)gesellschaft oder einer hierauf folgenden Abwicklungsgesellschaft an, so bereitet die Frage, ob die Gesellschaft wirksam vertreten worden ist, einige Schwierigkeiten. Allerdings vermögen sich die Umwandlung in eine GbR oder OHG und der hiermit verbundene Wechsel der organschaftlichen Vertretung nach **Rspr. des BGH**[237] **solange nicht auf die Prozessfähigkeit und das laufende Verfahren auszuwirken**, wie die Gesellschaft durch einen **Prozessbevollmächtigten vertreten** wird,[238] da die Prozessvollmacht gem. § 86 Hs. 1 Var. 3 ZPO nicht durch eine Veränderung der gesetzlichen Vertretung entfällt.[239] Somit kann § 241 Abs. 1 ZPO wegen § 246 Abs. 1 HS. 1 ZPO nicht greifen.[240] Eine ordnungsgemäße Vertretung bleibt damit gewährleistet, obwohl mit dem Formwechsel eine Änderung der organschaftlichen Vertretung einhergeht. Denn nunmehr wird die Gesellschaft nur noch durch ihre Gesellschafter vertreten, was bei bisheriger Fremdorganschaft nicht gewährleistet ist. **96**

Die Prozessfähigkeit bei bestehender Prozessvollmacht besteht jedoch nur dann fort, wenn die Gesellschafter der Vor-GmbH ihre Eintragungsabsicht während des **laufenden** Verfahrens oder jedenfalls **nach** Klageerhebung verlieren bzw. die Gesellschaft trotz Eintragungsablehnung **ab diesem Zeitpunkt fortgeführt** wird.[241] War eine Eintragungsabsicht nie vorhanden oder ist eine Eintragungsablehnung schon vor Klageerhebung erfolgt, so war die Klage bereits bei Vertretung durch die (Schein-)Geschäftsführer unzulässig.[242] Die Abweisung der Klage durch Prozessurteil kann dann nur durch Mitwirkung sämtlicher zur Vertretung der Gesellschaft berufener Gesellschafter vermieden werden. Hierauf hat das Gericht gem. § 139 Abs. 3 ZPO hinzuweisen.[243] **97**

3. Die Stellung der Vor-GmbH als Vollstreckungsgläubigerin bzw. -schuldnerin nach Umwandlung in eine unechte Vor-GmbH

Wandelt sich die Vor-GmbH **nach** Abschluss des Erkenntnisverfahrens aus den o. g. Gründen in eine unechte Vor-GmbH um, so gilt entsprechend den obigen Ausführungen zum laufenden Erkenntnisverfahren dass es einer vollstreckbaren Ausfertigung für oder gegen den Rechtsnachfolger (§ 727 ZPO) nicht bedarf. Die Identität der Vermögensträgerin wird in ein anderes Rechtsgewand gekleidet. Demnach ist es ausreichend, wenn der Übergang durch einen auf die Änderung der Firmierung hinweisenden Klauselvermerk kenntlich gemacht wird.[244] **98**

---

236 Die Abwicklung der Vor-Gesellschaft erfolgt nach hier vertretener Auffassung nach Kapitalgesellschaftsrecht.
237 BGH NJW 2008, 2441 (2242).
238 Auch Römermann/*Strehle* § 3 Rn. 84.
239 BGH NJW 2008, 2441 (2242); Römermann/*Strehle* § 3 Rn. 84.
240 BGH NJW 1993, 1654.
241 *Lousanoff* NZG 2008, 490 (493) will die Rspr. des BGH auch auf den Fall ausdehnen, dass eine Gründungsabsicht nie gegeben war, da ein sachlicher Grund für eine Differenzierung fehle.
242 Dies sah der BGH in BGHZ 121, 263 noch anders: Hier war nach wirksam erteilter Prozessvollmacht die Prozessfähigkeit noch vor Klageerhebung weggefallen, was nach BGH keine Auswirkungen hatte.
243 BGH NJW 2008, 2441 (2242); NJW-RR 2006, 937.
244 So auch Zöller/*Stöber* § 727 Rn. 35; Musielak/*Lackmann* § 727 Rn. 9; Saenger/*Kindl* § 727 Rn. 9; a. A. *Happ* § 13 Rn. 74, der sich u. a. auf BayObLG 87, 446 und OLG Stuttgart NJW-RR 1989, 637 beruft; dies passt indes nicht, da sich die Urteile nur auf die Beendigung des Vorgesellschaftsstadiums durch Entstehung der GmbH beziehen. Ein Umkehrschluss auf eine Anwendbarkeit von § 727 ZPO wird dort jedoch nicht vorgenommen; für eine Anwendbarkeit von § 727 ZPO auch *Kunz*, S. 152; Stein/Jonas/*Münzberg* § 735 Rn. 6, sofern die Geschäfte durch die Gesellschaft in GbR- oder OHG-Form fortgeführt werden und keine Abwicklungsgesellschaft vorliegt.

E. Nach Eintragung: Klagen gegen die Gesellschafter wegen Mängeln bei der Kapitalaufbringung

99 Zentrale Norm für die Beurteilung, ob und ggf. in welcher Höhe eine durch die Gründungsgesellschafter erbrachte Einlageleistung Erfüllungswirkung hat, ist § 19 GmbHG, der für alle Einlageleistungen, d. h. Bar- und Sacheinlagen, sowie vor und nach Eintragung der GmbH ins Handelsregister gilt.[245]

I. Bargründung

100 Ist nicht gem. § 5 Abs. 4 GmbHG eine Sacheinlage vereinbart, so ist die Einlageleistung durch Zahlung in bar oder durch Überweisung auf ein Konto[246] der Gesellschaft zu erfüllen.[247] Es ist hierbei grundsätzlich ausreichend, dass die Leistung einer Einlageforderung zugeordnet werden kann. Einer zumindest konkludenten **Tilgungsbestimmung** bedarf es erst dann, wenn mehrere offene Einlageforderungen bestehen.[248] Einem Gläubiger ist es möglich, die ausstehenden Einlageleistungen bei Vorliegen der Voraussetzungen der gewillkürten Prozessstandschaft zu Gunsten der GmbH geltend zu machen.[249] Ein rechtliches Interesse des Prozessstandschafters liegt vor, wenn er sich nach erfolgter Einlageleistung aus dem Gesellschaftsvermögen befriedigen will.

1. Keine Einschränkung der Disposition über den Einlageanspruch

a) Allgemeine Erwägungen zur Reichweite des § 19 Abs. 2 S. 1 GmbHG

101 § 19 Abs. 2 S. 1 GmbHG verbietet die Befreiung von der Einlageverpflichtung. Das Verbot ist Ausfluss des Gebots der realen Kapitalaufbringung. Von dem Verbot umfasst sind etwa:
– der vollständige oder teilweise Erlass der Einlageschuld (§ 397 Abs. 1 BGB);
– der Abschluss eines negativen Schuldanerkenntnisses mit dem Gesellschafter (§ 397 Abs. 2 BGB);
– die Annahme einer anderen Leistung an Erfüllungs Statt, Novation;[250]
– der Verzicht auf Ansprüche der Gesellschaft aus Verlustdeckungs-, Differenzvorbelastungs- und Ausfallhaftung sowie auf die Geltendmachung von Mängelrechten im Zusammenhang mit der Einbringung einer Sacheinlage.[251]

102 Eine Befreiung eines Gesellschafters von der Einlageverpflichtung kann allenfalls im Umfang einer förmlichen Kapitalherabsetzung erreicht werden, vgl. § 19 Abs. 3 GmbHG.

103 Erfolgt ein Verstoß gegen § 19 Abs. 2 S. 1 GmbHG, so ist für die Erfüllungswirkung des § 362 Abs. 1 BGB kein Raum. Die Einlageschuld **bleibt** unverändert **fortbestehen.** Ein Bewusstsein, die Kapitalaufbringungsvorschriften verletzt zu haben, ist nicht erforderlich[252] und auch im Hinblick auf Gläubigerschutzgesichtspunkte nicht zu fordern. Ein entsprechender Gesellschafterbeschluss über die vermeintlich eintretende Erfüllungswirkung ist **nichtig**, da der Gläubigerschutz und daher das öffentliche Interesse verletzt wird, § 241 Nr. 3 AktG analog.[253] Keinen Verstoß gegen das Kapitalaufbringungsrecht stellt es dagegen dar, wenn die Satzung durch sämtliche Gesellschafter in der Form des § 2 Abs. 1 GmbHG[254] noch während des Gründungsstadiums dahingehend abgeändert wird, dass die Stammkapitalziffer der Gesellschaft und die persönliche Einlageschuld neu definiert

---

245 Baumbach/Hueck/*Fastrich* § 19 Rn. 4; Ulmer/*Ulmer* § 19 Rn. 44; Lutter/Hommelhoff/*Bayer* § 19 Rn. 4.
246 Bei Überweisung auf ein debitorisches Konto vgl. Übersicht bei Baumbach/Hueck/*Fastrich* § 7 Rn. 11.
247 BGHZ 45, 347.
248 OLG Dresden GmbHR 1999, 234; OLG Frankfurt GmbHR 1991, 103.
249 OLG Stuttgart GmbHR 2002, 1123.
250 Vgl. hierzu allg. Baumbach/Hueck/*Fastrich* § 19 Rn. 16 und 22.
251 Rowedder/Schmidt-Leithoff/*Pentz* § 19 Rn. 43; Ulmer/*Ulmer* § 19 Rn. 40.
252 Baumbach/Hueck/*Fastrich* § 19 Rn. 17.
253 Auf Gesellschafterbeschlüsse finden die Anfechtungs- und Nichtigkeitsgründe des Aktiengesetzes analoge Anwendung, vgl. BGHZ 11, 231, 235; Michalski/*Römermann* Anh § 47 Rn. 10.
254 S. hierzu o. unter Rdn. 30

werden.²⁵⁵ Der Normzweck greift auch für den Fall nicht ein, dass während der Liquidationsphase der GmbH sämtliche Gesellschaftsgläubiger befriedigt werden und nach Einstellung des Geschäftsbetriebs keine neuen Verbindlichkeiten der Gesellschaft mehr entstehen.²⁵⁶ Erlass, Aufrechnung, etc. sind dann unproblematisch möglich, da kein Bedürfnis für Gläubigerschutz mehr ersichtlich ist.

b) Verbot der Aufrechnung

aa) Aufrechnung seitens der Gesellschafter

Es besteht ein **Aufrechnungsverbot** gegen den Anspruch der Gesellschaft auf Einlageerbringung, § 19 Abs. 2 S. 2 GmbHG. Dies gilt entsprechend für eine Einlageforderung der Gesellschaft aus Ausfallhaftung gem. § 24 GmbHG.²⁵⁷ Eine Aufrechnung ist nur für den Fall zulässig, dass mit einer Forderung aus der Überlassung von Vermögensgegenständen aufgerechnet wird, deren Anrechnung auf die Einlageverpflichtung gem. den Regelungen zu Sacheinlagen (§ 5 Abs. 4 S. 1 GmbHG) vereinbart wurde.²⁵⁸ In diesem Fall kann auch die Gesellschaft die Aufrechnung erklären, und zwar unabhängig von der Vollwertigkeit der Forderung des Gesellschafters.²⁵⁹ Weiterhin kann ein Gesellschafter gegenüber einem Dritten aufrechnen, wenn dieser Zessionar der abgetretenen bzw. Inhaber der gepfändeten Einlageforderung gegen den aufrechnenden Gesellschafter geworden ist und letzterem eine unmittelbar gegen den Dritten bestehende Forderung zusteht.²⁶⁰ Liegen die Voraussetzungen von § 5 Abs. 4 S. 1 GmbHG nicht vor, so ist problematisch, ob die Aufrechnungserklärung unwirksam und damit die Einlagepflicht in vollem Umfang bestehen bleiben sollen. Vor Inkrafttreten des § 19 Abs. 4 GmbHG n. F. durch das MoMiG war dieses Ergebnis eindeutig. Teilweise wird jedoch diskutiert, die Regelung des § 19 Abs. 4 GmbHG über die verdeckte Sacheinlage entsprechend anzuwenden. Dann würde die Einlageschuld wenigstens partiell erlöschen.²⁶¹ Dies wird damit begründet, dass der Gesellschafter seine Forderung ebenso im Wege der verdeckten Sacheinlage als Erfüllungssurrogat hätte einbringen können. Dann hätte aber die Anrechnungslösung des § 19 Abs. 4 S. 3 GmbHG gegriffen. Die wohl h. M. hält allerdings die Unwirksamkeit der Aufrechnung deshalb für geboten, weil § 19 Abs. 4 GmbHG eine Ausnahme vom Grundsatz des Verbots verdeckter Sacheinlagen darstelle und als solche eng auszulegen sei.²⁶²

104

Das Aufrechnungsverbot aus § 19 Abs. 2 S. 2 GmbHG steht der Zulässigkeit der Erhebung einer Widerklage nicht entgegen.²⁶³

bb) Aufrechnung seitens der Gesellschaft

Die Regelung des § 19 Abs. 2 S. 2 GmbHG gilt auch für eine von der **Gesellschaft** erklärte Aufrechnung.²⁶⁴ Es müssen auch in diesem Fall die Voraussetzungen von § 5 Abs. 4 S. 1 GmbHG für die Aufrechnung mit Entgeltforderungen aus sacheinlagefähigen Leistungen erfüllt sein.²⁶⁵ Ausnahmsweise kann eine Aufrechnung gegen den Vergütungsanspruch aus der Sachüberlassung auch ohne die von § 5 Abs. 4 S. 1 GmbHG geforderten Festsetzungen erfolgen, wenn andernfalls die Gesellschaft dadurch Schaden nehmen würde, dass die finanzielle Lage des Gesellschafters die Einbringung der Einlage in natura aussichtslos erscheinen lässt.²⁶⁶

105

---

255 Ulmer/*Ulmer* § 19 Rn. 44.
256 RGZ 149, 298; BGH DB 1968, 166.
257 Allg. Meinung, Scholz/*Emmerich* § 24 Rn. 20a; Ulmer/*Ulmer* § 19 Rn. 63.
258 OLG Düsseldorf, Urt. v. 25.5.2012 – I 16 U39/11, Rn. 42.
259 Baumbach/Hueck/*Fastrich* § 19 Rn. 31; *Wicke* § 19 Rn. 14.
260 BGHZ 53, 71 (76).
261 *Gesell* BB 2007, 2241 (2245); *Wicke* § 19 Rn. 12.
262 Baumbach/Hueck/*Fastrich* § 19 Rn. 32; Bunnemann/Zirngibl/*Rose* § 6 Rn. 68.
263 OLG Düsseldorf, Urt. v. 25.5.2012 – I 16 U39/11, Rn. 49.
264 S. o. bei Rdn. 104.
265 Baumbach/Hueck/*Fastrich* § 19 Rn. 34; *Wicke* § 19 Rn. 14.
266 BGHZ 15, 59; Michalski/*Ebbing* § 19 Rn. 93; Ulmer/*Ulmer* § 19 Rn. 101.

106 § 19 Abs. 2 S. 2 GmbHG schließt im Übrigen eine durch die Gesellschaft erklärte Aufrechnung gegen eine Forderung eines Gründungsgesellschafters nicht grds. aus. Hierfür bestehen indes besondere Voraussetzungen. Es ist erforderlich, dass die Forderung des Gründungsgesellschafters nach der Übernahme des Geschäftsanteils entstanden sowie **vollwertig, fällig und liquide** ist.[267] Während der Vor-GmbH-Phase ist eine Aufrechnung mit den Mindesteinlageforderungen ausgeschlossen.[268] Ebenfalls nicht aufrechenbar sind Forderungen des Gesellschafters, die bei Begründung der Einlagepflicht bereits bestanden, insbesondere Darlehen. Bei später entstandenen Forderungen ist in der Regel entscheidend, ob die Aufrechnung vorabgesprochen war oder nicht.[269]

107 Die Aufrechnungserklärung wird für die Gesellschaft durch ihren Geschäftsführer abgegeben, der hierüber nach pflichtgemäßem Ermessen zu entscheiden hat. Bei Befreiung von § 181 BGB kann ein Gesellschafter-Geschäftsführer auch gegenüber sich selbst als Gesellschafter aufrechnen.[270]

cc) Beweislast

108 Für die Erfüllung der Aufrechnungsvoraussetzungen ist der **Einlagepflichtige**, der sich auf Erlöschen seiner Einlagepflicht infolge der Aufrechnung beruft, beweispflichtig.[271] Beweisschwierigkeiten können keine Beweislastumkehr begründen und führen allenfalls dazu, dass dem sich auf das Vorliegen der Aufrechnungsvoraussetzungen berufenden Gesellschafters seitens der Gesellschaft Auskünfte zu erteilen und Unterlagen bereitzustellen sind.[272]

c) Verbot des Hin- und Herzahlens

aa) Definition und Abgrenzung zur verdeckten Sacheinlage

109 Das Hin- und Herzahlen, also die alsbaldige Rückzahlung einer Bareinlage an den Gesellschafter aufgrund vorheriger Absprache, ist gem. § 19 Abs. 5 S. 1 GmbHG von der verdeckten Sacheinlage abzugrenzen und subsidiär zu dieser. Im Gegensatz zur verdeckten Sacheinlage wird der Gesellschaft beim Hin- und Herzahlen kein realer Vermögenswert zugeführt, da die Gesellschaft lediglich eine Forderung gegen den Gesellschafter erwirbt. Bei wirtschaftlicher Betrachtung wird somit der korporationsrechtlich begründete Einlageanspruch der Gesellschaft durch einen schwächeren schuldrechtlichen Anspruch substituiert. Die Schwäche zeigt sich zum einen darin, dass für den schuldrechtlichen Anspruch seitens des Rechtsvorgängers nicht mehr gem. § 22 GmbHG, seitens des Rechtsnachfolgers nicht mehr gem. § 16 Abs. 2 GmbHG gehaftet wird.[273] Auch eine Ausfallhaftung nach § 24 GmbHG scheidet aus.[274] Zudem wird die zehnjährige Verjährung der Einlageverbindlichkeit gem. § 19 Abs. 6 S. 1 GmbHG durch die regelmäßige Verjährungsfrist der §§ 195, 199 BGB ersetzt. bb) Abschwächung der Rechtsfolgen durch Erfüllungswirkung

110 Ganz allgemein gilt aufgrund obiger Erwägungen deshalb der Grundsatz, dass auch den Rückfluss der Einlageleistung an den Gesellschafter oder an ein mit ihm verbundenes Unternehmen[275] ermöglichende Absprachen einen Verstoß gegen § 19 Abs. 5 S. 1 GmbHG in Form des Hin- und Herz-

---

267 St. Rspr., BGHZ 15, 52; 42, 93; 90, 370; 125, 141 (143).
268 Str., so wie hier Baumbach/Hueck/*Fastrich* § 19 Rn. 33 a. E.; Ulmer/*Ulmer* § 7 Rn. 41; a. A.: Michalski/ *Ebbing* § 19 Rn. 94.
269 Vgl. im Einzelnen Baumbach/Hueck/*Fastrich* § 19 Rn. 37.
270 BGH NJW 2002, 3774 (3776); a. A.: OLG Hamm ZIP 1988, 1057; OLG Düsseldorf WM 1989, 1512; OLG Hamburg WM 1990, 636 (638); Baumbach/Hueck/*Fastrich* § 19 Rn. 40; Ulmer/*Ulmer* § 19 Rn. 77 a. E.
271 BGH NJW 1992, 2229; Ulmer/*Ulmer* § 19 Rn. 80.
272 Ulmer/*Ulmer* § 19 Rn. 80.
273 *Bormann* GmbHR 2007, 897 (902); *Goette* DStR 2009, 51 (53); *Schluck-Amend/Penke* DStR 2009, 1433 (1435); a. A.: *Heinze* GmbHR 2008, 1065 (1071); *Wicke* § 19 Rn. 37.
274 Baumbach/Hueck/*Fastrich* § 24 Rn. 2.
275 BGH NJW 2007, 765.

ahlens darstellen, sodass es zu keiner Erfüllungswirkung kommen kann.²⁷⁶ Die Absprache eines Hin- und Herzahlens wird bei einem engen zeitlichen und sachlichen Zusammenhang der Transaktionen vermutet.²⁷⁷

Der Grundsatz muss aber allein schon aus bilanziellen Gesichtspunkten dann eine Ausnahme erfahren, wenn der Rückfluss der Einlageleistung an einen **sicheren Rückgewähranspruch** der Gesellschaft gekoppelt ist. Diesen Fall regelt § 19 Abs. 5 GmbHG, der durch Auflistung bestimmter Voraussetzungen klarstellt, dass es sich um eine eng auszulegende Ausnahmeregelung handelt, die aber gerade beim **Cash-Pooling** einige praktische Unzulänglichkeiten aus der Welt schafft. So muss 111
– die vereinbarte Leistung der Gesellschaft an den Gesellschafter zu einem **vollwertigen, fälligen** oder
– **jederzeit fällig zu stellenden** Rückgewähranspruch führen oder
– durch **fristlose Kündigung des Gesellschafters** fällig werden können,²⁷⁸

damit der Einlageleistung des Gesellschafters **Erfüllungswirkung** beigemessen werden kann. Vollwertigkeit des Rückgewähranspruchs ist dann gegeben, wenn das Vermögen des Gesellschafters zur **Deckung sämtlicher Verbindlichkeiten ausreicht.**²⁷⁹ Maßgeblicher Zeitpunkt für die Beurteilung der Vollwertigkeit und der jederzeitigen Realisierbarkeit des Rückgewähranspruchs ist derjenige der Erbringung der Leistung durch die Gesellschaft. Spätere negative Abweichungen von der Prognose führen zur Pflicht des Geschäftsführers, die Leistung zurückzufordern.²⁸⁰ Diesen trifft bezüglich der Voraussetzungen des § 19 Abs. 5 S. 1 GmbHG eine kontinuierliche Überwachungspflicht, die aus § 43 Abs. GmbHG folgt²⁸¹ und deren Verletzung eine Schadensersatzpflicht des Geschäftsführers nach sich ziehen kann.

Weiterhin ist der Vorgang in der Anmeldung nach § 8 GmbHG anzugeben (§ 19 Abs. 5 S. 2 GmbHG). Ob es sich hierbei um eine Ordnungsvorschrift oder echte Tatbestandsvoraussetzung für die Auslösung der Erfüllungswirkung handelt, ist in der Literatur umstritten²⁸², wurde **vom BGH**²⁸³ allerdings in letzterem Sinne **entschieden**. Die **Anmeldung** ist daher **Tatbestandsvoraussetzung**. 112

Liegen die Voraussetzungen des § 19 Abs. 5 GmbHG vor, so gilt die Bareinlage daher spätestens mit Erfüllung der Offenlegungspflicht als erbracht, so dass ungeachtet des vereinbarten Rückflusses der Bareinlage auch die potentielle Haftung der Mitgesellschafter aus § 24 GmbHG erlischt.²⁸⁴ 113

Wenn die Voraussetzungen von § 19 Abs. 5 GmbHG nicht erfüllt sind, sind Darlehensverträge oder sonstige schuldrechtliche Vereinbarungen **unwirksam** und eine Erfüllung der Einlageverpflichtung scheidet vollumfänglich selbst dann aus, wenn der Rückgewähranspruch vollwertig ist. Der Gesellschafter bleibt daher zur Leistung seiner Einlage verpflichtet.²⁸⁵ Es gilt damit das auch vor dem MoMiG vorherrschende **Alles-oder-Nichts-Prinzip** weiter.²⁸⁶ 114

---

276 BGHZ 165, 113; GmbHR 2006, 306 (307); OLG Hamm GmbHR 2014, 426 (426).
277 BGH NJW 2003, 825 (825).
278 OLG Düsseldorf, Urt. v. 25.5.2012 -I 16 U39/11, Rn. 35.
279 Baumbach/Hueck/*Fastrich* § 19 Rn. 76.
280 BGH NJW 2009, 850 – MPS.
281 *Altmeppen* ZIP 2009, 49 (54); *Michelfeit* MittBayNot 2009, 435 (437).
282 Für Tatbestandsvoraussetzung: Bormann/Kauka/Ockelmann/*Bormann* Kap. 4 Rn. 64; *Pentz* GmbHR 2009, 505 (511).; dagegen: Baumbach/Hueck/*Fastrich* § 19 Rn. 80.
283 BGHZ 2009, 944 – Cash-Pool II; NJW 2009, 2375 – Qivive.
284 Baumbach/Hueck/*Fastrich* § 19 Rn. 83; *Goette* DStR 2009, 51 (53); *Schall* ZGR 2009, 126 (140).
285 Baumbach/Hueck/*Fastrich* § 19 Rn. 84.
286 *Oppermann/Fölsing* NZI 2010, 513; *Steiner* BWNotZ 2009, 193 (202).

Der Anspruch auf Leistung der Einlagen verjährt in zehn Jahren von seiner Entstehung an. Für »Altfälle«, also Ansprüche aus der Zeit vor der Reform des Verjährungsrechts durch das MoMiG, sind die Verjährungszeiträume besonders zu berechnen.[287]

cc) Beweislast

115 Die **Beweislast** für die Leistung der Bareinlage und damit die in § 19 Abs. 5 S. 1 GmbHG aufgelisteten Voraussetzungen für die Erfüllungswirkung der Bareinlage liegt beim **Gesellschafter**.[288] § 363 BGB (Beweislastumkehr bei Annahme als Erfüllung) kann direkt nicht herangezogen werden,[289] da es für die wirksame Erbringung der Einlage nicht auf die Annahme als Erfüllung, sondern auf die Voraussetzungen des § 15 Abs. 5 GmbHG ankommt. Es liegt auch gar keine Leistung an Erfüllung statt vor. Kann der Gesellschafter die Erfüllung der Voraussetzungen nicht beweisen, so hat er noch einmal zu leisten. Zwar fehlt eine dem § 19 Abs. 4 S. 5 GmbHG vergleichbare Regelung (§ 19 Abs. 4 S. 5 GmbHG weist die Beweislast für die Werthaltigkeit der Sacheinlage dem Gesellschafter zu) für das Hin- und Herzahlen. Daraus kann jedoch nicht geschlossen werden, dass die Beweislast in diesem Fall bei der Gesellschaft liegen soll.

2. Deckungshaftung bei Voreinzahlung an Vorgründungsgesellschaft

116 Denkbar ist während des Gründungsprozesses einer GmbH, dass ein Gründungsgesellschafter schon vor notarieller Beurkundung des Gesellschaftsvertrages seine Einlageleistung erbringen möchte, indem er hierzu einen Geldbetrag auf ein für die Vor-GmbH eingerichtetes Konto überweist. Es ist dann erforderlich, dass dieser Betrag unvermindert auf die Vorgesellschaft übergeht.[290]

117 Erfolgt die Zahlung hingegen noch an die **Vorgründungsgesellschaft** selbst – etwa da auf ein von ihr geführtes Konto überwiesen wird – kann hierin keine Zahlung des Gesellschafters an die Vorgesellschaft gesehen werden,[291] da zwischen Vorgründungs- und Vorgesellschafts-Phase der Kontinuitätsgrundsatz gerade nicht gilt. Vorgründungsgesellschaft und Vor-GmbH sind strikt zu trennende Rechtssubjekte. Zahlt ein Gründungsgesellschafter an die Vorgründungsgesellschaft und überträgt die Vorgründungsgesellschaft den durch die Zahlung finanzierten und für die Vorgesellschaft bzw. GmbH aufgenommenen Geschäftsbetrieb sodann auf die Vor-GmbH, so stellt dies nicht die Erfüllung einer Bareinlage dar; vielmehr handelt es sich um die Einbringung eines Unternehmens als Sacheinlage durch den Gesellschafter.[292] Erreicht der Wert dieser Sacheinlage im Zeitpunkt der Anmeldung dann nicht den Nennbetrag des dafür übernommenen Geschäftsanteils, so unterliegt der Gesellschafter, der an die Vorgründungsgesellschaft geleistet hat, einer Differenzhaftung gem. § 9 Abs. 1 S. 1 GmbHG.

118 Wird für die Vorauszahlung demgegenüber eine **eindeutige Tilgungsbestimmung** bezüglich der Einlageschuld getroffen und ist die Einlageleistung **zum Zeitpunkt der Vermögensübertragung** von der Vorgründungsgesellschaft auf die Vor-GmbH noch **isolierbar** vom Gesellschaftsvermögen vorhanden, so tritt **Erfüllungswirkung** ein.[293]

---

287 Vgl. OLG Karlsruhe GmbHR 2014, 144 (147).
288 Baumbach/Hueck/*Fastrich* § 19 Rn. 81; *Gehrlein* Der Konzern 2007, 771 (781); *Heinze* GmbHR 2008, 1065 (1071); *Marktwardt* BB 2008, 2414 (2419); *Schluck-Amend/Penke* DStR 2009, 1433 (1436); *Steiner* BWNotZ 2009, 193 (202).
289 So aber *Büchel* GmbHR 2007, 1065 (1067).
290 Durch Barleistung oder Abtretung des Kontoguthabens, vgl. Baumbach/Hueck//Fastrich § 7 Rn. 8.
291 OLG Hamm GmbHR 1992, 750; OLG Köln ZIP 1989, 237; Michalski/*Tebben* § 7 Rn. 26.
292 BGH NJW 1992, 2698; NZG 2004, 618 (617).
293 OLG Frankfurt/M NZG 2005, 556 (557); OLG Düsseldorf GmbHR 1994, 398; Baumbach/Hueck/Fastrich § 7 Rn. 8; Lutter/Hommelhoff/*Bayer* § 7 Rn. 11 und 14; *Wicke* § 7 Rn. 7.

3. Einforderung durch Gesellschafter, Anforderung durch Geschäftsführer

Soweit in der Satzung keine bestimmten Einzahlungstermine für die Einlageleistungen festgesetzt worden sind, wird über deren Einforderung durch einen Gesellschafterbeschluss gem. § 46 Nr. 2 GmbHG entschieden. Ein solcher ist für die Einforderung der Mindesteinzahlungen gem. § 7 Abs. 2 GmbHG nicht erforderlich, soweit nichts anderes im Gesellschaftsvertrag geregelt ist.[294] Die Anforderung der Einlageleistungen geschieht dann durch die Geschäftsführer, die ggf. im Wege der Leistungsklage auf Einlageerbringung gegen die säumigen Gesellschafter vorzugehen haben. Einer gesonderten **Anforderungserklärung** durch die Geschäftsführer bedarf es nach h. M.[295] allerdings für den Fall **nicht**, dass die (noch) zahlungspflichtigen Gesellschafter bei der Gesellschafterversammlung, im Rahmen derer über die Einforderung entschieden worden ist, anwesend waren. Fälligkeit tritt daher zumindest gegenüber den auf der Gesellschafterversammlung anwesenden Gesellschaftern mit Gültigkeit des Gesellschafterbeschlusses ein. Im Rahmen des Gesellschafterbeschlusses ist auch der von der Einlageforderung betroffene Gesellschafter stimmberechtigt, da § 47 Abs. 4 S. 2 Alt. 1 GmbHG, der generell restriktiv auszulegen ist, auf körperschaftliche, d. h. ihren Ursprung in der Mitgliedschaft findende, Sozialakte nicht zur Anwendung gelangt.[296] Das persönliche Interesse eines Gesellschafters an der Unversehrtheit seines Privatvermögens vermag nämlich nicht die Qualifikation der Einlageneinforderung als eine innere Verbandsangelegenheit zu beseitigen. Eine positive Stimmpflicht kann sich aus der Treuepflicht ergeben, u. U. kann daher Klage auf Zustimmung mit der Folge des § 894 ZPO erhoben werden.[297] Ein gesonderter Beschluss ist dann entbehrlich, wenn die Gesellschafter (konkludent) einvernehmlich einen Fälligkeitstermin vereinbart haben.[298]

119

Die **Anforderung** durch den Geschäftsführer ist jedenfalls **unwirksam**, wenn sie ohne Einforderungsbeschluss der Gesellschafter oder eine diesbezügliche Regelung in der Satzung erfolgt.[299] Regelt die Satzung hingegen, dass eine Volleinzahlung sofort zu erfolgen hat, so kann diese durch den Geschäftsführer ohne weiteres angefordert werden.[300]

120

4. Einziehung im Insolvenzfall

Im Insolvenzverfahren über das Gesellschaftsvermögen geht das Recht der Gesellschaft, die ausstehenden Einlageforderungen einzutreiben, gem. § 80 Abs. 1 InsO auf den **Insolvenzverwalter** über. In diesem Fall entfällt die auf § 46 Nr. 2 GmbHG oder inhaltsgleicher Satzungsregelung beruhende Beschlusskompetenz der Gesellschafter zur Geltendmachung des Einlageanspruchs oder eines darüber hinaus aufgrund statutarischer Festlegung zu leistenden Agios. Vielmehr ist der Insolvenzverwalter nach neuerer BGH-Rspr.[301] befugt, auch eine bis dahin noch nicht fällig gestellte Einlage- oder (Rest-)Agioforderung **unmittelbar zur Masse** einzufordern.[302] Unabhängig davon bleibt die Gesellschafterversammlung auch nach Eröffnung des Insolvenzverfahrens oberstes Organ der Gesellschaft,[303] womit ihre gesellschaftsrechtlichen Zuständigkeiten insoweit unberührt bleiben, als deren

121

---

294 Baumbach/Hueck/*Fastrich* § 19 Rn. 6 f.
295 BGH WM 2002, 2245; OLG Dresden GmbHR 1997, 947; 1999, 233; OLG Hamburg GmbHR 1991, 578; Lutter/Hommelhoff/Bayer § 19 Rn. 9; Michalski/*Ebbing* § 19 Rn. 15; Rowedder/Schmidt-Leithoff/Pentz § 19 Rn. 9; Scholz/*Veil* § 19 Rn. 14; Ulmer/*Hüffer* § 46 Rn. 32; a. A.: OLG München GmbHR 1985, 56; OLG Jena NZG 2007, 717; Baumbach/Hueck/*Fastrich* § 19 Rn. 7.
296 BGH GmbHR 1990, 452 (453); Lutter/Hommelhoff/*Bayer* § 19 Rn. 9.
297 BGH GmbHR 1990, 452 (454).
298 Vgl. BGH NJW 2006, 906 (907); Lutter/Hommelhoff/*Bayer* § 19 Rn. 9 a. E.; OLG Karlsruhe GmbHR 2014, 144 (148).
299 BGH BB 1961, 953; Roth/Altmeppen/*Altmeppen* § 20 Rn. 3; Scholz/*Veil* § 19 Rn. 13.
300 RGZ 138, 110 f.; Baumbach/Hueck/*Fastrich* § 19 Rn. 7; MünchHdb GesR Band III/*Gummert* § 50 Rn. 9.
301 BGH NZG 2008, 73.
302 Auch h. M. in Lit., vgl. nur Baumbach/Hueck/*Zöllner* § 46 Rn. 27.
303 Vgl. OLG Hamm NZG 2002, 178 (180).

Wahrnehmung durch die Versammlung nicht dem Zweck des Insolvenzverfahrens zuwiderläuft oder mit dem Verwalter zugewiesenen Befugnissen kollidiert.[304]

5. Beweislast

122 Der **Gesellschafter** trägt die Beweislast für die Einzahlung auf seine Einlageschuld.[305] Vergeht ein längerer Zeitraum zwischen Zahlung und Erwerb des Geschäftsanteils, liegt die Beweislast auch hier bei dem Gesellschafter. Dem Gründungsgesellschafter ist es zumutbar, Vorsorge für den Nachweis seiner Zahlungspflicht zu treffen, da er innerhalb des von ihm darzulegenden Geschehensablaufs steht.[306] Als Beweis für die Einzahlung genügt ein Ausweis in der Jahresbilanz alleine nicht, selbst wenn die Einlageleistung lange zurückliegt.[307] Liegen allerdings keine gefestigten Tatsachen für eine Nichterfüllung der Einlageschuld vor, so können die **Anforderungen** an eine Beweisführung **niedriger** angesetzt werden, d. h. es gelten die Grundsätze der **sekundären Behauptungslast**, (wenn ein langer Zeitraum seit der Zahlung vergangen ist.[308])

Dem Insolvenzverwalter obliegt es, konkrete Anhaltspunkte darzulegen, wenn er geltend machen will, dass die Gesellschaft über den eingezahlten Betrag nicht frei verfügen konnte. Die Beweislast verbleibt beim Inferenten, wenn der Insolvenzverwalter seiner gesteigerten Vortragslast nachkommt.[309]

II. Sachgründung

1. Erbringung von Sacheinlagen

123 Die Einlagepflicht kann außer auf Bareinlagen auch auf die Einbringung von Sachen oder sonstigen Vermögenswerten wie Forderungen oder anderen Rechten gerichtet sein, sofern sie zur Kapitalausstattung der GmbH geeignet sind.[310] Die Bilanzfähigkeit ist nicht mehr ausschlaggebendes Kriterium, sondern nur die Folge des für die Einbringung vorausgesetzten Vermögenswertes des Gegenstands.[311] Auch eine allgemeine **Verkehrsfähigkeit** des Gegenstandes und eine Beschaffenheit als Zugriffsobjekt für Gläubiger der Gesellschaft sind nicht erforderlich. Der Vermögenswert muss jedoch aus dem Vermögen des Gesellschafters vollständig ausgegliedert und an die GmbH übertragen worden sein.[312] Insbesondere **nicht einlagefähig** sind nach h. M.[313] Ansprüche auf **Dienst- oder Werkleistung gegen Dritte**, da die künftige Erbringung keinen Rückschluss auf die Werthaltigkeit der Leistung im Zeitpunkt der Anmeldung der GmbH zulässt. Dasselbe muss für die Verpflichtung zu **eigenen** Dienst- oder Werkleistungen gelten, vgl. auch § 27 Abs. 2 AktG.[314] § 5 Abs. 4 GmbH erfasst nicht nur den Fall der Erbringung einer **Sacheinlage** i. e. S., bei der die Einlagepflicht selbst unmittelbar auf die **Einbringung des Vermögensgegenstandes** gerichtet ist. Auch erfasst wird die Konstellation, in der eine **Sachübernahme** stattfindet, d. h. die Gesellschaft den Vermögensgegenstand erwirbt und sich eine Verrechnung der Vergütung aus diesem Geschäft mit dem sich aus der Bareinlagepflicht ergebenden Bareinzahlungsanspruch der Gesellschaft anschließt.[315] Für die Erbringung von Sachleistungen an die GmbH, die erst nach deren Entstehung vereinbart wird, beste-

---

304 Vgl. OLG Karlsruhe ZIP 1993, 133 (134); Scholz/*K. Schmidt*/*Bitter* vor § 64 Rn. 142.
305 BGH NJW 2007, 3067; 1992, 2698; OLG Karlsruhe GmbHR 2014, 144 (144,145).
306 BGH WM 2014, 265 (265).
307 BGH DStR 2004, 2112; OLG Frankfurt/M NZG 2005, 898.
308 BGH DStR 2004, 2112; OLG Brandenburg NZG 2006, 948.
309 BGH WM 2014, 265 (266).
310 Baumbach/Hueck/*Fastrich* § 5 Rn. 23.
311 BGHZ 29, 304; Baumbach/Hueck/*Fastrich* § 5 Rn. 23 m. w. N.
312 H. M., vgl. nur Ulmer/*Ulmer* § 5 Rn. 45.
313 BGH NZG 2009, 463 – Qivive; Ulmer/*Ulmer* § 5 Rn. 61; teilweise a. A. Scholz/*Veil* § 5 Rn. 51.
314 Baumbach/Hueck/*Fastrich* § 5 Rn. 24 m. w. N.
315 Allg. Meinung, vgl. nur Roth/Altmeppen/*Roth* § 5 Rn. 29 f.; Ulmer/*Ulmer* § 5 Rn. 27; zur gemischten Sacheinlage sowie Mischeinlage vgl. Baumbach/Hueck/*Fastrich* § 5 Rn. 20.

hen – abgesehen vom Fall der verdeckten Sacheinlage – keine Einschränkungen, eine Aufnahme in die Satzung ist nicht erforderlich.[316]

Da bei Sacheinlagen eine erhöhte Gefahr unseriöser Gründungen durch die Einbringung wertloser Sachen zur Tilgung der Einlageschuld besteht, unterliegen sie einer Publizitäts- und Werthaltigkeitskontrolle, vgl. §§ 5 Abs. 4 S. 2, 7 Abs. 2 und 3, 8 Abs. 1 Nr. 4 und 5, Abs. 2 S. 1, 9c Abs. 1 S. 2 GmbHG. 124

2. Differenzhaftung gem. § 9 GmbHG; Fälligkeit

Erreicht die Sacheinlage im Zeitpunkt der Anmeldung der GmbH zur Eintragung nicht den Nennbetrag des dafür übernommenen Geschäftsanteils, so sieht § 9 Abs. 1 S. 1 GmbHG eine **verschuldensunabhängige**[317] **Differenzhaftung** des Gesellschafters vor. Auch hier gelten das **Verbot der Unterpariemission**[318] sowie das Aufrechnungs- und Erlassverbot des § 19 Abs. 2 GmbHG und die Ausfallhaftung des § 24 GmbHG.[319] 125

Der Anspruch entsteht als Teil der Einlagepflicht mit Leistung der Sacheinlage.[320] In der Lit. umstritten ist, welcher Zeitpunkt für die Fälligkeit maßgebend ist. Nach ganz h. M.[321] ist dies nicht etwa erst der Zeitpunkt der Eintragung der GmbH, da dies dem ausdrücklichen Wortlaut von § 9 Abs. 1 S. 1 GmbHG, der auf den Zeitpunkt der Anmeldung abstellt, zu entnehmen sei. Uneinheitlich wird beantwortet, ob die **Fälligkeit schon vor Anmeldung**[322] der Gesellschaft zur Eintragung oder erst mit diesem Zeitpunkt[323] eintritt. Da maßgeblicher Zeitpunkt für die Bezifferung des Differenzhaftungsanspruchs gem. § 9 Abs. 1 S. 1 GmbHG die Anmeldung der GmbH zur Eintragung in das Handelsregister ist, erscheint es konsequent, diesen klaren Berechnungszeitpunkt auch für die Fälligkeit der Differenzhaftung heranzuziehen.[324] Bei noch früherer Fälligkeit allerdings könnten Wertschwankungen der Sacheinlage den Anspruch beeinflussen. Dies würde zu Rechtsunsicherheit führen. 126

3. Geltendmachung durch den Geschäftsführer

Ansprüche aus Differenzhaftung werden **vom Geschäftsführer namens der Gesellschaft** gegenüber den entsprechenden Gesellschaftern geltend gemacht. Da es sich bei dem Differenzhaftungsanspruch um einen Teil der originären Einlagepflicht handelt, ist ein Ersatzanspruchscharakter wegen Mängeln der Gründung nicht erkennbar. Damit entfällt eine Anwendung von § 46 Nr. 8 Hs. 1 Var. 1 GmbHG als Voraussetzung der Geltendmachung des Anspruchs der Gesellschaft durch den Geschäftsführer. Dies ist insoweit heute unstrittig.[325] 127

Uneinheitlich wird die Frage beantwortet, ob – so wie im Falle der Geltendmachung eines ausstehenden Differenzbetrages im Rahmen der Bargründung – ein **Gesellschafterbeschluss** nach § 46 Nr. 2 GmbHG notwendige Grundlage für ein Tätigwerden des Geschäftsführers ist.[326] Dies wird **abge-** 128

---

316 BGHZ 28, 318; allg. Meinung, vgl. nur Michalski/*Zeidler* § 5 Rn. 85 f.; Ulmer/*Ulmer* § 5 Rn. 111.
317 OLG Köln GmbHR 1998, 42 (43); Michalski/*Tebben* § 9 Rn. 12; Ulmer/*Ulmer* § 9 Rn. 10.
318 Baumbach/Hueck/*Fastrich* § 9 Rn. 5 und § 5 Rn. 33; Ulmer/*Ulmer* § 9 Rn. 1.
319 Roth/Altmeppen/*Roth* § 9 Rn. 6.
320 Baumbach/Hueck/*Fastrich* § 9 Rn. 8; Rowedder/Schmidt-Leithoff/*Schmidt-Leithoff* § 9 Rn. 7; a. A.: Lutter/Hommelhoff/*Bayer* § 9 Rn. 7, die sich für eine Entstehung erst ab Anmeldung entscheiden.
321 Vgl. Lutter/Hommelhoff/*Bayer* § 9 Rn. 5; Roth/Altmeppen/*Roth* § 9 Rn. 7; Ulmer/*Ulmer* § 7 Rn. 9.
322 Roth/Altmeppen/*Roth* § 9 Rn. 7.
323 Baumbach/Hueck/*Fastrich* § 9 Rn. 8; Lutter/Hommelhoff/*Bayer* § 9 Rn. 7; Michalski/*Tebben* § 9 Rn. 10; Rowedder/Schmidt-Leithoff/*Schmidt-Leithoff* § 9 Rn. 8; Scholz/*Veil* § 9 Rn. 23.
324 Baumbach/Hueck/*Fastrich* § 9 Rn. 8.
325 Vgl. Baumbach/Hueck/*Fastrich* § 9 Rn. 5 und 8; Lutter/Hommelhoff/*Bayer* § 9 Rn. 7 a. E; Michalski/*Tebben* § 9 Rn. 17; Roth/Altmeppen/*Roth* § 9 Rn. 6.
326 Dagegen: Baumbach/Hueck/*Fastrich* § 9 Rn. 6 und 8; Lutter/Hommelhoff/*Bayer* § 9 Rn. 7; Roth/Altmeppen/*Roth* § 9 Rn. 6; Ulmer/*Ulmer* § 9 Rn. 9.

lehnt. Bezüglich der vollständigen Erbringung der Mindesteinlagen gem. §§ 7 Abs. 2 S. 1, 8 Abs. 2 S. 1 GmbHG sei anerkannt, dass Ausfluss des Grundsatzes der realen Kapitalaufbringung eine fehlende Dispositionsbefugnis der Gesellschafter bezüglich der aufzubringenden Mindesteinlagen ist. Da es von Gesetzes wegen unmöglich sei, dass Sacheinlagen nur anteilsmäßig an die Gesellschaft geleistet werden, vgl. §§ 7 Abs. 3, 8 Abs. 1 Nr. 5, Abs. 2 S. 1 GmbHG, werde ihre **vollständige Erbringung** an die Gesellschaft schon **vor Eintragung** vom Gesetzgeber für die Kapitalaufbringung als genauso wesentlich eingestuft wie die Leistung der Mindesteinlagen. Über deren Einziehung fehle den Gesellschaftern aber anerkanntermaßen[327] die Dispositionsbefugnis. Diese Wertung soll auch auf die Differenzhaftung wegen Überbewertung einer Sacheinlage Anwendung finden.

4. Beweislast

129 Die **Beweislast** für die sich aus der Wertdifferenz ergebende fehlende Vollwertigkeit der Sacheinlage und damit die Anspruchsvoraussetzung von § 9 Abs. 1 S. 1 GmbHG obliegt der **Gesellschaft**, vertreten durch ihre Geschäftsführer.

130 Etwas anderes kann sich aber dann ergeben, wenn von vornherein begründete Zweifel am vom Gesellschafter angeführten Wert der Sacheinlage bestehen. Dann kommt eine **Beweislastumkehr** zugunsten der Gesellschaft in Betracht.[328] Dies wird mit der Kapitalaufbringungsfunktion der Differenzhaftung gerechtfertigt. Bringt ein Gesellschafter eine in Bezug auf ihre Werthaltigkeit problematische Sacheinlage ein, ist es sachgerecht, dem Gesellschafter, aus dessen Sphäre dieses Risiko stammt, die Beweislast aufzubürden.[329]

131 Wurde über das Vermögen der Gesellschaft bereits ein Insolvenzverfahren eröffnet, so obliegt dem **Verwalter** die Beweislast für Ansprüche aus Differenzhaftung.[330] Selbstverständlich ist auch hier ein Gesellschafterbeschluss nach § 46 Nr. 2 GmbHG nicht geboten.

5. Verbot verdeckter Sacheinlage(n)

a) Definition und Voraussetzungen von § 19 Abs. 4 GmbHG

132 Eine verdeckte Sacheinlage liegt nach dem BGH[331] vor, wenn die für Sacheinlagen geltenden gesetzlichen Bestimmungen objektiv dadurch unterlaufen werden, dass zwischen Gesellschaft und Gesellschafter eine Bareinlage vereinbart wird, bei wirtschaftlicher Betrachtung der Gesellschaft aber kein Wert aus einer Barleistung, sondern auf Grund eines im Zusammenhang mit der Übernahme der Einlage abgeschlossenen **Gegengeschäfts** oder einer sonstigen Absprache ein Sachwert zufließen soll, § 19 Abs. 4 S. 1 GmbHG. Ebenso wie § 19 Abs. 5 GmbHG bestätigt auch § 19 Abs. 4 S. 1 GmbHG die Regel, dass solche Geschäfte grds. einen Verstoß gegen das Kapitalaufbringungsgebot darstellen und ihnen die Erfüllungswirkung fehlt.[332] Die Abrede wird bei einem engen zeitlichen und sachlichen Zusammenhang widerleglich vermutet,[333] wobei der enge zeitliche Zusammenhang innerhalb eines Zeitrahmens von sechs Monaten gegeben sein wird.[334] Eine **Umgehungsabsicht** ist nicht vonnöten.[335] Ob die zunächst erfolgte Bareinzahlung auf Grund einer Abrede als Vergütung für die Sach-

---

327 Vgl. Baumbach/Hueck/*Fastrich* § 19 Rn. 6 und 8.
328 OLG Naumburg GmbHR 1998, 385 (386), das sich auf ein obiter dictum des OLG Düsseldorf WM 1991, 1669 (1671) beruft; Michalski/*Tebben* § 9 Rn. 13 a. E.; Ulmer/*Ulmer* § 9 Rn. 14; a. A. Scholz/*Winter/Veil* § 9 Rn. 15.
329 Scholz/*Veil* § 9 Rn. 18 wollen dies nur für den besonders gelagerten Ausnahmefall gelten lassen, dass unzureichende oder falsche Wertnachweise durch den Gesellschafter geliefert wurden.
330 Baumbach/Hueck/*Fastrich* § 9 Rn. 8 a. E.
331 BGH NJW 2007, 3425 – Lurgi; NZG 2009, 463 – Qivive; BGHZ 155, 329 (334).
332 BGH NZG 2009, 944 – Cash-Pool II; BGH NJW 2007, 3425 – Lurgi; 2003, 3127.
333 BGHZ NJW 1996, 1286; 1996, 2306.
334 BGHZ 132, 141 (146); Ulmer/*Ulmer* § 19 Rn. 44.
335 Allg. Meinung, Baumbach/Hueck/*Fastrich* § 19 Rn. 49.

E. Nach Eintragung: Klagen gegen Gesellschafter wg. Mängeln bei der Kapitalaufbringung § 15

leistung zurückfließt,[336] oder aber die Mittel für die Einzahlung durch ein vor der Einzahlung mit der Gesellschaft vorgenommenes Geschäft erst beschafft werden,[337] ist irrelevant.[338]

Auch die Aufrechnung mit einer Forderung aus einem Gesellschafterdarlehen sowie der Rückfluss der Einlage im Rahmen der Tilgung des Gesellschafterdarlehens stellen eine verdeckte Sacheinlage dar, da realiter der Anspruch gegen die Gesellschaft eingebracht werden soll, womit die Form des § 5 Abs. 4 GmbHG umgangen wird.[339] 133

Um eine verdeckte Sacheinlage handelt es sich dann nicht, wenn die Einbringung des Sachwerts **nicht in Zusammenhang mit der Gründung** erfolgt. Die Grenzen der Zulässigkeit von Drittgeschäften zwischen der GmbH und ihren Gesellschaftern werden uneinheitlich gezogen.[340] Ein eindeutiges **Umgehungsgeschäft** wird aber für den Fall anzunehmen sein, dass in zeitlicher Nähe für die Aufnahme des Geschäftsbetriebs essentielle Gegenstände von der Gesellschaft erworben werden, die bei objektiver Betrachtung von vornherein als Sacheinlagen hätten eingebracht werden müssen.[341] Vom Verbot der verdeckten Sacheinlage nicht erfasst werden nach Rspr. des BGH mangels Sacheinlagefähigkeit Dienstleistungen seitens eines Gesellschafters.[342] 134

b) Rechtsfolgen

Die Rechtsfolge **mangelnder Erfüllungswirkung** der Bareinlage wird dadurch abgemildert, dass der Wert des Vermögensgegenstandes nach erfolgter Eintragung auf den ursprünglichen, weiterhin fortbestehenden Bareinlageanspruch angerechnet[343] wird, sobald die Eintragung der GmbH ins Handelsregister erfolgt ist, § 19 Abs. 4 S. 4 GmbHG. Ist die Sachleistung an die Gesellschaft aber bisher nicht erbracht worden, so ist selbstverständlich maßgeblicher Zeitpunkt für die Anrechnung die Erbringung der Leistung. Erfüllungswirkung ist aber von vornherein für den Teil der Bareinlage anzunehmen, der weder an den Gesellschafter noch ihm zurechenbare Dritte zurückgeflossen ist, da in diesem Fall keine Form des Hin- und Herzahlens gegeben ist.[344] 135

Die Verträge über die Sacheinlage und die Rechtshandlungen zu ihrer Ausführung bleiben i. Ü. **wirksam**, § 19 Abs. 4 S. 2 GmbHG. Für ihre Durchführung trägt der Geschäftsführer gem. § 43 Abs. 2 GmbHG die Verantwortung.[345] Für ihn besteht darüber hinaus, da Erfüllungswirkung der Bareinlage durch Anrechnung nicht vor Eintragung der GmbH eintreten kann, die Gefahr einer Strafbarkeit gem. § 82 Abs. 1 Nr. 1 oder Nr. 3 GmbHG, wenn seine bei der Handelsregisteranmeldung gem. § 8 Abs. 2 S. 1 abzugebende Versicherung bei einer verdeckten Sacheinlage falsch ist. Nebenfolge ist ein fünfjähriges Bestellungshindernis, § 6 Abs. 2 S. 2 Nr. 3 lit. c GmbHG. 136

c) Heilung verdeckter Sacheinlage

War es vor Inkrafttreten des MoMiG möglich, die Erfüllungswirkung einer verdeckten Sacheinlage dadurch ex nunc herbeizuführen, dass der Gesellschaftsvertrag mit der entsprechenden Mehrheit sowie den von § 5 Abs. 4 S. 1 GmbHG verlangten Festsetzungen geändert und hierdurch die ursprüng- 137

---

336 BGHZ 28, 314; 132, 135; BGH GmbHR 2001, 1114.
337 BGHZ 113, 340; 125, 143 (144); BGH NJW 1998, 1952.
338 Baumbach/Hueck/*Fastrich* § 19 Rn. 46 und 50 ff. auch zu anderen Umgehungskonstellationen.
339 BGHZ 119, 47; 113, 335 (341); Baumbach/Hueck/*Fastrich* § 19 Rn. 46.
340 Vgl. allg. hierzu Baumbach/Hueck/*Fastrich* § 19 Rn. 29.
341 BGH NZG 2008, 311.
342 BGH NZG 2009, 463 – Qivive.
343 Zum Streitstand, ob es sich bei der Anrechnung dogmatisch um eine Leistung an Erfüllungs statt oder ein Rechtsinstitut sui generis handelt, vgl. *Ulmer* ZIP 2009, 293 (294); die Anrechnungslösung des § 19 Abs. 4 GmbHG greift auch bei verdeckten gemischten Sacheinlagen, vgl. BGH DStR 2008, 1052 (1054) – Rheinmöve; *Maier-Reimer/Wenzel* ZIP 2009, 1185 (1188); *Schluck-Amend/Penke* DStR 2009, 1433 (1435); *Stiller/Redenker* ZIP 2010, 865 (867).
344 Baumbach/Hueck/*Fastrich* § 19 Rn. 54.
345 Baumbach/Hueck/*Fastrich* § 19 Rn. 54.

liche Bar- in eine Sacheinlage umgewandelt wurde,[346] so stellt sich die Rechtslage unter der Geltung von § 19 Abs. 4 GmbHG anders dar. Denn nach § 19 Abs. 4 S. 3 GmbHG kommt es schon von Gesetzes wegen zu einer Anrechnung und damit einer (anteiligen) **Heilung**, da die Bareinlageverpflichtung in Höhe der Werthaltigkeit der Sacheinlage als erfüllt anzusehen ist.[347]

138 Eine **Heilung** wird über den Regelungsinhalt des § 19 Abs. 4 GmbHG hinaus nur noch für die Frage der Beweislastverteilung relevant. Die Heilung erfolgt durch einen **Beschluss zur Satzungsänderung**,[348] im Rahmen dessen festzustellen ist, dass der Bareinlageanspruch durch die partielle Anrechnung insoweit erloschen ist.[349] Eine Verpflichtung zur Zustimmung besteht, wenn die Gesellschafter von der verdeckten Sacheinlage Kenntnis und ihr Einverständnis erklärt hatten.[350] Sodann ist ein die Werthaltigkeit der Sacheinlage darlegender Bericht über die Änderung der Einlage vonnöten, den sämtliche Geschäftsführer und Gesellschafter zu unterzeichnen haben und der ein die Werthaltigkeit der Sacheinlage bestätigendes Gutachten eines Wirtschaftsprüfers enthält.[351] Hierbei ist maßgeblicher Zeitpunkt die Anmeldung der Gesellschaft zur Eintragung ins Handelsregister gem. § 19 Abs. 4 S. 3 Alt. 1 GmbHG.[352] Als letzte Voraussetzung ist die Werthaltigkeit der Sacheinlage durch den Geschäftsführer bzw. im Falle fehlender Vollwertigkeit die Leistung eines Ausgleichs in Bar durch den Gesellschafter zu versichern.[353] Dann kommt es zu einer ex-nunc-Heilung der verdeckten Sacheinlage. Die Beweislast des Gesellschafters für die Werthaltigkeit seines eingebrachten Vermögensgegenstandes gem. § 19 Abs. 4 S. 5 GmbHG geht auf die Gesellschaft über.[354] Für mangelnde Werthaltigkeit haftet der Gesellschafter nach Heilung der verdeckten Sacheinlage auf Differenzzahlung i. Ü. natürlich weiter.[355]

139 War ein Haftungstatbestand zulasten des Geschäftsführers mangels eines bis zur Heilung nicht vorliegenden Schadens noch nicht erfüllt, so bewirkt die Heilung weiterhin auch nach neuem Recht eine Enthaftung des Geschäftsführers.[356].

d) Sanktionen gegen den Gesellschafter und Auswirkung der Anrechnung im Verhältnis der Gesellschafter untereinander

aa) Strafrechtliche Verantwortlichkeit und deliktische Haftung

140 Da ein Gesellschafter, der keine Geschäftsführerrolle einnimmt, auch nicht die gem. § 8 Abs. 2 S. 1 GmbHG erforderliche Versicherung abgibt, scheidet für ihn regelmäßig auch eine Strafbarkeit aus § 82 Abs. 1 GmbHG und damit auch eine zivilrechtliche Haftung über § 823 Abs. 2 BGB wegen falscher Angaben zur Leistung der Einlagen aus. Ausnahmsweise kann eine **Treuepflichtverletzung** gegenüber einem Mitgesellschafter eine Schadensersatzpflicht des Gesellschafters dann auslösen, wenn dieser Verstoß nicht bloß in der Durchführung der verdeckten Sacheinlage, sondern in einer Benachteiligung eines Gesellschafters liegt, so etwa bei Veranlassung zum Eintritt in eine schon vor

---

346 Vgl. zum genauen Ablauf Baumbach/Hueck/*Fastrich* § 19 Rn. 66.
347 Ausweislich der Gesetzesbegründung soll die Möglichkeit der Heilung jedoch nicht eingeschränkt werden, RegE BT-Drucks. 16/6140, S. 40.
348 *Markwardt* BB 2008, 2414 (2416); Ulmer/*Casper* § 19 Rn. 91; i. Ü. ist str., ob satzungsändernde Mehrheit ausreichend oder Einstimmigkeit aus Gründen des Minderheitenschutzes erforderlich, vgl. Ulmer/*Ulmer* § 19 Rn. 138 m. w.N; nimmt man ein Einstimmigkeitserfordernis an und stimmen sämtliche Gesellschafter für eine Heilung, so ist ein Vorgehen gegen die Anrechnungswirkung des § 19 Abs. 4 S. 3 GmbHG ausgeschlossen.
349 Michalski/*Ebbing* § 19 Rn. 164; *Steiner* BWNotZ 2009, 193 (199).
350 *Markwardt* BB 2008, 2414 (2416) m. w. N.
351 Ulmer/*Casper* § 19 Rn. 91.
352 Ulmer/*Casper* § 19 Rn. 91; *Wicke* § 19 Rn. 29.
353 Ulmer/*Casper* § 19 Rn. 91.
354 *Henkel* NZI 2010, 6 (8); *Markwardt* BB 2008, 2414 (2418); Roth/Altmeppen/*Roth* § 19 Rn. 90; *Veil* ZIP 2007, 1241 (1245).
355 Ulmer/*Casper* § 19 Rn. 99.
356 *Gehrlein* Der Konzern 2007, 771 (784); Ulmer/*Casper* § 19 Rn. 92; *Veil* ZIP 2007, 1241 (1244).

bb) Keine legitimierende Wirkung der Anrechnung

Die Anrechnungslösung des § 19 Abs. 4 S. 3 GmbHG hat im Verhältnis der Gesellschafter untereinander keine legitimierende Wirkung. Die Mitgesellschafter können deshalb ggf. auf Unterlassung oder Schadensersatz klagen.[358] Dies erscheint folgerichtig, da die Vereinbarung einer verdeckten Sacheinlage zwischen Gesellschaft und einem Gesellschafter keiner Zustimmung der übrigen Gesellschafter erfordert, selbst nicht im Hinblick auf die Schutzbedürftigkeit später hinzukommender Gesellschafter.[359] Denn die Anrechnungswirkung des § 19 Abs. 4 S. 3 GmbHG erfolgt ipso iure. Darüber hinaus könnten auch Beweisschwierigkeiten entstehen.[360]

141

cc) Rechtsschutzmöglichkeiten gegen die Durchführung verdeckter Sacheinlagen

Wird – obwohl dies nicht erforderlich ist – ein Beschluss zur Durchführung einer verdeckten Sacheinlage gefasst, so ist dieser gem. § 243 Abs. 1 Alt. 1 AktG analog wegen Vereinbarung einer rechtswidrigen verdeckten Sacheinlage, die einen Gesetzesverstoß begründet, **anfechtbar**.[361] Eine Anfechtbarkeit besteht darüber hinaus bei mangelnder Werthaltigkeit der Sacheinlage gem. § 255 Abs. 2 AktG (doppelt) analog.[362]

142

Die Anrechnung gem. § 19 Abs. 4 S. 3 GmbHG erfordert grds., dass die verdeckte Sacheinlage bereits **durchgeführt** worden ist. Dem Interesse eines Minderheitsgesellschafters kann es aber insbes. entsprechen, schon die Auslösung der Anrechnungswirkung, die gerade unabhängig von seinem potentiellen Einverständnis eintritt, und damit die Durchführung der verdeckten Sacheinlage niederzuschlagen. Ansonsten könnte sich ein Gesellschafter zu Lasten der Mitgesellschafter seiner eigentlich bestehenden Bareinlagepflicht entziehen. Der Minderheitsgesellschafter geriete sehenden Auges in die Gefahr der Ausfallhaftung auf Differenz. Dem Mitgesellschafter, der der verdeckten Sacheinlage nicht zugestimmt hat, steht deshalb ein eigener **Unterlassungsanspruch** zu, der auch im Wege **einstweiligen Rechtsschutzes** verfolgt werden kann.[363] Die Voraussetzungen der actio pro socio brauchen hierfür nicht vorzuliegen.[364] Der Minderheitsgesellschafter könnte begehren, gegenüber den betreffenden Gesellschaftern und der Gesellschaft ein Verbot gegen die Vornahme des entsprechenden Geschäfts auszusprechen.[365] Als Rechtsgrundlage für einen solchen Anspruch kann die gesellschaftsrechtliche Treuepflicht herangezogen werden.[366] Weiterhin kann der Gesellschafter auch beim Registergericht eine Nachprüfung anregen und somit u. U. eine Eintragungsablehnung erzwingen.[367]

143

Ist eine verdeckte Sacheinlage einmal durchgeführt und kommt es zur ipso iure-Anrechnungswirkung des § 19 Abs. 4 S. 3 GmbHG im Zeitpunkt der Eintragung der GmbH ins Handelsregister,

144

---

357 Ulmer/*Casper* § 19 Rn. 88; *Wachter* GmbHR 2009, 935 (936).
358 Baumbach/Hueck/*Fastrich* § 19 Rn. 60; Handelsrechtsausschuss des DAV NZG 2007, 735 (740); *Wicke* § 29 Rn. 28.
359 *Markwardt* BB 2008, 2414 (2416); Ulmer/*Casper* § 19 Rn. 89; *Veil* ZIP 2007, 1241 (1244); a. A.: *Pentz* FS K. Schmidt, 2009, 1265 (1280), der einen 3/4-Mehrheitsbeschluss fordert; dies galt auch nach früherer BGH-Rspr. zur Heilung verdeckter Sacheinlagen vor Inkrafttreten des MoMiG, vgl. BGH 132, 141 (154); *Grunewald* WM 2006, 2333 (2336).
360 *Markwardt* BB 2008, 2414 (2416).
361 Dies gilt nur dann, wenn nicht zuvor Heilung eingetreten ist.
362 *Maier-Reimer/Wenzel* ZIP 2008, 1449 (1451); Ulmer/*Casper* § 19 Rn. 89.
363 Lutter/Hommelhoff/*Bayer* § 19 Rn. 77; Ulmer/*Casper* § 19 Rn. 89.
364 Ulmer/*Casper* § 19 Rn. 89; *Veil* ZIP 2007, 1241 (1244); a. A.: Baumbach/Hueck/*Fastrich* § 19 Rn. 60; *Grigoleit/Rieder* Rn. 180; Lutter/Hommelhoff/*Bayer* § 19 Rn. 86; *Markwardt* BB 2008, 2414 (2417).
365 So *Markwardt* BB 2008, 2414 (2417).
366 So wohl auch *Grigoleit/Rieder* Rn. 180; *Veil* ZIP 2007, 1241 (1244).
367 Dies erwägend *Markwardt* BB 2008, 2414 (2417).

so steht ein Gesellschafter, wenn nicht eine deliktische Haftung des Gesellschafters nach obiger Ausnahmekonstellation in Betracht kommt, vor vollendeten Tatsachen. Dass die GmbH dann u. U. kaum mit Barkapital ausgestattet ist, muss hingenommen werden. Ein **Schadensersatzanspruch des Mitgesellschafters auf Naturalrestitution**, d. h. Rückgängigmachung der durchgeführten verdeckten Sacheinlage und vollständiges Wiederaufleben der wegen Anrechnung untergegangenen Bareinlageverpflichtung, ist im Hinblick auf die Rechtsgrundlage und den gesellschaftsrechtlichen Grundsatz in der Diskussion.[368] Dabei wird diskutiert, ob § 19 Abs. 4 S. 3 GmbHG wegen des Fehlens der legitimierenden Wirkung diese Möglichkeit eröffnet oder der hinter der Norm stehende allgemeine Rechtsgedanke, mit Eintragung der GmbH Rechtssicherheit entstehen zu lassen, dies versagt.[369]

e) Beweislast für Werthaltigkeit

145 Die Beweislast für die Werthaltigkeit des eingebrachten Gegenstandes trägt nach § 19 Abs. 4 S. 5 GmbHG der **Gesellschafter**. Bis zum Zeitpunkt des Ablaufs der Verjährungsfrist besteht für den Gesellschafter deshalb die Gefahr, dass er der Differenzhaftung gem. § 9 Abs. 1 S. 1 GmbHG unterliegt, wenn ihm der Beweis für die von ihm behauptete Werthaltigkeit nicht gelingt.[370] Als Beweis werden **vorsorglich erstellte Gutachten** im Zeitpunkt der Einbringung regelmäßig **nicht ausreichen**.[371]

III. Ausfallhaftung der Mitgesellschafter nach § 24 GmbHG bei rückständigen Bareinlagen

1. Materiell-rechtliche Tatbestandsvoraussetzungen, Reichweite und Rechtsfolgen von § 24 S. 1 GmbHG

146 Zur Sicherung der realen Kapitalaufbringung unterliegen sämtliche Gesellschafter einer **zwingenden** (§ 25 GmbHG) **Ausfallhaftung** (§ 24 GmbHG) in Form einer kollektiven Deckungspflicht, die für die Gesellschafter über die Verpflichtung zur Erbringung der eigenen Einlage hinaus ein finanzielles Risiko darstellen kann. Dieses verwirklicht sich indes erst dann, wenn sämtliche gesetzlich vorgelagerten Möglichkeiten zur Erlangung der Einlageleistung des säumigen Einlageschuldners fehlgeschlagen sind, also:
– erneute Aufforderung mittels eingeschriebenem Brief zur Einzahlung an den säumigen Gesellschafter mit Nachfrist von mindestens einem Monat und Ausschlussandrohung (§ 21 Abs. 1 S. 1 GmbHG);
– Ausschlusserklärung (§ 21 Abs. 2 GmbHG);
– der gem. § 21 Abs. 2 S. 1 GmbHG Kaduzierte wurde wegen der Ausfallhaftung gem. § 21 Abs. 3 GmbHG vergebens in Anspruch genommen bzw. eine Inanspruchnahme ist als aussichtslos einzustufen;[372]
– ein ggf. vorhandener Rechtsvorgänger des Ausgeschlossenen wurde gem. § 22 Abs. 1 GmbHG ohne Erfolg in Anspruch genommen oder seine Inanspruchnahme erscheint ebenfalls aussichtslos;
– der Zwangsverkauf des Geschäftsanteils gem. § 23 S. 1 GmbHG hat keine Erfüllung der Einlageverpflichtung des Kaduzierten bewirkt oder war aussichtslos.[373]

147 Dann müssen die übrigen Gesellschafter für den Ausfall **im Verhältnis ihrer Geschäftsanteile** aufkommen, § 24 S. 1 GmbHG. Dem Wortlaut der Vorschrift nach gilt sie lediglich für **Bareinlagen**. Sie ist indes auch im Falle von **kombinierten Sach- und Geldeinlagen** auf den Baranteil anzuwenden

---

368 *Grigoleit/Rieder* Rn. 180.
369 Vgl. *Markwardt* BB 2008, 2414 (2417), der jedoch i. E. für eine Naturalrestitution plädiert; Ulmer/*Casper* § 19 Rn. 89.
370 Baumbach/Hueck/*Fastrich* § 19 Rn. 65.
371 *Gehrlein* Der Konzern 2007, 771 (784).
372 RGZ 86, 421.
373 OLG Köln ZIP 1993, 1389 (1392).

E. Nach Eintragung: Klagen gegen Gesellschafter wg. Mängeln bei der Kapitalaufbringung § 15

sowie im Falle der **Differenzhaftung** nach Überbewertung einer Sacheinlage,[374] da Rechtsfolge der Überbewertung nach § 9 Abs. 1 S. 1 GmbHG eine Geldeinlagepflicht des ausgefallenen Gesellschafters ist. Darüber hinaus erstreckt sich die Ausfallhaftung auch auf Ansprüche der Gesellschaft aus **Vorbelastungshaftung**[375] sowie **Unterbilanzhaftung** nach Eintragung der GmbH.[376]

2. Geltendmachung durch den Geschäftsführer; Beweislast

Die Geltendmachung von Ansprüchen aus Ausfallhaftung gem. § 24 GmbHG obliegt dem Geschäftsführer, ein Gesellschafterbeschluss ist schon aus Gläubigerschutzgesichtspunkten nicht zu fordern.[377] Während des Insolvenzverfahrens über das Vermögen der GmbH fordert der Verwalter die Beträge ein, soweit dies zur Befriedigung der Gläubiger notwendig ist.[378] Die Beweislast für Ansprüche aus Ausfallhaftung obliegt der Gesellschaft.[379]

148

Klage kann am Sitz der Gesellschaft erhoben werden, da der besondere Gerichtsstand der Mitgliedschaft (§ 22 ZPO) greift.[380] Mit dem Titel kann die Vollstreckung in das Privatvermögen des Gesellschafters sowie in dessen Geschäftsanteil betrieben werden,[381] sofern die Einlageverpflichtung auf diesen erfüllt ist.[382]

3. Geltendmachung von Ersatzansprüchen gegen die Geschäftsführer, ggf. Streitverkündung durch in Anspruch genommenen Gesellschafter

a) Geschäftsführer als Beklagter eines Regressanspruches

Verletzt der Geschäftsführer im Rahmen der Nichteinforderung ausstehender Einlagebeträge von den übrigen Gesellschaftern ihm obliegende Sorgfaltspflichten, so kann dies nach h. M. zu Ansprüchen **der Gesellschafter** (und nicht nur der Gesellschaft) **gegen die Geschäftsführer** in Analogie zu § 31 Abs. 6 S. 1 GmbHG führen.[383] Es macht wertungsmäßig aus Sicht des Gesellschafters keinen Unterschied, ob der Geschäftsführer unzulässigerweise verbotene Auszahlungen an den betreffenden Gesellschafter veranlasst hat und damit einer Haftung gegenüber den ausgleichspflichtigen Gesellschaftern nach § 31 Abs. 6 S. 1 GmbHG unterliegt, oder aber im Rahmen der Kapitalaufbringung – etwa aus Nachlässigkeit – die Einforderung teilweise ausstehender Einlagen versäumt hat und dadurch die Gesellschafter in eine Ausfallhaftung zwingt. Der Verschuldensmaßstab und die Verjährung bestimmen sich in entsprechender Anwendung zu § 43 Abs. 1 und 4 GmbHG, vgl. § 31 Abs. 6 S. 2 GmbHG analog.

149

b) Streitverkündung gegenüber Geschäftsführer

Der Gesellschafter kann in einem gegen ihn auf Ausfallhaftung geführten Prozess **dem Geschäftsführer** gem. §§ 72 ff. ZPO den Streit verkünden. Die Interventionswirkung umfasst alle für die Entscheidung erheblichen Tatsachenfeststellungen und rechtlichen Beurteilungen und ist nicht auf den Entscheidungssatz beschränkt, wie dies bei der materiellen Rechtskraft der Fall ist.[384] Dies ist für den haftenden Gesellschafter häufig empfehlenswert, da bereits im Vorprozess die seine Haftung gegen-

150

---

374 Michalski/*Ebbing* § 24 Rn. 12; Ulmer/*Müller* § 24 Rn. 16.
375 BGHZ 80, 141; BGH WM 1982, 40.
376 Baumbach/Hueck/*Fastrich* § 24 Rn. 2.
377 Baumbach/Hueck/*Fastrich* § 24 Rn. 9; Michalski/*Ebbing* § 24 Rn. 99.
378 OLG Hamm NJOZ 2006, 920; Scholz/*Emmerich* § 24 Rn. 9 und 20.
379 OLG Köln DStR 2009, 1047.
380 Michalski/*Ebbing* § 24 Rn. 103.
381 Scholz/*Emmerich* § 24 Rn. 19.
382 Michalski/*Ebbing* § 24 Rn. 103; dies stellt i. Ü. keine (unzulässige) Kaduzierung dar.
383 Lutter/Hommelhoff/*Bayer* § 24 Rn. 16; Michalski/*Ebbing* § 24 Rn. 97; Roth/Altmeppen/*Altmeppen* § 24 Rn. 27; Ulmer/*Müller* § 24 Rn. 65; a. A.: Baumbach/Hueck/*Fastrich* § 24 Rn. 10, der eine Haftung der Geschäftsführer gegenüber den Gesellschaftern nur im Falle von § 826 BGB zulassen will.
384 BGH NJW 2004, 1521; Saenger/*Bendtsen* § 68 Rn. 6.

über der Gesellschaft gem. § 24 S. 1 GmbHG begründenden Tatsachen, insbesondere zu den Voraussetzungen der §§ 21–23 GmbHG, auch im Verhältnis zum Geschäftsführer als Streitverkündungsempfänger festgestellt werden und nicht im Folgeprozess neu ermittelt werden müssen.

c) Streitverkündung gegenüber Rechtsvorgänger

151 Die Streitverkündung gegenüber dem Rechtsvorgänger des ausgefallenen Gesellschafters ist deshalb nicht vonnöten, da der nach § 24 GmbHG in Anspruch genommene Gesellschafter ohnehin nur proratarisch haftet (vgl. § 24 S. 1 GmbHG) und Tatbestandsvoraussetzung für § 24 GmbHG die erfolglose Inanspruchnahme eines vorhandenen Rechtsvorgängers des Ausgeschlossenen gem. § 22 Abs. 1 GmbHG ist.

d) Streitverkündung gegenüber (ausgeschiedenem) Gesellschafter

152 Eine Streitverkündung gegenüber einem anderen Gesellschafter im Vorgriff auf eine (vermutete) Veräußerung seiner Beteiligung ist nicht notwendig, da der Anwendungsbereich von § 24 S. 1 GmbHG auch solche Gesellschafter erfasst, die vor Inanspruchnahme ausscheiden, solange nur die haftungsbegründende Gesellschaftereigenschaft zum Zeitpunkt der Fälligkeit der Einlagepflicht gegeben war.[385] Dann entsteht nämlich schon **aufschiebend bedingt** die **Ausfallhaftung** nach § 24 S. 1 GmbHG.[386] Die vereinzelt vertretene Gegenansicht[387] fordert als maßgeblichen Zeitpunkt für das Entstehen der Ausfallhaftung dagegen ein beendetes, vergebliches Vorgehen nach §§ 21 bis 23 GmbHG[388] Nach der Gegenansicht würde bei Veräußerung ggf. niemand mehr haften, denn auch die Erwerbermithaftung nach § 16 Abs. 2 GmbHG, die eine Haftung des Veräußernden nach § 24 GmbHG umfasst, erfordert eine Fälligkeit der Leistungspflicht vor der Veräußerung des Geschäftsanteils.[389]

153 Ferner wird der Geschäftsführer ohnehin regelmäßig zunächst gegen sämtliche Gesellschafter aus § 24 S. 1 GmbHG vorgehen und bereits dann den Nachweis der Erfüllung der Tatbestandsvoraussetzungen führen.[390] Fällt ein Gesellschafter aus, erhöht sich dann zwar anteilig die proratarische Haftung der übrigen Gesellschafter, § 24 S. 2 GmbHG. Die Streitverkündung bezüglich der gem. § 24 S. 2 GmbHG angestiegenen Haftsumme geht aber für den Regressprozess ins Leere, da die Inanspruchnahme des Streitverkündeten ja nach tatbestandlicher Voraussetzung des § 24 S. 2 GmbHG gerade aussichtslos ist oder keinen Erfolg versprochen hat.

---

385 BGHZ 132, 390; OLG Köln ZIP 1993, 1389 (1392); Roth/Altmeppen/*Altmeppen* § 24 Rn. 13 f.; Scholz/*Emmerich* § 24 Rn. 15 f.
386 BGHZ 132, 390; Baumbach/Hueck/*Fastrich* § 24 Rn. 6 m. w. N.
387 So RG JW 1937, 2286; LG Aachen GmbHR 1992, 751; Ulmer/*Müller* § 24 Rn. 29 f.
388 BGHZ 132, 390.
389 Michalski/*Ebbing* § 16 Rn. 137 und 142; Scholz/*Seibt* § 16 Rn. 54.
390 Michalski/*Ebbing* § 24 Rn. 103; Ulmer/*Müller* § 24 Rn. 53.

§ 16 Streitigkeiten um Geschäftsanteile

Übersicht

		Rdn.
A.	**Verfügungen über Geschäftsanteile**	1
I.	Einführung	1
	1. Grundsatz der freien Veräußerlichkeit	1
	2. Beurkundungserfordernis	3
	a) Abtretung	3
	b) Kausalgeschäft	6
	3. Vinkulierung	8
	a) Zustimmungserfordernis	9
	b) Sachliche Gründe	12
	4. Gesellschafterliste	15
	a) Bedeutung der Gesellschafterliste	15
	b) Legitimationsfunktion	16
	5. Gutgläubiger Erwerb	18
	6. Grundsatz der freien Vererblichkeit	19
	7. Sonstige Verfügungen	21
II.	Streitigkeiten um die Zulassung einer Due Diligence-Prüfung	26
	1. Erzwingung einer Due Diligence durch einen veräußerungswilligen Gesellschafter	29
	a) Informationsanspruch gemäß § 51a GmbHG	31
	aa) Materiell-rechtliche Voraussetzungen	31
	bb) Prozessuale Durchsetzung	33
	b) Anspruch auf Zulassung der Due Diligence	36
	aa) Materiell-rechtliche Voraussetzungen	36
	bb) Prozessuale Durchsetzung	42
	c) Gesellschafterweisung zur Zulassung der Due Diligence	46
	aa) Materiell-rechtliche Voraussetzungen	46
	bb) Prozessuale Durchsetzung	53
	d) Taktische Überlegungen	55
	aa) Vorgehen eines Minderheitsgesellschafters	56
	bb) Vorgehen eines Mehrheitsgesellschafters	58
	cc) Erfolgsaussichten	60
	2. Abwehr einer Due Diligence durch einen Gesellschafter	62
	a) Bei Vorliegen eines Gesellschafterbeschlusses	63
	b) Bei Zulassung der Due Diligence durch die Geschäftsführung ohne zugrundeliegenden Gesellschafterbeschluss	68
	3. Abwehr einer Due Diligence durch die Geschäftsführung	69
III.	Streitigkeiten im Zusammenhang mit der Vinkulierung von Geschäftsanteilen	71
	1. Streit um bestimmte Voraussetzungen in der Person des Erwerbers	71
	2. Durchsetzung der Erteilung der Zustimmung zur Übertragung von Geschäftsanteilen	73
	a) Materiell-rechtliche Besonderheiten	73
	b) Prozessuale Besonderheiten	77
	aa) Durchsetzung des Anspruchs auf Erteilung der Zustimmung	77
	bb) Durchsetzung des Anspruchs auf eine ermessensfehlerfreie Entscheidung	91
	3. Vorgehen gegen die Erteilung der Zustimmung zur Übertragung von Geschäftsanteilen	97
	a) Materiell-rechtliche Besonderheiten	97
	b) Prozessuale Besonderheiten	99
IV.	Klagen im Zusammenhang mit der Gesellschafterliste	108
	1. Einführung	108
	2. Rechtsschutz bei fehlerhafter Gesellschafterliste	112
	a) Leistungsklage auf Berichtigung der Gesellschafterliste	112
	b) Zuordnung eines Widerspruchs zur Gesellschafterliste	115
	aa) Einstweilige Verfügung	116
	bb) Bewilligung desjenigen, gegen dessen Berechtigung sich der Widerspruch richtet	120
	3. Ersuchen an das Registergericht	122
	4. Haftungsklagen	123
	aa) Gegen die Geschäftsführung	123
	bb) Gegen den Notar	127
	5. Klagen im Zusammenhang mit dem gutgläubigen Erwerb	129
B.	**Teilung und Zusammenlegung von Geschäftsanteilen**	135
I.	Einführung	135
	1. Rechtslage zur Teilung vor Inkrafttreten des MoMiG	135
	a) Teilungsbeschränkungen	135
	b) Zustimmung der Gesellschaft	139
	2. Rechtslage zur Teilung seit Inkrafttreten des MoMiG	140
	a) Aufhebung von § 17 GmbHG a. F.	140
	b) Zuständigkeit für die Teilung	144
	aa) 1. Meinung: Teilung durch den Gesellschafter	145

		Rdn.			Rdn.
	bb) 2. Meinung: Teilung durch die Gesellschafterversammlung	146		6. Besonderheiten in der zweigliedrigen GmbH	204
	cc) BGH: Teilung durch den Gesellschafter bei Veräußerung mit Zustimmung der Gesellschafter	146a	II.	Klage des Gesellschafters gegen die GmbH auf Einziehung seines Geschäftsanteils	207
			III.	Klage auf angemessene Abfindung	210
				1. Allgemeines	210
	dd) Mitwirkung des Gesellschafters	147		2. Statthafte Klageart	214
	c) Abweichende Regelungen	150		3. Zulässigkeit von Abfindungsbeschränkung	216
	3. Zusammenlegung von Geschäftsanteilen	151		4. Folgen einer nachträglichen unzulässigen Benachteiligung	221
II.	Klage auf Teilung	152		5. Einzelne Klauseln	226
	1. Materiell-rechtliche Besonderheiten	152	D.	**Streitigkeiten im Zusammenhang mit Kapitalerhöhungen**	233
	2. Prozessuale Besonderheiten	154	I.	Einführung	233
	a) Durchsetzung eines Anspruchs auf Teilung	155		1. Durchführung einer Kapitalerhöhung	233
				a) Barkapitalerhöhung	233
	b) Durchsetzung eines Anspruchs auf fehlerfreie Ermessensentscheidung	161		b) Sachkapitalerhöhung	236
				c) Genehmigtes Kapital	237
III.	Klage gegen erfolgte Teilung	164		d) Nominelle Kapitalerhöhung	239
	1. Materiell-rechtliche Besonderheiten	165		2. Ausgabe neuer Geschäftsanteile und Aufstockung bestehender Geschäftsanteile	240
	2. Prozessuale Besonderheiten	167			
IV.	Klage gegen Zusammenlegung	174		3. Bezugsrecht	241
	1. Materiell-rechtliche Besonderheiten	174	II.	Streitigkeiten zu Bezugsrechten	246
	2. Prozessuale Besonderheiten	177		1. Leistungsklage auf Annahme der Bezugserklärung durch die Gesellschaft	247
C.	**Streitigkeiten bei der Einziehung von Geschäftsanteilen**	181		2. Anfechtungsklage gegen Bezugsrechtsausschluss	248
I.	Klage gegen die Einziehung	182	III.	Streitigkeiten zur Einforderung von Einzahlungen von Einlagen	251
	1. Statthafte Klageart	183			
	2. Fehlen einer satzungsmäßigen Grundlage	186		1. Einführung	251
				2. Leistungsklage auf Einlageleistung	254
	3. Mangelhafter Einziehungsbeschluss	191		3. Anfechtungsklage gegen den Gesellschafterbeschluss	257
	4. Verstoß gegen den Kapitalschutz	198			
	5. Auseinanderfallen von Stammkapital und Summe der Nennbeträge	201			

A. Verfügungen über Geschäftsanteile

I. Einführung

1. Grundsatz der freien Veräußerlichkeit

1 *Die Geschäftsanteile sind veräußerlich und vererblich.* § 15 Abs. 1 GmbHG beinhaltet den **Grundsatz der freien Veräußerlichkeit.** Jeder Gesellschafter ist daher grds. berechtigt, seine Geschäftsanteile und die durch die Geschäftsanteile verkörperte Mitgliedschaft an der GmbH gemäß §§ 398, 413 BGB ohne Zustimmung der Gesellschaft oder der Mitgesellschafter abzutreten. Im Rahmen der Abtretung von Teilen von Geschäftsanteilen stellt sich die Frage nach der Zuständigkeit zur Teilung.[1] Geschäftsanteile können dagegen ohne Teilung an mehrere Erwerber gemeinsam übertragen werden, so dass eine Bruchteils- oder Gesamthandsgemeinschaft entsteht.[2] Sog. **Vinkulierungsklauseln** kön-

---

1 Vgl. hierzu unten Rdn. 144 ff.
2 Baumbach/Hueck/*Fastrich* § 15 Rn. 2.

nen die Abtretbarkeit allerdings erschweren oder nach h. M. sogar gänzlich ausschließen.[3] Zudem kann die Übertragung von Geschäftsanteilen auch ohne besondere gesellschaftsvertragliche Regelung durch die gesellschaftsrechtliche Treuepflicht eingeschränkt sein, wenn dadurch einer Person die Gesellschafterstellung eingeräumt wird, die für die Gesellschaft und die Mitgesellschafter unzumutbar ist. Eine solche Unzumutbarkeit ist grundsätzlich dann gegeben, wenn in der Person des neuen Gesellschafters Gründe vorliegen, die seine Ausschließung rechtfertigen würden.[4]

Jeder Geschäftsanteil bleibt **selbständig**, auch wenn sich mehrere Geschäftsanteile infolge Veräußerung oder Vererbung in einer Hand vereinigen (vgl. § 15 Abs. 2 GmbHG). 2

2. Beurkundungserfordernis

a) Abtretung

Aus Gründen des Anlegerschutzes, zur Erschwerung des spekulativen Handels und zur Beweiserleichterung bedarf die Übertragung von Geschäftsanteilen der **notariellen Beurkundung**, § 15 Abs. 3 GmbHG i. V. m. §§ 8 ff. BeurkG.[5] Das Formerfordernis ist nicht dispositiv.[6] Wird die Form nicht gewahrt, ist die Abtretung nichtig, § 125 BGB. 3

Sowohl die Erklärung des Zedenten als auch die des Zessionars bedürfen der Beurkundung.[7] Die Beurkundung des Kausalgeschäfts ist nicht ausreichend. Die Erklärung muss den zu übertragenden Geschäftsanteil hinreichend genau bezeichnen (**Bestimmtheitsgrundsatz**).[8] 4

Auch die Abtretung in Erfüllung einer gesetzlichen oder vertraglichen Pflicht zur Übertragung bedarf der Beurkundung.[9] Der Übergang eines Geschäftsanteils kraft Gesetzes (z. B. bei Vererbung oder einem Umwandlungsvorgang) stellt dagegen keine formbedürftige Abtretung dar.[10] 5

b) Kausalgeschäft

Gemäß § 15 Abs. 4 GmbHG unterliegt auch die vertragliche Verpflichtung zur Übertragung eines Geschäftsanteils dem Formzwang. Der notariellen Beurkundung bedürfen insoweit nicht nur die Hauptpflicht, sondern auch alle **Nebenabreden**, die nach dem Parteiwillen Teil der Verpflichtung zur Abtretung sein sollen.[11] Formbedürftig sind auch spätere Änderungen des Kausalgeschäfts, jedenfalls soweit sie vor Vollzug der Abtretung erfolgen.[12] 6

Ohne Beurkundung ist das Kausalgeschäft **formnichtig**, § 125 BGB. Allerdings wird die Formnichtigkeit gemäß § 15 Abs. 4 S. 2 GmbHG durch spätere formwirksame Abtretung geheilt. 7

---

3 BayObLG WM 1989, 138 (142); Lutter/Hommelhoff/*Bayer* § 15 Rn. 57; Michalski/*Ebbing* § 15 Rn. 138; Baumbach/Hueck/*Fastrich* § 15 Rn. 38.
4 BGH BeckRS 1981, 31068086; KG Berlin Urt. v. 29.08.2012 – 23 U 112/12.
5 Vgl. zum Formzweck BGHZ 13, 49 (51 f.); 75, 352 (353); 127, 129 (135); eingehend MüKo GmbHG/*Reichert/Weller* § 15 Rn. 16–20.
6 Michalski/*Ebbing* § 15 Rn. 112; Baumbach/Hueck/*Fastrich* § 15 Rn. 21.
7 RGZ 112, 236 (239); BGHZ 21, 242 (247); Ensthaler/Füller/Schmidt/*Ensthaler* § 15 Rn. 13; Roth/Altmeppen/*Altmeppen* § 15 Rn. 70.
8 MüKo GmbHG/*Reichert/Weller* § 15 Rn. 26; Michalski/*Ebbing* § 15 Rn. 116; Roth/Altmeppen/*Altmeppen* § 15 Rn. 17.
9 Michalski/*Ebbing* § 15 Rn. 114; Baumbach/Hueck/*Fastrich* § 15 Rn. 25.
10 Michalski/*Ebbing* § 15 Rn. 119; Baumbach/Hueck/*Fastrich* § 15 Rn. 27 jeweils mit Beispielen und Nachweisen.
11 BGH NJW 2002, 142 (143); OLG Düsseldorf MDR 1978, 668; NJW-RR 1998, 756; OLG Hamm GmbHR 1993, 106 (107); OLG Hamburg ZIP 2007, 1008; Nachweise zur in der Literatur teilweise vertretenen a. A. bei Roth/Altmeppen/*Altmeppen* § 15 Rn. 72.
12 BGH BB 1989, 372; OLG München NJW 1967, 1328; OLG Hamm GmbHR 1979, 59 (60); Michalski/*Ebbing* § 15 Rn. 92; Baumbach/Hueck/*Fastrich* § 15 Rn. 30.

7a Kausalgeschäft und dingliche Abtretung können in einer gemeinsamen Urkunde beurkundet werden.[13] Der Formwirksamkeit der Abtretung steht es dabei nach einer aktuelleren oberlandesgerichtlichen Entscheidung nicht entgegen, wenn in derselben Urkunde ein Verpflichtungsgeschäft enthalten ist, das wegen Verstoßes gegen § 13 BeurkG unwirksam ist.[14]

3. Vinkulierung

8 Der Gesellschaftsvertrag kann die Abtretung an weitere Voraussetzungen binden, sog. **Vinkulierung**. Die Einhaltung solch weiterer Voraussetzungen ist i. d. R. Wirksamkeitsvoraussetzungen für die Abtretung.[15]

a) Zustimmungserfordernis

9 § 15 Abs. 5 GmbHG führt als mögliche Abtretungsbeschränkung beispielhaft die **Genehmigung der Gesellschaft** (i. S. einer Zustimmung) auf. Wer die Zustimmung zu erteilen hat, richtet sich nach den Bestimmungen des Gesellschaftsvertrags. Die Zustimmung der Gesellschaft wird durch die Geschäftsführung erteilt, kann aber im Innenverhältnis eines Gesellschafterbeschlusses bedürfen. Eine ohne zugrundeliegenden Gesellschafterbeschluss durch die Geschäftsführung erteilte Zustimmung der Gesellschaft ist im Außenverhältnis grds. wirksam, es sei denn, die Zustimmung ist nach den Regeln des Missbrauchs der Vertretungsmacht unwirksam.[16] Dies dürfte insbes. dann der Fall sein, wenn die Zustimmung gegenüber dem veräußernden Gesellschafter erteilt wird, der um das Fehlen des Gesellschafterbeschlusses weiß.

10 Die Abtretung kann auch direkt an das Vorliegen eines Gesellschafterbeschlusses oder die Zustimmung einzelner Gesellschafter oder sogar Dritter[17] geknüpft werden.

11 Die Erklärung der Zustimmung bedarf grds. **keiner besonderen Form**.[18] Bis zur Erteilung der Zustimmung ist die Abtretung schwebend unwirksam.[19] Wird die Zustimmung erteilt, wird die Abtretung *ex tunc* wirksam.

b) Sachliche Gründe

12 Die Erteilung oder Versagung der Zustimmung steht grds. im Ermessen des Zustimmungsberechtigten.[20] Dann hat der veräußerungswillige Gesellschafter keinen Anspruch auf Erteilung der Zustimmung, sondern lediglich einen Anspruch auf eine **fehlerfreie Ermessensausübung**.[21]

13 Der Gesellschaftsvertrag kann allerdings festlegen, unter welchen Voraussetzungen die Zustimmung zu erteilen bzw. zu versagen ist. Liegen die entsprechenden Voraussetzungen vor, hat der Veräußerungswillige einen **Anspruch auf Erteilung der Zustimmung**.[22]

---

13 Michalski/*Ebbing* § 15 Rn. 115.
14 OLG Frankfurt GmbHR 2012, 513 (514 f.).
15 Michalski/*Ebbing* § 15 Rn. 131; Baumbach/Hueck/*Fastrich* § 15 Rn. 37.
16 BGH GmbHR 1988, 260 (261); OLG Hamburg GmbHR 1992, 609 (610); Scholz/*H. Winter/Seibt* § 15 Rn. 123; Baumbach/Hueck/*Fastrich* § 15 Rn. 42.
17 Str., dafür die h. M., vgl. nur Baumbach/Hueck/*Fastrich* § 15 Rn. 38; MüKo GmbHG/*Reichert/Weller* § 15 Rn. 428 und wohl auch BayObLG WM 1989, 138 (142); dagegen Scholz/*H. Winter/Seibt* § 15 Rn. 122 alle m. w. N.
18 Scholz/*H. Winter/Seibt* § 15 Rn. 131; Lutter/Hommelhoff/*Bayer* § 15 Rn. 74.
19 BGHZ 13, 179; 48, 163 (166) (obiter dictum); Michalski/*Ebbing* § 15 Rn. 156; Roth/Altmeppen/*Altmeppen* § 15 Rn. 103.
20 RGZ 88, 319 (325).
21 OLG Hamm NJW-RR 2001, 109 (111); MüKo GmbHG/*Reichert/Weller* § 15 Rn. 409 f.; Lutter/Hommelhoff/*Bayer* § 15 Rn. 71 m. w. N.; vgl. hierzu auch unten Rdn. 75.
22 Michalski/*Ebbing* § 15 Rn. 154; vgl. hierzu auch unten Rdn. 76.

Des Weiteren kann der Gesellschaftsvertrag auch regeln, dass die Abtretung nur an Personen zulässig ist, die **bestimmte Eigenschaften**, z. B. Alter, Familien- oder Berufszugehörigkeit, erfüllen. Erfüllt der Erwerber die Voraussetzungen, bedarf es keiner weiteren Zustimmung der Gesellschaft.[23] 14

4. Gesellschafterliste

a) Bedeutung der Gesellschafterliste

Das MoMiG hat die Bedeutung der Gesellschafterliste erheblich aufgewertet.[24] Zunächst dient die 15
Eintragung in die Gesellschafterliste der **Legitimation** gegenüber der Gesellschaft, § 16 Abs. 1 GmbHG. Des Weiteren ist die Gesellschafterliste Anknüpfungspunkt für den **gutgläubigen Erwerb**, § 16 Abs. 3 GmbHG.

b) Legitimationsfunktion

Im Fall einer Veränderung in den Personen der Gesellschafter oder des Umfangs ihrer Beteiligung 16
gilt im Verhältnis zur Gesellschaft nur als Gesellschafter, wer in der im Handelsregister aufgenommenen Gesellschafterliste eingetragen ist, § 16 Abs. 1 S. 1 GmbHG. Soweit ein Notar an der Veränderung mitgewirkt hat, ist er zur Einreichung der aktualisierten Liste verpflichtet, im übrigen der Geschäftsführer (§ 40 Abs. 1 und 2 GmbHG).

Die Eintragung ist **keine materielle Wirksamkeitsvoraussetzung** für Verfügungen.[25] Vielmehr gilt 17
der durch die Liste legitimierte Inhaber der Gesellschaft gegenüber bis zur Aufnahme des Erwerbers weiter als Gesellschafter mit allen Rechten und Pflichten.[26] So sind beispielsweise Dividendenzahlungen an den formell Legitimierten zu leisten, und dieser ist zu Gesellschafterversammlungen einzuladen.

5. Gutgläubiger Erwerb

§ 16 Abs. 3 GmbHG ermöglicht unter engen Voraussetzungen den **gutgläubigen Erwerb** von Ge- 18
schäftsanteilen. Danach kann ein Erwerber einen Geschäftsanteil auch von einem Nichtberechtigten erwerben, wenn die Gesellschafterliste den Nichtberechtigten als Inhaber des Geschäftsanteils ausweist, die Unrichtigkeit der Gesellschafterliste dem Inhaber zuzurechnen ist oder länger als drei Jahre besteht und der Erwerber hinsichtlich der Verfügungsbefugnis des Nichtberechtigten gutgläubig ist. Schließlich darf der Gesellschafterliste kein Widerspruch zugeordnet sein.[27]

6. Grundsatz der freien Vererblichkeit

Geschäftsanteile sind grds. auch **frei vererblich.** Die Vererbung richtet sich nach den entsprechenden 19
erbrechtlichen Bestimmungen. Von dem Verstorbenen gehaltene Geschäftsanteile fallen in den Nachlass und gehen grds. im Wege der Gesamtrechtsnachfolge auf den oder die Erben über, § 1922 BGB.

Die Vererblichkeit kann nicht durch Gesellschaftsvertrag ausgeschlossen werden.[28] Auch Klauseln, 20
die eine dingliche Übertragung des Geschäftsanteils außerhalb der Erbfolge bestimmen, sind unwirksam.[29] Zulässig sind dagegen schuldrechtliche **Nachfolgeklauseln**, welche beispielsweise die zwingende Abtretung des vererbten Geschäftsanteils an bestimmte Personen vorsehen (sog. **Abtretungs-**

---

23 Scholz/*H.Winter/Seibt* § 15 Rn. 116.
24 Ausführlich dazu *Goette* Einf. Rn. 73 ff.
25 MüKo GmbHG/*Heidinger* § 16 Rn. 4; Baumbach/Hueck/*Fastrich* § 16 Rn. 2.
26 Lutter/Hommelhoff/*Bayer* § 16 Rn. 28; Ensthaler/Füller/Schmidt/*Ensthaler* § 16 Rn. 4.
27 Eingehend Bunnemann/Zirngibl/*Desch* § 7 Rn. 16 ff.
28 Michalski/*Ebbing* § 15 Rn. 6; MüKo GmbHG/*Reichert/Weller* § 15 Rn. 438.
29 Michalski/*Ebbing* § 15 Rn. 6; MüKo GmbHG/*Reichert/Weller* § 15 Rn. 438.

klausel).³⁰ Die Abtretung hat grds. entgeltlich zu erfolgen. Die Grundsätze zu Abfindungsklauseln gelten hier entsprechend.³¹

7. Sonstige Verfügungen

21 § 15 GmbHG gilt für **Verpfändungen** von Geschäftsanteilen entsprechend, § 1274 Abs. 1 S. 1 BGB. Die Bestellung eines Pfandrechts bedarf daher ebenfalls der notariellen Beurkundung, gesellschaftsvertragliche Abtretungsbeschränkungen i. S. v. § 15 Abs. 5 GmbHG finden analoge Anwendung.³² Hingegen bedarf ein schuldrechtlicher Vertrag, der zur Pfandrechtsbestellung verpflichtet, nicht der Beurkundung, § 15 Abs. 4 GmbHG ist insoweit nicht (analog) anwendbar.³³

22 Auch für die Bestellung eines **Nießbrauchs** an einem Geschäftsanteil, der gemäß § 1068 Abs. 1 BGB zulässig ist, gilt § 15 GmbHG entsprechend. Die Nießbrauchsbestellung unterliegt daher ebenfalls dem Formzwang nach § 15 Abs. 3 GmbHG. Abtretungsbeschränkungen i. S. v. § 15 Abs. 5 GmbHG sind zu beachten.

23 **Sicherungsabtretungen** unterliegen uneingeschränkt § 15 GmbHG.

24 § 15 GmbHG gilt auch für **Treuhandvereinbarungen.** Insoweit ist aber im Einzelfall zu prüfen, ob der Treuhandvertrag beurkundungspflichtig ist und ob die Treuhand einer gesellschaftsvertraglichen Abtretungsbeschränkung unterliegt.³⁴

25 Eine **Unterbeteiligung** an einem Geschäftsanteil begründet eine BGB-Innengesellschaft. § 15 GmbHG findet hier keine Anwendung.³⁵

II. Streitigkeiten um die Zulassung einer Due Diligence-Prüfung

26 Vor dem Erwerb eines Unternehmens führt der Käufer üblicherweise eine so genannte **Due Diligence-Prüfung** durch, um das Zielunternehmen auf mögliche mit dem Erwerb verbundene Risiken zu untersuchen.³⁶

27 Im Rahmen einer Due Diligence werden dem möglichen Käufer umfassende Informationen über das Unternehmen zugänglich gemacht. Die Informationen liegen zum größten Teil beim Unternehmen selbst und stehen den veräußerungswilligen Gesellschaftern selbst nicht (alle) zur Verfügung. Die Due Diligence setzt daher die Unterstützung durch die Geschäftsleitung voraus.

28 Die Voraussetzungen für die Zulassung einer Due Diligence bei der GmbH sind **umstritten** und trotz der hohen praktischen Bedeutung weitgehend ungeklärt. Die relevanten Fragestellungen sorgen im Vorfeld von Unternehmenstransaktionen regelmäßig dann für Streit, wenn die Gesellschafter (auch untereinander) und die Unternehmensleitung unterschiedliche Ziele verfolgen. Die Fragen können dabei in unterschiedlichen Konstellationen virulent werden: Welche Möglichkeiten hat ein veräußerungswilliger Gesellschafter, seinem Kaufinteressenten eine Due Diligence zu ermöglichen und die Durchführung gegen seine Mitgesellschafter und die Geschäftsleitung durchzusetzen? Kann ein Gesellschafter, der die Transaktion ablehnt, die Due Diligence verhindern? Kann die Geschäftsführung die Durchführung einer Due Diligence verhindern?

---

30 OLG Koblenz GmbHR 1995, 586; Lutter/Hommelhoff/*Bayer* § 15 Rn. 15 m. w. N.
31 Baumbach/Hueck/*Fastrich* § 15 Rn. 13 f.; Scholz/*H. Winter/Seibt* § 15 Rn. 32 f.; eingehend zur Zulässigkeit von Abfindungsklauseln Lutter/Hommelhoff/*Lutter* § 34 Rn. 78 ff.; Scholz/*H. P. Westermann* § 34 Rn. 5 ff.
32 RGZ 53, 107 (110); Baumbach/Hueck/*Fastrich* § 15 Rn. 49.
33 RGZ 58, 223 (224 f.); Michalski/*Ebbing* § 15 Rn. 220.
34 Zur Beurkundungspflicht bei Übertragungstreuhand vgl. Lutter/Hommelhoff/*Bayer* § 15 Rn. 90–92; MüKo GmbHG/*Reichert/Weller* § 15 Rn. 209–216.
35 Von Nießbrauch bis Unterbeteiligung: Baumbach/Hueck/*Fastrich* § 15 Rn. 52–59.
36 Rödder/Hötzel/Mueller-Thuns/*Mueller-Thuns* § 3 Rn. 34; Semler/Volhard/*Dietzel* § 9 Rn. 59 f.; Beisel/Andreas/*Beisel* § 1 Rn. 7 ff.; Jesch/Striegel/Boxberger/*Geyrhalter/Zirngibl* § 7 S. 140.

A. Verfügungen über Geschäftsanteile § 16

1. Erzwingung einer Due Diligence durch einen veräußerungswilligen Gesellschafter

Materiell begehrt der veräußerungswillige Gesellschafter von der Gesellschaft für die Zulassung und Durchführung einer Due Diligence durch seinen Erwerbsinteressenten die Bereitstellung umfassender Informationen von der Gesellschaft, mit dem Ziel, diese Informationen seinem Erwerbsinteressenten offenzulegen. Das **Anspruchsziel** ist mithin die Herausgabe von Informationen. Unter welchen Voraussetzungen ist die Gesellschaft *verpflichtet*, einem veräußerungswilligen Gesellschafter die Durchführung eine Due Diligence zu ermöglichen? 29

Für die Durchsetzung dieses Begehrens sind verschiedene rechtliche Vorgehensweisen denkbar. In der Literatur wird insoweit verallgemeinernd auf eine Entscheidungskompetenz der Gesellschafter verwiesen.[37] Dies greift jedoch zu kurz. Zunächst ist die Geschäftsführung dann zur **Herausgabe der Informationen** für die Durchführung einer Due Diligence verpflichtet, wenn der Gesellschafter einen Anspruch auf Herausgabe der entsprechenden Informationen hat. Ansatzpunkte für einen solchen Informationsanspruch ergeben sich zum einen aus dem gesetzlich geregelten weiten Informationsanspruch des Gesellschafters gemäß § 51a GmbHG[38] und zum anderen aus einem möglichen selbständigen Anspruch des veräußerungswilligen Gesellschafters auf Zulassung der Due Diligence, hergeleitet aus dem Mitgliedschaftsrecht der freien Veräußerlichkeit der Geschäftsanteile[39]. Besteht ein solcher Anspruch, kommt es auf einen Gesellschafterbeschluss gar nicht an. Unabhängig vom Bestehen solcher Ansprüche ist die Geschäftsführung dann verpflichtet, eine Due Diligence zuzulassen, wenn sie eine entsprechende rechtmäßige Weisung der Gesellschafter durch Gesellschafterbeschluss erhält.[40] Der veräußerungswillige Gesellschafter kann sich mithin auch dieses Weisungsrecht zunutze machen. 30

a) Informationsanspruch gemäß § 51a GmbHG

aa) Materiell-rechtliche Voraussetzungen

Nach § 51a GmbHG haben die Geschäftsführer jedem Gesellschafter auf Verlangen umfassende Auskunft über die Angelegenheiten der Gesellschaft zu geben und die Einsicht in die Bücher zu gestatten. Fraglich ist aber, ob der Informationsanspruch nach § 51a GmbHG überhaupt geeignet ist, einem veräußerungswilligen Gesellschafter die Durchführung einer umfassenden Due Diligence zugunsten seines Erwerbsinteressenten zu ermöglichen.[41] Im Zusammenhang mit der Durchführung einer Due Diligence durch einen Erwerbsinteressenten wird insbes. diskutiert, ob die Geschäftsführung die Information mit dem Hinweis verweigern darf, dass der Gesellschafter sie nicht selbst nutzen, sondern seinem Erwerbsinteressenten zugänglich machen möchte und damit eine Verwendung zu **gesellschaftsfremden Zwecken** vorliegt (vgl. § 51a Abs. 2 GmbHG).[42] 31

Die Verweigerung der Informationsoffenlegung bedarf in jedem Fall eines Gesellschafterbeschlusses, § 51a Abs. 2 S. 2 GmbHG. Hinsichtlich der materiell-rechtlichen Fragen kann insoweit auf die Ausführungen zu der Weisung durch Gesellschafterbeschluss verwiesen werden.[43] 32

---

37 Z. B. Michalski/*Haas*/*Ziemons* § 43 Rn. 132a; Roth/Altmeppen/*Altmeppen* § 43 Rn. 25.
38 Vgl. eingehend *Götze* ZGR 1999, 202 (206 ff.).
39 Zu diesem Ansatz *Zirngibl* S. 89.
40 Vgl. hierzu *Engelhardt* GmbHR 2009, 237.
41 Eingehend zur Bedeutung des Auskunfts- und Einsichtsrechts gem. § 51a GmbHG für die Due Diligence, *Zirngibl* S. 31 ff.
42 Die h. M. nimmt grundsätzlich keinen gesellschaftsfremden Zweck an, vgl. *Götze* ZGR 1999, 202 (207 ff.); Lutter/Hommelhoff/*Lutter*/*Bayer* § 51a Rn. 24a, 27; Baumbach/Hueck/*Zöllner* § 51a Rn. 37; Scholz/*K. Schmidt* § 51a Rn. 39; Semler/Volhard/*Dietzel* § 9 Rn. 81; *Zirngibl* S. 48.
43 Vgl. sogleich Rdn. 46 ff.

bb) Prozessuale Durchsetzung

33 Die gerichtliche Durchsetzung des auf § 51a GmbHG gestützten Informationsanspruchs erfolgt nach dem **Informationserzwingungsverfahren** gemäß § 51b GmbHG.[44]

34 Zur Durchsetzung des Informationsanspruchs ist der veräußerungswillige Gesellschafter aktivlegitimiert.[45] Die Klage ist gegen die Gesellschaft zu richten.[46]

35 Soweit es alleine um die Durchsetzung des Informationsanspruchs nach § 51a GmbHG geht, ist das Informationserzwingungsverfahren vorrangig. Für eine gleichzeitige Anfechtung des das Informationsbegehren ablehnenden Gesellschafterbeschlusses fehlt grds. das **Rechtsschutzbedürfnis**.[47] Allerdings gibt es keine weitergehende Ausschließlichkeit des Verfahrens nach § 51b GmbHG, wenn der Informationsanspruch lediglich prozessuale Vorfrage in einem anderen Prozess ist.[48] Demzufolge fehlt für eine gleichzeitige Anfechtung des die Due Diligence ablehnenden Gesellschafterbeschlusses nur dann das Rechtsschutzbedürfnis, wenn der Beschluss ausschließlich die Entscheidung nach § 51a Abs. 2 GmbHG zum Gegenstand hat. Wird die Beschlussanfechtung dagegen z. B. (auch) auf eine von dem Informationsanspruch unabhängige gebundene Entscheidung der Gesellschafter zur Zulassung der Due Diligence gestützt[49], ist ein eigenes Rechtsschutzbedürfnis für die Anfechtungsklage gegeben.

b) Anspruch auf Zulassung der Due Diligence

aa) Materiell-rechtliche Voraussetzungen

36 Von der soeben dargestellten Frage, ob der einzelne Gesellschafter einen Anspruch auf Bereitstellung der für die Durchführung einer Due Diligence erforderlichen Informationen nach § 51a GmbHG hat, ist die Frage zu unterscheiden, ob der Gesellschafter – auch unabhängig von dem Vorliegen der tatbestandlichen Voraussetzungen von § 51a Abs. 1 GmbHG – einen weitergehenden **Anspruch auf Zulassung und Durchführung einer Due Diligence** begründen kann.

37 Ein solcher Anspruch ist nicht gesetzlich geregelt. Soweit der Gesellschaftsvertrag dem veräußerungswilligen Gesellschafter einen Anspruch auf Zulassung und Durchführung einer Due Diligence – wie in der Regel – auch nicht ausdrücklich einräumt, kann der Gesellschafter versuchen, den Anspruch als **Mitgliedschaftsrecht** geltend zu machen.[50] Gerichtliche Entscheidungen gibt es hierzu, soweit ersichtlich, bislang nicht.

38 Die **freie Veräußerlichkeit** ist als Mitgliedschaftsrecht des Gesellschafters anerkannt[51] und gesetzlich in § 15 Abs. 1 GmbHG festgelegt. Ein Anspruch auf Zulassung einer Due Diligence ist mithin insoweit anzuerkennen, als die Durchführung der Due Diligence zur Durchsetzung des Mitgliedschaftsrechts der freien Veräußerlichkeit erforderlich ist.[52] Anderenfalls kann die Nichtzulassung der Due Diligence eine **faktische Vinkulierung** der Geschäftsanteile begründen,[53] die nicht mit dem Mitgliedschaftsrecht der freien Veräußerlichkeit zu vereinbaren ist.

39 Es liegt also nahe, den Anspruch auf Zulassung der Due Diligence im Kontext der Beurteilung der Veräußerlichkeit an sich zu beurteilen. Sind die Geschäftsanteile frei veräußerlich, ist grds. auch ein Anspruch auf Zulassung und Durchführung einer Due Diligence anzuerkennen. Die freie Veräuße-

---

44 Vgl. zu den prozessualen Besonderheiten § 17 Rdn. 20 ff.
45 Scholz/*K. Schmidt* § 51b Rn. 11; Baumbach/Hueck/*Zöllner* § 51b Rn. 4.
46 Scholz/*K. Schmidt* § 51b Rn. 19; Baumbach/Hueck/*Zöllner* § 51b Rn. 7.
47 Roth/Altmeppen/*Schmidt* § 51b Rn. 12; Lutter/Hommelhoff/*Lutter/Bayer* § 51b Rn. 19.
48 Michalski/*Römermann* § 51b Rn. 71; Scholz/*K. Schmidt* § 51b Rn. 9.
49 Vgl. hierzu sogleich Rdn. 36 ff.
50 Zu diesem Begründungsansatz *Zirngibl* S. 103 ff.
51 Näher *Zirngibl* S. 83 ff.
52 *Zirngibl* S. 103 ff.
53 *Maitzen/Ebel* Beck-Online FD-MA 2008, 270121; *Engelhardt* GmbHR 2009, 237 (238); *Mielke/Molz* DB 2008, 1955 (1960).

rung darf dann nicht durch die Hintertür der Verweigerung der Due Diligence beschränkt werden. Besteht hingegen eine gesellschaftsvertragliche Vinkulierung, so wirkt sich diese auch auf die vorgelagerte Due Diligence aus. Die Gesellschafterversammlung muss in diesem Fall eine Due Diligence dann nicht zulassen, wenn sie der Abtretung der Anteile ohnehin nicht zustimmen würde, wobei die Entscheidung hierüber nicht auf reiner Willkür oder Schikane beruhen darf.[54]

Der Anspruch auf Zulassung einer Due Diligence unterliegt aber auch bei der freien Veräußerlichkeit den allgemeinen Grenzen der gesellschafterlichen **Treuepflicht.** Hierbei sind insbes. die **Geheimhaltungsinteressen** der Gesellschaft gegen die **Veräußerungsinteressen** des Gesellschafters abzuwägen.[55] Keinesfalls kann hier aber allgemein von einem Überwiegen des Geheimhaltungsinteresses der Gesellschaft ausgegangen werden. Es bestehen verschiedene Möglichkeiten, die Interessen der Gesellschaft vor einem Missbrauch der offengelegten Informationen zu schützen, z. B. durch Abschluss entsprechender (ggf. strafbewehrter) Vertraulichkeitsvereinbarungen, Anonymisierung vertraulicher Informationen oder eine gestufte Informationsoffenlegung.[56] Die Abwägung der Interessen des veräußerungswilligen Gesellschafters gegen die Interessen der Gesellschaft an dem Schutz ihrer Betriebs- und Geschäftsgeheimnisse kann daher zugunsten des Gesellschafters zu treffen sein und einen Anspruch des Gesellschafters begründen. 40

Daneben kann das Schutzinteresse der Gesellschaft nicht nur hinter das Veräußerungsinteresse des Gesellschafters sondern auch hinter ein **eigenes Interesse der Gesellschaft** an der Durchführung der Due Diligence zurücktreten. Dies kann insbesondere dann der Fall sein, wenn der potentiell zu verkaufende Geschäftsanteil ein solches Gewicht hat, dass er dem jeweiligen Gesellschafter einen maßgeblichen Einfluss auf die GmbH mittelt, was wiederum dann regelmäßig der Fall sei, wenn der Geschäftsanteil mindestens 25 % des gesamten Stammkapitals der Gesellschaft ausmacht.[57] 40a

Soweit sich der dargestellte Anspruch auf Durchführung einer Due Diligence begründen lässt, kommt es nicht auf das Vorliegen eines Gesellschafterbeschlusses an. 41

bb) Prozessuale Durchsetzung

Der Anspruch auf Durchführung einer Due Diligence kann prozessual im Wege der **Leistungsklage** vor den ordentlichen Gerichten gegen die Gesellschaft geltend gemacht werden.[58] 42

Der veräußerungswillige Gesellschafter ist aktivlegitimiert. Die Klage ist gegen die Gesellschaft zu richten. 43

Aufwendig kann sich die Formulierung des Klageantrags gestalten. Hinreichend bestimmt sind hier alle Informationen zu bezeichnen, deren Offenlegung der Gesellschafter beabsichtigt.[59] Der Gesellschafter kann seinen Antrag an die **Due Diligence Request List** des Erwerbers anlehnen. 44

Von besonderem Interesse kann die Durchsetzung des Anspruchs im Wege des **einstweiligen Rechtsschutzes** sein. Im Rahmen von Unternehmenstransaktionen ist üblicherweise nicht die Zeit, Ansprüche in langwierigen ordentlichen Verfahren durchzusetzen. Die h. M. lehnt die Auskunftsgewährung im einstweiligen Rechtsschutz im Hinblick auf die unwiderrufliche Vorwegnahme der Hauptsache ab.[60] Im Hinblick auf die anerkannte Ausnahme von der Unzulässigkeit der Vorwegnahme der Hauptsache bei der **Gefahr des endgültigen Rechtsverlusts**[61] spricht allerdings in den Fällen der In- 45

---

54 *Mielke/Molz* DB 2008, 1955 (1959 f.).
55 *Götze*, ZGR 1999, 202 (212 ff.); Hölters Hdb Unternehmenskauf/*Semler* VII Rn. 68; Merkt/Göthel/*Göthel* § 2 Rn. 84; Berens/Brauner/Strauch/Knauer/*Fleischer/Körber* S. 314.
56 Vgl. Ensthaler/Füller/Schmidt/*Schmidt* § 51a Rn. 14; Scholz/*K. Schmidt* § 51a Rn. 38.
57 *Mielke/Molz* DB 2008, 1955 (1960).
58 *Zirngibl* S. 125 ff.
59 *Zirngibl* S. 128 f.
60 Zöller/*Vollkommer* § 940 Rn. 8; Stein/Jonas/*Grunsky* vor § 935 Rn. 53.
61 Zu dieser Fallgruppe OLG Hamburg WM 1992, 274 (275).

formationsherausgabe für eine Due Diligence einiges dafür, die Durchsetzung auch im Wege des einstweiligen Rechtsschutzes anzuerkennen.[62]

c) Gesellschafterweisung zur Zulassung der Due Diligence

aa) Materiell-rechtliche Voraussetzungen

46 Schließlich ist zu überlegen, ob der veräußerungswillige Gesellschafter – ggf. unabhängig von der Durchsetzbarkeit der Ansprüche auf Informationsherausgabe – eine Gesellschafterweisung über die Durchführung der Due Diligence herbeiführen kann. Die Gesellschafterversammlung kann der Geschäftsführung in allen Geschäftsführungsangelegenheiten **Weisungen** erteilen, vgl. § 37 Abs. 1 a. E. GmbHG, also auch die Zulassung einer Due Diligence aufgeben.[63]

47 Die erforderliche Mehrheit für den Beschluss der Gesellschafterversammlung über die Weisung zur Zulassung einer Due Diligence ist **umstritten**. Während die ganz überwiegende Meinung in der Literatur eine einfache Mehrheit[64] oder jedenfalls eine qualifizierte Mehrheit[65] für ausreichend hält, hat das LG Köln in einem einstweiligen Verfügungsverfahren, in der bislang einzigen Entscheidung zu dieser Frage, entschieden, dass der Gesellschafterbeschluss der Einstimmigkeit bedarf.[66] Die Entscheidung ist rechtskräftig.[67]

48 Es sprechen gewichtige Argumente gegen die Entscheidung des LG Köln,[68] so dass damit zu rechnen ist, dass andere Gerichte die Fragestellung anders bewerten werden.

49 Die erforderliche Mehrheit kann gesellschaftsvertraglich festgelegt werden.[69] Im Hinblick auf die unklare Rechtslage empfiehlt sich eine solche Satzungsbestimmung in der Praxis in jedem Fall.

50 Auch die Frage, ob der veräußerungswillige Gesellschafter ein Stimmrecht hat, ist umstritten. Soweit ersichtlich, ist diese Frage bislang nicht gerichtlich geklärt und war auch vom LG Köln nicht zu entscheiden.[70] Wenngleich sich die Literatur (noch) mehrheitlich für ein **Stimmverbot** ausspricht und dies auf die verbotene Richterschaft in eigener Sache stützt[71], so sprechen auch hier gewichtige Argumente dafür, dass der betroffene Gesellschafter keinem Stimmverbot unterliegt.[72]

51 Die Gesellschafter haben bei der Beschlussfassung grds. ein **freies Ermessen**. Im Rahmen der Entscheidung sind wiederum die Geheimhaltungsinteressen der Gesellschaft gegen die Interessen des

---

62 Eingehend *Zirngibl* S. 129 ff.
63 Allg.M., vgl. nur Merkt/Göthel/*Göthel* § 2 Rn. 85; Berens/Brauner/Strauch/Knauer/*Fleischer/Körber* S. 313 f.; Knott/Mielke/*Knott* Rn. 51; Semler/Volhard/*Dietzel* § 9 Rn. 78.
64 Berens/Brauner/Strauch/Knauer/*Fleischer/Körber* S. 314; Merkt/Göthel/*Göthel* § 2 Rn. 85; Holzapfel/Pöllath Rn. 47; Knott/Mielke/*Knott* Rn. 51; *Götze* ZGR 1999, 202 (229); *Körber* NZG 2002, 263 (268); *Engelhardt* GmbHR 2009, 237 (242).
65 *Oppenländer* GmbHR 2000, 535 (540).
66 LG Köln GmbHR 2009, 261 im Anschluss an Baumbach/Hueck/*Haas* § 85 Rn. 11; Lutter/Hommelhoff/*Kleindiek* § 43 Rn. 21.
67 *Maitzen/Ebel* Beck-Online FD-MA 2008, 270121; die Berufung zum OLG Köln unter 18 U 76/08 wurde zurückgenommen.
68 Vgl. die kritischen Anmerkungen von *Maitzen/Ebel* Beck-Online FD-MA 2008, 270121; *Engelhardt* GmbHR 2009, 237; *Liese/Theusinger* BB 2009, 186.
69 Berens/Brauner/Strauch/Knauer/*Fleischer/Körber* S. 314; *Engelhardt* GmbHR 2009, 237 (242); *Liese/Theusinger* BB 2009, 186; implizit auch LG Köln, GmbHR 2009, 261 (262).
70 Obiter befürwortet das LG Köln ein Stimmverbot: GmbHR 2009, 261 (263).
71 *Götze*, ZGR 1999, 202 (230 f.); *Oppenländer* GmbHR 2000, 535 (540); *Engelhardt* GmbHR 2009, 237; Berens/Brauner/Strauch/Knauer/*Fleischer/Körber* S. 314; *Mielke/Molz* DB 2008, 1955 (1956).
72 Es liegt kein Fall des § 47 Abs. 4 GmbHG vor und es ist auch kein sachlicher Grund für einen Ausschluss ersichtlich, zumal die Due Diligence lediglich die Veräußerung vorbereitet und der Veräußernde auch bei der Entscheidung über die Erteilung der Zustimmung zur Abtretung keinem Stimmverbot unterliegt (BGHZ 48, 163 (167)). Gegen das Stimmrechtsverbot deshalb *Holzapfel/Pöllath* Rn. 47; zweifelnd auch *Liese/Theusinger* BB 2009, 186.

veräußerungswilligen Gesellschafters abzuwägen. Die Gesellschafter können ausnahmsweise aufgrund der gesellschafterlichen Treuebindung verpflichtet sein, bei der Beschlussfassung über die Zulassung und Durchführung der Due Diligence zugunsten des veräußerungswilligen Gesellschafters zu entscheiden. Eine solche gebundene **Entscheidung** ist insbes. anzunehmen, wenn ein Anspruch des veräußerungswilligen Gesellschafters auf Zulassung der Due Diligence im Einzelfall begründet erscheint.[73]

Für die Durchsetzung der Due Diligence kann sich der veräußerungswillige Gesellschafter die Gesellschafterversammlung mithin zu Nutze machen, wenn es ihm gelingt, wenigstens eine einfache Mehrheit für die Due Diligence zu mobilisieren und einen entsprechenden Weisungsbeschluss herbeizuführen oder weitergehend eine Stimmbindung der Gesellschafter bei der Beschlussfassung zu begründen. 52

bb) Prozessuale Durchsetzung

Lehnt die Gesellschafterversammlung die Zulassung der Due Diligence durch Beschluss ab, kann der veräußerungswillige Gesellschafter eine **Anfechtungsklage** gegen den Beschluss erheben. Da er mit der Anfechtungsklage noch nicht das eigentliche Ziel der Zulassung der Due Diligence erreichen kann, sollte der veräußerungswillige Gesellschafter die Anfechtungsklage mit einer **positiven Beschlussfeststellungsklage** verbinden.[74] Hat die Gesellschafterversammlung den Beschluss nicht förmlich festgestellt oder gehen die Gesellschafter nicht übereinstimmend vom Zustandekommen eines ablehnenden Beschlusses aus, ist eine einfache Feststellungsklage ausreichend, mit dem Ziel feststellen zu lassen, dass ein entsprechender Weisungsbeschluss wirksam gefasst wurde.[75] 53

Aktivlegitimiert ist der veräußerungswillige Gesellschafter. Der Erwerbsinteressent kann der Klage als Nebenintervenient beitreten. Eine Geltendmachung des Rechts durch den Erwerbsinteressenten im Wege einer **gewillkürten Prozessstandschaft** dürfte hingegen unzulässig sein, da das in der Mitgliedschaft begründete Recht nicht selbständig abtretbar ist.[76] Die Klage ist gegen die Gesellschaft zu richten.[77] 54

d) Taktische Überlegungen

Die richtige (prozessuale) Vorgehensweise zur Durchsetzung einer Due Diligence durch den veräußerungswilligen Gesellschafter hängt von der Situation im Einzelfall ab. 55

aa) Vorgehen eines Minderheitsgesellschafters

Verfügt der veräußerungswillige Gesellschafter nicht selbst über eine einfache Mehrheit der für eine Beschlussfassung in der Gesellschafterversammlung erforderlichen Stimmen und kann er auf diese Mehrheit auch nicht aus dem Gesellschafterkreis zählen, sollte der Gesellschafter zunächst umfassende Informationsansprüche gegen die Gesellschaft geltend machen und die Gesellschaft um die Zulassung und Durchführung einer Due Diligence und aller damit verbundenen Vorbereitungsmaßnahmen (z. B. Aufbereitung aller Informationen, Einrichtung eines Datenraums etc.) ersuchen. Die entsprechende Forderung sollte der veräußerungswillige Gesellschafter sowohl auf § 51a GmbHG als auch das Mitgliedschaftsrecht der freien Veräußerlichkeit der Geschäftsanteile gemäß § 15 Abs. 1 GmbHG stützen. Kommt die Gesellschaft seinem Begehren nicht nach, kann der Gesellschafter ein **Informationserzwingungsverfahren** nach § 51b GmbHG sowie eine zivilrechtliche Leistungsklage anstrengen. 56

---

[73] Vgl. soeben Rdn. 36–41.
[74] Allgemein zu Anfechtungs- und Beschlussfeststellungsklage bei der GmbH vgl. §§ 19, 20.
[75] Vgl. *Raiser/Veil* § 33 Rn. 79.
[76] Vgl. zur gewillkürten Prozessstandschaft allgemein MüKo GmbHG/*Merkt* § 13 Rn. 313.
[77] Baumbach/Hueck/*Zöllner* Anh. § 47 Rn. 163.

57 Darüber hinaus sollte der Gesellschafter versuchen, einen Gesellschafterbeschluss herbeizuführen. Der Gesellschafter kann, sofern er über mindestens 10% des Stammkapitals verfügt, die Einberufung der Gesellschafterversammlung selbst verlangen (vgl. § 50 Abs. 1 GmbHG). Lehnt die Gesellschafterversammlung die Durchführung einer Due Diligence ab, kann der Gesellschafter eine Anfechtungsklage verbunden mit einer positiven Beschlussfeststellungsklage erheben. Argumentativ muss sich der Gesellschafter hier darauf berufen, dass die Gesellschafter bei der Beschlussfassung aufgrund ihrer Treuebindung einer gebundenen Entscheidung unterliegen.

bb) Vorgehen eines Mehrheitsgesellschafters

58 Auch ein Mehrheitsgesellschafter sollte zunächst die genannten Informationsansprüche gegen die Gesellschaft geltend machen und die Geschäftsführung zur Zulassung und Durchführung einer Due Diligence auffordern.

59 Ergänzend sollte der veräußerungswillige Gesellschafter direkt die Gesellschafterversammlung um eine entsprechende Entscheidung bemühen und einen entsprechenden Weisungsbeschluss herbeiführen. Soweit die Gesellschaft den Beschluss im Hinblick auf das fehlende Stimmrecht des Mehrheitsgesellschafters oder die beigebrachte Mehrheit als negativen Beschluss betrachtet, kann der Gesellschafter auch hier eine Anfechtungsklage verbunden mit einer positiven Beschlussfeststellungsklage erheben.

cc) Erfolgsaussichten

60 Die Erfolgsaussichten für die Durchsetzung einer Due Diligence sind erheblich höher, wenn ein Gesellschafter entweder selbst über eine wenigstens einfache Mehrheit in der Gesellschafterversammlung verfügt oder jedenfalls eine entsprechende Unterstützung von Mitgesellschaftern, die mit dem veräußerungswilligen Gesellschafter gemeinsam über eine solche Mehrheit verfügen, erwarten kann. Hier wird das materielle Bestehen von Informationsansprüchen erst dann relevant, wenn das zuständige Gericht die beigebrachte Mehrheit nicht für ausreichend hält.

61 Schwieriger dürfte sich die Durchsetzung einer Due Diligence für einen Minderheitsgesellschafter gestalten. Der Minderheitsgesellschafter muss, wie dargestellt[78], entweder entsprechende Informationsansprüche oder eine Treuebindung aller Gesellschafter bei der Entscheidung über die Zulassung der Due Diligence begründen und damit in jedem Fall eine höhere Hürde als ein Mehrheitsgesellschafter für die Durchsetzung der Due Diligence überwinden.

2. Abwehr einer Due Diligence durch einen Gesellschafter

62 Es sind verschiedene Konstellationen denkbar, in welchen ein Gesellschafter die Durchführung einer Due Diligence unterbinden will.

a) Bei Vorliegen eines Gesellschafterbeschlusses

63 Liegt der Due Diligence ein zustimmender Gesellschafterbeschluss zugrunde, hat der Gesellschafter zunächst eine **Anfechtungsklage** zu erheben. Bei schweren Beschlussmängeln kann im Einzelfall auch eine **Nichtigkeitsklage** statthaft sein. Soweit der Beschluss nicht förmlich festgestellt wurde oder die Gesellschafter nicht übereinstimmend vom Zustandekommen des Beschlusses ausgehen, reicht eine **einfache Feststellungsklage**.

64 Da der Gesellschafterbeschluss ohnehin nur Wirkung im Innenverhältnis hat, sollte die Anfechtungsklage mit einer **Unterlassungsklage** gegen die Gesellschaft verbunden werden, wenn die Due Diligence bereits begonnen hat oder jedenfalls zu befürchten ist, dass die Geschäftsführung die Due Diligence zulässt.

---

[78] Vgl. soeben Rdn. 31, 36 ff.

Die Anfechtungsklage sollte innerhalb eines Monats erhoben werden (Leitbildfunktion der Monatsfrist aus § 246 Abs. 1 AktG für das GmbH-Recht).[79] Legt der Gesellschaftsvertrag eine Anfechtungsfrist fest, ist diese entsprechend zu beachten. 65

Als Kläger ist jeder Gesellschafter aktivlegitimiert, der gegen den Beschluss gestimmt hat.[80] Die Klage ist gegen die Gesellschaft zu richten.[81] 66

Zudem sollte der Gesellschafter versuchen, eine **einstweilige Unterlassungsverfügung** zu erwirken, wenn er den Beginn der (beschlossenen) Due Diligence abwehren möchte. 67

b) Bei Zulassung der Due Diligence durch die Geschäftsführung ohne zugrundeliegenden Gesellschafterbeschluss

Lässt die Geschäftsführung die Due Diligence ohne zugrundeliegenden Gesellschafterbeschluss zu, kann jeder Gesellschafter **Unterlassungsklage** gegen die Gesellschaft erheben. Materiell muss der Gesellschafter hier darlegen, dass die Zulassung der Due Diligence nicht in die Entscheidungskompetenz der Geschäftsführung fällt, weil der veräußerungswillige Gesellschafter keinen Anspruch auf die Informationsherausgabe hat (die Gesellschaft also nicht zur Informationsoffenlegung *verpflichtet* ist) und die Entscheidung im übrigen eine Maßnahme außerhalb des gewöhnlichen Geschäftsbetriebs darstellt, die in Ermangelung einer abweichenden gesellschaftsvertraglichen Regelung im Innenverhältnis der Zustimmung der Gesellschafterversammlung bedarf (die Geschäftsführung also nicht zur Informationsoffenlegung *berechtigt* ist). Die Unterlassungsklage in der Hauptsache ist ggf. ebenfalls um eine einstweilige Unterlassungsverfügung zu ergänzen. 68

3. Abwehr einer Due Diligence durch die Geschäftsführung

Macht ein Gesellschafter einen Anspruch auf Durchführung einer Due Diligence geltend, kann die Geschäftsführung die Due Diligence zunächst verweigern, wenn sie der Auffassung ist, dass keine entsprechenden Informationsansprüche bestehen. Soweit die Geschäftsführung einen Anspruch nach § 51a GmbHG abwehren möchte, muss sie zur Verweigerung der Informationsherausgabe einen Gesellschafterbeschluss herbeiführen, § 51a Abs. 2 S. 2 GmbHG. 69

Werden die Geschäftsführer durch einen Gesellschafterbeschluss zur Zulassung einer Due Diligence angewiesen, so sind sie grds. verpflichtet, die Weisung zu befolgen[82] und können die Herausgabe der Informationen nicht unter Hinweis auf ihre Verschwiegenheitspflicht verweigern.[83] Insbesondere sind auch solche Weisungen zu befolgen, die für die Gesellschaft objektiv nachteilig sind,[84] solange nicht durch die Ausführung zwingendes Recht verletzt wird oder der Weisungsbeschluss aufgrund schwerwiegender Mängel nichtig ist oder infolge Klage für nichtig erklärt wird.[85] Ist der zugrundeliegende Gesellschafterbeschluss anfechtbar, können ihn die Geschäftsführer selbst anfechten. Einen materiellen Ansatzpunkt bietet hier insbes. das umstrittene Mehrheitserfordernis für die Entscheidung zur Zulassung einer Due Diligence.[86] 70

---

79 St. Rspr., vgl. nur BGHZ 101, 113 (117); 104, 66 (70 f.); 111, 224 (226).
80 Baumbach/Hueck/*Zöllner* Anh. § 47 Rn. 137.
81 Baumbach/Hueck/*Zöllner* Anh. § 47 Rn. 163.
82 BGHZ 31, 258 (278); OLG Düsseldorf ZIP 1984, 1476 (1478); Scholz/*Schneider* § 37 Rn. 30: »Grundsatz der Folgepflicht«; Roth/Altmeppen/*Altmeppen* § 37 Rn. 3–5.
83 *Mielke/Molz* DB 2008, 1955 (1958).
84 OLG Frankfurt ZIP 1997, 451.
85 BGH NJW 1974, 1088 (1089); Lutter/Hommelhoff/*Kleindiek* § 37 Rn. 22; Baumbach/Hueck/*Zöllner/Noack* § 37 Rn. 22; Michalski/*Lenz* § 37 Rn. 19.
86 Vgl. oben Rdn. 47.

III. Streitigkeiten im Zusammenhang mit der Vinkulierung von Geschäftsanteilen

1. Streit um bestimmte Voraussetzungen in der Person des Erwerbers

71 Der Gesellschaftsvertrag kann die Übertragung von Geschäftsanteilen an bestimmte Voraussetzungen in der Person des Erwerbers knüpfen, z. B. Familienzugehörigkeit.[87] In diesem Fall bedarf die Übertragung von Geschäftsanteilen nicht der Zustimmung der Gesellschaft, es genügt der Nachweis, dass der Erwerber die erforderlichen Voraussetzungen erfüllt.[88] Bei Streitigkeiten über das Vorliegen der Voraussetzungen ist eine **Feststellungsklage** nach § 256 ZPO statthaft.[89]

72 Aktivlegitimiert sind hier sowohl der Veräußerer als auch der Erwerber. Die Klage ist gegen die Gesellschaft zu richten. Andere Gesellschafter können dem Rechtsstreit als Nebenintervenienten beitreten.

2. Durchsetzung der Erteilung der Zustimmung zur Übertragung von Geschäftsanteilen

a) Materiell-rechtliche Besonderheiten

73 Legt der Gesellschaftsvertrag die Voraussetzungen fest, unter welchen die Zustimmung zur Übertragung zu erteilen ist, und liegen diese Voraussetzungen vor, hat der veräußerungswillige Gesellschafter Anspruch auf Erteilung der Zustimmung.[90]

74 Schweigt der Gesellschaftsvertrag zu den Gründen, kann der veräußerungswillige Gesellschafter gleichwohl einen Anspruch auf Erteilung der Zustimmung haben, etwa weil keinerlei nach dem **Sinn und Zweck der Vinkulierungsklausel** beachtliche Verweigerungsgründe gegeben sind, oder weil – insoweit analog § 53a AktG – die Zustimmung in vergleichbaren Fällen ebenfalls erteilt wurde.[91]

75 Hat der veräußerungswillige Gesellschafter keinen Anspruch auf Erteilung der Zustimmung, heißt das gleichwohl nicht, dass die Entscheidung der gerichtlichen Kontrolle entzogen wäre. Die Entscheidung über die Erteilung der Zustimmung liegt dann im **pflichtgemäßen Ermessen**[92] des Zustimmungsberechtigten. Bei der entsprechenden Entscheidung sind die Interessen der Gesellschaft für und wider die Veräußerung sowie die des veräußerungswilligen Gesellschafters abzuwägen. Dabei kann nicht allgemein davon ausgegangen werden, dass die Interessen der Gesellschaft überwiegen. Die Vinkulierung darf nämlich nicht dazu führen, dass die Geschäftsanteile des veräußerungswilligen Gesellschafters dauerhaft unveräußerlich sind.[93] Der Gesellschafter hat insoweit einen Anspruch darauf, dass der Zustimmungsberechtigte eine **ermessensfehlerfreie Entscheidung** trifft, mithin alle relevanten Kriterien (und nur diese!) berücksichtigt und diese richtig bewertet. Die Zustimmung darf daher nicht grundlos, unter Berücksichtigung sachfremder Erwägungen oder rechtsmissbräuchlich verweigert werden.[94]

76 Bei einer ermessensfehlerhaften Entscheidung hat der veräußerungswillige Gesellschafter zwar keinen Anspruch auf Erteilung der Zustimmung, allerdings besteht ein Anspruch auf eine ermessensfehlerfreie **neue Entscheidung**.[95] Lediglich bei einer Ermessensreduzierung auf Null, wenn also

---

[87] Scholz/*H. Winter/Seibt* § 15 Rn. 116; MüKo GmbHG/*Reichert/Weller* § 15 Rn. 394; Michalski/*Ebbing* § 15 Rn. 161.
[88] Vgl. Scholz/*H. Winter/Seibt* § 15 Rn. 116; MünchHdb GesR III/*U. Jasper* § 24 Rn. 211.
[89] *Happ*, GmbH im Prozess, § 15 Rn. 4.
[90] Baumbach/Hueck/*Fastrich* § 15 Rn. 46; Michalski/*Ebbing* § 15 Rn. 154; MünchHdb GesR III/*U. Jasper* § 24 Rn. 209.
[91] Baumbach/Hueck/*Fastrich* § 15 Rn. 46; Michalski/*Ebbing* § 15 Rn. 155; MünchHdb GesR III/*U. Jasper* § 24 Rn. 209; *Happ*, GmbH im Prozess, § 15 Rn. 25.
[92] OLG Hamm NJW-RR 2001, 109 (111); Lutter/Hommelhoff/*Bayer* § 15 Rn. 71; MüKo GmbHG/*Reichert/Weller* § 15 Rn. 409; GroßkommGmbHG/*Löbbe* § 15 Rn. 254 f.
[93] *Happ*, GmbH im Prozess, § 15 Rn. 27.
[94] Michalski/*Ebbing* § 15 Rn. 155; *Happ*, GmbH im Prozess, § 15 Rn. 29.
[95] MünchHdb GesR III/*U. Jasper* § 24 Rn. 209.

A. Verfügungen über Geschäftsanteile § 16

keine Gründe für die Verweigerung der Zustimmung sprechen, besteht ausnahmsweise ein Anspruch auf Erteilung der Zustimmung.[96]

b) Prozessuale Besonderheiten

aa) Durchsetzung des Anspruchs auf Erteilung der Zustimmung

Hat der veräußerungswillige Gesellschafter einen Anspruch auf die Erteilung der Zustimmung, ist bei der prozessualen Durchsetzung folgendes zu bedenken: 77

Aktivlegitimiert ist jedenfalls stets der veräußerungswillige Gesellschafter. Ausnahmsweise ist auch der Erwerber aktivlegitimiert, wenn er bereits Gesellschafter der Gesellschaft ist und sich ebenfalls auf die entsprechenden Satzungsbestimmungen, die Gleichbehandlung oder die gesellschafterliche Treuepflicht berufen kann.[97] 78

Ist der Erwerbsinteressent hingegen noch nicht an der Gesellschaft beteiligt, ist er selbst nicht aktivlegitimiert. Ihm steht aber die Möglichkeit offen, sich als **Nebenintervenient** an der Klage des veräußerungswilligen Gesellschafters zu beteiligen.[98] 79

Umstritten ist die Frage, ob der Erwerber die Klage auch im eigenen Namen im Wege einer **gewillkürten Prozessstandschaft** betreiben kann. Das LG Aachen hat eine gewillkürte Prozessstandschaft in einem Streit um die Zustimmung zur Übertragung vinkulierter Namensaktien mit der Begründung zugelassen, dass die Prozessführungsbefugnis als Teil der Mitgliedschaft übertragen werden könne.[99] Hiergegen wird in der Literatur angeführt, dass der Anspruch auf Zustimmung gerade nicht von der Mitgliedschaft getrennt werden könne und daher auch nicht isoliert abtretbar sei. Zudem sei es gerade auch Zweck der Anteilsvinkulierung, dass sich die Gesellschafter vor Erteilung der Zustimmung und dem Wirksamwerden der Übertragung nicht mit einem gesellschaftsfremden Dritten auseinandersetzen müssen.[100] 80

Hinsichtlich der **Passivlegitimation** ist zu differenzieren: Ist die Zustimmung im Außenverhältnis von der Geschäftsführung, der Gesellschafterversammlung[101] oder einem sonstigen Organ der Gesellschaft zu erteilen, ist die Klage stets gegen die Gesellschaft zu richten.[102] Ausnahmsweise sind die Gesellschafter selbst passivlegitimiert, wenn nach dem Gesellschaftsvertrag die Zustimmung bestimmter oder aller Gesellschafter erforderlich ist. Dann handeln die Gesellschafter nämlich nicht als Organ der Gesellschaft, sondern selbst als natürliche oder juristische Personen. Gleiches gilt, wenn ausnahmsweise die Zustimmung eines Dritten erforderlich ist. In diesem Fall ist die Klage gegen den Dritten zu richten.[103] 81

Bezüglich der **richtigen Klageart** ist ebenfalls zu unterscheiden. Macht der Gesellschafter seinen Anspruch auf Erteilung der Zustimmung geltend und bleibt der Zustimmungsberechtigte **untätig**, kann der Gesellschafter seinen Anspruch mit einer **Leistungsklage** durchsetzen.[104] 82

Ebenfalls eine **Leistungsklage** ist zu erheben, wenn die Zustimmung von der Gesellschaft zu erteilen ist, die Geschäftsführung die Zustimmung aber **verweigert** hat. Insoweit ist eine **Feststellungsklage**, dass die Zustimmung zu Unrecht nicht erteilt wurde, nicht zielführend, da mit der Feststellungsklage die gestaltende Wirkung der Zustimmung und damit das eigentliche Klageziel nicht erreicht werden 83

---

96 MüKo GmbHG/*Reichert*/*Weller* § 15 Rn. 417; *Happ*, GmbH im Prozess, § 15 Rn. 29.
97 *Happ*, GmbH im Prozess, § 15 Rn. 40; MüKo GmbHG/*Reichert*/*Weller* § 15 Rn. 430.
98 Eingehend *Happ*, GmbH im Prozess, § 15 Rn. 51 ff.
99 LG Aachen AG 1992, 410 f..
100 *Happ*, GmbH im Prozess, § 15 Rn. 44; a. A. Lutter/Hommelhoff/*Bayer* § 15 Rn. 78 m. w. N.
101 OLG Koblenz ZIP 1989, 301.
102 Scholz/*H. Winter*/*Seibt* § 15 Rn. 127; MünchHdb GesR III/*U. Jasper* § 24 Rn. 209.
103 *Happ*, GmbH im Prozess, § 15 Rn. 49 f.; MünchHdb GesR III/*U. Jasper* § 24 Rn. 209; MüKo GmbHG/*Reichert*/*Weller* § 15 Rn. 431.
104 *Happ*, GmbH im Prozess, § 15 Rn. 57; MüKo GmbHG/*Reichert*/*Weller* § 15 Rn. 432.

kann. Fraglich ist, ob die Leistungsklage auch dann ausreichend ist, wenn die Geschäftsführung die Zustimmung aufgrund eines entsprechenden Gesellschafterbeschlusses verweigert hat, oder ob dann eine vorrangige Anfechtungsklage gegen den Gesellschafterbeschluss zu erheben ist. Immerhin hätte die erfolgreiche Leistungsklage zur Folge, dass die Zustimmung dann entgegen einem unanfechtbaren ablehnenden Gesellschafterbeschluss erteilt wird. Allerdings ist zu berücksichtigen, dass der Gesellschafterbeschluss bei einer Zuständigkeit der Gesellschaft nur im Innenverhältnis wirkt und – auch wenn unanfechtbar – keinerlei Außenwirkung hat. Mangels Außenwirkung des Beschlusses ist daher keine Anfechtung des Gesellschafterbeschlusses erforderlich, sondern die Leistungsklage ausreichend.[105]

84 Fraglich ist, ob die Leistungsklage gegen die Gesellschaft jedenfalls innerhalb der für die (nicht erforderliche) Anfechtung des Gesellschafterbeschlusses maßgeblichen **Frist** zu erheben ist.[106] Wegen der fehlenden Außenwirkung des Beschlusses ist dies ebenfalls abzulehnen, in der Praxis soweit möglich aber zu empfehlen, um hier keine Angriffsfläche zu bieten.

85 Soweit der Beschluss der Gesellschafterversammlung (ausnahmsweise) **unmittelbare Außenwirkung** für die Zustimmung hat, ist fraglich, ob der veräußerungswillige Gesellschafter seinen Anspruch auf Erteilung der Zustimmung mit einer **Leistungsklage** oder mit einer **Anfechtungsklage** (verbunden mit einer **positiven Beschlussfeststellungsklage**) durchsetzen kann, wenn die Gesellschafterversammlung die Zustimmung durch Beschluss verweigert hat.

86 Beide Klagearten sind gleichermaßen geeignet, das verfolgte Ziel zu erreichen: Hat die Leistungsklage auf Erteilung der Zustimmung Erfolg, ersetzt das Urteil die erforderliche Zustimmung und hat unmittelbar gestaltende Wirkung, § 894 ZPO.[107] Allerdings wirkt das Urteil nur *ex nunc* und hat auf eine bereits erfolgte Abtretung nur dann Auswirkung, wenn der Schwebezustand noch nicht beendet wurde. Hat die Gesellschafterversammlung die Zustimmung hingegen schon durch Beschluss abgelehnt, ist die Abtretung (vorbehaltlich erfolgreicher Anfechtung) nicht mehr schwebend, sondern endgültig unwirksam.[108] Mit der im Wege der Leistungsklage erzielten Zustimmung kann in diesem Fall nur eine erneute Übertragung wirksam vorgenommen werden.

87 Die Anfechtungsklage beseitigt den Gesellschafterbeschluss *ex tunc*, der zwischenzeitlich beendete Schwebezustand lebt daher wieder auf. Der Schwebezustand kann in diesem Fall entweder *ex tunc* durch eine positive Beschlussfeststellungsklage oder *ex nunc* durch eine Leistungsklage beendet werden.

88 Beide Vorgehensweisen sind daher gleichermaßen und sogar **nebeneinander statthaft**.[109]

89 Fraglich ist allerdings noch, ob die Leistungsklage auch dann noch erhoben werden kann, wenn die Frist für die Anfechtung des Gesellschafterbeschlusses abgelaufen ist und die Entscheidung der Gesellschafter damit unanfechtbar geworden ist. Lässt man die Leistungsklage auch nach Ablauf der Anfechtungsfrist zu, kann der Gesellschafter einen weitergehenden Rechtsschutz erzielen, als ihm dies mit der Anfechtungsklage möglich wäre. Dennoch dürfte die Leistungsklage auch nach Ablauf

---

105 OLG Koblenz ZIP 1989, 301 (303); *Happ*, GmbH im Prozess, § 15 Rn. 60; MüKo GmbHG/*Reichert/Weller* § 15 Rn. 436; wohl auch MünchHdb GesR III/*U. Jasper* § 24 Rn. 209; a. A. *Reichert/Winter* FS 100 Jahre GmbHG, 209 (228).
106 Dagegen OLG Koblenz ZIP 1989, 301; *Happ*, GmbH im Prozess, § 15 Rn. 61.
107 LG Düsseldorf DB 1989, 33; Michalski/*Ebbing* § 15 Rn. 154; Lutter/Hommelhoff/*Bayer* § 15 Rn. 78; MüKo GmbHG/*Reichert/Weller* § 15 Rn. 436.
108 Differenzierend *Happ*, GmbH im Prozess, § 15 Rn. 65: Soweit der Beschluss förmlich festgestellt wurde, soll eine Anfechtungsklage statthaft sein, im übrigen eine einfache Feststellungsklage. Die Feststellungsklage soll vor allem dann genügen, wenn das Beschlussergebnis mangels formeller Feststellung im Unklaren geblieben sei, da das Gericht das wirksame Zustandekommen des Beschlusses dann feststellen könne.
109 So kann man OLG Koblenz ZIP 1989, 301 f. und MünchHdb GesR III/*U. Jasper* § 24 Rn. 209 verstehen; vgl. *Happ*, GmbH im Prozess, § 15 Rn. 70 mit der Einschränkung, dass für die Leistungsklage das Rechtsschutzinteresse fehlen soll, solange die Anfechtungsklage noch nicht verfristet ist.

der Anfechtungsfrist zulässig sein. Zunächst ist festzuhalten, dass die Leistungsklage eben nur *ex nunc* wirkt und ggf. eine erneute Anteilsübertragung erforderlich wird. Zudem behält der unanfechtbare Gesellschafterbeschluss seine Wirkung für die verweigerte Zustimmung zu der bereits erfolgten Abtretung und wirkt gleichzeitig eben nur für diese. Der Gesellschafter macht im Wege der Leistungsklage genaugenommen nicht den Anspruch zur Zustimmung zu dieser bereits erfolgten Abtretung geltend, sondern einen neuen Anspruch zur Zustimmung einer neuen Abtretung. Ein solcher Anspruch kann völlig unabhängig von dem früheren Anspruch bestehen und ist auch gesondert zu beurteilen. Hierbei handelt es sich um einen **neuen prozessualen Sachverhalt**.

Ist die Zustimmung von den Gesellschaftern selbst zu erteilen, ist die richtige Klageart in jedem Fall die Leistungsklage. Gleiches gilt, falls ausnahmsweise die Zustimmung eines Dritten erforderlich ist. 90

bb) Durchsetzung des Anspruchs auf eine ermessensfehlerfreie Entscheidung

Für die Beteiligten an dem Verfahren zur Durchsetzung des Anspruchs auf eine ermessensfehlerfreie Entscheidung gelten die obigen Ausführungen entsprechend.[110] 91

Hat der veräußerungswillige Gesellschafter keinen Anspruch auf Erteilung der Zustimmung, sondern lediglich Anspruch auf eine ermessensfehlerfreie Entscheidung, ist eine Leistungsklage auf Erteilung der Zustimmung oder eine positive Beschlussfeststellungsklage **unbegründet**. Hinsichtlich der richtigen Klageart ist danach zu differenzieren, wer die **Entscheidungskompetenz** zur Entscheidung trägt. 92

Ist die **Gesellschaft zuständig**, kann der Gesellschafter die aus seiner Sicht ermessensfehlerhafte Entscheidung zunächst im Wege einer Feststellungsklage nach § 256 ZPO überprüfen lassen. Die Feststellung, dass die Entscheidung ermessensfehlerhaft war, hilft dem Gesellschafter insoweit nicht weiter, als sie die Gesellschafter nicht zu einer neuen Entscheidung unter Beachtung der Rechtsauffassung des Gerichts verpflichtet. In der Literatur wird daher empfohlen, dass der Gesellschafter die Feststellungsklage mit einer Leistungsklage auf Entscheidung über die Zustimmung verbindet.[111] Zulässig dürfte es aber auch sein, direkt eine Leistungsklage zu erheben, da das Gericht im Rahmen der Leistungsklage bei einem entsprechenden Vortrag der Beklagten dann inzident prüft, ob der Anspruch nicht schon durch die bereits getroffene Entscheidung der Gesellschaft erfüllt wurde. 93

Auch wenn die Geschäftsführung im **Innenverhältnis** eines Gesellschafterbeschlusses bedarf, muss der Gesellschafter weder isoliert gegen den bereits vorliegenden Gesellschafterbeschluss vorgehen noch die Gesellschaft zusätzlich auf Einberufung einer erneuten Gesellschafterversammlung verklagen.[112] Gibt das Gericht der Klage des Gesellschafters statt, so ist die Geschäftsführung verpflichtet, alle im Innenverhältnis erforderlichen Beschlüsse einzuholen. Bei ihren Entscheidungen sind die Geschäftsführer sowie die Gesellschafter (bei der erneuten Beschlussfassung) an die Rechtsauffassung des Gerichts gebunden. 94

Ist die **Gesellschafterversammlung** hingegen im Außenverhältnis zur Erteilung der Zustimmung zuständig, kann der Gesellschafter die ermessensfehlerhafte Entscheidung der Gesellschafterversammlung im Wege einer Anfechtungsklage angreifen.[113] Mangels eines Anspruchs auf Erteilung der Zustimmung kann der Gesellschafter die Anfechtungsklage in diesem Fall nicht mit einer positiven Beschlussfeststellungsklage verbinden. Vielmehr muss er die Anfechtungsklage um eine Leistungsklage ergänzen mit dem Ziel, eine neue, ermessensfehlerfreie Entscheidung der Gesellschafterversammlung zu erwirken. 95

---

110 Rdn. 78–81.
111 *Happ*, GmbH im Prozess, § 15 Rn. 92; MüKo GmbHG/*Reichert/Weller* § 15 Rn. 432, 435.
112 *Happ*, GmbH im Prozess, § 15 Rn. 93; vgl. auch MüKo GmbHG/*Reichert/Weller* § 15 Rn. 419 f.
113 MüKo GmbHG/*Reichert/Weller* § 15 Rn. 434; *Happ*, GmbH im Prozess, § 15 Rn. 95 differenziert wiederum danach, ob der Beschluss förmlich festgestellt wurde (dann Anfechtungsklage) oder nicht (dann Feststellungsklage).

96 In diesem Fall kann der Gesellschafter auch nicht darauf verzichten, neben der Leistungsklage mit einer Anfechtungsklage gegen die Entscheidung der Gesellschafterversammlung vorzugehen. Wird der Beschluss der Gesellschafterversammlung nämlich unanfechtbar, so kann die Entscheidung nicht mehr auf Ermessensfehler hin geprüft werden und der Anspruch des Gesellschafters auf eine ermessensfehlerfreie Entscheidung gilt als erfüllt.[114]

3. Vorgehen gegen die Erteilung der Zustimmung zur Übertragung von Geschäftsanteilen

a) Materiell-rechtliche Besonderheiten

97 Zunächst ist denkbar, dass die erteilte Zustimmung **formal fehlerhaft** ist, sie z. B. von einem unzuständigen Organ erklärt wurde oder die Entscheidung des zwar zuständigen Organs formal fehlerhaft ist.

98 Auch ohne formalen Mangel kann die Zustimmung zur Übertragung von Geschäftsanteilen zu Unrecht erteilt worden sein. Dies ist zunächst der Fall, wenn die vom Gesellschaftsvertrag festgelegten Gründe, in welchen die Zustimmung zu erteilen ist, nicht vorliegen oder Umstände gegeben sind, nach welchen entsprechend der gesellschaftsvertraglichen Bestimmung die Zustimmung zu verweigern ist. Legt der Gesellschaftsvertrag die Gründe für die Erteilung bzw. Verweigerung der Entscheidung über die Zustimmung nicht fest, kann die Zustimmung dennoch zu Unrecht erteilt sein, wenn sie auf einer ermessensfehlerhaften Entscheidung beruht.[115]

b) Prozessuale Besonderheiten

99 Jeder Gesellschafter ist berechtigt, die erteilte Zustimmung anzugreifen. Fraglich ist, ob auch einzelne Organe der Gesellschaft berechtigt sind, die Zustimmung anzugreifen. Grds. stellt die Zustimmung eine Entscheidung betreffend die **Zusammensetzung des Gesellschafterkreises** dar. Da die Entscheidung daher nicht die Rechte anderer Gesellschaftsorgane betrifft, sollen diese keine eigene Klagebefugnis haben.[116] Diese Bewertung scheint zu pauschal. Soweit die Zustimmung z. B. unter Missachtung des gesellschaftsvertraglichen Kompetenzgefüges erteilt wurde, ist auch einzelnen Organen ein eigenes Klagerecht einzuräumen. So dürfte die Geschäftsführung zur Erhebung einer allgemeinen Feststellungsklage berechtigt sein, wenn die Gesellschaft zur Erteilung der Zustimmung zuständig ist, die Zustimmung aber durch einzelne Gesellschafter erteilt wurde.

100 Soweit die Zustimmung von der Gesellschaft (vertreten durch die Geschäftsführung) oder einem Organ der Gesellschaft (z. B. bei Zustimmung durch die Gesellschafterversammlung) erteilt wurde, ist die Klage gegen die Gesellschaft zu richten. Haben einzelne Gesellschafter oder ein Dritter die Zustimmung erteilt, kann die Klage ausnahmsweise gegen diese zu richten sein.[117]

101 Hinsichtlich der richtigen Klageart ist für die verschiedenen denkbaren Konstellationen danach zu differenzieren, ob die erteilte Zustimmung wirksam ist oder nicht:

102 Ist die Zustimmung unwirksam, kann der Kläger die Unwirksamkeit mit einer **allgemeinen Feststellungsklage** feststellen lassen. Dies ist der Fall, wenn die Zustimmung von einem unzuständigen Organ erteilt wurde, z. B. von der Gesellschaft, obwohl nach dem Gesellschaftsvertrag die Zustimmung aller Gesellschafter erforderlich ist. Gleiches gilt, wenn die Zustimmung zwar von dem zuständigen Organ erklärt wurde, die Zustimmung aber wegen Evidenz oder Kollusion (§§ 138, 242 BGB) unwirksam ist. Dies ist insbes. bei einem **Missbrauch der Vertretungsmacht** anzunehmen, wenn dem Erklärungsempfänger der Verstoß gegen Bindungen des Zustimmenden im Innenverhältnis bekannt

---

114 *Happ*, GmbH im Prozess, § 15 Rn. 96.
115 So z. B. zur präventiven Konzernierungskontrolle BGHZ 80, 69 (74 f.) – Süßen; vgl. dazu *Reichert/Winter* FS 100 Jahre GmbHG, 209 (229 ff.); MüKo GmbHG/*Reichert/Weller* § 15 Rn. 414 f. mit weiteren Beispielen und Nachweisen.
116 *Happ*, GmbH im Prozess, § 15 Rn. 107.
117 Vgl. *Happ*, GmbH im Prozess, § 15 Rn. 108; MüKo GmbHG/*Reichert/Weller* § 15 Rn. 433.

ist (z. B. Zustimmung durch die Gesellschaft, vertreten durch die Geschäftsführung, gegenüber dem veräußerungswilligen Gesellschafter, obwohl der Gesellschafter weiß, dass der Zustimmungserklärung der im Innenverhältnis erforderliche Gesellschafterbeschluss fehlt).[118] Ebenso ist eine allgemeine Feststellungsklage statthaft, wenn die Zustimmungserklärung *ex tunc* unwirksam geworden ist, z. B. durch wirksame Anfechtung (§ 142 Abs. 1 BGB).

Anders ist die Situation, wenn die Zustimmungserklärung zwar pflichtwidrig erklärt wurde, dennoch aber wirksam ist. Hier ergibt sich eine **weitere Differenzierung** dadurch, ob die Vinkulierung an eine Zustimmung als Willenserklärung (z. B. durch die Gesellschaft, vertreten durch die Geschäftsführung) oder einen Gesellschafterbeschluss geknüpft ist. 103

Hängt die Vinkulierung von einer **Willenserklärung** ab, ist für das prozessuale Vorgehen entscheidend, ob die Anteilsübertragung schon vollzogen wurde oder nicht. Wurde die Anteilsübertragung schon vollzogen, kann das eigentliche Klageziel, die Übertragung zu verhindern, nicht mehr erreicht werden. Aufgrund der zwar pflichtwidrigen, aber eben wirksamen Zustimmungserklärung ist die Übertragung endgültig wirksam.[119] Eine allgemeine Feststellungsklage mit dem Ziel, dass die Zustimmungserklärung pflichtwidrig erteilt wurde, hilft dem Kläger hier nicht weiter. Vielmehr muss sich der Kläger in diesem Fall mit der **Geltendmachung von Sekundäransprüchen** begnügen, z. B. einem Schadensersatzanspruch gestützt auf § 43 Abs. 2 GmbHG gegen die Geschäftsführung. Insoweit ist eine Leistungsklage statthaft. 104

Wurde die Zustimmung zwar wirksam erklärt, die Anteilsübertragung aber noch nicht vollzogen, sollte der Kläger zunächst im Wege des einstweiligen Rechtsschutzes versuchen, die Anteilsübertragung vorsorglich zu verhindern (einstweilige Unterlassungsverfügung). In der Hauptsache sollte der Kläger hier sowohl die **allgemeine Feststellungsklage** gegen die Gesellschaft als auch eine **Unterlassungsklage** gegen den Gesellschafter erheben. Zur Begründetheit der Unterlassungsklage ist vorzubringen, dass der veräußerungswillige Gesellschafter aufgrund der gesellschaftlichen Treuepflicht nicht berechtigt ist, seine Geschäftsanteile aufgrund einer pflichtwidrig erteilten Zustimmungserklärung zu veräußern.[120] 105

Hängt die Vinkulierung dagegen von einem **Gesellschafterbeschluss** ab, so liegt der Unterschied zur Sachlage bei der Zustimmung durch Willenserklärung darin, dass der Gesellschafterbeschluss anfechtbar ist und im Falle einer erfolgreichen Anfechtung *ex tunc* wegfällt. Anders als die Feststellung der Pflichtwidrigkeit der Zustimmung durch Willenserklärung, kann die Anfechtung des Gesellschafterbeschlusses daher auch Auswirkungen auf bereits vollzogene Anteilsübertragungen haben. 106

Ist die Anteilsübertragung noch nicht erfolgt, ist insoweit die Erhebung einer Anfechtungsklage möglich[121] und ausreichend. Ist die Anfechtungsklage erfolgreich, fällt die Zustimmung *ex tunc* weg. Hat der Gesellschafter seine Geschäftsanteile hingegen schon übertragen, so führt die Anfechtungsklage lediglich dazu, dass die Übertragung wieder schwebend unwirksam ist. Der Schwebezustand kann in diesem Fall dadurch beendet werden, dass der Kläger die Anfechtungsklage mit einer positiven Beschlussfeststellungsklage verbindet. Wird mit dieser Klage festgestellt, dass die Erteilung der Zustimmung abgelehnt wird, ist die Übertragung endgültig unwirksam.[122] 107

---

118 Michalski/*Ebbing* § 15 Rn. 143; Lutter/Hommelhoff/*Bayer* § 15 Rn. 66 m. w. N.
119 *Happ*, GmbH im Prozess, § 15 Rn. 114.
120 *Happ*, GmbH im Prozess, § 15 Rn. 115.
121 *Reichert/Winter* FS 100 Jahre GmbHG, 209 (236); *Happ*, GmbH im Prozess, § 15 Rn. 116; MüKo GmbHG/*Reichert/Weller* § 15 Rn. 434.
122 *Happ*, GmbH im Prozess, § 15 Rn. 116.

IV. Klagen im Zusammenhang mit der Gesellschafterliste

1. Einführung

108 Bis zur GmbH-Reform diente die **Gesellschafterliste** nur unzureichend der Information des Rechtsverkehrs. Das MoMiG hat die Bedeutung der Gesellschafterliste erheblich aufgewertet, sie ist jetzt neben dem Gesellschaftsvertrag die wichtigste Gesellschaftsurkunde. Gemäß § 16 Abs. 1 GmbHG gilt nunmehr gegenüber der Gesellschaft nur derjenige als Gesellschafter, der in die in das Handelsregister aufgenommene Gesellschafterliste eingetragen ist. Die Gesellschafterliste hat mithin zunächst **Legitimationsfunktion**.[123] Daneben ermöglicht die Gesellschafterliste den gutgläubigen Erwerb von Geschäftsanteilen, § 16 Abs. 3 GmbHG. Die Gesellschafterliste wird privat geführt. Das Registergericht prüft die Gesellschafterliste nicht inhaltlich, sondern ist bloße Verwahrstelle.

109 Die Gesellschafterliste enthält **individualisierende Detailangaben** zu jedem Gesellschafter sowie Informationen zu den von ihm gehaltenen Geschäftsanteilen. Unverzüglich nach Wirksamwerden jeder Veränderung in den Personen der Gesellschafter oder dem Umfang ihrer Beteiligung ist eine geänderte Gesellschafterliste zum Handelsregister einzureichen. Eine lediglich aufschiebend bedingte Abtretung stellt dabei keine eintragungsfähige Veränderung dar.[124]

110 Die Verpflichtung, die Gesellschafterliste zu berichtigen, trifft originär die **Geschäftsführer**, vgl. § 40 Abs. 1 S. 1 GmbHG. Diese Primärverpflichtung der Geschäftsführer wird allerdings dadurch relativiert, dass im Falle von Änderungen, an welchen ein **Notar** mitgewirkt hat, der Notar zur Einreichung der Gesellschafterliste verpflichtet ist, § 40 Abs. 2 S. 1 GmbHG. Diese Ausnahme bildet die Regel: Sämtliche Änderungen, die sich aus beurkundungspflichtigen Vorgängen ergeben, z. B. Anteilsübertragungen oder Kapitalmaßnahmen, begründen die Verpflichtung des Notars, die geänderte Gesellschafterliste zum Handelsregister einzureichen. Für den Geschäftsführer bleiben daher vor allem die Fälle der Übertragung von Geschäftsanteilen ohne Mitwirkung eines Notars (z. B. Übergang von Geschäftsanteilen auf Erben im Wege der Gesamtrechtsnachfolge) oder Änderungen bei den Geschäftsanteilen, die keiner Mitwirkung des Notars bedürfen (z. B. privatschriftliche Teilung oder Zusammenlegung von Geschäftsanteilen).

110a Zudem ist die Geschäftsführung zur **Korrektur** einer unrichtigen, vom Notar nach § 40 Abs. 2 S. 1 GmbHG eingereichten Gesellschafterliste befugt, wobei dem Betroffenen vor Einreichung der korrigierten Gesellschafterliste Gelegenheit zur Stellungnahme zu geben ist. Widerspricht der Betroffene daraufhin der Korrektur, so ändert dies, insbesondere mangels der analogen Anwendbarkeit des § 67 Abs. 5 AktG,[125] nichts an der Berechtigung der Geschäftsführung, Fehler der Gesellschafterliste zu berichtigen. Es liegt daher beim Betroffenen, der Geschäftsführung die Einreichung einer korrigierten Gesellschafterliste im Wege des einstweiligen Rechtsschutzes zu untersagen.[126]

111 Die **Gesellschafter** sind in keinem Fall zur Einreichung der Gesellschafterliste berechtigt.[127]

2. Rechtsschutz bei fehlerhafter Gesellschafterliste

a) Leistungsklage auf Berichtigung der Gesellschafterliste

112 Der einzelne Gesellschafter (im Erwerbsfall sowohl der veräußernde als auch der erwerbende) hat einen sich aus der **Mitgliedschaft** ergebenden Anspruch darauf, dass eine richtige Gesellschafterliste eingereicht wird, die der wahren Rechtslage entspricht.[128]

---

123 Scholz/*Schneider* § 40 Nachtrag MoMiG Rn. 3; *Wicke* § 40 Rn. 2; Michalski/*Terlau* § 40 Rn. 1; Baumbach/Hueck/*Zöllner/Noack* § 40 Rn. 1.
124 BGH NZG 2011, 1268 f.; OLG München GmbHR 2009, 1211 (1212); OLG Hamburg GmbHR 2011, 32; a.A *Herrler* BB 2009, 2272 (2275).
125 Dazu insbesondere *Lieder* NZG 2014, 329 (331).
126 BGH NZG 2014, 184 (188).
127 Scholz/*Schneider* § 40 Nachtrag MoMiG Rn. 15; *Hasselmann* NZG 2009, 449 (452).
128 Scholz/*Schneider* § 40 Nachtrag MoMiG Rn. 16; *Wicke* § 40 Rn. 8; Lutter/Hommelhoff/*Bayer* § 40

A. Verfügungen über Geschäftsanteile   § 16

Dieser Anspruch kann allerdings nur dann im Wege einer Leistungsklage durchgesetzt werden, wenn 113
die **Geschäftsführer** zur Einreichung der Gesellschafterliste zuständig sind. Dann ist eine Leistungsklage gegen die Gesellschaft (nicht etwa die Geschäftsführer[129]) statthaft. Die Statthaftigkeit einer
solchen Leistungsklage ist auch im soeben in der Einführung dargestellten Fall gegeben, dass eine
vom Notar gem. § 40 Abs. 2 S. 1 GmbHG unrichtig eingereichte Gesellschafterliste zu korrigieren
ist. Der BGH bejahte hier die Befugnis der Geschäftsführung zur Korrektur[130], was zwangsläufig
auch deren Zuständigkeit zur Einreichung der Gesellschafterliste umfasst.

Ist hingegen der **Notar** zuständig, hat der Gesellschafter keinen klageweise durchsetzbaren Anspruch 114
gegen den Notar selbst. Gegenüber dem Notar sind die Vorschriften zu Amtshaftungsansprüchen
nach § 19 BNotO abschließend.[131] Fraglich ist, ob auch bei Zuständigkeit des Notars eine Leistungsklage gegen die Gesellschaft auf Berichtigung in Betracht kommt: Hierfür spricht zwar, dass der Notar bei der Aktualisierung der Gesellschafterliste für die Gesellschaft tätig wird, allerdings kann die
Gesellschaft dessen Verpflichtungen nicht erfüllen. Bei der Zuständigkeit des Notars bleibt dem Gesellschafter daher nur die Zuordnung eines **Widerspruchs** zur Gesellschafterliste[132] bzw. bei Eintritt
eines Schadens die Geltendmachung von **Amtshaftungsansprüchen.**

b) Zuordnung eines Widerspruchs zur Gesellschafterliste

Der Gesellschafter hat gemäß § 16 Abs. 3 S. 4 GmbHG das Recht, der Gesellschafterliste einen Wi- 115
derspruch zuordnen zu lassen, wenn die Gesellschafterliste unrichtig ist. Die **Zuordnung eines Widerspruchs** erfolgt entweder aufgrund einer einstweiligen Verfügung oder aufgrund einer Bewilligung desjenigen, gegen dessen Berechtigung sich der Widerspruch richtet.

aa) Einstweilige Verfügung

Die Vorschrift des § 16 Abs. 3 S. 4 GmbHG lehnt sich hinsichtlich der Regelung eines Rechtsbehelfs 116
des Berechtigten an § 899 Abs. 2 BGB an, wonach der Berechtigte aus einem Immobiliarrecht einen
Widerspruch gegen die Unrichtigkeit des Grundbuchs in das Grundbuch eintragen lassen kann.[133]
Aktivlegitimiert ist alleine der betroffene Gesellschafter.[134]

Zur Begründung des **Verfügungsanspruchs** muss der Antragsteller die Unrichtigkeit der Gesellschaf- 117
terliste und die eigene Berechtigung hinsichtlich der als richtig dargestellten Rechtslage glaubhaft
machen.[135] Er muss hierfür darlegen, dass eine von der in das Handelsregister aufgenommenen Gesellschafterliste abweichende Rechtslage hinsichtlich der Person des Gesellschafters oder des Umfangs seiner Beteiligung besteht.

Der Berechtigte hat den Verfügungsanspruch gemäß §§ 935, 936 i. V. m. 920 Abs. 2, 294 ZPO 118
durch **präsente Beweismittel** glaubhaft zu machen, also etwa durch die eigene Versicherung des Be-

---

Rn. 18; *D. Mayer* DNotZ 2008, 403 (414); *Kort* GmbHR 2009, 169 (172 f.); *Schneider* GmbHR 2009,
393 (395).
129 OLG Thüringen GmbHR 2013, 1258 (1259 f.); Bunnemann/Zirngibl/*Zirngibl* § 4 Rn. 62; Roth/Altmep-
pen/*Altmeppen* § 40 Rn. 10; Scholz/*Schneider* § 40 Nachtrag MoMiG Rn. 37; Lutter/Hommelhoff/*Bayer*
§ 40 Rn. 18; a. A. wohl *Preuß* ZGR 2008, 676 (679) und *Hasselmann* NZG 2009, 486 (489), die von
einem Anspruch gegen die Geschäftsführung und nicht gegen die Gesellschaft ausgehen.
130 BGH NZG 2014, 184 (188); dazu ausführlicher auch *Wiersch* GWR 2014, 117 (118).
131 H. M., vgl. Bunnemann/Zirngibl/*Zirngibl* § 4 Rn. 72.
132 Siehe sogleich Rdn. 115 ff.
133 Vgl. Begr. RegE BT-Drucks 16/6140 S. 94; *Hamann* NZG 2007, 492 (493 f.); *Mayer* DNotZ 2008, 403
(422).
134 Bunnemann/Zirngibl/*Zirngibl* § 4 Rn. 43.
135 Wie bei § 894 BGB setzt sich der Tatbestand des Verfügungsanspruchs aus zwei Elementen zusammen: (1)
Unrichtigkeit der Liste (2) wahre Gesellschafterstellung des Anspruchsinhabers oder zumindest Gesellschafterstellung mit höherem Beteiligungsverhältnis als listenmäßig ausgewiesen.

rechtigten oder eines Dritten an Eides statt, durch anwaltliche Versicherung oder schriftliche Zeugenerklärung.[136]

119 Abweichend von § 935 ZPO muss gemäß § 16 Abs. 3 S. 5 GmbHG zwar eine **Gefährdung** des Rechts des Widersprechenden **nicht glaubhaft** gemacht werden.[137] Hinsichtlich der Darlegung einer Gefahr eines gutgläubigen Erwerbs soll dagegen nach dem OLG Nürnberg danach zu unterscheiden sein, ob die Drei-Jahres-Frist des § 16 Abs. 3 S. 2 GmbHG bereits abgelaufen ist. Während die abstrakte, durch Unrichtigkeit der Gesellschafterliste begründete Gefahr eines gutgläubigen Erwerbs nach Ablauf dieser Frist für die Zuordnung eines Widerspruchs nach § 16 Abs. 3 S. 3 GmbHG ausreichen soll, ist im umgekehrten Fall vom Antragsteller zu verlangen, eine konkrete Gefährdung seiner Rechte **darzulegen**, um so die Erforderlichkeit des Erlasses der einstweiligen Verfügung auch bereits vor Ablauf dieser Frist zu begründen.[138]

bb) Bewilligung desjenigen, gegen dessen Berechtigung sich der Widerspruch richtet

120 Der Widerspruch kann auch auf **Bewilligung** desjenigen, gegen dessen Berechtigung sich der Widerspruch richtet, der Gesellschafterliste zugeordnet werden. Die Bewilligung ist eine **materiellrechtliche Erklärung**, da sie wie die Bewilligung im Rahmen von § 899 Abs. 2 BGB als materiellrechtlich relevantes Sicherungsmittel wirkt.[139]

121 Das Registergericht kann nur über die Zuordnung des Widerspruchs zu der Gesellschafterliste entscheiden, wenn es eine materiellrechtliche Prüfung vornimmt, ob eine Bewilligung desjenigen, gegen dessen Berechtigung sich der Widerspruch richtet, wirksam ist. Das Gericht muss daher prüfen können, ob die Bewilligung tatsächlich von dem Listenberechtigten stammt. Analog § 12 Abs. 1 HGB ist daher zu verlangen, dass die Bewilligung elektronisch in **öffentlich beglaubigter Form** eingereicht wird,[140] um dem Registergericht die Prüfung der Legitimation zu ermöglichen.

3. Ersuchen an das Registergericht

122 Kommt der Geschäftsführer seiner Verpflichtung zur Einreichung einer aktualisierten Gesellschafterliste nicht nach, kann der betroffene Gesellschafter auch das Registergericht gemäß § 388 FamFG ersuchen, den Geschäftsführer zur Erfüllung seiner Pflichten anzuhalten.

4. Haftungsklagen

aa) Gegen die Geschäftsführung

123 Geschäftsführer, die ihre Pflicht zur Einreichung der Gesellschafterliste nach § 40 Abs. 1 GmbHG verletzen, haften gemäß § 40 Abs. 3 GmbHG denjenigen, deren Beteiligung sich geändert hat und den Gläubigern der Gesellschaft für den daraus entstandenen Schaden.

124 Gemäß § 40 Abs. 3 GmbHG kann jede **Verletzung der Geschäftsführerpflichten** nach § 40 Abs. 1 GmbHG haftungsbegründend sein. Gemäß § 40 Abs. 1 S. 2 GmbHG erfolgt die Änderung der Liste nur auf Mitteilung und Nachweis. Den Gesellschafter trifft insoweit die Obliegenheit, der Geschäftsführung die Veränderung mitzuteilen und nachzuweisen. Ohne entsprechenden Nachweis, ist der

---

136 OLG Nürnberg NZG 2014, 1347; Musielak/*Huber* § 294 Rn. 4; Zöller/*Geimer* § 294 Rn. 3 ff.; Scholz/*Seibt* § 16 Rn. 93.
137 OLG Nürnberg NZG 2014, 1347; Scholz/*Seibt* § 16 Nachtrag MoMiG Rn. 93.
138 OLG Nürnberg NZG 2014, 1347 f.
139 Staudinger/*Gursky* § 899 Rn. 49.
140 Str., wie hier Scholz/*Seibt* § 16 Nachtrag MoMiG Rn. 95; Bunnemann/Zirngibl/*Zirngibl* § 4 Rn. 52; a. A. (nur Erfordernis der elektronischen Einreichung nach § 12 Abs. 2 S. 1 HGB): Handelsrechtsausschuss des DAV NZG 2007, 735 (739); *Wachter* ZNotP 2008, 378 (396); MüKo GmbHG/*Heidinger* § 16 Rn. 248; Michalski/*Ebbing* § 16 Rn. 226 f.

A. Verfügungen über Geschäftsanteile § 16

Geschäftsführer weder berechtigt, noch verpflichtet, die Gesellschafterliste einzureichen.[141] Schwierig ist die Haftung der Geschäftsführer vor allem in Fällen zu beurteilen, in welchen Mitteilung und Nachweis der Veränderung nicht ausreichend sind.[142]

Entgegen dem insoweit missverständlichen Wortlaut von § 40 Abs. 3 GmbHG sollen die Geschäftsführer nur im Falle **schuldhafter** Pflichtverletzungen haften,[143] das allerdings analog § 93 Abs. 2 S. 2 AktG vermutet wird.[144]

Zur Durchsetzung von Schadensersatzansprüchen ist die Leistungsklage die statthafte Klageart. Da es sich um eine Haftung der Geschäftsführer persönlich handelt, sind auch die Geschäftsführer (und nicht etwa die Gesellschaft) selbst passivlegitimiert.

bb) Gegen den Notar

Der Notar haftet nach § 19 BNotO den Parteien der Abtretung gegenüber, wenn er seine Pflicht zur Einreichung der aktualisierten Gesellschafterliste verletzt. Eine weitergehende Haftung gegenüber Dritten (wie sie § 40 Abs. 3 GmbHG für Geschäftsführer vorsieht) scheidet allerdings aus.[145] § 839 BGB findet weitgehend entsprechende Anwendung.

Für Schadensersatzansprüche nach § 19 Abs. 1 und Abs. 2 BNotO sind die Landgerichte ohne Rücksicht auf den Wert des Streitgegenstandes ausschließlich zuständig, vgl. § 19 Abs. 3 BNotO.

5. Klagen im Zusammenhang mit dem gutgläubigen Erwerb

Gemäß § 16 Abs. 3 GmbHG kann ein Erwerber einen Geschäftsanteil auch dann erwerben, wenn der Veräußerer zwar nicht der wirkliche Anteilsinhaber ist, jedoch (i) aufgrund einer dem wahren Rechtsinhaber zuzurechnenden Unrichtigkeit als Inhaber des betroffenen Geschäftsanteils in der Gesellschafterliste ausgewiesen ist oder der Berechtigte seit mindestens drei Jahren ununterbrochen nicht mehr als Inhaber dieses Geschäftsanteils in der Gesellschafterliste ausgewiesen ist, (ii) der Gesellschafterliste kein Widerspruch zugeordnet ist und (iii) der Erwerber hinsichtlich der Verfügungsbefugnis des Veräußerers gutgläubig ist.

Bei Erwerb eines GmbH-Geschäftsanteils ist mithin nur der gute Glaube an die **Anteilsinhaberschaft** des Veräußerers geschützt, nicht der gute Glaube an dessen uneingeschränkte Verfügungsbefugnis. Eine bestehende **Vinkulierung** kann nicht durch gutgläubigen Erwerb überwunden werden.[146] Hinsichtlich der **Stückelung** von Geschäftsanteilen können sich verschiedene Probleme im Zusammenhang mit dem gutgläubigen Erwerb ergeben.[147] Im Grundsatz gilt hier: Ein gutgläubiger Erwerb nicht existenter Geschäftsanteile ist nicht möglich.

Hat ein Gesellschafter einen Geschäftsanteil **aufschiebend bedingt** veräußert, ist ein gutgläubiger Zwischenerwerb durch einen Dritten daher ausgeschlossen.[148] In diesen Fällen ist die Zuordnung eines Widerspruchs zur beim Handelsregister eingereichten Gesellschafterliste daher nicht erforderlich und somit unzulässig.[149]

Im Zusammenhang mit dem gutgläubigen Erwerb von Geschäftsanteilen sind vielfältige Konstellationen denkbar, die Streitigkeiten auslösen können.

---

141 Scholz/*Schneider* § 40 Rn. 17; Lutter/Hommelhoff/*Bayer* § 40 Rn. 16 f.
142 *Mayer*, DNotZ 2008, 403 (414).
143 *Mayer*, DNotZ 2008, 403 (414); Baumbach/Hueck/*Zöllner/Noack* § 40 Rn. 44; Roth/Altmeppen/*Altmeppen* § 40 Rn. 18.
144 Lutter/Hommelhoff/*Bayer* § 40 Rn. 35; *Wicke* § 40 Rn. 20.
145 Einschränkend: *Mayer* DNotZ 2008, 403 (414 f.).
146 Bunnemann/Zirngibl/*C. Desch* § 7 Rn. 21.
147 Vgl. Bunnemann/Zirngibl/*C. Desch* § 7 Rn. 22–39.
148 BGH NZG 2011, 1268 f.; OLG München NZG 2011, 473.
149 OLG München NZG 2011, 473.

133 Soweit ein Nichtberechtigter über einen Geschäftsanteil verfügt und ein Dritter diesen gutgläubig erwirbt, sind zunächst **Schadensersatzansprüche** des (vormalig) berechtigten Gesellschafters denkbar. Falls (wie wohl in der Regel) keine vertragliche Beziehung zwischen dem Veräußerer und dem Berechtigten vorliegt, können Schadensersatzansprüche nur auf gesetzliche Haftungstatbestände gestützt werden. In Betracht kommt hier insbes. § 823 Abs. 1 und 2 BGB i. V. m. verschiedenen denkbaren Straftatbeständen (z. B. § 263 StGB).

134 Will der Berechtigte die **materiellen Voraussetzungen** für den gutgläubigen Erwerb gerichtlich prüfen lassen (z. B. fehlender guter Glaube), so ist hierfür eine allgemeine Feststellungsklage statthaft. Diese ist gegen den vermeintlichen Erwerber zu richten, der sich als gutgläubiger Erwerber des Geschäftsanteils geriert.

B. Teilung und Zusammenlegung von Geschäftsanteilen

I. Einführung

1. Rechtslage zur Teilung vor Inkrafttreten des MoMiG

a) Teilungsbeschränkungen

135 GmbH-Geschäftsanteile lauten auf einen festen Nennbetrag. Unter Teilung von Geschäftsanteilen versteht man die reale Teilung eines Geschäftsanteils in mehrere selbständige Geschäftsanteile. Jeder Geschäftsanteil wird mit einem eigenen Nennbetrag bezeichnet. Die Summe der Nennbeträge der geteilten Geschäftsanteile entspricht dem Nennbetrag des ungeteilten Geschäftsanteils.[150]

136 Nach der bis zum MoMiG geltenden Fassung von § 17 GmbHG a. F. unterlag die Teilung von Geschäftsanteilen verschiedenen Beschränkungen.[151] Zunächst bedurfte die Veräußerung eines Teils eines Geschäftsanteils gemäß § 17 Abs. 1 GmbHG a. F. der **Genehmigung der Gesellschaft**. Die Genehmigung war durch die Geschäftsführung zu erklären, die gemäß § 46 Nr. 4 GmbHG wiederum im Innenverhältnis eines mit einfacher Mehrheit zu fassenden Gesellschafterbeschlusses bedurfte. Neben dem ausdrücklichen Erfordernis der Genehmigung der Gesellschaft ergab sich aus dieser Bestimmung auch das **Verbot der Vorratsteilung**: Die Teilung konnte ausschließlich im Rahmen der Veräußerung erfolgen (vgl. auch § 17 Abs. 6 S. 1 GmbHG a. F.). Eine Teilung von Geschäftsanteilen ohne gleichzeitige Veräußerung (sog. Vorratsteilung) war unzulässig. Daraus folgte auch, dass die Teilung von Geschäftsanteilen zwingend der notariellen Beurkundung bedurfte.

137 Die Genehmigung musste **schriftlich** erfolgen und die Person des Erwerbers und die Beträge der durch die Teilung entstehenden Geschäftsanteile bezeichnen, § 17 Abs. 2 GmbHG a. F.

138 Gemäß § 17 Abs. 4 GmbHG a. F. waren bei der Teilung die Bestimmungen in § 5 Abs. 1 und 3 GmbHG a. F. zu beachten, nach welchen ein durch Teilung entstehender Geschäftsanteil mindestens auf Euro 100 lauten und im übrigen durch Euro 50 teilbar sein musste. Schließlich war auch die gleichzeitige Übertragung mehrerer Teile von Geschäftsanteilen eines Gesellschafters an denselben Erwerber unzulässig, § 17 Abs. 5 GmbHG a. F.

b) Zustimmung der Gesellschaft

139 Die Teilung bedurfte zu ihrer Wirksamkeit mithin der Genehmigung der Gesellschaft. Die »Genehmigung« konnte vor oder nach der Abtretung erfolgen, umfasste also sämtliche Formen der **Zustimmung**. Ohne Genehmigung war die Abtretung des Teilgeschäftsanteils zunächst **schwebend unwirksam**.

---

150 Roth/Altmeppen/*Roth* § 46 Rn. 17 f.
151 Ausführlich zur alten Fassung Scholz/*H. Winter/Seibt* § 17.

B. Teilung und Zusammenlegung von Geschäftsanteilen §16

2. Rechtslage zur Teilung seit Inkrafttreten des MoMiG

a) Aufhebung von § 17 GmbHG a. F.

§ 17 GmbHG a. F. wurde durch das MoMiG aufgehoben. Die Aufhebung erfolgte im Zuge einer Reihe von Änderungen, die zu einer Akzentverschiebung zu Gunsten der **kapitalgesellschaftsrechtlicheren Seite der GmbH** führen. Aufgrund der Änderung ist es nunmehr möglich, Geschäftsanteile unabhängig von deren Abtretung und damit auch auf Vorrat zu teilen.[152] Die Anforderungen an die Mindestgröße und -stückelung wurden aufgehoben, Geschäftsanteile müssen lediglich auf ganze Euro lauten, § 5 Abs. 2 S. 1 GmbHG. Auch das Verbot gleichzeitiger Übertragungen mehrerer (Teil-)Geschäftsanteile an einen Erwerber gilt nicht mehr. Schließlich bedarf die Teilung nach h. M. zu ihrer Wirksamkeit nicht mehr der Zustimmung der Gesellschaft durch die Geschäftsführung im Außenverhältnis.[153] 140

Einzige gesetzliche Bestimmung zur Teilung von Geschäftsanteilen ist § 46 Nr. 4 GmbHG: 141

> *»Der Bestimmung der Gesellschafter unterliegen: (...)* 142
> *4. die Teilung, die Zusammenlegung sowie die Einziehung von Geschäftsanteilen;«*

Auch vor dem MoMiG beinhaltete § 46 GmbHG eine entsprechende Bestimmung. Der Regelungsgehalt beschränkte sich wegen des ausdrücklichen Erfordernisses der Zustimmung der Gesellschaft aber auf eine Zuständigkeitsverteilung im Innenverhältnis, nach welcher der Geschäftsführer vor Erteilung der Zustimmung für die Gesellschaft eines entsprechenden Gesellschafterbeschlusses bedurfte.[154] 143

b) Zuständigkeit für die Teilung

Infolge der Aufhebung von § 17 GmbHG a. F. ist umstritten, wie die Teilung von Geschäftsanteilen technisch erfolgt. Nach einer Auffassung soll die Teilung konstitutiv durch den Gesellschafter selbst erfolgen, während dies nach anderer Auffassung durch die Gesellschafterversammlung geschieht. Der BGH betonte kürzlich die Möglichkeit der Teilung durch Veräußerung mit Zustimmung der Gesellschafter, ohne aber im Übrigen zur vorliegenden Frage der Zuständigkeit Stellung zu beziehen. 144

aa) 1. Meinung: Teilung durch den Gesellschafter

Für die **Zuständigkeit des Gesellschafters** wird vorgetragen, dass der Wortlaut von § 46 Nr. 4 GmbHG durch das MoMiG (jedenfalls im Hinblick auf die Teilung) unverändert geblieben ist und § 46 GmbHG daher keine über den bisherigen Regelungsgehalt hinausgehende Bedeutung haben kann.[155] 145

bb) 2. Meinung: Teilung durch die Gesellschafterversammlung

Mehrheitlich wird im Schrifttum allerdings vertreten, dass die Teilung selbst durch einen entsprechenden **Gesellschafterbeschluss** erfolgt.[156] Insoweit führt schon die Regierungsbegründung aus, 146

---

152 BGH NZG 2014, 184 (187); *Lieder* NZG 2014, 329 (330).
153 Str., wie hier die wohl h. M., *Wicke* § 46 Rn. 9; Scholz/*K. Schmidt* § 46 Rn. 6; Baumbach/Hueck/*Zöllner* § 46 Rn. 31; Lutter/Hommelhoff/*Bayer* § 46 Rn. 18; Henssler/Strohn/*Mollenkopf* § 46 GmbHG Rn. 17; MünchHdb GesR III/*Wolff* § 37 Rn. 16; *Förl* RNotZ 2008, 409 (412); *D. Mayer*, DNotZ 2008, 403 (425); für die Notwendigkeit auch nach dem MoMiG Begr. RegE BT-Drucks 16/6140 S. 45; Ensthaler/Füller/Schmidt/*Schmidt* § 46 Rn. 18; Michalski/*Römermann* § 46 Rn. 170; *Greitemann/Bergjan* FS Pöllath, 2008, 271 (292).
154 GroßkommGmbHG/*Hüffer* § 46 Rn. 39 (Altauflage 2006 vor Inkrafttreten des MoMiG).
155 In dieser Richtung Michalski/*Römermann* § 46 Rn. 168, der die Teilung eines Geschäftsanteils »ebenso wie die Veräußerung« zunächst in die Hand des Gesellschafters legt und in § 46 Nr. 4 nur ein Genehmigungserfordernis der Teilung sieht.
156 *Wicke* § 46 Rn. 9; Scholz/*K. Schmidt*, § 46 Rn. 65; Baumbach/Hueck/*Zöllner* § 46 Rn. 31; Lutter/Hom-

dass es einer Zustimmung des Gesellschafters zur Teilung nicht bedarf.[157] Entgegen der früheren Rechtslage kommt dem Gesellschafterbeschluss daher eine gesteigerte Bedeutung zu: Die Wirksamkeit der Teilung im Außenverhältnis hängt nunmehr von dem Gesellschafterbeschluss ab. In Ermangelung einer abweichenden Regelung ist der Gesellschafterbeschluss mit einfacher Mehrheit zu fassen.[158]

cc) BGH: Teilung durch den Gesellschafter bei Veräußerung mit Zustimmung der Gesellschafter

146a Der BGH hat die Möglichkeit bestätigt, einen Geschäftsanteil im Rahmen einer **Veräußerung mit Zustimmung** der Gesellschafter zu teilen, jedenfalls dann, wenn der Gesellschaftsvertrag keine gegenteilige Regelung enthält. Wird die Zustimmung zur Veräußerung als Einwilligung vorab erklärt, so ist es dabei zur **Bestimmtheit** des Gesellschafterbeschlusses ferner ausreichend, wenn der geteilte und die neuen Geschäftsanteile im eigentlichen Veräußerungsvertrag bestimmt bezeichnet sind. Die Gesellschafter müssen die Einwilligung nicht für eine konkrete Teilung oder Teilveräußerung erteilen sondern es ist ausreichend, dass die Teilung bestimmbar ist.[159] Der BGH lässt damit die Teilung durch den Gesellschafter selbst zu.

146b Aus dem BGH-Urteil ergibt sich nicht, ob der BGH die Teilung auch durch Gesellschafterbeschluss für zulässig erachtet. Vor dem Hintergrund, dass der BGH ausdrücklich die gesetzgeberische Intention der Streichung des § 17 GmbHG a. F. hervorhebt, die Teilung von Geschäftsanteilen freizugeben und damit zu erleichtern anstatt zu erschweren,[160] liegt der Rückschluss nahe, dass auch eine Teilung durch Gesellschafterbeschluss möglich ist. Insofern bleibt jedoch die weitere Entwicklung abzuwarten.

dd) Mitwirkung des Gesellschafters

147 Schließlich stellt sich die Frage, ob für den Fall, dass man die Teilung durch Gesellschafterbeschluss als zumindest auch statthaft ansieht, zusätzlich eine Mitwirkung des betroffenen Gesellschafters notwendig ist oder die Teilung auch gegen dessen Willen durchgeführt werden kann.

148 Teilweise wird insoweit gefordert, dass der betroffene Gesellschafter selbst seine Zustimmung zur Teilung erklären muss, auch wenn die eigentliche Teilung im Außenverhältnis wirksam durch die Gesellschafterversammlung erfolgt.[161] Aus der Erklärung muss sich spezifisch und bestimmt die Teilung ergeben. Eine Teilung ohne oder gegen die Zustimmung des betroffenen Gesellschafters soll nach dieser Auffassung ausgeschlossen sein.

149 Nach der entgegengesetzten Auffassung[162] soll die Teilung dagegen nicht der Mitwirkung des betroffenen Gesellschafters bedürfen und sogar gegen dessen Willen vorgenommen werden können. Hierfür wird vorgebracht, dass eine Teilung den Gesellschafter nicht beeinträchtigt, sondern diesem Verfügungen über Teile – die dann keiner weiteren Teilung bedürften – sogar erleichtert.[163] Solange diese Frage nicht gerichtlich entschieden ist, empfiehlt es sich jedenfalls, die Zustimmung des betroffenen Gesellschafters einzuholen.

---

melhoff/*Bayer* § 46 Rn. 18; Henssler/Strohn/*Mollenkopf* § 46 GmbHG Rn. 17; MünchHdb GesR III/*Wolff* § 37 Rn. 16; *Förl* RNotZ 2008, 409 (412); *D. Mayer* DNotZ 2008, 403 (425).
157 Begr. RegE BT-Drucks 16/6140 S. 45.
158 Baumbach/Hueck/*Zöllner* § 46 Rn. 31a; MünchHdb GesR III/*Wolff* § 37 Rn. 16.
159 BGH NZG 2014, 184 (187).
160 BGH NZG 2014, 184 (187).
161 *D. Mayer* DNotZ 2008, 403 (426); *Gehrlein/Witt* 2. Kap. Rn. 36; in diese Richtung auch Roth/Altmeppen/*Roth* § 46 Rn. 16c.
162 H. M. im Anschluss an Begr. RegE BT-Drucks 16/6140 S. 45: *Wicke* § 46 Rn. 9; Scholz/*K. Schmidt* § 46 Rn. 5; Ensthaler/Füller/Schmidt/*Schmidt* § 46 Rn. 17; Lutter/Hommelhoff/*Bayer* § 46 Rn. 18.
163 *Förl* RNotZ 2008, 409 (411).

c) Abweichende Regelungen

§ 46 GmbHG ist **dispositiv**, vgl. § 45 Abs. 2 GmbHG. Die Gesellschafter können im Gesellschaftsvertrag daher verschiedene abweichende Regelungen treffen. Zunächst ist eine Regelung denkbar, nach welcher die Teilung alleine dem Gesellschafter obliegt und keiner weiteren Mitwirkung der Gesellschaft bedarf. Soll die Mitwirkung der Gesellschaft erforderlich bleiben, kann der Gesellschaftsvertrag beispielsweise die Zuständigkeit für die Teilung (z. B. Zuständigkeit der Geschäftsführung) abweichend festlegen oder die Anforderungen an den Teilungsbeschluss der Gesellschafterversammlung (z. B. erforderliche Mehrheit) konkretisieren. Schließlich ist auch eine Regelung denkbar, die die Fälle regelt, in welchen die Teilung zu erfolgen hat oder zu verweigern ist.

3. Zusammenlegung von Geschäftsanteilen

Bei der Zusammenlegung werden mehrere bisher selbständige Geschäftsanteile zu einem einheitlichen Geschäftsanteil zusammengelegt. Die Zusammenlegung erfolgt gemäß § 46 Nr. 4 GmbHG durch Gesellschafterbeschluss. Ob die Zusammenlegung der Zustimmung des von der Zusammenlegung betroffenen Gesellschafters bedarf, ist **umstritten**.[164]

II. Klage auf Teilung

1. Materiell-rechtliche Besonderheiten

Es sind verschiedene Konstellationen denkbar, in welchen ein Gesellschafter die Teilung eines Geschäftsanteils gerichtlich durchzusetzen sucht. Zunächst ist denkbar, dass der Gesellschafter bei Verweigerung der Teilung einen Anspruch auf Teilung geltend macht. Ein solcher Anspruch kann insbes. dann bestehen, wenn der Gesellschaftsvertrag die Voraussetzungen festlegt, unter welchen die Teilung zu erfolgen hat. Aber auch ohne gesellschaftsrechtliche Regelung kann ausnahmsweise ein **Anspruch auf Teilung** bestehen, wenn die Gesellschafter aufgrund der gesellschafterlichen Treuepflicht zur Teilung verpflichtet sind (das Ermessen insoweit auf Null reduziert ist) oder sich die Teilung aufgrund des Gleichbehandlungsgrundsatzes gebietet.

Da die Entscheidung der Gesellschafter über die Teilung im übrigen im Ermessen der Gesellschafter steht, hat der teilungswillige Gesellschafter nur einen Anspruch auf eine **fehlerfreie Ermessensentscheidung**. Bei der entsprechenden Entscheidung sind die Interessen der Gesellschaft gegen die des teilungswilligen Gesellschafters abzuwägen. Die durch das MoMiG erfolgten Änderungen zur Teilung tragen der kapitalgesellschaftsrechtlicheren Seite der GmbH Rechnung. Entsprechend kann hier auch nicht (mehr) ein grundsätzliches Überwiegen des Gesellschaftsinteresses, die unkontrollierte Vervielfältigung der Geschäftsanteile zu verhindern, angenommen werden.[165] Vielmehr sind auf Seiten des Gesellschafters die Gründe für die Teilung zu berücksichtigen: Bedarf etwa die Veräußerung von Geschäftsanteilen mangels Vinkulierung nicht der Zustimmung der Gesellschaft, so kann die Vinkulierung nicht durch die Hintertür der Verweigerung der Zustimmung zur für die beabsichtigte Veräußerung erforderlichen Teilung eingeführt werden. Ganz allgemein kann sich der Gesellschafter auch darauf berufen, dass die Ermessensentscheidung über die Teilung nicht aus **sachfremden Erwägungen** oder rechtsmissbräuchlich verweigert werden darf.[166]

---

[164] Vor dem MoMiG war ganz h. M., dass die Zustimmung aufgrund der mit der Zusammenlegung einhergehenden Verkürzung der Veräußerungsmöglichkeit erforderlich sei, vgl. Lutter/Hommelhoff/*Bayer* § 46 Rn. 20 m. N. Die Regierungsbegründung zum MoMiG sieht diese Notwendigkeit nicht, Begr. RegE BT-Drucks 16/6140 S. 45 – dem schließen sich einige neue Kommentierungen ohne Auseinandersetzung an: *Wicke* § 46 Rn. 12; Scholz/*K. Schmidt* § 46 Rn. 5; Ensthaler/Füller/Schmidt/*Schmidt* § 46 Rn. 17; Michalski/*Römermann* § 46 Rn. 180a; mit guten Gründen dagegen weiterhin für Zustimmungsbedürftigkeit Roth/Altmeppen/*Roth* § 46 Rn. 16c; Lutter/Hommelhoff/*Bayer* § 46 Rn. 20; Baumbach/Hueck/*Zöllner* § 46 Rn. 32a; MünchHdb GesR III/*Wolff* § 37 Rn. 16a; Gehrlein/Witt 2. Kap. Rn. 36.

[165] So noch zur alten Rechtslage *Happ*, GmbH im Prozess, § 16 Rn. 16.

[166] *Happ*, GmbH im Prozess, § 16 Rn. 17.

2. Prozessuale Besonderheiten

154 Die prozessuale Bewertung weist ähnliche Besonderheiten wie die Durchsetzung der Erteilung der Zustimmung zur Übertragung von Geschäftsanteilen auf.[167]

a) Durchsetzung eines Anspruchs auf Teilung

155 Zur Durchsetzung des Anspruchs auf Teilung ist stets der teilungswillige Gesellschafter **aktivlegitimiert**. Der Erwerber ist ausnahmsweise dann aktivlegitimiert, wenn er selbst bereits Gesellschafter ist.[168] Der Anspruch auf Teilung liegt nämlich im Gesellschaftsverhältnis begründet und kann entsprechend nur von Gesellschaftern geltend gemacht werden.

156 Ist der Erwerber (noch) nicht Gesellschafter, kann er dem Verfahren als **Nebenintervenient** beitreten. Die Durchsetzung des Anspruchs des Gesellschafters durch den Erwerber aufgrund einer **gewillkürten Prozessstandschaft** dürfte hingegen aus den gleichen Erwägungen wie bei der Vinkulierung ausscheiden: Der Anspruch ist untrennbar mit der Mitgliedschaft verbunden und kann nicht isoliert geltend gemacht werden.[169]

157 **Passivlegitimiert** ist grds. die GmbH. Dies gilt jedenfalls dann, wenn die Gesellschafterversammlung oder – bei einer entsprechenden abweichenden Regelung – ein anderes Gesellschaftsorgan über die Teilung entscheidet. Lediglich dann, wenn die Teilung nicht durch die Gesellschaft oder ein Organ der Gesellschaft, sondern z. B. durch einen bestimmten Gesellschafter zu erklären ist, ist ausnahmsweise dieser selbst direkt passivlegitimiert.

158 Ähnlich wie bei der Durchsetzung der Erteilung der Zustimmung zur Übertragung, ist hinsichtlich der **richtigen Klageart** für die verschiedenen Konstellationen zu differenzieren.

159 Für die Durchsetzung des Anspruchs auf Teilung ist jedenfalls dann eine **Leistungsklage** statthaft, solange die Gesellschafterversammlung noch nicht über die Teilung entschieden hat. Hat die Gesellschafterversammlung die Teilung bereits durch Beschluss abgelehnt, stellt sich wie bei der verweigerten Zustimmung zur Abtretung die Frage, ob weiterhin eine **Leistungsklage** statthaft ist oder nicht vielmehr eine **Anfechtungsklage** (verbunden mit einer **positiven Beschlussfeststellungsklage**) zu erheben ist. Bedeutung kommt dieser Frage insbes. dann zu, wenn die Frist für die Erhebung der Anfechtungsklage abgelaufen ist. Diese Frage lässt sich nicht allgemeingültig beantworten. Es wird im Einzelfall vor allem darauf ankommen, ob der bereits erfolgten Beschlussfassung eine abschließende Bedeutung für die Teilung zukommen soll und kein neuer Sachverhalt vorliegt. Fehlt es an einem neuen Sachverhalt, kann der durch die Leistungsklage gesuchte Rechtsschutz nicht weiter greifen, als der der Anfechtungsklage. Dies schließt freilich nicht aus, dass nicht in anderem Zusammenhang (z. B. für eine andere Abtretung) erneut über die Teilung des Geschäftsanteils zu entscheiden sein kann.

160 Ist sich der Gesellschafter nicht sicher, ob er einen Anspruch auf Teilung hat oder lediglich einen Anspruch auf fehlerfreie Ermessensentscheidung, sollte der Kläger seine Leistungsklage auf Teilung mit einem Hilfsantrag auf eine fehlerfreie Ermessensentscheidung verbinden.

b) Durchsetzung eines Anspruchs auf fehlerfreie Ermessensentscheidung

161 Hat der teilungswillige Gesellschafter keinen Anspruch auf Teilung, sondern lediglich einen Anspruch auf fehlerfreie Ermessensentscheidung, ist ebenfalls zunächst der Gesellschafter **aktivlegitimiert**. Für die Beteiligung des möglichen Erwerbers gelten die obigen Ausführung zur Rechtslage bei Bestehen eines Anspruchs auf Teilung entsprechend.

162 **Passivlegitimiert** ist die Gesellschaft bzw. die zur Entscheidung berufene Person.

---

167 Vgl. hierzu oben Rdn. 77 ff.
168 *Happ*, GmbH im Prozess, § 16 Rn. 28.
169 Vgl. oben Rdn. 80 ff.

Mangels Anspruch auf Teilung wäre eine Leistungsklage auf Teilung oder eine Anfechtungsklage gegen den ablehnenden Teilungsbeschluss verbunden mit einer positiven Beschlussfeststellungsklage unbegründet. Solange die Gesellschafterversammlung noch keinen Beschluss gefasst hat, ist eine **Leistungsklage auf eine ermessensfehlerfreie Entscheidung** statthaft. Hat die Gesellschafterversammlung die Teilung durch Beschluss abgelehnt, ist innerhalb der Anfechtungsfrist **Anfechtungsklage** zu erheben. Da der Kläger mit der Kassation des Beschlusses sein Klageziel nicht erreicht, ist die Anfechtungsklage mit einer Leistungsklage auf erneute ermessensfehlerfreie Entscheidung zu verbinden. 163

III. Klage gegen erfolgte Teilung

Das Vorgehen gegen eine erfolgte Teilung weist ähnliche Besonderheiten wie das Vorgehen gegen die Erteilung der Zustimmung zur Übertragung von Geschäftsanteilen auf, so dass zunächst auf die entsprechenden Ausführungen verwiesen werden kann.[170] 164

1. Materiell-rechtliche Besonderheiten

Die Teilung kann beispielsweise an einem formalen oder materiell-rechtlichen Fehler leiden, etwa weil die Teilung von einem unzuständigen Organ erklärt wurde oder die Anforderungen der Mindeststückelung nicht beachtet wurden. 165

Auch ohne einen solchen Mangel kann die Teilung unrichtig sein, z. B. wenn die gesellschaftsvertraglich festgelegten Voraussetzungen für die Teilung nicht vorliegen und deshalb die Gesellschafterversammlung – anders als angenommen – nicht zur Teilung verpflichtet war. 166

Schließlich kann die Entscheidung der Gesellschafterversammlung aus sonstigen Gründen rechtswidrig, insb. ermessensfehlerhaft sein.[171] 166a

2. Prozessuale Besonderheiten

Jeder Gesellschafter ist **aktivlegitimiert**, die erfolgte Teilung anzugreifen. Eine Klagebefugnis einzelner Organe ist z. B. dann denkbar, wenn die Gesellschafter die Zuständigkeit über die Teilung abweichend von § 46 Nr. 4 GmbHG einem anderen Gesellschaftsorgan zugeordnet haben. 167

Die Klage ist gegen die Gesellschaft zu richten, wenn die Teilung von der Gesellschaft oder einem ihrer Organe erteilt wurde. Ausnahmsweise kann die Klage gegen den Gesellschafter selbst zu richten sein, wenn es für die Teilung z. B. keiner Mitwirkung der Gesellschaft bedarf. 168

Der teilungswillige Gesellschafter oder der Erwerbsinteressent können dem Rechtsstreit auf Seite der Beklagten als Nebenintervenient beitreten. 169

Hinsichtlich der richtigen Klageart ist wie bei der Zustimmung zur Übertragung von Geschäftsanteilen danach zu differenzieren, ob die Teilung wirksam ist oder nicht. 170

Ist die Teilung **unwirksam**, etwa weil die Teilung nicht durch das zuständige Organ erklärt wurde oder weil die Mindeststückelung missachtet wurde, ist zur Feststellung der Unwirksamkeit eine allgemeine Feststellungsklage statthaft. 171

Ist die Teilung hingegen lediglich **pflichtwidrig** erfolgt, aber wirksam, so sind die denkbaren Konstellationen vielfältig. Für die Bestimmung der richtigen Klageart kommt es hier darauf an, ob das gerichtliche Urteil geeignet ist, die Teilung zu kassieren. Soweit die Teilung durch einen Gesellschafterbeschluss erfolgt, führt die kassatorische Wirkung der Anfechtungsklage im Erfolgsfall dazu, dass die Teilung *ex tunc* unwirksam ist und der Geschäftsanteil ungeteilt fortbesteht. Im Falle einer bereits erfolgten Abtretung hätte dies zur Folge, dass auch die Abtretung unwirksam wäre und der Geschäfts- 172

---

170 Vgl. hierzu oben Rdn. 99 ff.
171 *Happ*, GmbH im Prozess, § 16 Rn. 42.

anteil beim Veräußerer verblieben wäre. Unklar ist die Folge einer durch erfolgreiche Anfechtungsklage *ex tunc* eintretenden Unwirksamkeit des Zustimmungsbeschlusses der Gesellschafter im kürzlich vom BGH entschiedenen Fall, in dem die Möglichkeit der Teilung durch den Gesellschafter bei Veräußerung mit Zustimmung der Gesellschafter bejaht wurde.[172] Es liegt nahe, dass diese Unwirksamkeit des Zustimmungsbeschlusses zur Unwirksamkeit der Teilung insgesamt führt, da damit eine ihrer Voraussetzungen weggefallen ist; im Ergebnis bleibt hier jedoch die weitere Entwicklung abzuwarten.

172a Anders ist die Rechtslage hingegen zu beurteilen, wenn die Teilung aufgrund einer entsprechenden gesellschaftsvertraglichen Bestimmung – entsprechend der früheren Regelung von § 17 GmbHG a. F. – lediglich der Genehmigung durch die Geschäftsführung bedarf. Ist die Genehmigung (pflichtwidrig) erteilt worden, ist sie gleichwohl wirksam. Die Feststellung der Pflichtwidrigkeit kassiert die Teilung nicht. Der Kläger ist hier auf **Sekundäransprüche** wegen des pflichtwidrigen Handels der Geschäftsführer zu verweisen, entsprechende Ansprüche sind mit einer Leistungsklage durchzusetzen.

173 Fraglich ist noch, ob es an dem **Rechtsschutzbedürfnis** fehlt, wenn der Kläger die Möglichkeit hat, das mit der Klage verfolgte Ziel selbst durch Zusammenlegung des geteilten Geschäftsanteils zu erreichen. Im gesetzlichen Regelfall der Zuständigkeit der Gesellschafterversammlung für die Teilung und die Zusammenlegung dürfte die Durchsetzung der Zusammenlegung freilich aus praktischen Erwägungen ausscheiden. Besteht hier allerdings ausnahmsweise eine unterschiedliche Zuständigkeit, kann es hier am Rechtsschutzbedürfnis fehlen.

IV. Klage gegen Zusammenlegung

1. Materiell-rechtliche Besonderheiten

174 Auch die Zusammenlegung kann an einem formalen Fehler leiden, wenn etwa die Zusammenlegung von einem unzuständigen Organ erklärt wurde.

175 Im übrigen wäre eine Zusammenlegung angreifbar, wenn z. B. eine gesellschaftsvertraglich erforderliche Zustimmung des betroffenen Gesellschafters nicht vorgelegen hätte.

176 Schließlich kann die Entscheidung der Gesellschafterversammlung aus sonstigen Gründen rechtswidrig, insb. ermessensfehlerhaft sein.

2. Prozessuale Besonderheiten

177 **Aktivlegitimiert** ist grds. der betroffene Gesellschafter. Darüber hinaus kommt eine Klagebefugnis jedes Gesellschafters in Betracht, soweit es um die Durchsetzung der Einhaltung gesellschaftsinterner Bindungen geht. Die Aktivlegitimation eines Organs ist denkbar, wenn der Gesellschaftsvertrag die Kompetenz zur Entscheidung über die Zusammenlegung einem besonderen Organ zuordnet.

178 **Passivlegitimiert** ist die Gesellschaft. Ausnahmsweise kann ein anderer Beklagter in Betracht kommen: Erfolgt die Zusammenlegung beispielsweise durch den Gesellschafter selbst, ist dieser richtiger Beklagter.

179 Soweit die Zusammenlegung dem gesetzlichen Leitbild entsprechend durch die Gesellschafterversammlung erfolgt, ist grds. eine Anfechtungsklage statthaft.

180 Ebenfalls ist im Einzelfall zu prüfen, ob es an dem **Rechtsschutzbedürfnis** fehlt, etwa wenn es dem Rechtsschutz suchenden Gesellschafter aufgrund einer entsprechenden Satzungsbestimmung jederzeit möglich ist, den zusammengelegten Geschäftsanteil durch eine entsprechende Teilungserklärung wieder zu teilen.

---

172 BGH NZG 2014, 184 (187).

C. Streitigkeiten bei der Einziehung von Geschäftsanteilen

Eine erhebliche Anzahl von Streitigkeiten zwischen GmbH-Gesellschaftern dreht sich um die Einziehung von Geschäftsanteilen (vgl. hierzu auch § 18 Rdn. 58 ff.). Vor Gericht wird oftmals darüber gestritten, ob eine **Einziehung** rechtmäßig war (siehe Rdn. 182 ff. und § 18 Rdn. 59 ff.). Daneben sind teilweise Streitigkeiten zu beobachten, in denen ein Gesellschafter aus einem entsprechend vereinbarten Recht auf Einziehung seiner Anteile geklagt hat (siehe Unterkapitel II). Schließlich scheidet der Gesellschafter bei der Einziehung von Anteilen nicht ohne Entschädigung aus der Gesellschaft aus. Vielmehr ist ihm bei seinem Ausscheiden – mangels abweichender Satzungsvereinbarungen – der *wahre Wert* seines Anteils zu vergüten. Die Höhe der zu zahlenden **Abfindung** stellt aus nachvollziehbaren Gründen einen dritten, äußerst praxisrelevanten Streitbereich dar (Rdn. 210 ff.). 181

I. Klage gegen die Einziehung

Im Rahmen einer Klage gegen die Einziehung ist zunächst die korrekte Klageart zu bestimmen. Darüber hinaus ist zu prüfen, ob die **Voraussetzungen** einer Einziehung verletzt wurden und daher eine Klage erfolgreich sein wird. 182

1. Statthafte Klageart

Die statthafte Klageart richtet sich danach, ob gegen den Einziehungsbeschluss selbst oder sonstige Voraussetzungen der Einziehung vorgegangen werden soll und ob der Einziehungsbeschluss formell festgestellt wurde oder nicht. 183

Grundlage der Einziehung des Geschäftsanteils des Gesellschafters ist ein **Einziehungsbeschluss**. Ist dieser Beschluss fehlerhaft, ist nach der Rechtsprechung des BGH grundsätzlich eine Anfechtungs- bzw. Nichtigkeitsklage nach §§ 246, 249 AktG analog gegen die GmbH zu erheben.[173] Nach allgemeinen höchstrichterlichen Grundsätzen muss allerdings gelten, dass bei Fehlen einer formellen Feststellung des Einziehungsbeschlusses durch den Versammlungsleiter potentielle Beschlussmängel gegenüber der Gesellschaft mit der allgemeinen Feststellungsklage geltend zu machen sind.[174] 184

Soweit nicht der Einziehungsbeschluss selbst angegriffen werden soll, sondern **sonstige Voraussetzungen der Einziehung** mit Fehlern behaftet sind oder ein Einziehungsbeschluss gänzlich fehlt, ist die allgemeine Feststellungsklage gegen die Gesellschaft oder die Mitgesellschafter der statthafte Rechtsbehelf.[175] 185

2. Fehlen einer satzungsmäßigen Grundlage

Unabdingbare Voraussetzung einer Einziehung ist eine die Einziehung zulassende **Satzungsklausel**, § 34 Abs. 1 GmbHG.[176] Für den Fall der Zwangseinziehung muss die Satzung zudem die **Einziehungsgründe** angeben, § 34 Abs. 2 GmbHG. Die Einziehungsgründe müssen so konkret sein, dass sie sowohl durch den betroffenen Gesellschafter als auch in einem potentiellen Gerichtsverfahren nachgeprüft werden können.[177] Diesem Erfordernis genügen auch unbestimmte Rechtsbegriffe, wie der Ausschluss »*aus wichtigem Grund*«.[178] Da es sich bei der Zwangseinziehung um eine *ultima ratio* handelt, müssen die Einziehungsgründe zudem eine gewisse sachliche Bedeutsamkeit aufwei- 186

---

173 Vgl. BGH DStR 1997, 1257 mit Anm. Goette; MüKo GmbHG/*Strohn* § 34 Rn. 83.
174 BGH NJW 1996, 259; vgl. zu den Einzelheiten, insbesondere Umständen, die einer formellen Feststellung gleichgestellt werden, § 19 Rdn. 2, 140 f., 146.
175 Vgl. MüKo GmbHG/*Strohn* § 34 Rn. 87; GroßkommGmbHG/*Ulmer/Habersack* § 34 Rn. 48.
176 Dies ist umstritten bei der Einziehung von der Gesellschaft selbst gehaltener Geschäftsanteile, vgl. dazu und zu weiteren Besonderheiten bei der Einziehung eigener Anteile Baumbach/Hueck/*Fastrich* § 34 Rn. 13; MüKo GmbHG/*Strohn* § 34 Rn. 88 ff.
177 BGH NJW 1977, 2316.
178 BGH NJW 1977, 2316; MüKo GmbHG/*Strohn* § 34 Rn. 42.

sen, wenn es auch nicht erforderlich ist, dass sie das Gewicht eines die Ausschließung ermöglichenden wichtigen Grundes erreichen.[179] Dies steht beispielsweise einer Zwangseinziehung nach freiem Ermessen der Gesellschaftermehrheit (sog. Hinauskündigungsklausel) entgegen.[180]

187 Aus Gründen der verbotenen **Gläubigerdiskriminierung** sind nach der Rechtsprechung des BGH zudem Einziehungsklauseln, die eine Zwangseinziehung bei Pfändung eines Geschäftsanteils oder Insolvenz eines Gesellschafters ohne oder gegen eine eingeschränkte Abfindung vorsehen, nichtig, jedenfalls soweit nicht für vergleichbare Einziehungsfälle die gleichen Konditionen gelten (z. B. bei Einziehung aus wichtigem personenbezogenen Grund).[181] Dies wird von der herrschenden Literatur zwar abgelehnt, da es zum Schutz der Gesellschaftergläubiger genügt, die Abfindungsregelung als nichtig anzusehen.[182] Aus Sicht der Praxis ist bis zu einer Rechtsprechungsänderung allerdings von den Vorgaben des BGH auszugehen.

188 Fehlt es an einer den dargestellten Grundsätzen entsprechenden Klausel, ist der Einziehungsbeschluss nichtig.[183] Eine Heilung analog § 242 Abs. 2 AktG (vgl. dazu auch unten, Rdn. 215) ist mangels Eintragung des Einziehungsbeschlusses im Handelsregister nicht möglich.

189 Diese Satzungsgrundlage kann auch durch **nachträgliche Satzungsänderung** geschaffen werden. Zumindest für den Fall der Zwangseinziehung, d. h. ohne Zustimmung des betroffenen Gesellschafters, fordert die ganz herrschende Meinung hier Einstimmigkeit für die Satzungsänderung (vgl. auch § 53 III GmbHG).[184]

190 Auch für Fälle der **freiwilligen Einziehung**, d. h. wenn sich die Gesellschafter im Einvernehmen auf die Einziehung von bestimmten Geschäftsanteilen verständigen, geht eine Ansicht vom Einstimmigkeitserfordernis aus, da jeder Gesellschafter im Fall einer Einziehung aufgrund der möglichen erhöhten Ausfallhaftung nach §§ 24, 31 Abs. 3 GmbHG von einer Leistungsvermehrung getroffen werde.[185] Nach starker anderer Ansicht sind die Gesellschafter in dieser Hinsicht nicht schutzwürdig, weil die Gesellschafterstellung im Allgemeinen von vornherein durch die mögliche Zahlungsunfähigkeit eines Gesellschafters und durch einen möglichen Kapitalerhöhungsbeschluss, der keine Einstimmigkeit nach § 53 Abs. 3 GmbHG voraussetzt,[186] mit dem Risiko der Erhöhung der Ausfallhaftung belastet ist.[187]

---

179 Baumbach/Hueck/*Fastrich* § 34 Rn. 9a (m. w. N.).
180 Vgl. nur BGH NJW 1990, 2622 und NJW 2005, 3641; MüKo GmbHG/*Strohn* § 34 Rn. 57 f. Des Weiteren stellt eine jederzeitige Hinauskündbarkeit eine umfassende Abhängigkeit des Gesellschafters dar, die den Kernbereich seiner Mitgliedschaft aushöhlt, vgl. Baumbach/Hueck/*Fastrich* § 34 Rn. 9a. Bei Vorliegen einer sachlichen Rechtfertigung kann in gesondert gelagerten Ausnahmefällen, in denen z. B. nur eine vorübergehende Organstellung oder eine eher treuhänderische Stellung zugunsten des Einziehungsberechtigten angestrebt wird, eine entsprechende Klausel zulässig sein, z. B. bei sog. Mitarbeiterbeteiligungsmodellen oder Geschäftsführermodellen, vgl. dazu und zu weiteren Einzelfällen Baumbach/Hueck/*Fastrich* § 34 Rn. 9a f.
181 BGH NJW 1975, 1835; NJW 2000, 2819.
182 MüKo GmbHG/*Strohn* § 34 Rn. 53; Scholz/*Westermann* § 34 Rn. 36; Ulmer GmbH/*Ulmer/Habersack* § 34 Rn. 45.
183 BGH NJW 1953, 780; Baumbach/Hueck/*Fastrich* § 34 Rn. 15; a. A. GroßkommGmbHG/*Ulmer/Habersack* § 34 Rn. 16 f. (lediglich »*Anfechtbarkeit*«). Das Gleiche gilt, wenn eine Einziehung ohne Beachtung der in der Satzung niedergelegten Gründe vorgenommen wird, vgl. BGH NJW 1999, 3779.
184 BGH NJW 1992 892; Baumbach/Hueck/*Fastrich* § 34 Rn. 8. Das gilt auch, wenn die Anforderungen an eine Zwangseinziehung erleichtert werden, vgl. Baumbach/Hueck/*Fastrich* a. a. O.
185 BayObLG GmbHR 1978, 269, 270; Michalski/*Sosnitza* § 34 Rn. 11.
186 RGZ 122, 159, 163; Baumbach/Hueck/*Fastrich* § 55 Rn. 17.
187 Ulmer GmbH/*Ulmer/Habersack* § 34 Rn. 16 f.; MüKo GmbHG/*Strohn* § 34 Rn. 15; Baumbach/Hueck/*Fastrich* § 34 Rn. 5.

3. Mangelhafter Einziehungsbeschluss

Auf Grundlage der bestehenden Satzungsklausel muss ein wirksamer Einziehungsbeschluss gefasst worden sein. Ist dieser Beschluss unter Verstoß gegen **Verfahrensanforderungen** zustande gekommen, führt dies grundsätzlich zur Anfechtbarkeit[188]; wobei gravierende Mängel bei der Einberufung (z. B. Einberufung durch eine unberechtigte Person oder unter Außerachtlassung von Gesellschaftern oder Fehlen notwendiger inhaltlicher Angaben in der Einladung) auch die Nichtigkeit zur Folge haben können, § 241 Nr. 1 AktG analog (siehe hierzu insb. § 19 Rdn. 9 ff.).[189]

191

Ausreichend für den Einziehungsbeschluss ist grundsätzlich die **einfache Mehrheit** (vgl. §§ 46 Nr. 4, 47 Abs. 1 GmbHG). Die Satzung kann abweichende Regelungen treffen und zwar sowohl im Hinblick auf das Mehrheitserfordernis als auch im Hinblick auf die **Entscheidungskompetenz**, die grundsätzlich bei der Gesellschafterversammlung liegt, nach herrschender Ansicht aber auf andere Gesellschaftsorgan wie einen Aufsichtsrat oder einen Beirat übertragen werden kann.[190] Möglich ist es auch, die Entscheidungskompetenz als Sonderrecht einem einzelnen Gesellschafter zuzuweisen.[191]

192

Eine besondere **Form** ist hinsichtlich des Einziehungsbeschlusses nicht zu beachten. Insbesondere bedarf es keiner notariellen Form nach § 53 Abs. 2 S. 1 GmbHG, da die Einziehung nicht zu einer materiellen Satzungsänderung führt.[192] Desgleichen ist eine Eintragung des Beschlusses in das **Handelsregister** nicht vorgesehen.[193]

193

Der von der Einziehung betroffene Gesellschafter hat stets ein Recht auf **Teilnahme** an der Gesellschafterversammlung und auf Stellungnahme. Auch ein Stimmverbot nach § 47 Abs. 4 S. 2 GmbHG besteht im Grundsatz nicht, es sei denn, es handelt sich um eine Einziehung aus wichtigem Grund, der in der Person des Gesellschafters liegt oder die Satzung sieht ein solches vor.[194] Eine Ansicht will ferner ein **Stimmverbot** bei der freiwilligen Einziehung annehmen, da es sich hier der Sache nach um ein Rechtsgeschäft zwischen GmbH und Gesellschafter handele.[195]

194

Praxisrelevant ist daneben insbesondere der Fall, dass die in der Satzung niedergelegten **materiellen Einziehungsvoraussetzungen** nicht erfüllt sind, was ebenfalls zur Anfechtbarkeit des Einziehungsbeschlusses führt.[196] Die rechtmäßige Zwangseinziehung – jedenfalls soweit sie auf das Vorliegen eines wichtigen Grundes gestützt wird – kann sich dabei nur als Ergebnis einer sorgfältigen Interessenabwägung ergeben, wobei auch das Verhalten des die Einziehung betreibenden Gesellschafters zu berücksichtigen ist.[197] So scheidet eine Einziehung aus, wenn in der Person des Gesellschafters, der die Einziehung betreibt, Gründe vorliegen, die eine Ausschließung dieses Gesellschafters bzw. die Auflösung der Gesellschaft rechtfertigen würden; ausreichend ist bereits, dass diese Gründe die Gründe, die die Einziehung rechtfertigen sollen, in einem anderen Licht erscheinen lassen.[198]

195

---

188 Vgl. BGH NJW 1988, 1844 (fehlerhafte Feststellung des Beschlussergebnisses aufgrund fehlerhafter Stimmenzählung); MüKo GmbHG/*Strohn* § 34 Rn. 83.
189 BGH NJW 1950, 385; 1962, 538; detailliert Baumbach/Hueck/*Fastrich*, Anh § 47 Rn. 45
190 GroßkommGmbHG/*Ulmer/Habersack*, § 34 Rn. 115 (m. w. N.); vgl. auch LG Heilbronn GmbHR 1994, 322; einschränkend MüKo GmbHG/*Strohn*, § 34 Rn. 24 (nur Organe, die mehrheitlich mit Gesellschaftern besetzt sind); kritisch auch Goette DStR 1997, 1336.
191 MüKo GmbHG/*Strohn* § 34 Rn. 25; GroßkommGmbHG/*Ulmer/Habersack* § 34 Rn. 115.
192 BGH NJW 1989, 168; OLG Karlsruhe GmbHR 2003, 1482.
193 Daher kommt auch keine Heilung nach § 242 Abs. 2 AktG in Betracht, vgl. MüKo GmbHG/*Strohn* § 34 Rn. 85.
194 BGH WM 1977, 192, die Frage, ob ein Stimmverbot besteht, wenn es sich nicht aus der Satzung ergibt, wurde in dieser Entscheidung offen gelassen; dagegen die hM, vgl. nur MüKo GmbHG/*Strohn* § 34 Rn. 19 f. sowie Baumbach/Hueck/*Fastrich* § 34 Rn. 14.
195 GroßkommGmbHG/*Ulmer/Habersack* § 34 Rn. 51; a. A. MüKo GmbHG/*Strohn* § 34 Rn. 19, der lediglich im Einzelfall ein Stimmverbot nach den Regeln des Stimmrechtsmissbrauchs bejaht.
196 OLG München, NJW-RR 1993, 684; vgl. auch BGH NJW-RR 1991, 1249.
197 BGH NJW 1995, 1358.
198 BGH NJW 1995, 1358.

196 Unabhängig von einem fehlerhaften oder korrekten Einziehungsbeschluss kann es der Einziehung zudem an sonstigen notwendigen Voraussetzungen mangeln (z. B. **mangelnde Mitteilung** des Einziehungsbeschlusses an den betroffenen Gesellschafter oder fehlende **Zustimmung des Gesellschafters** bei der freiwilligen Einziehung), was zur Unwirksamkeit der Einziehung führt.[199]

197 Denkbar ist schließlich, dass der Einziehungsbeschluss gegen allgemeine gesellschaftsrechtliche Grundsätze, wie den **Gleichbehandlungsgrundsatz** oder die gesellschaftsrechtliche **Treuepflicht**, verstößt und damit anfechtbar ist.[200] Eine zur Nichtigkeit führende **Sittenwidrigkeit** der Einziehung dem Inhalt nach (vgl. § 241 Nr. 4 AktG) ist kaum vorstellbar, weil diese ja vom Gesetz selbst vorgesehen ist. Durchaus denkbar ist demgegenüber die Sittenwidrigkeit einer im Zusammenhang mit der Einziehung stehenden Abfindungsklausel, was jedoch auf die Wirksamkeit der Einziehung keinen Einfluss hat.[201]

4. Verstoß gegen den Kapitalschutz

198 Schließlich ist eine Einziehung ausgeschlossen, soweit dadurch Kapitalaufbringungs- oder -erhaltungsregln verletzt würden. Daher kann ein Geschäftsanteil nur eingezogen werden, wenn er **voll eingezahlt** ist (vgl. § 19 Abs. 2 S. 1 GmbHG).[202] Das gilt auch für wirksam eingeforderte **Nachschüsse**.[203] Ein dagegen verstoßender Einziehungsbeschluss ist nichtig (vgl. § 241 Nr. 1 AktG).[204]

199 Zudem darf eine Einziehung nur erfolgen, wenn die im Gegenzug zu zahlende **Abfindung** aus **ungebundenem Gesellschaftsvermögen**, d. h. nicht zur Erhaltung des Stammkapitals erforderlichen Vermögen, beglichen werden kann, §§ 34 Abs. 3, 30 Abs. 1 GmbHG.[205] Ist bereits im Zeitpunkt der Beschlussfassung über die Einziehung klar absehbar, dass die mit der Einziehung verknüpfte Auszahlung der Abfindung an den Gesellschafter gegen §§ 34 Abs. 3, 30 Abs. 1 GmbHG verstoßen wird, d. h. das Entgelt für den einzuziehenden Geschäftsanteil nicht aus Gesellschaftsvermögen geleistet werden kann, das über den Betrag des Stammkapitals hinausgeht,[206] ist der Beschluss in analoger Anwendung von § 241 Nr. 3 AktG nichtig.[207]

200 In diesem Zusammenhang hoch umstritten war die Rechtslage für den Fall, dass im Zeitpunkt des Beschlusses ein Verstoß gegen § 30 GmbHG durch die Auszahlung nicht feststand, sondern lediglich nicht ausgeschlossen werden konnte bzw. sich im Falle der hinausgeschobenen Zahlung später zeigte. Die herrschende Meinung, insbesondere die nahezu einheitlichen OLG-Rechtsprechung, ging davon aus, dass die Wirksamkeit des Einziehungsbeschlusses unter der aufschiebenden Bedingung stand, dass die Abfindung ohne Verstoß gegen die Kapitalerhaltungsregeln vorgenommen wer-

---

199 Vgl. nur MüKo GmbHG/*Strohn* § 34 Rn. 87.
200 MüKo GmbHG/*Strohn*, § 34 Rn. 83 (m. w. N.).
201 BGH NJW 1983, 2880; Baumbach/Hueck/*Fastrich* § 34 Rn. 33; zu den Auswirkungen einer nichtigen Abfindungsklausel vgl. ausführlich Rdn. 216 ff.
202 BGH NJW 1953, 780; GroßkommGmbHG/*Ulmer/Habersack* § 34 Rn. 19.
203 MüKo GmbHG/*Strohn* § 34 Rn. 30.
204 Goette DStR 1997, 1336; GroßkommGmbHG/*Ulmer/Habersack* § 34 Rn. 30; MüKo GmbHG/*Strohn* § 34 Rn. 30.
205 BGH NJW 1953, 780; GroßkommGmbHG/*Ulmer/Habersack* § 34 Rn. 20.
206 BGH NJW 1953, 780.
207 BGH NZG 2009, 221; NJW 2000, 2819; GroßkommGmbHG/*Ulmer/Habersack* § 34 Rn. 62. Diese Folge kann vermieden werden, wenn vor der Einziehung eine Kapitalherabsetzung vorgenommen oder auf sonstige Weise ausreichend freies Kapital geschaffen wird (z. B. Auflösung stiller Reserven, freiwillige Zahlung Dritter an die Gesellschaft oder den ausscheidenden Gesellschafter), vgl. MüKo GmbHG/*Strohn* § 34 Rn. 72 bzw. die Einziehung ausdrücklich unter die Bedingung gestellt wird, dass die Abfindung nur bei ausreichend freien Mitteln gezahlt werden darf, BGH NJW 2000, 2819.

C. Streitigkeiten bei der Einziehung von Geschäftsanteilen   § 16

den konnte (und der betroffene Gesellschafter die Abfindung erhalten hatte).[208] Die Einziehung sollte erst wirksam werden, wenn der Einziehungsbetrag aus freiem Vermögen gezahlt wurde; bis zu diesem Zeitpunkt sollte der von der Einziehung betroffene Gesellschafter alle Mitgliedschaftsrechte behalten.[209] Der BGH hat diese Frage bei der Einziehung nunmehr geklärt; danach ist die Einziehung sofort mit Mitteilung an den betroffenen Gesellschafter wirksam, wobei die die Einziehung betreibenden Gesellschafter dem ausgeschiedenen Gesellschafter anteilig für die Abfindungszahlung haften, soweit sie nicht dafür sorgen, dass die Abfindung aus ungebundenem Vermögen der Gesellschaft gezahlt werden kann.[210]

5. Auseinanderfallen von Stammkapital und Summe der Nennbeträge

Bis zum MoMiG entsprach es der allgemeinen Meinung, dass bei der Einziehung die betroffenen Gesellschaftsanteile untergehen, während sich das Stammkapital nicht verändert. Die daraus folgende Diskrepanz von Stammkapital und der Summe der Nennbeträge aller Anteile wurde hingenommen; eine Verletzung von § 5 Abs. 3 S. 2 GmbHG a. F. wurde darin nicht gesehen, da nach überwiegender Ansicht diese Regelung nur für die Gründung zwingend sein sollte, nicht aber für die Zeit nach der Gründung.[211]   201

Der neu gefasste § 5 Abs. 3 S. 2 GmbHG stellt dagegen klar, dass die Summe der Nennbeträge aller Gesellschaftsanteile mit dem Stammkapital der Gesellschaft übereinstimmen muss. Es ergibt sich aus der klaren Regierungsbegründung, dass § 5 Abs. 3 S. 2 GmbHG n.F nunmehr nicht nur bei der Gründung, sondern auch bei der Einziehung gilt.[212] Welche Konsequenzen daraus zu ziehen sind, wenn ein Einziehungsbeschluss – mangels gleichzeitiger Aufstockung der übrigen Anteile, Kapitalherabsetzung oder Schaffung eines neuen Anteils – einen Gleichlauf von Stammkapital und Summe der Nennbeträge nicht sicherstellt, lässt sich der Regierungsbegründung nicht entnehmen. Seit Inkrafttreten des MoMiG am 1.1.2008 war deshalb in der Literatur und Rechtsprechung der Instanzengerichte heftig umstritten, ob eine solche Divergenz zur Nichtigkeit oder jedenfalls Anfechtbarkeit des Einziehungsbeschlusses führt[213]. Der BGH hat diese praxisrelevante Frage nunmehr entschieden[214]. Demnach begründet ein Verstoß gegen das Konvergenzgebot keinen Nichtigkeits- oder Anfechtungsgrund. Dies wird neben systematischen Erwägungen vor allem mit der Ratio des § 5 Abs. 3 GmbHG begründet.   202

Die Gesellschafter sind mithin nicht verpflichtet, den Einziehungsbeschluss mit einer Anpassung des Stammkapitals zu verbinden. In der Praxis wird sich eine solche Anpassung dennoch oftmals empfehlen. Dies gilt schon deshalb, da der BGH in seiner Entscheidung explizit offen gelassen hat, ob das Registergericht bei dem späteren Eintragungsantrag die Beseitigung der Divergenz zwischen der Summe der Nennbeträge aller Geschäftsanteile und dem Stammkapital verlangen kann. Jedenfalls in Fällen, in denen dies unproblematisch möglich ist, sollten die Gesellschafter deshalb den Divergenzausgleich mit der Einziehung verbinden.   203

---

208 Vgl. ausführliche Auflistung der entsprechenden OLG-Rechtsprechung bei MüKo GmbHG/*Strohn* § 34 Rn. 73 in Fn. 8 sowie OLG Frankfurt NJW-RR 1997, 612; Goette DStR 1997, 1336.
209 Vgl. MüKo GmbHG/*Strohn* § 34 Rn. 73.
210 BGH DStR 2012, 568.
211 Vgl. ausführlich Baumbach/Hueck/*Fastrich* § 34 Rn. 17a.
212 Vgl. BR-Drucks. 354/07, S. 69.
213 OLG München, Beschl. v. 21.9.2011, 7 U 2413/11, Juris; LG Essen, NZG 2010, 867; LG Neubrandenburg ZIP 2011, 1214.
214 BGH NJW 2015, 1385; so bereits früher OLG Rostock GmbHR 2013, 752; OLG Saarbrücken GmbHR 2012, 209.

6. Besonderheiten in der zweigliedrigen GmbH

204 Aufgrund der besonderen Struktur einer zweigliedrigen GmbH sind bei der Einziehung Besonderheiten zu beachten. Bei einer Auseinandersetzung zwischen den Gesellschaftern einer zweigliedrigen GmbH werden oft beide Seiten versuchen, den Gesellschaftsanteil der anderen Seite »aus wichtigem Grund« einzuziehen.

205 Um sachgerechte Ergebnisse zu erzielen und ein Obsiegen des lediglich schnelleren Gesellschafters zu vermeiden, ist nach der Rechtsprechung des BGH daher auf Folgendes abzustellen: Eine Einziehung aus wichtigem Grund scheidet in der zweigliedrigen GmbH aus, soweit in der Person »*des die Einziehung betreibenden Gesellschafters Umstände vorliegen, die seine Ausschließung oder die Auflösung der Gesellschaft rechtfertigen oder auch nur zu einer anderen Beurteilung derjenigen Gründe führen können, die der von der Ausschließung bedrohte Gesellschafter gesetzt hat*«.[215]

206 Soweit dies der Fall ist, fehlt es an einem die Einziehung ermöglichenden wichtigen Grund, d. h. die materiellen Voraussetzungen der satzungsgemäßen Einziehungsklausel sind nicht erfüllt, was mit der Anfechtungsklage geltend zu machen ist.[216] Im Einzelfall kommen aber auch hier Regelungen im einstweiligen Rechtsschutz in Betracht, die einzelnen Gesellschaftern bereits vor Abschluss der Anfechtungsverfahren Beschränkungen bei der Ausübung ihrer Gesellschafterrechte aufgeben, soweit dies im Interesse der Fortführung der Gesellschaft erforderlich ist.[217]

II. Klage des Gesellschafters gegen die GmbH auf Einziehung seines Geschäftsanteils

207 Neben den Streitigkeiten, in denen der Geschäftsanteil eines Gesellschafters gegen dessen Willen eingezogen werden soll, kann im Einzelfall auch der umgekehrte Weg beschritten werden und ein Gesellschafter Klage auf Einziehung seines Geschäftsanteils gegen die Gesellschaft erheben. Dies kann insbesondere interessant sein, wenn der Gesellschafter sich von der Gesellschaft lösen will, aber keinen Interessenten für den Erwerb seines Geschäftsanteils findet.

208 Es besteht weitgehend Einigkeit in der Literatur, dass ein **Recht auf Einziehung** zugunsten von Gesellschaftern in der Satzung begründet werden kann.[218] Im Interesse der Gesellschaft ist darauf zu achten, konkret bestimmte Einziehungsgründe in der Satzung niederzulegen.[219] Macht der Gesellschafter dieses Recht geltend, ist darin gleichzeitig die (bei der freiwilligen Einziehung erforderliche) Zustimmung zur Einziehung zu sehen. Es versteht sich von selbst, dass auch hier durch die Abfindungsauszahlung nicht gegen die Kapitalerhaltungsregeln verstoßen werden darf.[220] Als Besonderheit ist schließlich zu fordern, dass das Einziehungsrecht nicht geltend gemacht werden kann, wenn es sich um den letzten verbleibenden Geschäftsanteil handelt – andernfalls entstünde eine »Keinmann-GmbH«.[221]

209 Sein Recht auf Einziehung kann der Gesellschafter gegenüber der Gesellschaft über eine **Leistungsklage** geltend machen, die grundsätzlich auf Abgabe einer Willenserklärung gerichtet ist (§ 894 Abs. 1 ZPO).[222]

---

215 BGH NJW 1995, 1358.
216 Siehe bereits oben Rdn. 184.
217 MüKo GmbH/*Strohn* § 34 Rn. 96.
218 GroßkommGmbHG/*Ulmer/Habersack* § 34 Rn. 28; MüKo GmbH/*Strohn* § 34 Rn. 92 (mwN).
219 MüKo GmbH/*Strohn* § 34 Rn. 92; Roth/Altmeppen/*Altmeppen* § 34 Rn. 36 f.
220 MüKo GmbH/*Strohn* § 34 Rn. 92.
221 Der letzte verbliebene Gesellschafter ist vielmehr auf die Auflösung der Gesellschaft zu verweisen, vgl. auch GroßkommGmbHG/*Ulmer/Habersack* § 34 Rn. 28; a. A. Michalski/*Sosnitza* § 34 Rn. 27.
222 Roth/Altmeppen/*Altmeppen* § 34 Rn. 90.

III. Klage auf angemessene Abfindung

1. Allgemeines

Der von der Einziehung betroffene Gesellschafter hat Anspruch auf eine angemessene Abfindung. Enthält die Satzung keine (wirksame) Regelung über die Abfindungszahlung, wird als **Rechtsgrundlage** überwiegend § 738 Abs. 1 S. 2 BGB herangezogen.[223]

210

Der **Höhe** nach hat der Gesellschafter nach der höchstrichterlichen Rechtsprechung bei der Einziehung einen Anspruch auf Abfindung des vollen wirtschaftlichen Wertes (Verkehrswert) des einzuziehenden Geschäftsanteils, soweit keine abweichende Satzungsregelung besteht (siehe hierzu § 18 Rdn. 44).[224] Kann der Verkehrswert (wie zumeist) wegen des Fehlens eines Marktes nicht unmittelbar festgestellt werden, ist er auf Grundlage einer Unternehmensbewertung[225] zu ermitteln.

211

Die **Beweislast** für die Höhe des Abfindungsanspruches trägt nach allgemeinen Regeln der die Abfindung begehrende Gesellschafter. Allerdings kommt der Gesellschaft in der Regel eine sekundäre Darlegungslast zu, da sie über unmittelbaren Zugriff auf die für eine Unternehmensbewertung erforderlichen Unterlagen verfügt.[226]

212

Die **Fälligkeit** tritt nach überwiegender Ansicht sofort mit der Entstehung des Abfindungsanspruches, d. h. mit dem Wirksamwerden der Einziehung ein (§ 271 Abs. 1 BGB).[227] Abweichende Regelungen in der Satzung sind grundsätzlich zulässig, soweit sie den Zahlungsanspruch nicht unbillig verzögern; soweit eine übliche Verzinsung gewährt wird, ist gegen eine Streckung der Auszahlung über ein bis drei Jahre grundsätzlich nichts einzuwenden.

213

2. Statthafte Klageart

Ist das Bestehen oder die Höhe des Abfindungsanspruches streitig, muss der Gesellschafter mit der **Leistungsklage** gegen die Gesellschaft vorgehen.

214

Darüber hinaus kann es für einen umfassenden Rechtsschutz erforderlich sein, im Rahmen der Klage auf Abfindungszahlung auch gegen eine möglicherweise unzulässige Abfindungsklausel vorzugehen, da eine zunächst nichtige Abfindungsklausel entsprechend § 242 Abs. 2 AktG mit Zeitablauf geheilt werden kann. Soweit die Abfindungsklausel in der Satzung seit mehr als drei Jahren im Handelsregister eingetragen ist, ist sie gemäß § 242 Abs. 2 AktG geheilt und damit für die Gesellschafter auch dann verbindlich, wenn sie grundsätzlich unzulässig und damit nichtig gewesen wäre. Um dies zu verhindern und eine – noch nicht eingetretene – Heilung der Abfindungsklausel auszuschließen, ist in diesen Fällen neben der Leistungsklage auf Leistung der (angemessenen) Abfindung auch eine **Nichtigkeitsklage** gegen die Abfindungsklausel zu erheben.

215

---

223 Vgl. GroßkommGmbHG/*Ulmer/Habersack* § 34 Rn. 72; Michalski/*Sosnitza* § 34 Rn. 46; Baumbach/Hueck*Fastrich* § 34 Rn. 22. Zum Teil wird der Anspruch auch auf Gewohnheitsrecht gestützt (MüKo GmbhG/*Strohn* § 34 Rn. 205) oder auf eine Auslegung der Satzung (Scholz/*Westermann* § 34 Rn. 25).

224 BGH NJW 1992, 892; vgl. auch OLG Köln NZG 1998, 779; MüKo GmbhG/*Strohn* § 34 Rn. 208; Baumbach/Hueck/*Fastrich* § 34 Rn. 22. Zum Umfang der Einschränkung der Abfindung durch Satzungsregelungen siehe unten Rdn. 216.

225 Dabei ist grundsätzlich die Ertragswertmethode oder das verwandte Discounted Cashflow (DCF) Verfahren anzuwenden (MüKo GmbhG/*Strohn* § 34 Rn. 210; vgl. auch BGH NJW 1992, 892; OLG Köln NZG 1998, 779). Oftmals ist erforderlich sein, einen Sachverständigen hinzuziehen.

226 Vgl. hierzu BGH NJW 1990, 3151.

227 Baumbach/Hueck/*Fastrich* § 34 Rn. 24; Michalski/*Sosnitza* § 34 Rn. 51; MüKo GmbhG/*Strohn* § 34 Rn. 218; a. A. GroßkommGmbHG/*Ulmer/Habersack* § 34 Rn. 80, der im Hinblick auf die Berechnung der Abfindungshöhe und die Beschaffung der dafür benötigten Mittel im Regelfall eine angemessene Zeitspanne zwischen Entstehung des Abfindungsanspruchs und dessen Fälligkeit ansetzen will.

3. Zulässigkeit von Abfindungsbeschränkung

216 Äußerst praxisrelevant ist die Frage, ob und in welchem Umfang eine Beschränkung des zu zahlenden Abfindungsbetrages zulässig ist. Dazu gilt, dass Einschränkungen der Abfindung aufgrund der **Satzungsautonomie** grundsätzlich erlaubt sind.[228] Sie können wirksam in der Satzung vereinbart werden.[229] Der BGH hat zudem jüngst entschieden, dass eine entsprechende Einschränkung auch im Wege einer Nebenabrede der Gesellschafter verbindlich niedergelegt werden kann; diese bindet als rein schuldrechtliche Absprache ausschließlich die der Nebenabrede beigetretenen Gesellschafter.[230]

217 Begrenzt wird die Möglichkeit einer Abfindungsbeschränkung durch § 138 BGB (**Sittenwidrigkeit**). Eine Abfindungsbeschränkung ist analog § 241 Nr. 4 AktG wegen Sittenwidrigkeit nichtig, falls die danach geschuldete Abfindung in einem groben Missverhältnis zum wahren Wert (Verkehrswert) des Geschäftsanteils steht.[231] Ob ein **grobes Missverhältnis** vorliegt, ist durch eine Einzelfallabwägung zu bestimmen. Starre prozentuale Grenzen bestehen nicht. Die von der höchstrichterlichen Rechtsprechung aufgestellte Formel geht von einer Sittenwidrigkeit aus, wenn die mit der Abfindungsbeschränkung »*verbundene Einschränkung des Abflusses von Gesellschaftskapital vollkommen außer Verhältnis zu der Beschränkung steht, die erforderlich ist, um im Interesse der verbleibenden Gesellschafter den Fortbestand der Gesellschaft und die Fortführung des Unternehmens zu sichern*«.[232] Abzustellen ist dabei auf den Zeitpunkt, in dem die Abfindungsbeschränkung vereinbart wird (anfängliche Nichtigkeit).[233]

218 Auch die **Auszahlungsbedingungen** können zur Sittenwidrigkeit führen, wenn sie die Interessen des ausscheidenden Gesellschafters unangemessen beeinträchtigen, insbesondere wegen zu langer Auszahlungsfristen oder unzumutbarer Zinsregelungen.[234]

219 Wird im Rahmen einer Satzungsänderung eine Abfindungsregel eingeführt, die ohne zureichenden sachlichen Grund (etwa Dauer der Gesellschaftszugehörigkeit) zwischen den einzelnen Gesellschaftern differenziert, ist der diesbezügliche Gesellschafterbeschluss wegen Verstoßes gegen den **Gleichbehandlungsgrundsatz** anfechtbar.[235]

220 Ist die Abfindungsklausel nach diesen Grundsätzen als nichtig anzusehen, ist der von der Einziehung betroffene Gesellschafter zum vollen wirtschaftlichen Wert seines Anteils abzufinden. Eine geltungserhaltende Reduktion findet nicht statt.[236] Eine **Heilung** der nichtigen Abfindungsklausel kommt entsprechend § 242 Abs. 2 AktG nach Eintragung im Handelsregister und Ablauf von drei Jahren

---

228 Goette, Anm. zu BGH DStR 2010, 1850.
229 Vgl. nur Baumbach/Hueck/*Fastrich* § 34 Rn. 25.
230 BGH DStR 2010, 1850 – Die Nebenabrede stellt einen Vertrag zugunsten Dritter für die Gesellschaft dar, so dass sie sich darauf zur Abwehr abweichender Abfindungsverlangen berufen kann.
231 MüKo GmbHG/*Strohn* § 34 Rn. 227. Es ist umstritten, ob die Nichtigkeit aus § 138 BGB oder (vorzugswürdig) aus § 241 Nr. 4 AktG analog folgt, vgl. Baumbach/Hueck/*Fastrich* § 34 Rn. 26. Ein weiteres Kriterium, das jedoch in die Abwägung einfließt, ist die Tatsache, dass die Abfindungsregelung nicht das unabdingbare Recht zum Austritt aus wichtigem Grund (mittelbar) ausschließen darf, Baumbach/Hueck/*Fastrich* § 34 Rn. 27. Beachte die daneben bestehende Nichtigkeit von Einziehungs- und Abfindungsklausel im Fall der unzulässigen Gläubigerdiskriminierung, vgl. dazu bereits oben, Rdn. 187.
232 BGH NJW 1992, 892.
233 MüKo GmbHG/*Strohn* § 34 Rn. 227; zum nachträglichen Eintreten eines groben Missverhältnisses vgl. BGH NJW 1993, 3193 und siehe unten, Rdn. 221 ff.
234 Vgl. nur MüKo GmbHG/*Strohn* § 34 Rn. 229.
235 BGH NJW 1992, 892; Baumbach/Hueck/*Fastrich* § 34 Rn. 29.
236 MüKo GmbHG/*Strohn* § 34 Rn. 238; GroßkommGmbHG/*Ulmer/Habersack* § 34 Rn. 110; im Ergebnis auch BGH WM 1962, 462, 463.

C. Streitigkeiten bei der Einziehung von Geschäftsanteilen § 16

in Betracht.[237] Für die Wirksamkeit der Einziehungsklausel ist die Nichtigkeit der Abfindungsklausel schließlich grundsätzlich ohne Bedeutung.[238]

4. Folgen einer nachträglichen unzulässigen Benachteiligung

Abgesehen von den Fällen der anfänglichen Nichtigkeit von Abfindungsbeschränkungen kann die Situation eintreten, dass der satzungsgemäße Abfindungsbetrag und der wahre Wert erst im Lauf der Zeit im Sinne eines groben Missverhältnisses auseinanderfallen. Während die Rechtsprechung in diesen Fällen früher ebenfalls von der (nachträglichen) Nichtigkeit der Abfindungsklausel ausgegangen ist,[239] vertritt sie heute eine Anpassung der Klausel nach den Regeln der **ergänzenden Vertragsauslegung**.[240] 221

Dabei ist zunächst festzustellen, ob eine **Vertragslücke** vorliegt, die im Wege der ergänzenden Vertragsauslegung geschlossen werden kann. Eine solches Vorgehen scheidet mangels einer Vertragslücke aus, wenn die Parteien, soweit sie »bei Vertragsschluss die spätere Entwicklung der Verhältnisse in Betracht gezogen hätten, es gleichwohl bei der vereinbarten Regelung belassen« hätten.[241] 222

Zudem ist – entsprechend der anfänglichen Nichtigkeit – erforderlich, dass im maßgeblichen Zeitpunkt ein außergewöhnliches, **grobes Missverhältnis** zwischen dem Abfindungsbetrag und dem Verkehrswert des Anteils besteht.[242] 223

Schließlich sind über das grobe Missverhältnis hinaus im Rahmen einer Interessenabwägung **alle Umstände des Einzelfalles** in die Beurteilung einzubeziehen, ob dem Gesellschafter die Abfindungsbeschränkung entgegen gehalten werden kann oder nicht. Dazu gehörten beispielsweise die »*Dauer der Mitgliedschaft des Ausgeschiedenen in der Gesellschaft und sein Anteil am Aufbau und am Erfolg des Unternehmens*« sowie »*der Anlass des Ausscheidens*«.[243] 224

Soweit auf dieser Grundlage eine zu schließenden Vertragslücke vorliegt, ist sie durch ein ›**zu Ende**‹-Denken der vertraglich angelegte Abfindungsklausel und der auf sie bezogenen Auszahlungsbedingungen zu schließen. In die Auslegung einzustellen ist, was die Gesellschafter bei hypothetischer Berücksichtigung der neuen Verhältnisse unter angemessener Abwägung der Belange des ausscheidenden Gesellschafters als auch der Gesellschaft als redliche Vertragspartner vereinbart hätten.[244] Dabei sind alle Umstände des Einzelfalles zu beachten, insbesondere 225
– die Dauer der Mitgliedschaft,
– der Anteil des von der Einziehung betroffenen am Erfolg des Unternehmens,
– die wirtschaftliche Leistungsfähigkeit der Gesellschaft,
– die Gründe für das Ausscheiden sowie
– die Höhe des Missverhältnisses.[245]

Auch eine originär nichtige Klausel, die gemäß § 242 AktG geheilt wurde, ist nach der h. L. einer nachträglichen Anpassung gemäß § 242 BGB zugänglich, da andernfalls der ursprünglich sittenwidrigen Abfindungsklausel ein größerer Bestandsschutz zukommt als der ursprünglich wirksamen

---

237 BGH NJW 2000, 2819. Nach einer in der Literatur vertretenen Ansicht soll eine Heilung dagegen nur in Betracht kommen, soweit die Sittenwidrigkeit auf der Verletzung von Gesellschafterrechten beruht. Soweit sie aus der Verletzung von Gläubigerrechten folgt, soll sie ausgeschlossen sein, vgl. MüKo GmbHG/*Strohn* § 34 Rn. 239.
238 Vgl. bereits oben, Rdn. 197.
239 BGH NJW 1992, 892.
240 BGH NJW 1993, 3193.
241 BGH NJW 1993, 3193.
242 BGH NJW 1993, 3193.
243 BGH NJW 1993, 2101.
244 BGH NJW 1993, 3193.
245 Vgl. MüKo GmbHG/*Strohn* § 34 Rn. 241.

Klausel.[246] Das muss jedenfalls in Bezug auf nachträgliche Entwicklungen gelten, die nicht unter die Heilungswirkung fallen; in dem Umfang, in dem die originär nichtige Klausel geheilt wurde, ist die Differenz dagegen wohl hinzunehmen.

5. Einzelne Klauseln

226 Abschließend soll ein kurzer Überblick über Inhalt und Zulässigkeit von praxisrelevanten Abfindungsklauseln gegeben werden:

227 Eine **Ausschlussklausel** schließt die Abfindung vollständig aus. Dies bedarf einer besonderen sachlichen Rechtfertigung, ansonsten ist eine solche Regelung grundsätzlich nichtig.[247] Anerkannte Ausnahmen sind der Ausschluss auf den Todesfall (Überfremdung und Liquiditätsverlust)[248] sowie bei gemeinnütziger GmbH.[249]

228 Im Rahmen von **Mitarbeiterbeteiligungsmodellen** ist ein Ausschluss möglich, wenn die Beteiligung unentgeltlich gewährt wurde; ansonsten kann die Abfindung auf die Kosten des Anteilserwerbs beschränkt werden.[250]

229 Umstritten ist, ob ein Ausschluss der Abfindung bei der **Zwangseinziehung** aus wichtigem Grund möglich ist. Nach einer Ansicht kann es sich in diesem Fall um eine Verfallsklausel handeln, die dem Recht der Vertragsstrafe (§§ 339 ff. BGB) unterfällt. Danach muss der Gesellschafter schuldhaft gegen seine Vertragspflichten verstoßen haben. Allerdings könne dann unter entsprechender Anwendung des § 343 BGB unter Umständen eine Teilabfindung verlangt werden.[251] Nach anderer Ansicht ist der schuldhafte Verstoß gegen Gesellschafterpflichten keine hinreichende Rechtfertigung für den Ausschluss des Abfindungsanspruches mit der Folge, dass eine Umdeutung ausscheidet.[252] Der Bundesgerichtshof hat in einer neueren Entscheidung eine Klausel für sittenwidrig erklärt, die einen Abfindungsausschluss im Falle einer groben Pflichtverletzung des Gesellschafters vorsah. Zur Begründung führte er unter anderem an, dass eine Vertragsstrafe immer Verschulden voraussetze, die bei einer Pflichtverletzung nicht immer vorliegen müsse. Eine abschließende höchstrichterliche Entscheidung zu der Frage, ob eine Umdeutung im Falle einer schuldhaften Pflichtverletzung in Betracht kommt, steht damit weiterhin aus. Der Urteilsbegründung lässt sich aber entnehmen, dass der Bundesgerichtshof der Möglichkeit einer Umdeutung der Ausschlussklausel in eine Vertragsstrafe wegen des unterschiedlichen Regelungszwecks beider Rechtsinstitute generell sehr zurückhaltend gegenübersteht.[253]

230 Eine **Buchwertklausel** begrenzt die Abfindung auf den im Jahresabschluss ausgewiesenen Buchwert; stille Reserven und der Geschäfts- und Unternehmenswert bleiben unberücksichtigt. Grundsätzlich kann hier zumindest keine anfängliche unangemessene Beschränkung angenommen werden. Allerdings ist es bei wirtschaftlich prosperierenden Gesellschaften wahrscheinlich, dass eine nachträgliche

---

246 Vgl. nur GroßkommGmbHG/*Ulmer/Habersack* § 34 Rn. 108; BeckOK GmbHG § 34 Rn. 97.
247 Vgl. nur Baumbach/Hueck/*Fastrich* § 34 Rn. 33.
248 BGH WM 1977, 192, 193; MüKo GmbHG/*Strohn* § 34 Rn. 246.
249 GroßkommGmbHG/*Ulmer/Habersack* § 34 Rn. 101; Baumbach/Hueck/*Fastrich* § 34 Rn. 34a; vgl. auch BGH NJW 1997, 2592, 2593 (zur GbR).
250 BGH NJW 2005, 3644; OLG Celle, GmbHR 2003, 1428; Baumbach/Hueck/*Fastrich* § 34 Rn. 34a.
251 GroßkommGmbHG/*Ulmer/Habersack* § 34 Rn. 104; zustimmend MüKo GmbHG/*Strohn* § 34 Rn. 222.
252 OLG Karlsruhe RNotZ 2014, 124; Baumbach/Hueck/*Fastrich* § 34 Rn. 34a.
253 BGH NZG 2014, 820. Nach Auffassung des BGH dient eine Beschränkung oder ein Ausschluss der Abfindung in der Regel dem Bestandsschutz der Gesellschaft; eine Vertragsstrafe soll hingegen als Druckmittel zur ordnungsgemäßen Leistung anhalten oder einen Schadensersatzanspruch pauschalieren. Ein vollständiger Abfindungsausschluss sei deshalb nicht besonders geeignet, um den Gesellschafter zur Erfüllung seiner Pflichten anzuhalten.

Unangemessenheit aufgrund des im Vergleich zum ursprünglichen Buchwert ungleich höheren Unternehmenswertes entsteht.[254]

Eine **Nennwertklausel** beschränkt die Abfindung auf den Betrag der nicht durch Verlust geminderten Einlage, wobei – noch über die Buchwertklausel hinaus – auch offen ausgewiesene Rücklagen und Gewinnvorträge nicht berücksichtigt werden. Hier gilt im Prinzip das gleiche wie bei der Buchwertklausel, allerdings fällt die Wahrscheinlichkeit einer nachträglichen Unangemessenheit noch höher aus.[255] 231

Eine **Substanzwertklausel** legt der Abfindung den Marktwert der im Gesellschaftsvermögen stehenden einzelnen Wirtschaftsgüter unter Abzug der Schulden zugrunde und bewirkt einen Ausschluss des Gesellschafters vom Geschäfts- und Unternehmenswert. Auch hier kann sich durch eine erhebliche unterschiedliche Entwicklung zwischen Substanz- und Unternehmenswert, der maßgeblich durch den Ertrag bestimmt wird, eine nachträgliche Unangemessenheit ergeben.[256] 232

D. Streitigkeiten im Zusammenhang mit Kapitalerhöhungen

I. Einführung

1. Durchführung einer Kapitalerhöhung

a) Barkapitalerhöhung

Jede Erhöhung des Stammkapitals bedarf als Änderung des Gesellschaftsvertrags zunächst eines Gesellschafterbeschlusses mit einer **Mehrheit von drei Vierteln** der abgegebenen Stimmen, § 53 Abs. 1, 2 GmbHG. In dem Gesellschafterbeschluss ist der Betrag der Erhöhung festzulegen, wobei entweder ein fester Betrag festgelegt werden kann oder – für eine Bis-Zu-Kapitalerhöhung – lediglich der Maximalbetrag der Kapitalerhöhung. Die Angabe der auszugebenden Geschäftsanteile und der Übernehmer ist nicht erforderlich.[257] 233

Der Ausgabepreis muss mindestens dem Nennbetrag entsprechen, § 55 Abs. 4 i. V. m. §§ 5 Abs. 3 S. 2 GmbHG.[258] Zudem kann auch ein **gesellschaftsrechtliches Aufgeld** (Agio) festgelegt werden. 234

Die Durchführung der Kapitalerhöhung erfolgt durch die vertragliche Übernahme der neuen Geschäftsanteile, die (jedenfalls teilweise) Leistung der Stammeinlagen auf die neuen Geschäftsanteile, § 56a GmbHG und die Handelsregisteranmeldung und -eintragung der Kapitalerhöhung, §§ 54, 57 GmbHG.[259] Die Übernahme erfolgt durch öffentlich beglaubigte Übernahmeerklärung, § 55 Abs. 1 GmbHG. 235

b) Sachkapitalerhöhung

Bei Sachkapitalerhöhungen müssen der Gegenstand der **Sacheinlage** und der betroffene Geschäftsanteil im Kapitalerhöhungsbeschluss festgesetzt werden, § 56 Abs. 1 S. 1 GmbHG. Die Sacheinlage muss vor der Anmeldung der Sachkapitalerhöhung zum Handelsregister in voller Höhe geleistet sein, § 56a i. V. m. § 7 Abs. 3 GmbHG. 236

---

254 MüKo GmbHG/*Strohn* § 34 Rn. 255; Baumbach/Hueck/*Fastrich* § 34 Rn. 35.
255 MüKo GmbHG/*Strohn* § 34 Rn. 258; Baumbach/Hueck/*Fastrich* § 34 Rn. 35a.
256 MüKo GmbHG/*Strohn* § 34 Rn. 259; Baumbach/Hueck/*Fastrich* § 34 Rn. 36.
257 Roth/Altmeppen/*Roth* § 55 Rn. 3; Baumbach/Hueck/*Zöllner/Fastrich* § 55 Rn. 16.
258 Zu dieser gesetzlichen Verankerung Roth/Altmeppen/*Roth* § 5 Rn. 25.
259 Grundsätzlich wird der Übernehmer im Zeitpunkt der Handelsregistereintragung zum Gesellschafter; das OLG Schleswig-Holstein DStR 2014, 2246 ff. hat entschieden, dass unter bestimmten Voraussetzungen bereits vor der Handelsregistereintragung eine gesellschaftsrechtliche Verbindung zwischen den künftigen Neugesellschaftern und der GmbH besteht (sog. »**Vorbeteiligungsgesellschaft**«), auf die die Regeln der Vorgründungsgesellschaft analog anwendbar sind, was im entschiedenen Fall zu einer Auseinandersetzung nach den §§ 730 ff. BGB führte.

c) Genehmigtes Kapital

237 Das MoMiG hat auch für die GmbH die Möglichkeit eingeführt, Kapitalerhöhungen aus **genehmigtem Kapital** durchzuführen. Gemäß § 55a GmbHG können die Gesellschafter die Geschäftsführer durch eine entsprechende gesellschaftsvertragliche Bestimmung für höchstens fünf Jahre ermächtigen, das Stammkapital durch Ausgabe neuer Geschäftsanteile gegen Einlage zu erhöhen. Der Nennbetrag des genehmigten Kapitals darf die Hälfte des Stammkapitals (im Zeitpunkt der Ermächtigung) nicht übersteigen. Eine Sachkapitalerhöhung aus genehmigtem Kapital ist nur zulässig, wenn der Ermächtigungsbeschluss eine solche zulässt, § 55a Abs. 3 GmbHG.

238 Der Gesellschaftsvertrag kann auch weitere Einzelheiten der Durchführung der Kapitalerhöhung aus genehmigtem Kapital festlegen. In Ermangelung besonderer Bestimmungen erfolgt die Durchführung der Kapitalerhöhung durch einen Beschluss der Geschäftsführung über die Ausnutzung des genehmigten Kapitals und die Übernahme der entsprechenden Geschäftsanteile in öffentlich beglaubigter Form. Die Kapitalerhöhung wird ebenfalls erst mit Eintragung im Handelsregister wirksam.

d) Nominelle Kapitalerhöhung

239 Neben den genannten Möglichkeiten effektiver Kapitalerhöhungen kann das Kapital auch aus **Gesellschaftsmitteln** und damit lediglich nominell erhöht werden, § 57c GmbHG.

2. Ausgabe neuer Geschäftsanteile und Aufstockung bestehender Geschäftsanteile

240 Soweit der Gesellschaft bereits angehörende Gesellschafter im Rahmen einer Kapitalerhöhung weitere Geschäftsanteile übernehmen, gehen § 55 Abs. 3 und § 55a Abs. 1 S. 1 GmbHG ihrem Wortlaut nach jeweils davon aus, dass diese Gesellschafter neue Geschäftsanteile übernehmen. Die heute ganz h. M. geht jedoch davon aus, dass die Kapitalerhöhung auch durch **Aufstockung** bestehender Geschäftsanteile erfolgen kann.[260]

3. Bezugsrecht

241 Wenngleich das GmbHG anders als das AktG (vgl. § 186 AktG) den Gesellschaftern kein ausdrückliches **Bezugsrecht** bei Kapitalerhöhungen gewährt, ist ein solches heute – wenngleich nicht unbestritten[261] – anerkannt.[262] Die Rechtsgrundlage findet das Bezugsrecht in einer analogen Anwendung von § 186 AktG. Inhaltlich berechtigt das Bezugsrecht jeden Gesellschafter, im Rahmen einer Kapitalerhöhung einen seiner bisherigen Beteiligung entsprechenden Anteil zu übernehmen und damit seine quotale Beteiligung an der Gesellschaft zu wahren.[263]

242 Die Gesellschafter können in dem **Kapitalerhöhungsbeschluss** festlegen, wer zum Bezug der neuen Geschäftsanteile berechtigt sein soll. Machen die Gesellschafter hiervon keinen Gebrauch, sind die Gesellschafter aufgrund der Bezugsrechte **anteilig** zum Bezug berechtigt. Die Gesellschaft ist dann verpflichtet, die fristgerecht abgegebenen Übernahmeerklärungen der Gesellschafter entsprechend ihrer Bezugsrechte untereinander anzunehmen. Machen einzelne Gesellschafter keinen Gebrauch von ihrem Bezugsrecht, haben die übrigen Gesellschafter wiederum entsprechend dem Verhältnis ihrer Bezugsrechte untereinander das Recht, die weiteren Anteile zu übernehmen. Die Bezugsrechte begründen insoweit Ansprüche der Gesellschafter, dass die Gesellschaft dieses Verfahren einhält und die Übernahmeerklärungen entsprechend den bestehenden Bezugsrechten annimmt.[264]

---

260 Scholz/*Priester* § 55 Rn. 24, § 55a Rn. 25 m. w. N.
261 Abweichende Meinungen bei Scholz/*Priester* § 55 Rn. 42 in Fn. 4.
262 Lutter/Hommelhoff/*Lutter/Bayer* § 55 Rn. 17 ff.; Scholz/*Priester* § 55 Rn. 42.
263 Scholz/*Priester* § 55 Rn. 48; Lutter/Hommelhoff/*Lutter/Bayer* § 55 Rn. 20; Baumbach/Hueck/*Zöllner/Fastrich* § 55 Rn. 21.
264 Zur Durchsetzung vgl. sogleich Rdn. 247.

D. Streitigkeiten im Zusammenhang mit Kapitalerhöhungen § 16

Die Gesellschafter können das Bezugsrecht entweder **ausdrücklich oder konkludent** ausschließen. Ein konkludenter Bezugsrechtsausschluss liegt etwa vor, wenn der Kapitalerhöhungsbeschluss festlegt, wer zur Übernahme der neuen Geschäftsanteile berechtigt sein soll und diese Regelung nicht den gesetzlichen Bezugsrechten entspricht. 243

Soweit der Bezugsrechtsausschluss nicht bereits in der Satzung geregelt ist,[265] muss er im Kapitalerhöhungsbeschluss selbst erfolgen. Der Ausschluss des Bezugsrechts bedarf ferner auch der gleichen Mehrheit von drei Vierteln der abgegebenen Stimmen, § 53 Abs. 2 S. 1 GmbHG. Da der Bezugsrechtsausschluss in das Mitgliedschaftsrecht des Gesellschafters eingreift, ist er nur in engen Grenzen zulässig. Das Bezugsrecht findet seine **Schranken** dort, wo überwiegende Belange der Gesellschaft die Individualinteressen des einzelnen Gesellschafters zurücktreten lassen.[266] 244

Es haben sich **Fallgruppen** herausgebildet, in welchen der Bezugsrechtsausschluss anerkannt ist: Besteht ein **besonderer Finanzierungsbedarf** der Gesellschaft, der sich nicht durch Fremdkapital decken lässt, dann soll der Bezugsrechtsausschluss zugunsten von Gesellschaftern oder Dritten gerechtfertigt sein, die bereit sind, über den Anteilswert hinaus weitere finanzielle Sonderleistungen (z. B. Bürgschaft für eine weitere Finanzierung) zu erbringen.[267] Sind einzelne Gesellschafter oder Dritte bereit, von der Gesellschaft **benötigte Leistungen** (z. B. Sacheinlagen, besonderes Know-how) zu erbringen, die nicht durch Geld erworben werden können, rechtfertigt dies ebenfalls einen Bezugsrechtsausschluss.[268] 245

II. Streitigkeiten zu Bezugsrechten

Vor allem im Hinblick auf Bezugsrechte sind verschiedene Streitigkeiten denkbar. 246

1. Leistungsklage auf Annahme der Bezugserklärung durch die Gesellschaft

Nimmt die Gesellschaft eine der Beteiligung des Gesellschafters entsprechende Übernahmeerklärung nicht an, kann der Gesellschafter den sich aus seinem Bezugsrecht ergebenden Anspruch auf Annahme der Übernahmeerklärung mit einer **Leistungsklage** gegen die Gesellschaft durchsetzen. Passivlegitimiert ist die Gesellschaft. Die Klage richtet sich auf Abgabe der Annahmeerklärung. Mit Rechtskraft des Urteils gilt die Erklärung gemäß § 894 ZPO als abgegeben.[269] 247

2. Anfechtungsklage gegen Bezugsrechtsausschluss

Will ein Gesellschafter gegen einen Gesellschafterbeschluss vorgehen, welcher sein Bezugsrecht beeinträchtigt oder ausschließt, so ist die **Anfechtungsklage** die statthafte Klageart.[270] Aktivlegitimiert ist der betroffene Gesellschafter. Die Klage ist gegen die Gesellschaft zu richten. 248

Im Anfechtungsprozess weicht die **Darlegungs- und Beweislast** von üblichen Grundsätzen ab: So muss zunächst die verklagte Gesellschaft die aus ihrer Sicht den Bezugsrechtsausschluss rechtfertigenden Gründe darlegen. Auch die Beweislast ist umgekehrt. So muss nicht der Gesellschafter darlegen und beweisen, dass die vorgetragenen Gründe für den Bezugsrechtsausschluss erforderlich und angemessen sind, vielmehr trägt auch hierfür die Gesellschaft die Beweislast. Der Gesellschafter muss in diesem Zusammenhang gegebenenfalls darlegen, dass die von der Gesellschaft zugrunde gelegten 249

---

265 Dazu OLG München DStR 2012, 370 (371); Lutter/Hommelhoff/*Lutter/Bayer* § 55 Rn. 20.
266 Scholz/*Priester* § 55 Rn. 54.
267 Vgl. OLG Stuttgart JR 1955, 463; Lutter/Hommelhoff/*Lutter/Bayer* § 55 Rn. 22; Scholz/*Priester* § 55 Rn. 57; MüKo GmbHG/*Lieder* § 55 Rn. 96.
268 Lutter/Hommelhoff/*Lutter/Bayer* § 55 Rn. 22; Scholz/*Priester* § 55 Rn. 58; MüKo GmbHG/*Lieder* § 55 Rn. 94.
269 Scholz/*Priester* § 55 Rn. 49.
270 BGH GmbHR 2005, 925 (926); Lutter/Hommelhoff/*Lutter/Bayer* § 55 Rn. 25; Scholz/*Priester* § 55 Rn. 66.

Beweggründe für den Bezugsrechtsausschluss den unternehmerischen Ermessensspielraum überschreiten.[271]

250 Anfechtbar ist auch ein Gesellschafterbeschluss, der das Bezugsrecht zwar nicht ausdrücklich ausschließt, einzelne Gesellschafter aber dadurch **faktisch benachteiligt**, dass diese nicht in der Lage sind, die Geschäftsanteile zu den in dem Gesellschafterbeschluss festgelegten Konditionen zu übernehmen (z. B. wegen eines überhöhten Agios).[272]

III. Streitigkeiten zur Einforderung von Einzahlungen von Einlagen

1. Einführung

251 Der Gesellschafter ist verpflichtet, die vereinbarte Einlageleistung[273] auf die im Rahmen der Kapitalerhöhung ausgegebenen neuen Geschäftsanteile zu erbringen. Die entsprechende Verpflichtung ergibt sich aus dem **Übernahmevertrag**.[274] Soweit in dem Kapitalerhöhungsbeschluss nichts Abweichendes vereinbart ist, ist der Übernehmer verpflichtet, jedenfalls ein Viertel des Nennbetrags[275] der übernommenen Geschäftsanteile sofort zu leisten. Obwohl die Verpflichtung zur Leistung der Einlage formal erst mit Wirksamwerden der Kapitalerhöhung durch Eintragung in das Handelsregister entsteht, hat die Gesellschaft gleichwohl schon ab dem Zeitpunkt des Wirksamwerdens des Übernahmevertrags einen durchsetzbaren Anspruch gegen den Gesellschafter.[276]

252 Vorbehaltlich einer schon in dem Kapitalerhöhungsbeschluss vereinbarten Fälligkeit der weiteren Einlageleistung,[277] obliegt die Bestimmung der Fälligkeit den Gesellschaftern gemäß § 46 Nr. 2 GmbHG. Neben dem Beschluss ist noch die Einforderung der beschlossenen Einlageleistung durch die Geschäftsführung durch entsprechende Erklärung gegenüber dem Verpflichteten im Außenverhältnis erforderlich.[278] Die Einforderung steht im **unternehmerischen Ermessen** der Gesellschafter. Dabei sind die Gesellschafter aber ggf. aufgrund der gesellschafterlichen Treuepflicht verpflichtet, bei einem entsprechenden Liquiditätsbedarf der Gesellschaft für die Einforderung der Einlage zu stimmen.[279] Aufgrund des **Gleichbehandlungsgrundsatzes** sind die Einlagen grds. von allen Gesellschaftern entsprechend dem Verhältnis der übernommenen Einlageverpflichtung einzufordern.

253 Mit Wirksamwerden des Gesellschafterbeschlusses wird der Anspruch fällig und durchsetzbar.

2. Leistungsklage auf Einlageleistung

254 Ein fälliger Anspruch der Gesellschaft gegen einen Gesellschafter auf Erbringung der Einlageleistung kann von der Gesellschaft im Wege einer **Leistungsklage** gegen den Gesellschafter durchgesetzt werden.

255 Unterlässt die Geschäftsführung die Durchsetzung eines fälligen Anspruchs auf Erbringung der Einlageleistung, so ist jeder Gesellschafter berechtigt, den Anspruch der Gesellschaft im Wege einer *actio pro socio* für die Gesellschaft geltend zu machen.[280]

---

271 Scholz/*Priester* § 55 Rn. 67; vgl. auch MüKo GmbHG/*Lieder* § 55 Rn. 102.
272 Sog. verdeckter Bezugsrechtsausschluss, vgl. Scholz/*Priester* § 55 Rn. 69.
273 Die Einlageleistung muss mindestens dem Nennbetrag entsprechen, sog. Verbot der Unterpari-Emission, § 9 Abs. 1 AktG analog; vgl. Lutter/Hommelhoff/*Bayer* § 5 Rn. 8.
274 BayObLG NZG 2002, 585 (586); Baumbach/Hueck/*Zöllner*/*Fastrich* § 55 Rn. 31; Scholz/*Priester* § 55 Rn. 96.
275 Nicht auch eines etwaigen Agios, vgl. auch Scholz/Priester § 56a Rn. 3.
276 Baumbach/Hueck/*Zöllner*/*Fastrich* § 55 Rn. 51; Scholz/*Priester* § 55 Rn. 96 m. w. N.
277 RG JW 1915, 195; OLG Zweibrücken GmbHR 1996, 122; OLG Dresden GmbHR 1997, 946 (947); Lutter/Hommelhoff/*Bayer* § 19 Rn. 8; Roth/Altmeppen/*Altmeppen* § 20 Rn. 4.
278 OLG München GmbHR 1985, 56 (57); Lutter/Hommelhoff/*Bayer* § 19 Rn. 9.
279 Scholz/*K. Schmidt* § 46 Rn. 55; Roth/Altmeppen/*Roth* § 46 Rn. 11.
280 Scholz/*K. Schmidt* § 46 Rn. 58; Michalski/*Römermann* § 46 Rn. 141.

D. Streitigkeiten im Zusammenhang mit Kapitalerhöhungen § 16

Fraglich ist, ob eine *actio pro socio* auch dann zulässig sein kann, wenn die Einlageleistung mangels Gesellschafterbeschluss noch nicht fällig ist. Dies dürfte jedenfalls dann zu bejahen sein, wenn die Gesellschafter aufgrund der Treuepflicht verpflichtet sind, die Einforderung der Einlage zu beschließen. Zwar fehlt es an sich an dem für eine *actio pro socio* maßgeblichen fälligen Anspruch der Gesellschaft, jedoch dürfte es dem einlageverpflichteten Gesellschafter aufgrund seiner Treuepflicht verwehrt sein, sich auf den fehlenden Gesellschafterbeschluss zu berufen.[281]

256

3. Anfechtungsklage gegen den Gesellschafterbeschluss

Möchte ein Gesellschafter gegen den Gesellschafterbeschluss vorgehen, der die Einlageforderung beschließt, so ist hierfür die Anfechtungsklage statthaft. Aktivlegitimiert ist jeder von dem Beschluss betroffene Gesellschafter. Die Klage ist gegen die Gesellschaft zu richten. Mögliche Angriffspunkte sind hier ein Ermessensfehlgebrauch bei der Entscheidung über die Einforderung der Einlage oder eine Ungleichbehandlung der aus dem Beschluss verpflichteten Gesellschafter.

257

---

[281] In diesem Sinne auch Scholz/*K. Schmidt* § 46 Rn. 57; a. A. Michalski/*Römermann* § 46 Rn. 143, allerdings ohne Begründung.

§ 17 Durchsetzung von Gesellschafterrechten und -pflichten

Übersicht

		Rdn.			Rdn.
A.	**Gesetzliche Rechte und Pflichten**	2	I.	Durchsetzung von Sonder- bzw. Vorzugsrechten	36
I.	Durchsetzung von gesetzlichen Rechten	2	II.	Durchsetzung von Nebenleistungspflichten	43
	1. Vermögensrechte	3	III.	Durchsetzung eines Wettbewerbsverbots	48
	2. Teilhabe- und Mitbestimmungsrechte	8	C.	**Rechte und Pflichten aufgrund schuldrechtlicher Vereinbarung zwischen den Gesellschaftern**	50
II.	Durchsetzung von Nachschusspflichten aufgrund gesetzlicher Bestimmungen, § 26 GmbHG	12	I.	Schuldrechtlich vereinbarte Nachschusspflichten mit der GmbH	59
III.	Durchsetzung von gesetzlichen Informationsrechten, § 51b GmbHG	20	II.	Sonstige Ansprüche aufgrund schuldrechtlicher Vereinbarung	61
	1. Antrag	21	D.	**Ansprüche aufgrund der Verletzung von Rechten und Pflichten**	65
	2. Sachliche und funktionelle Zuständigkeit	23	I.	Durchsetzung von Schadensersatzansprüchen gegenüber der GmbH	66
	3. Verlust der Gesellschafterstellung	25	II.	Streitigkeiten um die Verletzung von Gesellschafterpflichten (einschließlich des Empfangs verbotener Leistungen, §§ 30, 31 GmbHG)	68
	4. Verfahren nach dem FamFG	26			
	5. Rechtsfolgen	28		1. Gesellschafterausschluss	68
	6. Verhältnis zu anderen Verfahren	29		2. Erstattungsanspruch nach §§ 31 Abs. 1, 30 GmbHG	71
IV.	Durchsetzung einer Sonderprüfung	30a			
V.	Streitigkeiten im Zusammenhang mit dem Abschlussprüfer	34a			
B.	**Im Gesellschaftsvertrag vereinbarte Rechte und Pflichten**	35			

1 Bei der Durchsetzung von Gesellschafterrechten und -pflichten ist im ersten Schritt danach zu differenzieren, woraus sich die Rechte und Pflichten ergeben. Es sind drei Kategorien zu unterscheiden: Gesetzliche Rechte und Pflichten, im Gesellschaftsvertrag vereinbarte Rechte und Pflichten und Rechte und Pflichten aufgrund schuldrechtlicher Vereinbarung zwischen den Gesellschaftern.

A. Gesetzliche Rechte und Pflichten

I. Durchsetzung von gesetzlichen Rechten

2 Bei den gesetzlichen Rechten des Gesellschafters ist zwischen seinen Vermögensrechten (insbesondere des Anspruchs auf Gewinnauszahlung und des Anspruchs auf Auszahlung seines Anteils am Liquidationserlöses) und den Teilhabe- und Mitbestimmungsrechten (insbesondere dem Stimmrecht) des Gesellschafters zu unterscheiden.

1. Vermögensrechte

3 Unter gesetzlichen Vermögensrechten ist insbesondere der **Anspruch des Gesellschafters auf Gewinnauszahlung** zu verstehen. Hierbei ist zwischen dem allgemeinen Gewinnbezugsrecht und dem konkreten Gewinnanspruch zu differenzieren. Jeder Gesellschafter hat grundsätzlich ein Gewinnbezugsrecht nach § 29 Abs. 1 GmbHG. Ein schuldrechtlicher Anspruch auf einen konkreten Anteil an der Gewinnausschüttung für ein Geschäftsjahr erwächst den einzelnen Gesellschaftern aber erst nach dem Ergebnisverwendungsbeschluss nach § 46 GmbHG. Er ist dann sofort fällig, wenn die Satzung nichts Gegenteiliges regelt und kann eingeklagt werden. Der Anspruch ist abtretbar, pfändbar und verpfändbar. Er verjährt gemäß §§ 195, 199 BGB in drei Jahren ab Ende des Jahres, in dem der Anspruch entstanden ist. Zu beachten ist jedoch, dass die Verjährungsfrist im Gesellschaftsvertrag im Rahmen von § 202 BGB **verlängert oder abgekürzt** werden kann.[1]

---

[1] Baumbach/Hueck/*Fastrich* § 29 Rn. 57.

A. Gesetzliche Rechte und Pflichten § 17

Ist der Anspruch auf Gewinnauszahlung einmal wirksam entstanden, kann er nicht mehr durch späteren Gesellschafterbeschluss abgeändert oder entzogen werden.² Da ein derartiger Beschluss nach allgemeiner Meinung **unwirksam ist, erübrigt sich eine Anfechtungsklage** gegen ihn.³ Dies gilt zwar grundsätzlich auch dann, wenn der Ausschüttungsbeschluss nachträglich geändert wird, weil der Jahresabschluss fehlerhaft war. Allerdings kann den Gesellschafter in diesem Fall aus der gesellschaftsrechtlichen Treuepflicht eine **Zustimmungspflicht zur Änderung des Ausschüttungsbeschlusses** treffen. Die Nichtigkeit des Jahresabschlusses wegen Verstoßes gegen zwingende Gläubigerschutzvorschriften führt jedoch analog § 256 AktG auch zur **Nichtigkeit des Gewinnverwendungsbeschlusses**.⁴

4

Die Durchsetzung des Anspruchs auf Gewinnauszahlung erfolgt im Wege der Leistungsklage nach §§ 253 ff. ZPO. Bezüglich der Besonderheiten in Bezug auf die GmbH hinsichtlich der Prozessvoraussetzungen wie Prozessfähigkeit, Vertretung, örtliche und sachliche Zuständigkeit, etc. siehe § 14.

5

Ein weiteres gesetzliches Vermögensrecht des Gesellschafters ist der **Anspruch** des Gesellschafters **auf Auszahlung seines Anteils am Liquidationserlös** der GmbH gemäß § 72 GmbHG. Im Fall einer fehlerhaft vorgenommenen Verteilung durch den Liquidator haben die Gesellschafter gegen ihn einen Schadensersatzanspruch aus § 823 Abs. 1 BGB oder möglicherweise § 826 BGB wenn sie benachteiligt wurden. Der Gesellschaft können Ansprüche aus §§ 71 Abs. 4 i. V. m. 43 GmbHG gegen den Liquidator und aus § 812 BGB gegen den unrechtmäßigen Empfänger zustehen. Ein direkter Anspruch des benachteiligten Gesellschafters gegen einen bevorzugten Gesellschafter kann sich **nicht** aus § 812 BGB ergeben, da eine Leistung der Gesellschaft und nicht des Gesellschafters vorliegt, sondern allenfalls aus der gesellschaftsrechtlichen Treuepflicht oder aus dem Gesellschaftsvertrag.⁵ Dieser Anspruch wird mit der Leistungsklage geltend gemacht. Gegebenenfalls kann er den Bereicherungsanspruch der Gesellschaft gegen einen bevorzugten Gesellschafter pfänden und sich zur Einziehung überweisen lassen.⁶

6

Zu den Vermögensrechten im weiteren Sinne kann man auch das **Recht** des Gesellschafters **auf Feststellung des Jahresabschlusses** und **auf Beschlussfassung über die Ergebnisverwendung** zählen. Wie der Gesellschafter dieses wichtige Recht durchsetzen kann, ist in der Literatur umstritten. Weitgehend Einigkeit besteht darüber, dass der Gesellschafter im Wege der Anfechtungsklage gegen einen Beschluss vorgehen kann, der die Feststellung des Jahresabschlusses ablehnt.⁷ Mit dieser Klage kann eine **positive Beschlussfeststellungsklage** verbunden werden. Einer solchen Klage ist stattzugeben, wenn der von der Geschäftsführung vorgelegte Jahresabschluss keine Mängel aufweist, die analog § 256 AktG zu einer Nichtigkeit des Jahresabschlusses führen. Umstritten ist jedoch die Frage, wie zu verfahren ist, wenn eine solche Vorlage nicht existiert. Hier wird z. T. vorgeschlagen, der Gesellschafter könne in entsprechender Anwendung von § 315 Abs. 3 S. 2 BGB auf **Feststellung des Jahresabschlusses nach billigem Ermessen** durch den Richter klagen.⁸ Von anderen Stimmen in der Literatur wird dies mit dem Argument abgelehnt, wegen des Beurteilungs- und Bewertungsspielraums bei Bilanzen sei eine Aufstellung durch das Gericht nicht zu leisten.⁹ Der richtige Weg sei in einem solchen Fall vielmehr eine Klage auf Verpflichtung der Gesellschaft bzw. der Geschäftsführer, einen neuen Jahresabschluss – mit den korrigierten, von dem Kläger zu bezeichnenden Bilanzpositionen – aufzustellen und sodann diesen Jahresabschluss feststellen zu lassen. Die Vollstreckung

7

---

2 Baumbach/Hueck/*Fastrich* § 29 Rn. 50.
3 RGZ 87, 387; Baumbach/Hueck/*Fastrich* § 29 Rn. 50.
4 OLG Hamm BB 1991, 2122.
5 Ziemons/Jaeger/*Lorscheider* § 72 GmbHG Rn. 8; Baumbach/Hueck/*Haas* § 72 Rn. 21.
6 Baumbach/Hueck/*Haas* § 72 Rn. 19.
7 Baumbach/Hueck/*Zöllner* § 46 Rn. 12; Bork/Oepen ZGR 2002, 241 (283); Michalski/*Römermann* § 46 Rn. 49; Raiser ZHR 153 (1989), 1, 34; Zöllner ZGR 1988, 392 (416 f.).
8 Zöllner ZGR 1988, 392 (416); Lutter/Hommelhoff/*Bayer* § 46 Rn 8.
9 Bork/Oepen ZGR 2002, 241 (284); Ziemons/Jaeger/*Schindler* § 46 Rn. 14.

des Urteils erfolge in diesem Falle nicht nach § 894 ZPO, sondern nach § 888 ZPO.[10] Dieser Ansicht ist zu folgen. Eine **Verlagerung** der Pflicht zur Erstellung des Jahresabschlusses von der Geschäftsführung **auf das Gericht** ist **weder praktikabel noch vom Gesetz gedeckt**.

2. Teilhabe- und Mitbestimmungsrechte

8   Bei Eingriffen in Teilhabe- und Mitbestimmungsrechte des Gesellschafters, z. B. durch Verhinderung der Teilnahme an einer Gesellschafterversammlung, muss danach unterschieden werden, ob dieser Eingriff **von außen kommt** – d. h. nicht von Seiten der Mitgesellschafter, der Gesellschaft oder des Geschäftsführers – oder ob er **im Innenverhältnis der Gesellschaft** stattgefunden hat.

9   Im Außenverhältnis genießt die Mitgliedschaft in der GmbH als »sonstiges Recht« im Sinne von § 823 Abs. 1 BGB deliktischen Schutz vor Eingriffen.[11] Dem Gesellschafter steht also ein Schadensersatzanspruch und ein Beseitigungs- und Unterlassungsanspruch analog § 1004 BGB gegen den Schädiger zu. Dieser kann auch im Wege des einstweiligen Rechtsschutzes durchgesetzt werden.

10 Umstritten ist, ob im Innenverhältnis der Gesellschafter untereinander sowie des Gesellschafters zur Gesellschaft und zum Geschäftsführer Raum für **deliktischen Schutz** im Rahmen von § 823 Abs. 1 BGB besteht. Der **BGH** ist der Ansicht, dass sich der Schadensersatzanspruch sofern die Voraussetzungen des § 31 BGB erfüllt sind, **auch gegen den Verein als solchen** richten kann.[12] Der BGH sieht zwar, dass die zwischen dem Verein und seinen Mitgliedern bestehende Sonderbeziehung mit den aus ihr fließenden spezifischen Rechten und Pflichten die Anwendung der allgemeinen, außerhalb spezieller Rechtsverhältnisse geltenden Normen überlagert, *»was im Einzelfall auch auf die Beurteilung deliktsrechtlicher Tatbestände wie § 823 Abs. 1 BGB oder § 826 BGB durchschlagen kann. Dies kann es jedoch nicht rechtfertigen, das Vereinsrecht generell von dem Grundsatz auszunehmen, dass das Recht der unerlaubten Handlungen bei Verletzung deliktsrechtlich geschützter Positionen auch im Rahmen besonderer Schuldverhältnisse zur Anwendung kommt.«*

11 Entsprechend der vom BGH[13] für die Aktiengesellschaft entwickelten »**Holzmüller-Doktrin**« bedürfen besonders einschneidende Entscheidungen über die Struktur der Gesellschaft auch bei der GmbH eines mit **qualifizierter Mehrheit** getroffenen Gesellschafterbeschlusses.[14] Zur Frage, ob den Gesellschaftern bei einem fehlenden Gesellschafterbeschluss Schadensersatzansprüche gegen die übrigen Gesellschafter, die Gesellschaft bzw. den Geschäftsführer zustehen, vgl. unten unter Rdn. 65 ff.

II. Durchsetzung von Nachschusspflichten aufgrund gesetzlicher Bestimmungen, § 26 GmbHG

12 Aus § 26 GmbHG allein ergeben sich **keine Nachschusspflichten** der GmbH-Gesellschafter. Vielmehr müssen zum einen eine entsprechende Satzungsregelung und zum anderen ein Gesellschafterbeschluss nach § 26 Abs. 1 GmbHG vorliegen. Ein solcher Beschluss kann nur gefasst werden, wenn bereits alle ausstehenden Resteinlagen eingefordert sind oder zeitgleich eingefordert werden. Wenn nichts Abweichendes vereinbart wurde, reicht die **einfache Mehrheit** für den Nachforderungsbeschluss. Zum Teil wird in der Literatur vertreten, die Treuepflicht könne in engen Grenzen zu einer Zustimmungspflicht zu einem Nachforderungsbeschluss führen.[15] Dem ist zu widersprechen, da eine solche Nachschusspflicht dem Grundsatz widerspräche, dass der Gesellschafter nicht mit seinem persönlichen Vermögen für die Schulden der GmbH haftet.

---

10 Ziemons/Jaeger/*Schindler* § 46 Rn. 14.
11 Michalski/*Ebbing* § 14 Rn. 43.
12 BGH NJW 1990, 2877, 2872; a. A. Michalski/*Ebbing* § 14 Rn. 44 m. w. N.
13 BGHZ 83, 122 ff.
14 Roth/Altmeppen/*Roth* § 47 Rn. 6.
15 Michalski/*Zeidler* § 26 Rn. 23.

A. Gesetzliche Rechte und Pflichten § 17

Gläubiger oder Insolvenzverwalter können die Einforderung von Nachschusspflichten ohne einen Gesellschafterbeschluss nach § 26 GmbHG (anders als die Einforderung von Resteinlagen) nicht erzwingen, denn diesen Einforderungsbeschluss kann niemand anders als die Gesellschafterversammlung fassen. Er kann nicht auf ein anderes Organ der Gesellschaft übertragen werden.[16] Auch in der **Insolvenz** darf der Insolvenzverwalter nicht an Stelle der Gesellschafter deren gegenüber der Gesellschaft bestehende Verpflichtungen dadurch erweitern, dass er Nachschüsse einfordert.[17]

Liegen sowohl die Satzungsregelung als auch der Gesellschafterbeschluss vor, so obliegt die Durchführung des Einforderungsbeschlusses den Geschäftsführern der Gesellschaft, in der Insolvenz dem Insolvenzverwalter. Beinhaltet der Einforderungsbeschluss kein abweichendes Fälligkeitsdatum, sind die Nachschüsse sofort fällig.[18] Der Anspruch verjährt nach den allgemeinen Regeln der §§ 195, 199 BGB.

Die Gesellschaft kann den Nachschuss grundsätzlich mit Leistungsklage und Vollstreckung durchsetzen. Sie kann auch mit Ansprüchen der Gesellschafter gegen die Gesellschaft aufrechnen. Bei unbeschränkter Nachschusspflicht steht es dem betroffenen Gesellschafter jedoch gemäß § 27 GmbHG frei, seinen Anteil zur Verfügung zu stellen und so der Pflicht zu weiteren Einzahlungen zu entgehen. Bei beschränkter Nachschusspflicht kann die Gesellschaft sich des Druckmittels der **Kaduzierung** gemäß §§ 28, 21 GmbHG bedienen, **um den Gesellschafter zur Einzahlung des Nachschusses zu bewegen.** Dazu kann im Fall verzögerter Einzahlung an den säumigen Gesellschafter eine erneute Aufforderung zur Zahlung binnen einer mindestens einmonatigen Nachfrist unter Androhung seines Ausschlusses mit dem Geschäftsanteil, auf welchen die Zahlung zu erfolgen hat, erlassen werden. Nach fruchtlosem Ablauf der Frist ist der säumige Gesellschafter seines Geschäftsanteils und der geleisteten Teilzahlungen zugunsten der Gesellschaft verlustig zu erklären. Die Erklärung muss mittels eingeschriebenen Briefes erfolgen. Wegen des Ausfalls, welchen die Gesellschaft an dem rückständigen Betrag oder den später auf den Geschäftsanteil eingeforderten Beträgen der Stammeinlage erleidet, haftet ihr der ausgeschlossene Gesellschafter weiter. Ob die Gesellschaft bei Zahlungsverweigerung tatsächlich zur Kaduzierung greift oder den Nachschuss mit Klage und Vollstreckung durchsetzt, steht in ihrem **freien Ermessen**. Haben die Gesellschafter in der Gesellschafterversammlung die Einforderung des Nachschusses beschlossen, benötigen die Geschäftsführer keinen weiteren Gesellschafterbeschluss und keine gesonderte Ermächtigung für die Durchführung eines **Kaduzierungsverfahrens**.[19] Die Geschäftsführer haben sich pflichtgemäß zu entscheiden (§ 43 GmbHG). Allerdings endet die Ermessensfreiheit der Geschäftsführer, sobald die Gesellschafter von ihrem Weisungsrecht Gebrauch machen und im Wege des Gesellschafterbeschlusses die Einleitung, Durchführung oder Einstellung eines Kaduzierungsverfahrens anordnen.[20]

Der Nachforderungsbeschluss ist nach allgemeinen Regeln **anfechtbar**. Der Beschluss bedarf zwar keiner besonderen Rechtfertigung, da er im Ermessen der Gesellschafter liegt, allerdings darf er nicht gegen den Gleichbehandlungsgrundsatz oder Treuepflichten verstoßen. Weiterhin können die Gesellschafter in der Insolvenz bzw. im Liquidationsstadium der Gesellschaft einwenden, dass die eingeforderten Nachschüsse zur Befriedigung der Gläubiger nicht erforderlich sind (»**dolo agit**«-Einwand).[21]

In der Literatur wird zum Teil vertreten, dass der Beschluss im Ausnahmefall nicht nur anfechtbar, sondern – wohl gemäß § 138 BGB – **nichtig** sein könne. Dies sei z. B. der Fall wenn der Beschluss missbräuchlich dazu genutzt wird, einen illiquiden Gesellschafter aus der Gesellschaft zu drängen.[22]

---

16 RGZ 70, 330; Baumbach/Hueck/*Fastrich* § 26 Rn. 8; Michalski/*Zeidler* § 26 Rn. 18.
17 BGH DStR 1994, 1129.
18 Scholz/*Emmerich* § 26 Rn. 18.
19 Baumbach/Hueck/*Fastrich* § 21 Rn. 6.
20 Michalski/*Ebbing* § 21 Rn. 59.
21 RGZ 70, 326 (330); Michalski/*Zeidler* § 26 Rn. 22.
22 Ziemons/Jaeger/*Jaeger* § 26 Rn. 22.

Die wohl herrschende Meinung geht aber auch in diesem Fall nur von einer Anfechtbarkeit des Beschlusses aus und gewährt dem betroffenen Gesellschafter bis zur rechtskräftigen Entscheidung der Anfechtungsklage ein Recht auf **Verweigerung der Einzahlung des Nachschusses**.[23] Weiterhin können dem betroffenen Gesellschafter gemäß § 826 BGB Schadensersatzansprüche gegen den oder die anderen Gesellschafter zustehen.

18 Die Nachschusspflicht kann durch einen anderen Gesellschafter im Rahmen der »**actio pro socio**« geltend gemacht werden. Hinsichtlich der genauen Voraussetzungen der Zulässigkeit der actio pro socio siehe oben § 14 Rdn. 37 ff.

19 Der Anspruch des Gesellschafters auf Rückzahlung seines Nachschusses bei Vorliegen eines Rückzahlungsbeschlusses ist im Wege der Leistungsklage gegen die Gesellschaft durchzusetzen.

III. Durchsetzung von gesetzlichen Informationsrechten, § 51b GmbHG

20 § 51a GmbHG räumt jedem Gesellschafter allgemeine, nicht entziehbare **Informations- und Einsichtsrechte** gegenüber dem Geschäftsführer der GmbH ein. Insbesondere sind die Ansprüche aus § 51a GmbHG nicht pfändbar.[24] Kommt der Geschäftsführer einem Informationsverlangen nach § 51a GmbHG nicht oder nicht umfassend genug nach, kann der Gesellschafter gemäß § 51b GmbHG eine gerichtliche Entscheidung darüber begehren, ob der Geschäftsführer ihm (weitere) Informationen zugänglich machen muss. § 51b GmbHG verweist für die Durchführung des Verfahrens auf die entsprechenden Regeln des Aktiengesetzes (§ 132 Abs. 1 S. 1 AktG).

1. Antrag

21 Ein Verfahren kommt nur auf Antrag in Gang. Antragsberechtigt ist **jeder Gesellschafter** unabhängig von der Höhe seines Gesellschaftsanteils. Auch die Beteiligung an einem Konkurrenzunternehmen ändert hieran grundsätzlich nichts.[25] Dies ist vielmehr nur dann der Fall, wenn zu besorgen ist, dass der Gesellschafter die Information zu gesellschaftsfremden Zwecken verwenden und dadurch der Gesellschaft einen nicht unerheblichen Nachteil zufügen werde (§ 51a Abs. 2 S. 1 GmbHG). Bezieht sich die verlangte Auskunft auf wettbewerbsrelevante Informationen, kann auch die Entgegennahme der Informationen durch einen zur Verschwiegenheit verpflichteten, für beide Seiten vertrauenswürdigen **Treuhänder** in Betracht zu ziehen sein.[26] Ferner ist ein erfolgloses Auskunftsverlangen beim Geschäftsführer notwendig (§ 51b Satz 2 GmbHG). Nicht notwendig ist allerdings, dass der Geschäftsführer das Verlangen ausdrücklich abgelehnt hat. Bloße Untätigkeit reicht aus. Eine Antragsfrist existiert nicht. **Antragsgegner** ist die Gesellschaft, nicht der Geschäftsführer.[27] Zu beachten ist, dass ein Antrag so bestimmt gestellt sein muss, dass er auch **vollstreckbar** ist.

22 Teilweise wird auch ein **negativer Feststellungsantrag** der Gesellschaft dahingehend, dass dem Gesellschafter kein Auskunftsanspruch zustehe, für zulässig gehalten.[28] Eine solche negative Feststellungsklage dürfte unter den allgemeinen Zulässigkeitsvoraussetzungen dieser Klageart, also bei Vorliegen eines Feststellungsinteresses im Sinne des § 256 ZPO und darüber hinaus eines Rechtsschutzinteresses zulässig sein. Diese Voraussetzungen dürften freilich selten erfüllt sein, insbesondere werden sie nicht schon auf Grund bloßer Stellung eines Auskunftsverlangens zu bejahen sein, sondern nur bei Vorliegen besonderer Umstände, z. B. wenn der Gesellschafter für den Fall der Versagung der Auskunft für die Gesellschaft belastende Folgen ankündigt. **Feststellungsinteresse und**

---

23 Scholz/*Emmerich* § 26 Rn. 15; Ulmer/Habersack/Löbbe/*Müller* § 26 Rn. 57.
24 BGHZ 197, 181 (184).
25 OLG München NZG 2008, 199.
26 OLG München NZG 2008, 199.
27 Stangier/Bork GmbHR 1982, 171; Baumbach/Hueck/*Zöllner* § 51b Rn. 7.
28 Baumbach/Hueck/*Zöllner* § 51b Rn. 5.

A. Gesetzliche Rechte und Pflichten   § 17

Rechtsschutzbedürfnis der Gesellschaft können z. B. im Wiederholungsfall bei offensichtlich querulatorischen Anfragen vorliegen.

2. Sachliche und funktionelle Zuständigkeit

Das für den Sitz der Gesellschaft zuständige Landgericht, genauer gesagt die Kammer für Handelssachen dieses Gerichts, ist gemäß §§ 71 Abs. 2 Nr. 4b, 94, 95 Abs. 2 Nr. 2 GVG ausschließlich zuständig. § 71 Abs. 4 GVG[29] ermöglicht den Länder seit kurzem eine **Zuständigkeitskonzentration** bei einem Landgericht herbeizuführen. In diesem Fall ist das durch die Konzentrationsverordnung bestimmte Landgericht für den Rechtsstreit ausschließlich zuständig. Bisher hat noch kein Land von dieser Möglichkeit Gebrauch gemacht.[30]   23

Äußerst umstritten ist die Frage, ob eine wirksame **Schiedsgerichtsvereinbarung für Auskunftsansprüche** nach § 51a GmbH vereinbart werden kann. Die herrschende Meinung befürwortet dies mittlerweile.[31] Gegen die Schiedsfähigkeit spreche demnach auch nicht der zwingende Charakter von § 51a GmbHG. Zum Teil wird in der Literatur danach differenziert, ob die Schiedsvereinbarung in der Satzung oder überhaupt ex ante getroffen wurde – dann keine Schiedsfähigkeit – oder bei Entstehung des konkreten Streits – dann Schiedsfähigkeit.[32] Der herrschenden Meinung ist zuzustimmen. Da das Informationsrecht einen vermögensrechtlichen Charakter hat, ergibt sich die Schiedsfähigkeit bereits aus § 1030 Abs. 1 ZPO.   24

3. Verlust der Gesellschafterstellung

Grundsätzlich verliert ein Gesellschafter seine Auskunftsrechte sobald er seine Gesellschafterstellung verliert. Der Kläger kann den Rechtsstreit für erledigt erklären.[33] Fällt die Gesellschafterstellung des Gläubigers des Informationsanspruchs erst im Rahmen der Zwangsvollstreckung des Anspruchs weg, so kann der Schuldner dies nur im Rahmen der Vollstreckungsgegenklage gemäß § 767 ZPO geltend machen, nicht im Rahmen des Verfahrens nach § 888 ZPO.[34]   25

4. Verfahren nach dem FamFG

Anwendbar ist das FamFG. Das hat zur Folge, dass nicht die Verhandlungsmaxime sondern der **Amtsermittlungsgrundsatz** gilt. Das FG-Verfahren kennt demgemäß auch **keine formelle Beweislast**. Der klagende Gesellschafter muss sein Informationsbedürfnis bei Geltendmachung seines Informationsanspruchs nicht beweisen. Es genügt vielmehr, wenn er dieses Bedürfnis schlüssig darlegt und eventuell plausibel macht. **Einstweiliger Rechtsschutz** ist nach h. M. im FG-Verfahren nicht möglich, da der Gesetzgeber dies angesichts der von ihm unterstellten Schnelligkeit und Effizienz des FG-Verfahrens nicht für erforderlich hielt.[35] Eine generelle Ablehnung des Rechtsschutzes in Fällen besonderer Dringlichkeit ist allerdings problematisch, da sie im Ergebnis zu einer Verhinderung des Rechtszuganges führen würde. Die h. M., die sich auf eine scheinbar abschließende Regelung im FamFG (früher FGG) beruft, überzeugt daher nicht. Zu beachten ist jedoch, dass eine einstweilige Verfügung auf Auskunftserteilung allerdings nur in extremen Ausnahmefällen in Betracht kommt, da hierdurch in der Regel die Hauptsache vorweggenommen wird.[36]   26

---

29 Gesetz vom 17.12.2008 (BGBl. I S. 2586).
30 Baumbach/Lauterbach/Albers/Hartmann § 71 Rn. 19.
31 OLG Hamm GmbHR 2000, 676; OLG Koblenz NJW-RR 1990, 1374; Michalski/*Römermann* § 51b Rn. 73; Scholz/*K. Schmidt* § 51b Rn. 5; Ulmer/Habersack/Löbbe/*Hüffer/Schürnbrand* § 51b Rn. 27; Lutter/Hommelhoff/*Lutter/Bayer* § 51b Rn. 2; Baumbach/Hueck/*Zöllner* § 51b Rn. 3; a.A: OLG Köln GmbHR 1989, 207 (208); LG Mönchengladbach GmbHR 1986, 390 (391).
32 Rowedder/*Koppensteiner/Gruber* § 51b Rn. 4; Lutter/Hommelhoff/*Lutter/Bayer* § 51b Rn. 2.
33 OLG Karlsruhe NZG 2000, 435.
34 OLG München NZG 2008, 197.
35 Baumbach/Hueck/*Zöllner* § 51b Rn. 10 m. w. N.; Michalski/*Römermann* § 51b Rn. 48.
36 Michalski/*Römermann* § 51b Rn. 49.

27 Einziges Rechtsmittel gegen die Entscheidung des LG, die gemäß § 99 Abs. 3 S. 1 AktG durch Beschluss ergeht, ist die **Beschwerde vor dem OLG**. Diese muss allerdings vom Gericht zugelassen worden sein, eine **Nichtzulassungsbeschwerde** existiert nicht. Die Kosten richten sich nach der Kostenordnung und den zahlreichen Sonderregeln des § 132 AktG.

5. Rechtsfolgen

28 Gibt das Gericht dem Antrag statt, hat der Geschäftsführer die verlangte Information zu geben. Der Geschäftsführer hat die rechtskräftige Entscheidung gemäß § 51b GmbHG, § 99 Abs. 5 S. 3 AktG zum Handelsregister einzureichen. Eine **Zwangsvollstreckung** erfolgt nach § 95 FamFG, § 888 ZPO.

6. Verhältnis zu anderen Verfahren

29 Auskunftsansprüche aus anderen Vorschriften als § 51b GmbHG, insbesondere aus § 810 BGB sind im Verfahren nicht zu prüfen. Umgekehrt sind Ansprüche aus § 51b GmbHG nicht in Verfahren vor ordentlichen Gerichten auf Grund sonstiger Auskunftsansprüche mit zu prüfen.

30 Kommt es zu einem Gesellschafterbeschluss, die Auskunft zu verweigern, stellt sich die Frage, wie gegen diesen Beschluss vorgegangen werden kann. Grundsätzlich ist dabei § 51b GmbHG gegenüber anderen Verfahren die speziellere Regelung und daher grundsätzlich allein anzuwenden. Eine Anfechtung eines reinen Auskunftsverweigerungsbeschlusses scheidet somit aus. Anders ist lediglich dann zu entscheiden, wenn der Gesellschafterbeschluss über die bloße Verweigerung einer Information hinausgeht.[37] Auch kann nach h. M. dann auf ein separates Verfahren nach § 51b GmbHG verzichtet werden, wenn es sich bei dem verweigerten Auskunftsanspruch lediglich um eine Vorfrage zum eigentlichen Streitgegenstand handelt.[38]

IV. Durchsetzung einer Sonderprüfung

30a Im Unterschied zum Aktienrecht ist die **Sonderprüfung** bei der GmbH **nicht gesetzlich geregelt**. Dennoch gehört zu den gesetzlichen Rechten der Gesellschafter auch der Beschluss einer Sonderprüfung bei der GmbH. Dieses Recht wird teilweise direkt aus § 46 Nr. 6 GmbHG als Maßregel zur Prüfung und Überwachung der Geschäftsführung hergeleitet.[39] Andererseits wird auch § 142 AktG analog herangezogen.[40] Durch die Sonderprüfung erhalten die Gesellschafter ein Mittel zur eigenen Überprüfung von begründeten Annahmen einer pflichtwidrigen Geschäftsführung. Die Sonderprüfung dient damit vorwiegend der **Durchsetzung von Ersatzansprüchen**.[41] Vereinzelt wird vertreten, die Sonderprüfung sei auch ein geeignetes Mittel, um über den Umweg der Überwachung der Geschäftsführung Rechtsbeziehungen zwischen der GmbH und den Mitgesellschaftern zu untersuchen und so Interessen auf Gesellschafterebene durchzusetzen.[42] In einem solchen Fall darf die Offenlegung des Ergebnisses der Sonderprüfung jedoch gegenüber dem von gesellschaftsfremden Eigeninteressen geleiteten Gesellschafter nach dem Rechtsgedanken des § 51a Abs. 2 GmbHG beschränkt werden.[43] Eine Sonderprüfung, die formal auf die Überprüfung der Geschäftsführung, in der Sache aber auf die Lösung eines Konflikts zwischen Gesellschaftern gerichtet ist, verspricht nur wenig Erfolg und stellt zudem einen Missbrauch der Sonderprüfung dar. Das Verfahren einer Sonderprüfung verläuft angelehnt an die Sonderprüfung bei der Aktiengesellschaft nach den Bestimmungen der §§ 142ff. AktG. Es muss aber anders als im Aktienrecht[44] keine Beschrän-

---

37 Michalski/*Römermann* § 51b Rn. 70; Scholz/*K. Schmidt* § 51a Rn. 42; Ulmer/Habersack/Löbbe/*Hüffer*/*Schürnbrand* § 51b Rn. 26.
38 BGH NJW 1983, 878; Michalski/*Römermann* § 51b Rn. 71 m. w. N.
39 Bspw. MüKo GmbHG/*Liebscher* § 46 Rn. 197.
40 Henssler/Strohn/*Mollenkopf* § 46 Rn. 31.
41 MüKoAktG/*Schröer* § 142 Rn. 4.
42 *Leinekugel* GmbHR 2008, 632.
43 Ulmer/Habersack/Löbbe/*Hüffer*/*Schürnbrand* § 46 Rn. 90.
44 S. o. § 6 Rdn. 81.

A. Gesetzliche Rechte und Pflichten   § 17

kung auf bestimmte **eingrenzbare Sachverhalte** erfolgen. Die Gesellschafterversammlung bestimmt frei über den **Umfang der Sonderprüfung**.

Im Rahmen der Überwachung nach § 46 Nr. 6 GmbHG darf die Gesellschafterversammlung die Geschäftsführer durch alle geeigneten und verhältnismäßigen Maßnahmen kontrollieren. Insbesondere besteht das **Recht zur Bestellung eines Sonderprüfers**.[45] Entscheidungen nach § 46 Nr. 6 GmbHG bedürfen einer wirksamen Beschlussfassung. Dabei besitzt ein Gesellschafter, der **gleichzeitig Geschäftsführer** der Gesellschaft ist, kein Stimmrecht.[46] Dies ergibt sich aus der Wertung des § 47 Abs. 4 GmbHG. Auch Gesellschafter, gegen die aufgrund der Sonderprüfung Schadensersatzansprüche in Betracht kommen, besitzen kein Stimmrecht.[47] Dadurch kann selbst ein **Minderheitsgesellschafter** die Sonderprüfung durchsetzen. Der Beschluss wird zwingend mit **einfacher Mehrheit** gefasst. 31

Der beauftragte Sonderprüfer muss entsprechend der Auslegung des § 143 AktG eine **neutrale und unparteiische** Person sein.[48] Er verschafft sich alle im Rahmen des erteilten Auftrages benötigten Informationen. Die Geschäftsführung ist zur Kooperation verpflichtet. Sollte ein Geschäftsführer die Sonderprüfung erheblich behindern, setzt er sich der Gefahr einer Abberufung aus wichtigem Grund aus.[49] Er kann im Wege der **Beschlussanfechtungsklage** gegen den Gesellschafterbeschluss vorgehen, sollte er die Sonderprüfung für rechtsmissbräuchlich halten.[50] Der Sonderprüfer erlangt einen Anspruch auf **Vergütung** aus § 631 Abs. 1 BGB. Der Vertrag zwischen Sonderprüfer und Gesellschaft ist ein auf Werkleistung gerichteter Geschäftsbesorgungsvertrag gemäß §§ 675, 631 ff. BGB.[51] Die **Kosten der Prüfung** müssen entsprechend § 146 AktG von der Gesellschaft getragen werden.[52] Dies gilt selbst dann, wenn die Sonderprüfung nur dem Interesse eines Minderheitsgesellschafters dient.[53] 32

Die Gesellschafterversammlung kann einen **besonderen Vertreter** bestimmen, der berechtigt ist, den Prüfungsvertrag mit dem Sonderprüfer abzuschließen.[54] Hierbei handelt es sich nicht um einen besonderen Vertreter entsprechend § 147 AktG. Dadurch wird einheitliches Handeln gewährleistet. Auch wird vermieden, dass der Geschäftsführer, dessen Handeln überprüft werden soll, den Sonderprüfer aussucht oder in sonstiger Weise auf die Prüfung Einfluss nimmt. Beim Abschluss des Vertrages mit dem Sonderprüfer darf der besondere Vertreter eine Honorarvereinbarung mit einer Abrechnung nach Arbeitsstunden abschließen.[55] Im Anschluss an die Prüfung obliegt dem besonderen Vertreter auch die Kontrolle der Rechnung des Sonderprüfers. 33

Der besondere Vertreter kann sich bei der Beauftragung eines Sonderprüfers seinerseits durch seinen **Prozessbevollmächtigten** vertreten lassen, es sei denn, dies ist vertraglich ausgeschlossen. Die Stellvertretung ist grundsätzlich nur bei höchstpersönlichen Rechtsgeschäften ausgeschlossen.[56] Bei einem nichtigen Beschluss über die Bestellung eines besonderen Vertreters soll eine von diesem vorgenommene Beauftragung eines Sonderprüfers nach den Grundsätzen über die Anscheinsvollmacht trotzdem wirksam sein.[57] 34

---

45 Baumbach/Hueck/*Zöllner* § 46 Rn. 50; Fleischer GmbHR 2001, 45.
46 Baumbach/Hueck/*Zöllner* § 46 Rn. 50.
47 Leinekugel GmbHR 2008, 632.
48 S. o. § 6 Rdn. 103.
49 Skaurandszun/Macke BB 2012, 2970.
50 Skaurandszun/Macke BB 2012, 2970.
51 Hüffer/*Koch* § 142 Rn. 12.
52 S. o. § 6 Rdn. 95.
53 Leinekugel GmbHR 2008, 632.
54 LG Frankenthal, Urt. v. 09.08.2012 – 2 HK O 23/12).
55 LG Frankenthal, Urt. v. 09.08.2012 – 2 HK O 23/12.
56 Palandt/*Ellenberger* Einf. v. § 164 Rn. 4.
57 LG Frankenthal, Urt. v. 09.08.2012 – 2 HK O 23/12.

V. Streitigkeiten im Zusammenhang mit dem Abschlussprüfer

34a Gesellschaftsrechtliche Streitigkeiten entstehen häufig im Zusammenhang mit der Bestellung des Abschlussprüfers einer Gesellschaft. Gesellschafter haben insbesondere die Möglichkeit, einen Antrag auf gerichtliche Ersetzung (§ 318 Abs. 3 HGB) eines bereits gewählten Abschlussprüfers oder auf gerichtliche Bestellung des Abschlussprüfers der Gesellschaft (§ 318 Abs. 4 HGB) zu stellen. Daneben ist auch die Haftung des Abschlussprüfers (§ 323 HGB) bedeutsam. Eine Pflicht zur Prüfung des Jahresabschlusses besteht gemäß § 316 Abs. 1 S. 1 HGB bei allen mittelgroßen und großen Kapitalgesellschaften, also bei der mittelgroßen und großen GmbH ebenso wie bei der AG. Insofern sei zu den Einzelheiten auf die Ausführungen zur AG unter § 6 I. verwiesen.

B. Im Gesellschaftsvertrag vereinbarte Rechte und Pflichten

35 Wollen die Gesellschafter eine Vereinbarung über Rechte und Pflichten treffen, die ihre bindende Wirkung auch gegenüber künftigen Gesellschaftern entfalten soll, so kann dies wirksam nur durch eine Vereinbarung im Gesellschaftsvertrag nach § 3 Abs. 2 GmbHG erfolgen. Eine bloße Bezugnahme auf Urkunden außerhalb des Gesellschaftsvertrages genügt demgegenüber nicht.[58] Rein schuldrechtliche Vereinbarungen der Gesellschafter (siehe dazu unter Rdn. 50 ff.) gelten ohnehin nicht für künftige Gesellschafter, es sei denn sie wurden vom neuen Gesellschafter übernommen.

I. Durchsetzung von Sonder- bzw. Vorzugsrechten

36 Sonderrechte bzw. Vorzugsrechte (die Begrifflichkeiten werden in der Literatur größtenteils synonym verwandt) sind solche, mit der Mitgliedschaft verbundenen Rechte, die nicht allen Gesellschaftern zustehen. Häufig kommen z. B. ein **Präsentations- oder Bestellungsrecht** für Geschäftsführer oder ein **Vorschlags- oder Entsendungsrecht** in den Aufsichtsrat vor. Denkbar sind aber auch z. B.
– ein Recht auf erhöhten Gewinnanteil oder eine Erfolgsbeteiligung,
– ein Benutzungsrecht,
– ein Belieferungs- oder Abnahmerecht,
– ein Erwerbsvorrecht bei Anteilsveräußerung oder Kapitalerhöhung,
– ein generelles Vetorecht,
– ein erhöhtes Stimmrecht,
– ein Weisungsrecht oder
– besondere Auskunfts- und Informationsrechte.

37 Sonderrechte räumen ihrem Inhaber im Gesellschaftsvertrag gegenüber den übrigen Gesellschaftern eine Sonderstellung ein.[59] Sie sind zu unterscheiden von rein **schuldrechtlich vereinbarten Sondervorteilen**, die unabhängig vom Gesellschaftsanteil sind und deshalb auch gesondert übertragen werden können.

38 Die Beeinträchtigung eines Sonderrechts bedarf gem. § 35 BGB neben einem satzungsändernden Mehrheitsbeschluss grundsätzlich der Zustimmung des bzw. der Betroffenen.[60] Die Zustimmung – nicht aber der Mehrheitsbeschluss – ist allerdings ausnahmsweise entbehrlich, wenn ein wichtiger Grund für die **Beeinträchtigung oder Entziehung des Sonderrechts** vorliegt.[61] Fehlt bei einem sonst wirksamen Beschluss nur die Zustimmung des Sonderberechtigten, so ist der Beschluss zunächst schwebend unwirksam. Der Schwebezustand endet durch **Genehmigung oder deren Ablehnung** durch den Gesellschafter, sowie nach Ablauf einer dem Gesellschafter durch die Gesellschaft gesetzten angemessenen **Erklärungsfrist** entsprechend §§ 108 Abs. 2, 177 Abs. 2 BGB.

---

58 RGZ 79, 418 (420).
59 BGH NJW 1969, 131.
60 BGHZ 15, 177 (181); WM 1989, 250.
61 Baumbach/Hueck/*Fastrich* § 14 Rn. 19; Scholz /*Seibt* § 14 Rn. 27; Rowedder/*Pentz* § 14 Rn. 36.

B. Im Gesellschaftsvertrag vereinbarte Rechte und Pflichten § 17

Gesellschafterbeschlüsse, die ohne wichtigen Grund in Sonderrechte eingreifen, sind nichtig. Eine 39 Anfechtung ist nicht nötig. Vielmehr kann der betroffene Gesellschafter **gemäß § 256 ZPO auf Feststellung der Unwirksamkeit klagen**.[62] Siehe dazu näher unter § 19 Rdn. 6 ff.

Bei einer **Verletzung von Sonder- bzw. Vorzugsrechten**, die nicht auf einem formellen Beschluss, son- 40 dern nur auf einer satzungswidrigen Praxis beruhen, ist eine Leistungsklage auf Unterlassung statthaft.

Die schuldhafte Verletzung eines Sonderrechts begründet darüber hinaus einen im Wege der Leis- 41 tungsklage geltend zu machenden Schadensersatzanspruch des Gesellschafters.[63]

Das Gericht kann bei Rechtsstreitigkeiten über die Verletzung von Sonderrechten alle Tat- und 42 Rechtsfragen voll nachprüfen.[64]

II. Durchsetzung von Nebenleistungspflichten

§ 3 Abs. 2 GmbHG lässt die Schaffung von **statutarischen Nebenleistungspflichten** für einzelne Ge- 43 sellschafter in weitem Rahmen zu. Diese Pflichten sind zu unterscheiden von rein **schuldrechtlich vereinbarten Nebenabreden** (dazu siehe unten Rdn. 50 ff.). Während statutarische Nebenleistungspflichten nicht vom Gesellschaftsanteil trennbar sind – allerdings erlöschen höchstpersönliche Rechte und Pflichten des Gesellschafters, z. B. Tätigkeit als Geschäftsführer, mit dessen Tod – kann bei rein schuldrechtlichen Verpflichtungen ein Auseinanderfallen von Gesellschaftsanteil und Nebenpflicht eintreten. Möglich ist allerdings die weitere Ausgestaltung/Konkretisierung einer statutarischen Nebenleistungspflicht durch schuldrechtlichen Vertrag.

Die praktische Bedeutung von Nebenleistungspflichten in der GmbH ist groß.[65] Sie können sowohl 44 **Geld- und Sachleistungen** – insbesondere Gebrauchsüberlassung von Sachen – als auch **Handlungen** – insbesondere Geschäftsführung – und Unterlassungen – beispielsweise Wettbewerbsverbote – beinhalten. Nebenleistungspflichten können flexibel gestaltet werden. Sie können **einmalige oder wiederkehrende Leistungen** betreffen, **entgeltlich oder unentgeltlich** ausgestaltet sein, **bedingt oder befristet** sein und brauchen nicht alle Gesellschafter gleichmäßig zu betreffen. Die Verpflichtung zur Erbringung von Geldleistungen ist durch Auslegung des Gesellschaftsvertrages abzugrenzen von der **Einlage** und der **Nachschusspflicht**. Diese Abgrenzung ist insbesondere deshalb wichtig, weil finanzielle Nebenleistungspflichten nicht den strengen Regeln für die Kapitalaufbringung und -erhaltung unterliegen.[66]

Die rechtliche Durchführung/Umsetzung von statutarischen Nebenleistungspflichten richtet sich in 45 erster Linie nach dem Gesellschaftsvertrag. Ergänzend gelten die Regelungen des BGB. Eine **AGB-Kontrolle** findet gemäß § 310 Abs. 4 BGB nicht statt (auch nicht auf einen eventuellen Ausführungsvertrag). Allerdings ist die Bindung an die **gesellschaftsrechtliche Treuepflicht** zu beachten.[67]

Ob die Nebenleistungspflichten auch in der **Insolvenz** der Gesellschaft weiter zu erbringen sind, ist 46 im Einzelfall zu entscheiden. Insoweit kann die Auslegung im jeweiligen Einzelfall dazu führen, dass die Nebenleistungspflicht nur zugunsten der lebensfähigen GmbH besteht.[68]

Statthafte Klageart bei Nichterfüllung von Nebenleistungspflichten ist die Leistungsklage auf Erfül- 47 lung der satzungsmäßigen Pflichten durch die Gesellschaft oder einen anderen Gesellschafter im Wege der **actio pro socio** (dazu siehe oben § 14 Rdn. 37 ff.).[69]

---

62 BGHZ 15, 177 (181); GmbHR 1962, 212 (213); Raiser/Veil § 27 Rn. 9.
63 RG JW 1930, 3473; 38, 1329; Michalski/*Ebbing* § 14 Rn. 91.
64 BGH BB 1956, 481; LG Bonn MDR 1975, 139 (zum Verein).
65 Baumbach/Hueck/*Fastrich* § 3 Rn. 32.
66 Baumbach/Hueck/*Fastrich* § 3 Rn. 36.
67 Michalski/*Michalski* § 3 Rn. 62 f.
68 OLG Brandenburg NZG 2006, 756; Roth/Altmeppen/*Roth* § 3 Rn. 35.
69 Vgl. hierzu Zöllner ZGR 1988, 392 (411).

III. Durchsetzung eines Wettbewerbsverbots

48 Ist in der Satzung der Gesellschaft ein Wettbewerbsverbot für die Gesellschafter enthalten, so stellt sich die Frage, ob diese Verpflichtung nur von der Gesellschaft oder auch von den anderen Gesellschaftern durchgesetzt werden kann. Dabei dürfte es auf den jeweiligen Einzelfall ankommen. Ergibt die Auslegung des **Wettbewerbsverbots**, dass die Verpflichtung nur gegenüber der Gesellschaft besteht, so kann auch nur sie das Verbot und eventuelle Schadensersatzansprüche durchsetzen. Hier kann der Gesellschafter aber u. U. auf dem Weg der actio pro socio vorgehen.

49 Besteht die Verpflichtung aber auch gegenüber den übrigen Gesellschaftern, so können diese bei Verletzung des Wettbewerbsverbots selbst auf Unterlassung und Schadensersatz klagen.[70]

C. Rechte und Pflichten aufgrund schuldrechtlicher Vereinbarung zwischen den Gesellschaftern

50 Zur Regelung des Verhältnisses untereinander treffen die Gesellschafter einer GmbH oft **schuldrechtliche Vereinbarungen** (side letter, shareholder agreement, Konsortialvertrag) neben dem Gesellschaftsvertrag (der Satzung). Diese Vereinbarungen gestalten das Verhältnis der Gesellschafter weiter aus und können z. B. die Voraussetzungen für die Ausübung von Gesellschafterrechten betreffen. Zwar könnten diese Regelungen auch im Gesellschaftsvertrag selbst geregelt werden, dagegen sprechen aus Sicht der Gesellschafter aber gewichtige Gründe, hauptsächlich die **Vermeidung von Publizität**.[71] Der Inhalt des Gesellschaftsvertrages ist über das Handelsregister bzw. elektronisch über das Unternehmensregister für jedermann einsehbar. Weiterhin sprechen eine höhere Flexibilität sowie unter bestimmten Bedingungen **Formfreiheit** für die Verwendung von Nebenabreden.

51 Es besteht Einigkeit darüber, dass solche schuldrechtlichen Nebenvereinbarungen, grundsätzlich zulässig sind.[72] Sie können sich inhaltlich auf (fast) alle Bereiche erstrecken, die für eine GmbH von Bedeutung sind. Häufig anzutreffen sind z. B. die Einräumung von **Vorerwerbsrechten** oder **Andienungspflichten** in Bezug auf die Geschäftsanteile und Konsortial- oder Poolverträge zwischen Gesellschaftern, etwa den Angehörigen eines Familienstamms oder einer Gesellschaftergruppe, zum Zweck der Bündelung der Stimmrechte und Erhaltung des (Mehrheits-) Einflusses auf die Gesellschaft. Ebenso können Regelungen über die **Besetzung der Geschäftsführung und des Aufsichtsrats** getroffen werden.

52 Nebenabreden können grundsätzlich formfrei getroffen werden. Sie bedürfen nicht der notariellen Form und auch keiner Eintragung im Handelsregister, es sei denn sie begründen eine Verpflichtung eines Gesellschafters zur Abtretung eines Geschäftsanteils (§ 15 Abs. 4 GmbHG) oder zur Übertragung eines Grundstücks (§ 311b Abs. 1 BGB). In diesen Fällen ist notarielle Form erforderlich. Selbstverständlich binden sie nur diejenigen Gesellschafter, die Vertragspartner einer solchen Vereinbarung sind. Eine **Änderung der Nebenabrede** bedarf im Unterschied zu einer Änderung der Satzung nicht nur einer 3/4-Mehrheit (§ 53 Abs. 2 GmbHG), sondern Einstimmigkeit.

53 Die rechtliche Beurteilung von Nebenabreden richtet sich nur nach dem BGB. Die Rechtsnatur der Abrede ist im Regelfall als **Innengesellschaft bürgerlichen Rechts** zu qualifizieren.[73]

54 Es besteht keine gesellschaftsrechtliche Bindung. Bei Veräußerung des Anteils geht die schuldrechtliche Nebenvereinbarung auch dann nicht ohne weiteres auf den neuen Gesellschafter über, wenn dieser Kenntnis von ihr hatte. Es bedarf vielmehr einer ausdrücklichen oder zumindest konkludenten Vereinbarung.[74]

---

70 Zöllner ZGR 1988, 392 (412); Baumbach/Hueck/ *Fastrich* § 13 Rn. 38.
71 Scholz/*Emmerich* § 3 Rn. 115.
72 Ständige Rechtsprechung des BGH WM 1965, 1076; NJW 1993, 2246.
73 Ulmer/Habersack/Löbbe/*Ulmer/Löbbe* § 3 Rn. 119.
74 Baumbach/Hueck/*Fastrich* § 3 Rn. 56; Scholz/*Emmerich* § 3 Rn. 119, Ulmer/Habersack/Löbbe/*Ulmer/Löbbe* § 3 Rn. 123.

C. Rechte und Pflichten aufgrund schuldrechtlicher Vereinbarung zwischen den Gesellschaftern § 17

Für die Durchsetzung von Rechten und Pflichten aus schuldrechtlichen Nebenvereinbarungen sind mehrere Vorgehensweisen denkbar. Zum einen kann die Verletzung von Gesellschaftervereinbarungen **Unterlassungs- und Schadensersatzansprüche** (§§ 280 Abs. 1, 281 i. V. m. 708 BGB) auslösen. Darüber hinaus kann der Gesellschafter eine Vertragsstrafe verwirken, wenn eine solche vereinbart wurde. 55

Auf die Wirksamkeit von Gesellschafterbeschlüssen in der GmbH wirkt sich die Verletzung von Gesellschaftervereinbarungen hingegen grundsätzlich nicht unmittelbar aus.[75] 56

Die Gesellschaft selbst ist an Rechtsstreitigkeiten zwischen den Gesellschaftern über Rechte und Pflichten aus schuldrechtlichen Vereinbarungen nicht beteiligt. Das streitige Rechtsverhältnis beschränkt sich auf die Beziehung der Gesellschafter untereinander. 57

Statthafte Klageart ist die Leistungs- bzw. Unterlassungsklage nach § 253 ZPO. **Einstweiliger Rechtsschutz** und **Vollstreckung** richten sich nach den allgemeinen ZPO-Normen. 58

I. Schuldrechtlich vereinbarte Nachschusspflichten mit der GmbH

Nachschusspflichten können auch außerhalb des Gesellschaftsvertrages und außerhalb von § 26 GmbHG auf rein schuldrechtlicher Grundlage zwischen den Gesellschaftern oder zwischen einem Gesellschafter und der Gesellschaft vereinbart werden. Im ersten Fall handelt es sich dabei um einen **echten Vertrag zugunsten Dritter** (§ 328 BGB), nämlich der Gesellschaft. 59

Ist der Vertrag zwischen einem oder mehreren Gesellschaftern und der Gesellschaft geschlossen worden, so klagt die Gesellschaft vertreten durch den Geschäftsführer. Handelt es sich um einen zwischen den Gesellschaftern geschlossenen **echten Vertrag zu Gunsten Dritter**, nämlich der Gesellschaft, kann die Gesellschaft vertreten durch den Geschäftsführer ebenfalls selbst gegen den Gesellschafter klagen. Allerdings besteht auch die Möglichkeit, dass die anderen Gesellschafter im Rahmen der **actio pro socio** (dazu siehe § 14 Rdn. 37 ff.) auf Zahlung an die Gesellschaft klagen. 60

II. Sonstige Ansprüche aufgrund schuldrechtlicher Vereinbarung

Die Klagbarkeit und Vollstreckbarkeit von **Stimmrechtsbindungsverträgen** wird von der Rechtsprechung[76] und Literatur[77] grundsätzlich angenommen. Die Durchsetzung erfolgt im Wege der Leistungsklage, die Vollstreckung nach § 894 ZPO bzw. im Fall der Unterlassung nach § 890 ZPO. In Ausnahmefällen ist auch eine **einstweilige Verfügung**, die einem Gesellschafter die Ausübung seines Stimmrechts entgegen der Stimmbindung aus einer Gesellschaftervereinbarung verbietet, möglich.[78] Eine solche einstweilige Verfügung verstößt auch nicht gegen das Gebot, nicht die Entscheidung der Hauptsache vorwegzunehmen, da sich die beteiligten Gesellschafter durch die Stimmbindungsvereinbarung bereits selbst gebunden haben. 61

Allerdings ist, wie stets im einstweiligen Rechtsschutz, ein besonderes Eilbedürfnis (Verfügungsgrund) erforderlich. Ein solches liegt vor, wenn zu besorgen ist, dass durch eine Veränderung des bestehenden Zustandes die Verwirklichung des Rechtes einer Partei vereitelt wird bzw. wenn eine besonders schwere Beeinträchtigung der gesellschaftsrechtlichen Belange des Antragstellers zu befürchten ist. 62

In der Literatur kontrovers diskutiert[79] aber von der Rechtsprechung aus prozessökonomischen Gründen bejaht[80] wird die Frage, ob gegen Gesellschafterbeschlüsse, die gegen schuldrechtliche Nebenabreden verstoßen, auch im Wege der **Anfechtungsklage** vorgegangen werden kann. Allerdings 63

---

75 Scholz/*Emmerich* § 3 Rn. 120.
76 Grundlegend BGH NJW 1967, 1963; OLG Köln GmbHR 1989, 76; OLG Celle GmbHR 1991, 580; Scholz/*K. Schmidt* § 47 Rn. 55 m. w. N.
77 Scholz/*Emmerich* § 3 Rn. 120.
78 OLG Koblenz NJW 1986, 1692; OLG Stuttgart NJW 1987, 2449; OLG Frankfurt GmbHR 1993, 161.
79 Vgl. nur Ulmer/Habersack/Löbbe/*Ulmer/Löbbe* § 3 Rn. 132.
80 BGH NJW 1983, 1910 (1911); NJW 1987, 1890 (1891).

gilt dies nur, wenn an der schuldrechtlichen Vereinbarung alle Gesellschafter beteiligt waren. In diesem Falle sieht der BGH keinen Grund, »*die vertragswidrig überstimmten Gesellschafter auf den umständlichen Weg einer Klage gegen die Mitgesellschafter zu verweisen, um durch deren Verurteilung zu einer gegenteiligen Stimmabgabe den Beschluss aus der Welt zu schaffen*«.

64 Ergeben sich Schadensersatzansprüche aus der Verletzung von Nebenabreden zugunsten der anderen Gesellschafter oder der Gesellschaft, können diese im Wege der **Leistungsklage** durch die Gesellschaft selbst oder durch Klage eines anderen Gesellschafters auf Zahlung an die Gesellschaft geltend gemacht werden. Gleiches gilt für **verwirkte Vertragsstrafen** (§§ 339 ff. BGB, § 348 HGB).

D. Ansprüche aufgrund der Verletzung von Rechten und Pflichten

65 Wurden die oben aufgeführten Rechte verletzt bzw. Pflichten nicht erfüllt, so richten sich die Schadensersatzpflichten des Verletzten nach den allgemeinen Regeln des BGB (§§ 280 ff. BGB).

I. Durchsetzung von Schadensersatzansprüchen gegenüber der GmbH

66 Streitigkeiten können zum Beispiel um die Rückerstattung rechtswidriger Zuwendungen bzw. unzulässiger Entnahmen entbrennen. Schadensersatzansprüche der Gesellschaft und der Gesellschafter können sich aber auch aus Treuepflichtverletzungen ergeben.

67 Sie sind im Wege der Leistungsklage gemäß § 253 ZPO durchzusetzen. Schadensersatzansprüche gegen die GmbH sind mittels einer Leistungsklage zu verfolgen. Würde die Auszahlung des Schadensersatzes an den Gesellschafter gegen das **Auszahlungsverbot** des § 30 Abs. 1 GmbHG verstoßen, da es zu einer Auszahlung des Stammkapitals führen würde, muss der Geschäftsführer der Auszahlung im Wege der **dolo-agit-Einrede** widersprechen. Die Gesellschaft ist nicht verpflichtet, dem Gesellschafter den Schadensersatz auszuzahlen, da der Gesellschafter nach § 31 Abs. 1 GmbHG verpflichtet wäre, diesen umgehend an die Gesellschaft zurückzuzahlen.[81]

II. Streitigkeiten um die Verletzung von Gesellschafterpflichten (einschließlich des Empfangs verbotener Leistungen, §§ 30, 31 GmbHG)

1. Gesellschafterausschluss

68 Als ultima ratio bei der Verletzung von Gesellschafterpflichten kommt nach herrschender Meinung auch der **Ausschluss eines Gesellschafters** nach § 34 GmbHG in Frage, wenn in seiner Person ein wichtiger Grund gegeben ist, der das Interesse der anderen Gesellschafter, ihn auszuschließen, als legitim erscheinen lässt.[82] Typische Beispiele für einen wichtigen Grund sind schwere bzw. wiederholte Verletzung von Gesellschafterpflichten, die Zerrüttung des Vertrauensverhältnisses und eine rufschädigende Auswirkungen auf die GmbH. Siehe dazu auch § 18 Rdn. 16 ff.

69 Ist in der **Satzung** der GmbH ein Ausschlussrecht vorgesehen, erfolgt die Einziehung grundsätzlich durch Gesellschafterbeschluss nach § 46 Nr. 4 GmbHG und dessen formfreie Mitteilung an den betroffenen Gesellschafter. Für die Beschlussfassung genügt einfache Mehrheit (§ 47 Abs. 1 GmbHG), falls die Satzung nichts anderes bestimmt. Der betroffene Gesellschafter hat grundsätzlich Stimmrecht, außer wenn die Zwangseinziehung aus wichtigem bzw. sonst in seiner Person liegendem Grund erfolgt oder eine Auslegung der Satzung anderes ergibt.[83]

70 Auch wenn die Satzung kein Ausschlussrecht beim Vorliegen eines in der Person des Gesellschafters gegebenen wichtigen Grundes vorsieht, kann dieser ausgeschlossen werden. In diesem Fall ist als

---

[81] Zur Frage der dogmatischen Einordnung dieser temporären Einwendung siehe Ekkenga in Münchener Kommentar, § 30 Rn. 282 f.
[82] RGZ 169, 330, 332 ff.; BGHZ 9, 157 ff. = NJW 1953, 780; BGHZ 16, 317, 322 ff. = NJW 1955, 667; BGH NJW 1999, 3779.
[83] Baumbach/Hueck/*Fastrich* § 34 Rn. 14.

D. Ansprüche aufgrund der Verletzung von Rechten und Pflichten   § 17

Ausschließungsmittel eine Klage erforderlich.[84] Einer solchen Ausschließungsklage muss ein Gesellschafterbeschluss mit 3/4-Mehrheit vorausgegangen sein.[85]

2. Erstattungsanspruch nach §§ 31 Abs. 1, 30 GmbHG

§ 31 Abs. 1 GmbHG gibt der Gesellschaft einen Erstattungsanspruch gegen den Gesellschafter als Rechtsfolge eines Verstoßes gegen das **Auszahlungsverbot** des § 30 GmbHG. Dieser gegen den Gesellschafter, aber durch § 31 Abs. 3 GmbHG auch gegen die Mitgesellschafter, gerichtete Erstattungsanspruch soll dafür sorgen, dass der durch die Auszahlung geminderte Haftungsfonds der Gesellschaft in seinem Wert wieder auf den alten Stand gebracht wird, indem der Gegenstand der Auszahlung wieder ins Gesellschaftsvermögen überführt wird. Dieser Erstattungsanspruch ist ein rein gesellschaftsrechtlicher (Rück-) Einlageanspruch. Ihn kann kein Ausschluss des Anspruchs nach §§ 814, 818 Abs. 3 BGB mindern. Dennoch ist nicht ausgeschlossen, dass neben dem Erstattungsanspruch nach § 31 Abs. 1 GmbHG **weitere bürgerlich-rechtliche Ansprüche** wie z. B. aus ungerechtfertigter Bereicherung nach § 812 BGB bestehen.   71

Der Anspruch ist durch die Gesellschaft zwar abtretbar, verpfänd- und pfändbar[86], eine Ausübungsermächtigung für Gesellschaftsgläubiger entsprechend § 62 Abs. 2 Satz 1 AktG kennt das GmbH-Recht jedoch nicht. Hier kann gegebenenfalls allein die actio pro socio weiterhelfen (s. § 14 Rdn. 37 ff.)   72

Der Erstattungsanspruch richtet sich gegen den Gesellschafter, der die verbotene Auszahlung empfangen hat oder dem die Zuwendung der Gesellschaft an einen Dritten zuzurechnen ist.   73

Strittig ist, ob die Gesellschaft auch von **dritten Zuwendungsempfängern** die Erstattung verlangen kann.[87] Grundsätzlich ist dies mangels einer Anspruchsnorm zu verneinen, ausnahmsweise jedoch zu bejahen, falls der Dritte in qualifizierter Nähe zum Gesellschafter steht.[88] Der Erstattungsanspruch ist im Wege der Leistungsklage geltend zu machen und inhaltlich darauf gerichtet, das Gesellschaftsvermögen in seinem Wert durch Rückführung des Auszahlungsgegenstandes, sei es eine Sachleistung oder sei es eine Geldzahlung, auf den früheren Stand vor der verbotenen Auszahlung zu bringen. Dazu ist das Auszahlungsgeschäft rückgängig zu machen. Gegenstände sind rück zu übertragen, Gesellschaftsverbindlichkeiten aufzuheben, Geldzahlungen zu erstatten. Sollte eine Rückübertragung eines Gegenstandes nicht mehr möglich sein, hat der Gesellschafter den Wert des Auszahlungsgegenstands durch Barzahlung zu ersetzen.   74

Der Anspruch ist durch den Geschäftsführer sofort geltend zu machen. Dies gilt auch, sollte sich in der Zwischenzeit die Unterbilanz der Gesellschaft erledigt haben. Sehr streitig ist, ob – dem BGH folgend[89] – der Erstattungsanspruch entfällt, sobald und soweit die entgegen § 30 GmbHG eingetretene Unterbilanz zeitlich nach der Auszahlung anderweitig nachhaltig wiederhergestellt wird. Zu Recht ist diese Rechtsprechung auf grundsätzliche Kritik gestoßen. Sie gibt dem Geschäftsführer Steine statt Brot und ermuntert die Gesellschafter, die Erfüllung des Erstattungsanspruchs mit dem Argument zu verzögern, die Unterbilanz wäre schon anderweitig nachhaltig wiederhergestellt.   75

Die **Darlegungs- und Beweislast** für eine verbotene Auszahlung nach § 30 GmbHG trifft die Gesellschaft. Einzige Einschränkung ist § 31 Abs. 2 GmbHG, wonach die Erstattung nur insoweit verlangt werden kann, als sie zur Befriedigung der Gesellschaftsgläubiger erforderlich ist, wenn der Empfänger im guten Glauben war.   76

---

84 BGH NJW 1953, 780.
85 BGH NZG 2003, 286.
86 Lutter/Hommelhoff/ *Hommelhoff* § 31 GmbHG Rn. 4.
87 Zum Streitstand Michalski/*Heidinger* § 31 Rn. 22.
88 So auch Michalski/*Heidinger* § 31 Rn. 22
89 BGH ZIP 1987, 1113.

77 Der Empfänger darf weder positiv wissen noch entsprechend § 932 Abs. 2 BGB **grob fahrlässig** verkennen, dass eine verbotene Auszahlung vorliegt. Der gute Glaube des Empfängers bezieht sich also allein auf die Unversehrtheit des Stammkapitals.[90]

78 Hat die Gesellschaft einen durchsetzbaren Erstattungsanspruch gegen den Zahlungsempfänger, kann den Anspruch aber dort nicht verwirklichen, haften die übrigen Mitgesellschafter gem. § 31 Abs. 3 GmbHG subsidiär. Die Gesellschaft trägt die **Beweislast** dafür, dass sie für die Gläubigerbefriedigung auf die Erstattung des Wertes der Auszahlung angewiesen ist und die Erstattung vom Primärschuldner nicht oder voraussichtlich nicht erlangt werden kann.[91] Ob die Solidarhaftung der Mitgesellschafter beschränkt ist, wird unterschiedlich gesehen. Zum einen wird, da es keine Nachschusspflicht des Gesellschafters aus Gesetz gibt, die Solidarhaftung auf die Höhe des Stammkapitals beschränkt. Nach ständiger Rechtsprechung und herrschender Meinung in der Literatur ist die Solidarhaftung auf das Stammkapital ohne Abzug der eigenen Einlage des Mitgesellschafters beschränkt.[92]

79 Jeder Mitgesellschafter haftet pro rata seiner Geschäftsanteile. Fällt ein Mitgesellschafter aus, haben die anderen diesen Ausfall ebenfalls pro rata zu übernehmen. Auf **Gutgläubigkeit** kommt es für die Solidarhaftung nicht an.

80 Die Ansprüche der Gesellschaft **verjähren** im Fall von § 31 Abs. 1 GmbHG in zehn sowie in den Fällen des Absatzes 3 in fünf Jahren (§ 31 Abs. 5 Satz 1 GmbHG). Die Verjährung beginnt mit dem Ablauf des Tages, an welchem die Zahlung, deren Erstattung beansprucht wird, geleistet ist.

81 Eine vom BGH[93] ins Spiel gebrachte Schadensersatzhaftung wegen **schuldhafter Verletzung eigener Gesellschafterkontrollpflichten** ist abzulehnen. Neben der Solidarhaftung aus § 31 Abs. 2 GmbHG ist allein Raum für eine Haftung aus § 826 BGB bei aktiver Beteiligung an fremder Pflichtverletzung mit Vorsatz.[94]

---

90 Michalski/*Heidinger* § 31 Rn. 47 m. w. N.
91 Michalski/*Heidinger* § 31 Rn. 59.
92 BGHZ 150, 61; BGH NJW 2003, 3629, 3632; BGH NZG 2005, 845; Altmeppen ZIP 2002, 961, 963; Blöse GmbHR 2002, 1107; Geißler GmbHR 2003, 394, 399; Bayer FS Röhricht, 2005, S. 25, 37 f.; Görner/Kling GmbHR 2004, 714, 718 f.; Joost GmbHR 1983, 288 ff.; Ulmer/Habersack/Löbbe/*Habersack* § 31 Rn. 55; Rowedder/*Pentz* § 31 Rn 38;; Roth/Altmeppen/*Altmeppen* § 31 Rn 19; Joost GmbHR 1983, 285, 289 f.
93 BGHZ 93, 150.
94 Ulmer/Habersack/Löbbe/*Habersack* § 31 GmbHG, Rn. 59 f.

§ 18 Streitigkeiten bei der Veränderung des Gesellschafterbestandes

Übersicht

	Rdn.
A. **Streitigkeiten bei Hinzutreten eines neuen Gesellschafters**	6
I. Typische Streitfälle beim Anteilserwerb	7
II. Typische Streitfälle bei Erbfolge	11
B. **Streitigkeiten bei Ausscheiden eines Gesellschafters**	12
I. Ausschluss eines Gesellschafters	12
1. Rudimentäre Einzelfallregelungen im GmbHG	14
2. Auflösungsbeschluss und Auflösungsklage	15
3. Ausschließung bei wichtigem Grund (Zwangsausschließung)	16
a) Voraussetzungen	18
b) Einschränkungen des Zwangsausschlusses (ultima ratio Lehre)	19
c) Verfahrensrechtliche Probleme der Zwangsausschließung	23
aa) Gesellschafterbeschluss	24
bb) Ausschließungsklage	30
d) Wirksamkeit der Zwangsausschließung	37
aa) Verfügung über den Anteil	37
bb) Wichtiger Grund	38
cc) Entschädigung/Abfindung	44
dd) Vertragliche Abfindungsregelungen und deren gerichtliche Überprüfung	50
(1) Anfängliches Missverhältnis und anfängliche Unwirksamkeit	53
(2) Nachträgliches Missverhältnis	57
II. Zwangseinziehung von Gesellschaftsanteilen – § 34 Abs. 2 GmbHG	58
1. Einvernehmliche Einziehung	58
2. Sachlicher Grund als Voraussetzung der zwangsweisen Einziehung	59
3. Einschränkungen der Zwangseinziehung	61
4. Verfahren der Zwangseinziehung	64
a) Gesellschafterbeschluss	64
b) Wirkung und Wirksamkeit der Zwangseinziehung	68
III. Zwangsabtretung von Geschäftsanteilen	78
IV. Austritt eines Gesellschafters	80
V. Besonderheiten beim Rechtsschutz	87
1. Rechtsschutz im Zusammenhang mit der Abberufung und Ausschließung	87
a) Nichtigkeitsklage	91
b) Anfechtungsklage	95
c) Prozessuale Besonderheiten bei wechselseitigem Ausschluss	100
d) Zuständigkeiten	102
a) Einstweiliger Rechtsschutz vor Beschlussfassung	110
b) Einstweiliger Rechtsschutz nach Beschlussfassung	115
c) Problem wechselseitiger Verfügungsanträge	117
d) Einstweiliger Rechtsschutz gegen Handelsregistereintragungen bzw. auf Eintragung von Tatsachen im Register	120

1 Streitige Auseinandersetzungen zwischen Gesellschaft und Gesellschaftern sowie zwischen mehreren Gesellschaftern treten meist bei Wechsel im Gesellschafterbestand auf und stellen in der Praxis eine komplexe gesellschaftsrechtliche Sondermaterie dar.

2 Die Führung gerichtlicher Auseinandersetzungen einschließlich der Verfahren des einstweiligen Rechtsschutzes weist darüber hinaus eine Vielzahl prozessrechtlicher Besonderheiten auf, bei deren **Nichtkenntnis gravierende Probleme mit negativen kostenrechtlichen Folgen** auftreten können.

3 Bei der Beratung der Gesellschaften bzw. der Gesellschafter darf nicht außer Acht gelassen werden, dass derartige streitige Auseinandersetzungen sehr häufig den Bestand des Unternehmens an sich gefährden, da die meist wechselseitig gestellten Anträge auf Ausscheiden des Mit-Gesellschafters und/oder Abberufung des Geschäftsführers das unternehmerische Handeln der Gesellschaft völlig blockieren.

4 Vor dem Hintergrund, dass die gesetzlichen Bestimmungen des BGB, HGB und GmbHG nach wohl einhelliger Auffassung für die Regelung einer Vielzahl praktisch relevanter Streitfälle nicht ausreichen[1], wird die Beratung in erster Linie auf die Herbeiführung eindeutiger, klarer und gesell-

---

[1] Zur Lückenausfüllung des GmbH-Rechts durch das Recht der Personengesellschaften siehe: *Fleischer* GmbHR 2008, 1121.

schaftsrechtlich zulässiger Regelungen ausgerichtet sein müssen. Die gerichtliche Realität zeigt, dass teure und in ihrem Ausgang schwer einzuschätzende streitige Auseinandersetzungen häufig die Folge fehlender oder unklarer gesellschaftsvertraglicher Regelungen sind.

5 Die nachfolgenden Ausführungen schildern zunächst die typischen Konstellationen, die zu Streitigkeiten im Zusammenhang mit Änderungen des Gesellschafterbestandes der GmbH führen und stellen dann – ausgehend von dieser Typisierung – die häufigsten und spezifischen Probleme bei gerichtlichen Auseinandersetzungen dar.

In der Praxis spielt darüber hinaus der einstweilige Rechtsschutz gegen die Eintragungen im Handelsregister und in der Gesellschafterliste im Zuge von Änderungen im Gesellschafterbestand der GmbH eine immer bedeutendere Rolle. Durch die Eintragung von Änderungen werden Vorgänge – auch unter dem Blickwinkel von § 15 HGB – perpetuiert, deren Wirksamkeit der Gesellschafter oder/und Geschäftsführer anzweifelt. Aus Sicht der Gesellschaft hingegen ist es zwingend, die Geschäftsführungsbefugnisse mit erkennbarer Außenwirkung sofort zu beenden sowie ein Zutrittsverbot zu Geschäftsräumen, ein Benutzungsverbot von Datenverarbeitungsanlagen, Datenträgern und Dienstfahrzeugen sogleich mit der Abberufung umzusetzen.

A. Streitigkeiten bei Hinzutreten eines neuen Gesellschafters

6 Hier sind die Fälle des Anteilserwerbs und des Eintritts qua Erbfolge, also die Unterfälle von § 15 Abs. 1 GmbHG, besonders praxisrelevant.

I. Typische Streitfälle beim Anteilserwerb

7 Bei **Mängeln der Abtretung** (also des Verfügungsgeschäfts, Mängel des Kausalgeschäfts beeinträchtigen jenes ohnehin grundsätzlich nicht[2]) scheitert eine Rückabwicklung lediglich an schutzwürdigen Interessen der an der Verfügung Beteiligten, ist indes nicht generell ausgeschlossen oder ausschließbar[3].

8 Beim Verfügungsgeschäft (gem. § 15 Abs. 3 GmbHG) sind Abtretungs- und Annahmeerklärung zu beurkunden. Formbedürftig ist insbesondere auch der Kaufpreis[4]; wird ein zu niedriger Kaufpreis beurkundet, so ist das simulierte Geschäft als Scheingeschäft nichtig – § 117 Abs. 1 BGB- und das dissimulierte – § 117 Abs. 2 BGB- nicht beurkundet.

9 Wesentlicher Streitpunkt in der Praxis ist die Höhe des Kaufpreises und/oder die Modalitäten der Erfüllung der Verpflichtung. Das Grundgeschäft wird allgemein als Rechtskauf typisiert.[5] Hieraus folgt, dass keine Sachmängelgewährleistung greift, sondern Rechtsmängelhaftung.[6] Gegenteiliges gilt, wenn es sich um einen Unternehmenskauf handelt.[7] In beiden Varianten gilt § 377 HGB nicht.[8]

10 Zunehmend Bedeutung erlangt die Haftung aus culpa in contrahendo gem. § 311 BGB.[9]

---

2 BGH GmbHR 1993, 106.
3 So zuletzt BGH NJW 2007, 1058. Die Grundsätze der »fehlerhaften Gesellschaft« sind nicht anwendbar – BGH NZG 1990, 1915.
4 RGZ 112, 236.
5 BGH NJW 1980, 2408.
6 h. M. Darstellung des Streitstandes bei Baumbach/Hueck/*Fastrich* GmbHG § 15 Rn. 6.
7 Zur Abgrenzung: Staudinger/*Honsell* § 459 Rn. 8.
8 Koller/Roth/*Morck* § 377 Rn. 3; *Hommelhoff* Die Sachmängelhaftung beim Unternehmenskauf, 1975, S. 118 ff.; *Wunderlich* WM 2002, 981.
9 Typische Konstellationen: BGH NJW 1980, 2408; OLG Hamm GmbHR 1998, 984. s. hierzu auch: *Hübner* BB 2010, 1483; *Weißhaupt* WM 2013,782; *Koppmann* BB 2014,1673.

II. Typische Streitfälle bei Erbfolge

Durch Nachfolgeklauseln, kann die Satzung den endgültigen Verbleib des auf den oder die mehreren Erben übergegangenen Gesellschaftsanteils regeln, mit der Folge, dass die Erben nicht oder nur unter bestimmten Voraussetzungen als Gesellschafter in der Gesellschaft verbleiben können. So kann die Satzung anordnen, dass der Geschäftsanteil vom Erben an eine bestimmte Person, die GmbH, einen der übrigen Gesellschafter oder eine der GmbH genehme Person abzutreten ist.[10] Die Abtretungsverpflichtung hat in aller Regel nur Bestand, wenn eine Abfindung ebenfalls durch Satzung geregelt ist.[11] In der Praxis wird über die Höhe der Abfindung auch bei klaren Regelungen in der Satzung häufig gestritten. Empfehlenswert sind daher Schiedsklauseln zur Berechnung/Bestimmung der Höhe der Abfindung.[12]

11

B. Streitigkeiten bei Ausscheiden eines Gesellschafters

I. Ausschluss eines Gesellschafters

Im GmbHG[13] gibt es keine Norm, die sich zur Zwangs-Ausschließung[14] eines Gesellschafters verhält, was die Folge hat, dass beinahe alle »Regelungen«, die sich mit dem Ausschluss eines Gesellschafters befassen, richter-rechtlicher Natur sind. Das Fehlen einer Kodifizierung macht die Materie unübersichtlich und trägt maßgeblich zu den eingangs erwähnten Schwierigkeiten[15] bei.

12

Leitgedanke der Rechtsprechung ist es, den Konflikt zwischen dem Interesse der Gesellschaft an **optimalem Wirtschaften** und dem Interesse des Gesellschafters am **Erhalt seiner Gesellschafterstellung** zu lösen.

13

1. Rudimentäre Einzelfallregelungen im GmbHG

Im GmbHG sind nur einige Sonderfälle des »Ausschlusses« eines Gesellschafters geregelt.

14

– Gemäß § 21 Abs. 2 GmbHG ist der Gesellschafter, der auch nach Aufforderung und Fristsetzung seine Stammeinlage nicht einzahlt, seines Geschäftsanteils zugunsten der Gesellschaft für verlustig zu erklären (Kaduzierung).
– Zahlt der Gesellschafter einen eingeforderten Nachschussbetrag nicht, kann die Gesellschaft nach § 27 Abs. 1 S. 2 GmbHG dem Gesellschafter gegenüber erklären, dass sie seinen Geschäftsanteil als zur Verfügung gestellt betrachte.
– Im Falle gesellschaftsvertraglich vereinbarter beschränkter Nachschusspflicht gilt nach § 28 Abs. 1 GmbHG die Regelung des § 21 Abs. 2 GmbHG entsprechend, was bedeutet, dass nach Ablauf der gesetzten Einzahlungsfrist der säumige Gesellschafter seines Geschäftsanteils zugunsten der Gesellschaft verlustig zu erklären ist.
– Bedeutsam in der Praxis ist § 34 Abs. 2 GmbHG. Bei entsprechender Regelung im Gesellschaftsvertrag (so diese einer Inhaltskontrolle standhält) kann der Geschäftsanteil gegen den Willen des Gesellschafters eingezogen werden.

---

10 Die generelle Zulässigkeit derartiger Klauseln in Überlagerung des Erbrechts steht außer Streit – vgl. zur Zulässigkeit und Reichweite: BGHZ 92, 386; Baumbach/Hueck/*Fastrich* § 15 Rn. 13; Scholz/*Winter/Seibt* § 34 Rn. 29 ff.; Michalski/*Ebbing* Rn. 27 ff.; *Hörger/Pauli* GmbHR 1999, 945; *Langner/Heydel* GmbHR 2006, 291; zu Nachfolgeregelungen bei der GmbH & Co KG siehe: *Göz* NZG 2004, 345; zuletzt zusammenfassend: *Reimann* ZEV 2014, 521.
11 BGH BB 1977, 564; GroßkommGmbHG/*Winter/Löbbe* § 34 Rn. 16 f.; Scholz/*Winter/Seibt* § 34 Rn. 33 m. w. N.; Lutter/Hommelhoff/*Bayer* § 34 Rn. 11 u Lutter/Hommelhoff/*Bayer* § 34 Rn. 64.
12 *Schmidt* BB 2001, 1857; zur Inhaltskontrolle solcher Klauseln: OLG Celle, Urt. v. 19.12.2007 – 9 U 110/07.
13 Allgemein zu diesem Thema: *Mayer/Elfring* GmbHR 2004, 869 ff.; *Löwe/Thoß* NZG 2003, 1005; *Goette* DStR 2001, 533; *Heckschen* GmbHR 2006, 1254; *Battke* GmbHR 2008, 850; *Bacher/Blumenthal* NZG 2008, 406; *Bacher/Blumenthal* GmbHR 2009, 246; zuletzt zum – bislang weitgehend ungeklärten – Verhältnis zwischen Insolvenz- und Gesellschaftsrecht *Göb* NZI 2014, 948 (»Suhrkamp«).
14 Von manchen auch unklar »Kündigung« genannt.
15 Siehe o. Rdn. 4.

2. Auflösungsbeschluss und Auflösungsklage

15 Ansonsten existieren von Gesetzes wegen nur die Möglichkeit eines Auflösungsbeschlusses nach § 60 Abs. 1 Nr. 2 GmbHG oder der Auflösungsklage nach § 61 GmbHG.

Ein wichtiger Grund für die Auflösung der Gesellschaft im Sinne des § 61 Abs. 1 GmbHG ist gegeben, wenn die **Erreichung des Gesellschaftszwecks** unmöglich wird.

Die Rechtsprechung hat hier eine Typisierung entwickelt und nimmt dies bei einem **tiefgreifenden Zerwürfnis** innerhalb der Gesellschaft an, wenn dadurch eine Verständigung über wesentliche, für die Abklärung des Gesellschaftsvermögens grundlegende Fragen nicht mehr möglich ist[16] oder wenn **die Zerrüttung zweier gleichstarker Gesellschafter** oder Gesellschaftergruppen eine für das Wirtschaften der Gesellschaft **notwendige Willensbildung praktisch unmöglich macht**.[17] Einschränkungen sollen bei einer Zwei-Personen-Gesellschaft insoweit gelten, als der Beklagte der Auflösungsklage auch bei Darlegung eines Zerwürfnisses durch den Kläger darlegt und ggf. beweist, dass ein milderes Mittel zur Verfügung steht.[18]

3. Ausschließung bei wichtigem Grund (Zwangsausschließung)

16 Die erwähnten gesetzlichen Regelungen der Ausschließung eines Gesellschafters aus der GmbH erfassen den praktisch weitaus bedeutsamsten Fall nicht, nämlich dass die Mehrheit der Gesellschafter einen Mit-Gesellschafter ohne explizite Regelung im Gesellschaftervertrag[19] ausschließen möchte. In der Rechtsprechung ist es heute generell anerkannt, dass ein Gesellschafter bei **Vorliegen eines wichtigen Grundes in seiner Person oder in seinem Verhalten oder in den durch ihn gesetzten Umständen** aus der Gesellschaft auch gegen seinen Willen ausgeschlossen werden kann[20] -sog. Zwangsausschließung. In praxi besteht ein Bedürfnis nach dieser gesetzlich nicht geregelten Variante, weil hier im Gegensatz zur Auflösung und Ausschließung der Gesellschaftsanteil desjenigen, der ausgeschlossen ist, erhalten bleibt. Es handelt sich dann zunächst um einen inhaberlosen Anteil, dessen Verfügungsbefugnis die Gesellschaft innehat (s. unten Rdn. 37).

17 Das Ausschließungsrecht aus wichtigem Grund wiederum kann in der Satzung zwar modifiziert, insbesondere verfahrensmäßig erleichtert oder erschwert, aber nicht ausgeschlossen werden.[21] Der BGH[22] hat zudem eine Satzungsregelung für zulässig erachtet, wonach der Gesellschafter im Falle des Ausschlusses schon vor Zahlung der Abfindung (sofort) ausscheidet.

a) Voraussetzungen

18 Zur Bejahung des wichtigen Grundes ist eine **umfassende Beurteilung und Gesamtabwägung** aller wesentlicher Umstände des Einzelfalls erforderlich.[23]

---

16 OLG München, BB 2005, 685; *Knies* GmbHR 2005, 1386
17 OLG Brandenburg, BB 2008, 1868 OLG Naumburg NZG 2012, 1430.
18 OLG Naumburg NZG 2012, 629 (dort abgelehnt für Kündigung lt. Satzung).
19 Zur Wirksamkeit sog. Hinauskündigungsklauseln im Gesellschaftsvertrag (grundsätzlich unwirksam soweit unabhängig von einem »wichtigen Grund«): BGH DStR 2005, 798.; *Grunewald* FS H. J. Priester, 2007, S. 123; *Verse* DStR 2007,1822; *Nassall* NZG 2008, 851.
20 Grundsatzentscheidung in BGHZ 9, 157.
21 OLG Jena, NZG 2006, 36.
22 BGH NJW-RR 2009, 464.
23 Grundlegend hierzu: BGHZ 16, 317; BGHZ 32, 17; BGHZ 80, 346.

b) Einschränkungen des Zwangsausschlusses (ultima ratio Lehre)

Der trotz fehlender Regelung im Gesellschaftsvertrag zulässige Zwangsausschluss eines Gesellschafters darf **nur das äußerste Mittel (ultima ratio)** zur Beseitigung von Störungen im Gesellschaftsverhältnis sein.[24]

19

Mildere Mittel können sein:
- Abberufung des Gesellschafters als Geschäftsführer
- Beschränkung oder Ausschluss des Stimmrechts des Gesellschafters.

Vorrangige Mittel können auch im Gesellschaftsvertrag geregelt sein, so z. B. Einziehung des Geschäftsanteils oder die Verpflichtung, den Geschäftsanteil zu übertragen.

20

Die Zwangsausschließung eines Gesellschafters ist auch dann ausgeschlossen, wenn der Gesellschafter hierdurch von seiner Verpflichtung zur Leistung seiner Einlage befreit würde (Verstoß gegen § 19 Abs. 2 S. 1 GmbHG).

21

Außerdem ist der Zwangsausschluss eines Gesellschafters a priori nicht möglich, wenn die an ihn zu zahlende Entschädigung/Abfindung unter Verstoß gegen § 30 Abs. 1 GmbHG aus dem gebundenen Vermögen der Gesellschaft zu erfolgen hätte.[25]

22

c) Verfahrensrechtliche Probleme der Zwangsausschließung

Das Ausschließungsverfahren ist dreigliedrig und umfasst:
- Gesellschafterbeschluss über die Ausschließung
- Ausschließungsklage und -urteil mit Bestimmung des Abfindungsguthabens
- Verfügung über den inhaberlos gewordenen Geschäftsanteil.

23

aa) Gesellschafterbeschluss

Zur zwangsweisen Ausschließung eines Gesellschafters aus der GmbH ist ein entsprechender Beschluss der Gesellschafter erforderlich und zwar nach h. M. in Anlehnung an § 60 Abs. 1 Nr. 2 GmbHG mit Mehrheit von drei Vierteln der abgegebenen Stimmen.[26] Aus diesem Umstand resultieren in der gerichtlichen Praxis die allergrößten Schwierigkeiten, da die (meist) wechselseitig zur Abstimmung gestellten Ausschließungsanträge wegen fehlender Mehrheiten, verbunden mit der Behauptung, der Ausschluss sei wirksam beschlossen, zu einer tatsächlichen Blockierung der Gesellschaft führen und im Hinblick auf das Wohl der Gesellschaft eine Lösung gefunden werden muss, die ein Funktionieren der wirtschaftlichen Abläufe sicher stellt oder wenigstens erlaubt.[27]

24

Der von der Ausschließung betroffene Gesellschafter hat bei der Beschlussfassung nach allgemeiner Auffassung kein Stimmrecht, da er nicht Richter in eigener Sache sein kann.[28] (analog § 47 Abs. 4 S. 2 GmbHG). Allerdings hat der betroffene Gesellschafter das Recht, an der Gesellschafterversammlung teilzunehmen und seine Sicht der Dinge darzustellen.[29]

25

---

24 Ständige Rechtsprechung seit BGHZ 35, 272 (283).
25 BGHZ 9, 157 (159); neuerdings angezweifelt von *Altmeppen* ZIP 2012, 1685; vertiefend hierzu auch *Priester* ZIP 2012, 658.
26 BGH ZIP 2003, 395; a. A. LG Köln, GmbHR 2000, 141; OLG Köln GmbHR 2001, 110.
27 Diese Zielausrichtung ist Ausfluss der grundsätzlich kapitalbezogenen Struktur und Ausrichtung einer GmbH.
28 OLG München DB 1998, 304; *Lohr* NZG 2005, 551, 559; *Mayer/Elfring*, NZG 2005, 869, 872; *Bacher* GmbHR 2002, 143.
29 OLG München DB 1998, 304 (306).

26 Fehlt es im Prozess an dem Umstand eines Ausschließungsbeschlusses in der Gesellschafterversammlung, erfolgt Abweisung der Klage mit Sachurteil als **unbegründet** (nicht als unzulässig).[30]

27 Streitig ist, ob das Erfordernis einer Beschlussfassung auch bei einer Zwei-Personen-GmbH besteht. Die herrschende Literatur und Teile der Rechtsprechung[31] gehen davon aus, dass ein Gesellschafterbeschluss nicht notwendig ist. Der BGH hat allerdings in einer älteren Entscheidung auch für die Zwei-Personen-GmbH die Notwendigkeit eines Gesellschafterbeschlusses – wenn auch ohne nähere Begründung – für die Erhebung der Ausschlussklage bejaht.[32]

28 Für das Erfordernis einer Beschlussfassung spricht § 48 Abs. 3 GmbHG, der auch in der Ein-Mann-Gesellschaft förmliche Beschlüsse vorsieht. Daher sollte wegen des Erfordernisses, den »sichersten Weg« bei der Beratung zu beschreiten, ein entsprechender Beschluss auch in der Zwei-Personen-GmbH herbeigeführt werden. Nicht zuletzt auch deshalb, weil der nicht stimmberechtigte Gesellschafter zur Versammlung zu laden ist und im Rahmen einer Diskussion das Recht haben muss, den Mitgesellschafter davon zu überzeugen, keine Ausschließung zu betreiben.

Sofern der Gesellschafter seinerseits eine juristische Person ist und ein Organ dieser juristischen Person i. S. von § 47 Abs. 4 GmbHG befangen ist, muss sich die juristische Person die Befangenheit zurechnen lassen, wenn sie unter dem maßgeblichen Einfluss dieses Organs steht.[33]

29 Gesagtes gilt für die Abberufung eines Geschäftsführers entsprechend. § 46 Nr. 5 GmbHG erfordert nach einhelliger Auffassung als körperschaftlicher Akt einen Gesellschafterbeschluss.[34]

bb) Ausschließungsklage

30 Die Erhebung der Klage erfolgt hierbei namens der Gesellschaft durch den Geschäftsführer[35], gegen den Gesellschafter; bei Zweipersonengesellschaften aus Praktikabilitätsgründen auch durch den anderen Gesellschafter[36], was auf mehrgliedrige Gesellschaften wohl nicht übertragbar sein dürfte.[37]

31 Die Versammlung kann analog § 46 Nr. 8 GmbHG auch einen besonderen Prozessvertreter bestellen, wenn wegen Geschäftsführereigenschaft des Gesellschafters ein vergleichbarer Interessenkonflikt bestehen kann.[38]

32 Eine Ausschlussklage ist nur dann entbehrlich, wenn nach Satzung ein Gesellschafterbeschluss als ausreichend statuiert ist.[39]

33 Die örtliche Zuständigkeit richtet sich nach §§ 17,22 ZPO.

34 Der Ausschließungsprozess ist Handelssache kraft der besonderen Vorschrift des § 95 Abs. 2 GVG. Die funktionelle Zuständigkeit liegt deshalb bei der Kammer für Handelssachen. Es wird jedoch vor der Zivilkammer verhandelt, wenn die Klageschrift keinen Antrag iSd. § 96 Abs. 1 GVG enthält und der Gesellschafter als Beklagter keinen Verweisungsantrag nach § 98 Abs. 1 GVG stellt.[40]

---

30 BGHZ 9,177; OLG Düsseldorf GmbHR 99, 543.
31 OLG Jena NZG 2006, 36; OLG München, WM 1982, 1061 (1063); Baumbach/Hueck/*Fastrich*, Anh. 34 Rn. 9; Hachenburg/*Ulmer* Anhang § 34 Rn. 26; *Schneider* FS Kellermann 1991, S. 403; *Wolf*, ZGR 1998; 92(104 f.).
32 BGHZ 16, 317 (322).
33 LG Berlin Urt. v. 10.12.2012 – 99 O 118/11.
34 OLG Nürnberg NZG 2001, 810; *Wolf* ZGR 1998, 92.
35 BGHZ 9, 166; 80, 349; GmbHR 1987, 302; Ulmer/*Ulmer* § 34 Anh. Rn. 22 Scholz/*Winter*/Seibt § 34 Anh Rn. 33; Lutter/Hommelhoff/*Bayer* § 34 Rn. 37; Baum/*Altmeppen* § 60 Rn. 82.
36 *Wolf* ZGR 1998, 105 mwN; a. A. OLG Nürnberg BB 1970, 1371.
37 A. A. Joost ZGR 1984, 80.
38 Ulmer/*Ulmer* § 34 Anh Rn 32; Scholz/*Winter*/Seibt § 34 Anh Rn 34.
39 OLG Stuttgart WM 1989, 1252.
40 So h. M. zuletzt OLG Celle GmbHR 2008, 264; a. A. für ausschließliche Zuständigkeit der KfH mit der Folge einer Abgabe der Sache durch die allgemeine ZK: OLG München GmbHR 2007,1108.

Für einstweilige Verfügungsverfahren gelten gemäß § 937 Abs. 1 ZPO die Zuständigkeitsregeln des Hauptsacheprozesses. 35

In der Praxis tritt im Ausschließungsprozess nicht selten ein Problem auf, wenn der Gesellschafter als Partei des Zivilrechtsstreits gleichzeitig alleiniger Geschäftsführer ist und im Prozess sein Amt niederlegt. Eine GmbH, deren einziger Geschäftsführer sein Amt niedergelegt hat, ist prinzipiell nicht mehr prozessfähig i. S. des § 52 ZPO.[41] Sie hat mit der Amtsniederlegung ihren gesetzlichen Vertreter verloren. In diesen Fällen muss der umständliche Weg der Bestellung eines Prozesspflegers gemäß § 57 ZPO bzw. eines Notgeschäftsführers analog § 29 BGB beim Prozessgericht bzw. beim zuständigen Amtsgericht beschritten werden[42], da die Rechtsprechung -aus kaum nachvollziehbaren Gründen- eine analoge Anwendung des § 35 GmbHG ablehnt. 36

d) Wirksamkeit der Zwangsausschließung

aa) Verfügung über den Anteil

Die Zwangsausschließung des Gesellschafters zieht nicht den Untergang des Geschäftsanteils nach sich, sondern **lediglich den Verlust der Gesellschafterstellung des Gesellschafters**. Durch eine wirksame Ausschließung des Gesellschafters entsteht ein inhaberloser Geschäftsanteil, über den die Gesellschaft zu verfügen hat. Sie kann den Geschäftsanteil einziehen oder auf sich oder einen anderen Gesellschafter oder einen Dritten übertragen.[43] 37

Im Urteil über die Ausschließung ist darüber ausdrücklich zu entscheiden.[44]

bb) Wichtiger Grund

Ein solcher liegt vor, **wenn die Person oder das Verhalten des auszuschließenden Gesellschafters oder die durch ihn gesetzten Umstände die Erreichung des Gesellschaftszweckes erheblich gefährden oder gar unmöglich machen und deswegen der Verbleib des Gesellschafters in der Gesellschaft bei einer Gesamtwürdigung aller Umstände untragbar erscheint.**[45] 38

Bei den häufig anzutreffenden wechselseitigen Ausschließungsklagen gilt im Grundsatz, dass 39
– die Frage des wichtigen Grundes nicht ohne Berücksichtigung der beiderseitigen Verhaltensweisen der Gesellschafter beantwortet werden. Dies gilt bei wechselseitigen Kündigungen auch dann, wenn das vorangegangene Fehlverhalten des kündigenden Gesellschafters nicht so schwerwiegend ist, dass es die fristlose Kündigung seines Mitgesellschafters rechtfertigt.
– die unwirksame fristlose Kündigung eines Gesellschafters nicht als wichtiger Grund für die Kündigung des anderen Gesellschafters bewertet werden darf, ohne dessen vorangegangenes Fehlverhalten in die Gesamtabwägung einzubeziehen und
– dass bei der vorzunehmenden Gesamtwürdigung aller Umstände auch das Verhalten der anderen, die Ausschließung betreibenden Gesellschafter zu berücksichtigen ist, welches das Fehlverhalten des auszuschließenden Gesellschafters in einem derart milderen Licht erscheinen lassen kann, dass es als Ausschlussgrund ausscheidet.[46]

Somit ist ein tiefgreifendes Zerwürfnis zwischen den Gesellschaftern nur dann ein wichtiger Grund zur Ausschließung eines Gesellschafters, wenn es **überwiegend vom auszuschließenden Gesellschafter** verursacht ist, bei den anderen Gesellschaftern nicht ebenfalls Ausschließungsgründe vorliegen 40

---

41 BGH DStR 1993, 770; BGH Beschluss vom 07.12.2006 -IX ZR 257/05.
42 Lutter/Hommelhoff/*Kleindiek* vor § 35 Rn. 13 ff.; Stein/Jonas/*Bork* ZPO, § 57 Rn. 4 m. w. N.; zuletzt: BGH Urt.v. 25.10.2010 – II ZR 115/09.
43 BGHZ 9, 157 (167–168).
44 OLG Jena NZG 2006, 36.
45 BGH GmbHR 1991, 362; Lutter/Hommelhoff/*Bayer* § 34, Rn. 33.
46 BGH WM 1990, 677, 678; zuletzt zur BGB Gesellschaft: BGH NZG 2006,135.

und die Zusammenarbeit in der Gesellschaft unzumutbar geworden ist, insbesondere die Spannung sich auf den Geschäftsbetrieb negativ auswirkt[47].

41 Beispiele für wichtige Gründe in der **Person oder den Umständen** des Gesellschafters:
– Eröffnung eines Insolvenzverfahrens über das Vermögen des Gesellschafters oder Ablehnung des Insolvenzverfahrens mangels Masse[48]; für den Fall der Eröffnung eines Insolvenzverfahrens über das Vermögen eines Gesellschafters sollte die Satzung zusätzlich Regelungen zur Gestaltung der Mitgliedschaftsrechte enthalten.[49]
– Zwangsvollstreckung eines Gesellschaftergläubigers in den Geschäftsanteil, die nicht innerhalb einer festgelegten Zeit abgewendet wird.[50] Gläubiger kann auch ein Mitgesellschafter sein; verspricht die Pfändung aber keinen nennenswerten Erfolg, sondern ist maßgebliches Motiv die Absicht, den Mitgesellschafter aus der Gesellschaft zu drängen, steht die gesellschafterliche Treuepflicht der Beschlussfassung über die Einziehung entgegen.[51]
– Massive finanzielle Unregelmäßigkeiten.[52]
– Verlust einer im Gesellschaftsvertrag festgelegten persönlichen Eigenschaft.[53]

42 Beispiele für wichtige Gründe im **Verhalten** des Gesellschafters:
– Verstoß gegen das Wettbewerbsverbot[54], auch durch Errichtung von Geschäftsräumen in unmittelbarer Nähe der GmbH und Vermietung an ein Konkurrenzunternehmen.[55]
– Täuschendes Verhalten bei Abschluss des Gesellschaftsvertrages.[56]
– Zerstörung oder schwere Störung des gesellschaftlichen Vertrauensverhältnisses, sodass den Mitgesellschaftern die Fortsetzung der Gesellschaft mit dem auszuschließenden Gesellschafter nicht mehr zugemutet werden kann.[57]
– Denunziation eines Mitgesellschafters.[58]
– Wiederholte Erstattung von unrichtigen Strafanzeigen gegen Mitgesellschafter mit verfälschenden Angaben.[59]
– Verursachung eines gesellschaftsbezogenen Zerwürfnisses in besonders schwerwiegenden Fällen, in welchen das Zerwürfnis über den bloßen Streit zwischen den Gesellschaftern hinaus auch schädliche Auswirkungen auf die Gesellschaft hat.[60]
– Sittliche Verfehlungen gegenüber Mitarbeitern der Gesellschaft.[61]
– Unzulässige Privatentnahmen.[62]
– Entzug liquider Mittel der Gesellschaft durch einen Mehrheitsgesellschafter zum Nachteil von Minderheitsgesellschaftern.[63]

---

47 Lutter/Hommelhoff/Bayer § 34, Rn. 33 m. w. N. aus der Rechtsprechung.
48 BGHZ 65, 22.
49 Hierzu s. *Heckschen* ZIP 2010, 1319; zu Einziehung, Zwangsabtretung und Ausschluss in der Insolvenz eines GmbH-Gesellschafters s. *Heckschen* NZG 2010, 521.
50 OLG Hamm DStR 2009, 1771.
51 OLG Hamm GmbHR 2009, 1161.
52 BGHZ 16, 317 (319).
53 BGHZ 9, 157 (159).
54 BGH DStR 1993, 1266.
55 OLG Nürnberg NJW-RR 2001, 403 (404).
56 BGH GmbHR 1987, 302 (303).
57 BGHZ 32, 34 (35); BGHZ 80, 346 (349); OLG Dresden NZG 2001, 809. BGHZ 80, 346 (349); OLG Dresden, NZG 2001, 809.
58 BGH NJW 1969, 794; OLG Hamm GmbHR 1993, 743.
59 OLG Jena NZG 2006, 36.
60 OLG Hamm, GmbHR 1998, 1081 (1083) – zerrüttetes Vertrauensverhältnis reicht nicht.
61 BGHZ 16, 317 (318–319), 323.
62 BGH Z 80, 346 (350).
63 BGH GmbHR 1999, 1194.

- Kriminelle Handlungen gegenüber der Gesellschaft[64], etwa der Versuch eines Betruges[65] sowie die Unterschlagung oder Veruntreuung von Geldern der Gesellschaft.[66]
- Wiederholter Missbrauch der Mehrheitsmacht.[67]
- Nichtvorgehen gegen schwerwiegende Treuepflichtverletzungen anderer Gesellschafter.[68]
- Heimliches Ausspionieren und Speichern der Daten über die Tätigkeit, Tätigkeitszeiten, den e-mail-Verkehr, die Telefonate, den Getränkeverbrauch (wahrscheinlich Alkoholika) eines in der Gesellschaft tätigen Mitgesellschafters über längere Zeiträume (hier über 4 Monate) für eigene, nicht betrieblich veranlasste Zwecke, sowie heimlicher Tonbandmittschnitt von Besprechungen zwischen den Gesellschaftern.[69]
- Eröffnung des Insolvenzverfahrens über das Vermögen des Gesellschafters oder Ablehnung mangels Masse.[70]

Kein wichtiger Grund liegt in der – auch exzessiven- Geltendmachung von Gesellschafterrechten einschließlich einer eigenen Ausschließungsklage gegen andere Mitgesellschafter, es sei denn, dies geschieht aus **Schikane, mutwillig oder in erkennbar gesellschaftsfeindlicher Gesinnung**.[71] Auch die Erstattung einer Strafanzeige soll dann keinen wichtigen Grund darstellen, wenn der Gesellschafter vorab vergeblich versucht hat, die Probleme innergesellschaftlich zu klären, den Sachverhalt sorgfältig geprüft und weder leichtfertig noch wider besseres Wissen gehandelt hat.[72] 43

cc) Entschädigung/Abfindung[73]

In allen Fällen des Ausscheidens eines Gesellschafters aus der Gesellschaft so auch im Rahmen der Zwangsausschließung eines Gesellschafters aus der GmbH steht dem ausscheidenden Gesellschafter **grundsätzlich ein Anspruch auf Entschädigung/Abfindung für den Geschäftsanteil zu**. Dieser Grundsatz folgt letztlich aus § 738 Abs. 1 BGB und ist allgemein anerkannt. Insbesondere kann dem Gesellschafter eine Entschädigung/Abfindung nicht mit der Begründung verwehrt werden, er selbst habe einen wichtigen Grund für seine Ausschließung gesetzt. 44

Die Abfindung darf nicht aus dem gebundenen Vermögen der GmbH (§ 30 GmbHG) gezahlt werden.[74] Besteht in der Gesellschaft **dauerhaft** eine Unterbilanz, ohne dass Überschuldung vorliegt, können die Gesellschafter aufgrund der Treuepflicht gehalten sein, stille Reserven aufzulösen, wenn nur so der Abfindungsanspruch eines ausgeschiedenen Gesellschafters ohne Verletzung des § 30 GmbHG erfüllt werden kann.[75] 45

Maßgeblicher Zeitpunkt für die Berechnung ist hier nach h. M. derjenige der Klageerhebung.[76]

Die Abfindung ist Voraussetzung einer wirksamen Ausschließung und vom Prozessgericht betragsmäßig auszuurteilen. Das Urteil ergeht als bedingtes Gestaltungsurteil unter der **aufschiebenden Be-** 46

---

64 OLG Düsseldorf GmbHR 1999, 543.
65 BGH GmbHR 1987, 302.
66 BGHZ 16, 317.
67 Lutter/Hommelhoff/*Bayer* § 34, Rn. 44.
68 Lutter/Hommelhoff/*Bayer* § 34, Rn. 44.
69 OLG Stuttgart GmbHR 2013, 803 (für eine personalistisch strukturierte Zweipersonen-GmbH).
70 *Heckschen* NZG 2010, 521.
71 OLG Dresden NZG 2001, 809.
72 BGH ZIP 2003, 759.
73 *Geißler* GmbHR 2006, 1173; zur Geltendmachung von Abfindungs- und Auseinandersetzungsansprüchen bei Ausscheiden aus der GmbH & Co.KG s. *Esskandari* GmbHR 2008, 138.
74 Zur Behandlung der Kapitalherabsetzung anlässlich der Abfindung eines lästigen GmbH-Gesellschafters s. *Kussmaul* u. a. GmbHR 2007, 911.
75 BGH ZIP 2006, 703.
76 Baumbach/Hueck/*Fastrich* § 43 Rn 13; m. E. sehr zweifelhaft – eher Zeitpunkt der letzten mündlichen Verhandlung.

dingung rechtzeitiger Zahlung der im Urteil festzusetzenden Abfindung.[77] Es wird unbedingt, wenn der betroffene Gesellschafter die im Urteil bestimmte Abfindung **erhält**. Während der Zwischenperiode hat der betroffene Gesellschafter seine ihm noch verbleibenden Gesellschafterrechte mit Zurückhaltung auszuüben, insbesondere darf er nicht ohne triftigen Grund gegen Maßnahmen stimmen, die seine Vermögensinteressen nicht beeinträchtigen.[78]

47 Die dargestellte Bedingungstheorie ist mit Urteil des BGH vom 24.1.2012[79] für die Zwangseinziehung abgeschafft worden. Es fragt sich, ob dies auch für die Zwangsausschließung gelten soll, d. h. ob der mit wirksamen Beschluss ausgeschlossene Gesellschafter mit Bekanntgabe dieses Beschlusses ausscheidet und »von außen« seine Abfindung durch Aktivklage seinerseits durchzusetzen hat.[80]

Dem ist – zumindest augenblicklich – unter Beachtung des »sicheren Weges« bei der Beratung zur Umsetzung eines Zwangsausschlusses nicht zu folgen. Nicht zuletzt begründet der BGH[81] die Aufgabe der Bedingungstheorie bei der Zwangseinziehung mit der antizipierten Zustimmung zur Einziehung in der Satzung und führt weiter aus: [...] »*ist er* (der von der Zwangseinziehung Betroffene) *weniger schutzwürdig als ein Gesellschafter, der ohne eine solche Bestimmung im Gesellschaftsvertrag ausgeschlossen wird*«.

Der BGH geht also selbst davon aus, dass die Ausschließung sich hinsichtlich der Schutzbedürftigkeit des betroffenen Gesellschafters von der Einziehung unterscheidet. Maßgebliches Kriterium für die Entwicklung der Bedingungstheorie im Jahre 1953 war jedoch die Überlegung, den Gesellschafter, dessen Verfehlungen noch nicht vor Gericht geprüft wurden, nicht einfach durch Mehrheitsbeschluss aus der Gesellschaft entfernen zu können. Dieses Interesse überwiegt bei der Ausschließung mE das Praktikabilitätsinteresse und führt damit für diese Konstellation nach wie vor zu Anwendung der Bedingungstheorie.

Wenig überzeugend ist hierbei das Argument von *Altmeppen*[82], seit 1953 wisse jeder Gesellschafter, dass eine Ausschließung gegen seinen Willen auch ohne Satzungs- und Gesetzesregelung möglich sei. Es macht schon einen Unterschied, ob jemand durch Zustimmung zur Satzung antizipierend sich der Möglichkeit einer Einziehung **willentlich** unterwirft oder ob er nur **wissentlich** in Kenntnis einer richterrechtlichen Regelung Gesellschafter wird.

48 Vorbehaltlich anderer Regelungen im Gesellschaftsvertrag ist die Höhe der Abfindung/Entschädigung nach dem vollen wirtschaftlichen Wert (Verkehrswert) des Geschäftsanteils zu bemessen. Hierunter ist der anteilige Betrag des Preises zu verstehen, den ein Dritter im Zeitpunkt der Klageerhebung als Erwerber des ganzen Unternehmens zahlen würde.[83] Da es für GmbH-Geschäftsanteile keinen kaufpreisbildenden Markt gibt, muss der Wert des Geschäftsanteils und damit die Höhe der Entschädigung/Abfindung durch die Bewertung des Unternehmens ermittelt werden. Für die Unternehmenswertermittlung hat die Rechtsprechung keines der existierenden Verfahren als allein und uneingeschränkt maßgeblich angesehen. Jedoch geht die überwiegende Rechtsprechung davon aus, dass die Ertragswertmethode im Regelfall angebracht ist.[84] Die absolute Wertuntergrenze bildet der Liquidationswert. Eine Regelung der Abfindung nach Ertragswert ist jedenfalls dann unwirksam, wenn der Liquidations-/Substanzwert deutlich höher ist.[85]

---

77 Seit BGH NJW 1953, 780; OLG Stuttgart WM 1989, 1252; Baumbach/Hueck/*Fastrich* Anhang § 34 Rn. 8.
78 Anerkannt seit BGHZ 88, 320 (328).
79 BGH Urt. v. 24.01.2012 – II ZR 109/11.
80 So *Altmeppen* ZIP 2012,1685 (1693 f.);
81 BGH Urt. v. 24.01.2012 – II ZR 109/11.
82 *Altmeppen* ZIP 2012,1685 (1694).
83 BGHZ 16, 317,322; BGHZ 116, 359 (370).
84 Vgl. nur BGH NJW 1985, 192; OLG Düsseldorf DB 1988, 1109; OLG Köln, GmbHR 1998, 641; OLG Stuttgart ZIP 2004, 1145.
85 BGH ZIP 2006, 851.

B. Streitigkeiten bei Ausscheiden eines Gesellschafters   § 18

Zwischenzeitlich als ungeeignet anzusehen ist die Anteilsbewertung nach dem sogenannten Stuttgarter Verfahren.[86] Ist bei Verweisung auf dieses Verfahren in der Satzung eine Satzungsänderung vor Eintritt des Abfindungsfalls nicht mehr möglich, ist die Regelung nach Treu und Glauben auszulegen. **49**

Zur Wirksamkeit einer sog. Russian-Roulette-Klausel, Shoot out-/Texan Shoot-out-Klausel:

Denkbar sind auch Abfindungsregelungen in Gesellschaftsverträgen, nach denen der ausscheidende Gesellschafter verpflichtet ist, seine Beteiligung der Gesellschaft oder den anderen Gesellschaftern zu einem bestimmten Preis anzubieten; Sollten diese das Angebot nicht binnen einer festgelegten Frist annehmen, sind sie wiederum verpflichtet, dem Ausscheidenden ihre Anteile zu demselben Preis anzubieten und der Ausscheidende ist verpflichtet, dieses Angebot anzunehmen. Solche Regelungen sollen zumindest in der zweigliedrigen GmbH mit je hälftiger Beteiligung der Gesellschafter nicht per se unwirksam sein[87]. Nicht zu verkennen ist jedoch, dass solche Regelungen von vorn herein leerlaufen, wenn die Gesellschafter nicht über ausreichende Mittel verfügen. Missbräuchlich können solche Regelungen sein bei stark unterschiedlichen wirtschaftlichen Verhältnissen oder stark unterschiedlichen Beteiligungshöhen.

dd) Vertragliche Abfindungsregelungen[88] und deren gerichtliche Überprüfung

Grundsätzlich haben die Gesellschafter im Rahmen der Satzungsautonomie die Möglichkeit, die Entschädigung/Abfindung im Gesellschaftsvertrag zu regeln (so der Höhe nach und/oder bzgl. der Zahlungsmodalitäten durch Ratenzahlung) und somit auch einzuschränken.[89] Derartige Beschränkungsregelungen unterliegen jedoch der **Überprüfung durch die Rechtsprechung unter dem Aspekt des § 138 BGB**.[90] **50**

Die Rechtsprechung überprüft die die Abfindung beschränkenden Klauseln daraufhin, ob sie wegen eines **erheblichen Missverhältnisses** von vertraglicher und gesetzlicher Abfindung oder als Verstoß gegen das Verbot einer unzulässigen Kündigungsbeschränkung (§§ 723 Abs. 3 BGB, 133 Abs. 3 HGB) als Verstoß gegen die guten Sitten nach § 138 BGB oder als unzulässige Gläubigerbenachteiligung (etwa bei Klauseln, die die Abfindung nur für den Fall der Pfändung eines Geschäftsanteils oder der Insolvenz des Gesellschafters beschränken) anzusehen und daher nichtig sind.[91] **51**

Im Prozess ist maßgeblich, ob das erhebliche Missverhältnis zwischen vertraglichem Abfindungsanspruch und gesetzlicher Abfindung bereits bei Vereinbarung der Abfindungsklausel gegeben war oder ob es erst nachträglich eingetreten ist. **52**

(1) Anfängliches Missverhältnis und anfängliche Unwirksamkeit

Eine Klausel, nach der der Gesellschafter seine Abfindung in drei Raten erst nach fünf, acht und zehn Jahren erhalten sollte, ist sittenwidrig[92], da eine so lange Zwangsfinanzierung der Gesellschaft durch den ausgeschiedenen Gesellschafter unangemessen ist. Für Prolongierungen der spätestens mit rechtskräftigem Urteil fälligen, vollständigen Zahlung der Abfindung sind in der Regel Zeiträume zwischen **fünf und sieben Jahren** anzuerkennen.[93] **53**

---

86 OLG Köln GmbHR 1998, 641; *Moog/Schweizer* GmbHR 2009, 1198 ff.
87 OLG Nürnberg ZIP 2014, 171; dazu *Schmolke*, ZIP 2014, 897 ff
88 Zur steuerrechtlichen Thematik: *Klose* GmbHR 2010, 300 ff.; *Neumayer/Imschweiler* DStR 2010, 201.; *Krumm* NJW 2010, 187; *v. Meegen/Boßmann* DStR 2010, 262. Zur Auswirkung der Erbschaftsteuerreform auf gesellschaftsvertragliche Abfindungsklauseln s. *Casper/Altgen* DStR 2008, 2319 und *Milatz/Kämper* GmbHR 2009, 470.
89 Zu Abfindungsbeschränkungen in Gesellschaftsverträgen siehe auch *Mecklenbrauck* BB 2000, 2001.
90 BGH ZIP 2000, 1294; BGH BB 2002, 216.
91 BGHZ 116, 359, 364 ff.; OLG Düsseldorf, BB 2005, 291.
92 OLG Dresden NZG 2000, 1042.
93 Lutter/Hommelhoff/Bayer § 34, Rn. 52.

54 Unter § 138 BGB wird subsumiert, wenn die Abfindungsregelung **grob unbillig** ist, weil die mit ihr verbundene Beschränkung des Mittelabflusses vollkommen außer Verhältnis zu einer im Interesse der Gesellschaft notwendigen Beschränkung steht und der wirtschaftliche Wert des Anteils den vertraglichen Abfindungsbetrag erheblich, möglicherweise um ein Vielfaches übersteigt[94]. Abgrenzungskriterium ist **Willkür d. h. das Fehlen eines sachlichen Rechtfertigungsgrundes**. So wurde eine Klausel als sittenwidrig angesehen, die die Abfindung auf die Hälfte des Buchwertes festsetzte.[95]

55 Die Rechtsfolge eines anfänglichen Missverhältnisses ist, dass die betreffende Klausel sittenwidrig und damit nach § 138 BGB nichtig ist. Folglich steht dem betroffenen Gesellschafter der gesetzliche Abfindungsanspruch zu, der analog § 738 Abs. 1 BGB zu ermitteln ist.

56 Allerdings gilt hier nach BGH § 242 Abs. 2 AktG analog, was bedeutet, dass die Sittenwidrigkeit drei Jahre nach Eintragung ins Handelsregister nicht mehr geltend gemacht werden kann; nach Fristablauf soll der eigentlich missbilligte Satzungstext gelten.[96] Dies ist mE. zumindest insofern zu modifizieren, als bei Eintritt eines Neugesellschafters die Frist erst mit Beginn der Gesellschafterstellung anläuft.

(2) Nachträgliches Missverhältnis

57 War die im Gesellschaftsvertrag festgelegte Abfindung ursprünglich angemessen und ist das Missverhältnis zwischen Anteilswert und gesellschaftsvertraglicher Abfindungshöhe erst im Lauf der Zeit aufgrund einer positiven Entwicklung der Gesellschaft entstanden, bleibt die ehemals gültige Abfindungsklausel auch weiterhin gültig.[97] Hier nimmt die Rechtsprechung allerdings eine **Anpassung** der Abfindungsklausel im Wege der **ergänzenden Vertragsauslegung** vor.[98]

II. Zwangseinziehung von Gesellschaftsanteilen – § 34 Abs. 2 GmbHG[99]

1. Einvernehmliche Einziehung

58 Die Einziehung (Amortisation) von Geschäftsanteilen richtet sich, anders als die Ausschließung eines Gesellschafters, nicht gegen die Person des Gesellschafters an sich, sondern erfasst den Geschäftsanteil als solchen, indem sie dessen Vernichtung bedeutet und somit zum Verlust der Gesellschafterrechte des Gesellschafters führt

2. Sachlicher Grund als Voraussetzung der zwangsweisen Einziehung

59 Für die Zwangseinziehung des Geschäftsanteils, d. h. die Einziehung gegen den Willen des betroffenen Gesellschafters ist nach § 34 Abs. 2 GmbHG erforderlich, dass die Voraussetzungen der Einziehung vor dem Zeitpunkt, in welchem der betroffene Gesellschafter den Geschäftsanteil erworben hat, im Gesellschaftsvertrag als »sachlicher Grund« festgesetzt waren. Eine Satzungsregelung, die die Zwangseinziehung eines Geschäftsanteils nach freiem Ermessen ermöglicht, ist unwirksam, weil die dadurch gegebene jederzeitige Ausschlussmöglichkeit einzelner Gesellschafter die freie Willensbildung innerhalb der Gesellschaft nachteilig beeinflussen kann.[100] Auch eine nur leicht fahrlässige Pflichtverletzung des Gesellschafters ist kein ausreichender sachlicher Grund für die Zwangseinziehung. Eine solche Satzungsregelung wäre nach § 138 BGB nichtig.[101]

---

94 BGHZ 116, 359 (376).
95 BGH GmbHR 1989, 508.
96 BGHZ 116, 359 (368); BGHZ 144, 365 (367); dazu: *Geißler* NZG 2006, 527.
97 BGHZ 126, 233 (241).
98 BGHZ 144, 365 (369).
99 *Zeilinger* GmbHR 2002, 772; Formulierungsvorschläge bei: *Fromm* GmbHR 2005, 1477.
100 BGHZ 112, 103 (107).
101 OLG Brandenburg GmbHR 2006, 204.

B. Streitigkeiten bei Ausscheiden eines Gesellschafters § 18

Der Bundesgerichtshof hat **nachträgliche**, also nach dem Zeitpunkt des Geschäftsanteilserwerbs 60
durch den betroffenen Gesellschafter erfolgende Regelungen der Voraussetzungen für die Zwangseinziehung als zulässig erachtet, wenn der entsprechenden Änderung des Gesellschaftsvertrages alle Gesellschafter zugestimmt haben.[102] Streitig ist hier, ob Einstimmigkeit zu fordern ist[103] oder Dreiviertelmehrheit ausreicht.[104]

Eine Zwangseinziehung ohne Erwähnung in der Satzung ist nach ganz hM nicht möglich.[105]

3. Einschränkungen der Zwangseinziehung

Die Einziehung von Geschäftsanteilen stellt, ebenso wie der Zwangsausschluss, die **ultima ratio** dar. 61
Sie ist dann nicht gerechtfertigt, wenn zur Behebung der Störung des Vertrauensverhältnisses ein milderes Mittel ausgereicht hätte.[106]

Die (Zwangs-)Einziehung von Geschäftsanteilen darf nicht im Widerspruch zu den im GmbH- 62
Recht bestehenden Grundsätzen der Aufbringung und der Erhaltung des Stammkapitals stehen. Nach § 19 Abs. 2 S. 1 GmbHG kann ein Gesellschafter von der Verpflichtung zur Leistung seiner Einlage nicht befreit werden. Da die Einziehung den Geschäftsanteil insgesamt und damit alle im Zusammenhang stehenden Rechte und Pflichten vernichtet, würde eine Einziehung eines Geschäftsanteils, auf den die Stammeinlage noch nicht in vollem Umfang eingezahlt ist, den betreffenden Gesellschafter von seiner Einlagenverpflichtung befreien, was nach § 19 Abs. 2 S. 1 GmbHG nicht zulässig ist. Folglich kommt eine Einziehung eines Geschäftsanteils nur in Betracht, wenn der Geschäftsanteil voll eingezahlt ist.

Mit der Einziehung des Geschäftsanteils erwirbt der betroffene Gesellschafter einen Anspruch auf 63
Entschädigung/Abfindung gegen die Gesellschaft. Nach § 30 Abs. 1 S. 1 GmbHG darf das zur Erhaltung des Stammkapitals erforderliche Vermögen der Gesellschaft an die Gesellschafter nicht ausgezahlt werden. Folglich muss bei der Einziehung eines Geschäftsanteils, und zwar zum Zeitpunkt der Einziehungserklärung gegenüber dem betroffenen Gesellschafter[107] sichergestellt sein, dass die dem betroffenen Gesellschafter zustehende Entschädigung/Abfindung vollständig aus dem ungebundenen Vermögen der GmbH gezahlt werden kann – §§ 34 Abs. 3, 30 Abs. 1 GmbHG. Steht bereits bei der Beschlussfassung über die Einziehung eines Geschäftsanteils fest, dass eine sofort fällige Entschädigung des Gesellschafters ganz oder teilweise nur aus dem gebundenen Vermögen der GmbH erbracht werden kann und stellt der Einziehungsbeschluss nicht zugleich klar, dass eine Zahlung nur bei Vorhandensein ungebundenen Vermögens erfolgen darf, so ist bereits der Einziehungsbeschluss insgesamt nichtig.[108] In diesen Fällen kommt nur die Zwangsabtretung in Betracht.

Am 24.1.2012[109] hat der BGH aber auch entschieden, dass die Gesellschafter, die den Einziehungsbeschluss gefasst haben, dem ausgeschiedenen Gesellschafter persönlich anteilig haften, wenn sie nicht dafür sorgen, dass die Abfindung aus dem ungebundenen Gesellschaftsvermögen gezahlt werden kann, oder sie die Gesellschaft nicht auflösen. Obwohl auch in der Begründung dieser Entscheidung die vorgenannte Nichtigkeitsfolge bei Eingriff in das Stammkapital genannt wird, wird in der Literatur nun als fraglich diskutiert, ob am Erfordernis des ausreichenden ungebundenen Vermögens für die Wirksamkeit des Einziehungsbeschlusses noch festzuhalten ist.[110]

---

102 BGHZ 116, 359 (363).
103 H. M. wegen § 53 Abs. 3 GmbHG; BGHZ 112,103.
104 § 53 Abs. 2 GmbHG.
105 Zweifelnd *Altmeppen* ZIP 2012,1685.
106 KG NZG, 2008, 790; OLG Rostock GmbHR 2013,752.
107 *Scholz* GmbHG, § 34 Rn. 38 a. E.
108 BGH ZIP 2000,1294; erneut BGH ZIP 2009, 314; BGH ZIP 2012, 422; zur Abfindung lästiger Gesellschafter s. *Kußmaul* u. a., GmbHR 2007, 911.
109 BGH ZIP 2012, 422.
110 Nach (noch) hM bejaht: *Priester* ZIP 2012, 658; *Altmeppen* ZIP 2012, 1685; *Schockenhoff* NZG 2012, 449.

4. Verfahren der Zwangseinziehung

a) Gesellschafterbeschluss

64 Nach § 46 Nr. 4, 2.Alt. GmbHG unterliegt die Einziehung von Geschäftsanteilen der Bestimmung der Gesellschafter.

65 Nach wie vor nicht endgültig geklärt ist die Frage, ob der Inhaber des einzuziehenden Geschäftsanteils nach § 47 Abs. 4 GmbHG bei der Beschlussfassung über die Einziehung kein Stimmrecht hat. Grundsätzlich geht der BGH davon aus, dass das Stimmverbot des § 47 Abs. 4 GmbHG nicht für Beschlüsse über innergesellschaftliche Angelegenheiten gilt, wozu er auch die Einziehung eines Geschäftsanteils zählt.[111] Diese Auffassung ist mE nicht haltbar – es besteht ein Mitstimmverbot analog § 47 Abs. 4 S. 2 GmbHG.[112]

66 Jedenfalls ist davon auszugehen, dass der von der Zwangseinziehung betroffene Gesellschafter dann mit dem Stimmrecht nach § 47 Abs. 4 S. 2 GmbHG ausgeschlossen ist, wenn die Zwangseinziehung aus einem **wichtigen, in seiner Person liegenden Grund** erfolgt.[113]

67 Der Gesellschafterbeschluss über die Zwangseinziehung bedarf zu seiner Wirksamkeit des Zugangs einer Einziehungserklärung als einseitige empfangsbedürftige Willenserklärung im Sinne des § 130 Abs. 1 S. 1 BGB.

b) Wirkung und Wirksamkeit der Zwangseinziehung

68 Die Einziehung bewirkt, dass der eingezogene Geschäftsanteil vernichtet wird. Gleichzeitig gehen alle mit dem eingezogenen Geschäftsanteil verbundenen Rechte und Pflichten unter. Der Gewinnauszahlungsanspruch des GmbH-Gesellschafters entsteht erst mit der Feststellung des Jahresabschlusses und mit der Beschlussfassung über die Gewinnverwendung. Wird der Geschäftsanteil wirksam eingezogen, bevor der Jahresabschluss eines zurückliegenden Geschäftsjahres festgestellt und über die Gewinnverwendung beschlossen ist, kann der von der Einziehung des Geschäftsanteils betroffene Gesellschafter einen Gewinnauszahlungsanspruch auch für die Geschäftsjahre nicht mehr erwerben, in denen er noch Gesellschafter war.[114]

69 Streitig war bis vor kurzem, ob dem Einziehungsbeschluss gleichzeitig ein Anpassungsbeschluss hinsichtlich der Summe der Nennbeträge erfolgen muss. Denn die Einziehung bewirkt[115], dass das Stammkapital der Gesellschaft einerseits und die Summe der Nennbeträge der verbliebenen Geschäftsanteile andererseits auseinanderfallen.

Nach der Neuregelung in § 5 Abs. 3 S. 2 GmbHG durch das MoMiG muss die Summe der Nennbeträge aller Geschäftsanteile mit dem Stammkapital der Gesellschaft übereinstimmen. Nun hat der **BGH**[116] die für die Praxis relevante Frage entschieden: Die fehlende Anpassung macht den Einziehungsbeschluss nicht nichtig. Zur Begründung hat der BGH ausgeführt, dass mit der durchgängigen Wortlautänderung von »Stammeinlage« auf »Geschäftsanteil«, so auch in § 5 Abs. 3 S. 2 GmbHG keine materiellrechtliche Änderung bezweckt und eingetreten sei, der Gläubigerschutz nicht berührt sei und ein praktisches Bedürfnis nicht bestehe, weil den verbleibenden Gesellschaftern der Beteiligungswert des eingezogenen Anteils wirtschaftlich anwachse und sie daher die Anpassung auch später noch beschließen könnten.

---

111 BGH GmbHR 1977, 81.
112 So auch: OLG Düsseldorf, Urteil vom 24.02.2000 – 6 U 77/99; OLG Thüringen, GmbHR 2002, 115; OLG Hamm, BB 2003, 438.
113 *Lohr* NZG 2005, 551, 559; *Mayer/Elfring* GmbHR 2005, 869; zum Stimmverbot siehe im Übrigen auch: *Bacher* GmbHR 2002, 143.
114 BGH DStR 1998, 1688 mit Anmerkung *Goette*.
115 Sieh o. Rdn. 68.
116 BGH Urt. v. 02.12.2014, Az. II ZR 322/13.

Auch im Fall der Zwangseinziehung hat der betroffene Gesellschafter einen Anspruch auf Entschä- 70
digung/Abfindung für den verlorenen Geschäftsanteil, der mangels anderer Regelung im Gesellschaftsvertrag nach dem vollen wirtschaftlichen Wert des Geschäftsanteils zu bemessen ist.[117]

In seiner jüngst ergangenen Entscheidung hat der BGH nunmehr klargestellt, dass die Einziehung 71
mit der Mitteilung des Beschlusses an den betroffenen Gesellschafter und nicht erst mit der Leistung der Abfindung wirksam wird, wenn ein Einziehungsbeschluss weder nichtig ist noch für nichtig erklärt wird.[118]

Die Gesellschafter, die den Einziehungsbeschluss gefasst haben, haften dem ausgeschiedenen Gesell- 72
schafter nach Ansicht des BGH[119] anteilig, wenn sie nicht dafür sorgen, dass die Abfindung aus dem ungebundenen Vermögen der Gesellschaft geleistet werden kann, oder sie die Gesellschaft nicht auflösen.

Leider ist in den Gründen auch nicht ansatzweise beschrieben, wie diese Haftung dogmatisch kons- 73
truiert sein soll und wen sie eigentlich trifft. Deshalb ist das Haftungsregime nach Aufgabe der Bedingungstheorie bei der Zwangseinziehung nicht geklärt und es ergeben sich folgende Fragestellungen:

Haften die Gesellschafter nur, wenn nicht genügend ungebundenes Gesellschaftsvermögen vorhan- 74
den ist oder auch dann, wenn die Abfindung aus sonstigen Gründen nicht gezahlt wird? Wohl wegen des Verweises in § 34 Abs. 3 GmbHG auf § 30 Abs. 1 GmbHG kommt eine Haftung nur bei nicht ausreichendem ungebundenem Vermögen in Betracht.[120]

Haften nur die Gesellschafter persönlich, die für die Einziehung gestimmt haben, oder auch die Be- 75
schlussgegner oder abwesende Gesellschafter? Hier wird vertreten, dass nur die der Einziehung zustimmenden Gesellschafter haften, weil nur ihnen ein Vermögensvorteil verbleibe, denn die die Abfindung zahlenden Gesellschafter erwürben einen (durch Wiederherstellung ausreichenden Vermögens der Gesellschaft aufschiebend bedingten) kondiktionsrechtlichen Rückgriffsanspruch gegen die Gesellschaft.[121]

Haften gar alle Gesellschafter (auch die nicht zustimmenden oder abwesenden), haben aber wegen 76
der Mehrbelastung ihrerseits ein außerordentliches Kündigungsrecht?[122]

Zudem fragt sich, ob die Gesellschafter, die die Abfindung zahlen, einen Ausgleichsanspruch haben 77
und wenn ja, gegen wen. Ein Anspruch gegen die Gesellschaft ist unbefriedigend, da das Gesellschaftsvermögen regelmäßig aufgezehrt sein dürfte[123].

Ein (bereicherungsrechtlicher) Ausgleichsanspruch gegen die Mitgesellschafter, die ihre anteilige Abfindungszahlung nicht erbracht haben, wäre denkbar und zwar in Höhe deren Beteiligungswertzuwachses. Alternativ könnte man an einen Anspruch des leistenden Gesellschafters auf Übertragung einer entsprechenden Beteiligungsquote durch die übrigen denken.

Erwägenswert wäre andererseits auch ein Ausgleichsanspruch nach § 426 Abs. 2 BGB. Dann aber müssten die Gesellschafter in Bezug auf die Abfindung an den ausscheidenden Gesellschafter Gesamtschuldner sein. Hier bestehen deshalb Zweifel, da sich die Haftung nach den Regeln der Kapitalaufbringung bzw. -erhaltung gem. §§ 31 Abs. 3, 24 GmbHG richten dürfte. Eine Konstruktion der

---

117 Lutter/Hommelhoff/*Bayer* § 34, Rn. 49.
118 NZG 2012, 259, aA bisher: OLG Frankfurt NJW-RR 1997, 612 f.; OLG Zweibrücken, GmbHR 1997, 939, 942; OLG Hamm, NZG 1999, 597, 598; OLG Köln, NZG 1999, 1222; KG GmbHR 1999, 1202, 1203 f.; OLG Schleswig, NZG 2000, 703, 704 f.; OLG Dresden, GmbHR 2001, 1047, 1048; OLG Düsseldorf, ZIP 2007, 1064.
119 So Leitsatz 2 BGH NZG 2012, 259.
120 So auch *Altmeppen* ZIP 2012, 1685.
121 *Klöckner* GmbHR 2012, 1325; *Altmeppen* NJW 2013, 1025; *Schockenhoff* NZG 2012, 449; *Gubitz/Nikoleyczik* NZG 2013, 727.
122 *Altmeppen* ZIP 2012, 1685.
123 Hierzu eingehend: Grunewald GmbHR 2012, 769.

Innenhaftung über ein *gesamtschuldähnliches* Verhältnis wäre dadurch allerding wohl nicht ausgeschlossen.[124]

III. Zwangsabtretung von Geschäftsanteilen

78 Anstelle der Zwangseinziehung oder wahlweise kann der **Gesellschaftsvertrag** der GmbH auch vorsehen, dass der betroffene Gesellschafter seinen Geschäftsanteil an die GmbH oder einen Dritten unter bestimmten Voraussetzungen abzutreten hat.[125]

79 Für die Abtretung bedarf es der **Abtretungserklärung** des betroffenen Gesellschafters gegenüber der Gesellschaft. Die Satzung kann den dinglichen Übergang des Geschäftsanteils auf den Erwerbsberechtigten aufschiebend bedingt und formwirksam festlegen. Im Falle einer entsprechenden Satzungsregelung kann die Abtretung aber auch unabhängig von der Zahlung einer Abfindung sofort wirksam sein.[126]

IV. Austritt eines Gesellschafters[127]

80 Im GmbHG fehlt jegliche Regelung, nach welcher ein Gesellschafter das Gesellschaftsverhältnis ordentlich kündigen und/oder aus der Gesellschaft austreten kann. Dies ist demnach ohne Vorliegen eine »wichtigen Grundes« nur denkbar, wenn die Satzung sich dazu verhält.[128]

81 Solche Regelungen können z. B. vorsehen, dass der Geschäftsanteil des kündigenden Gesellschafters nach Wahl der Gesellschaft eingezogen wird oder dass er auf einen anderen Gesellschafter oder einen Dritten zu übertragen ist. In einem solchen Fall steht dem kündigenden Gesellschafter bei Verzögerung der Wahl der Gesellschaft nicht die Auflösungsklage, sondern die Klage gegen die Gesellschaft auf Einziehung des Geschäftsanteils oder Benennung der übernahmewilligen Person zu.[129]

82 Jedenfalls auch ohne gesellschaftsvertragliche Regelung möglich ist die außerordentliche Kündigung eines Gesellschafters und sein Austritt aus wichtigem Grund.[130]

83 **Als wichtige Gründe für Austritt** werden angesehen:
– Änderung der tatsächlichen oder wirtschaftlichen Verhältnisse durch nicht zumutbare Maßnahmen der Gesellschaft.[131]
– Grundlegende Umgestaltung der Gesellschaft in ihrer Struktur und Ausrichtung.[132]
– Schwerwiegende Beeinträchtigung der wirtschaftlichen Existenz durch belastende Nebenleistungspflichten.[133]

84 **Nicht als wichtiger Grund für Austritt** wird hingegen angesehen:
– Weigerung der Mehrheit, Gewinne auszuschütten[134], solange es sich nicht um ein »krass treuwidriges Aushungern« handelt.[135]
– Verzögerung der gesetzlich vorgegebenen Rechnungslegung.[136]

---

124 Die Gesellschafter würden dann »wie Gesamtschuldner« haften – MüKo AktG/*Altmeppen* AktG § 309 Rn. 152.
125 Eingehend hierzu: *Bacher/v.Blumenthal* NZG 2008,406 mit Formulierungsvorschlägen.
126 BGH ZIP 2003,1544.
127 *Müller* ZIP 2006, 1050.
128 Im Einzelnen ist Vieles streitig, so bereits ob auch hier die ultima ratio Lehre gilt. Zum Streitstand: Baumbach/Hueck/*Fastrich* Anh. § 34 Rn. 15 m. w. N.; OLG München DB 1990, 473.
129 OLG Koblenz ZIP 2005, 1873.
130 BGHZ 9, 157 (162).
131 RGZ 128,16.
132 *Röhricht* FS Kellermann, 1991, S. 361 (387).
133 RGZ 128, 16.
134 OLG München DB 1990, 473 (Anfechtung der Gesellschafterbeschlüsse ist milderes Mittel).
135 *Röhricht* a. a. O., 382.
136 OLG Hamm GmbHR 1993, 656.

B. Streitigkeiten bei Ausscheiden eines Gesellschafters § 18

Auch für den Fall der Kündigung/des Austritts eines Gesellschafters aus der GmbH ist diesem für den Verlust des Gesellschaftsanteils eine angemessene Entschädigung/Abfindung zu zahlen. Auch hier wäre ein vollständiger gesellschaftsvertraglicher Ausschluss der Abfindung grundsätzlich unwirksam. 85

Eine Zugriffsmöglichkeit der verbleibenden Gesellschafter auf den Geschäftsanteil des ausscheidenden Gesellschafters ist im GmbHG nicht vorgesehen. Bei der Einziehung wird der Geschäftsanteil vernichtet. Bei der Ausschließung und/oder Kündigung entsteht ein inhaberloser Geschäftsanteil, über den die GmbH verfügen kann. Sollen also die restlichen Gesellschafter Zugriff auf den Geschäftsanteil erhalten, ist dies in der Satzung durch Bestimmung zu regeln. Gängig sind Vorkaufsrecht, Andienungspflicht oder Call-Option.[137] 86

V. Besonderheiten beim Rechtsschutz

1. Rechtsschutz im Zusammenhang mit der Abberufung und Ausschließung

Wenn der Ausschluss durch Gesellschafterbeschluss erfolgt bestehen folgende Rechtsschutzmöglichkeiten: 87

Durch **Nichtigkeitsfeststellungs- oder Anfechtungsklage** können die Gesellschafterbeschlüsse von dem Gesellschafter angegriffen werden. Diese Klagearten sind im GmbHG nicht erwähnt, sondern richterrechtlich – cum grano salis, also unter Beachtung der GmbH-rechtlichen Besonderheiten – in Anlehnung an §§ 241–249 AktG entwickelt.[138] 88

Im Gegenschluss wird man annehmen müssen, dass eine allgemeine Feststellungsklage nach § 256 Abs. 1 ZPO wegen fehlenden Rechtsschutzinteresses unzulässig ist.[139] 89

Dies gilt – außer bei evidenter Nichtigkeit – auch für eine Gegenfeststellungsklage bei Verfristung der Anfechtungsklage.[140] 90

a) Nichtigkeitsklage

Mit der Nichtigkeitsklage kann die gerichtliche Feststellung der Unwirksamkeit des Ausschließungsbeschlusses erreicht werden. Es handelt sich daher um eine besondere Feststellungsklage. 91

Klageantrag: »Es wird festgestellt, dass der Gesellschafterbeschluss vom ... zur Abberufung des Geschäftsführers/ zum Ausschluss des Gesellschafters ... nichtig ist.«

Die Nichtigkeitsklage ist **nicht** fristgebunden. Die Frist des § 246 Abs. 1 AktG gilt nicht. De lege ferenda wird eine 3 Monatsfrist gefordert.[141] 92

Folgende besonders gravierende Mängel des Abberufungs- oder Ausschließungsbeschlusses können beispielsweise im Wege der Nichtigkeitsklage allgemein verbindlich geklärt werden: 93
– Mangelnde Ladung aller Gesellschafter analog § 121 Abs. 3 AktG.[142]
– Einberufungsmängel analog § 241 Nr. 1 AktG.[143]
– Mangelnde Beurkundung des Abberufungsbeschlusses, wenn die Abberufung satzungsändernden Charakter hat, §§ 55 Abs. 1 GmbHG, § 241 Nr. 2 AktG analog.

---

137 Siehe auch *Bacher/Blumenthal* GmbHR 2007, 1016.
138 *Lutz* BB 2000, 833, 835; umfassend: Baumbach/Hueck/*Zöllner* Anh. § 47 Rn. 1 ff.; dagegen neuerdings *Fleischer* GmbHR 2013, 1289.
139 OLG Koblenz NZG 2006, 270.
140 BGH Urt. v. 11.2.2008 – II ZR 187/06.
141 *Steinmeyer/Seidel* DStR 1999, 2077.
142 OLG Hamm, Urteil vom 6.5.2003 – 27 U 131/02.
143 OLG Saarbrücken, Urt. v. 10.10.2006 – 4 U 382/05. Nicht aber bei fehlerhaften Hinweisen zur Bevollmächtigung bei der Einberufung – BGH NZG 2011, 1105; *Merkner/Schmidt-Bendun* NZG 2011, 1097.

94 Aktivlegitimiert ist der einzelne Gesellschafter.[144] Passivlegitimiert ist die Gesellschaft.[145] Die Gesellschaft wird prozessual durch den oder die verbliebenen (Mit) Geschäftsführer vertreten. Fehlt ein Vertreter, z. B. weil der bisherige einzige Gesellschaftergeschäftsführer klagt, können die Gesellschafter gemäß § 46 Nr. 8 GmbHG einen besonderen Vertreter oder analog § 29 BGB einen Notgeschäftsführer oder gemäß § 57 ZPO einen Prozesspfleger bestimmen.[146] Die Bestellung eines Prozesspflegers kommt jedoch nur in Einzelfällen in Betracht,[147] insbesondere im einstweiligen Verfügungsverfahren.

b) Anfechtungsklage

95 Sonstige Mängel können nur im Rahmen einer Anfechtungsklage geltend gemacht werden, die bei Begründetheit die gerichtliche Erklärung der Unwirksamkeit eines Gesellschafterbeschlusses nach sich zieht. Das Urteil wirkt inter omnes (§ 248 Abs. 1 AktG analog). Die Anfechtungsklage ist eine Gestaltungsklage.

> Klageantrag: »Der Beschluss der Gesellschafterversammlung vom..., den Geschäftsführer/Gesellschafter... abzuberufen/auszuschließen, wird für unwirksam erklärt.«

96 Die **Anfechtungsklage** im Rahmen von Beschlüssen der GmbH-Gesellschafterversammlung ist im Gegensatz zur Nichtigkeitsklage nach jetzt h. M. entsprechend § 246 Abs. 1 AktG **fristgebunden**.[148]

Sie muss damit innerhalb eines Monats nach der Beschlussfassung erhoben werden.[149]

Allerdings soll dies nach einer Entscheidung des KG[150] nicht uneingeschränkt gelten, wenn die Geltendmachung der Verfristung durch die Gesellschaft »rechtsmissbräuchlich« ist, was dann gelten soll, wenn die Gesellschaft zunächst auf die Geltendmachung der Verfristung verzichtet hat und für sämtliche an der GmbH beteiligte Gesellschafter kein Zweifel besteht, dass sich der ausgeschlossene Gesellschafter gegen den Beschluss der GmbH gerichtlich zur Wehr setzen wird.

97 Bei der Fristberechnung ist § 167 ZPO zu beachten.[151] Zwar ist nur dann »demnächst« zugestellt, wenn die Partei alles Zumutbare für eine alsbaldige Zustellung getan hat. Dies ist bei einem nachlässigen Verhalten, das zu einer nicht bloß geringfügigen Zustellungsverzögerung beigetragen hat, zu verneinen. Von einer geringfügigen Zustellungsverzögerung ist jedenfalls bei einem Zeitraum von bis zu 14 Tagen auszugehen.[152]

98 Die Anfechtungsklage richtet sich immer gegen die Gesellschaft, nicht aber gegen die anderen Gesellschafter.[153]

Klagt ein Gesellschafter-Geschäftsführer gegen seine Abberufung, so wird nach überwiegender Auffassung die GmbH von dem weiteren Geschäftsführer im Prozess vertreten, solange die Gesellschafter noch keinen Beschluss nach § 46 Nr. 8 GmbHG gefasst haben.[154]

---

144 Lutter/Hommelhoff/*Bayer* Anh. § 47 Rn. 32; OLG Schleswig-Holstein NZG 2000, 896.
145 Lutter/Hommelhoff/*Bayer* Anh. § 47 Rn. 34.
146 *Oppenländer* DStR 1996, 922 (928); Hachenburg/*Raiser* Anh. § 47 Rn. 197; Scholz/*Schmidt*, § 45 Rn. 149.
147 BGHZ 93, 1 (10).
148 BGH NZG 2009, 1110.
149 Zum früher verwirrenden Sachstand: Baumbach/Hueck/*Zöllner* Anh. § 47 Rn 78 a.
150 ZIP 2010, 2047; Entscheidungsbesprechung bei: *Krauss* GWR 2010, 295 und *Campos Nave* BB 2010, 1562.
151 OLG München 23 U 4199/08. Zur rechtsmissbräuchlichen Berufung auf die Frist siehe: KG Beschl. v. 01.04.2010 – 2 W 36/10.
152 BGH NJW 1971, 891; NJW 2004, 3775.
153 *Oppenländer*, DStR 1996, 922 (928); BGH-NJW 81, 1041.
154 *Oppenländer* DStR 1996, 922 (928); dies gilt auch für die Zweipersonen-GmbH, BGH WM 1981, 1353, 1354; Hachenburg/*Hüffer*, § 46 Rn. 105; Rowedder/Schmidt-Leithoff/*Koppensteiner* § 46 Rn. 38; Scholz/*Schmidt*, § 46 Rn. 164.

B. Streitigkeiten bei Ausscheiden eines Gesellschafters § 18

Zum Streitwert existieren keine klaren Grundregeln. Ob § 247 Abs. 1 S. 2 AktG, wonach der Streitwert 10 % des Grundkapitals nur insoweit übersteigen darf, als die Bedeutung der Sache für den Kläger höher zu bewerten ist, auf Anfechtungsklagen gegen Gesellschafterbeschlüsse einer GmbH entsprechend anwendbar ist, hat der BGH ausdrücklich offen gelassen.[155] 99

c) Prozessuale Besonderheiten bei wechselseitigem Ausschluss

Die kassatorische Anfechtungsklage kann mit einer sog. »positiven Beschlussfeststellungsklage« 100 (§§ 256 ZPO, § 248 AktG analog) mit dem Ziel verbunden werden, den wirklich und rechtmäßig beschlossenen Inhalt des Gesellschafterentscheids feststellen zu lassen.[156] Über beide Klagen kann dann im Verbund entschieden werden.[157] Die positive Beschlussfeststellungsklage ist beispielsweise dann bedeutsam, wenn der Versammlungsleiter das Abstimmungsergebnis falsch festgestellt hat oder ein Gesellschafter, dessen Stimme mitgezählt wurde, nach § 47 Abs. 4 GmbHG von der Abstimmung ausgeschlossen war.[158] Dann werden die zutreffenden Stimmverhältnisse vom Gericht festgestellt.[159]

Für den Fall, dass ein ablehnender Gesellschafterbeschluss mit der Begründung angegriffen wird, 101 dass ein Gesellschafter aufgrund seiner Treuepflicht verpflichtet gewesen wäre, positiv abzustimmen, kann die Anfechtungsklage mit einer Leistungsklage auf Abgabe der erforderlichen Willenserklärung gegen diesen Gesellschafter verbunden werden.[160]

Zusätzlicher Klageantrag bei Ausschließung eines Gesellschafters:

»Der BKl. wird verurteilt, der Ausschließung des Gesellschafters ... zuzustimmen.«

d) Zuständigkeiten

In analoger Anwendung der §§ 246 Abs. 3 S. 1, 249 Abs. 1 AktG fallen Gesellschafterstreitigkeiten 102 in der GmbH in die *ausschließliche* sachliche Zuständigkeit der Landgerichte.[161] Örtlich ist entsprechend § 246 Abs. 3 S. 1 AktG der Sitz der Gesellschaft maßgeblich.

Die Zuständigkeit eines anderen Gerichts kann also weder durch Vereinbarung gem. § 38 ZPO 103 noch durch rügelose Einlassung nach § 39 ZPO begründet werden.

Der Anfechtungsprozess ist Handelssache kraft der besonderen Vorschrift des § 95 Abs. 2 GVG mit 104 § 246 Abs. 3 S. 2 AktG. Die funktionelle Zuständigkeit liegt deshalb bei der Kammer für Handelssachen. Es wird jedoch vor der Zivilkammer verhandelt, wenn die Klageschrift keinen Antrag i. S. d. § 96 Abs. 1 GVG enthält und die Gesellschaft als Beklagte keinen Verweisungsantrag nach § 98 Abs. 1 GVG stellt.[162]

Für Streitigkeiten aus einem Rechtsverhältnis zwischen den Mitgliedern einer Handelsgesellschaft 105 (OHG, KG, GmbH, AG, KGaA, etc.) oder zwischen dieser und ihren Mitgliedern oder zwischen dem stillen Gesellschafter und dem Inhaber des Handelsgeschäfts ist gemäß §§ 94, 95 Abs. 1 Nr. 4a GVG die Kammer für Handelssachen funktional zuständig.

---

155 BGH, Beschluss vom 11.07.1994 – II ZR 58/94. Nach OLG Saarbrücken soll Anlehnung an § 247 AktG jedenfalls dann ausscheiden, wenn der anfechtende Gesellschafter einen nicht unerheblichen Anteil hält und zugleich als Geschäftsführer fungiert Beschluss vom 04.01.2013 – 4 W 338/12.
156 Lutter/Hommelhoff/*Bayer* Anh. § 47 Rn. 43; BGHZ 97, 30; OLG Hamm NZG 2000, 1036; *Pützel* ZIP 1996, 1961; Geißler GmbHR 2002, 528.
157 Sehr instruktiv: OLG München Schlussurt. v. 29.03.2012 – 23 U 4344/11.
158 Lutter/Hommelhoff/*Bayer* Anh. § 47 Rn. 44.
159 Eingehend: *Bauschatz*, NZG 2002, 317.
160 Lutter/Hommelhoff/*Zöllner* Anh. § 47 Rn. 45.
161 Baumbach/Hueck/*Zöllner* Anh. § 47 Rn. 84 m. w. N.
162 So h. M. zuletzt OLG Celle GmbHR 2008, 264; a. A. für ausschließliche Zuständigkeit der KfH mit der Folge einer Abgabe der Sache durch die allgemeine ZK: OLG München GmbHR 2007, 1108.

106 Für einstweilige Verfügungsverfahren gelten gemäß § 937 Abs. 1 ZPO die Zuständigkeitsregeln des Hauptsacheprozesses.

107 Mehrere Anfechtungsprozesse sind nach § 246 Abs. 3 S. 6 AktG zu gleichzeitiger Verhandlung und Entscheidung zu verbinden. Die Vorschrift ist zwingend. Der dem Gericht sonst durch § 147 ZPO eingeräumte Ermessensspielraum besteht also in diesem Fall nicht. Die Parteien können auf die Befolgung der Vorschrift auch nicht verzichten. Auch eine Heilung durch rügelose Einlassung gibt es deshalb nicht (§ 295 Abs. 2 ZPO). Bezweckt ist mit § 246 Abs. 3 S. 6 vor allem, widersprechende Entscheidungen über die Gültigkeit desselben Beschlusses zu verhindern, die in diesem Fall nicht nur misslich, sondern wegen der erweiterten Urteilswirkung nach § 248 Abs. 1 S. 1 AktG unerträglich wären.

108 Die Regelung der funktionellen Zuständigkeit kann dazu führen, dass die eine Anfechtungsklage aufgrund Antrags des Klägers oder der beklagten Gesellschaft bei der Kammer für Handelssachen (§§ 96 Abs. 1, 98 Abs. 1 GVG), dagegen die andere bei der Zivilkammer anhängig ist, weil ein entsprechender Antrag nicht gestellt wurde. Auch in diesem Fall besteht eine Pflicht zur Prozessverbindung.[163] Das folgt aus dem Wortlaut des § 246 Abs. 3 S. 6 AktG, der nicht nach der funktionellen Zuständigkeit differenziert, und wird durch das Sachargument gestützt, dass divergierende Entscheidungen durch die Zugehörigkeit beider Kammern zu demselben Landgericht nicht ausgeschlossen werden. Zu verbinden ist bei der Zivilkammer wegen ihrer grundsätzlichen Zuständigkeit. Will die Beklagte das Ergebnis nicht, so steht ihr der Weg des § 98 Abs. 1 GVG offen.[164] Bei der Verbindung bleiben die Gerichtskosten für die zunächst erhobenen Einzelklagen bestehen.[165] Einstweiliger Rechtsschutz bei Maßnahmen der Abberufung und Ausschließung

109 Es ist anerkannt, dass wegen der oft einschneidenden Wirkung von Gesellschafterbeschlüssen in den Fällen der Abberufung und Ausschließung sowohl bei einer GmbH als auch bei Personengesellschaften ein praktisches Bedürfnis für einstweiligen Rechtsschutz besteht. Bei der Prüfung von Verfügungsanspruch und Verfügungsgrund ist zu differenzieren
– Wer den Rechtsschutz geltend macht
– Ob es sich um Streitigkeiten vor oder nach Beschlussfassung
– oder nach Vollzug handelt.[166]

a) Einstweiliger Rechtsschutz vor Beschlussfassung

110 Befürchtet ein Gesellschafter, dass ein **Gesellschafter-Geschäftsführer** noch vor einem auf Abberufung gerichteten Beschluss der Gesellschaft Schaden zufügt, kann er im Wege der einstweiligen Verfügung erwirken, dass dem Gesellschafter als Geschäftsführer die Ausübung seiner Geschäftsführungs- und Vertretungsbefugnis untersagt wird.[167]

111 Insbesondere gilt dies dann, wenn Handlungsunfähigkeit der Gesellschaft droht. Dann kann auch ein Gesellschafter statt der Gesellschaft antragbefugt sein.[168] Die Vertretungsregelung des § 46 Nr. 8 GmbHG ist zu beachten; es obliegt den Gesellschaftern diese zu vertreten. § 52 GmbHG ist bei Bestehen eines Aufsichtsrats zu beachten.

---

163 MüKo AktG/*Hüffer*, § 246 Rn 77; zu den kostenrechtlichen Problemen der Verbindung: OLG Hamburg: Beschluss vom 25.11.2010 – 4 W 269/10.
164 So schon: *A. Hueck* Anfechtbarkeit und Nichtigkeit, 1924, S. 171.
165 BGH Beschluss vom 14.05.2013 -II ZB 12/12.
166 Zum einstweiligen Rechtsschutz bei Beschlussfassung in der GmbH-Gesellschafterversammlung siehe auch *Nietsch*, GmbHR 2006, 393.
167 Unstreitig seit BGHZ 86, 177; OLG Frankfurt GmbHR 1998, 1126; OLG Karlsruhe GmbHR 1993,154; BGHZ 86, 177 (193), OLG Frankfurt, GmbHR 1998, 1126.
168 OLG Brandenburg NJW-RR 1998, 1196; einschränkend danach in NZG 2000, 143; Hachenburg/*Hüffer* § 46 Rn 102; Baumbach/Hueck/*Zöllner/Noack* § 38 Rn. 71, § 46 Rn 44; *Brandner* FS Quack, 1991, S. 201.

B. Streitigkeiten bei Ausscheiden eines Gesellschafters   § 18

Sobald der betroffene Gesellschafter durch die Ladung zur Gesellschafterversammlung vom Beschlussantrag erfährt, kann er im Wege einstweiliger Verfügung beantragen, dem/den Mitgesellschaftern durch einstweilige Verfügung unter Androhung von Ordnungsmitteln die Stimmabgabe für den Ausschließungs-, Zwangseinziehungs- oder Zwangsabtretungsbeschluss zu untersagen.[169]   **112**

Dieser Antrag ist jedoch nur unter engen Voraussetzungen möglich, da ansonsten das Gericht auf die Willensbildung der anderen Gesellschafter einwirken und die Hauptsachentscheidung vorweg nehmen würde[170] und zudem der Gesellschafter seine Rechte im Ausschließungsverfahren gerichtlich geltend machen kann.[171]   **113**

Der Erlass einer einstweiligen Verfügung sollte jedenfalls dann unterbleiben, wenn bei **beiden rivalisierenden Gesellschaftern ein wichtiger Grund für einen Ausschluss aufgrund summarischer Prüfung wahrscheinlich nicht geben ist.**[172]   **114**

b) Einstweiliger Rechtsschutz nach Beschlussfassung

Wurde die Abberufung eines Gesellschafter-Geschäftsführers durch einen Gesellschafterbeschluss abgelehnt, kann der Gesellschafter, der schädigende Maßnahmen befürchtet, ein Tätigkeitsverbot erwirken. Der Verfügungsantrag kann gerichtet sein auf die Verhängung eines Geschäftsführungs- und Vertretungsverbots, **befristet bis zum absehbaren Zusammentritt der Gesellschafterversammlung.**[173]   **115**

Der Verfügungsanspruch ergibt sich hierbei aus § 38 GmbHG i. V. m. der Glaubhaftmachung schwerwiegender Entlassungsgründe i. S. v. § 38 Abs. 2 GmbHG in der Person des abzuberufenden Geschäftsführers.[174] Die Abberufung kann nur beantragt werden, wenn die Abberufung durch die anderen Gesellschafter missbräuchlich war und ein Tätigkeitsverbot nicht ausreicht.[175]   **116**

c) Problem wechselseitiger Verfügungsanträge

Sofern ein Verfügungsantrag gegen eine Ausschließung oder Abberufung Erfolg verspricht und mit einer Gegenverfügung zu rechnen ist, wird empfohlen, möglichst bald den Antrag auf Erlass einer einstweiligen Verfügung zu stellen. Werden wechselseitige Verfügungsanträge gestellt, ist derjenige im Vorteil, der zuerst eine einstweilige Verfügung erwirkt hat, da der Gegner lediglich Widerspruch gemäß §§ 936, 924 ZPO einlegen und mündliche Verhandlung beantragen kann. Auch wenn er den Widerspruch mit einer Gegenverfügung verbinden kann,[176] vergeht bis zur mündlichen Verhandlung und Entscheidung über den Antrag auf Erlass einer Gegenverfügung Zeit, während der der andere Gesellschafter seine Stellung im Unternehmen festigen kann.   **117**

Auch von dem Instrument einer Schutzschrift sollte häufiger Gebrauch gemacht werden.[177] Nach nunmehr wohl h. M. fällt hierfür 0,8 Gebühr gem. VV 3101 an.[178]   **118**

Ein prozessualer Kunstgriff besteht in Folgendem: Im Widerspruchsverfahren ist es möglicherweise opportun, den Spruchkörper zu »wechseln«, da die Praxis zeigt, dass ein gewisses »Beharrungsvermögen« der Gerichte besteht, eine einstweilige Verfügung im Widerspruchsverfahren zu bestätigen.   **119**

---

169 *Lutz* BB 2000, 833.
170 OLG Celle, GmbHR 1981, 264; OLG Frankfurt BB 1982, 274.
171 OLG Stuttgart, NJW 1987, 2249; OLG Koblenz NJW 1991, 1119.
172 So, m. E. zutreffend OLG Düsseldorf NJW 1989, 172.
173 OLG Frankfurt, GmbHR 1998, 1126.
174 *Lutz* BB 2000, 833, 838.
175 Scholz/*Schneider* § 38 Rn. 72a.
176 Zöller/*Vollkommer*, § 935 Rn. 4.
177 Siehe nun: www.schutzschriftenregister.de.
178 OLG Hamburg MDR 2005,1368; RVG Komm. *Gebauer*, VV 3101 Rn. 48; a. A. OLG Nürnberg -1,3 Gebühr- NJW-RR 2005,941 m. abl. Anm. *Schneider*.

Nachdem eine Handelssache vorliegt, ist es möglich, **in der Widerspruchsschrift Verweisung gem. § 98 Abs. 1 GVG** an die Kammer für Handelssachen zu beantragen, wenn die allgemeine Zivilkammer angerufen worden war und die Verfügung erlassen hat.[179]

d) Einstweiliger Rechtsschutz gegen Handelsregistereintragungen bzw. auf Eintragung von Tatsachen im Register.

120   Bedarf es zum Vollzug einer beschlossenen Maßnahme der Eintragung im Handelsregister, so ist eine Verfestigung der Stellung derjenigen Partei zu erwarten, die diese Eintragung erwirkt. Ist zB. ein Geschäftsführer als nicht mehr im Amte befindlich eingetragen, so stellt dies im Außenverhältnis (Rechtsverkehr) unter dem Aspekt von § 15 Abs. 2 HGB praktisch ein Tätigkeitsverbot dar.

121   Deshalb wird in der Rechtsprechung auch schon vor Abschluss der Nichtigkeits- oder Anfechtungsklage ein einstweiliger Rechtsschutz gegen die beabsichtigte Eintragung der Tatsache im Register prinzipiell für statthaft erachtet, weil die erhobene Klage den verbleibenden Geschäftsführer nicht hindert, den angegriffenen Beschluss durch Eintragung umzusetzen[180].

122   Es wird allerdings als erforderliche Darlegung des Verfügungsgrundes verlangt, dass eine statthafte Klage gegen den Beschluss erhoben ist und diese schlüssig ist.[181]

123   Antragsgegner im Verfügungsverfahren ist der Geschäftsführer der Gesellschaft, die die Änderung im Handelsregister einzutragen gedenkt.[182]

124   Wird die Verfügung erlassen, so ist das Registergericht gem. § 16 Abs. 2 HGB hieran gebunden und darf die Eintragung nicht vornehmen. Da dies eine wirksame Verfügung voraussetzt, ist die Vorlage mit Zustellungsvermerk beim Registergericht erforderlich.[183]

125   Eine weitere Möglichkeit gegen die Eintragung ist die Erwirkung einer Aussetzung gem. §§ 21, 381 FamFG beim zuständigen Registergericht.[184]

---

179   § 924 postuliert keine perpetuatio fori – Zöller/*Vollkommer* § 924, Rn. 6 m. w. N.
180   Schon von Verfassungs wegen, siehe BVerfG WM 2004, 2354.
181   OLG München NZG 2007,152; OLG Koblenz NJW-RR 1986,1039; OLG Hamm DB 1992, 2129.OLG Köln 18 U 218/11.
182   OLG München NZG 2007, 152 .
183   Damm ZHR 154 (1990), 413.
184   Allerdings sind die Gerichte insbesondere bei Aussetzung der Eintragung in der Gesellschafterliste bis zum Abschluss des streitigen Verfahrens eher restriktiv: OLG Hamburg, Beschluss vom 24.09.2014 – 11 W 47/14

§ 19 Streitigkeiten im Zusammenhang mit der Gesellschafterversammlung

Übersicht

	Rdn.
A. Nichtigkeitsklage §§ 249, 241 AktG analog	1
I. Allgemeines	1
II. Prozessuale Voraussetzungen	2
III. Materielle Voraussetzungen	9
1. Formelle Nichtigkeitsgründe	10
a) Einberufungsmängel, § 241 Nr. 1 AktG analog	11
b) Fehler bei sonstigen Abstimmungsverfahren, § 241 Nr. 1 AktG analog	17
c) Beurkundungsmängel, § 241 Nr. 2 AktG analog	22
d) Klarstellungsfunktion des § 241 Nr. 5 AktG analog	23
e) Amtslöschung, § 241 Nr. 6 AktG analog	24
2. Materielle Nichtigkeitsgründe	25
a) Verstoß gegen das Wesen der GmbH, gegen Gläubigerschutzvorschriften oder gegen Vorschriften, die im öffentlichen Interesse stehen, § 243 Nr. 3 AktG analog	26
b) Verstoß gegen die guten Sitten, § 241 Nr. 4 AktG analog	32
c) Sonstige Nichtigkeitsgründe	35
IV. Heilung der Nichtigkeit	39
1. Heilung eines Einberufungsmangels durch Vollversammlung, § 51 Abs. 3, 4 GmbHG	40
2. Heilung einer nicht ordnungsgemäßen Ladung durch nachträgliche Genehmigung des betroffenen Gesellschafters, § 242 Abs. 2 S. 4 AktG analog	42
3. Heilung durch Handelsregistereintragung, § 242 Abs. 1, 2 AktG analog	43
a) Heilung eines Beurkundungsmangels, § 242 Abs. 1 AktG analog	44
b) Heilung sonstiger Mängel bei eintragungspflichtigen Beschlüssen, § 242 Abs. 2 S. 1 AktG analog	45
c) Heilung sonstiger Mängel bei nicht eintragungspflichtigen Beschlüssen	47
d) Sonderkonstellation: Heilung durch Übereinstimmung mit schuldrechtlicher Nebenabrede aller Gesellschafter	48
V. Streitgenossenschaft und Nebenintervention	49
VI. Streitwert und Kostentragung	52
B. Anfechtungsklage	57

	Rdn.
I. Prozessuales	58
1. Klageantrag	59
2. Klagefrist	60
3. Klagebefugnis – insbesondere Veränderung der Gesellschafterstellung	64
II. Anfechtungsgründe formeller Art	67
1. Verfahrensfehler im Vorfeld der Gesellschafterversammlung	68
a) Form und Adressaten der Einberufung	69
b) Inhalt der Einberufung	77
c) Ladung/Nichtladung der Gesellschafter und Dritter	83
d) Heilung durch Vollversammlung § 51 Abs. 3, 4 GmbHG	85
2. Verfahrensfehler bei Durchführung der Gesellschafterversammlung	86
a) Teilnahmerecht	87
b) Mitwirkungsrechte	91
c) Sonstige Fehler	92
3. Verletzung des Informationsrechts	94
4. Relevanzerfordernis bei formellen Fehlern	102
III. Anfechtungsgründe materieller Art	104
1. Verstoß gegen das Gesetz	105
a) Stammkapital und Gewinnverwendung	106
b) Feststellung des Jahresabschlusses	108
c) Treuepflicht	110
d) Minderheitenschutz	111
e) Unzweckmäßigkeit eines Beschlusses	112
f) Besondere Fallgruppe der Geschäftsführerangelegenheiten (Bestellung, Abberufung und Entlastung)	113
2. Verstöße gegen die Satzung	115
3. Verstöße gegen schuldrechtliche Vereinbarungen	117
IV. Präklusion von Anfechtungsgründen	119
V. Heilung der Anfechtbarkeit bei Verfahrensmängeln	120
VI. Mehrheit von Klägern, Streitwert und Kostentragung	121
C. Positive Beschlussfeststellungsklage	122
I. Anwendungsbereich	122
II. Verfahren	126
1. Zuständiges Gericht	127
2. Klagefrist und -antrag	128
3. Parteien des Rechtsstreits sowie Streitgenossenschaft und Nebenintervention	129
4. Rechtsschutzbedürfnis	136
5. Wirkung des Urteils	137

	Rdn.		Rdn.
III. Voraussetzungen für die Erhebung der positiven Beschlussfeststellungsklage	139	2. Einstweiliger Rechtsschutz nach der Beschlussfassung	169
1. Förmliche Feststellung	140	a) Einstweiliger Rechtsschutz zur Durchsetzung einer Beschlussfassung	170
2. Vorliegen eines die Anfechtbarkeit begründenden Verfahrensfehlers	142	b) Einstweiliger Rechtsschutz zur Verhinderung einer Beschlussausführung	172
D. Allgemeine Feststellungsklage	145	c) Fallgruppe: Zwei-Mann GmbH	174
I. Anwendungsbereich	145	3. Verfahren	178
II. Verfahren	148	III. Freigabeverfahren	180
1. Rechtsschutzinteresse	148	**F. Schiedsfähigkeit von Gesellschafterbeschlüssen**	182
2. Klagefrist	150	I. Anforderungen an die Schiedsfähigkeit von Gesellschafterbeschlüssen	182
3. Parteien	151	II. Praktische Umsetzung	190
4. Urteilswirkung	153	1. Musterschiedsklauseln	191
E. Einstweiliger Rechtsschutz bei der Gesellschafterversammlung	154	2. Die DIS-ERGeS	192
I. Das Verfügungsverfahren	155	3. Die Änderung bestehender Gesellschaftsverträge	196
1. Allgemeine Regelungen	155	a) Für Einführung einer Schiedsklausel nötige Mehrheit	197
2. Besonderheiten im GmbH-Gesellschafterstreit	156	b) Anpassung einer bestehenden Schiedsklausel	198
II. Typische Phasen des einstweiligen Rechtsschutzes im Gesellschafterstreit	158	III. Fazit	201
1. Einstweiliger Rechtsschutz vor der Beschlussfassung	159		
a) Antragsgegner	162		
b) Fallgruppe: Einwirkung auf das Abstimmungsverhalten	164		
c) Fallgruppe: Zwei-Mann-GmbH	166		

A. Nichtigkeitsklage §§ 249, 241 AktG analog

I. Allgemeines

1 Das GmbHG enthält nahezu keine Regelungen zu fehlerhaften Beschlüssen und deren gerichtlicher Geltendmachung. Dieser Befund ist auf den ersten Blick überraschend, weil in der Praxis für die Gesellschafter einer GmbH ein nicht weniger starkes Bedürfnis als für die Aktionäre einer AG besteht, die Rechtmäßigkeit und Wirksamkeit von Beschlüssen überprüfen und feststellen zu lassen. Ein Erfordernis für eine gesetzliche Regelung wird indes nach wie vor nicht gesehen, weil seit langem allgemein anerkannt ist, dass die **aktienrechtlichen Regelungen** zu Beschlussmängelstreitigkeiten auf die GmbH entsprechend angewandt werden.[1] Aufgrund der strukturellen Unterschiede von Aktiengesellschaft und GmbH sind indes nicht alle Nichtigkeitsgründe, die typischerweise in Hauptversammlungen von Aktiengesellschaften auftreten, auch bei Gesellschaften mit beschränkter Haftung von Belang.

II. Prozessuale Voraussetzungen

2 Voraussetzung für die Erhebung einer Nichtigkeitsklage ist zunächst, dass die Gesellschafterversammlung einen Beschluss gefasst und ordnungsgemäß festgestellt hat.[2] Ein Schriftlichkeitserfordernis hierfür existiert nicht. Regelmäßig werden gefasste Beschlüsse aber nicht zuletzt zu Dokumentations- und Beweiszwecken schriftlich protokolliert. Anders als im Recht der Aktiengesellschaft besteht dabei keine Pflicht zur notariellen Feststellung von Beschlüssen wie sie § 130 AktG vorsieht (vgl. hierzu insbesondere Rdn. 140 f., 146 f.).[3]

---

1 BGH NJW 1988, 1844; NJW 1962, 538; NJW 1954, 385.
2 BGH NJW 1996, 259; MüKo GmbHG/*Wertenbruch* Anh. § 47 Rn. 158; *Fischer* BB 2013, 2819 ff.
3 Vgl. allerdings zur Einpersonengesellschaft: Michalski/*Römermann* § 48 Rn. 316 ff.

A. Nichtigkeitsklage §§ 249, 241 AktG analog § 19

Die Klagebefugnis bei einer GmbH-rechtlichen Nichtigkeitsklage richtet sich nach § 249 Abs. 1 S. 1 AktG analog.[4] Klagebefugt sind demnach
- Gesellschafter (anders als bei der Anfechtungsklage (s. Rdn. 64–66) ist dabei nicht entscheidend, ob die Gesellschafterstellung bereits zum Zeitpunkt der Beschlussfassung vorlag[5]),
- Geschäftsführer sowie
- Mitglieder des Aufsichtsrats, sofern ein solcher vorhanden ist.

Die Nichtigkeitsklage ist entsprechend §§ 249 Abs. 1 S. 1, 246 Abs. 3 S. 1 AktG an demjenigen **Landgericht**, in dessen Bezirk die GmbH ihren Sitz hat, zu erheben. Sofern bei diesem Landgericht eine **Kammer für Handelssachen** gebildet ist, ist diese analog §§ 249 Abs. 1 S. 1, 246 Abs. 3 S. 2 AktG funktionell zuständig. 3

Klagegegner ist gem. §§ 249 Abs. 1 S. 1, 246 Abs. 2 S. 1 AktG analog die GmbH. Vertreten wird sie durch ihre(n) Geschäftsführer. Sollte(n) diese(r) selbst Kläger sein, wird im Regelfall ein besonderer Vertreter gem. § 46 Nr. 8 2. Alt GmbHG bestellt,[6] im Ausnahmefall ein Notgeschäftsführer entsprechend § 29 BGB oder ein Prozesspfleger nach § 57 ZPO (s. hierzu bereits § 14 Rdn. 6–36). 4

Eine **Klagefrist** existiert nicht, da ein nichtiger Beschluss an einem so schwerwiegenden Mangel leidet, dass er von vornherein nicht rechtswirksam ist. Es ist jedoch zu beachten, dass die Nichtigkeitsklage der Verwirkung unterliegt.[7] 5

Eine Besonderheit der Nichtigkeitsklage ist die **Urteilswirkung inter omnes**. Gemäß §§ 249 Abs. 1 S. 1, 248 Abs. 1 S. 1 AktG analog wirkt das Urteil für und gegen alle Gesellschafter, Geschäftsführer und Aufsichtsratsmitglieder, selbst wenn sie nicht Partei des Prozesses sind oder waren. Aufgrund dieser Wirkung kann die Nichtigkeit eines Gesellschafterbeschlusses durch den antragsberechtigten Personenkreis ausschließlich im Wege der aktienrechtlich geregelten Nichtigkeitsklage in entsprechender Anwendung und nicht im Wege der allgemeinen Feststellungsklage gem. § 256 ZPO geltend gemacht werden.[8] Dritte können demgegenüber im Wege der allgemeinen Feststellungsklage nach § 256 ZPO die Nichtigkeit eines Beschlusses feststellen lassen, soweit sie ein berechtigtes Feststellungsinteresse haben (siehe hierzu auch Rdn. 151).[9] 6

Der Antrag einer Nichtigkeitsklage ist gerichtet auf Feststellung der Nichtigkeit des betreffenden Gesellschafterbeschlusses. 7

Die Nichtigkeit eines Beschlusses kann – wie § 249 Abs. 1 S. 2 AktG klarstellt – nicht nur durch eine Nichtigkeitsklage, sondern in jeder Weise geltend gemacht werden.[10] So kommt beispielsweise auch eine Inzidentprüfung der Nichtigkeit durch die Gerichte in Betracht, wenn sich ein Gesellschafter zur Rechtsverteidigung gegen die Geltendmachung von Rechten aus einem Beschluss auf die Nich- 8

---

4 Baumbach/Hueck/*Zöllner* Anh. § 47 Rn. 69; BeckOK/*Leinekugel* Beschlussanfechtung Rn. 171; Lutter/Hommelhoff/*Bayer* Anh. § 47 Rn. 30; Scholz/*K. Schmidt* § 45 Rn. 134; *Lutz* Rn. 644; *Rensen* Rn. 290 ff.
5 OLG Stuttgart NZG 2001, 277 (278); OLG Schleswig NZG 2000, 895 (896); Lutter/Hommelhoff/*Bayer* Anh. § 47 Rn. 30; Baumbach/Hueck/*Zöllner* Anh. § 47 Rn. 69.
6 OLG Oldenburg GmbHR 2010, 258 (259).
7 Oppenländer/Trölitzsch/*Jaeger* § 19 Rn. 109; Scholz/*K. Schmidt* § 45 Rn. 87; MAH GmbH/*Schindler* § 25 Rn. 45; *Fischer* BB 2013, 2819 (2824 f.). Vgl. auch § 249 Abs. 2 S. 3 des Regierungsentwurfs für ein Gesetz zur Änderung des Aktiengesetzes (Aktienrechtsnovelle 2014) wonach die Nichtigkeitsklage gegen einen Hauptversammlungsbeschluss der AG nur noch innerhalb eines Monats nach der Bekanntmachung einer Klage gem. § 246 Abs. 4 S. 1 AktG gegen diesen Beschluss erhoben werden können soll.
8 OLG Koblenz NZG 2006, 270 (271); *Fischer* BB 2013, 2819 (2824)
9 BGH NZG 2008, 912 (913); NJW 1966, 1458; MüKo GmbHG/*Stephan/Tieves* § 38 Rn. 115; *Fischer* BB 2013, 2819 (2824).
10 Gehrlein/Ekkenga/Simon/*Teichmann* Anh. § 47 Rn. 34; Hüffer/*Koch* § 249 Rn. 19; Scholz/*K. Schmidt* § 45 Rn. 44; *Fischer* BB 2013, 2819 (2823).

tigkeit eines Beschlusses beruft.[11] So soll sich die auf Zahlung einer Dividende in Anspruch genommene Gesellschaft z. B. auf die Nichtigkeit des entsprechenden Gewinnverwendungsbeschlusses berufen können.[12]

III. Materielle Voraussetzungen

9   Die wesentliche materielle Voraussetzung einer Nichtigkeitsklage ist das Vorliegen eines Nichtigkeitsgrunds. § 241 AktG beinhaltet einen abschließenden Katalog von Nichtigkeitsgründen. Diese lassen sich in zwei Gruppen aufteilen: formelle und materielle Nichtigkeitsgründe.

1. Formelle Nichtigkeitsgründe

10 Die formellen Nichtigkeitsgründe sind in § 241 Nr. 1, 2, 5 und 6 AktG geregelt.[13]

a) Einberufungsmängel, § 241 Nr. 1 AktG analog

11 § 241 Nr. 1 AktG befasst sich mit Einberufungsmängeln.[14] Beschlüsse, die in einer **nicht ordnungsgemäß einberufenen Gesellschafterversammlung** gefasst wurden, sind demnach nichtig. Im GmbH-Recht stellen Einberufungsmängel die häufigste Art von Nichtigkeitsgründen dar. Im Folgenden werden hierzu Beispiele aus der Rechtspraxis dargestellt.

12 Grundsätzlich ist der **Geschäftsführer** gem. § 49 Abs. 1 GmbHG zur Einberufung der Gesellschafterversammlung befugt, soweit die Satzung keine abweichenden Regelungen enthält. Auch ein nicht wirksam bestellter oder zwischenzeitlich abberufener Geschäftsführer bleibt nach ganz herrschender Auffassung analog § 121 Abs. 2 S. 2 AktG einberufungsbefugt, wenn und solange er im Handelsregister eingetragen ist.[15] Nichtigkeitsgründe treten vor allem bei Abweichungen von diesem Grundsatz auf. Beispiele für Fälle, in denen die Nichtigkeit wegen **fehlender Einberufungskompetenz bejaht** wird, sind:
– Die Einberufung durch den Insolvenzverwalter, da auch in der Insolvenz der Gesellschaft die Einberufungskompetenz des Geschäftsführers bestehen bleibt,[16]
– die Einberufung durch Gesellschafter, die gemeinsam nicht die für eine Einberufung gem. § 50 Abs. 1 und 3 GmbHG erforderliche Minderheit von 10 % der Geschäftsanteile an der Gesellschaft halten,[17]
– die Einberufung gem. § 50 Abs. 1 und 3 GmbHG durch mit mehr als 10 % am Stammkapital beteiligte Gesellschafter ohne Abwarten einer angemessenen Frist (i. d. R. 1 Monat), ob der Geschäftsführer tätig wird[18] – bei besonderer Eilbedürftigkeit der zu behandelnden Tagesordnungspunkte kann sich die Frist erheblich verkürzen, so hielt etwa das OLG Stuttgart die Einberufung durch die Minderheit für rechtmäßig, nachdem der Geschäftsführer der Gesellschaft 18 Tage nach Versand des Einberufungsverlangens keine Versammlung einberufen hatte.[19]

---

11 Jeweils für die AG: RGZ 120, 28 (31); Spindler/Stilz/*Dörr* § 249 Rn. 23; Hüffer/*Koch* § 249 Rn. 19; *Heidel* § 249 Rn. 16.
12 Jeweils für die AG: Spindler/Stilz/*Dörr* § 249 Rn. 23; Hüffer/*Koch* § 249 Rn. 19.
13 *David* S. 22 Rn. 9.
14 Siehe für die AG auch die systematische Darstellung bei Gärtner/Rose/Reul 2. Teil A. I.
15 OLG Jena, Urt. v. 25.05.2012 – 2 U 250/11; OLG Düsseldorf NZG 2004, 916 (921); Lutter/Hommelhoff/*Bayer* § 49 Rn. 2; BeckOK/*Leinekugel* Beschlussanfechtung Rn. 3.2; a.A: Baumbach/Hueck/*Zöllner* § 49 Rn. 3.
16 So die h. M.: GroßkommGmbHG/*Hüffer/Schürnbrand* § 49 Rn. 4; Michalski/*Römermann* § 49 Rn. 30 f.; Lutter/Hommelhoff/*Bayer* § 49 Rn. 3; Scholz/*Seibt* § 49 Rn. 6; a. A.: Baumbach/Hueck/*Zöllner* § 49 Rn. 3; Roth/Altmeppen/*Roth* § 49 Rn. 2.
17 BGH NJW 1954, 385 (386).
18 BGH NJW 1983, 1677.
19 OLG Stuttgart, Beschl. v. 14.01.2013 – 14 W 17/12.

A. Nichtigkeitsklage §§ 249, 241 AktG analog § 19

Der in der Praxis wohl häufigste Nichtigkeitsgrund wegen eines Einberufungsmangels ist die **Nichtladung** eines Gesellschafters. Die Nichtladung eines Gesellschafters führt grundsätzlich – selbst wenn dieser vom Stimmrecht ausgeschlossen ist – zur Nichtigkeit aller auf der Gesellschafterversammlung gefassten Beschlüsse.[20] Auch die **faktische Nichtladung**, bei der dem Gesellschafter die Teilnahme an der Gesellschafterversammlung derart erschwert wird, dass die Ladung einer Nichtladung gleichkommt, hat die Nichtigkeit zur Folge.[21] Beispiele für Fälle, in denen aus diesem Grund die Nichtigkeit wegen der Wahl des Zeitpunktes der Versammlung **bejaht** wurde, sind:
– Die Einladung am späten Vorabend der Versammlung,[22]
– die Einladung zu einer in der allgemeinen Urlaubszeit anberaumten Gesellschafterversammlung, so dass dem Gesellschafter die Teilnahme an der Versammlung, in der ihn persönlich betreffende Beschlüsse gefasst werden sollten, unmöglich gemacht oder erschwert und seinem urlaubsbedingten Wunsch um Terminsverlegung ohne anerkennenswerten Grund nicht entsprochen wurde.[23]

Ausnahmsweise **abgelehnt** wurde die Nichtigkeit trotz Nichtladung dagegen in Fällen, in denen der Gesellschafter, der zu Unrecht nicht geladen wurde, 13
– dem Gesellschafterbeschluss unverzüglich nach Beschlussfassung zustimmte[24], oder
– sich seit mehr als drei Jahren auf Weltreise befand und ständig seinen Aufenthaltsort wechselte, so dass ihm die Einladung zur Gesellschafterversammlung nicht zugestellt werden konnte[25].

Ebenfalls nicht zur Nichtigkeit führt die unterbliebene Ladung teilnahmeberechtigter Dritter, z. B. von Mitgliedern des Aufsichtsrates.[26]

Weitere, in der Praxis nicht seltene Fälle liegen vor, wenn das **Einladungsschreiben** den gesetzlich bestimmten Mindestanforderungen analog §§ 241 Nr. 1 AktG i. V. m. 121 Abs. 2, 3 AktG nicht genügt, insbesondere bei 14
– fehlender Angabe von Ort und Zeit der Versammlung,[27]
– Einladung durch einfachen statt durch eingeschriebenen Brief, wenn dieser nicht zugegangen ist,[28]
– fehlender Unterschrift unter der Einladung.[29]

Einladungsschreiben, die trotz vorhandener Mängel den gesetzlichen Mindestanforderungen analog § 121 Abs. 2, 3 AktG genügen, führen regelmäßig nicht zur Nichtigkeit, sondern allenfalls zur Anfechtbarkeit (vgl. dazu Rdn. 68–84). Daher wurde die Nichtigkeit wegen Einberufungsmängeln beispielsweise in folgenden Fällen **verneint**: 15

---

20 BGH NJW-RR 2006, 831 (832); NZG 2005, 69 (71); NJW 1962, 538; OLG Celle, Urt. v. 24.09.2013 – 9 U 69/13.
21 BGH NJW-RR 2006, 831 (832); OLG Saarbrücken NZG 2012, 180.
22 BGH NJW-RR 2006, 831 (832).
23 OLG Saarbrücken GmbHR 2007, 143 (146).
24 OLG Frankfurt GmbHR 1984, 99 (100).
25 OLG Düsseldorf NJW-RR 1990, 806 – zugleich auch kein Anfechtungsgrund; *Werner* GmbHR 2014, 357 ff.
26 OLG Stuttgart NJW 1973, 2027 (2028). Die Nichtladung ist allerdings grundsätzlich als Anfechtungsgrund denkbar, sofern eine Gesetzes- oder Satzungsverletzung vorliegt. Im entschiedenen Fall war jedoch wegen Versäumung der Anfechtungsfrist keine Anfechtungsmöglichkeit gegeben.
27 Baumbach/Hueck/*Zöllner* § 51 Rn. 28; Lutter/Hommelhoff/*Bayer* § 51 Rn. 28; *Lutz* Rn. 91; GroßkommGmbHG/*Hüffer/Schürnbrand* § 51 Rn. 27; Michalski/*Römermann* Anh. § 47 Rn. 87.
28 Baumbach/Hueck/*Zöllner* § 51 Rn. 28; Lutter/Hommelhoff/*Bayer* § 51 Rn. 29 (anders noch in der 15. Aufl. Rn. 16); vgl. auch BGH GmbHR 1989, 120 (122), wo ein Anfechtungsgrund für den Fall angenommen wurde, dass der Brief dem Gesellschafter zugegangen ist.
29 BGH GmbHR 1989, 120 (122); unklar BGH BB 2006, 852, der die fehlende Unterschrift als Anfechtungsgrund anzusehen scheint; a. A. Lutter/Hommelhoff/*Bayer* § 51 Rn. 29; Rowedder/Schmidt-Leithoff/*Koppensteiner/Gruber* § 51 Rn. 12.

16
- Einladung zur Gesellschafterversammlung per Einwurfeinschreiben statt Übergabeeinschreiben,[30]
- Zustellung des Einberufungsschreibens durch Gerichtsvollzieher statt durch eingeschriebenen Brief,[31]
- Nichteinhaltung der Frist des § 51 Abs. 1 S. 2 GmbHG (für den Ausnahmefall der faktischen Nichtladung vgl. Rdn. 12),[32]
- die Ladung an einen unzulässigen Ort[33] oder auf einen unzulässigen Zeitpunkt,[34]
- Einberufung unter Mithilfe eines Dritten, solange aus der Einladung hervorgeht, dass die Einberufung auf einem Entschluss des Geschäftsführers beruht und der Geschäftsführer ihr Urheber ist.[35]

b) Fehler bei sonstigen Abstimmungsverfahren, § 241 Nr. 1 AktG analog

17 Beschlüsse können abweichend vom gesetzlich vorgesehenen Normalfall des § 48 Abs. 1 GmbHG statt in einer Gesellschafterversammlung auch im schriftlichen Verfahren gefasst werden. Die recht engen Voraussetzungen, die § 48 Abs. 2 GmbHG an derartige Beschlüsse außerhalb einer Gesellschafterversammlung stellt, erweisen sich in der Praxis – jedenfalls dann, wenn keine abweichenden Regelungen in der Satzung getroffen werden – als häufige Fehlerquelle. Dies ist umso bedeutsamer, als Beschlüsse, die gegen § 48 Abs. 2 GmbHG verstoßen, gem. § 241 Nr. 1 AktG analog nichtig sind.

18 Nach § 48 Abs. 2 GmbHG müssen **sämtliche Gesellschafter** – nach ganz h. M. auch diejenigen mit stimmrechtslosen Anteilen und solche, die einem Stimmrechtsverbot unterliegen[36] – entweder
- einen einstimmigen Beschluss in Textform fassen oder
- sich mit der schriftlichen Abgabe der Stimmen einverstanden erklären.

19 Abgesehen von Ausnahmefällen – wie etwa Formwechsel, Verschmelzung und Spaltung – können unter diesen Voraussetzungen grundsätzlich Beschlüsse aller Art gefasst werden.[37] Abweichungen von § 48 Abs. 2 GmbHG sind nur bei einer entsprechenden **Satzungsregelung** möglich.

20 Ebenfalls unter § 241 Nr. 1 AktG analog fallen Beschlüsse, bei denen **kein durch Gesetz oder Satzung vorgesehenes Abstimmungsverfahren** angewendet wurde.[38] Begründet hat der BGH dies mit einem *argumentum a maiore ad minus:* Wenn schon Einberufungsmängel in einer Gesellschafterversammlung die Nichtigkeit zur Folge haben, muss dies erst recht gelten, wenn die Beschlussfassung im Wege einer unzulässigen Abstimmungsweise erfolgt.[39] Eine mangels hinreichender Satzungsgrundlage unzulässige und damit nichtige[40] schriftliche Stimmabgabe wurde bisher vor allem in folgenden Fällen angenommen:

---

30 LG Mannheim NZG 2008, 111 (112); vgl. ausführlich zum Meinungsstand Rdn. 70.
31 OLG Düsseldorf NZG 2000, 1180 (1182). Darin wurde auch kein Anfechtungsgrund gesehen, vgl. Rdn. 71.
32 BGH NJW 1987, 2580; OLG Düsseldorf GmbHR 1996, 443 (449); Baumbach/Hueck/*Zöllner* § 51 Rn. 28; Lutter/Hommelhoff/*Bayer* § 51 Rn. 30.
33 OLG Düsseldorf NZG 2004, 916 (921); OLG Düsseldorf NZG 2003, 975 (976); OLG Celle GmbHR 1997, 748; Baumbach/Hueck/*Zöllner* § 51 Rn. 28.
34 Baumbach/Hueck/*Zöllner* § 51 Rn. 28; MünchHdb GesR III/*Wolf* § 40 Rn. 37; Scholz/*Seibt* § 48 Rn. 12.
35 BGH II ZR 136/60 Rn. 16; OLG Düsseldorf NZG 2004, 916 (921); OLG Hamm GmbHR 1995, 736 (737); Lutter/Hommelhoff/*Bayer* § 49 Rn. 4.
36 OLG Düsseldorf ZIP 1989, 1554 (1556); Baumbach/Hueck/*Zöllner* § 48 Rn. 30; Meyer-Landrut/*Rupietta* C 10 Rn. 64; Scholz/*Seibt* § 48 Rn. 59; *Wicke* § 48 Rn. 6.
37 Baumbach/Hueck/*Zöllner* § 48 Rn. 28; Michalski/*Römermann* § 48 Rn. 204, 206; a. A.: Rowedder/Schmidt-Leithoff/*Koppensteiner/Gruber* § 48 Rn. 18.
38 BGH BB 2006, 1126 (1127); OLG Celle NZG 2002, 823 (824); Baumbach/Hueck/*Zöllner* § 48 Rn. 42; Lutter/Hommelhoff/*Bayer* § 48 Rn. 31.
39 BGH BB 2006, 1126 (1127).
40 Baumbach/Hueck/*Zöllner* § 48 Rn. 42.

- Die schriftliche Stimmabgabe erfolgt im Rahmen einer so genannten »**kombinierten Beschlussfassung**«, bei der teilweise in der Versammlung und teilweise im schriftlichen Verfahren abgestimmt wird. Selbst bei Zustimmung sämtlicher Gesellschafter mit dem Verfahren der schriftlichen Abstimmung ist eine kombinierte Beschlussfassung ohne Satzungsgrundlage unzulässig.[41]
- Es erfolgt außerhalb der Gesellschafterversammlung eine **formlose Stimmabgabe**, bei der beispielsweise telefonisch oder in aufeinanderfolgenden Einzelbesprechungen abgestimmt wird.[42]
- Die Satzungsregelung über ein von § 48 Abs. 2 GmbHG abweichendes Verfahren ist nicht **ausdrücklich und unmissverständlich**.[43]

Für im schriftlichen Verfahren gefasste Beschlüsse gelten im Übrigen die Ausführungen zur Beschlussfassung im Rahmen einer Gesellschafterversammlung entsprechend; sie können also auch aufgrund der dort aufgezeigten Besonderheiten anfechtbar oder nichtig sein. 21

c) Beurkundungsmängel, § 241 Nr. 2 AktG analog

§ 241 Nr. 2 AktG befasst sich mit **Beurkundungsmängeln.** Nennenswerte praktische Bedeutung hat 22 dieser Nichtigkeitsgrund für die GmbH noch nicht erlangt. Ein wesentlicher Grund dafür liegt darin, dass das GmbH-Recht keine dem § 130 AktG entsprechende Vorschrift kennt. Denkbare Anwendungsfälle für die analoge Anwendung von § 241 Nr. 2 AktG sind damit insbesondere diejenigen Vorschriften, die eine notarielle Beurkundung vorschreiben, wie etwa bei Satzungsänderungen (§ 53 Abs. 2 GmbHG) und Umwandlungsbeschlüssen (§§ 13 Abs. 3, 125, 193 Abs. 3 UmwG). So wurde in der Praxis ein Nichtigkeitsgrund wegen fehlender Beurkundung bejaht
- bei einem nicht in einer Gesellschafterversammlung gefassten und daraufhin notariell beurkundetem Beschluss über eine Satzungsänderung,[44]
- bei einem nicht beurkundeten Abberufungsbeschluss des Geschäftsführers, verbunden mit der Entziehung seines satzungsmäßigen Sonderrechts, zum Gesellschaftergeschäftsführer bestellt zu werden,[45]
- bei nicht beurkundeten, satzungsdurchbrechenden Gewinnverwendungsbeschlüssen, da durch diese ein satzungswidriger Dauerzustand herbeigeführt wird.[46]

Die Verletzung einer nur durch Satzung aufgestellten Beurkundungsregelung führt hingegen nicht zur Nichtigkeit eines entsprechenden Beschlusses.[47]

d) Klarstellungsfunktion des § 241 Nr. 5 AktG analog

§ 241 Nr. 5 AktG stellt lediglich klar, dass im Falle einer erfolgreichen Anfechtungsklage (dazu noch 23 im Einzelnen Rdn. 57–121) der betreffende Gesellschafterbeschluss nichtig ist. Weitere Nichtigkeitsgründe für die GmbH ergeben sich daraus nicht.

e) Amtslöschung, § 241 Nr. 6 AktG analog

Gemäß **§ 241 Nr. 6 AktG** ist ein Beschluss nichtig, der nach **§ 398 FamFG** auf Grund rechtskräf- 24 tiger Entscheidung (Löschungsverfügung) aus dem Handelsregister **als nichtig gelöscht** worden ist. Nach § 398 FamFG darf ein in das Handelsregister eingetragener Beschluss – wie z. B. ein Beschluss zur Satzungsänderung (§ 54 GmbHG) – lediglich dann gelöscht werden, wenn er durch seinen In-

---

41 BGH NJW 2006, 2044 (2045); OLG Celle NZG 2002, 823 (824); Baumbach/Hueck/*Zöllner* § 48 Rn. 41.
42 OLG Celle NZG 2002, 823 (824); Michalski/*Römermann* § 48 Rn. 274; Baumbach/Hueck/*Zöllner* § 48 Rn. 41.
43 Scholz/*Seibt* § 48 Rn. 64; Baumbach/Hueck/*Zöllner* § 48 Rn. 45.
44 KG NJW 1959, 1146.
45 OLG Nürnberg BB 2000, 687.
46 OLG Dresden NZG 2012, 507; dazu BeckOK/*Leinekugel* Beschlussanfechtung Rn. 12b; *Tomat* GmbHStB 2012, 75 f.; kritisch *Pöschke* DStR 2012, 1089 ff.
47 Baumbach/Hueck/*Zöllner* Anh. § 47 Rn. 49; GroßkommGmbHG/*Raiser* Anh. § 47 Rn. 48.

halt zwingende gesetzliche Vorschriften verletzt und die Beseitigung im öffentlichen Interesse liegt. Andere Nichtigkeitsgründe können im Rahmen des § 398 FamFG nicht geltend gemacht werden, da die Amtslöschung kein Mittel sein soll, um gegen mangelhafte Beschlüsse vorzugehen.[48] § 241 Nr. 6 AktG dient mithin nur als Folgerechtsbehelf für Verfahren nach § 398 FamFG (näher zum Amtslöschungsverfahren nach § 398 FamFG § 10 Rdn. 52).

2. Materielle Nichtigkeitsgründe

25 Die materiellen Nichtigkeitsgründe sind in § 241 Nr. 3 und 4 AktG geregelt.

a) Verstoß gegen das Wesen der GmbH, gegen Gläubigerschutzvorschriften oder gegen Vorschriften, die im öffentlichen Interesse stehen, § 243 Nr. 3 AktG analog

26 Nach **§ 241 Nr. 3 AktG** analog ist ein Beschluss nichtig, wenn er mit dem Wesen der GmbH nicht zu vereinbaren ist oder durch seinen Inhalt Vorschriften verletzt, die ausschließlich oder überwiegend zum Schutz der Gläubiger der Gesellschaft oder sonst im öffentlichen Interesse gegeben sind.[49]

27 **Gläubigerschützende Vorschriften** in diesem Sinne, die in der Praxis regelmäßig Bedeutung erlangen, sind insbesondere die §§ 4, 5 Abs. 1, 3, 19 Abs. 2 und 3, 21–24, 30–33, 55 Abs. 4 GmbHG.

28 Zu den Vorschriften, die in dem genannten Sinne ausschließlich oder überwiegend dem **Schutz des öffentlichen Interesses** dienen, zählen vor allem solche über die Verbandsstruktur und die Mitgliedschaft.[50]

29 **Beispiele** für Fälle, in denen die Nichtigkeit wegen Verstoßes gegen gläubigerschützende oder sonst im öffentlichen Interesse liegende Vorschriften angenommen wird, sind:
– Die **Abschaffung der Organe** Geschäftsführer oder Gesellschafterversammlung im Wege einer Satzungsänderung,[51]
– die Bestellung eines Geschäftsführers, der die Anforderungen des **§ 6 Abs. 2 S. 1 GmbHG** nicht erfüllt oder in dessen Person ein Ausschlussgrund des Kataloges in § 6 Abs. 2 S. 2 GmbHG vorliegt,[52]
– ein Verstoß gegen die **gesetzliche Kompetenzordnung**, etwa durch Beschlussfassung der Gesellschafterversammlung einer mitbestimmten GmbH über die Abberufung des Geschäftsführers trotz Zuständigkeit des Aufsichtsrats gem. § 31 Abs. 5 MitbestG,[53]
– eine verdeckte Gewinnausschüttung bei Verstoß gegen **§ 30 GmbHG**,[54]
– ein Beschluss über die **Einziehung** eines Geschäftsanteils, wenn im Zeitpunkt der Beschlussfassung feststeht, dass die Entschädigung des Gesellschafters entgegen §§ 30 Abs. 1, 33 Abs. 2 GmbHG **nur aus gebundenem Vermögen** gezahlt werden kann und der Beschluss nicht klarstellt, dass eine Zahlung nur bei vorhandenem ungebundenem Vermögen erfolgen darf,[55]
– ein Beschluss, bei dem **unklar** ist, ob es sich um eine Einziehung des Geschäftsanteils oder um eine Ausschließung des Gesellschafters handelt,[56]
– ein Beschluss, der entgegen § 19 Abs. 2 GmbHG die **Zwangseinziehung** oder Zwangsabtretung eines Geschäftsanteils an die GmbH anordnet, obwohl der **Geschäftsanteil noch nicht voll eingezahlt** ist,[57]

---

48 BayObLG BB 1991, 1729.
49 Zum Recht der AG siehe auch die Darstellung bei Gärtner/Rose/Reul 3. Teil F.
50 Hüffer/*Koch* § 241 Rn. 18 f.
51 Baumbach/Hueck/*Zöllner* Anh. § 47 Rn. 53.
52 OLG Naumburg FGPrax 2000, 121.
53 Michalski/*Römermann* Anh. § 47 Rn. 37; *Lutz* Rn. 622; Lutter/Hommelhoff/*Bayer* Anh. § 47 Rn. 6.
54 Vgl. LG Köln GmbHR 1999, 986; GroßkommGmbHG/*Raiser* Anh. § 47 Rn. 52.
55 BGH BB 2000, 1590 (1591); Baumbach/Hueck/*Zöllner* Anh. § 47 Rn. 53.
56 OLG Hamm GmbHR 1995, 736 (738); Roth/Altmeppen/*Roth* § 47 Rn. 98.
57 *Lutz* Rn. 623.

A. Nichtigkeitsklage §§ 249, 241 AktG analog   § 19

- die Aufhebung eines Wettbewerbsverbots durch einen Satzungsänderungsbeschluss des Mehrheitsgesellschafters, der für die Satzungsänderung stimmt, obwohl er dem Stimmverbot des § 47 Abs. 4 S. 1 GmbHG unterliegt.[58]

Verneint wurde die Nichtigkeit wegen Verstoßes gegen gläubigerschützende oder sonst im öffentlichen Interesse liegende Vorschriften hingegen bei einem einstimmigen Beschluss der Gesellschafter, die alle mehrere Geschäftsanteile besaßen, je einen ihrer Geschäftsanteile vom Gewinn- und Stimmrecht auszuschließen.[59]   30

Ferner sind Beschlüsse nichtig, die **mit dem Wesen der GmbH nicht zu vereinbaren** sind. Diese Regelung des § 241 Nr. 3 AktG analog dient als Auffangtatbestand und findet in der Praxis selten Anwendung. Darunter werden beispielsweise Fälle verstanden, bei denen die Grundsätze zur beschränkten Haftung aufgegeben werden oder den Gesellschaftern elementare Rechte wie das Anfechtungs- und Teilnahmerecht entzogen werden.[60]   31

b) Verstoß gegen die guten Sitten, § 241 Nr. 4 AktG analog

Nach § **241 Nr. 4 AktG** sind Beschlüsse nichtig, deren **Inhalt gegen die guten Sitten verstößt**. Dabei muss gerade der Beschluss für sich sittenwidrig sein und nicht etwa die Motive, die zu dieser Beschlussfassung geführt haben.[61]   32

Beispiele für Fälle, in denen die Nichtigkeit wegen **Sittenwidrigkeit bejaht** wurde, sind: 33
- Beschlüsse, die zum Zwecke der sog. »**organisierten Bestattung**« einer GmbH gefasst werden,[62]
- Beschlüsse, mit denen das Recht der Gesellschafter auf Abfindung ausgeschlossen wird, es sei denn es liegt ein sachlicher Grund für den Abfindungsausschluss vor, wie etwa bei Gesellschaften, die einen ideellen Zweck verfolgen; hingegen vermag eine grobe Pflichtverletzung einen Beschluss über den Ausschluss der Abfindung nicht zu rechtfertigen,[63]
- Beschlüsse, die zwar ihrem Wortlaut nach keine Sittenwidrigkeit beinhalten, nach ihrem **inneren Gehalt** aber in einer sittenwidrigen Schädigung nicht anfechtungsberechtigter Personen bestehen; z. B. wenn der Alleingesellschafter nach Abschluss eines Abtretungsvertrages über die Veräußerung der Mehrheitsanteile, dessen Wirksamkeit durch Kaufpreiszahlung aufschiebend bedingt ist, unter Ausnutzung seiner formalen Positionen als (noch) Alleingesellschafter Beschlüsse fasst, die ersichtlich zur einseitigen Beeinträchtigung des (künftigen) Erwerbers erfolgen,[64]
- Beschlüsse, die auf sittenwidrigem **Machtmissbrauch im Abstimmungsverfahren** beruhen und außerdem in unverzichtbare Rechte einzelner Gesellschafter eingreifen oder Gläubiger schädigen, z. B. wenn ein Gesellschafter eine bekanntermaßen nur zum Schein eingegangene Rechtsposition eines Mitgesellschafters ausnutzt, um diesen aus der Gesellschaft zu drängen.[65]

Nach der Rechtsprechung liegt eine Nichtigkeit wegen Sittenwidrigkeit indes noch **nicht** vor, wenn die Gesellschafter einer GmbH, welche ihre Geschäftsanteile allesamt treuhänderisch halten, ihren Treugeber durch Beschluss als Geschäftsführer abberufen[66] oder auf sonstige Art und Weise das Treuhandverhältnis verletzen[67].   34

---

58 OLG Bamberg GmbHR 2010, 709, Beschwerde gegen Nichtzulassung der Revision durch BGH, Beschl. v. 11.01.2011 – II ZR 7/10 zurückgewiesen.
59 BGH NJW 1954, 1563; Scholz/*K. Schmidt* § 45 Rn. 73.
60 Roth/Altmeppen/*Roth* § 47 Rn. 96.
61 BGH NJW 1987, 2514; OLG München NZG 1999, 1173; hierzu auch Gärtner/Rose/Reul 3. Teil E.
62 AG Memmingen GmbHR 2004, 952 (954 f.); *Lutz* Rn. 624; Baumbach/Hueck/*Zöllner* Anh. § 47 Rn. 55.
63 BGH, Urt. v. 29.04.2014 – II ZR 216/13.
64 OLG Dresden NZG 1999, 1109 (1110); Gärtner/Rose/Reul/*Gärtner* 3. Teil E. Rn. 9.
65 BGH NJW 1987, 2514 (2515); Michalski/*Römermann* Anh. § 47 Rn. 152.
66 BGH BB 1962, 385; Scholz/*K. Schmidt* § 45 Rn. 117.
67 BGH NJW 1966, 1458 (1459); Scholz/*K. Schmidt* § 45 Rn. 117.

c) Sonstige Nichtigkeitsgründe

35 § 57j GmbHG ordnet einen weiteren Nichtigkeitsgrund an. Danach führt ein Beschluss, der den Gesellschaftern nach einer Kapitalerhöhung die neuen Geschäftsanteile nicht im Verhältnis ihrer bisherigen Geschäftsanteile zuspricht, ebenfalls zur Nichtigkeit.

36 Schließlich kann gem. § 57n Abs. 2 S. 3 und 4 GmbHG ein Beschluss zur Kapitalerhöhung oder zur Ergebnisverwendung nichtig sein, wenn die Kapitalerhöhung nicht innerhalb der Drei-Monatsfrist des § 57n Abs. 2 S. 4 GmbHG in das Handelsregister eingetragen worden ist.

37 Verfügt die GmbH über einen obligatorischen Aufsichtsrat, so sind alle in **§ 250 Abs. 1 AktG** vorgesehenen Nichtigkeitsgründe analog auf die GmbH anwendbar. Hingegen ist auf einen fakultativen Aufsichtsrat lediglich § 250 Abs. 1 Nr. 4 AktG entsprechend anwendbar.[68]

38 In analoger Anwendung des **§ 253 AktG** sind ferner Beschlüsse über die Ergebnisverwendung nichtig, wenn schon die diesem Beschluss zu Grunde liegende Feststellung des Jahresabschlusses nichtig ist.[69]

IV. Heilung der Nichtigkeit

39 Leidet ein Beschluss an einem zur Nichtigkeit führenden Mangel, ist stets an eine mögliche Heilung zu denken.

1. Heilung eines Einberufungsmangels durch Vollversammlung, § 51 Abs. 3, 4 GmbHG

40 Gemäß § 51 Abs. 3 GmbHG können Beschlüsse in einer **nicht ordnungsgemäß einberufenen** Gesellschafterversammlung nur gefasst werden, wenn sämtliche Gesellschafter anwesend sind. Diese so genannte **Vollversammlung** liegt jedoch entgegen dem Wortlaut nicht ohne Weiteres bei Anwesenheit sämtlicher Gesellschafter vor. Vielmehr muss darüber hinaus auch das Einvernehmen aller Gesellschafter mit der Abhaltung der Versammlung sowie der Beschlussfassung trotz des Einberufungsmangels vorliegen.[70] Streit kann regelmäßig darüber entstehen, welcher Art dieses Einvernehmen sein soll. Ein solches Einvernehmen wird insbesondere dann angenommen, wenn der Gesellschafter der Beschlussfassung konkludent zugestimmt hat. Ob eine konkludente Zustimmung des Gesellschafters vorliegt, ist anhand seines Verhaltens nach Bekanntgabe der Tagesordnungspunkte, während der Versammlung und bei den Abstimmungen im Einzelfall festzustellen.[71] Wie der BGH klargestellt hat, reicht für diese Annahme der konkludenten Zustimmung indes nicht schon die teilnahmslose Anwesenheit oder ein bloßes Schweigen anstelle einer Stimmenthaltung aus.[72] Aber schon aus Beweisgründen ist ein ausdrücklicher Widerspruch zu Protokoll, dass kein Einverständnis mit der Abhaltung der Gesellschafterversammlung oder mit der Abstimmung zu einzelnen Beschlussgegenständen besteht, praktisch zu empfehlen.

41 Infolge der Klarstellung durch den BGH wird es nicht mehr erforderlich sein, während bestimmter Abstimmungen vorsorglich den **Versammlungssaal zu verlassen**, um damit zu verhindern, dass während der Abstimmung sämtliche Gesellschafter anwesend sind und auf diese Weise dafür zu sorgen, dass der Tatbestand des § 51 Abs. 4 GmbHG von vornherein nicht eröffnet ist.[73] Folgt man einer Entscheidung des OLG Brandenburg, hätte das Verlassen des Versammlungssaals nach Feststellung der Beschlussfähigkeit ohnehin keinerlei Rechtswirkung mehr. Die Beschlussfähigkeit sei danach nicht hinsichtlich jedes einzelnen Beschlussgegenstandes, sondern nur einheitlich bezüglich der ge-

---

68 BeckOK/*Leinekugel* Beschlussanfechtung Rn. 26.
69 BeckOK/*Leinekugel* Beschlussanfechtung Rn. 28.
70 BGH NJW 1987, 2580; DStR 1998, 348 (349); Baumbach/Hueck/*Zöllner* § 51 Rn. 31; *Podewils* GmbH-StB 2014, 288 (290).
71 BGH NZG 2009, 385 (386).
72 BGH NZG 2009, 385 (386).
73 Vgl. etwa die Schilderung im Tatbestand des Urteils des LG Köln GmbHR 2009, 261.

A. Nichtigkeitsklage §§ 249, 241 AktG analog § 19

samten Gesellschafterversammlung zu beurteilen.[74] Die einmal zu Beginn der Versammlung eingetretene Beschlussfähigkeit könne dementsprechend durch Verlassen des Versammlungssaals auch nicht wieder aufgehoben werden.[75] Dies hatte im entschiedenen Fall für den Gesellschafter sogar den weiteren Nachteil, dass die für die Beschlussfähigkeit statutarische vorgeschriebene Anwesenheit von 75 % des stimmberechtigten Kapitals als gegeben angesehen wurde, obwohl der Gesellschafter die Versammlung vor der betreffenden Beschlussfassung bereits verlassen hatte.[76]

2. Heilung einer nicht ordnungsgemäßen Ladung durch nachträgliche Genehmigung des betroffenen Gesellschafters, § 242 Abs. 2 S. 4 AktG analog

Diskutiert wird darüber hinaus, ob die nicht ordnungsgemäße Ladung eines Gesellschafters nach § 242 Abs. 2 S. 4 AktG analog geheilt werden kann, wenn der Gesellschafter nachträglich die Ladung genehmigt.[77] 42

3. Heilung durch Handelsregistereintragung, § 242 Abs. 1, 2 AktG analog

Des Weiteren ist an eine Heilung durch Handelsregistereintragung zu denken. 43

a) Heilung eines Beurkundungsmangels, § 242 Abs. 1 AktG analog

Stets zu beachten – und wegen der zeitlich grundsätzlich unbegrenzten Möglichkeit der Geltendmachung der Nichtigkeit eines Gesellschafterbeschlusses umso bedeutender – ist die Möglichkeit der Heilung eines wegen **Beurkundungsmangels** nichtigen Beschlusses durch Handelsregistereintragung. So werden Beschlüsse, die wegen eines Beurkundungsmangels – etwa ein entgegen § 53 Abs. 2 GmbHG nicht beurkundeter satzungsändernder Beschluss – nichtig sind, mit Eintragung in das Handelsregister analog § 242 Abs. 1 AktG sofort geheilt.[78] Dies geschieht in der Praxis bei offensichtlichen Beurkundungsmängeln indes nur selten, da der Registerrichter einen als nichtig erkannten satzungsändernden Beschluss selbst dann nicht in das Handelsregister eintragen darf, wenn die Handelsregistereintragung zu einer Heilung des Nichtigkeitsmangels führen würde.[79] 44

b) Heilung sonstiger Mängel bei eintragungspflichtigen Beschlüssen, § 242 Abs. 2 S. 1 AktG analog

§ 242 Abs. 2 S. 1 AktG findet auf die GmbH analoge Anwendung.[80] Demnach kann bei eintragungspflichtigen Beschlüssen die Nichtigkeit gem. § 241 Nr. 1, 3 oder 4 AktG analog nach Ablauf von drei Jahren nach Eintragung in das Handelsregister nicht mehr geltend gemacht werden. 45

Dies gilt nicht nur für eintragungspflichtige Beschlüsse über Satzungsänderungen, sondern nach dem BGH ebenso für nichtige Regelungen in der **Ursprungssatzung** der GmbH.[81] 46

---

74 OLG Brandenburg, Urt. v. 9.5.2007 – Az. 7 U 84/06.
75 OLG Brandenburg, Urt. v. 9.5.2007 – Az. 7 U 84/06; ablehnend: *Winstel* GmbHR 2010, 793.
76 OLG Brandenburg, Urt. v. 9.5.2007 – Az. 7 U 84/06.
77 Befürwortend: OLG Naumburg NZG 1998, 992; Baumbach/Hueck/*Zöllner* § 51 Rn 30 m. w.N; ablehnend: BGHZ 11, 231 (239) – die Entscheidung erging jedoch vor der erst 1994 erfolgten Einführung des § 241 Abs. 2 S. 4 AktG; unklar: Michalski/*Römermann* Anh. § 47 Rn 104 (ablehnend) und Rn 252 (befürwortend).
78 BGH NJW 1996, 257 (258); Baumbach/Hueck/*Zöllner* Anh. § 47 Rn. 74; Michalski/*Römermann* GmbHG Anh. § 47 Rn 240–242.
79 Vgl. auch BayObLG DB 1972, 1015; OLG Köln NJW-RR 1993, 223 (224); Scholz/*Priester* § 54 Rn. 38; Lutter/Hommelhoff/*Bayer* § 54 Rn. 9; Baumbach/Hueck/*Zöllner*/*Noack* § 54 Rn. 20.
80 BGH NJW 1981, 2125 (2126); BGH WM 1984, 473; OLG Schleswig NZG 2000, 895 (896); Baumbach/Hueck/*Zöllner* Anh. § 47 Rn. 75.
81 BGH BB 2000, 1590 (1591); *Geßler* ZGR 1980, 427.

c) Heilung sonstiger Mängel bei nicht eintragungspflichtigen Beschlüssen

47 Bei **nicht eintragungspflichtigen Beschlüssen** beschränkt sich die Möglichkeit einer Heilung der Nichtigkeit auf den Jahresabschlussfeststellungs- und Ergebnisverwendungsbeschluss.[82] Die Nichtigkeit des **Jahresabschlusses** selbst kann zudem analog § 256 Abs. 6 AktG unter den dort genannten Voraussetzungen geheilt werden.[83]

d) Sonderkonstellation: Heilung durch Übereinstimmung mit schuldrechtlicher Nebenabrede aller Gesellschafter

48 In diesem Zusammenhang ist auch die neuere Rechtsprechung des BGH zu beachten, wonach ein satzungswidriger Gesellschafterbeschluss aufrechterhalten werden kann, wenn er inhaltlich einer **schuldrechtlichen Nebenabrede** aller Gesellschafter entspricht.[84]

V. Streitgenossenschaft und Nebenintervention

49 Sofern mehrere Kläger gegen denselben Beschluss klagen, sind sie nach § 62 Abs. 1 ZPO **notwendige Streitgenossen**, da aufgrund der Urteilswirkung inter omnes das Rechtsverhältnis ihnen gegenüber nur einheitlich festgestellt werden kann.

50 Die Gesellschafter können einer Nichtigkeitsklage darüber hinaus freiwillig sowohl auf Kläger- als auch auf Beklagtenseite beitreten. Das hierfür nach § 66 ZPO erforderliche rechtliche Interesse ist bei GmbH-Gesellschaftern wegen der inter omnes-Wirkung eines Urteils immer gegeben.[85] Um den Gesellschaftern diese Möglichkeit frühzeitig zu eröffnen, sind die **Geschäftsführer gemäß § 246 Abs. 4 AktG analog verpflichtet**, allen Gesellschaftern und sonstigen Organmitgliedern die Erhebung der Klage sowie den Termin zur ersten mündlichen Verhandlung mitzuteilen.[86] Sofern das Gericht nicht von der ordnungsgemäßen Unterrichtung der Gesellschafter überzeugt ist, ist es selbst – schon zur Gewährleistung rechtlichen Gehörs – zur Unterrichtung der Gesellschafter über die erhobene Klage verpflichtet.[87] Das Gericht kann im Regelfall jedoch davon ausgehen, dass die Gesellschafter von der Geschäftsführung ordnungsgemäß unterrichtet wurden.[88] Unerheblich ist, ob die informierten Gesellschafter dem Rechtsstreit tatsächlich beitreten; allein die Möglichkeit, sich zu äußern, reicht grundsätzlich aus, um dem Grundsatz des rechtlichen Gehörs nachzukommen.[89]

51 Der Streitbeitritt auf Beklagtenseite ist gem. § 66 Abs. 2 ZPO an keine Frist gebunden, sondern kann bis zur rechtskräftigen Entscheidung grundsätzlich in jeder Lage des Rechtsstreits erfolgen. Weitestgehend ungeklärt ist allerdings, ob der Beitritt auf **Klägerseite** in analoger Anwendung des § 246 Abs. 4 S. 2 AktG der **Monatsfrist** unterliegt.[90] Vorsichtshalber sollte ein Streitbeitritt auf Klägerseite daher innerhalb der Monatsfrist erfolgen.

VI. Streitwert und Kostentragung

52 Grundsätzlich bemisst sich der Streitwert analog § 247 Abs. 1 S. 1 AktG nach billigem Ermessen des Gerichts und unter Berücksichtigung aller Umstände des Einzelfalles, insbesondere der Bedeutung

---

82 Lutter/Hommelhoff/*Bayer* Anh. § 47 Rn. 27.
83 BeckOK/*Leinekugel* Beschlussanfechtung Rn. 38; Michalski/*Römermann* Anh. § 47 Rn. 212.
84 BGH NZG 2010, 988; zustimmend *Ulmer* NZG 2010, 1017.
85 BGH NZG 2008, 630; NZG 2007, 675 (676); Baumbach/Hueck/*Zöllner* Anh. § 47 Rn. 169; MAH GmbH/*Schindler* § 25 Rn. 67.
86 BGH NJW 1986, 2051 (2052); Oppenländer/Trölitzsch/*Jaeger* § 19 Rn. 143; *Rensen* NZG 2011, 569.
87 Vgl. BVerfG NJW 1982, 1635 (1636); BGH NJW 1986, 2051.
88 BGH DStR 2008, 1197 (1198).
89 Michalski/*Römermann* Anh. § 47 Rn 577; a. A. *Rensen* NZG 2011, 569 (570), der eine Kontrollpflicht des Gerichts befürwortet.
90 So *Rensen* NZG 2011, 569 (570). In Teilen der Literatur wird jedoch die Verfassungsmäßigkeit des § 246 Abs. 4 S. 2 AktG angezweifelt, vgl. Hüffer/*Koch* § 246 Rn. 40 m. w. N.

der Sache für die Parteien.[91] Maßgeblich sind die wirtschaftlichen Auswirkungen, die eine Entscheidung über die Nichtigkeit des Beschlusses für beide Parteien hat.[92] Regelmäßig liegt die Obergrenze des wirtschaftlichen Interesses des Klägers nicht höher als der Wert der von ihm gehaltenen Gesellschaftsanteile.[93] Werden mehrere Beschlüsse angegriffen, so ist der Streitwert für jeden Klageantrag getrennt zu bestimmen.[94]

Umstritten ist, ob die **Streitwertobergrenze** des § 247 Abs. 1 S. 2 AktG, wonach der Streitwert auf ein Zehntel des Grundkapitals der beklagten Aktiengesellschaft – maximal jedoch EUR 500.000 – zu begrenzen ist, im GmbH-Recht analog anzuwenden ist. Diese Grenze darf der Streitwert nach § 247 Abs. 1 S. 2 AktG nur übersteigen, wenn die Bedeutung der Sache für den Kläger höher zu bewerten ist. Die Frage nach der analogen Anwendung des § 247 Abs. 1 S. 2 AktG ist vom BGH bisher explizit offengelassen worden.[95] Die überwiegende Auffassung in Rechtsprechung und Literatur lehnt eine analoge Anwendung auf die GmbH ab, da diese Vorschrift Kleinaktionäre großer Aktiengesellschaften schützen soll, was nicht auf die GmbH übertragbar sei.[96] Befürworter einer Analogie argumentieren hingegen vor allem damit, dass sich die Frage nach einer Streitwertobergrenze bei der GmbH regelmäßig ohnehin nur in solchen Fällen stelle, in denen eine mit dem Aktienrecht vergleichbare Schutzsituation vorliege.[97] Nach einer vermittelnden Auffassung soll zwar eine Streitwertobergrenze von EUR 500.000 gelten, aber wegen des gegenüber Aktiengesellschaften meist niedrigeren Stammkapitals keine Begrenzung auf ein Zehntel des Stammkapitals.[98] Auch die Höchstgrenze ist für jeden Klageantrag gesondert zu berechnen,[99] so dass der Gesamtstreitwert trotz entsprechender Anwendung des § 247 Abs. 1 S. 2 AktG im Einzelfall auch deutlich über EUR 500.000 liegen kann. 53

Außer Streit steht indes, dass § 247 Abs. 2 und 3 AktG für die GmbH entsprechend gelten.[100] Wird die wirtschaftliche Lage einer Partei durch die Streitwertfestsetzung nach § 247 Abs. 1 S. 1 AktG erheblich gefährdet, kann der Streitwert daher auf Antrag einer Partei zu ihren Gunsten herabgesetzt werden. Bezweckt wird dadurch, dass sich Gesellschafter nicht aufgrund eines zu hohen Prozesskostenrisikos davon abhalten lassen, eine Beschlussklage zu erheben. 54

Die **Kosten des Rechtsstreits** trägt gem. § 91 Abs. 1 S. 1 ZPO die unterliegende Partei. Sofern die GmbH in dem Rechtsstreit unterliegt, muss sie auch die Kosten tragen. Wirtschaftlich tragen die – auch klagenden – Gesellschafter dann entsprechend ihrer Beteiligung freilich die Kosten mit. Umstritten ist, ob der GmbH im Falle ihres Unterliegens ein – außerhalb des Beschlussmängelstreits zu verfolgender – materiell-rechtlicher Kostenerstattungsanspruch gegen die für den Beschluss stimmenden Gesellschafter zusteht. Dies wird jedoch nur dann anzunehmen sein, wenn die entsprechenden Gesellschafter durch die Stimmabgabe ihre Treuepflichten vorsätzlich verletzt haben, etwa weil der Rechtsstreit aussichtslos war.[101] 55

---

91 BGH NZG 2009, 1438; NZG 1999, 999; OLG München GmbHR 2008, 1267 (1268); Baumbach/Hueck/*Zöllner* Anh. § 47 Rn. 171.
92 BGH NJW-RR 1995, 225 (226).
93 OLG Stuttgart NZG 2004, 463.
94 BGH WM 1992, 1370 (1371); OLG Frankfurt AG 2002, 562; OLG München AG 1962, 346 f.
95 BGH NZG 2009, 1438; NZG 1999, 999.
96 OLG Karlsruhe GmbHR 1995, 302; OLG Frankfurt NJW 1968, 2112; Michalski/*Römermann* Anh. § 47 Rn. 529; Baumbach/Hueck/*Zöllner* Anh. § 47 Rn. 171; OLG Saarbrücken, Beschl. v. 04.01.2013 – 4 W 338/12; *für* eine analoge Anwendung: OLG München GmbHR 2008, 1267 (1268) mit zust. Anm. von *Scheuffele*; *Meyer* GmbHR 2010, 1081 (1083); OLG Brandenburg, Beschl. v. 8.2.2012 – 7 W 51/11.
97 Scholz/*K. Schmidt* § 45 Rn. 153; *Meyer* GmbHR 2010, 1081 (1082).
98 GroßkommGmbHG/*Raiser* Anh. § 47 Rn. 256.
99 Für die AG: *Heidel* § 247 Rn. 13; Hölters/*Englisch* § 247 Rn. 17; Hüffer/*Koch* § 247 Rn. 9.
100 *Meyer* GmbHR 2010, 1081 (1082); Baumbach/Hueck/*Zöllner* Anh. § 47 Rn. 171; Michalski/*Römermann* Anh. § 47 Rn. 531 f.; GroßkommGmbHG/*Raiser* Anh. § 47 Rn. 257.
101 *Meyer* GmbHR 2010, 1081 (1086 f.).

56 Sofern die Gesellschaft obsiegt, trägt der Kläger die Kosten des Rechtsstreits und die Nebenintervenienten – soweit sie auf Klägerseite beigetreten sind (vgl. Rdn. 50) – gem. § 101 Abs. 1 ZPO die Kosten der Nebenintervention. Treten die Nebenintervenienten dem Rechtsstreit auf Seiten der obsiegenden Gesellschaft bei, hat der Kläger zudem die Kosten der **Nebenintervention** zu tragen. Die jederzeit mögliche Nebenintervention (Rdn. 50) führt für den klagenden Gesellschafter somit häufig zu einem kaum mehr kalkulierbaren **Kostenrisiko**. Dies gilt umso mehr bei einer großen Zahl von Gesellschaftern und mithin einer entsprechenden Zahl potentieller Nebenintervenienten. Verstärkt wird diese Unsicherheit dadurch, dass die Frage der analogen Anwendung des § 247 Abs. 1 S. 2 AktG in der Rechtsprechung nach wie vor ungeklärt ist und es im Übrigen auch nur wenig verlässliche Grundsätze zur Bestimmung des wirtschaftlichen Interesses bei GmbH-rechtlichen Beschlussanfechtungsklagen[102] gibt.[103] Vor diesem Hintergrund wird die Nebenintervention in der Praxis vielfach auch als taktisches Mittel der Mehrheitsgesellschafter eingesetzt.

B. Anfechtungsklage

57 Beschlussmängel, die nicht unter den Katalog des § 241 AktG analog oder anderer spezieller Nichtigkeitsgründe fallen und daher nicht nichtig sind (dazu soeben Rdn. 1–56), können allenfalls zur Anfechtbarkeit des Beschlusses führen. Geltend gemacht werden können diese Mängel im Wege der Anfechtungsklage, die in der Praxis neben dem einstweiligen Rechtsschutz (s. Rdn. 154–180) den Schwerpunkt der Beschlussmängelstreitigkeiten in der GmbH bildet. Auch hierzu sieht das GmbHG keine Regelungen vor, so dass Einigkeit[104] besteht, wie schon hinsichtlich der Nichtigkeitsklage grundsätzlich die aktienrechtlichen Vorschriften analog anzuwenden.

I. Prozessuales

58 Die prozessualen Voraussetzungen sind im Wesentlichen identisch mit den Voraussetzungen der Nichtigkeitsklage, da § 249 AktG auf § 246 AktG verweist. Auf die dortigen Ausführungen wird daher verwiesen (s. Rdn. 2–8). Von praktischer Bedeutung bei der GmbH-Anfechtungsklage sind demgegenüber insbesondere die folgenden Besonderheiten:

1. Klageantrag

59 Da eine erfolgreiche Anfechtung zur Nichtigkeit des jeweiligen Beschlusses führt (vgl. § 241 Nr. 5 AktG), kann die Klage entweder mit einem Anfechtungsantrag, der Beschluss sei »für nichtig zu erklären«, oder mit einem Nichtigkeitsantrag, mit welchem die (bestehende) Nichtigkeit des Beschlusses »festgestellt« werden soll (vgl. Rdn. 7), geltend gemacht werden. In der Praxis werden in Fällen, in denen sowohl Nichtigkeits- als auch Anfechtungsgründe in Betracht kommen, häufig die Anträge zur Nichtigkeitsklage als **Hauptantrag** und die Anträge zur Anfechtungsklage als **Hilfsantrag** formuliert. Dies ist indes nach höchstrichterlicher Rechtsprechung zur Aktiengesellschaft **nicht mehr erforderlich**. Der BGH vertritt unter Aufgabe seiner früheren Rechtsprechung[105] nunmehr nämlich die Auffassung, dass der Streitgegenstand bei der aktienrechtlichen Anfechtungs- und Nichtigkeitsklage identisch sei.[106] Danach hat das Gericht ohnehin zu prüfen, ob es sich im konkreten Fall um einen Anfechtungs- oder Nichtigkeitsgrund handelt, ohne berücksichtigen zu müssen, wie die Kla-

---

102 Hilfreiche Zusammenstellung der hierzu vorliegenden Kasuistik etwa bei Schneider/Herget/*Kurpat* S. 162 Rn. 1024–1029 sowie bei Schwerdtfeger/*Plückelmann* Kap. 21 Rn. 9.
103 Dem Verfasser sind beispielsweise Beschlussmängelstreitigkeiten bekannt, in denen unterschiedliche Kammern sogar desselben Instanzgerichts bei praktisch identischem wirtschaftlichen Interesse des klagenden GmbH-Gesellschafters den Streitwert in einer Bandbreite von EUR 50.000 bis über EUR 20 Mio. festgesetzt haben. Erst infolge einer Streitwertbeschwerde erfolgte eine weitgehende Nivellierung der Beträge.
104 BGH NJW 1983, 1677; Roth/Altmeppen/*Roth* § 47 Rn. 91; Baumbach/Hueck/*Zöllner* Anh. § 47 Rn. 1.
105 BGH NJW 1960, 1447; NJW 1952, 98.
106 BGH NZG 2002, 957 (958 f.); NZG 1999, 496 (497).

geanträge gefasst sind.¹⁰⁷ Ein Risiko, im Falle eines Obsiegens (nur) mit dem Anfechtungsantrag wegen teilweisen Unterliegens hinsichtlich des Nichtigkeitsantrages einen Teil der Kosten tragen zu müssen, besteht auf dieser Grundlage nicht mehr. Für die GmbH hat der BGH die Identität der Streitgegenstände von Nichtigkeits- und Anfechtungsklage zwar noch nicht festgestellt, allerdings unterscheiden sich die zur AG angestellten Erwägungen nicht von denen bei der GmbH. Ein entsprechender Antrag könnte daher wie folgt aussehen:¹⁰⁸

»*Der Beschluss der Gesellschafterversammlung der im Handelsregister des Amtsgerichts [Name des Amtgerichts] unter HRB [HRB-Nummer] eingetragenen Beklagten vom [Datum] in [Ort] zu Tagesordnungspunkt [Nummer] mit dem folgenden Wortlaut [wörtliche Wiedergabe des Beschlussinhalts] wird für nichtig erklärt.*«

2. Klagefrist

Ein wesentlicher Unterschied zur Nichtigkeitsklage liegt in der Klagefrist. Während die Nichtigkeitsklage grundsätzlich zeitlich unbeschränkt erhoben werden kann (vgl. Rdn. 5), besteht bei der Anfechtungsklage im Ausgangspunkt Einigkeit darüber, dass es für ihre Erhebung einer zeitlichen Beschränkung bedarf. Nach wie vor ungeklärte Streitfrage ist dabei, ob und inwieweit die Monatsfrist des § 246 AktG entsprechende Anwendung auf GmbH-Anfechtungsklagen findet.   60

Nach Auffassung des BGH und des überwiegenden Teils der Literatur ist § 246 Abs. 1 AktG zwar nicht entsprechend auf die GmbH anzuwenden. Der Gesellschafter habe jedoch die Pflicht, die Klage mit aller zumutbaren Beschleunigung zu erheben. Dabei diene die Monatsfrist des § 246 Abs. 1 AktG als Leitbild.¹⁰⁹ Sollte es dem Gesellschafter aufgrund »zwingender Umstände« nicht möglich gewesen sein, die Klage innerhalb eines Monats zu erheben, kann diese Frist ausnahmsweise überschritten werden.¹¹⁰ Falls der Kläger schwierige tatsächliche sowie rechtliche Fragen klären muss, um so das Prozessrisiko einschätzen zu können, kann eine Überschreitung der Monatsfrist gleichfalls zulässig sein.¹¹¹ Eine Frist von weniger als einem Monat – selbst bei einer entsprechenden Satzungsbestimmung¹¹² – wird dagegen abgelehnt.¹¹³   61

Der Fristenlauf beginnt in dem Zeitpunkt, in dem der Gesellschafter Kenntnis von dem gefassten Beschluss erlangt hat.¹¹⁴ Sämtliche Anfechtungsgründe müssen zumindest »in ihrem Kern« innerhalb der Frist vorgetragen werden. Danach muss bereits in der Klageschrift zumindest der maßgebliche Lebenssachverhalt, aus dem der Kläger die Anfechtbarkeit des Beschlusses herleiten will, dar-   62

---

107 BGH NZG 2002, 957 (958 f.); NZG 1999, 496 (497); Hüffer/*Koch* § 246 Rn. 16 (jeweils für die AG); Baumbach/Hueck/*Zöllner* Anh. § 47 Rn. 70, 166; *Rensen* Rn. 278.
108 Meyer-Landrut/*Buntenbroich* C 13 Rn. 85.
109 BGH DStR 2009, 2113; NZG 2005, 551 (553); NJW 1990, 2625; OLG Celle, Urt. v. 04.09.2013 – 9 U 123/12; Oppenländer/Trölitzsch/*Jaeger* § 19 Rn. 133; Lutter/Hommelhoff/*Bayer* Anh. § 47 Rn. 62; Scholz/*K. Schmidt* § 45 Rn. 143; a. A. Michalski/*Römermann* Anh. § 47 Rn. 465 ff.; *Schwab* S. 400 (exakte Monatsfrist).
110 BGH NZG 2005, 551; NJW 1987, 2514; OLG Celle, Urt. v. 04.09.2013 – 9 U 123/12. so auch LG Dessau v. 26.8.2011 – Az. 3 O 6/11, wonach die Monatsfrist als Leitbild keine starre, sondern eine an den Umständen des Einzelfalles zu betrachtende Frist sei.
111 BGH NJW 1993, 129 (130); NJW 1990, 2625; OLG München NZG 2000, 105 (106); Roth/Altmeppen/*Roth* § 47 Rn. 145; Lutter/Hommelhoff/*Bayer* Anh. § 47 Rn. 63; Scholz/*K. Schmidt* § 45 Rn. 143; GroßkommGmbHG/*Raiser* Anh. § 47 Rn. 200; a. A. etwa Baumbach/Hueck/*Zöllner* Anh. § 47 Rn. 146 ff. (an der Treuepflicht der Gesellschafter zu bemessende Einzelfallbetrachtung).
112 BGH NJW 1988, 1844; Lutter/Hommelhoff/*Bayer* Anh. § 47 Rn. 64; Rowedder/Schmidt-Leithoff/*Koppensteiner/Gruber* § 47 Rn. 139.
113 BGH GmbHR 1989, 120 (122); OLG Brandenburg GmbHR 1996, 539 (540); OLG Oldenburg GmbHR 1992, 667; Rowedder/Schmidt-Leithoff/*Koppensteiner/Gruber* § 47 Rn. 139.
114 BGH NZG 1998, 679; OLG Düsseldorf BB 2005, 1984; OLG Hamm NZG 2003, 630; ThürOLG GmbHR 2002, 115; Lutter/Hommelhoff/*Bayer* Anh. § 47 Rn. 62; GroßkommGmbHG/*Raiser* Anh. § 47 Rn. 201; Ensthaler/Füller/*Schmidt* § 47 Rn. 106; a. A. *Schwab* S. 401 (Beginn ab Beschlussfassung).

gelegt werden.[115] Nach Ansicht des LG Frankfurt a. M. ist ein Anfechtungsgrund nicht dem Kern nach dargetan, wenn sich dieser erst aus einer mit der Klageschrift eingereichten und in Bezug genommenen Anlage ergibt, innerhalb der Klagefrist des § 246 Abs. 1 AktG jedoch nur die Klageschrift per Fax ohne Anlagen eingeht.[116]

63 Im Gegensatz zu nichtigen Beschlüssen ist der lediglich anfechtbare Beschluss rechtswirksam.[117] Der anfechtbare Beschluss erwächst mit Ablauf der Anfechtungsfrist in Bestandskraft.[118] Die nach Ablauf der Anfechtungsfrist erhobene Klage ist nicht unzulässig, sondern unbegründet.[119]

3. Klagebefugnis – insbesondere Veränderung der Gesellschafterstellung

64 Anfechtungsbefugt ist, anders als bei der Nichtigkeitsklage (s. Rdn. 2), »nur« jeder Gesellschafter.[120] Im Gegensatz zur Aktiengesellschaft muss der Anfechtungskläger in der GmbH – entgegen § 245 Nr. 1 AktG – weder an der Beschlussfassung teilgenommen und dem Beschluss widersprochen haben, noch muss eine eigene Rechtsverletzung vorgetragen werden.[121] Der Kläger muss im Zeitpunkt der Klageerhebung Gesellschafter sein.[122] Daher fehlt die Klagebefugnis, sofern der Anteil durch Einziehung vernichtet wurde oder der Gesellschafter seinen Anteilsbesitz vor Klageerhebung vollständig veräußert hat.[123]

65 Erwirbt der Gesellschafter die Geschäftsanteile erst nach der Beschlussfassung, ist im Gegensatz zur Nichtigkeitsklage (s. Rdn. 2) bei der Anfechtungsklage bezüglich der Klagebefugnis zu differenzieren. Wird der Geschäftsanteil nach der Beschlussfassung, jedoch **vor Klageerhebung** erworben, kommt es darauf an, ob der erworbene Geschäftsanteil bei der Beschlussfassung bereits existierte oder erst danach – z. B. im Wege der Kapitalerhöhung gem. § 55 GmbHG – geschaffen wurde. Nur dann, wenn der Geschäftsanteil bei Beschlussfassung bereits existierte, ist der Erwerber auch anfechtungsbefugt. In diesen Fällen wird nämlich das Anfechtungsrecht miterworben.[124] War der Geschäftsanteil im Zeitpunkt der Beschlussfassung hingegen noch nicht existent, so konnte sich der Beschluss auf den Geschäftsanteil auch noch nicht (nachteilig) auswirken.[125]

66 Wird der Anteil erst **nach Klageerhebung** erworben, kann der ursprüngliche Gesellschafter den Rechtsstreit weiterführen. Beabsichtigt er dies, sollte er sich die Fortführung des Rechtsstreits gegenüber dem Erwerber ausdrücklich vorbehalten. Als zwingende Voraussetzung wird dies indes nicht

---

115 BGH DStR 2009, 2113; BB 2005, 957 (959); OLG Jena GmbHR 2002, 115 (117), Scholz/*K. Schmidt* § 45 Rn. 145; GroßkommGmbHG/*Raiser* Anh. § 47 Rn. 203; Lutter/Hommelhoff/*Bayer* Anh. § 47 Rn. 68.
116 LG Frankfurt, Urt. v. 26.02.2013 – 3/5 O 110/12 (rechtskräftig) für eine aktienrechtliche Anfechtungsklage.
117 *Happ*, GmbH im Prozess § 19 Rn. 4.
118 OLG Hamm NJW-RR 2004, 838.
119 BGH NZG 1998, 679; BB 2005, 1241 (1243); Lutter/Hommelhoff/*Bayer* § 47 Rn. 68; Ensthaler/Füller/*Schmidt* § 47 Rn. 107 m. w. N.
120 BGH NJW 1980, 1527 (1528); OLG Hamm NZG 2000, 938; Rensen Rn. 308; Roth/Altmeppen/*Roth* § 47 Rn. 138; in der Literatur wird für Mitglieder der Geschäftsführung oder Aufsichtsratsmitglieder eine Anfechtungsbefugnis angenommen, wenn sie sich durch die Ausführung des Beschlusses strafbar oder ersatzpflichtig machen, siehe hierzu Baumbach/Hueck/*Zöllner* Anh. § 47 Rn. 140 f.
121 BGHZ 43, 261 (265); Gehrlein/Ekkenga/Simon/*Teichmann* Anh. § 47 Rn. 57; Lutter/Hommelhoff/*Bayer* Anh. § 47 Rn. 71; Scholz/*K. Schmidt* § 45 Rn. 129; *Fleischer* GmbHR 2013, 1289 (1293); a. A. *Schwab* S. 373.
122 BGH NJW 1965, 1378; OLG Düsseldorf NJW-RR 1996, 607 (608); Baumbach/Hueck/*Zöllner* Anh. § 47 Rn. 137; Scholz/*K. Schmidt* § 45 Rn. 130.
123 BGH NJW 1965, 1378; GroßkommGmbHG/*Raiser* Anh. § 47 Rn. 174; Lutter/Hommelhoff/*Bayer* Anh. § 47 Rn. 63; Scholz/*K. Schmidt* § 45 Rn. 130.
124 Baumbach/Hueck/*Zöllner* Anh. § 47 Rn. 138; Scholz/*K.Schmidt* § 45 Rn. 132.
125 Scholz/*K. Schmidt* § 45 Rn. 131 m. w. N.

B. Anfechtungsklage § 19

immer angesehen.[126] Allerdings ist die Fortführung des Rechtsstreits in jedem Fall unzulässig, wenn kein (objektives) Rechtsschutzinteresse an der Fortführung des Prozesses besteht.[127]

II. Anfechtungsgründe formeller Art

Bei der Nichtigkeitsklage ist die Anzahl der Nichtigkeitsgründe abschließend, entsprechende Beschlüsse sind lediglich an dem Katalog des § 241 AktG analog und den wenigen gesetzlich normierten Sonderfällen zu messen. Derartige Beschränkungen gibt es bei der Anfechtungsklage nicht. Vielmehr ist der Beschluss einer Gesellschafterversammlung gemäß § 243 Abs. 1 AktG analog anfechtbar, wenn er das Gesetz oder die Satzung verletzt. Dabei wird gemeinhin zwischen formellen und materiellen Fehlern unterschieden. Formelle Fehler sind solche, die das **Verfahren sowie die Art und Weise der Informationserteilung** betreffen. Dagegen steht bei materiellen Fehlern der Inhalt des Beschlusses im Streit (zu materiellen Fehlern s. Rdn. 104–118). 67

Die gerichtliche Praxis hat eine umfangreiche Kasuistik hervorgebracht. Nachstehend folgt zunächst ein Überblick über die typischen Fallgruppen formeller Fehler.

1. Verfahrensfehler im Vorfeld der Gesellschafterversammlung

Schon im Vorfeld einer Gesellschafterversammlung, wie insbesondere bei der Ladung der Gesellschafter zur Gesellschafterversammlung, treten in der Praxis häufig schwerwiegende Fehler auf, die regelmäßig zur Anfechtbarkeit aller in der Gesellschafterversammlung gefassten Beschlüsse führen.[128] Dabei enthalten vor allem die seit dem Inkrafttreten des GmbH-Gesetzes im 19. Jahrhundert im Wesentlichen unveränderten Vorschriften der §§ 49 ff. GmbHG eine Vielzahl bis heute höchstrichterlich ungeklärter Auslegungsprobleme und bergen mithin reichlich Konfliktpotential für Anfechtungsstreitigkeiten. In der Praxis stellen Verfahrensfehler im Vorfeld der Gesellschafterversammlung den wohl häufigsten Anfechtungsgrund für Beschlüsse einer GmbH-Gesellschafterversammlung dar. Nahezu alle denkbaren Verfahrensfehler, insbesondere die Form und Frist der Einberufung (a)), die Inhalte der Einberufung (b)) und der Kreis der Teilnahmeberechtigten (c)), können zur Anfechtbarkeit eines Beschlusses führen. Dabei ist jedoch stets die Möglichkeit einer Vollversammlung zu beachten, die eine Heilung derartiger Verfahrensmängel zur Folge haben kann (d)). Im Einzelnen: 68

a) Form und Adressaten der Einberufung

Gemäß § 51 Abs. 1 GmbHG erfolgt die Einberufung »durch Einladung der Gesellschafter mittels eingeschriebener Briefe«. Ferner ist sie »mit einer Frist von mindestens einer Woche zu bewirken«. 69

Ein Anfechtungsgrund liegt somit beispielsweise vor, wenn
- die Ladung per E-Mail (gleich, ob mit elektronischer Signatur oder ohne) erfolgt,[129]
- per Telefax einberufen wird,[130]
- die Einladung zur Gesellschafterversammlung durch einfachen statt durch eingeschriebenen Brief erfolgt, sofern die Einladung dem Gesellschafter dennoch zugeht (zum ansonsten vorliegenden Nichtigkeitsgrund vgl. Rdn. 14).[131]

---

126 BGH NJW 1965, 1378; Baumbach/Hueck/*Zöllner* Anh. § 47 Rn. 137; Lutter/Hommelhoff/*Bayer* Anh. § 47 Rn. 72; Scholz/*K. Schmidt* § 45 Rn. 133.
127 BGH NJW 1965, 1378; Lutter/Hommelhoff/*Bayer* Anh. § 47 Rn. 72.
128 Zu den praktisch nicht selten auftretenden Nichtigkeitsgründen der mangelhaften Einberufung in diesem Zusammenhang s. bereits Rdn. 11–16. Informationspflichtverletzungen im Einberufungsstadium werden unter Rdn. 97–98 behandelt.
129 BGH NJW-RR 2006, 831 (832); Meyer-Landrut/*Rupietta* C 1 Rn. 3; *Rensen* Rn. 198.
130 OLG Naumburg BB 1997, 1914.
131 BGH GmbHR 1989, 120 (122); MünchHdb GesR III/*Wolff* § 40 Rn. 15.

70 Umstritten ist angesichts des Gesetzeswortlauts (»eingeschriebener Briefe«) die Frage, ob es für eine wirksame Einberufung genügt, wenn diese nicht per **Übergabeeinschreiben**, sondern per Einwurfeinschreiben erfolgt.[132] Im Unterschied zum Übergabeeinschreiben wird beim Einwurfeinschreiben nicht die Übergabe an den Empfänger, sondern lediglich der Einwurf der Einladung in den Briefkasten oder in das Postfach des Empfängers protokolliert. Daher wird gegen die Zulässigkeit des Einwurfeinschreibens für die Einberufung einer Gesellschafterversammlung vereinzelt eingewandt, dass diese Zustellungsform bei der Fassung des § 51 Abs. 1 GmbHG noch nicht existierte und die Gestattung einer dem Gesetzgeber unbekannten Art der Zustellung zu einer unzulässigen Herabsetzung des vom Gesetzgeber beabsichtigten Standards führen würde.[133] Vor dem Hintergrund dieser Rechtsunsicherheit empfiehlt es sich somit, die Gesellschafterversammlung durch Übergabeeinschreiben einzuberufen oder die Zustellungsform des Einwurfeinschreibens in der Satzung zu regeln.

71 Zur Anfechtbarkeit soll es jedoch **nicht** führen, wenn die Zustellung der Einberufung durch einen **Gerichtsvollzieher** statt durch eingeschriebenen Brief erfolgt. Bei der Zustellung durch einen Gerichtsvollzieher sei nämlich das gleiche Maß an Sicherheit gewährleistet, das durch einen eingeschriebenen Brief erreicht würde.[134]

72 Die Einberufung erfolgt gem. § 49 Abs. 1 GmbHG **durch den Geschäftsführer**, unabhängig von den jeweiligen Vertretungsregeln.[135] Auch in der Insolvenz bleibt es bei dieser Zuständigkeit der Geschäftsführer, so dass nicht etwa der Insolvenzverwalter, sondern immer noch der Geschäftsführer die Einberufungskompetenz hat.[136] Erfolgt die Einberufung durch einen Unbefugten, ist der Beschluss gem. § 241 Nr. 1 AktG analog nichtig (s. Rdn. 12).

73 Die zu **ladenden Personen** bestimmen sich seit Geltung des MoMiG grundsätzlich[137] nach der Gesellschafterliste i. S. d. §§ 16, 40 GmbHG.[138]

74 Der Lauf der **Frist** beginnt mit der Aufgabe des Einladungsschreibens zur Post zuzüglich der üblicherweise zu erwartenden Zustellungszeit.[139] Ein Beschluss ist daher anfechtbar, wenn die solcherart berechnete Ladungsfrist unterschritten wird.[140] Ein Zugang ist indes nicht erforderlich.[141] Die

---

132 Dafür: LG Mannheim NZG 2008, 111 (112); GroßkommGmbHG/*Hüffer/Schürnbrand* § 51 Rn. 5; *Lutz* Rn. 84; Meyer-Landrut/*Rupietta* C 1 Rn. 3; *Rensen* Rn. 199; Scholz/*Seibt* § 51 Rn. 12; *Heckschen*/Heidinger § 8 Rn. 17. Dagegen: Baumbach/Hueck/*Zöllner* § 51 Rn. 12.
133 Baumbach/Hueck/*Zöllner* § 51 Rn. 12.
134 OLG Düsseldorf NZG 2000, 1180 (1182); Lutter/Hommelhoff/*Bayer* § 51 Rn. 12; Meyer-Landrut/*Rupietta* C 1 Rn. 3; Scholz/*Seibt* § 51 Rn. 12.
135 Scholz/*Seibt* § 49 Rn. 4; GroßkommGmbHG/*Hüffer/Schürnbrand* § 39 Rn 3, 5.
136 GroßkommGmbHG/*Hüffer/Schürnbrand* § 49 Rn. 4; MüKo GmbHG/*Liebscher* § 49 Rn. 31; Michalski/ *Römermann* § 49 Rn. 27 ff.; Lutter/Hommelhoff/*Bayer* § 49 Rn. 3; Scholz/*Seibt* § 49 Rn. 6; zum Teil wird in der Literatur jedoch ein zusätzliches Einberufungsrecht des Insolvenzverwalters angenommen, siehe etwa Baumbach/Hueck/*Zöllner* § 49 Rn. 3; Roth/Altmeppen/*Roth* § 49 Rn. 2.
137 Ausnahmen gelten insbesondere, wenn Geschäftsführer oder Notar wissentlich eine falsche Gesellschafterliste einreichen oder die Gesellschafterliste durch einen unzuständigen Dritten eingereicht wird oder ein eingetragener Gesellschafter bei Anteilsübertragung geschäftsunfähig etc. Näher hierzu etwa Michalski/ *Ebbing* § 16 Rn. 61–89 m. w. N.
138 Vgl. zum Sonderproblem des nicht zu erreichenden Gesellschafters Rdn. 13. Ist der Gesellschafter verstorben und sind dessen Erben nicht bekannt, bietet sich eine Nachlasspflegschaft gem. § 1960 BGB an, welche auf die Wahrnehmung von Gesellschafterrechten in der GmbH beschränkt werden kann, vgl. Baumbach/Hueck/*Zöllner* § 51 Rn. 6; Roth/Altmeppen/*Roth* § 51 Rn. 5; *Werner* GmbHR 2014, 357 ff.
139 Zwei Tage im Inland: BGH NJW 1987, 2580 (2581); OLG Brandenburg NZG 1999, 828 (832); Baumbach/Hueck/*Zöllner* § 51 Rn. 19; Lutter/Hommelhoff/Bayer § 51 Rn. 14; ein Tag im Inland: MünchHdb GesR III/*Wolff* § 39 Rn. 45; vier Tage im westeuropäischen Ausland: Lutter/Hommelhoff/ *Bayer* § 51 Rn. 14; Baumbach/Hueck/*Zöllner* § 51 Rn. 19; offen lassend: OLG Naumburg BB 1997, 1914.
140 BGH NJW 1987, 2580; OLG Brandenburg NZG 1999, 828 (830); OLG Naumburg BB 1997, 1914.
141 BGH ZIP 1994, 1523 (1526); NJW 1987, 2580 (2581); OLG Naumburg GmbHR 1998, 90 (91); Lutter/ Hommelhoff/*Bayer* § 51 Rn. 5; Scholz/*Seibt* § 51 Rn. 14.

B. Anfechtungsklage

Gesellschaft muss daher nur beweisen, dass die Einberufung abgeschickt wurde und dies auch rechtzeitig geschah.

Zwar ist eine **Unterschrift** des Geschäftsführers bzw. der sonst durch Satzung zur Einberufung Befugten erforderlich[142], ob diese jedoch eigenhändig sein muss, ist höchstrichterlich noch nicht geklärt.[143] Die Befürworter einer eigenhändigen Unterschrift argumentieren, dass mit einer eigenhändigen Unterschrift die Bedeutung der Einberufung verdeutlicht wird und sich der Gesellschafter sicher sein kann, dass die Einladung nicht leichtfertig erfolgt ist.[144] 75

Die **Satzung** kann abweichende Regelungen zur Art der Einladung vorsehen. Bezüglich der Frist kann jedoch nur eine Verlängerung geregelt werden. Sollten diese Regeln nicht eingehalten werden, stellt dies gem. § 243 Abs. 1 AktG analog eine Verletzung der Satzung und damit ebenfalls einen Anfechtungsgrund dar. 76

b) Inhalt der Einberufung

Gem. § 51 Abs. 2 GmbHG soll der Zweck der Versammlung bei der Einberufung angekündigt werden. In der Praxis wird daher dem Einberufungsschreiben regelmäßig die Tagesordnung beigefügt. Gem. § 51 Abs. 4 GmbHG kann die Tagesordnung jedoch bis zu drei Tagen vor der Gesellschafterversammlung in der gleichen Weise wie die Einberufung, mangels abweichender Satzungsbestimmung also per Einschreiben, übermittelt werden. Die Beschlussgegenstände sind so deutlich anzukündigen, dass den Gesellschaftern die sachgerechte Vorbereitung auf die Erörterung und Beschlussfassung ermöglicht wird und sie so vor einer Überraschung oder »Überrumpelung« geschützt werden.[145] 77

Daher bereiten vielfach **zu ungenau bezeichnete Tagesordnungspunkte** Probleme. Praktisch häufige **Beispiele**, die zur Anfechtbarkeit führen, sind 78
– der TOP »Änderung der Geschäftsführung« zur Vorbereitung eines Beschlusses über die Abberufung des Geschäftsführers,[146]
– der TOP »Abberufung eines Geschäftsführers«, obwohl in der Gesellschaft mehr als ein Geschäftsführer tätig ist und daher nicht ersichtlich wird, welcher der Geschäftsführer gemeint ist,[147]
– der TOP »Geschäftsführerangelegenheiten«[148] oder »personelle Konsequenzen aus der Situation in der Geschäftsführung«,[149] wenn über die Abberufung und fristlose Kündigung des Geschäftsführers abgestimmt werden soll,
– der TOP »Bilanzbesprechung«[150] oder »Erörterung des Jahresabschlusses«[151], wenn darunter auch die Feststellung des Jahresabschlusses fallen soll.

---

142 BGH BB 2006, 851 m. Anm. von *Gehrlein*.
143 Dafür: Oppenländer/Trölitzsch/*Jaeger* § 19 Rn. 24; Baumbach/Hueck/*Zöllner* § 51 Rn. 11 (die beide darüber hinaus einen Zusatz zur Unterschrift fordern, aus dem die Funktion bzw. Einberufungsbefugnis des Unterzeichnenden hervorgeht); Roth/Altmeppen/*Roth* § 51 Rn. 2. Dagegen: Rowedder/Schmidt-Leithoff/*Koppensteiner/Gruber* § 51 Rn. 7; Scholz/*Seibt* § 51 Rn. 11; GroßkommGmbHG/*Hüffer/Schürnbrand* § 51 Rn. 4.
144 Vgl. Baumbach/Hueck/*Zöllner* § 51 Rn. 11.
145 BGH NJW-RR 2003, 826 (828); NZG 2000, 945 (946); OLG Jena, Urt. v. 08.01.2014 – 2 U 627/13; BeckOK/*Leinekugel* Beschlussanfechtung Rn. 58.
146 BGH NJW 1962, 393; OLG Nürnberg NJW-RR 1990, 675 (677).
147 Meyer-Landrut/*Rupietta* C 1 Rn. 9; Baumbach/Hueck/*Zöllner* § 51 Rn. 24.
148 BGH NZG 2000, 945 (946); OLG Stuttgart DB 2003, 932; Ensthaler/Füller/*Schmidt* § 51 Rn. 6; Lutter/Hommelhoff/*Bayer* § 51 Rn. 25.
149 OLG Naumburg NZG 2001, 901 (902); Lutter/Hommelhoff/*Bayer* § 51 Rn. 25.
150 LG Saarbrücken GmbHR 2010, 762 (763).
151 OLG Karlsruhe GmbHR 1989, 206 (207).

79 Bestimmte Anträge,[152] insbesondere eine Begründung für den zu fassenden Beschluss sind hingegen regelmäßig nicht erforderlich.[153] So reicht es z. B. **nicht** für eine Anfechtbarkeit aus, wenn
- nur die beabsichtigte Abberufung des Geschäftsführers angekündigt wird, nicht aber der wichtige Grund für die Abberufung,[154]
- eine Satzungsvorschrift zum Ausschluss eines Gesellschafters ohne konkrete Bezugnahme auf die Satzung angeführt wird (in dem zugrundeliegenden Fall »§ 10 Nr. 1 lit. c.«), wenn zweifelsfrei feststeht, dass die zitierte Vorschrift nur eine solche der Satzung sein kann.[155]

80 Ferner müssen in der Einberufung auch **Datum, Zeit und Ort der Versammlung** mitgeteilt werden, was sich zwar nicht ausdrücklich aus § 51 GmbHG ergibt, jedoch für das Teilnahmerecht des Gesellschafters unerlässlich ist.[156]

81 Die Versammlung muss zu einer geschäftsüblichen und zumutbaren Zeit stattfinden, worunter nach herrschender Meinung auch Sonn- und Feiertage fallen können, sofern die Satzung nichts Entgegenstehendes regelt.[157] Der zulässige Versammlungsort bestimmt sich in entsprechender Anwendung des § 121 Abs. 5 S. 1 AktG. Bei Fehlen abweichender Satzungsregelungen soll die Versammlung somit am Sitz der Gesellschaft stattfinden. Dadurch soll das Vertrauen des Gesellschafters in einen gleichbleibenden Versammlungsort geschützt und die Teilnahme des Gesellschafters nicht durch willkürliche Änderungen erschwert werden (zu Verletzungen des Teilnahmerechts in der Gesellschafterversammlung siehe Rdn. 87). Dementsprechend wurden in der Rechtsprechung **anfechtbare Beschlüsse** angenommen, wenn
- die Einberufung an einen unzulässigen Ort[158] (weit entfernt vom Sitz der Gesellschaft; Wahl des Treffpunkts als Schikane) erfolgte,
- die Einberufung für einen Zeitpunkt erfolgt, an dem der Gesellschafter, wie das Einberufungsorgan weiß, krankheitsbedingt verhindert sein wird,[159]
- die Versammlung auf einen Zeitpunkt terminiert wurde, zu dem ein (anwaltlicher) Berater eines Gesellschafters verhindert war, wenn der Gesellschafter auf die Teilnahme eines Beraters einen Anspruch hatte[160] und dem Gesellschafter durch die Wahl des Termins diese Beratung unzumutbar abgeschnitten wurde,[161]
- die Satzung der Gesellschaft für den Fall der Beschlussunfähigkeit einer regulären Gesellschafterversammlung die Einberufung einer Eventualversammlung vorsieht und eine statutarisch festgeschriebene Einigungs- und Bedenkzeit bis zur Einberufung der Eventualversammlung nicht eingehalten wurde.[162]

---

152 OLG Düsseldorf GmbHR 2008, 262.
153 Ensthaler/Füller/*Schmidt* § 51 Rn. 6.
154 BGH NJW 1962, 393 (394); OLG Hamm GmbHR 1995, 736 (738); OLG Nürnberg NJW-RR 1990, 675 (677); Baumbach/Hueck/*Zöllner* § 51 Rn. 25; Scholz/*Seibt* § 51 Rn. 22.
155 OLG Düsseldorf DB 2007, 848 (849).
156 KG NJW 1965, 2157 (2159); Baumbach/Hueck/*Zöllner* § 51 Rn. 14; Roth/Altmeppen/*Roth* § 51 Rn. 8; GroßkommGmbHG/*Hüffer/Schürnbrand* § 51 Rn. 17; Lutter/Hommelhoff/*Bayer* § 51 Rn. 16; KölnHdbd GesR 2. Kap. Rn. 638.
157 Baumbach/Hueck/*Zöllner* § 51 Rn. 14; Meyer-Landrut/*Rupietta* C 1 Rn. 7; Michalski/*Römermann* § 48 Rn. 16; Scholz/*Seibt* § 48 Rn. 12; a. A. LG Darmstadt BB 1981, 72; Rowedder/Schmidt-Leithoff/*Koppensteiner/Gruber* § 48 Rn. 6.
158 OLG Bremen, Urt. v. 19.04.2013 – 2 U 103/11; OLG Düsseldorf NZG 2003, 975 (976); OLG Hamburg NJW-RR 2002, 460 (461).
159 OLG München GmbHG 2015, 35.
160 Näher zu den hierfür geltenden Voraussetzungen Rdn. 83.
161 BGH NZG 2009, 707 (708).
162 BGH NZG 1998, 262; OLG Frankfurt NZG 1999, 833 (834).

Bei Einverständnis aller Gesellschafter kann die Versammlung indes an einem anderen Ort als dem Sitz stattfinden.[163] Ein Beschluss soll ferner dann **nicht** anfechtbar sein, wenn die Versammlung zwar nicht am Sitz der Gesellschaft stattfindet, aber an einem Ort, der für alle Gesellschafter problemlos erreichbar ist.[164]

82

c) Ladung/Nichtladung der Gesellschafter und Dritter

Grundsätzlich sind alle Gesellschafter unabhängig von ihrem Stimmrecht auch teilnahmeberechtigt. Sie können die Teilnahme auch einem durch Textform gem. § 47 Abs. 3 GmbHG bevollmächtigten Vertreter überlassen. Grundsätzlich nicht teilnahmeberechtigt sind hingegen Organe der Gesellschaft, Rechtsanwälte, Wirtschaftsprüfer oder sonstige Berater, es sei denn, dass dies durch die Satzung erlaubt ist oder ein zustimmender Mehrheitsbeschluss vorliegt.[165]

83

Daher kann die Ladung bzw. Nichtladung von Dritten die Anfechtbarkeit eines Beschlusses auslösen, wie z. B.
– die Nichtladung teilnahmeberechtigter Nichtgesellschafter, wie kraft Gesellschaftsvertrag einzuladende Aufsichtsratsmitglieder,[166]
– die Einladung nicht teilnahmeberechtigter Dritter, falls von deren Anwesenheit ein unzulässiger Druck auf das Abstimmungsverhalten ausgehen kann und den Dritten die Teilnahme nicht durch einen wirksamen Gesellschafterbeschluss gestattet wurde.[167]

84

d) Heilung durch Vollversammlung § 51 Abs. 3, 4 GmbHG

Beschlüsse, die in einer nicht ordnungsgemäß einberufenen Gesellschafterversammlung gefasst wurden, werden unter bestimmten Voraussetzungen geheilt, wenn die Beschlussfassung in einer Vollversammlung erfolgt (zu den Einzelheiten vgl. die ausführliche Darstellung unter Rdn. 40–41).

85

2. Verfahrensfehler bei Durchführung der Gesellschafterversammlung

Weitere bedeutende Quelle für Anfechtungsgründe ist die Gesellschafterversammlung selbst. Das GmbHG enthält, anders als zu den Einberufungsvorschriften, nahezu keine Regelungen zum Ablauf der Gesellschafterversammlung. In der Praxis hat sich daher eine umfangreiche Kasuistik ergeben, die sich in die folgenden Fallgruppen untergliedern lässt:

86

a) Teilnahmerecht

Sofern einem Gesellschafter das Recht entzogen wird, an der Gesellschafterversammlung teilzunehmen, wird ihm eines seiner elementarsten Rechte sowie die Möglichkeit der Information genommen. Daher werden Beschlüsse beispielsweise für anfechtbar gehalten, wenn das Teilnahmerecht des Gesellschafters **während der Versammlung** (zu Verletzungen des Teilnahmerechts bereits bei Einberufung der Gesellschafterversammlung s. Rdn. 81)
– durch die Aufforderung, die Sitzung zu verlassen,[168]

87

---

163 OLG Düsseldorf NJW 1989, 2200 (2201); Meyer-Landrut/*Rupietta* C 1 Rn. 8; Scholz/*Seibt* § 48 Rn. 7; Roth/Altmeppen/*Roth* § 51 Rn. 8.
164 BGH WM 1985, 567 (568).
165 OLG Stuttgart GmbHR 1997, 1107; OLG Düsseldorf NJW-RR 1992, 1452 (1453); Scholz/*Seibt* § 48 Rn. 25; Lutter/Hommelhoff/*Bayer* § 48 Rn. 8. Zur Problematik, ob die Teilnahme externer Berater zusätzlich zu dem Gesellschafter bei komplexen rechtlichen und wirtschaftlichen Sachverhalten bzw. bei bedeutenden Entscheidungen zulässig und bei entsprechendem Verlangen geboten ist, vgl. Rdn. 90.
166 OLG Stuttgart NJW 1973, 2027 (2028); MünchHdb GesR III/*Wolff* § 40 Rn. 37.
167 *Zeilinger* GmbHR 2001, 541 (549).
168 OLG Dresden GmbHR 1997, 946 (949). In der Praxis fasst die Gesellschafterversammlung hierzu einen mehrheitlichen Beschluss, woraufhin der Versammlungsleiter die nicht erwünschte Person zum Verlassen auffordert. Da der Versammlungsleiter regelmäßig auch das Hausrecht ausübt, stellen sich bei einem wei-

– durch Vereitelung einer Aussprache und Anhörung,[169]
– durch Ausschluss von der Versammlung bei einer kurzen Verspätung[170]

verletzt wird (zu dem in diesem Zusammenhang zu beachtenden Relevanzerfordernis vgl. Rdn. 102–103). Dies gilt selbst dann, wenn der Gesellschafter kein Stimmrecht hatte.[171]

Das Teilnahmerecht des Gesellschafters umfasst auch die Möglichkeit, sich von einem Bevollmächtigten **vertreten** zu lassen.[172] Ein Beschluss ist anfechtbar, wenn er dieses Recht einschränkt, ohne dass besondere Umstände oder wichtige, zumindest sachliche Gründe für die Einschränkung vorliegen würden.[173]

88 Schwieriger ist die Beurteilung bei der **Teilnahme Dritter**, z. B. externer Berater, an der Gesellschafterversammlung. Für die Anfechtbarkeit der auf der Versammlung gefassten Beschlüsse ist je nach Einzelfall zwischen der (unzulässigen) Teilnahme eines Externen oder aber dessen unberechtigtem Ausschluss aus der Gesellschafterversammlung sowie dessen Nichtzulassung zu differenzieren.

89 Dritte sind vorbehaltlich einer abweichenden Satzungsbestimmung oder eines zustimmenden Mehrheitsbeschlusses **grundsätzlich nicht teilnahmeberechtigt** (vgl. auch Rdn. 83).[174] Die Teilnahme eines nicht teilnahmeberechtigten Dritten an der Versammlung berechtigt gleichwohl regelmäßig nicht zur Anfechtung der gefassten Beschlüsse.[175] Etwas anderes wird – ebenso wie bei der Einladung nicht teilnahmeberechtigter Dritter (vgl. Rdn. 84) – nur in Ausnahmefällen vertreten, etwa wenn ein die freie Meinungsbildung ausschließender Druck auf die Gesellschafter erzeugt wurde,[176] oder die Teilnahme des Dritten geeignet war, auf die Meinungsbildung in der Versammlung einzuwirken.[177] Als Bewertungskriterium wird teilweise auf den Grad der Vertraulichkeit der Versammlungsinhalte abgestellt. Danach soll z. B. die Anwesenheit eines Journalisten – im Gegensatz zu Personen, die zur Berufsverschwiegenheit verpflichtet sind – bei einer Versammlung mit vertraulichen Inhalten wegen der Furcht vor Weitergabe der Inhalte regelmäßig Einfluss auf die Meinungsbildung haben und somit zur Anfechtung berechtigen.[178] Es erscheint zweifelhaft, ob in diesen Fällen tatsächlich eine pauschalierende Beurteilung angezeigt ist. Es dürfte sachgerechter sein, im Einzelfall auf die Relevanz der Anwesenheit des Dritten auf die jeweilige Beschlussfassung abzustellen (vgl. dazu Rdn. 103).

90 Anders ist die Lage hingegen, wenn ein ausnahmsweise teilnahmeberechtigter Dritter nicht zur Versammlung zugelassen oder der Versammlung verwiesen wird. Unter bestimmten Umständen ist die Hinzuziehung eines externen Beraters notwendig, etwa wenn **schwerwiegende Entscheidungen** zu fällen sind und dem betreffenden Gesellschafter die erforderliche Sachkunde dafür fehlt.[179] In solchen Fällen hat der Gesellschafter entweder durch Satzung oder aufgrund der gesellschaftsrechtlichen Treuepflicht einen Anspruch auf die Hinzuziehung eines **Beraters.** Daher wurde ein Beschluss beispielsweise für anfechtbar erklärt, mit dem einem legitimierten Vertreter eines Gesellschafters der Zutritt zum Ver-

---

teren Verbleib in den Versammlungsräumen nach einer solchen Aufforderung auch Fragen des Hausfriedensbruchs (§ 123 StGB).
169 OLG Hamm NJW-RR 1998, 967 (969).
170 OLG Dresden NZG 2000, 429; OLG Hamm NJW-RR 1998, 967 (969).
171 OLG Dresden NZG 2000, 429; OLG Hamm NJW-RR 1998, 967 (968).
172 OLG München GmbHR 2011, 590 (591); Scholz/*Seibt* § 48 Rn. 24; Baumbach/Hueck/*Zöllner* § 48 Rn. 8.
173 OLG München GmbHR 2011, 590 (591).
174 OLG Stuttgart GmbHR 1997, 1107; OLG Düsseldorf NJW-RR 1992, 1452 (1453); Scholz/*Seibt* § 48 Rn. 25; Lutter/Hommelhoff/*Bayer* § 48 Rn. 8.
175 Scholz/*Seibt* § 48 Rn. 25; Baumbach/Hueck/*Zöllner* § 48 Rn. 15; GroßkommGmbHG/*Raiser* Anh. § 47 Rn. 114.
176 Scholz/*Seibt* § 48 Rn. 25; GroßkommGmbHG/*Raiser* Anh. § 47 Rn. 114.
177 Ensthaler/Füller/Schmidt/*Schmidt* § 48 Rn. 8.
178 BeckOK/*Leinekugel* Beschlussanfechtung Rn. 61.1.
179 OLG Düsseldorf GmbHR 2002, 67; OLG Stuttgart GmbHR 1997, 1107; Baumbach/Hueck/*Zöllner* § 48 Rn. 13; Lutter/Hommelhoff/*Bayer* § 48 Rn. 8.

sammlungsraum verwehrt wurde.[180] Die **Wahl eines Versammlungstermins**, durch die die Hinzuziehung eines Beraters unzumutbar verwehrt wird, obwohl ein Anspruch auf eine Beratung besteht (vgl. schon Rdn. 81), kann ebenfalls als Beeinträchtigung des Teilnahmerechts angesehen werden.[181]

b) Mitwirkungsrechte

Ferner sind Beschlüsse anfechtbar, die den Gesellschafter in der Ausübung seiner Mitwirkungsrechte 91 in der Gesellschafterversammlung selbst beeinträchtigen. Hierunter fallen beispielsweise
- die Beschränkung des **Frage- und Rederechts**,[182] etwa durch eine unzureichende Aussprache oder eine ungerechtfertigte Beschränkung der Redezeit[183] oder der Behinderung von Antragstellungen,[184]
- die Zurückweisung eines gem. § 48 Abs. 1 GmbHG bevollmächtigten Vertreter eines Gesellschafters wegen einer in einer gängigen Fremdsprache (im entschiedenen Fall: italienisch) vorgelegten Teilnahmevollmacht an der Gesellschafterversammlung.[185]

Eine Beeinträchtigung des Mitwirkungsrechts liegt häufig in der irrigen Annahme eines **Stimmverbots**.[186] Ein Stimmverbot soll jedoch beispielsweise dann nicht vorliegen, wenn
- ein Gesellschafter entgegen einer testamentarischen Auflage seine Stimme abgibt,[187]
- ein Mehrheitsgesellschafter bei der Beschlussfassung über die Kündigung des mit ihm und der Gesellschaft bestehenden Gewinnabführungsvertrages stimmt,[188]
- ein Gesellschafter gegen die Abberufung eines Gesellschafter-Geschäftsführers wegen einer vorsätzlichen Verfehlung stimmt, sofern dem Gesellschafter in Bezug auf die Verfehlung des Geschäftsführers eine ganz andersartige Pflichtverletzung, wie etwa ein Aufsichtsversäumnis gegenüber dem Geschäftsführer, vorzuwerfen ist,[189]
- ein Ausschlussgrund nach § 47 Abs. 4 GmbHG zwar bei einem von mehreren organschaftlichen Vertretern einer beteiligten Gesellschaft vorliegt, für diese jedoch andere, persönlich nicht vom Stimmverbot betroffene Vertreter auftreten und der ausgeschlossene Vertreter auf diese keinen maßgeblichen Einfluss ausüben kann,[190]
- zwar grundsätzlich ein Ausschlusstatbestand greift, aber alle Gesellschafter von dem Ausschlusstatbestand gleichermaßen betroffen sind,[191]
- der abstimmende Gesellschafter in einem besonderen Näheverhältnis (z. B. Verwandtschaft) zu einer Person steht, die bei einer Abstimmung vom Stimmrecht ausgeschlossen wäre.[192]

Werden Anteile in der Absicht veräußert, einem Stimmverbot zu entgehen, ist auch der Erwerber der Anteile gem. § 47 Abs. 4 GmbHG vom Stimmrecht ausgeschlossen.[193] Eine Umgehung wird dann angenommen, wenn Geschäftsanteile mit dem Zweck und in der beiderseitigen Erwartung abgetreten wurden, dass der Erwerber im Sinne des Veräußernden abstimmen wird; auf eine Weisungs-

---

180 OLG Hamm NZG 2003, 926 (927).
181 BGH NJW 2009, 2300 (2301).
182 Vgl. OLG Hamm NJW-RR 1998, 967 (969); OLG Stuttgart DB 1995, 568.
183 GroßkommGmbHG/*Raiser* Anh. § 47 Rn. 115.
184 Baumbach/Hueck/*Zöllner* § 48 Rn. 20; Ensthaler/Füller/Schmidt/*Schmidt* § 48 Rn. 4.
185 OLG Brandenburg NJW-RR 1999, 543 (545).
186 Lutter/Hommelhoff/*Bayer* Anh. § 47 Rn. 49; MünchHdb GesR III/*Wolff* § 40 Rn. 38.
187 OLG Koblenz NJW-RR 1986, 1039 (1040); Lutter/Hommelhoff/*Bayer* Anh. § 47 Rn. 48.
188 BGH NZG 2011, 902 (903).
189 BGH NZG 2009, 1309 (1310); *Wicke* § 47 Rn. 14.
190 KG, Urt. v. 26.08.2014 – 14 U 124/12.
191 *Wicke* § 47 Rn. 14.
192 BGH NJW 1981, 1512 (1513); OLG Saarbrücken DStR 2007, 916; OLG Düsseldorf GmbHR 1996, 689 (691); *Wicke* § 47 Rn. 14.
193 BGH NZG 2008, 783 (784); NJW 1976, 713 (714); OLG München GmbHR 2011, 590 (592); OLG Düsseldorf NZG 2001, 991 (992 f.); OLG Hamm GmbHR 1989, 79 (80).

gebundenheit kommt es nicht an.[194] Für das Vorliegen dieser Umgehungsabsicht trägt der Kläger die Darlegungs- und Beweislast.[195]

c) Sonstige Fehler

92 Schließlich können auch weitere Fehler in der Gesellschafterversammlung die Anfechtbarkeit von Beschlüssen bewirken. Angenommen wird dies beispielsweise bei
- einem Abweichen von der angekündigten Tagesordnung (z. B. bei Absetzung oder Hinzufügung von Tagesordnungspunkten[196] oder unangekündigter Antragserweiterung[197]),
- einem Fehler bei der Ermittlung des Abstimmungsergebnisses wie bei unrichtiger Auszählung der Stimmen[198] sowie bei Irrtum über das anwendbare Mehrheitserfordernis[199] oder die rechtliche Gültigkeit[200] abgegebener Stimmen, z. B. bei Verstoß gegen § 181 BGB,[201]
- einem Beschluss über die Gestattung der Durchführung einer Due Diligence durch einen Kaufinteressenten, insbesondere durch einen Wettbewerber der Gesellschaft[202] oder eines Gesellschafters[203], wenn dieser Beschluss nicht einstimmig gefasst wurde.

93 Umstritten ist, ob ein Anfechtungsgrund vorliegt, wenn unerlaubt Ton- und Videoaufzeichnungen während der Gesellschafterversammlung aufgenommen werden.[204] Ungeachtet dessen dürfte ein derartiges Vorgehen im Hinblick auf die Strafvorschriften der §§ 201, 201a StGB nicht zu empfehlen sein.

3. Verletzung des Informationsrechts

94 Allen Gesellschaftern einer GmbH steht unabhängig von den §§ 51a und 51b GmbHG ein Informationsrecht zu (s. § 17 Rdn. 20–30). Dieses Recht hat für die Gesellschafter eine besondere Bedeutung, da nur bei zutreffendem Informationsstand über die Angelegenheiten der Gesellschaft die Teilhaberrechte angemessen ausgeübt und die Vermögensinteressen des Gesellschafters gewahrt werden können.[205] Zwischen der Gesellschaft und dem Gesellschafter sollen keine Geheimnisse bestehen.[206] Das Informationsrecht ist zwingend und besteht daher unabhängig von einem besonderen Anlass.[207]

95 Informationsverlangen kann jeder Gesellschafter jederzeit gegenüber den Geschäftsführern geltend machen. Das Recht auf Information umfasst grundsätzlich – mit der Grenze der Rechtsmissbräuchlichkeit – alle Angelegenheiten der Gesellschaft, wie beispielsweise Geschäftsführungsangelegenheiten, Einzelheiten zu Gewinnermittlung und -verwendung oder Beziehungen zu Dritten.[208]

---

194 OLG München GmbHR 2011, 590 (593); OLG Düsseldorf NZG 2001, 991 (993); Baumbach/Hueck/*Zöllner* § 47 Rn 101.
195 OLG München GmbHR 2011, 590 (593).
196 Scholz/*Seibt* § 48 Rn. 36.
197 Scholz/*K. Schmidt* § 45 Rn. 96; MünchHdb GesR III/*Wolff* § 40 Rn. 38.
198 BGH NJW 1988, 1844; OLG Brandenburg NZG 2001, 129 (131); OLG Jena GmbHR 2002, 115 (117).
199 OLG Hamm NZG 2002, 783 (785); MünchHdb GesR III/*Wolff* § 40 Rn. 39.
200 BGH NJW 1988, 1844; OLG Stuttgart NZG 2000, 490 (492); MünchHdb GesR III/*Wolff* § 40 Rn. 39.
201 BayObLG NJW-RR 2001, 469 mit der Besonderheit, dass es sich im dortigen Verfahren um eine Ein-Personen-Gesellschaft handelte, so dass der Beschluss nicht nur anfechtbar, sondern nichtig war; Beck'sches Handbuch der GmbH/*Fischer/Schmidt* § 4 Rn. 115.
202 LG Köln GmbHR 2009, 261 (262) – Berufung zum OLG Köln unter 18 U 76/08 wurde zurückgenommen; zustimmend Michalski/*Haas/Ziemons* § 43 Rn. 132b; Scholz/*Schneider/Crezelius* § 43 Rn. 148; Lutter/Hommelhoff/*Kleindiek* § 43 Rn. 21; a. A. Liese/Theusinger BB 2009, 186 und Engelhardt GmbHR 2009, 237 (242), der eine einfache Mehrheit genügen lässt. Zu dieser Problematik auch § 16 Rdn. 26–70.
203 OLG Köln, Urt. v. 31.10.2013 – 18 W 66/13.
204 Offen gelassen von BGHZ 44, 245; für Anfechtungsgrund: BeckOK/*Leinekugel* Beschlussanfechtung Rn. 63; dagegen: Scholz/*Seibt* § 48 Rn. 41.
205 *Trölitzsch/Leinekugel* Rn. 5.
206 OLG Frankfurt NJW-RR 1994, 498 (499).
207 BGH NJW 1997, 1985 (1986).
208 Baumbach/Hueck/*Zöllner* § 51a Rn. 11; Scholz/*K. Schmidt* § 51a Rn. 19.

B. Anfechtungsklage § 19

Im Zusammenhang mit Beschlussanfechtungsklagen ist zu unterscheiden zwischen einer Informationspflichtverletzung **vor und während** der Gesellschafterversammlung. 96

Im Vorfeld der Gesellschafterversammlung ist zu beachten, dass die Gesellschafter die Möglichkeit haben müssen, sich ausreichend und umfänglich auf die Gesellschafterversammlung vorzubereiten. Insbesondere müssen wichtige Beschlussanträge gründlich durchdacht werden können und ggf. angemessene Zeit für die Konsultation externer Berater bestehen. Bei wichtigen und komplexen Beschlussgegenständen müssen die zur sachgerechten Beschlussfassung erforderlichen Informationen und Unterlagen **rechtzeitig** vor der Versammlung zur Verfügung gestellt werden.[209] Beispiele hierfür sind Satzungsänderungen, die Feststellung des Jahresabschlusses, Unternehmensverträge, Kapitalmaßnahmen, Umwandlungsvorgänge und vergleichbare Maßnahmen wie bedeutende Verträge. Der Vertragsgegenstand muss konkret in der Einladung benannt werden.[210] 97

In der Rechtsprechung noch weitgehend ungeklärt ist dabei, in welchem **Umfang** die Informationen zu erteilen sind. So stellt sich die Frage nach der analogen Anwendbarkeit des § 124 Abs. 2 S. 2 AktG, wonach zustimmungsbedürftige Verträge auch dem wesentlichen Inhalt nach zu veröffentlichen sind. Zur Ermöglichung einer sachgerechten und vorbereiteten Entscheidung der Gesellschafter auf den zur Abstimmung gestellten Beschluss wird daher in der Literatur verschiedentlich eine analoge Anwendung dieser Vorschrift zumindest für Unternehmensverträge bejaht.[211] 98

Sollte ein Auskunftsverlangen **in der Gesellschafterversammlung** geltend gemacht werden, muss dieses grds. auch in dieser beantwortet werden, sofern die Auskunft für die Beurteilung von Beschlussgegenständen notwendig ist.[212] Eine Ausnahme gilt dann, wenn die Auskunft schwierig zu erteilen oder zu umfangreich ist und der Geschäftsführer auch nicht vorab mit einem entsprechenden Auskunftsverlangen rechnen musste. In einem solchen Fall muss die Auskunft vor der Versammlung verlangt werden.[213] 99

Anfechtungsgründe im Zusammenhang mit der **Verletzung von Informationsrechten** werden angenommen, wenn 100
- ein GmbH-Anteil aus wichtigem Grund eingezogen wird und dem betroffenen Gesellschafter Auskünfte über den wichtigen Grund der Einziehung verweigert werden,[214]
- die Bilanz nicht oder nicht rechtzeitig vor der Gesellschafterversammlung vorgelegt wird, so dass dem Gesellschafter keine ausreichende Prüfungsfrist vor der Beschlussfassung (ca. ein Monat) gewährt wird,[215]
- die Gesellschafterversammlung einen Vorratsbeschluss dahingehend fasst, dass einem Gesellschafter über ein konkretes Informationsbegehren hinaus Einsicht oder Auskunft für eine bestimmte Zeit, unter bestimmten Umständen oder in bestimmte Unterlagen verweigert wird.[216]

Neben und unabhängig von der Anfechtungsklage kommt in derartigen Fällen ein **Auskunftserzwingungsverfahren gem.** § 51b GmbHG (dazu näher § 17 Rdn. 20–30) in Betracht.[217] Soweit der Kläger mit der Anfechtungsklage lediglich die Durchsetzung seines Informationsanspruchs erreichen 101

---

[209] OLG Stuttgart DB 2001, 854 (858).
[210] Baumbach/Hueck/*Zöllner* § 51 Rn. 26; GroßkommGmbHG/*Hüffer/Schürnbrand* § 51 Rn. 26; Michalski/*Römermann* § 51 Rn. 85; *Wicke* § 51 Rn. 4; Lutter/Hommelhoff/*Bayer* § 51 Rn. 26.
[211] Baumbach/Hueck/*Zöllner* § 51 Rn. 26; Michalski/*Römermann* § 51 Rn. 85; *Wicke* § 51 Rn. 4; GroßkommGmbHG/*Hüffer/Schürnbrand* § 51 Rn. 26; Scholz/*Seibt* § 51 Rn. 22; Lutter/Hommelhoff/*Bayer* § 51 Rn. 26.
[212] OLG München GmbHR 1998, 332 (333); Baumbach/Hueck/*Zöllner* § 51a Rn 17; *Lutter/Hommelhoff* § 51a Rn. 23a.
[213] Baumbach/Hueck/*Zöllner* § 51a Rn. 17; *Lutter/Hommelhoff* § 51a Rn. 23a.
[214] OLG München NZG 1998, 383.
[215] LG Saarbrücken GmbHR 2010, 762 (763).
[216] BGH NJW 2009, 2300.
[217] *Wicke* § 51b Rn. 4; für die Parallelproblematik bei § 132 AktG: BGH NJW 1983, 878 (879).

will, fehlt der Anfechtungsklage gegen den entsprechenden Verweigerungsbeschluss indes das Rechtsschutzinteresse.[218]

4. Relevanzerfordernis bei formellen Fehlern

102 Die zuvor unter 1. bis 3. dargestellten Verfahrensverstöße führen jedoch dann nicht zur Anfechtbarkeit, wenn die Gesellschaft darlegen und beweisen kann, dass der Verstoß für das Beschlussergebnis nicht **relevant** war.[219]

Die Rechtsprechung hat die Anfechtbarkeit eines Beschlusses wegen eines Verfahrensfehlers ursprünglich nur bejaht, wenn der Verfahrensfehler für das Ergebnis der Beschlussfassung ursächlich war.[220] Beschlüsse, die ohne den Verfahrensfehler nachweislich nicht anders zustande gekommen wären, sollten deswegen nicht anfechtbar sein.[221] Dies hat indes zu **Schutzlücken** geführt. So konnte beispielsweise ein Minderheitsgesellschafter, der im Rahmen der Beschlussfassung in seinen Rechten verletzt wurde, kaum ernsthaft mit dem Erfolg seiner Anfechtung rechnen.[222] Denn es war in aller Regel zu erwarten, dass die den Beschluss befürwortenden Gesellschafter in einem Rechtsstreit bekundet hätten, auch bei Wahrung des (Informations-)Rechts – also etwa bei zutreffender Auskunftserteilung gegenüber dem klagenden Gesellschafter – den Beschluss dennoch mitgetragen zu haben.[223]

102a Aus diesem Grund hat der BGH diese Rechtsprechung im Jahre 2001 ausdrücklich aufgegeben.[224] Stattdessen ist nunmehr ganz überwiegend anerkannt, dass zur Vermeidung der genannten Schutzlücken, die bei einer reinen Kausalitätsbetrachtung auftreten, auf die **Relevanz des Verfahrensverstoßes** abzustellen ist.[225] Verfahrensverstöße – insbesondere durch Verletzung des Informationsrechts – sind danach stets relevant, wenn durch sie die Teilnahme- und Abstimmungsberechtigten in ihren Interessen beeinträchtigt wurden.[226] Zur Beurteilung der tatsächlichen Beeinträchtigung der Interessen durch den Verfahrensverstoß wird in analoger Anwendung des § 243 Abs. 4 AktG auf einen objektiv urteilenden Gesellschafter abgestellt.[227]

103 Zusätzliche Anforderungen an die Relevanz werden bei der **Teilnahme unberechtigter Dritter** an der Gesellschafterversammlung gestellt. Ein relevanter Verstoß soll in diesen Fällen nur dann gegeben sein, wenn ein Gesellschafter durch die unberechtigte Anwesenheit des Dritten in einem eigenen Recht verletzt wurde und er noch in der Versammlung gegen die Teilnahme des Dritten Protest erhoben hat.[228] Eine Verletzung in eigenen Rechten wird jedoch allenfalls in den seltenen Ausnahmefällen anzunehmen sein, in denen die Anwesenheit des Dritten die freie Meinungsbildung verhindert hat oder zumindest geeignet war, auf die Meinungsbildung in der Versammlung einzuwirken (vgl.

---

218 BGH NJW 1988, 1090 (1091); Baumbach/Hueck/*Zöllner* § 51a Rn. 46; GroßkommGmbHG/*Raiser* Anh. § 47 Rn. 116.
219 BGH GmbHR 1998, 136 (137); Baumbach/Hueck/*Zöllner* Anh. § 47 Rn. 125; Lutter/Hommelhoff/*Bayer* Anh. § 47 Rn. 50; Scholz/*K. Schmidt* § 45 Rn. 100; Rowedder/Schmidt-Leithoff/*Koppensteiner/Gruber* § 47 Rn. 134.
220 BGH BB 1972, 771 (772); BGH BB 1987, 1551 (1553); vgl. zur Rechtsprechungsentwicklung auch die Darstellung in Scholz/*K. Schmidt* § 45 Rn. 100 m.w.N.
221 BGH BB 1987, 1551 (1553); vgl. auch Scholz/*K. Schmidt* § 45 Rn. 100 m.w.N.
222 Vgl. BGH NZG 2005, 77 (79); BGH NZG 2002, 130 (131); Lutter/Hommelhoff/*Bayer* Anh. § 47 Rn. 51; OLG Düsseldorf GmbHR 2003, 1006 (1007).
223 Baumbach/Hueck/*Zöllner* Anh. § 47 Rn. 127.
224 BGH NJW 2002, 1128.
225 Vgl. BGH NZG 2005, 77 (79); BGH NZG 2002, 130; Baumbach/Hueck/*Zöllner* Anh. § 47 Rn. 126; Scholz/*K. Schmidt* § 45 Rn. 100; GroßkommGmbHG/*Raiser* Anh. § 47 Rn. 110.
226 Baumbach/Hueck/*Zöllner* Anh. § 47 Rn. 127; dies soll nach BeckOK/*Leinekugel* Beschlussanfechtung Rn. 63 z. B. stets der Fall sein, wenn die Versammlung auf einem Tonband oder Diktiergerät mitgeschnitten wird.
227 Lutter/Hommelhoff/*Bayer* Anh. § 47 Rn. 51.
228 Michalski/*Römermann* Anh. § 47 Rn. 282; GroßkommGmbHG/*Raiser* Anh. § 47 Rn. 114.

dazu Rdn. 89). Folglich wird die Teilnahme unberechtigter Dritter an der Gesellschafterversammlung regelmäßig mangels Relevanz nicht zur Anfechtung berechtigen.[229]

III. Anfechtungsgründe materieller Art

Neben formellen Fehlern im Zusammenhang mit der Vorbereitung und Fassung von Gesellschafterbeschlüssen können auch **inhaltliche Fehler** der Gesellschafterbeschlüsse selbst eine Anfechtbarkeit begründen. Nachstehend wird ein Überblick über die in der Praxis regelmäßig vorkommenden inhaltlichen Mängel gegeben. 104

1. Verstoß gegen das Gesetz

Entsprechend § 243 AktG analog bilden die erste große Fallgruppe Verstöße des Gesellschafterbeschlusses gegen das Gesetz. 105

a) Stammkapital und Gewinnverwendung

Häufig verstoßen Beschlüsse zum Stammkapital und zur Gewinnverwendung gegen das Gesetz. So ist etwa ein Beschluss anfechtbar, wenn er die Einziehung des Geschäftsanteils eines Gesellschafters zum Gegenstand hat, obwohl bereits bei Beschlussfassung feststeht, dass die Gesellschaft die geschuldete Abfindung **nur aus gebundenem Stammkapital** wird zahlen können.[230] Wird in einem solchen Fall die Einziehung des Geschäftsanteils mit einem Ausschließungsbeschluss gegen den Gesellschafter verbunden, dann ist auch der Ausschließungsbeschluss unwirksam.[231] 106

Häufiger Zankapfel der Gesellschafter ist ferner die Gewinnausschüttung. Nach § 29 Abs. 1 GmbHG steht den Gesellschaftern grundsätzlich ein Anspruch auf den Jahresüberschuss zuzüglich Gewinnvortrag und abzüglich Verlustvortrag zu. Anlass zu Auseinandersetzungen bieten die ebenfalls in § 29 **GmbHG** grundsätzlich vorgesehenen Möglichkeiten, die Gewinnausschüttung ganz oder teilweise durch Satzungsregelung oder Gesellschafterbeschluss auszuschließen, wie insbesondere durch Beschlüsse nach § 29 Abs. 2 GmbHG zur Einstellung bestimmter Beträge in die Gewinnrücklagen. Für die Anfechtung von Gewinnverwendungsbeschlüssen von Bedeutung ist die **gesellschaftsrechtliche Treuepflicht**, wonach bei derartigen Beschlüssen das Interesse der übrigen (Minderheits-) Gesellschafter auf Ausschüttung mit dem Interesse der Gesellschaft an einer Thesaurierung der Gewinne abzuwägen ist.[232] So wird ein Gewinnverwendungsbeschluss für anfechtbar gehalten, wenn 107

– ein Mitgesellschafter durch das Unterbinden von Gewinnausschüttungen gezielt »ausgehungert« wird[233] oder
– Minderheitsgesellschaftern durch den Gewinnverwendungsbeschluss ein unangemessener Nachteil entsteht, der – entsprechend der Wertung des § 254 AktG – nicht durch kaufmännische Erwägungen zu Gunsten der Gesellschaft (z. B. aktuelle Wirtschaftslage, Marktsituation und zukünftige Marktentwicklung) gerechtfertigt werden kann[234] oder
– der Mehrheitsgesellschafter gegen einen Gewinnverwendungsbeschluss stimmt, ohne eine angemessene Alternative zur Ausschüttung zu nennen[235] oder
– ein ausscheidender Gesellschafter gegen einen Gewinnverwendungsbeschluss stimmt, obwohl sein eigenes Vermögensinteresse weder unmittelbar noch mittelbar beeinträchtigt wird.[236]

---

229 Scholz/*K. Schmidt* § 45 Rn. 99; GroßkommGmbHG/*Raiser* Anh. § 47 Rn. 114.
230 BGH DStR 2011, 1188 (1189); BGH NJW 2000, 2819 (2821); OLG Celle NJW-RR 1998, 175 (176).
231 BGH DStR 2011, 1188 (1189).
232 BGH NJW 1996, 1678 (1681); OLG Nürnberg DB 2008, 948; Roth/Altmeppen/*Roth* § 29 Rn. 20; GroßkommGmbHG/*Müller* § 29 Rn. 82a.
233 Baumbach/Hueck/*Fastrich* § 29 Rn. 29
234 Baumbach/Hueck/*Fastrich* § 29 Rn. 30, 32; GroßkommGmbHG/*Müller* § 29 Rn. 86, 91.
235 Baumbach/Hueck/*Zöllner* Anh. § 47 Rn. 99.
236 BGH NJW 1984, 489 (491); OLG Jena GmbHR 2006, 985 (987); OLG Düsseldorf NZG 2000, 1180 (1181).

b) Feststellung des Jahresabschlusses

108 Auch Beschlüsse über die Feststellung des Jahresabschlusses sind häufig Gegenstand von Anfechtungsstreitigkeiten.

109 Eine Besonderheit ergibt sich bei der Anfechtung der Feststellung des Jahresabschlusses wegen **Inhaltsmängeln**. Im GmbH-Recht ist eine derartige Anfechtung im Gegensatz zum Aktienrecht möglich, weil § 257 Abs. 1 S. 2 AktG, der eine Anfechtung des Feststellungsbeschlusses wegen inhaltlicher Mängel ausschließt, nach der Rechtsprechung des BGH auf die GmbH nicht analog anwendbar ist.[237] Ein hinreichender Grund zur Anfechtung eines Beschlusses zur Feststellung des Jahresabschlusses liegt mithin grundsätzlich vor, wenn einzelne Bilanzposten entgegen den Bewertungsvorschriften des HGB **überbewertet** sind und der Jahresabschluss nicht schon entsprechend § 256 Abs. 5 S. 1 AktG analog nichtig ist.[238] Eine Anfechtung ist nach der Treuepflicht hingegen ausgeschlossen, wenn die Änderung des Jahresabschlusses zu Kosten und Belastungen der Gesellschaft – und damit mittelbar auch der Gesellschafter – führt, die außer Verhältnis zu dem den Gesellschaftern daraus erwachsenden wirtschaftlichen Vorteil stehen.[239]

c) Treuepflicht

110 Die Treuepflicht besteht im Verhältnis der Gesellschafter zur Gesellschaft, aber **auch zwischen den Gesellschaftern untereinander**.[240] Die Treuepflicht wird beispielsweise für verletzt und ein entsprechender Beschluss für anfechtbar gehalten, wenn
 – die Einziehung eines Geschäftsanteils zur Pfändung desselben beschlossen wird, obwohl die Vollstreckungsmaßnahme voraussichtlich keinen Erfolg verspricht und maßgebliches Motiv die Absicht ist, den Mitgesellschafter aus der Gesellschaft zu drängen,[241]
 – durch den Beschluss einem Gesellschafter ungerechtfertigte Sondervorteile verschafft werden,[242] z. B. durch eine verdeckte Gewinnausschüttung,[243]
 – eine Satzungsänderung beschlossen wird, die schon aus sich heraus – und nicht erst aus den besonderen Umständen – nur zu Lasten oder zum Vorteil einzelner Gesellschafter auswirkt,[244] z. B. eine nachteilige Veränderung des Stimmrechts, der Liquidationsquote oder des Gewinnbezugsrechts,[245]
 – durch den Beschluss die Geltendmachung evident gegebener Schadensersatzansprüche gegen (ehemalige) Organmitglieder abgelehnt wird,[246] ohne dass besondere Gründe die Ablehnung rechtfertigen würden,[247]
 – der Mehrheitsgesellschafter ohne sachlichen Grund und trotz Übereinstimmung mit den inhaltlichen Positionen die Beschlussvorschläge der Minderheit zu bestimmten Geschäftsführungsmaßnahmen ablehnt.[248]

---

237 BGH NZG 2008, 783 (784).
238 BGH NZG 2008, 783 (784).
239 BGH NZG 2008, 783 (784); NZG 1998, 314 (316) – Tomberger.
240 BGH NJW 1976, 191. Für die AG siehe auch die Darstellung bei Gärtner/Rose/Reul 3. Teil A.
241 OLG Hamm GmbHR 2009, 1161 (1162).
242 BGH NZG 2008, 783 (784); BGH DB 1972, 1575.
243 BGH DB 1972, 1575.
244 RGZ 68, 210 (213); Scholz/*K. Schmidt* § 45 Rn. 106; Michalski/*Römermann* Anh. § 47 Rn. 325; Lutter/Hommelhoff/*Bayer* § 53 Rn. 26.
245 Lutter/Hommelhoff/*Bayer* § 53 Rn. 26.
246 Vgl. zu Streitigkeiten unter Beteiligung von Organen § 20.
247 Baumbach/Hueck/*Zöllner* Anh. § 47 Rn. 99.
248 OLG München GmbHR 2015, 84.

B. Anfechtungsklage § 19

d) Minderheitenschutz

Auch der Schutz von Minderheitsgesellschaftern als besondere Ausprägung der Treuepflicht[249] ist ständig wiederkehrender Gegenstand von Anfechtungsstreitigkeiten. Durch den Minderheitenschutz soll verhindert werden, dass Mehrheitsgesellschafter ihre Machtstellung missbrauchen, um so ihre eigenen Interessen zu verfolgen, und zugleich die Minderheitsgesellschafter benachteiligen. Daher wurde ein Beschluss für anfechtbar gehalten, wenn er

– einem Mehrheitsgesellschafter und Geschäftsführer eine vom Umsatz berechnete Tantieme zuspricht, die in einem deutlichen Missverhältnis zu den von ihm für die Gesellschaft geleisteten Diensten steht,[250]
– die Auflösung der Gesellschaft zum Gegenstand hat und der Gesellschafterversammlung zudem umfassende Vorbereitungsmaßnahmen des Mehrheitsgesellschafters für eine spätere Geschäftsübernahme vorausgegangen waren, um einen Minderheitsgesellschafter aus der Gesellschaft zu drängen und das Geschäft aus der Liquidationsmasse günstig und schnell zu übernehmen,[251]
– die Zustimmung eines Mehrheitsgesellschafters über einen Betriebspachtvertrag mit sich selbst beinhaltet, obwohl ein Dritter bei sonst identischen Bedingungen einen wesentlich höheren Pachtzins angeboten hatte.[252]

111

e) Unzweckmäßigkeit eines Beschlusses

Die Gesellschafter sind bei ihrer Beschlussfassung an den Gesellschaftszweck gebunden.[253] Grundsätzlich wird den Gesellschaftern dabei ein weites **unternehmerisches Ermessen** eingeräumt.[254] Die bloße **Unzweckmäßigkeit eines Beschlusses** ist kein Gesetzes- und kein Satzungsverstoß und berechtigt daher für sich genommen noch nicht zur Anfechtung. Anderes gilt allerdings dann, wenn durch den Beschluss die Grenzen des den Gesellschaftern durch ihre Bindung an den Gesellschaftszweck eingeräumten Ermessens überschritten wurden.[255] Teilweise wird zusätzlich gefordert, dass sich das Ermessen auf eine einzige richtige Entscheidung reduziert hat (Ermessensreduktion auf Null).[256]

112

Gerichte stehen der Beurteilung unternehmerischer Zweckmäßigkeitserwägungen im Rahmen von Anfechtungsklagen erfahrungsgemäß **sehr zurückhaltend** gegenüber. Dahinter steht vielfach die Annahme, eine zu starke Eingrenzung des Ermessensspielraums würde ansonsten dazu führen, dass das Gericht seine unternehmerische Entscheidung an die Stelle der Entscheidung der Gesellschafterversammlung setzt.[257] Eine Ermessensüberschreitung der Gesellschafter wird beispielsweise dann näher in Erwägung gezogen, wenn

– durch den Beschluss die **Zweckbindung des Unternehmens**, Gewinne zu erzielen, missachtet wird,[258]
– eine unternehmerische Entscheidung nicht am **Gesellschaftsinteresse** ausgerichtet ist und nicht einmal in einem losen, mittelbaren Zusammenhang mit der satzungsmäßigen Betätigung der Gesellschaft steht,[259]

---

249 Vgl. Baumbach/Hueck/*Hueck/Fastrich* § 13 Rn. 24.
250 BGH WM 1976, 1226 (1227).
251 BGH NJW 1980, 1278.
252 Vgl. OLG Frankfurt AG 1973, 136.
253 Baumbach/Hueck/*Zöllner* Anh. § 47 Rn. 93.
254 OLG Köln NZG 1999, 1228 (1229); OLG Düsseldorf, ZIP 1996, 1083 (1088); Baumbach/Hueck/*Zöllner* Anh. § 47 Rn. 96; Oppenländer/Trölitzsch/*Jaeger* § 19 Rn. 121.
255 BGH ZIP 2003, 387 (288) zur Entlastung des Vorstands einer AG; OLG Düsseldorf, ZIP 1996, 1083 (1088); Baumbach/Hueck/*Zöllner* Anh. § 47 Rn. 96; Michalski/*Römermann* Anh. § 47 Rn. 360; Roth/Altmeppen/*Roth* § 47 Rn. 119.
256 OLG Köln NZG 2000, 1135 (1136); OLG Köln NZG 1999, 1228 (1229); Oppenländer/Trölitzsch/*Jaeger* § 19 Rn. 121.
257 Roth/Altmeppen/*Roth* § 47 Rn. 119.
258 Baumbach/Hueck/*Zöllner* Anh. § 47 Rn. 96.
259 Oppenländer/Trölitzsch/*Jaeger* § 19 Rn. 121; Rowedder/Schmidt-Leithoff/*Koppensteiner/Gruber* § 47 Rn. 123.

– Geschäfte getätigt werden, die als **besonders verlustreich** einzustufen sind[260] bzw. eine finanzielle Schädigung der Gesellschaft voraussehen lassen.[261]

f) Besondere Fallgruppe der Geschäftsführerangelegenheiten (Bestellung, Abberufung und Entlastung)

113 Anfechtungsklagen zu Geschäftsführerangelegenheiten befassen häufig die Gerichte. Soweit die Entlastung des Geschäftsführers im Streit steht, hat dies gegenüber dem Aktienrecht die besondere Bedeutung, dass die Entlastung des Geschäftsführers auch den **Verzicht auf Schadensersatzansprüche** bewirkt, sofern im Zeitpunkt des Beschlusses etwaige Schadensersatzansprüche bekannt oder bei sorgfältiger Prüfung erkennbar waren.[262]

114 Ein Beschluss zu Angelegenheiten der Geschäftsführung kann beispielsweise anfechtbar sein, wenn
– er die **Bestellung** eines Geschäftsführers zum Inhalt hat, in dessen Person wichtige Gründe vorliegen, die seine Tätigkeit für die Gesellschaft unzumutbar machen,[263]
– durch ihn der Geschäftsführer **entlastet** wird und der Beschluss dabei zu einem Zeitpunkt erzwungen wird, zu dem die Gesellschafter zwar von einer Pflichtverletzung erfahren haben, aber noch nicht in der Lage sind zu beurteilen, ob der Gesellschaft ein Schaden zugefügt wurde und die Entlastung nur dazu dient, den Geschäftsführer der Verantwortung für sein Verhalten zu entziehen und eine weitere Untersuchung zu verhindern,[264]
– er die Entlastung eines Geschäftsführers zum Gegenstand hat, obwohl dieser zuvor bei der Behandlung der Gesellschafter gegen den Gleichbehandlungsgrundsatz verstoßen hat,[265] so z. B. wenn der Geschäftsführer einzelnen Gesellschaftern offen oder verdeckt einseitig Vermögensvorteile gewährt hat oder bei einem sachlich nicht gerechtfertigten Bezugsrechtsausschluss bei der Kapitalerhöhung,[266]
– er den Geschäftsführer entlastet, obwohl der entlastete Geschäftsführer mit den für seine Entlastung stimmenden Gesellschaftern zum eigenen Vorteil und zum Schaden der Gesellschaft zusammengewirkt hat,[267]
– dem Gesellschafter-Geschäftsführer bei seiner **Abberufung** das Stimmrecht vorenthalten wird, obwohl die Abberufung nicht aus wichtigem Grund erfolgte und der Gesellschafter-Geschäftsführer insofern keinem Stimmrechtsverbot gem. § 47 Abs. 4 GmbHG unterlag.[268]

2. Verstöße gegen die Satzung

115 Da auch Satzungsverstöße einen Anfechtungsgrund begründen (§ 243 AktG analog), ist im Streitfall besonderes Augenmerk auf die Regelungen des jeweiligen Gesellschaftsvertrags zu richten. Typische Anfechtungsgründe in der Praxis sind, wenn
– durch den Beschluss **neue Gesellschafter** aufgenommen oder neue Geschäftsführer bestellt werden, die nicht den von der Satzung aufgestellten Anforderungen an die Person entsprechen,[269]
– ein Beschluss in ein in der Satzung verankertes **Sonderrecht** eines Gesellschafters eingreift,[270]

---

260 Michalski/*Römermann* Anh. § 47 Rn. 360.
261 OLG Köln NZG 1999, 1228 (1229).
262 OLG Hamm GmbHR 1992, 802 (803); OLG München BB 1997, 2341.
263 BGH NJW 1991, 846; BB 1993, 1681.
264 BGH NJW-RR 2010, 49 (51).
265 OLG Köln NZG 1999, 1228 (1229); OLG München BB 1997, 2341; Baumbach/Hueck/*Zöllner* Anh. § 47 Rn. 92.
266 BeckOK/*Leinekugel* Beschlussanfechtung Rn. 71.1.
267 BGH WM 1977, 361 (363); OLG Köln NZG 1999, 1228 (1229).
268 BGH NJW 1987, 1890 (1891); zur Abberufung eines Gesellschafter-Geschäftsführers entgegen einer zwischen allen Gesellschaftern getroffenen Abrede vgl. Rdn. 118; vgl. zum Problem der fristlosen Abberufung und Kündigung eines Geschäftsführers mit Minderheitsbeteiligung: *v. Schnurbein/Neufeld* BB 2011, 585.
269 Michalski/*Römermann* Anh. § 47 Rn. 357; BeckOK/*Leinekugel* Beschlussanfechtung Rn. 76.1.
270 Vgl. OLG Nürnberg BB 2000, 687; GroßkommGmbHG/*Raiser* Anh. § 47 Rn. 147.

B. Anfechtungsklage   § 19

- über den **Ausschluss** eines Gesellschafters beschlossen wird, obwohl die satzungsmäßigen Voraussetzungen für den Ausschluss nicht gegeben sind[271] oder der Gesellschaftsvertrag eine Ausschließung durch Mehrheitsbeschluss nicht vorsieht,[272]
- in satzungswidriger Weise über den Betrag einer **Abfindung** beschlossen wird,[273]
- ein Gesellschafter von einem in der Satzung festgelegten **Wettbewerbsverbot** befreit wird, obwohl dies nicht im Interesse der Gesellschaft geboten ist,[274]
- ein Beschluss zu einer dauerhaften oder wiederholten Geschäftstätigkeit außerhalb des definierten **Unternehmensgegenstands** führt,[275]
- in der Satzung das Recht gewährt wird, sich während der Versammlung beraten zu lassen und ein Termin für die Versammlung bestimmt wird, zu welchem der **Berater** nicht erscheinen kann, was bekannt war.[276]

Es reicht hingegen nicht aus, dass solche Satzungsregeln missachtet werden, die bloßen Ordnungscharakter haben (häufig Sollvorschriften); z. B. eine Satzungsregelung, nach der die Zahl der Aufsichtsratsmitglieder stets durch drei teilbar sein müsse.[277]   116

3. Verstöße gegen schuldrechtliche Vereinbarungen

Nicht selten schließen Gesellschafter zur gemeinsamen Interessendurchsetzung **Stimmbindungsverträge**, in denen sie sich zu einem bestimmten Stimmverhalten verpflichten. Bestimmte Stimmpflichten können sich darüber hinaus auch aus **sonstigen schuldrechtlichen Vereinbarungen** ergeben. Diese müssen nicht explizit als Stimmpflicht bezeichnet werden, sondern ergeben sich im Regelfall schon als Nebenpflicht aus dem Grundsatz, dass die Parteien eines schuldrechtlichen Vertrags alles zur Erfüllung des Vertrags Notwendige zu tun oder zu unterlassen haben.[278]   117

Ein Beschluss, der durch eine abredewidrige Abstimmung zustande kommt, ist **grundsätzlich nicht anfechtbar**. Streitigkeiten über die Rechtsfolgen des Verstoßes müssen die Vertragsparteien vielmehr grundsätzlich untereinander austragen.[279] Ausnahmsweise kann ein Beschluss nach umstrittener Auffassung des BGH aber dann anfechtbar sein, wenn die schuldrechtliche **Abrede von sämtlichen Gesellschaftern** eingegangen worden ist.[280] Die Anfechtbarkeit eines Beschlusses wird danach in der Rechtsprechung beispielsweise bejaht, wenn   118
- die Gesellschafterversammlung über die Beteiligung an einem fremden Unternehmen beschließt, obwohl sich alle Gesellschafter zuvor untereinander schuldrechtlich verpflichtet hatten, eine derartige Geschäftstätigkeit der GmbH zu unterlassen,[281]
- die Gesellschafterversammlung über die Abberufung des Gesellschafter-Geschäftsführers ohne dessen Zustimmung beschließt, obwohl sich die Gesellschafter zuvor einig gewesen waren, eine Abberufung nur mit Zustimmung des Geschäftsführers vorzunehmen,[282]

---

271 OLG Dresden GmbHR 2001, 1047 (1049); Baumbach/Hueck/*Zöllner* Anh. § 47 Rn. 110; BeckOK/*Leinekugel* Beschlussanfechtung Rn. 76.1.
272 OLG Stuttgart, Beschl. v. 10.02.2014 – 14 U 40/13.
273 OLG Brandenburg GmbHR 1998, 193 (194); BeckOK/*Leinekugel* Beschlussanfechtung Rn. 76.1.
274 BGHZ 80, 69 (74); Michalski/*Römermann* Anh. § 47 Rn. 336.
275 GroßkommGmbHG/*Raiser* Anh. § 47 Rn. 148; Michalski/*Römermann* Anh. § 47 Rn. 359; BeckOK/*Leinekugel* Beschlussanfechtung Rn. 78.
276 BGH NJW 2009, 2300 (2301).
277 Vgl. dazu (für die AG) OLG Hamm ZIP 1985, 741; Baumbach/Hueck/*Zöllner* Anh. § 47 Rn. 110; BeckOK/*Leinekugel* Beschlussanfechtung Rn. 75.
278 OLG Oldenburg, Urt. v. 17.7.2008 – 1 U 15/08.
279 BGH NJW 1983, 1910 (1911).
280 BGH NZG 2000, 1036; NJW 1987, 1890 (1892); NJW 1983, 1910 (1911); zustimmend: OLG Saarbrücken GmbHR 2005, 546 (548); OLG Hamm NZG 2000, 1036 (1037); kritisch: Roth/Altmeppen/*Roth* § 47 Rn. 124; a. A. OLG Stuttgart BB 2001, 794 (797); Lutter/Hommelhoff/*Bayer* Anh. § 47 Rn. 44.
281 BGH NJW 1983, 1910.
282 BGH NJW 1987, 1890.

– über eine Kapitalerhöhung und die Übernahme einer weiteren Stammeinlage in Höhe der Kapitalerhöhung ein ablehnender Beschluss gefasst wird, obwohl sich die Gesellschafter zuvor in einer Vereinbarung zu der Kapitalerhöhung verpflichtet hatten.[283]

IV. Präklusion von Anfechtungsgründen

119 Anfechtungsgründe müssen dem Grunde nach **innerhalb der Anfechtungsfrist** geltend gemacht werden (dazu schon Rdn. 62). Durch ein Nachschieben von Anfechtungsgründen könnte die Anfechtungsfrist andernfalls unterlaufen werden. Nach höchstrichterlicher Rechtsprechung genügt es allerdings, wenn der Kläger in der Anfechtungsklage den maßgeblichen **Lebenssachverhalt** vorträgt, aus dem sich die Anfechtungsgründe ergeben.[284] Denn danach liegt bei Anfechtungsklagen ein umfassender Streitgegenstand vor, welcher alle in einer Gesellschafterversammlung anhaftenden Mängel umfasst.[285] Werden daher zusätzliche Mängel in einem ergänzenden Sachvortrag gerügt, stellt dies regelmäßig keine Klageänderung dar und der Kläger ist nicht präkludiert.

V. Heilung der Anfechtbarkeit bei Verfahrensmängeln

120 Eine Heilung der Anfechtbarkeit ist **analog § 244 AktG** auch im GmbH-Recht durch Gesellschafterbeschluss möglich.[286] Die Heilung ist aber nur bei Verfahrensmängeln, nicht jedoch bei Inhaltsmängeln möglich.[287] Wie im Aktienrecht[288] werden nach allgemeiner Auffassung Beschlüsse der Gesellschafterversammlung der GmbH nur **ex nunc** geheilt.[289] Nach einem rechtswirksamen Bestätigungsbeschluss kann der ursprüngliche Beschluss nicht mehr angefochten werden. Eine bereits anhängige Anfechtungsklage ist dann regelmäßig **für erledigt zu erklären**.[290] Gem. § 244 S. 2 AktG analog kann jedoch, falls ein rechtliches Interesse hierfür besteht, die Nichtigkeit bis zum Zeitpunkt des Bestätigungsbeschlusses gerichtlich festgestellt werden.

VI. Mehrheit von Klägern, Streitwert und Kostentragung

121 Zur Streitgenossenschaft und Nebenintervention sowie zum Streitwert und der Kostentragung gilt das zur Nichtigkeitsklage Gesagte (s. Rdn. 49–56).

C. Positive Beschlussfeststellungsklage

I. Anwendungsbereich

122 Durch Erhebung einer Nichtigkeits- oder Anfechtungsklage (§§ 249, 241 AktG analog bzw. §§ 246, 243 AktG analog) kann der GmbH-Gesellschafter lediglich einen gefassten Gesellschafterbeschluss beseitigen, sofern die entsprechenden Voraussetzungen erfüllt sind (vgl. Rdn. 1–121).

123 Das Interesse eines Gesellschafters geht bei Beschlüssen, mit denen ein Beschlussantrag wegen falscher Feststellung des Beschlussergebnisses abgelehnt worden ist, jedoch regelmäßig über die bloße

---

283 OLG Hamm NZG 2000, 1036 (1037).
284 BGH BB 2005, 957 (959); für die AG BB 2002, 1879 (1880); ebenso: BeckOK/*Leinekugel* Beschlussanfechtung Rn. 154.
285 BGH BB 2002, 1879 (1880) ffür die AG.
286 Baumbach/Hueck/*Zöllner* Anh. § 47 Rn. 131; Rowedder/Schmidt-Leithoff/*Koppensteiner/Gruber* § 47 Rn. 137; Scholz/*K. Schmidt* § 45 Rn. 121, 165; GroßkommGmbHG/*Raiser* Anh. § 47 Rn. 160; Michalski/*Römermann* Anh. § 47 Rn. 372.
287 BGH AG 2006, 931; Michalski/*Römermann* Anh. § 47 Rn. 373; GroßkommGmbHG/*Raiser* Anh. § 47 Rn. 162; MüKo AktG/*Hüffer* § 244 Rn. 5.
288 Hierzu § 8 Rdn. 189.
289 BGH NZG 2004, 235; Baumbach/Hueck/*Zöllner* Anh. § 47 Rn. 131; GroßkommGmbHG/*Raiser* Anh. § 47 Rn. 165; Scholz/*K. Schmidt* § 45 Rn. 121.
290 *Rieckers* BB 2005, 1348 (1349); *Kiethe* NZG 1999, 1086 (1091); Hüffer/*Koch* § 244 Rn. 9.

C. Positive Beschlussfeststellungsklage § 19

Beseitigung des ablehnenden Beschlusses hinaus. Der Gesellschafter möchte dann auch gerichtlich feststellen lassen, dass der **tatsächlich gefasste Beschluss** an dessen Stelle tritt.[291]

Um diesem Interesse gerecht zu werden, ist es dem Kläger nach ständiger Rechtsprechung des Bundesgerichtshofes möglich, die Anfechtungsklage mit einer sog. positiven Beschlussfeststellungsklage zu **verbinden**.[292] 124

Die Kombination von Anfechtungs- und positiver Beschlussfeststellungsklage verfolgt somit **zwei Ziele**: Zum einen soll mit der Anfechtungsklage die unrichtige Feststellung eines so nicht zustande gekommenen Beschlusses beseitigt werden, zum anderen kann mit der ebenfalls erhobenen Feststellungsklage geklärt werden, »was in Wahrheit beschlossen worden ist«[293], d. h. welchen Inhalt der festgestellte Beschluss tatsächlich hatte. 125

II. Verfahren

Da die positive Beschlussfeststellungsklage mit der Anfechtungsklage zu verbinden ist, gelten die verfahrensrechtlichen **Besonderheiten der Anfechtungsklage** auch für die Beschlussfeststellungsklage. 126

1. Zuständiges Gericht

Die positive Beschlussfeststellungsklage ist stets mit der Anfechtungsklage zu verbinden und kann demnach ausschließlich bei dem für die Anfechtungsklage zuständigen Gericht erhoben werden,[294] also dem Landgericht am Sitz der Gesellschaft nach **§ 246 Abs. 3 AktG analog** (vgl. Rdn. 3). 127

2. Klagefrist und -antrag

Die Anfechtungsklage muss nach dem Leitbild des § 246 Abs. 1 AktG grundsätzlich innerhalb eines Monats nach Beschlussfassung erhoben werden (vgl. Rdn. 60–63). Die positive Beschlussfeststellungsklage kann dabei entweder gleichzeitig mit Erhebung der Anfechtungsklage oder später durch **Klageerweiterung** erhoben werden.[295] Der neben dem Antrag auf Anfechtung zu stellende Antrag der positiven Beschlussfeststellungsklage muss auf die Feststellung gerichtet sein, dass der – im Antrag genau zu bezeichnende – Beschluss zustande gekommen ist.[296] Ein entsprechender **Antrag** kann wie folgt lauten:[297] 128

> »Es wird festgestellt, dass in der Gesellschafterversammlung der Beklagten vom [Datum] in [Ort] dem Antrag zu Tagesordnungspunkt [Nummer] mit dem Wortlaut: »[wörtliche Wiedergabe des Beschlussinhalts]« zugestimmt worden ist.«

3. Parteien des Rechtsstreits sowie Streitgenossenschaft und Nebenintervention

Kläger kann **jeder Gesellschafter** sein, der auch sonst anfechtungsbefugt ist (vgl. dazu Rdn. 64–66).[298] Richtige Beklagte ist ausschließlich die **Gesellschaft**.[299] 129

---

291 Michalski/*Römermann* Anh. § 47 Rn. 568; Rowedder/Schmidt-Leithoff/*Koppensteiner/Gruber* § 47 Rn. 153; Lutter/Hommelhoff/*Bayer* Anh. § 47 Rn. 40.
292 BGH NJW 1986, 2051; NZG 2003, 284; NJW-RR 2008, 774; NZG 2008, 783 (785); OLG München NZG 2008, 339 (340); OLG Hamm NZG 2000, 1036; Michalski/*Römermann* Anh. § 47 Rn. 569; Lutter/Hommelhoff/*Bayer* Anh. § 47 Rn. 40.
293 BGH NJW 1980, 1465 (1467); NJW 1986, 2051.
294 Michalski/*Römermann* Anh. § 47 Rn. 571; Baumbach/Hueck/*Zöllner* Anh. § 47 Rn. 188.
295 GroßkommGmbHG/*Raiser* Anh. § 47 Rn. 274; Michalski/*Römermann* Anh. § 47 Rn. 571.
296 Michalski/*Römermann* Anh. § 47 Rn. 573; Scholz/*K. Schmidt* § 45 Rn. 180.
297 Kroiß/Breuer/*David* § 1 Rn. 118.
298 Scholz/*K. Schmidt* § 45 Rn. 181; Michalski/*Römermann* Anh. § 47 Rn. 575.
299 *Rützel* ZIP 1996, 1961 (1963); Scholz/*K. Schmidt* § 45 Rn. 181; Michalski/*Römermann* Anh. § 47 Rn. 576.

130 Streitgenossenschaft und Nebenintervention sind möglich; hierzu gelten die bereits dargestellten Voraussetzungen (vgl. Rdn. 49–51).

131 Eine Besonderheit ergibt sich dann, wenn ein Gesellschafter eine positive Beschlussfeststellung mit der Begründung verhindern will, dass dieser Beschluss selbst bei unterstellt richtiger Feststellung des Beschlussergebnisses (zu den einzelnen bei der Beschlussfeststellung in Betracht kommenden Fehlern vgl. Rdn. 142–144) jedenfalls an einem anderen Beschlussmangel leiden würde. In diesem Fall ist das positive Beschlussergebnis einerseits (noch) nicht existent und einer isolierten Anfechtungsklage würde das Rechtsschutzbedürfnis fehlen. Andererseits kommt Beschlussfeststellungsurteilen auf Grund ihrer Wirkung inter omnes (vgl. Rdn. 137) eine besondere Bedeutung zu. Der BGH zieht aus dieser herausgehobenen Wirkung und aus Gründen der Rechtssicherheit den Schluss, dass der einmal gerichtlich festgestellte positive Beschluss nicht mehr angefochten werden könne.[300] Daher können und müssen Beschlussmängel einer zukünftigen etwaigen positiven Beschlussfeststellung schon während des Prozesses **einredeweise** im Wege der Nebenintervention geltend gemacht werden.[301] In der Rechtsprechung bislang ungeklärt ist die Frage, ob die Nebenintervention dem Leitbild des § 246 AktG entsprechend innerhalb der Anfechtungsfrist von einem Monat erfolgen muss. Dies wurde – jedenfalls vor dem In-Kraft-Treten des § 246 Abs. 4 S. 2 AktG mit Wirkung zum 01.11.2005 – teilweise mit der Begründung abgelehnt, dass § 246 AktG die (vermeintlich) mängelbehaftete positive Beschlussfeststellung des Gerichts voraussetze und daher nicht einschlägig sein könne.[302] Mit dessen Einführung ist es aus praktischer Sicht jedoch mehr denn je zu empfehlen, analog § 246 Abs. 4 S. 2 AktG dem Rechtsstreit innerhalb eines Monats nach Kenntniserlangung von der Klage beizutreten.

132 Im Rahmen der positiven Beschlussfeststellungsklage stellt sich regelmäßig das zusätzliche Problem, ob die **übrigen Gesellschafter** in einzelnen Fällen als notwendige Beteiligte zum Verfahren hinzugezogen werden müssen. Dies wird insbesondere für den Fall diskutiert, dass mit der Anfechtungsklage, die mit der positiven Beschlussfeststellungsklage verbunden wird, die Unwirksamkeit einer Stimmabgabe wegen Rechtsmissbrauchs oder Treuwidrigkeit festgestellt werden soll (s. zu derartigen Anfechtungsgründen im Einzelnen Rdn. 142). So wird vertreten, dass einem Gesellschafter, dem im Rahmen eines solchen Klageverfahrens eine **rechtsmissbräuchliche oder treuwidrige Stimmabgabe** vorgeworfen wird, im Hinblick auf den Grundsatz des rechtlichen Gehörs die Möglichkeit gegeben werden muss, sich zu diesen Vorwürfen zu äußern.[303]

133 Nach ständiger Rechtsprechung[304] ist das rechtliche Gehör gewahrt, wenn die betroffenen Gesellschafter vom Geschäftsführer oder im Einzelfall durch das Gericht **von der Klageerhebung informiert** werden und ihnen so die Möglichkeit gegeben wird, am Prozess teilzunehmen. Ein tatsächlicher Beitritt ist nicht erforderlich (s. dazu Rdn. 50).[305]

134 In der Literatur[306] wird dagegen vereinzelt vertreten, dass der betroffene Gesellschafter **zwingend am Prozess beteiligt** werden müsse, sofern geltend gemacht wird, dass er aus seiner Treuepflicht zu einer positiven Stimmabgabe verpflichtet gewesen wäre. Entweder müsse der Gesellschafter dem Prozess als Nebenintervenient beitreten oder es müsse die Anfechtungsklage mit einer Leistungsklage auf Zu-

---

300 BGH NJW 1980, 1465 (1468).
301 BGH NJW 1980, 1465 (1468); Michalski/*Römermann* Anh. § 47 Rn. 580; Für die AG: Hüffer/*Koch* § 246 Rn. 43.
302 *Emde* ZIP 1998, 1475 (1478); ohne weitere Begründung: Baumbach/Hueck/*Zöllner* Anh. § 47 Rn. 189.
303 Baumbach/Hueck/*Zöllner* Anh. § 47 Rn. 191; Michalski/*Römermann* Anh. § 47 Rn. 583.
304 BGH NJW 1986, 2051 (2052); NJW 1984, 489 (492); OLG Koblenz NJW-RR 1989, 1057 (1059); zustimmend Scholz/*K. Schmidt* § 45 Rn. 182.
305 BGH NJW 1986, 2051 (2052) (klarstellend zu BGH NJW 1984, 489 (492), wo sich die missverständliche Sentenz fand, dass die Klage zulässig sei, »sofern« – und nicht »jedenfalls sofern« – der widersprechende Gesellschafter als Nebenintervenient am Verfahren beteiligt sei); Baumbach/Hueck/*Zöllner* Anh. § 47 Rn. 191; Michalski/*Römermann* Anh. § 47 Rn. 583.
306 Lutter/Hommelhoff/*Bayer* Anh. § 47 Rn. 42; *K. Schmidt* NJW 1986, 2018 (2021).

C. Positive Beschlussfeststellungsklage § 19

stimmung zu dem Beschlussantrag gegen jenen Gesellschafter verbunden werden. Stimmt man dieser Ansicht zu, würde es sich bei der Klageerhebung gegen Gesellschaft und Gesellschafter um einen zulässigen Fall der **subjektiven Klagehäufung** handeln. Da das Urteil für und gegen alle Gesellschafter wirkt (vgl. dazu Rdn. 137), handelt es sich bei der Gesellschaft und dem beklagten Gesellschafter nämlich um notwendige Streitgenossen im Sinne des § 62 ZPO.[307] Die Zustimmung zum Beschlussantrag würde schließlich gem. § 894 S. 1 ZPO mit Rechtskraft des Urteils fingiert.

Schließlich ist die Besonderheit zu beachten, dass die Gesellschafter bei den miteinander verbundenen Klagen (Anfechtungs- und positive Beschlussfeststellungsklage) **nicht zwangsweise in beiden Verfahren einheitlich** der Kläger- oder der Beklagtenseite beitreten müssen. Möchte der Gesellschafter z. B. die Feststellung eines Beschlusses verhindern, aber gleichzeitig die Anfechtungsklage unterstützen, ist eine Nebenintervention auf Seiten des Klägers (bei der Anfechtungsklage) und zugleich auf Seiten der beklagten Gesellschaft (bei der Feststellungsklage) möglich.[308] 135

4. Rechtsschutzbedürfnis

Das Rechtsschutzbedürfnis für eine positive Beschlussfeststellungsklage ist nur gegenüber solchen Beschlüssen gegeben, bei denen der zur Beschlussfassung gestellte Tagesordnungspunkt keinen Erfolg hatte (**ablehnende Beschlüsse**).[309] Auch eine derartige Ablehnung eines Beschlussantrages zählt als Beschluss im rechtlichen Sinne.[310] Sofern es sich dagegen um einen Beschluss handelt, bei dem die Beschlussfassung antragsgemäß erfolgt (bejahende Beschlüsse), reicht es aus, gegen den Beschluss Anfechtungs- oder Nichtigkeitsklage zu erheben. Denn das Rechtsschutzziel, die Wirksamkeit des Beschlusses zu beseitigen, wird durch eine kassatorische Klage ohne weiteres erreicht.[311] 136

Wird die Anfechtungsklage nicht mit der positiven Beschlussfeststellungsklage kombiniert, ist diese **isolierte Anfechtungsklage** gegen einen ablehnenden Beschluss mangels Rechtsschutzinteresses sogar unzulässig.[312]

5. Wirkung des Urteils

Die positive Beschlussfeststellungsklage ist eine **Gestaltungsklage**.[313] Mit seinem Urteil stellt das Gericht somit (nur) fest, ob statt des ablehnenden Beschlusses (vgl. dazu Rdn. 92–93, 136) der behauptete bejahende Beschluss wirksam zustande gekommen ist, wenn der Verfahrensverstoß hinweggedacht wird. Das Gericht korrigiert mithin allenfalls die unrichtige Feststellung des Beschlussergebnisses. Es ersetzt mit der eigenen Entscheidung hingegen nicht den Willen der Gesellschafterversammlung.[314] Stellt das Gericht ein bestimmtes Beschlussergebnis fest, so wirkt diese Entscheidung nach Auffassung des BGH analog § 248 Abs. 1 S. 1 AktG **für und gegen alle Gesellschafter**.[315] Insbesondere können dergestalt gefasste Beschlüsse nicht erneut angefochten werden (zur Geltendma- 137

---

307 Vgl. zum umgekehrten Fall der subjektiven Klagehäufung auf Klägerseite bei Anfechtungsklagen Zöller/*Vollkommer* § 62 Rn. 4.
308 Baumbach/Hueck/*Zöllner* Anh. § 47 Rn. 189. Die einzelnen Klageverfahren bleiben nämlich rechtlich selbständig, vgl. § 147 ZPO.
309 Scholz/*K. Schmidt* § 45 Rn. 31.
310 BGH NJW 1986, 2051 (2052).
311 BGH NZG 2003, 284.
312 Michalski/*Römermann* Anh. § 47 Rn. 570.
313 BGH NJW 1986, 2051 (2052); Lutter/Hommelhoff/*Bayer* Anh. § 47 Rn. 40; Rowedder/Schmidt-Leithoff/*Koppensteiner* § 47 Rn. 153; Baumbach/Hueck/*Zöllner* Anh. § 47 Rn. 193; *K. Schmidt* NJW 1986, 2020; Roth/Altmeppen/*Roth* § 47 Rn. 156.
314 Michalski/*Römermann* Anh. § 47 Rn. 578; Baumbach/Hueck/*Zöllner* Anh. § 47 Rn. 189.
315 BGH NJW 1980, 1465 (1468); so auch Lutter/Hommelhoff/*Bayer* Anh. § 47 Rn. 40. Einschränkend offenbar Teile der Literatur, die – ohne die Wirkung eines ablehnenden Urteils zu erwähnen – die analoge Anwendung des § 248 AktG nur auf stattgebende Urteile beziehen: Baumbach/Hueck/*Zöllner* Anh. § 47 Rn. 193; *Bauschatz* NZG 2002, 317 (319); GroßkommGmbHG/*Raiser* Anh. § 47 Rn. 274; *K. Schmidt* NJW 1986, 2018 (2020).

chung von Beschlussmängeln im Wege der Nebenintervention vgl. Rdn. 131).[316] Denn das Beschlussfeststellungsurteil soll endgültig Rechtssicherheit schaffen.

138 Möchten die Mitgesellschafter dies verhindern, so müssen sie dem Verfahren als Nebenintervenient beitreten (vgl. Rdn. 129–135).

III. Voraussetzungen für die Erhebung der positiven Beschlussfeststellungsklage

139 Die Erhebung einer positiven Beschlussfeststellungsklage ist an enge Voraussetzungen geknüpft.

1. Förmliche Feststellung

140 Voraussetzung ist zunächst, dass der Versammlungsleiter der Gesellschafterversammlung das (ablehnende) Ergebnis eines Beschlusses förmlich festgestellt hat.[317] Dies ist der Fall, wenn der Versammlungsleiter eine entsprechende **Feststellung getroffen** und die Abstimmungsbeteiligten davon **in Kenntnis gesetzt hat**.[318]

In Rechtsprechung und Literatur wird zum Teil angenommen, dass es der förmlichen Feststellung eines Beschlussergebnisses durch den Versammlungsleiter gleichkommt, wenn sich die Gesellschafter nach der Abstimmung über ein bestimmtes Beschlussergebnis **zunächst einig** waren.[319] Die positive Beschlussfeststellungsklage kann danach auch dann erhoben werden, wenn die Gesellschafter erst übereinstimmend von einem Ablehnungsbeschluss (dazu Rdn. 136) ausgegangen waren, die ordnungsgemäße Beschlussfeststellung im Nachhinein aber doch zur gerichtlichen Überprüfung gestellt werden soll.[320]

141 **Fehlt eine förmliche Beschlussfeststellung** – wie es in der Praxis gerade bei ablehnenden Beschlüssen häufig vorkommt –, so liegt keine Entscheidung der Gesellschafterversammlung vor, gegen die durch Erhebung einer Anfechtungsklage vorgegangen werden könnte. Die Gesellschafter haben dann lediglich die Möglichkeit, ihre Interessen im Wege der allgemeinen Feststellungsklage zu verfolgen (vgl. Rdn. 145–153).

2. Vorliegen eines die Anfechtbarkeit begründenden Verfahrensfehlers

142 Weiterhin muss es bei der Feststellung des Beschlussergebnisses zu einem Verfahrensfehler gekommen sein, welcher die Anfechtbarkeit des Beschlusses begründet. In Betracht kommen dabei:
- **Zählfehler**[321] (insbesondere bei einer Vielzahl von Gesellschaftern),
- die **Nichtzählung wirksam abgegebener Stimmen** bzw. die **Zählung der Stimmen nicht stimmberechtigter Personen**,[322] z. B.
- wenn ein Stimmverbot gem. § 47 Abs. 4 GmbHG nicht berücksichtigt wird,[323]
- wenn eine rechtsmissbräuchlich oder treuwidrig abgegebene Stimme als wirksam erachtet und daher mitgezählt wird,[324]

---

316 BGH NJW 1980, 1465 (1468); Michalski/*Römermann* Anh. § 47 Rn. 580; Baumbach/Hueck/*Zöllner* Anh. § 47 Rn. 183; Emde ZIP 1998, 1475 (1477); a. A. *Bauschatz* NZG 2002, 317 (319).
317 Michalski/*Römermann* Anh. § 47 Rn. 586.
318 OLG München GmbHR 1990, 263 (264); Baumbach/Hueck/*Zöllner* Anh. § 47 Rn. 120.
319 OLG Celle GmbHR 1997, 172 (174); OLG München GmbHR 1990, 263 (264); Baumbach/Hueck/*Zöllner* Anh. § 47 Rn. 120.
320 So OLG Celle GmbHR 1997, 172 (174).
321 BGH DNotZ 2006, 372 (373); MünchHdb GesR III/*Wolff* § 40 Rn. 39.
322 BGH NJW 1988, 1844; DNotZ 2006, 372 (373); GroßkommGmbHG/*Raiser* Anh. § 47 Rn. 272 f.
323 BGH NJW 1986, 2051; OLG München NZG 1999, 1173; OLG Brandenburg NZG 2001, 129 (131); LG Essen, Beschl. v. 31.07.2014 – 45 O 9/14.
324 BGH NJW 1984, 489 (491 f.); OLG Stuttgart NZG 2000, 490 (492).

- wenn eine Stimmabgabe als Willenserklärung nachträglich wirksam nach den §§ 119 ff. BGB angefochten wird,[325] oder
- wenn entgegen einem Stimmbindungsvertrag abgestimmt wird,[326]
- die **Missachtung von Mehrheitserfordernissen**,[327] z. B. wenn die Ablehnung eines Beschlussantrags wegen der fehlerhaften Annahme eines anderen Mehrheitserfordernisses (z. B. Annahme einer qualifizierten statt einfachen Mehrheit) festgestellt wird, obwohl die für die Annahme des Beschlusses erforderliche Mehrheit der Stimmen vorlag.

Sämtliche dieser Verstöße können jedoch nur dann eine Anfechtbarkeit begründen, wenn aufgrund der unrichtigen Zählung oder Bewertung der Stimmen ein anderes Beschlussergebnis festgestellt worden ist, als es bei fehlerfreier Zählung oder Bewertung hätte festgestellt werden müssen.[328] Mithin muss eine **Ursächlichkeit** dafür bestehen, dass infolge des Verfahrensfehlers der mit der Klage begehrte Beschluss nicht festgestellt worden ist. 143

Besonderes Augenmerk ist allerdings stets darauf zu richten, ob außer den Fehlern, die im Zusammenhang mit der Stimmauszählung stehen, **weitere** durchgreifende **Beschlussmängel** bestehen. In diesem Fall würde das Gericht, das einer positiven Beschlussfeststellungsklage stattgibt, nämlich sehenden Auges einen Beschluss feststellen, der mit einem zur Anfechtbarkeit führenden Mangel behaftet wäre. Aus diesem Grund wird eine positive Beschlussfeststellungsklage für unbegründet gehalten, wenn zugleich ein anfechtbarer Mangel besteht und gerügt wird (vgl. zur entsprechenden Rüge durch einen Nebenintervenienten bereits Rdn. 131).[329] 144

D. Allgemeine Feststellungsklage

I. Anwendungsbereich

Wenn ein Beschluss förmlich festgestellt worden ist, kann die Feststellung eines anderen – umgekehrten – Beschlussergebnisses nur durch die Erhebung einer positiven Beschlussfeststellungsklage verbunden mit einer Anfechtungsklage erreicht werden (siehe Rdn. 140–141). 145

Ohne eine **förmliche Beschlussfeststellung** fehlt hingegen ein hinreichender Vertrauenstatbestand, der das zusätzliche Erfordernis einer Anfechtungsklage rechtfertigen würde.[330] Es ist mithin kein Beschlussergebnis vorhanden, gegen das sich die Anfechtungsklage richten könnte.[331] Kommt es nun aufgrund einer fehlenden Beschlussfeststellung zu Unklarheiten, **ob ein Beschluss gefasst wurde** oder **was Inhalt eines bestimmten Beschlusses war**, so steht den Gesellschaftern die allgemeine Feststellungsklage gem. § 256 ZPO zur Verfügung.[332] 146

Der allgemeinen Feststellungsklage kommt im GmbH-Recht eine nicht unerhebliche praktische Bedeutung zu, da § 130 AktG nicht entsprechend gilt und zudem eine förmliche Beschlussfeststellung in Gesellschafterversammlungen der GmbH häufig unterbleibt (vgl. Rdn. 2, 140 f.). 147

---

325 Baumbach/Hueck/*Zöllner* Anh. § 47 Rn. 116.
326 OLG Hamm NZG 2000, 1036.
327 OLG Hamm NZG 2002, 783 (785); Sudhoff GmbH & Co. KG/*Liebscher* § 17 Rn. 32; Baumbach/Hueck/*Zöllner* Anh. § 47 Rn. 117.
328 Baumbach/Hueck/*Zöllner* Anh. § 47 Rn. 117.
329 GroßkommGmbHG/*Raiser* Anh. § 47 Rn. 273; Michalski/*Römermann* Anh. § 47 Rn. 579; Baumbach/Hueck/*Zöllner* Anh. § 47 Rn. 189.
330 BGH NJW 1996, 259.
331 BGH NJW 1980, 1527; DStR 1996, 387; *Rützel* ZIP 1996, 1961 (1967); Baumbach/Hueck/*Zöllner* Anh. § 47 Rn. 181.
332 BGH NJW 1996, 259; OLG Stuttgart, Beschl. v. 10.02.2014 – 14 U 40/13; Roth/Altmeppen/*Roth* § 47 Rn. 132; *Rützel* ZIP 1996, 1961 (1967).

II. Verfahren

1. Rechtsschutzinteresse

148 Zur Erhebung einer allgemeinen Feststellungsklage bedarf es eines Rechtsschutzinteresses, welches konkret nachgewiesen werden muss.[333]

149 Bejaht wird das Rechtsschutzinteresse des Klägers, wenn durch den streitigen Beschluss sein **Mitgliedschaftsrecht** als Gesellschafter **beeinträchtigt** wird, ihm z. B. Pflichten auferlegt oder seine (Stimm-)Rechte beschränkt werden.[334] Ein Rechtsschutzinteresse ist allerdings **nicht** gegeben, wenn der Kläger sein Rechtsschutzziel durch Erhebung einer Anfechtungs- oder Nichtigkeitsklage erreichen kann[335] oder wenn der Kläger nicht Gesellschafter der beklagten GmbH ist.[336]

2. Klagefrist

150 Die allgemeine Feststellungsklage ist nach Auffassung des BGH nicht an eine bestimmte gesetzliche Frist gebunden.[337] Insbesondere kommt es nicht zu einer (doppelt) analogen Anwendung des § 246 Abs. 1 AktG. Sie unterliegt jedoch der **Verwirkung**. Daher empfiehlt es sich, die allgemeine Feststellungsklage zeitnah zu der betreffenden Gesellschafterversammlung zu erheben.[338] Was genau unter »**zeitnah**« zu verstehen ist, ist eine Frage des Einzelfalls. So ging der BGH von einer zeitnahen und damit zulässigen Erhebung einer Feststellungsklage aus, obwohl die Klageerhebung erst zehn Monate nach Beschlussfassung erfolgte, da der beklagte Geschäftsführer im zugrundeliegenden Fall nicht darauf vertrauen durfte, dass eine Klageerhebung ausbleiben würde.[339] Hingegen wies das OLG Zweibrücken eine andere ebenfalls zehn Monate nach Beschlussfassung erhobene Feststellungsklage als unzulässig ab, weil nicht auf Dauer darüber Ungewissheit bestehen dürfe, ob der Geschäftsführer wirksam abberufen wurde oder nicht.[340] Zum Teil wird auch eine durch Treubindungen beschleunigte Verwirkung gefordert[341] oder die Verwirkung davon abhängig gemacht, dass sich die Situation zwischen den Beteiligten für längere Zeit beruhigt habe[342].

3. Parteien

151 Kläger einer allgemeinen Feststellungsklage können
– **Gesellschafter**,
– **Organmitglieder** oder
– **Dritte** (allerdings nur, soweit der Beschluss die Rechtsposition Dritter unmittelbar berührt)

sein.[343] Die **Gesellschaft** selbst kann nur ausnahmsweise bei einem entsprechenden Feststellungsinteresse Klägerin sein.[344] Ein derartiges Feststellungsinteresse wird insbesondere dann bejaht, wenn die Wirksamkeit der Abberufung eines Gesellschafter-Geschäftsführers in Zweifel steht. In diesem Fall hat die Gesellschaft ein Interesse daran, die Abberufung zum Nachweis beim Registergericht

---

333 GroßkommGmbHG/*Raiser* Anh. § 47 Rn. 280; Michalski/*Römermann* Anh. § 47 Rn. 590.
334 Vgl. OLG München GmbHR 1990, 263 (264); GroßkommGmbHG/*Raiser* Anh. § 47 Rn 280.
335 GroßkommGmbHG/*Raiser* Anh. § 47 Rn. 280; Michalski/*Römermann* Anh. § 47 Rn. 590.
336 BGH NZG 2008, 317 (319).
337 BGH NJW 1999, 2268; Michalski/*Römermann* Anh. § 47 Rn. 591.
338 BGH NJW 1996, 259; OLG Köln NZG 2003, 40; OLG Zweibrücken GmbHR 1999, 79 f.
339 BGH NJW 1999, 2268.
340 OLG Zweibrücken GmbHR 1999, 79 (81).
341 Baumbach/Hueck/*Zoellner* Anh. § 47 Rn. 181.
342 GroßkommGmbHG/*Raiser* Anh. § 47 Rn. 282.
343 Michalski/*Römermann* Anh. § 47 Rn 592; GroßkommGmbHG/*Raiser* Anh. § 47 Rn 281; a. A. *Schwab* S. 412 (nur Gesellschafter).
344 Baumbach/Hueck/*Zöllner* Anh. § 47 Rn 184; GroßkommGmbHG/*Raiser* Anh. § 47 Rn. 281; Ensthaler/Füller/Schmidt/*Schmidt* § 47 Rn. 110.

gerichtlich feststellen zu lassen.³⁴⁵ Andernfalls bestünde die Gefahr, dass die Gesellschaft für den weiterhin im Handelsregister eingetragenen Geschäftsführer nach § 15 HGB und Rechtsscheingesichtspunkten haften müsste.³⁴⁶

Steht auf Klägerseite ein Gesellschafter, ein Organmitglied oder ein Dritter, so ist nach ganz h. M. stets die Gesellschaft **passivlegitimiert**.³⁴⁷ Sofern die Gesellschaft selbst klagt, kommt als Beklagter ausnahmsweise auch ein einzelner Gesellschafter in Betracht.³⁴⁸

Ebenso wie bei der positiven Beschlussfeststellungsklage (s. Rdn. 133) haben die Geschäftsführer der GmbH die Pflicht, die Mitgesellschafter über eine allgemeine Feststellungsklage, die die (Un-)Wirksamkeit bestimmter Beschlüsse der Gesellschafterversammlung betrifft, **zu informieren**, um ihnen so die Möglichkeit zu eröffnen, sich am Prozess als Nebenintervenient zu beteiligen.³⁴⁹ | 152

4. Urteilswirkung

Die Urteilswirkung einer im Zusammenhang mit einem GmbH-Gesellschafterstreit erhobenen Feststellungsklage war lange umstritten. Nach überwiegender Ansicht kommt einem entsprechenden Urteil, wie auch einer Gestaltungsklage, Wirkung *inter omnes* gem. § 248 Abs. 1 S. 1 AktG analog zu.³⁵⁰ Nach gegenteiliger Auffassung entfaltet das Urteil nur zwischen den Prozessparteien Wirkung (*inter partes*).³⁵¹ | 153

E. Einstweiliger Rechtsschutz bei der Gesellschafterversammlung

Kommt es unter den Gesellschaftern einer GmbH zu Streitigkeiten vor oder nach einer Beschlussfassung, so steht diesen neben der Möglichkeit, das Begehren im Hauptsacheverfahren zu verfolgen, vielfach die Möglichkeit zu, einstweiligen Rechtsschutz durch Erwirkung einer einstweiligen Verfügung nach §§ 935, 940 ZPO zu erlangen. Gerade im GmbH-Recht ist der einstweilige Rechtsschutz von **großer praktischer Bedeutung**. Angesichts der langen Verfahrensdauer gerichtlicher Beschlussmängelklagen im Hauptsacheverfahren käme eine rechtskräftige Entscheidung in der Hauptsache oft um viele Jahre zu spät. Durch Umsetzung der Maßnahmen seitens der grundsätzlich³⁵² weisungsgebundenen Geschäftsführer würden Fakten geschaffen. Denn solcherart umgesetzte Maßnahmen sind im Außenverhältnis grundsätzlich wirksam (vgl. § 37 Abs. 2 GmbHG). Wird Jahre später in der Hauptsache die Unwirksamkeit des zugrundeliegenden Gesellschafterbeschlusses festgestellt, kann die frühere Rechtsposition meist nicht mehr hergestellt werden. Selbst Schadensersatzansprüche gehen dann häufig ins Leere, da die Gesellschaftermehrheit die Geschäftsführung mit schuldbefreiender Wirkung entlastet³⁵³ haben mag und ein Vorgehen gegen diese dann ebenfalls versperrt sein kann. | 154

---

345 BGH NJW 1999, 2268; OLG Zweibrücken GmbHR 1999, 79 (80).
346 BGH NJW 1999, 2268; OLG Zweibrücken GmbHR 1999, 79 (80).
347 OLG München GmbHR 1996, 451; Baumbach/Hueck/*Zöllner* Anh. § 47 Rn 182; Michalski/*Römermann* Anh. § 47 Rn 593; a. A.: Scholz/*K. Schmidt* § 45 Rn. 51 (bei entspr. Feststellungsinteresse soll jedermann passivlegitimiert sein); *Schwab* S. 409 (Mitgesellschafter sind passivlegitimiert).
348 BGH NJW 1999, 2268; OLG Zweibrücken GmbHR 1999, 79 (80).
349 Baumbach/Hueck/*Zöllner* Anh. § 47 Rn. 182; Michalski/*Römermann* Anh. § 47 Rn. 594.
350 OLG München NJW-RR 1997, 988; Baumbach/Hueck/*Zöller* Anh. § 47 Rn. 182; Roth/Altmeppen/*Roth* § 47 Rn. 132; *K. Schmidt* GmbHR 1992, 9 (12).
351 GroßkommGmbHG/*Raiser* Anh. § 47 Rn 283; *Rützel* ZIP 1996, 1961 (1968).
352 Keine Weisungsgebundenheit soll bestehen, wenn die Weisung sitten-, treu- oder gesetzeswidrig ist, da diese dann nichtig ist. Bei angefochtenen oder erkennbar anfechtbaren Beschlüssen hat der Geschäftsführer zwischen den drohenden Nachteilen einer erfolgreichen Anfechtung und den Vorteilen einer sofortigen Beschlussausführung abzuwägen; näher zu den Ausnahmefällen: Baumbach/Hueck/*Zöllner* § 37 Rn. 22 ff.; Michalski/*Römermann* § 37 Rn. 19; GroßkommGmbHG/*Paefgen* § 43 Rn. 238 ff.
353 Vgl. Michalski/*Römermann* § 46 Rn. 277.

Mit Hilfe einer einstweiligen Verfügung kann hingegen meist innerhalb weniger Tage der **status quo gesichert** oder eine vorläufige Regelung zum Schutz eigener Rechtspositionen erwirkt werden. Die praktische Erfahrung zeigt, dass die Bereitschaft der Gerichte, insbesondere der Kammern für Handelssachen, groß ist, schnell, mitunter sogar noch am selben Tag, über Anträge auf Erlass einer einstweiligen Verfügung zu entscheiden, soweit tatsächlich Eilbedürftigkeit besteht und dies substantiiert und nachvollziehbar dargelegt wird. Der Gegenseite wiederum steht die Möglichkeit zur Verfügung, ihre Rechtspositionen vorab durch bei Gericht hinterlegte Schutzschriften zu wahren und damit jedenfalls die Durchführung einer mündlichen Verhandlung vor Erlass einer einstweiligen Verfügung durchzusetzen.

Häufige Anwendungsfälle für einstweiligen Rechtsschutz in GmbH-Gesellschafterstreitigkeiten sind Streitigkeiten zur Verhinderung der Ausführung von Gesellschafterbeschlüssen sowie Fälle der (in paritätischen Gesellschaften häufig: gegenseitigen) Abberufung von Geschäftsführern. Zu den Besonderheiten des einstweiligen Rechtsschutzes im Zusammenhang mit **Geschäftsführungsangelegenheiten** siehe § 20 Rdn. 145–151.

I. Das Verfügungsverfahren

1. Allgemeine Regelungen

155 Für das Verfahren im einstweiligen Rechtsschutz bei Gesellschafterstreitigkeiten gelten die allgemeinen Regelungen der §§ 935, 940, 914 ff. ZPO. Somit müssen auch hier sowohl ein **Verfügungsanspruch** als auch ein **Verfügungsgrund** glaubhaft gemacht werden. Gemäß § 940 ZPO ist für die Annahme eines Verfügungsgrundes erforderlich, dass die einstweilige Verfügung »zur Abwendung wesentlicher Nachteile oder zur Verhinderung drohender Gewalt oder aus anderen Gründen nötig erscheint«. Dementsprechend wurde angenommen, dass die **Eilbedürftigkeit** fehlt, wenn einstweiliger Rechtsschutz
– erst vier Wochen nach Kenntnis der relevanten Umstände beantragt wird[354] oder
– erst nach sieben Wochen beantragt wird, ungeachtet dessen, ob in dieser Zeit Vergleichsverhandlungen zwischen den streitbeteiligten Parteien geführt wurden.[355]

Im Übrigen gilt auch bei Gesellschafterstreitigkeiten, dass die **Hauptsache nicht vorweggenommen** werden darf, d. h. es können grundsätzlich nur vorläufige Regelungen erlassen werden. Die Glaubhaftmachung erfolgt in der Praxis meist durch Vorlage von Schriftverkehr und durch eidesstattliche Versicherungen. Praktisch bedeutsam ist dabei, dass auch die Partei selbst eine eidesstattliche Versicherung abgeben kann (§§ 936, 920 Abs. 2, 294 ZPO).

2. Besonderheiten im GmbH-Gesellschafterstreit

156 Im GmbH-Gesellschafterstreit ergeben sich mehrere Besonderheiten für das Verfahren im einstweiligen Rechtsschutz, insbesondere hinsichtlich der Zuständigkeit des Gerichts sowie der den Antrag stellenden Partei im einstweiligen Rechtsschutz.

Gemäß § 937 Abs. 1 ZPO ist das Gericht der Hauptsache **zuständig**, somit also das **Landgericht am Sitz der Gesellschaft** (vgl. Rdn. 3). Unerheblich ist, ob der Klagegegenstand in der Hauptsache einer Schiedsvereinbarung unterliegt, da auch in diesem Fall eine einstweilige Verfügung vor den staatlichen Gerichten erlangt werden kann, vgl. § 1033 ZPO.

157 Sofern die GmbH oder die Gesellschafter im einstweiligen Verfügungsverfahren die **Abberufung** eines **Geschäftsführers** betreiben, muss die Gesellschafterversammlung wie in dem Fall, dass der Geschäftsführer Kläger ist (vgl. hierzu Rdn. 4), gem. § 46 Nr. 8 Alt. 2 GmbHG einen **besonderen Prozessvertreter** bestimmen.[356]

---

354 *Lutz* Rn. 809.
355 OLG Nürnberg GmbHR 1993, 588 (589).
356 OLG Karlsruhe NJW-RR 1993, 1505 (1506).

II. Typische Phasen des einstweiligen Rechtsschutzes im Gesellschafterstreit

Einstweiliger Rechtsschutz gegen anfechtbare oder nichtige Gesellschafterbeschlüsse kann in zwei verschiedenen Phasen beansprucht werden: Entweder vor der Beschlussfassung in der Gesellschafterversammlung oder im Anschluss an diese. Beide Varianten sollen im Folgenden näher erläutert werden. 158

1. Einstweiliger Rechtsschutz vor der Beschlussfassung

Früher wurde häufig die Ansicht vertreten, dass die Gewährung einstweiligen Rechtsschutzes vor einer Beschlussfassung generell unzulässig sei, weil sie die Hauptsacheentscheidung vorwegnehme und unzulässigerweise in die Willensbildung der Gesellschaft eingreife.[357] Nach heutiger Ansicht[358] hingegen soll eine einstweilige Regelung im Vorfeld eines Gesellschafterbeschlusses grundsätzlich möglich sein. Allerdings werden an die Gewährung einstweiligen Rechtsschutzes hohe Anforderungen gestellt. So muss eine umfassende und gründliche Interessenabwägung vorgenommen werden. Einstweiliger Rechtsschutz im Vorfeld einer Gesellschafterversammlung kann regelmäßig nur dann beansprucht werden, wenn die **Rechtslage** eindeutig ist, eine **besondere Schutzbedürftigkeit** besteht und der **mildeste Eingriff** gewählt wird.[359] 159

In bestimmten Fällen kann das Abwarten bis zu einer unter Umständen noch gar nicht oder erst in mehreren Wochen oder gar Monaten anberaumten Gesellschafterversammlung für die Gesellschafter unzumutbar sein. Dies ist beispielsweise der Fall, wenn ein wichtiger Grund bekannt wird, der die sofortige **Abberufung des Geschäftsführers** rechtfertigt und die Interessen der Gesellschaft ohne die Abberufung bis zur Abhaltung der Gesellschafterversammlung erheblich gefährdet wären.[360] Daher wurde **vorläufiger Rechtsschutz gewährt**, 160

– um einen Geschäftsführer, der bereits versucht hat, unter Ausnutzung seiner Befugnisse als Alleingeschäftsführer die Willensbildung der Gesellschafter zu überspielen und sich Sondervorteile zu verschaffen, bis zur Abhaltung der Gesellschafterversammlung, in der seine Abberufung beschlossen werden soll und zu befürchten war, dass er weitere Eigenmächtigkeiten begehen würde, zu suspendieren,[361]

– um sicherzustellen, dass sich der Geschäftsführer bei seiner zu beschließenden Abberufung aus wichtigem Grund, nicht, wie von diesem konkret zu erwarten war, entgegen seinem Stimmverbot aus § 47 Abs. 4 GmbHG an der Beschlussfassung beteiligt.[362]

Es ist hingegen **nicht** zulässig, einen **Mitgesellschafter** durch einstweilige Verfügung aus der Gesellschaft auszuschließen. Ein solcher **Ausschluss** würde einen schweren Eingriff in die Mitgliedschaftsrechte des betroffenen Gesellschafters darstellen, welcher die Hauptsache vorwegnehmen würde.[363] 161

---

357 OLG Frankfurt BB 1982, 274; OLG Celle GmbHR 1981, 264; OLG Hamm GmbHR 1993, 163.
358 OLG Koblenz NJW 1986, 1692 (1693); OLG Stuttgart NJW 1987, 2449; OLG Hamburg NJW 1992, 186; OLG Frankfurt NJW-RR 1992, 934; OLG München NZG 1999, 407; OLG Düsseldorf NZG 2005, 633 (634); *Liebscher/Alles* ZIP 2015, 1 (3); *Lutz* BB 2000 833, (839); Schwerdtfeger/*S.Eberl/W.Eberl* Kap. 18 Rn. 427 f.
359 OLG Stuttgart GmbHR 1997, 312; OLG Stuttgart NJW 1987, 2449; *Lutz* BB 2000, 833 (839); Michalski/*Römermann* Anh. § 47 Rn. 606; Schwerdtfeger/*S.Eberl/W.Eberl* Kap. 18 Rn. 428.
360 Michalski/*Römermann* Anh. § 47 Rn. 602; Baumbach/Hueck/*Zöllner* Anh. § 47 Rn. 204.
361 OLG Frankfurt NJW-RR 1999, 257 (258); dazu auch Michalski/*Römermann* Anh. § 47 Rn. 602 sowie Baumbach/Hueck/*Zöllner* Anh. § 47 Rn. 204.
362 OLG Zweibrücken GmbHR 1998, 373; dazu *Lutz* BB 2000, 833 (838).
363 *Lutz* BB 2000, 833 (839); Zöller/*Vollkommer* § 938 ZPO Rn. 3.

a) Antragsgegner

162 Der Verfügungsantrag kann sich zum einen gegen die **Gesellschaft** selbst richten. Die Geschäftsführer hingegen scheiden als Antragsgegner aus.[364]

163 Ein Antrag, welcher ein bestimmtes Abstimmverhalten erwirken soll, richtet sich je nach Fallgestaltung gegen einen oder mehrere **Mitgesellschafter**.[365]

b) Fallgruppe: Einwirkung auf das Abstimmungsverhalten

164 Eine einstweilige Verfügung, die auf das Abstimmverhalten eines bestimmten Gesellschafters gerichtet ist, kann diesem entweder die Ausübung des Stimmrechts in einem bestimmten Sinne untersagen oder ihm ein bestimmtes Abstimmungsverhalten vorschreiben.[366] Verfügungsanspruch kann hierbei insbesondere ein Unterlassungsanspruch aus Treuepflicht sein. Da eine derartige einstweilige Verfügung in die Willensbildung des betroffenen Gesellschafters eingreift und ihm die Abstimmung untersagt bzw. vorschreibt, sind an den Verfügungsgrund hohe Anforderungen zu stellen.[367] Eine Erzwingung ist hingegen schwieriger, da eine positive Stimmpflicht die Ausnahme darstellt. Zu prüfen ist außerdem, ob der Antragsteller auf andere Weise – etwa durch eine einstweilige Verfügung, die sich gegen den Vollzug des Beschlusses richtet – sein Rechtsschutzziel auf ebenso effektive Weise erreichen kann.[368]

165 In der Praxis wurden in diesem Zusammenhang durch einstweilige Verfügung beispielsweise folgende Ge- und Verbote erwirkt:
- ein Verbot einer **Stimmrechtsausübung** durch einstweilige Verfügung, wenn diese auf eine Stimmbindung gestützt werden kann,[369]
- ein Verbot gegenüber einer Mehrheitsgesellschafterin, die die Stimmenmehrheit inne hat, die **Auswechslung der Geschäftsführung** zu beschließen,[370]
- ein Gebot, ein **Stimmrecht in einer bestimmten Weise auszuüben**, wenn sich eine entsprechende Verpflichtung aus dem Gesellschaftsvertrag oder aus der gesellschaftsrechtlichen Treuepflicht ergibt.[371]

c) Fallgruppe: Zwei-Mann-GmbH

166 Praktisch besonders häufig sind sog. Zwei-Mann-GmbHs, also GmbHs mit zwei Gesellschaftern. Erhebliche Meinungsverschiedenheiten zwischen zwei sich gegenseitig blockierenden Gesellschaftern werden häufig mit Hilfe des einstweiligen Rechtsschutzes ausgetragen. Da die Gesellschafter in Zwei-Mann-GmbHs, worunter häufig auch große Gemeinschaftsunternehmen (Joint Ventures) fallen, meist paritätisch beteiligt sind, und zugleich gleichberechtigte **Gesellschafter-Geschäftsführer** sind, ist das Konfliktpotential dort besonders hoch (allgemein zu den Besonderheiten der Streitigkeiten in Joint Ventures: § 2 H). Ohne das Mittel des einstweiligen Rechtsschutzes wären derartige Gesellschaften bei schwerwiegenden Meinungsverschiedenheiten vielfach handlungsunfähig.[372]

---

364 OLG Saarbrücken GmbHR 2006, 987 (988); OLG Nürnberg GmbHR 1993, 588 (589); Scholz/*K. Schmidt* § 45 Rn. 183.
365 Scholz/*K. Schmidt* § 45 Rn. 183; Michalski/*Römermann* Anh. § 47 Rn. 607 f.
366 Scholz/*K. Schmidt* § 45 Rn. 183.
367 OLG Düsseldorf NZG 2005, 633; *Liebscher/Alles* ZIP 2015, 1 (3).
368 *Liebscher/Alles* ZIP 2015, 1 (3).
369 OLG Koblenz GmbHR 1991, 21.
370 OLG München GmbHR 1999, 718.
371 OLG Hamburg GmbHR 1991, 467; LG Mainz GmbHR 1990, 513.
372 Regelmäßig zu beachten sind freilich, wie sonst auch, satzungsmäßige Sonderregelungen. So sehen gerade größere Gemeinschaftsunternehmen mit paritätischer Beteiligung sehr diffizile Konfliktregelungsmechanismen vor. Häufig finden sich hier nach angelsächsischem Vorbild gestaltete detaillierte Regelungen zur Konfliktlösung bis hin zum Zwangsausschluss, für die sich auch in der deutschen Rechtspraxis martialische Begriffe wie »Texas Shoot Out« (beide Unternehmen hinterlegen ein geheimes Gebot für den Ge-

E. Einstweiliger Rechtsschutz bei der Gesellschafterversammlung § 19

Ein klassischer Streitpunkt in der Zwei-Mann-GmbH ist die **Abberufung** eines oder beider Geschäftsführer aus wichtigem Grund. Für den Fall der Abberufung eines paritätisch oder mit Mehrheit beteiligten Gesellschaftergeschäftsführers ist die Besonderheit zu beachten, dass für die Wirksamkeit eines Abberufungsbeschlusses allein die **materielle Rechtslage** – also das tatsächliche Vorliegen eines wichtigen Grundes – nach § 38 Abs. 2 GmbHG maßgeblich ist.[373] Sofern ein wichtiger Grund vorliegt, ist die Abberufung des Geschäftsführers somit bereits mit dem Abberufungsbeschluss wirksam. § 84 Abs. 3 S. 4 AktG oder §§ 117, 127 HGB sind nicht analog anwendbar.[374] Grundsätzlich ist es dem Gesellschafter-Geschäftsführer zuzumuten, den erwarteten Gesellschafterbeschluss abzuwarten, um erst dann einstweiligen Rechtsschutz zu beantragen (zum einstweiligen Rechtsschutz des Gesellschafter-Geschäftsführers nach Beschlussfassung vgl. Rdn. 174–177).[375] Allerdings birgt die potentiell sofortige Wirksamkeit der Abberufung eines Gesellschafter-Geschäftsführers die Gefahr eines »Abberufungswettlaufs« zwischen den Gesellschafter-Geschäftsführern.[376] Um dem schon im Vorfeld der Gesellschafterversammlung entgegenzuwirken wird verschiedentlich befürwortet, dass die Gesellschaftergeschäftsführer bei **wechselseitigen Abberufungen** einen – notfalls im Wege des einstweiligen Rechtsschutzes durchsetzbaren – Anspruch darauf haben, dass beide Abberufungen grundsätzlich zusammen **in einer Gesellschafterversammlung** zu verhandeln und zu entscheiden sind.[377]

167

Teilweise wird gegen die bevorstehende Abberufung des Gesellschafter-Geschäftsführers zudem die Möglichkeit einstweiligen Rechtsschutzes bejaht, wenn die Abberufung aus wichtigem Grund ohne die **substantiierte Angabe von Gründen** droht.[378]

168

2. Einstweiliger Rechtsschutz nach der Beschlussfassung

Dem einstweiligen Rechtsschutz kommt auch **nach** der Beschlussfassung eine wichtige Rolle zu. Zu unterscheiden ist zwischen einstweiligem Rechtsschutz zur Durchsetzung eines gefassten Beschlusses und solchem zur Verhinderung der Beschlussausführung.

169

a) Einstweiliger Rechtsschutz zur Durchsetzung einer Beschlussfassung

Ist ein gefasster Gesellschafterbeschluss umstritten, so kommt einstweiliger Rechtsschutz zur **Durchsetzung** dieses Beschlusses in Betracht,
– wenn es durch eine drohende Beschlussanfechtung zu einer **Ausführungsblockade** – wie insbesondere bei eintragungspflichtigen Beschlüssen, deren Eintragung konstitutive Wirkung hat – kommen könnte;[379] soweit der jeweilige Anwendungsbereich eröffnet ist, sind jedoch die Freigabever-

170

---

schäftsanteil des jeweils anderen Gesellschafters, wobei sich das Unternehmen mit dem niedrigeren Gebot zur Veräußerung seines Geschäftsanteils an das höherbietende Unternehmen verpflichtet) oder »Russian Roulette« (ein Unternehmen gibt ein Verkaufsangebot für die eigenen Geschäftsanteile ab, welches das andere Unternehmen innerhalb einer bestimmten Frist wahlweise zur Annahme des Angebots oder zu einem eigenen Verkaufsangebot zum gleichen Kaufpreis verpflichtet) eingebürgert haben. Vgl. dazu ausführlich: § 2 Rdn. 300–305; OLG Nürnberg NZG 2014, 222; *Schroeder/Welpot* NZG 2014, 609; *Schaper* DB 2014, 709; *Schulte/Sieger* NZG 2005, 24 (25).

373 BGH NJW 1983, 938 (939); OLG Karlsruhe NJW-RR 1993, 1505 (1506); Rowedder/Schmidt-Leithoff/ *Koppensteiner/Gruber* GmbHG § 38 Rn. 25.
374 BGH NJW 1983, 938 (939); OLG Hamm GmbHR 2002, 327 (328); OLG Stuttgart GmbHR 1997, 312 (313); OLG Köln NJW-RR 1995, 555.
375 OLG Stuttgart GmbHR 1997, 312 (313).
376 OLG Hamm GmbHR 2002, 327 (328); Baumbach/Hueck/*Zöllner/Noack* § 38 Rn. 74.
377 Baumbach/Hueck/*Zöllner/Noack* § 38 Rn. 76 ff.; Trölitzsch/*Leinekugel* Rn. 109.
378 LG München I ZIP 1994, 1858 (1859).
379 Michalski/*Römermann* § 47 Anh Rn. 610; Baumbach/Hueck/*Zöllner* Anh. § 47 Rn. 205; *Schmid* ZIP 1998, 1057 (1061).

fahren der § 16 Abs. 3 UmwG (dazu § 127 Rdn. 92–127) und § 246a AktG vorrangig (s. Rdn. 180–181);[380]
– wenn es geboten ist, einen Beschluss zur **Abberufung** eines **Geschäftsführers** durchzusetzen;[381] dies ist insbesondere dann von Bedeutung, wenn sich ein abberufener Geschäftsführer dem Abberufungsbeschluss widersetzt und auf seinen Befugnissen beharrt.[382]

171 Es ist jedoch nicht möglich, einen gefassten Gesellschafterbeschluss durch einstweiligen Rechtsschutz für wirksam erklären zu lassen, da man auf diese Weise die Hauptsache vorwegnehmen würde.[383]

b) Einstweiliger Rechtsschutz zur Verhinderung einer Beschlussausführung

172 Ist ein Gesellschafterbeschluss bereits gefasst, kann der Vollzug nichtiger oder anfechtbarer Beschlüsse gem. § 940 ZPO durch einstweilige Verfügung unterbunden werden, sofern ein Verfügungsgrund, also die besondere Dringlichkeit der Maßnahme, behauptet und glaubhaft gemacht wird.[384] Dies ist auch notwendig, weil weder Anfechtungs- noch Nichtigkeitsklagen verhindern können, dass bis zu einer rechtskräftigen Entscheidung irreparable Tatsachen geschaffen werden.[385]

Ob ein Verfügungsgrund vorliegt, beurteilt die Rechtsprechung anhand einer **Abwägung im Einzelfall**. Dabei werden die Nachteile, die bei Ausführung des Beschlusses entstünden, dem Durchführungsinteresse gegenübergestellt.[386] Demgegenüber soll nach teilweise vertretener Ansicht bei glaubhaft gemachter Nichtigkeit des Beschluss das Interesse des Klägers grundsätzlich höher anzusetzen sein als das Interesse der Gesellschaft, während bei lediglich anfechtbaren Beschlüssen das Interesse der Gesellschaft vorrangig sein soll.[387]

173 Beispiele für mögliche einstweilige Verfügungen zur Verhinderung einer Beschlussausführung sind
– das an die Gesellschaft gerichtete Verbot, den nichtigen oder anfechtbaren Inhalt eines eintragungspflichtigen Beschlusses zum **Handelsregister anzumelden**,[388]
– das an die Gesellschaft gerichtete Verbot, einen bereits im Handelsregister eingetragenen Beschluss **weiter durchzuführen**,[389]
– das an die Gesellschaft gerichtete Verbot, einen nicht einstimmig und damit unwirksam gefassten Beschluss über die Gestattung der **Durchführung einer Due Diligence-Prüfung** durch einen Kaufinteressenten, insbesondere einen **Wettbewerber**, vor Anteilsabtretung **auszuführen**,[390]
– das an die Gesellschaft gerichtete Gebot, die bereits erfolgte **Anmeldung** eines eintragungspflichtigen Beschlusses **zurückzunehmen**.[391]

---

380 Baumbach/Hueck/*Zöllner* Anh. § 47 Rn. 205; Michalski/*Römermann* Anh. § 47 Rn. 610; *Schmid* ZIP 1998, 1057 (1061).
381 BGH NJW 1983, 938 (939); OLG München NZG 2013, 947; OLG Naumburg, Urt. v. 21.11.2013 – 1 U 105/13; OLG Karlsruhe NJW-RR 1993, 1505 (1506); *Zwissler* GmbHR 1999, 336 (338); Michalski/*Römermann* Anh. § 47 Rn. 610.
382 BGH NJW 1983, 938 (939); OLG München NZG 2013, 947; OLG Karlsruhe NJW-RR 1993, 1505 (1506); *Zwissler* GmbHR 1999, 336 (338).
383 Michalski/*Römermann* Anh. § 47 Rn. 611; vgl. Scholz/*K. Schmidt* § 45 Rn. 183.
384 OLG Koblenz NJW-RR 1986, 1039; Dunkl/Moeller/Baur/Feldmeier/*Baur* F Rn. 7; GroßkommGmbHG/*Raiser* Anh. § 47 Rn. 290 f.; Scholz/*K. Schmidt* § 45 Rn. 183.
385 Baumbach/Hueck/*Zöllner* Anh. § 47 Rn. 195.
386 OLG Frankfurt a. M. GmbHR 1993, 161; OLG Karlsruhe NJW-RR 1993, 1505; so auch Michalski/*Römermann* Anh. § 47 Rn. 615; *Werner* NZG 2006, 761 (762).
387 GroßkommGmbHG/*Raiser* Anh. § 47 Rn. 291.
388 *Semler* BB 1979, 1533 (1536); Scholz/*K. Schmidt* § 45 Rn. 183; MAH GmbH/*Schindler* § 25 Rn. 91.
389 GroßkommGmbHG/*Raiser* Anh. § 47 Rn. 289; Michalski/*Römermann* Anh. § 47 Rn. 620.
390 LG Köln GmbHR 2009, 261 (262) – dazu schon Fn. 189 oben.
391 GroßkommGmbHG/*Raiser* Anh. § 47 Rn. 290; MAH GmbH/*Schindler* § 25 Rn. 91.

E. Einstweiliger Rechtsschutz bei der Gesellschafterversammlung §19

Eine einstweilige Verfügung wurde **nicht** erlassen bei dem Antrag eines Gesellschafters, seine Mitgliedschaftsrechte trotz beschlossener Einziehung seiner Geschäftsanteile solange weiter ausüben zu dürfen, bis über die Rechtmäßigkeit des Einziehungsbeschlusses rechtskräftig befunden worden ist.[392] Allgemein gilt bei alledem, dass ein angefochtener Beschluss nicht im Wege der einstweiligen Verfügung für nichtig erklärt werden kann, da dies eine unzulässige Vorwegnahme der Hauptsache bedeuten würde.[393]

c) Fallgruppe: Zwei-Mann GmbH

Ebenso wie bei der wechselseitigen Abberufung der beiden Gesellschafter-Geschäftsführer in der Zwei-Mann-GmbH vor der Beschlussfassung (vgl. Rdn. 166–168), sind in dieser Konstellation auch nach der Beschlussfassung für den einstweiligen Rechtschutz einige Besonderheiten zu beachten. 174

Nach beschlossener gegenseitiger Abberufung darf im einstweiligen Rechtsschutz grundsätzlich keinem der beiden Gesellschafter die Geschäftsführungs- und Vertretungsbefugnis entzogen werden, wenn beide Abberufungen voraussichtlich wirksam sind.[394] Anderenfalls wäre die vorläufige Maßnahme nicht mit dem voraussichtlichen Ergebnis in der Hauptsache zu vereinbaren.[395] Anders ist die Situation zu beurteilen, wenn erhebliche, konkrete und unmittelbar bevorstehende Nachteile für die Gesellschaft drohen. In diesem Fall kann es erforderlich werden, ein Tätigkeitsverbot gegen einen der Geschäftsführer anzuordnen.[396] Eine Verunsicherung der Geschäftspartner und eine abstrakte Gefährdung der Kreditwürdigkeit der Gesellschaft sollen dafür nicht ausreichend sein.[397] 175

Wurde beschlossen, dass ein hälftig an der Gesellschaft beteiligter Gesellschaftergeschäftsführer abberufen wird, entscheidet die materielle Rechtslage nach § 38 Abs. 2 GmbHG über die sofortige Wirksamkeit eines Abberufungsbeschlusses (vgl. Rdn. 167).[398] Dies führt zu Rechtsunsicherheit, da sich die Beteiligten nahezu immer darüber uneins sein werden, ob tatsächlich ein wichtiger Grund vorliegt und dieser zur Abberufung berechtigt. Die Rechtsunsicherheit ist für die GmbH auch gerade deswegen besonders nachteilig, weil sie gemäß § 39 GmbHG dazu verpflichtet ist, jede Änderung in der Person des Geschäftsführers sowie die Beendigung der Vertretungsbefugnis zum Handelsregister einzutragen. In Fällen dieser Art wird jedoch auch das Registergericht das Erlöschen der Vertretungsbefugnis vielfach nicht klären und eintragen können. Die Gesellschaft ist dann den Gefahren ausgesetzt, die ihr durch den Fortbestand der Eintragung der Vertretungsbefugnis gemäß § 15 HGB drohen.[399] 176

Diese – bis zur Rechtskraft einer gerichtlichen Entscheidung bestehende – Rechtsunsicherheit ist bei der Zwei-Mann-GmbH grundsätzlich hinzunehmen. Die Unsicherheit muss allerdings dort, wo es erforderlich ist, dadurch beseitigt werden können, dass dem abberufenen Geschäftsführer im Wege einer einstweiligen Verfügung Maßnahmen der Geschäftsführung und Vertretung untersagt werden können.[400] Dementsprechend bejaht die Rechtsprechung die Möglichkeit, dem abberufenen Gesellschafter-Geschäftsführer in der Zwei-Mann-GmbH Maßnahmen der Geschäftsführung und der Vertretung zu untersagen, 177

---

392 OLG Düsseldorf VI-U (Kart) 25/07, U (Kart) 25/07.
393 Scholz/*K. Schmidt* § 45 Rn 183.
394 OLG Stuttgart GmbHR 2006, 1258 (1261); OLG Stuttgart GmbHR 1997, 312; OLG Düsseldorf, NJW 1989, 172 (173); Michalski/*Terlau/Schäfers* § 38 Rn. 77; Werner NZG 2006, 761 (764).
395 OLG Stuttgart GmbHR 2006, 1258 (1261); OLG Düsseldorf NJW 1989, 172 (173); *Werner* NZG 2006, 761 (763).
396 OLG Stuttgart GmbHR 2006, 1258 (1261); Michalski/*Terlau/Schäfers* § 38 Rn. 77; GroßkommGmbHG/*Paefgen* § 38 Rn. 223.
397 OLG Stuttgart GmbHR 2006, 1258 (1261).
398 BGH NJW 1983, 938 (939); OLG Hamm GmbHR 2002, 327 (328); OLG Stuttgart GmbHR 1997, 312 (313); OLG Köln NJW-RR 1995, 555; OLG Karlsruhe NJW-RR 1993, 1505 (1506); Rowedder/Schmidt-Leithoff/*Koppensteiner/Gruber* GmbHG § 38 Rn. 25.
399 BGH NJW 1983, 938 (939).
400 BGH NJW 1983, 938 (939); OLG Karlsruhe NJW-RR 1993, 1505 (1506).

– wenn schwerwiegende Entlassungsgründe gemäß § 38 Abs. 2 GmbHG glaubhaft werden, deren Vorliegen gleichzeitig zur Annahme von Dringlichkeit führt[401] oder
– der Beschluss der Gesellschafterversammlung über die Abberufung rechtswirksam ist und die Handlungsfähigkeit der GmbH sichergestellt werden muss[402].

Untersagt das Gericht dem Geschäftsführer im Wege einer einstweiligen Verfügung die Geschäftsführertätigkeit und ist an dem Rechtsstreit auch die Gesellschaft beteiligt, so soll das Handelsregister von Amts wegen die Löschung der Eintragung vornehmen, sobald ihm die Entscheidung zur Kenntnis gelangt.[403] Nach anderer Ansicht ist lediglich ein entsprechender Vermerk im Handelsregister einzutragen.[404]

177a Umgekehrt kann sich der abberufene Gesellschafter-Geschäftsführer im einstweiligen Verfügungsverfahren auch die volle Weiterführung seiner Tätigkeit sichern.[405] Dies soll dann möglich sein, wenn der Geschäftsführer geltend macht, der Abberufungsbeschluss sei nichtig oder diesem komme aus anderen Gründe keine vorläufige Wirkung zu.[406]

3. Verfahren

178 Die Antragsbefugnis für eine gegen die Durchführung eines Beschlusses gerichtete einstweilige Verfügung bestimmt sich unabhängig davon, ob ein Nichtigkeits- oder Anfechtungsgrund geltend gemacht wird, nach § 249 AktG analog (vgl. dazu Rdn. 2).[407] Ebenso wie bei der Klage in der Hauptsache ist die Gesellschaft richtiger Antragsgegner.[408] Bei Rechtsstreitigkeiten über die Abberufung von Gesellschafter-Geschäftsführern in der Zwei-Mann-GmbH ist neben der Gesellschaft auch der die Abberufung betreibende Gesellschafter antragsbefugt.[409] Dies wird auch für Minderheitsgesellschafter in Gesellschaften mit mehr als zwei Gesellschaftern angenommen, wenn sich die Gesellschaft in einer kritischen Situation als handlungsunfähig oder -unwillig darstellt.[410]

179 Behauptet der Antragsteller die Anfechtbarkeit eines Gesellschafterbeschlusses, so muss er neben dem Vorliegen eines Anfechtungsgrundes[411] auch die erfolgte oder zumindest unmittelbar bevorstehende Erhebung der Anfechtungsklage glaubhaft machen.[412]

III. Freigabeverfahren

180 Sofern Anfechtungsklagen erhoben werden, um die Eintragung eines Beschlusses in das Handelsregister zu verhindern, ist bei Verschmelzungsbeschlüssen (§ 16 Abs. 3 UmwG) das Freigabeverfahren (im Einzelnen dazu § 127 Rdn. 92–127) vorrangig, ein Antrag auf Erlass einer einstweiligen Verfügung ist unzulässig.[413] Nach mittlerweile überwiegender Auffassung findet hingegen die Vorschrift des § 246a AktG, nach der das Freigabeverfahren auch bei Beschlüssen über Maßnahmen der Kapi-

---

401 BGH NJW 1983, 938 (939).
402 OLG Karlsruhe NJW-RR 1993, 1505 (1506).
403 BayObLG NJW-RR 1989, 934.
404 Michalski/*Terlau/Schäfers* § 38 Rn. 76.
405 OLG Hamm GmbHR 2002, 327 (328); OLG Stuttgart GmbHR 1997, 312 (313); Baumbach/Hueck/*Zöllner* § 38 Rn. 71.
406 Michalski/*Terlau/Schäfers* § 38 Rn. 78.
407 Michalski/*Römermann* Anh. § 47 Rn. 618.
408 OLG Nürnberg GmbHR 1993, 588 (589); Dunkl/Moeller/Baur/Feldmeier/*Baur* F Rn. 7.
409 OLG Naumburg, Urt. v. 21.11.2013 – 1 U 105/13; OLG Karlsruhe NJW-RR 1993, 1505 (1506).
410 OLG Braunschweig, Urt. v. 09.09.2009 – 3 U 41/09.
411 OLG Koblenz NJW-RR 1986, 1039; Dunkl/Moeller/Baur/Feldmeier/*Baur* F Rn. 7.
412 Baumbach/Hueck/*Zöllner* Anh. § 47 Rn. 201; GroßkommGmbHG/*Raiser* Anh. § 47 Rn. 290; Michalski/*Römermann* Anh. § 47 Rn. 619; Rowedder/Schmidt-Leithoff/*Koppensteiner/Gruber* § 47 Rn. 145.
413 Baumbach/Hueck/*Zöllner* Anh. § 47 Rn. 197, 205.

talbeschaffung und Herabsetzung sowie bei Unternehmensverträgen möglich ist, auf die GmbH keine analoge Anwendung.[414]

Ist der Anwendungsbereich des Freigabeverfahrens nicht eröffnet, kann das Registergericht die Eintragung des Beschlusses in das Handelsregister gemäß §§ 21, 381 FamFG aussetzen. Dazu prüft der Registerrichter summarisch die Erfolgsaussichten der Anfechtungsklage. Die beklagte Gesellschaft hat dann die Möglichkeit, gegen eine ungerechtfertigte Aussetzung des Eintragungsverfahrens eine einstweilige Verfügung dahingehend zu beantragen, dass die Erhebung der Anfechtungsklage der Eintragung des Beschlusses nicht entgegensteht.[415] Der Registerrichter darf dann die Eintragung nicht mehr wegen der Anfechtungsklage und des ihr zugrunde liegenden Sachverhalts verweigern. 181

F. Schiedsfähigkeit von Gesellschafterbeschlüssen

I. Anforderungen an die Schiedsfähigkeit von Gesellschafterbeschlüssen

Gesellschaftsrechtliche Streitigkeiten sind grundsätzlich **schiedsfähig**.[416] Die Schiedsfähigkeit von Beschlussmängelstreitigkeiten im Recht der GmbH war allerdings lange umstritten. 182

Nach §§ 248 Abs. 1 S. 1, 249 Abs. 1 S. 1 AktG, die für die GmbH analog gelten,[417] wirkt das Urteil eines staatlichen Gerichts in Beschlussmängelstreitigkeiten für und gegen alle Gesellschafter und Organmitglieder. Diese Regelung ist notwendig, damit eine Entscheidung über den Beschluss nicht nur gegenüber Kläger und der beklagten Gesellschaft als Prozessparteien, sondern umfassende und damit konstitutive Wirkung gegenüber allen Gesellschaftern entfaltet. Wäre ein und derselbe Beschluss für einen Teil der Betroffenen unwirksam, für andere hingegen nach wie vor die verbindliche Äußerung des Gesellschaftswillens, würde dies regelmäßig zu unlösbaren Problemen in der Praxis führen.[418] 183

Gemäß § 1055 ZPO hat ein Schiedsspruch jedoch nur unter den Parteien die Wirkungen eines gerichtlichen Urteils. Intervention und Streitverkündung sind in Schiedsverfahren nur insoweit möglich, wie die Parteien der Schiedsvereinbarung dies ausdrücklich vereinbaren oder es in der anwendbaren Verfahrensordnung vorgesehen ist.[419] Da die Rechtsprechung von Schiedsgerichten und damit die Wirksamkeit des Schiedsspruchs auf dem Einverständnis der Parteien beruht, die Zuständigkeit der staatlichen Gerichte durch die des Schiedsgerichts zu ersetzen, kann ein Schiedsspruch nur dann und soweit gegen Dritte Wirkung entfalten, wie diese der Schiedsvereinbarung zugestimmt haben und die Möglichkeit hatten, an dem Schiedsverfahren ordnungsgemäß mitzuwirken. 184

In einer Entscheidung vom 29.03.1996 (»**Schiedsfähigkeit I**«)[420] räumte der BGH zunächst Bedenken aus, die in der Rechtsprechung der Instanzgerichte und der Literatur gegen die Schiedsfähigkeit von Beschlussmängelstreitigkeiten im GmbH-Recht vorgebracht worden waren. Der »generellen Schiedsfähigkeit« solcher Streitigkeiten stand nach seiner Auffassung jedoch entgegen, dass die Wirkung der §§ 248 Abs. 1 S. 1, 249 Abs. 1 S. 1 AktG analog auf den Spruch eines privaten Schiedsgerichts nicht übertragbar sei, solange gesetzliche Vorgaben fehlen. Außerdem sei nicht ersichtlich, wie verhindert werden könne, dass zu ein und demselben Beschluss verschiedene Verfahren durchgeführt würden.[421] 2009 änderte der BGH seine Rechtsprechung ausdrücklich (»**Schiedsfähigkeit II**«).[422] §§ 248 Abs. 1 S. 1, 249 Abs. 1 S. 1 AktG sind danach entsprechend auf Schiedsverfahren über Beschlussmängelstreitigkeiten im Recht der GmbH anzuwenden.[423] An Schiedsklauseln in 185

---

414 KG NZG 2011, 1068; *Fleischer* DB 2011, 2132; a.A: *Bayer/Lieder* NZG 2011, 1170; *Waclawik* Rn. 453 ff.
415 Baumbach/Hueck/*Zöllner* Anh. § 47 Rn. 205; *Schmid* ZIP 1998, 1057.
416 § 2 Rdn. 33–36.
417 Rdn. 57–121.
418 MüKo AktG/*Hüffer* § 248 Rn. 3.
419 *Lachmann* Rn. 2826 ff.
420 NJW 1996, 1753.
421 BGH NJW 1996, 1753 (1754–1756).
422 BGH NJW 2009, 1962.
423 BGH NJW 2009, 1962 (1964).

GmbH-Gesellschaftsverträgen, die Beschlussmängelstreitigkeiten erfassen sollen,[424] stellte der BGH in der »Schiedsfähigkeit II«-Entscheidung konkrete Anforderungen, die erfüllt sein müssen, damit die Klausel für sämtliche ihr unterworfenen Gesellschafter eine dem Rechtsschutz durch staatliche Gerichte vergleichbare Ausgestaltung des schiedsrichterlichen Verfahrens gewährleistet. Entspricht die Klausel diesen Anforderungen nicht, ist sie nach § 138 BGB wegen Verstoßes gegen das Rechtsstaatsprinzip nichtig, soweit sie Beschlussmängelstreitigkeiten einbezieht.[425]

186 Nach der »Schiedsfähigkeit II«-Entscheidung muss zunächst die **Zustimmung aller Gesellschafter** zur Schiedsvereinbarung vorliegen. Im Recht der GmbH gilt der Grundsatz der Satzungsstrenge, wie er in § 23 Abs. 5 AktG niedergelegt ist, nicht. Demnach sind auch ohne ausdrückliche gesetzliche Erlaubnis Regelungen zulässig, die von den gesetzlichen Bestimmungen abweichen. Der Gesellschaftsvertrag kann eine Schiedsvereinbarung gemäß § 1066 ZPO enthalten. Die Schiedsklausel in der Satzung erlangt statutarische Wirkung für alle, insbesondere auch für erst später beitretende Gesellschafter.[426] Alternativ ist auch eine außerhalb der Satzung durch alle Gesellschafter geschlossene Abrede gem. § 1029 ZPO zulässig,[427] die dann den Formerfordernissen nach § 1031 ZPO entsprechen muss. Neu eintretende Gesellschafter sind an eine solche Abrede nur gebunden, soweit sie sich ihr formwirksam beitreten.[428]

187 Allen Gesellschaftern muss außerdem die Möglichkeit zur angemessenen **Teilnahme am Verfahren** gegeben werden, was neben einer prozessualen Interventionsmöglichkeit zunächst voraussetzt, dass alle Gesellschafter über die Einleitung des Verfahrens und den Verfahrensstand informiert werden.[429] Diese Pflicht soll nach der herrschenden Meinung in der Literatur analog zu § 246 Abs. 4 AktG den Geschäftsführer treffen.[430]

188 Die Durchführung eines Schiedsverfahrens ist nur akzeptabel, wenn die Beteiligten gleichen Einfluss auf die **Auswahl der Schiedsrichter** haben.[431] Dementsprechend fordert der BGH die Mitwirkungsmöglichkeit aller Beteiligten an der Schiedsrichterauswahl. Praktische Schwierigkeiten können bei Schiedsverfahren im Gesellschaftsrecht häufig dann entstehen, wenn mehrere Personen auf Kläger- oder Beklagtenseite stehen, besonders wenn sich diese nicht über die Benennung eines Schiedsrichters einigen können. Der BGH hält es in derartigen Situationen für ausreichend, wenn die Schiedsrichterauswahl nach dem Mehrheitsprinzip und alternativ durch eine neutrale Stelle erfolgt.[432] Als neutrale Stelle kann beispielsweise der DIS-Ernennungsausschuss dienen.[433] Von der Rechtsprechung noch nicht entschieden wurde die Frage, ob die neutrale Stelle »symmetrisch« ein-

---

424 Schiedsklauseln, die Beschlussmängelstreitigkeiten ausdrücklich ausschließen, sind von der »Schiedsfähigkeit II«-Entscheidung nicht betroffen. Über andere Streitigkeiten als Beschlussmängelstreitigkeiten kann ein Schiedsgericht daher entscheiden, auch wenn die betreffende Schiedsklausel den vom BGH in der »Schiedsfähigkeit II«-Entscheidung aufgestellten Grundsätzen nicht genügt. Dies gilt auch für Streitigkeiten über Rechtsverhältnisse, die für spätere Beschlussmängelstreitigkeiten präjudiziell sein können, etwa Vorfragen einer späteren Beschlussmängelstreitigkeit betreffen, und insoweit ein Schiedsspruch Bindungswirkung entfalten kann, OLG München, Urt. v. 9. 8. 2012, 23 U 4173/11; OLG München, BeckRS 2014, 01197; vgl. auch die Anm. *Gottschalk* GWR 2014, 85.
425 BGH NJW 2009, 1962 (1965).
426 BGH NJW 2009, 1962 (1964); *Haas* SchiedsVZ 2007, 1 (8); *Nietsch* ZIP 2009, 2769 (2272); *Zöller/Geimer* § 1066 Rn 9.
427 BGH NJW 2009, 1962 (1964).
428 *Schwerdtfeger/Eberl/Eberl* Kap. 17 Rn. 60. Siehe hierzu auch oben § 2 Rdn. 37–46.
429 BGH NJW 2009, 1962 (1964 f.).
430 *Berger* ZHR 2000, 295 (314); *Wolff* NJW 2009, 2021 (2022); ähnlich *Schneider* GmbHR 2005, 86 (88). *Hilbig* SchiedsVZ 2009, 247 (255) fordert zudem, dass auch dem Schiedsgericht über die Schiedsvereinbarung eine Informationspflicht auferlegt wird.
431 *Lachmann* Rn. 2818.
432 BGH NJW 2009, 1962 (1964, 1966); zweifelnd, was die Anwendbarkeit des Mehrheitsprinzips angeht, hingegen *Albrecht* NZG 2010, 486 (488); *Wolff* NJW 2009, 2021 (2022).
433 Siehe auch unten Rdn. 190–200.

F. Schiedsfähigkeit von Gesellschafterbeschlüssen § 19

greifen muss, wenn verschiedene Personen auf nur einer Seite sich nicht auf den von ihnen zu benennenden Schiedsrichter einigen können, d. h. ob die Stelle dann beide Beisitzer des Schiedsgerichts zu benennen hat. Die überwiegende Auffassung in der Literatur hält dies für erforderlich.[434] Nach der Gegenauffassung muss die neutrale Stelle nur den Schiedsrichter der Seite benennen, die keinen Konsens erreicht,[435] was jedoch im Hinblick auf das Erfordernis der Gleichbehandlung beider Parteien als elementaren Grundsatz jedes Schiedsverfahrens fragwürdig erscheint.[436] Da Rechtsprechung hierzu bislang fehlt, ist aus Sicht der Praxis in jedem Fall zu empfehlen, in einer Schiedsklausel eine »symmetrische« Benennung vorzusehen, um einer etwaigen Unwirksamkeit der Klausel von vornherein aus dem Weg zu gehen.

Schließlich muss die Zuständigkeit für alle Streitigkeiten, die denselben Streitgegenstand betreffen, bei einem Schiedsgericht konzentriert werden.[437] Dies dient dem Schutz vor sich widersprechenden Entscheidungen. Unerheblich ist, ob im konkreten Fall widerstreitende Urteile nicht möglich sind, beispielsweise weil nur zwei Gesellschafter vorhanden sind. Der BGH verlangt eine objektive, abstrakte Sicherstellung der **Konzentrationswirkung**.[438] Die Schiedsvereinbarung muss zu diesem Zweck sowohl verhindern, dass mehrere Schiedsverfahren vor unterschiedlichen Schiedsgerichten anhängig gemacht werden, als auch, dass parallel zu einem Schiedsverfahren vor staatlichen Gerichten geklagt wird. Da die Sperrwirkung einer Schiedsvereinbarung nur eintritt, wenn die beklagte Partei sich in einem Gerichtsverfahren auf sie beruft, muss sichergestellt werden, dass die Geschäftsführung der beklagten Gesellschaft die Schiedseinrede in einem staatlichen Verfahren auch erhebt.[439] 189

Erfüllt die Schiedsklausel nicht jede dieser Voraussetzungen, ist sie, wie ausgeführt, nichtig. Dies ist abstrakt und nicht nach den Verhältnissen im Zeitpunkt der Anwendung der Klausel zu beurteilen, wenn sie ihre Rechtswirkungen entfaltet. Nichtig ist die Schiedsklausel also auch dann, wenn die vom BGH aufgestellten Anforderungen im Einzelfall durch die konkrete Verfahrensgestaltung gewahrt sind, z. B. bei einer Beschlussmängelklage in der Zweipersonen-GmbH, wenn der nicht klagende Gesellschafter zugleich Geschäftsführer ist. Eine Heilung kommt nicht in Betracht.[440] 189a

II. Praktische Umsetzung

Diese Anforderungen des BGH stellen eine erhebliche Herausforderung für die Formulierung einer entsprechenden Schiedsvereinbarung dar. Wird die Schiedsklausel den Maßstäben des BGH nicht gerecht, ist sie nichtig gemäß § 138 BGB. 190

1. Musterschiedsklauseln

In der Literatur werden Musterschiedsklauseln vorgeschlagen, die Beschlussmängelstreitigkeiten im Recht der GmbH erfassen und den Anforderungen des BGH in der »Schiedsfähigkeit II«-Entscheidung genügen sollen.[441] Allerdings sind diese Klauseln aufgrund ihrer Länge und Komplexität nur 191

---

434 *Lachmann* Rn. 2820; *Nietsch* ZIP 2009, 2269 (2275); *Zilles* BB 1999 Beil. Nr. 4, S. 2 (5).
435 *Berger* ZHR 164 (2000), 295 (309); *Schütze*, Schiedsgericht und Schiedsverfahren, Rn. 88; So wohl auch *Hilbig* SchiedsVZ 2009, 247 (255).
436 Auch zahlreiche Schiedsordnungen sehen eine »symmetrische« Ernennung durch die neutrale Stelle vor, vgl. § 13.2 der DIS-Schiedsgerichtsordnung (DIS-SchO), Art. 10.2 der Schiedsgerichtsordnung der ICC (ICC-SchO), Art. 10.3 der UNCITRAL Arbitration Rules. Anders dagegen Art. 10.5 der Schieds- und Schlichtungsordnung des Internationalen Schiedsgerichts der Wirtschaftskammer Österreich in Wien (Wiener Regeln).
437 BGH NJW 2009, 1962 (1964 f.).
438 BGH NJW 2009, 1962 (1965 f.).
439 *Borris* SchiedsVZ 2009, 299 (303); *Bredow* DStR 1996, 1653 (1654); *Hilbig* SchiedsVZ 2009, 247 (257).
440 OLG Frankfurt SchiedsVZ 2010, 334 (335); Hanseatisches OLG Bremen SchiedsVZ 2009, 338 (340).
441 So zum Beispiel von *Göz/Peitsmeyer* DB 2009, 1915 und *Nolting* NotBZ 2009, 241. Bereits vor der »Schiedsfähigkeit II«-Entscheidung des BGH hatten Böckstiegel/Berger/Bredow/*Borris*, Die Beteiligung Dritter an Schiedsverfahren, 109, 127; Bredow, DStR 1996, 1653; Böckstiegel/*Weber*, Schiedsgerichtsbar-

schwer handhabbar. Etwaige Rechtsprechungsänderungen würden zudem gegebenenfalls Anpassungen der Satzung erfordern, was zu Schwierigkeiten auf der Gesellschafterebene führen kann.

2. Die DIS-ERGeS

192 Statt die Schiedsklausel im Gesellschaftsvertrag so auszugestalten, dass die Anforderungen des BGH unmittelbar erfüllt werden, können die Gesellschafter in der Satzung auch auf die »Ergänzenden Regeln für gesellschaftsrechtliche Streitigkeiten« der Deutschen Institution für Schiedsgerichtsbarkeit (DIS-ERGeS) aus dem Jahr 2009 verweisen.[442] Die DIS-ERGeS sollen die Vorgaben des BGH in der »Schiedsfähigkeit II«-Entscheidung praktisch handhabbar und rechtssicher umsetzen.[443] Sie enthalten auch eine (schlanke) **Musterschiedsklausel**, die, einmal einbezogen in den Gesellschaftsvertrag, dynamisch auf die jeweils aktuelle Fassung der Regeln verweist und damit gewährleistet, dass bei Rechtsprechungsänderungen die Satzung nicht angepasst werden muss. Die DIS-ERGeS müssen ausdrücklich vereinbart werden, entweder in der Satzung oder durch eine außerhalb der Satzung getroffene Vereinbarung aller Gesellschafter und der Gesellschaft. Ein bloßer Verweis auf die Schiedsgerichtsordnung der DIS (DIS-SchO) genügt nicht.

193 Bei Beschlussmängelstreitigkeiten sind wie oben dargestellt neben der Gesellschaft selbst auch **alle Gesellschafter** in das Schiedsverfahren mit einzubeziehen. Dementsprechend muss der Kläger gem. § 2.2 DIS-ERGeS der DIS-Geschäftsstelle bei Einreichen der Schiedsklage alle weiteren Gesellschafter mit zustellungsfähiger Anschrift nennen und die DIS auffordern, auch diesen die Klage zuzustellen. Die anderen Betroffenen können dann innerhalb von 30 Tagen erklären, ob sie auf Kläger- oder Beklagtenseite beitreten, § 3.1 DIS-ERGeS. Zwar ist auch ein späterer Beitritt noch möglich, in diesem Fall verzichtet der Betroffene jedoch auf sein Recht, Einfluss auf die Besetzung des Schiedsgerichts zu nehmen, § 4.3 DIS-ERGeS.

194 Die DIS hat sich gegen die vom BGH zugelassene Mehrheitsentscheidung bei der Auswahl des Parteischiedsrichters entschieden. Sind sich die Parteien einer Seite nicht einig, werden beide Parteischiedsrichter vom DIS-Ernennungsausschuss benannt. Im Hinblick auf den Streit in der Literatur, ob bei Uneinigkeit nur einer Seite auch der Schiedsrichter der Gegenseite neutral benannt werden muss,[444] wählte die DIS folglich einen rechtssicheren Weg.[445] Die **Information aller Betroffenen** von der Klageerhebung überantwortet die DIS-ERGeS der DIS-Geschäftsstelle. So ist sichergestellt, dass die Klage nicht durch die Geschäftsführung blockiert werden kann, indem der verfahrenseinleitende Antrag von ihr nicht pflichtgemäß an die Gesellschafter weitergeleitet wird.[446] Die weitere Unterrichtung über den Verfahrensverlauf obliegt dem Schiedsgericht selbst, § 5.1 DIS-ERGeS.

195 Die **Zuständigkeitskonzentration** im Schiedsverfahren sichert § 9 DIS-ERGeS, nach dem nur das erste Verfahren über einen bestimmten Streitgegenstand zulässig ist und die Kläger nachrangiger Verfahren auf das zuerst eingeleitete verwiesen werden. Um Parallelverfahren vor staatlichen Gerichten vorzubeugen, ist die Gesellschaft nach Abs. 4 der Musterschiedsklausel verpflichtet, stets die Schiedseinrede zu erheben. Jedoch ist bei einem Verstoß gegen diese Verpflichtung das staatliche Gericht nicht verpflichtet, die Schiedsvereinbarung von Amts wegen zu berücksichtigen.[447] Ob die vom

---

keit in gesellschaftsrechtlichen und erbrechtlichen Angelegenheiten, 49, 62, und *Zilles* BB 1999, Beilage Nr. 4 zu Heft 11, 1, Klauselvorschläge unterbreitet.

442 Die DIS-ERGes sowie die Musterklausel sind online abrufbar auf der Website der DIS unter www.dis-arb.de.

443 Zweifelnd, ob die vom BGH geforderte Sicherstellung der Rechtskraft der Entscheidung des Schiedsgerichts ausreichend gewährleistet ist, *Nolting* GmbHR 2011, 1017. Zumindest »Optmimierungsspielräume« im Hinblick auf die DIS-ERGeS sieht *von Hase* BB 2011, 1993.

444 Siehe oben, Rdn. 188.

445 *Schwedt* SchiedsVZ 2010, 166 (168).

446 *Albrecht* NZG 2010, 486 (488). Siehe zur Problematik auch *Böttcher/Helle* NZG 2009, 700 (701).

447 BGH NJW-RR 1996, 1150; BGH MDR 1988. 259; *Hilbig* SchiedsVZ 2009, 247 (257); Stein/Jonas/Schlosser § 1032 Rn. 1; Zöller/*Geimer* § 1032 Rn. 4.

F. Schiedsfähigkeit von Gesellschafterbeschlüssen § 19

BGH geforderte objektive Sicherstellung der Verfahrenskonzentration durch die DIS-ERGeS dennoch erreicht wird, ist bisher nicht gerichtlich entschieden.[448]

3. Die Änderung bestehender Gesellschaftsverträge

In der Praxis stellt sich die Frage, wie statutarische Schiedsabreden, die vor der »Schiedsfähigkeit II«-Entscheidung eingeführt wurden und die regelmäßig nicht den dargestellten Anforderungen entsprechen dürften, angepasst werden können bzw. wie eine wirksame Schiedsklausel neu in einen Gesellschaftsvertrag aufgenommen werden kann. Problematisch ist dabei zum einen, **welche Mehrheit** in der Gesellschafterversammlung für die Aufnahme oder Änderung einer Schiedsklausel erforderlich ist, zum anderen, ob die Gesellschafter einer **Treuepflicht** unterliegen, an der Anpassung der Schiedsklausel mitzuwirken. Der BGH hat beide Fragen – aus Sicht der Praxis bedauerlicherweise – ausdrücklich offen gelassen.[449]

196

a) Für Einführung einer Schiedsklausel nötige Mehrheit

Die erstmalige, nachträgliche Einführung einer Schiedsklausel in die Satzung ist möglich. Nach der h. M. muss **jeder einzelne Gesellschafter** der Einführung einer Schiedsgerichtsklausel zustimmen.[450] Nach anderer Ansicht genügt hingegen eine **mehrheitliche Entscheidung**.[451] Dafür spricht, dass – wie der Gesetzgeber explizit betont –[452] die Schiedsgerichtsbarkeit einen der staatlichen Gerichtsbarkeit grundsätzlich gleichwertigen Rechtsschutz bietet, so dass ein Eingriff in den Kernbereich der Mitgliedschaft nicht vorliegen dürfte, wenn nachträglich per Mehrheitsbeschluss eine Schiedsklausel in die Satzung eingeführt wird.[453]

197

b) Anpassung einer bestehenden Schiedsklausel

Geht es um die **Änderung einer bereits bestehenden Schiedsklausel**, die der aktuellen Rechtslage angepasst werden soll, differenziert die h. M. nach dem Umfang der Änderung.

198

Wird lediglich eine Schiedsklausel **angepasst**, die bereits Beschlussmängelstreitigkeiten umfassen sollte, aber an den Anforderungen der »Schiedsfähigkeit II«-Entscheidung des BGH scheitert, soll der Kernbereich nicht betroffen sein, da die ursprüngliche Schiedsklausel bereits einstimmig beschlossen wurde. Die Änderung per Mehrheitsentscheid genügt.[454] Wird die Zuständigkeit des

199

---

448 Zumindest hat der ehemalige Vorsitzende des II. Zivilsenats, der »Schiedsfähigkeit II« erlassen hat, keine Bedenken diesbezüglich geäußert, vgl. *Schwedt* SchiedsVZ 2010, 166 (167). *Hilbig* SchiedsVZ 2009, 247 (257) verweist darauf, dass zumindest im realistischen Fall, dass ein Schiedsurteil vor einem staatlichen Urteil ergeht, das staatliche Gericht die Entscheidung des Schiedsgerichts gem. § 1055 ZPO von Amts wegen beachten muss, wobei auch das umstritten ist, vgl. Zöller/*Geimer* § 1055 Rn. 8 m. w. N. *Bayer* ZIP 2003, 881 (887) und *Berger* ZHR 164 (2000), 295 (312) lösen das Problem mit dem Hinweis, dass ein paralleles staatliches Verfahren bei Erfolg das Rechtsschutzziel des Klägers erfüllt, bei Abweisung hingegen gem. § 248 Abs. 1 AktG die Schiedsklage nicht präkludiert.
449 BGH NJW 2009, 1962 (1966).
450 Die Begründungen variieren. Auf den Kernbereich der Mitgliedschaft abstellend *Albrecht* NZG 2010, 486 (487); *K. Schmidt* BB 2001, 1857 (1861); auf § 53 Abs. 3 GmbHG analog Zöller/*Geimer* § 1066 Rn. 7 sowie *Goette*, ehemaliger Vorsitzender des II. Zivilsenat des BGH, zitiert in *Schwedt* SchiedsVZ 2010, 166 (167); auf Art. 101 Abs. 1 S. 2 GG Michalski/*Michalski/Funke* GmbHG § 13 Rn. 94; FS Goette/ *Raeschke-Kessler* 381 (394); Stein/Jonas/*Schlosser* ZPO § 1066 Rn. 11; Ulmer/Habersack/Löbbe/*Raiser* GmbHG § 13 Rn. 37. BGHZ 144, 146 hat das Erfordernis der Zustimmung des konkret Betroffenen zumindest für einen Monopolverein bejaht, aber offen gelassen, ob diese Begründung auch durchgreifen würde, wenn für einen zumutbare Möglichkeit besteht, die Körperschaft zu verlassen.
451 *Ebbing* NZG 2000, 897 (899); *Raeschke-Kessler* SchiedsVZ, 2003 145 (154); *Saenger/Splittgerber* DZWIR 2010, 177; *Wolff* NJW 2009, 2021 (2022).
452 BT-Drucksache 13/5274, S. 34, 46.
453 Siehe hierzu auch § 2 Rdn. 46.
454 *Albrecht* NZG 2010, 486 (487); *Bayer* ZIP 2003, 881 (890); *K. Schmidt* BB 2001, 1857 (1862); *Saenger/*

Schiedsgerichts hingegen über den ursprünglich beabsichtigten Rahmen hinaus **erweitert** (z. B. weil angesichts der früheren BGH-Rechtsprechung Beschlussmängelstreitigkeiten ausgeschlossen worden waren und jetzt einbezogen werden sollen), greift wieder das Einstimmigkeitserfordernis.[455]

200 Zusätzlich wird diskutiert, ob die einzelnen Gesellschafter einer **Treuepflicht** unterliegen, an der Anpassung unwirksamer Schiedsklauseln an die aktuelle Rechtslage mitzuwirken. Die ganz h. M. bejaht dies im Regelfall, da es dem Interesse von Gesellschaftern und Gesellschaft entspreche, den ursprünglich in der Schiedsklausel verlautbarten Willen rechtlich durchsetzbar zu gestalten.[456] Eine Ausnahme wird jedoch gemacht, falls zwei verschiedene den Ansprüchen des BGH entsprechende Schiedsklauseln vorgeschlagen werden, da in diesem Fall die Treuepflicht nicht die Entscheidung zu einer bestimmten Klausel fordern kann.[457]

III. Fazit

201 Spätestens seit der »Schiedsfähigkeit II«-Entscheidung steht die Schiedsfähigkeit von Beschlussmängelstreitigkeiten in der GmbH fest. Allerdings müssen die Anforderungen des BGH an eine entsprechende Schiedsklausel gewahrt sein. Zur konkreten Umsetzung empfiehlt sich ein Verweis auf die **DIS-ERGeS**, die viele organisatorische Probleme lösen und gleichzeitig bemüht sind, maximale Rechtssicherheit herzustellen.

Splittgerber DZWIR 2010, 177; *Witte/Hafner* DStR 2009, 2052 (2055). *Reichert/Harbarth* NZG 2003, 379 (381) beschränken dies auf Änderungen, durch die sich das Verfahrensrecht nicht einschneidend ändert.

455 *Albrecht* NZG 2010, 486 (487); *Reichert/Harbarth* NZG 2003, 379 (381); *Schwedt/Lilja/Schaper* NZG 2009, 1281 (1284).

456 *Borris* SchiedsVZ 2009, 299 (310); *Michalski/Römermann* Anh. § 47 Rn. 561; *Saenger/Splittgerber* DZWIR 2010, 177; *Schwedt/Lilja/Schaper* NZG 2009, 1281 (1285); *Witte/Hafner* DStR 2009, 2052 (2055).

457 *Witte/Hafner* DStR 2009, 2052 (2056 f.).

§ 20 Streitigkeiten unter Beteiligung von Verwaltungsorganen

Übersicht

	Rdn.
A. Geschäftsführer als Beklagter	3
I. Klagen der Gesellschaft gegen den Geschäftsführer	4
1. Klage der Gesellschaft auf Schadensersatz gem. § 43 GmbHG	5
a) Allgemeines zu § 43 GmbHG	7
b) Zulässigkeit	11
aa) Zuständigkeit	11
bb) Verfahrensbeteiligte	14
cc) Darlegungs- und Beweislast	18
c) Begründetheit der Schadensersatzklage nach § 43 Abs. 2 GmbHG	22
aa) Pflichtverletzung	24
(1) Pflicht zur ordnungsgemäßen Unternehmensleitung	25
(2) Treuepflicht	32
bb) Verschulden	38
cc) Schaden	42
dd) Kausalität	43
ee) Verzicht und Vergleich	46
ff) Verjährung	49
gg) Gesellschafterbeschluss gem. § 46 Nr. 8 GmbHG	50
hh) Rechtsfolge	52
d) Begründetheit der Schadensersatzklage nach § 43 Abs. 3 GmbHG	55
aa) Pflichtverletzung	57
(1) Kapitalerhaltung i. S. d. § 30 GmbHG	58
(2) Erwerb eigener Geschäftsanteile i. S. d. § 33 GmbHG	63
bb) Verschulden	64
cc) Verzicht und Vergleich	65
dd) Rechtsfolge	66
2. Klage der Gesellschaft auf Schadensersatz nach weiteren Haftungsnormen	68
a) Falsche Angaben bei der Anmeldung gem. § 9a GmbHG	69
aa) Besonderheiten im Rahmen der Zulässigkeit	69
bb) Begründetheit	70
b) Falsche Angaben im Rahmen von Kapitalerhöhungen gem. §§ 57 Abs. 4 i. V. m. 9a Abs. 1 GmbHG	76
c) Zahlungen nach Zahlungsunfähigkeit oder Überschuldung gem. § 64 GmbHG und Stellung des Insolvenzantrags nach § 15a Abs. 1 InsO	77
d) Deliktische Haftung	84
aa) Besonderheiten im Rahmen der Zulässigkeit	84
bb) Begründetheit	85
(1) Haftung gem. § 823 Abs. 2 BGB i. V. m. einem Schutzgesetz	85
(2) Haftung aus §§ 826, 830 BGB	87
(3) Verjährung	89
3. Klage der Gesellschaft auf Leistung des Geschäftsführers	90
4. Klage der Gesellschaft auf Unterlassung	93
II. Klagen der einzelnen Gesellschafter gegen den Geschäftsführer	94
1. Vertragliche Ansprüche	96
2. Deliktische Ansprüche	98
a) Haftung gem. § 823 Abs. 1 BGB	98
b) Haftung gem. § 823 Abs. 2 BGB i. V. m. einem Schutzgesetz	100
c) Haftung gem. § 826 BGB	103
3. Haftung nach GmbH-Recht	104
a) Haftung wegen Verletzung der Einreichungspflicht gem. § 40 Abs. 3 GmbHG	104
b) Haftung nach § 31 Abs. 6 GmbHG	105
c) Klage auf Auskunft	106
aa) Auskunftspflicht gem. § 51a Abs. 1 GmbHG	106
(1) Zulässigkeit	106
(2) Begründetheit	108
bb) Keine Auskunftspflicht nach § 39 GmbHG	109
III. Klagen Dritter gegen den Geschäftsführer (Außenhaftung)	110
1. Vertragliche und vertragsähnliche Ansprüche	111
2. Deliktische Ansprüche	115
a) Haftung gem. § 823 Abs. 1 BGB	116
b) Haftung gem. § 823 Abs. 2 BGB i. V. m. einem Schutzgesetz	118
aa) GmbH-rechtliche Vorschriften als Schutzgesetz	118
bb) Strafrechtliche Vorschriften als Schutzgesetz	121
cc) Sonstige Vorschriften als Schutzgesetze	124
c) Haftung gem. § 826 BGB	126
3. Haftung nach GmbH-Recht	127
B. Geschäftsführer als Kläger	128
I. Klage des Geschäftsführers gegen seine Abberufung	131
1. Zulässigkeit	134

	Rdn.		Rdn.
a) Zuständigkeit	134	aa) Grundsatz der freien Abberufbarkeit und Einschränkungen	164
b) Statthafte Klageart	135		
aa) Abberufung durch Gesellschafterbeschluss in einer mitbestimmungsfreien GmbH	136	bb) Vorliegen eines wichtigen Grundes	169
bb) Abberufung durch Aufsichtsratsbeschluss in einer mitbestimmten GmbH	139	cc) Wirksamwerden der Abberufung aus wichtigem Grund	173
		II. Klage des Geschäftsführers gegen die Kündigung seines Anstellungsvertrages	177
c) Verfahrensbeteiligte	141	1. Zulässigkeit	178
d) Sonstige prozessuale Besonderheiten	145	2. Begründetheit	181
aa) Einstweiliger Rechtsschutz	145	a) Formelle Voraussetzungen der Kündigung	181
(1) Vor dem Abberufungsbeschluss	146	aa) Zuständigkeit	181
(2) Nach Beschlussfassung	147	bb) Frist	183
bb) Weiterbeschäftigungsanspruch	152	cc) Form	185
2. Begründetheit	153	b) Materielle Voraussetzungen der Kündigung	186
a) Formelle Voraussetzungen einer Abberufung	154	aa) Ordentliche Kündigung	186
aa) Zuständigkeit	155	bb) Außerordentliche Kündigung	187
bb) Abgabe und Zugang	159	cc) Vereinbarung von Kündigungsschutz	189
cc) Sonstige formelle Voraussetzungen	160		
b) Materielle Voraussetzungen einer Abberufung	164	dd) Erfordernis einer Abmahnung	194
		C. **Aufsichtsrat**	195
		I. Fakultativer Aufsichtsrat	200
		II. Obligatorischer Aufsichtsrat	203

1 Kommt es zu Streitigkeiten zwischen der GmbH und einem ihrer Organe, so kann die Gesellschaft sowohl selbst aktiv klagen als auch passiv verklagt werden, da ihr gem. § 13 Abs. 1 GmbHG Rechtsfähigkeit und infolgedessen auch Parteifähigkeit gem. § 50 Abs. 1 ZPO zukommt.[1] Die Partei- und Rechtsfähigkeit entsteht mit der konstitutiven Eintragung in das Handelsregister gem. § 11 Abs. 1 GmbHG[2] und endet mit der Vollbeendigung der GmbH.[3]

2 Die Darstellung der Streitigkeiten unter Beteiligung von Organen der GmbH umfasst damit sämtliche Prozesskonstellationen zwischen der Gesellschaft, ihren Geschäftsführern und dem Aufsichtsrat. Streitigkeiten unter Beteiligung der Gesellschafterversammlung sind bereits in § 19 dargestellt worden. Zu Streitigkeiten unter Beteiligung der Geschäftsführer tritt die Haftung gegenüber Dritten oder den einzelnen Gesellschaftern hinzu.

A. Geschäftsführer als Beklagter

3 Treten in dem Dreiecksverhältnis zwischen Geschäftsführer, Gesellschaft und Gesellschafterversammlung bzw. sonstigen Dritten Haftungsfragen auf, so sind aus Sicht des Geschäftsführers verschiedene Konstellationen zu unterscheiden. Der Geschäftsführer ist zum einen im Rahmen der Innenhaftung der Gesellschaft gegenüber verantwortlich (dazu Rdn. 5–89), zum anderen kann ihm eine persönliche Inanspruchnahme durch die einzelnen Gesellschafter (dazu Rdn. 96–105) oder durch sonstige Dritte im Rahmen der Außenhaftung (dazu Rdn. 111–127) drohen. Neben der Haf-

---

[1] BAG GmbHR 2003, 1009 (1010); Baumbach/Hueck/*Hueck*/*Fastrich* § 13 Rn. 8.
[2] Michalski/*Michalski*/*Funke* § 11 Rn. 1.
[3] BAG GmbHR 2003, 1009 (1010); OLG Düsseldorf NZG 2004, 916 (918); nicht ausreichend ist die bloße Auflösung der GmbH (§§ 60 ff. GmbHG) und die Nichtigkeitserklärung (§§ 75 ff. GmbHG, 397 ff. FamFG, da die GmbH in diesen Fällen als Liquidationsgesellschaft mit Rechts- und Parteifähigkeit fortbesteht (§§ 69 f. GmbHG, ggf. i. V. m. § 77 Abs. 1 GmbHG), vgl. Michalski/*Michalski*/*Funke* § 13 Rn. 27.

A. Geschäftsführer als Beklagter § 20

tung auf Schadensersatz kann der Geschäftsführer unter Umständen auch auf ein bestimmtes Tun oder Unterlassen in Anspruch genommen werden.

I. Klagen der Gesellschaft gegen den Geschäftsführer

Die Gesellschaft kann nach diversen Anspruchsgrundlagen Schadensersatzansprüche gegen den Geschäftsführer geltend machen (Rdn. 5–89). Außerdem können Leistungsansprüche, die auf Herausgabe unberechtigt erlangter Vorteile gerichtet sind (Rdn. 90–92) bestehen. Bestimmte Pflichtverletzungen des Geschäftsführers berechtigen die Gesellschaft neben einer Schadensersatzforderung auch zur Geltendmachung eines Unterlassungsanspruches (Rdn. 93). 4

1. Klage der Gesellschaft auf Schadensersatz gem. § 43 GmbHG

Die Gesellschaft kann klageweise von dem Geschäftsführer Schadensersatz auf Grund folgender Normen verlangen: 5
– Sorgfalts- und Treuepflichtverletzung gem. § 43 Abs. 2 GmbHG,
– Verletzung der Kapitalerhaltungspflicht gem. § 43 Abs. 3 GmbHG,
– falsche Angaben bei der Anmeldung der Gesellschaft gem. § 9a Abs. 1 GmbHG,
– falsche Angaben im Rahmen von Kapitalerhöhungen gem. §§ 57 Abs. 4 i. V. m. 9a Abs. 1 GmbHG,
– Amtsniederlegung zur Unzeit gem. § 671 Abs. 2 BGB,
– verbotene Zahlungen gem. § 64 GmbHG,
– allgemeine deliktische Anspruchsgrundlagen.

Es handelt sich um eigenständige Anspruchsgrundlagen mit ähnlichen Voraussetzungen. Zunächst wird ausführlich die Haftung nach § 43 Abs. 2 GmbHG behandelt, im Anschluss daran die Haftung nach den weiteren Anspruchsgrundlagen, soweit diese Besonderheiten aufweisen (Rdn. 68–89). 6

a) Allgemeines zu § 43 GmbHG

§ 43 GmbHG ist die zentrale Haftungsnorm im GmbH-Recht.[4] 7

Unstreitig enthält § 43 Abs. 1 AktG einen **Sorgfalts- und Verschuldensmaßstab**, den der Geschäftsführer bei der Erfüllung der ihm obliegenden Pflichten zu beachten hat.[5] Er entspricht funktional § 276 Abs. 1 BGB, ist aber auf die spezifischen Anforderungen eines Unternehmensleiters zugeschnitten.[6] In dieser Hinsicht entspricht er § 93 Abs. 1 S. 1 AktG.[7] Teilweise wird auch eine Parallele zu § 347 HGB gezogen.[8] 8

Darüber hinaus billigt die h. M. dem § 43 Abs. 1 GmbHG eine Funktion als Auffangtatbestand im Sinne einer **Pflichtenquelle** zu.[9] Aus der generalklauselartigen Umschreibung der Verhaltenspflichten des Geschäftsführers haben Rechtsprechung und Lehre situationsbedingte Einzelpflichten abgeleitet. Nach der Gegenansicht bestimmt sich der Pflichtenkreis des Geschäftsführers aus der Geschäftsführungsaufgabe, aus der Treuepflicht und aus Sonderregelungen.[10] Der Streit ist mithin nur theoretischer Natur.[11] 9

---

4 MüKo GmbHG/*Fleischer* § 43 Rn. 1; Henssler/Strohn/*Oetker* § 43 Rn. 1.
5 MüKo GmbHG/*Fleischer* § 43 Rn. 10; Michalski/*Haas*/*Ziemons* § 43 Rn. 38; Näheres hierzu unter Rdn. 38–41.
6 MüKo GmbHG/*Fleischer* § 43 Rn. 10.
7 MüKo GmbHG/*Fleischer* § 43 Rn. 10.
8 KG NZG 1999, 400; OLG Naumburg NZG 1999, 353 (354); OLG Celle NZG 2000, 1178 (1179) (kritisch und weitergehend, weil dem Geschäftsführer die treuhänderische Wahrung fremder Vermögensinteressen obliegt); OLG Zweibrücken NZG 1999, 506 (507); MüKo GmbHG/*Fleischer* § 43 Rn. 10.
9 OLG Jena NZG 2001, 86 (87); MüKo GmbHG/*Fleischer* § 43 Rn. 10; Michalski/*Haas*/*Ziemons* § 43 Rn. 39 f.; Lutter/Hommelhoff/*Kleindiek* § 43 Rn. 11; Ebenroth/Lange GmbHR 1992, 69 (70).
10 Baumbach/Hueck/*Zöllner* § 43 Rn. 8.
11 Vgl. Baumbach/Hueck/*Zöllner* § 43 Rn. 8; Michalski/*Haas*/*Ziemons* § 43 Rn. 40.

10 § 43 Abs. 2 GmbHG sieht eine Schadensersatzpflicht des Geschäftsführers vor, wenn dieser eine Pflicht aus Abs. 1 verletzt. In § 43 Abs. 3 GmbHG, der eine eigenständige Anspruchsgrundlage darstellt, sind zwei Haftungstatbestände bei Verstoß gegen die Kapitalerhaltungspflicht normiert.

b) Zulässigkeit

aa) Zuständigkeit

11 Für Klagen gegen den Geschäftsführer auf Grund seiner Organstellung ist der Rechtsweg zu den Zivilgerichten eröffnet.

12 Streitigkeiten aus § 43 GmbHG sind Handelssachen gem. § 95 Abs. 1 Nr. 4 lit. a GVG, so dass gem. §§ 94, 96 Abs. 1, 98 Abs. 1 GVG die Kammer für Handelssachen funktional zuständig ist, sofern die Parteien dies beantragen.[12]

13 Neben dem allgemeinen Gerichtsstand am Wohnsitz des Geschäftsführers nach §§ 12, 13 ZPO ist auch das Gericht am Erfüllungsort nach § 29 ZPO örtlich zuständig.[13] Der Erfüllungsort ist der Sitz der Gesellschaft, da der Geschäftsführer grundsätzlich dort seine unternehmerisch geschuldeten Pflichten zu erfüllen hat.[14]

bb) Verfahrensbeteiligte

14 **Aktivlegitimiert** ist die Gesellschaft.[15] Diese hat durch **Gesellschafterbeschluss** über die Geltendmachung der Ersatzansprüche der Gesellschaft gegen den Geschäftsführer zu entscheiden, § 46 Nr. 8, 1. Hs. GmbHG. Hierin liegt ein Unterschied zur Aktiengesellschaft.[16] Gem. § 112 AktG ist der Aufsichtsrat in der Aktiengesellschaft für die Geltendmachung von Ersatzansprüchen gegen den Vorstand zuständig, ohne dass es eines vorherigen Hauptversammlungsbeschlusses bedarf (hierzu § 3 Rdn. 4 f.).

15 Liegt kein Gesellschafterbeschluss hinsichtlich der Geltendmachung vor, ist die Klage als unbegründet abzuweisen (näher hierzu Rdn. 50 f.).

16 In der GmbH setzt die Gesellschafterversammlung diese Ersatzansprüche in der Regel nicht selbst durch, sondern macht von der Möglichkeit Gebrauch, durch Gesellschafterbeschluss die **Prozessvertretung** zu bestimmen, § 46 Nr. 8, 2. Hs. GmbHG.[17] Als Prozessvertreter können die Gesellschafter sich selbst, einen bestimmten Gesellschafter, falls vorhanden einen personenverschiedenen Geschäftsführer oder eine dritte Person bestellen.[18] Soweit für die GmbH ein fakultativer oder obligatorischer **Aufsichtsrat** besteht, übernimmt dieser die Prozessführung gem. § 52 GmbHG i. V. m. § 112 AktG.[19] Handelt es sich um einen fakultativen Aufsichtsrat, ist eine abweichende Satzungsregelung möglich.[20] Für die Geltendmachung der Ansprüche, d. h. die Willensbildung und die Schaffung der Anspruchsvoraussetzungen, bedarf es dennoch eines Gesellschafterbeschlusses gem. § 46 Nr. 8 GmbHG.[21]

17 Die Möglichkeit der Geltendmachung der Ansprüche gegen einen Geschäftsführer durch einen Gesellschafter oder eine Gesellschafterminderheit ist umstritten. Grundsätzlich ist die Gesellschafterklage subsidiär zu einem Gesellschafterbeschluss gem. § 46 Nr. 8 GmbHG und ist begrenzt auf

---

12 Michalski/*Haas/Ziemons* § 43 Rn. 243; Zöller/*Lückemann* § 94 GVG Rn. 1.
13 BGH NJW 1985, 1286 (1287) (für Lohnzahlungen an den Geschäftsführer); BGH GmbHR 1992, 303 .
14 BGH GmbHR 1992, 303 .
15 Michalski/*Haas/Ziemons* § 43 Rn. 246.
16 Oppenländer/Trölitzsch/*Ziemons* § 22 Rn. 79.
17 Baumbach/Hueck/*Zöllner* § 46 Rn. 65.
18 Roth/Altmeppen/*Roth* § 46 Rn. 54.
19 BGH NZG 2008, 104.
20 BGH NJW-RR 2004, 330; NZG 2008, 104.
21 Baumbach/Hueck/*Zöllner/Noack* § 43 Rn. 30; § 46 Rn. 59; a. A. für den paritätisch mitbestimmten Aufsichtsrat nach dem MitbestG Oppenländer/Trölitzsch/*Ziemons* § 22 Rn. 80 .

A. Geschäftsführer als Beklagter § 20

mitgliedschaftliche Ansprüche der Gesellschaft gegenüber ihren Gesellschaftern.[22] Die wohl h. M. bejaht unter dem Stichwort der »**actio pro societate**«[23] hingegen die Möglichkeit einer Klage gegen einen Geschäftsführer durch einen Gesellschafter oder eine Minderheit, wenn diese/r ihre/seine Rechte in der Gesellschafterversammlung erfolglos geltend gemacht hat.[24] Im Übrigen kann der Gesellschafter oder die Minderheit durch Anfechtungsklage und positive Feststellungsklage den Geltendmachungsbeschluss und die Bestellung eines Vertreters gem. § 46 Nr. 8 GmbHG erzwingen.[25] Darüber hinaus kann die Minderheit bei treuwidriger Unterlassung der Geltendmachung der Ersatzansprüche von der Gesellschaftermehrheit Schadensersatz an die Gesellschaft verlangen.[26]

cc) Darlegungs- und Beweislast

Von dem Grundsatz, dass die Gesellschaft als Klägerin die Darlegungs- und Beweislast für die anspruchsbegründenden Tatsachen trägt, bestehen zu Lasten des Geschäftsführers einige Ausnahmen. 18

Hinsichtlich der Beweislast für das Vorliegen einer Pflichtwidrigkeit wird in Rechtsprechung und Literatur überwiegend verlangt, dass die Gesellschaft Tatsachen darlegt, aus denen die Möglichkeit einer Pflichtverletzung zu entnehmen ist. Der Geschäftsführer muss im Rahmen einer sekundären Beweislast nachweisen, dass sein Verhalten nicht pflichtwidrig war.[27] Die Gesellschaft hat zudem ein positives Tun oder Unterlassen des Geschäftsführers, den Eintritt eines Schadens und den Kausalzusammenhang zu beweisen.[28] Hinsichtlich des Schadenseintritts kann der Gesellschaft die Erleichterung des § 287 ZPO zugutekommen.[29] Außerdem liegt eine Beweiserleichterung zugunsten der GmbH vor, wenn der Geschäftsführer seiner Buchführungspflicht aus § 41 GmbHG nicht hinreichend nachkommt.[30] 19

Der Geschäftsführer muss im Prozess analog § 93 Abs. 2 S. 2 AktG[31] darlegen, dass er die Sorgfalt eines ordentlichen und gewissenhaften Geschäftsmannes angewandt hat und/oder dass ihn kein Verschulden trifft.[32] Will sich der Geschäftsführer im Rahmen der Kausalität auf ein rechtmäßiges Alternativverhalten (dazu Rdn. 45) berufen, hat er auch diesbezüglich die Tatsachen darzulegen bzw. zu beweisen.[33] 20

Die Grundsätze zur Darlegungs- und Beweislast sind nicht nur bei einem Tun anwendbar, sondern auch dann, wenn dem Geschäftsführer das Unterlassen einer pflichtgemäßen Maßnahme vorgeworfen wird.[34] 21

c) Begründetheit der Schadensersatzklage nach § 43 Abs. 2 GmbHG

Der Geschäftsführer ist der Gesellschaft zum Schadensersatz verpflichtet, wenn er schuldhaft eine Pflicht verletzt, die kausal einen Schaden verursacht, es sei denn der Anspruch ist verjährt oder es liegt ein Verzicht oder Vergleich vor. Erforderlich ist außerdem ein Gesellschafterbeschluss über die Geltendmachung der Ansprüche. 22

---

22 Baumbach/Hueck/*Hueck/Fastrich* § 13 Rn. 38, § 43 Rn. 32.
23 Krit. zum Begriff Roth/Altmeppen/*Roth* § 13 Rn. 16.
24 Michalski/*Edding* § 14 Rn. 102 m. w. N.
25 Baumbach/Hueck/*Zöllner* § 43 Rn. 32; Roth/Altmeppen/*Altmeppen* § 43 Rn. 98.
26 BGHZ 65, 15 (21).
27 BGH NZG 2009, 550; 2006, 429 (430); Ziemons/Jaeger/*Ziemons/Haas* § 43 Rn. 318.
28 BGH NJW 2003, 358; NJW-RR 1994, 806; Ziemons/Jaeger/*Ziemons/Haas* § 43 Rn. 318–323.
29 BGH NJW 2003, 358 (359).
30 Baumbach/Hueck/*Haas* § 41 Rn. 18.
31 Siehe hierzu § 9 Rdn. 71.
32 BGH NJW 2003, 358; 1986, 54 (55).
33 Ziemons/Jaeger/*Ziemons/Haas* § 43 Rn. 304 f., 324; Baumbach/Hueck/*Zöllner/Noack* § 43 Rn. 38.
34 BGH NJW 2003, 358 (359).

23 § 43 Abs. 2 GmbHG bildet eine selbstständige Anspruchsgrundlage für die Innenhaftung der Geschäftsführer gegenüber der Gesellschaft.[35] Die Haftung beginnt mit der Annahme der Bestellung zum Geschäftsführer und entfällt mit Abschluss der Tätigkeit.[36] Von § 43 Abs. 2 GmbHG umfasst ist nach h. M. auch die Haftung des sog. faktischen Geschäftsführers.[37] Das ist diejenige natürliche Person, die mit Wissen der Gesellschaft Geschäftsführeraufgaben wahrnimmt, ohne formell als Geschäftsführer bestellt worden zu sein.[38]

aa) Pflichtverletzung

24 Ist keine ausdrücklich normierte Pflicht des Geschäftsführers verletzt (Rdn. 5), kann auf den Auffangtatbestand des § 43 Abs. 1 GmbHG zurückgegriffen werden.

(1) Pflicht zur ordnungsgemäßen Unternehmensleitung

25 Zunächst liegt in der eigentlichen Geschäftsführungsaufgabe die **Pflicht zur sorgfältigen Unternehmensleitung.** Darunter versteht man die Pflicht, im Rahmen der Gesetze, des Gesellschaftsvertrages, der für die Geschäftsführung verbindlichen Beschlüsse anderer Gesellschaftsorgane und unter Berücksichtigung öffentlicher Interessen die Gesellschaft zu fördern, also ihr die Vorteile zu wahren und Schaden von ihr abzuwenden.[39] So hat er etwa im Rahmen seiner Organisationspflicht, um Risiken rechtzeitig identifizieren zu können, für eine Organisation der Gesellschaft zu sorgen, welche ihm die zur Wahrnehmung seiner Pflichten erforderliche Übersicht über die wirtschaftliche und finanzielle Situation der Gesellschaft jederzeit ermöglicht.[40]

26 Der Geschäftsführer hat darüber hinaus die Pflicht, mit allen Mitteln auf die Einhaltung des äußeren Handlungsrahmens hinzuwirken, welcher durch Normen und ungeschriebene Regeln zugunsten Dritter sowie zugunsten der Gesellschaft bestimmt wird (**Legalitätspflicht**).[41] Er muss darauf achten, dass die GmbH sich rechtmäßig verhält, also alle gesetzlichen und vertraglichen Verpflichtungen und nach teilweise vertretener Ansicht auch die anerkannten Grundsätze der Geschäftsmoral[42] einhält.[43] Außerdem muss er der Gesellschaft gegenüber auch selbst die gesetzlichen Pflichten erfüllen, die ihm im Interesse Dritter oder der Allgemeinheit auferlegt werden.[44]

27 Um die zur Einhaltung der Legalitätspflicht notwendigen Strukturen und Prozesse in der GmbH zu schaffen, kann auch die Einrichtung eines **Compliance Managementsystems** erforderlich sein.[45]

28 Da jede unternehmerische Entscheidung ein Risiko beinhaltet,[46] muss dem Geschäftsführer ein Ermessensspielraum eingeräumt werden. Der BGH führte in seiner wegweisenden ARAG/Garmenbeck-Entscheidung dazu aus, dass eine Schadensersatzpflicht erst dann in Betracht komme, wenn »die Grenzen, in denen sich ein von Verantwortungsbewusstsein getragenes, ausschließlich am Unternehmenswohl orientiertes, auf sorgfältigen Ermittlungen beruhendes unternehmerisches Handeln bewegen muss, deutlich überschritten sind, die Bereitschaft, unternehmerische Risiken einzuge-

---

35 Baumbach/Hueck/*Zöllner/Noack* § 43 Rn. 1.
36 Schwerdtfeger/*Alexander* § 43 Rn. 3.
37 BGH NZG 2005, 816; NJW 2002, 1803 (1805); Ziemons/Jaeger/*Ziemons/Haas* § 43 Rn. 17.
38 BGH NJW 1988, 1789 (1790); Ziemons/Jaeger/*Ziemons/Haas* § 43 Rn. 17.
39 OLG Zweibrücken NZG 1999, 506 (507); Michalski/*Haas/Ziemons* § 43 Rn. 42.
40 BGH NJW-RR 2012, 1122.
41 Michalski/*Haas/Ziemons* § 43 Rn. 42; MüKo GmbHG/*Fleischer* § 43 Rn. 30.
42 Michalski/Haas/Ziemons § 43 Rn. 42; a. A. Scholz/*Schneider* § 43 Rn. 77.
43 BGH NJW 1988, 1321 (1323); KG NZG 1999, 400; Michalski/*Haas/Ziemons* § 43 Rn. 46; MüKo GmbHG/*Fleischer* § 43 Rn. 30.
44 BGHZ 78, 82 (87); Lutter/Hommelhoff/*Kleindiek* § 43 Rn. 12 Scholz/*Schneider* § 43 Rn. 75.
45 Str., vgl. zum Meinungsstand: Baumbach/Hueck/*Zöllner/Noack* § 43 Rn. 17. Vgl. hierzu auch § 2 Rdn. 101–165.
46 BGH NJW 1997, 1926 (1927) – ARAG/Garmenbeck.

hen, in unverantwortlicher Weise überspannt worden ist«.[47] Nach der sog. **Business Judgement Rule** des § 93 Abs. 1 S. 2 AktG, die auch im GmbH-Recht gilt,[48] ist keine Pflichtverletzung gegeben, wenn der Geschäftsführer bei einer unternehmerischen Entscheidung zum Wohl der Gesellschaft und auf der Basis angemessener Informationen handelt, soweit er gutgläubig ist und kein Interessenkonflikt vorliegt.[49]

Inwiefern eine Pflichtwidrigkeit des Geschäftsführers trotz der **Folgepflicht bei Weisungen** der Gesellschafterversammlung vorliegt, ist für rechtmäßige und rechtswidrige Weisungen unterschiedlich zu beurteilen. Grundsätzlich hat der Geschäftsführer die Pflicht, zulässige Weisungen des zuständigen Organs zu befolgen und handelt im Rahmen dieser Folgepflicht auch nicht pflichtwidrig.[50] Hält er den Inhalt der Weisung für unzweckmäßig oder wirtschaftlich unvernünftig, kann bzw. muss er seine Bedenken den Gesellschaftern mitteilen. Halten die Gesellschafter an dem Beschluss dennoch fest, muss er diesen ausführen.[51] 29

Bei rechtswidrigen Weisungen wird zwischen der Nichtigkeit und Anfechtbarkeit der Beschlüsse unterschieden: Bei analog § 241 AktG nichtigen Beschlüssen (§ 19 Rdn. 1–56) besteht keine Folgepflicht,[52] vielmehr stellt die Befolgung durch die Geschäftsführer eine Pflichtwidrigkeit dar.[53] Anfechtbare Beschlüsse (§ 19 Rdn. 57–121), durch deren Ausführung der Geschäftsführer sich strafbar oder gem. § 43 Abs. 3 GmbHG schadensersatzpflichtig machen würde oder deren Befolgung gegen öffentlich-rechtliche Pflichten verstoßen würde, muss der Geschäftsführer nicht ausführen.[54] Ist eine Anfechtung nicht mehr möglich oder ist nicht mit ihr zu rechnen, insbesondere weil Anfechtungsgründe für den Geschäftsführer nicht erkennbar sind, besteht für ihn eine Folgepflicht. Er handelt bei Ausführung der Weisung in diesem Fall nicht pflichtwidrig.[55] Erkennt der Geschäftsführer hingegen die Anfechtbarkeit, hat er nach pflichtgemäßem Ermessen zu entscheiden, ob die Beschlussausführung oder eher das weitere Abwarten dem Gesellschaftsinteresse entspricht und handelt innerhalb dieses Ermessensspielraums nicht pflichtwidrig.[56] 30

Auch bei einer **internen Aufgabenverteilung** bleibt jeder Geschäftsführer für die Gesamtgeschäftsführung verantwortlich. Ihm verbleiben gewisse Überwachungspflichten, die ihn zum Eingreifen veranlassen müssen, wenn Anhaltspunkte dafür bestehen, dass die Erfüllung solcher der Gesellschaft obliegenden Aufgaben durch den zuständigen Geschäftsführer nicht mehr gewährleistet ist.[57] 31

(2) Treuepflicht

Auf Grund ihrer Organstellung als Verwalter fremder Vermögensinteressen haben Geschäftsführer gegenüber der Gesellschaft außerdem eine **Treuepflicht**, aus der sich weitere Schutz- und Rücksichtnahmepflichten, wie das Wettbewerbsverbot, die Pflicht, Geschäftschancen nur für die Gesellschaft 32

---

47 BGH NJW 1997, 1926 (1928) – ARAG/Garmenbeck.
48 Scholz/*Schneider* § 43 Rn. 54; Baumbach/Hueck/*Zöllner/Noack* § 43 Rn. 22; *Fleischer* NZG 2011, 521 (527).
49 BGH NJW 2008, 3361; Näher hierzu § 9 Rdn. 93–100.
50 BGH NJW 1960, 285 (289); OLG Zweibrücken NZG 1999, 506 (507); Michalski/*Haas/Ziemons* § 43 Rn. 57.
51 OLG Frankfurt GmbHR 1997, 346; *Lutter* GmbHR 2000, 301 (304); Michalski/*Haas/Ziemons* § 43 Rn. 57.
52 Scholz/*Schneider* § 43 Rn. 127; Lutter/Hommelhoff/*Kleindiek* § 37 Rn. 22; Baumbach/Hueck/*Zöllner/Noack* § 37 Rn. 22, § 43 Rn. 35; Michalski/*Haas/Ziemons* § 43 Rn. 61.
53 Michalski/*Haas/Ziemons* § 43 Rn. 61; Baumbach/Hueck/*Zöllner/Noack* § 43 Rn. 35.
54 Michalski/*Haas/Ziemons* § 43 Rn. 62; Lutter/Hommelhoff/*Kleindiek* § 37 Rn. 22.
55 Baumbach/Hueck/*Zöllner/Noack* § 43 Rn. 35; Michalski/*Haas/Ziemons* § 43 Rn. 62a.
56 Baumbach/Hueck/*Zöllner/Noack* § 43 Rn. 35; Michalski/*Haas/Ziemons* § 43 Rn. 62b; Scholz/*Schneider* § 43 Rn. 132 (Handeln auf eigene Gefahr).
57 BGH BB 1996, 2531 (2532); FG München BB 2011, 227 (228).

und nicht auf eigene Rechnung zu nutzen, und die Verschwiegenheitspflicht ableiten.[58] Die Geschäftsführer haben in allen Angelegenheiten, die das Interesse der Gesellschaft berühren, deren Wohl und nicht eigene oder anderweitige Vorteile zu berücksichtigen.[59]

33 Die Organhaftung gem. § 43 GmbHG umfasst als besondere Ausprägung der allgemeinen Treuepflicht das **Wettbewerbsverbot**,[60] soweit der Geschäftsführer nicht zugleich Allein-Gesellschafter ist.[61] Hierzu gehört jede unternehmerische Tätigkeit auf eigene oder fremde Rechnung im satzungsgemäßen und darüber hinaus im tatsächlich gegebenen Geschäftszweig der Gesellschaft.[62] Das »Geschäftemachen« ist nach der Rechtsprechung jede, wenn auch nur spekulative, auf Gewinnerzielung gerichtete Teilnahme am geschäftlichen Verkehr, die nicht nur zur Befriedigung privater Bedürfnisse erfolgt, d. h. nicht lediglich privaten Charakter hat.[63] Dies ist nicht nach formalen, sondern nach wirtschaftlichen Kriterien zu beurteilen, sodass der Geschäftsführer dem Wettbewerbsverbot nicht durch Zwischenschaltung eines Strohmannes oder Familienangehöriger entgehen kann.[64]

34 Das Wettbewerbsverbot endet automatisch mit der rechtlichen und tatsächlichen Beendigung der Geschäftsführung.[65] Ein nachvertragliches Wettbewerbsverbot kann vereinbart werden, muss aber im Hinblick auf Art. 12 Abs. 1 GG zeitlich, räumlich und sachlich beschränkt sein, um die wirtschaftliche Betätigung des (ehemaligen) Geschäftsführers nicht zu verhindern.[66]

35 Eine weitere Ausprägung der allgemeinen Treuepflicht des Geschäftsführers ist die **Geschäftschancenlehre**, die sich jedoch in weiten Teilen mit dem Wettbewerbsverbot überschneidet.[67] Danach darf der Geschäftsführer Geschäftschancen, die sich ihm ergeben, nicht auf eigene Rechnung zum Schaden der Gesellschaft nutzen. Um den Geschäftsführer in seiner gewerblichen Betätigung dadurch nicht zu sehr einzuschränken, muss eine Geschäftschance aus konkreten Gründen der GmbH zuzuordnen sein.[68]

36 Eine Treuepflichtverletzung liegt auch dann vor, wenn der Geschäftsführer seine Organstellung ausnutzt. Das ist bei persönlichen Bereicherungen der Fall, bei denen der Gesellschaft kein Gegenwert zufließt,[69] wie z. B. der Erstattung von privaten Reisekosten, der privaten Nutzung des Dienstwagens, der Gewährung eines Darlehens unter dem Marktzins oder der Entgegennahme von Begünstigungen Dritter für die unternehmerische Tätigkeit des Geschäftsführers.[70]

37 Auch wenn die **Verschwiegenheitspflicht** im GmbHG nicht ausdrücklich geregelt ist, ist sie doch allgemein anerkannt und wird in § 85 Abs. 1 GmbHG vorausgesetzt.[71] Der Streit, ob sie sich aus der Pflicht zur sorgfältigen Geschäftsführung,[72] der Treuepflicht[73] oder aus beiden[74] ableitet, ist da-

---

58 BGH NJW 1953, 1465 (1466); Michalski/*Haas*/*Ziemons* § 43 Rn. 86–87b; Baumbach/Hueck/*Zöllner*/*Noack* § 43 Rn. 17.
59 BGH NJW 1986, 585 (586); Michalski/*Haas*/*Ziemons* § 43 Rn. 86.
60 Schwerdtfeger/*Alexander* § 43 Rn. 1.
61 BGH NZG 2008, 187 (188); *Wicke* § 13 Rn. 22.
62 Ziemons/Jaeger/*Ziemons*/*Haas* § 43 Rn. 162; Schwerdtfeger/*Alexander* § 43 Rn. 21.
63 BGH NJW 1997, 2055 (2056).
64 Ziemons/Jaeger/*Ziemons*/*Haas* § 43 Rn. 162.
65 Schwerdtfeger/*Alexander* § 43 Rn. 24.
66 BGH NJW 1984, 2366 (2367); *Wicke* § 13 Rn. 22.
67 OLG Köln BB 2008, 800 (802).
68 Michalski/*Funke* § 13 Rn. 248.
69 OLG Naumburg NZG 1999, 353 (354).
70 Ziemons/Jaeger/*Ziemons*/*Haas*, § 43 Rn. 175; Michalski/*Haas*/*Ziemons* § 43 Rn. 111, 115.
71 MüKo GmbHG/*Fleischer* § 43 Rn. 199; Baumbach/Hueck/*Zöllner*/*Noack* § 35 Rn. 40; Lutter/Hommelhoff/*Kleindiek* § 43 Rn. 20; Michalski/*Haas*/*Ziemons* § 43 Rn. 127; Roth/Altmeppen/*Altmeppen* § 43 Rn. 25; Scholz/*Schneider* § 43 Rn. 144.
72 Scholz/*Schneider* § 43 Rn. 144.
73 OLG Koblenz AG 1987, 184; OLG Hamm GmbHR 1985, 157 (158); Baumbach/Hueck/*Zöllner*/*Noack* § 35 Rn. 40.
74 BGHZ 64, 325 (327); Michalski/*Haas*/*Ziemons* § 43 Rn. 127.

bei lediglich dogmatischer Natur. Der Geschäftsführer darf vertrauliche Angaben sowie Betriebs- und Geschäftsgeheimnisse der Gesellschaft, die ihm durch seine Tätigkeit als Geschäftsführer bekannt geworden sind, Dritten gegenüber nicht offenbaren.[75] Bei Betriebs- und Geschäftsgeheimnissen handelt es sich um Tatsachen oder Sachverhalte, die nur einem begrenzten Personenkreis bekannt sind und an deren Geheimhaltung ein berechtigtes Interesse der Gesellschaft besteht.[76] Bei einem Ausscheiden des Geschäftsführers hat er auch ohne entsprechende Vereinbarung weiterhin Stillschweigen zu bewahren.[77]

bb) Verschulden

Aus der Doppelfunktion des § 43 Abs. 1 GmbHG (siehe Rdn. 8 f.) folgt, dass die Geschäftsführerhaftung nicht nur einen objektiven Pflichtenverstoß, sondern auch ein Verschulden erfordert.[78] Das Verschulden muss sich nur auf die Pflichtverletzung, nicht auf den Schaden der Gesellschaft beziehen.[79] § 43 Abs. 1 GmbHG stellt mit der Anforderung der »Sorgfalt eines ordentlichen Geschäftsmannes« eine Spezialregelung zu § 276 Abs. 2 BGB dar und wird als Verschuldensmaßstab für die Pflichtverletzungen im Rahmen der Haftungstatbestände der Abs. 2 und 3 des § 43 GmbHG angelegt.[80] Die Regelung betrifft nur die organschaftliche Innenhaftung und nicht die Außenhaftung gegenüber Dritten.[81]   38

Der Verschuldensmaßstab ist objektiv,[82] weshalb dem Verschulden neben der Pflichtwidrigkeit keine große Bedeutung zukommt.[83] Persönliche Eigenschaften und die individuelle Eignung und Erfahrung sind bei der Beurteilung dieser objektiven Sorgfaltsanforderung unbeachtlich.[84] Der Geschäftsführer kann sich nicht wegen Arbeitsüberlastung oder mangelnder Fähigkeiten exkulpieren.[85] Ggf. muss er sich externe Hilfe holen.[86] Verfügt er hingegen über höhere Fähigkeiten, sind diese der maßgebende Standard.[87] Die Anforderungen an die Sorgfaltspflicht variieren außerdem im Einzelfall je nach Situation, Art und Größe des Unternehmens und Bedeutung der Geschäftsführungsmaßnahme.[88]   39

Bei **Einholung eines Rechtsrates** haftet der Geschäftsführer nicht, wenn dieser Rat falsch war, sofern er den unabhängigen und fachlich qualifizierten Berater über alle zur Beurteilung erforderlichen Fakten umfassend informiert und den Rat einer eigenen Plausibilitätskontrolle unterzieht.[89] Der Geschäftsführer kann sich zumindest im **betriebswirtschaftlichen Kernbereich** aber nicht auf fehlendes Fachwissen berufen. Er muss sich die notwendigen Kenntnisse aneignen, um die sorgfältige Auswahl und Überwachung des externen Beraters sicherzustellen und eine Plausibilitätsprüfung durchführen zu können.[90]   40

---

75 OLG Hamm GmbHR 1985, 157 (158); OLG Koblenz AG 1987, 184; Scholz/*Schneider* § 43 Rn. 144; Lutter/Hommelhoff/*Kleindiek* § 43 Rn. 20; Michalski/*Haas/Ziemons* § 43 Rn. 127; MüKo GmbHG/*Fleischer* § 43 Rn. 199.
76 BGH ZIP 1996, 1341 (1342); BGHZ 64, 325 (331); Michalski/*Haas/Ziemons* § 43 Rn. 128.
77 Michalski/*Haas/Ziemons* § 43 Rn. 136; MüKo GmbHG/*Fleischer* § 43 Rn. 200.
78 MüKo GmbHG/*Fleischer* § 43 Rn. 255. Baumbach/Hueck/*Zöllner/Noack* § 43 Rn. 18 hingegen kritisieren die Aufteilung des Pflichten- und Sorgfaltsverstoßes in objektive und subjektive Pflichtwidrigkeit.
79 Baumbach/Hueck/*Zöllner/Noack* § 43 Rn 12; Michalski/*Haas/Ziemons* § 43 Rn. 191.
80 Roth/Altmeppen/*Altmeppen* § 43 Rn. 3; Baumbach/Hueck/*Zöllner/Noack* § 43 Rn. 8.
81 Schwerdtfeger/*Alexander* § 43 Rn. 1.
82 Michalski/*Haas/Ziemons* § 43 Rn. 191.
83 MüKo GmbHG/*Fleischer* § 43 Rn. 255.
84 BGH NJW 1983, 1856 (1857); Roth/Altmeppen/*Altmeppen* § 43 Rn. 4.
85 MüKo GmbHG/*Fleischer* § 43 Rn. 255; Michalski/*Haas/Ziemons* § 43 Rn. 193.
86 BGH NZG 2007, 545; OLG Stuttgart ZIP 2009, 2386 (2389) (beide zur AG).
87 Michalski/*Haas/Ziemons* § 43 Rn. 191; Scholz/*Schneider* § 43 Rn. 232.
88 OLG Zweibrücken NZG 1999, 506 (507); OLG Hamm NStZ 1986, 119.
89 BGH NZG 2007, 545; BGH DStR 2007, 1641; *Buck-Heeb* BB 2013, 2247 ff.
90 OLG Schleswig-Holstein, Urteil vom 11.2.2010 – 5 U 60/09.

41 Eine **Haftungsbegrenzung** nach den Grundsätzen der Arbeitnehmerhaftung bei betrieblich veranlasster Tätigkeit ist zumindest für »amtsbezogene« Pflichten des Geschäftsführers nach überwiegender Auffassung ausgeschlossen.[91] In Frage kommt daher nur eine grundsätzlich mögliche, aber im Einzelnen umstrittene vertragliche Herabsetzung des Sorgfaltsmaßstabs.[92] Diese ist jedoch nur für die Haftung nach § 43 Abs. 2 GmbHG möglich, nicht für die Haftung nach Abs. 3, welche dem Schutz der Gesellschaftsgläubiger dient.[93] Im Voraus ist eine Haftungsbegrenzung für vorsätzliches Verhalten schon gem. § 276 Abs. 3 BGB unzulässig. Nach h. M. stellt eine Haftung für grobe Fahrlässigkeit jedenfalls die absolute Mindestgrenze dar, sodass eine Haftungsbegrenzung nur unterhalb grober Fahrlässigkeit denkbar ist.[94]

cc) Schaden

42 Die Ersatzpflicht des Geschäftsführers setzt einen Schaden der Gesellschaft voraus. Nach überwiegender Ansicht stellt jede Minderung des geldwerten Gesellschaftsvermögens einen ersatzfähigen Schaden dar.[95] Die Befürworter des wohl überholten gesellschaftsrechtlichen Schadensbegriffs nehmen einen Gesellschaftsschaden hingegen nur bei einer dem Unternehmenszweck widersprechenden Beeinträchtigung des Gesellschaftsvermögens an.[96] Nach aktueller Entscheidung des LAG Düsseldorf kann eine Gesellschaft die vom Bundeskartellamt wegen eines Schienenkartells verhängte Kartellbuße nicht auf den zum Zeitpunkt der Kartellabsprache handelnden Geschäftsführer abwälzen.[97] Dies ergebe sich bereits aus der Funktion der Unternehmensgeldbuße und daraus, dass sie – anders als die gegen eine natürliche Person – wesentlich höher ausfallen kann.

dd) Kausalität

43 Hinsichtlich der Kausalität gelten die allgemeinen Grundsätze: Das pflicht- und sorgfaltswidrige Verhalten des Geschäftsführers muss für den Schaden adäquat kausal sein; der Schaden dürfte bei pflichtgemäßem Verhalten also nicht eingetreten sein.[98]

44 Hervorzuheben sind **Kollegialentscheidungen:** Die Kausalität entfällt nicht deshalb, weil der schädigende Geschäftsführerbeschluss auch bei Enthaltung oder Gegenstimme des in Anspruch genommenen Geschäftsführers zustande gekommen wäre.[99] Das gilt indes dann nicht, wenn der Geschäftsführer an der Beschlussfassung überhaupt nicht teilgenommen hat.[100] Es reicht aber auch nicht aus, gegen einen pflichtwidrigen Beschluss zu stimmen, vielmehr muss der Geschäftsführer alles tun, um auf die Aufhebung des Beschlusses hinzuwirken.[101]

45 Der Geschäftsführer kann den Zurechnungszusammenhang durch den Einwand des **pflichtgemäßen Alternativverhaltens** grundsätzlich entfallen lassen. Er muss nachweisen, dass der durch sein rechtswidriges Verhalten tatsächlich verursachte Schaden auch dann eingetreten wäre, wenn er seine Pflichten nicht verletzt hätte.[102] Voraussetzung hierfür ist ein sicherer Nachweis, die bloße Möglichkeit einer Vermögensminderung auch bei pflichtgemäßem Alternativverhalten reicht dagegen nicht

---

91 *Lohr* NZG 2000, 1204 (1206).
92 *Schwerdtfeger/Alexander* § 43 Rn. 41.
93 *Schwerdtfeger/Alexander* § 43 Rn. 43; *Baumbach/Hueck/Zöllner/Noack* § 43 Rn. 46.
94 *Lohr* NZG 2000, 1204 (1209); *Baumbach/Hueck/Zöllner/Noack* § 43 Rn. 46.
95 OLG Frankfurt GmbHR 2009, 317 (319); *Baumbach/Hueck/Zöllner/Noack* § 43 Rn. 15; *Roth/Altmeppen/Altmeppen* § 43 Rn. 103.
96 OLG Naumburg NZG 1999, 353 (355); OLG Naumburg GmbHR 1998, 1180 (1182).
97 LAG Düsseldorf, Urt. v. 20.01.2015 – 16 Sa 458/14, BeckRS 2015 65416.
98 *Michalski/Haas/Ziemons* § 43 Rn. 199; *Baumbach/Hueck/Zöllner/Noack* § 43 Rn. 16.
99 *Michalski/Haas/Ziemons* § 43 Rn. 199; *Baumbach/Hueck/Zöllner/Noack* § 43 Rn. 16.
100 *Michalski/Haas/Ziemons* § 43 Rn. 199.
101 *Michalski/Haas/Ziemons* § 43 Rn. 199; *Oppenländer/Trölitzsch/Ziemons* § 29 Rn. 40.
102 *Michalski/Haas/Ziemons* § 43 Rn. 199a; *Baumbach/Hueck/Zöllner/Noack* § 43 Rn. 16.

aus.[103] Nach h. L. ist dabei der Schutzzweck der verletzten Organpflicht zu beachten. Verletzt der Geschäftsführer Verfahrens-, Kompetenz- oder Organisationsregeln, könne er sich nicht auf einen Ausschluss der Kausalität berufen.[104] Dem trat der BGH jedoch entgegen und stellte klar, dass ein Verstoß des Geschäftsführers gegen die innergesellschaftliche Kompetenzordnung nicht unweigerlich eine Schadensersatzpflicht begründe und auch bei Verfahrensverstößen der Zurechnungszusammenhang durch pflichtgemäßes Alternativverhalten ausgeschlossen werden könne.[105] Der Geschäftsführer trägt jedoch die Beweislast dafür, dass der Schaden auch ohne den Verstoß gegen die gesellschaftsinterne Kompetenzordnung entstanden wäre.[106]

ee) Verzicht und Vergleich

Da der § 93 Abs. 4 S. 3 AktG im GmbH-Recht keine analoge Anwendung findet,[107] kann die Gesellschaft nachträglich auf ihre Ansprüche gegenüber dem Geschäftsführer verzichten. Der **nachträgliche Haftungsverzicht** muss in analoger Anwendung des § 46 Nr. 8 GmbHG durch Gesellschafterbeschluss erfolgen.[108] 46

Außerdem hat ein **Entlastungsbeschluss** gem. § 46 Nr. 5 GmbHG Verzichtswirkung.[109] Bei der Entlastung des Geschäftsführers kann die Gesellschaft aus den ihr erkennbaren Geschäften vom Geschäftsführer insbesondere keinen Schadensersatz verlangen.[110] Eine Ausnahme besteht für den Fall, dass ein Ersatzanspruch zur Befriedigung der Gesellschaftergläubiger erforderlich ist.[111] 47

Die Gesellschaft kann mit dem Geschäftsführer in den Grenzen der §§ 43 Abs. 3 S. 2 i. V. m. 9b Abs. 1 GmbHG auch einen **Vergleich** nach § 779 BGB schließen.[112] 48

ff) Verjährung

Die Ansprüche aus § 43 Abs. 2 und Abs. 3 GmbHG verjähren gem. § 43 Abs. 4 GmbHG nach fünf Jahren. Auf die Kenntnis anspruchsbegründender Tatsachen durch die Gesellschaft kommt es wie bei Ansprüchen der Aktiengesellschaft gegen die Vorstandsmitglieder nicht an. Die Verjährung beginnt vielmehr mit der Entstehung des Anspruchs, d. h. dem Eintritt des Schadens dem Grunde nach, ohne dass dieser bereits bezifferbar sein muss.[113] Auf die Kenntnis der Gesellschaft oder der Gesellschafter kommt es selbst dann nicht an, wenn der Geschäftsführer die anspruchsbegründenden Tatsachen verheimlicht.[114] Außerdem steht der Gesellschaft kein neuer Schadensersatzanspruch zu, wenn der Geschäftsführer gegen ihn gerichtete Ansprüche aus § 43 Abs. 2 GmbHG verjähren lässt.[115] 49

gg) Gesellschafterbeschluss gem. § 46 Nr. 8 GmbHG

Wie bereits in Rdn. 14 f. ausgeführt, ist materielle Voraussetzung für den Schadensersatzanspruch, dass die Gesellschafterversammlung die Geltendmachung des Anspruchs nach § 46 Nr. 8 GmbHG 50

---

103 Michalski/*Haas/Ziemons* § 43 Rn. 199a; Baumbach/Hueck/*Zöllner/Noack* § 43 Rn. 16.
104 Michalski/*Haas/Ziemons* § 43 Rn. 199a.
105 BGH NZG 2008, 783; NJW 2007, 917.
106 *Fleischer* NJW 2009, 2337 (2339).
107 Scholz/*Schneider* § 43 Rn. 264.
108 BGH DB 1998, 465; Scholz/*Schneider* § 43 Rn. 267; Baumbach/Hueck/*Zöllner/Noack* § 43 Rn. 47; Schwerdtfeger/*Alexander* § 43 Rn. 46.
109 Baumbach/Hueck/*Zöllner/Noack* § 43 Rn. 47; Schwerdtfeger/*Alexander* § 43 Rn. 46.
110 Michalski/*Römermann* § 46 Rn. 277, 286.
111 Michalski/*Römermann* § 46 Rn. 291.
112 Michalski/*Haas/Ziemons* § 43 Rn. 239.
113 BGH NJW 2009, 68 (70); DStR 2005, 659.
114 BGH NJW 2009, 68 (70).; DStR 2005, 659.
115 BGH NJW 2009, 68 (70).

beschlossen hat.[116] Das gilt auch bei ehemaligen Geschäftsführern.[117] Der Beschluss kann jedoch während des laufenden Klageverfahrens nachgeholt werden.[118] Ein fehlerhafter, aber nicht nichtiger Beschluss wird endgültig verbindlich, wenn er nicht rechtzeitig angefochten wird.[119]

51 In einer Einmann-Gesellschaft bedarf es dagegen keines förmlichen Beschlusses,[120] ebenso wenig in einer zweigliedrigen GmbH.[121] Nach h. L. und älterer BGH-Rechtsprechung bleibt das Beschlusserfordernis auch bei Abtretung des Anspruches bestehen, so dass der Zessionar sich das Fehlen eines Gesellschafterbeschlusses nach § 404 BGB entgegenhalten muss.[122] Nach neuerer BGH-Rechtsprechung wird in diesen Fällen vom Beschlusserfordernis abgesehen.[123]

hh) Rechtsfolge

52 Der Geschäftsführer haftet der Gesellschaft für den entstandenen Schaden. Für die Schadensberechnung gelten die §§ 249 ff. BGB.[124] Es ist also der Zustand herzustellen, der bestünde, wenn der zum Ersatz verpflichtende Umstand nicht eingetreten wäre.

53 Anstelle von Schadensersatz steht der Gesellschaft im Falle eines Verstoßes gegen das Wettbewerbsverbot (Rdn. 33 f.) oder die Ausnutzung der Geschäftschancen der Gesellschaft (Rdn. 35) ein **Eintrittsrecht** zu, d. h. sie kann verlangen, dass das Geschäft als für ihre Rechnung eingegangen gilt.[125] Dies ist für das Wettbewerbsverbot z. B. in § 88 Abs. 2 AktG, §§ 61 Abs. 1, 113 Abs. 1 HGB normiert. Es handelt sich um einen allgemeinen Rechtsgedanken, der auf den Geschäftsführer entsprechende Anwendung findet.[126] Wählt die Gesellschaft das Eintrittsrecht, muss sie dem Geschäftsführer seine Aufwendungen ersetzen.[127]

54 Auf ein **Mitverschulden** eines anderen Gesellschaftsorgans,[128] eines Mitgeschäftsführers[129] oder eines Angestellten[130] kann sich der Geschäftsführer im Verhältnis zur Gesellschaft nicht berufen. Nach h. M. liegt jedoch ein Mitverschulden der GmbH vor, wenn der Geschäftsführer aufgrund einer rechtswidrigen Gesellschafterweisung gehandelt hat.[131]

d) Begründetheit der Schadensersatzklage nach § 43 Abs. 3 GmbHG

55 § 43 Abs. 3 GmbHG regelt den schuldhaften Verstoß gegen die Kapitalerhaltungspflichten aus §§ 30, 33 GmbHG und stellt nach h. M. eine besondere Ausprägung der Haftung gem. § 43 Abs. 2

---

116 BGHZ 28, 355 (358); MüKo GmbHG/*Fleischer* § 43 Rn. 322.
117 BGH DStR 2008, 158 (159); 2004, 1755 (1756); 1999, 1366; 1999, 907 (908); 1998, 459 (460); BGHZ 152, 280 (282); BGH NZG 1999, 1001.
118 BGH DStR 2008, 158 (159); 2004, 1755 (1756).
119 BGH NJW 1999, 2115.
120 BGH GmbHR 1997, 163 (164).
121 BGH NJW 1991, 1884.
122 Michalski/*Römermann* § 46 Rn. 410; MünchHdb GesR III/*Wolff* § 37 Rn. 20; MüKo GmbHG/*Liebscher* § 46 Rn. 241.
123 BGH GmbHR 1992, 303; Roth/Altmeppen/*Roth* § 46 Rn. 61. Nach Scholz/*Schmidt* § 46 Rn. 152 wird § 48 Nr. 8 GmbHG jedenfalls dann für unanwendbar gehalten, wenn die Abtretung zur Sicherheit oder erfüllungshalber erfolgte und der Gläubiger keine Befriedigung aus liquidem Gesellschaftsvermögen erlangen kann.
124 Roth/Altmeppen/*Altmeppen* § 43 Rn. 104; MüKo GmbHG/*Fleischer* § 43 Rn. 263.
125 BGHZ 89, 162 (171); OLG Frankfurt GmbHR 1998, 376 (378); Scholz/*Schneider* § 43 Rn. 168; Michalski/*Haas/Ziemons* § 43 Rn. 262b.
126 BGH WM 1989, 1335 (1338); Scholz/*Schneider* § 43 Rn. 168; Michalski/*Haas/Ziemons* § 43 Rn. 262a.
127 BGHZ 89, 162 (171); Scholz/*Schneider* § 43 Rn. 168; Michalski/*Haas/Ziemons* § 43 Rn. 262b.
128 Baumbach/Hueck/*Zöllner/Noack* § 43 Rn. 45; Scholz/*Schneider* § 43 Rn. 245.
129 BGH NZG 2008, 104; Scholz/*Schneider* § 43 Rn. 245; Baumbach/Hueck/*Zöllner/Noack* § 43 Rn. 45.
130 Michalski/*Haas/Ziemons* § 43 Rn. 213.
131 Baumbach/Hueck/*Zöllner/Noack* § 43 Rn. 45. a. A. Michalski/*Haas/Ziemons* § 43 Rn. 214–215 (aber ggf. Einwand des Rechtsmissbrauchs).

A. Geschäftsführer als Beklagter   § 20

GmbHG dar.[132] Ebenso wie die Parallelvorschrift des § 93 Abs. 3 AktG (vgl. dort in § 9 Rdn. 124) ist § 43 Abs. 3 GmbHG eine eigenständige Anspruchsgrundlage,[133] welche die Haftung des Geschäftsführers im Gläubigerinteresse verschärft: es gilt ein anderer Schadensbegriff (Rdn. 66 f.); außerdem kann die Gesellschaft über den Anspruch nur beschränkt disponieren (Rdn. 65).[134]

Im Folgenden werden nur die Besonderheiten der Haftung nach § 43 Abs. 3 GmbHG dargestellt. Im Übrigen wird auf die Darstellung bei § 43 Abs. 2 GmbHG verwiesen (Rdn. 38–54).   56

aa) Pflichtverletzung

§ 43 Abs. 3 GmbHG normiert zwei Haftungstatbestände.[135]   57

(1) Kapitalerhaltung i. S. d. § 30 GmbHG

Erforderlich ist eine gegen das Kapitalerhaltungsverbot verstoßende Rückzahlung i. S. d. § 30 GmbHG. Dessen Abs. 1 verbietet die Rückzahlung von Vermögen, welches zur Erhaltung des Stammkapitals erforderlich ist, während Abs. 2 die Rückzahlungsmöglichkeit von eingezahlten Nachschüssen beschränkt, soweit diese nicht zur Verlustdeckung am Stammkapital geleistet wurden.[136]   58

Leistet der Geschäftsführer eine solche verbotene Rückzahlung, ist er der Gesellschaft gegenüber nach § 43 Abs. 3 S. 1 GmbHG zum Ersatz des Schadens verpflichtet. Das gilt aufgrund seiner Überwachungspflicht auch, wenn er Rückzahlungen durch Mitgeschäftsführer oder andere zur Vertretung berechtigte Personen nicht verhindert.[137]   59

Die Sätze 2 und 3 des § 30 Abs. 1 GmbHG wurden durch das MoMiG[138] eingeführt und entlasten durch die bilanzielle Betrachtungsweise die Geschäftsführer.[139] Die Rückgewähr eines Gesellschafterdarlehens und Leistungen auf Forderungen aus Rechtshandlungen, die einem Gesellschafterdarlehen wirtschaftlich entsprechen, sind seitdem nicht mehr als verbotene Einlagenrückgewähr anzusehen (vgl. § 30 Abs. 1 S. 3), so dass eine Haftung nach § 43 Abs. 3 GmbHG nur noch bei Altfällen in Betracht kommt.[140]   60

Gem. § 30 Abs. 1 S. 2, 2. Alt. GmbHG gilt das Rückzahlungsverbot nicht bei Leistungen, die durch einen vollwertigen Gegenleistungs- oder Rückgewähranspruch gegen den Gesellschafter gedeckt sind. Bei Austauschverträgen muss der Geschäftsführer prüfen, ob der Gegenleistungsanspruch der Gesellschaft vollwertig ist und dem Deckungsgebot genügt.[141] Bei Darlehen und anderen Kreditleistungen muss er eine Bonitäts- und Vollwertigkeitsprüfung nach allgemeinen Bilanzierungsgrundsätzen durchführen.[142] Er macht sich schadensersatzpflichtig, wenn er die fehlende Deckung oder   61

---

132 BGH NZG 2008, 908 (910); WM 1986, 789; OLG Hamburg NZG 2000, 839 (840); Scholz/*Schneider* § 43 Rn. 268; Baumbach/Hueck/*Zöllner*/*Noack* § 43 Rn. 48; Michalski/*Haas*/*Ziemons* § 43 Rn. 216.
133 MüKo GmbHG/*Fleischer* § 43 Rn. 285; Michalski/*Haas*/*Ziemons* § 43 Rn. 216a; Scholz/*Schneider* § 43 Rn. 275.
134 MüKo GmbHG/*Fleischer* § 43 Rn. 284.
135 Baumbach/Hueck/*Zöllner*/*Noack* § 43 Rn. 48.
136 Vgl. im Einzelnen § 17 Rdn. 71 ff.
137 Baumbach/Hueck/*Zöllner*/*Noack* § 43 Rn. 49; Henssler/Strohn/*Oetker* § 43 Rn. 62; MüKo GmbHG/*Fleischer* § 43 Rn. 286.
138 BGBl. I S. 2026.
139 MüKo GmbHG/*Fleischer* § 43 Rn. 287; Michalski/*Haas*/*Ziemons* § 43 Rn. 217a.
140 MüKo GmbHG/*Fleischer* § 43 Rn. 289; Michalski/*Haas*/*Ziemons* § 43 Rn. 217c; Roth/Altmeppen/*Altmeppen* § 43 Rn. 112.
141 Baumbach/Hueck/*Zöllner*/*Noack* § 43 Rn. 49a; Henssler/Strohn/*Oetker* § 43 Rn. 64; MüKo GmbHG/*Fleischer* § 43 Rn. 287.
142 BGHZ 179, 71 (76) (für die AG); Baumbach/Hueck/*Zöllner*/*Noack* § 43 Rn. 49a; Michalski/*Haas*/*Ziemons* § 43 Rn. 217a; MüKo GmbHG/*Fleischer* § 43 Rn. 287.

Vollwertigkeit kennt oder wenn er seiner Prüfungspflicht nicht nachkommt und das Fehlen der Deckung oder Vollwertigkeit bei pflichtgemäßem Verhalten erkennbar gewesen wäre.[143]

62 Neben dem Anspruch aus § 43 Abs. 3 GmbHG wegen verbotswidriger Zahlung gem. § 30 GmbHG hat die Gesellschaft gegen den Geschäftsführer keinen weiteren Schadensersatzanspruch, wenn er nicht den Rückforderungsanspruch des § 31 Abs. 1 GmbHG vor Eintritt der Verjährung (§ 31 Abs. 5 GmbHG) geltend gemacht hat.[144] Dies stellt keine zusätzliche Pflichtverletzung dar, die eine neue Verjährungsfrist nach § 43 Abs. 4 GmbHG auslösen könnte.[145]

(2) Erwerb eigener Geschäftsanteile i. S. d. § 33 GmbHG

63 Der Geschäftsführer haftet auch, wenn die Gesellschaft entgegen § 33 Abs. 1 GmbHG nicht voll eingezahlte Geschäftsanteile erwirbt oder entgegen § 33 Abs. 2 S. 1 GmbHG zwar voll eingezahlte Geschäftsanteile erwirbt, dieses aber zu Lasten des Stammkapitals oder der gebundenen Rücklagen erfolgt.

bb) Verschulden

64 Im Rahmen der Haftung nach § 43 Abs. 3 GmbHG wird das Verschulden vermutet.[146]

cc) Verzicht und Vergleich

65 Bei einem **nachträglichen Haftungsverzicht** oder einem **Vergleich** nach § 779 BGB (siehe hierzu Rdn. 64–68) müssen die Grenzen der §§ 43 Abs. 3 S. 2 i. V. m. 9b Abs. 1 GmbHG beachtet werden. Die Gesellschaft kann auf Ansprüche, die im Zusammenhang mit gegen §§ 30, 33 GmbHG verstoßende Zahlungen stehen, nicht verzichten oder sich nicht über sie vergleichen, wenn die Ersatzansprüche zur Befriedigung der Gläubiger erforderlich sind.[147]

dd) Rechtsfolge

66 § 43 Abs. 3 GmbHG enthält einen eigenständigen normativen Schadensbegriff, der vom Schaden i. S. d. §§ 249 ff. BGB abweicht.[148] Bei einem Verstoß gegen § 30 GmbHG liegt der Schaden in dem **Liquiditätsabfluss**.[149] Etwaige Erstattungsansprüche gegen den Zahlungsempfänger nach §§ 812, 826 BGB, §§ 31, 33 Abs. 2 S. 3 GmbHG werden nach ganz h. M. nicht berücksichtigt.[150] Bei einem Verstoß gegen § 33 GmbHG liegt der Schaden in dem gezahlten Erwerbspreis, nicht nur in der Differenz zum Wert des Geschäftsanteils.[151]

67 Der Schaden in Höhe der Auszahlung wird widerlegbar vermutet.[152] Der Geschäftsführer kann sich nur entlasten, indem er darlegt und beweist, dass der Zahlungsempfänger der Gesellschaft den gezahlten Betrag zurückerstattet hat.[153] Hat die Gesellschaft über diesen »Auszahlungsschaden« hinaus

---

143 Baumbach/Hueck/*Zöllner/Noack* § 43 Rn. 49a
144 BGH NZG 2008, 908 (909 f.); Baumbach/Hueck/*Zöllner/Noack* § 43 Rn. 49b; Michalski/*Haas/Ziemons* § 43 Rn. 217d.
145 BGH NZG 2008, 908 (909 f.); Baumbach/Hueck/*Zöllner/Noack* § 43 Rn. 49b.
146 BGH NZG 2008, 908 (910).
147 BGH NZG 2003, 527 (528); Michalski/*Haas/Ziemons* § 43 Rn. 238.
148 MüKo GmbHG/*Fleischer* § 43 Rn. 293; Michalski/*Haas/Ziemons* § 43 Rn. 219.
149 Michalski/*Haas/Ziemons* § 43 Rn. 219; MüKo GmbHG/*Fleischer* § 43 Rn. 293.
150 BGH NZG 2008, 908; NJW 1992, 1166; Scholz/*Schneider* § 43 Rn. 275; Baumbach/Hueck/*Zöllner/Noack* § 43 Rn. 49; Michalski/*Haas/Ziemons* § 43 Rn. 219.
151 Baumbach/Hueck/*Zöllner/Noack*, § 43 Rn 50; Michalski/*Haas/Ziemons* § 43 Rn. 219b.
152 Scholz/*Schneider* § 43 Rn. 276; Baumbach/Hueck/*Zöllner/Noack*, § 43 Rn. 49.
153 Michalski/*Haas/Ziemons* § 43 Rn. 219c.

weitere Schäden erlitten, können diese nach § 43 Abs. 2 GmbHG geltend gemacht werden.[154] Der Beweis obliegt aber der Gesellschaft.[155]

2. Klage der Gesellschaft auf Schadensersatz nach weiteren Haftungsnormen

Der Geschäftsführer kann der Gesellschaft auch nach weiteren Normen zum Schadensersatz verpflichtet sein. In der folgenden Darstellung werden die Besonderheiten der einzelnen Haftungsnormen dargestellt. Im Übrigen kann auf die Ausführungen zu § 43 Abs. 2 GmbHG (Rdn. 11–54) verwiesen werden. Beispielsweise erfordern auch die nachfolgend beschriebenen Ersatzansprüche zur Geltendmachung einen Gesellschafterbeschluss nach § 46 Nr. 8 GmbHG.[156]

a) Falsche Angaben bei der Anmeldung gem. § 9a GmbHG

aa) Besonderheiten im Rahmen der Zulässigkeit

Bei **§ 9a Abs. 1 GmbHG** ist als Konsequenz seiner uneinheitlichen Einordnung der Gerichtsstand umstritten. Wird § 9a Abs. 1 GmbHG als gesellschaftsrechtliche Verschuldenshaftung zum Schutz der Gesellschaft angesehen, folgt die örtliche Zuständigkeit aus §§ 12, 22 ZPO.[157] Wird hingegen ein deliktsähnlicher Charakter angenommen, greift der Gerichtsstand des § 32 ZPO.[158]

bb) Begründetheit

Gem. § 9a Abs. 1 GmbHG haben die Gesellschafter und Geschäftsführer als Gesamtschuldner fehlende Einzahlungen zu leisten, eine Vergütung, die nicht unter den Gründungsaufwand aufgenommen ist, zu ersetzen und für den sonst entstehenden Schaden Ersatz zu leisten, wenn zum Zweck der Errichtung der Gesellschaft falsche Angaben gemacht werden. Der Haftungstatbestand gem. § 9a GmbHG hat als lex specialis Vorrang vor der Regelung des § 43 GmbHG, soweit keine weiteren Pflichten verletzt wurden[159] oder § 9a GmbHG mangels Eintragung nicht anwendbar ist.[160]

Die Haftung der Gesellschafter und **Geschäftsführer** tritt unabhängig davon ein, ob sie selbst die falschen Angaben gemacht haben.[161] Abgestellt wird ausschließlich darauf, wer zum Zeitpunkt der Eintragung diese Stellung innehatte.[162]

Mit den **Angaben** bei der Anmeldung der GmbH sind alle Angaben, die dem Registergericht im Zusammenhang mit der Gründung genannt oder auf andere Weise offengelegt werden, gemeint.[163] Es handelt sich somit vor allem um die Versicherungen gem. § 8 Abs. 2 und 3 GmbHG und die vorzulegenden Schriftstücke gem. § 8 Abs. 1 GmbHG.[164] Besonders relevant sind die Angaben über Einlagen und deren Übernahme, der Wert von Sacheinlagen, Mindestleistungen und die Sicherung nach § 7 Abs. 2, 3 GmbHG sowie Angaben im Sachgründungsbericht, über Durchführung von Sachübernahmen und Angaben, die verdeckte Sacheinlagen ermöglichen sollen.[165] Vom Begriff der Angabe sind auch solche Angaben, die freiwillig oder auf Nachfrage des Gerichts erfolgt sind,

---

154 Baumbach/Hueck/*Zöllner/Noack* § 43 Rn. 49; a. A. *Scholz/Schneider* § 43 Rn. 275.
155 MüKo GmbHG/*Fleischer* § 43 Rn. 294.
156 Baumbach/Hueck/*Zöllner/Noack* § 43 Rn. 30, § 46 Rn. 58.
157 Baumbach/Hueck/*Fastrich* § 9a Rn. 1, 20; Scholz/*Winter/Veil* § 9a Rn. 6.
158 Rowedder/Schmidt-Leithoff/*Schmidt-Leithoff* § 9a GmbHG Rn. 34; Michalski/*Tebben* § 9a Rn. 25.
159 OLG Celle NZG 2000, 1178 (1179); OLG Rostock GmbHR 1995, 658 (660); Baumbach/Hueck/*Fastrich* § 9a Rn. 1; Schwerdtfeger/*Alexander* § 43 Rn. 1.
160 Scholz/*Winter/Veil* § 9a Rn. 47; Michalski/*Tebben* § 9a Rn. 36.
161 Scholz/*Winter/Veil* § 9a Rn. 10, 13; Baumbach/Hueck/*Fastrich* § 9a Rn. 2; Lutter/Hommelhoff/*Bayer*, § 9a Rn. 3; Michalski/*Tebben* § 9a Rn. 16.
162 Michalski/*Tebben* § 9a Rn. 16
163 Michalski/*Tebben* § 9a Rn. 5.
164 Roth/Altmeppen/*Roth* § 9a Rn. 4; Michalski/*Tebben* § 9a Rn. 7.
165 Baumbach/Hueck/*Fastrich* § 9a Rn. 8; Michalski/*Tebben* § 9a Rn. 7.

umfasst,[166] ebenso Angaben, die im Zusammenhang mit dem Gründungsverfahren gegenüber Geschäftsführern, Gesellschaftern oder Dritten gemacht wurden.[167]

73 **Falsch** sind inhaltlich unrichtige Angaben, unvollständige Angaben oder solche, die gesetzeswidrig unterlassen wurden.[168]

74 Das **Verschulden** des Geschäftsführers wird gem. § 9a Abs. 3 GmbHG vermutet, er kann sich jedoch exkulpieren, indem er nachweist, dass er die Unrichtigkeit der Angaben zum Zeitpunkt der Eintragung nicht kannte und mit der Sorgfalt eines ordentlichen Geschäftsmannes auch nicht erkennen konnte.[169] Es schadet bereits leichte Fahrlässigkeit, daher muss der Geschäftsführer die Angaben anderer zumindest auf ihre Plausibilität hin überprüfen.[170]

75 Im Rahmen der **Gesamtschuld** haften Geschäftsführer und Gesellschafter jeweils für fehlerhafte Angaben des anderen.[171] Der Innenausgleich der Gesamtschuldner richtet sich regulär nach § 426 BGB.

b) Falsche Angaben im Rahmen von Kapitalerhöhungen gem. §§ 57 Abs. 4 i.V.m. 9a Abs. 1 GmbHG

76 Wegen der Verweisung in § 57 Abs. 4 GmbHG auf § 9a Abs. 1 GmbHG besteht ein Anspruch gegen die Geschäftsführer, wenn falsche Angaben bei der Anmeldung der Kapitalerhöhung gemacht wurden. Die Angaben müssen zum Zwecke der Kapitalerhöhung gemacht worden sein, d. h. für mindestens einen notwendigen Bestandteil der Kapitalerhöhung von Bedeutung sein.[172] Erfasst werden neben dem Regelfall der Angaben direkt gegenüber dem Registergericht auch solche Angaben, die gegenüber einem anderen Geschäftsführer oder den Übernehmern erfolgen.[173] Die Angaben erfolgen grundsätzlich durch die Geschäftsführer selbst, sie haften jedoch auch für Angaben durch Dritte, wenn sie diese kannten und nicht berichtigt haben.[174] Hinsichtlich der Verschuldensvermutung mit Exkulpationsmöglichkeit gilt § 9a Abs. 3 GmbHG (Rdn. 74).

c) Zahlungen nach Zahlungsunfähigkeit oder Überschuldung gem. § 64 GmbHG und Stellung des Insolvenzantrags nach § 15a Abs. 1 InsO

77 Gem. § 64 S. 1, 2 GmbHG sind die Geschäftsführer der Gesellschaft zum Ersatz von Zahlungen verpflichtet, die nach Eintritt der **Zahlungsunfähigkeit** der Gesellschaft oder nach Feststellung ihrer **Überschuldung** geleistet werden, es sei denn die Zahlungen sind auch nach diesem Zeitpunkt mit der Sorgfalt eines ordentlichen Geschäftsmanns vereinbar. Für entsprechende Zahlungen an die Gesellschafter normiert § 64 S. 3 GmbHG eine Haftungsverpflichtung, für welche die folgenden gemeinsamen Grundsätze gelten.

78 Kein Haftungsgrund stellt abweichend vom Insolvenzrecht die drohende Zahlungsunfähigkeit dar (vgl. § 18 Abs. 1 InsO). **Zahlungsunfähigkeit** ist gem. § 17 Abs. 2 S. 1 InsO gegeben, wenn die Gesellschaft nicht in der Lage ist, die fälligen Zahlungspflichten zu erfüllen.[175]

---

166 Baumbach/Hueck/*Fastrich* § 9a Rn. 10.
167 Roth/Altmeppen/*Roth* § 9a Rn. 4.
168 Bericht des Rechtsausschusses, BT-Drucks. 8/3908, S. 71; OLG Bremen GmbHR 1998, 40 (41); Roth/Altmeppen/*Roth* § 9a Rn. 5.
169 Michalski/*Tebben* § 9a Rn. 20.
170 Michalski/*Tebben* § 9a Rn. 20.
171 Ziemons/Jaeger/*Ziemons* § 9a Rn. 34.
172 Michalski/*Hermanns* § 57 Rn. 34.
173 Baumbach/Hueck/*Zöllner*/*Fastrich* § 57 Rn. 32.
174 Michalski/*Hermanns* § 57 Rn. 33.
175 Vgl. im Einzelnen Baumbach/Hueck/*Haas* § 64 Rn. 33 ff.

Haftungsauslösend ist bereits der Eintritt und nicht erst die förmliche Feststellung der **Überschuldung**.[176] Der Überschuldungsbegriff ist in § 19 Abs. 2 S. 1 InsO geregelt. Aufgrund der Banken- und Finanzmarktkrise kehrte der Gesetzgeber durch das Finanzmarktstabilisierungsgesetz vom 17.10.2008 zunächst vorübergehend,[177] nunmehr jedoch entfristet[178] zur zweistufigen modifizierten Überschuldungsprüfung zurück.[179] Eine Gesellschaft ist nach der Legaldefinition des § 19 Abs. 2 S. 1 InsO überschuldet, wenn das Vermögen des Schuldners die bestehenden Verbindlichkeiten nicht mehr deckt, es sei denn, die Fortführung des Unternehmens ist nach den Umständen überwiegend wahrscheinlich. Der Überschuldungstatbestand setzt zusätzlich zur rechnerischen Überschuldung also eine negative Fortführungsprognose voraus. 79

Der Geschäftsführer ist zur beständigen wirtschaftlichen Selbstkontrolle verpflichtet, um eine Krise rechtzeitig zu erkennen und die Masse für die Gläubiger erhalten zu können.[180] Verfügt er nicht über die erforderlichen betriebswirtschaftlichen Kenntnisse, muss er sich nach Ansicht des BGH extern beraten lassen. Eine schlichte Anfrage bei einer von dem Geschäftsführer für fachkundig gehaltenen Person reicht jedoch nicht aus. Vielmehr ist erforderlich, dass er sich unter umfassender Darstellung der Verhältnisse der Gesellschaft und Offenlegung der erforderlichen Unterlagen von einem unabhängigen, für die zu klärenden Fragestellungen fachlich qualifizierten Berufsträger beraten lässt.[181] 80

Der Ersatzanspruch entsteht mit der Eröffnung des Insolvenzverfahrens bzw. der Abweisung mangels Masse oder bereits zuvor mit Vornahme der die Masse schmälernden Handlung, aufschiebend bedingt auf die Insolvenzeröffnung.[182] Die haftungsbegründende Handlung ist eine Zahlung aus dem Gesellschaftsvermögen, welche der Geschäftsführer selbst vornimmt oder welche ihm zurechenbar ist, d. h. die er hätte verhindern können.[183] Auf subjektiver Seite genügt die Fahrlässigkeit des Geschäftsführers hinsichtlich der anspruchsbegründenden Tatsachen, welche sich nach den Sorgfaltsanforderungen an einen ordentlichen Geschäftsmann (vgl. oben Rdn. 38–41) bemisst. 81

Die Besonderheit der Haftungsnorm liegt darin, dass sie zwar einen Anspruch der Gesellschaft begründet, aber dem Interesse der Gläubigergesamtheit im Insolvenzfall dient.[184] Daher ist zu berücksichtigen, dass im Insolvenzfall der Insolvenzverwalter frei wählen kann, ob er gegen den Geschäftsführer vorgeht oder nach den insolvenzrechtlichen Anfechtungsvorschriften gegen den Zahlungsempfänger.[185] Im Verhältnis zur Haftung des Anfechtungsgegners ist diejenige des Geschäftsführers zwar nicht subsidiär.[186] Der Anfechtungsgegner steht zu dem abzuwendenden Nachteil für die Gläubiger jedoch in einem engeren Zusammenhang als der Geschäftsführer, was durch die entsprechende Anwendung des § 255 BGB berücksichtigt wird: Danach kann der Geschäftsführer bei primärer Inanspruchnahme durch den Insolvenzverwalter die Abtretung des Erstattungsanspruchs der Masse gegen den Zahlungsempfänger Zug um Zug gegen Wiederherstellung der durch die verbotene Zahlung verkürzten Masse verlangen.[187] 82

---

176 Michalski/*Nerlich* § 64 Rn. 22.
177 Im Rahmen des Finanzmarktstabilisierungsgesetzes vom 17.10.2008 (BGBl I, S. 1982) für den Zeitraum befristet bis zum 31.12.2010, durch das Gesetz zur Erleichterung der Sanierung von Unternehmen vom 24.9.2009 (BGBl I, S. 3151) verlängert bis zum 31.12.2013.
178 Entfristet durch das Gesetz zur Einführung einer Rechtsbehelfsbelehrung im Zivilprozess und zur Änderung anderer Vorschriften vom 05.12.2012 (BGBl I, S. 2418).
179 Braun/*Bußhardt* § 19 Rn. 3; Andres/*Leithaus* § 19 Rn. 1.
180 BGH NJW 2007, 2118 (2120); Baumbach/Hueck/*Haas* § 64 Rn. 61.
181 BGH NJW 2007, 2118 (2120).
182 Baumbach/Hueck/*Haas* § 64 Rn. 12.
183 BGH NZG 2009, 582 (583).
184 Baumbach/Hueck/*Haas* § 64 Rn. 5.
185 MüKo GmbHG/*Müller* § 64 Rn. 150.
186 BGH NJW 1996, 850 (851).
187 Henssler/Strohn/*Arnold* § 64 Rn. 64; Roth/Altmeppen/*Altmeppen* § 64 Rn. 18.

83 Seit dem MoMiG ergibt sich die Pflicht des Geschäftsführers im Falle der Zahlungsunfähigkeit oder Überschuldung der Gesellschaft einen Antrag auf Eröffnung der Insolvenz zu stellen, aus § 15a Abs. 1 S. 1 InsO.[188] Verstößt der Geschäftsführer gegen die Insolvenzantragspflicht, ist er der Gesellschaft nach § 43 Abs. 2 GmbHG zum Schadensersatz verpflichtet.[189]

d) Deliktische Haftung

aa) Besonderheiten im Rahmen der Zulässigkeit

84 Bei **Ansprüchen aus Deliktsrecht** greift der Gerichtsstand der unerlaubten Handlung nach § 32 ZPO, an welchem auch etwaige konkurrierende Ansprüche aus Organhaftung geltend gemacht werden können.[190]

bb) Begründetheit

(1) Haftung gem. § 823 Abs. 2 BGB i.V.m. einem Schutzgesetz

85 Für die Haftung des Geschäftsführers gegenüber der Gesellschaft kommen als Schutzgesetze nach § 823 Abs. 2 BGB z. B. §§ 246,[191] 266 StGB[192] und § 85 GmbHG in Betracht.[193]

86 Der Geschäftsführer verwirklicht den Tatbestand der Untreue nach § 266 StGB z. B. bei der Einrichtung schwarzer Kassen,[194] bei der Vereinnahmung von Schmiergeldzahlungen oder Kickback-Provisionen, ggf. bei der Erbringung von Kulanzleistungen[195] und bei der Vornahme von Risikogeschäften.[196] Für den letztgenannten Fall kann die Business Judgement Rule (Rdn. 28) als Faustformel für das Vorliegen einer Untreue gelten.[197] Weiterhin relevant für die Haftung des Geschäftsführers ist, dass bereits das Ausbleiben einer Vermögensmehrung als Vermögensnachteil angesehen wird.[198]

(2) Haftung aus §§ 826, 830 BGB

87 Beim **existenzvernichtenden Eingriff** handelt es sich um »missbräuchliche, zur Insolvenz der Gesellschaft führende oder diese vertiefende »kompensationslose« Eingriffe in deren der Zweckbindung zur vorrangigen Befriedigung der Gesellschaftsgläubiger dienendes Gesellschaftsvermögen«.[199] Seit der Trihotel-Entscheidung ordnet der BGH den existenzvernichtenden Eingriff des Gesellschafters als Fallgruppe des § 826 BGB ein,[200] weshalb eine **Teilnahme des Geschäftsführers** nach §§ 826, 830 BGB möglich ist.[201] Die Teilnahmehandlung kann z. B. im Erteilen von Anweisungen an Mitarbeiter, deren Gewährenlassen oder der persönlichen Mitwirkung am Vermögensentzug liegen.[202] Subjektiv muss der Geschäftsführer doppelten Vorsatz haben. Demnach muss er sowohl hinsichtlich der Teilnahmehandlung als auch des Eingriffs selbst zumindest mit Eventualvorsatz gehandelt ha-

---

188 Vorher aus § 64 Abs. 1 GmbHG a. F.
189 Michalski/*Nerlich* § 64 Rn. 9.
190 BGH NJW 2003, 828; BayObLG NJW-RR 1996, 508; Thomas/Putzo/*Hüßtege* § 32 Rn. 6; Zöller/*Vollkommer* § 12 Rn. 20; a. A.: Musielak/Voit/*Heinrich* § 12 Rn. 9 ff.
191 OLG Frankfurt GmbHR 1993, 160.
192 BGH BB 2001, 1753 (1754); Näher zur Verwirklichung des § 266 StGB durch den Geschäftsführer: Michalski/*Haas/Ziemons* § 43 Rn. 263–263 f.
193 Michalski/*Haas/Ziemons* § 43 Rn. 258.
194 BGHSt 52, 323 – Siemens.
195 BGH ZIP 2006, 72 (75 f.) – Mannesmann.
196 Michalski/*Haas/Ziemons* § 43 Rn. 263b–263e.
197 Michalski/*Haas/Ziemons* § 43 Rn. 263b–263e; vgl. auch BGH ZIP 2009, 1854 (1857).
198 Michalski/*Haas/Ziemons* § 43 Rn. 263b.
199 BGH NJW 2007, 2689 (2690) – Trihotel; BGH NJW 2002, 3024 (3025) – KBV.
200 BGH NJW 2007, 2689 (2690) – Trihotel.
201 Michalski/*Haas/Ziemons* § 43 Rn. 258a; Baumbach/Hueck/*Zöllner/Noack* § 43 Rn. 62a; Scholz/*Schneider* § 43 Rn. 287a; Roth/Altmeppen/*Altmeppen* § 43 Rn. 86.
202 Michalski/*Haas/Ziemons* § 43 Rn. 258a; Scholz/*Schneider* § 43 Rn. 287a.

ben.²⁰³ Reine Managementfehler, seien sie auch grob fahrlässig, begründen keine Haftung aus den Grundsätzen des existenzvernichtenden Eingriffs, sofern sie mit dem Unternehmensgegenstand der Gesellschaft zusammenhängen.²⁰⁴

Erfolgt die Mitwirkung beim existenzvernichtenden Eingriff oder dessen Zulassung sorgfaltswidrig, greift die eigenständige Haftung für Sorgfaltspflichtverletzungen aus § 43 Abs. 2 GmbHG.²⁰⁵ Die Befolgung etwaiger Weisungen der Gesellschafter ist pflichtwidrig, weil der Weisungsbeschluss nichtig ist (dazu oben Rdn. 30 und § 19 Rdn. 1–56). Außerdem kann sich eine Haftung aus § 64 S. 2 GmbHG (Rdn. 77–82) ergeben. 88

(3) Verjährung

Die allgemeine deliktische Haftung unterliegt gem. §§ 195, 199 BGB der dreijährigen Verjährung. § 43 Abs. 4 GmbHG findet keine entsprechende Anwendung auf deliktische Ansprüche.²⁰⁶ 89

3. Klage der Gesellschaft auf Leistung des Geschäftsführers

Der Gesellschaft steht gegen den Geschäftsführer ein selbstständiger **Herausgabeanspruch** zu, wenn er treuwidrig Provisionen, Geschenke, Schmiergeldzahlungen oder andere Sondervorteile empfangen hat.²⁰⁷ Dies ergibt sich aus dem Rechtsgedanken des § 667 BGB.²⁰⁸ Danach hat der Beauftragte alles herauszugeben, was er aus der Geschäftsbesorgung erlangt hat. Auf den Geschäftsführer bezogen umfasst die Herausgabe alle genannten Sondervorteile, die eine Willensbeeinflussung zum Nachteil des Auftraggebers befürchten lassen, auch wenn der Dritte den Sondervorteil gerade nicht an die GmbH als Auftraggeber erbringen wollte.²⁰⁹ Weil der Anspruch vorhandene Vermögensvorteile bei dem Geschäftsführer abschöpft und nicht entgangene Vermögenszuwächse auf Seiten der GmbH sanktioniert, entfällt der Anspruch bei Rückzahlung durch den Geschäftsführer.²¹⁰ 90

Bei Verstößen gegen das Wettbewerbsverbot oder die Pflicht, die Geschäftschancen nur für die Gesellschaft zu nutzen, (vgl. oben Rdn. 33–35) besteht neben der Pflicht zum Schadensersatz die Pflicht zur **Vorteilsherausgabe**.²¹¹ Dafür wird der Rechtsgedanke von § 88 Abs. 2 S. 2 AktG, § 113 Abs. 1 HGB herangezogen.²¹² 91

Neben Ansprüchen aus § 43 GmbHG und den beiden genannten Herausgabeansprüchen sind Ansprüche aus Geschäftsführung ohne Auftrag bei einem Geschäftsführer, der seine bestehenden Befugnisse überschreitet, nicht gegeben.²¹³ 92

4. Klage der Gesellschaft auf Unterlassung

Bei jedem drohenden oder andauernden Pflichtenverstoß oder bei Wiederholungsgefahr besteht ein verschuldensunabhängiger Unterlassungsanspruch gegen den Geschäftsführer, der von den Gesellschaftern im Namen der Gesellschaft geltend gemacht wird.²¹⁴ Das kann z. B. bei einem Verstoß ge- 93

---

203 Baumbach/Hueck/*Zöllner/Noack* § 43 Rn. 62a.
204 OLG Koblenz NZG 2015, 272.
205 Michalski/*Haas/Ziemons* § 43 Rn. 258b; Baumbach/Hueck/*Zöllner/Noack* § 43 Rn. 62a.
206 BGH DStR 2005, 659.
207 BGH NJW 2001, 2476 (2477); OLG Düsseldorf DStR 2001, 716 (717); Baumbach/Hueck/*Zöllner/Noack* § 35 Rn. 47, § 43 Rn. 62.
208 Baumbach/Hueck/*Zöllner/Noack* § 43 Rn. 62.
209 St. Rspr.; BGH NJW 1991, 1224; 2001 2476 (2477).
210 BGH NJW 2001, 2476 (2477).
211 Baumbach/Hueck/*Zöllner/Noack* § 35 Rn. 42, § 43 Rn. 62.
212 BGH NJW-RR 1989, 1255 (1256).
213 BGH NJW-RR 1989, 1255 (1256); Baumbach/Hueck/*Zöllner/Noack* § 43 Rn. 62.
214 Michalski/*Haas/Ziemons* § 43 Rn. 261a; Scholz/*Schneider* § 43 Rn. 166.

gen das Wettbewerbsverbot oder gegen die Pflicht, die Geschäftschancen ausschließlich für die Gesellschaft zu nutzen (Rdn. 33–35), der Fall sein.[215]

II. Klagen der einzelnen Gesellschafter gegen den Geschäftsführer

94 Das GmbHG bewirkt den Schutz der Gesellschafter durch das gesellschaftsrechtliche Organisationsrecht, also die Einbindung der Gesellschafter in die unternehmerische Entscheidungs- und Willensbildung mithilfe von Teilhabe-, Partizipations- und Informationsrechten, und enthält darüber hinaus keine inhaltlichen Pflichten des Geschäftsführers gegenüber den Gesellschaftern.[216] Dieses Leitbild kommt durch die **Haftungs- und Pflichtenkonzentration** des Geschäftsführers in § 43 GmbHG zum Ausdruck, wonach die Geschäftsführer nur der Gesellschaft zum Ersatz verpflichtet sind.[217] Zwischen dem Geschäftsführer und den Gesellschaftern besteht auch kein haftungsbegründendes Sonderrechtsverhältnis.[218]

95 Soweit ausnahmsweise gemäß den nachfolgend erläuterten Anspruchsgrundlagen ein Anspruch in Betracht kommt, ist bei Vorliegen eines Schadens der Gesellschafter zu beachten, dass in vielen Konstellationen zugleich ein solcher der Gesellschaft gegeben sein wird. Ist die Vermögenseinbuße des Gesellschafters mit derjenigen der Gesellschaft identisch, besteht insofern eine Anspruchskonkurrenz und es wird überwiegend angenommen, dass der Gesellschafter nur Ersatzleistung an die Gesellschaft verlangen kann, um eine doppelte Haftung des Geschäftsführers auszuschließen.[219]

1. Vertragliche Ansprüche

96 Der Anstellungsvertrag entfaltet in der Regel keine Schutzwirkung gegenüber den Gesellschaftern.[220] Nach der Rechtsprechung kann dies aber in den Fällen, in denen jemand wegen seiner Beteiligung an der GmbH zwar das wirtschaftliche Risiko trägt, aber nur geringe Einwirkungsmöglichkeiten auf die Geschäftsführung hat, anders gesehen werden.[221]

97 Wenn zwischen den Geschäftsführern und den Gesellschaftern ein eigenständiger rechtsgeschäftlicher Kontakt besteht, kommt eine (vor)vertragliche Haftung in Betracht.[222] Auch eine Haftung aufgrund einer Bürgschaft oder eines Schuldbeitritts kann bestehen.[223] Im Falle eines Schuldbeitritts müssen die §§ 335 ff., 491 ff. BGB auch bei einem Gesellschafter-Geschäftsführer beachtet werden.[224]

2. Deliktische Ansprüche

a) Haftung gem. § 823 Abs. 1 BGB

98 Nach Ansicht des BGH und Teilen der Literatur kann das **Mitgliedschaftsrecht** der Gesellschafter auch durch Organe der Gesellschaft im Innenverhältnis verletzt werden.[225] Daher haftet der Ge-

---

215 Baumbach/Hueck/*Zöllner/Noack* § 35 Rn. 42.
216 Michalski/*Haas/Ziemons* § 43 Rn. 267.
217 Michalski/*Haas/Ziemons* § 43 Rn. 267.; MüKo GmbHG/*Fleischer* § 43 Rn. 335.
218 MüKo GmbHG/*Fleischer* § 43 Rn. 335; Henssler/Strohn/*Oetker* § 43 Rn. 76; Baumbach/Hueck/*Zöllner/Noack* § 43 Rn. 64.
219 Baumbach/Hueck/*Zöllner/Noack* § 43 Rn. 64; Michalski/*Haas/Ziemons* § 43 Rn. 282; Schwerdtfeger/*Alexander* § 43 Rn. 66.
220 MüKo GmbHG/*Fleischer* § 43 Rn. 335; Henssler/Strohn/*Oetker* § 43 Rn. 76; Baumbach/Hueck/*Zöllner/Noack* § 43 Rn. 64; Roth/Altmeppen/*Altmeppen* § 43 Rn. 50.
221 BGH ZIP 1995, 738 (745); Michalski/*Haas/Ziemons* § 43 Rn. 269.
222 MüKo GmbHG/*Fleischer* § 43 Rn. 336; Michalski/*Haas/Ziemons* § 43 Rn. 271.
223 Roth/Altmeppen/*Altmeppen* § 43 Rn. 50.
224 BGH NJW 1996, 2156; 2000, 3133; 2006, 431 (432).
225 BGHZ 110, 323 (334) – Schärenkreuzer (Haftung des Vereinsvorstandes gegenüber einem Vereinsmitglied); Michalski/*Haas/Ziemons* § 43 Rn. 277; *Schmidt* GesR § 21 V 4; a. A. Baumbach/Hueck/*Zöllner/Noack* § 43 Rn. 65.

schäftsführer den Gesellschaftern bei einer Verletzung des Mitgliedschaftsrechts als absolutes sonstiges Recht i. S. d. § 823 Abs. 1 BGB.[226] Nach h. L. liegt in diesen Fällen kein Außeneingriff vor, weshalb wegen der Haftungskonzentration entsprechende Pflichtverletzungen des Geschäftsführers nur gem. § 43 Abs. 2 GmbHG gegenüber der Gesellschaft sanktioniert werden sollen.[227]

Bejaht man mit dem BGH und Teilen der Literatur eine Haftung des Geschäftsführers gem. § 823 Abs. 1 BGB wegen Verletzung des Mitgliedschaftsrechts, muss eine entsprechende Pflichtverletzung vorliegen. Eine solche wird angenommen bei Beeinträchtigung der im Mitgliedschaftsrecht enthaltenen Herrschafts-, Teilhabe- und Vermögenspositionen, die nicht nur mittelbar über eine Veränderung des Gesellschaftsvermögens betroffen sind.[228] Dafür kommen z. B. strukturändernde Maßnahmen, faktische Veränderungen des Unternehmensgegenstandes, Verletzung der Gleichbehandlungspflicht bei der Anteilsvergabe oder des Informationsrechts in Betracht.[229] 99

b) *Haftung gem. § 823 Abs. 2 BGB i.V. m. einem Schutzgesetz*

Die Gesellschafter können gem. § 823 Abs. 2 BGB die Geschäftsführer in Anspruch nehmen, wenn diese ein Schutzgesetz verletzt haben, welches zumindest auch die Individualinteressen der Gesellschafter berücksichtigt.[230] Die **Schutzgesetzqualität** wird für die in Betracht kommenden Normen unterschiedlich beurteilt. Nach ganz h. M. besteht keine Haftung gem. § 823 Abs. 2 BGB bei Verstößen des Geschäftsführers gegen § 43 GmbHG, da diese Vorschrift gegenüber den Gesellschaftern kein Schutzgesetz darstellt.[231] 100

Nach § 82 GmbHG macht sich der Geschäftsführer strafbar, wenn er falsche Angaben im Rahmen des § 9a GmbHG macht (vgl. oben Rdn. 69–75). Die Schutzgesetzqualität des § 82 GmbHG wird gegenüber künftigen Gesellschaftern und stillen Gesellschaftern nur zum Teil, nicht jedoch gegenüber Gründungsgesellschaftern bejaht.[232] Die Rechtsprechung und ein Teil der Literatur verneinen einen Anspruch der Gesellschafter.[233] Ausführungen zum Tatbestand des § 82 GmbHG finden sich unten unter Rdn. 119. 101

Der Untreuetatbestand des § 266 StGB wird überwiegend nicht als Schutzgesetz für das Verhältnis zwischen Geschäftsführer und den einzelnen Gesellschaftern angesehen.[234] Auch wenn ein organschaftliches Treueverhältnis zu den Gesellschaftern bejaht wird, trifft den Geschäftsführer nur der Gesellschaft gegenüber eine Treuepflicht i. S. d. § 266 StGB, weshalb er nur im Verhältnis zur Gesellschaft eine bestehende Vertretungsmacht überspannen kann.[235] 102

---

226 Michalski/*Haas/Ziemons* § 43 Rn. 277; *Schmidt* GesR § 21 V 4; a. A. Baumbach/Hueck/*Zöllner/Noack* § 43 Rn. 65;
227 Baumbach/Hueck/*Zöllner/Noack* § 43 Rn. 65; Schwerdtfeger/*Alexander* § 43 Rn. 68.
228 Michalski/*Haas/Ziemons* § 43 Rn. 278.
229 Baumbach/Hueck/*Zöllner/Noack* § 43 Rn. 65; Michalski/*Haas/Ziemons* § 43 Rn. 278a.
230 Michalski/*Haas/Ziemons* § 43 Rn. 279.
231 Schwerdtfeger/*Alexander* § 43 Rn. 65; Michalski/*Haas/Ziemons* § 43 Rn. 267; Roth/Altmeppen/*Altmeppen* § 43 Rn. 57.
232 Baumbach/Hueck/*Haas* § 82 Rn. 9; Lutter/Hommelhoff/*Kleindiek* § 82 Rn. 31; Roth/Altmeppen/*Altmeppen* § 82 Rn. 3.
233 OLG München NZG 2004, 230 (232); Michalski/*Danneker* § 82 Rn. 15; Ziemons/Jaeger/*Danneker/N. Müller* § 82 Rn. 12; Scholz/*Tiedemann* § 82 Rn. 12.
234 Baumbach/Hueck/*Zöllner/Noack* § 43 Rn. 64; Michalski/*Haas/Ziemons* § 43 Rn. 279a.
235 OLG Hamm NJW-RR 2002, 1259 f.; Michalski/*Haas/Ziemons* § 43 Rn. 279a.

c) Haftung gem. § 826 BGB

103 Die Möglichkeit einer Haftung gem. § 826 BGB gegenüber den Gesellschaftern wird überwiegend bejaht.[236] Auf der Ebene des Schadens ist jedoch eine Vermögenseinbuße über die wirtschaftliche Entwertung des Gesellschaftsanteils hinaus erforderlich.[237]

3. Haftung nach GmbH-Recht

a) Haftung wegen Verletzung der Einreichungspflicht gem. § 40 Abs. 3 GmbHG

104 Gem. § 40 Abs. 1 GmbHG hat der Geschäftsführer die **Pflicht zur Einreichung einer Liste der Gesellschafter** beim Handelsregister, wenn sich in der Person der Gesellschafter oder im Umfang ihrer Beteiligung etwas geändert hat. Erst diese Gesellschafterliste legitimiert einen Gesellschafter als Inhaber eines Geschäftsanteils gegenüber der Gesellschaft, § 16 Abs. 1 S. 1 GmbHG. Der Geschäftsführer haftet dem Gesellschafter, dessen Beteiligung sich geändert hat und der wegen der fehlenden Einreichung seine Gesellschafterrechte nicht ausüben konnte, für den kausal verursachten Schaden, der dadurch entstanden ist, dass der Geschäftsführer seine Einreichungspflicht schuldhaft nicht, verspätet oder unrichtig erfüllt hat, § 40 Abs. 3 GmbHG.[238]

b) Haftung nach § 31 Abs. 6 GmbHG

105 § 31 Abs. 6 GmbHG regelt den Erstattungsanspruch der Gesellschafter gegen den Geschäftsführer für deren Ausfallhaftung gegenüber der Gesellschaft. Erforderlich ist also zunächst eine gegen das **Kapitalerhaltungsverbot verstoßende Rückzahlung** im Sinne des § 30 GmbHG (vgl. oben Rdn. 58–62). § 31 Abs. 3 GmbHG sieht eine subsidiäre Ausfallhaftung der Mitgesellschafter vor, soweit die Erstattung zur Befriedigung der Gläubiger erforderlich ist. Die haftenden Mitgesellschafter können ihrerseits gem. § 31 Abs. 6 GmbHG gegen die Geschäftsführer vorgehen, soweit diese ein Verschulden für die Auszahlung trifft.[239]

c) Klage auf Auskunft

aa) Auskunftspflicht gem. § 51a Abs. 1 GmbHG

(1) Zulässigkeit

106 Für das Auskunftserzwingungsverfahren verweist § 51b GmbHG auf § 132 Abs. 1, 3 bis 5 AktG (vgl. § 6 Rdn. 38–64). Passivlegitimiert ist die GmbH.[240] Der Klageantrag ist also an die Gesellschaft vertreten durch die Geschäftsführung zu richten.[241]

107 Zuständig ist gem. § 51b S. 1 GmbHG i. V. m. § 132 Abs. 1 AktG, § 71 Abs. 2 GVG das Landgericht und dort gem. § 51b S. 1 GmbHG i. V.m §§ 71 Abs. 2, 95 Abs. 2 GVG die Kammer für Handelssachen.

(2) Begründetheit

108 Gem. § 51a Abs. 1 GmbHG hat der Geschäftsführer jedem Gesellschafter unverzüglich Auskunft über die **Angelegenheiten der Gesellschaft** zu erteilen und die Einsicht in die Bücher und Schriften zu gestatten. Jeder Gesellschafter, dem die Auskunft oder Einsicht durch den Geschäftsführer verwehrt worden ist, kann nach § 51b GmbHG eine gerichtliche Entscheidung über das Bestehen einer

---

236 BGH NJW 1969, 1712; Ziemons/Jaeger/*Ziemons/Haas* § 43 Rn. 409.
237 Ziemons/Jaeger/*Ziemons/Haas* § 43 Rn. 409.
238 Baumbach/Hueck/*Zöllner/Noack* § 40 Rn. 44, 47.
239 Ziemons/Jaeger/*Heidinger* § 31 Rn. 93.
240 OLG Hamm NJW 1986, 1693.
241 Baumbach/Hueck/*Zöllner* § 51b Rn. 7.

Auskunftspflicht anstreben.²⁴² Gegenstand des Auskunftsrechts sind die Angelegenheiten der Gesellschaft, d. h. grundsätzlich alles, was mit ihrer Geschäftsführung, ihren wirtschaftlichen Verhältnissen, ihren Beziehungen zu Dritten und verbundenen Unternehmen zusammenhängt.²⁴³ Obwohl das Informationsrecht nicht schrankenlos gewährleistet ist, fehlt im GmbH-Recht eine dem § 131 Abs. 1 S. 1 AktG entsprechende Regelung, so dass das Auskunftsrecht nicht wie im Aktienrecht dahingehend eingeschränkt wird, dass die Auskunft nur in dem zur Beurteilung des Gegenstands der Tagesordnung der Hauptversammlung erforderlichen Umfang zu geben ist.²⁴⁴ Für Details wird auf die Ausführungen in § 6 Rdn. 1–37 verwiesen.

bb) Keine Auskunftspflicht nach § 39 GmbHG

Eine klageweise Durchsetzung der Auskunftspflicht des Geschäftsführers bezüglich der Angaben zur Person des Geschäftsführers ist gesetzlich nicht vorgesehen. Die Anmeldung kann jedoch durch das Registergericht mittels Zwangsgeld gem. § 14 HGB durchgesetzt werden.²⁴⁵ **109**

III. Klagen Dritter gegen den Geschäftsführer (Außenhaftung)

Auch im Rahmen der Außenhaftung gegenüber Dritten, z. B. Gesellschaftsgläubigern, gilt die Haftungskonzentration des § 43 Abs. 2 GmbHG.²⁴⁶ Der Geschäftsführer ist grundsätzlich nur der Gesellschaft zum Ersatz verpflichtet. Es gibt auch keine dem § 93 Abs. 5 AktG entsprechende Regelung im GmbH-Recht.²⁴⁷ In den sogleich erläuterten Ausnahmefällen kann aber eine persönliche Haftung des Geschäftsführers gegenüber Dritten gegeben sein. **110**

1. Vertragliche und vertragsähnliche Ansprüche

Eine direkte vertragliche Haftung trifft in der Regel die Gesellschaft und nicht den Geschäftsführer.²⁴⁸ Zu berücksichtigen sind allerdings Erklärungen des Geschäftsführers, die einen **Schuldbeitritt** oder eine **Bürgschaftsübernahme** darstellen und somit eine eigenständige vertragliche Haftung begründen.²⁴⁹ Ebenfalls kommt eine Rechtsscheinshaftung gem. § 179 BGB als Vertreter ohne Vertretungsmacht in Betracht,²⁵⁰ bei der Gesellschaft und Geschäftsführer als Gesamtschuldner haften.²⁵¹ **111**

Die Haftung des Geschäftsführers für Verschulden aus der Verletzung vorvertraglicher Schutzpflichten gem. §§ 280 Abs. 1, 311 Abs. 3 BGB richtet sich nach den in der Rechtsprechung herausgebildeten Grundsätzen der Vertreterhaftung. Danach haftet der Geschäftsführer Gläubigern der Gesellschaft, wenn er selbst für sich besonderes persönliches Vertrauen in Anspruch nimmt (**Sachwalterhaftung**) oder ein qualifiziertes wirtschaftliches Eigeninteresse am Vertragsschluss besitzt (**Prokurator in rem suam**), d. h. über seine Stellung als Organ und Vertreter der Gesellschaft hinaus wirtschaftlich gesehen gleichsam in eigener Sache handelt.²⁵² **112**

Die Voraussetzungen für ein solches **wirtschaftliches Eigeninteresse** werden von der Rechtsprechung zusehends enger gefasst. Der II. Senat des BGH hat es unter Zustimmung der zuvor anders entscheidenden VIII. und IX. Senate als nicht mehr ausreichend angesehen, dass der handelnde Ge- **113**

---

242 Baumbach/Hueck/*Zöllner* § 51b Rn. 1.
243 Baumbach/Hueck/*Zöllner* § 51a Rn. 11.
244 BGH NJW 1997, 1985; Baumbach/Hueck/*Zöllner* § 51a Rn. 10.
245 Baumbach/Hueck/*Zöllner/Noack* § 39 Rn. 23.
246 Michalski/*Haas/Ziemons* § 43 Rn. 283.
247 Baumbach/Hueck/*Zöllner/Noack* § 43 Rn. 31.
248 BGH NJW 2004, 3039 (3040); Michalski/*Haas/Ziemons* § 43 Rn. 304.
249 BGH NZG 2002, 779; 2001, 888; OLG Zweibrücken NZG 2002, 423; Michalski/*Haas/Ziemons* § 43 Rn. 305; Baumbach/Hueck/*Zöllner/Noack* § 43 Rn. 68.
250 Michalski/*Haas/Ziemons* § 43 Rn. 306.
251 BGH NJW 2012, 2871 (2873).
252 BGH DStR 2002, 1275 (1276); NJW 1997, 1233 (1234); NJW-RR 1991, 1241 (1242). Vgl. auch § 9 Rdn. 172–175.

schäftsführer zugleich Alleingesellschafter ist oder dass ein Gesellschafter-Geschäftsführer der Gesellschaft zusätzlich zu seiner Kapitalbeteiligung zur Absicherung von Gesellschaftsverbindlichkeiten persönliche Bürgschaften oder dingliche Sicherheiten zur Verfügung stellt.[253] Erst recht genügt das eigenwirtschaftliche Interesse am Erhalt einer Geschäftsführerposition nicht.[254] Die besonderen Umstände für ein wirtschaftliches Eigeninteresse wurden hingegen angenommen, wenn der Geschäftsführer bei Abschluss des Vertrages die Absicht hatte, die vom Vertragspartner zu erbringende vertragliche Leistung nicht ordnungsgemäß an die vertretene Gesellschaft weiterzuleiten, sondern sie eigennützig von ihm selbst bestimmten Zwecken zuzuführen, sowie wenn die Tätigkeit des Geschäftsführers auf die Beseitigung von Schäden abzielt, für die er anderenfalls von der Gesellschaft in Anspruch genommen werden könnte.[255] Diese beiden Fallgruppen stoßen in der Literatur auf Kritik,[256] wurden von der Rechtsprechung bisher jedoch nicht aufgegeben.

114 Die **Inanspruchnahme besonderen persönlichen Vertrauens** ist für Fälle bejaht worden, in denen der Geschäftsführer eine von ihm selbst einzulösende garantieähnliche Erklärung gegenüber dem Vertragspartner der GmbH abgegeben hat.[257]

2. Deliktische Ansprüche

115 Die Haftung des Geschäftsführers gegenüber Dritten auf Schadensersatz kann sich aus §§ 823 Abs. 1, 823 Abs. 2 BGB i. V. m. einem Schutzgesetz oder aus § 826 BGB ergeben. Nach deliktischen Haftungsgrundsätzen stehen dabei eine direkte Inanspruchnahme des Geschäftsführers und die Haftung der Gesellschaft, welche sich dessen Handeln entsprechend § 31 GmbHG zurechnen lassen muss, nebeneinander.[258]

a) Haftung gem. § 823 Abs. 1 BGB

116 Die deliktische Haftung gem. § 823 Abs. 1 BGB setzt voraus, dass der Geschäftsführer den Deliktstatbestand selbst verwirklicht hat. Hierfür ist ausreichend, dass er maßgebliche Weisungen erteilt[259] oder pflichtwidrig nicht erteilt hat.[260] Nach allgemeinen Deliktsrechtsgrundsätzen kommen also eine Rechtsgutsverletzung durch aktives Tun oder durch Unterlassen, bzw. eine unmittelbare oder mittelbare Verursachung in Betracht. Dabei bestehen Besonderheiten für die Begründung und Reichweite von Verkehrssicherungspflichten. Die Rechtsprechung hat die deliktische Außenhaftung des Geschäftsführers gegenüber Dritten durch die Annahme weitreichender **Verkehrs- und Organisationspflichten** ausgedehnt.[261]

117 Grundlegend dafür war die sog. **Baustoffentscheidung** des Senats. Nach Ansicht des VI. Zivilsenats des BGH können mit den rein gesellschaftsintern wirkenden Pflichten aus der Organstellung des Geschäftsführers weitere Pflichten einhergehen, die von ihm nicht mehr nur für die Gesellschaft als deren Organ zu erfüllen sind, sondern die ihn persönlich gegenüber dem Dritten treffen, weil er auf Grund organschaftlicher Zuweisung eine **Garantstellung zum Schutz fremder Schutzgüter** im Sinne des § 823 Abs. 1 BGB, die von ihren Trägern der Einflusssphäre der GmbH anvertraut wurden, innehat.[262] Obwohl der II. Zivilsenat sich kritisch zu der ausgeweiteten Außenhaftung geäußert

---

253 BGH NJW 1994, 2220 (2221); so aber noch als ausreichend angesehen von: BGH NJW-RR 1994, 615 (616).
254 BAG AG 2014, 907 (908).
255 BGH NJW 1986, 586 (588).
256 Ziemons/Jaeger/*Ziemons/Haas* § 43 Rn. 414–414.2.
257 BGH NJW 1994, 2220 (2222).
258 BGH NJW-RR 1988, 671.
259 BGH DStR 1996, 1014.
260 Baumbach/Hueck/*Zöllner/Noack* § 43 Rn. 75.
261 Baumbach/Hueck/*Zöllner/Noack* § 43 Rn. 76.
262 BGH NJW 1990, 976 (978) – Baustoffe.

hat, weil Organisationspflichten nur der Gesellschaft gegenüber bestünden,[263] hat der VI. Zivilsenat diese Rechtsprechung in einem späteren Urteil fortgeführt.[264] Dies stößt auf starke Kritik in der Literatur, besonders ob der dogmatisch ungenauen Herleitung dieser Garantenstellung.[265] Nach dem Urteil des BGH vom 10.07.2012,[266] in welchem dieser eine Garantenstellung des Geschäftsführers allein aus dessen bloßer Organstellung heraus ablehnte und insofern ähnlich restriktiv wie das OLG Schleswig urteilte,[267] könnte es nunmehr zu einer Abkehr von der »Baustoff-Rechtsprechung« kommen.[268]

b) Haftung gem. § 823 Abs. 2 BGB i. V. m. einem Schutzgesetz

aa) GmbH-rechtliche Vorschriften als Schutzgesetz

Der Geschäftsführer haftet einem Dritten aus § 823 Abs. 2 BGB, wenn er ein Schutzgesetz verletzt, welches auch den Individualinteressen des Dritten dient. Die Schutzgesetzeigenschaft des § 35a GmbHG wird von der h.M bejaht.[269] Nach allgemeiner Meinung handelt es sich bei § 43 GmbHG nicht um ein Schutzgesetz i. S. d. § 823 Abs. 2 BGB,[270] ebenso wenig bei §§ 30, 33, 43a GmbHG.[271] **118**

Auch § 9a GmbHG ist kein Schutzgesetz zu Gunsten der Gläubiger, wohl aber § 82 Abs. 1 GmbHG.[272] Dieser stellt in seinen Varianten der Geschäftsführerhaftung gem. Nr. 1, 3 und 4 ein Schutzgesetz für gegenwärtige und zukünftige Gesellschaftsgläubiger dar.[273] Der sog. **Gründungsschwindel** des § 82 Abs. 1 Nr. 1 GmbHG entspricht im Tatbestand § 9a Abs. 1 GmbHG (vgl. dazu oben Rdn. 70–75).[274] Bezugspunkt der falschen Angaben kann die Übernahme eines Geschäftsanteils sein, d. h. die schuldrechtliche Verpflichtung der Gesellschafter zur Leistung eines bestimmten Nennbetrages auf das Stammkapital (§ 3 Abs. 1 Nr. 4 GmbHG),[275] außerdem die Leistung der Einlagen, die Verwendung eingezahlter Beträge, der Gründungsaufwand sowie Sondervorteile und Sacheinlagen. Der Geschäftsführer kann auch Täter eines sog. **Kapitalerhöhungsschwindels** gem. § 82 Abs. 1 Nr. 3 GmbHG sein. Dabei geht es um die Erhöhung des Stammkapitals einer bereits gegründeten GmbH. Keine Kapitalerhöhung liegt daher vor, wenn das satzungsmäßig vorgesehene Gesellschaftskapital noch vor der Gründungseintragung erhöht wird oder die Kapitalerhöhung auf dem Wege einer Satzungsänderung erfolgt.[276] Während diese Vorschrift die Kapitalerhöhung gegen Einlagen i. S. d. §§ 55 ff. GmbHG erfasst,[277] gilt § 82 Abs. 1 Nr. 4 GmbHG für Kapitalerhöhungen aus Gesellschaftsmitteln.[278] In allen Variationen setzt der Schadensersatzanspruch nach § 823 Abs. 2 BGB i. V. m. § 82 GmbHG im Gegensatz zur bloßen Strafvorschrift des § 82 **119**

---

263 BGHZ 125, 366 (375).
264 BGH NJW 2001, 964 (965) – Kindertee.
265 Schirmer NJW 2012, 3398; Baumbach/Hueck/*Zöllner*/*Noack* § 43 Rn. 77; ausführlich zum Meinungsstand: Michalski/*Haas*/*Ziemons* § 43 Rn. 337–351.
266 BGH NJW 2012, 3439.
267 OLG Schleswig NJW-RR 2012, 386.
268 Vgl. zur Garantenstellung auch BGH BB 2014, 2126.
269 LG Detmold NJW-RR 1990, 995; Baumbach/Hueck/*Zöllner*/*Noack* § 35a Rn. 25; Roth/*Altmeppen*/*Altmeppen* § 35a Rn. 8; nur die Schutzgesetzeigenschaft des § 35a Abs. 1 S. 2 bejaht: Scholz GmbHG/*Schneider* § 35a Rn. 26.
270 BGHZ 110, 342 (359 f.); Scholz/*Schneider* § 43 Rn. 308, 328; Roth/Altmeppen/*Altmeppen* § 43 Rn. 57; Michalski/*Haas*/*Ziemons* § 43 Rn. 289; Baumbach/Hueck/*Zöllner*/*Noack* § 43 Rn. 79.
271 Baumbach/Hueck/*Zöllner*/*Noack* § 43 Rn. 79.
272 Michalski/*Tebben* § 9a Rn. 1, 24; Scholz/*Winter*/*Veil* § 9a Rn. 3, 8.
273 Baumbach/Hueck/*Haas* § 82 Rn. 9; Michalski/*Danneker* § 82 Rn. 13, 17; Ziemons/Jaeger/*Danneker*/*N. Müller* § 82 Rn. 14.
274 Baumbach/Hueck/*Fastrich* § 9a Rn. 1.
275 Michalski/*Danneker* § 82 Rn. 92.
276 Michalski/*Danneker* § 82 Rn. 160; Scholz/*Tiedemann* § 82 Rn. 110.
277 Michalski/*Danneker* § 82 Rn. 157.
278 Michalski/*Danneker* § 82 Rn. 181.

GmbHG[279] voraus, dass der Geschädigte im Vertrauen auf die Richtigkeit der zum Handelsregister gemachten unrichtigen Angaben einen **Schaden** erlitten hat.[280]

120   Die Schutzgesetzeigenschaft von § 41 GmbHG, der die Geschäftsführer zur ordnungsgemäßen Buchführung verpflichtet, ist umstritten. Der BGH hat diese Frage nicht abschließend geklärt, jedoch in einer Entscheidung das »gewandelte Verständnis von Sinn und Bedeutung der Buchführungspflichten und der richtigen und vollständigen Dokumentation der Vermögenslage des Unternehmens« betont.[281] In der Literatur wird hieraus zum Teil auf den Schutzgesetzcharakter des § 41 GmbHG geschlossen,[282] andere sehen die Vorschrift generell als Schutzgesetz.[283] Der größte Teil der Literatur verneint jedoch die Schutzgesetzeigenschaft des § 41 GmbHG.[284]

bb) Strafrechtliche Vorschriften als Schutzgesetz

121   Bestimmte Straftatbestände stellen Schutzgesetze i. S. d. § 823 Abs. 2 BGB dar und führen zu einer Außenhaftung des Geschäftsführers. Eine Haftung des Geschäftsführers gegenüber Gläubigern der GmbH gem. § 823 Abs. 2 BGB i. V. m. § 266 StGB wird bejaht, soweit diese selbst Opfer der vom Geschäftsführer begangenen Straftat werden. Das ist in der Rechtsprechung in verschiedenen Konstellationen angenommen worden: Danach liegt ein Treueverhältnis im Sinne des § 266 StGB vor, wenn die GmbH Forderungen zur Sicherheit an einen Gläubiger abtritt, aber zur Einziehung derselben ermächtigt bleibt und der Geschäftsführer die eingezogenen Gelder seinem Vermögen zuführt.[285] In einem anderen Fall, in dem der GmbH treuhänderisch von einem Dritten überlassene und vom Geschäftsführer entgegengenommene Gelder abredewidrig verwendet wurden, hat der BGH eine Haftung des Geschäftsführers bejaht.[286] Ist jedoch die GmbH Opfer der Untreue, ist fraglich, ob der Gläubiger vom Schutzzweck des § 266 StGB erfasst ist.[287] Dies wird nur in dem Umfang bejaht, wie durch die Untreuehandlung auch das zur Erhaltung des Stammkapitals erforderliche und durch § 30 GmbHG geschützte Vermögen der Gesellschaft gemindert wird.[288] Auch hinsichtlich einer etwaigen strafrechtlichen Verantwortlichkeit nach § 266 StGB ist dem Geschäftsführer, nach einer aktuellen Entscheidung des BGH, grundsätzlich zu der Installation eines ordnungsgemäßen und transparenten Kontrollsystems zu raten.[289] In diesem Fall hat das Hinsehen und Aufgreifen von erkannten Schwächen wesentlich zur Enthaftung der Beteiligten beigetragen.

122   Eine besondere Haftungsausweitung für den Geschäftsführer hat die Rechtsprechung im Rahmen des § 266a Abs. 1 StGB angenommen. Kommt der Geschäftsführer seiner Pflicht zur Abführung von Sozialversicherungsbeiträgen für die Arbeitnehmer nicht nach, begründet dies nach ständiger Rechtsprechung des BGH eine persönliche Haftung gegenüber den Sozialversicherungsträgern gem. § 823 Abs. 2 BGB i. V. m. § 266a Abs. 1 StGB.[290] Der Tatbestand des § 266a Abs. 1 StGB ist erfüllt, wenn fällige Arbeitnehmerbeiträge zur Sozialversicherung nicht abgeführt werden, obwohl dies dem Arbeitgeber möglich und zumutbar ist.[291] Die Strafbarkeit und damit die persönliche Haftung entfällt, wenn die GmbH zahlungsunfähig ist, das Insolvenzverfahren bereits eröffnet wurde, Sicherungsmaßnahmen nach § 21 Abs. 2 InsO verfügt wurden oder Sequestration nach §§ 935,

---

279 MüKo GmbHG/*Wißmann* § 82 Rn. 18; Michalski/*Danneker* § 82 Rn. 18.
280 BGH NJW 2005, 3721; MüKo GmbHG/*Wißmann* § 82 Rn. 17; Michalski/*Danneker* § 82 Rn. 17.
281 BGHZ 125, 366 (377).
282 *Schmidt* ZIP 1994, 837 (842); *Sieger/Hasselbach* GmbHR 1998, 957 (961).
283 Scholz/*Crezelius* § 41 Rn. 8; Scholz/*Schneider* § 43 Rn. 332.
284 Lutter/Hommelhoff/*Kleindiek* § 41 Rn. 4; Roth/Altmeppen/*Altmeppen* § 41 Rn. 12.
285 BGH NJW-RR 1995, 1369 (1379).
286 BGH NJW-RR 1988, 671 (672).
287 Ziemons/Jaeger/*Ziemons/Haas* § 43 Rn. 430.
288 Ziemons/Jaeger/*Ziemons/Haas* § 43 Rn. 430.
289 BGH NStZ 2013, 715.
290 BGH NJW 1997, 130 (131); 1997, 1237.
291 BGH NJW 2002, 2480 (2481).

938 ZPO angeordnet worden ist.[292] Bei der Zahlungsunfähigkeit ist zu beachten, dass der Beitragsanspruch der Sozialversicherungsträger vorrangig zu erfüllen ist und die GmbH somit erst dann zahlungsunfähig ist, wenn auch ohne Berücksichtigung anderer Verbindlichkeiten die Mittel zur Abführung der Arbeitnehmeranteile nicht zur Verfügung stehen.[293] Auf subjektiver Ebene ist Eventualvorsatz bezüglich der nicht notwendigerweise dauerhaften Vorenthaltung bei Fälligkeit der Beträge erforderlich.[294]

Die Haftung nach § 823 Abs. 2 BGB i. V. m. § 266a Abs. 1 StGB ist vom V. Strafsenat des BGH auf die Herbeiführung der Zahlungsunfähigkeit ausgedehnt worden. Danach wird der Vorsatz bejaht, wenn der Geschäftsführer Anzeichen von Liquiditätsproblemen tatsächlich erkannt und spätere Zahlungsunfähigkeit bei Unterlassung von Sicherheitsvorkehrungen zumindest für möglich gehalten und billigend in Kauf genommen hat.[295] Diese Rechtsprechung wird vom nunmehr zuständigen II. Zivilsenat des BGH fortgesetzt, der eine Haftung des Geschäftsführers bejaht, wenn die GmbH zwar zum Fälligkeitszeitpunkt nicht über die erforderlichen Mittel verfügt, er es jedoch pflichtwidrig unterlassen hat, die Erfüllung dieser Verpflichtung durch Bildung von Rücklagen, notfalls auch durch Kürzung der Nettolohnzahlung sicherzustellen.[296] Dies wird z. T. als Vorverlagerung der Strafbarkeit gem. § 266a StGB und damit als Verstoß gegen Art. 103 Abs. 2 GG gewertet.[297] **123**

cc) Sonstige Vorschriften als Schutzgesetze

Die Pflicht des Geschäftsführers, bei Zahlungsunfähigkeit oder Überschuldung der Gesellschaft unverzüglich einen Insolvenzeröffnungsantrag zu stellen, ist seit dem MoMiG in § 15a Abs. 1 S. 1 InsO (früher § 64 Abs. 1 GmbHG a. F.) geregelt. Die h. M. qualifizierte § 64 Abs. 1 GmbHG a. F. als Schutzgesetz zu Gunsten der Gesellschaftsgläubiger,[298] daher ist auch § 15a Abs. 1 S. 1 InsO als Gläubigerschutzgesetz anzusehen.[299] **124**

Bei § 130 OWiG handelt es sich nach Ansicht des BGH nicht um ein Schutzgesetz i. S. d. § 823 Abs. 2 BGB.[300] Würde man nämlich eine Haftung des Geschäftsführers nach § 823 Abs. 2 BGB i. V. m. §§ 130, 9 Abs. 1 Nr. 1 OWiG zulassen, widerspräche dies § 831 BGB, der die Organisations- und Aufsichtsverantwortlichkeit im Außenverhältnis der Gesellschaft und nicht dem Geschäftsführer auferlegt.[301] **125**

c) Haftung gem. § 826 BGB

Eine Haftung wegen sittenwidriger vorsätzlicher Schädigung Dritter durch den Geschäftsführer hat die Rechtsprechung in verschiedenen Fallgestaltungen angenommen. Die (auch konkludente) Behauptung wider besseres Wissen gegenüber dem Vertragspartner, die Gesellschaft sei leistungsfähig, ist haftungsbegründend.[302] Dies gilt ebenfalls für die einseitige Verlagerung des Verlustrisikos auf die **126**

---

292 Schwerdtfeger/*Alexander* § 43 Rn. 82.
293 BGH NJW 1997, 1237.
294 BGH NJW 2001, 969 (971).
295 BGH NZG 2002, 721 (723).
296 BGH DStR 2006, 2185; Baumbach/Hueck/*Zöllner/Noack* § 43 Rn. 94.
297 Baumbach/Hueck/*Zöllner/Noack* § 43 Rn. 95; *Ranft*, DStR 2001, 132 (136).
298 BGHZ 126, 181 (190 ff.); 138, 211; BGH NJW 1995, 389; 1999, 2182; NJW-RR 1995, 289 (290); OLG Düsseldorf NZG 1999, 945; OLG Koblenz NZG 2003, 776 (777).
299 So auch Michalski/*Nerlich* § 64 Rn. 9; Baumbach/Hueck/*Zöllner/Noack* § 43 Rn. 79; Baumbach/Hueck/ *Haas* § 64 Rn. 109a.
300 BGHZ 125, 366 (371); Baumbach/Hueck/*Zöllner/Noack* § 43 Rn. 85; Michalski/*Haas/Ziemans* § 43 Rn. 333–334a; Scholz/*Schneider* § 43 Rn. 330.
301 BGHZ 125, 366 (375); Michalski/*Haas/Ziemons* § 43 Rn. 333–334a; Baumbach/Hueck/*Zöllner/Noack* § 43 Rn. 85.
302 BGH NJW-RR 1991, 1312 (1314).

GmbH[303] und die unzureichende Aufklärung von Anlegerkunden der GmbH über die Risiken von Warentermin- oder Optionsgeschäften.[304] Außerdem entspricht es ständiger Rechtsprechung, dass der Geschäftsführer bei Insolvenzverschleppung gegenüber der Bundesagentur für Arbeit aus § 826 BGB haften kann.[305]

3. Haftung nach GmbH-Recht

127 Weiter kommt eine Haftung nach GmbH-rechtlichen Normen in Betracht. Zur Haftung eines Geschäftsführers nach § 11 Abs. 2 GmbHG vgl. § 15 Rdn. 55–69. Die Haftung wegen Verletzung der Einreichungspflicht nach § 40 Abs. 3 GmbHG (vgl. oben Rdn. 104 bzgl. der Haftung gegenüber den einzelnen Gesellschaftern) kann auch gegenüber Gläubigern der Gesellschaft eintreten, wenn der Gläubiger auf den gegenwärtigen oder früheren Gesellschafter hätte zugreifen können, wenn ihm die Veränderung der Gesellschafterstellung bekannt gewesen wäre.[306] Neben der seltenen Konstellation, dass der Gesellschafter dem Gläubiger direkt haftbar gewesen wäre, ist dies vor allem dann der Fall, wenn der Gläubiger die Ansprüche der Gesellschaft gegen die Gesellschafter pfänden und sich überweisen lassen kann.[307]

B. Geschäftsführer als Kläger

128 Wenn die Gesellschafterversammlung Maßnahmen gegen einen Geschäftsführer ergreift, bedarf es der genauen Prüfung, ob der Geschäftsführer durch diese Maßnahmen in seiner organschaftlichen Geschäftsführerstellung und/oder in seiner schuldrechtlichen Anstellung betroffen ist.[308] Dementsprechend muss der Geschäftsführer entweder eine Klage gegen seine organschaftliche Abberufung anstrengen (dazu Rdn. 131–176) oder gegen die Kündigung seines Anstellungsvertrages vorgehen (dazu Rdn. 177–194).

129 Das sogenannte **Trennungsprinzip** gebietet eine Differenzierung von Organstellung und Anstellungsvertrag.[309] Beide Rechtsverhältnisse stehen rechtlich selbstständig nebeneinander und können demgemäß auch rechtlich unabhängig voneinander nach den jeweiligen dafür geltenden Vorschriften beendet werden.[310] Eventuell kann aber im Wege der Auslegung einer Abberufung die Kündigungserklärung oder einer Kündigungserklärung die Abberufung entnommen werden.[311]

130 Das Angestelltenverhältnis kann zudem aufgrund einer **vertraglichen Kopplungsklausel** an den Fortbestand der organschaftlichen Bestellung geknüpft sein.[312] Unproblematisch sind die Klauseln, nach denen in der Abberufung zugleich eine Kündigung zum nächstmöglichen Termin liegt.[313] Wird hingegen der Bestand des Anstellungsvertrages durch auflösende Bedingung an die Organstellung geknüpft, müssen wegen der Gefahr der Umgehung der gesetzlichen und vertraglichen Kündigungsregeln einige Einschränkungen beachtet werden. Die Kopplungsklausel darf nicht gegen die im Anstellungsvertrag getroffenen Kündigungsregeln, insbesondere die vereinbarte Kündigungsfrist,

---

303 BGH NJW-RR 1992, 1061 (1062).
304 BGH NJW 2002, 2777.
305 BGH NJW 1989, 3277 (3278); Baumbach/Hueck/*Zöllner/Noack* § 43 Rn. 86.
306 Baumbach/Hueck/*Zöllner/Noack* § 40 Rn. 45.
307 Baumbach/Hueck/*Zöllner/Noack* § 40 Rn. 45.
308 *Wicke* § 38 Rn. 3, 13.
309 St. Rspr., BGH NJW 1989, 2683; BGHZ 112, 103 (115); MüKo GmbHG/*Jaeger* § 35 Rn. 391; Fleischer/*Thüsing* § 5 Rn. 1.
310 BGH NJW 2003, 351.
311 MüKo GmbHG/*Jaeger* § 38 Rn. 23; Scholz/*Schneider* § 38 Rn. 6.
312 BGH NJW 1999, 3263 (3264); Baumbach/Hueck/*Zöllner/Noack* § 35 Rn. 211; MüKo GmbHG/*Jaeger* § 35 Rn. 392.
313 MüKo GmbHG/*Jaeger* § 35 Rn. 393.

I. Klage des Geschäftsführers gegen seine Abberufung

Bei der Abberufung des Geschäftsführers muss zwingend danach unterschieden werden, ob es sich um eine mitbestimmte oder nicht mitbestimmte GmbH handelt. Die Unterscheidung spielt zum einen für die Frage eine Rolle, bei wem die Abberufungskompetenz liegt und nach welcher Norm die Abberufung erfolgt, zum anderen für die Frage, welche Klageart statthaft ist. 131

In der nicht mitbestimmten GmbH kann der Widerruf der Bestellung nach § 38 Abs. 1 GmbHG jederzeit erfolgen. Nach § 38 Abs. 2 S. 1 GmbHG kann die Zulässigkeit der Abberufung jedoch im Gesellschaftsvertrag an wichtige Gründe geknüpft werden. Über die Abberufung entscheidet die Gesellschafterversammlung durch Gesellschafterbeschluss, § 46 Nr. 5 GmbHG. Die Abberufungskompetenz kann aber z. B. auf einen fakultativen Aufsichtsrat oder Beirat übertragen werden. 132

In einer mitbestimmten GmbH hingegen liegt die Abberufungskompetenz zwingend beim (obligatorischen) Aufsichtsrat. Die Anwendbarkeit des § 38 GmbHG ist durch § 12 MontanMitbestG, § 13 MontanMitbestErgG bzw. § 31 MitbestG ausgeschlossen. Die Abberufung erfolgt nach § 84 AktG und ist nach Abs. 3 S. 1 daher nur aus wichtigem Grund möglich. In einer nach DrittelbG mitbestimmten GmbH erfolgt die Abberufung wie in einer mitbestimmungsfreien GmbH, da § 1 Nr. 3 S. 2 DrittelbG keine Verweisung auf § 84 AktG enthält. 133

1. Zulässigkeit

a) Zuständigkeit

Der Geschäftsführer kann sich gegen die Abberufung mangels Arbeitnehmereigenschaft gem. § 5 Abs. 1 S. 3 ArbGG nicht an die Arbeitsgerichte wenden. Ihm steht vielmehr der ordentliche Rechtsweg offen.[316] Gem. § 2 Abs. 4 ArbGG können die Parteien aber die Zuständigkeit der Arbeitsgerichte vereinbaren. Der Gerichtsstand befindet sich nach § 29 ZPO am Sitz der Gesellschaft (Erfüllungsort). Funktionell zuständig ist die Kammer für Handelssachen, §§ 94, 95 Abs. 1 Nr. 4a GVG. 134

b) Statthafte Klageart

Bei der Frage, welche Klageart statthaft ist, muss zunächst danach unterschieden werden, ob die Abberufung durch Gesellschafterbeschluss oder – in einer mitbestimmten GmbH – durch Aufsichtsratsbeschluss erfolgt ist. Hat die Gesellschafterversammlung den Geschäftsführer abberufen, muss weiter danach unterschieden werden, ob das Beschlussergebnis förmlich festgestellt wurde oder nicht. 135

aa) Abberufung durch Gesellschafterbeschluss in einer mitbestimmungsfreien GmbH

Liegt eine förmliche Beschlussfeststellung vor, z. B. durch ausdrückliche Feststellung eines bestimmten Ergebnisses durch den Versammlungsleiter[317] oder durch Protokollierung nach Maßgabe des Gesellschaftsvertrages,[318] sind die aktienrechtlichen Regelungen zur Anfechtungs- und Nichtigkeitsklage entsprechend anzuwenden.[319] Beruft sich der Gesellschafter-Geschäftsführer auf einen Fehler des Abberufungsbeschlusses, der zur Anfechtbarkeit des Beschlusses führt, kann er also durch **An-** 136

---

314 BGH NJW 1999, 3263; MüKo GmbHG/*Jaeger* § 35 Rn. 394.
315 BGH NJW 1989, 2683 (2684); MüKo GmbHG/*Jaeger* § 35 Rn. 394.
316 Michalski/*Terlau* § 38 Rn. 72.
317 BGH NZG 2008, 317 (318); ZIP 1989, 1261.
318 BGH NZG 2008, 317 (318); 2003, 40.
319 BGH NZG 2008, 317 (318); BGHZ 104, 66 (69 f.); MüKo GmbHG/*Stephan/Tieves* § 38 Rn. 115.

fechtungsklage analog §§ 243, 245, 246, 248 AktG für nichtig erklärt werden.[320] Der Fremdgeschäftsführer hat nach h. M. keine Klagebefugnis für die Anfechtungsklage, kann aber ggf. Leistungsklage auf Wiederbestellung erheben. Analog §§ 241, 249, 248 AktG kann der (Gesellschafter- oder Fremd-)Geschäftsführer gegen einen nichtigen Beschluss **Nichtigkeitsklage** erheben.[321]

137 Wurde das Beschlussergebnis nicht förmlich festgestellt, muss der Geschäftsführer Einwendungen gegen die Wirksamkeit des Beschlusses im Wege einer auf Feststellung der Nichtigkeit gerichteten **allgemeinen Feststellungsklage** nach § 256 ZPO geltend machen.[322]

138 Die Ausführungen gelten entsprechend bei einer nach DrittelbG mitbestimmten GmbH, soweit kein fakultativer Aufsichtsrat gebildet wurde.[323]

bb) Abberufung durch Aufsichtsratsbeschluss in einer mitbestimmten GmbH

139 In einer paritätisch mitbestimmten GmbH gilt für die Abberufung zwingend § 84 AktG (vgl. Rdn. 133) und somit auch das daran anknüpfende Rechtsschutzsystem.[324] Zu den Einzelheiten wird auf die Ausführungen in § 9 Rdn. 7–10 verwiesen.

140 Entsprechendes gilt für eine nicht mitbestimmte GmbH oder eine nach DrittelbG mitbestimmte GmbH, in der die Abberufungskompetenz auf den fakultativen Aufsichtsrat oder ein anderes Organ übertragen wurde.[325]

c) Verfahrensbeteiligte

141 Die Klage ist gegen die Gesellschaft als **Beklagte** zu richten.[326] Bei einer mitbestimmten GmbH vertritt der Aufsichtsrat gem. § 52 Abs. 1 GmbHG i. V. m. § 112 AktG zwingend die Gesellschaft,[327] nach h. M. auch bei einer nach DrittelbG mitbestimmten Gesellschaft.[328] Für den fakultativen Aufsichtsrat gilt das nur für den Fall, dass keine entgegenstehende Satzungsregelung besteht.[329] Ansonsten muss die Gesellschaft gem. § 46 Nr. 8, 2. Alt. GmbHG einen besonderen Vertreter ernennen.[330] Tut sie das nicht, wird teilweise die Gesellschafterversammlung als vertretungsbefugt erachtet,[331] insbesondere der BGH ist aber der Ansicht, dass die Geschäftsführer (ohne den betroffenen Geschäftsführer) die Gesellschaft vertreten sollen.[332]

142 Für die **Klagebefugnis** des Geschäftsführers ist von zentraler Bedeutung, dass er in seiner Stellung als Organ kein subjektives Recht auf Fortdauer der Bestellung hat.[333] Daher kann er einen förmlich festgestellten Abberufungsbeschluss der Gesellschafterversammlung nicht anfechten.[334] Auch etwaige Regelungen im Anstellungsvertrag können daran nichts ändern.[335] Handelt es sich jedoch um einen

---

320 BGH NJW-RR 1988, 928. Ausführlich zur Anfechtungsklage § 19 Rdn. 57–121.
321 Siehe § 19 Rdn. 1–56.
322 BGH ZIP 2009, 2195 (2196); NZG 2008, 317 (318); 1999, 498; Baumbach/Hueck/*Zöllner/Noack* § 38 Rn. 58.; MüKo GmbHG/*Stephan/Tieves* § 38 Rn. 115.
323 MüKo GmbHG/*Stephan/Tieves* § 38 Rn. 123.
324 MüKo GmbHG/*Stephan/Tieves* § 38 Rn. 115.
325 MüKo GmbHG/*Stephan/Tieves* § 38 Rn. 124.
326 Scholz/*Schneider* § 38 Rn. 69; MüKo GmbHG/*Stephan/Tieves* § 38 Rn. 137.
327 Baumbach/Hueck/*Zöllner* § 46 Rn. 69.
328 Baumbach/Hueck/*Zöllner/Noack* § 52 Rn. 250; MüKo GmbHG/*Stephan/Tieves* § 38 Rn. 138.
329 BGH NZG 2004, 327; OLG München NZG 2003, 634; Baumbach/Hueck/*Zöllner/Noack* § 38 Rn. 72, § 52 Rn. 116.
330 Baumbach/Hueck/*Zöllner* § 46 Rn. 67; Scholz/*Schneider* § 38 Rn. 69; Michalski/*Terlau* § 38 Rn. 74 .
331 Baumbach/Hueck/*Zöllner/Noack* § 38 Rn. 60.
332 BGH NJW-RR 1992, 993; Scholz/*Schneider* § 38 Rn. 69; MüKo GmbHG/*Stephan/Tieves* § 38 Rn. 139.
333 MüKo GmbHG/*Stephan/Tieves* § 38 Rn. 130.
334 BGH NZG 2008, 317 (319); Scholz/*Schneider* § 38 Rn. 58b; Lutter/Hommelhoff/*Kleindiek* § 38 Rn. 27; Lutter/Hommelhoff/*Bayer* Anh. § 47 Rn. 73.
335 OLG Dresden NJOZ 2003, 3301 (3306); MüKo GmbHG/*Stephan/Tieves* § 38 Rn. 131 .

Gesellschafter-Geschäftsführer kann dieser eine Anfechtungsklage gegen den Gesellschafterbeschluss erheben, dies allerdings nur in seiner Eigenschaft als Gesellschafter.[336] Einem Fremdgeschäftsführer steht indes das Recht zur Leistungsklage auf Wiederbestellung zu, wenn Satzung oder Anstellungsvertrag die Abberufung von einem wichtigen Grund abhängig machen und ein solcher nicht vorliegt.[337]

Soweit es hingegen nicht um eine Anfechtungs-, sondern um eine Nichtigkeitsklage geht, ist auch der Fremdgeschäftsführer klagebefugt.[338] Da die Bestellung ein Rechtsverhältnis mit der Gesellschaft begründet, hat er ein berechtigtes Interesse zu erfahren, ob die Geschäftsführerstellung fortbesteht und ihm weiter die Rechte und Pflichten eines Geschäftsführers zukommen.[339] Ebenso ist er im Falle einer Klage auf Feststellung der Unwirksamkeit des Beschlusses des fakultativen oder obligatorischen Aufsichtsrates aktivlegitimiert.[340] 143

Im Übrigen ist jeder Gesellschafter unabhängig von der Klageart klagebefugt,[341] nicht aber die Gesellschaft.[342] 144

d) Sonstige prozessuale Besonderheiten

aa) Einstweiliger Rechtsschutz

Aufgrund der Unwissenheit über die Wirksamkeit der Abberufungsentscheidung ergeben sich eine Vielzahl von Problemen, die nur im Wege des einstweiligen Rechtsschutzes gelöst werden können.[343] 145

(1) Vor dem Abberufungsbeschluss

Vor dem Abberufungsbeschluss besteht für den Fremdgeschäftsführer nicht die Möglichkeit, einstweiligen Rechtsschutz zu beantragen, weil er keinen Verfügungsanspruch hat.[344] Auch der Gesellschafter-Geschäftsführer kann lediglich in Ausnahmefällen einen Antrag auf Verhinderung oder Vorwegnahme des Abberufungsbeschlusses stellen, da ansonsten die Freiheit der Willensbildung des Abberufungsorgans unangemessen beeinträchtigt würde.[345] Grundsätzlich wird es in der Rechtsprechung daher als zumutbar angesehen, erst nachträglich einstweiligen Rechtsschutz zu beantragen, soweit nicht die Sach- oder Rechtslage eindeutig ist oder ein überragendes Schutzbedürfnis zu Gunsten des Antragsstellers besteht.[346] 146

(2) Nach Beschlussfassung

Nachdem der Abberufungsbeschluss gefasst wurde, wird hingegen großzügiger einstweiliger Rechtsschutz gewährt.[347] Die Voraussetzungen einer einstweiligen Verfügung gegen die Abberufung rich- 147

---

336 OLG Koblenz NZG 2006, 270 (271); MüKo GmbHG/*Stephan/Tieves* § 38 Rn. 115, 130; Michalski/*Terlau* § 38 Rn. 71.
337 Baumbach/Hueck/*Zöllner/Noack* § 38 Rn. 67; Lutter/Hommelhoff/*Kleindiek* § 38 Rn. 14.
338 BGH NZG 2008, 317 (319); OLG Dresden NJOZ 2003, 3301 (3303).
339 BGH NZG 2008, 317 (319); OLG Dresden NJOZ 2003, 3301 (3303).
340 MüKo GmbHG/*Stephan/Tieves* § 38 Rn. 134.
341 MüKo GmbHG/*Stephan/Tieves* § 38 Rn. 128 f.; Roth/Altmeppen/*Roth* § 47 Rn. 138.
342 OLG Koblenz NZG 2006, 270 (271).
343 MüKo GmbHG/*Stephan/Tieves* § 38 Rn. 159.
344 OLG Hamm NZG 2002, 50; OLG Celle GmbHR 1991, 264; Baumbach/Hueck/*Zöllner/Noack* § 38 Rn. 70; Scholz/*Schneider* § 38 Rn. 74; MüKo GmbHG/*Stephan/Tieves* § 38 Rn. 108.
345 Baumbach/Hueck/*Zöllner* Anh. § 47 Rn. 202; MüKo GmbHG/*Stephan/Tieves* § 38 Rn. 109; *Wicke* § 38 Rn. 10.
346 OLG München NZG 1999, 407 (408); OLG Koblenz NJW 1986, 1692 (1693); Scholz/*Schneider* § 38 Rn. 74; Michalski/*Terlau* § 38 Rn. 79; Oppenländer/Trölitzsch/*Trölitzsch* § 12 Rn. 21; MüKo GmbHG/*Stephan/Tieves* § 38 Rn. 110.
347 MüKo GmbHG/*Stephan/Tieves* § 38 Rn. 159.

ten sich nach §§ 935, 940 ZPO. Erforderlich sind also ein Verfügungsgrund und ein Verfügungsanspruch.

148 Ein **Verfügungsgrund** ist gegeben, wenn dem Geschäftsführer im Falle seiner Abberufung eine schwerwiegende Beeinträchtigung seiner Interessen droht.[348]

149 Der Fremdgeschäftsführer hat in den Fällen der Anfechtungsklage (Rdn. 136) keinen **Verfügungsanspruch**. Ein anfechtbarer Abberufungsbeschluss bleibt nämlich wirksam, bis seine Unwirksamkeit vom Gericht rechtskräftig festgestellt wird, weshalb es dem Geschäftsführer nicht vorzuwerfen ist, wenn er seine Geschäftsführerpflichten nicht wahrnimmt.[349] Geht es hingegen um die Nichtigkeit des Abberufungsbeschlusses (Rdn. 136) liegt es in seinem Interesse zu wissen, ob er noch die Stellung des Geschäftsführers mit den einhergehenden Rechten und Pflichten bekleidet. Daher kann er im Wege des einstweiligen Rechtsschutzes Maßnahmen begehren, die die vorläufige Wahrnehmung seines Amtes sichern.[350]

150 Der Gesellschafter-Geschäftsführer kann einstweiligen Rechtsschutz gleichzeitig mit der Anfechtungsklage beantragen.[351] Ein Verfügungsanspruch i. S. d. § 940 ZPO steht ihm zu, wenn der geltend gemachte Anspruch (meist wird es um das Vorliegen des wichtigen Grundes gehen) nach summarischer Prüfung in seiner Person besteht.[352]

151 Im Wege der einstweiligen Verfügung kann der antragsbefugte Geschäftsführer seine Geschäftsführungsbefugnis erhalten.[353] Er kann insbesondere erreichen, dass ihm die volle oder begrenzte Weiterführung seiner Tätigkeit eröffnet, der Zutritt zu den Geschäftsräumen erlaubt, Einblick in bestimmte Unterlagen ermöglicht und seine Abmeldung beim Handelsregister untersagt oder seine Wiederanmeldung angeordnet wird.[354]

bb) Weiterbeschäftigungsanspruch

152 Nach der jüngsten Entscheidung des BGH besteht für den Geschäftsführer nach seiner Abberufung **kein Anspruch auf Weiterbeschäftigung** in einer anderen Position, da bei einer Interessenabwägung das Interesse der Gesellschaft, die Leitungsposition mit einer Person ihres Vertrauens zu besetzen, regelmäßig das Interesse des Geschäftsführers an der Weiterbeschäftigung überwiege. Dem Geschäftsführer stünde nämlich auf Grund des fortbestehenden Anstellungsvertrages i. V. m. § 615 BGB ein Anspruch auf Gehaltsfortzahlung zu.[355] Des Weiteren beziehe sich der Anstellungsvertrag regelmäßig nur auf eine Tätigkeit als Geschäftsführer und ergebe somit keinen Anspruch auf eine Tätigkeit unterhalb der Organebene.[356] Damit fällt in der Praxis für abberufene Geschäftsführer ein Druckmittel zur Erhöhung der Abfindung weg, weil diese nicht mehr damit drohen können, auf Grund der zuvor unklaren Rechtslage ihren Beschäftigungsanspruch geltend zu machen.[357] Vielmehr kann die GmbH den Geschäftsführer nach Abberufung bei fortbezahlter Vergütung bis zum Ablauf der Kündigungsfrist freistellen.

2. Begründetheit

153 Auch im Rahmen der Begründetheit gibt es Unterschiede zwischen der mitbestimmten und der mitbestimmungsfreien GmbH. Im Rahmen der formellen Voraussetzungen der Abberufung liegen die

---

348 OLG München GWR 2009, 420; OLG Jena NZG 1998, 992; *Wicke* § 38 Rn. 12.
349 Näher hierzu MüKo GmbHG/*Stephan/Tieves* § 38 Rn. 166.
350 MüKo GmbHG/*Stephan/Tieves* § 38 Rn. 167.
351 Michalski/*Terlau* § 38 Rn. 78.
352 MüKo GmbHG/*Stephan/Tieves* § 38 Rn. 162.
353 Roth/Altmeppen/*Altmeppen* § 38 Rn. 69; *Wicke* § 38 Rn. 12.
354 Baumbach/Hueck/*Zöllner/Noack* § 38 Rn. 75; Michalski/*Terlau* § 38 Rn. 78.
355 BGH NZG 2011, 112 (113).
356 BGH NZG 2011, 112 (113).
357 *Weller* GWR 2011, 47.

Abweichungen in der Zuständigkeit, auf materieller Seite ergeben sich durch die Anwendbarkeit verschiedener Normen andere Voraussetzungen für die Abberufung.

a) Formelle Voraussetzungen einer Abberufung

Die Abberufung eines Geschäftsführers hat nur geringen formellen Voraussetzungen zu genügen. 154

aa) Zuständigkeit

Die Zuständigkeit für eine Abberufung liegt in der **mitbestimmungsfreien Gesellschaft** bei der Gesellschafterversammlung, § 46 Nr. 5 GmbHG.[358] Auch wenn ein fakultativer Aufsichtsrat eingerichtet ist, verbleibt die Kompetenz zur Abberufung bei der Gesellschafterversammlung.[359] Erforderlich ist somit grundsätzlich ein ordnungsgemäßer Gesellschafterbeschluss. Dieser erfolgt mit einfacher Mehrheit (vgl. § 47 Abs. 1 GmbHG), wenn die Satzung kein anderes Quorum vorschreibt.[360] Nach h. M. soll auch bei Abberufungen aus wichtigem Grund die einfache Mehrheit ausreichend sein, weil der Gesellschaft ein unzumutbar gewordener Geschäftsführer nicht aufgedrängt werden soll.[361] Grundsätzlich ist auch ein betroffener Gesellschafter-Geschäftsführer stimmberechtigt,[362] außer die Abberufung erfolgt aus wichtigem Grund.[363] Die Tagesordnung der Gesellschafterversammlung muss die Abberufung, jedoch nicht die Gründe für diese hinreichend bestimmt erkennen lassen.[364] 155

Die Gesellschafterversammlung kann durch **Satzungsregelung** die Zuständigkeit für die Bestellung und Abberufung auf ein anderes Organ, wie einen Beirat oder einen fakultativen Aufsichtsrat übertragen.[365] Auch die Übertragung an einzelne Gesellschafter oder ein Mitglied eines anderes Organs ist zulässig.[366] Strittig ist jedoch die Zulässigkeit der Übertragung an gesellschaftsfremde Dritte.[367] Im Zweifel ist das Organ, das für die Bestellung zuständig ist, ebenso für die Abberufung zuständig.[368] 156

In **mitbestimmten Gesellschaften** gelten spezialgesetzliche Regelungen (§ 31 Abs. 1 S. 1 MitbestG bzw. § 12 MontanMitbestG, § 13 S. 1 MontanMitbestErgG), die die Anwendbarkeit des § 38 GmbHG ausschließen und auf die Anwendbarkeit des § 84 AktG verweisen.[369] Daher ist in mitbestimmten Gesellschaften für die Bestellung und die Abberufung nicht die Gesellschafterversammlung, sondern zwingend der Aufsichtsrat zuständig.[370] Eine abweichende Satzungsregelung ist nicht möglich.[371] Auch einem Aufsichtsratsausschuss kann die Kompetenz nicht übertragen werden, § 107 Abs. 3 S. 2 AktG.[372] Unterliegt die GmbH dem DrittelbG, verbleibt es gem. § 1 Nr. 3 S. 2 157

---

358 *Wicke* § 38 Rn. 4; Baumbach/Hueck/*Zöllner*/*Noack* § 38 Rn. 24.
359 *Wicke* § 38 Rn. 4.
360 Baumbach/Hueck/*Zöllner*/*Noack* § 38 Rn. 29.
361 BGH NJW 1983, 938; a. A. Baumbach/Hueck/*Zöllner*/*Noack* § 38 Rn. 30.
362 Baumbach/Hueck/*Zöllner*/*Noack* § 38 Rn. 33.
363 BGH NJW 1983, 938; OLG Karlsruhe NZG 2008, 785.
364 BGH NZG 2000, 945 (946); Baumbach/Hueck/*Zöllner*/*Noack* § 38 Rn. 32.
365 Michalski/*Terlau* § 38 Rn. 14; MüKo GmbHG/*Stephan*/*Tieves* § 38 Rn. 26; Roth/Altmeppen/*Altmeppen* § 38 Rn. 12.
366 Roth/Altmeppen/*Altmeppen* § 38 Rn. 12; Scholz/*Schneider* § 38 Rn. 21; Michalski/*Terlau* § 38 Rn. 14.
367 Dafür: Lutter/Hommelhoff/*Kleindiek* § 38 Rn. 3; Roth/Altmeppen/*Altmeppen* § 38 Rn. 12; dagegen: Baumbach/Hueck/*Zöllner*/*Noack* § 38 Rn. 24; Scholz/*Schneider* § 38 Rn. 25; Michalski/*Terlau* § 38 Rn. 17.
368 Baumbach/Hueck/*Zöllner*/*Noack* § 38 Rn. 24; Michalski/*Terlau* § 38 Rn. 15; MüKo GmbHG/*Stephan*/*Tieves* § 38 Rn. 26.
369 *Wicke* § 38 Rn. 2; Baumbach/Hueck/*Zöllner*/*Noack* § 38 Rn. 4.
370 *Wicke* § 38 Rn. 2; Baumbach/Hueck/*Zöllner*/*Noack* § 38 Rn. 26; Roth/Altmeppen/*Altmeppen* § 38 Rn. 15; MüKo GmbHG/*Stephan*/*Tieves* § 38 Rn. 34.
371 MüKo GmbHG/*Stephan*/*Tieves* § 38 Rn. 34; Scholz/*Schneider* § 38 Rn. 28.
372 BGHZ 79, 38 (40 f.); Scholz/*Schneider* § 38 Rn. 28; MüKo GmbHG/*Stephan*/*Tieves* § 38 Rn. 34.

DrittelbG bei der Regelung des § 38 GmbHG. Die Abberufung obliegt danach trotz des Bestehens eines Aufsichtsrates der Gesellschafterversammlung,[373] es sei denn durch Satzungsregelung ist etwas anderes bestimmt.

158 Die Abberufung durch **gerichtliche Entscheidung** analog §§ 117, 127 HGB kommt grundsätzlich **nicht** in Betracht.[374] Wurde jedoch ein Notgeschäftsführer gerichtlich bestellt, obliegt dem Gericht auch dessen Abberufung.[375]

bb) Abgabe und Zugang

159 Die Abberufungsentscheidung setzt als empfangsbedürftige Willenserklärung nach allgemeinen Regeln die **Abgabe der Erklärung** und den **Zugang** beim Geschäftsführer voraus.[376] Für den Zugang ist keine positive Kenntnisnahme erforderlich;[377] andererseits mangelt es bei einer zufälligen Kenntnisnahme an der Erklärungsabgabe.[378] Da die Abberufungsentscheidung formfrei ist, ist sie dem Geschäftsführer zugegangen, wenn er bei der Beschlussfassung anwesend war.[379] Einem abwesenden Gesellschafter geht die Erklärung zu, wenn sie durch das zuständige Organ (z. B. Gesellschafterversammlung oder Aufsichtsrat) oder einen Erklärungsboten (z. B. einen einzelnen Gesellschafter, einen Geschäftsführer oder einen Dritten) übermittelt wurde.[380]

cc) Sonstige formelle Voraussetzungen

160 Weitere formelle Voraussetzungen sind grundsätzlich nicht zu beachten. Es bedarf keiner vorherigen Anhörung.[381] Die nach § 39 Abs. 1 GmbHG vorgesehene Anmeldung im Handelsregister hat nur deklaratorische Wirkung.[382]

161 Erfolgt die Abberufung aus wichtigem Grund, besteht keine Bindung an eine Frist.[383] Insbesondere die Kündigungserklärungsfrist des § 626 Abs. 2 BGB muss nicht beachtet werden.[384] Allerdings droht dem Abberufungsrecht die **Verwirkung**, wenn es über einen längeren Zeitraum trotz Kenntnis der maßgebenden Gründe nicht ausgeübt wird und der Geschäftsführer auf Grund dieses Verhaltens nach Treu und Glauben annehmen darf, die Gesellschaft wolle auf diese Umstände nicht zurückkommen.[385]

162 Ein Nachschieben von wichtigen Gründen ist im Prozess stets zulässig, wenn sie im Zeitpunkt der Abberufung objektiv vorlagen, aber dem zuständigen Organ bei der Beschlussfassung nicht bekannt waren.[386] Treten wichtige Gründe erst nach der Beschlussfassung ein, können sie – sofern ein entspre-

---

373 *Wicke* § 38 Rn. 4; Baumbach/Hueck/*Zöllner/Noack* § 38 Rn. 4; MüKo GmbHG/*Stephan/Tieves* § 38 Rn. 35.
374 BGHZ 86, 177 (180); Scholz/*Schneider* § 38 Rn. 28; MüKo GmbHG/*Stephan/Tieves* § 38 Rn. 36; Michalski/*Terlau* § 38 Rn. 19.
375 OLG München GmbHR 1994, 259; MüKo GmbHG/*Stephan/Tieves* § 38 Rn. 37; Michalski/*Terlau* § 38 Rn. 19.
376 MüKo GmbHG/*Stephan/Tieves* § 38 Rn. 41.
377 BGH NJW 1970, 33; OLG Hamm NZG 2003, 131; Roth/Altmeppen/*Altmeppen* § 38 Rn. 22; Michalski/*Terlau* § 38 Rn. 24.
378 Scholz/*Schneider* § 38 Rn. 30; Baumbach/Hueck/*Zöllner/Noack* § 38 Rn. 43; MüKo GmbHG/*Stephan/Tieves* § 38 Rn. 44.
379 BGH ZIP 2003, 1293 (1294); Baumbach/Hueck/*Zöllner/Noack* § 38 Rn. 42; Roth/Altmeppen/*Altmeppen* § 38 Rn. 22.
380 Michalski GmbHG/*Terlau* § 38 Rn. 23; Roth/Altmeppen/*Altmeppen* § 38 Rn. 22.
381 *Wicke* § 38 Rn. 4; Baumbach/Hueck/*Zöllner/Noack* § 38 Rn. 3.
382 Scholz/*Schneider* § 38 Rn. 31; MüKo GmbHG/*Stephan/Tieves* § 38 Rn. 49.
383 *Wicke* § 38 Rn. 10.
384 OLG Düsseldorf DB 2000, 1956 (1958); OLG Naumburg NZG 2000, 44 (47); *Wicke* § 38 Rn. 10; Baumbach/Hueck/*Zöllner/Noack* § 38 Rn. 17.
385 *Wicke* § 38 Rn. 10; Baumbach/Hueck/*Zöllner/Noack* § 38 Rn. 17.
386 Baumbach/Hueck/*Zöllner/Noack* § 38 Rn. 18; OLG Stuttgart NJW-RR 1995, 295.

chender Beschluss des Abberufungsorgans nachgeholt wird – nachgeschoben werden, wenn eine Gesamtbetrachtung der Umstände ergibt, dass eine Zusammenarbeit mit dem Geschäftsführer für die Gesellschaft schon im Zeitpunkt der ursprünglichen Abberufung unzumutbar war.[387]

Der Grundsatz der freien Abberufbarkeit gilt bei einer abweichenden Satzungsregelung gem. § 38 Abs. 2 GmbHG oder bei der Abberufung eines Gesellschafter-Geschäftsführers nur eingeschränkt. Dies hat in erster Linie Auswirkungen auf die materiellen Voraussetzungen der Abberufung (vgl. unten Rdn. 167 f.). In formeller Hinsicht können durch eine abweichende Satzungsregelung im Rahmen des § 38 Abs. 2 GmbHG Voraussetzungen wie z. B. eine qualifizierte Beschlussmehrheit oder eine Fristbindung statuiert werden.[388] 163

Eine **Suspendierung** im Sinne einer lediglich vorläufigen Amtsenthebung des Geschäftsführers ist im Rahmen des § 38 GmbHG nicht möglich.[389] Die Gesellschafter können zwar durch Beschluss der Gesellschafterversammlung dem Geschäftsführer Weisungen erteilen – wie sich etwa bis auf weiteres jeder Tätigkeit für die Gesellschaft zu enthalten – allerdings bleiben die organschaftliche Vertretungsbefugnis sowie die unabdingbaren Geschäftsführungsaufgaben davon unberührt.[390] 163a

b) Materielle Voraussetzungen einer Abberufung

aa) Grundsatz der freien Abberufbarkeit und Einschränkungen

In einer **mitbestimmungsfreien** Gesellschaft statuiert § 38 Abs. 1 GmbHG den **Grundsatz der freien Abberufbarkeit** des Geschäftsführers.[391] Die Gesellschaft kann die Bestellung zum Geschäftsführer zu jeder Zeit und nach Belieben widerrufen.[392] Insbesondere bedarf es, anders als bei Vorstandsmitgliedern einer Aktiengesellschaft,[393] keiner Gründe für eine Abberufung.[394] Im Vordergrund steht das Interesse der Gesellschafter, sich schnell und unkompliziert vom Geschäftsführer trennen zu können. § 38 GmbHG ist somit auch als Gegengewicht zur regelmäßig fehlenden Befristung der Bestellung und den weiten Befugnissen des Geschäftsführers – zu denken ist insbesondere an die gem. § 37 Abs. 2 GmbHG im Außenverhältnis unbeschränkbare Vertretungsmacht – zu verstehen.[395] Nur ausnahmsweise kann eine Abberufung aus offenbar und nicht nur möglicherweise unsachlichen Gründen gegen §§ 226, 826 BGB verstoßen.[396] 164

Von diesem Grundsatz der freien Abberufbarkeit sind in drei Konstellationen Abweichungen denkbar, nämlich bei mitbestimmten Gesellschaften, bei entsprechender Satzungsregelung gem. § 38 Abs. 2 GmbHG und bei der Abberufung von Gesellschafter-Geschäftsführern. 165

Bei **mitbestimmten Gesellschaften** kann ein Geschäftsführer entsprechend § 84 Abs. 3 S. 1 AktG i. V. m. § 31 Abs. 1 S. 1 MitbestG bzw. § 12 MontanMitbestG, § 13 S. 1 MontanMitbestErgG nur aus **wichtigem Grund** abberufen werden. Ein solcher wichtiger Grund ist parallel zum Aktienrecht und in Abweichung zur statuarischen Regelung des § 38 Abs. 2 GmbHG schon in einem Vertrauensentzug durch die Gesellschafter zu sehen.[397] Im Übrigen wird auf die Ausführungen unter Rdn. 169–172 verwiesen. 166

---

387 Baumbach/Hueck/*Zöllner/Noack* § 38 Rn. 18; *Goette* DStR 1994, 1746 (1748).
388 Schwerdtfeger/*Alexander* § 38 Rn. 2.
389 Roth/Altmeppen/*Altmeppen* § 38 Rn. 72; MüKo GmbHG/*Stephan/Tieves* § 38 Rn. 72; Scholz/*Schneider* § 38 Rn. 95; Henssler/Strohn/*Oetker* § 38 Rn. 38; Lutter/Hommelhoff/*Kleindiek* § 38 Rn. 39;
390 Roth/Altmeppen/*Altmeppen* § 38 Rn. 73; MüKo GmbHG/*Stephan/Tieves* § 38 Rn. 72.
391 Baumbach/Hueck/*Zöllner/Noack* § 38 Rn. 1.
392 Roth/Altmeppen/*Altmeppen* § 38 Rn. 2; *Wicke* § 38 Rn. 4.
393 Siehe dazu § 9 Rdn. 21–27.
394 *Diller* NZG 2011, 254; *Wicke* § 38 Rn. 4.
395 BGH DStR 1994, 214 (216); *Wicke* § 38 Rn. 1; Roth/Altmeppen/*Altmeppen* § 38 Rn. 2.
396 Baumbach/Hueck/*Zöllner/Noack* § 38 Rn. 3.
397 Baumbach/Hueck/*Zöllner/Noack* § 38 Rn. 4.

167 Gem. § 38 Abs. 2 GmbHG sind **strengere Satzungsregelungen** zulässig, nach denen beispielsweise die Abberufung vom Vorliegen eines **wichtigen Grundes** abhängig gemacht wird.[398] In der Praxis wird von entsprechenden Regelungen typischerweise nur in inhabergeführten GmbHs Gebrauch gemacht, während sie bei Fremdgeschäftsführern regelmäßig keine Rolle spielen.[399] Es ist auch möglich, andere qualifizierende materielle Voraussetzungen (z. B. andere sachliche Gründe) zu schaffen.[400] Eine solche Regelung muss zwingend in der Satzung statuiert sein; eine Regelung im schuldrechtlichen Anstellungsvertrag genügt nicht.[401] Eine Beschneidung oder ein vollständiger Ausschluss des Abberufungsrechts für die Fälle des Vorliegens eines wichtigen Grundes – z. B. durch im Gesellschaftsvertrag bzw. in der Satzung geregelte qualifizierte Mehrheiten oder durch vollständige Abbedingung der Abberufung – ist nicht möglich, wie sich schon aus der gesetzlichen Regelung des § 38 Abs. 2 GmbHG ergibt.[402] Deren Sinn und Zweck ist es, zu gewährleisten, dass sich die Gesellschaft von einem Geschäftsführer trennen kann, der grob gegen seine Pflichten verstoßen hat oder der sich zu einer ordnungsgemäßen Geschäftsführung als unfähig erwiesen hat.[403] Sieht die Satzung eine solche unzulässige Regelung vor, ist dies im Wege der geltungserhaltenden Reduktion als Beschränkung der Abberufbarkeit auf das Vorliegen von wichtigen Gründen zu verstehen.[404]

168 Auch wenn die Satzung der Gesellschaft eine solche Einschränkung nicht ausdrücklich vorsieht, kann in Ausnahmefällen die freie Abberufbarkeit unter dem Gesichtspunkt der besonderen **Treuebindungen** der Gesellschafter bei **Gesellschafter-Geschäftsführern** eingeschränkt werden.[405] So kann bei namhafter Beteiligung des Gesellschafter-Geschäftsführers das Vorliegen eines sachlichen Grundes gefordert werden.[406] Dadurch wird eine Abberufung aus völlig willkürlichen oder sachfremden Motiven ausgeschlossen.[407] Eine solche treuwidrige Abberufung nahm der BGH für den Fall an, dass die Abberufung dem Ziel diente, die berufliche Existenz des Gesellschafter-Geschäftsführers zu vernichten und ihn an den Rand der Gesellschaft zu drängen.[408] Der in diesem Fall geforderte sachliche Grund muss nicht den Grad eines wichtigen Grundes erreichen und ist immer dann gegeben, wenn ein verständiger Entscheidungsträger unter Berücksichtigung der Gesamtumstände eine Abberufung veranlassen würde.[409] Dies ist beispielsweise dann der Fall, wenn ein Gesellschafter-Geschäftsführer infolge einer dauerhaften Erkrankung nicht mehr in der Lage ist, seine Funktion als Geschäftsführer wahrzunehmen.[410] Der betroffene Gesellschafter-Geschäftsführer ist bei der Bestimmung über seine Abberufung nicht stimmberechtigt.[411]

bb) Vorliegen eines wichtigen Grundes

169 Ein wichtiger Grund, der zur Abberufung des Geschäftsführers berechtigt, ist gegeben, wenn der Verbleib des betroffenen Geschäftsführers in seiner organschaftlichen Stellung unter Berücksichtigung und Würdigung der Gesamtumstände des Einzelfalles den Gesellschaftern bzw. der Gesellschaft nicht mehr zumutbar ist.[412] Dabei kommt es nicht darauf an, dass ein schuldhaftes Verhalten des

---

398 Schwerdtfeger/*Alexander* § 38 Rn. 2; *Wicke* § 38 Rn. 2; Baumbach/Hueck/*Zöllner/Noack* § 38 Rn. 6.
399 *Diller* NZG 2011, 254.
400 Schwerdtfeger/*Alexander* § 38 Rn. 2; *Wicke* § 38 Rn. 8.
401 BGH NJW 1969, 131; OLG Stuttgart NJW-RR 1995, 295 (296); *Wicke* § 38 Rn. 8; Baumbach/Hueck/ *Zöllner/Noack* § 38 Rn. 21.
402 BGH NJW 1969, 1483; 1983, 938; Baumbach/Hueck/*Zöllner/Noack* § 38 Rn. 6.
403 BGH NJW 1983, 938.
404 Baumbach/Hueck/*Zöllner/Noack* § 38 Rn. 6.
405 Baumbach/Hueck/*Zöllner/Noack* § 38 Rn. 20; Michalski/*Terlau* § 38 Rn. 6.
406 BGH DStR 1994, 214 (216); NZG 2003, 931 (932).
407 OLG Koblenz Beschluss vom 21.6.2007 – 6 W 298/07; kritisch: OLG Naumburg NZG 2000, 608 (609).
408 BGH DStR 1994, 214.
409 OLG Zweibrücken NZG 2003, 931 (932); 1998, 385 (386).
410 OLG Zweibrücken NZG 2003, 931 (932).
411 BGH NJW 1983, 938; OLG Stuttgart NJW-RR 1994, 811.
412 OLG Karlsruhe NZG 2008, 785; OLG Zweibrücken NZG 1999, 1011; OLG Stuttgart NJW-RR 1995, 295; *Wicke* § 38 Rn. 9; Baumbach/Hueck/*Zöllner/Noack* § 38 Rn. 12.

Geschäftsführers vorliegt, sondern nur, dass eine dem Interesse der Gesellschaft dienende Zusammenarbeit nicht mehr erwartet werden kann.[413] Mehrere einzelne »unwichtige« Gründe können in der Zusammenschau einen wichtigen Grund ergeben.[414]

Das Gesetz nennt in § 38 Abs. 2 S. 2 GmbHG als wichtige Gründe die grobe Pflichtverletzung und die Unfähigkeit zur ordnungsmäßigen Geschäftsführung. Die Rechtsprechung hat einen wichtigen Grund u. a. in den folgenden Fällen angenommen:[415] unzureichende Buchführung,[416] Vorbereitung einer eigennützigen, für die herrschende Gesellschaft nachteiligen Kapitalerhöhung in einer Tochtergesellschaft,[417] Bezahlung privater Kosten aus der Gesellschaftskasse,[418] wiederholte Missachtung von Weisungen bzw. der Zuständigkeit der Gesellschafterversammlung oder von Auskunftsersuchen nach § 51a GmbHG.[419] 170

Bei einer zweigliedrigen Gesellschaft werden die Anforderungen an eine wirksame Abberufung weiter angehoben, um eine beliebige Abberufung zu verhindern.[420] Sind für beide Gesellschafter-Geschäftsführer wichtige Gründe zur Abberufung des jeweils anderen Geschäftsführers gegeben, ohne dass den Gründen einer Seite eine höhere Wertigkeit zukommt, sind die Abberufungen auszuschließen und die Gesellschaft aufzulösen.[421] 171

Zu **verneinen** ist ein wichtiger Grund in den Fällen einer Kompetenzänderung für die Geschäftsführerbestellung (bspw. bei Änderung der Mitbestimmung), bei an sich wichtigen Gründen, die aber schon bei der Bestellung bekannt waren, bei Überschuldung der Gesellschaft oder des Geschäftsführers oder bei hohem Alter des Geschäftsführers.[422] 172

cc) Wirksamwerden der Abberufung aus wichtigem Grund

Bestehen keine Zweifel an der Wirksamkeit der Abberufung aus wichtigem Grund, verliert der Geschäftsführer mit dem Zugang der Erklärung sein Amt.[423] Im Konfliktfall kann die Abberufung durch die Behauptung eines wichtigen Grundes jedoch gegen einen geschäftsführenden Gesellschafter eingesetzt werden und so Entscheidungsprozesse in der Gesellschaft beeinflussen. In diesen Fällen ist die Bestimmung des Wirksamkeitszeitpunkts umstritten. 173

Die h. M. differenziert bei **mitbestimmungsfreien Gesellschaften** zwischen der Art und dem Umfang der Beteiligung des abzuberufenden Geschäftsführers:[424] 174
– Die Abberufung eines **Fremdgeschäftsführers**, der also nicht gleichzeitig Gesellschafter ist, ist mit Zugang der Erklärung als wirksam zu betrachten, bis das Gegenteil rechtskräftig festgestellt ist.[425]
– Ist der betroffene **Gesellschafter-Geschäftsführer** Inhaber eines gesellschaftsvertraglichen **Sonderrechts** zur Geschäftsführung, muss dieser seiner Abberufung entweder zustimmen oder es ist eine rechtskräftige gerichtliche Feststellung der Abberufung erforderlich.[426] Ohne eine solche

---

413 BGH NJW-RR 1992, 993; *Wicke* § 38 Rn. 9.
414 Baumbach/Hueck/*Zöllner/Noack* § 38 Rn. 12.
415 Diese und weitere Einzelfälle bei: Baumbach/Hueck/*Zöllner/Noack* § 38 Rn. 13; *Wicke* § 38 Rn. 9; Roth/Altmeppen/*Altmeppen* § 38 Rn. 37.
416 BGH NZG 2009, 386 (387).
417 OLG Nürnberg NZG 2000, 701 (703).
418 BGH DStR 1994, 1746.
419 Roth/Altmeppen/*Altmeppen* § 38 Rn. 37.
420 OLG Karlsruhe NZG 2008, 785.
421 Baumbach/Hueck/*Zöllner/Noack* § 38 Rn. 16.
422 Baumbach/Hueck/*Zöllner/Noack* § 38 Rn. 14.
423 Michalski/*Terlau* § 38 Rn. 63.
424 Vgl. die Übersicht über den Meinungsstand bei *Wicke* § 38 Rn. 11.
425 OLG Hamm NZG 2002, 50 (51).
426 Roth/Altmeppen/*Altmeppen* § 38 Rn. 61.

Zustimmung oder Feststellung hängt die Wirksamkeit der Abberufung von der endgültigen Klärung ab und der Abzuberufende muss nichts unternehmen.[427]
- Die Abberufung eines **Geschäftsführers**, der eine **Minderheitsbeteiligung** an der GmbH hält und nicht über ein Sonderrecht zur Geschäftsführung verfügt, wird entsprechend § 84 Abs. 3 S. 4 AktG mit Zugang der Erklärung wirksam; er kann gegen den Beschluss jedoch im Wege der Anfechtungsklage vorgehen.[428]
- Die Sperrwirkung des § 84 Abs. 3 S. 4 AktG kann hingegen nicht analog herangezogen werden, wenn der abzuberufende **Geschäftsführer zur Hälfte beteiligt oder sogar mehrheitsbeteiligt** ist und die Entscheidung über die Abberufung nicht einem anderen Organ als der Gesellschafterversammlung übertragen ist. Der abberufende Gesellschafter könnte sonst mit der Behauptung eines wichtigen Grundes vollendete Tatsachen schaffen und den abzuberufenden Geschäftsführer dauerhaft ausschließen.[429] Denn der abzuberufende Gesellschafter-Geschäftsführer ist bei der Abstimmung über die Abberufung mit seiner Stimme ausgeschlossen.[430] Er bleibt daher bis zur rechtskräftigen Entscheidung über die Abberufung im Amt.

175 Diese Grundsätze gelten nicht für die **mitbestimmte Gesellschaft**: Dort ist die Abberufung gem. § 84 Abs. 3 S. 4 AktG i. V. m. § 31 Abs. 1 S. 1 MitbestG bzw. § 12 MontanMitbestG, § 13 S. 1 MontanMitbestErgG solange beachtlich, bis ihre Ungültigkeit rechtskräftig festgestellt wird.

176 Bei **personalistisch ausgestalteten Gesellschaften** hingegen muss der Geschäftsführer in bestimmten Fällen entsprechend dem Rechtsgedanken der §§ 117, 127 HGB bis zur gerichtlichen Entscheidung über die Abberufung im Amt bleiben.[431]

II. Klage des Geschäftsführers gegen die Kündigung seines Anstellungsvertrages

177 Da das Angestelltenverhältnis grundsätzlich von der organschaftlichen Bestellung zum Geschäftsführer zu trennen ist, wirkt sich eine wirksame Abberufung nicht zwingend auch auf das Angestelltenverhältnis aus (s. o. Rdn. 129 f.).

1. Zulässigkeit

178 Die Klage des Geschäftsführers gegen die ordentliche oder außerordentliche Kündigung richtet sich gegen die Gesellschaft als **Beklagte**.[432] Die Geschäftsführer können sich gegen die Kündigung vor den **ordentlichen Gerichten** wehren, soweit keine Vereinbarung über die Zuständigkeit der Arbeitsgerichte gem. § 2 Abs. 4 ArbGG vorliegt.[433] Der Geschäftsführer ist nämlich gem. § 5 Abs. 1 S. 3 ArbGG kein Arbeitnehmer im Sinne des § 2 Abs. 1 S. 3 lit. b ArbGG. Die Arbeitsgerichte sind auch bei fehlender Vereinbarung dann zuständig, wenn neben dem gekündigten Anstellungsverhältnis ein Arbeitsverhältnis – wie im Fall einer Gesellschaftsübernahme – ruhend fortbestand.[434] In der Regel wird ein zuvor bestehender Arbeitsvertrag jedoch durch das Anstellungsverhältnis als Geschäftsführer ersetzt, soweit nichts anderes vereinbart wurde.[435] Wenn das Anstellungsverhältnis des Geschäftsführers mit einem Dritten, etwa einem Gesellschafter der GmbH oder der Muttergesellschaft, begründet wurde, sind hingegen die Arbeitsgerichte zuständig.[436] Die Rechtsstreitigkeiten zwischen dem Geschäftsführer und der Gesellschaft können vor der Kammer für Handelssachen

---

427 Baumbach/Hueck/*Zöllner/Noack* § 38 Rn. 62–65.
428 *Wicke* § 38 Rn. 11 .
429 BGH NJW 1983, 938 (939).
430 S. o. bei Rdn. 168.
431 Michalski/*Terlau* § 38 Rn. 64.
432 BAG NZA 2008, 168.
433 Michalski/*Tebben* § 6 Rn. 253.
434 BAG NJW 1995, 675.
435 BAG NJW 2008, 3514.
436 BAG NJW 2000, 3732; Michalski/*Tebben* § 6 Rn. 253.

am nach §§ 12, 17 Abs. 1 S. 1 ZPO örtlich zuständigen Landgericht geführt werden, vgl. §§ 94, 95 Abs. 1 Nr. 4 lit. a, 96, 98 Abs. 1 GVG.

Da das Kündigungsschutzgesetz nach § 14 Abs. 1 Nr. 1 KSchG auf den Geschäftsführer nicht anwendbar ist, kann der Geschäftsführer keine Kündigungsschutzklage einlegen. Er muss also im Wege der **allgemeinen Feststellungsklage** die Unwirksamkeit der Kündigung und den Fortbestand des Dienstverhältnisses feststellen lassen. Bei einer außerordentlichen Kündigung kann der Geschäftsführer außerdem seine Vergütungsansprüche im **Urkundenprozess** nach §§ 592 ff. ZPO einklagen.[437] 179

Auch die Klagefrist des §§ 13 Abs. 1 S. 2 i. V.m 4 KSchG ist für den Geschäftsführer nicht anwendbar; denkbar ist nur die **Verwirkung**. 180

2. Begründetheit

a) Formelle Voraussetzungen der Kündigung

aa) Zuständigkeit

Die Kompetenz zur Kündigung des Anstellungsvertrages liegt bei dem Gesellschaftsorgan, das auch für den Abschluss des Anstellungsvertrages zuständig ist.[438] Aufgrund der sog. Annexkompetenz liegt die Zuständigkeit für den Vertragsabschluss und somit auch für die Vertragskündigung bei dem Organ, welches für die Bestellung des Geschäftsführers zuständig ist.[439] In der mitbestimmten GmbH ist also der Aufsichtsrat zuständig für Abschluss, Änderung und Aufhebung des Anstellungsvertrages, soweit Mitbestimmungsgesetze einschlägig sind und nicht das DrittelbG greift.[440] In den übrigen Fällen liegt die Kündigungskompetenz dementsprechend bei der Gesellschafter-Versammlung.[441] Wenn die Kündigung des Dienstverhältnisses zeitlich nach der Beendigung der Organstellung des Geschäftsführers erfolgt und nicht mehr im inneren und zeitlichen Zusammenhang dazu steht, wird im Einzelfall keine solche Annexkompetenz der Gesellschafterversammlung angenommen, sondern es greift die Zuständigkeit des neuen Geschäftsführers gem. § 35 GmbHG.[442] Für weitere Einzelheiten wird auf die obigen Ausführungen zur Abberufungskompetenz unter Rdn. 155–158 verwiesen. 181

Das zuständige Organ kann sich bei der Erklärung der Kündigung von einem Bevollmächtigten vertreten lassen.[443] Wird die Kündigung des Anstellungsvertrages des Geschäftsführers von einem Vertreter ohne Vertretungsmacht erklärt, kann das zuständige Organ die Kündigung genehmigen, soweit die Kündigung im Namen des tatsächlich zuständigen Organs erklärt worden ist.[444] Eine nachträgliche Genehmigung ist gem. § 180 S. 2 BGB ausgeschlossen, wenn der Geschäftsführer die fehlende Vertretungsmacht unverzüglich beanstandet. 182

bb) Frist

Die GmbH muss bei einer **außerordentlichen Kündigung** die Frist von zwei Wochen gem. § 626 Abs. 2 BGB beachten, beginnend mit dem Zeitpunkt, in dem diese Kenntnis von den für die Kündigung maßgeblichen Tatsachen erlangt hat. Bei einer GmbH als juristische Person ist grundsätzlich die Kenntnis des zur Kündigung berechtigten Organs entscheidend, d. h. der Gesellschafterver- 183

---

437 Musielak/*Voigt* § 592 Rn. 1.
438 MüKo GmbHG/*Jaeger* § 35 Rn. 415.
439 OLG Düsseldorf NZG 2004, 478 (479); Michalski/*Tebben* § 6 Rn. 212; MüKo GmbHG/*Jaeger* § 35 Rn. 415; *Lohr* NZG 2001, 826 (827).
440 BGH NJW 1984, 733.
441 OLG Köln NZG 2000, 551.
442 OLG Köln BB 1993, 1388 (1389).
443 OLG Köln, Urteil vom 21.2.1990 – 13 U 195/89.
444 OLG Köln, Urteil vom 3.6.1993 – 1 U 71/92; *Kühn* BB 2011, 954 (957).

sammlung bzw. des sonst zuständigen Organs, wie des Aufsichtsrates.[445] Die Frist beginnt daher, wenn dem zuständigen Organ in einer Sitzung oder bei einer Beschlussfassung außerhalb der Sitzung der Sachverhalt in einer entsprechenden Beschlussvorlage unterbreitet worden ist.[446] Dabei kann die Frist nicht durch eine späte Zusammenkunft des zuständigen Organs verzögert werden. Sobald alle Organmitglieder, d. h. in der Regel die Gesellschafter, Kenntnis von dem Sachverhalt haben, beginnt die Frist mit dem Zeitpunkt, in dem das Organ bei einer ordnungsgemäßen Einberufung hätte entscheiden können.[447] Die außerhalb der Gremiensitzung erlangte Kenntnis einzelner Gremienmitglieder ist damit unerheblich, soweit die Einberufung des Gremiums nicht ungebührlich verzögert wird.[448]

184 Eine **ordentliche Kündigung** kommt gem. § 620 Abs. 2 BGB nur bei einem unbefristeten Arbeitsverhältnis in Betracht. Die Kündigungsfrist ergibt sich vorrangig aus dem Anstellungsvertrag.[449] Analog § 622 Abs. 5 BGB ist die Mindestfrist von vier Wochen zu beachten.[450] Bei fehlender vertraglicher Vereinbarung oder bei Verweis auf die gesetzlichen Vorschriften ist streitig, welche gesetzliche Kündigungsfrist gelten soll. Obwohl der Geschäftsführer kein Arbeitnehmer ist, verlangt die h. M. bei einer einem Arbeitnehmer vergleichbaren Abhängigkeit und Schutzbedürftigkeit die Einhaltung der Kündigungsfristen gem. § 622 BGB.[451] Der BGH und Teile der Literatur verneinen bei beherrschenden Gesellschafter-Geschäftsführern diese Abhängigkeit und Schutzbedürftigkeit.[452]

cc) Form

185 § 623 BGB ist nicht analog anzuwenden, so dass die Kündigung nicht schriftlich erfolgen muss.[453] Aus Gründen der Rechtssicherheit wird in der Praxis jedoch meist im Vertrag ein Schriftformerfordernis vereinbart.[454]

b) Materielle Voraussetzungen der Kündigung

aa) Ordentliche Kündigung

186 Die Gesellschaft kann bei einem unbefristeten Arbeitsverhältnis dem Geschäftsführer unter Berücksichtigung seiner Vertrauensstellung als ihr organschaftlicher Vertreter mit Unternehmerfunktion grundsätzlich auch ohne rechtfertigenden Grund wirksam kündigen, d. h. auch dann, wenn sich die Kündigung allein auf den Willen des kündigungsberechtigten Organs stützt.[455] Die ordentliche Kündigung des abberufenen Geschäftsführers ist jedoch nicht in allen Fällen möglich. Sie kann vertraglich ausgeschlossen sein, z. B. wenn der Anstellungsvertrag für eine feste Dauer geschlossen wurde,[456] wenn im Anstellungsvertrag die Kündigung von wichtigen Gründen abhängig gemacht wird[457]

---

445 BGH NZG 2002, 46 (48); zur Zuständigkeit s. o. Rdn. 181 f.
446 BGH NZG 1998, 634; Michalski/*Tebben* § 6 Rn. 238.
447 BGH NZG 1998, 634 (635); Michalski/*Tebben* § 6 Rn. 239.
448 KG Berlin Urteil vom 16.6.2011 – 19 U 116/10.
449 MüKo GmbHG/*Jaeger* § 35 Rn. 410; Roth/Altmeppen/*Altmeppen* § 6 Rn. 121.
450 BGH NJW 1999, 3263; Roth/Altmeppen/*Altmeppen* § 6 Rn. 121; a. A. Baumbach/Hueck/*Zöllner/Noack* § 35 Rn. 244 (Fristlosigkeit zulässig).
451 BGH NJW 1984, 2528 (2529); 1981, 1270; OLG Düsseldorf NZG 2004, 478; 2000, 1044; Michalski/*Tebben* § 6 Rn. 218; Lutter/Hommelhoff/*Kleindieck* Anh. § 6 Rn. 53; MünchHdb. GesR III/*Marsch-Barner/Diekmann* § 43 Rn. 91; Roth/Altmeppen/*Altmeppen* § 6 Rn. 122; Scholz/*Schneider/Sethe* § 35 Rn. 313; a. A. Baumbach/Hueck/*Zöllner/Noack* § 35 Rn. 243.
452 BGH NJW 1987, 2073; MünchHdb. GesR III/*Marsch-Barner/Diekmann* § 43 Rn. 91; Baumbach/Hueck/*Zöllner/Noack* § 35 Rn. 243; a. A.: immer § 622 BGB: Scholz/*Schneider/Sethe* § 35 Rn. 314; Roth/Altmeppen/*Altmeppen* § 6 Rn. 124; Lutter/Hommelhoff/*Kleindieck* Anh. § 6 Rn. 53.
453 MüKo GmbHG/*Jaeger* § 35 Rn. 414.
454 MüKo GmbHG/*Jaeger* § 35 Rn. 414.
455 BGH NZG 2004, 90 (91).
456 MüKo GmbHG/*Jaeger* § 35 Rn. 402.; Michalski/*Tebben* § 6 Rn. 216.
457 MüKo GmbHG/*Jaeger* § 35 Rn. 402.

oder bei vertraglicher Inbezugnahme eines bestimmten Tarifvertrags.[458] In einer mitbestimmten GmbH, die nicht dem DrittelbG unterliegt, ist die ordentliche Kündigung ausgeschlossen, weil andernfalls die eingeschränkte Möglichkeit der Abberufung nur bei Vorliegen eines wichtigen Grundes gem. § 84 Abs. 3 S. 1 AktG unterlaufen werden könnte.[459] Dies spricht auch für einen Ausschluss der ordentlichen Kündigung bei einer satzungsmäßigen Beschränkung der Abberufung auf das Vorliegen wichtiger Gründe.[460]

bb) Außerordentliche Kündigung

Gem. § 626 BGB ist eine außerordentliche Kündigung bei Vorliegen eines wichtigen Grundes möglich. Dies gilt ausnahmslos für Gesellschafter-Geschäftsführer und Fremdgeschäftsführer und kann nicht durch eine Vereinbarung im Anstellungsvertrag eingeschränkt werden.[461] Ein Gesellschafter-Geschäftsführer ist bei der Beschlussfassung über seine Kündigung aus wichtigem Grund mit seiner Stimme ausgeschlossen.[462] 187

Ein wichtiger Grund i. S. d. § 626 BGB entspricht vielfach, jedoch nicht in jedem Fall, einem wichtigen Grund für die Abberufung gem. § 38 GmbHG.[463] Dieser kann verhaltens- sowie personenbezogen sein und wird u. a. bei erheblichen oder wiederholten Pflichtverletzungen durch schwere Vertrauensbrüche oder sonstige Treueverstöße angenommen.[464] Ein Verschulden ist nicht erforderlich.[465] Die Rechtsprechung hat derartige grobe Pflichtverletzungen in folgenden Fällen angenommen: Annahme von Schmiergeldern,[466] unberechtigte Amtsniederlegung,[467] Verletzung der Pflicht zur Überwachung der wirtschaftlichen Entwicklung,[468] ständige Widersetzung gegen die Weisungen der Gesellschafter[469] und Verletzung der Insolvenzantragspflicht.[470] Eine Verdachtskündigung ist möglich bei objektiven Anhaltspunkten, die eine erhebliche Wahrscheinlichkeit strafbarer Handlungen oder schwerer dienstvertraglicher Verfehlungen begründen.[471] Die Bestellung eines weiteren Geschäftsführers mit dem pauschalen Hinweis darauf, es verbleibe kein Arbeitsbereich für den ursprünglichen Geschäftsführer, stellt keinen wichtigen Kündigungsgrund dar.[472] 188

cc) Vereinbarung von Kündigungsschutz

Die Beschränkungen der ordentlichen Kündigung durch die materiellen Regeln des Kündigungsschutzgesetzes sind auf Geschäftsführer einer GmbH grundsätzlich nicht anwendbar, vgl. § 14 Abs. 1 Nr. 1 KSchG. Doch kann in privatautonomer Gestaltungsfreiheit die entsprechende Anwendung des Kündigungsschutzes vereinbart werden.[473] 189

Haben die Parteien die entsprechende Anwendung der Normen des Kündigungsschutzgesetzes vereinbart, liegt in einer organschaftlichen Abberufung kein hinreichender Grund für eine personenbedingte Kündigung i. S. d. § 1 Abs. 2 KSchG, da es ansonsten im Belieben der Gesellschaft stünde, 190

---

458 MüKo GmbHG/*Jaeger* § 35 Rn. 402.; Baumbach/Hueck/*Zöllner/Noack* § 35 Rn. 242.
459 Michalski/*Tebben* § 6 Rn. 217 .
460 Michalski/*Tebben* § 6 Rn. 217.
461 Baumbach/Hueck/*Zöllner/Noack* § 35 Rn. 241; Michalski GmbHG/*Tebben* § 6 Rn. 224.
462 Roth/Altmeppen GmbHG/*Altmeppen* § 6 Rn. 132.
463 Baumbach/Hueck/*Zöllner/Noack* § 35 Rn. 222.
464 Überblick bei: *Lohr* NZG 2001, 826 (830) und Baumbach/Hueck/*Zöllner/Noack* § 35 Rn. 220.
465 Baumbach/Hueck/*Zöllner/Noack* § 35 Rn. 218; Roth/Altmeppen/*Altmeppen* § 6 Rn. 135; OLG Karlsruhe NZG 2011, 987.
466 BAG AP BGB § 626 Nr. 65.
467 BGH DStR 1995, 1359.
468 BGH NJW-RR 1995, 669.
469 OLG Nürnberg NZG 2000, 154 (155).
470 BGH DStR 2008, 310.
471 OLG Celle NZG 2003, 820.
472 OLG Dresden NJOZ 2002, 1857 (1860).
473 BGH NZG 2010, 827 (828).

durch die jederzeit mögliche Abberufung einen vertragsgemäß erforderlichen Kündigungsgrund herbeizuführen und somit die vertragliche Regelung ins Leere laufen zu lassen.[474]

191 Liegt keiner der drei gesetzlichen Kündigungsgründe i. S. d. § 1 Abs. 2 KSchG vor, bleibt der Gesellschaft nur noch die Möglichkeit, einen Auflösungsantrag i. S. d. § 9 Abs. 1 S. 2 KSchG zu stellen, um den Fortbestand des Anstellungsverhältnisses mit seinen Rechten und Pflichten zu verhindern.[475] Nach § 14 Abs. 2 S. 2 KSchG kann dies ohne Begründung geschehen. Das Gericht löst dann das Anstellungsverhältnis zum Ablauf der ordentlichen Kündigungsfrist gegen eine Abfindung, deren Höhe sich nach § 10 KSchG bemisst, gem. § 9 Abs. 2 KSchG auf.

192 Vorschriften des besonderen Kündigungsschutzes wie §§ 85 ff. SGB IX, § 9 Abs. 1 MuSchG, § 2 Abs. 3 ArbPlSchG und § 2 Abs. 1 Eignungsübungsgesetz greifen für Geschäftsführer nicht.[476]

193 Bei einer **paritätisch mitbestimmten GmbH** kann nicht wirksam die Anwendbarkeit des KSchG vereinbart werden. Bei dieser erfolgt eine entsprechende Anwendung der in § 84 Abs. 1 S. 5 AktG vorgesehenen Höchstdauer der Bestellung in Bezug auf die Dienstverträge der Geschäftsführer,[477] sodass eine entsprechende Vereinbarung wie bei einer Aktiengesellschaft gegen § 84 Abs. 1 S. 5 AktG verstoßen würde.[478]

dd) Erfordernis einer Abmahnung

194 Ob bei einer verhaltensbedingten Kündigung eine **Abmahnung** erforderlich ist, ist umstritten. Der BGH verneint ein solches Erfordernis, da das Rechtsinstitut der Abmahnung zum Schutze des sozialabhängig Beschäftigten entwickelt worden sei und somit bei Leitungsorganen einer Kapitalgesellschaft mangels Schutzbedürftigkeit nicht zur Anwendung komme.[479] Ob eine Abmahnung im Falle der individualvertraglich vereinbarten Anwendung des KSchG erforderlich ist, ist noch nicht höchstrichterlich geklärt.[480]

C. Aufsichtsrat

195 Da das GmbHG selbst keinen Aufsichtsrat als Pflichtorgan vorsieht, existiert in den meisten Gesellschaften mit beschränkter Haftung kein Aufsichtsrat. Lediglich in Unternehmen, die der Mitbestimmung unterliegen, ist ein Aufsichtsrat obligatorisch. So sehen § 1 Abs. 1 Nr. 3 DrittelbG, § 3 MontanMitbestG, § 3 Abs. 1 S. 1 MitbestErgG sowie §§ 1, 6 MitBestG einen Aufsichtsrat mit Arbeitnehmerbeteiligung vor. Außerhalb der regulären Arbeitnehmermitbestimmung ist in § 6 Abs. 2 S. 1 InvG ein Aufsichtsrat bei Kapitalanlagegesellschaften in der Rechtsform einer GmbH vorgesehen. In all diesen Fällen richten sich Besetzung und Aufgabenkreis vielfach nach den einschlägigen Vorschriften des Aktienrechts.[481]

196 Ein Aufsichtsrat kann jedoch auch bestehen, wenn er durch den Gesellschaftsvertrag fakultativ eingeführt wird.[482] Es bleibt den Gesellschaftern unbenommen, ein entsprechendes Organ einzurichten. Dies ergibt sich bereits im Umkehrschluss aus § 52 Abs. 1 GmbHG und folgt zudem auch aus der **Satzungsautonomie** der Gesellschafter. Möglich ist die Ausgestaltung des fakultativen Aufsichtsrates als Kontrollorgan mit einem bestimmten Katalog an Zuständigkeiten oder aber als Beirat mit nur beratender Funktion. Im Übrigen ist die Kompetenzzuweisung im Wesentlichen den Gesellschaftern überlassen. Die Motivlage für die Errichtung eines Aufsichtsrates bestimmt dabei häufig den Auf-

---

474 BGH NZG 2010, 827 (829).
475 MüKo GmbHG/*Jaeger* § 35 Rn. 407.
476 Baumbach/Hueck/*Zöllner*/*Noack* § 35 Rn. 238.
477 BGH NJW 1984, 733 (734).
478 *Dzida* NJW 2010, 2345 (2346); *Otte* GWR 2011, 25.
479 BGH NZG 2007, 674; NJW 2000, 1638 (1639).
480 *Otte* GWR 2011, 25; dafür: *Jaeger* DStR 2010, 2312 (2316).
481 Lutter/Krieger/*Krieger* Rn. 1092.
482 Michalski/*Giedinghagen* § 52 Rn. 1.

gabenkatalog.[483] Oftmals wird in diesem Zusammenhang auch Bezug genommen auf die Vorschriften des Aktienrechts, sofern sie nicht tragenden Prinzipien des GmbHG entgegenstehen.[484]

197 Hauptaufgabe des Aufsichtsrates ist die Überwachung der Geschäftsführer.[485] Anders als bei der Aktiengesellschaft ist der Aufsichtsrat bei der GmbH **nicht gleichrangiges Leitungsorgan**. Während bei der Aktiengesellschaft die Unternehmensleitung zugleich Aufgabe von Vorstand und (in begrenztem Umfang) Aufsichtsrat ist, liegt diese hier im Wesentlichen in der Hand der Gesellschafterversammlung. Insofern behält die GmbH auch bei Bildung eines Aufsichtsrates ihre hierarchische Organisation mit der Gesellschafterversammlung als zentralem Organ.[486] Diese bestimmt die Grundzüge der Unternehmenspolitik und entscheidet über wichtige Maßnahmen der Geschäftsführung.[487] Diese Strukturunterschiede sind bei der Übertragung und bei der Auslegung aktienrechtlicher Vorschriften zu beachten.[488]

198 Die GmbH kann von einem Aufsichtsratsmitglied, das schuldhaft eine Pflichtverletzung begeht, nach §§ 93 Abs. 2 S. 1 i. V. m. 116 S. 1 AktG Schadensersatz verlangen. Für den fakultativen Aufsichtsrat ergibt sich das aus § 52 Abs. 1 GmbHG, wobei von der Verweisung § 93 Abs. 3 bis 6 AktG ausgenommen sind, um den Besonderheiten der GmbH Rechnung zu tragen.[489] Für den obligatorischen Aufsichtsrat verweisen § 25 Abs. 1 S. 1 Nr. 2 MitbestG, § 3 Abs. 2 MontanMitbestG, § 3 Abs. 1 S. 2 MitbestG, § 1 Abs. 1 Nr. 3 S. 2 DrittelbG und § 6 Abs. 2 InvG vollständig auf § 93 AktG (bzw. auf § 116 AktG, der vollständig auf § 93 AktG verweist).

199 Der Anspruch steht nur der Gesellschaft zu und richtet sich immer nur gegen ein einzelnes Aufsichtsratsmitglied.[490] Nur ausnahmsweise kann ein Gesellschafter oder ein Dritter nach allgemeinen Grundsätzen aus Delikt gegen ein Aufsichtsratsmitglied vorgehen.[491] Weil § 52 Abs. 1 AktG nicht auf § 93 Abs. 5 AktG verweist, ist bei einem fakultativen Aufsichtsrat die Inanspruchnahme durch die Gläubiger ausgeschlossen. Hingegen können die Gläubiger der GmbH die Mitglieder eines obligatorischen Aufsichtsrates in Anspruch nehmen, wenn die Voraussetzungen des § 93 Abs. 5 S. 2 AktG vorliegen.[492]

I. Fakultativer Aufsichtsrat

200 Aus § 52 Abs. 1 GmbHG ergibt sich, dass die Gesellschafter in der Satzung die Bestellung eines Aufsichtsrates vorsehen können. Die Ausgestaltung obliegt dabei der Gesellschafterversammlung und wird nur durch wenige gesetzliche Vorgaben determiniert. Die in § 52 Abs. 1 GmbHG aufgelisteten Normen des AktG gelten nur subsidiär, solange der Gesellschaftsvertrag nicht etwas anderes bestimmt.[493] Lediglich § 52 Abs. 3 GmbHG ist insoweit zwingendes Recht.[494] Die Kompetenzen des Aufsichtsrates können so abweichend vom gesetzlichen Leitbild auf die einzelnen Bedürfnisse der GmbH zugeschnitten werden.[495]

201 § 52 Abs. 1 GmbHG hält einen Minimalkatalog an Normen bereit, die vorbehaltlich einer satzungsmäßigen Regelung anzuwenden sind. Es wird dabei im Wesentlichen auf die Regeln zur inneren Ver-

---

483 MAH GmbH/*Kautzsch* § 18 Rn. 5.
484 MAH GmbH/*Kautzsch* § 18 Rn. 13; Lutter/Hommelhoff/*Lutter* § 52 Rn. 3
485 Lutter/Hommelhoff/*Lutter* § 52 Rn. 13; Roth/Altmeppen/*Altmeppen* § 52 Rn. 25.
486 Lutter/Hommelhoff/*Lutter* § 52 Rn. 2; Lutter/Krieger/*Krieger* Rn. 1114.
487 Lutter/Krieger/*Krieger* Rn. 1114.
488 Lutter/Hommelhoff/*Lutter* § 52 Rn. 2; Baumbach/Hueck/*Zöllner*/*Noack* § 52 Rn. 30.
489 Michalski/*Giedinghagen* § 52 Rn. 302.
490 Lutter/Hommelhoff/*Lutter* § 52 Rn. 33 f.
491 Michalski/*Giedinghagen* § 52 Rn. 317.
492 Michalski/*Giedinghagen* § 52 Rn. 311; Baumbach/Hueck/*Zöllner*/*Noack* § 52 Rn. 210.
493 Lutter/Krieger/*Krieger* Rn. 1182; Lutter/Hommelhoff/*Lutter* § 52 Rn. 3; MAH GmbH/*Kautzsch* § 18 Rn. 12; Roth/Altmeppen/*Altmeppen* § 52 Rn. 2.
494 BGH NJW 1975, 1318 (1320).
495 Bunnemann/Zirngibl/*Bunnemann*/*Holzborn* § 5 Rn. 21.

fassung des Aufsichtsrates verwiesen, wie sie sich aus §§ 100 ff. AktG ergeben. Die satzungsmäßige Bezeichnung des Organs, etwa als Beirat oder als Verwaltungsrat ist dabei zweitrangig und nur ein Indiz für die Aufgabenzuweisung.[496] Als Aufsichtsrat gilt vielmehr unabhängig von der Bezeichnung jedes Organ, welches als Minimalbefugnis die **Überwachung der Geschäftsführung** i. S. v. § 111 Abs. 1 AktG innehat.[497] Für einen Beirat mit den satzungsmäßigen Kontrollfunktionen eines Aufsichtsrates gelten daher auch § 52 GmbHG und die entsprechenden aktienrechtlichen Regelungen.[498]

202 Der BGH hat kürzlich entschieden, dass die Mitglieder eines fakultativen Aufsichtsrates grundsätzlich nicht für Zahlungen haften, die der Geschäftsführer nach Eintritt der Insolvenzreife getätigt hat.[499] Für den Aufsichtsrat einer Aktiengesellschaft hatte der BGH zuvor festgestellt dass im Stadium der Insolvenzreife neben der Pflicht des Vorstandes nach § 92 Abs. 2 S. 1 AktG, keine Zahlungen mehr zu leisten, besondere Beratungs- und Überwachungspflichten des Aufsichtsrates bestünden, bei deren Verletzung sich die Aufsichtsratsmitglieder ersatzpflichtig machen können.[500] Dies lasse sich auf einen fakultativen GmbH-Aufsichtsrat – so der BGH in seiner neueren Entscheidung weiter – jedoch nicht übertragen.[501] Aus § 93 Abs. 3 Nr. 6 GmbHG ergibt sich, dass eine Haftung des Vorstandes einer Aktiengesellschaft auch dann besteht, wenn die Gesellschaft keinen Schaden erlitten hat, weil die Schädigung der Insolvenzmasse einem Schaden der Gesellschaft gleichgestellt wird.[502] Über die Verweisungsnorm des § 116 AktG besteht eine diesbezügliche Überwachungspflicht auch für den Aufsichtsrat einer Aktiengesellschaft.[503] § 52 Abs. 1 GmbHG verweist aber für den fakultativen Aufsichtsrat gerade nicht auf § 93 Abs. 3 AktG.[504] Es bleibt also dabei, dass die Mitglieder des fakultativen Aufsichtsrates nur dann ersatzpflichtig sind, wenn ausnahmsweise ein eigener Schaden der Gesellschaft eingetreten ist, was im Regelfall nicht der Fall ist.[505] Besteht hingegen ein obligatorischer Aufsichtsrat, enthalten die entsprechenden Vorschriften eine vollständige Verweisung auf § 116 AktG, vgl. § 1 Abs. 1 Nr. 3 DrittelbG, § 25 Abs. 1 Nr. 2 MitbestG, § 3 Abs. 2 MontanMitbestG, § 3 Abs. 1 S. 2 MontanMitbestGErgG, § 6 Abs. 2 InvG, sodass die Mitglieder eines obligatorischen Aufsichtsrates ebenso wie diejenigen eines AG-Aufsichtsrates haften.

II. Obligatorischer Aufsichtsrat

203 Nicht nach § 52 Abs. 1 GmbHG richtet sich die Errichtung eines obligatorischen Aufsichtsrates. Da die Rechtslage im obligatorischen Aufsichtsrat weitgehend der in der Aktiengesellschaft entspricht, soll im Folgenden nur auf Besonderheiten eingegangen werden. Im Übrigen wird auf die Ausführungen in § 9 Rdn. 215–244 verwiesen.

204 Der Umfang der Verweisung ergibt sich unmittelbar aus den Mitbestimmungsgesetzen: §§ 6 Abs. 2, 25 Abs. 1 Nr. 2 MitbestG, § 1 Abs. 1 Nr. 3 DrittelbG und § 3 Abs. 2 MontanMitbestG. Dabei verweist lediglich § 3 Abs. 2 MontanMitbestG hinsichtlich der Rechte und Pflichten des Aufsichtsrates vollständig auf das Aktienrecht, so dass diesbezüglich nur solche Besonderheiten zu berücksichtigen sind, die sich aus der andersartigen Struktur der GmbH ergeben. Die Verweisung in den übrigen Mitbestimmungsgesetzen ist nur partiell. Diese aktienrechtlichen Regelungen sind als zwingendes Recht anzusehen und daher nicht durch die Satzung der GmbH abdingbar.[506]

---

496 Roth/Altmeppen/*Altmeppen* § 52 Rn. 2.
497 Bunnemann/Zirngibl/*Bunnemann/Holzborn* § 5 Rn. 20; Lutter/Hommelhoff/*Lutter* § 52 Rn. 4, 109.
498 Ziemons/Jaeger/*Jaeger* § 52 Rn. 3.
499 BGH DStR 2010, 2090 – Doberlug.
500 BGH DStR 2009, 1157 (1158).
501 BGH DStR 2010, 2090 (2092) – Doberlug.
502 Hüffer/*Koch* § 92 Rn. 20; Ek, S. 49.
503 BGH DStR 2009, 1157 (1158).
504 BGH DStR 2010, 2090 (2092) – Doberlug.
505 BGH DStR 2010, 2090 (2092) – Doberlug.
506 MAH GmbH/*Kautzsch* § 18 Rn. 87.

C. Aufsichtsrat § 20

In Abweichung zum fakultativen Aufsichtsrat ist die Bestellung und Abberufung der Geschäftsführung in den beiden paritätisch mitbestimmten Gesellschaften zwingend dem Aufsichtsrat zugewiesen, § 31 MitBestG bzw. § 12 MontanMitbestG i. V. m. § 84 AktG. Vgl. dazu Rdn. 157. **205**

Zentrale Aufgabe des Aufsichtsrates ist naturgemäß die Überwachung der Geschäftsführer, wenngleich aufgrund der Grundkonzeption Maßnahmen der Geschäftsführung, die auf einer Anweisung der Gesellschafterversammlung beruhen, davon ausgenommen bleiben.[507] Das Recht, Zustimmungsvorbehalte nach § 111 Abs. 4 S. 2 AktG vorzusehen, ist in diesem Zusammenhang nur durch die Weisungsgebundenheit der Geschäftsführer gegenüber der Gesellschafterversammlung eingeschränkt.[508] Gegenüber den Gesellschaftern hat auch der obligatorische Aufsichtsrat nur beratende Funktion. **206**

Das Informationssystem nach § 90 Abs. 1 AktG ist nur bei der Montanmitbestimmung obligatorisch, im Übrigen besteht keine Pflicht zur regelmäßigen Unterrichtung. Es bleibt jedoch bei dem Informationsrecht auf Initiative des Aufsichtsrates aus § 90 Abs. 3 AktG, wenngleich ein generelles Informationsverlangen möglich ist und im Bedarfsfall eine allgemeine Informationsordnung durch die Gesellschafterversammlung verabschiedet werden kann.[509] **207**

---

507 Lutter/Krieger/*Krieger* Rn. 1121.
508 Roth/Altmeppen/*Altmeppen* § 52 Rn. 64.
509 Lutter/Krieger/*Krieger* Rn. 1123.

§ 21 Streitigkeiten bei der Beendigung der GmbH

Übersicht

	Rdn.			Rdn.
A. **Überblick**	1		c) Auflösungsgründe	16
I. Einleitung	1		d) Innergesellschaftliche Gründe	17
II. Auflösungsgründe	2		e) Mängel des Gesellschaftsvertrages	18
B. **Rechtsstreitigkeiten**	4		5. Urteilswirkungen	19
I. Auflösungsklage nach § 61 GmbHG	4		6. Schiedsverfahren	20
1. Zwingendes Schutzrecht	4	II.	Gerichtsschutz gegen Auflösung nach § 62 GmbHG	21
2. Relevanz	5	III.	Die Nichtigkeitsklage nach § 75 GmbHG	23
3. Das Verfahren	6		1. Relevanz	23
a) Gestaltungsklage	6		2. Schiedsfähigkeit	24
b) Klagebefugnis	7		3. Verhältnis zur Auflösungsklage	25
c) Benachrichtigung aller Gesellschafter	9		4. Klagebefugnis	27
d) Streitwert	10		5. Heilung von Nichtigkeitsgründen	28
4. Begründetheit der Klage	11		6. Klagefrist	29
a) Allgemein	11		7. Aufforderung zur Mängelbeseitigung	30
b) Subsidiarität	12	IV.	Antrag auf Bestellung von Liquidatoren, Rechtsmittel	31
aa) Der Grundsatz	12	V.	Wirkung der Auflösung auf laufende Gerichtsverfahren	32
bb) Vertragsanpassung	13			
cc) Ausschluss des Klägers	14			
dd) Freiwilliges Ausscheiden des klagenden Gesellschafters	15			

A. Überblick

I. Einleitung

1 Zur Klärung der Begrifflichkeiten, zur Darstellung des Liquidationsverfahrens und insbesondere zur Qualifikation der aufgelösten Gesellschaft als kontinuierlicher Rechtsträger wurde oben zur Aktiengesellschaft (§ 10 A) ausführlich Stellung bezogen. **Auch für die GmbH gilt, dass sie vollständig als Trägerin von Rechten und Pflichten erhalten** bleibt, so dass alle gerichtlichen Auseinandersetzungen, insbesondere auch Beschlussanfechtungsklagen, Klagen auf positive Beschlussfeststellung etc., auch im Stadium der Liquidation in Betracht kommen. Eine Wiederholung der Ausführungen zu den in der GmbH erdenkbaren Rechtsstreitigkeiten bedarf es nicht. Lediglich wo z. B. Treuepflichten entscheidend sind, ist zu bedenken, dass der die Treuepflichten prägende Zweck der Gesellschaft durch den Liquidationszweck überlagert ist. Ebenso wie Treuepflichten im Rahmen der Liquidation abnehmen, begrenzt der durch den Liquidationszweck veränderte Verbandszweck etwaige Einforderungen von Einlagen etc. Im Wesentlichen kann indessen auf die Ausführungen zu den denkbaren Verfahren in § 10 verwiesen werden.

II. Auflösungsgründe

2 Die Gründe, aus denen eine Gesellschaft mit beschränkter Haftung aufgelöst wird, entsprechen nahezu vollständig denen der Aktiengesellschaft (dazu oben § 10 A I. 2.). Sie können jedoch anders als bei der Aktiengesellschaft durch **satzungsgemäße Auflösungsgründe** ergänzt werden. Die Gründe im Einzelnen sind:
- Ablauf der im Gesellschaftsvertrag bestimmten Zeit;
- Beschluss der Gesellschafter – der Gesellschaftsvertrag kann eine höhere, aber auch eine geringere Mehrheit als die vom Gesetz geforderten 75 % der abgegebenen Stimmen vorsehen[1];

---

[1] Baumbach/Hueck/*Haas* GmbHG § 60 Rn. 17; Ulmer/Habersack/Winter/*Casper* GmbHG § 60 Rn. 37 f.; Roth/Altmeppen/*Altmeppen* § 60 Rn. 18.

B. Rechtsstreitigkeiten

- ein die Auflösung aussprechendes, gerichtliches Urteil oder eine Entscheidung des Verwaltungsgerichts oder der Verwaltungsbehörde in den Fällen der §§ 61, 62 GmbHG;
- die Eröffnung des Insolvenzverfahrens;
- die Rechtskraft des Beschlusses, durch den die Eröffnung des Insolvenzverfahrens mangels Masse abgelehnt worden ist;
- die Rechtskraft einer Verfügung des Registergerichts nach § 399 FamFG;
- die Löschung der Gesellschaft wegen Vermögenslosigkeit nach § 394 FamFG;
- das Nichtigkeitsurteil nach § 75 GmbHG;
- die Löschungen nach § 395 und § 398 FamFG;
- die Abwicklungsverfügung nach § 38 Abs. 1 S. 1 KWG;
- die Auflösung wegen Nichterreichen des gesetzlichen Stammkapitals nach Art. 12 § 1 Abs. 1 und 2 GmbH Novelle 1980 sowie Erstreckung dieser Regelung im Einigungsvertrag;
- das Fehlen eines vorläufigen Leitungsorgans nach § 22 Treuhandgesetz; sowie
- der Erwerb aller Geschäftsanteile durch die Gesellschaft selbst.

Zu diesen gesetzlichen Auflösungsgründen kommen in der Satzung vorgesehene Auflösungsgründe **3** hinzu. Vertraglich **vereinbarte Auflösungsgründe** müssen **eindeutig bestimmt** sein.[2] Teilweise orientieren sich Gesellschaftsverträge von GmbHs an den gegenwärtigen oder früheren Auflösungsgründen der Personengesellschaften, so dass insbesondere der Tod oder die Insolvenz eines Gesellschafters, aber auch die Einstellung der Mitarbeit eines Gesellschafters oder bereits die Pfändung seines Geschäftsanteils als Auflösungsgründe vereinbart werden. Häufig sind jedoch auch Gründe, die im Betrieb oder der Möglichkeit der Profitabilität der GmbH angesiedelt sind. Teilweise werden bestimmte Fehlbeträge als Grund für die Auflösung vereinbart.[3] Gängig sind aber auch der Entzug der gewerberechtlichen Erlaubnis oder der Ablauf eines vom Betrieb genutzten gewerblichen Schutzrechts. Eine allgemeine Bezugnahme auf wichtige Gründe oder fehlende Rentabilität reicht nicht.[4]

B. Rechtsstreitigkeiten

I. Auflösungsklage nach § 61 GmbHG

1. Zwingendes Schutzrecht

Wie an anderer Stelle knüpft das GmbH-Gesetz den **Minderheitenschutz**, der in dem Recht, die Auf- **4** lösung der Gesellschaft durch Urteil verlangen zu können, manifestiert ist, an das Quorum des zehnten Teils des Stammkapitals (§ 61 Abs. 2). Dieses Minderheitenrecht ist ohne Parallele im Aktiengesetz;[5] es ähnelt dem für die offene Handelsgesellschaft geltenden § 133 HGB, ist jedoch enger in seinem Anwendungsbereich.[6] Als Ausformung des Minderheitenschutzes ist § 61 GmbHG **zwingendes Recht**. Die Möglichkeit zur Klage kann also im Gesellschaftsvertrag nicht erschwert, sondern **nur erleichtert** werden.[7]

2. Relevanz

Die Auflösungsklage nach § 61 GmbHG ist weitgehend **ohne praktische Bedeutung**.[8] Sie ist ultima **5** ratio und insbesondere gegenüber den heute anerkannten Austritts- und Ausschlussrechten aus wich-

---

[2] Baumbach/Hueck/*Haas* GmbHG § 60 Rn. 89; Scholz/*K. Schmidt/Bitter* GmbHG § 60 Rn. 76; R/S-L/*Gesell* § 60 Rn. 41; Ulmer/Habersack/Winter/*Casper* GmbHG § 60 Rn. 111.
[3] Baumbach/Hueck/*Haas* GmbHG § 60 Rn. 89; Scholz/*K. Schmidt/Bitter* GmbHG § 60 Rn. 75; Ulmer/Habersack/Winter/*Casper* GmbHG § 60 Rn. 112.
[4] Baumbach/Hueck/*Haas* GmbHG § 60 Rn. 89; Scholz/*K. Schmidt/Bitter* GmbHG § 60 Rn. 76; a. M. offenbar *van Veenroy* GmbHR 1993, 65 f.
[5] Scholz/*K. Schmidt/Bitter* GmbHG § 61 Rn. 1.
[6] Ulmer/Habersack/Winter/*Casper* GmbHG § 61 Rn. 1.
[7] Baumbach/Hueck/*Haas* GmbHG § 61 Rn. 2; Scholz/*K. Schmidt/Bitter* GmbHG § 61 Rn. 2.
[8] Scholz/*K. Schmidt/Bitter* GmbHG § 61 Rn. 1.

tigem Grund nachrangig.[9] Vor Erhebung einer Auflösungsklage hat die Minderheit nicht nur ein außerordentliches Austrittsrecht, wenn das Verbleiben in der Gesellschaft nicht zugemutet werden kann, sondern ist insbesondere auch darauf verwiesen, gesellschaftsvertraglich vorgesehene Ansprüche auf Übertragung bzw. Einziehung des Geschäftsanteils klageweise durchzusetzen.[10] Weitere Ausführungen zur Subsidiarität im Zusammenhang mit der Begründetheit der Klage finden sich bei Rdn. 12.

3. Das Verfahren

a) Gestaltungsklage

6 Die Auflösungsklage ist Gestaltungsklage.[11] Sie wird als zulässige Klage nach § 61 Abs. 2, 3 GmbHG erhoben. Liegt ein Auflösungsgrund nach § 61 Abs. 1 GmbHG vor, steht es trotz des Wortlauts der Vorschrift nicht im Ermessen des Gerichts, die Auflösung auszusprechen; das Gericht muss sie aussprechen.[12] Anders als § 75 Abs. 2 GmbHG für die Klage auf Nichtigerklärung, verweist § 61 GmbHG nicht auf §§ 246 bis 248 AktG. Gleichwohl gilt für das Verfahren im Wesentlichen das Gleiche wie bei der Beschlussanfechtungs- und Nichtigkeitsklage,[13] so dass weitestgehend auf die obigen **Ausführungen zur Beschlussanfechtung und Nichtigkeitsklage** verwiesen werden kann (§ 19 Rdn. 57–121, Rdn. 1–56). Für die Entscheidung des Rechtsstreits ist das Landgericht ausschließlich zuständig, in dessen Bezirk die Gesellschaft ihren Sitz hat (§ 61 Abs. 3 GmbHG).

b) Klagebefugnis

7 Anders als die Beschlussanfechtungs- und Nichtigkeitsklage kann die Auflösungsklage nur von Gesellschaftern erhoben werden, die **gemeinsam mindestens den zehnten Teil des Stammkapitals** in Form von Geschäftsanteilen auf sich vereinigen (§ 61 Abs. 2 S. 2 GmbHG). Zu betonen ist hier allerdings, dass der Gesellschaftsvertrag einer geringeren Mehrheit das Klagerecht einräumen kann.[14] Kläger können ausschließlich Gesellschafter sein. Die Stellung als Gesellschafter richtet sich dabei nach § 16 Abs. 1 GmbHG, so dass eventuelle Treugeber, Pfandgläubiger und Nießbraucher nach heute einhelliger Meinung nicht klagebefugt sind.[15] Demgegenüber ist der Insolvenzverwalter klagebefugt, wenn der klagebefugte Gesellschafter sich in Insolvenz befindet.[16]

8 Die Eigenschaft als Gesellschafter und die Erfüllung des Quorums müssen **noch im Zeitpunkt der letzten mündlichen Verhandlung** vorliegen. § 265 ZPO findet nach allgemeiner Meinung keine Anwendung.[17] Das bedeutet insbesondere, dass vor der letzten mündlichen Verhandlung wirksam gewordene Veränderungen des Stammkapitals sich auf die Einhaltung des Quorums auswirken.[18] Ein Kapitalerhöhungsbeschluss der Mehrheitsgesellschafter mit dem Ziel, die klagende Minderheit unter die 10%-Grenze zu drücken, ist demgegenüber treuwidrig und daher rechtswidrig. Dies gilt nicht, wenn evidenter Kapitalbedarf der Gesellschaft besteht. Bei der Errechnung des gesetzlichen oder gesellschaftsvertraglichen Quorums ist streitig, ob eigene Geschäftsanteile der Gesellschaft so-

---

9   OLG München GmbHR 2005, 428 (430); OLG Koblenz ZIP 2005, 1873; Ulmer/Habersack/Winter/*Casper* GmbHG § 61 Rn. 4; Roth/Altmeppen/*Altmeppen* § 61 Rn. 1.
10 OLG München a. a. O.
11 Scholz/*K. Schmidt*/*Bitter* GmbHG § 61 Rn. 5; *Schlosser* Gestaltungsklagen S. 52.
12 Scholz/*K. Schmidt*/*Bitter* GmbHG § 61 Rn. 5.
13 Ulmer/Habersack/Winter/*Casper* GmbHG § 61 Rn. 40; Scholz/*K. Schmidt*/*Bitter* GmbHG § 61 Rn. 10.
14 Scholz/*K. Schmidt*/*Bitter* GmbHG § 61 Rn. 8.
15 Michalski/*Nerlich* GmbHG § 61 Rn. 29; Scholz/*K. Schmidt*/*Bitter* GmbHG § 61 Rn. 7; Ulmer/Habersack/Winter/*Casper* GmbHG § 61 Rn. 28.
16 Ulmer/Habersack/Winter/*Casper* GmbHG § 61 Rn. 27; Michalski/*Nerlich* GmbHG § 61 Rn. 28.
17 Vgl. nur Baumbach/Hueck/*Haas* GmbHG § 61 Rn. 14; Michalski/*Nerlich* GmbHG § 61 Rn. 27; Scholz/*K. Schmidt*/*Bitter* GmbHG § 61 Rn. 7; Ulmer/Habersack/Winter/*Casper* GmbHG § 61 Rn. 26.
18 Ulmer/Habersack/Winter/*Casper* GmbHG § 61 Rn. 30.

B. Rechtsstreitigkeiten § 21

wie eingezogene Geschäftsanteile zu berücksichtigen sind.[19] In jedem Fall sind auf Klägerseite nur die Geschäftsanteile der Kläger, nicht die eventueller Nebenintervenienten, zu berücksichtigen.[20]

c) Benachrichtigung aller Gesellschafter

Eine Beiladung der nicht am Prozess beteiligten Gesellschafter ist im Zivilprozessverfahren nicht vorgesehen.[21] Das Bundesverfassungsgericht[22] hat ein Auflösungsurteil, das ohne Kenntnis der Mitgesellschafter ergangen ist, für verfassungswidrig erklärt. Die inter-omnes-Wirkung des Gestaltungsurteils fordert demnach die Möglichkeit der Mitgesellschafter, in Kenntnis der Sache über eine Nebenintervention entscheiden zu können.[23] Unklar ist, ob in größeren Gesellschaften die Information eines Repräsentationsorgans, Aufsichtsrats, Beirats etc. hinreichend ist.[24] Das Prozessgericht hat demgemäß die Mitgesellschafter von **Amts wegen von der Klage und der Gelegenheit zur Nebenintervention zu informieren**.[25] Maßgeblich ist die zuletzt zum Handelsregister gereichte Gesellschafterliste.

d) Streitwert

Die Ermittlung des Werts einer Auflösungsklage ist umstritten.[26] Grundsätzlich ging die Rechtsprechung davon aus, dass der **Wert des klägerischen Geschäftsanteils** dem Auflösungsinteresse des Klägers entspricht und damit den Streitwert bestimmt.[27] Das OLG Köln hat demgegenüber angenommen, die Bestimmung erfolge gemäß §§ 12 Abs. 1 GKG, 3 ZPO nach freiem Ermessen des Gerichts und dürfe nicht allein auf den Wert des Geschäftsanteils abstellen; der Streitwert sei vielmehr grundsätzlich geringer, da aus dem Auflösungsurteil noch keine Vollstreckung in das Auseinandersetzungsguthaben möglich sei.[28] Zum gleichen Ergebnis kommt *Karsten Schmidt*[29], allerdings über eine analoge Anwendung von §§ 275 Abs. 4, 247 Abs. 1 S. 1 AktG. Die inzwischen wohl herrschende Auffassung befürwortet eine Bemessung des Streitwerts im Regelfall anhand des Wertes des Geschäftsanteils, allerdings unter Korrektur nach billigem Ermessen analog §§ 275 Abs. 4, 247 Abs. 1 S. 1 AktG mit den in § 247 Abs. 2 und 3 AktG genannten Folgen.[30]

4. Begründetheit der Klage

a) Allgemein

Die Klage ist begründet, wenn ein wichtiger Grund im Sinne des § 61 Abs. 1 GmbHG vorliegt. Maßstab für die Beurteilung, ob ein solcher wichtiger Grund vorliegt oder nicht, ist die **Unzumutbarkeit des Fortbestands der Gesellschaft** für den Kläger.[31] Bei der Feststellung, ob ein wichtiger Grund vor-

---

19 Dafür etwa Scholz/*K. Schmidt*/*Bitter* GmbHG § 61 Rn. 8 i. V. m. § 50 Rn. 9; dagegen etwa Michalski/*Nerlich* GmbHG § 61 Rn. 32; Ulmer/Habersack/Winter/*Casper* GmbHG § 61 Rn. 30.
20 Ulmer/Habersack/Winter/*Casper* GmbHG § 61 Rn. 33.
21 *K. Schmidt* JuS 1986, 40 f.; Scholz/*K. Schmidt*/*Bitter* GmbHG § 61 Rn. 10 m. w. N.
22 BVerfGE 60, 7 = NJW 1982, 1635.
23 Scholz/*K. Schmidt*/*Bitter* GmbHG § 61 Rn. 10.
24 Dafür Michalski/*Nerlich* GmbHG § 61 Rn. 35; Scholz/*K. Schmidt*/*Bitter* GmbHG § 61 Rn. 10; für eine Veröffentlichung der Klagerhebung in den von §§ 30 Abs. 2 S. 2, 65 Abs. 2 S. 1 GmbHG genannten öffentlichen Blättern, etwa *Becker* ZZP 97 (1984), 314 (334 f.); Baumbach/Hueck/*Haas* GmbHG § 61 Rn. 16.
25 Ulmer/Habersack/Winter/*Casper* GmbHG § 61 Rn. 32 m. w. N.
26 Vgl. die Übersicht bei Michalski/*Nerlich* GmbHG § 61 Rn. 52.
27 OLG München GmbHR 1957, 43; Ulmer/Habersack/Winter/*Casper* GmbHG § 61 Rn. 48 m. w. N.
28 OLG Köln BB 1988, 365 (366).
29 Scholz/*K. Schmidt*/*Bitter* GmbHG § 61 Rn. 48.
30 Baumbach/Hueck/*Haas* GmbHG § 61 Rn. 25; Michalski/*Nerlich* GmbHG § 61 Rn. 52; Ulmer/Habersack/Winter/*Casper* GmbHG § 61 Rn. 48.
31 Ulmer/Habersack/Winter/*Casper* GmbHG § 61 Rn. 10.

liegt, hat das Gericht stets die Subsidiarität der Auflösungsklage als einschränkenden Umstand, quasi als negatives Tatbestandsmerkmal zu beachten.[32]

b) Subsidiarität

aa) Der Grundsatz

12 Der Grundsatz der Subsidiarität, wonach die Auflösungsklage abzuweisen ist, wenn dem Kläger ein **weniger einschneidendes Mittel** zur Behebung der Störung zur Verfügung steht, ist prägend für die Auflösungsklage.[33] Die Subsidiarität der Auflösung ist billigkeits- und rechtsfolgenorientiert zu handhaben.[34] Stets, also auch bei unheilbaren Zerwürfnissen, ist die Frage zu stellen, ob die Situation für den Kläger, aber auch insbesondere für die Gesellschaft in weniger einschneidender Form bereinigt werden kann.

bb) Vertragsanpassung

13 Wo eine **Vertragsanpassung möglich** ist, die den Auflösungsgrund beseitigt, ist die **Auflösungsklage** regelmäßig **unbegründet**.[35]

cc) Ausschluss des Klägers

14 Die Auflösungsklage ist ohne Weiteres **abzuweisen, wenn der Kläger aus der Gesellschaft ausgeschlossen werden könnte**.[36] Uneinheitlich wird beurteilt, ob den Auflösungskläger ein überwiegendes Verschulden an seiner eigenen Ausschließbarkeit treffen muss oder nicht. Selbst wenn den auszuschließenden Gesellschafter das geringere Verschulden trifft, die Mitgesellschafter aber ein hohes Interesse an der Fortsetzung der GmbH haben, soll dies nach einer Meinung zur Begründung der Klagabweisung ausreichen.[37] Nach dem OLG München[38] kommt es auf eine individuelle Schuldzuweisung nicht an, wenn der wichtige Grund von keinem einzelnen Gesellschafter gesetzt wurde. Nach dem Bundesgerichtshof[39] reicht ein überwiegendes Verschulden des auszuschließenden Auflösungsklägers, solange die verbleibenden Gesellschafter nicht selbst ausgeschlossen werden könnten. Man wird auf die Berücksichtigung eines Verschuldens dann ganz verzichten können, wenn dem auszuschließenden Gesellschafter ein Abfindungsentgelt geleistet wird, das einem möglichen Liquidationserlös entspricht oder dies übersteigt. Beweispflichtig für die Möglichkeit einer solchen Abfindung ist, wie für die Tatsache, dass der Auflösungskläger ausgeschlossen werden könnte,[40] die Gesellschaft.

dd) Freiwilliges Ausscheiden des klagenden Gesellschafters

15 Die Auflösungsklage ist nach heute herrschender Meinung auch dann **unbegründet, wenn** dem klagenden Gesellschafter der **Austritt** aus der Gesellschaft zugemutet werden könnte bzw. es ihm **zumutbar ist, den Geschäftsanteil zu veräußern**.[41] Ein freiwilliges Ausscheiden ist dem Auflösungsklä-

---

32 Ulmer/Habersack/Winter/*Casper* GmbHG § 61 Rn. 10; Lutter/Hommelhoff/*Kleindiek* GmbHG § 61 Rn. 8.
33 Michalski/*Nerlich* GmbHG § 61 Rn. 10; Ulmer/Habersack/Winter/*Casper* GmbHG § 61 Rn. 10; Scholz/*K. Schmidt*/*Bitter* GmbHG § 61 Rn. 3 f.
34 Scholz/*K. Schmidt*/*Bitter* GmbHG § 61 Rn. 4.
35 Michalski/*Nerlich* GmbHG § 61 Rn. 11; Scholz/*K. Schmidt*/*Bitter* GmbHG § 61 Rn. 3.
36 BGHZ 80, 346 (348 f.); OLG München GmbHR 2005, 428 (430); Baumbach/Hueck/*Haas* GmbHG § 61 Rn. 5; Ulmer/Habersack/Winter/*Casper* GmbHG § 61 Rn. 4; Michalski/*Nerlich* GmbHG § 61 Rn. 12.
37 Roth/Altmeppen/*Altmeppen* § 61 Rn. 5.
38 OLG München GmbHR 2005, 428 (430).
39 BGHZ 80, 346 (348 f.).
40 BGHZ 80, 346.
41 BGH NJW 1985, 1901; Baumbach/Hueck/*Haas* GmbHG § 61 Rn. 5; Lutter/Hommelhoff/*Kleindiek* GmbHG § 61 Rn. 1; Ulmer/Habersack/Winter/*Casper* GmbHG § 61 Rn. 4.

ger grundsätzlich dann zuzumuten, wenn das dem Auflösungskläger zufließende Entgelt dem vollen Verkehrswert des Anteils entspricht und jedenfalls nicht hinter dem Betrag zurückbleibt, der dem Kläger im Falle der Liquidation zufließen würde.[42] Die Beweislast dafür, dass das Angebot angemessen, die Auflösungsklage also treuwidrig ist, trägt die Beklagte.[43] Überwiegt ausnahmsweise das Auflösungsinteresse des Klägers das Bestandsinteresse der Gesellschaft und der Mitgesellschafter, kann die Auflösungsklage trotz angemessenen Ausgleichs für den Auflösungskläger begründet sein.[44] Dies ist insbesondere dann anzunehmen, wenn die Auflösung der Gesellschaft nicht zur Vernichtung des Unternehmenswertes führt und daher kein besonderes Bestandsinteresse anzunehmen ist[45] oder wenn der klagende Gesellschafter besonders mit der Gesellschaft verbunden ist[46].

c) Auflösungsgründe

Die Unmöglichkeit den Gesellschaftszweck zu erreichen, wird in § 61 GmbHG als einziges Beispiel eines wichtigen Grundes genannt. Umstritten ist, ob damit zugleich die Unmöglichkeit des Unternehmensgegenstandes zum wichtigen Grund erhoben wird.[47] Dies stellt die herrschende Auffassung in Abrede.[48] Jedoch geht auch die herrschende Meinung davon aus, dass die **rechtliche oder tatsächliche Unmöglichkeit des Unternehmensgegenstandes** in der Regel zur Unmöglichkeit der Zweckerreichung führen wird[49] oder aber für sich genommen im Einzelfall einen wichtigen Grund darstellen kann.[50] Einigkeit besteht jedenfalls darüber, dass die Unmöglichkeit dauerhafter Natur sein muss und auch der Fall der unerkannten anfänglichen Unmöglichkeit entgegen dem Wortlaut erfasst ist.[51]

16

d) Innergesellschaftliche Gründe

Obwohl § 61 GmbHG Gründe in den Verhältnissen der Gesellschaft verlangt und sich somit erheblich vom Wortlaut des § 133 HGB unterscheidet, können **auch innergesellschaftliche Gründe** einen wichtigen Grund darstellen.[52] Wie stets kommen **sachliche und persönliche Gründe** in Betracht. Dabei sind persönliche Gründe nicht ohne Weiteres ausreichend.[53] Je personalistischer die Gesellschaft ausgestaltet ist, desto eher können persönliche Gründe dem Bestand der Gesellschaft entgegen stehen.[54] So bietet ein tiefgreifendes und unheilbares Zerwürfnis der Gesellschafter dann einen wichtigen Grund, wenn es die Fortführung der Gesellschaft unmöglich macht[55] oder das Gedeihen der Gesellschaft unmöglich macht oder machen wird.[56] Dies ist insbesondere dann der Fall, wenn eine Willensbildung in zerrütteten Gesellschafterkreisen nicht mehr möglich ist, etwa weil sich gleich

17

---

42 BGH NJW 1985, 1901; OLG München GmbHR 2005, 428 (430); Baumbach/Hueck/*Haas* GmbHG § 61 Rn. 5 m. w. N.
43 BGH NJW 1985, 1901 (1902); unklar insoweit OLG Brandenburg Urt. v. 30.04.2008 – 7 U 194/07.
44 Baumbach/Hueck/*Haas* GmbHG § 61 Rn. 5.
45 BGH NJW 1985, 1901 (1902); OLG München GmbHR 2005, 428 (430).
46 Vgl. zur Übernahme einer Sicherheit als einziger Gesellschafter OLG München GmbHR 2005, 428 (430); allgemeiner: Ulmer/Habersack/Winter/*Casper* GmbHG § 61 Rn. 10.
47 So Lutter/Hommelhoff/*Kleindiek* GmbHG § 61 Rn. 9.
48 Baumbach/Hueck/*Haas* GmbHG § 61 Rn. 7; Ulmer/Habersack/Winter/*Casper* GmbHG § 61 Rn. 15; Michalski/*Nerlich* GmbHG § 61 Rn. 15.
49 Baumbach/Hueck/*Haas* GmbHG § 61 Rn. 7; Michalski/*Nerlich* GmbHG § 61 Rn. 16; Scholz/*K. Schmidt/Bitter* GmbHG § 61 Rn. 16.
50 Ulmer/Habersack/Winter/*Casper* GmbHG § 61 Rn. 20.
51 Baumbach/Hueck/*Haas* GmbHG § 61 Rn. 8; Lutter/Hommelhoff/*Kleindiek* GmbHG § 61 Rn. 9; Scholz/*K. Schmidt/Bitter* GmbHG § 61 Rn. 17.
52 Allg. Meinung, vgl. nur Ulmer/Habersack/Winter/*Casper* GmbHG § 61 Rn. 22 m. w. N.
53 Scholz/*K. Schmidt/Bitter* GmbHG § 61 Rn. 20 unter Hinweis auf OLG Saarbrücken AG 1980, 28; OLG Naumburg GmbHR 2013, 37 (38).
54 RGZ 92, 409 (413 f.); BGHZ 80, 346 (347); BGH NJW 1985, 1901; Scholz/*K. Schmidt/Bitter* GmbHG § 61 Rn. 20 m. w. N.
55 BGHZ 80, 346 (348); OLG Naumburg GmbHR 2013, 37 (38).
56 BGH NJW 1985, 1901.

starke Gesellschafterblöcke gegenüber stehen.[57] Gleiches gilt, wenn die Gesellschaft auf eine Mit- und Zusammenarbeit der Gesellschafter angewiesen ist und eine solche in Folge des Zerwürfnisses nicht mehr möglich ist.[58] Insgesamt gilt, dass jeder Grund, der die Gesellschaft dauerhaft unmöglich, sinnlos oder sonst unzumutbar macht, als wichtiger Grund anzusehen ist.[59] Durch die Anerkennung eines generellen Ausschluss- und Austrittsrechts bei Vorliegen eines wichtigen Grundes ist der Grundsatz der Subsidiarität insbesondere bei persönlichen Gründen von großer Bedeutung.[60]

e) Mängel des Gesellschaftsvertrages

18 Umstritten ist, ob auch bestimmte Mängel des Gesellschaftsvertrages eine Auflösungsklage begründen können. Dies wird von der überwiegenden Ansicht befürwortet. Für den Auflösungskläger muss allerdings die Fortsetzung der Gesellschaft unzumutbar sein, was insbesondere **bei arglistiger Täuschung und Irrtum** angenommen wird.[61] Mängel infolge einer Satzungsänderung können allein eine Anfechtungs- und Nichtigkeitsklage begründen, die Auflösungsklage ist insoweit ausgeschlossen. Teilweise werden Gründungsmängel, die den Verbleib in der Gesellschaft unzumutbar erscheinen lassen, als ausreichend angesehen.[62] Richtigerweise muss in diesen Fällen der Grundsatz der Subsidiarität greifen und den Auflösungskläger auf den Austritt bzw. die Gesellschaft auf den Ausschluss beschränken.

5. Urteilswirkungen

19 Das stattgebende Urteil ist Gestaltungsurteil. Es wirkt **ab** seiner **Rechtskraft rechtsgestaltend**.[63] Der Tag der Rechtskraft ist auch Stichtag für die nach § 71 Abs. 1 GmbHG zu erstellende Liquidationseröffnungsbilanz, nicht etwa analog § 140 Abs. 2 HGB der Zeitpunkt der Klagerhebung.[64] Die Liquidatoren haben die mit Eintritt der Rechtskraft eingetretene Auflösung zur Eintragung ins Handelsregister anzumelden.[65] Die Rechtskraft des klagabweisenden Sachurteils ist subjektiv begrenzt auf den Kläger. Nur bezüglich der streitgegenständlichen Mängel entsteht Rechtskraft. Das Urteil stellt keineswegs fest, dass die Gesellschaft besteht oder nicht aus anderen Gründen aufgelöst ist.[66]

6. Schiedsverfahren

20 Die Möglichkeit, die Auflösungsklage einem Schiedsgericht zuzuweisen, ist heute unstreitig.[67] Umstritten ist, ob die Gestaltungswirkung des Urteils mit Rechtskraft des Schiedsspruches oder erst mit der Vollstreckbarerklärung nach § 1060 Abs. 1 ZPO eintritt.[68] Die mittlerweile wohl überwiegende Literatur[69] spricht bereits der **Rechtskraft des Schiedsspruches** die **Gestaltungswirkung** zu. Vor dem Hintergrund von § 1055 ZPO, der den Schiedsspruch dem rechtskräftigen Urteil gleichstellt, er-

---

57 BGH NJW 1985, 1901; OLG München GmbHR 2005, 428; OLG Brandenburg BB 2008, 1868.
58 BGHZ 80, 346; OLG München GmbHR 2005, 428 (429).
59 Scholz/*K. Schmidt*/*Bitter* GmbHG § 61 Rn. 18; Ulmer/Habersack/Winter/*Casper* GmbHG § 61 Rn. 22.
60 Baumbach/Hueck/*Haas* GmbHG § 61 Rn. 11 m. w. N.
61 Scholz/*K. Schmidt*/Bitter GmbHG § 61 Rn. 19; Ulmer/Habersack/Winter/*Casper* GmbHG § 61 Rn. 24; Michalski/*Nerlich* GmbHG § 61 Rn. 23.
62 R/S-L/*Gesell* § 61 Rn. 9.
63 Scholz/*K. Schmidt*/*Bitter* GmbHG § 61 Rn. 11.
64 Baumbach/Hueck/*Haas* GmbHG § 61 Rn. 22; Michalski/*Nerlich* GmbHG § 61 Rn. 47; Scholz/*K. Schmidt*/*Bitter* GmbHG § 61 Rn. 11.
65 Scholz/*K. Schmidt*/*Bitter* GmbHG § 61 Rn. 11.
66 Vgl. Baumbach/Hueck/*Haas* GmbHG § 61 Rn. 22; R/S-L/*Gesell* § 61 Rn. 17; Scholz/*K. Schmidt*/*Bitter* GmbHG § 61 Rn. 12; Ulmer/Habersack/Winter/*Casper* GmbHG § 61 Rn. 45.
67 Scholz/*K. Schmidt*/*Bitter* GmbHG § 61 Rn. 6; Ulmer/Habersack/Winter/*Casper* GmbHG § 61 Rn. 38 jeweils m. w. N.; vgl. wohl auch BayObLG BB 1984, 746.
68 Für letzteres etwa Roth/Altmeppen/*Altmeppen* § 60 Rn. 11; wohl auch BayObLG BB 1984, 746.
69 Baumbach/Hueck/*Haas* GmbHG § 61 Rn. 23; Michalski/*Nerlich* GmbHG § 61 Rn. 45; Ulmer/Habersack/Winter/*Casper* GmbHG § 61 Rn. 43; Lutter/Hommelhoff/*Kleindiek* GmbHG § 61 Rn. 6; MüKo

scheint diese Meinung richtig. Auf den Zeitpunkt der Rechtskraft des Schiedsspruches ist deshalb die Liquidationseröffnungsbilanz aufzustellen.

II. Gerichtsschutz gegen Auflösung nach § 62 GmbHG

Anders als für die Aktiengesellschaft[70] bedarf die zuständige Verwaltungsbehörde keiner gerichtlichen Entscheidung zur Auflösung der das Gemeinwohl gefährdenden Gesellschaft mit beschränkter Haftung. § 62 Abs. 1 GmbHG enthält vielmehr eine **verwaltungsrechtliche Ermächtigung der Behörde** selbst.[71] Das Verwaltungsverfahren wird von Amts wegen eingeleitet, nach § 13 Abs. 1 Nr. 4, Abs. 2 S. 2 VwVfG sind die Gesellschafter am Verfahren gegen die Gesellschaft zu beteiligen. Die Entscheidung ist eine gebundene Entscheidung und trotz des Wortlauts keineswegs in das Ermessen der handelnden Behörde gestellt. Der Verwaltungsakt der Auflösung der Gesellschaft ist daher vollständig gerichtlich überprüfbar. 21

Gerichtsschutz gegen die Auflösung kann nicht nur die Gesellschaft selbst, **sondern jeder Gesellschafter** begehren.[72] Regelmäßig ist Voraussetzung für die zu erhebende Anfechtungsklage die Durchführung eines erfolglosen Widerspruchsverfahrens (§§ 42, 68 VwGO). Ein Widerspruchsverfahren findet nicht statt, wenn die Auflösungsverfügung von der obersten Landesbehörde erlassen wurde.[73] Kommt das Verwaltungsgericht zum Ergebnis, dass von der Gesellschaft objektiv keine Gemeinwohlgefährdung ausgeht oder diese nicht den Gesellschaftern zuzurechnen ist (einer Schuld bedarf es insoweit nicht), hebt es den Verwaltungsakt auf. Mit Rechtskraft des Anfechtungsurteils ist die Liquidation beendet und die Gesellschaft ohne Weiteres ins werbende Stadium zurück überführt.[74] Wie in jedem verwaltungsgerichtlichen Verfahren wird der Verwaltungsakt auch hier auf Erforderlichkeit und Verhältnismäßigkeit des hoheitlichen Handelns überprüft. Insgesamt erscheint die behördliche Auflösung ein theoretischer Fall zu sein, da überhaupt nur ein einziges bekannt gewordenes Verfahren aus dem Jahr 1937 dokumentiert ist.[75] 22

III. Die Nichtigkeitsklage nach § 75 GmbHG

1. Relevanz

Wie der Auflösungsklage wird der Nichtigkeitsklage nach § 75 GmbHG kaum Bedeutung beigemessen.[76] Das Verfahren entspricht nahezu vollständig demjenigen des § 275 AktG, weshalb an dieser Stelle weitestgehend auf § 10 Rdn. 27 ff. verwiesen werden kann. 23

2. Schiedsfähigkeit

Anders als für die Aktiengesellschaft, für die § 23 Abs. 5 AktG die Vereinbarung eines anderen Verfahrens als das vom Gesetz vorgesehene ausschließt, ist die Nichtigkeitsklage bei der GmbH schiedsfähig.[77] Der Bundesgerichtshof hat diese Auffassung bestätigt,[78] etwaige frühere Bedenken hiergegen haben sich offenbar erledigt. 24

GmbHG/*Limpert* § 61 Rn. 54; a. A.: BayObLG DB 1984, 1240; *K. Schmidt* ZGR 1988, 523 (536); Roth/Altmeppen/*Altmeppen* GmbHG § 61 Rn. 11.
70 Dazu oben § 10 Rdn. 53.
71 Grundlegend Scholz/*K. Schmidt* GmbHG 6. Aufl. § 62 Rn. 4, 8.
72 Ulmer/Habersack/Winter/*Casper* GmbHG § 62 Rn. 31; Scholz/*K. Schmidt/Bitter* GmbHG § 62 Rn. 12.
73 Ulmer/Habersack/Winter/*Casper* GmbHG § 62 Rn. 31.
74 Scholz/*K. Schmidt/Bitter* GmbHG § 62 Rn. 12.
75 Baumbach/Hueck/*Haas* GmbHG § 62 Rn. 1 unter Hinweis auf KG JW 1937, 1270.
76 Vgl. nur Baumbach/Hueck/*Haas* GmbHG § 75 Rn. 2.
77 Baumbach/Hueck/*Haas* GmbHG § 75 Rn. 25; Roth/Altmeppen/*Altmeppen* GmbHG § 75 Rn. 29; Scholz/*K. Schmidt* GmbHG § 75 Rn. 18.
78 BGH NJW 2009, 1962.

3. Verhältnis zur Auflösungsklage

25 Nichtigkeits- und Auflösungsklage haben den gleichen Streitgegenstand; ihre Unterscheidung ist allein historisch zu verstehen.[79]

26 Dem entspricht, wenn der Bundesgerichtshof in seiner neueren Rechtsprechung zum Beschlussmängelrecht von einem identischen Streitgegenstand von Anfechtungs- und Nichtigkeitsklage ausgeht.[80]

4. Klagebefugnis

27 Teilweise wird neben dem Kreis der nach § 75 Abs. 1 GmbHG Klagebefugten eine Befugnis des Beirats angenommen.[81] Einigkeit besteht insoweit, als die Liquidatoren klagebefugt sind.[82]

5. Heilung von Nichtigkeitsgründen

28 Anders als im Aktienrecht befürwortet die weit überwiegende Meinung zum GmbH-Gesetz die Heilung nach § 76 GmbHG auch bei vollständigem Fehlen der Bestimmungen zur Höhe des Stammkapitals.[83] Entgegen dem Wortlaut von § 76 GmbHG bedarf der Beschluss über die Heilung des Nichtigkeitsgrundes keiner Einstimmigkeit. Vielmehr reicht die für Satzungsänderungen **erforderliche Dreiviertelmehrheit des § 53 Abs. 2 GmbHG** aus.[84] Teilweise wird noch vertreten, dass über die Beschlussfassung hinaus eine Zustimmung aller Gesellschafter erforderlich ist.[85] Dem ist zu widersprechen. Mit dem Quorum, mit dem die Auflösung im Rahmen eines Fortsetzungsbeschlusses beseitigt werden kann, muss auch die Heilung beschlossen werden können.[86]

6. Klagefrist

29 Nach allgemeiner Auffassung führt der Verweis in § 75 Abs. 2 GmbHG nicht zur Anwendbarkeit der Monatsfrist des § 246 Abs. 1 AktG.[87] Umstritten ist demgegenüber, ob die Dreijahresfrist des § 275 Abs. 3 S. 1 AktG entsprechend anzuwenden ist.[88] Da der Verweis auf § 275 Abs. 3 AktG entgegen dem Regierungsentwurf von 1971 nicht in das GmbH-Gesetz aufgenommen wurde, erscheint eine analoge Anwendung insoweit zumindest fragwürdig.[89] Vorzugswürdig erscheint es, von **keiner festen Frist** für die Geltendmachung von Nichtigkeitsgründen auszugehen, sondern deren Zulässigkeit nur nach den Grundsätzen der Verwirkung zu verneinen.

---

79 Ulmer/Habersack/Winter/*Paura* GmbHG § 75 Rn. 23.
80 BGHZ 134, 364; BHG ZIP 1999, 580 (581).
81 Michalski/*Rühland* GmbHG § 75 Rn. 17; Baumbach/Hueck/*Haas* GmbHG § 75 Rn. 22 für alle aufsichtsratsähnlichen Organe.
82 Scholz/*K. Schmidt* GmbHG § 75 Rn. 16.
83 Baumbach/Hueck/*Haas* GmbHG § 76 Rn. 3; Roth/Altmeppen/*Altmeppen* § 76 Rn. 3; Michalski/*Rühland* GmbHG § 76 Rn. 5; Scholz/*K. Schmidt* GmbHG § 76 Rn. 5; Ulmer/Habersack/Winter/*Paura* GmbHG § 76 Rn. 4; weitergehend zur Heilbarkeit von Nichtigkeitsgründen oben § 10 Rdn. 36.
84 Baumbach/Hueck/*Haas* GmbHG § 76 Rn. 7; Michalski/*Rühland* GmbHG § 76 Rn. 9; R/S-L/*Baukelmann* § 76 Rn. 7; Scholz/*K. Schmidt* GmbHG § 76 Rn. 6; Ulmer/Habersack/Winter/*Paura* GmbHG § 76 Rn. 6.
85 Vgl. etwa Baumbach/Hueck/*Haas* GmbHG § 76 Rn. 8.
86 Scholz/*K. Schmidt* GmbHG § 76 Rn. 6; Ulmer/Habersack/Winter/*Paura* GmbHG § 76 Rn. 6 f.
87 Statt vieler Baumbach/Hueck/*Haas* GmbHG § 75 Rn. 26.
88 So Baumbach/Hueck/*Haas* GmbHG § 75 Rn. 26; Scholz/*K. Schmidt* GmbHG § 75 Rn. 19.
89 Ulmer/Habersack/Winter/*Paura* GmbHG § 75 Rn. 26; Roth/Altmeppen/*Altmeppen* § 75 Rn. 24; R/S-L/*Baukelmann* § 75 Rn. 29.

B. Rechtsstreitigkeiten §21

7. Aufforderung zur Mängelbeseitigung

Auch der **analogen Anwendung des § 275 Abs. 2 AktG**[90] ist mit gleicher Argumentation wie der Anwendung der Klagefrist **zu widersprechen.**[91]   30

IV. Antrag auf Bestellung von Liquidatoren, Rechtsmittel

Zu den unternehmensrechtlichen Verfahren, der Bestellung von Liquidatoren, aber auch zur Bestellung von Nachtragsliquidatoren, die im GmbH-Gesetz so nicht vorgesehen ist, ist vollen Umfangs auf die **Ausführungen zur Aktiengesellschaft** zu verweisen. Das Gericht bestellt auch für die GmbH in entsprechender Anwendung von § 273 Abs. 4 AktG Nachtragsliquidatoren, die nicht zwingend mit den früheren Liquidatoren identisch sein müssen.[92] Im Übrigen wird auf § 10 Rdn. 65 ff. verwiesen.   31

V. Wirkung der Auflösung auf laufende Gerichtsverfahren

Auch für die Auswirkung der eintretenden Auflösung auf laufende Gerichtsverfahren der Gesellschaft mit beschränkter Haftung ist auf die **Ausführungen zur Aktiengesellschaft** zu verweisen.[93]   32

---

90 Dafür Baumbach/Hueck/*Haas* GmbHG § 75 Rn. 27; Michalski/*Rühland* GmbHG § 75 Rn. 23; Scholz/*K. Schmidt* GmbHG § 75 Rn. 20.
91 So auch R/S-L/*Baukelmann* § 75 Rn. 28; Ulmer/Habersack/Winter/*Paura* GmbHG § 75 Rn. 25.
92 Scholz/*K. Schmidt* GmbHG § 74 Rn. 22.
93 S. o. § 10 Rdn. 68 ff.

§ 22 Besonderheiten bei der Unternehmergesellschaft (haftungsbeschränkt)

Übersicht

		Rdn.			Rdn.
A.	Einführung	1	III.	UG (haftungsbeschränkt) & Co. KG	23
B.	Die Gründung der Unternehmergesellschaft	7	IV.	UG als Konzerngesellschaft	26
			V.	Verstöße gegen das Thesaurierungsgebot	30
I.	Rechtsformzusatz, Volleinzahlungsgebot, Sacheinlageverbot	7	D.	Kapitalerhöhungen und »Umwandlung« der UG in eine GmbH	32
II.	Zulässigkeit verdeckter Sacheinlagen	12	I.	»Umwandlung« der UG in eine reguläre GmbH	32
III.	Gründung durch Verschmelzung, Aufspaltung oder Formwechsel?	16	II.	Reichweite des Sacheinlageverbots	34
C.	Die Bildung der gesetzlichen Rücklage	17	III.	Reichweite des Volleinzahlungsgebots	41
I.	Allgemeines zur Rücklage	17	E.	Zusammenfassung	43
II.	Umgehung des Thesaurierungsgebots	20			

A. Einführung

1 Die durch das MoMiG[1] eingeführte **Unternehmergesellschaft (haftungsbeschränkt)** ist eine Variante der GmbH, welche die Möglichkeit eröffnet, das für die GmbH an sich vorgesehene Mindestkapital von EUR 25.000 zu unterschreiten und eine Gesellschaft bereits mit einem theoretischen Mindestbetrag von EUR 1 zu gründen. Im Gegenzug gelten für die Unternehmergesellschaft **zwingende Sonderregelungen** zum Schutz des Rechtsverkehrs. Dazu zählen insbesondere die Pflicht zu einer **besonderen Firmierung** sowie die Bildung einer **gesetzlichen Rücklage**.

2 Die Unternehmergesellschaft wurde auch unter dem Eindruck des Erfolgs der populären englischen »Limited« geschaffen.[2] Ziel der Einführung war es, die **Wettbewerbsfähigkeit** der deutschen GmbH im Vergleich der Rechtsformen zu stärken, ohne jedoch deren Ansehen zu beschädigen. Letztlich hat sich der Gesetzgeber damit für einen Mittelweg zwischen der Einführung einer völlig neuen Rechtsform einerseits und der generellen Absenkung des Mindestkapitals der GmbH andererseits entschieden.[3] Die Unternehmergesellschaft soll es vor allem jungen Existenzgründern erleichtern, ihre unternehmerischen Ziele zu verfolgen. In Kombination mit dem vereinfachten Gründungsverfahren nach § 2 Abs. 1a GmbHG unter Verwendung des **Musterprotokolls** besteht nunmehr eine Möglichkeit, innerhalb weniger Tage und mit geringem Kapital- und Kostenaufwand (vgl. §§ 107 Abs. 1 S. 2, 108 Abs. 1 S. 1, 105 Abs. 6 GNotKG)[4] eine Sonderform der GmbH ins Register eintragen zu lassen.[5]

3 Die Unternehmergesellschaft stellt konzeptionell eine »echte« GmbH dar, für die das GmbHG sowie die übrigen für reguläre GmbHs einschlägigen Vorschriften unmittelbar gelten.[6] Sie ist demnach **juristische Person** und haftet ihren Gläubigern mit dem Gesellschaftsvermögen unbeschränkt. Eine **Haftungsbeschränkung** besteht wie bei der vollwertigen GmbH lediglich dahingehend, dass die Gesellschafter den Gläubigern grundsätzlich nicht für Verbindlichkeiten der Gesellschaft haften (§ 13 Abs. 2 GmbHG).

4 Die Unternehmergesellschaft kann – jedenfalls im Grundsatz – auch als **Komplementärin** einer Kommanditgesellschaft fungieren[7] und an Umwandlungsvorgängen nach dem UmwG beteiligt sein.[8] Die für die GmbH einschlägigen Vorschriften werden lediglich insoweit verdrängt, als die in § 5a GmbHG vorgesehenen Sonderregelungen Anwendung finden. Abs. 1 erlaubt das Unter-

---

1 Gesetz zur Modernisierung des GmbH-Rechts und zur Bekämpfung von Missbräuchen, BGBl. I S. 2026 ff.
2 MünchHdb GesR III/*Riemenschneider/Freitag* § 8a Rn. 1.
3 Begr. RegE, BT-Drucks. 16/6140, S. 31.
4 Ausführlicher dazu *Seebach* RNotZ 2013, 261 (274).
5 *Römermann* NJW 2010, 905 (907).
6 Bork/Schäfer/*Schäfer* § 5a Rn. 7.
7 Vgl. Rdn. 23–25.
8 Vgl. Rdn. 16 und § 126 Rdn. 9; *Wicke* § 5a Rn. 19.

schreiten des Mindestkapitals von EUR 25.000, sofern im Gegenzug die Bezeichnung UG (haftungsbeschränkt) in die **Firma** aufgenommen wird.[9] Abs. 2 normiert – abweichend von § 7 Abs. 2 GmbHG – ein **Volleinzahlungsgebot** sowie ein **Verbot von Sacheinlagen**. Das in Abs. 3 aufgestellte Gebot zur Bildung einer **gesetzlichen Rücklage** durch Thesaurierung von Gewinnen soll der Stärkung der Eigenkapitalbasis der Unternehmergesellschaft dienen.[10] Abs. 4 knüpft in Abweichung von § 49 Abs. 3 GmbHG die Pflicht zur Einberufung einer Gesellschafterversammlung an die drohende Zahlungsunfähigkeit der Gesellschaft. Nach Abs. 5 erlöschen die vorgenannten Sonderregeln für die Unternehmergesellschaft, sobald deren Stammkapital die Normgrenze erreicht hat und diese damit zur regulären GmbH erstarkt ist; die Beibehaltung des ursprünglichen Rechtsformzusatzes ist indessen zulässig.

In der Literatur ist die Unternehmergesellschaft auf ebenso lebhafte wie geteilte Resonanz gestoßen.[11] In der Praxis scheint sich die neue GmbH-Sonderform zu bewähren: zum Stichtag des fünfjährigen Bestehens am 1.11.2013 existierten in Deutschland mehr als 90.000 im Register eingetragene Unternehmergesellschaften.[12] Zudem hat der BGH klargestellt, dass die UG eine vollwertige Gesellschaftsform ist, die im Rechtsverkehr grundsätzlich keinerlei Beschränkungen unterliegt.[13]

Bislang gibt es relativ **wenig Rechtsprechung** zu den neuen Vorschriften zur Unternehmergesellschaft. Lösungsvorschläge zu den bereits identifizierten Streitfragen werden vor allem in der Literatur unterbreitet. Soweit es bereits gerichtliche Entscheidungen zu den Neuregelungen gibt, geht der nachstehende Beitrag auf diese ein. Im Übrigen wird erst die künftige Praxis zeigen, wie die Rechtsprechung Streitigkeiten zur Unternehmergesellschaft lösen wird.

B. Die Gründung der Unternehmergesellschaft

I. Rechtsformzusatz, Volleinzahlungsgebot, Sacheinlageverbot

Die Gründung einer Unternehmergesellschaft unterscheidet sich von der Gründung einer regulären GmbH nur dadurch, dass ein Stammkapital in Höhe von EUR 1 bis EUR 24.999 zu wählen ist und die in § 5a Abs. 1 und 2 GmbHG normierten Besonderheiten zu beachten sind.[14]

Abweichend von § 4 GmbHG darf die Firma nicht den Rechtsformzusatz »GmbH«, sondern muss die Bezeichnung »**Unternehmergesellschaft (haftungsbeschränkt)**« oder »**UG (haftungsbeschränkt)**« enthalten. Damit sollen potenzielle Gläubiger im Hinblick auf die im Vergleich zur ordentlichen GmbH geringere Kapitalausstattung gewarnt und so der Schutz des Rechtsverkehrs gewährleistet werden.[15] Die gesetzliche Bezeichnung ist buchstabengetreu einzuhalten; das Einfügen weiterer Namensbestandteile zwischen »UG« bzw. »Unternehmergesellschaft« und »(haftungsbeschränkt)« ist daher unzulässig.[16] Verwendet der Geschäftsführer einer UG unter Verstoß gegen § 5a Abs. 1 GmbHG im Rechtsverkehr den unrichtigen Zusatz »GmbH«, so greift eine strenge Rechtsscheinhaftung: der Handelnde haftet in diesem Fall dem auf den Rechtsschein vertrauenden Vertragspartner persönlich analog § 179 BGB.[17] Demgegenüber soll eine persönliche Haftung des

---

9 Vgl. Rdn. 7 f.
10 Vgl. Rdn. 17–22.
11 Vgl. z. B. *Schäfer* ZIP 2011, 53; *Wicke* GWR 2010, 259; *Römermann* NJW 2010, 905.
12 *Bayer/Hoffmann* GmbHR 2013, R358; eine Untersuchung von *Miras* NZG 2012, 486 (487) zeigt aber auch, dass innerhalb der knapp ersten drei Jahre des Bestehens der Unternehmergesellschaft 7,2 % aller eingetragenen Unternehmergesellschaften wieder gelöscht wurden.
13 BGH NZG 2012, 1059.
14 OLG Karlsruhe NZG 2014, 622 speziell zur gründungsspezifischen Frage der Eintragung der Unternehmergesellschaft, wenn bereits vor der Eintragung die Geschäfte eines einzelkaufmännischen Betriebs auf die Unternehmergesellschaft übertragen wurden.
15 Begr. RegE, BT-Drucks. 16/6140, S. 31; zur Rechtsscheinhaftung bei unrechtmäßiger Firmierung *Meckbach* NZG 2011, 968.
16 OLG Hamburg GmbHR 2011, 872.
17 BGH NZG 2012, 989; kritisch dazu *Altmeppen* NJW 2012, 2833.

Gesellschafter-Geschäftsführers einer Unternehmergesellschaft dann nicht in Betracht kommen, wenn er bei Vertragsschluss das Unternehmen zwar fälschlicherweise nur als »UG« ohne den Zusatz »(haftungsbeschränkt)« bezeichnet, nicht jedoch die in diesem Fall zusätzlich erforderliche Enttäuschung eines konkreten Vertrauensverhältnisses gegeben ist.[18]

9 Vor allem auf die Unternehmergesellschaft zugeschnitten, jedoch nicht auf diese beschränkt, ist die Möglichkeit der **Gründung im vereinfachten Verfahren** anhand eines Musterprotokolls nach § 2 Abs. 1a GmbHG.[19] In Anbetracht der Vorschrift des § 2 Abs. 1a S. 3 GmbHG, die Abweichungen vom Musterprotokoll, die dort nicht ausdrücklich zugelassen sind, verbietet, dürfte das vereinfachte Verfahren für die Gründung von Mehrpersonengesellschaften weitgehend uninteressant sein.[20]

10 § 5a Abs. 2 S. 1 GmbHG sieht im Gegensatz zu § 7 Abs. 2 GmbHG, der eine mindestens hälftige Gesamteinzahlung genügen lässt, vor, dass die Gesellschaft erst nach vollständiger Kapitalaufbringung angemeldet werden darf; dies ist von den anmeldenden Geschäftsführern nach § 8 Abs. 2 GmbHG zu versichern.[21] Das **Volleinzahlungsgebot** kann im Einzelfall dazu führen, dass die Gründung einer Unternehmergesellschaft einen höheren Kapitalaufwand erfordert als diejenige einer GmbH. Während etwa für die Gründung einer UG mit einem Stammkapital von EUR 20.000 dieser Betrag voll einzuzahlen ist, genügt für die Gründung einer GmbH mit dem Mindeststammkapital von EUR 25.000 der hälftige Betrag, also EUR 12.500 (§ 7 Abs. 2 S. 2 GmbHG). Dieses zunächst überraschende Ergebnis ist hinzunehmen, da es den Gründern unbenommen bleibt, die Höhe des Stammkapitals der Unternehmergesellschaft frei festzusetzen.[22]

11 Aus § 5a Abs. 2 S. 2 GmbHG ergibt sich, dass eine Unternehmergesellschaft nur im Wege einer **Bargründung** errichtet werden kann. Unterschiedliche Auffassungen bestehen zu der Frage, welche Rechtsfolge ein Verstoß gegen das strikte **Verbot von Sacheinlagen** bei Gründung (§ 5a Abs. 2 S. 2 GmbHG) nach sich zieht. Im Wesentlichen wird insoweit entweder die Gesamtnichtigkeit der Satzung angenommen[23] oder aber lediglich die Sacheinlageabrede für nichtig gehalten und die Wirksamkeit der Satzung im Übrigen entsprechend § 139 BGB beurteilt.[24] In beiden Fällen bleibt die Geldeinlageverpflichtung des betreffenden Gesellschafters bestehen. Das Sacheinlageverbot gilt auch im Rahmen von Umwandlungsvorgängen, etwa Auf- und Abspaltungen oder Ausgliederungen zur Neugründung (vgl. § 135 Abs. 2 S. 1 UmwG).[25] Im Übrigen dürfte dieser Streitfrage aber schon wegen der notariellen Form von Gesellschaftsverträgen kaum praktische Bedeutung zukommen.

II. Zulässigkeit verdeckter Sacheinlagen

12 In der Praxis häufiger dürften Fälle **verdeckter Sacheinlagen** sein. Angesichts des Verbots von Sacheinlagen in § 5a Abs. 2 S. 2 GmbHG ist die Anwendbarkeit des § 19 Abs. 4 GmbHG auf die UG indessen lebhaft umstritten.[26]

13 Der Wortlaut des § 5a Abs. 2 S. 2 GmbHG unterscheidet nicht zwischen **offenen und verdeckten Sacheinlagen**. Würde dieses Verbot auch verdeckte Sacheinlagen erfassen, wäre eine entsprechende Einlagevereinbarung nach § 5a Abs. 2 S. 2 GmbHG i. V. m. § 134 BGB nichtig und eine Anrech-

---

18 LG Düsseldorf NZG 2014, 823; ausführlich besprochen von *Beck* GmbHR 2014, 402.
19 Ausführlich dazu *Seebach* RNotZ 2013, 261 (268 ff.).
20 MüKo GmbHG/*Mayer* § 2 Rn. 232; MüKo GmbHG/*Rieder* § 5a Rn. 10: »Prokrustesbett«; kritisch zum vereinfachten Verfahren *Miras* NZG 2012, 486 (487 ff.).
21 Bork/Schäfer/*Schäfer* § 8 Rn. 19.
22 *Römermann* NZG 2010, 1375 (1376).
23 *Freitag/Riemenschneider* ZIP 2007, 1485.
24 *Wicke* § 5a Rn. 8; *Tamm* MDR 2010, 1025 (1026).
25 BGH NZG 2011, 666.
26 Vgl. *Ulmer* GmbHR 2010, 1298 (1299); ein aktueller Meinungsstand findet sich bei GroßkommGmbHG/*Paura* § 5a Rn. 40 sowie bei *Seebach* RNotZ 2013, 261 (267 f.).

nung des objektiven Wertes des eingebrachten Gegenstands nach § 19 Abs. 4 S. 3 GmbHG käme nicht in Betracht.[27] Hält man hingegen die Anwendung des § 19 Abs. 4 GmbHG auch auf die Unternehmergesellschaft für zulässig, wäre die Vereinbarung über die verdeckte Sacheinlage wirksam und der Wert des eingebrachten Vermögensgegenstandes würde auf die Bareinlageverpflichtung angerechnet (§ 19 Abs. 4 S. 2 und 3 GmbHG).[28]

Die Befürworter der Zulässigkeit verdeckter Sacheinlagen auch bei der Unternehmergesellschaft halten durch die **Anrechnungslösung mit ergänzender Differenzhaftung**, wie sie in § 19 Abs. 4 S. 3 GmbHG vorgesehen ist, den Gläubigerschutz für ausreichend gewahrt und sehen keinen Konflikt zum Sacheinlageverbot, welches in erster Linie der Vereinfachung diene.[29] Es sei kein Grund ersichtlich, die Gläubiger insoweit stärker zu schützen als bei der herkömmlichen GmbH.[30] 14

Vor dem Hintergrund, dass mit der Einführung des § 19 Abs. 4 GmbHG eine Privilegierung von verdeckten Sacheinlagen im Vergleich zur vorher bestehenden strengen Rechtslage, wie sie durch die Rechtsprechung des BGH[31] geprägt worden war, erreicht werden sollte, begegnet diese Auffassung jedoch erheblichen Zweifeln.[32] Es ist schwer vorstellbar, dass der Gesetzgeber einerseits Sacheinlagen verbieten und zugleich ein Umgehungsprivileg einrichten wollte.[33] Zudem passt es zur Konzeption der Unternehmergesellschaft, wenn insoweit den Gläubigern ein gegenüber der regulären GmbH höheres Schutzniveau in Bezug auf missbrauchsanfällige Sacheinlagen zugebilligt wird; denn die Gründer haben es in der Hand, durch eine nahezu beliebig niedrige Festsetzung des Stammkapitals der Unternehmergesellschaft auf Sacheinlagen – ob verdeckt oder nicht – ganz zu verzichten.[34] Daher sprechen die besseren Gründe für die Unanwendbarkeit des § 19 Abs. 4 GmbHG auf die Unternehmergesellschaft. Dann bleibt es bei der Nichtigkeit der im Zusammenhang mit der verdeckten Einlage vorgenommenen Verpflichtungs- und Verfügungsgeschäfte und die Bareinlagepflicht des Gesellschafters besteht in vollem Umfang fort. Die Entwicklung der Rechtsprechung zu dieser Frage bleibt abzuwarten. 15

III. Gründung durch Verschmelzung, Aufspaltung oder Formwechsel?

Da die Unternehmergesellschaft ihrer Rechtsnatur nach eine GmbH ist, kann sie grundsätzlich an **Umwandlungsvorgängen** im Sinne des UmwG teilnehmen (siehe auch § 126 Rdn. 9).[35] Sofern die Unternehmergesellschaft als übertragender Rechtsträger fungiert und im Rahmen des Umwandlungsvorgangs aufgelöst wird, ergeben sich keine Besonderheiten.[36] Die Verschmelzung durch Neugründung (§ 2 Nr. 2 UmwG) und die Aufspaltung zur Neugründung einer UG (§ 123 Abs. 1 Nr. 2 UmwG) sowie der Formwechsel in eine Unternehmergesellschaft (§ 191 Abs. 2 Nr. 3 UmwG) bedürften hingegen der Einbringung von Sacheinlagen und scheitern daher an § 5a Abs. 2 S. 2 GmbHG.[37] Für den Fall einer UG-Gründung durch Abspaltung wurde dies inzwischen höchstrichterlich klargestellt.[38] 16

---

27 *Weber* BB 2009, 842 (845).
28 Lutter/Hommelhoff/*Lutter/Kleindiek* § 5a Rn. 29.
29 *Witt* ZIP 2009, 1102 (1105); *Heinze* GmbHR 2008, 1065 (1067).
30 MüKo GmbHG/*Rieder* § 5a Rn. 23.
31 BGHZ 155, 329; NJW 2006, 1738.
32 Michalski/*Miras* § 5a Rn. 42 ff.; *Ulmer* GmbHR 2010, 1298.
33 *Werner* GmbHR 2011, 459 (462).
34 Bork/Schäfer/*Schäfer* § 5a Rn. 20.
35 Büchel/von Rechenberg/*Büchel* Rn. 1337; Roth/Altmeppen/*Roth* § 5a Rn. 30.
36 *Bormann* GmbHR 2007, 897 (899).
37 *Heinemann* NZG 2008, 820.
38 BGH NZG 2011, 666.

C. Die Bildung der gesetzlichen Rücklage

I. Allgemeines zur Rücklage

17 Jede Unternehmergesellschaft unterliegt nach § 5a Abs. 3 S. 1 GmbHG der Verpflichtung, ein Viertel des um einen etwaigen Verlustvortrag geminderten Jahresüberschusses in eine besondere Rücklage einzustellen (**Thesaurierungsgebot**). Gebildete Rücklagen dürfen nur für die in § 5a Abs. 3 S. 2 GmbHG aufgeführten Zwecke verwandt werden.

18 Als ersten und nächstliegenden Fall sieht das Gesetz eine **Kapitalerhöhung aus Gesellschaftsmitteln** vor (Nr. 1). Für die Sonderkonstellation, dass die gesetzliche Rücklage höher ist als es für die Kapitalausstattung einer regulären GmbH erforderlich wäre, ist die Vorschrift entgegen ihrem Wortlaut teleologisch dahingehend zu reduzieren, dass nicht der gesamte Betrag der gebildeten Rücklage für eine Kapitalerhöhung verwendet werden muss, sondern nur der zum Erreichen eines Stammkapitals in Höhe von EUR 25.000 erforderliche bzw., falls von den Gesellschaftern gewünscht, ein entsprechend höherer Betrag.[39]

19 Die Nr. 2 und 3 gestatten – in Anlehnung an § 150 Abs. 3 AktG – die Verwendung der gesetzlichen Rücklage zum **Ausgleich eines Jahresfehlbetrags** oder eines Verlustvortrags. Die Pflicht zur Rücklagenbildung verfolgt ausweislich der Gesetzesbegründung den Zweck, die Eigenkapitalausstattung der Unternehmergesellschaft möglichst innerhalb der ersten Jahre nach Gründung zu erhöhen.[40] Auf diese Weise soll zum Schutz der Gläubiger ein Ausgleich für die im Vergleich zur regulären GmbH fehlende Mindestkapitalaufbringung geschaffen werden. Die Pflicht zur Rücklagenbildung endet erst mit Erstarken der Unternehmergesellschaft zur GmbH (§ 5a Abs. 5 GmbHG) und ist daher weder zeitlich noch der Höhe nach beschränkt. Die Aussicht auf den Wegfall dieser Pflicht zur Rücklagenbildung dürfte einen der wesentlichen Anreize für eine Umwandlung der Unternehmergesellschaft in eine GmbH bilden.[41]

II. Umgehung des Thesaurierungsgebots

20 Es bestehen erhebliche Zweifel, ob die Pflicht zur Bildung einer gesetzlichen Rücklage in ihrer jetzigen Ausgestaltung geeignet ist, eine Stärkung der Eigenkapitalausstattung von Unternehmergesellschaften zu gewährleisten.[42] Denn die Gesellschaft hat es in der Hand, durch Gestaltungsmaßnahmen die Höhe der von ihr erzielten Gewinne zu beeinflussen und auf diese Weise ihrer Pflicht zur Rücklagenbildung zu entgehen.[43] So sind beispielsweise überhöhte Geschäftsführergehälter oder Gesellschafterdarlehen zu überhöhten Zinsen denkbare Instrumente, um der Gesellschaft Gewinne vorzuenthalten, die dann nicht mehr für die Bildung der Rücklage zur Verfügung stehen. Über die Frage, wie diesem **Umgehungspotenzial** begegnet werden kann, bestehen unterschiedliche Auffassungen.

21 Teilweise wird vertreten, dass die Grundsätze über verbotene **verdeckte Gewinnausschüttungen** insoweit ausreichend sind.[44] Es ist jedoch zu bedenken, dass bei der GmbH verdeckte Gewinnausschüttungen jedenfalls bei einvernehmlichem Handeln aller Gesellschafter gesellschaftsrechtlich nur dann unzulässig sind, wenn sie zu einer **Unterbilanz** führen; erst dann greifen die Kapitalerhaltungsvorschriften der §§ 30, 31 GmbHG ein.[45] Es bliebe den Gesellschaftern aber unbenommen, im Wege verdeckter Gewinnausschüttungen Bilanzverluste zu generieren, die anschließend durch die Auflösung von Rücklagen gemäß § 5a Abs. 3 S. 2 Nr. 2 GmbHG ausgeglichen werden müssten.[46]

---

39 *Miras* Rn. 224.
40 Begr. RegE, BT-Drs. 16/6140, S. 32.
41 *Joost* ZIP 2007, 2242 (2245).
42 Büchel/von Rechenberg/*Büchel* Rn. 1317.
43 Bunnemann/Zirngibl/*Zirngibl* § 2 Rn. 14.
44 Baumbach/Hueck/*Fastrich* § 5a Rn. 22.
45 MüKo GmbHG/*Rieder* § 5a Rn. 32.
46 Bunnemann/Zirngibl/*Zirngibl* § 2 Rn. 17.

C. Die Bildung der gesetzlichen Rücklage § 22

Dies lässt sich nur vermeiden, wenn man auch die nach § 5a Abs. 3 GmbHG thesaurierten Gewinne 22
unmittelbar dem **Schutz der §§ 30, 31 GmbHG** unterstellt.[47] Das Problem, dass durch geschickte Beeinflussung des Jahresüberschusses die Bildung nennenswerter Rücklagen von vorneherein vermieden werden könnte, ist dadurch indessen noch nicht gelöst. Deshalb spricht viel dafür, auch das noch zu thesaurierende Kapital der Gesellschaft einem Auszahlungsverbot zu unterstellen. In Analogie zu den §§ 30, 31 GmbHG ist daher jede verdeckte Gewinnausschüttung für unzulässig zu erachten, die dem Thesaurierungsgebot nach § 5a Abs. 3 GmbHG zuwiderläuft.[48] Nur so wird der Zielsetzung des Gesetzgebers, durch die Thesaurierungsverpflichtung eine höhere Eigenkapitalausstattung der Unternehmergesellschaft innerhalb eines überschaubaren Zeitraums zu ermöglichen[49], angemessen Rechnung getragen.

III. UG (haftungsbeschränkt) & Co. KG

Als Spielart der GmbH kann die Unternehmergesellschaft als persönlich haftende Gesellschafterin 23
einer »**UG (haftungsbeschränkt) & Co. KG**« Verwendung finden. Gegenüber der herkömmlichen GmbH & Co. KG besteht insoweit der Vorteil, dass ein deutlich geringerer Kapitalbetrag eingesetzt werden muss, was erheblich zur Attraktivität dieser Konstruktion beiträgt.[50]

Allerdings stößt die übliche steuerlich motivierte Gestaltung, wonach Gewinne der Gesellschaft nur 24
beim Kommanditisten anfallen, insoweit auf Bedenken, da dadurch bei der voll haftenden Unternehmergesellschaft – abgesehen von einer etwaigen **Haftungsvergütung** – keine Gewinne anfallen können und somit die Bildung der gesetzlich vorgesehenen Rücklage ausgeschlossen ist.[51] Dies lässt sich nicht ohne weiteres mit der o. g.[52] Zielsetzung des Gesetzgebers hinsichtlich der Kapitalthesaurierung der Unternehmergesellschaft in Einklang bringen.[53]

Zwar trifft es zu, dass § 5a Abs. 3 GmbHG (selbstverständlich) keine Pflicht zur Gewinnerzielung 25
normiert, sondern nur für den Fall, dass Gewinne erzielt werden, eine anteilige Thesaurierung vorschreibt.[54] Allerdings ist zu berücksichtigen, dass eine Komplementär-UG nach der herkömmlichen Gestaltung niemals Gewinne wird erzielen können; das passt nicht zum Charakter der Unternehmergesellschaft als »Durchgangsstation« zur GmbH.[55] Richtigerweise ist daher zu verlangen, dass einer als Komplementärin eingesetzten Unternehmergesellschaft die Möglichkeit eingeräumt werden muss, Gewinne zu erzielen.[56] Dies könnte auch durch die Zuwendung einer Haftungsvergütung erfolgen, sofern diese nur eine Höhe erreicht, welche die Bildung einer substanziellen Rücklage innerhalb eines vertretbaren Zeitraums ermöglicht.[57] Erreicht die Rücklage schließlich eine ausreichende Höhe, steht es der Gesellschaft frei, durch eine Kapitalerhöhung aus Gesellschaftsmitteln ein »Upgrade«[58] der Unternehmergesellschaft zu einer GmbH herbeizuführen. Das hat zur Folge, dass die für die Unternehmergesellschaft geltenden Sondervorschriften nicht mehr gelten (§ 5a Abs. 5 Hs. 1 GmbHG). Erfolgt auch eine – fakultative, vgl. § 5a Abs. 5 Hs. 2 GmbHG – Umfirmierung, so wandelt sich die »UG (haftungsbeschränkt) & Co. KG« in eine reguläre GmbH & Co. KG. Ab diesem Zeitpunkt entfällt auch die Verpflichtung, der Komplementärin die Möglichkeit zur Gewinnerzielung einzuräumen und eine entsprechende Änderung des Gesellschaftsvertrags ist zulässig.

---

47 *Hirte* Rn. 5.45e; *Wicke* § 5a Rn. 10; Baumbach/Hueck/*Fastrich* § 5a Rn. 26.
48 *Miras* Rn. 247.
49 Begr. RegE, BT-Drucks. 16/6140, S. 32.
50 *Römermann* NJW 2010, 905 (909); *Miras* Rn. 398.
51 *Wicke* GWR 2010, 259 (261); *Schäfer* ZIP 2011, 53 (58); ein aktueller Meinungsstand findet sich bei *Seebach* RNotZ 2013, 261 (264).
52 Siehe Fn. 40.
53 *Veil* GmbHR 2007, 1080 (1084).
54 Lutter/Hommelhoff/*Lutter/Kleindiek* § 5a Rn. 35.
55 *Wicke* GWR 2011, 259 (261).
56 *Kock/Vater/Mraz* BB 2009, 848 (849).
57 *Schäfer* ZIP 2011, 53 (56).
58 Begriff bei *Lieder/Hoffmann* GmbHR 2011, 561.

IV. UG als Konzerngesellschaft

26 Nach einhelliger Ansicht könnte eine Unternehmergesellschaft – was freilich praktisch kaum denkbar wäre – als **Obergesellschaft** eines Vertragskonzerns oder eines faktischen Konzerns eingesetzt werden.[59]

27 Als attraktive, weil kapitalschonende Gestaltungsvariante kommt allerdings in erster Linie die Errichtung einer **Konzerntochter** in der Rechtsform einer Unternehmergesellschaft in Betracht. Sofern sie jedoch in einen Gewinnabführungsvertrag nach § 291 AktG eingebunden werden soll, ergibt sich ein Konflikt zwischen dem gesetzlichen Thesaurierungsgebot nach § 5a Abs. 3 GmbHG und der vertraglichen Gewinnabführungsverpflichtung.

28 Nach der hier vertretenen Auffassung ist eine Unternehmergesellschaft, der die Gewinnerzielung und damit die Rücklagenbildung von vorneherein verwehrt ist, mit dem gesetzlichen Grundmodell nicht zu vereinbaren.[60] Die Variante eines Teilgewinnabführungsvertrags (§ 292 Abs. 1 Nr. 2 AktG) würde eine Gewinnerzielung ermöglichen, ist jedoch nicht praktikabel, da in diesem Fall die Einkommenszurechnung beim Organträger nach § 14 Abs. 1 S. 1 KStG nicht möglich ist.

29 Als Ausweg bietet sich eine entsprechende Anwendung der §§ 300, 301 AktG auf die Unternehmergesellschaft an.[61] § 300 AktG gewährleistet als Sondervorschrift zu § 150 AktG die Bildung der dort vorgesehenen gesetzlichen Rücklagen für den Fall, dass die betroffene Gesellschaft in einen (Teil-)Gewinnabführungsvertrag oder einen Beherrschungsvertrag eingebunden ist und bezweckt damit den Schutz der Gesellschaft und deren Gläubiger vor einer Aushöhlung der bilanziellen Substanz.[62] Ungeachtet der unterschiedlichen Zwecksetzungen der gesetzlichen Rücklage nach § 5a Abs. 3 GmbHG und derjenigen nach § 150 Abs. 2 AktG[63] besteht insofern eine vergleichbare Interessenlage, als § 300 AktG darauf abzielt, den über die Bildung einer gesetzlichen Rücklage vermittelten **Vermögensschutz** auch in Fällen aufrechtzuerhalten, in denen ein Gewinnabführungsvertrag besteht.[64] Über die analoge Anwendung der §§ 300, 301 AktG auf die Unternehmergesellschaft lässt sich daher das Spannungsverhältnis zwischen Thesaurierungsgebot und Gewinnabführungsverpflichtung einer in einen Gewinnabführungsvertrag eingebundenen UG überzeugend auflösen.[65] Analog zu der oben dargestellten Situation bei der UG (haftungsbeschränkt) & Co. KG[66] führt eine jederzeit mögliche Kapitalerhöhung zum Erstarken der Unternehmergesellschaft zur regulären GmbH mit der Folge, dass die Thesaurierungsverpflichtung endet. Ab diesem Zeitpunkt sind die §§ 300 f. AktG nicht mehr anwendbar.

V. Verstöße gegen das Thesaurierungsgebot

30 Verstößt die Gesellschaft gegen ihre Verpflichtung zur Bildung der gesetzlichen Rücklage, indem sie entweder entgegen § 5a Abs. 3 S. 1 GmbHG aus dem erzielten Jahresüberschuss keinen ausreichenden Betrag in die Rücklage einstellt oder aber entgegen § 5a Abs. 3 S. 2 GmbHG die bereits gebildete Rücklage zweckwidrig verwendet, so ist der entsprechende Feststellungsbeschlusses zum Jahresabschluss analog § 256 Abs. 1 Nr. 1 AktG **nichtig**.[67] Die Nichtigkeit des betreffenden Gewinnverwendungsbeschlusses ergibt sich aus § 253 Abs. 1 AktG analog.

---

59 MüKo GmbHG/*Rieder* § 5a Rn. 56.
60 Vgl. zur UG (haftungsbeschränkt) & Co. KG Rdn. 23–25.
61 Lutter/Hommelhoff/*Lutter/Kleindiek* § 5a Rn. 41; *Rubel* GmbHR 2010, 470 (471 f.).
62 Spindler/Stilz/*Euler/Wirth* § 300 Rn. 2.
63 *Rubel* GmbHR 2010, 470 (472).
64 *Stenzel* NZG 2009, 168 (171).
65 MüKo GmbHG/*Rieder* § 5a Rn. 56.
66 Vgl. Rdn. 23–25.
67 Bork/Schäfer/*Schäfer* § 5a Rn. 29.

Rechtswidrig an die Gesellschafter ausgeschüttete Gewinne kann die Gesellschaft nach § 812 BGB 31 sowie analog § 31 GmbHG[68] zurückfordern. Die Rückforderungsmöglichkeit nach § 31 GmbHG analog ist im Hinblick darauf, dass Ansprüche gegen die Gesellschafter häufig erst in einem späteren Insolvenzverfahren vom Insolvenzverwalter geltend gemacht werden dürften, vor allem wegen der längeren Verjährungsfrist des § 31 Abs. 5 GmbHG sowie wegen der anteiligen Haftung sämtlicher Gesellschafter interessant.[69] Die Geschäftsführer der Gesellschaft haften für die Veranlassung einer rechtswidrigen Gewinnausschüttung nach § 43 GmbHG.

D. Kapitalerhöhungen und »Umwandlung« der UG in eine GmbH

I. »Umwandlung« der UG in eine reguläre GmbH

Erhöht die Unternehmergesellschaft ihr Stammkapital auf wenigstens EUR 25.000, finden nach 32 § 5a Abs. 5 Hs. 1 GmbHG die Sondervorschriften in § 5a Abs. 1 bis 4 GmbHG keine Anwendung mehr und die Unternehmergesellschaft erstarkt zu einer regulären GmbH. Die **Identität der Gesellschaft** ändert sich dabei nicht, der Rechtsträger bleibt derselbe.[70]

Die Kapitalerhöhung, die wie bei jeder GmbH nach §§ 53 ff. GmbHG durchzuführen ist, kann 33 durch Umwandlung der gesetzlichen Rücklage aus **Gesellschaftsmitteln** erfolgen (vgl. §§ 5a Abs. 3 S. 2 Nr. 1, 57c GmbHG); dies ist aber nicht zwingend. Es steht der Gesellschaft ebenso frei, ihr Ziel durch eine **Barkapitalerhöhung** zu erreichen.[71] Auch eine Kombination aus beiden Formen der Kapitalerhöhung ist zulässig.[72] Ab dem Zeitpunkt des Upgrades zu einer regulären GmbH kann die Gesellschaft auch als GmbH firmieren, muss dies jedoch nicht tun (§ 5a Abs. 5 Hs. 2 GmbHG). Tritt sie weiterhin als UG (haftungsbeschränkt) auf, droht dem Rechtsverkehr dadurch kein Nachteil, da die wahre Rechtslage vorteilhafter ist als der Rechtsschein.[73]

II. Reichweite des Sacheinlageverbots

Im Zusammenhang mit Kapitalerhöhungen i. S. v. § 5a Abs. 5 GmbHG ist besonders umstritten, in- 34 wieweit das **Sacheinlageverbot** und das **Volleinzahlungsgebot** nach § 5a Abs. 2 GmbHG Anwendung finden.

Dem Wortlaut des § 5a Abs. 2 S. 2 GmbHG lässt sich nicht entnehmen, inwieweit das dort geregelte 35 **Verbot von Sacheinlagen** bei der UG auch im Rahmen von Kapitalerhöhungen anzuwenden ist. Deswegen und aufgrund der erheblichen praktischen Bedeutung ist diese Frage im Schrifttum außerordentlich umstritten.

Einzelne Stimmen plädieren dafür, das Sacheinlageverbot überhaupt nur im Rahmen der Gründung 36 anzuwenden, also nicht auf Kapitalerhöhungen zu erstrecken.[74]

Dagegen spricht jedoch bereits in systematischer Hinsicht, dass dann der Verweis auf Abs. 2 in 37 Abs. 5 Hs. 1 überflüssig wäre.[75] Bejaht man mit der ganz überwiegenden Auffassung die grundsätzliche Anwendung des Abs. 2 S. 2 auf Kapitalerhöhungen, so ist zunächst festzustellen, dass das Verbot von Sacheinlagen in jedem Fall dann greifen muss, sofern das Stammkapital der UG auch nach der Kapitalerhöhung einen Betrag in Höhe von EUR 25.000 nicht erreicht.

---

68 *Wicke* § 5a Rn. 12.
69 *Miras* Rn. 233.
70 *Scholz/Westermann* § 5a Rn. 28.
71 Zum Sonderfall der ausnahmsweise zulässigen Sachkapitalerhöhung vgl. Rdn. 34–40.
72 *Bork/Schäfer/Schäfer* § 5a Rn. 35.
73 *Roth/Altmeppen/Roth* § 5a Rn. 28.
74 *Hennrichs* NZG 2009, 1161 (1162).
75 *Meister* NZG 2008, 767.

38 Streitig ist hingegen die Frage, ob das Sacheinlageverbot auch bei einer Kapitalerhöhung i. S. d. Abs. 5, durch welche die Unternehmergesellschaft zur regulären GmbH aufgewertet wird, Anwendung findet oder aber für eine solche Kapitalerhöhung »in die GmbH« nicht mehr gilt.[76]

39 Die Vertreter der zuerst genannten, strengeren Auffassung sehen im Wortlaut des § 5 Abs. 5 Hs. 1 GmbHG (»erreicht«) das Erfordernis angelegt, die Kapitalerhöhung müsse tatsächlich durchgeführt worden, d. h. im Handelsregister eingetragen sein, ehe es zu einem Wegfall der Sondervorschriften der Abs. 1 bis 4 kommt.[77]

40 Dieser Auffassung hat der **BGH** nunmehr zu Recht eine Absage erteilt und sich der im Schrifttum[78] vertretenen großzügigeren Auslegung angeschlossen.[79] Der Wortlaut des Abs. 5 Hs. 1 ist nicht eindeutig, so dass sowohl der Kapitalerhöhungsbeschluss als auch die Eintragung im Handelsregister grundsätzlich als Anknüpfungspunkte für den Wegfall des Abs. 2 S. 2 in Betracht kommen. Entscheidend ist daher eine teleologische Betrachtung. Der Gesetzgeber ging davon aus, dass die Unternehmergesellschaft nach Möglichkeit innerhalb weniger Jahre genügend Kapital ansammeln kann, um ein Upgrade zur Voll-GmbH zu vollziehen.[80] Aus diesem Grund wurde das Thesaurierungsgebot in Abs. 3 verankert. Nach der gesetzlichen Systematik ist die Unternehmergesellschaft eine Art »Übergangskonstrukt« auf dem Weg in eine reguläre GmbH, wofür insbesondere die fehlende zeitliche und betragsmäßige Begrenzung der Rücklageverpflichtung spricht.[81] Erst mit dem Erstarken zur regulären GmbH entfällt diese Verpflichtung, sodass bei Erreichen einer entsprechenden Kapitalausstattung ein erheblicher Anreiz besteht, eine Kapitalerhöhung nach Abs. 5 durchzuführen. Überdies ist in § 5a Abs. 2 S. 2 Nr. 1 GmbHG als erste und nächstliegende Verwendungsoption für die gesetzliche Rücklage die Kapitalerhöhung aus Gesellschaftsmitteln aufgeführt, was ebenfalls dafür spricht, dass die Unternehmergesellschaft primär als Durchgangsstation zur GmbH konstruiert ist. Vor diesem Hintergrund wäre es aber zweckwidrig, der Unternehmergesellschaft die Kapitalerhöhung »in die GmbH« ohne Not zu erschweren. Ein gegenüber der GmbH erhöhtes Missbrauchspotenzial von Sacheinlagen besteht nicht, da hier wie dort die §§ 56 ff. GmbH zu beachten sind. Aus den genannten Gründen greift demnach das Verbot von Sacheinlagen bereits bei Kapitalerhöhungen i. S. v. Abs. 5 nicht mehr.

III. Reichweite des Volleinzahlungsgebots

41 Im Gegensatz zum Sacheinlageverbot steht eine höchstrichterliche Klärung der Reichweite des Volleinzahlungsgebots bei Kapitalerhöhungen der Unternehmergesellschaft noch aus. Gleichwohl ist auch in diesem Zusammenhang kein Grund erkennbar, der es rechtfertigen würde, eine Unternehmergesellschaft, die eine Kapitalerhöhung gemäß § 5a Abs. 5 GmbHG durchführt, gegenüber einer normalen GmbH zu benachteiligen. Auch hier gilt die gleiche Überlegung, dass ein gesetzlich intendierter Anreiz die Unternehmergesellschaft zum Upgrade in die GmbH motivieren soll und eine gleichzeitige Erschwerung dieser Zielsetzung damit nicht in Einklang zu bringen ist.[82]

42 Eine weitere Zweifelsfrage betrifft die analoge Anwendung von § 7 Abs. 2 S. 2 GmbHG. Da § 56a GmbHG nur auf § 7 Abs. 2 S. 1 GmbHG verweist, reichte es nach dem Wortlaut aus, wenn lediglich ein Viertel der neuen Stammeinlage eingezahlt würde. Danach wäre es zulässig, eine Unternehmergesellschaft mit EUR 1.000 Stammkapital zu gründen und sofort im Anschluss eine Kapitalerhöhung auf EUR 25.000 durchzuführen, wobei im Rahmen der Kapitalerhöhung nur ein Viertel, also EUR 6.000 aufzubringen wäre. Dies steht ersichtlich im Widerspruch zum Mindesteinzah-

---

76 Überblick zum Streitstand bei GroßkommGmbHG/*Paura* § 5a Rn. 38 f.
77 OLG München BB 2010, 2529, das mittlerweile jedoch nicht mehr an dieser Ansicht festhält, OLG München NZG 2012, 104.
78 Michalski/*Miras* § 5a Rn. 111; *Gasteyer* NZG 2009, 1364 (1367); *Lange* NJW 2010, 3686 (3687 f.).
79 BGH NZG 2011, 664.
80 Begr. RegE, BT-Drucks. 16/6140, S. 32.
81 Vgl. Rdn. 19.
82 OLG Hamm GmbHR 2011, 655 (656) und OLG München NZG 2012, 104.

E. Zusammenfassung § 22

lungsgebot des § 7 Abs. 2 S. 2 GmbHG, der indessen nach dem Gesetzeswortlaut nicht gilt. Es ist kaum denkbar, dass dies vom Gesetzgeber so intendiert war, so dass diese planwidrige Regelungslücke durch eine analoge Anwendung von § 7 Abs. 2 S. 2 GmbHG auf alle Kapitalerhöhungen der Unternehmergesellschaft zu schließen ist.[83]

E. Zusammenfassung

Seit ihrer Einführung erfreut sich die Unternehmergesellschaft großer Beliebtheit[84]. Der Gesetzgeber scheint somit einem Bedürfnis der Praxis entsprochen zu haben. Die Stimmen in der Literatur fallen dagegen uneinheitlich aus. Während die einen von einem »Kassenschlager«[85], einer »Erfolgsgeschichte«[86] und einer »ernstzunehmenden Gesellschaftsform«[87] sprechen, überwiegt bei anderen die Skepsis angesichts von Missbrauchsgefahren und einer potenziellen Gefährdung des Gläubigerschutzes durch das Abrücken von der »Seriositätsschwelle«[88] eines festen Mindeststammkapitals.[89] Unabhängig davon hat sich die Praxis mit dieser Spielart der GmbH auseinanderzusetzen. Erfreulicherweise haben Literatur und vereinzelt auch die Rechtsprechung die Konturen der Rechtsformvariante der UG bereits gefestigt. Die Entwicklung der weiteren Rechtsprechung bleibt aber abzuwarten.

43

---

83 OLG Hamm GmbHR 2011, 655 (656) (obiter dictum); GroßkommGmbHG/*Paura* § 5a Rn. 35; *Klose* GmbHR 2009, 294 (297); *Seebach* RNotZ 2013, 261 (278).
84 Vgl. Rdn. 5; *Bayer/Hoffmann* GmbHR 2010, R369.
85 *Bayer/Hoffmann* GmbHR 2010, R369.
86 *Marhewka* BB 2011, 1552.
87 *Römermann* NJW 2010, 905 (910).
88 MüKo GmbHG/*Rieder* § 5a Rn. 58.
89 MünchHdb GesR III/*Riemenschneider/Freitag* § 8a Rn. 22 f.

Abschnitt 3 Konzernrechtliche Streitigkeiten

§ 23 Einleitung zum Konzernrecht

1 Eine Sonderrolle innerhalb des weiten Gebiets gesellschaftsrechtlich veranlasster Streitigkeiten nehmen Konfliktfälle in Konzernverhältnissen ein. Das AktG behandelt die Beziehung zwischen abhängiger Gesellschaft und herrschendem Unternehmen in §§ 302–310 AktG (**Vertragskonzern**) und in §§ 311–318 AktG (**faktischer Konzern**).[1] Regelungsziel dieser Normen ist der **Schutz der abhängigen Gesellschaft** sowie seiner (Minderheits-) Gesellschafter und Gläubiger.[2] Man spricht in diesem Zusammenhang von der sog. **Konzerngefahr.** Sie liegt vor, wenn ein Gesellschafter (herrschendes Unternehmen) ohne Rücksicht auf seine Rechtsform[3] neben seiner Beteiligung an der Gesellschaft anderweitige wirtschaftliche Interessenbindungen aufweist, die nach Art und Intensität die ernsthafte Sorge begründen, er könne wegen dieser Bindungen seinen aus der Mitgliedschaft folgenden Einfluss auf die Gesellschaft nachteilig ausüben.[4] Typische Konzernstreitigkeiten sind solche, in denen sich diese Gefahr verwirklicht hat. Ergibt sich aus der beherrschenden Einflussnahme (vgl. § 17 Abs. 1 AktG) eine Benachteiligung der abhängigen Gesellschaft, ihrer (Minderheits-) Gesellschafter und/oder ihrer Gläubiger, wird es regelmäßig um die Durchsetzung von Ausgleichs- oder Ersatzansprüchen gegen das herrschende Unternehmen und/oder dessen gesetzliche Vertreter gehen.

2 Diese Ansprüche werden im Folgenden einzeln gegliedert dargestellt und erläutert. Dabei werden zunächst AG- und GmbH-Vertragskonzerne behandelt, bevor Konstellationen faktischer Konzernierung in den Blick genommen werden. Im Zusammenhang damit werden anschließend der sog. qualifiziert faktische Konzern und die Diskussion um seine Ablösung durch die Rechtsfigur der Existenzvernichtungshaftung geschildert.

---

1 Allgemeine Regelungen zum Recht der »verbundenen Unternehmen« sowie zu Unternehmensverträgen finden sich in den §§ 15–22 AktG und §§ 291 ff. AktG.
2 Emmerich/Habersack/*Habersack* Einl. Rn. 1.
3 Das herrschende Unternehmen ist gänzlich rechtsformunabhängig. Es kann somit bspw. auch eine natürliche Person herrschendes Unternehmen i. S. d. Konzernrechts sein, solange sie nur die beschriebene anderweitige Interessenbindung aufweist. Nach BGH NJW 2008, 1583 – UMTS-Lizenzen kann herrschendes Unternehmen auch eine Gebietskörperschaft oder ein anderer öffentlich-rechtlicher Rechtsträger (in dem konkreten Fall die Bundesrepublik Deutschland) sein. Weiterführend zum Begriff des herrschenden Unternehmens vgl. etwa MüKo AktG/*Bayer* § 15 Rn. 7 ff.
4 Hüffer/*Koch* § 15 Rn. 10 m. w. N.

§ 24 AG-Vertragskonzern (§§ 302–310 AktG)

Übersicht

		Rdn.
A.	Begriff	1
B.	Ausgleichs- und Abfindungsansprüche der abhängigen AG und ihrer Aktionäre gegen das herrschende Unternehmen	2
I.	Verlustausgleich aus § 302 Abs. 1 AktG	2
	1. Voraussetzungen	2
	2. Rechtsfolge	4
II.	Ausgleich und Abfindung aus § 304 Abs. 1 AktG bzw. § 305 Abs. 1 AktG	8
C.	Schadensersatzansprüche der abhängigen AG und ihrer Aktionäre gegen das herrschende Unternehmen und seine gesetzlichen Vertreter	11
I.	§ 309 Abs. 2 AktG (i. V. m. § 31 BGB analog)	11
	1. Voraussetzungen	11
	2. Rechtsfolge	14
II.	§ 117 Abs. 1 AktG (i. V. m. § 31 BGB analog)	16
III.	Allgemeine gesellschaftsrechtliche Treuepflicht	20
D.	Ansprüche der abhängigen AG und ihrer Aktionäre gegen die Organmitglieder der abhängigen AG	21
I.	§ 310 Abs. 1 Satz 1 AktG	21
II.	§ 117 Abs. 2 Satz 1 AktG	25
E.	Anspruch der Gläubiger der abhängigen AG gegen das herrschende Unternehmen auf Sicherheitsleistung (bzw. unmittelbare Zahlung) aus § 303 Abs. 1 AktG	26
F.	Regressansprüche des herrschenden Unternehmens gegen die Geschäftsleiter des herrschenden Unternehmens	30
G.	Ansprüche des herrschenden Unternehmens gegen die abhängige AG und deren Vorstand	32
I.	Anspruch auf Befolgung von rechtmäßigen Weisungen aus § 308 Abs. 2 Satz 1 AktG	32
II.	Anspruch auf Schadensersatz wegen Nichtbefolgung von rechtmäßigen Weisungen aus dem Beherrschungsvertrag i. V. m. § 308 Abs. 2 Satz 1 AktG, § 280 Abs. 1 BGB (i. V. m. § 278 BGB)	33
H.	Eigene Verfolgungsrechte der Aktionäre und Gläubiger	35
I.	§ 309 Abs. 2 AktG	36
II.	§§ 117 Abs. 1 Satz 1, Abs. 2 Satz 1 AktG	37
III.	§ 310 AktG	38
IV.	§ 302 Abs. 1 AktG (umstritten)	39
V.	Nicht aber Schadensersatzansprüche aus Treuepflichtverletzung	40

A. Begriff

Ein Vertragskonzern i. S. d. AktG liegt vor, wenn zwischen einer **abhängigen Aktiengesellschaft** 1 (oder KGaA) mit Sitz im Inland und einem beliebigen anderen Unternehmen ein **wirksamer Beherrschungsvertrag** nach § 291 Abs. 1 Satz 1 AktG besteht.[1]

B. Ausgleichs- und Abfindungsansprüche der abhängigen AG und ihrer Aktionäre gegen das herrschende Unternehmen

I. Verlustausgleich aus § 302 Abs. 1 AktG

1. Voraussetzungen

Zur Eröffnung des Anwendungsbereichs des § 302 Abs. 1 AktG muss zunächst ein **wirksamer Be-** 2 **herrschungs- oder Gewinnabführungsvertrag** i. S. d. § 291 Abs. 1 Satz 1 AktG zwischen Anspruchsteller und Anspruchsgegner zustande gekommen sein. Zweck der Norm ist es, die im Falle eines Beherrschungs- oder Gewinnabführungsvertrags gelockerte Eigenkapitalbindung (vgl. § 291 Abs. 3 AktG) zu kompensieren.[2]

---

[1] Emmerich/Habersack/*Emmerich* § 308 Rn. 4. Zu den Einzelfragen des wirksamen Vertragsschlusses vgl. MüKo AktG/*Altmeppen* § 291 Rn. 54 ff.
[2] BGH NJW 1989, 1800 – Tiefbau.

3 Während der Vertragsdauer muss ein bilanzieller **Jahresfehlbetrag** entstanden sein, der nicht bereits aus anderen Gewinnrücklagen ausgeglichen wurde.[3] Als Jahresfehlbetrag ist der negative Saldo zu verstehen, der als Posten 20 bzw. 19 der Gewinn- und Verlustrechnung (vgl. § 275 Abs. 1, Abs. 3 HGB) auszuweisen wäre, wenn ihm nicht der Anspruch der Gesellschaft auf Verlustübernahme gegenüberstünde.[4] Die Berechnung erfolgt insofern fiktiv.[5]

2. Rechtsfolge

4 Die abhängige AG erlangt einen **Zahlungsanspruch** in der Höhe, die zum Ausgleich des (fiktiven) Jahresfehlbetrags erforderlich ist. Der Anspruch ist vom Vorstand unverzüglich nach Fälligkeit geltend zu machen.

5 Umstritten ist, wann der Anspruch **entsteht** und wann er **fällig** wird. Nach h. M. fallen Entstehung und Fälligkeit zeitgleich auf das Ende des Geschäftsjahres, in dem der Fehlbetrag eingetreten ist.[6] Im Falle einer vorzeitigen Beendigung des Beherrschungs- oder Gewinnabführungsvertrags sei der Zeitpunkt der aufzustellenden Stichtagsbilanz maßgeblich.[7] Argumentiert wird, dass es keinen ersichtlichen Grund gebe, von der allgemeinen Regel des § 271 Abs. 1 BGB abzuweichen.[8]

6 Unterschiedlich beurteilt wird, ob der Anspruch inhaltlich zwingend auf Zahlung gerichtet sein muss, oder ob auch eine **Aufrechnung** erfolgen kann, sofern der Gegenanspruch des herrschenden Unternehmens vollwertig ist.[9]

7 Gläubiger haben kein eigenes Verfolgungsrecht, können den Anspruch aber nach §§ 829, 835 ZPO **pfänden** und sich **überweisen** lassen.[10]

II. Ausgleich und Abfindung aus § 304 Abs. 1 AktG bzw. § 305 Abs. 1 AktG

8 Den außenstehenden Aktionären steht **wahlweise** ein angemessener **Ausgleich** gem. § 304 Abs. 1 AktG oder eine angemessene **Abfindung** gem. § 305 Abs. 1 AktG zu. Der Beherrschungs- oder Gewinnabführungsvertrag muss ihnen beide Möglichkeiten einräumen.[11]

9 Das Fehlen einer Ausgleichsregelung macht den Unternehmensvertrag gem. § 304 Abs. 3 Satz 1 AktG nichtig. Fehlt eine Abfindungsregelung, so ist der Unternehmensvertrag hingegen nicht nichtig, sondern es ist in einem **Spruchverfahren** nach dem SpruchG die zu gewährende Abfindung zu bestimmen (§ 305 Abs. 5 Satz 2 AktG).[12] Gleiches gilt, wenn lediglich die Angemessenheit der Höhe des Ausgleichs oder der Abfindung zwischen dem Aktionär und dem herrschenden Unternehmen[13] streitig ist. Eine Unangemessenheit hat also keinen Einfluss auf die Wirksamkeit des Unternehmensvertrags und macht insb. auch nicht den Zustimmungsbeschluss der Hauptversammlung anfecht-

---

3 Vgl. zu Einzelheiten der Ermittlung etwa Emmerich/Habersack/*Emmerich* § 302 Rn. 27 ff.
4 KöKo AktG/*Koppensteiner* § 302 Rn. 18.
5 Emmerich/Habersack/*Emmerich* § 302 Rn. 27.
6 BGH NZG 2005, 481 (482); OLG Dresden AG 2006, 672 (673); Spindler/Stilz/*Veil* § 302 Rn. 21. Für eine Darstellung der Gegenansichten siehe etwa Hüffer/*Koch* § 302 Rn. 13.
7 Emmerich/Habersack/*Emmerich* § 302 Rn. 40.
8 Vgl. Hüffer/*Koch* § 302 Rn. 13.
9 Dafür etwa BGH NJW 2006, 3279; OLG München ZIP 2014, 1067 (1068); *Grunewald* NZG 2005, 781 (782 f.); *Reuter* DB 2005, 2339 (2340 ff.) m. w. N. Dagegen OLG Jena AG 2005, 405, 406; GroßkommAktG/*Hirte* § 302 Rn. 63.
10 Emmerich/Habersack/*Emmerich* § 302 Rn. 44.
11 Für Einzelheiten zur Art und Höhe des Ausgleichs und der Abfindung vgl. Emmerich/Habersack/*Emmerich* § 304 Rn. 25 ff. und § 305 Rn. 11 ff.
12 Daraus folgt, dass der Abfindungsanspruch nicht dem Unternehmensvertrag, sondern einem speziellen gesetzlichen Schuldverhältnis zwischen Aktionär und herrschendem Unternehmen entspringt, vgl. BGHZ 135, 374 (380).
13 Dieses ist nach h. M. Schuldner des Ausgleichs- und Abfindungsanspruchs, vgl. KöKo AktG/*Koppensteiner* § 304 Rn. 22 f.

bar.[14] Auch auf unrichtige, unvollständige oder unzureichende Information über Ermittlung, Höhe oder Angemessenheit von Ausgleich oder Abfindung kann eine Anfechtung nicht gestützt werden (§ 243 Abs. 4 Satz 2 AktG).

Der Ausgleichs- und Abfindungsanspruch ist kein unmittelbar aus der Aktie folgendes Recht, sondern **schuldrechtlicher Natur.**[15] Er basiert auf dem Beherrschungs- und/oder Gewinnabführungsvertrag und entsteht stets originär in der Person eines jeden außenstehenden Aktionärs.[16] Unerheblich für die Entstehung des Anspruchs ist damit, ob der außenstehende Aktionär die Aktien vor oder nach Abschluss des Beherrschungs- und/oder Gewinnabführungsvertrages erworben hat; der Vertrag darf nur noch nicht beendet gewesen sein.[17] Ausgleichs- und Abfindungsanspruch des Veräußerers erlöschen, wenn der Aktionär seine Aktien vor Vertragsende veräußert. Für die restliche Dauer des Unternehmensvertrags stehen diese Rechte dann dem Erwerber zu (§ 328 BGB).[18] Endet der Unternehmensvertrag während eines noch andauernden Spruchverfahrens, besteht der entstandene Ausgleichs- und Abfindungsanspruch zugunsten der im Zeitpunkt der Beendigung des Unternehmensvertrags vorhandenen außenstehenden Aktionäre fort[19]. In der Person eines künftigen Erwerbers von Aktien der ehemals abhängigen Gesellschaft entsteht der Anspruch allerdings dann nicht mehr neu.[20]

C. Schadensersatzansprüche der abhängigen AG und ihrer Aktionäre gegen das herrschende Unternehmen und seine gesetzlichen Vertreter

I. § 309 Abs. 2 AktG (i. V. m. § 31 BGB analog)

1. Voraussetzungen

Der abhängigen AG kann gegen die gesetzlichen Vertreter des herrschenden Unternehmens ein Anspruch auf Schadensersatz aus § 309 Abs. 2 Satz 1 AktG zustehen. Ähnlich wie § 93 Abs. 1 Satz 1 AktG umschreibt dabei **§ 309 Abs. 1 AktG** sowohl die **objektive Sorgfaltspflicht** als auch den **Verschuldensmaßstab (Doppelfunktion).**[21] Der objektive Haftungstatbestand ist verwirklicht, wenn der gesetzliche Vertreter bei der Erteilung von Weisungen gegenüber der abhängigen AG die Sorgfalt eines ordentlichen und gewissenhaften Geschäftsleiters außer Acht lässt.[22] Das ist auch bei rechtmäßigen Weisungen denkbar.[23] Aufgrund der systematischen Verwandtschaft mit § 93 AktG steht dem gesetzlichen Vertreter nach h. M. analog § 93 Abs. 1 Satz 2 AktG ein Ermessen zu.[24] Subjektiv ist Verschulden erforderlich, was ebenso wie beim allgemeinen § 93 Abs. 2 AktG in Form von Vorsatz oder Fahrlässigkeit vorliegen kann.[25] Die Pflichtverletzung muss zu einer adäquat kausalen Schädigung der abhängigen AG geführt haben.

Wie sich aus der Formulierung in § 309 Abs. 2 Satz 2 AktG ergibt, sind **Darlegungs- und Beweislast** entsprechend der allgemeinen Organhaftung verteilt (dort § 93 Abs. 2 Satz 2 AktG).[26] Damit muss die Gesellschaft lediglich das

---

14 Hüffer/*Koch* § 304 Rn. 21 f.
15 BGH NZG 2006, 623 (625) – Jenoptik.
16 BGH NZG 2006, 623 (625) – Jenoptik.
17 BGH NZG 2006, 623 – Jenoptik; Emmerich/Habersack/*Emmerich* § 304 Rn. 21 f. und § 305 Rn. 20.
18 Emmerich/Habersack/*Emmerich* § 304 Rn. 21a und § 305 Rn. 21.
19 BGH NJW 1997, 2242.
20 BGH NZG 2006, 623 – Jenoptik.
21 So die h. M., vgl. etwa Hüffer/*Koch* § 309 Rn. 14; Spindler/Stilz/*Veil* § 309 Rn. 21; Hdb Vorstand/*Fleischer* § 18 Rn. 55 jeweils m. w. N. A. A. MüKo AktG/*Altmeppen* § 309 Rn. 68 ff. und KöKo AktG/*Koppensteiner* § 309 Rn. 11 wonach die Pflichtverletzung stets in der objektiv rechtswidrigen Erteilung von Weisungen bestehe und § 309 Abs. 1 AktG nur den Verschuldensmaßstab umschreibe.
22 Hüffer/*Koch* § 309 Rn. 15.
23 Spindler/Stilz/*Veil* § 309 Rn. 24. Abweichend siehe A. A. in Fn. 26.
24 K. Schmidt/Lutter/*Langenbucher* § 309 Rn. 22.
25 Vgl. allgemein zur Haftung nach § 93 Abs. 2 AktG etwa Spindler/Stilz/*Fleischer* § 93 Rn. 176 ff.
26 Hüffer/*Koch* § 309 Rn. 16.

– möglicherweise sorgfaltswidrige tatsächliche Verhalten des Organmitglieds,
– den Eintritt und die Höhe des entstandenen Schadens sowie
– die Kausalität zwischen Verhalten und Schaden darlegen und beweisen.

Dem in Anspruch genommenen Organmitglied obliegt seinerseits der Entlastungsbeweis dafür, dass es entweder
– nicht pflichtwidrig gehandelt hat oder
– es kein Verschulden trifft.[27]

13 Während im Ergebnis Einigkeit darüber besteht, dass ein Verstoß gegen § 309 Abs. 1 AktG nicht nur eine Haftung der gesetzlichen Vertreter des herrschenden Unternehmens, sondern auch eine **Haftung des herrschenden Unternehmens** selbst nach sich ziehen muss[28], herrscht über die korrekte Anspruchsgrundlage Streit. Nach einer Ansicht soll Anspruchsgrundlage für eine Haftung des herrschenden Unternehmens unmittelbar der Beherrschungsvertrag i. V. m. § 280 Abs. 1 BGB, § 278 BGB sein.[29] Im Ergebnis überzeugender erscheint es indes, die Anspruchsgrundlage in § 309 AktG (i. V. m. § 31 BGB analog) zu sehen. Denn zur Konkretisierung der in § 280 Abs. 1 BGB zu prüfenden Pflichtverletzung müsste ohnehin der Maßstab des § 309 AktG angelegt werden. Dann sollte der Anspruch aber gleich auf § 309 Abs. 2 (i. V. m. § 31 BGB analog) gestützt werden.[30]

2. Rechtsfolge

14 Auszugleichen ist jeder Schaden, den die abhängige AG aufgrund der pflichtwidrigen Weisung erlitten hat.[31] Zu fragen ist gem. **§ 249 Abs. 1 BGB** nach der hypothetischen Vermögenslage der abhängigen Gesellschaft ohne die nachteilige Weisung (Differenzhypothese). Bei der Schadensermittlung bleiben nach h. M. **andere aus dem Konzernverhältnis folgende Vor- und Nachteile außer Betracht.**[32] Insb. werden Vorteile aus der Verlustausgleichspflicht (§ 302 AktG) und Nachteile aus einem typischerweise neben dem Beherrschungsvertrag bestehenden Gewinnabführungsvertrag nicht berücksichtigt, denn ansonsten würde es letztlich oft an einem Schaden fehlen und § 309 AktG hätte praktisch kaum noch Relevanz.[33] Wertungsmäßig lässt sich dies an § 242 BGB festmachen.[34] Der Schädiger kann sich im Ergebnis also nicht auf schadensmindernde Konzernvorteile berufen.[35]

15 Mehrere gesetzliche Vertreter haften gem. § 309 Abs. 2 Satz 1 AktG als **Gesamtschuldner.**

II. § 117 Abs. 1 AktG (i.V. m. § 31 BGB analog)

16 Bei § 117 AktG (hierzu schon im Einzelnen § 6 Rdn. 380 ff.) handelt es sich nicht um eine konzernspezifische Norm, sondern um einen speziellen Delikttatbestand, der prinzipiell **jede vorsätzliche schädigende Einflussnahme auf die Gesellschaft sanktionieren** will. Hierunter kann jede Einflussnahme fallen, die nach Art und Intensität geeignet ist, Führungspersonen der Gesellschaft zu einem schädigenden Handeln zu bestimmen.[36] Auch der durch einen Beherrschungsvertrag vermittelte Einfluss kann den Tatbestand erfüllen, so dass die abhängige AG grundsätzlich einen Schadensersatzanspruch aus **§ 117 Abs. 1 Satz 1 AktG** gegen diejenigen **Organmitglieder** des herrschenden Unter-

---

27 So die Verteilung der Darlegungs- und Beweislast nach h. M. Vgl. Spindler/Stilz/*Fleischer* § 93 Rn. 221 f. m. w. N.
28 Hüffer/*Koch* § 309 Rn. 26.
29 KöKo AktG/*Koppensteiner* § 309 Rn. 37; MüKo AktG/*Altmeppen* § 309 Rn. 137 f. jeweils m. w. N.
30 So auch Hüffer/*Koch* § 309 Rn. 27.
31 Spindler/Stilz/*Veil* § 309 Rn. 26.
32 Vgl. Emmerich/Habersack/*Emmerich* § 309 Rn. 37 ff.
33 In diese Richtung auch Emmerich/Habersack/*Emmerich* § 309 Rn. 40.
34 So wohl Emmerich/Habersack/*Emmerich* § 309 Rn. 40.
35 Hüffer/*Koch* § 309 Rn. 17.
36 Hüffer/*Koch* § 117 Rn. 3.

nehmens persönlich haben kann, die vorsätzlich unter Benutzung ihres Einflusses auf die abhängige AG ein Mitglied des Vorstands oder des Aufsichtsrats, einen Prokuristen oder einen Handlungsbevollmächtigten dazu bestimmt haben, zum Schaden der Gesellschaft oder ihrer Aktionäre zu handeln. Der Wortlaut des § 117 Abs. 7 Nr. 1 AktG sieht jedoch für den Fall eines bestehenden Beherrschungsvertrags eine Anwendungssperre vor. Allerdings versteht die h. M. § 117 Abs. 7 Nr. 1 AktG dahingehend, dass dieses Anwendungsverbot nur für die zulässige Ausübung von Leitungsmacht gilt.[37] Bei unzulässiger Ausübung kommt § 117 AktG hingegen zur Geltung und tritt in Idealkonkurrenz zu § 309 AktG.[38]

Da es sich bei § 117 AktG um einen deliktsrechtlichen Tatbestand handelt, muss die Handlung auch **rechtswidrig** gewesen sein.[39] Nach wohl h. M. soll die Rechtswidrigkeit – anders als etwa bei § 823 Abs. 1 BGB – hier nicht durch die Tatbestandsmäßigkeit indiziert, sondern durch eine **Interessenabwägung** positiv festgestellt werden.[40]

17

Ist der Haftungstatbestand erfüllt, besteht über eine Zurechnung gem. **§ 31 BGB analog** auch ein Anspruch gegen das **herrschende Unternehmen selbst**. Die Rechtsfolgen beider Haftungswege sind prinzipiell identisch.

18

Der einzelne **Aktionär** hat einen entsprechend inhaltsgleichen Anspruch aus **§ 117 Abs. 1 Satz 2 AktG**, sofern er über den bloßen Reflexschaden[41] hinaus eine unmittelbare Vermögensbeeinträchtigung erfahren hat.

19

III. Allgemeine gesellschaftsrechtliche Treuepflicht

Ein Schadensersatzanspruch der abhängigen AG gegen das herrschende Unternehmen aus Treuepflichtverletzung setzt voraus, dass das herrschende Unternehmen Aktionär der abhängigen AG ist. In der Praxis wird dies nicht immer, jedoch wohl regelmäßig der Fall sein. In Abgrenzung zu dem Anspruch aus § 309 Abs. 2 AktG (i. V. m. § 31 BGB analog) (s. o. Rdn. 13) erfasst der **Anwendungsbereich** des Anspruchs aus der Treuepflicht nur Pflichtverletzungen **außerhalb der Ausübung von Leitungsmacht** i. S. d. § 308 AktG.

20

D. Ansprüche der abhängigen AG und ihrer Aktionäre gegen die Organmitglieder der abhängigen AG

I. § 310 Abs. 1 Satz 1 AktG

Im Zusammenhang mit der Entgegennahme und Ausführung von Weisungen nach § 308 AktG ordnet § 310 Abs. 1 Satz 1 AktG eine Haftung des Vorstands und des Aufsichtsrats der abhängigen AG an, die sich inhaltsgleich bereits aus §§ 93, 116 AktG ergäbe.[42] Die **Bedeutung der Norm** ist daher **gering**. Außerhalb des Bereichs von konzernrechtlichen Weisungen bleiben die §§ 93, 116 AktG anwendbar.[43]

21

Eine **Pflichtverletzung** des Vorstands kann insb. darin liegen, dass er die von dem herrschenden Unternehmen erhaltene Weisung nicht auf Rechtmäßigkeit geprüft hat. Der Aufsichtsrat kann sich sei-

22

---

37 KöKo AktG/*Koppensteiner* § 309 Rn. 61 m. w. N.
38 Hüffer/*Koch* § 117 Rn. 14.
39 Hüffer/*Koch* § 117 Rn. 6.
40 Dabei soll insb. auch außer Acht bleiben, ob der Beeinflusste pflichtwidrig handelte. Für weitere Details vgl. K.Schmidt/Lutter/*Hommelhoff/Witt* § 117 Rn. 10.
41 Jede Schädigung des Gesellschaftsvermögens führt mittelbar auch zu einem Wertverlust der einzelnen Aktie. Dies wird als Reflexschaden des Aktionärs bezeichnet, der für sich alleine jedoch noch keinen Ersatzanspruch in der Person des Aktionärs begründet, vgl. etwa Hüffer/*Koch* § 117 Rn. 9.
42 So auch Spindler/Stilz/*Veil* § 310 Rn. 1.
43 Hüffer/*Koch* § 310 Rn. 1 und 3.

nerseits pflichtwidrig verhalten haben, indem er einer Maßnahme zu Unrecht zugestimmt oder den Vorstand ungenügend überwacht hat.[44]

23 Das **Verschuldenserfordernis** sowie die Verteilung der **Darlegungs- und Beweislast** entsprechen der allgemeinen Organhaftung nach § 93 Abs. 2 AktG.[45]

24 Gem. § 310 Abs. 1 Satz 1 AktG haften mehrere Ersatzpflichtige neben den nach § 309 AktG Verantwortlichen als **Gesamtschuldner**.

II. § 117 Abs. 2 Satz 1 AktG

25 Die abhängige AG sowie (unter den Voraussetzungen des § 117 Abs. 1 Satz 2 AktG) ihre Aktionäre können neben dem herrschenden Unternehmen und seinen Organmitgliedern gem. § 117 Abs. 2 Satz 1 AktG auch die Vorstandsmitglieder der abhängigen AG in Haftung nehmen, sofern diese schuldhaft eigene Pflichten verletzt haben. Die Norm verdrängt insoweit den allgemeinen Tatbestand der Organinnenhaftung gem. § 93 Abs. 2 AktG.

E. Anspruch der Gläubiger der abhängigen AG gegen das herrschende Unternehmen auf Sicherheitsleistung (bzw. unmittelbare Zahlung) aus § 303 Abs. 1 AktG

26 Nach Ende eines Beherrschungs- oder Gewinnabführungsvertrages besteht die Gefahr, dass die ehemals abhängige Gesellschaft alleine nun nicht mehr lebensfähig ist.[46] Damit sich diese Gefahr nicht in einem endgültigen Ausfall der Gesellschaftsgläubiger realisiert, gewährt § 303 Abs. 1 AktG diesen einen Anspruch auf Sicherheitsleistung gegen das herrschende Unternehmen. Die Norm bezweckt somit **Gläubigerschutz**.

27 **Anspruchsvoraussetzungen** sind, dass
– ein Beherrschungs- und/oder Gewinnabführungsvertrag bestand, der nun beendet ist,
– die Forderungen der Gläubiger begründet wurden, bevor die Eintragung der Beendigung des Unternehmensvertrags in das Handelsregister nach § 10 HGB bekannt gemacht worden ist und
– sich die Gläubiger innerhalb einer Sechsmonatsfrist seit Bekanntmachung bei dem herrschenden Unternehmen melden.

Forderungen sind begründet, wenn ihr Entstehungsgrund gelegt ist, unabhängig davon, ob noch einzelne Tatbestandselemente (z. B. Bedingungen) hinzutreten müssen.[47] Auf Fälligkeit kommt es nicht an.[48] Bei Forderungen aus Dauerschuldverhältnissen ist auf die Entstehung des Verhältnisses selbst abzustellen.[49] Der Anspruch auf Sicherheitsleistung ist für Ansprüche von Gläubigern aus Dauerschuldverhältnissen, die erst nach dem Ende des Beherrschungs- und/oder Gewinnabführungsvertrages fällig werden, begrenzt und zwar unter entsprechender Anwendung der §§ 26, 360 HGB sowie § 327 Abs. 4 AktG auf solche, die innerhalb von fünf Jahren ab Bekanntmachung der Beendigung des Vertragskonzerns fällig werden.[50]

28 Für die **Art** der zu leistenden **Sicherheiten** gelten die allgemeinen Vorschriften (**§§ 232–240 BGB**).

29 Besonderheit des § 303 Abs. 1 AktG ist, dass er über seinen Wortlaut hinaus den Gläubigern einen **direkten Zahlungsanspruch gegen das herrschende Unternehmen** gewährt, wenn die aus dem Unternehmensvertrag entlassene Gesellschaft vermögenslos ist.[51] Denn es wäre sinnlos, den Gläubigern

---
44 Hüffer/*Koch* § 310 Rn. 3 m. w. N.
45 Vgl. dazu etwa Spindler/Stilz/*Fleischer* § 93 Rn. 205 ff. und 220 ff.
46 Hüffer/*Koch* § 303 Rn. 1.
47 BAG AG 2009, 829 (830).
48 OLG Frankfurt AG 2001, 139 (140).
49 OLG Frankfurt AG 2001, 139 (140).
50 BGH GmbHR 2015, 24 (25).
51 BGH NJW 1986, 188 – Autokran. Diese Entscheidung betraf zwar die mittlerweile wieder aufgegebene analoge Anwendung des § 303 AktG im sog. qualifiziert faktischen Konzern (siehe dazu unten § 28), sie

zunächst Sicherheiten zu stellen, wenn bereits feststeht, dass der Sicherheitsfall eingetreten ist – insb. etwa bei Ablehnung eines Insolvenzverfahrens mangels Masse.[52]

F. Regressansprüche des herrschenden Unternehmens gegen die Geschäftsleiter des herrschenden Unternehmens

Handelt es sich bei dem herrschenden Unternehmen um eine **AG** oder **GmbH**, kommt ein Regress über die Haftungsnorm des **§ 93 Abs. 2 AktG** bzw. **§ 43 Abs. 2 GmbHG** in Betracht. Die Vorstände bzw. Geschäftsführer des herrschenden Unternehmens haben bei Ausübung des Weisungsrechts für ihre Gesellschaft die Sorgfalt eines ordentlichen und gewissenhaften Geschäftsleiters anzuwenden (§ 93 Abs. 1 Satz 1 AktG, ähnlich § 43 Abs. 1 Satz 1 GmbHG). Erteilen sie dem Vorstand der abhängigen AG sorgfaltswidrige Weisungen i. S. v. § 309 Abs. 1 AktG und lösen die damit eine Haftung nach § 309 Abs. 2 AktG aus, die sich gem. § 31 BGB analog auch auf das herrschende Unternehmen selbst erstreckt[53], so verhalten sie sich diesem gegenüber ebenfalls sorgfaltswidrig gem. § 93 Abs. 1 Satz 1 AktG und können über den Weg der Organhaftung nach § 93 Abs. 2 AktG in Regress genommen werden. 30

Ist das herrschende Unternehmen eine **Personengesellschaft**, gilt der Grundsatz der Selbstorganschaft, so dass zumindest eine geschäftsführende Person auch Gesellschafter sein muss. Anspruchsgrundlage ist daher dann der **Gesellschaftsvertrag i. V. m. § 280 Abs. 1 BGB**. 31

G. Ansprüche des herrschenden Unternehmens gegen die abhängige AG und deren Vorstand

I. Anspruch auf Befolgung von rechtmäßigen Weisungen aus § 308 Abs. 2 Satz 1 AktG

Vertragspartner des Beherrschungsvertrages ist die abhängige AG als juristische Person.[54] Jedoch stellt § 308 Abs. 2 Satz 1 AktG klar, dass Adressat der Weisungen die **Vorstandsmitglieder** der abhängigen AG **persönlich** sind. 32

II. Anspruch auf Schadensersatz wegen Nichtbefolgung von rechtmäßigen Weisungen aus dem Beherrschungsvertrag i. V. m. § 308 Abs. 2 Satz 1 AktG, § 280 Abs. 1 BGB (i. V. m. § 278 BGB)

§ 308 Abs. 2 Satz 1 AktG hat zur Folge, dass **zwischen dem herrschenden Unternehmen und dem Vorstand der abhängigen AG ein gesetzliches Schuldverhältnis** begründet wird.[55] Führen also die Vorstandsmitglieder der abhängigen AG rechtmäßige Weisungen nicht oder nicht ordnungsgemäß aus, begehen sie damit eine Pflichtverletzung nach § 280 Abs. 1 BGB. Handeln sie zudem schuldhaft i. S. d. § 276 BGB, machen sie sich gegenüber dem herrschenden Unternehmen schadensersatzpflichtig und haben nach Maßgabe der §§ 249 ff. BGB Ersatz zu leisten. 33

Neben die persönliche Haftung ihrer Vorstandsmitglieder tritt auch die **Haftung der abhängigen AG selbst**.[56] Dies folgt daraus, dass sie sich als Vertragspartnerin des Beherrschungsvertrags selbst der Leitung des herrschenden Unternehmens unterworfen hat. Kommt sie dem nicht nach, da ihr Vorstand die Weisungen des herrschenden Unternehmens nicht befolgt, ist ihr dies nach § 278 BGB zuzurechnen, so dass sie sich ebenfalls nach § 280 Abs. 1 BGB ersatzpflichtig macht. 34

---

lässt sich jedoch auf die unmittelbare Anwendung des § 303 AktG im AG-Vertragskonzern übertragen, vgl. Spindler/Stilz/*Veil* § 303 Rn. 23 f.
52 Emmerich/Habersack/*Emmerich* § 303 Rn. 24.
53 Hüffer/*Koch* § 309 Rn. 26 f.
54 MüKo AktG/*Altmeppen* § 291 Rn. 15.
55 Emmerich/Habersack/*Emmerich* § 308 Rn. 18.
56 KöKo AktG/*Koppensteiner* § 308 Rn. 62.

H. Eigene Verfolgungsrechte der Aktionäre und Gläubiger

35 An verschiedenen Stellen gewährt das AktG den Aktionären und Gläubigern der abhängigen AG das Recht, Ansprüche der abhängigen AG im eigenen Namen zu verfolgen. Folgende Ansprüche sind davon erfasst:

I. § 309 Abs. 2 AktG

36 Aktionäre können den Anspruch der AG nach § 309 Abs. 4 Satz 1, Satz 2 AktG im eigenen Namen, jedoch nur gerichtet auf Leistung an die Gesellschaft geltend machen. Nach h. M. soll dies ein Fall **gesetzlicher Prozessstandschaft** sein.[57] Gläubiger haben ein Verfolgungsrecht nach **§ 309 Abs. 4 Satz 3 AktG** und können dabei Zahlung an sich selbst verlangen.

II. §§ 117 Abs. 1 Satz 1, Abs. 2 Satz 1 AktG

37 Unter den Voraussetzungen der §§ 147, 148 AktG kann die Geltendmachung der dort erwähnten Ansprüche der abhängigen AG grundsätzlich auch auf Initiative von Aktionären bzw. der Hauptversammlung betrieben werden.[58] Gläubiger haben ein eignes Verfolgungsrecht aus **§ 117 Abs. 5 AktG**, soweit sie von der abhängigen AG keine Befriedigung erlangen können. Das ist der Fall, wenn die AG schlicht nicht zahlen kann. Ein fruchtloser Vollstreckungsversuch ist nicht erforderlich, eine bloße Zahlungsunwilligkeit aber noch nicht ausreichend.[59]

III. § 310 AktG

38 Über die Verweisung in **§ 310 Abs. 4 AktG** auf § 309 Abs. 3–5 AktG kommt den Aktionären und Gläubigern der AG auch hier ein eigenes Verfolgungsrecht zu.

IV. § 302 Abs. 1 AktG (umstritten)

39 Das Verfolgungsrecht der Aktionäre aus § 309 Abs. 4 Satz 1 AktG gilt unmittelbar nur für den Anspruch aus § 309 Abs. 2 AktG. Nach wohl h. M. soll das Recht jedoch **analog** für eine Geltendmachung des Verlustausgleichsanspruchs aus § 302 Abs. 1 AktG herangezogen werden mit der Folge, dass die Gesellschafter der abhängigen AG den Anspruch der Gesellschaft im eigenen Namen und gerichtet auf Leistung an die Gesellschaft geltend machen können.[60] Nach der Gegenansicht ist eine analoge Erweiterung des Anwendungsbereichs des § 309 Abs. 4 Satz 1 AktG unzulässig.[61] Die an dieser Stelle differenzierende Regelung des Gesetzes sei hinzunehmen, denn nach der Konzeption des Gesetzes seien die Gesellschafter im Fall des § 302 AktG nur mittelbar geschützt.[62]

V. Nicht aber Schadensersatzansprüche aus Treuepflichtverletzung

40 Die Möglichkeit einer actio pro socio in der AG wird nach h. M. abgelehnt.[63] Für die Geltendmachung von Ansprüchen der Gesellschaft durch Aktionäre gilt §§ 147, 148 AktG abschließend. § 147 Abs. 1 AktG zählt die von dieser Möglichkeit erfassten Ansprüche auf. Konzernrechtliche Ersatzansprüche – auch solche aus Treuepflichtverletzung – gegen das herrschende Unternehmen fallen nach h. M. nicht darunter.[64]

---

57 KG AG 2012, 256 (260); KöKo AktG/*Koppensteiner* § 309 Rn. 44.
58 Zu den Voraussetzungen des § 148 AktG vgl. im Detail etwa GroßkommAktG/*G. Bezzenberger/T. Bezzenberger* § 148 Rn. 88 ff.
59 Hüffer/*Koch* § 93 Rn. 82.
60 Emmerich/Habersack/*Emmerich* § 302 Rn. 44; GroßkommAktG/*Hirte* § 302 Rn. 58 f.; KöKo AktG/*Koppensteiner* § 302 Rn. 41; *Lutter* AG 1968, 73 (74).
61 MüKo AktG/*Altmeppen* § 302 Rn. 77.
62 Spindler/Stilz/*Veil* § 302 Rn. 26.
63 *Krieger* ZHR 163 [1999], 343 (344); Hüffer/*Koch* § 148 Rn. 2. Näher dazu § 3 Rdn. 11.
64 Hüffer/*Koch* § 147 Rn. 3.

§ 25 GmbH-Vertragskonzern (§§ 302–310 AktG weitgehend analog)

Übersicht	Rdn.		Rdn.
A. Begriff und praktische Bedeutung ...	1	II. Ansprüche der Gesellschafter der abhängigen GmbH gegen das herrschende Unternehmen	12
B. Anwendbares Recht	5		
C. Ansprüche im GmbH-Vertragskonzern	9		
I. Ansprüche der abhängigen GmbH gegen das herrschende Unternehmen	10	III. Ansprüche der Gläubiger der abhängigen GmbH gegen das herrschende Unternehmen	14

A. Begriff und praktische Bedeutung

Von einem GmbH-Vertragskonzern spricht man, wenn das durch einen wirksam geschlossenen Beherrschungsvertrag **beherrschte Unternehmen eine GmbH** ist. 1

Aus Gründen allgemeiner Privatautonomie ist es grundsätzlich zulässig, eine GmbH nach dem Vorbild der §§ 291 ff. AktG vertraglich zu beherrschen – wenngleich der Abschluss eines Beherrschungsvertrags hier praktisch weniger geboten erscheint. Denn im Gegensatz zu Aktionären einer AG (vgl. § 76 Abs. 1 AktG und § 119 Abs. 2 AktG) steht den Gesellschaftern einer GmbH ohnehin gegenüber der Geschäftsführung ein umfassendes **Weisungsrecht aus § 37 Abs. 1 GmbHG** zu. Gegenüber § 37 Abs. 1 GmbHG bietet ein Weisungsrecht aus Beherrschungsvertrag jedoch den Vorteil einer direkten Einflussnahme auf die Geschäftsführung der abhängigen Gesellschaft, ohne das Erfordernis eines vorherigen Gesellschafterbeschlusses. Sollten Gesellschafterweisungsrecht und Weisungsrecht aus dem Beherrschungsvertrag inhaltlich kollidieren, ist im Zweifel davon auszugehen, dass letzteres den Vorrang hat. Denn durch die Zustimmung zu dem Abschluss des Beherrschungsvertrages haben die Gesellschafter der abhängigen GmbH zu verstehen gegeben, dass im Zweifel der Wille des herrschenden Unternehmens maßgeblich sein soll.[1] 2

In der Praxis werden Beherrschungsverträge zudem regelmäßig mit Gewinnabführungsverträgen i. S. d. § 291 Abs. 1 Satz 1 Alt. 2 AktG verbunden, was **körperschaftsteuerrechtliche Vorteile** bewirkt. 3

Für einen wirksamen Abschluss eines Beherrschungs- und/oder Gewinnabführungsvertrages ist erforderlich, dass die Gesellschafterversammlung der abhängigen GmbH dem Vertragsschluss zustimmt. Umstritten ist dabei allerdings, ob der Beschluss einstimmig gefasst werden muss, oder ob eine qualifizierte (3/4) Mehrheit als ausreichend betrachtet werden kann.[2] Der BGH hat diese Frage bisher nicht entschieden.[3] Ein **Zustimmungserfordernis aller Gesellschafter** entspricht der wohl h. M. und wird überwiegend damit begründet, dass die mit einem solchen Vertragsschluss verbundenen Eingriffe in Mitverwaltungs- und Vermögensrechte der Gesellschafter so erheblich sind, dass sie nur hingenommen werden dürfen, wenn alle betroffenen Gesellschafter damit einverstanden sind.[4] Die Gegenauffassung möchte eine qualifizierte Mehrheit genügen lassen, verlangt aber, dass der Unternehmensvertrag zum Zwecke des Minderheitenschutzes eine Abfindungs- und Ausgleichsregelung nach dem Vorbild der §§ 304, 305 AktG bereithält.[5] Argumentiert wird, dass die Meinungsbildung in Körperschaften kraft Mehrheitsbeschluss typisch sei und ein Einstimmigkeitserfordernis die Stellung des Minderheitsgesellschafters unverhältnismäßig stärken würde. Eine sich an diesen Streit anschließende Frage ist, ob das herrschende Unternehmen – sofern es Gesellschafter der abhängigen GmbH ist – dabei einem Stimmverbot gem. § 47 Abs. 4 Satz 2 GmbHG unterliegt.[6] 4

---

1 Emmerich/Habersack/*Emmerich* § 308 Rn. 10.
2 Ausführliche Darstellung des Streitstands bei Roth/Altmeppen/*Altmeppen* Anh. § 13 Rn. 37 ff. m. w. N.
3 Offen gelassen von BGH NJW 1989, 295 – Supermarkt und BGH NJW 1992, 1452 – Siemens.
4 Roth/Altmeppen/*Altmeppen* Anh. § 13 Rn. 37 ff. m. w. N.
5 Lutter/Hommelhoff/*Lutter/Hommelhoff* Anh zu § 13 Rn. 65.
6 Dafür etwa Baumbach/Hueck/*Zöllner/Beurskens* SchlAnhKonzernR Rn. 55; Roth/Altmeppen/*Altmeppen* Anh. § 13 Rn. 40. Dagegen etwa Lutter/Hommelhoff/*Lutter/Hommelhoff* Anh zu § 13 Rn. 51.

B. Anwendbares Recht

5 Die gesetzlichen Bestimmungen zum Vertragskonzern in den §§ 291 ff. AktG gelten unmittelbar nur, wenn beherrschte Gesellschaft eine Aktiengesellschaft (oder KGaA) ist. Auch das GmbHG enthält **kein spezifisches Konzernrecht der GmbH**.[7] Zwar existierte in den 1970er Jahren ein Reformvorhaben, das ein spezielles Recht der verbundenen GmbH in das GmbHG implementieren sollte.[8] Von diesem Vorhaben nahm der Gesetzgeber jedoch wieder Abstand, da man sich auf keinen Entwurf einigen konnte, der den Spezifika der GmbH hinreichend Rechnung getragen hätte.[9]

6 Es stellt sich daher die Frage, nach welchen Vorschriften ein GmbH-Vertragskonzern zu behandeln ist. Fest steht zumindest, dass sich aufgrund der rechtsformspezifischen Besonderheiten der GmbH eine Gesamtanalogie zu den §§ 291 ff. AktG verbietet. Vielmehr sind die §§ 291–310 AktG einer **Analogie** nur zugänglich, soweit nicht vorrangige GmbH-rechtliche Wertungen eine abweichende Beurteilung erfordern.[10] Zumeist wird eine Analogie jedoch möglich sein.

7 Anerkannt **analogiefähig** sind:
- § 301 AktG[11]: Begrenzung des abzuführenden Gewinns auf den Jahresüberschuss, vermindert um einen Verlustvortrag aus dem Vorjahr. Keine Anwendung jedoch bei isoliertem Beherrschungsvertrag (unstr.).[12]
- § 302 AktG[13]: Verlustübernahmepflicht.
- § 303 AktG[14]: Gläubigerschutz.
- §§ 304, 305, 307 AktG[15]: Minderheitenschutz. Verlangt man für den Abschluss von Beherrschungsverträgen einen einstimmigen Gesellschafterbeschluss in der abhängigen GmbH, so erübrigt sich eine Analogie.[16] Sofern man die **Zustimmung** zu einem Beherrschungsvertrag auf Basis einer **qualifizierten Mehrheit** als ausreichend erachtet, ist eine Analogie erforderlich.
- § 308 AktG[17]: Leitungsmacht kraft Weisungsrechts des herrschenden Unternehmens. Dieses kann mit dem Weisungsrecht der Gesellschafterversammlung kollidieren. Da die Gesellschafter dem Vertragsschluss ursprünglich zugestimmt haben (wobei die erforderliche Mehrheit umstritten ist, insofern also das Weisungsrecht des herrschenden Unternehmens anerkannt haben, ist davon auszugehen, dass Letzteres in Leitungsfragen im Zweifel den Vorrang genießt. Dies gilt jedoch nicht für gesetzlich zwingend dem Kompetenzbereich der Gesellschafterversammlung zugewiesene Materien, wie insb. Grundlagengeschäfte. Gleiches gilt für die einem fakultativen Aufsichtsrat in der beherrschten GmbH zwingend zugewiesenen Aufgaben.
- §§ 309, 310 AktG[18]: Haftung des herrschenden Unternehmens (i. V. m. § 31 BGB analog), seiner gesetzlichen Vertreter sowie der Geschäftsführer der abhängigen GmbH.
- § 327 Abs. 4 AktG[19]: Begrenzung der Sicherheitsleistung des herrschenden Unternehmens für Ansprüche aus Dauerschuldverhältnissen.

---

7 Baumbach/Hueck/*Zöllner/Beurskens* SchlAnhKonzernR Rn. 3.
8 RegE 1971, BT-Drs. VI/3088.
9 Baumbach/Hueck/*Zöllner/Beurskens* SchlAnhKonzernR Rn. 3.
10 Scholz/*Emmerich* Anhang § 13 Rn. 131.
11 GroßkommAktG/*Hirte* § 301 Rn. 34.
12 Vgl. Spindler/Stilz/*Veil* § 301 Rn. 4 m. w. N.
13 BGH NJW 1989, 295 (297) – Supermarkt.
14 BGH NJW 1992, 505 – Stromlieferung; Scholz/*Emmerich* Anhang § 13 Rn. 180 m. w. N.
15 Lutter/Hommelhoff/*Lutter/Hommelhoff* Anh zu § 13 Rn. 68.
16 Emmerich/Habersack/*Emmerich* § 304 Rn. 11.
17 Emmerich/Habersack/*Emmerich* § 308 Rn. 9 f.
18 Emmerich/Habersack/*Emmerich* § 309 Rn. 7; Scholz/*Emmerich* § 13 Rn. 184.
19 BGH GmbHR 2015, 24 (25).

Nicht analogiefähig sind hingegen:

- **§ 300 AktG:** Denn nach dem GmbHG besteht keine Pflicht zur Bildung einer gesetzlichen Rücklage.[20]
- **§§ 304, 305, 307 AktG:** Sofern man die **Zustimmung** zu einem Beherrschungsvertrag nur auf Basis eines **einstimmigen Gesellschafterbeschlusses** zulassen möchte, erübrigt sich im Regelfall eine analoge Anwendung.

C. Ansprüche im GmbH-Vertragskonzern

Aus der analogen Anwendbarkeit oben dargestellter Vorschriften ergibt sich eine Anspruchssituation, die sich im Wesentlichen mit der im AG-Vertragskonzern deckt. Im Folgenden soll daher nur auf Unterschiede und Besonderheiten eingegangen werden:

I. Ansprüche der abhängigen GmbH gegen das herrschende Unternehmen

Hinsichtlich der Ansprüche auf Verlustausgleich aus **§ 302 Abs. 1 AktG analog** sowie auf Schadensersatz aus **§ 309 Abs. 2 AktG analog** (i. V. m. § 31 BGB analog) kann auf die Ausführungen zum AG-Vertragskonzern verwiesen werden (siehe § 24 Rdn. 4–9 sowie 13–17).

Ein Schadensersatzanspruch wegen Verletzung der gesellschaftsrechtlichen **Treuepflicht** kommt wie auch im AG-Vertragskonzern nur in Betracht, soweit die Verletzungshandlung nicht im Zusammenhang mit pflichtwidrigen Weisungen steht. Dafür ist § 309 AktG lex specialis. Für Einflussnahmen durch das herrschende Unternehmen außerhalb des Bereichs des § 308 Abs. 1 AktG bleibt eine Haftung wegen Treuepflichtverletzung nach den allgemeinen Vorschriften (§ 280 Abs. 1 BGB) möglich.

II. Ansprüche der Gesellschafter der abhängigen GmbH gegen das herrschende Unternehmen

Unmittelbar eigene Ansprüche stehen den Gesellschaftern der abhängigen GmbH gegen das herrschende Unternehmen nicht zu. Eventuell denkbar wäre jedoch die Geltendmachung bestimmter Ansprüche der abhängigen GmbH im eigenen Namen und gerichtet auf Leistung an die GmbH. Im AG-Vertragskonzern sieht dafür etwa **§ 309 Abs. 4 Satz 1 AktG** ein eigenes Verfolgungsrecht der Aktionäre vor (siehe § 24 Rdn. 38).[21] Gegen eine analoge Übertragung dieses Verfolgungsrechts auf den GmbH-Vertragskonzern könnte aber sprechen, dass in der GmbH bereits grundsätzlich die Möglichkeit der Durchsetzung von Ansprüchen der Gesellschaft im Wege der **actio pro socio** besteht und es damit an einer zu schließenden Regelungslücke fehlen könnte. Nicht übersehen werden darf jedoch, dass die actio pro socio nur die Durchsetzung von Sozialansprüchen – d. h. Ansprüche der Gesellschaft gegen einzelne Gesellschafter auf Grundlage des Gesellschaftsverhältnisses – erlaubt. Das herrschende Unternehmen mag zwar nicht selten (Mehrheits-) Gesellschafter der abhängigen GmbH sein, zwingend ist dies im Vertragskonzern jedoch nicht. Außerdem haben die Ansprüche aus § 302 Abs. 1 AktG und § 309 Abs. 2 AktG ihre Grundlage nicht im Gesellschaftsverhältnis, sondern im Beherrschungsvertrag. Diese Ansprüche können somit im Wege der actio pro socio nicht durchgesetzt werden. Es bedarf also einer **analogen Anwendung des § 309 Abs. 4 Satz 1 AktG**.

Lediglich Ansprüche der abhängigen GmbH gegen das herrschende Unternehmen aus **Treuepflichtverletzung** können im Wege der actio pro socio von Gesellschaftern verfolgt werden, da es sich dabei um echte Sozialansprüche handelt.

---

20 Emmerich/Habersack/*Emmerich* § 300 Rn. 5.
21 § 309 Abs. 4 Satz 1 AktG soll nach einer Ansicht sogar auch auf den Anspruch aus § 302 Abs. 1 AktG analog anzuwenden sein, siehe zu diesem Anspruch Rdn. 4–9.

III. Ansprüche der Gläubiger der abhängigen GmbH gegen das herrschende Unternehmen

14 Die Voraussetzungen und Rechtsfolgen des Anspruchs auf Sicherheitsleistung aus **§ 303 Abs. 1 AktG analog** entsprechen grundsätzlich denen des unmittelbaren Anwendungsbereichs im AG-Vertragskonzern. Insbesondere wandelt sich bei Vermögenslosigkeit der abhängigen GmbH auch hier der Anspruch auf Sicherheitsleistung in einen direkten Zahlungsanspruch gegen das herrschende Unternehmen.[22] Für Einzelheiten kann auf die Ausführungen zum AG-Vertragskonzern verwiesen werden (siehe § 24 Rdn. 26–29).

15 Das Recht der Gläubiger aus **§ 309 Abs. 4 Satz 3 AktG**, den Anspruch der abhängigen Gesellschaft aus § 309 Abs. 2 AktG (i. V. m. § 31 BGB analog) **im eigenen Namen zu verfolgen**, gilt nach herrschender Meinung im Fall einer vermögenslosen GmbH **analog**.[23] Es kann somit auf die entsprechenden Ausführungen zum AG-Konzern verwiesen werden (siehe § 24 Rdn. 38).

---

22 BGH NJW 1992, 505 (506) – Stromlieferung.
23 *Ulmer* ZIP 2001, 2021 (2028); *K. Schmidt* GesR § 9 IV 5; Roth/Altmeppen/*Roth* § 43 Rn. 94 m. w. N. A. A. etwa Scholz/*Schneider* § 43 Rn. 291.

§ 26 Faktischer AG-Konzern (§§ 311–318 AktG)

Übersicht

	Rdn.			Rdn.
A.	Begriff	1	C. Schadensersatzansprüche der abhängigen AG und ihrer Aktionäre gegen die Organmitglieder der abhängigen AG	23
B.	Schadensersatz- und Rückgewähransprüche der abhängigen AG und ihrer Aktionäre gegen das herrschende Unternehmen und seine gesetzlichen Vertreter	2	I. §§ 318 Abs. 1, Abs. 2 AktG	23
			II. § 117 Abs. 2 Satz 1 AktG	25
			D. Ausgleichs- und Abfindungsansprüche bei Bestehen eines isolierten Gewinnabführungsvertrags	26
I.	§ 317 Abs. 1 AktG	2		
	1. Voraussetzungen	2		
	2. Rechtsfolge	11	E. Regressansprüche des herrschenden Unternehmens gegen die Geschäftsleiter des herrschenden Unternehmens	27
II.	§ 317 Abs. 3 AktG	13		
III.	§ 117 Abs. 1 AktG (i. V. m. § 31 BGB analog)	17	F. Eigene Verfolgungsrechte der Aktionäre und Gläubiger der abhängigen AG	28
IV.	Allgemeine gesellschaftsrechtliche Treuepflicht	18	I. §§ 317 Abs. 1 Satz 1, Abs. 3 AktG und §§ 318 Abs. 1, Abs. 2 AktG	29
V.	§ 62 Abs. 1 Satz 1 AktG	21	II. §§ 117 Abs. 1 Satz 1, Abs. 2 Satz 1 AktG	30
			III. § 62 Abs. 1 Satz 1 AktG	31

A. Begriff

Ein faktischer Konzern i. S. d. §§ 311 ff. AktG liegt vor, wenn **abhängige Gesellschaft eine Aktiengesellschaft** (oder KGaA) ist, herrschendes Unternehmen ein Unternehmen im konzernrechtlichen Sinne ist und kein Beherrschungsvertrag geschlossen wurde. Konzernrechtliche Abhängigkeit ist gem. § 17 Abs. 1 AktG gegeben, wenn auf die Gesellschaft beherrschender Einfluss ausgeübt werden kann. Nach h. M. muss die Einflussmöglichkeit **gesellschaftsrechtlich vermittelt** sein[1], d. h. in die Binnenstruktur der AG eingreifen.[2] Rein wirtschaftliche Abhängigkeit, etwa als Folge von Kredit- oder Lieferbeziehungen, genügt nicht.[3] Bei Bestehen einer Mehrheitsbeteiligung wird eine Abhängigkeit widerlegbar vermutet (§ 17 Abs. 2 AktG).   1

B. Schadensersatz- und Rückgewähransprüche der abhängigen AG und ihrer Aktionäre gegen das herrschende Unternehmen und seine gesetzlichen Vertreter

I. § 317 Abs. 1 AktG

1. Voraussetzungen

Der Haftungstatbestand des § 317 Abs. 1 AktG steht im direkten **Regelungszusammenhang mit** 2
§ 311 AktG und setzt voraus, dass
– das herrschende Unternehmen die abhängige AG zu einem Nachteil veranlasst hat,
– bis zum Jahresende kein Ausgleich dieses Nachteils erfolgt ist und
– bei der abhängigen AG ein Schaden eingetreten ist.

Eine tatbestandliche **Veranlassung** kann grundsätzlich durch jede Art der Einflussnahme erfolgen.[4]   3
Mindestvoraussetzung ist die Ursächlichkeit des Verhaltens des herrschenden Unternehmens für die nachteilige Maßnahme der Geschäftsleitung der abhängigen Gesellschaft (Kausalzusammenhang).[5]

---

[1] BGH NJW 1984, 1893. Zweifelnd hinsichtlich moderner Vertragstypen (insb. Just-in-time-Verträge) *Soudry/Löb* GWR 2011, 127.
[2] Hüffer/*Koch* § 17 Rn. 8.
[3] BGH NJW 1984, 1983, 1896.
[4] Hüffer/*Koch* § 311 Rn. 13. Für weitere Details insb. auch zu den möglichen beteiligten Personen vgl. etwa Emmerich/Habersack/*Habersack* § 311 Rn. 22 ff.; vgl. auch BGH AG 2012, 680 (681).
[5] Vgl. OLG Schleswig GWR 2011, 34 – MobilCom.

4 **Nachteil** ist jede Minderung oder konkrete Gefährdung der Vermögens- oder Ertragslage der abhängigen Gesellschaft, soweit sie auf die Abhängigkeit zurückzuführen ist.[6] Dabei ist Vergleichsmaßstab, ob ein ordentlicher und gewissenhafter Geschäftsleiter einer unabhängigen Gesellschaft dieses Rechtsgeschäft oder diese Maßnahme bei pflichtgemäßer Beurteilung als im Interesse seiner Gesellschaft liegend angesehen hätte[7], wobei ihm diesbezüglich ein Ermessen einzuräumen ist, innerhalb dessen eine zumindest vertretbare Entscheidung keinen Nachteil darstellt.[8]

5 Der Nachteil darf bis zum Jahresende nicht ausgeglichen worden sein. Wie § 311 Abs. 2 Satz 1 AktG bestimmt kann ein **Ausgleich** durch **tatsächliche Leistung oder** durch Gewährung eines **Rechtsanspruchs** erfolgen.[9]

6 Umstritten ist, ob **innerer Haftungsgrund** bereits die nachteilige Veranlassung oder erst der unterlassene Nachteilsausgleich ist.[10] Da unstreitig beides vorliegen muss, wirkt sich diese Frage praktisch jedoch nicht aus.

7 Die Haftung erfolgt **verschuldensunabhängig**, doch normiert § 317 Abs. 2 AktG einen **Tatbestandsausschluss** im Falle pflichtgemäßen Verhaltens.

8 Der ursprünglich veranlasste Nachteil muss sich in einem **Schaden** manifestieren. Beide können deckungsgleich sein, jedoch kann der Schaden den wirtschaftlichen Wert des Nachteils auch übersteigen.[11] Bedingt durch die in § 311 AktG vorgesehene Möglichkeit eines zeitlich gestreckten Ausgleichs, kann es hingegen auch sein, dass der tatsächliche Schaden am Jahresende aufgrund zwischenzeitlicher positiver Entwicklungen geringer ausfällt als der ursprüngliche Nachteil. Dennoch ist letzterer in diesem Fall als **Mindestschaden** zu ersetzen.[12] Dies soll aus dem Sanktionscharakter des § 317 AktG sowie aus dem normativen Schadensbegriff folgen.[13] Für den Fall, dass sich einzelne Nachteile aufgrund der Intensität des Einflusses nicht quantifizieren lassen und deshalb ein konkreter Ersatz nicht zu erlangen ist, siehe § 28.

9 Für das Vorliegen der Haftungsvoraussetzungen des § 317 Abs. 1 AktG trägt die abhängige AG die **Darlegungs- und Beweislast**, wobei ihr jedoch unterschiedliche Beweiserleichterungen zugutekommen.[14] Bezüglich der Voraussetzungen des § 317 Abs. 2 AktG obliegt die Darlegungs- und Beweislast dem herrschenden Unternehmen.[15]

10 Gem. § 317 Abs. 1 Satz 2 AktG steht den **Aktionären** ein **eigener Ersatzanspruch** zu. Zwingende Voraussetzung ist jedoch, dass sie einen individuellen Schaden erlitten haben, der über den bloßen Reflexschaden hinausgeht.[16] Andere außenstehende Aktionäre können nicht klagen und haben auch kein Recht zur Nebenintervention auf Klägerseite.[17]

---

6 BGH NJW 2008, 1583 – UMTS. Weitere Einzelheiten bei Emmerich/Habersack/*Habersack* § 311 Rn. 39 ff. Nach BGH NJW 1999, 1706 kann eine Nachteilszufügung auch innerhalb einer – in der Praxis häufig bestehenden – sog. steuerlichen Organschaft erfolgen, wenn der abhängigen Gesellschaft eine Umlage auferlegt wird, es aber seitens des herrschenden Unternehmens an einem umlagefähigen Steueraufwand mangelt.
7 Denn sonst wäre ein etwaiger Nachteil der abhängigen Gesellschaft keine Folge der Abhängigkeit, vgl. BGH NJW 2008, 1583 – UMTS-Lizenzen.
8 So LG Kiel GWR 2009, 92 zur Einstellung des UMTS-Geschäfts durch die MobilCom AG.
9 Vgl. zu diesen beiden Ausgleichsmodalitäten Spindler/Stilz/*Hans-Friedrich Müller* § 311 Rn. 54 ff.
10 Vgl. Emmerich/Habersack/*Habersack* § 317 Rn. 9.
11 Spindler/Stilz/*Hans-Friedrich Müller* § 317 Rn. 10.
12 MünchHdb GesR IV/*Krieger* § 69 Rn. 122.
13 Hüffer/*Koch* § 317 Rn. 7.
14 Dazu Emmerich/Habersack/*Habersack* § 317 Rn. 21.
15 MüKo AktG/*Altmeppen* § 317 Rn. 78.
16 Einzelheiten bei Hüffer/*Koch* § 317 Rn. 8. Zum Begriff des Reflexschadens siehe Fn. 46.
17 BGH NZG 2006, 545.

2. Rechtsfolge

Das herrschende Unternehmen hat den Schaden unter Vorrang der Naturalrestitution nach Maßgabe der **§§ 249 ff. BGB** auszugleichen. Bei **mehrfacher oder mehrstufiger Abhängigkeit** haftet jeweils dasjenige Unternehmen, von dem die Veranlassung zu dem Nachteil ausgeht. Die übrigen herrschenden Unternehmen haften **gesamtschuldnerisch** (§§ 421 ff. BGB), wenn sie sich die Veranlassung zurechnen lassen müssen.[18] Zur gesamtschuldnerischen Mithaftung der gesetzlichen Vertreter sogleich (Rdn. 23 f.). 11

Daneben sollen der abhängigen AG aus § 317 AktG nach zutreffender Auffassung auch **Unterlassungs- und Beseitigungsansprüche** zustehen.[19] 12

II. § 317 Abs. 3 AktG

§ 317 Abs. 3 AktG begründet in Ergänzung (Gesamtschuld) zu der Haftung des herrschenden Unternehmens aus § 317 Abs. 1 AktG einen direkten Schadensersatzanspruch der abhängigen AG gegen diejenigen **gesetzlichen Vertreter des herrschenden Unternehmens**, von denen die Veranlassung der abhängigen AG zu der nachteiligen Maßnahme oder dem nachteiligen Rechtsgeschäft ausgegangen ist. Dies können Vorstände und Geschäftsführer, nicht aber Mitglieder des Aufsichtsrats, Prokuristen oder Handlungsbevollmächtigte sein.[20] Ist herrschendes Unternehmen eine Personengesellschaft, so gelten als »gesetzliche Vertreter« alle zur Geschäftsführung[21] befugten Gesellschafter. Ist ein solcher eine juristische Person (wie bei der GmbH & Co. KG), erstreckt sich die Verantwortlichkeit nach § 317 Abs. 3 AktG dem Normzweck entsprechend auch auf die mittelbar handelnden natürlichen Personen (also etwa auf die Geschäftsführer der Komplementär-GmbH).[22] 13

Das Tatbestandsmerkmal der **Veranlassung** deckt sich mit dem in § 317 Abs. 1 AktG (siehe Rdn. 3). Es kann somit auch eine nur mittelbare Einflussnahme – etwa durch die Einschaltung von Angestellten des herrschenden Unternehmens – eine Haftung der gesetzlichen Vertreter begründen.[23] Ohne haftungsrechtliche Auswirkungen soll es hingegen sein, wenn der gesetzliche Vertreter seine ihm nachgeordneten Stellen lediglich unzureichend organisiert und/oder überwacht.[24] In mehrköpfigen Organen haften nur diejenigen Mitglieder, die selbst veranlasst haben. Eine Vermutungsregel dahingehend, dass die Veranlassung von allen Mitgliedern ausging, besteht nicht.[25] 14

Gem. **§ 317 Abs. 2 AktG** kann der Tatbestand ausgeschlossen sein, wofür der in Anspruch genommene gesetzliche Vertreter die **Darlegungs- und Beweislast** zu tragen hat.[26] 15

Die **Rechtsfolgen** gleichen grundsätzlich denen eines Anspruchs aus § 317 Abs. 1 AktG. Insb. können gem. § 317 Abs. 1 Satz 2 AktG auch einzelne Aktionäre einen eigenen Schadensersatzanspruch gegen die gesetzlichen Vertreter des herrschenden Unternehmens haben. 16

III. § 117 Abs. 1 AktG (i.V.m. § 31 BGB analog)

Während in einem Vertragskonzern der Einfluss i. S. d. § 117 Abs. 1 Satz 1 AktG direkt aus dem Beherrschungsvertrag folgt, wird er im faktischen Konzern über den (mehrheitlichen) Aktienbesitz ver- 17

---

18 Eine Zurechnung soll möglich sein über §§ 164 Abs. 1, 714 BGB, vgl. Hüffer/*Koch* § 317 Rn. 3.
19 LG Köln AG 2008, 327 ff.
20 Ganz h. M., vgl. nur KöKo AktG/*Koppensteiner* § 317 Rn. 47.
21 Auf die Vertretungsmacht kommt es hingegen nicht an, da eine Veranlassung i. S. d. § 317 Abs. 3 AktG keine Willenserklärung beinhaltet, vgl. Emmerich/Habersack/*Habersack* § 317 Rn. 22.
22 Emmerich/Habersack/*Habersack* § 317 Rn. 23.
23 MüKo AktG/*Altmeppen* § 317 Rn. 94.
24 So die h. M., vgl. etwa K. Schmidt/Lutter/*J. Vetter* § 317 Rn. 37 m. w. N. A. A. KöKo AktG/*Koppensteiner* § 317 Rn. 44.
25 Weiterführend MüKo AktG/*Altmeppen* § 317 Rn. 90.
26 Emmerich/Habersack/*Habersack* § 317 Rn. 25 mit Verweis auf Rn. 21.

mittelt.[27] Die partielle Anwendungssperre gem. § 117 Abs. 7 Nr. 1 AktG (vgl. dazu oben § 24 Rdn. 16) ist daher hier nicht einschlägig, so dass im faktischen Konzern über § 117 AktG praktisch **jede schädigende Einflussnahme** auf die abhängige Gesellschaft sanktioniert werden kann, sofern sie von Vorsatz getragen wurde. Um allerdings einen Wertungswiderspruch mit der in § 311 Abs. 2 AktG vorgesehenen zeitlich gestreckten Ausgleichsmöglichkeit zu vermeiden, tritt § 117 AktG – ähnlich wie der Anspruch aus § 62 Abs. 1 Satz 1 AktG (siehe dazu sogleich Rdn. 21–22) – hinter § 311 Abs. 2 AktG zurück.[28] Sollte es bis zum Jahresende nicht zu einem Ausgleich gekommen sein, stehen § 117 AktG und § 317 AktG dann in Idealkonkurrenz.[29]

IV. Allgemeine gesellschaftsrechtliche Treuepflicht

18 Für die Konstruktion eines Schadensersatzanspruchs der abhängigen AG gegen das herrschende Unternehmen (Mehrheitsaktionär) darf nur ausnahmsweise auf die allgemeine Treuepflicht zurückgegriffen werden, und zwar nur, wenn haftungsrechtlich an ein Verhalten des herrschenden Unternehmens angeknüpft werden soll, das **nicht bereits von den §§ 311 ff. AktG erfasst** wird. Denn insoweit können die §§ 311 ff. AktG als speziellere, abschließende Ausprägungen der Treuepflicht verstanden werden.[30]

19 Besonders problematisch ist in diesem Zusammenhang die Frage, ob und inwieweit die Treuepflicht dem Mehrheitsaktionär gegenüber der von ihm abhängigen Gesellschaft ein **Wettbewerbsverbot** auferlegt oder ob die Zulässigkeit einer Wettbewerbstätigkeit allein an den §§ 311 ff. AktG zu messen ist. Nach umstrittener Ansicht soll der Mehrheitsaktionär grundsätzlich einem – auf den Handelszweig der abhängigen Gesellschaft beschränkten – Wettbewerbsverbot unterliegen, denn die §§ 311 ff. AktG würden gerade die speziellen Gefahren einer Konkurrenztätigkeit durch das herrschende Unternehmen nicht hinreichend berücksichtigen.[31] Abweichendes soll allerdings für börsennotierte Gesellschaften gelten, da hier insb. die Mechanismen des WpÜG einen ausreichenden (wenn auch nur reflexartigen) Schutz der Minderheitsaktionäre gewährleisten.[32] Der BGH hat zu der Frage keine eindeutige Stellung bezogen, allerdings in einer neueren Entscheidung betont, dass der Mehrheitsaktionär jedenfalls dann keinem Wettbewerbsverbot unterliegt, wenn die Wettbewerbssituation bereits vor Erwerb der Mehrheitsbeteiligung bestanden hat.[33] Treuepflichtaspekte könnten hier deshalb nicht herangezogen werden, da die bloße Aufrechterhaltung der Wettbewerbssituation bei Beginn der Konzernierung wertneutral sei.[34] Unter Wertungsaspekten könne dem »neuen« herrschenden Unternehmen nicht zugemutet werden, sich von Geschäftsfeldern zurückzuziehen, auf denen es bereits vorher – in zulässiger Konkurrenz zu der von ihm jetzt beherrschten Gesellschaft – tätig war.[35]

20 Der Mehrheitsaktionär unterliegt einer Treuebindung nicht nur im Verhältnis zur Gesellschaft, sondern auch zu den Minderheitsaktionären.[36] Daraus können die Minderheitsaktionäre grundsätzlich vom Mehrheitsaktionär (herrschendes Unternehmen) verlangen, Schädigungen der Gesellschaft zu unterlassen sowie eventuell Schadensersatz geltend machen. Auch hier haben jedoch die **§§ 311 ff. AktG** als **lex specialis** Anwendungsvorrang.

---

27 Hüffer/*Koch* § 117 Rn. 3.
28 MünchHdb GesR IV/*Krieger* § 69 Rn. 71; KöKo AktG/*Koppensteiner* § 311 Rn. 164.
29 Spindler/Stilz/*Hans-Friedrich Müller* § 311 Rn. 64; Emmerich/Habersack/*Habersack* § 311 Rn. 88.
30 Hüffer/*Koch* § 53a Rn. 20.
31 Emmerich/Habersack/*Habersack* Vor § 311 Rn. 7 m. w. N. Vgl. auch dort Fn. 28 für Gegenansichten.
32 Emmerich/Habersack/*Habersack* Vor § 311 Rn. 7.
33 BGH NZG 2008, 831 – Züblin/Strabag.
34 BGH NZG 2008, 831 (833) – Züblin/Strabag.
35 BGH NZG 2008, 831 (833) – Züblin/Strabag.
36 BGH NJW 1988, 1579 – Linotype. Für die Treuepflicht der Minderheitsaktionäre gegenüber der Mehrheit vgl. BGH NJW 1995, 1739 – Girmes.

V. § 62 Abs. 1 Satz 1 AktG

§ 62 Abs. 1 Satz 1 AktG gewährt der Gesellschaft gegen Gesellschafter einen Anspruch auf Rückgewähr von Leistungen, die diese entgegen den Vorschriften des AktG erhalten haben. Damit ist insb. § 57 AktG gemeint, der ein umfassendes Verbot der Einlagenrückgewähr statuiert. Nicht selten werden im faktischen Konzern **Nachteilszufügungen i. S. d. § 311 AktG zugleich Verstöße gegen § 57 AktG** darstellen, denn dafür ist bereits ausreichend, dass das herrschende Unternehmen die abhängige AG zu einer Leistung veranlasst, die nicht durch einen vollwertigen Gegenleistungs- oder Rückgewähranspruch gedeckt ist (vgl. § 57 Abs. 1 Satz 3 AktG). 21

Der sofortige Rückgewähranspruch aus § 62 Abs. 1 Satz 1 AktG steht jedoch im **Konflikt mit § 311 Abs. 2 AktG**, der einen Aufschub des Nachteilsausgleichs bis zum Jahresende gestattet. Nach h. M. soll sich hier § 311 Abs. 2 AktG durchsetzen mit der Folge, dass der Anspruch aus § 62 Abs. 1 Satz 1 AktG ruht und erst mit Ausbleiben eines Nachteilsausgleichs zum Jahresende (dann in Idealkonkurrenz zu § 317 AktG[37]) geltend gemacht werden kann.[38] 22

C. Schadensersatzansprüche der abhängigen AG und ihrer Aktionäre gegen die Organmitglieder der abhängigen AG

I. §§ 318 Abs. 1, Abs. 2 AktG

Neben dem herrschenden Unternehmen und seinen gesetzlichen Vertretern (§§ 317 Abs. 1, Abs. 3 AktG) haften auch die Mitglieder des Vorstands und des Aufsichtsrats der abhängigen AG gesamtschuldnerisch, wenn sie im Zusammenhang mit einer rechtswidrigen nachteiligen Einflussnahme nach § 311 AktG ihre in §§ 318 Abs. 1 und Abs. 2 AktG näher definierten Pflichten verletzen. Die allgemeinen Haftungstatbestände der §§ 93 Abs. 2, 116 AktG bleiben daneben weiter anwendbar[39], werden jedoch zur Vermeidung von Unstimmigkeiten durch die in § 318 AktG enthaltenen Sonderregeln entsprechend modifiziert.[40] 23

Nach allg.M. gilt im Rahmen von § 318 AktG auch § 317 Abs. 1 Satz 2 AktG, so dass die Organmitglieder unmittelbar auch gegenüber den **Aktionären** haften, soweit diese individuelle Vermögensbeeinträchtigungen erfahren haben, die über den bloßen Reflexschaden hinausgehen.[41] 24

II. § 117 Abs. 2 Satz 1 AktG

Es gelten die Ausführungen zum AG-Vertragskonzern entsprechend (siehe § 24 Rdn. 16). 25

D. Ausgleichs- und Abfindungsansprüche bei Bestehen eines isolierten Gewinnabführungsvertrags

Ist im faktischen Konzern zwischen abhängiger AG und herrschendem Unternehmen ein **isolierter Gewinnabführungsvertrag** (§ 291 Abs. 1 Satz 1 AktG) geschlossen, kommen die §§ 302–305 AktG zur Anwendung (§ 24 Rdn. 2–10 und Rdn. 26–29). Daneben sind – wie sich im Umkehrschluss aus § 316 AktG ergibt – auch die §§ 311, 317 AktG anwendbar.[42] 26

---

37 OLG Frankfurt AG 1996, 324 (327).
38 BGH NJW 2011, 2719 (2724) – Dritter Börsengang. Bereits zuvor BGH NJW 2009, 850 – MPS.
39 BGH NJW 2009, 850 – MPS.
40 Einzelheiten bei MünchHdb GesR IV/*Krieger* § 69 Rn. 132.
41 Hüffer/*Koch* § 318 Rn. 2 mit Verweis auf RegBegr. *Kropff* S. 420. Zum Begriff des Reflexschadens siehe Fn. 46.
42 Emmerich/Habersack/*Habersack* § 311 Rn. 16.

E. Regressansprüche des herrschenden Unternehmens gegen die Geschäftsleiter des herrschenden Unternehmens

27 Regelmäßig stellt die Auslösung einer Haftung (insb.) nach § 317 Abs. 1 AktG auch eine Pflichtverletzung des Geschäftsleiters des herrschenden Unternehmens gegenüber diesem dar. Entsprechend den Ausführungen zur Rechtslage im AG-Vertragskonzern hat das herrschende Unternehmen dann die Möglichkeit, den Geschäftsleiter in Regress zu nehmen.

F. Eigene Verfolgungsrechte der Aktionäre und Gläubiger der abhängigen AG

28 Auch im Recht des faktischen AG-Konzerns sieht das AktG bezgl. verschiedener Ansprüche ein eigenes Verfolgungsrecht der Aktionäre und/oder Gläubiger vor:

I. §§ 317 Abs. 1 Satz 1, Abs. 3 AktG und §§ 318 Abs. 1, Abs. 2 AktG

29 Über die Verweisungen in § 317 **Abs. 4 AktG und** § 318 **Abs. 4 AktG** auf § 309 Abs. 3–5 AktG kommt den Aktionären und Gläubigern der AG hier ein eigenes Verfolgungsrecht zu. Zu beachten ist, dass der Verlust der Aktionärsstellung (etwa im Falle eines Squeeze out gem. § 327a AktG) nicht zum Verlust der Möglichkeit führt, bereits rechtshängige Ansprüche weiterhin geltend zu machen.[43]

II. §§ 117 Abs. 1 Satz 1, Abs. 2 Satz 1 AktG

30 Es gelten die Ausführungen zum AG-Vertragskonzern entsprechend.

III. § 62 Abs. 1 Satz 1 AktG

31 Gem. **§ 62 Abs. 2 Satz 1 AktG** kann dieser Anspruch auch von den Gläubigern der Gesellschaft geltend gemacht werden, soweit sie von dieser keine Befriedigung erlangen können.[44]

---

[43] LG München ZIP 2008, 2124.
[44] Für die Voraussetzungen dafür siehe bereits Rdn. 21.

§ 27 Faktischer GmbH-Konzern (Treuepflicht)

Übersicht

	Rdn.			Rdn.
A. Begriff	1		2. Rechtsfolge	8
B. Anwendbares Recht	2		3. actio pro socio und eigener Ersatzanspruch der Minderheitsgesellschafter	10
C. Schadensersatz- und Rückgewähransprüche der abhängigen GmbH und ihrer Gesellschafter gegen das herrschende Unternehmen	3	II.	§ 31 Abs. 1 GmbHG	12
		D.	Regressansprüche des herrschenden Unternehmens gegen die Geschäftsleiter des herrschenden Unternehmens	13
I. Treuepflichtverletzung	3			
1. Voraussetzungen	3			

A. Begriff

Ein faktischer GmbH-Konzern liegt vor, wenn **abhängige Gesellschaft eine GmbH** ist, herrschendes Unternehmen ein Unternehmen im konzernrechtlichen Sinne ist[1] und kein Beherrschungsvertrag geschlossen wurde. Auch hier wird bei Mehrheitsbeteiligung gem. § 17 Abs. 2 AktG[2] eine Abhängigkeit widerlegbar vermutet. **1**

B. Anwendbares Recht

Der faktische GmbH-Konzern unterliegt nach ganz herrschender Ansicht wegen der z. T. gravierenden Strukturunterschiede zwischen AG und GmbH (insb. etwa eigene Leitungsverantwortung des Vorstands im Gegensatz zu Weisungsgebundenheit des GmbH-geschäftsführers sowie Fehlen eines obligatorischen Überwachungsorgans bei der GmbH) nicht denselben Vorschriften wie der faktische AG-Konzern. D. h. die §§ 311–318 AktG – und damit insbesondere das in §§ 311, 317 AktG vorgesehene Ausgleichssystem für Nachteilszufügungen – sind nicht analog auf faktische GmbH-Konzerne anwendbar.[3] Streitigkeiten in GmbH-Konzernverhältnissen werden stattdessen allein mit der **gesellschaftsrechtlichen Treuepflicht** gelöst.[4] Konzernrechtlich folgt aus der Treupflicht für den Mehrheitsgesellschafter ein umfassendes Schädigungsverbot. **2**

C. Schadensersatz- und Rückgewähransprüche der abhängigen GmbH und ihrer Gesellschafter gegen das herrschende Unternehmen

I. Treuepflichtverletzung

1. Voraussetzungen

Der Mehrheitsgesellschafter (herrschendes Unternehmen) muss seine gegenüber der abhängigen GmbH und den Minderheitsgesellschaftern bestehende **Treuepflicht verletzt** haben. Die Treuebindung verpflichtet den Mehrheitsgesellschafter, bei Maßnahmen in der abhängigen GmbH auf den gemeinsamen Zweck sowie die legitimen Interessen der Mitgesellschafter angemessen Rücksicht zu nehmen.[5] Verboten sind alle Arten schädigender Einflussnahme (zu schädigenden Maßnahmen, die nicht einzeln isolierbar sind, s. § 28. Voraussetzung ist freilich, dass es sich nicht um eine Ein-Mann-GmbH handelt bzw. nicht alle Gesellschafter in der GmbH einvernehmlich handeln. Denn in diesen Konstellationen existieren keine Minderheiteninteressen und die Treuebindung gegenüber der GmbH beschränkt sich auf die Einhaltung der zum Schutze der Gläubiger bestehenden **3**

---

1 Was geknüpft ist an das Bestehen einer Konzerngefahr, vgl. MüKo AktG/*Bayer* § 15 Rn. 7.
2 Die §§ 15 ff. AktG sind rechtsformneutral formuliert und daher auch unmittelbar auf die GmbH anwendbar.
3 Baumbach/Hueck/*Zöllner/Beurskens* SchlAnhKonzernR Rn. 109; Emmerich/Habersack/*Habersack* Anh. § 318 Rn. 6.
4 Vgl. dazu grundlegend BGHZ 65, 15 – ITT.
5 Scholz/*Emmerich* Anhang § 13 Rn. 68.

Kapitalerhaltungsregeln (§ 30 GmbHG) sowie auf die Beachtung des Verbots existenzvernichtender Eingriffe (siehe dazu § 28).[6]

4 Zur inhaltlichen Bewertung der fraglichen Einflussnahme kann an die zu § 317 **AktG entwickelten Maßstäbe** angeknüpft werden.[7] Entscheidend ist also, ob ein gewissenhafter und ordentlicher Geschäftsleiter einer unabhängigen Gesellschaft unter sonst gleichen Bedingungen die fragliche Maßnahme gleichfalls vorgenommen oder wegen ihrer Risiken für die abhängige Gesellschaft unterlassen hätte.[8]

5 Eine der Schadensersatzhaftung vorgehende **Ausgleichsmöglichkeit entsprechend § 311 AktG** besteht nicht.[9]

6 Das herrschende Unternehmen muss zudem **schuldhaft** handeln. Dafür gilt im Ausgangspunkt die allgemeine Regel des § 276 BGB, die jedoch inhaltlich durch eine Anlehnung an den **Verschuldensmaßstab des § 43 Abs. 1 GmbHG** konkretisiert wird.

7 Die treuwidrige Einflussnahme muss zu einem **adäquat kausalen Schaden** der abhängigen GmbH führen.

2. Rechtsfolge

8 Das herrschende Unternehmen hat Ersatz nach Maßgabe der **§§ 249 ff. BGB** zu leisten.

9 Daneben folgen aus der Treuepflichtverletzung auch **Unterlassungs- und Beseitigungsansprüche** folgen.[10]

3. actio pro socio und eigener Ersatzanspruch der Minderheitsgesellschafter

10 Der Schadensersatzanspruch der abhängigen AG aus Treuepflichtverletzung kann grundsätzlich von den Minderheitsgesellschaftern im Wege der **actio pro socio** durchgesetzt werden.

11 Ein **eigener Ersatzanspruch** aus Treuepflichtverletzung steht den Minderheitsgesellschaftern zu, sofern sie einen individuellen Vermögensschaden erleiden.

II. § 31 Abs. 1 GmbHG

12 Ähnlich wie im faktischen AG-Konzern (siehe § 26) bewirkt auch hier eine rechtswidrige Einflussnahme des herrschenden Unternehmens auf die abhängige GmbH nicht selten einen Verstoß gegen Kapitalerhaltungsregeln (§ 30 GmbHG). Da § 311 Abs. 2 AktG jedoch nicht analog auf den faktischen GmbH-Konzern anwendbar ist, wird der Rückgewähranspruch der abhängigen GmbH nicht suspendiert und kann sofort neben den Ansprüchen aus Treuepflichtverletzung geltend gemacht werden.

D. Regressansprüche des herrschenden Unternehmens gegen die Geschäftsleiter des herrschenden Unternehmens

13 Es gelten die Ausführungen in § 24 ff. entsprechend.

---

[6] In diese Richtung auch Roth/Altmeppen/*Altmeppen* Anh § 13.
[7] Scholz/*Emmerich* Anhang § 13 Rn. 73.
[8] BGH NJW 1999, 1706 (1708).
[9] Scholz/*Emmerich* Anhang § 13 Rn. 68 m.w.N.
[10] Scholz/*Emmerich* Anhang § 13 Rn. 86.

§ 28 Der sog. qualifiziert faktische Konzern und die Rechtsfigur der Existenzvernichtungshaftung

Übersicht

	Rdn.			Rdn.
A.	**Rechtslage im GmbH-Recht**	1	existenzvernichtendem Eingriff aus	
I.	Historische Entwicklung	1	§ 826 BGB	5
II.	Anspruch der abhängigen GmbH gegen das herrschende Unternehmen wegen		1. Tatbestandsvoraussetzungen	5
			2. Rechtsfolge	11
			B. **Rechtslage im Aktienrecht**	13

A. Rechtslage im GmbH-Recht

I. Historische Entwicklung

Die Haftung wegen sog. »existenzvernichtendem Eingriff« ist Ergebnis einer richterrechtlichen Rechtsfortbildung und fußt historisch auf dem vom BGH mittlerweile wieder aufgegebenen Rechtsinstitut der Haftung im sog. »qualifiziert faktischen Konzern«. 1

Der Begriff des »qualifiziert faktischen Konzerns« beschreibt ein Verhältnis zwischen herrschendem und abhängigem Unternehmen, das durch eine derart breite und dichte Einflussnahme des herrschenden auf das abhängige Unternehmen geprägt ist, dass sich einzelne **Nachteilszufügungen nicht mehr isoliert feststellen und ausgleichen lassen** (zur isolierbaren Nachteilszufügung s. § 24). Zur Lösung des Problems sollte nach früher überwiegender Ansicht im qualifiziert faktischen GmbH-Konzern eine Analogie zu §§ 302, 303 AktG erfolgen.[1] Das herrschende Unternehmen traf damit gem. § 302 AktG analog eine pauschale Verlustübernahmepflicht und den Gesellschaftsgläubigern wurde in entsprechender Anwendung des § 303 AktG ein direkter Anspruch gegen das herrschende Unternehmen (Mehrheitsgesellschafter der abhängigen GmbH) gewährt.[2] 2

In den Entscheidungen »Bremer Vulkan«[3] und »KBV«[4] löste der BGH die zugrundeliegenden Sachverhalte dann allerdings nicht mehr nach speziell konzernrechtlichen Maßstäben, sondern führte die eigenständige Rechtsfigur der sog. »Existenzvernichtungshaftung« ein. Es handelte sich dabei um eine auf die Gesellschafter durchgreifende verschuldensunabhängige Verhaltenshaftung, die nun (im Gegensatz zum bisherigen Haftungskonzept im qualifiziert faktischen Konzern) im Haftungstatbestand keinerlei konzernrechtliche Elemente mehr aufwies, sondern sich lediglich aus allgemein gesellschaftsrechtlichen Voraussetzungen zusammensetzte. Danach war ein (Allein-) Gesellschafter tatbestandlich einem unmittelbaren Haftungsdurchgriff ausgesetzt, wenn er bei Eingriffen in das GmbH-Vermögen keine angemessene Rücksicht auf die Eigenbelange der GmbH und ihrer Geschäftschancen nahm und die Gesellschaft infolge des Eingriffs ihre Verbindlichkeiten nicht mehr bedienen konnte.[5] Gläubiger einer durch existenzvernichtenden Eingriff in die Insolvenz getriebenen GmbH konnten den bzw. die verantwortlichen Gesellschafter der GmbH direkt wegen Gesellschaftsverbindlichkeiten in Anspruch nehmen. Die Existenzvernichtungshaftung war somit ein Anwendungsfall der **gesellschaftsrechtlichen Durchgriffshaftung**, die eine Ausnahme vom grundsätzlich gem. § 13 Abs. 2 GmbHG und § 1 Abs. 1 Satz 2 AktG geltenden Trennungsprinzip darstellt.[6] 3

---

1 BGH NJW 1993, 1200 – TBB.
2 BGH NJW 1986, 188 (189) – Autokran.
3 BGHZ 149, 10 (16) – Bremer Vulkan.
4 BGH NZG 2002, 914 – KBV.
5 BGHZ 149, 10 (16) – Bremer Vulkan. Die Haftung sollte jedoch nur subsidiär einsetzen, soweit eine Kompensation nicht schon nach §§ 30, 31 GmbHG möglich war.
6 Vgl. weiterführend zu den wenigen verbleibenden Fallgruppen der Durchgriffshaftung etwa Baumbach/Hueck /*Fastrich* § 13 Rn. 45 ff.

4 Im Jahr 2007 hat der BGH in der Entscheidung »Trihotel« dieses Konzept der eigenständigen Haftungsfigur »Existenzvernichtungshaftung« explizit wieder aufgegeben.[7] Ein existenzvernichtender Eingriff, an dessen Erfordernis der BGH jedoch weiterhin als Tatbestandsmerkmal festhält, führe nicht mehr zu einer Durchgriffshaftung der verantwortlichen Gesellschafter gegenüber den Gesellschaftsgläubigern, sondern sei vielmehr als **spezieller Fall der deliktsrechtlichen vorsätzlichen sittenwidrigen Schädigung nach § 826 BGB** zu qualifizieren und begründe eine verschuldensabhängige Innenhaftung der Gesellschafter gegenüber der Gesellschaft.[8] In den Fällen der sog. Existenzvernichtung findet also mittlerweile kein Haftungsdurchgriff mehr statt.[9]

II. Anspruch der abhängigen GmbH gegen das herrschende Unternehmen wegen existenzvernichtendem Eingriff aus § 826 BGB

1. Tatbestandsvoraussetzungen

5 Es gelten bei der Tatbestandsprüfung an sich keine konzernrechtlichen Besonderheiten. Vorliegen muss nach dem Wortlaut des § 826 BGB eine **sittenwidrige vorsätzliche Schädigung**. Der BGH hat in der Trihotel-Entscheidung den Haftungstatbestand konkretisiert als missbräuchlichen, zur Insolvenz der Gesellschaft führenden oder diese vertiefenden kompensationslosen **Eingriff** in das der Zweckbindung zur vorrangigen Befriedigung der Gesellschaftsgläubiger dienende Gesellschaftsvermögen.[10] Der Eingriff muss sich auf einen gezielten, betriebsfremden Zwecken dienenden Vermögensentzug beziehen.[11] Ein Vermögensentzug als bloße Folge von Fehlern der Unternehmensleitung genügt nicht.[12]

6 Ebenfalls **nicht** darunter fallen soll das bloße **Unterlassen** einer hinreichenden Kapitalausstattung i. S. einer materiellen Unterkapitalisierung, da ein Unterlassen begrifflich kein Eingriff ist.[13]

7 Zwischen dem Eingriff und dem Insolvenzeintritt bzw. der Insolvenzvertiefung muss **Kausalität** bestehen.[14]

8 **Beispiele** für tatbestandsmäßige Eingriffe sind etwa der Abzug von Finanzmitteln im Cash-Pool, die Vereinnahmungen von Forderungen der Gesellschaft durch den Alleingesellschafter sowie die Tilgung privater Verbindlichkeiten der Gesellschafter aus dem Gesellschaftsvermögen.[15]

9 Der Umstand der **Sittenwidrigkeit** erfordert, dass das Gesellschaftsvermögen planmäßig zu Lasten der Gläubiger und zum eigenen Vorteil der Gesellschafter entzogen wird.[16]

10 Subjektiv muss der Gesellschafter zumindest mit bedingtem **Vorsatz** handeln. Ausreichend ist, wenn der Gesellschafter das Bewusstsein hat, dass der von ihm durchgeführte oder geduldete Eingriff zur Existenzvernichtung führt.[17] Aufgrund des Vorsatzerfordernisses wird etwa allein das Eingehen unverhältnismäßiger unternehmerischer Risiken den Tatbestand noch nicht erfüllen.[18]

---

7 BGH NZG 2007, 667 – Trihotel.
8 BGH NZG 2007, 667 (668) – Trihotel.
9 Eine insb. von Emmerich/Habersack/*Emmerich* Anh. § 318 Rn. 3 vertretene Mindermeinung will hingegen im Widerspruch zum BGH an der Figur des qualifiziert faktischen Konzerns festhalten und weiterhin § 302 AktG analog anwenden. Siehe dort für Einzelheiten und w. N.
10 BGH NZG 2007, 667 (668) – Trihotel.
11 BGH NZG 2007, 667 (671) – Trihotel.
12 BGH ZIP 2005, 250 (252); OLG Köln ZIP 2007, 28.
13 BGH NJW 2008, 2437 – Gamma. Die materielle Unterkapitalisierung ist damit kein Fall einer Innenhaftung gegenüber der GmbH, sondern kann allenfalls einen Direktanspruch der Gesellschaftsgläubiger begründen, vgl. Roth/Altmeppen/*Altmeppen* § 13 Rn. 83.
14 BGH NZG 2007, 667 (672) – Trihotel.
15 Roth/Altmeppen/*Altmeppen* § 13 Rn. 81. Vgl. auch dort für weitere Beispiele.
16 BGH NZG 2007, 667 (670) – Trihotel.
17 Roth/Altmeppen/*Altmeppen* § 13 Rn. 89.
18 Für Nachweise zum Streitstand nach alter Rechtslage vgl. Roth/Altmeppen/*Altmeppen* § 13 Rn. 82.

2. Rechtsfolge

Es gelten die allgemeinen Rechtsfolgen eines Anspruchs aus § 826 BGB. D. h. die Schadensermittlung und die Modalitäten der Ersatzleistung richten sich nach den **§§ 249 ff. BGB**.[19] Danach hat der Schädiger die abhängige GmbH so zu stellen, wie sie ohne den existenzvernichtenden Eingriff stünde. In erster Linie auszugleichen sind die der Gesellschaft durch den Eingriff unmittelbar entzogenen Vermögenswerte (**Eingriffsausgleich**).[20] Erfasst sind darüber hinaus jedoch auch sämtliche **Folgeschäden** wie die Kosten des Insolvenzverfahrens bis hin zu aufgrund des Eingriffs entgangenen Gewinnen (§ 252 BGB).[21] Obergrenze des zu leistenden Ersatzes ist der Wert, der zur Wiederherstellung der Schuldendeckungsfähigkeit erforderlich ist[22], d. h. Erfüllung tritt ein, wenn der Gesellschaft ausreichend Mittel zugeführt wurden, um ihre Gläubiger so befriedigen zu können, wie sie es vor dem existenzvernichtenden Eingriff konnte. Da in der Praxis – selbst unter Anwendung des § 287 ZPO – eine konkrete Bezifferung des kausalen Schadens nicht immer sicher gelingen kann, werden in der Literatur unterschiedliche **Beweiserleichterungen** zugunsten der abhängigen Gesellschaft diskutiert.[23]

Der Schadensersatz kann parallel zu dem eigenkapitalschützenden Anspruch aus § 31 GmbH geltend gemacht werden. Eine noch in »KBV«[24] vom BGH vertretene **Subsidiarität existiert nicht mehr**. Im Insolvenzverfahren wird der Anspruch gem. § 80 Abs. 1 InsO vom Insolvenzverwalter geltend gemacht, wodurch es zu einer allen Gläubigern gleichermaßen zugutekommenden Auffüllung der Haftungsmasse kommt. Wird die Eröffnung des Insolvenzverfahrens hingegen mangels Masse abgelehnt, verbleibt den Gläubigern allein die Möglichkeit der Pfändung und Überweisung des Schadensersatzanspruchs.[25]

B. Rechtslage im Aktienrecht

Der Anwendungsbereich der von der Rechtsprechung erschaffenen Figuren des qualifiziert faktischen Konzerns und der Existenzvernichtungshaftung erfasste bzw. erfasst unmittelbar nur faktische GmbH-Konzerne. Auch im faktischen Aktienkonzern kann jedoch eine Beherrschungslage entstehen, in welcher das herrschende Unternehmen einen derart dichten und breiten Einfluss auf die abhängige AG nimmt, dass einzelne Nachteilszufügungen nicht mehr isoliert feststellbar und ausgleichbar sind. Das in §§ 311, 317 AktG vorgesehene System des Einzelausgleichs muss dann versagen.[26] Wie sich aus § 308 Abs. 1 AktG ergibt, dürfen nach dem gesetzgeberischen Willen qualifizierte – d. h. über § 311 AktG hinausgehende – Nachteilszufügungen jedoch nur auf Grundlage eines bestehenden Beherrschungsvertrags erfolgen.[27] Sind die §§ 302, 303 AktG mangels Beherrschungsvertrags nicht unmittelbar anwendbar und helfen §§ 311, 317 AktG mangels Quantifizierbarkeit der Eingriffe nicht weiter, stellt sich die Frage wie ein angemessener Schutz der abhängigen AG (und ihrer Gläubiger) realisiert werden kann.

Nach einer Ansicht soll sich die aktuelle Rechtsprechung zur Haftung für existenzvernichtende Eingriffe auf das Aktienrecht übertragen lassen.[28] Auch in der Rechtsprechung finden sich Aussagen, wonach die Rechtsfigur des qualifiziert faktischen Konzerns auch im Aktienrecht nicht mehr anzuer-

---

19 Vgl. weiterführend etwa MüKo BGB/*Wagner* § 826 Rn. 37.
20 BGH NZG 2007, 667 (671) – Trihotel.
21 Roth/Altmeppen/*Altmeppen* § 13 Rn. 91.
22 Baumbach/Hueck/ *Fastrich* § 13 Rn. 68.
23 Vgl. dazu die Darstellung bei Roth/Altmeppen/*Altmeppen* § 13 Rn. 96.
24 BGH NZG 2002, 914 – KBV.
25 BGH NZG 2007, 667 (671) – Trihotel.
26 Spindler/Stilz/*Hans-Friedrich Müller* Vor § 311 Rn. 25.
27 Vgl. MünchHdb GesR IV/*Krieger* § 69 Rn. 149.
28 Hüffer/*Koch* § 1 Rn. 30; Decher ZHR 171 (2007), 126 (137); bereits zur Rechtsprechung vor Trihotel KöKo AktG/*Koppensteiner* Anh. § 318 Rn. 73.

kennen sei.²⁹ Der Tatbestand qualifizierter Nachteilszufügungen habe trotz mehrfacher Versuche nie eine praktisch brauchbare Konkretisierung erfahren.³⁰ Daneben könnten Fälle schädigender Einflussnahme im Aktienrecht ohnehin bereits von der deliktischen Haftungsnorm des § 117 Abs. 1 AktG erfasst werden.³¹

15 Zutreffend ist es mit der Gegenansicht nicht erst bis schlimmstenfalls zu einer Insolvenz der abhängigen AG abzuwarten, bevor diese Ersatzansprüche (wegen dann erfolgter Existenzvernichtung) gegen das herrschende Unternehmen geltend machen kann, sondern nach einem bereits im Vorfeld einer Insolvenz oder Schädigung greifenden Schutzsystem zu suchen. Denn es ist nicht ersichtlich, warum im Falle nicht einzelausgleichsfähiger Nachteile unterhalb der Schwelle der Existenzvernichtung eine Schutzlücke entstehen soll.³² Ein solcher Schutz kann nur über eine **entsprechende Anwendung der §§ 302 ff. AktG** erfolgen.³³ Eine Analogie ginge auch nicht in unbilliger Weise zulasten des herrschenden Unternehmens, denn wenn es auf die abhängige AG einen derart intensiven Einfluss ausübt, dass einzelne Maßnahmen nicht mehr isolierbar sind oder es die abhängige AG gar wie eine eigene Betriebsabteilung führt³⁴, dann schafft es damit einen Zustand, der nach dem eindeutigen Willen des Aktiengesetzgebers nur durch den Abschluss eines Beherrschungsvertrags legitimiert werden könnte³⁵. Gerade darin ist die für eine Analogie erforderliche vergleichbare Interessenlage zu erblicken, für die das herrschende Unternehmen durch seine Einflussnahme selbst verantwortlich ist. Wenn das herrschende Unternehmen also – ohne beherrschungsvertragliche Basis – faktisch von der Befugnis aus § 308 Abs. 1 Satz 1 AktG Gebrauch macht, dann erscheint es im Sinne eines funktionierenden und ausgewogenen Konzernschutzes nur konsequent, auch der abhängigen AG (und ihren Gläubigern) die Rechte zu gewähren, die sie im Falle einer unternehmensvertraglichen Beherrschung hätten (§§ 302, 303 AktG).³⁶

---

29 OLG Stuttgart AG 2007, 633 (636); OLG Stuttgart AG 2007, 873 (875).
30 So die von Hüffer/*Koch* § 1 Rn. 29 geäußerte Kritik.
31 Hüffer/*Koch* § 1 Rn. 30.
32 Ebenso MünchHdb GesR IV/*Krieger* § 69 Rn. 134.
33 So auch Emmerich/Habersack/*Habersack* Anh. 317 Rn. 5a. Spindler/Stilz/*Hans-Friedrich Müller* Vor § 311 Rn. 25; K. Schmidt/Lutter/*J. Vetter* § 317 Rn. 53.
34 Vgl. OLG Köln AG 2009, 416 (419).
35 MüKo AktG (2.Aufl.)/*Kropff* § 317 Anh. Rn. 50 ff.
36 Für Einzelheiten zur entsprechenden Anwendung der §§ 302, 303 AktG im »qualifiziert faktischen Aktienkonzern« vgl. Spindler/Stilz/*Hans-Friedrich Müller* Vor § 311 Rn. 29 ff.

ка
Teil 3 Typische Konflikte in Personengesellschaften

Abschnitt 1 Streitigkeiten in der Gesellschaft bürgerlichen Rechts

§ 29 Allgemeine prozessuale Besonderheiten bei der GbR

Übersicht

		Rdn.				Rdn.
A.	**Partei- und Prozessfähigkeit**	2		IV.	Sonstige Fälle der Gesellschafterklage im eigenen Namen	46
I.	Parteifähigkeit	2				
	1. Die Außen-GbR	3		C.	**Gerichtliche Zuständigkeit**	47
	a) Die Gesellschaft als Prozesspartei	3		I.	Außen-GbR	48
	b) Die Gesellschafter als (zusätzliche) Beklagte	10		II.	Innen-GbR	53
				D.	**Zustellung**	54
	2. Die Innen-GbR	19		E.	**Prozesskostenhilfe**	56
	3. Die Auswirkungen eines Gesellschafterwechsels	24		F.	**Nebenintervention und Streitverkündung**	58
	a) Außen-GbR	24		G.	**Zeugenbeweis**	62
	b) Innen-GbR	28		I.	Außen-GbR	63
II.	Prozessfähigkeit	31		II.	Innen-GbR	68
B.	**Die actio pro socio**	38		H.	**Zwangsvollstreckung**	69
I.	Anwendungsfälle der actio pro socio	39		I.	Außen-GbR	70
II.	Subsidiarität der actio pro socio	40		II.	Innen-GbR	77
III.	Weitere prozessuale Aspekte	43				

Die Gesellschaft bürgerlichen Rechts ist die Grundform aller Personengesellschaften. Besonderheiten, welche bei der Prozessbeteiligung einer GbR auftreten, sind daher auf die weiteren Personengesellschaften in weiten Teilen übertragbar. Die Ausführungen in diesem Kapitel sind insofern übergreifender Natur. In den nachfolgenden einleitenden Kapiteln zur offenen Handelsgesellschaft (§ 37), zur Kommanditgesellschaft (§ 46) und zur Partnerschaftsgesellschaft (§ 56) werden ergänzend die wesentlichen prozessualen Besonderheiten der einzelnen Rechtsformen dargestellt. **1**

A. Partei- und Prozessfähigkeit

I. Parteifähigkeit

Für die Beurteilung der Parteifähigkeit einer GbR ist zwischen der Außen- und der Innen-GbR zu unterscheiden. Die Außen-GbR zeichnet sich dadurch aus, dass sie am Rechtsverkehr teilnimmt und hierfür in der Regel auch entsprechende Organe gebildet hat (hierzu Rdn. 3–18).[1] Bloße Innengesellschaften hingegen sind solche Zusammenschlüsse, die am Rechtsverkehr nicht teilnehmen und deren Gesellschaftszweck sich auf ein internes Schuldverhältnis beschränkt (hierzu Rdn. 19–23).[2] **2**

1. Die Außen-GbR

a) Die Gesellschaft als Prozesspartei

Seit der Grundsatzentscheidung des BGH vom 29.1.2001 ist anerkannt, dass Gesellschaften bürgerlichen Rechts, die im Rechtsverkehr tätig werden, **rechts- und parteifähig** sind (§ 50 Abs. 1 ZPO).[3] Seither ist bei solchen Gesellschaften zwischen dem Gesellschafts- (Klage gegen die Gesellschaft) **3**

---

[1] BGH NJW 2001, 1056 – Arge Weißes Ross; Palandt/*Sprau* § 705 Rn. 24–25.
[2] Schwerdtfeger/*Lubitz/Lehleiter/Hoppe* Vor § 705 HGB5 Rn. 10; Palandt/*Sprau* § 705 Rn. 33; nach teilweise vertretener Auffassung ist weitere Voraussetzung für die Annahme einer bloßen Innen-GbR, dass kein Gesamthandsvermögen gebildet wurde; so z. B. *Scholz* NZG 2002, 153 (156); a. A. MüKo BGB/*Ulmer/Schäfer* § 705 Rn. 280 m. w. N.
[3] BGH NJW 2001, 1056; seitdem in ständiger Rechtsprechung anerkannt: vgl. nur: BGH NJW 2007, 2490; NJW 2009, 594; der seinerzeitige Streitstand zur Rechtsfähigkeit der GbR ist mittlerweile nur noch rechtshistorisch von Interesse, vgl. hierzu die Darstellung in MüKo BGB/*Schäfer* § 718 Rn. 39–43 m. w. N.

und dem Gesellschafterprozess (Klage gegen die Gesellschafter) zu differenzieren, da durch diese Klagen auf unterschiedliche Haftungsmassen abgezielt wird.[4]

4   Sorgfalt ist bei der Bezeichnung der GbR im **Klagerubrum** geboten. Auch wenn einige Gesellschaften bürgerlichen Rechts unter einer Bezeichnung im Rechtsverkehr auftreten, verfügt die Außen-GbR – anders als Personenhandelsgesellschaften – über **keine Firma**, unter der sie klagen bzw. verklagt werden kann. Die GbR muss daher so bezeichnet werden, dass dem Prozessgericht eine eindeutige Identifizierung der Partei möglich ist.

5   Es ist daher zu empfehlen, dass neben der Bezeichnung, unter der die Gesellschaft im Rechtsverkehr auftritt, **auch die Gesellschafter** – soweit bekannt – angegeben werden.[5] Dies gewährleistet eine möglichst **präzise Individualisierung** der zu verklagenden Gesellschaft. Die GbR sollte mithin im Klagerubrum nach dem folgenden Muster bezeichnet werden:

6   »ABC GbR, bestehend aus den Gesellschaftern A, B und C, vertreten durch den Geschäftsführer G ...«[6]

7   Tritt die Gesellschaft im Rechtsverkehr nicht unter einer bestimmten Bezeichnung, sondern nur unter dem Namen ihrer Gesellschafter auf, sollte durch Nennung der Gesellschafternamen mit dem Zusatz »Gesellschaft bürgerlichen Rechts« klargestellt werden, dass eine Klage gegen die Gesellschaft und nicht gegen die Gesellschafter persönlich angestrengt wird.[7] Mögliche Formulierungen sind:

8   »A, B und C in Gesellschaft bürgerlichen Rechts ...«

   »Gesellschaft bürgerlichen Rechts bestehend aus A, B und C ...«

9   Bei unrichtiger oder nicht eindeutiger Bezeichnung kommt eine **Rubrumsberichtigung** nur dann in Betracht, wenn zweifelsfrei feststeht, welche Gesellschaft verklagt werden soll.[8] Können der Bezeichnung im Klagerubrum verschiedene Gesellschaften zugeordnet werden, droht eine Klageabweisung wegen Unzulässigkeit. Werden irrigerweise die Gesellschafter in notwendiger Streitgenossenschaft als Partei angeführt, obwohl die Gesellschaft verklagt werden soll, kommt eine Rubrumsberichtigung nur in Betracht, wenn sich aus der Klageschrift ergibt, dass der Prozess eine Verbindlichkeit oder Forderung einer eindeutig individualisierbaren GbR betrifft.[9]

9a Nicht selten bestehen **Zweifel, ob überhaupt eine GbR besteht**. Dies kann z. B. dann der Fall sein, wenn mehrere Personen gemeinsam nach außen in Erscheinung treten und – etwa durch eine entsprechende Briefkopfgestaltung – entgegen den tatsächlichen gesellschaftsrechtlichen Gegebenheiten den Rechtsschein einer GbR erwecken. Diese Fallkonstellation ist insbesondere bei beruflichen Zusammenschlüssen, wie etwa zwischen Rechtsanwälten, Steuerberatern oder Wirtschaftsprüfern, von praktischer Bedeutung. Eine solche »Schein-GbR« ist rechtlich nicht existent und kommt somit auch nicht als Anspruchsgegnerin in Betracht.[10]

9b Dem Kläger sind infolge der fehlenden Registerpublizität der GbR die gesellschaftsrechtlichen Verhältnisse der beklagten (Schein-)Gesellschaft regelmäßig unbekannt. Er wird daher oft nicht wissen,

---

4 S. hierzu BGH WM 2011, 1036, wonach ein Urteil, das aufgrund einer Gesellschaftsschuld gegen alle Gesellschafter ergangen ist, keine Wirkung in einem späteren Prozess gegen die Gesellschaft entfaltet.
5 Schwerdtfeger/*S. Eberl/W. Eberl* Kap. 5 Rn. 13; *Waclawik* Rn. 520; *Mock/Streppel* Rn. 4; a. A., wonach bei fehlender Identitätsausstattung einer GbR von einer bloßen Innengesellschaft auszugehen ist: MüKo BGB/*Schäfer* § 718 Rn. 46–47.
6 MünchHdb GesR I/*Gummert* § 19 Rn. 29; vgl. *Wertenbruch* NJW 2002, 324 (326); *Mock/Streppel* Rn. 4.
7 MünchHdb GesR I/*Gummert* § 19 Rn. 29; Schwerdtfeger/*S. Eberl/W. Eberl* Kap. 5 Rn. 13; *Mock/Streppel* Rn. 4.
8 BGH NJW-RR 2008, 582 (583); BAG NJW 2007, 2877; zur Rubrumsberichtigung bei fehlerhafter Bezeichnung einer Partnerschaftsgesellschaft als GbR: OLG Düsseldorf Urt. v. 7.5.2013 – I-21 U 3/12; Zöller/*Vollkommer* § 319 Rn. 14.
9 BGH DNotZ 2009, 115 (119); NZG 2006, 16; OLG Brandenburg NZG 2002, 778; für Altfälle: BGH NJW 2003, 1043; OLG Rostock NZG 2006, 941.
10 BGH NJW-RR 2012, 239 (242); OLG Brandenburg BeckRS 2014, 22695 (Rz. 70).

ob er es mit einer echten GbR oder mit einer Schein-GbR zu tun hat. Der Kläger läuft in diesen Fällen Gefahr, dass das Gericht die Klage abweist, weil es lediglich von einer Schein-GbR ausgeht. Gleichwohl kann es sich empfehlen, die (Schein-)GbR unter Inkaufnahme dieses Risikos (zweckmäßigerweise in diesem Fall neben den (Schein-)Gesellschaftern, dazu sogleich unter Rdn. 10) mit zu verklagen. Der Kläger kann nämlich nur bei einer erfolgreichen Klage gegen die Gesellschaft auch in das Gesellschaftsvermögen vollstrecken. Für die vergeblichen Rechtsverfolgungskosten besteht je nach Einzelfall nach allgemeinen Grundsätzen der Rechtsscheinhaftung möglicherweise sogar noch ein Schadensersatzanspruch gegen denjenigen, der pflichtwidrig den **Rechtsschein** einer existierenden GbR gesetzt hat. Wenn neben der (Schein-)GbR zusätzlich auch ein (Schein-)Gesellschafter verklagt wird, kann dann erwogen werden, diesen materiell-rechtlichen Kostenerstattungsanspruch hilfsweise für den Fall der Nichtexistenz der GbR mit einem (Feststellungs-)Hilfsantrag von dem (Schein-)Gesellschafter zusätzlich geltend zu machen.

b) Die Gesellschafter als (zusätzliche) Beklagte

Wird eine GbR verklagt, steht es dem Kläger offen, die Klage isoliert gegen die Gesellschaft zu richten oder sie (auch) auf die Gesellschafter zu erstrecken. Für die Gesellschaftsverbindlichkeiten haften die Gesellschafter einer GbR **analog § 128 HGB** persönlich.[11] Eintretende Gesellschafter haften analog § 130 HGB grundsätzlich auch für Verbindlichkeiten der GbR, die vor dem Eintritt begründet wurden.[12]

10

Unter den Voraussetzungen des § 736 Abs. 2 BGB i. V. m. § 160 HGB können auch **ehemalige Gesellschafter der GbR** innerhalb einer **Nachhaftungsfrist** von fünf Jahren in Anspruch genommen werden. Die Nachhaftungsfrist beginnt mit Kenntniserlangung des Gläubigers von dem Ausscheiden des Gesellschafters.[13] Zur Gewährleistung eines nachvollziehbaren Fristenlaufs empfiehlt es sich, die Gläubiger zeitnah über das Ausscheiden von Gesellschaftern zu informieren (z. B. durch Mitteilung in einem Rundschreiben).[14]

10a

Sorgfältig zu prüfen ist auch die Inanspruchnahme sogenannter »**Scheingesellschafter**«. Die Personen, die den zurechenbaren Anschein gesetzt haben, Gesellschafter der GbR zu sein, oder gegen den durch einen anderen gesetzten Rechtsschein nicht pflichtgemäß vorgegangen sind, haften für die Verbindlichkeiten der GbR analog § 128 HGB persönlich, wenn sich der Anspruchssteller bei seinem geschäftlichen Verhalten auf den Rechtsschein verlassen hat.[15] Scheingesellschafter sollten insbesondere immer dann als Klagegegner in Betracht gezogen werden, wenn Anhaltspunkte dafür bestehen, dass möglicherweise gar keine GbR, sondern nur eine Schein-GbR existieren könnte (dazu oben Rdn. 9). Denn dann besteht ohne die Inanspruchnahme tatsächlich existierender Personen die Gefahr, mit der Klage vollständig abgewiesen zu werden.

10b

Das zweckmäßigste Vorgehen zur Auswahl der Klagegegner ist eine Frage des Einzelfalls. In die **Abwägung** einzustellen sind insbesondere die Erfolgsaussichten der Klage, die Vermögenssituation der GbR und ihrer (ehemaligen) Gesellschafter, die Beweislage, die Vollstreckungsaussichten, der Gegenstand der Klage sowie etwaige persönliche Einwendungen der einzelnen Gesellschafter (vgl. § 128 HGB analog).[16] Hat die Gesellschaft einen großen Gesellschafterbestand, empfiehlt es sich meist, nur einzelne Gesellschafter auszuwählen, um auf diese Weise das Kostenrisiko geringer zu halten. Unterliegt der Kläger nämlich letztendlich, erhöhen sich durch jeden zusätzlichen Beklagten die von ihm zu tragenden außergerichtlichen Kosten.[17]

11

---

11 Dazu ebenfalls grundlegend BGH NJW 2001, 1056 (1061).
12 BGH NJW 2003, 1803 (1804); BGH NJW 2006, 765 (766).
13 BGH NJW 2007, 3784 (3785); OLG Stuttgart, Urt. v. 11.1.2011 – 12 U 200/08; Palandt/*Sprau* § 736 Rn. 14.
14 MüKo BGB/*Schäfer* § 736 Rn. 27.
15 BGH NJW 2011, 66 (68); MünchHdb GesR I/*Gummert* § 18 Rn. 14 m. w. N.
16 Vgl. auch *Waclawik* Rn. 542.
17 Dies gilt jedenfalls soweit die beklagten Gesellschafter durch verschiedene Prozessbevollmächtigte (mit je-

12 Insbesondere bei **Zahlungsklagen** bietet es sich häufig an, die Gesellschafter mit zu verklagen, um bei obsiegendem Urteil neben dem Gesamthandsvermögen auf weitere Haftungsmasse zugreifen zu können (s. hierzu Rdn. 75).

13 Anders stellt sich dies in Fällen dar, in denen die Gesellschafter als Haftungssubjekt nicht in Betracht kommen, weil die Leistung durch den Gesellschafter sachlich nicht das Gleiche bewirken würde wie die Leistung durch die Gesellschaft.[18] Dies ist etwa bei **unvertretbaren Handlungen** wie bei der Abgabe von Willenserklärungen der Fall. Eine Verurteilung der Gesellschafter zu solchen Leistungen kommt nicht in Betracht. Die Haftung der Gesellschafter beschränkt sich in diesen Fällen auf eine bloße Einstandspflicht. Sollte die Gesellschaft ihrer primären Leistungspflicht nicht nachkommen, bietet sich hier eine nachfolgende Schadensersatzklage gegen Gesellschaft und Gesellschafter an.

14 Soweit die Gesellschaft und Gesellschafter in einem Prozess gemeinsam verklagt werden, handelt es sich um eine **einfache Streitgenossenschaft** gemäß § 59 ZPO.[19] Auch die Gesellschafter untereinander sind einfache Streitgenossen, denn aufgrund der Möglichkeit, persönliche Einwendungen zu erheben, kann das Urteil gegenüber jedem der Gesellschafter anders ausfallen.[20]

15 Die Gesellschaft und die mitverklagten Gesellschafter sind **keine Gesamtschuldner** i. S. d. § 421 BGB, da es sich nicht um eine gleichstufige, sondern um eine akzessorische Haftung handelt. Das Haftungsverhältnis ist aber ähnlich ausgestaltet, denn die Regeln über die Gesamtschuld sind entsprechend anzuwenden, wenn dies unter Berücksichtigung der unterschiedlichen Interessen der Beteiligten im Einzelfall angemessen ist.[21] Der Antrag kann daher nach dem folgenden Muster verfasst werden:

16 »... *die XYZ GbR sowie X, Y und Z als unechte Gesamtschuldner zu verurteilen, an den Kläger einen Betrag von ... € zu zahlen.*«

Verbreitet und gleichfalls zulässig sind alternative Formulierungen wie z. B. eine Verurteilung »als wären sie Gesamtschuldner« oder einen Antrag, sie »wie Gesamtschuldner« zu verurteilen.[22]

17 Wird zunächst die Gesellschaft verklagt und soll ein **Wechsel auf die Gesellschafterklage** erfolgen, stellt dies einen gewillkürten Parteiwechsel dar, der nach ständiger Rechtsprechung wie eine Klageänderung zu behandeln ist.[23] Dies gilt auch im umgekehrten Fall, wenn zunächst die Gesellschafter verklagt wurden und nunmehr die Gesellschaft in Anspruch genommen werden soll.

18 Steht die GbR auf Klägerseite, ist für den Beklagten zu erwägen, ob er gegen die Gesellschafter der Klägerin **Drittwiderklage auf Erstattung der Verfahrenskosten** erhebt. Im Falle eines für ihn günstigen Verfahrensausgangs würde er damit zugleich gegen die einzelnen Gesellschafter einen Titel auf Kostenerstattung erlangen. Dabei ist aber gleichfalls zu berücksichtigen, dass durch eine solche parteierweiternde Drittwiderklage die einzelnen Gesellschafter Verfahrensbeteiligte werden und der

---

weils gesondertem Kostenerstattungsanspruch) vertreten werden. Teils nimmt der BGH aus Gründen der Kostenminderungspflicht eine Obliegenheit an, sich durch einen gemeinsamen Prozessbevollmächtigten vertreten zu lassen, vgl. BGH NJW 2007, 2257.
18 BGH NJW 2008, 1378 (1379); Palandt/*Sprau* § 714 Rn. 14; zur OHG: Baumbach/Hopt § 128 Rn. 9; zu dem genauen Inhalt der akzessorischen Haftung besteht ein umfangreicher Theorienstreit, der sich aber praktisch kaum auswirkt, hierzu: MünchHdb GesR I/*Gummert* § 18 Rn. 35–40; zur OHG: Schwerdtfeger/*Lehleiter* § 128 HGB Rn. 27–31.
19 OLG Frankfurt a. M. ZIP 2001, 1884; Palandt/*Sprau* § 714 Rn. 24; MAH PersGes/*von Unger* § 15 Rn. 66.
20 Schwerdtfeger/*S. Eberl/W. Eberl* Kap. 5 Rn. 22.
21 Palandt/*Sprau* § 714 Rn. 15.
22 OLG Rostock, Urt. v. 2.7.2009 – 3 U 2/08; MAH PersGes/*von Unger* § 15 Rn. 67; a. A. Baumbach/Hopt/*Roth* § 128 Rn. 39, der – obwohl kein Fall des § 421 BGB vorliegt – eine Verurteilung »als Gesamtschuldner« vorschlägt.
23 OLG Brandenburg NZG 2002, 778 (779); *Wertenbruch* NJW 2002, 324 (325); Schwerdtfeger/*S. Eberl/W. Eberl* Kap. 5 Rn 22; Palandt/*Sprau* § 714 Rn. 24; abzugrenzen von dem Fall der bloßen Rubrumsberichtigung, vgl. Rdn. 9.

Dritte somit nunmehr einer Vielzahl von Klagegegnern gegenübersteht. Sofern eine solche Klage erhoben wird, ist es zur Minimierung des Kostenrisikos zweckmäßig, die Drittwiderklage unter die Bedingung einer (teilweisen) Abweisung der durch die Gesellschaft erhobenen Klage zu stellen. Hierfür ist zu beantragen, die Klage abzuweisen sowie hilfsweise für den Fall der vollständigen oder teilweisen Klageabweisung die Kosten des Rechtsstreits der klagenden Gesellschaft und den drittwiderbeklagten Gesellschaftern aufzuerlegen.[24]

2. Die Innen-GbR

Der BGH hat die Parteifähigkeit der Innen-GbR in seinem Grundsatzurteil vom 29.1.2001 ausdrücklich abgelehnt.[25] In Prozessen, die das Gesamthandsvermögen (**Gesamthandsschuldklage**) betreffen, sind mithin die Gesellschafter Partei des Verfahrens. Im Klagerubrum sind daher alle Gesellschafter namentlich aufzuführen. Die unrichtige Benennung unter einer Sammelbezeichnung ist aber unschädlich, wenn aufgrund der hinreichenden Individualisierung eine Rubrumsberichtigung in Betracht kommt.[26] Es liegt insofern eine **notwendige Streitgenossenschaft** gemäß § 62 Abs. 1 Alt. 1 ZPO vor, da die Entscheidung aus materiellrechtlichen Gründen nur gegenüber allen Streitgenossen einheitlich ergehen kann.[27]   19

Von der Gesamthandsschuldklage (es wird eine Leistung aus dem Gesellschaftsvermögen verlangt) ist die **Gesamtschuldklage** (die Leistung wird aus dem Vermögen der Gesellschafter begehrt) zu unterscheiden. Was die Formulierung des Klageantrags anbelangt, ist diese Unterscheidung in der Regel allerdings weniger relevant, da in der Gesamtschuldklage konkludent auch ein Antrag auf Leistung aus dem Gesellschaftsvermögen (Gesamthandsvermögen) gesehen wird.[28] Der Klageantrag im Falle einer Klage gegen eine Innen-GbR, welche sowohl auf das Gesamthandsvermögen wie auch auf das persönliche Vermögen der Gesellschafter gerichtet ist, könnte daher wie folgt formuliert werden: 20

». . . X, Y und Z als Gesamtschuldner zu verurteilen, ... € an . . . zu zahlen.«   21

Etwas anderes gilt nur dann, wenn die begehrte Leistung ausdrücklich nur aus dem Gesellschaftsvermögen erbracht werden soll.[29] Dies kommt insbesondere dann in Betracht, wenn die Leistung nur aus dem Gesamthandsvermögen verlangt werden kann wie etwa die Abgabe einer Willenserklärung (s. hierzu Rdn. 13).[30] Unterbleibt eine derartige Beschränkung, droht eine teilweise Klageabweisung mit entsprechendem Kostenrisiko. Der Klageantrag sollte in solchen Fällen – hier am Beispiel eines Zahlungsantrags – wie folgt formuliert werden: 22

». . . X, Y und Z zu verurteilen, aus dem Vermögen der zwischen ihnen bestehenden Gesellschaft . . . . . . € an . . . zu zahlen.«   23

3. Die Auswirkungen eines Gesellschafterwechsels

a) Außen-GbR

Da die Außen-GbR parteifähig ist, hat ein Wechsel im Gesellschafterbestand auf den Prozess gegen die GbR keinen Einfluss.[31] Sind die Gesellschafter zusammen mit der GbR verklagt worden, ist ein   24

---

24 Schwerdtfeger/*S. Eberl/W. Eberl* Kap. 5 Rn. 27; MünchHdb GesR I/*Gummert* § 19 Rn. 43; *Mock/Streppel* Rn. 17; kritisch zu diesem Vorschlag: MAH PersGes/*von Unger* § 15 Rn. 43 mit dem Rat, drittwiderklagend zu beantragen, die Gesellschafter zu verurteilen, die Vollstreckung in ihr Vermögen wegen der Kosten zu dulden oder sich alternativ eine außergerichtliche Sicherheit zu beschaffen.
25 BGH NJW 2001, 1056 – Arge Weißes Ross.
26 Zöller/*Vollkommer* § 50 Rn. 27.
27 BGH NJW 2000, 291 (292); Zöller/*Vollkommer* § 62 Rn. 13; Stein/Jonas/*Bork* § 62 Rn. 20a; MAH PersGes/*Unger* § 15 Rn. 6.
28 BGH NJW-RR 1990, 867.
29 MAH PersGes/*von Unger* § 15 Rn. 6.
30 BGH NJW-RR 1990, 867.
31 Schwerdtfeger/*S. Eberl/W. Eberl* Kap. 5 Rn. 5; MüKo BGB/*Schäfer* § 718 Rn. 45.

Austritt ebenso unbeachtlich, da die materiell-rechtliche Verpflichtung der einzelnen Gesellschafter nach § 736 Abs. 2 BGB i. V. m. § 160 HGB im Rahmen der Nachhaftungsfrist fortbesteht (vgl. dazu Rdn. 10). Sofern sich die Bezeichnung der GbR aus den Namen der Gesellschafter zusammensetzt, sollte allerdings bei einem Austritt oder sonstigem Ausscheiden die Parteibezeichnung durch Rubrumsberichtigung richtig gestellt werden.[32]

25 Tritt hinsichtlich eines mitverklagten Gesellschafters ein **Fall der §§ 239–244 ZPO** ein (Versterben, Eröffnung eines Insolvenzverfahrens, Eintritt der Prozessunfähigkeit etc.), kann das gegen ihn geführte Verfahren nach §§ 241, 246 ZPO unterbrochen werden. Da es sich im Verhältnis zur Gesellschaft und zu den übrigen Gesellschaftern nur um eine einfache Streitgenossenschaft handelt, haben die Ereignisse auf den Rechtsstreit mit den übrigen Beteiligten keine Auswirkungen.[33]

26 Auswirkungen auf den Prozess ergeben sich ausnahmsweise dann, wenn der **vorletzte Gesellschafter aus einer zweigliedrigen Gesellschaft** ausscheidet und das Gesellschaftsvermögen im Wege der Anwachsung auf den letzten Gesellschafter übergeht. Nach Rechtsprechung und herrschender Meinung sind in diesem Fall die §§ 239, 246 ZPO sinngemäß anzuwenden.[34] Es kommt somit zur Unterbrechung des Verfahrens. Hat die Gesellschaft bereits einen Prozessbevollmächtigten mandatiert, tritt die Unterbrechung nur auf Antrag ein, denn die Vollmacht des Anwalts besteht nach § 86 Abs. 1 ZPO fort.

27 Ein weiterer Ausnahmefall liegt dann vor, wenn die Gesellschaft nach dem Austritt des vertretungsberechtigten Gesellschafters **nicht mehr ordnungsgemäß** vertreten ist und es auch an einem Prozessbevollmächtigten fehlt. Das Verfahren müsste dann gemäß § 241 Abs. 1 ZPO unterbrochen werden (§ 246 Abs. 1 ZPO).[35]

b) Innen-GbR

28 Soweit es sich um einen **Passivprozess** handelt, hat ein Gesellschafterwechsel deshalb keinen Einfluss auf den laufenden Rechtsstreit, weil die einzelnen Gesellschafter persönlich in Anspruch genommen werden und ihre Verpflichtung nach § 736 Abs. 2 BGB i. V. m. § 160 HGB auch nach dem Austritt fortbesteht. Tritt an die Stelle des ausgeschiedenen Gesellschafters ein neuer Gesellschafter in die GbR ein, sollte der Klagegegner der GbR eine Parteierweiterung in Erwägung ziehen. Bei obsiegendem Urteil würde so ein zusätzliches Haftungssubjekt zur Verfügung stehen.[36]

29 In **Aktivprozessen** findet nach herrschender Ansicht bei einem Gesellschafterwechsel § 265 Abs. 2 ZPO entsprechend Anwendung. Der Austritt hat demnach auf den Prozess keinen Einfluss.[37]

30 Die Übernahme des Prozesses durch neu hinzutretende Gesellschafter kommt unter den Voraussetzungen der §§ 265 Abs. 2 S. 2, 266 ZPO in Betracht. Es ist also die Zustimmung der gegnerischen Partei erforderlich. Wird diese nicht erteilt, ist eine Nebenintervention des Neugesellschafters nach § 265 Abs. 2 S. 3 ZPO i. V. m. § 69 ZPO zu erwägen (s. dazu unten Rdn. 58–59).[38]

---

32 *Wertenbruch* NJW 2002, 324 (327); *Pohlmann* WM 2002, 1421 (1423); MünchHdb GesR I/*Gummert* § 19 Rn. 39.
33 *Mock/Streppel* Rn. 11.
34 BGH NJW 2002, 1207; OLG Brandenburg Urt. v. 28.11.2007 – 3 U 22/07 Rn. 18; Thomas/Putzo/*Hüßtege* § 239 Rn. 3; Zöller/*Greger* § 239 Rn. 6; a. A., wonach dieser Umstand auf die Existenz der Gesellschaft keinen Einfluss hat: Staudinger/*Habermeier* Vorbem. §§ 705–740 Rn. 29a, 58.
35 *Waclawik* Rn. 529.
36 *Mock/Streppel* Rn. 12.
37 Stein/Jonas/*Roth* § 265 Rn. 14; Baumbach/Lauterbach/Albers/Hartmann § 265 Rn. 10; *Waclawik* Rn. 530; a. A. MüKo BGB/*Schäfer* § 718 Rn. 60, wonach es zu einer gesetzlichen Parteiänderung kommt.
38 *Waclawik* Rn. 530.

II. Prozessfähigkeit

Die Außen-GbR ist als solche nicht handlungsfähig und damit nicht fähig, gem. § 51 Abs. 1 ZPO vor Gericht zu stehen. Ihre gesetzlichen Vertreter übernehmen daher die Prozessführung. Für die Innen-GbR ergibt sich bereits aus der fehlenden Parteifähigkeit, dass im Falle der Gesamthandsschuldklage die gesetzlichen Vertreter den Prozess führen. 31

§§ 709 Abs. 1 i. V. m. 714 BGB sehen als Regelfall die **Aktivvertretung** durch alle Gesellschafter gemeinschaftlich vor. Nach § 710 BGB besteht aber auch die Möglichkeit, die Geschäftsführung durch Gesellschaftsvertrag einzelnen Gesellschaftern zu übertragen. 32

In Anbetracht der fehlenden Registerpublizität der GbR ist es für Dritte nur schwer feststellbar, ob eine Geschäftsführung abweichend von der gesetzlichen Regelung bestimmt wurde. Erschwerend kommt hinzu, dass solche statutarischen Bestimmungen auch formfrei, also insbesondere mündlich, geschlossen werden können. Werden einzelne Gesellschafter im Namen der GbR tätig, müssen diese daher darlegen und ggf. beweisen, dass sie über die erforderliche Vertretungsmacht verfügen.[39] Beruft sich der Klagegegner der Gesellschaft auf die ordnungsgemäße Vertretung, ist er hierfür darlegungs- und beweispflichtig. Allerdings wird der GbR gem. § 138 Abs. 2 ZPO dann die sekundäre Darlegungslast hinsichtlich der Vertretungsverhältnisse obliegen, wenn eine weitere Aufklärung durch den Kläger nicht möglich erscheint.[40] 33

Die Abgabe von Willenserklärungen und sonstigen geschäftsähnlichen Handlungen kann gegenüber jedem vertretungsberechtigten Gesellschafter vorgenommen werden (**Passivvertretung**). Dies ergibt sich nach herrschender Ansicht aus dem allgemeinen Rechtsgedanken, der den § 26 Abs. 2 S. 2 BGB, § 125 Abs. 2 S. 3 HGB, § 78 Abs. 2 S. 2 AktG und § 35 Abs. 2 S. 2 GmbHG zugrunde liegt.[41] 34

Wird die GbR **bei Klageerhebung nicht ordnungsgemäß vertreten**, kommt eine nachträgliche Rubrumsberichtigung nicht in Betracht. Die Klage der Gesellschaft ist als unzulässig abzuweisen. Eine **Heilung** ist nur dadurch möglich, dass die richtigen Vertreter in den Prozess eintreten und die bisherige Prozessführung genehmigen.[42] Werden einzelne Prozesshandlungen nicht mit Wirkung für und gegen die Gesellschaft vorgenommen, kommt eine Genehmigung gem. § 177 Abs. 1 BGB in Betracht, welche die schwebende Unwirksamkeit beseitigt. 35

Ist die Gesellschaft **bei einer gegen sie gerichteten Klage nicht ordnungsgemäß vertreten**, weil z. B. der allein vertretungsberechtigte Gesellschafter klagt, kommt die Bestellung eines Prozesspflegers nach § 57 Abs. 1 ZPO in Betracht. Der Antrag sollte zweckmäßigerweise bereits mit Einreichung der Klageschrift gestellt werden, um eine Zustellung zu ermöglichen. Der Prozesspfleger ist gesetzlicher Vertreter der Gesellschaft und im Klagerubrum auch als solcher anzugeben. § 57 Abs. 1 ZPO ist analog anzuwenden, wenn die Führungslosigkeit der Gesellschaft während des Prozesses eintritt.[43] Bei Führungslosigkeit der GbR scheidet die gerichtliche Bestellung eines Notgeschäftsführers grundsätzlich aus. § 29 BGB ist auf die GbR nicht analog anwendbar.[44] 36

Soll ein Prozess gegen einen der Geschäftsführer eingeleitet werden, kann hierfür in analoger Anwendung der § 46 Nr. 8 Alt. 2 GmbHG, § 147 Abs. 2 S. 1 AktG von den Gesellschaftern ein besonderer 37

---

39 MünchHdb GesR I/*Gummert* § 19 Rn. 20; *Pohlmann* WM 2002, 1421 (1424).
40 Schwerdtfeger/*S. Eberl/W. Eberl* Kap. 5 Rn. 8; MünchHdb GesR I/*Gummert* § 19 Rn. 20; *Mock/Streppel* Rn. 5; *Pohlmann* WM 2002, 1421 (1424).
41 OLG Celle NZG 2004, 613 (614); Palandt/*Sprau* § 714 Rn. 4; § 167 Rn. 14; für Gesamtvertreter im Allgemeinen: BGH ZIP 2001, 2227 (2228).
42 BGH NJW 2010, 2886 (2887).
43 Zu den Voraussetzungen und dem Bestellungsverfahren vgl. MüKo ZPO/*Lindacher* § 57 Rn. 6–18; Saenger/*Bendtsen* § 57 Rn. 3–9; vgl. auch § 14 Rdn. 10–13; ausführlich zur Bestellung besonderer Vertreter für Aktiv- und Passivprozesse der Gesellschaft gegen einen vertretungsberechtigten Gesellschafter: *Karrer* NZG 2008, 206.
44 BGH NJW 2014, 3779 (3780); MüKo BGB/*Reuter* § 29 Rn. 4.

Vertreter bestellt werden. Der BGH erkennt diese Möglichkeit nunmehr für alle Personengesellschaften an.[45] Dadurch soll Interessenkonflikten bei der Prozessführung entgegengewirkt werden (näher dazu: § 14 Rdn. 27–36).

B. Die actio pro socio

38 Die actio pro socio betrifft das Recht eines einzelnen Gesellschafters, Ansprüche der Gesellschaft im eigenen Namen für die Gesellschaft geltend zu machen. Dass eine solche Klagebefugnis besteht, ist mittlerweile einhellig anerkannt. Lediglich die Begründung und Ausgestaltung im Einzelnen ist noch stark umstritten.[46] Im Kern geht es bei diesem Streit darum, ob die actio pro socio als eigenes materielles Recht der Gesellschafter[47] oder als besonderer Fall der Prozessstandschaft verstanden wird.[48] Die nunmehr herrschende Meinung folgt der letzteren Ansicht.

I. Anwendungsfälle der actio pro socio

39 Gegenstand der actio pro socio sind **Sozialansprüche.** Dies sind solche Ansprüche, die der Gesellschaft gegen ihre Gesellschafter zustehen und die unmittelbar aus dem Gesellschaftsverhältnis resultieren. Praktisch relevant sind dabei vor allem Ansprüche auf Beitragsleistungen (§§ 705–707 BGB) und Nachschüsse (§ 735 BGB) sowie Schadensersatzansprüche wegen Verletzung des Gesellschaftsvertrages.[49] Soweit es nicht um Sozialansprüche, sondern um Forderungen gegen Außenstehende oder Mitgesellschafter geht, die nicht aus dem Gesellschaftsverhältnis, sondern aus Drittgeschäften resultieren, kommt eine Klage im Wege der actio pro socio in der Regel nicht in Betracht.[50] Derartige Ansprüche sind vielmehr grundsätzlich von der Gesellschaft selbst geltend zu machen (zu den Ausnahmen siehe näher unter Rdn. 46).

II. Subsidiarität der actio pro socio

40 Umstritten ist, in welchem Verhältnis die actio pro socio zum Klagerecht der eigentlich zuständigen Organe steht. Praktische Relevanz hat dies für die Frage, ob an das Klagerecht weitere materielle Voraussetzungen geknüpft werden. Der Meinungsstand hierzu ist unübersichtlich. Die vom BGH hierzu ergangenen Entscheidungen ergeben kein eindeutiges Bild.[51]

41 Im Schrifttum ist die Ansicht herrschend, dass die actio pro socio ein **besonderer Fall der Prozessstandschaft** ist. Danach ist die actio pro socio eine subsidiäre Notkompetenz der Gesellschafter und bedarf somit einer besonderen Rechtfertigung. Die primäre Kompetenz zur Geltendmachung der Ansprüche komme den Geschäftsführern der Gesellschaft zu. Dieser Ansicht zufolge entsteht ein Klagerecht der einzelnen Gesellschafter erst dann, wenn ein rechtswidriger Beschluss der Gesellschaftermehrheit über die Nichtverfolgung des Anspruchs vorliegt oder wenn die Geschäftsführer aus gesellschaftswidrigen Motiven den Anspruch trotz Aufforderung nicht verfolgen.[52] Darüber hinaus

---

45 BGH NZG 2010, 1381 Rn. 8; Baumbach/Hopt/*Hopt* § 124 Rn. 42.
46 Praktisch relevant ist insbesondere die Diskussion hinsichtlich der Zulässigkeitsvoraussetzungen der actio pro socio (hierzu unten Rdn. 40–42).
47 BGH NJW 1957, 1358; *Reuter* GmbHR 1981, 127 (138); *Schanbacher* AG 1999, 21 (27); offen gelassen von: BGH NJW-RR 2010, 1123.
48 BeckOK/*Schöne* § 705 Rn. 117; MüKo BGB/*Ulmer/Schäfer* § 705 Rn. 208; MüKo ZPO/*Lindacher* Vorb. §§ 50 ff. Rn. 50; Staudinger/*Habermaier* § 705 Rn. 46.
49 BeckOK/*Schöne* § 705 Rn. 116; MüKo BGB/*Ulmer/Schäfer* § 705 Rn. 204; Schwerdtfeger/*S. Eberl/W. Eberl* Kap. 5 Rn. 91.
50 MüKo BGB/*Ulmer/Schäfer* § 705 Rn. 206; Staudinger/*Habermaier* § 705 Rn. 46; Schwerdtfeger/*S. Eberl/W. Eberl* Kap. 5 Rn. 93; zu einem Ausnahmefall bei kollusivem Zusammenwirken des Dritten mit einem Gesellschaftergeschäftsführer: BGH NJW-RR 2008, 1484 (1487).
51 BGH NJW 1957, 1358 bezeichnet die actio pro socio als generelle Kontrollbefugnis, BGH NJW 1974, 1555 (1556) als Notkompetenz und BGH NJW-RR 2010, 1123 lässt die Zuordnung offen.
52 MüKo BGB/*Ulmer/Schäfer* § 705 Rn. 210; Soergel/*Hadding* § 705 Rn. 50; Schwerdtfeger/*S. Eberl/W.*

wird verlangt, dass die Gesellschafter zunächst versuchen müssen, die zuständigen Organe zum Tätigwerden zu bewegen.[53] Diese Umstände und damit die Erforderlichkeit seines Tätigwerdens müsse der klagende Gesellschafter im Prozess darlegen und beweisen.

Nach anderer Ansicht im Schrifttum stellt die actio pro socio ein **eigenes materielles Recht der Gesellschafter** dar. Sie begründet damit eine generelle Kontrollbefugnis des Gesellschafters und steht gleichberechtigt neben der Klagebefugnis der Gesellschaft.[54] Die Gesellschafter können danach die Sozialansprüche im eigenen Namen geltend machen, ohne dass weitere Voraussetzungen erfüllt sein müssten. Die actio pro socio wird nach dieser Auffassung nur durch die Treuepflicht der Gesellschafter eingeschränkt, ist also unzulässig, wenn sich das Vorgehen unter Berücksichtigung der besonderen Verhältnisse in der Gesellschaft als rechtsmissbräuchlich darstellt.[55] Der Beklagte trägt danach die Darlegungs- und Beweislast für die Treuwidrigkeit der Klage. 42

III. Weitere prozessuale Aspekte

Die Klage muss **auf Leistung an die Gesellschaft** lauten.[56] Der Klageantrag ist also bei Leistungsklagen in der Weise zu formulieren, dass »an die ... GbR« zu leisten ist. Das Prozesskostenrisiko liegt allein beim klagenden Gesellschafter.[57] 43

Eine **Verfügung über den Streitgegenstand** durch den im Wege der actio pro socio klagenden Gesellschafter ist nicht möglich. Prozessvergleiche, Verzichtserklärungen, Schulderlasse und ähnliches obliegen weiterhin der Geschäftsführung bzw., falls eine solche nicht bestimmt wurde, den Gesellschaftern in ihrer Gesamtheit.[58] Erklärt die Gesellschaft daher einen Verzicht auf den streitgegenständlichen Anspruch, wird die Klage des Gesellschafters unbegründet, so dass dieser zweckmäßigerweise die Erledigung erklären müsste. Umstritten ist, welche Folgen eine nach Rechtshängigkeit erfolgte Anteilsabtretung des im Wege der actio pro socio klagenden Gesellschafters auf die Zulässigkeit der Klage hat. Nach herrschender Ansicht findet § 265 ZPO Anwendung.[59] 44

Nach herrschender Meinung entfaltet ein in der Sache ergehendes Urteil keine Wirkung für und gegen die Gesellschaft oder die übrigen Gesellschafter.[60] Es tritt lediglich eine Rechtskraftwirkung inter partes ein, also zwischen dem klagenden und dem verklagten Gesellschafter. Ergeht ein klageabweisendes Urteil, ist die Gesellschaft also nicht daran gehindert, den Sozialanspruch selbst einzuklagen. Ergeht ein positives Urteil, kann die Gesellschaft die Prozessführung genehmigen und so eine Rechtskrafterstreckung erreichen. 45

Eberl Kap. 5 Rn. 98; Staudinger/*Habermaier* § 705 Rn. 47; Bamberger/Roth/*Timm/Schöne* § 705 Rn. 119; Palandt/*Sprau* § 714 Rn. 9; Baumbach/Hopt/*Hopt* § 109 Rn. 32; *K. Schmidt* JuS 2000, 604; MünchHdb GesR I/*v. Ditfurth* § 53 Rn. 67; Schwab § 2 S. 109; *Mock/Streppel* Rn. 59; in die Richtung dieser Auffassung, aber letztlich offenlassend OLG Dresden NZG 2011, 124 (127).
53 Schwab § 2 S. 109.
54 *Reuter* GmbHR 1981, 138; *Schanbacher* AG 1999, 21 (27); *Raiser* ZHR 153, 1 (5, 9).
55 BGH NJW 1957, 1358; BeckOK/*Schöne* § 705 Rn. 120.
56 BeckOK/*Schöne* § 705 Rn. 118; Baumbach/*Hopt* § 109 Rn. 32.
57 BeckOK/*Schöne* § 705 Rn. 123; MüKo BGB/*Ulmer/Schäfer* § 705 Rn. 213; Schwerdtfeger/*S. Eberl/W. Eberl* Kap. 5 Rn. 101.
58 Soergel/*Hadding* § 705 Rn. 50; MüKo BGB/*Ulmer/Schäfer* § 705 Rn. 212.
59 Für eine unmittelbare Anwendung des § 265 ZPO: BGH NJW 1960, 964 (965); für eine analoge Anwendung: Wieczcorek/Schütze/*Assmann* § 265 Rn. 23; gegen die Anwendbarkeit und für eine Abweisung der Klage durch Prozessurteil: MüKo BGB/*Ulmer/Schäfer* § 705 Rn. 210.
60 Zöller/*Vollkommer* vor § 50 Rn. 38; BeckOK/*Schöne* § 705 Rn. 123; MüKo BGB/*Ulmer/Schäfer* § 705 Rn. 214; Staudinger/*Habermaier* § 705 Rn. 48; Schwerdtfeger/*S. Eberl/W. Eberl* Kap. 5 Rn. 106.

IV. Sonstige Fälle der Gesellschafterklage im eigenen Namen

46 Liegen weder die Voraussetzungen der actio pro socio, noch der gewillkürten Prozessstandschaft[61] vor, können **einzelne Gesellschafter** nur in Ausnahmefällen Forderungen der Gesellschaft gegen Gesellschaftsschuldner im eigenen Namen einklagen. Bislang wurde eine Prozessführungsbefugnis einzelner Gesellschafter in folgenden Fällen zuerkannt:
- Die anderen Gesellschafter weigern sich in gesellschaftswidriger Weise, an der Geltendmachung der Gesellschaftsforderung mitzuwirken.[62]
- Der Prozess ist im Sinne des § 744 Abs. 2 BGB erforderlich (so genannte Notkompetenz).

Die analoge Anwendung von § 744 **Abs. 2 BGB** setzt voraus, dass gerade die Klage des einzelnen Gesellschafters zur Erhaltung eines zur Gemeinschaft gehörenden Gegenstandes erforderlich ist; so z. B. wenn die ausstehenden Gesellschaftsforderungen den Bestand der GbR nachhaltig gefährden.[63] Dies gilt jedoch nicht, wenn der Gesellschafter seine sich weigernden Mitgesellschafter zuvor auf Zustimmung zur Prozessführung hätte verklagen können (Näheres zu den Voraussetzungen einer solchen Leistungsklage in § 34 Rdn. 35–42).[64]

C. Gerichtliche Zuständigkeit

47 Auch für die gerichtliche Zuständigkeit ist die Unterscheidung zwischen Außen-GbR und Innen-GbR bedeutsam.

I. Außen-GbR

48 Seit dem Grundsatzurteil des BGH gilt die GbR zwar als parteifähig. Unverändert gilt die GbR aber nicht als juristische Person, so dass für die gerichtliche Zuständigkeit eine unmittelbare Anwendung des § 17 ZPO ausscheidet. Von der herrschenden Meinung wird indessen die analoge Anwendung des § 17 Abs. 1 S. 1 ZPO befürwortet.[65] Damit befindet sich der allgemeine Gerichtsstand am Sitz der GbR. Soweit ein etwaiger Gesellschaftsvertrag keinen Sitz bestimmt hat, ist der **allgemeine Gerichtsstand** der Ort, an dem die tatsächliche Verwaltung geführt wird.[66] Verfügt die GbR nicht über eine zentrale Verwaltung, so ist hilfsweise der Wohnsitz des Organs maßgeblich, das geschäftsführend und vertretend tätig geworden ist.[67] Anhaltspunkte dafür können sich beispielsweise aus den Angaben auf Geschäftsbriefen ergeben.[68]

49 Da der Gesellschaftssitz der Außen-GbR aufgrund der fehlenden Registerpublizität und der Formfreiheit für Gesellschaftsverträge für Dritte nicht ohne weiteres zu erfahren ist, entsteht in der Praxis oft Ungewissheit hinsichtlich des allgemeinen Gerichtsstands nach § 17 ZPO. Daher bietet es sich vielfach an, am **Gerichtsstand der Niederlassung** gemäß § 21 ZPO zu klagen. Eine Niederlassung im Sinne der Vorschrift liegt dann vor, wenn sich an dem fraglichen Ort eine auf gewisse Dauer eingerichtete Geschäftsstelle befindet.[69] Dies ist häufig leichter festzustellen als eine gesellschaftsvertragliche Bestimmung.

---

61 Zur gewillkürten Prozessstandschaft vgl. OLG Koblenz NZG 2014, 65; OLG Düsseldorf MDR 2013, 1196.
62 BGH NJW-RR 2008, 1484; OLG Düsseldorf NZG 2012, 1148; zu beiden Fallgruppen: MüKo BGB/*Ulmer/Schäfer* § 705 Rn. 206; *Lutz* GWR 2012, 30 (32).
63 Vgl. OLG Düsseldorf NZG 2012, 1148 (1150); OLG Dresden NJW 2000, 248 (250).
64 OLG Düsseldorf NZG 2012, 1148 (1150).
65 BGH NJW 2001, 1056; LG Bonn NJW-RR 2002, 1399 (1400); *Musielak* § 17 Rn. 3; Baumbach/Albers/Hartmann § 17 Rn. 7; MüKo BGB/*Schäfer* § 718 Rn. 45.
66 Zöller/*Vollkommer* § 17 Rn. 10; Musielak/*Heinrich* § 17 Rn. 10.
67 MünchHdb GesR I/*Gummert* § 19 Rn. 26.
68 *Wertenbruch* NJW 2002, 324 (325). Eine ausdrückliche gesetzliche Verpflichtung zu derartigen Angaben existiert für die GbR, anders als bei den meisten anderen Gesellschaftsformen (vgl. nur § 35a GmbHG, § 80 AktG, § 37a HGB etc.), jedoch nicht.
69 Saenger/*Bendtsen* § 21 Rn. 2; MüKo ZPO/*Patzina* § 21 Rn. 2.

Für **Klagen gegen Gesellschafter** wegen Ansprüchen, die aus dem **Gesellschaftsverhältnis** resultie- 50
ren, besteht zunächst der allgemeine Gerichtsstand nach §§ 12, 13 ZPO. Weiterhin kann gemäß
§ 22 ZPO am allgemeinen Gerichtsstand der Gesellschaft nach § 17 ZPO geklagt werden.

Nimmt ein Dritter einen Gesellschafter analog § 128 HGB wegen einer Gesellschaftsforderung in 51
Anspruch, kommt der besondere **Gerichtsstand des Erfüllungsortes** (§ 29 ZPO) in Betracht. Die
akzessorische Haftung führt dazu, dass der Erfüllungsort für die persönliche Haftung der Gesellschafter der Ort ist, an dem das zwischen dem Kläger und der Gesellschaft abgeschlossene Rechtsgeschäft zu erfüllen ist.[70]

Ist nach den vorgenannten Vorschriften kein einheitlicher Gerichtsstand für alle Streitgenossen be- 52
stimmbar, kann durch Entscheidung des nächsthöheren Gerichts gemäß § 36 Abs. 1 Nr. 3 ZPO ein
gemeinsamer Gerichtsstand begründet werden.

Da eine GbR keine Handelsgesellschaft ist und damit die für Kaufleute geltenden Regelungen keine 52a
Anwendung finden (vgl. § 6 Abs. 1 HGB), sind Gerichtsstandsvereinbarungen nur in den engen
Grenzen des § 38 ZPO zulässig.

II. Innen-GbR

Auf die Innen-GbR ist § 17 ZPO nicht anzuwenden. Die einzelnen Gesellschafter sind also an ihrem 53
jeweiligen allgemeinen Gerichtsstand nach §§ 12, 13 ZPO zu verklagen. Fehlt ein einheitlicher Gerichtsstand, kann auch hier die gerichtliche Entscheidung nach § 36 Abs. 1 Nr. 3 ZPO herbeigeführt werden.

D. Zustellung

Bei Klagen gegen eine **Außen-GbR** sind Zustellungen nach § 170 Abs. 1 ZPO an die Vertreter der 54
Gesellschaft zu bewirken, wobei gemäß Abs. 3 auch die Zustellung an nur eine vertretungsbefugte
Person genügt.[71]

Wird gegen eine **Innen-GbR** geklagt, sind die Gesellschafter Klagegegner und damit allesamt erfor- 55
derlicher Zustellungsadressat. Die Zustellungserleichterung nach § 170 Abs. 3 ZPO greift nicht ein,
da ein Streitgenosse nicht gesetzlicher Vertreter der anderen Streitgenossen ist. Wenn die Vertretung
auf einen Geschäftsführer übertragen wurde (§ 710 BGB), reicht die Zustellung nur an ihn aus.[72]

E. Prozesskostenhilfe

Die rechtsfähige **Außen-GbR** ist eine Vereinigung i. S. d. § 116 S. 1 Nr. 2 ZPO.[73] Sie ist damit unter 56
den dort genannten Voraussetzungen berechtigt, Prozesskostenhilfe zu erhalten.[74]

Für die **Innen-GbR** gilt § 116 S. 1 Nr. 2 ZPO nicht, da sie mangels Rechtsfähigkeit keine »Vereini- 57
gung« in diesem Sinne darstellt. Die einzelnen Gesellschafter können aber nach den allgemeinen Voraussetzungen der §§ 114–115 ZPO Prozesskostenhilfe erhalten.

F. Nebenintervention und Streitverkündung

Aufgrund der akzessorischen Haftung der einzelnen Gesellschafter genießen die Institute der Neben- 58
intervention und Streitverkündung im Prozessrecht der GbR besondere Bedeutung.

---

70 BayObLG DB 2002, 2318; OLG Schleswig BB 2004, 462; MünchHdb GesR I/*Gummert* § 19 Rn. 23.
71 BGH NJW 2011, 615; NZG 2006, 500.
72 *Wertenbruch* NJW 2002, 324.
73 BGH NJW 2011, 1595 (1596).
74 OLG Dresden MDR 2008, 818; näher zu den Voraussetzungen des § 116 S. 1 Nr. 2 ZPO: § 3 Rdn. 45–46.

59 Wird zunächst nur die Gesellschaft verklagt, ist es insbesondere für nicht vertretungsberechtigte Gesellschafter in aller Regel empfehlenswert, diesem Prozess als **Nebenintervenienten** gemäß § 66 ZPO beizutreten. Erlangt der Kläger gegen die Gesellschaft ein obsiegendes Urteil, haften die Gesellschafter hierfür akzessorisch. In dem Folgeverfahren können sie aufgrund der Bindungswirkung eines rechtskräftigen Urteils nicht geltend machen, die Gesellschaftsschuld bestehe nicht. Es steht ihnen nur noch frei, der Haftung persönliche Einwendungen entgegenzusetzen. Daher haben die Gesellschafter ein rechtliches Interesse daran, auf das Verfahren, welches die Gesellschaftsschuld zum Gegenstand hat, im Wege der Nebenintervention Einfluss zu nehmen.[75]

60 Ist nur entweder die Gesellschaft oder ein Gesellschafter verklagt und würde durch die Verurteilung ein gegenseitiger Rückgriffsanspruch entstehen, ist an die **Streitverkündung** zu denken. Wird zum Beispiel ein Gesellschafter wegen einer Gesellschaftsschuld verklagt, hat dieser gegen die GbR einen Regressanspruch nach §§ 713, 670 BGB.[76] Gegen die übrigen Gesellschafter hat der in Anspruch genommene Gesellschafter grundsätzlich einen Ausgleichsanspruch aus § 426 Abs. 1 BGB, da zwischen den Gesellschaftern einer GbR ein Gesamtschuldverhältnis besteht.[77] Voraussetzung für die Inanspruchnahme eines Mitgesellschafters ist jedoch, dass ein Rückgriff auf die Gesellschaft nicht möglich ist.[78] Kommt ein derartiger Regressanspruch in Betracht, ist stets eine Streitverkündung gegenüber der Gesellschaft und den Mitgesellschaftern zu erwägen, um diesen aufgrund der Interventionswirkung in einem möglichen Regressprozess den Einwand zu nehmen, der Rechtsstreit sei nicht richtig entschieden worden.[79]

61 Auch mit Blick auf die **Verjährung des Ausgleichsanspruchs** aus § 426 Abs. 1 BGB kann sich eine Streitverkündung gegenüber der Gesellschaft oder den Mitgesellschaftern empfehlen. Der Lauf der Verjährungsfrist beginnt nämlich – wie der BGH[80] klargestellt hat – nicht erst, wenn ein Gesellschafter den Gläubiger befriedigt hat, sondern unter den Voraussetzungen des § 199 BGB schon im Zeitpunkt der Begründung der Gesamtschuld. Wird zunächst nur die Gesellschaft auf Schadensersatz in Anspruch genommen, steht ihr gegebenenfalls ein Rückgriffsanspruch gegen den handelnden Gesellschafter zu, so dass diesem gegenüber – nicht zuletzt zur Verjährungsunterbrechung (§ 204 Abs. 1 Nr. 6 BGB) – ebenfalls zweckmäßigerweise der Streit zu verkünden ist.[81]

G. Zeugenbeweis

62 Auch hinsichtlich der Möglichkeiten zur Beweisführung ergeben sich Unterschiede zwischen Außen-GbR und Innen-GbR.

I. Außen-GbR

63 Ist die Gesellschaft an dem Prozess beteiligt, können ihre gesetzlichen Vertreter nicht als Zeugen vernommen werden. Diese werden prozessual als Partei des Verfahrens angesehen, so dass nur unter den eingeschränkten Voraussetzungen der §§ 445 ff. ZPO eine Vernehmung möglich ist.[82]

64 Wurde kein Geschäftsführer bestimmt, sind gemäß §§ 709, 714 BGB sämtliche Gesellschafter als Partei zu vernehmen. Wurde die Vertretungsbefugnis einzelnen Gesellschaftern übertragen, sind

---

75 Schwerdtfeger/*S. Eberl/W. Eberl* Kap. 5 Rn. 24.
76 Palandt/*Sprau* § 714 Rn. 15.
77 BGH NJW-RR 2008, 256 (257).
78 BGH NJW-RR 2008, 256 (257).
79 Hierzu auch Schwerdtfeger/*S. Eberl/W. Eberl* Kap. 5 Rn. 25; MAH PersGes/*von Unger* § 15 Rn. 62.
80 BGH NJW 2010, 60 (61); zur Verjährungsproblematik beim Gesamtschuldnerausgleich und möglichen verjährungshemmenden Maßnahmen vgl. auch Heß/Burmann NJW-Spezial 2010, 393.
81 Schwerdtfeger/*S. Eberl/W. Eberl* Kap. 5Rn. 23.
82 MünchHdb GesR I/*Gummert* § 19 Rn. 35.

nur diese der Zeugenvernehmung entzogen. Die übrigen Gesellschafter hingegen können nach h. M. als Zeugen vernommen werden.[83]

Besteht im Einzelfall Beweisnot und ist die Vernehmung einer der Geschäftsführer erforderlich, um dieser abzuhelfen, kann der betreffende Geschäftsführer **zeitweise abberufen** werden. Dadurch wird seine Parteistellung beendet und es kann eine Vernehmung als Zeuge erfolgen.[84] 65

Soweit neben der Gesellschaft **auch die Gesellschafter verklagt** werden, entsteht eine einfache Streitgenossenschaft. Nach herrschender Ansicht können Streitgenossen im Prozess des anderen Streitgenossen nicht als Zeugen auftreten.[85] Die Gesellschafter können also nur als Partei vernommen werden. Ob der betreffende Gesellschafter die verklagte GbR auch vertritt, ist in diesem Fall unerheblich.[86] Eine Ausnahme besteht dann, wenn das Beweisthema nur den Anspruch gegen einen anderen Streitgenossen betrifft.[87] 66

Ist der Inhalt eines **Vier-Augen Gesprächs** streitig, ist der Grundsatz der Waffengleichheit zu beachten. Dieser besagt, dass der Geschäftsführer oder vertretungsberechtigte Gesellschafter, der an einem solchen Vier-Augen Gespräch beteiligt war, unabhängig von den Voraussetzungen der §§ 445 ff. ZPO zu vernehmen ist, falls die gegnerische Partei die andere am Gespräch beteiligte Person, die ihr zuzurechnen ist, als Zeugen benennen kann (näher zu den Voraussetzungen § 3 Rdn. 53–55).[88] 67

II. Innen-GbR

In Prozessen unter Beteiligung einer bloßen Innen-GbR sind die Gesellschafter selbst Partei des Prozesses. Die Gesellschafter sind daher alle nur als Partei zu vernehmen und können auch dann nicht als Zeugen vernommen werden, wenn eine Person zur Vertretung der Gesellschafter bestellt wurde.[89] 68

H. Zwangsvollstreckung

Auch für Fragen der Zwangsvollstreckung ist zwischen Außen-GbR und Innen-GbR zu differenzieren. 69

I. Außen-GbR

Das Grundsatzurteil des BGH zur Parteifähigkeit der GbR wirkt sich auch auf das Vollstreckungsverfahren aus. Aus der nunmehr anerkannten – und teilweise schon im Gesetz nachvollzogenen (vgl. etwa § 899a BGB) – Parteifähigkeit der Gesellschaft bürgerlichen Rechts folgt, dass diese selbst taugliches Vollstreckungssubjekt ist. Wurde gegen die GbR ein Titel erwirkt, berechtigt dieser zur Vollstreckung in ihr Vermögen. Der Wortlaut des noch immer nicht veränderten § 736 ZPO, wonach dazu ein gegen alle Gesellschafter ergangener Titel erforderlich ist, steht dem nicht entgegen.[90] 70

Um den Anforderungen des § 750 Abs. 1 ZPO zu genügen, wonach das Vollstreckungsverfahren unter anderem erst beginnen darf, wenn der Vollstreckungsschuldner namentlich bezeichnet ist, sollte – 71

---

83 MünchHdb GesR I/*Gummert* § 19 Rn. 35; *Pohlmann* WM 2002, 1421 (1425); *Wertenbruch* NJW 2002, 324 (326); a. A.: *Hadding* ZGR 2001, 712 (733).
84 Zur GmbH: BGH NJW-RR 2003, 1212 (1213); zur OHG: OLG Koblenz, Urt. v. 30.10.2009 – 10 U 1143/08; aufgrund der Vergleichbarkeit der Sachverhalte liegt eine Übertragung auf die GbR nahe. Nach anderer Ansicht ist die prozesstaktische Abberufung als rechtsmissbräuchlich anzusehen; näher hierzu § 3 Rdn. 51–52.
85 Musielak/*Huber* § 61 Rn. 5 m. w. N.
86 BGH WM 1999, 1215; Musielak/*Huber* § 449 Rn. 1; a. A.: *Jauernig* § 81 III, S. 314.
87 Schwerdtfeger/*S. Eberl/W. Eberl* Kap. 5 Rn. 34; MünchHdb GesR I/*Gummert* § 19 Rn. 35.
88 BGH NJW 1999, 363 (364); WM 2006, 658; *Kappenhagen/Markus* BB 2006, 506.
89 MüKo BGB/*Schäfer* § 718 Rn. 50.
90 Schwerdtfeger/*S. Eberl/W. Eberl* Kap. 5 Rn. 17; MünchHdb GesR I/*Gummert* § 20 Rn. 1; MüKo BGB/*Schäfer* § 718 Rn. 44.

wie auch schon im Erkenntnisverfahren (s. oben Rdn. 4) – besonders darauf geachtet werden, dass die Gesellschaft aufgrund der **Bezeichnung im Titel** individualisierbar ist. Sofern die Gesellschaftsbezeichnung aus den Namen der einzelnen Gesellschafter besteht, ist darauf hinzuwirken, dass durch den Zusatz »in Gesellschaft bürgerlichen Rechts« das Bestehen einer Gesellschaftsschuld verdeutlicht wird.[91]

72 Aus einem **Titel gegen einzelne Gesellschafter** wegen einer Gesellschaftsverbindlichkeit kann nicht in das Gesellschaftsvermögen vollstreckt werden. Möglich ist dann nur die **Anteilspfändung** nach §§ 725, 859 ZPO, die sich gegen den jeweiligen Gesellschafter persönlich richtet. Liegen Titel gegen sämtliche Gesellschafter vor, kann indes in das gesamte Gesellschaftsvermögen vollstreckt werden (§ 736 ZPO).[92]

73 In ein **Grundstück oder andere Immobiliarrechte** darf nur vollstreckt werden, wenn der sich aus dem Titel ergebende Vollstreckungsschuldner mit dem im Grundbuch eingetragenen Eigentümer identisch ist. Nach früher vorherrschender Auffassung war die GbR nicht grundbuchfähig, so dass als Eigentümer alle Gesellschafter ohne Hinweis auf das gesellschaftsrechtliche Verhältnis eingetragen wurden.[93] Mit einer Entscheidung aus dem Jahre 2008[94] erklärte der BGH die GbR für formell und materiell grundbuchfähig. Die Gesellschaft konnte seither mit der Bezeichnung, unter der sie im Rechtsverkehr auftritt, im Grundbuch eingetragen werden. Nach der Neuregelung des § 47 Abs. 2 GBO durch das ERVGBG (in Verbindung mit der Vermutungsregelung des § 899a BGB) ist nunmehr zwingend die GbR nebst den Gesellschaftern einzutragen. Sind die Gesellschafter »in Gesellschaft bürgerlichen Rechts« als Grundstückseigentümer eingetragen, bleibt die Zwangsvollstreckung durch Eintragung einer Zwangshypothek auch aufgrund eines gegen alle im Grundbuch eingetragenen Gesellschafter ergangenen Titels zulässig. § 736 ZPO ist anwendbar, sofern sich die gesamtschuldnerische Haftung der eingetragenen Gesellschafter und die Eigenschaft der titulierten Forderung als Gesellschaftsschuld aus dem Titel ergeben.[95]

74 Aufgrund dieser Rechtsentwicklung finden sich in der Praxis bei Beteiligung einer GbR noch die unterschiedlichsten Grundbucheintragungen. Mithin ist in besonderem Maße darauf zu achten, dass der Titel entsprechend der Eintragung im Grundbuch erteilt wird. Sind im Grundbuch etwa die Gesellschafter eingetragen, kann aus einem Titel, der nur gegen die Gesellschaft gerichtet ist, die Zwangsvollstreckung in das Grundstück nicht betrieben werden. Erforderlich ist vielmehr, dass sämtliche Gesellschafter im Titel genannt sind.[96] Änderungen im Gesellschafterbestand sind in entsprechender Anwendung von § 727 ZPO auf dem Titel zu vermerken.[97]

75 Die Vollstreckung in das **Vermögen der Gesellschafter** ist nur zulässig, wenn gegen diese ein Titel erwirkt wurde. Aus einem Titel gegen die GbR kann nicht in das private Vermögen der Gesellschafter vollstreckt werden. Soll also auch das Privatvermögen der Gesellschafter als Haftungssubjekt zur Verfügung stehen, empfiehlt sich somit eine parallele oder nachfolgende Klage auch gegen die Gesellschafter (vgl. oben Rdn. 10–17).

---

91 MünchHdb GesR I/*Gummert* § 20 Rn. 12.
92 Zur Frage, ob eine Vollstreckung in das Gesellschaftsvermögen nach § 736 ZPO auch aufgrund eines Titels möglich ist, der auf einer gemeinsamen Privatschuld der Gesellschafter beruht und keinen Bezug zur Gesellschaft hat: MünchHdb GesR I/*Gummert* § 20 Rn. 26–30; Bedenken gegen die Anwendbarkeit des § 736 ZPO nach Anerkennung der Rechtsfähigkeit der GbR: *Lenenbach* WM 2011, 385.
93 BayObLG NJW 2003, 70 (72); OLG Celle NJW 2006, 2149 (2195); OLG München DB 2005, 1621 (1622); OLG Schleswig NJW 2008, 306.
94 BGH NZG 2009, 137; zuvor bereits KG ZIP 2008, 1178.
95 OLG Köln Beschl. v. 28.11.2012 – 2 Wx 306/12; OLG Hamburg, Beschl. v. 10.2.2011 – 13 W 5/11.
96 BGH NJW 2011, 615.
97 BGH NJW 2011, 615 (616–617).

Geht das Vermögen einer GbR auf einen Gesellschafter über, kann der zuvor gegen die Gesellschaft 76
erwirkte rechtskräftige Titel auf diesen Gesellschafter nach § 727 ZPO umgeschrieben werden.
Denn der Vermögensübergang stellt eine Gesamtrechtsnachfolge im Sinne des § 727 ZPO dar.[98]

II. Innen-GbR

Die Vollstreckung in das Vermögen der Innen-GbR erfolgt aufgrund eines **Gesamthandsschuld-** 77
titels, wenn das Erkenntnisverfahren erfolgreich gegen die Gesamthand geführt wurde. Findet
nach Rechtskraft des Titels ein Gesellschafterwechsel statt, kann der Titel analog § 727 ZPO umgeschrieben werden.[99] Dies gilt auch, wenn das Gesellschaftsvermögen nachträglich auf einen Gesellschafter übergeht.[100]

Wurde der Prozess nur gegen die Gesellschafter auf Leistung aus deren Privatvermögen betrieben, 78
richtet sich die Vollstreckung in das Gesamthandsvermögen nach § 736 ZPO. Findet in diesem
Fall ein Gesellschafterwechsel statt, kommt eine Umschreibung des Titels nach § 727 ZPO analog
nicht in Betracht und die Vollstreckung in das Gesamthandsvermögen scheidet aus.

Aus einem Titel gegen eine Innen-GbR kann in der Regel auch in das Privatvermögen der Gesell- 79
schafter vollstreckt werden, da in der Gesamthandsklage konkludent auch ein Antrag auf Leistung
aus dem Gesellschaftsvermögen gesehen und der Tenor entsprechend ausgelegt wird.[101] Lassen
die Entscheidungsgründe hingegen erkennen, dass die Gesamthänder ausschließlich im Wege der
Gesamthandschuldklage verurteilt wurden, steht den Gesellschaftern bei Vollstreckungsmaßnah-
men in ihr Privatvermögen Rechtsschutz in Form der Drittwiderspruchsklage (§ 771 ZPO) zu. Beschränkt bereits der Urteilstenor die Haftung auf das Gesamthandsvermögen, können die Gesellschafter, in deren Privatvermögen vollstreckt wird, im Wege der Vollstreckungserinnerung (§ 766
ZPO) vorgehen.[102]

---

98 Zöller/*Stöber* § 727 Rn. 5, 15; MAH PersGes/*von Unger* § 15 Rn. 194.
99 Zöller/*Stöber* § 736 Rn. 5; MAH PersGes/*von Unger* § 15 Rn. 200.
100 MAH PersGes/*von Unger* § 15 Rn. 194.
101 BGH NJW-RR 1990, 867; MAH PersGes/*von Unger* § 15 Rn. 208; vgl. bereits oben Rdn. 20.
102 MüKo BGB/*Schäfer* § 718 Rn. 54; MAH PersGes/*von Unger* § 15 Rn. 203.

§ 30 Streitpunkte bei der Gründung der GbR

Übersicht

		Rdn.
A.	**Einleitung**	1
B.	**Vorvertrag**	2
C.	**Mitglieder**	10
I.	Relevante Fragen	10
II.	Klageart	18
III.	Parteien	19
IV.	Rechtsschutzinteresse	25
V.	Zuständigkeit	28
D.	**Entstehung/Entstehungszeitpunkt**	30
E.	**Fehlerhafte Gesellschaft**	36
I.	Voraussetzungen	37
	1. Fehlerhafter Vertragsschluss	38
	2. Vollzug der Gesellschaft	45
	3. Keine höherwertigen Interessen	47

		Rdn.
	a) Verstoß gegen Gesetz oder gute Sitten	49
	b) Schutz nicht voll Geschäftsfähiger	51
	c) Kein höherwertiges Interesse bei arglistiger Täuschung und Drohung	53
	4. Innengesellschaften	56
II.	Rechtsfolge	57
III.	Geltendmachung des Fehlers	58
F.	**Einstweiliger Rechtsschutz/Schiedsfähigkeit**	64
I.	Einstweiliger Rechtsschutz	64
II.	Schiedsfähigkeit	65

A. Einleitung

1 Streitigkeiten im Zusammenhang mit der Gründung der GbR sind insbesondere zu finden bei Fragen im Zusammenhang mit **Vorverträgen**, Streitigkeiten über den **Kreis der Mitgesellschafter**, über die **Entstehung der Gesellschaft** und über **Mängel im Gesellschaftsvertrag**.

B. Vorvertrag

2 Der Gesellschaftsvertrag einer GbR ist grundsätzlich formfrei. Er kann sogar konkludent geschlossen werden. Die Entstehung der GbR ist auch nicht von einem Kundgabeakt, insbesondere nicht von einer Eintragung im Handelsregister, abhängig. Damit ist ein Vor-Gründungsstadium, wie z. B. bei der GmbH, nicht erforderlich. Die Gesellschafter können den Gesellschaftsvertrag sofort schließen und die Gesellschaft sofort zur Entstehung bringen. Das heißt aber nicht, dass es nie ein Vorgründungsstadium geben könnte. Die Gesellschafter können sich (bewusst oder unbewusst), vor der eigentlichen Gründung zunächst (nur) zur zukünftigen Gründung einer GbR verpflichten.[1]

3 Wegen der Formfreiheit des Gesellschaftsvertrages der GbR kann die Abgrenzung zwischen der Vorgründungs-Gesellschaft und der endgültigen Gesellschaft jedoch im Einzelfall schwierig sein. Es ist durch Auslegung zu ermitteln, ob der vermeintliche Vorvertrag nicht bereits als **(konkludente) Gründung** der GbR anzusehen ist.[2]

4 Wenn ein Vorvertrag geschlossen wurde, dann kann daraus auf **Eingehung der Gesellschaft** geklagt werden. Der Anspruch besteht nur dann, wenn der Vorvertrag den Inhalt des späteren Gesellschaftsvertrages hinreichend bestimmt oder der Inhalt nach dem Vorvertrag wenigstens bestimmbar ist.[3] Insbesondere ist erforderlich, dass der Vorvertrag die angestrebte Rechtsform erkennen lässt.[4] Die Klage muss als Leistungsklage auf Zustimmung zum Abschluss des Gesellschaftsvertrages gerichtet werden und gem. § 894 ZPO gilt die fehlende Willenserklärung mit Rechtskraft des stattgebenden Urteils als abgegeben.[5] Die Klage ist nach den allgemeinen Grundsätzen[6] gegen die den Abschluss verweigernden Parteien des Vorvertrages zu richten; mehrere Beklagte sind keine notwendigen Streitgenossen. Notwendige Streitgenossenschaft aus materiell-rechtlichen Gründen läge auf Beklagten-

---

[1] MüKo BGB/*Ulmer/Schäfer* § 705 Rn. 177; MAH PersGes/*Johansson* § 2 Rn. 152;.
[2] MüKo BGB/*Ulmer/Schäfer* § 705 Rn. 25.
[3] BGH BB 1953, 97; MüKo BGB/*Ulmer/Schäfer* § 705 Rn. 178; MAH PersGes/Johansson § 2 Rn. 155.
[4] OLG Karlsruhe NJW-RR 1996, 997.
[5] OLG Karlsruhe NJW-RR 1996, 997 (998); MüKo BGB/*Ulmer/Schäfer* § 705 Rn. 178.
[6] BGH NJW 2009, 669; 2003, 1729.

seite allein dann vor, wenn es sich bei der Zustimmung zum Abschluss des Gesellschaftsvertrages um eine Gesamthandsschuld handelte.[7] Eine Gesamthandsschuld bestünde aber nur, wenn die sich weigernden Parteien des Vorvertrages nur gemeinsam zur Erfüllung in der Lage wären. Davon ist hier allerdings nicht auszugehen, vielmehr kann und muss jeder nur für sich allein die Zustimmung erklären, sodass es sich insoweit um eine Individualverpflichtung handelt. Auch aus prozessualen Gründen besteht keine notwendige Streitgenossenschaft. Eine solche läge nur vor, wenn bei getrennt geführten Prozessen die in dem einen Verfahren zu treffende Entscheidung Rechtskraft auch für das andere Verfahren entfaltete.[8] Den einzelnen Beklagten können jedoch individuelle Einwendungen gegen die Klage auf Zustimmung zustehen, sodass eine Rechtskrafterstreckung abzulehnen ist. Es ist somit weder aus materiellen, noch aus prozessualen Gründen notwendig, alle den Abschluss verweigernden Parteien gemeinsam zu verklagen, wobei für die Praxis aber ein solches Vorgehen gleichwohl empfehlenswert ist. Die Klägerseite betrachtend, ist, soweit erkennbar, bisher nicht entschieden worden, ob die Klage nur von allen übrigen Parteien des Vorvertrages gemeinsam erhoben werden kann. Das ist zu verneinen. Würde man eine gemeinsame Klageerhebung verlangen, würden sich auch in der Praxis unabsehbare Probleme ergeben. Denn in den Fällen, in denen sich mehrere Parteien der vereinbarten Gründung der GbR verweigern, hätten die vertragstreuen Parteien keine Möglichkeit, den Anspruch durchzusetzen, weil sie nicht sämtliche »sonstigen« Parteien des Vorvertrages repräsentieren würden.

Dem Urteil, und zwar sowohl einem stattgebenden wie einem abweisenden Urteil, kommt daher nur relative, personell begrenzte Bindungswirkung (**inter partes**) zu. 5

Denkbar ist auch, dass eine Person festgestellt haben möchte, dass gerade kein Vorvertrag abgeschlossen wurde. Grundsätzlich kann er dies im Wege der **allgemeinen Feststellungsklage** feststellen lassen. Auch diese Klage muss nicht notwendigerweise gegen sämtliche sonstigen (potentiellen) Mitgesellschafter gerichtet werden. Denn gerade in den unklaren Fällen kann es praktisch unmöglich sein, zu ermitteln, wer alles Partei des vermeintlichen Vorvertrages sein könnte. Für eine solche **negative Feststellungsklage** dürfte es allerdings meist am Rechtsschutzbedürfnis fehlen, weil die betroffene Person ohne Inanspruchnahme aus dem Gesellschaftsverhältnis keinen rechtlichen Nachteil wird darlegen können. Auch dieses Urteil hat nur *inter partes*-Wirkung, unabhängig davon, ob es der Klage stattgibt oder sie abweist. Dabei hat es der Kläger hier in der Hand, durch die Erweiterung der Klage auf weitere Beklagte den Umfang der Bindungswirkung zu erhöhen. 6

Die **sachliche Zuständigkeit** richtet sich mangels Sonderzuweisung nach den allgemeinen Vorschriften und ist somit gem. §§ 23, 71 GVG streitwertabhängig. Der Streitwert ist vom Gericht gem. § 3 ZPO nach freiem Ermessen festzusetzen. Am Landgericht sind die allgemeinen Zivilkammern zuständig, weil die GbR keine »Handelsgesellschaft« im Sinne des § 95 Abs. 1 Nr. 4a GVG ist[9]. 7

Die **örtliche Zuständigkeit** ist gem. § 13 ZPO am allgemeinen Gerichtsstand des Beklagten gegeben. Daneben kann § 22 ZPO jedenfalls auch bei Außen-GbRs für Streitigkeiten zwischen den Gesellschaftern einen besonderen Gerichtsstand am allgemeinen Gerichtsstand der GbR begründen.[10] Der Sitz einer Personengesellschaft, für die ein satzungsmäßiger (statutarischer) Sitz gesetzlich nicht vorgesehen ist, bestimmt sich unabhängig von einer möglichen Bestimmung im Gesellschaftsvertrag (und bei den Personenhandelsgesellschaften auch unabhängig davon, ob er im Handelsregister eingetragen ist) gem. § 17 Abs. 1 S. 1 und 2 ZPO allein danach, an welchem Ort die Verwaltung des Ge- 8

---

7 Notwendige Streitgenossenschaft bei einer Gesamthandsschuld annehmend: BGH NJW 2000, 291 (291 f.); Prütting/Gehrlein/*Schneider/Gehrlein* § 62 Rn. 16; MüKo ZPO/*Schultes* § 62 Rn. 32; Saenger/*Bendtsen* § 62 Rn. 9
8 BGH NJW 1985, 385 (386); Prütting/Gehrlein/*Schneider/Gehrlein* § 62 Rn. 2; MüKo ZPO/*Schultes* § 62 Rn. 5
9 MüKo ZPO/*Zimmermann* § 95 GVG Rn. 11.
10 OLG Frankfurt, Urteil vom 19.12.2008, 19 U 101/08 m. w. N.; LG Bonn NJW-RR 2002, 1399 (1400 f.).

sellschaftsunternehmens tatsächlich geführt wird.[11] Der tatsächliche Verwaltungssitz befindet sich dort, wo die Willensbildung des Leitungsorgans der Gesellschaft erfolgt und wo die wesentlichen Geschäfte der Gesellschaft geführt werden.[12] Fraglich ist, ob § 22 ZPO auf Streitigkeiten aus einem Vor-Vertrag anwendbar ist, weil die Gesellschaft typischerweise zu diesem Zeitpunkt noch nicht entstanden ist. § 22 ZPO ist wegen des Zwecks der Vorschrift, »Streitigkeiten, die die inneren Rechtsbeziehungen einer Gesellschaft betreffen, am Gesellschaftssitz zu konzentrieren«[13] eher weit auszulegen.[14] Aber auch eine weite Auslegung kann das Erfordernis des Vorhandenseins eines allgemeinen Gerichtsstands der Gesellschaft nicht beseitigen; denn § 22 ZPO ist nur eine Ergänzung zu § 17 ZPO, die im Interesse der Konzentration der Streitigkeiten den allgemeinen Gerichtsstand des Verbands auch für weitere Klagen, z. B. zwischen den Verbandsmitgliedern, eröffnet. Ein allgemeiner Gerichtsstand der Gesellschaft gem. § 17 ZPO besteht erst ab der Entstehung der Gesellschaft.[15] Deshalb ist für Klagen aus dem Vorvertrag kein besonderer Gerichtsstand des § 22 ZPO begründet. Dem steht nicht entgegen, dass § 22 ZPO auch auf Klagen im Zusammenhang mit der Begründung der Mitgliedschaft anwendbar sein soll.[16] Denn bei dieser Fallgruppe geht es darum, dass ein neues Mitglied zu einem bereits bestehenden Verband hinzutreten möchte. In diesem Fall hat der Verband bereits einen allgemeinen Gerichtsstand und der Anwendungsbereich des § 22 ZPO kann dann im Wege der Auslegung auf zukünftige Mitglieder ausgedehnt werden. Bei Klagen aus dem Vorvertrag, bei denen der Verband noch nicht existiert, ist die Situation anders. Mangels eines gemeinsamen besonderen Gerichtsstands ist bei mehreren Beklagten die örtliche Zuständigkeit gem. § 36 Abs. 1 Nr. 3 ZPO durch das im Rechtszug nächst höhere Gericht zu bestimmen.

9 Etwas anderes gilt, wenn bereits eine Vor-Gesellschaft besteht, die keine reine Innengesellschaft ist. Denn auch die Vorgesellschaften fallen in den Anwendungsbereich des § 22 ZPO, sofern sie am Wirtschaftsleben teilhaben.[17] In diesen Fällen ist ein besonderer Gerichtsstand am Sitz der **Außen-Vor-Gesellschaft** gegeben.

C. Mitglieder

I. Relevante Fragen

10 In der Gründungsphase einer GbR kann auch Streit darüber entstehen, wer Gesellschafter der Gesellschaft ist (**sog. Statusklagen**). Es sind drei Konstellationen denkbar:
11 1. ein möglicher Gesellschafter möchte festgestellt wissen, dass er
   a) nicht Gesellschafter ist, oder
   b) dass er Gesellschafter ist;
12 2. ein Gesellschafter oder mehrere Gesellschafter möchten festgestellt wissen, dass
   a) ein Dritter Gesellschafter ist, oder
   b) dieser Dritte gerade nicht Gesellschafter ist;
13 3. ein Dritter möchte festgestellt wissen, dass
   a) eine bestimmte Person Gesellschafter einer bestimmten GbR ist, oder
   b) gerade nicht ist.
14 In jeder der aufgeführten Konstellationen stellen sich prozessual die gleichen Fragen, nämlich:
15 1. Welche Klageart ist statthaft?
16 2. Wer sind die Parteien des Rechtsstreits, also wer kann die Klage erheben und gegen wen ist die Klage zu richten?

---

11 BGH WM 1957, 999; OLG Frankfurt, Urt. v. 19.12.2008 – 19 U 101/08.
12 OLG Frankfurt, Urt. v. 19.12.2008 – 19 U 101/08 m. w. N.
13 BGHZ 76, 231 (235).
14 BGHZ 76, 231 (235); a. A.: AG Ebersberg MDR 1987, 146.
15 Zöller/*Vollkommer* § 17 Rn. 12; Thomas/Putzo/*Hüßtege* § 17 Rn. 2.
16 Zöller/*Vollkommer* § 22 Rn. 5; Prütting/Gehrlein/*Lange* § 22 Rn. 4; MüKo ZPO/*Patzina* § 22 Rn. 6; a. A.: AG Ebersberg MDR 1987, 146.
17 BayObLG BB 1978, 1685; OLG Brandenburg OLG-NL 2004, 40 (jeweils für die Vor-GmbH).

3. Besteht ein Rechtsschutzbedürfnis? 17

II. Klageart

Am einfachsten ist die Frage der statthaften Klageart zu beantworten: In allen genannten Fällen kommt als Klageart nur die **allgemeine Feststellungsklage** in Betracht.[18] 18

III. Parteien

Dagegen ist die Frage, wer die Parteien des Rechtsstreites sind, schwieriger zu beantworten. Zunächst stellt sich die Frage, ob die GbR Partei einer Auseinandersetzung über die personelle Zusammensetzung der GbR sein kann oder muss. Bisher entspricht es einhelliger Meinung, dass solche Streitigkeiten zwischen den Gesellschaftern ausgetragen werden müssen.[19] Die Streitigkeit betrifft die Grundlage des Gesellschaftsverhältnisses, den Gesellschaftsvertrag, und darüber hat die Gesellschaft als solche keine **Dispositionsbefugnis**.[20] Allerdings gibt es Stimmen in der Literatur, die die Frage stellen, ob nach der Anerkennung der Rechtsfähigkeit der GbR auch diese Position überdacht werden müsse.[21] Dafür besteht kein Anlass: denn die Nicht-Beteiligung der GbR an den Auseinandersetzungen über die personelle Zusammensetzung ist nicht die Folge fehlender Rechts- und Prozessfähigkeit, sondern Spiegelbild der materiellrechtlichen Lage, dass die GbR als solche von der Identität ihrer Gesellschafter unabhängig ist; durch die Anerkennung der Rechtsfähigkeit der GbR wird diese Trennung sogar eher betont. 19

Allerdings ist ein im Prozess zwischen den Gesellschaftern ergangenes Urteil über die Grundlage des Gesellschaftsverhältnisses, insbesondere die personelle Zusammensetzung der Gesellschaft, für die Gesellschaft maßgebend, wobei es der BGH offen gelassen hat, ob diese Bindungswirkung eine »materielle Folge des Gesellschaftsverhältnisses und des rechtsmissbräuchlichen Verhaltens des Beklagten oder eine Rechtskraftwirkung ist oder beides zusammengenommen werden muss.«[22] Der BGH hat nicht weiter erörtert, ob die **Bindungswirkung für die Gesellschaft** nur dann entsteht, wenn die Grundlage des Gesellschaftsverhältnisses gegenüber allen Gesellschaftern rechtskräftig festgestellt ist. Diese Frage stellt sich nur dann, wenn man (in Übereinstimmung mit dem BGH, dazu sogleich) eine notwendige Streitgenossenschaft der Gesellschafter in den Prozessen über die Grundlagen der Gesellschaft ablehnt und damit hinnimmt, dass divergierende Entscheidungen ergehen. Eine Bindungswirkung für die Gesellschaft kann nur entstehen, wenn das Rechtsverhältnis gegenüber allen Gesellschaftern rechtskräftig und übereinstimmend festgestellt ist – allerdings kann es nicht darauf ankommen, ob diese Feststellung in einem Prozess oder mehreren Prozessen getroffen wurde. 20

Die Frage der richtigen Parteien wirft auch Probleme auf, wenn auf einer Seite, also Kläger- oder Beklagtenseite, mehr als eine Person beteiligt ist. Denn dann stellt sich die Frage, ob diese notwendige Streitgenossen sind. Angesichts der Tatsache, dass zumindest bei der **notwendigen Streitgenossenschaft** aus materiell-rechtlichen Gründen die Klage nur eines oder gegen nur einen Streitgenossen mangels Prozessführungsbefugnis unzulässig ist[23], kommt dieser Frage große Bedeutung zu. 21

Der **Bundesgerichtshof** hat eine notwendige Streitgenossenschaft für Feststellungsklagen, die die Grundlagen des Gesellschaftsverhältnisses betreffen, bisher immer verneint.[24] Für die hier in Rede stehenden Statusklagen hat der BGH dies schon in seiner Entscheidung aus dem Jahre 1959[25] klar- 22

---

18 Staudinger/*Habermeier* § 705 Rn. 39 m. w. N.
19 BGH NJW 2009, 669 (670); BGHZ 48, 175 (176 f.).
20 BGHZ 48, 175 (176 f.).
21 Staudinger/*Habermeier* § 705 Rn. 39.
22 BGHZ 48, 175 (176).
23 BGH ZEV 2010, 468 (470); BGHZ 92, 351 (353); 30, 195 (197).
24 BGH ZEV 2010, 468 (470); BGH NJW 2009, 669 (670); 1999, 571 (572); BGHZ 30, 195 (197 ff.) (zur KG); so auch B/L/A/H § 62 Rn. 11; Palandt/*Sprau* § 714 Rn. 25.
25 BGHZ 30, 195 (197 ff.).

gestellt, worauf zuletzt in einem Urteil aus dem Jahr 2010[26] noch einmal explizit hingewiesen wurde. Und zwar verneint der BGH sowohl eine notwendige Streitgenossenschaft aus materiell-rechtlichen Gründen, als auch eine notwendige Streitgenossenschaft aus prozessualen Gründen, als auch eine außergesetzliche dritte Fallgruppe notwendiger Streitgenossenschaft.[27] Etwas anderes gilt für Auflösungs- und Ausschließungsklagen, die in der GbR zumindest aufgrund gesellschaftsvertraglicher Regelungen möglich sind; bei diesen Gestaltungsklagen sind die klagenden bzw. verklagten Gesellschafter notwendige Streitgenossen.[28] Die Verneinung einer notwendigen Streitgenossenschaft bei Statusklagen entspricht auch den praktischen Bedürfnissen. Denn es kann einem Gesellschafter, der seinen eigenen Status geklärt wissen möchte, praktisch unmöglich sein, zu ermitteln, wer alles Gesellschafter ist; würde man eine notwendige Streitgenossenschaft annehmen, würde er dann Gefahr laufen, mit seiner Klage abgewiesen zu werden, weil er nicht alle Gesellschafter verklagt hat. Der Kläger darf auch nicht gezwungen werden, jeden nur möglichen Gesellschafter zu verklagen, denn dies würde bedeuten, dass dem Kläger das Kostenrisiko in untragbarer Weise aufgebürdet würde. Umgekehrt ist es auch wünschenswert, dass einzelne Gesellschafter Klage erheben können; denn sonst wäre bei unklarem Gesellschafterbestand immer zweifelhaft, ob die Kläger aktivlegitimiert sind oder ob es nicht doch noch weitere Gesellschafter gibt, die an der Klage mitwirken müssen und somit würde die gerichtliche Klärung von unklaren Gesellschafterverhältnissen erschwert.

23 Allerdings gibt es in der **Literatur** beachtliche Stimmen, die auch für Feststellungsklagen über die Zusammensetzung der Gesellschafter eine notwendige Streitgenossenschaft bejahen[29], wobei einzelne Autoren nach Aktiv- und Passivprozessen unterscheiden wollen[30]. Die Entscheidung über die Zusammensetzung der Gesellschaft könne nur einheitlich gegenüber allen Gesellschaftern erfolgen und deshalb müssten alle Gesellschafter an dem Streit als notwendige Streitgenossen beteiligt werden. Dabei beziehen sie sich teilweise auf eine Entscheidung des BGH[31] aus dem Jahre 1984.[32] Diese Bezugnahme erfolgt allerdings zu Unrecht.[33] Denn der BGH hat in seinem Urteil nur seine ständige Rechtsprechung wiederholt, dass in Personen(handels)gesellschaften der Streit, ob jemand einer Gesellschaft angehört, nicht mit dieser, sondern nur im Prozess mit den Mitgesellschaftern ausgetragen werden kann.[34] Weil im konkreten Fall die Klägerin ihre Klage auf Feststellung, dass sie noch Gesellschafterin der OHG sei, gegen die Gesellschaft und nicht ihre Mitgesellschafter gerichtet hatte, hat der BGH konsequenterweise ausgeführt, dass die Klägerin »die Klage auf Feststellung, dass sie noch Gesellschafterin sei, gegen die beiden anderen Gesellschafter [hätte] richten müssen.«[35] Damit hat der BGH nicht gesagt, dass die beiden anderen Gesellschafter notwendige Streitgenossen wären; die Erwähnung der »beiden anderen Gesellschafter« dient nur der Abgrenzung zur »Gesellschaft« als Beklagter und enthält keine Aussage über die prozessuale Verbundenheit dieser beiden Gesell-

---

26 BGH ZEV 2010, 468 (470).
27 BGHZ 30, 195 (197 ff.); zur Terminologie und systematischen Einteilung der verschiedenen Arten der notwendigen Streitgenossenschaften siehe auch Zöller/*Vollkommer* § 62 Rn. 1.
28 BGH NJW 1998, 146 (mit dem Hinweis auf die Möglichkeit, dass eine Beteiligung am Prozess der Gesellschafter nicht erforderlich ist, die sich außergerichtlich der Entscheidung in dem Prozess »unterworfen« haben). Nach Ansicht des OLG München, NZG 1999, 591, sind die Gesellschafter auch in einem Prozess über die Feststellung des Vorliegens eines wichtigen Grundes zur Kündigung notwendige Streitgenossen, wenn die rechtskräftige Feststellung eines solchen wichtigen Grundes nach den Regelungen des Gesellschaftsvertrages automatisch zum Ausscheiden aus der Gesellschaft führt.
29 Zöller/*Vollkommer* § 62 Rn. 21; Staudinger/*Habermeier* § 705 Rn. 39 (der sich zu Unrecht auf BGHZ 30, 195 beruft); *Lüke* ZGR 1994, 266 (273).
30 Stein/Jonas/*Bork* § 62 Rn. 26 f.; MüKo ZPO/*Schultes* § 62 Rn. 36 ff.: *Schultes* bejaht eine notwendige Streitgenossenschaft für die Gesellschafter auf der Klägerseite, lehnt sie aber, jedenfalls bei Feststellungsklagen, für die Gesellschafter auf der Beklagtenseite ab.
31 BGHZ 91, 132.
32 So z. B. MüKo ZPO/*Schultes* § 62 Rn. 36 ff. und Zöller/*Vollkommer* § 62 Rn. 21.
33 So auch *Schwab* S. 659 ff.
34 BGHZ 91, 132 (133).
35 BGHZ 91, 132 (133).

schafter in einem hypothetischen Rechtsstreit. Gegen notwendige Streitgenossenschaft spricht entscheidend, dass diese gerade in den häufigen Fällen, in denen Unklarheit darüber besteht, wer Mitglied der Gesellschaft ist, große Schwierigkeiten hinsichtlich der richtigen Auswahl auf Kläger- und Beklagtenseite mit sich bringt. Die in einem solchen Falle erhobene Klage von einzelnen/mehreren oder gegen einzelne/mehrere Gesellschafter kann deshalb nicht unzulässig sein, wenn im Prozess erst geklärt werden soll, wer Gesellschafter der Gesellschaft ist.

Der **Gesellschaftsvertrag** kann eine **andere Regelung** vorsehen; insbesondere kann im Gesellschaftsvertrag vereinbart werden, dass Streitigkeiten über die Zusammensetzung der Gesellschafter mit der Gesellschaft ausgetragen werden müssen und die Entscheidungen dann auch für alle Gesellschafter bindend sind.[36] Die Passivlegitimation der Gesellschaft kann auch spontan unter Durchbrechung des Gesellschaftsvertrages von den Gesellschaftern beschlossen werden; für einen solchen Beschluss gelten die allgemeinen Regeln, das heißt, dass der Beschluss vorbehaltlich abweichender Regelungen im Gesellschaftsvertrag formlos möglich ist und der Zustimmung aller Gesellschafter bedarf.[37] 24

IV. Rechtsschutzinteresse

Klagen von **Nicht-Gesellschaftern** dürften regelmäßig am fehlenden Rechtsschutzinteresse scheitern. Von Ausnahmekonstellationen abgesehen, ist nicht erkennbar, welches rechtliche Interesse ein Nicht-Gesellschafter daran haben sollte, festgestellt zu bekommen, dass eine bestimmte Person Gesellschafter einer bestimmten Gesellschaft ist oder gerade nicht ist. 25

Auch klagenden (vermeintlichen) Gesellschaftern dürfte häufig das Rechtsschutzinteresse fehlen. Jedenfalls ist gründlich zu prüfen, ob nicht eine **Leistungsklage vorrangig** ist; das ist dann zu bejahen, wenn das eigentliche Begehren des Klägers über die Feststellung des Status hinausgeht und er z. B. die Teilhabe an den Vermögensrechten anstrebt. Sofern sie eine **negative Feststellung** begehren, ist zu prüfen, ob sie nicht darauf verwiesen werden können, abzuwarten und sich gegebenenfalls gegen eine Inanspruchnahme durch die übrigen Gesellschafter oder die Gesellschaft zur Wehr zu setzen. 26

Bei Klagen der Mehrheit der Gesellschafter gegen einzelne (vermeintliche) Mitgesellschafter gelten die gleichen Erwägungen. Auch dort kann die Gesellschaftermehrheit ihre Ansprüche gegen ihren (vermeintlichen) Mitgesellschafter möglicherweise mit einer **Leistungsklage** geltend machen, oder sie kann abwarten und sich gegen eine klageweise Inanspruchnahme durch den (vermeintlichen) Mitgesellschafter zur Wehr setzen. 27

V. Zuständigkeit

Die Zuständigkeit für die Statusklagen ergibt sich aus allgemeinen Grundsätzen. Wie bei Streitigkeiten aus dem Vorvertrag (s. o. Rdn. 7) ist die **sachliche Zuständigkeit**, die sich aus §§ 23, 71 GVG ergibt, streitwertabhängig; an den Landgerichten sind die allgemeinen Zivilkammern zuständig. 28

Bei Statusklagen wird regelmäßig, anders als bei Streitigkeiten aus dem Vorvertrag, ein allgemeiner Gerichtsstand der Gesellschaft gem. § 17 ZPO begründet sein, mit der Folge, dass für die örtliche Zuständigkeit der besondere Gerichtsstand des **§ 22 ZPO** begründet ist. Dabei kommt es in der Regel nicht darauf an, ob der Beklagte tatsächlich Mitglied der Gesellschaft ist: denn bei diesen sog. »doppeltrelevanten Tatsachen«, die sowohl für die Zuständigkeit erheblich sind, als auch notwendige Tatbestandsmerkmale in der Begründetheitsprüfung sind, wird die Zulässigkeit allein anhand des schlüssigen Vortrags des Klägers geprüft.[38] Wenn der besondere Gerichtsstand des § 22 ZPO begründet ist, dann sind mehrere Beklagte an diesem besonderen Gerichtsstand zu verklagen, weil eine gerichtliche Bestimmung der Zuständigkeit gem. § 36 Abs. 1 Nr. 3 ZPO ausgeschlossen ist, 29

---

36 BGH NJW-RR 1990, 474 (475); BGHZ 91, 132 (133); BGH WM 1966, 1036.
37 BGH NJW-RR 1990, 474 (475).
38 BGH NJOZ 2010, 2116 m. w. N.

wenn ein gemeinschaftlicher besonderer Gerichtsstand begründet ist. Die **gerichtliche Bestimmung** gem. § 36 ZPO kommt dann nur bei Innen-GbRs und bei Klagen, die gegen (angebliche) Nicht-Gesellschafter geführt werden, in Betracht.

D. Entstehung/Entstehungszeitpunkt

30 Im Gründungsstadium der GbR kann auch Streit darüber entstehen, **ob** die GbR als solche entstanden ist und **wann** die Gesellschaft entstanden ist. Dabei entsteht die GbR mit dem **Vertragsschluss** oder an einem im Gesellschaftsvertrag benannten (späteren) Datum.[39] Auf das Innenverhältnis beschränkt können die Gesellschafter schuldrechtlich vereinbaren, dass das Recht der GbR bereits auf einen Zeitraum vor Entstehung der Gesellschaft angewendet werden soll.[40] Hängt die Wirksamkeit des Vertragsschlusses von dem Eintritt einer Bedingung (§ 158 Abs. 1 BGB) oder einer Genehmigung des Vormundschaftsgerichts (§ 1822 Nr. 3 BGB, der über §§ 1643 Abs. 1, 1908i Abs. 1 und 1915 Abs. 1 BGB auch für Eltern, Betreuer und Pfleger gilt) ab, so entsteht regelmäßig auch die Gesellschaft erst mit Eintritt der Bedingung bzw. Erteilung der Genehmigung.[41] Gegen die Entscheidung des Vormundschaftsgerichts haben die (vorgesehenen) Mitgesellschafter keine Beschwerdemöglichkeit.[42]

31 Wenn die Willenserklärung auch nur eines Gesellschafters **nichtig** ist, dann finden nach einhelliger Ansicht die allgemeinen Grundsätze Anwendung, wonach der gesamte Vertrag nichtig ist.[43] Wenn aber die Gesellschaft von den Gesellschaftern in Vollzug gesetzt wird, entsteht eine sog. »fehlerhafte Gesellschaft«.[44] Die dogmatischen Begründungsansätze der Lehre von der fehlerhaften Gesellschaft sind unterschiedlich.[45] Einigkeit besteht aber über den Grundsatz, dass ein Verbund von Gesellschaftern, der in Vollzug gesetzt wurde und auf einem Gesellschaftsvertrag fußt, nicht nach den Regeln des Allgemeinen Teils des BGB rückabgewickelt werden kann, auch wenn der Vertrag mangelbehaftet ist; Näheres dazu unten unter Rdn. 36–63.

32 Für Streitigkeiten über das »Ob« und »Wann« der Entstehung gelten die oben unter Rdn. 6–9 aufgeführten Grundsätze entsprechend.

33 Auch hier kommt als **Klageart** wieder nur die Feststellungsklage in Betracht. Und auch diese Klage muss gegen die übrigen Gesellschafter gerichtet werden. Eine Klage gegen die GbR selbst kommt nicht in Betracht, weil die Frage des »Ob« und »Wann« der Entstehung der Gesellschaft die Grundlagen der Gesellschaft betrifft, über die die Gesellschaft nicht disponieren kann. Deshalb kann hier nichts anderes gelten als in den sonstigen Konstellationen, in denen die Gesellschafter über die Grundlagen der Gesellschaft streiten.[46] Auch für diese Streitigkeiten ist eine abweichende Regelung im Gesellschaftsvertrag möglich, die anordnet, dass diese Streitigkeiten mit der Gesellschaft auszutragen sind.[47] Ob notwendige Streitgenossenschaft besteht, ist, soweit erkennbar, noch nicht entschieden.[48] Dies müsste aber konsequenterweise, im Einklang mit anderen Feststellungsklagen, die ebenfalls die Grundlagen der Gesellschaft betreffen, abzulehnen sein. Und auch hier gilt, dass ein im

---

39 MAH PersGes/*Johansson* § 2 Rn. 9; MüKo BGB/*Ulmer/Schäfer* § 705 Rn. 6; MünchHdb GesR I /*Möhrle* § 5 Rn. 7.
40 BGH WM 1976, 972 (974); MünchHdb GesR I/ *Möhrle* § 5 Rn. 8 m. w. N.
41 MAH PersGes/*Johansson* § 2 Rn. 9; MüKo BGB/*Ulmer/Schäfer* § 705 Rn. 6.
42 MüKo BGB/*Wagenitz* § 1822 Rn. 76; § 1828 Rn. 40.
43 MAH PersGes/*Johansson* § 2 Rn. 157.
44 MüKo BGB/*Ulmer* § 705 Rn. 326; Schulze BGB/*Saenger* § 705 Rn. 29.
45 Palandt/*Sprau* § 705 Rn. 18; siehe zum Meinungsstand: MüKo BGB/*Ulmer* § 705 Rn. 347 ff.
46 Vgl. BGHZ 81, 263 (264 f.) = NJW 1981, 2565 (zur Wirksamkeit einer Kündigung bei der KG); BGHZ 85, 350 (353) = NJW 1983, 1056 (zur Wirksamkeit einer Änderung des Gesellschaftsvertrages einer KG); BGHZ 91, 132 (133) = NJW 1984, 2104 (für Streitigkeiten über die Zugehörigkeit zu einer KG).
47 Vgl. BGHZ 85, 350 (353); 91, 132 (133).
48 Für notwendige Streitgenossenschaft wohl: Staudinger/*Habermeier* § 705 Rn. 39 (der sich zu Unrecht auf BGHZ 30, 195 beruft) und Rosenberg/Schwab/Gottwald § 49 Rn. 30.

Gesellschafterprozess ergangenes rechtskräftiges Urteil für die Gesellschaft selbst maßgebend ist – jedenfalls, soweit die Entscheidung gegenüber allen Gesellschaftern rechtskräftig ist.[49]

Indessen wird auch in diesen Fällen das **Feststellungsinteresse** regelmäßig nur schwierig zu begründen sein. In der Praxis werden diese Klagen eher die Ausnahme sein, weil die meisten Streitfälle von den Grundsätzen der fehlerhaften Gesellschaft erfasst werden; dazu sogleich. 34

Für die Frage, ob der besondere Gerichtsstand des **§ 22 ZPO** gegeben ist, kommt es darauf an, ob es einen allgemeinen Gerichtsstand der Gesellschaft gibt. Das ist dann zu bejahen und § 22 ZPO ist also anwendbar, wenn die Existenz der Gesellschaft nicht im Streit steht, oder im Falle dass der Beklagte die Existenz der Gesellschaft bestreitet, wenn der Kläger die Existenz der Gesellschaft schlüssig behauptet (weil dann die Existenz der Gesellschaft als »doppelrelevante Tatsache« erst in der Begründetheit geprüft wird). Wenn der Kläger hingegen das Nicht-Bestehen der Gesellschaft behauptet, ist § 22 ZPO nicht anwendbar. 35

E. Fehlerhafte Gesellschaft

Das Institut der fehlerhaften Gesellschaft beruht auf richterlicher Rechtsfortbildung und modifiziert aus Gründen des Verkehrs- und Bestandsschutzes die allgemeinen **Nichtigkeitsfolgen** bei der Gründung von (Personen)-Gesellschaften.[50] Das Institut ist in manchen Details sowie in der dogmatischen Begründung stark umstritten.[51] Auch die Frage, inwieweit die Grundsätze der fehlerhaften Gesellschaft auf Vertragsänderungen und Beitritte anwendbar sind, ist nicht abschließend geklärt.[52] Eine vollumfängliche Darstellung ist nicht das Ziel dieses Handbuches und es kann insoweit auf die weiterführende Literatur verwiesen werden. 36

I. Voraussetzungen

Die Grundsätze der fehlerhaften Gesellschaft kommen zur Anwendung, wenn die folgenden drei Voraussetzungen erfüllt sind: 37

1. Fehlerhafter Vertragsschluss

Die erste Voraussetzung dafür, dass die Grundsätze der fehlerhaften Gesellschaft zur Anwendung kommen, ist ein **fehlerhafter Vertragsschluss.**[53] Die Gesellschafter müssen einen Vertrag geschlossen haben, der aber aufgrund eines Fehlers nicht wirksam geworden ist oder von Unwirksamkeit bedroht ist. 38

Es muss demnach zwischen den Gesellschaftern zumindest konkludent ein **Gesellschaftsvertrag** geschlossen und gewollt worden sein, so dass sowohl ein rein faktisches Zusammenwirken[54] als auch ein nur zum Schein[55] (§ 117 BGB) geschlossener Gesellschaftsvertrag nicht zur Anwendung der Grundsätze der fehlerhaften Gesellschaft führen.[56] 39

---

49 BGHZ 85, 350 (353); BGHZ 48, 175.
50 Hdb PersGes/*Sauter* § 2 Rn. 113.
51 Einen guten Überblick bieten MüKo BGB/*Ulmer/Schäfer* § 705 Rn. 323 ff. und *Goette* DStR 1996, 266.
52 Dazu MüKo BGB/*Ulmer/Schäfer* § 705 Rn. 360 ff. m. w. N.; sowie zur gleichen Situation bei der OHG MüKo HGB/*K. Schmidt* § 105 Rn. 248 ff.
53 Bereits Leitsatz BGHZ 11, 190 (allerdings noch unter der missverständlichen Bezeichnung als faktische Gesellschaft).
54 MünchHdb GesR I/*Miras* § 100 Rn. 30.
55 BGH NJW 1953, 1220; MünchHdb GesR I/*Miras* § 100 Rn. 30
56 Allg. Meinung: MüKo BGB/*Ulmer/Schäfer* § 705 Rn. 327; Hdb PersGes/*Sauter* § 2 Rn. 114; *Goette* DStR 1996, 266 (268).

40 Dieser Gesellschaftsvertrag muss mit einem solchen Fehler behaftet sein, der nach der allgemeinen Rechtsgeschäftslehre zur **Nichtigkeit oder Anfechtbarkeit** des Gesellschaftsvertrages führen würde.[57] Nach *Ulmer*[58] lassen sich die Mängel in drei Gruppen einteilen:
– die erste Gruppe bilden die **Anfechtungstatbestände** der §§ 119, 123 BGB, d. h. die auf Irrtum, Täuschung oder Drohung beruhenden, nach allgemeinen Grundsätzen (§ 142 BGB) rückwirkend vernichtbaren Vertragsschlüsse;
– die zweite Gruppe bilden die Fälle **ursprünglich unwirksamer Vertragsschlüsse**, also insbesondere ein Verstoß des Gesellschaftszwecks gegen §§ 134, 138 BGB (in diesen Fällen sollen die Regeln über die fehlerhafte Gesellschaft aber gerade nicht zur Anwendung kommen, siehe unten Rdn. 49–55), die Fälle des offenen Dissens gem. § 154 BGB und Formmängel gem. § 125 BGB. Zu dieser Fallgruppe gehören auch die Fälle des Widerrufs nach Verbraucherschutzvorschriften; auch auf diese Fälle hat der BGH, inzwischen mit Bestätigung des EuGH[59], die Grundsätze über die fehlerhafte Gesellschaft angewendet;[60]
– die dritte Gruppe bilden die Gründungen unter fehlerhafter Mitwirkung einzelner, **besonders schutzwürdiger Personen**, also insbesondere Geschäftsunfähiger und beschränkt Geschäftsfähiger. Allerdings ist bei dieser Fallgruppe der vorrangige Schutz dieses Personenkreises zu beachten, was im Ergebnis wiederum zu einer Unanwendbarkeit der Grundsätze der fehlerhaften Gesellschaft, zumindest für diesen Personenkreis, führt.

41 Es genügt, wenn die Willenserklärung **eines einzelnen Gesellschafters** unwirksam oder vernichtbar ist; **jeder Gesellschafter** kann sich dann auf die Nichtigkeit berufen.[61]

42 Wenn allerdings die übrigen Gesellschafter der **Mangelhaftigkeit der Beitrittserklärung eines einzelnen Gesellschafters** keine entscheidende Bedeutung für die Erreichung des Gesellschaftszwecks beimessen, dann kann zwischen diesen übrigen Gesellschaftern eine wirksame Gesellschaft ohne Rückgriff auf die Grundsätze der fehlerhaften Gesellschaft angenommen werden.[62] Als Beurteilungsmaßstab dafür, ob der mangelbehafteten Beitrittserklärung eine entscheidende Bedeutung zukommt, bietet sich dabei § 139 BGB an.

43 Der gesamte Vertrag muss nichtig oder zumindest vernichtbar sein; eine bloße **Teilunwirksamkeit** führt demnach nicht zur Anwendung der Grundsätze über die fehlerhafte Gesellschaft.[63]

44 Wenn der Mangel durch **Heilung** behoben ist[64], insbesondere durch Bestätigung des zunächst mit einem Mangel behafteten Vertrages, liegt kein fehlerhafter Vertrag mehr vor.[65]

2. Vollzug der Gesellschaft

45 Weitere Voraussetzung für die Anwendung der Lehre von der fehlerhaften Gesellschaft ist, dass mit der Ausführung des Beschlossenen begonnen worden ist.[66] Laut BGH ist ein **Vollzug** anzunehmen, wenn »Rechtstatsachen geschaffen worden sind, an denen die Rechtsordnung nicht vorbeigehen kann«.[67] Dies wird dahingehend verstanden, dass jedenfalls jedes **Tätigwerden nach außen** genügt, auch wenn es sich nur um Vorbereitungsgeschäfte handelt.[68]

---

57 MAH PersGes/*Johansson* § 2 Rn. 163.
58 MüKo BGB/*Ulmer/Schäfer* § 705 Rn. 328.
59 EuGH C-215/08 = NJW 2010, 1511.
60 BGHZ 148, 201; BGH ZIP 2010, 1540.
61 MüKo BGB/*Ulmer/Schäfer* § 705 Rn. 342; Palandt/*Sprau* § 705 Rn. 18b.
62 MüKo BGB/*Ulmer/Schäfer* § 705 Rn. 330.
63 Palandt/*Sprau* § 705 Rn. 18; MüKo BGB/*Ulmer/Schäfer* § 705 Rn. 330.
64 Siehe dazu MüKo BGB/*Ulmer/Schäfer* § 705 Rn. 357.
65 MüKo BGB/*Ulmer/Schäfer* § 705 Rn. 357; Palandt/*Sprau* § 705 Rn. 18; MüKo HGB/*K. Schmidt* § 105 Rn. 235.
66 *Goette* DStR 1996, 266 (268).
67 BGH NJW 1978, 2505 (2506).
68 *Goette* DStR 1996, 266 (268); Hdb PersGes/*Sauter* § 2 Rn. 117; Erman/*Westermann* § 705 Rn. 79.

E. Fehlerhafte Gesellschaft § 30

Umstritten ist die Frage, inwieweit auf das **Innenverhältnis beschränkte Maßnahmen** zu einem Vollzug der Gesellschaft führen. Nach der Rechtsprechung[69] kann ein Vollzug bereits angenommen werden, wenn die **Einlage** geleistet worden ist oder sonst gesellschaftsvertragliche Rechte ausgeübt werden. Dem ist der Großteil der neueren Literatur gefolgt.[70] Eine Gegenansicht[71] sieht die Leistung der Einlagen und auch die Bildung von Gesamthandsvermögen noch nicht als für den Vollzug ausreichend an. Grund hierfür sei, dass die Modifizierung der Nichtigkeitsfolgen nur dann geboten sei, wenn auch tatsächlich Abwicklungsschwierigkeiten bestehen, woran es fehle, wenn die Einlagen noch in natura vorhanden sind. 46

3. Keine höherwertigen Interessen

Die Grundsätze über die fehlerhafte Gesellschaft können aber nach herrschender Meinung nur dann zur Anwendung kommen, wenn keine **höherwertigen Interessen** der Rechtsordnung der Behandlung der Gesellschaft als zunächst wirksam im Wege stehen.[72] Eine relativ neue, besonders von *Karsten Schmidt* vorangetriebene Ansicht, spricht sich gegen diese Ausnahme von den Grundsätzen der fehlerhaften Gesellschaft aus und will die Lehre von der fehlerhaften Gesellschaft (mit Modifikationen bei Haftungsfragen nicht voll Geschäftsfähiger) immer anwenden, wenn ein fehlerhafter Gesellschaftsvertrag in Vollzug gesetzt ist.[73] 47

Die weitere Darstellung folgt der herrschenden Meinung und Rechtsprechung und stellt die – zum Teil auch innerhalb der herrschenden Meinung umstrittenen – Fallgruppen dar, in denen die Grundsätze der fehlerhaften Gesellschaft trotz Vorliegens der sonstigen Tatbestandsvoraussetzungen nicht zur Anwendung kommen sollen. 48

a) Verstoß gegen Gesetz oder gute Sitten

Die Grundsätze über die fehlerhafte Gesellschaft sollen dann nicht zur Anwendung kommen, wenn die Nichtigkeit auf einem **Verstoß** des Vertrages gegen das **Gesetz** beruht oder der Vertrag gegen die **guten Sitten** verstößt. 49

Hier ist insbesondere darauf abzustellen, ob der **Gesellschaftszweck** und nicht nur einzelne Klauseln oder Nebenbedingungen gegen ein Gesetz oder die guten Sitten verstoßen.[74] Ein Verbotsgesetz muss sich gerade gegen den Gesellschaftszweck als solchen richten und die Anwendung der Lehre von der fehlerhaften Gesellschaft gerade mit dem Zweck der Verbotsnorm unvereinbar sein.[75] Dies ist insbesondere für die Kartellverbote des § 1 GWB und Art. 101 AEUV (früher Art. 81 EG) höchst umstritten.[76] 50

---

69 BGHZ 13, 320 (noch als obiter dictum); BGH NJW 1978, 2505 (2506) (zum Beitritt eines Gesellschafters, auf den der BGH die Grundsätze der fehlerhaften Gesellschaft anwendet); BGH NJW 1992, 1501 (1502); BGHZ 172, 157.
70 *Goette* DStR 1996, 266 (268); Hdb PersGes/*Sauter* § 2 Rn. 117; MAH PersGes/*Johansson* § 2 Rn. 164.
71 Erman/*Westermann* § 705 Rn. 79; Bamberger/Roth/*Schöne* § 705 Rn. 85; MüKo BGB/*Ulmer/Schäfer* § 705 Rn. 331.
72 BGHZ 62, 234; MüKo BGB/*Ulmer/Schäfer* § 705 Rn. 332; Hdb PersGes/*Sauter* § 2 Rn. 118; MAH PersGes/*Johansson* § 2 Rn. 165.
73 *Schwintowski* NJW 1988, 937 (942); MüKo HGB/*K. Schmidt* § 105 Rn. 237 ff. m. w. N.
74 Instruktiv in Abgrenzung zu früherer Rechtsprechung BGHZ 153, 214; *Goette* DStR 1996, 266 (270); MüKo BGB/*Ulmer/Schäfer* § 705 Rn. 333 f.; Bamberger/Roth/*Schöne*, § 705, Rn. 87; Hdb PersGes/*Sauter* § 2 Rn. 118.
75 *Schwintowski* NJW 1988, 937 (938 f.).
76 Nachweise bei MüKo BGB/*Ulmer/Schäfer* § 705 Fußnote 903.

b) Schutz nicht voll Geschäftsfähiger

51 Keine Anwendung finden die Grundsätze über die fehlerhafte Gesellschaft gegenüber **Geschäftsunfähigen** oder **nicht voll Geschäftsfähigen**.[77] Hierzu bestand hinsichtlich der Haftung im Außenverhältnis und des Verlustausgleichs schon immer weitestgehend Einigkeit.[78] Eine Ansicht, die für den Minderjährigen auf Grund des lediglich rechtlich vorteilhaften Charakters eine Gesellschafterstellung in Bezug auf eine Gewinnbeteiligung angenommen hat, wird in der heutigen Literatur – soweit ersichtlich – nicht mehr vertreten.[79]

52 Wenn die Wirksamkeit der Willenserklärung des nicht voll Geschäftsfähigen von der Genehmigung des Vormundschaftsgerichts abhängt und die Gesellschaft trotz **Genehmigungsverweigerung** oder **vor Genehmigung in Vollzug** gesetzt wird, so entsteht die Gesellschaft im Zeitpunkt der Invollzugsetzung als fehlerhafte Gesellschaft nur zwischen den verbliebenen geschäftsfähigen Gesellschaftern (wenn mindestens zwei Gründer im Zeitpunkt der Gründung geschäftsfähig waren) und nicht mit Beteiligung des Minderjährigen.[80] Allerdings wird hier anerkannt, dass zwischen den voll geschäftsfähigen Gesellschaftern eine wirksame Gesellschaft entstehen kann, wenn nämlich die Auslegung ergibt, dass sie die Gesellschaft auch ohne Beteiligung des nicht voll geschäftsfähigen Gesellschafters gründen wollten.[81]

c) Kein höherwertiges Interesse bei arglistiger Täuschung und Drohung

53 Unklar ist – auch in Folge unterschiedlicher BGH-Rechtsprechung –, ob die Grundsätze der fehlerhaften Gesellschaft auch in Fällen der **arglistigen Täuschung und der Drohung** (also der Anfechtbarkeit nach § 123 BGB) anzuwenden sind.[82]

54 Der **BGH** hat in seiner früheren Rechtsprechung die Lehre der fehlerhaften Gesellschaft zwar auch in Fällen arglistiger Täuschung **grundsätzlich für anwendbar** gehalten, jedoch Ausnahmen davon in bestimmten Fällen, so bei einem besonders schweren Fall, für möglich gehalten.[83]

55 **Demgegenüber** wird in der **Literatur** eine Anwendung der Grundsätze über die fehlerhafte Gesellschaft in allen Fällen des § 123 BGB befürwortet.[84] Auch die neuere Rechtsprechung verzichtet – ohne dass es in den relevanten Entscheidungen darauf ankam – nun auf eine Einschränkung der Anwendbarkeit der Grundsätze über die fehlerhafte Gesellschaft bei arglistiger Täuschung.[85]

4. Innengesellschaften

56 Die Rechtsprechung wendet die Lehre von der fehlerhaften Gesellschaft auch auf die reine **Innengesellschaft** – außer wenn diese kein eigenes Gesellschaftsvermögen gebildet hat[86] – an.[87] Dem folgt zumindest ein Teil der Literatur.[88]

---

77 BGH MDR 1983, 562; Hdb PersGes/*Sauter* § 2 Rn. 118; MAH PersGes/*Johansson* § 2 Rn. 165.
78 *Goette* DStR 1996, 266 (270 m. w. N.); MüKo BGB/*Ulmer/Schäfer* § 705 Rn. 337 f.
79 *Goette* DStR 1996, 266 (270).
80 BGH MDR 1983, 562; Hdb PersGes/*Sauter* § 2 Rn. 100; MüKo BGB/*Ulmer/Schäfer* § 705 Rn. 339.
81 *Goette* DStR 1996, 266 (270); MüKo BGB/*Ulmer/Schäfer* § 705 Rn. 339.
82 Hdb PersGes/*Sauter* § 2 Rn. 120.
83 BGHZ 13, 320; BGHZ 55, 5; BGH NJW-RR 1988, 1379; so auch Hdb PersGes/*Sauter* § 2 Rn. 120.
84 MüKo BGB/*Ulmer/Schäfer* § 705 Rn. 340; MAH PersGes/*Johansson* § 2 Rn. 165; Palandt/*Sprau* § 705 Rn. 18b.
85 BGH NJW 2004, 2731 (2734).
86 BGH BB 1990, 1997.
87 Z. B.: BGH DStR 2009, 2382; BGHZ 55, 5 (8 f.); BGH ZIP 2004, 1706; Hdb PersGes/*Sauter* § 2 Rn. 115; MAH PersGes/*Johansson* § 2 Rn. 162.
88 Z. B. Palandt/*Sprau* § 705 Rn. 19a.

E. Fehlerhafte Gesellschaft

II. Rechtsfolge

Liegen die oben genannten Voraussetzungen vor und ist auch keine Ausnahme begründet, dann besagen die Grundsätze der fehlerhaften Gesellschaft, dass die Gesellschaft so lange, und zwar **sowohl im Innen- als auch im Außenverhältnis, wirksam ist**, bis der Fehler geltend gemacht wird und die Gesellschaft aufgelöst ist.[89]

III. Geltendmachung des Fehlers

Die Fehlerhaftigkeit wird in der GbR – mangels anderweitiger Bestimmungen im Gesellschaftsvertrag – durch außerordentliche Kündigung (§ 723 BGB) geltend gemacht.[90] Allein die Fehlerhaftigkeit des Gesellschaftsvertrages stellt dabei einen ausreichenden wichtigen Grund für die **außerordentliche Kündigung** dar.[91] Einschränkungen können sich hier – wie bei der normalen außerordentlichen Kündigung – daraus ergeben, dass die Berufung auf den Mangel treuwidrig ist, oder ein ersichtlich milderes Mittel, wie das Ausscheiden nur einzelner Gesellschafter (insbesondere derer, deren Willenserklärung von einem Mangel betroffen sind) aus der Gesellschaft, zumutbar ist.[92]

Grundsätzlich führt die Kündigung zur **Auflösung** der Gesellschaft.[93] Die **Abwicklung** richtet sich nach den Vorschriften im fehlerhaften Gesellschaftsvertrag, soweit diese Bestimmungen zulässig und nicht aus sich heraus ebenfalls nichtig sind.[94]

Die Kündigung muss – vorbehaltlich abweichender gesellschaftsvertraglicher Regelungen – **nicht im Klagewege** geltend gemacht werden, sondern kann gegenüber den übrigen Gesellschaftern erklärt werden.[95]

Nach einer früher in der Literatur vertretenen **Mindermeinung**[96] sollten hingegen die Vorschriften der §§ 133, 140 HGB im Falle der Fehlerhaftigkeit des Gesellschaftsvertrages einer rechtsfähigen Außen-GbR auf diese anzuwenden sein, denn nach Anerkennung der Rechtssubjektivität der Außen-GbR müsse über die Folgen der Fehlerhaftigkeit der Gesellschaft in einem Gestaltungsverfahren zwischen dem oder den betroffenen einzelnen Gesellschaftern und der Gesellschaft als Prozessparteien entschieden werden. Diese Ansicht hat sich jedoch nicht durchgesetzt und wird nicht mehr vertreten.

Wenn die Kündigung auf die Anfechtungstatbestände des BGB gestützt wird, sind die **Fristen der §§ 121, 124 BGB** zu beachten.[97] Daneben kann das Recht zur Geltendmachung des Mangels wegen Zeitablaufs **verwirkt** sein[98] oder nach den Grundsätzen von Treu und Glauben **ausgeschlossen** sein, etwa wenn die Verletzung des zum Mangel führenden Rechts nur dem Schutz eines anderen Gesellschafters diente und dieser Gesellschafter erklärt hat, keine Rechte aus dem Mangel herleiten zu wollen.[99]

---

89 BGH NJW 1988, 1324.
90 Ganz h. M. BGHZ 55, 5; MüKo BGB/*Ulmer* § 705 Rn. 345; Hdb PersGes/*Sauter* § 2 Rn. 122 f.; Palandt/*Sprau* § 705 Rn. 18b.
91 BGHZ 3, 285 (290) und seitdem ganz h. M.: MüKo BGB/*Ulmer/Schäfer* § 705 Rn. 345 m. w. N.
92 MüKo BGB/*Ulmer/Schäfer* § 705 Rn. 345; MüKo HGB/*K. Schmidt* § 105 Rn. 246.
93 MüKo BGB/*Ulmer/Schäfer* § 705 Rn. 342; Schulze/*Saenger* § 705 Rn. 32; Jauernig/*Stürner* § 705 Rn. 20.
94 MAH PersGes/*Johansson* § 2 Rn. 167; Palandt/*Sprau* § 705 Rn. 18b.
95 MüKo BGB/*Ulmer/Schäfer* § 705 Rn. 345.
96 So früher 3. Aufl. MünchHdb GesR I/*Bälz* § 100 Rn. 244; Aktuelle 4. Aufl. MünchHdb GesR I/*Miras* § 100 Rn. 146 ff. schließt sich der herrschenden Ansicht an und wählt nicht mehr die Lösung über den Klageweg entsprechend §§ 133, 140 HGB.
97 BGH NJW 1979, 765 (die Anwendbarkeit des § 124 BGB voraussetzend); Baumbach/Hopt/*Roth* § 105 Rn. 88.
98 BGHZ 156, 46.
99 BGH NJW 1988, 1324 (1325).

63 Wenn streitig ist, ob die Gesellschaft wirksam gekündigt wurde, dann steht den Gesellschaftern die **allgemeine Feststellungsklage** offen. Es gelten dann wieder die oben unter Rdn. 6–9 gemachten Ausführungen. Dabei sollte § 22 ZPO auch für die fehlerhafte Gesellschaft gelten.

F. Einstweiliger Rechtsschutz/Schiedsfähigkeit

I. Einstweiliger Rechtsschutz

64 Die Zulässigkeit einstweiligen Rechtsschutzes im Zusammenhang mit Auseinandersetzungen im Gründungsstadium richtet sich nach allgemeinen Grundsätzen.[100] Da es eine **vorläufige Feststellung des Status** eines Gesellschafters nicht gibt, kann sich aber der einstweilige Rechtsschutz nicht unmittelbar auf den Status beziehen. Vielmehr wird der einstweilige Rechtsschutz in diesen Fällen die aus dem angestrebten Status erwachsenen Rechtspositionen betreffen, also insbesondere die **Sicherung bestimmter Ansprüche**.

II. Schiedsfähigkeit

65 Im Personengesellschaftsrecht sind grundsätzlich alle Streitigkeiten schiedsfähig[101], einschließlich der Gestaltungsklagen bei den Handelsgesellschaften[102] und den Beschlussmängelstreitigkeiten[103]. Deshalb können auch die **Streitigkeiten im Gründungsstadium** der GbR vor einem **Schiedsgericht** ausgetragen werden.

66 Es ist umstritten, ob Schiedssprüche unmittelbar **Gestaltungswirkung** entfalten können oder ob es dazu ihrer **Vollstreckbarerklärung** bedarf.[104] Dieser Streit kann für Schiedssprüche, die wie die hier besprochenen nur Feststellungen treffen, dahingestellt bleiben.

67 Bei Klagen auf die **Abgabe von Willenserklärungen**, z. B. aus dem Vorvertrag, ist zu beachten, dass nach ganz h. L. mit dem Schiedsspruch allein noch keine Fiktionswirkung über die Abgabe der Willenserklärung gem. § 894 ZPO zustandekommt.[105] Diese Fiktionswirkung entsteht erst, wenn der Schiedsspruch **rechtskräftig für vollstreckbar** erklärt wurde.[106] Anderer Ansicht ist aber z. B. das OLG Dresden, das die Fiktionswirkung schon mit Erlass des Schiedsspruchs annimmt.[107]

68 Die Vollstreckbarerklärung des Schiedsspruchs ist nach h. L. auch Voraussetzung für **Eintragungen in Register**.[108]

---

100 Zum einstweiligen Rechtsschutz bei Gesellschafterstreitigkeiten: *Lutz*, Der Gesellschafterstreit, Rn. 795 ff.
101 Großkomm HGB/C. *Schäfer* § 109 Rn. 68; *Schwedt/Lilja/Schaper* NZG 2009, 1281 (1285). Dazu insgesamt: Lutz, Der Gesellschafterstreit, Rn. 820 ff. Zu den Problemen bei Publikumsgesellschaften und der nachträglichen Einführung von Schiedsklauseln: *Habersack* SchiedsVZ 2003, 241 (244 f.).
102 BGH NJW 1996, 1753 (1754).
103 BGH NJW 1979, 2567 (2569).
104 Dazu *Lachmann* Handbuch Schiedsgerichtspraxis, Kapitel 19 Rn. 1787 m. w. N.; gegen die Gestaltungswirkung die h. L., z. B. B/L/A/H § 1055 Rn. 7; für die Gestaltungswirkung z. B. Zöller/*Geimer* § 1055 Rn. 2.
105 B/L/A/H § 1055 Rn. 7; Zöller/*Geimer* § 1055 Rn. 2.
106 Dazu *Lachmann* Handbuch Schiedsgerichtspraxis, Kapitel 19 Rn. 1788 m. w. N.
107 OLG Dresden 11 Sch 08/01, BB 2001 Beilage 7 S. 22.
108 *Lachmann* Handbuch Schiedsgerichtspraxis, Kapitel 19 Rn. 1788 m. w. N.

§ 31 Streitigkeiten um Gesellschaftsanteile

Übersicht

	Rdn.			Rdn.
A. Überblick: Übertragung von Gesellschaftsanteilen	1	C.	Rechtsstreitigkeiten in Folge der Vererbung von GbR-Anteilen	25
B. Übertragung nach §§ 413, 398 BGB	10	I.	Auflösung	25
I. Allgemeines	10	II.	Abweichende gesellschaftsvertragliche Regelungen	28
II. Pflicht zur Zustimmung?	15		1. Fortsetzungsklauseln	29
III. Unwirksame Übertragung	20		2. Nachfolgeklauseln	34

A. Überblick: Übertragung von Gesellschaftsanteilen

Die Übertragung von GbR-Anteilen ist selten Gegenstand von Rechtsstreitigkeiten. Hierfür gibt es 1 eine ganze Reihe von Gründen. So ist heute schon grundsätzlich nicht mehr umstritten, dass auch **GbR-Anteile übertragbar** sind.[1] Insbesondere das Abspaltungsverbot des § 717 S. 1 BGB steht dem nicht entgegen. Darüber hinaus sind in der Rechtsprechung aber auch zahlreiche weitere Fragen geklärt. So ist etwa auch die Übertragung eines Teils eines GbR-Anteils,[2] die gleichzeitige Übertragung aller GbR-Anteile an mehrere Erwerber[3] (kompletter Gesellschafteraustausch) und die Übertragung sämtlicher Gesellschaftsanteile einer GbR auf nur eine Person zulässig.[4] Letzteres hat allerdings die Folge der Beendigung der GbR ohne Liquidation und des Anwachsens deren Vermögens beim Erwerber. Geklärt ist weiterhin, dass die Übertragung von GbR-Anteilen grundsätzlich auch dann **keiner besonderen Form** bedarf, wenn die GbR ausschließlich Vermögen hat, dessen Übertragung als solches formbedürftig wäre, also z. B. Grundstücke und GmbH-Anteile.[5] Dies gilt selbst für den Fall der Übertragung aller Anteile auf eine Person mit der oben bereits beschriebenen Folge der Anwachsung.[6] Etwas anderes mag dann gelten, wenn die Übertragung einen Gestaltungsmissbrauch darstellt, weil sie ausschließlich zur Umgehung der Formvorschriften gewählt wurde.[7]

Die mangelnde Formbedürftigkeit der Übertragung von GbR-Anteilen hat freilich auch ihren Nach- 2 teil. Im Prätendentenstreit um die Gesellschafterstellung fällt es den Parteien nämlich u. U. nicht leicht, dieselbe zu beweisen. Nicht selten sehen sich hier Gerichte mit widersprechenden Zeugenaussagen konfrontiert. Als Nachweis für die Praxis empfiehlt sich daher, zumindest die gewillkürte Schriftform einzuhalten. Der Nachweis der Gesellschafterstellung lässt sich dann nämlich über den Gesellschaftsvertrag bzw. Übertragungsverträge führen. Dies gilt grundsätzlich auch für die Personenhandelsgesellschaften, da die Eintragung der Gesellschafter im Handelsregister bloß deklaratorischer Natur ist. Die bei dem Handelsregister eingereichten Anmeldungen, die in öffentlich beglaubigter Form zu erfolgen haben (§ 12 HGB), dürften indes eine starke Indizwirkung für die tatsächliche Rechtslage haben.

Ein Grund für den Ausnahmecharakter von Rechtsstreitigkeiten bei der Übertragung von GbR-An- 3 teilen dürfte auch sein, dass diese, anders etwa als GmbH-Anteile, **gesetzlich** dergestalt **vinkuliert** sind, dass ohne besondere gesellschaftsvertragliche Regelung Gesellschaftsanteile an GbR nur bei Zustimmung aller Gesellschafter, d. h. jedes einzelnen, übertragen werden können.[8] Liegen solche Zustimmungen vor, kann es schwerlich noch zu einem Streit über die Wirksamkeit des Erwerbs des Gesellschaftsanteils kommen. Anders verhält es sich dagegen in dem Fall, in dem auch nur ein

---

1 Vgl. nur BGH NJW 1997, 860 (861); MüKo BGB/*Schäfer* § 719 Rn. 26; Palandt/*Sprau* § 719 Rn. 6a.
2 OLG Frankfurt NJW-RR 1996, 1123.
3 BGH NJW 1978, 1525; BGH NJW 1966, 499.
4 OLG Düsseldorf NJW-RR 1999, 619; vgl. auch BGH WM 2008, 1687.
5 Vgl. nur BGH NJW 1983, 1110 (1111).
6 BGH NJW 1983, 1110 (1111).
7 BGH NJW 1983, 1110 (1111); MüKo BGB/*Schäfer* § 719 Rn. 35.
8 Palandt/*Sprau* § 736 Rn. 1 i. V. m. 719 Rn. 6a.

Gesellschafter der Übertragung widersprochen hat. Dann kann es in der Tat zum Streit kommen und zwar insbesondere, wenn der veräußerungswillige GbR-Gesellschafter meint, dass die übrigen Gesellschafter – aus welchen Gründen auch immer – zur Zustimmung verpflichtet seien (vgl. hierzu unten Rdn. 15 ff.).

4 Die gesetzliche Vinkulierung kann jedoch **durch Gesellschaftsvertrag** in vielfältiger Weise **abbedungen** werden. So kann z. B. vorgesehen werden, dass die Gesellschafter frei über die Gesellschaftsanteile verfügen können,[9] dass sie nur zugunsten eines bestimmten Personenkreises über sie verfügen können[10] oder aufgrund eines mit qualifizierter oder einfacher Mehrheit gefassten zustimmenden Beschlusses der Gesellschafterversammlung.[11] Den Gestaltungsmöglichkeiten der Gesellschafter sind insoweit kaum Grenzen gesetzt.

5 Gesetzliche Grundlage der Übertragung von GbR-Anteilen sind die §§ 413, 398 BGB, woraus u. a. folgt, dass ein gutgläubiger Erwerb von Gesellschaftsanteilen einer GbR nicht möglich ist.[12]

6 Nicht ganz so eindeutig wie im Falle der Übertragung (Individualsukzession) eines GbR-Anteils ist die Lage im Falle einer **Gesamtrechtsnachfolge** (Universalsukzession). Immerhin wird diese für den wichtigen Fall des Todes des Gesellschafters im Gesetz geregelt (§ 727 BGB). Hiernach sind GbR-Anteile zwar vererblich, mit dem Eintritt des Erbfalles wird die Gesellschaft jedoch aufgelöst. Diese Regelung ist allerdings in verschiedener Hinsicht dispositiv. Der Gesellschaftsvertrag kann nämlich zum einen vorsehen, dass ein Gesellschafter im Fall seines Todes ausscheidet (vgl. § 736 BGB), die Gesellschaft also als werbende, nicht aber mit seinen Erben, fortgesetzt wird oder, dass die Gesellschaft als werbende mit seinen Erben fortgesetzt wird. Streitigkeiten können insoweit allenfalls bei unklaren gesellschaftsvertraglichen Regelungen entstehen. In der Beratungspraxis ist daher besondere Sorgfalt bei der Gestaltung entsprechender Klauseln geboten.

7 Natürlich kann es darüber hinaus im Erbfall immer zu Erbstreitigkeiten kommen. Dies ist indes keine Besonderheit des Gesellschafts- und insbesondere des Rechts der GbR. Es ist vielmehr ein allgemeines Phänomen, insbesondere in Fällen, in denen das Testament des Erblassers auslegungsbedürftig ist.

8 Rechtlich nicht abschließend geklärt ist die Frage der Gesamtrechtsnachfolge bei GbR-Anteilen außerhalb des Erbfalles, und zwar insbesondere bei **Maßnahmen nach dem Umwandlungsgesetz**. Hier empfiehlt es sich, vor Durchführung einer solchen Maßnahme genau zu prüfen, welche Auswirkungen diese auf GbR-Anteile hat.

9 Der Streit über die Zusammensetzung der Gesellschafter der GbR ist im Rahmen der **Feststellungsklage** auszutragen.[13] Örtlich zuständig ist bei der Außen-GbR nach Anerkennung deren Rechtsfähigkeit gem. §§ 22, 17 ZPO das **Gericht am Sitz der Gesellschaft**. Die Tatsache, dass eine der Parteien u. U. gar nicht Gesellschafter ist, spielt für die Frage der Zulässigkeit und damit der Zuständigkeit des Gerichts keine Rolle, soweit auch diese sich im Rechtsstreit einer Gesellschafterstellung berühmt.[14] Die sachliche Zuständigkeit richtet sich nach den allgemeinen Vorschriften.

B. Übertragung nach §§ 413, 398 BGB

I. Allgemeines

10 Die Übertragung eines GbR-Anteils führt zum Austausch des Gesellschafters. Der Erwerber nimmt danach grundsätzlich vollständig die Rechtsstellung des Veräußerers ein.[15] So ist er z. B. auch an eine

---

9 BGH BB 1961, 347.
10 BGH NJW-RR 1989, 1259.
11 BGH BB 1961, 347.
12 Palandt/*Sprau* § 719 Rn. 7.
13 MüKo BGB/*Ulmer/Schäfer* § 705 Rn. 200; vgl. BGH NJW 1967, 2159.
14 Vgl. BGH NJW-RR 1987, 1439.
15 BGH WM 2003, 442.

B. Übertragung nach §§ 413, 398 BGB § 31

Schiedsvereinbarung unter den Gesellschaftern gebunden.[16] Die Auslegung kann im Einzelfall jedoch ergeben, dass einzelne einem Gesellschafter gewährte Rechte nur diesem als Person gewährt worden sind. Solche **höchstpersönlichen Rechte** sind selbstverständlich nicht übertragbar. Als Beispiel wird in der Literatur insoweit häufig eine Alleingeschäftsführung genannt. Ob dies allerdings zutreffend ist, bedarf in jedem Einzelfall der gesonderten Prüfung.[17] Bei einer Teilübertragung eines GbR-Anteils muss durch Auslegung ermittelt werden, welche Rechte und Pflichten übergehen sollen und welche nicht.[18] Dies kann naturgemäß zum Streit führen. Auch in diesen Fällen ist daher besondere Sorgfalt bei der Vertragsgestaltung geboten.

Die gesetzliche Vinkulierung des Gesellschaftsanteils an der GbR bewirkt, dass dieser ohne die Zustimmung aller Gesellschafter oder die Erfüllung abweichender gesellschaftsvertraglicher Bestimmungen nicht übertragen werden kann. Entgegenstehende Übertragungsversuche sind daher unwirksam. Sollte die Zustimmung nicht bereits verweigert worden sein, kann die Zustimmung allerdings noch nachträglich erteilt werden, so dass bis zur Erteilung bzw. Verweigerung der Zustimmung von einem Zustand der **schwebenden Unwirksamkeit** auszugehen ist.[19] 11

Verbreitet finden sich gesellschaftsvertragliche Regelungen, die das Erfordernis der Zustimmung aller Gesellschafter einschränken. Dies gilt insbesondere für die Fälle der Übertragung an Ehegatten, Abkömmlinge oder Mitgesellschafter sowie in Fällen, in denen nicht die Zustimmung aller Gesellschafter sondern ein mit qualifizierter oder einfacher Mehrheit gefasster zustimmender Gesellschafterbeschluss für die Wirksamkeit der Übertragung ausreicht. Auslegungsprobleme bei solchen Gestaltungen sind eher selten. Im Zweifel ist hier die Rechtsprechung zur Auslegung von **Vinkulierungsklauseln in GmbH-Satzungen** heranzuziehen, die wesentlich verbreiteter ist als die zu GbR-Anteilen. Hierbei ist jedoch zu berücksichtigen, dass GmbH-Anteile anders als GbR-Anteile nicht gesetzlich vinkuliert sind, sondern der GmbH-Gesellschafter nach dem gesetzlichen Leitbild frei über seine GmbH-Anteile verfügen kann.[20] 12

Die gesetzliche Regel, wonach grundsätzlich für die Übertragung eines GbR-Anteils die Zustimmung aller Gesellschafter erforderlich ist, wird jedoch nicht schon durch eine Klausel abbedungen, wonach Gesellschafterbeschlüsse mit qualifizierter oder einfacher Mehrheit zu fassen sind.[21] Dies hängt damit zusammen, dass die gesetzliche Vinkulierung der GbR-Anteile Ausprägung des gesetzlichen Leitbilds der GbR ist, wonach unter den Gesellschaftern eine besondere Bindung besteht und sämtliche Gesellschafter ein Mitbestimmungsrecht in Bezug auf die Zusammensetzung der Gesellschaft haben. Sie stellt mithin neben anderen Elementen den Kernbereich der Mitgliedschaft dar. Macht der Gesellschaftsvertrag jedoch die Zustimmung zur Übertragung der GbR-Anteile zum Gegenstand der Willensbildung in der Gesellschafterversammlung, so finden auch insoweit etwaige Regelungen über Mehrheitsentscheidungen Anwendung.[22] 13

Neben der Übertragung von GbR-Anteilen kann ein Gesellschafterwechsel nach wie vor auch durch **Austritt und Eintritt** dargestellt werden. Dieser Form des Gesellschafterwechsels kommt heute allerdings nur noch geringe Bedeutung zu. Er vollzieht sich dadurch, dass zunächst der austretende Gesellschafter mit den übrigen Gesellschaftern eine Vereinbarung über seinen Austritt schließt, sein Gesellschaftsanteil anteilig den übrigen Gesellschaftern anwächst und diese sodann mit dem eintretenden Gesellschafter einen weiteren Vertrag über den Eintritt schließen, wobei den übrigen Gesellschaftern dann wieder ein dem Gesellschaftsanteil des austretenden Gesellschafters insgesamt 14

---

16 BGH NJW 1998, 371.
17 Vgl. PWW/*von Ditfurth* § 719 Rn. 7; MüKo BGB/*Schäfer* § 719 Rn. 41.
18 MüKo BGB/*Schäfer* § 719 Rn. 49.
19 BGH NJW 1954, 1155; Palandt/*Sprau* § 719 Rn. 6; PWW/*von Ditfurth* § 719 Rn. 6.
20 *K. Schmidt* Gesellschaftsrecht § 45 III 2c) S. 1323.
21 MüKo HBG/*Schäfer* § 719 Rn. 28; Palandt/*Sprau* § 736 Rn. 1; BGH WM 1961, 303.
22 BGH WM 2014, 2168 (2173).

entsprechender Gesellschaftsanteil abwächst, der dann denjenigen des eintretenden Gesellschafters darstellt.[23]

II. Pflicht zur Zustimmung?

15 Ein auch in der GbR nicht selten Anlass zu Rechtsstreitigkeiten bietender Fall ist derjenige, in dem ein veräußerungswilliger Gesellschafter einen erwerbswilligen Käufer für seinen Gesellschaftsanteil hat, die übrigen Gesellschafter – aus welchen Gründen auch immer – dieser Veräußerung aber nicht ihre hierfür erforderliche Zustimmung erteilen wollen. In solchen Fällen stellt sich nämlich die Frage, ob es nicht eine **Pflicht der übrigen Gesellschafter zur Zustimmung** gibt.

16 Grundsätzlich ist dies eindeutig zu verneinen,[24] wenn eine solche nicht explizit im Gesellschaftsvertrag vorgesehen ist. Das ergibt sich schon aus dem gesetzlichen Leitbild der Vinkulierung von GbR-Anteilen. Danach soll jeder Gesellschafter der GbR grundsätzlich bestimmen können, wer seine Mitgesellschafter sind. Dies stellt eine Ausprägung des Wesens der GbR dar, das eine besondere Bindung zwischen ihren Gesellschaftern vorsieht. Es spiegelt sich ebenfalls darin wider, dass nach dem gesetzlichen Leitbild sämtliche Gesellschafter zur Geschäftsführung und zur Vertretung der Gesellschaft berufen sind. Auf der anderen Seite wird eine übermäßige Bindung des einzelnen Gesellschafters an die GbR dadurch verhindert, dass der Gesellschafter nach § 723 BGB ein unentziehbares Kündigungsrecht hat. Auf eine Möglichkeit der Verfügung über seinen Gesellschaftsanteil an Dritte ist er mithin – anders als nach dem gesetzlichen Leitbild der GmbH-Gesellschafter – nicht angewiesen, um seine Bindung an die anderen Gesellschafter zu beenden.

17 Gleichwohl können sich im Einzelfall aus dem Gesellschaftsvertrag oder aber der Treuepflicht der Gesellschafter Zustimmungspflichten ergeben. Eindeutig ist dies der Fall, wenn der **Gesellschaftsvertrag** nicht von der Zustimmung als solcher befreit, sondern ausdrücklich **Zustimmungspflichten statuiert**. In bestimmten Fällen kann sich allerdings auch eine Zustimmungspflicht, ohne dass dies im Gesellschaftsvertrag ausdrücklich vorgesehen wäre, durch Auslegung ergeben.[25] Wird etwa aus dem Zusammenhang des Gesellschaftsvertrages deutlich, dass eine Übertragung der Gesellschaftsanteile an der GbR grundsätzlich zulässig sein soll und nur von den Gesellschaftern verhindert werden darf, wenn es hierfür einen sachlichen Grund gibt, kann es eine Pflicht zur Zustimmung – sei es durch Gesellschafterbeschluss, sei es aber auch durch Erklärung der einzelnen Gesellschafter – geben, wenn im Einzelfall kein sachlicher Grund gegen die Übertragung eines Gesellschaftsanteils spricht.[26] Dabei ist freilich zu berücksichtigen, dass an einen sachlichen Grund nur recht geringe Anforderungen zu stellen sind.[27] Letztlich handelt es sich bei diesem Erfordernis nur um ein Willkürverbot. Anders verhielte es sich, wenn sich aus dem Zusammenhang der gesellschaftsvertraglichen Bestimmungen ergäbe, dass die Übertragung eines Gesellschaftsanteils nur dann nicht möglich sein soll, wenn hiergegen ein wichtiger Grund spricht. In solchen Fällen gäbe es bereits eine Zustimmungspflicht, wenn kein wichtiger Grund der Übertragung entgegenstünde. Zustimmungspflichten können sich darüber hinaus auch aus der **gesellschaftsrechtlichen Treuepflicht** ergeben.[28]

18 Nicht gänzlich geklärt ist, wie die Zustimmungspflicht durchzusetzen ist. Hierbei ist davon auszugehen, dass der Zustimmungspflicht der Mitgesellschafter ein Anspruch auf Zustimmung des veräuße-

---

23 Umstritten ist, ob ein Gesellschafterwechsel in dieser Form bei einer Zweipersonengesellschaft möglich ist, da zumindest für eine logische Sekunde nur ein Gesellschafter in der Gesellschaft verbliebe und die Gesellschaft daher ohne Abwicklung beendet wäre, vgl. MüKo BGB/*Schäfer* § 719 Rn 19; MüKo HGB/*K. Schmidt* § 105 Rn 208.
24 BGH BB 1961, 347; zu den Personenhandelsgesellschaften auch: MüKo HGB/*K. Schmidt* § 105 Rn 218; *Weisner/Lindemann* ZIP 2008, 766 (768).
25 BGH DStR 2005, 255 (256).
26 BGH DStR 2005, 255 (256 f.).
27 BGH BB 1961, 347.
28 Vgl. MüKo HGB/*K. Schmidt* § 105 Rn. 218.

B. Übertragung nach §§ 413, 398 BGB

rungswilligen Gesellschafters entspricht.[29] Dieser Anspruch ist nur gegen diejenigen Gesellschafter durchzusetzen, die ihre Zustimmung nicht erteilen. Dies wird regelmäßig durch **Leistungsklage auf Zustimmung** zu geschehen haben, wobei der Anspruch auf Zustimmung im Falle des Obsiegens über § 894 ZPO vollstreckt wird.[30] Zuständig ist bei der Außen-GbR nach Anerkennung deren Rechtsfähigkeit das Gericht am Sitz der Gesellschaft (§§ 22, 17 ZPO). Es ist allerdings ratsam, von allen zustimmenden, also nicht am Prozess beteiligten Gesellschaftern vorab eine schriftliche Zustimmungserklärung einzuholen, da das Urteil nur Bindungswirkung gegen die verklagten Gesellschafter entfaltet.

Die Gegenmeinung von *Karsten Schmidt*, wonach »in krassen Fällen« eine Genehmigungsverweigerung per se unbeachtlich ist,[31] ist unbehelflich, da sie nicht die erforderliche positive Zustimmung ersetzt. Hierfür bedarf es vielmehr der Klage auf Zustimmung. Anleihen im Kapitalgesellschaftsrecht, in dem die rechtswidrige Stimmabgabe im Rahmen der Beschlussfeststellungsklage unbeachtlich sein und durch die Fiktion einer rechtmäßigen Stimmabgabe ersetzt werden kann, verbieten sich im Recht der GbR, da ihm ein entsprechendes Beschlussmängelrecht unbekannt ist.[32]

III. Unwirksame Übertragung

Besondere Probleme wirft die unwirksame Übertragung von GbR-Anteilen auf. In diesem Zusammenhang ist allerdings zunächst zu prüfen, ob die Übertragung als solche tatsächlich unwirksam ist oder ob die Unwirksamkeit nur das entsprechende Verpflichtungsgeschäft erfasst. Im letzteren Fall, also in demjenigen, in dem die Übertragung als solche wirksam und nur das zugrunde liegende Verpflichtungsgeschäft unwirksam ist, ergeben sich nämlich keine besonderen Probleme. Die Übertragung ist dann als solche wirksam, aber rechtsgrundlos erfolgt und nach den §§ 812 ff. BGB rückabzuwickeln.

Etwas anderes gilt dagegen, wenn die Übertragung des Gesellschaftsanteils an der GbR als solche unwirksam ist und dies nicht von den Beteiligten erkannt, sondern die Gesellschaft faktisch mit dem Erwerber fortgesetzt wurde. In solchen Fällen ist es umstritten, ob die **Grundsätze der fehlerhaften Gesellschaft** anzuwenden sind. Ausgangspunkt der Lehre von der fehlerhaften Gesellschaft ist ein unwirksamer Gesellschaftsvertrag, der gleichwohl ins Werk gesetzt wird. Insoweit passt die Lehre von der fehlerhaften Gesellschaft ohne Weiteres auf die Situation, in der sich der Gesellschafterwechsel durch Austritt und Eintritt vollzieht, da mit dem neuen Gesellschafter eine – unwirksame – Änderung der Gesellschaftsvereinbarung vereinbart wird. Dies ist freilich bei der Übertragung von Gesellschaftsanteilen an einer GbR nicht der Fall. Vielmehr besteht der Gesellschaftsvertrag grundsätzlich fort. Entscheidend dürfte in diesem Zusammenhang sein, welche Bedeutung man der Zustimmung der übrigen Gesellschafter zur Übertragung des Gesellschaftsanteils beimisst. Diese ist entweder nach dem Gesetz oder aber – u. U. mit Erleichterungen – nach dem Gesellschaftsvertrag erforderlich. Sieht man in ihr eine konkludente Änderung des Gesellschaftsvertrages, so spricht vieles für die Anwendung der Lehre über die fehlerhafte Gesellschaft. Sieht man in ihr indes lediglich eine Zustimmung mit dem Ziel der Überwindung der Vinkulierung der Gesellschaftsanteile, so wird man zwanglos den Schluss ziehen können, dass dieselbe den Gesellschaftsvertrag unberührt lässt.

Nach der Rechtsprechung trifft Letzteres jedenfalls auf die GmbH zu.[33] Es fragt sich daher, ob die entsprechenden Grundsätze in das Recht der Personengesellschaften übertragen werden können. Der BGH geht davon aus, dass in der GmbH nur wegen des bereits durch § 16 I GmbHG gewährleisteten Schutzes ein weitergehendes Schutzbedürfnis durch die Anwendung der Grundsätze über

---

29 Allgemein zum Erfüllungsanspruch bei Treupflichtverletzungen: MüKo BGB/*Ulmer/Schäfer* § 705 Rn. 239; Beck OK/*Schöne* § 705 Rn. 107.
30 BGH NJW 1977, 1013; BGH NJW 1975, 1410 (1412); .
31 MüKo HGB/*K. Schmidt* § 105 Rn. 219.
32 Dies stellt sich für die Mindermeinung, die das Beschlussmängelrecht der Kapitalgesellschaften auf die GbR übertragen will (vgl. *K. Schmidt*, GesR § 15 II 3), freilich anders dar. Sie hat sich jedoch in der Rechtspraxis bislang nicht durchgesetzt.
33 BGH NJW 1990, 1915 (zur Vor-GmbH: BGH NJW-RR 2005, 469).

die fehlerhafte Gesellschaft nicht besteht.[34] Er hält folglich eine Anwendung der Grundsätze über die fehlerhafte Gesellschaft für richtig. Allerdings ist es in diesem Zusammenhang wichtig festzustellen, dass auch im Rahmen der Personengesellschaften inzwischen die Anteilsübertragung eine anerkannte Möglichkeit der Verfügung über Gesellschaftsanteile geworden ist. Ist dies aber so, so wird man konsequenterweise auch den zweiten Schritt gehen müssen und die Anteilsübertragung nicht gleichwohl auch noch als Änderung des Gesellschaftsvertrages ansehen können. Die Anteilsübertragung ist eine Verfügung über die Mitgliedschaft und kein verbandsrechtliches Geschäft, sodass für die Anwendung der Lehre von der fehlerhaften Gesellschaft kein Raum ist.[35] Vielmehr ist in vollem Umfang von der Unwirksamkeit einer Anteilsübertragung auszugehen.[36] Den **Schutz des Verkehrs** gewährleisten in diesem Zusammenhang die Vorschriften der §§ 413, 409, 407 BGB und bei Personenhandelsgesellschaften darüber hinaus auch noch des § 15 Abs. 3 HGB.

23 Die Frage der Anwendbarkeit der Grundsätze der fehlerhaften Gesellschaft ist von erheblicher Bedeutung für die Prozessführung, da sich je nach vertretener Meinung das Klageziel ändern kann. Im Falle einer unwirksamen Übertragung müsste nämlich der vermeintlich Übertragende nach der hier vertretenen Meinung, die nicht zur Anwendung der Grundsätze über die fehlerhafte Gesellschaft führt, schlicht auf Feststellung klagen, dass er noch Gesellschafter der GbR ist. Bei Anwendung der Regeln über die fehlerhafte Gesellschaft wäre der Empfänger der unwirksamen Übertragung Gesellschafter geworden und der Übertragende könnte nur die Rückübertragung des Gesellschaftsanteils (für die Zukunft!) verlangen. Es ist daher zu empfehlen, im **Hauptantrag auf die Feststellung** des Bestehens der Gesellschafterstellung zu klagen und im **Hilfsantrag auf Rückübertragung** des Gesellschaftsanteils. Dabei würde man gleichzeitig der Situation gerecht, in der es zweifelhaft ist, ob die Unwirksamkeit des Verpflichtungsgeschäfts auch das Verfügungsgeschäft erfasst.

24 Wiederum einen anderen Fall bildet die Problematik des **Scheingesellschafters.** Hierbei handelt es sich um einen Nichtgesellschafter, der den Anschein hervorgerufen oder geduldet hat, er sei Gesellschafter einer GbR. Er kann, soweit er schuldhaft diesen Vertrauenstatbestand gesetzt hat, wie ein Gesellschafter haften. Bei Personenhandelsgesellschaften ist insoweit § 15 HGB zu beachten. In der Regel wird er aber von den übrigen Gesellschaftern nicht als Gesellschafter behandelt, so dass sich auch nicht die Frage nach der Anwendbarkeit der Grundsätze der fehlerhaften Gesellschaft stellt.

C. Rechtsstreitigkeiten in Folge der Vererbung von GbR-Anteilen

I. Auflösung

25 Der Erbfall ist häufig Quell von Rechtstreitigkeiten. Im Grundsatz gibt es hier jedoch keine Besonderheiten, wenn der Erblasser Gesellschafter einer GbR war. Die Streitigkeiten unter Erben und Vermächtnisnehmern über die Berechtigung am Nachlass weisen insoweit keine Besonderheiten für den GbR-Anteil aus.

26 § 727 BGB bestimmt jedoch, dass – mangels abweichender gesellschaftsvertraglicher Regelungen – beim Tod eines Gesellschafters die Gesellschaft **automatisch aufgelöst** ist, sich also von einer werbenden Gesellschaft in eine Abwicklungsgesellschaft wandelt und die Erben in der Abwicklungsgesellschaft an die Stelle des verstorbenen Gesellschafters treten.[37] Hieraus folgt zunächst, dass der GbR-Anteil **grundsätzlich vererblich** ist, da auch die Abwicklungsgesellschaft eine GbR ist. Zwischen ihr und der werbenden Gesellschaft besteht Identität. Weiterhin gilt, dass, anders als bei werbenden Per-

---

34 BGH NJW-RR 2010, 1402 (1406) (zur Publikums-GbR, aber auch mit allgemeinen Ausführungen zur Anteilsübertragung bei Personengesellschaften).
35 MüKo HGB/*K. Schmidt* § 105 Rn. 256; MüKo BGB/*Ulmer* § 705 Rn. 374; vgl. auch BGH WM 2014, 2168 ff.
36 So auch MüKo BGB/*Ulmer* § 705 Rn. 374; *Balz/Ilina* BB 2006, 2764 (2765); GroßkommHGB/*Schäfer* § 105 Rn. 364; MüKo HGB/*K. Schmidt* § 105 Rn. 256 m. w. N.; a. A.: BGH NJW-RR 2010, 1402 (1405); E/B/J/S/*Wertenbruch* § 105 Rn. 285.
37 Palandt/*Sprau* § 727 Rn. 1.

sonengesellschaften bei einer Mehrheit von Erben der GbR-Anteil zunächst in die ungeteilte Erbmasse fällt, an der die Erben als Gesamthänder im Rahmen der Erbengemeinschaft gemeinschaftlich berechtigt sind.[38] Dies ändert sich allerdings, wenn beschlossen wird, dass die GbR mit den Erben fortgesetzt werden soll. In diesem Fall tritt im Hinblick auf den GbR-Anteil eine **automatische Nachlassteilung** ein und sämtliche Erben werden entsprechend ihrer Berechtigung am Erbe unmittelbar Gesellschafter der GbR.[39]

Kommt es zum Streit darüber, wer infolge eines Erbfalles Gesellschafter geworden ist, so ist dies unter den Streitenden im Wege der **Feststellungsklage** zu klären.[40] Diese wirkt allerdings nur inter partes und es ist daher im Vorwege sicherzustellen, dass sämtliche Parteien, die die Gesellschafterstellung eines Anderen nicht anerkennen, von dieser mitverklagt werden, damit die Rechtskraft des Feststellungsurteils auch all diese erfasst. Ansonsten kann es zu einer Vielzahl von Prozessen mit widersprüchlichen Ergebnissen kommen.

II. Abweichende gesellschaftsvertragliche Regelungen

Die Regelung des § 727 BGB ist indes abdingbar, und in der Gestaltungspraxis haben sich eine ganze Reihe von durchaus gängigen Klauseln entwickelt, die allerdings nur, wenn sie nicht mit der gebotenen Sorgfalt entworfen wurden, Anlass zu Rechtsstreitigkeiten geben sollten. Gleichwohl sollen sie hier kurz vorgestellt werden:

1. Fortsetzungsklauseln

Das Gesetz selbst sieht in § 736 BGB die Möglichkeit vor, im Gesellschaftsvertrag zu bestimmen, dass bei Tod eines Gesellschafters die **Gesellschaft nicht aufgelöst**, sondern unter den übrigen Gesellschaftern fortgesetzt wird. Die **Erben** des verstorbenen Gesellschafters werden dann **nicht Gesellschafter** der GbR, sondern abgefunden. Die Bestimmung der Höhe eines entsprechenden Anspruches kann leicht zu Streitigkeiten führen (vgl. unten § 33 Rdn. 31 ff.).

Problematisch können solche Klauseln werden, wenn einer von lediglich zwei Gesellschaftern stirbt. Es stellt sich dann nämlich die Frage, ob die Klausel noch anzuwenden ist, da die Gesellschaft mangels eines zweiten Gesellschafters nicht fortgesetzt werden kann.[41] Dies ist durch Auslegung zu ermitteln.

In Betracht kommt in solchen Fällen zum einen, die Klausel dergestalt auszulegen, dass wie sonst auch die Erben des verstorbenen Gesellschafters nicht in dessen Position nachfolgen, das Vermögen dem verbleibenden Gesellschafter anwächst und die Gesellschaft mithin erlischt.[42] Sollte die Auslegung indes ergeben, dass dies nicht gewollt war, wird man die Fortsetzungsklausel in diesen Fällen schlicht nicht anwenden können und die gesetzliche Rechtsfolge des § 727 BGB tritt ein.

Fortsetzungsklauseln können mit so genannten **Eintrittsklauseln** verbunden werden. Danach wird nicht nur die Gesellschaft unter den übrigen Gesellschaftern fortgesetzt, sondern anstelle des verstorbenen Gesellschafters kann ein neuer Gesellschafter in die Gesellschaft eintreten.[43] Dies können, müssen aber nicht die Erben des verstorbenen Gesellschafters sein.[44] Maßgeblich ist insoweit die Ausgestaltung des jeweiligen Gesellschaftsvertrages.

Auch der Eintritt kann wiederum von einem Gesellschafterbeschluss abhängig gemacht werden. In sämtlichen Fällen, in denen es von einem Beschluss abhängt, ob die Gesellschaft fortgesetzt oder aber, falls die Fortsetzungsklausel mit einer Eintrittsklausel verbunden wird, ob ein neuer Gesellschafter in

---

38 BGH NJW 1986, 2431 (2433); BGH NJW 1982, 170 (171).
39 BGH NJW 1982, 170; MüKo BGB /*Schäfer* § 727 Rn. 14; Beck OK/*Schöne* § 727 Rn. 5.
40 Vgl. hierzu Fn. 13 (oben).
41 Vgl. BGH NJW 2008, 2992.
42 MüKo BGB/*Schäfer* § 727 Rn. 55 i. V. m. Vorb. vor 723 Rn. 9.
43 MüKo BGB/*Schäfer* § 727 Rn. 53.
44 Palandt/*Sprau* § 727 Rn. 4.

die Gesellschaft aufgenommen wird, können sich aus dem Gesellschaftsvertrag oder der gesellschaftsrechtlichen Treuepflicht **Zustimmungspflichten** der Gesellschafter ergeben (vgl. oben Rdn. 15 ff.).

2. Nachfolgeklauseln

34 Nachfolgeklauseln verhindern wie Fortsetzungsklauseln die Auflösung der Gesellschaft. Diese wird vielmehr wie bei der Fortsetzungsklausel fortgesetzt, allerdings nicht unter den übrigen Gesellschaftern allein sondern zusammen mit den Erben des verstorbenen Gesellschafters oder sonstigen Dritten. Der Gestaltungsvielfalt sind hier kaum Grenzen gesetzt. So können entweder sämtliche **Erben Gesellschafter** werden oder aber nur bestimmte. Weiterhin können zunächst sämtliche Erben Gesellschafter werden, die übrigen Gesellschafter dann aber das Recht haben, alle oder einzelne von ihnen aus der Gesellschaft wieder auszuschließen.

35 Im Falle von Erbengemeinschaften, deren sämtliche Mitglieder nach der Nachfolgeklausel Gesellschafter werden, werden diese unmittelbar und jeweils einzeln Gesellschafter der GbR.[45] Dies entspricht der allgemeinen Ansicht, wonach Gesamthandsgemeinschaften nicht Gesellschafter von werbenden Personengesellschaften sein können.

36 Sollten indes nicht sämtliche Erben zur Nachfolge berechtigt sein, so tritt nach allgemeiner Auffassung gleichwohl eine Nachfolge derjenigen Erben unmittelbar als Gesellschafter in die Gesellschaft und wiederum je einzeln ein, die nach den gesellschaftsrechtlichen Bestimmungen zur Nachfolge berechtigt sind. Der Wert des zuvor erworbenen Gesellschaftsanteils ist dann allerdings bei der **Auseinandersetzung der Erbengemeinschaft** zulasten der nachfolgeberechtigten Erben zu berücksichtigen.

37 Die anstelle des verstorbenen Gesellschafters tretenden Erben haften nach der neueren Rechtsprechung[46] für die Verbindlichkeiten der Gesellschaft deren Gläubigern gegenüber persönlich gem. §§ 130, 128, 129 HGB analog.

38 Streit kann es insoweit allenfalls hinsichtlich der analogen Anwendung von § 139 HGB geben. In einem kürzlich ergangenen BGH-Urteil wurde die Frage mangels Entscheidungserheblichkeit nicht entschieden.[47] Auch dort wurde aber anerkannt, dass die im Vordringen befindliche Ansicht eine solche analoge Anwendung bejaht, mit der Begründung, dass eine andere Lösung nicht zur weitergehenden Anerkennung der Rechtspersönlichkeit der GbR durch Rechtsprechung und Lehre passen würde.[48]

39 Soweit die analoge Anwendung von § 139 HGB daran scheitert, dass die GbR nicht auf einen nach § 105 Abs. 2 HGB erforderlichen Gewerbebetrieb oder die Vermögensverwaltung gerichtet ist, so dass die Gesellschafter daher keinen Formwechsel in die KG beschließen können, muss dem neu eintretenden Erben-Gesellschafter die Möglichkeit eines Austritts unter den Bedingungen des § 139 HGB gewährt werden, die eigentlich für die Umwandlung des Gesellschaftsanteils in einen Kommanditanteil vorgesehen sind.[49]

---

[45] BGH NJW 1999, 571 (572) m. w. N.
[46] BGH NJW 2003, 1803 (1805) (zur persönlichen Haftung des Neugesellschafters für Altverbindlichkeiten).
[47] BGH NZG 2014, 696 (696 f.).
[48] MüKo HGB/*K. Schmidt* § 139 Rn. 60; Bamberger/Roth/*Schöne* § 727 Rn. 13; *C. Schäfer* NJW 2005, 3665 (3667); MüKo BGB/*Schäfer* § 727 Rn 47; aA: Soergel/Hadding/Kießling § 727 Rn. 35; Staudinger/*Habermeier* § 727 Rn. 16 und Vor. § 705 Rn. 45.
[49] *C. Schäfer* NJW 2005, 3665 (3668).

§ 32 Durchsetzung von Gesellschafterrechten und -pflichten

Übersicht

	Rdn.			Rdn.
A.	**Vermögensrechte und -pflichten**	1	1. Grundsätzliche prozessuale Aspekte	46
I.	Vermögensrechte	1	2. Actio pro socio	50
	1. Passivlegitimation	2	3. Die einzelnen Ansprüche der Gesellschaft	55
	2. Grundsätzliches zum Verhältnis von Gesellschafterklage und Gesellschaftsklage	7	a) Beitragspflicht, § 706 BGB	56
	a) Klage nur gegen die Außen-GbR	14	b) Nachschusspflicht i. R. d. Auseinandersetzung, § 735 BGB	58
	b) Klage nur gegen Mitgesellschafter	19	B.	**Verwaltungsrechte und -pflichten**	59
	c) Klage sowohl gegen die Außen-GbR als auch gegen die Mitgesellschafter	26	I.	Recht auf und Pflicht zur Mitwirkung bei Geschäftsführung und Vertretung	60
	d) Haftung ausscheidender Gesellschafter	30	II.	Kündigungs-, Entziehungs-, und Ausschließungsrechte	63
	e) Haftung neu eintretender Gesellschafter	31	III.	Kontroll- und Auskunftsrechte	64
	3. Die einzelnen Ansprüche des Gesellschafters	32		1. Informations- und Kontrollrecht gemäß § 716 BGB	64
	a) Anspruch auf Feststellung des Rechnungsabschlusses und Auszahlung des Gewinns, § 721 BGB	33		2. Auskunft im Rahmen des § 721 BGB	73
	b) Abfindungsanspruch, § 738 BGB	40		3. Auskunftsanspruch gemäß §§ 713, 666 BGB	74
	c) Anspruch auf Auszahlung des Auseinandersetzungsguthaben, §§ 733, 734 BGB	41	C.	**Treuepflicht**	75
			I.	Grundsätzliche Durchsetzung der Treuepflicht	78
	d) Aufwendungsersatz, §§ 713, 670 BGB	42		1. Leistungsklage	79
II.	Vermögenspflichten	45		2. Unterlassungsklage	81
				3. Feststellungsklage	82
			II.	Insbesondere: Wettbewerbsverbot	84
			D.	**Ansprüche aufgrund der Verletzung von Gesellschafterpflichten**	89

A. Vermögensrechte und -pflichten

I. Vermögensrechte

Vermögensrechte sind Ansprüche des einzelnen Gesellschafters aus dem Gesellschaftsverhältnis, die 1
dieser gegen die Gesellschaft sowie unter gewissen Voraussetzungen gegen seine Mitgesellschafter
durchsetzen kann.

1. Passivlegitimation

Bei der **nicht parteifähigen GbR** (reine Innen-GbR) sind die Vermögensansprüche eines Gesellschaf- 2
ters gegen die übrigen Gesellschafter als Gesamthänder zu richten, welche dann notwendige Streitgenossen sind.[1]

Bei einer **Außen-GbR** kann der Gesellschafter die ihm zustehenden Vermögensansprüche stets gegen- 3
über der GbR selbst geltend machen. Hingegen kann ein Gesellschafter grundsätzlich keine Ansprüche
gegenüber seinen Mitgesellschaftern geltend machen, die sich allein aus dem Gesellschaftsverhältnis
ergeben (**Sozialverbindlichkeiten**), wie beispielsweise Aufwendungsersatz oder Auszahlung des Gewinnanteils. Eine Haftung der Mitgesellschafter für Sozialverbindlichkeiten besteht daher nicht.[2] An-

---

[1] So die h. M. vgl. BGH NJW-RR 1990, 867; MüKo BGB/*Ulmer/Schäfer* § 705 Rn. 197; MünchHdb GesR I/*Gummert* § 19 Rn. 3; Musielak/*Weth* § 62 Rn. 11.
[2] BGH ZIP 1989, 852; MüKo BGB/*Ulmer/Schäfer* § 705 Rn. 217; Staudinger/*Habermeier* Vorb. z. §§ 705–740 Rn. 46.

derenfalls führte dies zu einer Nachschusspflicht der Gesellschafter, die nach § 707 BGB jedoch grundsätzlich ausgeschlossen ist.

4 Eine Ausnahme wird indes dann zugelassen, wenn ein Gesellschafter eine Verbindlichkeit der Gesellschaft erfüllt hat und von der Gesellschaft keinen Ersatz hierfür erlangen kann. Der Gesellschafter kann dann seinen **Regressanspruch** gegen seine Mitgesellschafter pro rata bereits während der Gesellschaftsdauer verfolgen.[3] Dasselbe gilt auch im Fall der **Vermögenslosigkeit** der Gesellschaft im Hinblick auf Aufwendungsersatzansprüchen von Geschäftsführern der GbR.[4]

5 Darüber hinaus ist die Durchsetzung von **Abfindungsansprüchen** ausgeschiedener Gesellschafter gegen ihre ehemaligen Mitgesellschafter zulässig.[5] § 707 BGB steht einer Geltendmachung von Ansprüchen gegen die Gesellschafter wegen der erloschenen Mitgliedschaft des Ausgeschiedenen nicht entgegen.[6]

6 **Drittgläubigerforderungen**, d. h. Ansprüche von Gesellschaftern aus Rechtsgeschäften mit der Gesellschaft, die nicht auf dem Gesellschaftsvertrag beruhen, können sowohl gegen die Gesellschaft als auch gegen die Mitgesellschafter erhoben werden. Eine Pflicht, primär die GbR in Anspruch zu nehmen, besteht nicht, kann sich aber im Einzelfall vor dem Hintergrund von Treuepflichten ergeben.[7] Der klagende Gesellschafter muss sich in diesen Fällen allerdings seinen Verlustanteil anrechnen lassen.

2. Grundsätzliches zum Verhältnis von Gesellschafterklage und Gesellschaftsklage

7 Sofern nach Vorstehendem – sei es im Rahmen von Sozialansprüchen, sei es im Rahmen von Drittansprüchen eines Gesellschafters – ein Fall vorliegt, in dem für den einzelnen vom Gesellschafter geltend gemachten Anspruch nicht nur die Gesellschaft, sondern auch die Mitgesellschafter haften, muss überlegt werden, gegen wen die Klage erhoben werden soll. Seit Anerkennung der Rechtsfähigkeit der Außen-GbR ist strikt zwischen dem **Gesellschafts- und** dem **Gesellschafterprozess** zu unterscheiden (s. hierzu auch § 30 Rdn. 13 ff.). Beide Prozesse werden gegen unterschiedliche Parteien und über unterschiedliche Streitgegenstände geführt.[8] Der seine Vermögensrechte einklagende Gesellschafter hat (je nach Anspruchsgrund) bis zu drei Möglichkeiten:
– Er kann (nur) die Außen-GbR verklagen.
– Er kann (nur) alle oder einzelne Mitgesellschafter verklagen.
– Er kann die Außen-GbR sowie einzelne oder alle Mitgesellschafter verklagen.

8 Die Wahl zwischen diesen Optionen sollte vor Prozessbeginn getroffen werden. Denn eine Umstellung der Klage beispielsweise von einer Klage nur gegen die Außen-GbR auf eine Klage auch gegen einen oder mehrere der übrigen Gesellschafter stellt einen **gewillkürten Parteiwechsel** dar, der nach den Regeln über die Klageänderung zu beurteilen ist.[9]

9 Der Bundesgerichtshof hat geäußert, es sei stets zu raten, neben der Gesellschaft auch die Gesellschafter zu verklagen.[10] In dieser Pauschalität ist der Rat sicherlich nicht richtig. Vielmehr hängt es vom Einzelfall ab, gegen wen eine Klage zu richten ist (vgl. auch § 30 Rdn. 13 ff.). **Kriterien** sind unter anderem die Solvenz der Gesellschaft und der Mitgesellschafter, der konkrete Streitgegenstand, die

---

3 Vgl. zur GbR: BGH NJW 1980, 339 (340); WM 1974, 749 (751); WM 1988, 446 (448); Erman/*Westermann* § 707 Rn. 3; MüKo BGB/*Schäfer* § 707 Rn. 5. Vgl. zur KG: BGHZ 37, 299 (302); BGH WM 2005, 1701 (1703); WM 2002, 291 (293).
4 MüKo BGB/*Schäfer* § 707 Rn. 5.
5 BGHZ 148, 201 (206); MüKo BGB/*Ulmer/Schäfer* § 705 Rn. 218; MüKo BGB/*Ulmer/Schäfer* § 738 Rn. 17; a. A. Staudinger/*Habermeier* § 738 Rn. 12.
6 MüKo BGB/*Ulmer/Schäfer* § 705 Rn. 218.
7 MüKo BGB/*Ulmer/Schäfer* § 705 Rn. 220; Staudinger/*Habermeier* § 705 Rn. 43.
8 MAH PersGes/*von Unger/Friel* § 5 Rn. 97.
9 *Waclawik* Rn. 594.
10 BGH NJW 2001, 1056 (1060).

Anzahl der Gesellschafter sowie mögliche persönliche Einwendungen der einzelnen Gesellschafter. Zu beachten ist dabei, dass seit Anerkennung der Rechtsfähigkeit der Außen-GbR für die Haftung der Gesellschafter für eine Gesellschaftsschuld die Grundsätze der §§ 128, 129, 130 HGB analog angewendet werden.[11] Ist hingegen nicht sicher, ob tatsächlich eine Außengesellschaft mit Gesamthandsvermögen existiert, ist es zu empfehlen, auch die Gesellschafter neben der GbR zu verklagen.[12]

In Bezug auf die **Kosten** ist zu berücksichtigen, dass sich der Zuständigkeitsstreitwert und der Gebührenstreitwert durch eine gleichzeitige Inanspruchnahme sowohl der Gesellschaft als auch einer oder mehrerer ihrer Gesellschafter in einem Prozess nicht ändert.[13] Denn die geltend gemachten Ansprüche sind wirtschaftlich identisch. Im Fall eines teilweisen oder vollständigen Unterliegens erhöhen sich allerdings die zu tragenden außergerichtlichen Kosten. Vor diesem Hintergrund kann es bei einem großen Gesellschafterkreis ratsam sein, nicht sämtliche, sondern nur die besonders solventen Gesellschafter (mit) zu verklagen.

Besonderes Augenmerk verlangt die **Formulierung des Antragsgegners** in der Klagschrift, da eindeutig klarzustellen ist, gegen wen sich die Klage richtet. Soll die GbR selbst Klagegegnerin sein, ist die Formulierung

»*ABC GbR, bestehend aus den Gesellschaftern A, B und C, vertreten durch den Geschäftsführer G . . .*«

zu bevorzugen.[14] Die vor Anerkennung der Rechtsfähigkeit der GbR gebräuchliche Bezeichnung

»*A, B und C in Gesellschaft bürgerlichen Rechts unter der Bezeichnung ABC GbR*«

soll weiterhin unschädlich sein.[15] Zu vermeiden ist hingegen die Bezeichnung »*A, B und C als Gesellschafter*«, da hierbei unklar bleibt, ob eine Gesellschafts- oder eine Gesellschafterklage vorliegt. Weiterhin ist darauf zu achten, dass auch angegeben wird, welche Gesellschafter die GbR vertreten (hierzu näher § 30 Rdn. 4–7, 13 ff.).[16]

a) Klage nur gegen die Außen-GbR

Bei einer Klage nur gegen die Außen-GbR ist Streitgegenstand des Prozesses, ob das Gesellschaftsvermögen für den eingeklagten Anspruch als **Haftungsgegenstand** zur Verfügung steht.[17] Eine Klage nur gegen die Außen-GbR ist daher dann zu erheben, wenn der Gegenstand der erstrebten Leistung sich im Gesamthandsvermögen oder im Verfügungsbereich der Außen-GbR befindet.[18] Denn mit einem allein gegen die Gesellschaft ergangenen Urteil kann gemäß § 129 Abs. 4 HGB analog nur in das Gesellschaftsvermögen vollstreckt werden.[19]

Auch wenn die Rechtskraft eines im Gesellschaftsprozess ergehenden Urteils nur zwischen dem klagenden Gesellschafter und der Gesellschaft wirkt, erstreckt sich die Wirkung des Urteils durch die **analoge Anwendung der §§ 128, 129 HGB** auch auf die Haftung der übrigen Mitgesellschafter. Im Fall des Unterliegens der Gesellschaft können die einzelnen Mitgesellschafter in einem Folgeprozess gegen sie nur noch persönliche Einwendungen gegen die Klage erheben, vgl. § 129 HGB, welcher entsprechend angewendet wird.[20] Sämtliche Einwendungen der Gesellschaft, welche diese im Gesellschaftsprozess hätte erheben können, kann der jeweilige Mitgesellschafter nicht mehr geltend machen. Vor diesem Hintergrund kann es den übrigen Gesellschaftern anzuraten sein, dem Rechtsstreit

---

11 BGHZ 146, 341 (358); BGHZ 154, 370 (372).
12 BGHZ 146, 341 (357).
13 MAH PersGes/*von Unger/Friel* § 5 Rn. 165.
14 *Kemke* NJW 2002, 2218.
15 *Hertel* DNotZ 2009, 115 (125).
16 *Kemke* NJW 2002, 2218.
17 MAH PersGes/*von Unger/Friel* § 5 Rn. 98.
18 BGH NJW 2001, 1056 (1060).
19 *Waclawik* Rn. 596; *Wertenbruch* NJW 2002, 324 (329).
20 BGHZ 146, 341 (358); BGH WM 2006, 1076 (1077); BGH WM 2014, 560 (562); *Waclawik* Rn. 596.

zwischen dem klagenden Gesellschafter und der Außen-GbR als einfache **Streitgenossen** beizutreten oder durch die Übernahme der leitenden Prozessführung für die Außen-GbR Einfluss auf den Prozess zu nehmen.

16 Auch die Rechtskraft eines klagabweisenden Urteils erstreckt sich ausschließlich auf den klagenden Gesellschafter und die Außen-GbR als Parteien des Rechtsstreits. Das Nichtbestehen des geltend gemachten Anspruchs wirkt indes für einen Prozess gegen einen oder mehrere Mitgesellschafter **präjudizierend**; eine Haftung der Gesellschafter analog § 128 HGB scheidet dann aus.[21]

17 Werden die übrigen Mitgesellschafter neben der Außen-GbR in einem selbstständigen Prozess verklagt, steht ihnen nach Vorstehendem die **Einrede der Rechtshängigkeit** nicht zu.[22]

18 Im Hinblick auf die **Verjährung** gilt wegen der akzessorischen Haftung der Gesellschafter für Verbindlichkeiten der Gesellschaft, dass mit Erhebung der Klage gegen die Gesellschaft auch die Verjährung des Haftungsanspruches analog § 128 HGB gegen die Gesellschafter gehemmt wird.[23]

b) Klage nur gegen Mitgesellschafter

19 Streitgegenstand der Klage gegen alle oder einzelne Mitgesellschafter ist, ob entsprechend § 128 HGB das **Privatvermögen** der beklagten Gesellschafter dem klagenden Gesellschafter als Haftungsgegenstand zur Verfügung steht.

20 Besondere Beachtung ist daher der Passivlegitimation der verklagten Gesellschafter zu widmen. Nach der herrschenden Ansicht (sog. **Erfüllungstheorie**) ist die die Gesellschafter treffende Haftungsverbindlichkeit inhaltsgleich mit der Verbindlichkeit der Gesellschaft.[24] Die Leistungspflicht der Gesellschafter ist daher nicht auf Geldleistungen beschränkt. Sie ist aber nur dann gegeben, wenn die Erbringung der Leistung durch einen Gesellschafter sachlich dasselbe bewirkt, wie wenn die Gesellschaft ihrer Verpflichtung selbst nachkommen würde.[25] Eine Klage gegen alle oder einzelne Mitgesellschafter ist somit beispielsweise dann nicht möglich, wenn von der Gesellschaft eine Abgabe einer Willenserklärung (§ 894 ZPO) bezweckt wird. Denn die Abgabe einer Willenserklärung wird nur von der Gesellschaft als solcher geschuldet und kann nicht durch eine Erklärung des Gesellschafters ersetzt werden. Dies gilt auch, wenn der beklagte Gesellschafter vertretungsrechtlich in der Lage wäre, die gewünschte Erklärung für die Gesellschaft abzugeben.[26]

21 Aufgrund der Möglichkeit eines Gesellschafters, persönliche Einwendungen gegen eine Haftung geltend zu machen, ist es nicht zwingend, dass ein einheitliches Urteil gegen mehrere verklagte Mitgesellschafter ergeht. Dementsprechend sind die verklagten Gesellschafter keine notwendigen, sondern lediglich **einfache Streitgenossen**.[27]

22 Die Rechtskraft eines im Gesellschafterprozess ergangenen Urteils wirkt weder für noch gegen die Außen-GbR. Unter den Voraussetzungen des **§ 736 ZPO** ist jedoch eine Vollstreckung in das Gesamthandsvermögen möglich. Dies setzt voraus, dass ein Urteil gegen alle Gesellschafter der Außen-GbR vorliegt. Bei einer Klage eines Gesellschafters gegen seine Mitgesellschafter ist es aber für die

---

21 MAH PersGes/*von Unger/Friel* § 5 Rn. 101; *Waclawik* Rn. 596.
22 MAH PersGes/*von Unger/Friel* § 5 Rn. 98; *Wertenbruch* NJW 2002. 324 (325); vgl. für die KG: BGHZ 62, 131 (133).
23 MAH PersGes/*von Unger/Friel* § 5 Rn. 99; *Mock/Streppel* Rn. 18; *Wertenbruch* NJW 2002, 324 (325); Westermann/*Wertenbruch* § 34 Rn. 897; sowie für die KG: BGHZ 73, 217 (223).
24 BGHZ 23, 302 (306); 73, 217 (221); BGH NJW 1987, 2367; E/B/J/*Hillmann* § 128 Rn. 22; GroßkommHGB/*Habersack* § 128 Rn. 28; MüKo HGB/*K.Schmidt* § 128 Rn. 24; Schlegelberger/*K. Schmidt* § 128 Rn. 24; *K. Schmidt* GesR § 49 III 1. Zur Haftungstheorie vgl. GroßkommHGB/*Fischer* 3. Auflage § 128 Rn. 9 ff.
25 Mock/*Streppel* Rn. 14; MüKo HGB/*K. Schmidt* § 128 Rn. 24.
26 BGH NJW 2008, 1378 (1379).
27 OLG Frankfurt a. M. ZIP 2001, 1884 (1884); *Waclawik* Rn. 600.

A. Vermögensrechte und -pflichten   § 32

Vollstreckung auch in das Gesamthandsvermögen der GbR ausreichend, dass der klagende Gesellschafter ein Urteil gegen alle übrigen Gesellschafter erwirkt.[28]

Dem beklagten Gesellschafter kann ggf. ein **Regressanspruch gegen die GbR** gemäß §§ 713, 670 BGB zustehen. Vor diesem Hintergrund kann es für den beklagten Gesellschafter – die nötige Liquidität der GbR natürlich vorausgesetzt – empfehlenswert sein, der Außen-GbR (und/oder bei deren Haftung hierfür[29] den weiteren Mitgesellschaftern) den **Streit zu verkünden**.[30]   23

Im Übrigen hemmt die Gesellschafterklage die **Verjährung** des Anspruches gegen die Gesellschaft oder andere nicht mitverklagte Mitgesellschafter nicht.[31] Der verklagte Gesellschafter hingegen kann sich nicht auf die Verjährung des Anspruches gegen die nicht mitverklagte Gesellschaft berufen.[32] Dies dürfte nach der ratio des BGH allerdings nur für den Fall des Verjährungseintritts gegenüber der GbR nach Klageerhebung gegen den Gesellschafter gelten.[33] Der BGH hat seine Auffassung ausdrücklich damit begründet, dass es dem Kläger frei stehe, direkt den Gesellschafter in Anspruch zu nehmen, ohne zusätzlich zur Hemmung der Verjährung auch die Gesellschaft verklagen zu müssen. Im Übrigen wisse der verklagte Gesellschafter mit Klageerhebung ja auch, dass er wegen des streitgegenständlichen Anspruchs in Anspruch genommen werde.[34]   24

Der Vollständigkeit halber sei darauf hingewiesen, dass der Prozess gegen den Gesellschafter **unterbrochen** wird, wenn über das Vermögen der GbR das Insolvenzverfahren eröffnet wird.[35] Gemäß § 93 InsO kann der Prozess dann nur vom Insolvenzverwalter der GbR aufgenommen werden.[36]   25

c) Klage sowohl gegen die Außen-GbR als auch gegen die Mitgesellschafter

Werden die Außen-GbR und einige oder alle Mitgesellschafter in einem einheitlichen Prozess verklagt, so besteht nur eine **einfache Streitgenossenschaft** zwischen ihnen, da keine einheitliche Sachentscheidung ergehen muss.[37]   26

Während zwischen den Mitgesellschaftern eine Gesamtschuld besteht, besteht diese nicht im Verhältnis zwischen den Mitgesellschaftern und der GbR, da die Gesellschafter einer rechtsfähigen GbR nicht gleichstufig, sondern **akzessorisch** haften. Vor dem Hintergrund, dass der klagende Gesellschafter aber nur einmal die Erfüllung des gerichtlich geltend gemachten Anspruchs verlangen kann, muss dies bei der Antragsformulierung berücksichtigt werden. Es ist daher eine Verurteilung   27

»als unechte Gesamtschuldner«   28

oder

»als wären sie Gesamtschuldner«   29

zu beantragen (s. auch § 29 Rdn. 15 ff.).[38] Für die Prozesskosten hingegen haften die Gesellschaft und die mitverklagten Mitgesellschafter als Gesamtschuldner (§ 100 Abs. 4 ZPO).

---

28 MüKo BGB/*Ulmer/Schäfer* § 705 Rn. 197; Musielak/*Lackmann* § 736 Rn. 4; Zöller/*Stöber* § 736 Rn. 6.
29 Vgl. oben Rdn. 2–6.
30 *Waclawik* Rn. 600.
31 *Mock/Streppel* Rn. 18; *Wertenbruch* NJW 2002, 324 (325).
32 Vgl. BGHZ 104, 76 (79) für die OHG sowie *Mock/Streppel* Rn. 18.
33 So stellt die Kommentarliteratur auch nur auf die nachträgliche Verjährung ab. Vgl. nur Baumbach/Hopt/ *Hopt* § 129 Rn. 8.
34 BGH NJW 1988, 1976 (1977).
35 BGH WM 2003, 159 (160); OLG Koblenz NZG 2010, 544.
36 MüKo InsO/*Gehrlein* § 93 Rn. 42.
37 OLG Frankfurt am Main BB 2001, 2392.
38 MAH PersGes/*von Unger/Friel* § 5 Rn. 110.

d) Haftung ausscheidender Gesellschafter

30 **Ausgeschiedene Mitgesellschafter** können gemäß § 736 Abs. 2 BGB i. V. m. § 160 HGB grundsätzlich noch fünf Jahre nach ihrem Ausscheiden für Verbindlichkeiten der Gesellschaft, die bis zu seinem Ausscheiden begründet sind und für die sie in entsprechender Anwendung des § 128 HGB akzessorisch haften, in Anspruch genommen werden, sofern keine abweichende Vereinbarung zwischen dem ausscheidenden Gesellschafter und der Gesellschaft und/oder den Mitgesellschaftern getroffen wurde.

e) Haftung neu eintretender Gesellschafter

31 Seit die Rechtsfähigkeit der Außen-GbR anerkannt wird, wird für die **Haftung neu eintretender Gesellschafter** § 130 HGB analog angewendet.[39] Dementsprechend haftet ein neu eintretender Gesellschafter auch für sogenannte Altverbindlichkeiten mit dem Privatvermögen. Dies gilt nach dem Bundesgerichtshof allerdings erst seit dem Stichtag 07.04.2003, da zuvor der neu in eine GbR eintretende Gesellschafter aufgrund der damaligen Rechtslage und Rechtsprechung darauf vertrauen durfte, für Altverbindlichkeiten der GbR nicht mit seinem Privatvermögen zu haften.[40] Anders als im Verhältnis zu Dritten (vgl. § 130 Abs. 2 HGB) kann jedoch zwischen dem eintretenden Gesellschafter und der Gesellschaft und/oder den Mitgesellschaftern eine abweichende Vereinbarung getroffen werden, die selbstverständlich bei der Auswahl des Beklagten zu berücksichtigen ist.

3. Die einzelnen Ansprüche des Gesellschafters

32 Richtige Klageart für die Durchsetzung der einzelnen Vermögensansprüche des Gesellschafters gegen die GbR und/oder seine Mitgesellschafter ist die **Leistungsklage**.

a) Anspruch auf Feststellung des Rechnungsabschlusses und Auszahlung des Gewinns, § 721 BGB

33 § 721 BGB differenziert danach, ob eine **Gelegenheitsgesellschaft oder** eine **Dauergesellschaft** vorliegt. In ersterem Fall besteht nur bei Auflösung der Gesellschaft ein Anspruch auf Rechnungsabschluss und Gewinnverteilung, § 721 Abs. 1 BGB. In diesem Zeitpunkt gelten allerdings bereits die besonderen Liquidationsvorschriften der §§ 730 ff. BGB, nach denen sich dann auch die Gewinn- und Verlustverteilung richtet.[41] Funktion und Bedeutung von § 721 Abs. 1 BGB beschränken sich daher bei Gelegenheitsgesellschaften darauf, einen Anspruch auf Rechnungsabschluss und Gewinnverteilung vor Auflösung der Gelegenheitsgesellschaft auszuschließen.[42]

34 Bei der Dauergesellschaft existieren die Ansprüche auf Rechnungslegung und Gewinnverteilung stattdessen **im Zweifel jährlich**, § 721 Abs. 2 BGB. Der Anspruch auf Rechnungsabschluss ist dabei ein Vorbereitungs- oder Hilfsanspruch für die Einzelansprüche auf Gewinnverteilung, Auseinandersetzung und Abfindung. Er dient nicht dazu, dem Gesellschafter einen Anspruch auf Information und Auskunft zu gewähren, wie dies bei § 716 BGB der Fall ist.[43]

35 Der Gewinn ergibt sich aus dem Rechnungsabschluss, d. h. einer den Verhältnissen der GbR angepassten Bilanz sowie Gewinn- und Verlustrechnung, und wird im Zweifel mit dessen Feststellung fällig.[44] Der Rechnungsabschluss ist daher Voraussetzung der Bestimmung von Gewinn und Verlust, deren Verteilung und der Gewinnentnahme[45], sei es laufend oder im Rahmen der Auseinandersetz-

---

39 Neue Rechtsprechung: BGH NJW 2003, 1803 (1804); bestätigend: BGH NJW 2006, 765 (766); zuvor ablehnend: BGHZ 74, 240 (242 f.).
40 BGH NJW 2003, 1803 (1804).
41 Bamberger/Roth/*Timm/Schöne* § 721 Rn. 2; MüKo BGB/*Schäfer* § 721 Rn. 1. Vgl. hierzu § 36 Rdn. 2, 25 ff.
42 MüKo BGB/*Schäfer* § 721 Rn. 1.
43 Palandt/*Sprau* § 721 Rn. 3.
44 MüKo BGB/*Schäfer* § 721 Rn. 13; Staudinger/*Habermeier* § 721 Rn. 9.
45 BGH NJW 2000, 505.

A. Vermögensrechte und -pflichten § 32

zung (§ 730 BGB) oder Abfindung (§ 738 BGB).[46] Beschränkungen in zeitlicher Hinsicht für die Geltendmachung des Gewinnanspruches bestehen bei der GbR nicht. Die Regelung des § 122 HGB, wonach die Gesellschafter einer OHG den auf sie entfallenden Gewinnanteil bis zur Feststellung der Bilanz für das kommende Geschäftsjahr entnommen haben müssen, findet auf die GbR keine (auch keine analoge) Anwendung.[47]

Hingegen können die Gesellschafter aufgrund der **Treuepflicht** im Einzelfall gezwungen sein, Gewinne im Gesellschaftsvermögen ganz oder teilweise zu belassen oder in Rücklagen einzustellen, wenn das wirtschaftliche Wohl der Gesellschaft dies erfordert, auch wenn die Gewinne bereits verteilt sind.[48] Eine versteckte Beitragserhöhung darf hiermit aber nicht verbunden sein.[49] 36

Nach der Rechtsprechung vor Anerkennung der Rechtsfähigkeit der GbR war der **Anspruch auf Auszahlung des Gewinns** während des Bestehens der Gesellschaft unmittelbar gegen den oder die geschäftsführenden Gesellschafter zu richten.[50] Der Klageantrag hatte auf Verurteilung zur Zahlung aus der Gesellschaftskasse zu lauten.[51] Für die reinen Innengesellschaften dürfte dies weiterhin gelten. 37

Für die Außen-GbR hingegen gilt, dass der Anspruch auf Gewinnauszahlung im Wege der Leistungsklage gegen die Gesellschaft selbst durchzusetzen ist, nicht aber gegen die Mitgesellschafter.[52] 38

Die **Klage auf Rechnungsabschluss** ist, soweit es um die Bilanzaufstellung geht, gegen die geschäftsführenden Gesellschafter zu richten.[53] Klagegegner ist nicht die GbR selbst.[54] Steht die Zustimmung zur Bilanzfeststellung in Rede, kann der Gesellschafter Klage gegen alle der Feststellung widersprechenden bzw. die Zustimmung verweigernden Mitgesellschafter erheben.[55] In beiden Fällen besteht keine notwendige Streitgenossenschaft.[56] 39

b) Abfindungsanspruch, § 738 BGB

Scheidet ein Gesellschafter aus der Gesellschaft aus, steht ihm nach § 738 BGB ein Abfindungsanspruch zu.[57] Die Durchsetzung des Abfindungsanspruches erfolgt wie bei sämtlichen Vermögensrechten im Wege der Leistungsklage gegen die GbR. 40

c) Anspruch auf Auszahlung des Auseinandersetzungsguthaben, §§ 733, 734 BGB

Nach §§ 733, 734 BGB haben die Gesellschafter einen Anspruch auf Auszahlung des Auseinandersetzungsguthabens. Für die Einzelheiten bezüglich Inhalt, Umfang und Geltendmachung wird auf die Ausführungen im Rahmen der Beendigung der GbR verwiesen.[58] 41

---

46 BGH NJW 1981, 2563; NJW 1996, 1678; MüKo BGB/*Schäfer* § 721 Rn. 13; Palandt/*Sprau* § 721 Rn. 1.
47 MüKo BGB/*Schäfer* § 721 Rn. 15; Staudinger/*Habermeier* § 721 Rn. 10.
48 BGH BB 1976, 948 (949 ff.); Palandt/*Sprau* § 721 Rn. 4.
49 MüKo BGB/*Schäfer* § 721 Rn. 11.
50 BGH WM 1970, 1223 f.
51 BGH WM 1970, 1223 (1224); RGZ 170, 392 (395 f.).
52 Vgl. MüKo BGB/*Schäfer* § 721 Rn. 13; *K. Schmidt* NJW 2001, 993 (1000); Staudinger/*Habermeier* § 721 Rn. 4; *Wertenbruch* NJW 2002, 324 (327).
53 BGH BB 1980, 121 (122); GroßkommHGB/*Ulmer* § 120 Rn. 21; MüKo BGB/*Schäfer* § 721 Rn. 4; MüKo HGB/*Priester* § 120 Rn. 47. A. A. Palandt/*Sprau* § 721 Rn. 3 und wohl auch OLG Saarbrücken NZG 2002, 669 (670), wonach ein Anspruch auf Rechnungsstellung gegen sämtliche Gesellschafter, also auch gegen die von der Geschäftsführung ausgeschlossenen, bestehen soll.
54 BGH BB 1980, 121 (122).
55 BGH NJW 1999, 571 (572); MüKo BGB/*Schäfer* § 721 Rn. 4.
56 BGH NJW 1999, 571 (572); MüKo BGB/*Schäfer* § 721 Rn. 4, 7; MüKo HGB/*Priester* § 120 Rn. 53; offen gelassen von BGH WM 1983, 1279 (1280); a. A. Staudinger/*Habermeier* § 721 Rn. 7.
57 Vgl. hierzu § 33 Rdn. 31 ff.
58 Vgl. hierzu § 36 Rdn. 2, 25 ff.

d) Aufwendungsersatz, §§ 713, 670 BGB

42 Nach §§ 713 BGB i. V. m. 669, 670 BGB hat ein Gesellschafter einer GbR einen Anspruch auf Ersatz seiner Aufwendungen, die er zum Zwecke der Geschäftsführung getätigt hat, und kann von der Gesellschaft hierfür auch einen Vorschuss verlangen. Der Aufwendungsersatzanspruch nach §§ 713 BGB i. V. m. 670 BGB umfasst dabei nicht nur die Aufwendungen im eigentlichen Sinne, sondern auch alle Verluste, d. h. zufällige und unfreiwillige Vermögensnachteile auf Grund von Körper- oder Sachschäden, nicht aber Schäden, bei denen sich das allgemeine Lebensrisiko verwirklicht hat.[59]

43 **Anspruchsgegner** eines Anspruches aus §§ 713, 670 BGB ist allein die Gesellschaft.[60] Eine anteilige Haftung der Mitgesellschafter hierfür ist mit Rücksicht auf § 707 BGB, der eine Nachschusspflicht der Gesellschafter nicht vorsieht, vor der Auseinandersetzung der GbR grundsätzlich ausgeschlossen.[61] Gegen die Mitgesellschafter können die Aufwendungsersatzansprüche daher erst im Rahmen des Auseinandersetzungsverfahrens bei Liquidation der Gesellschaft geltend gemacht werden.[62] Der Gesellschaftsvertrag kann jedoch konkludent oder ausdrücklich eine abweichende Regelung enthalten.[63]

44 Eine **Ausnahme** besteht allerdings bei Begleichung von Gesamthandschulden durch einen der Gesellschafter, wenn diese vom Gesellschaftsvermögen nicht mehr gedeckt sind. In diesem Fall können die übrigen Mitgesellschafter auch vor Auflösung der Gesellschaft gemäß § 426 BGB anteilig im Wege der Leistungsklage auf Aufwendungsersatz in Anspruch genommen werden.[64]

II. Vermögenspflichten

45 Vermögenspflichten eines Gesellschafters stellen Ansprüche der Gesellschaft gegen die einzelnen Gesellschafter dar.

1. Grundsätzliche prozessuale Aspekte

46 Bei einer **nicht rechtsfähigen Innen-GbR** werden solche Vermögensansprüche »der Gesellschaft« durch eine Klage der übrigen Gesellschafter als in der Regel notwendige Streitgenossen gegen den beklagten Gesellschafter durchgesetzt.[65]

47 Bei der **rechtsfähigen Außen-GbR** kann hingegen die Gesellschaft selbst die Klage gegen den beklagten Gesellschafter erheben. Liegt dabei der gesetzliche Regelfall der gemeinschaftlichen Vertretung der Gesellschaft durch alle Gesellschafter vor, wird die GbR in dem Prozess von den übrigen Gesellschaftern gemeinschaftlich vertreten.[66]

48 Ansonsten gilt, dass die Gesellschaft beim Prozess gegen einen ihrer Gesellschafter von den **geschäftsführenden Gesellschaftern** vertreten wird, §§ 709, 714 BGB. Problematisch ist die Geltendmachung von Ansprüchen gegenüber einem Geschäftsführer, wenn nach dem Gesellschaftsvertrag allein der zu verklagende Geschäftsführer vertretungsberechtigt ist. In der Literatur wird erwogen, dass in solchen Fällen die Bestellung eines Prozesspflegers für die Außen-GbR entsprechend § 57 Abs. 1 ZPO in Betracht komme.[67] Eine andere Ansicht geht davon aus, dass ausnahmsweise alle übrigen Gesell-

---

59 MüKo BGB/*Seiler* § 670 Rn. 14.
60 BGH NJW 1980, 339 (340).
61 MüKo BGB/*Schäfer* § 713 Rn. 15.
62 BGH NJW 1962, 1863; NJW 1980, 339 (340); OLG Koblenz BB 1980, 855.
63 BGH NJW 1980, 339 (340).
64 BGHZ 37, 299 (302 ff.); BGH NJW 1980, 339 (340); NJW 1981, 1095; Erman/*H. P. Westermann* § 707 Rn. 3; *K. Schmidt* GesR § 49 V 2.
65 MAH PersGes/*von Unger/Friel* § 5 Rn. 96; *Waclawik* Rn. 592.
66 MüKo BGB/*Ulmer/Schäfer* § 705 Rn. 201.
67 *Waclawik* Rn. 592. Für die OHG: MüKo HGB/*K. Schmidt* § 125 Rn. 7 m. w. N. Ähnlich auch *Karrer* NZG 2008, 206 (207), der eine analoge Anwendung des § 57 ZPO ablehnt, aber § 46 Nr. 8 Hs. 2 GmbHG analog anwenden will.

schafter gemeinsam den Anspruch der Gesellschaft in deren Namen geltend machen können.[68] Bei der Zwei-Personengesellschaft soll der andere Gesellschafter allein klagebefugt sein.[69] Richtig ist, dass in solchen Fällen der einzelne Gesellschafter den Anspruch der Gesellschaft im Wege der *actio pro socio* durchsetzen kann.[70]

Derjenige Gesellschafter, welcher von der GbR in Anspruch genommen wird, sollte in Erwägung ziehen, die übrigen Gesellschafter im Wege der **(Hilfs–) Drittwiderklage** für die Prozesskosten in Anspruch zu nehmen. Denn wie oben erwähnt[71], kann mit einem gegen die GbR gerichteten Titel (Kostenfestsetzungsbeschluss) nicht in das Privatvermögen der Mitgesellschafter vollstreckt werden (s. auch § 29 Rdn. 10 ff., 75).[72] — 49

2. Actio pro socio

Darüber hinaus wird eine Klage der einzelnen Gesellschafter im Wege der ***actio pro socio***[73] für zulässig erachtet, sofern es um die Geltendmachung von Sozialansprüchen geht, also von solchen Ansprüchen, die ihre Grundlage unmittelbar oder mittelbar im Gesellschaftsvertrag haben. Die *actio pro socio* gibt jedem Gesellschafter unabhängig von dem Bestehen oder dem Umfang einer Geschäftsführungsbefugnis das Recht, die Erfüllung von Verpflichtungen der Mitgesellschafter zu verlangen.[74] Der klagende Gesellschafter stellt dann den Antrag, dass der zu verklagende Gesellschafter seine ausstehende Leistung an die Gesellschaft erbringt.[75] Zu beachten ist allerdings, dass der die Leistung einklagende Gesellschafter über den Anspruch, der ja ein Anspruch der Gesellschaft ist, nicht durch Verzicht, Vergleich o. ä. verfügen kann.[76] Stundet oder erlässt während des Prozesses die GbR den Anspruch gegen den beklagten Gesellschafter, wird die im Wege der *actio pro socio* erhobene Klage unbegründet.[77] — 50

Auch wenn das Institut der *actio pro socio* grundsätzlich anerkannt ist, sind viele Einzelfragen umstritten.[78] Insbesondere ist strittig, ob die *actio pro socio* nur subsidiär eingreift und daher einer besonderen Rechtfertigung bedarf oder ob sie grundsätzlich gleichrangig neben der Klagebefugnis der Geschäftsführer steht.[79] Einer Zustimmung der Mitgesellschafter zur Klageerhebung im Wege der *actio pro socio* bedarf es jedenfalls nicht,[80] da ansonsten bereits ein Fall der gewillkürten Prozessführungsbefugnis vorläge.[81] — 51

---

68 David u. a./*David* § 6 Rn. 101; zurückhaltend BGH NJW-RR 1991, 1441.
69 BGH NJW-RR 1991, 1441; generell für den Fall der Verhinderung eines von zwei Gesamtvertretern: MüKo BGB/*Schäfer* § 714 Rn. 30; Palandt/*Sprau* § 714 Rn. 4; Staudinger/*Habermeier* § 714 Rn. 14.
70 *Grunewald* Gesellschaftsrecht Rn. 63; MüKo BGB/*Ulmer* § 705 Rn. 204, 211; MünchHdb GesR I/*v.Ditfurth* § 7 Rn. 75; *K. Schmidt* GesR § 59 III 3d).
71 Vgl. Rdn. 12.
72 *Mock/Streppel* Rn. 17.
73 Die rechtsdogmatische Einordnung der *actio pro socio* ist umstritten. Nach der Rechtsprechung und einen Teil der Literatur verschafft die *actio pro socio* dem einzelnen Gesellschafter einen materiell-rechtlichen Anspruch (vgl. BGHZ 25, 47 (49); BGH NJW 1973, 2198; hingegen offen gelassen in BGH NJW 1985, 2830 (2831); Staudinger/*Keßler* § 705 Rn. 68). Nach einer anderen Ansicht ist die *actio pro socio* ein Fall der gesetzlichen Prozessstandschaft (vgl. MüKo BGB/*Ulmer/Schäfer* § 705 Rn. 207 m. w. N.; MünchHdb GesR I/*v. Ditfurth* § 7 Rn. 76).
74 RGZ 90, 300 (302); BGHZ 10, 91 (101); 25, 47 (49).
75 MüKo BGB/*Ulmer/Schäfer* § 705 Rn. 201 und 204.
76 *Baumbach/Hopt/Roth* § 109 Rn. 32; Erman/*Westermann* § 705 Rn. 60; MüKo BGB/*Ulmer/Schäfer* § 705 Rn. 212.
77 BGH NJW 1957, 1358; *Baumbach/Hopt/Roth* § 109 Rn. 35.
78 Vgl. hierzu ausführlich MüKo BGB/*Ulmer/Schäfer* § 705 Rn. 204 ff.; *K. Schmidt* GesR § 21 IV sowie § 59 III 3d); *Schwab* S. 104 ff.; Staudinger/*Habermeier* § 705 Rn. 46.
79 Vgl. hierzu die Darstellung bei MüKo BGB/*Ulmer/Schäfer* § 705 Rn. 211.
80 *Baumbach/Hopt/Roth* § 109 Rn. 35; MüKo BGB/*Ulmer/Schäfer* § 705 Rn. 211.
81 Vgl. zur gewillkürten Prozessstandschaft durch Ermächtigung durch die übrigen Gesellschafter BGH NJW 1988, 1585.

52 **Klagebefugt** im Rahmen der *actio pro socio* ist nur ein Gesellschafter. Gemäß § 265 ZPO bleibt nach umstrittener Rechtsprechung jedoch die einmal erhobene Klage auch nach Abtretung der Beteiligung zulässig.[82] Scheidet indes der Gesellschafter durch Kündigung aus der Gesellschaft aus und stimmen die anderen Gesellschafter der Fortführung des Prozesses nicht ausdrücklich zu, so wird die Klage unzulässig.[83] Stimmen die anderen nicht verklagten Gesellschafter hingegen einer Fortführung zu, so liegt ein Fall der gewillkürten Prozessstandschaft vor. Die Klage bleibt zulässig.[84]

53 Hinzuweisen ist schließlich darauf, dass derjenige Gesellschafter, welcher eine Klage im Wege der *actio pro socio* erhebt, das Prozessrisiko trägt und für den Fall der Klageabweisung **keinen Erstattungsanspruch** hinsichtlich seiner Prozesskosten gegenüber der Gesellschaft oder seinen Mitgesellschaftern hat.[85]

54 Umstritten ist schließlich auch, ob gegenüber einer **Klage der GbR** der Einwand der Rechtshängigkeit mit Rücksicht auf eine anhängige *actio pro socio* erhoben werden kann. Vor dem Gedanken der Prozessstandschaft gilt, dass die Gesellschaft ungeachtet der *actio pro socio* den Anspruch selbst klageweise geltend machen kann und auch der Einwand der entgegenstehenden Rechtskraft nicht erhoben werden kann.[86] Für die *actio pro socio* hat die Klageerhebung der GbR allerdings zur Folge, dass dadurch im Regelfall die Notwendigkeit der Gesellschafterklage als Prozessvoraussetzung entfällt und sie als unzulässig abzuweisen ist.[87]

3. Die einzelnen Ansprüche der Gesellschaft

55 Auch die Gesellschaft kann ihre Vermögensansprüche gegen den Gesellschafter im Wege der Leistungsklage durchsetzen.

a) Beitragspflicht, § 706 BGB

56 Maßgeblich für den Inhalt der Beitragspflicht ist zunächst die **Vereinbarung der Gesellschafter** sowie subsidiär die typisierten Regelungen des Gesetzes. Erbringt ein Gesellschafter seinen Beitrag, zu welchem er sich in dem Gesellschaftsvertrag verpflichtet hat, nicht, kann die GbR diesen gerichtlich im Wege der Leistungsklage einfordern.

57 Dabei ist zu betonen, dass jeder Gesellschafter seinen Beitrag stets allen anderen Gesellschaftern zusammen, nicht aber jedem anderen Gesellschafter schuldet. Dementsprechend obliegt die Durchsetzung von Beitragsansprüchen der GbR selbst.[88] Dies schließt jedoch nicht aus, dass ein Gesellschafter im Wege der *actio pro socio* Klage erhebt.[89]

b) Nachschusspflicht i. R. d. Auseinandersetzung, § 735 BGB

58 Auch die Nachschusspflichten eines Gesellschafters im Rahmen der Auseinandersetzung gehören zu den Vermögenspflichten eines Gesellschafters. Für die näheren Einzelheiten wird auf die Ausführungen im Rahmen der Auflösung und Beendigung der GbR verwiesen.[90]

---

82 BGH NJW 1960, 964; a. A. Bamberger/Roth/*Schöne* § 705 Rn. 118; MüKo BGB/*Ulmer/Schäfer* § 705 Rn. 210; Staudinger/*Habermeier* § 705 Rn. 47.
83 OLG Karlsruhe NJW 1995, 1296.
84 OLG Karlsruhe NJW 1995, 1296.
85 Baumbach/Hopt/*Roth* § 109 Rn. 35.
86 Bamberger/Roth/*Schöne* § 705 Rn. 123; Erman/*Westermann* § 705 Rn. 60; MüKo BGB/*Ulmer/Schäfer* § 705 Rn. 214; Staudinger/*Habermeier* § 705 Rn. 48.
87 Erman/*Westermann* § 705 Rn. 60; MüKo BGB/*Ulmer/Schäfer* § 705 Rn. 214.
88 MünchHdb GesR I/*Weipert* § 6 Rn. 23; *K. Schmidt* GesR § 20 II 4.
89 Bamberger/Roth/*Schöne* § 706 Rn. 5; MünchHdb GesR I/*Weipert* § 6 Rn. 25.
90 Vgl. hierzu § 36 Rdn. 2, 26 f.

B. Verwaltungsrechte und -pflichten

Auch für die Verwaltungsrechte und -pflichten gilt, dass diese im Klagewege durchgesetzt werden können. **Klagegegner** ist im Fall der Verwaltungsrechte in erster Linie die GbR. Allerdings ist auch die unmittelbare Geltendmachung gegen z. B. den widersprechenden Mitgesellschafter zulässig, da der klagende Gesellschafter die Respektierung seiner gesellschaftsvertraglichen Verwaltungsrechte auch von den Mitgesellschaftern verlangen kann.[91] Den verklagten Gesellschafter treffen dann zwar unter Umständen Prozesskosten, welche er jedoch wiederum von der Gesellschaft ersetzt verlangen kann, wenn er die Prozessführung im Interesse der Gesellschaft für erforderlich halten durfte.[92]

59

I. Recht auf und Pflicht zur Mitwirkung bei Geschäftsführung und Vertretung

Sieht der Gesellschaftsvertrag keine abweichende Regelung vor, ist nach § 709 BGB jeder Gesellschafter auf Grund seiner Gesellschafterstellung zur Geschäftsführung berechtigt, ohne dass es einer gesonderten Bestellung zum Geschäftsführer bedarf. Er ist berechtigt, seine ungestörte Geschäftsführungstätigkeit notfalls gerichtlich durchzusetzen.[93]

60

Eine **Entziehung der Geschäftsführung** gegen den Willen des betroffenen Gesellschafters ist nur im Rahmen der gesellschaftsvertraglichen Regelungen und des § 712 Abs. 1 BGB zulässig.[94] Allerdings kann die Geschäftsführung verwirkt werden, etwa wenn der Gesellschafter die Geschäftsführung aus gesellschaftsfremden Beweggründen blockiert.[95] Überhaupt ist die Ausübung des Geschäftsführungsrechts durch die gesellschaftsrechtliche Treuepflicht[96] gebunden. Denn die Geschäftsführung ist ein uneigennütziges Recht; es steht dem Gesellschafter nicht im eigenen Interesse zu, sondern allein im Interesse der Gesellschaft. Dementsprechend darf der geschäftsführende Gesellschafter seine eigenen Interessen nur verfolgen, soweit sie nicht denen der Gesellschaft entgegenstehen.[97]

61

Mit dem Recht auf Geschäftsführung korrespondiert die Pflicht des Gesellschafters zur Mitwirkung bei der Geschäftsführung.[98] Der Umfang derselben richtet sich primär nach dem Gesellschaftsvertrag. Eine Verpflichtung, die ganze Arbeitskraft einzusetzen, findet ihre Grenze in § 138 BGB.[99]

62

II. Kündigungs-, Entziehungs-, und Ausschließungsrechte

Zu den Verwaltungsrechten und -pflichten gehören auch die Kündigungs-, Entziehungs- und Ausschließungsrechte gemäß den §§ 712 (Entziehung und Kündigung der Geschäftsführung), 715 (Entziehung der Vertretungsmacht), 723 (Kündigung durch die Gesellschafter) und 737 (Ausschluss eines Gesellschafters) BGB. Für die Einzelheiten wird auf die jeweiligen Ausführungen unter den weiterführenden Kapiteln verwiesen.[100]

63

---

91 Erman/*Westermann* § 705 Rn. 56; MüKo BGB/*Ulmer/Schäfer* § 705 Rn. 199.
92 MüKo BGB/*Ulmer/Schäfer* § 705 Rn. 199.
93 Die Streitigkeiten im Zusammenhang mit der Geschäftsführung werden in dem gesonderten Kapitel § 29 behandelt.
94 Vgl. hierzu § 35 Rdn. 49 ff.
95 BGH NJW 1972, 862 (864).
96 Vgl. hierzu Rdn. 71 ff.
97 BGHZ 37, 381 (384).
98 MünchHdb GesR I/*v. Ditfurth* § 7 Rn. 14.
99 BGHZ 37, 381 (385).
100 Vgl. für den Entzug und Kündigung der Geschäftsführung unter § 35 Rdn. 49 ff., für die Kündigung der Gesellschaft unter § 33 Rdn. 6, für den Ausschluss eines Gesellschafters unter § 33 Rdn. 7 ff.

III. Kontroll- und Auskunftsrechte

1. Informations- und Kontrollrecht gemäß § 716 BGB

64 Die **individuellen Informationsrechte** des GbR-Gesellschafters sind gesetzlich in § 716 BGB festgelegt. Danach können GbR-Gesellschafter, auch wenn sie von der Geschäftsführung ausgeschlossen sind, sich persönlich von den Angelegenheiten der Gesellschaft unterrichten, die Geschäftsbücher und die Papiere der Gesellschaft einsehen sowie sich aus ihnen eine Übersicht über den Stand des Gesellschaftsvermögens anfertigen. Der Begriff der »Angelegenheiten der Gesellschaft« ist dabei weit zu verstehen und umfasst alles, was die Lage der Gesellschaft betrifft und entspricht damit dem Begriff »Stand des Geschäfts« im Sinne der §§ 713, 666 BGB.[101] Nicht umfasst sind hingegen die persönlichen Angelegenheiten der Mitgesellschafter und Geschäftsführer, es sei denn, dass diese sich auf die Verhältnisse der Gesellschaft auswirken und hierdurch zu »Angelegenheiten der Gesellschaft« werden.[102]

65 Aus § 716 Abs. 1 BGB folgt in erster Linie die **Duldung der persönlichen Unterrichtung des Gesellschafters** sowie der Einsicht in die Papiere und Bücher der Gesellschaft.[103] Nur dann, wenn die benötigten Angaben nicht aus den Papieren und Büchern der Gesellschaft ersichtlich sind oder der Gesellschafter sich wegen Lückenhaftigkeit oder Widersprüchlichkeit der Unterlagen ohne Auskunft keine Klarheit über die Angelegenheiten der Gesellschaft verschaffen kann, wird dem Gesellschafter ausnahmsweise ein Auskunftsrecht zugebilligt.[104]

66 Ferner ist umstritten, ob das Informationsrecht der GbR-Gesellschafter entsprechend dem Recht des Kommanditisten aus § 166 Abs. 1 HGB die **abschriftliche Mitteilung des Jahresabschlusses** umfasst.[105]

67 Prozessual erfolgt die Durchsetzung der Informationsrechte der GbR-Gesellschafter durch Erhebung einer **Leistungsklage**. Hierbei muss der Gesellschafter, der sein gesetzliches Kontrollrecht ausüben möchte, grundsätzlich kein besonderes Interesse darlegen. Nur ausnahmsweise können Treu und Glauben der Ausübung des Kontrollrechts entgegenstehen, beispielsweise wenn das Einsichtsrecht mit Schädigungsabsicht zum Nachteil der Gesellschaft oder der Mitgesellschafter ausgeübt werden soll.[106]

68 **Klagegegner** ist grundsätzlich die GbR selbst. Aus Gründen der Praktikabilität erkennt der BGH jedoch auch einen unmittelbaren Anspruch des einzelnen Gesellschafters gegenüber dem oder den geschäftsführenden Gesellschaftern an.[107]

69 Mit der Rechtsprechung ist es als zulässig zu erachten, dass in dem Antrag nicht die einzelnen einzusehenden Unterlagen bezeichnet werden, sondern dass der Antrag auf »Gestattung der Einsicht in die Geschäftspapiere« gestellt werden kann.[108] Der Gesellschafter muss also nicht im Einzelnen bezeichnen, welche Unterlagen er einsehen möchte. Im Zweifel wäre es ihm auch faktisch gar nicht möglich darzulegen, dass er die ihm bis dahin unbekannten Geschäftsunterlagen für eine sachgerechte Prüfung der Bilanz benötigt. Der Gesellschaft sind hingegen die Unterlagen bekannt und es ist ihr daher ein leichtes, in dem jeweiligen Einzelfall die tatsächlichen Voraussetzungen für ein

---

101 Baumbach/Hopt/*Roth* § 118 Rn. 3.
102 MAH PersGes/*Plückelmann* § 4 Rn. 121.
103 MAH PersGes/*Plückelmann* § 4 Rn. 120.
104 BGH WM 1983, 910 (911); BB 1972, 1245; MAH PersGes/*Plückelmann* § 4 Rn. 120.
105 Verneinend: Baumbach/Hopt/*Roth* § 118 Rn. 6; bejahend: MAH PersGes/*Plückelmann* § 4 Rn. 123; MüKo HGB/*Enzinger* § 118 Rn. 10.
106 MAH PersGes/*Plückelmann* § 4 Rn. 157; Palandt/*Sprau* § 716 Rn. 1.
107 BGH BB 1962, 899; WM 1962, 883; WM 1983, 910 (911); NJW 1992, 1890 (1891 f.); OLG Celle WM 1983, 741 (742).
108 BGHZ 25, 115 (121); MünchHdb GesR I/*Weipert* § 8 Rn. 24.

missbräuchliches und damit von dem Prüfungsrecht des Gesellschafters nicht mehr gedecktes Einsichtsverlangen darzutun.[109]

Die **Vollstreckung** des Rechts auf Einsicht in Urkunden oder Vorlage von Urkunden erfolgt nach § 883 ZPO, die Auskunftserteilung ist als unvertretbare Handlung nach § 888 ZPO vollstreckbar.[110] 70

Einer Durchsetzung des Informationsanspruches im Wege des **einstweiligen Rechtsschutzes** wird oftmals entgegenstehen, dass dies eine Vorwegnahme der Hauptsache bedeuten würde. Eine Sicherstellung der Bücher und Papiere der Gesellschaft ist hingegen im Rahmen des einstweiligen Rechtsschutzes durchaus möglich.[111] 71

Anzumerken ist noch, dass das Informations- und Kontrollrecht zunächst den Gesellschaftern zusteht. Ein Informationsanspruch **ausgeschiedener Gesellschafter** ist nur insofern gegeben, als dieser für die Bestimmung des Auseinandersetzungsguthabens erforderlich ist. Dieser folgt dann aus § 810 BGB.[112] Darüber hinaus kann unter Umständen ein Einsichts- und Auskunftsrecht des ausgeschiedenen Gesellschafters auch aus § 242 BGB folgen, wenn der Berechtigte entschuldbar über das Bestehen und den Umfang seines Anspruches auf Auseinandersetzungsguthaben im Unklaren und deshalb auf Auskunft des Verpflichteten angewiesen ist und der Verpflichtete hierdurch nicht unzumutbar belastet wird.[113] 72

2. Auskunft im Rahmen des § 721 BGB

Wie bereits erläutert,[114] kann ein Gesellschafter grundsätzlich die **Vorlage eines Rechnungsabschlusses** erst nach der Auflösung der Gesellschaft verlangen, vgl. § 721 Abs. 1 BGB. Bei Gesellschaften, die auf längere Dauer angelegt sind, hat indes die Rechnungslegung im Zweifel am Schluss eines jeden Geschäftsjahres zu erfolgen (§ 721 Abs. 2 BGB). 73

3. Auskunftsanspruch gemäß §§ 713, 666 BGB

Daneben besteht ein **kollektiver Anspruch auf Auskunft und Rechenschaft** gegenüber den Geschäftsführern der GbR gemäß §§ 713, 666 BGB[115], welcher grundsätzlich von den Gesellschaftern gemeinschaftlich auszuüben ist.[116] Kläger eines auf §§ 713, 666 BGB gestützten Anspruches ist damit die GbR oder ein einzelner Gesellschafter im Wege der *actio pro socio*.[117] Dabei ist allerdings darauf zu achten, dass diese Klagemöglichkeit nicht dazu dienen darf, dass sich der klagende Gesellschafter ohne Sachgrund über die sich aus dem Gesetz oder dem Gesellschaftsvertrag ergebenden Schranken seines individuellen Informationsanspruches hinwegsetzt.[118] 74

C. Treuepflicht

Es ist anerkannt, dass bei einer Personengesellschaft zwischen den Beteiligten eine derart starke persönliche Bindung besteht, dass sie untereinander zu einer besonderen Loyalität verpflichtet sind; sie unterliegen daher einer **allgemeinen gesellschaftlichen Treuepflicht**. Die rechtliche Grundlage dieser gesellschaftsrechtlichen Treuepflicht ist freilich umstritten. Teilweise wird auf den im Gesellschaftsvertrag zum Ausdruck kommenden gemeinschaftlichen Charakter des Gesellschaftsvertrages 75

---

109 BGHZ 25, 115 (121).
110 OLG Frankfurt am Main WM 1991, 1555 (zu einer GmbH); MAH PersGes/*Plückelmann* § 4 Rn. 160.
111 Baumbach/Hopt/*Roth* § 118 Rn. 15.
112 BGH ZIP 1989, 768; 1988, 1175 (1176).
113 BGH NJW 1990, 1358; 1986, 1247; 1978, 1002 mit weiteren Nachweisen; MAH PersGes/*Plückelmann* § 4 Rn. 136.
114 Vgl. oben Rdn. 29.
115 Vgl. hierzu § 35 Rdn. 13 ff.
116 Bamberger/Roth/*Schöne* § 713 Rn. 5; Palandt/*Sprau* § 713 Rn. 5; Staudinger/*Habermeier* § 713 Rn. 6.
117 Bamberger/Roth/*Schöne* § 713 Rn. 5; Palandt/*Sprau* § 713 Rn. 5; Staudinger/*Habermeier* § 713 Rn. 6.
118 BGH NJW 1992, 1890; MAH PersGes/*Plückelmann* § 4 Rn. 163.

abgestellt,[119] teilweise darauf, dass es sich um eine Ausprägung des gesetzlichen Grundsatzes von Treu und Glauben handelt.[120]

76 Aus der gesellschaftsrechtlichen Treuepflicht ergibt sich die Pflicht eines jeden Gesellschafters zur **Rücksichtnahme** auf Interessen der Gesellschaft oder der Mitgesellschafter.[121] Die Gesellschafter sind damit positiv verpflichtet, die Interessen der Gesellschaft zu wahren, und negativ verpflichtet, alles zu unterlassen, was die Gesellschaftsinteressen beeinträchtigen könnte.[122]

77 Die Ausprägung der Treuepflicht hängt im Einzelfall von der Struktur der Gesellschaft ab. Bei einem kleineren Personenkreis ist sie größer als bei einem großen Personenkreis, der mehr auf eine rein finanzielle Beteiligung angelegt ist.[123]

I. Grundsätzliche Durchsetzung der Treuepflicht

78 In prozessualer Hinsicht sind, je nachdem ob eine positive oder negative Handlungs- oder Unterlassungspflicht verletzt bzw. eingeklagt wird, verschiedene auf die Treuepflicht zu stützende Klagarten denkbar.

1. Leistungsklage

79 Ist bei einer Verletzung einer gesellschaftsrechtlichen Treuepflicht ein Schaden entstanden, kann der **Schadensersatzanspruch** im Wege der Leistungsklage durchgesetzt werden. Kläger ist dann grundsätzlich die GbR selbst oder ein Gesellschafter im Wege der *actio pro socio*.[124] Soweit einzelnen Mitgesellschaftern ein über einen Schaden der GbR hinausgehender Schaden entstanden ist, steht ihnen ein eigener Anspruch zu, den sie eigenständig im Klagewege verfolgen können.

80 Resultiert aus der gesellschaftsrechtlichen Treuepflicht eine **positive Handlungspflicht**, so kann diese ebenfalls im Wege der Leistungsklage durchgesetzt werden. Häufiges Beispiel hierfür ist, dass eine sich aus der Treuepflicht ergebende Zustimmungspflicht verletzt wird. Es ist dann der die Zustimmung verweigernde Gesellschafter im Wege der Leistungsklage auf Zustimmungserteilung in Anspruch zu nehmen. Kläger kann dabei jeder Gesellschafter sein. Vollstreckt wird gemäß § 894 ZPO, d. h. das rechtskräftige Urteil ersetzt die Zustimmung des verklagten Gesellschafters.[125] Daneben wird zum Teil auch vertreten, dass die entgegen der Treuepflicht verweigerte Mitwirkung in bestimmten Fällen fingiert werden kann.[126]

2. Unterlassungsklage

81 Wird auf Grundlage der gesellschaftsrechtlichen Treuepflicht die **Unterlassung** einer Handlung eines Gesellschafters begehrt, ist nach § 1004 BGB vorzugehen und ein Anspruch auf Unterlassung gerichtlich – nötigenfalls auch im Wege des einstweiligen Rechtsschutzes – durchzusetzen.

---

119 GroßkommHGB/*Schäfer* § 105 Rn. 228 m. w. N.
120 Bamberger/Roth/*Sutschet* § 705 Rn. 101; Erman/*Westermann* § 705 Rn. 49; MüKo BGB/*Roth* § 242 Rn. 153.
121 Bamberger/Roth/*Sutschet* § 705 Rn. 102; Erman/*Westermann* § 705 Rn. 49; MüKo BGB/*Ulmer/Schäfer* § 705 Rn. 223.
122 MüKo BGB/*Ulmer/Schäfer* § 705 Rn. 223.
123 MüKo BGB/*Ulmer/Schäfer* § 705 Rn. 225.
124 MüKo BGB/*Ulmer/Schäfer* § 705 Rn. 243.
125 BGHZ 64, 253 (257); 68, 81; MüKo BGB/*Ulmer/Schäfer* § 705 Rn. 239.
126 Eine Übersicht über die verschiedenen Ansätze bietet: MüKo BGB/*Ulmer/Schäfer* § 705 Rn. 240; zurückhaltend BGH WM 1986, 1556 (1557), der eine Zustimmungspflicht allenfalls für Beschlüsse mit für die Gesellschaft existentieller Bedeutung (etwa weil die Gesellschaft ansonsten nicht als werbendes Unternehmen weitergeführt werden kann oder weil die Gesellschaft ansonsten nicht funktionsfähig ist) bejaht.

3. Feststellungsklage

Es kommen ferner Fälle in Betracht, bei denen der Verstoß gegen die Treuepflicht zur Unwirksamkeit der Maßnahme des Gesellschafters führt. So ist beispielsweise ein gegen die Treuepflicht verstoßender Widerspruch gegen eine Maßnahme der Geschäftsführung unbeachtlich.[127] 82

Die Berufung auf die Unbeachtlichkeit erfolgt oftmals inzident im Rahmen z. B. von Streitigkeiten über Schadensersatzansprüche. Bei Vorliegen eines entsprechenden Rechtsschutzinteresses kann aber auch auf Feststellung der Unbeachtlichkeit (z. B. des treuwidrigen Widerspruchs) geklagt werden.[128] Aufgrund der bisherigen Zurückhaltung in der Rechtsprechung in Bezug auf eine Zustimmungspflicht der Gesellschafter sollte eine Feststellungsklage auf Unbeachtlichkeit des Widerspruchs[129] in der Regel nur hilfsweise neben der Klage auf Zustimmung erhoben werden. 83

II. Insbesondere: Wettbewerbsverbot

Im Unterschied zur OHG existiert im Rahmen der GbR **keine gesetzliche Normierung eines Wettbewerbsverbots**.[130] Eine analoge Anwendung der §§ 112, 113 HGB wird jedoch abgelehnt.[131] 84

Wettbewerbsverbote ergeben sich aber auch ohne ausdrückliche Abrede und Normierung aus Inhalt und Zweck des Gesellschaftsvertrages[132] und damit aus dem Inhalt der gesellschaftsrechtlichen Treuepflicht.[133] Dem **geschäftsführenden Gesellschafter** ist es dementsprechend untersagt, durch eigene außergesellschaftliche Tätigkeiten in Wettbewerb zu der GbR zu treten.[134] 85

Bei den **von der Geschäftsführung ausgeschlossenen Gesellschaftern** ist die Rechtslage dagegen nicht so eindeutig. Diesen steht gemäß § 716 BGB ein umfassendes Kontroll- und Einsichtsrecht zu. Setzt der Gesellschafter die so erlangten Kenntnisse zum Nachteil der Gesellschaft ein, handelt er treuwidrig.[135] Sind indes die Kontroll- und Einsichtsrechte nach dem Gesellschaftsvertrag beschränkt, ist es eher fernliegend, ein aus der Treuepflicht resultierendes Wettbewerbsverbot des von der Geschäftsführung ausgeschlossenen Gesellschafters anzunehmen.[136] 86

Leitet man ein Wettbewerbsverbot aus der gesellschaftsrechtlichen Treuepflicht ab, kann es nur für die Dauer der Gesellschafterstellung bestehen und erlischt mit dem Ausscheiden aus der Gesellschaft.[137] Möglich ist jedoch auch die vertragliche Vereinbarung eines **nachwirkenden Wettbewerbsverbots**, wenn es sich in zeitlicher, räumlicher und gegenständlicher Hinsicht darauf bezieht, den Mitgesellschaftern die gemeinsam geschaffenen Werte zu erhalten, ohne den Ausgeschiedenen in sittenwidriger (§ 138 Abs. 1 BGB) oder gegen § 1 GWB verstoßender Weise in seiner Entfaltungsfreiheit zu beschränken.[138] Schließlich kann ein nachvertragliches Wettbewerbsverbot auch auf Grund von § 249 Abs. 1 BGB in Betracht kommen, wenn der Ausgeschiedene sein Ausscheiden schuldhaft, insbesondere durch treuwidrigen Wettbewerb, herbeigeführt hat und zur Schadens- 87

---

127 So schon RGZ 158, 302 (311).
128 BGH NJW 1986, 844; MünchHdb GesR I/*Weipert* § 6 Rn. 53. Hierzu auch § 35 Rdn. 23 ff.
129 So vorgeschlagen von MünchHdb GesR I/*Weipert* § 6 Rn. 53.
130 MüKo BGB/*Ulmer/Schäfer* § 705 Rn. 235.
131 MAH PersGes/*Plückelmann* § 4 Rn. 200.
132 Palandt/*Ellenberger* § 138 Rn. 104.
133 MAH PersGes/*Plückelmann* § 4 Rn. 200; MüKo BGB/*Ulmer/Schäfer* § 705 Rn. 235; Schulze/*Saenger* § 705 Rn. 13; Staudinger/*Habermeier* § 705 Rn. 52.
134 Ganz h. M.: Bamberger/Roth/*Timm/Schöne* § 705 Rn. 105; Erman/*Westermann* § 705 Rn. 50; MüKo BGB/*Ulmer/Schäfer* § 705 Rn. 235; Staudinger/*Habermeier* § 705 Rn. 52.
135 MAH PersGes/*Plückelmann* § 4 Rn. 200; MüKo BGB/*Ulmer/Schäfer* § 705 Rn. 236.
136 MüKo BGB/*Ulmer/Schäfer* § 705 Rn. 236.
137 MüKo BGB/*Ulmer/Schäfer* § 705 Rn. 237. So auch zu § 112 HGB: Baumbach/*Hopt/Roth* § 112 Rn. 14, § 131 Rn. 37; GroßkommHGB/*Ulmer* § 112 Rn. 13; MüKo HGB/*Langhein* § 112 Rn. 20.
138 Vgl. näher BGH NJW 1994, 384; 1991, 699; 1986, 1251; 1968, 1717; WM 1997, 1707; 1990, 2121.

begrenzung auch der Verzicht auf die Fortsetzung dieses Wettbewerbs für eine Übergangszeit gehört.[139]

88 Bei einem **Verstoß gegen das Wettbewerbsverbot** ergeben sich Unterlassungs- und Schadensersatzansprüche der Gesellschaft, welche natürlich im Klagewege von der GbR selbst oder einzelnen Gesellschaftern im Wege der *actio pro socio* durchgesetzt werden können.[140] Die im Rahmen der OHG vorgesehenen Rechtsfolgen des § 113 HGB gelten nicht für die GbR. In der Literatur wird teilweise eine analoge Anwendung erwogen,[141] Rechtsprechung ist hierzu soweit ersichtlich indes noch nicht ergangen.

D. Ansprüche aufgrund der Verletzung von Gesellschafterpflichten

89 Darüber hinaus sind Ansprüche der Gesellschaft gegen den Gesellschafter wegen Verletzung von sonstigen Gesellschafterpflichten denkbar. Die richtige Klageart richtet sich dabei jeweils nach der Art der verletzenden Handlung. So kann die Leistungsklage auf Erfüllung oder Schadensersatz oder die Feststellungsklage nach Entzug von Rechten oder nach Ausschließung aus der Gesellschaft statthaft sein.[142] Kläger ist die GbR selbst oder aber der einzelne Mitgesellschafter im Wege der *actio pro socio*.

---

139 MüKo BGB/*Ulmer/Schäfer* § 705 Rn. 237; vgl. *Paefgen* ZIP 1990, 839 ff.; a. A. OLG Düsseldorf ZIP 1990, 861 f.
140 MüKo BGB/*Ulmer/Schäfer* § 705 Rn. 243.
141 MüKo HGB/*Langhein* § 112 Rn. 4.
142 Vgl. hierzu die jeweiligen Ausführungen unter § 35 Rdn. 7 ff. und § 33 Rdn. 16 ff.

§ 33 Streitigkeiten bei der Veränderung des Gesellschafterbestandes

Übersicht

	Rdn.			Rdn.
A. **Hinzutreten eines neuen Gesellschafters**	1		c) Rechtsschutz	16
B. **Ausscheiden eines Gesellschafters**	6		aa) Hauptsache	16
I. Ausschließung eines Gesellschafters	6		bb) Einstweiliger Rechtsschutz	23
1. Grundsätzlich keine Ausschließung nach Gesetz	6	II. Austritt eines Gesellschafters		29
2. Ausschließung bei Fortsetzungsklausel	7	III. Abfindung		31
		1. Die gesetzliche Regelung		32
a) Wichtiger Grund	8	2. Gesellschaftsvertragliche Regelungen		39
b) Verfahren	11	a) Allgemeines		39
		b) Prozessuales		44

A. Hinzutreten eines neuen Gesellschafters

Beim Hinzutreten eines neuen Gesellschafters kommt es in der GbR selten zu Streitigkeiten. Dies hängt damit zusammen, dass, soweit Abweichendes nicht im Gesellschaftsvertrag geregelt ist, ein neuer Gesellschafter in die Gesellschaft nur eintreten kann, wenn alle anderen, d. h. **jeder einzelne Gesellschafter, dem zustimmt**. In der GbR gehört das Recht, über die Zusammensetzung des Gesellschafterbestands mitzubestimmen, zu den Kernbereichen der Mitgliedschaft. Es unterfällt daher auch nicht allgemeinen Mehrheitsklauseln.[1]   1

Soweit sich im **Gesellschaftsvertrag** jedoch **abweichende Regelungen** finden, die sich auf den Eintritt neuer Gesellschafter beziehen, kann bei Beachtung dieser Regelungen ein Eintritt im Einzelfall auch ohne die Beteiligung der übrigen Gesellschafter oder z. B. durch Mehrheitsbeschluss möglich sein. Publikumsgesellschaften sehen typischerweise entsprechende Regelungen ausdrücklich in ihren Gesellschaftsverträgen vor. Etwas anderes kann darüber hinaus ausnahmsweise dann gelten, wenn der Gesellschaftsvertrag etwa die freie Übertragbarkeit von Gesellschaftsanteilen vorsieht oder in anderer Weise zum Ausdruck kommt, dass, anders als durch das Gesetz vorgesehen, die Gesellschafter entweder über die Zusammensetzung des Gesellschafterbestandes nicht oder nicht in jedem Fall bestimmen können.[2]   2

Soweit ein neuer Gesellschafter in die Gesellschaft aufgenommen werden soll, dies aber durch die mangelnde Zustimmung anderer Gesellschafter verhindert wird, dürfte nur in den allerseltensten Fällen einmal ein Anspruch der übrigen Gesellschafter auf Zustimmung zur Aufnahme des neuen Gesellschafters bestehen. Dies könnte etwa dann der Fall sein, wenn ohne die Aufnahme des neuen Gesellschafters die Insolvenz (vgl. § 11 Abs. 2 Nr. 1 InsO) der GbR droht. Der **Anspruch auf Zustimmung** zur Aufnahme ist in solchen Fällen durch Leistungsklage (vgl. oben § 31 Rdn. 15 ff.) durchzusetzen. Zuständig hierfür ist bei der Außen-GbR das Gericht am Sitz der Gesellschaft (§§ 22, 17 ZPO).   3

Ein **Recht eines Dritten**, in eine GbR einzutreten, gibt es dagegen nicht. Der Dritte kann sich insbesondere nicht auf die gesellschaftsrechtliche Treuepflicht berufen, da diese nur unter den Gesellschaftern besteht. Ausnahmsweise kann aber eine spezialgesetzliche Regelung ein solches Recht begründen. Dieses ist dann wie bei mangelnder Zustimmung zur Aufnahme von Gesellschaftern in anderen Fällen durch Leistungsklage durchzusetzen. Solche Ansprüche kann es etwa im Rahmen von § 20 Abs. 6 GWB geben. Sie stellen allerdings die absolute Ausnahme dar.   4

Geklärt ist die Frage, gegen wen die Klage auf Aufnahme zu richten ist. Die einschlägige Norm (§ 130 HGB analog) mag zwar nahe legen, dass Verpflichtete die Gesellschaft ist. Die Gesellschaft hat jedoch nicht die Rechtsmacht, neue Gesellschafter aufzunehmen. Hierbei handelt es sich viel-   5

---

1 MüKo BGB/ *Schäfer*, § 709 Rn. 93.
2 Vgl. MüKo BGB/ *Schäfer* § 719 Rn. 20; BGH WM 1976,15 (16); WM 1978, 136.

mehr um einen Vorgang auf der Gesellschafter- und nicht auf der Gesellschaftsebene. Es dürfte sich daher empfehlen, soweit dies nach der Anspruchsnorm vertretbar ist, sämtliche Gesellschafter auf Zustimmung zur Aufnahme in die Gesellschaft zu verklagen. In besonderen Konstellationen mag sich auch einmal eine Klage sowohl gegen die Gesellschaft als auch gegen deren Gesellschafter empfehlen. Eine bloße Klage gegen die Gesellschaft wird in der Regel nicht hilfreich sein, da der entsprechende Titel nicht dergestalt vollstreckt werden kann, dass am Ende der Vollstreckung die Aufnahme des neuen Gesellschafters steht.

B. Ausscheiden eines Gesellschafters

I. Ausschließung eines Gesellschafters

1. Grundsätzlich keine Ausschließung nach Gesetz

6   Das Gesetz sieht grundsätzlich nicht die Möglichkeit einer Ausschließung von Gesellschaftern einer GbR vor. § 723 Abs. 1 BGB bestimmt vielmehr, dass, wenn ein wichtiger Grund in der Person eines Gesellschafters vorliegt, jeder Gesellschafter das Recht hat, **die Gesellschaft zu kündigen**, was deren Auflösung und anschließende Abwicklung zur Folge hat.

2. Ausschließung bei Fortsetzungsklausel

7   Anders als bei den Personenhandelsgesellschaften sieht das Gesetz in § 737 BGB immerhin vor, dass – wenn der Gesellschaftsvertrag für den Fall der Kündigung eine Fortsetzungsklausel enthält – die Gesellschafter anstatt der Kündigung durch **einstimmig gefassten Gesellschafterbeschluss** die Ausschließung desjenigen Gesellschafters beschließen können, in dessen Person ein wichtiger Grund für eine Kündigung der Gesellschaft begründet ist. Sind sich die übrigen Gesellschafter hier einig, besteht aus ihrer Sicht kaum eine Veranlassung für Rechtsstreitigkeiten.

a) Wichtiger Grund

8   Voraussetzung für die Ausschließung nach § 737 BGB ist das Vorliegen eines wichtigen Grundes in der Person des auszuschließenden Gesellschafters. Die Fortsetzung des Gesellschaftsverhältnisses muss mit anderen Worten für die übrigen Gesellschafter unzumutbar sein.[3] Da die Ausschließung des Gesellschafters hier an die Stelle der Möglichkeit der Kündigung der Gesellschaft treten soll, wird man in diesem Zusammenhang nicht darauf abstellen können, ob den übrigen Gesellschaftern ein Zuwarten bis zur nächsten ordentlichen Kündigungsmöglichkeit (der Gesellschaft) zumutbar ist.[4] Käme man nämlich zu dem Ergebnis, dass ein solches Zuwarten zumutbar wäre, würde der Zweck der Vorschrift, die Auflösung der Gesellschaft durch die Ausschließung des den Grund für die Auflösung liefernden Gesellschafters zu ersetzen, konterkariert. Die Möglichkeit der ordentlichen Ausschließungskündigung kann nach der Rechtsprechung des BGH i. d. R. nicht wirksam vorgesehen werden.[5] Nur in Ausnahmefällen, wenn für die Regelung sachlich gerechtfertigte Gründe bestehen, kann eine Ausschließung ohne wichtigen Grund wirksam im Vertrag vereinbart werden.[6]

9   Der BGH vertritt die Auffassung, dass nicht jeder zur Auflösungskündigung berechtigende Grund auch eine Ausschließung rechtfertige, weil es unbillig sein könne, gerade den ausschließenden Gesellschaftern die Gesellschaft zu überlassen.[7] Infolge dieses Urteils wird diskutiert, ob die Voraussetzun-

---

3 BGH NZG 2003, 625 (626); OLG Koblenz ZIP 2014, 2086.
4 Vgl. aber BGH NZG 2005, 843, wonach eine Gesamtwürdigung sämtlicher Umstände vorzunehmen sei, um festzustellen, ob »eine Fortsetzung des Gesellschaftsverhältnisses bis zum nächsten angemessenen ordentlichen Beendigungstermin zumutbar war«.
5 BGH NZG 2005, 968 (969); BGH ZIP 1989, 36 (37); vgl. auch MüKo HGB/*K. Schmidt* § 140 Rn. 98 ff. m. w. N.
6 BGH NZG 2005, 968 (969) mit Beispielen, wann solche Ausnahmefälle vorliegen können – der Senat betont aber auch, dass die Frage nicht formelhaft zu beantworten sei.
7 BGH WM 1961, 32 (33).

B. Ausscheiden eines Gesellschafters § 33

gen eines wichtigen Grundes für eine Ausschließung strenger sein müssen als bei der Auflösungskündigung.[8] Zutreffend dürfte sein, dass sowohl die Ausschließung als auch die Auflösung immer eine **Abwägung sämtlicher Umstände** des Einzelfalles voraussetzen[9] und diese Gesamtabwägung auch die Rechtsfolge, also Auflösung oder Ausschließung, mit einbeziehen muss. In Ausnahmefällen mag daher eine Auflösung, nicht aber eine Ausschließung oder umgekehrt, gerechtfertigt sein. Man wird daher auch nicht von strengeren Maßstäben, sondern von unterschiedlichen Voraussetzungen sprechen müssen.

Bei der Prüfung des wichtigen Grundes ist nicht nur auf das Verhalten des auszuschließenden Gesellschafters sondern im Rahmen der vorbezeichneten Gesamtabwägung auch auf das **Verhalten der übrigen Gesellschafter** abzustellen, insbesondere wenn sich dieses als pflichtwidrig darstellt.[10] Sollten sich nämlich nicht nur der auszuschließende Gesellschafter sondern auch andere Gesellschafter pflichtwidrig verhalten haben, so wird man eine Ausschließung nur rechtfertigen können, wenn das pflichtwidrige Verhalten des auszuschließenden Gesellschafters das der anderen Gesellschafter deutlich überwiegt.[11] In jedem Fall darf der wichtige Grund für seine Ausschließung nicht durch ein milderes Mittel (z. B. Entziehung der Geschäftsführungsbefugnis) beseitigt werden können.[12] 10

b) Verfahren

Es ist umstritten, ob die die Ausschließung ihres Mitgesellschafters betreibenden Gesellschafter diesen vor Fassung des für die Ausschließung notwendigen Beschlusses **anhören** müssen. Hierfür spricht, dass er so die Chance hat, ggf. sein Verhalten zu ändern und sich aus der Anhörung neue Aspekte für die gebotene Gesamtwürdigung aller Umstände ergeben können.[13] Dagegen spricht jedoch, dass es hierfür keine Notwendigkeit gibt, da die Ausschließung der vollständigen gerichtlichen Überprüfung unterliegt.[14] 11

Richtig dürfte sein, dass eine Anhörung für die Wirksamkeit der Ausschließung grundsätzlich nicht erforderlich ist. Die die Ausschließung betreibenden Gesellschafter werden in aller Regel aber gut beraten sein, den betroffenen Gesellschafter in der Gesellschafterversammlung in der über seine Ausschließung beschlossen werden soll, anzuhören, da sie sonst Gefahr laufen, Aspekte, die der Wirksamkeit der Ausschließung entgegenstehen, zu übersehen. 12

Die Ausschließung eines Gesellschafters aus wichtigem Grund setzt, soweit der Gesellschaftsvertrag nichts Abweichendes bestimmt, einen **einstimmig gefassten Gesellschafterbeschluss** voraus, bei dem der betroffene Gesellschafter kein Stimmrecht hat.[15] Sollte tatsächlich ein wichtiger Grund für die Ausschließung eines Gesellschafters vorliegen, wird es nicht selten der Fall sein, dass die Gesellschafter aus der Treuepflicht heraus gehalten sind, für die Ausschließung zu stimmen.[16] Soweit sich ein Gesellschafter dieser Stimmpflicht widersetzt, können dem die übrigen Gesellschafter mit der Leistungsklage begegnen. Dies ist allerdings in aller Regel nicht hilfreich, da bis zur Vollstreckung des entsprechenden Anspruches auf Zustimmung, also Rechtskraft des entsprechenden Urteils, zu viel Zeit verstreichen kann. In solchen Fällen werden die Gerichte daher im Rahmen des einstweiligen Rechtsschutzes wohl abzuwägen haben, ob nicht im Einzelfall auch eine Leistungsverfügung ergehen kann, die dem Gesellschafter zu einem entsprechenden Stimmverhalten anhält oder aber zumindest die Gesellschafterrechte des auszuschließenden Gesellschafters suspendiert. 13

---

8 Palandt/*Sprau* § 737 Rn. 2; MüKo BGB/ *Schäfer* § 737 Rn. 9.
9 BGH NZG 2003, 625 (626).
10 BGH NZG 2005, 843.
11 BGH NZG 2003, 625 (627).
12 BGH NZG 2003, 625 (626).
13 OLG Frankfurt NZG 1999, 993; Palandt/*Sprau* § 737 Rn. 3; differenzierend Erman/*Westermann* § 737 Rn. 5.
14 MüKo BGB/ *Schäfer* § 737 Rn. 15.
15 Palandt/*Sprau* § 737 Rn. 3; MüKo BGB/ *Schäfer* § 737 Rn. 13.
16 BGH NJW 1977, 1013; MüKo BGB/ *Schäfer* § 737 Rn. 13; Erman/*Westermann* § 737 Rn. 4.

14 Die Ausschließung wird wirksam, sobald sie dem betroffenen Gesellschafter mitgeteilt wurde.[17] Sollte der betroffene Gesellschafter also an der Gesellschafterversammlung, in der über seine Ausschließung beschlossen wurde, teilgenommen haben, wird sie mit Fassung des Beschlusses wirksam.[18] Ansonsten ist die Gesellschafterversammlung gehalten, eine Person mit der **Mitteilung des Ausschließungsbeschlusses** zu betrauen. Die Unwirksamkeit einer etwaigen Gesellschaftsvertragsklausel über die Abfindung hat grundsätzlich keinen Einfluss auf die Wirksamkeit des Ausschließungsbeschlusses.

15 Besonderheiten gelten für **Zweipersonengesellschaften**.[19]

c) Rechtsschutz

aa) Hauptsache

16 Hat die Gesellschafterversammlung die Ausschließung eines Gesellschafters beschlossen, so kann der Gesellschafter die Unwirksamkeit der Ausschließung durch eine **Feststellungsklage** feststellen lassen.[20] Eine solche Klage sollte möglichst kurzfristig anhängig gemacht werden, da nach herrschender Meinung auf die unwirksame Ausschließung die Grundsätze über die **fehlerhafte Gesellschaft** angewendet werden, was bedeutet, dass die Unwirksamkeit der Ausschließung nur ex nunc geltend gemacht werden kann.[21] Das Interesse des Gesellschafters in einer solchen Situation, seine Gesellschaftereigenschaft verbindlich feststellen zu lassen, ist hinreichend für die Begründung des für die Feststellungsklage notwendigen Feststellungsinteresses.[22] Die Feststellungsklage richtet sich auf Feststellung der Mitgliedschaft in der Gesellschaft, nicht dagegen auf Feststellung der Nichtigkeit des Gesellschafterbeschlusses, da ersteres Ziel das eigentliche und weitergehende Klagziel des Gesellschafters ist.[23] Generell empfiehlt es sich grundsätzlich nicht, im Rahmen einer Personengesellschaft eine bloße Beschlussanfechtungsanklage zu erheben, da diese in derselben, soweit nicht abweichende Satzungsbestimmungen eine solche vorschreiben, nicht anerkannt ist und der Kläger Gefahr läuft, mit seiner Klage abgewiesen zu werden. Da es jedoch insbesondere bei großen Personengesellschaften umstritten ist, ob für sie nicht ein den Kapitalgesellschaften entsprechendes Beschlussmängelrecht gelten soll, empfiehlt es sich häufig, neben der Feststellungsklage **hilfsweise die Anfechtungsklage** zu erheben. So wird bei Mangelhaftigkeit des Beschlusses in jedem Fall ein Unterliegen im Prozess vermieden.[24]

17 Umstritten ist, welches Gericht örtlich für die Feststellungsklage des durch einen Ausschließungsbeschluss betroffenen Gesellschafters zuständig ist. Namentlich stellt sich die Frage, ob § 22 ZPO Anwendung findet, wonach entsprechende Streitigkeiten am Sitz der Gesellschaft gebündelt würden oder ob die allgemeinen Vorschriften gelten. Nach Anerkennung der Rechts- und Parteifähigkeit der Außen-GbR dürfte es der zutreffenden Meinung entsprechen, dass örtlich zuständig gem. §§ 22, 17 ZPO das **Gericht am Sitz der GbR** ist.[25]

18 Umstritten ist darüber hinaus, gegen wen die Feststellungsklage zu richten ist. Der BGH und ein Großteil der Literatur gehen davon aus, dass ausschließlich die **Gesellschafter passiv legitimiert** sind.[26] Die Gegenmeinung ist abzulehnen, da sie verkennt, dass das Beschlussmängelrecht der Kapi-

---

17 Palandt/*Sprau* § 737 Rn. 4.
18 BGH NJW 1960, 625 (626); vgl. nunmehr auch BGH BB 2012, 664 für die GmbH.
19 Vgl. Staudinger/Habermeier § 737 Rn. 5.
20 BGHNJW 1960, 625 (626); BGH NJW-RR 1992, 227.
21 BGH NJW 1969, 1483; MüKo BGB/*Ulmer/Schäfer* § 705 Rn. 370 m. w. N.
22 BGH NJW-RR 1992, 227.
23 Vgl. aber *Grunewald*, Der Ausschluss, S. 276 ff.
24 Vgl. *Grunewald*, Der Ausschluss, S. 276; BGH GmbHR 2011, 539.
25 OLG Köln, NJW 2004, 862; Musielak/*Heinrich* ZPO § 22 Rn. 2; einschränkend Zöller/*Vollkommer* ZPO, § 22 Rn. 2; OLG Celle OLGR 2001, 198.
26 BGH NJW-RR 1990, 474; BGH NJW-RR 1992, 227; BGH NJW 2003, 1729; MüKo BGB/ *Schäfer* § 737 Rn. 12; Palandt/*Sprau* vor § 709 Rn. 17; vgl. zur KG: BGH GmbHR 2011, 539.

talgesellschaften nicht im Recht der Personengesellschaften gilt und auf dasselbe auch nicht übertragbar ist.[27] Etwas anderes gilt nur dann, wenn der Gesellschaftsvertrag selbst die Gesellschaft als Klagegegnerin bestimmt. Eine solche Auslegung kann sich insbesondere bei Publikumsgesellschaften auch aus dem Zusammenhang der gesellschaftsvertraglichen Regelung ergeben.[28]

Nicht höchstrichterlich geklärt ist bisher die Frage der **Darlegungs- und Beweislast** bei Klagen im Zusammenhang mit der Ausschließung von Gesellschaftern. Nach allgemeinen prozessualen Grundsätzen müsste der Kläger, hier also der klagende Gesellschafter, der sich auf die Unwirksamkeit des Gesellschafterbeschlusses beruft, diese darlegen und beweisen, wobei ihm im Einzelfall Beweiserleichterungen zugute kommen mögen.[29] 19

Die Anwendung dieser allgemeinen Grundsätze hätte zur Konsequenz, dass der ausgeschlossene Gesellschafter darlegen und beweisen müsste, dass es keine Rechtfertigung, also etwa einen wichtigen Grund oder eine sonstige gesellschaftsvertragliche Rechtfertigung, für seine Ausschließung gibt. Der Vergleich mit der Ausschließungsklage, wie sie bei Personenhandelsgesellschaften vorgesehen ist, zeigt, dass eine solche Auferlegung der Beweislast auf den betroffenen Gesellschafter unbillig wäre, da bei der Ausschließungsklage selbstverständlich die die Ausschließung betreibenden Gesellschafter bzw., bei entsprechender gesellschaftsvertraglicher Gestaltung, die Gesellschaft die Rechtfertigung für die Ausschließung des Gesellschafters darlegen und beweisen muss. Wertungsmäßig kann in der BGB-Gesellschaft nichts anderes gelten.[30] 20

Lehnt man, wie oben dargelegt, die Anwendung des Beschlussmängelrechts der Kapitalgesellschaften auf die GbR ab, so folgt hieraus auch, dass die im Rahmen dieses Regimes geltende Klagefrist bei Anfechtungsklagen nicht zu beachten ist. Die Unwirksamkeit des Gesellschafterbeschlusses über eine Ausschließung kann daher auch nach Ablauf der im Kapitalgesellschaftsrecht geltenden Monatsfrist geltend gemacht werden. Das Geltendmachen der eigenen Gesellschafterstellung kann allenfalls in Fällen der **Verwirkung** ausgeschlossen sein.[31] Gleichwohl empfiehlt es sich selbstverständlich, die Gesellschafterstellung, sobald diese durch einen Ausschließungsbeschluss in Frage gestellt worden ist, möglichst kurzfristig feststellen zu lassen, da sonst Rechtsnachteile drohen können, etwa wenn das Gericht entgegen der hier vertretenen Meinung das Beschlussmängelrecht der Kapitalgesellschaften auch auf die GbR anwendet bzw. aufgrund der Anwendung der Lehre der fehlerhaften Gesellschaft eine Feststellung der Gesellschafterstellung für die Vergangenheit nicht geltend gemacht werden kann. 21

Der **Streitwert** ist nach § 3 ZPO zu schätzen. Im Rahmen der Personenhandelsgesellschaften gilt § 140 HGB, wonach sich dies an dem Interesse der die Ausschließung betreibenden Gesellschafter orientiert und mithin der Wert derer Beteiligung zugrunde zu legen ist.[32] In der GbR ist hingegen der ausgeschlossene Gesellschafter der Kläger, so dass der Streitwert sich nach seinem Interesse, also dem Wert seiner Beteiligung, bestimmen muss. Eine Übernahme der Regeln zur Personenhandelsgesellschaft ist nicht angezeigt, da gerade bei Publikumsgesellschaften das Interesse der die Ausschließung betreibenden Gesellschafter sehr hoch sein kann und damit für den einzelnen Gesellschafter mit einem Kostenrisiko einhergehen könnte, dass ihm faktisch die Rechtsschutzmöglichkeit verwehrt.[33] 22

bb) Einstweiliger Rechtsschutz

Die herkömmliche Dogmatik des Gesellschaftsrechts verweist bei Ausschließungsbeschlüssen den betroffenen Gesellschafter auf den Rechtsschutz durch das Hauptsacheverfahren. Dabei wird billigend in Kauf genommen, dass die mit einem Ausschließungsbeschluss einhergehende Rechtsunsicherheit 23

---

27 A. A. *K. Schmidt* GesR § 47 V 2c); *Scholz* WM 2006, 897 (904).
28 BGH NJW 2003, 1729.
29 BGH NJW 1987, 1262 (1263); Palandt/*Sprau* vor § 709 Rn. 17 a. E.
30 Baumgärtel/*Timme* § 737 Rn. 1; FormularBibliothek Gesellschaft/*David* 8 § 5 Rn. 72.
31 MüKo BGB/ *Schäfer* § 709 Rn. 110 m. w. N.; kritisch dazu *Grunewald* Der Ausschluss S. 273.
32 BGH NJW 1956, 182.
33 Vgl. BVerfG NJW 1997, 311 (312).

durch den betroffenen Gesellschafter zunächst hingenommen werden muss und er seine Rechtsposition nicht im Vorhinein sondern nur im Nachhinein feststellen lassen kann. Dies wird u. a. damit begründet, dass sich die Verfahren des einstweiligen Rechtsschutzes nicht für komplexe Fragen wie die nach dem Vorliegen eines wichtigen Grundes eignen und eine Verhinderung der Beschlussfassung bzw. eine Vorgabe des Abstimmungsverhaltens durch das Gericht die **Hauptsache vorwegnehmen** würde, was im einstweiligen Rechtsschutz grundsätzlich unzulässig ist. Ausnahmen hiervon wurden jedenfalls in der Vergangenheit grundsätzlich nicht gemacht, da man davon ausging, dass der betroffene Gesellschafter durch den Ausschließungsbeschluss nicht so stark belastet würde, dass ihm ein Zuwarten auf die Durchführung des Hauptsacheverfahrens nicht zugemutet werden könnte.

24 Es wird nunmehr jedoch mehr und mehr erkannt, dass insbesondere durch die Anwendung der Lehre von der fehlerhaften Gesellschaft dem ausgeschlossenen Gesellschafter auch vor dem Hintergrund der zunehmenden Dauer von Hauptsacheverfahren durch den damit einhergehenden Schwebezustand erheblicher Schaden entstehen kann, der auch nicht ohne Weiteres wieder rückgängig gemacht werden kann. Daher wird inzwischen die **Möglichkeit des einstweiligen Rechtschutzes** mehr und mehr anerkannt.[34]

25 Das Problem der Zulässigkeit des einstweiligen Rechtsschutzes gegen Ausschließungsbeschlüsse wird allerdings wesentlich intensiver im Hinblick auf die vergleichbare Frage des einstweiligen Rechtschutzes gegen Einziehungsbeschlüsse in der GmbH diskutiert (s. § 19 Rdn. 155–168 zum einstweiligen Rechtsschutz im Zusammenhang mit Gesellschafterbeschlüssen in der GmbH). Hier hat sich die Unterscheidung zwischen beschlussverhindernden und vollzugsverhindernden einstweiligen Verfügungen herausgebildet.[35] Dabei wird eine vollzugsverhindernde Verfügung eher als zulässig angesehen als eine beschlussverhindernde.[36] Im Hinblick auf die GbR ist insoweit allerdings zu bedenken, dass es typischerweise über den Zugang des Ausschließungsbeschlusses hinaus gehende Maßnahmen des Vollzugs nicht gibt. Insoweit würden daher auch vollzugsverhindernde einstweilige Verfügungen häufig leerlaufen.

26 In der GbR ist daher die Möglichkeit einer beschlussverhindernden einstweiligen Verfügung für den betroffenen Gesellschafter von besonderem Interesse. In Übereinstimmung mit der oben dargestellten allgemeinen Auffassung wird eine entsprechende Zulässigkeit grundsätzlich abgelehnt, was neben den oben angegebenen Gründen damit begründet wird, dass ein **Eingriff in die Willensbildung der Gesellschaft** generell unzulässig ist.[37] Im Einklang mit den generellen Voraussetzungen für einstweilige Verfügungen, die jedenfalls zum Teil die Hauptsache vorwegnehmen, wird eine beschlussverhindernde Verfügung von der herrschenden Lehre inzwischen jedoch dann für zulässig erachtet, wenn »die Rechtslage eindeutig ist oder ein besonderes Schutzbedürfnis des betroffenen Gesellschafters besteht«.[38] Dies sollte für die Praxis nicht darüber hinwegtäuschen, dass die Rechtsprechung nur in absoluten Ausnahmefällen beschlussverhindernde einstweilige Verfügungen erlässt und im Zweifel deren Zulässigkeit verneint.[39] Insbesondere werden an die Darlegungslast des von der Ausschließung bedrohten Gesellschafters besonders hohe Anforderungen gestellt.[40]

27 In der Literatur ist allerdings eine Meinung im Vordringen begriffen, die im weiteren Umfang beschlussverhindernde einstweilige Verfügungen im Recht der GbR zulassen will. Angeknüpft wird dabei an die Tatsache, dass der Ausschließungsbeschluss nach seinem Zugang dem Gesellschafter per se die Gesellschafterstellung nimmt.[41] Die Tatsache, dass der betroffene Gesellschafter sich auf die Un-

---

34 *Grunewald*, Der Ausschluss, S. 34.
35 Vgl. *Kiethe* NZG 2004, 114 (116).
36 OLG Hamm GmbHR 1993, 163.
37 OLG Koblenz DB 1990, 2413.
38 OLG Stuttgart NJW 1987, 2449 und GmbHR 1997, 312; OLG Saarbrücken NJW-RR 1989, 1512; OLG Hamburg DStR 1991, 1021; OLG Hamm GmbHR 1993, 163; *v. Gerkan* ZGR 1985, 167 (175).
39 *V.Gerkan* ZGR 1985, 167 (177); kritisch *Kiethe* NZG 2004, 114 (116).
40 *Littbarski*, S. 56.
41 *Kiethe* NZG 2004, 114 (116); Formularbibliothek Gesellschaftsrecht/*David* 8 § 5 Rn. 80.

wirksamkeit des Beschlusses ohne Weiteres berufen kann, spielt insoweit auch kaum eine Rolle, da ja der Erfolg einer solchen Berufung von deren Anerkennung durch die Mitgesellschafter abhängt, die in dieser Situation aber typischerweise von der Wirksamkeit des von ihnen gefassten Beschlusses, also von der Wirksamkeit der Ausschließung, ausgehen werden. Weiterhin stützt sich die im Vordringen begriffene Auffassung darauf, dass empirisch Ausschließungsbeschlüsse häufig unwirksam sind, da die hohen an eine Ausschließung zu stellenden Anforderungen nicht erfüllt werden. Obwohl dies der Fall ist, wird im einstweiligen Rechtsschutz, in dem das Vorliegen eines Ausschließungsgrundes immerhin summarisch geprüft werden muss, dies empirisch in den seltensten Fällen angenommen.[42] Aus diesem Grunde wird auch teilweise dafür plädiert, dass jedenfalls die Regeln über die fehlerhafte Gesellschaft in solchen Fällen nicht angewendet werden dürfen.[43] Weiterhin wird vertreten, dass eine Möglichkeit der **beschlussverhindernden Verfügung**, sei es durch Untersagung der Stimmabgabe oder der Beschlussfassung, dann möglich sein soll, wenn im Vorwege des Ausschließungsbeschlusses keine substantiierten Gründe für denselben mitgeteilt wurden.

Im Ergebnis wäre es sicher zu begrüßen, wenn die Rechtsprechung in Zukunft auch beschlussverhindernde einstweilige Verfügungen häufiger erlässt. Eine Rechtfertigung hierfür besteht häufig dann, wenn die summarische Prüfung tatsächlich ergibt, dass der zu fassende Beschluss mit hoher Wahrscheinlichkeit unwirksam wäre. Dies wird allerdings nicht in der überwiegenden Anzahl der Fälle im Verfahren des einstweiligen Rechtsschutzes festgestellt werden können. In solchen Fällen sollte die Rechtsprechung dem mit der Ausschließung bedrohten Gesellschafters, sei es vor, sei es aber auch nach der Beschlussfassung, dadurch helfen, dass sie durch einstweilige Verfügungen anderen Inhalts die mit dem Ausschließungsbeschluss für den betroffenen Gesellschafter einhergehenden Risiken mildert, etwa dass sie den übrigen Gesellschaftern aufgibt, vor der Entscheidung in der Hauptsache keine Strukturmaßnahmen in der Gesellschaft durchzuführen bzw. keine Entnahmen zu tätigen. Die konkreten Anträge hängen von den Besonderheiten des Einzelfalls ab. Im Einzelfall kann das Gericht so weit gehen, den übrigen Gesellschafter aufzugeben, den ausgeschlossenen Gesellschafter bis zum Abschluss des Hauptsacheverfahrens weiterhin als solchen zu behandeln.[44] Erfahrene Richter, die mit einstweiligen Rechtsschutzbegehren in Ausschließungsfällen konfrontiert werden, werden einstweilige Verfügungen ohnehin nicht ohne mündliche Verhandlung erlassen und sich in aller Regel darum bemühen, in der mündlichen Verhandlung eine vorläufige oder sogar endgültige **einvernehmliche Regelung** unter den Parteien herbeizuführen. Eine solche kann auch darin bestehen, dass sich die Parteien auf die Durchführung eines häufig zielführenden Mediationsverfahrens einigen. 28

II. Austritt eines Gesellschafters

Ebenso wenig wie die Möglichkeit der Ausschließung sieht das Gesetz auch die Möglichkeit des Austritts eines Gesellschafters aus der GbR als solche nicht vor. Vielmehr verweist das Gesetz den Gesellschafter auch hier auf die Möglichkeit der Kündigung der Gesellschaft mit der Folge derer Auflösung. Wiederum ist es möglich, durch **gesellschaftsvertragliche Regelungen** hiervon abzuweichen. Solche Regelungen sehen typischerweise vor, dass Folge der Kündigung der Gesellschaft nicht deren Auflösung, sondern das Ausscheiden des kündigenden Gesellschafters ist.[45] 29

Eine immer gegebene Alternative besteht darin, sich ad hoc mit den übrigen Gesellschaftern über ein Ausscheiden zu verständigen. Der ausscheidenswillige Gesellschafter hat in solchen Fällen grundsätzlich zwar keinen Anspruch auf eine entsprechende Vereinbarung, im Ausnahmefall kann die Treuepflicht der Gesellschafter indes den Abschluss einer solchen gebieten.[46] Umgekehrt kann auch 30

---

42 *Kiethe* NZG 2004, 114 (117).
43 *Matz/Müllner* WM 2009, 683 (687).
44 *Matz/Müllner* WM 2009, 683 (687).
45 Vgl. MüKo BGB/ *Schäfer* § 736 Rn. 11.
46 BGH NJW 1961, 724.

der Gesellschafter selbst verpflichtet sein, seinem Ausscheiden zuzustimmen.[47] Durchzusetzen sind die Treuepflichten jeweils durch eine Leistungsklage mit dem Klageziel der Zustimmung.

III. Abfindung

31 Der aus der GbR ausscheidende Gesellschafter hat grundsätzlich einen Anspruch auf Abfindung. Dies gilt unabhängig davon, aus welchem Grund der Gesellschafter ausscheidet, sei es etwa, dass er von der im Gesellschaftsvertrag eingeräumten Möglichkeit einer Austrittskündigung Gebrauch gemacht hat oder durch einen im Gesellschaftervertrag vorgesehenen Beschluss aus der Gesellschaft ausgeschlossen wurde.

1. Die gesetzliche Regelung

32 Das Gesetz sieht für den ausscheidenden Gesellschafter einen Abfindungsanspruch in § 738 BGB vor. Nach der Rechtsprechung ist entgegen dem Wortlaut des § 738 Abs. 1 BGB Schuldner des Abfindungsanspruches die Gesellschaft und nicht die einzelnen Gesellschafter, sieht man einmal von deren akzessorischen Haftung für Gesellschaftsschulden ab.[48]

33 Die Höhe der Abfindung richtet sich nach allgemeiner Auffassung nach dem »**wahren Wert**« **des Gesellschaftsanteils**, welcher gem. § 738 Abs. 2 BGB durch Schätzung zu ermitteln ist.[49] Über den »wahren Wert« kommt es regelmäßig zwischen dem ausscheidenden und den verbleibenden Gesellschaftern zum Streit. Unabhängig davon, welche Richtlinien man für die Ermittlung des »wahren Werts« heranzieht, sind bei dessen Ermittlung immer mehrere Ergebnisse möglich. Ein mit der Frage befasstes Gericht wird daher, soweit es ihm nicht gelingt, den Parteien einen Vergleich abzuringen, den »wahren Wert« des Geschäftsanteils durch **Sachverständigengutachten** ermitteln lassen.

34 Ausgangspunkt der Bewertung ist der Unternehmenswert der Gesellschaft, wobei nicht auf den Liquidationswert, sondern auf den so genannten »**Going-Concern-Wert**« abgestellt wird, also auf den Wert des Unternehmens für den Fall der Fortführung. Die genaue Methode bzw. Formel zur Berechnung des »wahren Werts« des Gesellschaftsanteils ist im Hinblick auf die Besonderheiten des von der Gesellschaft getragenen Unternehmens zu ermitteln. Am verbreitetsten ist hierbei die Heranziehung der Grundsätze zur Durchführung von Unternehmensbewertungen (IDW S 1) des Instituts der Wirtschaftsprüfer e. V. in der jeweiligen aktuellen Fassung. Bei der Ermittlung desselben kommt dem Richter bzw. dem von ihm benannten Sachverständigen ein nicht unerheblicher Beurteilungsspielraum zu.

35 Zusätzlich zu dem »wahren Wert« der Beteiligung hat sich die Gesellschaft und der Gesellschafter auseinanderzusetzen, also sind etwaige weitere Ansprüche und Schulden des ausscheidenden Gesellschafters gegenüber der Gesellschaft als unselbständige Rechnungsposten in die Abfindung mit einzubeziehen. Dies geschieht typischerweise im Rahmen einer **Abschichtungsbilanz**.[50]

36 Es ist allerdings nicht unumstritten, ob es einen Anspruch auf eine Abschichtungsbilanz gibt. Ergibt sich auf die vorbezeichnete Weise bei der Ermittlung des Abfindungsanspruchs ein negativer Wert, so hat nicht der ausscheidende Gesellschafter einen Abfindungsanspruch, sondern die Gesellschaft einen Anspruch auf **Ausgleich des Fehlbetrages** gem. § 739 BGB gegen den ausscheidenden Gesellschafter.

37 Der Zeitpunkt der **Fälligkeit** des Abfindungsanspruches ist umstritten. Es wird sowohl vertreten, dass die Fälligkeit des Anspruches mit dem Zeitpunkt des Ausscheidens eintritt als auch, dass dies erst dann der Fall ist, wenn nach regelmäßigen Umständen mit der Fertigstellung der Abschlussrech-

---

47 BGH NJW-RR 1986, 256.
48 BGH NJW 2011, 2355; BGH NJW 2001, 2718 (2719); MüKo BGB/ *Schäfer* § 738 Rn. 16; Erman/*Westermann* § 738 Rn. 4.
49 BGH NJW 1985, 192.
50 MünchHdb GesR I/*Piehler/Schulte* § 10 Rn. 84 m. w. N.

nung gerechnet werden kann.[51] Es empfiehlt sich daher, die Fälligkeit sowie die Verzinsung des Abfindungsanspruchs ausdrücklich im Gesellschaftsvertrag zu regeln. Richtig dürfte allerdings sein, dass der Abfindungsanspruch spätestens dann fällig ist, wenn der Gesellschafter auch nicht mehr ein Recht am Überschuss der Gesellschaft hat, also regelmäßig mit seinem Ausscheiden; es sei denn, der Gesellschaftsvertrag bestimmt etwas Abweichendes.

Wie bereits oben dargelegt, ist die Klage auf Zahlung der Abfindung gegen die Gesellschaft und nicht gegen die verbleibenden Gesellschafter zu richten. Dabei kann der ausscheidende Gesellschafter zunächst Leistungsklage auf Aufstellung einer Abschichtungsbilanz erheben, wenn er die Höhe der Abfindung nicht beziffern kann. Da allerdings umstritten ist, ob ein solcher Anspruch überhaupt besteht, dürfte sich häufig empfehlen, unmittelbar Leistungsklage auf Zahlung der Abfindung zu erheben. Ansonsten bietet sich selbstverständlich an, **Stufenklage** (§ 254 ZPO) zunächst auf Aufstellung der Abschichtungsbilanz und sodann auf Zahlung der Abfindung zu erheben.[52] Sind lediglich einzelne Bilanzposten oder deren Berechnung streitig, so kann auch Feststellungsklage hinsichtlich dieser Punkte erhoben werden, dabei wird aber das Feststellungsinteresse besonders zu prüfen sein, so dass die Erhebung einer entsprechenden Klage wirklich nur dann ratsam ist, wenn die Abfindung im Übrigen unter den Gesellschaftern vollkommen unstreitig ist. 38

2. Gesellschaftsvertragliche Regelungen

a) Allgemeines

In Gesellschaftsverträgen finden sich nicht selten Abfindungsklauseln, die die Regelung des § 738 BGB modifizieren. Ihre grundsätzliche Zulässigkeit ist unbestritten. Ziel der Abfindungsklauseln ist es in aller Regel, die **Berechnung des Abfindungsbetrages** zu vereinfachen. Weiterhin dienen sie nicht selten der Beschränkung des Abfindungsbetrages, wobei versucht wird, das Interesse der Gesellschaft an der Fortführung ihres Unternehmens dadurch zu schützen, dass dies nicht durch den Abfluss des für die Abfindung aufzuwendenden Geldbetrages erheblich beeinträchtigt wird. Eine solche hinter dem Betrag von § 738 BGB zurückbleibende Abfindung ist grundsätzlich zulässig.[53] Eine vollständige Ausschließung der Abfindung ist jedoch nur in seltenen Ausnahmefällen rechtmäßig.[54] Zu diesen Ausnahmefällen gehört insbesondere die Ausschließung von Erben sowie bestimmte Beteiligungs- und Mitarbeitermodelle.[55] 39

Bei der Überprüfung von Abfindungsklauseln ist entscheidend darauf abzustellen, ob sie bereits bei Vertragsschluss bzw. bei Einfügung in den Vertrag unwirksam waren oder ob sich das Berufen auf eine anfänglich wirksame Abfindungsregelung durch die wirtschaftliche Entwicklung der GbR im Nachhinein als unzulässig darstellt.[56] Eine anfängliche Unwirksamkeit von Abfindungsklauseln ist der Ausnahmefall. Sie liegt gem. § 138 BGB oder § 723 Abs. 3 BGB insbesondere dann vor, wenn schon bei Vertragsschluss der Wert der Abfindung so sehr hinter dem »wahren Wert« der Beteiligung zurückbleibt, dass dies als unzulässige Beschränkung des Kündigungsrechts des Gesellschafters angesehen werden muss.[57] Eine solche Kündigungsbeschränkung kann sich nicht nur durch die Höhe der Abfindung sondern auch durch deren Modalitäten ergeben. Soll die Abfindung etwa erst viele Jahre nach dem Ausscheiden des Gesellschafters gezahlt werden und zudem noch nicht einmal verzinst werden, so kann sich auch hieraus die Unwirksamkeit der Abfindungsklausel ergeben.[58] 40

---

51 Vgl. Palandt/*Sprau* § 738 Rn. 6; MüKo BGB/ *Schäfer* § 738 Rn. 20; PWW/*v. Ditfurth* § 738 Rn. 9 (im Vordringen ist die Ansicht, die Fälligkeit im Zeitpunkt des Ausscheidens annimmt).
52 MüKo BGB/ *Schäfer* § 738 Rn. 30.
53 BGH NJW 1993, 2101 (2102).
54 BGH NJW 1997, 2592 (2593) m. w. N..
55 Vgl. MünchHdb GesR I/*Piehler/Schulte* § 10 Rn. 100 m. w. N.
56 MünchHdb GesR I/*Piehler/Schulte* § 10 Rn. 96.
57 MüKo BGB/ *Schäfer*, § 723 Rn. 76; MünchHdb GesR I/*Piehler/Schulte* § 10 Rn. 96.
58 MünchHdb GesR I/*Piehler/Schulte* § 10 Rn. 99.

41 Unwirksam sind darüber hinaus aber auch Klauseln, die **ausschließlich Gläubiger benachteiligen**, also solche Klauseln, die eine niedrige Abfindung nur für den Fall der Einzelzwangsvollstreckung oder der Insolvenz des betroffenen Gesellschafters vorsehen.[59] Nach ganz allgemeiner Auffassung tritt an die Stelle der unwirksamen Abfindung diejenige, die nach dem Gesetz geschuldet wird. Eine geltungserhaltende Reduktion findet mithin nicht statt.[60]

42 Abgesehen von den vorbezeichneten Ausnahmefällen bleiben aber Abfindungsklauseln grundsätzlich auch dann wirksam, wenn sich die Abfindung aufgrund der Entwicklung der Gesellschaft im Nachhinein als unangemessen darstellt und zu einer nicht hinnehmbaren Benachteiligung des ausscheidenden Gesellschafters führt.[61] In diesen Fällen ist im Wege der **ergänzenden Vertragsauslegung** zu ermitteln, welche Abfindung die Parteien vorgesehen hätten, wenn sie die Entwicklung des Wertes der Gesellschaftsbeteiligung vorausgesehen hätten.[62] Dieser Ansatz hat sich jedenfalls in der Rechtsprechung durchgesetzt.[63]

43 Trotz der grundsätzlichen Kritik an diesem Ansatz der Rechtsprechung besteht sowohl bezüglich der Kriterien zur Ermittlung der Unangemessenheit einer Abfindung als auch der daraus resultierenden Rechtsfolge weitgehend Einigkeit. An die Stelle der im Gesellschaftsvertrag vorgesehenen Abfindung tritt eine »angemessene Abfindung«, wobei nicht das dispositive Gesetzesrecht Anwendung findet, sondern im Rahmen einer **geltungserhaltenden Reduktion** ermittelt wird, was die Parteien vorgesehen hätten, hätten sie die Wertentwicklung der Gesellschaft bedacht.[64]

b) Prozessuales

44 Wie bei der gesetzlichen Abfindungsregelung ist die Klage auf Abfindung, auch wenn sie nur der Höhe nach streitig ist, gegen die Gesellschaft zu richten. Richtige Klageart dürfte die Leistungsklage auf die nach Auffassung des ausgeschiedenen Gesellschafters geschuldete Abfindung sein.

45 Die Frage, ob die Abfindungsklausel wirksam ist bzw. ob es aufgrund der Wertentwicklung der Gesellschaft für die verbleibenden Gesellschafter unzulässig ist, sich auf diese zu berufen, wird implizit geklärt. Für eine diesbezügliche Feststellungsklage dürfte regelmäßig das **Rechtsschutzinteresse** fehlen.[65]

46 Entsprechend den allgemeinen Grundsätzen hat der ausscheidende Gesellschafter die Voraussetzungen für die Unwirksamkeit der Abfindungsklausel bzw. der Unzulässigkeit des Berufens der verbleibenden Gesellschafter auf dieselbe darzulegen und zu beweisen.[66]

47 In einer Entscheidung aus dem Jahre 2002 hat der BGH allerdings ausdrücklich offen gelassen, ob dieser Grundsatz weiter gelten soll.[67] Diese Entscheidung dürfte kaum eine Wende in der Rechtsprechung ankündigen. Vielmehr erwägt der BGH vermutlich, dem ausscheidenden Gesellschafter in bestimmten Fällen Darlegungs- und Beweislasterleichterungen zukommen zu lassen, und zwar nach allgemeinen Grundsätzen. Die Darlegungs- und Beweislast des ausscheidenden Gesellschafters wird ihm in jedem Fall dadurch erleichtert, dass ihm gem. § 810 BGB ein Einsichtsrecht in die Un-

---

[59] BGH NJW 1993, 2101 (2102).
[60] BGH NJW 1979, 104; NJW 2008, 2987 (2990); a. A. Erman/*Westermann* § 738 Rn. 20; auch BGH NJW 1993, 3193 (3194).
[61] BGH NJW 1993, 3193.
[62] BGH NJW 1993, 3193 (3194); DStR 1995, 461.
[63] Zur Kritik vgl. insbes. *Mecklenbrauck* BB 2000, 2001 (2004) m. w. N. sowie allg. MüKo BGB/ *Schäfer* § 738 Rn. 53 ff.
[64] BGH NJW 1993, 3193 (3194).
[65] OLG Hamburg, Urteil vom 29.06.2004, Az: 11 U 107/03 (BeckRS 2008, 04430); a. A. OLG Naumburg NZG 2001, 658.
[66] BGH NJW 1989, 3272; OLG Naumburg NZG 2001, 658.
[67] BGH NJW 2002, 2787 (2789).

terlagen der Gesellschaft gewährt wird, soweit diese für die Berechnung des »wahren Wertes« und mithin des Abfindungsbetrages relevant sind.[68] Dieses Recht kann klageweise etwa im Rahmen einer Stufenklage durchgesetzt werden.

---

68 BGH NJW 1989, 3272 (3273).

§ 34 Streitigkeiten im Zusammenhang mit Gesellschafterbeschlüssen

Übersicht	Rdn.			Rdn.
A. Überblick: Beschlussfassung in der GbR	1	C.	Geltendmachung von Beschlussmängeln	32
I. Arten von Beschlüssen in der GbR	1	I.	Gesetzliches Leitbild	32
1. Grundlagengeschäfte	2	II.	Abweichende Vereinbarungen	45
2. Geschäftsführungsmaßnahmen	5		1. Klagefrist	46
a) Gesetzliches Leitbild	5		2. Klagegegner	49
b) Abweichende Regelungen im Gesellschaftsvertrag	9		3. Schiedsfähigkeit	51
II. Charakteristika von Gesellschafterbeschlüssen/Mehrheitserfordernisse	12	III.	Einstweiliger Rechtsschutz, Abwehrrechte gegen Vollzugshandlungen	55
1. Rechtsnatur	12		1. Einstweiliger Rechtsschutz	55
2. Reichweite von Mehrheitsklauseln	16		2. Abwehrrechte gegen Vollzugshandlungen	58
III. Beschlussmängel	19			
B. Stimmbindungsverträge	26			

A. Überblick: Beschlussfassung in der GbR

I. Arten von Beschlüssen in der GbR

1 Auch bei der GbR wird zwischen Maßnahmen der Geschäftsführung und Grundlagengeschäften unterschieden.

1. Grundlagengeschäfte

2 Grundlagengeschäfte sind solche Geschäfte, die das gesellschaftsrechtliche Rechtsverhältnis der Gesellschafter untereinander ändern; entscheidend für die Annahme eines Grundlagengeschäfts ist, dass die Maßnahme den Bereich des bestehenden gesellschaftsvertraglichen Rechtsverhältnisses, in dem die Gesellschafter sich dem Gesellschaftsinteresse untergeordnet haben, übersteigt und damit die gesellschaftsfreie Sphäre betrifft.[1]

3 Zu diesen Geschäften gehören, neben Änderungen im Gesellschafterbestand (einschließlich des Ausschlusses gem. § 737 BGB) und Änderungen des Gesellschaftsvertrages, z. B. die Änderung der Gewinnverteilung gem. § 721 BGB[2], auch Maßnahmen außerhalb des Gesellschaftszwecks.[3]

4 Für Grundlagengeschäfte bedarf es immer eines Gesellschafterbeschlusses. Vorbehaltlich einer abweichenden Regelung im Gesellschaftsvertrag bedürfen diese Beschlüsse stets der Zustimmung sämtlicher Gesellschafter.

2. Geschäftsführungsmaßnahmen

a) Gesetzliches Leitbild

5 Es ist zwischen der Geschäftsführung und der Vertretung zu unterscheiden. Nach dem Gesetzeswortlaut in § 714 BGB ist die Vertretung die Ermächtigung, »die anderen Gesellschafter Dritten gegenüber zu vertreten«. Nach der früher herrschenden »Doppelverpflichtungstheorie« bedeutete Vertre-

---

[1] OLG Stuttgart NZG 2009, 1303 (1304) m. w. N.; in BGHZ 170, 283 qualifiziert der BGH die Feststellung des Jahresabschlusses als »Grundlagengeschäft ... negativ abgrenzend ...[zur] Zuständigkeit der Geschäftsführungsorgane«, ohne dass diese Maßnahme »die Grundlagen der Gesellschaft« berühre – es handele sich um eine »den Gesellschaftern obliegende Angelegenheit der laufenden Verwaltung«: unklar ist, ob der BGH damit eine dritte Kategorie von Angelegenheiten neben den Grundlagengeschäften und den Geschäftsführungsmaßnahmen einführen will; grundlegend dazu *Priester* DStR 2007, 28.
[2] Dazu MünchHdb GesR I/*Gummert* § 14 Rn. 31 ff.
[3] Dazu Palandt/*Sprau* Vorb. v. § 709 Rn. 1.

tung sowohl die Vertretung der übrigen Gesellschafter in ihrer gesamthänderischen Bindung »in Gesellschaft bürgerlichen Rechts« als auch die Vertretung jedes einzelnen Mitgesellschafters im Hinblick auf seine persönliche Haftung.[4] Seit der Anerkennung der Rechtsfähigkeit der GbR ist diese Ansicht überholt: Vertretung bedeutet jetzt auch bei der GbR organschaftliche Vertretung des Gesellschaftsvermögens.[5] Bei der GbR folgt die Vertretungsbefugnis nach der gesetzlichen Konzeption der Geschäftsführungsbefugnis: Die Gesellschafter sind so, wie sie zur Geschäftsführung berechtigt sind, auch zur Vertretung befugt.

Nach der gesetzlichen Grundkonzeption in § 709 Abs. 1 BGB steht die Geschäftsführung den Gesellschaftern gemeinschaftlich zu, sogenanntes »**Einstimmigkeitsprinzip**«. Für jedes Geschäft ist, wie bei den Grundlagengeschäften, die Zustimmung aller Gesellschafter erforderlich. Das ist mehr als Einstimmigkeit, weil schon bei einer einzigen Stimmenthaltung nicht mehr die Zustimmung aller Gesellschafter gegeben ist (hingegen hindert eine Stimmenthaltung nicht die Einstimmigkeit eines Beschlusses, weil Stimmenthaltungen als nicht abgegebene Stimmen bei der Auszählung der Stimmen vorbehaltlich einer abweichenden Regelung nicht mitgezählt werden). Allerdings soll die fehlende Zustimmung von Gesellschaftern, die vom Stimmrecht ausgeschlossen sind, insbesondere wegen eines Interessenkonfliktes, dem Erfordernis der Zustimmung aller Gesellschafter nicht entgegenstehen[6] – § 709 Abs. 1 BGB wird dann gelesen als Erfordernis der Zustimmung aller **stimmberechtigten** Gesellschafter. 6

Bei der GbR umfasst die Geschäftsführung auch **ungewöhnliche Geschäfte**, solange sie vom Gesellschaftszweck umfasst sind und nicht zu einer Änderung der Grundlagen der Gesellschaft führen.[7] 7

Grundlagengeschäfte hingegen gehören nicht zur Geschäftsführung. Sie sind schon begrifflich das Gegenstück zur Geschäftsführung. Weil bei der GbR die Vertretungsbefugnis der Geschäftsführungsbefugnis folgt, fehlt den geschäftsführenden Gesellschaftern für Grundlagengeschäfte auch die Vertretungsbefugnis. Solange alle Gesellschafter gemeinsam zur Geschäftsführung befugt sind, hat dies jedoch keine praktischen Auswirkungen: denn dann ist schon für Geschäftsführungsmaßnahmen die Zustimmung jedes einzelnen Gesellschafters erforderlich und mit Zustimmung aller Gesellschafter können auch Grundlagengeschäfte getätigt werden. 8

b) Abweichende Regelungen im Gesellschaftsvertrag

Der Gesellschaftsvertrag kann gem. § 709 Abs. 2 BGB bei der Geschäftsführung vom gesetzlichen Leitbild des »Einstimmigkeitsprinzips« abweichen und das »**Mehrheitsprinzip**« vorsehen: Dann entscheidet über Geschäftsführungsmaßnahmen die Mehrheit der Stimmen. 9

Der Gesellschaftsvertrag kann darüber hinaus gem. § 710 BGB die Übertragung der Geschäftsführung auf einen Gesellschafter oder mehrere Gesellschafter beinhalten; für die geschäftsführenden Gesellschafter gilt dann gem. § 710 S. 2 BGB wiederum § 709 BGB, d. h. dass alle geschäftsführenden Gesellschafter einer Geschäftsführungsmaßnahme zustimmen müssen, es sei denn, dass dies im Gesellschaftsvertrag abweichend geregelt ist. Wenn der Gesellschaftsvertrag eine solche Abweichung regelt, d. h. dass die geschäftsführenden Gesellschafter mit der Mehrheit ihrer Stimmen entscheiden, dann bedarf es vor der Durchführung der Geschäftsführungsmaßnahme eines Beschlusses der geschäftsführenden Gesellschafter. Die Übertragung der Geschäftsführung auf einzelne Gesellschafter kann gem. § 712 Abs. 1 BGB durch Beschluss der Gesellschafter wieder entzogen werden. 10

Wenn die Geschäftsführung einzelnen Gesellschaftern übertragen wurde, sind die übrigen Gesellschafter gem. § 710 Abs. 1 S. 1 BGB von der Geschäftsführung ausgeschlossen. Für Grundlagengeschäfte bleibt ihre **Zustimmung** aber erforderlich. Außerdem kann der Gesellschaftsvertrag vor- 11

---

4 Dazu *K. Schmidt* GesR § 60 III 3.
5 BGH DStR 2005, 614; Palandt/*Sprau* § 714 Rn. 1.
6 Palandt/*Sprau* Vorb. v. § 709 Rn. 15; MünchHdb GesR I/*v. Ditfurth* § 7 Rn. 28.
7 MüKo BGB/*Schäfer* § 709 Rn. 24; MünchHdb GesR I/*v. Ditfurth* § 7 Rn. 4.

sehen, dass für bestimmte Geschäfte der Geschäftsführung die Zustimmung der von der Geschäftsführung ausgeschlossenen Gesellschafter erforderlich ist. Diese Zustimmung der von der Geschäftsführung ausgeschlossenen Gesellschafter kann frei ausgestaltet werden: sei es, dass die Zustimmung aller Gesellschafter erforderlich ist, sei es, dass ein einstimmiger Beschluss erforderlich ist, sei es, dass eine einfache oder qualifizierte Stimmenmehrheit erforderlich ist.

II. Charakteristika von Gesellschafterbeschlüssen/Mehrheitserfordernisse

1. Rechtsnatur

12 Hinsichtlich der **Rechtsnatur** der Beschlüsse ist fraglich, ob man nach der Art der Beschlüsse differenzieren muss.

13 Beschlüsse sind **mehrseitige Rechtsgeschäfte eigener Art**, die der Willensbildung in einem Verband dienen.[8] Hinsichtlich der Grundlagenbeschlüsse in der GbR wird allerdings vertreten, dass es sich dabei um Verträge handele.[9] Daran ist richtig, dass es Grundlagengeschäfte gibt, die auch als Vertrag ausgestaltet werden können: Die Änderung des Gesellschaftsvertrages einer GbR kann z. B. entweder im Wege eines Gesellschafterbeschlusses oder im Wege eines Vertrages zwischen allen Gesellschaftern herbeigeführt werden. Andere Grundlagengeschäfte, wie z. B. der Ausschluss eines Gesellschafters, können hingegen nur im Wege eines Beschlusses gefasst werden. Denn nur Beschlüsse – anders als Verträge – haben die Eigenart, dass sie auch für denjenigen bindend sein können, der sich an dem Rechtsgeschäft nicht beteiligt oder seinem Inhalt sogar widerspricht.[10]

14 Fraglich ist weiter, ob man bei Gesellschafterbeschlüssen danach unterscheiden muss, ob sie von den Gesellschaftern in ihrer Eigenschaft als Inhaber des Mitgliedschaftsrechts gefasst werden, oder in ihrer Eigenschaft als Mitglied der Gruppe von Gesellschaftern, die zur Geschäftsführung befugt sind. Solange alle Gesellschafter zur Geschäftsführung befugt sind, kann es diese Unterscheidung nicht geben. Sofern bei dieser Gestaltung Beschlüsse gefasst werden, sei es, um die Zustimmung sämtlicher Gesellschafter herbeizuführen, sei es, um eine Mehrheitsentscheidung herbeizuführen, handelt es sich um Gesellschafterbeschlüsse. Fraglich ist, ob sich die Rechtsnatur der Beschlüsse ändert, wenn nur ein Teil der Gesellschafter zur Geschäftsführung befugt ist. Diese Frage hängt davon ab, ob man in der GbR ein **Geschäftsführungsorgan** anerkennt. Mit anderen Worten: bilden die zur Geschäftsführung befugten Gesellschafter ein Organ »Geschäftsführung« und gibt es für diese Gesellschafter dann neben ihrer Eigenschaft als Inhaber der Mitgliedschaft in dem Verband noch eine davon zu unterscheidende Stellung als Mitglied dieses Organs? Den Personengesellschaften ist der Begriff des »Organs« fremd. Die geschäftsführenden Gesellschafter bilden kein geschäftsführendes Gremium, das von dem Gremium der Gesellschafterversammlung zu trennen ist; vielmehr gibt es nur die Gesamtheit der Gesellschafter, die allzuständig ist, wobei aber einzelne von der Geschäftsführung ausgeschlossen sein können. Auch Beschlüsse der geschäftsführenden Gesellschafter sind daher Gesellschafterbeschlüsse, für die die allgemeinen Regeln gelten.

15 Beschlüsse sind **formlos** möglich und können, immer vorbehaltlich einer abweichenden Regelung im Gesellschaftsvertrag, sogar stillschweigend gefasst werden.[11]

2. Reichweite von Mehrheitsklauseln

16 Wie bereits oben erwähnt, gilt in der GbR grundsätzlich das »Einstimmigkeitsprinzip« (das eigentlich »Zustimmungsprinzip« heißen müsste, denn Einstimmigkeit reicht gerade nicht aus): Alle Maßnahmen bedürfen der Zustimmung aller Gesellschafter. Der Gesellschaftsvertrag kann aber **Mehrheitsbeschlüsse** zulassen: und zwar sowohl für Grundlagengeschäfte wie für Geschäftsführungsmaß-

---

8 Palandt/*Ellenberger* Überbl. v. § 104 Rn. 12.
9 Palandt/*Sprau* Vorb. v. § 709 Rn. 10.
10 Palandt/*Ellenberger* Überbl. v. § 104 Rn. 12.
11 BGH NJW-RR 2005, 1195 (1196).

nahmen und zwar bei Geschäftsführungsmaßnahmen sowohl in den Fällen, in denen alle Gesellschafter geschäftsführungsbefugt sind, als auch in den Fällen, in denen die Geschäftsführung gem. § 710 BGB auf mehrere Gesellschafter übertragen ist. Sofern der Gesellschaftsvertrag die Entscheidung durch die Mehrheit zulässt, berechnet sich die Mehrheit gem. § 709 Abs. 2 BGB im Zweifel nach der Zahl der Gesellschafter. »Gesellschafter« meint dabei die Zahl (nach »Köpfen«) der stimmberechtigten Gesellschafter.[12] Erforderlich ist also, dass die absolute Mehrheit der stimmberechtigten Gesellschafter, berechnet nach Köpfen, dem Beschluss zustimmt. Der Gesellschaftsvertrag kann Abweichendes regeln. So kann er insbesondere eine relative Mehrheit ausreichen lassen, die Stimmen nicht nach Köpfen, sondern nach der vermögensmäßigen Beteiligung berechnen, bestimmte Quoren vorsehen oder auch Mehrstimmrechte zulassen.[13]

Für **Klauseln in Gesellschaftsverträgen**, die Mehrheitsentscheidungen zulassen, gelten bestimmte Anforderungen: Bei der Prüfung der Zulässigkeit einer solchen Regelung ist zweistufig vorzugehen. Auf der ersten Stufe geht es nur um die formelle Legitimation für Mehrheitsentscheidungen auf der Grundlage einer Mehrheitsklausel.[14] Dabei wurde früher auf dieser Stufe eine Prüfung anhand des **Bestimmtheitsgrundsatzes** vorgenommen, der besagte, dass die Beschlussgegenstände einzeln zu bezeichnen sind, für die das Mehrheitsprinzip gelten solle.[15] Die Bedeutung des Bestimmtheitsgrundsatzes wurde jedoch mehr und mehr abgeschwächt, wobei er noch als Auslegungshilfe genutzt wurde, um die Reichweite allgemeiner Mehrheitsklauseln auf gewöhnliche Geschäfte zu beschränken, sodass ungewöhnliche Geschäfte oder die Grundlagen der Gesellschaft betreffende Beschlüsse niemals von Mehrheitsklauseln umfasst sein konnten.[16] Davon ist der BGH mittlerweile abgerückt und hat dargelegt, dass dem Bestimmtheitsgrundsatz für die formelle Legitimation einer Mehrheitsentscheidung keine Bedeutung mehr zukommt.[17] Vielmehr ist allein durch allgemeine Auslegung des Gesellschaftsvertrages ohne Berücksichtigung des Bestimmtheitsgrundsatzes zu ermitteln, ob die formelle Legitimation einer auf eine Mehrheitsklausel gestützten Mehrheitsentscheidung gegeben ist – auch bei Beschlüssen zu Grundlagengeschäften oder außergewöhnlichen Geschäften.[18] Die Befugnis zur Mehrheitsentscheidung kann sich aus jeder Vereinbarung ergeben, die einer entsprechenden Auslegung zugänglich ist.[19] In Betracht kommen also neben einer ausdrücklichen Nennung des Beschlussgegenstandes auch eine umfassende oder auslegungsfähige Mehrheitsklausel im Gesellschaftsvertrag oder sogar eine konkludente Vereinbarung zur Mehrheitszuständigkeit.

Auf einer zweiten Stufe findet anschließend eine inhaltliche Wirksamkeitsprüfung statt (materielle Legitimation). Diese erfolgt mit Blick darauf, ob eine Verletzung der gesellschafterlichen Treuepflicht der Mehrheit gegenüber der Minderheit vorliegt.[20] Die Prüfung findet in dieser Zweiteilung bei allen Beschlussgegenständen statt, unabhängig davon, ob der sog. »Kernbereich« der Mitgliedschaftsrechte oder Grundlagengeschäfte betroffen sind oder ob es um sonstige Beschlüsse geht.[21] Soweit jedoch der »Kernbereich« bzw. absolut oder relativ unentziehbare Rechte der Minderheit betroffen sind, ist regelmäßig eine treupflichtwidrige Ausübung der Mehrheitsmacht anzunehmen, während in den sonstigen Fällen die Minderheit den Nachweis einer treupflichtwidrigen Mehrheitsentscheidung zu erbringen hat (**Kernbereichslehre**).[22]

---

12 MüKo BGB /*Schäfer* § 709 Rn. 96.
13 MüKo BGB /*Schäfer* § 709 Rn. 97.
14 BGH NJW 2009, 669 (671).
15 BGH NJW 2007, 1685 (1686).
16 BGH NJW 2007, 1685 (1686).
17 BGH WM 2014, 2168 (2171); BGH ZIP 2013, 65 (66).
18 BGH WM 2014, 2168 (2170 f.).
19 BGH WM 2014, 2168 (2171).
20 BGH WM 2014, 2168 (2170); BGH NJW 2009, 669 (671).
21 BGH NJW 2009, 669 (671).
22 BGH WM 2014, 2168 (2170); BGH NJW 2009, 669 (671).

Im Falle einer treupflichtwidrigen Mehrheitsentscheidung ist die Wirksamkeit der Mehrheitsklausel selbst und auch die formelle Legitimität nicht betroffen, vielmehr ist lediglich die getroffene Mehrheitsentscheidung materiell unwirksam.[23]

III. Beschlussmängel

19 Beschlüsse können an verschiedenen Mängeln leiden, die sich in drei Gruppen einteilen lassen: Die erste Gruppe bilden **Mängel in der Stimmabgabe** des einzelnen Gesellschafters, die zweite Gruppe bilden **Verfahrensfehler** bei der Stimmabgabe und die dritte Gruppe bilden **Inhaltsfehler** des Beschlusses selber.

20 Das Recht der Personengesellschaften kennt keine Unterscheidung nach anfechtbaren und nichtigen Beschlüssen.[24] Im Personengesellschaftsrecht, und damit auch bei der GbR, führen alle Beschlussmängel zur **Unwirksamkeit**.[25] Zwar wird in der Literatur eine andere Auffassung vertreten, die zumindest dort das Konzept der §§ 241 ff. AktG anwenden will, wo sich die Beschlussfassung in der Personengesellschaft kraft gesellschaftsvertraglicher Anordnung nach dem Mehrheitsprinzip vollzieht[26], aber die Rechtsprechung hat dem stets eine klare Absage erteilt.

21 Die Mängel der ersten Gruppe betreffen **Mängel in der Stimmabgabe** des einzelnen Gesellschafters.[27] Dazu zählen zunächst die für alle Willenserklärungen geltenden Nichtigkeitsgründe, wie insbesondere die erfolgreiche Anfechtung der Stimmabgabe und die Nichtigkeitsgründe der §§ 116–118 BGB. Ebenso hierher zählen Stimmen, die unter Verstoß gegen ein Stimmverbot abgegeben wurden und Stimmen, die unter Verstoß gegen die Treuepflicht abgegeben wurden. Diese Mängel der einzelnen Stimmabgabe führen nur dann zur Nichtigkeit des Gesellschafterbeschlusses, wenn die mangelbehaftete Stimme für das Zustandekommen des Beschlusses ursächlich war; wenn der Beschluss auch bei Nichtbeachtung der mangelbehafteten Stimme zustande gekommen wäre, dann führt der Mangel der Stimmabgabe nicht zur Nichtigkeit des Beschlusses.[28] Sie kann aber das Stimmenverhältnis des Beschlusses beeinflussen; die mangelbehaftete Stimme wird dann als Enthaltung gezählt.[29]

22 Die zweite Gruppe bilden die **Verfahrensfehler** bei der Beschlussfassung. Hierher zählen Fehler bei der Ladung zur Gesellschafterversammlung, Fehler bei der Feststellung des Beschlussergebnisses (wenn die Feststellung des Beschlusses ausnahmsweise als Wirksamkeitserfordernis vorgesehen ist), Formfehler, wie z. B. die unterbliebene Protokollierung (wenn die förmliche Protokollierung ausnahmsweise als Wirksamkeitsvoraussetzung vorgesehen ist) und Fehler bei der Stimmauszählung.[30] Verstöße gegen Form, Frist und Inhalt der Einberufung einer Gesellschafterversammlung führen im Recht der Personengesellschaft dann zur Unwirksamkeit des Beschlusses, wenn der mit den gesellschaftsvertraglichen oder gesetzlichen Ladungsbestimmungen verfolgte Zweck, dem einzelnen Gesellschafter die Vorbereitung auf die Tagesordnungspunkte und die Teilnahme an der Versammlung zu ermöglichen, durch den Verstoß vereitelt wird[31]; bei Verletzung dieses Dispositionsschutzes liegt ein zur Unwirksamkeit der gefassten Beschlüsse führender schwerwiegender Mangel vor.[32] Erforderlich ist aber immer die Kausalität zwischen dem Fehler und dem Zustandekommen des Beschlusses, was z. B. dann nicht der Fall ist, wenn der versehentlich nicht geladene Gesellschafter gleichwohl an

---

23 BGH WM 2014, 2168 (2170); BGH NJW 2009, 669 (671).
24 BGH NJW-RR 1990, 474 (475); a. A. (jedenfalls für OHG und KG) *Schwab*, S. 444, ausführlich zum Ganzen und m. w. N.
25 BGH NJW-RR 2003, 826 (827); 1990, 474 (475); PWW/*von Dithfurth* § 710 Rn. 19.
26 *Schwab*, S. 420, 425 ff. m. w. N.
27 Dazu im Einzelnen: MüKo BGB/*Schäfer* § 709 Rn. 111 f.
28 MüKo BGB/*Schäfer* § 709 Rn. 111.
29 MüKo BGB/*Schäfer* § 709 Rn. 111; Bamberger/Roth/*Schöne* § 709 Rn. 54.
30 Zum Ganzen: MüKo BGB/*Schäfer* § 709 Rn. 106.
31 BGH WM 2014, 999; BGH NJW 1995, 1353 (1355 f.).
32 BGH WM 2014, 999; BGH NJW 1995, 1353 (1356)

der Beschlussfassung mitwirkt.³³ Bei der Publikumsgesellschaft führen diese Mängel immer dann zur Nichtigkeit des Beschlusses, wenn nicht ausgeschlossen werden kann, dass das Zustandekommen des Beschlusses durch den Fehler beeinflusst ist.³⁴ Verstöße gegen bloße Ordnungsvorschriften sollen unbeachtlich sein.³⁵

Die dritte Gruppe bilden die **inhaltlichen Mängel** des Beschlusses, also Verstöße gegen zwingende gesetzliche Regelungen oder vorrangige Regeln des Gesellschaftsvertrages.³⁶ Zu den Verstößen gegen zwingende gesetzliche Regeln gehören auch die Verstöße gegen die guten Sitten und die Verstöße gegen das Gleichbehandlungsgebot. Inhaltliche Mängel führen grundsätzlich zur Unwirksamkeit des Beschlusses. 23

Soweit der Beschlussmangel dazu führt, dass eine **fehlerhafte Gesellschaft** vorliegt, gehen die Regeln der fehlerhaften Gesellschaft vor. Das heißt, dass der Beschlussmangel ausnahmsweise nicht zur Nichtigkeit des Beschlusses führt, sondern der Beschluss nur mit Wirkung für die Zukunft vernichtbar ist.³⁷ 24

Die Nichtigkeit des Beschlusses kann auch **geheilt** werden, insbesondere durch die mangelfreie Bestätigung des Beschlusses.³⁸ Diese Heilungsmöglichkeit ist bei einem Beschluss, der gegen die §§ 134, 138 BGB verstößt, ausgeschlossen, weil auch der bestätigende Beschluss an dem gleichen Mangel leiden würde, es sei denn, dass sich zwischenzeitlich die Rechtslage oder das Moralverständnis geändert hat. Eine Bestätigung soll auch darin liegen, dass sämtliche Gesellschafter den Beschluss über längere Zeit unbeanstandet gelassen haben.³⁹ Abgesehen davon, dass diese Heilungsmöglichkeit nur dann in Betracht kommt, wenn für die Beschlussfassung keine Formalien eingehalten werden müssen, erscheint die Annahme einer stillschweigenden Heilung auch zweifelhaft. Richtiger erscheint es, dem einzelnen Gesellschafter das Recht zur Geltendmachung wegen Verwirkung zu versagen.⁴⁰ 25

B. Stimmbindungsverträge

Stimmbindungsverträge haben für das Recht der GbR eine besondere Bedeutung. Denn auf Dauer angelegte Vereinbarungen über die Stimmbindung, sogenannte **Stimmrechtskonsortien** oder **Stimmenpools**, sind typischerweise in der Rechtsform einer (Innen-)GbR organisiert⁴¹ und somit stellen diese Verbände eine typische Erscheinungsform der GbR dar.⁴² Hier soll es aber nicht um die Verfassung dieser Sonderform der GbR gehen, sondern um Vereinbarungen zwischen den Gesellschaftern einer GbR hinsichtlich ihrer Stimmabgabe in der GbR. 26

Durch den Stimmbindungsvertrag verpflichtet sich der Gesellschafter der GbR, bei einer oder mehreren Abstimmungen seine Stimme in einer bestimmten Art und Weise auszuüben, also entweder für einen bestimmten Antrag zu stimmen oder gerade nicht. Solche Stimmbindungsverträge zwischen Gesellschaftern sind von der Rechtsprechung seit langem allgemein **anerkannt**.⁴³ Ebenso wie in anderen Gesellschaftsformen können sie von Gesellschaftern einer GbR abgeschlossen werden.⁴⁴ Jedenfalls gilt dies für die Stimmbindung gegenüber anderen Gesellschaftern des gleichen Verbandes, also 27

---

33 MüKo BGB /*Schäfer* § 709 Rn. 106 m.w.N.
34 BGH WM 2013, 31 (37); BGH WM 1983, 1407 (1408).
35 RGZ 122, 367 (369) (zur unterbliebenen Protokollierung eines Beschlusses, die in der Satzung einer GmbH zu Beweiszwecken vorgesehen war); kritisch dazu: MüKo BGB /*Schäfer* § 709 Rn. 107.
36 MüKo BGB/*Schäfer* § 709 Rn. 108.
37 MüKo BGB/*Schäfer* § 709 Rn. 109.
38 MüKo BGB/*Schäfer* § 709 Rn. 110; Hdb PersGes/*Stengel* § 3 Rn. 467.
39 MüKo BGB/*Schäfer* § 709 Rn. 110.
40 Dazu: Hdb PersGes/*Stengel* § 3 Rn. 467 m.w.N.
41 BGH NJW 2009, 669 (670).
42 Ausführlich dazu: MünchHdb GesR I/*Weipert* § 34.
43 BGH NJW 2009, 669 (670) m.w.N.
44 MünchHdb GesR I/*Weipert* § 34 Rn. 2.

für die Fälle, in denen sich ein Gesellschafter der GbR gegenüber einem Mitgesellschafter (oder mehreren Mitgesellschaftern) der gleichen GbR verpflichtet, seine Stimme in einer besonderen Art und Weise auszuüben. Strittig ist, ob sich ein Gesellschafter gegenüber **gesellschaftsfremden Dritten** verpflichten kann.[45] Obwohl häufig geäußert wird, dass nach »h. M.« eine Bindung auch gegenüber Dritten zulässig sei, finden sich doch wenige Belegstellen dafür[46] während sich einige Autoren dezidiert gegen die Zulässigkeit einer Stimmbindung gegenüber Dritten aussprechen.[47]

28 Auch **inhaltlich** können sich **Schranken** für Stimmbindungsverträge ergeben. So soll eine Stimmbindung bei Beschlüssen, die den Kernbereich der Mitgliedschaft betreffen und bei Beschlüssen über Geschäftsführungsmaßnahmen, zumindest gegenüber nicht geschäftsführungsbefugten Gesellschaftern, unzulässig sein.[48] Denkbar ist auch, dass die Verbote aus § 136 Abs. 2 AktG (d. h. Verbot von Stimmbindungsverträgen, mit denen sich der Aktionär dazu verpflichtet, nach den Weisungen der Gesellschaft oder seinen Organen, einem abhängigen Unternehmen oder entsprechend den Wahlvorschlägen der Verwaltung zu stimmen), zumindest auf solche GbRs, die ähnlich wie eine Kapitalgesellschaft organisiert sind, übertragen werden.

29 Der Stimmbindungsvertrag bedarf **keiner besonderen Form**, kann also auch mündlich geschlossen werden.[49]

30 Der Stimmbindungsvertrag wirkt nur **schuldrechtlich**. Eine stimmbindungswidrige Stimme ist also gültig.[50] Die Stimmbindung muss daher im Wege der Klage durchgesetzt werden. Klagebefugt ist die vertragstreue Partei des Stimmbindungsvertrages, wobei mehrere Berechtigte nicht als notwendige Streitgenossen klagen müssen, weil keine notwendig einheitliche Sachentscheidung ergehen muss. Die Klage ist gegen die vertragsbrüchige Partei des Stimmbindungsvertrages zu richten und die geschuldete Stimmabgabe gilt dann im Falle eines stattgebenden Urteils gem. § 894 ZPO als abgegeben.[51] Etwas anderes soll (zumindest in der GmbH) gelten, wenn die Bindung von sämtlichen Gesellschaftern eingegangen worden ist. Dann soll das stimmwidrige Verhalten auf den Beschluss selbst durchschlagen und der Verstoß gegen die Stimmbindung im Wege der Anfechtungs- oder Nichtigkeitsklage geltend gemacht werden können.[52]

31 Umstritten ist, inwieweit **einstweiliger Rechtsschutz** zur Durchsetzung von Stimmbindungen in Anspruch genommen werden kann.[53] Früher wurde nach dem begehrten Verhalten des Verfügungsantrages unterschieden: Anträge auf positive Stimmabgabe sollten wegen Vorwegnahme der Hauptsache unzulässig sein; für Anträge auf Unterlassung der Stimmabgabe hingegen wurden Ausnahmen gemacht, weil durch die Unterlassung nur der status quo gesichert werde.[54] Eine neuere Lehre will hingegen einstweiligen Rechtsschutz immer zur Verhinderung eines Beschlusses erlauben, nicht aber zur Herbeiführung eines Beschlusses.[55] Denn entscheidend für die Beurteilung, ob die einstweilige Verfügung zu einer Vorwegnahme der Hauptsache führe oder nicht, sei nicht die Frage, ob der in der Stimmabgabe gebundene Gesellschafter einem Beschluss zustimmen soll oder gerade nicht – das sei

---

45 Ausführlich dazu: *Zöllner* ZHR 155, 168 (180).
46 BGH ZIP 1983, 432 bejaht die Zulässigkeit zumindest für eine Verpflichtung des GmbH-Mehrheitsgesellschafters einer Komplementär-GmbH gegenüber dem Geschäftsführer dieser GmbH, der zugleich Kommanditist ist.
47 MüKo BGB /*Schäfer* § 717 Rn. 25; Großkomm GmbHG/*Hüffer* § 47 Rn. 75; Bamberger/Roth/*Schöne* § 717 Rn. 15.
48 MüKo BGB /*Schäfer* § 717 Rn. 24.
49 OLG Koblenz NJW 1986, 1692 (1693) m. w. N.
50 OLG Koblenz NJW 1986, 1692 (1693); dazu auch MünchHdb GesR I/*Weipert* § 34 Rn. 99 ff.
51 BGHZ 48, 163; Palandt/*Sprau* Vorb. v. § 709 Rn. 14.
52 BGH NJW 1987, 1890 (1892); 1983, 1910 (1911).
53 Dazu: MünchHdb GesR I/*Weipert* § 34 Rn. 87 ff.; OLG Stuttgart NJW 1987, 2449 m. w. N.
54 OLG Koblenz NJW 1986, 1692 (1693) m. w. N.
55 MünchHdb GesR I/*Weipert*, § 34 Rn. 91.

zufällig und hänge von der Formulierung des Beschlussantrages ab. Die Sicherung des status quo kann einmal die Zustimmung zu einem Beschluss erfordern, und ein andermal gerade die Ablehnung. Entscheidend sei vielmehr die Abwägung der auf dem Spiele stehenden Interessen, wobei nur bei einer drohenden schwerwiegenden Beeinträchtigung der Belange des Antragstellers eine einstweilige Verfügung in Betracht komme.[56] Entscheidend sei, ob durch den anstehenden Beschluss ein bisher geltender Rechtszustand in rechtswidriger Weise verändert zu werden droht und keine überwiegenden Interessen der Antraggegner dafür sprechen, dass man ihnen zunächst erlaube, den rechtsändernden Beschluss zu fassen.[57]

C. Geltendmachung von Beschlussmängeln

I. Gesetzliches Leitbild

Nicht jede Meinungsverschiedenheit zwischen den Gesellschaftern einer GbR ist eine Beschlussmängelstreitigkeit. So kann z. B. der Gesellschaftsvertrag der GbR sowohl im Wege eines Gesellschafterbeschlusses als auch im Wege eines **Vertrages** zwischen den einzelnen Gesellschaftern geändert werden. Ebenso kann die erforderliche Zustimmung sämtlicher Gesellschafter zu einer Geschäftsführungsmaßnahme im Wege eines Beschlusses herbeigeführt werden, aber sie kann auch durch individuelle Erklärung sämtlicher Gesellschafter erreicht werden. Verweigert z. B. ein Gesellschafter die erforderliche Zustimmung zu einer Geschäftsführungsmaßnahme, ohne dass über diese Frage ein Beschluss herbeigeführt wurde, dann muss er auf Zustimmung zu dieser Geschäftsführungsmaßnahme verklagt werden, die im Falle des Obsiegens gem. § 894 ZPO als erteilt gilt. Soweit aber ein Beschluss vorliegt, ist der Beschluss Streitgegenstand: entweder weil der Kläger die Auffassung vertritt, dass überhaupt kein Beschluss zustande gekommen ist oder weil der Kläger die Auffassung vertritt, dass der gefasste Beschluss einen anderen Inhalt hat. 32

Wie bereits oben erörtert (Rdn. 20), kennt das Recht der Personengesellschaften keine Unterscheidung nach anfechtbaren und nichtigen Beschlüssen; vielmehr führt jeder Beschlussmangel zur Unwirksamkeit. Beschlussmängel müssen **nicht im Klagewege** geltend gemacht werden.[58] Vielmehr kann die Unwirksamkeit des Beschlusses auch so den übrigen Gesellschaftern und Dritten entgegengehalten werden. 33

Wenn ein Gesellschafter den Beschlussmangel gerichtlich klären lassen will, ist stets die **allgemeine Feststellungsklage** die statthafte Klageart.[59] Weil es keine lediglich anfechtbaren Beschlüsse gibt, ist dem Personengesellschaftsrecht die gestaltende Anfechtungsklage (möglicherweise verbunden mit der positiven Beschlussfeststellungsklage) unbekannt.[60] Die Feststellungsklage kann negativ darauf gerichtet sein, dass ein bestimmter Beschluss nicht gefasst wurde, oder positiv darauf, dass ein bestimmter Beschluss gefasst wurde. Weil keine Bestandskraft durch eine unterbliebene Anfechtung droht, ist es im letzteren Fall nicht erforderlich, der (positiven) Beschlussfeststellungsklage eine (negative) Anfechtungsklage voranzuschalten. Im Recht der GbR kann vielmehr direkt auf Feststellung des alleine richtigen Beschlussergebnisses geklagt werden. 34

Dem Gesellschafter ist dann nicht (allein) mit der Feststellungsklage gedient, wenn er zur Erreichung seines Rechtsschutzzieles noch der **Zustimmung** weiterer Gesellschafter bedarf, die in der angegriffenen Abstimmung nicht zugestimmt haben. Denkbar ist diese Konstellation dann, wenn diese anderen Gesellschafter verpflichtet sind, für den Antrag zu stimmen – sei es aus einem Stimmbindungsvertrag oder der Treuepflicht. Diese Verpflichtung ist in der Regel mit der **Leistungsklage** 35

---

56 OLG Hamburg NJW 1992, 186 m. w. N.
57 MünchHdb GesR I/*Weipert* § 34 Rn. 91 m. w. N.
58 OLG München NZG 2004, 807; *Schwab* S. 420.
59 BGH NJW-RR 2003, 826 (827); NJW 1999, 3113 (3114); Hdb PersGes/*Stengel* § 3 Rn. 468; grundlegend zum Ganzen auch Lutz Rn. 632 ff.
60 BGH NJW-RR 1990, 474 (475) m. w. N.

durchzusetzen.[61] Ausnahmen sollen nur dort gelten, wo der Beschluss von existenzieller Bedeutung für die Gesellschaft ist; in diesen Fällen soll es gerechtfertigt sein, einen Gesellschafter, der entgegen seiner Treuepflicht gegen den Beschluss gestimmt hat, so zu behandeln, als habe er entsprechend seiner Treuepflicht für den Beschluss gestimmt, mit der Folge, dass der Beschluss zustande gekommen ist.[62] Für Sachverhalte von geringerer Bedeutung soll das nicht gelten und bei einer Stimmbindung aufgrund eines Stimmbindungsvertrages dürfte dies erst recht nicht gelten, weil die Stimmbindung nur schuldrechtlich zwischen den Parteien des Stimmbindungsvertrages gilt. Die Klage auf Zustimmung kann mit der Klage auf Beschlussfeststellung verbunden werden.

36 Bei **Geschäftsführungsmaßnahmen** wird die Meinung vertreten, dass sich die geschäftsführenden Gesellschafter bei einer pflichtwidrig unterlassenen Zustimmung (der Gesellschafter oder der übrigen geschäftsführenden Gesellschafter) zu einem zustimmungsbedürftigen Rechtsgeschäft – auf ihr Risiko – über die Verweigerung der Zustimmung hinwegsetzen dürfen.[63]

37 Die Feststellungsklage ist an **keine Frist** gebunden[64], kann aber verwirkt sein.[65]

38 **Klagebefugt** ist jeder Gesellschafter, unabhängig davon, ob er an der Abstimmung teilgenommen hat.[66] Zwischen mehreren Gesellschaftern besteht auf der Klägerseite keine notwendige Streitgenossenschaft.[67]

39 Die Klage ist **gegen die widersprechenden Gesellschafter** zu richten, und nicht – auch nicht nach Anerkennung der Rechtsfähigkeit der GbR – die Gesellschaft.[68] Das gilt auch für die Publikumsgesellschaft.[69] Die Gesellschafter haben dafür zu sorgen, dass die Gesellschaft den klagewilligen Gesellschaftern auf Anforderung ihre Namen und Anschriften so vollständig bekanntgibt, dass die Klage zugestellt werden kann.[70] Die übrigen Gesellschafter sind keine notwendigen Streitgenossen, auch nicht die widersprechenden Gesellschafter.[71] Es müssen daher nicht alle widersprechenden Gesellschafter verklagt werden. Nach anderer Ansicht sind alle übrigen Gesellschafter notwendige Streitgenossen und müssen deshalb alle verklagt werden, allerdings sei dies entbehrlich bei den Gesellschaftern, die sich außerprozessual bindend mit dem Klageziel einverstanden erklärt haben.[72] Begründet wird diese Ansicht damit, dass bei einer nur gegen einzelne widersprechende Gesellschafter gerich-

---

61 BGH NJW-RR 1987, 285 (286); *Sester* BB 1997, 1; OLG München NZG 2001, 793; Palandt/*Sprau* § 705 Rn. 16; a. A. MünchHdb GesR I/*v. Ditfurth* § 53 Rn. 58.
62 BGH NJW-RR 1987, 285 (286).
63 Dazu Hdb PersGes/*Stengel* § 3 Rn. 46 m. w. N.
64 BGH NJW 1999, 3113 (3114).
65 BGH NJW 1999, 3113 (3114).
66 *Wiedemann* GesR I § 8 IV 2. a.
67 Bamberger/Roth/*Schöne* § 709 Rn. 65; MüKo BGB /*Schäfer* § 709 Rn. 113; Lutz Rn. 633.
68 BGH NZG 2011, 544; NJW-RR 2011, 115 (116 f.) m. w. N.; NJW 2009, 2300; NJW 1995, 1218; WM 1966, 1036; OLG Stuttgart DB 2010, 1058 (1061); MüKo BGB /*Schäfer* § 709 Rn. 113.
69 BGH NJW 2006, 2854 (2855); OLG Stuttgart DB 2010, 1058 (1061) m. w. N. und Nachweisen zur a. A.
70 BGH NJW 1988, 411 (413) – das soll jedenfalls dann gelten, wenn der Gesellschaftsvertrag eine Ausschlussfrist vorsieht und die Klage nicht gegen die Gesellschaft erhoben werden kann.
71 BGH NJW-RR 2011, 115 (116 f.) m. w. N. (zur OHG und KG, bezüglich der Feststellungsklage eines Gesellschafters, der Ausschließungsbeschluss gegen ihn sei unwirksam); MüKo BGB /*Schäfer* § 709 Rn. 113; Bamberger/Roth/*Schöne* § 709 Rn. 65; Erman/*Westermann* § 709 Rn. 38; GroßkommHGB/*C.Schäfer* § 119 Rn. 91; Lutz Rn. 633.
72 OLG Düsseldorf Urt. V. 13.10.2011 AZ: I-14 U 32/11, 14 U 32/11; OLG Köln NJW-RR 1994, 491; *Lüke* ZGR 1994, 266 (274); OLG Brandenburg, Urt. v. 31.3.2009 – 6 U 48/08 (aufgehoben durch BGH NJW-RR 2011, 115), jedenfalls für Beschlüsse über die Ausschließung eines Gesellschafters, wenn dieser Beschluss aufgrund der gesellschaftsvertraglichen Regelungen gegenüber allen Gesellschaftern gestaltend wirke; unklar B/L/A/H § 62 Rn. 11 unter Berufung auf BGH NJW 2004, 1861: dieses Urteil betraf eine Beschlussanfechtungsklage im Aktienrecht, wo § 248 AktG unstreitig die materiell-rechtliche Bindungswirkung anordnet; *K. Schmidt* FS Stimpel 1985, S. 220, 236 f.: die Klage sei bei der GbR gegen sämtliche Mitgesellschafter als notwendige Streitgenossen zu erheben und bei den Personenhandelsgesellschaften

C. Geltendmachung von Beschlussmängeln § 34

teten Klage innerhalb der Gesellschaft keine abschließende und allgemein verbindliche Klärung der Wirksamkeit von Beschlüssen gewährleistet werden könne.[73] Dem ist jedoch nicht zu folgen, vielmehr ist, im Einklang mit der Rechtslage bei anderen von Gesellschaftern erhobenen Feststellungsklagen, mit der h. M. eine notwendige Streitgenossenschaft, wie sie bei den gesellschaftsrechtlichen Gestaltungsklagen vorliegt, abzulehnen. Möglich ist allein, dass bei willkürlicher Auswahl nur eines Teils der Gesellschafter als Prozessgegner, die Klage wegen Unzulässigkeit aufgrund fehlenden Feststellungsinteresses abgewiesen werden kann.[74] Für die Praxis ist jedenfalls eine einheitliche Klage gegen alle widersprechenden Gesellschafter zweckmäßig und unbedingt empfehlenswert.

Sachlich zuständig sind je nach Streitwert entweder die Amtsgerichte oder die Landgerichte, §§ 23, 71 GVG. An den Landgerichten sind die allgemeinen Zivilkammern zuständig, weil die GbR keine »Handelsgesellschaft« i. S. d. § 95 Abs. 1 Nr. 4a GVG sind. 40

Örtlich zuständig sind die Gerichte am allgemeinen Gerichtsstand des Beklagten. Außerdem ist der besondere Gerichtsstand des § 22 ZPO gegeben. 41

Entsprechend der dargestellten Grundsätze hat das Urteil – anders als im Kapitalgesellschaftsrecht – nur **inter-partes-Wirkung**, entfaltet also Rechtskraft nur zwischen den beteiligten Gesellschaftern. 42

Bei Beschlüssen, die Ansprüche gegen einen Gesellschafter begründen, hat der Gesellschafter ein **Feststellungsinteresse** gegenüber jedem einzelnen Gesellschafter und der Gesellschaft; es ist dem Gesellschafter nicht zuzumuten, abzuwarten, bis die Gesellschaft ihn in Anspruch nimmt.[75] 43

Im Prozess trifft denjenigen die **Beweislast** (für die Wirksamkeit) des Beschlusses, der Rechte aus einem Beschluss ableiten möchte.[76] Allerdings fallen Darlegungs- und Beweislast auseinander: Derjenige, der sich auf die Nichtigkeit des Beschlusses beruft, hat die Gründe für die Nichtigkeit im Einzelnen darzulegen.[77] Dieser **Darlegungslast** genügt er nicht schon dadurch, dass er die Wirksamkeit des Beschlusses bestreitet oder das Vorliegen möglicher denkbarer Nichtigkeitsgründe unsubstantiiert behauptet; vielmehr hat er im Einzelnen die Umstände darzulegen, aus denen sich im konkreten Falle die Nichtigkeit oder zumindest ein begründeter Zweifel an der Wirksamkeit des Beschlusses ergibt.[78] Fehlt es an solchen substantiierten Zweifeln, muss derjenige, der die Rechte aus dem Beschluss herleiten will, seinen Vortrag nicht ergänzen und keinen Beweis antreten; es ist dann von einem wirksamen Beschluss auszugehen. Ist die Klage hinreichend substantiiert, dann ist die Wirksamkeit des Beschlusses insgesamt Streitgegenstand und nicht etwa nur begrenzt auf die vorgetragenen Mängel; die Geltendmachung weiterer Mängel im Prozessverlauf führt somit nicht zu einer Klageänderung.[79] 44

II. Abweichende Vereinbarungen

Der Gesellschaftsvertrag kann – teilweise – Regelungen treffen, die von den dargestellten Grundsätzen **abweichen**. 45

---

gegen diese; jedoch geht dabei *K. Schmidt* davon aus, dass die §§ 241 ff. AktG und die gestaltende Anfechtungsklage in das Personengesellschaftsrecht übertragbar seien.
73 OLG Düsseldorf Urt. v. 13.10.2011 AZ: I-14 U 32/11, 14 U 32/11.
74 So GroßkommHGB/*C.Schäfer* § 119 Rn. 91.
75 BGH NJW-RR 2007, 757 (758).
76 Hdb PersGes/*Stengel* § 3 Rn. 473.
77 BGH NJW 1987, 1262 (1263); Hdb PersGes/*Stengel* § 3 Rn. 473.
78 BGH NJW 1987, 1262 (1263); Hdb PersGes/*Stengel* § 3 Rn. 473.
79 BGHZ 152, 1 (zur aktienrechtlichen Nichtigkeits- und Anfechtungsklage); *Lutz* Rn. 639.

1. Klagefrist

46 Der Gesellschaftsvertrag kann – zumindest bei Publikumsgesellschaften – das kapitalgesellschaftsrechtliche Beschlussmängelrecht teilweise adaptieren[80], also insbesondere vorsehen, dass Beschlussmängel nur innerhalb einer bestimmten **Frist** (klageweise) geltend gemacht werden können.[81] Nach h. L. bleibt die Klage auch dann, wenn sie nur zeitlich begrenzt geltend gemacht werden kann, eine Feststellungsklage. Gestaltungsklagen sollen nur in den gesetzlich vorgesehenen Fällen in Frage kommen und der Privatautonomie der Gesellschafter entzogen sein.[82] Wenn der Gesellschaftsvertrag eine Frist zur Geltendmachung enthält (sei es als Klagefrist für eine »Anfechtungsklage« oder als »Ausschlussfrist«), dann darf diese Frist einen Monat nicht unterschreiten; § 246 AktG strahlt insoweit auch in das Personengesellschaftsrecht hinein.[83] Sieht der Gesellschaftsvertrag eine kürzere Frist vor, dann tritt an die Stelle der unzulässig kurzen Frist eine angemessene Frist.[84] Wie lang eine »angemessene« Frist ist, hat die Rechtsprechung bisher nicht entschieden, aber eine Klage erst mehr als neun Monate nach Beschlussfassung ist verspätet.[85] Wird der Mangel innerhalb dieser Frist nicht gerügt, kann der Mangel später nicht mehr geltend gemacht werden. Es gibt aber einige **Ausnahmen**; trotz dieser Ausnahmen führt die Ausschlussfrist jedoch grundsätzlich zu einem klägerfeindlicheren Regime als das Kapitalgesellschaftsrecht, weil die vereinbarte Ausschlussfrist auch für solche Mängel gilt, die im Kapitalgesellschaftsrecht die Nichtigkeit des Beschlusses begründen und deren Geltendmachung somit keiner Anfechtungsfrist unterliegt. Die Ausnahmen sind wie folgt:

47 Zunächst soll eine Klausel, die eine Frist zur Geltendmachung von Beschlussmängeln anordnet, eng auszulegen sein und im Zweifel nicht auf solche Beschlüsse anwendbar sein, die die Gesellschafterversammlung gar nicht hätte fassen dürfen, z. B. weil sie sich ihr nicht zustehende **Befugnisse anmaßt**; für Klagen gegen solche Beschlüsse bleibt es dabei, dass diese Klage bis zur Verwirkung erhoben werden kann.[86]

48 Schließlich bleibt ein Beschluss trotz ungenutzten Verstreichens der Klagefrist gegenüber dem Gesellschafter unwirksam, dessen Zustimmung für den Beschlussgegenstand erforderlich war, z. B. für die Erhöhung der Einlagepflicht. In diesen Fällen, in denen eine Maßnahme der Zustimmung des Gesellschafters bedarf, ist der Gesellschafter auch nach Ablauf der Anfechtungsfrist nicht an den Beschluss gebunden.[87] Beschlüsse, die zu ihrer Wirksamkeit der **Zustimmung des betroffenen Gesellschafters** bedürfen, unterfallen nicht den Anfechtungs- und Nichtigkeitsgründen im Sinne des Kapitalgesellschaftsrechts; der BGH spricht insoweit von einer »dritten Kategorie« von Beschlussmängeln.[88] Diesen Mangel kann der betroffene Gesellschafter deshalb auch im Personengesellschaftsrecht weiterhin im Wege der allgemeinen Feststellungsklage geltend machen.[89]

---

80 Laut BGH NJW 2010, 65 (66) ist eine teilweise Adaption des kapitalgesellschaftsrechtlichen Beschlussmängelrechts in Publikumsgesellschaften zulässig. So im Ergebnis auch BGH NJW 1995, 1218.
81 BGH NJW 2010, 65 (66) (zur KG); 2006, 2854 (2855) (zur Publikums-KG); BGH NJW-RR 2003, 826 (827); NJW 1999, 3113 (3114); 1995, 1218 (1219); 1988, 411 (413) (zur KG).
82 Siehe die Nachweise bei BGH NJW-RR 1990, 474 (475); der BGH hat diese Frage nicht entschieden.
83 BGH NJW 1995, 1218 (1219).
84 BGH NJW 1995, 1218 (1219).
85 BGH NJW 1995, 1218 (1219).
86 BGHZ 68, 212 (zur KG).
87 BGH NJW 2010, 65 (67) (zur OHG) m. w. N.; NJW-RR 2007, 757 (758); MüKo BGB /*Schäfer* § 709 Rn. 114.
88 BGH NJW 2010, 65 (66).
89 BGH NJW 2010, 65 (66); NJW-RR 2007, 757 (758).

2. Klagegegner

Der Gesellschaftsvertrag kann auch vorsehen, dass die Streitigkeit mit der **Gesellschaft** ausgetragen werden muss.[90] Zwar entfaltet ein solches Urteil keine Rechtskraft gegenüber den Mitgesellschaftern, aber nach Sinn und Zweck einer solchen Vertragsbestimmung hat ein zwischen dem klagenden Gesellschafter und der Gesellschaft ergangenes Urteil die Folge, dass die übrigen Gesellschafter schuldrechtlich verpflichtet sind, sich an die in diesem Rechtsstreit getroffene Entscheidung zu halten.[91] Wenn die Gesellschaft passivlegitimiert sein soll, sollte das im Gesellschaftsvertrag klar formuliert werden; die Festschreibung einer Ausschlussfrist für Klagen und die Verwendung des Wortes »Anfechtung« sollen für sich genommen jedenfalls nicht ausreichend sein, um die Passivlegitimation der Gesellschaft zu begründen.[92]

49

Wenn die GbR, gegen die die Klage gerichtet werden soll, (als reine Innengesellschaft) **nicht rechtsfähig** und damit nicht parteifähig ist, dann soll eine solche Klausel dahingehend auszulegen sein, dass die Klage gegen alle Gesellschafter als notwendige Streitgenossen zu richten ist.[93]

50

3. Schiedsfähigkeit

Beschlussmängelstreitigkeiten in der GbR können auch in einem Schiedsverfahren ausgetragen werden (vgl. zu Schiedsverfahren auch § 30 Rdn. 65 ff.).[94] Die Argumente, die gegen die Schiedsfähigkeit von Beschlussmängelstreitigkeiten im Recht der Kapitalgesellschaften vorgebracht worden sind, spielen im Recht der Personengesellschaften keine Rolle. Die Probleme sind im Kapitalgesellschaftsrecht in der Rechtskrafterstreckung der §§ 248 Abs. 1, 249 Abs. 1 AktG, die auf die GmbH entsprechende Anwendung finden, auf die am Rechtsstreit nicht beteiligten Gesellschafter begründet. Denn diese Rechtskrafterstreckung erfordert, dass sichergestellt ist, dass a) sämtliche Beschlussmängelstreitigkeiten mit dem gleichen Streitgegenstand bei einem Gericht konzentriert werden, b) die (zunächst) nicht am Rechtsstreit beteiligten Gesellschafter dem Verfahren (als Nebenintervenient) beitreten können, und c) entweder alle Gesellschafter an der Schiedsrichterbestellung mitwirken können oder die Schiedsrichter durch eine neutrale Stelle ernannt werden.[95] Weil es im Personengesellschaftsrecht auch bei Beschlussmängelstreitigkeiten keine Rechtskrafterstreckung auf die am Rechtsstreit nicht beteiligten Gesellschafter gibt, bestehen hier **keine grundlegenden Bedenken** gegen die Schiedsfähigkeit von Beschlussmängelstreitigkeiten. Deshalb muss eine Schiedsabrede bei Personengesellschaften, auch wenn sie Beschlussmängelstreitigkeiten umfasst, nicht den vom BGH aufgestellten Anforderungen für eine Beschlussmängelstreitigkeiten umfassende Schiedsabrede im GmbH-Recht[96] genügen. Die Schiedsabrede bedarf nach h. M. der Form des § 1031 Abs. 1 ZPO bzw. § 1031 Abs. 5 ZPO, wenn Verbraucher an der Gesellschaft beteiligt sind[97]

51

Es ist umstritten, ob Schiedssprüche unmittelbar Gestaltungswirkung entfalten können oder ob es dazu ihrer **Vollstreckbarerklärung** bedarf.[98] Dieser Streit kann hier offenbleiben, weil im Personen-

52

---

90 BGH NZG 2011, 544; NJW 2006, 2854 (2855) (zur Publikums-KG); 1995, 1218 (1219) (zur KG); NJW-RR 1990, 474; WM 1966, 1036; OLG Stuttgart DB 2010, 1058 (1061).
91 BGH NJW-RR 1990, 474 (475); WM 1966, 1036.
92 BGH NZG 2011, 544 zur Klausel »Ein Gesellschafterbeschluss kann nur innerhalb von zwei Monaten durch Klage angefochten werden«.
93 MüKo BGB /*Schäfer* § 709 Rn. 114.
94 Baumbach/Hopt/*Hopt* Einl. v. § 1 Rn. 88; *Schwedt/Lilja/Schaper* NZG 2009, 1281 (1285) m.w.N; dazu insgesamt: *Lutz* Rn. 820 ff.
95 BGHZ 180, 221; Baumbach/Hueck/*Fastrich/Haas/Noack/Zöllner* Anh. § 47 Rn. 36.
96 BGHZ 180, 221; dazu Baumbach/Hueck/*Fastrich/Haas/Noack/Zöllner* Anh. § 47 Rn. 35 ff.
97 BGH NJW 1980, 1049 m. w. N. (noch zu § 1027 ZPO);B/L/A/H § 1066 Rn. 5; a. A. Zöller/*Geimer* § 1066 Rn. 1; dazu auch: *Lutz* Rn. 834 ff.
98 Dazu *Lachmann* Handbuch Schiedsgerichtspraxis, Kapitel 19 Rn. 1787 m. w. N.; gegen die Gestaltungswirkung die h. L., z. B. B/L/A/H § 1055 Rn. 7; für die Gestaltungswirkung z. B. Zöller/*Geimer* § 1055 Rn. 2.

gesellschaftsrecht die Beschlussmängelstreitigkeiten im Wege der Feststellungsklage ausgetragen werden.

53 Bei Klagen auf die **Abgabe von Willenserklärungen** ist zu beachten, dass nach ganz h. L. mit dem Schiedsspruch allein noch keine Fiktionswirkung über die Abgabe der Willenserklärung gem. § 894 ZPO zustande kommt.[99] Diese Fiktionswirkung entsteht erst, wenn der Schiedsspruch rechtskräftig für **vollstreckbar** erklärt wurde.[100] Anderer Ansicht ist aber z. B. das OLG Dresden, das die Fiktionswirkung schon mit Erlass des Schiedsspruchs annimmt.[101]

54 Die Vollstreckbarerklärung des Schiedsspruchs ist nach h. L. auch Voraussetzung für **Eintragungen in Register**, was bei der GbR wenig Bedeutung hat.[102]

III. Einstweiliger Rechtsschutz, Abwehrrechte gegen Vollzugshandlungen

1. Einstweiliger Rechtsschutz

55 Lange Zeit war **umstritten**, ob einstweiliger Rechtsschutz bei Beschlussfassungen in Betracht kommt.[103]

56 Dabei ist zu unterscheiden zwischen Anträgen, die gegen den **Akt der Beschlussfassung** gerichtet sind, und solchen, die gegen die **Stimmabgabe als solche** gerichtet sind. Zur ersteren Gruppe gehören Anträge auf Untersagung des Abhaltens einer Gesellschafterversammlung an sich (an einem bestimmten Datum), z. B. wegen behaupteter Ladungsmängel. Zur zweiten Gruppe gehören Anträge, einem bestimmten Gesellschafter zu verbieten, bei der anstehenden Gesellschafterversammlung für einen bestimmten Antrag zu stimmen und Anträge, einem bestimmten Gesellschafter zu gebieten, sein Stimmrecht in einer bestimmten Art und Weise auszuüben.[104] Die Feststellung der Unwirksamkeit eines Gesellschafterbeschlusses selbst kann hingegen nicht Gegenstand einer Maßnahme im einstweiligen Rechtsschutz sein, weil sie die Hauptsache vorwegnehmen würde.[105]

57 Sofern die Voraussetzungen für einstweiligen Rechtsschutz vorliegen, sind Anträge, die gegen den Akt der Beschlussfassung oder die Stimmabgabe als solche gerichtet sind, **grundsätzlich zulässig**.[106] Insbesondere ist es nicht grundsätzlich ausgeschlossen, dass einem Antrag auf Stimmabgabe in einer bestimmten Art und Weise auch im einstweiligen Verfügungsverfahren stattgegeben wird: Der Anspruch kann z. B. in einem Stimmbindungsvertrag[107] oder den Treuepflichten begründet sein. Die Vollstreckung erfolgt dann gem. § 894 ZPO. Eine Zwangsvollstreckung »im Vorfeld« des § 894 ZPO kommt nicht in Betracht; § 894 ZPO ist abschließend.[108] In diesen Fällen ist immer besonders kritisch zu prüfen, ob eine **unzulässige Vorwegnahme der Hauptsache** vorliegt. Teilweise wird vertreten, dass deshalb Verurteilungen zur Abgabe einer Willenserklärung im einstweiligen Rechtsschutz nur zulässig sind, soweit sie sich auf eine vorläufige Regelung oder Sicherung beschränken.[109] Im neueren Schrifttum wird hingegen vertreten, dass die Tatsache, dass die einstweilige Verfügung auf die Stimmabgabe gerichtet ist, nicht generell eine unzulässige Vorwegnahme der Hauptsache sei; vielmehr sei die Zulässigkeit vom Zweck des einstweiligen Rechtsschutzes her zu

---

99 B/L/A/H § 1055 Rn. 7; Zöller/*Geimer* § 1055 Rn. 2.
100 Dazu *Lachmann* Handbuch Schiedsgerichtspraxis, Kapitel 19 Rn. 1788 m. w. N.
101 OLG Dresden 11 Sch 08/01, BB 2001 Beilage 7 S. 22.
102 *Lachmann* Kapitel 19 Rn. 1788 m. w. N.
103 Dazu insgesamt: Lutz, Rn. 642 und 795 ff.
104 Zu den verschiedenen Fallgruppen: *Happ* Die GmbH im Prozeß § 24 Rn. 22 ff.; *Waclawik*, Rn. 480 ff. (zur GmbH).
105 Lutz Rn. 642 m. w. N.
106 *Waclawik* Rn. 475 (zur GmbH)
107 Dazu oben Rdn. 31.
108 Zöller/*Stöber* § 894 Rn. 4; B/L/A/H § 888 Rn 3.
109 Zur Zulässigkeit einer Verurteilung zur Abgabe einer Willenserklärung im einstweiligen Rechtsschutz generell: OLG Stuttgart NJW 1973, 908; generell zweifelnd OLG Hamburg NJW-RR 1991, 382.

betrachten, »Unrecht zu verhüten«.[110] Den besonderen Interessen des Antragstellers und des Antragsgegners sei nicht in der Zulässigkeit, sondern bei der Prüfung der Begründetheit Rechnung zu tragen, indem besondere Sorgfalt bei der Prüfung des Verfügungsgrunds angewendet wird.[111] Die Tatsache allein, dass der drohende Beschluss angegriffen werden könne, reiche für sich allein genommen nicht aus, um einstweiligen Rechtsschutz zu versagen.[112] Ähnliche Argumente finden sich bei der Diskussion, ob der einstweilige Rechtsschutz zur Durchsetzung von Stimmbindungsverträgen zulässig ist, siehe oben Rdn. 31.

2. Abwehrrechte gegen Vollzugshandlungen

Neben den Anträgen, die gegen die Beschlussfassung gerichtet sind, kommt auch einstweiliger Rechtsschutz gegen die **Vollzugshandlungen** in Betracht. Denkbar sind etwa Anträge zur Verhinderung von **Eintragungen im Handelsregister** oder von anderen **Ausführungshandlungen**.[113] 58

Eine besondere Bedeutung kommt den Anträgen zu, die gegen **Geschäftsführungsmaßnahmen** gerichtet sind, jedenfalls dann, wenn nicht alle Gesellschafter zur Geschäftsführung befugt sind. Denn aufgrund der Kompetenzordnung ist den geschäftsführenden Gesellschaftern ein eigener Verantwortungsbereich zugewiesen, den die nicht-geschäftsführungsberechtigten Gesellschafter respektieren müssen. Deshalb lösen Fehler in der Geschäftsführung grundsätzlich nur Schadensersatzpflichten gegenüber den nicht-geschäftsführenden Gesellschaftern aus; insbesondere die Kommanditisten haben in der KG keinen Unterlassungsanspruch gegen die Geschäftsführer.[114] In der gesetzestypischen GbR hingegen kommen Unterlassungsansprüche in Betracht, weil dort alle Gesellschafter zur Geschäftsführung berechtigt sind. 59

Jedenfalls soll nach einer neueren Meinung dann, wenn die Geschäftsführung im Innenverhältnis der Legitimation durch die (übrigen) Gesellschafter bedarf, jeder einzelne Gesellschafter einen Anspruch gegen die geschäftsführenden Gesellschafter haben, dass die nicht-legitimierte Handlung unterbleibt; diese »mitgliedschaftliche **actio negatoria**« sei ein Institut des allgemeinen Verbandsrechts.[115] *Weipert* spricht sich dafür aus, dass dieser Anspruch auch im Wege einstweiligen Rechtsschutzes durchgesetzt werden kann.[116] Soweit erkennbar hat die Rechtsprechung diesen Rechtsbehelf im Personengesellschaftsrecht bisher nicht anerkannt. 60

---

110 So grundlegend: *Happ* Die GmbH im Prozeß § 24 Rn. 4.
111 *Happ* Die GmbH im Prozeß § 24 Rn. 16 ff. m. w. N.
112 *Happ* Die GmbH im Prozeß § 24 Rn. 18.
113 Zur GmbH: *Waclawik* Rn. 486 ff.
114 BGHZ 76, 160 (168); dazu im Einzelnen unten § 52 Rdn. 18.
115 MünchHdb GesR I/*Weipert* § 57 Rn. 96; grundlegend: *K. Schmidt* GesR § 21 V 1.
116 Münchener Handbuch GesR I/*Weipert* § 57 Rn. 96 m. w. N.

§ 35 Streitigkeiten im Zusammenhang mit der Geschäftsführung

Übersicht

		Rdn.
A.	**Geschäftsführer als Beklagter**	5
I.	Klage auf Schadensersatz	7
II.	Klage auf Auskunft und Rechenschaft	13
	1. Anspruch aus §§ 713, 666 BGB	13
	2. Anspruch aus § 716 BGB	18
III.	Klagen im Zusammenhang mit Einzelmaßnahmen der Geschäftsführung	20
	1. Vorbeugende Unterlassungsklage der nicht geschäftsführungsbefugten Gesellschafter	21
	2. Klagen im Zusammenhang mit dem Widerspruchsrecht	23
	a) Inhalt und Umfang des Widerspruchsrechts	25
	b) Ausübung des Widerspruchsrechts	29
	c) Widerspruchspflicht	32
	d) Rechtsfolge des ausgeübten Widerspruchs	33
	e) Prozessuale Durchsetzung bzw. Abwehr eines Widerspruchs	36

		Rdn.
	3. Klage auf Zustimmung bei der Willensbildung innerhalb der Geschäftsführung	40
	4. Klage beim Ausschluss von der Abstimmung	46
B.	**Geschäftsführer als Kläger**	48
I.	Klage gegen die Entziehung der Geschäftsführungsbefugnis	49
	1. Voraussetzungen des § 712 BGB	50
	2. Rechtsfolge der Entziehung	54
	3. Gerichtliche Nachprüfung	56
II.	Klage auf Aufwendungsersatz und Geschäftsführervergütung	61
	1. Anspruch auf Ersatz der Aufwendungen gemäß §§ 713, 669, 670 BGB	62
	2. Anspruch auf Geschäftsführervergütung	66
III.	Klage auf Entlastung	70
IV.	Klagen im Zusammenhang mit Einzelmaßnahmen der Geschäftsführung	77

1 Die Geschäftsführung und die organschaftliche Vertretung sind bei der Gesellschaft bürgerlichen Rechts **Ausfluss der Mitgliedschaft.** Geschäftsführung und organschaftliche Vertretung sind daher allein den Gesellschaftern vorbehalten. Anders als bei den Kapitalgesellschaften, bei denen Geschäftsführer auch Nicht-Gesellschafter sein können, gilt bei der GbR ebenso wie bei den Personenhandelsgesellschaften der Grundsatz der **Selbstorganschaft**, welcher nicht disponibel ist und auf dem Gedanken basiert, dass aufgrund der persönlichen Haftung der Gesellschafter ein großes Vertrauen der Gesellschafter in die Geschäftsführung erforderlich ist.[1] Eine »mittelbare Fremdorganschaft« ist allerdings durch Aufnahme einer Kapitalgesellschaft als geschäftsführender Gesellschafterin möglich. Eine weitere Ausnahme vom Grundsatz der Selbstorganschaft besteht im Rahmen der Liquidation, da durch einstimmigen Gesellschafterbeschluss ein Dritter zum Liquidator bestellt werden kann.

2 Gemäß § 709 Abs. 1 BGB führen grundsätzlich alle Gesellschafter einer GbR **gemeinsam** die Geschäfte der Gesellschaft. Für jedes Geschäft ist damit nach dem gesetzlichen Leitbild die Zustimmung aller Gesellschafter erforderlich (**Einstimmigkeitsprinzip**). Die Zustimmung kann natürlich auch stillschweigend oder konkludent erklärt werden und wird in der Regel angenommen, wenn die Gesellschafter die Geschäftsführung eines Mitgesellschafters zur Kenntnis nehmen und keine Einwände hiergegen erheben.[2]

3 Von dem Prinzip der gemeinschaftlichen Geschäftsführung sämtlicher Gesellschafter kann durch den Gesellschaftsvertrag abgewichen werden. So kann der Gesellschaftsvertrag vom Einstimmigkeitsprinzip abweichen und Mehrheitsentscheidungen vorsehen (vgl. § 709 Abs. 2 BGB) oder gemäß § 710 BGB die Geschäftsführung einem oder mehreren der Gesellschafter übertragen. Den von der Geschäftsführung ausgeschlossenen Gesellschaftern steht dann kein Widerspruchsrecht gegen die Maßnahmen des oder der Geschäftsführer zu, sondern sie sind allein auf ihr Kontrollrecht

---

1 *K. Schmidt* GesR § 14 II 2e); *Wiedemann* GesR I § 6 IV 1a).
2 Palandt/*Sprau* § 709 Rn. 1; Staudinger/*Habermeier* § 709 Rn. 16.

gemäß § 716 BGB beschränkt. Das Recht zur Notgeschäftsführung nach § 744 Abs. 2 BGB analog bleibt hiervon jedoch unberührt.³

Wie die Willensbildung im Rahmen der Gesamtgeschäftsführung stattfindet, ist gesetzlich nicht ausdrücklich geregelt. Aus § 709 BGB wird gefolgert, dass sie durch **Beschluss der geschäftsführenden Gesellschafter** erfolgt.⁴ Dieser Beschluss ist von derjenigen Beschlussfassung zu unterscheiden, welche für die Änderung der Gesellschaftsgrundlagen erforderlich ist. Denn bei letzterer wirken sämtliche Gesellschafter, also auch die von der Geschäftsführung ausgeschlossenen, mit.⁵ Relevant ist diese Differenzierung auch für die Entziehung der Geschäftsführungsbefugnis und der Vertretungsmacht, die gemäß §§ 712, 715 BGB den »übrigen« Gesellschaftern zusteht, also einen Beschluss sämtlicher Gesellschafter erfordert.

A. Geschäftsführer als Beklagter

Grundsätzlich wird eine Außen-GbR im Prozess gegen einen ihrer Gesellschafter von den geschäftsführenden Gesellschaftern vertreten (§§ 709, 714 BGB), es sei denn eine Durchsetzung von Ansprüchen der GbR wird im Wege der *actio pro socio* von einem einzelnen Gesellschafter verfolgt⁶. Richtet sich die Geltendmachung von Ansprüchen der GbR gegen einen der geschäftsführenden Gesellschafter, so ist dieser von der Geschäftsführung und Beschlussfassung hinsichtlich seiner Inanspruchnahme ausgeschlossen.⁷

Problematisch ist die Geltendmachung von Ansprüchen gegenüber einem Geschäftsführer, wenn nach dem Gesellschaftsvertrag allein der zu verklagende Geschäftsführer vertretungsberechtigt ist. In der Literatur wird erwogen, dass in solchen Fällen die Bestellung eines Prozesspflegers für die Außen-GbR entsprechend § 57 Abs. 1 ZPO in Betracht komme.⁸ Eine andere Ansicht geht davon aus, dass ausnahmsweise alle übrigen Gesellschafter gemeinsam den Anspruch der Gesellschaft in deren Namen geltend machen können.⁹ Bei der Zwei-Personengesellschaft soll der andere Gesellschafter allein klagebefugt sein.¹⁰ Richtig ist, dass in solchen Fällen der einzelne Gesellschafter den Anspruch der Gesellschaft im Wege der *actio pro socio* durchsetzen kann.¹¹

I. Klage auf Schadensersatz

Schadensersatzansprüche gegen einen geschäftsführenden Gesellschafter einer GbR ergeben sich nicht aus § 662 BGB, da diese Norm von der Verweisung in § 713 BGB nicht genannt ist. Sie folgen stattdessen aus §§ 280, 705 BGB i. V. m. § 708 BGB. Ein solcher Anspruch auf Schadensersatz kann im Fall einer schuldhaften Verletzung von Geschäftsführerpflichten, also bei Vornahme vertragswidriger bzw. Unterlassung gebotener Geschäftsführungshandlungen bestehen. Beispielhaft seien
– Verstöße gegen das aus der Treuepflicht folgende Gebot uneigennütziger Geschäftsführung¹²,

---

3 MüKo BGB/*Schäfer* § 709 Rn. 8, 21.
4 MüKo BGB/*Schäfer* § 709 Rn. 50; Palandt/*Sprau* Vorb. v § 709 Rn. 10; Staudinger/*Habermeier* § 709 Rn. 16.
5 MAH PersGes/*Gummert/Karrer* § 7 Rn. 95.
6 Vgl. oben § 32 Rdn. 46 ff.
7 BGH WM 1974, 834; MAH PersGes/*Gummert/Karrer* § 7 Rn. 152; MüKo BGB/*Schäfer* § 709 Rn. 65.
8 *Waclawik* Rn. 592. Für die OHG: MüKo HGB/*K. Schmidt* § 125 Rn. 7 m. w. N. Ähnlich auch *Karrer* NZG 2008, 206 (207), der eine analoge Anwendung des § 57 ZPO ablehnt, aber § 46 Nr. 8 Hs. 2 GmbHG analog anwenden will.
9 David u. a./*David* § 6 Rn. 101; zurückhaltend BGH NJW-RR 1991, 1441.
10 BGH NJW-RR 1991, 1441; generell für den Fall der Verhinderung eines von zwei Gesamtvertretern: MüKo BGB/*Schäfer* § 714 Rn. 30; Palandt/*Sprau* § 714 Rn. 4; Staudinger/*Habermeier* § 714 Rn. 14.
11 *Grunewald* Gesellschaftsrecht Rn. 63; MüKo BGB/*Ulmer/Schäfer* § 705 Rn. 204, 211; MünchHdb GesR I/*v.Ditfurth* § 7 Rn. 75; *K. Schmidt* GesR § 59 III 3d).
12 BGH NJW 1986, 584 (585).

- die Überschreitung der dem Geschäftsführer zustehenden Geschäftsführungsbefugnis durch Übergehen von Zustimmungserfordernissen oder Widersprüchen[13],
- die unberechtigte Entnahme von Geld aus der Gesellschaftskasse[14]
- bzw. die Verwendung von Gesellschaftsvermögen im eigenen Interesse[15]

genannt.

8 **Haftungsmaßstab** für eine Pflichtverletzung des geschäftsführenden Gesellschafters ist gemäß **§ 708 BGB die Sorgfalt in eigenen Angelegenheiten.** § 708 BGB stellt dabei eine Haftungsprivilegierung dar, welche ihre Grenze jedoch in § 277 BGB findet, also eine Haftung für grobe Fahrlässigkeit und Vorsatz nicht ausschließt. Lässt ein geschäftsführender GbR-Gesellschafter hingegen in eigenen Angelegenheiten eine größere Sorgfalt als die im Verkehr übliche walten, statuiert § 708 BGB keine Haftungsverschärfung.[16]

9 Umstritten ist, ob § 708 BGB auch bei **schuldhafter Überschreitung der Geschäftsführungskompetenzen** des Gesellschafters gilt.[17] Ein Teil der Literatur geht bei schuldhafter Überschreitung der Geschäftsführungsbefugnis von einer Geschäftsführung ohne Auftrag aus und gelangt so zur Anwendung des verschärften Haftungsmaßstabes des § 678 BGB.[18] Die Rechtsprechung hingegen wendet § 708 BGB an, ohne zusätzlich auf ein Ausführungsverschulden in Bezug auf die Schadensverursachung abzustellen.[19]

10 Anzumerken ist, dass der Haftungsmaßstab des § 708 BGB nicht für **Publikumsgesellschaften** bürgerlichen Rechts gilt.[20] Da diese einer Vielzahl von nicht persönlich, sondern allein kapitalmäßig verbundenen Personen offen stehen, steht hier kein besonderes persönliches Vertrauen in Rede.

11 **Kläger** eines Schadensersatzanspruches gegen einen geschäftsführenden Gesellschafter ist grundsätzlich die Außen-GbR selbst, da sie Inhaberin der Schadensersatzansprüche gegen den geschäftsführenden Gesellschafter wegen Verletzung seiner Pflichten ist, soweit sie durch die Verletzung der Sorgfaltspflichten einen Schaden erlitten hat. Ist daneben oder stattdessen einem Mitgesellschafter ein Schaden entstanden, so hat auch dieser einen persönlichen Schadensersatzanspruch gegen den geschäftsführenden Gesellschafter[21] und kann dann selbst als Kläger in einem Prozess auftreten.

12 Anders als bei der OHG (s. hierzu § 43 Rdn. 21) ist für die klageweise Durchsetzung der Ansprüche der GbR gegen einen geschäftsführenden Gesellschafter ein zustimmender Gesellschafterbeschluss sämtlicher übriger Gesellschafter nicht erforderlich. Denn bei der GbR ist anders als bei der OHG grundsätzlich nicht zwischen gewöhnlichen und außergewöhnlichen Geschäften zu differenzieren.[22] Dementsprechend gehört die Geltendmachung von Ansprüchen gegenüber einem Gesellschafter oder Geschäftsführer in der GbR zur **normalen Geschäftsführungstätigkeit**.[23]

---

13 BGH NJW 1997, 314; WM 1971, 819 (820).
14 BGH WM 1971, 125 (126).
15 RGZ 82, 10 (13).
16 MüKo BGB/*Schäfer* § 708 Rn. 16.
17 Vgl. zum Streitstand MüKo BGB/*Schäfer* § 708 Rn. 8 ff.; *Staudinger/Habermaier* § 708 Rn. 19 ff.
18 MAH PersGes/*Gummert/Karrer* § 7 Rn. 144 m. w. N.
19 BGH NJW-RR, 1988, 995; NJW 1997, 314 (zur OHG).
20 BGHZ 69, 207 (210); BGH NJW 1980, 589.
21 MAH PersGes/*Gummert/Karrer* § 7 Rn. 156.
22 MAH PersGes/*Gummert/Karrer* § 7 Rn. 152.
23 So auch Palandt/*Sprau* Vorb v § 709 Rn. 1.

II. Klage auf Auskunft und Rechenschaft

1. Anspruch aus §§ 713, 666 BGB

Gemäß §§ 713, 666 BGB ist der geschäftsführende Gesellschafter verpflichtet, über den Stand seiner Geschäftsführung **Auskunft** zu geben und nach Beendigung des Amtes über seine Tätigkeit **Rechenschaft** abzulegen.[24]

13

Anders als im Rahmen des § 716 BGB wird über §§ 713, 666 BGB kein Recht auf Einblick in die Unterlagen der Gesellschaft gewährt, sondern vielmehr eine **Pflicht der Geschäftsführer zur selbständigen Informationstätigkeit** statuiert.[25] Zu dieser Auskunft sind die geschäftsführenden Gesellschafter während ihrer gesamten Tätigkeit als Geschäftsführer der GbR verpflichtet. Sie haben den übrigen Gesellschaftern von sich aus die erforderlichen Informationen zu geben;[26] selbstverständlich kann die GbR aber auch verlangen, dass die Geschäftsführer über den Stand der Geschäfte Auskunft geben. Dabei ist zu beachten, dass die §§ 259 Abs. 2, 260 Abs. 2 BGB auf das Auskunftsverlangen im Rahmen eines gesellschaftsrechtlichen Innenverhältnisses nicht analog anwendbar sind; die Abgabe einer eidesstattlichen Versicherung kann damit nicht beantragt werden.[27] Das Auskunftsverlangen darf im Übrigen, zumal wenn es von einzelnen Gesellschaftern ausgeht, nicht überspannt werden. Primäres Informationsmittel der nicht an der Geschäftsführung beteiligten Gesellschafter sind die individuellen Einsichts- und Kontrollrechte des § 716 BGB, nicht aber die Auskunftsansprüche aus §§ 713, 666 BGB.[28] Diese Wertung darf nicht umgangen werden.

14

Die **Rechenschaftspflicht** der geschäftsführenden Gesellschafter besteht erst mit Beendigung der Geschäftsführungstätigkeit, d. h. wenn die Geschäftsführungstätigkeit einzelner Gesellschafter endet oder die Gesellschaft aufgelöst wird.[29] Im Fall der Auflösung folgt dies auch aus §§ 721, 730 BGB.

15

Auf die **Art** und den **Umfang** der Rechenschaftspflicht findet § 259 BGB Anwendung. Der Geschäftsführer hat demnach eine Rechnung mit geordneter Zusammenstellung der Einnahmen und Ausgaben mitzuteilen und mit den entsprechenden Belegen vorzulegen.[30] Hieraus folgt in der Regel die Führung von Geschäftsbüchern während der Geschäftsführertätigkeit,[31] es sei denn es werden von der GbR keine Geschäfte mit kaufmännischem Charakter oder nur Geschäfte mit nicht erheblichem Umfang geführt.[32]

16

Kläger einer auf §§ 713, 666 BGB gestützten Klage ist grundsätzlich die GbR selbst.[33] Der Anspruch kann jedoch auch durch einen einzelnen Gesellschafter im Wege der *actio pro socio* geltend gemacht werden.[34] Die aufgezeigten Grenzen[35] sind dann jedoch besonders zu beachten. In einer Zweimann-GbR kann der nicht geschäftsführungsbefugte Gesellschafter den geschäftsführenden Gesellschafter auf Leistung (d. h. Auskunft) an sich selbst verklagen, da der Geschäftsführer selbst der Unterrichtung nicht bedarf.[36]

17

---

24 BGH NJW 1992, 1890 (1892).
25 Staudinger/*Habermeier* § 713 Rn. 7.
26 Erman/*Westermann* § 713 Rn. 3; MüKo BGB/*Schäfer* § 713 Rn. 9.
27 *Lutz* Rn. 440; zur GmbH: Hanseatisches OLG Hamburg DStR 1993, 808; zur AG: BayObLG NZG 2002, 1020, 1021.
28 MüKo BGB/*Schäfer* § 713 Rn. 9; Staudinger/*Habermeier* § 713 Rn. 7.
29 Erman/*Westermann* § 713 Rn. 3; MüKo BGB/*Schäfer* § 713 Rn. 10.
30 Palandt/*Sprau* § 713 Rn. 6.
31 MüKo BGB/*Schäfer* § 713 Rn. 11.
32 RGZ 103, 71 (72).
33 Bamberger/Roth/*Schöne* § 713 Rn. 5; Palandt/*Sprau* § 713 Rn. 5; Staudinger/*Habermeier* § 713 Rn. 6.
34 Bamberger/Roth/*Schöne* § 713 Rn. 5; Staudinger/*Habermeier* § 713 Rn. 6.
35 Vgl. oben Rdn. 14.
36 Palandt/*Sprau* § 713 Rn. 5.

2. Anspruch aus § 716 BGB

18 Daneben steht jedem Gesellschafter gemäß § 716 BGB ein **Informations- und Kontrollrecht** zu.[37] Dieses richtet sich grundsätzlich auf Duldung eigenständiger Informationsbeschaffung aus den Büchern und Papieren der GbR. Nur ausnahmsweise besteht ein Auskunftsrecht, wenn die erforderlichen Angaben aus den Büchern und Papieren der GbR nicht ersichtlich sind und sich der Gesellschafter ohne Auskunft daher keine Klarheit über die Angelegenheiten der GbR verschaffen kann.[38]

19 **Kläger** einer auf § 716 BGB gestützten Klage ist der jeweilige Gesellschafter selbst. Passivlegitimiert ist grundsätzlich die GbR. Der Anspruch aus § 716 BGB kann jedoch auch gegen den- oder diejenigen Geschäftsführer erhoben werden, welche(r) ohnehin für die Einsichtsgewährung zuständig sind.[39]

III. Klagen im Zusammenhang mit Einzelmaßnahmen der Geschäftsführung

20 Klagen im Zusammenhang mit der Durchführung von Einzelmaßnahmen der Geschäftsführung sind nur **begrenzt zulässig**. Denkbar sind vorbeugende Klagen der nicht geschäftsführungsbefugten Gesellschafter aber auch Klagen, die aus dem internen Verhältnis der Geschäftsführer der GbR herrühren und den Prozess der Willensbildung innerhalb der Geschäftsführung betreffen.

1. Vorbeugende Unterlassungsklage der nicht geschäftsführungsbefugten Gesellschafter

21 Nach der Rechtsprechung des Bundesgerichtshofes kann die **Vornahme oder das Unterlassen einer konkreten einzelnen Geschäftsführungsmaßnahme** nicht von einem einzelnen Gesellschafter im Wege der *actio pro socio* verfolgt werden.[40] Ein nicht geschäftsführungsbefugter Gesellschafter könne lediglich Schadensersatzansprüche im Wege der *actio pro socio* geltend machen. Anderenfalls würde unmittelbar in das Geschäftsführungsrecht eingegriffen und die damit einhergehende gesellschaftsvertragliche Zuständigkeits- und Haftungsverteilung verletzt.[41] Etwas anderes könne unter Umständen in Ausnahmefällen gelten, wenn die Unterlassungsklage wegen besonderer Umstände zur Erhaltung des gemeinsamen Vermögens erforderlich ist, vgl. § 744 Abs. 2 BGB.[42]

22 Diese Rechtsprechung ist in der Literatur kritisiert worden. Insbesondere trage der Grund der Organisationsordnung und Funktionsfähigkeit der Gesellschaft einen Ausschluss von Unterlassungsansprüchen, die auf das Überschreiten von Geschäftsführungskompetenzen gestützt werden, nicht, da diese nicht die Autonomie des Geschäftsführers betreffen. Dementsprechend sei zu differenzieren, ob es um die gerichtliche Geltendmachung einer Unterlassung einer noch **im Rahmen des unternehmerischen Ermessens** liegenden Geschäftsführungshandlung gehe oder um die gerichtliche Geltendmachung einer Unterlassung wegen **Überschreitung der Kompetenzen des Geschäftsführers**.[43] Im ersten Fall bestehe mangels Pflichtverletzung seitens des Geschäftsführers schon kein Unterlassungsanspruch.[44] Ein vorbeugender Rechtsschutz komme allerdings in Betracht, wenn ein Geschäftsführer seine Kompetenzen überschreitet, da anderenfalls die gesellschaftsrechtliche Zuständigkeitsordnung nicht verteidigt werden könne.[45] Die hiernach zulässige Unterlassungsklage richtet sich gegen

---

37 Vgl. hierzu auch bereits § 32 Rdn. 64 ff.
38 Palandt/*Sprau* § 716 Rn. 1.
39 BGH BB 1962, 899; WM 1962, 883; WM 1983, 910 (911); OLG Celle WM 1983, 741 (742); MAH PersGes/*Plückelmann* § 4 Rn. 138; MüKo BGB/*Schäfer* § 716 Rn. 1.
40 BGHZ 76, 160 (168).
41 BGHZ 76, 160 (168); MAH PersGes/*Gummert/Karrer* § 7 Rn. 138.
42 BGHZ 76, 160 (168).
43 Vgl. nur Baumbach/Hopt/*Roth* § 116 Rn. 4; E/B/J/S/*Drescher* § 116 Rn. 18; MüKo HGB/*Jickeli* § 116 Rn. 46.
44 Baumbach/Hopt/*Roth* § 116 Rn. 4.
45 E/B/J/S/*Drescher* § 116 Rn. 18; MüKo HGB/*Jickeli* § 116 Rn. 46.

2. Klagen im Zusammenhang mit dem Widerspruchsrecht

Gemäß § 711 BGB besteht ein **Widerspruchsrecht** der Mitgeschäftsführer gegen Maßnahmen eines 23
einzelnen Geschäftsführers, wenn einer oder mehrere Gesellschafter nach dem Gesellschaftsvertrag
in Abweichung von dem gesetzlichen Regelfall des § 709 BGB **einzelgeschäftsführungsbefugt** sind.
Das Widerspruchsrecht des § 711 BGB stellt dann als Ausfluss der Geschäftsführungsbefugnis einen
Ausgleich dafür dar, dass von dem Erfordernis der Zustimmung aller bzw. aller geschäftsführenden
Gesellschafter zu einer Geschäftsführungsmaßnahme abgesehen wird[47] und dient damit der Sicherstellung des Mitspracherechts der einzelnen Geschäftsführer.[48]

Ein von der Geschäftsführung ausgeschlossener Gesellschafter hat hingegen kein Widerspruchsrecht 24
gemäß § 711 BGB und ist stattdessen auf die Kontrollrechte gemäß § 716 BGB beschränkt.

a) Inhalt und Umfang des Widerspruchsrechts

Das Widerspruchsrecht kann sich **nur gegen Geschäftsführungsmaßnahmen** richten. Ein Wider- 25
spruch gegen die Ausübung von Gesellschafterrechten, wie beispielsweise das Kontrollrecht aus
§ 716 BGB, oder gegen die Inanspruchnahme wegen eines Anspruches der Gesellschaft im Wege
der *actio pro socio* ist nicht möglich.[49] Ausgeschlossen ist das Widerspruchsrecht aus § 711 BGB ferner bei Maßnahmen der Notgeschäftsführung, da in diesem Falle eine Berechtigung zur Abwehr akuter Gefahren für die Gesellschaft aus § 744 Abs. 2 BGB analog besteht.[50] Unzulässig ist überdies ein
Widerspruch gegen einen Widerspruch.[51] Hält ein Geschäftsführer einen Widerspruch eines Mitgeschäftsführers für unzulässig, kann er ihn entweder wegen Unbeachtlichkeit ignorieren oder hat
gerichtliche Klärung herbeizuführen.

Die Geschäftsführungsmaßnahme, gegen die sich der Widerspruch richtet, muss hinreichend be- 26
stimmt sein. Ein **genereller Widerspruch** gegen alle Geschäftsführungshandlungen eines Geschäftsführers ist nicht zulässig und daher unbeachtlich.[52] Vielmehr muss sich der Widerspruch auf
bestimmte oder wenigstens eine bestimmte Art von Geschäften beziehen. Möglich ist auch der Widerspruch gegen die Ausführung eines bestimmten Geschäftsplanes.[53]

Grenzen für die Ausübung des Widerspruchsrechts ergeben sich aus der Treuepflicht der Gesellschaf- 27
ter. Das Widerspruchsrecht ist ein uneigennütziges Recht, bei dessen Ausübung sich der Gesellschafter von den Interessen der Gesellschaft leiten lassen muss. Hierbei hat er allerdings ein breites Ermessen bei der Entscheidung über die Zweckmäßigkeit einer Maßnahme. Eine pflichtwidrige Ausübung
des Rechts aus § 711 BGB hat zur Folge, dass dem Widerspruch keine Rechtswirkung zukommt.[54]
Dies gilt insbesondere auch, wenn eine Pflicht zur Zustimmung bestand.[55]

---

46 MüKo HGB/*Jickeli* § 116 Rn. 46.
47 Bamberger/Roth/*Schöne* § 711 Rn. 1.
48 MüKo BGB/*Schäfer* § 711 Rn. 1.
49 MüKo BGB/*Schäfer* § 711 Rn. 2; Staudinger/*Habermeier* § 711 Rn. 7.
50 BGHZ 17, 181 (187); MüKo BGB/*Schäfer* § 711 Rn. 8.
51 BGH WM 1971, 819.
52 RGZ 109, 56 (58).
53 RGZ 84, 136 (139); 109, 56 (58); MüKo BGB/*Schäfer* § 711 Rn. 9; Schlegelberger/*Martens* § 115 Rn. 7.
54 RGZ 109, 56 (59); BGH NJW 1986, 844; OLG Düsseldorf MDR 1947, 289 (289 f.); MünchHdb GesR I/*v. Ditfurth* § 7 Rn. 38. Einschränkend: *Wiedemann* GesR I § 4 II 3a bb, der die Aufhebung der Wirksamkeit
des Widerspruchs im Zweifel nur durch einen Gesellschafterbeschluss oder eine gerichtliche Entscheidung
zulassen will.
55 MüKo BGB/*Schäfer* § 711 Rn. 11; Palandt/*Sprau* § 711 Rn. 1.

28 Das Widerspruchsrecht des § 711 BGB kann im Übrigen im Gesellschaftsvertrag erweitert oder begrenzt werden.[56]

b) Ausübung des Widerspruchsrechts

29 Da der Widerspruch inhaltlich eine **Geschäftsführungsmaßnahme** darstellt, ist jeder Geschäftsführer zum Widerspruch nur in dem Umfang berechtigt, wie er selbst zur Geschäftsführung befugt ist.[57] Ist er einzelgeschäftsführungsbefugt, kann er allein Widerspruch erheben. Hat er hingegen Gesamtgeschäftsführungsbefugnis, muss er den Widerspruch zusammen mit seinen Mitgeschäftsführern erklären. Ist seine Geschäftsführungsbefugnis auf einen begrenzten Geschäftsbereich beschränkt, kann er nur Geschäften widersprechen, die diesen Bereich betreffen. Das Widerspruchsrecht eines Gesellschafters entfällt wegen Interessenkollision bei solchen Geschäften, die er aus diesem Grund selbst nicht vornehmen dürfte, etwa der Geltendmachung von Ansprüchen der Gesellschaft gegen ihn selbst.[58]

30 Die Ausübung des Widerspruches ist eine **empfangsbedürftige Willenserklärung** gegenüber dem Geschäftsführer, gegen dessen beabsichtigte Geschäftsmaßnahme sich der Widerspruch richtet.[59] Eine bestimmte Form ist nicht erforderlich,[60] kann indes zu Beweiszwecken praktisch ratsam sein.

31 Zu beachten ist aber, dass das Widerspruchsrecht lediglich **vor der beabsichtigten Maßnahme** ausgeübt werden kann.[61] Damit die Mitgeschäftsführer überhaupt die Möglichkeit haben, den Widerspruch rechtzeitig auszuüben, ist der geschäftsführende Gesellschafter verpflichtet, bei Kenntnis von unterschiedlichen Auffassungen über eine von ihm beabsichtigte Geschäftsführungsmaßnahme, die Gesellschafter über die beabsichtigte Durchführung der Maßnahme zu unterrichten. Eine solche Unterrichtungspflicht besteht auch bei außergewöhnlichen Maßnahmen, bei denen der Geschäftsführer üblicherweise mit einem Widerspruch rechnen muss.[62]

c) Widerspruchspflicht

32 Da das Widerspruchsrecht Teil der Geschäftsführung ist, die im Interesse der Gesellschaft wahrzunehmen ist, ist das Widerspruchsrecht ein **Pflichtrecht**. Erkennt ein geschäftsführungsbefugter Gesellschafter daher, dass eine beabsichtigte Geschäftsführungsmaßnahme für die Gesellschaft offensichtlich nachteilig ist, muss er hiergegen Widerspruch erheben. Unterlässt er den gebotenen Widerspruch, haftet er unter den Voraussetzungen des § 708 BGB gesamtschuldnerisch mit dem handelnden Geschäftsführer. Im Innenverhältnis zwischen beiden haftet der handelnde Gesellschafter allerdings allein.[63]

d) Rechtsfolge des ausgeübten Widerspruchs

33 Rechtsfolge der Ausübung des Widerspruchsrechtes durch einen geschäftsführenden Gesellschafter ist, dass der handlungswillige Geschäftsführer verpflichtet ist, die mit dem Widerspruch angegriffene Maßnahme zu **unterlassen**. Er muss einen rechtmäßigen Widerspruch beachten, auch wenn er ihn für falsch hält. Etwas anderes gilt nur, wenn der Widerspruch pflichtwidrig ausgeübt wurde. Wird ein pflichtwidriger Widerspruch allerdings beachtet und unterbleibt daher die geplante Maßnahme,

---

56 MüKo BGB/*Schäfer* § 711 Rn. 4 f.; Palandt/*Sprau* § 711 Rn. 1; Staudinger/*Habermeier* § 711 Rn. 2. Umstritten ist jedoch, ob das Widerspruchsrecht auch einem Dritten übertragen werden kann; dafür: BGH NJW 1960, 963; dagegen: MüKo BGB/*Schäfer* § 711 Rn. 5; Staudinger/*Habermeier* § 711 Rn. 2).
57 MAH PersGes/*Gummert/Karrer* § 7 Rn. 112; MünchHdb GesR I/v. *Ditfurth* § 7 Rn. 34.
58 MünchHdb GesR I/v. Ditfurth § 7 Rn. 34.
59 MüKo BGB/*Schäfer* § 711 Rn. 9; Staudinger/*Habermeier* § 711 Rn. 8.
60 RGZ 109, 56 (60).
61 BGH NJW-RR 1988, 995 (996).
62 RGZ 158, 302 (307); BGH NJW 1971, 1613.
63 MünchHdb GesR I/v. *Ditfurth* § 7 Rn. 39.

kommt bei schuldhaftem Handeln eine Schadensersatzpflicht des widersprechenden Geschäftsführers in Betracht.[64]

Setzt sich der handlungswillige Geschäftsführer über einen rechtmäßigen Widerspruch hinweg, handelt er ohne Geschäftsführungsbefugnis, was allerdings seine Vertretungsmacht (von Fällen des Missbrauchs der Vertretungsmacht abgesehen) im Außenverhältnis unberührt lässt.[65] Der handelnde Geschäftsführer macht sich **schadensersatzpflichtig.** Soll die beabsichtigte Maßnahme gegenüber einem Gesellschafter vorgenommen werden, kann der Widerspruch hingegen ausnahmsweise Außenwirkung entfalten[66] und die Vertretungsbefugnis entfallen. 34

Erfolgt ein Widerspruch nach Ausführung der Maßnahme, ist die ergriffene Maßnahme im Rahmen des Möglichen **rückgängig zu machen**, wenn die Verspätung darin begründet ist, dass der ausführende Geschäftsführer nicht (rechtzeitig) über die Maßnahme unterrichtet hat.[67] Ein Anspruch auf Rückgängigmachung der durchgeführten Maßnahme besteht jedoch nicht.[68] Eine Pflichtverletzung des handelnden Geschäftsführers kann – wenn überhaupt – nur auf eine unzureichende Information der Mitgeschäftsführer gestützt werden. 35

e) Prozessuale Durchsetzung bzw. Abwehr eines Widerspruchs

Dem widersprechenden Geschäftsführer steht gegen den handlungswilligen Mitgeschäftsführer ein **einklagbarer Anspruch auf Unterlassung** der beabsichtigten Handlung zu. Dieser Anspruch kann auch im Wege einer einstweiligen Verfügung durchgesetzt werden, wenn sich abzeichnet, dass der handlungswillige Geschäftsführer trotz eines entsprechenden Widerspruches die beabsichtigte Geschäftsführungsmaßnahme durchführen wird.[69] Zur Klagerhebung und Antragstellung sind nur die geschäftsführenden, nicht aber die von der Geschäftsführung ausgeschlossenen Gesellschafter befugt. 36

Zu beachten ist jedoch, dass umstrittene Sachfragen unter den Geschäftsführern gelöst werden müssen. Gerichtlich überprüft werden kann daher nur, ob der widersprechende Gesellschafter in seinem **Beurteilungsspielraum** geblieben ist oder aber diesen überschritten hat[70] oder z. B. **rechtsmissbräuchlich** handelte. Die Zweckmäßigkeit einer Maßnahme kann hingegen nicht Gegenstand gerichtlicher Klärung sein. 37

Setzt sich der Geschäftsführer über einen Widerspruch unberechtigterweise und unter Verletzung der eigenüblichen Sorgfalt gemäß § 708 BGB hinweg, so kann bei Vorliegen eines Schadens der Gesellschaft von dieser **Schadensersatzklage** eingereicht werden.[71] 38

Es kann jedoch nicht nur der widersprechende Gesellschafter im Klagwege vorgehen. Vielmehr kann auch der handlungswillige Geschäftsführer die gerichtliche Klärung der Wirksamkeit des Widerspruchs bzw. die Rechtmäßigkeit der beabsichtigten Maßnahme anstreben. So kann er **Feststellungsklage** erheben mit dem Ziel der gerichtlichen Feststellung, dass die Widerspruchserhebung gesellschaftsschädigend und unbeachtlich ist. Hingegen ist es nicht möglich, gerichtlich die geplante Maßnahme durchzusetzen mit der Begründung, dass diese für die Gesellschaft von Vorteil wäre. Denn erneut gilt, dass das Gericht nicht die Zweckmäßigkeit der Maßnahme untersucht, sondern 39

---

64 Erman/*Westermann* § 711 Rn. 7.
65 BGHZ 16, 394 (400); BGH WM 2008, 1552; Erman/*Westermann* § 711 Rn. 5; Schlegelberger/*Martens* § 115 Rn. 21; a. A. *Baur* JZ 1955, 609; *Flume* § 15 II 4.
66 BGHZ 38, 26 (34).
67 BGH NJW 1971, 1613; Bamberger/Roth/*Schöne* 711 Rn. 5; MüKo BGB/*Schäfer* § 711 Rn. 16.
68 Staudinger/*Habermeier* § 711 Rn. 12.
69 MAH PersGes/*Gummert/Karrer* § 7 Rn. 120. Ebenso für die OHG: GroßkommHGB/*Ulmer* § 115 Rn. 24; Heymann/*Emmerich* § 114 Rn. 9; Schlegelberger/*Martens* § 115 Rn. 19.
70 BGH WM 1985, 1316; BB 1988, 1205.
71 Vgl. oben Rdn. 7 ff.

3. Klage auf Zustimmung bei der Willensbildung innerhalb der Geschäftsführung

40 Liegt Gesamtgeschäftsführung vor, ist gemäß § 709 BGB die Zustimmung sämtlicher Gesellschafter für jedes Geschäft erforderlich. Fehlt die Zustimmung auch nur eines Gesellschafters (es sei denn einer der Gesellschafter ist wegen Interessenkollision von seinem Stimmrecht ausgeschlossen), kann sich der dennoch handelnde Gesellschafter schadensersatzpflichtig machen, da er unrechtmäßig handelt.

41 Die erforderliche Zustimmung kann konkludent oder nachträglich erfolgen oder auch zu einer Reihe gleichartiger Maßnahmen erteilt werden.[72] Die gemeinschaftliche Willensbildung innerhalb der Geschäftsführung findet durch Beschluss der geschäftsführungsbefugten Gesellschafter statt. Wie die geschäftsführungsbefugten Gesellschafter dabei abstimmen, steht allein in ihrem pflichtgemäßen Ermessen, welches sie im Sinne und im Rahmen ordnungsgemäßer Geschäftsführung auszuüben haben.[73] Die gerichtliche Überprüfbarkeit der Abstimmung ist nur begrenzt möglich, da die Gerichte **nicht über die Zweckmäßigkeit der Geschäftsführungsmaßnahmen entscheiden**.[74]

42 Verweigert ein Geschäftsführer seine Zustimmung zu einer Geschäftsführungsmaßnahme, so ist diese Verweigerung dementsprechend nur ausnahmsweise unbeachtlich, wenn hierin eine pflichtwidrige Verletzung des Gesellschaftsinteresses liegt.[75] Eine solche **pflichtwidrige Zustimmungsverweigerung** liegt nicht schon dann vor, wenn die Maßnahme im Rückblick zweckmäßig erscheint oder bei der Entscheidung des Gesellschafters neben dem Gesellschaftsinteresse auch persönliche Interessen mitwirken.[76]

43 Problematisch ist, dass bei einer **rechtmäßigen Zustimmungsverweigerung** eines geschäftsführenden Gesellschafters ein anderer Geschäftsführer selbst bei Gefahr im Verzug die fragliche Handlung nicht mehr (alleine) vornehmen kann.[77] Angesichts der hiermit verbundenen Unsicherheiten für die Geschäftsführer und einer möglichen Schadensersatzpflicht derjenigen Geschäftsführer, welche sich über eine ihres Erachtens pflichtwidrige Zustimmungsverweigerung hinwegsetzen, sowie in Anbetracht der Tatsache, dass auch bei einer rechtswidrigen und damit unbeachtlichen Zustimmungsverweigerung eine Mitwirkung des die Zustimmung verweigernden Geschäftsführers, z. B. bei einer erforderlichen Vertretung nach außen, erforderlich sein kann, kann eine gerichtliche Klärung geboten sein. Der oder die handlungswillige(n) Geschäftsführer können daher vor der Durchführung der Maßnahme **Leistungsklage auf Zustimmung** zur fraglichen Maßnahme erheben.[78] Die Zustimmung des verklagten Geschäftsführers wird dann gemäß § 894 ZPO durch das rechtskräftige Urteil ersetzt.

44 Ist die Angelegenheit eilbedürftig, ist Antrag auf eine **einstweilige Verfügung** zu stellen.[79] Eine Ersetzung der Zustimmung eines Geschäftsführers im einstweiligen Rechtsschutz wird aufgrund der Problematik der Vorwegnahme der Hauptsache jedoch nur im Ausnahmefall erfolgen.

---

72 MünchHdb GesR I/*v. Ditfurth* § 7 Rn. 28; Staudinger/*Habermeier* § 709 Rn. 16.
73 MAH PersGes/*Gummert/Karrer* § 7 Rn. 100.
74 BGH NJW 1986, 844; OLG München NJW 2001, 613; OLG Stuttgart NZG 2007, 102; MAH PersGes/*Gummert/Karrer* § 7 Rn. 100; Palandt/*Sprau* Vorb v § 709 Rn. 9; Staudinger/*Habermeier* § 709 Rn. 41.
75 MüKo BGB/*Schäfer* § 709 Rn. 42; aber str.: vgl. MüKo BGB/*Ulmer/Schäfer* § 705 Rn. 240 f.; für die OHG: E/B/J/S/*Drescher* § 115 Rn. 30.
76 BGH NJW 1986, 844; MAH PersGes/*Gummert/Karrer* § 7 Rn. 102.
77 MAH PersGes/*Gummert/Karrer* § 7 Rn. 102; MüKo BGB/*Schäfer* § 709 Rn. 21; zur OHG: E/B/J/S/*Drescher* § 115 Rn. 32. § 744 BGB gewährt dann keine Vertretungsmacht, vgl. MüKo BGB/*Schäfer* § 709 Rn. 21.
78 BGH NJW 1960, 91; MAH PersGes/*Gummert/Karrer* § 7 Rn. 103; MünchHdb GesR I/*v. Ditfurth* § 7 Rn. 29.
79 Grundsätzlich zur Abgabe einer Willenserklärung im Rahmen der einstweiligen Verfügung: OLG Stuttgart NJW 1973, 908; ablehnend hingegen Hanseatisches OLG Hamburg NJW-RR 1991, 382, wenn sich die Willenserklärung nicht nur auf eine vorläufige Regelung beschränkt.

Umstritten ist, ob auf eine Zustimmungsklage verzichtet und die treuwidrig verweigerte Zustimmung als erteilt unterstellt werden kann. Es wäre dann an dem die Zustimmung verweigernden Geschäftsführer, Klage auf Feststellung der Unwirksamkeit des Beschlusses (und damit Unzulässigkeit der Maßnahme) zu erheben. Die Rechtsprechung ist zur **Fiktion der Zustimmung** unabhängig vom Beschlussgegenstand grundsätzlich nur bereit, wenn der umstrittene Beschluss und seine rasche Umsetzung für die Gesellschaft von existenzieller Bedeutung sind.[80] In der Literatur wird hingegen teilweise vertreten, es sei zwischen Geschäftsführungs- und Vertragsänderungsbeschlüssen zu differenzieren, wobei eine über § 894 ZPO durchzusetzende Zustimmungserklärung nur bei letzteren erforderlich sei.[81]

4. Klage beim Ausschluss von der Abstimmung

Ein Geschäftsführer kann wegen Interessenkollision von der Abstimmung innerhalb der Geschäftsführung ausgeschlossen sein, wenn sich die in Rede stehende Geschäftsführungsmaßnahme auf die Vornahme eines Rechtsgeschäfts mit ihm selbst bezieht[82] oder wenn über die Verfolgung von Sozial- oder Schadensersatzansprüchen gegen ihn beschlossen werden soll. Der Stimmrechtausschluss kann aber nicht auf Geschäftsführer ausgeweitet werden, die in enger Beziehung zu dem Betroffenen stehen.[83]

Auch in diesen Fällen kann eine gerichtliche Klärung nötig werden, etwa weil der betroffene Geschäftsführer trotz Stimmverbots an der Abstimmung teilnimmt oder weil ein Geschäftsführer festgestellt haben möchte, dass ein anderer von der Abstimmung ausgeschlossen ist. Es gelten die grundsätzlichen prozessualen Erwägungen zu **fehlerhaften Beschlüssen** bzw. der **Verhinderung der Stimmabgabe**.[84]

B. Geschäftsführer als Kläger

Wird die GbR von ihrem alleinigen vertretungsberechtigten Geschäftsführer verklagt, ist gemäß § 57 Abs. 1 ZPO die **Bestellung eines gesetzlichen Vertreters** zu veranlassen.[85]

I. Klage gegen die Entziehung der Geschäftsführungsbefugnis

§ 712 BGB sieht vor, dass einem Gesellschafter einer GbR die Geschäftsführungsbefugnis durch Gesellschafterbeschluss entzogen werden kann, wenn hierfür ein wichtiger Grund vorliegt. Dabei ist ein **Entzug der Geschäftsführungsbefugnis** nur dann zulässig, wenn keine weniger einschneidende Maßnahme ausreicht, wie etwa die Umwandlung der Einzel- in die Gesamtgeschäftsführung.[86] Ebenso – und dies wird in der Praxis meist einhergehen – kann bei Vorliegen eines wichtigen Grundes gemäß § 715 BGB die Vertretungsbefugnis entzogen werden.

---

80 Vgl. nur BGH WM 1986, 1556.
81 MüKo BGB/*Ulmer/Schäfer* § 705 Rn. 240; MüKo HGB/*K. Schmidt* § 105 Rn. 164, 166.
82 RGZ 136, 236 (245); offen gelassen RGZ 162, 370 (373); BGH NJW 1967, 2157 (2159); wie hier Baumbach/Hopt/*Roth* § 119 Rn. 8; E/B/J/S/*Freitag* § 119 Rn. 21; Erman/*Westermann* § 709 Rn. 26; MüKo BGB/*Schäfer* § 709 Rn. 70; Schlegelberger/*Martens* § 119 Rn. 40; a. A. Hueck OHG S. 170; MüKo HGB/*Enzinger* § 119 Rn. 33; RGRK/*v. Gamm* § 709 Rn. 13.
83 BGHZ 56, 47 (54); 80, 69 (71) (für die GmbH); MAH PersGes/*Gummert/Karrer* § 7 Rn. 97.
84 Vgl. hierzu § 34 Rdn. 19 ff.
85 Für die GbR offengelassen in OLG Nürnberg BeckRS 2010, 30509; für die OHG hingegen: Baumbach/Hopt/*Roth* § 124 Rn. 42; GroßkommHGB/*Habersack* § 124 Rn. 27, 41: E/B/J/S/*Hillmann* § 124 Rn. 15; für die KG MünchHdb GesR II/*Neubauer* § 32 Rn. 17; grundsätzlich zu den Personengesellschaften: *Karrer* NZG 2008, 206 (207).
86 BGH NJW 1977, 1013; NJW 1984, 173 (174); OLG München NZG 2000, 1173 (1175).

1. Voraussetzungen des § 712 BGB

50 Ein **wichtiger Grund** ist gemäß § 712 Abs. 1 BGB insbesondere dann gegeben, wenn der Geschäftsführer eine grobe Pflichtverletzung begangen hat oder zur ordnungsgemäßen Geschäftsführung unfähig ist. Das Bejahen eines wichtigen Grundes bedarf stets einer sorgfältigen Abwägung der beteiligten Interessen sowie des Verhaltens aller Beteiligten.[87] Ein Verschulden des betroffenen Gesellschafters ist nicht erforderlich; es wird jedoch im Rahmen der Abwägung berücksichtigt.

51 Ohne Vorliegen eines wichtigen Grundes ist eine Entziehung der Geschäftsführungs- und/oder Vertretungsbefugnis nicht möglich. Auf die Regelung des § 671 BGB, wonach ein Auftrag frei widerruflich ist, wird in § 713 BGB gerade nicht verwiesen. Es ist jedoch eine Verwirkung des Rechts auf Geschäftsführung denkbar, wenn der Geschäftsführer beispielsweise die Geschäftsführung aus gesellschaftsfremden Beweggründen blockiert.[88]

52 Gemäß § 712 Abs. 1 BGB ist für die Entziehung der Geschäftsführungsbefugnis ein **Gesellschafterbeschluss** erforderlich. Sieht der Gesellschaftsvertrag keine abweichende Regelung vor, bedarf es für diesen Gesellschafterbeschluss aufgrund seines Grundlagencharakters der Einstimmigkeit. Es nehmen also auch die von der Geschäftsführung ausgeschlossenen Gesellschafter an der Abstimmung teil.[89] Lediglich derjenige Gesellschafter, dem die Geschäftsführung entzogen werden soll, nimmt an der Abstimmung wegen Interessenkollision nicht teil.[90] Im Fall der Zweipersonen-Gesellschaft erfolgt die Entziehung der Geschäftsführung durch Erklärung gegenüber dem Geschäftsführer.[91]

53 Nach dem Wortlaut des § 712 BGB ist eine Entziehung der Geschäftsführungsbefugnis nur zulässig, wenn dem Gesellschafter durch den Gesellschaftsvertrag die Geschäftsführungsbefugnis übertragen wurde. Umstritten ist, ob **§ 712 BGB analog** anzuwenden ist, wenn der Gesellschaftsvertrag es bei der Gesamtgeschäftsführung des § 709 BGB belassen hat. Gegen eine analoge Anwendung des § 712 BGB spricht, dass die Geschäftsführung ein untrennbarer Bestandteil des Gesellschaftsverhältnisses ist und der Entzug der Geschäftsführungsbefugnis die Grundlagen der Gesellschaft treffe.[92] Statt der Entziehung der Geschäftsführungsbefugnis sei daher im Wege der Ausschließung des Gesellschafters aus wichtigem Grund nach § 737 BGB oder im Wege der Kündigung der Gesellschaft gemäß § 723 BGB vorzugehen.[93] Für eine analoge Anwendung des § 712 BGB im Fall der Gesamtgeschäftsführung wird hingegen angeführt, dass die Differenzierung zwischen übertragener und gesetzlicher Geschäftsführungsbefugnis zu unsachgemäßen Ergebnissen führe.[94] Gerade bei auf Dauer angelegten und damit den Personenhandelsgesellschaften angenäherten Gesellschaften bürgerlichen Rechts entspreche es zumeist weder dem Interesse des betroffenen noch dem Interesse der übrigen Gesellschafter, dass die Beendigung der Geschäftsführerstellung nur über eine Trennung auf Gesellschafterebene möglich sein soll.[95]

2. Rechtsfolge der Entziehung

54 **Umstritten** ist die Rechtsfolge der Entziehung der Geschäftsführung. Zum einen wird vertreten, dass bei einer Entziehung an die Stelle der vertraglichen Regel die gesetzliche trete, also Gesamtgeschäftsführung erfolge.[96] Andere Stimmen wollen dies nur für den Fall annehmen, dass dem ein-

---

87 BGH NJW 1984, 173; MAH PersGes/*Gummert*/*Karrer* § 7 Rn. 198.
88 BGH NJW 1972, 862 (864).
89 MAH PersGes/*Gummert*/*Karrer* § 7 Rn. 205; Sudhoff/*Buß* § 9 Rn. 35.
90 MAH PersGes/*Gummert*/*Karrer* § 7 Rn. 205; Sudhoff/*Buß* § 9 Rn. 35.
91 MüKo BGB/*Schäfer* § 712 Rn. 14.
92 Erman/*Westermann* § 712 Rn. 2; *Lutz* Rn. 140; Staudinger/*Habermeier* § 712 Rn. 5.
93 Erman/*Westermann* § 712 Rn. 2; Staudinger/*Habermeier* § 712 Rn. 5.
94 MAH PersGes/*Gummert*/*Karrer* § 7 Rn. 204; MüKo BGB/*Ulmer*/*Schäfer* § 712 Rn. 5 f.; Staudinger/*Habermeier* § 712 Rn. 5.
95 MünchHdb GesR/*v. Ditfurth* § 7 Rn. 66.
96 Palandt/*Sprau* § 712 Rn. 2; Staudinger/*Habermeier* § 712 Rn. 13.

zigen Geschäftsführer oder einem von zwei Gesamtgeschäftsführern die Geschäftsführung entzogen wird.[97]

Zu beachten ist in jedem Fall, dass, wenn die gesetzliche Regel der Gesamtgeschäftsführung gemäß § 709 Abs. 1 BGB wieder Anwendung findet, der betroffene Gesellschafter auch insoweit von der Geschäftsführung ausgeschlossen sein muss.[98] Anderenfalls würde die Entziehung der Geschäftsführung im Wesentlichen seine Wirkung verlieren, weil auch dem betroffenen Gesellschafter im Rahmen der Gesamtgeschäftsführung ein umfangreiches Vetorecht gemäß § 709 BGB zustünde.[99]

3. Gerichtliche Nachprüfung

Der Beschluss betreffend die Entziehung der Geschäftsführung ist mit **Zugang** beim betroffenen Gesellschafter wirksam. Dem betroffenen Gesellschafter steht dann die Möglichkeit offen, gegen die Entziehung der Geschäftsführungs- und/oder Vertretungsbefugnis **Feststellungsklage** zu erheben.[100] Die Darlegungs- und Beweislast für das Vorliegen des wichtigen Grundes und für das Zustandekommen des Gesellschafterbeschlusses trägt derjenige, der sich auf die Wirksamkeit der Entziehung beruft.[101] Da der Entzug bereits mit Zugang des Beschlusses wirksam wird, kann es für den betroffenen Geschäftsführer ratsam sein, auch im Wege des einstweiligen Rechtsschutzes gegen den Beschluss vorzugehen.

Die Zulässigkeit eines »**Nachschiebens**« **von Gründen** für die Entziehung der Geschäftsführung ist in prozessualer Hinsicht an den Vorschriften der ZPO, insbesondere an § 296 ZPO zu messen.[102] In materieller Hinsicht hingegen können grundsätzlich nur diejenigen Gründe nachgeschoben werden, die im Zeitpunkt der Beschlussfassung vorlagen.[103]

Sieht der Gesellschaftsvertrag keine abweichende Regelung vor, ist **Klagegegner** einer Klage des Geschäftsführers gegen den Entziehungsbeschluss nicht die GbR, sondern die sich auf die Entziehung berufenden Mitgesellschafter.[104] Eine Klagefrist ist – erneut vorbehaltlich abweichender gesellschaftsvertraglicher Regelungen – nicht zu beachten; das Klagerecht kann indes ggf. durch zu langen Zeitablauf verwirkt werden.[105]

Nur am Rande sei erwähnt, dass auch in dem Fall der beabsichtigten Entziehung der Geschäftsführung die Gesellschafter die Möglichkeit haben, einzelne Gesellschafter im Klagewege zur Mitwirkung an einer Beschlussfassung über die Entziehung von Befugnissen zu zwingen, sofern z. B. aus Treuepflichten materiell-rechtlich eine Mitwirkungspflicht besteht (s. hierzu § 32 Rdn. 76).[106] Dabei genügt allerdings nicht schon der Nachweis eines wichtigen Grundes für die Entziehung. Vielmehr muss dem Beklagten die Mitwirkung an dem Entziehungsbeschluss auch zumutbar sein.[107]

Ferner sei in diesem Zusammenhang erwähnt, dass nicht ganz einheitlich beantwortet wird, ob eine **einstweilige Verfügung** mit dem Ziel eines Verbots zur weiteren Geschäftsführung von den übrigen Gesellschaftern erwirkt werden kann.[108]

---

97 RGZ 162, 78 (83); BGH NJW 1964, 1624; MüKo BGB/*Schäfer* § 712 Rn. 20; MünchHdb GesR I/*v. Ditfurth* § 7 Rn. 70; Staudinger/*Habermeier* § 712 Rn. 13.
98 MünchHdb GesR I/*v. Ditfurth* § 7 Rn. 71.
99 MünchHdb GesR I/*v. Ditfurth* § 7 Rn. 71.
100 BGHZ 102, 172 (179); MüKo BGB/*Schäfer* § 712 Rn. 18; Staudinger/*Habermeier* § 712 Rn. 12.
101 MüKo BGB/*Schäfer* § 712 Rn. 18; Staudinger/*Habermeier* § 712 Rn. 12.
102 *Lutz* Rn. 179.
103 *Lutz* Rn. 179; für die GmbH: BGH NJW-RR 1992, 292.
104 Bamberger/Roth/*Schöne* § 712 Rn. 25; MAH PersGes/*Gummert/Karrer* § 7 Rn. 207.
105 BGH NJW 1999, 2268; ZIP 1999, 1391 (1392); Bamberger/Roth/*Schöne* § 712 Rn. 27; MAH PersGes/*Gummert/Karrer* § 7 Rn. 207.
106 BGHZ 102, 172; *Mock* S. 20; *Mock/Streppel* Rn. 52; Staudinger/*Habermeier* § 712 Rn. 10.
107 MüKo BGB/*Schäfer* § 712 Rn. 15.
108 Dafür: RGZ 22, 170; Bamberger/Roth/*Schöne* § 712 Rn. 27. Dagegen: OLG München DRZ 1950, 280.

II. Klage auf Aufwendungsersatz und Geschäftsführervergütung

61 Der Geschäftsführer einer GbR hat einen Anspruch auf Ersatz seiner Aufwendungen gemäß §§ 713, 669, 670 BGB. Ein Anspruch auf Geschäftsführervergütung existiert hingegen nur in Ausnahmefällen.

1. Anspruch auf Ersatz der Aufwendungen gemäß §§ 713, 669, 670 BGB

62 Aufwendungen, die zum Zwecke der Geschäftsführung getätigt werden, werden gemäß §§ 713, 669, 670 BGB erstattet. Hinsichtlich zu erwartender Aufwendungen kann der Geschäftsführer einen **Vorschuss** verlangen.

63 Wie für die Handelsgesellschaften in § 110 Abs. 1 HGB ausdrücklich geregelt, ist auch für die GbR anerkannt, dass auch Verluste von dem »Aufwendungsersatzanspruch« umfasst sind, sofern diese ein tätigkeitsspezifisches Risiko darstellen.[109] Hingegen werden Schäden, die lediglich das allgemeine Lebensrisiko verwirklichen, nicht erstattet.[110]

64 Durchgesetzt werden Ansprüche auf Aufwendungsersatz im Wege der **Leistungsklage.** Dabei ist die Klage grundsätzlich allein gegen die Gesellschaft zu richten.[111] Die Mitgesellschafter haften dem klagenden Gesellschafter nur im Rahmen der Liquidation, da andernfalls entgegen § 707 BGB eine Nachschusspflicht bestünde.[112] Die Rechtsprechung hält an dieser Ansicht auch für die Fälle fest, in denen kein Gesellschaftsvermögen zur Begleichung des Aufwendungsersatzes vorhanden ist.[113] Der Gesellschaftsvertrag kann jedoch konkludent oder ausdrücklich eine abweichende Regelung enthalten.[114]

65 Wenn dies auch nicht geschäftsführerspezifisch ist, sei darauf hingewiesen, dass eine weitere Ausnahme von dem Grundsatz, dass die Klage auf Aufwendungsersatz allein gegen die Gesellschaft zu richten ist, in den Fällen existiert, in denen der Gesellschafter von einem Gesellschaftsgläubiger in Anspruch genommen wurde und damit eine Gesellschaftsschuld erfüllt hat. Auch die Begleichung einer Gesellschaftsschuld stellt eine Aufwendung eines Gesellschafters bzw. Geschäftsführers dar, welche einen Anspruch aus §§ 713, 669, 670 BGB begründet. In diesem Fall kann der Gesellschafter seinen Anspruch unmittelbar gegen die Mitgesellschafter (§ 426 Abs. 1 BGB) durchsetzen, wenn die Gesellschaft zur Erfüllung des Aufwendungsersatzanspruches nicht in der Lage oder nicht bereit ist.[115]

2. Anspruch auf Geschäftsführervergütung

66 Einen Anspruch auf Geschäftsführervergütung hat der geschäftsführende Gesellschafter nur, wenn eine **besondere Vereinbarung**, beispielsweise im Gesellschaftsvertrag oder durch einen Gesellschafterbeschluss, hierüber besteht.[116] Hintergrund dessen ist, dass die Geschäftsführung als Teil des Beitrages der Gesellschafter zur Gesellschaft angesehen wird. Die Tätigkeit als Geschäftsführer sei demnach bereits durch die Gewinnbeteiligung vergütet.[117]

---

109 Erman/*Westermann* § 713 Rn. 5; MAH PersGes/*Gummert/Karrer* § 7 Rn. 179; MüKo BGB/*Schäfer* § 713 Rn. 16.
110 Baumbach/Hopt/*Roth* § 110 Rn. 13; MüKo BGB/*Seiler* § 670 Rn. 14; MüKo HGB/*Langhein* § 110 Rn. 18.
111 BGH NJW 1980, 339 (340).
112 MAH PersGes/*Gummert/Karrer* § 7 Rn. 176.
113 BGHZ 37, 299 (301); BGH ZIP 1989, 852; a. A. Erman/*Westermann* § 713 Rn 5; MüKo BGB/*Schäfer* § 713 Rn. 16.
114 BGH NJW 1980, 339 (340).
115 BGH NJW 1988, 1375; NJW-RR 2002, 455 (456).
116 BGHZ 17, 299 (301); BGH NJW 1965, 1960.
117 BGH NJW 1965, 1960.

67 Eine Vereinbarung einer Geschäftsführervergütung kann auch **stillschweigend** erfolgen, insbesondere wenn die Geschäftsführungstätigkeiten über das übliche Maß hinausgehen. Eine solche Vereinbarung ist allerdings nicht schon dann anzunehmen, wenn nur einem Gesellschafter die Geschäftsführungsbefugnis übertragen wird.[118]

68 Der Anspruch auf Geschäftsführervergütung richtet sich ebenfalls direkt gegen die Gesellschaft, nicht aber gegen die Mitgesellschafter und kann im Wege der Leistungsklage durchgesetzt werden.

69 Ist die Geschäftsführervergütung im Gesellschaftsvertrag festgesetzt und hat eine **Anpassung** derselben im Hinblick auf wesentliche Veränderungen etwa des Gehaltsniveaus, des Tätigkeitsumfangs oder der Kaufkraft zu erfolgen, so stellt diese Anpassung eine Änderung des Gesellschaftsvertrages dar. Diese wiederum bedarf der Zustimmung sämtlicher Gesellschafter. Wird die Zustimmung zu einer entsprechenden Änderung pflichtwidrig verweigert, kann der Geschäftsführer die Zustimmung durch eine Leistungsklage geltend machen; sie wird dann gemäß § 894 ZPO durch das rechtskräftige Urteil ersetzt.[119] Die Anpassung selbst erfolgt in diesem Fall nach billigem Ermessen gemäß § 315 BGB.[120]

III. Klage auf Entlastung

70 Ebenso wie bei den Kapitalgesellschaften ist auch für die Personengesellschaften fraglich, ob der geschäftsführende Gesellschafter einen **klagbaren Anspruch auf Entlastung** hat. Der Bundesgerichtshof ließ bislang offen, ob einem Geschäftsführer einer Personengesellschaft ein solcher Anspruch zusteht.[121] Der BGH stellte lediglich fest, dass Voraussetzung einer Entlastung zumindest sei, dass der Geschäftsführer ordnungsgemäß Rechenschaft abgelegt habe und dass den Mitgesellschaftern alle zur Beurteilung der Geschäftsführung erforderlichen Unterlagen zur Verfügung standen.[122]

71 Für die Kapitalgesellschaften hingegen hat der Bundesgerichtshof ausdrücklich entschieden, dass ein Geschäftsführer keinen klagbaren Anspruch auf Entlastung habe.[123] Grund sei, dass die Erteilung der Entlastung ein gesellschaftsrechtliches Institut eigener Art sei, mit dem die Gesellschafter die Amtsführung der Geschäftsführer billigen und ihnen zugleich für die künftige Geschäftsführung ihr Vertrauen aussprechen.[124] Ein solches Vertrauen könne jedoch nicht erzwungen werden, da den Gesellschaftern ein weites Ermessen zustünde.[125] Dem Interesse des Geschäftsführers werde stattdessen damit genügt, dass er gerichtlich feststellen lassen kann, dass – unabhängig von einer Entlastung – keine Ersatzansprüche bestünden, deren sich die Gesellschaft berühmt.[126]

72 Nach überwiegender Ansicht ist diese Auffassung des Bundesgerichtshofes auch für Personengesellschaften zutreffend.[127] Denn auch bei den Personengesellschaften habe die Entlastung ihre Funktion allein in der **Anerkennung der Ordnungsmäßigkeit der Geschäftsführung** und dem damit verbundenen **Verzicht auf Ersatzansprüche**.[128] Ein solcher grundsätzlicher Verzicht könne jedoch auch bei einer Personengesellschaft nicht erzwungen werden.[129] Wie bei den Kapitalgesellschaften sei es vielmehr ausreichend, dass der Geschäftsführer klären lassen kann, ob Ersatzansprüche bestehen.

---

118 OLG Koblenz NJW-RR 1987, 24.
119 BGH BB 1987, 506; MAH PersGes/*Gummert/Karrer* § 7 Rn. 170.
120 BGH WM 1977, 1140.
121 BGH WM 1983, 910 (912).
122 BGH WM 1983, 910.
123 BGHZ 94, 324 (326 ff.).
124 BGHZ 94, 324 (326).
125 BGHZ 94, 324 (326 ff.).
126 BGHZ 94, 324 (329 f.).
127 E/B/J/S/*Drescher* § 114 Rn. 46; MüKo HGB/*Rawert* § 114 Rn. 73, 75; MünchHdb GesR I/*v. Ditfurth* § 53 Rn. 33; a. A.: Bamberger/Roth/*Schöne* § 713 Rn. 9; Heymann/*Emmerich* § 114 Rn. 14; MüKo BGB/*Schäfer* § 713 Rn. 10; Schlegelberger/*Martens* § 114 Rn. 44.
128 MünchHdb GesR I/*v. Ditfurth* § 53 Rn. 33.
129 MünchHdb GesR I/*v. Ditfurth* § 53 Rn. 33.

73 Richtiges Rechtsmittel hierzu ist die **negative Feststellungsklage**. Diese ist jedenfalls dann zulässig, wenn die Gesellschaft sich konkreter Ersatzansprüche berühmt.[130]

74 Ob darüber hinaus auch ohne ein solches Berühmen eine negative Feststellungsklage erhoben werden kann, hat der Bundesgerichtshof offen gelassen.[131] Das OLG Köln will für das **Feststellungsinteresse** im Rahmen der negativen Feststellungsklage genügen lassen, dass nicht auszuschließen ist, dass Ersatzansprüche geltend gemacht werden.[132]

75 Nach allgemeinen Prozessgrundsätzen dürfte ein Berühmen eines Ersatzanspruches nicht zwingend erforderlich für das Vorliegen eines Feststellungsinteresses sein.[133] Andererseits reicht auch bloßes Schweigen oder rein passives Verhalten grundsätzlich nicht aus, es sei denn aufgrund vorangegangenen Verhaltens ist ein Interesse an einer Klärung gegeben.[134] Es wird daher für eine Zulässigkeit der negativen Feststellungsklage des Geschäftsführers regelmäßig darauf ankommen, wie sich das Verhalten der Mitgesellschafter im konkreten Fall darstellt und ob der Gesellschafter hiernach davon ausgehen musste, dass gegen ihn Ansprüche geltend gemacht werden.

76 **Richtiger Beklagter** einer negativen Feststellungsklage ist die Gesellschaft, dies aber nicht, weil sie Schuldner eines eingeklagten »Entlastungsanspruchs« ist, sondern weil im Rahmen der negativen Feststellungsklage über das Bestehen potentieller Ansprüche der Gesellschaft gegen den klagenden Geschäftsführer entschieden wird.[135]

IV. Klagen im Zusammenhang mit Einzelmaßnahmen der Geschäftsführung

77 Bei Klagen im Zusammenhang mit der Durchführung von Einzelmaßnahmen der Geschäftsführung stehen sich auf Kläger- und Beklagtenseite jeweils Geschäftsführer der GbR gegenüber, wenn es um die **Durchsetzung oder Abwehr von Widersprüchen** sowie die **Überprüfung der Willensbildung** innerhalb der Geschäftsführung geht. Ein Geschäftsführer kann demnach im Zusammenhang mit dem Widerspruch gegen Geschäftsführungsmaßnahmen, der Zustimmung bei der Willensbildung der Geschäftsführung und dem Ausschluss eines Geschäftsführers von der Abstimmung nicht nur als Beklagter sondern eben auch als Kläger auftreten. Für die Einzelheiten wird auf die entsprechenden Ausführungen im Teil A Geschäftsführer als Beklagter verwiesen.[136]

---

130 MünchHdb. GesR II/*Scheel* § 7 Rn. 35.
131 BGHZ 94, 324 (329 f.).
132 Zum eingetragenen Verein: OLG Köln NJW-RR 1997, 483.
133 BGH NJW 1977, 1637 (1639).
134 BGH NJW 1995, 2032 (2033).
135 *K. Schmidt* ZGR 1978, 425 (444).
136 Vgl. oben Rdn. 20 ff.

§ 36 Streitigkeiten bei der Auflösung und Beendigung der GbR

Übersicht

	Rdn.			Rdn.
A. **Überblick**	1	B.	**Rechtsstreitigkeiten**	15
I. Einleitung	1	I.	Allgemeines	15
II. Auseinandersetzung	2		1. Grundsatz der Kontinuität	15
III. Auflösungsgründe	3		2. Schiedsfähigkeit	16
1. Auflösung ohne (gesellschaftsrechtliche) Abwicklung	3	II.	Streitigkeiten um die Auflösung	17
a) Vereinigung aller Anteile in einer Hand	3		1. Feststellung des Fortbestehens	17
b) Gesellschaft ohne Gesamthandsvermögen	4		2. Leistungsklage auf Fortsetzung (Konsequenz der Lehre von der fehlerhaften Gesellschaft)	18
c) Insolvenz der Gesellschaft	5		3. Speziell: Feststellungsklage bei Auflösungsbeschluss	20
2. Auflösung mit (gesellschaftsrechtlicher) Abwicklung	7	III.	Streitigkeiten im Rahmen der Abwicklung	21
a) Gesetzliche und gesellschaftsvertragliche Auflösungsgründe	7		1. Ernennung und Abberufung von Liquidatoren (Analogie zu §§ 146 Abs. 2, 147 HGB)	21
b) Zeitablauf	8		2. Klagen auf Mitwirkung	23
c) Zweckerreichung/Unmöglichkeit (§ 726 BGB)	9		3. Vermögensansprüche (Durchsetzungssperre)	25
d) Tod eines Gesellschafters (§ 727 BGB)	10		a) Grundsatz	25
e) Insolvenz eines Gesellschafters (§ 728 Abs. 2 BGB)	11		b) Ansprüche der Gesellschaft gegen die Gesellschafter	26
f) Kündigung durch Gesellschafter (§ 723 BGB)	12		c) Ansprüche der Gesellschafter gegen die Gesellschaft	28
g) Kündigung durch den Pfandgläubiger (§ 725 BGB)	13		d) Ansprüche der Gesellschafter untereinander	30
h) Auflösungsbeschluss	14	IV.	Prozessuale Auswirkung der Auflösung	31

A. Überblick

I. Einleitung

Im Hinblick auf die Gründe, die zu einer Auflösung der Gesellschaft führen, und deren Durchsetzung unterscheiden sich die Gesellschaft bürgerlichen Rechts und die anderen Personenhandelsgesellschaften nicht unerheblich. Dabei ist der Grundsatz bei allen Personengesellschaften, dass die Gesellschaft mit ihrer Auflösung nicht zuvor als Rechtsträger verschwindet, **sondern in ein Stadium der Abwicklung** tritt. Wie in allen Verbänden wird der Gesellschaftszweck durch den Zweck des Abwicklungsverfahrens, nämlich die Beendigung des Verbandes, überlagert.[1] Die Gesellschaft bürgerlichen Rechts bleibt **wie jeder andere Verband** identisch und existiert kontinuierlich bis zur Vollbeendigung fort (vgl. bereits oben § 10 Rdn. 8). 1

II. Auseinandersetzung

Das Bürgerliche Gesetzbuch spricht in § 730 BGB nicht von einer Liquidation, sondern von der Auseinandersetzung der Gesellschaft bürgerlichen Rechts (vgl. bereits oben § 10 Rdn. 6 f.). **Ein grundsätzlicher Unterschied** zum Liquidations- bzw. Abwicklungsverfahren bei den Kapitalgesellschaften **besteht aber nicht**. Anders als bei den Kapitalgesellschaften, wo es keinen internen Ausgleich zwischen den Gesellschaftern gibt, umfasst die Liquidatorenpflicht bei den Personengesellschaften den Ausgleich unter den Gesellschaftern, auch soweit Einlagen und Nachschüsse nach §§ 105 Abs. 3 2

---

[1] Grundlegend *K. Schmidt* GesR § 11 V. 4. c; *ders.* ZHR 153 (1998), 270 (281).

HGB, 735 BGB in Rede stehen.² Dieser in der Natur der Sache begründeten Erweiterung der Abwicklungsfunktion wird heute entgegen der früher ganz herrschenden Auffassung teilweise zugestimmt.³ Im Übrigen haben die Liquidatoren zur Nutzung überlassene Gegenstände zurückzugeben (§ 732 BGB), die Gesellschaftsschulden zu berichtigen und Einlagen zu erstatten (§ 733 BGB) sowie einen etwaigen Überschuss zu verteilen (§ 734 BGB) und bei einem Liquidationsverlust die Nachschusspflicht gegen die Gesellschafter durchzusetzen (§ 735 BGB). Auch wenn eine entsprechende gesetzliche Verpflichtung fehlt, ist anerkannt, dass die Liquidatoren am Ende eine Schlussabrechnung zu legen haben, die auch den internen Ausgleich unter den Gesellschaftern ermöglicht. Sie stellt die für die Verteilung des Überschusses (§ 734 BGB) und/oder die Einforderung von Nachschüssen (§ 735 BGB) verbindlichen Zahlen fest.⁴ Bei der von den Liquidatoren vorzunehmenden Verteilung des liquiden Gesellschaftsvermögens ist das Rangverhältnis, wie es in §§ 733, 734 BGB aufgestellt ist, zu beachten. Sozialverbindlichkeiten nach § 733 Abs. 1 BGB sind daher zuerst zu befriedigen, danach Ansprüche auf Rückerstattung des Wertes von Einlagen (§ 733 Abs. 2 BGB) und an letzter Stelle der Anspruch auf den Überschuss.⁵

III. Auflösungsgründe

1. Auflösung ohne (gesellschaftsrechtliche) Abwicklung

a) Vereinigung aller Anteile in einer Hand

3   Scheidet der vorletzte Gesellschafter einer GbR aus dieser aus, ohne dass eine Fortsetzungsklausel mit Eintrittsrecht zugunsten eines Dritten besteht, so geht das Gesellschaftsvermögen im Wege der **Gesamtrechtsnachfolge** auf den letzten Gesellschafter über. In diesem Moment folgt eine **liquidationslose Vollbeendigung** der Gesellschaft, ohne dass es einer Abwicklung bedarf.⁶ Einer automatischen Vollbeendigung stehen indessen Rechte Dritter an den Gesellschaftsanteilen des ausscheidenden Gesellschafters entgegen, soweit diese durch eine Vollbeendigung erlöschen würden.⁷

b) Gesellschaft ohne Gesamthandsvermögen

4   Gesellschaften, die kein Gesamthandsvermögen gebildet haben, wie **typische Innengesellschaften** oder **stille BGB-Gesellschaften**, müssen nicht abgewickelt werden. Mit ihrer Auflösung sind sie vollbeendigt.⁸ Eine Abwicklung von BGB-Gesellschaften soll nach einer Literaturauffassung auch bei einfach gelagerten Fällen allgemein entbehrlich sein.⁹ Die hierzu zitierte Entscheidung des Bundesgerichtshofs betraf jedoch eine Innengesellschaft ohne Gesamthandsvermögen,¹⁰ so dass man von einer Entbehrlichkeit der Auseinandersetzung in Abgrenzung von einer sehr einfachen Auseinandersetzung wohl nur bei Gesellschaften ohne Gesamthandsvermögen sprechen kann.

c) Insolvenz der Gesellschaft

5   Lediglich eine gesellschaftsrechtliche Abwicklung ist bei Eröffnung der Insolvenz, durch die die BGB-Gesellschaft aufgelöst ist (§ 728 Abs. 1 S. 1 BGB), entbehrlich; dies aber nur darum, weil sich die Abwicklung nach Insolvenzrecht richtet (§ 730 Abs. 1 BGB). Die Eröffnung der Insolvenz

---

2   Grundlegend Schlegelberger/*K. Schmidt* HGB § 155 Rn. 17; *ders.* ZHR 153 (1998), 270 (296 f.).
3   Vgl. MüKo BGB/*Schäfer* § 730 Rn. 4 f.; a. A. BGH NJW 1980, 1522; NJW 1984, 435; Baumbach/Hopt/ *Roth* HGB § 149 Rn. 3.
4   MüKo BGB/*Schäfer* § 734 Rn. 1.
5   MüKo BGB/*Schäfer* § 734 Rn. 10.
6   BGH NJW 2008, 2992 (2993); MünchHdb GesR I/*Gummert* § 21 Rn. 103; Hdb PersGes/*Sauter* § 8 Rn. 204, § 12 Rn. 44.
7   LG Hamburg NZG 2005, 926; MünchHdb GesR I/*Gummert* § 21 Rn. 104; vgl. auch MüKo BGB/*Ulmer/ Schäfer* § 705 Rn. 63 f.
8   BGH WM 1986, 1143; *Geck* DStR 1994, 657; MünchHdb GesR I/*Gummert* § 21 Rn. 105, 107.
9   MünchHdb GesR I/*Gummert* § 21 Rn. 106.
10 BGH WM 1965, 793 (794).

A. Überblick § 36

ist ein **zwingender Auflösungsgrund**; sie dient dem Gläubigerschutz.[11] Eine etwaige Aufhebung des Eröffnungsbeschlusses beseitigt rückwirkend die Auflösung; bereits getroffene Maßnahmen der Abwicklung sind, soweit möglich, rückgängig zu machen.[12]

Nach herrschender Auffassung führt die **Ablehnung der Insolvenzverfahrenseröffnung** mangels Masse **nicht** zur Auflösung der Gesellschaft, da der Wortlaut der Norm eindeutig die Verfahrenseröffnung voraussetzt und somit ein Auflösungsgrund »Ablehnung mangels Masse« nicht gegeben ist.[13] Zwar besteht nach wie vor ein Interesse der Allgemeinheit, insolvente Gesellschaften vom Markt fernzuhalten;[14] nach der gesetzlichen Klarstellung durch § 131 Abs. 2 Nr. 1 HGB muss jedoch anerkannt werden, dass der Gesetzgeber diesen Fall gerade nicht im Allgemeinen zum Auflösungsgrund machen wollte.[15] 6

2. Auflösung mit (gesellschaftsrechtlicher) Abwicklung

a) Gesetzliche und gesellschaftsvertragliche Auflösungsgründe

Die im Gesetz vorgesehenen Auflösungsgründe sind **nicht abschließend.** Vielmehr zeigt schon der Vergleich mit § 131 HGB, dass einerseits Zeitablauf und der Beschluss der Gesellschafter selbstverständlich zu den Auflösungsgründen gehören müssen.[16] Wie bei der OHG[17] ist etwa der Eintritt bestimmter Umstände in der Person eines Gesellschafters wie Alter, Arbeitsunfähigkeit, Wiederverheiratung[18] ebenso Anknüpfungspunkt für die Auflösung wie etwa für die Ausschließung eines Gesellschafters (vgl. zur OHG § 38). Vollständig in das Belieben einzelner Gesellschafter kann weder die Ausschließung eines Mitgesellschafters noch die Auflösung gestellt werden. Insoweit sind die zur sogenannten »Hinauskündigung« aufgestellten Grundsätze der Rechtsprechung[19] zu berücksichtigen. Zu beachten ist ferner, dass in den Fällen der §§ 726–728 BGB die Auflösung als unmittelbare Folge des Eintritts der gesetzmäßigen Voraussetzung eintritt, während in den übrigen Fällen ein Gesellschafterbeschluss oder jedenfalls eine Kündigungserklärung erforderlich sind.[20] 7

b) Zeitablauf

Nicht explizit im BGB geregelt, sondern nur in §§ 723 Abs. 1 S. 1, 724 S. 2 BGB vorausgesetzt, ist die Auflösung der Gesellschaft infolge Zeitablaufs. Es besteht jedoch Einigkeit, dass auch eine **GbR für eine Höchstdauer abgeschlossen** werden kann und, wie in § 131 Abs. 1 Nr. 1 HGB für die OHG vorgesehen, mit Eintritt des betreffenden Ereignisses automatisch aufgelöst ist.[21] Aus § 724 S. 2 BGB folgt, dass bei gemeinschaftlicher Fortsetzung der Gesellschaft über den Zeitablauf hinaus von einem stillschweigend getroffenen Fortsetzungsbeschluss ausgegangen werden kann. Die Auslegungsregel[22] greift nicht, wenn die Fortführung nur während verweigerter Mitwirkung an der Liquidation bzw. ergebnisloser Neuverhandlungen erfolgt.[23] 8

---

11 MüKo BGB/*Schäfer* § 728 Rn. 3.
12 MünchHdb GesR I/*Gummert* § 21 Rn. 70; MüKo BGB/*Schäfer* § 728 Rn. 8.
13 BGH NJW 1980, 233 (zu § 131 Abs. 1 Nr. 3 HGB); MüKo BGB/*Schäfer* § 728 Rn. 9; Hdb PersGes/*Eberhard* § 12 Rn. 45.
14 *K. Schmidt* GesR § 11 IV; Schlegelberger/*K. Schmidt* HGB § 131 Rn. 50; dem folgend Staudinger/*Habermeier* BGB § 728 Rn. 7.
15 Dies anerkennend MüKo HGB/*K. Schmidt* § 131 Rn. 22, 33.
16 MüKo BGB/*Schäfer* vor § 723 Rn. 13.
17 Hierzu: Baumbach/Hopt/*Roth* HGB § 131 Rn. 25.
18 Zu Letzterem BGH BB 1965, 1035.
19 BGHZ 31, 295; 81, 264; 107, 351.
20 MüKo BGB/*Schäfer* vor § 723 Rn. 12.
21 Hdb PersGes/*Eberhard* § 12 Rn. 20, 22; MünchHdb GesR I/*Gummert* § 21 Rn. 77 ff.; MüKo BGB/*Schäfer* vor § 723 Rn. 13 f.
22 MüKo BGB/*Schäfer* § 724 Rn. 11.
23 BGH NJW 1995, 2843 (2844).

c) Zweckerreichung/Unmöglichkeit (§ 726 BGB)

9 Zweckerreichung und Zeitablauf stehen in engem sachlichen Zusammenhang;[24] was einerseits der Eintritt des kalendermäßig bestimmten Tages ist, ist andererseits das häufig vertraglich näher ausgestaltete Ereignis der Zweckerreichung. Hinsichtlich der Unmöglichkeit sind strenge Anforderungen zu stellen; sie muss dauerhaft und offenbar sein.[25] Ausreichen soll dabei, dass die Gesellschafter in zulässiger Weise die Zufuhr von für die Fortführung zwingend benötigtem Kapital verweigern.[26] Bloße Unrentabilität reicht indessen nicht.[27] § 726 ist insofern zwingend, als die Gesellschaft nicht mit dem erreichten oder gar unmöglichen Zweck fortgesetzt werden kann. Die gleichwohl erfolgte **faktische Fortführung** enthält regelmäßig die **konkludente Änderung des Gesellschaftszwecks**.[28]

d) Tod eines Gesellschafters (§ 727 BGB)

10 Bei fehlender anderweitiger Regelung im Gesellschaftsvertrag führt auch der Tod eines Gesellschafters gemäß § 727 BGB zur Auflösung der Gesellschaft. Die Auflösung erfolgt automatisch **mit Eintritt des Todes des Gesellschafters**, die in § 727 Abs. 2 S. 1 BGB vorgesehene Benachrichtigung der anderen Gesellschafter hat nur deklaratorischen Charakter. Dem Tod einer natürlichen Person steht nach herrschender Meinung die Vollbeendigung, nicht schon die Auflösung einer juristischen Person oder Personengesellschaft als Gesellschafter gleich.[29]

e) Insolvenz eines Gesellschafters (§ 728 Abs. 2 BGB)

11 Auch die Eröffnung des Insolvenzverfahrens über das Vermögen eines einzelnen Gesellschafters führt gemäß § 728 Abs. 2 S. 2 BGB zur Auflösung der GbR. § 728 Abs. 2 BGB ist im Gegensatz zu Abs. 1 dispositiv. **Anstelle der Auflösung** kann – wie es in der OHG der gesetzliche Regelfall ist – das **Ausscheiden des insolventen Gesellschafters** gegen Abfindung vereinbart werden.[30]

f) Kündigung durch Gesellschafter (§ 723 BGB)

12 Ist eine Gesellschaft auf unbestimmte Zeit oder auf Lebenszeit geschlossen, so ist sie jederzeit und ohne Angabe von Gründen ordentlich kündbar. Lediglich eine rechtsmissbräuchliche Kündigung ist unwirksam.[31] Eine zur Unzeit (§ 723 Abs. 2 BGB) erfolgte Kündigung kann indessen nur zu Schadensersatzansprüchen führen, wenn sie als ordentliche Kündigung ausgesprochen wird. Eine **außerordentliche Kündigung**, d. h. eine solche aus wichtigem Grund, ist **stets möglich**. Grundsätzlich hat die Kündigung allen Gesellschaftern zuzugehen. Bestimmt der Gesellschaftsvertrag, dass eine Kündigung gegenüber den Geschäftsführern oder eine anderweitige Kenntniserlangung der Gesellschafter ausreicht, ist der Zugang bei allen entbehrlich.[32] Die außerordentliche Kündigung ist auch bei befristeten Gesellschaften oder einem Kündigungsausschluss im Gesellschaftsvertrag möglich.[33]

---

24 MüKo BGB/*Schäfer* § 726 Rn. 2.
25 OLG Köln BB 2002, 1167 m. w. N.; MünchHdb GesR I/*Gummert* § 21 Rn. 61; Westermann/*Wertenbruch* Handbuch der Personengesellschaften Rn. 1691.
26 OLG Köln BB 2002, 1167.
27 MüKo BGB/*Schäfer* § 726 Rn. 5.
28 Vgl. MüKo BGB/*Schäfer* vor § 723 Rn. 11, § 726 Rn. 9.
29 BGH NJW 1982, 2821; Staudinger/*Habermeier* BGB § 727 Rn. 5; zur Frage, ob die Auflösung der einzigen Komplementärin die Gesellschaft auflöst, MüKo HGB/*K. Schmidt* § 131 Rn. 47, wobei diese Frage nicht mit der Frage des Ausscheidens verwechselt werden darf.
30 MünchHdb GesR I/*Gummert* § 21 Rn. 76; MüKo BGB/*Schäfer* § 728 Rn. 43; für unternehmenstragende Gesellschaften ist umstritten, ob § 131 Abs. 3 Nr. 2 HGB analog anzuwenden ist, vgl. Staudinger/*Habermeier* BGB § 728 Rn. 21; vor § 705 ff. Rn. 72.
31 Staudinger/*Habermeier* BGB § 723 Rn. 17 f.
32 BGH NJW 1993, 1002; MüKo BGB/*Schäfer* § 723 Rn. 11; MünchHdb GesR I/*Gummert* § 21 Rn. 15.
33 Einen Spezialfall des wichtigen Grunds enthält § 723 Abs. 1 S. 3 Nr. 2 BGB: den Eintritt der Volljährigkeit eines Gesellschafters. Er berechtigt zur Kündigung durch den Gesellschafter binnen drei Monaten.

Die Fehlerhaftigkeit der Gesellschaft, die die in Vollzug gesetzte Gesellschaft in ihrer Existenz nicht berührt (siehe zur fehlerhaften Gesellschaft oben § 30 Rdn. 36–58), stellt einen wichtigen Kündigungsgrund dar.[34] Der Gesellschaftsvertrag kann anstelle der Auflösungsfolge die Ausschließung eines Gesellschafters anordnen.

g) Kündigung durch den Pfandgläubiger (§ 725 BGB)

Ist der Gesellschaftsanteil nach §§ 857, 859 ZPO gepfändet, kann auch der Privatgläubiger eines Gesellschafters mit Auflösungsfolge kündigen. Eine **Überweisung des Gesellschaftsanteils** zur Einziehung ist **nicht erforderlich.**[35] Die Kündigung ist allen Gesellschaftern, auch dem des gepfändeten Gesellschaftsanteils, zuzustellen.[36]

13

h) Auflösungsbeschluss

Der auch ohne gesetzliche Regelung jederzeit mögliche Auflösungsbeschluss muss grundsätzlich einstimmig erfolgen.[37] Es kann jedoch die **Zulässigkeit eines Mehrheitsbeschlusses** im **Gesellschaftsvertrag** vereinbart werden, wobei die Bestimmung dem Bestimmtheitsgrundsatz entsprechen muss.[38] Umstritten ist, ob ein Auflösungsbeschluss ggf. nach § 1365 BGB[39] oder nach § 1822 Nr. 3 BGB[40] zustimmungsbedürftig ist, um wirksam zu sein.

14

B. Rechtsstreitigkeiten

I. Allgemeines

1. Grundsatz der Kontinuität

Nach dem oben eingehend (§ 10 Rdn. 8 ff.) dargestellten Grundsatz der **Kontinuität aufgelöster Verbände** sind bei der aufgelösten GbR ebenso wie bei allen anderen Verbänden alle Rechtsstreitigkeiten denkbar wie im werbenden Stadium.

15

2. Schiedsfähigkeit

Der Gesellschaftsvertrag einer GbR kann ebenso wie der einer anderen Personengesellschaft ein Verbandsschiedsgericht vorsehen. Dieses Schiedsgericht ist dann **vollen Umfangs für Streitigkeiten über die Auflösung oder im Rahmen der Abwicklung der Gesellschaft zuständig.**

16

II. Streitigkeiten um die Auflösung

1. Feststellung des Fortbestehens

Besteht Streit über das Vorliegen eines Auflösungsgrundes und damit über den Fortbestand der (werbenden) GbR, so kann dieser nach nahezu einhelliger Meinung nur im Wege der **allgemeinen Feststellungsklage gemäß § 256 ZPO** geklärt werden.[41] Die Feststellungsklage kann sowohl mit dem Ziel erhoben werden, feststellen zu lassen, dass die Gesellschaft aufgelöst wurde als auch nicht aufgelöst ist. Der Klage fehlt indessen das Rechtsschutzbedürfnis, wenn die Auflösung als solche unstrei-

17

---

34 MüKo BGB/*Schäfer* § 723 Rn. 46.
35 MüKo BGB/*Schäfer* § 725 Rn. 13 m. w.N; a. A. *Behr* NJW 2000, 1137 (1139).
36 Hdb PersGes/*Eberhard* § 12 Rn. 36.
37 OLG Celle NZG 2000, 586 (587).
38 OLG Celle NZG 2000, 586 (587); Hdb PersGes/*Eberhard* § 12 Rn. 23.
39 So die herrschende Meinung, MüKo BGB/*Schäfer* vor § 723 Rn. 19; MünchHdb GesR I/*Gummert* § 21 Rn. 84 f.; a. A. MüKo BGB/*Koch* § 1365 Rn. 73.
40 Dagegen (h. M.) BGH WM 1969, 1280 (GmbH); Hdb PersGes/*Eberhard* § 12 Rn. 24.
41 OLG Koblenz NZG 2002, 371; OLG München NJW-RR 1995, 485; *David* in Gesellschaftsrecht – Vertragsgestaltung und Prozessführung S. 112; MüKo BGB/*Schäfer* vor § 723 Rn. 25; *Mock/Streppel* Rn. 52.

tig ist und die Parteien lediglich über den Grund der Auflösung streiten.[42] Die Feststellungsklage ist vom klagenden Gesellschafter **gegen** seine **Mitgesellschafter** zu richten, nicht gegen die Gesellschaft selbst. Wie bei der gerichtlichen Überprüfung von Gesellschafterbeschlüssen und von Gesellschafterausschlüssen soll aber eine gesellschaftsvertragliche Ermächtigung der Gesellschaft zur Prozessführung möglich sein.[43] Liegt eine solche vertragliche Regelung bei der GbR, die Außengesellschaft ist, vor, ist sie Partei im Feststellungsprozess. Reinen Innengesellschaften fehlt die Rechts- und Parteifähigkeit. Zur Auflösungsklage bei der OHG wird diskutiert, inwieweit diese gegen die Mitgesellschafter zu richtende Klage etwa bei Publikumsgesellschaften oder kapitalistisch ausgestalteten Gesellschaften generell nur gegen die Gesellschaft zu richten ist sowie grundsätzlich nicht gegen Mitgesellschafter, die vorprozessual der Auflösung verbindlich zugestimmt haben (näher unten § 44 Rdn. 13). Die dortigen Erwägungen sind im Rahmen der Feststellungsklage gegen Mitgesellschafter einer GbR ebenso gültig. Es ergibt keinen Sinn, einen Mitgesellschafter im Feststellungsprozess zu verklagen, wenn dieser vorprozessual verbindlich die Auflösung der Gesellschaft anerkannt hat. Nicht breit erörtert ist bisher, ob die Feststellungsklage ggf. von einem **Nichtgesellschafter** erhoben werden kann. Wegen § 725 BGB muss dies zumindest für **den Pfandgläubiger**, der ein Interesse an der Auflösung der Gesellschaft durch seine Kündigung hat, möglich sein. Außerhalb von § 725 BGB dürfte regelmäßig das erforderliche Rechtsschutzinteresse von Nichtgesellschaftern fehlen.

2. Leistungsklage auf Fortsetzung (Konsequenz der Lehre von der fehlerhaften Gesellschaft)

18 Die in der Literatur überwiegende Ansicht will die Grundsätze der fehlerhaften Gesellschaft auch auf die fehlerhafte Auflösung der Gesellschaft anwenden, wenn diese durch Beschluss oder Kündigung erfolgt ist.[44] Danach sollen sowohl ein **fehlerhafter Auflösungsbeschluss** als auch eine **unwirksame Kündigung** nicht mehr rückwirkend beseitigt werden können, wenn und soweit bereits mit der Abwicklung begonnen wurde.[45] Die Gegenauffassung[46] sieht keine Notwendigkeit, die Unwirksamkeitsfolgen zu modifizieren, da die Maßnahmen der Liquidatoren auch fortbestünden, wenn die Gesellschaft als durchgehend werbend betrachtet würde.[47] Aus diesem Grund sollte die Lehre von der fehlerhaften Gesellschaft **nicht auf die Auflösung übertragen** werden. Die Rechtsprechung hat sich, soweit ersichtlich, noch nicht mit dieser Frage befasst. Das Landgericht Frankfurt hat in einem rechtskräftigen Urteil vom 11.09.2009 einen Auflösungsbeschluss der GbR für nichtig erklärt, ohne sich auch nur mit der Frage einer begonnenen Liquidation unter Anwendbarkeit der Lehre von der fehlerhaften Gesellschaft zu beschäftigen.[48] Möglicherweise war insoweit aber auch schlicht evident, dass eine Liquidation noch nicht begonnen hatte.

19 Geht man mit der vorherrschenden Ansicht davon aus, dass die Grundsätze über die fehlerhafte Gesellschaft nach Beginn der Liquidation auch auf die Auflösung infolge Beschlusses oder Kündigung anzuwenden sind, müsste eine Feststellungsklage unbegründet sein, die auf die Feststellung der Nichtigkeit des Auflösungsbeschlusses bzw. der Unwirksamkeit der Kündigung gerichtet ist. Allein noch eine **Leistungsklage auf Fortsetzung der Gesellschaft** verbliebe den Gesellschaftern, um die Liquidation zu verhindern.[49] Auch eine Klage gerichtet auf die Feststellung, dass die Gesellschaft nicht aufgelöst ist, müsste unbegründet sein, da nach der Lehre von der fehlerhaften Gesellschaft der Auf-

---

42 OLG München NJW-RR 1995, 485.
43 MüKo BGB/*Schäfer* vor § 723 Rn. 25 unter Berufung auf die Rechtsprechung des BGH zum Gesellschafterausschluss, vgl. BGH WM 1966, 1036.
44 Erman/*Westermann* BGB § 705 Rn. 84; Soergel/*Hadding* BGB § 705 Rn. 91; Hdb PersGes/*Eberhard* § 12 Rn. 25, 50; a. A. MüKo BGB/*Ulmer/Schäfer* § 705 Rn. 364.
45 Hdb PersGes/*Eberhard* § 12 Rn. 50.
46 Großkomm HGB/*C. Schäfer* § 131 Rn. 54 ff.; Schlegelberger/*K. Schmidt* HGB 5. Aufl. § 131 Rn. 75 ff.; MüKo BGB/*Ulmer/Schäfer* § 705 Rn. 364.
47 *C. Schäfer* aaO. Rn. 55.
48 LG Frankfurt BeckRS 2009, 89322.
49 MüKo BGB/*Ulmer* 5. Aufl. § 705 Rn. 364.

lösungsbeschluss gerade als wirksam behandelt werden würde und die Gesellschaft somit aufgelöst wäre. Damit wäre tatsächlich die Leistungsklage, gerichtet auf Fassung eines Fortsetzungsbeschlusses, bei begonnener Liquidation in den Fällen der Auflösung aufgrund Beschlusses oder Kündigung der einzige verbleibende Rechtsbehelf.[50]

3. Speziell: Feststellungsklage bei Auflösungsbeschluss

Folgt man der herrschenden Lehre zur Anwendung der Grundsätze der fehlerhaften Gesellschaft, so ist bis zum Beginn der Liquidation – schlösse man sich der Gegenauffassung an, auch während der Liquidation – fraglich, ob die Nichtigkeit des Auflösungsbeschlusses oder die Tatsache der Auflösung der Gesellschaft Gegenstand der Feststellungsklage ist. Von praktischer Bedeutung könnte die Frage wohl nur sein, wenn im Gesellschaftsvertrag die Geltendmachung von Beschlussmängeln wirksam befristet wurde. In einem solchen Fall wäre die Klage auf Feststellung der Nichtigkeit des Auflösungsbeschlusses möglicherweise verfristet. Im Rahmen der Klage auf Feststellung des werbenden Fortbestandes der Gesellschaft wäre die Nichtigkeit des Beschlusses allein Vorfrage, deren Behandlung durch die Befristung einer möglichen Feststellungsklage gegen den Beschluss nicht ausgeschlossen wird. Das Landgericht Frankfurt[51] hat die Nichtigkeit des Auflösungsbeschlusses festgestellt; ein genereller Vorrang der Feststellung des werbenden Fortbestehens scheint deswegen jedenfalls vom Landgericht Frankfurt so nicht gesehen zu werden.

20

III. Streitigkeiten im Rahmen der Abwicklung

1. Ernennung und Abberufung von Liquidatoren (Analogie zu §§ 146 Abs. 2, 147 HGB)

Das Recht der GbR enthält anders als die §§ 146 ff. HGB keine spezielle Regelung zu den Liquidatoren, sondern geht davon aus, dass mit der Auflösung der Gesellschaft **alle Gesellschafter gemeinschaftlich zu Geschäftsführung und Vertretung der Abwicklungsgesellschaft bestimmt** sind. § 730 Abs. 2 BGB erlaubt jedoch hiervon Abweichungen, so dass sowohl einzelne Gesellschafter als auch Dritte zu Liquidatoren bestimmt werden können.[52] Wenig Aufmerksamkeit hat die Frage erfahren, wie eine solche Bestellung rückgängig gemacht werden kann oder ob im Streitfall ein Liquidator zu bestimmen ist. Wo der gesetzliche Grundsatz der gemeinschaftlichen Geschäftsführung und Vertretung ausgeschlossen ist, die gesellschaftsvertragliche Regelung aber zu Unklarheit über die Person des Liquidators führt oder aber ein Liquidator sich als unfähig erwiesen hat, müssen **§§ 146 Abs. 2, 147 HGB entsprechend** angewandt werden.[53]

21

Eine **Abweichung vom Grundsatz** der gemeinsamen Liquidation durch alle Gesellschafter soll für den Fall der Nachtragsliquidation in einer **kapitalistisch strukturierten Personengesellschaft** gelten.[54] Der Bundesgerichtshof hat dies für eine Publikums-Kommanditgesellschaft entschieden, mit der Begründung, dass die personengesellschaftsrechtlichen Abwicklungsvorschriften der Interessenlage bei einer kapitalistischen Personengesellschaft nicht gerecht würden.[55] Für alle kapitalistisch strukturierten Personengesellschaften, d. h. auch für Gesellschaften bürgerlichen Rechts, sollte anerkannt werden, dass die Ernennung und Abberufung von Liquidatoren im unternehmensrechtlichen Verfahren des § 375 Nr. 3 FamFG erfolgt. Funktionell zuständig ist der Rechtspfleger (§§ 3 Nr. 2d), 17 Nr. 2a) RPflG). Der Antrag auf Bestellung eines Nachtragsliquidators kann von ehemaligen Gesellschaftern, Gläubigern und früheren Liquidatoren gestellt werden und ist gegen die Gesellschaft zu richten, die bei Bestellung allein beschwerdebefugt ist, während bei der Abberufung von Liquidatoren oder Nachtragsliquidatoren auch der Liquidator Beteiligter ist und deshalb Beschwerde einlegen

22

---

50 Hdb PersGes/*Eberhard* § 12 Rn. 50; a. A. MüKo BGB/*Ulmer/Schäfer* § 705 Rn. 364.
51 LG Frankfurt Urt. v. 11.09.2009 – 2/27 O 12/09.
52 MüKo BGB/*Schäfer* § 730 Rn. 47; zur Publikums-GbR: BGH NJW-RR 2014, 249 (252).
53 *Wiedemann* Gesellschaftsrecht Bd. 2 S. 557; vgl. auch MüKo BGB/*Schäfer* § 730 Rn. 40.
54 *David* in Gesellschaftsrecht – Vertragsgestaltung und Prozessführung S. 154 Rn. 43.
55 BGHZ 155, 121 = NJW 2003, 2676.

kann. Bei Publikumspersonengesellschaften wird vertreten, dass dort stets eine gerichtliche Bestimmung der Liquidatoren nach § 146 Abs. 2 HGB erfolgt.[56]

2. Klagen auf Mitwirkung

23 Infolge des Grundsatzes der gemeinschaftlichen Abwicklung sind alle Gesellschafter verpflichtet, an der Auseinandersetzung mitzuwirken. Die Verpflichtung kann im Klagewege durchgesetzt werden. Die herrschende Auffassung geht davon aus, dass **jeder einzelne den Mitgesellschaftern verpflichtet** ist.[57] Die Rechtsprechung geht in jedem Falle von einer originären Klagebefugnis der Gesellschafter gegen die Mitgesellschafter aus.[58]

24 Alle Mitgesellschafter können, solange sie zur Abwicklung berufen sind, im Wege der **Leistungsklage zur Vornahme von Abwicklungshandlungen** verpflichtet werden. Unproblematisch ist insoweit die klageweise Verpflichtung zur Vornahme einer konkreten Auseinandersetzungshandlung,[59] etwa die Verpflichtung zur Kündigung eines auf die Gesellschaft laufenden Dauerschuldverhältnisses.[60] Schwieriger werden die Bestimmtheitsanforderungen an eine auf Mitwirkung an der Erstellung einer Abschlussrechnung gerichteten Leistungsklage. In einer älteren Entscheidung hat der BGH den Antrag, »an der Durchführung der Auseinandersetzung und Erstellung einer Auseinandersetzungsbilanz mitzuwirken«, als zu unbestimmt abgewiesen und hierin lediglich den konkludent enthaltenen Feststellungsantrag gesehen, dass der Beklagte generell zur Mitwirkung verpflichtet sei.[61] Demgegenüber sehen mehrere Obergerichte und Teile der Literatur unter Bezugnahme auf eine zur Mängelbeseitigung ergangene BGH-Entscheidung den **Leistungsantrag auf Mitwirkung an der Schlussabrechnung** als **hinreichend** an, da die genau vorzunehmende Handlung gemäß §§ 887, 888 ZPO noch im Vollstreckungsverfahren bestimmt werden kann.[62] Dennoch muss die begehrte Mitwirkungshandlung bereits im Klagantrag so genau wie möglich bezeichnet sein.

3. Vermögensansprüche (Durchsetzungssperre)

a) Grundsatz

25 Die **prozessuale Durchsetzbarkeit von Zahlungsforderungen** zwischen der Gesellschaft und den Gesellschaftern **verändert sich** mit Eintritt der Gesellschaft in die Liquidation erheblich. Es besteht eine sogenannte Durchsetzungssperre, die Ansprüche aller Beteiligten erfasst.

b) Ansprüche der Gesellschaft gegen die Gesellschafter

26 Rückständige Beiträge und auch Schadensersatzansprüche der Gesellschaft können gegen Gesellschafter **nur noch** eingefordert werden, **wenn und soweit die Mittel zur Auseinandersetzung benötigt werden**. Anderenfalls sind sie nur in der Schlussabrechnung zu berücksichtigen.[63] Streitig ist, wen die Beweislast dafür trifft, dass die Einziehung einer Forderung für die Zwecke der Auseinandersetzung erforderlich ist. In der Literatur wird die Beweislast überwiegend der Gesellschaft zugewiesen, was mit der besseren Einsichtsmöglichkeit der Gesellschaft und dem Ausnahmecharakter der

---

56 Baumbach/Hopt/*Roth* HGB Anh. B nach § 177a Rn. 85 m.w.N.; zum Verfahren näher unten § 55 Rdn. 44–45.
57 Hdb PersGes/*Eberhard* § 12 Rn. 55; MünchHdb GesR I/*Gummert* § 21 Rn. 91; *Grziwotz* DStR 1992, 1365; MüKo BGB/*Schäfer* § 730 Rn. 59.
58 BGH NJW 1981, 749; OLG Koblenz NZG 2002, 371; OLG Hamm NJW-RR 2006, 928 (929).
59 MünchHdb GesR I/*Gummert* § 21 Rn. 91.
60 OLG Bremen Urt. v. 06.07.2009 – 3 U 30/07.
61 BGH NJW 1981, 749.
62 Ausführlich OLG Bremen Urt. v. 06.07.2009 – 3 U 30/07; OLG Koblenz NZG 2002, 371; MünchHdb GesR I/*Gummert* § 21 Rn. 91.
63 MüKo BGB/*Schäfer* § 730 Rn. 30 m.w.N.; MünchHdb GesR I/*Gummert* § 21 Rn. 92; Staudinger/*Habermeier* BGB § 730 Rn. 17 f.

Notwendigkeit der Einziehung begründet wird.[64] Die Rechtsprechung und herrschende Lehre zur Personenhandelsgesellschaft legen hingegen die Beweislast dem Gesellschafter auf.[65] Es sollte einheitlich von der Beweislast des Gesellschafters ausgegangen werden. Hierfür spricht vor allem, dass ein zügiger Einzug der rückständigen Beiträge für die Befriedigung der Gesellschaftsgläubiger und zur Vermeidung weiterer Ansprüche gegen die Gesellschaft nötig ist und eine Beweislastverteilung zulasten der Gesellschaft diesem Zweck zuwiderlaufen würde.[66] Ist die Forderung nicht zur Auseinandersetzung erforderlich, so ist die Klage zwar zulässig, indessen unbegründet.

Umstritten ist, ob ein Gesellschafter, wenn die Liquidatoren die Geltendmachung einer Forderung gegen einen Gesellschafter ablehnen, diese im Wege der actio pro socio geltend machen kann. Die Rechtsprechung hat dies zuletzt offen gelassen.[67] In der Literatur wird die Anwendbarkeit der actio pro socio bejaht, da im Rahmen der Begründetheit der Klage geprüft werden kann, ob eine Zahlung zur Auseinandersetzung erforderlich ist oder nicht.[68] Lehnen die Liquidatoren die Einziehung ab, kann **der einzelne Gesellschafter im Namen der Gesellschaft Klage erheben.** Soweit alle Gesellschafter zur Abwicklung gemeinschaftlich berufen sind, erscheint indessen naheliegend, eine Klage gegen die Mitliquidatoren auf Mitwirkung an der Abwicklungsmaßnahme zu erheben. Während dies für die Zeit während der Abwicklung gilt, gilt Ähnliches nach Erstellung der Abschlussrechnung auch für etwaige Nachschusspflichten nach § 735 BGB. Der Anspruch steht allein der Gesellschaft zu, kann aber im Wege der actio pro socio auch nach Auflösung der Gesellschaft von Mitgesellschaftern geltend gemacht werden.[69] 27

c) Ansprüche der Gesellschafter gegen die Gesellschaft

Auch für Ansprüche der Gesellschafter gegen die Gesellschaft gilt in weitem Umfang die Durchsetzungssperre. Ansprüche, die dem Gesellschafter aus dem Gesellschaftsverhältnis gegen die Gesellschaft zustehen, **können nicht mehr isoliert geltend gemacht werden**, sondern bilden nur noch einen **Posten in der Schlussabrechnung**.[70] Die gegen die Gesellschaft gerichtete Leistungsklage wird dadurch nicht unzulässig,[71] sondern der Anspruch mangels Auseinandersetzungsrechnung als zurzeit unbegründet abgewiesen.[72] Dieses Ergebnis stimmt auch damit überein, dass nach herrschender Ansicht einem abzuweisenden Leistungsbegehren in der Regel ein zu entscheidender Feststellungsantrag innewohnt, dass die Forderung in der Höhe in die Abschlussrechnung einzustellen ist.[73] Inwieweit ein solcher Feststellungsantrag enthalten ist, ist aber Auslegungsfrage.[74] Um Unsicherheiten zu vermeiden, sollte daher stets ein Antrag auf Feststellung der Forderung als Teil der Abschlussrechnung hilfsweise neben dem Leistungsantrag gestellt werden. 28

Durchbrochen wird die Durchsetzungssperre, wenn der geltend gemachte Anspruch ein **Drittgläubigeranspruch** ist, also nicht ursprünglich aus dem Gesellschaftsverhältnis herrührt[75] oder wenn feststeht, dass dem Kläger der eingeklagte Betrag in dieser Höhe in jedem Fall auch nach der Schlussabrechnung zustehen wird.[76] **In diesen Fällen** ist eine **Leistungsklage** auch schon vor Stellen einer Abschlussrechnung **begründet**. Umstritten ist, ob die Herausgabe nach § 732 BGB in den Anwen- 29

---

64 MüKo BGB/*Schäfer* § 730 Rn. 31 m. w. N.; Erman/*Westermann* BGB § 730 Rn. 6.
65 BGH NJW 1980, 1522 (1523); MüKo HGB/*K. Schmidt* § 149 Rn. 20.
66 E/B/J/S/*Hillmann* § 149 Rn. 16.
67 BGH NJW 2003, 2676 (2677).
68 Erman/*Westermann* BGB § 730 Rn. 9; MüKo BGB/*Schäfer* § 730 Rn. 33 ff.
69 MüKo BGB/*Schäfer* § 735 Rn. 5.
70 Allg. Meinung, BGH NJW 1984, 1455 (1456); Staudinger/*Habermeier* BGB § 730 Rn. 21 m. z. w. N.
71 Unklar insoweit MünchHdb GesR I/*Gummert* § 21 Rn. 96.
72 BGH ZIP 1993, 919 (Leitsatz 2).
73 BGH NJW 1984, 1455 (1456); BGH ZIP 1993, 919; MüKo BGB/*Schäfer* § 730 Rn. 51; Erman/*Westermann* BGB § 730 Rn. 13.
74 OLGR Frankfurt 2007, 97; zustimmend MüKo BGB/*Schäfer* § 730 Rn. 51.
75 BGH ZIP 2006, 994; MünchHdb GesR Bd. 1/*Gummert* § 21 Rn. 97.
76 MüKo BGB/*Schäfer* § 730 Rn. 54 m. w. N.

dungsbereich der Durchsetzungssperre fällt. Der Bundesgerichtshof hat dies verneint, der Gesellschaft aber unter bestimmten Voraussetzungen ein Zurückbehaltungsrecht zugesprochen.[77] In der Literatur wird die Anwendung der Durchsetzungssperre auch insoweit befürwortet.[78] Der Anspruch auf Verteilung eines etwaigen Liquidationsüberschusses wird erst mit Aufstellung der Abschlussrechnung fällig und kann gegen die Gesellschaft geltend gemacht werden.

d) Ansprüche der Gesellschafter untereinander

30 Auch die Ansprüche der Gesellschafter untereinander unterliegen grundsätzlich der Durchsetzungssperre, so dass eine **Klage während der Abwicklung unbegründet** ist.[79] Ähnlich wie gegenüber der Gesellschaft die Durchsetzungssperre durchbrochen wird, geschieht dies auch im Verhältnis der Gesellschafter untereinander. Nach herrschender Meinung dürfte der Ausgleich der Kapitalkonten der Gesellschafter untereinander nicht zu den Aufgaben der Abwickler gehören, sondern ist von den einzelnen Gesellschaftern nach Abschluss der Liquidation im Wege der Leistungsklage geltend zu machen.[80] Nach vorzugswürdiger Auffassung gehört bei Personengesellschaften die interne Abwicklung, d. h. der Kontenausgleich, zum Aufgabenbereich der Liquidatoren.[81] Der Kontenausgleich kann auch bereits während der Abwicklung verlangt werden, wenn im Zeitpunkt der Klage bereits sicher ist, dass der klagende Gesellschafter nach Ende der Abwicklung mindestens den einzuklagenden Betrag vom beklagten Gesellschafter verlangen kann. Die Liquidatoren haben dann den so eingeklagten Betrag in der Schlussabrechnung zu berücksichtigen. Nach Ende der Abwicklung bestehen in Prozessen keine gesellschaftsrechtlichen Besonderheiten.

IV. Prozessuale Auswirkung der Auflösung

31 Die Auflösung der Gesellschaft hat auch bei der GbR **keine direkte Auswirkung auf einen laufenden Prozess**, da ihre Identität nicht berührt wird.[82] Ein laufender Prozess wird daher fortgesetzt.[83] Wie bei den Kapitalgesellschaften kann die Gesellschaft im Stadium der Liquidation ohne Weiteres verklagt werden und selber klagen. Der Wechsel in der Vertretungsregelung kann unter Umständen dazu führen, dass ein Prozess nach § 241 ZPO unterbrochen wird, etwa wenn die Gesellschaft ihren gesetzlichen Vertreter gänzlich verliert.[84] Eine Unterbrechung des laufenden Prozesses nach § 240 ZPO tritt ein, wenn die Gesellschaft nach § 728 Abs. 1 BGB infolge der Insolvenzeröffnung aufgelöst wird.

32 Anders als die Auflösung hat die **Vollbeendigung der Gesellschaft** prozessuale Auswirkungen; sie führt zum **Verlust der Rechtsfähigkeit** und damit auch der Parteifähigkeit der Gesellschaft. Wird die Gesellschaft durch Anteilsvereinigung in einer Hand aufgelöst, wächst das Gesellschaftsvermögen dem letzten verbleibenden Gesellschafter automatisch an; er tritt als Partei in den Gesellschaftsprozess ein.[85] Wie für die Kapitalgesellschaft sollte angenommen werden, dass bereits die Behauptung noch verteilungsfähigen Restvermögens die Parteifähigkeit der Gesellschaft erhält.[86] Solange die Gesellschaft selbst einen Aktiv-Prozess führt, gehört die streitige Verbindlichkeit zum Gesellschaftsvermögen, so dass Vollbeendigung nicht eintreten kann.[87] Mögliche Kostenerstattungs-

---

77 BGH NJW 1981, 2802.
78 MüKo BGB/*Schäfer* § 732 Rn. 4.
79 MüKo BGB/*Schäfer* § 730 Rn. 49 ff.
80 BGH WM 1966, 706; OLG Köln DStR 1991, 1228; Hdb PersGes/*Eberhard* § 12 Rn. 61; MüKo BGB/*Schäfer* § 730 Rn. 3, die allerdings auf die Schwierigkeiten der Differenzierung zwischen Abwicklung und internem Ausgleich hinweisen.
81 Zur OHG: MüKo HGB/*K. Schmidt* § 149 Rn. 29.
82 LG Bonn NJW-RR 2002, 1399 (1400).
83 *Waclawik* Prozessführung im Gesellschaftsrecht Rn. 589; *Mock/Streppel* Rn. 13.
84 MünchHdb GesR I/*Neubauer/Herchen* § 70 Rn. 13.
85 Zur KG: BGH NJW 1971, 1844; auf die GbR übertragen durch BGH NJW 2002, 1207.
86 Dazu oben § 10 Rdn. 68.
87 Insoweit richtig *Waclawik* Prozessführung im Gesellschaftsrecht Rn. 589.

ansprüche allein sollten wie bei der Kapitalgesellschaft nicht die Fortführung eines Passiv-Prozesses rechtfertigen können.[88] Für die Erledigungserklärung wie auch für den Streit um das Vorliegen der Parteifähigkeit wird die vollbeendete Gesellschaft in jedem Fall als parteifähig behandelt.[89]

---

[88] So BGH NJW 1982, 238; anders indessen BGH NJW-RR 1991, 660 zur GmbH.
[89] BGH NJW 1982, 238 (239); *Mock/Streppel* Rn. 13.

Abschnitt 2 Streitigkeiten in der offenen Handelsgesellschaft

§ 37 Allgemeine prozessuale Besonderheiten bei der OHG

Übersicht

		Rdn.			Rdn.
A.	Partei- und Prozessfähigkeit	3	B.	Die actio pro socio	12
I.	Parteifähigkeit	3	C.	Gerichtliche Zuständigkeit	13
	1. Die Gesellschaft als Prozesspartei	3	D.	Zustellung	16
	2. Die Gesellschafter als (zusätzliche) Beklagte	5	E.	Prozesskostenhilfe	17
	3. Die Auswirkungen eines Gesellschafterwechsels	6	F.	Nebenintervention und Streitverkündung	18
			G.	Zeugenbeweis	20
II.	Prozessfähigkeit	7	H.	Zwangsvollstreckung	21

1 Die offene Handelsgesellschaft baut auf der Grundform der Personengesellschaft, der Gesellschaft bürgerlichen Rechts, auf. Von daher gelten viele prozessuale Besonderheiten der bereits dargestellten GbR (§ 29) in gleicher Weise auch für die OHG. Im Folgenden beschränkt sich die Darstellung daher auf die **Abweichungen** von den bereits dargestellten Grundsätzen; im Übrigen wird auf die entsprechenden Rdn. zu § 29 verwiesen.

2 Ein wesentlicher Unterschied zur GbR liegt darin, dass die OHG in das **Handelsregister** einzutragen ist. Dadurch wird die Prozessführung gegen eine OHG erheblich erleichtert. So lassen sich beispielsweise die Firma, der Gesellschafterbestand und der für die Bestimmung des Gerichtsstands bedeutsame Sitz für jedermann einsehen.

A. Partei- und Prozessfähigkeit

I. Parteifähigkeit

1. Die Gesellschaft als Prozesspartei

3 Die OHG ist nach der ausdrücklichen Anordnung in **§ 124 HGB** parteifähig. Die Parteifähigkeit beginnt mit Eintragung in das Handelsregister oder mit dem Zeitpunkt des Geschäftsbeginns (§ 123 Abs. 1, 2 HGB).

4 Wie die Gesellschaft im Klagerubrum zu bezeichnen ist, lässt sich ohne weiteres der Eintragung im Handelsregister entnehmen. Im Prozess tritt die OHG allein unter ihrer Firma auf. Die einzelnen Gesellschafter sind im Rubrum nicht zu benennen.[1]

2. Die Gesellschafter als (zusätzliche) Beklagte

5 Die Gesellschafter der OHG haften gemäß **§ 128 HGB** akzessorisch für die Verbindlichkeiten der Gesellschaft. Es ist daher zwischen der Gesellschaftsklage (Klage gegen die Gesellschaft) und der Gesellschafterklage (Klage gegen die Gesellschafter) zu trennen, die jeweils auf unterschiedliche Haftungsmassen abzielen. Wie bei der GbR besteht somit die Möglichkeit, den oder die Klagegegner auszuwählen. Hinsichtlich der hierfür anzustellenden Erwägungen sowie weiterer Einzelheiten wird auf die Ausführungen in § 29 Rdn. 10–18 verwiesen.[2]

---

1 Baumbach/Hopt/*Roth* § 124 Rn. 42; zur Rubrumsberichtigung bei Falschbezeichnung oder nicht eindeutiger Bezeichnung der OHG s. § 29 Rdn. 9.
2 S. hierzu auch Schwerdtfeger/*S. Eberl/W. Eberl* Kap. 5 Rn. 60–64.

C. Gerichtliche Zuständigkeit   § 37

3. Die Auswirkungen eines Gesellschafterwechsels

Ein Wechsel im Gesellschafterbestand ist für den Prozess unter Beteiligung einer OHG in der Regel **unbeachtlich**, da diese parteifähig und damit selbst Partei des Prozesses ist. Auch sofern die Gesellschafter mitverklagt sind, hat ein Austritt keine prozessualen Auswirkungen, da **§ 160 HGB** die gesetzliche Nachhaftung anordnet. Von diesem Grundsatz bestehen Ausnahmen, die in § 29 Rdn. 24–27 näher aufgeführt sind.[3] 6

II. Prozessfähigkeit

Die OHG wird im Prozess von ihren **vertretungsberechtigten Gesellschaftern** vertreten. Nach der Grundregel des **§ 125 Abs. 1 HGB** sind alle Gesellschafter einzelvertretungsberechtigt. Die Gesellschafter können also ohne Mitwirkung der anderen Gesellschafter Prozesshandlungen vornehmen. Geben allerdings zwei Gesellschafter zum gleichen Zeitpunkt sich widersprechende prozessuale Erklärungen ab, so sind diese Erklärungen unwirksam.[4] 7

Im Gesellschaftsvertrag können **abweichende Vertretungsregelungen** vorgesehen werden. Da solche statutarischen Abweichungen im Handelsregister einzutragen sind (§ 106 Nr. 4 HGB), ist es für Dritte unproblematisch zu erfahren, wer die Gesellschaft vertritt und insbesondere – bei vereinbarter Gesamtvertretung – wie viele Gesellschafter die Vertretungsmacht gemeinsam ausüben müssen. 8

Auch wenn im Gesellschaftsvertrag Gesamtvertretung festgelegt wurde, können **Willenserklärungen** gemäß § 125 Abs. 2 S. 3 HGB gegenüber nur einem der vertretungsberechtigten Gesellschafter wirksam abgegeben werden.[5] 9

Bei Prozessen, die **zwischen der Gesellschaft und einzelnen Gesellschaftern** geführt werden, müssen die für die Gesellschaft handelnden Gesellschafter nicht nur vertretungs-, sondern auch **geschäftsführungsbefugt** sein.[6] Die Grenzen der Geschäftsführungsbefugnis haben in diesem Fall also ausnahmsweise auch Außenwirkung. Fehlt es an der Geschäftsführungsbefugnis, droht die Klageabweisung wegen Unbegründetheit.[7] 10

Hinsichtlich der Rechtsfolgen einer **nicht ordnungsgemäßen Vertretung** und möglicher Vorgehensweisen wird auf § 29 Rdn. 35–36 verwiesen. Um Ersatzansprüche der Gesellschaft gegen die organschaftlichen Vertreter durchzusetzen, kann ein besonderer Vertreter bestellt werden. Die Ausführungen in § 29 Rdn. 37 gelten insoweit entsprechend. 11

B. Die actio pro socio

Einzelne Gesellschafter können auch bei einer OHG im Rahmen der actio pro socio im eigenen Namen Ansprüche der Gesellschaft gegen Mitgesellschafter geltend machen. Bezüglich der Anwendungsvoraussetzungen, der dogmatischen Einordnung sowie weiterer prozessualer Aspekte wird auf die Ausführungen in § 29 Rdn. 38–45 verwiesen. 12

C. Gerichtliche Zuständigkeit

Der allgemeine Gerichtsstand der OHG befindet sich nach § 17 ZPO am **Sitz der Gesellschaft**. Da gemäß § 106 Abs. 2 Nr. 2 HGB der Sitz der Gesellschaft im Handelsregister einzutragen ist, lässt sich der allgemeine Gerichtsstand leicht feststellen. 13

---

[3] S. auch Schwerdtfeger/*S. Eberl/W. Eberl* Kap. 5 Rn. 47.
[4] Schwerdtfeger/*S. Eberl/W. Eberl* Kap. 5 Rn. 51; MünchHdb GesR I/*Neubauer/Herchen* § 70 Rn. 6; Großkomm HGB/*Fischer* § 124 Rn. 28; MAH PersGes/*Unger/Friel* § 5 Rn. 121.
[5] Dieser Grundsatz zur Passivvertretung zieht sich durch das gesamte Gesellschaftsrecht, vgl. etwa zur GmbH: § 35 Abs. 2 S. 2 GmbHG; zur AG: § 78 Abs. 2 S. 2 AktG; zum Verein: § 26 Abs. 2 BGB.
[6] Baumbach/Hopt/*Roth* § 126 Rn. 6; MünchHdb GesR I/*Neubauer/Herchen* § 70 Rn. 15; MAH PersGes/*Unger/Friel* § 5 Rn. 157.
[7] MünchHdb GesR I/*Neubauer/Herchen* § 70 Rn. 15; MAH PersGes/*Unger/Friel* § 5 Rn. 157.

14 Daneben von Bedeutung sind die **besonderen Gerichtsstände** der Niederlassung (§ 21 ZPO), der Mitgliedschaft (§ 22 ZPO), des Erfüllungsortes (§ 29 ZPO) sowie, im Falle einer Klage gegen die Gesellschafter persönlich, der allgemeine Gerichtsstand nach §§ 12, 13 ZPO (näher hierzu: § 29 Rdn. 48–52).

15 Klagen gegen die OHG, die aus einem beiderseitigen Handelsgeschäft resultieren, sind **Handelssachen** i. S. d. § 95 GVG. Auch Streitigkeiten zwischen den Gesellschaftern oder zwischen der Gesellschaft und den Gesellschaftern sind gemäß § 95 Nr. 4 lit. a GVG Handelssachen und können auf Antrag (§ 96 GVG) vor der Kammer für Handelssachen verhandelt werden.

15a **Gerichtsstandsvereinbarungen** zwischen der Gesellschaft und Dritten sind nach herrschender Meinung für alle Gesellschafter bindend, unabhängig davon, ob diese an der Abrede mitgewirkt oder dieser zugestimmt haben.[8] Danach können die Gesellschafter also an dem mit der Gesellschaft vereinbarten Gerichtsstand unabhängig von den §§ 12 ff. ZPO mitverklagt werden.

D. Zustellung

16 Zustellungen können gemäß **§ 170 Abs. 3 ZPO** gegenüber jedem vertretungsberechtigten Gesellschafter vorgenommen werden. Dies gilt auch dann, wenn statutarisch Gesamtvertretungsbefugnis vereinbart wurde. Zum Zwecke der ordnungsgemäßen Zustellung sollte durch Einsicht in das Handelsregister ermittelt werden, ob entgegen der gesetzlichen Regelung in § 125 Abs. 1 HGB einzelne Gesellschafter von der Vertretung ausgeschlossen wurden. Ist nichts anderes geregelt, kann an jeden Gesellschafter zugestellt werden. Handelt es sich um Streitigkeiten, die aufgrund des Geschäftsbetriebs der OHG entstanden sind, kommt zusätzlich auch eine Zustellung an den Prokuristen gemäß § 171 ZPO in Betracht.[9]

E. Prozesskostenhilfe

17 Die OHG ist eine Vereinigung im Sinne des **§ 116 S. 1 Nr. 2 ZPO**. Sie kann daher auf Antrag und unter den Voraussetzungen des § 116 S. 1 Nr. 2 ZPO Prozesskostenhilfe erhalten.[10]

F. Nebenintervention und Streitverkündung

18 Wird die Gesellschaft verklagt, sind die Gesellschafter an diesem Prozess nur unmittelbar beteiligt, wenn sie zur Vertretung befugt sind. Für nicht vertretungsbefugte Gesellschafter entsteht dadurch die ungünstige Lage, dass sie für die in diesem Prozess rechtsverbindlich festgestellte Forderung akzessorisch haften, auf das Verfahren aber keinen Einfluss nehmen konnten.[11] Diesen Gesellschaftern ist daher zu empfehlen, dem Prozess gegen die Gesellschaft als **Nebenintervenienten gemäß §§ 66 ff. ZPO** beizutreten, insbesondere wenn zu vermuten ist, dass der Prozess von den Vertretern nicht ordnungsgemäß geführt werden wird. Aufgrund der akzessorischen Haftung und dem Umstand, dass gemäß § 129 HGB das gegen die Gesellschaft ergehende Urteil dem Gesellschafter die Einwendungen der Gesellschaft abschneidet, ergibt sich das nach § 66 ZPO erforderliche **rechtliche Interesse**.[12] Nach herrschender Meinung entsteht durch den Beitritt eines Gesellschafters zum Aktiv- als auch zum Passivprozess der Gesellschaft eine einfache Nebenintervention.[13]

---

8 BGH NJW 1981, 2644 (2646); BayObLG DB 2004, 302 (203) betreffend eine Schiedsvereinbarung; MünchHdb GesR I/*Neubauer/Herchen* § 70 Rn. 17; a. A., wonach die Gesellschafter an der Vereinbarung mitwirken oder zumindest ihr Einverständnis erklären müssen: MüKo HGB/*Schmidt* § 128 Rn. 22.
9 Zur öffentlichen Zustellung nach § 185 Nr. 2 ZPO: § 3 Rdn. 40–41.
10 FG Hamburg, Beschl. v. 28.7.2003 – V 255/02; näher zu den Voraussetzungen des § 116 S. 1 Nr. 2 ZPO: § 3 Rdn. 45–46; MAH PersGes/*Unger/Friel* § 5 Rn. 132.
11 MünchHdb GesR I/*Neubauer/Herchen* § 70 Rn. 10.
12 OLG Karlsruhe NJOZ 2007, 693; Schwerdtfeger/*S. Eberl/W. Eberl* Kap. 5 Rn. 64; MüKo HGB/*Schmidt* § 124 Rn. 29; MünchHdb GesR I/*Neubauer/Herchen* § 70 Rn. 11; a. A.: Thomas/Putzo § 66 Rn. 6.
13 MAH PersGes/*Unger/Friel* § 5 Rn. 137 mit Formulierungsbeispiel für den Antrag; GroßkommHGB/*Ha-*

Stehen der Gesellschaft oder dem Gesellschafter im Falle einer Verurteilung ein Rückgriffsanspruch zu, sollte dem Schuldner dieses Rückgriffsanspruchs der **Streit verkündet** werden, damit dieser im Folgeprozess nicht einwenden kann, der Rechtsstreit sei nicht richtig entschieden worden (näher hierzu § 29 Rdn. 60).[14]   19

G. Zeugenbeweis

Sollen einzelne Gesellschafter in einem Prozess als Zeugen aussagen, kommt es entscheidend auf ihre **Vertretungsbefugnis** an. Als gesetzliche Vertreter einer Partei sind sie vom Zeugenbeweis ausgeschlossen und können nur eingeschränkt nach Maßgabe der §§ 445 ff. ZPO als Partei vernommen werden. Sollte es in einem Rechtsstreit auf die Aussage eines vertretungsberechtigten Gesellschafters entscheidend ankommen, wird auf die Ausführungen zur GbR in § 29 Rdn. 63–67 verwiesen. Nichtvertretungsberechtigte Gesellschafter können stets als Zeugen vernommen werden.[15]   20

H. Zwangsvollstreckung

Zur Vollstreckung in das Gesellschaftsvermögen ist ein Titel gegen die Gesellschaft erforderlich. Soll in das Vermögen der Gesellschafter vollstreckt werden, reicht ein Titel nur gegen die Gesellschaft nicht (**§ 129 Abs. 4 HGB**). Es ist vielmehr im Wege des Gesellschafterprozesses ein Titel gegen die Gesellschafter persönlich zu erwirken.   21

Wandelt sich die OHG nachträglich zu einer GbR, weil der Geschäftsbetrieb unter die Grenze i. S. d. § 1 Abs. 2 HGB abgesunken ist und die OHG im Handelsregister gelöscht wurde, ist eine **Umschreibung des Titels** nach § 727 ZPO nicht erforderlich. Der Rechtsträger besteht trotz dieses Formwechsels fort.[16] Wegen der Einzelheiten zur Titelumschreibung bei nachträglichem Vermögensübergang auf den einzig verbliebenen Gesellschafter wird auf § 29 Rdn. 76 verwiesen.   22

---

bersack § 124 Rn. 26; a. A., wonach es sich im Falle des Beitritts zu einem Passivprozess um eine streitgenössische Nebenintervention handelt: MünchHdb GesR I/*Neubauer/Herchen* § 70 Rn. 18.
14 MAH PersGes/*Unger/Friel* § 5 Rn. 172.
15 BGH NJW 1965, 1167; Thomas/Putzo vor § 373 Rn. 7; Baumbach/Hopt/*Roth* § 124 Rn. 43; MüKo HGB/*Schmidt* § 124 Rn. 22; zur früher vertretenen und mittlerweile überholten Gegenansicht, die alle Gesellschafter den Regeln der Parteivernehmung unterwarf, unabhängig davon, ob diese zur Vertretung befugt sind: BGHZ 34, 293 (297).
16 MAH PersGes/*Unger/Friel* § 5 Rn. 255; *Thomas/Putzo* § 727 Rn. 3, 13; nach a. A. ist eine Titelumschreibung analog § 727 ZPO zu erwirken, nicht jedoch, solange die OHG noch im Handelsregister eingetragen ist: MünchHdb GesR I/*Neubauer/Herchen* § 71 Rn. 3.

§ 38 Streitpunkte bei der Gründung der OHG

Übersicht

		Rdn.			Rdn.
A.	Einleitung	1	E.	Fehlerhafte Gesellschaft	20
B.	Vorvertrag	3	F.	Einstweiliger Rechtsschutz/Schieds-	
C.	Mitglieder	8		fähigkeit	27
D.	Entstehung/Entstehungszeitpunkt	13			

A. Einleitung

1 Grundsätzlich kann für die Streitigkeiten bei der Gründung der OHG auf das Kapitel § 30 »**Streitpunkte bei der Gründung der GbR**« verwiesen werden. Die dort gemachten Ausführungen gelten, soweit im Folgenden nicht gesondert vermerkt, auch für die OHG. Anders als die GbR kann die OHG auch durch Umwandlung entstehen. Auf die damit zusammenhängenden speziellen Fragestellungen des Umwandlungsrechts soll hier aber nicht eingegangen werden, da diese in den §§ 98 ff. behandelt werden.

2 Die OHG unterscheidet sich nur in wenigen Punkten von der GbR. Für die Fragen im Zusammenhang mit Streitigkeiten bei der Gründung relevant ist die unterschiedliche Entstehung. Die GbR entsteht mit Abschluss des Gesellschaftsvertrags zwischen den Gesellschaftern, während die OHG gem. § 123 HGB als solche erst durch einen **Kundgabeakt nach außen** entsteht.[1] Ein hinreichender Kundgabeakt kann entweder gem. § 123 Abs. 1 HGB die Eintragung ins Handelsregister sein oder nach § 123 Abs. 2 HGB der Geschäftsbeginn.[2] Im Innenverhältnis hingegen entsteht die OHG schon vorher, nämlich gem. § 109 HGB mit Abschluss des Gesellschaftsvertrags. Insbesondere im Vergleich mit der Außen-GbR sind die Unterschiede also marginal, da auch die Außen-GbR erst durch ihre Betätigung im Außenverhältnis zur Außen-GbR wird. Aus der Eintragung der OHG in das Handelsregister ergeben sich zumindest im Rahmen des § 123 Abs. 2 HGB keine prinzipiellen Unterschiede, da die Eintragung an dieser Stelle kein konstituierendes Merkmal der OHG ist. Ausnahmen davon macht aber zunächst § 123 Abs. 2 HGB durch den Verweis auf § 2 und § 105 Abs. 2 HGB und auch die Eintragung ins Handelsregister vor Geschäftsbeginn, da die Eintragung hier jeweils konstituierende Wirkung entfaltet und dem Geschäftsbeginn somit im Unterschied zur Außen-GbR keine Bedeutung zukommt.[3]

B. Vorvertrag

3 Auch der Gesellschaftsvertrag einer OHG ist grundsätzlich **formfrei**. Aus einem **Vorvertrag** kann auf **Eingehung der OHG** geklagt werden und mit Rechtskraft des stattgebenden Urteils gilt die dafür erforderliche Willenserklärung gem. § 894 ZPO als abgegeben. Nach allgemeinen Grundsätzen ist die Klage gegen die den Abschluss verweigernden Parteien des Vorvertrages zu richten.[4] Weder auf Aktiv- noch Passivseite besteht dabei eine notwendige Streitgenossenschaft.[5]

4 Bei der **sachlichen Zuständigkeit** ist § 95 GVG zu bedenken. Gem. § 95 Abs. 1 Nr. 4a sind am Landgericht die Kammern für Handelssachen anstatt der allgemeinen Zivilkammern zuständig u. a. für Streitigkeiten zwischen den Mitgliedern einer »Handelsgesellschaft ... sowohl während des Bestehens als auch nach Auflösung des Gesellschaftsverhältnisses«. Dem Wortlaut nach fallen Streitigkeiten im Zusammenhang mit dem Vorvertrag nicht unter § 95 GVG und damit nicht in die Zustän-

---

1 MünchHdb GesR I /*Möhrle* § 47 Rn. 10; K/R/M/*Koller* § 123 Rn. 2; GroßkommHGB/*C. Schäfer* § 105 Rn. 48.
2 MüKo HGB/*K. Schmidt* § 123 Rn. 3; Baumbach/Hopt/*Roth* § 123 Rn. 2.
3 GroßkommHGB/*C. Schäfer* § 123 Rn. 14; Baumbach/Hopt/*Roth* § 123 Rn. 3 ff.; zu Streitigkeiten über die Eintragung ins Handelsregister siehe sogleich unter Rdn. 14 ff.
4 BGH NJW 2009, 669; 2003, 1729.
5 Vgl. hierzu bereits § 30 Rdn. 4–6.

digkeit der Kammern für Handelssachen, weil im Stadium des Vorvertrages die OHG gerade noch nicht besteht. Es ist auch nicht angezeigt, den Anwendungsbereich des § 95 GVG auf Streitigkeiten aus dem Vorvertrag auszudehnen. Denn die Vor-Gesellschaft zur OHG ist eine GbR; und die GbR ist gerade keine »Handelsgesellschaft« im Sinne des § 95 Abs. 1 Nr. 4a GVG.[6] Damit besteht kein Grund, Streitigkeiten aus der Vor-OHG vor der auf Handelsgesellschaften spezialisierten Kammer für Handelssachen zu verhandeln. Es bleibt somit bei der **Zuständigkeit der allgemeinen Zivilkammern**.

Sofern Ansprüche aus dem Vorvertrag zusammen mit Ansprüchen geltend gemacht werden, für die die Kammer für Handelssachen zuständig ist, bleibt die allgemeine Zivilkammer zuständig; denn die Kammer für Handelssachen ist nur zuständig, wenn **sämtliche Ansprüche**, die in einem Prozess geltend gemacht werden, in ihre Zuständigkeit fallen.[7]

Örtlich zuständig sind die Gerichte am allgemeinen Gerichtsstand des Beklagten. Ein besonderer Gerichtsstand am Sitz der Mitgliedschaft, § 22 ZPO, ist grundsätzlich nicht gegeben, weil die Gesellschaft noch nicht besteht und deshalb keinen Gerichtsstand hat.

Im Übrigen kann für die Einzelheiten auf die zur GbR gemachten Ausführungen oben § 30 Rdn. 2 ff. verwiesen werden.

C. Mitglieder

Auch in der OHG kann Streit darüber bestehen, **wer** Mitglied der OHG ist.

Für solche **Statusklagen** ist auch bei der OHG die **allgemeine Feststellungsklage** die statthafte Klageart. Die Klage ist jeweils gegen die Mitgesellschafter zu richten. Anders als bei den Auflösungs- und Ausschließungsklagen besteht weder auf der Kläger- noch auf der Beklagtenseite notwendige Streitgenossenschaft.[8]

Die **sachliche Zuständigkeit** ergibt sich streitwertabhängig aus §§ 23, 71 GVG. An den Landgerichten sind die **Kammern für Handelssachen** sachlich zuständig, wenn der Kläger die Mitgliedschaft des Beklagten zumindest schlüssig behauptet; beweisen muss der Kläger die Mitgliedschaft für die Zulässigkeit nicht, weil die Mitgliedschaft eine sog. »doppelrelevante Tatsache« ist. Wenn der Kläger die Mitgliedschaft des Beklagten zumindest schlüssig behauptet, dann sind die Voraussetzungen des § 95 Abs. 1 Nr. 4a GVG erfüllt. Anders ist es, wenn der Kläger die Mitgliedschaft des Beklagten gerade bestreitet; denn dann liegen die Voraussetzungen des § 95 Abs. 1 Nr. 4a GVG nicht vor und die **allgemeinen Zivilkammern** sind zuständig. Der Fall, dass sich Parteien über die Entstehung der Mitgliedschaft streiten, liegt somit anders als die Fälle, in denen die Parteien über die Beendigung der Mitgliedschaft streiten – denn für letztere Fälle findet § 95 Abs. 1 Nr. 4a GVG ausdrücklich Anwendung. Voraussetzung für die Zuständigkeit der Kammer für Handelssachen ist, dass eine Mitgliedschaft besteht oder wenigstens bestanden hat. Wenn der Kläger behauptet, dass der Beklagte nie Gesellschafter geworden ist, dann fehlt es an dieser Voraussetzung. *De lege ferenda* erscheint diese Differenzierung fragwürdig, weil die entscheidungserheblichen Fragen die gleichen sind.

Örtlich sind die Gerichte am allgemeinen Gerichtsstand des Beklagten und am besonderen Gerichtsstand der Mitgliedschaft, § 22 ZPO, zuständig. Eine Ausnahme gilt auch hier für Klagen gegen **Nicht-Gesellschafter**. Der Sitz der OHG ergibt sich gem. § 17 Abs. 1 S. 2 ZPO aus dem Ort, wo die Verwaltung geführt wird, unabhängig von einem möglicherweise im Gesellschaftsvertrag genannten statutarischen Sitz.[9]

Im Übrigen kann auf die Ausführungen zur GbR oben § 30 Rdn. 10 ff. verwiesen werden.

---

6 MüKo ZPO/*Zimmermann*, § 95 GVG Rn. 11.
7 Rosenberg/Schwab/Gottwald § 33 Rn. 14 m. w. N.
8 Vgl. hierzu § 30 Rdn. 21 ff.
9 BGH WM 1957, 999.

D. Entstehung/Entstehungszeitpunkt

13 Auch bei der OHG kann Streit darüber entstehen, **ob** die Gesellschaft entstanden ist und **wann** sie entstanden ist.

14 Hier bringt die **Eintragung** der OHG in das **Handelsregister** einige Abweichungen von der GbR mit sich.

15 Alle Gesellschafter sind verpflichtet, an der Eintragung der OHG in das Handelsregister mitzuwirken, § 108 HGB. Die **Pflicht zur Mitwirkung** kann von jedem anderen Gesellschafter mit Hilfe der Gerichte erzwungen werden.[10] Dabei genügt gem. § 16 Abs. 1 S. 1 HGB für die Eintragung eine vollstreckbare Entscheidung des Prozessgerichts, also neben den rechtskräftigen Entscheidungen auch vorläufig vollstreckbare Entscheidungen und einstweilige Verfügungen. Das Registergericht kann das Eintragungsverfahren gem. § 381 FamFG aussetzen, bis der Streit zwischen den Gesellschaftern entschieden ist. Die obsiegende Entscheidung ersetzt gem. § 16 Abs. 1 S. 1 HGB die Mitwirkung des beklagten Gesellschafters. Auch in diesem Verfahren besteht keine notwendige Streitgenossenschaft, da sich der Mitwirkungsanspruch gegen jeden der Mitgesellschafter einzeln richtet, sodass jeder von ihnen auch allein passiv legitimiert ist.[11]

16 Abgesehen davon gelten die gleichen Grundsätze wie bei der GbR. Streitigkeiten über die Entstehung der OHG, und zwar sowohl über die Entstehung im Innenverhältnis als auch über die Entstehung im Außenverhältnis, werden **zwischen den Gesellschaftern** ausgetragen. Der Gesellschaftsvertrag kann allerdings vorsehen, dass solche Streitigkeiten mit der Gesellschaft auszutragen sind.[12] Ob notwendige Streitgenossenschaft besteht, ist, soweit erkennbar, noch nicht entschieden, ist aber konsequenterweise abzulehnen.[13] Soweit aber eine Entscheidung gegenüber allen Gesellschaftern rechtskräftig ist, ist sie auch für die Gesellschaft bindend.[14]

17 Die **sachliche Zuständigkeit** ergibt sich streitwertabhängig aus §§ 23, 71 GVG. Fraglich ist auch bei diesen Streitigkeiten, ob an den Landgerichten gem. § 95 GVG die Zuständigkeit der Kammern für Handelssachen begründet ist. Gem. § 95 Abs. 1 Nr. 4a GVG ist die Sonderzuständigkeit der Kammern für Handelssachen für Streitigkeiten begründet, die aus einem Rechtsverhältnis »während des Bestehens ... des Gesellschaftsverhältnisses« stammen. Deshalb sind die Kammern für Handelssachen nur dann zuständig, wenn das Bestehen der Gesellschaft unstreitig ist oder wenn der Kläger das Bestehen zumindest schlüssig behauptet. Behauptet der Kläger hingegen, dass die Gesellschaft gerade nicht besteht, dann sind die Kammern für Handelssachen nicht zuständig. Auch hier gilt, dass diese Unterscheidung *de lege ferenda* wenig sinnvoll erscheint, weil die entscheidungserheblichen Rechtsfragen gleich sind.

18 **Örtlich zuständig** sind die Gerichte am allgemeinen Gerichtsstand des Beklagten. Ob auch der besondere Gerichtsstand der Mitgliedschaft, § 22 ZPO, gegeben ist, hängt wie die Zuständigkeit der Kammer für Handelssachen davon ab, ob der Kläger die Existenz der Gesellschaft behauptet oder bestreitet.

19 Für die Einzelheiten kann im Übrigen auf die Ausführungen zur GbR unter § 30 Rdn. 30 ff. verwiesen werden.

---

10 K/R/M/*Roth* § 16 Rn. 2; Baumbach/Hopt/*Hopt* § 16 Rn. 3; MüKo HGB/*Krafka* § 16 Rn. 1; E/B/J/S/*Schaub* § 16 Rn. 9 ff.
11 So auch BGH NJW 1959, 1683 (1684).
12 BGHZ 85, 350; 91, 132 (133).
13 Siehe dazu oben § 30 Rdn. 33.
14 BGHZ 85, 350; 48, 175.

E. Fehlerhafte Gesellschaft

Die Grundsätze der fehlerhaften Gesellschaft gelten auch bei der OHG. Das heißt, dass **Mängel des Gesellschaftsvertrages** ab Vollzug der Gesellschaft nicht mehr nach den allgemeinen schuldrechtlichen Regeln zur Rückabwicklung des Vertrages führen, sondern grundsätzlich nur noch mit **Wirkung für die Zukunft** geltend gemacht werden können.[15] Für die Einzelheiten kann auf die Ausführungen zur GbR oben bei § 30 Rdn. 36 ff. verwiesen werden. 20

Auch bei der OHG gibt der Fehler des Gesellschaftsvertrages jedem Gesellschafter das Recht, das Gesellschaftsverhältnis **mit Wirkung für die Zukunft** zu beenden.[16] Dafür ist bei der OHG, sofern nicht alle Gesellschafter mit der Auflösung der fehlerhaften Gesellschaft einverstanden sind, grundsätzlich eine **Gestaltungsklage** gem. § 133 oder § 140 HGB erforderlich.[17] Bei dieser Klage müssen alle Gesellschafter als **notwendige Streitgenossen** mitwirken, entweder auf Kläger- oder Beklagtenseite.[18] Allerdings ist die Mitwirkung der Gesellschafter, die sich außergerichtlich bindend mit dem Klageziel einverstanden erklärt haben, entbehrlich.[19] 21

Wenn der Fehler **nur einen Gesellschafter** betrifft, dann können die übrigen Gesellschafter auf **Ausschließung bzw. Übernahme** nach § 140 HGB klagen.[20] Dies muss auch dann gelten, wenn der Mangel mehrere Gesellschafter betrifft; die Gesellschafter, die nicht von dem Mangel betroffen sind, können dann auf Ausschließung der von dem Mangel betroffenen Gesellschafter klagen. Zu den prozessualen Besonderheiten dabei, insbesondere dem Risiko, dass die Klage nicht gegen alle Beklagten erfolgreich ist, siehe § 41 B. 22

Wenn der **Gesellschaftsvertrag Abweichendes vorsieht**, dann können die Gesellschafter die im Gesellschaftsvertrag festgeschriebenen Rechte geltend machen, weil die Regelungen des fehlerhaften Gesellschaftsvertrages auch die Abwicklung der fehlerhaften Gesellschaft regeln.[21] Wenn also der Gesellschaftsvertrag ein Kündigungs- oder Austrittsrecht vorsieht, dann kann jeder Gesellschafter davon wegen des Fehlers Gebrauch machen: Die Kündigung führt zur Auflösung der Gesellschaft, die Austrittserklärung zum Ausscheiden desjenigen, der den Austritt erklärt, unter Fortsetzung der fehlerhaften Gesellschaft unter den übrigen.[22] 23

In der jüngeren Literatur wird die Auffassung vertreten, dass auch ohne ausdrückliche Nennung im Gesellschaftsvertrag jeder Gesellschafter ein **außerordentliches Austrittsrecht** habe.[23] Dieses Recht könne durch einfache Erklärung geltend gemacht werden, erfordere also keine Klage.[24] Dem Gesellschafter stünden dann nebeneinander das Recht zur Auflösungsklage (mit der Folge der Auflösung der Gesellschaft) bzw. Ausschließungsklage und das Recht zum Austritt (mit der Folge seines Ausscheidens unter Fortführung der fehlerhaften Gesellschaft unter den übrigen Gesellschaftern) zur Verfügung. Diese Auffassung hat sich bisher nicht durchgesetzt. 24

---

15 Baumbach/Hopt/*Hopt* § 105 Rn. 75 ff.; E/B/J/S/*Wertenbruch* § 105 Rn. 246 ff.; GroßkommHGB/*C. Schäfer* § 105 Rn. 315 ff.
16 Hdb GesR I/*Westermann* Rn. I 226a; MüKo HGB/*K. Schmidt* § 105 Rn. 246 plädiert dafür, dass zumutbare Vertragsanpassungen, die den Makel beheben, Vorrang hätten.
17 BGHZ 3, 285 (287); 47, 293 (300); MünchHdb GesR I/*Happ/Möhrle* § 47 Rn. 4; GroßkommHGB/*C. Schäfer* § 105 Rn. 350; E/B/J/S/*Wertenbruch* § 105 Rn. 271; MüKo HGB/*K. Schmidt* § 105 Rn. 247.
18 BGHZ 30, 197; Baumbach/Hopt/*Roth* § 133 Rn. 13; Großkomm HGB/*C. Schäfer* § 133 Rn. 52; E/B/J/S/*Lorz* § 133 Rn. 30; MüKo ZPO/*Schultes* § 62 Rn. 27.
19 BGH NJW 1998, 146; 1958, 418; Baumbach/Hopt/*Roth* § 133 Rn. 13; E/B/J/*Lorz* § 133 Rn. 33; GroßkommHGB/*C. Schäfer* § 133 Rn. 53; MüKo ZPO/*Schultes* § 62 Rn. 27.
20 MüKo HGB/*K. Schmidt* § 105 Rn. 246.
21 Nach MüKo HGB/*K. Schmidt* § 105 Rn. 247 soll durch Auslegung zu ermitteln sein, ob der fehlerhafte Vertrag auch im Falle seiner Fehlerhaftigkeit Geltung beanspruchen will.
22 Hdb GesR I/*Westermann* Rn. I 226a.
23 Baumbach/Hopt/*Roth* § 133 Rn. 1; Hdb GesR I/*Westermann* Rn. I 226c m. w. N.
24 Baumbach/Hopt/*Roth* § 133 Rn. 1.

25 Sofern die Fehlerhaftigkeit auf einem Mangel beruht, der nach allgemeinen Grundsätzen zur Anfechtung berechtigen würde, sind **die Fristen der §§ 121, 124 BGB** zu beachten.

26 **Schadensersatzansprüche** stehen neben dem Recht zur Beendigung der fehlerhaften Gesellschaft.[25]

F. Einstweiliger Rechtsschutz/Schiedsfähigkeit

27 Einstweiliger Rechtsschutz ist **grundsätzlich möglich**, wobei der Frage der **Vorwegnahme der Hauptsache** besondere Bedeutung zukommt.

28 Die Streitigkeiten im Gründungsstadium können auch vor einem **Schiedsgericht** ausgetragen werden. Dabei ist darauf hinzuweisen, dass nach h. L. die Vollstreckbarerklärung des Schiedsspruchs Voraussetzung für die Fiktion der Abgabe einer Willenserklärung und Eintragungen in Registern ist und dass nach h. L. Schiedssprüche erst mit Vollstreckbarerklärung Gestaltungswirkung entfalten.

29 Für die Einzelheiten kann auf die zur GbR gemachten Ausführungen oben § 30 Rdn. 65 ff. verwiesen werden.

---

25 BGH BB 2005, 1018; MüKo HGB/*K. Schmidt* § 105 Rn. 246 m. w. N.

§ 39 Streitigkeiten um Gesellschaftsanteile

Übersicht

		Rdn.			Rdn.
A.	Überblick: Übertragung von Gesellschaftsanteilen	1	C.	Rechtsstreitigkeiten infolge der Vererbung von Gesellschaftsanteilen	5
B.	Übertragung nach §§ 413, 398 BGB	4			

A. Überblick: Übertragung von Gesellschaftsanteilen

Die Übertragung von OHG-Anteilen richtet sich grundsätzlich nach den gleichen Maßgaben wie diejenige von Gesellschaftsanteilen an GbR. Insoweit kann daher nach oben (§ 31) verwiesen werden. 1

Die Übertragung von OHG-Anteilen ist allerdings im Handelsregister einzutragen (§§ 107, 143 HGB). Diese Eintragung ist indes nicht konstitutiv, sondern zeigt nur die sich außerhalb des Registers vollziehende Übertragung an.[1] 2

Anders als bei der GbR verhält es sich allerdings bei dem **Tod eines Gesellschafters** der OHG. Soweit im Gesellschaftsvertrag nicht anders geregelt, fällt der Gesellschaftsanteil nämlich nicht in den Nachlass, sondern der verstorbene Gesellschafter scheidet aus der Gesellschaft aus, ohne dass seine Erben ihm in der Gesellschafterstellung nachfolgen würden (§ 131 Abs. 3 Nr. 1 HGB). Die Erben erhalten vielmehr nur einen **Abfindungsanspruch**. Wie bei der GbR kann auch der **Gesellschaftsvertrag** der OHG hiervon abweichen (vgl. § 139 HGB). Durch gesellschaftsvertragliche Regelung kann für die OHG selbstverständlich auch die gleiche Rechtslage, wie sie für die GbR durch das Gesetz vorgesehen ist, hergestellt werden. 3

B. Übertragung nach §§ 413, 398 BGB

Vgl. oben § 31 Rdn. 10 ff. 4

C. Rechtsstreitigkeiten infolge der Vererbung von Gesellschaftsanteilen

Im Hinblick auf Rechtsstreitigkeiten im Zusammenhang mit dem Tod eines Gesellschafters kann grundsätzlich nach oben (§ 31 Rdn. 25 ff.) verwiesen werden. Wie bei der GbR spielt hier die Gesetzeslage eine untergeordnete Rolle und abzustellen ist – soweit vorhanden – auf die gesellschaftsvertragliche Regelung. Im Hinblick auf die Gesetzeslage ergeben sich jedoch gegenüber der GbR, ähnlich wie bei der Austrittskündigung (vgl. unten § 41 Rdn. 16 f.), gewisse Unterschiede. So führt anders als bei der GbR der Tod eines Gesellschafters nicht zu deren Auflösung, sondern nach § 131 Abs. 3 Nr. 1 HGB zum Ausscheiden des verstorbenen Gesellschafters. In den Nachlass fällt daher auch nicht der Gesellschaftsanteil, sondern der **Abfindungsanspruch**. 5

---

[1] Baumbach/Hopt/*Roth* § 105 Rn. 72.

§ 40 Durchsetzung von Gesellschafterrechten und -pflichten

Übersicht	Rdn.			Rdn.
A. **Vermögensrechte und -pflichten**	1		2. Die einzelnen Ansprüche der Gesellschaft	35
I. Vermögensrechte	1	B.	**Verwaltungsrechte und -pflichten**	36
1. Passivlegitimation	1	I.	Recht auf und Pflicht zur Mitwirkung bei Geschäftsführung und Vertretung, §§ 114, 115, 119, 125 HGB	38
2. Grundsätzliches zum Verhältnis von Gesellschafterklage und Gesellschaftsklage	5	II.	Entziehungs-, Kündigungs- und Ausschließungsrechte, §§ 117, 127, 132, 133, 140 HGB	39
a) Klage nur gegen die OHG	7	III.	Kontroll- und Auskunftsrechte, § 118 HGB	40
b) Klage nur gegen die Mitgesellschafter	12	C.	**Treuepflicht**	41
c) Klage sowohl gegen die OHG als auch gegen die Mitgesellschafter	15	I.	Grundsätzliche Durchsetzung der Treuepflicht	42
d) Haftung ausscheidender Gesellschafter	18	II.	Insbesondere: Wettbewerbsverbot, § 112 HGB	43
e) Haftung eintretender Gesellschafter	20		1. Die Regelung des § 112 HGB	43
3. Die einzelnen Ansprüche des Gesellschafters	21		2. Rechtsfolgen eines Verstoßes gegen das Wettbewerbsverbot § 113 HGB	45
a) Gewinnauszahlungsanspruch, § 121 HGB	22		3. Weitere Ansprüche bei Verletzung des Wettbewerbsverbots	50
b) Entnahmerecht, § 122 HGB ...	25	D.	**Ansprüche aufgrund der Verletzung von Gesellschafterpflichten**	52
c) Anspruch auf Liquidationsguthaben, § 155 HGB	29	E.	**Streitigkeiten im Zusammenhang mit dem Abschlussprüfer**	53
d) Aufwendungsersatz, § 110 HGB	30			
II. Vermögenspflichten	32			
1. Grundsätzliches	32			

A. Vermögensrechte und -pflichten

I. Vermögensrechte

1. Passivlegitimation

1 Vermögensansprüche eines Gesellschafters können stets gegen die OHG als Beklagte geltend gemacht werden. Im Hinblick darauf, ob auch die Mitgesellschafter passivlegitimiert sind, ist wie bei der GbR[1] zu differenzieren:

2 Für Vermögensansprüche eines Gesellschafters aus dem Gesellschaftsverhältnis (**Sozialverbindlichkeiten**) wie beispielsweise Aufwendungsersatz, Geschäftsführervergütung und Gewinn haftet während des Bestehens der OHG nur die OHG, nicht aber auch über § 128 HGB die Mitgesellschafter.[2] Anderenfalls würden diese entgegen § 707 BGB zu Nachschüssen in die Gesellschaft genötigt.[3] Etwas anderes gilt allerdings für Erstattungsansprüche, wenn ein Gesellschafter eine Gesellschaftsschuld beglichen hat.[4]

---

[1] Vgl. hierzu § 32 Rdn. 2 ff.

[2] Baumbach/Hopt/*Roth* § 128 Rn. 22; E/B/JS//*Hillmann* § 128 Rn. 11; GroßkommHGB/*Habersack* § 128 Rn. 12.

[3] BGHZ 37, 299 (301); Baumbach/Hopt/*Roth* § 128 Rn. 22; E/B/J/S/*Hillmann* § 128 Rn. 11; GroßkommHGB/*Habersack* § 128 Rn. 12.

[4] Baumbach/Hopt/*Roth* § 128 Rn. 22.

Scheidet hingegen ein Gesellschafter aus der OHG aus, haften die übrigen Gesellschafter diesem für Ansprüche gegen die Gesellschaft (beispielsweise für seine Abfindung) wie einem Dritten nach § 128 HGB.[5] 3

Macht ein Gesellschafter **Ansprüche aus einem Drittgeschäft** geltend, kann er auch die Mitgesellschafter nach § 128 HGB in Anspruch nehmen – vermindert jedoch bei Geldschulden um seinen eigenen Verlustanteil.[6] Aus Treue- und Rücksichtnahmepflichten gegenüber den Mitgesellschaftern kann es dann allerdings geboten sein, dass sich der Gesellschafter zuerst an die Gesellschaft hält.[7] Selbstverständlich kann die Inanspruchnahme der Gesellschafter auch durch (stillschweigende) Vereinbarung ausgeschlossen oder beschränkt sein.[8] 4

2. Grundsätzliches zum Verhältnis von Gesellschafterklage und Gesellschaftsklage

Sofern für Vermögensansprüche eines Gesellschafters sowohl die OHG als auch die Mitgesellschafter haften,[9] ist ebenso wie bei der GbR strikt zwischen Prozessen gegen die OHG (**Gesellschaftsprozess**) und Prozessen gegen deren Gesellschafter (**Gesellschafterprozess**) zu unterscheiden. Die Prozesse betreffen unterschiedliche Parteien und unterschiedliche Streitgegenstände; ebenso wie bei der GbR stellt daher der Wechsel vom Gesellschafts- zum Gesellschafterprozess einen gewillkürten Parteiwechsel dar und ist grundsätzlich als Klagänderung zu beurteilen.[10] 5

Es ist daher auch bei der OHG sorgfältig zu überlegen, gegen wen sich die Klage richten soll, wenn sowohl die OHG als auch die Mitgesellschafter als Anspruchsgegner in Betracht kommen. Ebenso wie bei der GbR sind hierzu, neben der Solvenz der Gesellschaft und der einzelnen Gesellschafter, verjährungsrechtliche Wirkungen der Klage sowie Kostengesichtspunkte zu beachten. 6

a) Klage nur gegen die OHG

Auch bei der OHG kann mit einem Urteil allein gegen die Gesellschaft nur in das Gesellschaftsvermögen, nicht aber in das Privatvermögen der Mitgesellschafter vollstreckt werden, § 124 Abs. 2 HGB. 7

Wird Klage allein gegen die OHG erhoben, sind die Mitgesellschafter nicht mitverklagt. Sie können dem Prozess jedoch als **einfache Streitgenossen** beitreten. Vor dem Hintergrund der präjudiziellen Wirkung eines Urteils gegen die Gesellschaft für die nichtbeklagten Gesellschafter sind die geschäftsführenden Gesellschafter der OHG verpflichtet, alle übrigen Gesellschafter von der Klage gegen die Gesellschaft zu informieren, damit diese entscheiden können, ob sie dem Rechtsstreit als Nebenintervenienten beitreten wollen.[11] 8

Wird während der Rechtshängigkeit des Gesellschaftsprozesses eine selbstständige Klage gegen einzelne oder alle Mitgesellschafter erhoben, können diese – trotz der präjudiziellen Wirkung eines Urteils im Gesellschaftsprozess – nicht die Einrede der Rechtshängigkeit erheben.[12] 9

Die Rechtskraft eines Urteils im Gesellschaftsprozess erstreckt sich nur auf den Kläger und die Gesellschaft. Über § 129 HGB hat es jedoch **präjudizielle Wirkung** im Gesellschafterprozess. So kann 10

---

5 RGZ 89, 403 (406); BGH WM 1971, 1451; BB 2001, 1653; OLG Oldenburg NZG 2000, 542; Baumbach/Hopt/*Roth* § 128 Rn. 23; E/B/J/*Lorz* § 131 Rn. 65, 112; MüKo HGB/*K. Schmidt* § 131 Rn. 128.
6 RGZ 153, 305 (311); Baumbach/Hopt/*Roth* § 128 Rn. 24; E/B/J/S/*Hillmann* § 128 Rn. 10; MüKo HGB/*K. Schmidt* § 128 Rn. 12.
7 Baumbach/Hopt/*Roth* § 128 Rn. 24; E/B/J/S/*Hillmann* § 128 Rn. 10; MüKo HGB/*K. Schmidt* § 128 Rn. 12; a. A. *Prediger* BB 1971, 245 (249).
8 RGZ 153, 305 (315); Baumbach/Hopt/*Roth* § 128 Rn. 24.
9 Vgl. Rdn. 1–4.
10 BGHZ 17, 340 (342); 62, 131 (133); BGH ZIP 1981, 1268; WM 1982, 1170; Baumbach/Hopt/*Roth* § 128 Rn. 39.
11 MAH PersGes/*von Unger/Friel* § 5 Rn. 165.
12 BGHZ 62, 131 (133); BGH NJW 2011, 2048 (2048 f.).

nach § 129 Abs. 1 HGB der Gesellschafter Einwendungen der Gesellschaft, welche diese im Prozess hätte erheben können, nicht mehr erheben. Dabei ist unerheblich, ob es sich um ein streitiges, ein Anerkenntnis- oder ein Versäumnisurteil handelt, sofern dieses nur rechtskräftig ist.[13] Etwas anderes gilt allerdings, wenn auch die Gesellschaft nach Rechtskraft gegen das gegen sie ergangene Urteil vorgehen kann, beispielsweise gemäß § 826 BGB oder gemäß § 767 Abs. 2 ZPO.[14]

11 Auch ein die Klage abweisendes Urteil entfaltet Rechtskraft nur zwischen dem Kläger und der Gesellschaft. Da hiernach jedoch feststeht, dass der geltend gemachte Anspruch gegen die Gesellschaft nicht besteht, scheidet eine akzessorische Haftung der Mitgesellschafter faktisch aus.

b) Klage nur gegen die Mitgesellschafter

12 Ebenso wie bei der GbR wirkt die Rechtskraft eines Urteils im Gesellschafterprozess jeweils nur gegenüber dem(n)jenigen Gesellschafter(n), welche(r) gerichtlich in Anspruch genommen wurde(n).[15] Es entfaltet keine Rechtskraft gegenüber anderen Mitgesellschaftern, die nicht Partei des Prozesses waren, oder gegenüber der OHG selbst. Aus diesem Grund wird vertreten, dass eine **Nebenintervention der Gesellschaft** nicht möglich sei.[16] Der Interventionsgrund des rechtlichen Interesses am Obsiegen der unterstützten Partei[17] kann aber nicht nur in Fällen der Rechtskraftwirkung vorliegen, sondern auch in Fällen der Präjudizialität, wovon auch Regressfälle erfasst werden.[18] Weshalb ein rechtliches Interesse der OHG nicht vorliegen soll, ist daher angesichts der Regressansprüche des jeweils verklagten Gesellschafters nicht einleuchtend.

13 Da der jeweils in Anspruch genommene Mitgesellschafter für den Fall des Unterliegens einen **Regressanspruch** gegen die OHG gemäß § 110 HGB sowie subsidiär und pro rata gegen seine Mitgesellschafter aus § 426 Abs. 1 BGB hat, muss der Anwalt des verklagten OHG-Gesellschafters überlegen, ob es (insbesondere aus Solvenzgesichtspunkten) ratsam ist, der OHG und/oder den weiteren Mitgesellschaftern den Streit zu verkünden.[19]

14 Während sich bei einer Klage eines Dritten gegen einen der OHG-Gesellschafter die örtliche Zuständigkeit grundsätzlich allein im Hinblick auf den verklagten Gesellschafter bestimmt, es sei denn, dass der Dritte mit der OHG eine Gerichtsstandsvereinbarung[20] oder Schiedsvereinbarung[21] getroffen hat, bestimmt sich bei einer Klage eines Mitgesellschafters gegen einen anderen die örtliche Zuständigkeit nach § 22 ZPO, d. h. nach dem allgemeinen Gerichtsstand der Gesellschaft, wenn nicht der Gesellschaftsvertrag eine abweichende Regelung vorsieht.

c) Klage sowohl gegen die OHG als auch gegen die Mitgesellschafter

15 Ebenso wie bei der GbR liegt im Fall der sowohl gegen die OHG als auch gegen die Mitgesellschafter gerichteten Klage keine notwendige, sondern nur eine **einfache Streitgenossenschaft** vor.[22] Die OHG und ihre Gesellschafter haften nicht als Gesamtschuldner. Im Antrag sind daher Formulierungen wie

---

13 BGHZ 73, 217 (224); RGZ 3, 338.
14 MAH PersGes/*von Unger/Friel* § 5 Rn. 164.
15 MAH PersGes/*von Unger/Friel* § 5 Rn. 172, 174.
16 MAH PersGes/*von Unger/Friel* § 5 Rn. 172.
17 Saenger/*Bendtsen* § 66 Rn. 6.
18 Musielak/*Weth* § 66 Rn. 7.
19 BGH NJW 1980, 399 (340).
20 So die h. M. unter Berufung auf § 128 HGB: BGH NJW 1981, 2644 (2646). Ablehnend hingegen mit dem Hinweis darauf, dass die Akzessorietät nach § 128 HGB rein materiell-rechtlicher Natur sei und nicht auf prozessuale Aspekte Anwendung finde: *K. Schmidt* DB 1989, 2315 (2318).
21 So die h. M. unter Berufung auf § 128 HGB: BGH NJW-RR 1991, 423 (424); Baumbach/Hopt/*Roth* § 128 Rn. 40. Ablehnend *K. Schmidt* DB 1989, 2315 (2318).
22 BGHZ 54, 251 (254 f.); BGH WM 1985, 750.

A. Vermögensrechte und -pflichten §40

»*als unechter Gesamtschuldner*« 16

oder

»*als wären sie Gesamtschuldner*« 17

zu wählen.

d) Haftung ausscheidender Gesellschafter

Der aus einer OHG **ausgeschiedene Gesellschafter** kann von seinen Mitgesellschaftern noch fünf 18
Jahre nach seinem Ausscheiden für Verbindlichkeiten, die vor seinem Ausscheiden begründet wurden, in Anspruch genommen werden (§ 160 HGB), sofern im Innenverhältnis keine abweichende Regelung getroffen wurde.

Allerdings gilt bei einem ausgeschiedenen Gesellschafter, dass die Klage gegen die Gesellschaft die 19
Verjährung des Anspruches gegen den Gesellschafter nicht hemmt.[23] Ebenso wenig entfaltet ein der Klage gegen die Gesellschaft stattgebendes Urteil Wirkung gemäß § 129 Abs. 1 HGB gegen den ausgeschiedenen Gesellschafter, wenn die Klage nach dem Ausscheiden des Gesellschafters erhoben wurde.[24] Der vor Klagerhebung gegen die Gesellschaft ausgeschiedene Gesellschafter ist dementsprechend mit Einwendungen der Gesellschaft nicht ausgeschlossen. Hingegen wirkt ein Obsiegen der Gesellschaft auch zu Gunsten des ausgeschiedenen Gesellschafters.[25]

e) Haftung eintretender Gesellschafter

Grundsätzlich haftet ein **neu eintretender Gesellschafter** gemäß § 130 HGB auch für die Verbind- 20
lichkeiten, die vor seinem Eintritt begründet wurden. Während Dritten gegenüber nach § 130 Abs. 2 HGB eine entgegenstehende Vereinbarung unwirksam ist, können die Gesellschafter einer OHG untereinander abweichende Vereinbarungen treffen. Es ist daher im Einzelfall zu prüfen, ob ein Gesellschafter einen neu eingetretenen Mitgesellschafter tatsächlich für »Altverbindlichkeiten« in Anspruch nehmen kann.

3. Die einzelnen Ansprüche des Gesellschafters

Die einzelnen Vermögensansprüche eines Gesellschafters gegen die Gesellschaft sind wie bei der 21
GbR im Wege der Leistungsklage durchzusetzen.

a) Gewinnauszahlungsanspruch, § 121 HGB

Der Gewinnanspruch entsteht bei der OHG mit der Feststellung des Jahresabschlusses.[26] Ein wei- 22
terer, eigenständiger Beschluss der Gesellschafter ist nicht erforderlich.[27]

Der **Anspruch auf Auszahlung des Gewinns** kann jeweils nur in einem eng begrenzten zeitlichen 23
Rahmen geltend gemacht werden.[28] Dieser beginnt mit Feststellung des Jahresabschlusses für das vorangegangene Geschäftsjahr und endet mit Feststellung der Folgebilanz.[29] Dem Entnahmerecht steht allerdings dann eine Einrede entgegen, wenn die Entnahme zu einem »offenbaren Schaden der Gesellschaft« führen würde, § 122 Abs. 1 Hs. 2 HGB. Ein solcher »offenbarer Schaden der Ge-

---

23 BGHZ 44, 229 (233); Baumbach/Hopt/*Roth* § 129 Rn. 2.
24 BGHZ 44, 229 (234); Baumbach/Hopt/*Roth* § 128 Rn. 43.
25 MAH PersGes/*von Unger/Friel* § 5 Rn. 166.
26 BGHZ 80, 357 (358); MüKo HGB/*Priester* § 121 Rn. 11.
27 E/B/J/S/*Ehricke* § 121 Rn. 3; Großkomm HGB/*Ulmer* § 121 Rn. 5; MüKo HGB/*Priester* § 121 Rn. 11; Schlegelberger/*Martens* § 121 Rn. 6.
28 MüKo HGB/*Priester* § 122 Rn. 29.
29 BGH BB 1975, 1605 (1606); E/B/J/S/*Ehricke* § 122 Rn. 7; Großkomm HGB/*Ulmer* § 122 Rn. 10; Schlegelberger/*Martens* § 122 Rn. 6.

sellschaft« liegt vor, wenn die Entnahme den Bestand der Gesellschaft gefährden würde, weil durch die Auszahlung der Verlust an liquiden Mitteln droht, die für die Lebens- und Widerstandsfähigkeit der Gesellschaft erforderlich sind.[30] Maßgebend für das Eingreifen des Leistungsverweigerungsrechts sind die Verhältnisse im Zeitpunkt des Auszahlungsbegehrens.[31] Bessert sich die Situation der Gesellschaft, entfällt die Einrede wieder.

24 Als **Sozialverbindlichkeit** ist die Klage auf Auszahlung des Gewinns gegen die OHG, nicht aber gegen die Mitgesellschafter zu richten. Wird indes über die Festsetzung der Gewinnverteilung gestritten, kann Feststellungsklage gegen den widersprechenden Mitgesellschafter erhoben werden.

b) Entnahmerecht, § 122 HGB

25 Über das Recht auf Gewinnentnahme hinaus gewährt § 122 HGB ein sogenanntes **Kapitalentnahmerecht**. Danach darf ein Gesellschafter 4 % seines letzten Kapitalanteils unabhängig davon entnehmen, ob ein Gewinn erzielt worden ist. Dies soll dem Lebensunterhalt des OHG-Gesellschafters dienen. Für weitere Entnahmen ist nach § 122 Abs. 2 HGB die Zustimmung der Mitgesellschafter erforderlich.

26 Der Entnahmeanspruch entsteht frühestens mit der Feststellung des Abschlusses für das vorangegangene Geschäftsjahr.[32] Erst dann stehen die Kapitalanteile der Gesellschafter und der Vorjahresgewinn fest. Ist nach dem Gesellschaftsvertrag eine Gewinnverwendungsentscheidung der Gesellschafter erforderlich, muss diese hinzukommen.[33] Bei ungebührlicher Verzögerung der Bilanzfeststellung kann ein Schadensersatzanspruch gegen die Gesellschafter gegeben sein, welche die Verzögerung zu vertreten haben.[34]

27 Zur **Durchsetzung des Entnahmeanspruchs** ist die Gesellschaft auf Zahlung zu verklagen.[35] Die Klage auf Erfüllung kann von Mitgesellschaftern, nicht dagegen von Zessionaren, auch unmittelbar gegen die geschäftsführenden Gesellschafter erhoben werden, muss dann allerdings stets auf Zahlung aus der Gesellschaftskasse lauten.[36] Möglich ist auch eine Klage auf Feststellung, dass die Entnahme zulässig ist.[37]

28 Die **Beweislast** für die Berechtigung einer Entnahme trifft den Gesellschafter, der sie verlangt.[38] Streitig ist, was er darzulegen und zu beweisen hat. Teilweise wird angenommen, ein entsprechender Gesellschafterbeschluss, insbesondere über die Feststellung des Jahresabschlusses reiche aus. Der Gesellschafter müsse also nicht dessen formelle und materielle Voraussetzungen beweisen.[39] Der BGH hat demgegenüber dem Gesellschafter die Beweislast dafür zugewiesen, dass sämtliche materielle Voraussetzungen des Entnahmerechts vorliegen.[40]

c) Anspruch auf Liquidationsguthaben, § 155 HGB

29 Nach § 155 HGB haben die OHG-Gesellschafter einen Anspruch auf Auszahlung des Liquidationsguthabens. Für die Einzelheiten bezüglich Inhalt, Umfang und Geltendmachung wird auf die Ausführungen im Rahmen der Beendigung der OHG verwiesen.[41]

---

30 E/B/J/S/*Ehricke* § 122 Rn. 41; Großkomm HGB/*Ulmer* § 122 Rn. 20; MüKo HGB/*Priester* § 122 Rn. 37; Schlegelberger/*Martens* § 122 Rn. 16.
31 MüKo HGB/*Priester* § 122 Rn. 34; Schlegelberger/*Martens* § 122 Rn. 16.
32 Baumbach/Hopt/*Roth* § 122 Rn. 4; E/B/J/S/*Ehricke* § 122 Rn. 6; GroßkommHGB/*Ulmer* § 122 Rn. 4.
33 LG Hamburg EWiR 1998, 1137 f.
34 Schlegelberger/*Martens* § 122 Rn. 14.
35 E/B/J/S/*Ehricke* § 122 Rn. 15; Schlegelberger/*Martens* § 122 Rn. 8.
36 BGH NJW-RR 2003, 1392 (1393); WM 1970, 1223 (1224 f.); WM 1961, 1075.
37 OLG Koblenz BB 1980, 855 f.
38 BGH NJW 1982, 2065; BB 1960, 188.
39 Schlegelberger/*Martens* § 122 Rn. 19.
40 BGH NJW 1982, 2065.
41 Vgl. hierzu § 44 Rdn. 28.

B. Verwaltungsrechte und -pflichten § 40

d) Aufwendungsersatz, § 110 HGB

Bei der OHG ist in Erweiterung von § 670 BGB ein Aufwendungsersatz in § 110 HGB vorgeschrieben, wonach die Gesellschafter einen Anspruch auf **Aufwendungs- und Verlustersatz** geltend machen können. Gemäß § 110 HGB muss der Gesellschafter in Gesellschaftsangelegenheiten Aufwendungen gemacht haben, die er den Umständen nach für erforderlich halten durfte. Ersatz von Verlusten kann ein Gesellschafter ausweislich § 110 Abs. 1 HGB verlangen, wenn er unmittelbar durch seine Geschäftsführung oder aus Gefahren, die mit dieser untrennbar verbunden sind, Verluste erleidet. 30

Ebenso wie bei der GbR sind vor dem Hintergrund, dass keine Nachschusspflicht der Gesellschafter besteht, Gegner einer auf § 110 HGB gestützten Klage nicht die Mitgesellschafter, sondern die Gesellschaft selbst. Bei Überschuldung kann jedoch ein Anspruch *pro rata* gegen die Mitgesellschafter durchgesetzt werden.[42] 31

II. Vermögenspflichten

1. Grundsätzliches

Ebenso wie bei der GbR sind die einzelnen Vermögenspflichten der Gesellschafter, d. h. die Vermögensansprüche der Gesellschaft im Wege der **Leistungsklage** durchzusetzen. Diese kann die OHG selbst geltend machen oder aber einer ihrer Gesellschafter im Wege der *actio pro socio*.[43] 32

Wie auch bei der GbR ergeben sich Probleme, wenn der zu verklagende Gesellschafter der einzige vertretungsberechtigte Geschäftsführer der Gesellschaft ist.[44] Auch hier wird die Bestellung eines Prozesspflegers für die OHG entsprechend § 57 Abs. 1 ZPO als Lösung erörtert.[45] Zutreffend ist, dass die einzelnen Gesellschafter im Wege der *actio pro socio* vorgehen können. 33

Die Klageerhebung gegen einen Mitgesellschafter wird als **außergewöhnliches Geschäft i. S. d. § 116 Abs. 2 HGB** angesehen.[46] Erforderlich ist demnach ein Beschluss sämtlicher übrigen Gesellschafter. Etwas anderes gilt hingegen, wenn der Mitgesellschafter aus einem Drittgeschäft in Anspruch genommen wird.[47] 34

2. Die einzelnen Ansprüche der Gesellschaft

Die wesentlichste Vermögenspflicht, welche die Gesellschafter einer OHG trifft, ist die **Beitragspflicht gemäß § 706 BGB**. Es gilt das zur GbR Gesagte.[48] Inhalt und Umfang der Beitragspflicht richten sich nach dem Gesellschaftsvertrag. Bei Nichtleistung oder Mangelhaftigkeit der Beiträge ist Leistungsklage auf Erfüllung, Nacherfüllung oder Schadensersatz zu erheben. 35

B. Verwaltungsrechte und -pflichten

Klagegegner ist bei der Durchsetzung von Verwaltungsrechten und -pflichten wie bei der GbR grundsätzlich die OHG[49] bzw. der widersprechende Mitgesellschafter. Einsichts- und Informationsrechte kann ein Gesellschafter aber auch unmittelbar gegen den oder die geschäftsführenden Gesellschafter geltend machen.[50] 36

---

42 Vgl. hierzu Rdn. 1–4.
43 Vgl. hierzu § 32 Rdn. 46 ff.
44 Vgl. hierzu § 32 Rdn. 44.
45 MAH PersGes/*von Unger/Friel* § 5 Rn. 156.
46 RGZ 171, 51 (54); BGH WM 1983, 60; WM 1997, 1431; Baumbach/Hopt/*Roth* § 116 Rn. 2; E/B/J/S/*Drescher* § 114 Rn. 43; GroßkommHGB/*Schäfer* § 116 Rn. 16; MüKo HGB/*Rawert* § 114 Rn. 67.
47 BGH WM 1997, 1431; Baumbach/Hopt/*Roth* § 116 Rn. 2.
48 Vgl. § 32 Rdn. 55 ff.
49 BGH BB 1962, 899; OLG Celle BB 1983, 1451.
50 BGH WM 1955, 1585; WM 1983, 911.

37 **Richtige Klageart** ist je nach Zielrichtung des Verfahrens Leistungs-, Unterlassungs- oder Gestaltungsklage.

I. Recht auf und Pflicht zur Mitwirkung bei Geschäftsführung und Vertretung, §§ 114, 115, 119, 125 HGB

38 Im Hinblick auf die mit den Rechten und Pflichten zur Mitwirkung bei der Geschäftsführung im Zusammenhang stehenden Streitigkeiten kann auf die Ausführungen in § 43 verwiesen werden.

II. Entziehungs-, Kündigungs- und Ausschließungsrechte, §§ 117, 127, 132, 133, 140 HGB

39 Zu den Verwaltungsrechten und -pflichten gehören auch die Kündigungs-, Entziehungs- und Ausschließungsrechte. Für die Einzelheiten wird auf die jeweiligen Ausführungen unter den weiterführenden Kapiteln verwiesen.[51]

III. Kontroll- und Auskunftsrechte, § 118 HGB

40 Das Informationsrecht des OHG-Gesellschafters aus § 118 HGB entspricht im Wesentlichen dem des GbR-Gesellschafters aus § 716 BGB, es kann daher auf die Ausführungen zur GbR verwiesen werden.[52] Lediglich terminologisch besteht ein Unterschied, da die Geschäftsbücher bei der OHG als »Handelsbücher« bezeichnet werden. Bei der OHG hat der Gesellschafter nach § 118 HGB das Recht, eine Bilanz und einen Jahresabschluss anzufertigen, wohingegen bei der GbR ein Anspruch auf »Übersicht über den Stand des Gesellschaftsvermögens« besteht. Materiell und in prozessualer Hinsicht ergeben sich hieraus aber keine Unterschiede.[53]

C. Treuepflicht

41 Auch bei der OHG bestehen aus dem Gesellschaftsverhältnis Treuepflichten, welche eine Pflicht zur Rücksichtnahme auf die Interessen der Gesellschaft oder der Mitgesellschafter begründen. Insbesondere kann aus den Treuepflichten eine Pflicht zur Zustimmung zu bestimmten Maßnahmen oder Beschlüssen folgen.

I. Grundsätzliche Durchsetzung der Treuepflicht

42 Wie bei der GbR sind auch bei der OHG auf die Treuepflicht gestützte Leistungs-, Unterlassungs- und Feststellungsklagen denkbar.[54]

II. Insbesondere: Wettbewerbsverbot, § 112 HGB

1. Die Regelung des § 112 HGB

43 §§ 112, 113 HGB enthalten für die OHG eine ausdrückliche Regelung zum **Wettbewerbsverbot der OHG-Gesellschafter.** Dieses findet auf sämtliche OHG-Gesellschafter Anwendung, unabhängig davon, ob diese geschäftsführungsbefugt oder von der Geschäftsführung ausgeschlossen sind.[55] Hintergrund hierfür ist, dass unabhängig von der Geschäftsführungsbefugnis sämtliche OHG-Gesellschafter gemäß §§ 116 Abs. 2, 118 HGB umfangreiche Informations- und Kontrollrechte haben, wodurch sie Einblick in die Tätigkeiten der OHG erhalten. Der BGH will jedoch Einschränkungen der Treuepflicht vornehmen, wenn der OHG-Gesellschafter nicht nur von der Geschäftsführung

---

51 Vgl. für den Entzug und Kündigung der Geschäftsführung unter § 43 Rdn. 7 ff., für die Kündigung der Gesellschaft unter § 44 Rdn. 9 ff., für den Ausschluss eines Gesellschafters unter § 41 Rdn. 2 ff.
52 Vgl. § 32 Rdn. 64 ff.
53 MAH PersGes/*Plückelmann* § 4 Rn. 119.
54 Vgl. § 32 Rdn. 78 ff.
55 BGHZ 89, 162 (165).

ausgeschlossen ist, sondern seine Stellung im Innenverhältnis der eines Kommanditisten oder stillen Gesellschafters gleicht.[56]

Nach der gesetzlichen Regelung in § 112 Abs. 1 HGB darf ein Gesellschafter ohne Einwilligung der anderen Gesellschafter weder im Handelszweig der Gesellschaft Geschäfte machen, noch an einer anderen gleichartigen Handelsgesellschaft als persönlich haftender Gesellschafter teilnehmen. 44

2. Rechtsfolgen eines Verstoßes gegen das Wettbewerbsverbot § 113 HGB

Bei einem Verstoß gegen das Wettbewerbsverbot des § 112 HGB kann die OHG gemäß § 113 HGB **Schadensersatz** fordern oder **Herausgabe des Gewinns** verlangen. 45

Fordert die OHG Schadensersatz muss sie den ihr entstandenen Schaden darlegen und beweisen. Oftmals wird es sich daher anbieten, das **Eintrittsrecht** zu wählen, wonach die OHG verlangen kann, dass der gegen § 112 HGB verstoßende Gesellschafter die für eigene Rechnungen gemachten Geschäfte als für Rechnung der Gesellschaft eingegangene gelten lässt und die aus Geschäften für fremde Rechnungen bezogene Vergütung herausgibt oder seinen Anspruch auf Vergütung abtritt. Um die Ansprüche effektiv geltend machen zu können, steht der OHG neben dem allgemeinen Auskunftsanspruch aus § 242 BGB auch ein Anspruch auf Rechnungslegung nach § 666 BGB zu.[57] 46

Für die Geltendmachung des Wettbewerbsverbots ist gemäß § 113 Abs. 2 HGB ein **Beschluss der übrigen Gesellschafter** erforderlich. Mit dem Gesellschafterbeschluss wird das zuvor erwähnte Wahlrecht ausgeübt, wobei umstritten ist, ob die Gesellschaft dabei nur an die Wahl des Eintrittsrechts gebunden ist oder auch an die Wahl des Schadensersatzverlangens.[58] Ohne Beschluss steht der Gesellschaft bzw. den Gesellschaftern kein Klagerecht zu.[59] Ausreichend ist jedoch auch ein stillschweigender Beschluss, z. B. durch gemeinsame Klagerhebung oder Klagerhebung mit Zustimmung der übrigen Gesellschafter.[60] Grundsätzlich besteht keine Zustimmungspflicht der Gesellschafter zur Erhebung einer Klage, es sei denn die Zustimmung wird grundlos und daher treuwidrig verweigert.[61] Der die Zustimmung verweigernde Gesellschafter ist dann auf Zustimmung zu verklagen.[62] 47

Liegt ein Beschluss vor, erfolgt die Geltendmachung durch die OHG bzw. durch den einzelnen Mitgesellschafter im Wege der *actio pro socio*.[63] In der Zweipersonengesellschaft genügt die Entschließung des anderen Gesellschafters. Dieser kann dann gegen den untreuen Gesellschafter Klage erheben.[64] 48

Zu beachten ist bei der prozessualen Geltendmachung der Ansprüche aus § 113 HGB, dass diese gemäß § 113 Abs. 3 HGB bereits drei Monate nach Kenntnis von dem Verstoß gegen das Wettbewerbsverbot **verjähren**. Es ist also zügiges Handeln geboten. 49

---

56 BGHZ 38, 306 (314) unter Verweis auf § 1 GWB; ablehnend: MüKo HGB/*Langhein* § 112 Rn. 34.
57 BGH WM 1972, 1229 (1230); MAH PersGes/*Plückelmann* § 4 Rn. 204.
58 Für ersteres: Baumbach/Hopt/*Roth* § 113 Rn. 8; GroßkommHGB/*Ulmer* § 113 Rn. 10; anders die wohl h. M.: an einen einmal gefassten Beschluss, ob Schadensersatz verlangt oder vom Eintrittsrecht Gebrauch gemacht werden soll, ist die Gesellschaft gebunden: E/B/J/S/*Bergmann* § 113 Rn. 3 m. w. N.; MüKo HGB/*Langhein* § 114 Rn. 10; Schlegelberger/*Martens* § 114 Rn. 20; die Rechtsprechung hat zu dieser Frage bisher soweit ersichtlich keine Stellung bezogen.
59 Baumbach/Hopt/*Hopt* § 113 Rn. 9; MAH PersGes/*Plückelmann* § 4 Rn. 208.
60 BGHZ 89, 162 (172); Baumbach/Hopt/*Roth* § 113 Rn. 7.
61 Baumbach/Hopt/*Roth* § 113 Rn. 9.
62 Baumbach/Hopt/*Roth* § 113 Rn. 9.
63 Baumbach/Hopt/*Roth* § 113 Rn. 7.
64 Baumbach/Hopt/*Roth* § 113 Rn. 7.

3. Weitere Ansprüche bei Verletzung des Wettbewerbsverbots

50 Neben den Ansprüchen aus § 113 HGB kommen **Unterlassungsansprüche**[65] und **Zahlungsansprüche** aus anderem Rechtsgrund in Betracht, beispielsweise wegen gleichzeitiger Verletzung der Geschäftsführungspflichten i. S. v. § 114 HGB sowie auf Herausgabe des Erlangten nach § 105 Abs. 3 HGB i. V. m. §§ 713, 667 BGB oder §§ 687 Abs. 2, 681, 667 BGB.[66]

51 Für diese weiteren Ansprüche findet das Beschlusserfordernis des § 113 Abs. 2 HGB keine Anwendung.[67] Die kurze Verjährung des § 113 Abs. 3 HGB findet ebenfalls keine Anwendung auf weitergehende Zahlungsansprüche.[68] Ob hingegen die Verjährungsfrist des § 113 Abs. 3 HGB auch auf Unterlassungsansprüche Anwendung findet, ist umstritten.[69]

D. Ansprüche aufgrund der Verletzung von Gesellschafterpflichten

52 Es gelten die Ausführungen zur GbR.[70]

E. Streitigkeiten im Zusammenhang mit dem Abschlussprüfer

53 Sofern die OHG gemäß § 264a HGB prüfungspflichtig ist, d.h. die OHG keine kleine Gesellschaft im Sinne von § 267 Abs. 1 HGB ist und nicht wenigstens ein persönlich haftender Gesellschafter der OHG eine natürliche Person bzw. eine Personengesellschaft mit einer natürlichen Person als persönlich haftendem Gesellschafter ist, findet die Regelung des § 318 HGB Anwendung. Im Hinblick auf Streitigkeiten im Zusammenhang mit dem Abschlussprüfer kann insoweit auf die Ausführungen zur AG verwiesen werden.[71]

---

[65] MüKo HGB/*Langhein* § 113 Rn. 11.
[66] MAH PersGes/*Plückelmann* § 4 Rn. 204.
[67] BGH WM 1972, 1229 (1230); OLG Nürnberg BB 1981, 452; Baumbach/Hopt/*Roth* § 113 Rn. 9; MAH PersGes/*Plüggelmann* § 4 Rn. 209.
[68] Baumbach/Hopt/*Roth* § 113 Rn. 10; Großkomm HGB/*Ulmer* § 113 Rn. 36 m. w. N.; MüKo HGB/*Langhein* § 114 Rn. 20.
[69] Bejahend: E/B/J/S/*Bergmann* § 113 Rn. 41; MAH PersGes/*Plückelmann* § 4 Rn. 204. Verneinend: Baumbach/Hopt/*Hopt* § 113 Rn. 10; MüKo HGB/*Langhein* § 113 Rn. 11.
[70] Vgl. § 32 Rdn. 89.
[71] Vgl. § 6 Rdn. 419 ff.

§ 41 Streitigkeiten bei Veränderungen des Gesellschafterbestandes

Übersicht	Rdn.		Rdn.
A. Hinzutreten eines neuen Gesellschafters	1	I. Ausschließung eines Gesellschafters.	2
B. Ausscheiden eines Gesellschafters	2	II. Austritt eines Gesellschafters	16

A. Hinzutreten eines neuen Gesellschafters

Vgl. oben § 33 Rdn. 1 ff. 1

B. Ausscheiden eines Gesellschafters

I. Ausschließung eines Gesellschafters.

Anders als in der GbR sieht das Gesetz für die OHG die Möglichkeit der Ausschließung eines Gesellschafters vor. Der hierfür vorgesehene Weg der **Ausschließungsklage** (§ 140 HGB) ist indes ein besonders beschwerlicher. Sie ist auch dann zulässig, wenn nach der Ausschließung nur noch ein Gesellschafter verbleibt (§ 140 Abs. 1 S. 2 HGB). 2

Die Ausschließungsklage ist eine **Gestaltungsklage**. Ihr Streitgegenstand ist nicht identisch mit dem der Auflösungsklage und darin auch nicht als »Minus« enthalten, so dass der Übergang von der einen zur anderen Klage eine Klagänderung darstellt.[1] Sowohl das Gericht am Sitz der Gesellschaft (§§ 22, 17 ZPO) als auch das Gericht am Sitz des auszuschließenden Gesellschafters (§ 13 ZPO) sind für die Ausschließungsklage **örtlich zuständig**.[2] Der **Streitwert** ist nach § 3 ZPO zu bestimmen, wobei es nach der Rechtsprechung dabei auf das Interesse der verbleibenden Gesellschafter ankommt. Dies bestimmt sich nach der Rechtsprechung anhand des Wertes der Beteiligungen der verbleibenden Gesellschafter.[3] Ob dies zutreffend ist, kann man freilich bezweifeln.[4] 3

Die Ausschließung eines Gesellschafters ist nach § 140 HGB jedoch nur dann zulässig, wenn in der Person des auszuschließenden Gesellschafters ein Umstand eintritt, der nach § 133 HGB für die übrigen Gesellschafter das Recht begründet, die Auflösung der Gesellschaft zu verlangen. Dies ist ein **wichtiger Grund**, der nach § 133 Abs. 2 HGB insbesondere dann vorliegt, wenn ein Gesellschafter eine ihm nach dem Gesellschaftsvertrag obliegende wesentliche Verpflichtung vorsätzlich oder aus grober Fahrlässigkeit verletzt oder wenn die Erfüllung einer solchen Verpflichtung unmöglich wird. 4

Der Weg über die Ausschließungsklage ist deswegen so beschwerlich, weil die Ausschließungswirkung erst mit Rechtskraft des Gestaltungsurteils eintritt.[5] Je nach Dauer des gerichtlichen Verfahrens können daher Jahre bis zum **Vollzug der Ausschließung** vergehen. Aus diesem Grunde finden sich auch häufig Regelungen in Gesellschaftsverträgen, die eine Ausschließung durch Gesellschafterbeschluss ermöglichen. Insoweit gilt das oben zur GbR Gesagte (vgl. oben § 33 Rdn. 6 ff.). 5

Das Gesetz setzt voraus, dass sämtliche Gesellschafter an der Ausschließungsklage beteiligt sind. Geht es also um die Ausschließung eines Gesellschafters, ist dieser Beklagter und seine Mitgesellschafter Kläger. Die Kläger sind **notwendige Streitgenossen** (§ 62 ZPO).[6] Nach der Rechtsprechung des BGH müssen sich solche Gesellschafter nicht als Kläger an der Ausschließungsklage beteiligen, die zuvor bindend erklärt haben, dass sie mit der Ausschließung des Beklagten einverstanden sind.[7] 6

---

[1] Baumbach/Hopt/*Roth* § 140 Rn. 21.
[2] Baumbach/Hopt/*Roth* § 140 Rn. 21; E/B/J/S/*Lorz* § 140 Rn. 24.
[3] BGH NJW 1956, 182; OLG Frankfurt JurBüro 1985, 1083; Baumbach/Lauterbach/Albers/Hartmann Anh. § 3 Rn. 62.
[4] Vgl. Schlegelberger/*K. Schmidt* § 140 Rn. 47.
[5] MüKo HGB/*K.Schmidt*, § 140 Rn. 83; E/B/J/S/*Lorz* § 140 Rn 34; Baumbach/Hopt/*Roth* § 140 Rn. 22.
[6] BGH NZG 2011, 26 (27).
[7] BGH NJW 1998, 146; so auch GroßkommHGB/*Schäfer* § 140 Rn. 37; E/B/J/S/*Lorz* § 140 Rn. 28.

Diese Meinung des BGH ist bestritten.[8] Will man daher sicher gehen und insbesondere negative Auswirkungen der Abweichung der Instanzgerichte von der BGH-Rechtsprechung ausschließen, so wird man auch in diesen Fällen sämtliche Mitgesellschafter auf Zustimmung zu der Ausschließungsklage verklagen müssen.

7 In jedem Fall müssen weitere Gesellschafter mitverklagt werden, wenn neben den auszuschließenden Gesellschaftern auch andere Gesellschafter sich deren Ausschließung widersetzen. Wie dies zu geschehen hat, ist indes umstritten. Nach der Rechtsprechung des BGH kann sich eine Pflicht der Gesellschafter zur Mitwirkung an der Ausschließung im Rahmen der allgemeinen gesellschaftsrechtlichen Treuepflicht ergeben.[9] Hiervon wird man im Regelfall sogar ausgehen müssen, da das Vorliegen eines wichtigen Grundes typischerweise die Fortsetzung der Gesellschaft mit dem auszuschließenden Gesellschafter unzumutbar macht und die Alternative der Auflösung der Gesellschaft und der damit einhergehenden Zerschlagung der mit der Gesellschaft gemeinsam geschaffenen Werte wiederum den übrigen Gesellschaftern kaum zumutbar sein dürfte.[10]

8 Entsprechend der oben dargestellten Rechtsprechung zur Zustimmung zur Ausschließungsklage richtet sich dann auch dieser Anspruch aus der Treuepflicht auf eine entsprechende Zustimmung und wäre im Rahmen der Leistungsklage zu verfolgen.[11]

9 Die Prozessführung in Fällen der Ausschließung wird dadurch erleichtert, dass der BGH die **Verbindung der Ausschließungsklage mit der Klage auf Zustimmung** zulässt, so dass im Ergebnis nur ein Rechtsstreit zu führen ist.[12] Dies setzt indes voraus, dass für beide Klagen derselbe Gerichtsstand gegeben ist, was bei dem Gerichtsstand nach §§ 22, 17 ZPO der Fall ist.

10 Soweit sich die Ausschließungsklage gegen mehrere Gesellschafter richtet, wird sie jedoch automatisch gegen alle abgewiesen, wenn sie auch nur gegenüber einem nicht begründet ist, da dann nach der Rechtsprechung des BGH die Zustimmung des erfolglos auf Ausschließung verklagten Gesellschafters zu der Ausschließung der übrigen Gesellschafter fehlt.[13] Es dürfte sich daher empfehlen – wenn dies denn gewollt ist – die auszuschließenden Gesellschafter jeweils hilfsweise auf Zustimmung zur Ausschließung der übrigen zu verklagen. Ansonsten bestünde das Risiko, dass aufgrund der mangelnden Begründetheit der Ausschließung auch nur eines Gesellschafters die Klage gegen sämtliche auszuschließenden Gesellschafter abgewiesen wird.

11 Die **Beweislast** für die Voraussetzungen der Ausschließung tragen bei der Ausschließungsklage schon nach allgemeinen Grundsätzen die Kläger.

12 Da der auszuschließende Gesellschafter erst mit der Rechtskraft des Gestaltungsurteils aus der Gesellschaft ausscheidet, spielt der **einstweilige Rechtsschutz** für den auszuschließenden Gesellschafter anders als in der GbR im Recht der Personenhandelsgesellschaften bei der Ausschließung von Gesellschaftern nach dem gesetzlichen Modell praktisch keine Rolle. Vielmehr liegt es im Interesse der die Ausschließung betreibenden Gesellschafter, ggf. einstweilige Maßnahmen herbeizuführen, die den Einfluss des auszuschließenden Gesellschafters auf die Gesellschaft mindern. Eine Vorwegnahme der Ausschließung durch einstweilige Verfügung dürfte dagegen in aller Regel unzulässig sein, da dies auf eine Vorwegnahme der Hauptsache hinausliefe.[14] Es dürfte jedoch möglich sein, dem auszuschließenden Gesellschafter die Möglichkeit einer Einflussnahme auf die Gesellschaft, etwa durch die vorläufige **Entziehung der Geschäftsführungs- und Vertretungsbefugnis**, zu nehmen.[15]

---

8 Vgl. nur MüKo HGB/*K. Schmidt* § 140, Rn. 67, 71.
9 BGH NJW-RR 1997, 925 (926); BGH NJW 1975, 1410 (1411).
10 Ähnlich MüKo HGB/*K.Schmidt*, § 140 Rn. 60.
11 BGH NJW 1975, 1410 (1412).
12 BGH NJW 1977, 1013; BGH NJW 1984, 173.
13 BGH NJW 1975, 1410 (1411).
14 Baumbach/Hopt/*Hopt* § 140 Rn. 21; MüKo HGB/*K.Schmidt*, § 140 Rn. 80.
15 Vgl. BGH NJW 1960, 1997; MüKo HGB/*K.Schmidt*, § 140 Rn. 80; E/B/J/S/*Lorz* § 140 Rn. 26.

Bei der Berechnung der Abfindung ist zu beachten, dass Stichtag für die Abschichtungsbilanz der Zeitpunkt der Klagerhebung ist. Prozessual ergeben sich gegenüber der GbR hingegen keine Besonderheiten. 13

Soweit abweichend von dem gesetzlichen Modell – wie dies verbreitet der Fall ist – die Möglichkeit der Ausschließung durch Gesellschafterbeschluss vorgesehen ist,[16] gilt grundsätzlich das oben zur GbR Gesagte (§ 33 Rdn. 8 ff.). Hier wie dort gilt, dass vorrangig die abweichenden gesellschaftsvertraglichen Abreden heranzuziehen sind.[17] 14

Besonderheiten gelten für **Zweipersonengesellschaften**.[18] 15

II. Austritt eines Gesellschafters

Anders als bei der GbR ist dem Gesellschafter der OHG sehr wohl ein Austritt aus derselben möglich. Anders als in der GbR bestimmt nämlich § 131 Abs. 3 Nr. 3 HGB, dass die **Kündigung des Gesellschafters** nicht zur Auflösung der Gesellschaft sondern zum Ausscheiden des kündigenden Gesellschafters, also zu dessen Austritt führt. § 131 Abs. 3 Nr. 3 HGB regelt indes nur die Rechtsfolge der Kündigung, nicht deren Voraussetzungen. Wie die Kündigung der Gesellschaft setzt die Austrittskündigung die Abgabe einer Kündigungserklärung sowie das Einhalten der hierfür gegebenen Erfordernisse voraus. Diese werden in §§ 132, 134 HGB geregelt. Hiernach kann die ordentliche Austrittskündigung mit einer Frist von sechs Monaten zum Ende des Geschäftsjahres ausgesprochen werden. Wie in Personengesellschaften üblich, ist die Kündigung gegenüber den Mitgesellschaftern zu erklären. Sie hat mit Ablauf der Kündigungsfrist die Wirkung, dass der Gesellschafter aus der Gesellschaft ausscheidet und ihm ein Abfindungsanspruch gegen die Gesellschaft zusteht.[19] 16

Eine Austrittskündigung aus wichtigem Grund mit sofortiger Wirkung ist dagegen in aller Regel nicht möglich, da für diese Fälle § 133 HGB die Auflösungsklage vorsieht. Etwas anders gilt nur dann, wenn die Kündigung aufgrund der Lehre von der fehlerhaften Gesellschaft an die Stelle der Anfechtung wegen arglistiger Täuschung tritt. In solchen Fällen ist ausnahmsweise auch die Austrittskündigung aus wichtigem Grund mit sofortiger Wirkung zulässig.[20] 17

---

16 BGH NZG 2011, 26 (27).
17 Vgl. hierzu MüKo HGB/*K. Schmidt* § 140 Rn. 88 ff.
18 Vgl. Henssler/Strohn/*Klöhn* § 140 Rn. 35 f.
19 Vgl. MüKo HGB/*K. Schmidt* § 131 Rn. 129 m. w. N.
20 BGH NJW 1975, 1700 (1701); 1979, 765; vgl. auch für die (Publikums-)Kommanditgesellschaft BGH NJW 1975, 1022 (1024).

§ 42 Streitigkeiten im Zusammenhang mit Gesellschafterbeschlüssen

Übersicht

	Rdn.			Rdn.
A.	Überblick: Beschlussfassung in der OHG	1	B. Geltendmachung von Beschlussmängeln	9
I.	Arten von Beschlüssen in der OHG ..	2	I. Abweichende Vereinbarungen	14
II.	Beschlussmängel	8	II. Einstweiliger Rechtsschutz, Abwehrrechte gegen Vollzugshandlungen	17

A. Überblick: Beschlussfassung in der OHG

1 Die Beschlussfassung in der OHG entspricht im Wesentlichen der **Beschlussfassung in der GbR**. Von daher kann grundsätzlich auf die Ausführungen und weiteren Fußnoten und Verweise oben in § 34 verwiesen werden.

I. Arten von Beschlüssen in der OHG

2 Auch in der OHG ist zwischen Grundlagengeschäften und Geschäftsführungsmaßnahmen zu unterscheiden. **Grundlagengeschäfte** bedürfen der Zustimmung aller Gesellschafter, soweit nicht der Gesellschaftsvertrag etwas anderes vorsieht.[1]

3 Hinsichtlich der **Geschäftsführung** gilt gem. § 114 HGB auch in der OHG, wie in der GbR, dass sämtliche Gesellschafter zur Führung der Geschäfte der Gesellschaft berechtigt und verpflichtet sind. Gem. § 114 Abs. 2 HGB kann der Gesellschaftsvertrag jedoch Abweichendes vorsehen und einzelne Gesellschafter von der Geschäftsführung ausschließen. Anders als in der GbR ist jeder geschäftsführende Gesellschafter nach der gesetzlichen Grundregel des § 115 Abs. 1 HGB alleingeschäftsführungsbefugt. Die übrigen geschäftsführenden Gesellschafter haben ein Widerspruchsrecht. Der Gesellschaftsvertrag kann auch insoweit anderes vorsehen. Gem. § 116 HGB erstreckt sich die Geschäftsführungsbefugnis nur auf Handlungen, die der gewöhnliche Betrieb des Handelsgewerbes mit sich bringt. Für darüber hinausgehende Handlungen ist gem. § 116 Abs. 2 HGB die Zustimmung sämtlicher Gesellschafter erforderlich.

4 Gem. § 125 HGB ist auch jeder Gesellschafter zur **Vertretung** der Gesellschaft ermächtigt, und zwar alleinvertretungsbefugt. Auch insoweit kann der Gesellschaftsvertrag anderes vorsehen.

5 Ebenso wie bei der GbR gibt es bei der OHG **kein Organ** »Geschäftsführung«. Sofern einzelne Gesellschafter von der Geschäftsführung und/oder der Vertretung ausgeschlossen sind, gibt es nur Gesellschafter mit unterschiedlichen Rechten. Dies kommt auch in § 119 HGB zum Ausdruck, der bei der Festlegung der erforderlichen Mehrheit bei Gesellschafterbeschlüssen auf die »zur Mitwirkung bei der Beschlussfassung berufenen Gesellschafter« abstellt.

6 Soweit in der OHG Beschlüsse zu fassen sind, gilt wie in der GbR das **Einstimmigkeitsprinzip** oder besser das »Zustimmungsprinzip«, d. h. alle zur Mitwirkung berufenen Gesellschafter müssen dem Beschluss zustimmen. Aber auch hier kann der Gesellschaftsvertrag Abweichendes vorsehen, wobei gem. § 119 HGB die Mehrheit im Zweifel nach der Zahl der (stimmberechtigten) Gesellschafter zu berechnen ist. Insoweit ergibt sich auch hier keine Abweichung vom Recht der GbR.

7 In der OHG gelten die Ausführungen zum Bestimmtheitsgrundsatz sowie zur Kernbereichslehre entsprechend.[2]

---

1 Vgl. hierzu bereits § 34 Rdn. 2 ff.
2 vgl. hierzu § 34 Rdn. 17.

II. Beschlussmängel

Das Beschlussmängelrecht der **OHG** unterscheidet sich nicht von dem der **GbR**. Es gibt auch bei der OHG keine Unterscheidung nach anfechtbaren und nichtigen Beschlüssen. Sämtliche Beschlussmängel führen zur Unwirksamkeit. Daher kann vollumfänglich auf die Ausführungen oben in § 34 Rdn. 19 ff. verwiesen werden.

B. Geltendmachung von Beschlussmängeln

Auch die Geltendmachung von Beschlussmängeln unterscheidet sich im Recht der OHG nicht von dem der **GbR**. Insoweit wird auf die Ausführungen oben § 34 Rdn. 32 ff. verwiesen.

Beschlussmängel müssen nicht im Klagewege geltend gemacht werden. Soweit ein Gesellschafter aber eine gerichtliche Klärung herbeiführen möchte, ist stets die **allgemeine Feststellungsklage** die statthafte Klageart. Soweit für die Herbeiführung des gewünschten Beschlussergebnisses die Mitwirkung weiterer Gesellschafter erforderlich ist, ist diese Mitwirkung im Wege der **Leistungsklage** durchzusetzen. Die Leistungsklage auf Zustimmung kann mit der Klage auf Beschlussfeststellung verbunden werden.[3]

Klagebefugt sollten nur die Gesellschafter sein, die zur Mitwirkung an der Beschlussfassung berufen waren. Es kommt aber nicht darauf an, ob der Kläger an der streitgegenständlichen Abstimmung tatsächlich teilgenommen hat.[4] Die Klage ist gegen die widersprechenden Gesellschafter zu richten.[5] Weder auf Kläger- noch auf Beklagtenseite besteht eine notwendige Streitgenossenschaft.[6]

Sachlich zuständig sind je nach Streitwert die Amts- oder Landgerichte, §§ 23, 71 GVG. Bei den Landgerichten sind gem. § 95 GVG die Kammern für Handelssachen zuständig, weil die Beschlussmängelstreitigkeiten in der OHG Streitigkeiten aus dem »Rechtsverhältnis zwischen den Mitgliedern einer Handelsgesellschaft« sind.

Örtlich zuständig sind die Gerichte am allgemeinen Gerichtsstand des Beklagten und am besonderen Gerichtsstand der Mitgliedschaft, § 22 ZPO.

I. Abweichende Vereinbarungen

Der Gesellschaftsvertrag kann **Ausschlussfristen** für die Geltendmachung von Beschlussmängeln vorsehen. Wie bei der GbR gibt es hier jedoch Ausnahmen: Zunächst sollen die gesellschaftsvertraglichen Ausschlussfristen eng auszulegen sein und im Zweifel nicht auf solche Beschlüsse anwendbar sein, die die Gesellschafterversammlung gar nicht hätte fassen dürfen.[7] Außerdem gilt die Ausschlussfrist nicht, soweit der Mangel darauf beruht, dass die erforderliche Zustimmung eines Gesellschafters fehlt.[8] Diesen Mangel kann der betroffene Gesellschafter bis zur Verwirkung geltend machen.

Der Gesellschaftsvertrag kann auch vorsehen, dass die Streitigkeit statt mit dem widersprechenden Gesellschafter mit der **Gesellschaft** ausgetragen werden muss.[9] Dieses Urteil entfaltet zwar keine Rechtskraft gegenüber den Gesellschaftern, aber nach dem Sinn und Zweck einer solchen Vertrags-

---

[3] Dies ist für die OHG nicht anders zu beurteilen als für die GbR, vgl. § 34, Rdn. 35.
[4] *Wiedemann* GesR I § 8 IV 2. a,
[5] BGH NZG 2011, 544; NJW-RR 2011, 115 (116 f.) m. w. N.; NJW 2009, 2300; a. A. *K. Schmidt*, FS Stimpel 1985, S. 220, 236 f., der für ein einheitliches Konzept der Beschlussmängelanfechtung in allen Verbänden plädiert und meint, bei den Personenhandelsgesellschaften sei die Klage gegen die Gesellschaft zu richten.
[6] Vgl. dazu bereits oben § 34 Rdn. 38 f.: Der Meinungsstreit, sowie die Argumentation, die letztlich zur Ablehnung einer notwendigen Streitgenossenschaft führt, können auf das Recht der OHG übertragen werden; siehe auch BGH NJW-RR 2011, 115 (116 f.) m. w. N.
[7] BGHZ 68, 212 (zur KG).
[8] BGH NJW 2010, 65 (66).
[9] BGH NZG 2011, 544; NJW 2006, 2854 (zur Publikums-KG); 1995, 1218 (1219) (zur KG); NJW-RR 1990, 474.

bestimmung sind die übrigen Gesellschafter verpflichtet, sich an die getroffene Entscheidung zu halten.[10] Wenn die Gesellschaft passivlegitimiert sein soll, sollte das im Gesellschaftsvertrag klar formuliert werden; die Festschreibung einer Ausschlussfrist für Klagen und die Verwendung des Wortes »Anfechtung« sollen für sich genommen jedenfalls nicht ausreichend sein, um die Passivlegitimation der Gesellschaft zu begründen.[11]

16 Auch in der OHG kann vereinbart werden, dass Beschlussmängelstreitigkeiten in einem **Schiedsverfahren** zu klären sind.[12] Für die Einzelheiten kann auf die Ausführungen bei der GbR, oben § 34 Rdn. 51 ff., verwiesen werden.

II. Einstweiliger Rechtsschutz, Abwehrrechte gegen Vollzugshandlungen

17 Wie bei der GbR ist auch bei der OHG **einstweiliger Rechtsschutz** im Zusammenhang mit Gesellschafterbeschlüssen denkbar. Dabei ist zu unterscheiden zwischen Anträgen, die sich auf den Prozess der Beschlussfassung beziehen, auf der einen Seite und Anträgen, die sich auf den Akt der Stimmabgabe beziehen, auf der anderen Seite. Beides ist prinzipiell möglich, einschließlich eines Antrags auf Stimmabgabe im Wege des einstweiligen Rechtsschutzes, wobei dabei besonders hohe Anforderungen an das Interesse des Antragstellers zu stellen sind.

18 Darüber hinaus ist einstweiliger Rechtsschutz gegen **Vollzugshandlungen**, die Gesellschafterbeschlüsse umsetzen, denkbar. Sofern die Vollzugsmaßnahme eine Geschäftsführungsmaßnahme ist, ist fraglich, ob die Befassung der Gesellschafter mit dieser Maßnahme bei der Beschlussfassung dazu führt, dass auch **nicht-geschäftsführende Gesellschafter** (was in der OHG eine Ausnahme von der Gesetzeslage ist) antragsberechtigt sind. Denn grundsätzlich können nicht-geschäftsführende Gesellschafter Fehler in der Geschäftsführung nicht im Wege einstweiligen Rechtsschutzes unterbinden.

19 Zu den Einzelheiten kann auf oben § 34 Rdn. 58 ff. verwiesen werden.

---

10 BGH NJW-RR 1990, 474 m. w. N.
11 BGH NZG 2011, 544 zur Klausel »Ein Gesellschafterbeschluss kann nur innerhalb von zwei Monaten durch Klage angefochten werden«.
12 BGH NJW 1979, 2567 (2569); Baumbach/Hopt/*Hopt* Einl. v. § 1 Rn. 88; *Schwedt/Lilja/Schaper* NZG 2009, 1281 (1285) m. w. N.; GroßkommHGB/*C. Schäfer* § 109 Rn. 68 (der aber offenbar davon ausgeht, dass alle Gesellschafter am Prozess als notwendige Streitgenossen zu beteiligen sind).

§ 43 Streitigkeiten im Zusammenhang mit der Geschäftsführung

Übersicht

		Rdn.
A.	Geschäftsführer als Beklagter	5
I.	Klage auf Entziehung der Geschäftsführungsbefugnis, § 117 HGB	7
	1. Voraussetzungen und Rechtsfolgen des § 117 HGB	8
	2. Prozessuale Aspekte der Entziehung der Geschäftsführungsbefugnis	10
II.	Klage auf Schadensersatz	20
III.	Klage auf Auskunft und Rechenschaft	23
IV.	Klagen im Zusammenhang mit Einzelmaßnahmen der Geschäftsführung	24
	1. Vorbeugende Unterlassungsklage der nicht geschäftsführungsbefugten Gesellschafter	24
	2. Klagen im Zusammenhang mit dem Widerspruchsrecht	25
	3. Klage auf Zustimmung bei der Willensbildung innerhalb der Geschäftsführung	28
	4. Klage beim Ausschluss von der Abstimmung	30
B.	Geschäftsführer als Kläger	31
I.	Klage gegen die Entziehung der Geschäftsführungsbefugnis	32
II.	Klage auf Aufwendungsersatz und Geschäftsführervergütung	33
	1. Anspruch auf Aufwendungsersatz	33
	2. Anspruch auf Geschäftsführervergütung	35
III.	Klage auf Entlastung	36
IV.	Klagen im Zusammenhang mit Einzelmaßnahmen der Geschäftsführung	38

Bei der OHG gilt ebenso wie bei der GbR, dass grundsätzlich sämtliche Gesellschafter zur Geschäftsführung befugt (und verpflichtet) sind, § 114 Abs. 1 HGB. Der Gesellschaftsvertrag kann jedoch einem oder einzelnen Gesellschaftern die Geschäftsführung übertragen. 1

Anders als bei der GbR ist bei der OHG allerdings gemäß § 115 Abs. 1 HGB grundsätzlich jeder Geschäftsführer **einzelgeschäftsführungsbefugt.** Die Zustimmung der übrigen Geschäftsführer ist im gesetzlichen Regelfall des § 115 Abs. 1 HGB nicht erforderlich. Die anderen Geschäftsführer können der beabsichtigten Maßnahme aber widersprechen. 2

Sieht der Gesellschaftsvertrag hingegen Gesamtgeschäftsführungsbefugnis vor, so muss auch bei Gefahr im Verzug zunächst versucht werden, die Zustimmung der übrigen Gesamtgeschäftsführer einzuholen, soweit dies angesichts der Gefahrenlage ohne Schädigung der Gesellschaft möglich ist. Hat ein geschäftsführender Gesellschafter seine Zustimmung rechtswirksam verweigert, so kann der andere Gesamtgeschäftsführer nicht mehr allein handeln.[1] 3

Der Umfang der Geschäftsführungsbefugnis der OHG-Geschäftsführer erstreckt sich auf die Handlungen, die der **gewöhnliche Betrieb des Handelsgewerbes** mit sich bringt. Für ungewöhnliche Geschäfte bedürfen die Geschäftsführer nach § 116 Abs. 2 HGB eines Beschlusses sämtlicher Gesellschafter der OHG; Grundlagengeschäfte sind von der Geschäftsführung ausgenommen und erfordern stets einen Gesellschafterbeschluss.[2] 4

A. Geschäftsführer als Beklagter

Die OHG wird im Prozess gegen einen ihrer Geschäftsführer von den übrigen Geschäftsführern vertreten. Der betroffene Geschäftsführer selbst ist von der Geschäftsführung und Beschlussfassung hierüber ausgeschlossen.[3] 5

---

[1] E/B/J/S/*Drescher* § 115 Rn. 32; MAH PersGes/*Gummert/Karrer* § 7 Rn. 109; Schlegelberger/*Martens* § 115 Rn. 28.
[2] MünchHdb GesR I/*v. Ditfurth* § 53 Rn. 7.
[3] BGH WM 1983, 60; MünchHdb GesR I/*v. Ditfurth* § 53 Rn. 3.

6 Ebenso wie bei der GbR stellt sich das Problem, wie die OHG in einem Verfahren gegen ihren einzigen Geschäftsführer vertreten wird.[4] Jeder Gesellschafter kann dann im Wege der *actio pro socio* vorgehen.

I. Klage auf Entziehung der Geschäftsführungsbefugnis, § 117 HGB

7 Wie bei der GbR ist die Geschäftsführung auch in der OHG Ausfluss der Gesellschafterstellung. Dementsprechend sind alle Änderungen der Geschäftsführung zugleich Änderungen des Gesellschaftsvertrages.[5] Vor diesem Hintergrund ist eine **Entziehung der Geschäftsführungsbefugnis** – wenn nicht bereits durch den Gesellschaftsvertrag erfolgt oder im Gesellschaftsvertrag abweichend vorgesehen – nur unter den erschwerten Voraussetzungen des § 117 HGB möglich. Ebenso wie bei der GbR ist es jedoch auch denkbar, dass der Geschäftsführer sein Recht zur Geschäftsführung verwirkt, beispielsweise wenn er die Geschäftsführung aus gesellschaftsfremden Beweggründen blockiert.[6]

1. Voraussetzungen und Rechtsfolgen des § 117 HGB

8 Gemäß § 117 HGB ist ein Entzug der Geschäftsführungsbefugnis möglich, wenn ein **wichtiger Grund** vorliegt. Wie bei der GbR ist ein solcher wichtiger Grund anzunehmen, wenn eine grobe Pflichtverletzung oder eine Unfähigkeit zur ordnungsgemäßen Geschäftsführung vorliegt. § 117 HGB bezieht sich dabei – anders als § 712 BGB – auf sämtliche Arten der Geschäftsführung, mithin auch auf die gesetzliche.[7]

9 Auch hinsichtlich der **Rechtsfolgen** kann auf die Ausführungen zur GbR verwiesen werden.[8] Entzogen werden sämtliche Geschäftsführungsbefugnisse, d. h. sowohl die vertraglichen als auch die gesetzlichen. Soll die Befugnis des einzigen Geschäftsführers entzogen werden, werden sämtliche übrige Gesellschafter geschäftsführungsbefugt.[9] Ist die Folge der Entziehung nicht durch Auslegung des Gesellschaftsvertrages ermittelbar, müssen sich die Gesellschafter auf eine Anpassung des Gesellschaftsvertrages einigen. Unter Umständen kann hierzu eine gerichtliche Klärung erforderlich sein. Diese Klage auf Zustimmung zur Änderung des Gesellschaftsvertrages kann mit der Entziehungsklage verbunden werden.[10] Der Antrag muss jedoch ein konkretes Änderungsbegehren enthalten und darf nicht dem Ermessen des Gerichts überlassen werden.[11]

2. Prozessuale Aspekte der Entziehung der Geschäftsführungsbefugnis

10 Anders als bei der GbR erfolgt bei der OHG nach § 117 HGB die Durchsetzung der Entziehung der Geschäftsführungsbefugnis nicht per Gesellschafterbeschluss, sondern im Klagewege durch **Gestaltungsklage aller übrigen Gesellschafter**.[12]

11 **Kläger** der Entziehungsklage müssen alle übrigen Gesellschafter sein, mithin auch die von der Geschäftsführung Ausgeschlossenen.[13] Ausreichend ist aber die Vertretung eines Mitgesellschafters im Wege der gewillkürten Prozessstandschaft, wofür wiederum die Erklärung genügt, das Ergebnis

---

4 Vgl. § 35 Rdn. 6.
5 MünchHdb GesR I/*v. Ditfurth* § 53 Rn. 11.
6 BGH NJW 1972, 862 (864); MünchHdb GesR I/*v. Ditfurth* § 53 Rn. 12.
7 Baumbach/Hopt/*Roth* § 117 Rn. 3.
8 Vgl. § 35 Rdn. 54–55.
9 BGHZ 33, 105 (108); 41, 367 (369).
10 BGHZ 51, 198 (202).
11 OLG Koblenz MDR 1957, 295 (296); MünchHdb GesR I/*v. Ditfurth* § 55 Rn. 36.
12 MünchHdb GesR I/*v. Ditfurth* § 55 Rn. 19.
13 BGHZ 64, 253 (255); MünchHdb GesR I/*v. Ditfurth* § 55 Rn. 19. Anders für Publikumsgesellschaften vgl. BGH BB 1988, 159 (160).

des Rechtsstreits für sich als verbindlich zu akzeptieren.[14] Nimmt später auch nur einer der Gesellschafter die Klage zurück, ist die Klage mangels Aktivlegitimation abzuweisen.[15]

Die Kläger einer Entziehungsklage sind **notwendige Streitgenossen**, da eine Entziehung der Geschäftsführungsbefugnis nur einheitlich gegenüber allen Gesellschaftern entschieden werden kann.[16]

12

Eine **Frist** für die Klagerhebung besteht nicht. Das Recht, die Entziehung der Geschäftsführung durch Klage anzustreben, kann jedoch bei Verstreichenlassen unnötig langer Zeit nach Erlangung der Kenntnis über den wichtigen Grund nach allgemeinen Grundsätzen verwirkt werden.[17]

13

Die Klage auf Entziehung der Geschäftsführung kann **gegen mehrere Geschäftsführer gleichzeitig** erhoben werden. Umstritten ist allerdings, ob dies nur dann zulässig sein soll, wenn die Entziehung auf den gleichen Grund oder auf zumindest zusammenhängende Gründe gestützt wird.[18] Zu beachten ist dabei aus praktischen Erwägungen das Risiko der klagenden Gesellschafter, die Entziehung der Geschäftsführung mehrerer Gesellschafter in einem Verfahren anzustrengen: Ist die Entziehung auch nur gegenüber einem Geschäftsführer unzulässig, ist die Klage insgesamt abzuweisen, da dann nicht mehr sämtliche der übrigen Gesellschafter Kläger bezüglich der eigentlich stattzugebenden Entziehung sind.[19] Es ist daher im Regelfall zu raten, separate Klagen anzustrengen. Problematisch hierbei kann selbstverständlich sein, die Zustimmung zur Klagerhebung von sämtlichen übrigen Gesellschaftern zu erreichen. Eine Pflicht zur Mitwirkung kann sich aus der gesellschaftsrechtlichen Treuepflicht ergeben.[20] Unter Umständen ist also zusätzlich erforderlich, dass auch auf Mitwirkung bei der Klagerhebung zur Entziehung der Geschäftsführungsbefugnis ein Prozess durchgeführt wird. Für das Klageverfahren gegen den seine Mitwirkung verweigernden Gesellschafter bedarf es dabei nicht notwendig der Mitwirkung aller sonstigen Gesellschafter.[21] Die Klage auf Zustimmung bzw. Mitwirkung bei der Entziehungsklage und die Entziehungsklage können miteinander verbunden werden.[22]

14

Mit der herrschenden Ansicht ist davon auszugehen, dass das Gericht nicht ohne besonderen Antrag auf eine **Teilentziehung** anstelle einer vollständigen Entziehung der Geschäftsführung erkennen darf.[23] Die Teilentziehung ist zutreffend nicht als *minus*, sondern als *aliud* anzusehen; das Gericht würde die Gesellschaftsverhältnisse teilweise neu ordnen. Besteht bei der Klageerhebung Unsicherheit dahingehend, ob die Entziehung der Geschäftsführungs- oder Vertretungsbefugnis verhältnismäßig ist, ist ein auf eine weniger einschneidende Maßnahme – etwa die Anordnung von Gesamtgeschäftsführung oder -vertretung – gerichteter gerichtlicher Hilfsantrag zu empfehlen, da das Gericht eine solche nicht ohne gesonderten Antrag treffen kann.[24]

15

Die Entziehung der Geschäftsführungsbefugnis wird mit dem rechtskräftigen Urteil wirksam. Der Ausspruch der vorläufigen Vollstreckbarkeit des Urteils bewirkt dies noch nicht.[25]

16

---

14 BGH LM Nr. 3 zu § 133 HGB; BGHZ 68, 81 (83); *Mock* S. 19; *Mock/Streppel* Rn. 51.
15 BGHZ 30, 195 (197).
16 BGHZ 30, 195 (197); MünchHdb GesR I/*v. Ditfurth* § 55 Rn. 25.
17 MünchHdb GesR I/*v. Ditfurth* § 55 Rn. 20.
18 Für die grundsätzliche Zulässigkeit: MüKo HGB/*Jickeli* § 117 Rn. 60; Schlegelberger/*Martens* § 117 Rn. 30. Für das Erfordernis eines Zusammenhanges: MünchHdb GesR I/*v. Ditfurth* § 55 Rn. 21.
19 BGHZ 64, 253 (255); 68, 81 (83); *Mock* S. 19; *Mock/Streppel* Rn. 51.
20 BGHZ 102, 172 (176); Baumbach/Hopt/*Roth* § 117 Rn. 6; MünchHdb GesR I/*v. Ditfurth* § 55 Rn. 22.
21 BGHZ 64, 253 (256); MAH PersGes/*Gummert/Karrer* § 7 Rn. 212.
22 BGHZ 68, 81 (83); BGH WM 1977, 500 (501); WM 1983, 750 (753).
23 BGH ZIP 2002, 396 (397); Baumbach/Hopt/*Roth* § 117 Rn. 7; MünchHdb GesR I/*v. Ditfurth* § 55 Rn. 32; Schlegelberger/*Martens* § 117 Rn. 12.
24 BGH NJW-RR 2002, 540 (541); MAH PersGes/*Gummert/Karrer* § 7 Rn. 216.
25 MünchHdb GesR I/*v. Ditfurth* § 55 Rn. 33.

17 Ob ein »**Nachschieben« von Gründen** zulässig ist, beurteilt sich in prozessualer Hinsicht erneut nach den allgemeinen Regelungen der ZPO. In materieller Hinsicht sind hingegen anders als bei dem Entzug der Geschäftsführung durch Beschluss im Rahmen der GbR alle wichtigen Gründe zu berücksichtigen, die bis zum Schluss der letzten mündlichen Verhandlung vorliegen und von den Parteien in den Prozess eingebracht wurden.[26]

18 Die Entziehung der Geschäftsführungsbefugnis ist von der **Entziehung der Vertretungsmacht** (§ 127 HGB) zu unterscheiden. Die Klagen können jedoch miteinander verbunden werden. Dementsprechend ist in der Regel ein auf den Entzug der Geschäftsführungsbefugnis lautender Klageantrag dahin auszulegen, dass er auch den Antrag auf Entziehung der Vertretungsbefugnis einschließt.[27] Umgekehrt ist der Antrag auf Entziehung der Vertretungsmacht zugleich als ein solcher auf Entziehung der Geschäftsführungsbefugnis auszulegen.

19 Eine Entziehung der Geschäftsführung ist auch im Wege des **einstweiligen Rechtsschutzes** möglich.[28] Dies gilt insbesondere, wenn zu befürchten ist, dass der verklagte Gesellschafter seine Geschäftsführungsbefugnis bis zum Abschluss des Hauptsacheverfahrens missbraucht. Allerdings sind die gesteigerten Anforderungen im Hinblick auf eine Vorwegnahme der Hauptsache zu beachten. Das Gericht kann deswegen im Rahmen der einstweiligen Verfügung alle erforderlichen Anordnungen treffen und beispielsweise auch einen Dritten für die Dauer des Rechtsstreits mit der Führung der Geschäfte betrauen.[29]

II. Klage auf Schadensersatz

20 Im Fall einer Pflichtverletzung, insbesondere der Vornahme vertragswidriger bzw. der Unterlassung gebotener Geschäftsführungshandlungen ist der Geschäftsführer einer OHG zum Schadensersatz verpflichtet. Wie bei der GbR ist **Haftungsmaßstab** hierbei **§ 708 BGB**, d. h. die Haftung ist auf die Sorgfalt in eigenen Angelegenheiten begrenzt.[30]

21 Im Hinblick auf die Bedeutung einer Klage gegen den Geschäftsführer einer OHG auf Schadensersatz wegen Verletzung seiner Geschäftsführerpflichten ist für die Klagerhebung der OHG gemäß § 116 Abs. 2 HGB grundsätzlich ein **Beschluss sämtlicher Gesellschafter** erforderlich.[31] Dies gilt auch bei einer Entscheidung über einen Verzicht auf Forderungen oder einen Vergleichsschluss betreffend einen Schadensersatzanspruch gegen einen Geschäftsführer.[32] Der betroffene Geschäftsführer ist jeweils von der Ausübung seines Stimmrechts ausgeschlossen.[33]

22 **Kläger** eines Schadensersatzanspruchs gegen einen Geschäftsführer einer OHG ist die OHG selbst oder ein einzelner Mitgesellschafter im Wege der *actio pro socio*.[34] Im Rahmen der *actio pro socio* ist jedoch die Klagebefugnis des Gesellschafters nicht von der Zustimmung der übrigen Gesellschafter abhängig.[35] Vielmehr kann der *actio pro socio* eines einzelnen Gesellschafters nur dadurch der Boden entzogen werden, dass die Gesellschaft durch wirksamen Beschluss auf den Schadensersatzanspruch verzichtet oder diesen stundet.[36]

---

26 *Lutz* Rn. 179.
27 BGHZ 51, 198 (199).
28 BGHZ 33, 105 (107).
29 BGHZ 33, 105 (108 f.).
30 Vgl. § 35 Rdn. 8–10.
31 BGH WM 1983, 60; WM 1997, 1431; MAH PersGes/*Gummert/Karrer* § 7 Rn. 153.
32 Baumbach/Hopt/*Roth* § 114 Rn. 17.
33 MüKo HGB/*Rawert* § 114 Rn. 67; MünchHdb GesR I/*v. Ditfurth* § 53 Rn. 31.
34 MünchHdb GesR I/*v. Ditfurth* § 53 Rn. 31.
35 BGHZ 25, 47 (49); MüKo HGB/*Rawert* § 114 Rn. 68.
36 BGHZ 25, 47 (49).

III. Klage auf Auskunft und Rechenschaft

Über § 105 Abs. 3 HGB gilt auch für die OHG, dass jeder geschäftsführende Gesellschafter verpflichtet ist, Auskunft über seine Geschäftsführung und nach Beendigung des Amtes Rechenschaft über seine Tätigkeit abzulegen, §§ 713, 666 BGB.[37] Wie bei der GbR steht der Anspruch auf Auskunft und Rechenschaft grundsätzlich der OHG selbst zu. Er kann jedoch im Wege der *actio pro socio* auch von einzelnen Mitgesellschaftern geltend gemacht werden.

23

IV. Klagen im Zusammenhang mit Einzelmaßnahmen der Geschäftsführung

1. Vorbeugende Unterlassungsklage der nicht geschäftsführungsbefugten Gesellschafter

Auch bei der OHG gilt, dass der Bundesgerichtshof den nicht geschäftsführungsbefugten Gesellschaftern für den Regelfall die Möglichkeit abspricht, über die *actio pro socio* im Wege des vorbeugenden Rechtsschutzes einen **Anspruch auf Unterlassung einer beabsichtigten Maßnahme** durchzusetzen.[38] Die Literatur hingegen differenziert, ob es um die Frage der richtigen Ausübung des unternehmerischen Ermessens (dann keine Klagemöglichkeit) oder um die Frage der Kompetenzüberschreitung des Geschäftsführers (dann kann der vorbeugende Unterlassungsanspruch auch im Wege der *actio pro socio* durchgesetzt werden) geht.[39]

24

2. Klagen im Zusammenhang mit dem Widerspruchsrecht

Nach § 115 Abs. 1 2. Hs. HGB können die Geschäftsführer der beabsichtigten Maßnahme eines anderen – einzelvertretungsbefugten – Geschäftsführers widersprechen. Zu den inhaltlichen Anforderungen und der Ausgestaltung des **Widerspruchsrechts** kann auf die Ausführungen zur GbR verwiesen werden.[40]

25

Ist zu befürchten, dass der handlungswillige Geschäftsführer einen Widerspruch missachtet, kann der widersprechende Geschäftsführer gegen den handlungswilligen Geschäftsführer auf **Feststellung der Rechtmäßigkeit des Widerspruchs** oder auf **Unterlassung der beabsichtigten Handlung** klagen.[41] Bei Vorliegen der übrigen Voraussetzungen, insbesondere der Dringlichkeit, kann auch eine einstweilige Verfügung auf Untersagung der beabsichtigten Geschäftsführungsmaßnahme ergehen.[42]

26

Umgekehrt kann auch derjenige Geschäftsführer, gegen den sich der Widerspruch eines anderen Geschäftsführers richtet, oder die Gesellschaft gegen den widersprechenden Geschäftsführer auf **Feststellung** klagen, dass der **Widerspruch pflichtwidrig** ist.[43] Droht eine Wiederholung pflichtwidriger Widersprüche, kann Gegenstand einer Klage auch die Unterlassung der pflichtwidrigen Widersprüche sein.

27

3. Klage auf Zustimmung bei der Willensbildung innerhalb der Geschäftsführung

Das gesetzliche Leitbild der OHG geht nach § 115 Abs. 1 HGB davon aus, dass jeder geschäftsführende Gesellschafter **einzelgeschäftsführungsbefugt** ist. Einer Zustimmung der Mitgeschäftsführer zu den beabsichtigten Maßnahmen bedarf es dann nicht.

28

---

37 Vgl. § 35 Rdn. 13 ff.
38 BGHZ 76, 160 (168).
39 Vgl. nur Baumbach/Hopt/*Roth* § 116 Rn. 4; E/B/J/S/*Drescher* § 116 Rn. 18; MüKo HGB/*Jickeli* § 116 Rn. 46.
40 Vgl. § 35 Rdn. 23 ff.
41 Baumbach/Hopt/*Roth* § 115 Rn. 4; MüKo HGB/*Rawert* § 115 Rn. 43.
42 Baumbach/Hopt/*Roth* § 115 Rn. 4; MüKo HGB/*Rawert* § 115 Rn. 44; MünchHdb GesR I/*v. Ditfurth* § 53 Rn. 52.
43 MüKo HGB/*Rawert* § 115 Rn. 44; MünchHdb GesR I/*v. Ditfurth* § 53 Rn. 52.

29 Sieht der Gesellschaftsvertrag der OHG abweichend von § 115 Abs. 1 HGB jedoch Gesamtgeschäftsführungsbefugnis vor, bedarf es außer in Fällen der Gefahr im Verzug der Zustimmung der weiteren geschäftsführungsbefugten Gesellschafter. In diesen Fällen ist ebenso wie bei der GbR[44] denkbar, dass ein Gericht zur Klärung der Frage, ob eine **Zustimmungsverweigerung rechtmäßig** war, angerufen wird. Gleichfalls ist es möglich, dass der handlungswillige Geschäftsführer Leistungsklage auf Zustimmung zur fraglichen Maßnahme erhebt.

4. Klage beim Ausschluss von der Abstimmung

30 Liegt ein Fall der Interessenkollision vor und ist ein gesamtvertretungsberechtigter Geschäftsführer deswegen von der Abstimmung innerhalb der Geschäftsführung ausgeschlossen, ist es – ebenso wie bei der GbR – möglich, dass ein Mitgeschäftsführer gerichtlich festgestellt haben möchte, dass ein solches Stimmverbot besteht, bzw. dass die Stimmabgabe unwirksam war. Umgekehrt kann der von einem in Rede stehenden Ausschluss von der Abstimmung innerhalb der Geschäftsführung betroffene geschäftsführende Gesellschafter gerichtlich klären lassen, dass kein Ausschlussgrund vorliegt. Es gelten die allgemeinen prozessualen Regelungen zur Beschlussfassung innerhalb der OHG.[45]

B. Geschäftsführer als Kläger

31 Ebenso wie bei der GbR kommt auch bei der OHG die Bestellung eines **Prozesspflegers** gemäß § 57 ZPO in Betracht, wenn Kläger der einzige geschäftsführungsbefugte Gesellschafter ist.[46]

I. Klage gegen die Entziehung der Geschäftsführungsbefugnis

32 Eine Klage gegen die Entziehung der Geschäftsführungsbefugnis kommt bei der OHG dann in Betracht, wenn der Gesellschaftsvertrag eine Abweichung von § 117 HGB enthält und eine Entziehung der Geschäftsführungsbefugnis durch Gesellschafterbeschluss statt durch Gestaltungsklage vorsieht. Der betroffene Geschäftsführer kann dann Feststellungsklage gegen den Entziehungsbeschluss erheben. Klagegegner sind die sich auf die Entziehung berufenden Gesellschafter. Es gelten die Ausführungen zur GbR.[47]

II. Klage auf Aufwendungsersatz und Geschäftsführervergütung

1. Anspruch auf Aufwendungsersatz

33 Mit dem Unterschied, dass bei der OHG der Anspruch auf Aufwendungsersatz aus § 110 HGB folgt, gilt das zur GbR Gesagte.[48] Dem Geschäftsführer einer OHG steht demnach ein Anspruch auf Ersatz der zum Zwecke der Geschäftsführung getätigten Aufwendungen sowie auf unmittelbar durch seine Geschäftsführung oder aus hiermit verbundenen Gefahren erlittenen Verlusten zu.

34 Prozessual ist der Anspruch im Wege der **Leistungsklage** geltend zu machen. Klagegegner ist grundsätzlich nur die OHG, da über § 110 HGB keine Nachschusspflicht der Gesellschafter begründet werden soll.[49] Etwas anderes gilt, wenn kein Gesellschaftsvermögen vorhanden ist oder wenn ein Gesellschafter Ansprüche Dritter gegen die Gesellschaft befriedigt hat.

---

44 Vgl. § 35 Rdn. 40 ff.
45 Vgl. § 42 Rdn. 1 ff.
46 Vgl. § 35 Rdn. 48.
47 Vgl. § 35 Rdn. 56 ff.
48 Vgl. § 35 Rdn. 62 ff.
49 Baumbach/Hopt/*Roth* § 110 Rn. 5.

2. Anspruch auf Geschäftsführervergütung

Auch bei der OHG besteht ein Anspruch auf Geschäftsführervergütung nur dann, wenn eine entsprechende – ausdrückliche oder stillschweigende – **Vereinbarung** vorliegt.[50] Grundsätzlich richtet sich der Vergütungsanspruch gegen die Gesellschaft selbst. Genügt jedoch das Vermögen der OHG für die Zahlung der Vergütung nicht, kann der geschäftsführende Gesellschafter diese von seinen Mitgesellschaftern verlangen.[51]

III. Klage auf Entlastung

Im Hinblick auf die Frage, ob der Geschäftsführer einer OHG einen Anspruch auf Entlastung hat und diesen gerichtlich durchsetzen kann, kann vollumfänglich auf die Ausführungen zur GbR verwiesen werden.[52] Ebenso wie im Rahmen der GbR besteht ein solcher Anspruch auch bei der OHG nicht.

Der Geschäftsführer kann jedoch eine **negative Feststellungsklage** gegen die Gesellschaft erheben, mit dem Antrag festzustellen, dass keine Ersatzansprüche gegen ihn bestehen. Für die Problematik des **Feststellungsinteresses** wird auf die Erörterung bei der GbR verwiesen.[53]

IV. Klagen im Zusammenhang mit Einzelmaßnahmen der Geschäftsführung

Geht es um einen Widerspruch gegen Maßnahmen eines Geschäftsführers, um die Zustimmung zur Willensbildung innerhalb der Geschäftsführung oder um den Ausschluss von der Abstimmung innerhalb der Geschäftsführung liegt eine Streitigkeit zwischen Geschäftsführern vor.[54] In diesem Zusammenhang tritt daher auch als Kläger ein Geschäftsführer auf.

---

50 Vgl. § 35 Rdn. 66 ff.
51 *Bork* AcP 184 (1984), 465 (478); MünchHdb GesR I/*v. Ditfurth* § 53 Rn. 75.
52 Vgl. § 35 Rdn. 70 ff.
53 Vgl. § 35 Rdn. 74–75.
54 Vgl. oben Rdn. 24 ff.

§ 44 Streitigkeiten bei der Auflösung und Beendigung der OHG

Übersicht

	Rdn.			Rdn.
A. Überblick	1		g) Klagefrist	18
I. Entwicklung	1		h) Beweislast, Anerkenntnis?	19
II. Vollbeendigung	2		i) Kein Ermessen	20
III. Auflösungsgründe	3		j) Kein einstweiliger Rechtsschutz	21
IV. Auflösung durch gerichtliche Entscheidung	5		k) Schiedsgerichtsbarkeit	22
V. Auflösung nach § 133 Abs. 2 HGB	7	III.	Gerichtliche Bestellung und Abberufung der Liquidatoren (§§ 146 Abs. 2 S. 1, 147 Abs. 2 HGB)	23
B. Rechtsstreitigkeiten	8		1. Verhältnis zur GbR	23
I. Allgemeines	8		2. Verfahren der freiwilligen Gerichtsbarkeit	24
II. Die Auflösungsklage	9		3. Antragsberechtigung	25
1. Rechtssicherheit	9		4. Wichtiger Grund	26
2. Verhältnis zur Feststellungsklage	10		5. Rechtsmittel/einstweiliger Rechtsschutz	27
3. Gestaltungsklage	11			
4. Das Verfahren	12	IV.	Weitere Streitigkeiten im Rahmen der Abwicklung (Durchsetzungssperre)	28
a) Klageberechtigung	12			
b) Die Gesellschaft als Beklagte	13	V.	Auswirkungen der Auflösung auf den laufenden Prozess	29
c) Ausscheiden von Gesellschaftern	14			
d) Zuständigkeit	15			
e) Hilfsanträge	16			
f) Zustimmung nach § 1365 BGB?	17			

A. Überblick

I. Entwicklung

1 Bis zum Handelsrechtsreformgesetz vom 22.06.1998[1] entsprachen die Auflösungsgründe bei der offenen Handelsgesellschaft denen der Gesellschaft bürgerlichen Rechts. Gestützt auf eine Empfehlung der Europäischen Kommission hat der Gesetzgeber die **Auflösungsgründe bei der OHG gegenüber der GbR stark eingeschränkt.** Der Grundsatz des § 131 HGB ist nun, dass in weitem Umfang – insbesondere bei Tod des Gesellschafters, der Eröffnung des Insolvenzverfahrens über das Vermögen des Gesellschafters, der Kündigung des Gesellschafters, der Kündigung durch den Privatgläubiger eines Gesellschafters, des Eintritts weiterer im Gesellschaftsvertrag vorgesehener Fälle sowie des Beschlusses der Gesellschafter über das Ausscheiden eines Gesellschafters – lediglich der jeweils betroffene Gesellschafter ausscheidet, während die Gesellschaft fortbesteht. Selbstverständlich kann der Gesellschaftsvertrag die Gründe, die nach § 131 Abs. 3 HGB nunmehr allein zum Ausscheiden des betroffenen Gesellschafters führen, zu Auflösungsgründen erheben; einen **Numerus Clausus der Auflösungsgründe gibt es nicht.**[2] Unverständlich ist daher, dass der Katalog der Auflösungsgründe innerhalb von § 131 HGB vielfach noch immer als abschließend bezeichnet wird.[3]

II. Vollbeendigung

2 Diejenigen Gründe des allgemeinen Personengesellschaftsrechts, die zur Vollbeendigung ohne Liquidation der Gesellschaft führen, sind in § 131 HGB ebenso wenig geregelt wie im Bürgerlichen Gesetzbuch. Es ist aber eindeutig, dass der Wegfall des vorletzten Gesellschafters nicht nur zur Auflösung der Gesellschaft, sondern zur Vollbeendigung der Gesellschaft führt. Auch die Umwandlung und Verschmelzung nach dem Umwandlungsgesetz führen zum Erlöschen der OHG ohne Liquidation. Von der Umwandlung nach dem Umwandlungsgesetz strikt zu trennen ist die Umwandlung kraft Gesetzes bei Wegfall einer Normativvoraussetzung der OHG/KG. Sie führt aufgrund des **Ty-**

---

1 BGBl I, 1474.
2 *K. Schmidt* ZHR 153 (1989), 270 (278); Baumbach/Hopt/*Roth* HGB § 131 Rn. 74.
3 Vgl. BGHZ 75, 178; 82, 323; WM 1973, 864; Baumbach/Hopt/*Roth* HGB § 131 Rn. 6.

penzwangs des Personengesellschaftsrechts zur automatischen Umwandlung der OHG in eine GbR oder eine Kommanditgesellschaft.[4]

III. Auflösungsgründe

Die Auflösungsgründe des § 131 Abs. 3 HGB sind: 3
– der Ablauf der Zeit, für welche die Gesellschaft eingegangen ist;
– der Beschluss der Gesellschafter;
– die Eröffnung des Insolvenzverfahrens über das Vermögen der Gesellschaft;
– die gerichtliche Entscheidung.

Neben den Gründen für das Ausscheiden des betroffenen Gesellschafters sind auch die **Zweckerrei-** 4 **chung oder die Zweckunmöglichkeit** anders als bei der GbR gerade **keine Auflösungsgründe**.[5]

IV. Auflösung durch gerichtliche Entscheidung

Die OHG wird gemäß § 131 Abs. 1 Nr. 4 HGB auch durch gerichtliche Entscheidung aufgelöst, 5 womit das Auflösungsurteil infolge der Auflösungsklage nach § 133 HGB gemeint ist (zur Auflösungsklage sogleich Rdn. 9 ff.). Die **Auflösungsklage** tritt bei der OHG **an die Stelle der außerordentlichen Kündigung** in der GbR.[6] Hier wie dort findet für die Ermittlung, ob ein wichtiger Grund vorliegt, eine Gesamtwürdigung aller Umstände und Interessen statt, wobei dem Charakter der Auflösung als ultima ratio und eben gerade nicht mehr als gesetzlicher Regelfall besondere Bedeutung beizumessen ist.[7] Schon vor dem Handelsrechtsreformgesetz war anerkannt, dass die Unmöglichkeit der Erreichung des Gesellschaftszwecks lediglich einen wichtigen Grund darstellt, der zur Erhebung der Auflösungsklage berechtigt.[8] Nach dem gesetzlich festgeschriebenen Grundsatz des Fortbestehens der Gesellschaft gilt dies umso mehr.

Wie in der Gesellschaft bürgerlichen Rechts stellt die **Fehlerhaftigkeit des Gesellschaftsvertrages** 6 nach ganz herrschender Meinung für sich allein bereits einen wichtigen Grund im Sinne des § 133 HGB dar.[9] Umstritten ist, ob die Vollendung des 18. Lebensjahres eines Gesellschafters (§ 723 Abs. 1 S. 3 Nr. 2 BGB) ebenfalls einen wichtigen Grund im Sinne des § 133 HGB darstellt und somit zur Erhebung der Auflösungsklage berechtigt. Nach dem ursprünglichen Regierungsentwurf zum Handelsrechtsreformgesetz sollte dieser wichtige Grund auch für § 133 HGB gelten. Ohne eine entsprechende gesellschaftsvertragliche Regelung ist allerdings das Kündigungsrecht unter Ausscheiden des volljährig Gewordenen im Sinne von § 131 Abs. 3 Nr. 3 HGB hier das richtige Instrument.[10] Der wichtige Grund liegt hier allein beim volljährig gewordenen Gesellschafter, weshalb allein dessen Ausscheiden sachgerecht ist. Dem folgt die wohl überwiegende Ansicht.[11] Im Bereich der Publikumsgesellschaften wird die Auflösungsklage als wenig geeignet zur Konfliktlösung angesehen.[12]

---

4 BGHZ 82, 323; *K. Schmidt* ZHR 153 (1989), 270 (279); Baumbach/Hopt/*Roth* HGB § 131 Rn. 9.
5 Vgl. zu den Auflösungsgründen die Übersicht bei Hdb PersGes/*Eberhard* § 12 Rn. 20 ff.
6 *K. Schmidt* GesR § 52 III 4. a); MünchHdb GesR I/*Butzer/Knof* § 83 Rn. 21.
7 MünchHdb GesR I/*Butzer/Knof* § 83 Rn. 26.
8 BGHZ 69, 160.
9 Vgl. nur MünchHdb GesR I/*Butzer/Knof* § 83 Rn. 29; Baumbach/Hopt/*Roth* HGB § 133 Rn. 10.
10 *Grunewald* ZIP 1999, 597 (599); Baumbach/Hopt/*Roth* HGB § 133 Rn. 7.
11 *Grunewald* ZIP 1999, 597 (599); Baumbach/Hopt/*Roth* HGB § 133 Rn. 7; Koller/Kindler/Roth/Morck/ *Kindler* HGB § 132 Rn. 5.
12 *Dietrich* Die Publikumskommanditgesellschaft 1988 S. 184; E/B/J/S/*Lorz* HGB § 133 Rn. 35; MüKo HGB/*K. Schmidt* § 133 Rn. 50 m. w. N.

V. Auflösung nach § 133 Abs. 2 HGB

7 Jede **Kapitalgesellschaft & Co.**, bei der keine natürliche Person, auch nicht mittelbar bei mehrstöckigen Gesellschaften (§ 131 Abs. 2 S. 2 HGB), unbeschränkt persönlich haftet, wird wie die Kapitalgesellschaft auch **mit der Rechtskraft des Beschlusses**, durch den die **Eröffnung des Insolvenzverfahrens mangels Masse abgelehnt** worden ist, bzw. durch Löschung wg. Vermögenslosigkeit nach § 394 FamFG, aufgelöst. Eine Personengesellschaft in Form der Kapitalgesellschaft & Co. kann allerdings nur dann gelöscht werden, wenn die für die Vermögenslosigkeit geforderten Voraussetzungen sowohl bei der Gesellschaft als auch bei dem persönlich haftenden Gesellschafter vorliegen (§ 394 Abs. 4 S. 2 FamFG).

B. Rechtsstreitigkeiten

I. Allgemeines

8 Auch für die OHG gilt, dass die aufgelöste Gesellschaft kontinuierlich bis zur Vollbeendigung fortbesteht und **identisch mit der werbenden Gesellschaft** ist. Streitigkeiten können, wie stets (vgl. oben § 2 Rdn. 25 ff.), einem Schiedsgericht zugewiesen werden.

II. Die Auflösungsklage

1. Rechtssicherheit

9 Wie oben (§ 36 Rdn. 7) erwähnt, tritt die Auflösungsklage in der OHG an die Stelle der Kündigung aus wichtigem Grund in der GbR. Dies hat zur Folge, dass die **Auflösung erst mit Rechtskraft in der Auflösungsentscheidung** eintritt und damit gegenüber der Situation in der GbR größere Rechtssicherheit geschaffen wird.[13] Dort wird der Eintritt der Auflösung auch Jahre später erst durch rechtskräftiges Feststellungsurteil abschließend für den Zeitpunkt der Kündigung festgestellt.[14]

2. Verhältnis zur Feststellungsklage

10 Bisher findet sich in der Literatur keine Auseinandersetzung mit der Frage, wie sich die Auflösungsklage nach § 133 HGB zur Klage auf Feststellung der Auflösung verhält. Es erscheint zwingend, dass ein Gesellschafter, der die Auflösung der OHG bestreitet, auch außerhalb von § 133 HGB Rechtsschutz erlangen kann. Geklärt ist insoweit, dass die Feststellung jedenfalls nicht als Vorfrage in einem Verfahren nach § 146 Abs. 2 HGB getroffen werden kann.[15] In Ermangelung einer besonderen Regelung im HGB muss die **allgemeine Feststellungsklage gemäß § 256 ZPO**, gerichtet auf Feststellung der Auflösung bzw. des Fortbestands der Gesellschaft, **auch im Rahmen der OHG** erhoben werden können. Zu den Einzelheiten der Feststellungsklage oben § 36 Rdn. 17.

3. Gestaltungsklage

11 Die Auflösungsklage nach § 133 HGB ist wie die Nichtigkeitsklage nach § 275 AktG und § 75 GmbHG Gestaltungsklage.[16] Sie kann nach herrschender Meinung **solange** erhoben werden, **wie die Auflösung noch nicht endgültig feststeht**.[17] Die Erhebung der Klage noch während eines anderweitig laufenden Feststellungsverfahrens über die Auflösung der OHG aus einem anderen Grund als § 131 Abs. 1 Nr. 4 HGB ist daher möglich.

---

13 Hdb PersGes/*Eberhard* § 12 Rn. 39 ff.
14 *K. Schmidt* GesR § 52 III 4. a).
15 OLG Hamm ZIP 2007, 1905.
16 *K. Schmidt* GesR § 52 III 4. a).
17 MüKo HGB/*K. Schmidt* § 133 Rn. 5; Baumbach/Hopt/*Roth* HGB § 133 Rn. 3; MünchHdb GesR I/*Butzer/Knof* § 83 Rn. 23; a. A. Heymann/*Emmerich* HGB § 133 Rn. 2.

4. Das Verfahren

a) Klageberechtigung

Die Auflösungsklage kann **von jedem Gesellschafter alleine** erhoben werden. Sie ist grundsätzlich gegen alle Gesellschafter zu richten, wobei bei Personenmehrheit auf der Kläger- oder Beklagtenseite notwendige Streitgenossenschaft gemäß § 62 ZPO besteht.[18] Es soll indessen ausreichen, alle Gesellschafter zu verklagen, die sich nicht vorprozessual bindend mit der Auflösung einverstanden erklärt haben.[19] Dies ist zweifelhaft, da die Tragweite der vorprozessual gegebenen Einverständniserklärung unklar ist.[20] Es sollte vielmehr der Grundsatz gelten, dass wer nicht als Kläger beteiligt ist, ausnahmslos mitverklagt werden muss.[21]

b) Die Gesellschaft als Beklagte

Ausnahmsweise kommt die Gesellschaft selbst als Beklagte im Auflösungsprozess in Betracht. Dies gilt einerseits, **wenn es im Gesellschaftsvertrag so vorgesehen** ist. Andererseits soll dies aber insbesondere auch bei Publikumsgesellschaften[22] und nach vorzugswürdiger Ansicht generell bei allen GmbH & Co. Handelsgesellschaften analog § 61 GmbHG gelten.[23]

c) Ausscheiden von Gesellschaftern

Kommt es während des Prozesses zu einem Ausscheiden des Klägers, so macht dies die Klage unbegründet.[24] Scheidet demgegenüber ein beklagter Gesellschafter aus der Gesellschaft aus, führt dies zur **Unzulässigkeit der Klage**,[25] so dass der Rechtsstreit in diesen Fällen für erledigt erklärt werden sollte. Der Gesellschafterwechsel auf Klägerseite soll nicht zur analogen Anwendung von § 265 ZPO führen, während der Gesellschafterwechsel auf Beklagtenseite zu einer analogen Anwendung der Norm führen soll.[26] Begründet wird dies damit, dass die Mitgliedschaft des veräußernden Gesellschafters streitbefangen ist.[27]

d) Zuständigkeit

Für die örtliche Zuständigkeit kommen der Gerichtsstand der Gesellschaft (§ 22 ZPO), der einzelnen Gesellschafter (§§ 12, 13 ZPO) und der des besonderen Erfüllungsortes (§ 29 ZPO) in Betracht.[28] Dabei ist der besondere Erfüllungsort **regelmäßig der Sitz der Gesellschaft**.[29] Gerade bei größeren Gesellschaften, bei denen nicht alle Gesellschafter den gleichen Wohnsitz haben, bietet sich eine Klage am Sitz der Gesellschaft an. Der Streitwert der Auflösungsklage ist gemäß § 3 ZPO zu schätzen, wobei allein das Interesse des Klägers an der Auflösung zu berücksichtigen ist.[30]

---

18 BGH NJW 1998, 146; Baumbach/Hopt/*Roth* HGB § 133 Rn. 13 f.; *K. Schmidt* GesR § 52 III 4. c); MünchHdb GesR I/*Butzer/Knof* § 83 Rn. 37.
19 BGH NJW 1998, 146; Hdb PersGes/*Eberhard* § 12 Rn. 41; E/B/J/S/*Lorz* HGB § 133 Rn. 33.
20 MüKo HGB/*K. Schmidt* § 133 Rn. 48; *K. Schmidt* Mehrseitige Gestaltungsprozesse S. 64.
21 *K. Schmidt* GesR § 52 III. 4.c; *ders.* Mehrseitige Gestaltungsprozesse S. 68 ff.; MüKo HGB/*K. Schmidt* § 133 Rn. 48 m. w. N.
22 E/B/J/S/*Lorz* HGB § 133 Rn. 35; MünchHdb GesR I/*Butzer/Knof* § 83 Rn. 37; MüKo HGB/*K. Schmidt* § 133 Rn. 50.
23 MüKo HGB/*K. Schmidt* § 133 Rn. 50.
24 Baumbach/Hopt/*Roth* HGB § 133 Rn. 14; E/B/J/S/*Lorz* HGB § 133 Rn. 32; MüKo HGB/*K. Schmidt* § 133 Rn. 46.
25 Baumbach/Hopt/*Roth* HGB § 133 Rn. 14; MüKo HGB/*K. Schmidt* § 133 Rn. 49.
26 MüKo HGB/*K. Schmidt* § 133 Rn. 46, 49; E/B/J/S/*Lorz* HGB § 133 Rn. 32, 34; a. A. Westermann/*Wertenbruch* Handbuch der Personengesellschaften Rn. 1637, 1638.
27 MüKo HGB/*K. Schmidt* § 133 Rn. 49.
28 Vgl. Baumbach/Hopt/*Roth* HGB § 133 Rn. 14; MüKo HGB/*K. Schmidt* § 133 Rn. 43.
29 Musielak/*Heinrich* ZPO § 29 Rn. 19.
30 OLG Köln BB 1982, 1384; Baumbach/Hopt/*Roth* HGB § 133 Rn. 14.

e) Hilfsanträge

16 Es ist zulässig, **neben der Auflösungsklage hilfsweise weniger einschneidende Maßnahmen** (wie z. B. den Ausschluss eines anderen Gesellschafters) zu beantragen.[31] Wegen der Subsidiarität der Auflösungsklage, die allgemein als ultima ratio verstanden wird (dazu bereits oben Rdn. 5), ist ein solches Vorgehen prozessual besonders zu empfehlen.

f) Zustimmung nach § 1365 BGB?

17 Umstritten ist, ebenso wie bei der Kündigung nach § 723 BGB, ob die Klagerhebung nach § 1365 BGB zustimmungspflichtig ist.[32] Wegen der damit verbundenen Rechtsunsicherheit erscheint es **nicht hinnehmbar**, dass eine Auflösungsklage bis zur Genehmigung durch den Ehegatten schwebend unwirksam ist.

g) Klagefrist

18 **Eine Klagefrist**, wie sie im Rahmen von § 275 AktG besteht, besteht nach dem Handelsgesetzbuch **nicht**. Das Klagerecht kann allenfalls verwirkt sein, wenn der Kläger lange mit der Erhebung der Auflösungsklage zögert.[33]

h) Beweislast, Anerkenntnis?

19 Im Prozess ist der die Auflösung begehrende **Kläger beweispflichtig** für das Vorliegen eines die Auflösung rechtfertigenden Grundes. Ungeklärt ist indessen noch die Frage, ob ein Anerkenntnisurteil nach § 307 ZPO ergehen kann.[34] In der Situation eines Anerkenntnisses ist der Praxis daher zu raten, anstelle eines prozessualen Anerkenntnisses entweder übereinstimmend das Einverständnis mit der Auflösung zu erklären, was als Auflösungsbeschluss im Sinne von § 131 Nr. 2 HGB anzusehen wäre, oder aber gleich einen Auflösungsbeschluss zu fassen.[35] Infolge des allseitigen Einverständnisses bzw. des förmlichen Beschlusses tritt Erledigung in der Hauptsache ein.

i) Kein Ermessen

20 Erkennt das Gericht das Vorliegen eines wichtigen Grundes, so besteht entgegen des missverständlichen Wortlautes des Gesetzes **kein gerichtliches Ermessen**. Vielmehr hat das Gericht in diesem Fall die Auflösung auszusprechen. Mit Rechtskraft des Urteils ist die Gesellschaft aufgelöst, wenn nicht das Gericht den Zeitpunkt der Auflösung auf einen späteren Zeitpunkt bestimmt.[36]

j) Kein einstweiliger Rechtsschutz

21 Die Auflösung kann nicht im Wege des einstweiligen Rechtsschutzes erstrebt werden, da zwingend die Hauptsache vorweggenommen würde. **Möglich sind indessen einstweilige Anordnungen**, die das Prozessgericht im Hinblick auf das Gesellschafterverhältnis ausspricht.[37]

---

31 MüKo HGB/*K. Schmidt* § 133 Rn. 52.
32 So E/B/J/S/*Lorz* HGB § 133 Rn. 31; dagegen indessen Westermann/*Wertenbruch* Handbuch der Personengesellschaften Rn. 1631g; MüKo BGB/*Koch* § 1365 Rn. 73.
33 MünchHdb GesR I/*Butzer/Knof* § 83 Rn. 38; Hdb PersGes/*Eberhard* § 12 Rn. 41.
34 MüKo HGB/*K. Schmidt* § 133 Rn. 54.
35 MüKo HGB/*K. Schmidt* § 133 Rn. 54.
36 MünchHdb GesR I/*Butzer/Knof* § 83 Rn. 40.
37 E/B/J/S/*Lorz* HGB § 133 Rn. 37.

k) Schiedsgerichtsbarkeit

Auch die Auflösungsklage kann auf die Schiedsgerichtsbarkeit übertragen werden.[38] Umstritten ist lediglich, ob die Auflösung dann bereits mit dem Schiedsspruch oder erst mit dessen Vollstreckbarerklärung eintritt. Die herrschende Meinung nimmt an, dass eine Auflösungswirkung erst mit Vollstreckbarerklärung eintritt.[39] Richtigerweise wird man demgegenüber der Literatur folgen müssen, die den **Eintritt der Gestaltungswirkung bereits mit Rechtskraft des Schiedsspruchs** annimmt, wofür insbesondere § 1055 ZPO spricht.[40] Die insofern allein im GmbH-rechtlichen Schrifttum enthaltene Auffassung ist vollen Umfangs auf die Schiedssprüche nach § 133 HGB übertragbar, da hier wie dort eine Gestaltungsklage vorliegt. Für die Eintragung der Auflösung ist indessen hier wie dort die Vollstreckbarerklärung notwendig.[41]

III. Gerichtliche Bestellung und Abberufung der Liquidatoren (§§ 146 Abs. 2 S. 1, 147 Abs. 2 HGB)

1. Verhältnis zur GbR

Ein großer prozessualer Unterschied besteht zwischen der OHG und der GbR im Hinblick auf die Möglichkeit, gerichtlich einen Liquidator bestimmen und abberufen zu lassen (§§ 146 Abs. 2 S. 1, 147 Abs. 2 HGB). Die Bestellung eines Liquidators kann **während des gesamten Liquidationsverfahrens**, also vom Moment der Auflösung bis zur Vollbeendigung, erfolgen; der Antrag kann bedingt sein.[42] Ob der Antrag bereits vor Auflösung gestellt werden kann, ist fraglich; eine Entscheidung über den Antrag vor Auflösung ist jedenfalls nicht möglich. Der Antrag kann unbestimmt sein und muss insbesondere keine Vorschläge für einen neuen Liquidator enthalten. Enthält er indessen einen konkreten Personenvorschlag, so kann auch nur über die Bestellung dieser Person entschieden werden.[43]

2. Verfahren der freiwilligen Gerichtsbarkeit

Sowohl das Abberufungs- als auch das Bestellungsverfahren sind Verfahren der freiwilligen Gerichtsbarkeit nach § 375 Nr. 1 FamFG, die gemäß § 23a Abs. 2 Nr. 4 GVG in den Zuständigkeitsbereich der Amtsgerichte fallen, genauer: des Amtsgerichts am Sitz der Gesellschaft (§ 377 Abs. 1 FamFG).

3. Antragsberechtigung

Antragsberechtigt ist in beiden Verfahren (Bestellung und Abberufung) jeder Beteiligte. Unstreitig gehören zu diesem Kreis **alle Gesellschafter** sowie gemäß § 146 Abs. 2 S. 2 HGB der nach § 135 HGB **kündigende Gläubiger** eines Gesellschafters und bei mehreren Erben, wie in § 2038 Abs. 1 S. 2 Hs. 2 BGB, jeder **einzelne Miterbe** sowie ein eventuell **bestellter Testamentsvollstrecker**. Umstritten ist demgegenüber, ob auch ein Nachlassverwalter antragsberechtigt ist.[44] Alle, die auch die Voraussetzungen der Antragsberechtigung erfüllen, aber nicht Antragsteller sind, sind Gegner des Antrags (zum Grundsatz bereits oben Rdn. 12). Ihnen ist gemäß § 34 FamFG rechtliches Gehör zu gewähren. Dies gilt bei der Abberufung auch für den abzuberufenden Liquidator, auch soweit dieser nicht Gesellschafter ist.

---

38 Allg. Meinung, vgl. nur Baumbach/Hopt/*Roth* HGB § 133 Rn. 19.
39 BayObLG BB 1984, 746; MünchHdb GesR I/*Butzer/Knof* § 83 Rn. 41; E/B/J/S/*Lorz* HGB § 133 Rn. 47.
40 Ulmer/Habersack/Winter/*Casper* GmbHG § 61 Rn. 43; Baumbach/Hueck/*Haas* GmbHG § 61 Rn. 23.
41 Baumbach/Hueck/*Haas* GmbHG § 61 Rn. 23; Ulmer/Habersack/Winter/*Casper* GmbHG § 61 Rn. 43.
42 BayObLG Recht 1914 Nr. 1148 zu § 147 HGB; Großkomm HGB/*Habersack* § 146 Rn. 36; MüKo HGB/*K. Schmidt* § 146 Rn. 33.
43 MüKo HGB/*K. Schmidt* § 146 Rn. 35.
44 Siehe hierzu E/B/J/S/*Hillmann* HGB § 146 Rn. 15.

4. Wichtiger Grund

26 Sowohl die gerichtliche Bestellung als auch die Abberufung eines Liquidators bedürfen jeweils eines wichtigen Grundes. In beiden Fällen liegt ein solcher insbesondere dann vor, wenn die bisherigen Liquidatoren im Verdacht der Unredlichkeit stehen.[45] Wenn sich der Antrag auf Abberufung nicht bloß gegen einen von mehreren Liquidatoren richtet, ist es zulässig und in der Regel auch sinnvoll, den **Antrag auf Abberufung mit einem Antrag auf gerichtliche Bestellung zu verbinden.**[46] Der nach Anhörung (§ 34 FamFG) gerichtlich bestellte Liquidator muss die Bestellung annehmen. Gegen die Bestellung findet die Beschwerde jedes in seinen Rechten Beeinträchtigten statt.[47] Das Innenverhältnis (vertragliche Beziehungen, Weisungen, eventuelle Bezüge) kann nicht durch den gerichtlichen Beschluss festgelegt werden.[48]

5. Rechtsmittel/einstweiliger Rechtsschutz

27 Gegen die Entscheidung über den Antrag besteht das Rechtsmittel der Beschwerde. Sowohl die Bestellung als auch die Abberufung selbst können **nicht im Wege des einstweiligen Rechtsschutzes** erreicht werden, da auch hier die Entscheidung in der Hauptsache vorweggenommen würde. Zulässig ist indessen, dass das Prozessgericht einzelne Maßnahmen der Liquidation einstweilen untersagt.[49]

IV. Weitere Streitigkeiten im Rahmen der Abwicklung (Durchsetzungssperre)

28 Im Wesentlichen sind die prozessualen Probleme, die sich bei der Abwicklung einer OHG ergeben, identisch mit denen bei der GbR. Grundsätzlich besteht daher **während der Abwicklung eine Durchsetzungssperre, die allerdings von § 155 Abs. 2 HGB durchbrochen** wird. Der Gesellschafter hat gegen die Gesellschaft einen klagbaren Anspruch auf Vorabausschüttungen.[50] Eine Ausdehnung der Durchsetzungssperre auf diesen Anspruch würde dem Zweck der Vorschrift entgegen laufen und muss daher abgelehnt werden. Eine weitere geringfügige Besonderheit besteht darin, dass für die Personenhandelsgesellschaften (OHG/KG) die absolut herrschende Meinung dem Schuldner die Beweislast auferlegt, dass seine Einlage nicht zur Durchführung der Liquidation benötigt wird.[51]

V. Auswirkungen der Auflösung auf den laufenden Prozess

29 Im Hinblick auf die Auflösung der OHG während eines laufenden Prozesses **gilt das oben zur GbR Gesagte** entsprechend. Die Auflösung hat demnach grundsätzlich keine Auswirkung auf den Prozess, wohingegen eine Vollbeendigung zur Unzulässigkeit der Klage führt.[52]

---

45 Siehe die Kasuistik bei MüKo HGB/*K. Schmidt* § 146 Rn. 13 f.
46 Großkomm HGB/*Habersack* § 147 Rn. 13.
47 Baumbach/Hopt/*Roth* HGB § 146 Rn. 8.
48 Baumbach/Hopt/*Roth* HGB § 146 Rn. 7.
49 MüKo HGB/*K. Schmidt* § 146 Rn. 41, § 147 Rn. 26.
50 Großkomm HGB/*Habersack* § 155 Rn. 25.
51 Baumbach/Hopt/*Roth* HGB § 149 Rn. 3.
52 MünchHdb GesR I/*Neubauer/Herchen* § 70 Rn. 14.

§ 45 Besonderheiten bei der Europäischen Wirtschaftlichen Interessenvereinigung (EWIV)

Übersicht

	Rdn.			Rdn.
A. Rechtsgrundlagen	3		1. Einfache Auflösungsgründe	33
B. Struktur	5		2. Besondere Gründe	38
C. Entstehung	8		a) Verlust des überstaatlichen gemeinschaftsbezogenen Charakters	42
D. Geschäftsführung	12		b) Verstoß gegen die Sitzregelung	43
E. Beschlussmängel	16		c) Tätigkeit außerhalb des erlaubten Zwecks	44
F. Haftung	19			
G. Gewinnbeteiligung	20		3. Wichtiger Grund	46
H. Informationsrecht	22		4. Verstoß gegen das öffentliche Interesse eines Staates	48
I. Ausschluss eines Mitglieds	27			
J. Verfahren bei Sitzverlegung	29		5. Insolvenz	49
K. Untersagung der Tätigkeit	30		6. Verfahren der Auflösung	51
L. Beendigung der EWIV	31			
I. Auflösung der EWIV	31	II.	Nichtigkeit	53

Die EWIV ist eine **supranationale Rechtsform**, die ihren Sitz identitätswahrend innerhalb der Europäischen Union verlegen kann. Neben unmittelbar geltendem Gemeinschaftsrecht findet auf die EWIV auch nationales Recht Anwendung, so dass es EWIVs in jeweils nationaler Ausgestaltung gibt. Die Ausgestaltungen können durchaus variieren: Während z. B. das deutsche Recht die EWIV als **Personengesellschaft** ausgestaltet, werden z. B. die EWIVs in Großbritannien und Irland als Kapitalgesellschaften verstanden.[1] Die folgenden Ausführungen beschränken sich auf eine EWIV mit ihrem Sitz in Deutschland, auf die neben dem Gemeinschaftsrecht ausschließlich deutsches Recht Anwendung findet. 1

Eine EWIV mit Sitz in Deutschland folgt in ihrer Ausgestaltung weitgehend der Struktur der OHG. Die EWIV wird häufig prägnant als »**OHG mit Fremdgeschäftsführung**« bezeichnet.[2] 2

A. Rechtsgrundlagen

Verkürzt gesagt sind für eine EWIV mit Sitz in Deutschland drei **Rechtsgrundlagen** maßgeblich: 3
– Zunächst die **Verordnung** (EWG) Nr. 2137/85 des Rates vom 25. Juli 1985 über die Schaffung einer Europäischen Wirtschaftlichen Interessenvereinigung (EWIV) (im Folgenden »**EWIV-VO**«).[3]
– Das **Gesetz zur Ausführung** der EWG-Verordnung über die Europäische Wirtschaftliche Interessenvereinigung, EWIV-Ausführungsgesetz (im Folgenden »**EWIV-AG**«).[4]
– Das **Recht der offenen Handelsgesellschaft**.

Tatsächlich gibt es ein **kompliziertes Nebeneinander** von Gemeinschaftsrecht und nationalem Recht. Zunächst gilt die EWIV-VO unmittelbar als europäisches Recht. Die Verordnung regelt jedoch nicht alle Fragen im Zusammenhang mit der EWIV. Es gibt Ausführungsvorschriften der Mitgliedsstaaten, die in Deutschland im EWIV-AG enthalten sind. Daneben verweist die EWIV-VO in vielen Fragen auf das innerstaatliche Recht des Sitzstaates der EWIV. Für andere Fragen wird generell auf das »anwendbare innerstaatliche Recht« verwiesen, das nach allgemeinen IPR-Regeln bestimmt werden muss.[5] 4

---

[1] MünchHdb GesR I/*Salger* § 94 Rn. 10.
[2] S. z. B. MünchHdb GesR I/*Salger* § 94 Rn. 21; *Ganske* DB-Beilage Nr. 20/1985, S. 2.
[3] ABl. Nr. L 199/1 vom 31. Juli 1985, S. 1 ff.
[4] BGBl. I 1988, 514.
[5] Ausführlich zu den Rechtsgrundlagen der EWIV MünchHdb GesR I/*Salger* § 94 Rn. 13 f.

B. Struktur

5 Gem. § 1 EWIV-AG gelten für eine EWIV mit Sitz in Deutschland subsidiär die für eine OHG geltenden Vorschriften. Die EWIV gilt als Handelsgesellschaft im Sinne des Handelsgesetzbuchs und ist damit **Formkaufmann**.

6 Gem. Art. 3 EWIV-VO hat die EWIV den **Zweck**, die wirtschaftliche Tätigkeit ihrer Mitglieder zu erleichtern oder zu entwickeln sowie die Ergebnisse dieser Tätigkeit zu verbessern oder zu steigern; sie hat nicht den Zweck, Gewinn für sich selbst zu erzielen. Ihre Tätigkeit muss im Zusammenhang mit der wirtschaftlichen Tätigkeit ihrer Mitglieder stehen und darf nur eine Hilfstätigkeit hierzu bilden. Gem. Art. 3 Abs. 2 EWIV-VO darf die EWIV auch weder unmittelbar noch mittelbar die Leitungs- oder Kontrollmacht über die Tätigkeiten ihrer Mitglieder oder die Tätigkeiten eines anderen Unternehmens ausüben; die EWIV darf also auch nicht Konzernmutter sein. Die EWIV muss gem. Art. 4 Abs. 2 EWIV-VO mindestens aus zwei Mitgliedern bestehen, die ihre Haupttätigkeit in verschiedenen Mitgliedsstaaten ausüben. Die EWIV ist somit eine Rechtsform, die nur multinationalen Verbänden zur Verfügung steht. Aufgrund der vorgenannten Erfordernisse, also der Zulassung nur beschränkter Zwecke einerseits und dem Erfordernis der multinationalen Struktur andererseits, hat die EWIV nur einen **beschränkten Einsatzbereich**. Allerdings war dieser beschränkte Einsatzbereich bei der Schaffung der EWIV gewollt: Die EWIV soll es Unternehmen und Freiberuflern aus verschiedenen Mitgliedsstaaten ermöglichen, ihre Arbeit grenzüberschreitend zu koordinieren; dazu gehört z. B. die Einrichtung gemeinsamer Einkaufs- und Verkaufsorganisationen. Die EWIV sollte nie Unternehmensträger sein.

7 Gem. Art. 16 EWIV-VO sind die **Organe** der EWIV die gemeinschaftlich handelnden Mitglieder und der oder die Geschäftsführer. Dabei weist Art. 16 Abs. 2 EWIV-VO den »als Organ handelnden Mitgliedern der Vereinigung« eine Allzuständigkeit zu; sie können sämtliche Angelegenheiten der EWIV an sich ziehen und entscheiden und sie können den Geschäftsführern Weisungen erteilen. Das Bemerkenswerte an der EWIV ist, dass die Geschäftsführer nicht Mitglieder der EWIV sein müssen. Neben diesen beiden zwingenden Organen kann der Gründungsvertrag weitere Organe vorsehen und deren Kompetenzen regeln.

C. Entstehung

8 Der Gründungsvertrag der EWIV bedarf **keiner Form**, insbesondere ist keine notarielle Beurkundung erforderlich. Gem. Art. 1 Abs. 2 S. 1 der EWIV-VO entsteht die EWIV erst mit **Eintragung im Handelsregister.**

9 Nach h. M. kann aber, wie bei den Kapitalgesellschaften, eine **Vor-Gesellschaft** entstehen, wenn die Geschäfte der Vereinigung vor ihrer Eintragung in das Handelsregister aufgenommen werden. Auf diese Vor-EWIV findet das auf die EWIV anzuwendende Recht Anwendung, solange dieses nicht die Eintragung der Vereinigung voraussetzt; mit Eintragung gehen die Rechte der Vor-EWIV auf die EWIV über.[6] Vor Abschluss des Gründungsvertrages kann auch eine **Vor-Gründungs-EWIV** entstehen, die den Regeln des nach allgemeinem IPR zu ermittelnden Rechts unterliegt.[7] Dem deutschen Personengesellschaftsrecht sind die Vor-Gründungs-Gesellschaft und die Vor-Gesellschaft fremd. Trotz der generellen subsidiären Geltung des Rechts der OHG für die EWIV sollte deshalb für Fragen im Zusammenhang mit der Vor-Gründungs-EWIV und der Vor-EWIV auf das Kapitalgesellschaftsrecht, und dort besonders die GmbH, zurückgegriffen werden.[8]

---

[6] Hdb PersGes/*Bärwaldt* § 21 Rn. 7; MAH PersGes/*Pathe* § 14 Rn. 71 f.; Baumbach/Hopt/*Roth* Anh. A nach § 160 Rn. 18; MünchHdb GesR I/*Salger/Neye* § 95 Rn. 12; a. A. wohl *Gloria/Karbowski* WM 1990, 1313 (1321 f.), die der EWIV die Fähigkeit, Träger von Rechten und Pflichten zu sein, ab Eintragung zusprechen.
[7] Hdb PersGes/*Bärwaldt* § 21 Rn. 6.
[8] MAH PersGes/*Pathe* § 14 Rn. 71, 73; *Meyer-Landrut* S. 159.

E. Beschlussmängel

Art. 9 Abs. 2 EWIV-VO ordnet zum Ausgleich für die noch fehlende Publizität durch die Registereintragung eine **Handelndenhaftung** für Handlungen vor der Eintragung an.[9] Diese erlischt nur, wenn die eingetragene Vereinigung die Verbindlichkeiten der Vor-EWIV übernimmt.[10] Die eingetragene Vereinigung übernimmt nach der herrschenden Meinung[11] grundsätzlich alle Rechte und Pflichten der Vor-EWIV automatisch und kann nur die Übernahme solcher Verbindlichkeiten ablehnen, die unter Überschreitung der Vollmacht der Geschäftsführer zustande gekommen sind.[12]

Die **Grundsätze der fehlerhaften Gesellschaft** (siehe dazu oben § 30 Rdn. 36 ff.) gelten auch für die EWIV.[13] Die Mangelhaftigkeit der Vereinigung kann, entsprechend den Grundsätzen der fehlerhaften Gesellschaft, nur im Wege der nach den für die Auflösung der Gesellschaft geltenden Regeln geltend gemacht werden. Das ist bei der EWIV die Nichtigkeitsklage gem. Art. 15 EWIV-VO (zum Verfahren siehe unten Rdn. 51 ff.).

D. Geschäftsführung

Gem. Art. 20 EWIV-VO wird die EWIV gegenüber Dritten ausschließlich durch den oder die Geschäftsführer **vertreten**. Eine Beschränkung der Befugnisse im Innenverhältnis kann Dritten nicht entgegengesetzt werden, selbst wenn diese Beschränkung bekannt gemacht worden ist.

Weil die OHG keine **Fremdorganschaft** kennt, passt die grundsätzliche Verweisung des EWIV-AG auf das Recht der OHG nicht für die Geschäftsführung. Auch die EWIV-VO enthält hierzu nur rudimentäre Regelungen. Deshalb enthält das EWIV-AG spezielle Vorschriften zur Geschäftsführung in der EWIV, so z. B. zu den Sorgfaltspflichten der Geschäftsführer (§ 5 Abs. 1 EWIV-AG), zur Haftung für Verletzungen der Sorgfaltspflichten (§ 5 Abs. 2 und 3 EWIV-AG), für die Abberufung der Geschäftsführer (§ 7 EWIV-AG), zu besonderen Pflichten (§§ 6, 11 S. 2 EWIV-AG) und Strafvorschriften (§§ 13, 14 EWIV-AG). Diese Vorschriften, sowie die allumfängliche Entscheidungskompetenz der gemeinschaftlich handelnden Mitglieder der EWIV, legen es nahe, die **Regeln über die Geschäftsführung** in der EWIV und ihr Verhältnis zu dem Willensbildungsorgan der Mitglieder mit den **Regeln bei den Kapitalgesellschaften**, dort insbesondere bei der GmbH, zu vergleichen.[14]

Gem. § 7 EWIV-AG ist die **Bestellung der Geschäftsführer** jederzeit widerruflich, was sowohl die Geschäftsführungsbefugnis als auch die Vertretungsmacht beendet. Deshalb kann es bei der EWIV keine Klagen nach §§ 117, 127 HGB geben.[15]

Für **Streitigkeiten** im Zusammenhang mit der Geschäftsführung und den Geschäftsführern sollte bei der EWIV auf die Regelungen des GmbH-Rechts zurückgegriffen werden (siehe oben § 20 Rdn. 3 ff. und Rdn. 128 ff.).

E. Beschlussmängel

Die **Willensbildung** in der EWIV erfolgt durch »die gemeinschaftlich handelnden Mitglieder« (Art. 16 Abs. 2 EWIV-VO). Sie handeln durch Beschluss, der keiner besonderen Form bedarf. Es ist auch nicht die Abhaltung einer Gesellschafterversammlung erforderlich.[16] Gem. Art. 16 Abs. 2 EWIV-VO haben sie eine Allzuständigkeit, die auch Maßnahmen der Geschäftsführung umfasst. Al-

---

9 *Meyer-Landrut* S. 161.
10 MünchHdb GesR I/*Salger/Neye* § 96 Rn. 35.
11 MünchHdb GesR I/*Salger/Neye* § 95 Rn. 12; Baumbach/Hopt/*Roth* Anh. A nach § 160 Rn. 18; *Meyer-Landrut* S. 161; *Autenrieth* Rn. 22; *von Rechenberg* ZGR 1992, 299 (305); a. A. *Ebenroth/Wilken* JZ 1991, 1014 (1017).
12 *Meyer-Landrut* S. 161, insofern vergleichend mit der Handelndenhaftung gem. § 11 Abs. 2 GmbHG.
13 Baumbach/Hopt/*Roth* Anh. A nach § 160 Rn. 23.
14 *Meyer-Landrut* S. 51.
15 Allg. Meinung: MAH PersGes/*Pathe* § 14 Rn. 90 a. E.
16 Baumbach/Hopt/*Roth* Anh. A nach § 160 Rn. 34.

17 Gem. Art. 17 Abs. 3 S. 2 EWIV-VO sind Beschlüsse **grundsätzlich einstimmig** zu fassen, das erfordert auch bei der EWIV die Zustimmung aller stimmberechtigten Mitglieder. Allerdings kann der Gründungsvertrag die Mehrheit und die Bedingungen für die Beschlussfähigkeit ändern, soweit die EWIV-VO nicht ausführlich anordnet, dass Beschlüsse einstimmig gefasst werden müssen. Einstimmig gefasst werden müssen z. B. gem. Art. 17 Abs. 2 EWIV-VO Änderungen des Unternehmensgegenstandes, Änderungen der Stimmenzahl eines jeden Mitglieds und Änderungen der Bedingungen für die Beschlussfassung. Gem. Art. 17 Abs. 1 EWIV-VO hat jedes Mitglied eine Stimme, allerdings kann der Gründungsvertrag davon abweichende Regelungen treffen, solange dies nicht dazu führt, dass ein einziges Mitglied der EWIV die Stimmenmehrheit besitzt.

18 Aufgrund der generellen Verweisung gelten für die Beschlussfassung der Gesamtheit der Mitglieder die **Regeln der OHG**. Das gilt auch für die Behandlung von Beschlussmängeln, sodass auch insoweit vollumfänglich auf die oben in § 42 gemachten Ausführungen zu Beschlussmängelstreitigkeiten in der OHG verwiesen werden kann.

F. Haftung

19 Art. 24 Abs. 1 EWIV-VO ordnet ausdrücklich an, dass die Mitglieder der Vereinigung unbeschränkt und gesamtschuldnerisch für die Verbindlichkeiten jeder Art der EWIV haften. Gem. S. 2 haben die nationalen Gesetzgeber die Folgen dieser Haftung näher auszugestalten. Der deutsche Gesetzgeber hat dies durch den allgemeinen Verweis auf das **Recht der OHG** erledigt, sodass die Mitglieder der EWIV wie Gesellschafter einer OHG haften. Allerdings schreibt Art. 24 Abs. 2 EWIV-VO verbindlich vor, dass bis zum Schluss der Abwicklung der EWIV deren Gläubiger ihre **Forderungen** gegenüber einem Mitglied der EWIV erst dann **geltend machen** können, wenn die Gläubiger die EWIV zur Zahlung aufgefordert haben und die Zahlung nicht innerhalb einer angemessenen Frist erfolgt ist. Soweit erkennbar, ist in der Literatur bisher nicht erörtert worden, ob eine Klage gegen ein Mitglied der EWIV ohne vorherige Aufforderung an die EWIV unzulässig oder unbegründet wäre. Der Wortlaut des Art. 24 Abs. 2 EWIV-VO »können ... erst dann geltend machen« spricht dafür, dass eine Klage vor Ablauf der Frist unzulässig ist. Einer möglicherweise drohenden **Verjährung** kann der Gläubiger dadurch begegnen, dass er zunächst gegen die Vereinigung vorgeht. Denn bei der OHG, deren Regeln auf die EWIV Anwendung finden, hemmt die Klage gegen die Gesellschaft auch die Verjährung gegenüber dem Gesellschafter, der bei Klageerhebung der Gesellschaft angehört.[17] Mit dem Gedanken eines BGH-Urteils aus dem Jahr 1973[18] kann man sogar argumentieren, dass es keiner vorgeschalteten Klage gegen die Vereinigung bedarf: in dem Fall hat der BGH entschieden, dass die Verjährung durch die Klageerhebung auch dann gehemmt wird, wenn die Klage (noch) unzulässig ist, weil der gerichtlichen Geltendmachung des Anspruchs zwingend ein Verwaltungsverfahren vorgeschaltet ist. Mit der gleichen Begründung kann man bei der EWIV argumentieren, dass die Klage gegen das Mitglied die Verjährung hemmt, auch wenn der Gläubiger zum Zeitpunkt der Klageerhebung die Vereinigung noch nicht gem. Art. 24 Abs. 2 EWIV-VO zur Zahlung aufgefordert hatte. Im Interesse der Prozessökonomie sollten die Gerichte dem folgen.

G. Gewinnbeteiligung

20 Gem. Art. 21 EWIV-VO werden die Gewinne aus den Tätigkeiten der EWIV (die keine Gewinnerzielungsabsicht haben darf) grundsätzlich **zu gleichen Teilen** unter den Mitgliedern der EWIV aufgeteilt. Dementsprechend sind die Mitglieder auch zu gleichen Teilen am Verlust beteiligt. Für beides kann der Gründungsvertrag eine abweichende Beteiligung vorsehen.

---

17 BGHZ 73, 217 (zur OHG); Baumbach/Hopt/*Roth* § 128 Rn. 43, § 129 Rn. 2.
18 BGH MDR 1974, 388 für eine Klage, bei der das vorgeschriebene Verwaltungsverfahren gem. des seinerzeit geltenden § 13 Abs. 2 TWG nicht durchgeführt worden war.

H. Informationsrecht

Für **Streitigkeiten** über diese Vermögensrechte gelten aufgrund der generellen Verweisung in § 1 EWIV-AG die Regeln der OHG entsprechend. 21

H. Informationsrecht

Art. 18 EWIV-VO gewährt jedem Mitglied der EWIV das Recht, von den Geschäftsführern **Auskünfte** über die Geschäfte der Vereinigung zu erhalten und in die Bücher und Geschäftsunterlagen **Einsicht** zu nehmen. Weil die EWIV-VO keine Möglichkeit vorsieht, diese Informationsrechte zu beschränken, wird das Informationsrecht des Art. 18 EWIV-VO mehr in die Nähe des § 51a GmbHG gerückt als in die Nähe von § 118 HGB (der in Abs. 2 ausschließende und beschränkende Vereinbarungen erlaubt).[19] Wichtiger als die theoretische Vergleichbarkeit der Vorschriften ist die praktische Frage, inwieweit die Geschäftsführung die Information verweigern kann. Dabei geht es konkret darum, ob den Geschäftsführern das Verweigerungsrecht gem. § 51a Abs. 2 GmbHG zusteht. Mit Hinblick auf die unbeschränkte persönliche Haftung der Mitglieder der EWIV und ihr daraus resultierendes gesteigertes Informationsbedürfnis wird dies eher abgelehnt; den Geschäftsführern soll nur dann ein **Informationsverweigerungsrecht** zustehen, wenn das Informationsrecht missbräuchlich geltend gemacht wird.[20] 22

Bedeutsam ist auch, wie das Informationsrecht **prozessual durchgesetzt** wird. Die entscheidende Frage ist, ob das Recht nur gegenüber der EWIV geltend gemacht werden kann, oder auch gegenüber den Geschäftsführern. Bei den Personengesellschaften wird überwiegend angenommen, dass neben der Gesellschaft auch die Geschäftsführer auf Erfüllung des Informationsanspruchs in Anspruch genommen werden können.[21] Dementsprechend vertritt eine Meinung unter Hinweis auf die bei § 118 HGB geltenden Grundsätze auch für die EWIV die Auffassung, dass das Informationsrecht auch gegenüber den die Auskunft verweigernden Geschäftsführern geltend gemacht werden kann.[22] Eine andere Ansicht hingegen sieht eine Parallele zur GmbH[23], weil die Regeln zur Geschäftsführung in der EWIV mehr denen in der GmbH und weniger denen in der OHG entsprechen, und sieht deshalb auch bei der EWIV allein die Vereinigung als passiv legitimiert an.[24] Je nachdem, ob man den Informationsanspruch in der EWIV mehr in § 118 HGB oder § 51a GmbHG verortet, ist für das Verfahren auf die entsprechende Vorschrift zu verweisen. Der Praxis ist jedenfalls zu raten, die Klage jedenfalls immer (auch) gegen die Vereinigung zu richten. 23

Anders als zum Beispiel Art. 16 des liechtensteinischen EWIV-Ausführungsgesetzes enthält das deutsche Ausführungsgesetz keine Regelung über die **gerichtliche Zuständigkeit** für das Informationsbegehren. Die gerichtliche Zuständigkeit bestimmt sich daher nach den allgemeinen Vorschriften der ZPO.[25] Örtlich zuständig ist gem. §§ 17, 22 ZPO das Gericht am Sitz der Vereinigung. Die sachliche Zuständigkeit ergibt sich anhand des Streitwertes, da es für die EWIV, wie auch für die Personengesellschaften, keine den §§ 132 AktG, 51b GmbHG entsprechende Sonderzuweisung gibt. Ist das Landgericht sachlich zuständig, so ist gem. §§ 94, 95 Abs. 1 Nr. 4a GVG die Kammer für Handelssachen zuständig.[26] 24

---

[19] MAH PersGes/*Pathe* § 14 Rn. 112; MünchHdb GesR I/*Salger/Neye* § 96 Rn. 18; Baumbach/Hopt/*Roth* Anh. A nach § 160 Rn. 28; *Ganske* S. 43; *Meyer-Landrut* S. 67 f.
[20] Hdb PersGes/*Bärwaldt* § 21 Rn. 48; *Meyer-Landrut* S. 69; MünchHdb GesR I/*Salger/Neye* § 96 Rn. 18.
[21] BGH BB 1962, 899; OLG Celle ZIP 1983, 944 (947); K/R/M/*Koller* § 118 Rn. 2; MüKo HGB/*Enzinger* § 118 Rn. 37.
[22] Spahlinger/Wegen/*Wendt* Rn. 904; in diese Richtung auch Hdb PersGes/*Bärwaldt* § 21 Rn. 48.
[23] Zur Rechtslage in der GmbH: *Stangier/Bork* GmbHR 1982, 169 (171); *K. Schmidt* GesR § 35 I S. 1039; Baumbach/Hueck/*Zöllner* § 51b Rn. 7; Roth/Altmeppen/*Roth* § 51b Rn. 4; *Wicke* § 51a GmbHG Rn. 6.
[24] *Meyer-Landrut* S. 68; *Selbherr/Manz* Art. 18 Rn. 6, 11; *Lentner* S. 124.
[25] *Meyer-Landrut* S. 68, wonach die Durchsetzung des Informationsanspruchs nach den allgemeinen Vorschriften der ZPO erfolgt.
[26] MüKo HGB/*Enzinger* § 118 Rn. 37.

25 Es ist offen, wie das Recht auf Einsichtnahme **zwangsweise** durchgesetzt wird. Nach h. M. vollzieht sich die Vollstreckung des Leistungsurteils nach § 883 ZPO und nicht nach § 888 ZPO.[27] Das Urteil auf Gewährung der Einsicht in die Unterlagen der Gesellschaft gehe nämlich der Sache nach auf Vorlage der entsprechenden Urkunden[28] und sei damit der Herausgabe vergleichbar, da in beiden Fällen durch Wegnahme der Unterlagen vollstreckt wird.[29] Die Vertreter der anderen Ansicht[30] halten die Zwangsvollstreckung nach § 888 ZPO für sachgerecht. Da der materiellrechtliche Anspruch auf Einsichtnahme beschränkt sei und die Übergabe in den unmittelbaren Besitz nicht mitumfasse,[31] sei die Vollstreckung nach § 883 ZPO anders als bei der Vollstreckung zur Herausgabe auf die Wegnahme und Einsichtgewährung, also auf eine Duldung, beschränkt. Darüber hinaus sei der Gerichtsvollzieher kaum in der Lage, die Geschäftsbücher und Papiere zu individualisieren, wenn das Urteil ganz allgemein auf Einsicht lautet.[32]

26 Zur Sicherung der Ansprüche aus Art. 18 EWIV-VO kann der Erlass einer **einstweiligen Verfügung** zulässig sein. Diese ist, wie im Recht der OHG und GmbH, auf Sicherstellung der Bücher und Papiere zu richten.[33]

I. Ausschluss eines Mitglieds

27 Gem. Art. 27 Abs. 2 EWIV-VO kann jedes Mitglied der Vereinigung aus den im Gründungsvertrag angeführten Gründen, in jedem Fall aber aus wichtigem Grund, aus der Vereinigung **ausgeschlossen** werden. Dieser Ausschluss kann nur durch gerichtliche Entscheidung »auf gemeinsamen Antrag der Mehrheit der übrigen Mitglieder erfolgen«, wobei der Gründungsvertrag etwas anderes bestimmen kann.

28 Auf das **Ausschlussverfahren** sind aufgrund der allgemeinen Verweisung die Vorschriften über das Ausschließungsverfahren bei der OHG anzuwenden.[34] Die Klage ist somit von den übrigen Mitgliedern der Vereinigung gegen das auszuschließende Mitglied zu richten. Ausweislich des ausdrücklichen Wortlautes des Art. 27 Abs. 2 EWIV-VO genügt dabei die Mehrheit der übrigen Mitglieder. Anders als bei § 140 HGB besteht zwischen den klagenden Mitgliedern **keine notwendige Streitgenossenschaft**. Denn wie der BGH[35] ausgeführt hat, besteht der Grund für die notwendige Streitgenossenschaft bei § 140 HGB darin, dass die materiell-rechtliche Vorschrift des § 140 HGB bestimmt, dass nur die sämtlichen übrigen Gesellschafter das Recht zur Erhebung der Ausschließungsklage haben. Dies ist nach Art. 27 Abs. 2 EWIV-VO anders. Hier genügt die Mehrheit der übrigen Mitglieder. Es spricht weiter nichts dagegen, die Rechtsprechung des BGH zur Ausschließungsklage bei der OHG zu übernehmen, wonach eine Beteiligung der Gesellschafter an dem Prozess entbehrlich ist, die sich außergerichtlich bindend dahingehend erklärt haben, dass sie mit dem mit der Gestaltungsklage verfolgten Ziel einverstanden sind.[36] Bei der Bewertung der Frage, ob »die Mehrheit der übrigen Mitglieder« die Klage erhoben haben, sind also diese Gesellschafter mitzuzählen.

---

27 OLG Hamm NJW 1974, 653; OVG Koblenz NJW 1987, 1220; B/L/A/H § 883 Rn. 16; Staudinger/*Marburger* vor § 809 Rn. 10; Palandt/*Sprau* § 809 Rn. 13; E/B/J/S/*Drescher* § 118 Rn. 31; Röhricht/Graf v. Westphalen/Haas/*Haas* § 118 Rn. 16.
28 E/B/J/S/*Drescher* § 118 Rn. 31.
29 OLG Hamm NJW 1974, 653; OLG Frankfurt/Main WM 1991, 1555 (1556) (zur GmbH); bestätigt durch OLG Frankfurt/Main InVo 2003, 445; Heymann/*Emmerich* § 118 Rn. 16; Schlegelberger/*Martens* § 118 Rn. 42; a. A. MüKo HGB/*Enzinger* § 118 Rn. 40.
30 MüKo BGB/*Habersack* § 809 Rn. 17; Soergel/*Hadding* § 809 Rn. 8.
31 Schlegelberger/*Martens* Rn. 42; MüKo HGB/*Enzinger* § 118 Rn. 40.
32 MüKo HGB/*Enzinger* § 118 Rn. 40.
33 Vgl. zur OHG MüKo HGB/*Enzinger* § 118 Rn. 39; E/B/J/S/*Drescher* § 118 Rn. 30.
34 *Meyer-Landrut* S. 106.
35 BGHZ 30, 197; festhaltend: BGH ZEV 2010, 468.
36 BGH NJW 1998, 146.

J. Verfahren bei Sitzverlegung

Gem. Art. 14 Abs. 4 EWIV-VO können die Rechtsvorschriften eines Mitgliedsstaates bestimmen, dass eine Sitzverlegung, die einen Wechsel des anwendbaren Rechts zur Folge hätte, dann nicht wirksam wird, wenn eine zuständige Behörde des von dem Wegzug betroffenen Staates dagegen Einspruch erhebt. Das deutsche Recht sieht eine solche **Einspruchsmöglichkeit** nicht vor, so dass sich die Frage nach den Rechtsschutzmöglichkeiten dagegen nicht stellt. 29

K. Untersagung der Tätigkeit

Wenn eine EWIV eine Tätigkeit ausübt, die gegen das öffentliche Interesse eines Staates verstößt, so kann »eine zuständige Behörde« dieses Staates gem. Art. 38 EWIV-VO die **Tätigkeit untersagen.** Der deutsche Gesetzgeber hat hierzu keine gesonderte Vorschrift erlassen, und insbesondere keine Zuständigkeit einer Behörde für Anordnungen gem. Art. 38 EWIV-VO bestimmt.[37] Zum Teil wird angenommen, dass mangels expliziter Bestimmung in Deutschland ein Vorgehen nach Art. 38 EWIV-VO nicht in Betracht käme.[38] Andererseits lässt sich auch vertreten, dass Art. 38 EWIV-VO unmittelbare Kompetenznorm ist und sich die Zuständigkeit aufgrund des Art. 83 GG aus dem Landesrecht[39] ergibt. In der Praxis dürfte diese Frage wenig Relevanz haben: denn die EWIV unterliegt den nationalen Gesetzen und daraus ergeben sich einzelne Untersagungstatbestände; *Ganske* hat Art. 38 EWIV-VO deshalb als »eigentlich überflüssig« bezeichnet.[40] Der Rechtsschutz gegen eine entsprechende Verfügung richtet sich dann nach den allgemeinen Verfahrensvorschriften, die auf Entscheidungen der verfügenden Behörde anwendbar sind. 30

L. Beendigung der EWIV

I. Auflösung der EWIV

Anders als die OHG kann die EWIV **nicht automatisch erlöschen**; weder erlischt die EWIV dadurch, dass nur noch ein Mitglied verbleibt, noch dadurch, dass die im Gründungsvertrag vorgesehene Dauer abgelaufen ist, noch durch Zweckerreichung. Vielmehr bedarf die Auflösung der EWIV entweder eines Beschlusses der Mitglieder oder einer gerichtlichen Entscheidung. Die Kündigung durch ein Mitglied führt nach Art. 27, 30 EWIV-VO nicht zur Auflösung der Vereinigung, sondern zum Ausscheiden des Mitglieds. 31

Die **Auflösungsgründe** der EWIV sollen **abschließend** in der EWIV-VO aufgezählt sein, insbesondere soll daneben das **Verbotsverfahren** nach §§ 3, 17 **VereinsG** nicht möglich sein.[41] Das leuchtet nicht ein. Die EWIV ist als Verein i. S. d. § 2 Abs. 1 VereinsG zu qualifizieren (nicht aber als »Europäische Gesellschaft« i. S. d. § 17 VereinsG, da dieser Begriff nur die »Societas Europaea« erfasst[42]). Und EWIVs mit Sitz in Deutschland unterliegen den deutschen Gesetzen. 32

1. Einfache Auflösungsgründe

Gem. Art. 31 Abs. 1 EWIV-VO kann die Vereinigung durch **Beschluss** ihrer Mitglieder aufgelöst werden. Der Beschluss muss einstimmig gefasst werden, sofern der Gründungsvertrag nichts anderes bestimmt. In bestimmten Fällen sind die Mitglieder zum Fassen eines Auflösungsbeschlusses verpflichtet. Diese Fälle sind in Art. 31 Abs. 2 EWIV-VO abschließend aufgezählt. Dazu gehört der Ablauf der vorgesehenen Dauer oder ein anderer im Gründungsvertrag genannter Auflösungsgrund und die Zweckerreichung bzw. Zweckverfehlung. 33

---

37 *Selbherr/Manz* Art. 38 Rn. 2 mit Fußnote 480.
38 *Selbherr/Manz* Art. 38 Rn. 2 mit Fußnote 480.
39 *Meyer-Landrut* S. 112 (allerdings zu Artikel 32 EWIV-VO).
40 *Ganske* S. 74.
41 *Meyer-Landrut* S. 112 in Fn. 12.
42 Erbs/Kohlhaas/*Wache* Strafrechtliche Nebengesetze, § 17 VereinsG Rn. 1.

34 Wenn die Mitglieder trotz ihrer Verpflichtung, einen Auflösungsbeschluss zu fassen, einen solchen Beschluss nicht fassen, dann hat jedes Mitglied der EWIV nach Ablauf von drei Monaten nach Eintritt des die Pflicht zur Fassung des Auflösungsbeschlusses auslösenden Ereignisses das Recht, die **Auflösung durch ein Gericht** zu beantragen. Es ist also nicht erforderlich, die pflichtwidrig passiv bleibenden Mitglieder auf Zustimmung zu verklagen; einer solchen Klage würde das Rechtsschutzbedürfnis fehlen.

35 Die ausschließliche internationale **Zuständigkeit** der deutschen Gerichte für eine EWIV mit Sitz in Deutschland ergibt sich aus Art. 22 Nr. 2 EuGVVO.[43] Die sachliche Zuständigkeit bestimmt sich allein nach nationalem Recht[44] und daher anhand des Streitwertes gem. § 1 ZPO i. V.m §§ 23, 71 GVG.[45] Der Streitwert orientiert sich am Interesse des Klägers an der Auflösung der Gesellschaft, das sich wiederum in erster Linie an seiner Beteiligung orientiert.[46] Die örtliche Zuständigkeit ergibt sich nach den allgemeinen Grundsätzen, insbesondere ist der Gerichtsstand der Mitgliedschaft (§ 22 ZPO) begründet.[47]

36 Die EWIV-VO enthält keine Regelung dazu, gegen wen die Klage zu richten ist. Entsprechend der Rechtslage bei der OHG ist die **Klage gegen sämtliche übrigen**, d. h. nicht als Kläger beteiligten, Gesellschafter als notwendige Streitgenossen zu richten.[48] Nicht mitverklagt werden müssen die Gesellschafter, die dem Kläger gegenüber mit bindender Wirkung in die Auflösung eingewilligt haben.[49]

37 Das gerichtliche Urteil ist **Gestaltungsurteil**.[50] Dies ergibt sich schon aus dem Wortlaut von Artikel 31 Abs. 1 S. 1 und Abs. 2 S. 2, »diese Auflösung auszusprechen«. Es ergibt sich aber auch aus der Konstruktion des Artikel 31 EWIV-VO: Fassen die Mitglieder entgegen ihrer Verpflichtung keinen Auflösungsbeschluss, so muss der gestaltende Auflösungsbeschluss der Mitgliederversammlung durch ein gerichtliches Urteil ersetzt werden.

2. Besondere Gründe

38 Bei bestimmten besonderen Gründen muss das zuständige **Gericht** gem. Art. 32 EWIV-VO die **Auflösung** der EWIV auf Antrag »jedes Beteiligten« oder einer »zuständigen Behörde« **aussprechen**. Allerdings haben die Mitglieder der EWIV die Möglichkeit, den Mangel vor Ausspruch der Entscheidung in der Sache zu beheben; gelingt ihnen dieses, wird die EWIV nicht aufgelöst. Zur Zuständigkeit der Gerichts und zum Gerichtsverfahren siehe oben Rdn. 35 ff.

39 Laut *Meyer-Landrut* sind die »**zuständigen Behörden**« in Anwendung von Art. 83 GG die allgemeinen Ordnungsbehörden der Länder.[51] Im Ergebnis dürfte dem zuzustimmen sein, wobei nach neuerer Auffassung europäische Normen nicht automatisch unter den Begriff der »Bundesgesetze« des Art. 83 GG fallen.[52] Da die Aufsicht über die Vereinigungen aber kein Gegenstand der bundeseigenen Verwaltung ist, ist keine originäre Zuständigkeit der Bundesbehörden begründet, so dass es bei der Zuständigkeit der Landesbehörden bleibt.

---

43 So für Art. 15 EWIV-VO: *Selbherr/Manz* Art. 15 Rn. 6 (die noch auf das EuGVÜ verweisen).
44 *Selbherr/Manz* Art. 31/32 Rn. 41; *Meyer-Landrut* S. 113.
45 *Lentner* S. 142; dies entspricht auch der Rechtslage bei der OHG vgl. GroßkommHGB/*Schäfer* § 133 Rn. 59; a. A. E/B/J/S/W. *Hakenberg* Anh. § 160 Rn. 45 und offenbar *Selbherr/Manz* Art. 15 Fn. 264 (für das Verfahren nach Art. 15 EWIV-VO), die eine ausschließliche Zuständigkeit des Landgerichts annehmen.
46 So zur OHG: GroßkommHGB/*Schäfer* § 133 Rn. 59.
47 So zur OHG: GroßkommHGB/*Schäfer* § 133 Rn. 58.
48 So zur OHG: GroßkommHGB/*Schäfer* § 133 Rn. 52; für die Passivlegitimation der übrigen Mitglieder auch *Selbherr/Manz* Art. 31/32 Rn. 36.
49 So zur OHG: GroßkommHGB/*Schäfer* § 133 Rn. 53.
50 *Meyer-Landrut* S. 113; *Lentner* S. 141.
51 *Meyer-Landrut* S. 112.
52 Vgl. dazu Maunz/Dürig/*Kirchhof* Art. 83 Rn. 123 f.

L. Beendigung der EWIV § 45

»Beteiligt« im Sinne des Art. 32 Abs. 1 EWIV-VO sind nicht nur die Mitglieder der EWIV, sondern z. B. auch Geschäftsführer, Arbeitnehmervertreter, einzelne Arbeitnehmer, beherrschte Unternehmen und Darlehensgeber.[53] 40

Die **besonderen Gründe**, die zur Auflösung durch das Gericht führen, sind in Art. 32 Abs. 1 EWIV-VO aufgezählt: 41

a) Verlust des überstaatlichen gemeinschaftsbezogenen Charakters

Wie oben ausgeführt, muss eine EWIV einen multinationalen Mitgliederkreis haben. Entfällt diese Voraussetzung, dann sind die Mitglieder oder das verbleibende Mitglied gem. Art. 31 Abs. 3 EWIV-VO verpflichtet, einen Auflösungsbeschluss zu fassen. Nebenbei bemerkt ergibt sich aus der Formulierung in Art. 31 Abs. 3 EWIV-VO, dass diese Verpflichtung durch Beschluss der Mitglieder »oder des verbleibenden Mitglieds« zu erfüllen ist, dass es eine EWIV mit nur einem Mitglied geben kann. Dieser Zustand kann jedoch nicht von Dauer sein, weil das verbleibende Mitglied in diesem Fall zur Auflösung der Vereinigung verpflichtet ist. Kommen die verbleibenden Mitglieder oder das verbleibende Mitglied ihrer Verpflichtung zur Fassung des Auflösungsbeschlusses nicht nach, dann muss das Gericht auf Antrag eines Beteiligten oder einer zuständigen Behörde gem. Art. 32 Abs. 1 EWIV-VO die Auflösung der Vereinigung aussprechen. 42

b) Verstoß gegen die Sitzregelung

Gem. Art. 12 Abs. 1 EWIV-VO muss der Sitz der Vereinigung in der Europäischen Union belegen sein. Für die Sitzwahl sieht Art. 12 Abs. 2 EWIV-VO zwei Möglichkeiten vor: Entweder kann der Sitz an dem Ort gewählt werden, an dem die Vereinigung ihre Hauptverwaltung hat. Zum anderen kann aber auch der Ort als Sitz gewählt werden, an dem ein Mitglied der EWIV seine Hauptverwaltung hat oder, wenn es sich bei dem Mitglied um eine natürlich Person handelt, an dem das Mitglied seine Haupttätigkeit ausübt, solange die EWIV an diesem Ort tatsächlich eine Tätigkeit ausübt. Sind die Voraussetzungen nicht mehr erfüllt, kann wiederum jeder Beteiligte und jede zuständige Behörde die Auflösung durch das Gericht verlangen. 43

c) Tätigkeit außerhalb des erlaubten Zwecks

Wie oben ausgeführt begrenzt Art. 3 Abs. 1 EWIV-VO den für eine EWIV zulässigen Unternehmensgegenstand auf Hilfstätigkeiten zur Unterstützung der wirtschaftlichen Tätigkeit ihrer Mitglieder und enthält zur Konkretisierung in Abs. 2 bestimmte Tätigkeitsverbote. Wird diese Vorschrift verletzt, so muss das Gericht wiederum auf Antrag eines Beteiligten oder einer zuständigen Behörde die EWIV auflösen. 44

Dabei kann sich die Frage stellen, ob es für die Verletzung des Art. 3 auf die tatsächlich von der EWIV ausgeübte Tätigkeit oder den im Gründungsvertrag angegebenen Zweck ankommt. Für eine spanische Aktiengesellschaft hat der EuGH entschieden, dass – in der maßgeblichen Auslegung durch die einschlägige EU-Verordnung – allein der in der Satzung genannte Zweck und nicht die tatsächlich ausgeübte Tätigkeit maßgeblich sein kann.[54] Angesichts der in Art. 3 Abs. 2 EWIV-VO genannten konkreten Tätigkeitsverbote liegt es bei der EWIV näher, auf die **tatsächlich ausgeübte Tätigkeit** abzustellen, als auf den in dem Gesellschaftsvertrag genannten Zweck. 45

3. Wichtiger Grund

Art. 32 Abs. 2 EWIV-VO sieht des Weiteren die Möglichkeit vor, dass das Gericht auf Antrag eines Mitglieds die **Auflösung aus wichtigem Grund** ausspricht. Die Verordnung formuliert, dass das Gericht in diesem Fall die Auflösung aussprechen »kann«. Deshalb ist umstritten, ob die Verordnung 46

---

53 MünchHdb GesR I/*Salger/Neye* § 99 Rn. 6.
54 EuGH, Urt. v. 13.11.1990 – C-106/89 – Marleasing SA.

dem Gericht bei dieser Entscheidung ein Ermessen einräumt.[55] Sollte ein wichtiger Grund zu bejahen sein, so ist nicht zu erkennen, weshalb dem Gericht ein Ermessen bei der Entscheidung eingeräumt werden sollte. Wenn also ein wichtiger Grund für die Auflösung vorliegt, dann muss das Gericht die Auflösung aussprechen. Allerdings ist die Auflösung *ultima ratio*.[56] So wäre also etwa der Ausschluss des störenden Mitglieds gem. Art. 27 Abs. 2 EWIV-VO vorrangig. Für die Konkretisierung des Merkmals des wichtigen Grundes ist umstritten, ob dieses Merkmal allein nach europarechtlichen Grundsätzen bestimmt werden kann oder ob dafür auf § 133 HGB und § 723 BGB zurückgegriffen werden kann.[57] Im Ergebnis wird diese Unterscheidung kaum einen Unterschied machen.

47 Für das **Verfahren** und die **Zuständigkeit** gelten wieder die oben unter Rdn. 35 ff. gemachten Ausführungen.

4. Verstoß gegen das öffentliche Interesse eines Staates

48 Gem. Art. 32 Abs. 3 kann ein Mitgliedsstaat vorsehen, dass die **Auflösung** der EWIV durch das zuständige Gericht **auf Antrag einer zuständigen Behörde** ausgesprochen werden kann, wenn die EWIV durch ihre Tätigkeit gegen das öffentliche Interesse dieses Staates verstößt. Das soll jedoch nur dann zulässig sein, wenn die Möglichkeit der Auflösung wegen eines Verstoßes gegen das öffentliche Interesse nach den nationalen Vorschriften auch für andere eingetragene Gesellschaften vorgesehen ist. Von dieser Möglichkeit hat Deutschland keinen Gebrauch gemacht.[58] Insbesondere können die §§ 3, 7 VereinsG nicht als Vorschrift in diesem Sinne gelesen werden, weil das Vereinsverbot gem. § 3 Abs. 2 VereinsG von einer Behörde und nicht, wie von Art. 32 Abs. 3 EWIV-VO verlangt, einem Gericht ausgesprochen wird. Zur Anwendbarkeit des VereinsG neben der EWIV-VO siehe oben Rdn. 32.

5. Insolvenz

49 Gem. Art. 36 EWIV-VO unterliegt eine EWIV den Regeln des Sitzstaates über Zahlungsunfähigkeit und Zahlungseinstellung. Für eine EWIV mit Sitz in Deutschland bedeutet dies, dass sie dem **deutschen Insolvenzrecht** unterliegt.

50 Außerdem bleibt damit § 131 Abs. 1 Nr. 3 HGB anwendbar,[59] wonach die Gesellschaft durch die **Eröffnung des Insolvenzverfahrens** über das Vermögen der Gesellschaft **aufgelöst** ist.

6. Verfahren der Auflösung

51 Die **Auflösung** der EWIV führt gem. Art. 35 Abs. 1 EWIV-VO zu deren **Abwicklung**.

52 Gem. § 10 Abs. 1 EWIV-AG sind, außer im Fall des Insolvenzverfahrens, und sofern nicht durch den Gründungsvertrag oder Beschluss der Mitglieder anders bestimmt, die **Geschäftsführer** die **Liquidatoren**. Neben dieser Vorschrift findet auch § 146 Abs. 2 HGB Anwendung, wonach das Gericht auf Antrag eines Beteiligten aus wichtigem Grund Liquidatoren ernennen kann.[60]

II. Nichtigkeit

53 Art. 15 EWIV-VO ordnet an, dass dann, wenn das auf die EWIV anwendbare Recht die **Nichtigkeit der Vereinigung** vorsieht, die Nichtigkeit durch **gerichtliche Entscheidung** festgestellt oder aus-

---

55 Für ein Ermessen: *Ganske* S. 69; *Scriba* S. 175; gegen ein Ermessen: *Meyer-Landrut* S. 113 f.
56 MünchHdb GesR I/*Salger/Neye* § 99 Rn. 7.
57 Für letzteres jedenfalls die herrschende Meinung, z. B. MünchHdb GesR I/*Salger/Neye* § 99 Rn. 7; *Scriba* S. 174 f.
58 MAH PersGes/*Pathe* § 14 Rn. 159 m. w. N.; MünchHdb GesR I/*Salger/Neye* § 99 Rn. 8.
59 MünchHdb GesR I/*Salger/Neye* § 99 Rn. 9.
60 Baumbach/Hopt/*Roth* Anh. A nach § 160 Rn. 52.

gesprochen werden muss. Die Nichtigkeit der EWIV kann nur durch die Nichtigkeitsklage gem. Art. 15 EWIV-VO geltend gemacht werden.

Die damit angesprochene gerichtliche **Nichtigerklärung einer Personengesellschaft** ist dem deutschen Recht, anders als im Recht der Kapitalgesellschaft (§ 75 GmbHG, § 275 AktG), grundsätzlich fremd. Allerdings kann nach der Lehre von der fehlerhaften Gesellschaft eine in Vollzug gesetzte, fehlerhafte OHG auch nur durch Auflösungsklage beendet werden.[61] Deshalb soll es im Bereich der Anwendbarkeit von Art. 15 EWIV-VO keines Rückgriffs auf die Lehre von der fehlerhaften Gesellschaft bedürfen.[62] Nur außerhalb des Anwendungsbereichs von Art. 15 EWIV-VO (z. B. vor Eintragung oder bei fehlerhafter Vertragsänderung) soll die Lehre von der fehlerhaften Gesellschaft noch Anwendung finden können.[63] Nach anderer Ansicht soll die Lehre von der fehlerhaften Gesellschaft den Anwendungsbereich von Art. 15 EWIV-VO bestimmen, da sich danach die Nichtigkeit im Sinne von Art. 15 bestimme.[64] Im Ergebnis kommen die Ansichten zu dem gleichen Ergebnis, nämlich dass die Nichtigkeit begründende Fehler nur mittels **gerichtlicher Entscheidung** geltend gemacht werden können. 54

Die EWIV-VO enthält keine weiteren Ausführungen über das **Verfahren**. Insbesondere bleibt unklar, ob das Gericht die Nichtigkeit nur feststellt oder gestaltend anordnet. Das richtet sich nach dem nationalen Recht.[65] Für die Erhebung einer Gestaltungsklage spricht, dass die Wirkung erst ex nunc eintritt und dass ab Vollzug der fehlerhaften OHG die Nichtigkeit dort auch durch Gestaltungsklage geltend zu machen ist[66] und so ein weiterer Gleichlauf mit der OHG erzeugt würde. Weiter spricht für die Einordnung des Urteils als **Gestaltungsurteil** die Vergleichbarkeit von Art. 15 EWIV-VO mit den kapitalgesellschaftsrechtlichen Nichtigkeitsklagen, die ebenfalls Gestaltungsklagen sind.[67] 55

Die **Nichtigkeit** der EWIV ergibt sich aus den **allgemeinen Regeln** des materiellen Rechts des Sitzstaates,[68] insbesondere also den Vorschriften des allgemeinen Teils des BGB. Das ist ein wesentlicher Unterschied zu den Nichtigkeitsklagen gem. § 275 AktG, § 75 GmbHG, bei denen nur spezielle Nichtigkeitsgründe zur Nichtigkeit führen. 56

Allerdings führt die **Nichtigkeit** der EWIV – anders als die Nichtigkeitsklagen im Kapitalgesellschaftsrecht – nicht zur Amtslöschung; vielmehr führt auch die Erklärung der Nichtigkeit gem. Art. 15 Abs. 2 EWIV-VO – wie die Auflösung – nur zu ihrer **Abwicklung** gem. Art. 35 EWIV-VO. 57

Für das **Verfahren** und die **Zuständigkeit** kann wieder auf die Ausführungen oben unter Rdn. 35 ff. verwiesen werden.[69] Zur Antragsberechtigung enthält die EWIV-VO, anders als bei Art. 31, 32 EWIV-VO, keine Regelungen. *Selbherr/Manz* wollen insoweit die »Beschränkung« der Artt. 31, 32 EWIV-VO nicht anwenden.[70] Angesichts des weiten Kreises der Antragsberechtigten in Art. 32 Abs. 1 EWIV-VO kann man schwerlich von »Beschränkung« sprechen; sachgerecht erscheint es, nur die Mitglieder als **antragsberechtigt** anzusehen. 58

Die herrschende Meinung hält neben Art. 15 EWIV-VO auch das **Amtslöschungsverfahren** insbesondere nach § 395 FamFG für möglich.[71] 59

---

61 MünchHdb GesR I/*Miras* § 100 Rn. 150.
62 Hdb PersGes/*Bärwaldt* § 21 Rn. 81; *Meyer-Landrut* S. 146, 152; *Lentner* S. 92; zu allgemein daher Baumbach/Hopt/*Roth* Anh. A nach § 160 Rn. 23.
63 *Meyer-Landrut* S. 146.
64 *Ganske* S. 67.
65 *Selbherr/Manz* Art. 15 Rn. 6.
66 MünchHdb GesR I/*Miras* § 100 Rn. 150.
67 *Meyer-Landrut* S. 115 Fußnote 27.
68 Hdb PersGes/*Bärwaldt* § 21 Rn. 81.
69 A. A. *Selbherr/Manz* Art. 15 Fn. 264, die pauschal von der sachlichen Zuständigkeit der Landgerichte ausgehen.
70 *Selbherr/Manz* Art. 15 Rn. 6.
71 Baumbach/Hopt/*Roth* Anh. A nach § 160 Rn. 24; *Meyer-Landrut* S. 153 f., a. A. *Lentner* S. 92.

Abschnitt 3 Streitigkeiten in der Kommanditgesellschaft (einschl. GmbH & Co. KG)

§ 46 Allgemeine prozessuale Besonderheiten bei der KG und GmbH & Co. KG

Übersicht

	Rdn.			Rdn.
A. Partei- und Prozessfähigkeit	3		II. Prozessfähigkeit	10
I. Parteifähigkeit	3	B.	Die actio pro socio	12
1. Die Gesellschaft als Prozesspartei	3	C.	Gerichtliche Zuständigkeit	13
2. Die Gesellschafter als (zusätzliche) Beklagte	4	D.	Zustellung	14
		E.	Prozesskostenhilfe	16
a) Komplementäre	4	F.	Nebenintervention und Streitverkündung	17
b) Kommanditisten	5			
3. Die Auswirkungen eines Gesellschafterwechsels	9	G.	Zeugenbeweis	18
		H.	Zwangsvollstreckung	19

1 Ähnlich wie bei der OHG bietet das Prozessrecht der KG und GmbH & Co. KG viele Überschneidungen mit der GbR. Soweit sich keine Besonderheiten ergeben, wird auf die entsprechenden Ausführungen in § 29 verwiesen.

2 Abweichungen bei der Kommanditgesellschaft ergeben sich insbesondere aufgrund der Unterscheidung zwischen **Komplementären und Kommanditisten.** Dies wirkt sich etwa auf die Vertretung im Prozess oder auf die Möglichkeit des Zeugenbeweises aus. Soweit sich Besonderheiten aufgrund der Beteiligung einer Kapitalgesellschaft als einzige Komplementärin ergeben, werden diese in den entsprechenden Kapiteln erläutert.

A. Partei- und Prozessfähigkeit

I. Parteifähigkeit

1. Die Gesellschaft als Prozesspartei

3 Gemäß §§ 161 Abs. 2 i. V. m. 124 Abs. 1 HGB ist die Kommanditgesellschaft fähig, im Prozess als Partei aufzutreten.[1] Wie die Gesellschaft im Klagerubrum zu bezeichnen ist, lässt sich ohne weiteres der Eintragung im Handelsregister entnehmen. Im Prozess tritt die KG allein unter ihrer Firma auf. Die einzelnen Gesellschafter sind im Rubrum nicht zu benennen.[2]

2. Die Gesellschafter als (zusätzliche) Beklagte

a) Komplementäre

4 Wird eine Kommanditgesellschaft verklagt, ist zu erwägen, ob auch die Komplementäre, also die persönlich haftenden Gesellschafter, in Anspruch genommen werden. Häufig kann auf diese Weise die Haftungsmasse vergrößert werden. Hinsichtlich der dabei anzustellenden Erwägungen sowie weiterer Einzelheiten wird auf die Ausführungen in § 29 Rdn. 10–18 verwiesen.[3]

---

[1] Zur Klage gegen die Gesellschaft bei Beschlussfeststellungsklagen s. § 51 Rdn. 17.
[2] Baumbach/Hopt/*Roth* § 124 Rn. 42; zur Rubrumsberichtigung bei fehlerhafter Bezeichnung der persönlich haftenden Gesellschaft und deren Geschäftsführerin: OLG München, Urt. v. 30.07.2014 – 7 U 1680/14; grundsätzlich zur Rubrumsberichtigung bei falscher oder nicht eindeutiger Bezeichnung der Gesellschaft s. § 29 Rdn. 9.
[3] S. hierzu auch Schwerdtfeger/*S. Eberl/W. Eberl* Kap. 5 Rn. 60–64.

A. Partei- und Prozessfähigkeit § 46

b) Kommanditisten

Kommanditisten für eine Gesellschaftsschuld mit in Anspruch zu nehmen bietet sich hingegen regelmäßig dann nicht an, wenn sie ihre **Einlage bereits geleistet** haben. Deren persönliche Haftung ist dann nämlich gemäß § 171 Abs. 1 Hs. 2 HGB ausgeschlossen. 5

Vor Leistung der Einlage oder nach bereits erfolgter Rückzahlung der Einlage ist die Haftung der Kommanditisten auf die Höhe der Einlage beschränkt (§§ 171 Abs. 1, 172 Abs. 4 HGB). In diesen Fällen wäre zunächst durch Einsicht in das Handelsregister zu ermitteln, in welcher Höhe der betreffende Kommanditist haftet. Die Klage kann dann auf den Kommanditisten erstreckt werden. Zur Vermeidung einer teilweisen Klageabweisung sollte der Klageantrag hinsichtlich des Kommanditisten aber nicht die geschuldete Einlageleistung überschreiten. 6

Eine **Ausnahme von der Haftungsbegrenzung** der Kommanditisten besteht dann, wenn die Gesellschaft den Geschäftsbetrieb vor Eintragung in das Handelsregister aufgenommen und der betreffende Kommanditist dem zugestimmt hat (**§ 176 Abs. 1 HGB**). Diese Vorschrift findet nur Anwendung, wenn die Gesellschaft auch schon vor Eintragung in das Handelsregister gemäß §§ 1 Abs. 2, 105 HGB als Handelsgesellschaft zu qualifizieren ist. Liegt zu jenem Zeitpunkt kein Handelsgewerbe vor, besteht aber dennoch eine unbeschränkte Haftung, weil in diesem Fall die Grundsätze zur BGB-Gesellschaft anzuwenden sind.[4] Die Anwendbarkeit des § 176 Abs. 1 HGB bedeutet letztlich also eine Besserstellung, da zumindest bei nachgewiesener Kenntnis des Gläubigers von der Kommanditistenstellung die Haftung beschränkt ist (vgl. § 176 Abs. 1 S. 1 2. Hs. HGB). Dass der Gläubiger Kenntnis von der Kommanditistenstellung hatte, ist im Prozess vom Kommanditisten darzulegen und zu beweisen.[5] 7

Treten nach Eintragung der Gesellschaft in das Handelsregister **weitere Kommanditisten** in die Gesellschaft ein, haften diese für solche Verbindlichkeiten unbeschränkt, die zwischen ihrem Eintritt und ihrer Eintragung als Kommanditisten im Handelsregister begründet wurden (§ 176 Abs. 2 HGB). 8

3. Die Auswirkungen eines Gesellschafterwechsels

Ein Gesellschafterwechsel ist, wie bei den anderen Personengesellschaften auch, in der Regel unbeachtlich. Die von diesem Grundsatz bestehenden Ausnahmen sind in § 29 Rdn. 24–27 aufgeführt.[6] 9

II. Prozessfähigkeit

Auch für die ordnungsgemäße Prozessvertretung der Kommanditgesellschaft ist die Unterscheidung zwischen Kommanditist und Komplementär entscheidend. Nach §§ 170, 161 Abs. 2, 125 Abs. 1 HGB können nur Komplementäre die Gesellschaft vertreten. Diese Regelung ist zwingend.[7] Die Vertretung im Prozess kann von Kommanditisten daher nicht wahrgenommen werden.[8] Die Komplementäre sind vorbehaltlich abweichender gesellschaftsvertraglicher Regelung einzelvertretungsberechtigt (§§ 161 Abs. 2, 125 HGB).[9] Wer Komplementär und damit Vertreter ist oder ob gegebenenfalls statutarische Abweichungen bestehen, lässt sich den Eintragungen im Handelsregister 10

---

4 Nach herrschender Meinung kann die Haftung von Gesellschaftern einer GbR nur durch individualvertragliche Abrede beschränkt werden. Demgemäß ist es also unerheblich, ob statutarisch einige Gesellschafter nur als Kommanditisten haften, s. hierzu BGH NJW 2002, 1642; OLG Stuttgart NZG 2002, 84; MüKo HGB/*Schmidt* § 176 Rn. 6.
5 MüKo HGB/*Schmidt* § 176 Rn. 15.
6 S. auch Schwerdtfeger/*S. Eberl/W. Eberl* Kap 5 Rn. 47.
7 BGH NJW 1969, 507; OLG Frankfurt GmbHR 2006, 265; Baumbach/Hopt/*Roth* § 170 Rn. 1; MünchHdb GesR II/*Scheel* § 9 Rn. 28; a. A. *Bergmann* ZIP 2006, 2064, demzufolge Kommanditisten organschaftliche Vertretungsrechte zugewiesen werden können.
8 MAH PersGes/*Unger/Friel* § 5 Rn. 182.
9 Baumbach/Hopt/*Roth* § 170 Rn. 1; MüKo HGB/*Grunewald* § 170 Rn. 2.

entnehmen. Für die Rechtsfolgen einer nicht ordnungsgemäßen Vertretung und den möglichen Vorgehensweisen wird auf § 29 Rdn. 35–36 verwiesen.

Bei Beteiligung einer GmbH & Co. KG ist zu berücksichtigen, dass die Vertretung von der GmbH, die in aller Regel die einzige Komplementärin ist, wahrgenommen wird. Da die GmbH selbst nicht prozessfähig ist, übernehmen ihre Geschäftsführer die Prozessvertretung (s. hierzu § 14 Rdn. 3–36). Für das Klagerubrum bietet es sich daher an, die GmbH & Co. KG wie folgt zu bezeichnen:

11 »*X-GmbH & Co. KG, gesetzlich vertreten durch die Komplementärin Y-GmbH, diese wiederum vertreten durch den Geschäftsführer Z*«

B. Die actio pro socio

12 Stehen der Gesellschaft gegen einen Gesellschafter Ansprüche zu, die aus dem Gesellschaftsverhältnis resultieren (Sozialansprüche), können diese auch von einzelnen Gesellschaftern in Prozessstandschaft vor Gericht verfolgt werden. Bezüglich der Einzelheiten zu den Anwendungsvoraussetzungen, der dogmatischen Einordnung sowie weiterer prozessualer Aspekte ist die actio pro socio allerdings stark umstritten. Hierfür wird auf die Ausführungen in § 29 Rdn. 38–45 verwiesen.

C. Gerichtliche Zuständigkeit

13 Hinsichtlich der gerichtlichen Zuständigkeit gelten bei der KG und der GmbH & Co. KG keine Besonderheiten gegenüber den bereits dargestellten Personengesellschaftsformen. Hinsichtlich der Bestimmung der einschlägigen Gerichtsstände wird somit auf die Ausführungen in § 29 Rdn. 48–52 verwiesen, für die Zuständigkeit der Kammer für Handelssachen und die Wirkungen von Gerichtsstandsvereinbarungen auf § 37 Rdn. 15–15a.

D. Zustellung

14 Zustellungen können gemäß § 170 Abs. 3 ZPO gegenüber jedem vertretungsberechtigten Gesellschafter vorgenommen werden. Die Ausführungen zur Zustellung in § 29 Rdn. 16 gelten entsprechend.

15 Handelt es sich um eine GmbH & Co. KG, soll nach einer Ansicht die Ersatzzustellung nach § 178 Abs. 1 Nr. 2 ZPO nur in den Geschäftsräumen der KG möglich sein, da diese allein Zustellungsadressatin sei.[10] Nach anderer Ansicht hat in Anknüpfung an § 170 Abs. 1 ZPO die Ersatzzustellung in den Geschäftsräumen der GmbH als gesetzliche Vertreterin zu erfolgen.[11] In den Geschäftsräumen kann die Ersatzzustellung bereits dann erfolgen, wenn der Vertreter als abwesend oder verhindert bezeichnet wird. Die Ausführungen in § 3 Rdn. 29 gelten insoweit entsprechend.

E. Prozesskostenhilfe

16 Die KG ist eine Vereinigung im Sinne des § 116 S. 1 Nr. 2 ZPO. Sie kann daher auf Antrag und unter den Voraussetzungen des § 116 S. 1 Nr. 2 ZPO Prozesskostenhilfe erhalten.[12] Zu beachten ist, dass zu den wirtschaftlich Beteiligten auch die Kommanditisten zählen.[13]

F. Nebenintervention und Streitverkündung

17 Für die Gesellschafter der KG besteht die Möglichkeit, einem von oder gegen ihre Gesellschaft geführten Rechtsstreit beizutreten. Komplementäre und Kommanditisten haben aufgrund der Wirkungen, die ein gegen die KG ergehendes Urteil gemäß § 129 HGB entfaltet, ein rechtliches Inte-

---

10 BayObLG DB 1988, 1210; *Waclawik* Rn. 562.
11 *Mock/Streppel* Rn. 39.
12 Näher zu den Voraussetzungen des § 116 S. 1 Nr. 2: § 3 Rdn. 45–46; MAH PersGes/*Unger/Friel* § 5 Rn. 132.
13 MünchHdb GesR I/*Neubauer/Herchen* § 32 Rn. 8; MAH PersGes/*Unger/Friel* § 5 Rn. 183.

H. Zwangsvollstreckung

resse an dem Streitbeitritt (§ 66 ZPO).[14] Näheres zur Nebenintervention und dem Streitbeitritt lässt sich § 29 Rdn. 58–61 entnehmen.

G. Zeugenbeweis

Komplementäre können, soweit sie nicht von der Vertretung ausgeschlossen sind, nur als Partei nach Maßgabe der §§ 445 ff. ZPO vernommen werden. Kommanditisten hingegen stehen als Zeugen zur Verfügung. Dies gilt auch dann, wenn ihnen Prokura oder Handlungsvollmacht erteilt wurde, denn insoweit handelt es sich nicht um eine organschaftliche, sondern nur um eine rechtsgeschäftliche Vertretung.[15] Bei der GmbH & Co. KG sind die Geschäftsführer der Komplementärin unabhängig davon, ob sie prozessual als Vertreter der Partei auftreten, als Partei zu vernehmen.[16] Zu etwaigen taktischen Möglichkeiten wird auf die Ausführungen zur GbR in § 29 Rdn. 65–67 verwiesen. 18

H. Zwangsvollstreckung

Zur Vollstreckung in das Gesellschaftsvermögen einer KG oder einer GmbH & Co. KG ist ein Titel gegen die Gesellschaft erforderlich. Soll in das Vermögen der Komplementäre vollstreckt werden, reicht ein Titel nur gegen die Gesellschaft nicht aus (§ 129 Abs. 4 HGB). Es ist vielmehr im Wege des Gesellschafterprozesses ein Titel gegen die Komplementäre persönlich – im Fall der GmbH & Co. KG also gegen die Komplementär-GmbH – zu erwirken. 19

---

14 *Mock/Streppel* Rn. 36; *Waclawik* Rn. 558.
15 BAG BB 1980, 580; MAH PersGes/*Unger/Friel* § 5 Rn. 184; *Mock/Streppel* Rn. 33.
16 Sudhoff GmbH & Co. KG/*Salger* § 43 Rn. 12.

§ 47 Streitpunkte bei der Gründung der KG

Übersicht

		Rdn.			Rdn.
A.	Einleitung	1	E.	Fehlerhafte Gesellschaft	19
B.	Vorvertrag	4	F.	Einstweiliger Rechtsschutz/Schieds-	
C.	Mitglieder	10		fähigkeit	22
D.	Entstehung/Entstehungszeitpunkt	14			

A. Einleitung

1 Grundsätzlich kann für die Streitigkeiten bei der Gründung der KG auf das Kapitel § 38 »**Streitpunkte bei der Gründung der OHG**« verwiesen werden. Die dort gemachten Ausführungen gelten, soweit im Folgenden nicht gesondert vermerkt, **auch für die KG**.

2 Die KG unterscheidet sich nur in wenigen Punkten von der OHG. Der wesentliche Unterschied besteht darin, dass bei den Kommanditisten die Haftung gegenüber den Gesellschaftsgläubigern auf den Betrag ihrer Einlage beschränkt ist.[1] Wie sich aus § 176 HGB ergibt, kommt den Kommanditisten das **Haftungsprivileg** erst ab dem Zeitpunkt der Eintragung der Gesellschaft in das Handelsregister zu Gute.

3 Ebenso wie bei der OHG ist auch bei der KG zwischen der Entstehung im Innenverhältnis und der Entstehung im Außenverhältnis zu unterscheiden. Im Innenverhältnis kann die KG schon vor Eintragung in das Handelsregister entstehen. Dabei gibt es **keine prinzipiellen Unterschiede** zwischen den Kommanditisten und den Komplementären. Beide sind Gesellschafter der KG. Lediglich ihre Mitgliedschaft ist unterschiedlich ausgestaltet. Die Unterschiede in der Stellung der Gesellschafter haben für den einzelnen Gesellschafter eine große Bedeutung und die Rechtsschutzziele werden andere sein, aber es gibt keine prinzipiellen Unterschiede, die eine differenzierte Betrachtung der Probleme bei der Gründung je nach Rechtsstellung des Gesellschafters erforderlich machen.

B. Vorvertrag

4 Auch der Gesellschaftsvertrag für eine KG und damit auch der Vorvertrag ist grundsätzlich **formfrei**. Etwas anderes kann sich allerdings ergeben, wenn der Vorvertrag auf die Errichtung einer GmbH & Co. KG gerichtet ist; dazu § 55 Rdn. 3 ff.

5 Aus dem Vorvertrag kann auf **Eingehung der KG** geklagt werden und mit Rechtskraft des stattgebenden Urteils gilt die erforderliche Willenserklärung gem. § 894 ZPO als abgegeben. Das stattgebende Urteil ersetzt auch eine formgebundene Willenserklärung.[2] Somit kann auch dann, wenn der KG-Vertrag ausnahmsweise der notariellen Form bedarf, auf Eingehung des KG-Vertrages geklagt werden. Dann wird allerdings typischerweise auch der Vorvertrag der notariellen Form bedürfen.

6 Für die Klage auf Eingehung der KG besteht weder auf Kläger- noch auf Beklagtenseite eine **notwendige Streitgenossenschaft**.[3]

7 **Sachlich zuständig** sind, je nach Streitwert, die Amts- oder Landgerichte. Die Kammern für Handelssachen sind nicht zuständig, weil die Vor-Gesellschaft als GbR keine Handelsgesellschaft ist.

8 **Örtlich zuständig** sind die Gerichte am allgemeinen Gerichtsstand des Beklagten. Ein besonderer Gerichtsstand am Sitz der Mitgliedschaft, § 22 ZPO, ist grundsätzlich nicht gegeben, weil die Gesellschaft noch nicht besteht und keinen eigenen Sitz hat.

---

[1] E/B/J/S *Weipert* § 161 Rn. 10; Baumbach/Hopt/*Roth* § 161 Rn. 1; MüKo HGB/*Grunewald* § 161 Rn. 2.
[2] RGZ 76, 409 (411); MüKo ZPO/*Gruber* § 894 Rn. 15; Saenger/*Pukall* § 894 Rn. 9.
[3] Wie bei GbR und oHG, vgl. § 30 Rdn. 4, § 38 Rdn. 3.

E. Fehlerhafte Gesellschaft § 47

Für die **Einzelheiten** kann auf die zur **OHG** gemachten Ausführungen oben § 38 Rdn. 3 ff. verwiesen werden. 9

C. Mitglieder

Auch in der KG werden die **Status-Streitigkeiten zwischen den Gesellschaftern** ausgetragen, wobei die statthafte Klageart auch in der KG die **allgemeine Feststellungsklage** ist. Bei Klagen in Statusfragen, die gegen die Mitgesellschafter zu richten sind, besteht weder auf der Kläger- noch auf der Beklagtenseite eine notwendige Streitgenossenschaft.[4] 10

Sachlich zuständig sind, je nach Streitwert, die Amts- oder Landgerichte. Ob an den Landgerichten die Kammern für Handelssachen zuständig sind, hängt vom Klägervortrag ab: Wenn er die Mitgliedschaft des Beklagten schlüssig bestreitet, sind die Kammern für Handelssachen nicht zuständig, sonst schon. 11

Örtlich zuständig sind die Gerichte am allgemeinen Gerichtsstand des Beklagten und am besonderen Gerichtsstand der Mitgliedschaft, § 22 ZPO. Eine Ausnahme bilden die Klagen gegen (angebliche) Nicht-Gesellschafter, für die es an den Voraussetzungen des § 22 ZPO fehlt; dort sind nur die Gerichte am allgemeinen Gerichtsstand des Beklagten zuständig. 12

Im Übrigen kann auf die Ausführungen zur OHG oben § 38 Rdn. 8 ff. verwiesen werden. 13

D. Entstehung/Entstehungszeitpunkt

Wie bereits oben ausgeführt, begründen die Unterschiede in der Ausgestaltung der Mitgliedschaft der Komplementäre einerseits und der Kommanditisten andererseits keine prinzipiellen Unterschiede. Insbesondere sind auch bei der KG alle Gesellschafter verpflichtet, an der **Eintragung in das Handelsregister** mitzuwirken, §§ 161 Abs. 2, 108 HGB.[5] Wegen § 176 HGB hat die Eintragung für die Kommanditisten besondere Bedeutung. Den Kommanditisten ist dringend zu raten, ihren Beitritt zur KG aufschiebend auf die Eintragung in das Handelsregister zu bedingen.[6] 14

Auseinandersetzungen über die Entstehung und den Entstehungszeitpunkt sind zwischen den Gesellschaftern im Wege der **allgemeinen Feststellungsklage** auszutragen. Ob notwendige Streitgenossenschaft besteht, ist, soweit erkennbar, noch nicht entschieden, ist aber konsequenterweise abzulehnen.[7] 15

Die **sachliche Zuständigkeit** ist streitwertabhängig entweder bei den Amts- oder Landgerichten begründet. An den Landgerichten sind die Kammern für Handelssachen zuständig, außer wenn der Kläger schlüssig das Nichtbestehen der Gesellschaft behauptet. 16

Örtlich zuständig sind die Gerichte am allgemeinen Gerichtsstand des Beklagten. Der besondere Gerichtsstand der Mitgliedschaft gem. § 22 ZPO ist gegeben, außer wenn der Kläger die Existenz der Gesellschaft bestreitet. 17

Für die **Einzelheiten** kann auf die **Ausführungen zur OHG** unter § 38 Rdn. 13 ff. verwiesen werden. 18

E. Fehlerhafte Gesellschaft

Die Grundsätze der fehlerhaften Gesellschaft gelten auch bei der KG.[8] Ebenso wie bei der OHG und bei der GbR gibt der Fehler des Gesellschaftsvertrags jedem Gesellschafter das Recht, das **Gesell-** 19

---

[4] Wie bei GbR und oHG, vgl. § 30 Rdn. 21 ff., § 38 Rdn. 9.
[5] BayObLG WM 1988, 710.
[6] BGHZ 82, 209 (212); Baumbach/Hopt/*Roth* § 176 Rn. 1; MüKo HGB/*K.Schmidt* § 176 Rn. 30; E/B/J/S/*Strohn* § 176 Rn. 34.
[7] Siehe dazu oben § 30 Rdn. 33.
[8] MüKo HGB/*Grunewald* § 161 Rn. 43.

schaftsverhältnis mit Wirkung für die Zukunft zu beenden. Dabei muss der Fehler, ebenso wie bei der OHG, entweder durch die **Auflösungsklage** gem. §§ 161 Abs. 2, 133 HGB oder die **Ausschließungs-/Übernahmeklage** gem. §§ 161 Abs. 2, 140 HGB geltend gemacht werden. Etwas anderes gilt, wenn der Gesellschaftsvertrag ein Kündigungs- oder Austrittsrecht enthält.

20 Für die **Einzelheiten** kann auf die **Ausführungen zur OHG** oben § 38 Rdn. 20 ff. verwiesen werden.

21 Bei der **Publikumsgesellschaft** kann der einzelne Kommanditist den Austritt wegen arglistiger Täuschung (bei seinem Beitritt) erklären, **ohne** dass er **Klage** erheben muss, auch dann, wenn ein Austrittsrecht nicht im Gesellschaftsvertrag vorgesehen ist.[9] Für andere Fälle der fehlerhaften Gesellschaft gilt diese Ausnahme grundsätzlich nicht.[10] Eine Anfechtungserklärung kann als Kündigungserklärung ausgelegt werden.[11] Der Austritt ist gegenüber der KG, diese vertreten durch die Komplementärin, zu erklären, wenn diese selbst die Aufnahmeverträge abschließt[12] bzw. die Komplementärin mit Wirkung gegenüber allen Gesellschaftern Beitrittserklärungen entgegennehmen kann.[13]

F. Einstweiliger Rechtsschutz/Schiedsfähigkeit

22 Auch im Gründungsstadium der KG ist einstweiliger Rechtsschutz **grundsätzlich möglich.** Der Frage der Vorwegnahme der Hauptsache kommt dabei besondere Bedeutung zu.

23 Die Streitigkeiten im Gründungsstadium können auch vor einem **Schiedsgericht** ausgetragen werden. Dabei ist darauf hinzuweisen, dass nach h. L. die Vollstreckbarerklärung des Schiedsspruchs Voraussetzung für die Fiktion der Abgabe einer Willenserklärung und Eintragungen in Registern ist.

24 Für die Einzelheiten kann auf die Ausführungen zur OHG oben § 38 Rdn. 27 ff. verwiesen werden

---

9 BGHZ 63, 338; 148, 207; 153, 223; Baumbach/Hopt/*Roth* Anh. § 177a Rn. 58 m. w. N.; MüKo BGB/*Ulmer*/*Schäfer* § 705 Rn. 368; MüKo HGB/*K.Schmidt* § 105 Rn. 247; Hdb GesR/*Westermann* Rn. I 226c.
10 Siehe dazu: BGHZ 69, 160 (162); 70, 61 (66).
11 BGHZ 63, 338; 153, 223.
12 Baumbach/Hopt/*Roth* Anh. § 177a Rn. 58.
13 BGH NJW 1975, 1700 (1701); OLG Hamm NJW 1978, 225; Hdb GesR/*Westermann* Rn. I 226d.

§ 48 Streitigkeiten um Gesellschaftsanteile

Im Hinblick auf Streitigkeiten um Gesellschaftsanteile in der KG kann grundsätzlich auf die Ausführungen zur OHG (oben § 39) verwiesen werden. Im Falle des Todes eines Kommanditisten bestimmt § 177 HGB jedoch abweichend von § 131 Abs. 3 Nr. 1 HGB, dass die Gesellschaft grundsätzlich **mit den Erben fortgesetzt** wird. Der Kommanditanteil ist mithin grundsätzlich vererblich. Bei einer Mehrheit von Erben findet automatisch hinsichtlich des Kommanditanteils eine Auseinandersetzung dergestalt statt, dass jeder Erbe in Höhe seines Erbanteils Kommanditist wird, da die Erbengemeinschaft nicht Kommanditist werden kann.[1]

Abweichend hiervon finden sich jedoch häufig zulässige gesellschaftsvertragliche Gestaltungen, die sowohl die Gesetzeslage bei der GbR oder der OHG, aber auch die oben (vgl. § 31 Rdn. 28 ff. und § 39 Rdn. 5) diskutierten weiteren Gestaltungsformen annehmen können.

1

2

---

1 Vgl. oben § 31 Rdn. 35.

§ 49 Durchsetzung von Gesellschafterrechten und -pflichten

Übersicht	Rdn.			Rdn.
A. Vermögensrechte und -pflichten	1	II.	Entziehungs-, Kündigungs- und Ausschließungsrechte	15
I. Vermögensrechte	2	III.	Kontroll- und Auskunftsrechte	16
1. Passivlegitimation	2		1. Kontroll- und Informationsrecht des Komplementärs	16
2. Grundsätzliches zum Verhältnis von Gesellschafterklage und Gesellschaftsklage	5		2. Kontroll- und Informationsrecht des Kommanditisten	17
3. Die einzelnen Ansprüche des Gesellschafters	7		3. Kollektive Informationsansprüche, §§ 713, 666 BGB	23
a) Anspruch auf Gewinnauszahlung	7		4. Übertragung der Kontrollrechte auf einen Beirat	25
b) Entnahmerecht	10	C.	Treuepflicht	26
c) Auszahlungsanspruch nach Liquidation	11	D.	Ansprüche aufgrund der Verletzung von Gesellschafterpflichten	29
d) Aufwendungsersatz des Gesellschafters	12	E.	Streitigkeiten im Zusammenhang mit dem Abschlussprüfer	29a
II. Vermögenspflichten	13			
B. Verwaltungsrechte und -pflichten	14			
I. Recht auf und Pflicht zur Mitwirkung bei Geschäftsführung und Vertretung	14			

A. Vermögensrechte und -pflichten

1 Wie bei der GbR und der OHG ist auch bei der KG zwischen Vermögensrechten und Vermögenspflichten zu unterscheiden, also zwischen Ansprüchen des einzelnen Gesellschafters und Ansprüchen der Gesellschaft.

I. Vermögensrechte

1. Passivlegitimation

2 Es gilt das zur OHG Gesagte[1]:

3 Ein Gesellschafter kann seine Vermögensansprüche stets gegen die KG als Beklagte geltend machen, seine Mitgesellschafter jedoch nur im Rahmen von Erstattungsansprüchen bei Begleichung einer Gesellschaftsschuld, Ansprüchen bei Ausscheiden aus der Gesellschaft oder Ansprüchen aus einem Drittgeschäft in Anspruch nehmen.

4 Dabei ist bei der KG zusätzlich selbstverständlich zu beachten, dass eine **unbegrenzte Haftung** allein für den Komplementär besteht, wohingegen der Kommanditist nur bis zur Höhe seiner Einlage haftet bzw. die Haftung des Kommanditisten ausgeschlossen ist, soweit die Einlage geleistet ist (§ 171 Abs. 1 HGB).

2. Grundsätzliches zum Verhältnis von Gesellschafterklage und Gesellschaftsklage

5 Aufgrund der nur begrenzten Haftung der Kommanditisten ist natürlich gründlich zu prüfen, ob tatsächlich auch gegen diese oder nur gegen die Gesellschaft und/oder den Komplementär Klage erhoben werden soll. Im Übrigen kann auf die Ausführungen zur GbR und OHG verwiesen werden.[2]

6 Im Hinblick auf den Gerichtsstand ist zu beachten, dass auch bei der KG grundsätzlich die örtliche Zuständigkeit über § 22 ZPO oder eine Regelung im Gesellschaftsvertrag bestimmt wird. Einzig wenn es sich um eine Klage eines Gesellschafters als Drittschuldner handelt, wird die Frage relevant,

---

1 Vgl. § 34 Rdn. 2 ff.
2 Vgl. § 32 Rdn. 7 ff. und § 40 Rdn. 5 ff.

A. Vermögensrechte und -pflichten   § 49

ob eine mit der Gesellschaft abgeschlossene Gerichtsstands- oder Schiedsvereinbarung auch für und gegen den Kommanditisten wirkt.³

3. Die einzelnen Ansprüche des Gesellschafters

a) Anspruch auf Gewinnauszahlung

Der Kommanditist hat einen Anspruch auf Auszahlung des ihm zustehenden Gewinns, § 169 Abs. 1 S. 2 HGB. Da gemäß § 169 Abs. 1 S. 1 HGB die Regelung des § 122 HGB auf ihn keine Anwendung findet, ist er hinsichtlich der Geltendmachung des Anspruches grundsätzlich nicht eingeschränkt. Allerdings kann die Treuepflicht des Kommanditisten das Recht auf Gewinnauszahlung ausnahmsweise beschränken, soweit der Gesellschaft durch die Gewinnauszahlung ein schwerer, nicht wieder gut zu machender Schaden droht.⁴ 7

Der Kommanditist darf seinen Gewinnanteil nicht entnehmen, wenn sein Kapitalanteil infolge von Verlusten unter dem Betrag der von ihm zugesagten Einlage (Pflichteinlage) liegt oder durch die Auszahlung unter diesen Betrag käme, § 169 Abs. 1 S. 2 HGB. Ist der Kommanditist mit seiner Pflichteinlage im Rückstand, so hat er zwar einen Anspruch auf Auszahlung seines Gewinnanteils, die KG kann jedoch diesen und die Einlageschuld aufrechnen, es sei denn, dass die Einlage noch nicht fällig ist.⁵ 8

Wie bei der OHG ist die Durchsetzung des Auszahlungsanspruches im Wege der Leistungsklage gegen die Gesellschaft zu richten. Bei einem Streit über die Gewinnverteilung ist Feststellungsklage gegen die Mitgesellschafter zu erheben. 9

b) Entnahmerecht

Ein gewinnunabhängiges Entnahmerecht steht dem Kommanditisten nicht zu, § 169 Abs. 1 S. 1 HGB schließt die Anwendung des § 122 HGB aus. 10

c) Auszahlungsanspruch nach Liquidation

Über § 161 Abs. 2 HGB findet § 155 HGB ebenfalls auf die Kommanditgesellschaft Anwendung. Es wird auf die Ausführungen im Rahmen der Beendigung der KG verwiesen.⁶ 11

d) Aufwendungsersatz des Gesellschafters

Auch bei der KG kann ein Gesellschafter Aufwendungsersatz gemäß §§ 161 Abs. 2, 110 HGB verlangen. Es kann daher auf die Ausführungen im Rahmen der OHG verwiesen werden.⁷ 12

II. Vermögenspflichten

Es gilt das zur OHG Gesagte.⁸ Zu betonen ist, dass im Wege der *actio pro socio* auch der Kommanditist Vermögensansprüche der Gesellschaft gegen seine Mitgesellschafter durchsetzen kann.⁹ 13

---

3 Nach *Schwab/Walter* Kapitel 7 Rn. 35 entfaltet eine Schiedsgerichtsvereinbarung keine Wirkung gegenüber den Kommanditisten. Differenzierend zwischen der beschränkten Haftung des Kommanditisten nach seiner Eintragung und der unbeschränkten Haftung des Kommanditisten vor seiner Eintragung: MünchHdb GesR II/*Neubauer/Herchen* § 32 Rn. 25.
4 Baumbach/Hopt/*Roth* § 169 Rn. 3.
5 Baumbach/Hopt/*Roth* § 169 Rn. 4.
6 Vgl. § 54 Rdn. 1.
7 Vgl. § 40 Rdn. 30 f.
8 Vgl. § 40 Rdn. 32 ff.
9 MünchHdb GesR II/*Scheel* § 7 Rn. 95.

B. Verwaltungsrechte und -pflichten

I. Recht auf und Pflicht zur Mitwirkung bei Geschäftsführung und Vertretung

14 Grundsätzlich sind die Kommanditisten gemäß § 164 HGB von der Geschäftsführung ausgeschlossen. Die Streitigkeiten im Zusammenhang mit der Geschäftsführung werden in einem gesonderten Kapitel behandelt.[10]

II. Entziehungs-, Kündigungs- und Ausschließungsrechte

15 Hinsichtlich der Entziehungs-, Kündigungs- und Ausschließungsrechte wird auf die jeweiligen Ausführungen in den Kapiteln zur Geschäftsführung und den Veränderungen des Gesellschafterbestandes verwiesen.[11]

III. Kontroll- und Auskunftsrechte

1. Kontroll- und Informationsrecht des Komplementärs

16 Über den Verweis in § 161 Abs. 2 HGB finden die Regelungen über die Kontroll- und Informationsrechte des OHG-Gesellschafters auch auf den **Komplementär** einer KG Anwendung. Hinsichtlich des Komplementärs kann daher auf die Ausführungen zur OHG verwiesen werden.[12]

2. Kontroll- und Informationsrecht des Kommanditisten

17 Etwas anders gilt indes für Kommanditisten. Gemäß § 166 Abs. 1 HGB steht dem Kommanditisten nur ein **eingeschränktes Kontrollrecht** zu. Er ist befugt, eine abschriftliche Mitteilung des Jahresabschlusses zu verlangen und dessen Richtigkeit unter Einsicht der Bücher und Papiere zu prüfen. Ein Anspruch auf Einsicht in solche Unterlagen der Gesellschaft, die für den Jahresabschluss nicht relevant sind, steht dem Kommanditisten nicht zu.[13]

18 Ebenso wie bei der GbR und der OHG umfasst das Einsichtrecht auch Unterlagen über verbundene Unternehmen. Bei der GmbH & Co. KG kann der Kommanditist also auch Einblick in die Unterlagen der Komplementär-GmbH verlangen.[14] Ist der Kommanditist hingegen an der Komplementär-GmbH beteiligt, steht ihm diesbezüglich ein Informationsrecht nach § 51a GmbHG zu, welches gemäß § 51b GmbHG durchzusetzen ist.[15]

19 Der Kommanditist kann also u. a. **Leistungsklage auf Einsichtnahme** erheben. Klagegegner ist dann die KG oder der geschäftsführende Gesellschafter selbst.

20 Darüber hinaus steht dem Kommanditisten auch ein **außerordentliches Informationsrecht gemäß § 166 Abs. 3 HGB** zu. Dieses ist im Verfahren nach dem FamFG durchzusetzen.[16] Ein für die Geltendmachung des außerordentlichen Informationsrechtes wichtiger Grund liegt vor, wenn eine sofortige Überwachung im Interesse des Kommanditisten geboten ist. Dies ist der Fall bei drohender Schädigung der Gesellschaft oder des Kommanditisten, bei begründetem Verdacht nicht ordnungsgemäßer Geschäfts- oder Buchführung sowie bei Verweigerung oder längerer Verzögerung der Kontrolle nach § 166 Abs. 1 HGB.[17]

---

10 Vgl. § 52.
11 Vgl. § 52 Rdn. 5 ff. und § 50 Rdn. 1.
12 Vgl. § 40 Rdn. 40.
13 MAH PersGes/*Plückelmann* § 4 Rn. 129.
14 MAH PersGes/*Plückelmann* § 4 Rn. 130.
15 Vgl. § 17 Rdn. 19 ff.
16 Baumbach/Hopt/*Roth* § 166 Rn. 15; E/B/J/*Weipert* § 166 Rn. 43; MüKo HGB/*Grunewald* § 166 Rn. 36. Ausführlich zu den Besonderheiten dieses Verfahrens nach dem FamFG: *Lutz* Rn. 754 ff.
17 OLG Hamm BB 1970, 509; MAH PersGes/*Plückelmann* § 4 Rn. 132.

Das Verfahren gemäß § 166 Abs. 3 HGB ist dem Kommanditisten auch dann eröffnet, wenn er sein ordentliches Informationsrecht aus § 166 Abs. 1 HGB gerichtlich durchsetzen muss, weil die KG die Erfüllung verweigert. Der Kommanditist kann also auf beiden Wegen **gleichzeitig** vorgehen.[18] Der im Rahmen des § 166 Abs. 3 HGB erforderliche wichtige Grund ist dann in der Regel bereits die Verweigerung der Informationserteilung.[19] 21

Zusätzlich kann nach umstrittener Ansicht der Rechtsprechung der Informationsanspruch des § 166 Abs. 1 HGB im Wege des **einstweiligen Rechtsschutzes**, z. B. nach §§ 935 ff. ZPO auf Sicherstellung von Büchern und Papieren, verfolgt werden.[20] Nach anderer Ansicht soll das Verfahren des § 166 Abs. 3 HGB eine Sonderverfahrensregel für den einstweiligen Rechtsschutz sein.[21] 22

3. Kollektive Informationsansprüche, §§ 713, 666 BGB

Wie bei der GbR und OHG bestehen ferner **kollektive Informationsansprüche** aus §§ 713, 666 BGB. Bei der GbR und OHG können diese Ansprüche auch vom einzelnen Gesellschafter im Wege der *actio pro socio* durchgesetzt werden. Bei der KG ist insoweit jedoch zu beachten, dass sich der Kommanditist nicht auf diesem Wege entgegen § 116 Abs. 2 BGB ein umfassendes Informationsrecht verschaffen darf.[22] 23

Eine Klageerhebung allein durch den Kommanditisten im Wege der *actio pro socio* ist daher nur zulässig, wenn entweder ein entsprechender **Gesellschafterbeschluss** vorliegt oder die Ablehnung der übrigen Gesellschafter, das Auskunftsrecht auszuüben, als treuwidrig angesehen werden muss.[23] 24

4. Übertragung der Kontrollrechte auf einen Beirat

Bei einer KG wird die Kontrollaufgabe oftmals im Gesellschaftsvertrag einem besonderen Organ, z. B. dem Beirat, übertragen. Die kollektiven Informations- und Kontrollrechte stehen dann dem Kontrollorgan als Kollegialorgan zu. Ein Klagerecht der einzelnen Organmitglieder besteht nicht, auch nicht im Wege der *actio pro socio*.[24] 25

C. Treuepflicht

Während für das Verhältnis zwischen Komplementär und KG im Hinblick auf die Treuepflicht auf die Ausführungen zur OHG verwiesen werden kann[25], gilt für das Verhältnis zwischen Kommanditist und KG grundsätzlich nur ein **gelockertes Treueverhältnis**. Relevant ist dies insbesondere für das Wettbewerbsverbot. 26

Über § 161 Abs. 2 HGB gilt die gesetzliche Regelung des Wettbewerbsverbots des § 112 HGB auch für den Komplementär einer KG.[26] Demgegenüber sind Kommanditisten nach § 165 HGB ausdrücklich von dem gesetzlichen Wettbewerbsverbot **ausgenommen**. Etwas anderes gilt dann, wenn der Kommanditist nach dem Gesellschaftsvertrag geschäftsführungsbefugt ist oder beherrschenden Einfluss auf die Geschäftsführung hat. Der Treuegedanke des § 112 HGB findet dann ebenfalls auf ihn Anwendung.[27] Der BGH will sogar schon dann den Anwendungsbereich des § 112 HGB auf Kommanditisten ausdehnen, wenn der Kommanditist aufgrund seiner Mehrheitsbetei- 27

---

18 OLG Celle BB 1983, 1450; Baumbach/Hopt/*Roth* § 166 Rn. 14.
19 OLG Hamm BB 1970, 509; MAH PersGes/*Plückelmann* § 4 Rn. 162.
20 BGH NJW 1984, 2470 (2471); OLG Celle BB 1983, 1450 (1451); Baumbach/Hopt/*Roth* § 166 Rn. 14.
21 *K. Schmidt* § 53 II 3c.
22 BGH NJW 1992, 1890 (1892); MAH PersGes/*Plückelmann* § 4 Rn. 163.
23 BGH NJW 1992, 1890 (1892); MAH PersGes/*Plückelmann* § 4 Rn. 163.
24 BGH NJW 1992, 1890 (1891).
25 Vgl. § 40 Rdn. 41 ff.
26 Vgl. § 40 Rdn. 43 ff.
27 BGHZ 89, 162 (166); MAH PersGes/*Plückelmann* § 4 Rn. 198.

ligung die Gesellschaft beherrscht, da dann die Vermutung bestehe, dass der Kommanditist von seiner Einflussmöglichkeit auch tatsächlich Gebrauch macht.[28]

28 Bei der **GmbH & Co. KG** gilt, dass die Komplementär-GmbH dem Wettbewerbsverbot des § 112 HGB unterliegt. Dies gilt für die Dauer des Anstellungsverhältnisses auch für den Geschäftsführer der Komplementär-GmbH.[29]

D. Ansprüche aufgrund der Verletzung von Gesellschafterpflichten

29 Es kann auf die Ausführungen zur GbR verwiesen werden.[30]

E. Streitigkeiten im Zusammenhang mit dem Abschlussprüfer

29a Sofern die KG gemäß § 264a HGB prüfungspflichtig ist, d.h. die KG keine kleine Gesellschaft im Sinne von § 267 Abs. 1 HGB ist und nicht wenigstens ein persönlich haftender Gesellschafter der KG eine natürliche Person bzw. eine Personengesellschaft mit einer natürlichen Person als persönlich haftendem Gesellschafter ist, findet die Regelung des § 318 HGB Anwendung. Im Hinblick auf Streitigkeiten im Zusammenhang mit dem Abschlussprüfer kann insoweit auf die Ausführungen zur AG verwiesen werden.[31]

---

28 BGHZ 89, 162 (167); a. A. MüKo HGB/*Grunewald* § 165 Rn. 10.
29 H.M.: Baumbach/Hopt/*Roth* Anh. § 177a Rn. 23, 27; MüKo HGB/*Grunewald* § 165 Rn. 14; MünchHdb GesR II/*Doehner/Hoffmann* § 16 Rn. 57.
30 Vgl. § 32 Rdn. 89.
31 Vgl. § 6 Rdn. 419 ff.

§ 50 Streitigkeiten bei der Veränderung des Gesellschafterbestands

Für die Kommanditgesellschaft gilt grundsätzlich das Gleiche wie oben (§ 41) zur OHG Gesagte. Für Publikumsgesellschaften hat der BGH jedoch darüber hinaus ausnahmsweise die Möglichkeit der Austrittskündigung der Kommanditisten aus wichtigem Grund mit sofortiger Wirkung vorgesehen.[1]

---

[1] BGH NJW 1975, 1022 (1024).

§ 51 Streitigkeiten im Zusammenhang mit Gesellschafterbeschlüssen

Übersicht	Rdn.		Rdn.
A. Überblick: Beschlussfassung in der KG	1	I. Abweichende Vereinbarungen	16
I. Arten von Beschlüssen in der KG	2	II. Einstweiliger Rechtsschutz, Abwehrrechte gegen Vollzugshandlungen	19
II. Beschlussmängel	9		
B. Geltendmachung von Beschlussmängeln	11		

A. Überblick: Beschlussfassung in der KG

1 Die Beschlussfassung in der KG entspricht im Wesentlichen der Beschlussfassung in der **OHG** und damit auch der **GbR**. Von daher kann vorrangig auf die Ausführungen oben in § 42 und auch die Ausführungen in § 34 verwiesen werden.

I. Arten von Beschlüssen in der KG

2 Auch in der KG ist zwischen Grundlagengeschäften und Geschäftsführungsmaßnahmen zu unterscheiden. **Grundlagengeschäfte** bedürfen der Zustimmung sämtlicher Gesellschafter.

3 Von der **Geschäftsführung** sind die Kommanditisten gem. § 164 HGB ausgeschlossen und sie haben auch kein Widerspruchsrecht. Für die Komplementäre gelten die Regeln für die OHG-Gesellschafter. Für außergewöhnliche Geschäfte ist die Zustimmung aller Gesellschafter, also auch der Kommanditisten, erforderlich.[1] Der Gesellschaftsvertrag kann anderes vorsehen.

4 Die Kommanditisten sind gem. § 170 HGB von der **Vertretung** der Gesellschaft zwingend ausgeschlossen, d. h. ihnen kann die organschaftliche Vertretung der KG auch nicht im Gesellschaftsvertrag übertragen werden.[2] Für die Komplementäre gelten die Regeln für OHG-Gesellschafter.

5 Ebenso wie bei der GbR und der OHG gibt es bei der KG **kein Organ** »Geschäftsführung«. Sofern einzelne Gesellschafter von der Geschäftsführung und/oder der Vertretung ausgeschlossen sind, gibt es nur Gesellschafter mit unterschiedlichen Rechten.

6 Soweit in der KG **Beschlüsse** zu fassen sind, gilt wie in der GbR und der OHG das **Einstimmigkeitsprinzip** oder besser das »Zustimmungsprinzip«, d. h. alle zur Mitwirkung berufenen Gesellschafter (was bei Geschäftsführungsmaßnahmen typischerweise die Kommanditisten ausschließt) müssen dem Beschluss zustimmen. Aber auch hier kann der Gesellschaftsvertrag Abweichendes vorsehen, wobei gem. §§ 161 Abs. 2, 119 HGB die Mehrheit im Zweifel nach der Zahl der (stimmberechtigten) Gesellschafter zu berechnen ist. Insoweit ergibt sich auch hier keine Abweichung vom Recht der GbR und der OHG.

7 Auch in der KG gelten die Ausführungen zum Bestimmtheitsgrundsatz sowie zur Kernbereichslehre entsprechend.[3]

8 Auch wenn die Rechte der Kommanditisten und der Komplementäre unterschiedlich ausgestaltet sind, so ergeben sich dennoch keine prinzipiellen Abweichungen hinsichtlich der **Beschlussmängelstreitigkeiten** zur Situation in der OHG. Soweit die **Kommanditisten** nicht von der Beschlussfassung ausgeschlossen sind, nehmen sie **gleichberechtigt mit den Komplementären** an der Abstimmung teil. Das Recht der KG entscheidet bei der Beschlussfassung somit nicht zwischen Komplementären und Kommanditisten, sondern zwischen zur Beschlussfassung berufenen Gesellschaftern und von der Beschlussfassung ausgeschlossenen Gesellschaftern.

---

1 Baumbach/Hopt/*Roth* § 164 Rn. 2.
2 Baumbach/Hopt/*Roth* § 170 Rn. 1.
3 E/B/J/S/*Weipert*, § 163 Rn. 33 ff.; vgl. hierzu § 34 Rdn. 17.

II. Beschlussmängel

Das Beschlussmängelrecht der KG unterscheidet sich nicht von dem der **GbR** und der **OHG**. Daher kann vollumfänglich auf die Ausführungen oben in §§ 34 Rdn. 19 ff., 42 Rdn. 8 ff. verwiesen werden. 9

Es gibt auch bei der KG keine Unterscheidung nach anfechtbaren und nichtigen Beschlüssen. Sämtliche Beschlussmängel führen zur **Unwirksamkeit**. 10

B. Geltendmachung von Beschlussmängeln

Auch die Geltendmachung von Beschlussmängeln unterscheidet sich im Recht der KG nicht von der Geltendmachung in der **GbR** und der **OHG**. Insoweit wird auf die Ausführungen oben §§ 34 Rdn. 32 ff., 42 Rdn. 9 ff. verwiesen. 11

Beschlussmängel müssen nicht im Klagewege geltend gemacht werden. Soweit ein Gesellschafter aber eine gerichtliche Klärung herbeiführen möchte, ist stets die **allgemeine Feststellungsklage** die statthafte Klageart. Soweit für die Herbeiführung des gewünschten Beschlussergebnisses die Mitwirkung weiterer Gesellschafter erforderlich ist, ist diese Mitwirkung im Wege der **Leistungsklage** durchzusetzen. Die Leistungsklage auf Zustimmung kann mit der Klage auf Beschlussfeststellung verbunden werden. 12

Die **Klagebefugnis** sollte auf die Gesellschafter beschränkt werden, die zur Mitwirkung an dem streitgegenständlichen Beschluss berufen waren. Es kommt aber nicht darauf an, ob der klagende Gesellschafter an der streitgegenständlichen Abstimmung beteiligt hat.[4] Die Klage ist gegen die widersprechenden Gesellschafter zu richten.[5] Weder auf Kläger- noch auf Beklagtenseite besteht eine notwendige Streitgenossenschaft, was allerdings bestritten ist.[6] 13

Sachlich zuständig sind je nach Streitwert die Amts- oder Landgerichte, §§ 23, 71 GVG. Bei den Landgerichten sind gem. § 95 GVG die Kammern für Handelssachen zuständig, weil die Beschlussmängelstreitigkeiten in der KG Streitigkeiten aus dem »Rechtsverhältnis zwischen den Mitgliedern einer Handelsgesellschaft« sind. 14

Örtlich zuständig sind die Gerichte am allgemeinen Gerichtsstand des Beklagten und am besonderen Gerichtsstand der Mitgliedschaft, § 22 ZPO. 15

I. Abweichende Vereinbarungen

Der Gesellschaftsvertrag kann **Ausschlussfristen** für die Geltendmachung von Beschlussmängeln vorsehen. Wie bei der GbR und der OHG gibt es hier jedoch Ausnahmen: Zunächst sollen die gesellschaftsvertraglichen Ausschlussfristen eng auszulegen sein und im Zweifel nicht auf solche Beschlüsse anwendbar sein, die die Gesellschafterversammlung gar nicht hätte fassen dürfen. Außerdem gilt die Ausschlussfrist nicht, soweit der Mangel darauf beruht, dass die erforderliche Zustimmung eines Gesellschafters fehlt. Diesen Mangel kann der betroffene Gesellschafter bis zur Verwirkung geltend machen.[7] 16

Der Gesellschaftsvertrag kann auch vorsehen, dass die Streitigkeit statt mit dem widersprechenden Gesellschafter mit der **Gesellschaft** ausgetragen werden muss.[8] Dieses Urteil entfaltet zwar keine Rechtskraft gegenüber den Gesellschaftern, aber nach dem Sinn und Zweck einer solchen Vertragsbestimmung sind die übrigen Gesellschafter verpflichtet, sich an die getroffene Entscheidung zu hal- 17

---

4 *Wiedemann* GesR I § 8 IV 2. a.
5 BGH NZG 2011, 544; NJW-RR 2011, 115 (116 f.) m. w. N.; NJW 2009, 2300; a. A. *K. Schmidt* FS Stimpel 1985, 220 (236 f.).
6 Vgl. insoweit Meinungsstreit und Argumentation bei der GbR § 34 Rdn. 38 ff.: Im Ergebnis ist eine notwendige Streitgenossenschaft mit der h. M. abzulehnen, siehe Nachweise in § 34 Fn. 71.
7 BGH NJW-RR 2007, 757.
8 BGH NZG 2011, 544; NJW 2006, 2854 (zur Publikums-KG); 1995, 1218 (1219); NJW-RR 1990, 474.

ten. Wenn die Gesellschaft passivlegitimiert sein soll, sollte das im Gesellschaftsvertrag klar formuliert werden; die Festschreibung einer Ausschlussfrist für Klagen und die Verwendung des Wortes »Anfechtung« sollen für sich genommen jedenfalls nicht ausreichend sein, um die Passivlegitimation der Gesellschaft zu begründen.[9]

18 Auch in der KG kann vereinbart werden, dass Beschlussmängelstreitigkeiten in einem **Schiedsverfahren** zu klären sind.[10] Für die Einzelheiten kann auf die Ausführungen bei der OHG, oben § 42 Rdn. 16 und bei der GbR, oben § 34 Rdn. 51 ff., verwiesen werden.

II. Einstweiliger Rechtsschutz, Abwehrrechte gegen Vollzugshandlungen

19 Wie bei der OHG und der GbR ist auch bei der KG **einstweiliger Rechtsschutz** im Zusammenhang mit Gesellschafterbeschlüssen denkbar: und zwar zunächst im Zusammenhang mit der Beschlussfassung, wobei man zwischen Anträgen gegen den Prozess der Beschlussfassung und Anträgen gegen den Akt der Stimmabgabe unterscheiden muss. Beide Arten von Anträgen sind grundsätzlich möglich, wobei bei Anträgen auf Stimmabgabe besonders hohe Anforderungen an das Rechtsschutzinteresse des Antragstellers zu stellen sind.

20 Darüber hinaus ist einstweiliger Rechtsschutz gegen **Vollzugshandlungen**, die Gesellschafterbeschlüsse umsetzen, denkbar. Sofern die Vollzugsmaßnahme eine Geschäftsführungsmaßnahme ist, ist fraglich, ob die Befassung der Gesellschafter mit dieser Maßnahme bei der Beschlussfassung dazu führt, dass auch **nicht-geschäftsführende Gesellschafter**, also insbesondere Kommanditisten, antragsberechtigt sind. Denn grundsätzlich können nicht-geschäftsführende Gesellschafter Fehler in der Geschäftsführung nicht im Wege einstweiligen Rechtsschutzes unterbinden.

Zu den Einzelheiten kann auf oben §§ 42 Rdn. 17 ff. (zur OHG), 34 Rdn. 58 ff. (zur GbR) verwiesen werden.

---

[9] BGH NZG 2011, 544 zur Klausel »Ein Gesellschafterbeschluss kann nur innerhalb von zwei Monaten durch Klage angefochten werden«.
[10] BGH NJW 1979, 2567 (2569); Baumbach/Hopt/*Hopt* Einl. v. § 1 Rn. 88; *Schwedt/Lilja/Schaper* NZG 2009, 1281 (1285) m. w. N.

§ 52 Streitigkeiten im Zusammenhang mit der Geschäftsführung

Übersicht	Rdn.			Rdn.
A. Geschäftsführer als Beklagter	4	B.	Geschäftsführer als Kläger	20
I. Klage auf Entziehung der Geschäftsführungsbefugnis, § 117 HGB	5	I.	Klage gegen die Entziehung der Geschäftsführungsbefugnis	21
II. Klage auf Schadensersatz	9	II.	Klage auf Aufwendungsersatz und Geschäftsführervergütung	22
III. Klage auf Auskunft und Rechenschaft	13	III.	Klage auf Entlastung	23
IV. Klagen im Zusammenhang mit Einzelmaßnahmen der Geschäftsführung	14	IV.	Klagen im Zusammenhang mit Einzelmaßnahmen der Geschäftsführung	24
1. Widerspruch des Komplementärs	16			
2. Widerspruch des Kommanditisten	18			

Anders als bei der GbR und der OHG steht bei der KG die Geschäftsführung nicht sämtlichen Gesellschaftern zu, sondern gemäß § 164 HGB ausschließlich den Komplementären. Die **Kommanditisten sind von der Geschäftsführung ausgeschlossen** und haben dementsprechend auch kein Widerspruchsrecht gegen Geschäftsführungsmaßnahmen der Komplementäre. Gehen indes die Handlungen der Geschäftsführer über den gewöhnlichen Betrieb des Handelsgewerbes der KG hinaus, ist eine Zustimmung sämtlicher Gesellschafter zu der beabsichtigten Maßnahme erforderlich, so dass dann eine Mitwirkung auch der Kommanditisten stattfindet bzw. ihnen eine Art Widerspruchsrecht (durch Zustimmungsverweigerung) zusteht. 1

Sind mehrere Komplementäre vorhanden, gilt die Regelung des § 115 HGB, d. h. grundsätzlich steht wie bei der OHG jedem Komplementär die alleinige Geschäftsführung zu. 2

Ist Komplementärin der KG eine Kapitalgesellschaft, so ist Geschäftsführer der KG der Geschäftsführer/Vorstand der Kapitalgesellschaft. 3

A. Geschäftsführer als Beklagter

Erneut gilt, dass die KG bei der Geltendmachung von Ansprüchen gegen einen ihrer Geschäftsführer durch die übrigen Geschäftsführer vertreten wird und der betroffene Geschäftsführer an der Geschäftsführung und Beschlussfassung hierüber ausgeschlossen ist. Soll der einzige geschäftsführungsbefugte Gesellschafter verklagt werden, kann jeder Gesellschafter im Wege der *actio pro socio* vorgehen.[1] 4

I. Klage auf Entziehung der Geschäftsführungsbefugnis, § 117 HGB

Im Hinblick auf die **Entziehung der Geschäftsführung** gemäß §§ 162 Abs. 2, 117 HGB kann auf die Ausführungen zur OHG verwiesen werden.[2] Es ist zu betonen, dass eine solche Klage von allen übrigen Mitgesellschaftern erhoben werden muss und damit auch die Kommanditisten mitwirken müssen.[3] 5

Bei der **GmbH & Co. KG** ist zu beachten, dass die Bestellung des Geschäftsführers der GmbH jederzeit widerruflich ist und sich nach §§ 38, 46 Nr. 5 GmbHG richtet. Sind die Gesellschafter der KG zugleich Gesellschafter der GmbH können sie also die Abberufung des Geschäftsführers der GmbH beschließen. Sie können aber auch über § 117 HGB der GmbH selbst die Geschäftsführung im Klagewege entziehen.[4] 6

---

1 Vgl. § 35 Rdn. 6.
2 Vgl. § 43 Rdn. 7 ff.
3 MünchHdb GesR II/*Scheel* § 11 Rn. 24.
4 BGH WM 1983, 750 (752); MünchHdb GesR II/*Scheel* § 11 Rn. 18.

7 Sind die Kommanditisten nicht an der GmbH beteiligt, können sie von der GmbH verlangen, dass diese ihren Geschäftsführer abberuft. Kommt die GmbH dem nicht nach, kann der GmbH die Geschäftsführungsbefugnis nach § 117 HGB entzogen werden. Nicht entzogen werden kann aber die Vertretungsbefugnis, wenn die GmbH die einzige Komplementärin ist.[5]

8 Teilweise wird vertreten, den Gesellschaftern der GmbH & Co. KG solle ein unmittelbares gerichtlich durchsetzbares Recht zur Ausschließung eines GmbH-Geschäftsführers aus der Geschäftsführung der KG zustehen.[6] Hiermit würde jedoch in die Kompetenzordnung der GmbH eingegriffen.

II. Klage auf Schadensersatz

9 Ebenso wie bei GbR und OHG haftet auch der Geschäftsführer der KG auf Schadensersatz, wenn er seine Pflicht zur Geschäftsführung schuldhaft verletzt. **Maßstab der Haftung** ist erneut **§ 708 BGB**, also die Sorgfalt in eigenen Angelegenheiten.[7]

10 Eine Besonderheit ist im Rahmen der **GmbH & Co. KG** zu beachten. Nach der Rechtsprechung des Bundesgerichtshofes ist der zwischen der GmbH und ihrem Geschäftsführer bestehende **Dienstvertrag ein Vertrag mit Schutzwirkung zugunsten Dritter**, d. h. mit Schutzwirkung zugunsten der KG.[8] Pflichtverletzungen der Geschäftsführung der Komplementär-GmbH wirken sich primär auf der Ebene der KG aus, auch wenn dieser kein unmittelbares Weisungsrecht gegenüber dem Geschäftsführer der GmbH zusteht. Der Geschäftsführer der GmbH haftet deswegen unmittelbar auch der KG (siehe hierzu auch § 55 Rdn. 21–24).

11 Ob dann jedoch – außer für den Fall der Publikumsgesellschaften[9] – der Haftungsmaßstab des § 43 GmbHG oder der Maßstab des § 708 BGB Anwendung findet, wurde von der Rechtsprechung bislang nicht entschieden. In der Literatur wird teilweise argumentiert, dass die Komplementär-GmbH ohnehin nur durch ihren Geschäftsführer handeln könne und der Maßstab des § 708 BGB daher durch § 43 GmbHG bestimmt werde.[10] Andere Stimmen wollen danach differenzieren, ob die Geschäftsführung der GmbH wie ein Fremdorgan mit Dritten besetzt wird (dann Anwendung von § 43 GmbHG) oder ob der Geschäftsführer aus dem Kreis der Kommanditisten stammt (dann Anwendung von § 708 BGB).[11]

12 **Kläger** eines Schadensersatzanspruches gegen einen Geschäftsführer der KG ist die KG selbst oder ein einzelner Gesellschafter im Wege der *actio pro socio*.

III. Klage auf Auskunft und Rechenschaft

13 Auch der Geschäftsführer der KG kann von der KG bzw. den einzelnen Gesellschaftern im Wege der *actio pro socio* auf **Auskunft und Rechenschaft** in Anspruch genommen werden.[12]

IV. Klagen im Zusammenhang mit Einzelmaßnahmen der Geschäftsführung

14 Grundsätzlich gelten für Klagen im Zusammenhang mit Einzelmaßnahmen der Geschäftsführung die Ausführungen zur OHG:[13] Einzelne Geschäftsführungsmaßnahmen können nach der Rechtsprechung des Bundesgerichtshofes von nicht geschäftsführungsbefugten Gesellschaftern grundsätz-

---

5 BGH WM 1983, 750 (752).
6 So *Hopt* ZGR 1979, 1 (16); dagegen: Schlegelberger/*K. Schmidt* § 127 Rn. 2.
7 Vgl. § 35 Rdn. 8–10.
8 BGHZ 75, 321 (323); BGH NJW 2013, 3636 (3637).
9 Hierzu BGHZ 75, 321 (327).
10 MAH PersGes/*Gummert/Karrer* § 7 Rn. 148.
11 MünchHdb GesR II/*Scheel* § 7 Rn. 88.
12 Vgl. § 35 Rdn. 13 ff. und § 43 Rdn. 23.
13 Vgl. § 43 Rdn. 24 ff.

lich im Klagewege nicht verfolgt werden,[14] wohingegen die Literatur dies für Fragen der Kompetenzüberschreitung zulassen will.[15]

Die Geschäftsführer untereinander können indes bei Gesamtgeschäftsführung im Hinblick auf Fragen der Zustimmungspflicht sowie des Ausschlusses bei einer Abstimmung gerichtliche Klärung anstreben.[16] Lediglich im Rahmen des Widerspruchsrechts sind Besonderheiten zu berücksichtigen. 15

1. Widerspruch des Komplementärs

Ebenso wie bei der OHG steht bei der als gesetzlichem Standard vorgesehenen Einzelvertretungsbefugnis jedem **Komplementär ein Widerspruchsrecht** gegen die Maßnahmen seines Mitgeschäftsführers zu. Es gelten insoweit sowie in Bezug auf die Durchsetzung des Widerspruchs die Ausführungen zur OHG.[17] Der widersprechende geschäftsführende Gesellschafter kann gerichtlich feststellen lassen, dass sein Widerspruch zu beachten und rechtmäßig ist. Im Fall der Dringlichkeit kann der Erlass einer einstweiligen Verfügung auf Unterlassung der geplanten Maßnahme beantragt werden.[18] 16

Andersherum können aber auch die KG und der Geschäftsführer, gegen den sich der Widerspruch richtet, gegen den widersprechenden Geschäftsführer auf Feststellung klagen, dass der Widerspruch unbeachtlich, weil pflichtwidrig ist. Bei Wiederholungsgefahr kann auch hier auf Unterlassung geklagt werden. 17

2. Widerspruch des Kommanditisten

Gemäß § 164 S. 1 Hs. 2 HGB steht dem **Kommanditisten** nur dann ein Widerspruchsrecht zu, wenn die Handlung des Geschäftsführers **über den gewöhnlichen Betrieb des Handelsgewerbes hinausgeht**. Da dem Kommanditisten keine Geschäftsführungsbefugnis zusteht, kann er nach der Rechtsprechung des BGH, selbst wenn der Komplementär seine Geschäftsführungspflicht verletzt, gerichtlich nicht die Unterlassung einer gewöhnlichen Geschäftsführungsmaßnahme verlangen, sondern ist stattdessen auf die Geltendmachung von Schadensersatzansprüchen zu verweisen.[19] 18

Auch wenn das Gesetz in § 164 HGB eine Regelung zum Widerspruchsrecht beinhaltet, verbleibt es bei der Regel des § 116 Abs. 2 HGB, wonach bei Handlungen, die über den gewöhnlichen Betrieb hinausgehen, **die Zustimmung aller Gesellschafter**, also auch der Kommanditisten, erforderlich ist.[20] Der geschäftsführende Komplementär muss demnach in solchen Fällen die Zustimmung aller Gesellschafter einholen. Beabsichtigt ein Komplementär ohne diese Zustimmung die Vornahme eines außergewöhnlichen Geschäfts, kann nach der Literatur jeder der Kommanditisten den geschäftsführenden Komplementär auf Unterlassung gerichtlich in Anspruch nehmen.[21] 19

B. Geschäftsführer als Kläger

Bei Klagen des Geschäftsführers der KG wird diese durch die übrigen Geschäftsführer vertreten. Handelt es sich um eine Klage des einzigen geschäftsführungsbefugten Gesellschafters ist nach § 57 Abs. 1 ZPO ein **Prozesspfleger** für die KG zu bestellen.[22] 20

---

14 BGHZ 76, 160 (168).
15 Vgl. nur Baumbach/Hopt/*Roth* § 116 Rn. 4; E/B/J/*Drescher* § 116 Rn. 18; MüKo HGB/*Jickeli* § 116 Rn. 46.
16 Vgl. § 35 Rdn. 40 ff. und § 43 Rdn. 28 ff.
17 Vgl. § 43 Rdn. 25 ff.
18 OLG Hamm BB 1993, 165; Baumbach/Hopt/*Roth* § 115 Rn. 4.
19 BGHZ 76, 160 (168); a. A. Baumbach/Hopt/*Roth* § 116 Rn. 4.
20 RGZ 158, 302 (306); Baumbach/Hopt/*Roth* § 164 Rn. 2; MünchHdb GesR II/*Scheel* § 7 Rn. 55; Schlegelberger/*Martens* § 164 Rn. 16.
21 Baumbach/Hopt/*Roth* § 116 Rn. 4; E/B/J/*Drescher* § 116 Rn. 18; MüKo HGB/*Jickeli* § 116 Rn. 46; MünchHdb GesR II/*Scheel* § 7 Rn. 57. Anders wie gesehen BGHZ 76, 160 (168).
22 Vgl. § 35 Rdn. 48.

I. Klage gegen die Entziehung der Geschäftsführungsbefugnis

21 Ebenso wie bei der OHG ist eine Klage gegen die Entziehung der Geschäftsführungsbefugnis dann möglich, wenn nach dem Gesellschaftsvertrag der KG die Entziehung im Beschlusswege vorgesehen ist. Der betroffene Gesellschafter kann dann Feststellungsklage gegen den Entziehungsbeschluss erheben. Gleiches gilt für die Entziehung von vertraglichen Sonderrechten der Kommanditisten.[23]

II. Klage auf Aufwendungsersatz und Geschäftsführervergütung

22 Der Aufwendungsersatz des Geschäftsführers einer KG folgt aus § 110 HGB und ist im Wege der Leistungsklage geltend zu machen. Es kann hierzu und zu einem etwaigen Anspruch auf Geschäftsführervergütung auf die Ausführungen zur GbR und OHG verwiesen werden.[24]

III. Klage auf Entlastung

23 Auch bei der KG gilt, dass es keinen gerichtlich durchsetzbaren Anspruch des Geschäftsführers auf Entlastung gibt. Stattdessen ist der Geschäftsführer darauf zu verweisen, bei Vorliegen eines Feststellungsinteresses eine negative Feststellungsklage im Hinblick auf das Nichtbestehen von Ersatzansprüchen der KG zu erheben.[25]

IV. Klagen im Zusammenhang mit Einzelmaßnahmen der Geschäftsführung

24 Als Kläger kann ein Geschäftsführer weiter auftreten, wenn Klagen im Zusammenhang mit der internen Willensbildung der Geschäftsführung, also in Bezug auf Widersprüche, Zustimmung oder Ausschluss von der Abstimmung innerhalb der Geschäftsführung, Gegenstand eines Prozesses sind. Es kann auf die obigen Ausführungen hierzu verwiesen werden.[26]

25 Hinsichtlich der Mitwirkung von Kommanditisten bei Einzelmaßnahmen der Geschäftsführung kann die Situation auftreten, dass die Kommanditisten ihr Widerspruchs- bzw. Zustimmungsrecht nicht pflichtgemäß nach §§ 164, 116 Abs. 2 HGB ausüben, obwohl aufgrund von Treuepflichten eine Zustimmungspflicht zu einer beabsichtigten Maßnahme besteht bzw. ein Widerspruch nicht angezeigt ist. Der geschäftsführende Komplementär kann daher bei einem pflichtwidrigen Widerspruch des Kommanditisten auf Feststellung der Unbeachtlichkeit des Widerspruchs klagen bzw. den ablehnenden Kommanditisten auf Zustimmung zu einer außergewöhnlichen Geschäftsführungsmaßnahme verklagen.[27]

---

23 Vgl. hierzu ausführlich *Lutz* Rn. 146 ff. der allerdings bei mangelnder Regelung im Gesellschaftsvertrag §§ 117, 127 HGB analog anwenden will und im Innenverhältnis dann eine Entziehung der vertraglichen Sonderrechte des Kommanditisten nur durch Entziehungsklage zulassen will.
24 Vgl. § 35 Rdn. 62 ff. und § 43 Rdn. 33 ff.
25 Vgl. § 35 Rdn. 70 ff.
26 Vgl. oben Rdn. 14–15.
27 MünchHdb GesR II/*Scheel* § 7 Rn. 59.

§ 53 Streitigkeiten mit dem Beirat

Übersicht

		Rdn.			Rdn.
A.	Einleitung	1		1. Klage eines Gesellschafters	39
B.	Streitigkeiten über die Mitgliedschaft im Beirat	9		2. Klage eines Beiratsmitglieds	44
			III.	Klage auf Unterlassung eines bestimmten Beiratsbeschlusses	47
I.	Streit nur unter Gesellschaftern	10			
II.	Streit mit externem Beiratsmitglied (Nichtgesellschafter)	18	IV.	Klage zur Durchsetzung/Verhinderung der Durchführung eines Beiratsbeschlusses	56
	1. Anspruch der Gesellschaft	18			
	2. Actio pro socio	25	D.	Streitigkeiten um sonstige Handlungen des Beirats	61
C.	Streitigkeiten um Beiratsbeschlüsse	30			
I.	Klage gegen Beiratsbeschlüsse	32	E.	Haftung der Beiratsmitglieder	64
II.	Klage auf Fassung eines bestimmten Beiratsbeschlusses	39			

A. Einleitung

Das Gesetz sieht für Personengesellschaften einen Beirat nicht vor. Aus der Vertragsfreiheit im Personengesellschaftsrecht folgt aber, dass die Gesellschafter frei sind, einen Beirat[1] einzurichten.[2] Die genaue **Ausgestaltung** und insbesondere die **Befugnisse** eines Beirats hängen stets von der vertraglichen Ausgestaltung ab; einen dem § 52 GmbHG vergleichbaren Verweis auf das Recht der Aktiengesellschaft gibt es bei den Personengesellschaften nicht. — 1

Ein Beirat kann entweder auf gesellschaftsvertraglicher Grundlage gebildet werden oder auf einer rein schuldrechtlichen Vereinbarung mit den einzelnen Beiratsmitgliedern.[3] Der Beirat auf rein schuldrechtlicher Grundlage ist in der Praxis selten, da ihm gesellschaftsintern keine Befugnisse zukommen. Sämtliche Rechte und Pflichten richten sich dann allein nach der schuldrechtlichen Vereinbarung.[4] Im Folgenden wird nur auf den Beirat auf **gesellschaftsvertraglicher Grundlage** eingegangen.[5] — 2

Eine weitere grundsätzliche Unterscheidung ist danach vorzunehmen, ob der Beirat Organ der Gesellschaft[6] sein soll, oder lediglich Repräsentant einer Gesellschaftergruppe, wie z. B. der Kommanditisten in Publikumsgesellschaften. Die Abgrenzung erfolgt anhand des Gesellschaftsvertrages, wobei im Zweifel davon auszugehen ist, dass der Beirat Organ der Gesellschaft ist.[7] Die Darstellung beschränkt sich im Folgenden auf den als **Organ der Gesellschaft** eingerichteten Beirat. — 3

Welche **Kompetenzen** dem gesellschaftsvertraglich als Organ der Gesellschaft ausgestalteten Beirat zukommen, variiert in der Praxis sehr stark und hängt in der Regel von den jeweils für die Errichtung — 4

---

[1] Dieser kann auch als Verwaltungsrat, Aufsichtsrat etc. bezeichnet sein, der Einfachheit halber verwendet dieses Kapitel stets den Begriff Beirat.
[2] BGH WM 1968, 98.
[3] MünchHdb GesR II/*Mutter* § 8 Rn. 4.
[4] MünchHdb GesR II/*Mutter* § 8 Rn. 6.
[5] Der BGH in NJW 1985, 1900 und ihm folgend das OLG Karlsruhe in GmbHR 1998, 645 (646) sprechen davon, dass der Beirat »... die ihm übertragenen Aufgaben ... auf Grund eines Dienstvertrages mit der Gesellschaft wahrzunehmen [hat], der eine Geschäftsbesorgung zum Gegenstand hat«. Diese Terminologie spricht aber, wie auch der Verweis auf das Urteil des BGH in NJW 1975, 1318 zeigt, nicht dagegen, dass die Rechte und Pflichten des Beirats ihre rechtliche Grundlage im Gesellschaftsvertrag haben. Inwieweit der BGH von der Existenz eines danebenstehenden, gesonderten Dienstvertrages ausgeht, ist nicht klar.
[6] Wobei »Organ« hier untechnisch zu verstehen ist, weil es in den Personengesellschaften keine »Organe« wie bei den Kapitalgesellschaften gibt.
[7] Zur Publikumsgesellschaft BGH WM 1975, 767 (768); NJW 1985, 1900; allgemein Baumbach/Hopt/*Roth* § 163 Rn. 12.

des Beirats maßgeblichen Gründen ab. Häufig anzutreffende Kompetenzen eines Beirats sind unter anderem Kontrollrechte gegenüber der Geschäftsführung, (teilweise) Übertragung der Beschlussfassung über Geschäftsführungsmaßnahmen (durch Zustimmungsvorbehalte) aber auch über Grundlagenentscheidungen, sowie die Aufnahme neuer Gesellschafter und die Feststellung des Jahresabschlusses. Die Grenzen zulässiger Kompetenzübertragung sind im Einzelnen teilweise umstritten und werden vielfach davon abhängig gemacht, ob dem Beirat auch Nichtgesellschafter angehören.[8] Anerkannt ist in jedem Fall, dass die Gesellschafter als »Herren der Gesellschaft«[9] mit gesellschaftsvertragsändernder Mehrheit stets dem Beirat die Kompetenz für den Einzelfall oder generell entziehen können.[10]

5   Der Beirat als solcher ist **nicht rechtsfähig und nicht parteifähig**.[11] Streitigkeiten über die Rechte und Pflichten des Beirats oder seiner Mitglieder können deshalb nicht mit dem Beirat ausgetragen werden. Deshalb kann es (auch) im Personengesellschaftsrecht keine echten »Organstreitigkeiten« zwischen dem Beirat und anderen Organen der Gesellschaft geben.[12]

6   Auch externe Beiratsmitglieder, also Beiratsmitglieder, die nicht Gesellschafter sind, unterliegen der gesellschaftsrechtlichen **Treuepflicht**.[13]

7   Ein individueller **Auskunftsanspruch** einzelner Gesellschafter gegen den Beirat oder einzelne Beiratsmitglieder besteht nicht.[14]

8   Insgesamt gibt es nur wenig Rechtsprechung und Literatur zu diesem Bereich, die auch nicht immer widerspruchsfrei ist, so dass erhebliche **Rechtsunsicherheit** besteht.

B. Streitigkeiten über die Mitgliedschaft im Beirat

9   Ähnlich wie Streit entstehen kann, ob jemand Gesellschafter ist, kann auch Streit entstehen, ob jemand Beiratsmitglied ist. Richtige Klageart zur Klärung dieser Frage ist stets die **Feststellungsklage**.[15]

I. Streit nur unter Gesellschaftern

10 Streiten die Gesellschafter untereinander, ob eine bestimmte Person Beiratsmitglied ist, ist dieser Streit **stets unter den Gesellschaftern** und nicht mit der Gesellschaft auszutragen, wenn der Gesellschaftsvertrag nichts anderes vorsieht.[16] Dies gilt unabhängig davon, ob einer der Gesellschafter behauptet, selbst Beiratsmitglied zu sein, oder ob Gesellschafter untereinander streiten, ob ein Dritter Beiratsmitglied ist.[17]

11 Die Rechtsprechung hat diese Klage bisher lediglich grundsätzlich anerkannt, sich bislang aber nicht detailliert mit den prozessualen Details dieser Klage befasst. Die wenige vorhandene Literatur ver-

---

8   Eine umfassende Darstellung der möglichen Kompetenzen und ihrer Grenzen liegt außerhalb des Zieles dieses Buches. Einen guten Überblick über diese Problematik bietet MünchHdb GesR II/*Mutter* § 8 Rn. 11 ff.
9   GroßkommHGB/*C. Schäfer* § 109 Rn. 54.
10 Baumbach/Hopt/*Roth* § 163 Rn. 13; GroßkommHGB/*C. Schäfer* § 109 Rn. 54 m. w. N.
11 BGHZ 122, 352 (zum aktienrechtlichen Aufsichtsrat) m. w. N.; MünchHdb GesR II/*Mutter* § 8 Rn. 44; *Voormann* S. 184; *Maulbetsch* S. 102; nicht ganz eindeutig: OLG Karlsruhe GmbHR 1998, 645 (646), das auch die Möglichkeit einer Klage gegen den Beirat anspricht.
12 Kritisch zum »Organstreit« auch bei der Aktiengesellschaft: Hüffer/*Koch* AktG, § 90 Rn. 16 ff.; zum Ganzen auch *K. Schmidt* GesR § 14 IV 2.
13 Schlegelberger/*Martens* § 109 Rn. 12; *Haack* BB 1993, 1607 (1609); MünchHdb GesR II/*Mutter* § 8 Rn. 73; *Voormann*, S. 151 f.
14 OLG Karlsruhe GmbHR 1998, 645 (647).
15 BGH WM 1977, 476; MünchHdb GesR II/*Mutter* § 8 Rn. 58.
16 BGH WM 1968, 98 (99); WM 1977, 476; *Voormann* S. 138; K/R/M/*Koller* §§ 105 Rn. 37, 114 Rn. 4.
17 BGH WM 1977, 476.

B. Streitigkeiten über die Mitgliedschaft im Beirat § 53

weist bezüglich des Rechtsstreits über die Beiratszusammensetzung unter Gesellschaftern allgemein auf den Streit zwischen Gesellschaftern über die **Grundlagen des Gesellschaftsverhältnisses** und damit auch auf den Streit um den Gesellschafterbestand.[18] Fragen der Streitgenossenschaft und der gerichtlichen Zuständigkeit dürften daher entsprechend der Rechtslage beim Streit um die Gesellschafterstellung zu beantworten sein (zur GbR vgl. § 30 Rdn. 10 ff., zur oHG § 38 Rdn. 8 ff., zur KG § 47 Rdn. 10 ff.).

Ein Urteil hat somit nur **inter-partes** Wirkung. Bei den sogenannten »Status«-Klagen hat der BGH 12 aber entschieden, dass ein im Prozess zwischen den Gesellschaftern ergangenes Urteil über die Grundlage des Gesellschaftsverhältnisses, insbesondere die personelle Zusammensetzung der Gesellschaft, für die Gesellschaft maßgebend ist (wenn die Feststellung gegenüber allen Gesellschaftern rechtskräftig getroffen ist); dabei hat es der BGH offen gelassen, ob diese Bindungswirkung eine »materielle Folge des Gesellschaftsverhältnisses und des rechtsmissbräuchlichen Verhaltens des Beklagten oder eine Rechtskraftwirkung ist oder beides zusammengenommen werden muss.«[19] Diese Grundsätze dürften auch auf Prozesse über die Mitgliedschaft im Beirat übertragbar sein.

Die Feststellungsklage ist gegen die Gesellschafter zu richten, die anderer Auffassung sind. Wie bei 13 der Feststellungsklage zu der Frage, wer Mitglied der Gesellschaft ist, besteht auch hier auf Beklagtenseite keine **notwendige Streitgenossenschaft**.[20]

Die **sachliche Zuständigkeit** richtet sich nach den allgemeinen Grundsätzen. Sie ist damit gemäß 14 §§ 23, 71 GVG streitwertabhängig. An den Landgerichten sind die Kammern für Handelssachen zuständig, soweit es um Beiräte in Handelsgesellschaften geht, weil die Streitigkeit dann einen Anspruch »aus dem Rechtsverhältnis zwischen den Mitgliedern einer Handelsgesellschaft« im Sinne des § 95 Abs. 1 Nr. 4a GVG betrifft. Sofern es um die Mitgliedschaft in Beiräten von sonstigen Gesellschaften geht, sind die allgemeinen Zivilkammern zuständig.

Der besondere **Gerichtsstand** des § 22 ZPO ist begründet. 15

Die Zulässigkeit **einstweiligen Rechtsschutzes** im Zusammenhang mit Auseinandersetzungen um 16 die Mitgliedschaft im Beirat richtet sich nach allgemeinen Grundsätzen. Da es eine vorläufige Feststellung des Status eines Beiratsmitglieds nicht gibt, kann sich aber der einstweilige Rechtsschutz nicht unmittelbar auf den Status beziehen. Vielmehr wird der einstweilige Rechtsschutz in diesen Fällen die aus dem angestrebten Status erwachsenen Rechtspositionen betreffen, also insbesondere die Sicherung bestimmter Ansprüche.[21]

Im Personengesellschaftsrecht sind grundsätzlich alle Streitigkeiten **schiedsfähig**,[22] einschließlich 17 der Gestaltungsklagen bei den Handelsgesellschaften[23] und den Beschlussmängelstreitigkeiten.[24] Deshalb können auch die Streitigkeiten über die Besetzung des Beirats vor einem Schiedsgericht ausgetragen werden.[25]

---

18 K/R/M/*Koller* §§ 105 Rn. 37, 114 Rn. 4.
19 BGHZ 48, 175 (176); siehe dazu oben § 30 Rdn. 20.
20 Siehe zum Streit um den Gesellschafterkreis oben § 30 Rdn. 22 f.
21 Siehe dazu oben § 30 Rdn. 64.
22 GroßkommHGB/C. Schäfer § 109 Rn. 68; Schwedt/Lilja/Schaper NZG 2009, 1281 (1285). Dazu insgesamt: *Lutz* Rn. 820 ff. Zu den Problemen bei Publikumsgesellschaften und der nachträglichen Einführung von Schiedsklauseln: Habersack SchiedsVZ 2003, 241 (244 f.).
23 BGH NJW 1996, 1753 (1754).
24 BGH NJW 1979, 2567 (2569).
25 Nähere Einzelheiten siehe oben § 30 Rdn. 65 ff.

II. Streit mit externem Beiratsmitglied (Nichtgesellschafter)

1. Anspruch der Gesellschaft

18 Möchte ein externes Beiratsmitglied seine Mitgliedschaft gerichtlich feststellen lassen, oder soll gegenüber ihm das (Nicht-) Bestehen seiner Mitgliedschaft festgestellt werden, ist dieser Rechtsstreit **zwischen der Gesellschaft und dem externen Beiratsmitglied** zu führen.[26] Das Gleiche gilt natürlich für die umgekehrten Konstellationen (also dass jemand Externes seine Nicht-Mitgliedschaft oder die Gesellschaft jemand Externem gegenüber die Mitgliedschaft festgestellt haben will), nur dass diese Fälle praktisch nicht vorkommen werden. Nur die Gesellschaft, nicht aber die einzelnen Gesellschafter, ist für diesen Prozess prozessführungsbefugt. Begründet wird dies damit, dass das externe Beiratsmitglied nur mit der Gesellschaft und nicht mit den Gesellschaftern in einem Rechtsverhältnis steht.

19 Bei Klagen der Gesellschaft gegen externe Beiratsmitglieder ist erforderlich, dass die **interne Willensbildung** zu der Erhebung der Klage vorher abgeschlossen ist. Der BGH hat entschieden, dass ein Geschäftsführer nicht wirksam gegen ein externes Beiratsmitglied im Namen der Gesellschaft klagen kann, solange die Gesellschafter keinen entsprechenden Beschluss gefasst haben oder solange streitig ist, ob ein entsprechender Beschluss wirksam ist; insoweit fehle dem Geschäftsführer die Sachbefugnis.[27] Denn die »Einrichtung des Beirats, die Bestimmung seiner Funktionen und seine für die Gesellschafter bedeutungsvolle personelle Zusammensetzung« berühre die Grundlagen der Gesellschaft und falle daher in die alleinige Dispositionsbefugnis der Gesellschafter. Die dem Prozess widersprechenden Gesellschafter sind dann gegebenenfalls vor Erhebung der Feststellungsklage auf Mitwirkung (durch Zustimmung) zu verklagen.[28] Diese Klage auf Mitwirkung ist von dem bzw. den die Feststellung begehrenden Gesellschafter(n) gegen den oder die widersprechenden Mitgesellschafter zu erheben. Wenn noch kein Beschluss über die Klage gegen das externe Beiratsmitglied gefasst wurde, muss zunächst ein solcher Beschluss herbeigeführt werden, um dann gegebenenfalls gegen die widersprechenden Gesellschafter klagen zu können; einer sofortigen Klage gegen die Mitgesellschafter auf Mitwirkung/Zustimmung würde möglicherweise das Rechtsschutzbedürfnis fehlen.

20 Die geschäftsführenden Gesellschafter werden jedenfalls dann keine Klage vor Abschluss der internen Willensbildung erheben, wenn sie die Klage nicht unterstützen. Sollten die geschäftsführenden Gesellschafter aber bereit sein, parallel zur Klage gegen die Mitgesellschafter auf Zustimmung zur Klage gegen das externe Beiratsmitglied bereits im Namen der Gesellschaft gegen das externe Beiratsmitglied zu klagen (was im Hinblick auf eine mögliche Schadensersatzpflicht riskant ist), kann die Klage gegen die Mitgesellschafter auf Mitwirkung/Zustimmung nicht mit der Feststellungsklage gegen das externe Beiratsmitglied in einer Klage verbunden werden, weil keine Identität des Beklagten vorliegt und damit die Voraussetzungen des § 260 ZPO nicht erfüllt sind.[29] Davon abgesehen ist auch der Kläger unterschiedlich. Auch eine **Verbindung der Prozesse** durch das Gericht zur gemeinsamen Verhandlung und Entscheidung gemäß § 147 ZPO kommt, zumindest bei den Handelsgesellschaften, nicht in Betracht, weil die Prozesse nicht vor dem gleichen Gericht anhängig sind: die Kammer für Handelssachen (bei der der Prozess über die interne Willensbildung anhängig ist) und die allgemeine Zivilkammer (bei der der Prozess mit dem externen Beiratsmitglied anhängig ist, siehe dazu sogleich) sind nicht dasselbe »Gericht« i. S. d. § 147 ZPO.[30] In Betracht kommt aber eine Verbindung der Kläger und Beklagten als einfache Streitgenossen gemäß §§ 59, 60 ZPO mit der Bestimmung des zuständigen Gerichts gemäß § 36 Abs. 1 Nr. 3 ZPO.

21 Das Urteil in dem Prozess über die Mitgliedschaft im Beirat zwischen der Gesellschaft und dem Nicht-Gesellschafter hat nur **inter-partes** Wirkung.

---

26 *Voormann* S. 139; MünchHdb GesR II/*Mutter* § 8 Rn. 58.
27 BGH WM 1968, 98 (99); *Voormann* S. 139 f.; MünchHdb GesR II/*Mutter* § 8 Rn. 58.
28 *Voormann* S. 140.
29 Ohne auf diese Frage einzugehen nimmt auch die Literatur zwei nacheinander folgende Prozesse an: *Voormann* S. 140 (zunächst ...); MünchHdb GesR II/*Mutter* § 8 Rn. 58 (zuerst ...).
30 Thomas/Putzo/*Reichold* § 147 Rn. 1.

Die **sachliche Zuständigkeit** richtet sich nach den allgemeinen Grundsätzen. Sie ist damit gemäß §§ 23, 71 GVG streitwertabhängig. An den Landgerichten sind die allgemeinen Zivilkammern zuständig. Die Streitigkeit der Gesellschaft mit einem Nicht-Gesellschafter über seine Mitgliedschaft im Beirat betrifft keinen Anspruch »aus dem Rechtsverhältnis zwischen ... einer Handelsgesellschaft ... und ihren Mitgliedern« im Sinne des § 95 Abs. 1 Nr. 4a GVG. Und sie betrifft auch keine Ansprüche gegen einen Kaufmann »aus Geschäften, die für beide Teile Handelsgeschäft sind« im Sinne des § 95 Abs. 1 Nr. 1 GVG, selbst wenn die Klage gegen einen Kaufmann, insbesondere eine Handelsgesellschaft, gerichtet ist, weil die Mitgliedschaft und Tätigkeit im Beirat kein »Handelsgeschäft« im Sinne des § 343 HGB ist. Das »Handelsgeschäft« i. S. d. § 343 HGB setzt ein »Geschäft« und damit ein Rechtsgeschäft oder rechtsgeschäftsähnliche Handlungen und Unterlassungen voraus[31], und dazu zählt die Mitgliedschaft im Beirat nicht.

22

§ 22 ZPO kommt nur bei Klagen gegen Mitglieder der Gesellschaft zur Anwendung.[32] Dementsprechend wird für die Klage gegen ein Aufsichtsratsmitglied wegen unerlaubter Handlung eine Anwendbarkeit des § 22 ZPO abgelehnt.[33] Anderseits hat der BGH bei Ansprüchen aus Prospekthaftung eine Anwendbarkeit des § 22 ZPO auch bei Klagen gegen Nichtgesellschafter bejaht, weil diese in »untrennbarem Zusammenhang« mit den inneren Rechtsbeziehungen der Gesellschaft stehen.[34] Die Erwägung, dass die streitigen Ansprüche in »untrennbarem Zusammenhang« mit den inneren Rechtsbeziehungen der Gesellschaft stehen, gilt sicher erst recht bei Ansprüchen von und gegen Beiratsmitglieder; deshalb erscheint eine Anwendbarkeit des § 22 ZPO nicht ausgeschlossen, sie ist aber bisher nicht anerkannt.

23

Hinsichtlich der Zulässigkeit **einstweiligen Rechtsschutzes** und der **Schiedsfähigkeit** gelten bei Streitigkeiten mit Nicht-Gesellschaftern keine Besonderheiten gegenüber den Streitigkeiten mit Gesellschaftern. Es kann somit vollumfänglich auf die obigen Ausführungen verwiesen werden (Rdn. 16 f.).

24

2. Actio pro socio

Da es zeitaufwändig und kompliziert sein kann, den Streit mit einem externen Beiratsmitglied durchzuführen, stellt sich die Frage, ob klagewillige Gesellschafter den Feststellungsanspruch der Gesellschaft gegen das externe Beiratsmitglied im Wege der **actio pro socio** geltend machen können. Der BGH hat in der obigen Entscheidung zum Beirat ausdrücklich nicht über den Fall der actio pro socio entschieden.[35] Ob die Rechtsprechung diese Klage zulassen würde, ist daher völlig offen.

25

Die actio pro socio ist eigentlich **nur gegenüber Gesellschaftern** zulässig.[36] Dementsprechend ist es auch im GmbH-Recht umstritten, ob es bei Schadensersatzansprüchen der Gesellschaft gegen externe Geschäftsführer eine actio pro socio gibt.[37] Der BGH hat diese Frage bislang nicht entschieden.[38]

26

---

31 Baumbach/Hopt/*Hopt* § 343 Rn. 1.
32 Zöller/*Volkommer* § 22 Rn. 5.
33 MüKo ZPO/*Patzina* § 22 Rn. 7.
34 BGH NJW 1980, 1470 (1471).
35 BGH WM 1968, 98 (99).
36 MünchHdb GesR II/*Mutter* § 8 Rn. 88; *Rinze* NJW 1992, 2790 (2796); allgemein ablehnend zur actio pro socio gegen Nichtgesellschafter MüKo HGB/*K. Schmidt* § 105 Rn. 200; weiter OLG Düsseldorf NZG 2000, 475 (476).
37 Dazu Roth/Altmeppen/*Altmeppen* § 13 Rn. 27 und Baumbach/Hueck/*Fastrich* GmbHG § 13 Rn. 38 (mit Fehlzitat auf BGH, WM 1982, 928); dabei sind die Parallelen begrenzt, denn Geschäftsführer und Beirat nehmen unterschiedliche Funktionen wahr, die möglicherweise eine andere Beurteilung rechtfertigen. Außerdem sind bei der GmbH Klagen gegen Handlungen des Organs Geschäftsführer gegen die Gesellschaft zu richten und nicht die Geschäftsführer selbst; bei den Personengesellschaften hingegen sind solche Klagen, wenn sie denn überhaupt zulässig sind, gegen die einzelnen geschäftsführenden Gesellschafter zu richten.
38 BGH NJW 1985, 1900.

27 Für die Zulassung der actio pro socio – gerade im Zusammenhang mit Schadensersatzansprüchen, dazu unten – wird vorgebracht, dass, wenn die Rechtsordnung es erlaube, dass Dritte (anstelle von Gesellschaftern) gesellschaftsinterne Vorgänge wahrnehmen können, insbesondere den Minderheitsgesellschaftern dadurch keine Nachteile entstehen dürften und ihnen deshalb die actio pro socio zustehen müsse.[39] Eine actio pro socio müsse daher (zumindest für Schadensersatzansprüche) auch gegen **externe Beiratsmitglieder** zugelassen werden.[40] Die actio pro socio lässt sich auch aus dem Gedanken heraus rechtfertigen, dass das externe Beiratsmitglied zwar nicht Gesellschafter ist, aber Teil eines Organs der Gesellschaft und damit in die Innenbeziehungen der Gesellschaft einbezogen ist. Außerdem trifft auch Nichtgesellschafter im Beirat eine Treuepflicht.[41] Und weil die Verletzung der Treuepflicht gerade einer der klassischen Anwendungsfälle für die actio pro socio ist,[42] liegt es nahe, mit der Anerkennung der Treuepflicht dann auch das Konzept der actio pro socio auf die externen Beiratsmitglieder zu übertragen.

28 Selbst wenn man grundsätzlich die actio pro socio gegen externe Beiratsmitglieder für anwendbar hält, kommt bei den Streitigkeiten über die Mitgliedschaft im Beirat die Frage hinzu, ob die actio pro socio auch auf **Feststellungsklagen** angewandt werden kann; das wird grundsätzlich bejaht.[43] Eine actio pro socio der einzelnen Gesellschafter auf Feststellung der (Nicht-)Mitgliedschaft eines externen Beiratsmitglieds ist also durchaus denkbar.

29 Allerdings darf die actio pro socio nicht zur **Umgehung der Willensbildung** in der Gesellschaft führen: deshalb kann die actio pro socio jedenfalls erst geführt werden, wenn die interne Willensbildung ergeben hat, dass die Klage erhoben werden soll oder wenn erkennbar ist, dass die interne Willensbildung nicht funktionieren wird.

C. Streitigkeiten um Beiratsbeschlüsse

30 Neben Streitigkeiten über die Besetzung des Beirats gibt es viele Streitigkeiten um **Beiratsbeschlüsse**.

31 Wie ein Fall des OLG Karlsruhe zeigt, kann auch über die **Kosten**, die der Beirat zur Vorbereitung der Beschlussfassung verursacht hat, gestritten werden. Dabei ist das OLG Karlsruhe wie selbstverständlich davon ausgegangen, dass diese Kosten von der Gesellschaft zu tragen sind.[44]

I. Klage gegen Beiratsbeschlüsse

32 Die richtige Klageart zur Überprüfung von Beiratsbeschlüssen ist – wie auch bei Gesellschafterbeschlüssen in der Personengesellschaft – die **Feststellungsklage**.[45] Das gilt sowohl für die Feststellung der Wirksamkeit eines gefassten Beschlusses als auch die Feststellung der Nichtigkeit. Eine Unterscheidung nach Nichtigkeits- und Anfechtungsgründen gemäß §§ 241 ff. AktG ist nicht angezeigt.[46]

33 Die Klage ist an **keine Frist** gebunden. Die Nichtigkeit eines Beiratsbeschlusses kann nicht nur im Rahmen einer Feststellungsklage geltend gemacht werden; sie kann jederzeit geltend gemacht werden, insbesondere als Vorfrage in anderen Prozessen.

---

39 *Voormann* S. 202.
40 *Voormann* S. 202; Reichert/*Reichert/Ullrich* § 19 Rn. 158; *Hüffer* ZGR 1980, 353.
41 Schlegelberger/*Martens* § 109 Rn. 12; *Haack* BB 1993, 1607 (1609) und auch MünchHdb GesR II/*Mutter* § 8 Rn. 73.
42 E/B/J/S/*Wertenbruch* § 105 Rn. 199.
43 OLG Düsseldorf NZG 2000, 475.
44 OLG Karlsruhe GmbHR 1998, 645 (647).
45 BGH WM 1969, 623 (624); MünchHdb GesR II/*Mutter* § 8 Rn. 67; Reichert/*Reichert/Ullrich* § 19 Rn. 170.
46 OLG Karlsruhe GmbHR 1998, 645 (646); so auch für Aufsichtsratsbeschlüsse: BGHZ 122, 342; 124, 111; Hüffer/*Koch* AktG § 108 Rn. 28.

C. Streitigkeiten um Beiratsbeschlüsse § 53

Sie kann sowohl von Gesellschaftern, als auch von externen Beiratsmitgliedern, solange diese ein **rechtlich geschütztes Interesse** an der Feststellung haben, erhoben werden.[47] Für Aufsichtsratsmitglieder in einer AG hat der BGH ein rechtliches Interesse kraft der Organstellung der Aufsichtsratsmitglieder mehrfach bejaht.[48] Aus der organschaftlichen Stellung wird dem Organmitglied das Recht zugesprochen, darauf hinzuwirken, dass das Organ, dem es angehört, keine Entscheidungen entgegen Gesetzes- und Satzungsrecht trifft.[49] Dieses Recht soll sowohl in Bezug auf Beschlüsse, an denen das Organmitglied selbst mitgewirkt hat und bei denen es überstimmt worden ist, gelten[50], als auch für Beschlüsse, die schon vor der Amtszeit des Organmitglieds gefasst wurden, aber noch während der Amtszeit Wirkung entfalten.[51] Wegen der für das Organmitglied bestehenden Bindungswirkung an Beschlüsse, kann nicht erwartet werden, dass es sich mit unwirksamen Beschlüssen abfindet. Eine Übertragung auf den Beirat von Personengesellschaften ist jedenfalls dann unproblematisch, wenn auch den Beiratsmitgliedern eine Organstellung zugebilligt wird. Doch selbst wenn man dies verneint, kann die inhaltliche Argumentation übertragen werden, da die bloß formale Frage der Organstellung nicht allein entscheidend sein kann und auch ein auf rechtmäßige Arbeit bedachtes Beiratsmitglied ein Interesse daran haben kann, dass der Beirat, dem es angehört, im Einklang mit Gesetzes- und Satzungsrecht Beschlüsse fällt. 34

Richtiger **Klagegegner** sind – anders als im Aktienrecht – nach ganz herrschender Ansicht die (Mit-)Gesellschafter, wenn es im Gesellschaftsvertrag nicht anderweitig vereinbart ist.[52] Lediglich *Maulbetsch* ist der Ansicht, die Klage müsse sich gegen die Gesellschaft richten.[53] Unstreitig kann der Beirat selbst nicht verklagt werden, da er nicht rechtsfähig und nicht parteifähig ist.[54] Auch die übrigen Beiratsmitglieder werden nirgends als passivlegitimiert erwähnt; einen Streit innerhalb des Organs Beirat kann es damit nicht geben. 35

Wie bei Gesellschafterbeschlüssen dürfte es ausreichend sein, lediglich die (Mit-)Gesellschafter zu verklagen, die der (Un-)Wirksamkeit des Beschlusses widersprechen, also die Gesellschafter, die das Klagebegehren nicht unterstützen.[55] Es besteht weder auf der Kläger-, noch auf der Beklagtenseite eine notwendige **Streitgenossenschaft**.[56] 36

Umstritten ist, ob die Feststellungsklage gegen jede Art von Beiratsbeschlüssen zulässig ist.[57] Rechtsprechung gibt es hierzu bislang nicht. Nach in der Literatur vorherrschender Meinung sind rein vorbereitende Beiratsbeschlüsse und solche, die lediglich die Entscheidungen anderer Organe ausführen, nicht angreifbar.[58] Zwar machen die Vertreter dieser Ansicht dies an keinem bestimmten Zulässigkeitsmerkmal fest, gemeint sein dürfte aber wohl ein fehlendes **Rechtschutzbedürfnis**. Dementsprechend vertritt auch *Mutter* die Ansicht, dass keiner Kategorie von Beiratsbeschlüssen generell die 37

---

47 MünchHdb GesR II/*Mutter* § 8 Rn. 67; Reichert/*Reichert*/*Ullrich* § 19 Rn. 171; zum Rechtsschutzbedürfnis der Aufsichtsratsmitglieder in der Aktiengesellschaft: BGH BB 1997, 1169 (1170).
48 BGH WM 2012, 1724; BGH BB 1997, 1169 (1170).
49 BGH BB 1997, 1169 (1170); so auch MüKo AktG/*Kalss* § 107 Rn. 211 m.w.N.
50 So bereits BGH WM 1982, 363 und BGH BB 1997, 1169 (1170).
51 BGH WM 2012, 1724 (1724 f.).
52 So auch BGH WM 1966, 1036; MünchHdb GesR II/*Mutter* § 8 Rn. 67; Reichert/*Reichert*/*Ullrich* § 19 Rn. 170; *Voormann* S. 178 (abweichend für die Publikumsgesellschaft, dort gegen die Gesellschaft).
53 *Maulbetsch* S. 102, unter Verweis auf die Rechtslage beim aktienrechtlichen Aufsichtsrat.
54 BGHZ 122, 342 (zur AG) m.w.N.; MünchHdb GesR II/*Mutter* § 8 Rn. 67; Reichert/*Reichert*/*Ullrich* § 19 Rn. 170; *Voormann* S. 184; *Maulbetsch* S. 102; nicht ganz eindeutig: OLG Karlsruhe GmbHR 1998, 645 (646), das auch die Möglichkeit einer Klage gegen den Beirat anspricht.
55 *Voormann* S. 178; MünchHdb GesR II/*Mutter* § 8 Rn. 67.
56 Vgl. zur GbR § 34 Rdn. 39; siehe auch MünchHdb GesR II/*Mutter* § 8 Rn. 67.
57 MünchHdb GesR II/*Mutter* § 8 Rn. 66.
58 Reichert/*Reichert*/*Ullrich* § 19 Rn. 168; *Maulbetsch* S. 102 f.; *Voormann* S. 181.

gerichtliche Überprüfbarkeit abgesprochen werden könne, sondern dass stets im Einzelfall zu prüfen sei, ob ein rechtlich geschütztes Interesse an der Feststellung besteht.[59] Das erscheint richtig.

38 Sachlich **zuständig** sind je nach Streitwert entweder die Amtsgerichte oder die Landgerichte, §§ 23, 71 GVG. An den Landgerichten sind gemäß § 95 Abs. 1 Nr. 4a GVG die Kammern für Handelssachen zuständig, soweit der Prozess allein zwischen Gesellschaftern einer Handelsgesellschaft geführt wird, ansonsten die allgemeinen Zivilkammern. Dann ist auch der besondere Gerichtsstand des § 22 ZPO gegeben.

II. Klage auf Fassung eines bestimmten Beiratsbeschlusses

1. Klage eines Gesellschafters

39 Ob und inwieweit ein Gesellschafter ein oder mehrere Beiratsmitglieder mittels einer Klage zur **Fassung eines bestimmten Beschlusses** verpflichten kann, ist noch nicht höchstrichterlich entschieden. Auch in der Literatur wird diese Frage nur am Rande berührt.

40 Es wird angenommen, dass zumindest dann, wenn der Beirat anstelle der Gesellschafterversammlung die Zustimmung zu bestimmten Maßnahmen geben muss, die Komplementäre (bzw. allgemeiner die geschäftsführenden Gesellschafter) die die Zustimmung verweigernden Beiratsmitglieder auf Zustimmung verklagen können.[60] Natürlich kann die Klage nur erfolgreich sein, wenn die materiellen Voraussetzungen gegeben sind, wenn also der Beirat zur Zustimmung verpflichtet ist, wenn also jede andere Entscheidung des Beirats rechtswidrig ist – das wird in den seltensten Fällen der Fall sein. Nicht problematisiert wird dabei, ob jeder geschäftsführende Gesellschafter individuell klagebefugt ist oder nur geschäftsführende Gesellschafter in einer Zahl, in der sie geschäftsführungsbefugt sind, oder gar nur alle Gesellschafter gemeinsam. Angemessen erscheint die Lösung, dass die Zahl von geschäftsführenden Gesellschaftern **klagebefugt** ist, die geschäftsführungsbefugt ist – denn die geschäftsführungsberechtigten Gesellschafter sind, sofern die materiellen Voraussetzungen erfüllt sind, durch das pflichtwidrige Verhalten des Beirats in ihren Rechten verletzt, weil sie bei pflichtgemäßem Verhalten des Beirats die Geschäftsführungsmaßnahme ausführen könnten. Wenn es um Beschlüsse geht, die die Grundlagen der Gesellschaft betreffen, ist jeder Gesellschafter klagebefugt.

41 Das Vorstehende dürfte aber nur für Beiratsmitglieder gelten, die Gesellschafter sind. Denn für **externe Beiratsmitglieder** gilt, dass diese nur in rechtlichen Beziehungen zur Gesellschaft, nicht aber zu den einzelnen Gesellschaftern stehen. Konsequenterweise muss bei Klagen auf Fassung eines bestimmten Beiratsbeschlusses gegen externe Beiratsmitglieder die Gesellschaft – wie bei Klagen über die Mitgliedschaft im Beirat, s. o. – klagen. Damit stellt sich die Frage, ob es vor der Klageerhebung eines Gesellschafterbeschlusses zur internen Willensbildung bedarf. Das ist zu verneinen: anders als die personelle Zusammensetzung des Beirats betreffen die Handlungen des Beirats nicht die Grundlagen der Gesellschaft, die ausschließlich den Gesellschaftern vorbehalten sind. Vielmehr muss eine Zahl von geschäftsführenden Gesellschaftern, die zur Geschäftsführung befugt sind (das kann auch ein einzelner Gesellschafter sein), zur Klageerhebung im Namen der Gesellschaft befugt sein. Denn andernfalls würden die Befugnisse der geschäftsführenden Gesellschafter beschränkt, weil dann für die Erhebung der Klage strengere Voraussetzungen gelten würden als für die geplante Maßnahme selbst. Wenn es um die Grundlagen der Gesellschaft geht, müssen hingegen alle Gesellschafter an der Willensbildung beteiligt werden.

42 Wenn der Beirat sowohl mit Gesellschaftern, als auch mit Nicht-Gesellschaftern besetzt ist, kommt eine **Verbindung** der Ansprüche nach §§ 59, 60 ZPO i. V. m. § 36 Abs. 1 Nr. 3 ZPO in Betracht. Es muss allerdings ausreichen, wenn ein obsiegendes Urteil gegen die Zahl von Beiratsmitgliedern erreicht wird, die die erforderliche Stimmenmehrheit im Beirat haben; wenn festgestellt ist, dass diese

---

59 MünchHdb GesR II/*Mutter* § 8 Rn. 66.
60 MünchHdb GesR II/*Mutter* § 8 Rn. 44; *Riegger/Mutter* EWiR 1998, 751 (752) die allerdings von einer Klage gegen den Beirat sprechen.

Zahl von Beiratsmitgliedern zur Beschlussfassung verpflichtet waren, dann kann es nicht mehr darauf ankommen, wie die übrigen Beiratsmitglieder gestimmt hätten. Eine Klage gegen diese übrigen Beiratsmitgliedern ist deshalb entbehrlich, auch wenn dann, mit Rechtskraft des Urteils und der einhergehenden Fiktion des § 894 ZPO, nur Stimmabgaben der erforderlichen Mehrheit des Beirats vorliegen und nicht Stimmabgaben aller Beiratsmitglieder und man daher formal am Vorliegen eines (fiktionalen) Beschlusses zweifeln kann.

Neben der Möglichkeit der Klage gegen den Beirat stehen den Gesellschaftern noch **andere Möglichkeiten** offen, der Weigerung des Beirats zu begegnen.[61] Insbesondere können die Gesellschafter – mit gesellschaftsvertragsändernder Mehrheit – den Beirat jederzeit überstimmen,[62] sie können also insbesondere die erforderliche Zustimmung zu der geplanten Maßnahme erteilen.

2. Klage eines Beiratsmitglieds

Soweit ersichtlich wurde sich bislang noch nicht mit der Frage befasst, ob ein **Beiratsmitglied die anderen Mitglieder** zur Fassung eines bestimmten Beschlusses verpflichten kann.

Für eine solche **Klagemöglichkeit** spräche, dass ein Beiratsmitglied nicht im Wege der actio pro socio Rechte des Beirats geltend machen kann, wenn der Beirat per Beschluss entschieden hat, die Maßnahme nicht zu treffen.[63] Der BGH hat dabei ausgeführt, dass Konflikte im Beirat nicht darüber gelöst werden dürfen, dass im Wege der actio pro socio diese Rechte ohne Beiratsbeschluss geltend gemacht werden. Das spricht dafür, dem einzelnen Beiratsmitglied die Möglichkeit zur Klage gegen seine Beiratskollegen zu geben, um das gesetzestreue und gesellschaftsvertragsgemäße Verhalten durchsetzen zu können.

Allerdings spricht gegen eine solche Klagemöglichkeit, dass nach ganz herrschender Meinung ein Beiratsmitglied sich im Schadensersatzprozess damit exkulpieren kann, dass es gegen einen rechtswidrigen Beschluss gestimmt hat[64] und es damit an einem Rechtschutzinteresse des Beiratsmitglieds für eine Klage auf Fassung eines bestimmten Beschlusses fehlen dürfte. Wenn noch gar kein Beiratsbeschluss gefasst wurde und dieses Unterlassen als Pflichtwidrigkeit im Raum steht, dann muss es zur Exkulpierung des einzelnen Beiratsmitglieds genügen, dass es sich ernsthaft um die Fassung eines pflichtgemäßen Beiratsbeschlusses bemüht hat. Mit dieser Prämisse erscheint es richtig, dem einzelnen Beiratsmitglied keine Klagemöglichkeit gegen seine Mit-Beiräte zu geben.[65]

III. Klage auf Unterlassung eines bestimmten Beiratsbeschlusses

Das spezielle Problem von **Unterlassungsansprüchen gegen Beiratsbeschlüsse** (in Abgrenzung von sonstigen Handlungen des Beirats) ist, soweit erkennbar, noch nicht erörtert worden.

Ob den Gesellschaftern Unterlassungsansprüche gegen die Beiratsmitglieder zustehen, die gegen die Fassung eines bestimmten Beiratsbeschlusses gerichtet sind, hängt zunächst davon ab, ob man den

---

61 Dazu insbesondere MünchHdb GesR II/*Mutter* § 8 Rn. 44.
62 OLG Karlsruhe GmbHR 1998, 645 (646); MünchHdb GesR II/*Mutter* § 8 Rn. 44.
63 BGH NJW 1992, 1890 (1891).
64 Reichert/*Reichert*/*Ullrich* § 19 Rn. 145; MünchHdb GesR II/*Mutter* § 8 Rn. 86. Eine Enthaltung bei der Abstimmung genügt nicht, weil sie sich auf die Stimmenmehrheit nicht auswirkt. Das Beiratsmitglied muss somit zur Vermeidung seiner Haftung mit »Nein« stimmen. Siehe dazu auch BGH WM 1977, 1221: »Unter diesen Umständen waren ... [die Maßnahmen] ... als ungewöhnlich leichtfertig anzusehen und begründeten für den von der Geschäftsführung angerufenen Verwaltungsrat die Verpflichtung, seine Zustimmung zu verweigern und darüber hinaus alle ihm zur Verfügung stehenden Mittel einzusetzen, um die geschäftsführenden Gesellschafter von diesem Vorhaben abzubringen und eine derartige finanzielle Bindung ... zu verhindern.«
65 Anders ist die Situation in Rdn. 34, wo es um die nachträgliche Überprüfung der Wirksamkeit eines Beiratsbeschlusses im Rahmen einer Feststellungsklage gegen die Gesellschafter geht.

Gesellschaftern **generell Unterlassungsansprüche** gegen Handlungen des Beirats zubilligt; dieses Problem ist umstritten.[66]

49 Umstritten ist dabei auch, wem ein solches **Klagerecht** zustünde und gegen wen es zu richten wäre.[67] Eine Klage gegen den Beirat an sich scheidet jedenfalls mangels Rechtsfähigkeit des Beirats aus. Ebenso scheidet ein Unterlassungsanspruch des einzelnen Beiratsmitglieds aus; dieselben Erwägungen, die gegen einen Anspruch des einzelnen Beiratsmitglieds gegen seine Mit-Beiräte auf positive Beschlussfassung sprechen, sprechen gegen einen Anspruch des einzelnen Mitglieds auf Unterlassung. Das einzelne Beiratsmitglied kann sich selbst hinreichend schützen, indem es sich selbst pflichtgemäß verhält.

50 Nach **einer Auffassung**, die sich auf eine Entscheidung des BGH beruft, wo eine Unterlassungsklage der Kommanditisten und Beiratsmitglieder gegen einfache Geschäftsführungsmaßnahmen der Komplementärin als unzulässiger Eingriff in die gesellschaftsvertragliche Zuständigkeitsverteilung angesehen wurde,[68] wird eine Klage zur Einflussnahme auf die Organtätigkeit und damit auch eine Unterlassungsklage überwiegend als unzulässiger Eingriff in die Organisationsverteilung der Gesellschaft abgelehnt.[69] Die dem Beirat zugewiesenen Aufgabenbereiche seien den Gesellschaftern entzogen; außerdem seien die Gesellschafter durch die Möglichkeit der nachträglichen Beschlusskontrolle in Verbindung mit Schadensersatzansprüchen und der Möglichkeit der Abberufung von Beiräten ausreichend geschützt.[70]

51 **Andere Autoren** hingegen bejahen eine Klagemöglichkeit, jedenfalls soweit die Beiratsmitglieder zugleich Gesellschafter sind. Hinsichtlich der Aktiv- und Passivlegitimation werden alle denkbaren Kombinationen vertreten: *Grunewald* bejaht ohne Differenzierung die Möglichkeit einer Klage auf Handlung, Unterlassung und Schadensersatz; aktivlegitimiert soll die Gesellschaft sein, passivlegitimiert die einzelnen Beiratsmitglieder.[71] *Voormann* bejaht eine Klage der einzelnen Gesellschafter auf Unterlassung, wenn die Klage gegen eine gesellschaftsvertragswidrige Maßnahme gerichtet ist, die in die Mitgliedsstellung des einzelnen Gesellschafters eingreifen würde; die Klage soll gegen die Gesellschaft (und nicht das einzelne Beiratsmitglied) zu richten sein.[72] Daneben könnten die Gesellschafter einen möglichen Anspruch der Gesellschaft im Wege der *actio pro socio* geltend machen.[73] Andere Autoren bejahen eine Klagemöglichkeit der einzelnen Gesellschafter gegen die einzelnen Beiratsmitglieder.[74]

52 Unbeantwortet ist die Frage, ob diese Grundsätze auch gegenüber **externen Beiratsmitgliedern** gelten, also Beiräten, die keine Gesellschafter sind. Grundsätzlich bestehen (anders bei dem als Vertreter nur einzelner Gesellschafter organisierten Beirat) rechtliche Beziehungen nur zwischen dem externen Beiratsmitglied und der Gesellschaft, so dass (vorbehaltlich einer abweichenden Regelung, z. B. im Gesellschaftsvertrag) nur ein Anspruch der Gesellschaft in Frage kommen kann. Wenn man einen solchen Anspruch bejaht, dann kommt auch, nach Abschluss der internen Willensbildung, eine actio pro socio in Betracht.

53 Es sind **keine grundlegenden Erwägungen** erkennbar, die es rechtfertigen, Unterlassungsansprüche gegen Beiratsmitglieder prinzipiell auszuschließen. Insbesondere kann auch das angeführte Urteil

---

[66] Dazu MünchHdb GesR II/*Mutter* § 8 Rn. 44 m. w. N.; *Voormann* S. 183 m. w. N.
[67] MünchHdb GesR II/*Mutter* § 8 Rn. 44.
[68] BGH NJW 1980, 1463 (1465).
[69] OLG Karlsruhe GmbHR 1998, 645 (646); *Maulbetsch* S. 103.
[70] *Maulbetsch* S. 103.
[71] MüKo HGB/*Grunewald* § 161 Rn. 159.
[72] *Voormann* S. 184 f. m. w. N.; so ist auch die Rechtslage in der GmbH: dort müssen Klagen gegen rechtswidriges Organhandeln gegen die Gesellschaft und nicht die Organwalter erhoben werden: OLG Frankfurt, DB 1992, 1878, Roth/Altmeppen/*Altmeppen*, § 13 Rn. 27 m. w. N.
[73] *Voormann* S. 183.
[74] *Riegger/Mutter* EWiR1998, 751 (752) die von Klagen einzelner Gesellschafter ausgehen; MünchHdb GesR II/*Mutter* § 8 Rn. 44.

des BGH[75] nicht für einen prinzipiellen Ausschluss herangezogen werden. Der BGH hat in dem zitierten Urteil Unterlassungsklagen (nicht Unterlassungsansprüche!) deshalb ausgeschlossen, weil durch solche Klagen die Kompetenzordnung der Gesellschaft gestört würde; die Geschäftsführer, gegen die die Unterlassungsklagen gerichtet waren, müssten in ihrer Geschäftsführungsbefugnis geschützt werden, damit sie gegenüber Dritten verlässliche Zusagen treffen könnten; außerdem träfe die Haftung aus diesen Geschäftsführungsmaßnahmen die geschäftsführenden Gesellschafter und deshalb sei es unangemessen, den nicht haftenden Gesellschaftern Einfluss auf die Geschäftsführung zuzubilligen (im entschiedenen Fall klagten Kommanditisten gegen die Komplementäre). Beide Erwägungen treffen auf Beiratsbeschlüsse nicht zu: zum einen handelt der Beirat typischerweise gerade nicht gegenüber Dritten und zum anderen haftet der Beirat nicht persönlich für die Verbindlichkeiten der Gesellschaft.

Es erscheint angemessen, die Frage über das **Rechtsschutzbedürfnis** zu lösen: typischerweise wird es (bei Ansprüchen gegen Gesellschafter-Beiräte) den Gesellschaftern (bzw. im Falle von Ansprüchen gegen externe Beiratsmitglieder der Gesellschaft) am Rechtsschutzbedürfnis für eine Unterlassungsklage gegen die Beiratsmitglieder fehlen. Sie erleiden typischerweise keinen unmittelbaren Nachteil aus dem Beschluss und es kann ihnen zugemutet werden, den umstrittenen Beiratsbeschluss abzuwarten und im Wege der nachträglichen Beschlusskontrolle anzugreifen. Es mag Einzelfälle geben, z. B. in denen der Beirat über die Bestellung und Abberufung der Geschäftsführer entscheidet, bei denen das Rechtsschutzbedürfnis zu bejahen ist (der BGH hat in seiner Entscheidung[76] selbst Ausnahmen in Betracht gezogen, dort nämlich für Fälle, in denen die Unterlassungsklage zur Erhaltung des gemeinsamen Vermögens erforderlich ist). Dann sind die einzelnen Beiratsmitglieder selbst passivlegitimiert. Hinsichtlich der Aktiv-Legitimation gelten die oben in Rdn. 40, 41 gemachten Ausführungen. Mehrere Ansprüche (gegen Gesellschafter-Beiräte und externe Beiräte) können im Wege der einfachen Streitgenossenschaft und unter Rückgriff auf § 36 Abs. 1 Nr. 3 ZPO verbunden werden. 54

Die gleichen Grundsätze gelten für die Geltendmachung von Unterlassungsansprüchen gegen Beiratsbeschlüsse im Wege des **einstweiligen Rechtsschutzes**: auch dort wird es regelmäßig am Rechtsschutzbedürfnis der Gesellschafter (bzw. der Gesellschaft) für einen solchen Antrag fehlen. 55

IV. Klage zur Durchsetzung/Verhinderung der Durchführung eines Beiratsbeschlusses

Die **Durchführung von Beiratsbeschlüssen** kann von jedem Gesellschafter klageweise durchgesetzt werden.[77] Externe Beiratsmitglieder haben dagegen keinen Anspruch auf Beachtung der Beiratsentscheidungen.[78] Ein lediglich mit Nichtgesellschaftern besetzter Beirat kann daher seine Beschlüsse nie gegen den Willen der Gesellschafter durchsetzen. 56

Die richtige Klageart für die Umsetzung eines Beschlusses hängt von dem konkreten Beiratsbeschluss ab,[79] dürfte aber regelmäßig die **allgemeine Leistungsklage**, gerichtet auf die Ausführung oder Duldung einer vom Beirat beschlossenen Maßnahme, sein. Die richtige Klageart für die Verhinderung der Durchführung eines Beiratsbeschlusses ist regelmäßig die Unterlassungsklage. 57

In diesem Verfahren wird **inzident die Rechtmäßigkeit** des Beiratsbeschlusses geprüft; weil es keine bloß anfechtbaren Beiratsbeschlüsse gibt, ist ein gesonderter Streit über die Rechtmäßigkeit des Beiratsbeschlusses entbehrlich; die Gesellschafter können sich somit direkt gegen die Umsetzung eines Beschlusses wehren. 58

---

75 BGH NJW 1980, 1463.
76 BGH NJW 1980, 1463 (1465).
77 BGH WM 1970, 249; MünchHdb GesR II/*Mutter* § 8 Rn. 43; *Voormann* S. 183 (der allerdings von einer actio pro socio spricht).
78 *Voormann* S. 171.
79 MünchHdb GesR II/*Mutter* § 8 Rn. 43.

59 Die Klage ist **gegen die Mitgesellschafter** zu erheben.[80] Eine Klage gegen Nicht-Gesellschafter ist angesichts des Verbots der Fremd-Geschäftsführung ausgeschlossen. Je nachdem, ob die Klage auf die Durchführung eines Beschlusses oder die Unterlassung der Durchführung eines Beschlusses gerichtet ist, ist die Klage gegen die Gesellschafter zu richten, die die Durchführung des Beschlusses verhindern oder die Gesellschafter, die die Durchführung des Beschlusses betreiben.

60 Neben der Klage steht den Gesellschaftern auch noch die Möglichkeit offen, außergerichtlich eine Änderung eines bereits gefassten Beiratsbeschlusses durch Gesellschafterbeschluss vorzunehmen.[81] Dabei ist zu beachten, dass eine solche Änderung einen Eingriff in die zum Bestandteil des Gesellschaftsvertrages gehörenden Befugnisse des Beirates darstellt. Insofern ist die Änderung eines Beiratsbeschlusses, sofern der Gesellschaftsvertrag nichts anderes vorsieht, nur mit der zur Änderung des Gesellschaftsvertrages erforderlichen Mehrheit möglich.[82]

D. Streitigkeiten um sonstige Handlungen des Beirats

61 In Rechtsprechung und Literatur ist nicht abschließend geklärt, inwieweit der Beirat bzw. die Beiratsmitglieder auf die **Vornahme oder Unterlassung einer bestimmten Handlung** verklagt werden können. Umstritten ist dabei auch, wem ein solches Klagerecht zustünde und gegen wen es zu richten wäre.[83] Eine Klage gegen den Beirat an sich scheidet jedenfalls mangels Rechtsfähigkeit des Beirats aus. Für den Streitstand kann auf die Darstellung oben im Rahmen der Diskussion der Klagen auf Unterlassung bestimmter Beiratsbeschlüsse verwiesen werden (s. Rdn. 47–55).

62 Neben den bereits erwähnten Fällen der Klagen im Zusammenhang mit Beiratsbeschlüssen (auf Beschlussfassung bzw. Unterlassung der Beschlussfassung und auf Durchführung bzw. Unterlassung der Durchführung von Beiratsbeschlüssen) dürfte es **nur noch wenige Fälle** geben, in denen dies relevant wird, weil der Beirat typischerweise seinen Willen durch Beschlüsse bildet.

63 Wenn es aber weitere Fallgruppen gibt, dann ist das richtige Kriterium für die Bemessung der Zulässigkeit solcher Klagen das **Rechtsschutzbedürfnis**. Mit dem Verweis auf die Kompetenzordnung der Gesellschaft und das bereits angeführte Urteil des BGH[84] lassen sich solche Klagen jedenfalls nicht ablehnen; denn der BGH hat in dieser Entscheidung ausdrücklich das Interesse der persönlich haftenden Gesellschafter betont, die Geschäfte der Gesellschaft, für die sie haften, selbst zu bestimmen. Bei der Auseinandersetzung mit dem Beirat sind es ja typischerweise gerade die persönlich haftenden Gesellschafter, die sich gegen das Handeln des Beirats stellen und dieses Anliegen wird durch das Urteil des BGH eher gestützt.

E. Haftung der Beiratsmitglieder

64 Verletzen Beiratsmitglieder die ihnen aus ihrer Stellung als Beiratsmitglied entstehenden Pflichten, so **haften** sie der Gesellschaft für den daraus entstandenen Schaden. Auf welcher Rechtsgrundlage diese Haftung beruht, ist umstritten, soll aber hier nicht näher ausgeführt werden.[85] Genannt werden hier sowohl eine Haftung aus dem Gesellschaftsvertrag, aus einem Anstellungsvertrag und eine Organhaftung analog §§ 93 Abs. 2, 116 AktG. Als Haftungsmaßstab kommen dementsprechend §§ 708 BGB, 276 BGB und zumindest für die Publikumsgesellschaft §§ 116, 93 AktG in Betracht.[86]

---

80 *Voormann* S. 183.
81 BGH BB 1970, 226.
82 BGH BB 1970, 226.
83 MünchHdb GesR II/*Mutter* § 8 Rn. 44; *Voormann* S. 183.
84 NJW 1980, 1463.
85 Einen Überblick bieten: Reichert/*Reichert*/*Ullrich* § 19 Rn. 139 ff. und ausführlich *Rinze* NJW 1992, 2790.
86 MünchHdb GesR II/*Mutter* § 8 Rn. 83 f., 90. Zu den Anforderungen siehe auch BGH WM 1977, 1221: »Den von der Gesellschafterversammlung gewählten Verwaltungsrat, der die Interessen der Gesellschafter gegenüber der Geschäftsführung zu wahren und die Geschäftsführung zu überwachen hat, trifft in besonderem Maße die Verpflichtung, Beschlüsse zu verhindern, die nach seinen Kenntnissen zur Schädigung der

E. Haftung der Beiratsmitglieder § 53

Aktivlegitimiert für die Geltendmachung dieses Schadensersatzanspruchs ist die **Gesellschaft**,[87] unabhängig davon, ob es sich um einen Gesellschafter oder ein externes Beiratsmitglied handelt. Die Klage eines Gesellschafters gegen das Beiratsmitglied auf Leistung an sich selbst kommt nur dann in Betracht, wenn der Gesellschaftsvertrag (und der zusätzlich abgeschlossene Geschäftsbesorgungsvertrag) Schutzwirkung zugunsten des Gesellschafters entfaltet.[88] 65

Gegenüber Beiratsmitgliedern, die zugleich Gesellschafter sind, kann der Anspruch der Gesellschaft auch weitgehend unstreitig im Wege der **actio pro socio** durch einzelne Gesellschafter auf Leistung an die Gesellschaft geltend gemacht werden.[89] Dabei ist zu beachten, dass Streit darüber besteht, ob die actio pro socio den Gesellschaftern nur subsidiär zusteht, wenn ohne die actio pro socio die Geltendmachung der Ansprüche ausgeschlossen erscheint.[90] Ob auch Schadensersatzansprüche der Gesellschaft gegen externe Beiratsmitglieder im Wege der actio pro socio geltend gemacht werden können, ist umstritten.[91] 66

Gesellschaft, insbesondere zu einer wesentlichen Verschlechterung der Ertragslage und Finanzlage führen können.«

87 BGH WM 1984, 1640 (1641); WM 1977, 1221; WM 1975, 767 (768); *Voormann* S. 200 m. w. N.
88 BGH NJW 1985, 1900.
89 BGH WM 1975, 767 (768); *Voormann* S. 201; MünchHdb GesR II/*Mutter* § 8 Rn. 88; *Hüffer* ZGR 1980, 353 und ohne zwischen Gesellschaftern und externen Beiratsmitgliedern zu differenzieren: MüKo HGB/ *Grunewald* § 161 Rn. 159; kritisch: *Rinze* NJW 1992, 2790 (2796) für den Fall des gewählten Gesellschafters im Beirat.
90 Vgl. § 32 Rdn. 50 m. w. N.
91 *Voormann* S. 202.

§ 54 Streitigkeiten bei Beendigung der Kommanditgesellschaft

1   Für die Kommanditgesellschaft gilt in Bezug auf die Auflösung **das zur OHG und zur GbR Gesagte**. Es kommt indessen ein Auflösungsgrund hinzu. Die Kommanditgesellschaft ist ebenfalls aufgelöst und tritt in die Liquidationsphase, wenn **der letzte Komplementär aus der Gesellschaft ausscheidet** und kein neuer Komplementär eintritt.[1] Abweichend kann im Gesellschaftsvertrag bestimmt werden, dass die Gesellschaft als OHG fortgeführt werden soll, was dann zur unbeschränkt persönlichen Haftung der bis dahin als Kommanditisten beteiligten Gesellschafter führen soll.[2] Wie zur GbR bereits dargestellt, gibt es auch hier den Streit, ob die Auflösung der Komplementärin (etwa einer GmbH) zur Auflösung der Kommanditgesellschaft führt oder dies erst im Zeitpunkt der Vollbeendigung der Fall ist.[3] Zwar spricht die Möglichkeit, die aufgelöste Komplementärgesellschaft wieder in eine werbende zurückzuverwandeln, dafür, die Auflösung der KG erst mit Vollbeendigung der Komplementärin anzunehmen. Jedoch erscheint es problematisch, den Liquidator der Komplementärin zur Führung der werbenden Geschäfte der Kommanditgesellschaft einzusetzen. Allgemein ist noch darauf hinzuweisen, dass mangels abweichender vertraglicher Regelungen **sämtliche Kommanditisten** zu **geborenen Liquidatoren** zählen.[4] In Publikumsgesellschaften und in der GmbH & Co. KG wird sich regelmäßig eine abweichende vertragliche Gestaltung finden.

---

1 BGHZ 8, 35; BayObLG DB 2000, 1066; MüKo HGB/*K. Schmidt* § 131 Rn. 46.
2 OLG Rostock Urt. v. 03.09.2009 – 3 U 271/08.
3 Für Auflösung mit Auflösung der Komplementärin: MüKo HGB/*K. Schmidt* § 131 Rn. 47; GroßkommHGB/*C. Schäfer* § 131 Rn. 42; für eine Auflösung mit Vollbeendigung der Komplementärin: OLG Hamm ZIP 2007, 1233 (1237); Baumbach/Hopt/*Roth* HGB § 131 Rn. 20, 36; E/B/J/S/*Lorz* § 131 Rn. 44.
4 BGH WM 1982, 1170; *Grziwotz* DStR 1992, 1365 (1368).

§ 55 Besonderheiten bei GmbH & Co. KG und Publikumsgesellschaften

Übersicht	Rdn.			Rdn.
A.	**GmbH & Co. KG**	1	VI. Streitigkeiten bei Auflösung und Beendigung	25
I.	Streitigkeiten um Geschäftsanteile . . .	3	VII. Beirat	28
II.	Durchsetzung von Gesellschafterrechten und -pflichten	5	**B. Publikumsgesellschaften**	29
	1. Informationsrechte des Kommanditisten	5	I. Besonderheiten bei der Gründung . . .	30
	2. Treuepflicht gegenüber der GmbH & Co. KG	7	II. Durchsetzung von Gesellschafterrechten und -pflichten	31
	3. Wettbewerbsverbot gegenüber der GmbH & Co. KG	8	III. Besonderheiten bei Veränderungen des Gesellschafterbestands	34
III.	Streitigkeiten bei der Veränderung des Gesellschafterbestands	13	IV. Besonderheiten bei Gesellschafterbeschlüssen	37
IV.	Streitigkeiten im Zusammenhang mit Gesellschafterbeschlüssen	15	V. Streitigkeiten im Zusammenhang mit der Geschäftsführung	41
V.	Streitigkeiten im Zusammenhang mit der Geschäftsführung	18	VI. Besonderheiten bei der Auflösung und Beendigung von Publikumsgesellschaften	44
	1. Entziehung der Geschäftsführung . .	18	VII. Beirat	46
	2. Schadensersatz	21		

A. GmbH & Co. KG

Die GmbH & Co. KG ist zwar nicht die einzige Kombination aus Kapital- und Personengesellschaft, jedoch die mit Abstand häufigste. Aus dieser Verbindung können zahlreiche Probleme entstehen, insbesondere wenn zwischen der KG und der Komplementärgesellschaft ein Gleichlauf (z. B. beim Gesellschafterbestand, oder auch bei der Beschlussfassung) besteht bzw. bestehen soll. Beispielhaft sei hier der Gesellschafterwechsel unter Lebenden zu erwähnen, der bei GmbH (Grundsatz der freien Übertragbarkeit) und der KG (Übertragbarkeit nur mit Zustimmung der Mitgesellschafter) einer geradezu gegensätzlichen gesetzlichen Regelung unterworfen ist. Ein Gleichlauf kann hier nur (und sollte auch) im Wege der Gestaltung der jeweiligen Gesellschaftsverträge erreicht werden. 1

Aus der Perspektive dieses Buches ist für die Kapitalgesellschaft & Co. KG zu unterscheiden zwischen Prozessen innerhalb der Komplementärgesellschaft, die nach dem oben schon dargestellten Recht der jeweiligen Komplementärgesellschaft verlaufen und Binnenprozessen in der KG. Nur letztere sollen Bestandteil dieses Kapitels sein. Für sie gilt grundsätzlich das zur KG Ausgeführte, sofern nicht im Folgenden Besonderheiten benannt werden. 2

I. Streitigkeiten um Geschäftsanteile

Eine Besonderheit besteht hier in dem Fall, dass der veräußernde Gesellschafter zugleich Gesellschafter der KG und der Komplementär-GmbH ist und beide Beteiligungen gemeinsam veräußert werden sollen. Zwar richtet sich die Übertragung des KG-Anteils nach KG-Recht.[1] Soll aber neben dem KG-Anteil auch der GmbH-Anteil übertragen werden, so gilt das Erfordernis der notariellen Beurkundung gemäß § 15 Abs. 4 GmbHG auch für das Verpflichtungsgeschäft zur Veräußerung des KG-Anteils, wenn eine Übertragung allein des KG-Anteils nicht gewollt ist.[2] Nicht vollständig geklärt ist, ob auch die Abtretung des Kommanditanteils der notariellen Beurkundung bedarf.[3] Da nach h. M. aber bei Beurkundung der Abtretung des GmbH-Anteils eine Heilung entsprechend § 15 Abs. 4 S. 2 3

---

[1] Baumbach/Hopt/*Roth* Anh. A nach § 177a Rn. 47.
[2] BGH NJW 1986, 2642 (2643); Baumbach/Hopt/*Roth* Anh. A nach § 177a Rn. 48; Reichert/*Reichert/Ullrich* § 29 Rn. 59.
[3] Bejahend: MünchHdb GesR II/*Gummert* § 50 Rn. 56; verneinend: Roth/Altmeppen/*Altmeppen* § 15 Rn. 93; E/B/J/S/*Henze/Notz* Anhang A nach § 177a Rn. 191.

GmbHG auch für die Übertragung der KG-Anteile angenommen wird, wird verbreitet die notarielle Beurkundung allein der Abtretung der GmbH-Anteile als »Praktiker-Methode« zur Einsparung von Notarkosten genutzt.[4]

4 Die unterschiedlichen Gestaltungsmöglichkeiten bei der Vererbung von GmbH- und Kommanditanteilen, können zwar auch zu Problemen führen und je nach Vertragsgestaltung Ausschluss- und Einziehungsrechte auslösen,[5] sie stellen aber keine für die GmbH & Co. KG spezifischen prozessualen Problemfelder dar. Beachtlich ist jedenfalls, dass bei einer Erbengemeinschaft der GmbH-Anteil zunächst in die ungeteilte Erbmasse fällt, wohingegen der Kommanditanteil auf die Erben nach Maßgabe ihrer Anteile am Erbe verteilt wird.

II. Durchsetzung von Gesellschafterrechten und -pflichten

1. Informationsrechte des Kommanditisten

5 Dem Kommanditisten stehen zweifelsfrei auch in der GmbH & Co. KG seine Informationsrechte nach § 166 HGB zu. Soweit für die KG angenommen wird, dass neben der Gesellschaft auch direkt der geschäftsführende Gesellschafter in Anspruch genommen werden kann,[6] gilt, dass sowohl die KG als auch die GmbH passivlegitimiert sind für eine Klage nach § 166 HGB.[7] Unklar ist, ob der Anspruch auch gegen den Geschäftsführer der Komplementärgesellschaft geltend gemacht werden kann.[8] Die örtliche Zuständigkeit richtet sich, auch wenn die GmbH verklagt wird, nach dem Sitz der KG.[9]

6 Ebenso wie bei der GbR und der OHG umfasst das Einsichtsrecht der Gesellschafter der KG auch Unterlagen über verbundene Unternehmen. Bei der GmbH & Co. KG kann der Kommanditist also auch **Einblick in die Unterlagen der Komplementär-GmbH** verlangen.[10] Ist der Kommanditist hingegen an der Komplementär-GmbH beteiligt, steht ihm diesbezüglich ein Informationsrecht nach **§ 51a GmbHG** zu, welches gemäß § 51b GmbHG durchzusetzen ist.[11] Ob darüber hinaus auch demjenigen Kommanditisten, der nicht Gesellschafter der GmbH ist, das Informationsrecht aus § 51a GmbHG zusteht, ist umstritten. Die Befürworter einer analogen Anwendung von § 51a GmbHG wollen damit zum einen eine Gleichberechtigung zwischen Kommanditisten die zugleich Gesellschafter der GmbH sind und solchen die dies nicht sind, herbeiführen und zum anderen GmbH-rechtliche Schutzvorschriften generell auf Kommanditisten übertragen.[12] Dabei soll der Anspruch aus § 51a GmbHG analog im normalen Zivilprozess (also wie der Anspruch aus § 166 Abs. 1 HGB) geltend gemacht werden und nicht nach dem Verfahren des § 51b GmbHG.[13] Die wohl h. M. hingegen lehnt einen Informationsanspruch des »Nur-Kommanditisten« nach § 51a GmbHG ab, da dieser Informationsanspruch ein interner Anspruch der GmbH sei und der »Nur-Kommanditist« eben nicht Gesellschafter der GmbH sei.[14]

---

4 MünchHdb GesR II/*Gummert* § 50 Rn. 57 f.; Roth/Altmeppen/*Altmeppen* § 15 Rn. 93; kritisch dazu unter Verweis auf verbleibende Restrisiken Reichert/*Reichert*/*Ullrich* § 29 Rn. 59.
5 MünchHdb GesR II/*Gummert* § 50 Rn. 60 f.
6 Nachweise bei Reichert/*Schlitt*/*Maier-Reinhardt* § 25 Rn. 8.
7 H/T/M-T/*Mussaeus* § 5 Rn. 233.
8 So E/B/J/S/*Henze*/*Notz* Anh. A nach § 177a Rn. 101, wobei hier lediglich auf Entscheidungen Bezug genommen wird, in denen die GmbH passivlegitimiert ist.
9 BayObLG NJW-RR 1995, 299; E/B/J/S/*Henze*/*Notz* Anh. A nach § 177a Rn. 101.
10 MAH PersGes/*Plückelmann* § 4 Rn. 130.
11 Vgl. § 17 Rdn. 20 ff.
12 *Binz*/*Sorg* § 5 Rn. 104; KRM/*Koller* § 166 Rn. 6; Roth/Altmeppen/*Altmeppen* § 51a Rn. 44.
13 Roth/Altmeppen/*Altmeppen* § 51a Rn. 44.
14 Baumbach/Hopt/*Roth* Anh. A nach § 177a Rn. 25; H/T/M-T/*Mussaeus* § 5 Rn. 221; Scholz/*K. Schmidt* § 51a Rn. 17, 52; wohl auch E/B/J/S/*Henze*/*Notz* Anh. A nach § 177a Rn. 105, der nur den Fall benennt, dass der Kommanditist auch GmbH-Gesellschafter ist.

2. Treuepflicht gegenüber der GmbH & Co. KG

Eine Ausweitung erfährt die gesellschaftsrechtliche Treuepflicht, indem ein (Mehrheits-) Gesellschafter der GmbH auch gegenüber der GmbH & Co KG eine Treuepflicht haben kann.[15] 7

3. Wettbewerbsverbot gegenüber der GmbH & Co. KG

Die GmbH unterliegt bei der GmbH & Co. KG als persönlich haftende Gesellschafterin dem Wettbewerbsverbot gemäß § 112, 113 HGB.[16] 8

Für die **Kommanditisten** kann sich bei der KG ausnahmsweise ein Wettbewerbsverbot aus beherrschendem Einfluss ergeben. Liegt eine GmbH & Co. KG vor, dürfte in diesem Zusammenhang ein beherrschender Einfluss in der Komplementär-GmbH ausreichend sein.[17] 9

Nach h. M. unterliegt auch der **Geschäftsführer der Komplementär-GmbH** für die Dauer des Anstellungsverhältnisses einem Wettbewerbsverbot zu Gunsten der GmbH & Co KG.[18] Es sei jedoch betont, dass nach der Rechtsprechung des BGH für den Vorstand einer Komplementär-AG etwas anderes gilt und ein direktes Wettbewerbsverbot zu Gunsten der KG abgelehnt wird.[19] 10

Abstellend auf den Umstand, dass die rein geschäftsführende GmbH kein eigenes Interesse an einem Wettbewerbsverbot habe, nimmt die h. M. unter den Voraussetzungen, unter denen zu Gunsten einer GmbH ein Wettbewerbsverbot ihrer Gesellschafter angenommen wird, auch ein Wettbewerbsverbot der **Gesellschafter der Komplemetär-GmbH** zu Gunsten der KG an.[20] 11

Bei Verstößen gegen das Wettbewerbsverbot, hat die KG Ansprüche direkt gegen den Gesellschafter oder Geschäftsführer der GmbH.[21] 12

III. Streitigkeiten bei der Veränderung des Gesellschafterbestands

Allein aus der Struktur als GmbH & Co. KG ergeben sich kaum Besonderheiten gegenüber der KG. Es mag jedoch sinnvoll sein, im Gesellschaftsvertrag einen Gleichlauf der Mitgliedschaften herzustellen, wenn Gesellschafter der KG zugleich Gesellschafter der GmbH sind bzw. sein sollen. Es bietet sich an, in beiden Gesellschaftsverträgen eine Klausel aufzunehmen, wonach die Gesellschafter verpflichtet werden, jederzeit einen Gleichlauf der Beteiligungen sicherzustellen bzw. der Verlust der Mitgliedschaft in einer Gesellschaft zugleich einen wichtigen Grund für eine Ausschließung aus der anderen Gesellschaft darstellt.[22] 13

Umstritten ist, ob bereits die Auflösung oder erst die Vollbeendigung der GmbH deren Ausscheiden aus der KG entsprechend § 131 Abs. 3 Nr. 1 HGB bewirkt.[23] Diejenigen, die ein Ausscheiden der 14

---

15 Grundlegend: BGHZ 65, 15 (18); KRM/*Koller* § 161 Rn. 16; Reichert/*Schlitt*/*Maier-Reinhardt* § 26 Rn. 31; H/T/M-T/*Mussaeus* § 5 Rn. 97 bezogen auf die Gesellschafterversammlung als Organ; einschränkend auf die Fälle, in denen die GmbH-Gesellschafter zugleich Kommanditisten sind: E/B/JS//*Henze*/*Notz* Anh. A nach § 177a Rn. 121.
16 H. M. E/B/J/S/*Henze*/*Notz* Anh. A nach § 177a Rn. 124 m. w.N; a. A. wohl nur OLG Frankfurt BB 82, 1383.
17 Reichert/*Schlitt*/*Maier-Reinhardt* § 27 Rn. 37.
18 OLG Köln NZG 2009, 306 (307); E/B/J/S/*Henze*/*Notz* Anh. A nach § 177a Rn. 133; MünchHdb GesR II/*Gummert* § 52 Rn. 25; Reichert/*Schlitt*/*Maier-Reinhardt* § 27 Rn. 50.
19 BGH ZIP 2009, 1162.
20 E/B/J/S/*Henze*/*Notz* Anh. A nach § 177a Rn. 133; KRM/*Koller* § 165 Rn. 2; Reichert/*Schlitt*/*Maier-Reinhardt* § 27 Rn. 48; a. A. mit Hinweis auf den Ausnahmecharakter H/T/M-T/*Mussaeus* § 5 Rn. 255.
21 H/T/M-T/*Mussaeus* § 5 Rn. 260 (für den Geschäftsführer); MünchHdb GesR II/*Gummert* § 52 Rn. 28.
22 MünchHdb GesR II/*Gummert* § 50 Rn. 80.
23 Nachweise bei E/B/J/S/*Henze*/*Notz* Anh. A nach § 177a Rn. 280 ff.: überwiegend wird heute vertreten, dass bereits die Auflösung der GmbH zu deren Ausscheiden aus der KG führt.

GmbH erst bei Vollbeendigung annehmen, sehen in der Auflösung der GmbH aber einen wichtigen Grund für die Ausschließung der GmbH aus der KG und auch für die Auflösung der KG.[24]

IV. Streitigkeiten im Zusammenhang mit Gesellschafterbeschlüssen

15 Für die GmbH & Co KG ist, wie für die gewöhnliche KG, eine Gesellschafterversammlung nicht zwingend vorgesehen. Es wird aber erwogen, ein dem § 50 GmbHG angenähertes **Minderheitenrecht zur Einberufung einer Gesellschafterversammlung** zumindest bei Vorliegen eines wichtigen Grundes anzuerkennen.[25] Das Stimmrechtsverbot des § 47 Abs. 4 GmbHG gilt im Grundsatz allein innerhalb der GmbH, wobei im Einzelfall auch die Interessenverflechtung zwischen der Komplementär-GmbH und der GmbH & Co KG Berücksichtigung finden kann.[26]

16 Auch für die GmbH & Co. KG gilt das **Beschlussmängelrecht der KG**, wenn der Gesellschaftsvertrag nichts anderes bestimmt. Eine einheitliche Anwendung des Beschlussmängelrechts der GmbH auch auf die KG erfolgt grundsätzlich nicht, sodass Streitigkeiten über die Wirksamkeit von Beschlüssen im Rahmen der **Feststellungsklage** ausgetragen werden und eine Beschlussanfechtungsklage nicht erhoben werden kann.[27] Dies kann jedoch im Gesellschaftsvertrag abweichend vereinbart werden.

17 Nachdem anerkannt ist, dass auch Beschlussmängelstreitigkeiten in der GmbH schiedsfähig sind, kann jetzt auch eine **einheitliche Schiedsabrede** für alle Streitigkeiten in der KG und ihrer Komplementär-GmbH vereinbart werden.[28]

V. Streitigkeiten im Zusammenhang mit der Geschäftsführung

1. Entziehung der Geschäftsführung

18 Bei der GmbH & Co. KG ist zu beachten, dass die Bestellung des Geschäftsführers der GmbH jederzeit widerruflich ist und sich nach §§ 38, 46 Nr. 5 GmbHG richtet. Sind die Gesellschafter der KG zugleich Gesellschafter der GmbH, können sie also die Abberufung des Geschäftsführers der GmbH beschließen. Sie können aber auch über § 117 HGB der GmbH selbst die Geschäftsführung im Klagewege entziehen.[29]

19 Sind die Kommanditisten nicht an der GmbH beteiligt, können sie von der GmbH verlangen, dass diese ihren Geschäftsführer abberuft. Kommt die GmbH dem nicht nach, kann der GmbH die Geschäftsführungsbefugnis nach § 117 HGB entzogen werden. Nicht entzogen werden kann aber die **Vertretungsbefugnis**, wenn die GmbH die einzige Komplementärin ist.[30]

20 Teilweise wird vertreten, den Gesellschaftern der GmbH & Co. KG solle ein unmittelbares gerichtlich durchsetzbares Recht zur **Ausschließung eines GmbH-Geschäftsführers** aus der Geschäftsführung der KG zustehen.[31] Hiermit würde jedoch in die Kompetenzordnung der GmbH eingegriffen.

---

24 H/T/M-T/*Lüke* § 11 R. 23.
25 MünchHdb GesR II/*Gummert* § 50 Rn. 94; Scholz/*K. Schmidt* Anh. § 45 Rn. 32; a. A. H/T/M-T/*Mussaeus* § 5 Rn. 120.
26 Reichert/*Liebscher* § 17 Rn. 152.
27 So zuletzt klarstellend: BGH GmbHR 2011, 539; Reichert/*Liebscher* § 18 Rn. 94; H/T/M-T/*Mussaeus* § 5 Rn. 137; E/B/J/S/*Henze/Notz* Anh. A nach § 177a Rn. 179; a.A. Scholz/*K. Schmidt* Anh. § 45 Rn. 52.
28 Zu den Problemen vor der Anerkennung der Schiedsfähigkeit von Beschlussmängelstreitigkeiten in der GmbH: Hdb GesR/*Blaum* Rn. I 3227.
29 BGH WM 1983, 750 (752); MünchHdb GesR II/*Scheel* § 11 Rn. 18.
30 BGH WM 1983, 750 (752).
31 So Hopt ZGR 1979, 1 (16); dagegen: Schlegelberger/*K. Schmidt* § 127 Rn. 2.

2. Schadensersatz

Die **GmbH** haftet der KG für das Verhalten ihres Geschäftsführers gemäß § 31 BGB analog, wobei Haftungsmaßstab § 708 BGB ist.[32]

Nach der Rechtsprechung des Bundesgerichtshofes ist der zwischen der GmbH und ihrem Geschäftsführer bestehende **Dienstvertrag ein Vertrag mit Schutzwirkung zugunsten Dritter**, d. h. mit Schutzwirkung zugunsten der KG.[33] Pflichtverletzungen der Geschäftsführung der Komplementär-GmbH wirken sich primär auf der Ebene der KG aus, auch wenn dieser kein unmittelbares Weisungsrecht gegenüber dem Geschäftsführer der GmbH zusteht. Der Geschäftsführer der GmbH haftet deswegen unmittelbar auch der KG.

Umstritten ist dabei, ob der GmbH-Geschäftsführer der KG nach **§ 708 BGB** nur für eigenübliche Sorgfalt haftet[34] oder ob er der KG gegenüber für die Sorgfalt eines ordentlichen Geschäftsmannes entsprechend **§ 43 GmbHG** haftet.[35] In der Literatur wird teilweise argumentiert, dass die Komplementär-GmbH ohnehin nur durch ihren Geschäftsführer handeln könne und der Maßstab des § 708 BGB daher durch § 43 GmbHG bestimmt werde.[36] Andere Stimmen wollen danach differenzieren, ob die Geschäftsführung der GmbH wie ein Fremdorgan mit Dritten besetzt wird (dann Anwendung von § 43 GmbHG) oder ob der Geschäftsführer aus dem Kreis der Kommanditisten stammt (dann Anwendung von § 708 BGB).[37]

Zu beachten ist ferner, dass eine **Entlastung des Geschäftsführers** der GmbH allein durch die GmbH die KG nicht an der Geltendmachung eigener Schadensersatzansprüche gegen den GmbH-Geschäftsführer hindert.[38]

VI. Streitigkeiten bei Auflösung und Beendigung

Die in § 131 Abs. 2 HGB genannten besonderen Auflösungsgründe gelten für eine typische GmbH & Co KG, da regelmäßig nur die GmbH persönlich haftende Gesellschafterin ist.

Umstritten ist, ob in der GmbH & Co KG mangels abweichender Vorschriften im Gesellschaftsvertrag alle Gesellschafter als Liquidatoren berufen sind, oder ob nur die GmbH Liquidator sei. Die herrschende Meinung geht aber davon aus, dass grundsätzlich alle Gesellschafter zu Liquidatoren bestimmt sind (näher § 36 Rdn. 21 ff.).[39]

Vor der Vermögensverteilung wird in der Literatur zumindest für den Fall, dass auch die GmbH aufgelöst wird, gefordert, dass das Sperrjahr des § 73 GmbHG analog auf die GmbH & Co KG angewandt wird, da einzig persönlich haftender Gesellschafter die GmbH sei.[40]

VII. Beirat

Wenn die KG und die GmbH personell und rechtlich eine Einheit bilden und ein Beirat personengleich in beiden Gesellschaften vorgesehen ist, dann kann auch in der GmbH der Streit über die Zu-

---

32 H/T/M-T/*Mussaeus* § 5 Rn. 65; E/B/J/S/*Henze/Notz* Anh. A nach § 177a Rn. 106 f. für die nicht kapitalistisch strukturierte GmbH & Co KG.
33 BGHZ 75, 321 (323).
34 *Binz/Sorg* § 9 Rn. 21.
35 MüKo HGB/*Grunewald* § 161 Rn. 83; Reichert/*Breitfeld* § 16 Rn. 150.
36 MAH PersGes/*Gummert/Karrer* § 7 Rn. 148.
37 MünchHdb GesR II/*Scheel* § 7 Rn. 88.
38 *Binz/Sorg* § 9 Rn. 32; MüKo HGB/*Grunewald* § 161 Rn. 87; Scholz/*K. Schmidt* Anh. § 45 Rn. 8.
39 Reichert/*Salger* § 47 Rn. 10; H/T/M-T/*Lüke* § 11 Rn. 37; E/B/J/S/*Henze/Notz* Anh. A nach § 177a Rn. 287; a. A. Scholz/*K. Schmidt* § 66 Rn. 54.
40 Grundl. *Karsten Schmidt* GmbHR 1998, 144 f.; H/T/M-T/*Lüke* § 11 Rn. 54; Reichert/*Salger* § 47 Rn. 67; E/B/J/S/*Henze/Notz* Anh. A nach § 177a Rn. 230; Ulmer/Habersack/Winter/*Paura* § 73 Rn. 59.

gehörigkeit zum Beirat unter den Gesellschaftern ausgetragen werden und muss nicht – wie sonst üblich – mit der GmbH ausgetragen werden.[41]

B. Publikumsgesellschaften

29 Der häufigste Fall der Publikumsgesellschaften ist der der Publikums-KG. Für die Publikums-GbR und die Publikums-OHG gelten die hierzu entwickelten Regeln jedoch ebenfalls.

I. Besonderheiten bei der Gründung

30 Zwar besteht kein striktes Formerfordernis im Sinne einer andernfalls eintretenden Formnichtigkeit, jedoch müssen Regelungen, die den Initiatoren irgendwelche Vorteile bringen sollen, schriftlich abgefasst sein, um wirksam zu sein, was zu einem **faktischen Formzwang** führt.[42]

II. Durchsetzung von Gesellschafterrechten und -pflichten

31 Insbesondere wenn Pflichten gegenüber einem Gesellschafter geltend gemacht werden sollen, sind bestimmte **publikumsgesellschaftsspezifische Auslegungsregeln des Gesellschaftsvertrages** zu beachten. So werden die Gesellschaftsverträge von Publikumsgesellschaften entsprechend den Gesellschaftsverträgen von Kapitalgesellschaften nur anhand objektiver Kriterien ausgelegt, ohne dass hierbei der nicht schriftlich niedergelegte Wille der Gründer Beachtung findet.[43] Der Gesellschaftsvertrag einer Publikumsgesellschaft unterliegt zudem der Inhaltskontrolle, wobei umstritten ist, ob sich diese nach § 242 BGB oder nach den §§ 305 ff. BGB richtet.[44]

32 Der Gesellschafter hat auch in der Publikumsgesellschaft grundsätzlich die ihm für die jeweilige Gesellschaftsform zustehenden Informationsrechte.[45] Auch die **Treuepflicht** gilt in einer Publikumsgesellschaft, wobei sie typischerweise **weniger intensiv** ist, je größer der Gesellschafterkreis ist.[46]

33 Sind Gesellschafter lediglich über einen Treuhänder an einer Publikumsgesellschaft beteiligt, so bestehen zwischen ihnen und der Gesellschaft grundsätzlich keine unmittelbaren Beziehungen.[47] Die **Treugeber** nehmen daher auch nicht an Gesellschafterprozessen teil.

Keine entsprechende Anwendung findet die Vorschrift des § 142 AktG über die **Bestellung von Sonderprüfern** auf Publikumsgesellschaften in der Rechtsform der Kommanditgesellschaft.[48] Zwar können nach ständiger Rechtsprechung des BGH Vorschriften des Kapitalgesellschaftsrechts entsprechend auf die Publikumsgesellschaft anwendbar sein, soweit dies zum Schutz der Kapitalanleger oder zur Aufrechterhaltung der Funktionsfähigkeit der Gesellschaft erforderlich ist.[49] Nicht entsprechend anwendbar sind indes kapitalgesellschaftsrechtliche Vorschriften, die darauf gerichtet sind, die Kapitalgrundlage zu Gunsten der Gesellschaft und ihrer Gläubiger zu erhalten.[50] Zu diesen zählt auch § 142 AktG, der darauf gerichtet ist, Grundlagen für Ersatzansprüche der Gesellschaft gegen ihre Gründungs- und Verwaltungsmitglieder zu schaffen.[51]

---

41 BGH WM 1977, 476; E/B/J/S/*Henze/Notz* Anh. A nach § 177a Rn. 154; *Voormann* S. 139.
42 MünchHdb GesR II /*Jaletzke* § 62 Rn. 3 m. w. N.
43 Zuletzt BGH WM 2009, 806; E/B/J/S/*Henze/Notz* Anh. B nach § 177a Rn. 23.
44 Vgl. hierzu *Binz/Sorg* § 13 Rn. 16.
45 Zu § 116 Abs. 3 OLG München WM 2008, 2211 und WM 2009, 1228; allgemein Baumbach/Hopt/*Roth* Anh. B nach § 177a Rn. 72.
46 MüKo HGB/*Grunewald* § 161 Rn. 125.
47 Ausführlich dazu MünchHdb GesR II/*Jaletzke* § 63 Rn. 7 f.
48 OLG Hamm BeckRS 2013, 03210.
49 BGH ZIP 1999, 1391 ff.; WM 1982, 926 ff.
50 BGH WM 1982, 926 ff.
51 Hüffer, AktG, 10. Auflage 2012, 142 Rn. 1; Heidel, Aktien- und Kapitalmarktrecht, 3. Auflage 2011, § 142 AktG, Rn. 6.

III. Besonderheiten bei Veränderungen des Gesellschafterbestands

Wurde der Gesellschafter in der Vorbereitung des Beitritts getäuscht, so steht ihm nicht die Möglichkeit der Auflösungsklage offen.[52] Nach der Lehre von der fehlerhaften Gesellschaft hat er auch kein Anfechtungsrecht, sondern nur die Möglichkeit zur fristlosen (Austritts-)Kündigung.[53] Dafür kann er den Austritt auch dann erklären, wenn im Gesellschaftsvertrag ein Austrittsrecht nicht ausdrücklich vorgesehen ist.[54] Für andere Fälle der fehlerhaften Gesellschaft gilt diese Ausnahme grundsätzlich nicht.[55] Eine Anfechtungserklärung kann als Kündigungserklärung ausgelegt werden.[56] Der Austritt ist gegenüber der KG, diese vertreten durch die Komplementärin, zu erklären, wenn diese selbst die Aufnahmeverträge abschließt[57] bzw. die Komplementärin mit Wirkung gegenüber allen Gesellschaftern Beitrittserklärungen entgegennehmen kann.[58] 34

Eine Besonderheit besteht bei der Ausschließung eines Gesellschafters. Diese kann in Publikumsgesellschaften auch dann durch Mehrheitsbeschluss anstelle der Klage nach § 140 HGB erfolgen, wenn dies im Gesellschaftsvertrag nicht ausdrücklich vorgesehen ist.[59] Ein Rechtsschutz des betroffenen Gesellschafters ist dann nur nachträglich im Wege der Feststellungsklage möglich. 35

Für eine Klage auf Feststellung, dass die Ausschließung eines anderen Kommanditisten unwirksam ist, fehlt den Kommanditisten das Rechtsschutzbedürfnis; jeder Kommanditist kann grundsätzlich nur die Unwirksamkeit seiner eigenen Ausschließung geltend machen.[60] 36

IV. Besonderheiten bei Gesellschafterbeschlüssen

Inhaltlich ist zunächst festzustellen, dass in der Publikumsgesellschaft über alle Beschlussgegenstände mittels Mehrheitsbeschluss entschieden werden kann, ohne dass die Beschlussgegenstände im Gesellschaftsvertrag konkret genannt werden müssen.[61] Bei der Publikumsgesellschaft führen Verfahrensfehler bei der Beschlussfassung immer dann zur Nichtigkeit des Beschlusses, wenn nicht ausgeschlossen werden kann, dass das Zustandekommen des Beschlusses durch den Fehler beeinflusst ist.[62] 37

Auch für die Publikumsgesellschaft gilt, dass ohne entsprechende vertragliche Regelung nicht das kapitalgesellschaftliche Beschlussmängelrecht gilt, sondern Beschlussmängel mit der **Feststellungsklage** gegenüber den Mitgesellschaftern geltend zu machen sind.[63] Abweichend davon kann im Gesellschaftsvertrag – in vollem Umfang oder nur teilweise – die Übernahme des kapitalgesellschaftsrechtlichen Beschlussmängelrechts bestimmt werden.[64] Ob eine solche Abweichung gewollt ist, kann auch im Wege der objektiven Auslegung des Gesellschaftsvertrages festgestellt werden.[65] 38

Während bei der »normalen« KG umstritten ist, ob die **Schiedsabrede** der Form des § 1031 Abs. 1 bzw. Abs. 5 ZPO bedarf (oder ob § 1066 ZPO einschlägig ist), ist bei der Publikumsgesellschaft ein- 39

---

52 MünchHdb GesR II /*Jaletzke* § 62 Rn. 17 f.
53 MünchHdb GesR II /*Jaletzke* § 62 Rn. 14 f.
54 BGHZ 63, 338; 148, 207; 153, 223; Baumbach/Hopt/*Roth* Anh. § 177a Rn. 58 m. w. N.; MüKo BGB/*Ulmer/Schäfer* § 705 Rn. 368; MüKo HGB/*K.Schmidt* § 105 Rn. 247; Hdb GesR/*Westermann* Rn. I 226c.
55 Siehe dazu: BGHZ 69, 160 (162); 70, 61 (66).
56 BGHZ 63, 338; 153, 223; Baumbach/Hopt/*Roth* Anh. § 177a Rn. 58 .
57 Baumbach/Hopt/*Hopt* Anh. § 177a Rn. 58.
58 BGH NJW 1975, 1700 (1701); OLG Hamm NJW 1978, 225; Hdb GesR/*Westermann* Rn. I 226d.
59 GroßkommHGB/*C. Schäfer* § 140 R. 52; MüKo HGB/*K. Schmidt* § 140 Rn. 91; E/B/J/S/*Lorz* § 140 Rn. 47.
60 BGH NJW 2006, 2854 (2855).
61 BGH NJW 1991, 691 (692); Binz/Sorg § 13 Rn. 68; E/B/J/*Henze/Notz* Anh. B nach § 177a Rn. 42.
62 Siehe dazu § 34 Rdn. 22.
63 BGH NJW 2006, 2854 (2855); NZG 2003, 525; KG Berlin ZIP 2011, 659; Binz/Sorg § 13 Rn. 25; E/B/J/S/*Henze* Anh. B nach § 177a Rn. 48; a. A. MüKo HGB/*Grunewald* § 161 Rn. 139 m. w. N.
64 BGH NJW 2010, 65 (66); BGH NJW 2006, 2854 (2855); BGH NZG 2003, 525.
65 So BGH NZG 2003, 525.

hellige Meinung, dass die Form des § 1031 Abs. 5 ZPO gewahrt werden muss, wenn Verbraucher beteiligt sind.[66] In Publikumsgesellschaften unterliegen auch Schiedsklauseln einer **Inhaltskontrolle**, die nach einer Auffassung dazu führen soll, dass Schiedsklauseln in Publikumsgesellschaften regelmäßig unwirksam sind.[67]

40 Den Kommanditisten in der Publikumsgesellschaft wird ein **Anspruch auf Mitteilung** der Namen und Adressen der Mitgesellschafter zuerkannt.[68] Außerdem sollen sie das **Recht zur Einberufung** einer Gesellschafterversammlung analog § 50 GmbHG haben[69]; die prozessuale Durchsetzung dieses Rechts dürfte dann wie bei der GmbH erfolgen.

V. Streitigkeiten im Zusammenhang mit der Geschäftsführung

41 Als prozessuale Abweichung gilt bei Publikumsgesellschaften, dass auch ohne explizite Bestimmung im Gesellschaftsvertrag die Geschäftsführungsbefugnis und Vertretungsmacht durch einfachen Mehrheitsbeschluss entzogen werden können und nicht die Gestaltungsklage nach §§ 117, 127 HGB erhoben werden muss.[70]

42 Die Festschreibung einer qualifizierten Mehrheit für einen solchen Beschluss im Gesellschaftsvertrag ist nichtig.[71] Ebenso soll die vertragliche Anordnung der Notwendigkeit einer Gestaltungsklage nach §§ 117, 127 HGB nichtig sein.[72] Der Geschäftsführer kann gegen den Beschluss über die Entziehung der Geschäftsführung Feststellungsklage erheben.

43 Der Geschäftsführer in der Publikumsgesellschaft kann sich **nicht auf § 708 BGB berufen**, sondern haftet stets entsprechend §§ 116, 93 AktG gegenüber der Gesellschaft.[73]

VI. Besonderheiten bei der Auflösung und Beendigung von Publikumsgesellschaften

44 Soweit ersichtlich besteht Einigkeit, dass auch ohne entsprechende Regelung im Gesellschaftsvertrag nicht alle Gesellschafter zu Liquidatoren werden.[74] Umstritten ist, ob regelmäßig der ehemalige Komplementär bzw. das ehemalige Leitungsorgan Liquidator sein soll,[75] oder ob stets eine gerichtliche Bestimmung gemäß § 146 Abs. 2 HGB zu erfolgen hat (näher § 36 Rdn. 21 f.).[76]

45 Jedenfalls ist im Falle einer Nachtragsliquidation der Nachtragsliquidator stets analog § 273 Abs. 4 AktG zu bestimmen.[77]

VII. Beirat

46 Bei Publikumsgesellschaften wird vertreten, dass Klagen gegen Beiratsbeschlüsse zur Erleichterung des Rechtsschutzes nicht gegen die Gesellschafter, sondern die Gesellschaft zu richten sind, auch wenn es im Gesellschaftsvertrag an einer entsprechenden Bestimmung fehlt.[78]

---

66 Zöller/*Geimer* § 1029 Rn. 74.
67 Zu den Problemen bei Publikumsgesellschaften: *Habersack* SchiedsVZ 2003, 241 (244 f.) m. w. N. und *Rüppel* BB 2014, 1091 (1096) m. w. N.
68 Baumbach/Hopt/*Roth* Anh. nach § 177a Rn. 72.
69 BGH NJW 1988, 969 ; Baumbach/Hopt/*Roth* Anh. nach § 177a Rn. 72.
70 GroßkommHGB/*C. Schäfer* § 117 Rn. 5; MüKo HGB/*Grunewald* § 161 Rn. 128; MüKo HGB/*Jickeli* § 117 Rn. 5; MünchHdb GesR II/*Jaletzke* § 68 Rn. 2; a.A E/B/J/S/*Drescher* § 117 Rn. 15, der eine mit einfacher Mehrheit zu erhebende Klage fordert.
71 BGH NJW 1982, 2495.
72 GroßkommHGB/*C. Schäfer* § 117 Rn. 5.
73 BGH NJW 1977, 2311; Baumbach/Hopt/*Roth* Anh. B nach § 177a Rn. 74; Binz/Sorg § 13 Rn. 23.
74 GroßkommHGB/*C. Schäfer* § 145 Rn. 13.
75 So GroßkommHGB/*C. Schäfer* § 145 Rn. 13; MüKo HGB/*K. Schmidt* § 146 Rn. 14.
76 Baumbach/Hopt/*Roth* Anh. B nach § 177a Rn. 85; E/B/J/S/*Henze/Notz* Anh. A nach § 177a Rn. 287.
77 BGHZ 155, 121; Baumbach/Hopt/*Roth* Anh. B nach § 177a Rn. 85.
78 Reichert/*Reichert/Ullrich* § 19 Rn. 170; MünchHdb GesR II/*Mutter* § 8 Rn. 67; *Voormann* S. 178.

Abschnitt 4 Streitigkeiten in der Partnerschaftsgesellschaft

§ 56 Allg. prozessuale Besonderheiten bei der Partnerschaftsgesellschaft

Übersicht

	Rdn.			Rdn.
A.	Partei- und Prozessfähigkeit	2	I. Besonderheiten der Partnerschaftsgesellschaft mit beschränkter Berufshaftung (PartG mbB)	16
I.	Parteifähigkeit	2		
	1. Die Gesellschaft als Prozesspartei	2		
	2. Die Gesellschafter als (zusätzliche) Beklagte	3	I. Haftung im Außenverhältnis	17
			1. Voraussetzungen der Haftungsbeschränkung	17
	3. Die Auswirkungen eines Partnerwechsels	5	2. Altmandate	20
II.	Prozessfähigkeit	7	II. Haftung der Partner gegenüber der Partnerschaftsgesellschaft im Innenverhältnis	22
B.	Die actio pro socio	8		
C.	Gerichtliche Zuständigkeit	9		
D.	Zustellung	11	1. Regressansprüche bei Verletzung der Pflichten im Innenverhältnis	22
E.	Prozesskostenhilfe	12		
F.	Nebenintervention und Streitverkündung	13	2. Nachschusspflicht bei Überschreitung der Versicherungssumme	23
G.	Zeugenbeweis	14	III. Namensführungspflicht, § 8 Abs. 4 S. 3 PartGG	24
H.	Zwangsvollstreckung	15		

Die Partnerschaftsgesellschaft ist zwar nach der ausdrücklichen Regelung in § 1 Abs. 1 S. 1 PartGG **1 keine Handelsgesellschaft**. Aufgrund etlicher Verweisungen auf das Recht der OHG (z. B. §§ 7 Abs. 2, Abs. 3, 8 Abs. 1 S. 2 PartGG) ergeben sich aber kaum prozessuale Unterschiede. Haftungsrechtliche Besonderheiten ergeben sich hingegen bei der Partnerschaftsgesellschaft mit beschränkter Berufshaftung (PartG mbB, dazu näher Rdn. 16 ff.).

A. Partei- und Prozessfähigkeit

I. Parteifähigkeit

1. Die Gesellschaft als Prozesspartei

Nach § 7 Abs. 2 PartGG i. V. m. § 124 HGB, § 50 Abs. 1 ZPO ist die Partnerschaftsgesellschaft fä- **2** hig, als Partei an einem gerichtlichen Verfahren teilzunehmen. Die korrekte Bezeichnung für das Klagerubrum lässt sich den Eintragungen im **Partnerschaftsregister** entnehmen.

2. Die Gesellschafter als (zusätzliche) Beklagte

Nach § 8 Abs. 1 PartGG haften die Partner als **Gesamtschuldner** für Verbindlichkeiten der Gesell- **3** schaft. Es handelt sich hierbei um eine der akzessorischen Haftung nach § 128 HGB vergleichbare Haftungsstruktur.[1] In der Regel – insbesondere bei Zahlungsklagen – wird es sich daher anbieten, auch die einzelnen Partner zu verklagen, um so die Vollstreckungsmasse zu vergrößern. Letztlich hängt diese Entscheidung aber vom Einzelfall und unterschiedlichen Zweckmäßigkeitserwägungen ab. Hierfür wird auf die Ausführungen in § 29 Rdn. 10–18 verwiesen.

Eingeschränkt wird die Haftbarkeit der Partner im Falle eines Anspruchs, der aus einem **beruflichen 4 Fehler** resultiert. Nach § 8 Abs. 2 PartGG haften für solche Verbindlichkeiten nur diejenigen Partner, die mit der Bearbeitung des Auftrags befasst waren. Die anderen Partner sind von der Haftung befreit.

---

1 Meilicke/*Graf v. Westphalen* § 8 Rn. 9.

Ist ein solcher Anspruch Gegenstand der Klage, sollte daher zunächst genau ermittelt werden, welche Partner an der Auftragsdurchführung beteiligt waren, um eine teilweise Klageabweisung und das damit verbundene Kostenrisiko zu vermeiden.[2] Zu diesem Zweck besteht ein **Anspruch auf Benennung der sachbearbeitenden Partner**, der im Wege der Auskunftsklage geltend gemacht werden kann.[3] Die Partner haften für die Erteilung der Auskunft gem. § 8 Abs. 1 PartGG gesamtschuldnerisch neben der Partnerschaftsgesellschaft.[4] Eine zunächst allein gegen die Partnerschaft erhobene Schadensersatzklage kann nach erteilter Auskunft im Wege der subjektiven Klageerweiterung auf die mit der Angelegenheit befassten Partner ausgeweitet werden.

3. Die Auswirkungen eines Partnerwechsels

5 Da die Partnerschaftsgesellschaft gemäß § 7 Abs. 2 PartGG i. V. m. § 124 HGB **rechtsfähig** ist, hat ein Wechsel im Mitgliederbestand keinen Einfluss auf den Prozess. Zu den weiteren Einzelheiten und den Ausnahmen von diesem Grundsatz finden sich Ausführungen in § 29 Rdn. 24–27.

6 Scheidet einer der mitverklagten Partner aus, hat dies aufgrund der von § 10 Abs. 2 PartGG i. V. m. § 160 HGB angeordneten **Nachhaftung** ebenfalls keinen Einfluss auf den weiteren Prozess.

II. Prozessfähigkeit

7 Nach § 7 Abs. 3 PartGG i. V. m. § 125 HGB gelten die **Vertretungsregelungen zur OHG** entsprechend. Insofern kann auf die dortigen Ausführungen in § 37 Rdn. 7–11 verwiesen werden.

B. Die actio pro socio

8 Sind **Sozialansprüche** der Gesellschaft Gegenstand einer Auseinandersetzung, können diese Ansprüche auch von einem einzelnen Partner in Prozessstandschaft für die Gesellschaft gerichtlich verfolgt werden. Zu den Voraussetzungen finden sich in § 29 Rdn. 38–45 nähere Erläuterungen.

C. Gerichtliche Zuständigkeit

9 Der **allgemeine Gerichtsstand** bestimmt sich nach § 17 ZPO und ist somit am Sitz der Gesellschaft, welcher sich dem Partnerschaftsregister entnehmen lässt (§ 4 Abs. 1 PartGG). Weiterhin von Bedeutung sind die **besonderen Gerichtsstände** der Niederlassung (§ 21 ZPO), der Mitgliedschaft (§ 22 ZPO), des Erfüllungsortes (§ 29 ZPO) sowie, im Falle einer Klage gegen die Gesellschafter persönlich, der allgemeine Gerichtsstand nach §§ 12, 13 ZPO (s. hierzu: § 29 Rdn. 48–52).

10 Wie sich aus § 1 Abs. 2 S. 2 PartGG ergibt, übt die Partnerschaftsgesellschaft kein Handelsgewerbe aus. Daher greift § 95 Abs. 1 Nr. 4 lit. a GVG nicht ein. Die Beteiligung einer PartG (mbB) an einem Rechtsstreit begründet also für sich genommen **keine Zuständigkeit der Kammer für Handelssachen**.

D. Zustellung

11 Auch im Hinblick auf Zustellungsfragen ergeben sich keine Besonderheiten, so dass die Ausführungen in § 37 Rdn. 16 entsprechend gelten.

E. Prozesskostenhilfe

12 Die Partnerschaftsgesellschaft ist eine Vereinigung im Sinne des § 116 S. 1 Nr. 2 ZPO und kann daher nach Maßgabe der weiteren Voraussetzungen Prozesskostenhilfe erhalten (s. hierzu: § 3 Rdn. 45–46).

---

2 *Waclawik* Rn. 631.
3 Dazu bereits Begr. RegE, BT-Drucks. 13/9820 S. 22; MüKo BGB/*Schäfer* § 8 PartGG Rn. 25.
4 Michalski/Römermann/*Römermann* § 8 Rn. 53.

F. Nebenintervention und Streitverkündung

Aufgrund der Haftung der einzelnen Partner für die Gesellschaftsschulden wird diesen – insbesondere dann, wenn sie von der Vertretung ausgeschlossen sind – in der Regel zu raten sein, dem Prozess als Nebenintervenient beizutreten. Auch die Streitverkündung erlangt in diesem Zusammenhang besondere Bedeutung (s. dazu: § 37 Rdn. 18–19; § 29 Rdn. 58–61). 13

G. Zeugenbeweis

Diejenigen Partner, die die Gesellschaft vertreten, scheiden als Zeugen aus und können nur nach den Vorschriften zur Parteivernehmung vernommen werden. Gemäß § 7 Abs. 3 PartGG i. V. m. § 125 HGB sind hiervon grundsätzlich alle Partner betroffen, soweit nichts Abweichendes im Gesellschaftsvertrag festgelegt wurde (vgl. ergänzend § 29 Rdn. 62–67). 14

H. Zwangsvollstreckung

Wie auch bei den anderen Personengesellschaften ist zwischen dem Gesellschafts- und dem Gesellschafterprozess streng zu trennen. Soll also auch in das **private Vermögen der Partner** vollstreckt werden, muss die Klage auf diese erweitert werden, um einen Titel zu erlangen (§ 8 Abs. 1 S. 2 PartGG i. V. m. § 129 Abs. 4 HGB). 15

I. Besonderheiten der Partnerschaftsgesellschaft mit beschränkter Berufshaftung (PartG mbB)

Eine wesentliche Haftungsprivilegierung in Fällen der fehlerhaften Berufsausübung ermöglicht die Rechtsformvariante[5] der Partnerschaftsgesellschaft mit beschränkter Berufshaftung, die sich seit ihrer Einführung am 19.07.2013 **stetig wachsender Beliebtheit** erfreut. So waren zum 31.12.2014 bereits 1702 PartG mbB im Partnerschaftsregister registriert.[6] Bei den Besonderheiten der Haftung ist zwischen Außen- und Innenverhältnis zu unterscheiden. 16

I. Haftung im Außenverhältnis

1. Voraussetzungen der Haftungsbeschränkung

Bei der PartG mbB entfällt die akzessorische Haftung der Partner (§ 8 Abs. 1 PartGG). Es findet daher eine reine **Haftungsbeschränkung auf das Gesellschaftsvermögen** statt. Voraussetzung dafür ist, dass die Verbindlichkeit – ebenso wie in den Fällen des § 8 Abs. 2 PartGG (dazu oben Rdn. 4) – aus fehlerhafter Berufsausübung resultiert und die PartG mbB eine hinreichende Berufshaftpflichtversicherung unterhält (§ 8 Abs. 4 S. 1 PartGG). 17

Die Mindestvoraussetzungen für eine solche **Berufshaftpflichtversicherung** sind in den jeweiligen Berufsordnungen für die Berufsgruppe geregelt, der die zusammengeschlossenen Partner angehören. Bei interdisziplinären Sozietäten finden die Regelungen der Berufsordnung mit den strengsten Anforderungen Anwendung.[7] Die Berufshaftpflichtversicherung muss im Zeitpunkt der schädigenden Handlung bestehen. Ob der Versicherer im konkreten Fall zur Deckung verpflichtet ist, ist für das Bestehen der Haftungsprivilegierung unerheblich. 18

Eine darüber hinausgehende, **persönliche Haftung der Partner** kommt nur in seltenen Fällen in Betracht. Denkbar ist eine solche beispielsweise gemäß § 826 BGB, wenn etwa die Versicherung mit Gläubigerschädigungsabsicht zu niedrig abgeschlossen wurde.[8] Diskutiert wird ebenfalls, ob die

---

5 Bei der PartG mbB handelt es sich nicht um eine eigene Rechtform, sondern um eine bloße Rechtsformvariante, OLG Nürnberg NZG 2014, 422.
6 *Lieder/Hoffmann* NJW 2015, 897 mit weiteren Statistiken zur Verbreitung der PartG mbB.
7 BT-Drs. 17/13944, 15; *Gladys* DStR 2014, 445; *Zimmermann* NJW 2014, 1142 (1144).
8 Michalski/Römermann/*Römermann* § 8 Rn. 103.

von der Rechtsprechung im Kapitalgesellschaftsrecht anerkannte Existenzvernichtungshaftung als Fallgruppe des § 826 BGB (dazu näher § 28) auf die PartG mbB übertragen werden kann.[9]

19 Im Falle der **Neugründung** einer PartG mbB wird die Haftungsbeschränkung erst mit der gemäß § 7 Abs. 1 PartGG konstitutiv wirkenden **Eintragung in das Partnerschaftsregister** wirksam. Besteht bereits eine PartG und soll diese lediglich als PartG mbB weitergeführt werden, hat die Eintragung zwar lediglich deklaratorischen Charakter, § 4 Abs. 3 PartGG. Nach h. M. sollen sich die Partner in diesem Fall dennoch erst nach erfolgter Eintragung auf die Haftungsbeschränkung berufen können.[10]

2. Altmandate

20 Bei der haftungsrechtlichen Behandlung von Mandaten, die nicht mit der PartG mbB begründet wurden (**Altmandate**), ist zu unterscheiden:

In Fällen der **Überführung einer GbR** bzw. der »**Umwandlung**« **einer PartG** in eine PartG mbB – die keine Umwandlung i. S. d. UmwG ist – ist die Behandlung von bereits bestehenden Dauerschuldverhältnissen bislang nicht höchstrichterlich geklärt. Nach wohl überwiegender Ansicht in der Literatur bleibt es in diesen Vertragsverhältnissen selbst dann bei dem ursprünglichen Haftungskonzept, wenn der Berufsfehler erst nach der Umwandlung begangen wurde.[11] Es kann jedoch **vertraglich vereinbart** werden, dass der ursprüngliche Mandatsvertrag zukünftig dem Haftungsregime des § 8 Abs. 4 PartGG unterworfen wird.[12] Alternativ ist auch der Abschluss eines neuen Mandatsvertrags möglich, was insbesondere bei Einbringung einer bisherigen Einzelkanzlei in die PartG mbB im Wege der Einzelrechtsnachfolge zu empfehlen ist.[13]

Übernimmt die PartG mbB die Geschäfte einer Rechtsanwalts-GmbH und schließt die Haftung für Altmandate der Rechtsanwalts-GmbH und sonstige Verbindlichkeiten aus, ist zu erwägen, ob dieser Haftungsausschluss gemäß **§ 25 Abs. 2 HGB** der Eintragung in das Handelsregister bedarf.[14]

21 Noch nicht höchstrichterlich geklärt ist die Frage der **persönlichen Nachhaftung** der Partner, soweit die PartG mbB **keine gesonderte Haftungsvereinbarung** mit den einzelnen (Alt-) Mandanten getroffen hat. Die Literatur befürwortet eine zeitliche Begrenzung der Nachhaftung. Danach soll im Fall von Altmandaten die **Nachhaftung** der Gesellschafter in analoger Anwendung von § 736 BGB, § 160 HGB, § 10 Abs. 2 PartGG auf fünf Jahre seit Eintragung der PartG mbB in das Partnerschaftsregister begrenzt sein.[15]

II. Haftung der Partner gegenüber der Partnerschaftsgesellschaft im Innenverhältnis

1. Regressansprüche bei Verletzung der Pflichten im Innenverhältnis

22 Die fehlerhafte Berufsausübung stellt in aller Regel zugleich eine Verletzung der Pflichten aus dem Gesellschaftsvertrag dar. Bei schuldhaftem Handeln steht der Partnerschaftsgesellschaft daher ein Schadensersatzanspruch gegen den handelnden Partner gemäß § 280 Abs. 1 BGB zu, soweit keine Versicherungsdeckung besteht oder der Schaden die Versicherungssumme überschreitet.[16] Es gilt der Haftungsmaßstab der Sorgfalt in eigenen Angelegenheiten (§§ 708, 277 BGB i. V. m. § 1 Abs. 4

---

[9] I. E. bejahend Michalski/Römermann/*Römermann* § 8 Rn. 116; *Römermann/Praß* NZG 2012, 601 (607); zweifelnd hingegen MüKo BGB/*Schäfer* § 8 PartGG Rn. 46.

[10] So unter Berufung auf § 5 Abs. 2 PartGG i. V. m. § 15 Abs. 2 S. 1 HGB Michalski/Römermann/*Römermann* § 8 Rn. 80; Schwerdtfeger/Wegner/*Bonacker* Kap. 1 Rn. 67; *Römermann/Praß* NZG 2012, 601 (603); a. A. *Beck* DZWIR 2012, 447 (448).

[11] *Sommer/Treptow* NJW 2013, 3269 (3272 f.); so auch *Wälzholz* DStR 2013, 2637 (2641), der aber z. B. im Fall von Rechtsanwälten von einem Neumandat ausgeht.

[12] MünchHdb GesR I/*Salger* § 45a Rn. 11; *Sommer/Treptow* NJW 2013, 3269 (3272).

[13] *Wälzholz* DStR 2013, 2637 (2639 f.).

[14] So für die PartG jüngst das OLG München ZIP 2015, 825.

[15] MünchHdb GesR I/*Salger* § 45a Rn. 11; *Zimmermann* NJW 2014, 1142 (1146).

[16] *Wälzholz* DStR 2013, 2637.

PartGG),[17] falls nicht im Gesellschaftsvertrag auf diese Entlastungsmöglichkeit verzichtet wurde.[18]

2. Nachschusspflicht bei Überschreitung der Versicherungssumme

Wird die Versicherungssumme[19] im Schadensfall überschritten, haftet die PartG mbB im Außenverhältnis in Höhe der Differenz mit ihrem gesamten Vermögen.[20] Im Fall ihrer Liquidation stehen der Partnerschaft dann im **Innenverhältnis Nachschussansprüche** gegen den pflichtwidrig handelnden Partner gemäß § 735 BGB i. V. m. § 1 Abs. 4 PartGG zu, die sich ein Gläubiger pfänden und zur Einziehung überweisen lassen kann (§§ 829, 835 ZPO).[21] Zur Vermeidung einer solchen Nachschusspflicht kann jedoch eine von § 735 BGB abweichende Vereinbarung in den Gesellschaftsvertrag aufgenommen werden.[22]

23

III. Namensführungspflicht, § 8 Abs. 4 S. 3 PartGG

Gemäß § 8 Abs. 4 S. 3 PartGG muss die Partnerschaft ihrem Namen den Zusatz »mit beschränkter Berufshaftung« oder eine allgemein verständliche Abkürzung dieser Bezeichnung hinzufügen.[23] Der Name ist auf den Geschäftsbriefen der Partnerschaft anzugeben, § 7 Abs. 5 PartGG, § 125a Abs. 1 Satz 1, Abs. 2 HGB. Die Namensänderung bedarf im Innenverhältnis einer Änderung des Partnerschaftsvertrags.[24]

24

Verstöße gegen die Namensführungspflicht können nach überwiegender Ansicht in der Literatur zur persönlichen akzessorischen Außenhaftung der Partner nach **Rechtsscheinsgrundsätzen** führen.[25]

---

17 *Römermann/Praß* NZG 2012, 601 (604); *Seibert* DB 2013,1710 (1713); *Wälzholz* DStR 2013, 2637 (2638 f.).
18 Fehlt es an einer ausdrücklichen Abrede, wird teilweise eine konkludente Abbedingung des § 708 BGB aus dem vereinbarten Gesellschaftszweck hergeleitet, so *Wertenbruch* NZG 2013, 1006 (1007).
19 Bei Rechtsanwälten und Patentanwälten muss jeder Schadensfall mindestens bis zu einer Höhe von € 2.500.000 gedeckt sein (Mindestversicherungssumme), § 51a Abs. 2 Satz 1 BRAO bzw. § 45a Abs. 2 S. 1 PAO; ausführlich dazu *Schwerdtfeger/Wegner/Bonacker* Kap. 1 Rn. 64; *Ruppert* DStR 2013, 1623 (1625 ff.).
20 MünchHdb GesR I/*Salger* § 45a Rn. 13; *Wertenbruch* NZG 2013, 1006.
21 *Wertenbruch* NZG 2013, 1006 m. w. N.
22 *Schwerdtfeger/Wegner/Bonacker* Kap. 1 Rn. 68; *Wälzholz* DStR 2013, 2637 (2639) mit einem Formulierungsvorschlag; teilweise wird auch ohne ausdrückliche Vereinbarung ein zumindest konkludent vereinbarter Ausschluss befürwortet: *Wertenbruch* NZG 2013, 1006 (1007).
23 Dazu mit einigen Beispielen *Lieder/Hoffmann* NZG 2014, 127 (130).
24 Dazu mit einem Formulierungsbeispiel *Römermann/Jähne* NWB 2013 3776 (3778).
25 MünchHdb GesR I/*Salger* § 45a Rn. 6; *Sommer/Treptow* NJW 2013, 3269 (3271); *Ruppert* DStR 2013, 1623 (1627 f.); a. A. *Römermann/Jähne* NWB 3776 (3779).

§ 57 Streitpunkte bei der Gründung der Partnerschaftsgesellschaft

Übersicht
		Rdn.			Rdn.
A.	Einleitung	1	E.	Fehlerhafte Gesellschaft	21
B.	Vorvertrag	4	F.	Einstweiliger Rechtsschutz/Schiedsfähigkeit	26
C.	Mitglieder	11			
D.	Entstehung/Entstehungszeitpunkt	16	G.	Besonderheiten bei der PartG mbB	29

A. Einleitung

1 Für Streitigkeiten im Zusammenhang mit der Gründung der Partnerschaftsgesellschaft kann, ebenso wie für die sonstigen Fragen im Zusammenhang mit der Partnerschaftsgesellschaft, **grundsätzlich** auf die Ausführungen zur **OHG** verwiesen werden. Für die Streitigkeiten bei der Gründung der Partnerschaftsgesellschaft wird insoweit auf oben § 38 verwiesen.

2 Ebenso wie die OHG **entsteht** die Partnerschaftsgesellschaft erst durch einen **Kundgabeakt** nach außen. Gem. § 7 Abs. 1 PartGG entsteht die **Partnerschaftsgesellschaft** im Verhältnis zu Dritten erst mit **Eintragung** in das Partnerschaftsregister. Anders als bei der OHG (dort gem. § 123 Abs. 2 HGB) genügt bei der Partnerschaftsgesellschaft die Aufnahme der Geschäfte nicht zur Entstehung im Außenverhältnis.[1]

3 Die Rechtslage im **Innenverhältnis** vor Eintragung ist **umstritten**. Die herrschende Meinung nimmt an, dass vor Eintragung der Partnerschaftsgesellschaft eine GbR existiert, für die im Innenverhältnis die Vorschriften der Partnerschaftsgesellschaft gelten.[2] Nach einer anderen Ansicht besteht vor der Eintragung eine Vor-Partnerschaftsgesellschaft entsprechend den Vor-Gesellschaften im Kapitalgesellschaftsrecht, wobei für diese Vor-Partnerschaftsgesellschaft das Haftungsprivileg des § 8 Abs. 2 PartGG noch nicht gelte.[3] In den meisten Fällen dürften beiden Ansichten zu den gleichen Ergebnissen kommen.

B. Vorvertrag

4 Der Partnerschaftsvertrag bedarf gem. § 3 Abs. 1 PartGG der **Schriftform**. Außerdem muss er die in § 3 Abs. 2 PartGG aufgeführten Angaben enthalten.

5 Die herrschende Lehre hält den Partnerschaftsvertrag gem. § 125 BGB für nichtig, wenn er das Formerfordernis des § 3 PartGG nicht erfüllt.[4] Ob die Eintragung ins Partnerschaftsregister zu einer **Heilung** des Formmangels führt, ist umstritten.[5] Jedenfalls finden aber die Grundsätze der fehlerhaften Gesellschaft Anwendung.[6] Daneben kommt gem. § 140 BGB eine **Umdeutung** der in Vollzug gesetzten Gesellschaft in eine **GbR** in Frage, wobei entscheidend sein soll, ob es den Partnern gerade auf die Haftungsbeschränkung des § 8 Abs. 2 PartGG ankam.[7] Nach anderer Ansicht entsteht die GbR unabhängig von § 140 BGB und damit unabhängig von dem Willen zur Haftungsbeschränkung.[8] Zur fehlerhaften Gesellschaft s. u. Rdn. 21–25.

---

1 MüKo BGB/*Schäfer* § 7 PartGG Rn. 3; Henssler/Strohn/*Hirtz* GesR, § 7 PartGG Rn. 3.
2 MüKo BGB/*Schäfer* § 7 PartGG Rn. 5; MünchHdb GesR I/*Salger* § 38 Rn. 26.
3 Michalski/Römermann § 7 Rn. 5 m. w. N.
4 MüKo BGB/*Schäfer* § 3 PartGG Rn. 7; Henssler/Strohn/*Hirtz* GesR, § 3 PartGG Rn. 5; Meilicke u. a./*Meilicke* § 3 Rn. 33; Michalski/Römermann § 3 Rn. 7; a. A. MünchHdb GesR I/*Salger* § 38 Rn. 11; *K. Schmidt* NJW 1995, 1 (3).
5 Gegen eine Heilung: MüKo BGB/*Schäfer* § 3 PartGG Rn. 9; für eine Heilung: MünchHdb GesR I/*Salger* § 38 Rn. 11; *K. Schmidt* NJW 1995, 1 (3).
6 Michalski/Römermann § 3 Rn. 12; MüKo BGB/*Schäfer* § 3 PartGG Rn. 9.
7 MüKo BGB/*Schäfer* § 3 PartGG Rn. 7; Meilicke u. a./*Meilicke* § 3 Rn. 33.
8 Michalski/Römermann § 3 Rn. 9a.

D. Entstehung/Entstehungszeitpunkt § 57

Umstritten ist, ob ein **Vorvertrag** auf Gründung einer Partnerschaftsgesellschaft ebenfalls der **Schriftform** bedarf.[9] Der Praxis ist daher zu raten, auch den Vorvertrag schriftlich abzufassen, was sich auch zu Beweiszwecken anbietet und es erscheint ohnehin unwahrscheinlich, dass sich jemand zur Eingehung einer Partnerschaftsgesellschaft, deren Zweck die Ausübung der Freien Berufe ist, ohne schriftliche Dokumentation verpflichtet. 6

Aus einem wirksamen Vorvertrag kann auf **Eingehung** der **Partnerschaftsgesellschaft** geklagt werden. Mit Rechtskraft des stattgebenden Urteils gilt die dafür erforderliche Willenserklärung gem. § 894 ZPO als formwirksam abgegeben. Die Klage ist gegen die den Abschluss verweigernden Parteien des Vorvertrages zu richten. Weder auf Aktiv- noch auf Passivseite besteht dabei eine notwendige Streitgenossenschaft.[10] 7

Sachlich zuständig sind je nach Streitwert entweder die Amts- oder Landgerichte, §§ 23, 71 GVG. Am Landgericht sind die allgemeinen Zivilkammern zuständig, weil die Partnerschaftsgesellschaft, die gem. § 1 Abs. 1 PartGG stets aus Freiberuflern bestehen muss und gem. § 1 Abs. 1 S. 2 PartGG kein Handelsgewerbe ausübt, keine Handelsgesellschaft i. S. d. § 95 Abs. 1 Nr. 4a GVG ist. 8

Örtlich zuständig sind die Gerichte am allgemeinen Gerichtsstand des Beklagten. Ein besonderer Gerichtsstand am Sitz der Mitgliedschaft gem. § 22 ZPO ist in diesem Stadium der Gesellschaft regelmäßig noch nicht gegeben. 9

Im Übrigen kann für die Einzelheiten auf die zur OHG gemachten Ausführungen oben § 38 Rdn. 3 ff. verwiesen werden. 10

C. Mitglieder

Zu beachten ist, dass gem. § 1 Abs. 1 S. 1, S. 3 PartGG **nur natürliche Personen**, die Angehörige eines Freien Berufes sind, »Angehörige« einer Partnerschaftsgesellschaft sein können. 11

Auch in der Partnerschaftsgesellschaft ist die **allgemeine Feststellungsklage** die **statthafte Klageart** für die Statusklagen. Die Klage ist jeweils gegen die Partner zu richten, wobei weder auf der Kläger- noch auf der Beklagtenseite notwendige Streitgenossenschaft besteht.[11] 12

Die **sachliche Zuständigkeit** ergibt sich streitwertabhängig aus §§ 23, 71 GVG bei den Amts- oder Landgerichten. Die Kammern für Handelssachen sind nicht zuständig. 13

Örtlich zuständig sind die Gerichte am allgemeinen Gerichtsstand des Beklagten. Sofern die Mitgliedschaft des Beklagten behauptet wird, ist auch der besondere Gerichtsstand der Mitgliedschaft, § 22 ZPO, gegeben. 14

Für die **Einzelheiten** kann auf die zur **OHG** gemachten Ausführungen oben § 38 Rdn. 8 verwiesen werden. 15

D. Entstehung/Entstehungszeitpunkt

Auch bei der Partnerschaftsgesellschaft sind gem. § 4 Abs. 1 S. 1 PartGG, § 108 HGB alle Partner verpflichtet, bei der **Eintragung der Partnerschaft** in das Partnerschaftsregister mitzuwirken. Dementsprechend kann die Pflicht zur Mitwirkung von jedem anderen Partner mit Hilfe der Gerichte erzwungen werden. Gemäß der Verweisung in § 5 Abs. 2 PartGG findet die Vorschrift des § 16 HGB auf das Partnerschaftsregister Anwendung. Deshalb genügt gem. § 5 Abs. 2 PartGG, § 16 Abs. 1 S. 1 HGB für die Eintragung der Partnerschaft eine vollstreckbare Entscheidung des Prozessgerichts. Die obsiegende Entscheidung ersetzt gem. § 5 Abs. 2 PartGG, § 16 Abs. 1 S. 1 HGB 16

---

9 Bejahend: Michalski/Römermann § 3 Rn. 9b; ablehnend: MüKo BGB/*Schäfer* § 3 PartGG Rn. 5.
10 Vgl. § 30 Rdn. 4, § 38 Rdn. 3.
11 Vgl. oben § 30 Rdn. 21 ff., § 38 Rdn. 9.

die Mitwirkung des beklagten Partners. Eine notwendige Streitgenossenschaft besteht an dieser Stelle nicht, da sich der Mitwirkungsanspruch gegen jeden der Mitgesellschafter einzeln richtet, sodass jeder auch allein passiv legitimiert ist.[12]

17 Auch alle übrigen Streitigkeiten über die Entstehung der Partnerschaft sind, und zwar sowohl über die Entstehung im Innenverhältnis, als auch über die Entstehung im Außenverhältnis, **zwischen den Partnern** auszutragen. Ob notwendige Streitgenossenschaft besteht, ist, soweit erkennbar, noch nicht entschieden.[13] Soweit aber eine Entscheidung gegenüber allen Partnern rechtskräftig ist, ist sie auch für die Partnerschaftsgesellschaft bindend.[14]

18 Die **sachliche Zuständigkeit** ergibt sich streitwertabhängig aus §§ 23, 71 GVG. An den Landgerichten sind die allgemeinen Zivilkammern zuständig, weil die Partnerschaftsgesellschaft keine Handelsgesellschaft i. S. d. § 95 Abs. 1 Nr. 4a GVG ist (siehe oben Rdn. 8).

19 **Örtlich zuständig** sind die Gerichte am allgemeinen Gerichtsstand des Beklagten. Am allgemeinen Gerichtsstand der Partnerschaftsgesellschaft ist der besondere Gerichtsstand des § 22 ZPO gegeben, es sei denn, dass der Kläger die Existenz einer Partnerschaftsgesellschaft bestreitet.

20 Für die **Einzelheiten** kann im Übrigen auf die Ausführungen zur **OHG** unter § 38 Rdn. 13 ff. verwiesen werden.

E. Fehlerhafte Gesellschaft

21 Die Grundsätze der fehlerhaften Gesellschaft gelten auch bei der Partnerschaftsgesellschaft.[15] Mängel des Partnerschaftsvertrags berechtigen die Partner, das Gesellschaftsverhältnis mit **Wirkung für die Zukunft** zu beenden. Allerdings kann die Fehlerhaftigkeit nur durch **Auflösungsklage** gem. § 9 Abs. 1 PartGG, § 133 HGB geltend gemacht werden.

22 **Vor Eintragung** der Partnerschaftsgesellschaft in das Partnerschaftsregister soll die Fehlerhaftigkeit hingegen im Wege der einfachen Kündigung gem. § 723 BGB geltend gemacht werden können.[16] Dies erscheint nur dann richtig, wenn man die Existenz einer Vor-Partnerschaftsgesellschaft ablehnt und vor der Eintragung allein die Existenz einer GbR annimmt. Der sichere Weg in der Praxis ist die Erhebung einer **Auflösungsklage**, zumindest parallel zur Kündigungserklärung. Bei der Auflösungsklage müssen alle Partner als **notwendige Streitgenossen** mitwirken, entweder auf Kläger- oder auf Beklagtenseite. Allerdings muss ebenso wie bei der OHG die Mitwirkung der Partner, die sich außergerichtlich verbindlich mit dem Klageziel einverstanden erklärt haben, entbehrlich sein.

23 Gem. § 9 Abs. 1 PartGG finden auf das Ausscheiden eines Partners die Vorschriften der §§ 133 ff. HGB Anwendung. Deshalb können die übrigen Partner, wenn der Fehler der Gesellschaft nur einen Partner betrifft, auf **Ausschließung** bzw. **Übernahme** nach § 9 Abs. 1 PartGG, § 140 HGB klagen. Sofern der Mangel mehrere Partner betrifft, müssen die Partner, die von dem Mangel nicht betroffen sind, berechtigt sein, auf Ausschließung bzw. Übernahme der Anteile der von dem Mangel betroffenen Partner zu klagen.

24 Hinsichtlich der Diskussion darüber, ob jeder Partner ein **außerordentliches Austrittsrecht** hat, kann auf die Ausführungen bei der OHG verwiesen werden.

25 Sofern die Fehlerhaftigkeit auf einem Mangel beruht, der nach allgemeinen Grundsätzen zur Anfechtung berechtigen würde, sind die **Fristen** der §§ 121, 124 BGB zu beachten.

---

12 So zum Anspruch auf Mitwirkung bei der Anmeldung zum Handelsregister auch BGH NJW 1959, 1683 (1684).
13 Vgl. § 30 Rdn. 33.
14 Dazu bereits § 30 Rdn. 33.
15 Michalski/Römermann § 3 Rn. 12; MüKo BGB/*Schäfer* § 3 PartGG Rn. 9; Meilicke u. a./*Meilicke* § 3 Rn. 34.
16 MüKo BGB/*Schäfer* § 3 PartGG Rn. 8.

F. Einstweiliger Rechtsschutz/Schiedsfähigkeit

Einstweiliger Rechtsschutz ist nach den **allgemeinen Grundsätzen** möglich. 26

Auch bei der Partnerschaftsgesellschaft können die Streitigkeiten im Gründungsstadium vor einem **Schiedsgericht** ausgetragen werden. 27

Für die Einzelheiten kann auf die Ausführungen bei der OHG, § 38 Rdn. 27 ff., verwiesen werden. 28

G. Besonderheiten bei der PartG mbB

Für die neue Gesellschaftsform der Partnerschaftsgesellschaft mit beschränkter Berufshaftung (PartG mbB) ergeben sich hinsichtlich der in diesem Kapitel behandelten Streitigkeiten keine Besonderheiten. 29

§ 58 Streitigkeiten um Gesellschaftsanteile

Übersicht

		Rdn.			Rdn.
A.	Überblick: Übertragung von Gesellschaftsanteilen	1	C.	Rechtsstreitigkeiten infolge der Vererbung von PartG-Anteilen	5
B.	Übertragung nach §§ 413, 398 BGB	3			

A. Überblick: Übertragung von Gesellschaftsanteilen

1 Die Übertragung von PartG-Anteilen richtet sich im Wesentlichen nach denjenigen Maßgaben, die auch für OHG-Anteile gelten. Insoweit kann daher nach oben (§ 39) verwiesen werden.

2 Besonderheiten ergeben sich bei der PartG jedoch aus der Tatsache, dass Gesellschafter der PartG, d. h. Partner, nur **Angehörige Freier Berufe** sein dürfen (§ 1 Abs. 1 PartGG i. V. m. § 9 Abs. 2 PartGG). Weitere Besonderheiten ergeben sich aufgrund des **Schriftformerfordernisses**, das für den Partnerschaftsvertrag gilt (§ 3 PartGG). Die Partner sind anders als die Gesellschafter bei der OHG nicht in das Handelsregister sondern in das Partnerschaftsregister einzutragen (§§ 4, 5 PartGG). Eintragungen von Änderungen im Partnerbestand im **Partnerschaftsregister** sind indes wie Eintragungen von Änderungen der Gesellschafter einer OHG im Handelsregister lediglich deklaratorischer Natur.

B. Übertragung nach §§ 413, 398 BGB

3 Eine Abweichung von den für OHG-Anteile geltenden Vorschriften ergibt sich für PartG-Anteile dadurch, dass Partner einer Partnerschaft nur die Angehörigen Freier Berufe sein dürfen. Eine Anteilsübertragung kommt daher auch nur an einen solchen in Betracht und bedarf darüber hinaus der Zustimmung sämtlicher Partner, soweit der Partnerschaftsvertrag nicht Abweichendes bestimmt.[1] Nicht selten werden sich im Partnerschaftsvertrag Regelungen finden, die die Übertragung von PartG-Anteilen lediglich von einem mit qualifizierter oder einfacher Mehrheit gefassten Beschluss der Partnerschaft abhängig machen. Dabei wird sich in der Regel allerdings auch eine Beschränkung auf bestimmte Berufsgruppen (z. B. Rechtsanwälte, Wirtschaftsprüfer oder Steuerberater) finden.

4 Umstritten ist, inwieweit bei der **Übertragung** das Schriftformerfordernis des § 3 PartGG zu beachten ist. Diese Frage betrifft sowohl den Übertragungsvertrag[2] als auch die Zustimmung der übrigen Partner[3]. Da das Schriftformerfordernis nur für den Partnerschaftsvertrag, nicht aber für die Übertragung als solche gilt, wird man differenzieren müssen. Entsprechend der oben (§ 31 Rdn. 20 ff.) vertretenen Auffassung, wonach der Gesellschafterwechsel als solcher keinen Einfluss auf den Gesellschaftsvertrag hat, wird man daher für den Übertragungsvertrag grundsätzlich keine **Schriftform** fordern können.[4] Anders stellt es sich dann hinsichtlich der Zustimmung der übrigen Partner dar, wenn diese eine implizite Änderung des Partnerschaftsvertrages darstellt, etwa weil die Übertragung nach den Bestimmungen des Partnerschaftsvertrages nicht oder nur unter anderen Bedingungen möglich ist. Handelt es sich dagegen lediglich um eine Zustimmung, der der Partnerschaftsvertrag nicht entgegen steht, muss auch die Zustimmungserklärung der Partner bzw. der entsprechende Gesellschafterbeschluss nicht einem Schriftformerfordernis genügen.

---

1 MünchHdb GesR I/*Salger* § 42 Rn. 6.
2 Insoweit gegen ein Schriftformerfordernis MüKo BGB/*Schäfer* § 9 PartGG Rn. 32.
3 Für das Schriftformerfordernis MüKo BGB/*Schäfer* § 9 PartGG Rn. 32.
4 Ebenso *Henssler*, PartGG, § 9 Rn. 106: »Die Anteilsübertragung selbst und das ihr zugrunde liegende Grundgeschäft« seien grds. formfrei; anders *ders.* in § 3 Rn. 18: »Nach dem Zweck der Formvorschrift gilt sie auch für die Abtretung des Partnerschaftsanteils.«

C. Rechtsstreitigkeiten infolge der Vererbung von PartG-Anteilen

Anders als OHG-Anteile sind PartG-Anteile grundsätzlich **nicht vererblich** (§ 9 Abs. 4 S. 1 PartGG). Der Partnerschaftsvertrag kann hiervon jedoch Abweichendes bestimmen. Voraussetzung ist allerdings im Einklang mit der Natur der Partnerschaft, dass der Erbe ein Angehöriger eines Freien Berufes ist (§ 9 Abs. 4 S. 2 PartGG). Umstritten ist insoweit, ob es sich dabei um einen Freien Beruf handeln muss, der für die jeweilige Partnerschaft nach ihrem Partnerschaftsvertrag zulässig ist oder ob jeglicher erdenkliche Freie Beruf hinreicht.[5] In der Praxis dürfte dieser Streit indes kaum Auswirkungen haben. Sollte nämlich der Erbe Angehöriger eines Freien Berufes sein, der nach dem Partnerschaftsvertrag nicht zu den im Rahmen der Partnerschaft ausgeübten Berufen zählt, wäre dieser dahingehend auszulegen, dass die Aufnahme des Erben ausgeschlossen ist, weil der Erbe auch sonst nicht ohne schriftliche Änderung des Partnerschaftsvertrages Partner werden könnte. Für die Praxis empfiehlt sich trotzdem eine ausdrückliche Regelung im Partnerschaftsvertrag, welchen Berufsgruppen potenzielle Rechtsnachfolger angehören können.

5

Andernfalls könnte es prozessual zu einer gewissen Problematik kommen, wenn nämlich unklar ist, ob ein Partner in die Partnerschaft aufgenommen worden oder dies bereits mangels Erfüllung der entsprechenden Voraussetzung gescheitert ist. In solchen Fällen empfiehlt es sich, im Hauptantrag die Feststellung der mangelnden Partnereigenschaft zu begehren und im **Hilfsantrag** die Ausschließung des jeweiligen Partners zu betreiben.

6

Eine weitere Besonderheit ergibt sich aus § 9 Abs. 4 S. 3 PartGG, wonach § 139 HGB dergestalt anzuwenden ist, dass ein Erbe zwar die Aufnahme in die Partnerschaft als Partner verlangen kann, nicht aber ihre Umwandlung in eine Kommanditgesellschaft, im Rahmen derer er dann eine Kommanditistenstellung einnehmen könnte. Für den Erben besteht daher nur die Möglichkeit, entweder Partner der PartG zu werden oder aber auf einen Abfindungsanspruch beschränkt zu sein.

7

Für die PartG mbB ergeben sich insoweit keine Besonderheiten.

---

5 Vgl. MüKo BGB/*Schäfer* § 9 PartGG Rn. 25; *K. Schmidt* NJW 1995, 1 (5), Meilicke u. a./*Hoffmann* § 9 Rn. 44; Michalski/*Römermann* § 9 Rn. 25b (alle in Richtung Notwendigkeit der beruflichen Qualifikation für die betreffende PartG tendierend).

§ 59 Durchsetzung von Gesellschafterrechten und -pflichten

Übersicht	Rdn.		Rdn.
A. Vermögensrechte und -pflichten	2	C. Treuepflicht	8
B. Verwaltungsrechte und -pflichten	6		

1 Für die Durchsetzung von Gesellschafterrechten und -pflichten bei der Partnerschaftsgesellschaft kann grundsätzlich auf die Ausführungen zur GbR und OHG verwiesen werden.[1] Im Folgenden wird daher nur auf die – geringen – Besonderheiten hingewiesen.

A. Vermögensrechte und -pflichten

2 Grundsätzlich haften die Partner gesamtschuldnerisch für Ansprüche gegen die Partnerschaftsgesellschaft, § 8 Abs. 1 PartGG. Die §§ 129, 130 HGB finden entsprechende Anwendung. Hinsichtlich der Auswahl der Beklagten ist daher auf die Ausführungen zur OHG zu verweisen.[2]

3 Zu beachten ist jedoch die Besonderheit, dass gemäß § 8 Abs. 2 PartGG für **berufliche Fehler** neben der Partnerschaftsgesellschaft nur der hierfür Verantwortliche persönlich haftet.[3] Ist der persönlich verantwortliche Partner für einen von ihm verantworteten Schaden nach § 8 Abs. 2 PartGG in Anspruch genommen worden, so hat er weder einen Anspruch gegen die Partnerschaftsgesellschaft gemäß § 110 HGB, noch einen Ausgleichsanspruch gegen seine nichtverantwortlichen Mitpartner.[4]

Weitere Besonderheiten ergeben sich für die **Partnerschaftsgesellschaft mit beschränkter Berufshaftung** in § 8 Abs. 4 PartGG, die keine eigene Rechtsform, sondern lediglich eine Rechtsformvariante einer Partnerschaft ist.[5] Danach haftet für Schäden wegen fehlerhafter Berufsausübung nur das Gesellschaftsvermögen, wenn die Partnerschaft zu diesem Zwecke eine Berufshaftpflichtversicherung unterhält. Die Partnerschaft mit beschränkter Berufshaftung muss ihren Namen gemäß § 8 Abs. 4 Satz 3 PartGG mit einem dort genannten Zusatz versehen. Die Führung des Zusatzes ist, anders als zunächst in dem Regierungsentwurf vorgesehen, aber nicht Voraussetzung für das Vorliegen der Haftungsbeschränkung.[6]

4 Für die **Beitragspflichten** der Partner gilt mangels Spezialregelung § 706 BGB. Danach sind die Partner zur Leistung von Beiträgen verpflichtet, welche im Wege der Leistungsklage durchzusetzen sind. Obwohl die Vorschriften über die Beitragspflicht dem Recht der GbR entnommen sind, gilt im Hinblick auf Kapitalbeiträge zusätzlich gemäß § 6 Abs. 3 PartGG die Verzinsungspflicht des § 111 HGB. Zu beachten ist ferner, dass im Rahmen der Partnerschaftsgesellschaft die Erbringung freiberuflicher Dienste als wesentlichste Beitragspflicht besteht. Die Einzelheiten werden sich aus dem Partnerschaftsvertrag ergeben.

5 Die **Gewinnansprüche** der Partner richten sich ausschließlich nach dem Partnerschaftsvertrag, § 6 Abs. 3 PartGG.[7] Dementsprechend können auch Vorschüsse nur verlangt werden, wenn der Partnerschaftsvertrag dies vorsieht.

---

[1] Vgl. hierzu § 32 und § 40.
[2] Vgl. hierzu § 40 Rdn. 5 ff.
[3] Dazu *Michalski/Römermann* PartGG § 8 Rn. 24.
[4] Meilicke u. a./*Graf v. Westfalen* PartGG § 8 Rn. 13; MüKo BGB/*Schäfer* § 8 PartGG Rn. 12.
[5] OLG Nürnberg BB 2014, 534.
[6] Henssler/Strohn/*Hirtz* PartGG § 8 Rn. 32.
[7] MünchHdb GesR I/*Salger* § 42 Rn. 1.

B. Verwaltungsrechte und -pflichten

Entsprechend § 118 HGB, § 666 BGB und § 810 BGB steht den von der Geschäftsführung ausgeschlossenen Partnern ein **grundlegendes Informations- und Einsichtsrecht** zu.[8] Für die prozessuale Durchsetzung derselben kann auf die Ausführungen zur OHG und GbR verwiesen werden.[9]

Umstritten ist allerdings, ob das Informations- und Kontrollrecht eines Partners gemäß § 6 Abs. 3 PartGG i. V. m. § 118 HGB vor dem Hintergrund der beruflichen Schweigepflichten eines anderen Partners auch die **Einsicht in dessen Handakten** erfasst. Teilweise wird vertreten, dass das Einsichts- und Kontrollrecht regelmäßig nur Unterlagen betreffend die wirtschaftlichen Verhältnisse, nicht aber die Handakten erfasse.[10] Dagegen geht die überwiegende Meinung davon aus, dass das Einsichtsrecht trotz bestehender berufsrechtlicher Schweigepflichten die Einsicht in die Handakten der übrigen Partner mit umfasse, da andernfalls oftmals ein Haftungsrisiko gar nicht erkennbar sei.[11]

C. Treuepflicht

Besondere Bedeutung kommt bei der Partnerschaftsgesellschaft der Treuepflicht und insbesondere dem Wettbewerbsverbot gemäß §§ 112, 113 HGB, § 6 Abs. 3 PartGG zu. Im Hinblick auf die Rechtsfolgen bei Verstoß gegen das Wettbewerbsverbot und die prozessualen Möglichkeiten der Partnerschaftsgesellschaft sowie der übrigen Partner wird auf die Ausführungen zur OHG verwiesen.[12]

---

8 MünchHdb GesR I/*Salger* § 41 Rn. 23.
9 Vgl. hierzu § 32 Rdn. 64 ff. und § 40 Rdn. 40.
10 *Henssler* PartGG § 6 Rn. 61.
11 MüKo BGB/*Schäfer* § 6 PartGG Rn. 34 m. w. N.
12 Vgl. hierzu § 40 Rdn. 41 ff.

§ 60 Streitigkeiten bei der Veränderung des Gesellschafterbestandes

1   Hier gilt im Wesentlichen, was oben zur OHG (§ 41) gesagt wurde. Hinzutretende Partner können allerdings selbstverständlich nur Freiberufler sein.[1] Das Hinzutreten eines neuen Partners bedingt immer eine Änderung des Partnerschaftsvertrages und bedarf daher der **Schriftform**.[2]

2   Im Hinblick auf das Ausscheiden von Partnern aus der Partnerschaft ist zu beachten, dass es neben den für die OHG geltenden Vorschriften noch die Regelung in § 9 Abs. 3 PartGG gibt, wonach ein Partner mit dem Verlust der erforderlichen Zulassung zu dem Freien Beruf, den er in der Partnerschaft ausübt, aus der Partnerschaft **automatisch ausscheidet.** Dies entspricht der Natur der Partnerschaft und bereitet daher keine besonderen Schwierigkeiten. Entscheidender Zeitpunkt ist derjenige, an dem der Verlust der Zulassung bestandskräftig wird.[3] Ein Streit über ein solches Ausscheiden ist unter den Partnern im Rahmen einer Feststellungsklage zu führen.

Für die PartG mbB bestehen keine Besonderheiten.

---

[1] *K. Schmidt* NJW 1995, 1 (4).
[2] MüKo BGB/*Schäfer* § 3 PartGG Rn. 11.
[3] BT-Drs. 12/6152, S. 20: »Der Verlust der Berufszulassung muss unanfechtbar festgestellt sein.«; MünchHdb GesR I/*Salger* § 44 Rn. 27.

§ 61 Streitigkeiten im Zusammenhang mit Gesellschafterbeschlüssen

Gem. § 1 Abs. 4 PartGG finden auf die Partnerschaft, soweit im PartGG nicht anders bestimmt, die **Vorschriften des BGB** über die GbR Anwendung. Viele Sonderverweisungen des PartGG verweisen jedoch auf das Recht der OHG, so insbesondere die Vorschriften für das Rechtsverhältnis der Partner untereinander, § 6 Abs. 3 S. 2 PartGG. Gem. § 6 Abs. 2 PartGG können einzelne Partner von der Führung der sonstigen Geschäfte (nicht aber ihrer Berufsausübung) ausgeschlossen werden, was der **Rechtslage bei der OHG** entspricht. 1

Weil die Regeln für die **Beschlussfassung** in GbR und OHG weitgehend gleich sind, muss hier nicht entschieden werden, ob das Recht der GbR oder das Recht der OHG auf die Beschlussfassung in der Partnerschaft Anwendung findet. Vielmehr kann auf die Ausführungen zu den Beschlussfassungen in GbR und OHG, oben §§ 34 und 42, verwiesen werden. Auch in der Literatur wird für die Beschlussfassung in der Partnerschaft auf die Regeln in den Personenhandelsgesellschaften verwiesen.[1] Insbesondere gilt auch in der Partnerschaftsgesellschaft das »**Zustimmungsprinzip**«, d. h. Beschlüsse der Partner bedürfen, vorbehaltlich einer abweichenden Regelung im Partnerschaftsvertrag, der Zustimmung aller stimmberechtigten Partner – und nicht nur der Einstimmigkeit aller an der Abstimmung teilnehmenden Partner.[2] 2

Anders als bei der OHG sind bei den Landgerichten die **allgemeinen Zivilkammern** und nicht die Kammern für Handelssachen zuständig. 3

Hinzuweisen ist materiellrechtlich auch auf § 3 Abs. 1 PartGG, wonach der Partnerschaftsvertrag der **Schriftform** bedarf. Daraus wird allgemein gefolgert, dass auch Beschlüsse zur Änderung des Partnerschaftsvertrags zu ihrer Wirksamkeit jeweils der Schriftform bedürfen.[3] 4

Auch in der Partnerschaftsgesellschaft kann vereinbart werden, dass Beschlussmängelstreitigkeiten in einem **Schiedsverfahren** zu klären sind. Für die Einzelheiten kann auf die Ausführungen bei der OHG, oben § 42 Rdn. 16 und bei der GbR, oben § 34 Rdn. 51 ff., verwiesen werden. 5

Für die PartG mbB ergeben sich insoweit keine Besonderheiten.

---

[1] MünchHdb GesR I/*Salger* § 41 Rn. 22; Meilicke u. a./*Meilicke* § 6 Rn. 87.
[2] MüKo BGB/*Schäfer* § 6 PartGG Rn. 37; Henssler/Strohn/*Hirtz* GesR, § 6 PartGG Rn. 18.
[3] MünchHdb GesR I/*Salger* § 41 Rn. 21; Meilicke u. a./*Meilicke* § 6 Rn. 82; MüKo BGB/*Schäfer* § 3 PartGG Rn. 11 auch zu den Rechtsfolgen formfehlerhafter Beschlüsse.

§ 62 Streitigkeiten im Zusammenhang mit der Geschäftsführung

1 Für die Streitigkeiten im Zusammenhang mit der Geschäftsführung bei der Partnerschaftsgesellschaft kann grundsätzlich auf die Ausführungen zur GbR und OHG verwiesen werden.[1] Im Folgenden wird daher nur auf die – geringen – Besonderheiten bei der Partnerschaftsgesellschaft hingewiesen.

2 § 6 Abs. 2 PartGG schreibt vor, dass einzelne Partner nur von der Führung der »sonstigen Geschäfte« ausgeschlossen werden können. Dementsprechend kann die Geschäftsführung **in Bezug auf die freiberufliche Berufsausübung** nicht durch den Partnerschaftsvertrag ausgeschlossen werden.

3 Im Übrigen ist die Reichweite des § 6 Abs. 2 PartGG jedoch umstritten: Teilweise wird angenommen, dass sich aus § 6 Abs. 2 PartGG für den Bereich der Berufsausübung das **Verbot einer Gesamtgeschäftsführung** ergebe und in Bezug auf die Einzelgeschäftsführung kein Widerspruchsrecht der anderen Partner bestehe.[2] Die wohl h. M. tritt dem indes entgegen und hält sowohl Weisungen zum Zwecke einer einheitlichen Firmenpolitik[3] als auch, unter Berücksichtigung der allgemeinen personengesellschaftsrechtlichen Grundsätze, eine gemeinsame Geschäftsführung[4] für zulässig.

4 Die **Reichweite von § 6 Abs. 2 PartGG** ist auch **in prozessualer Hinsicht fraglich**. Denn es ist umstritten, inwieweit § 6 Abs. 2 PartGG die Möglichkeit der Klage auf Entziehung der Geschäftsführung nach § 117 HGB einschränkt.[5] § 6 Abs. 3 PartGG verweist auf § 117 HGB, sodass grundsätzlich die Entziehungsklage zulässig ist. Dabei besteht – soweit ersichtlich – Einigkeit, dass § 117 HGB nicht nur in Bezug auf die »sonstige Geschäftsführung« sondern auch auf die Geschäftsführung im Bereich der freiberuflichen Berauafausübung Anwendung findet,[6] diese also gerichtlich entzogen werden kann. Es wird allerdings teilweise vertreten, dass die Entziehungsklage nach § 117 HGB wegen § 6 Abs. 2 PartGG nicht zu einer dauerhaften Entziehung der Geschäftsführungsbefugnis im Bereich der Berufsausübung führen dürfe,[7] sondern dass lediglich eine vorübergehende Entziehung möglich sei. Die wohl h. M. lehnt diese Beschränkung der Entziehungsklage des § 117 HGB indes ab.[8] Bei besonders schweren Verfehlungen ist jedenfalls ein vollständiger Ausschluss aus der Partnerschaft zulässig.

---

1 Vgl. hierzu § 35 und § 43.
2 Michalski/*Römermann* PartGG § 6 Rn. 16.
3 Meilicke u. a./*Meilicke* PartGG § 6 Rn. 46.
4 MüKo BGB/*Schäfer* § 6 PartGG Rn. 16.
5 MüKo BGB/*Schäfer* § 6 PartGG Rn. 21.
6 *Henssler* PartGG § 6 Rn. 45 und die Nachweise bei MüKo BGB/*Schäfer* § 6 PartGG Rn. 21.
7 Michalski/*Römermann* PartGG § 6 Rn. 19.
8 Meilicke u. a./*Meilicke* PartGG § 6 Rn. 47a; MüKo BGB/*Schäfer* § 6 PartGG Rn. 22.

§ 63 Streitigkeiten bei der Beendigung der Partnerschaftsgesellschaft

Übersicht

	Rdn.			Rdn.
A. Auflösung und Liquidation von Partnerschaftsgesellschaften	1	II. Liquidation der Partnerschaft		2
I. Verweisung auf die §§ 131–144 HGB (Auflösung)	1	B. Streitigkeiten		3
		C. Partnerschaftsgesellschaft mit beschränkter Berufshaftung		4

A. Auflösung und Liquidation von Partnerschaftsgesellschaften

I. Verweisung auf die §§ 131–144 HGB (Auflösung)

§ 9 Abs. 1 PartGG verweist umfassend für die Auflösung und das Ausscheiden eines Partners aus einer Partnerschaftsgesellschaft auf die §§ 131–144 HGB. Diese Verweisung wird ergänzt durch die subsidiäre Geltung des Rechts der GbR, wie sie in § 1 Abs. 4 PartGG angeordnet wird.[1] Damit wird insbesondere auf §§ 738–740 BGB verwiesen, die nach § 105 Abs. 3 auch für die OHG gelten. Über die Regeln des HGB und des BGB hinaus gelten § 9 Abs. 3 und § 9 Abs. 4 PartGG. Insbesondere ist der **spezifische Ausscheidungsgrund des Verlustes der erforderlichen Zulassung** zum freien Beruf als Besonderheit der Partnerschaftsgesellschaft herauszustellen. Für die Darstellung der gesetzlichen Ausscheidensgründe des § 131 Abs. 3 HGB und die Auflösungsgründe nach § 131 Abs. 1 HGB ist auf die Darstellung zur offenen Handelsgesellschaft oben § 44 Rdn. 3 ff. zu verweisen. Die rechtsgeschäftliche Anteilsübertragung ist im gleichen Umfang möglich, wie bei der Offenen Handelsgesellschaft; es bedarf also einer Zulassung der Übertragung im Gesellschaftsvertrag bzw. der Mitwirkung aller Gesellschafter.[2] Die Partnerschaftsgesellschaft ist für Formwechsel, Verschmelzung und Spaltung tauglicher Rechtsträger (vgl. §§ 191 Abs. 1 Nr. 1, 3 Abs. 1 Nr. 1, 124 UmwG).[3] Die Partnerschaftsgesellschaft kann deswegen ohne Abwicklung durch Umwandlung beendet bzw. in eine andere Rechtsform überführt werden.

II. Liquidation der Partnerschaft

Für die Liquidation der Partnerschaft sind die **Vorschriften über die Liquidation der Offenen Handelsgesellschaft** entsprechend anwendbar (§ 10 Abs. 1 PartGG). Die Partnerschaftsgesellschaft ist rechtsfähige Gesellschaft mit eigenem Gesamthandsvermögen und besteht daher als aufgelöster Verband nach Auflösung solange fort, wie sie noch über liquidationsfähiges Vermögen verfügt.[4] Nach der Auflösung findet deswegen im Regelfall ein Liquidationsverfahren nach § 149 HGB statt. Dabei werden in Abwesenheit einer anderen Beschlusslage innerhalb der Partnerschaft alle Partner als Liquidatoren tätig (§ 146 Abs. 1 S. 1 HGB). Den Liquidatoren steht entsprechend § 150 Abs. 1 HGB Gesamtvertretungsmacht zu.[5] Die Partnerschaftsgesellschaft kann wie die OHG eine andere Art der Auseinandersetzung im Sinne der §§ 145 ff. HGB beschließen; sie kann insbesondere Naturalteilung anordnen.[6] Im Hinblick auf die Rechte und Pflichten der Liquidatoren, die Vertretungsmacht, die Berechtigung und Verteilung des Liquidationsergebnisses und insbesondere auch im Hinblick auf die Abrechnung der Kapitalkonten unter den Gesellschaftern[7] bestehen keine Besonderheiten im Vergleich zur OHG. Es kann daher insgesamt, auch soweit es die Rechtsverhältnisse zwischen den Partnern sowie das Erlöschen der Partnerschaftsgesellschaft angeht, auf die Ausführungen zur OHG verwiesen werden (s. o. § 44 und § 36).

---

1 MüKo BGB/*Schäfer* § 9 PartGG Rn. 5; Henssler/Strohn/*Hirtz* Gesellschaftsrecht § 9 PartGG Rn. 1; vgl. Seibert/*Kilian* § 9 PartGG Rn. 2.
2 MüKo BGB/*Schäfer* § 9 PartGG Rn. 32; Henssler/Strohn/*Hirtz* Gesellschaftsrecht § 9 PartGG Rn. 17.
3 *K. Schmidt* GesR § 64 III 4.b.
4 MüKo BGB/*Schäfer* § 10 Rn. 3.
5 MüKo BGB/*Schäfer* § 10 PartGG Rn. 5; Henssler/Strohn/*Hirtz* Gesellschaftsrecht § 10 PartGG Rn. 2.
6 BGH NZG 2009, 778.
7 BGH NZG 2009, 778.

B. Streitigkeiten

3 Für die Darstellung der Streitigkeiten bei Auflösung und Beendigung der Partnerschaftsgesellschaft kann vollständig in die §§ 36 und 44 verwiesen werden, wo es um die Streitigkeiten bei der Auflösung der Beendigung der GbR und der OHG geht.

C. Partnerschaftsgesellschaft mit beschränkter Berufshaftung

4 Hinsichtlich der mit Gesetz vom 15. Juli 2013[8] eingeführten Partnerschaftsgesellschaft mit beschränkter Berufshaftung (PartG mbB) ergibt sich nichts Abweichendes, sodass auf die obigen Ausführungen zur Partnerschaftsgesellschaft verwiesen werden kann. Es ist lediglich darauf hinzuweisen, dass der Wegfall der für die PartG mbB erforderlichen spezifischen Berufshaftpflichtversicherung (vgl. § 8 Abs. 4 S. 1 PartGG) keinen Auflösungsgrund begründet. Vielmehr wandelt sich die Gesellschaft in diesem Fall automatisch in eine einfache Partnerschaftsgesellschaft um und wird als solche fortgeführt.[9]

---

8 BGBl. I S. 2386.
9 Vgl. *Leuering* NZG 2013, 1001 (1005); *Sommer/Treptow* NJW 2013, 3269 (3272).

Teil 4 Sonstige Gesellschaftsformen

Abschnitt 1 Streitigkeiten in der eingetragenen Genossenschaft

§ 64 Allgemeine prozessuale Besonderheiten bei der eingetragenen Genossenschaft

Übersicht

	Rdn.		Rdn.
A. Parteifähigkeit	2	II. Vertretung durch den Aufsichtsrat	4
B. Prozessfähigkeit	3	C. Gerichtsstand	5
I. Vertretung durch den Vorstand	3		

Materielle Regelungen über die Genossenschaft finden sich hauptsächlich im Gesetz betreffend die Erwerbs- und Wirtschaftsgenossenschaften, dem Genossenschaftsgesetz (GenG). Prozessual richtet sich auch das Recht der Genossenschaft nach den allgemeinen Regeln der ZPO, die gegebenenfalls durch das GenG und eine entsprechende Anwendung von Regelungen aus dem AktG modifiziert werden. 1

A. Parteifähigkeit

Die Genossenschaft erlangt durch **Eintragung** nach § 13 GenG ihre **Rechtsfähigkeit** und wird hierdurch zur juristischen Person, § 17 GenG. Für den Prozess ergibt sich hieraus die Parteifähigkeit gemäß § 50 Abs. 1 ZPO. 2

B. Prozessfähigkeit

I. Vertretung durch den Vorstand

Die Genossenschaft als juristische Person ist selbst nicht handlungsfähig und wird im Rechtsverkehr durch ihre Organe vertreten. Bei der Genossenschaft ist dies der Vorstand, der gemäß § 24 Abs. 1 S. 1 GenG zur gerichtlichen und außergerichtlichen Vertretung bestimmt ist. Gemäß § 25 GenG gilt dabei der Grundsatz der Gesamtvertretung, von dem aber in der Satzung abgewichen werden kann. Vorstandsmitglieder in der nach der Satzung vertretungsberechtigten Zahl (§ 25 GenG) sind namentlich in die Klageschrift (§§ 253 Abs. 4, 130 Nr. 1 ZPO) sowie in das Urteil (§ 313 ZPO) aufzunehmen.[1] An die Genossenschaft zu bewirkende Zustellungen erfolgen gemäß § 171 Abs. 1 ZPO an den Vorstand. In Prozessen der eG können die Vorstandsmitglieder nicht als Zeugen auftreten, sondern nur im Rahmen der Parteivernehmung vernommen werden, § 455 Abs. 1 ZPO.[2] 3

II. Vertretung durch den Aufsichtsrat

Ausnahmsweise ist der Aufsichtsrat zur Vertretung der Genossenschaft berufen. Dies kommt zum einen im Fall der Führungslosigkeit der Genossenschaft nach § 24 Abs. 1 S. 2 GenG in Betracht, zum anderen bestimmt § 39 Abs. 1 S. 1 GenG den Aufsichtsrat zum gerichtlichen und außergerichtlichen Alleinvertreter für den Fall einer Streitigkeit zwischen Vorstand und Genossenschaft. Letzteres gilt auch in Fällen der Verschmelzung, selbst wenn das ausgeschiedene Vorstandsmitglied dem Vorstand der übernehmenden Gesellschaft niemals angehört hat.[3] 4

C. Gerichtsstand

Der **allgemeine Gerichtsstand** der Genossenschaft ist gemäß § 17 Abs. 1 S. 1 ZPO anhand ihres **Sitzes** zu bestimmen. Als Sitz gilt, wenn sich aus der Satzung (§ 6 Nr. 1 GenG) nichts anderes ergibt, der Ort, wo die Verwaltung geführt wird. Für Klagen der Genossenschaft gegen ihre Mitglieder oder Kla- 5

---

1 Lang/Weidmüller/*Schaffland* GenG § 24 Rn. 6.
2 RGZ 46, 318.
3 BGH NJW 1998, 1646.

gen, die von den Mitgliedern gegeneinander erhoben werden, gilt darüber hinaus der besondere Gerichtsstand der Mitgliedschaft, § 22 ZPO. Dieser ist aber bei Vorliegen einer Nichtigkeitsklage analog § 249 AktG oder § 94 GenG oder einer Anfechtungsklage gemäß § 51 Abs. 3 S. 3 GenG ausgeschlossen. Funktional ist die Kammer für Handelssachen zuständig, § 95 Abs. 1 Nr. 4a GVG.[4]

---

4 *Beuthien* GenG § 51 Rn. 33; anders zur alten Rechtslage LG Mainz NZG 2003, 235.

§ 65 Streitpunkte bei der Gründung der eingetragenen Genossenschaft

Übersicht	Rdn.		Rdn.
A. **Gründungsphasen**	1	1. Vertretung der Vorgenossenschaft . .	10
I. Vorgründungsgesellschaft	2	2. Haftung in der Vorgenossenschafts-	
1. Vertretung in der Vorgründungsphase	5	phase	11
2. Haftung in der Vorgründungsphase	7	B. **Fehlerhafte Genossenschaft**	14
II. Vorgenossenschaft	9		

A. Gründungsphasen

Die eG wird erst mit der Eintragung in das Genossenschaftsregister juristische Person i. S. v. § 17   **1**
Abs. 1 GenG. Hinsichtlich des Rechtszustandes vor der Eintragung ist zwischen der Vorgründungsgesellschaft und der Vorgenossenschaft zu unterscheiden.

I. Vorgründungsgesellschaft

Eine Vorgründungsgesellschaft (Vorgründungsgenossenschaft) entsteht, wenn die beteiligten Per-   **2**
sonen die Gründung einer eG bindend vereinbaren, und zwar i. d. R. in der **Form einer GbR** oder, wenn die Vorgründungsgenossenschaft bereits ein **Handelsgewerbe** i. S. v. § 1 Abs. 1 HGB betreibt, in der **Form einer OHG**[1]. Sie ist ein vorbereitender Zusammenschluss der Gründer durch Vorvertrag mit dem Ziel, zur Gründung der Genossenschaft zusammenzuwirken.[2] Bei Erreichung dieses Zwecks endet die Vorgründungsgesellschaft.

Die Vorgründungsgesellschaft ist gegenüber der späteren Vorgenossenschaft rechtlich selbstständig.   **3**
Es besteht keine Kontinuität oder Identität.[3] Rechte und Verbindlichkeiten der Vorgründungsgenossenschaft gehen daher nicht automatisch auf die Vorgenossenschaft über.[4] Vielmehr muss ein von der Vorgründungsgenossenschaft betriebenes Unternehmen rechtsgeschäftlich auf die Vorgenossenschaft übertragen werden.

Umstritten ist, welche Form bei der Abfassung des Vorgründungsvertrages zu beachten ist. *Beuthien*[5]   **4**
verlangt bereits für den Gesellschaftsvertrag der Vorgründungsgesellschaft die Schriftform. *Fandrich*[6] hingegen hält das Schriftformerfordernis nicht für erforderlich, wenn die Gründer nur verpflichtet werden sollen, an der Gründung mitzuwirken, ohne sich bereits zu diesem Zeitpunkt zu einem Beitritt zu verpflichten.

1. Vertretung in der Vorgründungsphase

Die Vertretungsregelungen richten sich nach der Art der Vorgründungsgesellschaft. Die Vertretung   **5**
der GbR erfolgt grundsätzlich durch alle Gesellschafter gemeinschaftlich, §§ 709 Abs. 1, 714 BGB. Bei der OHG ist jeder Gesellschafter alleinvertretungsberechtigt, sofern im Gesellschaftsvertrag nichts anderes bestimmt ist, § 125 Abs. 1 HGB.

Die Vorgründer können bereits für die Vorgenossenschaft oder die künftige eG als Vertreter ohne   **6**
Vertretungsmacht auftreten. Die dabei abgeschlossenen Rechtsgeschäfte kann die Vorgenossenschaft oder eG nach ihrer Gründung genehmigen.[7] Entsteht sie nicht, oder erteilt sie keine Genehmigung, so haften die Vorgründer analog § 179 Abs. 3 BGB. Das Geschäft muss aber nach dem Wil-

---

[1] BGH NJW 1984, 2164 zur GmbH.
[2] BGH NJW 1984, 2164 zur GmbH.
[3] BGH NJW 1984, 2164 zur GmbH.
[4] BGH NJW 1984, 2164 zur GmbH.
[5] *Beuthien* GenG § 13 Rn. 2.
[6] Pöhlmann/Fandrich/Bloehs/*Fandrich* GenG § 13 Rn. 2.
[7] BGHZ 63, 45 (49).

len der Vertragsparteien erst nach der Errichtung und Genehmigung wirksam werden. Anderenfalls wird bereits die Vorgründungsgesellschaft berechtigt und verpflichtet.[8]

2. Haftung in der Vorgründungsphase

7 Die **Vorgründungsgesellschaft** haftet für Verbindlichkeiten mit dem **Gesellschaftsvermögen** (§ 736 ZPO). Dies gilt entsprechend § 31 BGB auch für Schadensersatzansprüche, die aus einer Handlung eines Organs der Gesellschaft entstanden sind.[9] Eine Handelndenhaftung in entsprechender Anwendung des § 11 Abs. 2 GmbHG, wie sie vom RG[10] angenommen wurde, wird aufgrund der fehlenden Kontinuität zwischen der Vorgründungsgesellschaft und der späteren Genossenschaft nicht mehr vertreten.[11]

8 *Beuthien* leitet eine darüber hinausgehende persönliche Haftung der Gesellschafter mit ihrem gesamten Vermögen als Gesamtschuldner aus § 714 BGB her.[12] Konsequent erscheint es aber bei Annahme einer GbR, im Anschluss an die Anerkennung der Teilrechtsfähigkeit der GbR durch den BGH[13], eine Haftung der Gesellschafter aus einer analogen Anwendung des § 128 S. 1 HGB zu bejahen. Hierfür spricht entscheidend der fließende Übergang von der GbR zur OHG.[14]

II. Vorgenossenschaft

9 Die Vorgenossenschaft entsteht mit der Errichtung der Satzung in schriftlicher Form (§ 5 GenG) und durch Beschluss der Gründungsversammlung.[15] Sie besteht bis zum Zeitpunkt der Eintragung der späteren eG fort und ist eine **rechtsfähige Gesamthandsgemeinschaft eigener Art** mit Teilrechtsfähigkeit, die bereits Zuordnungsobjekt einzelner Rechte und Pflichten sein kann.[16] Sie untersteht nach innen und außen bereits dem Recht der eG mit Ausnahme derjenigen Vorschriften, die eigens die Registereintragung voraussetzen.[17] Die Vorgenossenschaft ist bereits parteifähig und kann daher im Zivilprozess klagen und verklagt werden.[18] Zwischen der Vorgenossenschaft und der späteren Genossenschaft besteht Rechtskontinuität.

1. Vertretung der Vorgenossenschaft

10 Die Vertretungsmacht des Vorstands vor der Eintragung richtet sich nach dem Willen der Gründungsmitglieder: Ohne ausdrückliche Regelung ist sie auf solche Rechtsgeschäfte beschränkt, die für die Errichtung des Geschäftsbetriebs erforderlich sind.[19] Zu weiteren Geschäften, vor allem zur Aufnahme des Gewerbebetriebs, ist der Vorstand nur befugt, wenn die Gründer dies bereits in der Satzung festlegen.[20]

2. Haftung in der Vorgenossenschaftsphase

11 Nach der Rechtsprechung des BGH haften die Mitglieder einer Vorgenossenschaft wie die Gesellschafter einer Vor-GmbH.[21] In Anwendung der dazu entwickelten Grundsätze besteht somit nur

---

8 BGH NJW 1998, 1645.
9 Vgl. *Beuthien* GenG § 13 Rn. 3.
10 RGZ 122, 172 (174).
11 Vgl. BGH NJW 1984, 2164 zur GmbH.
12 *Beuthien* GenG § 13 Rn. 3.
13 BGH NJW 2001, 1056.
14 Vgl. § 105 Abs. 2 S. 1 HGB.
15 Lang/Weidmüller/*Schulte* GenG § 13 Rn. 4.
16 Pöhlmann/Fandrich/Bloehs/*Fandrich* GenG § 13 Rn. 5.
17 Vgl. Henssler/Strohn/*Geibel* GenG § 13 Rn. 5.
18 BGH NJW 1998, 1079 zur Vor-GmbH.
19 BGH NJW 1955, 1229.
20 Pöhlmann/Fandrich/Bloehs/*Fandrich* GenG § 13 Rn. 6.
21 BGH NJW 2002, 824 (LS. 1). der Annahme einer unbeschränkten Innenhaftung haben sich auch das BAG

eine anteilige Innenhaftung der Mitglieder gegenüber der Vorgenossenschaft, die nicht auf den Geschäftsanteil des Mitglieds beschränkt ist.[22] Eine Außenhaftung trifft die Gründungsmitglieder selbst nicht.[23] Die Gläubiger können aber den Verlustdeckungsanspruch der Vorgenossenschaft gegen ihre Mitglieder pfänden,[24] welcher analog § 9 Abs. 2 GmbHG in zehn Jahren verjährt.[25] *Beuthien* will demgegenüber eine unbeschränkte persönliche Haftung der Gründungsmitglieder zulassen.[26] Nach dieser Ansicht haften Mitglieder der Vorgenossenschaft in der Regel **akzessorisch** mit ihrem **Privatvermögen** für sämtliche Vorschulden.[27] Dies wird damit begründet, dass die Vorgenossenschaft auf der körperschaftlichen Grundstruktur des nicht rechtsfähigen Vereins fußt und deshalb (bei einer Vorgenossenschaft, die bereits einen in kaufmännischer Weise eingerichteten Gewerbebetrieb erfordert) die Haftung nach § 54 S. 1 BGB i. V. m. §§ 105 Abs. 1, 128 S. 1 HGB begründet ist.[28]

Zur Begrenzung der Haftung der Vorgenossen besteht die Möglichkeit einer ausdrücklichen Haftungsbeschränkungsabrede mit einem oder allen Vorgenossenschaftsgläubigern oder die Begrenzung der Vertretungsmacht des Vorstandes. 12

Die Grundsätze der Handelndenhaftung entsprechend § 41 Abs. 1 S. 2 AktG und § 11 Abs. 2 GmbHG finden Anwendung, wonach neben die persönliche Haftung aller Vorgenossen noch eine persönliche, gesamtschuldnerische Haftung der namens der Vorgenossenschaft tätig gewordenen Personen, insbesondere der Vorstandsmitglieder, tritt.[29] 13

B. Fehlerhafte Genossenschaft

Bei einer fehlerhaften Genossenschaft ist das Statut mit Mängeln behaftet, so dass ihre Eintragung in das Genossenschaftsregister nach § 11a GenG nicht hätte erfolgen dürfen und deren Bestehen nach §§ 94 ff. GenG angefochten werden kann. In Anlehnung an die Grundsätze der aufgelösten Genossenschaft nach § 97 Abs. 1 GenG i. V. m. § 11 Abs. 3 InsO ist die fehlerhafte Genossenschaft insolvenzfähig. 14

(vgl. BAG NJW 1998, 628) und der BFH (vgl. BFH NZG 1998, 723) (jeweils zur GmbH), sowie das BSG (vgl. BSG NZG 2000, 611) (zur Vorgenossenschaft) angeschlossen.
22 Henssler/Strohn/*Geibel* GenG § 13 Rn. 7.
23 Pöhlmann/Fandrich/Bloehs/*Fandrich* GenG § 13 Rn. 7.
24 Pöhlmann/Fandrich/Bloehs/*Fandrich* GenG § 13 Rn. 7.
25 BGH NJW 2002, 824. Zum Zeitpunkt der Entscheidung des BGH betrug die Verjährungsfrist gemäß § 9 Abs. 2 GmbHG noch fünf Jahre.
26 *Beuthien* GenG § 13 Rn. 6 f.
27 *Beuthien* GenG § 13 Rn. 6.
28 *Beuthien* GenG § 13 Rn. 6. Für den Fall, dass ein in kaufmännischer Weise eingerichteter Gewerbebetrieb nicht erforderlich ist, geht *Beuthien* mit der früher vertretenen Doppelverpflichtungstheorie davon aus, dass der Vorstand nicht bloß für die Vorgenossenschaft, sondern zugleich auch für jeden einzelnen Vorgenossen handelt.
29 Pöhlmann/Fandrich/Bloehs/*Fandrich* GenG § 13 Rn. 7; *Beuthien* GenG § 13 Rn. 12.

§ 66 Streitigkeiten im Zusammenhang mit den Genossenschaftsanteilen

Übersicht

	Rdn.
A. Übertragung des Geschäftsguthabens, § 76 GenG	1
I. Gegenstand und Wirkung der Übertragung	1
II. Verfahren, Zeitpunkt und Ausschluss der Übertragung	2
III. Erwerber	3
IV. Nachschusspflicht des Veräußerers, § 76 Abs. 4 GenG	4
V. Einzelne Problemfelder	5
1. Teilweise Übertragung eines Geschäftsguthabens	5
2. Übertragung eines negativen Geschäftsguthabens	6
3. Erlöschen der Einzahlungspflicht des Veräußerers gegenüber der Genossenschaft	7
B. Erhöhung, Herabsetzung und Zerlegung von Geschäftsanteilen, §§ 16 Abs. 2, 22, 22b GenG	8
I. Erhöhung des Geschäftsanteils	8
II. Herabsetzung des Geschäftsanteils	12
III. Die Zerlegung von Geschäftsanteilen	14

A. Übertragung des Geschäftsguthabens, § 76 GenG

I. Gegenstand und Wirkung der Übertragung

1 § 76 GenG schafft die Möglichkeit, jederzeit, d. h. ohne Einhaltung von Kündigungsfristen, aus der eG auszuscheiden, wenn ein anderes oder neu eintretendes Mitglied das Geschäftsguthaben bzw. die Mitgliedschaft übernimmt.[1] Damit stellt die Möglichkeit des Ausscheidens nach § 76 GenG eine Ausnahme im Regelungsgefüge der §§ 65 ff. GenG dar.[2] Das Geschäftsguthaben kann nur übertragen werden, solange der Veräußerer noch Mitglied ist, danach kommt nur noch die Abtretung des unbedingten Anspruchs auf das Auseinandersetzungsguthaben aus § 73 Abs. 2 GenG in Betracht. Die Vollübertragung des Geschäftsguthabens führt zum Ausscheiden des übertragenden Mitglieds zum Zeitpunkt des Wirksamwerden der Übertragung.[3] »*Geschäftsguthaben ist der Betrag, mit dem das einzelne Mitglied nach Maßgabe der Bilanz wertmäßig an der Genossenschaft beteiligt ist.*«[4] Die Satzung kann die Übertragung des Geschäftsguthabens als Ganzes oder eines Teils davon ausschließen oder erschweren, § 76 Abs. 2 GenG; satzungsgemäße Erleichterungen der Übertragung sind nicht möglich. Die Satzung kann deshalb die Übertragung z. B. von der Zustimmung des Vorstands, Aufsichtsrats oder der Generalversammlung abhängig machen und besondere Formvorschriften statuieren.[5]

II. Verfahren, Zeitpunkt und Ausschluss der Übertragung

2 Bei der Übertragung des Geschäftsguthabens handelt es sich um ein **Verfügungsgeschäft**, das zwingend der **Schriftform**, § 76 Abs. 1 S. 1 GenG, bedarf.[6] Eine Abtretung an ein neu eintretendes Mitglied wird erst mit dessen Eintritt in die Genossenschaft wirksam, § 76 Abs. 1 S. 1 GenG.[7] Der Grund für die jederzeitige Übertragungsmöglichkeit liegt darin, dass es zu keiner Auseinandersetzung mit der eG kommt und es daher keiner Auseinandersetzungsbilanz bedarf.[8] Das Geschäftsguthaben kann schon deshalb nicht im Wege eines Vertrags unter Lebenden zugunsten eines Dritten auf den Todesfall, §§ 328, 331 BGB, übertragen werden, da nach h. M. eine Verfügung zu Gunsten Drit-

---

1 Lang/Weidmüller/*Schulte* GenG § 76 Rn. 1.
2 Henssler/Strohn/*Geibel* GenG § 76 Rn. 1.
3 Pöhlmann/Fandrich/Bloehs/*Fandrich* GenG § 76 Rn. 12.
4 *Beuthien* GenG § 7 Rn. 4.
5 Lang/Weidmüller/*Schulte* GenG § 76 Rn. 9.
6 *Beuthien* GenG § 76 Rn. 5.
7 *Beuthien* GenG § 76 Rn. 5.
8 *Beuthien* GenG § 76 Rn. 5.

A. Übertragung des Geschäftsguthabens, § 76 GenG

ter nicht zulässig ist.[9] Selbst wenn ein solches Geschäft für zulässig erachtet wird, stellt aber § 76 GenG ein abschließendes lex specialis dar.[10]

III. Erwerber

Das Geschäftsguthaben kann gemäß § 76 Abs. 1 GenG nur von einem Mitglied der Genossenschaft oder von jemandem, der die statutarischen Mitgliedschaftsvoraussetzungen erfüllt und als Mitglied der Genossenschaft beitritt, erworben werden.[11] Wenn der Erwerber bereits Mitglied ist, so ist eine Übertragung nur dann möglich, wenn die nach der Satzung zulässige Zahl der Geschäftsanteile nicht überschritten wird. Ist der Erwerber des Geschäftsguthabens oder des Teiles davon Nichtmitglied, so können die schriftliche Übereinkunft und die erforderliche Beitrittserklärung sowie die unbedingte Erklärung des Erwerbers über die Zahl der von ihm zu übernehmenden Geschäftsanteile in einer Urkunde abgegeben werden.[12]

IV. Nachschusspflicht des Veräußerers, § 76 Abs. 4 GenG

Im Falle der nachträglichen Auflösung der Genossenschaft lebt die Mitgliedschaft des über eine Geschäftsguthabenübertragung ausscheidenden Mitglieds nicht mehr auf. Aufgrund § 76 Abs. 4 GenG gilt aber eine Subsidiärhaftung des ausscheidenden Mitgliedes, wenn die Genossenschaft innerhalb von sechs Monaten nach dem Wirksamwerden des Ausscheidens aufgelöst wird und außerdem das Insolvenzverfahren über das Vermögen der eG eröffnet wird.[13] Weiterhin ist auch erforderlich, dass der Gläubiger die Zwangsvollstreckung beim Erwerber des Geschäftsguthabens erfolglos durchgeführt hat. Die Haftung des § 76 Abs. 4 GenG ist auf die Nachschüsse begrenzt, die das Mitglied ohne Übertragung des Geschäftsguthabens hätte leisten müssen.

V. Einzelne Problemfelder

1. Teilweise Übertragung eines Geschäftsguthabens

Das Reichsgericht hat früher eine teilweise Übertragung des Geschäftsguthabens abgelehnt.[14] Eine Übertragung war nur als Ganzes und nur an einen Erwerber möglich. Nach der Gesetzesnovelle im Jahr 2006 ist diese Sichtweise jedoch überholt: § 76 Abs. 2 GenG setzt nun ausdrücklich voraus, dass auch eine teilweise Übertragung zulässig ist. Bei einer Teilübertragung müssen aber nach § 76 Abs. 2 S. 2 GenG zusätzlich die in § 67b GenG für den Kündigungsfall geltenden Voraussetzungen beim übertragenden Mitglied gegeben sein, da in beiden Fällen die Zahl der Geschäftsanteile des Mitglieds herabgesetzt wird.[15]

2. Übertragung eines negativen Geschäftsguthabens

In der Literatur wird vertreten, dass auch ein auf Null abgeschriebenes oder sogar negatives Geschäftsguthaben übertragen werden kann.[16] Die Gegenansicht verneint diese Möglichkeit mit Verweis auf den Wortlaut und Sinn und Zweck der Norm; eine »Anwartschaft als Grundlage für zukünftige Buchungen« oder ein negatives Guthaben können nicht übertragen werden.[17]

---

9 MüKo/*Gottwald* BGB § 328 Rn. 261.
10 Lang/Weidmüller/*Schulte* GenG § 76 Rn. 7.
11 Henssler/Strohn/*Geibel* GenG § 76 Rn. 2.
12 Lang/Weidmüller/*Schulte* GenG § 76 Rn. 11.
13 Pöhlmann/Fandrich/Bloehs/*Fandrich* GenG § 76 Rn. 15.
14 RGZ 143, 296 (301).
15 Lang/Weidmüller/*Schulte* GenG § 76 Rn. 4.
16 *Beuthien* GenG § 76 Rn. 2. m. w. N.
17 Pöhlman/Fandrich/Bloehs/*Fandrich* GenG § 76 Rn. 6 und auch Lang/Weidmüller/*Schulte* GenG § 76 Rn. 5, der auf den klaren Wortlaut der Norm abstellt.

3. Erlöschen der Einzahlungspflicht des Veräußerers gegenüber der Genossenschaft

7 Sind bereits vor der Übertragung Einzahlungen fällig, aber vom übertragenden Mitglied noch nicht geleistet worden, erlischt dessen Einzahlungspflicht mit dem Ausscheiden.[18]

B. Erhöhung, Herabsetzung und Zerlegung von Geschäftsanteilen, §§ 16 Abs. 2, 22, 22b GenG

I. Erhöhung des Geschäftsanteils

8 Bei der Erhöhung von Geschäftsanteilen handelt es sich nach § 16 Abs. 2 Nr. 2 GenG um eine **Satzungsänderung**. Dies gilt auch dann, wenn bereits die geltende Satzung ausdrücklich festlegt, dass der Geschäftsanteil durch Beschluss der Generalversammlung erhöht werden kann. Aus § 16 Abs. 1 GenG ergibt sich eine **zwingende Zuständigkeit** der **Generalversammlung**. Auf die Kompetenz kann die Generalversammlung nicht verzichten oder sie einem anderen Organ übertragen; § 179 Abs. 1 S. 2 AktG findet insoweit keine entsprechende Anwendung.[19]

9 Unter § 16 Abs. 2 Nr. 2 GenG fällt auch die Erhöhung der Pflichteinzahlung nach § 7 GenG und die Verkürzung der diesbezüglich geltenden Einzahlungsfristen,[20] weshalb das vorgesehene Mehrheitserfordernis nicht heruntergeschraubt werden darf.[21] Dies lässt sich mit einem Erst-Recht-Schluss begründen: Wenn schon die Erhöhung eines Geschäftsanteils, die wegen § 19 Abs. 1 S. 3 GenG lediglich das Interesse der Mitglieder an sofortiger Gewinnausschüttung beeinträchtigen kann, eine Satzungsänderung gemäß § 16 Abs. 2 S. 2 GenG darstellt, dann muss dies erst recht für die belastendere Maßnahme der strengeren Pflichteinzahlung gelten.[22]

10 Bei einer Erhöhung des Geschäftsanteils über die statutarisch begrenzte Haftsumme hinaus, erweitert sich automatisch auch die Haftungssumme, vgl. § 119 GenG.[23]

11 Neben der Beschlussfassung durch die Generalversammlung bedarf die Erhöhung von Geschäftsanteilen der Anmeldung beim zuständigen Genossenschaftsregister, § 16 Abs. 5 i. V. m. § 11 GenG, sowie der Eintragung in das Register, § 16 Abs. 6 GenG.

II. Herabsetzung des Geschäftsanteils

12 Die Herabsetzung des Geschäftsanteils stellt ebenso wie seine Erhöhung eine **Satzungsänderung** dar, die einer wirksamen Beschlussfassung in der Generalversammlung, sowie einer Anmeldung und Eintragung in das Genossenschaftsregister bedarf, vgl. § 22 Abs. 1 GenG.[24] Der Beschluss ist grundsätzlich mit einer Mehrheit von drei Vierteln der abgegebenen Stimmen zu fassen, soweit die Satzung keine anderen Erfordernisse enthält, § 16 Abs. 4 GenG.[25]

13 Bei der Herabsetzung von Geschäftsanteilen ist Gläubigern nach Maßgabe des § 22 Abs. 2 GenG Sicherheit zu leisten. Hierbei handelt es sich um einen selbstständig einklagbaren Anspruch.[26] Genossenschaftsgläubiger i. S. d. Vorschrift sind nicht nur Dritte, sondern auch Mitglieder, sofern diese einen begründeten Anspruch gegen die eG haben.[27] Dazu zählen auch Ansprüche von Arbeitneh-

---

18 *Beuthien* GenG § 76 Rn. 7; Pöhlmann/Fandrich/Bloehs/*Fandrich* GenG § 76 Rn. 14; Henssler/Strohn/*Geibel* § 76 Rn. 2; Lang/Weidmüller/*Schulte* GenG § 76 Rn. 18.
19 *Beuthien* GenG § 16 Rn. 6.
20 *Beuthien* GenG § 16 Rn. 12.
21 Vgl. Henssler/Strohn/*Geibel* GenG § 16 Rn. 5.
22 *Beuthien* GenG § 16 Rn. 12.
23 *Beuthien* GenG a. a. O.
24 Lang/Weidmüller/*Schulte* GenG § 22 Rn. 2.
25 Pöhlmann/Fandrich/Bloehs/*Pöhlmann* GenG § 22 Rn. 2.
26 Lang/Weidmüller/*Schulte* GenG § 22 Rn. 4.
27 Pöhlmann/Fandrich/Bloehs/*Pöhlmann* GenG § 22 Rn. 3.

mern und Vorstandsmitgliedern aus Arbeits- bzw. Anstellungsvertrag.[28] Sicherungsberechtigt sind alle Gläubiger, die bei Bekanntmachung der Satzungsänderung eine dem Grunde nach bestehende geldwerte Forderung haben.[29] Die Sicherungsleistung ist ausreichend, wenn sie nach dem sorgfältigen Ermessen eines ordentlichen Geschäftsmanns die Befriedigung des Gläubigers sicherstellt.[30] Es gelten die §§ 232 ff. BGB.[31]

Die Regelungen in § 22 Abs. 4 und Abs. 5 GenG dienen der Kapitalerhaltung.[32] Solange das Mitglied nicht endgültig aus der eG ausgeschieden ist, darf das Geschäftsguthaben nicht zurückbezahlt oder sonst wirtschaftlich verwertet werden.[33] Neben diesem Auszahlungsverbot bestehen noch ein Verpfändungsverbot, ein Erlassverbot, ein Kreditgewährungsverbot und ein Aufrechnungsverbot.

III. Die Zerlegung von Geschäftsanteilen

Die Zerlegung des Geschäftsanteils wird von § 22b GenG bei jeder eG, auch ohne die gleichzeitige Zerlegung der Haftungssumme, zugelassen.[34] Die Vorschrift ermöglicht es der eG in einem vereinfachten Verfahren und ohne die hemmenden Gläubigerschutzvorschriften des § 22 Abs. 2 GenG, Geschäftsanteile, die auf überhöhte Beträge festgesetzt sind, durch Zerlegung auf einen niedrigeren Betrag und eine entsprechende geringere Pflichteinzahlung zurückzuführen.[35]

14

Bei der Zerlegung des Geschäftsanteils handelt es sich um eine Satzungsänderung, § 16 Abs. 2 Nr. 8 GenG.[36] Dabei gelten die besonderen Gläubigerschutzvorschriften des § 22GenG nicht, wie § 22b Abs. 1 S. 2 GenG ausdrücklich klarstellt.[37] Die bisherigen Einzahlungspflichten bleiben davon aber unberührt.[38]

15

---

[28] *Beuthien* GenG § 22 Rn. 3.
[29] *Beuthien* GenG a. a. O.
[30] RGZ 48, 33 (35).
[31] Henssler/Strohn/*Geibel* GenG § 22 Rn. 4.
[32] Lang/Weidmüller/*Schulte* GenG § 22 Rn. 7.
[33] Pöhlmann/Fandrich/Bloehs/*Pöhlmann* GenG § 22 Rn. 7.
[34] *Beuthien* GenG § 22b Rn. 1.
[35] *Beuthien* GenG § 22 b Rn. 2. Vgl. auch Henssler/Strohn/*Geibel* GenG § 22b Rn. 1.
[36] *Beuthien* GenG § 22 b Rn. 4.
[37] *Beuthien* GenG § 22 b Rn. 4.
[38] *Beuthien* GenG § 22 b Rn. 4.

§ 67 Durchsetzung von Mitgliederrechten und -pflichten

Übersicht

		Rdn.			Rdn.
A.	Schutz des Mitglieds gegenüber der Genossenschaft	5	II.	Verbandsstrafenkontrolle	8
B.	Die Fördergeschäftsbeziehung	6	C.	Mitgliedschaftsrechte	10
I.	Inhaltskontrolle allgemeiner Fördergeschäftsbedingungen	7	D.	Mitgliedschaftspflichten	14
			E.	Das Gleichbehandlungsgebot	16

1 Das Rechtsverhältnis zwischen Genossenschaft und Mitgliedern wird grundsätzlich durch die Satzung bestimmt, § 18 S. 1 GenG. Es besteht ein Spannungsverhältnis zwischen der Satzungsautonomie nach S. 1 und dem Grundsatz der Satzungsstrenge nach S. 2. Gelöst wird dieses Verhältnis mit der Bezugnahme auf Art. 9 Abs. 1 GG – im Zweifel »siegt« die Satzungsfreiheit wegen Artikel 9 Abs. 1 GG.[1] Der durch S. 2 aufgestellte Grundsatz der Satzungsstrenge gilt nur gegenüber den Mitgliedern der Genossenschaft.[2] Die Zulassung der Beziehungen der Genossenschaft zu Dritten bleibt allein der Satzung vorbehalten.[3]

2 Ein statutarisch bestimmter Gerichtsstand, § 17 Abs. 3 ZPO, tritt neben den allgemeinen Gerichtsstand i. S. v. § 17 Abs. 1 ZPO;[4] es besteht dann gemäß § 35 ZPO ein Wahlrecht des Klägers zwischen den Gerichtsständen. Ein statutarisch bestimmtes Schiedsgericht (§ 1066 ZPO) erfasst nur solche Streitgegenstände, die kraft Satzung geregelt werden können.[5]

3 Die **Mitgliedschaft** in einer eG ist ein **personenrechtliches Rechtsverhältnis** und als solches Grundlage der Rechte und Pflichten zwischen dem einzelnen Mitglied und der eG.[6] Es handelt sich also einerseits um einen Rechts- und Pflichtenkomplex gegenüber der eG, andererseits um einen rechtlichen Status innerhalb der Genossenschaft. Die mitgliedschaftlichen Rechte können nur durch das **Mitglied persönlich ausgeübt** werden. Die Ausübung der Rechte durch den gesetzlichen Vertreter eines Mitglieds ist insoweit zulässig, als dies nicht dem Zweck der eG entgegensteht.[7]

4 Die Mitgliedschaft begründet kein Rechtsverhältnis mit Haupt- und Nebenleistungspflichten zwischen den einzelnen Mitgliedern, sondern nur eine Pflicht zu wechselseitiger Treue. Sie gilt als von der Person unablösbar und kann daher nicht abgetreten, verpfändet oder gepfändet werden. Übertragbar sind nur das Geschäftsguthaben und einzelne mitgliedschaftliche Vermögensrechte.

A. Schutz des Mitglieds gegenüber der Genossenschaft

5 Zwischen der Genossenschaft und den Genossen besteht ein organisationsvertragliches Schuldverhältnis, in dessen Rahmen auch die Mitgliedschaft geschützt wird.[8] Insoweit kann das Mitglied bei Verletzungen von Pflichten aus diesem Schuldverhältnis Ansprüche aus den §§ 280 ff. BGB stellen. Schuldhafte Verletzungen der Mitgliedschaftsrechte durch den Vorstand oder andere verfassungsmäßig berufene Vertreter verpflichten die eG deshalb entsprechend §§ 280 Abs. 1, 31 BGB zum Schadensersatz.[9] Darüber hinaus stellt die Mitgliedschaft auch ein besonderes Recht im Sinne

---

1 *Beuthien* GenG § 18 Rn. 2.
2 *Beuthien* § 18 Rn. 2.
3 *Beuthien* GenG § 18 Rn. 2.
4 *Beuthien* GenG § 18 Rn. 2.
5 *Beuthien* GenG a. a. O.
6 Lang/Weidmüller/*Schulte* GenG § 18 Rn. 1.
7 Pöhlmann/Fandrich/Bloehs/*Fandrich* GenG § 18 Rn. 5.
8 *Beuthien* GenG § 18 Rn. 8.
9 *Beuthien* GenG § 18 Rn. 8.

von § 823 Abs. 1 BGB dar, dessen schuldhafte Verletzung Schadensersatzansprüche nach deliktsrechtlichen Grundsätzen nach sich ziehen kann.[10]

B. Die Fördergeschäftsbeziehung

Die Genossenschaft hat grundsätzlich die Wahl, ob sie den Fördergeschäftsverkehr mit den Mitgliedern gesellschaftsrechtlich oder schuldrechtlich regelt.[11] Soweit der Geschäftsverkehr der Mitglieder mit ihrer Genossenschaft auf vertraglicher Grundlage beruht, spielt er sich außerhalb des Mitgliedschaftsverhältnisses ab, und es entstehen rein schuldrechtliche Beziehungen. Hat das Rechtsverhältnis ausschließlich die Satzung als Grundlage, so gehört es der körperschaftlichen Sphäre an.[12] Es sind auch Mischformen möglich.[13]   6

I. Inhaltskontrolle allgemeiner Fördergeschäftsbedingungen

Wegen § 310 Abs. 4 BGB, der Verträge auf dem Gebiet des Gesellschaftsrechts der AGB-Kontrolle der §§ 305 ff. BGB entzieht, ist fraglich, ob allgemeine Fördergeschäftsbedingungen einer über die §§ 134, 138 BGB hinausgehenden Inhaltskontrolle unterliegen.[14]   7

II. Verbandsstrafenkontrolle

Eine von der Genossenschaft wegen Satzungsverstoß verhängte Verbandsstrafe muss nach Tatbestand und Rechtsfolge hinreichend bestimmt sein. Eine bereits kraft Satzung, für den Fall des Satzungsverstoßes, verwirkte Verbandsstrafe ist nicht möglich.[15] Sie ist nicht wie die Vertragsstrafe mit einem sanktionierten Verstoß verwirkt, sondern muss erst durch den Verband festgesetzt werden.[16]   8

Verhängte Verbandsstrafen unterliegen, nach Ausschöpfung der genossenschaftsinternen Rechtsbehelfe, der Nachprüfung durch die ordentlichen Gerichte.[17] Wegen der verfassungsrechtlichen Verankerung der Verbandsautonomie findet jedoch nur eine begrenzte Überprüfung durch die ordentlichen Gerichte statt. Das Gericht prüft lediglich, ob die Strafe eine Stütze in der Satzung findet, ob sie gegen ein Gesetz verstößt, ob ein Satzungsverstoß vorliegt und insbesondere ist das Gericht gehalten, die von der Vereinsgerichtsbarkeit festgestellten Tatsachen umfänglich zu überprüfen.[18]   9

C. Mitgliedschaftsrechte

Die Mitgliedschaftsrechte in der Genossenschaft unterteilen sich in allgemeine **Mitgliedschaftsrechte**, **Vorzugsrechte** und **Sonderrechte**.[19]   10

Allgemeine Mitgliedschaftsrechte sind u. a.: das Recht auf Förderung durch die Genossenschaft – der Förderanspruch ist als höchstpersönliches Recht nicht übertragbar[20] – sowie das Recht zur Benutzung der gemeinschaftlichen Förderungseinrichtungen. Zudem besteht ein Anspruch auf den Ab-   11

---

10 BGH NJW 1990, 2877 zum eingetragenen Verein. In dieselbe Richtung, aber unter kritischen Anmerkungen *Beuthien* GenG § 18 Rn. 8.
11 BGH NJW 1960, 1858; BGHZ 103, 219; WM 2003, 292 (294); kritisch *Beuthien* GenG § 18 Rn. 14.
12 BGH NJW 1960, 1858.
13 *Beuthien* GenG § 18 Rn. 13.
14 *Beuthien* GenG § 18 Rn. 17 m. w. N.
15 So BGH WM 2003, 292 (293), wonach es sich bei einer an das korporationsrechtlich begründete Gefüge von Rechten und Pflichten zwischen der Genossenschaft und ihren Mitgliedern anknüpfenden Verbandsstrafe nicht um eine Vertragsstrafe i. S.v § 339 BGB handelt. A. A. *Beuthien* GenG § 18 Rn. 20, der eine bereits kraft Satzung verwirkte Verbandsstrafe für möglich hält.
16 BGH WM 2003, 292 (293).
17 *Beuthien* GenG § 18 Rn. 20.
18 BGHZ 87, 337; 13, 5; 21, 370; 29, 352; 36, 105; 45, 314; 47, 172.
19 Ebenso die Unterteilung bei *Beuthien* § 18 Rn. 21.
20 *Beuthien* GenG § 18 Rn. 23.

schluss von Fördergeschäften.[21] Weitere allgemeine Mitgliedschaftsrechte sind das Recht auf Verteilung des festgestellten Gewinns gemäß § 19 Abs. 1 S. 1 GenG,[22] das Recht auf Anwesenheit in der Generalversammlung, das Rede- und Antragsrecht, das Auskunftsrecht, das aktive und passive Wahlrecht zum Vorstands- und Aufsichtsratmitglied, das Stimmrecht und das Recht auf gleichmäßige Behandlung.

12 **Vorzugsrechte** werden durch Beschluss der Generalversammlung begründet und sind ohne Zustimmung des Inhabers wieder entziehbar, wie z. B. das Mehrstimmrecht gemäß § 43 Abs. 3 S. 4 GenG.[23]

13 **Sonderrechte** sind Rechte einzelner oder mehrerer Genossen, deren Inhalt über die allen Mitgliedern in gleicher Weise zustehenden allgemeinen Mitgliedschaftsrechte hinausreicht.[24] Sie gründen sich auf die Satzung und sind ohne Zustimmung des Inhabers nicht entziehbar.[25] Aufgrund des Gleichbehandlungsgebots können sie nur dann gewährt werden, wenn die Ungleichbehandlung durch einen sachlichen Grund gerechtfertigt werden kann.[26] Soweit ein Beschluss der Generalversammlung ohne Zustimmung des Rechtsinhabers in dessen Sonderrecht eingreift, ist der Beschluss schwebend unwirksam.[27] Die Unwirksamkeit kann jederzeit einrede- oder klageweise geltend gemacht werden, und zwar nicht nur vom Betroffenen, sondern von jedermann und auch nach Ablauf einer statutarischen Anfechtungsfrist.[28]

D. Mitgliedschaftspflichten

14 Zu den allgemeinen Mitgliedschaftspflichten zählen insbesondere die **finanziellen Leistungspflichten**, die vom GenG abschließend geregelt werden.[29] Nicht erfasst hiervon sind Entgelte, die im Rahmen des Geschäftsverkehrs mit der eG zu erbringen sind. Hier können den Mitgliedern sonstige Leistungspflichten durch die Satzung auferlegt werden.[30]

15 Aus der personalistischen Ausgestaltung der eG ergibt sich, dass die persönlichen Beziehungen zwischen den Mitgliedern und der eG im Vordergrund stehen.[31] Die **Treuepflicht** stellt ein beherrschendes Merkmal des Genossenschaftsrechts dar.[32] Sie gebietet, die Belange der Genossenschaft zu beachten und verbietet, sie durch rücksichtslose Verfolgung eigener Interessen zu schädigen.[33] Inhalt und Umfang der Treuepflicht bestimmen sich nach der jeweiligen Art und Aufgabe der Vereinigung. Je personalistischer eine Genossenschaft ausgerichtet ist, umso stärker sind die Wirkungen der Treuepflicht ausgeprägt.[34] Ein Verhalten, das gegen die Treuepflicht verstößt, kann folgende unmittelbare Rechtsfolgen auslösen: Ansprüche auf Unterlassung, Verpflichtung zu positivem Verhalten und Schadensersatz, Ausschluss aus der Gesellschaft.[35]

---

21 Henssler/Strohn/*Geibel* GenG § 18 Rn. 3.
22 Henssler/Strohn/*Geibel* GenG § 18 Rn. 4.
23 Die Möglichkeit der Begründung durch einen Beschluss der Generalversammlung, sowie die Möglichkeit der Entziehbarkeit ohne Zustimmung des Inhabers stellen auch den wesentlichen Unterschied zu den Sonderrechten dar, Henssler/Strohn/*Geibel* GenG § 18 Rn. 8.
24 *Beuthien* GenG § 18 Rn. 28.
25 *Beuthien* GenG § 18 Rn. 28.
26 Henssler/Strohn/*Geibel* GenG § 18 Rn. 8.
27 RGZ 148, 175 (184); BGHZ 15, 177 (181).
28 RGZ 62, 303 (315).
29 Pöhlmann/Fandrich/Bloehs/*Pöhlmann* GenG § 18 Rn. 12.
30 Pöhlmann/Fandrich/Bloehs/*Pöhlmann* GenG a. a. O.; Lang/Weidmüller/*Schulte* GenG § 18 Rn. 32.
31 Pöhlmann/Fandrich/Bloehs/*Pöhlmann* GenG § 18 Rn. 14.
32 BGHZ 27, 297.
33 BGH WM 1978, 1205; BGH WM 1986, 1248 jeweils zur GmbH.
34 Lang/Weidmüller/*Schulte* GenG § 18 Rn. 37.
35 Land/Weidmüller/*Schulte* GenG a. a. O.

E. Das Gleichbehandlungsgebot

Der genossenschaftliche Gleichbehandlungsgrundsatz hat seine Grundlage im Wesen der eG als Fördergemeinschaft der Mitglieder und in der gegenseitigen Treuepflicht.[36] Das Recht auf Gleichbehandlung ist in einer Reihe von Vorschriften absolut geregelt.[37] Ansonsten besteht nur ein Anspruch auf relative Gleichberechtigung – dies bedeutet, dass jedes Mitglied bei gleichen Voraussetzungen das Recht auf Gewährung gleicher Rechte und auf Auferlegung lediglich gleicher Pflichten hat, und dass bei ungleichen Voraussetzungen eine sachlich angemessene Differenzierung der Rechte und Pflichten der Mitglieder gerechtfertigt ist.[38] Die von benachteiligenden Maßnahmen oder Handlungen der eG betroffenen Mitglieder haben grundsätzlich einen Anspruch auf Gleichstellung mit den bevorteilten Mitgliedern – je nach Art der Ungleichbehandlung kann dies ein Anspruch auf Erfüllung, Unterlassung, Freistellung von Pflichten oder Schadensersatz sein.[39]

---

36 Lang/Weidmüller/*Schulte* GenG § 18 Rn. 16. Henssler/Strohn/*Geibel* GenG § 18 Rn. 6.
37 Vgl. die Aufzählung von Pöhlmann/Fandrich/Bloehs/*Pöhlmann* GenG § 18 Rn. 19.
38 Lang/Weidmüller/*Schulte* GenG § 18 Rn. 18; Pöhlmann/Fandrich/Bloehs/*Pöhlmann* GenG § 18 Rn. 20.
39 Pöhlmann/Fandrich/Bloehs/*Pöhlmann* GenG § 18 Rn. 21.

§ 68 Streitigkeiten bei der Veränderung des Mitgliederbestands

Übersicht

	Rdn.		Rdn.
A. **Hinzutreten eines neuen Mitglieds**	1	4. Kündigung durch den Gläubiger, § 66 GenG	15
I. Beitrittserklärung	2	II. Ausschließung	17
II. Zulassung durch die Genossenschaft	3	1. Ausschließung aus wichtigem Grund	18
III. Anspruch auf Aufnahme	4	2. Ausschließungsverfahren	19
B. **Ausscheiden eines Mitglieds**	6	3. Rechtsschutz gegen die Ausschließung	21
I. Kündigung	7	4. Haftung bei rechtswidrigem Ausschluss	24
1. Ordentliche Kündigung	7		
2. Außerordentliche Kündigung, § 65 Abs. 3 GenG	9		
3. Außerordentliche Kündigung, § 67a GenG	13		

A. Hinzutreten eines neuen Mitglieds

1 Die Aufnahme neuer Mitglieder in die Genossenschaft erfolgt grundsätzlich gemäß § 15 Abs. 1 S. 1 GenG durch eine schriftliche und unbedingte Beitrittserklärung durch das zukünftige Mitglied und die Zulassung des Beitritts durch die Genossenschaft. Mitglieder einer eG können natürliche Personen, juristische Personen des Privatrechts und des öffentlichen Rechts sein sowie Personenhandelsgesellschaften, die GbR und der nichtrechtsfähige Vereine.[1]

I. Beitrittserklärung

2 Die Beitrittserklärung unterliegt grundsätzlich den allgemeinen Vorschriften des bürgerlichen Rechts über die Nichtigkeit und die Anfechtung.[2] Da eine Anfechtung wegen ihrer Wirkung ex tunc oft zu unbefriedigenden Ergebnissen führt, ist gewohnheitsrechtlich anerkannt, dass sich ein Genosse jedenfalls dann, wenn er der Genossenschaft überhaupt beitreten wollte und dies in der gesetzlich vorgeschriebenen Weise erklärt hat, den hiermit verbundenen Rechtsfolgen nicht dadurch rückwirkend entziehen kann, dass er seine Beitrittserklärung wegen eines Willenmangels anficht.[3] In einer solchen Konstellation finden die Grundsätze des fehlerhaften Eintritts in eine bestehende Gesellschaft Anwendung, wenn der Beitritt bereits in Vollzug gesetzt wurde.[4] Danach werden die Fehlerfolgen so weit zurückgedrängt, dass sie nur noch mittels einer außerordentlichen Kündigung mit Wirkung für die Zukunft geltend gemacht werden können.[5] Dies läuft auf eine Kündigung ex nunc gemäß § 65 GenG oder einen Ausschluss gemäß § 68 GenG hinaus.[6]

II. Zulassung durch die Genossenschaft

3 Die Zulassung unterliegt als autonomer Selbstorganisationsakt grundsätzlich der freien Selbstbestimmung der eG.[7] Das zuständige Organ, regelmäßig ist dies der Vorstand,[8] entscheidet nach pflichtgemäßem Ermessen, das durch die Satzung gebunden oder jedenfalls intendiert sein kann. Soweit

---

1 *Beuthien* GenG § 15 Rn. 3 ff.
2 *Beuthien* GenG § 15 Rn. 23.
3 BGH WM 1976, 475; diese Rechtsauffassung beruht im wesentlichen auf der Erwägung, dass den Belangen des Rechtsverkehrs, insbesondere den Interessen der Gläubiger, der anderen Genossen und der Genossenschaft selbst, an der Einhaltung des im Beitritt liegenden Haftungsversprechens der Vorrang vor dem Interesse des einzelnen Genossen zukommt, sich rückwirkend von seiner Beitrittserklärung loszusagen.
4 BGH WM 1976, 475.
5 *Beuthien* GenG § 15 Rn. 23.
6 Henssler/Strohn/*Geibel* GenG § 15 Rn. 3.
7 BGH NJW 1961, 172 (173).
8 Lang/Weidmüller/*Schulte* GenG § 15 Rn. 11; Pöhlmann/Fandrich/Bloehs/*Pöhlmann* GenG § 15 Rn. 14.

die Satzung keine besonderen Formerfordernisse aufstellt, kann die Zulassung auch konkludent erfolgen.[9]

III. Anspruch auf Aufnahme

Ein Anspruch auf Aufnahme bzw. Zulassung besteht i. d. R. nicht.[10] Er ergibt sich auch nicht aus der nicht geschlossenen Mitgliederstruktur der eG.[11] Allerdings kann die Satzung einen solchen Anspruch vorsehen. Hierfür reicht aber nicht die Regelung von persönlichen oder sachlichen Voraussetzungen aus, da hierdurch nur statutarisch festgelegt werden soll, wer Mitglied werden *kann*.[12]

Eine Aufnahmepflicht der Genossenschaft kann sich aus § 826 BGB oder § 33 i.V.m § 20 GWB ergeben[13]. Eine vorsätzliche sittenwidrige Schädigung i.S.v § 826 BGB ist dann anzunehmen, wenn die Genossenschaft eine Monopolstellung für Waren oder gewerbliche Leistungen hat, auf die der Beitretende angewiesen ist.[14] Gemäß §§ 20, 33 GWB ist eine Genossenschaft darüber hinaus aufnahmepflichtig, wenn sie marktbeherrschend oder marktstark ist; bejaht wurde dies bei einer Molkereigenossenschaft, die nach § 1 Abs. 1 Milch- und Fettgesetz für einen Bezirk ausschließlich zuständig ist und bei einer eG, die für einen Bezirk die einzige Einrichtung für die Besamung von Rindern betreibt.[15] Ein Aufnahmeanspruch besteht aber grundsätzlich nur, wenn die Aufnahme das einzige Mittel ist, um die kartellrechtliche Diskriminierung zu beseitigen.[16] Ein Aufnahmeanspruch des Beitrittswilligen kann sich ferner aus einem Vertrag mit der der eG ergeben.[17]

B. Ausscheiden eines Mitglieds

Die Mitgliedschaft endet durch Kündigung nach §§ 65, 66, 66a, 67a GenG, durch Wohnsitzaufgabe gemäß § 67 GenG, Ausschließung gemäß § 68 GenG, Übertragung des Geschäftsguthabens nach § 76 GenG oder Tod, § 77 Abs. 1 S. 2 GenG. Ferner durch Aufhebungsvertrag, sowie den Eintritt einer auflösenden Bedingung.

I. Kündigung

1. Ordentliche Kündigung

Bei Erklärung der ordentlichen Kündigung gemäß § 65 GenG scheidet das kündigende Mitglied gemäß § 65 Abs. 2 S. 1 GenG mit dem Ablauf des Geschäftsjahres aus, in dem die Kündigung erfolgt. Die **Kündigungsfrist** beträgt **grundsätzlich drei Monate** vor Ablauf des Geschäftsjahres. Eine statutarische festgelegte längere Frist als drei Monate muss für alle Mitglieder grundsätzlich gleich lang und darf nicht je nach Kündigungsgrund differenziert bemessen sein.[18] Die höchstzulässige statutarische Kündigungsfrist beträgt grundsätzlich 5 Jahre, § 65 Abs. 2 S. 1 GenG. Bei Unternehmergenossenschaften kann die Kündigungsfrist auf bis zu zehn Jahre verlängert werden.[19]

Das Kündigungsrecht ist unbeschränkbar und unentziehbar, § 65 Abs. 5 GenG – zulässig sind aber Hemmnisse, nach denen ein Mitglied mit dem Ausscheiden alle bisherigen Vorteile verlieren soll.[20]

---

9 RGZ 147, 257 (268).
10 Pöhlmann/Fandrich/Bloehs/*Fandrich* GenG § 15 Rn. 14.
11 *Beuthien* GenG § 15 Rn. 30.
12 *Beuthien* GenG § 15 Rn. 30.
13 Lang/Weidmann/*Schulte* GenG § 15 Rn. 14; *Beuthien* GenG § 15 Rn. 30.
14 OLG Köln ZfG 1989, 216 (217) u. ZfG 1967, 121 (122); LG Köln 1967, 327 (328).
15 BGHZ 33, 259 (263); 42, 318 (323).
16 So wörtlich *Beuthien* GenG § 15 Rn. 30.
17 Lang/Weidmann/*Schulte* GenG § 15 Rn. 17.
18 BayObLG 19, 360.
19 Henssler/Strohn/*Geibel* GenG § 65 Rn. 2.
20 *Beuthien* GenG § 65 Rn. 3 ff.

Das Recht zur Kündigung ist ferner unabtretbar und unpfändbar.[21] In der Insolvenz des Mitglieds kann der Insolvenzverwalter das Kündigungsrecht ausüben.[22] Dies ist mit § 66a GenG nunmehr ausdrücklich geregelt.[23] Zur Erklärung der Kündigung ist grundsätzlich die Schriftform erforderlich, § 65 Abs. 2 S. 1 GenG i. V. m. § 126 BGB. Erklärungen, die der Schriftform nicht genügen, entfalten keine rechtliche Wirkung.[24] Die Kündigung kann auch durch einen Bevollmächtigten erfolgen.[25] Wegen § 167 Abs. 2 BGB ist für die Vollmacht die Schriftform nicht erforderlich.

2. Außerordentliche Kündigung, § 65 Abs. 3 GenG

9   Ein Mitglied ist grundsätzlich nicht berechtigt, durch außerordentliche Kündigung vorzeitig aus der Genossenschaft auszuscheiden[26] und kann sich insoweit auch nicht auf den Wegfall der Geschäftsgrundlage berufen.[27]

10 Eine außerordentliche Kündigung ist nur dann wirksam, wenn ein **wichtiger Grund** objektiv vorliegt, wobei auch die Interessen der Genossenschaft zu berücksichtigen sind[28], und das **Abwarten** bis zum Ablauf der Kündigungsfrist für das einzelne Mitglied **unzumutbar** ist. Die außerordentliche Kündigung ist nach § 65 Abs. 3 GenG zudem nur dann zulässig, wenn die Satzung eine Kündigungsfrist von mehr als zwei Jahren vorsieht und die Mitgliedschaft des Kündigenden mindestens ein Jahr andauert.[29] Beispiele für Unzumutbarkeit der ordentlichen Kündigung sind
    – die Geschäftsaufgabe[30] oder
    – eine wesentliche Geschäftsstrukturveränderung,
    – eine dauernde Arbeitsunfähigkeit des Genossen, wenn ein persönlicher Einsatz erforderlich ist, oder die Gefährdung der wirtschaftlichen Existenz[31], wobei eine allgemeine Verschlechterung der wirtschaftlichen Lage der Genossenschaft und damit einhergehende Verluste des Mitglieds nicht ausreichend sind, eine Unzumutbarkeit zu begründen.[32]

11 Die weitere Mitgliedschaft in der Genossenschaft ist nicht bereits deshalb unzumutbar, weil das Mitglied nach seinem Austritt aus der Genossenschaft bei deren Wettbewerbern günstigere Konditionen erreichen kann.[33]

12 Neben einem bestehenden Kündigungsrecht besteht für das Mitglied weiterhin die Möglichkeit der Anfechtung der Beitrittserklärung nach den §§ 119, 123 BGB. Die Grundsätze über die fehlerhafte Gesellschaft finden in diesem Fall Anwendung.[34]

3. Außerordentliche Kündigung, § 67a GenG

13 Die Sondernorm des § 67a GenG gibt den in Nr. 1 und Nr. 2 genannten Mitgliedern ein außerordentliches Kündigungsrecht bei bestimmten **Satzungsänderungen**, die die Mitgliederpflichten besonders berühren. Voraussetzung ist zunächst ein Beschluss der Generalversammlung, der eine we-

---

21 *Beuthien* GenG § 65 Rn. 7.
22 *Beuthien* GenG § 65 Rn. 7.
23 Siehe zum zeitlichen Anwendungsbereich der Vorschrift *Semmelbeck*, ZInsO 2013, 1785.
24 Lang/Weidmüller/*Schulte* GenG § 65 Rn. 5.
25 Lang/Weidmüller/*Schulte* GenG § 65 Rn. 8.
26 *Beuthien* GenG § 65 Rn. 2.
27 OLG Düsseldorf ZfG 1979, 351.
28 *Beuthien* GenG § 65 Rn. 11.
29 Henssler/Strohn/*Geibel* GenG § 65 Rn. 3.
30 BGH NJW 1988, 1731.
31 *Beuthien* GenG § 65 Rn. 11.
32 OLG Oldenburg NJWE-WettbR 1998, 212.
33 OLG Oldenburg a. a. O.
34 *Beuthien* GenG § 65 Rn. 15. Siehe auch bereits oben Rdn. 2.

sentliche Änderung des Unternehmensgegenstands der eG betrifft oder die Satzung in einem der aufgeführten Gegenstände ändert.[35]

Eine wesentliche Änderung des Unternehmensgegenstandes liegt vor, wenn der neue Unternehmensgegenstand die bisherigen Förderinteressen aller Genossen erheblich beeinträchtigt, oder die Änderung zu einer so einschneidenden Veränderung der wirtschaftlichen Erscheinung der Genossenschaft und ihrer Bedeutung für das einzelne Mitglied führt, dass aus der objektiven Sicht des Geschäftsverkehrs die bisherige Motivation für eine Mitgliedschaft ihren Fortbestand nicht mehr tragen kann.[36] Maßstab der hieran orientierten rechtlichen Prüfung bildet die genossenschaftliche Zweckbestimmung in § 1 Abs. 1 GenG, die in der Förderung des Erwerbs oder Wirtschaft ihrer Mitglieder mittels gemeinschaftlichen Geschäftsbetriebes besteht. Anhand dieser Grundsätze ist ein Vergleich des Zustandes vor und nach Eintritt der Änderung des Gegenstandes des Unternehmens anzustellen, der auch die rechtliche und wirtschaftliche Stellung der Mitglieder in die Betrachtung einbeziehen muss.[37]

4. Kündigung durch den Gläubiger, § 66 GenG

Der Sinn und Zweck eines Kündigungsrechts für den Gläubiger eines Mitglieds der Genossenschaft ergibt sich daraus, dass der Gläubiger eines Mitglieds zwar dessen aufschiebend bedingten Anspruch auf das Auseinandersetzungsguthaben aus § 73 Abs. 2 S. 2 und Abs. 3 GenG pfänden und sich überweisen lassen kann[38], aber mangels Pfändbarkeit des Kündigungsrechts des Mitglieds den Bedingungseintritt nicht herbeizuführen vermag.[39] Das Kündigungsrecht des Gläubigers bezieht sich nur auf die **ordentliche Kündigung** gemäß § 65 Abs. 1 GenG, nicht jedoch auf das Recht zur außerordentlichen Kündigung nach § 65 Abs. 3 GenG, weil dessen Ausübung allein von in der Person des Mitglieds begründeten persönlichen Gesichtspunkten abhängt.[40] Wegen der systematischen Stellung des § 66 GenG werden die Kündigungsrechte der §§ 67, 67a GenG erkennbar nicht erfasst.

Voraussetzungen der Kündigung sind neben einer wirksamen Kündigungserklärung ein Pfändung- und Überweisungsbeschluss bezüglich des Auseinandersetzungsanspruchs des Mitglieds[41], weiterhin muss der Gläubiger Inhaber eines wirksamen Vollstreckungstitels sein[42], es muss ein erfolgloser Zwangsvollstreckungsversuch in das Vermögen des Mitglieds unternommen worden sein, und es muss eine beglaubigte Abschrift des Schuldtitels und der Urkunden über die erfolglose Zwangsvollstreckung vorliegen.[43]

II. Ausschließung

Nach dem Wegfall der gesetzlichen Ausschließungsgründe durch die Gesetzesnovelle 2006 bestehen nur noch statutarische Ausschließungsgründe, § 68 Abs. 1 S. 1 GenG. Diese müssen klar und bestimmt, sowie sachlich gerechtfertigt sein.[44] Zudem muss das Rückwirkungsverbot beachtet werden.[45]

---

[35] Lang/Weidmüller/*Schulte* GenG § 67a Rn. 2.
[36] OLG Düsseldorf NZG 2001, 1093 (1094).
[37] OLG Düsseldorf NZG 2001, 1093 (1095).
[38] OLG Düsseldorf NJW 1968, 753.
[39] *Beuthien* GenG § 66 Rn. 1.
[40] Pöhlmann/Fandrich/Bloehs/*Fandrich* GenG § 66 Rn. 2. A. A. Henssler/Strohn/*Geibel* GenG § 6 Rn. 1.
[41] Henssler/Strohn/*Geibel* GenG § 66 Rn. 2.
[42] Pöhlmann/Fandrich/Bloehs/*Fandrich* GenG § 66 Rn. 6, wobei ein nur vorläufiger Vollstreckungstitel nicht ausreichend ist.
[43] Lang/Weidmann/*Schulte* GenG § 66 Rn. 2.
[44] *Beuthien* GenG § 68 Rn. 3.
[45] *Beuthien* GenG § 68 Rn. 3.

1. Ausschließung aus wichtigem Grund

18 Eine Ausschließung ist zulässig, wenn ein wichtiger Ausschließungsgrund besteht, z. B. bei einer vorsätzlichen oder grob fahrlässigen Verletzung einer wesentlichen Verpflichtung durch ein Mitglied.[46] Hier wird eine Vergleichswertung mit den §§ 314, 626 BGB vorgenommen.[47] Wenn in der Satzung kein Ausschließungsgrund enthalten ist, besteht auch nicht die Möglichkeit des Ausschlusses aus wichtigem Grund; § 626 BGB kann weder unmittelbar noch entsprechend zugunsten der eG angewendet werden.[48] Die Beweislast für das Vorliegen des Ausschließungsgrundes trägt die Genossenschaft.[49] Für Mitglieder des Vorstands und des Aufsichtsrats gelten dieselben Ausschließungsgründe und Verschuldensmaßstäbe, die auch für die anderen Mitglieder maßgeblich sind.[50] Beispiele für satzungsmäßige Ausschließungsgründe sind
- die Nichterfüllung genossenschaftlicher Pflichten trotz schriftlicher Aufforderung unter Androhung des Ausschlusses[51],
- die Weitergabe von vertraulichen Mitteilungen der eG an Dritte[52],
- das Fehlen oder der Fortfall der satzungsmäßigen Voraussetzungen für die Aufnahme in die eG[53] und
- die Mitgliedschaft in einer konkurrierenden Vereinigung.[54]

2. Ausschließungsverfahren

19 Das Ausschließungsverfahren wird aufgrund des Beschlusses eines Genossenschaftsorgans betrieben. Das Gesetz lässt in § 68 GenG offen, welches Genossenschaftsorgan über den Ausschluss eines Mitglieds zu befinden hat.[55] Das zuständige Organ ergibt sich daher primär aus der Satzung. Sofern hierin die Zuständigkeit nicht bestimmt ist, soll die Generalversammlung zuständig sein.[56]

20 Das Mitglied, das durch den Beschluss aus der Genossenschaft ausgeschlossen werden soll, hat einen Anspruch auf rechtliches Gehör. Dies ergibt sich aus dem Gebot der natürlichen Gerechtigkeit[57] und der genossenschaftlichen Treuepflicht.[58] Besondere Formen für die Gewährung rechtlichen Gehörs sind nicht vorgesehen; dem Mitglied muss allgemein die Gelegenheit gegeben werden, zum Ausschluss aus der Genossenschaft, sowie den diesbezüglichen tatsächlichen und rechtlichen Gesichtspunkten Stellung zu nehmen.[59]

3. Rechtsschutz gegen die Ausschließung

21 Wenn es die Satzung vorsieht hat das Mitglied primär den genossenschaftsinternen Rechtsweg zu beschreiten. Wenn die Satzung keinen Rechtsschutz vorsieht, ist das Mitglied gehalten, sich an die ordentlichen Gerichte zu wenden. Der ordentliche Rechtsweg kann durch die Satzung nicht aus-

---

46 *Beuthien* GenG § 68 Rn. 5.
47 *Beuthien* GenG § 68 Rn. 5.
48 Lang/Weidmüller/*Schulte* GenG § 68 Rn. 2. Henssler/Strohn/*Geibel* GenG § 68 Rn. 1.
49 BGHZ 39, 53 (59).
50 BGHZ 39, 53 (59).
51 Lang/Weidmüller/*Schulte* GenG § 68 Rn. 3. Vgl. auch beispielhaft OLG München BeckRS 2012, 22447.
52 BGH WM 1982, 1222, wonach der Ausschluss eines Genossenschaftsmitglieds auch dann gerechtfertigt ist, wenn das Mitglied – ohne eigenes Zutun allein durch Auswechselung der Gesellschafter – Konzerngesellschaft der Konkurrenz wird.
53 BGH NJW 1997, 3368 zum Verein.
54 Lang/Weidmüller/*Schulte* GenG § 68 Rn. 3.
55 *Beuthien* GenG § 68 Rn. 14.
56 *Beuthien* GenG § 68 Rn. 14. A. A. Henssler/Strohn/*Geibel* GenG § 68 Rn. 7: grundsätzlich ist der Vorstand und nur bei einem Ausschluss von Vorstands- oder Aufsichtsratsmitgliedern ist die Generalversammlung zuständig.
57 BGH NJW 1959, 982.
58 RGZ 169, 338 und 171, 205; BGH NJW 1960, 1861; BGH WM 2003, 292 (294).
59 Vgl. *Beuthien* GenG § 68 Rn. 15.

geschlossen werden.⁶⁰ Die Satzung kann jedoch im Rahmen der Zulässigkeitsvoraussetzungen für eine Klage vorsehen, dass der ordentliche Rechtsweg ausgeschlossen ist, wenn nicht zuvor der genossenschaftsinterne Rechtsweg beschritten wurde.⁶¹

Die sich gegen den Ausschließungsbeschluss richtende Klage ist eine **Feststellungsklage** nach § 256 ZPO, wenn der Ausschließungsbeschluss durch den Vorstand oder den Aufsichtsrat gefasst wurde.⁶² Wenn die Generalversammlung Ausschließungsorgan war, ist **Nichtigkeitsklage** aufgrund von Nichtigkeitsgründen entsprechend § 241 AktG⁶³ oder Anfechtungsklage gemäß § 51 GenG zu erheben. Örtlich zuständig ist das Gericht am Sitz der eG, § 13 ZPO, sachlich zuständig ist streitwertabhängig das AG oder LG. Die Streitwertberechnung richtet sich nach dem Wert des Geschäftsanteils des Ausgeschlossenen.⁶⁴ 22

Der Prüfungsmaßstab der ordentlichen Gerichte bezieht sich auf die formelle Rechtmäßigkeit des Beschlusses, ob sich der Ausschluss auf die festgestellten Tatsachen stützt, ob diese Tatsachen die Ausschließung sachlich rechtfertigen und ob die Maßnahme nicht grob unbillig oder willkürlich ist.⁶⁵ Jedoch wird wegen des Ermessensspielraums der Genossenschaft nicht die Zweckmäßigkeit der Maßnahme überprüft, sondern nur, ob der Ausschließungsgrund vorliegt und ob die Maßnahme nicht gesetzes- oder sittenwidrig oder offenbar unbillig ist.⁶⁶ 23

4. Haftung bei rechtswidrigem Ausschluss

Bei rechtswidrigem Ausschluss aus der Genossenschaft steht dem Mitglied ein Schadensersatzanspruch aus § 280 Abs. 1 BGB wegen Nichterfüllung der genossenschaftlichen Förderpflicht aus § 1 Abs. 1 GenG zu.⁶⁷ 24

---

60 Lang/Weidmüller/*Schulte* GenG § 68 Rn. 38 m. w. N.
61 BGHZ 47, 172; *Beuthien* GenG § 68 Rn. 20.
62 BGHZ 27, 297; Lang/Weidmüller/*Schulte* GenG § 68 Rn. 39; *Beuthien* GenG § 68 Rn. 21.
63 BGH ZIP 1996, 677.
64 *Beuthien* GenG § 68 Rn. 21.
65 BGH NJW 1997, 3368, BGH NJW 1984, 918, jeweils zum Verein.
66 BGH NJW 1963, 1152 (1153).
67 RGZ 72, 4 (11) und 129, 45 (48).

§ 69 Streitigkeiten im Zusammenhang mit den Beschlüssen der Generalversammlung

Übersicht

	Rdn.		Rdn.
A. Mängelarten	1	2. Ursächlichkeit bzw. Erheblichkeit des Beschlussmangels	12
B. Klagearten	5	3. Heilung der Anfechtbarkeit	13
I. Nichtigkeitsklage, § 249 AktG analog	5	4. Anfechtungsbefugnis, § 51 Abs. 2 GenG	14
1. Klagebefugnis	7	5. Zuständiges Gericht, § 51 Abs. 3 S. 3 GenG	17
2. Wirkung	8	6. Wirkung	18
II. Anfechtungsklage, § 51 GenG	9		
1. Gegenstand	10		

A. Mängelarten

1 Beschlüsse der Generalversammlung können in unterschiedlicher Weise mangelhaft sein:

2 **Anfechtbare Beschlüsse** müssen von bestimmten anfechtungsbefugten Personen binnen Monatsfrist mit der Anfechtungsklage nach § 51 GenG angegriffen werden, um ihre Wirksamkeit zu verlieren. Beschlüsse der Generalversammlung sind anfechtbar, wenn sie gegen zwingende gesetzliche oder satzungsmäßige Bestimmungen verstoßen, die nicht nur reine Ordnungsvorschriften sind, und soweit der Verstoß nicht mit Rücksicht auf die Außenwirkung sogar Nichtigkeit (dazu Rdn. 3) zur Folge haben muss.[1]

3 Auf die **Nichtigkeit eines Beschlusses** kann sich dagegen jedermann berufen, der davon betroffen ist, und zwar ohne Klage und jederzeit.[2] Nichtig sind Beschlüsse, die gegen zwingende und sachlich unverzichtbare gesetzliche Vorschriften verstoßen, dem Wesen der Genossenschaft widersprechen oder durch ihren Inhalt gegen die guten Sitten verstoßen, also mit schweren Mängeln behaftet sind.[3] Für genossenschaftliche Beschlüsse der Generalversammlung gelten nach einhelliger Auffassung die aktienrechtlichen Vorschriften der §§ 241 ff. AktG grundsätzlich entsprechend.[4] Daher können nichtige Beschlüsse auch im Genossenschaftsrecht gemäß § 242 Abs. 2 AktG geheilt werden.

4 **Unwirksame Beschlüsse** sind weder nichtig noch anfechtbar, können aber insbesondere durch Genehmigung wirksam werden.[5] Gegen unwirksame Beschlüsse ist nur die allgemeine Feststellungsklage nach § 256 ZPO statthaft.[6]

B. Klagearten

I. Nichtigkeitsklage, § 249 AktG analog

5 Die Nichtigkeitsklage ist eine besondere Feststellungsklage mit der die Feststellung der Nichtigkeit eines Generalversammlungsbeschluss begehrt wird und die gegen die Genossenschaft zu richten ist. Damit kann die Nichtigkeit isoliert geltend gemacht werden.[7] Nichtigkeits- und Anfechtungsklage können entsprechend § 249 Abs. 2 S. 2 AktG miteinander verbunden werden.

6 Als Nichtigkeitsgründe kommen vor allem schwere Einberufungsmängel, gesetzeswidrige Beschlüsse, § 241 Nr. 3 Fall 2 AktG, genossenschaftswidrige Beschlüsse, § 241 Nr. 3 Fall 1 AktG und ein sittenwidriger Beschlussinhalt, § 241 Nr. 4 AktG, in Betracht. Nichtig ist ein Beschluss auch dann,

---

1 Lang/Weidmüller/*Cario* GenG § 51 Rn. 1.
2 Pöhlmann/Fandrich/Bloehs/*Fandrich* GenG § 51 Rn. 4.
3 BGH ZIP 1996, 674 (677); *Beuthien* GenG § 51 Rn. 4.
4 BGH ZIP 1996, 674 (676).
5 *Beuthien* GenG § 51 Rn. 12.
6 BGHZ 15, 177 (181).
7 Pöhlmann/Fandrich/Bloehs/*Fandrich* GenG § 51 Rn. 4.

wenn er zunächst lediglich anfechtbar war, seine Unwirksamkeit in einem Anfechtungsverfahren aber rechtskräftig festgestellt worden ist.[8]

1. Klagebefugnis

Klagebefugt sind entsprechend § 249 Abs. 1 AktG jedes Mitglied, der Vorstand sowie jedes Vorstands- und Aufsichtsratsmitglied, ohne dass entsprechend die Voraussetzungen des § 51 Abs. 2 GenG oder ein besonderes Feststellungsinteresse vorzuliegen brauchen.[9] Die Klage ist gegen die Genossenschaft, vertreten durch Vorstand und Aufsichtsrat, zu richten.[10]

2. Wirkung

Die Rechtskraftwirkung erstreckt sich gegenüber allen Mitgliedern, Organmitgliedern und Registergerichten, §§ 249 Abs. 1 S. 1, 248 Abs. 1 S. 1 AktG analog. Der Vorstand hat das Urteil unverzüglich zum Genossenschaftsregister einzureichen. Die allgemeine Feststellungsklage nach § 256 Abs. 1 ZPO ist neben der Nichtigkeitsklage grundsätzlich nicht zulässig, da für eine nur *inter partes* wirkende Feststellung der Nichtigkeit kein schutzwürdiges Interesse besteht.[11]

II. Anfechtungsklage, § 51 GenG

Die Anfechtungsklage nach § 51 GenG zielt darauf, einen bedingt wirksamen Beschluss zu vernichten und hat daher rechtsgestaltende Wirkung. Sie kann auch auf Nichtigkeitsgründe gestützt werden, wenn die Voraussetzungen dieser Klage gegeben sind.[12] Die Anfechtbarkeit kann durch den Beklagten nicht im Wege der Einrede geltend gemacht werden – wohl aber die Nichtigkeit eines für den Streitgegenstand relevanten Beschlusses der Genossenschaftsversammlung.[13]

1. Gegenstand

Die Anfechtungsklage kann grundsätzlich gegen jeden Beschluss der Generalversammlung oder der Vertreterversammlung gerichtet werden, soweit er das Gesetz oder die Satzung verletzt, § 51 Abs. 1 S. 1 GenG. Ein nichtiger Beschluss muss nicht angefochten werden.

Anfechtungsgründe können sich aus gesetzlichen Vorschriften oder aus den Bestimmungen der Satzung ergeben. In Betracht kommen insbesondere Mängel bei der Einberufung der Generalversammlung, die nicht zur Nichtigkeit führen[14], der Beschlussfassung zugrunde liegende Fehler[15] und ein fehlerhafter Inhalt des Beschlusses.

2. Ursächlichkeit bzw. Erheblichkeit des Beschlussmangels

Die Anfechtbarkeit setzt voraus, dass der Gesetzes- oder Satzungsverstoß für das Ergebnis der Beschlussfassung ursächlich war.[16] Bei **Verfahren**sfehlern stellt die Rechtsprechung nicht auf die Kau-

---

8 Pöhlmann/Fandrich/Bloehs/*Fandrich* GenG § 51 Rn. 5.
9 RGZ 170, 83 (89); BGHZ 43, 261 (265) zur GmbH.
10 Pöhlmann/Fandrich/Bloehs/*Fandrich* GenG § 51 Rn. 9.
11 BGHZ 70, 384 (388); dies gilt jedoch nicht bei einem Feststellungsbegehren hinsichtlich der Nichtigkeit durch Dritte (BGH NJW 1966, 1458 zur AG).
12 BGHZ 32, 318 (324).
13 *Beuthien* GenG § 51 Rn. 27.
14 Pöhlmann/Fandrich/Bloehs/*Fandrich* GenG § 51 Rn. 11 m. w. N.; insb. Nichtbeachtung der Form- und Fristvorgaben für die Einberufung, die Einberufung an einen unzulässigen Ort, die ungenügende Ankündigung von Beschlussgegenständen, oder die Einladung nur eines Teils der Mitglieder.
15 Pöhlmann/Fandrich/Bloehs/*Fandrich*, GenG a. a. O.; z. B. Verletzung des Teilnahme-, des Rede-, des Antrags- und des Auskunftsrechts oder einer Verlesungspflicht.
16 Pöhlmann/Fandrich/Bloehs/*Fandrich* GenG § 51 Rn. 14.

salität, sondern auf die Relevanz des Normverstoßes ab.[17] Zu fragen ist danach, ob die Tragweite der Normverletzung so schwerwiegend ist, dass sie zur Anfechtung berechtigt. Die Darlegungs- und Beweislast dafür, dass der Verstoß im Einzelfall ohne Einfluss auf das Zustandekommen des Beschlusses geblieben sei, trägt die Genossenschaft.[18] Die Rechtsprechung ist dabei im Interesse der Funktions- und Marktfähigkeit der eG bemüht, der Anfechtungsklage nur dann stattzugeben, wenn der Normverstoß so erheblich ist, dass zumindest eine potentielle Kausalität zu vermuten ist.[19] Stets erheblich sind Mängel, die sich auf den Beschluss**inhalt** beziehen .[20]

3. Heilung der Anfechtbarkeit

13 Anfechtbare Beschlüsse können durch Einwilligung des Betroffenen, Verzicht auf die Anfechtung durch alle Anfechtungsberechtigten, Ablauf der zwingenden materiellen Ausschlussfrist des § 51 Abs. 1 S. 2 GenG oder Bestätigung entsprechend § 244 AktG geheilt werden.[21]

4. Anfechtungsbefugnis, § 51 Abs. 2 GenG

14 Die Regelung des § 51 Abs. 2 GenG ist zwingend und durch die Satzung weder einschränkbar noch erweiterbar. Bei Genossenschaften mit Vertreterversammlungen ist nur ein Mitglied, das Vertreter ist, anfechtungsberechtigt.[22] Gemäß § 51 Abs. 2 GenG sind die Anfechtungsberechtigten die zur Generalversammlung erschienenen Mitglieder, die zur Generalversammlung nicht erschienenen Mitglieder, sofern sie zur Generalversammlung unberechtigterweise nicht zugelassen wurden, oder ihre Anfechtung darauf gründen, dass die Einberufung der Versammlung oder die Ankündigung des Gegenstandes der Beschlussfassung nicht ordnungsgemäß erfolgt sei, der Vorstand und der Aufsichtsrat, sowie die Vorstands- und Aufsichtsratsmitglieder, wenn sie durch die Ausführung des Beschlusses eine strafbare Handlung oder eine Ordnungswidrigkeit begehen oder ersatzpflichtig werden würden.

15 Passiv legitimiert ist die Genossenschaft, die in der Regel durch Vorstand und Aufsichtsrat gemeinsam vertreten wird.[23] Etwas anderes gilt gemäß § 51 Abs. 3 S. 2 GenG wenn Kläger der Vorstand oder der Aufsichtsrat ist. In diesem Fall wird die Genossenschaft nur durch den – in diesem Fall nicht auf der Klägerseite tätigen – Aufsichtsrat bzw. den Vorstand vertreten. Klagen sowohl Vorstands- als auch Aufsichtsratsmitglieder, muss die Generalversammlung in entsprechender Anwendung des § 39 Abs. 3 GenG einen Prozessvertreter bestellen;[24] bestellt die Generalversammlung keinen Prozessvertreter, ist dieser auf Antrag und Vorschussleistung der Kläger durch das Registergericht zu bestellen.

16 Der Klageantrag lautet dahingehend, dass das Gericht den angefochtenen Beschluss für nichtig erklären möge. Der Beschluss ist nach Datum der Generalversammlung und Tagesordnungspunkt genau zu bezeichnen.[25] Eine Beschränkung des Antrags auf abgrenzbare Teile eines Beschlusses ist zulässig.[26]

---

17 BGHZ 149, 158 (164) und BGH NJW 2005, 828 zur AG.
18 Pöhlmann/Fandrich/Bloehs/*Fandrich* GenG § 51 Rn. 14.
19 *Beuthien* GenG § 51 Rn. 18.
20 *Beuthien* GenG § 51 Rn. 18.
21 Lang/Weidmüller/*Cario* GenG § 51 Rn. 4; *Beuthien* GenG § 51 Rn. 26.
22 *Beuthien* GenG § 51 Rn. 29.
23 Henssler/Strohn/*Geibel* GenG § 51 Rn. 19.
24 *Beuthien* GenG § 51 Rn. 31.
25 Lang/Weidmüller/*Cario* GenG § 51 Rn. 57.
26 BGH NJW 1960, 1447.

5. Zuständiges Gericht, § 51 Abs. 3 S. 3 GenG

Gemäß § 53 Abs. 3 S. 3 GenG ist ausschließlich das Landgericht örtlich zuständig, in dessen Bezirk die Genossenschaft ihren Sitz hat. Die Kammer für Handelssachen ist funktionell zuständig, vgl. § 95 Abs. 1 Nr. 4a GVG. Erheben mehrere anfechtungsberechtigte Mitglieder die Anfechtungsklage gemeinsam, so bilden sie eine notwendige Streitgenossenschaft, § 62 Abs. 1 ZPO. 17

6. Wirkung

Der ursprünglich wirksame Beschluss ist von Anfang an nichtig.[27] Das Gestaltungsurteil beseitigt den Beschluss und führt nicht etwa zu einem anderen Beschlussinhalt – es hat nur negative Wirkung.[28] Auch die Anfechtung eines ablehnenden Beschlusses bewirkt nicht, dass der abgelehnte Antrag nun als angenommen gilt.[29] Ob ein abweisendes Urteil auch die unbefristete Nichtigkeitsklage ausschließt ist streitig.[30] Ein Prozessvergleich kann nur über die Kosten geschlossen werden.[31] Ein Vergleich des Inhalts, dass die beklagte eG die Nichtigkeit des Beschlusses anerkennt, würde unzulässig in die Befugnisse der Generalversammlung eingreifen.[32] 18

---

27 *Beuthien* GenG § 51 Rn. 35.
28 *Beuthien* GenG § 51 Rn. 35.
29 RGZ 142, 123 (129).
30 *Beuthien* GenG § 51 Rn. 35.
31 *Beuthien* GenG § 51 Rn. 35.
32 *Beuthien* GenG § 51 Rn. 35.

§ 70 Streitigkeiten im Zusammenhang mit der Geschäftsführung

Übersicht

		Rdn.			Rdn.
A.	Gegenstand der Geschäftsführung	1	IV.	Haftung gegenüber den Mitgliedern	7
B.	Haftung für Pflichtverletzungen bei der Geschäftsführung, § 34 GenG	2	V.	Beweislast	9
			VI.	Haftungsausschluss, § 34 Abs. 4 GenG	10
I.	Haftende Personen	2	VII.	Verfahren	11
II.	Inhalt und Pflichtverletzung	3	VIII.	Verjährung	12
III.	Haftung gegenüber der Genossenschaft	6			

A. Gegenstand der Geschäftsführung

1   Gegenstand der Geschäftsführung sind alle tatsächlichen Handlungen und Rechtsgeschäfte, die zur Erreichung des Förderzwecks notwendig und möglich sind. Nicht zur Geschäftsführung gehören alle Maßnahmen, welche die rechtlichen Grundlagen der eG und die Gestaltung ihrer Organisation betreffen, sog. Grundlagengeschäfte.[1] Auch die Vertretung, d. h. die Umsetzung bestimmter Geschäftsführungsmaßnahmen (von innen) in rechtsverbindliche Willensäußerungen (nach außen), gehört zur Geschäftsführung.[2] Die Vertretungsbefugnis erstreckt sich auf die gerichtliche und außergerichtliche Vertretung. Eine Besonderheit besteht bei der Anfechtungsklage gemäß § 51 GenG: Die Vorstandsmitglieder müssen, obwohl sie nicht selbst Partei sind, in der Klageschrift bezeichnet werden, §§ 253 Abs. 4, 130 Nr. 1 ZPO.

B. Haftung für Pflichtverletzungen bei der Geschäftsführung, § 34 GenG

I. Haftende Personen

2   In den Anwendungsbereich des § 34 GenG fallen alle Vorstandsmitglieder, vom Aufsichtsrat bestellte Vertreter und Liquidatoren, aber nicht angestellte Geschäftsführer.[3] Mit dem Ausscheiden aus dem Vorstand endet die Verantwortlichkeit nach § 34 GenG.[4] Dies bedeutet indes nicht, dass auch die Haftung für bereits eingetretene Pflichtverletzungen endet.[5]

II. Inhalt und Pflichtverletzung

3   Maßgeblich für den Pflichtinhalt ist, wie sich jemand in der leitenden verantwortlichen Stellung des Verwalters fremden Vermögens als Vorstandsmitglied gerade eines derartigen Unternehmens in gerade dieser Lage zu verhalten hat. Hierbei handelt es sich um eine Modifizierung und Verschärfung des Fahrlässigkeitsmaßstabes i. S. d. § 276 Abs. 2 BGB.[6] Die in § 93 Abs. 1 S. 2 AktG verankerte »Business Judgement Rule« wurde im Zuge der Reform des Genossenschaftsrechts zwar nicht auf § 34 GenG übertragen, dennoch soll sie auch im Genossenschaftsrecht entsprechende Anwendung finden.[7] Jedes Vorstandsmitglied hat sich über seine Pflichten zu informieren; es muss den Inhalt der wesentlichen Bestimmungen des Gesetzes, der Satzung, der Geschäftsordnungen für Vorstand und Aufsichtsrat und seines Anstellungsvertrages kennen.[8]

---

1   RGZ 162, 370 (374) zur OHG.
2   Lang/Weidmüller/*Schaffland* GenG § 34 Rn. 12.
3   Pöhlmann/Fandrich/Bloehs/*Fandrich* GenG § 34 Rn. 1; *Beuthien* GenG § 34 Rn. 2.
4   Lang/Weidmüller/*Schaffland* GenG § 34 Rn. 7.
5   Henssler/Strohn/*Geibel* GenG § 34 Rn. 1.
6   Lang/Weidmüller/*Schaffland* GenG § 34 Rn. 16.
7   Pöhlmann/Fandrich/Bloehs/*Fandrich* GenG § 34 Rn. 2.
8   Lang/Weidmüller/*Schaffland* GenG § 34 Rn. 20.

Eine Pflichtverletzung kommt erst dann in Betracht, wenn die Grenzen verantwortungsbewussten unternehmerischen Handelns deutlich überschritten sind.[9] Dem Vorstand ist dabei ein breiter Handlungsspielraum zuzubilligen, zu dem neben dem bewussten Eingehen geschäftlicher Risiken auch das Handeln aufgrund von Fehleinschätzungen gehört.[10] Die Haftung der Mitglieder des Vorstands aus § 34 Abs. 2 S. 1 GenG setzt persönliches Verschulden voraus, obwohl der Gesetzeswortlaut insoweit nicht eindeutig ist.[11] Neben der Einzelverantwortung für seinen Geschäftsbereich trägt jedes einzelne Vorstandsmitglied grundsätzlich auch die persönliche Gesamtverantwortung für die volle Bandbreite der Geschäftsleitung.[12] Grundsätzlich dürfen die Vorstandsmitglieder darauf vertrauen, dass alle Vorstandsmitglieder ihre Aufgaben ordnungsgemäß erfüllen – die fachliche Verantwortung der anderen Vorstandsmitglieder tritt solange zurück, wie kein greifbarer Anlass zur Besorgnis besteht.[13]

Als Verletzung einer Organpflicht kommen insbesondere Förderzweckverstöße in Betracht. Diese können sein: unzulässige Eigen- oder Drittförderung, ungenossenschaftliche Mitgliederförderung, ungenossenschaftliche Selbstförderung des Genossenschaftsunternehmens, Erwerb ungenossenschaftlicher Beteiligungen.[14]

III. Haftung gegenüber der Genossenschaft

Es besteht eine Organmitgliederhaftung aus § 34 Abs. 2 S. 1 GenG, die in Anspruchskonkurrenz zu Ansprüchen aus §§ 280 ff. BGB wegen Nicht- oder Schlechterfüllung des Anstellungsvertrages und Ansprüchen aus unerlaubter Handlung nach §§ 823 ff. BGB steht.[15] Die Haftung aus § 34 Abs. 2 S. 1 GenG setzt nicht die Rechtsfähigkeit der Genossenschaft voraus, sondern greift schon vor deren Eintragung ins Register ein.[16] Die Haftung tritt bei tatsächlicher Ausübung der Vorstandsmitgliedsfunktion auch bei unwirksamer Bestellung ein.[17] Der Schaden der Genossenschaft kann z. B. darin bestehen, dass die Genossenschaft von Gläubigern in Anspruch genommen wurde, oder dass Ansprüche der eG ausfallen oder gemindert werden.[18] Haben mehrere Vorstandsmitglieder gegen ihre Sorgfaltspflichten verstoßen und zu einem Schaden beigetragen, so haften sie als Gesamtschuldner, § 34 Abs. 2 S. 1 GenG.[19]

IV. Haftung gegenüber den Mitgliedern

Aus § 34 Abs. 1 GenG können keine Pflichten der Vorstandsmitglieder gegenüber den einzelnen Mitgliedern abgeleitet werden.[20] In Betracht kommt aber eine Haftung aus allgemeinem Deliktsrecht, da die Mitgliedschaft ein sonstiges Recht i. S. v. § 823 Abs. 1 BGB ist.[21] § 34 GenG stellt indes kein Schutzgesetz i. S. v. § 823 Abs. 2 BGB dar.[22]

Das einzelne Mitglied hat auch keinen allgemeinen gesetzlichen Anspruch auf satzungsgemäßes Verhalten und zwar weder gegen die eG noch gegen deren Organe oder Organmitglieder.[23] Der Genosse

---

9 BGHZ 135, 244 (253). Siehe auch jüngst LG Düsseldorf WM 2014, 1293 zur Haftung des Vorstands einer Genossenschaftsbank wegen fehlgeschlagener Kapitalanlagen.
10 Siehe dazu und zu den Voraussetzungen für die Inanspruchnahme unternehmerischen Ermessens zuletzt Brandenburgisches OLG, BeckRS 2012, 11396.
11 *Beuthien* GenG § 34 Rn. 8.
12 *Beuthien* GenG § 34 Rn. 16.
13 *Beuthien* GenG § 34 Rn. 16.
14 *Beuthien* GenG § 34 Rn. 10 ff.
15 BGHZ 100, 190 (199 ff.).
16 *Beuthien* GenG § 34 Rn. 4.
17 RGZ 144, 384 (394).
18 Lang/Weidmüller/*Schaffland* GenG § 34, Rn. 109.
19 Lang/Weidmüller/*Schaffland* GenG § 34 Rn. 112.
20 *Beuthien* GenG § 34 Rn. 5.
21 BGH NJW 1990, 2877 zum eingetragenen Verein. In dieselbe Richtung, aber unter kritischen Anmerkungen *Beuthien* GenG § 18 Rn. 8.
22 *Beuthien* GenG § 34 Rn. 5.
23 *Beuthien* GenG § 34 Rn. 6.

hat auch keinen verbandsrechtlichen Mitgliedschaftsschutzanspruch darauf, dass die eG seine Mitgliedschaftsrechte achtet und alles unterlässt, was sie über das durch Gesetz und Satzung gedeckte Maß hinaus beeinträchtigt.[24] Für eine Mitgliedsklage fehlt der zugrundeliegende materiellrechtliche Anspruch; die *actio pro socio* gilt nicht, weil mit ihrer Hilfe nur Sozialansprüche der Gesellschaft, nicht aber Individualrechte eines Mitglieds gegenüber der Gesellschaft geltend gemacht werden können.[25]

V. Beweislast

9 Nach allgemeinen Grundsätzen muss die Genossenschaft sämtliche anspruchsbegründenden Tatsachen darlegen und beweisen. Im Gegensatz hierzu sieht § 34 Abs. 2 S. 2 GenG wegen der Stellung des Vorstandsmitglieds als Organ der eG eine Umkehr der Beweislast vor: Ist streitig, ob die Sorgfalt eines ordentlichen und gewissenhaften Geschäftsleiters einer Genossenschaft angewendet wurde, so trifft das Vorstandsmitglied, und zwar auch nach seinem Ausscheiden aus dem Amt als Vorstand[26], die volle Beweislast für die Einhaltung der Sorgfaltspflicht und das Fehlen eines Verschuldens.[27]

VI. Haftungsausschluss, § 34 Abs. 4 GenG

10 Die Haftung des Vorstands kann gemäß § 34 Abs. 4 GenG ausgeschlossen sein, wenn das fragliche Verhalten auf einem Beschluss der Generalversammlung beruht. Der Vorstand haftet aber, wenn er den Beschluss schuldhaft veranlasst hat, in dem er die Generalversammlung falsch[28] oder nur oberflächlich[29] unterrichtet hat.[30] Ungeklärt ist, ob die Entlastung des Vorstandes im Rahmen der nach § 48 Abs. 1 S. 1 GenG vorgenommenen Feststellung des Jahresabschlusses die Wirkung eines Verzichts hat.[31]

VII. Verfahren

11 Aus § 39 Abs. 1 GenG folgt, dass Rechtsstreitigkeiten gegen Vorstandsmitglieder nur aufgrund eines Beschlusses der Generalversammlung geführt werden können. Dieser Beschluss stellt eine sachliche Klagevoraussetzung dar.[32] Das sachlich zuständige Gericht ermittelt sich nach dem zugrundeliegenden Streitwert. Die Genossenschaft wird bei Prozessen gegen Vorstandsmitglieder vom Aufsichtsrat vertreten, wenn nicht die Satzung die Zuständigkeit der Generalversammlung vorsieht.[33]

VIII. Verjährung

12 Die zwingende Vorschrift des § 34 Abs. 6 GenG sieht eine Verjährungsfrist für Ansprüche gegen die Vorstandsmitglieder von fünf Jahren vor. Der möglicherweise daneben bestehende Anspruch aus Anstellungsvertrag folgt der gesetzlichen Verjährung nach §§ 195, 199 BGB.[34] Der Verjährungsfrist nach § 34 Abs. 6 GenG unterliegt aber ebenfalls der Anspruch der eG gegen ihren Nachtragsliquidator.[35]

---

24 *Beuthien* GenG § 34 Rn. 6.
25 *Beuthien* GenG § 34 Rn. 6.
26 Dieser aus dem Aktienrecht übernommene Grundsatz für ausgeschiedene Vorstandsmitglieder setzt freilich voraus, dass das ausgeschiedene Vorstandsmitglied uneingeschränkten Zugriff auf die Dokumentation der Genossenschaft erhält; anderenfalls ist eine Abschwächung der Darlegungslast naheliegend.
27 Pöhlmann/Fandrich/Boehls/*Fandrich* GenG § 34 Rn. 20.
28 RGZ 152, 273 (282).
29 BGH DB 2005, 1269 (1271).
30 Siehe auch *Beuthien* GenG § 34 Rn. 23.
31 Henssler/Strohn/*Geibel* GenG § 34 Rn. 13.
32 Lang/Weidmüller/*Schaffland* GenG § 34 Rn. 145.
33 Lang/Weidmüller/*Schaffland* GenG § 34 Rn. 149.
34 *Beuthien* GenG § 34 Rn. 27.
35 BGH NZG 2012, 1076.

§ 71 Streitigkeiten bei der Auflösung und Änderung der eingetragenen Genossenschaft

Übersicht

		Rdn.				Rdn.
A.	**Auflösungsgründe**	1	I.	Abgrenzung zur Nichtigkeitsklage analog § 249 Abs. 1 S. 1 AktG		7
B.	**Auflösungsbeschluss**	3	II.	Satzungsmangel		8
I.	Allgemeines	3	III.	Parteien		9
II.	Rechtsfolge	5	IV.	Wirkung		10
III.	Beendigung	6				
C.	**Auflösungsklage, § 94 GenG**	7				

A. Auflösungsgründe

Als Gründe für die Auflösung einer Genossenschaft kommen insbesondere ein die Auflösung bestimmender Beschluss der Generalversammlung, § 78 GenG, die Auflösung wegen Zeitablaufs, § 79 GenG, ein Beschluss des Registergerichts wegen ungenügender Mitgliedszahl nach § 80 GenG, die Gefährdung des Gemeinwohls, § 81 GenG, und die Insolvenz, §§ 81a, 101 GenG, in Betracht. 1

Daneben kann eine Auflösung von Kreditgenossenschaften auch durch die BaFin gemäß § 38 Abs. 1 KWG erfolgen, wenn eine Erlaubnis nach § 32 KWG erloschen ist oder aufgehoben wurde.[1] Ebenso ist eine Amtslöschung durch das Registergericht gemäß §§ 397, 395 FamFG möglich, die an die Voraussetzungen der §§ 94, 95 GenG geknüpft ist und worauf § 97 GenG entsprechend anzuwenden ist.[2] 2

B. Auflösungsbeschluss

I. Allgemeines

Die Auflösung kann nur von der Generalversammlung bzw. der Vertreterversammlung beschlossen werden.[3] Der Beschluss löst die Genossenschaft ohne weiteres auf, seine Wirksamkeit ist nicht von der Eintragung in das Genossenschaftsregister abhängig.[4] Der Beschluss ist mit einer Mehrheit von drei Vierteln der abgegebenen Stimmen zu fassen, sofern die Satzung nichts anderes bestimmt, § 78 Abs. 1 GenG. 3

Die Anfechtbarkeit und Nichtigkeit des Auflösungsbeschlusses richtet sich nach den allgemeinen Vorschriften.[5] Der Auflösungsbeschluss unterliegt jedoch keiner sachlichen Inhaltskontrolle durch das Gericht – der Beschluss kann im Einzelfall nur daraufhin überprüft werden, ob das Recht zur Auflösung der eG missbräuchlich ausgeübt wurde.[6] Nach beendeter Abwicklung kann keine Klage mehr erhoben werden, weil es nach der Beendigung an einem tauglichen Beklagten fehlt. 4

II. Rechtsfolge

Rechtsfolge der Auflösung ist nicht der Verlust der Rechtspersönlichkeit der Genossenschaft, da dieser erst mit der Beendigung der Genossenschaft eintritt.[7] Die Auflösung ändert lediglich den Zweck der Genossenschaft in den einer Genossenschaft i. L.[8] 5

---

1 Lang/Weidmüller/*Cario* GenG § 78 Rn. 2.
2 Henssler/Strohn/*Geibel* GenG § 94 Rn. 1.
3 *Beuthien* GenG § 78 Rn. 4.
4 *Beuthien* GenG § 78 Rn. 9 m. w. N.
5 Lang/Weidmüller/*Cario* GenG § 94 Rn. 4.
6 BGH NJW 1988, 1579 (1580) zur AG.
7 Lang/Wiedmüller/*Cario* GenG § 78 Rn. 4.
8 *Beuthien* GenG § 78 Rn. 13.

III. Beendigung

6 Wann die Vollbeendigung einer Genossenschaft eintritt ist streitig: Für den BGH ist der Eintritt der Vermögenslosigkeit maßgeblich. Die Löschung aus dem Register wirkt nur noch rechtsbekundend.[9] Von Teilen der Rechtsprechung wird dagegen gefordert, dass sowohl eine Vermögenslosigkeit der Genossenschaft eingetreten, als auch eine Löschung aus dem Register erfolgt sein muss.[10]

C. Auflösungsklage, § 94 GenG

I. Abgrenzung zur Nichtigkeitsklage analog § 249 Abs. 1 S. 1 AktG

7 Die Nichtigkeitsklage i. S. v. § 94 GenG richtet sich nicht gegen die Wirksamkeit eines Generalversammlungsbeschlusses, sondern gegen die Wirksamkeit des Gründungsgeschäfts und der Satzung und damit gegen den Bestand der Genossenschaft selbst.[11] Keine Anwendung finden die §§ 94 bis 97 GenG auf Mängel, die bereits vor der Eintragung der eG eingetreten sind; diese sind nach den allgemeinen Vorschriften zu behandeln.[12]

II. Satzungsmangel

8 Ein Satzungsmangel liegt vor, wenn wesentliche Bestimmungen der Satzungen fehlen oder nichtig sind.[13] Was wesentliche Bestimmungen i. S. v. § 94 GenG sind, regelt § 95 GenG zwingend und abschließend. Ist die nichtige Vorschrift erst durch Satzungsänderung in die Satzung gekommen, scheidet eine Klage auf Nichtigkeit der Genossenschaft aus.[14] Die Mitglieder müssen dann im Rahmen des § 51 GenG gegen den satzungsändernden Beschluss vorgehen.[15]

III. Parteien

9 Die Klage kann von jedem Mitglied, sowie jedem Vorstands- und Aufsichtsratsmitglied erhoben werden. Vorstand und Aufsichtsrat sind als Organe nicht klagebefugt; ebenso wenig die Genossenschaftsgläubiger oder sonstige Dritte.[16] Bei nachträglichem Verlust der Klagebefugnis erledigt sich die Hauptsache i. S. v. § 91a ZPO. Die Klage muss gemäß §§ 96, 51 Abs. 3 GenG an die Genossenschaft gerichtet werden, vertreten durch Vorstand und Aufsichtsrat bzw. den Bevollmächtigten nach § 39 Abs. 1 S. 2, denen diese auch jeweils zugestellt werden muss.[17]

IV. Wirkung

10 Das Urteil wirkt konstitutiv mit Wirkung für die Zukunft.[18] Es stellt nicht fest, dass die eG ex tunc nichtig gewesen ist, sondern es erklärt die eG für die Zukunft für nichtig und führt damit deren Auflösung herbei.[19] Bis zu diesem Zeitpunkt ist die eG nach innen und außen voll wirksam.[20] Das Urteil erstreckt sich auf die Kläger und die eG, sowie auf alle Mitglieder.

---

9 BGHZ 74, 212 zum e. V.
10 BAG GmbHR 2003, 1009 (1010); OLG Düsseldorf NZG 2004, 916, 918 m. w. N.
11 *Beuthien* GenG § 94 Rn. 1.
12 Pöhlmann/Fandrich/Bloehs/*Fandrich* GenG § 94 Rn. 2.
13 Pöhlmann/Fandrich/Bloehs/*Fandrich* GenG § 94 Rn. 6.
14 *Beuthien* GenG § 94 Rn. 3.
15 *Beuthien* GenG § 94 Rn. 3.
16 Pöhlmann/Fandrich/Bloehs/*Fandrich* GenG 94 Rn. 6.
17 Pöhlmann/Fandrich/Bloehs/*Fandrich* GenG § 94 Rn. 8.
18 Lang/Weidmüller/*Cario* GenG § 94 Rn. 9.
19 *Beuthien* GenG § 94 Rn. 5.
20 *Beuthien* GenG § 94 Rn. 5.

Abschnitt 2 Streitigkeiten im Verein

§ 72 Allgemeine prozessuale Besonderheiten des Vereins

Übersicht

	Rdn.			Rdn.
A.	Partei- und Prozessfähigkeit des einge-		II.	Besonderer Gerichtsstand 7
	tragenen Vereins 1		III.	Sachliche Zuständigkeit 8
I.	Parteifähigkeit 1	C.	Zustellung 9
II.	Prozessfähigkeit 3	D.	Prozesskostenhilfe 10
B.	Gerichtliche Zuständigkeit 5	E.	Beweisaufnahme 13
I.	Allgemeiner Gerichtsstand 5	F.	Zwangsvollstreckung 15

A. Partei- und Prozessfähigkeit des eingetragenen Vereins

I. Parteifähigkeit

Der Idealverein erlangt erst durch **Eintragung ins Vereinsregister** nach § 21 BGB **Rechtsfähigkeit** 1 und ist nach § 50 Abs. 1 ZPO **parteifähig**. Die Parteifähigkeit beginnt mit dem Erwerb der Rechtsfähigkeit und endet mit deren Verlust, sodass der eingetragene Verein auch noch in der Liquidation aktiv und passiv parteifähig ist.[1] Da zur Eintragung des Vereins die Gründung vorausgesetzt wird, besteht zuvor bereits ein Vorverein, der seinerseits als nicht rechtsfähiger Verein (§ 54 BGB) gemäß § 50 Abs. 2 ZPO parteifähig ist.[2]

Eine **Untergliederung** eines eingetragenen Vereins kann ebenso als nicht rechtsfähiger Verein klagen 2 und verklagt werden (§ 50 Abs. 2 ZPO). Voraussetzung ist, dass die Untergliederung über eine eigene Organisationsstruktur verfügt und wirtschaftlich selbständig ist[3], insbesondere auf Dauer nach außen Aufgaben in eigenem Namen wahrnimmt[4]. Es handelt sich insofern um einen sogenannten Gesamtverein mit selbstständigen Untergliederungen. Eine Satzung ist für die prozessrechtliche Anerkennung nicht erforderlich; die Organisationsstruktur und der Zweck der Untergliederung können sich auch aus der Satzung des Hauptvereins ergeben.[5]

II. Prozessfähigkeit

Der **Vorstand** ist der **gesetzliche Vertreter** des Vereins und vertritt diesen gerichtlich und außerge- 3 richtlich (§ 26 Abs. 2 S. 1 HS. 1 BGB).[6]

Sofern ein fehlerhaft bestellter oder bereits ausgeschiedener Vorstand Klage im Namen des Vereins 4 erhebt und diese wegen des Mangels der Bestellung als unzulässig abgewiesen wird, gilt hinsichtlich

---

1 Thomas/Putzo/*Hüßtege* § 50 Rn. 3 m. w. N.
2 Palandt/*Ellenberger* § 21 Rn. 12.
3 MünchHdb GesR/*Waldner* § 47 Rn. 2.
4 BGH NJW 1984, 2223.
5 BGH NJW 1984, 2223; zu Beispielen s. BGH NJW 1990, 905 (Ortsverein als Mitglied eines Kreisvereins, der eines eingetragenen Bezirksverbandes ist); OLG Düsseldorf NJW-RR 1986, 1506 (Unterorganisation einer Gewerkschaft); LG Regensburg NJW-RR 1988, 184 (Tennisabteilung eines eingetragenen Vereins).
6 U. U. kann der Verein wegen eines Interessenkonflikts nach § 112 AktG analog gerichtlich von einem bestehenden Aufsichtsrat vertreten werden, so LG Hamburg BeckRS 2007, 08305 im Rahmen einer Klage von Vorstandsmitgliedern gegen den Verein.

der Kostenfolge das Veranlasserprinzip.[7] Der fälschlicherweise als Vorstand Aufgetretene trägt die Kosten, wenn er Kenntnis von der mangelhaften Bestellung hatte.[8]

B. Gerichtliche Zuständigkeit

I. Allgemeiner Gerichtsstand

5 § 17 Abs. 1 S. 1 ZPO begründet den Gerichtsstand für Klagen gegen den Verein bei dem Gericht, in dessen Bezirk der Verein seinen Sitz hat.

6 Darüber hinaus kann nach § 17 Abs. 3 ZPO ein zusätzlicher allgemeiner Gerichtsstand[9] durch Satzung geschaffen werden. Ist dies der Fall, so hat der Kläger ein Wahlrecht zwischen den beiden Gerichtsständen.[10]

II. Besonderer Gerichtsstand

7 Klagt der Verein gegen Mitglieder in deren Funktion als Mitglieder oder klagen Mitglieder in ihrer Eigenschaft als Mitglieder gegeneinander, dann ist nach § 22 ZPO das Gericht zuständig, bei dem der Verein seinen allgemeinen Gerichtsstand hat. Dieser Gerichtsstand gilt auch für ausgeschiedene Mitglieder[11] und deren Rechtsnachfolger.[12] Nach der Rechtsprechung des BGH[13] ist § 22 ZPO nicht einschränkend dahingehend auszulegen, dass er nur auf kleine, regional tätige Vereine anwendbar ist.[14]

III. Sachliche Zuständigkeit

8 Die sachliche Zuständigkeit richtet sich nach dem Zuständigkeitsstreitwert. Dieser wird durch das Gericht nach freiem Ermessen festgesetzt (§ 3 ZPO). Ist der Ausschluss eines Vereinsmitglieds streitig, dann ist das Interesse des Klägers an der Feststellung maßgeblich.[15] Das Interesse des Klägers an der Feststellung ist durch Schätzung zu ermitteln[16], wobei der Verkehrswert des Anteils den Ausgangspunkt für die Schätzung darstellt[17]. Sofern es aufgrund besonderer Umstände angezeigt ist, kann der Streitgegenstandswert aber auch unter dem Wert des Anteils festgesetzt werden.[18]

C. Zustellung

9 Da es sich bei dem eingetragenen Verein um eine juristische Person handelt, die nicht selbst prozessfähig ist, hat eine Zustellung grundsätzlich an den Vorstand als den gesetzlichen Vertreter zu erfolgen (§ 170 Abs. 1 S. 1 ZPO). Besteht der Vorstand aus mehreren Mitgliedern, ist die Zustellung an eines von ihnen stets ausreichend (§ 170 Abs. 3 ZPO). Auch die Zustellung an einen Leiter (§ 170 Abs. 2 ZPO) bzw. an einen von mehreren Leitern ist möglich (§ 170 Abs. 3 ZPO). Als Leiter gelten Personen, die durch ihre Stellung zum Handeln für den Verein sowie zum Repräsentieren der juristischen Person gegenüber Außenstehenden berufen sind.[19]

---

7 *Stöber* Rn. 742. Vgl. auch BGH 121, 397 (400) hinsichtlich eines Rechtsanwalt eines Geschäftsunfähigen, wobei der Rechtsanwalt den Mangel der Vollmacht nicht kannte, und ihm daher auch nicht die Prozesskosten auferlegt werden konnten.
8 BGH 121, 397 (400); LG Göttingen NJW-RR 1988, 1273; *Stöber* Rn. 742.
9 Thomas/Putzo/*Hüßtege* § 17 Rn. 4.
10 Musielak/*Heinrich* § 17 Rn. 12.
11 *Stöber* Rn. 739; Thomas/Putzo/*Hüßtege* § 22 Rn. 2.
12 Thomas/Putzo/*Hüßtege* § 22 Rn. 2.
13 BGH NJW 1980, 343.
14 So zuvor LG Frankfurt NJW 1977, 538.
15 Thomas/Putzo/*Hüßtege* § 3 Rn. 23.
16 Thomas/Putzo/*Hüßtege* § 3 Rn. 23.
17 Vgl. BGHZ 19, 172 (175) hinsichtlich einer Ausschließungsklage aus einer OHG gemäß § 140 HGB.
18 Vgl. BGHZ 19, 172 (175) hinsichtlich einer Ausschließungsklage aus einer OHG gemäß § 140 HGB.
19 Zöller/*Stöber* § 170 Rn. 4.

D. Prozesskostenhilfe

Nach § 116 S. 1 Nr. 2 ZPO erhält ein Verein auf Antrag Prozesskostenhilfe, wenn die Kosten des Rechtsstreits weder von ihm noch von den am Gegenstand des Rechtsstreits wirtschaftlich Beteiligten aufgebracht werden können. Grundsätzlich ist einem gemeinnützigen Idealverein Prozesskostenhilfe nur zu bewilligen, wenn die wirtschaftlich Beteiligten kein Vermögen haben.[20] Wirtschaftlich beteiligt ist derjenige, dessen endgültigem Nutzen der Rechtsstreit dient.[21] Dabei ist auch der Zweck der Vorschrift zu berücksichtigen. Die Vorschrift soll verhindern, dass sich vermögende Personen trotz wirtschaftlichen Interesses am Ausgang des Verfahrens vermögensloser juristischer Personen bedienen und so die Prozesskosten auf die Allgemeinheit verlagern, obwohl sie diese selbst aufbringen könnten.[22] 10

Zudem ist erforderlich, dass die Unterlassung der Rechtsverfolgung oder Rechtsverteidigung allgemeinen Interessen zuwiderlaufen würde, also etwa wenn es dem Verein ohne den Rechtsstreit nicht möglich wäre, Aufgaben wahrzunehmen, die der Allgemeinheit dienen[23], oder eine große Zahl von Arbeitsplätzen gefährdet wäre[24], z. B. weil die Existenz des Vereins bedroht ist. Denn § 116 S. 1 Nr. 2 ZPO bietet mit dem unbestimmten Rechtsbegriff der »allgemeinen Interessen« dem Richter die Möglichkeit, alle denkbaren Gesichtspunkte zugunsten des Vereins in seine Entscheidung einzubeziehen.[25] 11

Umstritten ist, ob der Verein auch entsprechend § 116 S. 1 Nr. 1 ZPO Prozesskostenhilfe beantragen kann, wenn den wirtschaftlich Beteiligten das Aufbringen der Kosten nicht zuzumuten ist.[26] 12

E. Beweisaufnahme

Aufgrund seiner Stellung als gesetzlicher Vertreter des Vereins (s. § 26 Abs. 1 S. 2 BGB) ist der **Vorstand Partei** in Prozessen, in denen der von ihm vertretene Verein Partei ist, und darf nicht als Zeuge vernommen werden.[27] Wird dennoch ein Antrag auf Vernehmung des Vorstands als Zeuge gestellt, ist auszulegen, ob dieser als Antrag auf Parteivernehmung zu gelten hat.[28] Entscheidend ist das Innehaben der Funktion zum Zeitpunkt der Vernehmung, sodass durch Amtsniederlegung und gleichzeitige Neubestellung eines Vorstands, das ehemalige Vorstandsmitglied als Zeuge zur Verfügung steht.[29] 13

Umstritten ist, ob ein **besonderer Vertreter** i. S. d. § 30 BGB Zeuge oder, wie der Vorstand des Vereins, Partei ist.[30] So wird argumentiert, dass aus § 455 Abs. 1 S. 1 ZPO folge, nur der gesetzliche Vertreter sei als Partei zu vernehmen.[31] Das treffe auf den besonderen Vertreter nach § 30 BGB nicht zu, da er durch die Satzung eingesetzt werde.[32] Darüber hinaus sei die Bestellung des besonderen Ver- 14

---

20 MünchHdb GesR/*Waldner* § 47 Rn. 5; daher ablehnend RG 148, 196; OLG Düsseldorf MDR 1968, 331 (Yachtclub); OVG Münster NJW 2005, 3512 (Verein von kommunalen Wählergruppen); zusprechend OLG Hamburg NJW-RR 1987, 894 (gemeinnütziger Verein, der Jugendarbeit leistet), wobei das OLG Hamburg verneinte, dass die Mitglieder sowie der Vorstand wirtschaftlich Beteiligte sind.
21 BGH NJW 1977, 2317.
22 BVerfG NJW 1974, 229 (231); OVG Münster NJW 2005, 3512 m. w. N.
23 Thomas/Putzo/*Reichold* § 116 Rn. 6.
24 BGH 25, 183 (185); OLG Hamm NJW-RR 1989, 382 (383); Thomas/Putzo/*Reichold* § 116 Rn. 6.
25 BVerfG NJW 1974, 229 (231); BGH NJW 1991, 703.
26 Für die entsprechende Anwendung von § 116 Nr. 1 ZPO: MünchHdb GesR/*Waldner* § 47 Rn. 5; Stein/Jonas/*Bork* § 116 ZPO Rn. 22 m. w. N.; a. A. Thomas/Putzo/*Reichold* § 116 Rn. 5.
27 Vgl. RGZ 46, 318 (zur Vernehmung eines Regierungsrats, der Mitglied einer Behörde ist).
28 BGH NJW-RR 1994, 1143 (1144); MünchHdb GesR *Waldner* § 47 Rn. 10.
29 MünchHdb GesR/*Waldner* § 47 Rn. 10 m. w. N.
30 Für die Stellung als Zeuge: MünchHdb GesR/*Waldner* § 47 Rn. 10; *Barfuß* NJW 1977, 1273; Soergel/*Hadding* § 30 Rn. 11; Palandt/*Ellenberger* § 30 Rn. 6; Zöller/*Greger* § 373 Rn. 6; für die Stellung als Partei: MüKo BGB/*Reuter* § 30 Rn. 15; *Reichert* Rn. 2856; unentschieden Staudinger/*Weick* § 30 Rn. 4.
31 *Barfuß* NJW 1977, 1273 (1274).
32 *Barfuß* NJW 1977, 1273 (1274) m. w. N.

treters nicht notwendig, um den Verein handlungsfähig zu machen.[33] Deshalb sei der besondere Vertreter eher einem rechtsgeschäftlichen Vertreter ähnlich.[34] Dagegen wird vorgebracht, es komme nicht auf die Mitgliedschaft in einem Organ an, welches für die Handlungsfähigkeit des Vereins erforderlich ist.[35] Vielmehr sei darauf abzustellen, ob der besondere Vertreter Außenorgan sei.[36] Das wird für seinen Geschäftskreis bejaht.[37] Daher müsse er in entsprechenden Konstellationen als Partei vernommen werden.[38]

F. Zwangsvollstreckung

15 Als gesetzlichem Vertreter des Vereins obliegt es dem Vorstand, erforderlichenfalls die eidesstattliche Versicherung (§ 807 ZPO) für den Verein zu leisten.[39] Ist der Verein zur Abgabe einer eidesstattlichen Versicherung (§ 889 ZPO) verurteilt worden, hat der Vorstand diese abzugeben. Hat der Verein mehrere Vorstandsmitglieder, so ist jedes Mitglied zu dieser Versicherung verpflichtet[40] und die Verpflichtung des Vereins ist erst erfüllt, wenn alle gesetzlichen Vertreter oder Liquidatoren, die zur Vertretung erforderlich sind, die Versicherung abgegeben haben.[41]

---

33 *Barfuß* NJW 1977, 1273 (1274).
34 *Barfuß* NJW 1977, 1273 (1274).
35 MüKo BGB/*Reuter* § 30 Rn. 15.
36 MüKo BGB/*Reuter* § 30 Rn. 15.
37 MüKo BGB/*Reuter* § 30 Rn. 15.
38 MüKo BGB/*Reuter* § 30 Rn. 15.
39 *Stöber* Rn. 743.
40 LG Köln Rpfleger 1970, 406.
41 OLG Frankfurt NJW-RR 1988, 807 (808) zur GmbH & Co. KG; Sauter/Schweyer/Waldner/*Waldner/Wörle-Himmel* Rn. 243.

§ 73 Streitpunkte bei der Gründung des Vereins

Übersicht Rdn. Rdn.
A. Gründungsphasen 2   C. Streitigkeiten bei Eintragung in das
B. Verweigerung der Anmeldung durch   Vereinsregister 4
   den Vorstand 3

Durch die **Eintragung des Vereins** im Vereinsregister wird dieser **rechtsfähig**. Konstitutiv ist die Eintragung lediglich für die Erlangung der Rechtsfähigkeit (§ 21 BGB) und für Satzungsänderungen (§ 71 BGB). Solange Satzungsänderungen nicht nach § 71 BGB eingetragen sind, entfalten sie gegenüber den Mitgliedern sowie gegenüber Dritten keine Wirkung.[1] Im Übrigen sind Eintragungen nur deklaratorisch, d. h. verlautbarend, so dass auch ohne sie die eingetragene Tatsache wirksam besteht.[2] 1

A. Gründungsphasen

Die Nichtigkeit der Willenserklärung eines Gründers z. B. wegen Geschäftsunfähigkeit oder Anfechtung aufgrund eines Willensmangels wirkt sich auf die Satzung nur dann aus, wenn die für die Errichtung (nicht die Eintragung) erforderliche Mindestzahl von drei Gründungserklärungen unterschritten wird.[3] Ist der Verein aber bereits nach außen aufgetreten oder in das Vereinsregister eingetragen worden, wirken Nichtigkeitsgründe entsprechend den Grundsätzen der fehlerhaften Gesellschaft nur *ex nunc*.[4] Verstößt die Satzung gegen ein Verbotsgesetz im Sinne des § 134 BGB, gegen die guten Sitten (§ 138 BGB), gegen Treu und Glauben (§ 242 BGB) oder stellt sie eine sittenwidrige Schädigung i. S. v. § 826 BGB dar, ist sie unheilbar nichtig.[5] Das gilt auch, wenn die Satzung die Grundsätze des Vereinsrechts missachtet.[6] 2

B. Verweigerung der Anmeldung durch den Vorstand

§ 59 Abs. 1 BGB begründet keine Anmeldepflicht, da eine Anmeldung durch den Vorstand nicht nach § 78 BGB durch Festsetzung eines Zwangsgeldes erzwungen werden kann.[7] Sofern der Vorstand die Anmeldung verweigert, bleibt der Mitgliederversammlung nur der Widerruf der Bestellung nach § 27 Abs. 2 S. 1 BGB.[8] 3

C. Streitigkeiten bei Eintragung in das Vereinsregister

Neben den Gründen, die in § 60 BGB in Verbindung mit den §§ 56 bis 59 BGB aufgeführt sind, ist die Zurückweisung der Anmeldung auch bei sonstigen Gesetzesverletzungen möglich.[9] Daher hat das Gericht bei begründeten Bedenken ein materielles Prüfungsrecht.[10] Gegen die Entscheidung des Rechtspflegers über die Nichteintragung ist nach § 58 Abs. 1 FamFG die Beschwerde zulässig, wobei der Vorverein beschwerdeberechtigt ist.[11] Der Rechtspfleger hat – anstelle der Zurückweisung – die Möglichkeit, eine Zwischenverfügung (§ 382 Abs. 4 FamFG) zu erlassen. In der Zwischenver- 4

---

1 BGHZ 23, 122 (128); BFH NJW-RR 2002, 318; Palandt/*Ellenberger* § 71 Rn. 1.
2 Palandt/*Ellenberger* Vorbem. § 55 Rn. 1.
3 MünchHdb GesR/*Knopf* § 15 Rn. 42; a. A. Sauter/Schweyer/Waldner/*Waldner/Wörle-Himmel* Rn. 12; Stöber Rn. 16, wonach zwei wirksame Gründungserklärung ausreichend sind.
4 MünchHdb GesR/*Knopf* § 15 Rn. 43 m. w. N.
5 MünchHdb GesR/*Knopf* § 15 Rn. 45; Sauter/Schweyer/Waldner/*Waldner/Wörle-Himmel* Rn. 12.
6 MünchHdb GesR/*Knopf* § 15 Rn. 45.
7 Palandt/*Ellenberger* § 59 Rn. 1.
8 Palandt/*Ellenberger* § 59 Rn. 1.
9 KG NJW-RR 2005, 339 hinsichtlich der Anmeldung eines Idealvereins und Bedenken bezüglich der Ausrichtung auf einen wirtschaftlichen Geschäftsbetrieb; Palandt/*Ellenberger* § 60 Rn. 1.
10 BayObLG DNotZ 1987, 353; Palandt/*Ellenberger* § 60 Rn. 1.
11 BayObLG NJW-RR 91, 958; Palandt/*Ellenberger* § 60 Rn. 1.

fügung soll der Rechtspfleger alle bestehenden Eintragungshindernisse benennen und deren Beseitigungsmöglichkeit aufzeigen.[12] Auch gegen die Zwischenverfügung kann Beschwerde eingelegt werden.[13]

5 Für das Verfahren gilt ergänzend das FamFG, insbesondere §§ 400, 401 FamFG und die aufgrund des § 55a VII BGB a. F. durch das Bundesministerium des Justiz erlassene Vereinsregisterverordnung (VRV).

6 Die Eintragung kann vom Gericht mit *ex nunc* Wirkung von Amts wegen gelöscht werden, § 395 FamFG.[14] Bis zur Löschung ist die Eintragung gültig.[15] Die Eintragung eines Vereins im Vereinsregister begründet bis zu seiner Löschung eine Vermutung, dass der Verein existiert und rechtsfähig ist. Die Rechtsfähigkeit kann bis zur Löschung aus dem Register nur im Amtslöschungsverfahren geprüft werden.[16]

---

12 BayObLG NJW-RR 1992, 802 (803).
13 Sauter/Schweyer/Waldner/*Waldner*/*Wörle-Himmel* Rn. 24.
14 Palandt/*Ellenberger* vor § 55 Rn. 2.
15 BGH NJW 1983, 993; Palandt/*Ellenberger* vor § 55 Rn. 2.
16 KG NJW-RR 2001, 966; Palandt/*Ellenberger* vor § 55 Rn. 2.

§ 74 Streitigkeiten im Zusammenhang mit den Mitgliedsanteilen

Nach § 35 BGB sind Sonderrechte eines Mitglieds nur mit dessen Zustimmung beschränkbar. Das 1
Mitglied, dem ein Sonderrecht zusteht, kann die Unwirksamkeit eines Vereinsbeschlusses, der sein **Sonderrecht verletzt, gerichtlich feststellen lassen.**[1] Der Feststellungsantrag kann dahingehend ergänzt werden, dass das Sonderrecht uneingeschränkt bestehen bleibt.[2] Auch der Verein kann die Feststellung, dass ein Sonderrecht nicht mehr besteht, gerichtlich beantragen.[3]

In Rechtsstreitigkeiten, die die Verletzung von Sonderrechten durch Beschlüsse zum Gegenstand ha- 2
ben, ist das Gericht berechtigt, alle Tat- und Rechtsfragen vollumfänglich nachzuprüfen.[4]

---

1 *Reichert* Rn. 884.
2 *Reichert* Rn. 884.
3 *Reichert* Rn. 884.
4 BGH LM Nr. 2 zu § 35; Palandt/*Ellenberger* § 35 Rn. 5.

§ 75 Durchsetzung von Mitgliederrechten und -pflichten

Übersicht

		Rdn.				Rdn.
A.	Durchsetzung von Mitgliederrechten	1	I.	Vereinsstrafen		9
I.	Rechtsweg bei einer Angelegenheit der inneren Ordnung des Vereins	2		1. Verhängung der Vereinstrafe durch ein Vereinsorgan		9
II.	Klage gegen Beschlüsse, die das Mitglied in seinen Rechten verletzen	3		2. Gerichtliche Überprüfbarkeit von Vereinsmaßnahmen		11
III.	Leistungsklage	4		3. Umfang der gerichtlichen Nachprüfung		12
IV.	Klage auf Gleichbehandlung	5				
V.	Klage auf Schadensersatz	6		4. Überprüfung von vereinsinternen Maßnahmen durch ein Schiedsgericht		14
VI.	Klage auf Freistellung	7				
VII.	Klage auf Unterlassung ehrverletzender Äußerungen	8	II.	Klage auf Pflichterfüllung		17
B.	Durchsetzung von Mitgliederpflichten	9	III.	Klage auf Stimmabgabe		18

A. Durchsetzung von Mitgliederrechten

1 Bei den Mitgliederrechten unterscheidet man »allgemeine« Mitgliederrechte und die etwa durch Satzung eingeräumten »Sonderrechte«, § 35 BGB.[1] Die allgemeinen Mitgliederrechte umfassen typischerweise ein Benutzungsrecht für die Einrichtungen des Vereins im Rahmen etwa bestehender Benutzungsordnungen, das Recht auf Einsicht in die Bücher des Vereins, die Organschaftsrechte wie das Wahlrecht, das Teilnahmerecht für Mitgliederversammlungen sowie das Recht, nicht ohne sachlichen Grund bzw. bei Vereinen ohne Aufnahmepflicht nicht über die Grenzen des § 138 BGB hinaus ungleich behandelt zu werden.[2]

I. Rechtsweg bei einer Angelegenheit der inneren Ordnung des Vereins

2 Angelegenheiten der inneren Ordnung des Vereins, wie etwa die Wahl eines Mitglieds in ein Organ des Vereins, die der Vorstand nicht anerkennt[3] oder der Streit um die ordnungsgemäße Willensbildung innerhalb eines Organs[4], betreffen die Vereinsverfassung sowie die Aufrechterhaltung dieser selbstgegebenen Ordnung und müssen (in Ermangelung einer besonderen Zuständigkeitsbestimmung in der Satzung) zunächst der **Mitgliederversammlung zur Klärung** vorgelegt werden.[5] Der Rechtsweg zu den ordentlichen Gerichten ist erst zulässig, wenn ein verbindlicher Beschluss über diesen Streit zustande gekommen ist[6] oder wenn die Einberufung einer Mitgliederversammlung entgegen der Satzung verweigert wird.[7]

II. Klage gegen Beschlüsse, die das Mitglied in seinen Rechten verletzen

3 Das Mitglied kann die Unwirksamkeit von Beschlüssen, auch von denen, die es in seinen Sonderrechten (s. § 74) verletzen, gerichtlich feststellen lassen. Zu den Einzelheiten s. § 77 B.

---

1 Sauter/Schweyer/Waldner/*Waldner/Wörle-Himmel* Rn. 335.
2 Sauter/Schweyer/Waldner/*Waldner/Wörle-Himmel* Rn. 335 ff.
3 RGZ 79, 409.
4 BGH NJW 1968, 1131.
5 *Stöber* Rn. 752.
6 BGH NJW 1968, 1131; *Stöber* Rn. 752.
7 RGZ 79, 409 (411).

III. Leistungsklage

Die Vereinsmitglieder können, wenn ihre subjektiven Mitgliedschaftsrechte durch Unterlassen einer Handlung verletzt worden sind, die entsprechende Handlung (Einsicht, Eintragung, Erteilung usw.) durch eine Leistungsklage einklagen.[8]

IV. Klage auf Gleichbehandlung

Das Mitglied kann durch eine Handlung des Vereins in seinem Recht auf Gleichbehandlung und damit in seinem Mitgliedschaftsrecht verletzt sein. Mit einer Klage auf Gleichbehandlung[9] und/oder auf Schadensersatz[10] kann das Mitglied sein Recht durchsetzen. Beruht die Ungleichbehandlung auf einem Beschluss der Mitgliederversammlung, kann das Mitglied mit der Feststellungsklage gegen diesen vorgehen.[11]

V. Klage auf Schadensersatz

Das Mitgliedschaftsrecht ist nach der Rechtsprechung von § 823 Abs. 1 BGB als sonstiges Recht erfasst.[12] Die Sonderbeziehung zwischen Verein und Mitglied schließt die Anwendung von Deliktsrecht bei Verletzung deliktisch geschützter Positionen nach der Rechtsprechung nicht generell aus.[13] Folglich kann das Mitglied im Falle der schuldhaften Verletzung seines Mitgliedschaftsrechts Schadensersatz verlangen. Hat das handelnde Organ das Mitgliedschaftsrecht schuldhaft verletzt, so ist dies nach § 31 BGB dem Verein zuzurechnen und die Klage gegen den Verein zu richten.[14] Ungeklärt ist jedoch der Umfang der durch das Mitgliedschaftsrecht geschützten Rechtspositionen. Insbesondere hat der BGH offen gelassen, ob bereits jede schuldhafte Beeinträchtigung ausreicht oder ob ein Eingriff, der sich gegen den Bestand der Mitgliedschaft oder die in der Mitgliedschaft verkörperten Rechte und Betätigungsmöglichkeiten richtet, erforderlich ist.[15] Unstreitig betroffen ist das Mitgliedschaftsrecht, wenn sämtliche Rechte des Mitglieds beeinträchtigt oder entzogen werden.[16]

VI. Klage auf Freistellung

Überträgt der Verein dem Mitglied eine Vereinsaufgabe, wird dadurch nach Auffassung der Rechtsprechung ein **Geschäftsbesorgungsverhältnis besonderer Art** zwischen dem ausführenden Mitglied und dem Verein begründet.[17] Ist ein Dritter bei Ausführung der Vereinsaufgabe durch das Mitglied geschädigt worden, so wurde bereits früher angenommen, dass das ausführende Mitglied, sofern ihm lediglich einfache Fahrlässigkeit vorzuwerfen ist, entsprechend § 670 BGB Freistellung durch den Verein verlangen kann.[18] Als Begründung wurde angeführt, dass eine andere Wertung den Grundsätzen der Arbeitnehmerhaftung zuwider laufen würde.[19] Nunmehr findet sich in § 31b BGB, der durch das Gesetz zur Stärkung des Ehrenamtes vom 21.3.2013 eingeführt wurde, eine ausdrückliche Regelung. Nach § 31b Abs. 1 S. 1 BGB haftet ein Mitglied dem Verein nur für Vorsatz und grobe Fahrlässigkeit, wenn es unentgeltlich oder für eine Vergütung, die 720 Euro jährlich nicht übersteigt, tätig wird. Eine Haftung entfällt damit auch bei mittlerer Fahrlässigkeit. Nach § 31b Abs. 2 S. 1 BGB hat das Mitglied einen Anspruch auf Freistellung von einer entsprechenden Verbindlichkeit gegen-

---

8 *Reichert* Rn. 3275 f.
9 BGH LM Nr. 2 zu § 39 BGB; *Reichert* Rn. 848.
10 RG JW 1938, 1329; *Reichert* Rn. 850.
11 *Reichert* Rn. 847.
12 BGH NJW 1990, 2877 (2878).
13 BGH NJW 1990, 2877 (2878).
14 BGH NJW 1990, 2877 (2878).
15 BGH NJW 1990, 2877 (2879).
16 Vgl. RGZ 158, 248 (255) hinsichtlich der Verletzung von Aktionärsrechten.
17 BGH NJW 1984, 789 (790); Palandt/*Ellenberger* § 27 Rn. 7.
18 BGH NJW 1984, 789 (790).
19 BGH NJW 1984, 789 (790); OLG Stuttgart SpuRt 2004, 31 (34 f.); AG Bochum NJW-RR 1989, 96 (97).

über einem Dritten. Für die Behauptung, das Mitglied habe vorsätzlich oder grob fahrlässig gehandelt, trägt der Verein die Beweislast, § 31b Abs. 1 S. 2 i. V. m. § 31a Abs. 1 S. 3 BGB.

VII. Klage auf Unterlassung ehrverletzender Äußerungen

8 Nach der Rechtsprechung ist die Erhebung von Unterlassungs- und Widerklagen aufgrund von Behauptungen, die Gegenstand eines vereinsinternen Ordnungsverfahrens sind, vor oder während des Verfahrens unzulässig.[20]

B. Durchsetzung von Mitgliederpflichten

I. Vereinsstrafen

1. Verhängung der Vereinstrafe durch ein Vereinsorgan

9 Ausfluss der Vereinsautonomie ist, dass der Verein bei Nichtbefolgung der Mitgliederpflichten nach in der Satzung festgelegten Voraussetzungen Vereinsstrafen über seine Mitglieder verhängen darf.[21] Sofern in der Satzung nicht die Übertragung der Strafgewalt auf ein besonderes Organ[22] bestimmt ist, ist die **Mitgliederversammlung** nach § 32 BGB zuständig.[23]

10 Das Verfahren muss so ausgestaltet sein, dass dem Beschuldigten rechtliches Gehör gewährt wird.[24] Das betroffene Mitglied kann nicht darauf bestehen, dass ein Anwalt zugelassen wird, es sei denn der Verein ist anwaltlich vertreten.[25] Dann gebietet das Gebot der Waffengleichheit die Zuziehung eines Anwalts durch das Mitglied.[26] Es besteht keine Verpflichtung des Mitglieds sich selbst zu belasten bzw. in irgendeiner Form an den Ermittlungen mitzuwirken.[27]

2. Gerichtliche Überprüfbarkeit von Vereinsmaßnahmen

11 Vereinsmaßnahmen sowie Vereinsstrafen sind, meist mit einer **Feststellungsklage**, gerichtlich nachprüfbar.[28] Voraussetzung ist, dass etwaige vereinsinterne Rechtsbehelfe (erfolglos) erhoben worden sind.[29] Eine Ausnahme von dieser Voraussetzung besteht mit der Folge, dass die staatlichen Gerichte entsprechend § 315 Abs. 3 S. 2 BGB sofort angerufen werden können, wenn die Durchführung des Verfahrens durch das zuständige Vereinsorgan verweigert oder unangemessen verzögert wird[30] oder auch wenn lebenswichtige Interessen des Mitglieds einem Abwarten entgegenstehen[31]. Ist nichts anderes bestimmt, haben diese internen Rechtsbehelfe aufschiebende Wirkung.[32] Unabhängig davon kann das Mitglied stets während des vereinsinternen Verfahrens die staatlichen Gerichte um vorläufigen Rechtsschutz ersuchen.[33]

---

20 OLG Düsseldorf NJW-RR 1986, 675; LG Trier NJW 1974, 1774; LG Oldenburg JZ 1989, 593 (594); Palandt/*Ellenberger* § 25 Rn. 29.
21 BGHZ 21, 370 (373); BGH 87, 337; Palandt/*Ellenberger* § 25 Rn. 13.
22 S. beispielhafte Aufzählung bei Palandt/*Ellenberger* § 25 Rn. 17.
23 Palandt/*Ellenberger* § 25 Rn. 17.
24 BGHZ 29, 352 (355); Palandt/*Ellenberger* § 25 Rn. 18.
25 BGHZ 55, 381 (391); Palandt/*Ellenberger* § 25 Rn. 18.
26 BGHZ 55, 381 (391); BGH 1971, 879 (883); BGH NJW 1984,1884.
27 Vgl. BGH ZIP 2003, 343 (345) zu dieser Problematik innerhalb einer Genossenschaft; Palandt/*Ellenberger* § 25 Rn. 18.
28 Palandt/*Ellenberger* § 25 Rn. 19.
29 BGHZ 47, 172 (174); Palandt/*Ellenberger* § 25 Rn. 20.
30 Palandt/*Ellenberger* § 25 Rn. 20.
31 Palandt/*Ellenberger* § 25 Rn. 20 m. w. N.
32 Palandt/*Ellenberger* § 25 Rn. 20 m. w. N.
33 OLG Düsseldorf NJW-RR 1988, 1271 (1272); Palandt/*Ellenberger* § 25 Rn. 20; Soergel/*Hadding* § 25 Rn. 55.

3. Umfang der gerichtlichen Nachprüfung

In dem Verfahren vor den staatlichen Gerichten wird geprüft, ob die Vereinsstrafe im Gesetz oder in der Satzung bestimmt und das durch die Satzung vorgeschriebene Verfahren eingehalten worden ist, ob weitere Gesetzes- oder Satzungsverstöße vorliegen, die Tatsachenermittlung fehlerfrei[34] und der Beschluss mit staatlichem Recht vereinbar ist.[35] Handelt es sich um einen Verein, der zur Aufnahme verpflichtet ist (s. § 76 Rdn. 2), ist die Anwendung der jeweiligen Sanktionsnorm vollumfänglich nachzuprüfen.[36] An den Ausschluss eines Mitglieds aus einem sozial mächtigen Verband sind erhebliche Anforderungen zu stellen. Insofern gilt ein ebenso strenger Maßstab wie bei der Ablehnung eines Aufnahmeantrags.[37] Zudem sind dem Ermessens- und Beurteilungsspielraum des sozial mächtigen Vereins bei der Entscheidung, ob es für den Ausschluss sachlich rechtfertigende Gründe gibt, enge Grenzen gesetzt.[38] Bei anderen (d. h. weniger mächtigen oder marktbeherrschenden) Vereinen beschränkt sich die Nachprüfung wegen der Vereinsautonomie darauf, dass die Vereinsstrafe nicht grob unbillig oder willkürlich ist.[39] 12

Da es dem Verein verwehrt ist, Gründe für die Ausschließung nachzuschieben, prüfen die Gerichte den Ausschließungsbeschluss mit dem Inhalt, den er bei seinem Erlass hatte.[40] 13

4. Überprüfung von vereinsinternen Maßnahmen durch ein Schiedsgericht

Die Überprüfung von vereinsinternen Maßnahmen und Streitigkeiten ist durch eine entsprechende Satzungsbestimmung auf ein Schiedsgericht übertragbar.[41] Das Schriftformerfordernis des § 1031 Abs. 1 ZPO ist wegen § 1066 ZPO nicht zu beachten.[42] Eine Regelung außerhalb der Satzung ist nur dann ausreichend, wenn die Satzung das entsprechende Regelwerk zum Bestandteil erklärt und wie einen solchen behandelt.[43] 14

Ein Mitglied, das der nachträglichen Aufnahme einer Schiedsklausel in die Satzung nicht zugestimmt hat, ist nicht daran gebunden, jedenfalls wenn der Austritt aus dem Verein wegen unzumutbarer, insbesondere wirtschaftlicher Nachteile nicht tragbar ist.[44] 15

Nach der Rechtsprechung des BGH ist ein Schiedsgericht nur dann für die Entscheidung vereinsinterner Streitigkeiten zuständig, wenn es den Anforderungen der §§ 1025 ff. ZPO genügt sowie von dem Verein und seinen Organen strukturell unabhängig und unparteilich ist.[45] Sind diese Voraussetzungen nicht erfüllt, so ist trotz der Bezeichnung der Institution als Schiedsgericht, ein Ver- 16

---

34 BGHZ 87, 337 (344).
35 Palandt/*Ellenberger* § 25 Rn. 22–25 m. w. N. Wird im Rahmen eines vereinsinternen Rechtsbehelfs eine verhängte Vereinsmaßnahme aufgehoben, so hat bei einer auf Feststellung der Wirksamkeit der Maßnahme gerichteten Klage, das Gericht nicht zu überprüfen, ob die Vereinsmaßnahme sachlich zu Recht aufgehoben wurde, BGH NZG 2013, 713.
36 BGHZ 102, 265 (276 f.); BGH NJW 1994, 43; Palandt/*Ellenberger* § 25 Rn. 25.
37 BGH NJW 1997, 3368 (3370).
38 BGH NJW 1997, 3368 (3370); NJW 1994, 43.
39 BGHZ 47, 381; 75, 158 (159); NJW 1997, 3368 (3370); Palandt/*Ellenberger* § 25 Rn. 25.
40 BGHZ 45, 314 (321); 102, 265 (273); NJW 1990, 40 (41); Palandt/*Ellenberger* § 25 Rn. 26.
41 Palandt/*Ellenberger* § 25 Rn. 21.
42 BGHZ 38, 155 (162); 48, 35 (43 f.); Palandt/*Ellenberger* § 25 Rn. 21.
43 OLG München BB 1977, 865; Palandt/*Ellenberger* § 25 Rn. 21.
44 BGH NJW 2000, 1713; Palandt/*Ellenberger* § 25 Rn. 21.
45 BGH NJW 2004, 2226; Palandt/*Ellenberger* § 25 Rn. 21.

einsgericht anzunehmen, was zur Folge hat, dass die staatlichen Gerichte zur Überprüfung der Entscheidung angerufen werden können.[46]

II. Klage auf Pflichterfüllung

17 Der Verein kann mittels Leistungsklage auf Pflichterfüllung, z. B. Zahlung des Mitgliedsbeitrags, klagen.[47] Das beklagte Mitglied kann einwenden, dass für den geltend gemachten Anspruch keine satzungsmäßige Grundlage bestehe[48] oder dass der anspruchsbegründende Beschluss nichtig sei[49]. Das Recht die Nichtigkeit des Beschlusses geltend zu machen, kann verwirkt werden.[50]

III. Klage auf Stimmabgabe

18 Ein Anspruch auf ein bestimmtes Stimmverhalten kann sich ausnahmsweise aus der Treuepflicht des Mitglieds ergeben.[51] Verstößt ein Mitglied durch seine Handlungen gegen die ihm obliegende Förderpflicht, kann sich der Verein durch Unterlassungsklage dagegen wehren.[52] Teilweise ist auch eine Klage auf Erfüllung der Förderungspflicht statthaft.[53] Alternativ besteht für den Verein die Möglichkeit Schadensersatz wegen schuldhafter Nichtbeachtung der Förderungspflicht einzuklagen.[54]

---

46 BGH NJW 1995, 583; NJW 2004, 2226; Kröll ZIP 2005,13; OLG Frankfurt a. M. NJW 1970, 2250; Palandt/*Ellenberger* § 25 Rn. 21.
47 *Reichert* Rn. 3271.
48 BGH NJW 1989, 1724; *Reichert* Rn. 3273.
49 *Reichert* Rn. 3273.
50 OLG Hamm NJW-RR 1997, 989 (Verwirkung bei fast vier Monaten zwischen abschließendem Beschluss und Klageerhebung); OLG Saarbrücken NZG 2008, 677 (679) (Verwirkung bei 2 Jahren und 2 Monaten zwischen Beschluss und Klageerhebung); Palandt/*Ellenberger* § 32 Rn. 11.
51 *Reichert* Rn. 3272.
52 *Reichert* Rn. 3272.
53 *Reichert* Rn. 3272.
54 *Reichert* Rn. 3272.

§ 76 Streitigkeiten bei der Veränderung des Mitgliederbestandes

Übersicht
	Rdn.			Rdn.
A.	Aufnahmepflicht	2	B. Unterschreitung der Mindestmitgliederzahl	4

Aufgrund der Vereinsautonomie kann der Verein die Aufnahmekriterien frei bestimmen.[1] Zudem besteht selbst bei Vorliegen der Aufnahmekriterien keine grundsätzliche Pflicht zur Aufnahme.[2] **1**

A. Aufnahmepflicht

Ausnahmsweise ergibt sich aus § 826 BGB eine Pflicht zur Aufnahme, wenn es sich um einen **Verein mit Monopolstellung** handelt und die Verweigerung der Mitgliedschaft eine sittenwidrige Schädigung darstellt.[3] Die Pflicht zur Aufnahme kann mit einer **Leistungsklage** durchgesetzt werden.[4] Zudem besteht gemäß § 18 Abs. 2 AGG ein Anspruch auf Aufnahme in die in § 18 Abs. 1 AGG benannten Vereinigungen, wenn die Ablehnung einen Verstoß gegen das Diskriminierungsverbot des § 7 Abs. 1 AGG darstellt. Für den Bereich der Wirtschafts- und Berufsverbände sowie Gütezeichengemeinschaften ergibt sich aus § 20 Abs. 6 GWB (der als Schutzgesetz im Sinne der § 33 GWB, § 823 Abs. 2 BGB gilt) i. V. m. § 1004 BGB (analog) ein verschuldensunabhängiger, mit der Leistungsklage einklagbarer Aufnahmeanspruch.[5] **2**

Sofern gegen die Versagung der Mitgliedschaft vereinsinterne Rechtsbehelfe bestehen, sind diese vor Anrufung der staatlichen Gerichte auszuschöpfen.[6] Ausnahmsweise kann aus § 242 BGB ein **Anspruch auf vorläufige Aufnahme** als Mitglied bestehen, der mittels einstweiliger Verfügung durchsetzbar ist.[7] **3**

B. Unterschreitung der Mindestmitgliederzahl

Wird durch Ausscheiden der Mitglieder die Mindestmitgliederzahl von drei Mitgliedern gemäß § 73 BGB unterschritten, so hat das Amtsgericht – sofern ein Antrag auf Entziehung der Rechtsfähigkeit nicht innerhalb von drei Monaten gestellt wird – dem Verein von Amts wegen die Rechtsfähigkeit zu entziehen. Für den die Rechtsfähigkeit entziehenden Beschluss bestimmt § 401 FamFG, in Abweichung zu § 40 FamFG, dass der Beschluss erst mit Eintritt der Rechtskraft wirksam wird.[8] Statthaftes Rechtsmittel gegen diesen Beschluss ist die in §§ 58 ff. FamFG geregelte Beschwerde. **4**

---

1 Palandt/*Ellenberger* § 25 Rn. 11.
2 BGHZ 101, 193 (200); Palandt/*Ellenberger* § 25 Rn. 11.
3 BGH NJW 1969, 316 (317); Palandt/*Ellenberger* § 25 Rn. 11.
4 BGHZ 93, 151 (157); NJW 1985, 1214 (1215).
5 BGHZ 29, 344; Palandt/*Ellenberger* § 25 Rn. 11; zur Ausdehnung der Grundsätze über die Aufnahmepflicht s. Palandt/*Ellenberger* § 25 Rn. 11.
6 RGZ 106, 120 (127); Palandt/*Ellenberger* § 25 Rn. 11.
7 Düsseldorf NJW-RR 1998, 328; Palandt/*Ellenberger* § 25 Rn. 11.
8 MüKo FamFG/*Krafka* § 401 Rn. 1.

§ 77 Streitigkeiten im Zusammenhang mit den Beschlüssen der Mitgliederversammlung

Übersicht

	Rdn.			Rdn.
A.	Einberufung der Mitglieder-		II. Klage	6
	versammlung	1	III. Beweislast	11
B.	Fehlerhaftigkeit der Beschlüsse	5	IV. Urteilswirkungen	12
I.	Folgen der Fehlerhaftigkeit	5	V. Positive Beschlussfeststellungsklage	14

A. Einberufung der Mitgliederversammlung

1 Der Vorstand oder das laut Satzung zuständige Organ ist verpflichtet, eine Mitgliederversammlung einzuberufen, wenn die Voraussetzungen des § 36 oder des § 37 BGB vorliegen.

2 Die Einberufung auf Verlangen einer Minderheit (§ 37 BGB) ist ein Grundsatz des Vereinsrechts[1], der entsprechend Anwendung findet, wenn eine Minderheit die Aufnahme eines Tagesordnungspunktes begehrt[2]. Neben den ermächtigten Mitgliedern kann zudem der Vorstand die Versammlung einberufen.[3] Werden die Mitglieder sowohl durch den Vorstand als auch durch die ermächtigten Mitglieder zu Versammlungen mit gleicher Tagesordnung, aber an unterschiedlichen Orten geladen, so können beide Ladungen wegen Verwirrung unwirksam sein.[4]

3 Die Vereinsmitglieder können die Einberufung nach § 36 BGB sowie § 37 BGB nicht durch Klage, sondern nur entsprechend § 37 Abs. 2 BGB im FamFG-Verfahren durchsetzen.[5] Der Vorstand kann nicht durch einstweilige Verfügung zur Einberufung oder zur Aufnahme eines Tagesordnungspunktes gezwungen werden.[6] Richtiger Antragsgegner in dem Verfahren der freiwilligen Gerichtsbarkeit ist nicht der Vorstand, sondern der Verein.[7] Voraussetzung ist, dass der Antrag nach 37 Abs. 2 BGB bereits von der erforderlichen Anzahl von Mitgliedern beim Vorstand[8] gestellt worden ist.[9] Das Gericht – funktionell der Rechtspfleger (§ 3 Nr. 1a RPflG) – darf den Antrag nur bei offensichtlichem Missbrauch des Antragsrechts, bei sachlicher Unzuständigkeit der Mitgliederversammlung für den Beschlussgegenstand und bei Fehlen eines schutzwürdigen Interesses ablehnen.[10]

4 Der Rechtspfleger ermächtigt die Minderheit durch Beschluss.[11] Dieser muss zumindest den Antragstellern bzw. ihren Bevollmächtigten zugestellt werden.[12] Zulässiger Rechtsbehelf ist die Beschwerde nach § 58 Abs. 1 FamFG, welche jedoch keine aufschiebende Wirkung hat und die Mitgliederversammlung somit nicht verhindert. Beschwerdeberechtigt ist nicht das Einberufungsorgan, sondern

---

1 Palandt/*Ellenberger* § 37 Rn. 2.
2 OLG Hamm MDR 1973, 929; Palandt/*Ellenberger* § 37 Rn. 2.
3 OLG Stuttgart NJW-RR 2004, 249; BayObLG NZG 2004, 1017 (1018); Palandt/*Ellenberger* § 37 Rn. 3.
4 OLG Stuttgart NJW-RR 2004, 249; Palandt/*Ellenberger* § 37 Rn. 3.
5 Palandt/*Ellenberger* § 36 Rn. 1 m. w. N.; a. A. RGZ 79, 409 (411).
6 MünchHdb GesR/*Waldner* § 31 Rn. 1, der die anders lautende Rechtsprechung des RG (RGZ 79, 409 (411) als überholt bezeichnet.
7 BayObLG NJW-RR 1986, 1499; Palandt/*Ellenberger* § 37 Rn. 4.
8 Für den Fall, dass der Vorstand nach der Satzung nicht zugleich das Einberufungsorgan ist, ist umstritten, ob das Einberufungsverlangen dennoch an den Vorstand (so *Reichert* Rn. 1265) oder an das zuständige Einberufungsorgan (so MüKo BGB/*Reuter* § 37 Rn. 1; *Stöber*, Rn. 426) zu richten ist. MünchHdb GesR/*Waldner* § 31 Rn. 5 spricht sich dafür aus, in diesem Fall das Einberufungsgesuch an den Vorstand und das satzungsmäßige Einberufungsorgan zu richten.
9 OLG Frankfurt a. M. OLGZ 73,137; Palandt/*Ellenberger* § 37 Rn. 4.
10 BayObLG JW 1933, 1470; Palandt/*Ellenberger* § 37 Rn. 4.
11 Palandt/*Ellenberger* § 37 Rn. 4.
12 BayObLGZ 1970, 120; Palandt/*Ellenberger* § 37 Rn. 4.

B. Fehlerhaftigkeit der Beschlüsse

der Verein.[13] In Betracht kommt aber eine Aussetzung der Vollziehung nach § 64 Abs. 3 FamFG. Nach Durchführung der Versammlung kann mangels Beschwer kein Rechtsmittel mehr eingelegt werden, da die Ermächtigung verbraucht ist.[14]

I. Folgen der Fehlerhaftigkeit

Nach der Rechtsprechung des BGH sind die §§ 241 ff. AktG, § 51 GenG im Vereinsrecht nicht entsprechend anwendbar.[15] Begründet wird dies mit den vielfältigen Ausgestaltungen vereinsrechtlicher Zusammenschlüsse und den daher vom Aktienrecht abweichenden rechtlichen und tatsächlichen Verhältnissen sowie den geringeren Förmlichkeiten des Vereinsrechts.[16] In der Rechtsprechung[17] gilt demnach der Grundsatz, dass ein Beschluss bei jedem Verstoß gegen das Gesetz oder die Satzung nichtig ist. Ausnahmsweise ist der Beschluss trotz eines Verfahrensverstoßes wirksam, wenn der Verfahrensfehler aus Sicht eines objektiv urteilenden Vereinsmitglieds keine Relevanz für die Ausübung der Mitwirkungsrechte hatte oder der Beschluss nicht auf dem Verstoß beruhen kann (sog. Relevanztheorie).[18]

II. Klage

Richtige **Klage**, um die **Nichtigkeit geltend** zu machen, ist die **Feststellungsklage nach § 256 ZPO**[19] gegen den Verein[20]. Eine Feststellungsklage ist nur zulässig, sofern eventuelle vereinsinterne Rechtsbehelfe ausgeschöpft worden sind.[21] Etwas anderes gilt nur, wenn dem betroffenen Mitglied der vereinsinterne Rechtsweg unzumutbar ist oder der Verein bzw. das zur Entscheidung berufene Vereinsorgan die Entscheidung böswillig verzögert oder verhindert.[22] Voraussetzung ist darüber hinaus, dass der Kläger bei Beschlussfassung sowie Rechtshängigkeit Vereinsmitglied ist.[23] Denn es ergibt sich nur aus dem Mitgliedschaftsverhältnis ein Anspruch darauf, dass der Verein in Einklang mit den Gesetzen, der Satzung sowie den Grundsätzen des Vereinsrechts handelt.[24] Auch das geschäftsführende Vereinsorgan ist wegen seiner eigenen Haftung klagebefugt.[25]

---

13 KG NJW-RR 1999, 1488 (1489); BayObLG Rpfleger 1986, 437; *Wagner* ZZP 105, 294 (302); MünchHdb GesR/*Waldner* § 31 Rn. 18; a. A. BayObLG Rpfleger 1970, 240; BayObLG Rpfleger 1971, 176.
14 BayObLGZ 1970, 120 (122); Palandt/*Ellenberger* § 37 Rn. 4.
15 BGHZ 59, 369; NJW 2008, 69 Tz. 36; Palandt/*Ellenberger* § 32 Rn. 9.
16 BGH NJW 2008, 69 (72).
17 BGH NZG 2014, 510; NJW 2008, 69 Tz. 36; NJW 1971, 879 (880); NJW 1973, 235; OLG Saarbrücken NZG 2008, 677 (679); AG Dortmund BB 1997, 225 mit Anmerkung von Lindemeyer;. Palandt/*Ellenberger*, § 32 Rn. 9; Nach Literaturmeinungen haben nur Verstöße gegen zwingende Gesetzes- bzw. Satzungsbestimmungen die Nichtigkeit zur Folge (MünchHdb GesR/*Waldner* § 31 Rn. 54 m. w. N.; MüKo BGB/*Reuter* § 32 Rn. 56). Beschlüsse, die nicht gegen zwingende Vorschriften verstoßen, seien lediglich anfechtbar (*Richert* NJW 1958, 1543; *K. Schmidt* § 24 III 3 f.). Allerdings wird auch erkannt, dass die Abgrenzung zwischen Beschlüssen, die zu rügen sind und denen, die nicht gerügt werden müssen, schwierig ist (MünchHdb GesR/*Waldner* § 31 Rn. 55).
18 BGH NJW 2008, 69 Tz. 44 anders noch 59, 369 (375); Palandt/*Ellenberger* § 32 Rn. 10 mit Beispielen. Nach einer verbreiteten Ansicht in der Literatur sind Beschlüsse, bei deren Beschlussfassung nur gegen Verfahrensvorschriften, die ausschließlich dem Schutz des einzelnen Mitglieds dienen, verstoßen worden ist nur nichtig, sofern das betroffene Mitglied den Beschluss in einem angemessenen Zeitraum rügt (Palandt/*Ellenberger* § 32 Rn. 10 m. w. N.; MünchHdb GesR/*Waldner* § 31 Rn. 57; LG Bremen Rpfleger 1990, 466; *K. Schmidt*, AG 1977, 243 (251); Soergel/*Hadding* § 32 Rn. 37a).
19 BGH NJW 2008, 69 (72) Tz. 35; Palandt/*Ellenberger* § 32 Rn. 11.
20 LG Frankfurt a. M. NJW-RR 1998, 396; Palandt/*Ellenberger* § 32 Rn. 11.
21 KG NJW 1988, 3159; Palandt/*Ellenberger* § 32 Rn. 11.
22 KG NJW 1988, 3159.
23 BGH NJW 2008, 69 (75) Tz. 64; NJW 2007, 1932 Palandt/*Ellenberger* § 32 Rn. 11; *Reichert* Rn. 3240.
24 BGH NJW 2008, 69 (75) Tz. 64.
25 RGZ 122, 266 (269); MünchHdb GesR/*Waldner* § 31 Rn. 60; *Reichert* Rn. 3238.

7 Darüber hinaus muss das klagende Mitglied – mit Ausnahme der Verfahrensverstöße – in seiner Rechtsposition betroffen sein.[26] Bei Beschlüssen anderer Organe als der Mitgliederversammlung muss die Mitgliedsstellung des Klägers berührt sein.[27] Die Besonderheit bei Beschlüssen über die Vereinswahl ist, dass jedes Mitglied in seiner Stellung betroffen und damit klagebefugt ist, da die Wahl das Verfassungsleben des Vereins beeinflusst.[28] Das Feststellungsinteresse resultiert aus dem gegenwärtigen Rechtsverhältnis der Mitgliedschaft bzw. der Organschaft, die bei nichtigen Beschlüssen der gerichtlichen Klärung bedarf.[29]

8 Mittelbare Mitglieder eines übergeordneten Vereins (etwa eines Dachverbandes) können die Feststellung der Nichtigkeit eines Beschlusses des übergeordneten Vereins ausnahmsweise beantragen, wenn durch diesen Beschluss eine Satzungsänderung des untergeordneten Vereins bewirkt wird, in welchem die Antragsteller Mitglieder sind.[30]

9 Dritte, die nicht dem Verein angehören, können die Feststellung der Nichtigkeit eines Beschlusses beantragen, wenn ihnen nach der Satzung ein Recht zusteht und dieses Recht durch ein Vereinsorgan verletzt worden ist oder der Verein gegen sie eine Sanktion verhängt hat.[31]

10 Die Verwirkung des Rechts der Geltendmachung kann bereits vier Monate nach Beschlussfassung eintreten.[32] Hat das klagende Mitglied dem Beschluss trotz Kenntnis des Mangels zugestimmt, so ist die Nichtigkeitsfeststellungsklage wegen Rechtsmissbrauchs unzulässig.[33]

III. Beweislast

11 Das klagende Mitglied muss die vorgenannten Zulässigkeitsvoraussetzungen beweisen.[34] Die Tatsachen, aus denen sich die Anfechtungsgründe ergeben, sind grundsätzlich nur vorzutragen.[35] Allerdings kann es zu einer Darlegungs- und Beweislastumkehr kommen, wenn der Beweis dem Mitglied nicht möglich oder nicht zumutbar ist und der Verein die wesentlichen Tatsachen kennt.[36] Nach der Relevanztheorie (§ 77 Rn. 5) muss der Verein darüber hinaus beweisen, dass ein etwaiger Verfahrensfehler die Ausübung der Mitwirkungsrechte aus Sicht eines objektiven Verbandsmitglieds in nicht relevanter Weise beeinträchtigt hat.[37] Behauptet ein Mitglied die Ungültigkeit eines ordnungsgemäß

---

26 *Reichert* Rn. 3239.
27 *Reichert* Rn. 3241.
28 *Reichert* Rn. 3239.
29 BGHZ 133, 90 (92 f.); *Reichert* Rn. 3239.
30 *Reichert* Rn. 3243 m. w. N.
31 *Reichert* Rn. 3243.
32 OLG Hamm NJW-RR 1997, 989 (Verwirkung bei fast vier Monaten zwischen abschließendem Beschluss und Klageerhebung); OLG Saarbrücken NZG 2008, 677 (679) (Verwirkung bei 2 Jahren und 2 Monaten zwischen Beschluss und Klageerhebung); Palandt/*Ellenberger* § 32 Rn. 11.
33 Vgl. BayObLG NJW-RR 1992, 910 zur WEG; Palandt/*Ellenberger* § 32 Rn. 11.
34 Vgl. BGH NJW 1978, 1316 (1317) zur AG; BGH NJW 1987, 1262 (1263) zur GmbH; *Reichert* Rn. 3250.
35 *Reichert* Rn. 3251.
36 *Reichert* Rn. 3252.
37 BGH NJW 2008, 69 (73) Tz. 44; zu den einzelnen Anforderungen an den Verein in bestimmten Konstellationen s. *Reichert* Rn. 3255 m. w. N.

beurkundeten[38] oder eines von der Mitgliederversammlung genehmigten und unwidersprochenen[39] Beschlusses, muss es den Nichtigkeitsgrund beweisen.[40]

IV. Urteilswirkungen

Wird die Klage des Mitglieds auf Feststellung der Nichtigkeit abgewiesen, wirkt das Urteil nur inter partes.[41] Gibt das Gericht der Klage hingegen statt, so gilt die Nichtigkeit des Beschlusses gegenüber allen.[42]

Die Vereinsmitglieder, die nicht für den angegriffenen Beschluss gestimmt haben, müssen die Möglichkeit haben, im Rahmen der Nebenintervention am Verfahren teilzunehmen.[43]

V. Positive Beschlussfeststellungsklage

Die positive Beschlussfeststellungsklage ist im Vereinsrecht zulässig.[44] Im Gegensatz zur negativen Feststellungsklage wird mit dieser Klage nur die Unrichtigkeit einzelner Ergebnisse und nicht die Nichtigkeit des ganzen Beschlusses geltend gemacht.[45] Die Erhebung einer positiven Feststellungsklage setzt voraus, dass der Beschluss wirksam zustande gekommen ist und nur das Ergebnis im Protokoll falsch festgestellt worden ist.[46] Negative Voraussetzung ist, dass die Satzung keine Regelung enthält, nach der nur die Verkündung des Beschlussergebnisses durch den Versammlungsleiter maßgeblich ist.[47] Wird der Klage stattgegeben, wirkt das Urteil für und gegen alle.[48]

---

38 BGHZ 49, 209; Palandt/*Ellenberger* § 32 Rn. 11.
39 BGH NJW 1968, 543 (544); *Reichert* Rn. 3257.
40 Palandt/*Ellenberger* § 32 Rn. 11.
41 Palandt/*Ellenberger* § 32 Rn. 11; MünchHdb GesR/*Waldner* § 31 Rn. 61.
42 BGH DB 1992, 1568 (1569); BayObLG NZG 2002, 439 (440); Palandt/*Ellenberger* § 32 Rn. 11.
43 Soergel/*Hadding* § 32 BGB Rn. 41.
44 Soergel/*Hadding* § 32 BGB Rn. 41.
45 Soergel/*Hadding* § 32 BGB Rn. 41.
46 KG OLGZ 1989, 425 (427); *Reichert* Rn. 3263.
47 *Reichert* Rn. 3263.
48 *Reichert* Rn. 3267.

§ 78 Streitigkeiten in Zusammenhang mit der Geschäftsführung

Übersicht

	Rdn.			Rdn.
A.	Klage des Vereins gegen den Vorstand aus Anstellungsverhältnis 1		C.	Klagen in Zusammenhang mit der Entlastung des Vorstandes 4
B.	Klage gegen den Vorstand aus Deliktsrecht 2		D.	Klage auf Feststellung des Widerrufs der Bestellung 7

A. Klage des Vereins gegen den Vorstand aus Anstellungsverhältnis

1 Ein gegen die Satzung verstoßendes Handeln führt zur Haftung des Vorstands, selbst wenn es von der Vertretungsmacht umfasst ist.[1] Die gesetzliche Beweislastverteilung in § 93 Abs. 2 S. 2 AktG und § 34 Abs. 2 S. 1 GenG findet auch auf den Vorstand eines Vereins Anwendung.[2] Der Verein ist hinsichtlich des entstandenen Schadens sowie der Ursächlichkeit des Organverhaltens beweisbelastet.[3] Teilweise kann die Ursächlichkeit vermutet werden.[4] Der Vorstand muss nachweisen, dass er seine Aufgaben pflichtgemäß erfüllt hat.[5]

B. Klage gegen den Vorstand aus Deliktsrecht

2 Die vorgenannten Grundsätze gelten jedoch nur, wenn der Verein das Organ aus dem Anstellungsverhältnis in Anspruch nimmt.[6] Nimmt der Verein das Organ aus Delikts- oder Bereicherungsrecht in Anspruch, findet keine Umkehrung der Beweis- und Darlegungslast statt, so dass der Verein alle anspruchsbegründenden Tatsachen zu beweisen hat.[7]

3 Der Ausgleichsanspruch, der gemäß § 426 Abs. 1 BGB bestehen kann, wenn ein Mitglied sowohl den Verein als auch das schuldhaft handelnde Organmitglied in Anspruch nimmt, kann mit einer Leistungsklage durchgesetzt werden.[8]

C. Klagen in Zusammenhang mit der Entlastung des Vorstandes

4 Eine Klage des Vorstandes auf Entlastung wird von den Gerichten für unzulässig erachtet.[9] Hingegen erkennen Teile der Literatur einen klagbaren Anspruch aus der Satzung oder aus Vereinsgebrauch an.[10] Zulässig ist die negative Feststellungsklage, wenn der Verein die Entlastung wegen einer Pflichtverletzung und den daraus resultierende Ansprüchen verweigert.[11]

---

1 BGH NJW 2008, 1589 Tz. 9; Palandt/*Ellenberger* § 27 Rn. 4.
2 *Reichert* Rn. 3303.
3 Hinsichtlich des Schadensersatzanspruches der GmbH gegen den Geschäftsführer BGH WM 1991, 281 (282); *v. Gerkan* ZHR 154 (1990), 39 (63); *Reichert* Rn. 3304.
4 Hinsichtlich des Schadensersatzanspruches der GmbH gegen den Geschäftsführer BGH WM, 1985, 1293 (1294); *v. Gerkan* ZHR 154 (1990), 39 (64) ist der Ansicht, dass die Beweislast grundsätzlich der Geschäftsführer trägt.
5 *Reichert* Rn. 3304 f.
6 *Reichert* Rn. 3307.
7 BGH NJW 1995, 727; *Reichert* Rn. 3307.
8 *Reichert* Rn. 3309; hinsichtlich der Beweisbelastung ist umstritten, ob die unter § 78 Rdn. 1 und Rdn. 2 dargelegten Grundsätze gelten (so *Reichert* Rn. 3310) oder es bei der Beweisbelastung des Anspruchstellers bleibt (so Soergel/*Hadding* § 31 Rn. 28).
9 OLG Celle NJW-RR 1994, 1545; OLG Köln NJW-RR 1997, 483; MüKo BGB/*Reuter* § 27 Rn. 43; Soergel/*Hadding* § 27 Rn. 25; das Reichsgericht hatte sie noch für zulässig erachtet RG 89, 396 (397); RG JW 1936, 1893.
10 MünchHdb GesR/*Waldner* § 30 Rn. 15; *Reichert* Rn. 3312.
11 BGH NJW 1986, 129 zum Geschäftsführer einer GmbH; MünchHdb GesR/*Waldner* § 30 Rn. 15; *Reichert* Rn. 3316.

Ist der Vorstand durch Beschluss entlastet worden und verkündet der Versammlungsleiter fälschlicherweise die Ablehnung, so ist die Klage auf Feststellung, dass Entlastung erteilt worden ist, statthaft.[12]

Ist im Verein ein Teil der Mitglieder mit dem Vorstand unzufrieden, ohne ihn abwählen zu können, und findet sich keine Mehrheit für einen Entlastungsbeschluss, kann der Vorstand die Verpflichtung zur Beschlussfassung über seine Entlastung einklagen.[13]

D. Klage auf Feststellung des Widerrufs der Bestellung

Ist unklar, ob ein Vorstandsmitglied ordnungsgemäß abberufen worden ist, kann der Verein klageweise die Feststellung begehren, dass die Bestellung des Vorstandes durch Beschluss der Mitgliederversammlung wirksam widerrufen wurde.[14] Das Feststellungsinteresse ergibt sich aus der bestehenden Eintragung des Vorstands im Vereinsregister und einer daraus resultierenden Möglichkeit der Haftung nach Rechtsscheingrundsätzen.[15] Die Klage ist nicht fristgebunden, aber der Verein kann bei längerem Zuwarten sein Recht verwirken.[16]

Auch der Vorstand kann, wenn er aus wichtigem Grund abberufen wurde, die Unwirksamkeit dieser Entscheidung gerichtlich feststellen lassen.[17] Das Feststellungsinteresse entfällt nicht, wenn die Amtszeit des klagenden Vorstandes abgelaufen ist und im Rahmen der Abberufungsentscheidung ehrenrührige Vorwürfe gegen ihn erhoben worden sind.[18]

Wenn die Voraussetzungen des § 29 BGB vorliegen,[19] bestellt das Amtsgericht auf Antrag eines Beteiligten die Vorstandsmitglieder. Zuständig ist nach § 29 BGB das Amtsgericht, das für den Bezirk, in dem der Verein seinen Sitz hat, das Vereinsregister führt. Funktionell zuständig ist der Rechtspfleger nach § 3 Abs. 1 Nr. 1a RPflG.

Strittig ist, ob die Bestellung mit der Bekanntgabe an den Notvorstand, den Antragsteller oder beide wirksam wird.[20] Der BGH hat unter Bezugnahme auf den Wortlaut des (alten) § 16 FGG die Meinung geäußert, dass viel für die Wirksamkeit der Bestellung ab dem Zeitpunkt der Zustellung an den bestellten Vertreter spreche.[21] Letztendlich hat er den Meinungsstreit aber offen gelassen, da nach seiner Ansicht zumindest die Zustellung an den bestellten Vertreter und einen beteiligten Antragsteller ausreiche.[22]

Der Beschluss ist rechtsgestaltend[23] und somit bis zur Aufhebung wirksam, obwohl die entsprechenden Voraussetzungen möglicherweise nicht erfüllt sind.[24] Die bestellten Vorstandsmitglieder sind von Amts wegen in das Vereinsregister einzutragen.[25]

---

12 BGH NJW 1987, 2430; *Reichert* Rn. 3311.
13 *Reichert* Rn. 3313.
14 BGH GmbHR 1999, 477 (478); *Reichert* Rn. 3269.
15 BGH GmbHR 1999, 477 (478); *Reichert* Rn. 3269.
16 BGH GmbHR 1999, 477 (478); *Reichert* Rn. 3269.
17 *Reichert* Rn. 3318.
18 OLG Karlsruhe NJW-RR 1998, 684; *Reichert* Rn. 3318.
19 Dies ist auch dann der Fall, wenn sämtliche Vorstandsmitglieder ihre Stellung als Vorstand leugnen, oder jegliche Vorstandstätigkeit ernsthaft und endgültig verweigern, OLG Zweibrücken NZG 2014, 586; OLG Schleswig NZG 2013, 594.
20 Für die Wirksamkeit der Bestellung mit Zugang an den Notvorstand: MünchHdb GesR/*Waldner* § 31 Rn. 40; a. A. MüKo BGB/*Reuter* § 29 Rn. 16; Staudinger/*Weick* § 29 Rn. 11, der noch die Annahme durch den Bestellten fordert, wobei die Annahme auch konkludent erfolgen könne.
21 BGHZ 6, 232 (235).
22 BGHZ 6, 232 (235).
23 RGZ 105, 401 (403).
24 BGH 24, 47 (51); MünchHdb GesR/*Waldner* § 31 Rn. 40; Palandt/*Ellenberger* § 29 Rn. 6.
25 MünchHdb GesR/*Waldner* § 31 Rn. 44.

12 Der Beschluss über die Bestellung muss nicht förmlich zugestellt werden, denn sowohl der Verein als auch die Mitglieder[26] können Beschwerde einlegen, ohne an eine Frist gebunden zu sein.[27] Wird der Antrag abgelehnt, kann sich der Antragsteller der gleichen Rechtsmittel bedienen.[28]

13 Das Amt des Notvorstandes endet automatisch, wenn der Bestellungsgrund wegfällt.[29]

---

[26] KG NZG 2013, 262; BayObLG FGPrax 1996, 232.
[27] MünchHdb GesR/*Waldner* § 31 Rn. 40.
[28] MünchHdb GesR/*Waldner* § 31 Rn. 45.
[29] MünchHdb GesR/*Waldner* § 31 Rn. 46.

§ 79 Streitigkeiten bei der Auflösung und Beendigung des Vereins

Auflösungsgründe sind der Beschluss der Mitgliederversammlung (§ 41 BGB), Auflösung durch Eintritt einer auflösenden Bedingung oder Zeitablauf[1], Auflösung durch behördliches Verbot (§§ 3 ff. VereinsG), Auflösung durch Eröffnung des Insolvenzverfahrens (§ 42 Abs. 1 BGB) und Auflösung durch Verlegung des Vereinssitzes ins Ausland[2]. 1

Die Liquidation erfolgt durch den Vorstand, § 48 Abs. 1 S. 1 BGB. Notfalls werden die Liquidatoren nach § 48 Abs. 1 S. 2 HS. 2 i. V. m. § 29 BGB bestellt. Örtlich zuständig ist das Amtsgericht, das für den Bezirk, in dem der Verein seinen Sitz hat, das Vereinsregister führt (§ 29 BGB). 2

Ist die Liquidation abgeschlossen, entfällt die Parteifähigkeit des Vereins, so dass eine anhängige Klage als unzulässig abzuweisen ist.[3] Voraussetzung ist, dass kein verwertbares Vermögen mehr vorhanden ist[4] und die Liquidation in Einklang mit den gesetzlichen Vorschriften durchgeführt worden ist[5]. 3

Sofern ein Passivprozess über einen nicht vermögensrechtlichen Anspruch anhängig ist, besteht der Verein bis zur Erledigung des Prozesses fort.[6] Für den Fall, dass nach Beendigung der Liquidation festgestellt wird, dass noch Vermögen vorhanden ist, wird die Liquidation wieder aufgenommen.[7] In diesem Prozess (sowie in Prozessen über die Parteifähigkeit des Vereins) bleibt der Verein parteifähig.[8] Eine vom Vorstand erteilte Prozessvollmacht gilt auch bei einem Wechsel des Vertretungsorgans (Bestellung anderer Personen zu Liquidatoren als die ehemaligen Vorstandsmitglieder) entsprechend § 130 Abs. 2 BGB weiter.[9] 4

Löst sich der Verein auf und fällt das Vermögen an den Fiskus, dann ist der Verein erloschen und eine Unterbrechung des Rechtsstreits nach § 240 ZPO tritt ein.[10] Ansonsten tritt infolge der Liquidation keine Unterbrechung des Verfahrens ein, sofern der Verein nicht ohne gesetzlichen Vertreter ist.[11] 5

Nach § 53 BGB haftet ein Liquidator, der seine Pflichten aus § 42 Abs. 2 BGB und den §§ 50, 51, 52 BGB verletzt oder dem Anfallberechtigten vor der Befriedigung der Gläubiger Vermögen überlässt, verschuldensabhängig. Ein etwaiger Bereicherungsanspruch gegen den Anfallberechtigten aus § 812 S. 1 S. 2, 1. Var. BGB steht dem Verein zu, weshalb der mögliche Ersatzanspruch des Gläubigers nicht ausgeschlossen ist.[12] Jedoch besteht ein Rechtsgrund für die Leistung, wenn die Liquidation ordnungsgemäß durchgeführt worden ist.[13] 6

---

1 MünchHdb GesR/*Waldner* § 61 Rn. 16 f.
2 MünchHdb GesR/*Waldner* § 61 Rn. 47 f.
3 BGHZ 74, 212; Palandt/*Ellenberger* § 49 Rn. 3.
4 Palandt/*Ellenberger* § 49 Rn. 3.
5 OLG Düsseldorf FGPrax 2004, 132; Palandt/*Ellenberger* § 49 Rn. 3.
6 BAG NJW 1982, 1831; Palandt/*Ellenberger* § 49 Rn. 3.
7 Palandt/*Ellenberger* § 49 Rn. 3.
8 BGH NJW 1982, 238; BAG NJW 1988, 2637 (2638).
9 *Reichert* Rn. 4136.
10 *Reichert* Rn. 3245; B/L/A/H § 239 Rn. 6.
11 *Reichert* Rn. 4135; zur GmbH: Scholz/*Schmidt* § 69 Rn. 6.
12 Palandt/*Ellenberger* § 53 Rn. 1.
13 Palandt/*Ellenberger* § 53 Rn. 2.

§ 80 Besonderheiten des VVaG

Übersicht

		Rdn.
A.	Streitigkeiten mit der Aufsichtsbehörde	4
I.	Verwaltungsrechtsweg	5
II.	Erlaubnis zum Geschäftsbetrieb und Aufsicht bei der Anmeldung	6
III.	Laufende Aufsicht	10
IV.	Genehmigung zur Bestandsübertragung	12
B.	Allgemeine zivilprozessuale Voraussetzungen	13
I.	Parteifähigkeit	13
II.	Prozessfähigkeit	14
	1. Größerer VVaG	15
	2. Kleinerer VVaG	18
III.	Gerichtliche Zuständigkeit	19
C.	Beschlussmängelstreitigkeiten	21
I.	Größerer VVaG	22
	1. Klagebefugnis	25
	2. Gerichtliche Zuständigkeit	28
	3. Klagefrist	30
	4. Besonderheiten der obersten Vertretung	31
II.	Kleinerer VVaG	34
D.	Sonstige Streitigkeiten über Mitgliederrechte und -pflichten	35
E.	Streitigkeiten mit dem Vorstand	36
I.	Abberufung	36
II.	Schadensersatz	39
F.	Streitigkeiten mit dem Aufsichtsrat	41
I.	Abberufung und Ergänzung	42
II.	Schadensersatz	46
G.	Inhaltskontrolle von Satzungsbestimmungen	48
H.	Streitigkeiten über die Beendigung der Mitgliedschaft	50
I.	Richtige Klageart	50
	1. Kleinerer VVaG	50
	2. Größerer VVaG	52
II.	Voraussetzungen für einen Ausschluss	53

1 Der Versicherungsverein auf Gegenseitigkeit (VVaG) ist eine für den Geschäftsbetrieb von Versicherungsunternehmen geschaffene Sonderform des wirtschaftlichen Vereins im Sinne des § 22 Satz 1 BGB.[1] Neben den speziellen Vorschriften des Gesetzes über die Beaufsichtigung der Versicherungsunternehmen (VAG) sind daher grundsätzlich die vereinsrechtlichen Regelungen der §§ 22 ff. BGB anwendbar.[2] Je nach Größe des VVaG findet über das VAG in wichtigen Bereichen – wie etwa der Organisation des Vorstandes oder des Aufsichtsrates – aber auch das AktG entsprechende Anwendung. Die Rechtsform des VVaG spielt in Deutschland eine eher untergeordnete Rolle. So waren in den Geschäftsübersichten der deutschen Handelsregister zum 01.01.2014 gerade einmal 88 »größere« (und damit registerpflichtige) VVaG ausgewiesen.[3] Die Bedeutung des nationalen VVaG könnte zudem weiter zurückgehen, wenn die Pläne einer Europäischen Gegenseitigkeitsgesellschaft umgesetzt würden.[4]

2 An die Mitgliedschaft im VVaG sind besondere gesetzliche Voraussetzungen geknüpft. Mitglied kann nach § 20 VAG nur derjenige werden, der auch ein Versicherungsverhältnis mit dem Verein begründet. Zudem endet die Mitgliedschaft grundsätzlich auch mit der Beendigung des Versicherungsverhältnisses. Die Mitgliedschaft und die Stellung als Versicherungsnehmer sind somit im Regelfall untrennbar miteinander verbunden.[5] Nur der *größere* VVaG darf gem. §§ 53 Abs. 1, 21 Abs. 2 VVaG ausnahmsweise auch Nichtmitglieder versichern.

3 Insbesondere aus den Besonderheiten der Mitgliedschaft, aber auch aus den verschiedenen anwendbaren Vorschriften ergeben sich für den VVaG prozessuale Besonderheiten. Diese sollen im Folgenden näher vertieft werden.

---

1 MüKo VVG/*Langheid* Syst. Einführung in das Aufsichtsrecht Rn. 331.
2 BGH NZG 2013, 789 (790); MüKo VVG/*Langheid* Syst. Einführung in das Aufsichtsrecht Rn. 331.
3 *Kornblum* GmbHR 2014, 694 (695).
4 *Langheid/Grote* VersR 2014, 805 (808).
5 MüKo VVG/*Langheid* Syst. Einführung in das Aufsichtsrecht Rn. 330.

A. Streitigkeiten mit der Aufsichtsbehörde

Der VVaG unterliegt gem. § 81 VAG der versicherungsrechtlichen Aufsicht. Dem kommt nicht nur 4
bei der Anmeldung, sondern auch beim laufenden Geschäftsbetrieb eine große Bedeutung zu. Im
Folgenden soll ein kurzer Überblick über die Aufgabenbereiche der Aufsichtsbehörde gegeben werden, in deren Kontext gesellschaftsrechtliche Fragestellungen relevant werden können.

I. Verwaltungsrechtsweg

Die für den VVaG zuständige **Aufsichtsbehörde** ist gem. § 4 FinDAG grundsätzlich die **BaFin** und 5
im Einzelfall die jeweilige Landesaufsichtsbehörde.[6] Entscheidungen der Aufsichtsbehörde sind als
rechtsgestaltende Verwaltungsakte grundsätzlich durch einen **Widerspruch** nach dem VwVfG oder
auf dem Verwaltungsrechtsweg durch eine **Anfechtungsklage** gem. § 42 Abs. 1 VwGO anzugreifen.[7]
Widerspruch und Anfechtungsklage haben gem. § 89a VAG **keine aufschiebende Wirkung**. Vor Beschreitung des Verwaltungsrechtswegs ist zu bedenken, dass in der Literatur vereinzelt über eine möglicherweise bestehende Einschätzungsprärogative der Aufsichtsbehörde diskutiert wird.[8]

II. Erlaubnis zum Geschäftsbetrieb und Aufsicht bei der Anmeldung

Wirtschaftlich und juristisch bedeutende Streitigkeiten können bereits vor Aufnahme des Geschäfts- 6
betriebs entstehen. Der VVaG darf gem. § 5 VAG seinen Geschäftsbetrieb nämlich erst nach **Erlaubnis** der Aufsichtsbehörde aufnehmen. Mit dem entsprechenden Antrag hat der VVaG gem.
§ 5 Abs. 2 VAG insbesondere einen Geschäftsplan einzureichen. Neben den übrigen in § 8 Abs. 1
und Abs. 1a VAG enumerativ aufgezählten Versagungsgründen prüft die Aufsichtsbehörde gem.
§ 8 Abs. 1 VAG, ob nach dem Geschäftsplan die Belange der Versicherten ausreichend gewahrt
und die Verpflichtungen aus den Versicherungen als dauernd erfüllbar dargetan werden. Mit der Erlaubnis zum Geschäftsbetrieb erlangt der VVaG gem. § 15 VAG schließlich **Rechtsfähigkeit**. Der
Eintragung zum Handelsregister kommt für die Rechtsfähigkeit des VVaG somit nur noch deklaratorische Bedeutung zu.[9] Streitigkeiten können auch hinsichtlich der Frage entstehen, ob bestimmte
Vorgänge eine Erlaubnispflicht auslösen. Dies wird etwa bei grenzüberschreitenden Sitzverlegungen
von Versicherungsunternehmen innerhalb der EU diskutiert.[10]

Der größere VVaG ist gem. § 30 VAG von sämtlichen Vorstands- und Aufsichtsratsmitgliedern zur 7
Eintragung beim zuständigen Handelsregister anzumelden. Die Prüfungskompetenz, ob der VVaG
ordnungsgemäß angemeldet und errichtet wurde, liegt nach h. M. nicht beim Registergericht, sondern bei der Aufsichtsbehörde bzw. im Streitfall bei der Verwaltungsgerichtsbarkeit.[11] Begründet
wird dies damit, dass das VAG die Möglichkeit einer gerichtlichen Überprüfung der Anmeldung
und Errichtung des VVaG im Gegensatz zu § 38 Abs. 1 S. 1 AktG nicht vorsehe. Eine Prüfung durch
die Aufsichtsbehörde sei zudem sachgerechter, da die Mitglieder eines VVaG zugleich auch Versicherungsnehmer seien und der Schutz der Versicherungsnehmer Aufgabe der Aufsichtsbehörde sei.[12]

Zum Aufgabenkreis der Aufsichtsbehörde gehört gem. § 53 Abs. 4 VAG auch die **Entscheidung** da- 8
rüber, ob ein VVaG ein »*kleinerer*« VVaG ist. Ein kleinerer VVaG ist entweder
– sachlich auf versicherungstechnisch einfache Risikoarten oder
– örtlich auf kleinere Gemeinden oder

---

6 Halm/Engelbrecht/Krahe/*Materne/Diehl* Kap. 1 Rn. 80; Krafka/Kühn/*Krafka/Kühn* Rn. 1795.
7 Fahr/Kaulbach/Bähr/Pohlmann/*Kaulbach* § 53 Rn. 4; Halm/Engelbrecht/Krahe/*Materne/Diehl* Kap. 1
  Rn. 80; Laars Versicherungsaufsichtsgesetz § 53 Rn. 3.
8 Laars, Versicherungsaufsichtsgesetz § 53 Rn. 3.
9 Krafka/Kühn/*Krafka/Kühn* Rn. 1798; MüKo VVG/*Langheid* Syst. Einführung in das Aufsichtsrecht
  Rn. 364.
10 Dazu näher *Schröder/Fischer* VersR 2013, 686.
11 Benkel, S. 109 m. w. N. zum Meinungsstand.
12 Benkel, S. 109.

– dem Personenkreis nach beschränkt.[13]

9   Je nach Einordnung des VVaG als *kleinerer* oder *größerer* VVaG kommen unterschiedliche Rechtsnormen zur Anwendung. Für den kleineren VVaG gelten zahlreiche Ausnahmen von den strengen Regelungen des VAG. Stattdessen sind gem. § 53 Abs. 2 VAG im Wesentlichen die vereinsrechtlichen Vorschriften der §§ 24–53 BGB anwendbar. Es kann für den VVaG daher von großem Interesse sein, von der Aufsichtsbehörde als kleinerer VVaG eingestuft zu werden. Eine Anfechtungsklage gegen die Entscheidung der Aufsichtsbehörde sollte daher sorgfältig geprüft werden, bevor die Entscheidung als Verwaltungsakt bestandskräftig wird.

III. Laufende Aufsicht

10 Die Aufsichtsbehörde überwacht gem. § 81 Abs. 1 S. 1 VAG zudem den **gesamten Geschäftsbetrieb** des VVaG.

11 Eine wichtige Vorschrift im Versicherungsaufsichtsrecht stellt § 87 VAG dar. Nach § 87 Abs. 1 und Abs. 2 VAG kann die Aufsichtsbehörde unter bestimmten Voraussetzungen die Erlaubnis für einzelne Versicherungssparten oder den gesamten Geschäftsbetrieb widerrufen. Dies stellt einen Eingriff in die Gewerbefreiheit des Unternehmens dar, der nur in Ausnahmefällen als ultima ratio in Betracht kommt.[14] Der **Widerruf** der **Erlaubnis** für den gesamten Geschäftsbetrieb hat beim VVaG die gleiche Wirkung wie ein **Auflösungsbeschluss**. Zudem kann die Aufsichtbehörde bei mangelnder Zuverlässigkeit und fachlicher Eignung[15] die **Abberufung** von **Aufsichtsrat** (§ 87 Abs. 8 VAG) und **Vorstand** (§ 87 Abs. 6 VAG) von den zuständigen Organen des VVaG verlangen.[16] Gegen das Abberufungsverlangen sind gem. § 42 Abs. 2 VwGO das betroffene Unternehmen, das abberufene Organ sowie das durch das Abberufungsverlangen verpflichtete Organ **klagebefugt**.[17]

IV. Genehmigung zur Bestandsübertragung

12 Der VVaG kann seinen Versicherungsbestand unter bestimmten Voraussetzungen auf ein anderes Unternehmen übertragen (zu den Voraussetzungen eines Übertragungsbeschlusses der obersten Vertretung siehe unten Rdn. 55). Zur **Wirksamkeit** des entsprechenden Bestandsübertragungsvertrags zwischen dem übertragenden und dem aufnehmenden Unternehmen bedarf es gem. § 14 VAG der **Genehmigung** der zuständigen Aufsichtsbehörden beider Unternehmen, also im Regelfall der **BaFin** (dazu oben Rdn. 5). Die Genehmigung ist ein Verwaltungsakt mit privatrechtsgestaltender Wirkung.[18] Der Bestandsübertragungsvertrag wird erst wirksam, wenn der jeweilige Verwaltungsakt für beide Unternehmen rechtskräftig ist.[19] Die Bestandsübertragung kann von dem betroffenen Mitglied im Verwaltungsrechtsweg durch die **Anfechtung** der Genehmigung angegriffen werden.[20]

§ 14 VAG findet auf **kleinere VVaG** gem. § 53 Abs. 1 VAG keine Anwendung, so dass Bestandsübertragungsverträge zwischen kleineren VVaG **keiner Genehmigung** durch die Aufsichtsbehörden bedürfen.

---

13 OLG Nürnberg VersR 1980, 1137; Laars Versicherungsaufsichtsgesetz § 53 Rn. 1; Fahr/Kaulbach/Bähr/Pohlmann/*Kaulbach* § 53 Rn. 2.
14 Erbs/Kohlhaas/*Wache* VAG § 87 Rn. 1.
15 Vgl. dazu *Berger* VersR 2010, 422 (423–425).
16 VG Frankfurt VersR 2005, 57.
17 Fahr/Kaulbach/Bähr/Pohlmann/*Kaulbach* § 87 Rn. 28.
18 Erbs/Kohlhaas/*Wache* VAG § 14 Rn. 3.
19 Prölss/*Präve*, § 14 Rn. 39; Erbs/Kohlhaas/*Wache* VAG § 14 Rn. 3; *Hasselbach/Komp* VersR 2005, 1651.
20 Laars Versicherungsaufsichtsgesetz § 44 Rn. 1; *Hasselbach/Komp* VersR 2005, 1651.

B. Allgemeine zivilprozessuale Voraussetzungen

I. Parteifähigkeit

Der VVaG ist gem. § 15 VAG rechtsfähig und somit gem. § 50 Abs. 1 ZPO auch parteifähig. 13

II. Prozessfähigkeit

Die maßgeblichen Vorschriften für die gerichtliche Vertretung des VVaG richten sich danach, ob der VVaG von der Aufsichtsbehörde als *größerer* oder nach § 53 Abs. 4 VAG als *kleinerer* VVaG eingestuft wird (zu den Einstufungskriterien vgl. Rdn. 8). 14

1. Größerer VVaG

Für die Vertretung durch den Vorstand des VVaG gelten über § 34 VAG im Wesentlichen die Vorschriften über den Vorstand der Aktiengesellschaft entsprechend. In gerichtlichen und außergerichtlichen Angelegenheiten wird der VVaG gem. § 34 VAG, § 78 Abs. 1 S. 1 AktG **grundsätzlich** durch den **Vorstand** vertreten. Vorbehaltlich abweichender Satzungsbestimmungen erfolgt die Vertretung des VVaG gem. § 34 VAG, § 78 Abs. 2 S. 1 AktG durch alle Vorstandsmitglieder gemeinschaftlich. 15

Der VVaG wird gem. § 35 Abs. 3 S. 1 VAG, § 112 S. 1 AktG durch den **Aufsichtsrat** vertreten, wenn der VVaG dem Vorstand im gerichtlichen oder außergerichtlichen Verkehr – z. B. bei der Geltendmachung von Schadensersatzansprüchen gegen den Vorstand – gegenübersteht (näher zur Vertretung durch den Aufsichtsrat unter § 3 Rdn. 4, 5). 16

Aufsichtsrat und Vorstand vertreten den VVaG gem. § 36 VAG, § 246 Abs. 2 S. 2 AktG grundsätzlich gemeinschaftlich, wenn gegen einen Beschluss der obersten Vertretung Anfechtungs- oder Nichtigkeitsklage erhoben wird. Wird die Anfechtungs- oder Nichtigkeitsklage von Aufsichtsrat, Vorstand oder einem der Organmitglieder erhoben, ist das jeweils andere Organ zur Vertretung berufen (näher zur gemeinschaftlichen Vertretung unter § 3 Rdn. 6–8, § 8 Rdn. 14, 15). 17

2. Kleinerer VVaG

Für den *kleineren* VVaG gelten hinsichtlich der gerichtlichen Vertretung gem. § 53 Abs. 2 VAG die allgemeinen vereinsrechtlichen Vorschriften des BGB. Grundsätzlich wird auch der *kleinere* VVaG gem. § 53 Abs. 2 VAG, § 26 Abs. 1 S. 2 BGB in gerichtlichen und außergerichtlichen Angelegenheiten durch den **Vorstand** vertreten. Zu den Einzelheiten wird auf die entsprechenden Ausführungen zum Vereinsrecht (§ 72 Rdn. 3, 4) verwiesen. 18

III. Gerichtliche Zuständigkeit

Für Klagen gegen den VVaG als juristische Person begründet der **Sitz der Gesellschaft** gem. § 17 Abs. 1 S. 1 ZPO den **allgemeinen Gerichtsstand**. Die (zusätzliche) Zuständigkeit der Kammer für Handelssachen richtet sich nach den §§ 94 ff. GVG. Zu beachten ist, dass die Kammer für Handelssachen nicht für gesellschaftsrechtliche Ansprüche von VVaG zuständig ist. Diese fallen nicht unter die Regelung des § 95 Abs. 1 Nr. 4a GVG, da es sich bei dem VVaG gem. § 16 VAG nicht um eine Handelsgesellschaft handelt.[21] 19

Klagt der VVaG gegen sein Mitglied in dessen Eigenschaft als Mitglied, ist gem. § 22 ZPO als **besonderer Gerichtsstand** der allgemeine Gerichtsstand des VVaG maßgeblich. Darüber hinaus gilt § 22 ZPO auch für mitgliedschaftliche Klagen der Mitglieder untereinander. Nach einer Ansicht soll § 22 ZPO für überregional tätige Massenvereine – und damit regelmäßig für den größeren VVaG – allerdings nicht anwendbar sein.[22] Nach der Gegenauffassung findet § 22 ZPO dagegen un- 20

---

21 Musielak/*Wittschier* § 95 GVG Rn. 10.
22 LG Frankfurt NJW 1977, 538; LG Hannover VersR 1979, 341.

eingeschränkt Anwendung.[23] Praktisch relevant ist § 22 ZPO vor allem bei Klagen des VVaG gegen seine Mitglieder wegen **rückständiger Prämienzahlungen**.[24]

C. Beschlussmängelstreitigkeiten

21 Auch bei Beschlussmängelstreitigkeiten ist zwischen dem kleineren VVaG und dem größeren VVaG zu unterscheiden. Während Beschlussmängel im größeren VVaG wie im Aktienrecht mit einer Anfechtungs- oder Nichtigkeitsklage angegriffen werden, können fehlerhafte Beschlüsse im kleineren VVaG nur im Wege einer Feststellungsklage geltend gemacht werden.

I. Größerer VVaG

22 Häufiger Streitpunkt gesellschaftsrechtlicher Streitigkeiten im größeren VVaG sind Beschlüsse der »obersten Vertretung«. Die oberste Vertretung ist das oberste Organ des größeren VVaG, vergleichbar mit der Hauptversammlung bei der AG.

23 Die Satzung eines VVaG muss gem. § 29 VAG eine Bestimmung über die oberste Vertretung des VVaG enthalten. Die oberste Vertretung kann entweder eine Mitgliederversammlung oder die Versammlung von Vertretern der Mitglieder sein (§ 29 VAG). Die für die oberste Vertretung des VVaG maßgeblichen Vorschriften lassen sich aus dem Aktiengesetz entnehmen, auf dessen Vorschriften über Hauptversammlungen § 36 VAG zum größten Teil verweist.

24 Über § 36 VAG sind die aktienrechtlichen Vorschriften der §§ 241 ff. AktG über die Anfechtungs- und Nichtigkeitsklagen gegen Beschlüsse der obersten Vertretung entsprechend anwendbar. Zur Anfechtbarkeit von auf Mitglieder- oder Mitgliedervertreterversammlungen gefassten Beschlüssen gelten daher die gleichen Grundsätze wie bei der Aktiengesellschaft (vgl. dazu § 8).

1. Klagebefugnis

25 Nach § 36 VAG i. V. m. §§ 245, 246 AktG (Anfechtungsklage) bzw. § 249 Abs. 1 S. 1 AktG (Nichtigkeitsklage) sind bei Beschlussmängelstreitigkeiten
 – die Mitglieder der obersten Vertretung (Vereinsmitglieder oder die Mitglieder der Mitgliedervertretung),
 – der Vorstand und
 – der Aufsichtsrat
klagebefugt.

26 Sollen Gesellschafterbeschlüsse eines VVaG angefochten werden, ist im Hinblick auf die Klagebefugnis besondere Vorsicht geboten. In der Praxis hat sich bei dem größeren VVaG die satzungsmäßige Etablierung einer **Mitgliedervertretung** durchgesetzt, welche die Gesamtheit der Vereinsmitglieder vertritt und Beschlüsse fasst. In diesem Fall sind in Beschlussanfechtungsklagen entsprechend § 245 Nr. 1 AktG nach umstrittener Ansicht auch nur die **Mitglieder der Mitgliedervertretung**, nicht aber die einfachen Mitglieder klagebefugt.[25] Nur ausnahmsweise ist entsprechend § 245 Nr. 3 AktG jedes Vereinsmitglied klagebefugt, soweit einem Mitglied ein gleichheitswidriger Vorteil gewährt wird (§ 243 Abs. 2 AktG).[26] Die tatsächlichen und prozessualen Einflussmöglichkeiten eines einzelnen Vereinsmitglieds auf die Vereinspolitik sind damit im Vergleich zu einer Mitgliederversammlung im Regelfall stark begrenzt.

27 Dies gilt umso mehr, wenn der VVaG seine Satzung so gestaltet, dass die Vertreterversammlung Nachfolger für ausgeschiedene oder zusätzliche Mitglieder selber wählt und nicht durch die Gesamtheit der Vereinsmitglieder bestimmen lässt (»**Kooptation**«). Dieses vor allem bei größeren VVaG ver-

---

23 OLG Celle VersR 1975, 993; LG Karlsruhe VersR 1976, 1029; Musielak/*Heinrich* § 22 Rn. 3.
24 OLG Celle VersR 1975, 993; LG Karlsruhe VersR 1976, 1029; Musielak/*Heinrich* § 22 Rn. 3.
25 LG Köln VersR 2008, 665 (666); a. A.: Benkel S. 143.
26 Benkel S. 144.

2. Gerichtliche Zuständigkeit

Die – ausschließliche – Zuständigkeit für Anfechtungsklagen gegen Beschlüsse der obersten Vertretung ergibt sich aus den § 36 VAG, § 246 Abs. 3 AktG (vgl. dazu auch § 3 Rdn. 18–24; § 8 Rdn. 36, 37). Demnach ist das Landgericht zuständig, in dessen Bezirk der VVaG seinen Sitz hat. Soweit eine Kammer für Handelssachen an dem örtlich zuständigen Gericht besteht, ist diese funktionell zuständig. Es ist umstritten, aber von der Rechtsprechung anerkannt, dass auch die funktionelle Zuständigkeit eine ausschließliche ist (vgl. § 3 Rdn. 21). Ein Antragserfordernis für die Zuweisung an die Kammer für Handelssachen besteht demnach nicht. 28

Bezüglich der Zuständigkeit für Nichtigkeitsklagen ergeben sich gem. § 36 VAG, § 249 Abs. 1 S. 1 AktG, der auf § 246 Abs. 3 AktG verweist, keine Unterschiede zur Anfechtungsklage. 29

3. Klagefrist

Für die Erhebung der Anfechtungsklage gilt gem. § 36 VAG die Monatsfrist des § 246 Abs. 1 AktG. Die Nichtigkeitsklage unterliegt keiner Klagefrist. 30

4. Besonderheiten der obersten Vertretung

Bezüglich der formellen und materiellen Beschlussmängel kann an dieser Stelle grundsätzlich auf die Ausführungen zur Anfechtungsklage und Nichtigkeitsklage bei Aktiengesellschaften verwiesen werden (§ 8 Rdn. 126–180). Allerdings ergeben sich für den VVaG einzelne Besonderheiten. 31

Der VVaG hat gegenüber seinen Mitgliedern gem. § 21 VAG vor allem im Hinblick auf **Mitgliederbeiträge und Vereinsleistungen** den **Gleichbehandlungsgrundsatz** zu beachten. Der Gleichbehandlungsgrundsatz verbietet eine ungleichartige Behandlung gleicher Tatbestände.[28] Werden einem Mitglied gleichheitswidrige Vorteile gewährt, kann jedes Mitglied des VVaG den entsprechenden Beschluss gem. §§ 243 Abs. 2, 245 Nr. 3 AktG anfechten.[29] 32

In Versicherungsangelegenheiten (z. B. Fragen zur Beitragsverpflichtung, zum Leistungsanspruch oder zur Beitragsrückerstattung) steht jedem Mitglied ein vertragliches Informationsrecht zu.[30] Auch steht den Mitgliedern auf Mitgliederversammlungen ein **mitgliedschaftsrechtliches Frage- und Auskunftsrecht** zu.[31] Mitglieder eines VVaG mit Mitgliedervertreterversammlung haben dagegen kein Auskunftsrecht in Vereinsangelegenheiten. Dieses steht in diesem Fall ausschließlich den Mitgliedervertretern zu.[32] Die Verletzung des mitgliedschaftlichen Fragerechts berechtigt die Mitglieder des größeren VVaG gem. § 36 VAG i. V. m. § 243 Abs. 1 AktG zur Anfechtung. 33

II. Kleinerer VVaG

Gem. § 53 VAG ist die Vorschrift des § 36 VAG zur obersten Vertretung für kleinere VVaG nicht anwendbar. Beschlüsse im kleineren VVaG werden daher im Gegensatz zum größeren VVaG nicht von der obersten Vertretung, sondern entsprechend den vereinsrechtlichen Vorschriften gem. § 32 34

---

27 Für die Zulässigkeit einer solchen Regelung LG Köln VersR 2008, 665 (666); a. A.: *Fahl* VW 2008, 1165 ff.
28 BGH NJW 1957, 257.
29 Benkel S. 144.
30 Benkel S. 138.
31 Zum Anspruch des Mitglieds auf Einsicht in die Mitgliederlisten und Herausgabe vgl. LG Köln NZG 2011, 1193.
32 Benkel S. 138.

BGB grundsätzlich von der Mitgliederversammlung gefasst. Die §§ 241 ff. AktG, § 51 GenG über die Anfechtung von Gesellschafterbeschlüssen sind im Vereinsrecht jedoch nicht entsprechend anwendbar.[33] Vielmehr sind Beschlüsse – vorbehaltlich ihrer Relevanz – grundsätzlich bei jedem Verstoß gegen das Gesetz oder die Satzung kraft Gesetzes nichtig.[34] Richtige Klageart ist die **Feststellungsklage** nach § 256 ZPO gegen den VVaG (zu den einzelnen Voraussetzungen der Feststellungsklage bei Beschlussmängelstreitigkeiten im Vereinsrecht vgl. § 77 Rdn. 5–14).

D. Sonstige Streitigkeiten über Mitgliederrechte und -pflichten

35 Die Mitgliederrechte und -pflichten richten sich, falls keine spezialgesetzlichen Regelungen im VAG (so insbesondere §§ 34 ff. VAG) auf Regelungen des Aktien- oder Genossenschaftsrechts verweisen, nach den Vorschriften des BGB über das Vereinsrecht.[35] Für die Mitgliederrechte und -pflichten gelten daher die entsprechenden Ausführungen im Vereins- (vgl. § 75), Aktien- (vgl. § 6) und Genossenschaftsrecht (vgl. § 67). Das Aktien- oder Genossenschaftsrecht verdrängt das Vereinsrecht jedoch nur insofern, wie auf *abschließende* Regelungen verwiesen wird.[36]

So hat der BGH trotz des Verweises des § 36 Satz 1 VAG auf § 131 AktG einen Anspruch der Vereinsmitglieder auf Erhalt der **Mitgliederliste** des VVaG nach den vereinsrechtlichen Vorschriften des BGB bejaht.[37] Die Informationsansprüche des § 131 AktG, der sich nur auf Informationsansprüche in, nicht aber außerhalb der Hauptversammlung beziehe, seien nicht abschließend. Auf § 67 Abs. 6 Satz 1 AktG, der den Informationsanspruch von Namensaktionären einschränke, verweise das VAG demgegenüber nicht. Erforderlich für einen Anspruch auf Erhalt der Mitgliederliste sei lediglich ein **berechtigtes Interesse**.[38] Ein berechtigtes Interesse eines Mitglieds an der Kenntnis der übrigen VVaG-Mitglieder kann beispielsweise darin begründet sein, dass bestimmte statutarische Rechte an ein Quorum geknüpft sind, welches ein Mitglied alleine nicht erreicht, oder dass ein Mitglied für den Aufsichtsrat kandidieren und Wahlwerbung betreiben möchte.[39]

E. Streitigkeiten mit dem Vorstand

I. Abberufung

36 Für die Abberufung des Vorstandes eines größeren VVaG ist gem. § 34 S. 2 VAG i. V. m. § 84 Abs. 3 S. 1 AktG der Aufsichtsrat zuständig. Voraussetzung für die Abberufung ist das Vorliegen eines wichtigen Grundes. Dieses liegt in entsprechender Anwendung des § 84 Abs. 3 S. 2 AktG insbesondere vor bei
– groben Pflichtverletzungen,
– Unfähigkeit zur ordnungsgemäßen Geschäftsführung oder
– Vertrauensentzug durch die oberste Vertretung.

Zu zahlreichen Beispielen für wichtige Gründe mit Rechtsprechungsnachweisen vgl. § 9 Rdn. 21–27.

37 Liegt kein wichtiger Grund vor, kann der Vorstand mit einer Feststellungsklage, dass die Abberufung unwirksam war, gegen die Abberufung vorgehen.[40] Richtiger Klagegegner ist die gem. § 35 Abs. 3 S. 1 VAG, § 112 AktG durch den Aufsichtsrat vertretene Gesellschaft. Der Widerruf ist gem.

---

33 BGH 59, 369; BGH NJW 2008, 69; Palandt/*Ellenberger* § 32 Rn. 9.
34 BGH NJW 2008, 69; OLG Saarbrücken NZG 2008, 677 (679); Reichert Handbuch Vereins- und Verbandsrecht, S. 560 Rn. 3234.
35 BGH NZG 2013, 789 (790); Palandt/*Ellenberger* Einf. v. § 21 Rn. 16.
36 BGH NZG 2013, 789 (790).
37 BGH NZG 2013, 789 (790).
38 BGH NZG 2013, 789 (790).
39 BGH NZG 2013, 789 (791).
40 Benkel S. 157; für die AG: MüKo-AktG/*Spindler* § 84 Rn. 132; Hüffer § 84 Rn. 34.

§ 34 S. 2 VAG, § 84 Abs. 3 S. 4 AktG bis zur rechtskräftigen Feststellung der Unwirksamkeit der Abberufung wirksam. Zu den Einzelheiten einer Abberufung vgl. auch § 9 Rdn. 3–28.

Im kleineren VVaG gelten mangels entsprechenden Verweises in § 53 VAG nicht die aktienrechtlichen, sondern die vereinsrechtlichen Grundsätze zur Abberufung des Vorstands. Insofern wird auf die entsprechenden Ausführungen zum Vereinsrecht (vgl. § 78 Rdn. 7–13) verwiesen. 38

II. Schadensersatz

§ 34 VAG erklärt § 93 AktG für entsprechend anwendbar. Bei einer Sorgfaltspflichtverletzung sind die Vorstandsmitglieder des VVaG somit gem. § 93 Abs. 2 AktG dem VVaG als Gesamtschuldner zum Schadensersatz verpflichtet. Für den Vorstand des VVaG gilt also gem. § 93 Abs. 1 AktG der Pflichtenmaßstab eines ordentlichen und gewissenhaften Geschäftsleiters. Bezüglich der Einzelheiten kann hier auf die entsprechenden Ausführungen zur Vorstandshaftung in der Aktiengesellschaft verwiesen werden (vgl. § 9 Rdn. 53–191). 39

Ergänzend gilt für den Vorstand eines VVaG gem. § 64a Abs. 1 S. 1 VAG eine gesetzliche Verpflichtung zur Einrichtung und Aufrechterhaltung einer Compliance-Organisation. § 64a Abs. 7 VAG gibt dabei konkrete Leitlinien für eine ordnungsgemäße Geschäftsorganisation und ein angemessenes und wirksames Risikomanagement vor. Ob im Rahmen der einzelnen Beurteilungsspielräume des § 64a VAG die Business Judgement Rule des § 93 Abs. 1 S. 2 AktG Anwendung findet, ist im Einzelnen umstritten.[41]

Für einen möglichen Schadensersatzanspruch des VVaG gegenüber seinem Vorstand ist zudem die Sonderregelung des § 34 S. 4 VAG zu beachten, welche an die Stelle des § 93 Abs. 3 AktG tritt und zum Schadensersatz verpflichtende Pflichtverletzungen aufzählt. Nach § 34 S. 4 VAG sind die Vorstandsmitglieder zum Schadensersatz verpflichtet, wenn entgegen dem Gesetz 40

- der Gründungsstock verzinst oder getilgt wird,
- das Vereinsvermögen verteilt wird,
- Zahlungen geleistet werden, nachdem die Zahlungsunfähigkeit des Vereins eingetreten ist oder sich seine Überschuldung ergeben hat oder
- Kredit gewährt wird.

Zu den Voraussetzungen der Haftung der Vorstandmitglieder im kleineren VVaG vgl. § 78 Rdn. 1–3.

F. Streitigkeiten mit dem Aufsichtsrat

Auch mit dem Aufsichtsrat kann es im VVaG zu verschiedenen Streitigkeiten kommen. Die wesentlichen Regelungen dazu finden sich in § 35 VAG. 41

I. Abberufung und Ergänzung

Die **oberste Vertretung** kann Aufsichtsratsmitglieder eines größeren VVaG vorbehaltlich einer abweichenden Satzungsregelung gem. § 35 Abs. 3 VAG i. V. m. § 103 Abs. 1 AktG mit der **Mehrheit von drei Vierteln** der abgegebenen Stimmen **abberufen**. Insbesondere bei mangelnder Zuverlässigkeit ist die Aufsichtsbehörde sogar dazu berechtigt, von der obersten Vertretung gem. § 87 Abs. 8 VAG die Abberufung zu verlangen (dazu oben Rdn. 11). Der Abberufungsbeschluss der obersten Vertretung kann gem. § 36 VAG i. V. m. § 250 und § 251 AktG im Wege der Anfechtungs- oder Nichtigkeitsklage angegriffen werden (vgl. dazu Rdn. 21–33). 42

Daneben besteht auf Antrag die Möglichkeit einer gerichtlichen Abberufung von Aufsichtsratsmitgliedern eines größeren VVaG gem. § 35 Abs. 3 VAG i. V. m. § 103 Abs. 3 und Abs. 4 AktG. Voraussetzung für die gerichtliche Abberufung gem. § 103 Abs. 3 AktG ist das Vorliegen eines wichtigen 43

---

41 Zum Meinungsstand vgl. *Louven/Ernst* VersR 2014, 151 (155 ff.).

Grundes (zu Beispielen für wichtige Gründe vgl. § 9 Rdn. 226). Antragsberechtigt sind der Aufsichtsrat und unter den Voraussetzungen des § 103 Abs. 3 S. 3 AktG auch die Vereinsmitglieder (zu den Einzelheiten des Antragsverfahrens und möglichen Rechtsbehelfen vgl. § 9 Rdn. 223–227). Die Abberufung von Arbeitnehmervertretern im Aufsichtsrat kann gem. § 103 Abs. 4 AktG außerdem nach den besonderen Regelungen der einschlägigen Mitbestimmungsgesetze erfolgen.

44 Über § 35 Abs. 3 VAG ist zudem § 104 AktG, der die gerichtliche Bestellung von Aufsichtsratsmitgliedern regelt, anwendbar. Beim VVaG besteht die Besonderheit, dass gem. § 35 Abs. 3 S. 3 VAG das in § 98 Abs. 2 Nr. 3 AktG und § 104 Abs. 1 S. 1 AktG den Aktionären zugewiesene Antragsrecht jedem Mitglied der obersten Vertretung zusteht. Im Übrigen wird zu den Einzelheiten der gerichtlichen Bestellung von Aufsichtsratsmitgliedern auf § 6 Rdn. 218–251 verwiesen.

45 Im kleineren VVaG gelten mangels entsprechenden Verweises in § 53 VAG nicht die aktienrechtlichen, sondern die vereinsrechtlichen Grundsätze zur Abberufung und zur Ergänzung des Aufsichtsrats.

II. Schadensersatz

46 § 35 Abs. 3 VAG erklärt § 116 AktG für entsprechend anwendbar. § 116 AktG verweist für die Sorgfaltspflicht und Verantwortlichkeit der Aufsichtsratsmitglieder auf § 93 AktG. Für den Aufsichtsrat des VVaG gilt also gem. § 93 Abs. 1 AktG der Pflichtenmaßstab eines ordentlichen und gewissenhaften Geschäftsleiters. Bei einer Sorgfaltspflichtverletzung sind die Aufsichtsratsmitglieder des VVaG gem. § 116 AktG i. V. m. § 93 Abs. 2 AktG dem VVaG als Gesamtschuldner zum Schadensersatz verpflichtet. Bezüglich der Einzelheiten kann hier auf die entsprechenden Ausführungen zur Aufsichtsratshaftung in der Aktiengesellschaft verwiesen werden (vgl. § 9 Rdn. 245–263).

47 Allerdings ist für einen möglichen Schadensersatzanspruch des VVaG gegenüber ihrem Aufsichtsrat die Sonderregelung des § 35 Abs. 3 S. 4 Nr. 2 VAG zu beachten, die neben § 116 AktG tritt. Danach sind die Aufsichtsratsmitglieder zusätzlich dann zum Schadensersatz verpflichtet, wenn der Vorstand mit ihrem Wissen und ohne ihr Einschreiten gegen § 34 Satz 4 VAG (dazu soeben unter Rdn. 40) verstößt.

G. Inhaltskontrolle von Satzungsbestimmungen

48 Im Gegensatz zur Aktiengesellschaft gilt beim VVaG ähnlich wie bei der GmbH keine Satzungsstrenge, sondern weitestgehende **Satzungsautonomie.** § 17 VAG bestimmt diesbezüglich, dass die Verfassung des VVaG durch die Satzung bestimmt wird, soweit sie nicht durch die Vorschriften des VAG vorgegeben wird. Zwingend nach dem VAG sind z. B. die Vorschriften zu Firma und Sitz des VVaG (§ 18 VAG), zum Gründungsstock (§ 22 VAG), zur Gestaltung der Mitgliedsbeiträge (§ 24 VAG) und zur Bildung der Organe (§ 29 VAG). Im Übrigen wird der Inhalt der Satzung des VVaG in erster Linie an **§ 242 BGB** gemessen.[42] Spätere Satzungsänderungen bedürfen, wie sich aus § 39 Abs. 3 VAG ergibt, der Genehmigung durch die Aufsichtsbehörde.[43] Zu ihrer Wirksamkeit ist die Satzung schließlich gem. § 17 Abs. 2 VAG notariell zu beurkunden.

49 Häufiger Streitpunkt im VVaG sind vor allem Streitigkeiten über bereits erworbene Versicherungsleistungen oder Leistungsansprüche des Mitglieds gegenüber dem Verein oder des Vereins gegenüber dem Mitglied. Bestimmungen über den Versicherungsschutz können sowohl in der Satzung des VVaG, als auch in Einzelverträgen enthalten sein. In beiden Fällen ist das VVG anwendbar.[44] Ebenso unterliegen nicht nur vertragliche AVB, sondern auch **statutarische Bestimmungen** zum Versicherungsverhältnis einer **AVB-Kontrolle** nach §§ 307 ff. BGB. Die für das Gesellschaftsrecht geltende

---

[42] LG Köln VersR 2008, 665.
[43] Verschiedentlich wird dieses Erfordernis auch aus § 13 Abs. 1 VAG abgeleitet, MüKoVVG/*Langheid* Syst. Einführung in das Aufsichtsrecht Rn. 337.
[44] Begr. RegE, BT-Drucks. 16/3945, 56; MüKoVVG/*Looschelders* § 1 Rn. 87.

Ausschlussklausel des § 310 Abs. 4 S. 1 BGB ist beim VVaG nicht anwendbar.[45] Dies gilt selbst dann, wenn eine Satzungsregelung zugleich sowohl das Versicherungsverhältnis, als auch die Stellung als Vereinsmitglied betrifft (z. B. Anpassungsklauseln zur Änderung der Tarifbestimmungen, der Beiträge und der Versicherungsbedingungen).[46]

H. Streitigkeiten über die Beendigung der Mitgliedschaft

I. Richtige Klageart

1. Kleinerer VVaG

Der Beschluss über den Ausschluss eines Mitglieds im kleineren VVaG ist entsprechend den allgemeinen vereinsrechtlichen Grundsätzen im Wege der allgemeinen **Feststellungsklage** gem. § 256 Abs. 1 ZPO zur Überprüfung zu stellen.[47]

50

Gerade bei einer umfangreicheren Inanspruchnahme von Versicherungsleistungen wird es nicht selten vorkommen, dass das betroffene Mitglied aus dem VVaG – ggf. sogar rückwirkend – ausgeschlossen wird. Verweigert der VVaG die Versicherungsleistung, wird das Mitglied unter Umständen sowohl gegen den Ausschluss als auch auf Versicherungsleistung klagen wollen. Obwohl Mitgliedschaft und Versicherungsverhältnis eng miteinander verknüpft sind, ist dann zu beachten, dass beide Rechtsverhältnisse nach mittlerweile h. M. voneinander zu unterscheiden sind.[48] Dies hat in der Praxis unter anderem zur Folge, dass das Mitglied neben einer Leistungsklage auch eine Feststellungsklage erheben muss, obwohl das Bestehen der Mitgliedschaft im Rahmen der Leistungsklage ohnehin inzident geprüft werden müsste.[49]

51

2. Größerer VVaG

Beschließt die oberste Vertretung im größeren VVaG über den Ausschluss eines Mitglieds, kann dieser Beschluss gem. § 36 VAG i. V. m. §§ 241 ff. AktG im Wege der Anfechtungsklage angefochten werden.

52

II. Voraussetzungen für einen Ausschluss

Die Mitgliedschaft ist sowohl für größere als auch für kleinere VVaG in § 20 VAG geregelt. Soweit satzungsmäßig nichts anderes bestimmt ist, endet danach die Mitgliedschaft bei Beendigung des Versicherungsverhältnisses. Da eine Inhaltskontrolle von Satzungsbestimmungen nur in sehr eingeschränktem Maße möglich ist (vgl. Rdn. 48–49), steht dem VVaG bei abweichenden Satzungsregelungen ein weiter Spielraum zu. Zulässig ist danach z. B. eine Satzungsregelung, wonach die Mitgliedschaft in einem VVaG endet, sobald ein Mitglied aus einem aktiven Arbeitsverhältnis als Arbeitnehmer ausscheidet und Betriebsrentner wird.[50]

53

Bevor ein Mitglied vor Beendigung des Versicherungsverhältnisses aus dem VVaG ausgeschlossen werden kann, muss ihm zumindest **rechtliches Gehör** gewährt werden und der entsprechende Beschluss ist zu begründen.[51]

54

Das Mitglied kann die Mitgliedschaft auch durch eine **Übertragung des Versicherungsbestandes** des VVaG auf ein anderes Unternehmen verlieren (zum Genehmigungserfordernis durch die BaFin oben Rdn. 12). Die Voraussetzungen für den entsprechenden **Übertragungsbeschluss** sind in §§ 44, 44 a

55

---

45 BGH NJW 1998, 454 (454 f.); Staudinger/*Schlosser* § 310 Rn. 79.
46 BGH NJW 1998, 454 (455).
47 OLG Nürnberg VersR 1980, 1137.
48 BGH NJW 1998, 454 (454 ff.); OLG Nürnberg VersR 1980, 1137; MüKoVVG/*Langheid* Syst. Einführung in das Aufsichtsrecht Rn. 348 m. w. N.
49 OLG Nürnberg VersR 1980, 1137.
50 BAG NZA-RR 2009, 664 (667).
51 OLG Nürnberg VersR 1980, 1137; für den Idealverein *Waclawik* S. 192 f.

VAG geregelt. Nach § 44 VAG bedarf der Übertragungsbeschluss vorbehaltlich einer abweichenden Satzungsregelung der Zustimmung der obersten Vertretung durch eine **Dreiviertelmehrheit** der abgegebenen Stimmen. Der Übertragungsbeschluss muss zugleich eine **Abfindungsregelung** für diejenigen Mitglieder enthalten, die durch die Übertragung ganz oder teilweise ihre mitgliedschaftlichen Rechte verlieren und nicht Mitglied eines übernehmenden VVaG werden. Es ist in diesem Rahmen möglich, dass den Mitgliedern hinsichtlich des Vereinsvermögens ein Fortbestehen von Mitgliedschaftsrechten eingeräumt wird. Dann tritt keine vollständige Beendigung der Mitgliedschaft ein. Vielmehr bleibt es bei einer »Restmitgliedschaft«, die nicht gegen das gesellschaftsrechtliche Abspaltungsverbot verstößt.[52] Grundsätzlich müssen alle Mitglieder eines größeren VVaG gem. § 44a VAG angemessen und in gleicher Höhe abgefunden werden. Allerdings enthält § 44a Abs. 3 VAG einen abschließenden Ausnahmekatalog über Kriterien, nach denen auch eine unterschiedliche Abfindung ausgezahlt werden kann (z. B. Höhe der Versicherungssumme und der Beiträge oder die Dauer der Mitgliedschaft). § 44a VAG gewährt dem Mitglied, das nicht Mitglied in dem übernehmenden VVaG wird, einen unmittelbaren zivilrechtlichen Anspruch gegen den übertragenden VVaG auf eine Abfindung.[53] Diesen Anspruch auf einen individuellen Anteil an dem gezahlten Entgelt kann das betroffene Mitglied im Zivilrechtsweg durchsetzen.[54]

---

[52] BVerwG NJW 1994, 2559 (2560).
[53] Laars Versicherungsaufsichtsgesetz § 44a Rn. 1.
[54] Laars Versicherungsaufsichtsgesetz § 14 Rn. 7, § 44 Rn. 1.

Abschnitt 3 Streitigkeiten in der rechtsfähigen Stiftung bürgerlichen Rechts

§ 81 Allgemeine prozessuale Besonderheiten bei der Stiftung

1 Bei der rechtsfähigen Stiftung bürgerlichen Rechts[1] handelt es sich um eine durch den Stifter errichtete, mitgliederlose Organisation, die mit Hilfe ihres gewidmeten Vermögens dauerhaft einen bestimmten Zweck verfolgt.[2] Rechtsquellen des Stiftungsrechts sind neben dem BGB die Stiftungsgesetze der Länder, in denen vor allem die Rechtsaufsicht über die Stiftung geregelt ist. In prozessualer Hinsicht beurteilt sich das Recht der Stiftung nach den allgemeinen Regeln der ZPO, bei Streitigkeiten mit der Stiftungsaufsicht ist die VwGO einschlägig.

A. Partei- und Prozessfähigkeit der Stiftung

I. Parteifähigkeit

2 Eine Stiftung wird mit Anerkennung durch die zuständige Landesbehörde[3] **rechtsfähig** (§ 80 Abs. 1 BGB) und damit **parteifähig** nach § 50 Abs. 1 ZPO. Bereits vor diesem Zeitpunkt wird die Stiftung als parteifähig behandelt, soweit ein Rechtsstreit über ihre Entstehung geführt wird.[4] Die Parteifähigkeit endet, wenn die staatliche Entscheidung über die Auflösung der Stiftung rechtskräftig wird.[5]

II. Prozessfähigkeit

1. Vertretung durch den Vorstand

3 Gesetzlicher Vertreter der Stiftung ist der Vorstand, dieser vertritt die Stiftung gerichtlich und außergerichtlich (§§ 86 S. 1, 26 Abs. 1 S. 2 BGB). Besteht der Vorstand aus mehreren Personen, wird die Stiftung durch die Mehrheit der Vorstandsmitglieder vertreten (§§ 86 S. 1, 26 Abs. 2 S. 1 BGB).[6] In der Satzung der Stiftung kann abweichend hiervon für die **Aktivvertretung** auch Einzel- oder Ge-

---

1 Die folgenden Kapitel beziehen sich ausschließlich auf die rechtsfähige Stiftung bürgerlichen Rechts; zur unselbstständigen, nicht rechtsfähigen Stiftung siehe *Hof*, in: v. Campenhausen/Richter § 36 Rn. 1 ff.
2 BGH NJW 1987, 2364 (2365); MüKo BGB/*Reuter* Vorb. § 80 Rn. 51; Palandt/*Ellenberger* § 80 Rn. 5; Staudinger/*Hüttemann/Rawert* Vorb. § 80 Rn. 1; *v. Campenhausen/Stumpf*, in: v. Campenhausen/Richter § 1 Rn. 6.
3 Baden-Württemberg: Grds. Regierungspräsidium (§§ 3, 5 StiftG BW); Bayern: Regierung, in deren Bezirk die Stiftung ihren Sitz haben soll (Art. 3 Abs. 3 BayStG); Berlin: Senatsverwaltung für Justiz (§ 2 Abs. 1 StiftG Bln); Brandenburg: Ministerium des Innern (§ 4 Abs. 1 StiftGBbg); Bremen: Senator für Inneres und Sport (§§ 2, 4 BremStiftG); Hamburg: Behörde für Justiz und Gleichstellung (Anordnung zur Durchführung des Hamburgischen Stiftungsgesetzes vom 21. Dezember 2005 Abschnitt I i. V. m. § 5 Hamburgisches Stiftungsgesetz); Hessen: Regierungspräsidium, in dessen Bezirk die Stiftung ihren Sitz hat (§§ 3, 11 Hessisches Stiftungsgesetz); Mecklenburg-Vorpommern: Justizministerium (§ 2 StiftG M-V); Niedersachsen: Amt für regionale Landesentwicklung (§§ 3, 4 NStiftG); Nordrhein-Westfalen: Grds. Bezirksregierung, in deren Bezirk die Stiftung ihren Sitz hat oder haben soll (§§ 2, 15 StiftG NRW); Rheinland-Pfalz: Grds. Aufsichts- und Dienstleistungsdirektion (näher §§ 4, 6 LStiftG); Saarland: Ministerium für Inneres, Familie, Frauen und Sport (§§ 2, 3 Saarländisches Stiftungsgesetz); Sachsen: Grds. Landesdirektion Sachsen (§ 3 SächsStiftG); Sachsen-Anhalt: Landesverwaltungsamt (§§ 4, 6 StiftG LSA); Schleswig-Holstein: Grds. Innenministerium im Benehmen mit dem fachlich zuständigen Ministerium (näher § 2 StiftG); Thüringen: Innenministerium (§§ 4, 7 ThürStiftG).
4 O. *Werner*, in: Erman BGB § 80 Rn. 2; *Hof*, in: v. Campenhausen/Richter § 8 Rn. 220.
5 BVerwG NJW 1969, 339; *Hof*, in: v. Campenhausen/Richter § 8 Rn. 220.
6 BeckOK BGB/*Backert* § 86 Rn. 4; MüKo BGB/*Reuter* § 86 Rn. 12; MünchHdb GesR V/*Schwarz van Berk* § 99 Rn. 25 f.; Palandt/*Ellenberger* § 86 Rn. 1.

samtvertretung angeordnet werden.[7] Beschränkt die Satzung die Vertretungsmacht des Vorstands, wirkt dies nach überwiegender Auffassung gemäß §§ 86 S. 1, 26 Abs. 1 S. 3 BGB auch gegenüber gutgläubigen Dritten.[8]

4 Zur Entgegennahme von Willenserklärungen (**Passivvertretung**) ist nach den auch für die Stiftung zwingenden §§ 86 S. 1, 26 Abs. 1 S. 2 BGB jedes Vorstandsmitglied berechtigt.[9]

2. Bestellung eines Notvorstands

5 Fehlen die erforderlichen Mitglieder des Vorstands, kann das Amtsgericht in dringenden Fällen auf Antrag eines Beteiligten nach §§ 86 S. 1, 29 BGB einen **Notvorstand** bestellen (siehe hierzu bereits § 14 Rdn. 14 ff. für die GmbH, § 78 Rdn. 9 ff. für den Verein). Ein Vorstandsmitglied fehlt, wenn es aus tatsächlichen oder rechtlichen Gründen an der Wahrnehmung seiner Aufgaben gehindert ist.[10] Von besonderer praktischer Relevanz ist die Notvorstandsbestellung etwa, wenn die Stiftung gegen ein zur Prozessvertretung notwendiges Vorstandsmitglied klagen will,[11] dieses zur Auflösung des Interessenkonflikts abberuft und eine satzungsmäßige Neubestellung nicht rechtzeitig gewährleistet ist.[12] Ohne Notvorstandsbestellung wäre die Stiftung handlungsunfähig.[13] Dies hätte zur Folge, dass eine Klage der Stiftung als unzulässig abzuweisen wäre.[14] Erfolgt jedoch eine Notvorstandsbestellung, ist die Stiftung handlungsfähig und eine fehlerhafte Prozessführung könnte durch Genehmigung der bisherigen Prozessführung sogar rückwirkend geheilt werden.[15]

6 Ein **dringender Fall** im Sinne des § 29 BGB liegt vor, wenn der Stiftung oder einem Beteiligten ohne die Notbestellung ein Schaden oder eine sonstige Beeinträchtigung einer Rechtsposition droht.[16] Hieran fehlt es, wenn das zur ordentlichen Bestellung des Vorstands zuständige Organ das fehlende Organmitglied rechtzeitig ersetzen kann.[17] Die Rechtsprechung hat in jüngerer Zeit das Vorliegen eines dringenden Falls beispielsweise mit der Begründung bejaht, dass die Stiftung ohne Notvorstandsbestellung ihren öffentlich-rechtlichen Pflichten nach den Landesstiftungsgesetzen nicht nachkommen könne und eine Bestellung auch nicht absehbar sei.[18]

7 Der Antrag nach § 29 BGB kann von jedem **Beteiligten** gestellt werden. Beteiligter ist jeder, der ein rechtliches Interesse an der Notbestellung glaubhaft machen kann. Demnach ist insbesondere die Stiftungsaufsicht Beteiligter im Sinne des § 29 BGB.[19] Auch bei Destinatären, also den Begünstigten des Stiftungsvermögens, ist ein rechtliches Interesse an der Notvorstandsbestellung gegeben, sofern ihnen durch die Stiftungssatzung Leistungs- oder Mitwirkungsrechte eingeräumt werden.[20] Auch Gläubiger der Stiftung sind Beteiligte im Sinne des § 29 BGB, wenn sie Rechte gegen die Stiftung

---

[7] MünchHdb GesR V/*Schwarz van Berk* § 99 Rn. 30 f.; *Hof*, in: v. Campenhausen/Richter § 8 Rn. 34; *Fritsche* ZSt 2003, 113 (116).
[8] MüKo BGB/*Reuter* § 86 Rn. 11; MünchHdb GesR V/*Schwarz van Berk* § 99 Rn. 36, 42; Palandt/*Ellenberger* § 86 Rn. 1; *Fritsche* ZSt 2003, 113 (116); *Wernicke* ZEV 2003, 301 (302); a. A. *Hof*, in: v. Campenhausen/Richter § 4 Rn. 35; *Otto* Teil 1 Rn. 177.
[9] MünchHdb GesR V/*Schwarz van Berk* § 99 Rn. 32 f.; *Hof*, in: v. Campenhausen/Richter § 4 Rn. 40.
[10] Staudinger/*Hüttemann/Rawert* § 86 Rn. 41.
[11] Im Passivprozess gegen die Stiftung soll hingegen nach umstrittener Ansicht die Bestellung eines Prozesspflegers nach § 57 ZPO vorrangig sein, siehe hierzu § 14 Rdn. 14.
[12] MünchHdb GesR V/*Schwarz van Berk* § 101 Rn. 45, 47.
[13] MünchHdb GesR V/*Schwarz van Berk* § 101 Rn. 45.
[14] OLG Hamm, Urt. v. 09.06.2010 – I-8 U 133/09.
[15] OLG Hamm, Beschl. v. 09.06.2010 – I-8 U 133/09; OLG Frankfurt, Beschl. v. 27.05.2010 – 20 W 175/10.
[16] Palandt/*Ellenberger* § 29 Rn. 3; Staudinger/*Weick* § 29 Rn. 7; *Muscheler*, in: FS Reuter, 225 (232).
[17] AG Lemgo BeckRS 2014, 02589; Palandt/*Ellenberger* § 29 Rn. 3.
[18] AG Lemgo BeckRS 2014, 02589.
[19] OLG Hamm NZG 2014, 271 (272); AG Lemgo BeckRS 2014, 02589; MüKo BGB/*Reuter* § 86 Rn. 13.
[20] MüKo BGB/*Reuter* § 86 Rn. 13.

D. Prozesskostenhilfe   § 81

geltend machen.²¹ Für einen Stiftungsbeirat, der lediglich über beratende Funktion und nicht über Mitwirkungs- und Kontrollrechte verfügte, wurde eine Beteiligtenstellung hingegen abgelehnt.²²

Das **Bestellungsverfahren** richtet sich nach den Vorschriften des FamFG.²³ Der Antrag auf Bestellung   8
eines Notvorstands ist bei dem Amtsgericht, welches für den Sitz der Stiftung zuständig ist, zu stellen.²⁴ Über den Antrag entscheidet das Amtsgericht durch Beschluss (§ 38 Abs. 1 FamFG). Dieser ist dem zum Notvorstand Bestellten bekannt zu geben (§ 40 Abs. 1 FamFG). Soweit die Stiftung über einen Empfangsvertreter verfügt, ist die Bestellung auch diesem mitzuteilen.²⁵ Der Bestellte muss die Notvorstandsbestellung schließlich annehmen, die Annahme kann gegenüber dem Gericht oder der Stiftung erklärt werden.²⁶ Es empfiehlt sich, die Annahme zugleich mit dem Antrag zu erklären.

Gegen die Entscheidung des Amtsgerichts ist die **Beschwerde** nach §§ 58 ff. FamFG statthaft.²⁷   9
Wird der Antrag auf Bestellung eines Notvorstands abgelehnt, ist der Antragsteller beschwerdeberechtigt. Wird der Notvorstand bestellt, sind hingegen die Stiftung und die Mitglieder ihrer Organe beschwerdeberechtigt.²⁸

B. Gerichtliche Zuständigkeit

Der **allgemeine Gerichtsstand** für Klagen gegen eine Stiftung richtet sich gemäß § 17 Abs. 1 S. 1   10
ZPO nach dem Sitz der Stiftung. Die Festlegung des Sitzes ist zwingender Bestandteil der Stiftungssatzung (§ 81 Abs. 1 S. 3 Nr. 2 BGB).

Aufgrund der Mitgliederlosigkeit der Stiftung ist der besondere Gerichtsstand der Mitgliedschaft   11
nach § 22 ZPO, anders als bei den sonstigen Gesellschaftsformen, ohne Bedeutung.

C. Zustellung

Eine **Zustellung** hat nach § 170 Abs. 1 S. 1 ZPO grundsätzlich an den Vorstand als gesetzlichen Ver-   12
treter der Stiftung zu erfolgen. Hierbei ist die Zustellung an ein Vorstandsmitglied (§ 170 Abs. 3 ZPO) ausreichend.

D. Prozesskostenhilfe

Bei juristischen Personen wie der Stiftung beurteilt sich die Frage der **Prozesskostenhilfe** nach   13
§ 116 Nr. 2 ZPO (siehe hierzu bereits § 3 Rdn. 45 f. für die AG, § 14 Rdn. 68 für die GmbH, § 29 Rdn. 56 f. für die GbR, § 72 Rdn. 10 ff. für den Verein). Verfügt die Stiftung über ausreichend Vermögen, ist der Antrag auf Prozesskostenhilfe abzulehnen. Etwas anderes ergibt sich auch nicht aus dem stiftungsrechtlichen Vermögenserhaltungsgebot. Dieses bindet lediglich die Stiftung hinsichtlich ihrer Mittelverwendung und hat nicht zur Folge, dass Stiftungen von der Tragung von Prozesskosten freigestellt wären.²⁹

Im Unterschied zu den sonstigen Gesellschaftsformen kommen aufgrund der Mitgliederlosigkeit der   14
Stiftung keine Gesellschafter oder Mitglieder als **wirtschaftlich Beteiligte** im Sinne von § 116 Nr. 2 ZPO in Betracht. Allerdings kann es sich bei den Destinatären der Stiftung um wirtschaftlich Beteiligte handeln.³⁰ Entscheidend ist nach allgemeinen Grundsätzen, ob sich ein Obsiegen oder Unter-

---

21 MüKo BGB/*Reuter* § 29 Rn. 13 (zum Verein); Staudinger/*Hüttemann/Rawert* § 86 Rn. 41.
22 BayObLG NJW-RR 2000, 1198.
23 Staudinger/*Hüttemann/Rawert* § 86 Rn. 41.
24 Staudinger/*Hüttemann/Rawert* § 86 Rn. 41.
25 *Muscheler*, in: FS Reuter, 225 (241).
26 *Muscheler*, in: FS Reuter, 225 (242).
27 OLG Hamm NZG 2014, 271.
28 *Muscheler*, in: FS Reuter, 225 (240).
29 OLG Dresden OLG-NL 2004, 139; *Hof*, in: v. Campenhausen/Richter § 8 Rn. 222.
30 MünchHdb GesR V/*Schwarz van Berk* § 101 Rn. 13.

liegen der juristischen Person im Prozess auf die Vermögenslage der Beteiligten auswirkt, so dass diesen zugemutet werden kann, die zur Prozessführung erforderlichen Mittel aufzubringen.[31]

15 Die Gewährung von Prozesskostenhilfe hängt zudem davon ab, ob die Unterlassung der Rechtsverfolgung oder Rechtsverteidigung allgemeine Interessen verletzen würde. Bei gemeinnützigen Stiftungen ist diese Voraussetzung gegeben, wenn diese bei unterlassener Prozessführung an der Wahrnehmung ihrer Aufgaben gehindert wären.[32]

E. Beweisaufnahme

16 Als gesetzlicher Vertreter der Stiftung hat der Vorstand nach § 455 Abs. 1 S. 1 ZPO die Stellung einer Partei und kann nicht als **Zeuge** vernommen werden (zur prozesstaktischen Möglichkeit der zeitweisen Abberufung eines Vorstandsmitglieds siehe § 3 Rdn. 47 ff. für die AG und § 14 Rdn. 69 ff. für den Geschäftsführer einer GmbH).[33] Anderes gilt für einen von der Stiftung bestellten besonderen Vertreter gemäß §§ 86 S. 1, 30 BGB: Nach herrschender Meinung kann dieser als Zeuge vernommen werden.[34]

F. Zwangsvollstreckung

17 Die Abgabe einer **eidesstattlichen Versicherung** (§ 899 ZPO) obliegt dem Vorstand.[35] Auch eine mögliche **Zwangs- oder Ordnungshaft** (§§ 888 Abs. 1, 890 ZPO) ist gegen den Vorstand der Stiftung anzuordnen.[36]

---

31 Musielak/*Fischer* § 116 Rn. 14.
32 MünchHdb GesR V/*Schwarz van Berk* § 101 Rn. 14; *Hof*, in: v. Campenhausen/Richter § 8 Rn. 221.
33 MünchHdb GesR V/*Schwarz van Berk* § 99 Rn. 6; Wieczorek/Schütze/*Völzmann-Stickelbrock* § 455 Rn. 1.
34 MünchHdb GesR V/*Schwarz van Berk* § 101 Rn. 9.
35 MünchHdb GesR V/*Schwarz van Berk* § 99 Rn. 6, § 101 Rn. 8.
36 MünchHdb GesR V/*Schwarz van Berk* § 101 Rn. 8.

§ 82 Streitpunkte bei der Gründung der Stiftung

Übersicht

		Rdn.			Rdn.
A.	Überblick: Die Gründung der Stiftung	1	I.	Klage auf Anerkennung der Stiftung	9
B.	Streitigkeiten im Zusammenhang mit dem Stiftungsgeschäft	3	II.	Weitere Klagen im Zusammenhang mit der Anerkennung der Stiftung	10
C.	Streitigkeiten bei der staatlichen Anerkennung der Stiftung	8	D.	Streitigkeiten bei der Leistung des zugesicherten Vermögens	12

A. Überblick: Die Gründung der Stiftung

Nach § 80 Abs. 1 BGB sind zur Entstehung einer rechtsfähigen Stiftung bürgerlichen Rechts das Stiftungsgeschäft und die Anerkennung durch die zuständige Behörde notwendig. Im Stiftungsgeschäft (§§ 81, 83 BGB) tritt der Wille des Stifters zur Gründung der Stiftung hervor, zudem enthält es mit der Satzung die Grundlagen der Stiftungsorganisation. Die staatliche Anerkennung führt zur Rechtsfähigkeit der Stiftung. 1

Im Zeitraum vor der Anerkennung der Stiftung existiert nach wohl überwiegender Auffassung anders als bei AG (siehe hierzu § 4 Rdn. 1 ff.) oder GmbH (§ 15 Rdn. 1 ff.) weder eine **Vorgründungsgesellschaft** noch eine **Vor-Stiftung**.[1] Begründet wird dies mit der Möglichkeit des Stifters, das Stiftungsgeschäft bis zur Anerkennung nach § 82 Abs. 2 BGB zu widerrufen.[2] 2

B. Streitigkeiten im Zusammenhang mit dem Stiftungsgeschäft

Das **Stiftungsgeschäft** ist eine einseitige Willenserklärung.[3] Es ist zwingender Bestandteil der Stiftungsgründung und besteht aus einem organisations- und einem vermögensrechtlichen Teil. Der organisationsrechtliche Teil ist auf die Entstehung der Stiftung gerichtet, mit dem vermögensrechtlichen Teil stattet der Stifter die Stiftung mit dem notwendigen Vermögen, dem sogenannten Grundstockvermögen, aus.[4] 3

Das **Stiftungsgeschäft** kann **unter Lebenden** (§ 81 BGB) oder **von Todes wegen** (§ 83 BGB) ergehen. Je nach Erscheinungsform gelten unterschiedliche Anforderungen an den Inhalt des Stiftungsgeschäfts (§§ 81, 83 BGB). Das Stiftungsgeschäft unter Lebenden bedarf der Schriftform (§ 81 Abs. 1 S. 1 BGB), es muss die verbindliche Erklärung des Stifters enthalten, ein Vermögen zu einem bestimmten Zweck zu widmen (§ 81 Abs. 1 S. 2 BGB) und eine Satzung vorsehen (§ 81 Abs. 1 S. 3 BGB). Das Stiftungsgeschäft von Todes wegen kann in einem Testament oder Erbvertrag enthalten sein, es muss ebenfalls die Satzung der Stiftung festlegen (§ 83 S. 1 BGB).[5] 4

Neben den besonderen stiftungsrechtlichen Anforderungen muss das Stiftungsgeschäft den Erfordernissen der allgemeinen Rechtsgeschäftslehre gerecht werden. So können Willensmängel des Stifters 5

---

1 FG Baden-Württemberg DStRE 2012, 537; BeckOK/*Backert* § 80 Rn. 52; *Burgard* S. 87; MüKo BGB/*Reuter* § 81 Rn. 70 f.; *Otto* Teil 1 Rn. 88; Schlüter/Stolte/*Schlüter/Stolte* Kap. 2 Rn. 83; *Hof*, in: v. Campenhausen/Richter § 6 Rn. 271 ff.; a. A.: LG Heidelberg NJW-RR 1991, 969; Palandt/*Ellenberger* § 80 Rn. 2; *Wachter* ZEV 2003, 445.
2 FG Baden-Württemberg DStRE 2012, 537; Schlüter/Stolte/*Schlüter/Stolte* Kap. 2 Rn. 83.
3 *O. Werner*, in: Erman BGB § 80 Rn. 3; MünchHdb GesR V/*Mecking* § 85 Rn. 11; zum Weisungsrecht der Stifter einer unselbständigen Stiftung an deren Treuhänder, diese in eine selbständige Stiftung umzuwandeln, siehe BGH, Urt. v. 22.01.2015 – III ZR 434/13.
4 MüKo BGB/*Reuter* § 81 Rn. 3; MünchHdb GesR V/*Schwake* § 79 Rn. 119; Staudinger/*Hüttemann/Rawert* § 81 Rn. 16f; *Burgard* S. 583; *Rawert* ZIP 1994, 1952 (1953).
5 MünchHdb GesR V/*Mecking* § 85 Rn. 31; Palandt/*Ellenberger* § 83 Rn. 1.

(§§ 116 ff. BGB) oder Verstöße gegen §§ 134, 138 BGB die **Nichtigkeit** des Stiftungsgeschäfts zur Folge haben.[6]

6 Ist das Stiftungsgeschäft nichtig oder unvollständig, hat die Stiftungsbehörde auf die Ergänzung oder Behebung des Fehlers hinzuwirken.[7] Ist der Stifter verstorben, kann die Behörde Fehler der Stiftungssatzung auch selbst beheben (§§ 81 Abs. 1 S. 4, 83 S. 2 BGB). Ansonsten hat die Behörde die **Anerkennung** der Stiftung zu verweigern.[8]

7 Wird die Stiftung trotz Fehlerhaftigkeit des Stiftungsgeschäfts anerkannt, bewirkt dies keine Heilung des Stiftungsgeschäfts.[9] Der Stifter kann sich von seinem Zuwendungsversprechen lösen.[10] Die Existenz der Stiftung als juristische Person wird durch Fehler des Stiftungsgeschäfts allerdings nicht berührt.[11] Die Stiftung bleibt bis zu ihrer – ex nunc wirkenden – Aufhebung bestehen.[12]

C. Streitigkeiten bei der staatlichen Anerkennung der Stiftung

8 § 80 Abs. 2 BGB vermittelt einen Anspruch des Stifters auf **staatliche Anerkennung** der Stiftung, wenn das Stiftungsgeschäft den Anforderungen des § 81 Abs. 1 BGB genügt, die dauernde und nachhaltige Erfüllung des Stiftungszwecks gesichert erscheint und der Stiftungszweck das Gemeinwohl nicht gefährdet. Die zuständige Behörde verfügt bei der Anerkennung über keinen Ermessensspielraum.[13] Die Anerkennung hat zur Folge, dass die Stiftung rechtsfähig wird (§ 80 Abs. 1 BGB), das Stiftungsgeschäft nicht mehr durch den Stifter widerrufen werden kann (§ 81 Abs. 2 S. 1 BGB) und die Stiftung einen Anspruch auf Leistung des zugesicherten Vermögens gegen den Stifter erwirbt (§ 82 S. 1 BGB).

I. Klage auf Anerkennung der Stiftung

9 Bei der staatlichen Anerkennung der Stiftung handelt es sich um einen privatrechtsgestaltenden Verwaltungsakt.[14] Der Rechtsschutz gegen die **Versagung der Anerkennung** richtet sich somit nach öffentlichem Recht. Der Stifter hat, soweit landesrechtlich vorgesehen, Widerspruch (§§ 68 ff. VwGO) und Verpflichtungsklage (§ 42 Abs. 1 Alt. 2 VwGO) zu erheben. Auf weitergehende Ausführungen zum Rechtsschutz vor den Verwaltungsgerichten wird daher verwiesen.[15]

---

6 *O. Werner*, in: Erman BGB § 80 Rn. 3; MünchHdb GesR V/*Schwake* § 79 Rn. 126 ff.; Staudinger/*Hüttemann/Rawert* § 81 Rn. 10.
7 MünchHdb GesR V/*Mecking* § 88 Rn. 3; Palandt/*Ellenberger* § 81 Rn. 11.
8 MünchHdb GesR V/*Mecking* § 88 Rn. 3.
9 BGH NJW 1978, 943 (944); BVerwG NJW 1969, 339; *O. Werner*, in: Erman BGB § 80 Rn. 6; MünchHdb GesR V/*Mecking* § 88 Rn. 12; *Hof*, in: v. Campenhausen/Richter § 6 Rn. 264.
10 MüKo BGB/*Reuter* § 81 Rn. 8; Staudinger/*Hüttemann/Rawert* § 81 Rn. 10.
11 MüKo BGB/*Reuter* § 81 Rn. 8; Palandt/*Ellenberger* § 80 Rn. 2; Staudinger/*Hüttemann/Rawert* § 81 Rn. 10; für Anwendung der Grundsätze über die fehlerhafte Gesellschaft: MünchHdb GesR V/*Mecking* § 85 Rn. 3.
12 BVerwG NJW 1969, 339; *O. Werner*, in: Erman BGB § 80 Rn. 6; Palandt/*Ellenberger* § 80 Rn. 2. Umstritten ist, ob ein Widerruf bzw. eine Rücknahme der Anerkennung möglich ist, vgl. hierzu BayVGH, Urt. v. 12.10.2005 – 5 BV 03.2841 und *Hof*, in: v. Campenhausen/Richter § 6 Rn. 350 ff.
13 OVG Münster, Urt. v. 19.12.2012 – 16 A 1451/10; BeckOK/*Backert* § 80 Rn. 40, 42; Schlüter/Stolte/*Schlüter/Stolte* Kap. 2 Rn. 84; *Otto* Teil 1 Rn. 87.
14 BVerwG NJW 1969, 339; BeckOK/*Backert* § 80 Rn. 40; MünchHdb GesR V/*Mecking* § 88 Rn. 1; Schlüter/Stolte/*Schlüter/Stolte* Kap. 2 Rn. 84.
15 Näher hierzu MünchHdb GesR V/*Schwarz van Berk* § 101 Rn. 20 ff.; Schlüter/Stolte/*Schlüter/Stolte* Kap. 2 Rn. 89 ff.

II. Weitere Klagen im Zusammenhang mit der Anerkennung der Stiftung

Auch bei sonstigen Streitigkeiten im Zusammenhang mit der staatlichen Anerkennung der Stiftung ist der Verwaltungsrechtsweg eröffnet. Wird die staatliche Anerkennung mit **Nebenbestimmungen** nach § 36 VwVfG versehen, um die Erfüllung der gesetzlichen Voraussetzungen sicherzustellen, ist nach gegebenfalls erforderlicher Durchführung eines Vorverfahrens die isolierte Anfechtungsklage der statthafte Rechtsbehelf.[16] Auch Widerruf oder Rücknahme der staatlichen Anerkennung sind mit der Anfechtungsklage anzugreifen.[17] 10

Klagen Dritter gegen die Erteilung der Anerkennung haben in der Regel mangels Verletzung eines subjektiven öffentlichen Rechts keine Aussicht auf Erfolg.[18] 11

D. Streitigkeiten bei der Leistung des zugesicherten Vermögens

Mit Anerkennung ihrer Rechtsfähigkeit erwirbt die Stiftung nach § 82 S. 1 BGB einen Anspruch gegen den Stifter auf **Leistung des zugesicherten Vermögens**. Der Stifter hat das zugesicherte Vermögen im Einzelnen zu übertragen (§§ 873 ff., 929 ff. BGB). Demgegenüber gehen Rechte, zu deren Übertragung ein Abtretungsvertrag (§§ 398 ff. BGB) notwendig ist, vorbehaltlich abweichender Regelung kraft Gesetz über (§ 82 S. 2 BGB). 12

Die **Geltendmachung** des Anspruchs nach § 82 S. 1 BGB ist Aufgabe des Vorstands.[19] Dieser kann Leistungsklage gegen den Stifter erheben. Beruft der Stifter den Vorstand ab, um die Geltendmachung zu verhindern, ist die Abberufung unwirksam.[20] Ist der Stifter selbst Mitglied eines Vertretungsorgans, ist er von der Mitwirkung an der Beschlussfassung über die Geltendmachung des Anspruches ausgeschlossen.[21] Sollte der Stifter sogar alleiniges Vorstandsmitglied sein, kommt die Bestellung eines Notvorstandes nach §§ 86, 29 BGB durch die Stiftungsbehörde in Betracht (hierzu bereits § 81 Rdn. 5 ff.).[22] 13

Der Stifter kann dem Anspruch der Stiftung entgegenhalten, dass das zugrundeliegende Stiftungsgeschäft nichtig ist.[23] Zwar hat die Nichtigkeit des Stiftungsgeschäfts nicht zur Folge, dass die Stiftung als juristische Person rückwirkend beseitigt wird. Der Stifter kann sich jedoch von seinem vermögensrechtlichen Zuwendungsversprechen lösen.[24] 14

Ist das Stiftungsgeschäft hingegen wirksam und die Stiftung anerkannt, haftet der Stifter nach umstrittener, aber wohl überwiegender Auffassung in Analogie zu den Vorschriften des Schenkungsrechts gemäß den §§ 521 ff. BGB.[25] Analog § 521 BGB hat der Stifter damit lediglich Vorsatz und grobe Fahrlässigkeit zu vertreten und ist nicht zur Zahlung von Verzugszinsen verpflichtet.[26] 15

Vor Anerkennung der Stiftung haftet der Stifter demgegenüber grundsätzlich nicht. Dies folgt aus der Möglichkeit zum Widerruf des Stiftungsgeschäfts (§ 81 Abs. 2 BGB).[27] Eine Ausnahme wird 16

---

16 Näher hierzu MünchHdb GesR V/*Schwarz van Berk* § 101 Rn. 26 ff.
17 Näher hierzu BVerwG NJW 1969, 339; BayVGH, Urt. v. 12.10.2005 – 5 BV 03.2841; *Hof*, in: v. Campenhausen/Richter § 6 Rn. 350 ff.
18 MünchHdb GesR V/*Schwarz van Berk* § 101 Rn. 28.
19 O. *Werner*, in: Erman BGB § 82 Rn. 2; MünchHdb GesR V/*Mecking* § 88 Rn. 9; *Hof*, in: v. Campenhausen/Richter § 6 Rn. 44.
20 MünchHdb GesR V/*Schwarz van Berk* § 101 Rn. 50; MüKo BGB/*Reuter* § 82 Rn. 5.
21 MünchHdb GesR V/*Schwarz van Berk* § 101 Rn. 50.
22 MünchHdb GesR V/*Schwarz van Berk* § 101 Rn. 50.
23 MünchHdb GesR V/*Schwake* § 79 Rn. 128; MüKo BGB/*Reuter* § 81 Rn. 2, 8; Schlüter/Stolte/*Schlüter/Stolte* Kap. 2 Rn. 34.
24 MünchHdb GesR V/*Schwake* § 79 Rn. 128.
25 O. *Werner*, in: Erman BGB § 82 Rn. 2; Palandt/*Ellenberger* § 82 Rn. 1; Schlüter/Stolte/*Schlüter/Stolte* Kap. 2 Rn. 73; a. A. MüKo BGB/*Reuter* § 82 Rn. 3.
26 Schlüter/Stolte/*Schlüter/Stolte* Kap. 2 Rn. 73.
27 MüKo BGB/*Reuter* § 82 Rn. 4.

für den Fall vertreten, dass der Stifter nach Einreichung des Stiftungsgeschäfts über das Vermögen verfügt und dies nicht der zuständigen Behörde anzeigt. In einem solchen Fall hafte dieser der Stiftung analog § 160 BGB auf Schadensersatz.[28] Zudem seien Zwischenverfügungen, die Rechte nach § 82 S. 2 BGB betreffen, analog § 161 BGB unwirksam.[29]

---

[28] Staudinger/*Hüttemann/Rawert* § 82 Rn. 7 ff.; *Burgard* S. 85; MüKo BGB/*Reuter* § 82 Rn. 4; *Hof,* in: v. Campenhausen/Richter § 6 Rn. 42.

[29] Staudinger/*Hüttemann/Rawert* § 82 Rn. 7 ff.; *Burgard* S. 85; *Hof,* in: v. Campenhausen/Richter § 6 Rn. 42.

§ 83 Durchsetzung der Destinatärsrechte

Übersicht

	Rdn.		Rdn.
A. Klage auf Stiftungsleistungen	3	B. Verwaltungs- und Mitwirkungsrechte	10

Als **Destinatäre** werden die Personen bezeichnet, die Begünstigte des Stiftungsvermögens sind oder 1
sein können.[1] Sie sind weder Organe noch Mitglieder der Stiftung.[2] Ob eine natürliche oder juristische Person unter den Begriff fällt, richtet sich nach dem in der Satzung niederlegten Willen des Stifters.[3] Im Wege der Auslegung ist zu ermitteln, wer Begünstigter des Stiftungsvermögens sein soll.[4]

Die Ausgestaltung der **Rechtsstellung der Destinatäre** obliegt dem Stifter. Dieser kann den Destinatären durch die Satzung klagbare Ansprüche auf Stiftungsleistungen oder Verwaltungs- und Mitwirkungsrechte einräumen.[5] Trifft der Stifter keine Regelung, stehen den Destinatären auch keine Rechte gegen die Stiftung zu.[6] 2

A. Klage auf Stiftungsleistungen

Ob einem Destinatär ein klagbarer **Anspruch auf Stiftungsleistungen** zusteht, richtet sich somit 3
nach dem in der Stiftungssatzung zum Ausdruck kommenden Willen des Stifters.[7] Dieser kann einen Rechtsanspruch bestimmter Destinatäre auf Stiftungsleistungen in der Satzung explizit verankern. Die Rechtsprechung erkennt darüber hinaus auch einen Anspruch eines Destinatärs auf Stiftungsleistungen an, wenn die Satzung bestimmte, objektive Merkmale aufstellt, durch deren Erfüllung die Destinatärseigenschaft unmittelbar erworben wird, ohne dass den Verwaltungsorganen der Stiftung eine Auswahlentscheidung zusteht. Erfüllt ein Destinatär die Voraussetzungen der Satzung, kann er gegen die Stiftung auf Leistung an sich klagen.[8]

Enthält die Satzung eine Bestimmung, nach der den Destinatären grundsätzlich ein Anspruch auf 4
Stiftungsleistungen zusteht, dieser aber unter bestimmten Gründen versagt werden kann, ist die Entscheidung des Stiftungsorgans über die Versagung der gerichtlichen Kontrolle nicht schlechthin entzogen.[9] Das Gericht kann prüfen, ob die Entscheidung des Stiftungsorgans mit den in der Satzung niedergelegten Grundsätzen vereinbar ist und dem Destinatär bei Nichtvorliegen der Versagungsgründe einen Anspruch auf Leistung zusprechen.[10] Etwas anderes gilt nur dann, wenn das Stiftungsorgan nach der Satzung der Stiftung über einen nicht nachprüfbaren Beurteilungs- oder Ermessensspielraum verfügen soll.[11]

---

1 BGH NJW 1987, 2364 (2365); *Burgard* S. 459; *O. Werner*, in: Erman BGB § 85 Rn. 6; MünchHdb GesR V/*Schwake* § 79 Rn. 321; MüKo BGB/*Reuter* § 85 Rn. 29; Staudinger/*Hüttemann/Rawert* § 85 Rn. 35; *Fritsche* ZSt 2003, 113.
2 BGH NJW 1987, 2364 (2365); *O. Werner*, in: Erman BGB § 85 Rn. 6; MüKo BGB/*Reuter* § 85 Rn. 29.
3 *O. Werner*, in: Erman BGB § 85 Rn. 6.
4 OLG Hamburg ZIP 1994, 1950 (1951); LG Duisburg, Teilurteil v. 24.09.2002 – Az.: 6 O 120/02.
5 BGH NZG 2009, 1433 (1434); NJW 1987, 2364 (2365 f.); NJW 1957, 708; OLG Hamm NJW-RR 1992, 451 (452); MünchHdb GesR V/*Schwake* § 79 Rn. 18; Staudinger/*Hüttemann/Rawert* § 85 Rn. 35; *Hof*, in: v. Campenhausen/Richter § 7 Rn. 165.
6 BGH NJW 1987, 2364 (2366); OLG Stuttgart, Urt. v. 28.10.1998 – 9 U 187/97; *Burgard* S. 460 f.; MünchHdb GesR V/*Schwake* § 79 Rn. 19; *Hof*, in: v. Campenhausen/Richter § 7 Rn. 165.
7 BGH NJW 1987, 2364 (2366); NJW 1957, 708; Palandt/*Ellenberger* § 85 Rn. 4; Staudinger/*Hüttemann/Rawert* § 85 Rn. 37.
8 BGH NZG 2009, 1433 (1434); NJW 1957, 708; OLG Hamm NJW-RR 1992, 451 (452); *O. Werner*, in: Erman BGB § 85 Rn. 7; MünchHdb GesR V/*Schwake* § 79 Rn. 19; Palandt/*Ellenberger* § 85 Rn. 4; Staudinger/*Hüttemann/Rawert* § 85 Rn. 37; *Wernicke* ZEV 2003, 301 (305); *Fritsche* ZSt 2003, 113 (114).
9 OLG Hamm NJW-RR 1992, 451 (452); BeckOK/*Backert* § 85 Rn. 5; MünchHdb GesR V/*Schwarz van Berk* § 101 Rn. 54; Palandt/*Ellenberger* § 85 Rn. 4.
10 OLG Hamm NJW-RR 1992, 451 (452); BeckOK/*Backert* § 85 Rn. 5.
11 OLG Hamm NJW-RR 1992, 451 (452).

5 Ein klagbarer Anspruch der Destinatäre besteht demgegenüber nicht, wenn die Verwaltungsorgane der Stiftung eine **Auswahlentscheidung** über die Leistung treffen können.[12] Sobald die Verwaltungsorgane eine solche Auswahlentscheidung getroffen haben, kann hieraus ein klagbarer Anspruch des Destinatärs folgen, wenn dies dem in der Satzung niedergelegten Stifterwillen entspricht.[13]

6 Zudem kann ein Anspruch auf Stiftungsleistungen auch durch einen Vertrag des Destinatärs mit der Stiftung erworben werden.[14]

7 Rechtsgrund für die Stiftungsleistung ist nach Ansicht des BGH in allen Konstellationen der **Stiftungszweck**. Eine Schenkung oder ein formbedürftiges Schenkungsversprechen liegen auch dann nicht vor, wenn die Zuwendung unentgeltlich oder durch Vertrag erfolgt.[15] Demnach bedarf auch die vertragliche Begründung von Stiftungsleistungen nicht der notariellen Form nach § 518 Abs. 1 BGB.[16]

8 Besteht ein Anspruch der Destinatäre auf Stiftungsleistungen, kann dieser allerdings auf die Mittel, die der Stiftung zur Verfügung stehen, begrenzt sein.[17] Bei der Kapitalstiftung, die ihren Zweck mit Hilfe der aus dem Grundstockvermögen erwirtschafteten Erträge finanziert,[18] beschränkt sich die Leistungspflicht auf die Erträge der Stiftung.[19] Gegebenenfalls sind die Leistungsansprüche der Destinatäre zu kürzen.[20]

9 Die Ansprüche der Destinatäre gegen die Stiftung sind als privatrechtliche Ansprüche auf dem Zivilrechtsweg im Wege der Leistungsklage geltend zu machen.[21] Steht den Destinatären ein Anspruch auf Stiftungsleistungen zu, besteht daneben auch ein **Auskunftsanspruch** gemäß § 242 BGB, wenn der Leistungsanspruch ansonsten nicht beziffert werden kann.[22] Auskunfts- und Leistungsanspruch können im Wege der Stufenklage gegen die Stiftung geltend gemacht werden.[23]

B. Verwaltungs- und Mitwirkungsrechte

10 Grundsätzlich stehen den Destinatären keine Verwaltungs- oder Mitwirkungsrechte in der Stiftung zu.[24] Dies gilt auch für die Destinatäre von Familienstiftungen, mögen sie auch in einem besonders engen Verhältnis zur Stiftung stehen.[25] Wie Leistungsansprüche können den Destinatären jedoch durch die Stiftungssatzung **Mitwirkungs- und Verwaltungsrechte** eingeräumt werden.[26]

---

12 BGH NJW 1957, 708; *O. Werner*, in: Erman BGB § 85 Rn. 7; Palandt/*Ellenberger* § 85 Rn. 4; Staudinger/ *Hüttemann/Rawert* § 85 Rn. 37; *Hof*, in: v. Campenhausen/Richter § 7 Rn. 175.
13 BGH NZG 2009, 1433 (1434); NJW 1957, 708; *Hof*, in: v. Campenhausen/Richter § 7 Rn. 177.
14 BGH NZG 2009, 1433 (1434).
15 BGH NZG 2009, 1433 (1434); NJW 1957, 708; Palandt/*Ellenberger* § 85 Rn. 4; Staudinger/*Hüttemann/ Rawert* § 85 Rn. 39; *Passarge* NZG 2009, 1421.
16 BGH NZG 2009, 1433 (1434); *Passarge* NZG 2009, 1421 (1422).
17 *Hof*, in: v. Campenhausen/Richter § 7 Rn. 181; *Burgard* S. 461.
18 *Hof*, in: v. Campenhausen/Richter § 2 Rn. 18.
19 *Hof*, in: v. Campenhausen/Richter § 7 Rn. 181; *Fritsche* ZSt 2003, 113 (114).
20 *Hof*, in: v. Campenhausen/Richter § 7 Rn. 181.
21 MünchHdb GesR V/*Schwarz van Berk* § 101 Rn. 54; *Hof*, in: v. Campenhausen/Richter § 7 Rn. 182.
22 BGH NZG 2009, 1433 (1435); LG Duisburg, Teilurteil v. 24.09.2002 – Az.: 6 O 120/02; *Burgard* S. 462; MünchHdb GesR V/*Schwarz van Berk* § 101 Rn. 54.
23 BGH NZG 2009, 1433 (1435); LG Duisburg, Teilurteil v. 24.09.2002 – Az.: 6 O 120/02; *Fritsche* ZSt 2003, 113 (114).
24 BGH NJW 1987, 2364 (2366); OLG Stuttgart BeckRS 2013, 12706; OLG Hamburg, Urt. v. 04.01.1979 – 4 U 37/78, StiftRspr III S. 106 (107); *Hof*, in: v. Campenhausen/Richter § 7 Rn. 165.
25 BGH NJW 1987, 2364 (2366); *Wernicke* ZEV 2003, 301 (305).
26 OLG Hamburg ZIP 1994, 1950 (1951); OLG Hamburg, Urt. v. 04.01.1979 – 4 U 37/78, StiftRspr III S. 106 (107); Palandt/*Ellenberger* § 85 Rn. 4; MünchHdb GesR V/*Schwake* § 79 Rn. 18; Staudinger/*Hüttemann/Rawert* § 85 Rn. 35, 37; *Rawert* ZIP 1994, 1952 (1953); *Wernicke* ZEV 2003, 301 (304).

Die Satzung kann den Destinatären beispielsweise Mitwirkungs- oder Kontrollrechte bei der Geschäftsführung, bei Satzungsänderungen oder bei der Bestellung des Vorstandes einräumen. **Einsichtsrechte** der Destinatäre in Stiftungsunterlagen sind ebenfalls denkbar.[27] Enthält die Satzung keine nähere Regelung zur Reichweite des Einsichtsrechts, erfasst dieses nach den Grundsätzen des Auftragsrechts (§§ 86 S. 1, 27 Abs. 3, 666 BGB) mangels einschränkender Regelung des Stifters im Zweifel alle erforderlichen Belege.[28]

11

Der **Gestaltungsfreiheit** des Stifters sind bei der Ausgestaltung der Destinatärsrechte nur wenig Grenzen gesetzt. Unzulässig sind jedoch Regelungen, die
– nicht den Mindestanforderungen an ein Stiftungsgeschäft entsprechen,
– gegen ein gesetzliches Verbot oder die guten Sitten verstoßen[29]
– oder den Destinatären Rechte einräumen, die auf eine vom Stifterwillen losgelöste Autonomie hinauslaufen.[30]

12

Werden eingeräumte Destinatärsrechte verletzt, können diese gegen die Stiftung auf dem Zivilrechtsweg klagen (näher hierzu § 84).[31] Ein Anspruch auf Tätigwerden der Stiftungsaufsicht steht den Destinatären demgegenüber nicht zu.[32]

13

---

27 OLG Hamburg, Urt. v. 04.01.1979 – 4 U 37/78, StiftRspr III S. 106 ff.; Staudinger/*Hüttemann/Rawert* § 85 Rn. 38; *Hof*, in: v. Campenhausen/Richter § 7 Rn. 166.
28 *Hof*, in: v. Campenhausen/Richter § 7 Rn. 166.
29 BGH NJW 1987, 2364 (2366).
30 Staudinger/*Hüttemann/Rawert* § 85 Rn. 35; BeckOK/*Backert* § 85 Rn. 5.
31 Palandt/*Ellenberger* § 85 Rn. 4; *Hof*, in: v. Campenhausen/Richter § 7 Rn. 182; *Wernicke* ZEV 2003, 301 (305).
32 BVerwG NJW 1985, 2964; MünchHdb GesR V/*Schwake* § 79 Rn. 323; Staudinger/*Hüttemann/Rawert* § 85 Rn. 42; *Hof*, in: v. Campenhausen/Richter § 7 Rn. 182.

§ 84 Streitigkeiten bei der Beschlussfassung in der Stiftung

Übersicht

	Rdn.			Rdn.
A. Streitigkeiten bei der Beschlussfassung über Änderungen der Satzung	1		2. Materielles	11
I. Feststellung der Unwirksamkeit einer Satzungsänderung	2	II.	Positive Beschlussfeststellung	22
1. Prozessuales	2	B.	Streitigkeiten bei der Beschlussfassung über Maßnahmen der Geschäftsführung	23

A. Streitigkeiten bei der Beschlussfassung über Änderungen der Satzung

1 Streitigkeiten in der Stiftung treten häufig infolge der Beschlussfassung über Änderungen der Satzung auf. Klassische Konfliktherde sind beispielsweise Änderungen in der Zusammensetzung des Vorstands oder eine Verkürzung der Destinatärsrechte.

I. Feststellung der Unwirksamkeit einer Satzungsänderung

1. Prozessuales

2 Die Unwirksamkeit satzungsändernder Beschlüsse ist vor den ordentlichen Gerichten geltend zu machen.[1] Statthafter Rechtsbehelf ist die **Feststellungsklage** nach § 256 ZPO, **Klagegegner** ist die Stiftung.[2] Die aktienrechtlichen Vorschriften der §§ 241 ff. AktG finden auf die Stiftung keine analoge Anwendung.[3]

3 Der **Klageantrag** einer auf die Feststellung der Unwirksamkeit einer Satzungsänderung gerichteten Klage könnte wie folgt lauten:

»Es wird festgestellt, dass der Beschluss des Vorstands der X-Stiftung vom xx.xx.xxxx, gerichtet auf Änderung von § x der Satzung der X-Stiftung, unwirksam ist.«[4]

Bei Erfolg der Klage spricht das Gericht aus, dass der gefasste Beschluss unwirksam ist.[5] In der Literatur wird – soweit diese Frage überhaupt erörtert wird – überwiegend angenommen, dass die Rechtskraftwirkung eines solchen Urteils analog § 248 AktG zu beurteilen ist.[6] Nur für das klageabweisende Urteil soll es bei der Wirkung inter partes gemäß § 325 ZPO bleiben.[7] Gerichtliche Entscheidungen zur Reichweite der Rechtskraft existieren bislang allerdings nicht.

4 Es obliegt grundsätzlich dem Stifter, in der Satzung festzulegen, wer zur gerichtlichen Geltendmachung von Beschlussmängeln befugt ist.[8] Fehlt es an solchen Regelungen, ist das **Feststellungsinteresse** bzw. das **Rechtsschutzbedürfnis** für eine Klage auf Feststellung der Unwirksamkeit einer Satzungsänderung nur für diejenigen anerkannt, die durch den Beschluss in eigenen Rechten beeinträchtigt werden.[9]

---

1 BGH NJW 1987, 2364 (2365); WM 1976, 869 ff.; BAG, Urt. v. 07.08.1980 – 1 AZR 372/89; OLG Hamburg ZIP 1994, 1950; *Rawert* ZIP 1994, 1952 (1953).
2 BGH WM 1976, 869 ff. OLG Stuttgart, Urt. v. 27.06.2003 – Az.: 5 U 162/02; OLG Hamburg ZIP 1994, 1950 ff.; *Schauhoff*, in: Handbuch der Gemeinnützigkeit § 3 Rn. 79; *Hoffmann*, in: FG Kreutz, 29 (40); *Rawert* ZIP 1994, 1952 (1953); *Stallmann* S. 185.
3 BGH NJW 1994, 184 (185); Staudinger/*Hüttemann/Rawert* § 86 Rn. 31; *Hoffmann*, in: FG Peter Kreutz, 29 (33 f.); *Stallmann* S. 57 ff., 127.
4 Vgl. die Klageanträge bei BGH WM 1976, 869 ff., OLG Stuttgart, Urt. v. 27.06.2003 – Az.: 5 U 162/02 und LG Ellwangen BeckRS 2002, 16689.
5 BGH WM 1976, 869 ff.
6 *Hoffmann*, in: FG Peter Kreutz, 29 (43); *Stallmann* S. 122 ff., 186.
7 *Hoffmann*, in: FG Peter Kreutz, 29 (43); *Stallmann* S. 122 ff., 186.
8 *Burgard* S. 291.
9 BGH NJW 1994, 184 (185); BGH NJW 1987, 2364 (2366); *Hoffmann*, in: FG Peter Kreutz, 29 (38 f.).

A. Streitigkeiten bei der Beschlussfassung über Änderungen der Satzung § 84

Für den **Stifter** wird dementsprechend angenommen, dass dieser mit Anerkennung der Rechtsfähigkeit der Stiftung Beschlussmängel nur noch geltend machen kann, wenn er durch den Beschluss in satzungsmäßig vorbehaltenen Rechten beeinträchtigt wird.[10] Ferner soll der Stifter nach teilweise vertretener Ansicht berechtigt sein, die Nichtigkeit eines Beschlusses geltend zu machen, der die Grundlagen der Stiftung ändert, da er durch diese in seinem Recht auf Stiftungsbestand beeinträchtigt werde.[11] 5

Auch eine allgemeine Befugnis eines **Organmitglieds**, beispielsweise eines Vorstands- oder Kuratoriumsmitglieds, Beschlüsse des eigenen Organs gerichtlich kontrollieren zu lassen, wird von der weit überwiegenden Auffassung abgelehnt.[12] Der BGH nimmt ein Rechtsschutzbedürfnis für die Feststellung der Unwirksamkeit eines Beschlusses nur dann an, wenn das Organmitglied durch den Beschluss in seinen organschaftlichen Rechten beeinträchtigt wird.[13] Dies ist etwa der Fall, wenn durch eine Satzungsänderung die organisationsrechtliche Stellung des Organmitglieds berührt wird oder der Beschluss unter Verletzung organschaftlicher Mitwirkungsrechte gefasst wurde.[14] Die Nichtbeachtung von Verfahrensvorschriften zur Beschlussfassung soll nach dem BGH allerdings nicht ausreichen.[15] 6

Begehren **Destinatäre** die Feststellung der Unwirksamkeit einer Satzungsänderung, fehlt der Feststellungsklage nach Ansicht des BGH das nach § 256 ZPO erforderliche Feststellungsinteresse, wenn den Destinatären kein Recht zur Überprüfung der Satzungsänderung zusteht. Denn in einem solchen Fall fehlt es an einer hinreichend konkreten, rechtlich geregelten Beziehung zur Stiftung.[16] 7

Ob den Destinatären ein solches Recht auf Überprüfung von Satzungsänderungen zusteht, richtet sich nach dem in der Stiftungssatzung niedergelegten Willen des Stifters.[17] Ein Recht des Destinatärs auf Überprüfung der Satzungsänderung wird insbesondere angenommen, wenn der Beschluss in durch die Satzung gewährte Leistungs- oder Mitwirkungsrechte eingreift.[18] So hat der BGH ein Recht auf gerichtliche Überprüfung einer Satzungsänderung in einem Fall angenommen, in dem der Kläger bereits über eine durch die Satzung gesicherte Anwartschaft verfügte, nach dem Tod seiner Mutter automatisch in ein Vorstandsamt einzurücken, und diese Anwartschaft durch eine Satzungsänderung beseitigt werden sollte.[19] 8

Die bloße Zugehörigkeit zum Kreis der Destinatäre führt nach dem BGH hingegen noch nicht zu einem Recht auf gerichtliche Überprüfung der Satzungsänderung, sofern den Destinatären aufgrund einer noch zu treffenden Auswahlentscheidung des Vorstands noch keine gesicherte Anwartschaft auf Stiftungsleistungen zusteht. Dies gilt auch für Satzungsänderungen, durch die der Kreis der Destinatäre erweitert wird.[20] 9

---

10 *Hoffmann*, in: FG Peter Kreutz, 29 (42); *Jakob* S. 445; *Stallmann* S. 183 f.
11 *Hoffmann*, in: FG Peter Kreutz, 29 (42); *Jakob* S. 406, 429: a. A.: *Stallmann* S. 185.
12 BGH NJW 1994, 184 (185); VGH Baden-Württemberg, Urt. v. 31.03.2006 – Az.: 1 S 2115/05; Staudinger/Hüttemann/Rawert § 86 Rn. 32; *Hof*, in: v. Campenhausen/Richter § 8 Rn. 204; a. A.: *Burgard* S. 289; *Hoffmann*, in: FG Peter Kreutz, 29 (40); *Stallmann* S. 180 ff.
13 BGH NJW 1994, 184 (185); VGH Baden-Württemberg, Urt. v. 31.03.2006 – Az.: 1 S 2115/05; Staudinger/Hüttemann/Rawert § 86 Rn. 32; *Hof*, in: v. Campenhausen/Richter § 8 Rn. 204.
14 VGH Baden-Württemberg, Urt. v. 31.03.2006 – Az.: 1 S 2115/05.
15 BGH NJW 1994, 184 (185).
16 BGH NJW 1987, 2364 (2366); *Burgard* S. 465; andere Entscheidungen behandeln dies als Frage der Aktivlegitimation in der Begründetheit der Klage: BAG, Urt. v. 07.08.1990 – 1 AZR 372/89; OLG Stuttgart, Urt. v. 27.06.2003 – Az.: 5 U 162/02; OLG Hamburg ZIP 1994, 1950.
17 BGH NJW 1987, 2364 (2366 f.); OLG Stuttgart, Urt. v. 27.06.2003 – Az.: 5 U 162/02; OLG Hamburg ZIP 1994, 1950 (1951).
18 *Hoffmann*, in: FG Kreutz, 29 (42); *Stallmann* S. 183.
19 BGH WM 1976, 869 ff.
20 BGH NJW 1987, 2364 (2366 f.).

10 Eine gesetzliche **Klagefrist** für die Erhebung der Feststellungsklage existiert nicht. Allerdings kann eine solche durch die Stiftungssatzung vorgesehen werden.[21] Die Nichtbeachtung der Klagefrist hat zur Folge, dass die Klage unbegründet ist.[22]

2. Materielles

11 **Satzungsänderungen** sind nur zulässig, wenn sie durch Satzung oder Gesetz gestattet sind.[23] Oftmals enthalten Stiftungssatzungen Regelungen, nach denen eine Satzungsänderung nur unter bestimmten Voraussetzungen zulässig ist.[24] Für den Fall, dass es an solchen Regelungen fehlt und eine Auslegung des Stifterwillens nicht ergibt, dass Satzungsänderungen generell unzulässig sein sollen,[25] kann auf landesrechtliche Bestimmungen zuzurückgegriffen werden.[26] Die einzelnen Landesstiftungsgesetze enthalten Ermächtigungen für die zuständigen Stiftungsorgane, Änderungen der Satzung unter bestimmten Voraussetzungen vorzunehmen.[27]

12 Zur **Beschlussfassung** über Änderungen der Satzung wie auch für die Fassung sonstiger Beschlüsse ist grundsätzlich der Vorstand berufen.[28] In der Satzung können jedoch abweichende Zuständigkeiten statuiert werden (§ 86 S. 1 BGB).[29] Beispielsweise kann festgelegt werden, dass der Stifter selbst oder der Vorstand zusammen mit weiteren Organen wie einem Kuratorium (siehe hierzu § 85 Rdn. 43 ff.) für Änderungen der Satzung zuständig ist.[30] Die Landesstiftungsgesetze sehen darüber hinaus teilweise vor, dass ein noch lebender Stifter Satzungsänderungen zustimmen muss oder jedenfalls anzuhören ist.[31]

13 Für die Beschlussfassung in einem mehrgliedrigen Vorstand gelten die dispositiven Vorschriften des Vereinsrechts entsprechend, §§ 86 S. 1, 28, 32, 34 BGB.[32] Demnach ist der Vorstand ordnungsgemäß einzuberufen, bei der Beschlussfassung entscheidet die Mehrheit der Mitglieder (§§ 86 S. 1, 28, 32 Abs. 1 BGB).[33] In den Stiftungssatzungen können ergänzende oder abweichende Regelungen zur Beschlussfassung getroffen werden. So kann die Satzung vorsehen, dass ein Organ nur beschluss-

---

21 OLG Stuttgart, Urt. v. 27.06.2003 – 5 U 162/02; *Burgard* S. 291.
22 OLG Stuttgart, Urt. v. 27.06.2003 – 5 U 162/02.
23 *O. Werner*, in: Erman BGB § 85 Rn. 3; *Feick*, in: MAH Erbrecht § 38 Rn. 60; MünchHdb GesR V/*Mecking* § 89 Rn. 10; *Schauhoff*, in: Handbuch der Gemeinnützigkeit § 3 Rn. 75; *Hof*, in: v. Campenhausen/Richter § 6 Rn. 211.
24 Palandt/*Ellenberger* § 85 Rn. 3.
25 MünchHdb GesR V/*Mecking* § 89 Rn. 12.
26 MünchHdb GesR V/*Mecking* § 89 Rn. 5; Palandt/*Ellenberger* § 85 Rn. 3; *Hof*, in: v. Campenhausen/Richter § 6 Rn. 211. Die Zulässigkeit landesrechtlicher Regelungen wird allerdings vermehrt bezweifelt, so etwa Staudinger/*Hüttemann/Rawert* § 85 Rn. 28.
27 Baden-Württemberg: § 6 StiftG; Bayern: Art. 5 BayStG; Berlin: § 5 StiftG Bln; Brandenburg: § 10 StiftGBbg; Bremen: § 8 BremStiftG; Hamburg: § 7 Hamburgisches Stiftungsgesetz; Hessen: § 9 Hessisches Stiftungsgesetz; Mecklenburg-Vorpommern: § 9 StiftG M-V; Niedersachsen: § 7 NStiftG; Nordrhein-Westfalen: § 5 StiftG NRW; Rheinland-Pfalz: § 8 LStiftG; Saarland: § 7 Saarländisches Stiftungsgesetz; Sachsen: § 9 SächsStiftG; Sachsen-Anhalt: § 9 StiftG LSA; Schleswig-Holstein: § 5 StiftG; Thüringen: § 9 ThürStiftG.
28 *Hof*, in: v. Campenhausen/Richter § 6 Rn 211.
29 *Hof*, in: v. Campenhausen/Richter § 6 Rn 217.
30 *Hof*, in: v. Campenhausen/Richter § 6 Rn 217.
31 Zustimmung: Baden-Württemberg: § 6 S. 2 StiftG; Bremen: § 8 Abs. 1 BremStiftG; Niedersachsen: § 7 Abs. 2 NstiftG; Saarland: § 8 S. 4 i. V. m. § 7 Abs. 2 Saarländisches StiftG; Schleswig-Holstein: § 5 Abs. 1 StiftG. Anhörung: Bayern Art. 8 Abs. 2 BayStG; Brandenburg: § 10 Abs. 2 StiftGBbg; Hamburg: § 7 Abs. 3 Hamburgisches StiftG; Mecklenburg-Vorpommern: § 9 StiftG M-V; Nordrhein-Westfalen: § 5 Abs. 2 StiftG NRW; Rheinland-Pfalz: § 8 Abs. 2 LStiftG; Sachsen: § 9 Abs. 2 SächsStiftG; Sachsen-Anhalt: § 9 Abs. 2 StiftG LSA; Thüringen: § 9 Abs. 2 ThürStiftG.
32 *O. Werner*, in: Erman BGB § 86 Rn. 2; Staudinger/*Hüttemann/Rawert* § 86 Rn. 30.
33 Staudinger/*Hüttemann/Rawert* § 86 Rn. 30.

A. Streitigkeiten bei der Beschlussfassung über Änderungen der Satzung   § 84

fähig ist, wenn eine bestimmte Anzahl an Organmitgliedern anwesend ist[34] oder dass für die Änderung der Satzung eine qualifizierte Mehrheit erforderlich ist.[35] Um wirksam zu sein, muss der Beschluss den gesetzes- oder satzungsmäßigen Vorgaben genügen.[36]

Leidet ein Beschluss in formeller oder materieller Hinsicht an Fehlern, ist dieser nach ganz überwiegender Auffassung **nichtig**.[37] Für formelle Fehler wird angenommen, dass ein Verfahrensfehler, der auf das Beschlussergebnis ohne Auswirkungen ist, nach der Relevanzlehre (siehe hierzu ausführlich § 8 Rdn. 139 ff., § 19 Rdn. 102 f.) nur dann zur Nichtigkeit führt, wenn er ein anerkennenswertes Partizipationsinteresse an der Beschlussfassung vereitelt.[38]   14

Ein Beschluss ist **formell fehlerhaft**, wenn dieser nach den Umständen seines Zustandekommens gegen Gesetz oder Satzung verstößt.[39] Demnach ist ein Beschluss beispielsweise formell fehlerhaft, wenn   15
– der Beschluss durch ein unzuständiges Organ gefasst wurde,
– Anhörungs- oder Mitwirkungsrechte verletzt wurden,
– für den Beschluss ein fehlerhaftes Abstimmungsverfahren gewählt wurde,
– eine nach der Satzung notwendige Begründung des Beschlusses nicht vorliegt,[40]
– an der Beschlussfassung Organmitglieder mitwirken, denen die Ausübung ihrer Tätigkeit durch die Aufsichtsbehörde untersagt war und das Organ somit mangels ausreichender Zahl an stimmberechtigten Mitgliedern beschlussunfähig war,[41]
– oder an der Beschlussfassung Organmitglieder mitwirken, die nach § 34 BGB von der Beschlussfassung ausgeschlossen waren und deren Stimme entscheidend war.[42]

In **materieller Hinsicht** muss der Beschluss über die Satzungsänderung den Voraussetzungen der Ermächtigungsgrundlage, die sich aus der Satzung oder landesrechtlichen Bestimmungen ergeben, gerecht werden.[43] In der Regel ist eine Änderung der Satzung hiernach nur gestattet, wenn sich die vom Stifter zugrunde gelegten Verhältnisse wesentlich geändert haben.[44] Dies kann beispielsweise der Fall sein, wenn das Stiftungsvermögen die Zweckerfüllung nicht mehr sicherstellen kann oder die Organisation den Anforderungen nicht mehr genügt.[45] Bei einer Stiftung aus dem späten 19. Jahrhundert, die ein Unternehmen betrieb, wurde eine wesentliche Veränderung der rechtlichen, technischen und ökonomischen Verhältnisse bejaht.[46] Für Änderungen des Stiftungszwecks gelten teilweise noch strengere Anforderungen.[47] Die Darlegungs- und Beweislast für das Vorliegen dieser Voraussetzungen trifft die beklagte Stiftung.[48]   16

---

34 BGH NJW 1994, 184.
35 *Hof*, in: v. Campenhausen/Richter § 6 Rn 217.
36 Staudinger/*Hüttemann/Rawert* § 86 Rn. 31; *Hoffmann*, in: FG Peter Kreutz, 29 (31).
37 *Burgard* S. 322 ff.; Staudinger/*Hüttemann/Rawert* § 86 Rn. 31; *Hof*, in: v. Campenhausen/Richter § 8 Rn. 200, 203; ausführlich *Hoffmann*, in: FG Peter Kreutz, 29 (32 ff.), der bei Verstoß gegen dispositive Verfahrensregelungen allerdings keine Nichtigkeit annehmen will; ähnlich auch *Stallmann* S. 129 ff., 178.
38 *Hoffmann*, in: FG Peter Kreutz, 29 (38); *Stallmann* S. 169 f.
39 MünchHdb GesR V/*Mecking* § 89 Rn. 23; *Hoffmann*, in: FG Peter Kreutz, 29 (31); *Stallmann* S. 5
40 Die angeführten Punkte prüfen OLG Stuttgart, Urt. v. 27.06.2003 – 5 U 162/02 und LG Ellwangen BeckRS 2002, 16689, der Beschluss wurde diesen Anforderungen jedoch gerecht.
41 BGH NJW 1994, 184 (185 f.); *Hof*, in: v. Campenhausen/Richter § 8 Rn. 202.
42 *Hof*, in: v. Campenhausen/Richter § 8 Rn. 202.
43 MünchHdb GesR V/*Mecking* § 89 Rn. 23; *Hoffmann*, in: FG Peter Kreutz, 29 (31).
44 *Schauhoff*, in: Handbuch der Gemeinnützigkeit § 3 Rn. 75; *Hof*, in: v. Campenhausen/Richter § 6 Rn 211.
45 *Schauhoff*, in: Handbuch der Gemeinnützigkeit § 3 Rn. 75; *Hof*, in: v. Campenhausen/Richter § 6 Rn 211.
46 OLG Stuttgart, Urt. v. 27.06.2003 – 5 U 162/02 und LG Ellwangen BeckRS 2002, 16689.
47 Staudinger/*Hüttemann/Rawert* § 85 Rn. 18 ff.
48 LG Ellwangen BeckRS 2002, 16689.

17 Satzungsänderungen müssen zudem stets mit dem in der Stiftungssatzung niedergelegten **Willen des Stifters** in Einklang stehen.[49] Ansonsten ist die Satzungsänderung unwirksam.[50] Zur Ermittlung des Stifterwillens kann das Gericht Stiftungssatzungen auslegen.[51]

18 Die Unwirksamkeit einer Satzungsänderung wegen **Verstoßes gegen den Stifterwillen** wurde beispielsweise in einem Fall angenommen, in dem die Satzungsänderung vorsah, dass die
- Vorstandsmitglieder bestimmten Berufsgruppen angehören sollten und sich aus dem Testament des Stifters ergab, dass es diesem nicht darauf, sondern vielmehr auf die Charaktereigenschaften der Vorstandsmitglieder ankam,
- Destinatäre von der Mitwirkung an der Bestellung des Vorstands ausgeschlossen werden sollten und eine Auslegung des Stiftungsgeschäfts ergab, dass diesen nach dem Willen des Stifters Mitwirkungsrechte bei der Verwaltung der Stiftung zustehen sollten,
- Destinatäre als Vorstandsmitglieder ausgeschlossen werden sollten, obwohl der Stifter als ersten Vorstandsvorsitzenden einen Destinatär benannte und damit zum Ausdruck brachte, dass die Stiftung auch durch einen Destinatär verwaltet werden könne,[52]
- ferner wurde eine Satzungsänderung wegen Verstoßes gegen den Stifterwillen als unwirksam angesehen, nach der der nächste Stiftungsvorstand von der Aufsichtsbehörde ernannt werden sollte, obwohl der Stifter in der Satzung festgelegt hatte, dass sein ältester Sohn nachrücken sollte.[53]

19 Als mit dem Willen des Stifters vereinbar eingestuft wurde hingegen eine nach mehr als 100 Jahren Stiftungsbetrieb erfolgte Satzungsänderung, welche im Gegensatz zur vorherigen Regelung die Veräußerung von Stiftungsbetrieben ausnahmsweise und die Überführung der Betriebe in eine andere Rechtsform grundsätzlich erlaubte. Nach Ansicht der entscheidenden Gerichte hätte der Stifter bei Kenntnis der veränderten Rahmenbedingungen ebenfalls eine Statutenänderung vorgenommen, um damit die organisatorische und wirtschaftliche Flexibilität der Unternehmen zu erhöhen und eine Möglichkeit zur Begrenzung der Haftungsrisiken zu schaffen.[54]

20 Wird eine Satzungsänderung von der Klägerseite nur teilweise angegriffen, kann die beklagte Stiftung neben dem Antrag auf Klageabweisung auch eine hilfsweise **Widerklage** mit dem Ziel erheben, die gesamte Satzungsänderung wegen § 139 BGB für nichtig zu erklären. Eine solche hilfsweise erhobene Widerklage ist zulässig, weil sie den Streit über die Wirksamkeit oder Unwirksamkeit einer Satzungsänderung zwischen den Parteien zu beheben vermag.[55] Der Hilfswiderklage fehlt auch nicht das Rechtsschutzbedürfnis, obwohl die Organe der Stiftung den Beschluss über die Satzungsänderung aufheben könnten. Denn mit der Feststellungsklage kann die Nichtigkeit ex tunc festgestellt werden.[56] Zwischen einer solchen hilfsweise erhobenen Widerklage und dem Antrag auf Klageabweisung besteht zudem ein echtes Eventualverhältnis.[57] Hat der Kläger mit seiner Klage auf Feststellung der Unwirksamkeit von Teilen der Satzungsänderung Erfolg, hängt die Begründetheit der ausschließlich mit Blick auf § 139 BGB hilfsweise erhobenen Widerklage davon ab, ob den nicht angegriffenen Teilen der Satzungsänderung eigenständige Bedeutung zukommt.[58]

---

49 BGH NJW 1987, 2364 (2365); WM 1976, 869 ff.; OLG Hamburg ZIP 1994, 1950 (1951 f.); MünchHdb GesR V/*Mecking* § 89 Rn. 15; *Schauhoff*, in: Handbuch der Gemeinnützigkeit § 3 Rn. 75; *Hof*, in: v. Campenhausen/Richter § 6 Rn. 217; *Stallmann* S. 8.
50 OLG Hamburg ZIP 1994, 1950 (1951 f.).
51 BGH NJW 1987, 2364 (2365); WM 1976, 869 ff.; NJW 1957, 708; *Schauhoff*, in: Handbuch der Gemeinnützigkeit § 3 Rn. 77.
52 OLG Hamburg ZIP 1994, 1950 (1951 f.).
53 BGH WM 1976, 869 ff.
54 OLG Stuttgart, Urt. v. 27.06.2003 – 5 U 162/02; LG Ellwangen BeckRS 2002, 16689.
55 OLG Hamburg ZIP 1994, 1950 (1952).
56 OLG Hamburg ZIP 1994, 1950 (1952).
57 OLG Hamburg ZIP 1994, 1950 (1952).
58 OLG Hamburg ZIP 1994, 1950 (1952).

Eine Satzungsänderung wird erst dann wirksam, wenn sie durch die zuständige Aufsichtsbehörde   21
genehmigt wird.[59] Die **Genehmigung** ist ein privatrechtsgestaltender Verwaltungsakt.[60] Die Erteilung der Genehmigung führt allerdings nicht zur Heilung von zivilrechtlichen Mängeln.[61] Sie schließt auch nicht die Feststellung ein, dass die zivilrechtlichen Voraussetzungen der Satzungsänderung vorlagen.[62] Bei einer Versagung der Genehmigung ist der Verwaltungsrechtsweg eröffnet.[63]

II. Positive Beschlussfeststellung

Liegen lediglich Fehler in der Berechnung des Abstimmungsergebnisses eines Beschlusses vor, kann   22
eine Klage auf Feststellung des zutreffenden Beschlusses erhoben werden (zur **positiven Beschlussfeststellungsklage** bei der AG § 8 Rdn. 312 ff., bei der GmbH § 19 Rdn. 122 ff.).[64] In der Praxis des Stiftungsrechts haben derartige Klagen allerdings bisher keine wesentliche Rolle gespielt.

B. Streitigkeiten bei der Beschlussfassung über Maßnahmen der Geschäftsführung

Beschlussmängelstreitigkeiten in der Stiftung betreffen nicht nur Satzungsänderungen, sondern können   23
sich auch im Zusammenhang mit Maßnahmen der **Geschäftsführung** ergeben. Die Geschäftsführung in der Stiftung erfasst die ordnungsgemäße Verwaltung des Stiftungsvermögens und die Erfüllung des Stiftungszwecks.[65] Sie obliegt grundsätzlich dem Vorstand, soweit sich nicht aus der Satzung etwas Abweichendes ergibt (§§ 86 S. 1, 26, 27 Abs. 3 BGB). So kann die Satzung Zustimmungsvorbehalte oder die Mitwirkung weiterer Gremien (z. B. eines Kuratoriums) vorsehen.[66] Die Willensbildung innerhalb des Vorstands richtet sich grundsätzlich nach den §§ 86 S. 1, 28, 32, 34 BGB (siehe oben unter Rdn. 13)

Der Rechtsschutz gegen Beschlüsse des Vorstands über Geschäftsführungsmaßnahmen richtet sich   24
nach den gleichen Grundsätzen wie bei der Beschlussfassung über Satzungsänderungen. Statthafte Klageart zur Geltendmachung der Nichtigkeit ist die **Feststellungsklage** (§ 256 ZPO) gegen die Stiftung vor den ordentlichen Gerichten. Mangels Rechts- und Parteifähigkeit des Vorstands kann eine Klage nicht gegen diesen erhoben werden.[67]

Zur gerichtlichen Überprüfung derartiger Beschlüsse sind grundsätzlich nur die Personen berufen,   25
denen dieses Recht in der Satzung vorbehalten wird. Ohne in der Satzung verankertes Recht können weder **Stifter** noch **Destinatäre** die Beschlüsse der Geschäftsführung überprüfen lassen. Ihre Klagen sind unzulässig.[68]

Auch für die Klage eines **Organmitgliedes** besteht nur dann das erforderliche Rechtsschutzbedürfnis,   26
wenn das Organmitglied durch den Beschluss in seinen organschaftlichen Rechten beeinträchtigt wurde.[69] Der BGH hat die Feststellungsklage eines Organmitglieds als unzulässig abgewiesen, mit

---

59 *Schauhoff*, in: Handbuch der Gemeinnützigkeit § 3 Rn. 78; *Hof*, in: v. Campenhausen/Richter § 6 Rn 235; eine Ausnahme gilt in NRW: Nach § 5 Abs. 1 StifG NRW ist die Aufsichtsbehörde bei Satzungsänderungen, die den Stiftungszweck oder die Organisation nicht wesentlich beeinträchtigen, nur zu informieren.
60 BGH WM 1976, 869 ff.
61 BGH WM 1976, 869 ff.; *Hof*, in: v. Campenhausen/Richter § 6 Rn 235; *Hoffmann*, in: FG Peter Kreutz, 29 (30).
62 BGH WM 1976, 869 ff.
63 Näher hierzu *Hof*, in: v. Campenhausen/Richter § 10 Rn. 281 ff.
64 *Burgard* S. 324.
65 *Hof*, in: v. Campenhausen/Richter § 8 Rn. 30, 48; *Schauhoff*, in: Handbuch der Gemeinnützigkeit § 3 Rn. 91.
66 *Hof*, in: v. Campenhausen/Richter § 8 Rn. 50 ff.
67 OLG Stuttgart, Urt. v. 28.10.2008 – 9 U 187/97, BeckRS 2013, 12706.
68 OLG Stuttgart, Urt. v. 28.10.2008 – 9 U 187/97, BeckRS 2013, 12706; *Hoffmann*, in: FG Peter Kreutz, 29 (42).
69 BGH NJW 1994, 184 (185); VGH Baden-Württemberg, Urt. v. 31.03.2006 – 1 S 2115/05; Staudinger/*Hüttemann/Rawert* § 86 Rn. 32; *Hof*, in: v. Campenhausen/Richter § 8 Rn. 204.

der dieses die Nichtbeachtung von Verfahrensvorschriften rügen wollte, weil hierin keine Beeinträchtigung der organschaftlichen Rechte liege.[70]

27 Wird eine Feststellungsklage zulässigerweise erhoben, hat diese Erfolg, wenn der Beschluss in formeller oder materieller Hinsicht fehlerhaft ist. In formeller Hinsicht kommen die gleichen Beschlussmängel wie bei Satzungsänderungen in Betracht (siehe oben Rdn. 15). In materieller Hinsicht darf der Beschluss seinem Inhalt nach nicht gegen zwingende Vorschriften der Satzung, des Gesetzes oder den Stifterwillen verstoßen.[71] Beispielsweise wäre ein Beschluss über die Übertragung von Stiftungsvermögen auf ein Organmitglied nach § 134 BGB i. V. m. § 266 StGB nichtig.[72]

---

[70] BGH NJW 1994, 184 (185).
[71] *Hoffmann*, in: FG Kreutz, 29 (31); Staudinger/*Hüttemann/Rawert* § 86 Rn. 31; *Stallmann* S. 6 ff.
[72] *Stallmann* S. 139.

§ 85 Streitigkeiten unter Beteiligung der Verwaltungsorgane

Übersicht

		Rdn.				Rdn.
A.	**Vorstand als Kläger**	1	I.	Klage der Stiftung gegen den Vorstand auf Schadensersatz		17
I.	Klagen auf Auslagenersatz und Vergütung	1		1. Geltendmachung des Anspruchs		18
II.	Klage auf Feststellung der Mitgliedschaft eines Vorstandsmitglieds	3		2. Pflichtverletzung		20
III.	Klage auf Feststellung der Nichtmitgliedschaft eines Vorstandsmitglieds	6		3. Vertretenmüssen		32
IV.	Klage gegen Abberufung und Kündigung	7		4. Auswirkungen einer Entlastung		34
	1. Klage gegen die Abberufung als Vorstandsmitglied	7		5. Schaden		36
				6. Mitverschulden		37
	2. Klage gegen die Kündigung des Anstellungsvertrages	13		7. Verjährung		38
				8. Weitere Haftungsgrundlagen		39
			II.	Klagen Dritter gegen den Vorstand auf Schadensersatz		41
B.	**Vorstand als Beklagter**	17	III.	Weitere Klagen gegen den Vorstand		42
			C.	**Kuratorium oder weitere Organe**		43

A. Vorstand als Kläger

I. Klagen auf Auslagenersatz und Vergütung

Das Verhältnis zwischen Vorstand und Stiftung bestimmt sich vorbehaltlich abweichender Regelungen nach Auftragsrecht (§§ 86 S. 1, 27 Abs. 3, 664 ff. BGB). Einem Vorstandsmitglied stehen demnach auf dem Zivilrechtsweg durchsetzbare Ansprüche auf **Auslagenersatz** gemäß § 670 BGB zu.[1] Die Satzung kann allerdings auch vorsehen, dass Vorstandsmitglieder ohne Anspruch auf Auslagenersatz tätig werden.[2] 1

Gemäß §§ 86 S. 1, 27 Abs. 3 S. 3 BGB sind die Vorstandsmitglieder einer Stiftung unentgeltlich tätig. Die Stiftung kann jedoch entgeltliche Anstellungsverträge mit den Vorstandsmitgliedern schließen, wenn dies durch die Satzung gestattet wird.[3] Der Anstellungsvertrag ist in diesem Fall als Dienstvertrag nach §§ 611, 675 ff. BGB zu qualifizieren.[4] Zum Abschluss ist auf Seiten der Stiftung grundsätzlich das Organ berufen, welches den Vorstand auch bestellt.[5] Der Vergütungsanspruch ist auf dem Zivilrechtsweg durchzusetzen.[6] 2

II. Klage auf Feststellung der Mitgliedschaft eines Vorstandsmitglieds

Bisweilen kann zweifelhaft sein, welche Personen Mitglied des Vorstands sind. Diese Situation resultiert oftmals aus unklaren oder mehrdeutigen Satzungsregelungen. Mit einer **Feststellungsklage** nach § 256 ZPO kann ein potentielles Vorstandsmitglied daher gerichtlich klären lassen, ob es Mitglied des Stiftungsvorstands ist.[7] Diese Klagemöglichkeit steht daneben auch einem nach der Stiftungssatzung zur Entsendung von Vorstandsmitgliedern Berechtigten zu.[8] Die Klage auf Feststellung der Mitgliedschaft ist grundsätzlich gegen die Stiftung zu richten.[9] 3

---

1 *Schauhoff*, in: Handbuch der Gemeinnützigkeit § 3 Rn. 102; MünchHdb GesR V/*Lüke* § 92 Rn. 40; *Otto* Teil 1 Rn. 212 f.; Schlüter/Stolte/*Schlüter/Stolte* Kap. 9 Rn. 13; *Burgard* S. 232 f.
2 *Schauhoff*, in: Handbuch der Gemeinnützigkeit § 3 Rn. 102; *Burgard* S. 232 f.
3 *Zimmermann* NJW 2013, 3557 (3559).
4 MünchHdb GesR V/*Lüke* § 92 Rn. 42; Staudinger/*Hüttemann/Rawert* § 86 Rn. 12; *Hof*, in: v. Campenhausen/Richter § 8 Rn. 159, 168.
5 MünchHdb GesR V/*Lüke* § 92 Rn. 42.
6 MünchHdb GesR V/*Lüke* § 92 Rn. 44.
7 OLG Hamm, Urt. v. 05.06.2012 – 10 U 109/11.
8 BGH, Urt. v. 28.10.1976 – III ZR 136/74.
9 OLG Hamm, Urt. v. 05.06.2012 – 10 U 109/11.

4 Allerdings kann der Rechtsstreit auch als **Prätendentenstreit** gegen Dritte geführt werden, wenn diese die Rechtsposition ebenfalls beanspruchen.[10] Die Feststellungsklage ist begründet, wenn der Kläger Mitglied des Stiftungsvorstands ist.[11]

5 Das Gericht prüft somit, ob die Berufung als Vorstand wirksam erfolgte. Wie bei Beschlussfassungen über Satzungsänderungen oder Geschäftsführungsfragen (siehe hierzu § 84 Rdn. 1 ff.) erfolgt demnach eine Überprüfung der zugrundeliegenden Beschlüsse auf ihre Wirksamkeit.

III. Klage auf Feststellung der Nichtmitgliedschaft eines Vorstandsmitglieds

6 Neben der Klage auf Feststellung der Mitgliedschaft ist auch denkbar, dass ein Vorstandsmitglied Klage mit dem Ziel erhebt, feststellen zu lassen, dass eine bestimmte Person nicht Mitglied des Vorstands geworden ist.[12] Es handelt sich hierbei um eine **negative Feststellungsklage** nach § 256 ZPO.[13] Das nach § 256 ZPO erforderliche Feststellungsinteresse für die negative Feststellungsklage liegt jedoch nur dann vor, wenn sich der Beklagte einer Vorstandsposition berühmt.[14] Das Gericht würde in diesem Fall prüfen, ob das betroffene Vorstandsmitglied wirksam berufen wurde. Nach allgemeinen Regeln muss der Kläger der negativen Feststellungsklage die Berühmung und das Vorliegen aller Prozessvoraussetzungen, der Beklagte hingegen die Berechtigung der Berühmung darlegen und beweisen.[15]

IV. Klage gegen Abberufung und Kündigung

1. Klage gegen die Abberufung als Vorstandsmitglied

7 Auch in der Stiftung besteht die Möglichkeit, Vorstandsmitglieder von ihrem Amt abzuberufen. Zuständig für die **Abberufung** ist grundsätzlich das Organ, welches das Vorstandsmitglied bestellt hat.[16] Mangels Verweis auf § 27 Abs. 2 BGB ist eine jederzeitige, freie Abberufung eines Vorstandsmitgliedes allerdings nicht möglich.[17] Vielmehr muss für die Abberufung stets ein wichtiger Grund oder ein in der Satzung vorgegebener Grund vorliegen.[18] Für das Vorliegen dieses Grundes ist Stiftung darlegungs- und beweispflichtig.[19]

8 Insbesondere **grobe Pflichtverletzungen** oder die **Unfähigkeit zur Ausübung des Amtes** stellen einen wichtigen Grund für die Abberufung des Vorstandsmitglieds dar.[20] Weiter wird auch ein Vertrauensentzug durch die übrigen Organmitglieder als wichtiger Grund angesehen, sofern der Vertrauensentzug nicht als willkürlich erscheint und die auf den Vertrauensentzug gestützte Abberufung nicht dem Stifterwillen widerspricht.[21] Ein Widerspruch zum Stifterwillen läge beispielsweise dann vor, wenn der Stifter einer bestimmten Person einen Sitz im Vorstand zugewiesen hat. In diesem Fall

---

10 OLG Hamm, Urt. v. 05.06.2012 – 10 U 109/11.
11 OLG Hamm, Urt. v. 05.06.2012 – 10 U 109/11.
12 BGH NJW 1994, 184 ff.; OLG Hamm, Urt. v. 05.06.2012 – 10 U 109/11.
13 BGH, Urt. v. 26.04.1976 – III ZR 21/74; OLG Hamm, Urt. v. 05.06.2012 – 10 U 109/11.
14 OLG Hamm, Urt. v. 05.06.2012 – 10 U 109/11.
15 Zöller/*Greger* § 256 Rn. 18.
16 *Burgard* S. 401; *Schauhoff*, in: Handbuch der Gemeinnützigkeit § 3 Rn. 70; MünchHdb GesR V/*Lüke* § 92 Rn. 25; Staudinger/*Hüttemann/Rawert* § 86 Rn. 9; *Hof*, in: v. Campenhausen/Richter § 8 Rn. 179.
17 MünchHdb GesR V/*Lüke* § 92 Rn. 26; *Saenger* ZSt 2003, 24 (25).
18 *Schauhoff*, in: Handbuch der Gemeinnützigkeit § 3 Rn. 70; MünchHdb GesR V/*Lüke* § 92 Rn. 26; Staudinger/*Hüttemann/Rawert* § 86 Rn. 9; *Hof*, in: v. Campenhausen/Richter § 8 Rn. 180; *Saenger* ZSt 2003, 24 (25).
19 Thüringer OLG, Urt. v. 21.12.1999 – 5 U 18/99.
20 *Schauhoff*, in: Handbuch der Gemeinnützigkeit § 3 Rn. 70; MünchHdb GesR V/*Lüke* § 92 Rn. 26; Staudinger/*Hüttemann/Rawert* § 86 Rn. 9; *Hof*, in: v. Campenhausen/Richter § 8 Rn. 180; *Saenger* ZSt 2003, 24 (26).
21 *Saenger* ZSt 2003, 24 (26 f.).

kann ein bloßer Vertrauensentzug durch die übrigen Organmitglieder eine Abberufung nicht rechtfertigen.[22]

Zur Frage des Vorliegens eines **wichtigen Grundes** existiert nur wenig stiftungszivilrechtliche Rechtsprechung. In der öffentlich-rechtlichen Rechtsprechung zu den einzelnen Landesstiftungsgesetzen, in denen die hoheitliche Abberufung ebenfalls einen wichtigen Grund erfordert, wurde ein solcher beispielsweise darin gesehen, dass 9
- ein Vorstandsmitglied seinen Aufgaben seit mehreren Jahren nicht nachging und es sich damit sowohl als zur ordnungsgemäßen Ausübung des Amtes unfähig erwiesen als auch grober Pflichtverletzungen schuldig gemacht hatte,[23]
- ein Vorstandsmitglied länger im Ausland war, so dass eine rege Mitarbeit nicht möglich war.[24]

Das Vorliegen eines **wichtigen Grundes** wurde in der Rechtsprechung hingegen abgelehnt in einem Fall, 10
- in dem die Abberufung damit gerechtfertigt werden sollte, dass das Vorstandsmitglied aufgrund seines Ausscheidens aus einem städtischen Amt weniger geeignet sei als der Nachfolger im städtischen Amt,[25]
- in dem die Stiftung nicht beweisen konnte, dass ein von ihr mit der Veräußerung eines Grundstücks betrautes Beiratsmitglied von einem Kaufinteressenten als Gegenleistung für die Grundstücksvermittlung persönliche Vorteile verlangt hatte und die Voraussetzungen einer Verdachtskündigung nicht vorlagen,[26]
- in dem sich das Stiftungsvermögen durch Anlage in einem Investmentfonds halbierte, eine solche Anlageform aber weder gesetzlich noch durch die Satzung ausgeschlossen war und es sich bei der Anlage auch nicht um eine höchst spekulative handelte.[27]

Gegen die Abberufung kann sich das Vorstandsmitglied mittels **Feststellungsklage** nach § 256 ZPO vor den ordentlichen Gerichten zur Wehr setzen.[28] Es bleibt bis zur rechtskräftigen Feststellung der Abberufung im Amt.[29] Die Vorschrift des § 84 Abs. 3 S. 4 AktG, nach der der Widerruf der Bestellung zum Vorstandsmitglied wirksam ist, bis seine Unwirksamkeit rechtskräftig festgestellt ist, findet auf die Stiftung keine analoge Anwendung.[30] 11

Neben der Abberufung durch Organe der Stiftung kommt nach den einzelnen Landesstiftungsgesetzen auch eine Abberufung durch die Stiftungsaufsicht in Betracht. Der Rechtsschutz gegen die Maßnahme der Rechtsaufsicht richtet sich nach öffentlichem Recht. Auf weitergehende Ausführungen wird daher verwiesen.[31] 12

2. Klage gegen die Kündigung des Anstellungsvertrages

Von der Abberufung als Organ ist die **Kündigung** des schuldrechtlichen Anstellungs- bzw. der **Widerruf** des Auftragsverhältnisses (siehe Rdn. 1 f.) zu unterscheiden.[32] Die Beendigung der Organstel- 13

---

22 *Saenger* ZSt 2003, 24 (26 f.).
23 VG Düsseldorf, Beschl. v. 04.05.2005 – 1 L 3762/04.
24 OVG Hamburg, Urt. v. 28.04.1977 – Bf II 6/76. Ob es sich hierbei auch heute noch um einen wichtigen Grund handelt, ist nach *Saenger* ZSt 2003, 24 (26) angesichts verbesserter Kommunikationsmittel fraglich.
25 BGH, Urt. v. 28.10.1976 – III ZR 136/74.
26 Thüringer OLG, Urt. v. 21.12.1999 – 5 U 18/99; Anm. *Saenger* ZSt 2003, 24 ff.
27 VG Ansbach, Urt. v. 18.06.2012 – AN 10 K 12.00055.
28 *Burgard* S. 404.
29 MünchHdb GesR V/*Lüke* § 92 Rn. 28; *Hof*, in: v. Campenhausen/Richter § 8 Rn. 184; *Saenger* ZSt 2003, 24 (25).
30 BGH, Urt. v. 28.10.1976 – III ZR 136/74; MünchHdb GesR V/*Lüke* § 92 Rn. 28; Staudinger/*Hüttemann/Rawert* § 86 Rn. 9; *Hof*, in: v. Campenhausen/Richter § 8 Rn. 184; *Saenger* ZSt 2003, 24 (25).
31 Siehe hierzu MünchHdb GesR V/*Lüke* § 92 Rn. 28; *Hof*, in: v. Campenhausen/Richter § 8 Rn. 186 ff.
32 OLG Frankfurt, Urt. v. 01.03.2006 – 4 U 97/05; *Burgard* S. 405; MünchHdb GesR V/*Lüke* § 92 Rn. 1 ff., 46; Staudinger/*Hüttemann/Rawert* § 86 Rn. 11.

lung hat nicht automatisch die Beendigung des Anstellungs- oder Auftragsverhältnisses zur Folge.[33] Allerdings werden beide Maßnahmen im Regelfall vom selben Organ ausgesprochen, da die Beschlussfassung über den Ausspruch der Kündigung dem Organ obliegt, welches auch für die Abberufung zuständig ist.[34]

14 Während ein Auftragsverhältnis durch die Stiftung jederzeit widerrufen werden kann (§ 671 Abs. 1 BGB), ist die Kündigung eines Anstellungsverhältnisses nur nach den Vorschriften der §§ 620 ff. BGB möglich.[35] Auf die ordentliche Kündigung des Anstellungsverhältnisses findet § 622 BGB Anwendung.[36] Auch eine außerordentliche Kündigung nach § 626 BGB ist möglich.[37]

15 Rechtsschutz gegen die Kündigung kann ein Vorstandsmitglied im Wege der **Feststellungsklage** vor den ordentlichen Gerichten erlangen. Auf Antrag spricht das Gericht aus, dass das zugrunde liegende Auftrags- oder Anstellungsverhältnis weiterhin fortbesteht und nicht wirksam gekündigt wurde.[38] Da es sich bei Vorstandsmitgliedern nicht um Arbeitnehmer der Stiftung handelt, sind die Arbeitsgerichte nicht zuständig.[39]

16 Die Kündigung des Anstellungsvertrages kann beispielsweise unwirksam sein, wenn es an einem vom zuständigen Organ zu treffenden Beschluss über den Ausspruch der Kündigung fehlt oder der Beschluss an einem Formmangel leidet.[40] Daneben kommen materielle Unwirksamkeitsgründe wie das Fehlen eines nach § 626 BGB erforderlichen wichtigen Grundes in Betracht.

B. Vorstand als Beklagter

I. Klage der Stiftung gegen den Vorstand auf Schadensersatz

17 Vorstandsmitglieder haften der Stiftung gemäß § 280 BGB i.V.m ihrem Auftrag oder Anstellungsvertrag (siehe hierzu Rdn. 1 f.) bei schuldhafter Verletzung ihrer Pflichten auf **Schadensersatz**.[41]

1. Geltendmachung des Anspruchs

18 Die **Geltendmachung** des Schadensersatzanspruches ist grundsätzlich Aufgabe des Kontrollorgans der Stiftung.[42] Fehlt es an einem Kontrollorgan, muss der Stiftungsvorstand die Ansprüche gegen seine Organmitglieder geltend machen.[43] In diesem Kontext kann die Bestellung eines Notvorstands nach §§ 86, 29 BGB eine Rolle spielen (siehe hierzu bereits § 81 Rdn. 5 ff.).

19 Unterlässt der Stiftungsvorstand die Geltendmachung, kann die Stiftungsaufsicht nach einzelnen Landesstiftungsgesetzen zur Durchsetzung der Ansprüche besondere Vertreter bestellen oder die Ansprüche

---

33 OLG Frankfurt, Urt. v. 01.03.2006 – 4 U 97/05; Staudinger/*Hüttemann/Rawert* § 86 Rn. 12.
34 MünchHdb GesR V/*Lüke* § 92 Rn. 45.
35 *Hof*, in: v. Campenhausen/Richter § 8 Rn. 179.
36 MünchHdb GesR V/*Lüke* § 92 Rn. 45.
37 MünchHdb GesR V/*Lüke* § 92 Rn. 45; *Hof*, in: v. Campenhausen/Richter § 8 Rn. 180.
38 OLG Frankfurt, Urt. v. 01.03.2006 – 4 U 97/05.
39 MünchHdb GesR V/*Lüke* § 92 Rn. 244.
40 OLG Frankfurt, Urt. v. 01.03.2006 – 4 U 97/05.
41 OLG Oldenburg, Urt. v. 08.11.2013 – 6 U 50/13; OLG Köln, Urt. v. 13.08.2013 – 9 U 253/13; MüKo BGB/*Reuter* § 86 Rn. 21; *Bank*, in: Patzina/Bank/Schimmer/Simon-Widmann Kap. 11 Rn. 25; Staudinger/*Hüttemann/Rawert* § 86 Rn. 33; *Hof*, in: v. Campenhausen/Richter § 8 Rn. 297; *Kiethe* NZG 2007, 810 (811); *Werner* ZEV 2009, 366.
42 *Burgard*, in: Handbuch Managerhaftung § 6 Rn. 184; MünchHdb GesR V/*Lüke* § 94 Rn. 31; Staudinger/*Hüttemann/Rawert* § 86 Rn. 38; *Hof*, in: v. Campenhausen/Richter § 8 Rn. 307; *Werner* ZEV 2009, 366 (371).
43 MünchHdb GesR V/*Lüke* § 94 Rn. 30; Staudinger/*Hüttemann/Rawert* § 86 Rn. 38; *Werner* ZEV 2009, 366 (370 f.).

selbst geltend machen.[44] Bei schwerwiegenden Pflichtverletzungen des Vorstands kann die Aufsicht auch einzelne Organmitglieder abberufen und neu bestellen, um eine Geltendmachung herbeizuführen.[45] Den Destinatären steht hingegen kein Recht zu, die Ansprüche der Stiftung durchzusetzen.[46]

2. Pflichtverletzung

Ein Anspruch der Stiftung auf Schadensersatz setzt zunächst eine **Pflichtverletzung** durch ein Vorstandsmitglied voraus. Hierbei ist es Aufgabe der Stiftung, das möglicherweise pflichtwidrige Verhalten des beklagten Vorstandsmitglieds darzulegen.[47] Dem Vorstandsmitglied obliegt es hingegen darzulegen und nachzuweisen, dass das Verhalten nicht pflichtwidrig war (analog § 93 Abs. 2 S. 2 AktG, siehe hierzu auch insbesondere die Ausführungen bei § 9 Rdn. 71 ff.).[48] 20

Der Vorstand ist insbesondere verpflichtet, den Stiftungszweck bestmöglich zu erfüllen und das Stiftungsvermögen ordnungsgemäß zu verwalten.[49] Zudem trifft den Vorstand eine Treuepflicht gegenüber der Stiftung.[50] 21

Auf welche Art und Weise der Vorstand seiner **Pflicht zur Erfüllung des Stiftungszwecks** nachkommt, obliegt weitestgehend seinem Ermessen.[51] Verstöße gegen die Pflicht zur Zweckerfüllung sind daher selten. In der höchstrichterlichen Rechtsprechung ist allerdings gesichert, dass das Stiftungsorgan verpflichtet ist, den Interessen der Stiftung den Vorrang vor sonstigen widerstreitenden Interessen einzuräumen.[52] 22

Von deutlich größerer Relevanz ist hingegen die **Pflicht, das Stiftungsvermögen ordnungsgemäß zu verwalten**. Dazu zählt zunächst die Pflicht des Stiftungsvorstands, das der Stiftung zur Verfügung gestellte Vermögen zu erhalten.[53] Darunter ist zu verstehen, dass das Stiftungskapital nicht aufgezehrt und eine Unterbilanz nicht entstehen darf.[54] 23

Die Zusammensetzung des Vermögens muss demgegenüber nicht unverändert bleiben. Umschichtungen des Vermögens sind grundsätzlich zulässig[55] und können bei entsprechender wirtschaftlicher Lage als Maßnahme der ordentlichen Geschäftsführung sogar geboten sein.[56] 24

Zur ordnungsgemäßen Verwaltung des Stiftungsvermögens gehört zudem, dass der Vorstand für eine sorgfältige **Haushalts- und Finanzplanung** und die ausreichende Bildung von Rückstellungen und Rücklagen sorgt.[57] Ferner muss der Stiftungsvorstand für ordnungsgemäße Abrechnungen im Sinne der Landesstiftungsgesetze sorgen.[58] 25

---

44 Staudinger/*Hüttemann/Rawert* § 86 Rn. 38; *Hof*, in: v. Campenhausen/Richter § 8 Rn. 307; *Kiethe* NZG 2007, 810 (813).
45 *Kiethe* NZG 2007, 810 (813).
46 *Kiethe* NZG 2007, 810 (814); *Werner* ZEV 2009, 366 (371).
47 MünchHdb GesR V/*Lüke* § 94 Rn. 26.
48 MünchHdb GesR V/*Lüke* § 94 Rn. 26.
49 OLG Köln, Urt. v. 13.08.2013 – 9 U 253/13; *Reuter* NZG 2005, 649; *Rödel* NZG 2004, 754 (756); *Werner* ZEV 2009, 366 (367).
50 *Werner* ZEV 2009, 366 (367).
51 *Werner* ZEV 2009, 366 (367).
52 BGH, Urt. v. 28.10.1976 – III ZR 136/74; hierzu auch *Kiethe* NZG 2007, 810 (811).
53 OLG Oldenburg, Urt. v. 08.11.2013 – 6 U 50/13; OLG Köln, Urt. v. 13.08.2013 – 9 U 253/12; *Burgard*, in: Handbuch Managerhaftung § 6 Rn. 160 ff.; *Kiethe* NZG 2007, 810 (811); *Werner* ZEV 2009, 366 (367); ausführlich zur Frage, ob es hierbei um die Erhaltung der Substanz, des Ertrags- oder des Nominalwerts geht, *Reuter* NZG 2005, 649 ff.
54 *Burgard*, in: Handbuch Managerhaftung § 6 Rn. 160 f.; *Werner* ZEV 2009, 366 (367).
55 OLG Oldenburg, Urt. v. 08.11.2013 – 6 U 50/13; *Burgard*, in: Handbuch Managerhaftung § 6 Rn. 161.; *Kiethe* NZG 2007, 810 (811); *Zimmermann* NJW 2011, 2931 (2933).
56 KG, Urt. v. 06.07.1970 – 16 U 1777/69, StiftRspr. III, 35 (38); *Zimmermann* NJW 2011, 2931 (2933).
57 *Werner* ZEV 2009, 366 (367).
58 OLG Köln, Urt. v. 13.08.2013 – 9 U 253/12.

26 Aus der **Treuepflicht** gegenüber der Stiftung folgt, dass der Vorstand nicht auf Kosten der Stiftung eigene oder fremde Interessen verfolgen darf.[59] Ihn trifft ein Wettbewerbsverbot zugunsten der Stiftung.[60] Er darf insbesondere keine Rechtsgeschäfte schließen, die für die Stiftung nachteilig sind.[61] Dies bedeutet, dass geschlossene Verträge zu marktüblichen Konditionen geschlossen werden müssen. Vor allem bei Anstellungsverträgen ist darauf zu achten, dass die Gehälter in einem angemessenen Verhältnis zur ausgeübten Tätigkeit und der Qualifikation der Angestellten stehen.[62]

27 Bei der Feststellung einer Pflichtverletzung ist zu berücksichtigen, dass der Vorstand über ein weites Ermessen verfügt.[63] In der Literatur wird eine analoge Anwendung des § 93 Abs. 1 S. 2 AktG (**Business Judgement Rule**) auf den Vorstand der Stiftung vertreten.[64] Demnach liegt eine Pflichtverletzung nicht vor, wenn das Vorstandsmitglied bei einer unternehmerischen Entscheidung vernünftigerweise annehmen durfte, auf der Grundlage angemessener Information zum Wohle der Gesellschaft zu handeln (siehe hierzu auch § 9 Rdn. 93 ff.).

28 Eine Berufung auf seinen Ermessensspielraum scheidet hingegen aus, wenn der Vorstand bei seiner Entscheidung gegen Gesetz, Satzung oder ihn bindende Organbeschlüsse verstößt.[65] In einem solchen Fall verfügt er über keinen Ermessensspielraum.[66]

29 Nach diesen Grundsätzen begründen Verluste bei der Verwaltung des Stiftungsvermögens für sich genommen noch keine Pflichtverletzung.[67] Vielmehr muss ein Stiftungsvorstand – sofern eine unternehmerische Entscheidung vorliegt – auch ohne angemessene Information oder nicht mehr zum Wohl der Stiftung gehandelt haben.[68]

30 Eine **Pflichtverletzung** des Vorstands wird demnach etwa angenommen, wenn der Vorstand
– von Verlusten bei der Vermögensanlage erfährt und dennoch untätig bleibt,[69]
– trotz Verlusten an riskanten Anlagegeschäften festhält,[70]
– für die Geschäftsführung höhere als die mit einem Kontrollorgan vereinbarten Erträge entnimmt,[71]
– Gelder satzungswidrig verwendet,[72]
– Entscheidungsgrundlagen nicht sorgfältig ermittelt werden,[73]
– die nach § 63 AO erforderlichen Nachweise nicht erbringt,[74]
– keine den Landesstiftungsgesetzen entsprechenden Jahresabrechnungen erstellt.[75]

31 Besteht ein Vorstand aus mehreren Mitgliedern und sehen Geschäftsordnung oder Satzung vor, dass einzelnen Vorstandsmitgliedern ein bestimmter **Geschäftsbereich** zugewiesen ist, liegt grundsätzlich nur eine Pflichtverletzung des Vorstandsmitglieds vor, in dessen Geschäftsbereich der Vorgang

---

59 *Werner* ZEV 2009, 366 (368).
60 *Werner* ZEV 2009, 366 (368).
61 *Werner* ZEV 2009, 366 (368).
62 *Werner* ZEV 2009, 366 (368); *Kiethe* NZG 2007, 810 (811).
63 *Kiethe* NZG 2007, 810 (811); *Werner* ZEV 2009, 366 (368).
64 MünchHdb GesR V/*Lüke* § 94 Rn. 8; Staudinger/*Hüttemann/Rawert* § 86 Rn. 34; *Hof*, in: v. Campenhausen/Richter § 8 Rn. 301; *Werner* ZEV 2009, 366 (368).
65 MünchHdb GesR V/*Lüke* § 94 Rn. 9; *Kiethe* NZG 2007, 810 (811).
66 MünchHdb GesR V/*Lüke* § 94 Rn. 9.
67 *Otto* Teil 1 Rn. 332; Staudinger/*Hüttemann/Rawert* § 86 Rn. 34.
68 Staudinger/*Hüttemann/Rawert* § 86 Rn. 34.
69 OLG Oldenburg, Urt. v. 08.11.2013 – 6 U 50/13.
70 OLG Oldenburg, Urt. v. 08.11.2013 – 6 U 50/13.
71 OLG Oldenburg, Urt. v. 08.11.2013 – 6 U 50/13.
72 *Bank*, in: Patzina/Bank/Schimmer/Simon-Widmann Kap. 11 Rn. 25.
73 *Bank*, in: Patzina/Bank/Schimmer/Simon-Widmann Kap. 11 Rn. 25.
74 OLG Köln, Urt. v. 13.08.2013 – 9 U 253/12.
75 OLG Köln, Urt. v. 13.08.2013 – 9 U 253/12.

fällt.[76] Die anderen Vorstandsmitglieder kann allerdings der Vorwurf der nicht ausreichenden Überwachung treffen.[77]

3. Vertretenmüssen

Nach § 280 Abs. 1 S. 2 BGB hat das Vorstandsmitglied nachzuweisen, dass es die Pflichtverletzung nicht zu **vertreten** hat.[78] Gemäß § 276 Abs. 1 BGB haftet ein Vorstandsmitglied bereits bei einfacher Fahrlässigkeit. Eine Entlastung mit Blick auf die fehlende Befähigung oder Erfahrung kann hierbei nicht gelingen, das Vorstandsmitglied hat über die erforderlichen Fähigkeiten zu verfügen.[79] Gegebenfalls muss dieses seine Sorgfaltspflichten unter Hinzuziehung eines Fachmanns erfüllen.[80] 32

Allerdings sehen die §§ 86 S. 1, 31a BGB vor, dass Organmitglieder einer Stiftung, die unentgeltlich oder für eine Vergütung, die jährlich 720 Euro nicht übersteigt, tätig sind, nur bei Vorsatz oder grober Fahrlässigkeit haften. Grobe Fahrlässigkeit in diesem Sinne liegt vor, wenn die verkehrserforderliche Sorgfalt in besonders schwerem Maße verletzt wird und schon einfachste und naheliegende Überlegungen nicht angestellt werden und nicht beachtet wird, was jedermann einleuchten müsste.[81] Eine Haftungsbeschränkung kann sich zudem aus der Stiftungssatzung ergeben.[82] Auch einzelne Landesstiftungsgesetze enthalten Haftungsbeschränkungen.[83] 33

4. Auswirkungen einer Entlastung

Stark umstritten ist die Auswirkung einer von einem zuständigen Kontrollgremium erteilten **Entlastung**. In der stiftungsrechtlichen Literatur wird wohl überwiegend angenommen, dass eine vom zuständigen Kontrollorgan erteilte Entlastung nur dann zum Erlöschen der Regressansprüche führt, wenn dieses Erlöschen im Interesse der Stiftung liegt.[84] Demgegenüber hat das OLG Oldenburg die Verzichtswirkung einer Entlastung durch das zuständige Kontrollorgan für solche Ansprüche, die dem entlastenden Organ bekannt sind oder bei sorgfältiger Prüfung hätten bekannt sein können, jüngst angenommen, ohne sich mit dieser Frage näher zu befassen.[85] 34

Entlastungen durch die **Aufsichtsbehörde** bleiben hingegen grundsätzlich ohne Auswirkungen. Eine Billigung des Rechenschaftsberichts der Stiftung durch die Aufsichtsbehörde hat nicht zur Folge, dass Ersatzansprüche der Stiftung erlöschen.[86] Eine Ausnahme ergibt sich allerdings nach einer älteren Entscheidung des Kammergerichts bei der Fehlverwendung von Mitteln. Wenn die Aufsichtsbehörde über den Sachverhalt volle Kenntnis hatte und dennoch keine Beanstandungen vorgenommen hat, soll danach eine Haftung des Vorstands ausscheiden.[87] 35

---

76 MünchHdb GesR V/*Lüke* § 94 Rn. 10; Staudinger/*Hüttemann/Rawert* § 86 Rn. 37.
77 MünchHdb GesR V/*Lüke* § 94 Rn. 10.
78 OLG Köln, Urt. v. 13.08.2013 – 9 U 253/12; Staudinger/*Hüttemann/Rawert* § 86 Rn. 38.
79 MünchHdb GesR V/*Lüke* § 94 Rn. 15.
80 OLG Oldenburg, Urt. v. 08.11.2013 – 6 U 50/13.
81 OLG Köln, Urt. v. 13.08.2013 – 9 U 253/12.
82 OLG Köln, Urt. v. 13.08.2013 – 9 U 253/12; *Schauhoff*, in: Handbuch der Gemeinnützigkeit § 3 Rn. 114; *Burgard*, in: Handbuch Managerhaftung § 6 Rn. 175; Staudinger/*Hüttemann/Rawert* § 86 Rn. 35; *Werner* ZEV 2009, 366 (368).
83 *Schauhoff*, in: Handbuch der Gemeinnützigkeit § 3 Rn. 114; *Kiethe* NZG 2007, 810 (812). Die Zulässigkeit derartiger Regelungen wird allerdings zunehmend bezweifelt, MüKo BGB/*Reuter* § 86 Rn. 21; *Otto* Teil 1 Rn. 318.
84 MüKo BGB/*Reuter* § 86 Rn. 22; MünchHdb GesR V/*Lüke* § 94 Rn. 24; *Kiethe* NZG 2007, 810 (813) *Werner* ZEV 2009, 366 (370); a. A.: *Schauhoff*, in: Handbuch der Gemeinnützigkeit § 3 Rn. 117; *Hof*, in: v. Campenhausen/Richter § 8 Rn. 310.
85 OLG Oldenburg, Urt. v. 08.11.2013 – 6 U 50/13; *Zimmermann/Arnsperger* NJW 2015, 290 (292).
86 *Schauhoff*, in: Handbuch der Gemeinnützigkeit § 3 Rn. 117; MüKo BGB/*Reuter* § 86 Rn. 22; Staudinger/*Hüttemann/Rawert* § 86 Rn. 38; *Hof*, in: v. Campenhausen/Richter § 8 Rn. 309; *Kiethe* NZG 2007, 810 (813).
87 KG, Urt. v. 06.07.1970 – 16 U 1777/69, StiftRspr. III, 35 (37 f.); *Hof*, in: v. Campenhausen/Richter § 8 Rn. 305; a. A. Burgard S. 604 f.; MüKo BGB/*Reuter* § 86 Rn. 22; *Burgard*, in: Handbuch Managerhaftung § 6 Rn. 182 f.

5. Schaden

36 Der Vorstand haftet für den gesamten **Schaden**, der infolge der Pflichtverletzung entsteht.[88] Die Darlegungs- und Beweislast für das Vorliegen eines Schadens obliegt der Stiftung.[89] Hingegen ist es Aufgabe des beklagten Vorstands darzulegen, dass der Schaden auch bei rechtmäßigem Alternativverhalten eingetreten wäre.[90] Haften mehrere Vorstandsmitglieder für einen Schaden, sind sie Gesamtschuldner im Sinne der §§ 421 ff. BGB.[91]

6. Mitverschulden

37 Das auf Schadensersatz in Anspruch genommene Vorstandsmitglied kann sich gegenüber der Stiftung nicht auf ein **Mitverschulden** weiterer Stiftungsorgane nach § 254 BGB berufen.[92] Existiert beispielsweise neben dem Vorstand noch ein Aufsichtsorgan wie ein Kuratorium, das seinen Kontrollpflichten gegenüber dem Vorstand nicht nachkommt, so haften beide Organe gleichstufig für den entstandenen Schaden als Gesamtschuldner.[93] Für ein in Anspruch genommenes Vorstandsmitglied kommt somit lediglich die Möglichkeit in Betracht, Regressansprüche gegen die weiteren haftenden Organe geltend zu machen.[94]

7. Verjährung

38 Vertragliche Schadensersatzansprüche der Stiftung unterliegen der **Regelverjährung** nach §§ 195, 199 BGB und verjähren in drei Jahren nach Entstehung des Anspruchs und Kenntnis der Stiftung.[95] Entscheidend ist die Kenntnis des zur Geltendmachung des Anspruchs berufenen Organs.[96]

8. Weitere Haftungsgrundlagen

39 Neben der vertraglichen kommt auch eine deliktische Haftung nach § 823 Abs. 1, 2 BGB und § 826 BGB in Betracht.[97] Als Schutzgesetz im Sinne von § 823 Abs. 2 BGB kommt insbesondere § 266 StGB in Betracht.[98] Eine analoge Anwendung der § 64 GmbHG, § 93 Abs. 3 Nr. 6 AktG für masseschmälernde Zahlungen nach Eröffnung des Insolvenzverfahrens wird hingegen abgelehnt.[99]

40 Auch die einzelnen Landesstiftungsgesetze sehen Haftungstatbestände vor. Diese werden allerdings vielfach aufgrund kompetentieller Bedenken für unwirksam gehalten.[100]

II. Klagen Dritter gegen den Vorstand auf Schadensersatz

41 Eine Außenhaftung des Vorstands gegenüber Dritten kommt im Gegensatz zur soeben beschriebenen Innenhaftung hingegen nur in seltenen Konstellationen in Betracht. Anwendungsfälle sind eine Haftung des Vorstandsmitglieds als Vertreter ohne Vertretungsmacht nach § 179 BGB, bei der In-

---

[88] MüKo BGB/*Reuter* § 86 Rn. 22.
[89] MünchHdb GesR V/*Lüke* § 94 Rn. 26.
[90] MünchHdb GesR V/*Lüke* § 94 Rn. 26.
[91] *Burgard* S. 606; MünchHdb GesR V/*Lüke* § 94 Rn. 28; *Otto* Teil 1 Rn. 315; Staudinger/*Hüttemann/Rawert* § 86 Rn. 37.
[92] BGH, Urt. v. 20.11.2014 – III ZR 509/13; a.A: OLG Oldenburg, Urt. v. 08.01.2013 – 6 U 50/13, BB 2014, 724 (Vorinstanz); *Zimmermann/Arnsperger* NJW 2015, 290 (292); *Voß* jurisPR-HaGesR 2/2015 Anm. 3.
[93] BGH, Urt. v. 20.11.2014 – III ZR 509/13.
[94] BGH, Urt. v. 20.11.2014 – III ZR 509/13.
[95] Staudinger/*Hüttemann/Rawert* § 86 Rn. 39; *Hof*, in: v. Campenhausen/Richter § 8 Rn. 311.
[96] MünchHdb GesR V/*Lüke* § 94 Rn. 27; Staudinger/*Hüttemann/Rawert* § 86 Rn. 39.
[97] *Hof*, in: v. Campenhausen/Richter § 8 Rn. 297.
[98] *Werner* ZEV 2009, 366 (369).
[99] Palandt/Ellenberger § 86 Rn. 1 mit Verweis auf BGH NJW-RR 2010, 978 (Verein).
[100] Staudinger/*Hüttemann/Rawert* § 86 Rn. 33.

anspruchnahme besonderen Vertrauens nach § 311 Abs. 3 BGB oder für Insolvenzverschleppung nach § 823 Abs. 2 BGB i. V.m § 42 Abs. 2 S. 2 BGB.[101]

III. Weitere Klagen gegen den Vorstand

Der Stiftungsvorstand hat nach §§ 86 S. 1, 27 Abs. 3, 667 BGB alles an die Stiftung herauszugeben, was er für die Geschäftsführung erhalten und was er aus der Geschäftsführung erlangt hat.[102] Verweigert er dies, kann die Stiftung auf Herausgabe klagen. 42

C. Kuratorium oder weitere Organe

Dem Stifter steht es frei, neben dem gesetzlich vorgeschriebenen Vorstand auch weitere Organe durch die Satzung zu schaffen. Oftmals sehen Stiftungssatzungen Kontrollorgane vor, die als **Kuratorium**, **Beirat** oder **Verwaltungsrat** bezeichnet werden.[103] Die Kompetenzen und Befugnisse derartiger Organe richten sich nach der Stiftungssatzung.[104] Ihnen kann etwa die Bestellung oder Abberufung des Vorstands, die Überwachung der Geschäftsführung, die Mitwirkung bei Beschlüssen oder die Geltendmachung von Ersatzansprüchen gegen den Vorstand übertragen sein.[105] 43

Die Rechte und Pflichten der einzelnen Organmitglieder richten sich ebenfalls nach der Stiftungssatzung. Die Organmitglieder stehen wie der Vorstand in einer organschaftlichen und in einer schuldrechtlichen Beziehung zur Stiftung.[106] Die schuldrechtliche Beziehung ist bei Unentgeltlichkeit als Auftrag, bei entgeltlicher Tätigkeit als Dienstvertrag zu qualifizieren.[107] Auf die Ausführungen zu den Rechten des Vorstands, seiner Bestellung und Abberufung (siehe oben unter A.) wird daher vollumfänglich verwiesen. 44

Für die Rechte und Pflichten einzelner Organmitglieder gelten die Ausführungen zum Vorstand entsprechend. Bei einer Verletzung ihrer Pflichten kommt – wie beim Vorstand – eine **Haftung der Organmitglieder** gegenüber der Stiftung in Betracht.[108] Auch die Organmitglieder fakultativer Gremien haften bei Verletzung ihrer Pflichten nach § 280 BGB.[109] Eine Haftung kommt beispielsweise in Betracht, wenn ein fakultatives Organ mit der Überwachung des Vorstands betraut ist und diesen Überwachungs- und Kontrollpflichten nicht nachgekommen wird.[110] 45

---

101 *Burgard* S. 612 f.; Staudinger/*Hüttemann/Rawert* § 86 Rn. 40; *Werner* ZEV 2009, 366 (369).
102 *Burgard* S. 231.
103 *Hof*, in: v. Campenhausen/Richter § 8 Rn. 80.
104 MünchHdb GesR V/*Lüke* § 91 Rn. 14.
105 *Hof*, in: v. Campenhausen/Richter § 8 Rn. 83.
106 MünchHdb GesR V/*Lüke* § 91 Rn. 18.
107 MünchHdb GesR V/*Lüke* § 91 Rn. 18.
108 OLG Köln, Urt. v. 13.08.2013 – 9 U 253/12; MünchHdb GesR V/*Lüke* § 94 Rn. 2.
109 MünchHdb GesR V/*Lüke* § 94 Rn. 1.
110 OLG Köln, Urt. v. 13.08.2013 – 9 U 253/12.

§ 86 Streitigkeiten mit der Stiftungsaufsicht

Übersicht

	Rdn.			Rdn.
A.	Streitigkeiten bei der laufenden Stiftungsaufsicht	1	B. Haftung der Stiftungsaufsicht	4

A. Streitigkeiten bei der laufenden Stiftungsaufsicht

1 Die **Stiftungsaufsicht** spielt nicht nur bei Entstehung (siehe hierzu § 82 Rdn. 8 ff.) und Beendigung (§ 87 Rdn. 10 f.) der Stiftung eine Rolle, sondern übt auch während der Tätigkeit der Stiftung eine ständige **Rechtsaufsicht**[1] über diese aus.

2 Diese Aufsicht verfolgt den Zweck, die Stiftung vor missbräuchlichem Verhalten ihrer Organe zu schützen und den Stifterwillen auch nach der Entstehung der Stiftung zu sichern.[2] Nach den einzelnen Landesstiftungsgesetzen verfügt die Aufsicht hierfür über vielfältige Einflussmöglichkeiten. So stehen der Stiftungsaufsicht Informations- und Prüfrechte zu, sie kann Maßnahmen der Stiftung beanstanden, anordnen oder selbst vornehmen. Die Landesstiftungsgesetze sehen Genehmigungsvorbehalte für Satzungsänderungen vor, die Stiftungsaufsicht kann darüber hinaus auch Organe abberufen oder Ansprüche gegen diese selbst geltend machen.[3]

3 Der **Rechtsschutz** gegen diese Maßnahmen der laufenden Stiftungsaufsicht richtet sich durchweg nach Verwaltungsrecht.[4]

B. Haftung der Stiftungsaufsicht

4 Hat die Ausübung der Stiftungsaufsicht einen Schaden der Stiftung zur Folge, kommt ein **Amtshaftungsanspruch** nach § 839 BGB i. V.m Art. 34 GG in Betracht. Die Wahrnehmung der Stiftungsaufsicht obliegt dem zuständigen Beamten als Amtspflicht gegenüber der Stiftung.[5]

---

[1] MünchHdb GesR V/*Schwarz van Berk* § 102 Rn. 18; MüKo BGB/*Reuter* Vorb. § 80 Rn. 88; *Otto* Teil 1 Rn. 113.

[2] OVG Lüneberg NJW 1985, 1572; MünchHdb GesR V/*Schwarz van Berk* § 102 Rn. 16; MüKo BGB/*Reuter* Vorb. § 80 Rn. 84 ff.; Schlüter/Stolte/*Schlüter/Stolte* Kap. 3 Rn. 1.

[3] Näher hierzu *Hof*, in: v. Campenhausen/Richter § 10 Rn. 124 ff.; Schlüter/Stolte/*Schlüter/Stolte* Kap. 3 Rn. 10 ff.

[4] Hierzu weitergehend MünchHdb GesR V §§ 102–105; *Hof*, in: v. Campenhausen/Richter § 10.

[5] Näher hierzu: BGH, Urt. v. 03.03.1977 – III ZR 10/74; MüKo BGB/*Reuter* Vorb. § 80 Rn. 101 ff.; *Hof*, in: v. Campenhausen/Richter § 10 Rn. 392 ff.; Schlüter/Stolte/*Schlüter/Stolte* Kap. 3 Rn. 47 ff.

§ 87 Streitigkeiten bei der Auflösung und Beendigung der Stiftung

Übersicht

	Rdn.			Rdn.
A.	Streitigkeiten bei der Auflösung durch Stiftungsbeschluss und staatliche Genehmigung	1	II. Staatliche Genehmigung der Auflösung	9
I.	Stiftungsinterner Beschluss	2	B. Streitigkeiten bei der Auflösung durch Hoheitsakt	10
			C. Liquidation	11

A. Streitigkeiten bei der Auflösung durch Stiftungsbeschluss und staatliche Genehmigung

Mit Ausnahme der Auflösung durch Hoheitsakt (hierzu unter Rdn. 10) erfordert die Auflösung der Stiftung stets einen stiftungsinternen Beschluss und die hieran anküpfende staatliche Genehmigung der Auflösung.[1] **1**

I. Stiftungsinterner Beschluss

Mit dem stiftungsinternen Beschluss wird festgestellt, dass ein in der Satzung enthaltener Erlöschensgrund eingetreten ist. Alternativ kann der Beschluss auch die Auflösung der Stiftung aus anderen Gründen zum Gegenstand haben.[2] Die potentiellen Gründe für die **Auflösung** der Stiftung sind vielfältig. Sie können von der Erreichung des Stiftungszwecks über den Ablauf einer vorgegebenen Frist bis hin zur autonomen Auflösungsentscheidung der Organe, etwa bei Vermögensverlust, reichen.[3] **2**

Der stiftungsinterne Beschluss kann von denjenigen, deren Rechte durch den Beschluss beeinträchtigt werden, mit der **Feststellungsklage** nach § 256 ZPO angegriffen werden.[4] Inwieweit dies bei Destinatären oder Organmitgliedern der Fall ist, richtet sich nach der Stiftungsverfassung.[5] **3**

In der Rechtsprechung wurde **Destinatären** einer Familienstiftung, die im Fall der Bedürftigkeit Unterstützungen erhalten sollten, ein Kontrollrecht eingeräumt, obwohl diesen nach der Satzung kein Rechtsanspruch auf diese Unterstützungleistungen zustand.[6] Begründet wurde dies damit, dass diesen eine Anwartschaft auf Stiftungsleistungen zugestanden hatte.[7] Auch **Organmitglieder** können die Auflösung überprüfen, wenn diesen nach der Satzung Mitbestimmungs- und Beteiligungsrechte an der Stiftung zustehen.[8] **4**

Neben einer Feststellungsklage nach § 256 ZPO ist auch **einstweiliger Rechtsschutz** gegen die Ausführung des Auflösungsbeschlusses möglich. Ein Verfahren vor dem OLG Koblenz hatte den Antrag eines Destinatärs zum Gegenstand, der sich gegen den Beschluss des Stiftungsbeirats zur Auflösung der Stiftung zur Wehr setzte. Der Stiftungsbeirat hatte bereits bei der Stiftungsaufsichtsbehörde ein Gesuch um Genehmigung der Auflösung eingereicht. Der Destinatär beantragte nun, es der Stiftung bis zu einer rechtskräftigen Entscheidung in der Hauptsache (also über die gegen die Auflösung der Stiftung gerichtete Klage) gerichtlich zu untersagen, das bei der Stiftungsbehörde eingereichte Gesuch aufrechtzuerhalten. Das OLG Koblenz ließ diesen Antrag zu.[9] Die gerichtliche Untersagung verpflichte die beklagte Stiftung zwar nicht dazu, den Antrag zurückzunehmen, verbiete es ihr aber, **5**

---

1 MünchHdb GesR V/*Richter* § 117 Rn. 1; *Hof*, in: v. Campenhausen/Richter § 11 Rn. 2.
2 *Schauhoff*, in: Handbuch der Gemeinnützigkeit § 3 Rn. 178; MünchHdb GesR V/*Richter* § 117 Rn. 1; *Hof*, in: v. Campenhausen/Richter § 11 Rn. 2.
3 Siehe die Liste der Beendigungsgründe bei *Hof*, in: v. Campenhausen/Richter § 11 Rn. 3, 37.
4 LG Mainz NZG 2002, 738; *Schauhoff*, in: Handbuch der Gemeinnützigkeit § 3 Rn. 178; *Hof*, in: v. Campenhausen/Richter § 11 Rn. 28.
5 OLG Koblenz ZEV 2002, 238 (239).
6 OLG Koblenz ZEV 2002, 238 (239).
7 OLG Koblenz ZEV 2002, 238 (239); kritisch: *Muscheler* JR 2003, 23; a. A. LG Mainz NZG 2002, 738 (739).
8 OLG Koblenz ZEV 2002, 238 (239); LG Mainz NZG 2002, 738.
9 OLG Koblenz ZEV 2002, 238 ff.

den Antrag weiter zu betreiben. Die Aufsichtsbehörde sei wegen Ruhens des Antrags weder verpflichtet noch berechtigt, über den Antrag zu entscheiden.[10] Den Verfügungsgrund leitete das OLG Koblenz daraus her, dass die Auflösung der Stiftung beschlossen worden sei und betrieben werde. Eine Zerschlagung der Stiftung ließe sich nur verhindern, wenn die einstweilige Verfügung ergehe.[11] Der Verfügungsanspruch liege dann vor, wenn der Auflösungsbeschluss unwirksam sei.[12]

6 Wie bei sonstigen Beschlüssen in der Stiftung kann auch der Auflösungsbeschluss an formellen oder materiellen Mängeln leiden, die zur **Unwirksamkeit des Beschlusses** führen. In formeller Hinsicht ist für den Auflösungsbeschluss grundsätzlich der Vorstand zuständig, die Satzung kann jedoch abweichende Regelungen vorsehen.[13] Der Beschluss muss zudem unter den vorgesehenen Verfahrensvoraussetzungen ergehen.[14]

7 Der Beschluss kann demnach unwirksam sein, wenn Organmitglieder mitwirken, die nach den Regelungen der Landesstiftungsgesetze wegen **Interessenkollision** von der Mitwirkung ausgeschlossen sind und der Beschluss somit nicht von der erforderlichen Mehrheit gefasst wird.[15] Eine Interessenkollision hat die Rechtsprechung etwa darin gesehen, dass der Auflösungsbeschluss von Organmitgliedern gefasst wurde, denen nach Auflösung der Stiftung das Stiftungsvermögen anteilig zugefallen wäre.[16]

8 In materieller Hinsicht muss der Beschluss durch die Satzung oder die einzelnen Landesstiftungsgesetze zugelassen sein und den besonderen Voraussetzungen der Ermächtigungsnorm genügen.[17] Darüber hinaus muss der Auflösungsbeschluss in Einklang mit dem sich aus der Stiftungssatzung ergebenden potentiellen Stifterwillen stehen.[18] Zum Teil sehen die Landesstiftungsgesetze auch vor, dass ein noch lebender Stifter der Auflösung zustimmen muss.[19]

II. Staatliche Genehmigung der Auflösung

9 Der Auflösungsbeschluss der Stiftung bedarf der **staatlichen Genehmigung.** Hierbei prüft die Stiftungsaufsicht, ob die Voraussetzungen für die Erteilung der Genehmigung vorliegen. Insbesondere muss der zugrundeliegende Beschluss der Stiftungsorgane formell und materiell rechtmäßig sein und der Stifterwille darf der Auflösung nicht entgegenstehen.[20] Der Rechtsschutz gegen die Erteilung oder Nichterteilung der staatlichen Genehmigung richtet sich nach öffentlichem Recht.[21]

B. Streitigkeiten bei der Auflösung durch Hoheitsakt

10 Neben der Möglichkeit, die Stiftung durch einen stiftungsinternen Beschluss mit anschließender Genehmigung aufzulösen, sieht § 87 Abs. 1 BGB die Möglichkeit vor, eine Stiftung bei **Gemeinwohlgefährdung** oder **Unmöglichkeit der Zweckerreichung** durch Hoheitsakt aufzuheben. Gegen die Entscheidung ist die Anfechtungsklage (§ 42 Abs. 1 1. Fall VwGO) vor dem Verwaltungsgericht

---

10 OLG Koblenz ZEV 2002, 238 f.
11 OLG Koblenz ZEV 2002, 238 (239).
12 OLG Koblenz ZEV 2002, 238 (239).
13 MünchHdb GesR V/*Richter* § 117 Rn. 4; *Hof*, in: v. Campenhausen/Richter § 11 Rn. 5.
14 MünchHdb GesR V/*Richter* § 117 Rn. 6; *Hof*, in: v. Campenhausen/Richter § 11 Rn. 5.
15 OLG Koblenz ZEV 2002, 238 (239); LG Mainz NZG 2002, 738 (739).
16 OLG Koblenz ZEV 2002, 238 (239).
17 MünchHdb GesR V/*Richter* § 117 Rn. 8.
18 LG Mainz NZG 2002, 738 (739).
19 Bremen: § 8 Abs. 1 BremStiftG; Niedersachsen: § 7 Abs. 2 NStiftG; Saarland: § 7 Abs. 2 Saarländisches Stiftungsgesetz (Möglichkeit des Stifters, sich die Zustimmung in der Satzung vorzubehalten); Sachsen: § 10 Abs. 2 i. V. m. § 9 Abs. 2 SächsStiftG (nur erforderlich bei Auflösung wegen wesentlicher Änderungen der Verhältnisse seit Errichtung der Stiftung); Schleswig-Holstein: § 5 Abs. 1 StiftG.
20 MünchHdb GesR V/*Richter* § 117 Rn. 6.
21 Näher hierzu *Hof*, in: v. Campenhausen/Richter § 10 Rn. 333 ff.

C. Liquidation

statthaft.[22] Gleiches gilt für die Aufhebung der Stiftung durch Rücknahme oder Widerruf der staatlichen Anerkennung.[23] Auf weitergehende Ausführungen wird daher verwiesen.[24]

C. Liquidation

Im Anschluss an die staatliche Genehmigung oder hoheitliche Anordnung der Auflösung unterliegt die Stiftung der **Liquidation**.[25] Die Stiftung ist von diesem Zeitpunkt an auf die Verteilung vorhandenen Vermögens gerichtet (§§ 88, 46 ff. BGB), für diese Zwecke bleibt sie rechtsfähig.[26] 11

Liquidatoren der Stiftung sind grundsätzlich die bisherigen Vorstandsmitglieder, aus der Satzung kann sich allerdings Abweichendes ergeben.[27] Die Vertretungsmacht der Liquidatoren ist auf die Abwicklung der Stiftung beschränkt.[28] Die Durchführung der Liquidation richtet sich nach den Vorschriften des Vereinsrechts (§§ 88 S. 3, 48 ff. BGB). Nach dem Erlöschen der Stiftung fällt das Vermögen an die in der Satzung bezeichneten Personen (§ 88 S. 1 BGB), bei fehlender Bestimmung an den Fiskus (§ 88 S. 2 BGB). Die Anfallsberechtigten erhalten schuldrechtliche Ansprüche gegen die Stiftung.[29] 12

---

22 Palandt/*Ellenberger* § 87 Rn. 3; MünchHdb GesR V/*Schwarz van Berk* § 102 Rn. 28.
23 *Hof*, in: v. Campenhausen/Richter § 6 Rn. 350 ff.; § 11 Rn. 72 ff.
24 Siehe etwa MünchHdb GesR V/*Richter* § 117 Rn. 29 ff.; *Hof*, in: v. Campenhausen/Richter § 6 Rn. 350 ff., § 10 Rn. 352 ff.; § 11 Rn. 58 ff.
25 *Schauhoff*, in: Handbuch der Gemeinnützigkeit § 3 Rn. 180; *Hof*, in: v. Campenhausen/Richter § 11 Rn. 15.
26 *Schauhoff*, in: Handbuch der Gemeinnützigkeit § 3 Rn. 180; *Hof*, in: v. Campenhausen/Richter § 11 Rn. 15.
27 *Schauhoff*, in: Handbuch der Gemeinnützigkeit § 3 Rn. 180; *Hof*, in: v. Campenhausen/Richter § 11 Rn. 18.
28 *Hof*, in: v. Campenhausen/Richter § 11 Rn. 19.
29 *Hof*, in: v. Campenhausen/Richter § 11 Rn. 126.

Abschnitt 4 Streitigkeiten in der englischen Limited

§ 88 Internationale Zuständigkeit deutscher Gerichte

Übersicht	Rdn.			Rdn.
A. Einleitung	1	III.	Besonderer Gerichtsstand der unerlaubten Handlung, Art. 7 Nr. 2 EuGVO	14
B. Bestimmung der internationalen Zuständigkeit nach der EuGVO	2	IV.	Besonderer Gerichtsstand der Niederlassung, Art. 7 Nr. 5 EuGVO	15
I. Allgemeines	2	V.	Gerichtsstandsvereinbarung, Art. 23 EuGVO	16
II. Ausnahmen	3	D.	**Verbleibende Zuständigkeiten englischer Gerichte**	17
1. Anwendbarkeit der EuInsVO auf insolvenzrechtliche Streitigkeiten	4	I.	Ausschließliche Zuständigkeit für gesellschaftsorganisatorische Klagen, Art. 24 Nr. 2 EuGVO	18
2. Betroffene Streitigkeiten	5		1. Sitz der Limited	19
C. Klagemöglichkeiten vor deutschen Gerichten	6		2. Erfasste Streitigkeiten	20
I. Der allgemeine Gerichtsstand der Limited, Art. 4, 63 EuGVO	7	II.	Ausschließliche Zuständigkeit für Registerstreitigkeiten, Art. 24 Nr. 3 EuGVO	24
II. Besonderer Gerichtsstand für vertragliche Streitigkeiten, Art. 7 Nr. 1 EuGVO	12			

A. Einleitung

1 Die private company limited by shares nach englischem Recht, kurz »Limited«, erfreut sich aufgrund ihrer niedrigen Mindestkapitalvoraussetzungen weiterhin nicht unerheblicher Beliebtheit als Rechtsform auch für Gesellschaften, die ihre Geschäftstätigkeit hauptsächlich in Deutschland betreiben.[1] Einen tatsächlichen Bezug zu England weisen in Deutschland tätige Limiteds häufig lediglich insoweit auf, als sie dort gegründet wurden und im Companies House registriert sind (sog. Scheinauslandsgesellschaft). Jedoch bleibt englisches Recht für eine solche Scheinauslandsgesellschaft in Form der Limited anwendbar, wenn es um Fragen der Gesellschaftsverfassung geht (siehe § 82). Ein Bezug zu England kann ferner auch dann relevant werden, wenn es zum Rechtsstreit kommt. Dann stellt sich die Frage, ob eine entsprechende Klage in Deutschland erhoben werden kann, oder – möglicherweise verbunden mit erhöhtem Kosten- und Zeitaufwand – in England erhoben werden muss.

B. Bestimmung der internationalen Zuständigkeit nach der EuGVO

I. Allgemeines

2 Wenn es im Zusammenhang mit einer Limited zu einer gerichtlichen Auseinandersetzung kommt, richtet sich die Frage, ob der Rechtsstreit vor deutschen Gerichten geführt werden kann, in erster Linie nach der Verordnung (EU) Nr. 1215/2012 des Europäischen Parlaments und des Rates vom 12. Dezember 2012 über die gerichtliche Zuständigkeit und die Anerkennung und Vollstreckung von Entscheidungen in Zivil- und Handelssachen (**EuGVO**). Sie verdrängt in ihrem Anwendungsbereich nationale Zuständigkeitsvorschriften nach der ZPO und stellt **unmittelbar anwendbares Recht** dar. Die örtlich auf die englische Limited anwendbare EuGVO (vgl. Art. 6 Abs. 1, 63 EuGVO) ist auch sachlich anwendbar, wenn es sich um eine Zivil- und Handelssache im Sinne des Art. 1 EuGVO handelt und kein Ausnahmetatbestand vorliegt (siehe Rdn. 3–4). Streitigkeiten beispielsweise der Gesellschafter einer Limited untereinander, Streitigkeiten zwischen Gesellschaftern und

---

1 Zur möglichen Rückläufigkeit der Gründung von Limiteds in Deutschland nach Einführung der mindeststammkapitalfreien GmbH-Variante der Unternehmergesellschaft nach § 5a GmbHG *Gehrlein* BB 2011, 3.

einer Limited oder einer Limited und ihren Organen stellen Zivil- und Handelssachen dar, da lediglich Ansprüche öffentlichrechtlicher Natur von diesem Begriff ausgenommen sind.[2]

II. Ausnahmen

Sofern Streitigkeiten wie die genannten indes im Zusammenhang mit der Insolvenz der Limited entstehen, kann fraglich sein, ob der Ausnahmetatbestand nach Art. 1 Abs. 2 lit. b EuGVO vorliegt, namentlich eine Streitigkeit, die als »Konkurs, Vergleich oder ähnliches Verfahren« im Sinne dieser Vorschrift einzuordnen ist. Dann ist die EuGVO unanwendbar und die internationale Zuständigkeit richtet sich stattdessen nach der Verordnung (EG) Nr. 1346/2000 des Rates über Insolvenzverfahren (EuInsVO). Der Abgrenzung von EuGVO und EuInsVO kommt erhebliche praktische Relevanz zu. Dies gilt zum einen aufgrund der nicht selten vorkommenden Insolvenz von Limiteds in Deutschland.[3] Zum anderen können beide Verordnungen zu unterschiedlichen Gerichtsständen führen. 3

1. Anwendbarkeit der EuInsVO auf insolvenzrechtliche Streitigkeiten

Die internationale Zuständigkeit für insolvenzrechtliche Streitigkeiten im Sinne des Art. 1 Abs. 2 lit. b EuGVO bestimmt sich, wie der EuGH entschieden hat, nach den Vorschriften der EuInsVO.[4] Hiernach besteht eine **ausschließliche Zuständigkeit der Gerichte im Insolvenzstaat**, d. h. am hauptsächlichen Interessenmittelpunkt der Limited (sog. centre of main interests – COMI) nach Art. 3 EuInsVO. Dieser liegt zumindest bei Scheinauslandsgesellschaften in Deutschland. Die EuGVO hingegen eröffnet, sofern nicht ein ausschließlicher Gerichtsstand eingreift, verschiedene Gerichtsstände, zwischen denen der Kläger ein Wahlrecht hat. Hier können mithin Klagemöglichkeiten vor englischen oder deutschen Gerichten in Betracht kommen (siehe Rdn. 6–24). 4

2. Betroffene Streitigkeiten

Für Klagen im Zusammenhang mit kapitalersetzenden Gesellschafterdarlehen jedenfalls nach den Novellenregeln der §§ 32a, 32b GmbHG a. F., § 39 Abs. 1 Nr. 5 InsO a. F. hat der BGH entschieden, dass diese insolvenzrechtlich zu qualifizieren sind.[5] Dies gilt nach jüngster Rechtsprechung des EuGH auch für Klagen im Zusammenhang mit **Zahlungen nach Insolvenzreife**. So hat der EuGH klargestellt, dass für die Entscheidung über den Ersatz von Zahlungen nach Insolvenzreife die Gerichte des Mitgliedstaates zuständig sind, in dessen Gebiet das Insolvenzverfahren eröffnet worden ist.[6] Die internationale Zuständigkeit richtet sich demnach auch bei Ansprüchen aus § 64 S. 1 GmbHG nach Art. 3 Abs. 1 EuInsVO und verdrängt eine anderweitige Zuständigkeit, etwa nach der EuGVO oder dem Lugano II.[7] Zur internationalen Zuständigkeit für Klagen gegen den director einer Limited wegen **Insolvenzverschleppungshaftung** fehlt es bislang soweit ersichtlich noch an einer höchstrichterlichen Entscheidung.[8] Sofern sich die internationale Zuständigkeit deutscher Gerichte indes sowohl nach der EuInsVO als auch nach der EuGVO begründen lässt, ist der Kläger dem Risiko einer internationalen Unzuständigkeit des angerufenen Gerichts trotz der derzeit bestehenden Unsicherheiten allerdings nicht ausgesetzt.[9] Zu den parallelen Streitfragen im Hinblick auf das anwendbare Recht vgl. § 89 Rdn. 6–7. 5

---

2 Rauscher/*Mankowski* EuZPR Art. 1 Brüssel I-VO Rn. 1–3.
3 *Westhoff* GmbHR 2006, 525 (527).
4 EuGH NJW 2009, 2189 – *Deko Marty*; BGH NJW 2009, 2215; dazu *Mankowski/Willemer* RIW 2009, 669; Hess/Oberhammer/Pfeiffer/*Laukemann* Rn. 494.
5 BGH NZG 2011, 1195 (1197).
6 EuGH BeckRS 2014, 82509.
7 EuGH BeckRS 2014, 82509; vgl. auch Hess/Oberhammer/Pfeiffer/*Laukemann* Rn. 545; *Haas* NZG 2010, 495.
8 Die internationale Zuständigkeit nach Art. 3 EuInsVO und eine Einordnung der deutschen Insolvenzverschleppungshaftung unter Art. 4 EuInsVO befürwortend Henssler/Strohn/*Servatius* Internationales Gesellschaftsrecht Rn. 177f; kritisch *Just* Rn. 340 ff.
9 Vgl. OLG Köln ZIP 2012, 1000; dazu *Mankowski* NZI 2012, 52.

C. Klagemöglichkeiten vor deutschen Gerichten

6 Wenn der Anwendungsbereich der EuGVO für eine gesellschaftsrechtliche Streitigkeit eröffnet ist, kann die internationale Zuständigkeit deutscher Gerichte bei Klagen gegen eine Limited unter verschiedenen Gesichtspunkten begründet sein.

I. Der allgemeine Gerichtsstand der Limited, Art. 4, 63 EuGVO

7 Insbesondere bei Scheinauslandsgesellschaften ist die internationale Zuständigkeit deutscher Gerichte häufig bereits am allgemeinen Gerichtsstand nach Art. 4 Abs. 1 EuGVO eröffnet, sofern keine anderweitige ausschließliche Zuständigkeit besteht (siehe Rdn. 18–24).

8 So sind nach Art. 4 Abs. 1 EuGVO Personen – und hierzu gehören auch Gesellschaften und juristische Personen – in dem Mitgliedstaat zu verklagen, in dem sie ihren Wohnsitz haben. Gemäß Art. 63 Abs. 1 EuGVO haben Gesellschaften und juristische Personen ihren Wohnsitz an dem Ort, an dem sich ihr satzungsmäßiger Sitz, ihre Hauptverwaltung oder ihre Hauptniederlassung befindet. Dabei gilt für das Vereinigte Königreich gemäß Art. 63 Abs. 2 EuGVO als satzungsmäßiger Sitz das **registered office**, also der Ort, der im Register als Adresse angegeben wurde.[10] Lediglich subsidiär ist auf den place of incorporation, also den Ort der Erlangung der Rechtsfähigkeit, oder den Ort abzustellen, nach dessen Recht die Gründung (formation) erfolgt ist. Der Kläger kann die Klage wahlweise an einem der in Art. 63 Abs. 1 EuGVO genannten Orte erheben.

9 Unter der **Hauptverwaltung** der Gesellschaft ist der Ort zu verstehen, von dem aus die grundlegenden unternehmerischen Entscheidungen getroffen werden. Die **Hauptniederlassung** befindet sich an dem Ort, von dem aus die Gesellschaft nach außen hin geschäftliche Kontakte aufnimmt. Die Niederlassung muss den Schwerpunkt des unternehmensexternen Geschäftsverkehrs bilden. Dies setzt voraus, dass dort wesentliche Personal- und Sachmittel vorhanden sind.[11]

10 Für eine Limited bedeutet dies, dass eine Klagemöglichkeit vor deutschen Gerichten besteht, wenn sie ihre Hauptverwaltung oder Hauptniederlassung in Deutschland hat. Bei Scheinauslandsgesellschaften ist dies praktisch regelmäßig der Fall.[12] Allerdings kann, wenn daran ein Interesse bestehen sollte, eine Limited, deren registered office sich in England befindet, auch vor englischen Gerichten verklagt werden.

11 Sind deutsche Gerichte gemäß Art. 4 EuGVO international zuständig, ist die örtliche Zuständigkeit nach §§ 12 ff. ZPO zu ermitteln. § 17 Abs. 1 ZPO geht von einem allgemeinen Gerichtsstand der Gesellschaft an ihrem Satzungssitz aus. Dieser liegt für die Limited aber in England. Mangels Satzungssitzes einer Limited im Inland wird, damit die über Art. 4 EuGVO begründete internationale Zuständigkeit deutscher Gerichte nicht leerläuft, eine analoge Anwendung des Art. 4 Abs. 1 EuGVO bzw. eine europarechtskonforme Auslegung des § 17 ZPO befürwortet und eine örtliche Zuständigkeit der Gerichte am Ort der Hauptverwaltung/der Hauptniederlassung angenommen.[13]

II. Besonderer Gerichtsstand für vertragliche Streitigkeiten, Art. 7 Nr. 1 EuGVO

12 Nach Art. 7 Nr. 1 EuGVO, der anders als Art. 4 EuGVO auch die örtliche und nicht nur die internationale Zuständigkeit regelt, können Personen ferner vor dem Gericht des Ortes verklagt werden, an dem die Verpflichtung erfüllt worden ist oder zu erfüllen wäre, wenn ein Vertrag oder Ansprüche aus einem Vertrag den Gegenstand des Verfahrens bilden. Der EuGH legt die Begriffe »Vertrag« bzw. »Ansprüche aus einem Vertrag« weit aus. Darunter fallen beispielsweise **Ansprüche aus der organschaftlichen Sonderbeziehung** zwischen einer Gesellschaft und ihrem Geschäftsführer oder Vor-

---

10 *Kropholler/von Hein* EuZPR Art. 60 EuGVO Rn. 3.
11 *Geimer/Schütze* EuZVR Art. 60 Rn. 6–7.
12 Siehe BGH NZG 2007, 752 (753 f).
13 Lutter/*Wagner* 223, 249–251; Hirte/Bücker/*Leible* § 12 Rn. 5; Wieczorek/Schütze/*Hausmann* ZPO § 17 Rn. 20.

stand.¹⁴ Auch Ansprüche gegen Gesellschafter auf Erbringung von Einlagen sind vertragliche Ansprüche im Sinne des Art. 7 Nr. 1 EuGVO.¹⁵

Ob der Erfüllungsort der jeweiligen Vertragspflicht in Deutschland liegt, so dass deutsche Gerichte international zuständig sind, bestimmt sich nach der Rechtsordnung, die nach dem Recht des angerufenen Gerichts auf das jeweilige Vertragsverhältnis anwendbar ist. Speziell für gesellschaftsrechtliche Fragen ist europaweit auf das jeweilige Gründungsrecht der Gesellschaft abzustellen, bei der Limited mithin auf englisches Recht als Recht des registered office.¹⁶ Oft wird der Erfüllungsort gesellschaftsrechtlicher Ansprüche, z. B. von Verpflichtungen auf Erbringung von Einlagen, aber am Satzungssitz in England liegen, so dass Art. 7 Nr. 1 EuGVO dann keine Klagemöglichkeit vor deutschen Gerichten eröffnet.¹⁷ Denkbar ist aber auch, dass bestimmte Pflichten am Ort der Hauptverwaltung zu erfüllen sind, hier kann dann ein Gerichtsstand in Deutschland eröffnet sein. 13

III. Besonderer Gerichtsstand der unerlaubten Handlung, Art. 7 Nr. 2 EuGVO

Eine Zuständigkeit deutscher Gerichte kommt bei Rechtsstreitigkeiten unter Beteiligung einer Limited auch am Ort der unerlaubten Handlung in Betracht. So sieht Art. 7 Nr. 2 EuGVO, der ebenfalls nicht nur die internationale, sondern auch die örtliche Zuständigkeit regelt, für Streitigkeiten aus Delikt eine Zuständigkeit der Gerichte des Ortes vor, an dem das schädigende Ereignis eingetreten ist oder einzutreten droht. Aufgrund der **Subsidiarität des Deliktsgerichtsstands** zum Vertragsgerichtsstand ist Anwendungsvoraussetzung, dass die Haftung nicht an einen Vertrag geknüpft wird.¹⁸ Im Hinblick auf gesellschaftsrechtliche Streitigkeiten kann der Deliktsgerichtsstand beispielsweise für Klagen aus Insolvenzverschleppung oder Existenzvernichtungshaftung einschlägig sein, wenn man von einer Anwendbarkeit der EuGVO und nicht der EuInsVO ausgeht (siehe Rdn. 4–5). 14

IV. Besonderer Gerichtsstand der Niederlassung, Art. 7 Nr. 5 EuGVO

Einen weiteren besonderen Gerichtsstand für Streitigkeiten aus dem Betrieb einer Niederlassung begründet Art. 7 Nr. 5 EuGVO am Ort der Zweigniederlassung, der Agentur oder sonstigen Niederlassung. Für eine Niederlassung im Sinne des Art. 7 Nr. 5 EuGVO reicht es aus, wenn einem Dritten gegenüber der Rechtsschein gesetzt wird, dass die Außenstelle in Deutschland Niederlassung einer Limited mit Stammhaus in England ist; dann kann beispielsweise auch eine Muttergesellschaft am Sitz der Tochtergesellschaft in Deutschland verklagt werden, wenn sich letztere für Außenstehende als Niederlassung dargestellt hat.¹⁹ Voraussetzung für eine Anwendbarkeit des Art. 7 Nr. 5 EuGVO ist, dass die Streitigkeit aus der Teilnahme der Niederlassung am Geschäftsverkehr resultiert. 15

V. Gerichtsstandsvereinbarung, Art. 23 EuGVO

Eine regelmäßig ausschließliche²⁰ internationale Zuständigkeit deutscher Gerichte kann nach Art. 25 EuGVO schließlich aufgrund einer Gerichtsstandsvereinbarung begründet sein, wenn keine ausschließliche Zuständigkeit nach Art. 24 EuGVO besteht (Art. 25 Abs. 4 EuGVO). Bereits in der Satzung der Limited kann eine solche Gerichtsstandsklausel aufgenommen werden; gegen ihre Wirksamkeit bestehen grundsätzlich keine Bedenken.²¹ Gerichtsstandsvereinbarungen bereits bestehender Gesellschaften können in Form eines shareholders' agreement geschlossen werden.²² Eine Ge- 16

---

14 OLG München NZG 1999, 1170; OLG Celle NZG 2000, 595.
15 EuGH, Urt. v. 22.3.1983 – Rs. 34/82 – *Peters/Zuid Nederlandse Aannemers Vereniging*.
16 Zweifelnd *Ringe* IPRax 2007, 388 (394).
17 Triebel/*von Hase*/Melerski Rn. 543.
18 EuGH, Urt. v. 27.9.1988 – C-189/87 – *Kalfelis/Schröder*.
19 EuGH, Urt. v. 9.12.1987 – C-218/86 – *Schotte/Parfums Rothschild*; Hirte/Bücker/*Leible* § 12 Rn. 28; Triebel/*von Hase*/Melerski Rn. 545.
20 Vgl. Art. 25 Abs. 1 Satz 2 EuGVO.
21 Rauscher/*Mankowski* EuZPR Art. 23 Brüssel I-VO Rn. 50.
22 *Heinz* Kap. 4 Rn. 18.

richtsstandsvereinbarung zugunsten deutscher Gerichte hat zur Folge, dass eine möglicherweise bestehende Klagemöglichkeit vor englischen Gerichten nach Art. 4, 7 EuGVO ausgeschlossen wird.

D. Verbleibende Zuständigkeiten englischer Gerichte

17 Auch wenn demnach für eine ganze Reihe von gesellschaftsrechtlichen Streitigkeiten mit einer Limited, die in Deutschland hauptsächlich ihr Geschäft betreibt, Klagemöglichkeiten in Deutschland eröffnet sein können, bleiben für bestimmte Streitigkeiten auch bei Scheinauslandsgesellschaften mit Hauptverwaltung in Deutschland englische Gerichte ausschließlich zuständig. Für derartige Streitigkeiten kann eine Zuständigkeit in Deutschland auch nicht durch Gerichtsstandsvereinbarung begründet werden. Dies ist beim Einsatz der Limited als Rechtsform in Deutschland zu berücksichtigen, da Rechtsstreitigkeiten im Ausland mit zusätzlichem finanziellen oder zeitlichen Aufwand verbunden sein können.

I. Ausschließliche Zuständigkeit für gesellschaftsorganisatorische Klagen, Art. 24 Nr. 2 EuGVO

18 Art. 24 Nr. 2 EuGVO begründet die ausschließliche Zuständigkeit der Gerichte des Mitgliedstaates, in dessen Hoheitsgebiet die Gesellschaft oder juristische Person ihren **Sitz** hat, für Klagen, welche die Gültigkeit, die Nichtigkeit oder die Auflösung derselben oder die Gültigkeit der Beschlüsse ihrer Organe zum Gegenstand haben. Die sich aus Art. 24 Nr. 2 EuGVO ergebende Zuständigkeit ist nicht durch eine Gerichtsstandsvereinbarung zugunsten deutscher Gerichte abwählbar, da es sich um einen ausschließlichen Gerichtsstand handelt, Art. 25 Abs. 4 EuGVO. Um eine Auseinandersetzung im Inland zu ermöglichen, bleibt lediglich der Abschluss einer entsprechenden Schiedsvereinbarung.[23]

1. Sitz der Limited

19 Gemäß Art. 24 Nr. 2 EuGVO wendet das Gericht die **Vorschriften seines Internationalen Privatrechts** an, um zu entscheiden, wo sich der Sitz der Gesellschaft befindet. Art. 63 EuGVO mit seinen drei möglichen Sitzanknüpfungen ist nicht anwendbar. Sofern deutsche Gerichte wegen einer gesellschaftsorganisatorischen Streitigkeit nach Art. 24 Nr. 2 EuGVO angerufen würden, wäre mithin nach deutschem Recht darüber zu befinden, wo die Limited ihren Sitz im Sinne des Art. 24 Nr. 2 EuGVO hat. Hiernach liegt der Sitz der Limited im Vereinigten Königreich, weil die als Folge der EuGH-Rechtsprechung zur Niederlassungsfreiheit für ausländische EU-Gesellschaften maßgebliche Gründungstheorie auch im Rahmen des Art. 24 Nr. 2 EuGVO anzuwenden ist.[24] Eine nach englischem Recht gegründete Limited mit tatsächlichem Verwaltungssitz in Deutschland muss gesellschaftsorganisatorische Streitigkeiten deshalb vor englischen Gerichten verhandeln.[25] Deutsche Gerichte wären für entsprechende Streitigkeiten unzuständig. Englische Gerichte wären zuständig, da nach Schedule 1 para. 10 Civil Jurisdiction and Judgment Order 2001 eine Gesellschaft ihren Sitz im Sinne des Art. 24 Nr. 2 EuGVO im Vereinigten Königreich hat, wenn sie nach dem dortigen Recht gegründet wurde. Anderes gilt, wenn die Gerichte des anderen Mitgliedstaates den Sitz der Gesellschaft für die Zwecke des Art. 24 Nr. 2 EuGVO nicht im Vereinigten Königreich anerkennen. Dies ist, da die Limited aus deutscher Sicht ihren Sitz in England hat, jedoch nicht der Fall.

---

23 *Kindler* NZG 2010, 576 (578); *Schaper* IPRax 2010, 513 (516); zu den begrenzten Wirkungen einer Schiedsgerichtsklausel Triebel/*von Hasel*Melerski Rn. 541.
24 *Kindler* NZG 2010, 576 (577).
25 BGH NZG 2011, 1114, dazu *Müller* NJW 2011, 3375.

2. Erfasste Streitigkeiten

Ein Hauptanwendungsfall des Art. 24 Nr. 2 EuGVO sind **Beschlussmängelstreitigkeiten.** Darunter fallen beispielsweise Klagen, die sich gegen die Abberufung eines directors durch die Gesellschafterversammlung richten,[26] oder Klagen gegen Beschlüsse, die aufgrund betrügerischen Handelns der Gesellschafter gefasst wurden.[27] Dabei reicht es jedoch nicht, dass eine Klage in irgendeinem Zusammenhang mit einer von einem Gesellschaftsorgan erlassenen Entscheidung steht. Nicht unter Art. 24 Nr. 2 EuGVO zu fassen sind auch Streitigkeiten der Gesellschafter untereinander. Vielmehr ist der Anwendungsbereich des Art. 24 Nr. 2 EuGVO **als Ausnahmeregelung eng auszulegen,**[28] d. h. nicht weiter, als es seine Ziele erfordern.[29] Die Vorschrift stellt auch keinen umfassenden Gerichtsstand der Mitgliedschaft dar.[30] Vielmehr ist es nach der Rechtsprechung des EuGH erforderlich, dass eine Partei die Gültigkeit der Entscheidung des Organs einer Gesellschaft im Hinblick auf das geltende Gesellschaftsrecht oder die satzungsmäßigen Vorschriften über das Funktionieren dieser Organe anficht und nicht nur die Art und Weise beanstandet, wie ein Gesellschaftsorgan die durch Satzung eingeräumte Befugnis inhaltlich ausübt.[31] Erforderlich ist also, dass die Gültigkeit der Beschlüsse gerade im Hinblick auf das geltende Gesellschaftsrecht angegriffen wird.

Deshalb reicht eine Berufung auf die Unwirksamkeit der Beschlüsse ihrer Organe im Zusammenhang mit Rechtsstreitigkeiten, die einen Vertrag betreffen, nicht aus, um einen Gerichtsstand nach Art. 24 Nr. 2 EuGVO zu begründen. Die Vorschrift des Art. 24 Nr. 2 EuGVO ist nach der Rechtsprechung des EuGH vielmehr dahingehend auszulegen, dass nur Rechtsstreitigkeiten erfasst sind, die »**in erster Linie**« die Gültigkeit, die Nichtigkeit oder die Auflösung von Gesellschaften oder juristischen Personen oder die Gültigkeit von Beschlüssen ihrer Organe betreffen.[32]

Unter Art. 24 Nr. 2 EuGVO fallen außerdem Klagen, die auf die **Nichtigerklärung oder Feststellung des Bestehens oder Nichtbestehens einer Gesellschaft** abzielen. In Abgrenzung zur EuInsVO fallen Auflösungsklagen allerdings nur dann unter Art. 24 Nr. 2 EuGVO, wenn die Gesellschaft nicht tatsächlich insolvent ist und das Verfahren unter die EuInsVO fällt.[33] Darüber hinaus erfasst Art. 24 Nr. 2 EuGVO Unternehmensverträge, jedoch nur insoweit, als sie die Rechtspersönlichkeit der Gesellschaft verändern oder auf Beschlüssen der Gesellschaftsorgane beruhen.[34]

Schließlich gilt Art. 24 Nr. 2 EuGVO nicht für einseitige Verfahren wie das Amtslöschungsverfahren (§§ 397, 398 FamFG) oder die Auflösung einer AG oder GmbH durch das Registergericht (§ 399 FamFG), sondern nur für **kontradiktorische Verfahren**.[35]

II. Ausschließliche Zuständigkeit für Registerstreitigkeiten, Art. 24 Nr. 3 EuGVO

Schließlich verbleibt es zwingend bei einer internationalen Zuständigkeit englischer Gerichte bei Streitigkeiten über Eintragungen der Limited im **englischen Gesellschaftsregister** im Sinne des Art. 24 Nr. 3 EuGVO. Hiernach sind für Klagen, welche die Gültigkeit von Eintragungen in öffentliche Register zum Gegenstand haben, die Gerichte des Mitgliedstaates ausschließlich zuständig, in dessen Hoheitsgebiet die Register geführt werden. Daraus folgt, dass eine Beanstandung der Eintra-

---

26 BGH NZG 2011, 1114.
27 Rauscher/*Mankowski* EuZPR Art. 22 Brüssel I-VO Rn. 32.
28 EuGH NJW-RR 2009, 405 – *Nicole Hassett/South Eastern Health Board u. Cheryl Doherty/North Western Health Board.*
29 EuGH NZG 2011, 674 – *Berliner Verkehrsbetriebe*; dazu *Mankowski* EWiR Art. 22 EuGVO 1/11, 343; *Wedemann* NZG 2011, 733.
30 Rauscher/*Mankowski* EuZPR Art. 22 Brüssel I-VO Rn. 37.
31 EuGH NJW-RR 2009, 405 – *Nicole Hassett/South Eastern Health Board u. Cheryl Doherty/North Western Health Board.*
32 EuGH NZG 2011, 674 – *Berliner Verkehrsbetriebe.*
33 *Schillig* IPRax 2005, 208 (214 f.); Rauscher/*Mankowski* EuZPR Art. 22 Brüssel I-VO Rn. 33.
34 Rauscher/*Mankowski* EuZPR Art. 22 Brüssel I-VO Rn. 36.
35 Musielak/*Lackmann* Art. 22 VO (EG) 44/2001 [EuGVVO] Rn. 6.

gungen im englischen Gesellschaftsregister des Companies House ausschließlich vor englischen Gerichten geltend zu machen ist.[36] Zu berücksichtigen ist allerdings, dass deutsche Gerichte ausschließlich zuständig sind für Streitigkeiten, die die Eintragung der Zweigniederlassung einer englischen Limited im deutschen Handelsregister betreffen.[37]

---

[36] Lutter/*Wagner* S. 223, 261.
[37] MüKo ZPO/*Gottwald* EuGVO Art. 22 Rn. 31.

§ 89 Anwendbares Recht

Übersicht

	Rdn.			Rdn.
A. Einleitung	1	C.	Reichweite des Gesellschaftsstatuts	4
B. Bestimmung des anwendbaren Gesellschaftsrechts (Gesellschaftsstatut)	2	D.	Abgrenzung zum Insolvenzstatut	6

A. Einleitung

Unabhängig davon, ob ein Rechtsstreit vor deutschen oder englischen Gerichten geführt wird, ist die Frage zu klären, ob deutsches oder englisches Recht auf die im Streit befindlichen Rechtsverhältnisse anwendbar ist. Diese Frage ist von erheblicher Relevanz, können sich die materiellen Regelungen des englischen und deutschen Gesellschaftsrechts doch erheblich unterscheiden. Für die Organe der Limited stellt sich die praktische Frage, nach welcher Rechtsordnung sich das jeweilige Pflichtenprogramm bestimmt. Für Gläubiger ist entscheidend, nach welchen Rechtsgrundlagen sie Organe wegen möglicher Pflichtverletzungen erfolgreich in Anspruch nehmen können. 1

B. Bestimmung des anwendbaren Gesellschaftsrechts (Gesellschaftsstatut)

Das Recht, das auf im Zusammenhang mit der Limited auftretende gesellschaftsrechtliche Fragestellungen anwendbar ist (auch »Gesellschaftsstatut« oder »Personalstatut der Gesellschaft«), bestimmt sich als Folge der EuGH-Rechtsprechung zur Niederlassungsfreiheit von Gesellschaften (Art. 49, 54 AEUV) nach der **Gründungstheorie**.[1] Nach der Gründungstheorie ist auf eine Gesellschaft das Recht anzuwenden, nach dem sie gegründet wurde, bei der Limited daher englisches Recht. 2

Die Verordnung (EG) Nr. 593/2008 des Europäischen Parlaments und des Rates über das auf vertragliche Schuldverhältnisse anzuwendende Recht (Rom I-VO) ist nicht anwendbar, da sie nach ihrem Art. 1 Abs. 2 lit. f nicht für gesellschaftsrechtliche Fragen gilt. Gleiches gilt für die Verordnung (EG) Nr. 864/2007 des Europäischen Parlaments und des Rates über das auf außervertragliche Schuldverhältnisse anzuwendende Recht (Rom II-VO). 3

C. Reichweite des Gesellschaftsstatuts

Schwierigkeiten kann die Frage bereiten, welche Rechtsfragen im Einzelnen von der Geltung des Gesellschaftsrechts des Gründungsstaates erfasst werden. Einen Anhaltspunkt für die Reichweite des Gesellschaftsstatuts bietet der nicht abschließende Katalog gesellschaftsrechtlich einzuordnender Fragen im Referentenentwurf des Bundesjustizministeriums zum Gesetz zum Internationalen Privatrecht der Gesellschaften, Vereine und juristischen Personen.[2] Nach Art. 10 Abs. 2 RegE-EGBGB soll das Recht des Registerstaates insbesondere maßgeblich sein für die Rechtsnatur und die Rechts- und Handlungsfähigkeit, die Gründung und die Auflösung, den Namen und die Firma, die Organisations- sowie die Finanzverfassung, die Vertretungsmacht der Organe, den Erwerb und den Verlust der Mitgliedschaft und die mit dieser verbundenen Rechte und Pflichten, die Haftung der Gesellschaft, des Vereins oder der juristischen Person sowie die Haftung ihrer Mitglieder und Organmitglieder für Verbindlichkeiten der Gesellschaft, des Vereins oder der juristischen Person, sowie die Haftung wegen der Verletzung gesellschaftsrechtlicher Pflichten. Sämtliche dieser Aspekte würden 4

---

[1] EuGH NJW 1999, 2027 – *Centros*; EuGH NJW 2002, 3614 – *Überseering*; EuGH NJW 2003, 3331 – *Inspire Art*; EuGH NJW 2006, 425 – *Sevic*; EuGH EuZW 2012, 621 – *VALE*; umstritten ist, ob aufgrund der in einer steuerrechtlichen Frage ergangenen Entscheidung EuGH NZG 2006, 835 – *Cadbury Schweppes* die Geltung der Gründungstheorie für reine Briefkastengesellschaften eingeschränkt werden muss; hierzu *Roth* EuZW 2010, 607.

[2] Abrufbar unter http://gesetzgebung.beck.de/node/252470 (Stand: 7.1.2015); s. a. MüKo GmbHG/*Weller* Einleitung Rn. 389.

sich für eine im englischen companies register eingetragene Limited mithin nach englischem Recht bestimmen.

5 Allerdings können im Detail beispielsweise im Hinblick auf Fragen der Vertretung der Limited auch Abgrenzungsfragen auftreten. Hier gilt, dass sich Fragen der Vertretung der Gesellschaft durch ihre Organe nach englischem Gesellschaftsrecht als Gründungsrecht richten; für Fragen der Rechtsscheinsvollmacht kann indes auch das Recht des Staates, in dem ein bestimmter Rechtsschein gesetzt wurde, relevant werden (Vollmachtsstatut).[3] Zu berücksichtigen sind mögliche Sonderanknüpfungen unter anderem auch im Hinblick auf Formfragen.[4] Weitere Abgrenzungsfragen stellen sich bei der Behandlung der Organbestellung und der Anstellungsverträge von directors; während für das Anstellungsverhältnis das Vertragsstatut maßgeblich ist, so dass deutsches Recht anwendbar sein kann, richtet sich jedenfalls die gesellschaftsrechtliche Bestellung des directors nach englischem Recht als Gründungsrecht der Limited.[5]

D. Abgrenzung zum Insolvenzstatut

6 Abgrenzungsschwierigkeiten im Hinblick auf die Reichweite des Gesellschaftsstatuts bestehen – wie im Zuständigkeitsrecht (siehe § 88 Rdn. 4–5) – ferner insbesondere an der Schnittstelle zum Insolvenzrecht. Da das anwendbare Insolvenzrecht an den hauptsächlichen Interessenmittelpunkt nach Art. 3, 4 EuInsVO anknüpft, der bei Scheinauslandsgesellschaften regelmäßig im Inland liegt, das anwendbare Gesellschaftsrecht jedoch an den Satzungssitz, der bei der Limited in England liegt, ist die Abgrenzungsfrage von erheblicher praktischer Relevanz. Sie kommt im Insolvenzfall regelmäßig dann zum Tragen, wenn es um die Haftung von Geschäftsleitern geht. Hier stellt sich beim in Deutschland eröffneten Insolvenzverfahren über das Vermögen einer Limited mit hauptsächlichem Interessenmittelpunkt in Deutschland die Frage, ob ein director wegen Insolvenzverschleppung nach § 15a InsO in Anspruch genommen werden kann, oder ob ggf. die Regelungen des englischen wrongful trading oder fraudulent trading (sec. 213, 214 Insolvency Act 1986) Anwendung finden.[6]

7 Die bisherige Rechtsprechung deutscher Gerichte ist in dieser Hinsicht uneinheitlich.[7] Der BGH hat nunmehr dem EuGH die Frage vorgelegt, ob der director einer Limited vom Insolvenzverwalter auf Ersatz von Zahlungen in Anspruch genommen werden kann, die er nach Eintritt der Zahlungsunfähigkeit der Gesellschaft geleistet hat (§ 64 GmbHG).[8] Eine Entscheidung des EuGH steht hier zwar noch aus. Es ist jedoch nicht unwahrscheinlich, dass der EuGH die Vorlagefrage entsprechend seiner Entscheidung zur internationalen Zuständigkeit für Klagen wegen Zahlungen nach Insolvenzreife[9] beantwortet, d. h. einen Gleichlauf von Art. 3 und Art. 4 EuInsVO anstrebt. Folge wäre, dass sich die Verantwortlichkeit des directors nach deutschem (Insolvenz-) Recht beurteilt. Bis zu einer endgültigen Entscheidung ist es Geschäftsleitern aufgrund der unsicheren Rechtslage aber zu empfehlen, sowohl die Vorgaben des englischen Gesellschaftsrechts als auch des deutschen Insolvenzrechts zu beachten.[10] Eine Inanspruchnahme der Geschäftsleiter sollte wenn möglich hilfsweise auf die entsprechenden Rechtsinstitute beider Rechtsordnungen gestützt werden.

---

3 Im Einzelnen MüKo BGB/*Kindler*, Internationales Handels- und Gesellschaftsrecht Rn. 582–585.
4 MüKo BGB/*Kindler*, Internationales Handels- und Gesellschaftsrecht Rn. 554–562; im Hinblick auf Fragen der Übertragung der Anteile (shares) der Limited Triebel/*von Hase*/*Melerski* Rn. 332–341.
5 Im Ergebnis zutreffend LAG Baden-Württemberg ZIP 2010, 1619; hierzu Mankowski EWiR § 5 ArbGG 1/10, 513; siehe auch *Stöber* GmbHR 2006, 746 (751).
6 Siehe z. B. LG Kiel NZG 2006, 672; KG Berlin NZG 2010, 71 (73).
7 Vgl. hierzu nur BGH BeckRS 2014, 23471.
8 BGH BeckRS 2014, 23471.
9 EuGH BeckRS 2014, 82509.
10 Siehe auch *Wachter* BB 2006, 1463 (1466).

§ 90 Streitpunkte bei Gründung einer englischen Limited

Übersicht	Rdn.			Rdn.
A.	Vereinfachungen durch das Companies Act 2006 (CA 2006)	2	III. Haftung bei Firmenfortführung nach deutschem Recht	25
B.	Entstehung der Limited	3	IV. Gleiche oder verwechslungsfähige	
C.	Handelndenhaftung vor Registrierung	4	Namen	29
D.	Treuepflichten der Initiatoren (*promoters*)	6	V. Streit um Firma und goodwill	31
E.	Streit im Zusammenhang mit der Firma (*name*) der Limited	10	VI. Deliktischer Namensschutz (*tort of passing off*)	41
I.	Anzuwendendes Firmenrecht auf die Limited	11	VII. Schutz vor Irreführung .... F. Rechtsbehelfe bei (verweigerter) Regis-	43
II.	Haftungsdurchgriff wegen verbotener Firmenfortführung (*prohibited names*) .	13	trierung .... G. Wirtschaftliche Neugründung, Reaktivierung und Vorratsgesellschaften ...	46 47

Die englische ***private company limited by shares*** (Rechtsformzusatz »Limited« oder »Ltd.«[1]) ist die **international** wohl **erfolgreichste Rechtsform**,[2] zumal das englische Recht der Limited für viele Länder Vorbildfunktion hatte.[3] Vor Einführung der UG (haftungsbeschränkt) durch die **GmbH-Reform (MoMiG)** vom 01.11.2008 wurde die Limited als Alternative für deutsche Gründer stark beworben, wobei die Schnelligkeit, Einfachheit und geringen Kosten der Gründung herausgestellt wurden.[4] Der **Gründungsboom** in Deutschland ist inzwischen **beendet**,[5] viele damals gegründete Limiteds sind inzwischen aufgelöst. Dennoch ist die Limited nach wie vor in Deutschland präsent.[6] Des Weiteren wird ihr bescheinigt, auf dem besten Weg zu sein, für die Praxis zur »**europäischen GmbH**« zu werden.[7] Im Folgenden wird ein Überblick zu ausgewählten Fragen gesellschaftsrechtlicher Streitigkeiten gegeben, um die Besonderheiten des englischen Rechts darzustellen. Dabei wird besonderes Augenmerk auf die Fallkonstellation gelegt, in denen Limiteds von Deutschland aus betrieben werden. Hierzu gibt es vergleichsweise mehr deutsche als englische[8] Entscheidungen.

1

---

1 Vgl. Sec. 59 (1) CA 2006; bei einem registered office in Wales kann als Rechtsformzusatz statt dessen auch »*cyfyngedig*« oder »*cyf.*« gewählt werden, vgl. Sec. 59 (2) und 88 (1) CA 2006. Von der Limited zu unterscheiden ist die *public company limited by shares* (*plc*), die als Unternehmensform für größere Unternehmen dadurch gekennzeichnet ist, dass sie ihre Anteile öffentlich (ggf. über die Börse) anbieten darf, was der Limited gerade verboten ist, vgl. Sec. 755 CA 2006.
2 Laut Angaben des englischen Registers *Companies House* waren zum 31.03.2014 insgesamt 3,3 Mio. *companies* in England und Wales registriert (vgl. Companies House Annual Report and Accounts 2013/14).
3 Triebel/von Hase/Melerski/*Triebel*, 1. Teil, Rn. 2.
4 Zum Vergleich der Limited gegenüber einer deutschen GmbH ausführlich Triebel/von Hase/Melerski/*von Hase*, 2. Teil, Rn. 648 ff.; Eine Vergleichstabelle, die weitere ausländische Rechtsformen enthält, findet sich bei *Mellert*, BB 2006, 8, 10; Reformvorschläge zur GmbH aus dem Vergleich zur Limited bei *Triebel/Otte* ZIP 2006, 311 ff. Durch das MoMiG sind einige dieser Vorschläge inzwischen umgesetzt worden.
5 *Miras* NZG 2012, 486; Triebel/Illmer/Ringe/Vogenauer/Ziegler/*Ringe/Otte*, V § 1 Rn. 16. *Ringe* ECFR 2013, 230 (248 ff.) weist anhand empirischer Daten darauf hin, dass der Rückgang nicht wie landläufig angenommen auf das MoMiG zurückzuführen ist.
6 *Heinz/Hartung*, Einleitung Rn. 2, nennen knapp 18.000 Limiteds, die auch in deutschen Handelsregistern eingetragen seien (eingetragen wird dort jeweils eine »Zweigniederlassung«, selbst wenn es sich um die einzige Niederlassung handelt), und weitere ca. 30.000 Limiteds »in deutscher Hand«; *Ringe* ECFR 2013, 230 (248) zählt 48.022 Limiteds bis 2011, die allein in Deutschland tätig seien, von denen aber zum Februar 2012 nur noch 8.474 aktiv gewesen seien.
7 *Hellwig* ZGR 2013, 216 (227).
8 So z. B. *Eckerle v Wickeder Westfalenstahl GmbH* [2013] EWHC 68 (Ch).

A. Vereinfachungen durch das Companies Act 2006 (CA 2006)

2 Bevor die Zweigniederlassung einer Limited in Deutschland beim Handelsregister angemeldet werden kann,[9] muss die Limited in England (oder Wales) gegründet werden. Maßgeblich für die Gründung ist also stets **englisches Recht**. Das englische Recht der Limited wurde mit der Ablösung des Companies Act 1985 **durch das Companies Act 2006 reformiert**. Diese Reform hatte ausdrücklich auch zum Ziel, eine Deregulierung für kleinere und mittlere Unternehmen zu erreichen[10] und durch eine **weitere Vereinfachung** das englische Recht **wettbewerbsfähiger**[11] und **für Gründer attraktiver** zu gestalten.[12] Als weitere Vereinfachung ist mit der Reform das Erfordernis eines *secretary* entfallen, außerdem ist die bisherige Zweiteilung der Satzung in *articles* und *memorandum of association*[13] aufgegeben worden. Seit 2011 hat das englische Wirtschaftsministerium die »*Red Tape Challenge*« zur weiteren Deregulierung u. a. des Gesellschaftsrechts ausgerufen. In deren Rahmen erfolgten weitere Änderungen des Companies Act 2006 bzw. der Nebengesetze (z. B. das Firmenrecht).

B. Entstehung der Limited

3 Die Limited entsteht als **Rechtspersönlichkeit** (*body corporate*) **mit** ihrer **Registrierung** (*registration*) im englischen Unternehmensregister.[14] Als Rechtsperson ist sie auch **prozessfähig**.[15]

C. Handelndenhaftung vor Registrierung

4 Vor ihrer Registrierung ist eine *company* nicht existent. Davor entsteht auch **keine Vor-Gesellschaft**.[16] Das CA 2006 bestimmt deshalb, dass derjenige, der – z. B. als Gründer – im Namen einer noch nicht registrierten Limited einen Vertrag (***pre-incorporation contract***) abschließt, ausschließlich selbst Vertragspartei anstelle der noch nicht existenten Limited wird.[17] Gelangt die Gesellschaft später durch Registrierung zur Entstehung, wird der Vertrag nicht etwa automatisch für sie wirksam. Die Gesellschaft kann den Vertrag nur durch Abschluss eines neuen, dreiseitigen Vertrages übernehmen.[18] Der Handelnde muss sich im neuen Vertrag ausdrücklich von der Haftung aus dem Erstvertrag befreien lassen. In der Praxis ist es üblich, dass sich der Handelnde für den Fall, dass die Gesellschaft den Abschluss eines Übernahmevertrages verweigert, ein **vertragliches Rücktrittsrecht** ausbedingt, um einer persönlichen Haftung zu entgehen.[19]

5 Merkwürdigerweise ist die Rechtslage – mangels ausdrücklicher Regelung im CA 2006 – nach englischem *common law* anders, wenn die Gesellschaft zwar bestanden hatte, zum Zeitpunkt des Vertragsabschlusses aber wieder gelöscht worden war. Dann ist der Vertrag insgesamt nichtig. Der Vertragspartner wird gegenüber dem Handelnden nur bereicherungsrechtlich geschützt (*law of restitution*).[20]

---

9 Ausführlich Triebel/von Hase/Melerski/*von Hase*, 2. Teil, Rn. 361 ff.; vgl. auch *Just*, Rn. 41 ff. Selbst wenn die Limited allein über eine funktionierende Niederlassung in Deutschland verfügt, in England dagegen lediglich einen Briefkasten unterhält (als *registered office*), wird in Deutschland registerrechtlich nur eine Zweigniederlassung angemeldet.
10 *Just*, Rn. 25.
11 Triebel/von Hase/Melerski/*von Hase*, 1. Teil, Rn. 18; Gower and Davies'/*Davies*, Rn. 3–3.
12 Eidenmüller/*Rehm*, § 10 Rn. 3.
13 Das *memorandum of association* stellt nur noch eine Gründungserklärung dar, vgl. *Just*, Rn. 76.
14 Sec. 16 (2) CA 2006. Das Register wird vom Companies House für England und Wales geführt.
15 Gower and Davies'/*Davies*, Rn. 2–6 a. E.
16 Triebel/von Hase/Melerski/*Triebel*, 1. Teil, Rn. 60.
17 Sec. 51 CA 2006.
18 Gower and Davies'/*Davies*, Rn. 5–8 f.
19 *Kadel*, MittBayNot 2006, 102, 108.
20 Gower and Davies'/*Davies*, Rn. 5–9.

D. Treuepflichten der Initiatoren (*promoters*)

Nach deutschem Rechtsverständnis sind die jeweiligen Gründer der entscheidende Personenkreis, der darüber bestimmt, mit welcher Verfassung und mit welchem Kapital eine Kapitalgesellschaft an den Start geht. Das englische Recht hingegen richtet seinen Blick auf die **promoters**, die zwar selbst auch Gründer (*founders*) sein können, aber nicht sein müssen.[21] In der Praxis scheint es viel häufiger vorzukommen, dass die ersten *directors* der neu gegründeten *company* zuvor als deren *promoters* auftreten.[22] Eine genaue Entsprechung für den *promoter* gibt es im deutschen Recht nicht, zumal der Begriff im englischen Recht nicht genau definiert ist[23]; am Treffendsten scheint es, den Begriff mit »**Initiatoren**« der Gesellschaftsgründung zu übersetzen.[24] Sie bestimmen den »Fahrplan« der Gründung und treiben diese voran. Berater wie etwa Anwälte sind jedoch keine *promoters*.[25]

Das englische Recht interessiert sich für diejenigen *promoters*, die Dritte dafür werben, bei Gründung oder später als Gesellschafter in die *company* »einzusteigen«.[26] Bei **Betrugs- und Missbrauchsfälle** sind zwei Muster wiederkehrend:[27]
- Der *promoter* sorgt dafür, dass die Gesellschaft ihm ein Vermögensgut zu einem **überhöhten Preis** abkauft. Ähnliche Gefahren für das Gesellschaftsvermögen behandelt das deutsche Recht unter dem Stichwort der (verdeckten) Sacheinlage, doch ist der Lösungsansatz ganz verschieden, da ein *promoter* nicht notwendigerweise Gesellschafter wird und es dem englischen Recht nicht um die Aufbringung des Haftkapitals zum Schutze der Gläubiger geht, sondern um die Bewahrung des Gesellschaftsvermögens zum **Schutze der Gesellschafter.**
- Der *promoter* vermittelt den Kauf eines Vermögensgutes, wobei für ihn eine **verdeckte Provision** abfällt, die letztendlich den Kaufpreis zum Nachteil der Gesellschaft erhöht.

Als Antwort auf die Gefahr der Übervorteilung der Gesellschaft erkannten englische Gerichte schon früh an, dass die **Initiatoren** in einem **Treueverhältnis (*fiduciary relationship*)** zur Gesellschaft stehen[28] – entsprechend der Treuepflicht der *directors*.[29] Aus dem Treueverhältnis ergibt sich, dass die Initiatoren aus ihrer Tätigkeit als *promoters* **keine verdeckten Profite (*secret profits*)** ziehen dürfen (**no profit rule**). Deshalb müssen sie der Gesellschaft gegenüber **offenlegen**, welchen persönlichen Gewinn sie aus bestimmten Transaktionen mit der Gesellschaft ziehen. Hierzu können sie im Vorfeld entweder (1) die *directors* der Gesellschaft informieren oder aber (2) sämtliche Gesellschafter. Die *directors* sind häufig mit den Initiatoren identisch oder doch von ihnen abhängig. Wenn die Mehrheit des *board of directors* von den Initiatoren beherrscht wird, so dass eine unabhängige Prüfung der Transaktion mit Blick auf die Interessen der Gesellschaft nicht gewährleistet erscheint, ist die Information der *directors* nicht ausreichend. Dann müssen zwingend die Gesellschafter informiert werden, und zwar sämtliche. Hatten die Initiatoren zum Zeitpunkt der Transaktion die Vorstellung, dass sie oder die Gesellschaft die Anteile an einen weitergehenden Personenkreis verkaufen

---

21 Gower and Davies'/*Davies*, Rn. 5–1.
22 *Mayson/French/Ryan*, 17.7.4, S. 543.
23 *Mayson/French/Ryan*, 17.7.2, S. 539; Gower and Davies'/*Davies*, Rn. 5–1.
24 Vgl. die Übersetzungsvorschläge von *Romain/Bader/Byrd*, unter »promoter«.
25 *Mayson/French/Ryan*, 17.7.2, S. 539.
26 *Mayson/French/Ryan*, 17.7.1, S. 538. Vgl. auch den unten unter § 93 Rdn. 11 geschilderten Fall.
27 *Mayson/French/Ryan*, 17.7.1, S. 538.
28 *Erlanger v New Sombrero Phosphate Co* (1878) 3 App Cas 1218, 1236; vgl. auch den entsprechenden Wikipedia-Artikel zu diesem Fall.
29 Während die Treuepflichten der *directors* nunmehr eine gesetzliche Regelung erfahren haben, ist dies bei den *promoters* nicht der Fall, so dass es dort beim *common law* oder bei Ansprüchen gemäß dem Misrepresentation Act 1967 verbleibt, vgl. Gower and Davies'/*Davies*, Rn. 5–2 und 5–5.

würden, so muss dieser Personenkreis insgesamt z. B. mit Hilfe von Prospektangaben informiert werden.[30]

9 Klärt ein *promoter* die Gesellschaft, bevor er mit ihr einen Vertrag abschließt, nicht ausreichend über ein *secret profit* auf, kann die Gesellschaft den **Vertrag anfechten** oder **Schadensersatz** verlangen.[31] Bei Verträgen mit Dritten, ist der *promoter* verpflichtet, der Gesellschaft den durch die mangelnde Aufklärung entstandenen Schaden zu ersetzen und den ***secret profit* herauszugeben**[32] oder gar den Unterschied zwischen Kaufpreis und Marktwert der Gegenleistung zu ersetzen.[33] Der Anspruch steht der Gesellschaft zu.[34] Es hilft dem *promoter* nicht, wenn er in der Satzung eine Klausel vorsieht, wonach Gesellschaft und Gründer auf Ansprüche gegen ihn verzichten.[35] Kontrovers wird im englischen Recht diskutiert, ob bzw. inwieweit Schadensersatzansprüche gegen einen *promoter* bestehen, der das übertuert verkaufte Vermögensgut zu einem Zeitpunkt erworben hatte, als die Gründung der Gesellschaft noch gar nicht geplant war.[36]

E. Streit im Zusammenhang mit der Firma (*name*) der Limited

10 Das Gesetz listet die zur Registrierung vorzulegenden Unterlagen sowie die zwingenden Angaben auf, die im Registrierungsantrag zu machen sind, und nennt als erstes die Angabe der Firma (*name*) der Gesellschaft.[37]

I. Anzuwendendes Firmenrecht auf die Limited

11 Die Firmierung der Limited richtet sich allein **nach englischem Recht** als Gesellschaftsstatut.[38] Der Rechtsformzusatz ist jeweils am Ende des Namens anzufügen.[39]

12 Bei einer deutschen Zweigniederlassung (die auch die einzige aktive Niederlassung der Limited sein kann), bestimmt **das deutsche Recht**, welche von der Hauptfirma **abweichende Firma** die **Zweigniederlassung** annehmen darf[40] oder – soweit dies nicht als unzulässiger Eingriff in die Niederlassungsfreiheit zu werten ist – ggf. muss.[41]

---

30 Gower and Davies'/*Davies*, Rn. 5–3; *Mayson/French/Ryan*, 17.7.3.2, S. 540.
31 Gower and Davies'/*Davies*, Rn. 5–4.
32 *Gluckstein v Barnes* (1900) AC 240.
33 *Re Leeds and Hanley Theatres of Varieties Ltd* (1902) 2 Ch 809. Zu den einzelnen dogmatischen Konstruktionen vgl. Gower and Davies'/*Davies*, 8. Aufl. 2008, Rn. 5–5.
34 *Foss v Harbottle* (1843) 2 Hare 461, 489.
35 Gower and Davies'/*Davies*, Rn. 5–3.
36 Gower and Davies'/*Davies*, Rn. 5–4 a. E.; *Mayson/French/Ryan*, 17.7.4, S. 542 f.
37 Sec. 9 (2) (a) CA 2006.
38 BGH, 24.7.1957, NJW 1958, 17 f.; BayObLG, 21.3.1986, NJW 1986, 3029; *Eidenmüller/Rehberg*, § 5 Rn. 28; *Eidenmüller/Rehm*, ZGR 2004, 159, 183; *Geyrhalter/Gänßer*, NZG 2003, 409, 412; Hirte/Bücker/*Mankowski*, § 12 Rn. 48; Lutter/*Karsten Schmidt*, B III. 1., S. 27; *Leible/Hoffmann*, EuZW 2003, 677, 680; *Bayer*, BB 2003, 2357, 2364; a. A. *Kindler*, NJW 2003, 1073, 1079; MüKo-BGB/*Kindler*, Bd. 11, Rn. 514 (Gründung erfolgt nach dem Recht des Verwaltungssitzes), Rn. 232 (Firma richtet sich nach Recht am Ort der Niederlassung).
39 Sec. 59 (1) CA 2006.
40 Zu den verschiedenen Möglichkeiten ausführlich Triebel/von Hase/Melerski/*von Hase*, 2. Teil, Rn. 453 ff.
41 *Ebert/Levedag*, GmbHR 2003, 1337, 1339; *Wachter*, GmbHR 2003, 1254, 1256; *Borges*, ZIP 2004, 733, 736.

II. Haftungsdurchgriff wegen verbotener Firmenfortführung (*prohibited names*)

Nach englischem Recht sind verschiedene allgemeine Beschränkungen bei der Namenswahl zu beachten (*illegal or offensive names*).[42] Darüber hinaus gibt es sog. ***prohibited names***[43], womit jedoch – anders als die Bezeichnung nahelegt – keine allgemein verbotenen Namen gemeint sind, sondern eine besondere **Fallgruppe des Haftungsdurchgriffs** (*lifting the corporate veil*). Erfasst wird der Fall, dass Geschäftsführer (*directors*)[44] einschließlich faktischer Geschäftsführer (*de facto directors*)[45] und »Schattengeschäftsführer« (*shadow directors*)[46] einer insolventen[47] Gesellschaft, innerhalb von 5 Jahren **unter vergleichbarer Firma** oder Geschäftsbezeichnung (das sind dann die *prohibited names*) eine **neue Gesellschaft** (»***phoenix company***«) gründen oder führen wollen oder unter diesem Namen jedenfalls die **Geschäfte fortführen**.[48] Ein Verstoß hat strafrechtliche Folgen[49] und führt zu einer gesamtschuldnerischen zivilrechtlichen Haftung dieser Personen für Verbindlichkeiten der *phoenix company*.[50] Ebenso haftet zivilrechtlich, wer zwar selbst kein *director* oder *shadow director* der insolventen Gesellschaft war, aber auf Weisung einer solchen Person hin in der Geschäftsleitung der *phoenix company* tätig wird. Aktivlegitimiert ist jeder einzelne Gläubiger der *phoenix company*, der sich wahlweise an die *phoenix company* oder an deren eben beschriebenen Geschäftsleiter als Gesamtschuldner halten kann.

13

Trotz ihrer Regelung im Insolvency Act 1986 ist die Haftung für Verbindlichkeiten der *phoenix company* nicht insolvenzrechtlich, sondern **firmen- bzw. gesellschaftsrechtlich** zu qualifizieren.[51] Denn es geht nicht – anders als bei § 25 HGB – um Verbindlichkeiten der Altgläubiger gegenüber der (insolventen) Altgesellschaft, sondern um **Verbindlichkeiten der Gläubiger der neuen Gesellschaft** (Phönixgesellschaft). Nur hierfür haften all die Personen, die bereits in der Altgesellschaft Geschäftsführungsaufgaben wahrgenommen haben, gesamtschuldnerisch mit. Auf eine mögliche Insolvenz der Phönixgesellschaft kommt es nicht an.[52] Die Insolvenz der Altgesellschaft als frühere Namensträgerin ist nur Tatbestandsvoraussetzung für die Haftung, ohne dass aber der Haftungsumfang von der Überschuldungstiefe abhinge, weil die Haftung gerade nicht zu Gunsten der Gläubiger der ursprüng-

14

---

42 Sec. 53–55 und 1197 f. CA 2006 in Verbindung mit verschiedenen Verordnungen: The Company and Business Names (Miscellaneous Provisions) Regulations 2009 (SI 2009/1085); The Company, Limited Liability Partnership and Business Names (Sensitive Words and Expressions) Regulations 2014 (SI 2014/3140); The Company, Limited Liability Partnership and Business (Names and Trading Disclosures) Regulations 2014; The Company, Limited Liability Partnership and Business Names (Public Authorities) Regulations 2009 (SI 2009/2982). Hilfreich die Beschreibung durch das Companies House unter www.companieshouse.gov.uk/about/gbhtml/gp1.shtml. Für weitere Beschränkungen siehe auch *Mayson/French/Ryan*, 2.4.5, S. 62.
43 Sec. 216, 217 Insolvency Act 1986.
44 Es kommt auf die Geschäftsführung zu einem beliebigen Zeitpunkt in den 12 Monaten vor Insolvenz (*insolvent liquidation*) an, vgl. Sec. 216 (1) Insolvency Act 1986.
45 *De facto directors* werden den *directors* grundsätzlich gleichgestellt, vgl. Gower and Davies'/*Davies*, Rn. 16–8.
46 Sec. 251 Insolvency Act 1986 und Sec. 251 CA 2006 definieren den *shadow director* gleichlautend als »*person in accordance with whose directions or instructions the directors of the company are accustomed to act*«, wobei jedoch »*a person is not deemed a shadow director by reason only that the directors act on advice given by him in a professional capacity*«. Im Gegensatz zum *de facto director*, der sich zu Unrecht als *director* ausgibt, zieht der *shadow director* im Hintergrund die Fäden, ohne sich formell als *director* zu erkennen zu geben, vgl. Gower and Davies'/*Davies*, Rn. 16–8. Auch eine Muttergesellschaft kann *shadow director* sein, vgl. Triebel/von Hase/Melerski/*Triebel*, 1. Teil, Rn. 91 unter Ziff. 4; *Just*, Rn. 142. Allerdings enthält Sec. 251 (3) CA 2006 hierzu eine teilweise einschränkende Bestimmung.
47 Erfasst wird wohl nur der Fall der Überschuldung, vgl. Sec. 216 (7) Insolvency Act 1986.
48 Sec. 216 (3) Insolvency Act 1986.
49 Sec. 216 (4) Insolvency Act 1986.
50 Sec. 217 Insolvency Act 1986.
51 *Schall*, EWiR 2005, 711.
52 Die Haftung wird jedoch gerade bei Insolvenz der Phönixgesellschaft praktisch wichtig.

lichen Namensträgerin greift. Deshalb kommt es für die Haftung auch nicht darauf an, ob die *phoenix company* Vermögensteile der Altgesellschaft übernommen hat, erst recht nicht, ob dies zu einem fairen Preis erfolgte oder nicht (obwohl ein Missbrauch historisch gesehen Anlass für die Regelungen war)[53]. Es stellt sich somit die schwer zu beantwortende Frage, nach dem eigentlichen **Sinn** von Verbot und Haftung. *Davies*[54] vermutet, dass die Haftung dazu diene, Gläubiger des neuen Namensträgers vor falschen Vorstellungen zur Geschichte der Phönixgesellschaft zu schützen. Das geht in die richtige Richtung, trifft es aber nicht ganz, da die Phönixgesellschaft tatsächlich eine unabhängige Gesellschaft darstellt und somit ihre eigene Historie hat, auch wenn sie einen anderweitig benutzten Namen hat bzw. übernimmt. Das Gesetz geht aber wohl davon aus, dass Personen, die unter einem bereits von ihnen benutzten Namen weiter Geschäfte führen, dies typischerweise im gleichen Geschäftsfeld[55] und wohl auch in vergleichbarer Weise wie vorher tun. Wenn dieses Geschäftsmodell bereits einmal zu einer Insolvenz geführt hat, so hat es den **Markttest nicht bestanden** und bereits einmal Gläubiger geschädigt. Es ist also besonders risikobehaftet. Wenn dieselben Geschäftsleiter dieses Risiko ein zweites Mal auf dem Rücken neuer Gläubiger eingehen wollen, so ist dies unstatthaft. Können die Geschäftsleiter jedoch darlegen, dass die Insolvenz unverschuldet erfolgte und nicht an einem ungeeigneten Geschäftsmodell lag (z. B. dass die Insolvenz eines großen Kunden einen erheblichen Forderungsausfall verursacht hat), so können sie eine **gerichtliche Befreiung** vom Verbot erreichen.[56] Ob dieses Haftungskonzept restlos überzeugt, kann bezweifelt werden, zumal: »*It seems that people who are made liable by IA 1986, s 217, are caught more by their lack of imagination in devising names for their companies than by any specially bad treatment of creditors.*«[57] Diese Aussage spricht eher für eine Bewertung als »Dummenhaftung«. Sehr kritisch zum gesamten Haftungskonzept äußert sich auch *Steffek*.[58]

15 Jedenfalls ist ein **Name** bereits dann ***prohibited***, wenn er geeignet ist, beim Publikum die **Vorstellung eines Zusammenhangs** zwischen den Gesellschaften zu erzeugen (*so similar to suggest an association*).[59] Dabei kommt es nicht nur auf den Namen, sondern auch auf die **sonstigen Umstände** an, die einen solchen Zusammenhang vermuten lassen (vergleichbare Produkte bzw. Dienste, ähnliches Logo und Briefköpfe, gleiche oder nahe gelegene Geschäftsadresse, etc.). Ist die Firma praktisch gleich, sind die Begleitumstände weniger wichtig, ist die Firma aber nur ähnlich, kommt es entscheidend hierauf an. Das zeigen auch die folgenden Gerichtsentscheidungen, bei denen eine ausreichende Ähnlichkeit der Firmierungen jeweils angenommen wurde:
– »Air Equipment Company Ltd« und »Air Component Company Ltd«;[60]
– »S&G and T Walsh and Co Ltd« und »Walsh Construction Ltd«;[61]
– »Classic Roofs Ltd.« und »Classic Conservatories and Windows Ltd.«;[62]
– »Williams Hair Studio Ltd« und »Williams and Xpress Ltd«.[63]

16 In dem ersten Fall leuchtet die Ähnlichkeit sofort ein, anders bei den übrigen Fällen, wo eine Haftung aber unter Heranziehung der **weiteren Umstände** bejaht wurde:

17 So bestanden Classic Roofs Ltd. und Classic Conservatories and Windows Ltd. zunächst nebeneinander mit demselben *director* (dies zeigt, dass die Phönixgesellschaft keineswegs eine neu gegründete Gesellschaft sein muss). Als Classic Roofs Ltd. insolvent wurde, aktivierte der *director* die bisher

---

53 Bei einem gerichtlichen Befreiungsantrag nach Sec. 216 (3) und (5) Insolvency Act 1986 spielt dies aber durchaus eine Rolle.
54 Gower and Davies'/*Davies*, Rn. 9–12.
55 Vgl. Sec. 216 (3) (c) Insolvency Act 1986.
56 Sec. 216 (3) und (5) Insolvency Act 1986. Einzelheiten weiter unten unter Rdn. 19 ff.
57 *Mayson/French/Ryan*, 20.14.5, S. 714.
58 *Steffek*, S. 560 f.
59 Vgl. Sec. 216 (2) (b) Insolvency Act 1986.
60 *Ricketts v Ad Valorem Factors Ltd* (2003) EWCA Civ 1706.
61 *Revenue and Customs Commissioners v Walsh.* (2005) EWHC 1304.
62 *First Independent Factors & Finance v Mountford* (2008) EWHC 835 Ch.
63 *Commissioners for HM Revenue & Customs v Benton-Diggins* (2006) All ER (D) 264.

untätige Classic Conservatories and Windows Ltd., die im gleichen Geschäftsfeld aktiv wurde, ein vergleichbares Logo hatte und im gleichen Gewerbegebiet ansässig war, wenn auch in anderen Räumlichkeiten. Zwar hatte die zweite Gesellschaft einen anderen Kundenkreis, jedoch die gleichen Lieferanten und Kreditgeber. Dies alles hielt das Gericht in der Zusammenschau für ausreichend.

Williams Hair Studio Ltd. wiederum betrieb einen Friseursalon mit dem Namen »Williams«. Als die Gesellschaft insolvent wurde, betrieb deren *director* den Friseursalon zunächst als Einzelunternehmer weiter. Er wurde dann *director* einer zweiten Gesellschaft, Williams and Xpress Ltd, die ebenfalls einen Friseursalon (»Williams Hair Studio«) betrieb. Alsbald brachte er sein Einzelunternehmen in die zweite Limited ein. Dem Gericht genügten diese Umstände, da sich die Geschäftslokale in »*reasonable distance*« voneinander befanden und für beide Unternehmen der gleiche *director* das nach außen das bestimmende Gesicht[64] war.

Es gibt allerdings die Möglichkeit, Strafe und Haftung zu entgehen. Die Ziffern 4.228–4.230 der Insolvency Rules[65] enthalten folgende **konkrete Ausnahmetatbestände** von Verbot und Haftung:

(1) Die Phönixgesellschaft erwirbt den wesentlichen Geschäftsbetrieb der Altgesellschaft **von einem Insolvenzverwalter** oder vergleichbarem Amtsinhaber und **informiert** die ermittelbaren **Altgläubiger zeitnah** hiervon (spätestens innerhalb von 28 Tagen nach Abschluss der Erwerbsverträge).[66]

(2) Die Phönixgesellschaft hat den *prohibited name* schon für einen Zeitraum von **12 Monaten vor** Eintritt des Insolvenzverfahrens der anderen Gesellschaft geführt und war während dieser Zeit ununterbrochen **aktiv am Markt tätig** (*not been dormant*).[67] Diese Ausnahme soll **Konzernsituationen** berücksichtigen und es ermöglichen, innerhalb eines Konzerns Geschäftsbetriebe zu übertragen.[68]

Auch dort, wo diese beiden Ausnahmefälle nicht greifen, kann ein Insolvenzgericht auf Antrag eines Verbotsadressaten **im Einzelfall** eine **Befreiung** vom Verbot der Fortführung aussprechen (*leave of the court*), wodurch sowohl Strafbarkeit als auch zivilrechtliche Haftung entfallen.[69] Hierbei berücksichtigt das Gericht vorrangig, ob die beabsichtigte Geschäftstätigkeit für die Gläubiger Risiken beinhaltet, die über diejenigen hinausgehen, die man stets zu gewärtigen hat, wenn man mit einer Gesellschaft mit Haftungsbeschränkung in Geschäftsbeziehungen tritt.[70] Auf eine mögliche Befreiung durch ein Gericht nimmt der dritte Ausnahmetatbestand der Insolvency Rules Bezug:

(3) Ein Verbotsadressat stellt **innerhalb von 7 Tagen** nach Insolvenzeröffnung (*going into liquidation*) der Altgesellschaft einen **Befreiungsantrag** bei Gericht. In der **Schwebephase** bis zur gerichtlichen Entscheidung, aber höchstens für einen Zeitraum von 6 Wochen nach Beginn des Insolvenzverfahrens, gilt eine vorübergehende Befreiung vom Verbot und die fragliche Person kann die Phönixgesellschaft zunächst führen.[71]

Sowohl der Straftatbestand als auch die zivilrechtliche Haftung sind auch für eine Limited mit (alleiniger) Niederlassung in Deutschland bedeutsam. Für die **Strafbarkeit** ist es **unerheblich**, ob **Kenntnis** des Verbotes vorlag und ob das Verbot ohne Vorsatz verletzt wurde.[72] Die strafrechtliche Verfolgung kann zwar **nur in Großbritannien** erfolgen, auf die **zivilrechtliche Haftung** kann sich dagegen jedermann **auch vor deutschen Gerichten** berufen. Somit ist auch der Geschäftsführer (*di-*

---

64 Dieser Gesichtspunkt war auch wesentlich im Fall *Revenue and Customs Commissioners v Walsh* (2005) EWHC 1304 Ch.
65 SI 2007/1974.
66 Rule 4.228, die aber als Reaktion auf das Urteil *First Independent Factors Finance Limited v Churchill* (2006) EWCA Civ 1623, durch The Insolvency (Amendment) Rules 2007, SI 2007/1974, geändert wurde; vgl. auch zum Sinn dieser Ausnahme Gower and Davies'/*Davies*, Rn. 9–13.
67 Rule 4.230. Wegen einzelner Entscheidungen s. *Mayson/French/Ryan*, 20.14.8, S. 715.
68 *Schall*, EWiR 2005, 709, 710; Gower and Davies'/*Davies*, Rn. 9–13.
69 Sec. 216 (3) und (5) Insolvency Act 1986.
70 *Mayson/French/Ryan*, 20.14.6, S. 714 m. w. Nachw. zu Fällen, in denen eine Befreiung gewährt wurde.
71 Rule 4.229.
72 *Mayson/French/Ryan*, 20.14.3, S. 712.

rector) oder ständiger Vertreter einer Limited mit alleiniger Niederlassung in Deutschland dieser möglichen Haftung ausgesetzt. Die Haftung dürfte auch greifen, wenn die insolvente Gesellschaft keine englische company, sondern z. B. eine deutsche Kapitalgesellschaft war. Sie greift auch, wenn der *prohibited name* nur in der Firmierung der deutschen Niederlassung der Limited verwendet wird, weil jedenfalls eine Geschäftsfortführung vorliegt.[73]

III. Haftung bei Firmenfortführung nach deutschem Recht

25 Nach § 25 HGB haftet derjenige, der ein unter Lebenden erworbenes Handelsgeschäft unter Beibehaltung des bisherigen Firmenkerns[74] fortführt, für alle im Betrieb des Geschäfts begründete Verbindlichkeiten des früheren Inhabers[75].

26 Unter Handelsgeschäft ist jede betriebsfähige Wirtschaftseinheit zu verstehen, so dass auch der Teilerwerb eines Handelsgeschäfts möglich ist. Der Erwerber eines Betriebsteiles – wie etwa einer **selbständigen**[76] **Zweigniederlassung** – haftet dann nur für diejenigen Verbindlichkeiten, die in dem jeweils übernommenen Geschäftsbereich begründet wurden.[77]

27 Die Haftung soll dem Verkehrsschutz dienen,[78] was aber nicht nachvollziehbar ist. Der tiefere Grund für die Regelung des § 25 HGB bleibt unklar.[79] Diese Unklarheit setzt sich fort, wenn eine ausländische Gesellschaft wie etwa eine Limited an der Firmenfortführung beteiligt ist. *Ebenroth/Offenloch*[80] machen bei Fällen **mit Auslandsberührung** in Abhängigkeit von dem gewählten Erklärungsmuster folgende **alternative Anknüpfungsmerkmale** aus, bei deren Vorliegen eine Haftung nach § 25 HGB zu bejahen wäre:
– Die übernehmende Gesellschaft hat ihren Verwaltungssitz in Deutschland;[81] oder
– die veräußernde Gesellschaft hat ihren Verwaltungssitz in Deutschland; oder
– der Ort der Firmenfortführung liegt in Deutschland; oder
– das veräußerte Handelsgeschäft lag vor Veräußerung in Deutschland.[82]

28 Überzeugend ist die Lösung des OLG Düsseldorf[83]. Das Gericht bejahte die Haftung einer deutschen GmbH wegen Firmenfortführung nach Übernahme des Handelsgeschäfts der bisherigen Niederlassung einer US-amerikanischen Incorporation. Es betont, dass die für Kaufleute geltenden Vorschriften des HGB über § 6 Abs. 1 HGB auch auf anerkannte ausländische Handelsgesellschaften Anwendung finden. Somit sei auch § 25 Abs. 1 HGB anzuwenden. Es kommt also nicht auf die Na-

---

73 Sec. 216 (3) Insolvency Act 1986.
74 *Baumbach/Hopt*, § 25 Rn. 7; MüKo-HGB/*Lieb*, § 25 Rn. 65.
75 Allerdings kann bei entsprechender Vereinbarung zwischen Erwerber und Veräußerer der Ausschluss der Haftung in das Handelsregister mit Wirkung gegenüber allen Dritten eingetragen werden, § 25 Abs. 2 HGB.
76 BGH NJW 1972, 1859.
77 *Baumbach/Hopt*, § 25 Rn. 6 und 11; MüKo-HGB/*Lieb*, § 25 Rn. 37 und 94.
78 *Baumbach/Hopt*, § 25 Rn. 1.
79 MüKo-HGB/*Lieb*, § 25 Rn. 11 ff. nennt als Erklärungsversuche die Erklärungs-, Rechtsschein-, Haftungsfonds-, Erfüllungsübernahme- und in Rn. 18 die Kontinuitätstheorie jeweils m. Nachw. Zum Normzweck jüngst *K. Schmidt* ZGR 2014, 844 (851 ff.).
80 *Ebenroth/Offenloch*, RIW 1997, 1, 8.
81 So wohl auch *Baumbach/Hopt*, § 25 Rn. 27 (Haftung des Erwerbers bei Firmenfortführung unterliege »dem Recht am Sitz des Unternehmens (Hauptverwaltung)«, womit wohl der Verwaltungssitz des Erwerbers gemeint ist.
82 OLG Koblenz IPRax 1989, 175 (Sitz des Betriebes); *Merkt/Dunckel*, RIW 1996, 533, 542 m. w. N.; wohl auch *Schnelle*, RIW 1997, 281, 285 (entscheidend sei der tatsächliche Verwaltungssitz des Unternehmens, womit wohl das Handelsgeschäft gemeint ist); *Spahlinger/Wegen*, C XIV Rn. 562 sowie MüKo-BGB/*Kindler*, Rn. 253 m. w. N. (Recht am Ort der gewerblichen Niederlassung).
83 OLG Düsseldorf, NJW-RR 1995, 1184, 1185; a. A. Eidenmüller/*Rehberg*, § 5 Rn. 50 f., wonach die Haftung nach § 25 HGB dem Gesellschaftsstatut des Veräußerers zuzuordnen sei, so dass die Haftung nur greifen könne, wenn der Veräußerer deutschem Gesellschaftsrecht unterliege.

tionalität und das anwendbare Gesellschaftsstatut des Veräußerers oder des Erwerbers an, sondern allein auf ihre **mögliche Einordnung als Kaufleute nach HGB.**[84] Daneben wird man aber – wie im vom OLG Düsseldorf entschiedenen Fall – verlangen müssen, dass die **übergehende Handelsgesellschaft** sich **in Deutschland** befindet.

IV. Gleiche oder verwechslungsfähige Namen

Ist die Namenswahl an sich zulässig, müssen die Gründer darauf achten, keine Markenrechte Dritter (*trademarks*) zu verletzen. Darüber hinaus darf eine *company* nicht ins englische Register eingetragen werden, wenn eine **gleichnamige Gesellschaft** dort bereits registriert ist.[85] Eine **Ausnahme** von diesem Verbot ist zulässig, wenn **innerhalb eines Konzerns** (*same group*) eine bereits registrierte Gesellschaft ihr Einverständnis dazu gibt, dass eine gleichlautende konzernangehörige Gesellschaft neu eingetragen wird.[86] Das Companies House führt eine Liste aller Firmierungen (*index of company names*)[87], die bereits mehr als zwei Millionen Firmennamen enthält[88] und von jedermann kostenfrei, auch online, eingesehen werden kann.[89] 29

Firmierungen, die nicht gleich, aber ähnlich sind, wie sie etwa Anknüpfungspunkt für eine Haftung wegen Verwendung eines *prohibited name* sein können,[90] sind von der Registrierung nicht ausgeschlossen, können jedoch vom zuständigen **Secretary of State** beanstandet werden, wenn sie einem vorher registrierten Namen zu ähnlich (*too like*) sind,[91] sodass eine **Verwechslung** (*confusion*) der Gesellschaften möglich erscheint und sich der gewählte Name als Fall des unlauteren **Wettbewerbs** darstellt.[92] Die Beanstandung ergeht mit der Aufforderung an die Gesellschaft, ihren Namen abzuändern.[93] Eine solche Anordnung kann nur innerhalb von 12 Monaten ab der beanstandeten Registrierung erfolgen.[94] Die fehlende Umsetzung der Anordnung kann mit einer Geldbuße gegen die Gesellschaft und die verantwortlichen Geschäftsleiter geahndet werden.[95] Bereits registrierte Gesellschaften haben über eine Anzeige an den *Secretary of State* eine einfache Möglichkeit an die Hand, die Änderung eines verwechslungsfähigen Namens zu erreichen. 30

V. Streit um Firma und goodwill

Darüber hinaus hat das CA 2006 weitere Vorschriften eingeführt mit dem Zweck, den mit einem Namen verbundenen **goodwill** besser zu schützen.[96] Hierzu wurde die Figur eines **company names adjudicator**[97] geschaffen, der Anordnungen zur Namensänderung treffen kann. Ein Namensinhaber, der durch eine neue Registrierung seinen damit verbundenen goodwill gefährdet sieht, kann den *adjudicator* anrufen, um geltend machen, dass[98]: 31

---

84 MüKo-BGB/*Kindler*, IntGesR. Rn. 255.
85 Sec. 66 (1) CA 2006. Die Namensverordnung SI 2009/1085 enthält weitere Bestimmungen, wonach bestimmte Unterschiede im Firmennamen (z. B. »@« statt »at«) unerheblich sind.
86 Sec. 66 (4) CA 2006 und reg. 8 SI 2009/1085.
87 Sec. 1099 CA 2006.
88 Gower and Davies'/*Davies*, Rn. 4–9.
89 Sec. 1100 CA 2006.
90 Sec. 216, 217 Insolvency Act 1986; vgl. oben unter Rdn. 13 ff.
91 Sec. 67 CA 2006. Das Beanstandungsrecht besteht auch, wenn die zweite Registrierung irrtümlich erfolgte, da das Register einen gleichen bereits registrierten Namen übersehen hat.
92 Gower and Davies'/*Davies*, Rn. 4–11.
93 Gower and Davies'/*Davies*, Rn. 4–11, Fn. 49, wonach der *Secretary of State* im Zeitraum 2005–2006 insgesamt 310 Beanstandungen erließ, aber in 374 Fällen von einer Beanstandung absah.
94 Sec. 68 (2) CA 2006.
95 Sec. 68 (5) und (6) CA 2006.
96 Gower and Davies'/*Davies*, Rn. 4–11; *Mayson/French/Ryan*, 2.4.9, S. 64.
97 Sec. 70 CA 2006.
98 Sec. 69 (1) CA 2006.

32 a) die beanstandete Firma einem Namen gleicht (*is the same*), mit dem der Antragsteller in Verbindung gebracht wird (*associated with*) und an dem goodwill des Antragstellers hängt, oder

33 b) dass die beanstandete Firma ausreichend ähnlich (*sufficiently similar*) mit einem solchen Namen des Antragstellers ist, so dass deren Benutzung in Großbritannien beim Publikum zu der irreführenden Annahme einer Verbindung zwischen den Parteien führen würde.

34 Der Antrag richtet sich gegen die eingetragene Gesellschaft, aber kann auch gegen deren Gesellschafter oder *directors* als Streitgenossen gerichtet werden.[99] Der Antragsgegnerin steht eine **Vielzahl von Verteidigungsargumenten** zu, die grundsätzlich zur Unbegründetheit des Antrages führen[100]:

35 a) die neue Firma wurde registriert, bevor der Antragsteller die Geschäftstätigkeit begonnen hatte, auf die sich sein goodwill bezieht;

36 b) die Antragsgegnerin hat bereits ihren Geschäftsbetrieb aufgenommen (oder hatte ihn jedenfalls aufgenommen, selbst wenn dieser inzwischen wieder ruht) oder sie beabsichtigt die Geschäftsaufnahme demnächst und hat hierfür bereits erhebliche Vorlaufkosten aufgewendet;

37 c) die beanstandete Firma der Antragsgegnerin wurde von einem Anbieter von Gesellschaften für eine Gesellschaftsgründung (Vorratsgesellschaft) im gewöhnlichen Geschäftsgang verwendet und die neu registrierte Gesellschaft (also die Antragsgegnerin) könnte an den Antragsteller zu branchenüblichen Bedingungen (*on the standard terms of that business*) verkauft werden;

38 d) die Firma wurde gutgläubig (*in good faith*) ausgewählt[101] oder schließlich

39 e) durch die neue Registrierung werden keine berechtigten Interessen des Antragstellers in erheblicher Weise (*to any significant extent*) negativ berührt.[102]

40 Die Verteidigungsargumente unter (a) bis (c) greifen jedoch dann nicht durch, wenn der Antragsteller wiederum darlegen kann, dass der Hauptzweck der Registrierung der beanstandeten Firma darin bestand, vom Antragsteller eine Zahlung oder eine andere Gegenleistung für eine Firmenänderung zu erhalten oder den Antragsteller von einer eigenen Registrierung abzuhalten.[103] Der Nachweis einer solchen Absicht wird außer in **klaren Missbrauchsfällen** kaum gelingen.

VI. Deliktischer Namensschutz (*tort of passing off*)

41 Schließlich kann ein Namensinhaber sich auch **deliktsrechtlich** mit einer **Nachahmungsklage** (*passing off action*) wehren. Voraussetzung ist, dass der Beklagte einen vergleichbaren Namen nutzt, im selben Geschäftsfeld tätig ist und durch die ähnliche Firma versucht, sich Reputation, goodwill und Geschäftsbeziehungen des anderen Namensinhabers einzuverleiben. Besonders bekannt ist der Fall des Wachsfigurenkabinetts Madame Tussaud's. Ein Mitglied der Tussaud-Familie wollte die Registrierung einer Louis Tussaud Ltd. beantragen, die eine vergleichbare Wachsfigurenausstellung eröffnen sollte. Der Betreiber des Originalkabinetts konnte dies mit Hilfe einer einstweiligen Verfügung verhindern.[104] Englische Gerichte können jedoch wegen eines *tort of passing off* nur angerufen werden, wenn der **zu schützende Geschäftsbetrieb in England** gelegen ist.[105]

42 *Passing off actions* dienten in den letzten Jahren auch vermehrt dazu, sich gegen Geldabschneider zu wehren, die Gesellschaften mit bekannten Namen oder Geschäftsbezeichnungen Dritter gründen, allein um diese Dritte bei einer **künftigen eigenen Registrierung zu blockieren** und sich eine Änderung der Firma teuer abkaufen zu lassen.[106] Auch diese Fälle werden als Missbrauch der Registrierung vom *tort of passing off* umfasst.

---

99 Sec. 69 (3) CA 2006.
100 Sec. 69 (4) CA 2006.
101 Kritisch zu dieser Verteidigungsmöglichkeit, *Mayson/French/Ryan*, 2.4.9, S. 65.
102 Sec. 69 (4) CA 2006.
103 Sec. 69 (5) CA 2006.
104 *Tussaud v Tussaud* (1890) 44 ChD 678.
105 *Harrods Ltd. v Harrods (Buenos Aires) Ltd.* (1997) FSR 420; *Mayson/French/Ryan*, 2.4.8, S. 64.
106 *Mayson/French/Ryan*, 2.4.8, S. 64 m. w. N.

VII. Schutz vor Irreführung

Wie auch das deutsche Firmenrecht kennt auch das **englische Recht** einen **Schutz vor Irreführung**. Eine Kontrolle gegen Irreführung erfolgt jedoch nicht schon vorbeugend durch das Register, sondern **nachträglich** durch den *Secretary of State*. Es gibt hierzu mehrere Fallgruppen, deren praktische Bedeutung jeweils gering erscheint. 43

Der *Secretary of State* kann von einer Gesellschaft die Änderung der Firma verlangen, wenn die Firmenbezeichnung hinsichtlich deren Geschäftstätigkeit so irreführend ist, dass zu erwarten steht, dass dies **im Rechtsverkehr Schaden** anrichtet (*to cause harm to the public*).[107] Beanstandungen dieser Art sind **selten**, da ein Schaden für den Rechtsverkehr durch eine irreführende Tätigkeitsbezeichnung in der Firma nur sehr selten bejaht wird.[108] Die fehlende Umsetzung einer Änderungsanordnung kann mit einer Geldbuße gegen die Gesellschaft und die verantwortlichen Geschäftsleiter geahndet werden[109], allerdings kann sich die Gesellschaft gerichtlich gegen die Anordnung wehren.[110] 44

Darüber hinaus kann der *Secretary of State* innerhalb von **fünf Jahren nach Registrierung** der Gesellschaft von dieser auch dann eine Firmenänderung verlangen, wenn er der Ansicht ist, dass eine Gesellschaft **irreführende Angaben** zur Registrierung ihrer Firma gemacht hat oder hierzu eine Verpflichtung übernommen oder eine Versicherung abgegeben hat, die sie nicht erfüllt hat.[111] Der Anwendungsbereich dieser Vorschrift ist ebenfalls **sehr schmal**. Er betrifft die Fälle, in denen sich eine Gesellschaft bei Registrierung auf einen firmenrechtlichen Ausnahmetatbestand stützt, z. B. darauf, dass sie **gemeinnützig** (*charitable company*) sei und deswegen keinen Rechtsformzusatz in der Firma führen müsse.[112] Wird die Gemeinnützigkeit nicht anerkannt, dann muss auch die Firma an die allgemeinen Regeln angepasst werden. Geschieht dies nicht, kann der *Secretary of State* die Änderung anordnen. Auch diese Anordnung ist bußbewehrt.[113] 45

F. Rechtsbehelfe bei (verweigerter) Registrierung

Die Registrierung einer Gesellschaft ist Verwaltungshandeln, wobei die Registrierung selbst im Grundsatz nicht **anfechtbar** ist, sondern lediglich deren **Verweigerung**.[114] Abschließenden Beweis (*conclusive evidence*) für die Registrierung der Gesellschaft und damit für ihr Bestehen als Rechtsperson liefert das ***certificate of incorporation***.[115] Allerdings ist **die Krone hieran nicht gebunden** und kann trotz Registrierung die Nichtigkeit einer Gesellschaft im öffentlichen Interesse gerichtlich geltend machen. Besonders praktisch ist diese Befugnis nicht, scheint es doch nur einen Fall zu geben, in dem die Krone damit Erfolg hatte. Dieser Fall erregte allerdings Aufmerksamkeit. Es ging um eine Prostituierte, die unter dem Namen Lindi St Clair sowie Miss Whiplash einige Bekanntheit als Domina genoss[116] und beschloss, eine Limited zu gründen, deren Gesellschaftszweck sie offenherzig mit Dienstleistungen im Bereich der käuflichen Liebe beschrieb. Das Companies House hatte die Eintragung als »Lindi St Claire (Personal Services) Ltd.« vorgenommen, nachdem es zuvor die Firmierungen »Prostitutes Ltd.«, »Hookers Ltd.« sowie »Lindi St Claire (French Lessons) Ltd.« abgelehnt hatte. Gegen die Registrierung klagte der *Attorney-General* (Generalstaatsanwalt). Obwohl Prostitution in England legal ist, gab das Gericht der Klage statt, da der Geschäftszweck einen **Verstoß gegen die *public policy*** darstelle[117], so dass das Companies House die Gesellschaft wieder löschen musste. 46

---

107 Sec. 76 (1) CA 2006.
108 Gower and Davies'/*Davies*, Rn. 4–12.
109 Sec. 76 (6) CA 2006.
110 Sec. 76 (4) CA 2006.
111 Sec. 75 (1) CA 2006.
112 Gower and Davies'/*Davies*, Rn. 4–8.
113 Sec. 75 (5) und (6) CA 2006.
114 Gower and Davies'/*Davies*, Rn. 4–17.
115 Sec. 15 (4), 16 (2) CA 2006.
116 Vgl. den entsprechenden englischen Wikipedia-Artikel unter www.en.wikipedia.org/wiki/Lindi_St_Clair.
117 *R. v Registrar of Companies, Ex p. HM's Attorney-General* (1991) BCLC 476. Sec. 7 (2) CA 2006 verbietet

Anders als nach der Lehre der fehlerhaften Gesellschaft, wie sie im deutschen Recht entwickelt wurde, führt eine solche Löschung dazu, dass die Gesellschaft als niemals existent angesehen wird.[118]

G. Wirtschaftliche Neugründung, Reaktivierung und Vorratsgesellschaften

47 Das englische Recht kennt die Probleme **der wirtschaftlichen Neugründung** und der **Reaktivierung** untätiger Gesellschaften nicht. Dies hängt damit zusammen, dass das Haftkapital bei der Limited nur eine völlig untergeordnete Bedeutung spielt. Da Limiteds regelmäßig eigenkapitalmäßig »leer« sind, bereitet die Verwendung eines **leeren Limited-Mantels** keine Probleme. Dementsprechend bestehen auch keinerlei Vorbehalte gegen **Vorratsgründungen** (*off-the-shelf companies*), die sogar etwa 60 % der registrierten Gesellschaften ausmachen.[119] Wenn der englische Jurist von der »*re-registration of an existing company*« spricht, so meint er keinesfalls eine wirtschaftliche Neugründung oder eine Reaktivierung, sondern einen **Typen- oder Rechtsformwechsel** von einem Typus der *company* zu einem anderen, also z. B. von einer Limited zu einer plc.[120]

---

die Gründung von Gesellschaften »*for an unlawfull purpose*«, wozu auch ein Verstoß gegen die *public policy* gezählt wird.
118 Kritisch hierzu Gower and Davies'/*Davies*, Rn. 4–18 a. E.
119 *Mayson/French/Ryan*, 2.2.4 S. 49.
120 Gower and Davies'/*Davies*, Rn. 4–20 ff.

§ 91 Streitigkeiten um Gesellschaftsanteile

Übersicht

		Rdn.				Rdn.
A.	Änderungen durch CA 2006	2	II.	Verhinderung der Eintragung durch *stop notice*		15
B.	Erwerb der Gesellschafterstellung und Gesellschafterliste (*register of members*)	3	D.	Streitigkeiten bei Ausgabe und Bezug neuer Anteile		16
I.	Veräußerung von Namensanteilen und Erwerb der Gesellschafterstellung	4	I.	Ausgabe und Zuweisung neuer Anteile durch *directors*		16
II.	Einsichtnahme in Gesellschafterliste	7	II.	Schadensersatzpflicht bei Missachtung von Bezugsrechten		17
III.	Anscheinsbeweis (*prima facie evidence*)	8	III.	Vertragsaufhebung (*rescission*) bei irreführenden Angaben		18
IV.	Eingeschränkter gutgläubiger Erwerb und Haftungsfolgen	9	IV.	Schadensersatzansprüche bei Irreführung		23
C.	Verweigerung und Verhinderung der Eintragung	13				
I.	Verweigerung der Eintragung und Vinkulierung	13				

Wer **Gesellschafter** (*member*) einer Limited ist bzw. wie man dazu wird, richtet sich nach **englischem Recht**. Dies gilt auch dann, wenn sämtliche Gesellschafter Deutsche sind und die Limited allein in Deutschland tätig ist (Scheinauslandsgesellschaft). Zwar können lediglich schuldrechtliche Verpflichtungen, wozu auch die Verpflichtung zur Anteilsübertragung zählt, deutschem Recht unterstellt werden, die Durchführung einer Anteilsübertragung erfolgt aber stets nach englischem Recht. Dieses bestimmt dann auch die Regeln zur Einlagengewähr und insgesamt die Regeln zur Kapitalverfassung, die erhebliche Unterschiede zum deutschen Recht aufweisen.[1]

A. Änderungen durch CA 2006

Das **Companies Act 2006** hat die **Kapitalverfassung** der Limited **umgestaltet**.[2] Zuvor war es häufig anzutreffen, dass eine Gesellschaft ein sehr hohes *authorised* bzw. *nominal share capital* aufwies, dieses jedoch bei genauerer Betrachtung größten Teils gar nicht gezeichnet und ausgegeben war (*unissued share capital*). Irgendwelche Einzahlungsansprüche gegen die Gesellschafter ergaben sich aus dem *authorised capital* nicht.[3] Lediglich das meist sehr geringe gezeichnete und ausgegebene Kapital (*issued share capital*) mussten die Unterzeichner auch einzahlen.[4] Unkundige konnten sich jedoch auf Grund des hohen *authorised* bzw. *nominal capital* in ihren Erwartungen über das eingezahlte Kapital leicht täuschen.[5] Ab 01.10.2009 wurde das ***authorised capital*** deswegen **abgeschafft**. Gleichzeitig wurde das *statement of capital and initial shareholdings* eingeführt, das mit dem Antrag auf Registrierung beim Companies House einzureichen ist und genaue Auskunft über die Gesellschafter und die jeweils übernommenen Anteile (*shares*) gibt.[6] Später ausgegebene Anteile müssen innerhalb eines

1

2

---

1 *Ebert/Levedag* in *Süß/Wachter*, Länderbericht England Rn. 160.
2 *Gower and Davies'/Davies*, Rn. 11–3 ff.; *Just*, Rn. 209; zur alten Rechtslage anschaulich *Triebel* in *Triebel/von Hase/Melerski*, 1. Teil, Rn. 97 ff.
3 Das *authorised share capital* hatte im deutschen GmbH-Recht keine Entsprechung und konnte nur mit dem genehmigten Kapital bei der AG (§ 202 AktG) verglichen werden, *Triebel* in *Triebel/von Hase/Melerski*, 1. Teil, Rn. 100.
4 Ggf. erst auf eine Aufforderung der Gesellschaft (*call*) hin, vgl. sec. 547 CA 2006.
5 *Gower and Davies'/Davies*, Rn. 11–3: »*If anything, authorised capital served to confuse the potential investor.*«; *Triebel* in *Triebel/von Hase/Melerski*, 1. Teil, Rn. 101. Diese Verwirrung traf auch das FG Münster (DStRE 2014, 1417), das in einem Fall, der 2008 spielte, die Beteiligung eines Gesellschafters mit 50 *shares* fälschlich ins Verhältnis zum *authorised share capital* (12.500 *shares*) statt zum *issued share capital* (100 *shares*) setzte. Dadurch hielt der Gesellschafter angeblich nur 0,4 % statt 50 % des Gesamtkapitals, so dass er die Mindestbeteiligung von 1 % (§ 17 Abs. 1 EStG) nicht erreichte, die notwendig ist, damit Verluste bei der Anteilsveräußerung steuerlich Berücksichtigung finden.
6 Sec. 10 CA 2006.

Monats nachgemeldet werden (*return of allotments*).⁷ Die Gesellschaft muss außerdem eine Gesellschafterliste (*register of members*) führen. Einmal jährlich (*annual return*) unterrichtet die Gesellschaft das Register über Änderungen im Gesellschafterbestand.

B. Erwerb der Gesellschafterstellung und Gesellschafterliste (*register of members*)

3 Die **Anteile an** einer Limited können entweder **auf den Namen** (***nominal shares***) oder praktisch sehr selten⁸ – und nur falls dies in den *articles* vorgesehen ist⁹ – **auf den Inhaber** lauten (***bearer shares***). Über Inhaberanteile (*bearer shares*) gibt die Limited besondere Anteilsscheine (*share warrants to bearer*) aus, deren Weitergabe die Anteile überträgt.¹⁰ *Bearer shares* ermöglichen die Anonymität der Anteilseigner, allerdings plant die britische Regierung *bearer shares* abzuschaffen, so dass es dann künftig nur noch *nominal shares* geben soll. Bei Namensanteilen (*nominal shares*) hat die Eintragung in die Gesellschafterliste wesentliche Bedeutung, da erst sie den Anteilserwerb vollendet:

I. Veräußerung von Namensanteilen und Erwerb der Gesellschafterstellung

4 Die **Übertragung** eines **Namensanteils** (***nominal share***) auf der Grundlage eines schuldrechtlichen Vertrages – also zumeist eines Kaufvertrages (ggf. nach deutschem Recht)¹¹ – wird nach englischem Recht dadurch umgesetzt, dass (1) der Veräußerer dem Erwerber die Anteilsurkunde (*share certificate*)¹², die die Limited jedem Gesellschafter ausstellen muss, sowie ein von ihm unterschriebenes besonderes Übertragungsformular (*stock transfer form*) übergibt und (2) der Erwerber diese Urkunden – nach Zahlung der *stamp duty*¹³ – bei der Gesellschaft einreicht, damit (3) die Gesellschaft den Gesellschafterwechsel in die Gesellschafterliste einträgt.¹⁴ Der neue Gesellschafter erhält sodann von der Gesellschaft eine neue, auf ihn ausgestellte Anteilsurkunde (*share certificate*). Einer **notariellen Beurkundung** bedarf es zur Anteilsübertragung **nicht**, selbst dann nicht, wenn sämtliche Beteiligte Deutsche sind und/oder der Erwerb in Deutschland erfolgt.¹⁵

5 Die **Eintragung in die Gesellschafterliste** vollendet den Erwerb des Anteils (*legal ownership*).¹⁶ **Zuvor**, also mit Aushändigung der Anteilsurkunde (*share certificate*) und des Übertragungsformulars (*stock transfer form*) verlagert sich die Inhaberschaft **lediglich im Innenverhältnis** zwischen Veräußerer und Erwerber (*beneficial/equitable ownership* bzw. *interest*)¹⁷, so dass der Veräußerer die Anteile nunmehr im Interesse des Erwerbers hält und nach dessen Weisungen abstimmen muss und zur He-

---

7 Sec. 555 CA 2006.
8 Gower and Davies'/*Davies*, Rn. 24–17.
9 Sec. 779 (1) CA 2006. Näheres *Mayson/French/Ryan*, 8.6, S. 234.
10 Die Inhaberschaft der Anteilscheine bedeutet nicht notwendigerweise, dass deren Inhaber die vollen Mitgliedschaftsrechte genießt. Die *articles* können Abweichendes vorsehen, vgl. sec. 122 (3) CA 2006.
11 Der schuldrechtliche Vertrag kann beliebigem Recht, also auch deutschem Recht unterworfen werden, bedürfte dann aber einer notariellen Beurkundung nach § 15 Abs. 4 S. 1 GmbHG. Die Anteilsübertragung selbst (dinglicher Akt) richtet sich dagegen nach dem Personalstatut der jeweiligen Gesellschaft (vgl. Art. 11 Abs. 4 EGBGB), bei einer englischen Limited also nach englischem Recht, könnte aber nach Art. 11 Abs. 1 EGBGB auch nach der Ortsform wirksam erfolgen, vgl. *Fetsch*, GmbHR 2008, 133, 137 unter 2.b).
12 In London börsennotierte Gesellschaften (also PLCs) haben uncertified shares, deren Handel elektronisch über das System CREST abgewickelt wird.
13 Die *stamp duty* beträgt 0,5 % der »*chargeable consideration*« (Gegenleistung), aufgerundet auf die jeweils nächsten GBP 5,00. Die Stempelsteuer fällt nur bei einem Transaktionswert von mehr als GBP 1.000,00 an, vgl. www.hmrc.gov.uk/sd/shares/sharetransfers.htm.
14 Möglich soll es auch sein, dass ein Erwerber, die Unterlagen nicht einreicht, sondern selbst an einen weiteren Erwerber – zusammen mit einem weiteren *stock transfer form* – weitergibt, der alles dann bei der Gesellschaft einreicht (*to »short-circuit« the procedure*), vgl. Gower and Davies'/*Davies*, Rn. 27–6.
15 *Fetsch*, GmbHR 2008, 133, 137 unter 2.b).
16 Gower and Davies'/*Davies*, Rn. 27–5 und 27–19; *Mayson/French/Ryan*, 8.3.4.1, S. 230.
17 *Triebel* in *Triebel/von Hase/Melerski*, 1. Teil, Rn. 144. Unklar ist, ob schon der schuldrechtliche Vertrag, der der Übertragung zu Grunde liegt, das *beneficial interest* im Innenverhältnis übergehen lässt, vgl. Gower and Davies'/*Davies*, Rn. 27–8.

rausgabe möglicher Dividendenausschüttungen verpflichtet ist.[18] Eine Ausnahme ergab sich im Fall *Blunt v Jackson*[19]: dort hatte die Gründerin den Kläger glauben lassen, dass er hälftiger Mitgesellschafter würde und ihn über ein Jahr lang zu einem sehr geringen Gehalt für die Gesellschaft als *director* arbeiten lassen. Eine Gesellschafterliste wurde von der Gesellschaft rechtswidrig nicht geführt. Der *High Court* stellte fest, dass der Fall durch ein *almost complete disregard of the statutory and formal requirements* gekennzeichnet sei. Aus verschiedenen Indizien, u. a. Korrespondenz mit der Bank und Dividendenzahlungen, schloss das Gericht, dass der Kläger als 50 %-iger Gesellschafter anzusehen und **rückwirkend** als solcher in die Gesellschafterliste einzutragen sei.[20]

Auch bei einem **Anteilserwerb von Gesetzes wegen** (*transmission*), z. B. auf Grund eines Erbfalles, geht die Gesellschafterstellung hinsichtlich der Teilnahme- und Stimmrechte erst mit der Eintragung in die Gesellschafterliste über, wohingegen die Vermögensrechte und -pflichten schon davor übergehen.[21]   6

II. Einsichtnahme in Gesellschafterliste

Die Gesellschafterliste (*register of members*) ist für alle Gesellschafter stets **frei einsehbar**[22], für Dritte gegen Zahlung einer eventuell staatlich festgesetzten Aufwandsgebühr.[23] Die Gesellschaft muss innerhalb von 5 Tagen die Einsicht gewähren oder ein Gericht anrufen, wenn sie die Einsichtnahme für **missbräuchlich** (*not for a proper purpose*) hält.[24] Ein Verstoß gegen die Pflicht, Einsicht zu gewähren, kann mit Geldbußen geahndet werden.[25]   7

III. Anscheinsbeweis (*prima facie evidence*)

Die Eintragung in die Gesellschafterliste allein ersetzt nicht den ordnungsgemäßen Erwerb, da die Eintragung lediglich einen **Anscheinsbeweis** (*prima facie evidence*) für die Richtigkeit aller eingetragenen Umstände liefert, soweit diese eintragungspflichtig oder -fähig sind.[26] Dasselbe gilt für eine ausgestellte Anteilsurkunde (*share certificate*),[27] wobei die Gesellschafterliste im Falle widersprüchlicher Angaben vorgeht.[28] Der Gegenbeweis ist jeweils zulässig, also z. B. der Nachweis, dass die Eintragung in die Gesellschafterliste auf der Grundlage eines gefälschten Übertragungsformulars (*stock transfer form*) erfolgte. Zur Vorlage bei einem deutschen Gericht muss eine Kopie aus dem *register of members* von einem deutschen Konsularbeamten legalisiert werden.[29]   8

---

18 Gower and Davies'/*Davies*, Rn. 27–8, der außerdem darauf verweist, dass in den Fällen, in denen der Erwerber einen etwaig vereinbarten Kaufpreis noch nicht bezahlt hat oder noch andere Hindernisse dem Erwerb außer der Registrierung entgegen stehen (z. B. Vorkaufsrechte), dies ebenfalls einen Übergang des *beneficial interest* zu Gunsten des Erwerbers hindern kann.
19 *Blunt v Jackson & Ors* [2013] EWHC 2090 (Ch).
20 Die gerichtliche Anordnung wurde auf sec. 125 CA 2006 gestützt. So auch die gerichtlich angeordnete Ersetzung eines Namens durch einen anderen im Fall *Re Dunstans Publishing Ltd* [2010] EWHC 3850 (Ch).
21 Gower and Davies'/*Davies*, Rn. 27–21; *Mayson/French/Ryan*, 8.5, S. 234.
22 Einschließlich des Rechts, Kopien zu erhalten.
23 Sec. 116 CA 2006.
24 Sec. 117 CA 2006. So z. B. im Fall *Burry & Knight Ltd & Anor v Knight* [2014] EWCA Civ 604, wo das Gericht annahm, dass ein fast schon krankhaft eigenbezogener Gesellschafter die Anschriften der übrigen Gesellschafter auch dazu nutzen wollte, diese im Rahmen einer *family vendetta* mit seinen Schreiben zu drangsalieren (*harass*). Dem Auskunftssuchenden nutze es nichts, dass das Gericht ihm daneben auch ein legitimes Motiv für die Informationsanfrage zugestand.
25 Sec. 116 CA 2006.
26 Sec. 118 CA 2006. Ausführlich hierzu *Sandrock*, RIW 2011, 1, 6, wonach deutsche Gerichte der Beweiswirkung nach englischem Recht nicht unterworfen sind, sich aber hieran orientieren können.
27 Sec. 768 CA 2006.
28 Gower and Davies'/*Davies*, Rn. 27–5.
29 *Sandrock*, RIW 2011, 1, 8 f.

IV. Eingeschränkter gutgläubiger Erwerb und Haftungsfolgen

9   Wie bei einer GmbH kann auch der Erwerber eines Anteils bei einer Limited häufig **keine völlige Sicherheit** erreichen, dass sein Erwerb wirksam ist.[30] Die fehlende Beteiligung eines Notars vereinfacht im Vergleich zum deutschen Recht die Übertragung, führt jedoch zu einer geringeren Rechtssicherheit, zumal sich auch in diesen Fragen kodifiziertes Recht und *common law*-Regeln überlagern.

10 **Gutgläubiger Erwerb** (*bona fide purchase*) ist nur **ganz eingeschränkt** möglich, nämlich in dem Sinne, dass ein Erwerber, der von einem Berechtigten erwirbt und in die Gesellschafterliste eingetragen wird, wirksam die Anteile erwirbt, wenn ihm zum Zeitpunkt der Veräußerung unbekannt war, dass sein Veräußerer zuvor die Anteile bereits durch Übergabe einer weiteren Ausfertigung der Anteilsurkunde (*share certificate*) und eines Übertragungsformulars (*stock transfer form*) an einen Dritten (Ersterwerber) veräußert hatte und wenn der Ersterwerber die Eintragung in die Gesellschafterliste noch nicht erwirkt hatte.[31] Der Zweiterwerber kann also den Ersterwerber auf dem Weg zur Eintragung überholen, allerdings nur dann mit Bestand, wenn ihm der Ersterwerb unbekannt war. War ihm dagegen die erste Veräußerung bekannt, wird der Zweiterwerber nicht wirksam Inhaber der Anteile und der Ersterwerber kann die Berichtigung der Gesellschafterliste verlangen (Löschung des Zweiterwerbers, Eintragung des Ersterwerbers).[32]

11 Ein gutgläubiger Erwerb **von einem Nichtberechtigten** ist dagegen **regelmäßig ausgeschlossen**, selbst wenn der Nichtberechtigte in der Gesellschafterliste eingetragen war und/oder über eine echte Anteilsurkunde (*share certificate*) verfügte.[33] Der Erwerber, der auf eine von der Gesellschaft ausgestellte, also **echte, aber inhaltlich falsche Anteilsurkunde** vertraute, kann **von der Gesellschaft Schadensersatz** verlangen (*doctrine of estoppel by share certificate*). Auf eine mögliche Pflichtwidrigkeit der Gesellschaft kommt es nicht an, sie trägt das Risiko, Opfer eines Betruges geworden zu sein.[34] Die Gesellschaft muss sich also an den Schädiger halten. Diese Risikoverteilung wird damit gerechtfertigt, dass Kapitalgesellschaften typischerweise ein Interesse haben, dass mögliche **Investoren Vertrauen** in die von ihnen ausgestellten **Anteilsurkunden** haben können. Merkwürdigerweise scheint diese Vertrauenshaftung in der Praxis jedoch häufig dann zu versagen, wenn die Anteilsurkunde zwar aus der Sphäre der Gesellschaft stammt, jedoch unter **Verletzung interner Zuständigkeitsnormen** entstanden ist.[35] Eine Haftung gegen die Gesellschaft ist erst recht ausgeschlossen, wenn das dem Erwerber vorgelegte *share certificate* gefälscht ist, also gar nicht von der Gesellschaft stammt (»*The forged certificate is a pure nullity.*«[36]). Auch derjenige, der unwissentlich gefälschte Urkunden vorlegt und auf deren Grundlage von der Gesellschaft ein entsprechendes *share certificate* erhält, das ihn als Inhaber ausweist, ist nicht geschützt, weil im neuen *share certificate* nur dieselbe (falsche) Information wiedergegeben wird, die er selbst der Gesellschaft vorgelegt hat, es also an der Vertrauensgrundlage fehlt.[37]

---

30 Gower and Davies'/*Davies*, Rn. 27–10: »*never be certain of obtaining an absolute title*«.
31 Gower and Davies'/*Davies*, Rn. 27–9.
32 Gower and Davies'/*Davies*, Rn. 27–10.
33 Gower and Davies'/*Davies*, Rn. 27–5 und 27–6. Ausnahmsweise ist gutgläubiger Erwerb vom Nichtberechtigten möglich, wenn der Berechtigte im konkreten Fall keinen Nachteil erleidet, *Alipour v UOC Corp* (2002) 2 BCLC 770.
34 Gower and Davies'/*Davies*, Rn. 27–6.
35 Gower and Davies'/*Davies*, Rn. 27–10.
36 So *Lord Loreburn* in *Ruben v Great Fingall Consolidated* (1906) AC 439, 443. In dem dortigen Fall wurde ein *share certificate*, das ein *company's secretary* mit dem Siegel und seiner Unterschrift, aber auch mit gefälschten Unterschriften zweier *directors* ausstellte, der Gesellschaft nicht zugerechnet, ebensowenig in *South London Greyhound Racecourses Ltd v Wake* (1931) 1 Ch 496, ein *share certificate*, das der *company's secretary* und ein *managing director* unterschrieben und mit dem Siegel der Gesellschaft siegelten, wofür jedoch laut Satzung ein – nicht gefasster – Beschluss des *board of directors* notwendig gewesen wäre. Kritisch *Mayson/French/Ryan*, 8.2.2, S. 224 f. Vgl. auch sec. 775 (4) CA 2006.
37 *Mayson/French/Ryan*, 8.4, S. 233, unter Verweis auf *Simm v Anglo-American Telegraph Co* (1879) 5 QBD 188.

Die dargestellten Grundsätze sind im CA 2006 **teilweise kodifiziert** worden.[38] Hiernach haftet die 12
Gesellschaft demjenigen, der auf eine fahrlässig falsch ausgestellte Bestätigung eines Anteilsüberganges vertraut genauso, wie wenn die Gesellschaft betrügerisch gehandelt hätte.[39] Außerdem bestimmt
das Gesetz nunmehr, dass eine Bescheinigung immer dann als von der Gesellschaft ausgestellt gilt,
wenn sie von derjenigen Person bzw. denjenigen Personen ausgestellt und unterschrieben wird, die
hierzu berechtigt sind bzw. bevollmächtigt wurden.[40] Das Gesetz stellt jedoch klar, dass eine falsche
Bescheinigung der Gesellschaft nicht als Zusicherung verstanden werden darf, dass der bescheinigte
angeblich Berechtigte tatsächlich Inhaber der Anteile ist, sondern lediglich, dass er Urkunden vorgelegt hat, aus denen sich dem Anschein nach (*prima facie*) eine solche Inhaberschaft ergibt.[41]
Nach **common law** kann sich die Gesellschaft wiederum bei demjenigen schadlos halten, der ihr –
wissentlich oder nicht – die gefälschten Urkunden als Grundlage der Bescheinigung übermittelt
hat. Dabei haftet nicht nur der Urheber eines Betruges, sondern auch Personen (insbesondere Broker), die in seinem Auftrag bei der Gesellschaft um die inhaltlich falsche Registrierung nachsuchen,
und zwar wiederum verschuldensunabhängig.[42]

C. Verweigerung und Verhinderung der Eintragung

I. Verweigerung der Eintragung und Vinkulierung

Die zum Anteilserwerb notwendige **Eintragung** des Erwerbers **in das Gesellschafterregister** der 13
Limited kann **nur mit Zustimmung der Geschäftsführer oder aller Gesellschafter** erfolgen. Da
die **Anteile** an einer Limited **im Prinzip frei übertragbar** sind, haben *directors* keine Befugnis, die
Eintragung einer Anteilsübertragung zu verweigern, **es sei denn die *articles*** sehen eine solche Befugnis ausdrücklich[43] vor. In zahlreiche Entscheidungen haben die Gerichte folgende Regeln hierfür herausgearbeitet:[44]

– Im Zweifel ist diejenige **Auslegung vorzuziehen, die größere Freiheit** bei der Übertragung lässt.
  Bestimmen z. B. die *articles*, dass die *directors* die Eintragung verweigern dürfen (wie dies z. B.
  die gesetzliche Mustersatzung[45] vorsieht), so ist die Eintragung vorzunehmen, wenn die *directors*
  keinen ablehnenden board-Beschluss fassen (z. B. weil sich zwei directors hierüber nicht einig werden[46]). Anders wenn die Zustimmung der *directors* zur Eintragung als notwendige Bedingung für
  die Eintragung ausgestaltet ist.

– *Directors* dürfen **Zustimmungsvorbehalte lediglich im Interesse der Gesellschaft** auszuüben. Es
  gilt die widerlegliche Vermutung, dass die *directors* sich vom Gesellschaftsinteresse tatsächlich leiten lassen. Um den Beweis des Gegenteils zu erleichtern, sieht das Gesetz nunmehr vor, dass die
  directors die **Gründe für ihre Ablehnung angeben** müssen.[47]

– Das Gericht setzt nicht eine eigene Ermessensentscheidung an Stelle der Ermessensentscheidung
  der *directors*, prüft aber, ob sich die *directors* von **ermessensfremden Gründen** haben leiten lassen.
  In diesem Falle liegt ein **unfair prejudice** der Gesellschaft zu Lasten des veräußernden Gesell-

---

38 Sec. 775 CA 2006.
39 Sec. 775 (3) CA 2006.
40 Sec. 775 (4) (b) CA 2006.
41 Sec. 775 (1) und (2) CA 2006. Zu den Auswirkungen dieser feinsinnigen Unterscheidung vgl. *Mayson/French/Ryan*, 8.4, S. 233.
42 *Royal Bank of Scotland plc. v Sandstone Properties Ltd.* (1983) 2 BCLC 429; *Mayson/French/Ryan*, 8.4, S. 233, unter Verweis auf *Simm v Anglo-American Telegraph Co* (1879) 5 QBD 188; Gower and Davies'/*Davies*, Rn. 27–6, Fn 20;.
43 *Greenhalgh v Mallard* (1943) 2 All ER 234 (237): »A restriction on transfer must be clearly expressed and will not usually be implied by the courts.«
44 Gower and Davies'/*Davies*, Rn. 27–7; *Mayson/French/Ryan*, 8.3.4, S. 230.
45 Sec 16 (5) der Schedule 1 zu The Companies (Model Articles) Regulations 2008, SI 2008/3229, abrufbar unter www.legislation.gov.uk.
46 So in *Moodie v Sheherd (Bookbinders) Ltd* (1949) 2 All ER 1044, HLSc.
47 Sec. 771 (1) (b) CA 2006.

schafters vor, gegen das gerichtliche Hilfe in Anspruch genommen werden kann.[48] Geben die *articles* den *directors* die möglichen Gründe für eine Eintragungsverweigerung vor, so dürfen die *directors* bei ihrer Entscheidung auch nur diese Gründe berücksichtigen.[49]

– Einschränkungen bei der Übertragung (Anteilsvinkulierung) bestehen häufig, um **Vorkaufsrechte** (***pre-emption rights***) zu Gunsten der Mitgesellschafter **zu sichern**.[50] Hat der veräußernde Gesellschafter etwaige in den *articles* vorgesehene Vorkaufsrechte (*pre-emption rights*) seiner Mitgesellschafter missachtet, müssen die *directors* die Eintragung des Erwerbers verweigern, um die satzungsrechtlichen Vorkaufsrechte durchzusetzen.[51]

14 Die Eintragung oder deren Verweigerung müssen **unverzüglich, spätestens** aber innerhalb von **zwei Monaten** nach der Anmeldung erfolgen.[52] Die Einhaltung der Frist ist bußgeldbewehrt.[53]

II. Verhinderung der Eintragung durch *stop notice*

15 Das englische Recht erlaubt Personen, auch Dritten, die nicht Anteilsinhaber sind, aber ein **berechtigtes Interesse** (***equitable interest***) an Gesellschaftsanteilen **glaubhaft** machen können[54], ihre Interessen durch eine **gerichtliche Verfügung** (***stop order***) gegen einen gutgläubigen Erwerb oder die Ausschüttung von Dividenden zu schützen. Die Zustellung eines *stop orders* im Rahmen einer *stop notice* bewirkt, dass die Gesellschaft die beabsichtigte Eintragung eines möglichen Erwerbers in das Gesellschafterregister oder eine anstehende Ausschüttung zunächst nicht vornehmen kann, sondern erst nach Ablauf von 14 Tage, nachdem die Gesellschaft demjenigen, der die *stop notice* bewirkt hat, über die beabsichtigte konkrete Maßnahme informiert hat.[55] Dies gibt der interessierten Person Zeit und die notwendige Information, um gegen die beabsichtigte Maßnahme durch eine weitere einstweilige Verfügung vorzugehen.[56] In Vollstreckungsverfahren können auch zeitlich unbefristete *stop orders* erwirkt werden.

D. Streitigkeiten bei Ausgabe und Bezug neuer Anteile

I. Ausgabe und Zuweisung neuer Anteile durch *directors*

16 Die Befugnis zur Ausgabe und Zuweisung neuer Anteile[57] steht den ***directors*** zu, wenn die Limited nur eine Klasse von Anteilen hat und soweit die *articles* diese Befugnis nicht einschränken.[58] In allen anderen Fällen bedürfen die *directors* einer **Ermächtigung hierzu in den *articles*** oder durch Gesellschafterbeschluss, die nach 5 Jahren jeweils der Erneuerung bedarf.[59] **Verstoßen** die *directors* gegen die gesetzlichen Vorgaben, ist dies **strafbar**,[60] aber **Ausgabe und Zuweisung** sind **wirksam**.[61]

II. Schadensersatzpflicht bei Missachtung von Bezugsrechten

17 Grundsätzlich bestehen **anteilsmäßige Bezugsrechte** (***pre-emption-rights***) der Gesellschafter[62] als Schutz gegen Verwässerung, aber hierzu gibt es gesetzliche Ausnahmen (z. B. bei der Ausgabe von

---

48 Sec. 994 (1) (b) CA 2006.
49 *Re Bede Steam shipping Co Ltd* (1917) 1 Ch 123; *Re Bell Bros Ltd* (1891) 65 LT 245.
50 *Just*, Rn. 244; *Rehm* in Eidenmüller, § 10 Rn. 46.
51 *Tett v Phoenix Property and Investment Co Ltd* (1986) BCLC 149.
52 Sec. 771 (1) CA 2006.
53 Sec. 771 (3) und (4) CA 2006.
54 Z. B. Treugeber, für die der Anteilsinhaber die Anteile nur treuhänderisch hält.
55 *Mayson/French/Ryan*, 8.7.2, S. 236.
56 *Sealy/Worthington*, S. 451.
57 Zu den Einzelheiten des Verfahrens s. *Just*, Rn. 216 ff.
58 Sec. 550 (a) CA 2006.
59 Sec. 551 (1) sowie (3) (b) und (4) (a) CA 2006.
60 Sec. 549 (4) sowie (5) CA 2006.
61 Sec. 549 (6) CA 2006.
62 Sec. 561 (1) CA 2006.

Anteilen im Rahmen eines Arbeitnehmerbeteiligungsprogramms[63] oder wenn die Einlage nicht bar zu erbringen ist[64]) sowie die Möglichkeit, die Bezugsrechte in den *articles* auszuschließen.[65] Auch die **Missachtung von Bezugsrechten** berührt die Wirksamkeit der Zuweisung der neuen Anteile nicht, macht die *directors* aber **schadensersatzpflichtig** gegenüber dem Bezugsberechtigten, und zwar **gesamtschuldnerisch neben der Gesellschaft**.[66]

III. Vertragsaufhebung (*rescission*) bei irreführenden Angaben

Wer neue Anteile zeichnet, muss nach *common law* die versprochene Einlage auch dann leisten und die Anteile übernehmen, wenn die **Limited** inzwischen unerwartet insolvent geworden ist. Er kann sich **nicht** auf *frustration* (Störung der Geschäftsgrundlage) berufen, wenn er in seiner Erwartung getäuscht wurde.[67] Ganz **anders** vom Ausgangspunkt her ist die Lage jedoch, wenn der Zeichner durch eine falsche oder lückenhafte[68] bzw. mehrdeutig (*ambiguous*[69]) **irreführende Angabe** (*misrepresentation*) über einen für ihn wesentlichen Umstand getäuscht und dadurch zur Zeichnung der Anteile veranlasst worden ist. Erheblich ist jede irreführende Angabe, die der Gesellschaft zugerechnet werden kann. Ist die Gesellschaft aber noch gar nicht entstanden und lockt ein Gründer weitere Interessenten mit irreführenden Angaben an, so soll die Täuschung der (noch nicht existenten) Gesellschaft allerdings nicht zurechenbar sein;[70] der Getäuschte kann sich also lediglich an den konkreten Urheber der Irreführung halten. Im Übrigen ist die **Rechtsprechung** aber erfreulich **großzügig**. Es reicht aus, dass Vertreter der Gesellschaft erkennen, dass die Zeichnung auf der Grundlage einer falschen Angabe – auch eines Dritten – erfolgt oder dass eine ursprünglich richtige Angabe inzwischen falsch geworden ist und nicht korrigiert wurde. Dem Zeichner kann auch nicht entgegengehalten werden, er hätte selbst die Unwahrheit der Angabe nachprüfen und feststellen können.[71] 18

Die **Täuschung** muss auch **nicht schuldhaft**, sie kann auch »*wholly innocent*« erfolgt sein[72], sie muss aber **kausal** gewesen sein und sie muss sich auf **Tatsachen** beziehen, nicht nur auf Meinungen oder Werturteile. Allerdings ist auch eine nach außen hin kund getane Absicht als Tatsache zu behandeln, so etwa die Angabe der *directors*, sie beabsichtigten, mit den neuen Einlagen die Erweiterung eines Fabrikationswerkes zu finanzieren, wohingegen in Wirklichkeit drückende Schulden beglichen werden sollten.[73] 19

Als Rechtsfolge kann der Zeichner den Übernahmevertrag **gerichtlich anfechten** und eine **Vertragsaufhebung** (*rescission*) gegenüber der Limited verlangen, wobei das Gericht unter Abwägung der beteiligten Interessen nach seinem Ermessen, statt den Vertrag aufzuheben und damit dessen Rückabwicklung anzuordnen, **auch lediglich Schadensersatz** zusprechen kann.[74] Entsprechend diesen Grundsätzen kann ein Erwerber **auch gegenüber einem Gesellschafter** anfechten, von dem er die Anteile auf der Grundlage irreführender Angaben erworben hat.[75] 20

---

63 Sec. 566 CA 2006; s. auch sec. 549 (2) (a) CA 2006.
64 Sec. 565 CA 2006.
65 Sec. 567 ff. CA 2006.
66 Sec. 563 (2) CA 2006.
67 *Veremu Pty Ltd v Ezishop.Net Ltd* (2003) NSWCA 317, 47; Zusammenfassung dieses australischen Falles unter www.imf.com.au/cases.asp?ID=24.
68 *McKeown v Boudard-Peveril Gear Co Ltd* (1896) 65 Lj Ch 735.
69 Vgl. *Aaron's Reef Ltd v Twiss* (1896) AC 273, 281.
70 *Re Metal Constituents Ltd, Lord Lurgans Case* (1902) 1 Ch 707.
71 *Mayson/French/Ryan*, 6.8.2, S. 188.
72 *Mayson/French/Ryan*, 6.8.6.1, S. 191.
73 *Edington v Fitzmaurice* (1885) 29 ChD 459, wo der erkennende Richter dies wie folgt formulierte: »*the state of a man's mind is as much a fact as the state of his digestion.*«
74 Sec. 2 (2) Misrepresentation Act 1967. Kritisch Gower and Davies'/*Davies*, Rn. 25–38.
75 Gower and Davies'/*Davies*, Rn. 25–38.

21 Der Zeichner bzw. Erwerber muss sich nach Erkennen der Täuschung **rasch (*promptly*) entscheiden**, ob er die Rückabwicklung will und darf also nicht abwarten, wie sich die Gesellschaft weiter entwickelt. Wie rasch er vorgehen muss, hängt von den Umständen des Einzelfalles ab,[76] aber **schon ein Zuwarten von 2 Wochen könnte** die **Rückabwicklung ausschließen**.[77] Dabei spielt der Gedanke eine Rolle, dass ein längerer Verbleib in der Gesellschaft ein größeres Kapital derselben vorspiegelt und Dritte dazu veranlassen könnte, dem Beispiel des Zeichners zu folgen und ebenfalls Anteile zu erwerben.[78] **Ausgeschlossen** ist eine Rückabwicklung hingegen, wenn sich der Zeichner bzw. Erwerber nach dem Erkennen der Täuschung wie ein Gesellschafter aufführt, z. B. seine Stimmrechte ausübt, Dividenden entgegennimmt oder versucht, die Anteile zu veräußern. Schließlich kann eine Rückabwicklung auch verwirkt sein, wenn sich ein Zeichner bzw. Erwerber, der die Irreführung nicht durchschaut hat, über eine längere Zeit **wie ein Gesellschafter** verhält. Verwirkung soll jedoch nicht greifen, wenn die Irreführung **in betrügerischer Absicht (*fraudulent*)** erfolgte.[79]

22 Die Vertragsaufhebung (*rescission*) setzt zudem voraus, dass der Zeichner bzw. Erwerber seine **Anteile** im Rahmen der Rückabwicklung **zurückgeben kann**. Wird die Limited noch vor Erkennen der Irreführung **insolvent**, so soll eine **Vertragsaufhebung (*rescission*)** ausscheiden, weil der Zeichner bzw. Erwerber Anteile an einer werbenden Gesellschaft (*share in a going concern*)[80] erhalten, aber im Ergebnis nur eine Beteiligung am Liquidationserlös herausgeben kann.[81] Wird der Anfechtungsprozess jedoch vor dem Beginn der Insolvenz in Gang gesetzt, so trägt der Gegner das Insolvenzrisiko.[82]

IV. Schadenersatzansprüche bei Irreführung

23 Dem Getäuschten können allerdings **auch Schadensersatzansprüche** zustehen, und zwar **ergänzend zur Vertragsaufhebung oder an deren Stelle** (insbesondere wenn die Vertragsaufhebung z. B. wegen **Insolvenz der Gesellschaft** oder **Verwirkung** durch Zeitablauf nicht mehr möglich ist). Zu unterscheiden sind vertragliche und deliktische Ansprüche:

24 Vertragliche Ansprüche richten sich gegen den jeweiligen Vertragspartner. Wer also auf Grund einer Irreführung Anteile zeichnet, hat den Anspruch gegen die Limited, soweit der Limited die Irreführung zugerechnet werden kann. Der Anspruch beruht – **wenn englisches Recht** auf den Zeichnungs- bzw. Erwerbsvertrag anwendbar ist – auf *misrepresentation* und das Gesetz ordnet ausdrücklich an, dass der Anspruch in gleicher Weise besteht, wie wenn eine betrügerische Täuschung begangen worden wäre (*fraudulently*), es sei denn der Irreführende kann nachweisen, dass er selbst glaubte, die Angaben seien richtig und hierfür auch einen vernünftigen Grund hatte.[83] Wer also ins Blaue hinein Angaben macht oder **zweifelhafte Angaben** ohne jegliche Nachprüfung als gesichert hinstellt, haftet vertraglich **wie ein Betrüger**.

25 Des Weiteren kommt eine **deliktische Haftung** in Betracht, nach **englischem Recht** wegen ***tort of deceit***, also wegen **arglistiger Täuschung**. Im Unterschied zur vertraglichen Haftung besteht keine Beweislastregel zum Nachteil des Irreführenden, auch entfällt die deliktische Haftung im Ausgangspunkt, wenn der Irreführende selbst an die Wahrheit seiner Behauptung glaubte.[84] Die neuere Ent-

---

76 *Re Snyder Dynamite Projectile Co Ltd, Skelton's Case* (1893) 68 LT 210, 212.
77 *Re Scottish Petroleum Co* (1883) 23 ChD 412: 2 Wochen waren zu lang; *Re Russian (Vyksounksy) Ironworks Co, Taite's Case* (1867) LR 3 Eq 795: ein Monat war zu lang; *Heymann v European Central Railway Co* (1868) LR 7 Eq 154: 3 Monate waren zu lang.
78 *Gower and Davies'/Davies*, Rn. 25–38; *Mayson/French/Ryan*, 6.8.5.2, S. 190.
79 *Armstrong v Jackson* (1917) 2 KB 822.
80 *Mayson/French/Ryan*, 6.8.2, S. 188.
81 *Re Hull and Clounty Bank, Burgess's Case* (1880) 15 ChD 507.
82 *Reese River Silver Mining Co. Ltd v Smith* (1869) LR 4 HL.
83 Sec. 2 (1) Misrepresentation Act 1967: »(...), unless he proves that he had reasonable ground to believe and did believe up to the time the contract was made the facts represented were true.«
84 *Derry v Peak* (1889) 14 App Cas 337.

D. Streitigkeiten bei Ausgabe und Bezug neuer Anteile § 91

wicklung im Deliktsrecht geht aber wohl dahin, eine **fahrlässig falsche Behauptung** als Grundlage einer Haftung für Vermögensschäden anzuerkennen, auch wenn dies für den Fall der Anteilszeichnung bzw. -erwerbs noch nicht entschieden wurde.[85] Wer in **betrügerischer Absicht** (*fraudulently*) täuscht, haftet für **jeglichen Folgeschaden**, nicht nur für den vorhersehbaren Schaden.[86] Fraglich ist, zu welchem Wert der Geschädigte sich die erworbenen Anteile zurechnen lassen muss, wenn es zu keiner Vertragsaufhebung mit Rückabwicklung kommt und der Wert der Anteile im zeitlichen Verlauf sinkt. Häufiger Fall ist derjenige, dass der Getäuschte die Anteile nach gewisser Zeit mit Verlust verkauft und der Schädiger ihm entgegenhält, dass er bei einem früheren Verkauf einen besseren Preis erzielt und somit einen geringeren Schaden erlitten hätte. Die ältere Rechtsprechung befand, dass es für die Bewertung der Anteile auf den Zeitpunkt des Anteilserwerbs ankomme. Der Getäuschte trug also das Risiko einer negativen Wertentwicklung wie ihm auch die Chance einer Wertsteigerung zu Gute kam. Die neuere Rechtsprechung stellt hingegen darauf ab, ob das weitere Halten der Anteile vernünftig (*reasonable*) war oder ob dem Geschädigten der Vorwurf zu machen sei, er sei seiner **Schadensminderungspflicht** nicht nachgekommen (***failure to mitigate his loss***).[87] Eine solche Schadensminderungspflicht könne allerdings erst ab dem Zeitpunkt einsetzen, ab dem der Geschädigte der Täuschung und damit seines Schadenersatzanspruches gewahr werde.

---

85 *Mayson/French/Ryan*, 6.8.6.2, S. 191; a. A. Gower and *Davies/Davies*, Rn. 25–37.
86 *Smith New Court Securities Ltd v Citibank NA* (1997) AC 254.
87 *Smith New Court Securities Ltd v Scrimgeour Vickers (Asset Management) Ltd* (1996) 4 All ER 769.

§ 92 Durchsetzung von Gesellschafterrechten und -pflichten sowie Minderheitenschutz

Übersicht

		Rdn.			Rdn.
A.	Die *articles* als vertragliche Grundlage von Gesellschafterrechten und -pflichten	1	II.	Kodifizierte Treuepflichten (Klage wegen *unfair prejudice*)	11
B.	Mitgliedschaftsrechte der Gesellschafter	2	III.	Rechtsfolgen bei *unfair prejudice*	17
C.	Treuepflichten, Minderheitenschutz und *unfair prejudice*	4	IV.	Verhältnis der Klage aus *unfair prejudice* und *derivative claim*	18
I.	Treuepflichten nach *common law* (Minderheitenschutz bei Gesellschafterbeschlüssen)	5	V.	Gerichtliches Eingreifen zur Einberufung und Durchführung von Gesellschafterversammlungen	19

A. Die *articles* als vertragliche Grundlage von Gesellschafterrechten und -pflichten

1 Vor der Reform von 2006 bestand die Satzung einer *company* aus dem *memorandum of association* (Regelungen zum Außenverhältnis) und den *articles of association* (Regelung der Innenstruktur der *company*).[1] Diese **Zweiteilung der Satzung** wurde mit der Reform **aufgegeben**, das *memorandum* entspricht jetzt der Gründungsurkunde im deutschen Recht, während die **eigentliche Satzung** vollständig in den *articles* enthalten ist. Die **Satzung (*articles*)** wird als **bindender Vertrag** zwischen den Gesellschaftern und der Gesellschaft sowie zwischen den Gesellschaftern untereinander angesehen.[2] Die Gesellschaft kann die von einzelnen Gesellschaftern persönlich übernommenen (Einlage-)Pflichten wie sonstige vertragliche Pflichten auch gerichtlich durchsetzen und umgekehrt kann der einzelne Gesellschafter eigene **persönliche Rechte** selbst einklagen (***personal action***).[3] Dennoch stellen sich bei der Durchsetzung von Gesellschafterrechten eine Vielzahl von Fragen, die sich aus der gesellschaftsrechtlichen Verbundenheit ergeben. So kann die Ausübung von Gesellschafterrechten durch die **Pflicht zur Rücksichtnahme auf die Interessen der Gesellschaft sowie der Mitgesellschafter (Treuepflichten)** eingeschränkt sein. Insbesondere unter dem Gesichtspunkt des **Minderheitenschutzes** kann die Rechtsausübung Schranken unterliegen. Schließlich ist zu betrachten, in welchen Fällen einzelne Gesellschafter auch im eigenen Interesse Rechte der Gesellschaft gegenüber Mitgesellschaftern oder Geschäftsleitung durchsetzen können.

B. Mitgliedschaftsrechte der Gesellschafter

2 Die genaue **Ausgestaltung der Mitgliedschaft** und der sich daraus ergebenden Rechte ist **Regelungsgegenstand der Satzung (*articles*)**, wobei das englische Recht gesetzliche Mustersatzungen bereit hält.[4] Zu den Rechten der Gesellschafter zählen insbesondere:[5]
- Recht auf **Eintragung im Gesellschafterregister (*register of members*)** und auf **Ausstellung eines Anteilsscheins (*share certificate*)** – falls deren Ausstellung in den *articles* nicht ausgeschlossen ist;
- Recht, an **Dividendenausschüttungen** teilzunehmen, soweit welche erfolgen;
- Recht, an **Gesellschafterversammlungen teilzunehmen**, dort **mitzureden** und **abzustimmen**, sowie das Recht, sich hierbei durch einen **Bevollmächtigten (*proxy*)** vertreten zu lassen;[6]

---

1 Triebel/von Hase/Melerski/*Triebel* 1. Teil Rn. 63; *Just* Rn. 75.
2 Sec. 33 (1) CA 2006; Triebel/Illmer/Ringe/Vogenauer/Ziegler/*Ringe/Otte* V § 3 Rn. 71; *Heinz/Hartung* Kap. 5 Rn. 8, S. 39; Gower and Davies'/*Davies* Rn. 3–16 ff.
3 Triebel/Illmer/Ringe/Vogenauer/Ziegler/*Ringe/Otte* V § 3 Rn. 71; *Just* Rn. 136 und 175.
4 Sec. 19 CA 2006 sowie die Companies (Model Articles) Regulations 2008 (SI 2008/3229), wobei dessen Schedule I die Mustersatzung für eine Limited enthält.
5 *Just* Rn. 122 f.; vgl. auch sec. 145 (3) CA 2006.
6 Sec. 324 CA 2006.

- Recht für Gesellschafter, die zusammen 5 % der voll eingezahlten Anteile halten, die **Einberufung einer außerordentlichen Gesellschafterversammlung** zu verlangen[7] bzw. diese selbst einzuberufen;[8]
- Recht für Gesellschafter, die zusammen mindestens 5 % der stimmberechtigten Anteile halten, zu einem Beschlussantrag oder anderen Tagesordnungspunkten der Gesellschafterversammlung eine **Stellungnahme** von höchstens 1.000 Wörtern abzugeben, die von der Gesellschaft an die übrigen Gesellschafter zu verteilen ist;[9] dasselbe Recht steht mindestens 100 stimmberechtigten Gesellschaftern zusammen zu, wenn sie auf ihre Anteile durchschnittlich mindestens GBP 100 (also zusammen GBP 10.000) eingezahlt haben;
- Recht auf **Einsichtnahme in die Protokolle** von Gesellschafterversammlungen[10] und in die **Dienstverträge von *directors*;**[11]
- Recht, den **Jahresabschluss** des jeweiligen Geschäftsjahres **in Kopie** übersandt zu erhalten.[12]

Besonders streitanfällig sind Fragen der Stimmrechtsausübung und der Gewinnverteilung.[13] Hierbei sind Treuepflichten zu beachten.

C. Treuepflichten, Minderheitenschutz und *unfair prejudice*

In deutschen Lehrbüchern zum englischen Gesellschaftsrecht findet sich die Behauptung, dass es im englischen Recht keine Treuepflichten eines einzelnen Gesellschafters im Verhältnis zu seiner *company* oder gegenüber seinen Mitgesellschaftern gebe.[14] Dem ist jedoch nicht so. Zwar bestehen Unterschiede in der konkreten Ausgestaltung, aber vom Grundsatz her erkennt **auch das englische Recht Gesellschaftertreuepflichten** an. Diese beschränken die Ausübung von Gesellschafterrechten, vor allem bei der **Stimmrechtsausübung**. Der Gesellschafter unterliegt nach englischem Recht sowohl Treuepflichten **nach *common law***, die stärker subjektiviert sind und **vorrangig dem Minderheitenschutz** bei Gesellschafterbeschlüssen dienen, als auch dem **gesetzlich kodifizierten Verbot**, in Gesellschaftsangelegenheiten gegenüber Mitgesellschaftern **unfairly prejudicial** zu handeln, was nach objektiven Gesichtspunkten bewertet wird und viel allgemeiner wirkt.

I. Treuepflichten nach *common law* (Minderheitenschutz bei Gesellschafterbeschlüssen)

Das englische ***common law*** hat schon früh über die Statuierung von **Treuepflichten** den **Schutz von Minderheiten bei Gesellschafterbeschlüssen** sichergestellt. Grundlegend ist eine Entscheidung aus 1900, wonach Gesellschafter ihre Stimmrechte »*bona fide for the benefit of the company as a whole*« ausüben müssen.[15] Die **Stimmrechtsausübung** muss also **unter Beachtung von Treu und Glauben** (***bona fide***) in Bezug auf die **Gesellschaftsinteressen** erfolgen. Dies bedeutet nicht, dass die Ausübung von Gesellschafterrechten allein dem Wohl der Gesellschaft dienen muss. Auch nach englischem Recht können Gesellschafter ihre Stimmrechte zunächst den eigenen, durchaus egoistischen Interessen dienstbar machen. In den meisten Fällen dürften die Interessen der Gesellschaft mit denen ihrer Gesellschafter, die vom Wohlergehen der Gesellschaft profitieren, übereinstimmen. **Keinesfalls** dürfen aber Gesellschafter ihre Rechte **zum Nachteil der Gesellschaft oder der Mitgesellschafter**

---

7 Sec. 303 (2) und (3) CA 2006 gemäß der Änderungen durch die Companies (Shareholders' Rights) Regulations 2009.
8 Sec. 305 CA 2006.
9 Sec. 314 CA 2006.
10 Sec. 358 (3) CA 2006.
11 Sec. 229 CA 2006.
12 Sec. 423 CA 2006.
13 Vgl. Gower and Davies'/*Davies* Rn. 20–11, zur Frage, wann eine fehlende Gewinnverteilung ein *unfair prejudice* darstellt.
14 Just Rn. 92; Triebel/Illmer/Ringe/Vogenauer/Ziegler/*Ringe*/*Otte* V § 5 Rn. 154; *Gloger/C. Goette/van Huet* DStR 2008, 1194. Anders jedoch Bock/v. Werder/*Triebel/von Hase* 197 (209 f.).
15 *Allen v Gold Reefs of West Africa* (1900) 1 Ch 656 (671); jüngst bestätigt durch *Re Charterhouse Capital Limited; Arbuthnott v Bonnyman* (2014) EWHC 1410 (Ch).

missbrauchen. Die Grenzlinie zwischen Missbrauch und noch berechtigter Verfolgung von Eigeninteressen ist naturgemäß **schwer zu ziehen.**

6 Bei **Satzungsänderungen** verlangen englische Gerichte gar, dass diese **allein im Gesellschaftsinteresse** sein müssen (*for the benefit of the company as a whole*). Die Wendung »*company as a whole*« umfasst auch die Gesellschafter in ihrer gesamthänderischen Verbundenheit (*the corporaters as a general body*).[16] Abgemildert wird diese Vorgabe dadurch, dass es zur Beurteilung der Frage, was den Gesellschaftsinteressen dienlich sei, **vorrangig** auf die ***honest opinion*** der **Mehrheitsgesellschafter** ankommt. Es obliegt dem ablehnenden Minderheitsgesellschafter, den Nachweis zu führen, dass der Mehrheitsgesellschafter in *bad faith* handelte. Im Ergebnis wird ***bad faith*** lediglich dann angenommen, wenn **kein vernünftiger Mensch** die beschlossene Satzungsänderung als dem Gesellschaftsinteresse dienlich ansehen würde:[17] In dem Fall *Shuttleworth vs. Cox Bros & Co (Maidenhead) Ltd.* ließ das Gericht es deshalb zu, dass die Mehrheitsgesellschafter einen laut Satzung auf Lebenszeit bestellten *director* abberiefen, indem sie zunächst die Satzungsbestimmungen so änderten, dass jeder *director* abberufen werden konnte.

7 In ***Citco Banking Corporation N. V. vs. Pusser's Ltd.*** ließ das Gericht eine Satzungsänderung zu, wonach es einem Gesellschafter mit 28 % der Anteile ermöglicht wurde, seine Anteile in neue Anteile mit 50-facher Stimmmacht zu tauschen. Die Satzungsänderung bezweckte, diesem Gesellschafter die dauernde Kontrolle über die Gesellschaft zu geben. Die Mehrheit begründete die Satzungsänderung damit, dass nur so dieser Gesellschafter dazu bewegt werden könne, die für die Expansion notwendige Finanzierung zur Verfügung zu stellen. Dieser Zusammenhang wurde von Minderheitsgesellschaftern nicht bestritten und das Gericht befand, dass dann **auch ein vernünftiger Gesellschafter** eine solche **Entscheidung hätte treffen können**. Die Klage der Minderheitsgesellschafter blieb somit erfolglos.

8 Anders jedoch die Entscheidung im Fall ***Brown vs. British Abrasive Wheel Co.***[18] Dort bedurfte eine PLC dringend einer Finanzierung, die der Mehrheitsgesellschafter (98 %) zu gewähren bereit war, allerdings nur unter der Bedingung, dass er die Minderheitsgesellschafter (2 %) auskaufen könne. Als sich die Minderheitsgesellschafter dazu nicht bereit erklärten, wollte der Mehrheitsgesellschafter in die Satzung ein ***squeeze-out*-Recht** aufnehmen in der Weise, dass Minderheitsgesellschafter auf Anforderung eines Mehrheitsgesellschafters mit mindestens 90 % der Anteile verpflichtet seien, dem Mehrheitsgesellschafter ihre Anteile zu übertragen. Obwohl das Gericht nicht feststellte, dass der Mehrheitsgesellschafter subjektiv nicht im guten Glauben war, kam es zum Ergebnis, dass die geplante Satzungsänderung **nicht zum Wohle der Gesellschaft**, sondern lediglich zum Wohle des Mehrheitsgesellschafters wäre. Das Gericht verbot dem Mehrheitsgesellschafter, die Satzungsänderung zu beschließen. Aus dem Vergleich dieser Entscheidung mit der Entscheidung in *Citco vs. Pusser's* wird geschlossen, dass das *bona fide*-Gebot stärker objektiviert wird, wenn die Mehrheit mit einer Satzungsänderung eine Minderheit aus der Gesellschaft zu drängen versucht. Jedenfalls kam auch im Fall ***Dafen Tinplate Co.***[19] das Gericht zum Ergebnis, dass es offensichtlich gegen das Erfordernis der *bona fide* verstoße, wenn ein Mehrheitsgesellschafter die Satzung dahingehend ändere, dass er jederzeit berechtigt sei, Minderheitsgesellschafter auszukaufen.

9 In ***Sidebotham vs. Kershaw Leese & Co. Ltd.***[20] dagegen besaß der Minderheitsgesellschafter auch Anteile an einem Konkurrenzunternehmen. Die Mehrheit beschloss daraufhin, dass die Geschäftsleitung berechtigt sein solle, Gesellschafter, die **Wettbewerb zur Gesellschaft** treiben, zu zwingen, ihre Anteile zu einem angemessenen Preis an eine von der Geschäftsleitung zu bestimmende Person

---

16 *Greenhalgh v Arderne Cinemas Ltd.* (1951), 286 (291).
17 *Shuttleworth v Cox Bros & Co (Maidenhead) Ltd.* (1927) 2 KB 9 (18 f.), es komme darauf an »*that no reasonable man could consider it for the benefit of the company as a whole*«.
18 *Brown v British Abrasive Wheel Co.* (1919) 1 Ch 290, Ch D.
19 *Dafen Tinplate Co. Ltd. v Llanelly Steel Co (1907) Ltd* (1920) 2 Ch 124, Ch D.
20 *Sidebotham v Kershaw Leese & Co. Ltd.* (1920) 1 Ch 154, CA

zu verkaufen. Das Gericht ging davon aus, dass diese Änderung im Interesse der Gesellschaft sei, um von dieser wesentlichen Schaden oder Nachteile abzuwenden. Die Treuepflicht verbot die Satzungsänderung also nicht.

Wie weit die Treuepflichten gehen, zeigt sich an der Feststellung von *Davies*, wonach sich Gesellschafter jedenfalls in personalistisch ausgestalteten Limiteds[21] bei einer Abstimmung **ehrlich (*in their honest opinion*) fragen müssen**, welches Abstimmverhalten dem objektivierten Gesellschafterinteresse am besten entspreche und entsprechend abstimmen oder aber sich enthalten müssen.[22]

II. Kodifizierte Treuepflichten (Klage wegen *unfair prejudice*)

Seit 1980 kennt das englische Recht auch eine gesetzliche Vorschrift,[23] die es Gesellschaftern[24] ermöglicht, **sich gegenüber Mitgesellschaftern oder der Geschäftsleitung zu wehren**, falls:
(a) die Gesellschaftsangelegenheiten (*company's affairs*) in einer Weise geführt werden, die die **Interessen der Gesellschafter allgemein oder eines Teils von ihnen** (einschließlich mindestens des klagenden Gesellschafters) **unangemessen verletzt** (*unfairly prejudicial*) oder
(b) falls eine gegenwärtige oder vorgesehene Handlung oder Unterlassung **durch die Gesellschaft** (einschließlich einer Handlung oder Unterlassung in ihrem Namen) diese Interessen derartig **verletzt** oder verletzen würde.

Die Bestimmung ist **bewusst weit** formuliert worden.[25] Der Rechtsbehelf des *unfair prejudice* gewährleistet somit den **Minderheitenschutz bei Gesellschafterbeschlüssen** oder **Geschäftsführungsmaßnahmen**. Auch dieser Rechtsbehelf umfasst nicht nur strafrechtlich relevantes Verhalten wie etwa unrechtmäßige Vergütungszahlungen der *directors* an sich selbst[26] oder Zahlungen in einen Pensionsfonds zu eigenen Gunsten[27], sondern auch Verhaltensweisen, die strafrechtlich nicht verboten, sondern **lediglich treuwidrig** sind. Wesentlicher Unterschied gegenüber einer Klage, die auf Verletzung der *bona fide* gestützt wird, ist, dass sich das Vorliegen eines ***unfair prejudice*** **rein objektiv** bestimmt, also nicht danach, ob die beklagten Mitgesellschafter oder Geschäftsführer eine unangemessene Benachteiligung beabsichtigten oder überhaupt erkannten. Der *prejudice* muss nicht notwendigerweise ein vermögensrechtlicher Nachteil sein.[28] Allerdings kann ein faires Angebot zum Auskauf aus der Gesellschaft eine Klage aus *unfair prejudice* missbräuchlich erscheinen lassen,[29] zumal der Verkauf der eigenen Anteile zu einem fairen Preis das häufige Ziel einer solchen Klage ist.

Im Fall ***Bhullar vs. Bhullar***[30] beherrschen zwei verfeindete Familienstämme eine Immobiliengesellschaft. Der eine Familienstamm teilte dem anderen mit, dass man nicht mehr damit einverstanden sei, weitere Grundstücke zu erwerben. *Directors*, die dem zweiten Familienstamm zuzurechnen waren, erfuhren daraufhin von der Möglichkeit, ein Grundstück zu erwerben, das an ein Gesellschaftsgrundstück angrenzte. Sie kauften es daraufhin im eigenen Namen. Die Gesellschafter aus dem ersten Familienstamm gingen dagegen vor, indem sie geltend machten, es liege ein *unfair prejudice* zum Nachteil der Gesellschaft vor, da der Erwerb gerade dieses Grundstücks aufgrund seiner Lage für die

---

21 Zur Treuepflicht in personalistisch ausgestalteten GmbHs vgl. z. B. BGH NJW 1989, 166 (167).
22 Gower and Davies'/*Davies* Rn. 19–8, wonach bislang aus dem *bona fide*-Prinzip hingegen noch nicht gefolgert worden sei, dass ein Gesellschafter an Abstimmungen auch teilnehmen müsse.
23 Jetzt sec. 994 CA 2006.
24 Es kommt auf die Inhaberschaft von Anteilen an, nicht auf die Eintragung als Gesellschafter im *register of members*, vgl. sec. 994 (2) CA 2006 und *Harris v Jones and others* [2011] EWHC 1518 (Ch).
25 Gower and Davies'/*Davies* Rn. 20–2.
26 *Anderson v Hogg* (2002) SC 190.
27 *Clark v Cutland* (2003) EWCA Civ 810.
28 *Re Coroin Ltd; Mckillen v Misland (Cyprus) Investments Ltd* (2013) EWCA Civ 781.
29 So im Fall *O'Neill v Phillips* [1999] UKHL 24, anders dagegen in den Fällen *Harborne Road Nominees Ltd v Karvaski & Anor* (2011) EWHC 2214 und *Graham v Every & Ors* (2014) EWCA Civ 191.
30 *Bhullar v Bhullar* (2003) EWCA Civ 424.

Gesellschaft einen großen Vorteil gebracht hätte. Sie hatten Erfolg. Das Gericht ordnete an, dass die *directors* das erworbene Grundstück lediglich treuhänderisch für die Gesellschaft hielten.

16 *Unfair prejudice* soll auch dann vorliegen, wenn **Maßnahmen** von Mitgesellschaftern oder *directors* **gegen die Geschäftsgrundlage** verstoßen. Es ist anerkannt, dass die Gesellschafter bei Gründung der Gesellschaft grundlegende gemeinsame Vorstellungen haben können, die sich nicht notwendigerweise in der Satzung niederschlagen.[31] **Geschützt** werden demnach »*legitimate expectations*« bzw. »*equitable considerations*«.[32] Diese sind besonders dann relevant, wenn es sich bei der Limited um eine »*quasi-partnership*« handelt, also um eine personalistisch strukturierte Gesellschaft. Besonders häufig geht es dabei um die gemeinsame Vorstellung der Gesellschafter, dass bestimmte Gesellschafter als *directors* **an der Leitung der Geschäfte beteiligt** werden sollen.[33] Eine dann doch erfolgte Abberufung kann einen *unfair prejudice* darstellen[34] – je nach den Umständen des Falles. Kein *unfair prejudice* wurde im Fall *Maresca v Brookfield*[35] angenommen, dem das Auseinanderfallen einer Paarbeziehung zwischen den beiden Gesellschaftern zu Grunde lag. Die Abberufung der Frau als *director* erfolgte vor dem Hintergrund, dass die Frau sich sowieso aus der gemeinsamen Gesellschaft zurückziehen wollte und die Pflichten als *director* seit ihrer Bestellung nicht ausgeübt hatte.

Häufiger Streitpunkt ist auch die **Gewinnverwendung**. Nach englischem Recht haben Gesellschafter keinen Anspruch darauf, dass überhaupt Gewinne ausgeschüttet werden.[36] Das Vorenthalten von Dividenden kann jedoch einen *unfair prejudice* darstellen, wenn es das Verständnis der Gesellschafter gab, Gewinne möglichst auszuschütten. So lag es im Fall *Irvine vs. Irvine*,[37] wo aber aus Steuergründen lediglich hohe Vergütungen an die *directors* ausbezahlt wurden, so dass Gesellschafter, die nicht gleichzeitig *directors* waren, leer ausgingen. Im Fall *Sikorski v Sikorski*[38] kürzte der *director* und Mehrheitsgesellschafter mit windiger Begründung den vereinbarten Anteil der Dividenden an den Minderheitsgesellschafter. Auch können Gesellschafter über den Hebel des *unfair prejudice* eine Überprüfung der **Vergütungshöhe der *directors*** erreichen, etwa wenn ein Mehrheitsgesellschafter, der gleichzeitig *director* ist, eine unverhältnismäßig hohe *director*-Vergütung durchsetzt.[39] Aber nicht nur ein Verstoß gegen die Geschäftsgrundlage, sondern auch deren Wegfall (*frustration*) kann mögliche Grundlage einer Klage sein.[40] Die Geschäftsgrundlage für die Gründung der Gesellschaft kann allerdings keine späteren Gesellschafter binden, die in deren Unkenntnis Anteile übernommen haben.

Aber auch sonstige Verhaltensweisen können *unfair prejudice* darstellen, wenn sie nur einen Bezug zu Gesellschaftsangelegenheiten (*company's affairs*) haben. Im Fall *Re Home & Office Fire Extinguishers Ltd*[41] hielten zwei Brüder jeweils 50 % der Anteile und waren bei der Gesellschaft als *directors* beschäftigt. Da sich der eine Bruder einer gewünschten Vorauszahlung auf das Gehalt des anderen widersetzte, griff ihn der andere Bruder mit einem Hammer an und verletzte ihn. Der Angreifer wurde verurteilt, dem Opfer seine Anteile zum *fair value* zu verkaufen. Ein Abschlag auf den Wert der Anteile, den die Gerichte wegen »*special circumstances*« anordnen können, kam jedoch nicht in Betracht, da laut Gericht eine Pflichtverletzung, die keine nachteiligen vermögensrechtlichen Folgen zeitigt, hierzu nicht ausreicht.

---

31 Zu möglichen »*implied terms*« der Satzung, vgl. *Cream Holdings Ltd v Davenport* (2011) EWCA Civ 1287, wo der *High Court* eine Pflicht der Gesellschafter annahm, bei der Bestellung eines Gutachters zur Feststellung des Anteilswertes bei einer Zwangseinziehung zu kooperieren.
32 Gower and Davies'/*Davies* Rn. 20–9 f.
33 *Croly v Good* (2010) EWHC 1 (Ch).
34 So z. B. im Fall *Blunt v Jackson & Ors* (2013) EWHC 2090 (Ch).
35 *Maresca v Brookfield Development & Construction Ltde* (2013) EWHC 3151 (Ch).
36 *Irvine v Irvine* (2006) EWHC 406.
37 *Irvine v Irvine* (2006) EWHC 406.
38 *Sikorski v Sikorski* (2012) EWHC 1613 (Ch).
39 *Re Tobian Properties Ltd; Maidment v Attwood* (2012) EWCA Civ 998.
40 Gower and Davies'/*Davies* Rn. 20–9 a. E.
41 (2012) EWHC 917 (Ch).

Im Fall *Graham vs. Every*[42] wehrte sich ein Gesellschafter-*director* gegen eine Veräußerung von Anteilen durch andere Gesellschafter, weil diese gegen eine Gesellschaftervereinbarung verstoßen hatten, wonach dem Gesellschafter-*director* ein anteiliges Vorkaufsrecht zustand. An sich werden jedoch schuldrechtliche Regelungen zwischen Gesellschaftern zum Anteilserwerb nicht als Gesellschaftsangelegenheit (*company's affair*) angesehen, sodass eine Berufung auf *unfair prejudice* ausscheidet.[43] Im konkreten Fall sah die Satzung aber vor, dass die Vergütung der *directors*, die gleichzeitig Gesellschafter waren, durch die anteilsgemäßen Dividenden abgegolten sei. Der *Court of Appeal* schloss daraus, dass die Frage des Vorkaufsrechts auch die Höhe der *director*-Vergütung betreffe, was eine Angelegenheit der Gesellschaft darstelle. Im Fall *McKillen v Misland*[44] ging es wieder um ein Vorkaufsrecht, das sowohl in der Satzung als auch in einer Gesellschaftervereinbarung verankert war. Der Kläger machte eine Umgehung seines Vorkaufsrechts geltend, weil die Anteile nicht rechtswirksam übertragen, aber doch der Kontrolle eines anderen Mitgesellschafters unterworfen wurden. Der *Court of Appeal* gab dieser Klage nicht statt. Dabei prüfte die Richtern *Arden* im Hauptvotum allerdings auch ausführlich, ob nicht doch ein Verstoß gegen eine Klausel der Gesellschaftervereinbarung vorliege, die die Parteien allgemein zum Handeln in *good faith* verpflichtete.

III. Rechtsfolgen bei *unfair prejudice*

Das Gesetz gibt den **Gerichten weite Handhabe**, um gegen *unfair prejudice* vorzugehen. Das Gericht kann diejenigen Maßnahmen anordnen, die es **für angebracht hält** (*such order as it thinks fit*).[45] Zudem enthält das Gesetz eine beispielhafte Aufzählung, welche Möglichkeiten das Gericht hat.[46] So kann das Gericht: 17

(a) die Führung der Geschäfte für die Zukunft regeln;
(b) der Gesellschaft aufgeben:
   (i) es zu unterlassen, die angegriffene Maßnahme auszuführen oder fortzusetzen oder
   (ii) ihr aufgeben, eine Maßnahme vorzunehmen, deren Unterlassung Grund der Klage war;
(c) eine Zivilklage für und auf Rechnung der Gesellschaft (actio pro socio – *derivative claim*[47]) durch solche Personen und unter solchen Bedingungen zulassen, die das Gericht festlegt;
(d) der Gesellschaft aufgeben, Satzungsänderungen allgemein oder im Einzelfall nicht ohne Genehmigung des Gerichts vorzunehmen; und
(e) – was häufig Ziel einer Klage aus *unfair prejudice* ist – den Erwerb der Anteile der klagenden Minderheitsgesellschafter durch die Mitgesellschafter oder durch die Gesellschaft bei entsprechender Kapitalherabsetzung ermöglichen.[48]

IV. Verhältnis der Klage aus *unfair prejudice* und *derivative claim*

Schwierigkeiten bereitet das Verhältnis einer Klage aus *unfair prejudice* gegenüber einer *actio pro socio* (*derivative claim*)[49]. Als mögliches Abgrenzungsmerkmal wird genannt, dass eine **Klage aus *unfair prejudice*** auf eine **Rechtsverletzung zum Nachteil des Gesellschafters** abstellt und deswegen ein Klagebegehren zu dessen Gunsten (*personal relief*) enthalten muss, wohingegen ein Gesellschafter mittels einer ***derivative claim*** Rechte zu Gunsten der Gesellschaft (*corporate relief*) soll durchsetzen 18

---

42 *Graham v Every & Ors* (2014) EWCA Civ 191.
43 *Re Coroin Ltd (No 2)* (2013) 2 BCLC 583.
44 *Re Coroin Ltd; McKillen v Misland (Cyprus) Investments Ltd* (2013) EWCA Civ 781.
45 Sec. 996 (1) CA 2006. Das Klageverfahren ist in den *Companies (Unfair Prejudice Applications) Proceedings Rules 1986* (SI 1986 No. 2000) geregelt.
46 Sec. 996 (2) CA 2006.
47 Sec. 260 ff. und 370 CA 2006.
48 Zu den Grundsätzen einer fairen Bewertung vgl. *Re Annacott Holdings Ltd; Attwood v Maidment* (2013) EWCA Civ 119; *Crabtree v NG* (2012) EWCA Civ 333; *Re Scitec Group Ltd* (2012) EWHC 661 (Ch); *Shah v Shah* (2011) EWHC 1902 (Ch).
49 Vgl. Ausführungen in § 96.

können.[50] Bei der Unterscheidung ist zu beachten, dass ein lediglich **reflective loss** nicht ausreicht, um als Gesellschafter eigene Rechte gerichtlich geltend zu machen. Ein *reflective loss* liegt vor, wenn der Schaden an sich bei der Gesellschaft eingetreten ist und den Gesellschafter nur »abgeleitet« insoweit trifft, als der Wert seiner Beteiligung sinkt. Ist jedoch unsicher, ob ein Anspruch der Gesellschaft erfolgreich durchgesetzt werden kann, so kann dem Gesellschafter nicht entgegengehalten werden, dass sein Schaden lediglich ein *reflective loss* darstelle.[51]

Der Unterscheidung kommt insoweit Bedeutung zu, als eine *derivative claim* einer besonderen gerichtlichen Zulassung als vorgeschaltetem Filter bedarf[52], der leicht umgangen werden könnte, wenn jede Rechtsverletzung zum Nachteil der Gesellschaft auch schon ein *unfair prejudice* gegen den Gesellschafter darstellte. **In der Praxis** scheinen die Gerichte jedoch die Abgrenzung **nicht sehr streng zu** handhaben bzw. keine überzeugenden Abgrenzungsmöglichkeiten gefunden zu haben. Die Schwierigkeit, die Abgrenzung je nach der Zielrichtung des Klagebegehrens vorzunehmen, werden schon daraus deutlich, dass einer der Rechtsbehelfe, die das Gericht bei einer Klage aus *unfair prejudice* gewähren kann, gerade die Zulassung einer *derivative claim* ist.[53] In der Praxis scheint es jedenfalls durchaus üblich, **Klageanträge auf *personal relief* neben** solchen auf ***corporate relief*** zu stellen.

V. Gerichtliches Eingreifen zur Einberufung und Durchführung von Gesellschafterversammlungen

19 Erweist sich die Einberufung einer Gesellschafterversammlung oder deren Abhaltung nach den Regeln der *articles* oder des Gesetzes als »*impracticable*«, so kann ein *director* oder ein Gesellschafter eine Einberufung durch das Gericht beantragen.[54] Das Gericht kann darüber hinaus Anordnungen zur Art und Weise der Durchführung der Gesellschafterversammlung treffen und besondere Regelungen zur Beschlussfähigkeit anordnen. Diese Vorschrift dient nicht nur dem Minderheitenschutz, sondern kann auch in Fällen greifen, in denen die Anteile zu gleichen Teilen gehalten werden, und kann gar den Mehrheitsgesellschafter schützen. In *Wheeler v Ross*[55] konnte ein Mehrheitsgesellschafter laut *articles* und Gesetz[56] ohne den zweiten Gesellschafter (Minderheitsgesellschafterin) keine Beschlussfähigkeit erreichen, um die Minderheitsgesellschafterin als *director* und deren Familienmitglieder von leitenden Positionen abzuberufen. Das Gericht ordnete an, dass Beschlussfähigkeit auch nur durch Erscheinen des einen Gesellschafters (Mehrheitsgesellschafter) gegeben sei. Die Minderheitsgesellschafterin sei gegen Missbrauch durch das Verbot eines *unfair prejudice* ausreichend geschützt.

---

50 Gower and Davies'/*Davies* Rn. 20–4 f.
51 Jedenfalls für einen dinglichen Arrest (*freezing injunction*) so der Court of Appeal in *Sukhoruchkin & Ors v Van Bekestein & Ors* (2014) EWCA Civ 399.
52 Sec. 261 ff. CA 2006.
53 Sec. 996 (2) (c) CA 2006.
54 Sec. 306 CA 2006.
55 (2011) EWHC 2527 (Ch); im Ergebnis genauso *Smith v Butler* (2012) EWCA Civ 314.
56 Sec. 318 CA 2006.

§ 93 Durchgriffshaftung auf Gesellschafter und umgekehrter Durchgriff

Übersicht

		Rdn.
A.	Anwendbares Recht	1
B.	Durchgriffshaftung der Gesellschafter nach englischem Recht	2
I.	*Salomon v Salomon* als Ausgangspunkt	2
II.	Das Salomon-Urteil aus deutscher Sicht	6
	1. Kein Fall einer Durchgriffshaftung	6
	2. Problem der verdeckten gemischten Sacheinlage	7
	3. Nachrangigkeit von Gesellschafterdarlehen in der Insolvenz	9
III.	Fallgruppen der Durchgriffshaftung	10
	1. Lug und Trug *(fraud)*	11
	2. Vermögensvermischung	12
	3. »Fassade« und Sphärenvermischung *(facade* oder *sham)*	13
	4. Konzernhaftung als *single economic entity* bzw. *unit*	15
	5. Die Limited als *agent* ihrer Gesellschafter	20
	6. *Wrongful* oder *fraudulent trading*	21
	7. Belastung mit Gerichtskosten (*Third-party cost order*)	22

		Rdn.
	8. Anrechnung von Fehlverhalten	23
IV.	Vergleich mit Haftung nach deutschem Recht	24
C.	Durchgriffshaftung nach deutschem Recht	26
I.	Keine gesellschaftsrechtliche Haftung nach deutschem Recht	26
II.	Keine Durchgriffshaftung wegen materieller Unterkapitalisierung	27
D.	**Haftung für existenzvernichtenden Eingriff**	28
I.	Haftung für *asset stripping* nach englischem Recht	28
II.	Einordnung der deutschen Existenzvernichtungshaftung	32
III.	Voraussetzungen für die Anwendung deutschen Deliktsrechts	33
IV.	Europarechtliche Zulässigkeit	39
E.	**Umgekehrter Durchgriff nach englischem Recht**	40

A. Anwendbares Recht

Bezeichnend für eine Limited ist die auf die Einlage beschränkte Haftung ihrer Gesellschafter gegenüber Gläubigern.[1] Dennoch sind **Fallgruppen anerkannt**, in denen eine Haftung der Gesellschafter in Betracht kommt, weil die rechtliche Trennung zwischen Gesellschaft und ihren Gesellschaftern aus besonderen Gründen als aufgehoben gilt (*piercing*[2] bzw. ***lifting the corporate veil***). Für eine englische Limited ist diese Frage selbst dann, wenn sie vornehmlich oder ausschließlich in Deutschland tätig ist, nach ihrem Gründungsstatut, also **nach englischem Gesellschaftsrecht** zu beurteilen.[3] Im englischen Recht sind allerdings die Grundsätze zur Bestimmung, wann eine Durchgriffshaftung tatsächlich greift, auch heute noch verworren und undurchsichtig.[4] Darüber hinaus ist aber eine deliktische Haftung nach deutschem Recht denkbar.   1

---

1 Den Umfang der Haftung legen die Gründer bei der Anmeldung zur Registrierung fest, vgl. sec. 9 (2) CA 2006.
2 Laut Lord *Neuberger* vom *Supreme Court* seien die Begriffe »*piercing*« und »*lifting*« regelmäßig bedeutungsgleich, »*piercing*« sei aber der häufiger verwendete Ausdruck, vgl. *VTB Capital plc v Nutritek International Corp* (2013) UKSC 5 (Tz. 119).
3 BGH NJW 2005, 1648 (1649), hinsichtlich der persönlichen Haftung sowohl von Gesellschaftern als auch *directors* gegenüber Gesellschaftsgläubigern; zweifelnd MüKo BGB/*Kindler* IntGesR Rn. 633 und 639. Im englischen Recht haben Gerichte als maßgeblichen Anknüpfungspunkt nicht nur das Gründungsstatut, sondern abweichend auch die *lex fori* und das Vertragsstatut herangezogen, vgl. *Tham*, Lloyd's Maritime and Commercial Law Quarterly 2007, 22, 27; *VTB Capital plc v Nutritek International Corp* (2013) UKSC 5 (Tz. 131).
4 *VTB Capital plc v Nutritek International Corp* (2013) UKSC 5 (Tz. 123): »precise nature, basis and meaning of the principle are all somewhat obscure, as are the precise nature of circumstances in which the principle can apply.«

B. Durchgriffshaftung der Gesellschafter nach englischem Recht

I. *Salomon v Salomon* als Ausgangspunkt

2   Auch heute noch wird im englischen Recht auf die Frage der Durchgriffshaftung von Gesellschaftern auf die **Leitentscheidung**[5] ***Salomon vs. Salomon*** vom 16.11.1896 verwiesen, in der das House of Lords entgegen den Vorinstanzen einen **Haftungsdurchgriff verneinte**. Im Fall *VTB Capital v Nutritek* bezeichnete der Präsident des *Supreme Courts* die Entscheidung als Ausgangspunkt aller Überlegungen um einen möglichen Haftungsdurchgriff.[6] Der Fall lohnt deshalb eine genauere Betrachtung:

3   Die A. Salomon & Co. Ltd wurde 1892 von Aron Salomon zusammen mit seiner Ehefrau und 5 ihrer Kinder gegründet. Aron Salomon war gegen 1859 aus Preußen nach England eingewandert und dort erfolgreich in der Herstellung und dem Großhandel mit Schuhen tätig. Mehrere seiner Söhne arbeiteten im florierenden väterlichen Geschäft mit und drängten darauf, dort eine größere Rolle zu spielen. Deshalb gründete die Familie eine **Limited**, in der der **Vater 20.000 Anteile** übernahm, die **Ehefrau und 5 der Kinder jeweils nur einen Anteil**. Damit trug man der damaligen gesetzlichen Vorgabe Rechnung, dass zur Gründung einer Limited sieben Gesellschafter notwendig waren. Zwei der Söhne wurden neben dem Vater zu *directors* ernannt. Der Vater übertrug sein Geschäft für 39.000 Pfund auf die Limited. Die **Bewertung des Geschäftswertes hielt** das Gericht später für »**extravagant**« überhöht. 20.000 Pfund des Kaufpreises wurden mit der Einlageverpflichtung für diese Anteile verrechnet. 10.000 Pfund vom Kaufpreis stundete Salomon seiner Gesellschaft als Darlehen. Zur Sicherheit bestellte er sich eine ***floating charge*** **auf das Gesellschaftsvermögen**.[7]

4   Hauptkunde Salomons war die öffentliche Hand. Als Reaktion auf verschiedene Streiks in der Schuhindustrie beschloss diese kurz nach Gründung der A. Salomon & Co. Ltd, das Risiko zu streuen und die Aufträge auf mehrere Unternehmen zu verteilen. Die Aufträge an die Salomon & Co. Ltd versiegten und die **Limited** geriet in Schieflage und wurde 1893 **insolvent**. Der Fall wurde dadurch verkompliziert, dass Salomon vor der Insolvenz noch einen Dritten überzeugen konnte, in die Gesellschaft 5.000 Pfund zu investieren, und ihm dafür seine *floating charge* als Sicherheit abtrat. Der Dritte konnte hierauf gestützt die Rückzahlung seines Darlehens erreichen. Das übrige **Vermögen verlangte Salomon gestützt auf seine *floating charge*** zur Befriedigung seiner Ansprüche **heraus**, so dass **ungesicherte Gläubiger ausfallen** mussten. Der Insolvenzverwalter dagegen war der Ansicht, dass Salomon die Schulden der Limited begleichen müsse, da diese lediglich einen Schwindel (*sham*) darstelle, und dass seine Ansprüche nur nachrangig befriedigt werden könnten.

5   Gesellschaftsrechtlich war bedeutsam, dass zur Gründung einer Limited **damals mindestens 7 Gesellschafter** notwendig waren, denn die Limited war ursprünglich für kapitalintensive größere Unternehmen gedacht, zu denen sich mehrere Geschäftspartner zusammenschließen.[8] Die Verteilung der Anteile (20.000 für den »Patriarchen« gegenüber nur je einem Anteil für die Familienangehörigen) legte somit die Vermutung nahe, dass eine **Gesetzesumgehung** vorlag. Die erste Instanz entschied, dass es sich bei den 6 Minderheitsgesellschaftern lediglich um **Strohleute** handelte, so dass die Gesellschaft ein ***alias*** bzw. ein ***agent*** des alten Geschäftsinhabers darstelle. Auch das Berufungsgericht stellte darauf ab, dass die Mitgesellschafter lediglich **Marionetten** gewesen seien. Das Berufungsgericht ging deshalb von einem **Missbrauch der Rechtsform** und **betrügerischem Handeln** aus. **Hingegen** erkannte das ***House of Lords*** im Verhalten des Aron Salomon **keine Unredlichkeit** und keine

---

5   Mayson/French/Ryan 5.3.1, S. 131: »*a cornerstone of English company law*«. Laut MüKo GmbHG/*Fleischer* Einleitung Rn. 244, ist es gar eine »Jahrhundertentscheidung«. Michalski/*Fleischer* Syst. Darst. 5 Rn. 78 geht davon aus, dass die Entscheidung bis heute ein »mächtiges Bollwerk gegen einen haftungsrechtlichen Durchgriff auf die Gesellschafter« bilde. Jedenfalls war sie für das englische Gesellschaftsrecht prägend.
6   *VTB Capital plc v Nutritek International Corp* (2013) UKSC 5 (Tz. 122); vgl. auch *Prest v Petrodel Resources Ltd & Ors* (2013) UKSC 34 (Tz. 8).
7   Vgl. Triebel/von Hase/Melerski/*Triebel* 1. Teil Rn. 131 und 209.
8   MüKo GmbHG/*Fleischer* Einleitung Rn. 244.

Betrugsabsicht. Da das Gesetz vorschreibe, dass jeder der 7 Gründungsgesellschafter mindestens einen Anteil übernehmen müsse, sei der gesetzlichen Vorgabe genüge getan. Es liege **an den Geschäftspartnern** der Gesellschaft, **sich über die Vertrauenswürdigkeit der Limited zu vergewissern**. Laut dem *House of Lords* dürfen sich die Gerichte nicht gestützt auf angebliche Absichten des historischen Gesetzgebers, die sich im Gesetz nicht wiederfinden, über die gesetzlich verliehene Rechtspersönlichkeit einer Limited hinwegsetzen. Die Rechtspersönlichkeit der Kapitalgesellschaft müsse beachtet werden und es sei »*impossible to say at the same time that there is a company and there is not.*« Der Umstand, dass das Unternehmen **zu einem überhöhten Preis eingebracht** worden war, wurde im Urteil kurz angesprochen, spielte aber keine Rolle. Die Frage wird im englischen Recht nicht so sehr als eine Gefährdung der Gläubigerinteressen durch Entzug von Vermögen gesehen, sondern als Benachteiligung der Mitgesellschafter durch Entwertung ihres Anteils (**ggf. ein *unfair prejudice***). Das *House of Lords* hielt außerdem die Regelungen zum *floating charge* in der Insolvenz für reformbedürftig.[9]

II. Das Salomon-Urteil aus deutscher Sicht

1. Kein Fall einer Durchgriffshaftung

Aus **deutscher Sicht** würde man eine **Durchgriffshaftung** im Fall *Salomon* klar verneinen. Anhaltspunkte für einen Missbrauch der Rechtsform, einen existenzvernichtenden Eingriff oder eine Vermögensvermischung lagen nicht vor. Auch das gegenwärtige englische Recht käme weiterhin zum selben Ergebnis.[10] Insoweit handelt es sich auch um **keinen Fall**, der geeignet wäre, **Unterschiede des englischen zum deutschen Haftungsrecht aufzuzeigen**. Die Frage, die die englischen Gerichte damals umtrieb, wie das Erfordernis einer Mindestanzahl von 7 Gesellschaftsgründern zu handhaben sei und wann eine Umgehung vorliege, spielt in beiden Rechtsordnungen keine Rolle (mehr). 6

2. Problem der verdeckten gemischten Sacheinlage

Das deutsche Recht würde aber bei der **Überbewertung des Betriebes** ansetzen. Es würde über die Regeln der **(verdeckten) gemischten Sacheinlage** dafür sorgen, dass der Gesellschaft eine **vollwertige Einlage** zufließt.[11] Hier unterscheiden sich beide Rechtsordnungen sehr stark. Denn noch heute kennt das **englische Recht** der Limited weder Regeln zur verdeckten Sacheinlage[12] noch Bewertungsgutachten für Sacheinlagen. Der **Wert**, den der einlegende Gesellschafter und die Gesellschaft **vereinbaren**, wird **grundsätzlich als schlüssig akzeptiert**. Mitgesellschafter könnten sich dagegen ggf. mit einer Klage wegen *unfair prejudice* wehren, Gesellschaftsgläubiger haben dagegen jedoch keine direkte Handhabe. 7

Die Bewertung durch die Geschäftsführung wird nunmehr im englischen Recht allerdings dann nicht akzeptiert, wenn dessen **Unangemessenheit auf der Hand** liegt.[13] So könnte der Fall Salomon vor einem englischen Gericht heute insoweit doch zu einem anderen Ergebnis führen. 8

3. Nachrangigkeit von Gesellschafterdarlehen in der Insolvenz

Schließlich würde das **deutsche Insolvenzrecht** das **Gesellschafterdarlehen** Salomons – anders als englisches Recht[14] – als **nachrangig** behandeln[15] und die von der Gesellschaft dafür gewährte **Sicherheit** der Anfechtung aussetzen.[16] Für eine englische Limited mit Verwaltungssitz in Deutschland 9

---

9 Dem tragen inzwischen sec. 175–176 A Insolvency Act 1986 Rechnung.
10 *Mayson/French/Ryan* 5.2.1, S. 120; *VTB Capital plc v Nutritek International Corp* (2013) UKSC 5 (Tz. 122).
11 Vgl. z. B. Lutter/Hommelhoff/*Bayer* § 5 Rn. 41. Eine Überbewertung führt jedoch nicht zu einem Haftungsdurchgriff.
12 Triebel/von Hase/Melerski/*Triebel* 1. Teil Rn. 119.
13 Gower and Davies'/*Davies* Rd. 11–13.
14 Heinz/Hartung Kap. 6 Rn. 54.
15 § 39 Abs. 1 Nr. 5 InsO.
16 § 135 Abs. 1 Nr. 1 InsO.

werden in der Regel deutsche Gerichte als Insolvenzgerichte für das Hauptinsolvenzverfahren zuständig sein, so dass deutsches Insolvenzrecht zur Anwendung kommen wird.[17] Inzwischen hat auch das englische Insolvenzrecht Vorkehrungen dagegen getroffen, dass Gesellschafter mit Hilfe einer *floating charge* in oder kurz vor der Insolvenz Befriedigung ihrer Darlehen zum Nachteil der ungesicherten Gläubiger erlangen können.[18]

III. Fallgruppen der Durchgriffshaftung

10 In *Prest v Petrodel* stellt der *Supreme Court* heraus, dass zwar in einer **Vielzahl von Fallgruppen** von »*piercing the corporate veil*« gesprochen werde, richtigerweise der Begriff aber nur die Fälle beschreiben sollte, in denen als Ausnahme von *Salomon v Salomon* derjenige, der eine Gesellschaft beherrscht, auf Grund dieser Beherrschung mit der von ihm beherrschten Gesellschaft gleichgesetzt werde.[19] Nachfolgend sollen die diskutierten Ausnahmen, in denen Gesellschafter im englischen Recht haften, in Fallgruppen beschrieben werden, die jedoch **nicht scharf voneinander abgrenzbar** sind.[20] Ihnen gemein ist jeweils, dass aus Gerechtigkeitserwägungen[21] die eigenständige Rechtspersönlichkeit der Limited unbeachtet bleibt. Auch im Fall *VTB Capital v Nutritek* wurde – trotz einer restriktiven Handhabung – die grundsätzliche Möglichkeit eines Haftungsdurchgriffs bejaht und dafür die ganz allgemeine Formel verwendet, wonach ein **Haftungsdurchgriff ausnahmsweise** unter bestimmten Umständen zulässig sein kann, um ein ungerechtes Ergebnis zu vermeiden.[22]

1. Lug und Trug *(fraud)*

11 Ein **Missbrauch der Rechtsform**, durch den **betrügerisches Vorgehen** (*fraud*) ermöglicht und verschleiert werden soll, erlaubt einen Haftungsdurchgriff.[23] Hierzu lehrt das Salomon-Urteil, dass nicht vorschnell auf betrügerische Absichten erkannt werden darf. Andererseits bedarf es keines Betruges im strafrechtlichen Sinne. So genügte es dem *High Court* im Fall **In re Darby**[24], dass die vorbestraften Betrüger und Bankrotteure Darby und Gyde hinter einer Gesellschaft (London Investment Corporation Ltd. – LIC) aus Guernsey standen, die wiederum eine Tochter in Wales (Welsh Slate Quarries Ltd. – WSQ) gegründet hatte. Darby und Gyde waren *directors* von LIC und – obwohl noch 5 weitere Gesellschafter vorhanden waren – allein gewinnbezugsberechtigt. LIC veräußerte an ihre Tochter WSQ für 18.000 Pfund eine Bergbaulizenz und -mine, die sie selbst für 3.500 Pfund erworben hatte. WSQ gab Unternehmensanleihen heraus und warb beim Publikum mit einem Prospekt, in dem als Gründer (*promoter*) LIC, aber nicht Darby und Gyde genannt wurden und der keinen Hinweis auf deren Vorteil aus dem für LIC günstigen Verkauf enthielt. Als WSQ, die nie eine nennenswerte Geschäftstätigkeit entfaltete, insolvent wurde, nahm der Insolvenzverwalter Darby und Gyde wegen der erzielten verdeckten Profite (*secret profits*) in Anspruch. Darby wehrte

---

17 Maßgeblicher Anknüpfungspunkt für die internationale Zuständigkeit zur Eröffnung eines Hauptinsolvenzverfahrens ist das Staatsgebiet, in dem der Schuldner den Mittelpunkt seiner hauptsächlichen Interessen (*centre of main interests – COMI*) hat, vgl. Art. 3 Abs. 1 EuInsVO.
18 Sec. 176 und 176 A Insolvency Act 1986; vgl. *Mayson/French/Ryan* 5.2.1, S. 120.
19 *Prest v Petrodel Resources Ltd & Ors* (2013) UKSC 34 (Tz. 16).
20 *Haug* 92, beklagt die fehlende Systematisierung der Fallgruppen in der englischen Literatur und zählt in Fn. 48 unterschiedliche Katalogisierungsversuche bei englischen Autoren auf. Auch der *Supreme Court* sieht Begriffe wie »façade«, »the true facts«, »sham«, »mask«, »cloak«, »device« und »puppet« zwar als hilfreich, aber auch gefährlich an, da in ihnen eine moralische Entrüstung zum Ausdruck kommen könne, die einer sachlichen rechtlichen Beurteilung im Wege stehen könne, *VTB Capital plc v Nutritek International Corp* (2013) UKSC 5 (Tz. 124).
21 Vgl. *Mayson/French/Ryan* 5.3.13.2, S. 144: »*whenever required by justice*« mit Nachw. zur insoweit widersprüchlichen Rechtsprechung.
22 »*More generally, it may be right for the law to permit the veil to be pierced in certain circumstances in order to defeat injustice.*«, *Supreme Court* in *VTB Capital plc v Nutritek International Corp* (2013) UKSC 5 (Tz. 127).
23 Süß/Wachter/*Ebert/Levedag* Länderbericht England Rn. 353; Müller/Winkeljohann/*Erle/Berberich* § 1 Rn. 122; *H. Müller* 94 f.; Triebel/Illmer/Ringe/Vogenauer/Ziegler/*Ringe/Otte* V § 3 Rn. 96.
24 (1910) 1 KB 95.

sich mit dem Hinweis, *promoter* von WSQ sei allein LIC. Der Richter ließ jedoch den Haftungsdurchgriff auf Darby zu, denn er befand, LIC »*was merely an alias for themselves just as much as if they had announced in the Gazette that they were in future going to call themselves ›Rothschild & Co‹.*« und dass Darby und Gyde »*a very great fraud*« beabsichtigten.

2. Vermögensvermischung

Wenn ein Gesellschafter-*director* eigenes **Vermögen** und das zweier Gesellschaften **vermischt**, indem er nur ein Bankkonto für sich und beide Gesellschaften unterhält, keine Jahresabschlüsse aufstellt und die Bücher nur unvollständig führt, so ist es zulässig, im Insolvenzfalle das Vermögen aller drei Beteiligten zu poolen.[25] Inwieweit **außerhalb eines Insolvenzverfahrens** hieraus eine **gesamtschuldnerische Haftung** der beteiligten Vermögen(sträger) konstruiert werden kann, ist noch nicht entschieden worden, erschiene aber konsequent. 12

3. »Fassade« und Sphärenvermischung (*facade* oder *sham*)

Als weitere anerkannte Fallgruppe wird genannt, dass die Gesellschaft lediglich als **Fassade** ähnlich einem Potemkinschen Dorf die tatsächlichen Umstände verschleiert, weil sie lediglich eine **leere Hülle** darstellt, **unter deren Deckmantel** andere – regelmäßig die **Gesellschafter** – agieren.[26] Im Urteil *Woolfson v Strathclyde* des *House of Lords* wird diese Fallgruppe sogar als einzig denkbare Fallgruppe bezeichnet.[27] 13

So kann der Fall liegen, wenn eine Tochtergesellschaft lediglich als Rechnungsstellerin auftritt, tatsächlich jedoch in der Geschäftsabwicklung keine Rolle spielt und auch ansonsten keine tatsächliche Tätigkeit entfaltet.[28] Eine Haftung kann hiernach auch in den Fallgruppen bejaht werden, die im deutschen Recht unter dem Stichwort der **Sphärenvermischung**[29] diskutiert werden.

Ein Fall der *facade*, der jedoch keinen Anstrich von Unredlichkeit hatte, war **Smith, Stone & Knight Ltd vs. City of Birmingham**[30]. Dort betrieb ein Papierherstellungsunternehmen auch den Ankauf und die Sortierung von Altpapier. Später gründete es jedoch eine Tochter-Limited, die auf dem Betriebsgrundstück ihr Firmenschild aufstellte und Briefpapier sowie Rechnungen mit ihrem Namen benutzte. Allerdings war der Altpapierbetrieb niemals formell auf die Tochter übertragen worden.[31] Zwischen *directors* der Mutter und der Tochter bestand Personenidentität. Die Tochter hatte zwar einen Betriebsleiter (*manager*), aber keine Angestellten und keine Geschäftsbücher. Die Bücher wurden von der Mutter geführt, ohne dass der *manager* darauf Zugriff oder von ihrem Inhalt Kenntnis gehabt hätte. Es gab keinen Mietvertrag für das Betriebsgrundstück und die Tochter zahlte keine Miete. Alle Gewinne der Tochter wurden auf einzelne Abteilungen der Mutter verteilt in einer Weise, dass die Tochter niemals offiziell eine Gewinnausschüttung vornahm. Insgesamt sei – so das Gericht[32] – **die Tochter wie eine Betriebsabteilung der Mutter geführt** worden. Das Gericht befand, 14

---

25 *Taylor* (1993) SLT 375; weitere Fälle mit Insolvenzbezug bei *Mayson/French/Ryan* 5.3.13.5, S. 145, wobei es in diesen Fällen den Gerichten auch darum ging, dass das Poolen der Vermögen die einzige Möglichkeit war, um die Verfahren kosteneffizient führen zu können.
26 Triebel/Illmer/Ringe/Vogenauer/Ziegler/*Ringe/Otte* V § 3 Rn. 96; vgl. aber auch Triebel/von Hase/Melerski/*Triebel* 1. Teil Rn. 88, wonach diese Fallgruppe zwar grundsätzlich anerkannt sei, deren Vorliegen allein jedoch noch nicht zu einer Haftung der Gesellschafter führen soll.
27 Die viel zitierte Aussage der Urteilsbegründung von Lord *Keith of Kinkel* in *Woolfson v Strathclyde RC* (1978) UKHL 5 lautet: »*that it is appropriate to pierce the corporate veil only where special circumstances exist indicating that is a mere façade concealing the true facts*«. Dieses »*only*« hebt z. B. der *Supreme Court* in *VTB Capital plc v Nutritek International Corp* (2013) UKSC 5 (Tz. 120) hervor.
28 Gower and Davies'/*Davies* Rn. 8–9; *Adams v Cape Industries Plc.* (1990) Ch. 433 (479, 543).
29 Lutter/Hommelhoff/*Lutter* § 13 Rn. 20; Gehrlein WM 2008, 761 (768).
30 (1939) 4 All ER 116.
31 Dies sei der wesentliche Unterschied zum Salomon-Fall, *Mayson/French/Ryan* 5.3.6.2, S. 129.
32 *High Court (King's Bench Division)*.

dass die Tochter als *agent or employee, or tool or simulacrum* anzusehen sei und der **Betrieb** in Wirklichkeit **der Mutter zuzurechnen sei.** Diese Sicht des Gerichts war für die Mutter von Vorteil, denn die Stadt Birmingham wollte das Betriebsgrundstück enteignen und die Parteien stritten um die Entschädigung. Hätte der Altpapierbetrieb zur Tochter gehört, so wäre die Entschädigung sehr viel geringer ausgefallen, als wenn die Mutter als Grundstückseigentümerin selbst den Betrieb führte.

Jüngst bezeichnete Lord *Sumption* von der *Supreme Court* im Fall *Prest v Petrodel*[33] jedoch die Bezeichnung relevanter Fallgruppen als *facade* oder *sham* für wenig hilfreich und schlug vor, diese Bezeichnungen durch folgende zwei Grundsätze zu ersetzen, die als abschließende Fallgruppen des »*piercing the corporate veil*« anzusehen seien:

(1) »*concealment principle*«

Eine Verschleierung (*concealment*) sei anzunehmen, wenn das Vorschieben einer Gesellschaft die tatsächlich Handelnden verschleiern soll. In diesem Falle soll es sich laut Lord *Sumption* nicht so sehr um ein Durchstoßen der Fassade handeln, sondern um ein »Dahinterschauen« und somit um keinen echten Fall des »*piercing the corporate veil*«.

(2) »*evasion principle*«.

Hierbei soll es sich um die Fälle handeln, in denen ein Recht gegen eine Person besteht, die eine Gesellschaft dazwischenschiebt, um dieses Recht unrechtmäßig auszuhebeln.

Dass diese Unterscheidung ausreichend Klarheit bringt, ist nicht ersichtlich. Die Mehrheit der 7 beteiligten Lordrichter war jedenfalls nicht davon überzeugt.[34] Einigkeit scheint jedoch dahingehend zu bestehen, dass ein »*piercing the corporate veil*« lediglich als **großer Ausnahmefall** in Betracht kommt und zumeist ein befriedigendes Ergebnis auch ohne Rückgriff hierauf erreicht werden kann.

4. Konzernhaftung als *single economic entity* bzw. *unit*

15   Ein vergleichbares Ergebnis wie im Fall *Smith, Stone & Knight Ltd vs. City of Birmingham* wurde von dem *Court of Appeal* im Fall **DHN Food Distributors** erzielt,[35] ohne dass die Tochtergesellschaft als leere Hülle bezeichnet werden konnte. Auch bei *DHN Food Distributors* ging es um die Enteignung eines Betriebsgrundstückes. Die Muttergesellschaft DHN führte einen Lebensmittelbetrieb, Eigentümerin des Betriebes war jedoch deren 100 %-ige Tochtergesellschaft Bronze Ltd. Beide Gesellschaften hatten dieselben *directors*, Bronze verwaltete lediglich das Grundstück, hatte aber ansonsten keine weitere Betriebstätigkeit. Die Mutter DHN konnte nur dann eine Entschädigung erhalten, wenn sie in sich Betrieb und Grundstückeigentum vereinigte. Diese Sichtweise nahm der *Court of Appeal* an, indem es die **Gruppe als einheitliches wirtschaftliches Gebilde (*single economic entity*)** betrachtete und damit über die getrennten Rechtspersönlichkeiten hinwegging. Auch hier erfolgte dies zu Gunsten der Muttergesellschaft und gegen die öffentliche Hand. Ob dies **in Haftungsfällen** genau so entschieden würde, kann nicht immer ausgeschlossen werden,[36] ist jedoch **stark zu bezweifeln.** Denn in einem weiteren Enteignungsfall fiel das Urteil des *House of Lords* entgegengesetzt aus. In der Entscheidung **Woolfson vs. Strathclyde Regional Council**[37] waren die Rollen umgekehrt verteilt: die Tochtergesellschaft Campbell Ltd. betrieb ein Brautmodengeschäft, war aber nicht Eigentümerin des Ladengrundstücks. Das Grundstück gehörte dem Hauptgesellschafter Woolfson. Er

---

33   *Prest v Petrodel Resources Ltd & Ors* (2013) UKSC 34 (Tz. 28),
34   Lord *Sumption* stimmte Lord *Neuberger* (Tz. 60) zu; zweifelnd dagegen Lady *Hale* (Tz. 92), der wiederum Lord *Wilson* zustimmte, ablehnend auch Lord *Mance* (Tz. 100) und Lord *Clarke* (Tz. 103); unklar insoweit Lord *Walker* (Tz. 106).
35   *DHN Food Distributors Ltd. v. Tower Hamlets London Borough Council* (1976) 1 WLR 852.
36   Vgl. *Mayson/French/Ryan* 5.3.12.1, S. 139, die auf *Lewis Trusts v. Bambers Stores Limited*, (1983) FSR. 453 verweisen, wo die Richter angaben, dass sie mit Blick auf die *DHN*-Grundsätze einen Haftungsdurchgriff auf die Mutter für eine Markenverletzung der Tochter zugelassen hätten, wenn es darauf angekommen wäre.
37   *Woolfson v Strathclyde Regional Council* (1978) UKHL 5.

hielt 999 Anteile in Campbell, seine Ehefrau einen. Das *House of Lords* stellte fest, dass keine Anhaltspunkte dafür vorlagen, dass die betriebsführende Gesellschaft wie im Fall *Smith, Stone & Knight Ltd vs. City of Birmingham* lediglich eine Fassade darstelle. Auch hielt der Eigentümer nur 999 von 1.000 Anteilen in der betriebsführenden Gesellschaft, ohne dass die Minderheitsgesellschafterin als Strohfrau angesehen werden konnte. Im Ergebnis wurde das Brautmodengeschäft dem Hauptgesellschafter nicht zugerechnet, so dass er dafür keinen Anspruch auf Entschädigung hatte. Mit Blick auf das Argument der *single economic entity*, wie es im *DHN Food Distributors* zur Anwendung kam, heißt es im Urteil des *House of Lords*:[38]

> »I have some doubts whether in this respect the Court of Appeal properly applied the principle that it is appropriate to pierce the corporate veil only where special circumstances exist indicating that it is a mere façade concealing the true facts.«

16

Das *House of Lords* kritisierte also die Entscheidung *DHN Food Distributors* und sah das Argument der *single economic entity* nur im Rahmen der *facade*-Fallgruppen. Daraus wie auch aus späteren Entscheidungen des *Court of Appeal*[39] wird geschlossen, dass es einen **allgemeinen Durchgriff auf die Muttergesellschaft** für Verbindlichkeiten ihrer Tochtergesellschaften **nicht gibt**.[40] Insbesondere im Fall *Adams vs. Cape Industries plc*[41] spricht der Court of Appeal klar aus, dass es gerade **Sinn einer Gruppenstruktur** sein darf, **risikobehaftete Tätigkeiten** – es ging um den Vertrieb von Asbest, den der Konzern förderte und der zur Schädigung von Mitarbeitern führte – in eine eigene Gesellschaft **abzukapseln**.

17

Jüngere Entscheidungen werfen jedoch wieder **Zweifel** auf.[42] Jedenfalls wird das Argument, es liege eine *single economic entity* vor, als ein möglicher Gesichtspunkt bei der Auslegung von Gesetzen oder Vertragsklauseln angesehen.[43] So nahm der Court of Appeal 2007 an,[44] dass zwei Finanzberater durch ein nachvertragliches Wettbewerbsverbot gebunden waren, obwohl die Arbeitnehmer den Arbeitsvertrag mit der Holdinggesellschaft geschlossen hatten, die selbst keine Finanzberatung durchführte, sondern lediglich deren Tochtergesellschaften. Da die zwei Arbeitnehmer in die Arbeitsorganisation einer dieser Töchter eingegliedert waren, bezog das Gericht die Klausel auch auf die Geschäftstätigkeit dieser Tochter. Dieses vernünftige Auslegungsergebnis wurde jedoch mit einem Bekenntnis gegen einen »*purist approach to corporate personality*« verbunden, wobei das Gericht eine Formulierung aus einem älteren Fall[45] zitierte und sich zu eigen machte, die in ihrer Allgemeinheit weit über den zu entscheidenden Fall hinauszugehen scheint:

18

> »The answer is, I think, the law today has regard to the **realities of big business**. It takes the **group as being one concern under one supreme control**.«

19

5. Die Limited als *agent* ihrer Gesellschafter

Ein weiterer Weg zum Durchgriff, den die erstinstanzlichen Gerichte fälschlich auch im *Salomon*-Fall beschreiten wollten und der im *Smith, Stone & Knight*-Fall zu Gunsten des Gesellschafters beschritten wurde, ist es, die Limited als lediglich **Strohmann** und deshalb als *agent* ihrer Gesellschafter zu sehen, so dass letztere durch ihr Handeln (mit) verpflichtet werden.[46] Allerdings handelt es sich hierbei um Fragen des **allgemeinen Vertretungsrechts** einschließlich der **Rechtsscheintatbestände**. Allein die gesellschaftsrechtliche Verbindung schafft keine Vermutung für eine Bevollmächtigung,[47]

20

---

38 Ausführungen von Lord *Keith*, dem die anderen Richter zustimmten.
39 *Bank of Tokyo Ltd v Karoon* (1987) AC 45; *Adams v Cape Industries plc* (1990) Ch 433.
40 Vgl. *Mayson/French/Ryan* 5.3.12.1, S. 139 unten m. w. N.; Gower and Davies'/*Davies* Rn. 8–8.
41 (1990) Ch 433; vgl. dazu auch Kindler/Nachmann/*Schilling* Rn. 412 f.
42 *Mayson/French/Ryan* 5.3.12.4, S. 143.
43 Gower and Davies'/*Davies* Rn. 8–8.
44 *Beckett Investment Management Group Ltd and others v Hall and others* (2007) EWCA Civ 613.
45 Lord Denning in *Littlewoods Organisation Ltd v Harris* (1977) 1 WLR 1472, 1482.
46 Süß/Wachter/*Ebert/Levedag* Länderbericht England Rn. 351.
47 Gower and Davies'/*Davies* Rn. 8–10.

sondern ist an sich unerheblich.[48] Teilweise wird aber das *agency*-Argument verwendet, um die Geschäftstätigkeit einer Tochtergesellschaft ihrer Mutter zurechnen und der nationalen Besteuerung unterwerfen zu können.[49] Im Fall *VTB Capital v Nutritek* betont der *Supreme Court*[50], dass es zwar nicht unmöglich sei, über einen Haftungsdurchgriff die Gesellschafter zu Vertragspartnern in Verträgen zu erklären, die ihre Gesellschaft abgeschlossen habe[51], dies aber doch über die traditionelle Haftungsfigur des »*piercing the veil*« hinausginge und einer sehr gründlichen Rechtfertigung bedürfe.[52] Sei ein Dritter beim Vertragsschluss mit einer Gesellschaft von deren Vertretern über relevante Umstände getäuscht worden, käme vielmehr eine Haftung der Handelnden wegen *misrepresentation* in Betracht.[53]

6. Wrongful oder fraudulent trading

21 Auch können **beherrschende Gesellschafter**, nach deren Weisung die Limited gewöhnlich handelt, in der Insolvenz der Limited als deren **shadow directors**[54] angesehen werden und bei Verletzung von Gläubigerschutzpflichten wegen *wrongful* oder *fraudulent trading*[55] haften. Allerdings kommt **es selten zu** Verurteilungen wegen *wrongful* oder *fraudulent trading*, so dass diese Haftung in der Praxis keine herausragende Rolle spielt.[56]

7. Belastung mit Gerichtskosten (Third-party cost order)

22 Schließlich ist es in englischen Prozessen möglich, dass das Gericht einem Gesellschafter und/oder *director*, der selbst nicht Prozesspartei ist, die Prozesskosten aufbürdet, die an sich die von ihm beherrschte Gesellschaft tragen müsste. Rechtsgrundlage hierfür ist sec. 51 (3) Senior Courts Act 1981, der allerdings nur allgemein die Befugnis der Gerichte beschreibt, über die Kostentragung zu befinden.[57] Im *Europeans*-Fall[58] befand das Gericht, dass der Gesellschafter-*director* die Gesellschaft als sein »*cypher*« (Platzhalter) nutzte und die eingelegte Berufung alleine seinen Interessen, nicht denen der Gesellschaft diente. Allerdings dürfte eine Rolle gespielt haben, dass es um betrügerische USt.-Geschäfte ging, die der *director* zu verantworten hatte, und der *director* nach Feststellung des Gerichts im Verfahren log. Aber auch in anderen Fällen haben die Gerichte auf Grund der Feststellung, dass der *director* die »*real party*« hinter der Gesellschaft sei, diesem die Kosten für einen verlorenen Prozess aufgebürdet.[59] Dies kann auch einen Gesellschafter treffen, der ohne *director* zu sein, ein Streitverfahren der Gesellschaft finanziert, leitet und an dessen Ausgang ein maßgebliches Interesse hat.[60] Bei Gerichtsverfahren in Deutschland ist ein Rückgriff auf sec. 51 (3) Senior Courts Act 1981 naturgemäß ausgeschlossen.

---

48 *Mayson/French/Ryan* 5.3.2.3, S. 126 und 5.3.6.1, S. 128; *H. Müller* S. 98.
49 So z. B. im Fall *Firestone Tyre and Rubber Co Ltd v Lewellin* (1957) 1 WLR 352.
50 *VTB Capital plc v Nutritek International Corp* (2013) UKSC 5 (Tz. 133).
51 Anders dagegen noch die Entscheidungen von Judge *Burton* in *Antonio Gramsci Shipping Corporation v Stepanovs* (2011) EWHC 333 (Comm) und *Alliance Bank JSC v Aquanta Corporation* (2011) EWHC 3281 (Comm), die Lord *Neuberger* im Fall *VTB Capital v Nutritek* jedoch für zweifelhaft hält (Tz. 147).
52 *VTB Capital plc v Nutritek International Corp* (2013) UKSC 5 (Tz. 137).
53 *VTB Capital plc v Nutritek International Corp* (2013) UKSC 5 (Tz. 139).
54 Vgl. *Triebel/von Hase/Melerski/Triebel* 42 f.
55 Sec. 213 und 214 Insolvency Act 1986. § 83 Rdn. 13.
56 Vgl. *von Hase*, BB 2006, 2141 (2142f).
57 »*The court shall have full power to determine by whom and to what extent the costs are to be paid.*«
58 *Europeans Ltd v Revenue and Customs* (2011) EWHC 948 (Ch).
59 *Raleigh UK Ltd v Mail Order Cycles Ltd* (2011) EWHC 883 (Ch); *Goodwood Recoveries Ltd v Breen* (2005) EWCA Civ 414.
60 *CIBC Mellon Trust Co v Stolzenberg* (2005) EWCA Civ 628.

8. Anrechnung von Fehlverhalten

Nach englischem Recht ist es einer Partei verwehrt, Ansprüche gegen einen Dritten zu verfolgen, die 23
der Anspruchsteller durch eigenes rechtswidriges Verhalten hervorgerufen hat (*ex turpi causa non oritur actio*). In seinem umstrittenen letzten Fall vor der Ablösung durch den *Supreme Court* hatte das *House of Lords* in 2009 über die Klage einer insolventen Gesellschaft gegen ihre Abschlussprüfer zu entscheiden.[61] Die Abschlussprüfer hatten nicht erkannt, dass der *director* die Bilanzen betrügerisch aufblähte. Die Gesellschaft meldete die Insolvenz verspätet an und Gläubiger fielen mit hohen Beträgen aus. Gegen die ehemaligen Abschlussprüfer machten die *liquidators* der Gesellschaft geltend, deren Aufgabe als Prüfer sei es genau gewesen, solche betrügerischen Handlungen aufzudecken und zu verhindern. Das Gericht entschied jedoch, dass sich die Gesellschaft das Handeln des *directors* als deren »*alter ego*« unmittelbar zurechnen lassen müsse. Damit habe die Gesellschaft selbst die Abschlussprüfer getäuscht und könne keinen Ersatz dafür verlangen, dass diese auf die Täuschung hereingefallen seien.

IV. Vergleich mit Haftung nach deutschem Recht

Die **Bewertung** der englischen im Vergleich zur deutschen Durchgriffshaftung ist **uneinheitlich**. 24
Teilweise wird behauptet, dass das englische Recht wegen der fehlenden Mindestkapitalanforderungen Gesellschafter und Geschäftsführer verstärkt zur Haftung heranziehe.[62] Angeblich seien Gläubiger durch englisches Gesellschaftsrecht sogar besser geschützt als gegenüber deutschen Schuldner-Kapitalgesellschaften,[63] und zwar vor allem durch das Institut des *wrongful trading*, das *directors* sowie *shadow directors* erfasst. Andere empfinden es demgegenüber als überraschend, dass das englische Recht gerade keine strenge(re) Durchgriffshaftung der Gesellschafter und *directors* als Ausgleich für das auf den ersten Blick weniger strenge Kapitalaufbringungs- und -erhaltungsrecht aufweise.[64] Wieder andere behaupten, dass Gesellschafter im englischen Recht aufgrund der geringen Mindestkapitalerfordernisse und der fehlenden Treuepflicht de facto kaum gegenüber Gläubigern haften[65] und sehen sogar Schutzlücken im Vergleich zum deutschen Recht.[66]

Demgegenüber ist festzuhalten, dass der **Haftungsdurchgriff in beiden Rechtsordnungen** eine **extreme Ausnahme** darstellt.[67] Auch werden Insolvenzen mit entsprechendem Gläubigerausfall im 25
deutschen Recht nicht besser vermieden als im englischen Recht.[68] Ein Haftungsgefälle bei Anwendung englischen Rechts ist somit nicht erkennbar. Bei grober Betrachtung scheint die Möglichkeit zum **Haftungsdurchgriff** im deutschen und englischen Recht somit **durchaus vergleichbar** zu sein. Überraschen kann diese Ähnlichkeit nicht wirklich, gehört doch die Haftungsbeschränkung zum Wesen einer Limited ebenso wie zu dem einer GmbH. Das englische Recht setzt zwar nicht auf ein Mindestanfangskapital als Seriositätsschwelle,[69] erwartet aber, dass sich Geschäftspartner durch die veröffentlichten Jahresabschlüsse ein Bild davon machen, welches Risiko ein Abschluss mit der

---

61 *Stone & Rolls Ltd v Moore Stephens* (2009) UKHL 39.
62 *Müller/Winkeljohann/Erle/Berberich* § 1 Rn. 122.
63 *Hirte* Band II/1 P 13 ff.
64 *Heinz/Hartung* Kap. 6 Rn. 51, S. 50.
65 *Schall* DStR 2006, 1229; *Just* Rn. 92. Der Verweis auf angeblich mangelnde Treuepflichten der Gesellschafter ist allerdings verfehlt, da das englische Recht durchaus Gesellschaftertreuepflichten kennt (vgl. oben § 92 Rdn. 4 ff.), andererseits aber die Durchgriffshaftung keine Frage der Treuepflicht ist.
66 *Gloger/C. Goette/van Huet* DStR 2008, 1194 (1197).
67 Vgl. Triebel/Illmer/Ringe/Vogenauer/Ziegler/*Ringe/Otte* V § 5 Rn. 95, wonach der Durchgriff im englischen Recht »außerordentlich selten« sei.
68 Laut *Eidenmüller* ZGR 2007, 195 f., sind GmbHs trotz ihres Mindestkapitals deutlich insolvenzanfälliger als Limiteds; so betrug die Insolvenzquote 2005 bei GmbHs ca. 1,92 %, bei Limiteds hingegen nur ca. 0,78 %; vgl. auch *Hirte* Band II/1 17 f.
69 Das deutsche Recht ist mit der Einführung der UG (haftungsbeschränkt) von einer Seriositätsschwelle abgerückt, ohne aber für Gesellschafter einer solchen minderkapitalisierten Gesellschaft eine schärfere persönliche Haftung einzuführen.

jeweiligen Gesellschaft mit sich bringt.[70] Wenn überhaupt bei genauerer Betrachtung auf Unterschiede abgestellt wird, so dürfte das Risiko des Haftungsdurchgriffs eher im englischen Recht größer sein. Denn die **englische Rechtsprechung** ist im Kern eine **Billigkeitsrechtsprechung**. Die **Fallgruppen**, in denen eine Haftung eintreten soll, werden nicht präzise mit subsumptionsfähigen Tatbeständen herausgearbeitet, sondern mit **Schlagworten** bezeichnet.[71] Es bleibt den einzelnen Gerichten überlassen, bezogen auf den Einzelfall zu billigen Ergebnissen zu gelangen.

C. Durchgriffshaftung nach deutschem Recht

I. Keine gesellschaftsrechtliche Haftung nach deutschem Recht

26 Da sich eine mögliche Durchgriffshaftung nach dem Personal- bzw. Gründungsstatut richtet, beurteilt sich die Frage für eine Limited – unabhängig von ihrem Verwaltungssitz – nach englischem Recht.[72]

II. Keine Durchgriffshaftung wegen materieller Unterkapitalisierung

27 **Unzulässig** wäre es insbesondere auch, Gesellschafter einer Limited allgemein einem **Durchgriff wegen materieller Unterkapitalisierung** auszusetzen.[73] Hierbei würde allein schon die fehlende tatsächliche Kapitalausstattung einer ausschließlich in Deutschland tätigen Limited haftungsbegründend wirken.[74] Dahinter steht der Gedanke, dass die Zuerkennung des Haftungsschildes fehl am Platze ist, wenn der Gesellschafter keinen vernünftigen Haftungsfonds zu Beginn der Geschäftstätigkeit schafft. Insbesondere Gesellschafter solcher Gesellschaften wären betroffen, die (wie häufig bei einer englischen Scheinauslands-Limited) mit einem Pfund oder Euro Haftkapital gegründet werden. Ein solcher Ansatz scheitert jedoch bereits am nationalen Recht: Wie der BGH in seiner Grundsatzentscheidung zu »Finanzplankrediten«[75] klarstellte und im Fall »Gamma«[76] bestätigte, greift eine Haftung wegen materieller Unterkapitalisierung im deutschen Recht **nur, wenn** im konkreten Fall **eine sittenwidrige vorsätzliche Schädigung (§ 826 BGB)** bejaht werden kann. Die Fälle einer Haftung wegen materieller Unterkapitalisierung stellen keine eigene Fallgruppe der Durchgriffshaftung mit erleichterten Tatbestandsvoraussetzungen gegenüber der deliktischen Haftung dar.[77] Im Übrigen kennt das englische Recht die Möglichkeit einer Haftung bei eindeutiger Unterkapitalisierung aus *wrongful trading*.[78]

D. Haftung für existenzvernichtenden Eingriff

I. Haftung für *asset stripping* nach englischem Recht

28 **Unklar** ist, ob es im englischen Recht eine gesellschaftsrechtliche **Haftung für existenzvernichtenden Eingriff (*asset stripping*)** gibt. Ein *lifting the corporate veil* erfolgte im Fall **Creasey vs Breachwood Motors Ltd.**[79] Kläger war dort ein *general manager* der Breachwood Welwyn Ltd., dem zu Unrecht gekündigt worden war und der deshalb Anspruch auf Schadensersatz hatte. Während der

---

70 Gower and Davies'/*Davies* Rn. 9–15, betont im Zusammenhang mit einer möglichen Konzernhaftung, dass das englische Recht im Gegensatz zum deutschen Recht mehr auf allgemeine Mechanismen zum Gläubigerschutz, einschließlich »*self-help*«, setze.
71 *Haug*, S. 91, weist zu Recht auf »schillernde Begriffe« und widersprüchliche Entscheidungen hin.
72 BGH NJW 2005, 1648 (1649) hinsichtlich der persönlichen Haftung sowohl von Gesellschaftern als auch *directors* gegenüber Gesellschaftsgläubigern; zweifelnd MüKo BGB/*Kindler* IntGesR Rn. 633 und 639.
73 Dafür LG Stuttgart NJW-RR 2002, 463 (466); *Ulmer* JZ 1999, 662 (665), wohl auch *Lutter* BB 2003, 7 (10) und *Roth* IPRax 2003, 117 (125); a. A. *Meilicke* GmbHR 2003, 793 (809).
74 AG Hamburg NJW 2003, 2835 (2836).
75 BGH NJW 1999, 2809.
76 BGH NJW 2008, 2437 (2438 f.).
77 Abweichend *Meilicke* GmbHR 2003, 793 (806).
78 Gower and Davies'/*Davies* Rn. 8–14; *von Hase* BB 2006, 2141 (2142 f.).
79 (1993) BCLC 480.

Kläger eine Zahlungsklage gegen seinen ehemaligen Arbeitgeber betrieb, gründeten deren Gesellschafter eine neue Gesellschaft (die neue Beklagte), auf die sie den Geschäftsbetrieb übertrugen. Sämtliche Altgläubiger wurden ausbezahlt, nicht jedoch der Kläger, zu dessen Gunsten keine Rückstellung gebildet wurde. Der Kläger stellte daraufhin seine Zahlungsklage auf die neue Gesellschaft um. Der High Court gab ihm Recht. Die Alternative wäre gewesen, gegen die neue Gesellschaft mit einer neuen Klage wegen einer Gläubigerbenachteiligung (*transaction defrauding creditors*[80]) vorzugehen. Das schien dem Gericht jedoch dem Kläger nicht zumutbar und schwierig (»*procedural minefield*«).

Das *Creasey*-Urteil wurde jedoch durch den Court of Appeal im späteren Fall **Ord vs Belhaven Pubs Ltd.**[81] kritisiert. Auch dort war die Schuldnerin des Anspruchs eine Limited., die sich nach einer Reorganisation vermögenslos wiederfand. Der Court of Appeal stellte fest, dass die Reorganisation nicht zu dem Zweck erfolgte, die Ansprüche der Kläger ins Leere laufen zu lassen, sondern legitime Unternehmenszwecke verfolgte. Insoweit unterschied sich der Sachverhalt. Dennoch hielt es der Court of Appeal richtig, sich vom *Creasey*-Urteil zu distanzieren:[82] 29

> »*But it seems to me to be inescapable that the case in Creasey v. Breachwood as it appears to the court cannot be sustained. It represents a wrong adoption of the principle of piercing the corporate veil (...). Therefore in my judgment the case of Creasey v. Breachwood should no longer be treated as authoritative.*« 30

Wie auch beim existenzvernichtenden Eingriff nach deutschem Recht wird im englischen Recht nunmehr vertreten, dass eine **Innenhaftung der *directors* wegen Pflichtverletzungen** die richtige Lösung wäre, ggfs. flankiert durch eine **Haftung wegen *wrongful* oder *fraudulent trading***.[83] 31

II. Einordnung der deutschen Existenzvernichtungshaftung

Sehr umstritten ist die Frage, ob die von der deutschen Rechtsprechung entwickelte **Existenzvernichtungshaftung auf (Scheinauslands–)Limiteds** Anwendung finden kann. Durch die Erfassung von Cash Pooling Systemen als mögliche Tatbestände existenzvernichtender Haftung[84] hat die Haftungsfigur enorme praktische Bedeutung.[85] Teilweise wurde die Erstreckung der Haftung wegen existenzvernichtenden Eingriffs auf Gesellschafter ausländischer Gesellschaften ohne weiteres verneint,[86] teilweise bejaht[87] jedenfalls dann, wenn die haftungsbegründende Handlung in Deutschland vorgenommen wurde.[88] Die Frage der Anwendbarkeit dieser Haftungsfigur hängt wesentlich von ihrer dogmatischen Konstruktion und Ausgestaltung ab. Der BGH hatte die Existenzvernichtungshaftung in Ablösung zur Haftung im qualifiziert faktischen Konzern zunächst als Fall des Missbrauchs der Rechtsform entwickelt.[89] Damit war die Frage aber nicht beantwortet. So war die dogmatische 32

---

80 Sec. 423 Insolvency Act 1986.
81 (1998) 2 BCLC 447.
82 Lordrichter *Hobhouse* auf S. 458.
83 *Mayson/French/Ryan* 5.3.7, S. 132; *von Hase* BB 2006, 2141 (2142 f.).
84 *Kiethe* DStR 2005, 1573; *Fleischer* NJW 2004, 2867 (2869). Bei dem Fall BGH NJW 2001, 3622 – Bremer-Vulkan – handelte es sich um die Existenzvernichtung einer GmbH durch Einbindung in ein ungesichertes konzernweites Cash Pooling.
85 Zur Bewertung vgl. z. B. *Wackerbarth* ZIP 2005, 877 (885) (»*entbehrlich*«), sowie einerseits *Keßler* GmbHR 2005, 257 (265) (»*verfestigte und dogmatische schlüssige Haftungsordnung*«) und andererseits *Rubner* DStR 2005, 1694 (1700) (»*verbotene Rechtsfortbildung contra legem*«).
86 AG Bad Segeberg NZG 2005, 762 (nicht rkr., vgl. LG Kiel BB 2006, 1468); *Rubner* DStR 2005, 1694 (1700) m. w. N. in Fn. 91; *Schumann* DB 2004, 743 (748).
87 *Leutner/Langner* ZInsO 2005, 575 (576) m. w. N. in Fn. 2.
88 *Wachter* GmbHR 2003, 1254 (1257).
89 BHG NJW 2001, 3622 (3623) – Bremer-Vulkan; bestätigt und weitergeführt in BGH NJW 2002, 3024 – KBV; BGH NJW-RR 2005, 681 (nur Leitsätze) = NZG 2005, 214; BGH NJW-RR 2005, 335; BAG BB 2005, 2993; BGH NJW 2005, 145, sowie zur Strafbarkeit BGH NJW 2004, 2248.

Herleitung äußerst strittig (gesellschafts-[90], delikts-[91], insolvenzrechtlich[92] oder Mehrfachqualifikation als zugleich gesellschafts-, delikts- und insolvenzrechtliche Haftung[93] sowie sonstige Modelle wie etwa als Haftung aus dem »*Prinzip der Kapitalgesellschaft*« heraus[94]). Der BGH entschied sich aber schließlich, diese Haftung als Fall der **sittenwidrigen vorsätzlichen Schädigung** nach § 826 BGB zu konstruieren.[95] Dabei wird teilweise unterstellt, dass die Einordnung als Deliktstatbestand gerade deswegen erfolgte, um die Haftung **auf Auslandsgesellschaften ausdehnen** zu können,[96] was von einigen Stimmen so angeregt worden war.[97] Der BGH-Ansatz hat nicht jeden überzeugt; in der Literatur wird weiterhin um die richtige Einordnung gestritten.[98] Nicht zu übersehen ist aber, dass die Einordnung unter § 826 BGB wegen der hohen auch subjektiven[99] Anforderungen zu einer Verengung der Haftungsfigur führt.

III. Voraussetzungen für die Anwendung deutschen Deliktsrechts

33 Wird die Existenzvernichtungshaftung deliktsrechtlich begriffen[100], so stellt sich die Frage, ob das **deutsche Deliktsrecht überhaupt herangezogen** werden kann. Dabei ist zu unterscheiden:

34 Für Schadensereignisse, die sich **vor dem 11.01.2009** ereignet haben, wäre deutsches Deliktsrecht anwendbar, wenn der **Handlungs- bzw. Erfolgsort in Deutschland** lag.[101] Für Ereignisse **ab dem 11.01.2009**[102] ist die **Rom II-VO** vorrangig, die in ihrem Art. 4 Abs. 1 als Grundregel nur auf das Recht des Ortes abstellt, in dem der Schaden eintritt (**Erfolgsort**). Ein **gemeinsamer gewöhnlicher Aufenthaltsort der Deliktsbeteiligten** verdrängt jedoch diese Grundregel,[103] wobei für den gewöhnlichen Aufenthalt einer Limited auf den Ort ihrer Hauptverwaltung abzustellen ist.[104]

---

90 *Burg* GmbHR 2004, 1379; *Bruns* NZG 2004, 409 f.; *Triebel/von Hase/Melerski/von Hase* 2. Teil Rn. 347; *Schumann* DB 2004, 743 (748); *Pannen/Riedemann* NZI 2005, 413 (414); *Spahlinger/Wegen*, C X 3. c Rn. 343; *Ulmer* NJW 2004, 1201 (1207); wohl auch *Keßler* GmbHR 2005, 257 (259 f.); a. A. *Wackerbarth* ZIP 2005, 877 (885) (»*nicht in Betracht*«).
91 *Bayer* BB 2003, 2357 (2365); *Reithmann/Martiny/Hausmann* Rn. 2291c; *Meilicke* GmbHR 2003, 793 (806); vgl. auch *Zimmer* NJW 2003, 3585 (3588 f.)
92 *Altmeppen* NJW 2004, 97 (100); *Wackerbarth* ZIP 2005, 877 (885); *Weller* DStR 2003, 1800 (1804); *Zimmer* NJW 2003, 3585 (3589).
93 FS Jayme/*Kindler* 409 (416 f.); nunmehr als zugleich delikts- und insolvenzrechtliche Haftung MüKo BGB/*Kindler* IntGesR Rn. 643 f.
94 *Röhricht* ZIP 2005, 505 (513).
95 BGH NJW 2007, 2689 – TRIHOTEL; BGH NJW 2009, 2127 – Sanitary.
96 *Gehrlein* WM 2008, 761 (769).
97 Reithmann/Martiny/*Hausmann* Rn. 2291c m. w. N. Trotz deliktsrechtlicher Einordnung rät Hirte/Bücker/*Hirte* § 1 III Rn. 69 zur Vorsicht, da dennoch die Haftungsanordnung an der Niederlassungsfreiheit zu messen sei und unverhältnismäßig sein könne.
98 Für eine gesellschaftsrechtliche Einordnung weiterhin z. B. *Gehrlein* WM 2008, 761 (769); Michalski/*Michalski/Funke* § 13 Rn. 449; *Schanze* NZG 2007, 681 (685); wohingegen andere eine parallel weiterhin bestehende gesellschaftsrechtliche Haftung postulieren, vgl. *Altmeppen* NJW 2007, 2657 (2660); *Vetter* BB 2007, 1965. Eine insolvenzrechtliche Einordnung befürworten *Kühnle/Otto*, IPRax 2009, 117 (120), eine Mehrfachqualifikation insolvenz- und deliktsrechtlich MüKo BGB/*Kindler* IntGesR Rn. 643 f. und wohl auch MüKo GmbHG/*Weller* Einl. 423.
99 *Altmeppen* NJW 2007, 2657 (2659); vgl. aber auch *Gehrlein* WM 2008, 761 (764), der auf subjektiver Ebene keine besondere Schwierigkeiten erkennt, da bedingter Vorsatz genügt.
100 MüKo BGB/*Junker* Art. 1 Rom II-VO Rn. 39.
101 Art. 40 Abs. 1 S. 1 und 2 EGBGB.
102 So jedenfalls die h. M., vgl. MüKo BGB/*Junker* Art. 31, 32 Rom II-VO Rn. 4 m. w. N.; a. A. *Glöckner* IPRax 2009, 121: ab 20.08.2007; *Jayme/Kohler*, IPRax 2007, 493 (494) Fn. 17, halten die Art. 31 und 32 Rom II-VO für widersprüchlich (Redaktionsversehen).
103 Art. 4 Abs. 2 Rom II-VO. S. aber auch Art. 4 Abs. 3 Rom II-VO, wonach bei engerer Verbindung mit einem anderen Staat dessen Recht anzuwenden ist.
104 Art. 23 Abs. 1 Rom II-VO.

D. Haftung für existenzvernichtenden Eingriff   § 93

Ob allerdings die **Rom II-VO** überhaupt auf die Durchgriffshaftung Anwendung findet, ist **unklar**. 35
Denn Art. 1 Abs. 2d) Rom II-VO nimmt außervertragliche Schuldverhältnisse, die sich aus dem Gesellschaftsrecht ergeben, wie z. B. die Frage der »persönlichen Haftung der Gesellschafter und der Organe für die Verbindlichkeiten einer Gesellschaft«, von ihrem Anwendungsbereich aus. Die Kommission war der Ansicht, dass sich diese Haftungsfragen nicht von dem für die jeweilige Unternehmensform geltenden Recht trennen ließen, so dass solche Ansprüche, auch wenn es sich um deliktsrechtliche Ansprüche handelte, nicht nach der Rom II-VO anzuknüpfen seien, sondern dem Gesellschaftsstatut unterliegen sollten.[105] Die Reichweite des Ausschlusstatbestandes ist jedoch nicht klar. Folgende Möglichkeiten sind denkbar:[106]

– Vom Anwendungsbereich ausgenommen sind lediglich die genuin gesellschaftsrechtlichen Haftungsfragen, also die ganz grundsätzliche Frage, wie ein Gesellschafter kraft seiner Gesellschafterstellung für Verbindlichkeiten seiner Gesellschaft haftet (z. B. volle Haftung eines OHG-Gesellschafters im Vergleich zur beschränkten Haftung von GmbH-Gesellschaftern), also gerade nicht die Fälle deliktischer Haftung.
– Dagegen lässt der Wortlaut ohne Probleme auch die Auslegung zu, wonach vom Ausschluss auch Fälle erfasst werden, in denen Gesellschafter (oder Geschäftsleiter) aufgrund eines schuldhaften Fehlverhaltens einem sonst nicht bestehenden Haftungsdurchgriff ausgesetzt werden.

Welche Auslegung die richtige ist, steht laut *G. Wagner* »**in den Sternen**«. Jedenfalls ist die Rom 36
II-VO gemeinschaftsrechtlich autonom auszulegen.[107]

Soweit erkennbar, gehen die Autoren, die sich mit dieser Anwendungsfrage beschäftigen, davon aus, 37
dass die Durchgriffs- bzw. Existenzvernichtungshaftung entweder gesellschaftsrechtlich qualifiziert wird, so dass sie vom Anwendungsbereich der Rom II-VO ausgeschlossen ist, oder deliktsrechtlich einzuordnen ist, so dass die Rom II-VO dann Anwendung fände.[108] Bei **gesellschaftsrechtlicher Qualifikation** käme allein **englisches Recht** zur Anwendung, bei **deliktsrechtlicher Qualifikation** mit Anwendung der Rom II-VO wäre das anwendbare Recht angeblich nach Art. 4 Rom II-VO zu bestimmen. Dagegen erscheint Folgendes richtig:

Die Ansiedlung der Existenzvernichtungshaftung durch den BGH als Fall einer Haftung wegen sit- 38
tenwidriger vorsätzlicher Schädigung nach § 826 BGB bedeutet nicht eine bloße Umetikettierung, sondern den Wechsel von einer verschuldensunabhängigen Durchgriffshaftung wegen Missbrauchs der Gesellschaftsform[109] zu einer Innenhaftung wegen eines objektiv sittenwidrigen und besonders verwerflichen Verhaltens mit Schädigungsvorsatz. Dies spricht dafür, dass diese Haftung auch in der Optik der Rom II-VO als deliktische Haftung aufzufassen ist. Allerdings führt dies **nicht zu einer Anwendung der Rom II-VO**, weil die Bereichsausnahme des Art. 1 Abs. 2d) Rom II-VO auch eine solche außervertragliche deliktische Haftung des Gesellschafters umfasst.[110] Das anwendbare Recht bestimmt sich somit weiter **nach dem nationalen IPR**, für deutsche Gerichte somit nach **Art. 40 EGBGB**.[111]

---

105 MüKo BGB/*Junker* Art. 1 Rom II-VO Rn. 36.
106 *G. Wagner* IPRax 2008, 1(2).
107 MüKo BGB/*Junker* vor Art. 1 Rom II-VO Rn. 30.
108 MüKo BGB/*Junker* Art. 1 Rom II-VO Rn. 39; *Kühnle/Otto*, IPRax 2009 117 (120); MüKo GmbHG/*Weller* Einl. 417; Scholz/*H.-P. Westermann* Anhang § 4a Rn. 68.
109 *Karsten Schmidt* NJW 2001, 3577.
110 Sowohl auch Henssler/Strohn/*Servatius*, GesellschaftsR, IntGesR Rn. 118.
111 Zum gleichen Ergebnis gelangen (ohne allerdings das Problem zu diskutieren) z. B. Müller/Winkeljohann/Erle/Berberich § 1 Rn. 122; *Just* Rn. 93 Fn. 170; *H. Müller* 144.

IV. Europarechtliche Zulässigkeit

39 Vielfach werden **Zweifel** angemeldet, ob eine auf § 826 BGB gestützte Existenzvernichtungshaftung bei Auslandsgesellschaften Anwendung finde[112]. Soweit diese Bedenken wegen eines möglichen Verstoßes gegen die europarechtliche Niederlassungsfreiheit formuliert werden, sind sie **unbegründet**. Zwar setzt die Haftungsfigur ein gesellschaftsrechtliches Verhältnis voraus und wird durch das anwendbare Gesellschaftsrecht mit konturiert, aber sie sanktioniert lediglich ein krasses Missverhalten mit Schädigungsvorsatz, das in seiner Gesamtbewertung als sittenwidrig erscheinen muss. Die Beurteilung der Sittenwidrigkeit kann dabei nicht umhin gehen, diejenigen Anforderungen an das redliche Verhalten eines Gesellschafters zu berücksichtigen, die das jeweils anwendbare Gesellschaftsrecht – bei einer Limited also das englische Recht – zu Grunde legt. Wollte man in dieser Konstruktion überhaupt einen Rechtssatz sehen, der sich als **Beschränkungen der Niederlassungsfreiheit** von EU-Auslandsgesellschaften auswirkt, so wäre dessen Anwendung dennoch **gerechtfertigt**. Als einer der zwingende Gründe des Allgemeininteresses, die eine Einschränkung der Niederlassungsfreiheit rechtfertigen, zählt der EuGH auch die **Lauterkeit des Handelsverkehrs**[113] und des Geschäftslebens. Der EuGH betont darüber hinaus, dass eine Berufung auf die Niederlassungsfreiheit nicht möglich ist, wenn **Missbrauch**[114] oder **betrügerische Umtriebe**[115] im konkreten Fall nachgewiesen werden.

E. Umgekehrter Durchgriff nach englischem Recht

40 Das deutsche Recht lässt keinen umgekehrten Durchgriff zu, so dass es keine Haftung der Gesellschaft für Schulden ihres Gesellschafters vorsieht.[116] Das **englische Recht** lässt hingegen einen **umgekehrten Durchgriff** zu, wenn ein beherrschender Gesellschafter seine Gesellschaft rechtsmissbräuchlich (*abuse of the corporate form*) nutzt, um eigenen Verpflichtungen zu entgehen.[117] In den entsprechenden Urteilsbegründungen taucht immer wieder die Wendung auf, die entsprechende Gesellschaft sei ein **Schwindel** (*sham*) gewesen. So etwa im Fall *Jones vs. Lipman*[118]*:* dort hatte der Beklagte Lipman dem Kläger Jones Land verkauft. Vor der Übertragung an den Kläger übertrug der Beklagte die Grundstücke allerdings auf eine Gesellschaft, deren Gesellschafter und *director* er zusammen mit einem Strohmann war. Der *High Court* verurteilte sowohl Herrn Lipman persönlich als auch dessen Gesellschaft gesamtschuldnerisch auf Erfüllung. Dies wurde wie folgt begründet:[119]

41 »*The defendant company is the creature of the first defendant, a device and a sham, a mask which he holds before his face in an attempt to avoid recognition by the eye of equity.*«

42 Im Fall *Gilford Motor Co. Ltd.*[120] unterstand Herr Horne einer Kundenschutzklausel zu Gunsten seines vorhergehenden Arbeitgebers. Er veranlasste deswegen seine Ehefrau und einen Geschäftsfreund, eine Gesellschaft zu gründen, über die er die alten Kunden zu Abwerbezwecken anschrieb. Der alte Arbeitgeber erwirkte eine Unterlassungsverfügung gegen Herrn Horne sowie die neue Gesellschaft. Der *Court of Appeal* bezeichnete die Neugründung als »*agent*«, der »*under his* [Herr Hornes] *direction*« stand. Deshalb verurteilte das Gericht sowohl Herrn Horne als auch die Gesellschaft, die Kundenabwerbung zu unterlassen. Mit »*agent*« war allerdings kein Vertretungsverhältnis gemeint,

---

112 *Gehrlein* WM 2008, 761 (769): »nicht unbesehen«; *Hirte* NJW 2008, 964 (968): »jedenfalls nicht unmittelbar«; *Weller* ZIP 2007, 1681 (1689): »nicht ohne Weiteres«.
113 EuGH NJW 2003, 3331 (3334) – Inspire Art (Tz. 140).
114 EuGH NJW 2003, 3331 (3334) – Inspire Art (Tz. 105).
115 EuGH NJW 1999, 2027 (2029) – Centros (Tz. 39).
116 Michalski/*Michalski*/*Funke* § 13 Rn. 450.
117 *Mayson/French/Ryan* 5.3.7, S. 131 ff. Kritisch zur Formel »*abusing the corporate* structure« als eigenständige Fallgruppe des *Supreme Court* in *VTB Capital plc v Nutritek International Corp* (2013) UKSC 5 (Tz. 143 f).
118 (1962) 1 WLR 862.
119 Richter *Russel* auf S. 864.
120 (1933) Ch 935.

denn das Gericht begründete seine Entscheidung wieder unter Hinweis auf die Gesellschaft als Schwindel (*sham*):

> »*I am quite satisfied that this company was formed as a devise, a stratagem, in order to mask the effective carrying on of a business of Mr. E B Horne. The purpose of it was to try to enable him, under what is a cloak or sham, to engage in business which (...) was a business in respect of which he had a fear that the plaintiffs might intervene and object.*« 43

Mit vergleichbarer Begründung dehnten englische Gerichte in mehreren Fällen Arrestverfügungen auf Gesellschaften aus, in denen der Antragsgegner Vermögensgegenstände mit Blick auf den Gläubigerzugriff ausgelagert hatte.[121] Im **deutschen Recht** würde dasselbe Ergebnis **über § 826 BGB (sittenwidrige vorsätzliche Schädigung)** erreicht.[122] 44

---

121 *Mayson/French/Ryan* 5.3.7, S. 132.
122 Staudinger/*Oechsler* § 826 Rn. 228: Haftung des Zweiterwerbers beim kollusiven Zusammenwirken von Verkäufer und Zweitkäufer in Fällen des Doppelverkaufs.

§ 94 Streitigkeiten bei Be- und Anstellung der Geschäftsführer

Übersicht

	Rdn.			Rdn.
A. Die Rolle der *directors* als Geschäftsleitung	1		4. Folge von Satzungsverstößen	12
I. Lückenhafte gesetzliche Regelung und Mustersatzung	1	C.	Schutz gutgläubiger Dritter bei Bestellungsmängeln	13
II. Verhältnis zur Gesellschafterversammlung	3	D.	Abberufung vom Amt und Kündigung des Dienstvertrages	15
B. Bestellung der *directors* und Dienstvertrag	4	I.	Recht zur jederzeitigen Abberufung	15
I. Die Organbestellung	5	II.	Abwehrmöglichkeiten des *directors*	19
II. Der Dienstvertrag und Schutz vor Übervorteilung	6		1. Abberufungsrecht unabdingbar	19
1. Höchstbindungsdauer von 2 Jahren	7		2. Aushebelung durch *shareholders' agreement*	21
2. Keine Höchstbindungsdauer bei deutscher Rechtswahl	8		3. Aushebelung durch satzungsmäßige Mehrfachstimmrechte	22
3. Vergütungshöhe und Überprüfungsmöglichkeiten	9		4. *Entrenched provisions* und *unfair prejudice*	23
		III.	Beendigung des Dienstvertrages und Schadensersatz	24

A. Die Rolle der *directors* als Geschäftsleitung

I. Lückenhafte gesetzliche Regelung und Mustersatzung

1 Eine Limited muss mindestens einen *director* haben[1] und mindestens einer der *directors* muss eine natürliche Person sein.[2] Das **Companies Act 2006** sagt aber erstaunlich wenig zur Rolle, die diesen *directors* zukommt. Obwohl das neue Gesetz die **Loyalitäts-, Treue- und Sorgfaltspflichten** der *directors* weitgehend **kodifiziert** hat, schweigt es sich über deren allgemeine Aufgaben und Befugnisse aus. Lediglich punktuell finden sich Angaben. So ist es ausdrücklich Aufgabe der *directors*, für jedes Geschäftsjahr Jahresabschlüsse zu erstellen,[3] aber es gibt keine Vorschrift, die den *directors* allgemein die **Geschäftsführung** und die **Vertretung** der *company* zuweisen würde. Keine Regelung besteht ferner zur **internen Struktur** der Geschäftsleitung, also zum Umstand, dass mehrere *directors* einen *board of directors* bilden, ob ein solcher *board* mit *executive* und *non-executive directors* besetzt wird oder ob neben dem *board of directors* wie im deutschen Aktiengesellschaften ein Aufsichtsrat (*supervisory board*) gebildet wird.

2 Die **Funktionen und Befugnisse** der *directors* sowie ihre Organisation in einem *board* ergeben sich vielmehr **aus der Verfassung der Limited**, insbesondere also aus deren Satzung (*articles*), aber auch aus ergänzenden Gesellschafterbeschlüssen, die mit satzungsändernder Mehrheit gefasst wurden.[4] Soweit die konkrete Verfassung der Limited diese Fragen nicht regelt, greift ergänzend die **gesetzliche Mustersatzung (*model articles*)**[5] ein: die Mustersatzung gilt als Teil der Verfassung der Limited, soweit in den *articles* der Limited nebst ergänzenden Beschlüssen die Anwendbarkeit einzelner Bestimmungen der Mustersatzung nicht ausgeschlossen oder hierzu eine abweichende Regelung getroffen wurde.[6]

---

1 Sec. 154 (1) CA 2006.
2 Sec. 155 (1) CA 2006. Ein Reformvorhaben sieht aber vor, sec. 155 (1) CA 2006 durch einen neuen sec. 155A CA 2006 zu ersetzen, wonach grundsätzlich nur natürliche Personen *directors* sein können, wobei gem. sec. 155B CA 2006 n. F. der *Secretary of State* ermächtigt würde, für besondere Fälle auch juristische Personen zuzulassen (sog. *corporate directors*).
3 Sec. 394 CA 2006.
4 Sec. 17 i. V. m. 29 CA 2006; vgl. auch in Gower and Davies'/*Davies*, Rn 14–1 ff.
5 Sec. 19 CA 2006. Zu den Mustersatzungen für Gesellschaften, die vor dem 01.10.2009 gegründet wurden, vgl. *Heinz/Hartung*, Kap. 5 Rn. 13 ff., S. 40.
6 Sec. 20 (1) (B) CA 2006.

II. Verhältnis zur Gesellschafterversammlung

Man könnte nun vermuten, dass die fehlende gesetzliche Ausgestaltung der Rolle der *directors* dazu führen müsste, dass ihre Stellung gegenüber der Gesellschafterversammlung ausgesprochen schwach ausfällt. Dem ist jedoch in der **Praxis** nicht so. Zwar hoben die Gerichte ursprünglich darauf ab, dass die Gesellschafterversammlung das oberste Organ einer *company* sei, wohingegen den *directors* lediglich die Rolle von a*gents* zukomme[7], so dass ihnen die Gesellschafter jederzeit durch einen mehrheitlichen Gesellschafterbeschluss bindende Weisungen sollten erteilen können.[8] Allerdings setzte sich dann die Erkenntnis durch, dass die **Weisungsbefugnis** von der **satzungsmäßigen Verteilung der Aufgaben und Befugnisse** zwischen *directors* und Gesellschafterversammlung abhänge. Weise die Satzung den *directors* die Geschäftsführung zu, ohne die Möglichkeit von Weisungen durch die Gesellschafter ausdrücklich vorzusehen,[9] dann stehe die Geschäftsführung eben alleine den *directors* zu, was Weisungen ausschließe.[10] Als Reaktionsmöglichkeit verbleibt den **Gesellschaftern** (1.) eine **Satzungsänderung** mit der nötigen ³/₄-Mehrheit der Stimmen,[11] so dass den *directors* Geschäftsführungskompetenzen entzogen oder ein Weisungsrecht zu Gunsten der Gesellschafter vorgesehen wird, (2.) die **Nicht-Verlängerung** des Mandats des *directors*[12] oder (3.) die **jederzeitige Abberufung** von *directors* durch einfachen Gesellschafterbeschluss.[13] Sind sich allerdings alle Gesellschafter einig, so ist darüber hinaus anerkannt, dass sie einvernehmlich Weisungen beschließen können, die ebenfalls bindend sind.[14]

B. Bestellung der *directors* und Dienstvertrag

Auch das englische Recht kennt die Unterscheidung zwischen einerseits der **Organstellung** und andererseits dem **schuldrechtlichen Dienst- oder Anstellungsvertrag**, der die wechselseitigen Pflichten bei der Ausübung des Amtes regelt.

I. Die Organbestellung

Die Organbestellung erfolgt durch **Gesellschafterbeschluss**, es sei denn in der Satzung ist dies abweichend geregelt.[15] **Häufig** sehen die *articles* vor, dass neue *directors* vorrangig durch den **board of directors**, also durch die verbleibenden *directors*, bestellt werden.[16] Die *model articles* für Limiteds sehen nebeneinander die Bestellungsmöglichkeit durch Gesellschafterbeschluss mit einfacher Mehrheit (*ordinary resolution*) oder durch die *directors* vor.[17] Möglich ist es allerdings auch, dass das Bestellungsrecht nur **bestimmten Gesellschaftern** oder **sogar Dritten** außerhalb der Gesellschaft vorbehalten ist.[18] Allerdings wäre das Bestellungsrecht eines Dritten **gerichtlich nicht durchsetzbar**. Die *articles* erzeugen vertragliche Bindungen zwischen der Gesellschaft und den Gesellschaftern so-

---

7 Vgl. *Just*, Rn. 156, wonach die Rechtstellung eines *directors* sich aus der Zusammenschau verschiedener Beziehungen zur Gesellschaft charakterisieren lasse: er sei ihr Vertreter (*agent*), Treuhänder (*trustee*) und berufsmäßiger Berater (*professional advisor*).
8 Gower and Davies'/*Davies*, Rn 14–3.
9 Was üblich ist, vgl. *Heinz/Hartung*, Kap. 7 Rn. 8, S. 53.
10 *Automatic Self-Cleansing Filter Syndicate Co Ltd v Cuninghame* (1906) 2 Ch 34; *Quin & Axtens Ltd v Salmon* (1909) AC 442; *John Shaw & Sons (Salford) Ltd v Shaw* (1935) 2 KB 113.
11 Sec. 21 (1) i. V. m. 283 (1) CA 2006.
12 *John Shaw & Sons (Salford) Ltd v Shaw* (1935) 2 KB 113 (134).
13 Sec. 168 CA 2006.
14 Gower and Davies'/*Davies*, Rn. 14–7, der allerdings darauf verweist, dass die Frage gerichtlich noch nicht entschieden sei.
15 Boxell/*Hale*, Ziff. 2.2.5, Seite 34.
16 *Just*, Rn. 138.
17 Sec. 17 (1) Model Articles.
18 Gower and Davies'/*Davies*, Rn. 14–10.

II. Der Dienstvertrag und Schutz vor Übervorteilung

6 Das Companies Act 2006 definiert zwar, was unter einem Dienstvertrag für *directors* (*directors' service contract*) zu verstehen sei,[22] regelt jedoch nicht, wem auf Seiten der Gesellschaft **Abschlussvollmacht** zukomme. **Nach *common law*** war hierfür die **Gesellschafterversammlung** zuständig.[23] Üblicherweise wird dieses Recht in der **Satzung** jedoch dem ***board of directors*** zugewiesen,[24] wobei der *director*, um dessen Dienstvertrag es geht, selbst kein Stimmrecht haben soll (so z. B. auch bei der Frage einer Gehaltserhöhung).[25] Es besteht allerdings die Gefahr, dass sich die *directors* wechselseitig unmäßig günstige Bedingungen zuschanzen. Dem versucht das englische Recht wie folgt zu begegnen:

1. Höchstbindungsdauer von 2 Jahren

7 Die Gesellschaft wird dagegen geschützt, dass ein *director* einen überlangen Vertrag erhält. Dazu sieht das Companies Act 2006 vor, dass Dienstverträge, die nicht innerhalb **von 2 Jahren** durch Kündigung beendet werden können oder von alleine auslaufen (*guaranteed term*), eines **zustimmenden Gesellschafterbeschlusses** bedürfen.[26] Ein **Verstoß** gegen das Zustimmungserfordernis führt dazu, dass die Regelung zur Dauer des Dienstvertrages nichtig ist und die Gesellschaft berechtigt ist, den Vertrag **jederzeit mit** einer **angemessenen Kündigungsfrist** (***reasonable notice***) zu kündigen.[27] Wie lange eine angemessene Kündigungsfrist ist, hängt von den Umständen ab. Soll die gesetzliche Regelung nicht leerlaufen, muss die Frist regelmäßig deutlich unter 2 Jahren liegen.[28]

2. Keine Höchstbindungsdauer bei deutscher Rechtswahl

8 Ob diese englische Regelung zur Höchstbindungsdauer aber auch dann Anwendung findet, wenn der Dienstvertrag **deutschem Recht unterstellt** wird, ist sehr **zweifelhaft**. Vorab ist festzustellen, dass der **Dienstvertrag** nicht dem Gesellschaftsstatut (das wäre bei einer Limited stets englisches Recht), sondern dem **Vertragsstatut** unterliegt.[29] Das anwendbare Recht bestimmt sich also nach der Rom I-VO[30], so dass die Wahl deutschen Rechts möglich wäre.[31] Deutsches Recht kennt aber eine solche Höchstbindungsdauer nicht. Dass die englische Regelung als Eingriffsnorm im Sinne von Art. 9 Abs. 1 Rom I-VO anzusehen wäre und sich dennoch durchsetzen könnte, liegt fern. Allerdings dürfte ein Verstoß gegen die zulässige Höchstbindungsdauer eine **Pflichtwidrigkeit** derjenigen darstellen, die auf Seiten der Gesellschaft den Vertrag mit dem *director* abschließen und ggf. **Schadensersatzansprüche** auslösen.

---

19 Sec. 33 (1) CA 2006; *Ringe/Otte* in *Triebel/Illmer/Ringe/Vogenauer/Ziegler*, V § 3 Rn. 71; *Heinz/Hartung*, Kap. 5 Rn. 8, S. 39.
20 Gower and Davies'/*Davies*, Rn. 3–16 ff. und 14–20.
21 Boxell/*Hale*, Ziff. 2.2.7, Seite 42.
22 Sec. 227 CA 2006.
23 Gower and Davies'/*Davies*, Rn. 14–13.
24 *Farr/Coleman* in Boxell, Ziff. 6.3, Seite 225.
25 Gower and Davies'/*Davies*, Rn. 14–13.
26 Sec. 188 (2) (A) CA 2006.
27 Sec. 189 CA 2006.
28 Vgl. auch Gower and Davies'/*Davies*, Rn. 14–23, Fn. 137.
29 *Süß* in *Süß/Wachter*, § 1 Rn. 76; *Heinz/Hartung*, Kap. 4 Rn. 12, S. 36.
30 Das Vereinigte Königreich hat nachträglich entschieden, eine *opt in*-Erklärung abzugeben, so dass die Rom I-VO seit dem 17.12.2009 auch im Verhältnis zum Vereinigten Königreich gilt.
31 Vgl. Art. 3 Abs. 1 Rom I-VO. Zur Reichweite von Art. 1 Abs. 2 lit. f Rom I-VO, wonach das Gesellschaftsrecht nicht erfasst wird, vgl. *Martiny* in *MüKo-BGB*, Bd. 10, Art. 1 Rom I-VO Rn. 59 ff.

3. Vergütungshöhe und Überprüfungsmöglichkeiten

Ein besonders kritischer Punkt ist die zu vereinbarende **Höhe der Vergütung**. Ist die Entscheidung 9
den jeweiligen *director*-Kollegen überlassen, besteht eine besonders deutliche Gefahr wechselseitiger Gefälligkeiten (***risk of** »mutual back scratching«*) durch Herausbildung eines ungerechtfertigt hohen Vergütungsniveaus.[32] Dagegen gerichtlich anzugehen ist schwierig. Folgende Argumentationslinien erscheinen erfolgversprechend, um gegen eine zu hohe Vergütung vorzugehen:
- Die Gesellschafter können geltend machen, die Vereinbarung einer übertriebenen Vergütung für einen *director* stelle eine **unangemessene Benachteiligung (*unfair prejudice*) der Gesellschaft** dar. Dieses Argument ist selbst in den Fällen möglich, in denen die Vergütung durch Gesellschafterbeschluss festgesetzt worden war. Erfolg wird man jedoch **nur** haben, **wenn** die Vergütung **krass übersetzt** ist, so dass ein überaus deutliches Missverhältnis zur Größe der Gesellschaft und der mit dem Amt verbundenen Verantwortung festzustellen ist.
- Ist der *director* gleichzeitig auch Gesellschafter, können die Mitgesellschafter auch einwenden, dass unter dem Etikett der Vergütung als *director* tatsächlich eine **Dividendenauszahlung** erfolgt.[33] Fehlen entsprechende Gewinne wäre dies verboten (Grundsatz der Kapitalerhaltung – *maintenance of capital*).[34]

Lässt sich das Gericht von solchen Argumenten überzeugen, bestimmt es die Höhe der angemesse- 10
nen Vergütung nach **objektiven Marktkriterien**.[35]

Obwohl das englische Recht die *directors* ausgeprägten Treuepflichten gegenüber der Gesellschaft 11
unterwirft, wird hieraus nicht geschlossen, dass *directors* verpflichtet seien, bei einer schlechten wirtschaftlichen Entwicklung ihrer Gesellschaft mit einem **Verzicht auf** vertragliche (Bonus-) Zahlungen zu reagieren.[36]

4. Folge von Satzungsverstößen

Widerspricht eine Regelung des Dienstvertrages einer Satzungsbestimmung zu den Befugnissen des 12
directors, seinen Stimmrechten im *board* o. Ä., so führt dies zur Nichtigkeit der entsprechenden Regelung im Dienstvertrag[37], ggf. also sogar zur Gesamtnichtigkeit des schuldrechtlichen Vertrages. Dies dürfte auch bei einem Dienstvertrag gelten, auf das deutsches Recht anwendbar ist.[38]

C. Schutz gutgläubiger Dritter bei Bestellungsmängeln

Zum **Schutze gutgläubiger Dritter** bestimmt das Companies Act 2006[39], dass **Rechtshandlungen** 13
einer Person, die als *director* tätig wird, für die Gesellschaft **bindend** sind, auch wenn sich im Nachhinein herausstellen sollte:
a. dass seine **Bestellung fehlerhaft** war;
b. dass er von der Ausübung des Amtes eines *directors* **ausgeschlossen** war (***disqualified***)[40];
c. dass seine Stellung als *director* **beendet** war oder
d. dass er **nicht berechtigt** war, im *board* zu einer bestimmten Frage mit abzustimmen.

---

32 Gower and Davies'/*Davies*, Rn. 14–13.
33 Gower and Davies'/*Davies*, Rn. 14–14 unter Verweis auf *Halt Garage* (1982) 3 All E. R. 1016.
34 *Triebel* in Triebel/von Hase/Melerski, 1. Teil, Rn. 121.
35 *Irvine v Irvine (No 1)* (2007) BCLC 349 (421).
36 *Farr/Coleman* in Boxell, Ziff. 6.6.1.2, S. 236, unter Verweis auf die Entscheidung *Fish v. Dresdner Kleinwort* (2009) EWHC 2246. Dieser Fall betraf jedoch keinen *director*, sondern *senior employees*, so dass die Frage offen sein dürfte.
37 *Farr/Coleman* in Boxell, Ziff. 6.3, Seite 225.
38 Angedeutet von *Süß* in Süß/Wachter, § 1 Rn. 76.
39 Sec. 161 CA 2006.
40 Zum Ausschluss von Personen vom *director*-Amt gemäß dem Company Directors Disqualification Act 1986 vgl. *Ringe/Otte* in Triebel/Illmer/Ringe/Vogenauer/Ziegler, V § 7 Rn. 217.

14 Die gesetzliche Vorschrift als Kodifizierung der sog. »indoor management rule« geht auf einen Fall zurück, in dem eine Bank eine Scheckauszahlung vornahm, die von zwei *directors* einer *Company* angeordnet worden war, deren Bestellung fehlerhaft war. Die Bank hatte jedoch vom *companies secretary* (dessen Bestellung ebenfalls fehlerhaft war) zuvor Kopie eines *board*-Beschlusses erhalten, wonach die fraglichen *directors* befugt waren, Schecks auszustellen. Aus den vorgelegten Unterlagen ließ sich der Mangel in der Bestellung nicht erkennen. Die Bank durfte sich deshalb auf den **gesetzten Rechtsschein** berufen und die Gesellschaft konnte den ausgezahlten Betrag nicht zurückverlangen.[41] Die **Reichweite** der gesetzlichen Bestimmung ist jedoch **unklar**. Unstreitig ist, dass ein Dritter nicht schützenswert ist, wenn er Kenntnis des entsprechenden Mangels hatte.[42] Entschieden wurde auch, dass die Vorschrift nicht über eine insgesamt fehlende Bestellung hinweg hilft.[43] Darüber hinaus wird auch behauptet, dass die Vorschrift nur gegenüber Mängeln im Bestellungsverfahren helfe, nicht jedoch, wenn die Bestellung an sich gegen das Gesetz oder die Satzung der Gesellschaft verstoße.[44] Auch ist nicht klar, in wieweit ein Dritter je nach Umständen verpflichtet ist, Erkundigungen einzuziehen.

D. Abberufung vom Amt und Kündigung des Dienstvertrages

I. Recht zur jederzeitigen Abberufung

15 Die stärkere Rolle der Gesellschafter gegenüber den *directors* wird vor allem aus der Bestimmung deutlich, wonach die Gesellschafter **jederzeit durch einfachen Gesellschafterbeschluss** die *directors* abberufen können, **unabhängig von etwaigen Vereinbarungen** im Dienstvertrag.[45] Dieses Recht ist zwingend, kann also in der Satzung nicht wirksam abbedungen werden.[46] Das Gesetz stellt jedoch klar, dass die Ausübung dieses Rechts ggf. Ersatzansprüche auf der Grundlage insbesondere des Dienstvertrages nach sich ziehen kann.[47] Unzulässig dürfte es jedoch sein, im Dienstvertrag eine Vertragsstrafe für den Fall der vorzeitigen Abberufung vorzusehen, da damit dass unabdingbare Abberufungsrecht wirtschaftlich unterlaufen würde. Unterliegt der Dienstvertrag englischem Recht, dürfte sich dieses Problem nicht stellen, da englisches Recht Vertragsstraferegelungen (*penalty*) überhaupt die Wirksamkeit versagt.

16 Zum Schutze der *directors* legt das Gesetz fest, dass der **Beschlussantrag** auf Abberufung **mindestens 28 Tage** vor der Gesellschafterversammlung, auf der der Antrag behandelt werden soll, bei der Gesellschaft anzumelden ist (*special notice*).[48] Die 28-Tage-Frist gibt der Gesellschaft ausreichend Zeit, die anderen Gesellschafter[49], aber auch den entsprechenden *director*[50] über den Beschlussantrag zu informieren. Der *director* hat daraufhin die Möglichkeit, eine angemessen lange, schriftliche Stellungnahme abzugeben und deren Verteilung an die Gesellschafter zu verlangen[51] bzw. kann – falls die Verteilung aus welchem Grund auch immer nicht rechtzeitig erfolgte – verlangen, dass seine schriftliche Stellungnahme auf der Gesellschafterversammlung verlesen wird.[52] Darüber hinaus hat der betroffene *director* auch ein persönliches Anhörungsrecht auf der Gesellschafterversammlung.[53] Allerdings ist es wiederum möglich, bei Gericht zu beantragen, dass die Versendung der

---

41 *Mahony v. East Holyford Mining Co.* (1875) LR 7 HL 869.
42 Gower and Davies'/*Davies*, Rn. 7–15 a. E.; Boxell/*Hale*, Ziff. 2.3.9, S. 57.
43 *Morris v Kanssen* (1946) AC 459, 471; *New Cedos Engineering Co Ltd, Re* (1994) 1 BCLC 797.
44 *Farr/Coleman* in Boxell, Ziff. 2.3.9, S. 57.
45 Sec. 168 CA 2006.
46 Gower and Davies/*Davies*, Rn. 14–18, Fn. 102; Boxell/*Hale*, Ziff. 2.4.5, S. 69, unter Berufung auf die Gesetzesbegründung *Explanatory Note* 68 zum CA 2006.
47 Sec. 168 (5) (A) CA 2006.
48 Sec. 168 (2) i. V. m. sec. 312 (1) CA 2006.
49 Vgl. Sec. 312 (2) und (3) CA 2006.
50 Sec. 169 (1) CA 2006.
51 Sec. 169 (3) CA 2006.
52 Sec. 169 (4) CA 2006.
53 Sec. 169 (2) CA 2006.

schriftlichen Stellungnahme sowie deren Verlesung zu unterbleiben habe, wenn sie sich als rechtsmissbräuchlich darstellen sollte (*abuse of rights*).[54] Dies ist z. B. vorstellbar, wenn die Stellungnahme des betreffenden *directors* einen erkennbar verleumderischen Inhalt aufweist.

Die **Einhaltung der 28-Tage-Frist** ist allerdings **praktisch unmöglich, wenn bereits** eine **Gesellschafterversammlung** mit anderen Tagesordnungspunkten **anberaumt** wurde und ein Gesellschafter eine Ergänzung der Tagesordnung wünscht. Denn die Ladungsfrist beträgt bei einer Limited lediglich 14 Tage[55]. Wenn der Gesellschafter nicht schon aus anderen Quellen vorab den Termin erfahren hat, so kann sein ergänzender Beschlussantrag auf Abberufung eines Geschäftsführers nicht schon 28 Tage vor der bereits angesetzten Gesellschafterversammlung bei der Gesellschaft eingehen. Das Gesetz trägt dem Rechnung, indem es bestimmt, dass es **unschädlich** ist, **wenn** die Gesellschaft nach Eingang des Beschlussantrages **zu einer Gesellschafterversammlung einlädt**, ohne die 28-Tages-Frist einzuhalten.[56] Somit kann die Tagesordnung der angesetzten Gesellschafterversammlung entsprechend ergänzt werden. Außerdem wird durch diese Regelung verhindert, dass der *board of directors* durch eine Ladung unter Missachtung der 28-Tages-Frist unbewusst den Beschlussantrag torpedieren kann. Eine neue Ladung mit verkürzter Frist kann auch durch 90 % der Gesellschafter erzwungen werden.[57] 17

Die Gesellschafter können das gesetzliche Recht auf jederzeitige Abberufung **nicht** im Wege eines Beschlusses **im schriftlichen Umlaufverfahren** (*written resolution*) ausüben.[58] Denn dies würde dem *director* seine Äußerungs- und Anhörungsrechte abschneiden. Allerdings ist es zulässig, dass die **Satzung** eine **abweichende Regelung** zur jederzeitigen Abberufung von *directors* enthält, die zum Nachteil der *directors* entsprechende Äußerungs-und Anhörungsrechte nicht vorsieht, so dass hier ein Umlaufverfahren möglich wäre.[59] 18

II. Abwehrmöglichkeiten des *directors*

1. Abberufungsrecht unabdingbar

Ein *director* kann das Abberufungsrecht **weder durch** eine **Vereinbarung** in seinem Dienstvertrag **noch** durch eine **Satzungsbestimmung** ausschließen. Insbesondere würde es **nicht** helfen, wenn die Satzung dem *director* als einem außenstehenden Dritten das **Recht zur Bestimmung der *directors*** zuwiese, denn ein solches Recht wäre gegenüber der Gesellschaft nicht durchsetzbar. Würde die Satzung einem Gesellschafter das Recht zur Bestimmung der *directors* zuweisen, verbliebe es ebenfalls bei dem zwingenden jederzeitigen Abberufungsrecht durch die Gesellschafterversammlung.[60] 19

Lediglich **verzögern** kann ein *director* die Beschlussfassung, wenn er die notwendige Mitwirkung zur Einberufung einer Gesellschafterversammlung verweigert. Entweder können dann die Gesellschafter selbst die Gesellschafterversammlung einberufen[61] oder aber eine Einberufung durch ein Gericht beantragen.[62] 20

---

54 Sec. 169 (5) CA 2006.
55 Sec. 307 (1) CA 2006, wobei durch Satzung eine längere Frist vorgesehen sein kann, Sec. 307 (3) CA 2006.
56 Sec. 312 (4) CA 2006.
57 Sec. 307 (4), (5a) und (6a).
58 Sec. 288 (2) (A) CA 2006.
59 Gower and Davies/*Davies*, Rn. 14–19, Fn. 114.
60 Gower and Davies/*Davies*, Rn. 14–18, Fn. 102.
61 Hierzu bedarf es der Einberufung durch Gesellschafter, die zusammen mehr als die Hälfte der Stimmrechte halten, Sec. 305 (1) CA 2006.
62 Sec. 306 CA 2006. Vgl. die Entscheidungen *Woven Rugs Ltd., Re* (2002) 1 BCLC 324 und *Union Music Limited v Russell Watson* (2003) 1 BCLC 453, jeweils zur Vorgängervorschrift Sec. 371 CA 1985.

2. Aushebelung durch *shareholders' agreement*

21 Durchsetzbar wäre hingegen eine direkte **vertragliche Vereinbarung mit den (Mehrheits-)Gesellschaftern**, wonach diese keine Abberufung des *directors* vor Ablauf des Dienstvertrages beschließen dürfen.[63]

3. Aushebelung durch satzungsmäßige Mehrfachstimmrechte

22 In den Fällen außerdem, in denen der *director* einer Limited auch deren Gesellschafter ist, kann er das Abberufungsrecht durch eine **Satzungsbestimmung** aushebeln, die ihm bei der Abstimmung über seine Abberufung **vermehrte Stimmrechte** zugesteht. Konkret entschieden wurde dies für eine Limited, bei der die drei Gesellschafter auch jeweils deren *directors* waren und deren Satzung vorsah, dass bei einem Antrag zur Abberufung der jeweils betroffene *director* das Dreifache seiner üblichen Stimmenmacht haben sollte und somit stets die Stimmenmehrheit.[64] Diese Entscheidung wird auch nach der Rechtsänderung durch das Companies Act 2006 noch für anwendbar gehalten – jedenfalls bei einer Limited.[65] Eine Satzungsbestimmung, die dem betroffenen Gesellschafter-*director* Mehrfachstimmrechte gewährt, könnte allerdings durch eine **Satzungsänderung** wieder abgeschafft werden. Deshalb wird dem Gesellschafter-*director* zur Sicherheit empfohlen vorzusehen, dass er **auch** bei der Abstimmung über eine solche Satzungsänderung entsprechende **vermehrte Stimmenmacht** hätte.[66]

4. *Entrenched provisions* und *unfair prejudice*

23 Alternativ erlaubt es das Gesetz, bestimmte **Satzungsbestimmungen** »einzuigeln« *(entrenched provisions)*.[67] Werden Satzungsbestimmungen »eingeigelt«, so werden in der Satzung **für deren Änderung besondere Bedingungen oder Verfahren** für erforderlich erklärt, die über die Voraussetzungen für eine sonstige Satzungsänderung hinausgehen, z. B. statt einer ³/₄-Mehrheit eine einvernehmliche Beschlussfassung.[68] Hierdurch wäre es möglich, das Mehrfachstimmrecht bei der Abstimmung über die Abberufung auf Dauer abzusichern. Wurde eine solche Regelung in die Satzung aufgenommen und keine Ausnahme für den Fall des wichtigen Grundes zur Abberufung vorgesehen, so müssten die übrigen Gesellschafter, wenn sie in der Abstimmung unterliegen, wegen *unfair prejudice* gerichtlich gegen das Beschlussergebnis vorgehen.[69] Umgekehrt könnte sich auch ein Gesellschafter-*director* darauf berufen, der Abberufungsbeschluss der Mehrheit stelle einen *unfair prejudice* ihm gegenüber dar. Erfolgsaussichten hat eine solche Argumentation, wenn der *director* auch Gründer der Limited ist und es sich um eine personalistisch strukturierte Limited handelt ähnlich einer *partnership*, so dass er bei deren Gründung die berechtigte Erwartung haben durfte, künftig an der Geschäftsführung beteiligt zu werden.[70] Hatte er aber ausreichenden oder gar einen wichtigen Grund zur Abberufung gesetzt, so stellt die Abberufung keine unangemessene Benachteiligung dar. So lag der Fall bei einer Limited mit 4 Gesellschaftern mit je 25 % Anteilen, die allesamt auch das Amt eines *directors* bekleideten. Einer von ihnen wurde von den übrigen abberufen, da er sich privat um den Erwerb und die Führung eines **Wettbewerbsunternehmens** bemüht hatte. Die Gerichte entschieden, dass insoweit kein Fall eines *unfair prejudice* vorlag. Allerdings hatten die übrigen Gesellschafter gleichzeitig beschlossen, den Jahresüberschuss nicht – wie ursprünglich beschlossen – an alle Gesellschafter gleichmäßig zu verteilen, sondern nur auf die drei verbleibenden *directors* als besondere Vergütung.

---

63 Vgl. *Thomas and others v York Trustees Ltd* (2001) All ER (D) 179; Boxell/*Hale*, Ziff. 2.2.10, S. 44 f.
64 *Bushell v Faith* (1970) AC 1099 (1109).
65 Boxell/*Hale*, Ziff. 2.4.5, S. 70 sowie Fn. 36, wonach dies für eine PLC zweifelhaft sei.
66 Boxell/*Hale*, Ziff. 2.4.5, S. 70.
67 Sec. 22 (1) CA 2006.
68 »Einigungsbestimmungen« können nur in der Gründungssatzung oder einvernehmlich durch alle Gesellschafter vorgesehen werden, sec. 22 (2) CA 2006.
69 Vgl. oben unter § 92 Rdn. 11 ff.
70 Boxell/*Hale*, Ziff. 2.4.5, Seite 71.

Dies wiederum stellte einen *unfair prejudice* dar. Die erste Instanz sprach dem benachteiligten Gesellschafter die Zahlung seines Anteils am Jahresüberschuss zu, das Berufungsgericht ging jedoch davon aus, dass Wiederholungsgefahr drohte und dem Beschwerten ein Verbleib in der Gesellschaft unzumutbar sei, weshalb die übrigen Gesellschafter ihm die Anteile zu einem gerichtlich zu ermittelnden fairen Preis abkaufen mussten.[71]

III. Beendigung des Dienstvertrages und Schadensersatz

Die Gesellschaft kann bei Vorliegen eines **wichtigen Grundes (*for cause*)** den **Dienstvertrag** des *directors* **fristlos kündigen.** Schadensersatzansprüche des *directors* bestehen dann nicht. Was als wichtiger Grund anerkannt wird, hängt vom Recht ab, dem der Dienstvertrag unterworfen ist. Bestand **kein wichtiger Grund** zur fristlosen Kündigung, so führt eine vorzeitige Abberufung zu **Schadensersatzansprüchen**, die trotz Anwendbarkeit englischen Gesellschaftsrechts nach dem Recht des Dienstvertrages durchsetzbar sind.[72] Es wird in England deswegen häufig vereinbart, dass der **Dienstvertrag automatisch mit Beendigung des Amtes sein Ende findet.** Ob und in welchen Fällen ein Ausgleich zu zahlen ist, hängt dann allein von der vertraglichen Vereinbarung ab. Wurde kein Dienstvertrag abgeschlossen, führt die Abberufung zu keinem Schadensersatz. Die Satzung scheidet als Grundlage von Schadensersatzansprüchen aus.[73]

24

---

[71] *Grace v Biagioli* (2006) 2 BCLC 70.
[72] Sec. 168 (5) (a) CA 2006.
[73] *Vgl.* Gower and Davies/*Davies*, Rn. 14–20.

§ 95 Streitigkeiten im Zusammenhang mit der Geschäftsführung

Übersicht

		Rdn.
A.	Die Vertretungsmacht der *directors*	1
I.	Lückenhafte gesetzliche Regelung und Mustersatzung	2
II.	Beschränkungen im Innenverhältnis und *ultra-vires*-Lehre	6
III.	Schutz gutgläubiger Dritter	9
	1. Unstimmigkeiten der englischen Regelung	9
	2. Rechtsgeschäftliches Handeln durch sämtliche *directors* bzw. den *board*	10
	3. Rechtsgeschäftliches Handeln durch einzelne *directors* und Nachweis der Vertretungsmacht	11
	4. Gesetzliche Vermutung zu Gunsten eines gutgläubigen *purchasers*	12
	5. Fehlende Gutgläubigkeit und Missbrauch	16
	6. Geschäfte mit den *directors* oder mit diesen verbundenen Personen	17
IV.	Formerfordernisse bei rechtsgeschäftlichem Handeln	18
V.	Insichgeschäfte (self-dealing) und § 181 BGB	20
	1. Behandlung der Insichgeschäfte nach englischem Recht	20

		Rdn.
	a) Offenlegungspflichten	20
	b) Zustimmungserfordernis der Gesellschafter	23
	2. Angabe bezüglich Insichgeschäfte im deutschen Handelsregister	25
VI.	Bestellung zum ständigen Vertreter und Insichgeschäfte (§ 181 BGB)	31
VII.	Doppelvertretung und *no conflict rule*	34
B.	Haftung beim Auftreten unter falschem Namen und für nicht existente Person	37
I.	Haftung nach deutschem Recht	38
II.	Rechtsfolgen nach englischem Recht	40
C.	Allgemeine Pflichten der *directors*	41
I.	Die Pflichten im Überblick	41
II.	Handeln im Sinne eines *enlightened shareholder values*	44
III.	Pflichten von *de facto* und *shadow directors*	46
	1. *De facto directors*	47
	2. *De facto managing directors*	50
	3. *Shadow directors*	51
IV.	Rechtsfolgen von Pflichtverstößen	52
D.	Zustellungsadresse der *directors*	55

A. Die Vertretungsmacht der *directors*

1 Tritt ein Vertreter der Limited **im deutschen Rechtsverkehr ohne Vertretungsmacht** auf, so bestimmen sich die Rechtsfolgen **nach deutschem Recht** (Recht des Vornahmeortes). Im Interesse des Verkehrsschutzes soll sich der Gegner aber **auch auf das Gesellschaftsstatut (englisches Recht)** berufen können, wenn dieses eine für ihn günstigere Regelung vorsieht.[1] Vorrangig ist aber zu klären, wie die Vertretungsmacht in der Limited **grundsätzlich** geregelt ist. Dies bestimmt sich nach allgemeiner Ansicht nach **englischem Recht**:[2]

I. Lückenhafte gesetzliche Regelung und Mustersatzung

2 Wenn auch das **Companies Act 2006** die Funktionen und Befugnisse der *directors* nur **äußerst lückenhaft** regelt, so enthält es doch in sec. 40 (1) eine **Regelung zur Außenvertretung**:

3 »*(1) In favour of a person dealing with a company in good faith, the power of the directors to bind the company, or authorise others to do so, is deemed to be free of any limitation under the company's constitution.*«

---

[1] MüKo-BGB/*Kindler*, Bd. 11, Rn. 585; *Leible in Michalski*, Syst. Darst. 2 Rn .132, S. 130; *Spahlinger/Wegen*, C IV.3 Rn 293.
[2] Vgl. z. B. *Ebert/Levedag* in Süß/Wachter, Länderbericht England Rn. 510; KG NJOZ 2013, 1462 (1463). Da man die Vertretungsmacht der *directors* als gewillkürte Vertretung der Gesellschaft auffasst, könnte man daran denken, diese nicht nach dem Gesellschafts-, sondern nach dem Vollmachtstatut zu beurteilen und damit nach dem Recht des Ortes, an dem das jeweilige Geschäft vorgenommen wird. Diesen Schluss scheint indes niemand zu ziehen. Allerdings wird darauf hingewiesen, dass sich die Frage des notwendigen Nachweises der Vertretungsmacht gegenüber deutschen Registergerichten nach deutschem Recht (*lex fori*) richtet, OLG Köln FGPrax 2013, 18 (19) m. w. Nachw.

Diese Regelung betrifft den **Gutglaubensschutz Dritter** und ist auf Grund der europäischen Publizitätsrichtlinie[3] in das englische Recht aufgenommen worden.[4] Sie ist keineswegs einfach zu handhaben, da die Norm **nicht recht in das englische System passt**.[5] Für einen deutschen Juristen scheint der Wortlaut der Norm eine gegenüber Dritten unbeschränkte Vertretungsmacht der *directors* vorauszusetzen.[6] Dem ist jedoch nicht so. Das englische Recht kennt **keine organschaftliche gesetzliche Vertretung** der Limited durch die *directors* oder dem von ihnen gebildeten *board* vergleichbar der gesetzlichen Vertretungsmacht von Geschäftsführern einer GmbH[7]. Die Vertretungsmacht der *directors* ist eine **rechtsgeschäftliche Bevollmächtigung**, die den allgemeinen Grundsätzen des vertraglichen Vertretungsrechts (*agency*) folgt.[8] Ihr Umfang ergibt sich von Fall zu Fall aus der Verfassung der Limited, also aus deren Satzung (*articles*) einschließlich der ergänzenden gesetzlichen Mustersatzung (*model articles*[9]). Erschwert wird das Verständnis für deutsche Juristen durch den Umstand, dass im englischen Recht nicht immer deutlich zwischen Geschäftsführung und Außenvertretung unterschieden wird.[10]

4

Soweit in den ***articles*** nichts Abweichendes geregelt ist, gilt die Regelung in der **Mustersatzung**, wonach die *directors* für die Geschäftsführung verantwortlich sind und zu diesem Zwecke »*all powers of the company*« ausüben können.[11] Alle Maßnahmen bedürfen eines **Mehrheitsentscheids** der *directors*[12], die *directors* können ihre Befugnisse **auf einzelne weiterdelegieren**,[13] z. B. auf einen *managing director*[14] bzw. – synonym – *chief executive officer* (CEO). Soweit die Verfassung der Limited nichts anderes bestimmt und keine Delegation erfolgt, sind die *directors* im Außenverhältnis **gesamtvertretungsberechtigt**.[15]

5

II. Beschränkungen im Innenverhältnis und *ultra-vires*-Lehre

Im **deutschen Recht** umfasst die Geschäftsführungsbefugnis der Geschäftsführer keine Maßnahmen, die außerhalb des statuarischen Unternehmensgegenstandes stehen.[16] Die **Vertretungsmacht** bleibt davon jedoch grundsätzlich **unberührt**[17] mit Ausnahme der Fälle, in denen sich die GmbH zur Übertragung des gesamten bzw. fast vollständigen Gesellschaftsvermögens verpflichtet.[18] Be-

6

---

3 Richtlinie 68/151/EWG.
4 Vgl. die fast wortgleiche Vorgängervorschrift der sec. 35 A CA 1985.
5 *Möser*, RIW 2010, 850, 856 ff., deren Aufsatz die Vertretung bei englischen *companies* ausführlich und sehr erhellend darstellt.
6 So angenommen z. B. von Henssler/Strohn/*Servatius* IntGesR Rn. 135; *Fornauf/Jobst* GmbHR 2013, 125 (128).
7 Vgl. § 35 Abs. 1 S. 1 und Abs. 2 GmbHG.
8 *Ebert/Levedag* in *Süß/Wachter*, Länderbericht England Rn. 510; *Möser*, RIW 2010, 850, 851; *Ringe/Otte* in *Triebel/Illmer/Ringe/Vogenauer/Ziegler*, V § 7 Rn. 207 (keine originären Befugnisse des *boards*); *Triebel* in *Triebel/von Hase/Melerski*, 1. Teil, Rn. 175. Allgemein zum *agency contract* vgl. *Vogenauer* in *Triebel/Illmer/Ringe/Vogenauer/Ziegler*, III § 1 Rn. 190 ff.
9 Sec. 19 CA 2006. Zu den Mustersatzungen für Gesellschaften, die vor dem 01.10.2009 gegründet wurden, vgl. *Heinz/Hartung*, Kap. 5 Rn. 13 ff., S. 40.
10 Vgl. *Möser*, RIW 2010, 850, 851, wonach eine solche Unterscheidung grundsätzlich fehlte.
11 Art. 3 der Mustersatzung für die Limited, SI 2008/3229. Im deutschen Recht muss hingegen bei der gesetzlichen Geschäftsführungsbefugnis nach § 35 Abs. 2 S. 1 GmbHG jeder Geschäftsführer der beabsichtigten Maßnahme zustimmen, so dass jedem von ihnen ein Veto-Recht zusteht, *Kleindiek* in *Lutter/Hommelhoff*, § 37 Rn. 28.
12 Art. 7 f. der Mustersatzung für die Limited, SI 2008/3229.
13 Art. 5 der Mustersatzung für die Limited, SI 2008/3229.
14 *Ringe/Otte* in *Triebel/Illmer/Ringe/Vogenauer/Ziegler*, V § 7 Rn. 213.
15 *Ebert/Levedag* in *Süß/Wachter*, Länderbericht England Rn. 514; *Heinz/Hartung*, Kap. 7 Rn. 6, S. 52 f.; *Just*, Rn. 145; *Kasolowsky/Schall* in *Hirte/Bücker*, § 4 Rn. 31; *Ringe/Otte* in *Triebel/Illmer/Ring/Vogenauer/Ziegler*, V § 7 Rn. 212 und 214.
16 *Kleindiek* in *Lutter/Hommelhoff*, § 37 Rn. 10 f.
17 *Kleindiek* in *Lutter/Hommelhoff*, § 37 Rn. 9.
18 *Leitzen*, NZG 2012, 491, 493; *Stellmann/Stoeckle*, WM 2011, 1983; *Hoffmann* in Michalski, § 53 Rn. 160; das Urteil des BGH NJW 1995, 596, betrifft zwar eine KG, verweist aber auf die Rechtslage bei der GmbH;

gründet wird dies mit einer Analogie zu § 179a AktG, die angebracht sei, weil eine solche Veräußerung häufig zu einer Änderung des Gesellschaftszwecks führe, was von der Vertretungsmacht der Geschäftsführer nicht mehr gedeckt sei; es sei vielmehr ein zustimmender Gesellschafterbeschluss notwendig.[19] Ähnliche Überlegungen führten **im englischen Recht** zur ***ultra vires doctrine***,[20] also zur Annahme, dass *companies* keine Handlungen außerhalb ihres Unternehmensgegenstandes wirksam vornehmen könnten, da *ultra vires*[21]. Anders als im deutschen Recht betraf dies nicht allein die Geschäftsführungsbefugnis und Vertretungsmacht der *directors*, sondern sogar die **Handlungsfähigkeit der *company***, so dass nicht einmal ein zustimmender Gesellschafterbeschluss ein solches Geschäft ermöglichen konnte.[22] Notwendig war eine Anpassung des Unternehmensgegenstandes.[23] Die ganze Konzeption führte zu **Rechtsunsicherheit**[24] und war insgesamt unbefriedigend.[25] Nach mehreren gesetzgeberischen Eingriffen stellt sich die Rechtslage **nunmehr wie** folgt dar:

7 1. Seit Inkrafttreten des Companies Act 2006 ist es **nicht mehr zwingend notwendig**, dass die Limited einen **bestimmten Unternehmensgegenstand** hat. Der Unternehmensgegenstand ist **unbeschränkt**, soweit er in den *articles* nicht ausdrücklich eingeschränkt wird.[26] Ist der Unternehmensgegenstand unbeschränkt, kann keine Maßnahme mehr *ultra vires* sein.

8 2. Soweit eine Limited weiterhin einen **beschränkten Unternehmensgegenstand** hat, begrenzt dieser **nicht mehr** deren **Handlungsfähigkeit**.[27] Die **Außenvertretungsmacht** der *directors* wird dadurch hingegen **eingeschränkt**,[28] was jedoch einem **gutgläubigen Dritten** nicht entgegen gehalten werden kann.[29] Setzt sich der *director* über die Beschränkung hinweg, kann ein Verstoß gegen seine *duty to act within powers*[30] vorliegen, der im Innenverhältnis entsprechende **Sanktionen** nach sich ziehen kann,[31] einschließlich eines **Berufsverbotes (*disqualification*)**. Die Gesellschafter können im Vorfeld, eine gerichtliche Unterlassungsverfügung beantragen, um *ultra vires*-Maßnahmen zu verhindern.[32] Sie können aber umgekehrt auch der Maßnahme mit satzungsändernder Mehrheit zustimmen oder sie genehmigen und darüber hinaus den *director* von einer Haftung entlasten.[33]

III. Schutz gutgläubiger Dritter

1. Unstimmigkeiten der englischen Regelung

9 Die Gutglaubensvorschrift der **sec. 40 (1) CA 2006** bestimmt, dass die Vertretungsmacht der *directors* gegenüber Dritten als frei von Beschränkungen aus der Gesellschaftsverfassung anzusehen

---

a. A. mit überzeugenden Gründen *Bredthauer*, NZG 2008, 818 f. Die Vertretungsmacht für die Verfügungsgeschäfte bleibt jedoch unberührt, *Priester/Veil* in Scholz, § 53 Rn. 176.
19 BGH NJW 1995, 596.
20 Gower and Davies'/*Davies*, Rn. 7–2; *Ebert/Levedag* in Süß/Wachter, Länderbericht England Rn. 147 ff.
21 *Ashbury Railway Carriage and Iron Co Ltd v Riche* (1875) LR 7 HL 653; *ultra-vires* bedeutet außerhalb der »Machtbefugnisse« der Gesellschaft.
22 Gower and Davies'/*Davies*, Rn. 7–2 Fn. 7.
23 Was ursprünglich gar nicht zulässig war, Gower and Davies'/*Davies*, Rn. 7–2 Fn. 7.
24 *Triebel* in Triebel/von Hase/Melerski, 1. Teil, Rn. 74.
25 Gower and Davies'/*Davies*, Rn. 7–2: »*a trap for the unwary*«.
26 Sec. 31 (1) CA 2006; zur Rechtslage bei älteren Gesellschaftsgründungen vgl. *Möser*, RIW 2010, 850, 852 Fn. 22.
27 Sec. 39 (1) CA 2006; vgl. auch die Sonderregelung für gemeinnützige Gesellschaften in sec. 42 CA 2006.
28 *Möser*, RIW 2010, 850, 852 und 853 unter Verweis auf das Urteil der *Court of Appeal Wrexham AFC Ltd v Crucialmove Ltd* (2008) 1 BCLC 508.
29 Sec. 40 (1) CA 2006; vgl. auch die Sonderregelung für gemeinnützige Gesellschaften in sec. 42 CA 2006.
30 Sec. 171 CA 2006.
31 Sec. 40 (5) i. V. m. 178 CA 2006; *Ebert/Levedag* in Süß/Wachter, Länderbericht England Rn. 152.
32 Sec. 40 (4) CA 2006; die Bedeutung dieser Norm ergibt sich daraus, dass Gesellschafter den *directors* – soweit die *articles* nichts abweichendes bestimmen – regelmäßig nur durch einstimmigen Beschluss Weisungen zu Geschäftsführungsangelegenheiten geben können.
33 *Kasolowsky/Schall* in Hirte/Bücker, § 4 Rn. 33.

ist. Diese Regelung enthält aber keine Aussage zu der **vorgelagerten Frage, ob** den handelnden *directors* **überhaupt Vertretungsmacht** erteilt worden war. Auf diese Frage kommt es jedoch nach englischer Sicht an, um die Wirksamkeit eines Rechtsgeschäfts bejahen zu können.[34] Hier zeigt sich, dass sec. 40 (1) CA 2006 ein **Fremdkörper** im englischen Recht darstellt.[35] Denn die europäischen Publizitätsrichtlinie[36] und damit auch sec. 40 (1) CA 2006 sind auf den Fall zugeschnitten, dass Geschäftsleitern eine umfassende gesetzliche Vertretungsmacht qua Organstellung zusteht, die die Gesellschafter nicht durch Satzungsbestimmungen mit Wirkung gegenüber Dritten einschränken sollen dürfen.[37] Das englische Recht gesteht jedoch den *directors* insgesamt **nur** die **Vertretungsmacht** zu, **die die Gesellschafter ihnen durch Satzungsbestimmungen übertragen**, und selbstverständlich ist es denkbar, dass diese Übertragung von vornherein beschränkt ist. Es ist sogar theoretisch denkbar, den *directors* bzw. dem *board of directors* überhaupt keine Vertretungsbefugnisse zu erteilen.[38] Wird also von vornherein nur eine beschränkte Vertretungsmacht satzungsmäßig übertragen, so ist nicht klar, inwieweit diese beschränkte Vertretungsmacht als satzungsmäßig unbeschränkt angesehen werden könne. Die Katze beißt sich an dieser Stelle in den Schwanz. Dies macht verständlich, warum in diesem Zusammenhang von »zahlreichen Unstimmigkeiten«[39] bzw. »eminenten Lücken im Gutglaubensschutz«[40] gesprochen wird. Im Einzelnen sieht die Rechtslage wie folgt aus:

2. Rechtsgeschäftliches Handeln durch sämtliche *directors* bzw. den *board*

Ein **umfassender Gutglaubensschutz** wird in den Fällen gewährleistet, in denen **sämtliche *directors* bzw. der *board of directors*** an dem Rechtsgeschäft mitgewirkt haben. Doch liegen auch hier die Dinge nicht so einfach. Vom Grundsatz her wird zwar anerkannt, dass gutgläubige Geschäftspartner **vor Verfahrensfehlern** bei *board*-Entscheidungen (*procedural irregularities* bei Einberufung und Durchführung der *board*-Sitzung) **geschützt** sind,[41] **allerdings** wird über ein ***irreducible minimum*** diskutiert, das vorhanden sein muss, um von einem Handeln des *boards* sprechen zu können. Notwendig sei »*a genuine decision taken by a person or persons who can on substantial grounds claim to be the board of directors acting as such*«, was zugegebenermaßen keine scharfe Abgrenzung für die notwendige Unterscheidung zwischen bloßen Verfahrensfehlern und Nichtigkeit der Handlung darstelle, sondern einer Konkretisierung von **Fall zu Fall** bedürfe.[42]

---

34 Gower and Davies'/*Davies*, Rn. 7–2 a. E.
35 Vgl. *Möser*, RIW 2010, 850, 854: Die auf Verkehrsschutz ausgerichteten Vorgaben der Publizitätsrichtlinie beruhen auf der Organtheorie des deutschen Rechts und sind nicht mit der englischen *agency law* vereinbar.
36 Vgl. Art. 9 Abs. 2 der Richtlinie 68/151/EWG.
37 Die Publizitätsrichtlinie ist ganz wesentlich durch das deutsche Recht beeinflusst, wobei der Grundsatz der unbeschränkten und unbeschränkbaren Vertretungsmacht der deutschen Tradition entspringt, *Habersack*, § 5 Rn. 6, S. 84, und Rn. 25, S. 95.
38 *Möser*, RIW 2010, 850, 856.
39 *Möser*, RIW 2010, 850, 856; s. aber auch die Aussage des Vice-Chancellors *Sir Browne-Wilkinson* im Fall *TCB Ltd v Gray* (1986) Ch 621, 635, wonach die auf der Publizitätsrichtlinie fußende Neuregelung Abhilfe gegen »*the commercial inconvenience and frequent injustice caused by the old law*« schaffen sollte.
40 *Ebert/Levedag* in Süß/Wachter, Länderbericht England Rn. 154.
41 *Ford v Polymer Vision Ltd* (2009) EWHC 945, Tz. 74 ff.; *Möser*, RIW 2010, 850, 858 f.
42 So Lord Justice *Walker* von dem *Court of Appeal* im Fall *Smith v Henniker-Major & Co* (2003) Ch 182, Tz. 41; zustimmend zitiert von dem High Court im Fall *Ford v Polymer Vision Ltd* (2009) EWHC 945, Tz. 77; *Davies* in Gower and Davies›, Rn. 7–8 glaubt, dass die Wortlautänderung vom frühere sec. 35 A CA 1985 zum jetzigen sec. 40 CA 2006 (von »*board of directors*« zu »*directors*«) gerade zur Klarstellung dienen sollte, dass Probleme der Meinungs- und Willensbildung innerhalb des *boards* Dritten nicht entgegengehalten werden können.

3. Rechtsgeschäftliches Handeln durch einzelne *directors* und Nachweis der Vertretungsmacht

11 **Größere Probleme** für den Vertragspartner stellen sich aber, wenn das Rechtsgeschäft **nicht** unter **Mitwirkung sämtlicher *directors*** abgeschlossen wurde. *Davies* bildet den Fall, dass die *articles* vorsehen, dass einzelne *directors* Geschäfte mit einem Wert von mehr als GBP 1 Mio. nur mit Zustimmung des *boards* abschließen können. Schließe ein *director* ein Geschäft mit einem Wert von GBP 2 Mio. ohne Zustimmung des *boards* ab, so versage der Schutz von sec. 40 (1) CA 2006.[43] Ob der Vertragspartner sich auf das Rechtsgeschäft im Wert von GBP 2 Mio. berufen kann, ist letztendlich **nach allgemeinem Vertretungsrecht** einschließlich der Grundsätze der **Rechtsscheinsvollmacht** zu beurteilen.[44] Daraus ist zu schließen, dass dem entsprechenden *director* keine Einzelvertretungsmacht zukommt und eine entsprechende Eintragung im Handelsregister einer eventuellen deutschen Zweigniederlassung verfehlt wäre,[45] aber dennoch Gutglaubensschutz nach § 15 HGB gewährt. Soweit sich die Vertretungsbefugnis nicht aus dem deutschen Handelsregister ergibt, kann Dritten nur empfohlen werden, sich bei wichtigen Rechtsgeschäften mit einer Limited einen **zustimmenden *board*-Beschluss** vorlegen zu lassen. Fehlt ein solcher Beschluss, müssen sonstige Unterlagen zum Nachweis der Vertretungsmacht vorgelegt werden:

Das englische Handelsregister – geführt durch das *Companies House* unter Leitung des *Registrar of Companies* – enthält keine Angaben über die Vertretungsbefugnisse[46] und es gilt auch nicht als ein dem deutschen Handelsregister ähnliches Register,[47] so dass auch Eintragungen im englischen Register keinen Gutglaubensschutz nach dem Vorbild des § 15 HGB bieten sollen.[48] Das *Companies House* erteilt keine Bescheinigung der Vertretungsbefugnisse.[49] Der Nachweis der Vertretungsbefugnisse erfolgt deshalb durch die Vorlage der *articles*[50] und eines entsprechenden Beschlusses der Gesellschafter[51] oder des *boards* zur Bestellung und zur Vertretungsmacht bzw. alternativ durch die Bescheinigung eines englischen Notars[52] (z. B. eines Londoner *scrivener notary*[53]). Die Notarbestätigung dürfte die unkomplizierteste Nachweismöglichkeit sein,[54] wobei es aber nicht genügt, wenn der

---

43 Gower and Davies'/*Davies*, Rn. 7–9. Vgl. auch den Fall *Wrexham AFC Ltd v Crucialmove Ltd* (2008) 1 BCLC 508 (Tz. 47), wo der Vertragspartner lediglich mit 2 Mitgliedern des *boards* (*chairman* und *managing director*) den Vertrag abgeschlossen hatte. Sec. 35 A CA 1985 als Vorgängervorschrift zu sec. 40 CA 2006 hielt der Court of Appeal für nicht zu Gunsten des – allerdings bösgläubigen – Vertragspartners anwendbar.
44 Bei einem Geschäftsabschluss in Deutschland können ggf. die Grundsätze der Anscheins- und Duldungsvollmacht zur Anwendung kommen, vgl. zur Diskussion um die Anknüpfung *Spellenberg in Mü-Ko-BGB*, Bd. 10, Vor Art. 11 EGBGB Rn. 67, 108 ff. Zur englischen *apparent or ostensible authority*, *Möser*, RIW 2010, 850 (852 f.).
45 *Kasolowsky/Schall in Hirte/Bücker*, § 4 Rn. 26 und 31, betonen, dass im englischen Recht eine organschaftliche Einzelvertretung nicht vorgesehen bzw. ausgeschlossen sei; vgl. zur Eintragung im deutschen Register, *Krafka/Kühn in Krafka/Willer/Kühn*, Rn. 322 ff.
46 LG Berlin NZG 2004, 1014 (1015); *Schaub* NZG 2000, 953 (959). Dem englischen Register lässt sich lediglich entnehmen, dass eine Person *director* ist.
47 Dem *Companies House* steht lediglich eine formelle Prüfungskompetenz, jedoch keine sonstigen Prüfungs- oder Ermittlungsbefugnisse zu. *Wachter* DB 2004, 2795 (2799), beschreibt das englische Handelsregister deshalb als Unternehmensdatenbank im Gegensatz zu einem öffentlichen Register.
48 *Heinz* ZNotP 2000, 410 (411).
49 Es besteht lediglich ein Anspruch auf eine beglaubigte Kopie des *certificate of incorporation*, vgl. sec. 1065 CA 2006. Das Urteil des LG Berlin NZG 2004, 1014 (1015), betraf einen Fall, bei dem sämtliche *directors* gehandelt hatten, so dass im Ergebnis der Nachweis über die *director*-Stellung genügte. Entsprechend genügt dies, wenn nachgewiesen werden kann, dass nur ein *director* allein bestellt ist, vgl. OLG Schleswig FGPrax 2012, 127 (128).
50 *Schaub* NZG 2000, 953 (959).
51 OLG Köln FGPrax 2013, 18 (19)
52 LG Berlin NZG 2004, 1014 (1015); *Wachter* ZNotP 2005, 122 (127).
53 Unklar, ob auch die Bescheinigung eines *general notary* ausreicht, vgl. *Wachter* ZNotP 2005, 122 (127), Fn. 47.
54 *Otte* BB 2012, 1311; *Wachter* DB 2004, 2795 (2799).

Notar ausdrücklich lediglich auf die von ihm erfolgte Einsichtnahme im englischen Handelsregister verweist, da er auch die *articles* und weitere Urkunden auswerten muss.[55]

4. Gesetzliche Vermutung zu Gunsten eines gutgläubigen *purchasers*

Eine gewisse Erleichterung schafft die **gesetzliche Vermutung**, wonach **zu Gunsten eines gutgläubigen entgeltlichen Erwerbers (*purchaser in good faith*)**[56] davon auszugehen sei, dass eine Urkunde wirksam von der Limited errichtet wurde, wenn alternativ: 12

1. die Gesellschaft hierauf ihren **allgemeinen Siegel** (*common seal*) angebracht hat.[57] Eine Limited kann, muss aber kein Siegel führen.[58] Sie kann zur Benutzung außerhalb Großbritanniens ein besonderes Auslandssiegel (*formal seal*) führen[59], also z. B. ein besonderes Siegel für eine deutsche Zweigniederlassung. 13
2. **zwei berechtigte Personen** (*authorised signatories*) die Urkunde unterzeichnet haben;[60] zu den *authorised signatories* zählen jeder *director* und – falls einer vorhanden ist – der *secretary* der Limited.[61] 14
3. die Urkunde durch einen *director* in Anwesenheit eines Zeugen unterzeichnet wurde, der die Unterschrift bestätigt.[62] 15

5. Fehlende Gutgläubigkeit und Missbrauch

Die **Publizitätsrichtlinie** wird entgegen ihrem Wortlaut[63] so ausgelegt, dass sie **bösgläubige** Dritte jedenfalls dann nicht schützt, wenn **Evidenz**[64] des Missbrauchs vorliegt, die allein durch die Bekanntmachung einer Beschränkung der Vertretungsmacht nicht begründet wird.[65] Sec. 40 (1) CA 2006 verlangt deswegen, dass der Dritte **gutgläubig** (*in good faith*) sein muss. Die Gutgläubigkeit des Vertragspartners wird **gesetzlich vermutet**.[66] Überdies ist er nicht gehalten, sich über eventuelle Begrenzungen der Vertretungsmacht zu informieren[67], und sogar die Kenntnis, dass das Rechtsgeschäft nach der Satzung der Gesellschaft außerhalb der Vertretungsmacht des Handelnden liegt, begründet (allein) keine Bösgläubigkeit.[68] Notwendig ist also auch im **englischen Recht** ein **evidenter Fall des Missbrauchs** der Vertretungsmacht. Die englischen Gerichte fragen hierzu, ob (1.) die directors *improper use of their powers* gemacht haben, also zum Nachteil der Gesellschaft gehandelt haben, was nach objektiven Kriterien zu bewerten sei[69], und – nur falls ein *improper use* zu 16

---

55 OLG Köln FGPrax 2013, 18 (19). Dies gilt erst Recht für die Bescheinigung eines deutschen Notars, KG DNotZ 2012, 604 (605).
56 Der Begriff ist sec. 44 (5) a. E. CA 2006 wie folgt definiert: »*A ›purchaser‹ means a purchaser in good faith for valuable consideration and includes a lessee, mortgagee or other person who for valuable consideration acquires an interest in property.*«
57 Sec. 44 (1) (a) CA 2006.
58 Sec. 45 (1) CA 2006.
59 Sec. 49 (1) CA 2006. Neben dem Siegel sind der Ort und das Datum der Siegelung anzugeben, sec. 49 (6) CA 2006.
60 Sec. 44 (2) (a) CA 2006. Im Fall *Roger Williams & Others and Redcard Limited & Others* (2011) EWCA Civ 466, hat der Court of Appeal angenommen, dass es zulässig sei, wenn ein *director* nur einmal unterschreibe, um sowohl für sich als auch für die Gesellschaft zu unterzeichnen, wenn sich diese Absicht aus den Umständen ersehen lasse.
61 Sec. 44 (3) (a) und (b) CA 2006.
62 Sec. 44 (2) (b) CA 2006.
63 Laut Art. 9 Abs. 2 der Richtlinie 68/151/EWG können Beschränkungen der Vertretungsmacht Dritten nie entgegengesetzt werden.
64 *Kleindiek* in Lutter/Hommelhoff, § 35 Rn. 24.
65 *Habersack*, § 5 Rn. 28, S. 97.
66 Sec. 40 (2) (b) (ii) CA 2006.
67 Sec. 40 (2) (b) (i) CA 2006.
68 Sec. 40 (2) (b) (iii) CA 2006.
69 *Ford v Polymer Vision Ltd* (2009) EWHC 945, Tz. 87.

bejahen ist[70] – ob (2.) der Dritte bösgläubig (*in bad faith*) gewesen sei. Einen solchen Fall nahm der Court of Appeal in der Sache *Wrexham AFC Ltd v Crucialmove Ltd*[71] an, wobei das Gericht die »*highly unusual circumstances of the present case*« betonte, die diese Annahme rechtfertigten.

6. Geschäfte mit den *directors* oder mit diesen verbundenen Personen

17 Soweit die Limited ein Rechtsgeschäft mit einem ihrer **directors**, einem *director* ihrer **Muttergesellschaft** oder mit einer mit dem *director* **verbundenen** Person[72] abgeschlossen hat und dieses Rechtsgeschäft nur auf Grund der Gutglaubensvorschrift der **sec. 40 (1) CA 2006** wirksam ist (also gegen Beschränkungen der Verfassung der Limited verstößt), kann dieses Rechtsgeschäft von der Limited **angefochten** werden (*transaction is voidable*).[73] Unabhängig davon, ob eine Anfechtung erfolgt, ist der Vertragspartner gegenüber der Limited für jeden **Schaden** aus dem Rechtsgeschäft haftbar[74] und muss jeden unmittelbaren oder auch nur mittelbaren **Gewinn** aus dem Rechtsgeschäft an die Limited herausgeben.[75]

IV. Formerfordernisse bei rechtsgeschäftlichem Handeln

18 Laut einem Urteil des Court of Appeal[76] ist **bei rechtsgeschäftlichem Handeln** einer *company* danach zu unterscheiden, ob:
   – ein **Vertrag** abgeschlossen wird,
   – eine **Urkunde als *deed***[77] errichtet werden soll oder
   – sonstige **schriftliche Erklärungen** (***other documents***) abgegeben werden sollen.

19 Ein **Vertrag** kann durch eine Limited in jeder Form abgeschlossen werden, die für den entsprechenden Vertrag zulässig ist, **in der Regel also formlos**.[78] Ein *deed* setzt die Siegelung bzw. die Unterzeichnung unter Mitwirkung mindestens zweier Personen gemäß sec. 44 CA 2006[79] und die Bezeichnung als *deed* voraus.[80] Die Besonderheit ist, dass **jede sonstige rechtsgeschäftliche schriftliche Erklärung** ebenfalls den **Formerfordernissen der sec. 44 CA 2006** unterliegt.[81] Ein *director* mag also durch den *board* befugt sein, einen Arbeitsvertrag mit einem deutschen Angestellten allein abzuschließen, er kann aber diesen schriftlich[82] nur dann wirksam kündigen, wenn er auf die Kündigung ein Gesellschaftssiegel anbringt, die Kündigung zusammen mit einem weiteren *director* oder einem *secretary* unterschreibt oder aber sich die eigene Unterschrift von einem Zeugen gegenbestätigen lässt. Der Court of Appeal lässt offen, ob es möglich ist, in den *articles* Erleichterungen vorzusehen.[83]

---

70 *Ford v Polymer Vision Ltd* (2009) EWHC 945, Tz. 80.
71 (2008) 1 BCLC 508 .
72 Vgl. die weite Definition in sec. 252 ff. CA 2006.
73 Sec. 41 (2) CA 2006. Ausnahmen in sec. 41 (4) CA 2006.
74 Sec. 41 (3) (b) CA 2006. Ausnahme für Vertragspartner, die nicht *directors* der Limited waren und die Überschreitung der Vertretungsmacht nachweislich nicht kannten, in Sec. 41 (5) CA 2006.
75 Sec. 41 (3) (a) CA 2006.
76 *Hilmi & Associates Ltd v 20 Pembridge Villas Freehold Ltd* (2010) EWCA Civ 314. Das Urteil erging noch zum CA 1985 ist jedoch auch für das CA 2006 einschlägig, da die entsprechenden Vorschriften im Kern ins neue Gesetz übernommen wurden.
77 *Deeds* sind zur Begründung verdinglichter Miet- oder Pachtverhältnisse notwendig, vgl. *Vogenauer in Triebel/Illmer/Ringe/Vogenauer/Ziegler*, III § 1 Rn. 77 ff.
78 *Heinz/Hartung*, Kap. 7 Rn. 15 ff., S. 54.
79 S. oben unter Rdn. 13 ff.
80 Sec. 46 CA 2006. Zur Voraussetzung der *delivery* vgl. *Vogenauer in Triebel/Illmer/Ringe/Vogenauer/Ziegler*, III § 1 Rn. 78, sowie die gesetzliche Vermutung laut Sec. 46 (2) CA 2006.
81 *Hilmi & Associates Ltd v 20 Pembridge Villas Freehold Ltd* (2010) EWCA Civ 314, Tz. 31 ff.
82 Vgl. das Schriftformerfordernis nach § 623 BGB.
83 *Hilmi & Associates Ltd v 20 Pembridge Villas Freehold Ltd* (2010) EWCA Civ 314, Tz. 20.

V. Insichgeschäfte (self-dealing) und § 181 BGB

1. Behandlung der Insichgeschäfte nach englischem Recht

a) Offenlegungspflichten

Wie sonstige Fragen der gesellschaftsrechtlichen Vertretungsmacht auch richtet sich die Zulässigkeit von **Insichgeschäften** für eine Limited nach **englischem Recht**. Dieses kennt anders als § 181 BGB kein generelles Verbot der Insichgeschäfte. Verboten ist nur das Handeln für die Gesellschaft im Falle einer Interessenkollision (***no conflict rule***), die sich im Einzelfall als Verletzung der Treuepflicht aus dem Rechtsverhältnis zwischen *director* und Gesellschaft (*fiduciary relationship*) darstellt. Diese überkommenen Rechtsgrundsätze sind durch das **Companies Act 2006** nunmehr normiert[84] und **modifiziert**[85] worden. Allgemein muss ein *director* Interessenkonflikte vermeiden (*duty to avoid conflicts of interest*),[86] was jedoch den Abschluss von Insichgeschäften nicht ausschließt.[87] Insichgeschäfte fallen hingegen unter die Pflicht, jedes unmittelbare oder mittelbare[88] **Eigeninteresse an einem beabsichtigten Geschäft mit der Limited im Voraus offen zu legen** (*duty to declare interest in proposed transaction or arrangement*).[89] Die Offenlegung der konkreten Umstände des Geschäfts hat gegenüber denjenigen *directors* zu erfolgen, die darüber noch keine Kenntnis haben.[90] Sie muss ggf. bei Änderung der Umstände nachgebessert werden.[91] Einer Offenlegung bedarf es nicht, wenn bei einem Geschäft von vornherein jeder Interessenkonflikt vernünftigerweise ausgeschlossen ist.[92] Die gesetzlichen Regelungen sind zwingend, können aber durch die **Satzung** noch **verschärft** und um Zustimmungserfordernisse ergänzt werden.[93] Im Übrigen gelten bei Insichgeschäften auch die **allgemeinen Pflichten** der *directors*,[94] so etwa die Pflicht, den Erfolg der Gesellschaft im Interesse der Gesellschafter zu fördern (duty to *promote the success of the company*)[95] sowie mit der angemessenen Sorgfalt zu handeln (*duty to exercise reasonable care, skill and diligence*)[96].

20

Ein Verstoß gegen das Offenlegungserfordernis führt zu den **Rechtsbehelfen**, die nach *corresponding common law rule or equitable principle* anwendbar wären.[97] Das bedeutet, dass das Geschäft wirksam, aber **anfechtbar** ist und der *director* **schadensersatzpflichtig** ist, wobei nicht nur ein etwaiger Schaden für die Gesellschaft zu ersetzen ist, sondern **auch mögliche Gewinne** aus dem Geschäft herauszugeben sind.[98] Die Schadensersatzpflicht ist **sehr scharf** (»*harsh*«),[99] sie knüpft an den Abschluss des Geschäfts an sich an, nicht daran, ob das Geschäft bei Offenlegung dennoch abgeschlossen worden wäre. Unerheblich ist auch, ob das Geschäft an sich den Interessen der Limited diente und insgesamt

21

---

84 *Just*, Rn. 163 ff.
85 Gower and Davies'/*Davies*, Rn. 16–40 ff.
86 Sec. 175 CA 2006.
87 Sec. 175 (3) CA 2006.
88 Z. B. als Gesellschafter einer Gesellschaft, die den Vertrag mit der betreffenden Limited abschließen soll, Gower and Davies'/*Davies*, Rn. 16–43.
89 Sec. 177 CA 2006. Zur Offenlegungspflicht bestehender Verträge vgl. sec. 182 CA 2006 sowie zur Strafbarkeit bei Pflichtverletzung vgl. sec. 183 CA 2006.
90 Sec. 177 (6) (b) CA 2006. Dementsprechend entfällt die Pflicht zur Offenlegung, wenn nur ein *director* vorhanden ist. Ist ein *director* aber Alleingesellschafter (*sole member*), dann greift ein Schriftformerfordernis zu Beweiszwecken, vgl. sec. 231 (2) und (6) CA 2006. Der Verstoß gegen die Schriftform ist strafbewehrt, sec. 231 (4) CA 2006.
91 Sec. 177 (3) CA 2006.
92 Sec. 177 (6) (a) CA 2006. Zur Regelung beim Geschäftsführerdienstvertrag vgl. sec. 177 (6) (c) CA 2006.
93 Gower and Davies'/*Davies*, Rn. 16–42.
94 Vgl. sec. 180 (2) CA 2006, der lediglich sec. 175 (*duty to avoid conflicts of interest*) und sec. 176 (*duty not to accept benefits from third parties*) ausschließt.
95 Sec. 172 CA 2006.
96 Sec. 174 CA 2006.
97 Sec. 178 (1) CA 2006.
98 Gower and Davies'/*Davies*, Rn. 16–45.
99 Gower and Davies'/*Davies*, Rn. 16–46.

ausgeglichen war. Somit trägt der *director* das wirtschaftliche Risiko für alle nicht offen gelegten Geschäfte.

22 Legt ein *director* z. B. nicht offen, dass er ein mittelbares Eigeninteresse an einem beabsichtigten Grundstückserwerb durch die Limited hat und stürzen später die Immobilienpreise ab (Immobilienblase), so haftet der *director* für den Wertverlust, selbst wenn der Erwerbspreis ursprünglich marktgerecht war.[100]

b) Zustimmungserfordernis der Gesellschafter

23 Des Weiteren definiert das Companies Act 2006 **bestimmte Insichgeschäfte** der *directors*, die grundsätzlich der **Zustimmung der Gesellschafter** bedürfen, z. B. Anstellungsverträge über mehr als zwei Jahre,[101] Rechtsgeschäfte über wesentliche Vermögenswerte (*substantial non-cash assets*)[102] oder Darlehensgeschäfte[103]. Die Vorschriften sind im Einzelnen kompliziert und jeweils genau zu prüfen. So umfasst das Zustimmungserfordernis für Rechtsgeschäfte über wesentliche Vermögenswerte auch Rechtsgeschäfte mit Personen, die mit einem *director* verbunden sind,[104] was wiederum bei den Rechtsfolgen **Ausnahmen** notwendig macht: ein *director* haftet nicht, wenn er bei einem Rechtsgeschäfte der Limited mit einer mit ihm verbundenen Person alle sachgerechten Maßnahmen ergriffen hat, um dem Zustimmungserfordernis gerecht zu werden.[105] Im Übrigen haftet der *director* bzw. die verbundene Person nicht, die in Unkenntnis der Umstände war, die das Zustimmungserfordernis begründeten.[106] Keiner Zustimmung bedürfen Rechtsgeschäfte mit *directors*, die diese in ihrer Eigenschaft als Gesellschafter abschließen (z. B. Einbringungsverträge) und im Konzern.[107] Das Verbot, keine Darlehensgeschäften mit einem *director* ohne Gesellschafterzustimmung abzuschließen, enthält ebenfalls eine Reihe von Ausnahmen (für Beträge unter GBP 10.000,00,[108] für Darlehensgeschäfte innerhalb eines Konzerns[109] und für Gesellschaften aus dem Kreditbereich[110]).

24 Ein **Verstoß** gegen das Zustimmungserfordernis führt zur grundsätzlichen **Anfechtbarkeit** des Geschäfts,[111] das Geschäft ist also nicht automatisch unwirksam. Außerdem ist der *director* **schadensersatzpflichtig**,[112] wobei nicht nur ein etwaiger Schaden für die Gesellschaft zu ersetzen ist, sondern auch mögliche **Gewinne aus dem Geschäft** herauszugeben sind.[113] Bei Darlehen trifft die Haftung auch jeden sonstigen **Mit-*director***, der das Darlehensgeschäft genehmigt hat.[114] Auch **Wegschauen** wird als Genehmigung aufgefasst.[115] Im Fall *Queensway Systems Ltd v Walker*[116] befand der High Court, dass Frau Walker als *director* gesamtschuldnerisch neben Herrn Walker hafte, weil letzterer sich als *director* Beträge als Darlehen hatte auszahlen lassen. Frau Walker wusste nur, dass Zahlungen an Herrn Walker erfolgten, aber es war ihr weder die genaue Höhe bekannt noch aus welchem Rechtsgrund die Zahlungen erfolgten. Nach ihren unbestrittenen Angaben, kümmerte sie sich zu Hause um

---

100 Vgl. zur Schadensberechnung *Re Duckwari Plc (no 2)* (1998) 2 BCLC 315.
101 Sec. 188 (2) (a) CA 2006.
102 Sec. 190 CA 2006; *substantial non-cash assets* sind in sec. 191 CA 2006 definiert. Vgl. auch *Ringe/Otte* in *Triebel/Illmer/Ringe/Vogenauer/Ziegler*, V § 7 Rn. 238 f.
103 Sec. 197 ff. CA 2006
104 Sec. 190 (1) (a) CA 2006 i. V. m. sec. 252 ff. CA 2006 (*persons connected with a director*).
105 Sec. 195 (6) CA 2006.
106 Sec. 195 (7) CA 2006.
107 Sec. 192 CA 2006.
108 Sec. 207 (1) CA 2006.
109 Sec. 208 CA 2006; vgl. auch sec. 197 (2) und (5) (b) CA 2006.
110 Sec. 209 CA 2006.
111 Sec. 195 (2), 213 (2), 214 CA 2006, vgl. auch *Knapp* in Boxell, Ziff. 5.9, S. 216.
112 Für PLCs bestehen weitergehende Verbote, die auch nahestehende Personen der *directors* erfassen.
113 Sec. 213 (3) CA 2006.
114 Sec. 213 (4) CA 2006:
115 *Neville v Krikorian* (2006) EWCA Civ 943.
116 (2006) EWHC 2496.

die gemeinsamen Kinder und bewirtete gelegentlich Geschäftspartner, hatte aber sonst keinen Anteil an der Geschäftsführung. Das Gericht befand, dass sie die Darlehen als Zahlungsgrund erkannt hätte, wenn sie die Augen vor dem Vorgang insgesamt nicht verschlossen hätte. Dies genüge zur Haftung.[117]

2. Angabe bezüglich Insichgeschäfte im deutschen Handelsregister

Für Geschäftsführer einer deutschen GmbH ist eine Befreiung vom Verbot der Insichgeschäfte aus § 181 BGB anzugeben.[118] Umstritten ist, inwieweit dies für **englische *directors*** gilt, wenn die Limited mit einer **deutschen Zweigniederlassung** im deutschen Handelsregister eingetragen ist. 25

Die Vertretungsbefugnis der *directors* lässt sich **nicht mit den Kategorien des § 181 BGB erfassen**. Deren Insichgeschäfte sind nicht per se unwirksam, sondern ggf. anfechtbar. Die Eintragung einer allgemeinen Befreiung vom Verbot der Insichgeschäfte entsprechend § 181 BGB ist inhaltlich falsch.[119] Die h. M. in der Literatur[120] und ein Teil der Rechtsprechung[121] lehnen daher eine solche Eintragung zu Recht ab. 26

Dagegen lässt ein Teil der Rechtsprechung die Eintragung einer Befreiung von den Beschränkungen des § 181 BGB zu.[122] Zwar sei es unlogisch, eine Befreiung einzutragen, die dem englischen Recht unbekannt sei, aber die Eintragung sei doch sachgerecht, um im Register die Vertretungsverhältnisse unter Verwendung der im deutschen Recht gebräuchlichen Begriffe **klarzustellen**. Insoweit habe die Eintragung nur **deklaratorischen Charakter**, da einem englischen *director* immer das Selbstkontrahieren erlaubt sei.[123] Die deklaratorische Eintragung erfülle eine wichtige Warnfunktion für den Rechtsverkehr. Es werde erkennbar, dass Vermögen zwischen Gesellschaft und Gesellschaftern verlagert und dessen Zuordnung bewusst unklar gehalten werden könne.[124] 27

Im Ergebnis überzeugt diese Argumentation nicht. So wünschenswert eine mögliche Warnung des Rechtsverkehrs auch sein mag,[125] so kann sie doch nicht über eine Eintragung erreicht werden, die **inhaltlich falsch** ist. Insbesondere wird durch eine solche Eintragung **verschleiert, dass** die Gesellschaft oftmals das Geschäft **anfechten könnte**.[126] Diese Erkenntnis wäre aber vor allem für einen Insolvenzverwalter oder für Anteilserwerber wichtig. Geht es darum, den Rechtsverkehr vor möglichen Insichgeschäften des *directors* zu warnen, könnte daran gedacht werden, einzutragen, dass die Be- 28

---

117 *Queensway Systems Ltd v Walker* (2006) EWHC 2496 (Tz. 59).
118 Gemäß § 13g Abs. 3 HGB, vgl. BGH, NJW 1983, 1676.
119 *von Hase* in *Triebel/von Hase/Melerski*, 2. Teil, Rn. 399.
120 *von Hase* in *Triebel/von Hase/Melerski*, 2. Teil, Rn. 399; *Heckschen*, NotBZ 2005, 24, 25; *Herchen*, RIW 2005, 529, 531; *Just*, Rn. 50; *Klose-Mokroß*, DStR 2005, 1013, 1015; *Krafka/Kühn in Keidel/Krafka/Willer*, Rn. 322, S. 110; *Erman/Maier-Reimer* § 181 Rn. 4; MüKo BGB/*Schramm* § 181 Rn. 50a; BeckOK BGB/*Valenthin* § 181 Rn. 36a; *Wachter*, ZNotP 2005, 122, 133; *ders.* NZG 2005, 338 ff.; a. A. *Süß*, DNotZ 2005, 180, 185. Differenzierend *Teichmann* ZGR 2014, 220 (232 ff.).
121 OLG Frankfurt a. M. FGPrax 2008, 166 = DB 2008, 1488; OLG Düsseldorf NJW-RR 2006, 1040 (obiter dictum); OLG München NJW-RR 2006, 1042; OLG München GmbHR 2005, 1302; OLG Celle GmbHR 2005, 1303; LG Leipzig NZG 2005, 759.
122 LG Chemnitz NZG 2005, 760, 761; LG Chemnitz GmbHR 2005, 691 f.; LG Ravensburg GmbHR 2005, 489 m. abl. Anm. *Wachter*, EWiR 2005, 423; LG Augsburg NZG 2005, 356; LG Freiburg GmbHR 2005, 168 m. abl. Anm. *Wachter*.
123 LG Freiburg GmbHR 2005, 168, 169. Diese Behauptung verkennt die Rechtslage nach englischem Recht. Zu Unrecht erklärt das LG Augsburg NZG 2005, 356, dass das Gericht nicht gehalten sei, englisches Recht zu kennen. In dieser Richtung auch schon *Altmeppen* NJW 2004, 97 (98). Dem Registergericht obliegt eine materielle Prüfungspflicht, die auch das ausländische Recht umfasst und für deren Erfüllung es auch Rechtsgutachten einholen kann.
124 LG Freiburg GmbHR 2005, 168, 169, unter Verweis auf BGH NJW 1983, 1676.
125 *Klose-Mokroß* DStR 2005, 1013, 1015, geht davon aus, dass zur Warnung des Rechtsverkehrs der Rechtsformzusatz »Ltd.« genügen muss.
126 *Herchen* RIW 2005, 529, 531

schränkungen des § 181 BGB auf eine Limited nicht unmittelbar anwendbar sind, da sich die organschaftliche Vertretung allein nach englischem Recht richtet.[127]

29 Ist fälschlicherweise eine Befreiung von den Beschränkungen des § 181 BGB eingetragen worden, so wird der **director nicht durch** die positive Publizität des Handelsregisters **geschützt**.[128] Er ist kein Dritter, der sich auf die Publizität des Handelsregisters berufen könnte. Für ihn können somit bei Insichgeschäften ganz unerwartete und unerwünschte Rechtsfolgen eintreten, wenn er die notwendige Offenlegung oder Zustimmung der Gesellschafter versäumt.

30 Von der unzulässigen Befreiung nach § 181 BGB der *directors* der Limited zu unterscheiden ist die **zulässige Befreiung der Limited** als Vertreterin einer **Ltd. & Co. KG**. Möglich ist aber auch die Befreiung der jeweiligen *directors* der Limited im Verhältnis zur KG.[129]

VI. Bestellung zum ständigen Vertreter und Insichgeschäfte (§ 181 BGB)

31 Unklar ist, ob der **director** zum **ständigen Vertreter**[130] der deutschen Zweigniederlassung bestellt werden kann bzw. sich selbst als solchen anmelden kann,[131] um in dieser Funktion von den Beschränkungen des § 181 BGB nach deutschem Recht befreit zu sein. Die Vertretungsmacht eines ständigen Vertreters ergibt sich nicht aus seiner Stellung an sich, sondern auf Grund einer **rechtsgeschäftlichen Bevollmächtigung**, die Zweigniederlassung nicht nur vorübergehend zu vertreten. Sie unterliegt dem Vollmachtstatut und nicht dem Gesellschaftsstatut, so dass **deutsches Recht** zur Anwendung kommt.[132] Allgemein werden als mögliche ständige Vertreter solche Personen wie Prokuristen,[133] Handelsbevollmächtigte, die zur Prozessführung ermächtigt sind,[134] und Generalbevollmächtigte angesehen. Diese Personen können auch in ihrer Funktion als ständiger Vertreter von den Beschränkungen des § 181 BGB befreit werden.[135]

32 Soll der *director* selbst zum ständigen Vertreter der deutschen Zweigniederlassung bestellt werden, stellen sich **zwei Probleme:** Zum einen wird teilweise behauptet, dass **gesetzliche Vertreter** des Gesamtunternehmens nicht **zugleich ständige Vertreter** einer Zweigniederlassung sein können. Dies führe zur Verwirrung der Verkehrskreise.[136] Dagegen wird darauf verwiesen, dass durchaus ein **praktisches Bedürfnis** für eine solche Bestellung bestehen kann, z. B. wenn der *director* nur zusammen mit einem anderen *director* zur Vertretung der Gesellschaft befugt ist, er aber die Zweigniederlassung in Deutschland alleine soll vertreten können.[137] Dem ist zuzustimmen. Im Übrigen lässt das englische Recht gerade zu, dass einzelnen *directors* besondere Vertretungsrechte übertragen werden.[138]

33 Zum anderen ist umstritten, ob der **director** in seiner Rolle **als ständiger Vertreter von** den Beschränkungen des § **181 BGB befreit** werden kann.[139] Diese Befreiung würde sich **nur für Insichgeschäfte**

---

127 *Schall* NZG 2006, 54 (55), schlägt die Eintragung einer beschränkten bzw. unbeschränkten Befreiung von der »*no conflict rule*« vor.
128 *Wachter* NZG 2005, 338, 340.
129 *Wachter* GmbHR 2006, 79, 84.
130 § 13e Abs. 2 S. 4 Nr. 3 HGB.
131 Die Vorlage eines Gesellschafterbeschlusses ist nicht notwendig, so dass ein *director* sich für die deutsche Niederlassung als ständiger Vertreter selbst von den Beschränkungen des § 181 BGB befreien kann, vgl. *Klose-Mokroß* DStR 2005, 1013 (1016).
132 OLG München NJW-RR 2006, 1042 f.
133 §§ 48 ff. HGB.
134 § 54 Abs. 2 HGB.
135 *Wachter* NZG 2005, 338 (340); *ders.* GmbHR 2005, 169 (172);
136 OLG München NJW-RR 2006, 1042; *Heidinger* MittBayNot 1998, 72 (75); *Herchen* RIW 2005, 529 (530); *Wachter* NZG 2005, 338 (340) m. w. N.; a. A. LG Chemnitz NZG 2005, 760 (761).
137 *Krafka/Kühn* in *Keidel/Krafka/Willer*, Rn. 317, S. 107 m. w. N.; *Klose-Mokroß* DStR 2005, 1013 (1016).
138 Vgl. Art. 5 der Mustersatzung für die Limited, SI 2008/3229.
139 Dafür *Schall* NZG 2006, 54 (55), der die gegenteilige Ansicht für europarechtlich kaum haltbar ansieht; a. A. OLG München NJW-RR 2006, 1042.

auswirken, die der *director* als ständiger Vertreter **mit Bezug auf die Zweigniederlassung** vornähme. Allerdings bliebe der *director* **weiterhin** den **Offenlegungspflichten und Zustimmungserfordernissen** des englischen Rechts unterworfen. Bei Verstoß wäre das Geschäft also wirksam, aber ggf. anfechtbar.

VII. Doppelvertretung und *no conflict rule*

§ 181 BGB schließt auch die **Doppelvertretung** aus. Im **englischen Recht** unterliegt der *director* der **Pflicht, Interessenkonflikte** und widerstreitende Pflichten **zu vermeiden** (*duty to avoid conflicts of interest and conflicts of duties*).[140] Dies bezieht sich insbesondere auf die Verwertung von Betriebsvermögen, Informationen oder Geschäftschancen der Gesellschaft, unabhängig von deren Verwertbarkeit für die Gesellschaft,[141] umfasst aber auch die Doppelvertretung, denn er muss auch nur mittelbare Interessenkonflikte vermeiden.[142]

34

Es liegt keine Pflichtverletzung vor, soweit im Einzelfall **vernünftigerweise nicht** von einem **Interessenkonflikt** ausgegangen werden kann[143] oder wenn die übrigen *directors* der Vereinbarung oder der Angelegenheit **zustimmen**.[144] Eine Zustimmung ist nicht möglich, wenn die Verfassung der Limited dies ausschließt.[145] Umgekehrt kann die Verfassung der Limited auch weniger strenge Regeln vorsehen oder bestimmte Sachverhalte insgesamt für unbedenklich zulässig erklären.[146] Das englische Gesetz sieht jedenfalls vor, dass eine Zustimmung der übrigen *directors* nur wirksam erteilt ist, wenn die Beschlussfähigkeit des *boards* und die notwendige **Mehrheit für die Zustimmung** auch **ohne die interessierten *directors*** besteht bzw. erreicht wird.[147] Auch eine Zustimmung durch die Gesellschafterversammlung ist möglich.[148] Ohne Zustimmung ist das Geschäft wirksam, aber anfechtbar.[149]

35

Ein *director* darf auch **nicht** ohne weiteres ein **zweites Geschäftsleiteramt** übernehmen. Kann er hierzu keine Zustimmung des *boards* bekommen und enthält auch die Satzung keine ausdrückliche Befreiung von der betreffenden Interessenskollision, muss der *director* davon Abstand nehmen oder sein bestehendes *director*-Amt niederlegen.[150] Umstritten ist, ob die Zustimmung der übrigen *directors*, ein weiteres Geschäftsleiteramt anzunehmen, bereits die Zustimmung zu allen hieraus folgenden Interessenkonflikten mit beinhaltet.[151]

36

B. Haftung beim Auftreten unter falschem Namen und für nicht existente Person

Tritt jemand im **deutschen Rechtsverkehr** für eine Limited auf, **ohne** den erforderlichen **Rechtsformzusatz** zu verwenden, so bestimmen sich mögliche Haftungsfolgen wie bei einer Anscheinsvollmacht vorrangig nach **deutschem Recht** (Recht des Vornahmeortes).[152] Soweit für ihn günstiger, könnte sich der Gegner aber wohl **auch** auf das **englische Recht** als Gesellschaftsstatut berufen.[153]

37

---

140 Sec. 175 (1) und (7) CA 2006.
141 Sec. 175 (2) CA 2006; *Ladiges/Pegel* DStR 2007, 2069 (2073).
142 »*A director (...) must avoid a direct or* **indirect** *interest that conflicts, or possibly may conflict, with the interests of the company.*«
143 Sec. 175 (4) (a) CA 2006
144 Sec. 175 (4) (b) CA 2006
145 Sec. 175 (5) (a) CA 2006
146 Sec. 180 Abs. 4 (b) und 232 (4) CA 2006.
147 Sec. 175 Abs. 6 CA 2006.
148 *Slynn/de Kluyver* in Boxell, Ziff. 3.9, S. 111.
149 Zu den übrigen Rechtsfolgen s. unten unter Rdn. 52.
150 Gower and Davies'/*Davies*, Rn. 16–74.
151 Verneinend *Slynn/de Kluyver* in Boxell, Ziff. 3.9, S. 112.
152 BGH NJW 2007, 1529 (1530), für das Weglassen des Rechtsformzusatzes »BV« einer niederländischen *Besloten Vennootschap*.
153 MüKo-BGB/*Kindler*, Bd. 11, Rn. 585; *Leible* in Michalski, Syst. Darst. 2 Rn .132, S. 130; *Spahlinger/Wegen*, C IV.3 Rn 293.

I. Haftung nach deutschem Recht

38 Bleibt dem Vertragspartner durch ein Versäumnis des Vertreters verborgen, dass der Vertragspartner eine Gesellschaft mit beschränkter Haftung sein soll, und wird statt dessen der Eindruck erweckt, es hafte eine Person unbeschränkt mit ihrem Privatvermögen, so haftet der Vertreter **analog § 179 BGB (Vertreter ohne Vertretungsmacht)**.[154] Daneben kommen je nach Schädigungsvorsatz deliktische Ansprüche in Frage.[155] Zu erwägen wäre auch eine persönliche Haftung des Vertreters aus Verschulden bei Vertragsverhandlungen wegen Inanspruchnahme besonderen persönlichen Vertrauens, § 311 Abs. 3 BGB.

39 Die Haftung des Vertreters ohne Vertretungsmacht nach § 179 Abs. 1 BGB wird auch dann analog angewendet, wenn jemand für eine in Wirklichkeit **nicht existierende Person** handelt.[156] Dies kann z. B. der Fall sein, wenn eine Limited aus dem englischen Unternehmensregister gelöscht wird (*to strike the company's name off the register*), wohingegen die deutsche Zweigniederlassung weiterhin im deutschen Handelsregister erscheint.[157]

II. Rechtsfolgen nach englischem Recht

40 Vor der Reform durch das Companies Act 2006 haftete derjenige persönlich und subsidiär, der als Vertreter der Limited auf bestimmte Urkunden (Wechsel, Schuldscheine etc.) den Namen der Limited nicht richtig wiedergab.[158] Diese persönliche Haftung, die unabhängig von einer Täuschung des Rechtsverkehrs griff, wurde ersatzlos gestrichen. Nunmehr sind zwar bestimmte Angaben vorgeschrieben,[159] **unvollständige Angaben** führen jedoch **zu keiner gesellschaftsrechtlichen Handelndenhaftung**, sondern ggf. zu einer **Haftung nach englischem *agency law***.[160] Darüber hinaus kann die Limited jedoch an der gerichtlichen Durchsetzung vertraglicher Rechte gehindert sein, wenn die fehlerhafte Namensangabe beim Gegner einen Schaden bewirkt hat oder diesen daran gehindert hat, eigene vertragliche Rechte durchzusetzen.[161]

C. Allgemeine Pflichten der *directors*

I. Die Pflichten im Überblick

41 Das deutsche Recht regelt die allgemeinen Pflichten von Geschäftsführern denkbar knapp: sie haben in den Angelegenheiten der Gesellschaft die Sorgfalt eines ordentlichen Geschäftsmannes anzuwenden.[162] Im englischen Recht gab es zunächst überhaupt keine Kodifikation der allgemeinen Pflichten der *directors*, aber **umfangreiches Fallrecht** dazu. Der Reformgesetzgeber war der Ansicht, dass die Rechtslage zu unübersichtlich sei, sodass es das Verständnis der *directors* für ihre Pflichtenstellung

---

154 BGH DStR 2012, 1814 m. Anm. Pöschke; BGH NJW 2007, 1529 (1530), OLG Rostock BeckRS 2010, 30317; OLG Saarbrücken NJW-RR 2009, 179 (180); *Palandt/Heinrichs*, § 177 Rn. 3. LG Düsseldorf GmbHR 2014, 33, weist darauf hin, dass allein die Verwendung des Rechtsformzusatzes UG ohne den Klammerzusatz »haftungsbeschränkt« keinen ausreichenden Rechtsschein setzt.
155 § 826 BGB (vorsätzliche sittenwidrige Schädigung) bzw. § 823 Abs. 2 BGB i. V. m. Betrugsstraftatbeständen.
156 OLG Stuttgart GmbHR 2014, 94; *Palandt/Heinrichs*, § 179 Rn. 1.
157 Vgl. unten § 97.
158 Sec. 349 (1) und(4) CA 1985.
159 Sec. 82 CA 2006 i. V. m. The Companies (Trading Disclosures) Regulations 2008, SI 2008/495.
160 In Betracht kommt eine Haftung »*for breach of warranty of authority*«, aber ggf. auch eine unmittelbare Vertragsbindung mit dem Vertreter wegen des »*acting on behalf of a non-existent principal*«, wenn die Vertragsauslegung dies hergibt, vgl. *Cotronic (UK) Limited v Dezonie* (1991) BCC 200; *Badgerhill Properties Limited v Cottrell* (1991) BCC 463; *Coral (UK) Limited v Rechtman and Altro Mozart Food Handels GmbH* (1996) 1 Lloyd's Rep 235.
161 Sec. 83 (2) CA 2006.
162 § 43 GmbHG.

C. Allgemeine Pflichten der directors § 95

fördern würde, die **fallrechtlich entwickelten Pflichten** nunmehr **im Companies Act 2006** aufzuführen.[163] Folgende Pflichten sind normiert worden:[164]

- Vergleichbar der deutschen Regelung ist die Pflicht, mit der angemessenen Sorgfalt, Fertigkeit und Gewissenhaftigkeit zu handeln: *Duty to exercise reasonable care, skill and diligence*[165]. Der Pflichtenmaßstab ist objektiviert (»*reasonable*«), aber es wird erwartet, dass der *director* auf bestehende besondere Kenntnisse bei der Ausübung seines Amtes zurückgreift.[166] Der *director* muss sich – falls nicht vorhanden – ausreichende Kenntnisse im Geschäftsfeld der von ihm geleiteten Gesellschaft verschaffen (*acquire a sufficient knowledge and understanding of the business*) und muss, wenn er Pflichten delegiert, eine ausreichende Aufsicht ausüben (*duty to supervise*).[167]

Verschiedene weitere Pflichten sind schon bei der Erörterung der Vertretungsmacht angesprochen worden: 42

- *Duty to act within powers*[168] – Ein *director* muss innerhalb seiner Befugnisse handeln.
- *Duty to declare interest in proposed*[169] *and in existing*[170] *transactions or arrangements* – Er muss jedes unmittelbare oder mittelbare Eigeninteresse an einem beabsichtigten Geschäft mit der Limited im Voraus den übrigen *directors* offen legen. Er muss, z. B. nach seiner Bestellung, auch ein unmittelbares oder mittelbares Eigeninteresse an einem bestehenden Geschäft offen legen. Er muss darüber hinaus bei bestimmten Geschäften die Zustimmung der Gesellschafter einholen.[171]

Außerdem sind noch zu nennen: 43

- *Duty to promote the success of the company*[172] – Ein *director* muss den Erfolg der Gesellschaft im Interesse der Gesellschafter fördern. Hier wird auf das abgestellt, was der *director* nach bestem Wissen und Gewissen für förderlich für die Gesellschaft hält (*must act in the way he considers in good faith*).[173] Obwohl dies für gewöhnlich einen subjektiven Maßstab bedeutet,[174] kann – besonders in Krisensituationen bei der notwendigen Berücksichtigung von Gläubigerinteressen – auf einen objektivierten Maßstab abgestellt werden.[175]

---

163 Gower and Davies'/*Davies*, Rn. 16–2.
164 Vgl. *Ladiges/Pegel* DStR 2007, 2069 ff.; *Heinz/Hartung* Kap. 7 Rn. 52, S. 59; *Just* Rn. 158.
165 Sec. 174 CA 2006. *Schall* DStR 2006, 1229 (1231), ordnet die Haftung für fehlerhafte Ausschüttungen als Unterfall der allgemeinen Haftung für Verletzung der allgemeinen Sorgfaltspflichten auf. Jedenfalls haftet der *director* für fehlerhafte Ausschüttungen neben einer etwaigen Haftung der Gesellschafter aus sec. 847 (2) CA 2006, vgl. Gower and Davies'/*Davies*, Rn. 12–8.
166 Sec. 174 (2) (a) und (b) CA 2006. *Ladiges/Pegel* DStR 2007, 2069 (2073).
167 *Weavering Capital (UK) Ltd & Ors v Dabhia & Anor* (2013) EWCA Civ 71, wo ein *director* sich wegen betrügerischer Swap-Geschäfte eines Hedge Funds auf die Erklärungen und Ausführungen des *chief executive directors* verlassen hatte, ohne »*to satisfy himself of the details and propriety of the swaps*«.
168 Sec. 171 CA 2006.
169 Sec. 177 CA 2006.
170 Sec. 182 CA 2006. Ein Verstoß hat auch strafrechtliche Folgen, vgl. sec. 183 CA 2006.
171 Sec. 188 ff. CA 2006.
172 Sec. 172 CA 2006.
173 Dabei darf ein *director* auch die Interessen derjenigen Gesellschafter mit berücksichtigen, die ihn bestellt haben, solange er überzeugt ist (»*genuinely considers*«), dass seine Handlungen auch den Interessen der Gesellschaft am besten dienen, *Richmond Pharmacology Ltd v Chester Overseas Ltd and others* (2014) EWHC 2692 (Ch).
174 *LNOC Ltd v Watford AFC Ltd* (2013) EWHC 3615 (Comm).
175 Vgl. *Re HLC Environmental Projects Ltd* (2013) EWHC 2876 (Ch): *whether an intelligent and honest man in the director's position could have reasonably believed that the transaction was for the company's benefit* (oder in der Insolvenz: *for the creditors' benefit*). Im Fall *GHLM Trading Ltd v Maroo* (2012) EWHC 61 (Ch) wurde ein Umschlagen auf die Interessen der Gläubiger mit Bestehen von *financial difficulties* angenommen.

- **Duty to exercise independent judgment**[176] – Er muss unabhängig handeln. Dies beinhaltet das Verbot, sich von Dritten beherrschen oder fahrlässig übertölpen oder manipulieren zu lassen.[177]
- **Duty to avoid conflicts of interest**[178] – Er muss Interessenkonflikte vermeiden. Darunter fällt auch das Verbot, Geschäftschancen der Gesellschaft zum eigenen Vorteil selbst zu nutzen. Der Maßstab, ob ein Interessenkonflikt vorliegt, ist objektiv.[179] Keine Pflichtverletzung liegt vor, wenn er von den anderen *directors*[180] oder der Gesellschafterversammlung[181] auf Grund vollständiger Information die Zustimmung zu seinem Vorgehen erhält.
- **Duty not to accept benefits from third parties**[182] – Er muss unbestechlich sein und von Dritten angebotene Vorteile ablehnen.

II. Handeln im Sinne eines *enlightened shareholder values*

44 Eine Neuigkeit gegenüber der alten Rechtslage ist, dass der Gesetzgeber, die **duty to promote the success of the company**[183] weiter erläutert hat, indem er zwar auf einen subjektiven Maßstab abstellt,[184] aber dem *director* einen **Katalog** an die Hand gibt, den er dabei zu beachten hat. Folgende Umstände sind bei der Förderung der Gesellschaftsinteressen zu beachten:[185]
- die voraussichtlichen **langfristigen Folgen** jeder Entscheidung,
- die Interessen der **Arbeitnehmer** der Gesellschaft,
- die Notwendigkeit, die Geschäftsbeziehungen der Gesellschaft zu **Lieferanten**, **Kunden** und **sonstigen Dritten** zu fördern,
- die Auswirkungen der Aktivitäten der Gesellschaft auf das **Gemeinwesen** und die **Umwelt**,
- dass danach zu streben ist, dass die Gesellschaft ein anerkannt **hohes Ansehen** in Bezug auf ihre Geschäftstätigkeit bewahrt,
- die Notwendigkeit, die **Gesellschafter in fairer Weise** zu behandeln.

45 Da es dem Gesetzgeber ersichtlich nicht um kurzfristige und rücksichtslose Gewinnmaximierung geht, wurde hierfür der Begriff des »*enlightened shareholder values*« geprägt.[186] Die genannten Interessen und Ziele treten allerdings nicht neben und schon gar nicht in Konkurrenz zu den Interessen der Gesellschaft, sondern sind soweit zu beachten, als es die **Interessen der Gesellschaft** erfordert.[187] Dementsprechend besteht die Pflicht nur gegenüber der Gesellschaft, nicht gegenüber den genannten Interessensinhabern (*stakeholders*). **In der Krise** dagegen rücken die Interessen der **Gläubiger** in den Vordergrund.[188]

---

176 Sec. 173 CA 2006.
177 *Madoff Securities International Ltd v Raven* (2013) EWHC 3147 (Comm): *duty not to be dominated, bamboozled or manipulated.*
178 Sec. 175 CA 2006.
179 *Richmond Pharmacology Ltd v Chester Overseas Ltd and others* (2014) EWHC 2692 (Ch).
180 Sec. 175 (4) und (5) CA 2006.
181 *Sharma v Sharma & Anor* (2013) EWCA Civ 1287. Dabei hielt der *Court of Appeal* das Schweigen zweier Gesellschafter, während der dritte seine Zustimmung erteilte, für ausreichend, da bei Abwägung aller Umstände ein späterer Widerspruch als treuwidrig (*unconscionable*) erscheinen musste.
182 Sec. 176 CA 2006.
183 Sec. 172 CA 2006.
184 »... *in the way he considers, in good faith, would be most likely* ...« Eine gerichtliche Überprüfung unternehmerischer Entscheidungen ist regelmäßig ausgeschlossen; es obliegt der Gesellschaft den *directors* Bösgläubigkeit nachzuweisen, *Slynn/de Kluyver in Boxell* Ziff. 3.6, S. 96 f.
185 Sec. 172 (1) (a – f) CA 2006.
186 Vgl. *Gower and Davies'/Davies*, Rn. 16–25.
187 *Gower and Davies'/Davies*, Rn. 16–25 und 16–29; *Slynn/de Kluyver in Boxell* Ziff. 3.6, S. 96 und 98.
188 Sec. 172 (3) CA 2006.

III. Pflichten von *de facto* und *shadow directors*

Neben den ordnungsgemäß bestellten *directors* (*de jure directors*) kennt das englische Recht auch Personen, die wie solche auftreten, ohne es formell zu sein (*de facto directors*) oder die auf die Geschäftsführung maßgeblichen Einfluss ausüben (*shadow directors*). Auch diese sind Geschäftsführerpflichten unterworfen:

1. De facto directors

Ein **faktischer Geschäftsführer** (*de facto director*) unterliegt **genau denselben Pflichten** wie sonstige *directors* sonst auch. Denn jeder, der sich wie ein *director* geriert, auch wenn er nicht formell zum *director* bestellt wurde, wird hinsichtlich seiner Pflichtenstellung so behandelt.[189] Verletzt er die *director*-Pflichten, so treffen ihn dieselben Rechtsfolgen und er kann auch von der weiteren Ausübung eines Amtes als *director* ausgeschlossen werden (*disqualification*). Um als *de facto director* zu gelten, ist es notwendig, dass diese Person einen **tatsächlichen Einfluss** auf die Willensbildung in der Gesellschaft und auf deren Geschäftsführung vergleichbar einem sonstigen *director* hatte.[190] Das Auftreten unter der Bezeichnung als »*director*« oder ggf. als »*honorary director*« ist ein Indiz hierfür, ist aber nicht entscheidend.

Im Fall **Re Mumtaz Properties Ltd**.[191] wurden mehrere Personen als *de facto director* eingestuft und haftbar gemacht: Es ging um mehrere Mitglieder einer Familie, die eine Vielzahl von Gesellschaften betrieb. Eine der Gesellschaften wurde insolvent und es stellte sich heraus, dass verschiedene Familienmitglieder der Gesellschaft zu Unrecht Beträge entzogen hatten. Die *directors* wären verpflichtet gewesen, alle diese Abflüsse zu verhindern, und waren somit jeweils für alle Abflüsse insgesamt schadensersatzpflichtig. Ein Enkel des Familienpatriarchen wandte ein, er sei schon formell gar kein *director* und überdies den Weisungen seines Großvaters unterworfen gewesen. Er wurde dennoch mit zur Rückzahlung verurteilt. Das Gericht kam zum Ergebnis, dass die beteiligten Familienmitglieder ihre Geschäftstätigkeiten als Familienangelegenheit aller ansahen und die Geschäfte jeweils gemeinschaftlich führten, auch wenn nicht alle Familienmitglieder immer in allen Gesellschaften offiziell zum *director* bestellt wurden. Auch wenn der Großvater das letzte Wort hatte, hatte dieser sich altersbedingt immer weiter aus dem Geschäft zurückgezogen und den Söhnen sowie dem Enkel Handlungsspielräume überlassen. Hinsichtlich des Enkels stellte das Gericht fest: »*He was one of of the nerve centres from which the activities of the Company radiated.*«

Wichtige Konstellationen für **Konzerne** wurden in 2010 und 2014 entschieden. 2010 hat der *Supreme Court* im *Holland*-Fall[192] entschieden, dass der **director einer Holdinggesellschaft**, die 43 Tochtergesellschaften hatte, bei der die **Holding selbst gleichzeitig die Rolle des *directors*** einnahm (sog. *corporate director*), **nicht automatisch auch *de facto director*** der Tochtergesellschaften sei. Denn er handelte lediglich in seiner Eigenschaft als *director* der Muttergesellschaft und erkennbar im Rahmen dieser Stellung (»*within his ambit as a director of the corporate director*«). Im jüngsten Fall *Smithton* von 2014[193] wurde auf dieser Linie entschieden, dass der *director* einer Holdinggesellschaft nicht auch automatisch *de facto director* der Tochtergesellschaft sei. Den tatsächlichen Einfluss auf die Willensbildung der Gesellschaft und auf deren Geschäftsführung verdankte er seiner Rolle (*capacity*) als Vertreter des Mehrheitsgesellschafters. Entscheidend ist somit, ob die fragliche Person eine Stellung (*capacity*) inne hat, die ihr Handeln und Einfluss in der Gesellschaft deckt, auch ohne *de facto director* der Gesellschaft sein zu müssen.

---

189 Sec. 250 CA 2006 bestimmt, dass »*director*« jede Person einschließt, die eine solche Stellung innehat, unabhängig von ihrer Bezeichnung. Die englische Rechtsprechung geht davon aus, dass diese Definition unproblematisch *de facto directors* mit erfasst, nicht jedoch *shadow directors*.
190 *Smithton Ltd v Guy Naggar & Others* (2014) EWCA Civ. 939; *Re Snelling House Ltd (in liquidation); Alford v Barton* (2012) EWHC 440 (Ch).
191 *Re Mumtaz Properties Ltd.* (2011) EWCA Civ 610.
192 *Re Paycheck Services 3 Ltd*; *HM Revenue and Customs Commissioners v Holland* (2010) UKSC 51.
193 *Smithton Ltd v Guy Naggar & Others* (2014) EWCA Civ. 939.

2. De facto managing directors

50 Es ist auch möglich, einen *de jure* oder *de facto director* als *de facto managing director* anzusehen, so dass ihm die Befugnisse zustehen, die der Rechtsverkehr mit der Bestellung zum *managing director* verbindet.[194]

3. Shadow directors

51 Das englische Recht kennt auch den **shadow director** (Schattengeschäftsführer), der als eine Person definiert ist, **nach dessen Weisungen und Vorgaben sich die *de jure directors* tatsächlich verhalten**.[195] Der *Court of Appeal* stellte jüngst fest, dass sich zwar *de facto* und *shadow director* vom Konzept her unterscheiden, es jedoch Überlappungen gibt[196] und sich nicht zwangsläufig ausschließen.[197] Keine *shadow directors* sind Berater von Berufs wegen (Rechtsanwälte, Unternehmensberater etc.).[198] Die **allgemeinen Pflichten für *directors*** (Sec. 171–177 CA 2006) finden auch auf *shadow directors* vom Grundsatz her Anwendung, aber nur in dem Maße, in dem sich dies auch aus *common law* oder *equity* so ergibt.[199] Diese gesetzliche Vorgabe ist **unklar**, weil umstritten ist, ob den *shadow director* nach *common law* die allgemeine *fiduciary duty of good faith* gegenüber die Gesellschaft trifft.[200] Der Gesetzgeber plant diese Unklarheit zu beseitigen und *shadow directors* unmittelbar sämtlichen Pflichten für *directors* zu unterwerfen, wie dies bereits für *de facto directors* gilt. Die Pflichten für *directors* von Tochtergesellschaften gelten jedenfalls **nicht** auch **für *directors* einer Muttergesellschaft**, nach deren Weisungen sich die *directors* der Tochter richten.[201]

IV. Rechtsfolgen von Pflichtverstößen

52 Leider hat dem Gesetzgeber nicht der reformatorische Atem gereicht, um auch die **Rechtsfolgen** einer Pflichtverletzung zu kodifizieren. Das Gesetz bestimmt lediglich, dass die **Pflichten** »**enforcable**« sind; die Limited kann also auf Erfüllung der Pflichten klagen.[202] Die Sanktionen richten sich aber weiterhin nach den Regeln des ***common law*** oder der ***equitable principles***.[203] Wie bereits weiter oben beschrieben, steht der Limited ein ganzer Strauß von Sanktionen zur Verfügung:[204]
– Der ***director* haftet** der Limited für etwaige **Schäden**.
– Die Limited kann unzulässige Rechtsgeschäfte ggf. **anfechten**.
– Der *director* muss der Limited einen unmittelbaren oder auch nur mittelbaren **Gewinn** aus einem unzulässigen Rechtsgeschäft an die Limited **herausgeben**.
– Es wird angenommen, dass **unzulässiger Eigentumserwerb** des *directors* ggf. **nur treuhänderisch** für die Limited erfolgt ist.

---

194 *LNOC Ltd v Watford Association Football Club Ltd* (2013) EWHC 3615.
195 Sec. 251 (1) CA 2006. Vgl. z. B. *Re Snelling House Ltd (in liquidation); Alford v Barton* (2012) EWHC 440 (Ch).
196 *Smithton Ltd v Guy Naggar & Others* (2014) EWCA Civ. 939.
197 *Secretary of State for Business, Innovation and Skills v Chophan* (2013) EWHC 680 (Ch).
198 Sec. 251 (2) CA 2006.
199 Sec. 170 (5) CA 2006, wegen weiterer Pflichten von *shadow directors* vgl. sec. 156 (6), 162 (6) und 167 (4) CA 2006. Die Regelung in sec. 170 (5) CA 2006 wird als »*unhelpful*« angesehen (Gower and Davies'/Davies, Rn. 16–8).
200 Verneinend noch *Ultraframe (UK) Ltd v Fielding* (2005) EWHC 1638 (Ch), bejahend jüngst *Vivendi SA Centenary Holdings Iii Ltd v Richards & Ors* (2013) EWHC 3006 (Ch).
201 Sec. 251 (3) CA 2006.
202 Sec. 178 (2) CA 2006; dies gilt nicht für die Pflicht nach sec. 174 CA 2006 »*to exercise reasonable care, skill and diligence*«, für die nur Sanktionen bei deren Verletzung durchsetzbar sind.
203 Sec. 178 (1) CA 2006. Zu den strafrechtlichen Folgen *Ladiges* wistra 2012, 170 (171 ff.); *Fornauf/Jobst* GmbHR 2013, 125 (128 ff.).
204 *Slynn/de Kluyver* in Boxell, Ziff. 3.12, S. 120.

Die **Sanktionen entfallen**, wenn die Gesellschafter nachträglich das Handeln des *directors* genehmigen (*ratification*).[205] Soweit eine Genehmigung nicht einstimmig erfolgt,[206] dürfen Stimmen des betroffenen *directors* (im Falle, dass er auch Gesellschafter ist) und der mit ihm verbundenen Gesellschafter, nur zur Feststellung der Beschlussfähigkeit, aber nicht im Übrigen mitgezählt werden.[207]

53

Wo keine Genehmigung erteilt wird, hat der Gesetzgeber die Durchsetzung der Pflichten und insbesondere möglicher Sanktionen durch die Einführung einer ***derivative claim***,[208] also einer Klage eines Gesellschafters im Namen der Gesellschaft gestärkt. Hiervon ist im nächsten Kapitel zu sprechen.

54

D. Zustellungsadresse der *directors*

Neu im CA 2006 wurde eine Regelung eingeführt, wonach es möglich ist, jegliche Zustellung an *directors*, *company secretaries* u. a. durch Postübersendung oder Einwurf an solche **Adressen** vorzunehmen, die sich **aus dem Register** für diese Personen ergeben.[209] Es ist unerheblich, zu welchem Zweck die Zustellung erfolgen soll, sie braucht keinen Zusammenhang mit der Gesellschaft oder dem jeweiligen Amt zu haben.[210] Der *High Court*[211] stellte fest, dass diese Bestimmungen neben den sonstigen prozessrechtlichen Bestimmungen für Zustellungen Anwendung fänden.

55

---

205 Sec. 239 CA 2006.
206 Sec. 239 (6) CA 2006.
207 Sec. 239 (4) CA 2006.
208 Sec. 260 ff. CA 2006.
209 Sec. 1140 (1), (2) und (4) CA 2006.
210 Sec. 1140 (3) CA 2006.
211 *Key Homes Bradford Ltd & Ors v Patel* (2014) EWHC B1 (Ch). Der Vorbehalt für Auslandszustellungen, die einer besonderen gerichtlichen *permission* bedürfen, soll es den englischen Gerichten ermöglichen, Klageverfahren in England zu verhindern, die aus Sicht des englischen Gerichts besser im Ausland durchgeführt werden sollen, vgl. *VTB Capital Plc v Nutritek International Corp* (2013) B. C. C. 514.

§ 96 Actio pro socio (*derivative claim*)

Übersicht

	Rdn.			Rdn.
A.	Bedeutung von *actio pro socio* und *derivative claim*	1	III. Kostentragung bei Zulassung	8
			D. Sonderformen der *derivative claim* ..	9
B.	Maßgeblichkeit des englischen Rechts	2	I. Übernahme einer Klage der Gesellschaft	10
C.	Voraussetzungen einer *derivative claim*	3	II. Übernahme einer *derivative claim* eines	
I.	Allgemeine Voraussetzungen	3	Mitgesellschafters	11
II.	Prozessführungsbefugnis *(permission to continue)*	4	III. *Double* und *multiple derivative claims* .	12
			E. Abgrenzung zu anderen Rechtsbehelfen	13

A. Bedeutung von *actio pro socio* und *derivative claim*

1 Die Möglichkeit für einen Gesellschafter, **im eigenen Namen** bestimmte **Ansprüche der Gesellschaft** für deren Rechnung **einzuklagen**, wenn die an sich zuständigen Organe der Gesellschaft eine Klage pflichtwidrig unterlassen (*actio pro socio* bzw. *actio pro societate*), ist Teil des **Minderheitenschutzes**.[1] Im englischen Recht wurde sie nunmehr als *derivative claim* gesetzlich geregelt.[2] Die zuvor angewandten Grundsätze aus *common law*, die nach der Entscheidung *Foss v Harbottle* (1843) 2 Hare 461 entwickelt wurden,[3] erschienen damit überholt.[4] Allerdings sind die *common law*-Grundsätze noch für *double* oder *multiple derivative action*s relevant, die gesetzlich nicht geregelt sind.[5] Das Gesetz bestimmt, dass der Klageanspruch (*cause of action*) auf der **Pflichtverletzung eines *directors*** gegründet werden muss.[6] Ein Anspruch gegen Mitgesellschafter kann mit der *derivative claim* hingegen nicht verfolgt werden, hier kommt allein ein eigener Anspruch des betroffenen Gesellschafters aus *unfair prejudice*[7] in Betracht. Denkbar wäre es allerdings, gegen die *directors* eine *derivative claim* mit der Begründung zu erheben, dass deren Untätigkeit gegen den Mitgesellschafter im Verhältnis zur Gesellschaft pflichtwidrig sei. Somit ist die **englische Rechtslage umgekehrt zu der nach deutschem Recht**: Im GmbH-Recht wird eine *actio pro socio* – wenn deren engen Voraussetzungen vorliegen – zugelassen, um Ansprüche der Gesellschaft gegen Mitgesellschafter aus dem Gesellschaftsverhältnis durchzusetzen.[8] Ansprüche gegen Geschäftsführer sind dagegen der Entscheidung durch die Gesellschafterversammlung vorbehalten,[9] so dass mehrheitlich davon ausgegangen wird, dass der Gesellschafter einen ablehnenden Gesellschafterbeschluss anfechten muss und nicht selbst gegen den Geschäftsführer im Namen der Gesellschaft klagen kann.[10]

B. Maßgeblichkeit des englischen Rechts

2 Für den Gesellschafter einer Limited ist hinsichtlich der Möglichkeit zur Erhebung einer *actio pro socio* bzw. einer *derivative claim* das **englische Recht maßgeblich**. Zwar wird dieses Klagerecht teils

---

1 *Ebbing in Michalski* § 14 Rn. 96; *Lutter in Lutter*/Hommelhoff § 13 Rn. 49.
2 Sec. 260 bis 264 CA 2006. Zur alten Rechtslage im Vergleich zum neuen Recht ausführlich *Braun/Strothotte* RIW 2010, 424 ff.
3 Vgl. z. B. *Prudential Assurance Co Ltd v Newman Industries Ltd (No 2)* (1982) Ch 204.
4 So ging etwa Gower and Davies'/*Davies* Rn. 17–8 davon aus, es handele sich um den berühmten Federstrich des Gesetzgebers, mit dem ganze Bibliotheken Makulatur geworden sind bzw. dem Altpapiercontainer überantwortet werden (»*consigned to the dustbin*«).
5 *Universal Project Management Services Ltd v Fort Gilkicker Ltd* (2013) EWHC 348 (Ch). Einzelheiten dazu unter Rdn. 12.
6 Sec. 260 (3) CA 2006.
7 Sec. 994 ff. CA 2006. Vgl. oben § 92 Rdn. 11 ff.
8 Z. B. *Römermann* in Michalski, § 46 Rn. 533, der eine Ausnahme nur für »extrem gelagerte Ausnahmefälle« zulassen will; a. A. *Lutter* in Lutter/Hommelhoff, § 13 Rn. 52 f.
9 § 46 Nr. 8 Alt 1 GmbHG.
10 *Ebbing in Michalski* § 14 Rn. 96 und 99; Lutter in Lutter/Hommelhoff § 13 Rn. 49 und 51.

als materielles Recht, teils als Fall der gesetzlichen Prozessstandschaft eingeordnet,[11] aber es herrscht Einigkeit, dass die *actio pro socio* ein mitgliedschaftliches Klagerecht jedes Gesellschafters ist.[12] Somit ist die Frage, ob eine Befugnis zur *actio pro socio* besteht, auf der Grundlage des Personalstatuts der jeweiligen Gesellschaft zu beantworten.[13]

C. Voraussetzungen einer *derivative claim*

I. Allgemeine Voraussetzungen

Klageberechtigt ist **jeder Gesellschafter**, allerdings ist es ein Instrument zu Gunsten des **Minderheitsgesellschafters**. Dessen Klage muss auf der **Pflichtverletzung eines *directors*** gegründet werden, und zwar auf eine bereits erfolgte oder eine befürchtete künftige Handlung oder Unterlassung des *directors*[14], die sich als *negligence, default, breach of duty or breach of trust* darstellt.[15] Damit sind die in sec. 170 ff. CA 2006 kodifizierten allgemeinen Pflichten,[16] aber auch sämtliche sonstigen vorstellbaren Pflichtverstöße erfasst. Im Falle ungenehmigter politischer Spenden bestehen Sonderregelungen für die *derivative claim*.[17] Klagegegner können neben oder statt der *directors* auch Dritte sein,[18] die z. B. kollusiv mit dem *directors* zusammengewirkt haben. Da der Gesellschafter ein Recht der Gesellschaft für Rechnung der Gesellschaft geltend macht, muss **Leistung zu Gunsten der Limited beantragt** werden. 3

II. Prozessführungsbefugnis *(permission to continue)*

Aus **prozessökonomischen** Gründen ist das **Verfahren zweigeteilt**. Zunächst muss der Kläger vom Gericht die Zustimmung beantragen, den weiteren Prozess führen zu dürfen *(apply for permission to continue the claim)*.[19] Das Gericht prüft die **Prozessführungsbefugnis** des Klägers auf Grundlage einer **summarischen Prüfung** der eingereichten Klageschrift und Beweisanträge *(prima facie case)*.[20] Es muss in diesem Stadium die Zustimmung zum Klageverfahren verweigern **(zwingende Versagungsgründe)**, wenn: 4

– eine **hypothetische, pflichtbewusste Person**, die das Wohle der Gesellschaft entsprechend den Vorgaben des sec. 172 CA 2006 (»*duty to promote the success of the company*«) im Auge hätte, eine Weiterführung des Klageverfahrens nicht anstreben würde.[21] Die Frage lautet also, ob ein pflichtbewusster *director* von der Klageerhebung absehen würde. Im Fall *Iesini v Westrip Holdings Ltd*[22] ging der High Court davon aus, dass dies nur bejaht werden könne, wenn klar sei, dass **kein *director* eine solche Klage erheben würde**. Es wird deswegen davon ausgegangen, dass die Gerichte **nur äußerst selten** zur Feststellung kommen werden, dass ein hypothetischer, pflichtbewusster *director* keinesfalls klagen würde.[23] Ist eine Gesellschaft insolvent, so muss zunächst ein entsprechendes insolvenzrechtliches Verfahren betrieben werden, damit der *liquidator* oder *administrator* über eine Klageerhebung entscheidet.[24]

---

11 Vgl. die Nachweise bei *Wertenbruch in Ebenroth*/Boujong/Joost/Strohn § 105 HGB Rn. 146, *Wertenbruch* selbst geht von einer Doppelnatur aus. Das englische Recht begreift die *derivative action* als Fall der Prozessstandschaft *(conferral of locus standi)*, *Universal Project Management Services Ltd v Fort Gilkicker Ltd.* (2013) EWHC 348 (Ch).
12 *Ulmer in MüKo-BGB*, Bd. 5, § 705 Rn. 207.
13 *Kindler in MüKo-BGB*, Bd. 11, Rn. 610.
14 Einschließlich ehemaliger *directors* und *shadow directors*, Sec. 260 (5) CA 2006.
15 Sec. 260 (3) CA 2006.
16 Vgl. oben § 95 Rdn. 41 ff.
17 Sec. 370 ff. CA 2006.
18 Sec. 260 (3) a. E. CA 2006.
19 Sec. 261 (1) CA 2006.
20 Sec. 261, 263 CA 2006.
21 Sec. 263 (2) (a) CA 2006.
22 (2009) EWHC 2526, Tz. 126; bestätigt durch *Stainer v Lee* (2010) EWHC 1539 (Ch).
23 *Braun/Strothotte* RIW 2010, 424 (430).
24 *Cinematic Finance Ltd v Ryder & Ors* (2010) EWHC 3387 (Ch).

– Die Zustimmung zum Klageverfahren ist auch zwingend zu verweigern, wenn die Gesellschaft durch einen **Gesellschafterbeschluss**[25] dem (angeblich) pflichtwidrigen Verhalten, das dem Klageanspruch zu Grunde liegt, **zugestimmt (*authorized*)** oder es nachträglich **genehmigt (*ratified*)** hat.[26] Soweit eine Genehmigung nicht einstimmig erfolgt,[27] dürfen Stimmen des betroffenen *directors* (im Falle, dass er auch Gesellschafter ist) und der mit ihm verbundenen Gesellschafter[28], nur zur Feststellung der Beschlussfähigkeit, aber nicht im Übrigen mitgezählt werden.[29] Denn die *derivative claim* soll gerade in den Fällen Abhilfe schaffen, in denen die pflichtsäumigen *directors* in der Gesellschafterversammlung über *majority wrongdoer control* verfügen.

5 Liegt kein zwingender Versagungsgrund vor, muss das Gericht bei seiner Entscheidung insbesondere auch folgende Gesichtspunkte berücksichtigen (**Ermessensentscheidung**[30]):[31]
– ob der Gesellschafter gutgläubig *(in good faith)* handelt,
– welchen **Stellenwert** eine Person, die das Wohle der Gesellschaft entsprechend den Vorgaben des sec. 172 CA 2006[32] im Auge hat, der Anspruchsverfolgung beimessen würde,
– wie **wahrscheinlich** es erscheint, dass die Gesellschafter eine bereits erfolgte pflichtwidrige Handlung oder Unterlassung **genehmigen** oder einer befürchteten künftigen pflichtwidrigen Handlung **zustimmen** werden[33],
– ob sich die **Gesellschaft gegen** eine Anspruchsdurchsetzung **entschieden hat**[34] und
– ob dem **Gesellschafter** ein **einklagbares individuelles Recht** auf Grund der Pflichtverletzung zusteht, so dass er keiner *derivative claim* bedarf.

6 In einem eigenen Absatz hebt das Gesetz hervor, dass das Gericht etwaigen Nachweisen (*evidence*) über die **Sichtweise derjenigen Gesellschafter, die kein persönliches** unmittelbares oder mittelbares Interesse – abgesehen von ihrem Interesse als Gesellschafter[35] – in Hinblick auf den Streitgegenstand haben, **besonderes Gewicht** (*particular regard*) bei seiner Entscheidung beimessen soll.[36] Insgesamt ist die Regelung sichtlich bemüht sicherzustellen, dass eine *derivative claim* tatsächlich nur durchgeführt wird, wenn dies im Interesse der Limited ist, und als »***weapon of last resort***«.[37]

7 *Braun/Strothotte*[38] stellen nach Analyse der bisher ergangenen Entscheidungen fest, dass sich das gesetzliche **Zweistufen-Verfahren** als **schlecht handhabbar** (»zu formal«) erwiesen hat, so dass die **englischen Gerichte** auf eine strikte **Trennung** in ein summarisches Vorverfahren zur *permission* und dem weiteren Verfahren häufig **verzichtet** haben. Müsste ein deutsches Gericht über die *derivative claim* eines Gesellschafters gegenüber dem in Deutschland tätigen, angeblich pflichtvergessenen *director* entscheiden, wäre deutsches Prozessrecht anzuwenden. Die Gesichtspunkte, die in England als Prüfungsgegenstände im summarischen Vorverfahren zur *permission* vorgesehen sind, müssten von einem deutschen Gericht wohl als Frage der Prozessführungsbefugnis behandelt werden. Damit han-

---

25 Sec. 239 (2) CA 2006.
26 Sec. 263 (2) (b) und (c) CA 2006.
27 Sec. 239 (6) CA 2006.
28 Vgl. sec. 252 CA 2006.
29 Sec. 239 (4) CA 2006.
30 *Braun/Strothotte* RIW 2010, 424, 432; ungenau *Just* Rn. 176.
31 Sec. 263 (3) (a – f) CA 2006. Die Aufzählung ist nicht abschließend.
32 Dort ist die »*duty to promote the success of the company*« normiert.
33 Wenn das Gericht aus den Umständen des Falles eine solche Zustimmung ableitet, weist es die Klage ab, vgl. *Re Singh Brothers Contractors (North West) Ltd* (2013) EWHC 2138 (Ch).
34 Kann der Gesellschafter eine Klageerhebung durch die Gesellschaft erreichen, so muss er diesen Weg beschreiten, vgl. *Bamford v Harvey* (2012) EWHC 2858 (Ch).
35 *Iesini v Westrip Holdings Ltd* (2009) EWHC 2526, Tz. 129 und 130.
36 Sec. 263 (4) CA 2006. Entsprechende Nachweise wären ein »*powerful factor*« bei der Zulassungsentscheidung, *Davies* in Gower and Davies, Rn. 17–10.
37 So *Lord Goldsmith* am 27.02.2006 vor dem House of Lords, zitiert von *Hatchard in Boxell* Ziff. 10.3.9.3, S. 456.
38 RIW 2010, 424 (431).

delt es sich dabei ebenfalls um eine Prozessvoraussetzung, allerdings genügt es bei der Prozessführungsbefugnis, wenn sie am Schluss der letzten mündlichen Verhandlung vorliegt.[39] Eine **Zweiteilung** des Prozesses käme in **Deutschland** also **nicht in Frage**.

III. Kostentragung bei Zulassung

Bejaht das Gericht die *permission to continue the claim*, dann soll nach englischem Verfahrensrecht die **Gesellschaft** auf jeden Fall das **Kostenrisiko** für das Verfahren an Stelle des Klägers tragen.[40] Eine solche prozessuale Vorschrift ist dem deutschen Recht fremd. Hier käme nur ein möglicher **materieller Anspruch auf Kostenerstattung** aus Geschäftsführung ohne Auftrag in Betracht.

D. Sonderformen der *derivative claim*

Neben den bereits angesprochenen Sonderregelungen für die *derivative claim* im Falle ungenehmigter politischer Spenden[41] bestehen weitere Konstellationen, die eine *derivative claim* ermöglichen:

I. Übernahme einer Klage der Gesellschaft

Klagt eine Limited wegen der Pflichtverletzung eines *directors*, besteht die Gefahr, dass sie das Verfahren nur als Alibi gegenüber den Gesellschaftern führt, tatsächlich jedoch auf Schonung des Prozessgegners aus ist. Hier kann ein **Gesellschafter** die **Limited aus der Klägerrolle verdrängen** und den Prozess selbst im eigenen Namen führen, wenn die Prozessführung durch die Limited **prozessmissbräuchlich** war, diese den Anspruch nicht nachdrücklich verfolgt hat und es sachgerecht erscheint, wenn der Gesellschafter das Verfahren als *derivative claim* weiterführt.[42] Es erscheint schwierig zu glauben, dass diese Möglichkeit in der Praxis eine große Verwendung finden wird.

II. Übernahme einer *derivative claim* eines Mitgesellschafters

Unter vergleichbaren Voraussetzungen, unter denen die Gesellschaft als Klägerin verdrängt werden kann, kann ein Gesellschafter auch einen **bereits klagenden Mitgesellschafter verdrängen**.[43] Auch diese Möglichkeit dürfte eher theoretischer Natur sein.

III. *Double* und *multiple derivative claims*

Andere Common Law-Staaten wie die USA, Kanada, Singapur oder Neuseeland kennen eine »*double* oder *multiple derivative action*«, mit deren Hilfe **Gesellschafter einer (Ober-)Gesellschaft** im eigenen Namen für Rechnung einer Beteiligungsgesellschaft (»Untergesellschaft«) **wegen Pflichtwidrigkeiten der *directors* der Untergesellschaft** klagen können.[44] Das CA 2006 hat eine solche Klagemöglichkeit nicht normiert. Der *High Court* hat 2013 im Fall *Universal*[45] hierfür ein Bedürfnis gesehen und ein solches Vorgehen ermöglicht.[46] Laut Gericht bleiben *common law*-Grundsätze neben der gesetzlichen Regelung bestehen und haben noch praktische Bedeutung für eine *double* oder *multiple derivative action*.

---

39 BGH, 11.08.2010, BGHZ 187, 10 (13) Tz. 7; *Vollkommer in Zöller* Vor § 50 Rn. 19.
40 Gower and Davies'/*Davies* Rn. 17–12.
41 Sec. 370 ff. CA 2006.
42 Sec. 262 (2) CA 2006.
43 Sec. 264 (2) CA 2006.
44 *Braun/Strothotte*, RIW 2010, 424, 435. Bei der *double derivative action* klagt der Gesellschafter der Muttergesellschaft, bei der *multiple derivative action* sogar der Gesellschafter einer weiter entfernten Obergesellschaft.
45 *Universal Project Management Services Ltd v Fort Gilkicker Ltd.* (2013) EWHC 348 (Ch).
46 Ablehnend *Braun/Strothotte*, RIW 2010, 424, 435, die jedoch auf eine entsprechende Rechtsentwicklung in Hong Kong verweisen.

E. Abgrenzung zu anderen Rechtsbehelfen

13 Bei der Beurteilung der Prozessführungsbefugnis muss das Gericht auch berücksichtigen, ob dem Gesellschafter auf Grund der Pflichtverletzung ein **einklagbares individuelles Recht** zustünde.[47] Hier geht es vor allem um eine Klagemöglichkeit wegen ***unfair prejudice***.[48] Die **Abgrenzung** ist allerdings **schwierig**.[49] So kann das Gericht bei einer auf *unfair prejudice* gestützten Klage auch anordnen, dass der Kläger berechtigt sein soll, eine *derivative claim* zu erheben.[50] Es ist deshalb empfehlenswert und in der Praxis üblich, Klageanträge auf *personal relief* gestützt auf *unfair prejudice* mit solchen auf *corporate relief* mittels *derivative action* zu kombinieren.

---

[47] Sec. 263 (3) (f) CA 2006.
[48] Sec. 994 ff. CA 2006. Vgl. oben § 92 Rdn. 11 ff.
[49] Sec. 994 ff. CA 2006. Vgl. oben § 92 Rdn. 17.
[50] Sec. 996 (2) (c) CA 2006.

§ 97 Streitigkeiten bei der Auflösung und Beendigung der Limited

Übersicht

		Rdn.				Rdn.
A.	Anwendbares Recht in Insolvenzsituation	1	B.	Insolvenzverschleppungs- und Masseschmälerungshaftung		9
I.	Insolvenzfähigkeit und Insolvenzantragsrecht	2	I.	Insolvenzverschleppungshaftung		9
II.	Insolvenzantragspflicht	4		1. Anwendbarkeit der Haftung		9
	1. Vergleich zwischen deutschen und englischen Insolvenzantragspflichten	4		2. Erfüllung der Antragspflicht		12
			II.	Verstoß gegen § 64 GmbHG		13
	2. Gesellschafts- oder insolvenzrechtliche Einordnung	7	C.	Registerstreichung und Nachtragsliquidation		16

A. Anwendbares Recht in Insolvenzsituation

Im Zusammenhang mit Fragen der Auflösung und Beendigung der Limited besteht eine **Vielzahl ungeklärter**, vornehmlich **kollisionsrechtlicher Fragestellungen**. Wenn – wie häufig – eine Insolvenz der Limited Beendigungsgrund ist, kommt es zu einer Überschneidung insolvenzrechtlicher und gesellschaftsrechtlicher Regelungen. Ist auch auf die Limited englisches Gesellschaftsrecht anwendbar, so kann doch bei Tätigkeitsschwerpunkt[1] in Deutschland deutsches Insolvenzrecht zur Anwendung kommen. Besondere **Schwierigkeiten** bereitet dabei die Frage, ob im Vorfeld einer Insolvenz deutsche oder englische Normen, die an Geschäftsleiter bestimmte Verhaltensanforderungen in Krisensituationen stellen, anzuwenden sind. Dies betrifft z. B. die **Insolvenzantragspflicht** selbst, die nach deutschem oder englischem Recht unterschiedlich ausgestaltet ist, sowie die **Geschäftsleiterhaftung** für Insolvenzverschleppung und nach 64 GmbHG. Auf diese Fragen wird sich die folgende Darstellung konzentrieren. Eine Klärung dieser Fragen durch den EuGH ist in Kürze zu erwarten.[2]

1

I. Insolvenzfähigkeit und Insolvenzantragsrecht

Das anwendbare Insolvenzrecht folgt vom Grundsatz her der Eröffnungszuständigkeit.[3] Liegt die Eröffnungszuständigkeit für ein Hauptinsolvenzverfahren **in Deutschland**, weil dort der **Mittelpunkt der hauptsächlichen Interessen** des Schuldners der Limited liegt,[4] bestimmt vom Grundsatz her **deutsches Insolvenzrecht** das Insolvenzverfahren und dessen Wirkung. Die Fragen, ob die Limited insolvenzfähig ist, ob ein Insolvenzgrund vorliegt und wer berechtigt ist, einen Insolvenzantrag zu stellen, richten sich dann nach deutschem Recht. Die Eigenschaft der Limited als Auslandsgesellschaft schlägt nicht auf das Insolvenzrecht durch, hat aber – wie angesprochen – Auswirkungen im **Grenzbereich zum Gesellschaftsrecht**.

2

Auch nach deutschem Recht ist eine Limited insolvenzfähig.[5] Sind deutsche Gerichte für das Hauptinsolvenzverfahren international zuständig, setzt dessen Eröffnung die **Zahlungsunfähigkeit**[6] oder

3

---

1 Die EuInsVO 1346/2000 macht dies vom Mittelpunkt der hauptsächlichen Interessen des Schuldners (*centre of main interests* – COMI) abhängig. Zum reformierten COMI ab 26.06.2017 gemäß der neuen EuInsVO 2015/848 vgl. *Kindler/Sakka* EuZW 2015, 460 ff.
2 S. Vorlageersuchen des BGH NZG 2015, 101.
3 Art. 4 Abs. 1 EuInsVO 1346/2000 bzw. Art. 7 Abs. 1 EuInsVO 2015/848 bestimmt, dass das Insolvenzrecht des Staats der Verfahrenseröffnung (*lex fori concursus*) anzuwenden ist.
4 Maßgeblicher Anknüpfungspunkt für die internationale Zuständigkeit zur Eröffnung eines Hauptinsolvenzverfahrens ist das Staatsgebiet, in dem der Schuldner seinen COMI hat, Art. 3 Abs. 1 EuInsVO, vgl. EuGH NZI 2006, 364; Zum COMI bei ausländischem Verwaltungssitz vgl. AG Nürnberg NZI 2007, 186; High Court NZI 2007, 187. Zum englischen Insolvenzrecht s. *Just* Rn. 301 ff. Zur neuen EuInsVO 2015/848 *Kindler/Sakka* EuZW 2015, 460 (461 ff.); *Bayer/J. Schmidt* BB 2015, 1731 (1737 f.).
5 Triebel/von Hase/Melerski/*von Hase* 2. Teil, Rn. 594; *Heinz/Hartung* Kap. 17 Rn. 55, S. 139.
6 § 17 Abs. 1 InsO.

die **Überschuldung**[7] der Limited voraus. **Antragsberechtigt** ist **jeder einzelne *director*** der Gesellschaft[8] sowie die **Gläubiger** der Limited[9], nicht jedoch etwaige ständige Vertreter gemäß § 13e Abs. 2 S. 4 Nr. 3 HGB.[10] Die Limited selbst kann die Verfahrenseröffnung auch bei **drohender Zahlungsunfähigkeit** beantragen,[11] antragsberechtigt sind dann die *directors* entsprechend ihrer Vertretungsbefugnis, im Zweifel also das *board of directors* gemeinsam.[12] Die *directors* können keine Eröffnung eines Partikular- oder Sekundärinsolvenzverfahrens in Deutschland beantragen, wenn die Zuständigkeit für ein Hauptinsolvenzverfahren bei englischen Gerichten liegt (was der Fall ist, wenn der Mittelpunkt der hauptsächlichen Interessen der Limited in England liegt).[13]

II. Insolvenzantragspflicht

1. Vergleich zwischen deutschen und englischen Insolvenzantragspflichten

4   Umstritten ist, ob die **im deutschen Recht** normierte **rechtsformübergreifende Insolvenzantragspflicht für juristische Personen**[14] auch ausländische juristische Personen erfasst. Wäre dies der Fall müssten die *directors* der Limited im Falle der Zahlungsunfähigkeit oder Überschuldung ohne schuldhaftes Zögern, spätestens aber innerhalb von 3 Wochen die Eröffnung des Insolvenzverfahrens beantragen. Eine solche Insolvenzantragspflicht ist dem englischen Gesellschafts- und Insolvenzrecht[15] dagegen unbekannt.[16] Das **englische Konzept** sieht wie folgt aus:[17]

5   Um einer persönlichen Haftung aus *wrongful trading*[18] zu entgehen, muss der *director* bei sich abzeichnender, vernünftigerweise nicht mehr abwendbarer Insolvenz **alle im Interesse der Gläubiger** und zu deren Risikominimierung **erforderlichen Geschäftsführungsmaßnahmen** treffen,[19] was zumeist die Stellung eines Insolvenzantrages bedeuten wird,[20] aber nicht muss. Stellt er keinen Insol-

---

7   § 19 Abs. 1 InsO.
8   Gemäß § 15 Abs. 1 InsO ist jedes Mitglied des Vertretungsorgans einer juristischen Person berechtigt, den Antrag zu stellen. Auf die Vertretungsmacht des Antragstellers (Einzelvertretungs- oder Gesamtvertretungsbefugnis) kommt es nicht an. Stellen aber nicht alle Mitglieder des *board of directors* den Antrag, so muss der Antragsteller den Eröffnungsgrund glaubhaft machen, § 15 Abs. 2 S. 1 InsO.
9   § 14 InsO.
10 Triebel/von Hase/Melerski/*von Hase* 2. Teil, Rn. 594; *Heinz/Hartung* Kap. 17 Rn. 55, S. 139.
11 § 18 Abs. 1 InsO.
12 MüKo InsO/*Schmahl* 2. Aufl. 2007, § 15 Rn. 6; unklar *Riedemann* GmbHR 2004, 345 (348). Zur Außenvertretung vgl. oben § 95 Rdn. 5.
13 Ein Partikularverfahren kann nur von einem Gläubiger beantragt werden, der seinen Wohnsitz, gewöhnlichen Aufenthalt oder Sitz in dem EU-Staat hat, in dem sich die betreffende Niederlassung des Schuldners befindet, oder dessen Forderung auf einer sich aus dem Betrieb dieser Niederlassung ergebenden Verbindlichkeit beruht, Art. 3 Abs. 4b EuInsVO. Für ein Sekundärinsolvenzverfahren steht dem Verwalter des Hauptinsolvenzverfahrens sowie Gläubigern ein Antragsrecht zu, Art. 29 EuInsVO 1346/2000 bzw. Art. 37 Abs. 1 EuInsVO 2015/848 i. V. m. § 354 ff. InsO.
14 § 15a InsO.
15 Das Insolvenzrecht ist insbesondere im Insolvency Act 1986 (IA 1986) geregelt.
16 Das englische Recht kennt keine ausdrückliche Insolvenzantragspflicht, vgl. *Davies*, AG 1998, 346, 349; *Kuntz*, NZI 2005, 424 (426). Allerdings können die Gerichte auf Antrag ein Insolvenzverfahren (*winding up*) anordnen, falls eine Gesellschaft »*unable is to pay ist debts*«, sec. 122 (1) (f) Insolvency Act 1986. Dies wird gemäß sec. 123 (1) IA 1986 mit dem »*cash-flow test*« und gemäß sec. 123 (2) IA 1986 mit dem »*balance-sheet test*« überprüft (vgl. zum Verhältnis beider Tests der *Supreme Court* in *BNY Corporate Trustee Services Ltd & Ors v Eurosail-UK 2007- 3BL plc* [2013] UKSC 28).
17 Ausführlich *von Hase*, BB 2006, 2141 (2142 f.).
18 Sec. 214 IA 1986
19 Sec. 214 (3) IA 1986.
20 Die Beweislast, dass er alle Maßnahmen ergriffen hat, liegt beim *director* und ist kaum zu erfüllen, außer wenn Insolvenzantrag gestellt wird, vgl. auch *Wood*, Rn. 8–12: »*In a hopeless case, the directors must call a halt to trading.*«

venzantrag, ist seine Rolle der des Geschäftsleiters bei der Eigenverwaltung[21] vergleichbar. Der maßgebliche Zeitpunkt, zu dem seine Rolle umschlägt, ist aber **nicht** an **starre Fristen** nach Eintritt von Zahlungsunfähigkeit oder Überschuldung gebunden. Haftungsvoraussetzung ist, dass eine Insolvenzauflösung (*insolvent liquidation*) für den *director* erkennbar unvermeidbar war, also **keine vernünftige Aussicht auf Rettung** besteht (*no reasonable prospect*).[22] Dieser Zeitpunkt (»*point of no return*«[23]) kann bereits vor Zahlungsunfähigkeit oder Überschuldung liegen, wenn die Gesellschaft unrettbar ihrem wirtschaftlichen Untergang entgegengeht.[24] Bestehen aber zunächst noch vernünftige Rettungschancen, kann der maßgebliche Zeitpunkt sehr viel später als 3 Wochen nach Eintritt von Zahlungsunfähigkeit oder Überschuldung eintreten. In diesem Fall könnte es sogar eine Pflichtwidrigkeit gegenüber den Gesellschaftern darstellen, wenn der *director*, **statt** auf eine **realistische Rettung** hinzuarbeiten, die *insolvent liquidation* bzw. die **Insolvenzeröffnung** beantragt. Jedenfalls ist der *director* unter solchen Umständen keinesfalls zur Antragstellung verpflichtet.[25]

Der Vergleich zeigt, dass **beide Konzepte** zu **unvereinbaren Anforderungen** an einen *director* führen 6 können. Das englische Recht verlangt vom *director* vernünftige (*reasonable*) Rettungschancen einer angeschlagenen Limited auch dann wahrzunehmen, wenn die deutsche 3-Wochen-Frist abgelaufen ist. Die widersprüchlichen Anforderungen der beiden Rechtsordnungen erscheinen im Ergebnis etwas **abgemildert**, wenn auch nicht aufgehoben, nachdem im deutschen Recht endültig der »**weiche**« **Überschuldungsbegriff** gilt.[26]

2. Gesellschafts- oder insolvenzrechtliche Einordnung

Die **h. M.** geht – zumal nach der rechtsformübergreifenden Neuregelung in § 15a InsO – von einer 7 insolvenzrechtlichen Qualifikation der deutschen **Insolvenzantragspflicht** aus und leitet daraus eine Anwendbarkeit **auch auf die *directors* einer vornehmlich in Deutschland tätigen Limited** ab.[27] Vorzugswürdig erscheint – auch nach der Einführung von § 15a InsO anstelle von § 64 Abs. 1 GmbHG a. F. – dagegen die Ansicht, wonach Insolvenzantragspflichten gesellschaftsrechtlich zu qualifizieren sind, so dass für die *directors* einer Limited nur das englische Recht über eine Antragspflicht bestimmt.[28]

---

21 Vgl. §§ 270 ff. InsO. Allerdings sieht § 270 Abs. 1 InsO vor, dass der Schuldner die Insolvenzmasse unter der Aufsicht eines gerichtlich bestellten Sachwalters verwaltet. Das englische Recht begnügt sich hingegen mit einer Haftungsandrohung aus *wrongful trading* für den Fall, dass der *director* die Gläubigerinteressen nicht ausreichend wahrt.
22 Sec. 214 (2)(b) IA 1986.
23 *Loose/Griffiths* S. 136. Zum eingeschränkten Wert des »*point of no return*« im Rahmen des »*balance-sheet test*« (Überschuldung) vgl. *BNY Corporate Trustee Services Ltd & Ors v Eurosail-UK 2007- 3BL plc* (2013) UKSC 28.
24 In *Re Cubelock Ltd* (2001) BCC 523, wurde ein solcher Fall zwar erörtert, aber im konkreten Fall eine Haftung bereits ab Beginn der werbenden Tätigkeit verneint.
25 *Redeker* ZInsO 2005, 1035; *von Hase* BB 2006, 2141 (2143) m. w. N. zum englischen Schrifttum in Fn. 28.
26 Vgl. § 19 Abs. 2 InsO in der Fassung von Art. 6 Abs. 3 FinanzmarktstabilisierungsG. Laut *Schall* NJW 2011, 3745 (3748), entfällt das Problem damit ganz.
27 OLG Jena NZI 2013, 807; KG NZI 2010, 542 (543); LG Kiel, NZG 2006, 672; *Altmeppen* DB 2004, 1083; *Borges* ZIP 2004, 733 (740); *Eidenmüller* in Eidenmüller § 9 Rn. 32; *Franz* BB 2009, 1250 (1253); *Goette* DStR 2005, 197 (200); *Greulich/Rau* NZG 2008, 565 (567); *Heinz/Hartung* Kap. 17 Rn. 59 f., S. 139 f.; *Süß/Wachter/Kienle* § 3 Rn. 170; MüKo BGB/*Kindler* Bd. 11, IntGesR Rn. 661 m. w. N.; *Kühnle/Otto* IPrax 2009, 117 f.; *Leutner/Langner* ZInsO 2005, 575; *H.-F. Müller* NZG 2003, 414 (416); *Paulus* ZIP 2002, 729 (734); *Riedemann* GmbHR 2004, 345 (349); *Roth* NZG 2003, 1081 (1085); Henssler/Strohn/ *Servatius* Internationales Gesellschaftsrecht B. VII. 9. Rn. 173; *Wachter* BB 2006, 1463 (1464); *Weller* IPRax 2004, 412 (414); *Schall* NJW 2011, 3745 (3747).
28 *Berner/Klöhn* ZIP 2007, 106; *Burg* GmbHR 2004, 1379 (1383); *Drouven/Mödl* NZG 2007, 7 (11); *Drygala* ZEuP 2004, 337 (360); *Ebert/Levedag* GmbHR 2003, 1337 (1341); *Mock/Schildt* ZInsO 2003, 396 (400); Triebel/von Hase/Melerski/*von Hase* 2. Teil, Rn. 344 ff.; *ders.*, BB 2006, 2141 (2147); *Just* ZIP 2006, 1251 (1254);, Römermann/*Mincke* Teil L, Rn. 48 f.; *Paefgen* ZIP 2004, 2253 (2260); *Riegger* ZGR 2004, 510

8 Wendet man mit der h. M. deutsche Insolvenzantragspflichten auf *directors* von Limiteds mit deuschem COMI an, führt dies – wie oben dargestellt – zu einer häufig nicht aufzulösenden **Pflichtenkollision zu Lasten des *directors*.**[29] Außerdem hinge der Anwendungsbereich der Antragspflichten auf eine Limited dann davon ab, dass deren **COMI** sich **tatsächlich in Deutschland befände**. Wenn man die Unsicherheit berücksichtigt, mit der die Gerichte bei der Bestimmung des COMI zu kämpfen haben,[30] wird der Pflichtenmaßstab für die betroffenen Geschäftsleiter oftmals unklar sein. Schließlich wäre es nach Eintritt eines Insolvenzeröffnungsgrundes, aber vor Ablauf der Antragsfrist von drei Wochen noch möglich, den **COMI aus Deutschland weg zu verlegen**, um der Antragspflicht (und möglichen Sanktionen) zu entgehen.[31]

B. Insolvenzverschleppungs- und Masseschmälerungshaftung

I. Insolvenzverschleppungshaftung

1. Anwendbarkeit der Haftung

9 Wie auch schon die Antragspflichten, liegt die **Insolvenzverschleppungshaftung** im **Grenzbereich zwischen Gesellschafts- und Insolvenzrecht**.[32] Folgt man mit der h. M. der insolvenzrechtlichen Qualifikation der Insolvenzantragspflichten und wendet man die deutschen Insolvenzantragspflichten auf *directors* einer englischen Limited mit deutschem COMI an, so lösen Verstöße gegen eine solche Pflicht eine **Haftung** aus. Denn § 15a InsO ist als Schutzgesetz i. S. d. § 823 Abs. 2 BGB anzusehen.[33] Altgläubiger können den Quotenschaden verlangen, der durch die verspätete Antragsstellung entstanden ist, Neugläubiger dagegen Ersatz des vollen Schadens.

10 Nach der **hier vertretenen Ansicht** stellt die Insolvenzverschleppungshaftung eine gesellschaftsrechtliche Haftungsfigur dar, die Teil des Gläubigerschutzsystems des deutschen Kapitalgesellschaftsrechts ist. Selbst wenn für die Ansprüche der Gläubiger eine deliktsrechtliche Anknüpfung angenommen würde[34], würde diese deliktische Haftung jedoch auf einer gesellschaftsrechtlich zu

---

(527); *Ringe/Willemer* EuZW 2006, 621 (623); *Schumann* DB 2004, 743 (748); *Spindler/Berner* RIW 2004, 7 (12); *Triebel/Otte/Kimpel* BB 2005, 1233 (1237 f.); *Ulmer* NJW 2004, 1201 (1207). Zweifel an der insolvenzrechtlichen Qualifikation äußert auch *Hellwig* ZGR 2013, 216 (230).

29 Hirte/Bücker/*Mock/Schildt* § 17 Rn. 70.

30 S. die Eröffnungsentscheidung des High Court ZIP 2003, 1362 (*Administration Order*) sowie NZI 2004, 219 (*Judgment zum Administration Order* auf deutsch) = ZIP 2004, 963 (*Judgment zum Administration Order* auf englisch) – ISA I, die auf harsche deutsche Kritik stieß: *Sabel* NZI 2004, 126: »ausufernde Interpretation«; *Mankowski* EWiR 2003, 1239: »Ursupation« und »Insolvenz-Imperialismus«; gemäßigt kritisch *Weller* IPRax 2004, 412: »extensive Auslegung«. Lehrreich auch die durch EuGH NZI 2006, 360 »Parmalat«, entschiedene Auseinandersetzung italienischer und irischer Gerichte, vgl. Supreme Court of Ireland NZI 2004, 505 = ZIP 2004, 1969 m. Anm. *Herweg/Tschauner* EWiR 2004, 973; Schlussanträge des Generalanwalts *Jacobs* RS C-314/04, ZIP 2005, 1878 m. zust. Anm. *Pannen/Riedemann* EWiR 2005, 725; Tribunale Civile di Parma ZIP 2004, 1220; High Court Dublin ZIP 2004, 1223 m. Anm. *Herweg/Tschauner* EWiR 2004, 599, sowie die Übersicht zum Parmalat-Fall bei *Pannen/Riedemann* NZI 2004, 646.

31 *Mankowski*, EWiR 2006, 397 (398). Die von ihm kritisierte Entscheidung BGH, ZIP 2006, 767, zur Beibehaltung der internationalen Eröffnungszuständigkeit bis zur rechtskräftigen Entscheidung über einen Erstantrag bestätigt dies: jedenfalls vor einem Erstantrag führt die Verlegung des COMI zur Veränderung der Eröffnungszuständigkeit. Auch nach EuGH, NZI 2006, 153 – »Staubitz-Schreiber«, ist der Zeitpunkt der Antragstellung maßgeblich für die Prüfung der Frage der Zuständigkeit des angerufenen Insolvenzgerichts. Eine Verlegung des Mittelpunkts der hauptsächlichen Interessen nach der Antragstellung wirkt sich nicht mehr auf die Eröffnungszuständigkeit aus. Bei vollständiger Einstellung der Geschäftstätigkeit vor Antragstellung bleibt der vor Einstellung begründete Mittelpunkt der hauptsächlichen Interessen bestehen, AG Hamburg, NZG 2006, 439. Zur Änderung der Definiton des COMI in Art. 3 Abs. 1 EuInsVO 2015/848 zur Bekämpfung des Forum Shoppings s. *Kindler/Sakka* EuZW 2015, 460 (462) und *Bayer/J. Schmidt* BB 2015, 1731 (1738).

32 *Hirte/Mock* ZIP 2005, 474.

33 Süß/Wachter/*Kienle* § 3 Rn. 172.

34 So etwa OLG Karlsruhe NJW-RR 2010, 714.

qualifizierenden Insolvenzantragspflicht beruhen.³⁵ Sie setzte voraus, dass das jeweilige ausländische Gründungsrecht eine Insolvenzantragspflicht kennt. Da das **englische Recht** für die *directors* einer Limited **keine starre Insolvenzantragspflicht** kennt, scheidet eine darauf gestützte Haftung in Verbindung mit § 823 Abs. 2 BGB aus. Es sind die **vergleichbaren** gesellschaftsrechtlichen **Haftungstatbestände nach englischem Recht** anzuwenden, insbesondere Ansprüche aus *fraudulent* oder *wrongful trading* gemäß sec. 213 und 214 Insolvency Act 1986.³⁶ Diese englischen Vorschriften sind als Schutzgesetz im Sinne des § 823 Abs. 2 BGB anzusehen.³⁷ Daneben kennt das englische Recht noch eine Haftung wegen Missbrauchs und Treuepflichtverletzung (*misfeasance or breach of any fiduciary or other duty in relation to the company*) gemäß sec. 212 Insolvency Act 1986, die z. B. greift, wenn in einer Krise oder Insolvenzsituation Zahlungen geleistet werden, die angesichts der Interessen der Gesellschafterglaubiger nicht *reasonable* erscheinen.³⁸

Unabhängig von der Einordnung der Insolvenzverschleppungshaftung kommen über § 823 Abs. 2 BGB ggf. auch Ansprüche aus der **Verletzung strafrechtlicher deutscher Vorschriften** in Betracht (§§ 263, 265b, 283, 283b StGB) sowie Ansprüche wegen **vorsätzlicher sittenwidriger Schädigung** (§ 826 BGB), die jedoch nicht überdehnt werden dürfen.   11

2. Erfüllung der Antragspflicht

Wenn man annimmt, dass auch der *director* einer Limited den **deutschen Antragspflichten** unterliegen kann, ergibt sich die Frage, ob der *director* seiner Antragspflicht genügt, wenn er den Antrag nicht in Deutschland, sondern **vor englischen Gerichten** stellt.³⁹ Dabei kann es nur um die Eröffnung eines Hauptverfahrens gehen, da Mitglieder des Vertretungsorgans keine Eröffnung eines Partikular- oder Sekundärinsolvenzverfahrens beantragen können. Klar **zu bejahen** ist die Frage, wenn das **ausländische Gericht** nach der EuInsVO allein **international zuständig** ist.⁴⁰ Eine Verpflichtung zur Stellung unzulässiger inländischer Anträge, auf deren Grundlage kein Insolvenzverfahren eröffnet werden darf, wäre unsinnig. Darüber hinaus ist es ausreichend, dass sich das angerufene Insolvenzgericht für international zuständig erachtet und tatsächlich ein Hauptinsolvenzverfahren eröffnet, da eine Nachprüfung der Zuständigkeit durch Gerichte anderer EU-Staaten nicht mehr erfolgt. Schwierig wird die Frage dann, wenn das angerufene ausländische Insolvenzgericht sich für unzuständig erklärt. Der Antragspflicht wäre jedenfalls **nicht** Genüge getan, wenn der Antrag bei dem **Gericht** eines EU-Staates eingereicht wurde, **zu dem keinerlei Bezugspunkt bestand**.⁴¹ Dies könnte nur als Verzögerungsmaßnahme der Geschäftsführer gewertet werden. Andererseits darf das Risiko unklarer Zuständigkeiten nicht auf die Geschäftsführer verlagert werden. In Fällen, in denen unklar ist, in welchem EU-Staat sich der Mittelpunkt der hauptsächlichen Interessen befindet, genügt deshalb   12

---

35 Hirte/Bücker/*Mock/Schildt* § 17 Rn. 82; *Schanze/Jüttner* AG 2003, 661.
36 *von Hase* BB 2006, 2141 (2144 f.); Triebel/von Hase/Melerski/*ders.* 2. Teil, Rn. 625; Hirte/*Mock* ZIP 2005, 474 (477); Hirte/Bücker/*Mock/Schildt* § 17 Rn. 85; *Schumann* DB 2004, 743 (748); *Triebel/Otte/Kimpel* BB 2005, 1233 (1237 f.). Durch das gerade im Gesetzgebungsverfahren befindliche Small Business, Enterprise and Employment Bil sollen durch neue sec. 246ZA und 246ZB IA 1986 die Klagemöglichkeiten von *liquidators* auch auf *administrators* erweitert werden.
37 *Burg* GmbHR 2005, 1379 (1383); *Schumann* DB 2004, 743 (748). Die Anwendung dieser Haftungstatbestände weltweit, also auch auf im Ausland lebende natürlich Personen bzw. ausländische Gesellschaften mit Sitz im Ausland, befürwortet der *Court of Appeal* in *Jetivia SA & Anor v Bilta (UK) Ltd & Ors* (2013) EWCA Civ 968.
38 Re HLC Environmental Projects Ltd (2013) EWHC 2876 (Ch): *whether an intelligent and honest man in the director's position could have reasonably believed that the transaction was for the company's benefit* (oder bei Insolvenz: *for the creditors' benefit*). Im Fall *GHLM Trading Ltd v Maroo* (2012) EWHC 61 (Ch) wurde ein Umschlagen auf die Interessen der Gläubiger ab dem Bestehen von *financial difficulties* angenommen.
39 Bejahend AG Köln ZIP 2005, 1566.
40 *Liersch* NZI 2004, 271 (272); Triebel/von Hase/Melerski/*von Hase* 2. Teil, Rn. 621.
41 Ähnlich MüKo BGB/*Kindler* Bd. 11, Art. 3 EuInsVO Rn. 4.

ein Antrag bei einem der in Frage kommenden Gerichte.[42] Bei Ablehnung der Zuständigkeit durch z. B. das englische Gericht müsste ohne schuldhaftes Zögern ein neuer Antrag beim zuständigen deutschen Gericht gestellt werden.[43] Da dem *director* die an starre Antragsfristen gebundene Insolvenzverschleppungshaftung nur in Deutschland droht, ist es für ihn ratsam, **im Zweifel einen Antrag in Deutschland** zu stellen. Entsprechendes gilt, falls die Limited in England bereits gelöscht ist.[44]

II. Verstoß gegen § 64 GmbHG

13 Neben der Verletzung der Insolvenzantragspflicht kommt eine Haftung derjenigen *directors* in Betracht, die **nach** Eintritt der **Zahlungsunfähigkeit oder** nach Feststellung der Überschuldung der Limited **Zahlungen geleistet** haben[45] oder davor Zahlungen an Gesellschafter geleistet haben, die **zur Zahlungsunfähigkeit** der Limited führen mussten.[46] § 64 GmbHG ist in seinen S. 1, 2 und 4 inhaltsgleich mit § 64 Abs. 2 GmbHG a. F. Neu hinzu gekommen ist die Masseschmälerungshaftung in § 64 S. 3 GmbHG.

14 Auch die Haftung nach § 64 GmbHG wird **überwiegend insolvenzrechtlich** qualifiziert.[47] Damit wären die *directors* **einer Limited mit deutschem COMI mit erfasst.** Verwiesen wird unter anderem auf die Begründung des Gesetzgebers,[48] sowie den insolvenztypischen Zweck der Haftung. Dieser Auffassung ist auch das Kammergericht[49] gefolgt. Die Regelung sei zwar historisch im Gesellschaftsrecht angesiedelt, aber diene insolvenzrechtlichen Zwecken. Der Geschäftsführer werde verpflichtet, das Vermögen der Gesellschaft zu sichern und zusammenzuhalten, damit es nach der Eröffnung eines Insolvenzverfahrens zur Verteilung an die Gläubiger ungeschmälert zur Verfügung stehe. Die Wirkungen der Insolvenzeröffnung würden insoweit durch § 64 Abs. 2 GmbH a. F. vorverlagert.[50]

15 Die **Gegenauffassung** ordnet die Haftungstatbestände des § 64 GmbHG zu Recht **gesellschaftsrechtlich** ein. Die Haftung knüpfe an die Verletzung einer spezifisch gesellschaftsrechtlichen Organpflicht: das Verbot, den Rechtsverkehr durch die Schmälerung der Haftungsmasse zu gefährden.[51] Dieses Verbot komme vor der Zahlungsunfähigkeit und unabhängig vom Insolvenzverfahren im Sinne einer Corporate Governance zum Tragen. Damit wäre die Haftung **auf die *directors*** einer Limited **nicht anwendbar.**[52] Eine weitgehende Klärung wird durch das Vorlageersuchen des BGH an den EuGH zur Einordnung des § 64 Abs. 2 S. 1 GmbHG a.F. (= § 64 S. 1 GmbHG n.F.) erwartet.[53]

---

42 MüKo BGB/*Kindler* Bd. 11, Art. 3 EuInsVO Rn. 4; im Ergebnis auch Süß/Wachter/*Kienle*, § 3 Rn. 180, da jedenfalls ein Verschuldensvorwurf entfällt.
43 MüKo BGB/*Kindler* Bd. 11, Art. 3 EuInsVO Rn. 4; im Ergebnis auch Süß/Wachter/*Kienle*, § 3 Rn. 180; *Vallender/Fuchs* ZIP 2004, 829, 832.
44 Triebel/von Hase/Melerski/*von Hase* 2. Teil, Rn. 622.
45 § 64 Satz 1, 2 GmbHG.
46 § 64 S. 3, 2 GmbHG.
47 Ulmer/Habersack/Winter/*Casper* § 64 Rn. 34; Eidenmüller/*Eidenmüller* § 9 Rn. 32 m. w. N. auch für die Gegenansicht in Fn. 42.; Süß/Wachter/*Kienle* § 3 Rn. 181 f.; Michalski/*Leible* Syst Darst. 2 Rn. 145 ff.
48 BT-Drs 16/6140, S. 42, 47, 57.
49 KG NZG 2010, 71; Frage offen gelassen von OLG Rostock BeckRS 2010, 30317, unter 3.
50 KG Berlin NZG 2010, 71, unter II. 2.a)
51 *Ringe/Willemer* NZG 2010, 56 (57).
52 Wegen der dann anwendbaren Haftungstatbestände vgl. oben unter Rdn. 10 f.
53 BGH NZG 2015, 101; die meisten Stimmen gehen davon aus, die Frage sei schon durch das EuGH-Urteil vom 4.12.2014 (NZI 2015, 88) vorentschieden, vgl. z. B. *Bayer/J. Schmidt* BB 2015, 1731 (1740).

C. Registerstreichung und Nachtragsliquidation

Die **Streichung der Limited** aus dem englischen Register führt dort zum **Verlust der Rechtsfähigkeit** (*is dissolved*).[54] Besteht kein Vermögen in Deutschland, ist die Limited insgesamt untergegangen. Wer für sie handelt, handelt für eine nicht existierende Person und haftet ggf. persönlich. Eine Haftung soll entfallen, wenn die Limited wieder in das englische Handelsregister eingetragen wird,[55] was nicht so selten ist.[56] Man wird sich das so vorstellen müssen, dass die persönliche Haftung des Vertreters haftungsbefreiend auf die Limited übergeht. Hat der Vertreter bereits geleistet, so verbleibt es dabei, dass er mit Rechtsgrund geleistet hat. Der Vertreter mag versuchen, sich bei der Limited schadlos zu halten.

Besteht dagegen **Vermögen in Deutschland**, wird die aufgelöste Limited als »**Rest- oder Spaltgesellschaft**« in Deutschland noch als partei- und prozessfähig angesehen.[57] Es findet eine Liquidation statt. Die *directors* sind – entgegen der wohl h. M., die sie einer unbeschränkten persönlichen Haftung als **Vertreter ohne Vertretungsmacht** unterwirft[58] – noch solange für diese »Rest- oder Spaltgesellschaft« als vertretungsberechtigt anzusehen, solange kein anderweitiger Liquidator[59] bestellt wurde.[60] Denn die Vertretungsmacht bestimmt sich weiter nach dem Gesellschaftsstatut.[61] Es ist im Regelfall davon auszugehen, dass die nach englischem Recht rechtsgeschäftlich aufgefasste Vollmacht der *directors* auch deren Handeln für eine etwaige Restgesellschaft umfassen soll. Da allerdings lediglich die »Rest- oder Spaltgesellschaft« im deutschen Register eingetragen ist, beschränkt sich diese Vertretungsbefugnis auf Geschäfte der im Register eingetragenen Zweigniederlassung. Die Vertretungsmacht endet mit der Bestellung eines Liquidators.

---

54 Sec. 1012 (1) CA 2006. Zur Auflösung beim *voluntary winding up* vgl. sec. 201 (2) Insolvency Act 1986.
55 OLG Brandenburg BeckRS 2009, 20471, unter Verweis auf die Fortbestandsfiktion in sec. 1032 (1) CA 2006. Hiernach wird die Gesellschaft rückwirkend so behandelt, als habe sie nie aufgehört zu existieren, vgl. *Hounslow Badminton Association v Registrar of Companies* (2013) EWHC 2961 (Ch).
56 Laut Angaben des englischen Registers *Companies House* wurden im Berichtszeitraum 2013/2014 insgesamt 5.177 companies *restored* (vgl. Companies House Annual Report and Accounts 2013/14).
57 OLG Brandenburg BeckRS 2009, 20471; OLG Nürnberg NZG 2008, 76, 77.
58 OLG Thüringen RIW 2007, 864 (866); *Grimm* 2010, 22; *Happ/Holler* DStR 2004, 730 (736); *Heinz/Hartung* Kap. 17 Rn. 48, S. 138; *Just* Rn. 347; *Leible* in Michalski Syst. Darst. 2 Rn. 166, S. 187; *J. Schmidt* ZIP 2008, 2400 (2401); *Röder* RIW 2007, 866 (868); *Süß* DNotZ 2005, 180 (189).
59 Die deutschen Gerichte bestellen in einem solche Fall entweder Nachtragsliquidatoren analog §§ 66 Abs. 5 GmbHG, 273 Abs. 4 AktG (OLG Thüringen RIW 2007, 864 (866)) oder einen Pfleger nach § 1913 BGB (OLG Nürnberg NZG 2008, 76 (77)). Auch das Schrifttum ist gespalten, vgl. zum Streitstand *Leible* in Michalski, Syst. Darst. 2 Rn. 166, S. 187, Fn. 576.
60 *Lamprecht* ZEuP 2008, 289, 309, 317.
61 *Schulz* NZG 2005, 415; *Krömker/Otte* BB 2008, 964 (965); a. A. aber z. B. *Leible/Lehmann* GmbHR 2007, 1095 (1097 f.): wird die Liquidation betrieben, sei deutsches Recht anwendbar mit einem Haftungsschutz vergleichbar dem bei einer GmbH, dagegen sei bei Fortführung werbender Tätigkeit – was bei Unkenntnis der Streichung aus dem englischen Register häufig vorkommen dürfte – die Restgesellschaft als GbR oder OHG zu qualifizieren, mit entsprechenden Haftungsfolgen für die Gesellschafter.

Teil 5 Streitigkeiten bei mittelbaren Unternehmensbeteiligungen

Abschnitt 1 Einleitung

§ 98 Formen und Abgrenzung mittelbarer Unternehmensbeteiligungen

Übersicht	Rdn.			Rdn.
A. Begriff der mittelbaren Unternehmensbeteiligung	1	B.	Abgrenzung der verschiedenen Formen	2

A. Begriff der mittelbaren Unternehmensbeteiligung

Der Begriff »mittelbare Unternehmensbeteiligung« ist nicht gesetzlich definiert. Er dient nur als übergeordnete Bezeichnung für eine bestimmte Art wirtschaftlicher Beteiligung an Unternehmen. Im juristischen Sprachgebrauch wird der Terminus vor allem verwendet, um den formalen Unterschied zwischen **unmittelbaren und mittelbaren** Unternehmensbeteiligungen hervorzuheben.[1] Als unmittelbare Unternehmensbeteiligung bezeichnet man gewöhnlich die Rechtsstellung einer Person, die mitgliedschaftlich und dinglich am Unternehmensträger beteiligt ist.[2] Eine mittelbare Unternehmensbeteiligung zeichnet sich hingegen dadurch aus, dass eine Person – anstelle der dinglichen Berechtigung – nur eine wirtschaftliche Berechtigung am Unternehmensvermögen hat.[3] Dieser formale Unterschied darf nicht zu der Fehlvorstellung verleiten, der unmittelbar am Unternehmen Beteiligte habe stets eine deutlich stärkere Teilhabe am Unternehmen als der »lediglich« mittelbar Beteiligte. Die meisten mittelbaren Unternehmensbeteiligungen haben eine schuldrechtliche Grundlage, die es erlaubt, dem mittelbar Beteiligten weitgehende Mitwirkungs- und Vermögensrechte am Unternehmensträger einzuräumen.[4]

1

B. Abgrenzung der verschiedenen Formen

Als Formen mittelbarer Unternehmensbeteiligung werden nachfolgend die stille Gesellschaft, die Unterbeteiligung, die Treuhand an Anteilen und der Nießbrauch an Anteilen behandelt. Diese lassen sich wie folgt definieren und voneinander abgrenzen: Eine **stille Gesellschaft** liegt vor, wenn zwischen einem kaufmännischen Rechtsträger und einem Anderen (stiller Gesellschafter) ein **Gesellschaftsvertrag** geschlossen worden ist, kraft dessen der stille Gesellschafter ohne Bildung eines Gesellschaftsvermögens mit einer Einlage am kaufmännischen Unternehmen beteiligt ist und eine Gewinnbeteiligung erhält, §§ 230, 231 HGB.[5] Eine **Unterbeteiligung** liegt hingegen vor, wenn zwischen einem Gesellschafter einer Kapital- oder Personengesellschaft (Hauptgesellschafter) und einem anderen (Unterbeteiligter) ein Gesellschaftsvertrag geschlossen worden ist, kraft dessen der Unterbeteiligte ohne Bildung eines Gesellschaftsvermögens mit einer Einlage an dem Anteil des Hauptgesellschafters beteiligt ist und eine Gewinnbeteiligung erhält.[6] Der zentrale Unterschied zwischen stiller Gesellschaft und Unterbeteiligung besteht also darin, dass der stille Gesellschafter mit dem Unternehmensträger einen Gesellschaftsvertrag schließt, um sich an dessen Unternehmen zu beteiligen, während der Unterbeteiligte mit einem Gesellschafter einen Gesellschaftsvertrag schließt, um sich an dessen Gesellschaftsanteil zu beteiligen. Sowohl stille Gesellschaft als auch Unterbeteiligung sind rechtlich als Innen-GbR einzuordnen. Sowohl bei der stillen Gesellschaft als auch bei der Unterbeteiligungsgesellschaft kann es mehrere stille Gesellschafter neben dem Geschäftsinhaber bzw. mehrere Unterbeteiligte neben dem Hauptbeteiligten geben. Eine **Treuhand** an Anteilen liegt vor, wenn ein Gesellschafter (Treuhänder) seine Rechte aus der Beteiligung nur nach Maßgabe

2

---

1 Siehe MüKo HGB/*K. Schmidt* Vor § 230 Rn. 1.
2 MüKo HGB/*K. Schmidt* Vor § 230 Rn. 1.
3 MüKo HGB/*K. Schmidt* Vor § 230 Rn. 1.
4 Siehe MüKo HGB/*K. Schmidt* Vor § 230 Rn. 3.
5 Dazu sogleich, siehe § 99 Rdn. 2.
6 So MüKo HGB/*K. Schmidt* § 230 Rn. 192.

des mit einem Treugeber (oder mehreren Treugebern) geschlossenen Treuhandvertrags ausüben darf.[7] Schwierigkeiten kann die Abgrenzung der Treuhand von der Unterbeteiligung bereiten. Im Ausgangspunkt unterscheiden sie sich dadurch, dass die Treuhand im Innenverhältnis ein Auftrag oder Geschäftsbesorgungsvertrag ist, während die Unterbeteiligung ein Gesellschaftsverhältnis ist.[8] Früher ging man daher davon aus, dass sich Treuhand und Unterbeteiligung gegenseitig ausschließen. Inzwischen wird überwiegend angenommen, dass sie sich überschneiden können in Form einer treuhänderischen Unterbeteiligung.[9] Der **Nießbrauch** an Anteilen ist die dingliche Belastung der Mitgliedschaft, die dem Nießbraucher das Recht gibt, die Nutzungen aus der Mitgliedschaft zu ziehen, §§ 1068, 1030 Abs. 1 BGB. Die Abgrenzung des Nießbrauchs von anderen mittelbaren Unternehmensbeteiligungen bereitet keine Schwierigkeiten.

---

[7] In Anlehnung an die Definition von MüKo HGB/*K. Schmidt* Vor § 230 Rn. 36 (zur fiduziarischen Treuhand).
[8] MüKo HGB/*K. Schmidt* Vor § 230 Rn. 45.
[9] MüKo HGB/*K. Schmidt* Vor § 230 Rn. 45.

Abschnitt 2 Streitigkeiten bei der stillen Gesellschaft

§ 99 Grundlegendes zur stillen Gesellschaft

Übersicht

	Rdn.			Rdn.
A.	Begriffsmerkmale und Rechtsnatur ..	2	II. Die atypische stille Gesellschaft mit Geschäftsführungsbeteiligung des stillen Gesellschafters	12
B.	Gegenstand der stillen Beteiligung ...	5		
C.	Intensität der Unternehmensbeteiligung	10	III. Die atypische mehrgliedrige stille Gesellschaft mit Verbandscharakter ...	13
I.	Die atypische stille Gesellschaft mit Vermögensbeteiligung des stillen Gesellschafters	11	IV. Kombination atypischer Merkmale ...	17
			D. Abschluss des Gesellschaftsvertrags ...	18

Vorab sind Begriff und Wesen der stillen Gesellschaft zu klären, da ihre Erscheinungsformen in der Praxis vielfältig sind. **1**

A. Begriffsmerkmale und Rechtsnatur

Die stille Gesellschaft ist nirgends gesetzlich definiert.[1] Ihre Begriffsmerkmale lassen sich aber aus den §§ 230, 231 Abs. 2 HGB weitgehend ableiten. Eine stille Gesellschaft in diesem Sinne liegt – so ein Definitionsversuch aus dem Schrifttum – vor, wenn »zwischen einem *kaufmännischen Rechtsträger (das HGB sagt: Inhaber des Handelsgeschäfts) und einem Anderen (stillen Gesellschafter) zur Erreichung eines gemeinsamen Zwecks ein Gesellschaftsvertrag geschlossen worden* [ist], *kraft dessen der andere ohne Bildung eines Gesellschaftsvermögens mit einer Einlage am kaufmännischen Unternehmen (das HGB sagt: Handelsgewerbe) beteiligt ist und eine Gewinnbeteiligung erhält«.*[2] Auch die Rechtsprechung legt ihren Entscheidungen diese Definition sinngemäß, aber in aller Regel unausgesprochen, zugrunde.[3] **2**

Ihrer Rechtsnatur nach ist die stille Gesellschaft eine spezielle Variante der Gesellschaft bürgerlichen Rechts (§ 705 BGB) in Gestalt einer **Innengesellschaft**.[4] Prägend für ihren Charakter als Innengesellschaft ist, dass die stille Gesellschaft nicht als solche nach außen in Erscheinung tritt, es also an einer Vertretung der Gesellschaft fehlt.[5] Die Geschäfte der stillen Gesellschaft nimmt der Geschäftsinhaber nach außen im eigenen Namen, nach innen jedoch für Rechnung der stillen Gesellschaft vor.[6] Der gemeinsame Zweck, zu dessen Förderung die Parteien sich verpflichten, besteht darin, Gewinne aus dem Betrieb des Handelsgewerbes des Geschäftsinhabers zu erzielen.[7] Das rechtliche Gerüst der stillen Gesellschaft bilden ihr Gesellschaftsvertrag, die §§ 230 bis 236 HGB und subsidiär die §§ 705 ff. BGB.[8] Die stille Gesellschaft ist nicht **rechtsfähig**.[9] Sie besitzt auch kein Gesellschaftsvermögen,[10] sodass § 718 BGB auf die stille Gesellschaft generell nicht anwendbar ist[11]. Mangels **3**

---

1 MüKo HGB/*K. Schmidt* § 230 Rn. 1; MünchHdb GesR II/*Keul* § 72 Rn. 9.
2 So MüKo HGB/*K. Schmidt* § 230 Rn. 2; ähnlich E/B/J/S/*Gehrlein* § 230 Rn. 2.
3 RGZ 77, 223 (226 f.); BGHZ 3, 75 (79); 7, 378 (382); BGH NJW 2006, 1984 (1985); BGH ZIP 2013, 19 (21); ähnliche Definition bei BFH DStR 2008, 2305 (2307).
4 RGZ 77, 223 (226 f.); BGHZ 7, 378 (382); BGH NJW 2006, 1984 (1985); MüKo HGB/*K. Schmidt* § 230 Rn. 4.
5 BGH NJW 1960, 1851 f.
6 BGH WM 1961, 574 (575).
7 RGZ 95, 147 (149); MünchHdb GesR II/*Keul* § 72 Rn. 20; Henssler/Strohn/*Servatius* § 230 Rn. 1.
8 BAG NZA 2009, 896 (900); MüKo HGB/*K. Schmidt* § 230 Rn. 6, Rn. 136; die §§ 705 ff. BGB sind nur bruchstückhaft anwendbar, MüKo BGB/*Ulmer/Schäfer* § 705 Rn. 286 f.; Staudinger/*Habermeier* § 705 Rn. 60.
9 Siehe BGH NJW 2006, 1984 (1985); E/B/J/S/*Gehrlein* § 230 Rn. 4.
10 BGH NJW 1953, 138; OLG Hamm NJW-RR 1994, 1382 (1383).
11 RGZ 142, 13 (20 f.); *Blaurock* § 4.8; Henssler/Strohn/*Servatius* § 230 Rn. 27.

Rechtsfähigkeit kann sie nicht Unternehmensträgerin und somit auch nicht Handelsgesellschaft sein.[12] Sie besitzt daher keine Firma und kann auch nicht ins Handelsregister eingetragen werden.[13] § 230 Abs. 1 HGB bestimmt ferner, dass der stille Gesellschafter, der sich mit einer **Vermögenseinlage** am Handelsgewerbe beteiligt, diese ins Vermögen des Geschäftsinhabers zu leisten hat. Nach h. M. ist die Beteiligung des stillen Gesellschafters mit einer Einlage ein konstituierendes Merkmal der stillen Gesellschaft.[14] Nach anderer Ansicht setzt die stille Gesellschaft nicht begriffsnotwendig eine Einlage voraus, vielmehr genüge jedwede Beitragsleistung des stillen Gesellschafters.[15] Die praktischen Unterschiede der beiden Ansichten sind gering. Denn die überwiegende Meinung legt den Begriff der Vermögenseinlage weit aus und versteht darunter jeden der Schätzung zugänglichen Vermögenswert, eine bilanzierungsfähige Einlageleistung wird hingegen nicht vorausgesetzt.[16] Somit können – nach beiden Ansichten – z. B. auch die Überlassung von Know How[17], die Erbringung von Dienstleistungen[18], die Nennung einer Bezugsquelle[19] oder zum Gebrauch überlassene Gebäude und Anlagen[20] eine Vermögenseinlage im Sinne des § 230 Abs. 1 HGB sein. Wurde keine Vermögenseinlage im Sinne des § 230 Abs. 1 HGB vereinbart, aber sonstige Beiträge zu einem gemeinsamen Zweck, liegt eine Innen-GbR vor, die keine stille Gesellschaft ist.[21] Auf sie sind die §§ 230 ff. HGB aber ggf. analog anzuwenden.[22] Die Beteiligung des stillen Gesellschafters am Gewinn kann nicht durch Gesellschaftsvertrag ausgeschlossen werden, § 231 Abs. 2, Hs. 2 HGB. Sie ist ebenfalls konstituierendes Merkmal der stillen Gesellschaft.

4 Als stiller Gesellschafter kommt jeder in Betracht, der Träger von Rechten und Pflichten sein kann, mithin jede natürliche Person, jede rechtsfähige Personengesellschaft, jede juristische Person des Privatrechts und des öffentlichen Rechts sowie ausländische Kapitalgesellschaften.[23] Seit in der Praxis ganz überwiegend anerkannt ist, dass auch die Außen-GbR und der nicht rechtsfähige Verein rechtsfähig sind, können auch sie stille Gesellschafter sein.[24] Der stille Gesellschafter muss kein Kaufmann sein.[25] Selbstverständlich kann der Geschäftsinhaber selbst nie stiller Gesellschafter sein (§ 230 Abs. 1 HGB: »das ein anderer betreibt«). Ist der Geschäftsinhaber eine Gesellschaft, so können deren Gesellschafter aber stille Beteiligungen am Handelsgeschäft des Inhabers halten.[26]

B. Gegenstand der stillen Beteiligung

5 Gegenstand der stillen Beteiligung ist gemäß § 230 Abs. 1 HGB ein *Handelsgewerbe, das ein anderer betreibt*. Der Gesellschaftsvertrag ist zwischen dem stillen Gesellschafter und dem Inhaber des Handelsgeschäfts zu schließen. Der Inhaber des Handelsgeschäfts muss **Kaufmann bzw. Handelsgesell-**

---

12 MüKo HGB/*K. Schmidt* § 230 Rn. 10; siehe Überschrift des Zweiten Buches des HGB: »Handelsgesellschaften und stille Gesellschaft«.
13 MünchHdb GesR II/*Keul* § 72 Rn. 19.
14 BGH NJW 1952, 1412 f.; Henssler/Strohn/*Servatius* § 230 Rn. 27; Oetker/*Schubert* § 230 Rn. 20; MüKo HGB/*K. Schmidt* § 230 Rn. 37, Rn. 143 f. klarstellend, dass es nicht darauf ankommt, dass eine Einlage *geleistet* wird, sondern dass eine *gehalten* wird.
15 *Blaurock* § 6.2, § 6.6; MünchHdb GesR II/*Keul* § 72 Rn. 14; GroßkommHGB/*Harbarth* § 230 Rn. 223.
16 BGH NJW 1966, 501 f.; BGH NJW 1952, 1412 f.; Oetker/*Schubert* § 230 Rn. 20; E/B/J/S/*Gehrlein* § 230 Rn. 15.
17 RGZ 122, 70 (72); BFH GmbHR 1975, 187.
18 BGH NJW 1966, 501 f.; RGZ 142, 13 (21).
19 RGZ 95, 147 (150).
20 BGH NJW 1998, 1551.
21 MüKo HGB/*K. Schmidt* § 230 Rn. 42, Rn. 52; E/B/J/S/*Gehrlein* § 230 Rn. 16.
22 E/B/J/S/*Gehrlein* § 230 Rn. 16; MüKo HGB/*K. Schmidt* § 230 Rn. 52.
23 E/B/J/S/*Gehrlein* § 230 Rn. 10; MüKo HGB/*K. Schmidt* § 230 Rn. 34; *Blaurock* § 5.37 ff.
24 Oetker/*Schubert* § 230 Rn. 16; E/B/J/S/*Gehrlein* § 230 Rn. 10.
25 *Blaurock* § 5.43.
26 MüKo HGB/*K. Schmidt* § 230 Rn. 35.

schaft i. S. d. §§ 1 bis 6 HGB sein.[27] Zur Gründung einer stillen Gesellschaft kann der stille Gesellschafter somit z. B. einen Gesellschaftsvertrag mit folgenden *Geschäftsinhabern* schließen:
– Ist-Kaufleute (§ 1 HGB),
– eingetragene Kann-Kaufleute (§§ 2, 3 Abs. 2 HGB),
– OHG[28] oder KG[29] (§ 6 Abs. 1 HGB),
– Formkaufleute i. S. v. § 6 Abs. 2 HGB: insbesondere GmbH[30] (§ 13 Abs. 3 GmbHG), AG[31] (§ 3 Abs. 1 AktG), eingetragene Genossenschaft[32] (§ 17 Abs. 2 GenG), KGaA (§§ 278 Abs. 3, 3 Abs. 1 AktG),
– Societas Europaea (SE) oder der Societas Cooperativa Europaea (SCE), die als Formkaufleute gemäß Art. 9 Abs. 1 lit. c) [ii] SE-VO i. V. m. Art. 3 Abs. 1 AktG bzw. gemäß Art. 8 Abs. 1 lit. c) [ii] SCE-VO i. V. m. § 17 Abs. 2 GenG einzuordnen sind[33],
– Kaufleute kraft Eintragung (§ 5 HGB).

Entgegen dem Wortlaut des § 230 Abs. 1 HGB ist für die Gründung einer stillen Gesellschaft nicht erforderlich, dass tatsächlich ein Handelsgewerbe betrieben wird, entscheidend ist vielmehr die **Kaufmannseigenschaft** des Geschäftsinhabers nach den genannten Vorschriften.[34] Umstritten ist jedoch, ob Geschäftsinhaber, denen die Kaufmannseigenschaft auch ohne den Betrieb eines Handelsgewerbes zukommt, ihr Geschäft zumindest mit **Gewinnerzielungsabsicht** betreiben müssen, da eine stille Gesellschaft begrifflich voraussetzt, dass die Gesellschafter den gemeinsamen Zweck verfolgen, Gewinne aus der Tätigkeit des Geschäftsinhabers zu erzielen (§ 231 Abs. 2 HGB). Der BGH deutet für diesen Fall an, dass eine Gewinnerzielungsabsicht nicht erforderlich sei,[35] während der BFH den gegenteiligen Standpunkt einnimmt.[36] Daher wird teilweise bezweifelt, dass an einer EWIV, die zwar zu den Formkaufleuten (§ 6 Abs. 2 HGB) zählt, bei der Gewinnerzielung aber nur als Nebenzweck in Betracht kommt (Art. 3 Abs. 1, Hs. 2 EWIV-VO), eine stille Beteiligung begründet werden kann.[37] Aus dem gleichen Grund soll auch eine stille Beteiligung am Versicherungsverein auf Gegenseitigkeit ausscheiden.[38] Die »Erbengemeinschaft«, die ein Handelsgewerbe dauerhaft fortführt, soll dagegen anderen eine stille Beteiligung daran einräumen können.[39] Ein Gesellschaftsvertrag kann aber nur mit den Erben, nicht mit der Erbengemeinschaft als solcher geschlossen werden.[40] Eine Partnerschaftsgesellschaft kann nicht das Objekt einer stillen Beteiligung sein, sie ist weder Handelsgesellschaft (§ 1 Abs. 2 PartGG) noch verträgt sich ihr Wesen mit stillen Beteiligungen.[41] Auch eine stille Beteiligung an einer stillen Gesellschaft scheidet aus, weil eine stille Gesellschaft mangels Rechtsfähigkeit nicht Unternehmensträgerin sein kann.[42]

6

---

27 H. M., BGH NJW 1994, 1156; BFH DB 1983, 1743 (1744); Oetker/*Schubert* § 230 Rn. 10; nun auch MüKo HGB/*K. Schmidt* § 230 Rn. 19 f.
28 RGZ 142, 13 (21).
29 BGH DB 1971, 189.
30 BGH NJW 1994, 1156; BFH DB 1983, 1743 (1744).
31 BGH NJW 2001, 1270 (1271); BGH NZG 2013, 1422.
32 Heute anerkannt: *Beuthien* NZG 2003, 849; MüKo HGB/*K. Schmidt* § 230 Rn. 20; *Blaurock* § 5.22 f.
33 Oetker/*Schubert* § 230 Rn. 10.
34 Zu Formkaufleuten: BGH NJW 1994, 1156; BFH DB 1983, 1743 (1744); allgemein MüKo HGB/*K. Schmidt* § 230 Rn. 19.
35 BGH NJW 1994, 1156.
36 Für Gewinnerzielungsabsicht, BFH DB 1983, 1743 (1744); Oetker/*Schubert* § 230 Rn. 11; E/B/J/S/*Gehrlein* § 230 Rn. 8.
37 *Blaurock* § 5.24; MüKo HGB/*K. Schmidt* § 230 Rn. 33; MünchHdb GesR II/*Keul* § 75 Rn. 14.
38 E/B/J/S/*Gehrlein* § 230 Rn. 8; MünchHdb GesR II/*Keul* § 75 Rn. 15; krit. MüKo HGB/*K. Schmidt* § 230 Rn. 20.
39 Oetker/*Schubert* § 230 Rn. 13; MüKo HGB/*K. Schmidt* § 230 Rn. 30.
40 BGH NJW 2002, 3389 (3390); Henssler/Strohn/*Servatius* § 230 Rn. 2; a. A. *K. Schmidt* DB 1976, 1706.
41 Begr. RegE, BT-Drs. 12/6152, S. 7, 9; Henssler/Strohn/*Hirtz* § 1 (PartGG) Rn. 35.
42 MüKo HGB/*K. Schmidt* § 230 Rn. 28, Rn, 32; *Blaurock* § 5.31.

7 Es bestehen zeitliche Grenzen für die **Gründung** einer stillen Gesellschaft. Frühestens kann sie gegründet werden, wenn der Unternehmensträger existent und der Betrieb des Handelsgewerbes demnächst beabsichtigt ist.[43] Allerdings können auch die *Vor*-Aktiengesellschaft, die *Vor*-Gesellschaft mbH und die *Vor*-Genossenschaft, wenn sie ein Handelsgewerbe betreiben, Gegenstand einer stillen Beteiligung sein.[44] Von dem Zeitpunkt der Auflösung einer Handelsgesellschaft an kann eine stille Beteiligung an dieser nach h. M. nicht mehr begründet werden, da Liquidationszweck und Gewinnerzielungsabsicht nicht vereinbar sind.[45]

8 Die stille Beteiligung kann sich auf das gesamte Unternehmen, einen Teilbetrieb oder einen selbständigen, abgrenzbaren Geschäftszweig beziehen.[46]

9 Fehlt eines der Begriffsmerkmale der stillen Gesellschaft, sind die §§ 230 ff. HGB nicht direkt anwendbar. Dennoch kann eine Innen-GbR nach § 705 BGB vorliegen, auf die die §§ 230 ff. HGB ggf. analog anwendbar sind. Beteiligt sich beispielsweise ein stiller Gesellschafter an einem nichtkaufmännischen Gewerbe, so wird die analoge Anwendung der §§ 230 ff. HGB zum Teil bejaht.[47]

C. Intensität der Unternehmensbeteiligung

10 Der stille Gesellschafter kann je nach Ausgestaltung des Gesellschaftsvertrags verschieden stark am kaufmännischen Unternehmen beteiligt sein. Der Gesellschaftsvertrag einer stillen Gesellschaft unterliegt der Vertragsfreiheit[48], zwingend muss er aber die Begriffsmerkmale der stillen Gesellschaft erfüllen. Außerdem kann er nicht von den zwingenden §§ 233 Abs. 3, 234 Abs. 1 S. 2, 135, 234 Abs. 1 S. 1, 236 Abs. 2 HGB, § 136 InsO abweichen.[49] Aufgrund der weitreichenden Gestaltungsmöglichkeiten gibt es vielfältige Erscheinungsformen der stillen Gesellschaft, die man wie folgt zu klassifizieren pflegt: Man unterscheidet gesetzestypische stille Gesellschaften von gesetzesatypischen stillen Gesellschaften. Erstere entsprechen dem gesetzlichen Leitbild, Letztere weichen hiervon durch besondere Merkmale in einem oder in mehreren Punkten ab. In der Praxis sind atypische Formen stiller Gesellschaften häufiger als die typische anzutreffen.[50] Bei den gesetzesatypischen stillen Gesellschaften unterscheidet man vereinfacht drei Formen, die sich allerdings überschneiden können: Während sich die gesetzestypische stille Gesellschaft durch das fehlende Gesellschaftsvermögen, die alleinige Geschäftsführungsbefugnis des Geschäftsinhabers und die Zweigliedrigkeit der Gesellschaft auszeichnet,[51] finden sich in Abweichung von diesen drei Leitmerkmalen atypische stille Gesellschaften **mit Vermögensbeteiligung** des stillen Gesellschafters, atypische stille Gesellschaften **mit Geschäftsführungsbeteiligung** des stillen Gesellschafters und **mehrgliedrige**[52] atypische stille Gesellschaften **mit Verbandscharakter**.

I. Die atypische stille Gesellschaft mit Vermögensbeteiligung des stillen Gesellschafters

11 Als atypische stille Gesellschaft mit Vermögensbeteiligung bezeichnet man stille Gesellschaften, in denen der Geschäftsinhaber aufgrund des Gesellschaftsvertrags *verpflichtet* ist, den stillen Gesellschafter schuldrechtlich so zu behandeln, als wäre das Unternehmensvermögen gemeinschaftliches

---

43 E/B/J/S/*Gehrlein* § 230 Rn. 5.
44 Oetker/*Schubert* § 230 Rn. 12; E/B/J/S/*Gehrlein* § 230 Rn. 8; MüKo HGB/*K. Schmidt* § 230 Rn. 27.
45 *Blaurock* § 5.28 ff.; E/B/J/S/*Gehrlein* § 230 Rn. 5; Baumbach/Hopt/*Roth* § 230 Rn. 5; a. A. MüKo HGB/*K. Schmidt* § 230 Rn. 29.
46 BFH GmbHR 1975, 187 (188).
47 BFH DB 2001, 2072; MüKo HGB/*K. Schmidt* § 230 Rn. 24.
48 BGH WM 1961, 574; MünchHdb GesR II/*Keul* § 73 Rn. 27.
49 MüKo HGB/*K. Schmidt* § 230 Rn. 72.
50 MüKo HGB/*K. Schmidt* § 230 Rn. 70.
51 MünchHdb GesR II/*Keul* § 73 Rn. 30.
52 Mehrgliedrig bedeutet in diesem Zusammenhang, dass die stille Gesellschaft aus einem Geschäftsinhaber und mehr als einem stillen Gesellschafter besteht.

Vermögen des stillen Gesellschafters und des Geschäftsinhabers.[53] Diese Vermögensbeteiligung ist rein schuldrechtlicher Natur, der stille Gesellschafter erhält also keinerlei dingliche Berechtigung am Unternehmensvermögen. Es bleibt dabei, dass bei der stillen Gesellschaft kein Gesellschaftsvermögen gebildet wird.[54] Die schuldrechtliche Vermögensbeteiligung hat anders als die Gewinn- und Verlustbeteiligung i. S. v. §§ 231, 232 HGB z. B. zur Folge, dass der stille Gesellschafter auch an offenen Rücklagen und dem Geschäftswert zu beteiligen ist.[55]

II. Die atypische stille Gesellschaft mit Geschäftsführungsbeteiligung des stillen Gesellschafters

Als atypische stille Gesellschaft mit Geschäftsführungsbeteiligung des stillen Gesellschafters bezeichnet man stille Gesellschaften, in denen der stille Gesellschafter über die Kontrollrechte des § 233 HGB hinaus Mitwirkungsrechte bei der Geschäftsführung hat.[56] Die Intensität der Mitwirkungsrechte variiert je nach gesellschaftsvertraglicher Regelung. Die Mitwirkungsrechte können von bloßen Widerspruchsrechten über Zustimmungserfordernisse, Weisungsbefugnisse bis zu Geschäftsführungsbefugnissen des stillen Gesellschafters reichen.[57] Ist der Geschäftsinhaber eine Gesellschaft, können dem stillen Gesellschafter auch Stimmrechte in dieser Gesellschaft zustehen. Dies hat aber nur schuldrechtliche Wirkung.[58] Der stille Gesellschafter kann daher im gleichen Umfang wie der Geschäftsinhaber zur Geschäftsführung berechtigt und verpflichtet sein. Die Geschäftsführungsbefugnis des Geschäftsinhabers und des stillen Gesellschafters kann in diesem Fall als Einzel- oder Gesamtgeschäftsführungsbefugnis ausgestaltet oder als Geschäftsführungsbefugnis nach Ressortzuständigkeit aufgeteilt sein.[59] Soweit der Gesellschaftsvertrag die Frage der Einzel- oder Gesamtgeschäftsführungsbefugnis nicht regelt, soll Einzelgeschäftsführungsbefugnis gelten.[60] Es ist auch möglich, dem stillen Gesellschafter durch Gesellschaftsvertrag die Alleingeschäftsführung einzuräumen.[61] Das dürfte in der Praxis aber der Ausnahmefall sein. Es ist auch möglich, dem stillen Gesellschafter Vertretungsmacht zu erteilen. Diese Vertretungsmacht kann sich jedoch nur darauf beziehen, den Geschäftsinhaber zu vertreten. Eine Vertretung der stillen Gesellschaft ist hingegen nicht möglich, da diese definitionsgemäß nicht nach außen in Erscheinung tritt.[62] Stets möglich ist es, dass der Geschäftsinhaber dem stillen Gesellschafter Vollmacht erteilt, organschaftliche Vertretungsmacht kann dem stillen Gesellschafter aber grundsätzlich nur von unternehmenstragenden Gesellschaften erteilt werden, in denen das Prinzip der Selbstorganschaft nicht gilt.[63] 12

III. Die atypische mehrgliedrige stille Gesellschaft mit Verbandscharakter

Dieser Typus der stillen Gesellschaft zeichnet sich dadurch aus, dass die **stille Gesellschaft aus mehr als zwei Gesellschaftern besteht**, neben dem Geschäftsinhaber und dem stillen Gesellschafter also noch weitere stille Gesellschafter existieren und sich diese Beteiligten zu **einer** stillen Gesellschaft zusammengeschlossen haben.[64] 13

Eine mehrgliedrige stille Gesellschaft entsteht aber nicht schon, wenn sich mehrere stille Gesellschafter an dem gleichen Unternehmen beteiligen. In diesen Fällen entstehen – ohne besondere Abspra- 14

---

53 RGZ 126, 386 (390); BGH NJW 1952, 1412.
54 RGZ a. a. O.; BGH a. a. O.
55 BGH a. a. O.; dazu näher BGH WM 1995, 1277; *Blaurock* § 4.28; § 14.41.
56 OLG Saarbrücken NZG 1999, 155 f.; MünchHdb GesR II/*Keul* § 73 Rn. 37.
57 BGH NJW 1953, 818; BGH WM 1961, 574 (575); E/B/J/S/*Gehrlein* § 230 Rn. 66.
58 MünchHdb GesR II/*Keul* § 73 Rn. 37 f.; MüKo HGB/*K. Schmidt* § 230 Rn. 77.
59 BGH WM 1966, 29 (30); E/B/J/S/*Gehrlein* § 230 Rn. 66; MüKo HGB/*K. Schmidt* § 230 Rn. 77.
60 BGH WM 1966, 29 (30) in Anlehnung an § 115 HGB.
61 BGH NJW 1966, 1309 f.; MüKo HGB/*K. Schmidt* § 230 Rn. 77.
62 Zum Ganzen BGH WM 1961, 574 (575); BGH WM 1966, 29 (30); MüKo HGB/*K. Schmidt* § 230 Rn. 78.
63 MüKo HGB/*K. Schmidt* § 230 Rn. 78; E/B/J/S/*Gehrlein* § 230 Rn. 67.
64 BGH NJW 1995, 192; BGH WM 1980, 868; BGH WM 1958, 1336 (1337); MüKo HGB/*K. Schmidt* § 230 Rn. 83 f.

chen zwischen den Beteiligten – so viele stille Gesellschaften wie es stille Gesellschafter gibt, da jedes stille Gesellschaftsverhältnis grundsätzlich rechtlich selbständig zu beurteilen ist.[65] Die mehrgliedrige stille Gesellschaft ist damit abzugrenzen von mehreren zweigliedrigen stillen Gesellschaften, die am gleichen Unternehmen unverbunden nebeneinander stehen.

15 Die mehrgliedrige stille Gesellschaft ist ferner abzugrenzen von einer Gestaltung, bei der sich mehrere stille Gesellschafter am gleichen Unternehmen beteiligen, zur Wahrnehmung ihrer Beteiligungsrechte aber zu einer Innen-GbR zusammenschließen.[66] Auch bei dieser Gestaltung stehen die stillen Beteiligungen rechtlich selbständig nebeneinander und Inhaber der Rechte aus den stillen Beteiligungen sind jeweils die stillen Gesellschafter. Einzige Besonderheit ist, dass sich die stillen Gesellschafter ohne den Geschäftsinhaber zu einer Innen-GbR zusammenschließen, die neben die zweigliedrigen stillen Gesellschaften tritt und deren Zweck es ist, die Interessen und Rechte der stillen Gesellschafter aus den stillen Beteiligungen wahrzunehmen.[67]

16 Eine atypische mehrgliedrige stille Gesellschaft entsteht also nur dann, wenn der **Geschäftsinhaber und die stillen Gesellschafter** sich durch einen Gesellschaftsvertrag zu **einer** stillen Gesellschaft verbinden.[68] Die Mehrgliedrigkeit verleiht der stillen Gesellschaft eine mitgliedschaftliche Struktur und damit Verbandscharakter.[69] Der Gesellschaftsvertrag kann eine Gesellschafterversammlung einrichten oder Kontrollorgane schaffen.[70] Änderungen im Gesellschafterbestand erfolgen nicht durch Abschluss neuer oder Kündigung alter stiller Beteiligungen, sondern durch Ein- und Austritt nach personengesellschaftsrechtlichen Grundsätzen.[71] Nach Invollzugsetzung finden bei dieser Form im Falle von anfänglichen Mängeln die Grundsätze über die fehlerhafte Gesellschaft Anwendung.[72] Insbesondere Publikumsgesellschaften sind häufig als atypische mehrgliedrige stille Gesellschaft organisiert.[73]

IV. Kombination atypischer Merkmale

17 Die dargestellten atypischen Gesellschaftsvarianten dienen nur der Klassifizierung. Der Gesellschaftsvertrag kann auch eine Kombination der genannten atypischen Merkmale vorsehen.[74] Exemplarisch sei eine Gesellschaftskonstruktion erwähnt, die auch als »Innen-KG« bezeichnet wird und in der Praxis häufig als »GmbH & Still« auftaucht. Bei ihr handelt es sich um eine stille Gesellschaft, bei der der stille Gesellschafter schuldrechtlich so gestellt wird, als sei er Kommanditist, und der Geschäftsinhaber so gestellt wird, als sei er Komplementär. Der stille Gesellschafter erhält schuldrechtlich die Vermögens- und Mitgliedsrechte eines Kommanditisten.[75] Als sog. Publikumsgesellschaft kann die stille Gesellschaft dazu eingesetzt werden, vielen stillen Gesellschaftern als Anlagemodell zu dienen.[76]

D. Abschluss des Gesellschaftsvertrags

18 Für materiell-rechtliche Fragen zur Vertretung, zur Form und zu etwaigen Zustimmungserfordernisse beim Abschluss des Gesellschaftsvertrags wird auf weiterführende Literatur verwiesen.[77] Beson-

---

[65] BGH NJW 1995, 192; BGH WM 1958, 1336 (1337); E/B/J/S/*Gehrlein* § 230 Rn. 82.
[66] BGH NJW-RR 2006, 760 (761); BGH NJW 1995, 1353 (1355); MüKo HGB/*K. Schmidt* § 230 Rn. 85.
[67] BGH NJW-RR 2006, 760 (761); BGH NJW 1995, 1353 (1355); MüKo HGB/*K. Schmidt* § 230 Rn. 85.
[68] BGH NZG 2013, 1422 (1424); *Blaurock* § 5.49.
[69] BGH NJW 1998, 1946 (1947); MüKo HGB/*K. Schmidt* § 230 Rn. 84; E/B/J/S/*Gehrlein* § 230 Rn. 84; MünchHdb GesR II/*Polzer* § 74 Rn. 9 f.
[70] BGH NJW 1998, 1946 (1947); MüKo HGB/*K. Schmidt* § 230 Rn. 84; Oetker/*Schubert* § 230 Rn. 38.
[71] BGH NZG 2013, 1422 (1424); MüKo HGB/*K. Schmidt* § 230 Rn. 84.
[72] BGH Urt. v. 27.1.2015, II ZR 350/13.
[73] BGH NZG 2013, 1422 (1424).
[74] Siehe z. B. BGH NZG 2013, 1422 (1424).
[75] Zu dieser Gestaltung, MüKo HGB/*K. Schmidt* § 230 Rn. 81, Rn. 87.
[76] Oetker/*Schubert* § 230 Rn. 38.
[77] Siehe dazu Oetker/*Schubert* § 230 Rn. 40 ff.; ausführlich MüKo HGB/*K. Schmidt* § 230 Rn. 93 ff.

ders hinzuweisen ist aber darauf, dass die Begründung einer stillen Beteiligung an einer AG oder einer KGaA als Teilgewinnabführungsvertrag i. S. d. § 292 Abs. 1 Nr. 2 AktG einzuordnen ist und damit der Zustimmung der Hauptversammlung und der Eintragung ins Handelsregister bedarf.[78]

---

[78] BGH NJW-RR 2005, 627 (628); MüKo HGB/*K. Schmidt* § 230 Rn. 116; zur Rechtslage bei der GmbH, Oetker/*Schubert* § 230 Rn. 42.

§ 100 Allgemeine prozessuale Besonderheiten bei der stillen Gesellschaft

Übersicht

		Rdn.			Rdn.
A.	Parteifähigkeit	1	F.	Nebenintervention und Streitverkündung	9
B.	Actio pro socio	2	G.	Zeugenbeweis	10
C.	Gerichtliche Zuständigkeit	4	H.	Zwangsvollstreckung	11
D.	Zustellung	7			
E.	Prozesskostenhilfe	8			

A. Parteifähigkeit

1 Die stille Gesellschaft ist als Innen-GbR nicht rechtsfähig und damit weder aktiv noch passiv parteifähig (§ 50 Abs. 1 ZPO). Sie bildet kein Gesamthandsvermögen, stattdessen wird der Geschäftsinhaber aus den im Betrieb geschlossenen Geschäften allein berechtigt und verpflichtet (§ 230 Abs. 2 HGB). Außenprozesse sind daher zwischen dem Geschäftsinhaber und Dritten zu führen. Damit scheiden von vornherein Gesamtschuld- oder Gesamthandsschuldklagen Dritter gegen die Gesellschafter der stillen Gesellschaft aus.[1] Binnenprozesse sind zwischen dem Geschäftsinhaber und dem oder den stillen Gesellschaftern zu führen.

B. Actio pro socio

2 Die actio pro socio ist das Recht des einzelnen Gesellschafters, Sozialansprüche der Gesellschaft im eigenen Namen für die Gesellschaft geltend zu machen.[2] Da die stille Gesellschaft nicht rechtsfähig ist und kein Vermögen bildet, können ihr keine Sozialansprüche zustehen. Daher **scheidet** eine **actio pro socio** bei der stillen Gesellschaft schon begrifflich **aus**.[3] Ein stiller Gesellschafter ist auch nicht im Wege der actio pro socio befugt, die Rechte weiterer stiller Gesellschafter im eigenen Namen geltend zu machen, selbst wenn sich die stillen Gesellschafter zu einer Innen-GbR zusammengeschlossen haben, die die Rechte der stillen Gesellschafter aus den stillen Gesellschaftsverträgen gegenüber dem Geschäftsinhaber wahrnimmt.[4]

3 Soll ein stiller Gesellschafter im eigenen Namen die Rechte weiterer stiller Gesellschafter einklagen, bleibt nur der Weg über die **gewillkürte Prozessstandschaft**.[5] Dabei muss grundsätzlich jeder stille Gesellschafter, dessen Rechte eingeklagt werden sollen, den klagenden stillen Gesellschafter zur Prozessführung ermächtigen. Ausnahmsweise kann der klagende stille Gesellschafter in gewillkürter Prozessstandschaft auch die Rechte solcher stillen Gesellschafter einklagen, von denen er hierzu nicht ermächtigt wurde. Dies setzt aber voraus, dass sich die stillen Gesellschafter untereinander in einer Innen-GbR zur Wahrnehmung ihrer Rechte zusammengeschlossen haben, dort Mehrheitsentscheidungen zulässig sind und eine solche Mehrheitsentscheidung der stillen Gesellschafter zur prozessualen Geltendmachung der einzuklagenden Rechte vorliegt.[6]

C. Gerichtliche Zuständigkeit

4 Die stille Gesellschaft kann nicht Partei eines Rechtsstreits sein. Dementsprechend besitzt sie keinen eigenen Gerichtsstand. Weder § 17 ZPO noch § 22 ZPO, der auf § 17 ZPO aufbaut, finden auf sie

---

1 Zu Gesamt- und Gesamthandsschuldklagen, siehe § 29 Rdn. 19 ff.
2 Zur actio pro socio bei der GbR, siehe § 29 Rdn. 38 ff.
3 BGH NJW 1995, 1353 (1355); MüKo BGB/*Ulmer/Schäfer* § 705 Rn. 285; a. A. MüKo HGB/*K. Schmidt* § 230 Rn. 185 in Bezug auf stille Gesellschaften mit Verbandscharakter.
4 So richtig BGH NJW 1995, 1353 (1355); a.A., die sich dogmatisch nicht erschließt, OLG Düsseldorf NJW-RR 1986, 1294 ff.
5 Allgemein zu den Voraussetzungen gewillkürter Prozessstandschaft, Musielak/*Weth* § 51 Rn. 25 ff.
6 Siehe BGH NJW 1995, 1353 (1355).

Anwendung.[7] In der mehrgliedrigen stillen Gesellschaft kann es daher vorkommen, dass kein gemeinschaftlicher Gerichtsstand für Klagen gegen mehrere Gesellschafter besteht. Das ist misslich. In solchen Fällen ist aber immer an eine gerichtliche Zuständigkeitsbestimmung gemäß § 36 Abs. 1 Nr. 3 ZPO zu denken. Haben beispielsweise mehrere stille Gesellschafter, die von einem ihrer Mitgesellschafter als Streitgenossen verklagt werden sollen, ihren allgemeinen Gerichtsstand bei verschiedenen Gerichten und gibt es keinen gemeinschaftlichen besonderen Gerichtsstand, so sind die Voraussetzungen nach § 36 Abs. 1 Nr. 3 ZPO erfüllt. Der Tatbestand der Streitgenossenschaft ist für die gerichtliche Zuständigkeitsbestimmung nach § 36 Abs. 1 Nr. 3 ZPO schlüssig vorzutragen.[8] Nach der weiten Auslegung der §§ 59, 60 ZPO ist die einfache Streitgenossenschaft – auch ohne Identität oder Gleichheit des tatsächlichen und rechtlichen Grundes der geltend gemachten Ansprüche – schon dann anzunehmen, wenn die Ansprüche in einem inneren Zusammenhang stehen, der sie ihrem Wesen nach gleichartig erscheinen lässt.[9] Dies dürfte bei Ansprüchen mehrerer Gesellschafter einer mehrgliedrigen stillen Gesellschaft aus diesem Rechtsverhältnis regelmäßig der Fall sein.

Für Binnenprozesse zwischen dem stillen Gesellschafter und dem Geschäftsinhaber wie für Außenprozesse zwischen dem Geschäftsinhaber und Dritten gelten die allgemeinen Regeln über die sachliche und örtliche Zuständigkeit. 5

Für Streitigkeiten aus dem Rechtsverhältnis zwischen dem stillen Gesellschafter und dem Inhaber des Handelsgeschäfts, sowohl während des Bestehens als auch nach Auflösung des Gesellschaftsverhältnisses, sind die Kammern für Handelssachen gemäß § 95 Abs. 1 Nr. 4a) GVG zuständig. Diese Zuständigkeit besteht nicht, wenn der stille Gesellschafter gegen die Leitungsorgane des Geschäftsinhabers Klage erhebt.[10] 6

D. Zustellung

Da die stille Gesellschaft mangels Rechtsfähigkeit nicht Partei eines Rechtsstreits sein kann, erfolgt auch keine Zustellung an sie. Für Rechtsstreitigkeiten, die zwischen stillen Gesellschaftern und dem Geschäftsinhaber oder dem Geschäftsinhaber und Dritten ausgetragen werden, gelten für die Zustellung keine Besonderheiten. Soweit es sich bei diesen Parteien um Gesellschaften handelt, sind deren gesetzliche Vertreter Zustellungsadressat, § 170 ZPO.[11] 7

E. Prozesskostenhilfe

Für die stille Gesellschaft gilt § 116 S. 1 Nr. 2 ZPO nicht, da sie mangels Rechtsfähigkeit keine »parteifähige Vereinigung« ist. Ihre Gesellschafter können aber nach den Voraussetzungen der §§ 114, 115 ZPO Prozesskostenhilfe erhalten. 8

F. Nebenintervention und Streitverkündung

Anders als bei der Außen-GbR kommt der Nebenintervention und Streitverkündung bei der stillen Gesellschaft kaum Bedeutung zu. Es gibt keine rechtsfähige Gesellschaft und auch keine akzessorische Gesellschafterhaftung für Gesellschaftsverbindlichkeiten. In der mehrgliedrigen stillen Gesellschaft sind die von den stillen Gesellschaftern zu leistenden Einlagen auch nicht etwa als Gesamtschuldner zu erbringen.[12] Es sind trotzdem Konstellationen denkbar, in denen die Nebenintervention und die Streitverkündung sinnvoll erscheinen. 9

---

7 MAH PersGes/*Johansson* § 2 Rn. 406; *Blaurock* § 10.16.
8 BayObLG NJW-RR 2003, 134.
9 BGH NJW-RR 1991, 381.
10 LG München ZIP 2012, 2084.
11 Es wird daher auf die Ausführungen zur Zustellung an die jeweilige Gesellschaftsform verwiesen, § 3 Rdn. 27 ff.; § 14 Rdn. 55 ff.; § 29 Rdn. 54 f.; § 37 Rdn. 16; § 46 Rdn. 14 f.
12 E/B/J/S/*Gehrlein* § 230 Rn. 84.

G. Zeugenbeweis

10 Der stille Gesellschafter kann Zeuge sein in Prozessen, die zwischen dem Geschäftsinhaber und Dritten ausgetragen werden.[13] Der stille Gesellschafter einer mehrgliedrigen stillen Gesellschaft kann ebenso Zeuge sein in Prozessen, die zwischen dem Geschäftsinhaber und anderen stillen Gesellschaftern ausgetragen werden. Wird ein stiller Gesellschafter als einfacher Streitgenosse zusammen mit anderen stillen Gesellschaftern vom Geschäftsinhaber verklagt, so kann er dennoch als Zeuge vernommen werden, soweit das Beweisthema der Zeugenvernehmung den Streitgegenstand seines eigenen Prozessrechtsverhältnisses nicht berührt, also nur für den Rechtsstreit anderer Streitgenossen von Bedeutung ist.[14]

H. Zwangsvollstreckung

11 Gegen die stille Gesellschaft kann die Zwangsvollstreckung nicht betrieben werden. Mangels Parteifähigkeit kann gegen sie schon kein Titel erwirkt werden. Davon abgesehen besitzt sie kein Vermögen, in das vollstreckt werden könnte. Die Gläubiger des Geschäftsinhabers können die Zwangsvollstreckung daher nur in das Vermögen des Geschäftsinhabers betreiben. Sind der stille Gesellschafter und der Geschäftsinhaber jedoch an bestimmten Vermögensgegenständen gemeinsam berechtigt (z. B. Bruchteilseigentum), was auch bei der stillen Gesellschaft möglich ist und nichts an ihrer Vermögenslosigkeit ändert[15], so steht dem stillen Gesellschafter die Drittwiderspruchsklage gemäß § 771 ZPO zu, wenn Gläubiger des Geschäftsinhabers in solche Vermögensgegenstände vollstrecken[16].

---

13 *Blaurock* § 10.16.
14 BeckOK ZPO/*Dressler* § 61 Rn. 5; BGH NJW 1983, 2508.
15 RGZ 45, 34 (38 f.); BGH NJW 1953, 818; MüKo HGB/*K. Schmidt* § 230 Rn. 9; MünchHdb GesR II/*Keul* § 72 Rn. 22.
16 RGZ 144, 236 (240 f.); OLG Hamm, Urt. v. 8.2.1994, 19 U 123/93, Juris; MüKo ZPO/*K. Schmidt/Brinkmann* § 771 Rn. 19.

§ 101 Streitigkeiten bei der Gründung der stillen Gesellschaft

Übersicht

	Rdn.			Rdn.
A.	Einleitung	1	E. Entstehung/Entstehungszeitpunkt ...	12
B.	Vorvertrag	2	F. Fehlerhafte Gesellschaft	14
C.	Klage auf Feststellung des Vertragstyps	3	G. Einstweiliger Rechtsschutz/Schieds-	
D.	Gesellschafterstatus	9	fähigkeit	15

A. Einleitung

Da die stille Gesellschaft nur eine Variante der Innen-GbR ist, sind bei der stillen Gesellschaft im Grunde die gleichen prozessualen Streitigkeiten denkbar, die bereits bei der Gründung einer Innen-GbR angesprochen wurden. Nachfolgend werden besondere Streitpunkte hervorgehoben, die speziell bei der Gründung der stillen Gesellschaft bedeutsam sind. 1

B. Vorvertrag

Insoweit wird auf die Ausführungen zur GbR verwiesen.[1] § 22 ZPO findet auf Klagen, die den Vorvertrag zur Gründung einer stillen Gesellschaft betreffen, keine Anwendung. 2

C. Klage auf Feststellung des Vertragstyps

Stellt eine Person einem Geschäftsinhaber auf vertraglicher Grundlage Kapital gegen eine Gewinnbeteiligung zur Verfügung, so kann das Rechtsverhältnis beispielsweise als stille Gesellschaft, sonstige GbR, Personenhandelsgesellschaft, Genussrecht, partiarisches Rechtsverhältnis oder als Metageschäft[2] einzuordnen sein.[3] Die Abgrenzung und richtige Einordnung des Rechtsverhältnisses kann in der Praxis enorme Probleme bereiten.[4] Rechtsstreitigkeiten entstehen häufig zwangsläufig, weil die Vertragsart nicht geklärt ist und die Bestimmungen selbst zu wesentlichen Punkten, wie der zu erbringenden Einlage, der Gewinn- und Verlustbeteiligung und der Auseinandersetzung fehlen.[5] Die unterschiedliche rechtliche Einordnung der Vertragsart kann bedeutende Unterschiede in den Rechtsfolgen erzeugen, beispielsweise was Informationsrechte oder Kündigungsrechte des Kapitalgebers anbelangt. 3

Im Regelfall werden Geschäftsinhaber oder Kapitalgeber ihre Rechte aus dem Rechtsverhältnis mit der Leistungsklage verfolgen und der Klagebegründung ihre Rechtsauffassung von der »richtigen« Vertragsart zugrunde legen. Es ist jedoch auch möglich, mit der **Feststellungsklage** (§ 256 Abs. 1 ZPO) oder **Zwischenfeststellungsklage bzw. -widerklage** (§ 256 Abs. 2 ZPO) feststellen zu lassen, welche **Art von Vertrag** die Parteien geschlossen haben.[6] Ein solcher Rechtsstreit ist zwischen dem Geschäftsinhaber und dem stillen Gesellschafter auszutragen. Soweit ersichtlich sind solche Klagen in der Praxis selten anzutreffen. Da Vertragsverhältnisse, auf deren Grundlage der Kapitalgeber eine Gewinnbeteiligung am Unternehmen erhält, auf Dauer angelegt sind, kann es jedoch sinnvoll sein, die Vertragsart auch für mögliche weitere Prozesse zwischen den Parteien bindend feststellen zu lassen. Streiten der Geschäftsinhaber und der Kapitalgeber z. B. darüber, ob ein partiarisches Darlehen oder eine stille Gesellschaft vorliegt, so ließe sich die eine oder andere Vertragsart im Klagewege fest- 4

---

1 Siehe § 30 Rdn. 2 ff.; siehe auch *Blaurock* § 9.18.
2 »Metageschäfte« sind ebenfalls als Innen-GbR einzuordnen, allerdings beziehen sie sich lediglich auf *einzelne* Geschäfte, die der Geschäftsinhaber für gemeinsame Rechnung vornimmt, E/B/J/S/*Gehrlein* § 230 Rn. 80.
3 Zur Abgrenzung näher E/B/J/S/*Gehrlein* § 230 Rn. 74 ff.; MüKo HGB/*K. Schmidt* § 230 Rn. 50 ff.
4 Siehe nur RGZ 165, 260; BGH NJW 1951, 710; BGH NJW 1992, 2696; MüKo HGB/*K. Schmidt* § 230 Rn. 54.
5 BGH BB 1960, 14.
6 RGZ 144, 54 (57 ff.) (zwischen den Parteien war streitig, ob ein partiarischer Dienstvertrag oder ein Gesellschaftsvertrag geschlossen wurde); MüKo ZPO/*Becker-Eberhard* § 256 Rn. 11.

stellen. Feststellungsfähig i. S. v. § 256 Abs. 1, Abs. 2 ZPO ist nämlich nicht nur das Bestehen oder Nichtbestehen eines Rechtsverhältnisses, sondern auch die konkrete Art des (bestehenden) Rechtsverhältnisses.[7] Der Feststellungsantrag könnte z. B. wie folgt formuliert werden:

5 »Es wird festgestellt, dass zwischen den Parteien im Zeitraum vom [Datum Gründung] bis [Datum Ende] eine stille Gesellschaft bestanden hat.«[8]

6 Allerdings ist zu beachten, dass das Feststellungsinteresse i. S. v. § 256 Abs. 1 ZPO bzw. die Vorgreiflichkeit i. S. v. § 256 Abs. 2 ZPO sich dann gerade auf die Feststellung des **bestimmten** Rechtsverhältnisses beziehen muss.

7 Das nach § 256 Abs. 1 ZPO erforderliche Feststellungsinteresse liegt dann vor, wenn einem Recht des Klägers eine gegenwärtige Gefahr droht und wenn das erstrebte Urteil geeignet ist, diese Gefahr zu beseitigen.[9] Es muss also die Feststellung der **konkreten** Vertragsart geeignet sein, die Rechtsunsicherheit zwischen den Parteien zu beseitigen.[10] Die Leistungsklage ist insoweit auch nicht vorrangig, weil der Kläger mit der Leistungsklage nicht das gleiche Ziel erreichen kann.[11] Die rechtskräftige Feststellung legt für mögliche künftige Prozesse über Rechte und Pflichten aus dem Rechtsverhältnis die Vertragsnatur bindend fest und kann dadurch verhindern, dass Gerichte die Vertragsnatur unterschiedlich beurteilen.

8 Die für die Zwischenfeststellungs(wider)klage gemäß § 256 Abs. 2 ZPO erforderliche **Vorgreiflichkeit** liegt vor, wenn das streitige Rechtsverhältnis – hier das Bestehen des Vertrags in der konkreten Vertragsart – zwangsläufig für die Entscheidung über die Hauptklage zu klären ist. Das ist der Fall, wenn zumindest **ein** mit der Hauptklage geltend gemachter Anspruch sich ausschließlich aus dem im Feststellungsantrag bezeichneten Vertragstyp, nicht aber aus anderen in Betracht kommenden Vertragstypen ergeben kann.[12] In diesem Fall kann das Gericht nämlich die Vorfrage, welcher Vertragstyp vorliegt, für seine Entscheidung über die Hauptklage nicht offen lassen. Die Zwischenfeststellungs(wider)klage verlangt zwar kein Feststellungsinteresse, ihr ist aber das Rechtsschutzbedürfnis zu versagen, wenn die festzustellende Vorfrage über den Rechtsstreit hinaus keine Bedeutung für die Parteien haben kann.[13] Die Feststellung, es liege eine *stille Gesellschaft* vor, muss also auch über den konkreten Rechtsstreit hinaus Bedeutung haben.

D. Gesellschafterstatus

9 Für Klagen auf Feststellung des Bestehens oder Nichtbestehens eines bestimmten Gesellschafterstatus (sog. **Statusklagen**) wird auf die Ausführungen zur GbR verwiesen.[14] Die Statusklage darf nicht mit der Klage auf Feststellung des konkreten Vertragstyps verwechselt werden.[15] Bei letztgenannter Klage geht es darum, ob ein ganz bestimmtes Vertragsverhältnis zwischen den Parteien vorliegt.

10 Bei der stillen Gesellschaft stellt sich – anders als bei der Außen-GbR – jedoch nicht die Frage, ob sie als Partei an einem Rechtsstreit über den Gesellschafterstatus zu beteiligen ist. Der stillen Gesellschaft fehlt hierfür die Parteifähigkeit. Statusklagen sind daher immer unter den Gesellschaftern auszutragen. Daher kann auch weder im Gesellschaftsvertrag der stillen Gesellschaft noch durch Gesell-

---

7 RGZ 144, 54 (57).
8 In Anlehnung an den Feststellungsantrag im Verfahren RGZ 144, 54, 55; dort wurde allerdings nur die Feststellung beantragt, dass ein »Gesellschaftsverhältnis« bestanden habe. Es muss aber möglich sein, den Feststellungsantrag auf die stille Gesellschaft hin zu konkretisieren, da die notwendigen Begriffsmerkmale der stillen Gesellschaft gesetzlich vertypt sind, §§ 230 ff. HGB.
9 St. Rspr.: BGH NJW 2010, 1877 (1878).
10 MüKo ZPO/*Becker-Eberhard* § 256 Rn. 11.
11 Zur Subsidiarität BGH NJW 1984, 1118 (1119).
12 RGZ 144, 54 (60f).
13 BGH NJW 2007, 82 (83); BGH NJW 2011, 2195; Prütting/Gehrlein/*Geisler* § 256 Rn. 24.
14 Siehe § 30 Rdn. 10 ff.
15 Zu Letzterer siehe § 101 Rdn. 3 ff.

schafterbeschluss geregelt werden, dass ein Rechtsstreit über die Zusammensetzung der Gesellschafter mit der stillen Gesellschaft auszutragen ist.[16]

Die Frage, ob bei Statusklagen eine (materiell-rechtlich) notwendige Streitgenossenschaft auf Kläger- oder Beklagtenseite besteht, stellt sich bei der zweigliedrigen stillen Gesellschaft nicht. Sie stellt sich nur bei der atypischen **mehrgliedrigen** stillen Gesellschaft und ist dort wie bei der GbR zu beantworten.[17]   11

E. Entstehung/Entstehungszeitpunkt

Durch Klage kann die Feststellung begehrt werden, ob und wann die stille Gesellschaft entstanden ist. Zum Entstehungszeitpunkt und den damit verbundenen Streitigkeiten wird auf die Ausführungen zur GbR verwiesen.[18] Auch die stille Gesellschaft entsteht mit dem Wirksamwerden des Gesellschaftsvertrags, sofern nicht ein späterer Zeitpunkt vereinbart ist.[19] Wird ein zurückliegender Zeitpunkt vereinbart, hat dies bloß schuldrechtliche Wirkung.[20] Für die Entstehung der stillen Gesellschaft ist weder erforderlich, dass der stille Gesellschafter die Einlage geleistet noch, dass der Geschäftsinhaber den Geschäftsbetrieb aufgenommen hat.[21]   12

Eine Regelung im Gesellschaftsvertrag, nach der die genannte Feststellungsklage gegen die stille Gesellschaft zu richten ist, ist wirkungslos. Die stille Gesellschaft ist nicht parteifähig. Die Streitigkeiten über die Entstehung oder den Entstehungszeitpunkt sind daher zwingend zwischen den Gesellschaftern auszutragen. § 22 ZPO findet keine Anwendung.   13

F. Fehlerhafte Gesellschaft

Der BGH wendet in ständiger Rechtsprechung das Institut der fehlerhaften Gesellschaft sowohl auf typische als auch auf atypische stille Gesellschaften an.[22] Voraussetzung für die Anwendung ist auch bei der stillen Gesellschaft, dass ein fehlerhafter Gesellschaftsvertrag vorliegt, die stille Gesellschaft in Vollzug gesetzt wurde und keine höherwertigen Interessen entgegenstehen.[23] Zu beachten ist allerdings, dass die stille Gesellschaft, die ja nicht nach außen in Erscheinung tritt, schon in Vollzug gesetzt ist, sobald im Innenverhältnis ein Beitrag – z. B. die Einlage in das Vermögen des Geschäftsinhabers[24] – geleistet worden ist oder gesellschaftsvertragliche Rechte ausgeübt worden sind.[25] Die Entfaltung von Außenwirkung ist für das Invollzugsetzen der stillen Gesellschaft gerade nicht erforderlich.[26]   14

G. Einstweiliger Rechtsschutz/Schiedsfähigkeit

In Bezug auf den einstweiligen Rechtsschutz im Gründungsstadium und die Schiedsfähigkeit von Streitigkeiten wird auf die Ausführungen zur GbR verwiesen.[27] Da stille Beteiligungen an Unternehmen von den Parteien in der Regel geheim gehalten werden wollen, bietet es sich besonders bei stillen Gesellschaften an, Rechtsstreitigkeiten ohne Beteiligung der Öffentlichkeit vor einem Schiedsgericht auszutragen.[28]   15

---

16 Bei der Außen-GbR ist dies möglich, siehe § 30 Rdn. 24.
17 Siehe hierzu § 30 Rdn. 21 ff.
18 Siehe § 30 Rdn. 30 ff.
19 MüKo HGB/*K. Schmidt* § 230 Rn. 119; MAH PersGes/*Johansson* § 2 Rn. 362.
20 MüKo HGB/*K. Schmidt* § 230 Rn. 119.
21 MAH PersGes/*Johansson* § 2 Rn. 362; MünchHdb GesR II/*Keul* § 76 Rn. 4.
22 BGH NZG 2013, 1422 (1423); BGH NJW 1993, 2107; BGH NJW 1953, 818 (820) (grundlegend zur atypischen stillen Gesellschaft); BGH NJW 1971, 375, 377 (grundlegend zur typischen stillen Gesellschaft); im Schrifttum ist die Frage sehr umstritten, zum Meinungsspektrum MüKo HGB/*K. Schmidt* § 230 Rn. 129 ff.; E/B/J/S/*Gehrlein* § 230 Rn. 31.
23 Zu den Voraussetzungen im Einzelnen, § 30 Rdn. 37 ff.
24 BGH ZIP 2005, 254 (255); BGH NZG 2013, 1422 (1423).
25 BGH NJW 1978, 2505 (2506); BGH NJW 2000, 3558 (3560).
26 *Blaurock* § 11.4.
27 Siehe § 30 Rdn. 64 ff.
28 *Blaurock* § 10.44.

§ 102 Streitigkeiten um Gesellschaftsanteile

Übersicht Rdn. Rdn.
A. Übertragung der Gesellschafterstellung des Geschäftsinhabers 1
B. Übertragung der Gesellschafterstellung des stillen Gesellschafters 2
I. Stille Gesellschaften ohne Verbandscharakter 3
II. Stille Gesellschaft mit Verbandscharakter 5

A. Übertragung der Gesellschafterstellung des Geschäftsinhabers

1 Streng zu unterscheiden ist die Übertragung der Gesellschafterstellung des Geschäftsinhabers von der Übertragung seines Unternehmens. Die **Gesellschafterstellung** des Geschäftsinhabers ist nicht isoliert übertragbar, weil sich die stille Gesellschaft gerade auf das konkrete Unternehmen des Geschäftsinhabers bezieht.[1] Die Gesellschafterstellung des Geschäftsinhabers kann daher **nur zusammen mit dem Unternehmen** des Geschäftsinhabers an ein und denselben Dritten veräußert werden.[2] Die Wirksamkeit der Übertragung der Gesellschafterstellung hängt in diesem Fall allerdings davon ab, dass der stille Gesellschafter ihr zustimmt, und zwar sowohl der Übertragung der Gesellschafterstellung als auch der Übertragung des Unternehmens.[3] Enthält der Gesellschaftsvertrag keine besondere Zustimmungspflicht, ist der stille Gesellschafter grundsätzlich nicht verpflichtet, seine Zustimmung zur Übertragung der Gesellschafterstellung und des Unternehmens zu erteilen. In Ausnahmefällen kann der stille Gesellschafter aufgrund seiner Treuebindung aber verpflichtet sein, der Unternehmensveräußerung **und** der Übertragung der Gesellschafterstellung auf einen neuen Geschäftsinhaber **zuzustimmen**.[4] Diese Zustimmungspflicht besteht aber nicht, wenn seine Interessen durch die Übertragung der Gesellschafterstellung unangemessen beeinträchtigt würden.[5] Besteht eine Zustimmungspflicht des stillen Gesellschafters, kann der Geschäftsinhaber ihn mit der **Leistungsklage** auf Zustimmung zur Übertragung der Gesellschafterstellung verklagen. Mit der Rechtskraft eines obsiegenden Urteil gilt die Zustimmung als erteilt, § 894 ZPO.

B. Übertragung der Gesellschafterstellung des stillen Gesellschafters

2 Mehr Bedeutung hat die Übertragung der Gesellschafterstellung des **stillen Gesellschafters**. Nach personengesellschaftsrechtlichen Grundsätzen kann die stille Beteiligung nur mit Zustimmung des Geschäftsinhabers – bei einer mehrgliedrigen stillen Gesellschaft nur mit Zustimmung aller Mitgesellschafter – wirksam übertragen werden.[6] Rechtstechnisch unterscheiden sich die Anteilsübertragungen bei stillen Gesellschaften *ohne* Verbandscharakter und bei solchen *mit* Verbandscharakter.[7]

I. Stille Gesellschaften ohne Verbandscharakter

3 Bei der stillen Gesellschaft ohne Verbandscharakter, also bei der zweigliedrigen, hat das Rechtsverhältnis zwischen stillem Gesellschafter und Geschäftsinhaber rein schuldrechtlichen Charakter. Die Übertragung einer solchen stillen Beteiligung erfolgt durch **Vertragsübernahme**, die voraussetzt, dass der Übertragende, der Übernehmende und der Geschäftsinhaber mitwirken.[8] Der Geschäfts-

---

1 GroßkommHGB/*Harbarth* § 230 Rn. 248; E/B/J/S/*Gehrlein* § 230 Rn. 69.
2 Siehe *Blaurock* § 12.18 f.; MünchHdb GesR II/*Keul* § 87 Rn. 1.
3 Siehe *Blaurock* § 12.18 f.; MüKo HGB/*K. Schmidt* § 234 Rn. 39.
4 MünchHdb GesR II/*Seffer/Erhardt* § 80 Rn. 12.
5 MünchHdb GesR II/*Seffer/Erhardt* § 80 Rn. 12; MüKo HGB/*K. Schmidt* § 230 Rn. 137.
6 BGH NJW 1998, 1551 (1552); MüKo BGB/*Schäfer* § 719 Rn. 32.
7 Die folgende dogmatische Differenzierung nimmt vor allem MüKo HGB/*K. Schmidt* § 230 Rn. 175 vor; nach a. A. soll die Gesellschafterstellung des stillen Gesellschafters nicht durch Vertragsübernahme, sondern stets nach §§ 398, 413 BGB übertragen werden, MünchHdb GesR II/*Keul* § 88 Rn. 2. Auf das Ergebnis wirkt sich diese dogmatische Unterscheidung nicht aus.
8 MüKo HGB/*K. Schmidt* § 230 Rn. 175.

inhaber kann sein Einvernehmen schon im Gesellschaftsvertrag erklären.[9] Sofern es auf die Identität des stillen Gesellschafters nicht ankommt, kann der Geschäftsinhaber in Ausnahmefällen nach § 242 BGB verpflichtet sein, der Übertragung der stillen Beteiligung zuzustimmen.[10] Der Gesellschaftsvertrag kann auch ausdrücklich eine Zustimmungspflicht vorsehen.[11] In solchen Fällen kann der stille Gesellschafter den Geschäftsinhaber mittels Leistungsklage auf Zustimmung zur Vertragsübernahme verklagen, wenn der Geschäftsinhaber seine Zustimmung nicht freiwillig erteilt.[12] Mit Eintritt der Rechtskraft eines obsiegenden Urteils wird die fehlende Zustimmung des Geschäftsinhabers nach § 894 ZPO fingiert.

Es ist auch denkbar, dass Veräußerer und Erwerber der stillen Beteiligung über die Wirksamkeit der Übertragung streiten und ihre Gesellschafterstellung gerichtlich feststellen lassen wollen. Insoweit wird auf die bereits bei der GbR behandelten Statusklagen verwiesen.[13]

II. Stille Gesellschaft mit Verbandscharakter

Bei der stillen Gesellschaft mit Verbandscharakter, also bei der mehrgliedrigen, hat die stille Beteiligung ein mitgliedschaftliches Gepräge, sodass der Erwerbende die stille Beteiligung nicht durch schlichte Vertragsübernahme, sondern wie bei der Außen-GbR durch **Übertragung der Mitgliedschaft gemäß §§ 413, 398 BGB** erwirbt.[14] Diese Übertragung bedarf der Zustimmung aller Mitgesellschafter. Der Gesellschaftsvertrag kann aber vorsehen, dass die notwendige Zustimmung zur Veräußerung der Mitgliedschaft auch in Form eines mit qualifizierter oder einfacher Mehrheit zu fassenden Beschlusses der Gesellschafterversammlung erteilt werden kann.[15] Die erforderliche Zustimmung kann auch schon im Gesellschaftsvertrag erklärt werden. Sofern es auf die Identität des stillen Gesellschafters nicht ankommt, können die übrigen Gesellschafter in Ausnahmefällen nach § 242 BGB verpflichtet sein, der Übertragung der stillen Beteiligung zuzustimmen.[16] Der Gesellschaftsvertrag kann auch ausdrücklich eine Zustimmungspflicht der übrigen Gesellschafter vorsehen. Die erforderliche Zustimmung zur Übertragung der stillen Beteiligung kann dann durch Leistungsklage gegen den/die verweigernden Gesellschafter eingeklagt werden. Mit der Rechtskraft des obsiegenden Urteils gilt die Zustimmung als erteilt, § 894 ZPO.

Es ist auch denkbar, dass Veräußerer und Erwerber der stillen Beteiligung über die Wirksamkeit der Übertragung streiten und ihre Gesellschafterstellung gerichtlich feststellen lassen wollen. Insoweit wird auf die bereits bei der GbR behandelten Statusklagen verwiesen.[17]

---

9 *K. Schmidt* GesR S. 1857.
10 MüKo HGB/*K. Schmidt* § 230 Rn. 175; dazu auch § 31 Rdn. 15 ff.
11 Siehe § 31 Rdn. 16.
12 Siehe § 31 Rdn. 18; § 22 ZPO findet allerdings keine Anwendung.
13 Siehe § 30 Rdn. 10 ff.; § 31 Rdn. 9.
14 Siehe *K. Schmidt* GesR S. 1838.
15 Es gelten die allgemeinen personengesellschaftsrechtlichen Grundsätze. Zu den Anforderungen an die Mehrheitsklausel, MüKo BGB/*Schäfer* § 719 Rn. 28; siehe hierzu auch § 31 Rdn. 4, 12 f.
16 GroßkommHGB/*Harbarth* § 230 Rn. 245.
17 Siehe § 30 Rdn. 10 ff.; § 31 Rdn. 9.

§ 103 Durchsetzung der Rechte und Pflichten der Gesellschafter der stillen Gesellschaft

Übersicht

	Rdn.			Rdn.
A. Klage des stillen Gesellschafters auf Aufnahme bzw. unveränderte Fortführung des Geschäftsbetriebs	1	II.	Vermögensrechte des Geschäftsinhabers 1. Beitragspflicht des stillen Gesellschafters	16 16
B. Anspruch des stillen Gesellschafters auf zweckentsprechenden Umgang mit der Einlage und dem Geschäftsvermögen	3		2. Aufwendungsersatzanspruch und Vergütungsanspruch des Geschäftsinhabers	18
C. Vermögensrechte und -pflichten	4	D.	Verwaltungsrechte und -pflichten	20
I. Vermögensrechte des stillen Gesellschafters	4	I.	Recht auf und Pflicht zur Mitwirkung bei Geschäftsführung und Vertretung	20
1. Anspruch auf Rechnungslegung und Gewinnauszahlung, § 232 Abs. 1 HGB	5	II.	Kündigungs-, Entziehungs- und Ausschließungsrechte	24
2. Abfindungsanspruch des ausscheidenden stillen Gesellschafters	11	III.	Informations- und Kontrollrechte	25
3. Anspruch auf Auszahlung des Auseinandersetzungsguthabens, § 235 Abs. 1 HGB	12	E.	**Treuepflicht**	32
		I.	Allgemeines	32
		II.	Wettbewerbsverbote	33
4. Aufwendungsersatzanspruch und Vergütungsanspruch	13	F.	**Ansprüche aufgrund der Verletzung von Gesellschafterpflichten**	36

A. Klage des stillen Gesellschafters auf Aufnahme bzw. unveränderte Fortführung des Geschäftsbetriebs

1 Aufgrund des Gesellschaftsvertrags ist der Geschäftsinhaber gegenüber dem stillen Gesellschafter verpflichtet, das Handelsgewerbe im gemeinsamen Interesse für gemeinsame Rechnung zu führen.[1] Hat der Geschäftsinhaber den Geschäftsbetrieb nicht alsbald nach Abschluss des Gesellschaftsvertrags begonnen, kann der stille Gesellschafter ihn auf **Aufnahme des Geschäftsbetriebs** mit der Leistungsklage in Anspruch nehmen.[2] Der stille Gesellschafter hat auch einen Anspruch darauf, dass der Geschäftsbetrieb, an dem er sich beteiligt, fortgeführt wird und in seinen wesentlichen Grundlagen keine Änderung erfährt, soweit der stille Gesellschafter der Einstellung oder den Änderungen nicht zugestimmt hat.[3] Der Anspruch auf Fortführung setzt freilich voraus, dass eine Fortführung möglich ist. Den Anspruch auf Fortführung und den Anspruch auf Unterlassung wesentlicher Änderungen kann der stille Gesellschafter im Wege der Leistungsklage bzw. Unterlassungsklage geltend machen.[4] Möglich ist es auch, diese Ansprüche des stillen Gesellschafters im einstweiligen Verfügungsverfahren zu sichern.[5]

2 Die genannten prozessualen Rechtsbehelfe zur Durchsetzung der materiellen Ansprüche sind aber nur teilweise wirkungsvoll. Denn aus einem Titel auf Aufnahme oder Fortführung des Geschäftsbetriebs kann nicht immer vollstreckt werden, weil diese *unvertretbaren Handlungen* u. U. nicht ausschließlich vom Willen des Schuldners abhängen, wie es § 888 Abs. 1 ZPO verlangt;[6] im Übrigen stünde einer Vollstreckung häufig § 888 Abs. 3 ZPO entgegen[7]. Auch ein Titel auf Unterlas-

---

1 GroßkommHGB/*Harbarth* § 230 Rn. 194; MüKo HGB/*K. Schmidt* § 230 Rn. 137.
2 MünchHdb GesR II/*Seffer/Erhardt* § 80 Rn. 22; *Blaurock* § 12.4.
3 BGH WM 1963, 1209, 1210.
4 MünchHdb GesR II/*Seffer/Erhardt* § 80 Rn. 22.
5 MünchHdb GesR II/*Seffer/Erhardt* § 80 Rn. 22.
6 So argumentiert OLG Hamm NJW 1973, 1135.
7 BGH NJW 1980, 2415, 2416; GroßkommHGB/*Harbarth* § 230 Rn. 210; MünchHdb GesR II/*Seffer/Erhardt* § 80 Rn. 22; a. A. *Blaurock* § 12.4.

sung strukturändernder Maßnahmen kann den Geschäftsinhaber nicht daran hindern, strukturändernde Maßnahmen tatsächlich durchzuführen.[8] Das gilt insbesondere für einstweilige Verfügungen, die auf Unterlassung gerichtet sind. Letztgenannte Titel sind zudem nur schwer zu erlangen, weil Befriedigungsverfügungen im einstweiligen Rechtsschutz aufgrund ihrer Eigenschaft, die Hauptsache vorwegzunehmen, nur unter ganz engen Voraussetzungen zulässig sind.[9] Wegen dieser prozessualen Durchsetzungsschwierigkeiten sehen manche den stillen Gesellschafter in Bezug auf die genannten Erfüllungsansprüche rechtlos gestellt.[10] Der stille Gesellschafter ist daher weitgehend auf einen etwaigen Schadensersatzanspruch und auf sein (außerordentliches) Kündigungsrecht verwiesen.[11]

B. Anspruch des stillen Gesellschafters auf zweckentsprechenden Umgang mit der Einlage und dem Geschäftsvermögen

Der Gesellschaftsvertrag gibt dem stillen Gesellschafter einen Anspruch darauf, dass der Geschäftsinhaber die Einlage des stillen Gesellschafters bestimmungsgemäß verwendet und dem Unternehmen nicht bestimmungswidrig Vermögen entzieht.[12] Verletzt der Geschäftsinhaber diese Pflichten schuldhaft, so steht dem stillen Gesellschafter ein Schadensersatzanspruch aus § 280 BGB zu, der darauf gerichtet ist, den stillen Gesellschafter so zu stellen, als wäre die schädigende Handlung nicht vorgenommen worden.[13] Entzieht der Geschäftsinhaber beispielsweise bestimmungswidrig Geschäftsvermögen, hat der Geschäftsinhaber Schadensersatz zu leisten, indem er die entzogenen Mittel dem Handelsgeschäft, nicht dem stillen Gesellschafter, wieder zuführt.[14] Seine Ansprüche kann der stille Gesellschafter mit der Leistungsklage verfolgen; es kommt auch eine Kündigung aus wichtigem Grund in Betracht.[15] Die Frage, welche Einlageverwendung bestimmungsgemäß ist und welche Vermögensentziehung bestimmungswidrig ist, kann auch davon abhängen, ob dem stillen Gesellschafter atypisch eine Vermögensbeteiligung eingeräumt worden ist.[16]

C. Vermögensrechte und -pflichten

I. Vermögensrechte des stillen Gesellschafters

Vermögensrechte sind die Ansprüche des stillen Gesellschafters aus dem Gesellschaftsverhältnis gegen den Geschäftsinhaber und ggf. weitere Mitgesellschafter.

1. Anspruch auf Rechnungslegung und Gewinnauszahlung, § 232 Abs. 1 HGB

Die stille Gesellschaft ist mangels Kaufmannseigenschaft weder buchführungs- noch bilanzierungspflichtig i. S. d. §§ 238 ff. HGB.[17] Sie ist gemäß § 232 Abs. 1, Hs. 1 HGB aber zum Schluss jedes Geschäftsjahres zur Rechnungslegung verpflichtet. Die Rechnungslegung fällt allein in die Zuständigkeit des Geschäftsinhabers. Der stille Gesellschafter ist **nicht** an der **Aufstellung** der Rechnungslegung beteiligt.[18] Er hat gegen den Geschäftsinhaber einen **Anspruch auf fristgerechte Rechnungs-**

---

8 Diesen Aspekt hervorhebend MünchHdb GesR II/*Seffer/Erhardt* § 80 Rn. 22.
9 Zu den hohen Anforderungen an den Verfügungsgrund OLG Frankfurt MDR 2004, 1019; OLG Karlsruhe OLGR 2001, 407 f.; MüKo ZPO/*Drescher* § 938 Rn. 34.
10 MünchHdb GesR II/*Seffer/Erhardt* § 80 Rn. 22.
11 MünchHdb GesR II/*Seffer/Erhardt* § 80 Rn. 22.
12 BGH NJW 1988, 413 (414).
13 BGH NJW 1988, 413 (414).
14 BGH NJW 1988, 413 (414); Baumbach/Hopt/*Roth* § 230 Rn. 13.
15 GroßkommHGB/*Harbarth* § 230 Rn. 198.
16 Für die Einzelheiten wird auf weiterführende Literatur verwiesen, MünchHdb GesR II/*Seffer/Erhardt* § 80 Rn. 10.
17 Dazu näher *Blaurock* § 13.94 ff.; MüKo HGB/*K. Schmidt* § 230 Rn. 186; a. A. für die »Innen-KG«, BFH DB 1997, 1060.
18 *Blaurock* § 14.12; GroßkommHGB/*Harbarth* § 232 Rn. 19 f.; MüKo HGB/*K. Schmidt* § 232 Rn. 20.

legung.[19] Die Frist, innerhalb welcher in der stillen Gesellschaft die Rechnung zu legen ist, ist nicht gesetzlich bestimmt. Es wird daher auf die Fristen zurückgegriffen, innerhalb derer der konkrete Geschäftsinhaber für sein Handelsgewerbe den Jahresabschluss aufzustellen hat.[20] Ist der Geschäftsinhaber eine Kapitalgesellschaft, gilt für die Rechnungslegung in der stillen Gesellschaft die Dreimonatsfrist (§ 264 Abs. 1 S. 3 HGB), bei kleinen Kapitalgesellschaften i. S. v. § 267 Abs. 1 HGB längstens eine Sechsmonatsfrist (§ 264 Abs. 1 S. 4 HGB). Ist der Geschäftsinhaber ein Einzelkaufmann oder eine Personenhandelsgesellschaft, so hat die Rechnungslegung innerhalb der einem ordnungsgemäßen Geschäftsgang entsprechenden Zeit zu erfolgen (§ 243 Abs. 3 HGB). Eine frühere Berechnung kann der stille Gesellschafter nicht verlangen.[21]

6 Gesellschaftsvertraglich kann geregelt werden, dass auch der stille Gesellschafter an der Rechnungslegung in der stillen Gesellschaft mitzuwirken hat.[22]

7 Nach h. M. bedarf die Rechnungslegung in der typischen stillen Gesellschaft **nicht der Feststellung** durch Inhaber und stillen Gesellschafter.[23] Der Anspruch des stillen Gesellschafters auf Gewinnauszahlung entsteht dort unabhängig davon, ob er festgestellt wurde. Im Gesellschaftsvertrag kann jedoch abweichend geregelt werden, dass die Rechnungslegung erst mit der Feststellung durch die Gesellschafter Verbindlichkeit erlangt.[24] Ist das Feststellungserfordernis im Gesellschaftsvertrag nicht ausdrücklich geregelt, kann es sich dennoch aus der jeweiligen Atypik der stillen Gesellschaft ergeben.[25] So soll die Feststellung der Rechnungslegung bei der atypischen stillen Gesellschaft mit Vermögensbeteiligung des stillen Gesellschafters erforderlich sein.[26] Im Übrigen ist die jeweilige atypische Gestaltung darauf zu prüfen, ob sie ein Feststellungserfordernis begründet.[27]

8 Nach § 232 Abs. 1, Hs. 2 HGB hat der stille Gesellschafter gegen den Geschäftsinhaber einen **Anspruch auf Auszahlung seines Gewinnanteils**. Diese Gewinnbeteiligung ist konstituierendes Merkmal der stillen Gesellschaft, und sie kann nicht ausgeschlossen werden, § 231 Abs. 2, Hs. 2 HGB. Der Anspruch wird mit der Berechnung des Gewinns fällig. Wird die Berechnung verzögert, wird er allerdings schon in dem Zeitpunkt fällig, in dem der Geschäftsinhaber bei ordnungsgemäßem Geschäftsgang den Gewinn berechnet hätte.[28] Der Anteil am Gewinn, also die Höhe des Gewinnanspruchs, richtet sich nach den Regelungen im Gesellschaftsvertrag.[29] Falls solche fehlen, gilt ein angemessener Anteil als bedungen, § 231 Abs. 1 HGB. Nach § 232 Abs. 1 HGB berechnet sich die konkrete Höhe des Gewinnanspruchs des stillen Gesellschafters auf Grundlage einer internen Rechnungslegung, die vom Geschäftsinhaber für die stille Gesellschaft zu erstellen und von der externen Rechnungslegung zu unterscheiden ist, die der Inhaber für sein Handelsgeschäft zu erstellen hat. Aus Vereinfachungsgründen weicht die gängige Vertragspraxis hiervon ab und macht den handels- oder steuerrechtlichen Jahresabschluss des Geschäftsinhabers zur Berechnungsgrundlage für den Gewinnanspruch des stillen Gesellschafters.[30] Dieser Vertragspraxis sollte dringend gefolgt werden, da der Aufwand der Gewinn- und Verlustberechnung sonst erheblich und Auslöser für Streitigkeiten zwischen stillem Gesellschafter und Geschäftsinhaber sein kann.[31] Für die Gewinnberechnung sind atypische stille Gesellschaften mit Vermögensbeteiligung des stillen Gesellschaf-

---

19 MünchHdb GesR II/*Keul* § 85 Rn. 1; GroßkommHGB/*Harbarth* § 232 Rn. 30 f.; *Blaurock* § 14.16.
20 Zum Ganzen GroßkommHGB/*Harbarth* § 232 Rn. 30 f.; *Blaurock* § 14.16.
21 *Blaurock* § 14.16; GroßkommHGB/*Harbarth* § 232 Rn. 30.
22 MünchHdb GesR II/*Keul* § 85 Rn. 1, Rn. 5; *Blaurock* § 14.12.
23 MünchHdb GesR II/*Keul* § 85 Rn. 2; GroßkommHGB/*Harbarth* § 232 Rn. 20; MüKo HGB/*K. Schmidt* § 232 Rn. 20; a. A. *Blaurock* § 14.12 f.
24 MüKo HGB/*K. Schmidt* § 232 Rn. 20; GroßkommHGB/*Harbarth* § 232 Rn. 20.
25 MünchHdb GesR II/*Keul* § 85 Rn. 4 f.
26 MünchHdb GesR II/*Keul* § 85 Rn. 4; MüKo HGB/*K. Schmidt* § 232 Rn. 41.
27 MünchHdb GesR II/*Keul* § 85 Rn. 4 f.
28 GroßkommHGB/*Harbarth* § 232 Rn. 33.
29 *Blaurock* § 14.3 ff.
30 *Blaurock* § 14.10 f.
31 *Blaurock* § 14.10.

ters[32] von anderen stillen Gesellschaftstypen zu unterscheiden. Nach der gesetzlichen Ausgangslage bezieht sich die Beteiligung des stillen Gesellschafters nur auf das Handelsgewerbe des Inhabers (§ 230 Abs. 1 HGB), sodass seine Gewinnbeteiligung sich auf solche Gewinne beschränkt, die aus dem **Betrieb des Handelsgewerbes** herrühren.[33] Der stille Gesellschafter partizipiert daher grundsätzlich nicht an Wertveränderungen des Anlagevermögens oder des Firmenwertes.[34] Anders ist dies bei stillen Beteiligungen, die atypisch eine Vermögensbeteiligung des stillen Gesellschafters am *gesamten* Unternehmensgewinn vorsehen, wodurch der stille Gesellschafter schuldrechtlich so gestellt wird, als wäre er gesamthänderisch am Handelsgeschäft beteiligt.[35]

Der stille Gesellschafter kann seine Ansprüche auf Rechnungslegung und Gewinnauszahlung gegen den Geschäftsinhaber jeweils mit der **Leistungsklage** geltend machen.[36] Verweigert der Geschäftsinhaber die fristgerechte Rechnungslegung, stehen dem stillen Gesellschafter zwei prozessuale Möglichkeiten zur Verfügung: Falls er ausreichende Einblicke hat, um seinen Gewinnanspruch selbst zu berechnen, kann er direkt Klage auf Gewinnauszahlung erheben. Kann er den Gewinnanspruch – wie üblich – nicht berechnen, ist eine **Stufenklage gemäß § 254 ZPO** zweckmäßig, mit der auf erster Stufe Rechnungslegung, auf zweiter Stufe Gewinnauszahlung verlangt wird.[37] Ist die Abrechnung des Geschäftsinhabers fehlerhaft, kann der stille Gesellschafter Leistungsklage auf eine korrigierte Abrechnung erheben.[38] Ist der Geschäftsinhaber eine Personengesellschaft, so haften deren persönlich haftende Gesellschafter akzessorisch für den Gewinnauszahlungsanspruch des stillen Gesellschafters, (analog) § 128 S. 1 HGB.[39] Es ist daher immer in Betracht zu ziehen, die Gewinnauszahlungsklage gegen solvente persönlich haftende Gesellschafter der Personengesellschaft zu erheben. Im Wege der **subjektiven Klagehäufung** kann die Leistungsklage sowohl gegen die Gesellschaft als auch gegen ihre akzessorisch haftenden Gesellschafter erhoben werden. Auf Beklagtenseite besteht dann eine einfache Streitgenossenschaft, §§ 59, 60 ZPO.[40]

9

Bedarf nach dem Gesellschaftsvertrag die Rechnungslegung ausnahmsweise der Feststellung durch die Gesellschafter, so kann der stille Gesellschafter die Feststellung der Rechnungslegung durch Leistungsklage gegen alle der Feststellung widersprechenden bzw. die Zustimmung verweigernden Mitgesellschafter geltend machen. Wird eine solche Klage bei einer mehrgliedrigen stillen Gesellschaft gegen mehrere die Zustimmung verweigernde Mitgesellschafter erhoben, so sind diese keine notwendigen Streitgenossen.[41]

10

2. Abfindungsanspruch des ausscheidenden stillen Gesellschafters

Ein Abfindungsanspruch ähnlich wie bei § 738 BGB kommt nur in der mehrgliedrigen stillen Gesellschaft in Betracht,[42] sofern nur das Gesellschaftsverhältnis zu einem stillen Gesellschafter, nicht aber die stille Gesellschaft aufgelöst wurde. Für die Einzelheiten des Abfindungsanspruchs und dessen prozessuale Geltendmachung wird auf die Ausführungen über das Ausscheiden von stillen Gesellschaftern verwiesen.[43]

11

---

32 Zu dieser atypischen Gestaltung, siehe § 99 Rdn. 11.
33 *Blaurock* § 14.40; MünchHdb GesR II/*Keul* § 86 Rn. 2.
34 Ausführlich zur Gewinnermittlung *Blaurock* § 14.40 ff.; MünchHdb GesR II/*Keul* § 86 Rn. 1 ff.
35 MünchHdb GesR II/*Keul* § 86 Rn. 34 ff.
36 *Blaurock* § 14.16 f.
37 GroßkommHGB/*Harbarth* § 232 Rn. 22; *Blaurock* § 14.17.
38 Oetker/*Schubert* § 232 Rn. 6.
39 BGH WM 1960, 187 f.; *Blaurock* § 14.55.
40 Siehe § 32 Rdn. 26 ff.
41 BGH NJW 1999, 571 (572); siehe § 32 Rdn. 39.
42 MüKo HGB/*K. Schmidt* § 234 Rn. 4.
43 Siehe § 104 Rdn. 10 f.

3. Anspruch auf Auszahlung des Auseinandersetzungsguthabens, § 235 Abs. 1 HGB

12 Nach § 235 Abs. 1 HGB hat der stille Gesellschafter nach Auflösung der Gesellschaft einen Anspruch auf Auszahlung des Auseinandersetzungsguthabens. Für die Einzelheiten des Anspruchs und dessen prozessuale Geltendmachung wird auf die Ausführungen im Rahmen der Beendigung der stillen Gesellschaft verwiesen.[44]

4. Aufwendungsersatzanspruch und Vergütungsanspruch

13 Der stille Gesellschafter ist grundsätzlich nicht mit der Geschäftsführung in der stillen Gesellschaft betraut. Es ist jedoch möglich, dass auch er aufgrund des Gesellschaftsvertrags atypisch zur Geschäftsführung berechtigt und verpflichtet ist und in diesem Zusammenhang geschäftsführungsbezogene Aufwendungen tätigt. Im Übrigen ist es auch denkbar, dass der stille Gesellschafter in Erfüllung des Gesellschaftszwecks Aufwendungen tätigt, ohne an der Geschäftsführung beteiligt zu sein. Solche Aufwendungen sind dem stillen Gesellschafter vom Geschäftsinhaber zu erstatten. Anspruchsgrundlage ist § 110 HGB analog, soweit es sich um eine atypische stille Gesellschaft handelt, in der der stille Gesellschafter schuldrechtlich die Stellung eines Gesellschafters einer Personenhandelsgesellschaft hat.[45] Im Übrigen ergibt sich der Anspruch aus §§ 713, 670 BGB.

14 Der Aufwendungsersatzanspruch kann im Wege der **Leistungsklage gegen den Geschäftsinhaber** geltend gemacht werden. Komplex ist hingegen die Frage, inwieweit der stille Gesellschafter – wenn der Geschäftsinhaber eine Personengesellschaft ist – Aufwendungsersatz auch von den **persönlich haftenden Gesellschaftern** des Geschäftsinhabers verlangen kann. Bei der typischen stillen Gesellschaft kann der stille Gesellschafter seinen Aufwendungsersatz in voller Höhe ohne Einschränkung von den akzessorisch haftenden Gesellschaftern des Geschäftsinhabers verlangen, (analog) § 128 S. 1 HGB.[46] Anders ist dies bei einer atypischen stillen Gesellschaft, in der der stille Gesellschafter am Vermögen des Geschäftsinhabers wie ein Personengesellschafter des Geschäftsinhabers beteiligt ist. Dort kann der stille Gesellschafter von den persönlich haftenden Gesellschaftern des Geschäftsinhabers nur Aufwendungsersatz verlangen, wenn der Geschäftsinhaber nicht zahlungsfähig oder nicht zahlungswillig ist, und muss sich seinen eigenen Verlustanteil anrechnen lassen, wobei streitig ist, ob dieses Ergebnis aus einer Rechtsfortbildung zu § 426 BGB[47] oder aus § 128 HGB (analog) und der Treuepflichtbindung des stillen Gesellschafters folgt.[48] Die Subsidiarität des zuletzt behandelten Aufwendungsersatzanspruchs begründet die Einrede des persönlich haftenden Gesellschafters, erst die Gesellschaft in Anspruch zu nehmen.[49] Erhebt der persönlich haftende Gesellschafter die Einrede im Prozess, ist die Klage des stillen Gesellschafters auf Aufwendungsersatz als (zurzeit) unbegründet abzuweisen.

15 Es ist auch möglich, den stillen Gesellschafter durch den Gesellschaftsvertrag an der Geschäftsführung **gegen Zahlung einer Vergütung** zu beteiligen.[50] Der stille Gesellschafter kann diesen Anspruch mit der **Leistungsklage** gegen den Geschäftsinhaber verfolgen.

---

44 Siehe § 107 Rdn. 21 ff.
45 BGH ZIP 2002, 394 (395) zu einem stillen Gesellschafter, der schuldrechtlich wie ein Kommanditist gestellt ist. Das Gleiche muss auch gelten, wenn der stille Gesellschafter schuldrechtlich wie ein Komplementär einer KG oder wie ein OHG-Gesellschafter gestellt ist.
46 BGH WM 1960, 187 f.
47 BGH ZIP 2002, 394 (396).
48 *K. Schmidt* JuS 2003, 228 (231); hier scheint noch Vieles ungeklärt.
49 GroßkommHGB/*Habersack* § 128 Rn. 26.
50 Siehe z. B. BFH DStRE 1999, 465.

II. Vermögensrechte des Geschäftsinhabers

1. Beitragspflicht des stillen Gesellschafters

Der stille Gesellschafter ist dem Geschäftsinhaber gegenüber verpflichtet, die im Gesellschaftsvertrag vereinbarten Beiträge zu erbringen, § 706 BGB. Grundsätzlich können die Parteien im Gesellschaftsvertrag frei vereinbaren, welche Beitragspflichten dem stillen Gesellschafter obliegen. Die Einlage des stillen Gesellschafters ist nach h. M. jedoch unabdingbarer und unentbehrlicher Beitrag eines jeden stillen Gesellschafters.[51] Unter Einlage versteht die h. M. jeden der Schätzung zugänglichen Vermögenswert, eine bilanzierungsfähige Einlage wird nicht vorausgesetzt.[52] Wie die Einlage in das Unternehmen des Inhabers einzubringen ist, regelt das Gesetz in § 230 Abs. 1 HGB nur für den Fall der Einlage*leistung*. Es ist aber ebenso zulässig, im Gesellschaftsvertrag eine Regelung zu treffen, wonach der stille Gesellschafter sich mit einer Einlage am Unternehmen des Inhabers in der Form beteiligt, dass er eine stille Einlage im Unternehmen des stillen Gesellschafters *hält*, die nicht notwendigerweise aus einer Einlageleistung herrühren muss.[53]

16

Der Geschäftsinhaber kann seinen Einlageanspruch gegen den stillen Gesellschafter mit der Leistungsklage verfolgen. Steht dem stillen Gesellschafter ein gleichartiger Gegenanspruch zu, kann er mit diesem gegen den Einlageanspruch des Geschäftsinhabers aufrechnen,[54] in einem rechtshängigen Rechtsstreit mithin die Prozessaufrechnung erklären.

17

2. Aufwendungsersatzanspruch und Vergütungsanspruch des Geschäftsinhabers

Umstritten ist, ob dem Geschäftsinhaber ein (selbständiger) **Aufwendungsersatzanspruch** gegen den stillen Gesellschafter zusteht. Nach einer Ansicht kann der Geschäftsinhaber für geschäftsführungsbezogene Aufwendungen Aufwendungsersatz verlangen,[55] und zwar nach §§ 713, 670 BGB bei der typischen stillen Gesellschaft und analog § 110 HGB bei der atypischen stillen Gesellschaft, in der der stille Gesellschafter eine dem Personenhandelsgesellschafter vergleichbare Stellung hat.[56] Nach anderer Ansicht hat der Geschäftsinhaber keinen selbständigen Aufwendungsersatzanspruch, die getätigten Aufwendungen sind vielmehr gewinnmindernd als Rechnungsposten bei der Ergebnisverteilung nach §§ 232, 235 HGB zu berücksichtigen.[57] Nach einer differenzierenden Ansicht besteht in der typischen stillen Gesellschaft kein Aufwendungsersatzanspruch des Geschäftsinhabers, weil Aufwendungen insoweit nur den Gewinn schmälern; bei der atypischen stillen Gesellschaft hingegen ist ein Aufwendungsersatzanspruch des Geschäftsinhabers denkbar.[58]

18

Ein **Vergütungsanspruch** steht dem Geschäftsinhaber für seine Geschäftsführung von Gesetzes wegen **nicht** zu.[59] Seine Geschäftsführungstätigkeit wird – wie in Personengesellschaften üblich – schon durch seine Gewinnbeteiligung abgegolten. Im Gesellschaftsvertrag kann aber geregelt werden, dass dem Geschäftsinhaber eine Vergütung, insbesondere eine monatliche Festvergütung, zusteht. Je nach Vereinbarung verringert der Vergütungsanspruch den Gesamtgewinn, was sich auch zu Lasten des Geschäftsinhabers auswirkt, oder nur den Gewinnanteil des stillen Gesellschafters.[60] Ein Bedürfnis für den Geschäftsinhaber, seinen Vergütungsanspruch einzuklagen, besteht nicht. Denn er darf sei-

19

---

51 Zu der Frage, ob jedweder Beitrag des Stillen genügt oder ob zwingend eine Einlage zu leisten ist, siehe § 99 Rdn. 3.
52 Siehe § 99 Rdn. 3.
53 MüKo HGB/*K. Schmidt* § 230 Rn. 37.
54 GroßkommHGB/*Harbarth* § 230 Rn. 225; *Blaurock* § 6.11.
55 GroßkommHGB/*Harbarth* § 230 Rn. 197; Baumbach/Hopt/*Roth* § 230 Rn. 18.
56 GroßkommHGB/*Harbarth* § 230 Rn. 197.
57 Henssler/Strohn § 230 Rn. 32; Oetker/*Schubert* § 230 Rn. 75; *Blaurock* § 12.31; GroßkommHGB4/*Zutt* § 230 Rn. 96.
58 MüKo HGB/*K. Schmidt* § 230 Rn. 180.
59 OLG Düsseldorf DStR 1992, 726.
60 *Blaurock* § 12.32; GroßkommHGB/*Harbarth* § 230 Rn. 196.

nem Unternehmen die Mittel zur Erfüllung seines Vergütungsanspruchs selbst entziehen.[61] Prozessuale Streitigkeiten können dabei insoweit auftreten, als der Geschäftsinhaber seinem Unternehmen mehr Mittel entzogen hat als ihm aufgrund seines Vergütungsanspruchs zustehen und der stille Gesellschafter ihn deshalb mit der Leistungsklage auf Schadensersatz in Anspruch nimmt.[62]

D. Verwaltungsrechte und -pflichten

I. Recht auf und Pflicht zur Mitwirkung bei Geschäftsführung und Vertretung

20 Die stille Gesellschaft ist dadurch gekennzeichnet, dass die Beteiligung des stillen Gesellschafters an dem Handelsgeschäft eines anderen nach außen nicht in Erscheinung tritt. Enthält der Gesellschaftsvertrag keine abweichende Regelung, ist in der stillen Gesellschaft daher allein der Geschäftsinhaber zur Geschäftsführung berechtigt und verpflichtet.[63] Im **Außenverhältnis** handelt der Geschäftsinhaber – gleich welcher Typ stille Gesellschaft vorliegt – nicht in Vertretung der stillen Gesellschaft. Er handelt vielmehr im eigenen Namen, wie in § 230 Abs. 2 HGB angedeutet, allerdings für Rechnung der stillen Gesellschaft.[64]

21 Da die Geschäftsführung dem Geschäftsinhaber nicht aufgrund des Gesellschaftsvertrages übertragen ist, sondern ihm kraft seiner Funktion und kraft des Gesellschaftszwecks zur Gewinnerzielung zwingend zusteht, kann der Geschäftsinhaber die Geschäftsführung nicht kündigen.[65] Genauso wenig kann ihm die Geschäftsführungsbefugnis oder die Vertretungsmacht entzogen werden, selbst wenn ein wichtiger Grund vorliegt. Die §§ 712, 715 BGB sind insoweit nicht anwendbar.[66] Der Geschäftsinhaber ist berechtigt, seine ungestörte Geschäftsführungstätigkeit notfalls gerichtlich durchzusetzen.[67]

22 Enthält der Gesellschaftsvertrag keine abweichende Regelung, steht dem stillen Gesellschafter grundsätzlich auch **kein Widerspruchsrecht** gegen Geschäftsführungsmaßnahmen des Geschäftsinhabers zu. Der stille Gesellschafter besitzt auch kein Widerspruchsrecht bei außergewöhnlichen Geschäften des Geschäftsinhabers, wie beispielsweise der Kommanditist gemäß § 164 S. 1, Hs. 2 HGB. Das gilt zum einen für die typische stille Gesellschaft, zum anderen aber selbst dann, wenn eine atypische stille Gesellschaft mit Vermögensbeteiligung des stillen Gesellschafters gegeben ist, die den stillen Gesellschafter schuldrechtlich wie einen Kommanditisten stellt.[68] Der stille Gesellschafter hat daher nur dann ein Widerspruchsrecht, wenn ihm ein solches im Gesellschaftsvertrag ausdrücklich eingeräumt wurde. **Änderungen** an den **wesentlichen Grundlagen** des Unternehmens darf der Geschäftsinhaber allerdings nur mit **Zustimmung** des stillen Gesellschafters vornehmen. Der stille Gesellschafter hat einen Anspruch auf Unterlassung strukturändernder Maßnahmen, den er mit der Unterlassungsklage verfolgen kann.[69]

23 In der typischen stillen Gesellschaft ist der stille Gesellschafter also von der Geschäftsführung ausgeschlossen. Die Parteien können im Gesellschaftsvertrag allerdings vereinbaren, dass der stille Gesellschafter (atypisch) an der Geschäftsführung und Vertretung zu beteiligen ist.[70] Die Geschäftsführung und Vertretung bezieht sich aber auch in diesem Fall ausschließlich auf die Geschäfte und die Vertretung des Handelsgeschäfts, nicht auf die der stillen Gesellschaft.[71] Auf den stillen Gesellschaf-

---

[61] Siehe GroßkommHGB/*Harbarth* § 230 Rn. 196.
[62] Zur Schadensersatzklage des stillen Gesellschafters, siehe § 103 Rdn. 3.
[63] MünchHdb GesR II/*Seffer/Erhardt* § 80 Rn. 1; MüKo HGB/*K. Schmidt* § 230 Rn. 178.
[64] MünchHdb GesR II/*Seffer/Erhardt* § 80 Rn. 2.
[65] Es soll aber möglich sein, dem stillen Gesellschafter das alleinige Geschäftsführungsrecht schon im Gesellschaftsvertrag einzuräumen, siehe § 99 Rdn. 12.
[66] MünchHdb GesR II/*Seffer/Erhardt* § 80 Rn. 3; MüKo HGB/*K. Schmidt* § 230 Rn. 178.
[67] Die Streitigkeiten im Zusammenhang mit der Geschäftsführung werden in § 106 Rdn. 1 ff. behandelt.
[68] OLG Dresden WM 2004, 726 (728); MüKo HGB/*K. Schmidt* § 230 Rn. 80; MünchHdb GesR II/*Seffer/Erhardt* § 80 Rn. 4.
[69] Siehe § 103 Rdn. 1.
[70] Siehe § 99 Rdn. 12.
[71] MünchHdb GesR II/*Seffer/Erhardt* § 80 Rn. 4.

II. Kündigungs-, Entziehungs- und Ausschließungsrechte

Zu den Verwaltungsrechten gehören auch Kündigungs-, Entziehungs- und Ausschließungsrechte gemäß § 712 BGB (Entziehung und Kündigung der Geschäftsführung), § 715 BGB (Entziehung der Vertretungsmacht), § 234 Abs. 1 HGB (Kündigung durch die Gesellschafter) und § 737 BGB (Ausschluss eines Gesellschafters). Die §§ 712, 715, 737 BGB sind allerdings nur eingeschränkt auf die stille Gesellschaft anwendbar. Für die Einzelheiten wird auf die Ausführungen in den verschiedenen Kapiteln verwiesen.[72]

24

III. Informations- und Kontrollrechte

Soweit der Gesellschaftsvertrag keine andere Regelung trifft, stehen dem stillen Gesellschafter gegen den Geschäftsinhaber die Informations- und Kontrollrechte aus § 233 HGB zu.

25

Das Kontrollrecht des stillen Gesellschafters nach § 233 HGB entspricht dem eingeschränkten Kontrollrecht des Kommanditisten nach § 166 HGB.[73] Der stille Gesellschafter hat gegen den Geschäftsinhaber einen Anspruch auf abschriftliche Mitteilung des Jahresabschlusses, einen Anspruch auf Vorlage der[74] und Einsicht in die Bücher und Papiere sowie einen Anspruch auf Prüfung dieser Unterlagen, § 233 Abs. 1 HGB. Verlangt werden kann demnach die abschriftliche Mitteilung (nicht Aufstellung![75]) von Handelsbilanz nebst Gewinn- und Verlustrechnung, § 242 Abs. 3 HGB.[76] Gemeint ist die Bilanz des Unternehmens, an dem die stille Beteiligung besteht.[77] Der Anspruch auf Einsicht umfasst grundsätzlich alle Geschäftspapiere, ausgenommen sind nur solche, die für den Jahresabschluss nicht relevant sind.[78] Eine abschriftliche Mitteilung der Steuerbilanz kann der stille Gesellschafter nur dann verlangen, wenn sein Gewinnanspruch nach dem Gesellschaftsvertrag anhand der Steuerbilanz zu ermitteln ist.[79] Der stille Gesellschafter hat nur Anspruch darauf, die Bücher und Papiere vor Ort einzusehen, kann aber nicht deren Herausgabe oder Versendung zur Einsicht verlangen.[80] Weitergehende Informationsrechte nach § 716 BGB, insbesondere das Recht auf jederzeitige Information, stehen dem stillen Gesellschafter nicht zu, § 233 Abs. 2 HGB.[81] § 233 Abs. 2 HGB **verdrängt** nach Sinn und Zweck die Informationsansprüche aus §§ 242, 810 BGB **während der Dauer der Mitgliedschaft**. Mit der Beendigung der stillen Gesellschaft[82] oder dem Ausscheiden des stillen Gesellschafters erlöschen seine Informationsrechte aus § 233 HGB, er ist dann auf die allgemeinen Informationsrechte aus §§ 242, 810 BGB verwiesen.[83]

26

Nicht durch § 233 HGB verdrängt wird der Informationsanspruch gemäß §§ 713, 666 BGB, da dieser sich nicht auf die Kontrolle der Rechnungslegung bezieht.[84] Nach diesen Vorschriften kann der

27

---

[72] Zur Entziehung und der Kündigung der Geschäftsführung, § 103 Rdn. 20 ff.; zur Kündigung der Gesellschaft § 107 Rdn. 7 ff.; zum Ausschluss eines Gesellschafters § 104 Rdn. 5 ff.
[73] BGH NJW 1984, 2470; GroßkommHGB/*Harbarth* § 233 Rn. 10.
[74] Oetker/*Schubert* § 233 Rn. 7, Rn. 10.
[75] OLG Hamburg NZG 2004, 715.
[76] Oetker/*Schubert* § 233 Rn. 8; E/B/J/S/*Gehrlein* § 233 Rn. 7.
[77] Dazu und zum Verhältnis zum Anspruch auf Rechnungslegung gemäß § 232 HGB: Müko HGB/K. Schmidt, § 233 Rn. 9, Rn. 24.
[78] BGH NJW 1984, 2470, Zweck ist die Ermöglichung einer sachgerechten Prüfung der Bilanzen.
[79] Oetker/*Schubert* § 233 Rn. 9; E/B/J/S/*Gehrlein* § 233 Rn. 7.
[80] BGH NJW 1984, 2470.
[81] Oetker/*Schubert* § 233 Rn. 7; *Blaurock* § 12.85.
[82] Bei zweigliedrigen stillen Gesellschaften tritt Vollbeendigung bereits mit Auflösung ein, dazu § 107 Rdn. 1.
[83] BGH WM 1976, 1027 (1029); OLG Hamburg NZG 2004, 715 f.; Oetker/*Schubert* § 233 Rn. 12, Rn. 18.
[84] H. M., Oetker/*Schubert* § 233 Rn. 19; Baumbach/Hopt/*Roth* § 233 Rn. 7; *Hahn* BB 1997, 741, 744; a. A. hinsichtlich der zweigliedrigen stillen Gesellschaft, MüKo HGB/*K. Schmidt* § 233 Rn. 20.

stille Gesellschafter wie ein Kommanditist ergänzend Auskunft verlangen, soweit dies zur Ausübung der Mitgliedschaft erforderlich ist.[85] Der Informationsanspruch bezieht sich insbesondere auf Maßnahmen, die nur mit Zustimmung des stillen Gesellschafters vorgenommen werden dürfen.[86]

28 Die Ansprüche aus § 233 Abs. 1 HGB sind mit der **Leistungsklage** gegen den Geschäftsinhaber als Informationsschuldner zu verfolgen.[87] Der **Klageantrag** auf »Gestattung der Einsicht in die Geschäftspapiere« ist hinreichend bestimmt i. S. v. § 253 Abs. 2 Nr. 2 ZPO, da es dem Kläger nicht zumutbar und kaum möglich ist, im Vorhinein zu sagen, welche bestimmten Bücher und Papiere für eine sachgerechte Prüfung der Bilanz vorzulegen sind.[88] Es ist auch eine Stufenklage gemäß § 254 ZPO in Betracht zu ziehen.[89] Die Zwangsvollstreckung des Titels auf Einsicht in Urkunden oder Vorlage von Urkunden erfolgt nach § 883 ZPO, der Titel auf abschriftliche Mitteilung des Jahresabschlusses nach § 888 ZPO.[90] Seine Ansprüche kann der stille Gesellschafter auch durch Beantragung einer **einstweiligen Verfügung** verfolgen, dies wird nicht durch das Verfahren nach § 233 Abs. 3 HGB ausgeschlossen.[91]

29 Das außerordentliche Informationsrecht nach § 233 Abs. 3 HGB geht über das nach § 233 Abs. 1 HGB im Umfang hinaus und gewährt dem stillen Gesellschafter bei wichtigem Grund ein jederzeitiges Informationsrecht, insbesondere in Bezug auf sonstige Aufklärungen.[92] Ein wichtiger Grund liegt jedenfalls dann vor, wenn die Belange des stillen Gesellschafters durch das vertragliche oder aus § 233 Abs. 1 HGB folgende Einsichtsrecht nicht hinreichend gewahrt sind und die Gefahr der Schädigung besteht.[93] Das Rechtsschutzverfahren gemäß § 233 Abs. 3 HGB ist ein Verfahren der freiwilligen Gerichtsbarkeit, § 375 Nr. 1 FamFG, in dem der stille Gesellschafter Antragsteller und der Geschäftsinhaber Antragsgegner ist.[94] Sachlich und örtlich ausschließlich zuständig ist das Amtsgericht als Registergericht am Sitz des Geschäftsinhabers, §§ 23a Abs. 1 S. 1 Nr. 2, S. 2, Abs. 2 Nr. 3 GVG, 374 Nr. 1, 377 Abs. 1 FamFG. Allerdings ist die Zuständigkeit für Verfahren nach § 233 Abs. 3 FamFG örtlich bei dem Amtsgericht konzentriert, in dessen Bezirk ein Landgericht seinen Sitz hat, für den Bezirk dieses Landgerichts, §§ 375 Nr. 1, 376 Abs. 1 FamFG, es sei denn, die Landesregierungen haben Abweichendes geregelt, § 376 Abs. 2 FamFG. Obwohl § 233 Abs. 3 HGB zwingenden Charakter hat, kann die Zuständigkeit eines Schiedsgerichts für die Geltendmachung der Informationsrechte vereinbart werden.[95]

30 Das Nebeneinander von ordentlichem Informationsrecht nach § 233 Abs. 1 HGB, das der Verfahrenszuständigkeit der streitigen Zivilgerichtsbarkeit unterliegt und von außerordentlichem Informationsrecht nach § 233 Abs. 3 HGB, das mit einem Antrag im Verfahren der freiwilligen Gerichtsbarkeit verfolgt werden kann, führt zu der Frage, in welchem Verhältnis die Verfahren zueinander stehen. Nach Ansicht des BGH kann ein stiller Gesellschafter, der sowohl Informationsansprüche nach § 233 Abs. 1 HGB als auch nach § 233 Abs. 3 HGB hat, beide Ansprüche im Verfahren der streitigen Gerichtsbarkeit mit der Leistungsklage verfolgen.[96] Umgekehrt ist es zulässig, im Antragsverfahren des § 233 Abs. 3 HGB auch die Informationen zu erlangen, die dem stillen Gesellschafter nach Abs. 1 zu-

---

85 H. M., Oetker/*Schubert* § 233 Rn. 19; E/B/J/S/*Gehrlein* § 233 Rn. 12; BGH NJW 1992, 1890 (1891) (zur KG).
86 Oetker/*Schubert* § 233 Rn. 19.
87 BGH NJW 1984, 2470.
88 BGH NJW 1957, 1555 (1556), zu § 166 HGB, aber übertragbar auf inhaltlich identischen § 233 HGB; siehe auch § 32 Rdn. 69.
89 Oetker/*Schubert* § 233 Rn. 14.
90 Siehe § 32 Rdn. 70.
91 GroßkommHGB/*Harbarth* § 233 Rn. 41; Oetker/*Schubert* § 233 Rn. 14; a. A. MüKo HGB/*K. Schmidt* § 233 Rn. 29.
92 Nach h. M. begründet Abs. 3 ein Informationsrecht E/B/J/S/*Gehrlein* § 233 Rn. 14; nach a. A. setzt Abs. 3 ein solches Informationsrecht voraus MüKo HGB/*K. Schmidt* § 233 Rn. 13 f.
93 BGH NJW 1984, 2470; E/B/J/S/*Gehrlein* § 233 Rn. 15; Oetker/*Schubert* § 233 Rn. 16.
94 GroßkommHGB/*Harbarth* § 233 Rn. 42.
95 BayObLG DB 1978, 2405 f. (zu § 166 Abs. 3 HGB); GroßkommHGB/*Harbarth* § 233 Rn. 42.
96 BGH NJW 1984, 2470 (2471).

stehen.⁹⁷ Es ist außerdem zulässig, den ordentlichen Informationsanspruch durch Leistungsklage und parallel den außerordentlichen durch Antrag beim Registergericht zu verfolgen.⁹⁸

Im Gesellschaftsvertrag können weitergehende Kontrollrechte des stillen Gesellschafters als nach § 233 HGB vereinbart werden.⁹⁹ Eine gesellschaftsvertragliche Beschränkung des außerordentlichen Kontrollrechts des § 233 Abs. 3 HGB ist nicht möglich;¹⁰⁰ umstritten und nicht höchstrichterlich geklärt ist, inwieweit das ordentliche Kontrollrecht aus § 233 Abs. 1 HGB beschränkt werden kann.¹⁰¹

E. Treuepflicht

I. Allgemeines

Auch die Gesellschafter der stillen Gesellschaft sind einander zur **Treue verpflichtet**. In der Regel sind die Treuebindungen aber nicht so stark ausgeprägt wie bei Personenhandelsgesellschaften, weil es typischerweise an der tätigen Mitarbeit des stillen Gesellschafters fehlt.¹⁰² Mit stärkerer Beteiligung des stillen Gesellschafters an der Geschäftsführung sind aber auch stärkere Treuebindungen verbunden. Die Grenze der Treuepflicht liegt dort, wo die Gesellschafter berechtigte eigene Interessen wahrnehmen.¹⁰³ Gerade der Geschäftsinhaber steht in einem besonderen Spannungsverhältnis. Einerseits unterliegt er der Treuebindung, die gebietet, den Zweck der stillen Gesellschaft in zumutbarem Umfang zu fördern und alles zu unterlassen, was ihn beeinträchtigt, andererseits ist er alleiniger Inhaber des Unternehmens, bei dessen Leitung ihm ein gewisser Spielraum zustehen muss. Das Spannungsverhältnis ist so aufzulösen, dass der Geschäftsinhaber unternehmerische Entscheidungen grundsätzlich nach eigenem Ermessen vornehmen darf, auch was Ausdehnung und Einschränkung des Unternehmens anbelangt.¹⁰⁴ Sein kaufmännisches Ermessen ist aber durch die Treuepflicht insoweit begrenzt, als es ihm ohne Zustimmung des stillen Gesellschafters nicht gestattet ist, das Unternehmen zu veräußern, ohne sachliche Gründe einzustellen oder in seinen wesentlichen Grundlagen zu ändern.¹⁰⁵ Mit der Treuepflicht wäre es beispielsweise nicht vereinbar, wenn der Geschäftsinhaber die Vermögensrechte des stillen Gesellschafters beeinträchtigt und sich hierbei nicht mehr im Rahmen seines kaufmännischen Ermessensspielraums bewegt.¹⁰⁶ Bei der stillen Gesellschaft gebietet die Treuepflicht regelmäßig, die Existenz der stillen Gesellschaft geheimzuhalten.¹⁰⁷ Mangels entgegenstehender Regelungen im Gesellschaftsvertrag darf sogar eine stillschweigende Geheimhaltungsvereinbarung in der Regel unterstellt werden.¹⁰⁸ Treuepflichtverletzungen können Schadensersatzansprüche auslösen und, wenn die Fortsetzung unzumutbar ist, zur außerordentlichen Kündigung berechtigen.

II. Wettbewerbsverbote

Zur Vermeidung von Streitigkeiten ist dringend zu raten, etwaige Wettbewerbsverbote im Gesellschaftsvertrag ausführlich zu regeln. Hierbei ist § 1 GWB als Schranke zu beachten.¹⁰⁹ Ohne gesellschaftsvertragliche Regelungen unterliegen die Gesellschafter einer stillen Gesellschaft nur in folgendem Umfang **Wettbewerbsverboten**:

---

97 GroßkommHGB/*Harbarth* § 233 Rn. 44.
98 OLG Celle ZIP 1983, 943 (944); GroßkommHGB/*Harbarth* § 233 Rn. 45.
99 Oetker/*Schubert* § 233 Rn. 20; MüKo HGB/*K. Schmidt* § 233 Rn. 16.
100 BGH NJW 1984, 2470.
101 Oetker/*Schubert* § 233 Rn. 20; E/B/J/S/*Gehrlein* § 233 Rn. 1; MüKo HGB/*K. Schmidt* § 233 Rn. 25.
102 *Blaurock* § 12.48.
103 *Blaurock* § 12.49; GroßkommHGB/*Harbarth* § 230 Rn. 185.
104 MünchHdb GesR II/*Seffer/Erhardt* § 80 Rn. 7; Baumbach/Hopt/*Roth* § 230 Rn. 13.
105 MünchHdb GesR II/*Seffer/Erhardt* § 80 Rn. 8; Baumbach/Hopt/*Roth* § 230 Rn. 13; siehe auch § 103 Rdn. 1.
106 *Blaurock* § 12.51.
107 *Blaurock* § 12.50; MüKo HGB/*K. Schmidt* § 233 Rn. 140.
108 *Blaurock* § 12.50; E/B/J/S/*Gehrlein* § 230 Rn. 43.
109 Hierzu näher *Blaurock* § 12.57.

34 In **atypischen** stillen Gesellschaften, in denen stille Gesellschafter schuldrechtlich wie OHG-Gesellschafter oder Kommanditisten gestellt sind, sind die §§ 112, 113 HGB auf den **Geschäftsinhaber** analog anwendbar.[110] Besitzt der **atypische stille Gesellschafter** maßgeblichen Einfluss auf die Geschäftsführung, sind die §§ 112, 113 HGB auch auf ihn analog anwendbar.[111] Es gilt zudem jedenfalls für den Geschäftsführer die Geschäftschancenlehre.[112] Bei schuldhaftem Verstoß gegen das Wettbewerbsverbot stehen dem geschädigten Gesellschafter Schadensersatzansprüche oder ein Eintrittsrecht zu, § 113 Abs. 1 HGB analog. Diese Ansprüche sind von dem Geschädigten mit der Leistungsklage gegen den Gesellschafter zu verfolgen, der seine Treuepflicht verletzt hat. Fraglich ist, ob vor Klageerhebung ein Beschluss der übrigen Gesellschafter über die Geltendmachung des Anspruchs analog § 113 Abs. 2 HGB gefasst werden muss. In der zweigliedrigen stillen Gesellschaft bedarf es eines solchen Ermächtigungsbeschlusses nicht.[113] Auf die mehrgliedrige stille Gesellschaft wird § 113 Abs. 2 HGB im Schrifttum soweit ersichtlich analog angewandt, da bei der analogen Anwendung nicht zwischen den einzelnen Absätzen des § 113 HGB differenziert wird.[114] Es erscheint aber zweifelhaft, das Beschlusserfordernis des § 113 Abs. 2 HGB analog auf die mehrgliedrige stille Gesellschaft anzuwenden, weil sie als GbR – strukturell anders als in der OHG und der KG – die Unterscheidung zwischen gewöhnlichen und außergewöhnlichen Geschäften nicht kennt und die Geltendmachung von Ansprüchen gegen Mitgesellschafter auch kein Grundlagengeschäft ist.[115] Darüber hinaus passt das Beschlusserfordernis des § 113 Abs. 2 HGB schon deshalb nicht auf die mehrgliedrige stille Gesellschaft, weil jeder stille Gesellschafter, der durch den Verstoß gegen das Wettbewerbsverbot geschädigt wird, eigene Schadensersatzansprüche und nicht solche der Gesellschaft geltend macht.

35 Bei allen übrigen Formen der stillen Gesellschaft gibt es kein gesetzliches Wettbewerbsverbot.[116] Die §§ 112, 113 HGB finden mangels vergleichbarer Interessenlage keine analoge Anwendung.[117] Für den **Geschäftsinhaber** ergeben sich aber Wettbewerbsbeschränkungen aus seiner **Treuepflicht**. Nach dieser ist er gehalten, das Unternehmen für gemeinsame Rechnung zu führen und die Gewinnaussichten nicht durch Wettbewerbsgeschäfte zu schmälern.[118] Daher darf er z. B. Geschäfte, die zum Gegenstand seines Unternehmens gehören, nicht auf eigene Rechnung abschließen, sonst macht er sich gegenüber dem stillen Gesellschafter schadensersatzpflichtig.[119] Den Anspruch kann der stille Gesellschafter mit der **Leistungsklage** verfolgen. Dem stillen Gesellschafter steht ggf. auch ein Recht zur außerordentlichen Kündigung zu, aber kein Eintrittsrecht i. S. v. § 113 Abs. 1 Hs. 2 HGB.

F. Ansprüche aufgrund der Verletzung von Gesellschafterpflichten

36 Darüber hinaus sind Ansprüche der Gesellschafter wegen Verletzung sonstiger Gesellschafterpflichten denkbar. Die richtige Klageart richtet sich dabei jeweils nach der Art der verletzenden Handlung. So kann die Leistungsklage auf Erfüllung oder Schadensersatz, die Feststellungsklage nach Entzug von Rechten oder nach einer Ausschließung aus der Gesellschaft statthaft sein.[120] Der Rechtsstreit ist stets zwischen dem Geschäftsinhaber und dem/den stillen Gesellschafter/n auszutragen.

---

110 *Blaurock* § 12.56; MüKo HGB/*K. Schmidt* § 230 Rn. 141.
111 BGH NJW 1984, 1351 (1352); E/B/J/S/*Gehrlein* § 230 Rn. 44; GroßkommHGB/*Schäfer* § 112 Rn. 9.
112 MüKo HGB/*K. Schmidt* § 230 Rn. 141.
113 GroßkommHGB/*Schäfer* § 113 Rn. 27.
114 Siehe z. B. GroßkommHGB/*Schäfer* § 113 Rn. 4.
115 OLG Stuttgart NZG 2009, 1303 (1304); siehe § 35 Rdn. 12.
116 *Blaurock* § 12.53; MüKo HGB/*K. Schmidt* § 230 Rn. 141.
117 *Blaurock* § 12.52 ff.
118 *Blaurock* § 12.54; MüKo HGB/*K. Schmidt* § 230 Rn. 141.
119 *Blaurock* § 12.54.
120 Siehe hierzu die Ausführungen bei § 106 Rdn. 5 und § 104 Rdn. 5.

§ 104 Streitigkeiten bei der Veränderung des Gesellschafterbestandes

Übersicht

		Rdn.			Rdn.
A.	Hinzutreten eines stillen Gesellschafters	1	II.	Austritt	8
B.	Ausscheiden eines stillen Gesellschafters	5	III.	Abfindung	10
I.	Ausschluss	5			

A. Hinzutreten eines stillen Gesellschafters

Zu unterscheiden ist der **Eintritt** eines stillen Gesellschafters in eine stille Gesellschaft von der **Begründung weiterer stiller Beteiligungen** an dem Unternehmen des Geschäftsinhabers. 1

Der Geschäftsinhaber ist berechtigt, ohne Zustimmung der bereits vorhandenen stillen Gesellschafter weitere stille Beteiligungen an seinem Unternehmen zu begründen.[1] Denn die Begründung neuer eigenständiger stiller Gesellschaftsverhältnisse hat nur relative Wirkung im jeweils begründeten Rechtsverhältnis, berührt also nicht die Rechtsstellung schon vorhandener stiller Gesellschafter.[2] Der Geschäftsinhaber ist gegenüber den bereits vorhandenen stillen Gesellschaftern aber verpflichtet, die neuen stillen Beteiligungen zu marktüblichen Konditionen abzuschließen.[3] 2

Anders verhält es sich, wenn ein neuer stiller Gesellschafter in eine bereits bestehende stille Gesellschaft aufgenommen werden soll, die dann eine mehrgliedrige stille Gesellschaft wird, wenn sie es nicht schon war. Diese Aufnahme erfolgt nach personengesellschaftsrechtlichen Regeln durch **Vertrag mit allen bereits am Verband Beteiligten**, also durch Vertrag mit dem Geschäftsinhaber und den beim Eintritt vorhandenen stillen Gesellschaftern.[4] Durch den Gesellschaftsvertrag können die stillen Gesellschafter aber auch den Geschäftsinhaber zum Abschluss neuer Aufnahmeverträge bevollmächtigen[5] oder ermächtigen[6]. Soweit ein stiller Gesellschafter in die stille Gesellschaft eintreten soll, dies aber durch die mangelnde Zustimmung anderer Gesellschafter verhindert wird, kommt in sehr seltenen Fällen ein Anspruch der übrigen Gesellschafter auf Erteilung der erforderlichen Zustimmung in Betracht, der mit der Leistungsklage geltend zu machen wäre.[7] 3

Ist der Eintritt eines stillen Gesellschafters in eine stille Gesellschaft mangelbehaftet, und besteht der Mangel nicht in der fehlenden Zustimmung eines Gesellschafters oder mehrerer Gesellschafter[8], sind die Grundsätze der fehlerhaften Gesellschaft anwendbar[9]. 4

B. Ausscheiden eines stillen Gesellschafters

I. Ausschluss

Es ist umstritten, inwieweit der **Ausschluss** eines Gesellschafters aus einer stillen Gesellschaft möglich ist. Nach einer Ansicht soll § 737 BGB auf Innengesellschaften wie die stille Gesellschaft, die kein Gesellschaftsvermögen bildet, grundsätzlich nicht anwendbar sein.[10] Bei der stillen Gesellschaft ist richtigerweise zu differenzieren: In der **zweigliedrigen** stillen Gesellschaft steht keinem der Gesell- 5

---

1 E/B/J/S/*Gehrlein* § 230 Rn. 82; MünchHdb GesR II/*Seffer/Erhardt* § 80 Rn. 20.
2 Zur rechtlichen Einordnung einer Mehrheit von stillen Beteiligungen, siehe oben § 99 Rdn. 13 ff.
3 MünchHdb GesR II/*Seffer/Erhardt* § 80 Rn. 20.
4 MüKo HGB/*K. Schmidt* § 230 Rn. 84; E/B/J/S/*Gehrlein* § 230 Rn. 85.
5 BGH NZG 2013, 1422 (1424), Tz. 17.
6 BGH WM 1978, 136 (137).
7 Zu solchen Konstellationen, siehe die Ausführungen zur GbR, § 33 Rdn. 3.
8 BGH NJW 1988, 1321 (1323).
9 BGH NZG 2013, 1422 ff.
10 OLG Bamberg NZG 1998, 897, die Entscheidung betraf eine Innen-GbR, die aber nicht stille Gesellschaft war; Palandt/*Sprau* § 737 Rn. 1.

schafter ein Ausschließungsrecht bzw. Übernahmerecht i. S. v. § 737 BGB[11] zu, weil das Kündigungsrecht nach § 234 Abs. 1 HGB ausreicht, um die Interessen der Gesellschafter zu wahren.[12] § 737 BGB gilt nicht und es kann auch nichts Abweichendes vereinbart werden.[13] In der **mehrgliedrigen** stillen Gesellschaft ist hingegen ein Bedürfnis anzuerkennen, einzelne Gesellschafter aus sachgerechten Gründen auszuschließen.[14] § 737 BGB ist anwendbar[15] und Ausschließungsklauseln im Gesellschaftsvertrag sind empfehlenswert.[16] Eine Ausschließung des **Geschäftsinhabers** kommt allerdings **nicht** in Betracht, da eine Fortsetzung der stillen Gesellschaft ohne ihn nicht möglich ist.[17] In der mehrgliedrigen stillen Gesellschaft gilt für das Verfahren zur Ausschließung und den prozessualen Rechtsschutzmöglichkeiten das zur GbR Ausgeführte[18] mit dem Unterschied, dass die Feststellungsklage auf Bestehen oder Nichtbestehen der Mitgliedschaft unstreitig unter den Gesellschaftern auszutragen und der Gerichtsstand nach § 22 ZPO nicht einschlägig ist.

6 Wie ausgeführt kann dem **stillen Gesellschafter** kein Übernahmerecht eingeräumt werden, welches zur Folge hätte, dass er mit Ausschließung des Geschäftsinhabers durch Anwachsung dessen Geschäftsbetrieb erwürbe. Dem stillen Gesellschafter kann im Gesellschaftsvertrag aber ein Übernahmerecht mit schuldrechtlicher Wirkung eingeräumt werden, aufgrund dessen er die Übertragung der einzelnen Gegenstände des Geschäftsvermögens verlangen kann.[19]

7 Auch wenn die stille Gesellschaft atypisch wie eine virtuelle »Innen-OHG« oder »Innen-KG« ausgestaltet ist, steht den Gesellschaftern **nicht** die Gestaltungsklage gemäß § 140 HGB zur Ausschließung anderer Gesellschafter zur Verfügung.[20]

II. Austritt

8 In der **zweigliedrigen stillen Gesellschaft** kommt ein Austritt, insbesondere in Form der Austrittskündigung nach § 736 BGB, schon begrifflich nicht in Betracht. Fortsetzungsklauseln können wegen der Zweigliedrigkeit nicht wirksam vereinbart werden.[21] Die Gesellschafter haben nur die Möglichkeit, die stille Gesellschaft ordentlich (§§ 234 Abs. 1, 132, 134, 135 HGB) oder außerordentlich (§§ 234 Abs. 1 HGB, 723 BGB) zu kündigen, was die Auflösung der stillen Gesellschaft zur Folge hat, weil § 234 Abs. 1 HGB nur für die *Voraussetzungen* der ordentlichen Kündigung auf das Recht der OHG verweist, nicht aber bezüglich der Rechtsfolge nach § 131 Abs. 3 S. 1 Nr. 3 HGB.[22]

9 In der **mehrgliedrigen stillen Gesellschaft** ist ein Austritt einzelner stiller Gesellschafter nach dem Recht der GbR hingegen möglich, wenn der Gesellschaftsvertrag eine Fortsetzungsklausel vorsieht.[23] Es gilt das zum Austritt aus der GbR Ausgeführte.[24] Bei Publikumsgesellschaften, die sich als mehrgliedrige stille Gesellschaft organisiert haben, ist sogar von der stillschweigenden Vereinbarung einer

---

11 Ansonsten ist bei Zweipersonengesellschaften § 737 BGB analog anzuwenden. Das Ausschließungsrecht wird dann in Zweipersonengesellschaften zum Übernahmerecht, h. M., OLG München NZG 1998, 937; Erman/*H. P. Westermann* § 737 Rn. 8; Staudinger/*Habermeier* § 737 Rn. 5.
12 GroßkommHGB/*Harbarth* § 234 Rn. 68; allgemein zu Innengesellschaften Erman/*H. P. Westermann* § 737 Rn. 2.
13 MünchHdb GesR II/*Polzer* § 91 Rn. 20.
14 BGH NJW 1994, 1156 f.; GroßkommHGB/*Harbarth* § 234 Rn. 69; MüKo HGB/*K. Schmidt* § 234 Rn. 53.
15 MünchHdb GesR II/*Polzer* § 91 Rn. 20.
16 GroßkommHGB/*Harbarth* § 234 Rn. 69; MüKo HGB/*K. Schmidt* § 234 Rn. 54.
17 MüKo BGB/*Schäfer* § 737 Rn. 5; Staudinger/*Habermeier* § 737 Rn. 3.
18 Siehe § 33 Rdn. 6 ff., Rdn. 16 ff.
19 MüKo HGB/*K. Schmidt* § 234 Rn. 55.
20 RGZ 165, 260, 266; a. A. MüKo HGB/*K. Schmidt* § 140 Rn. 7, MüKo HGB/*ders.* § 234 Rn. 53.
21 MünchHdb GesR II/*Polzer* § 91 Rn. 1.
22 MünchHdb GesR II/*Polzer* § 91 Rn. 1.
23 MünchHdb GesR II/*Polzer* § 91 Rn. 1; GroßkommHGB/*Harbarth* § 234 Rn. 6.
24 Siehe § 33 Rdn. 29 f.

Fortsetzungsklausel auszugehen.²⁵ Der **Geschäftsinhaber** kann allerdings **nicht** aus der mehrgliedrigen stillen Gesellschaft »austreten«, denn die stille Gesellschaft kann ohne ihn nicht fortgesetzt werden.

III. Abfindung

Es sind zwei Konstellationen auseinanderzuhalten: Bestehen mehrere (rechtliche selbständige) stille Beteiligungen an einem Unternehmen und wird eine dieser Beteiligungen aufgelöst, so wirkt sich dies auf die übrigen Beteiligungen nicht aus.²⁶ Die schuldrechtliche Auseinandersetzung erfolgt mangels anderer Regelungen im Gesellschaftsvertrag nach § 235 HGB, und zwar jeweils im Zweipersonenverhältnis zwischen dem Geschäftsinhaber und dem stillen Gesellschafter der aufgelösten Beteiligung.²⁷ 10

Hiervon zu unterscheiden ist das Ausscheiden eines stillen Gesellschafters aus einer mehrgliedrigen stillen Gesellschaft, was im Ergebnis an dem Abfindungsanspruch gegenüber der vorgenannten Konstellation nichts ändert. Der Abfindungsanspruch des ausscheidenden stillen Gesellschafters richtet sich mangels abweichender gesellschaftsvertraglicher Regelungen ebenfalls nach § 235 HGB.²⁸ Hinsichtlich der Einzelheiten dieses Anspruchs und dessen prozessualer Geltendmachung kann auf die Ausführungen zum Zahlungsanspruch gemäß § 235 HGB nach der Auflösung der stillen Gesellschaft verwiesen werden.²⁹ 11

---

25 MünchHdb GesR II/*Polzer* § 91 Rn. 1.
26 MünchHdb GesR II/*Polzer* § 92 Rn. 30.
27 Es gilt dann das zur Auseinandersetzung nach Auflösung Ausgeführte, § 107 Rdn. 21 ff., Rdn. 28 ff.
28 MünchHdb GesR II/*Keul* § 235 Rn. 34.
29 Siehe § 107 Rdn. 21 ff., Rdn. 28 ff.

§ 105 Streitigkeiten im Zusammenhang mit Gesellschafterbeschlüssen

Übersicht

	Rdn.		Rdn.
A. Grundsätzliches zur Willensbildung in der stillen Gesellschaft	1	C. Geltendmachung von Beschlussmängeln	5
B. Stimmbindungsverträge	4		

A. Grundsätzliches zur Willensbildung in der stillen Gesellschaft

1 Zunächst ist darauf zu achten, die Beschlussfassungen in den verschiedenen Gesellschaften, die bei stillen Beteiligungen involviert sein können, auseinanderzuhalten. Neben der stillen Gesellschaft kann auch der stille Gesellschafter und/oder der Geschäftsinhaber als Gesellschaft organisiert sein; ebenso können sich mehrere unverbunden nebeneinander vorhandene stille Gesellschafter zur Wahrnehmung ihrer Beteiligungsrechte als Innen-GbR zusammengeschlossen haben.[1] In diesem Kapitel werden nur die Beschlussfassungen und die damit verbundenen Streitigkeiten **in der stillen Gesellschaft** behandelt. Für die Beschlussfassungen und Beschlussstreitigkeiten in den anderen Gesellschaften wird auf die für die jeweilige Gesellschaftsform passenden Kapitel verwiesen.

2 Die §§ 230 ff. HGB regeln nicht, wie die Willensbildung in der stillen Gesellschaft erfolgt. Ausgehend von dem gesetzlichen Leitbild, nach dem die stille Gesellschaft eine zweigliedrige rein schuldrechtliche Innengesellschaft ist, erfolgt die Willensbildung durch bloße vertragliche Einigung. In der **zweigliedrigen** stillen Gesellschaft gibt es daher **keine Gesellschafterbeschlüsse**.[2] Beschlussmängelstreitigkeiten können daher in der zweigliedrigen stillen Gesellschaft nicht vorkommen.

3 In der **mehrgliedrigen stillen Gesellschaft** hingegen gibt es eine Gesellschafterversammlung, die den Verbandswillen durch **Gesellschafterbeschlüsse** bilden kann.[3] Beschlussmängelstreitigkeiten können in der mehrgliedrigen stillen Gesellschaft also vorkommen. Bei Publikumsgesellschaften, die als mehrgliedrige stille Gesellschaft organisiert sind, werden teilweise die Regeln des Kapitalgesellschaftsrechts analog auf die Beschlussfassung angewandt.[4]

B. Stimmbindungsverträge

4 In Bezug auf Stimmbindungsverträge gilt das zur GbR Ausgeführte.[5]

C. Geltendmachung von Beschlussmängeln

5 Das zu Beschlussmängelstreitigkeiten bei der GbR Ausgeführte gilt für die mehrgliedrige stille Gesellschaft entsprechend.[6] Auch in der mehrgliedrigen stillen Gesellschaft kann also auf Feststellung geklagt werden, dass ein Beschluss wirksam oder nicht wirksam gefasst wurde. Die Feststellungsklage ist gegen die widersprechenden Gesellschafter zu richten. Mangels Rechtsfähigkeit der stillen Gesellschaft kann im Gesellschaftsvertrag – anders als bei der Außen-GbR – nicht wirksam vereinbart werden, dass die Feststellungsklage gegen die stille Gesellschaft zu richten ist. Zu beachten ist, dass der Gerichtsstand nach § 22 ZPO für Beschlussmängelstreitigkeiten in der stillen Gesellschaft nicht eröffnet ist, dass aber ggf. ein gemeinschaftlicher Gerichtsstand nach § 36 Abs. 1 Nr. 3 ZPO durch das Gericht auf Gesuch des Klägers bestimmt werden kann, falls die Feststellungsklage gegen mehrere widersprechende Gesellschafter als Streitgenossen erhoben wird.

---

1 Siehe § 99 Rdn. 13 ff.
2 K. Schmidt GesR S. 1857.
3 K. Schmidt GesR S. 1857; zur Rechtsprechung siehe z. B. BGH DStR 1998, 780; BGH NJW 1998, 1946.
4 Siehe z. B. BGH NJW 1998, 1946.
5 § 34 Rdn. 26 ff.
6 Siehe § 34 Rdn. 32 ff.

§ 106 Streitigkeiten im Zusammenhang mit der Geschäftsführung

Übersicht

		Rdn.				Rdn.
A.	Geschäftsführer als Beklagter	4		3.	Klagen auf Zustimmung bei der Willensbildung innerhalb der Geschäftsführung	11
I.	Allgemeines	4				
II.	Klage auf Schadensersatz	5				
III.	Klage auf Auskunft und Rechenschaft	6	B.		Geschäftsführer als Kläger	12
IV.	Klagen im Zusammenhang mit Einzelmaßnahmen der Geschäftsführung	7		I.	Klage gegen die Entziehung der Geschäftsführungsbefugnis	12
				II.	Klage auf Aufwendungsersatz und Geschäftsführervergütung	14
	1. Rechtsschutz gegen fehlerhafte Maßnahmen der Geschäftsführung	7		III.	Klage auf Entlastung	15
	2. Klagen im Zusammenhang mit dem Widerspruchsrecht	10		IV.	Klagen im Zusammenhang mit Einzelmaßnahmen der Geschäftsführung	16

Soweit der Gesellschaftsvertrag nichts Abweichendes regelt, liegt die Geschäftsführung in der stillen Gesellschaft allein in der Hand des Geschäftsinhabers; der stille Gesellschafter besitzt kein Widerspruchsrecht, allerdings bedürfen Veräußerung, Stilllegung und Änderungen der wesentlichen Grundlagen des Unternehmens der Zustimmung des stillen Gesellschafters. Der Gesellschaftsvertrag kann hiervon vollständig abweichen. Der stille Gesellschafter kann neben dem Geschäftsinhaber oder sogar an dessen Stelle zur Geschäftsführung in der stillen Gesellschaft berechtigt und verpflichtet sein. Ihm können Widerspruchsrechte, Weisungsbefugnisse, etc., eingeräumt werden.[1] 1

Für Maßnahmen, die die **Geschäftsführungsbefugnis** des Geschäftsinhabers **überschreiten**, bedarf er der **Zustimmung des stillen Gesellschafters**. Ohne die erforderliche Zustimmung vorgenommene Geschäftsführungsmaßnahmen sind zwar im Außenverhältnis wirksam, aber nicht im Innenverhältnis gegenüber dem stillen Gesellschafter.[2] Das bedeutet, dass solche unzulässigen Geschäfte sich nicht auf den Gewinnanspruch des stillen Gesellschafters auswirken, da er weder am Gewinn noch am Verlust solcher Geschäfte beteiligt ist.[3] Der stille Gesellschafter kann unzulässige Geschäftsführungsmaßnahmen auch nachträglich genehmigen, muss dies jedoch unverzüglich tun.[4] 2

Die folgenden Ausführungen unterstellen, dass der Geschäftsinhaber allein Geschäftsführer ist. Wenn nicht ausdrücklich etwas Abweichendes ausgeführt wird, lassen sich die folgenden Ausführungen aber genauso auf stille Gesellschafter übertragen, die aufgrund atypischer Gestaltung Geschäftsführer sind. 3

A. Geschäftsführer als Beklagter

I. Allgemeines

In der stillen Gesellschaft sind Streitigkeiten über die Geschäftsführung immer unter den Gesellschaftern auszutragen. Der geschäftsführende Gesellschafter ist gegenüber dem/den anderen Gesellschafter/n zur Geschäftsführung berechtigt und verpflichtet. Daher gibt es bei der stillen Gesellschaft die prozessualen Probleme nicht, die bei der Außen-GbR hinsichtlich ihrer ordnungsgemäßen Vertretung im Prozess und der actio pro socio auftreten können.[5] 4

---

1 Siehe § 99 Rdn. 12, § 103 Rdn. 20 ff.
2 BGH ZIP 1987, 1316 (1318).
3 MünchHdb GesR II/*Seffer/Erhardt* § 80 Rn. 21.
4 MünchHdb GesR II/*Seffer/Erhardt* § 80 Rn. 21.
5 Siehe zur Außen-GbR, § 35 Rdn. 5 f.

II. Klage auf Schadensersatz

5 Bei schuldhafter Verletzung seiner Geschäftsführungspflichten haftet der Geschäftsinhaber dem oder den stillen Gesellschafter/n auf Schadensersatz gemäß §§ 280, 708, 277 BGB.[6] Wegen der Anspruchsgrundlage und des Haftungsmaßstabes kann auf die Ausführungen zur GbR verwiesen werden.[7] Der stille Gesellschafter ist im Wege der Naturalrestitution so zu stellen, wie er ohne die schädigende Handlung stünde, § 249 Abs. 1 BGB. Entzieht der Geschäftsinhaber seinem Unternehmen pflichtwidrig Vermögen, kann der stille Gesellschafter im Wege des Schadensersatzes grundsätzlich nur verlangen, dass der Geschäftsinhaber den Wertverlust seiner stillen Beteiligung **im Vermögen des Geschäftsinhabers ausgleicht**.[8] Nur in Ausnahmefällen kann der stille Gesellschafter verlangen, dass die Wertminderung direkt an ihn ausgezahlt wird.[9] Wie der Geschäftsinhaber im Wege des Schadensersatzes die Wertminderung in seinem Vermögen auszugleichen hat, ist nicht vollständig geklärt.[10]

III. Klage auf Auskunft und Rechenschaft

6 Für Inhalt und Umfang der Ansprüche sowie deren prozessuale Geltendmachung kann auf die bereits gemachten Ausführungen verwiesen werden.[11]

IV. Klagen im Zusammenhang mit Einzelmaßnahmen der Geschäftsführung

1. Rechtsschutz gegen fehlerhafte Maßnahmen der Geschäftsführung

7 Der BGH geht davon aus, dass nicht geschäftsführungsbefugte Gesellschafter einer Personengesellschaft grundsätzlich nicht auf Vornahme oder Unterlassung einer konkreten Geschäftsführungsmaßnahme, sondern **nur auf Schadensersatz** klagen können, weil sonst in das Geschäftsführungsrecht und damit in die gesellschaftsrechtliche Zuständigkeitsverteilung eingegriffen würde. Sie wären nur dann nicht auf die Schadensersatzklage beschränkt, wenn dies zur Erhaltung des gemeinsamen Vermögens erforderlich wäre (§ 744 Abs. 2 BGB).[12] Auch der einstweilige Rechtsschutz müsste dementsprechend auf Fälle der Vermögenserhaltung (§ 744 Abs. 2 BGB) beschränkt bleiben, soweit sonst in das Geschäftsführungsrecht eingegriffen würde.

8 Teile der Rechtsprechung und die überwiegende Literatur gehen hingegen davon aus, dass jeder Mitgesellschafter den Geschäftsführer daran hindern kann, seine Kompetenzen zu überschreiten.[13] Nach dieser Ansicht besteht ein Anspruch gegen den Geschäftsführer auf Unterlassung von Kompetenzüberschreitungen, den der stille Gesellschafter mit der Leistungsklage geltend zu machen oder durch einstweilige Verfügung zu sichern hätte. Klagen mehrere stille Gesellschafter einer mehrgliedrigen stillen Gesellschaft, sind sie einfache Streitgenossen nach §§ 59, 60 ZPO.

9 Zum Rechtsschutz des stillen Gesellschafters, wenn der Geschäftsinhaber das Unternehmen einstellen oder in seinen Grundlagen ändern will, kann auf das bereits Ausgeführte verwiesen werden.[14]

---

6 MünchHdb GesR II/*Seffer/Erhardt* § 80 Rn. 27, Rn. 31.
7 Siehe § 35 Rdn. 7 bis 10.
8 BGH ZIP 1987, 1316 (1318); MünchHdb GesR II/*Seffer/Erhardt* § 80 Rn. 29.
9 Dazu BGH ZIP 1987, 1316 (1318); MünchHdb GesR II/*Seffer/Erhardt* § 80 Rn. 29.
10 MünchHdb GesR II/*Seffer/Erhardt* § 80 Rn. 30.
11 Siehe § 103 Rdn. 25 ff.
12 Zum Ganzen BGH NJW 1980, 1463; siehe § 35 Rdn. 21 f.
13 OLG Koblenz NJW-RR 1991, 487 (488); MüKo HGB/*Jickeli* § 116 Rn. 46 f.; Baumbach/Hopt/*Roth* § 116 Rn. 4.
14 Siehe § 103 Rdn. 1 f.

2. Klagen im Zusammenhang mit dem Widerspruchsrecht

Ist dem stillen Gesellschafter durch Gesellschaftsvertrag ein Widerspruchsrecht eingeräumt, so kann er dieses auch prozessual gegen den Geschäftsinhaber durchsetzen. Diesbezüglich wird auf die Ausführungen zur GbR verwiesen.[15]

3. Klagen auf Zustimmung bei der Willensbildung innerhalb der Geschäftsführung

Ist der stille Gesellschafter ebenfalls zur Geschäftsführung durch den Gesellschaftsvertrag berufen und besteht Gesamtgeschäftsführungsbefugnis, können typischerweise Streitigkeiten wegen der Zustimmungsverweigerung eines Geschäftsführers entstehen. Das zur GbR Ausgeführte gilt entsprechend.[16]

B. Geschäftsführer als Kläger

I. Klage gegen die Entziehung der Geschäftsführungsbefugnis

Die Geschäftsführungsbefugnis und die Vertretungsmacht können dem Geschäftsinhaber nicht entzogen werden.[17] Die Entziehung derselben wäre unwirksam. Auf Rechtsschutz ist der Geschäftsinhaber insoweit nicht angewiesen.

Sofern der stille Gesellschafter durch den Gesellschaftsvertrag an der Geschäftsführung und Vertretung beteiligt ist, können ihm diese Rechte unter den Voraussetzungen der §§ 712, 715 BGB entzogen werden. Für die Rechtsschutzmöglichkeiten des stillen Gesellschafters kann auf die Ausführungen zur GbR verwiesen werden.[18]

II. Klage auf Aufwendungsersatz und Geschäftsführervergütung

Es wird auf die Ausführungen zum Aufwendungsersatz und zur Geschäftsführervergütung des Geschäftsinhabers und des stillen Gesellschafters verwiesen.[19]

III. Klage auf Entlastung

Eine Klage des Geschäftsinhabers auf Entlastung kommt nicht in Betracht. Ggf. kann er negative Feststellungsklage gegen den stillen Gesellschafter erheben, wenn dieser sich eines Schadensersatzanspruches berühmt.[20]

IV. Klagen im Zusammenhang mit Einzelmaßnahmen der Geschäftsführung

In der **typischen** stillen Gesellschaft besitzt der stille Gesellschafter keine Mitwirkungsbefugnisse im Hinblick auf die Geschäftsführung. Der Geschäftsinhaber führt die Geschäfte ohne Beteiligung des stillen Gesellschafters, daher besteht für ihn kein Bedürfnis, Klagen im Zusammenhang mit der Geschäftsführung zu erheben. Etwas anderes könnte nur in Bezug auf die Veräußerung, Einstellung oder wesentliche Strukturänderung des Unternehmens gelten, weil der Geschäftsinhaber für diese Maßnahmen die **Zustimmung des stillen Gesellschafters** benötigt.[21] Handelt er ohne die erforderliche Zustimmung, macht er sich schadensersatzpflichtig. Enthält der Gesellschaftsvertrag keine besondere Zustimmungspflicht, ist der stille Gesellschafter grundsätzlich nicht verpflichtet, seine Zustimmung zu solchen Maßnahmen zu erteilen. Im Ausnahmefall kann er aber zur Zustimmung verpflichtet sein, wenn dies die Treuepflicht gebietet. Z. B. kann der stille Gesellschafter im Einzelfall

---

15 Siehe § 35 Rdn. 23 ff.
16 Siehe § 35 Rdn. 40 ff.
17 Siehe § 103 Rdn. 21.
18 Siehe § 35 Rdn. 49 ff.
19 Siehe § 103 Rdn. 13 ff., Rdn. 18 f.
20 Siehe § 35 Rdn. 70 bis 75.
21 Zum Zustimmungserfordernis *Blaurock* § 12.11, § 12.15 ff.

aufgrund der Treuebindung verpflichtet sein, der Unternehmensveräußerung[22] zuzustimmen. Sofern die Fortführung der stillen Gesellschaft mit dem neuen Unternehmensinhaber die Interessen des stillen Gesellschafters aber unangemessen beeinträchtigt, besteht keine Zustimmungspflicht.[23] Sofern der Geschäftsinhaber einen Anspruch auf Zustimmung gegen den stillen Gesellschafter hat, kann er ihn mit der **Leistungsklage** verfolgen. Mit Rechtskraft eines obsiegenden Urteils gilt die Zustimmung als erteilt, § 894 ZPO.

17 Ist der stille Gesellschafter durch **atypische** Gestaltung des Gesellschaftsvertrags an der Geschäftsführung beteiligt, so kann bezüglich der Durchsetzung oder Abwehr von Widersprüchen sowie der Überprüfung der Willensbildung auf die Ausführungen zur GbR verwiesen werden.[24]

---

22 Das Unternehmen kann nur zusammen mit der Gesellschafterstellung des Geschäftsinhabers auf ein und denselben Dritten übertragen werden, siehe § 102 Rdn. 1.
23 MünchHdb GesR II/*Seffer/Erhardt* § 80 Rn. 12.
24 Siehe § 35 Rdn. 77, Rdn. 20 ff.

§ 107 Streitigkeiten bei der Auflösung und Beendigung der stillen Gesellschaft

Übersicht

	Rdn.		Rdn.
A. **Rechtsfolge der Auflösung**	1	VI. Umwandlung des stillen Gesellschafters oder des Geschäftsinhabers	19
B. **Auflösungsgründe**	5	C. **Auseinandersetzung**	21
I. Auflösung durch Kündigung eines Gesellschafters, § 234 Abs. 1 HGB	7	I. Typische stille Gesellschaft	21
1. Allgemeines	7	1. Schlussabrechnung, § 235 Abs. 1 HGB	22
2. Der wichtige Grund zur außerordentlichen Kündigung	12	2. Schwebende Geschäfte, § 235 Abs. 2, Abs. 3 HGB	26
II. Auflösung durch Kündigung eines Gläubigers des stillen Gesellschafters, § 234 Abs. 1 HGB	14	II. Atypische stille Gesellschaft mit Vermögensbeteiligung des stillen Gesellschafters	28
III. Auflösung durch Tod eines Gesellschafters	15	III. Andere atypische Formen der stillen Gesellschaft	29
IV. Auflösung durch Insolvenz eines Gesellschafters	17	IV. Prozessuale Durchsetzung	30
V. Veräußerung oder Einstellung des Handelsgeschäfts	18		

A. Rechtsfolge der Auflösung

In der **zweigliedrigen stillen Gesellschaft** führt die Auflösung zugleich zur Vollbeendigung und damit zum Erlöschen der stillen Gesellschaft.[1] Anders als bei der Außen-GbR findet nach der Auflösung keine Auseinandersetzung in Ansehung des Gesellschaftsvermögens (§ 730 Abs. 1 BGB) statt, weil ein solches Gesellschaftsvermögen bei der stillen Gesellschaft nicht existiert.[2] Stattdessen findet zwischen Geschäftsinhaber und stillem Gesellschafter gemäß § 235 HGB eine Auseinandersetzung statt, die sich in der Abwicklung ihrer schuldrechtlichen Beziehung – letztlich also in einer Forderungsberechnung[3] – erschöpft.[4] Auf die zweigliedrige stille Gesellschaft sind die §§ 730 ff. BGB, 145 ff. HGB daher grundsätzlich nicht anwendbar.[5] 1

Anders verhält es sich bei der **mehrgliedrigen stillen Gesellschaft**. Sie ist zwar ebenfalls eine Innen-GbR ohne Gesellschaftsvermögen, anders als bei der zweigliedrigen stillen Gesellschaft gibt es aber ein gemeinsames Kapitalkonto der stillen Gesellschafter, das einer gesamthänderischen Beteiligung ähnlich ist.[6] Bei der mehrgliedrigen stillen Gesellschaft folgt auf die Auflösung daher eine Liquidationsphase. 2

Umstritten ist, ob bei einer zweigliedrigen atypischen stillen Gesellschaft **mit Vermögensbeteiligung** des stillen Gesellschafters (z. B. »Innen-KG«) die Auflösung zugleich die Vollbeendigung und damit das Erlöschen der Gesellschaft bewirkt. Nach einer Ansicht führt die Auflösung die Vollbeendigung herbei, weil der stille Gesellschafter nur schuldrechtlich so gestellt wird, als läge eine Gesamthand vor.[7] Nach anderer Ansicht sind solche atypischen stillen Gesellschaften als hypothetische Personenhandelsgesellschaften auseinanderzusetzen;[8] mithin durch Liquidation. 3

---

1 H. M. BGH NJW 1982, 99 (100); BGH BB 1968, 268; Oetker/*Schubert* § 234 Rn. 3; MünchHdb GesR II/*Keul* § 92 Rn. 1; a. A. *Blaurock* § 15.3.
2 BGH BB 1968, 268.
3 MüKo HGB/*K. Schmidt* § 234 Rn. 1
4 BGH BB 1968, 268.
5 MünchHdb GesR II/*Keul* § 92 Rn. 2.
6 Oetker/*Schubert* § 234 Rn. 4; MüKo HGB/*K. Schmidt* § 234 Rn. 2.
7 Oetker/*Schubert* § 234 Rn. 5; K/K/R/M/*Kindler* § 234 Rn. 13; E/B/J/S/*Gehrlein* § 234 Rn. 3.
8 Z. B. zur »Innen-KG« MüKo HGB/*K. Schmidt* § 235 Rn. 65.

4 Die Fortsetzung einer **bereits aufgelösten zweigliedrigen** stillen Gesellschaft ist nicht möglich, da die Gesellschaft mit der Auflösung schon erloschen ist. Es ist aber möglich, eine neue stille Gesellschaft zu gründen und dabei zu vereinbaren, dass das neue stille Gesellschaftsverhältnis so zu behandeln ist, als hätte es nicht geendet.[9] Eine solche Vereinbarung hat aber nur schuldrechtliche Wirkung und verpflichtet die Gesellschafter einander so zu stellen, wie sie stünden, hätte die Gesellschaft nicht geendet. Ist eine **mehrgliedrige** stille Gesellschaft **bereits aufgelöst** worden, so kann diese als Innengesellschaft »in Liquidation« durch Fortsetzungsvereinbarung oder Fortsetzungsbeschluss wieder in den Zustand vor Auflösung versetzt werden.[10]

B. Auflösungsgründe

5 Als Auflösungsgründe nennt das Gesetz in den §§ 230 ff. HGB nur die Kündigung durch einen Gesellschafter und die Kündigung durch einen Gläubiger des stillen Gesellschafters (§ 234 Abs. 1 HGB). Die übrigen Auflösungsgründe sind dem Gesellschaftsvertrag oder dem dispositiven Recht der GbR zu entnehmen, wobei der Tod des stillen Gesellschafters – mangels abweichender Regelung im Gesellschaftsvertrag – nicht zur Auflösung der stillen Gesellschaft führt (§ 234 Abs. 2 HGB).

6 Nachfolgend wird nur auf besondere Auflösungsgründe der stillen Gesellschaft eingegangen, im Übrigen kann auf die Ausführungen zu den Auflösungsgründen bei der GbR verwiesen werden.[11]

I. Auflösung durch Kündigung eines Gesellschafters, § 234 Abs. 1 HGB

1. Allgemeines

7 § 234 Abs. 1 S. 1 HGB verweist für das Recht der Gesellschafter zur ordentlichen Kündigung auf die §§ 132, 134 HGB. § 723 BGB findet subsidiär Anwendung, soweit die §§ 132, 134 HGB keine vorrangigen Bestimmungen enthalten.[12] Das Recht zur Kündigung aus wichtigem Grund ist in § 234 Abs. 1 S. 2 HGB i. V. m. § 723 BGB geregelt.

8 Eine stille Gesellschaft, die auf **bestimmte Zeit** eingegangen ist, ist nach § 723 Abs. 1 S. 2 BGB nicht ordentlich kündbar. Sie kann nur aus wichtigem Grund gekündigt werden, §§ 234 Abs. 1 S. 2 HGB, 723 Abs. 1 S. 2, 3 BGB.

9 Eine stille Gesellschaft, die auf **unbestimmte Zeit** eingegangen ist oder **für die Lebenszeit eines Gesellschafters** oder **nach dem Ablauf der für ihre Dauer bestimmten Zeit stillschweigend fortgesetzt wird**, kann abweichend von § 723 Abs. 1 S. 1 BGB nicht jederzeit, sondern nur nach §§ 132, 134 HGB mit einer sechsmonatigen Kündigungsfrist zum Ende eines Geschäftsjahres ordentlich gekündigt werden. Gemeint ist das Geschäftsjahr des Geschäftsinhabers.[13] Die sechsmonatige Kündigungsfrist kann durch Vereinbarung verlängert oder verkürzt werden.[14]

10 Sowohl § 723 Abs. 2 BGB[15] als auch Abs. 3[16] sind auf die stille Gesellschaft anwendbar. Daher können das ordentliche Kündigungsrecht[17] hinsichtlich der auf unbestimmte Zeit eingegangenen stillen Gesellschaft und das außerordentliche Kündigungsrecht[18] insgesamt nicht ausgeschlossen werden, § 723 Abs. 3 BGB.

---

9 MüKo HGB/*K. Schmidt* § 234 Rn. 3; Oetker/*Schubert* § 234 Rn. 6.
10 MüKo HGB/*K. Schmidt* § 234 Rn. 4; Oetker/*Schubert* § 234 Rn. 6.
11 Siehe dazu, § 36 Rdn. 3 ff.
12 Oetker/*Schubert* § 234 Rn. 7.
13 Oetker/*Schubert* § 234 Rn. 9; Baumbach/Hopt/*Roth* § 234 Rn. 8.
14 MünchHdb GesR II/*Polzer* § 91 Rn. 3.
15 GroßkommHGB/*Harbarth* § 234 Rn. 10; MünchHdb GesR II/*Polzer* § 91 Rn. 4.
16 BGH NJW 1957, 461 (462); Oetker/*Schubert* § 234 Rn. 12; MüKo HGB/*K. Schmidt* § 234 Rn. 47.
17 BGH NJW 1957, 461 (462) betrifft nur die stille Gesellschaft, die auf unbestimmte Zeit eingegangen ist.
18 MünchHdb GesR II/*Polzer* § 91 Rn. 10.

In der **mehrgliedrigen** stillen Gesellschaft muss die Kündigung allen übrigen Gesellschaftern gegen- 11
über erklärt werden und zugehen, es sei denn, der Geschäftsinhaber ist zur Entgegennahme der Erklärung für die übrigen Gesellschafter bevollmächtigt (§ 164 Abs. 3 BGB).[19]

2. Der wichtige Grund zur außerordentlichen Kündigung

Wie üblich setzt die Kündigung aus wichtigem Grund voraus, dass dem kündigenden Gesellschafter 12
die Fortsetzung der Gesellschaft unzumutbar geworden ist. Auch wenn die Kündigung aus wichtigem Grund stets eine Interessenabwägung im Einzelfall erfordert, sollen hier einige Gründe[20] genannt werden, die zur Kündigung der stillen Gesellschaft aus wichtigem Grund berechtigen könnten.

Eine Kündigung aus wichtigem Grund kommt insbesondere in Betracht, wenn 13
– eine Beitragspflicht oder sonstige wesentliche Vertragspflicht verletzt oder unmöglich wird,
– der Geschäftsinhaber seine Geschäftsführungspflichten verletzt, indem er beispielsweise das Handelsgeschäft ohne Zustimmung des stillen Gesellschafters in dessen grundlegender Struktur ändert oder dem Vertragszweck zuwider umgestaltet,[21]
– der Geschäftsinhaber die Einlage zweckwidrig verwendet,[22]
– der Gewinnanteil dem stillen Gesellschafter vorenthalten wird,[23]
– das Unternehmen nachhaltig keine Gewinne erwirtschaftet (sowohl der Geschäftsinhaber als auch der stille Gesellschafter können aufgrund dessen zur Kündigung berechtigt sein),[24]
– der Geschäftsinhaber eine Gesellschaft ist und diese aufgelöst wird,[25]
– der Geschäftsinhaber eine Personengesellschaft ist und ihre geschäftsführenden Gesellschafter ausgewechselt werden.[26]

Der Geschäftsinhaber kann zur Kündigung aus wichtigem Grund berechtigt sein, wenn die Verzinsung der Einlage die Ertragssituation des Unternehmens unzumutbar beeinträchtigt.[27]

II. Auflösung durch Kündigung eines Gläubigers des stillen Gesellschafters, § 234 Abs. 1 HGB

§ 234 Abs. 1 HGB verweist nur für Gläubiger *des stillen Gesellschafters* auf das Kündigungsrecht des 14
§ 135 HGB. Die Gläubiger des Geschäftsinhabers brauchen ein solches Kündigungsrecht nicht, da sie ohnehin auf das dem Geschäftsinhaber gehörende Geschäftsvermögen im Wege der Zwangsvollstreckung zugreifen können.[28] § 725 BGB ist auf die stille Gesellschaft also nicht anwendbar.

III. Auflösung durch Tod eines Gesellschafters

Ist gesellschaftsvertraglich nichts anderes vereinbart, führt der Tod des stillen Gesellschafters nicht 15
zur Auflösung der stillen Gesellschaft (§ 234 Abs. 2 HGB), während der Tod des Geschäftsinhabers nach § 727 Abs. 1 BGB ihre Auflösung zur Folge hat. Hintergrund ist, dass sich die Stellung des stillen Gesellschafters im Wesentlichen auf seine finanzielle Beteiligung beschränkt, sodass es sachgerecht ist, die Erben in seine Rechtsstellung einrücken zu lassen.[29] Zwar kann der Beitrag des stillen

---

19 MünchHdb GesR II/*Polzer* § 91 Rn. 2.
20 Eine systematische Zusammenstellung der wichtigen Kündigungsgründe findet sich bei GroßkommHGB/*Harbarth* § 234 Rn. 32 ff.
21 MünchHdb GesR II/*Polzer* § 91 Rn. 11; siehe z. B. BGH WM 1980, 868 f.
22 MünchHdb GesR II/*Polzer* § 91 Rn. 11.
23 BGH NZG 2005, 471.
24 MünchHdb GesR II/*Polzer* § 91 Rn. 12 m. w. N. zur Rechtsprechung.
25 BGH NJW 1982, 2821; GroßkommHGB/*Harbarth* § 234 Rn. 90.
26 MünchHdb GesR II/*Seffer/Erhardt* § 80 Rn. 17.
27 RGZ 168, 284 (288).
28 Oetker/*Schubert* § 234 Rn. 22.
29 Oetker/*Schubert* § 234 Rn. 39; GroßkommHGB/*Harbarth* § 234 Rn. 76.

Gesellschafters in atypischen stillen Gesellschaften auch deutlich über die bloße finanzielle Beteiligung hinausgehen, dennoch wird von der h. M. § 234 Abs. 2 HGB nicht nur auf die typische, sondern auch auf die atypische stille Gesellschaft mit Geschäftsführungsbeteiligung des stillen Gesellschafters angewendet.[30] Allerdings gesteht man dem Geschäftsinhaber dann ein außerordentliches Kündigungsrecht zu, wenn der verstorbene stille Gesellschafter umfangreiche Mitwirkungsrechte und -pflichten besaß.[31]

16 Zu beachten ist, dass § 234 Abs. 2 HGB bei einer Mehrheit von Erben keine Sondererbfolge wie bei OHG und KG zur Folge hat, nach der jeder Erbe einzeln Gesellschafter würde, vielmehr treten sie **als Erbengemeinschaft** an die Stelle des Erblassers.[32]

IV. Auflösung durch Insolvenz eines Gesellschafters

17 Die stille Gesellschaft selbst ist nicht rechtsfähig und ist damit auch nicht insolvenzfähig im Sinne von § 11 InsO. Sowohl der Geschäftsinhaber als auch stille Gesellschafter sind aber insolvenzfähig. Wird über ihr Vermögen das Insolvenzverfahren eröffnet, so wird die stille Gesellschaft nach § 728 Abs. 2 S. 1 BGB aufgelöst. Die Auflösung erfolgt in dem Zeitpunkt, in dem der Eröffnungsbeschluss gemäß § 27 InsO bekannt gemacht worden ist.[33]

V. Veräußerung oder Einstellung des Handelsgeschäfts

18 Die Veräußerung oder Einstellung des Handelsgeschäfts durch den Geschäftsinhaber bedingt nur dann die Auflösung der stillen Gesellschaft, wenn hierdurch das Erreichen des Vertragszwecks vollständig und endgültig unmöglich wird, § 726 Var. 2 BGB.[34] Solange ein Rückerwerb des Handelsgeschäfts oder die Wiederaufnahme des Geschäftsbetriebs durch den Geschäftsinhaber möglich ist, wird die stille Gesellschaft nicht aufgelöst.

VI. Umwandlung des stillen Gesellschafters oder des Geschäftsinhabers

19 Ist der stille Gesellschafter oder der Geschäftsinhaber ein umwandlungsfähiger Rechtsträger, stellt sich die Frage, wie sich Umwandlungen dieser Rechtsträger auf die stille Gesellschaft auswirken. Umwandlungsvorgänge auf Seiten des **stillen Gesellschafters** lassen das stille Gesellschaftsverhältnis grundsätzlich unberührt und führen nicht zu dessen Auflösung.[35]

20 Bestimmte Umwandlungsvorgänge auf Seiten des **Geschäftsinhabers** können hingegen problematisch sein, weil wesentliche Änderungen im Geschäftsbetrieb nicht ohne Zustimmung des stillen Gesellschafters vorgenommen werden dürfen. Ein Formwechsel des Geschäftsinhabers führt nicht zur Auflösung der stillen Gesellschaft, da der formwechselnde Rechtsträger unverändert weiterbesteht, § 202 Abs. 1 Nr. 1 UmwG.[36] Auch Verschmelzungen und Spaltungen, an denen der Geschäftsinhaber beteiligt ist, sollen grundsätzlich nicht zur Auflösung der stillen Gesellschaft führen.[37] Allerdings bedürfen Umwandlungsvorgänge ggf. der Zustimmung und Mitwirkung des stillen Gesellschafters, seine Nichtbeteiligung kann zu seinen Gunsten Schadensersatzansprüche und ein außerordentliches Kündigungsrecht entstehen lassen.[38]

---

30 GroßkommHGB/*Harbarth* § 234 Rn. 77; MünchHdb GesR II/*Polzer* § 91 Rn. 24.
31 GroßkommHGB/*Harbarth* § 234 Rn. 77; MünchHdb GesR II/*Polzer* § 91 Rn. 24.
32 GroßkommHGB/*Harbarth* § 234 Rn. 78; MünchHdb GesR II/*Polzer* § 91 Rn. 25.
33 MünchHdb GesR II/*Polzer* § 91 Rn. 34.
34 *Blaurock* § 15.15 ff.; Oetker/*Schubert* § 234 Rn. 24.
35 MüKo HGB/*K. Schmidt* § 234 Rn. 30; GroßkommHGB/*Harbarth* § 234 Rn. 98.
36 MüKo HGB/*K. Schmidt* § 234 Rn. 31 f.; GroßkommHGB/*Harbarth* § 234 Rn. 113.
37 GroßkommHGB/*Harbarth* § 234 Rn. 101 ff.; zu den Ausnahmen MüKo HGB/*K. Schmidt* § 234 Rn. 33 ff.
38 Ausführlich GroßkommHGB/*Harbarth* § 234 Rn. 100 ff.; MüKo HGB/*K. Schmidt* § 234 Rn. 31 ff.

C. Auseinandersetzung

I. Typische stille Gesellschaft

Die Auseinandersetzung erfolgt in erster Linie nach den Regeln des Gesellschaftsvertrags, im Übrigen nach der vollständig dispositiven Regelung des § 235 HGB.[39] Die §§ 730 ff. BGB und die §§ 145 ff. HGB finden keine Anwendung, da bei der vermögenslosen stillen Gesellschaft keine Auseinandersetzung des Gesellschaftsvermögens stattfindet.[40] 21

1. Schlussabrechnung, § 235 Abs. 1 HGB

Nach der Auflösung der stillen Gesellschaft hat der stille Gesellschafter gegen den Geschäftsinhaber gemäß § 235 Abs. 1 HGB einen Anspruch auf **Rechnungslegung** und auf Auszahlung seines **Guthabens in Geld**, falls die Schlussabrechnung einen positiven Saldo zu seinen Gunsten ergibt. 22

Soweit der Gesellschaftsvertrag nichts anderes bestimmt, ist der Geschäftsinhaber nach § 235 Abs. 1 HGB verpflichtet, die Schlussabrechnung unverzüglich (§ 121 BGB) nach der Auflösung aufzustellen.[41] Die Form der Schlussabrechnung richtet sich nach den Vorgaben des Gesellschaftsvertrags, im Übrigen nach den Maßgaben der Jahresrechnung gemäß § 232 HGB.[42] Die Auseinandersetzung i. S. d. § 235 Abs. 1 HGB ist nicht mehr als eine Forderungsberechnung, mit der die noch bei Auflösung vorhandene Einlage und die noch nicht abgerechneten Gewinne und Verluste abgerechnet werden.[43] Die Schlussabrechnung ist eine **Gesamtabrechnung**, in der die wechselseitigen Ansprüche des stillen Gesellschafters und des Geschäftsinhabers bloße Rechnungsposten sind; die einzelnen Ansprüche verlieren ihre rechtliche Selbständigkeit und können nicht mehr einzeln verfolgt werden.[44] Da der typische stille Gesellschafter nur an den Erträgen beteiligt ist, hat die Auseinandersetzungsbilanz die Gewinnermittlungsbilanz des Handelsgewerbes zur Grundlage, nicht dessen Vermögensbilanz.[45] Der Feststellung des Auseinandersetzungsguthabens durch eine Abschichtungsbilanz bedarf es daher bei der typischen stillen Gesellschaft nicht.[46] Stichtag für die Auseinandersetzungsbilanz ist die Auflösung der stillen Gesellschaft.[47] Um die Rechnungslegung auf ihre Richtigkeit zu prüfen, stehen dem stillen Gesellschafter nach der Auflösung der stillen Gesellschaft nicht mehr die Rechte aus § 233 HGB zu, sondern nur noch die allgemeinen Einsichts- und Auskunftsrechte aus §§ 242, 810 BGB.[48] 23

Ergibt die Schlussabrechnung einen Aktivsaldo zugunsten des stillen Gesellschafters, kann dieser Zahlung seines Guthabens in Geld verlangen, § 235 Abs. 1 HGB. Ein Passivsaldo verpflichtet den stillen Gesellschafter aber grundsätzlich nicht zur Zahlung gegenüber dem Geschäftsinhaber, da der stille Gesellschafter nur mit seiner Einlage für Verluste haftet, § 232 Abs. 2 S. 1 HGB.[49] Eine Nachschusspflicht besteht nicht.[50] Ein Zahlungsanspruch des Geschäftsinhabers kann sich aber ergeben, wenn die Einlage durch den stillen Gesellschafter noch nicht (vollständig) geleistet wurde.[51] Der Anspruch auf Auszahlung des Guthabens wird regelmäßig erst nach Erstellung der Auseinander- 24

---

39 Oetker/*Schubert* § 234 Rn. 2; MüKo HGB/*K. Schmidt* § 235 Rn. 10.
40 H. M., Oetker/*Schubert* § 234 Rn. 1; GroßkommHGB/*Harbarth* § 235 Rn. 2; a. A. MüKo HGB/*K. Schmidt* § 235 Rn. 2, der die §§ 738 ff. BGB mit gebotener Sorgfalt anwenden will.
41 GroßkommHGB/*Harbarth* § 235 Rn. 29 ff.; Oetker/*Schubert* § 235 Rn. 12.
42 Oetker/*Schubert* § 235 Rn. 13.
43 E/B/J/S/*Gehrlein* § 235 Rn. 2; Oetker/*Schubert* § 235 Rn. 4.
44 Oetker/*Schubert* § 235 Rn. 11; MüKo HGB/*K. Schmidt* § 235 Rn. 18.
45 BGH NJW-RR 1995, 1061; Oetker/*Schubert* § 235 Rn. 15.
46 GroßkommHGB/*Harbarth* § 235 Rn. 20; Oetker/*Schubert* § 235 Rn. 15.
47 Oetker/*Schubert* § 235 Rn. 20.
48 BGH WM 1976, 1027, 1029 f.
49 Oetker/*Schubert* § 235 Rn. 3.
50 Oetker/*Schubert* § 235 Rn. 3, Rn. 8.
51 Oetker/*Schubert* § 235 Rn. 8.

setzungsbilanz und Berechnung des Guthabens fällig.[52] Der stille Gesellschafter kann aber auch schon vor der Auseinandersetzung eine Abschlagszahlung verlangen, wenn mit Sicherheit feststeht, dass jedenfalls ein bestimmter Betrag zu zahlen sei.[53] Der Fälligkeitszeitpunkt kann im Gesellschaftsvertrag auch abweichend geregelt werden.

25 Bei einer stillen Beteiligung an einer GmbH ist die Besonderheit zu beachten, dass der Anspruch auf Auszahlung des Auseinandersetzungsguthabens nicht durchsetzbar ist, solange ihm ein Auszahlungsverbot analog § 30 GmbHG entgegensteht. Die Analogie zu § 30 GmbHG greift, wenn der stille Gesellschafter schuldrechtlich wie ein GmbH-Gesellschafter gestellt ist.[54] Aufgrund ihrer nachwirkenden gesellschafterlichen Treuepflicht aus dem stillen Gesellschaftsverhältnis ist die GmbH jedoch verpflichtet, alles Zumutbare zu tun, um die Auszahlung der Auseinandersetzungsguthaben an den stillen Gesellschafter zu ermöglichen, z. B. durch die Realisierung stiller Reserven, die in der Überschuldungsbilanz auszuweisen wären.[55]

2. Schwebende Geschäfte, § 235 Abs. 2, Abs. 3 HGB

26 Die zur Zeit der Auflösung **schwebenden Geschäfte** sind vom Geschäftsinhaber abzuwickeln, § 235 Abs. 2 S. 1 HGB, und **gesondert abzurechnen** nach Maßgabe des Gesellschaftsvertrags oder nach der dispositiven Regelung des § 235 Abs. 2 S. 2, Abs. 3 HGB. Das Ergebnis aus den schwebenden Geschäften findet also keinen Eingang in die Schlussabrechnung nach § 235 Abs. 1 HGB.[56] Nur wenn die Abrechnung der schwebenden Geschäfte die Erstellung der Auseinandersetzungsbilanz i. S. d. § 235 Abs. 1 HGB nicht verzögern würde, ist sie in diese aufzunehmen.[57] Abzurechnen nach § 235 Abs. 3 HGB sind nicht nur schwebende Geschäfte, sondern auch neue Verträge, die der zügigen Abwicklung der schwebenden Geschäfte dienen.[58] Der Geschäftsinhaber hat die schwebenden Geschäfte so abzuwickeln, wie es ihm am vorteilhaftesten erscheint, § 740 Abs. 1 S. 2 BGB.[59]

27 Der ehemalige stille Gesellschafter hat gegen den Geschäftsinhaber einen Anspruch auf Abwicklung der schwebenden Geschäfte (§ 235 Abs. 2 S. 1 HGB i. V. m. § 740 Abs. 1 S. 2 BGB), auf jährliche Rechnungslegung (§§ 235 Abs. 3 Var. 1 HGB i. V. m. § 259 BGB) und einen Anspruch auf Zahlung des ihm gebührenden Betrags (§ 235 Abs. 3 Var. 2 HGB). Flankiert werden diese Ansprüche von einem Anspruch auf Auskunft über die noch schwebenden Geschäfte (§ 235 Abs. 3 Var. 3 HGB) und den allgemeinen Auskunfts- und Einsichtsrechten nach §§ 242, 810 BGB.[60]

II. Atypische stille Gesellschaft mit Vermögensbeteiligung des stillen Gesellschafters

28 Für die Auseinandersetzung in der atypischen stillen Gesellschaft **mit Vermögensbeteiligung** des stillen Gesellschafters gilt im Grunde das zur typischen stillen Gesellschaft Ausgeführte. Auch bei dieser Form der stillen Gesellschaft hat die Auflösung die Vollbeendigung zur Folge und die Auseinandersetzung ist eine Forderungsberechnung nach § 235 HGB. **Gravierende Unterschiede** ergeben sich aber für die Einzelheiten der **Forderungsberechnung**. Der atypische stille Gesellschafter ist nämlich so zu behandeln, als wäre er als Gesamthänder am Geschäftsvermögen des Geschäftsinhabers beteiligt.[61] Ist der stille Gesellschafter nach dem Gesellschaftsvertrag schuldrechtlich wie ein OHG-Gesellschafter oder ein Kommanditist gestellt (»Innen-OHG« oder »Innen-KG«), dann ist der Geschäftsinhaber verpflichtet, dem stillen Gesellschafter das zu zahlen, was er bei einem *Ausscheiden*

---

52 BGH Urt. v. 3.2.2015, II ZR 335/13; BGH NJW 1992, 2696 (2697).
53 BGH Urt. v. 3.2.2015, II ZR 335/13; BGH NJW 1992, 2696 (2697).
54 BGH BB 2006, 792 (794); MüKo HGB/*K. Schmidt* § 230 Rn. 171.
55 BGH BB 2006, 792 (795).
56 BGH WM 1976, 1027 (1030); Oetker/*Schubert* § 235 Rn. 23.
57 MüKo HGB/*K. Schmidt* § 235 Rn. 47.
58 E/B/J/S/*Gehrlein* § 235 Rn. 27.
59 E/B/J/S/*Gehrlein* § 235 Rn. 30; Oetker/*Schubert* § 235 Rn. 25.
60 Oetker/*Schubert* § 235 Rn. 28.
61 BGH NJW-RR 1995, 1061 f.

aus der Personenhandelsgesellschaft als Gesellschafter erhalten hätte.[62] Dazu bedarf es der Aufstellung einer Abschichtungsbilanz (Vermögensbilanz), in die nicht nur die Buchwerte, sondern die wirklichen Werte des Betriebsvermögens einzustellen sind.[63] Darüber hinaus ist der atypische stille Gesellschafter auch an den offenen Rücklagen und an dem Geschäftswert zu beteiligen.[64]

III. Andere atypische Formen der stillen Gesellschaft

Für die atypische stille Gesellschaft **mit Geschäftsführungsbeteiligung** oder die atypische **mehrgliedrige** stille Gesellschaft ergeben sich keine Besonderheiten für die Berechnung des Auseinandersetzungsguthabens. Das zur typischen stillen Gesellschaft Ausgeführte gilt entsprechend.[65] Auch in der mehrgliedrigen stillen Gesellschaft ist die Abrechnung im jeweilgen Verhältnis zwischen Geschäftsinhaber und dem stillen Gesellschafter nach § 235 HGB vorzunehmen.[66] Anders als bei zweigliedrigen stillen Gesellschaften führt die Auflösung der mehrgliedrigen stillen Gesellschaft nicht zu deren Vollbeendigung, sodass den stillen Gesellschaftern nach der Auflösung während der Liquidationsphase noch die Rechte aus § 233 HGB zustehen, um die Richtigkeit der Rechnungslegung zu kontrollieren.[67]

29

IV. Prozessuale Durchsetzung

Die vorstehend genannten Ansprüche auf Erstellung einer Auseinandersetzungsbilanz, auf Information, auf Auszahlung des Guthabens, etc., kann der stille Gesellschafter mit der **Leistungsklage** gegen den Geschäftsinhaber verfolgen. Rechnungslegung und Zahlung des Guthabens kann er auch mit der **Stufenklage** (§ 254 ZPO) geltend machen,[68] wenn er seine Forderung nicht selbst berechnen kann, was in der Regel der Fall sein wird[69]. Wurde die Auseinandersetzungsbilanz übereinstimmend gebilligt, so ist dies ein Feststellungsvertrag, der in der Regel jedoch lediglich die Wirkung eines deklaratorischen Schuldanerkenntnisses hat. Für ein Vorgehen im Wege des Urkundsprozesses genügt ein solcher Feststellungsvertrag nicht.[70] **Einzelne** Streitpunkte der Auseinandersetzungsbilanz können im Wege der **Feststellungsklage** beseitigt werden.[71] Die **Beweislast** für die Höhe des geltend gemachten Auszahlungsanspruchs trägt **grundsätzlich** der **stille Gesellschafter**. Der Beweis wird ihm jedoch erleichtert, indem er sich auf die Buchlage zum Stand seines Einlagekontos berufen kann.[72] Die hierfür notwendige Einsicht in die Bücher kann der stille Gesellschafter einer **mehrgliedrigen** stillen Gesellschaft noch bis zum Abschluss der Liquidation nach § 233 HGB verlangen. Der stille Gesellschafter einer **zweigliedrigen** stillen Gesellschaft, die stets mit der Auflösung erlischt, kann hingegen nur noch bei Vorliegen eines rechtlichen Interesses gemäß §§ 242, 810 BGB die Bücher und Papiere aus der Zeit vor der Auflösung einsehen, insbesondere jene Unterlagen, die für die Berechnung seines Abfindungsguthabens von Bedeutung sind.[73] Klagt der stille Gesellschafter den Buchwert seiner Einlage ein und wendet der Geschäftsinhaber ein, dass die gebuchte Einlage durch Ver-

30

---

62 Die Auseinandersetzung nach Auflösung der stillen Gesellschaft gleicht in diesen Fällen dem fiktiven Ausscheiden eines Gesellschafters, nicht der Auflösung einer Personenhandelsgesellschaft, MüKo HGB/*K. Schmidt* § 235 Rn. 57.
63 BGH NJW-RR 1995, 1061 f.
64 BGH NJW-RR 1995, 1061 f.
65 GroßkommHGB/*Harbarth* § 235 Rn. 49.
66 MünchHdb GesR II/*Keul* § 92 Rn. 34.
67 Oetker/*Schubert* § 235 Rn. 21; GroßkommHGB/*Harbarth* § 233 Rn. 48; MüKo HGB/*K. Schmidt* § 233 Rn. 32.
68 BGH NJW-RR 1994, 1185 (1186).
69 BGH BB 1960, 14 (15).
70 MüKo HGB/*K. Schmidt* § 235 Rn. 54.
71 MüKo HGB/*K. Schmidt* § 235 Rn. 54.
72 MüKo HGB/*K. Schmidt* § 235 Rn. 54.
73 BGH NJW 1989, 3272 (3273) (zur KG); siehe auch § 103 Rdn. 25 ff.

luste vermindert sei oder wendet er die Unrichtigkeit der Geschäftsbücher in manchen Punkten ein, so trägt der **Geschäftsinhaber** für diese Einwendungen die Beweislast.[74]

31 Bei der Auseinandersetzung der GmbH & Still kann der stille Gesellschafter wegen des Auszahlungsverbots analog § 30 GmbHG sein Guthaben nur erfolgreich einklagen, wenn und soweit das Vermögen der GmbH durch die Auszahlung nicht unter den Betrag der Stammkapitalziffer sinken würde.[75] Soweit und solange der Anspruch wegen § 30 GmbHG nicht durchsetzbar ist, wäre eine Klage als zurzeit unbegründet abzuweisen.[76]

32 Der stille Gesellschafter kann seine Ansprüche auch im Wege des einstweiligen Rechtsschutzes sichern.[77]

33 Hat der Geschäftsinhaber ausnahmsweise einen Anspruch auf Zahlung gegen den stillen Gesellschafter, weil die Verlustbeteiligung des stillen Gesellschafters, der seine Einlage noch nicht vollständig eingezahlt hatte, dies ergab, so kann er seinen Anspruch ebenfalls mit der Leistungsklage verfolgen.

---

[74] BGH BB 1960, 14 (15); GroßkommHGB/*Harbarth* § 235 Rn. 47; MüKo HGB/*K. Schmidt* § 235 Rn. 54.
[75] Siehe dazu oben, Rdn. 25.
[76] BGH BB 2006, 792 (795).
[77] GroßkommHGB/*Harbarth* § 235 Rn. 48.

Abschnitt 3 Unterbeteiligung

§ 108 Grundlegendes zur Unterbeteiligung

Übersicht

	Rdn.			Rdn.
A. Begriffsmerkmale und Rechtsnatur	1	C.	Intensität der Unternehmensbeteiligung	8
B. Gegenstand der Unterbeteiligung	5	D.	Abschluss des Gesellschaftsvertrags	11

A. Begriffsmerkmale und Rechtsnatur

Die Unterbeteiligung ist nicht gesetzlich definiert. Eine Definition lässt sich allerdings aus ihren Begriffsmerkmalen ableiten, über die man sich weitgehend einig ist. Eine **Unterbeteiligung** liegt vor, wenn zwischen einem Gesellschafter einer Personen- oder Kapitalgesellschaft (Hauptbeteiligter) und einem anderen (Unterbeteiligter) ein Gesellschaftsvertrag geschlossen worden ist, kraft dessen der Unterbeteiligte ohne Bildung eines Gesellschaftsvermögens mit einer Einlage an dem Anteil des Hauptgesellschafters beteiligt ist und eine Gewinnbeteiligung erhält.[1] Vereinfacht ausgedrückt ist die Unterbeteiligung ein Gesellschaftsvertrag über die Beteiligung eines Unterbeteiligten an einem **Gesellschaftsanteil** oder einem **sonstigen Vermögensrecht** des Hauptbeteiligten.[2] Der zentrale Unterschied zwischen stiller Gesellschaft und Unterbeteiligung besteht also darin, dass der stille Gesellschafter mit dem Unternehmensträger einen Gesellschaftsvertrag schließt, um sich an dessen Unternehmen zu beteiligen, während der Unterbeteiligte mit einem Gesellschafter einen Gesellschaftsvertrag schließt, um sich an dessen Gesellschaftsanteil oder sonstigen Vermögensrechten zu beteiligen. 1

Die **Begriffsmerkmale** der Unterbeteiligung sind damit das Vorliegen einer **Hauptbeteiligung**, ein **Gesellschaftsvertrag** zwischen dem Haupt- und dem Unterbeteiligten, die Beteiligung des Unterbeteiligten mit einer **Einlage** an der Hauptbeteiligung und die **Gewinnbeteiligung** des Unterbeteiligten.[3] Auch bei der Unterbeteiligung ist streitig, ob die Einlageleistung ein konstituierendes Merkmal der Unterbeteiligung ist oder ob auch sonstige Beiträge des Unterbeteiligten genügen.[4] Der Gesellschaftszweck besteht bei der Unterbeteiligung darin, die Hauptbeteiligung gemeinsam zu halten und gewinnbringend zu nutzen.[5] Gesellschaftszweck kann darüber hinaus noch die Finanzierung des Erwerbs der Hauptbeteiligung sein.[6] 2

Die Unterbeteiligung ist – wie die stille Gesellschaft – als Innen-GbR ohne Gesamthandsvermögen einzuordnen.[7] Inhaber des Haupt-Gesellschaftsanteils ist allein der Hauptbeteiligte, wohingegen der Unterbeteiligte nur schuldrechtlich an der Hauptbeteiligung berechtigt ist, was bedeutet, dass kein Gesamthandsvermögen gebildet wird.[8] Die Unterbeteiligung erfüllt nicht die Begriffsmerkmale der stillen Gesellschaft, sodass die §§ 230 ff. HGB nicht direkt auf sie anwendbar sind.[9] Das rechtliche Gerüst der Unterbeteiligung ergibt sich primär aus ihrem Gesellschaftsvertrag, aus den weitgehend analog anwendbaren §§ 230 ff. HGB und den subsidiär anzuwendenden §§ 705 ff. BGB.[10] Fehlt es 3

---

1 MüKo HGB/*K. Schmidt* § 230 Rn. 192.
2 Oetker/*Schubert* § 230 Rn. 110; E/B/J/S/*Gehrlein* § 230 Rn. 91.
3 MüKo HGB/*K. Schmidt* § 230 Rn. 193; Oetker/*Schubert* § 230 Rn. 110; E/B/J/S/*Gehrlein* § 230 Rn. 91.
4 Es gilt das zum Streit bei der stillen Gesellschaft Ausgeführte sinngemäß, § 99 Rdn. 3.
5 Oetker/*Schubert* § 230 Rn. 110; E/B/J/S/*Gehrlein* § 230 Rn. 92; MüKo HGB/*K. Schmidt* § 230 Rn. 196.
6 MüKo HGB/*K. Schmidt* § 230 Rn. 196; Oetker/*Schubert* § 230 Rn. 110.
7 Die Ausführungen zur Rechtsnatur der stillen Gesellschaft gelten daher sinngemäß, siehe oben § 99 Rdn. 3.
8 E/B/J/S/*Gehrlein* § 230 Rn. 91.
9 H. M., Staudinger/*Habermeier* Vor §§ 705 ff. Rn. 64, m. w. N. zur Gegenansicht.
10 Heute h. M., Oetker/*Schubert* § 230 Rn. 112; E/B/J/S/*Gehrlein* § 230 Rn. 92; MüKo HGB/*K. Schmidt* § 230 Rn. 204; MüKo BGB/*Ulmer/Schäfer* Vor §§ 705 ff. Rn. 92; Staudinger/*Habermeier* Vor §§ 705 ff.

lediglich an der Gewinnbeteiligung, liegt zwar keine Unterbeteiligung im herkömmlichen Sinne, aber eine Innen-GbR vor, auf die die §§ 705 ff. BGB anwendbar sind, wobei in Bezug auf die jeweilige Innen-GbR noch zu prüfen ist, inwieweit die Anwendung der allgemeinen Regeln über die Unterbeteiligung und die analoge Anwendung einzelner Vorschriften der §§ 230 ff. HGB in Betracht kommen.[11]

4 Nur wer Träger von Rechten und Pflichten sein kann, kann **Unterbeteiligter**[12] oder **Hauptbeteiligter**[13] sein, insbesondere also natürliche Personen, juristische Personen sowie rechtsfähige Personengesellschaften, wozu auch die Außen-GbR zählt. Ob der Hauptbeteiligte selbst Kaufmann i. S. d. HGB ist, ist für die Unterbeteiligung sowie die analoge Anwendung der §§ 230 ff. HGB auf die Unterbeteiligung irrelevant.[14]

B. Gegenstand der Unterbeteiligung

5 Gegenstand der Unterbeteiligung ist ein **Gesellschaftsanteil** oder ein **sonstiges Vermögensrecht** des Hauptbeteiligten.

6 Als Hauptbeteiligung kommt **jede Art mitgliedschaftlicher Beteiligung** in Betracht.[15] Eine Unterbeteiligung kann daher insbesondere an einer Aktie, einem GmbH-Geschäftsanteil, einem Personengesellschaftsanteil, außerdem auch am Gesellschaftsanteil an einer Innengesellschaft wie der stillen Gesellschaft oder der Unterbeteiligungsgesellschaft (Unterbeteiligung an der Unterbeteiligung) begründet werden.[16] Die Unterbeteiligung kann sich auch auf mehrere Aktien oder mehrere Geschäftsanteile beziehen.[17] Typischerweise bezieht sich die Unterbeteiligung auf Hauptbeteiligungen an unternehmenstragenden Außengesellschaften.[18]

7 Auch wenn sich Treuhand und Unterbeteiligung nicht zwingend gegenseitig ausschließen, Überschneidungen also denkbar sind,[19] ist doch zu beachten, dass sich die Unterbeteiligung nach h. M. **typischerweise** nur auf einen **Teil des Gewinns** aus dem Hauptgesellschaftsanteil bezieht, wohingegen eine Treuhand vorliegen soll, wenn der Hauptgesellschafter den **gesamten** Gewinn und Verlust an den Vertragspartner abzuführen hat.[20] Begründet wird dies damit, dass der gemeinsame Zweck, der nach § 705 BGB Voraussetzung einer jeden Unterbeteiligung ist, nicht gegeben sei, wenn der Hauptbeteiligte den gesamten Anteil ausschließlich für einen anderen hält, sodass der Hauptbeteiligte als Treuhänder, der andere als Treugeber anzusehen ist.[21] Nach h. M. ist also durch **Vertragsauslegung** zu ermitteln, ob ein Treuhandverhältnis vorliegt, auf das auftragsrechtliche Vorschriften anzuwenden sind, **und/oder** eine Unterbeteiligung, auf die die §§ 230 ff. HGB analog und die §§ 705 ff. BGB anzuwenden sind.[22]

Rn. 64; siehe auch BGH NJW 1968, 2003 f., der § 233 HGB und § 234 Abs. 1 HGB analog auf die Unterbeteiligung anwendet, im Übrigen die Analogie zu den §§ 230 ff. HGB offen lässt.
11 Zur »Non-Profit-Unterbeteiligung«, MüKo HGB/*K. Schmidt* § 230 Rn. 198.
12 Siehe Oetker/*Schubert* § 230 Rn. 111.
13 GroßkommHGB/*Harbarth* § 230 Rn. 280.
14 MüKo HGB/*K. Schmidt* § 230 Rn. 204.
15 MüKo HGB/*K. Schmidt* § 230 Rn. 195.
16 E/B/J/S/*Gehrlein* § 230 Rn. 91; Oetker/*Schubert* § 230 Rn. 111.
17 MünchHdb GesR I/*Gayk* § 30 Rn. 1.
18 MüKo HGB/*K. Schmidt* § 230 Rn. 195.
19 Siehe § 98 Rdn. 2.
20 BGH NJW 1994, 2886, 2887; Staudinger/*Habermeier* Vor §§ 705 ff. Rn. 64; MüKo BGB/*Ulmer/Schäfer* Vor §§ 70 ff. Rn. 92; MüKo HGB/*K. Schmidt* § 230 Rn. 197.
21 BGH NJW 1994, 2886, 2887; MüKo BGB/*Ulmer/Schäfer* Vor §§ 70 ff. Rn. 92.
22 Siehe BGH NJW 1994, 2886, 2887; zum Verhältnis von Treuhand und Unterbeteiligung näher, MüKo HGB/*K. Schmidt* § 230 Rn. 202.

C. Intensität der Unternehmensbeteiligung

Auch bei der Unterbeteiligung ist fraglich, wie intensiv der Unterbeteiligte schuldrechtlich an der Hauptbeteiligung und damit mittelbar am Unternehmen beteiligt ist. Die Intensität der Beteiligung variiert je nach gesellschaftsvertraglicher Gestaltung sehr stark. Wie bei der stillen Gesellschaft kann man bei der Unterbeteiligung typische und atypische Formen unterscheiden. Die **typische** Unterbeteiligung ist **zweigliedrig**, es besteht **keine Vermögensbeteiligung**[23] **des Unterbeteiligten** am Anteil des Hauptbeteiligten und **keine Geschäftsführungsbeteiligung des Unterbeteiligten**, sodass die §§ 230 ff. HGB analog anwendbar sind, soweit der Gesellschaftsvertrag im Übrigen keine abweichenden Regeln enthält.[24]   8

Hat der Unterbeteiligte **atypisch eine Vermögensbeteiligung** am Anteil des Hauptgesellschafters, so ist er nicht nur am Betriebsergebnis, sondern auch am Substanzwert des Anteils beteiligt.[25] Bei dieser Gestaltung partizipiert der Unterbeteiligte somit auch am Liquidations- oder Abfindungserlös.[26] Ist der Unterbeteiligte **atypisch an der Geschäftsführung** in der Unterbeteiligungsgesellschaft beteiligt, so kann er – über sein Kontrollrecht analog § 233 HGB hinaus – im Umfang seiner gesellschaftsvertraglichen Mitwirkungsrechte Einfluss auf das Schicksal der Hauptbeteiligung nehmen.[27] Rechtlich möglich und zulässig ist auch eine **atypische mehrgliedrige** Unterbeteiligung, die entsteht, wenn sich mehrere Unterbeteiligte an einer Hauptbeteiligung beteiligen, indem sie sich zusammen mit dem Hauptbeteiligten zu *einer* Unterbeteiligungsgesellschaft zusammenschließen.[28] Von der mehrgliedrigen Unterbeteiligung zu unterscheiden sind mehrere rechtliche selbständige zweigliedrige Unterbeteiligungen an derselben Hauptbeteiligung.[29]   9

Im Übrigen kann auch zwischen **offener** und **verdeckter** Unterbeteiligung unterschieden werden. Setzt der Hauptbeteiligte seine Mitgesellschafter über die Begründung der Unterbeteiligung in Kenntnis, wozu er grundsätzlich nicht verpflichtet ist,[30] liegt eine offene Unterbeteiligung vor. Die Offenlegung der Unterbeteiligung ist nötig, wenn dem Unterbeteiligten mit Zustimmung der Mitgesellschafter des Hauptbeteiligten Verwaltungsrechte in der Hauptgesellschaft eingeräumt werden sollen.[31]   10

D. Abschluss des Gesellschaftsvertrags

Für materiell-rechtliche Fragen zur Vertretung, zur Form und zu etwaigen Zustimmungserfordernissen beim Abschluss des Gesellschaftsvertrags wird auf weiterführende Literatur verwiesen.[32]   11

Besonders hinzuweisen ist hier aber darauf, dass die Begründung einer Unterbeteiligung **weder der Zustimmung der Hauptgesellschaft noch der Zustimmung der Mitgesellschafter des Hauptbeteiligten** bedarf.[33] Dies gilt selbst dann, wenn der Gesellschaftsvertrag der Hauptgesellschaft die Übertragung von Gesellschaftsanteilen unter Genehmigungsvorbehalt stellt oder die Begründung von Unterbeteiligungen ausdrücklich verbietet.[34] In der Gestaltungspraxis bietet die Unterbeteiligung damit   12

---

23 Man spricht treffender von einer Substanzbeteiligung, dazu sogleich.
24 GroßkommHGB/*Harbarth* § 230 Rn. 275 ff.
25 MünchHdb GesR I/*Gayk* § 30 Rn. 8; *Blaurock* § 30.17.
26 GroßkommHGB/*Harbarth* § 230 Rn. 276; MüKo HGB/*K. Schmidt* § 230 Rn. 208, die Ausführungen zur stillen Gesellschaft gelten sinngemäß, § 99 Rdn. 11.
27 GroßkommHGB/*Harbarth* § 230 Rn. 276; MüKo HGB/*K. Schmidt* § 230 Rn. 209; die Ausführungen zur stillen Gesellschaft gelten sinngemäß, § 99 Rdn. 12.
28 H. M., GroßkommHGB/*Harbarth* § 230 Rn. 277; MüKo HGB/*K. Schmidt* § 230 Rn. 211 ff.; die Ausführungen zur stillen Gesellschaft gelten sinngemäß, § 99 Rdn. 13 ff.
29 MüKo HGB/*K. Schmidt* § 230 Rn. 213.
30 GroßkommHGB/*Harbarth* § 230 Rn. 278.
31 GroßkommHGB/*Harbarth* § 230 Rn. 278.
32 Siehe hierzu MüKo HGB/*K. Schmidt* § 230 Rn. 220 ff.; GroßkommHGB/*Harbarth* § 230 Rn. 279 ff.
33 Oetker/*Schubert* § 230 Rn. 114; E/B/J/S/*Gehrlein* § 230 Rn. 93.
34 Oetker/*Schubert* § 230 Rn. 114; E/B/J/S/*Gehrlein* § 230 Rn. 93.

gegenüber der Vereinbarungstreuhand einen Vorteil, weil für Letztere umstritten ist, ob eine Vinkulierung der Hauptgesellschaftsanteile nicht doch zu beachten ist.[35] Räumt der Hauptbeteiligte entgegen den Regelungen des Hauptgesellschaftsvertrags einem anderen eine Unterbeteiligung ein, berührt dies die Wirksamkeit der Unterbeteiligung nicht, der Hauptgesellschafter macht sich aber ggf. schadensersatzpflichtig oder kann aus der Hauptgesellschaft ausgeschlossen werden.[36] Insgesamt müssen bei der Begründung einer Unterbeteiligung nicht die Regeln eingehalten werden, die für die Übertragung der Hauptbeteiligung gelten.[37]

13 Ob die **Grundsätze über die fehlerhafte Gesellschaft** auch für die fehlerhafte Unterbeteiligung gelten, ist – wie bei der stillen Gesellschaft – umstritten.[38] Sowohl auf die typische als auch auf die atypische stille Gesellschaft wendet der BGH in ständiger Rechtsprechung die Grundsätze über die fehlerhafte Gesellschaft an. Zur fehlerhaften Unterbeteiligungsgesellschaft gibt es bisher keine (höchstrichterliche) Rechtsprechung. Die h. L. bejaht aber in Anlehnung an die Rechtsprechung zur stillen Gesellschaft die Anwendung der Grundsätze über die fehlerhafte Gesellschaft auf die fehlerhafte Unterbeteiligungsgesellschaft.[39]

14 Der Abschluss des Unterbeteiligungsvertrages ist kein Teilgewinnabführungsvertrag, sodass die §§ 291 ff. AktG nicht anwendbar sind.[40]

---

35 BeckHdb GmbH/*Braun/Siemers* § 20 Rn. 44; zum Streit, ob bei der Vereinbarungstreuhand eine Vinkulierung zu beachten ist, siehe § 117 Rdn. 15.
36 E/B/J/S/*Gehrlein* § 230 Rn. 93.
37 E/B/J/S/*Gehrlein* § 230 Rn. 93.
38 GroßkommHGB/*Harbarth* § 230 Rn. 284; siehe zum Streit bei der stillen Gesellschaft § 101 Rdn. 14.
39 Oetker/*Schubert* § 230 Rn. 115; E/B/J/S/*Gehrlein* § 230 Rn. 93; MünchHdb GesR I/*Gayk* § 30 Rn. 28; a. A. GroßkommHGB/*Harbarth* § 230 Rn. 284; nach der Gestalt der Unterbeteiligung differenzierend MüKo HGB/*K. Schmidt* § 230 Rn. 229.
40 Oetker/*Schubert* § 230 Rn. 114.

§ 109 Allgemeine prozessuale Besonderheiten

Das zur stillen Gesellschaft Ausgeführte gilt sinngemäß für die Unterbeteiligung. Es wird daher auf die Ausführungen zur stillen Gesellschaft verwiesen.[1] 1

Die Unterbeteiligungsgesellschaft hat wie die stille Gesellschaft mangels Parteifähigkeit keinen eigenen Gerichtsstand. Daher ist auch § 22 ZPO, der einen eigenen Gerichtsstand der Gesellschaft gemäß § 17 ZPO voraussetzt, nicht anwendbar. Die Gesellschafter der Unterbeteiligungsgesellschaft sind daher an ihrem allgemeinen Gerichtsstand zu verklagen (§§ 12, 13 ZPO) oder wahlweise an einem besonderen Gerichtsstand, wenn ein solcher existiert. Wird innerhalb der mehrgliedrigen Unterbeteiligungsgesellschaft ein Rechtsstreit gegen mehrere Gesellschafter geführt, so können die Voraussetzungen des § 36 Abs. 1 Nr. 3 ZPO erfüllt sein, sodass um eine gerichtliche Zuständigkeitsbestimmung nachgesucht werden kann. Anders als bei der stillen Gesellschaft ist aber die **Kammer für Handelssachen nicht** für Rechtsstreitigkeiten in der Unterbeteiligungsgesellschaft **zuständig**, da die Unterbeteiligung in § 95 Abs. 1 Nr. 4a) GVG nicht erwähnt ist und die Voraussetzungen einer Analogie nicht erfüllt sind. 2

Betreiben Gläubiger des Hauptbeteiligten die **Zwangsvollstreckung** in dessen Gesellschaftsanteil, steht dem Unterbeteiligten – anders als dem Treugeber – nicht die Drittwiderspruchsklage gemäß § 771 ZPO zur Verfügung, weil die Unterbeteiligung kein die Veräußerung hinderndes Recht ist.[2] 3

---

[1] Siehe § 100.
[2] E/B/J/S/*Gehrlein* § 230 Rn. 104.

§ 110 Streitigkeiten bei der Begründung der Unterbeteiligung

1 Das zur stillen Gesellschaft Ausgeführte gilt sinngemäß für die Unterbeteiligung. Es wird daher auf die Ausführungen zur stillen Gesellschaft verwiesen.[1] Darüber hinaus ist Folgendes anzumerken:

2 Die **Klage auf Feststellung des Vertragstyps** kann nicht darauf gerichtet sein, festzustellen, dass zwischen den Parteien ein »Unterbeteiligungsverhältnis« vorliegt, da die Unterbeteiligung keine gesetzlich vertypte Erscheinungsform der GbR ist wie z. B. die stille Gesellschaft. Sofern die Parteien eine Unterbeteiligung begründet haben, zwischen ihnen aber streitig ist, ob eine Treuhand oder eine Unterbeteiligung vorliegt, kann beispielsweise die Feststellung beantragt werden, dass zwischen den Parteien eine GbR besteht.[2] Dies setzt freilich ein Feststellungsinteresse voraus, § 256 Abs. 1 ZPO.

---

1 Siehe § 101.
2 Siehe dazu BGH WM 1966, 188 (190) (dort: rechte Spalte, letzter Absatz).

§ 111 Streitigkeiten um Anteile

Das zur stillen Gesellschaft Ausgeführte gilt sinngemäß für die Unterbeteiligung.[1] 1

Da die Unterbeteiligungsgesellschaft als Innen-GbR einzuordnen ist, erfolgt die Übertragung der 2
Anteile an der Unterbeteiligungsgesellschaft nach personengesellschaftsrechtlichen Grundsätzen. Bei der zweigliedrigen und der mehrgliedrigen Unterbeteiligungsgesellschaft kann der Hauptbeteiligte oder ein Unterbeteiligter seine Anteile daher grundsätzlich nur mit **Zustimmung aller Mitgesellschafter** auf Dritte übertragen.[2] In der mehrgliedrigen Unterbeteiligungsgesellschaft kann der Gesellschaftsvertrag allerdings auch vorsehen, dass die notwendige Zustimmung zur Veräußerung der Mitgliedschaft auch in Form eines mit qualifizierter oder einfacher Mehrheit zu fassenden Beschlusses der Gesellschafterversammlung erteilt werden kann. Zu beachten ist aber, dass wenn der Hauptbeteiligte seine Beteiligung an der Unterbeteiligungsgesellschaft überträgt, die Hauptbeteiligung nicht automatisch mit übergeht. Es ist daher denkbar, dass Haupt- und Unterbeteiligung auseinanderfallen, wodurch die Unterbeteiligung gemäß § 726 BGB aufgelöst wird und der Hauptbeteiligte sich gegenüber dem Unterbeteiligten schadensersatzpflichtig macht. Es ist daher zweckmäßig, dass der Hauptbeteiligte seine Beteiligung an der Unterbeteiligungsgesellschaft **nur zusammen** mit der Hauptbeteiligung und nur mit Zustimmung des Unterbeteiligten auf ein und denselben Dritten überträgt.[3] Für die möglichen Streitigkeiten kann auf die Ausführungen zur stillen Gesellschaft verwiesen werden.[4]

Der Hauptbeteiligte ist aufgrund des Gesellschaftsvertrags der Unterbeteiligungsgesellschaft gegen- 3
über dem Unterbeteiligten verpflichtet, seine Hauptbeteiligung zu halten und nicht ohne Zustimmung des Unterbeteiligten zu veräußern. Dennoch kann er seine **Hauptbeteiligung** nach den für die jeweilige Hauptgesellschaft geltenden Regeln wirksam veräußern, auch wenn der Unterbeteiligte der Veräußerung nicht zustimmt.[5] Wird die Hauptbeteiligung veräußert, so rückt der Erwerber der Hauptbeteiligung nicht automatisch in die Rechte und Pflichten aus dem Unterbeteiligungsverhältnis ein. Der Übergang der Unterbeteiligung auf den Erwerber der Hauptbeteiligung bedarf vielmehr der Zustimmung des Erwerbers und der Unterbeteiligten.[6] Wird die Hauptbeteiligung veräußert, ohne dass zugleich die Unterbeteiligung auf den Erwerber der Hauptbeteiligung übergeht, so wird das Unterbeteiligungsverhältnis durch Zweckvereitelung gemäß § 726 BGB aufgelöst,[7] wenn das Auseinanderfallen von Hauptbeteiligung und Unterbeteiligung endgültig ist. Zudem stehen dem Unterbeteiligten ggf. ein Schadensersatzanspruch und ggf. ein außerordentliches Kündigungsrecht zu, wenn der Hauptbeteiligte die Hauptbeteiligung ohne Zustimmung des Unterbeteiligten veräußert.[8]

---

1 Siehe § 102.
2 MünchHdb GesR I/*Gayk* § 30 Rn. 58.
3 Siehe zur parallelen Problematik bei der stillen Gesellschaft, § 102 Rdn. 1.
4 Siehe § 102 Rdn. 5.
5 MünchHdb GesR I/*Gayk* § 30 Rn. 58.
6 MünchHdb GesR I/*Gayk* § 30 Rn. 58.
7 MünchHdb GesR I/*Gayk* § 30 Rn. 58.
8 MünchHdb GesR I/*Gayk* § 30 Rn. 58.

§ 112 Durchsetzung der Rechte und Pflichten der Gesellschafter der Unterbeteiligung

Übersicht

	Rdn.		Rdn.
A. Aktiv- und Passivlegitimation	1	C. Verwaltungsrechte und -pflichten	14
B. Vermögensrechte und -pflichten	2	I. Recht auf und Pflicht zur Mitwirkung an der Geschäftsführung	14
I. Beiträge und Einlagen	2		
II. Ergebnisbeteiligung des Unterbeteiligten	3	II. Informations- und Kontrollrechte	22
III. Ansprüche des Unterbeteiligten nach Kapitalerhöhung in der Hauptgesellschaft	8	III. Besonderheit: Verwaltungsrechte des Unterbeteiligten in der Hauptgesellschaft	25
IV. Haftung	11	D. Treuepflicht und Wettbewerbsverbot	26

A. Aktiv- und Passivlegitimation

1 Der Unterbeteiligungsvertrag begründet eine Rechte- und Pflichtenbeziehung im Verhältnis zwischen Haupt- und Unterbeteiligtem. Rechtsstreitigkeiten sind zwischen diesen Parteien als Aktiv- und Passivlegitimierten auszutragen. Durch die Unterbeteiligung wird – von Gestaltungsvarianten der offenen Unterbeteiligung abgesehen –[1] **kein Rechtsverhältnis** zwischen dem **Unterbeteiligten** und der **Hauptgesellschaft** oder zwischen dem **Unterbeteiligten** und den **Mitgesellschaftern** des Hauptbeteiligten begründet.[2] In diesen Verhältnissen bestehen daher grundsätzlich keinerlei Ansprüche, sodass ein Rechtsstreit im Zusammenhang mit der Unterbeteiligung in diesen Verhältnissen ausscheidet.

B. Vermögensrechte und -pflichten

I. Beiträge und Einlagen

2 Der Unterbeteiligte und der Hauptbeteiligte sind einander zu Beiträgen verpflichtet, § 705 BGB. Die für die Unterbeteiligung charakteristische und notwendige **Beitragsleistung des Hauptbeteiligten** besteht darin, die Hauptbeteiligung im gemeinsamen Interesse zu halten und die Rechte aus der Hauptbeteiligung im gemeinsamen Interesse auszuüben.[3] Charakteristischer und notwendiger **Beitrag des Unterbeteiligten** ist, dass er die Unterbeteiligung an der Hauptbeteiligung hält.[4] Ob der Unterbeteiligte über diesen Beitrag hinaus zwingend eine Einlage zu leisten hat, ist wie bei der stillen Gesellschaft umstritten. Es kann daher auf den Streit bei der stillen Gesellschaft verwiesen werden.[5] Im Übrigen steht es den Parteien frei, weitere Beiträge im Unterbeteiligungsvertrag zu vereinbaren.[6] Unterbeteiligter und Hauptbeteiligter können ihre Beitragsansprüche mit der **Leistungsklage** gegen den jeweils anderen verfolgen.

II. Ergebnisbeteiligung des Unterbeteiligten

3 Die obligatorische Gewinnbeteiligung des Unterbeteiligten und seine fakultative Verlustbeteiligung sollten besonders sorgfältig im Unterbeteiligungsvertrag geregelt werden, da die gesetzlichen Regeln unzureichend sind[7] und Streitigkeiten auf diese Weise vorgebeugt werden kann. Regelungsbedürftig ist zum einen die **Ergebnisermittlung**, zum anderen die **Ergebnisverteilung**.

---

1 Zu diesen seltenen Gestaltungsvarianten, MüKo HGB/*K. Schmidt* § 230 Rn. 219; MünchHdb GesR I/*Gayk* § 30 Rn. 9 (offene Unterbeteiligung).
2 E/B/J/S/*Gehrlein* § 230 Rn. 97.
3 MünchHdb GesR I/*Gayk* § 30 Rn. 41.
4 MüKo HGB/*K. Schmidt* § 230 Rn. 230; MünchHdb GesR I/*Gayk* § 30 Rn. 41.
5 Siehe § 99 Rdn. 3.
6 MünchHdb GesR I/*Gayk* § 30 Rn. 41.
7 MünchHdb GesR I/*Gayk* § 30 Rn. 43.

Für die **Ergebnisermittlung** gelten die gleichen Grundsätze wie bei der stillen Gesellschaft.[8] Maßgeblich für die Ergebnisermittlung in der Unterbeteiligungsgesellschaft ist das Ergebnis der Hauptbeteiligung. Regelt der Unterbeteiligungsvertrag nichts Abweichendes, so drückt sich das Ergebnis der Hauptbeteiligung im Bilanzgewinn oder -verlust der Hauptgesellschaft aus, soweit dieser dem Hauptgesellschafter ausgeschüttet bzw. gutgeschrieben oder belastet wird.[9] Anders als bei der typischen stillen Gesellschaft, bei der nur die Gewinne aus dem *Betrieb des Handelsgewerbes* für die Gewinnermittlung berücksichtigt werden, ist für die Ermittlung des Gewinns des Unterbeteiligten der *gesamte* Bilanzgewinn der Hauptbeteiligung (Betriebs- und Vermögensgewinne) maßgebend.[10] Mangels abweichender Regelung im Unterbeteiligungsvertrag ist die Handelsbilanz der Hauptgesellschaft Grundlage für die Ermittlung des Ergebnisses der Hauptbeteiligung.[11]

4

Ist die **Ergebnisverteilung** im Unterbeteiligungsvertrag nicht besonders geregelt, dann gilt **analog § 231 Abs. 1 HGB** ein angemessener Anteil am Gewinn und – soweit eine Verlustbeteiligung vorgesehen ist – am Verlust als vereinbart.[12] § 722 Abs. 1 BGB wird insoweit verdrängt. Anwendbar ist nur § 722 Abs. 2 BGB, falls der Unterbeteiligte auch am Verlust beteiligt ist und nur der Anteil am Gewinn oder Verlust bestimmt ist.[13] Während der Unterbeteiligte zwingend am Gewinn zu beteiligen ist, kann die Gewinnbeteiligung des Hauptbeteiligten durch den Unterbeteiligungsvertrag ausgeschlossen werden,[14] was aber in der Regel dazu führt, dass dann keine Unterbeteiligung, sondern eine Treuhand vorliegt.[15] Bei einer atypischen Unterbeteiligung mit Vermögensbeteiligung des Unterbeteiligten ist die Gewinnverteilung im Zweifel nach dem Umfang der Unterbeteiligung an der Hauptbeteiligung zu bestimmen.[16]

5

Für den Anspruch auf Gewinnauszahlung des Unterbeteiligten gegen den Hauptbeteiligten gilt **§ 232 HGB grundsätzlich analog**.[17] Für den Inhalt des Anspruchs und dessen prozessuale Geltendmachung kann auf die Ausführungen zur stillen Gesellschaft verwiesen werden, die sinngemäß gelten.[18] Einen direkten Anspruch auf Gewinnauszahlung gegen die Hauptgesellschaft hat der Unterbeteiligte nicht. Er kann aber den Gewinnanspruch des Hauptbeteiligten gegen die Hauptgesellschaft im Wege der **gewillkürten Prozessstandschaft** im eigenen Namen geltend machen, wenn der Hauptbeteiligte ihn hierzu ermächtigt. Das hierfür erforderliche wirtschaftliche Interesse des Unterbeteiligten an der Prozessführung wäre angesichts seines Gewinnauszahlungsanspruchs gegen den Hauptbeteiligten zu bejahen. Der Antrag muss dann auf Leistung an den Hauptbeteiligten lauten.

6

Eine Analogie zu § 232 HGB soll nach vereinzelt vertretener Ansicht aber dann ausscheiden, wenn die Gewinnentnahmemöglichkeit des Hauptbeteiligten nach dem Gesellschaftsvertrag der Hauptgesellschaft beschränkt ist; in diesem Fall soll sich der Auszahlungsanspruch des Unterbeteiligten – mangels anderer Regelungen im Unterbeteiligungsvertrag – nach den Entnahmemöglichkeiten

7

---

8   GroßkommHGB/*Harbarth* § 232 Rn. 58; zur stillen Gesellschaft siehe § 103 Rdn. 8.
9   MünchHdb GesR I/*Gayk* § 30 Rn. 44.
10 GroßkommHGB/*Harbarth* § 232 Rn. 58; MüKo HGB/*K. Schmidt* § 232 Rn. 46; Oetker/*Schubert* § 232 Rn. 23.
11 MünchHdb GesR I/*Gayk* § 30 Rn. 45.
12 Allg. M., MünchHdb GesR I/*Gayk* § 30 Rn. 48; Oetker/*Schubert* § 231 Rn. 13; MüKo HGB/*K. Schmidt* § 231 Rn. 26.
13 MünchHdb GesR I/*Gayk* § 30 Rn. 48; Oetker/*Schubert* § 231 Rn. 13.
14 MünchHdb GesR I/*Gayk* § 30 Rn. 49.
15 MüKo HGB/*K. Schmidt* § 231 Rn. 26; zur Abgrenzung der Treuhand von der Unterbeteiligung, siehe § 108 Rdn. 7.
16 MüKo HGB/*K. Schmidt* § 231 Rn. 26.
17 Oekter/*Schubert* § 232 Rn. 23; MünchHdb GesR I/*Gayk* § 30 Rn. 54; MüKo HGB/*K. Schmidt* § 232 Rn. 45.
18 Siehe § 103 Rdn. 5 ff.

des Hauptbeteiligten richten.[19] Der Hauptbeteiligte ist verpflichtet, sein Entnahmerecht auch im Interesse des Unterbeteiligten auszuüben.[20]

III. Ansprüche des Unterbeteiligten nach Kapitalerhöhung in der Hauptgesellschaft

8   Der Gestaltungspraxis ist dringend zu empfehlen, im Unterbeteiligungsvertrag zu regeln, welche Folgen eine Kapitalveränderung in der Hauptgesellschaft für die Unterbeteiligung hat.[21] Ist nichts geregelt, so ist zwischen der Kapitalerhöhung gegen Einlagen und der Kapitalerhöhung aus Gesellschaftsmitteln zu unterscheiden:

9   Nimmt die Hauptgesellschaft eine **Kapitalerhöhung aus Gesellschaftsmitteln** vor, erstreckt sich die Unterbeteiligung im Zweifel auf den erhöhten Anteil, unabhängig davon, ob der Unterbeteiligte am Gewinn (typische Unterbeteiligung) oder am Vermögen (atypische Unterbeteiligung) beteiligt ist.[22]

10 Bei einer **Kapitalerhöhung gegen Einlagen** erstreckt sich die Unterbeteiligung hingegen nicht automatisch auf den erhöhten Anteil bzw. die neuen Gesellschaftsanteile des Hauptbeteiligten. Vielmehr steht dem Unterbeteiligten nur ein (Innen-)Bezugsrecht gegen den Hauptbeteiligten zu.[23] Das bedeutet, dass der Unterbeteiligte zwar nicht vom Hauptbeteiligten verlangen kann, dass dieser sich an der Kapitalerhöhung gegen Einlagen beteiligt, dass er aber – falls der Hauptbeteiligte sich an der Kapitalerhöhung beteiligt – vom Hauptbeteiligten verlangen kann, dass er seine Unterbeteiligung aufstocken kann, sodass sie sich auf den erhöhten Anteil bzw. die neuen Gesellschaftsanteile bezieht.[24]

IV. Haftung

11 Bei schuldhafter Verletzung der Pflichten aus dem **Unterbeteiligungsverhältnis** haften der Unterbeteiligte und der Hauptbeteiligte einander auf Schadensersatz nach §§ 280, 708, 277 BGB.[25] Der **Schaden** des Unterbeteiligten kann sich auch aus einer Schädigung der Hauptgesellschaft ergeben.[26] Der Haftungsmaßstab kann im Unterbeteiligungsvertrag abweichend von § 708 BGB geregelt werden.[27] Schädigt ein Dritter die »Hauptbeteiligung«, tritt der Schaden aber nur beim Unterbeteiligten ein, kann der Hauptbeteiligte den Schaden des Unterbeteiligten als Drittschaden liquidieren.[28] Umstritten ist, ob dem Unterbeteiligten bei der **offenen** Unterbeteiligung ein Schadensersatzanspruch auf Grundlage des Vertrags mit Schutzwirkung zugunsten Dritter zusteht, wenn die Hauptgesellschaft (und somit auch die Unterbeteiligung) durch Mitgesellschafter des Hauptbeteiligten geschädigt wurde.[29]

12 Verletzt der Hauptbeteiligte Pflichten gegenüber der **Hauptgesellschaft**, den **Mitgesellschaftern** oder den **Gläubigern der Hauptgesellschaft**, so haftet hierfür grundsätzlich nur der Hauptbeteiligte. Der Unterbeteiligte unterhält keine Rechtsbeziehung zu diesen Personen und haftet daher nur aus Rechtsschein oder Delikt.[30] Eine darüber hinausgehende Haftung des Unterbeteiligten ist aber möglich, wenn eine **offene** Unterbeteiligung vorliegt, bei der dem Unterbeteiligten auch direkt Pflichten gegenüber der Hauptgesellschaft obliegen.[31]

---

19 So MünchHdb GesR I/*Gayk* § 30 Rn. 54.
20 MünchHdb GesR I/*Gayk* § 30 Rn. 54.
21 BeckHdb PersG/*Bärwaldt* § 15 Rn. 30.
22 MüKo HGB/*K. Schmidt* § 230 Rn. 235; MünchHdb GesR I/*Gayk* § 30 Rn. 56.
23 MüKo HGB/*K. Schmidt* § 230 Rn. 235; MünchHdb GesR I/*Gayk* § 30 Rn. 57.
24 MünchHdb GesR I/*Gayk* § 30 Rn. 57; MüKo HGB/*K. Schmidt* § 230 Rn. 235.
25 MünchHdb GesR I/*Gayk* § 30 Rn. 61.
26 MüKo HGB/*K. Schmidt* § 230 Rn. 246.
27 MünchHdb GesR I/*Gayk* § 30 Rn. 61.
28 Zu dieser Drittschadensliquidation, MünchHdb GesR I/*Gayk* § 30 Rn. 62.
29 Dafür MüKo HGB/*K. Schmidt* § 230 Rn. 246; zweifelnd MünchHdb GesR I/*Gayk* § 30 Rn. 62.
30 MüKo HGB/*K. Schmidt* § 230 Rn. 234.
31 MünchHdb GesR I/*Gayk* § 30 Rn. 63.

Die Schadensersatzansprüche sind mit der Leistungsklage geltend zu machen. Es gelten keine Besonderheiten.

C. Verwaltungsrechte und -pflichten

I. Recht auf und Pflicht zur Mitwirkung an der Geschäftsführung

In der Unterbeteiligungsgesellschaft liegt die **Geschäftsführung** – abweichend von § 709 Abs. 1 BGB – allein in der Hand des **Hauptbeteiligten**.[32] Die Geschäftsführung umfasst zum einen die Ausübung der Rechte und Pflichten aus der Hauptbeteiligung, zum anderen die Angelegenheiten der Unterbeteiligung selbst wie Rechnungslegung, Information, etc.[33] Die Geschäftsführungsbefugnis kann dem Hauptbeteiligten **nicht nach § 712 Abs. 1 BGB entzogen** werden, da die Rechte aus der Hauptbeteiligung dem Hauptbeteiligten allein und höchstpersönlich zustehen und daher zwingend von ihm auszuüben sind.[34] Bei der Geschäftsführung können für den Hauptbeteiligten Konflikte durch Pflichtenkollisionen entstehen, weil er eine doppelte Gesellschafterstellung hat: Einerseits ist der Hauptbeteiligte der Hauptgesellschaft, andererseits dem Unterbeteiligten verpflichtet.[35] Nimmt der Hauptbeteiligte bei der Verwaltung der Hauptbeteiligung *uneigennützige* Rechte in der Hauptgesellschaft wahr, wie z. B. die Geschäftsführung in der Hauptgesellschaft, so darf der Hauptbeteiligte allein die Interessen der Hauptgesellschaft verfolgen.[36] Die Interessen der Hauptgesellschaft sind nämlich im Konfliktfall, d. h. bei einer Pflichtenkollision des Hauptbeteiligten, vorrangig, da die Unterbeteiligung die Hauptbeteiligung voraussetzt.[37] Bei der Wahrnehmung *eigennütziger* Rechte in der Hauptgesellschaft, z. B. bei Thesaurierungsbeschlüssen, hat der Hauptbeteiligte hingegen die Interessen des Unterbeteiligten vorrangig zu berücksichtigen.[38] Die Verfolgung eigener unterbeteiligungsfremder Sonderinteressen ist dem Hauptbeteiligten untersagt.[39] Nimmt der Hauptbeteiligte zur Verwaltung seiner Hauptbeteiligung in der Hauptgesellschaft Rechtshandlungen vor, die sich auf die **Grundlage der Unterbeteiligung** auswirken, so muss er die Zustimmung des Unterbeteiligten hierzu einholen, es sei denn, er ist aufgrund seiner Treuepflicht gegenüber der Hauptgesellschaft zu einer bestimmten Rechtshandlung verpflichtet.[40] Grundsätzlich steht dem Unterbeteiligten auch kein Weisungsrecht gegenüber dem Hauptbeteiligten zu.[41]

Durch den Unterbeteiligungsvertrag kann auch der Unterbeteiligte an der Geschäftsführung in der Unterbeteiligungsgesellschaft beteiligt werden. Zu beachten ist aber, dass der Geschäftsführungstätigkeit des Unterbeteiligten **Grenzen** gesetzt sind, weil die Rechte und Pflichten aus der Hauptbeteiligung nur dem Hauptbeteiligten zustehen[42] und wegen des Abspaltungsverbots, das für alle Verbände gilt, auch nur von ihm ausgeübt werden können.[43] Mitwirkungsrechte an der Geschäftsführung können dem Unterbeteiligten daher grundsätzlich nur auf das Innenverhältnis zum Hauptbeteiligten beschränkt eingeräumt werden.[44] Der Hauptbeteiligte kann den Unterbeteiligten allerdings zur Ausübung der Rechte aus der Hauptbeteiligung bevollmächtigen, soweit dies nicht gegen

---

32 GroßkommHGB/*Harbarth* § 230 Rn. 293; MünchHdb GesR I/*Gayk* § 30 Rn. 29.
33 MünchHdb GesR I/*Gayk* § 30 Rn. 29.
34 Oetker/*Schubert* § 230 Rn. 116; E/B/J/S/*Gehrlein* § 230 Rn. 94; nach MünchHdb GesR I/*Gayk* § 30 Rn. 32 soll aber ein partieller Entzug der Geschäftsführungsbefugnis möglich sein, soweit es nicht um die Wahrnehmung der Rechte aus der Hauptbeteiligung geht.
35 Zur Doppelstellung MünchHdb GesR I/*Gayk* § 30 Rn. 30; MüKo HGB/*K. Schmidt* § 230 Rn. 241.
36 MünchHdb GesR I/*Gayk* § 30 Rn. 30.
37 Oetker/*Schubert* § 230 Rn. 118; E/B/J/S/*Gehrlein* § 230 Rn. 102.
38 MünchHdb GesR I/*Gayk* § 30 Rn. 30.
39 E/B/J/S/*Gehrlein* § 230 Rn. 102.
40 BGH WM 1966, 188 (191); E/B/J/S/*Gehrlein* § 230 Rn. 94; MünchHdb GesR I/*Gayk* § 30 Rn. 30.
41 MüKo HGB/*K. Schmidt* § 230 Rn. 232.
42 Zur Ausnahme bei der offenen Unterbeteiligung sogleich.
43 MünchHdb GesR I/*Gayk* § 30 Rn. 31; Oetker/*Schubert* § 230 Rn. 116.
44 Oetker/*Schubert* § 230 Rn. 116.

das Abspaltungsverbot der jeweiligen Hauptgesellschaft verstößt.[45] Auch Weisungsrechte des Unterbeteiligten und eine Stimmbindung des Hauptbeteiligten können im Unterbeteiligungsvertrag geregelt werden, soweit die Verfassung der jeweiligen Hauptgesellschaft die Einräumung solcher Rechte an Unterbeteiligte als Nichtgesellschafter erlaubt.[46]

16 Allerdings lässt der BGH bei der offenen Treuhand an einem Personengesellschaftsanteil auch eine Ausnahme von dem Grundsatz zu, dass allein der Hauptbeteiligte Mitverwaltungsrechte in der Hauptgesellschaft besitzt.[47] In Anlehnung an diese Rechtsprechung soll es bei der **offenen** mehrgliedrigen Unterbeteiligung an einem **Personengesellschafts**anteil ausnahmsweise möglich sein, dem Unterbeteiligten **mit Zustimmung der Mitgesellschafter** der Hauptgesellschaft **eigene** Verwaltungsrechte in der Hauptgesellschaft einzuräumen.[48] Das Abspaltungsverbot des § 717 BGB stehe dem nicht entgegen und Stimmbindungsvereinbarungen zwischen dem Hauptbeteiligten und dem Unterbeteiligten seien dann uneingeschränkt zulässig.[49] Diese Rechtsprechung sollte aber restriktiv gehandhabt werden, insbesondere nur auf die offene Unterbeteiligung an einem *Personengesellschaftsanteil* bezogen werden. Dass Hauptgesellschaften anderer Rechtsform einem Nichtgesellschafter (Unterbeteiligter) eigene Verwaltungsrechte einräumen könnten, wird von der h. M. nämlich abgelehnt.[50]

17 Soweit dem Unterbeteiligten eine Geschäftsführungsbefugnis eingeräumt ist, kann ihm diese nach § 712 Abs. 1 BGB entzogen werden.

18 Die Unterbeteiligungsgesellschaft tritt **nicht nach außen** in Erscheinung. Eine Vertretung der Unterbeteiligungsgesellschaft findet nicht statt.[51] Der Hauptbeteiligte handelt nach außen im eigenen Namen, § 230 Abs. 2 HGB gilt analog.[52] Hat der Hauptbeteiligte dem Unterbeteiligten – soweit dies innerhalb der durch das Abspaltungsverbot gezogenen Grenzen zulässig ist – Vertretungsmacht erteilt, handelt der Unterbeteiligte nicht im Namen der Unterbeteiligungsgesellschaft, sondern im Namen des Hauptbeteiligten,[53] der ihm die Vertretungsmacht grundsätzlich jederzeit gemäß §§ 168 S. 2, S. 3 BGB, 167 BGB wieder entziehen kann.[54]

19 Für Streitigkeiten im Zusammenhang mit der Geschäftsführung gelten die Ausführungen zur stillen Gesellschaft sinngemäß, auf die insoweit verwiesen wird.[55] Hat der Unterbeteiligte einen Anspruch darauf, dass der Hauptbeteiligte seine Verwaltungsrechte aus der Hauptbeteiligung in einer bestimmten Weise ausübt, so kann es dem Unterbeteiligten grundsätzlich nicht verwehrt sein, hierauf zu klagen. Ist der Hauptbeteiligte gegenüber dem Unterbeteiligten z. B. aufgrund einer Stimmbindungsvereinbarung verpflichtet, seine Stimme in der Hauptgesellschaft in einer *bestimmten* Weise abzugeben und ist die Stimmbindungsvereinbarung wirksam, so kann der Unterbeteiligte den Hauptbeteiligten auf vertragsgemäße Stimmabgabe mit der **Leistungsklage** verklagen.[56]

---

45 MüKo HGB/*K. Schmidt* § 230 Rn. 237; GroßkommHGB/*Harbarth* § 230 Rn. 293.
46 MünchHdb GesR I/*Gayk* § 30 Rn. 31; E/B/J/S/*Gehrlein* § 230 Rn. 95; siehe auch Scholz/*K. Schmidt* § 47 Rn. 42.
47 Siehe § 119 Rdn. 10.
48 GroßkommHGB/*Schäfer* § 105 Rn. 113; Erman/*Westermann* Vor § 705 Rn. 41.
49 MüKo BGB/*Ulmer/Schäfer* Vor §§ 705 ff. Rn. 101.
50 Für AG: siehe z. B. MüKo AktG/*Kubis* § 118 Rn. 57; GroßkommAktG/*Decher* § 131 Rn. 85 ff.; für die GmbH: Baumbach/Hueck/*Zöllner* § 47 Rn. 20; a. A. MüKo HGB/*K. Schmidt* § 230 Rn. 232, Vor § 230 Rn. 62 m. w. N. zu beiden Ansichten; siehe auch zur »offenen Treuhand« § 118 Rn. 10.
51 MünchHdb GesR I/*Gayk* § 30 Rn. 33.
52 MüKo HGB/*K. Schmidt* § 230 Rn. 238.
53 MünchHdb GesR I/*Gayk* § 30 Rn. 33.
54 § 715 BGB findet auf den Entzug der Vertretungsmacht keine Anwendung, weil diese Vorschrift sich nur auf die organschaftliche Vertretungsmacht bezieht, die es naturgemäß bei der Unterbeteiligungsgesellschaft, bei der keine Vertretung stattfindet, nicht geben kann. Die Erteilung der Vollmacht und ihr Entzug bemessen sich daher nach den allgemeinen Regeln gemäß §§ 167, 168 BGB.
55 Siehe ausführlich § 106 Rdn. 4 ff.
56 Grundsatzurteil des BGH NJW 1967, 1963 (1965).

C. Verwaltungsrechte und -pflichten   § 112

Stimmbindungstitel stoßen bei der Vollstreckung aber häufig an Grenzen,[57] sodass es in der Praxis 20
selten zielführend ist, auf Erfüllung der Stimmbindung zu klagen. Man muss sich dabei vor Augen
halten, dass selbst nach erfolgreicher Erfüllungsklage und Vollstreckung der Verurteilte versuchen
kann, einen neuen Gesellschafterbeschluss herbeizuführen, durch den die vollstreckte Stimmabgabe
rückgängig gemacht wird.[58] Eine Schadensersatzklage wegen der vertragswidrigen Stimmabgabe ist
daher regelmäßig vorzugswürdig.[59] Dennoch sind Konstellationen denkbar, in denen eine Klage auf
Erfüllung der Stimmbindung zum gewünschten Rechtsschutzziel führt. Es gilt dabei aber einiges
zu beachten: Um einen vollstreckungsfähigen Titel zu erhalten, muss der **Klageantrag** auf Abgabe
einer *bestimmten* Stimme lauten, was einen entsprechenden Anspruch des Unterbeteiligten aus
der Stimmbindungsvereinbarung voraussetzt.[60] Die Leistungsklage ist unter den Voraussetzungen
des § 259 ZPO auch schon zulässig, bevor der Gesellschafterbeschluss in der Hauptgesellschaft,
bei dem der Hauptbeteiligte seine Stimme abgibt, gefasst wurde.[61] Ein stimmbindungswidriger Gesellschafterbeschluss in der Hauptgesellschaft steht allerdings einer Leistungsklage dann nicht entgegen, wenn eine erneute Beschlussfassung möglich ist.[62] Je nach Einzelfall kann also eine Klage
auf künftige Leistung (§ 259 ZPO) oder eine einfache Leistungsklage einschlägig sein.[63] Das **Rechtsschutzinteresse** an der Klage auf Erfüllung eines Abstimmungsversprechens setzt weder voraus, dass
der Hauptbeteiligte schon bindungswidrig abgestimmt hat noch, dass er im Voraus erklärt, er werde
bindungswidrig abstimmen.[64] Wird nach Eintritt der Rechtshängigkeit ein stimmbindungswidriger
Gesellschafterbeschluss gefasst, so **erledigt** sich die Leistungsklage in der Hauptsache nur dann,
wenn eine erneute Beschlussfassung ausgeschlossen ist.[65] Mit Rechtskraft des obsiegenden Urteils
gilt die Stimme gemäß **§ 894 ZPO** als abgegeben.[66] Diese fingierte Stimm*abgabe* führt aber noch
nicht den stimmbindungsgemäßen Beschluss herbei,[67] der das eigentliche Rechtsschutzziel des Klägers ist. Daher muss nach der Rechtskraft des Urteils ein Gesellschafterbeschluss in der Hauptgesellschaft herbeigeführt werden, der sich nach dem in der Satzung vorgesehenen Verfahren richtet, wobei hinsichtlich dieses Beschlusses die Stimme des Verurteilten nach § 894 ZPO als abgegeben gilt.[68]
Die nach § 894 ZPO fingierte Stimmabgabe bewirkt nicht schon den Zugang der Stimme, sodass
das rechtskräftige Urteil erst noch den Mitgesellschaftern des Hauptgesellschafters bzw. demjenigen,
der die Beschlussfassung leitet, mitgeteilt werden muss, um den Zugang der Stimmabgabe und ihre
Wirksamkeit für die Beschlussfassung zu bewirken.[69] Hier zeigt sich das zentrale Problem der Vollstreckung. Es muss ein Gesellschafterbeschluss in der Hauptgesellschaft gefasst werden, damit die
Fiktion der Stimmabgabe nach § 894 ZPO überhaupt Wirkung entfalten kann. Ist bereits ein stimmbindungswidriger Gesellschafterbeschluss zustande gekommen, muss dieser aufgehoben und ein
neuer Beschluss gefasst werden.[70] Ist das nicht möglich, z. B. weil der stimmbindungswidrig gefasste
Beschluss nicht aufhebbar ist, geht die Fiktion des § 894 ZPO ins Leere.[71] Der Unterbeteiligte benötigt gegen den Hauptbeteiligten daher – neben seinem Anspruch auf eine bestimmte Stimmabgabe – auch einen Anspruch darauf, dass der Hauptbeteiligte einen Gesellschafterbeschluss herbei-

---

57 Siehe Scholz/*K. Schmidt* § 47 Rn. 55 f.
58 Siehe BGH NJW 1967, 1963 (1965).
59 Oetker/*Schubert* § 230 Rn. 116.
60 Siehe Scholz/*K. Schmidt* § 47 Rn. 57.
61 BGH NJW 1967, 1963 (1966); Scholz/*K. Schmidt* § 47 Rn. 57.
62 Scholz/*K. Schmidt* § 47 Rn. 57; BGH NJW 1967, 1963 (1966).
63 So ausdrücklich BGH NJW 1967, 1963 (1965 f.).
64 BGH NJW 1967, 1963 (1966).
65 Scholz/*K. Schmidt* § 47 Rn. 57; BGH NJW 1967, 1963 (1966).
66 BGH NJW 1967, 1963 (1966).
67 BGH NJW 1967, 1963 (1966); BGH GmbHR 1990, 68; Scholz/*K. Schmidt* § 47 Rn. 57.
68 BGH GmbHR 1990, 68.
69 BGH NJW 1967, 1963 (); Scholz/*K. Schmidt* § 47 Rn. 56.
70 BGH NJW 1967, 1963 (1966).
71 Siehe BGH NJW 1967, 1963 (1966).

führt, wozu der Hauptbeteiligte allerdings auch in der Lage sein muss.[72] Bei Weigerung kann der Unterbeteiligte den Hauptbeteiligten auf Herbeiführung eines Gesellschafterbeschlusses mit der Leistungsklage verklagen.[73] Der Anspruch auf Stimmabgabe und der Anspruch auf Herbeiführung eines Gesellschafterbeschlusses können nach § 260 ZPO in einem Rechtsstreit verbunden werden.[74] Der Anspruch auf Herbeiführung des Gesellschafterbeschlusses wird nach § 887 ZPO vollstreckt.[75]

21 Ein Recht zum Schadensersatz und ein Recht zur Kündigung aus wichtigem Grund können dem Unterbeteiligten zustehen, wenn der Hauptbeteiligte seine Rechte in der Hauptgesellschaft unter Verstoß gegen seine Pflichten aus dem Unterbeteiligungsverhältnis ausübt.

II. Informations- und Kontrollrechte

22 Wenn der Unterbeteiligungsvertrag nichts anderes regelt, stehen dem Unterbeteiligten gegenüber dem Hauptbeteiligten die gleichen Informations- und Kontrollrechte zu, die dem stillen Gesellschafter gegenüber dem Geschäftsinhaber zustehen. Es kann daher auf die Ausführungen zur stillen Gesellschaft verwiesen werden.[76]

23 Besonders hinzuweisen ist nur auf Folgendes: Das Informationsrecht des Unterbeteiligten analog § 233 HGB richtet sich gegen den Hauptbeteiligten, nicht gegen die Hauptgesellschaft.[77] Während bei der stillen Gesellschaft aber angenommen wird, dass der Informationsanspruch aus § 233 HGB nur **bis zur Vollbeendigung** der stillen Gesellschaft besteht,[78] geht der BGH bei der Unterbeteiligung davon aus, dass das Informationsrecht analog § 233 HGB auch nach Beendigung der Unterbeteiligung noch besteht.[79] Der BGH begründet dies damit, dass bei der stillen Gesellschaft dem stillen Gesellschafter vom Zeitpunkt der Vollbeendigung nicht mehr zugestanden werden könne, Einblick in die Geschäftsunterlagen des Unternehmens zu erhalten, da er diesem nicht mehr angehört; dieser Gesichtspunkt spiele bei der Unterbeteiligung aber keine Rolle, weil sich die Informationsrechte des Unterbeteiligten nicht auf die Unterlagen des Unternehmens beziehen.[80] Das Informationsrecht gewährt dem Unterbeteiligten einen Anspruch gegen den Hauptbeteiligten auf jährliche Bilanz über die Hauptbeteiligung, aus der der Unterbeteiligte die auf die Hauptbeteiligung entfallenden Erträge, deren Zusammensetzung sowie die Entwicklung seines Kapitalkontos erkennen können muss.[81] Einsicht in den Jahresabschluss des Unternehmens kann der Unterbeteiligte hingegen nicht verlangen, es sei denn, die Hauptgesellschaft gestattet dem Unterbeteiligten dies **und** der Unterbeteiligungsvertrag räumt dem Unterbeteiligten ein solches Informationsrecht ein.[82] Eine Gestattung durch die Hauptgesellschaft ist nicht allein deshalb anzunehmen, weil der Hauptgesellschaftsvertrag die Begründung von Unterbeteiligungen zulässt.[83]

24 Zur prozessualen Geltendmachung der Informationsrechte des Unterbeteiligten wird auf die Ausführungen zur stillen Gesellschaft verwiesen, die sinngemäß gelten.[84]

---

72 Dies war der Fall bei BGH NJW 1967, 1963 (1966).
73 Siehe Antrag 2 der Klägerin im Rechtsstreit, BGH NJW 1967, 1963 (1964).
74 Siehe BGH NJW 1967, 1963.
75 Scholz/*K. Schmidt* § 47 Rn. 56.
76 Siehe § 103 Rdn. 25 ff.
77 BGH WM 1968, 1083 (1085); BGH NJW-RR 1995, 165 (166).
78 Siehe § 103 Rdn. 26.
79 BGH WM 1968, 1083 (1085); a. A. h. L., Oetker/*Schubert* § 233 Rn. 21; MüKo HGB/*K. Schmidt* § 233 Rn. 36.
80 So BGH WM 1968, 1083 (1085).
81 MünchHdb GesR I/*Gayk* § 30 Rn. 35.
82 BGH WM 1968, 1083 (1086).
83 BGH WM 1968, 1083 (1086).
84 Siehe § 103 Rdn. 28 ff.

III. Besonderheit: Verwaltungsrechte des Unterbeteiligten in der Hauptgesellschaft

Besteht eine offene Unterbeteiligung an einem Personengesellschaftsanteil und räumen die Mitgesellschafter der Hauptgesellschaft dem Unterbeteiligten unmittelbare Mitverwaltungsrechte in der Hauptgesellschaft ein, insbesondere Auskunfts- und Kontrollrechte sowie Stimmrechte,[85] so kann der Unterbeteiligte seine Verwaltungsrechte im eigenen Namen gegen die Hauptgesellschaft wie der Hauptbeteiligte prozessual geltend machen. 25

D. Treuepflicht und Wettbewerbsverbot

Der **Hauptbeteiligte** unterliegt einer **doppelten** Treuepflicht. Er schuldet einerseits der Hauptgesellschaft und seinen Mitgesellschaftern, andererseits dem Unterbeteiligten Treue. Kollidieren die beiden Treuepflichten des Hauptbeteiligten, so haben seine Treuepflichten in der Hauptgesellschaft Vorrang, weil die Unterbeteiligung auf der Hauptbeteiligung aufbaut.[86] Außerdem darf der Hauptbeteiligte eigene Interessen nicht verfolgen, wenn sie in Konflikt mit den Interessen des Unterbeteiligten stehen.[87] Umgekehrt ist auch der **Unterbeteiligte** dem Hauptbeteiligten zur Treue verpflichtet.[88] 26

Ein Wettbewerbsverbot im Verhältnis zwischen Haupt- und Unterbeteiligtem besteht grundsätzlich nicht. Ein gesetzliches Wettbewerbsverbot existiert insoweit nicht, nur im Einzelfall kann sich ein solches aus dem Unterbeteiligungsvertrag oder der Treuepflicht ergeben.[89] Im Verhältnis zur Hauptgesellschaft kann der Hauptbeteiligte nach dem Recht der Hauptgesellschaft einem Wettbewerbsverbot unterliegen. Da der Unterbeteiligte zur Hauptgesellschaft in der Regel keine direkten Rechtsbeziehungen unterhält, unterliegt er ihr gegenüber grundsätzlich keinem eigenen Wettbewerbsverbot.[90] Das Wettbewerbsverbot, dem der Hauptbeteiligte unterliegt, soll aber auf den Unterbeteiligten zu erstrecken sein, wenn dies der Zweck der Unterbeteiligung gebietet.[91] Das wird nur dann angenommen, wenn dem Unterbeteiligten Informationsrechte direkt gegen die Hauptgesellschaft zustehen (offene Unterbeteiligung) oder gegenüber dem Hauptbeteiligten Mitspracherechte in Bezug auf die Ausübung der Rechte aus der Hauptbeteiligung zustehen.[92] 27

---

85 Siehe BGH NJW-RR 2009, 254 (255); BGH NZG 2011, 1432 (1433 f.) (jeweils zur offenen Treuhand); MünchHdb GesR I/*Gayk* § 30 Rn. 9; GroßkommHGB/*Schäfer* § 105 Rn. 113; siehe § 112 Rdn. 16; zur offenen Treuhand, siehe § 119 Rdn. 10.
86 E/B/J/S/*Gehrlein* § 230 Rn. 102; ausführlicher dazu oben § 112 Rdn. 14.
87 Oetker/*Schubert* § 230 Rn. 118; E/B/J/S/*Gehrlein* § 230 Rn. 102.
88 Oetker/*Schubert* § 230 Rn. 121.
89 MüKo HGB/*K. Schmidt* § 230 Rn. 243.
90 BGH WM 1968, 1083 (1085); MüKo HGB/*K. Schmidt* § 230 Rn. 244.
91 Oetker/*Schubert* § 230 Rn. 121.
92 E/B/J/S/*Gehrlein* § 230 Rn. 103; Oetker/*Schubert* § 230 Rn. 121; MüKo HGB/*K. Schmidt* § 230 Rn. 244.

§ 113 Streitigkeiten bei der Veränderung des Gesellschafterbestandes

1   In Bezug auf **Eintritt**, **Austritt** und **Ausschließung** eines Gesellschafters sowie in Bezug auf die **Abfindung** des ausgeschiedenen Gesellschafters gilt das zur stillen Gesellschaft Ausgeführte sinngemäß.[1]

§ 114 Streitigkeiten im Zusammenhang mit Gesellschafterbeschlüssen

1   Das zur stillen Gesellschaft Ausgeführte gilt sinngemäß.[1]

§ 115 Streitigkeiten im Zusammenhang mit der Geschäftsführung

1   Für Streitigkeiten im Zusammenhang mit der Geschäftsführung kann auf die Ausführungen zur stillen Gesellschaft, die sinngemäß gelten, verwiesen werden.[1]

---

1 Es kann daher auf § 104 verwiesen werden.
1 Siehe § 105.
1 Siehe § 106 Rdn. 4 ff.

§ 116 Streitigkeiten bei der Auflösung und Beendigung der Unterbeteiligung

Übersicht

		Rdn.			Rdn.
A.	Rechtsfolge der Auflösung	1	C.	Auseinandersetzung	7
B.	Auflösungsgründe	3			

A. Rechtsfolge der Auflösung

Hinsichtlich der Bedeutung der Auflösung ist auf die Ausführungen zur stillen Gesellschaft zu verweisen, sodass es mit der Auflösung der Unterbeteiligung zur Vollbeendigung des Gesellschaftsverhältnisses kommt.[1] Etwas anderes gilt – ebenfalls wie bei der stillen Gesellschaft – nur für die mehrgliedrige Unterbeteiligung.[2]   1

Bei einer **mehrgliedrigen Unterbeteiligungsgesellschaft** kann im Gesellschaftsvertrag vereinbart werden, dass bei Vorliegen eines Auflösungsgrundes lediglich in der Person eines Unterbeteiligten, nur dieser aus der Unterbeteiligungsgesellschaft ausscheidet und die übrigen sie weiter fortsetzen.[3]   2

B. Auflösungsgründe

Im Grundsatz gelten für die Unterbeteiligung die gleichen Auflösungsgründe wie für die stille Gesellschaft.[4] Allerdings ist hinsichtlich der **ordentlichen Kündigung** umstritten, ob § 234 Abs. 1 HGB analog gilt, oder ob nach § 723 Abs. 1 S. 1 BGB die Gesellschaft jederzeit kündbar ist. Die überwiegende Ansicht wendet § 234 Abs. 1 HGB analog an, insbesondere weil der Sinn und Zweck des § 234 HGB, die Vermeidung raschen Kapitalabzugs, auch bei Unterbeteiligungsgesellschaften uneingeschränkt passt.[5] Insofern bestimmt sich die Kündigungsfrist wie bei der stillen Gesellschaft nach §§ 132, 134 HGB. Die **außerordentliche Kündigung** richtet sich nach § 723 Abs. 1 S. 3 BGB, hinsichtlich des dafür notwendigen wichtigen Grundes sei auf die stille Gesellschaft verwiesen.[6] Bei der Kündigung durch einen Gläubiger des Unterbeteiligten gelten nach herrschender Auffassung die §§ 234, 135 HGB analog.[7]   3

Der **Tod** des Hauptgesellschafters löst die Unterbeteiligungsgesellschaft auf, sofern nicht im Unterbeteiligungsvertrag eine Fortsetzungsklausel vereinbart wurde (§ 727 Abs. 1 BGB).[8] Der Tod des Unterbeteiligten hat jedoch in analoger Anwendung des § 234 Abs. 2 HGB nicht die Auflösung der Unterbeteiligung zur Folge, vielmehr wird diese mit den Erben fortgesetzt.[9]   4

Weitere Auflösungsgründe sind gem. § 726 BGB die **Zweckerreichung** und **Zweckvereitelung**, nach § 728 BGB die **Insolvenz** des Haupt- oder Unterbeteiligten und das Zusammenfallen der Rechtsstellung des Hauptbeteiligten mit der des Unterbeteiligten durch **Konfusion**.[10]   5

---

1 MüKo HGB/*K.Schmidt* § 234 Rn. 63; Oetker/*Schubert* § 234 Rn. 42; MünchHdb GesR I/*Gayk* § 30 Rn. 68.
2 Siehe § 107 Rdn. 2.
3 MünchHdb GesR I/*Gayk* § 30 Rn. 68.
4 Siehe § 107 Rdn. 5 ff.
5 GroßkommHGB/*Harbarth* § 234 Rn. 118; MüKo HGB/*K.Schmidt* § 234 Rn. 70; Oetker/*Schubert* § 234 Rn. 43 jeweils m. w. N.
6 Siehe § 107 Rdn. 12.
7 MüKo HGB/*K.Schmidt* § 234 Rn. 70; Röhricht/Graf v. Westphalen/Haas/*Mock* § 234 Rn. 38.
8 GroßkommHGB/*Harbarth* § 234 Rn. 120; E/B/J/S/*Gehrlein* § 234 Rn. 37.
9 MüKo HGB/*K.Schmidt* § 234 Rn. 77; GroßkommHGB/*Harbarth* § 234 Rn. 120 m. w. N.
10 Siehe dazu im Einzelnen MünchHdb GesR I/*Gayk* § 30 Rn. 75 f.; GroßkommHGB/*Harbarth* § 234 Rn. 122 ff.; MüKo HGB/*K.Schmidt* § 234 Rn. 67 ff.

6 Hinsichtlich der **Umwandlung** kann im Wesentlichen auf die stille Gesellschaft verwiesen werden,[11] bei der Unterbeteiligung kommt jedoch zu den dort angesprochenen Fällen noch die Möglichkeit der **Umwandlung der Hauptgesellschaft** hinzu. Doch auch eine solche löst das Unterbeteiligungsverhältnis nicht auf, vielmehr besteht die Unterbeteiligung an dem geänderten Anteil fort.[12] Für den Unterbeteiligten kann sich aber die Möglichkeit der außerordentlichen Kündigung ergeben, sofern ihm die Fortsetzung der Unterbeteiligung unzumutbar ist.[13] Eine besondere Situation ergibt sich, wenn sich bei einer Personengesellschaft alle Anteile in einer Hand vereinigen: Dann findet mangels anderweitiger Vereinbarung eine Umwandlung der Unterbeteiligung in eine stille Gesellschaft statt.[14]

C. Auseinandersetzung

7 Für die Auseinandersetzung bei der Unterbeteiligung findet § 235 Abs. 1 HGB analoge Anwendung, sodass der Unterbeteiligte einen Abfindungsanspruch in Geld hat.[15] Bei typischen Unterbeteiligungen hat der Unterbeteiligte einen Anspruch auf den Buchwert zuzüglich der noch unberücksichtigten Gewinne.[16] Bei der atypischen Unterbeteiligung mit Vermögensbeteiligung[17] erfolgt die Auseinandersetzung auf Grundlage einer Vermögensbilanz, sofern der Gesellschaftsvertrag nicht eine andere Regelung vorsieht.[18]

8 Der Unterbeteiligte ist auch an den **schwebenden Geschäften** analog § 235 Abs. 2 und 3 HGB beteiligt, da er an den Erträgen des Gesellschaftsanteils des Hauptbeteiligten partizipiert und somit auch mittelbar an den Geschäften der Hauptgesellschaft.[19]

9 Hinsichtlich der prozessualen Durchsetzung der Ansprüche des Unterbeteiligten wird auf die Klagemöglichkeiten des stillen Gesellschafters verwiesen.[20]

---

11 Siehe § 107 Rdn. 19 f.
12 Allgemeine Ansicht, siehe nur MünchHdb GesR I/*Gayk* § 30 Rn. 77; Oetker/*Schubert* § 234 Rn. 43; GroßkommHGB/*Harbarth* § 234 Rn. 127 m. w. N.
13 MüKo HGB/*K.Schmidt* § 234 Rn. 75
14 Oetker/*Schubert* § 234 Rn. 43; MünchHdb GesR I/*Gayk* § 30 Rn. 77.
15 GroßkommHGB/*Harbarth* § 235 Rn. 75; MüKo HGB/*K.Schmidt* § 235 Rn. 69 m. w. N.
16 Oetker/*Schubert* § 235 Rn. 32; GroßkommHGB/*Harbarth* § 235 Rn. 75.
17 Vergleiche § 108 Rdn. 9.
18 MüKo HGB/*K.Schmidt* § 235 Rn. 71; E/B/J/S/*Gehrlein* § 235 Rn. 35; Oetker/*Schubert* § 235 Rn. 32.
19 Überwiegende Ansicht, siehe nur MüKo HGB/*K.Schmidt* § 235 Rn. 73; Röhricht/Graf v. Westphalen/Haas/*Mock* § 235 Rn. 39; E/B/J/S/*Gehrlein* § 235 Rn. 35; a. A. MünchHdb GesR I/*Gayk* § 30 Rn. 84.
20 Siehe § 107 Rdn. 30 ff.

Abschnitt 4 Streitigkeiten betreffend die Treuhand an Gesellschaftsanteilen

§ 117 Streitigkeiten bei der Begründung des Treuhandverhältnisses

Übersicht

	Rdn.			Rdn.
A. Grundlegendes zur Treuhand an Gesellschaftsanteilen	1	B.	Entstehung der Treuhand	6
I. Begriffsmerkmale und Eingrenzung	1	I.	Schuldrechtliche und dingliche Voraussetzungen	6
II. Gegenstand der Treuhand	3	II.	Form- und Zustimmungserfordernisse	8
III. Intensität der Unternehmensbeteiligung	4		1. Formerfordernisse	8
IV. Gesellschaftsrechtliche Zulässigkeit der Treuhand	5		2. Zustimmungserfordernisse	12

A. Grundlegendes zur Treuhand an Gesellschaftsanteilen

I. Begriffsmerkmale und Eingrenzung

Treuhand bezeichnet im Allgemeinen die Rechtsträgerschaft für Dritte. Im Gesellschaftsrecht stellt die Vereinbarung eines Treuhandverhältnisses eine häufig geübte Praxis dar. Dabei können Treuhandverhältnisse in Bezug auf Gesellschaftsanteile in verschiedenen Formen bestehen.[1] Man unterscheidet hinsichtlich des Umfangs der Rechtsübertragung die **fiduziarische Vollrechtstreuhand**, die **Ermächtigungstreuhand** und die **Vollmachtstreuhand**.[2] Bezüglich der zu erfüllenden Funktion der Treuhand an Gesellschaftsanteilen wird zwischen **Sicherungstreuhand** und **Nutzungstreuhand** als eigennützige sowie der **Verwaltungstreuhand** als fremdnützige Treuhand unterschieden.[3] In der Rechtspraxis steht die Verwaltungstreuhand in Form der fiduziarischen Vollrechtstreuhand im Vordergrund[4], worauf sich auch die folgenden Ausführungen konzentrieren werden. Auf für Rechtsstreitigkeiten relevante Unterschiede und Besonderheiten bei den anderen Erscheinungsformen der Treuhand wird an entsprechender Stelle hingewiesen. 1

Eine Verwaltungstreuhand in Form einer fiduziarischen Vollrechtstreuhand an einer Beteiligung liegt vor, wenn ein Treuhänder die Beteiligung für Rechnung eines oder mehrerer anderer hält und die Rechte aus der Beteiligung nur nach Maßgabe des mit dem Treugeber geschlossenen schuldrechtlichen Treuhandvertrages ausüben darf.[5] Hierin wird das für Treuhandverhältnisse charakteristische Auseinanderfallen von äußerer Rechtszuständigkeit und innerer Rechtsbindung deutlich. Streitigkeiten können sich dabei auf zwei verschiedenen Ebenen ergeben: Zum einen können sich Streitigkeiten aus dem Gesellschaftsverhältnis ergeben. Sie werden grundsätzlich zwischen dem Treuhänder und der Gesellschaft bzw. den Mitgesellschaftern geführt.[6] Zum anderen können sich Streitigkeiten aus dem Treuhandverhältnis ergeben. Sie werden zwischen dem Treuhänder und dem Treugeber geführt. 2

---

1 E/B/J/S/*Wertenbruch* § 105 Rn. 153; Henssler/Strohn/*Röthel* § 105 (HGB) Rn. 151; MüKo HGB/*K. Schmidt* Vor § 230 Rn. 35.
2 MüKo HGB/*K. Schmidt* Vor § 230 Rn. 35 m. w. N.
3 GroßkommHGB/*Schäfer* § 105 Rn. 102; MüKo HGB/*K. Schmidt* Vor § 230 Rn. 38 m. w. N.
4 Die überwiegende Ansicht sieht ebenfalls die Verwaltungstreuhand in Form der fiduziarischen Verwaltungstreuhand als die bedeutendste an: E/B/J/S/*Wertenbruch* § 105 Rn. 153; MüKo BGB/*Ulmer/Schäfer* § 705 Rn. 85; MüKo HGB/*K. Schmidt* Vor § 230 Rn. 35; *Gebke*, GmbHR 2014, 1128 (1129).
5 MüKo HGB/*K. Schmidt* Vor § 230 Rn. 36; E/B/J/S/*Wertenbruch* § 105 Rn. 153.
6 Zu Einzelheiten und möglichen Ausnahmen von diesem Grundsatz siehe unten § 119.

II. Gegenstand der Treuhand

3 Gegenstand der Treuhand an Gesellschaftsbeteiligungen können Beteiligungen an Personenhandelsgesellschaften, Beteiligungen an BGB-Außengesellschaften, Geschäftsanteile an GmbHs sowie Aktien sein.[7] Aber auch Beteiligungen an Innengesellschaften können als Gegenstände von Treuhandverhältnissen in Betracht kommen, sofern die Mitgliedschaft übertragbar gestaltet ist, sodass sowohl die atypische stille Beteiligung als auch die atypische Unterbeteiligung zum Gegenstand eines Treuhandverhältnisses gemacht werden können.[8] Umstritten ist, ob bei Personengesellschaften der Grundsatz der Einheitlichkeit der Mitgliedschaft einer Konstruktion entgegensteht, in der ein Gesellschafter neben seinem eigenen Gesellschaftsanteil noch einen weiteren treuhänderisch für einen Treugeber hält.[9] Überwiegend wird eine solche Gestaltungsmöglichkeit und damit die Selbstständigkeit der Gesellschaftsanteile wohl bejaht, was unter anderem damit begründet wird, dass sogar im Vollstreckungsrecht die vermögensrechtliche Sonderzuordnung des Treugutes bei Treuhandverhältnissen anerkannt ist.[10] Die Einzelheiten solcher Konstruktionen sind aber ungeklärt.

III. Intensität der Unternehmensbeteiligung

4 Die Intensität der Beteiligung des Treugebers am Unternehmen richtet sich zunächst nach der Frage, ob eine offene oder verdeckte Treuhand vorliegt. Diese beiden Treuhandformen unterscheiden sich danach, ob das Treuhandverhältnis vom Treuhänder gegenüber den Mitgesellschaftern offengelegt wurde oder nicht.[11] Bei der **verdeckten Treuhand**, die den Regelfall darstellt, wird das Treuhandverhältnis vom Treuhänder nicht offengelegt.[12] Dabei verbleibt der Treuhänder gegenüber der Gesellschaft und den Mitgesellschaftern vollen Umfangs aus dem Gesellschaftsanteil berechtigt und verpflichtet, sodass kein unmittelbares Rechtsverhältnis zwischen dem Treugeber und der Gesellschaft entsteht.[13] Hingegen besteht bei der **offenen Treuhand** die Möglichkeit der Einbeziehung des Treugebers in den Gesellschaftsverband, mit der Folge einer unmittelbaren Rechtsbeziehung zwischen dem Treugeber und der Gesellschaft.[14] Zwischen den beiden reinen Typen der offenen oder verdeckten Treuhand können auch Sonderformen bestehen. Zu nennen ist beispielsweise die offene Treuhand für unbenannte Personen.

IV. Gesellschaftsrechtliche Zulässigkeit der Treuhand

5 Die Zulässigkeit der fiduziarischen Vollrechtstreuhand an Gesellschaftsanteilen ist sowohl für Personengesellschaften als auch für GmbHs und Aktiengesellschaften allgemein anerkannt.[15]

---

7 MüKo HGB/*K. Schmidt* Vor § 230 Rn. 37 m. w. N. zu den einzelnen Gesellschaftsformen.
8 MüKo HGB/*K. Schmidt* Vor § 230 Rn. 37; Erman/*Westermann* § 705 Rn. 25.
9 Zu diesem Streit GroßkommHGB/*Schäfer* § 105 Rn. 72 f.; MüKo HGB/*K. Schmidt* § 105 Rn. 78; E/B/J/S/*Wertenbruch* § 105 Rn. 50 f.
10 So MüKo HGB/*K. Schmidt* § 105 Rn. 78; i. E. auch MüKo BGB/*Ulmer/Schäfer* § 705 Rn. 63 (zumindest für die offene Treuhand); a. A. E/B/J/S/*Wertenbruch* § 105 Rn. 50 ff.
11 BGHZ 10, 44 (49); Erman/*Westermann* § 705 Rn. 25; GroßkommHGB/*Schäfer* § 105 Rn. 103; Ulmer/Habersack/Löbbe/*Löbbe* § 15 Rn. 20.
12 Einzelheiten zum Zustimmungserfordernis und zu Vinkulierungsklauseln bei Treuhandverhältnissen unten Rdn. 12 ff.
13 GroßkommHGB/*Schäfer* § 105 Rn. 104.
14 BGHZ 10, 44 (49 f.); Erman/*Westermann* § 705 Rn. 26 f.; GroßkommHGB/*Schäfer* § 105 Rn. 107; MüKo BGB/*Ulmer/Schäfer* § 705 Rn. 92; zu den gesellschaftsinternen Rechten und Pflichten des Treugebers siehe später noch im Detail § 119.
15 Für Personengesellschaften vgl. nur: MünchHdb GesR I/*Gummert* § 16 Rn. 23; GroßkommHGB/*Schäfer* § 105 Rn. 102; für die GmbH: Ulmer/Habersack/Löbbe/*Löbbe* § 15 Rn. 198 m. w. N.; für die AG: MünchHdb GesR IV/*Wiesner/Kraft* § 14 Rn. 70 m. w. N.

B. Entstehung der Treuhand

I. Schuldrechtliche und dingliche Voraussetzungen

Der schuldrechtliche Treuhandvertrag, also das Innenverhältnis zwischen Treuhänder und Treugeber, stellt einen Geschäftsbesorgungsvertrag mit Dienstvertragscharakter oder einen Auftrag dar, sodass die §§ 662 ff., 675 BGB Anwendung finden.[16] Wesentlicher Inhalt des Treuhandvertrages ist die Verpflichtung zur weisungsgemäßen Ausübung der Rechte an dem Gesellschaftsanteil.[17]

Als davon zu trennendes »dingliches« Element setzt das Treuhandverhältnis die Inhaberschaft des Treuhänders an dem Gesellschaftsanteil voraus. Dies kann auf dreierlei Weise erreicht werden: Durch fiduziarische Übertragung vom Treugeber auf den Treuhänder (**Übertragungstreuhand**), durch die Vereinbarung eines Gesellschafters mit dem Treugeber, er werde künftig als Treuhänder seine Beteiligung für den Treugeber halten (**Vereinbarungstreuhand**), oder indem der Treuhänder die Beteiligung im Auftrag und für Rechnung des Treugebers erwirbt und diese dann treuhänderisch für ihn hält (**Erwerbstreuhand**).[18]

II. Form- und Zustimmungserfordernisse

1. Formerfordernisse

Ob der Treuhandvertrag Formerfordernissen unterliegt, ist je nach Gesellschaftsform unterschiedlich zu beurteilen. Bei **Personen- und Aktiengesellschaften** besteht grundsätzlich kein Formzwang, lediglich im Rahmen von Schenkungen ist § 518 BGB zu beachten.[19] Anders stellt sich die Situation bei der **GmbH** dar: Die Pflicht zur notariellen Beurkundung des Treuhandvertrages kann aus § 15 Abs. 4 GmbHG folgen, wobei nach h. M. zwischen Übertragungstreuhand, Vereinbarungstreuhand und Erwerbstreuhand zu unterscheiden ist.[20] Ausgangspunkt der Betrachtung muss der Normzweck des § 15 Abs. 4 GmbHG sein: Neben dem Ziel, den Beweis der Anteilsinhaberschaft zu gewährleisten, soll insbesondere vereitelt werden, dass GmbH-Geschäftsanteile Gegenstand des freien Handelsverkehrs werden.[21] Der BGH stellt hinsichtlich der Beurkundungspflicht darauf ab, ob die getroffene Treuhandabrede zwangsläufig die Verpflichtung zur Geschäftsanteilsübertragung enthält.[22]

Bei der **Übertragungstreuhand** ist der Treugeber zunächst Inhaber des Gesellschaftsanteils und überträgt diesen dem Treuhänder.[23] In diesem Fall ergibt sich die Notwendigkeit der notariellen Beurkundung nach § 15 Abs. 4 GmbHG aus der Abtretungsverpflichtung des Treugebers und der spiegelbildlichen Erwerbsverpflichtung des Treuhänders.[24] Auch die **Vereinbarungstreuhand** unterliegt der notariellen Beurkundungspflicht gem. § 15 Abs. 4 GmbHG, wenn sie – wie es in der Regel der Fall ist – mit der Pflicht einhergeht, den Geschäftsanteil nach Beendigung der Treuhand auf den Treugeber zu übertragen.[25] Lediglich bei der **Erwerbstreuhand** ist es umstritten, ob

---

16 BGH BB 1969, 1154; E/B/J/S/*Wertenbruch* § 105 Rn. 154; MünchHdb GesR II/*Jaletzke* § 63 Rn. 6; Henssler/Strohn/*Röthel* § 105 (HGB) Rn. 15.
17 Henssler/Strohn/*Röthel* § 105 HGB Rn. 158.
18 MüKo HGB/*K. Schmidt* Vor § 230 Rn. 52; Henssler/Strohn/*Verse* § 15 (GmbHG) Rn. 117; Michalski GmbHG/*Ebbing* § 15 Rn. 207.
19 E/B/J/S/*Wertenbruch* § 105 Rn. 154.
20 Diese Unterscheidung ebenfalls vornehmend *Armbrüster*, GmbHR 2001, 941 (945 f.); MüKo GmbHG/*Reichert/Weller* § 15 Rn. 209 ff.; Michalski GmbHG/*Ebbing* § 15 Rn. 208 ff.; Henssler/Strohn/*Verse* § 15 GmbHG Rn. 118 ff.
21 BGH GmbHR 1999, 707 (709); BGH ZIP 2006, 1295.
22 BGH GmbHR 1999, 707 (709); BGH ZIP 2006, 1295.
23 Michalski GmbHG/*Ebbing* § 15 Rn. 209; Henssler/Strohn/*Verse* § 15 (GmbHG) Rn. 117.
24 BayObLG NJW-RR 1991, 1252 (1254); MüKo GmbHG/*Reichert/Weller* § 15 Rn. 211; Scholz/*Seibt* § 15 Rn. 230; Michalski GmbHG/*Ebbing* § 15 Rn. 209 jeweils m. w. N.
25 BGH ZIP 2006, 1295; Scholz/*Seibt* § 15 Rn. 230; Michalski GmbHG/*Ebbing* § 15 Rn. 209; MüKo GmbHG/*Reichert/Weller* § 15 Rn. 215; MüKo HGB/*K. Schmidt* Vor § 230 Rn. 51.

eine Beurkundungspflicht vorliegt. Von der lange Zeit herrschenden Meinung wurde die Erwerbstreuhand formfrei zugelassen, was damit begründet wurde, dass sich die Pflicht des Treuhänders zur Anteilsübertragung am Ende des Treuhandverhältnisses bereits aus dem Gesetz aus § 667 BGB ergebe.[26] Inzwischen hat der BGH seine Rechtsprechung aber dahingehend geändert, dass danach zu differenzieren ist, ob sich die Treuhandabrede auf einen bereits bestehenden oder einen noch nicht existenten Geschäftsanteil bezieht. Lediglich in letzterem Fall, in dem die Treuhandabrede vor Abschluss des notariellen Gesellschaftsvertrages getroffen wird, ist die Vereinbarung formfrei möglich, da es in diesem Stadium an einem Geschäftsanteil als Bezugsobjekt fehle.[27] Verpflichtet sich hingegen der Treuhänder gegenüber dem Treugeber, einen bereits bestehenden oder in Entstehung befindlichen Geschäftsanteil von einem Dritten zu erwerben, so soll die Beurkundungspflicht nach § 15 Abs. 4 GmbHG eingreifen. In einem solchen Fall bestünde die Gefahr, dass der Geschäftsanteil Gegenstand des freien Handelsverkehrs würde, insbesondere, weil »es der Treugeber in der Hand hätte, seinerseits weitere Treuhandverträge zu schließen, nach denen er verpflichtet wäre, jenen Anteil selbst treuhänderisch für einen Dritten zu halten«.[28] Diesem Verständnis ist der Großteil der Literatur gefolgt.[29]

10 Im Falle der Nichtbeachtung der vorgeschriebenen Form, ist der Treuhandvertrag – vorbehaltlich einer Heilung nach § 15 Abs. 4 S. 2 GmbHG durch formgerechte Abtretung[30] – gem. § 125 BGB nichtig. In der Regel wird allerdings eine Heilung nach § 15 Abs. 4 S. 2 GmbH nicht in Betracht kommen, da die Abtretung des Geschäftsanteils auf den Treugeber bei Beendigung des Treuhandverhältnisses noch aussteht. Der vermeintliche Treugeber kann im Fall der Formnichtigkeit vom vermeintlichen Treuhänder mit einer **Leistungsklage** einen **Anspruch auf Herausgabe des aus der Geschäftsführung Erlangten** nach den Vorschriften über die **Geschäftsführung ohne Auftrag** geltend machen.[31] Von diesem Anspruch ist auch der Geschäftsanteil als Treugut umfasst.[32]

11 In dinglicher Hinsicht ist die Übertragung des Gesellschaftsanteils an die allgemeinen Voraussetzungen der Mitgliedschaftsübertragung gebunden.[33] Eine zu erfüllende Formvorschrift ergibt sich allein für GmbH-Geschäftsanteile, die nur in der Form des § 15 Abs. 3 GmbHG übertragen werden können. Anders als bei der Übertragungs- und Erwerbstreuhand erfolgt bei der Begründung der Vereinbarungstreuhand keine Verfügung über die Mitgliedschaft, sodass § 15 Abs. 3 GmbHG keine Anwendung findet. Lediglich eine etwaige Abtretung vom Treuhänder auf den Treugeber nach Beendigung der Vereinbarungstreuhand ist nach § 15 Abs. 3 GmbHG zu beurkunden.[34]

2. Zustimmungserfordernisse

12 Zustimmungserfordernisse können sowohl bei Personengesellschaften als auch bei der GmbH gem. § 15 Abs. 5 GmbHG und bei vinkulierten Namensaktien gem. § 68 Abs. 2 AktG bestehen. Für die Begründung der Treuhand an Personengesellschaftsanteilen, GmbH-Geschäftsanteilen und Aktien gilt, dass hinsichtlich etwaiger Zustimmungserfordernisse zunächst nach der **Art der Treuhand** zu unterscheiden ist.

13 Unstreitig ist die Zustimmung der Mitgesellschafter bei der **Übertragungstreuhand** erforderlich, da diese auf eine Veränderung des Gesellschafterkreises zielt und somit die Voraussetzungen der Mit-

---

26 BGH NJW 1956, 58; BGH WM 1971, 306.
27 BGH GmbHR 1999, 707 (709); BGH ZIP 2006, 1295.
28 BGH GmbHR 1999, 707 (709); BGH ZIP 2006, 1295.
29 Scholz/*Seibt* § 15 Rn. 230; Lutter/Hommelhoff/*Bayer* § 15 Rn. 90; MüKo GmbHG/*Reichert/Weller* § 15 Rn. 214; Baumbach/Hueck/*Fastrich* § 15 Rn. 56.
30 Zum Formerfordernis der Abtretung bei den verschiedenen Arten der Treuhand sogleich Rdn. 11.
31 BGH NZG 2005, 41 (43); so auch Ulmer/Habersack/Löbbe/*Löbbe* § 15 Rn. 203.
32 Ulmer/Habersack/Löbbe/*Löbbe* § 15 Rn. 203.
33 MüKo HGB/*K. Schmidt* Vor § 230 Rn. 53 m. w. N.
34 MüKo GmbHG/*Reichert/Weller* § 15 Rn. 215.

gliedschaftsübertragung vorliegen müssen.³⁵ Ist die Übertragung bereits aufgrund des Gesetzes oder des Gesellschaftsvertrages zulässig, so ist davon auch die Zulässigkeit der Übertragungstreuhand mit umfasst.³⁶

Auch bei der **Erwerbstreuhand** muss die Zustimmung der Mitgesellschafter erteilt werden, da hier ein originärer oder ein derivativer Erwerb der Beteiligung erfolgt. Die Situation ist hinsichtlich ihres Verfügungscharakters mit der Übertragungstreuhand vergleichbar, sodass eine einheitliche Behandlung hinsichtlich des Zustimmungserfordernisses geboten ist.³⁷ 14

Bei der **Vereinbarungstreuhand** fehlt es hingegen an einer Verfügung über den Gesellschaftsanteil und einem Gesellschafterwechsel, was zu unterschiedlichen Ansichten hinsichtlich der Frage nach der Zustimmungsbedürftigkeit geführt hat. Zum Teil wird unter Verweis auf den Zweck von Zustimmungserfordernissen und Vinkulierungsklauseln, unerwünschten Fremdeinfluss in der Gesellschaft zu vermeiden, ein Zustimmungserfordernis auch für die Vereinbarungstreuhand gefordert.³⁸ Zwar finde kein Gesellschafterwechsel statt, allerdings ergebe sich die Gefahr des Fremdeinflusses dennoch aus der Weisungsabhängigkeit des Treuhänders vom Treugeber.³⁹ Dem wird entgegengehalten, dass bei der Vereinbarungstreuhand lediglich eine schuldrechtliche Treuhandabrede ohne jeglichen Verfügungscharakter getroffen wird, die für die übrigen Gesellschafter keinerlei erkennbare Nachteile entstehen lässt.⁴⁰ Werde kein Gesellschaftsanteil übertragen, bleibe eine treuhänderische Bindung in ihren Auswirkungen auf die Gesellschaft weit hinter einem Gesellschafterwechsel zurück,⁴¹ sodass eine Gleichbehandlung dieser Sachverhalte nicht geboten sei. Dem ist im Ergebnis zuzustimmen, insbesondere wenn man bedenkt, dass eine Vereinbarungstreuhand sich hinsichtlich des von der Gegenmeinung befürchteten Fremdeinflusses kaum von einer nach richtiger Ansicht nicht zustimmungspflichtigen Stimmbindungsvereinbarung unterscheidet.⁴² Eine sachgerechte Lösung kann vielmehr nur darin bestehen, etwaigen Gefahren durch potenzielle Fremdeinflüsse im Rahmen der gesellschaftlichen Treuepflicht durch Abwägung der betroffenen Interessen zu begegnen. Etwas anderes mag bei reinen Umgehungssachverhalten gelten. 15

Ist die Zustimmung erforderlich und wurde sie von einem oder mehreren Gesellschaftern nicht erteilt, so stellt sich die Frage, ob die Erteilung der Zustimmung im Klagewege erreicht werden kann. In Betracht kommt eine **Leistungsklage auf Zustimmung** wie sie auch sonst hinsichtlich der Zustimmung zur Übertragung von Gesellschaftsanteilen möglich ist.⁴³ Eine solche Klagemöglichkeit kann nicht grundsätzlich ausgeschlossen sein, da die übrigen Gesellschafter durch eine treuhänderische Beteiligung nicht stärker beeinträchtigt sind als sonst bei der Übertragung von Gesellschaftsanteilen, sodass bei einer pflichtwidrigen Zustimmungsversagung der Klageweg offenstehen muss. Zu erheben ist die Klage gegen die die Zustimmung verweigernden Gesellschafter bei dem Gericht am Sitz der Gesellschaft (§§ 17, 22 ZPO). Ist die Klage erfolgreich, erfolgt eine Vollstreckung nach § 894 ZPO. Die Vollstreckung nach § 894 ZPO erfolgt unabhängig davon, ob die Entscheidung über die Zustimmung auf Grundlage eines Gesellschafterbeschlusses (Regelfall bei der GmbH) oder unmittelbar von den Gesellschaftern (Regelfall bei den Personengesellschaften) getroffen wurde. 16

---

35 Baumbach/Hopt/*Roth* § 105 Rn. 32; E/B/J/S/*Wertenbruch* § 105 Rn. 154; Henssler/Strohn/*Röthel* § 105 (HGB) Rn. 153.
36 MüKo BGB/*Ulmer/Schäfer* § 705 Rn. 86; MüKo HGB/*K.Schmidt* Vor § 230 Rn. 53.
37 MüKo GmbHG/*Reichert/Weller* § 15 Rn. 221.
38 RGZ 159, 272 (280 ff.); Scholz/*Seibt* § 15 Rn. 234; Ulmer/Habersack/Löbbe/*Löbbe* § 15 Rn. 209; Baumbach/Hopt/*Roth* § 105 Rn. 32; i. E. auch MüKo HGB/*K. Schmidt* Vor § 230 Rn. 54 (wohl h. M.).
39 Scholz/*Seibt* § 15 Rn. 234; MüKo GmbHG/*Reichert/Weller* § 15 Rn. 222 jeweils m. w. N.
40 OLG Hamm GmbHR 1993, 656 (658); *Armbrüster*, GmbHR 2001, 941 (947); GroßkommHGB/*Schäfer* § 105 Rn. 104 (nur für die verdeckte Treuhand).
41 *Armbrüster*, GmbHR 2001, 941 (947).
42 Diesen Gedanken anführend auch *Armbrüster*, GmbHR 2001, 941 (947).
43 Siehe dazu § 16 Rdn. 77 ff. und § 31 Rdn. 17 f.

§ 118 Streitigkeiten bei Verfügungen des Treuhänders und bei Auswechslung des Treugebers

Übersicht	Rdn.		Rdn.
A. Streitigkeiten bei Verfügungen des Treuhänders	1	B. Streitigkeiten bei Auswechslung des Treugebers	5

A. Streitigkeiten bei Verfügungen des Treuhänders

1 Der Treuhänder hat als Vollrechtsinhaber am Gesellschaftsanteil das Recht, über diesen zu verfügen. Ihm steht die Möglichkeit der Übertragung, Belastung oder sonstige Verfügung über denselben offen. Ein regelmäßig im Treuhandvertrag vereinbartes Veräußerungsverbot hat gem. § 137 BGB allein schuldrechtliche Wirkung, sodass eine weisungswidrige Verfügung des Treuhänders wirksam ist.[1] Somit trägt der Treugeber das Risiko, dass der Treuhänder abredewidrig über den Gesellschaftsanteil verfügt, was von der Wertung her auch angemessen ist, da er das Risiko pflichtwidrigen Handelns mit Begründung der Treuhand selbst gesetzt hat. Im Innenverhältnis steht dem Treugeber bei Verletzung dieser Pflicht ein **Anspruch auf Schadensersatz** gegen den Treuhänder zu, der im Wege der Leistungsklage durchzusetzen ist.[2] Da bei dieser Klage die inneren Rechtsbeziehungen der Gesellschaft nicht tangiert werden, scheidet eine gerichtliche Zuständigkeit gem. § 22 ZPO aus, sodass das Gericht am allgemeinen Gerichtsstand des Treuhänders örtlich zuständig ist.

2 Für den Treugeber entscheidend ist jedoch vor allem die Frage, ob er auch dergestalt gegen Verfügungen des Treuhänders vorgehen kann, dass er deren Wirksamkeit im Außenverhältnis beseitigen kann. Ein solcher Schutz des Treugebers auch gegen den Erwerber, wird ihm von der h. M. nur in den Fällen der §§ 138, 823 Abs. 2, 826 BGB zugesprochen.[3] Für die Fälle, in denen es an einem sittenwidrigen Mitwirken des Erwerbers fehlt, wird erwogen, die Regeln über den Missbrauch der Vertretungsmacht entsprechend anzuwenden.[4] Doch selbst diejenigen, die eine entsprechende Anwendung befürworten, fordern das Vorliegen einer evidenten Interessenwidrigkeit des Verfügungsgeschäfts, sodass dann auch die §§ 138, 823 Abs. 2, 826 BGB eingreifen dürften.

3 Zu seinem eigenen Schutz kann der Treugeber jedoch seinen Anspruch auf **Unterlassung schädigender Verfügungen** durch den Treuhänder mit einem im Rahmen einer **einstweiligen Verfügung** erlassenen gerichtlichen Veräußerungsverbot sichern.[5]

4 Auch die Mitgesellschafter können im Falle einer offenen Treuhand ein Interesse daran haben, Verfügungen über den Gesellschaftsanteil zu verhindern. Aufgrund der Gesellschafterstellung des Treuhänders bestehen für die Mitgesellschafter die gleichen Schutz- und Klagemöglichkeiten wie bei sonstigen Verfügungen von Gesellschaftern, sodass auf die Ausführungen in den jeweiligen Gesellschaftsformen verwiesen werden kann.

---

1 Henssler/Strohn/*Röthel* § 105 (HGB) Rn. 157; Baumbach/Hopt/*Roth* § 105 Rn. 33; E/B/J/S/*Wertenbruch* § 105 Rn. 166.
2 MüKo HGB/*K. Schmidt* Vor § 230 Rn. 69; Henssler/Strohn/*Röthel* § 105 (HGB) Rn. 157.
3 BGH WM 1977, 525 (527); BGH NJW 1968, 1471; E/B/J/S/*Wertenbruch* § 105 Rn. 166; Baumbach/Hopt/*Roth* § 105 Rn. 33; MüKo HGB/*K. Schmidt* Vor § 230 Rn. 69.
4 Eine entsprechende Anwendung ablehnend mit der Begründung, es handele sich hier um ein eigenes und kein fremdes Recht des Treuhänders: BGH NJW 1968, 1471; BGH WM 1977, 525; E/B/J/S/*Wertenbruch* § 105 Rn. 166; Henssler/Strohn/*Röthel* § 105 (HGB) Rn. 156; eine entsprechende Anwendung bejahend mit dem Hinweis, es könne nicht allein auf den rechtstechnischen Unterschied zwischen Handeln im eigenen und im fremden Namen ankommen: MüKo HGB/*K. Schmidt* Vor § 230 Rn. 69; Erman/*Westermann* § 705 Rn. 27; MüKo BGB/*Ulmer/Schäfer* § 705 Rn. 90 jeweils m. w. N.
5 E/B/J/S/*Wertenbruch* § 105 Rn. 166 m. w. N.

B. Streitigkeiten bei Auswechslung des Treugebers

Ein Wechsel des Treugebers kann mit Zustimmung oder Beteiligung des Treuhänders im Wege der Vertragsübernahme zwischen altem und neuem Treugeber vollzogen werden.[6] Die Möglichkeit, einen Treugeberwechsel ohne Zustimmung des Treuhänders vorzunehmen, besteht grundsätzlich nicht, da dem auch § 664 Abs. 2 BGB entgegensteht. Ob daneben auch die **Zustimmung der Mitgesellschafter** erforderlich ist, hängt zunächst davon ab, ob ein offenes oder verdecktes Treuhandverhältnis vorliegt. Während bei der verdeckten Treuhand die Zustimmung entbehrlich ist, da die Interessen der Mitgesellschafter nicht berührt werden,[7] ist die Frage des Zustimmungserfordernisses bei der offenen Treuhand umstritten. Die Situation ist vergleichbar mit derjenigen bei Begründung der Vereinbarungstreuhand,[8] da sich in beiden Fällen die dingliche Zuordnung des Gesellschaftsanteils nicht ändert und mithin keine Verfügung vorliegt.

Verbreitet wird die Zustimmung der Mitgesellschafter bei einem Treugeberwechsel als erforderlich angesehen.[9] Da es aber keine Veränderung im Gesellschafterbestand gibt und der Schutz der Gesellschaft dadurch gewährleistet wird, dass bei der Rückübertragung des Anteils an den Treugeber bei Beendigung des Treuhandverhältnisses die Zustimmung der Mitgesellschafter notwendig ist,[10] erscheint ein generelles Zustimmungserfordernis bei der Auswechslung des Treugebers verzichtbar. Einzig in den Fällen, in denen dem Treugeber ausnahmsweise weitreichende Mitwirkungsrechte in der Gesellschaft zugesprochen werden,[11] kann ein Treugeberwechsel von der Zustimmung der Mitgesellschafter abhängig gemacht werden. Nur in letzterem Fall steht den Gesellschaftern nach der hier vertretenen Ansicht somit die Möglichkeit offen, einen Wechsel des Treugebers zu verhindern, in allen anderen Fällen haben sie einen solchen hinzunehmen und können dagegen nicht im Klagewege gegen Treuhänder oder Treugeber vorgehen.

---

6 Reichert GmbH & Co/*Schlitt/Bortfeldt* § 40 Rn. 71; MüKo HGB/*K. Schmidt* Vor § 230 Rn. 85.
7 Reichert GmbH & Co/*Schlitt/Bortfeldt* § 40 Rn. 71 m. w. N.
8 Vgl. § 117 Rdn. 15.
9 GroßkommHGB/*Schäfer* § 105 Rn. 108 und MüKo HGB/*K. Schmidt* Vor § 230 Rn. 85 jeweils m. w. N.
10 Hierzu siehe § 120 Rdn. 2.
11 Zu diesen Fällen unten § 119 Rdn. 10.

§ 119 Durchsetzung der Rechte und Pflichten des Treugebers

Übersicht

	Rdn.			Rdn.
A. Überblick	1	C.	Verwaltungsrechte und -pflichten des Treugebers	10
B. Vermögensrechte und -pflichten des Treugebers	2	I.	Verwaltungsrechte des Treugebers gegenüber der Gesellschaft	10
I. Vermögensrechte	2		1. Stimmrecht	10
II. Vermögenspflichten	4		2. Informationsrecht/Auskunftsrecht	14
1. Gegenüber der Gesellschaft	4		3. Anfechtungsrecht	16
2. Gegenüber dem Treuhänder	6	II.	Treuepflicht	17

A. Überblick

1 Der Treuhänder ist bei der fiduziarischen Vollrechtstreuhand Gesellschafter und damit grundsätzlich Inhaber aller Rechte und Pflichten aus der Mitgliedschaft.[1] Anerkannt ist jedoch, dass im Innenverhältnis unter den Gesellschaftern dem Treugeber unmittelbare Rechte und Ansprüche eingeräumt werden können. Streitigkeiten können sich zum einen dadurch ergeben, dass der Treuhänder sich zwar im Rahmen seiner ihm im Außenverhältnis zustehenden Befugnis bewegt, dabei allerdings im Widerspruch zu der im Innenverhältnis zum Treugeber bestehenden Treuhandabrede handelt. Außerdem kann bei der offenen Treuhand Streit darüber entstehen, wem gewisse Rechte zustehen und wer die Ansprüche gegen wen geltend machen kann. Dabei können sowohl Vermögens- als auch Verwaltungsrechte sowie die jeweils gegenüberstehenden Pflichten Gegenstand von Streitigkeiten sein.

B. Vermögensrechte und -pflichten des Treugebers

I. Vermögensrechte

2 Mit der Gesellschafterstellung des Treuhänders geht einher, dass allein ihm die Vermögensrechte – wie der **Gewinn** oder das **Auseinandersetzungsguthaben** – im Außenverhältnis zur Gesellschaft zustehen.[2] Der Treugeber hat somit grundsätzlich keinen klagbaren Anspruch gegen die Gesellschaft. Die selbstständig übertragbaren Vermögensrechte kann der Treuhänder allerdings – vorbehaltlich eines gesellschaftsvertraglichen Abtretungsverbotes nach § 399 Var. 2 BGB – antizipiert an den Treugeber abtreten, sodass diese dann in der Person des Treugebers entstehen.[3] Dies empfiehlt sich für den Treugeber, um der Gefahr abredewidriger Verfügungen über den Gewinnanspruch durch den Treuhänder vorzubeugen. Im Falle einer **verdeckten Treuhand** kann die Gesellschaft mangels Kenntnis der Treuhandbeziehung allerdings schuldbefreiend an den Treuhänder leisten (§ 407 BGB), sodass der Treugeber in diesem Fall allein Ansprüche gegen den Treuhänder geltend machen kann. Der Anspruch auf den Gewinn ergibt sich für den Treugeber gegenüber dem Treuhänder bereits aus § 667 BGB, soweit keine abweichende vertragliche Regelung getroffen wurde. Bei abredewidrigen Verfügungen über den Gewinn oder das Auseinandersetzungsguthaben kommt für den Treugeber ein im Wege der Leistungsklage geltend zu machender Schadensersatzanspruch in Betracht.

3 Bei der **offenen Treuhand** kann die Gesellschaft im Falle der erfolgten und offengelegten Abtretung schuldbefreiend nur an den Treugeber leisten, dem daher auch ein unmittelbarer Leistungsanspruch

---

1 BGH NJW 1952, 178; BGH NJW 1980, 1163; E/B/J/S/*Wertenbruch* § 105 Rn. 155; Henssler/Strohn/*Röthel* § 105 (HGB) Rn. 155; Scholz/*Seibt* § 15 Rn. 228; MüKo GmbHG/*Reichert/Weller* § 15 Rn. 223 jeweils m. w. N.
2 MüKo HGB/*K. Schmidt* Vor § 230 Rn. 75; MüKo GmbHG/*Reichert/Weller* § 15 Rn. 225; Ulmer/Habersack/*Löbbe* § 15 Rn. 212.
3 Beckches Hdb PersGes/*Müller* § 4 Rn. 27; Ulmer/Habersack/*Löbbe* § 15 Rn. 212; MüKo GmbHG/*Reichert/Weller* § 15 Rn. 225.

B. Vermögensrechte und -pflichten des Treugebers § 119

gegen die Gesellschaft zusteht. Diesen kann er im Wege der Leistungsklage gegen die Gesellschaft geltend machen. Für solche Leistungsklagen des Treugebers gegen die Gesellschaft ist gem. § 17 ZPO das Gericht am Sitz der Gesellschaft örtlich zuständig. Hinsichtlich der funktionalen Zuständigkeit stellt sich die Frage, ob am Landgericht die Kammer für Handelssachen gem. § 95 Abs. 1 GVG zuständig ist. In Betracht kommt eine analoge Anwendung des § 95 Abs. 1 Nr 4a) GVG, indem man den Anwendungsbereich auf Klagen von mittelbar an der Gesellschaft Beteiligten gegen die Gesellschaft ausweitet, sofern es sich um einen Anspruch handelt, der gesellschaftsspezifische Rechte und Pflichten unmittelbar berührt. Dies erscheint bei dem hier in Rede stehenden Gewinnanspruch angebracht, da er dem Gewinnanspruch der übrigen Gesellschafter entspricht und seinen Ursprung im Gesellschaftsverhältnis hat.

II. Vermögenspflichten

1. Gegenüber der Gesellschaft

Die Haftung gegenüber Dritten (z. B. gem. §§ 128, 130 HGB) erwächst aus der Gesellschafterstellung, sodass allein der Treuhänder nach außen haftet und eine **Außenhaftung** des Treugebers somit ausscheidet.[4] Dies gilt selbst dann, wenn dem Treugeber im Innenverhältnis eine gesellschafterähnliche Stellung eingeräumt wird.[5] Von diesem Grundsatz ist bei der verdeckten Treuhand uneingeschränkt auszugehen und auch bei der offenen Treuhand stellt er den Regelfall dar, solange der Gesellschaftsvertrag nichts Abweichendes regelt.[6] 4

Eine andere Situation, und damit ein direkter Anspruch der Gesellschaft gegen den Treugeber, kann sich bei Kapitalgesellschaften hinsichtlich der **Kapitalerhaltungspflicht** gem. §§ 30, 31 GmbHG bzw. § 62 AktG ergeben. Sofern die Leistung unmittelbar an den Treugeber erfolgt oder wenn die Zahlung zunächst an den Treuhänder erfolgt und dieser die Zuwendung dann an den Treugeber weiterleitet, haftet der Treugeber selbst unmittelbar neben dem Treuhänder gem. §§ 31 Abs. 1 GmbHG, 62 Abs. 1 AktG analog.[7] Für eine unmittelbare Verpflichtung des Treugebers gegenüber der Gesellschaft müssen ihm also tatsächlich Leistungen zugeflossen sein.[8] Soweit Treugeber und Treuhänder nebeneinander zur Zahlung verpflichtet sind, haften sie der Gesellschaft gegenüber als **Gesamtschuldner**.[9] Für den Fall, dass die Gesellschaft im Wege der **Leistungsklage** beide gemeinsam verklagt, sind Treugeber und Treuhänder im Prozess **keine notwendigen Streitgenossen**.[10] Sofern die Gesellschaft allein gegen den Treugeber gerichtlich vorgeht, stellt sich die Frage der gerichtlichen Zuständigkeit für eine solche Leistungsklage. Die **örtliche Zuständigkeit** für Klagen der Gesellschaft gegen den Treugeber ist nicht geregelt oder geklärt. Wenn es aber, wie hier, um Ansprüche geht, die die inneren Rechtsbeziehungen der Gesellschaft betreffen und die inhaltlich vollumfänglich mit den Ansprüchen gegen die Gesellschafter übereinstimmen, erscheint es sachgemäß, auch hier den besonderen Gerichtsstand der Mitgliedschaft gem. § 22 ZPO für gegeben anzusehen. Was die funktionale Zuständigkeit anbelangt, erscheint mit der gleichen Argumentation die Zuständigkeit der **Kammer für Handelssachen** gem. § 95 Abs. 1 Nr. 4a) GVG analog möglich. Es wäre nicht sinnvoll, hinsichtlich eines gleich lautenden Anspruches der Gesellschaft eine unterschiedliche gerichtliche Zuständig- 5

---

4 BGH NZG 2009, 779 (780); BGH WM 2008, 2359; E/B/J/S/*Wertenbruch* § 105 Rn. 163; Baumbach/Hopt/*Roth* § 105 Rn. 34; MüKo BGB/*Ulmer/Schäfer* § 705 Rn. 92 jeweils m. w. N.
5 BGH NZG 2009, 57; Oetker/*Weitemeyer* § 105 Rn. 36; MüKo HGB/*K.Schmidt* Vor § 230 Rn. 60; zur Einräumung von Mitverwaltungsrechten an den Treugeber siehe sogleich Rdn. 10 ff.
6 BGH NZG 2009, 57 (58); OLG München BeckRS 2008, 7251; Oetker/*Weitemeyer* § 105 Rn. 36; Baumbach/Hopt/*Roth* § 105 Rn. 31.
7 BGHZ 31, 258 (266 f.); BGH WM 2004, 325 (326); Scholz/*Verse* § 30 Rn. 39; Baumbach/Hueck/*Fastrich* § 31 Rn. 12; Spindler/Stilz/*Cahn* § 62 Rn. 15; MüKo AktG/*Bayer* § 57 Rn. 60; dabei wird zur Begründung zum Teil der Rechtsgedanke des § 46 Abs. 5 AktG herangezogen.
8 Ulmer/Habersack/Winter/*Habersack* § 30 Rn. 66 m. w. N.
9 Ulmer/Habersack/Winter/*Habersack* § 31 Rn. 20; Henssler/Strohn/*Fleischer* § 31 (GmbHG) Rn. 12; MüKo AktG/*Bayer* § 62 Rn. 29.
10 Siehe zum Ganzen nur Saenger/*Bendtsen* § 62 Rn. 9.

keit anzunehmen, je nachdem, ob die Klage gegen den Treuhänder oder den Treugeber gerichtet wird. Da jedoch die Verhandlung vor der Kammer für Handelssachen nur auf Antrag erfolgt (§§ 96, 98 GVG), kann es aufgrund der bestehenden Unsicherheit hinsichtlich der Zuständigkeit für die klagende Gesellschaft ratsam sein, die Klage vor den Zivilkammern zu erheben.

2. Gegenüber dem Treuhänder

6   Dem Treuhänder stehen Ansprüche vermögensrechtlicher Art gegen den Treugeber zu, welche sich aus dem Treuhandverhältnis ergeben. In Betracht kommen zunächst Ansprüche des Treuhänders auf **Vorschuss** und auf **Aufwendungsersatz**, soweit der Vertrag dies nicht anders regelt, §§ 669, 670 BGB.[11]

7   Besonders relevant ist ein möglicher Anspruch auf Freistellung des Treuhänders von der Haftung gem. § 128 BGB. Soweit im Treuhandvertrag eine ausdrückliche Freistellungsregelung fehlt, kann der Freistellungsanspruch aus §§ 675, 670 i. V. m. § 257 BGB hergeleitet werden.[12] Diesen Anspruch kann der Treuhänder zum einen im Wege der **Freistellungsklage** verfolgen oder aber er kann den Freistellungsanspruch gegen den Treugeber an den Gläubiger der Gesellschaftsverbindlichkeit abtreten. Geht der Treuhänder selbst gegen den Treugeber mit der Freistellungsklage vor, so handelt es sich dabei um eine **Leistungsklage**. Auf diese findet der besondere Gerichtsstand der Mitgliedschaft gem. § 22 ZPO keine Anwendung, da es sich um eine Streitigkeit aus dem Treuhandvertrag handelt.[13] Die **örtliche Zuständigkeit** folgt vielmehr aus §§ 12, 13 ZPO. Der **Klageantrag** gem. § 253 Abs. 2 Nr. 2 ZPO muss hinreichend bestimmt formuliert werden, was bei einer hier regelmäßig vorliegenden Geldleistung erfordert, dass der Freistellungsantrag Grund und Höhe der Schuld, von der freigestellt werden soll, genau bestimmt.[14] Dabei muss der Antrag die Forderung so genau bezeichnen, dass der Treugeber notfalls im Wege der Zwangsvollstreckung nach § 887 ZPO zur Befriedigung des Gesellschaftsgläubigers angehalten werden kann.[15] Steht der genaue Forderungsbetrag noch nicht fest oder begehrt der Treuhänder eine Freistellung von künftig erst entstehenden Ansprüchen, so ist der Freistellungsantrag unzulässig.[16]

8   Wählt der Treuhänder die **Abtretung an den Gesellschaftsgläubiger**, so wandelt sich der Freistellungsanspruch in einen Zahlungsanspruch um, welcher dann vom Gesellschaftsgläubiger im Wege der Leistungsklage gegen den Treugeber geltend gemacht werden kann.[17] Ein Abtretungsverbot gem. § 399 Var. 1 BGB liegt trotz der Veränderung des Leistungsinhalts in einen Zahlungsanspruch nicht vor, wenn die Abtretung an den Gläubiger der zu tilgenden Schuld erfolgt.[18]

9   Kommt es zu einer Inanspruchnahme des Treugebers durch den Treuhänder oder den Gesellschaftsgläubiger, stellt sich die Frage, ob der Treugeber dagegen mit einem ihm aus dem Innenverhältnis zum Treuhänder zustehenden Anspruch aufrechnen kann. Dabei gilt zumindest bei Gestaltungen, in denen der Treugeber auf Grund der Verzahnung von Gesellschafts- und Treuhandvertrag im Gesellschafts-Innenverhältnis die Stellung eines unmittelbaren Gesellschafters hat, der Grundsatz, dass Einwendungen aus dem Innenverhältnis zwischen Treugeber und Treuhänder nicht dem Gesellschaftsgläubiger entgegengehalten werden können.[19] Der Treugeber, der im Rahmen der offenen Treuhand Quasi-Gesellschafter ist, soll nicht besser oder schlechter stehen als ein unmittelbarer Gesellschafter. Ein solcher kann dem Gläubiger jedoch gem. § 129 HGB nur Einwendungen entgegen-

---

11   GroßkommHGB/*Schäfer* § 105 Rn. 106; MüKo HGB/*K. Schmidt* Vor § 230 Rn. 75; MünchHdb GesR II/*Jaletzke* § 63 Rn. 18.
12   BGH NZG 2010, 790; BGH NZG 2011, 1432 (1435); E/B/J/S/*Wertenbruch* § 105 Rn. 163.
13   KG Berlin NZG 2010, 515.
14   BGH NJW 1996, 2725 (2726); MüKo ZPO/*Becker-Eberhard* § 253 Rn. 148 m. w. N.
15   BGH NJW 2001, 155 (156); BGH NJW 1981, 870.
16   MüKo ZPO/*Becker-Eberhard* § 253 Rn. 148 m. w. N.
17   BGH NZG 2012, 1024 (1025); BGH NZG 2011, 588 (589).
18   BGH NZG 2011, 588 (589); BGH NZG 2010, 790; Palandt/*Grüneberg* § 399 Rn. 4.
19   BGH NZG 2012, 1024 (1026).

halten, die der Gesellschaft zustehen, sodass auch für einen solchen Treugeber eine dahingehende Beschränkung besteht. Dem Treugeber verbleibt allein die Möglichkeit, etwaige Schadensersatzansprüche im Wege eines Aktivprozesses gegen den Treuhänder oder im Falle einer Freistellungsklage des Treuhänders mit der Widerklage geltend zu machen.[20] Im Ergebnis trägt also jedenfalls in diesen Konstellationen der Treugeber das Risiko der Zahlungsunfähigkeit des Treuhänders.

C. Verwaltungsrechte und -pflichten des Treugebers

I. Verwaltungsrechte des Treugebers gegenüber der Gesellschaft

1. Stimmrecht

Rechtlicher Träger des Stimmrechts ist der Treuhänder aufgrund seiner Stellung als Gesellschafter.[21] Eine Übertragung des Stimmrechts auf den Treugeber ist grundsätzlich nicht möglich, da dies einen Verstoß gegen das Abspaltungsverbot darstellen würde.[22] Es entspricht aber ständiger Rechtsprechung des BGH, dass bei einer offenen Treuhand durch **Vereinbarung mit allen Gesellschaftern** das Innenverhältnis zwischen Treuhänder und Treugeber so gestaltet werden kann, dass dem Treugeber unmittelbare mitgliedschaftliche Rechte zugebilligt werden.[23] Dies soll den Beteiligten ermöglichen, ihre Rechtsbeziehungen untereinander in Personengesellschaften der wirklichen Sachlage anzupassen. Erforderlich dafür ist aber, dass die Zustimmung aller Gesellschafter für die Einbeziehung des Treugebers – in der Regel: im Gesellschaftsvertrag – erteilt wurde, da allein die Gesellschafter dem Treugeber die Stellung eines »Quasi-Gesellschafters« verschaffen können.[24] Eine bloß schuldrechtliche Abrede mit der Gesellschaft reicht hierfür nicht aus. Nur in solchen Fällen der ausdrücklichen **Einbeziehung des Treugebers in das Innenverhältnis der Gesellschafter** ist eine Ausübung des Stimmrechts durch den Treugeber als originäres eigenes Recht denkbar und steht dem Abspaltungsverbot ausnahmsweise nicht entgegen.[25] Dies wurde vom BGH jedoch bisher auf die Fälle erst noch zu werbender Anleger zur treuhänderischen Zusammenfassung zahlreicher Geldgeber, deren Rechte und Pflichten von vornherein im Gesellschaftsvertrag geregelt wurden, begrenzt.[26] Gegenstand dieser Rechtsprechung sind somit allein Publikumsgesellschaften in der Rechtsform einer Personenhandelsgesellschaft, für die dem BGH in der Möglichkeit, dem Treugeber das Stimmrecht zu übertragen, zugestimmt werden kann, soweit die Treugeber spiegelbildlich auch das wirtschaftliche Beteiligungsrisiko tragen.[27] Inwieweit eine Übertragung auf andere Fälle denkbar ist, war, soweit ersichtlich, noch nicht Gegenstand der Rechtsprechung und ist aufgrund des Ausnahmecharakters eines originären Stimmrechts des Treugebers wohl eher abzulehnen.

In allen anderen Fällen ist eine Einflussnahme des Treugebers allein dadurch zu erreichen, dass er von seinem ihm im Innenverhältnis gegenüber dem Treuhänder zustehenden **Weisungsrecht** Gebrauch macht (§ 665 BGB). Dieses Weisungsrecht sowie im Treuhandvertrag enthaltene Stimmrechtsbindungen wirken nur im Verhältnis zum Treuhänder und nicht gegenüber den anderen Gesellschaftern oder der Gesellschaft.[28] Dies führt dazu, dass weisungswidrige Stimmabgaben des Treuhänders im

---

20 BGH NZG 2012, 1024 (1027).
21 BGH NJW 1952, 178 (179 f.); E/B/J/S/*Wertenbruch* § 105 Rn. 157; Henssler/Strohn/*Röthel* § 105 (HGB) Rn. 155; Baumbach/Hueck/*Zöllner* § 47 Rn. 35; Scholz/*K. Schmidt* § 47 Rn. 18.
22 BGH NJW 1952, 178 (180); Henssler/Strohn/*Röthel* § 105 (HGB) Rn. 155; Scholz/*Seibt* § 15 Rn. 228 jeweils m. w. N.
23 BGHZ 10, 44 (49 f.); BGH WM 2003, 1614; BGH WM 2008, 2359 (2361).
24 BGH ZIP 1987, 912 (913); BGH WM 2011, 2327 (2328); BGH WM 2015, 328 (330).
25 BGH WM 2008, 2359 (2361); BGH WM 2015, 328 (330) m. w. N. auch zu kritischen Stimmen hinsichtlich einer gesellschaftsvertraglichen Verbindung.
26 BGH WM 2011, 2327 (2328).
27 So auch E/B/J/S/*Wertenbruch* § 105 Rn. 158, der auch auf den Ausnahmecharakter für Publikumsgesellschaften hinweist.
28 Baumbach/Hopt/*Roth* § 105 Rn. 33; E/B/J/S/*Wertenbruch* § 105 Rn. 157; MüKo HGB/*K. Schmidt* Vor § 230 Rn. 63.

Außenverhältnis uneingeschränkte Wirksamkeit entfalten. Außerdem hat sich der Treuhänder bei seiner Stimmabgabe im Rahmen seiner Treuepflicht gegenüber den Mitgesellschaftern und der Gesellschaft zu halten, sodass das Weisungsrecht des Treugebers seine Grenze an dieser Treuepflicht findet.[29]

12 Erfolgt eine weisungswidrige Stimmausübung seitens des Treuhänders, die nicht aus Gründen der gesellschaftlichen Treuepflicht geboten war, so ist der Treugeber in erster Linie auf **Schadenersatzansprüche** gegen den Treuhänder verwiesen, die er im Wege der Leistungsklage durchsetzen kann.[30] Ansprüche gegen die Gesellschafter oder die Gesellschaft scheiden hingegen aus. Denkbar ist es allerdings, soweit sich im Vorfeld einer Abstimmung eine abredewidrige Stimmabgabe durch den Treuhänder abzeichnet, im Rahmen der **einstweiligen Verfügung** dem Treuhänder die Stimmabgabe in einer bestimmten Weise untersagen oder sogar gebieten zu lassen.[31]

13 In § 136 AktG und § 47 Abs. 4 GmbHG sind bei Erfüllung der jeweiligen Tatbestandsmerkmale **Stimmverbote** vorgesehen. Ein solches Stimmverbot des Treuhänders besteht sowohl dann, wenn der Tatbestand des Stimmverbotes in der Person des Treuhänders verwirklicht ist, als auch – zumindest bei der offenen fremdnützigen Treuhand – wenn die Tatbestandsmerkmale in der Person des Treugebers vorliegen.[32] Entsprechendes muss bei Personengesellschaften gelten, soweit bei diesen Stimmverbote ebenfalls Anwendung finden.

2. Informationsrecht/Auskunftsrecht

14 Die mitgliedschaftlichen Informationsrechte (§§ 118, 166 HGB, § 51a GmbHG, § 131 AktG) stehen dem Treuhänder als Gesellschafter zu.[33] Dem Treugeber steht grundsätzlich allein ein Informationsanspruch gegenüber dem Treuhänder aus § 666 BGB zu, welcher durch die aus der Treuepflicht folgende Verschwiegenheitspflicht des Treuhänders gegenüber der Gesellschaft begrenzt wird.[34]

15 Einzig in dem besonderen Fall der Verzahnung von Gesellschafts- und Treuhandvertrag samt Einbeziehung des Treugebers in den Gesellschafterverband,[35] ist dem Treugeber ein eigenes Auskunftsrecht gegen die Gesellschaft zuzuerkennen, allerdings beschränkt auf die Auskunft über die Namen und Adressen der ebenfalls in das Innenverhältnis der Gesellschaft einbezogenen Gesellschafter und anderen Treugeber.[36] Dieser Anspruch steht dem Treugeber nach der BGH-Rechtsprechung auch gegen jeden Mitgesellschafter zu, der die Auskunft unschwer erteilen kann.[37] Nur in diesem besonderen Fall besteht ein gerichtlich einklagbarer Leistungsanspruch des Treugebers auf Auskunftserteilung direkt gegen die Gesellschaft oder deren Gesellschafter.

---

29 Henssler/Strohn/*Röthel* § 105 (HGB) Rn. 155; Michalski GmbHG/*Ebbing* § 15 Rn. 218; MüKo GmbHG/*Reichert/Weller* § 15 Rn. 230; MünchHdb GesR IV/*Wiesner/Kraft* § 14 Rn. 73 (zur AG).
30 Henssler/Strohn/*Röthel* § 105 (HGB) Rn. 155; Scholz/*Seibt* § 15 Rn. 228.
31 So zumindest MAH GmbH/*Leistikow* § 11 Rn. 64; MüKo GmbHG/*Reichert/Weller* § 15 Rn. 231; Scholz/*Seibt* § 15 Rn. 228; Ulmer/Habersack/Löbbe/*Löbbe* § 15 Rn. 214, der allerdings auf praktische Schwierigkeiten dieser Möglichkeit hinweist.
32 MüKo AktG/*Schröer* § 136 Rn. 27 f.; Scholz/*K. Schmidt* § 47 Rn. 157 f.; Reichert GmbH & Co/*Schlitt/Bortfeld* § 40 Rn. 46.
33 E/B/J/S/*Wertenbruch* § 105 Rn. 159; Baumbach/Hueck/*Zöllner* § 51a Rn. 6.
34 MüKo GmbHG/*Reichert/Weller* § 15 Rn. 230 m. w. N.
35 Wie oben im Rahmen des Stimmrechts, vgl. Rdn. 10, also vorrangig im Falle zahlreicher Anleger bei der Publikumsgesellschaft.
36 BGH WM 2015, 328 (331); BGH WM 2011, 317; im Detail dazu siehe E/B/J/S/*Wertenbruch* § 105 Rn. 159 und MüKo HGB/*K.Schmidt* Vor § 230 Rn. 67 jeweils m. w. N.
37 BGH WM 2015, 328.

C. Verwaltungsrechte und -pflichten des Treugebers § 119

3. Anfechtungsrecht

Das Recht zur Anfechtung von Gesellschaftsbeschlüssen besitzt allein der Treuhänder als Vollrechtsinhaber. Eine gesellschaftsvertragliche Regelung, die den Treugeber zur Anfechtung berechtigt, ist allerdings zulässig.[38]

16

II. Treuepflicht

Der gesellschaftsrechtlichen Treuepflicht unterliegt zunächst der **Treuhänder** gegenüber seinen Mitgesellschaftern und der Gesellschaft.[39] Diese Treuepflicht kann regelmäßig im Rahmen der Stimmabgabe des Treuhänders zu Konflikten mit der Weisung des Treugebers führen. Die gesellschaftsrechtliche Treuepflicht kann für den Treuhänder insbesondere zu einer **positiven Stimmpflicht** führen, soweit seine Unterstützung zur Erhaltung des Gesellschaftsbestandes erforderlich ist.[40] Im Konfliktfall besteht nach verbreiteter Meinung für die Mitgesellschafter die Möglichkeit, im Wege der **einstweiligen Verfügung** dem Treuhänder aufzugeben, in einer die Interessen der Gesellschaft wahrenden Weise abzustimmen oder ihm die Teilnahme an der Abstimmung zu verbieten.[41] Voraussetzung dafür ist aber, dass das treuwidrige Abstimmungsverhalten zu einer besonders schweren Beeinträchtigung der Gesellschaft oder der anderen Gesellschafter führen würde.[42]

17

Zwischen dem **Treugeber** und der Gesellschaft sowie deren Gesellschaftern bestehen grundsätzlich keine Rechtsbeziehungen. Bei einer offenen Treuhand sind jedoch Treupflichten des Treugebers denkbar, zumindest dann, wenn der Treugeber vertraglich in das Rechtsverhältnis der Gesellschafter einbezogen wurde.[43] Je nach Grad der gesellschaftsvertraglichen Einbeziehung des Treugebers kann sich der Umfang seiner Treuepflicht gegenüber der Gesellschaft und den Gesellschaftern dem des Treuhänders annähern, sodass der Treugeber insbesondere im Rahmen der Weisungen an den Treuhänder an die Belange der Gesellschaft gebunden sein kann. Aber auch die Gesellschafter sind in diesem Fall gegenüber dem Treugeber zur Rücksichtnahme verpflichtet, sodass die Gesellschafter und der Treuhänder nicht gemeinsam eine Vertragsänderung beschließen können, die ausschließlich eine Verschlechterung der Rechtsposition des Treugebers bewirkt.[44] Eine Verletzung dieser Pflicht kann **Schadensersatzansprüche** des Treugebers sowohl gegen den Treuhänder als auch gegen die Gesellschafter nach sich ziehen. Auch könnte bei akut drohender schädigender Handlungen der Gesellschafter hinsichtlich der schützenswerten Belange des Treugebers die gerichtliche Geltendmachung eines Unterlassungsanspruches – auch im Wege des **einstweiligen Rechtsschutzes** – durch den Treugeber möglich sein.

18

---

38 OLG Köln DB 1996, 2123; Reichert GmbH & Co/*Schlitt/Bortfeldt* § 40 Rn. 46; Lutter/Hommelhoff/*Bayer* Anh zu § 47 Rn. 76.
39 Reichert GmbH & Co/*Schlitt/Bortfeldt* § 40 Rn. 49.
40 BGH WM 1987, 133; MAH GmbH/*Leistikow* § 11 Rn. 59.
41 OLG Frankfurt GmbHGR 1993, 161; Lutter/Hommelhoff/*Bayer* § 14 Rn. 23; MAH GmbH/*Leistikow* § 11 Rn. 60.
42 Lutter/Hommelhoff/*Bayer* § 14 Rn. 23 m. w. N.
43 So zumindest Teile der Literatur: GroßkommHGB/*Schäfer* § 105 Rn. 107; Erman/*Westermann* § 705 Rn. 27; MüKo HGB/*K. Schmidt* Vor § 230 Rn. 78; zur Möglichkeit der gesellschaftsvertraglichen Einbeziehung siehe oben Rdn. 10.
44 GroßkommHGB/*Schäfer* § 105 Rn. 107.

§ 120 Streitigkeiten bei der Beendigung der Treuhand

1 Die Beendigung des Treuhandverhältnisses richtet sich in erster Linie nach dem zugrundeliegenden Treuhandvertrag.[1] Dabei sind die häufigsten Beendigungsgründe Zeitablauf, Eintritt einer vereinbarten Bedingung, ordentliche oder außerordentliche Kündigung (§§ 621 ff. BGB) oder der Tod des Treuhänders (§§ 675, 673 BGB).[2] Beim Tod des Treugebers wird das Treuhandverhältnis dagegen mit den Erben fortgesetzt (§§ 672 S. 1, 675 BGB).

2 Im Falle der Beendigung des Treuhandverhältnisses bleibt die Gesellschafterstellung des Treuhänders grundsätzlich bestehen und es findet kein automatischer Übergang des Gesellschaftsanteils an den Treugeber statt, sofern nicht eine aufschiebend bedingte (Rück-)Übertragung des Gesellschaftsanteils an den Treugeber vertraglich vereinbart wurde.[3] Es besteht jedoch bei allen Arten der fremdnützigen Treuhand eine Verpflichtung des Treuhänders zur (Rück-)**Übertragung des Gesellschaftsanteils** (Treuguts) auf den Treugeber, die bei Personengesellschaften sowie im Falle der Vinkulierung bei Kapitalgesellschaften der Zustimmung nach Gesetz bzw. Gesellschaftsvertrag unterliegt.[4] Es besteht grundsätzlich kein klagbarer Anspruch des Treugebers gegen die Gesellschafter auf Zustimmung zur Übertragung des Gesellschaftsanteils,[5] möglich erscheint ein solcher jedoch bei pflichtwidriger Versagung der Zustimmung. In der Zustimmung der Mitgesellschafter zur Begründung des Treuhandverhältnisses ist dabei regelmäßig eine antizipierte Zustimmung zur (Rück-)Übertragung an den Treugeber zu sehen, die vorbehaltlich eines wichtigen Grundes unwiderruflich ist.[6] Weigert sich der Treuhänder, den Gesellschaftsanteil auf den Treugeber zu übertragen, so steht diesem die **Leistungsklage auf Erfüllung der (Rück-)Übertragungspflicht** zu.

3 Die Beendigung der treuhänderischen Beteiligung tritt außerdem dann ein, wenn die Gesellschaftsbeteiligung des Treuhänders endet. Dies kann etwa durch Kündigung, Ausschließung oder Austritt des Treuhänders sowie infolge der Auflösung der Gesellschaft geschehen.[7] Hinsichtlich der **Ausschließung** des Treuhänders aus der Gesellschaft sei auf die möglichen Streitigkeiten bei Ausschließung der Gesellschafter in den jeweiligen Gesellschaftsformen verwiesen.[8] Dabei kommt es hinsichtlich des wichtigen Grundes für die Ausschließung grundsätzlich auf das Verhalten des Treuhänders an, wobei sich der Treuhänder zusätzlich das Verhalten des Treugebers zurechnen lassen muss, soweit er dessen Weisungen unterliegt oder der Treugeber – wie regelmäßig – die Möglichkeit hat, die Beteiligung (zurück-) zu erwerben.[9] Im Falle der als Gestaltungsklage zu erhebenden **Ausschließungsklage** durch die Gesellschafter ist der Treuhänder jedoch allein der Beklagte; der Treugeber ist an diesem Prozess nicht beteiligt. Der Treugeber hat aber die Möglichkeit, sich als Streithelfer gem. § 66 Abs. 1 ZPO zu beteiligen. Nach erfolgter Ausschließung kann der Treugeber mit Zustimmung der Mitgesellschafter wieder selbst Gesellschafter werden, bei fehlender Zustimmung hat er lediglich gegen den Treuhänder einen Anspruch auf Herausgabe des Abfindungsguthabens.[10]

---

1 E/B/J/S/*Wertenbruch* § 105 Rn. 168; Reichert GmbH & Co/*Schlitt/Bortfeldt* § 40 Rn. 66.
2 Baumbach/Hopt/*Roth* § 105 Rn. 37; E/B/J/S/*Wertenbruch* § 105 Rn. 168; MüKo HGB/*K. Schmidt* Vor § 230 Rn. 87; Reichert GmbH & Co/*Schlitt/Bortfeldt* § 40 Rn. 66.
3 BGH WM 1971, 306 (307); E/B/J/S/*Wertenbruch* § 105 Rn. 168; MüKo GmbHG/*Reichert/Weller* § 15 Rn. 239; Ulmer/Habersack/Löbbe/*Löbbe* § 15 Rn. 215.
4 Baumbach/Hopt/*Roth* § 105 Rn. 37; Reichert GmbH & Co/*Schlitt/Bortfeldt* § 40 Rn. 68 jeweils m.w.N.
5 BGHZ 24, 106 (114); MüKo BGB/*K. Schmidt* Vor § 230 Rn. 93.
6 BGH WM 1985, 1143 (1144); E/B/J/S/*Wertenbruch* § 105 Rn. 168; Reichert GmbH & Co/*Schlitt/Bortfeldt* § 40 Rn. 68; dies gilt natürlich nur für die Fälle, in denen bei der Begründung des Treuhandverhältnisses ein Zustimmungserfordernis besteht, also grundsätzlich nicht für die Vereinbarungstreuhand.
7 MüKo GmbHG/*Reichert/Weller* § 15 Rn. 240; *Armbrüster*, GmbHR 2001, 941 (949).
8 Siehe dazu insbesondere zu § 140 bei der OHG § 41 Rdn. 2 ff.
9 BGH WM 1980, 1082 (1084); MünchHdb GesR I/*Piehler/Schulte* § 74 Rn. 40; Baumbach/Hopt/*Roth* § 140 Rn. 12; GroßkommHGB/*Schäfer* § 140 Rn. 7.
10 Reichert GmbH & Co/*Schlitt/Bortfeldt* § 40 Rn. 69.

§ 121 Streitigkeiten bei Einzelzwangsvollstreckung in das Treugut und Insolvenz des Treuhänders

Relevant für die Praxis sind auch die Fälle der **Insolvenz** des Treuhänders und der **Einzelzwangsvollstreckung** in das Treugut. Gegen eine Zwangsvollstreckung in das Treugut durch private Gläubiger des Treuhänders kann der Treugeber, jedenfalls bei einer fremdnützigen Treuhand, im Wege einer **Drittwiderspruchsklage** nach § 771 ZPO vorgehen.[1] Zwar ist der Treuhänder nach außen uneingeschränkter Rechtsinhaber des Gesellschaftsanteils, er verwaltet diesen aber als Fremdvermögen, sodass der Gesellschaftsanteil wirtschaftlich dem Treugeber zuzuordnen ist.[2] Zum Teil wurde das Drittwiderspruchsrecht dem Treugeber nur im Falle der Übertragungstreuhand zugesprochen,[3] richtigerweise sind aber auch Erwerbstreuhand und Vereinbarungstreuhand drittrechtsbegründend und dies sogar dann, wenn es an einer Offenlegung der treuhänderischen Bindung nach außen fehlt.[4] Um sicher zu gehen, ist es für die Praxis empfehlenswert, eine Offenlegung des Treuhandverhältnisses rechtzeitig vorzunehmen.

1

Im Insolvenzverfahren über das Vermögen des Treuhänders steht dem Treugeber bei der fremdnützigen Treuhand ein **Aussonderungsrecht** gem. § 47 InsO hinsichtlich des Gesellschaftsanteils zu.[5] Dies gilt unabhängig davon, in welcher Weise der Treuhänder das Treugut erworben hat.[6] Im Unterschied zur eigennützigen Treuhand steht der Aussonderungsanspruch dem Treugeber unabhängig vom Eintritt der Verwertungsreife zu, da das Treugut bei der fremdnützigen Treuhand auch nach Eintritt der Verwertungsreife wirtschaftlich dem Treugeber zuzuordnen ist.[7] Will der Treugeber seinen Aussonderungsanspruch gerichtlich durchsetzen, so hat er die Klage gegen den Insolvenzverwalter zu richten, da dieser allein über die Insolvenzmasse verfügen kann. Dessen allgemeiner Gerichtsstand ist in § 19a ZPO geregelt. Zudem kann der Aussonderungsberechtigte seinen Anspruch durch **einstweilige Verfügung** gem. § 935 ZPO sichern lassen, mit der Wirkung, dass der Insolvenzverwalter nicht mehr über den Anteil verfügen darf.[8]

2

---

1 BGH NJW 1954, 190; BGH NJW 1993, 2622; Zöller/*Herget* § 771 Rn. 14; Prütting/Gehrlein/*Scheuch* § 771 Rn. 20; MüKo ZPO/*K. Schmidt/Brinkmann* § 771 Rn. 25; E/B/J/S/*Wertenbruch* § 105 Rn. 169.
2 MüKo HGB/*K. Schmidt* Vor § 230 Rn. 80; E/B/J/S/*Wertenbruch* § 105 Rn. 169; Zöller/*Herget* § 771 Rn. 14; Saenger/*Kindl* § 771 Rn. 9.
3 RGZ 91, 12 (14); RGZ 84, 214 (216), was mit dem sog. Unmittelbarkeitsgrundsatz begründet wurde.
4 BGH NJW 1996, 1543; BGH NJW 1993, 2622 (dazu, dass Offenlegung nicht notwendig und Übertragungstreuhand nicht in jedem Fall erforderlich ist); Saenger/*Kindl* § 771 Rn. 9; MüKo ZPO/*K. Schmidt/Brinkmann* § 771 Rn. 25; Zöller/*Herget* § 771 Rn. 14; MüKo HGB/*K. Schmidt* Vor § 230 Rn. 80: zum Teil wird ohne Differenzierung der Treuhandarten das Drittwiderspruchsrecht des Treugebers bejaht.
5 BGH ZIP 2005, 1465 (1466); Baumbach/Hopt/*Roth* § 105 Rn. 36; E/B/J/S/*Wertenbruch* § 105 Rn. 169; Scholz/*Seibt* § 15 Rn. 257.
6 Scholz/*Seibt* § 15 Rn. 257; Nerlich/Römermann/*Andres* § 47 Rn. 37.
7 MAH GmbH/*Leistikow* § 11 Rn. 80 f. m. w. N.
8 MüKo InsO/*Ganter* § 47 Rn. 491; Nerlich/Römermann/*Andres* § 47 Rn. 64.

Abschnitt 5 Streitigkeiten betreffend den Nießbrauch an Gesellschaftsanteilen

§ 122 Streitigkeiten bei der Begründung des Nießbrauchs

Übersicht

		Rdn.			Rdn.
A.	**Grundlegendes zum Nießbrauch**	1	I.	Kausalgeschäft	8
I.	Gegenstand des Nießbrauchs	2	II.	Dingliche Bestellung	9
II.	Intensität der Unternehmensbeteiligung	3		1. Personengesellschaften	10
III.	Zulässigkeit des Nießbrauchs an Gesellschaftsanteilen	4		a) Gesellschaftsvertragliche Gestattung der Übertragung	11
	1. Personengesellschaften	4		b) Zustimmung aller Mitgesellschafter zur Nießbrauchsbestellung	14
	2. GmbH	6			
	3. AG	7			
IV.	Eintragung ins Handelsregister	7a		2. GmbH	18
B.	**Entstehung des Nießbrauchs**	8		3. AG	19

A. Grundlegendes zum Nießbrauch

1 Mittelbare Teilhabe am Unternehmen ist auch in Form des Nießbrauchs an Gesellschaftsanteilen möglich.

I. Gegenstand des Nießbrauchs

2 Nießbrauch bezeichnet das **dingliche, höchstpersönliche Recht** zur umfassenden Nutzung des mit ihm belasteten Gegenstandes.[1] Nach § 1068 Abs. 1 BGB kann Gegenstand des Nießbrauchs auch ein Recht sein. Die Mitgliedschaft in einer Gesellschaft wird als subjektives Recht eingeordnet,[2] sodass auch hieran ein Nießbrauch bestehen kann. Zwar wurde die Zulässigkeit einer solchen Nießbrauchsbestellung in der Vergangenheit teilweise bezweifelt; sie ist aber heute allgemein anerkannt.[3]

II. Intensität der Unternehmensbeteiligung

3 Die **Gestaltungsmöglichkeiten** für den Nießbrauch sind aufgrund des sachenrechtlichen Numerus clausus begrenzt. Der Inhalt des Nießbrauchs ist weitgehend gesetzlich festgeschrieben; gem. §§ 1068 Abs. 2, 1030 Abs. 2 BGB ist lediglich eine Beschränkung des Nießbrauchs möglich. Damit bestehen weniger Gestaltungsmöglichkeiten als bei mittelbaren Unternehmensbeteiligungen auf schuldrechtlicher Basis.

III. Zulässigkeit des Nießbrauchs an Gesellschaftsanteilen

1. Personengesellschaften

4 Die Zulässigkeit der Bestellung eines Nießbrauchs an Personengesellschaftsanteilen ist heute allgemein anerkannt.[4] Zum Teil wurde zwar ein Wertungswiderspruch zwischen Nießbrauchsrecht und Gesellschaftsrecht aufgrund des Abspaltungsverbotes in § 717 S. 1 BGB angenommen und die Zulässigkeit somit infrage gestellt. Dem ist allerdings, in Übereinstimmung mit dem BGH, nicht zu folgen, da entsprechend der Rechtsnatur des Nießbrauchs als dingliches Recht, Nießbraucher und Besteller gemeinsam an dem Gesellschaftsanteil berechtigt sind und somit keine vollständige Abspaltung erfolgt.[5]

---

1 MünchHdb GesR II/*Escher/Haag* § 27 Rn. 1.
2 MüKo BGB/*Ulmer/Schäfer* § 705 Rn. 180 m. w. N.
3 Dazu sogleich, Rdn. 4 ff. (Zulässigkeit des Nießbrauchs an Gesellschaftsanteilen).
4 BGH NJW 1999, 571 (572); BGH NJW 1989, 3152 (3155); MünchHdb GesR II/*Escher/Haag* § 27 Rn. 11.
5 BGH NJW 1989, 3152 (3155); MüKo BGB/*Ulmer/Schäfer* § 705 Rn. 96.

Nur bei der Partnerschaftsgesellschaft (PartG) wird die Zulässigkeit eines Nießbrauchs am Gesell- 5
schaftsanteil weiterhin mit dem Argument bestritten, dass hierdurch das Gebot der eigenverantwortlichen Berufsausübung und der aktiven Tätigkeit umgangen werde.[6] Vorgeworfen wird dieser Ansicht, dass sie die verbandsrechtliche Frage, ob das Gesellschaftsrecht den Nießbrauch zulassen kann in unzulässiger Weise mit der Frage vermengt, ob ein Nießbrauch mit der selbstverantwortlichen Tätigkeit der Partner vereinbar und berufsrechtlich zulässig ist.[7] Die berufsrechtlichen Regelungen dürfen aber bei der Beurteilung der Zulässigkeit nicht unbeachtet bleiben und so lässt sich feststellen, dass in der Rechtsanwalts-GmbH (§ 59e Abs. 3 BRAO), in Steuerberatungs- (§ 50a Abs. 1 Nr. 2 StBerG) sowie Wirtschaftsprüfungsgesellschaften (§ 28 Abs. 4 Nr. 2 WPO) mittelbare Beteiligungen Dritter ausdrücklich ausgeschlossen sind. Der Ausschluss eines Nießbrauchs an einem Gesellschaftsanteil wird gemäß § 59e Abs. 3 BRAO für die Rechtsanwaltsgesellschaft damit begründet, dass eine Gefährdung der Unabhängigkeit der Rechtsanwaltsgesellschaft und der Gesellschafter durch die Möglichkeit externer Einflussnahme besteht.[8] Aufgrund der in der Partnerschaftsgesellschaft in ähnlicher Weise bestehenden Gefährdungslage muss von einer planwidrigen Gesetzeslücke ausgegangen werden und der den vorgenannten Vorschriften zugrundeliegende Rechtsgrundsatz im Rahmen einer Rechtsanalogie übertragen werden, sodass auch der Nießbrauch an Partnerschaftsgesellschaftsanteilen unzulässig ist.

2. GmbH

Aufgrund der Regelung des § 15 GmbHG, wonach der Geschäftsanteil einer GmbH veräußerlich ist, 6
ist auch die Bestellung eines Nießbrauchs am Geschäftsanteil grundsätzlich zulässig.[9]

3. AG

An Aktien als Mitgliedschaftsrecht in der AG kann ebenfalls ein Nießbrauch bestellt werden.[10] 7

IV. Eintragung ins Handelsregister

Ob ein Nießbrauch an einem Gesellschaftsanteil in das Handelsregister eingetragen werden kann, ist 7a
umstritten. Das OLG Oldenburg hat dies jüngst bejaht.[11]

B. Entstehung des Nießbrauchs

I. Kausalgeschäft

Rechtsgrund des abstrakten Rechtsgeschäfts der Nießbrauchsbestellung können unterschiedlichste 8
Rechtsverhältnisse sein (z. B. Schenkung, Vermächtnis, Rechtskauf).[12] Dieses Grundgeschäft ist regelmäßig formfrei, eine Formbedürftigkeit kann sich allerdings aus allgemeinen Bestimmungen (z. B. § 518 BGB) ergeben.[13]

II. Dingliche Bestellung

Die Bestellung des Nießbrauchs richtet sich gem. § 1069 Abs. 1 BGB nach den für die Übertragung 9
des Rechts gültigen Vorschriften.

---

6 Henssler/Strohn/*Hirtz* § 1 (PartGG) Rn. 35.
7 MüKo HGB/*K. Schmidt* Vor § 230 Rn. 14.
8 Feuerich/Weyland/*Brüggemann* § 59e Rn. 15; Gaier/Wolf/Göcken/*Bormann* § 59e Rn. 23; Henssler/Prütting/*Henssler* § 59e Rn. 28.
9 Scholz/*Seibt* § 15 Rn. 212; MüKo HGB/*K. Schmidt* Vor § 230 Rn. 25.
10 MünchHdb GesR IV/*Wiesner/Kraft* § 14 Rn. 62; MüKo HGB/*K. Schmidt* Vor § 230 Rn. 29 m. w. N.; Staudinger/*Frank* Anh. §§ 1068, 1069 Rn. 108.
11 OLG Oldenburg Beschl. v. 9.3.2015, 12 W 51/15 (HR), m. w. N.
12 Staudinger/*Frank* vor §§ 1030 ff. Rn. 42.
13 Staudinger/*Frank* vor §§ 1030 ff. Rn. 43.

1. Personengesellschaften

10 An Personengesellschaftsanteilen kann der Nießbrauch somit grundsätzlich formlos bestellt werden, da die Gesellschaftsanteile selbst durch formlose Abtretung gem. §§ 413, 398 BGB übertragen werden.[14] Allerdings muss die Belastung von Gesellschaftsanteilen, wie die Übertragung auch, im Gesellschaftsvertrag zugelassen sein oder aber die Mitgesellschafter müssen der Bestellung zustimmen.[15] In diesem Zusammenhang können einzelne Fragen und Streitigkeiten entstehen:

a) Gesellschaftsvertragliche Gestattung der Übertragung

11 Streitig ist, ob die gesellschaftsvertragliche Gestattung der Übertragung ausreichend ist, oder ob es darüber hinaus einer gesonderten **Zustimmung zur Nießbrauchsbestellung** bedarf.

12 Eine beachtliche Ansicht sieht die bloße gesellschaftsvertragliche Gestattung der Übertragung als nicht ausreichend an,[16] unter anderem mit der Begründung, dass durch Nießbrauchbestellung die Interessen der Mitgesellschafter in anderer Weise berührt werden, als durch einen Gesellschafterwechsel.[17] Unabhängig davon, inwieweit dem Nießbraucher Mitgliedschaftsrechte gewährt werden,[18] stehen den Mitgesellschaftern in jedem Fall zwei dinglich an der Mitgliedschaft Berechtigte gegenüber, sodass die Nießbrauchsbestellung als Aliud und nicht als Minus zur Übertragung anzusehen sei.[19]

13 Eine sich selbst als herrschende Meinung bezeichnende Ansicht stellt sich dem zumindest für den Fall entgegen, dass dem Nießbraucher keine über die Rechtsstellung des Kommanditisten hinausgehenden Verwaltungsrechte eingeräumt werden.[20] Dies vermag aber die überzeugenden Argumente der ersten Ansicht nicht zu widerlegen, sodass eine bloße Gestattung der Übertragung den Nießbrauch nicht miterfasst. Als Lösung für die Praxis ist vorzuschlagen, im Gesellschaftsvertrag entweder eine ausdrückliche Regelung zur Gestattung der Nießbrauchsbestellung vorzusehen oder aber allgemein **Verfügungen** über Gesellschaftsanteile zuzulassen. Von dieser weiten Formulierung wäre dann neben der Übertragung auch die Belastung mit einem Nießbrauch erfasst.

b) Zustimmung aller Mitgesellschafter zur Nießbrauchsbestellung

14 Für den Fall einer mangelnden Regelung im Gesellschaftsvertrag, aber auch soweit der Gesellschaftsvertrag in zulässiger Weise[21] einen **Mehrheitsbeschluss** vorsieht, stellt sich die Frage, wie bei **Verweigerung der erforderlichen Zustimmung** auch nur eines Mitgesellschafters zu verfahren ist.

15 Praxisrelevant ist dabei die Frage, ob die Zustimmung erzwungen werden kann, wenn die erforderliche Mehrheit zunächst verfehlt wird oder wenn ein Mehrheitsbeschluss gerade nicht vorgesehen ist und deshalb die Zustimmung jedes einzelnen Gesellschafters vorliegen muss. Zunächst ist eine ohne die erforderliche Zustimmung der Gesellschafter vorgenommene Nießbrauchsbestellung dinglich schwebend unwirksam.[22]

16 Möglicherweise könnte aber der Nießbrauchsbesteller die Zustimmung eines die Zustimmung ohne sachlichen Grund verweigernden Gesellschafters im Klagewege mit Verweis auf die gesellschaftliche Treuepflicht erzwingen. Die Klage müsste dann als **Leistungsklage auf Zustimmung** zur Nieß-

---

14 E/B/J/S/*Wertenbruch* § 105 Rn. 230; MünchHdb GesR I/*Hohaus* § 66 Rn. 15.
15 MünchHdb GesR II/*Escher/Haag* § 27 Rn. 37.
16 Baumbach/Hopt/*Roth* § 105 Rn. 44; MüKo BGB/*Ulmer/Schäfer* § 705 Rn. 97 m. w. N.
17 E/B/J/S/*Wertenbruch* § 105 Rn. 230; MüKo BGB/*Pohlmann* § 1068 Rn. 33.
18 Dazu im Detail später § 124 Rdn. 28 ff.
19 E/B/J/S/*Wertenbruch* § 105 Rn. 230; MüKo BGB/*Pohlmann* § 1068 Rn. 33.
20 MünchHdb GesR II/*Escher/Haag* § 27 Rn. 37.
21 MüKo BGB/*Pohlmann* § 1068 Rn. 33; MüKo HGB/*K. Schmidt* Vor § 230 Rn. 16.
22 BGH DNotZ 1954, 407.

brauchbestellung lauten, ähnlich der Klage auf Zustimmung zur Veräußerung.[23] Dagegen könnte zwar sprechen, dass die Situation insofern eine andere ist, als dass im Unterschied zur Veräußerung infolge der Nießbrauchsbestellung zwei dinglich Berechtigte vorhanden sind. Dies könnte jedoch im Rahmen einer Abwägung zwischen gesellschaftlicher Treuepflicht und den schützenswerten Interessen der Gesellschafter hinreichend Berücksichtigung finden, sodass ein genereller Ausschluss der Klagemöglichkeit nicht sachgerecht erscheint. Die Klage ist gegen die die Zustimmung verweigernden Gesellschafter bei dem Gericht am Sitz der Gesellschaft (§§ 17, 22 ZPO) zu erheben. Im Falle einer erfolgreichen Klage erfolgt die Vollstreckung gem. § 894 ZPO.

Ungeklärt ist die Frage, ob auch der Nießbraucher selbst klagen kann. Eine Abtretung des Anspruches auf Zustimmung an den Nießbraucher dürfte aufgrund der engen Verflechtung dieses Anspruches mit dem mitgliedschaftlichen Rechtsverhältnis ausgeschlossen sein (arg. § 717 BGB). Möglich erscheint aber eine **gewillkürte Prozessstandschaft** des Nießbrauchers für den Gesellschafter. Voraussetzung dafür ist neben der Ermächtigung durch den Berechtigten ein schutzwürdiges eigenes Interesse des Ermächtigten, wobei nach ständiger Rechtsprechung des BGH auch ein wirtschaftliches Interesse genügt.[24] Ein solches Interesse kann dem Nießbraucher, der das Zustandekommen der Nießbrauchsbestellung erreichen möchte, allerdings ohne weiteres zugesprochen werden. Eine Klage des Nießbrauchers im Wege der gewillkürten Prozessstandschaft ist daher grundsätzlich zulässig. 17

2. GmbH

Die dingliche Belastung des Geschäftsanteils mit einem Nießbrauch setzt gem. § 15 Abs. 3 GmbHG die Beachtung der **notariellen Form** voraus. § 15 Abs. 4 GmbHG gilt jedoch nicht für das dem Nießbrauch zugrundeliegende Verpflichtungsgeschäft.[25] Es kann mithin formfrei abgeschlossen werden. Ist der Geschäftsanteil gem. § 15 Abs. 5 GmbHG vinkuliert, so gilt diese Vinkulierung nach § 1069 BGB auch bei der Bestellung des Nießbrauchs.[26] Für den bei der GmbH häufigsten Fall der **Vinkulierung** in der Form des Zustimmungserfordernisses sei auf die Ausführungen oben zum Zustimmungserfordernis bei den Personengesellschaften verwiesen.[27] Die Beschlussfassung der Gesellschafter in der GmbH erfolgt hingegen, mangels anderweitiger satzungsmäßiger Anordnung, mit einfacher Mehrheit.[28] Bezüglich der Klagemöglichkeit kann ebenfalls auf die Ausführungen oben zu den Personengesellschaften verwiesen werden, wobei die Besonderheiten der Beschlussanfechtung in der GmbH zu berücksichtigen sind.[29] 18

3. AG

An Namensaktien kann der Nießbrauch nach § 68 AktG i. V. m. §§ 1069, 1070 BGB bestellt werden. Bei vinkulierten Namensaktien gem. § 68 Abs. 2 AktG ist die Vinkulierung auch bei der Bestellung des Nießbrauchs zu beachten.[30] Wie bei der Übertragung der Aktie ist auch die Bestellung eines Nießbrauchs hieran nur zulässig, wenn der Zustimmungsberechtigte seine Zustimmung erteilt hat.[31] Auch hier kann ein klageweise geltend zu machender Anspruch auf Zustimmung im Falle der unzulässigen Zustimmungsverweigerung bestehen.[32] An Inhaberaktien wird der Nießbrauch wie ein Mo- 19

---

23 Dazu bereits oben § 31 Rdn. 17 f.
24 BGH NJW 1995, 3186; BGH NJW 1993, 918 (919) m. w. N.
25 Scholz/*Seibt* § 15 Rn. 213; Ulmer/Habersack/Löbbe/*Löbbe* § 15 Rn. 179.
26 Baumbach/Hueck/*Fastrich* § 15 Rn. 52; Ulmer/Habersack/Löbbe/*Löbbe* § 15 Rn. 179; MüKo HGB/*K. Schmidt* Vor § 230 Rn. 25.
27 Rdn. 11–15.
28 Lutter/Hommelhoff/*Bayer* § 15 Rn. 66; Scholz/*Seibt* § 15 Rn. 123.
29 Rdn. 16 f.
30 MüKo HGB/*K. Schmidt* Vor § 230 Rn. 29.
31 Spindler/Stilz/*Cahn* § 68 Rn. 63; MünchHdb GesR IV/*Wiesner/Kraft* § 14 Rn. 62; Staudinger/Frank Anh. §§ 1068, 1069 Rn. 108.
32 Spindler/Stilz/*Cahn* § 68 Rn. 74; MüKo AktG/*Bayer* § 68 Rn. 106.

biliarnießbrauch bestellt, wobei für Inhaberaktien und Namensaktien, die mit Blankoindossament versehen sind, Besonderheiten gelten, § 1081 Abs. 2 BGB.[33] Dort genügt es zur Bestellung des Nießbrauchs, dass anstelle der Übergabe des Papiers der Mitbesitz daran eingeräumt wird.

---

33 MünchHdb GesR IV/*Wiesner/Kraft* § 14 Rn. 62; MüKo BGB/*Pohlmann* § 1081 Rn. 5.

§ 123 Streitigkeiten bei Verfügungen und bei Überlassung der Ausübung des Nießbrauchs

Übersicht
	Rdn.			Rdn.
A. Verfügung über die nießbrauchsbelasteten Gesellschaftsanteile	1		II. Verfügung in Form der Übertragung der belasteten Gesellschaftsanteile	6
I. Allgemeines	1		B. Überlassung der Ausübung des Nießbrauchs an Dritte	7

A. Verfügung über die nießbrauchsbelasteten Gesellschaftsanteile

I. Allgemeines

Bei Verfügungen des Nießbrauchbestellers, die den Bestand des Nießbrauchs betreffen, ist gem. § 1071 BGB die Zustimmung des Nießbrauchers erforderlich.[1] Solche Verfügungen sind insbesondere die Aufhebung oder inhaltliche Änderung des Rechts.[2] § 1071 BGB gibt dem Nießbraucher aber nicht etwa ein Vetorecht gegen Gesellschafterbeschlüsse, vielmehr muss er, wie der Nießbrauchbesteller auch, Maßnahmen aufgrund von Mehrheitsbeschlüssen der Gesellschafter dulden.[3] 1

Im Falle der Vornahme eines Rechtsgeschäfts trotz fehlender Zustimmung des Nießbrauchers stellt sich die Frage der Wirksamkeit des Rechtsgeschäfts. Dabei besteht Uneinigkeit, ob lediglich das Innenverhältnis von Nießbraucher und Besteller betroffen ist, oder ob der Nießbraucher seinen Zustimmungsvorbehalt auch gegen Dritte, insbesondere also die Mitgesellschafter, geltend machen kann.[4] 2

Zwar spricht für eine **absolute Unwirksamkeit**, dass die Schwierigkeiten, die bei einem bloß relativ fortbestehenden nießbrauchsbelasteten Recht durch die Komplexität der gesellschaftsrechtlichen Verhältnisse entstehen, vermieden würden.[5] Auch die dingliche Natur des Nießbrauchs am Gesellschaftsanteil und der Schutz des Nießbrauchers können für die Bevorzugung einer absoluten Unwirksamkeit angeführt werden. Die besseren Gründe sprechen jedoch gegen eine absolute Unwirksamkeit: Ein gewichtiges Argument ist, dass nicht auch dem Nießbrauchbesteller die Unwirksamkeit zugutekommen soll, wenn er sich auf diese beruft.[6] Außerdem muss der Gesellschafter, wenn man ihm das Stimmrecht gewährt,[7] dieses auch im Außenverhältnis wirksam ausüben können.[8] Ferner ist die Belastung für die Gesellschaft im Falle der Unwirksamkeit oder Anfechtbarkeit der Beschlüsse zu groß,[9] sodass eine absolute Unwirksamkeit als Rechtsfolge abzulehnen ist und die Wirksamkeit eines Gesellschafterbeschlusses auch bei fehlender Zustimmung des Nießbrauchers stets unberührt bleibt. 3

Es ist somit nur das Innenverhältnis betroffen, mit der Folge, dass der Nießbraucher gegen den Besteller einen **Schadensersatzanspruch** im Rahmen einer Leistungsklage geltend machen kann,[10] aber keine Ansprüche gegen die Gesellschaft oder Mitgesellschafter bestehen. Dieser Anspruch bezieht sich nicht auf Streitigkeiten, die die inneren Rechtsbeziehungen der Gesellschaft betreffen, sodass 4

---

1 GroßkommHGB/*Schäfer* § 105 Rn. 120; E/B/J/S/*Wertenbruch* § 105 Rn. 236.
2 GroßkommHGB/*Schäfer* § 105 Rn. 120.
3 Staudinger/*Frank* Anh. zu §§ 1068, 1069 Rn. 76; MüKo BGB/*Pohlmann* § 1071, Rn. 10.
4 MünchHdb GesR I/*Hohaus* § 66 Rn. 33.
5 Staudinger/*Frank* Anh. zu §§ 1068, 1069 Rn. 76.
6 Bamberger/Roth/*Wegmann* § 1071 Rn. 7; MüKo BGB/*Pohlmann* § 1071, Rn. 12 f.
7 Hier wird der Ansicht gefolgt, dass der Gesellschafter Inhaber des Stimmrechts bleibt; siehe im Detail § 124 Rdn. 28 ff.
8 So MünchHdb GesR I/*Hohaus* § 66 Rn. 33.
9 MüKo BGB/*Pohlmann* § 1071 Rn. 13.
10 OLG Düsseldorf, NZG 1999, 26; Palandt/*Bassenge* § 1071 Rn. 1; Prütting/Wegen/Weinreich/*Prütting/Eickmann* § 1071 Rn. 5; Erman/*Bayer* § 1071 Rn. 2; E/B/J/S/*Wertenbruch* § 105 Rn. 236.

der besondere Gerichtsstand des § 22 ZPO nicht einschlägig ist und somit das Gericht am allgemeinen Gerichtsstand des Nießbrauchsbestellers zuständig ist.

5 Um dem Nießbraucher aber auch die Möglichkeit zu eröffnen, zu verhindern, dass es zu einer ihn beeinträchtigenden Verfügung kommt, kann der Nießbraucher neben einem Schadensersatzanspruch auch eine auf Unterlassung gerichtete **einstweilige Verfügung** gegen den Nießbrauchsbesteller erwirken. Dies gilt zumindest dann, wenn hinreichende Anhaltspunkte dafür bestehen, dass der Nießbrauchsbesteller ohne vorherige Zustimmung des Nießbrauchers die Vornahme einer den Nießbrauch beeinträchtigenden Maßnahme beabsichtigt.[11]

II. Verfügung in Form der Übertragung der belasteten Gesellschaftsanteile

6 Die Übertragung des Gesellschaftsanteils, der mit dem Nießbrauch belastet ist, ist auch ohne die Zustimmung des Nießbrauchers zulässig, da hierbei der Nießbraucher als dinglich Berechtigter nicht beeinträchtigt wird.[12] Vielmehr geht der Gesellschaftsanteil belastet mit dem Nießbrauch auf den Erwerber über.[13] Die Möglichkeit eines gutgläubigen lastenfreien Erwerbs ist dabei ausgeschlossen, da § 936 BGB nicht für die Übertragung von Rechten gilt.[14] Eine Möglichkeit des Nießbrauchers, Ansprüche gegen den ursprünglichen Nießbrauchsbesteller wegen der Übertragung geltend zu machen, besteht somit nicht.

B. Überlassung der Ausübung des Nießbrauchs an Dritte

7 Der Nießbrauch ist gem. §§ 1068 Abs. 2, 1059 S. 1 BGB nicht übertragbar, sondern kann nach § 1059 S. 2 BGB bloß einem anderen zur Ausübung überlassen werden. Für den Fall der Vereinbarung einer Übertragung kann diese in eine Ausübungsüberlassung umgedeutet werden.[15] Die Ausübungsüberlassung erfolgt dabei durch einen Vertrag zwischen dem Nießbraucher und dem Ausübungsberechtigten.[16] Dabei wird eine dingliche Berechtigung des Ausübungsberechtigten nicht angenommen, sondern ihm werden nur obligatorische Rechte gegen den Nießbraucher zugesprochen.[17]

8 Das Rechtsverhältnis zwischen Nießbrauchsbesteller und Nießbraucher wird somit nicht beeinträchtigt.

---

[11] E/B/J/S/*Wertenbruch* § 105 Rn. 236.
[12] MüKo BGB/*Pohlmann* § 1071 Rn. 3.
[13] MüKo HGB/*Schmidt* Vor § 230 Rn. 28; Scholz/*Seibt* § 15 Rn. 219.
[14] Scholz/*Seibt* § 15 Rn. 190a.
[15] RG JW 1910, 801; Michalski GmbHG/*Ebbing* § 15 Rn. 204.
[16] Bamberger/Roth/*Wegmann* § 1059 Rn. 8.
[17] BGH NJW 1971, 422; MüKo BGB/*Pohlmann* § 1059 Rn. 7 m. w. N.

§ 124 Durchsetzung der Rechte und Pflichten des Nießbrauchers

Übersicht

	Rdn.			Rdn.
A. Überblick	1		aa) Personengesellschaften	15
B. Vermögensrechtliche Rechte und Pflichten	2		bb) Besonderheiten bei der GmbH	18
I. Vermögensrechte	3		cc) Besonderheiten bei der AG	19
1. Passivlegitimation und Klageart	3		c) Anspruch auf Surrogate	20
2. Verhältnis von Klage gegen Nießbrauchsbesteller und Klage gegen Gesellschaft	4	II.	Vermögenspflichten	23
			1. Gegenüber der Gesellschaft	23
			2. Gegenüber dem Nießbrauchsbesteller	27
3. Gerichtliche Zuständigkeit	5	C.	**Mitverwaltungsrechte und -pflichten**	28
4. Die einzelnen Ansprüche des Nießbrauchers	7	I.	Mitverwaltungsrechte	28
			1. Stimmrecht	28
a) Gewinnansprüche	7		a) Personengesellschaften	28
aa) In Personengesellschaften	7		b) GmbH und AG	33
bb) Besonderheiten bei der GmbH	12		2. Informationsrecht/Auskunftsanspruch	34
cc) Besonderheiten bei der AG	14		3. Sonstige Rechte	35
b) Ansprüche nach Kapitalerhöhungen	15	II.	Treuepflicht	36

A. Überblick

Im Rahmen der Nießbrauchsbestellung an Gesellschaftsanteilen können sich Streitigkeiten über den Inhalt und Umfang der Rechte und Pflichten des Nießbrauchers ergeben. Insbesondere Wertungswidersprüche zwischen Strukturprinzipien des Sachenrechts einerseits und des Gesellschaftsrechts andererseits sorgen für Meinungsverschiedenheiten darüber, welche Rechtsprinzipien in welchem Fall Anwendung finden.[1] Streitigkeiten ergeben sich sowohl in Bezug auf vermögensrechtliche Ansprüche als auch bei Mitverwaltungsrechten des Nießbrauchers sowie bei Betrachtung der jeweils korrespondierenden Pflichten.[2]   1

B. Vermögensrechtliche Rechte und Pflichten

Der Nießbraucher ist gem. §§ 1068 Abs. 2, 1030 Abs. 1 i. V. m. §§ 99 Abs. 2, Abs. 3, 100 BGB berechtigt, die **Nutzungen der Mitgliedschaft** zu ziehen. Dabei gilt der Grundsatz, dass die Substanz der Mitgliedschaft beim Gesellschafter verbleibt.[3] Streitigkeiten können sich jedoch daraus ergeben, dass aufgrund möglicher Wertveränderungen eines Gesellschaftsanteils die Grenze zwischen Substanz und Nutzungen schwer zu ziehen ist.[4]   2

I. Vermögensrechte

1. Passivlegitimation und Klageart

Der Nießbraucher kann die ihm zustehenden Rechte aufgrund der dinglichen Berechtigung sowohl gegen den Nießbrauchsbesteller als auch gegen dessen Mitgesellschafter und die Gesellschaft im Wege einer **Leistungsklage** geltend machen.[5] Will der Nießbraucher etwaige Rechte gegenüber der Gesellschaft ausüben, so muss zuvor eine Offenlegung des Nießbrauchs gegenüber der Gesellschaft erfolgen, da die Gesellschaft ansonsten schuldbefreiend an den Nießbrauchsbesteller leisten   3

---

1 MünchHdb GesR II/*Escher/Haag* § 27 Rn. 11 ff.
2 MünchHdb GesR II/*Escher/Haag* § 27 Rn. 46 ff.
3 MüKo BGB/*Pohlmann* § 1068 Rn. 49.
4 MüKo BGB/*Pohlmann* § 1068 Rn. 49.
5 BGH NJW 1999, 571 (572); GroßkommHGB/*Schäfer* § 105 Rn. 114.

kann.[6] Ob dies aus dem Rechtsgedanken des § 407 BGB folgt[7] oder aber bereits unmittelbar aus §§ 1070 Abs. 1, 407 BGB[8], kann offen bleiben.

2. Verhältnis von Klage gegen Nießbrauchbesteller und Klage gegen Gesellschaft

4   Der Feststellung, dass der Nießbraucher sowohl gegen den Besteller als auch gegen die Mitgesellschafter und die Gesellschaft Klage erheben kann, folgt die Frage, gegen wen die Klage im Einzelfall zu richten ist. Dabei sollte die zutreffende Wahl zwischen diesen Klagemöglichkeiten vor Prozessbeginn getroffen werden, da eine Umstellung der Klage einen **gewillkürten Parteiwechsel** darstellt, der nach den Regeln der Klageänderung zu beurteilen ist. Zwar ist es aufgrund des bestehenden Nießbrauchsverhältnisses naheliegend, den Nießbrauchsbesteller zu verklagen, häufig wird es aber gute Gründe geben (z. B. Solvenz), die Gesellschaft zu verklagen. Für den Nießbraucher besteht bezüglich der aufgrund der dinglichen Berechtigung unmittelbar in seiner Person entstehenden Ansprüche häufig die freie Wahl des Beklagten. Wählt er dabei den Weg, die Klage gegen Nießbrauchsbesteller und Gesellschaft zu erheben, so besteht auf Beklagtenseite, vor allem wegen der Möglichkeit, persönliche Einwendungen gegen die Ansprüche geltend zu machen, **keine notwendige Streitgenossenschaft**.

3. Gerichtliche Zuständigkeit

5   Für Leistungsklagen des Nießbrauchers gegen die Gesellschaft ist gem. § 17 ZPO das Gericht am Sitz der Gesellschaft örtlich zuständig. Mangels Sonderzuweisung richtet sich die sachliche Zuständigkeit nach den allgemeinen Vorschriften, sodass sie gem. §§ 23, 71 GVG streitwertabhängig ist. Von Interesse ist die Frage, ob am Landgericht die allgemeinen Zivilkammern oder die **Kammer für Handelssachen** zuständig sind. Die Zuständigkeit der Kammer für Handelssachen könnte sich entweder aus § 95 Abs. 1 Nr. 1 oder Nr. 4a) GVG ergeben. Für die Anwendbarkeit der Nr. 1 müsste ein beiderseitiges Handelsgeschäft vorliegen. Dies wird zumeist schon daran scheitern, dass die Nießbrauchsbestellung aus Sicht des Nießbrauchers nicht gewerblich erfolgt. Möglich erscheint aber eine Zuständigkeit der Kammer für Handelssachen gem. § 95 Abs. 1 Nr. 4a) GVG. Von dieser Vorschrift erfasst sind unter anderem Streitigkeiten zwischen Handelsgesellschaften (gilt also nicht für die GbR) und ihren Mitgliedern, soweit der Anspruch gesellschaftsspezifische Rechte und Pflichten unmittelbar berührt.[9] Vermögensrechtliche Leistungsklagen eines Gesellschafters gegen die Handelsgesellschaft aus dem Gesellschaftsvertrag sind somit vor der Kammer für Handelssachen zu verhandeln. Wird ein identischer Anspruch aufgrund des Bestehens eines Nießbrauchsverhältnisses von einem Nießbraucher geltend gemacht, so erscheint es als sinnvoll, dass auch in diesem Fall vor der Kammer für Handelssachen verhandelt wird, sofern ein Antrag gem. §§ 96 oder 98 GVG erfolgt.

6   Für die örtliche Zuständigkeit bei Klagen gegen den Nießbrauchsbesteller ist dessen allgemeiner Gerichtsstand gem. §§ 12, 13 ZPO maßgebend. Eine Zuständigkeit der Kammer für Handelssachen aus § 95 Abs. 1 Nr. 4a) GVG herzuleiten dürfte zu weit gehen, da es sich bei Streitigkeiten zwischen dem Nießbraucher und dem Nießbrauchsbesteller immer um die Ausgestaltung der Rechte und Pflichten aus dem zwischen ihnen bestehenden Nießbrauchsverhältnis handeln wird und somit selbst bei einer weiten Auslegung häufig keine Handelssache vorliegt.

---

6   MüKo HGB/*K. Schmidt* Vor § 230 Rn. 25 (bezieht sich auf die GmbH: es ist allerdings nicht ersichtlich, warum bei anderen Gesellschaftsformen eine Offenlegung entbehrlich sein sollte).
7   So u. a. Michalski GmbHG/*Ebbing* § 15 Rn. 193.
8   So Scholz/*Seibt* § 15 Rn. 213; Henssler/Strohn/*Verse* § 15 Rn. 112.
9   Zöller/*Lückemann* § 95 GVG Rn. 8; Saenger/*Rathmann* § 95 GVG Rn. 6.

4. Die einzelnen Ansprüche des Nießbrauchers

a) Gewinnansprüche

aa) In Personengesellschaften

Die dem Nießbraucher als Teil der Nutzungen gebührenden Früchte der Beteiligung sind die Erträge, die die Beteiligung bestimmungsgemäß gewährt, § 99 Abs. 2 BGB. Dabei soll sich der Anspruch entgegen einer teilweise vertretenen Ansicht[10] nicht auf den gesamten Bilanzgewinn beziehen, sondern lediglich auf den **entnahmefähigen Gewinn**, was neben der überwiegenden Literatur auch der BGH vertritt.[11] Dies ist derjenige Gewinn, den der Gesellschafter im Rahmen von Gesetz, Gesellschaftsvertrag und festgestelltem Jahresabschluss zu entnehmen berechtigt ist, also ohne den zulässigerweise in die Rücklage eingestellten Gewinn.[12] Als Begründung für diese Sichtweise wird angeführt, dass der Nießbraucher keine weitergehenden Rechte als der Gesellschafter haben soll und dass nicht entnahmefähige Gewinne eine Mehrung des Unternehmenswertes darstellten.[13] Zwar mutet diesem Vorgehen eine gewisse Willkür an, wenn man das Ausmaß der Fruchtziehung durch den Nießbraucher allein an die gesellschaftsvertragliche Entnahmeregelung knüpft.[14] Allerdings ist mit Blick auf das Unternehmensinteresse eine Begrenzung auf den entnahmefähigen Gewinn sachgerecht, um die Möglichkeit der Gesellschaft zur Bildung von Rücklagen nicht zu beeinträchtigen.[15] Dieser Gewinnanspruch entsteht unmittelbar in der Person des Nießbrauchers, sodass dieser bei ausbleibender Zahlung direkt im Rahmen der **Leistungsklage gegen die Gesellschaft** vorgehen kann.

7

Für die Praxis empfiehlt sich allerdings, dass Nießbraucher und Nießbrauchsbesteller bei der Nießbrauchsbestellung vereinbaren, wie der Nießbrauchsbesteller sein Stimmrecht in der Gesellschafterversammlung auszuüben hat, wenn durch Änderung des Gesellschaftsvertrages oder Gesellschafterbeschlusses im Rahmen des bestehenden Gesellschaftsvertrages über die Verwendung des Bilanzgewinnes entschieden wird.

8

Umstritten ist weiterhin, inwieweit der Nießbraucher auch Ansprüche aus **außerordentlichen Erträgen** ableiten kann. Solche außerordentlichen Erträge können aus der Auflösung stiller Reserven bei der Veräußerung von Anlagevermögen oder aus der Auflösung und Ausschüttung von Rücklagen entstehen.[16]

9

Erträge aus der **Auflösung stiller Reserven** durch Veräußerung von Anlagevermögen stehen nach überwiegender Ansicht dem Gesellschafter zu.[17] Begründet wird dies insbesondere damit, dass die Auflösung der stillen Reserven eine Substanzminderung darstelle und eben keine Frucht des Gesellschaftsanteils sei.[18] Früchte bezeichnen nur den bestimmungsmäßigen Ertrag aus der Mitgliedschaft; die Mitgliedschaft in einer Gesellschaft ist aber in der Regel nicht darauf gerichtet, aus der Veräußerung des Anlagevermögens Erträge zu erzielen.[19]

10

Bei der **Auflösung und Ausschüttung von Rücklagen** wird bei Personengesellschaften differenziert: Gewinnrücklagen, die während des Nießbrauchsverhältnisses zunächst gebildet und dann auch ausgeschüttet werden, stehen dem Nießbraucher zu, da sie im Moment der Ausschüttung wieder

11

---

10 *Schön*, ZHR 158, 229 (240 ff.); *Sudhoff* NJW 1971, 481 (483).
11 BGH NJW 1972, 1755 (1756); MüKo BGB/*Pohlmann* § 1068 Rn. 50; Baumbach/Hopt/*Roth* § 105 Rn. 45; Staudinger/*Frank* Anh. zu §§ 1068, 1069 Rn. 79; Erman/*Bayer* § 1069 Rn. 10; Sudhoff/*Stenger* § 34 Rn. 22.
12 BGHZ 58, 316 (320); Baumbach/Hopt/*Roth* § 105 Rn. 45.
13 BGHZ 58, 316 (320); Staudinger/*Frank* Anh. zu §§ 1068, 1069 Rn. 80.
14 So *Schön*, ZHR 158, 229 (241).
15 Ähnlich Staudinger/*Frank* Anh. zu §§ 1068, 1069 Rn. 80.
16 MüKo BGB/*Pohlmann* § 1068 Rn. 53 ff.
17 BFH NJW 1995, 1918 (1919); Erman/*Bayer* § 1069 Rn. 10; Prütting/Wegen/Weinreich/*Prütting/Eickmann* § 1069 Rn. 15; Baumbach/Hopt/*Roth* § 105 Rn. 45.
18 BFH BB 1994, 2474 (2476); Staudinger/*Frank* Anh. zu §§ 1068, 1069 Rn. 79.
19 MüKo BGB/*Pohlmann* § 1068 Rn. 58.

Früchte des Rechts darstellen. Sofern aber die ausgeschütteten Gewinnrücklagen vor Nießbrauchsbeginn gebildet wurden, stehen sie dem Gesellschafter zu, ohne dass der Nießbraucher daran partizipiert.[20] Gleiches dürfte für Rücklagen gelten, die durch Einlagen des Gesellschafters gebildet werden. Begründet wird dies damit, dass solche Rücklagen nicht zum bestimmungsgemäßen Ertrag des Gesellschaftsanteils gehören, sondern dessen Wert mindern und bei Beginn des Nießbrauchsverhältnisses bereits in der Höhe des Gesellschaftsanteilswertes berücksichtigt wurden.

bb) Besonderheiten bei der GmbH

12 Die für Personengesellschaften geltenden Regelungen sind im Grundsatz auf die GmbH übertragbar. Ein Anspruch auf den ausschüttungsfähigen Gewinn entsteht allerdings erst nach erfolgtem Gewinnverwendungsbeschluss.[21] Aufgrund dieser Wirkung des Gewinnverwendungsbeschlusses bei den Kapitalgesellschaften gilt, dass, anders als bei Personengesellschaften, die während der Zeit des Nießbrauchs ausgeschütteten Gewinnvorträge sowie aufgelöste freie Rücklagen dem Nießbraucher selbst dann zustehen, wenn sie in der Zeit vor der Nießbrauchsbestellung gebildet worden sind.[22] Dieser Anspruch steht dem Nießbraucher im Außenverhältnis gegen die Gesellschaft zu. Hingegen stellen während der Dauer des Nießbrauchs in die Rücklage eingestellte Gewinne und der Zuwachs stiller Reserven keine Nutzungen dar, soweit sie nicht ausgeschüttet werden.[23] An ihnen partizipiert der Nießbraucher somit nicht.

13 Im **Innenverhältnis** zwischen Gesellschafter und Nießbraucher gilt für die Aufteilung der außerordentlichen Erträge in erster Linie die vertragliche Abrede.[24] Zum Teil wird im Verhältnis zwischen Gesellschafter und Nießbraucher die entsprechende Anwendung der Ausgleichsansprüche aus §§ 1039, 1049 BGB angedacht, sofern eine vertragliche Abrede nicht getroffen wurde.[25] Für die Praxis empfiehlt es sich somit, aufgrund der zwischen Gesellschafter und Nießbraucher bestehenden Interessenkonflikte ausdrückliche Regelungen zu treffen, um Rechtsklarheit hinsichtlich der Zuordnung der Gewinnansprüche zu schaffen.

cc) Besonderheiten bei der AG

14 Als bestimmungsgemäßer Ertrag der Aktie steht dem Nießbraucher die Dividende einschließlich der Vorabdividende gem. § 60 Abs. 2 AktG nach erfolgtem Gewinnverwendungsbeschluss zu.[26] Keinen Anspruch hat der Nießbraucher auf die Vergütung von Nebenleistungen nach § 61 AktG, da diese keine Nutzung, sondern eine dem Aktionär zustehende Gegenleistung darstellt.[27] Auch Kursgewinne beim Verkauf der Aktie sind keine Frucht derselben, sondern Wertsteigerungen, die dem Nießbrauchsbesteller zustehen.[28]

b) Ansprüche nach Kapitalerhöhungen

aa) Personengesellschaften

15 Bei Kapitalerhöhungen ist zwischen der **effektiven Kapitalerhöhung durch Einlagen** der Gesellschafter und der **nominellen Kapitalerhöhung aus Gesellschaftsmitteln** zu unterscheiden. Der erhöhte

---

20 Staudinger/*Frank* Anh. zu §§ 1068, 1069 Rn. 81.
21 MüKo GmbHG/*Reichert/Weller* § 15 Rn. 329; Scholz/*Seibt* § 15 Rn. 214.
22 Scholz/*Seibt* § 15 Rn. 214; Ulmer/Habersack/Löbbe/*Löbbe* § 15 Rn. 182; Bamberger/Roth/*Wegmann* § 1069 Rn. 20.
23 Ulmer/Habersack/Löbbe/*Löbbe* § 15 Rn. 182; MüKo GmbHG/*Reichert/Weller* § 15 Rn. 333.
24 MüKo GmbHG/*Reichert/Weller* § 15 Rn. 333.
25 So insb. *Schön* ZHR 158, 229 (242 f.); diese Möglichkeit ebenfalls aufzeigend: MüKo GmbHG/*Reichert/Weller* § 15 Rn. 333; Scholz/*Seibt* § 15 Rn. 214.
26 MünchHdb GesR IV/*Wiesner/Kraft* § 14 Rn. 63; MüKo BGB/*Pohlmann* § 1068 Rn. 62.
27 Staudinger/*Frank* Anh. zu §§ 1068, 1069 Rn. 110; MüKo BGB/*Pohlmann* § 1068 Rn. 62.
28 OLG Bremen WM 1970, 1206; Staudinger/*Frank* Anh. zu §§ 1068, 1069 Rn. 111.

B. Vermögensrechtliche Rechte und Pflichten   § 124

Gesellschaftsanteil steht in jedem Fall dem Gesellschafter und nicht dem Nießbraucher zu.[29] Relevant wird die Unterscheidung aber bei der Frage, wem die auf das erhöhte Kapital entfallenden Erträge zustehen. Der BGH und die überwiegende Literatur nehmen bei einer nominellen Kapitalerhöhung im Zweifel an, dass dem Nießbraucher die gesamten Nutzungen des erhöhten Kapitalbetrages zustehen, während bei einer effektiven Kapitalerhöhung die Erträge im Zweifel dem Nießbrauchsbesteller zustehen sollen, der die Erhöhung aus eigenen Mitteln herbeigeführt hat.[30]

Diese Ansicht wird in Bezug auf das Ergebnis zur effektiven Kapitalerhöhung allerdings bestritten.[31] 16
Begründet wird dies damit, dass ein Personengesellschafter grundsätzlich nur einen Gesellschaftsanteil haben könne, der nicht teils nießbrauchbelastet und teils unbelastet sein könne.[32] Dies ist zwar im Grundsatz zutreffend, allerdings bestehen gewisse Ausnahmen für die Fälle der dinglichen Belastung von Gesellschaftsanteilen.[33] Eine solche dingliche Belastung stellt aber auch der Nießbrauch an Gesellschaftsanteilen dar, sodass die Erträge im Ergebnis doch dem Nießbrauchsbesteller zuzuordnen sind, was aufgrund der Herbeiführung aus eigenen Mitteln auch sachgerecht erscheint.

Die Aufteilung der Erträge können Nießbrauchsbesteller und Nießbraucher vertraglich abweichend 17
regeln, solange dabei die Wesensmerkmale des Nießbrauchs unberührt bleiben.[34]

bb) Besonderheiten bei der GmbH

Bei einer Kapitalerhöhung aus Gesellschaftsmitteln setzt sich der Nießbrauch an den neu gebildeten 18
Geschäftsanteilen automatisch fort.[35] Bei einer Kapitalerhöhung gegen Einlagen partizipiert der Nießbraucher grundsätzlich nicht.[36] Allerdings ist dem Nießbraucher für den Fall, dass der belastete Geschäftsanteil einen Wertverlust erlitten hat, zumindest ein **schuldrechtlicher Anspruch** auf anteilige Bestellung des Nießbrauchs am neuen Geschäftsanteil zuzubilligen.[37] Ein solcher Wertverlust entsteht, wenn die Höhe der Einlage hinter dem wahren Wert des neuen Geschäftsanteils zurückbleibt.[38] Die dogmatischen Einzelheiten eines solchen Anspruchs erscheinen freilich nicht vollends geklärt. Es empfiehlt sich daher, die Einzelheiten bereits bei der Nießbrauchsbestellung zu regeln.

cc) Besonderheiten bei der AG

Bei der Aktiengesellschaft ergibt sich Ähnliches für das **Bezugsrecht** gem. § 186 AktG. Es ist untrenn- 19
barer Bestandteil der Mitgliedschaft des Aktionärs und keine bloße Nutzung der Aktie, sodass es dem Aktionär zusteht.[39] Auch die Entscheidung über die Ausübung oder Veräußerung des Bezugsrechts gebührt trotz § 1071 Abs. 2 BGB allein dem Aktionär, ohne dass der Nießbraucher zustimmen müsste.[40] Nach erfolgter Ausübung oder Veräußerung des Bezugsrechts erstreckt sich der Nießbrauch nicht automatisch auf die neuen Aktien oder den Veräußerungserlös.[41] Ein **schuldrechtlicher Anspruch** auf quotenmäßigen Nachteilsausgleich wird dem Nießbraucher aber zugebilligt, soweit seine

---

29 BGHZ 58, 316 (320 f.); E/B/J/S/*Wertenbruch* § 105 Rn. 233; GroßkommHGB/*Schäfer* § 105 Rn. 121.
30 BGH GmbHR 1983, 148 (149); GroßkommHGB/*Schäfer* § 105 Rn. 121; MüKo BGB/*Ulmer/Schäfer* § 705 Rn. 104.
31 MüKo HGB/*K. Schmidt* Vor § 230 Rn. 17.
32 MüKo HGB/*K. Schmidt* Vor § 230 Rn. 17.
33 MüKo BGB/*Ulmer/Schäfer* § 705 Rn. 63; GroßkommHGB/*Schäfer* § 105 Rn. 73; MüKo HGB/*K. Schmidt* § 105 Rn. 78.
34 GroßkommHGB/*Schäfer* § 105 Rn. 121.
35 Ulmer/Habersack/Löbbe/*Löbbe* § 15 Rn. 185; Scholz/*Seibt* § 15 Rn. 216; Michalski GmbHG/*Ebbing* § 15 Rn. 197.
36 Ulmer/Habersack/Löbbe/*Löbbe* § 15 Rn. 185; Michalski GmbHG/*Ebbing* § 15 Rn. 197.
37 Scholz/*Seibt* § 15 Rn. 216 m. w. N.
38 Michalski GmbHG/*Ebbing* § 15 Rn. 197.
39 BGHZ 58, 316 (319); Hüffer/*Koch* § 186 Rn. 10; MüKo AktG/*Pfeifer* § 186 Rn. 32.
40 Hüffer/*Koch* § 186 Rn. 10; MüKo AktG/*Pfeifer* § 186 Rn. 32.
41 OLG Bremen AG 1970, 335 (zum Veräußerungserlös); Hüffer/*Koch* § 186 Rn. 10 m. w. N.

Position nach der Kapitalerhöhung aufgrund einer Verwässerung des Aktienwerts verschlechtert ist.[42] Diesen Anspruch kann der Nießbraucher im Rahmen einer Leistungsklage nur gegen den Nießbrauchsbesteller geltend machen, da es sich nicht um einen Anspruch aus dinglichem Recht handelt. Hinsichtlich weiterer Einzelheiten kann auf die Ausführungen oben zur GmbH verwiesen werden.

c) Anspruch auf Surrogate

20 Ansprüche auf den **Liquidationserlös**, das **Einziehungsentgelt** (§ 34 GmbHG, § 237 AktG), **Abfindungsansprüche** sowie die **Rückzahlung von Nachschüssen und Stammeinlagen** zählen nicht zu den Nutzungen, da sie keine Früchte der Mitgliedschaft, sondern Surrogate der Beteiligung als solcher darstellen.[43] An diesen Surrogaten setzt sich der Nießbrauch jedoch entsprechend der §§ 1076 ff. BGB kraft dinglicher Surrogation fort, soweit sie Gegenstand eines Nießbrauchs sein können.[44]

21 Die Auszahlung dieser Ansprüche kann somit analog § 1077 Abs. 1 BGB nur an den Gesellschafter und den Nießbraucher gemeinsam erfolgen, zur Klage berechtigt sind sowohl der Gesellschafter als auch der Nießbraucher.[45] Dabei hat die Klage als **Leistungsklage** gegen die Gesellschaft zu erfolgen. Klagt nur einer der beiden auf Erfüllung, erstreckt sich die Rechtskraft in diesem Fall jedoch nicht auf den anderen, da Gesellschafter und Nießbraucher unabhängig voneinander ihre Interessen verfolgen können und jeder ein eigenes Prozessführungsrecht bezüglich der Gesamtberechtigung geltend macht.[46] Klagen beide gemeinsam, ist streitig, ob sie **notwendige Streitgenossen** sind. Richtig ist, dass Gesellschafter und Nießbraucher in diesem Fall notwendige Streitgenossen gem. § 62 Abs. 1 Fall 1 ZPO sind, da der Streitgegenstand unteilbar ist und deshalb ein Zwang zur einheitlichen Entscheidung besteht.[47] Der Nießbraucher kann ein Interesse daran haben zu verhindern, dass eine Zahlung der Gesellschaft ausschließlich an den Gesellschafter erfolgt. Zwar wäre eine solche Zahlung wegen der Regelung des § 1077 Abs. 1 BGB unwirksam, im Falle der Zahlungsunfähigkeit der Gesellschaft besteht aber die Notwendigkeit, dem zuvorzukommen und eine einstweilige Verfügung gegen die Gesellschaft auf Unterlassung der Auszahlung allein an den Gesellschafter herbeizuführen.

22 Das eingezogene Kapital ist in entsprechender Anwendung des § 1079 BGB in nutzbringender Weise anzulegen, wobei der Nießbraucher die Art der Anlage bestimmen und den Nießbrauch daran beanspruchen kann.[48] Diese Ansprüche gelten, soweit sie in den jeweiligen Gesellschaftsformen existieren, sowohl für Personengesellschaften, als auch für die GmbH und die AG.[49] Auch hier empfiehlt es sich freilich, bereits bei der Bestellung des Nießbrauchs die Einzelheiten zu regeln.

---

42 MüKo AktG/*Pfeifer* § 186 Rn. 33; GroßkommAktG/*Wiedemann* § 186 Rn. 74; Hüffer/*Koch* § 186 Rn. 10.
43 Ulmer/Habersack/Löbbe/*Löbbe* § 15 Rn. 183; Henssler/Strohn/*Verse* § 15 (GmbHG) Rn. 113.
44 Staudinger/*Frank* Anh. zu §§ 1068, 1069 Rn. 88; MüKo BGB/*Pohlmann* § 1068 Rn. 47; Ulmer/Habersack/Löbbe/*Löbbe* § 15 Rn. 183 m. w. N.; z. T. wird dem Nießbraucher nur ein schuldrechtlicher Anspruch auf Nießbrauchsbestellung zugesprochen, was aber abzulehnen ist, da die genannten Ansprüche als aus der Mitgliedschaft fließende Rechte ohne Weiteres nießbrauchsbelastet sind.
45 Erman/*Bayer* § 1077 Rn. 1; MüKo BGB/*Pohlmann* § 1077 Rn. 3; Prütting/Wegen/Weinreich/*Prütting/Eickmann* § 1077 Rn. 2.
46 Palandt/*Bassenge* § 1077 Rn. 1; MüKo BGB/*Pohlmann* § 1077 Rn. 3; Stein/Jonas/*Bork* § 62 Rn. 9.
47 Prütting/Wegen/Weinreich/*Prütting/Eickmann* § 1077 Rn. 2; Palandt/*Bassenge* § 1077 Rn. 1; Staudinger/*Frank* § 1077 Rn. 8; Bamberger/Roth/*Wegmann* § 1078 Rn. 3; Stein/Jonas/*Bork* § 62 Rn. 9; a. A. MüKo BGB/*Pohlmann* § 1077 Rn. 3.
48 Scholz/*Seibt* § 15 Rn. 215; MünchHdb GesR III/*Kraus* § 26 Rn. 91; Ulmer/Habersack/Löbbe/*Löbbe* § 15 Rn. 183.
49 MünchHdb GesR I/*Hohaus* § 66 Rn. 23 (für die OHG); MüKo GmbHG/*Reichert/Weller* § 15 Rn. 345 f. (für die GmbH); MünchHdb GesR IV/*Wiesner/Kraft* § 14 Rn. 63 (für die AG) jeweils m. w. N.

B. Vermögensrechtliche Rechte und Pflichten   § 124

II. Vermögenspflichten

1. Gegenüber der Gesellschaft

Im Außenverhältnis bestehende Pflichten des Nießbrauchers können unmittelbar von der Gesellschaft im Rahmen der Leistungsklage geltend gemacht werden. In Betracht kommen insbesondere Haftungs- oder Kapitalerhaltungspflichten, deren tatsächliches Bestehen nachfolgend genauer untersucht wird. Die **örtliche Zuständigkeit** für Klagen der Gesellschaft gegen den Nießbraucher ist, soweit ersichtlich, nicht geregelt oder geklärt. Es erscheint aber sachgerecht, hinsichtlich Klagen, die inhaltsgleich mit Ansprüchen gegen die übrigen Gesellschafter sind, ebenfalls den besonderen Gerichtsstand der Mitgliedschaft nach § 22 ZPO heranzuziehen. Sinn und Zweck dieser Vorschrift ist es, Streitigkeiten, die die inneren Rechtsbeziehungen der Gesellschaft betreffen, am Gesellschaftssitz zu konzentrieren.[50] Insofern ist es angemessen, bei einer Leistungsklage der Gesellschaft, in der ein ihr sonst gegen den Gesellschafter zustehendes Vermögensrecht ausnahmsweise gegen einen Nießbraucher geltend gemacht wird, ebenfalls das Gericht am Gesellschaftssitz für zuständig zu erachten.[51] Geht man von der Richtigkeit dieses Ansatzes aus, so kann mit den gleichen Argumenten auch die funktionelle Zuständigkeit der Kammer für Handelssachen gem. § 95 Abs. 1 Nr. 4a) GVG angenommen werden, soweit die klagende Gesellschaft eine Handelsgesellschaft ist. 23

Die Pflichten, die sich aus dem Gesellschaftsanteil ergeben, hat grundsätzlich unabhängig von der Gesellschaftsform der Gesellschafter zu erfüllen. So richtet sich die Beantwortung der Frage nach der **Außenhaftung im Personengesellschaftsrecht** sinnvollerweise nach der Einräumung von Mitverwaltungsrechten, um einen Gleichlauf von Mitspracherechten und Pflichten gegenüber der Gesellschaft zu gewährleisten.[52] Daher wird zum Teil von Vertretern, die eine Zuständigkeit des Nießbrauchers bezüglich Verwaltungsrechten in laufenden Angelegenheiten annehmen, eine gleichrangige Haftung des Nießbrauchers neben dem Gesellschafter als Gesamtschuldner behauptet.[53] Zutreffend erscheint dagegen die Auffassung, wonach dem Nießbraucher keine Mitverwaltungsrechte zustehen, sodass korrespondierend auch keine Außenhaftung des Nießbrauchers anzunehmen ist.[54] Zum Teil wird eine Außenhaftung des Nießbrauchers jedoch auch unabhängig von der Zuordnung der Mitverwaltungsrechte abgelehnt, weil die Haftung aus § 128 HGB eine Gesellschafterstellung voraussetze, die der Nießbraucher gerade nicht innehat.[55] 24

Anders verhält es sich in der GmbH mit der **Kapitalerhaltungspflicht**, welcher gem. §§ 30, 31 GmbHG analog auch der Nießbraucher selbst unterliegen soll, und zwar unabhängig davon, ob ihm Mitverwaltungsrechte zugesprochen werden oder nicht.[56] Dieser Anspruch steht der Gesellschaft unmittelbar gegen den Nießbraucher zu und kann nach den oben genannten Grundsätzen geltend gemacht werden. Die weiteren mit dem Geschäftsanteil verbundenen Pflichten verbleiben im Außenverhältnis jedoch beim Gesellschafter, namentlich die Erfüllung von Einlagerückständen, fällig werdenden Einlageraten und Nachschüssen.[57] 25

Da somit der Gesellschafter in Kapitalgesellschaften auch zur **Einzahlung von Einlagerückständen** verpflichtet ist, stellt sich die Frage, welche Ansprüche der Nießbraucher geltend machen kann, wenn 26

---

50 MüKo ZPO/*Patzina* § 22 Rn. 1; Saenger/*Bendtsen* § 22 Rn. 1.
51 In KG Berlin WM 2008, 1571 wird die Zuständigkeit nach § 22 ZPO zumindest im Falle einer mittelbaren Beteiligung in Form der Treuhand bei einer Publikumsgesellschaft bejaht.
52 MüKo BGB/*Pohlmann* § 1068 Rn. 67; Staudinger/*Frank* Anh. zu §§ 1068, 1069 Rn. 91; siehe zu den Mitverwaltungsrechten im Detail Rdn. 28 ff.
53 MüKo BGB/*Ulmer*/*Schäfer* § 705 Rn. 106.
54 MüKo HGB/*K. Schmidt* Vor § 230 Rn. 24; Staudinger/*Frank* Anh. zu §§ 1068, 1069 Rn. 91 m.w.N.; E/B/J/S/*Wertenbruch* § 105 Rn. 237; MüKo BGB/*Pohlmann* § 1068 Rn. 67; siehe zur Begründung der Ablehnung von Mitverwaltungsrechten des Nießbrauchers Rdn. 31.
55 E/B/J/S/*Wertenbruch* § 105 Rn. 237; GroßkommHGB/*Schäfer* § 105 Rn. 128.
56 Scholz/*Verse* § 30 Rn. 51; Baumbach/Hueck/*Fastrich* § 30 Rn. 28; MünchHdb GesR III/*Fronhöfer* § 51 Rn. 44; *Barry* RNotZ 2014, 401 (415).
57 So die überwiegende Ansicht, siehe nur MüKo GmbHG/*Reichert*/*Weller* § 15 Rn. 343 m.w.N.

der Gesellschafter die Zahlung verweigert. Ein Schutzinteresse des Nießbrauchers ist schon deswegen anzuerkennen, weil im Falle ausbleibender Zahlung der Gesellschaftsanteil kaduziert werden kann und damit auch der Nießbrauch daran wegfällt.[58] Der Nießbraucher kann allerdings den Verlust seines Rechts nur dadurch verhindern, dass er die ausstehende Einlage selbst an die Gesellschaft zahlt (§ 267 BGB).[59] Zahlt der Nießbraucher, hat er gegen den Gesellschafter über § 1049 Abs. 1 BGB einen Ersatzanspruch nach den Regeln der Geschäftsführung ohne Auftrag, den er im Wege der Leistungsklage geltend machen kann.

2. Gegenüber dem Nießbrauchsbesteller

27 Der bestellende Gesellschafter hat die Möglichkeit, seine Gesellschafterrechte gegenüber dem Nießbraucher geltend zu machen, ohne der Zustimmung der anderen Gesellschafter zu bedürfen.[60] Für den Fall, dass Streit über Inhalt und Umfang der Rechte und Pflichten des Nießbrauchers besteht, hat auch der Nießbrauchsbesteller ein rechtliches Interesse daran, diese Frage im Rahmen einer Feststellungsklage klären zu lassen.[61] Dies betrifft allerdings allein das **Innenverhältnis** zwischen Nießbraucher und Gesellschafter, welches durch das Nießbrauchsverhältnis ausgestaltet ist. Daraus können sich je nach vertraglicher Vereinbarung Leistungsansprüche des Gesellschafters gegen den Nießbraucher ergeben.[62] In Betracht kommen dabei insbesondere **Regressansprüche** gegen den Nießbraucher für den Fall, dass der Gesellschafter durch Gläubiger der Gesellschaft in Anspruch genommen wurde.[63] Außerdem kann den Nießbraucher im Innenverhältnis gem. §§ 1068 Abs. 2, 1047 BGB analog eine Pflicht zur **Lastentragung** treffen.[64] Die gerichtliche Zuständigkeit richtet sich für diese Leistungsklagen nach den allgemeinen Grundsätzen, da die Ansprüche aus dem Nießbrauchsverhältnis herrühren, sodass weder § 22 ZPO anwendbar noch die Kammer für Handelssachen zuständig ist.

C. Mitverwaltungsrechte und -pflichten

I. Mitverwaltungsrechte

1. Stimmrecht

a) Personengesellschaften

28 Die Aufteilung des mit dem Gesellschaftsanteil verbundenen Stimmrechts zwischen Gesellschafter und Nießbraucher bereitet Schwierigkeiten und ist stark umstritten.[65] Die vertretenen Ansichten reichen vom alleinigen Stimmrecht des Gesellschafters bis hin zu der Ansicht, dass im Zweifel der Nießbraucher zuständig sei. Der BGH hat sich zu dieser Frage lediglich in einer Entscheidung aus dem Jahre 1998 dahingehend geäußert, dass das Stimmrecht bei Beschlüssen, die die Grundlagen der Gesellschaft betreffen, beim Gesellschafter verbleiben soll.[66] Im Übrigen hat er die Frage jedoch offen gelassen.

29 Daran anknüpfend wird vertreten, dass eine **Spaltung des Stimmrechts** vorzunehmen ist und dieses je nach Zuständigkeitsbereich dem Gesellschafter oder dem Nießbraucher zustehen soll.[67] Zum Teil wird für die Berechtigung des Nießbrauchers die Wertung der §§ 1030, 1066 BGB herangezogen

---

58 Ulmer/Habersack/Löbbe/*Löbbe* § 15 Rn. 186; MüKo BGB/*Pohlmann* § 1068 Rn. 41.
59 MüKo GmbHG/*Schütz* § 21 Rn. 109; Ulmer/Habersack/Löbbe/*Müller* § 21 Rn. 59.
60 BGH NJW 1999, 571 (572).
61 BGH NJW 1999, 571 (572).
62 MünchHdb GesR I/*Gummert* § 16 Rn. 31.
63 MünchHdb GesR I/*Gummert* § 16 Rn. 31.
64 E/B/J/S/*Wertenbruch* § 105 Rn. 234; Scholz/*Seibt* § 15 Rn. 218; MüKo GmbHG/*Reichert/Weller* § 15 Rn. 344.
65 MünchHdb GesR I/*Hohaus* § 66 Rn. 26; GroßkommHGB/*Schäfer* § 105 Rn. 124.
66 BGH NJW 1999, 571 (572).
67 Baumbach/Hopt/*Roth* § 105 Rn. 46; K/R/M/*Koller* § 105 Rn. 23.

und dem Gesellschafter das Stimmrecht daher nur bei Eingriffen in den Kernbereich zugesprochen.[68]

Eine als **Vergemeinschaftslösung** bezeichnete Ansicht nimmt an, dass das Stimmrecht nur gemeinschaftlich von Besteller und Nießbraucher ausgeübt werden kann.[69] Dies führt jedoch dazu, dass bei Uneinigkeit das Stimmrecht leer liefe und insbesondere die unterschiedlichen Interessen von Gesellschafter und Nießbraucher nicht ausreichend berücksichtigt würden.[70] 30

Größtenteils wird deshalb ein **alleiniges Stimmrecht des Gesellschafters** angenommen.[71] Zwar wird dieser Ansicht vorgeworfen, dass sie den mittels Nießbrauchs angestrebten Zielen und der dinglichen Wirkung des Nießbrauchs widerspreche.[72] Allerdings ist mit Blick auf die Praxis eine Differenzierung von Geschäften, die substanz- oder lediglich nutzungsbezogen sind, kaum durchführbar.[73] Vielmehr bedarf das Stimmrecht einer eindeutigen Zuordnung und kann nicht je nach Betroffenheit aufgespalten werden.[74] Praktikabilitätsgründe und auch die Rechtssicherheit sprechen somit für diese Ansicht. Das ist im Ergebnis auch sachgerecht, da der Nießbraucher nicht Gesellschafter wird und es den Parteien offen steht bei der Vertragsgestaltung den Nießbraucher am Stimmrecht zu beteiligen.[75] Der Rechtspraxis ist daher, um Unsicherheiten zu vermeiden, zu empfehlen, auf die Instrumente der **Stimmrechtsvollmacht**, **Stimmbindungsverträge**, **Weisungsrechte** oder der **Ausübungsermächtigung** zurückzugreifen.[76] 31

Den schützenswerten Interessen des Nießbrauchers wird dadurch Rechnung getragen, dass der Nießbrauchsbesteller aus der **Treuepflicht**[77] gehalten ist, bei Ausübung des Stimmrechts die Belange des Nießbrauchers angemessen zu berücksichtigen.[78] Die Nichtbeachtung kann zu **Schadensersatzansprüchen** des Nießbrauchers führen; die Wirksamkeit der Stimmrechtsausübung im Außenverhältnis kann der Nießbraucher im Klagewege jedoch nicht verhindern. Im Falle eines wirksam vereinbarten Stimmbindungsvertrages[79] kann die entsprechende Stimmabgabe durch **Leistungsklage** gegen den Gebundenen mit Wirkung für die Gesellschaft gerichtlich durchgesetzt und gem. § 894 ZPO vollstreckt werden.[80] Das Urteil auf Erfüllung eines Stimmbindungsvertrages würde jedoch fast immer zu spät kommen, sodass für den Nießbraucher das Vorgehen im Rahmen einer **einstweiligen Verfügung** von besonderem Interesse ist. Im Einklang mit den zu den Personengesellschaften dargelegten Grundsätzen[81] hat eine Abwägung der auf dem Spiel stehenden Interessen zu erfolgen, sodass ausnahmsweise bei drohender schwerwiegender Beeinträchtigung des Nießbrauchers eine einstweilige Verfügung in Betracht kommen kann. 32

---

68 GroßkommHGB/*Schäfer* § 105 Rn. 124 m. w. N.
69 *Schön*, ZHR 158, 229 (262).
70 MünchHdb GesR I/*Hohaus* § 66 Rn. 28; MüKo HGB/*K. Schmidt* Vor § 230 Rn. 21.
71 MüKo BGB/*Pohlmann* § 1068 Rn. 71 ff.; MüKo HGB/*K. Schmidt* Vor § 230 Rn. 21; Staudinger/*Frank* Anh. zu §§ 1068, 1069 Rn. 72; MünchHdb GesR I/*Hohaus* § 66 Rn. 25 ff.
72 GroßkommHGB/*Schäfer* § 105 Rn. 124.
73 MünchHdb GesR I/*Hohaus* § 66 Rn. 28.
74 MüKo HGB/*K. Schmidt* Vor § 230 Rn. 21.
75 So auch MünchHdb GesR I/*Hohaus* § 66 Rn. 29; Staudinger/*Frank* Anh. zu §§ 1068, 1069 Rn. 73.
76 MüKo HGB/*K. Schmidt* Vor § 230 Rn. 21.
77 Zur Treuepflicht im Nießbrauchsverhältnis siehe sogleich Rdn. 36 f.
78 OLG Koblenz NJW 1992, 2163 (2164 f.); Ulmer/Habersack/Löbbe/*Löbbe* § 15 Rn. 191 m. w. N.
79 Zur generellen Zulässigkeit von Stimmbindungsverträgen mit einem Nießbraucher siehe MüKo BGB/*Schäfer* § 717 Rn. 26; E/B/J/S/*Freitag* § 119 Rn. 43; Baumbach/Hopt/*Roth* § 119 Rn. 18; Spindler/Stilz/*Rieckers* § 136 Rn. 46 (bei der AG).
80 BGH NJW 1967, 1963; MüKo HGB/*Enzinger* § 119 Rn. 39; MüKo BGB/*Schäfer* § 717 Rn. 28 jeweils m. w. N.
81 Siehe dazu oben § 34 Rdn. 31; zur Frage der Zulässigkeit einstweiliger Verfügungen siehe auch MüKo BGB/*Schäfer* § 717 Rn. 29; Erman/*Westermann* § 709 Rn. 21a jeweils m. w. N.

b) GmbH und AG

33 Bei der GmbH und der AG wird das gleiche Meinungsspektrum vertreten und die Überlegungen und Argumentationen sind aus dem Personengesellschaftsrecht zu übertragen.[82] Der Gesellschafter bzw. Aktionär verkörpert die Substanz des Mitgliedschaftsrechts, mit dem das Stimmrecht ursprünglich verbunden ist. Ihm steht dieses somit auch ausschließlich zu.[83] Im Aktienrecht ist in § 129 Abs. 3 AktG die Möglichkeit vorgesehen, das Stimmrecht aus der Aktie einem Dritten zur Ausübung zu überlassen, sog. Legitimationszession. Die oben in Rdn. 32 genannten Ansprüche auf Schadensersatz aus der Treuepflicht des Gesellschafters sowie die Leistungsklage und einstweilige Verfügung aufgrund einer getroffenen Stimmbindungsvereinbarung stehen auch dem Nießbraucher an GmbH-Anteilen und an Aktien zu.[84]

2. Informationsrecht/Auskunftsanspruch

34 Dem Nießbraucher könnte aber ein eigenes **mitgliedschaftliches Informationsrecht** im Außenverhältnis zur Gesellschaft zu gewähren sein. Ein solches könnte er dann auch klageweise gegen die Gesellschaft geltend machen. Die dingliche Berechtigung an der Mitgliedschaft spricht für ein eigenes Informationsrecht aus § 242 BGB bezüglich Auskünften, die den Ertrag der Beteiligung betreffen.[85] Im Unterschied zum Stimmrecht ist das Informationsrecht sachgerecht teilbar, sodass keine erheblichen praktischen Einwände entgegenstehen, dem Nießbraucher im Falle eines gesellschaftsrechtlich relevanten Informationsinteresses ein Informationsrecht zuzusprechen.[86] Dies gilt zumindest für Nießbraucher eines Personengesellschafts- oder GmbH-Anteils, während ein solches Recht bei der AG wegen praktischer Unzuträglichkeiten abgelehnt wird und ausschließlich dem Aktionär zugewiesen wird.[87] Eine Leistungsklage gegen die Gesellschaft auf Informationserteilung kann somit bei den vorgenannten Gesellschaftsformen vom Nießbraucher erhoben werden.

3. Sonstige Rechte

35 Die weiteren Mitverwaltungsrechte, wie das Recht auf Anfechtung von Beschlüssen oder die Teilnahme an Gesellschaftsversammlungen erwachsen aus der Befugnis zur Mitwirkung an der Beschlussfassung und stehen somit, ebenso wie das Stimmrecht, ausschließlich dem Gesellschafter zu.[88]

II. Treuepflicht

36 Im Rahmen des Nießbrauchsverhältnisses besteht eine beidseitig zu beachtende Treuepflicht, die eine angemessene Rücksichtnahme auf die Interessen des anderen erfordert.[89] Den Gesellschafter trifft zunächst die Pflicht, bei der Stimmrechtsausübung die Interessen des Nießbrauchers zu berücksichtigen und dabei insbesondere einen wirtschaftlichen Schaden des Nießbrauchers zu verhindern.[90] Ein mit der **Leistungsklage** zu verfolgender Schadensersatzanspruch des Nießbrauchers ge-

---

82 Staudinger/*Frank* Anh. zu §§ 1068, 1069 Rn. 96 f. u. Rn. 120 f.
83 Vgl. für die GmbH nur MüKO GmbHG/*Reichert/Weller* § 15 Rn. 337 m. w. N.; für die AG MünchHdb GesR IV/*Wiesner/Kraft* § 14 Rn. 66 und Staudinger/*Frank* Anh. zu §§ 1068, 1069 Rn. 120 f. m. w. N.
84 Zum Schadensersatzanspruch siehe nur Ulmer/Habersack/Löbbe/*Löbbe* § 15 Rn. 191; MüKo GmbHG/ *Reichert/Weller* § 15 Rn. 340; zu den Ansprüchen aus Stimmbindungsvereinbarungen: Lutter/Hommelhoff/*Bayer* § 47 Rn. 18; Scholz/*K. Schmidt* § 47 Rn. 55 ff.; Hüffer/*Koch* § 133 Rn. 29 ff.; MüKo AktG/ *Schröer* § 136 Rn. 88 ff.
85 MüKo BGB/*Pohlmann* § 1068 Rn. 82 m. w. N.
86 GroßkommHGB/*Schäfer* § 105 Rn. 127; MüKo HGB/*K. Schmidt* Vor § 230 Rn. 21 m. w. N.
87 MünchHdb GesR IV/*Semler* § 37 Rn. 2; GroßKommAktG/*Decher* § 131 Rn. 88.
88 Staudinger/*Frank* Anh. zu §§ 1068, 1069 Rn. 98 u. 123; Scholz/*K.Schmidt* § 47 Rn. 128; Lutter/Hommelhoff/*Bayer* Anh. zu § 47 Rn. 70; MünchHdb GesR IV/*Wiesner/Kraft* § 14 Rn. 66.
89 MüKo GmbHG/*Reichert/Weller* § 15 Rn. 340.
90 MüKo GmbHG/*Reichert/Weller* § 15 Rn. 340.

gen den Gesellschafter kann sich beispielsweise ergeben, wenn durch Mitwirkung des Nießbrauchsbestellers sachlich nicht gebotene oder unübliche Rücklagen gebildet werden.[91] Daneben hat der Nießbraucher die Möglichkeit, die Unterlassung schädigender Handlungen durch den Gesellschafter gerichtlich – soweit zulässig auch im Wege des **einstweiligen Rechtsschutzes** – zu verfolgen.

Aber auch der Nießbraucher kann für den Fall, dass ihm durch vertragliche Vereinbarungen Mitverwaltungsrechte eingeräumt wurden, bei der Ausübung eingeschränkt sein. Für die Dauer des Nießbrauchs ist er dann nämlich mit dinglicher Wirkung in den Gesellschafterverbund eingebunden und unterliegt damit gesellschaftsrechtlichen Treubindungen.[92] Dies führt dazu, dass auch er zur Wahrung der Gesellschaftsinteressen verpflichtet ist und damit Ansprüchen der Gesellschafter und der Gesellschaft ausgesetzt sein kann. Beispielsweise kann der Nießbraucher durch **Leistungsklage** auf Zustimmung zu für den Erhalt der Gesellschaft notwendigen Maßnahmen in Anspruch genommen werden. Ebenso ist es denkbar, dass die Gesellschaft und/oder die Gesellschafter gegen den Nießbraucher einen Anspruch auf **Unterlassung** gerichtlich – soweit zulässig auch im Wege des **einstweiligen Rechtsschutzes** – durchsetzen, soweit ein die gesellschaftsrechtliche Treuepflicht verletzendes Verhalten des vertraglich mit Mitverwaltungsrechten ausgestatteten Nießbrauchers droht.

37

---

91 OLG Koblenz NJW 1992, 2163 (2165); Ulmer/Habersack/Löbbe/*Löbbe* § 15 Rn. 191 (beide zur GmbH).
92 MüKo BGB/*Ulmer/Schäfer* § 705 Rn. 102; Ulmer/Habersack/Löbbe/*Löbbe* § 15 Rn. 191.

§ 125 Streitigkeiten bei der Beendigung des Nießbrauchs

1 Die Beendigung des Nießbrauchs an Gesellschaftsanteilen kann auf verschiedenen Wegen eintreten. Gem. §§ 1068 Abs. 2, 1061 BGB erlischt der Nießbrauch an Rechten mit dem Tod des Nießbrauchers kraft Gesetzes. Der Nießbrauch ist somit unvererblich. Für den Fall, dass der Nießbrauch einer juristischen Person oder einer rechtsfähigen Personengesellschaft zusteht, so erlischt der Nießbrauch mit dieser. Dabei tritt das Erlöschen erst mit Beendigung der Liquidation ein.[1]

2 Ist die Nießbrauchsbestellung an eine auflösende Bedingung geknüpft, so erlischt der Nießbrauch mit Eintritt dieser Bedingung. Des Weiteren ist die Beendigung des Nießbrauchs durch formlose Aufhebungsvereinbarung zwischen Nießbraucher und Gesellschafter möglich. Außerdem kann der Nießbraucher nach §§ 1072, 1064 BGB den Nießbrauch durch einseitige Erklärung gegenüber dem Besteller oder dem Gesellschafter aufgeben.

3 Eine letzte Möglichkeit, die zur Beendigung des Nießbrauchs führen kann, betrifft den Fall der Konfusion, §§ 1072, 1063 Abs. 1 BGB, in dem der Nießbraucher selbst den belasteten Gesellschaftsanteil erwirbt.

4 Im Rahmen der Beendigung des Nießbrauchs kommt es, soweit ersichtlich, kaum zu gesellschaftsrechtlichen Streitigkeiten.

---

[1] Palandt/*Bassenge* § 1061 Rn. 2; Scholz/*Seibt* § 15 Rn. 221.

Teil 6 Konflikte bei der Umwandlung von Gesellschaften

§ 126 Überblick: Widerstreitende Interessen im Rahmen des Umwandlungsgesetzes

Übersicht	Rdn.			Rdn.
A. Einführung	1	E.	Durch das UmwG geschützte Personengruppen	13
B. Umwandlungsarten und umwandlungsfähige Rechtsträger	4	I.	Anteilsinhaber	14
I. Umwandlungsarten	4	II.	Inhaber von Sonderrechten	15
II. Umwandlungsfähige Rechtsträger	7	III.	Gläubiger	16
C. Das Baukastenprinzip des UmwG	10	IV.	Arbeitnehmer	19
D. Ablauf einer Umwandlung	12	F.	Gang der Darstellung	20

A. Einführung

Bei Aufnahme einer unternehmerischen Tätigkeit steht die Wahl der konkreten Rechtsform (Einzelkaufmann, Personenhandelsgesellschaft oder Kapitalgesellschaft) den Beteiligten grundsätzlich frei (**Freiheit der Typenwahl**).[1] Haben sich die Beteiligten einmal für eine bestimmte Rechtsform entschieden, muss es mit dieser aber grundsätzlich nicht sein Bewenden haben. Die Beteiligten sind vielmehr frei, während der »Lebensphase« eines Unternehmens[2] auf sich ändernde Rahmenbedingungen zu reagieren und das Unternehmen **gesellschaftsrechtlich umzustrukturieren**. 1

Die **Gründe** für gesellschaftsrechtliche Umstrukturierungen sind vielfältig und abhängig vom jeweiligen Einzelfall. Sie können sowohl rechtlicher als auch betriebswirtschaftlicher Natur sein. So erfolgen Umwandlungsmaßnahmen häufig aus steuerlichen Gründen. Ein Grund für eine Spaltungsmaßnahme kann etwa die Absicht zur rechtlichen Verselbständigung von bestimmten Unternehmensteilen (so genannter »Carve-out«) sein, häufig verbunden mit einem Verkauf oder Börsengang der verselbständigten Geschäftsbereiche. Zugang zum bzw. Abstandnahme vom Kapitalmarkt sind schließlich häufig Motive für einen Formwechsel.[3] 2

Den rechtlichen Rahmen für Umwandlungen bildet das **Umwandlungsgesetz** (UmwG).[4] Eine wesentliche Zielsetzung des UmwG besteht darin, den Beteiligten die nötige Flexibilität hinsichtlich der Auswahl der für sie zivil- oder steuerrechtlich günstigsten Rechtsform zu geben. Wäre die Möglichkeit der Umwandlung von Unternehmen nicht spezialgesetzlich geregelt, müsste diese in aufwendigen, kostenintensiven und steuerlich nachteiligen Prozessen durchgeführt werden. Ein »Formwechsel« könnte z. B. etwa nur im Wege der Liquidation des bestehenden und der Gründung eines neuen Rechtsträgers sowie der Übertragung sämtlicher Vermögensgegenstände vom »alten« auf den »neuen« Rechtsträger im Wege der Einzelrechtsübertragung realisiert werden. Neben der Aufdeckung etwaiger stiller Reserven im Rahmen einer dann erforderlichen Liquidation des bestehenden Rechtsträgers bestünde ein wesentlicher Nachteil eines solchen »Formwechsels« vor allem darin, dass zum Übergang von Verbindlichkeiten und Vertragsverhältnissen die Zustimmungen von Gläubigern (§§ 414 ff. BGB) und Vertragspartnern erforderlich wären. 3

---

1 KöKo UmwG/*Dauner-Lieb* Einl. A. Rn. 11; Lutter UmwG/*Lutter/Bayer* Einl. I Rn. 1.
2 KöKo UmwG/*Dauner-Lieb* Einl. A. Rn. 11.
3 Semler/Stengel/*Semler/Stengel* Einleitung A Rn. 4 mit weiteren Gründen.
4 Vgl. zu den Möglichkeiten der Umwandlung außerhalb des UmwG z. B. Semler/Stengel/*J. Semler/Stengel* Einleitung A Rn. 82 ff.

B. Umwandlungsarten und umwandlungsfähige Rechtsträger

I. Umwandlungsarten

4 Das UmwG kennt keine einheitliche Definition der »Umwandlung«, sondern definiert in § 1 Abs. 1 UmwG einen **numerus clausus** möglicher Umwandlungsarten[5] (so genannter **Typenzwang**).[6]

5 Das Gesetz unterscheidet in § 1 Abs. 1 UmwG vier zulässige **Umwandlungsarten:**
– Verschmelzung (Nr. 1);
– Spaltung (Nr. 2);
– Vermögensübertragung (Nr. 3); und
– Formwechsel (Nr. 4).

6 Innerhalb dieser vier Umwandlungsarten ist nochmals zu differenzieren zwischen Umwandlungen mit einer Übertragung von Vermögen im Wege der (gegebenenfalls partiellen) Gesamtrechtsnachfolge und solchen ohne eine Vermögensbewegung. **Vermögensübertragende Umwandlungsarten** sind die Verschmelzung, die Spaltung und die Vermögensübertragung, wohingegen sich der Formwechsel ohne jede Vermögensbewegung vollzieht.[7] Verschmelzungen und Spaltungen können schließlich auf bereits bestehende Rechtsträger oder auf Rechtsträger erfolgen, die im Rahmen der jeweiligen Umwandlung neu gegründet werden.[8]

II. Umwandlungsfähige Rechtsträger

7 Die Frage, welche Rechtsträger nach den Vorschriften des UmwG umgewandelt werden können, ist im UmwG an mehreren Stellen geregelt.

8 Zunächst bestimmt § 1 Abs. 1 UmwG verbindlich für alle Umwandlungsarten, dass nur Rechtsträger mit Sitz im Inland umgewandelt werden können. Nach h. M. bedeutet dies, dass alle an einem Umwandlungsvorgang auf Basis des UmwG[9] beteiligten Rechtsträger ihren **(Satzungs-) Sitz im Inland** haben müssen.[10] Diesen Grundsatz hat der Gesetzgeber in Umsetzung der Verschmelzungsrichtlinie[11] für grenzüberschreitende Verschmelzungen von Kapitalgesellschaften in den §§ 122a–122l UmwG punktuell aufgegeben.[12]

9 Weiter bestimmt das UmwG verbindlich individuell für jede Umwandlungsart, welche Rechtsträger **umwandlungsfähig** sind.[13] Wenngleich in keiner der genannten Normen ausdrücklich aufgeführt,

---

5 Vgl. RegBegr. zu § 1 UmwG, BT-Drucks. 12/6699, S. 80.
6 Kallmeyer/*Kallmeyer* § 1 Rn. 1; Lutter UmwG/*Lutter/Bayer* Einl. I Rn. 51.
7 Lutter UmwG/*Lutter/Bayer* Einl. I Rn. 50 f.
8 Verschmelzung/Spaltung »zur Aufnahme« bzw. Verschmelzung/Spaltung »zur Neugründung«, vgl. §§ 4 ff., 126 ff. bzw. §§ 36 ff., 135 ff. UmwG.
9 Vgl. zur Zulässigkeit von in den §§ 122a ff. UmwG nicht geregelten Fällen im Einzelnen Lutter UmwG/*Drygala* § 1 Rn. 11 ff.; zum »grenzüberschreitenden Formwechsel« EuGH v. 12. 07 2012 – Rs C-378/10 (»Vale«), ZIP 2012, 1394 ff. und OLG Nürnberg NZG 2014, 349 ff.
10 Semler/Stengel/*Drinhausen* Einleitung C Rn. 20, 26; Kallmeyer/*Kallmeyer* § 1 Rn. 2 f.
11 Richtlinie 2005/56/EG des Europäischen Parlaments und des Rates vom 26.10.2005 über die Verschmelzung von Kapitalgesellschaften aus verschiedenen Mitgliedstaaten, ABl. L 310, S. 1.
12 Zweites Gesetz zur Änderung des UmwG v. 19.4.2007, BGBl. I S. 542.
13 Vgl. die entsprechenden Regelungen in und die Kommentierungen zu § 3 UmwG für die Verschmelzung, § 124 UmwG für die Spaltung, § 175 UmwG für die Vermögensübertragung und § 191 UmwG für den Formwechsel.

besteht Einigkeit darüber, dass grundsätzlich auch eine Europäische Aktiengesellschaft (SE) mit Satzungssitz in Deutschland[14] sowie – eingeschränkt – eine Unternehmergesellschaft (haftungsbeschränkt) (UG) umwandlungsfähig sind.[15]

C. Das Baukastenprinzip des UmwG

Das UmwG besteht aus sieben Büchern und ist nach dem so genannten »**Baukastenprinzip**« aufgebaut.[16] Jede Umwandlungsart ist in einem separaten Buch geregelt;[17] innerhalb eines jeden Buches existiert jeweils ein »Allgemeiner Teil« und ein »Besonderer Teil« mit Sondervorschriften für die einzelnen am jeweiligen Umwandlungsvorgang beteiligten Rechtsträger. 10

Auch im Verhältnis der einzelnen Bücher zueinander wird das Baukastenprinzip beibehalten. Das UmwG regelt zunächst die **Verschmelzung** als »**Grundfall**« der Umwandlung, auf die dann im Rahmen der Spaltungsvorschriften in großen Teilen verwiesen wird, während im Rahmen der Vorschriften über die Vermögensübertragung in großen Teilen sowohl auf die Vorschriften des Spaltungs- als auch diejenigen des Verschmelzungsrechts verwiesen wird. Lediglich der Formwechsel folgt einer anderen und in sich **geschlossenen Systematik**, da im Gegensatz zu den übrigen Umwandlungsarten die Identität des betroffenen Rechtsträgers gewahrt bleibt und der Formwechsel mit den übrigen Umwandlungsarten daher nicht vergleichbar ist.[18] 11

D. Ablauf einer Umwandlung

Wenngleich in den Details Unterschiede bestehen, liegt dem UmwG ein einheitliches Grundmuster für den Ablauf eines Umwandlungsvorgangs zugrunde.[19] Vereinfacht[20] lässt sich ein Umwandlungsvorgang in **drei Phasen** unterteilen:[21] 12

– **Vorbereitungsphase:** In dieser Phase erfolgt die Vorbereitung und Ausarbeitung der rechtlichen Dokumentation zur beabsichtigten Umwandlungsmaßnahme. Sie endet mit der Fixierung der wirtschaftlichen und rechtlichen Rahmenbedingungen der Umwandlungsmaßnahme durch den/

---

14 Vgl. hierzu KöKo UmwG/*Simon* § 3 Rn. 27 ff. (Verschmelzung); § 124 Rn. 5 (Spaltung); KöKo UmwG/*Leuering* § 175 Rn. 3 (Vermögensübertragung) und Schmitt/Hörtnagl/Stratz/*Hörtnagl* EWG (VO) 2157/2001 Art. 3 Rn. 3 (Formwechsel); vgl. zu den Besonderheiten aufgrund der SE-VO Manz/Mayer/Schröder/*Schröder* Artikel 66 SE-VO Rn. 9.
15 Vgl. hierzu und zu den Ausnahmen *Fastrich*, in: Gesellschaftsrecht in der Diskussion 2010 S. 119 (148 f.); KöKo UmwG/*Simon* § 3 Rn. 21 (Verschmelzung); § 124 Rn. 7 (Spaltung) und KöKo UmwG/*Petersen* § 191 Rn. 5 (Formwechsel) sowie BGH ZIP 2011, 1054 ff. (zur Unzulässigkeit der Neugründung einer UG im Wege der Abspaltung); nach Lutter/Hommelhoff/*Lutter/Kleindiek* § 5a Rn. 69 ff. ist die UG als Unterform der GmbH »im Ausgangspunkt wie diese umwandlungsfähig«; ebenso Scholz/*H. P. Westermann* § 5a Rn. 35; eine UG kann demnach auch übertragender Rechtsträger einer Vermögensübertragung nach § 175 Nr. 1 UmwG sein.
16 Semler/Stengel/*J.Semler/Stengel* Einleitung A Rn. 51.
17 Zweites Buch: Verschmelzung; Drittes Buch: Spaltung; Viertes Buch: Vermögensübertragung und Fünftes Buch: Formwechsel. Das Erste Buch (Möglichkeiten der Umwandlung) enthält lediglich den zuvor bereits erwähnten § 1 UmwG, während die beiden übrigen Bücher Regelungen zu Strafvorschriften und Zwangsgeldern (sechstes Buch) bzw. Übergangs- und Schlussvorschriften (siebtes Buch) enthalten. Soweit nachstehend auf die Vermögensübertragung eingegangen wird, ist die Darstellung aufgrund des lediglich einführenden Charakters dieses Kapitels § 126 auf die Voll- bzw. Teilübertragung des (gesamten bzw. Teil-) Vermögens einer Kapitalgesellschaft auf die öffentliche Hand beschränkt. Eine ausführlichere Darstellung der Streitigkeiten im Rahmen der Vermögensübertragung findet sich in § 130.
18 Semler/Stengel/*J. Semler/Stengel* Einleitung A Rn. 54.
19 Statt vieler KöKo UmwG/*Dauner-Lieb* Einl. A Rn. 34.
20 Bei dieser Einteilung handelt es sich nur um ein grobes Raster, das nicht den tatsächlichen Umfang eines Umwandlungsvorgangs widerspiegelt, vgl. für einen vollständigen Ablaufplan z. B. Lutter UmwG/*Lutter/Bayer* Einl. I Rn. 63.
21 *Willemsen* NZA 1996, 791 (794); *Impelmann* DStR 1995, 769 (770); ähnlich KöKo UmwG/*Dauner-Lieb* Einl. A Rn. 34 ff.

die beteiligten Rechtsträger, entweder in Form eines Vertragsschlusses,[22] einer einseitigen empfangsbedürftigen Willenserklärung[23] oder eines Beschlusses der Anteilsinhaberversammlung.[24]
— **Beschlussphase:** Die Umwandlungsmaßnahme bedarf darüber hinaus grundsätzlich[25] eines Beschlusses der Anteilsinhaberversammlungen der beteiligten Rechtsträger.
— **Anmeldungs- und Vollzugsphase:** Wirksam wird die Umwandlungsmaßnahme nach entsprechender Anmeldung schließlich mit Vollzug der Eintragungen in den Handelsregistern der beteiligten Rechtsträger.[26]

E. Durch das UmwG geschützte Personengruppen

13 Die Umwandlung eines Unternehmens ist regelmäßig mit erheblichen Konsequenzen für alle Beteiligten verbunden. Bestimmte Beteiligte werden daher durch das UmwG besonders vor etwaigen Nachteilen geschützt:[27]

I. Anteilsinhaber

14 Im Vordergrund stehen die (Minderheits-) Anteilsinhaber der beteiligten Rechtsträger. Diese werden vor allem durch entsprechende Schutzbestimmungen im Rahmen des Umwandlungsvorgangs (z. B. Statuierung qualifizierter Beschlussmehrheiten, **Prüf- und Berichtspflichten** sowie verschmelzungsvertragliche **Abfindungsangebote** in bestimmten Fällen) als auch durch das **Spruchverfahren** zur Überprüfung des Umtauschverhältnisses bzw. einer etwaigen Barabfindung geschützt.[28]

II. Inhaber von Sonderrechten

15 Den Inhabern von Sonderrechten, also Rechten gegenüber einem an einem Umwandlungsvorgang beteiligten Rechtsträger, die keine Stimmrechte gewähren (z. B. stimmrechtslose Anteile, Wandel-, bzw. Gewinnschuldverschreibungen, Genussrechte), sind grundsätzlich **gleichwertige Rechte** am übernehmenden Rechtsträger[29] zu gewähren.[30] Angaben über das Bestehen solcher Sonderrechte gehören folgerichtig grundsätzlich[31] zu den zwingenden Bestandteilen der Umwandlungsdokumentation.[32]

---

22 In Form eines Verschmelzungsvertrages (vgl. § 4 UmwG), eines Spaltungs- und Übernahmevertrages (vgl. § 126 UmwG) bzw. eines Übertragungsvertrages (vgl. z. B. § 176 Abs. 1 i. V. m. § 4 UmwG bzw. § 177 Abs. 1 i. V. m. § 126 UmwG).
23 Spaltungsplan (bei der Spaltung zur Neugründung, vgl. § 136 UmwG); zur Rechtsnatur des Spaltungsplans etwa Schmitt/Hörtnagl/Stratz/*Hörtnagl* § 136 Rn. 3.
24 Formwechselbeschluss gemäß § 193 Abs. 1 UmwG. Weder beim Formwechsel noch bei der Spaltung zur Neugründung erfolgt daher ein zusätzlicher Umwandlungsbeschluss, beide Verfahren sind somit nur zweiphasig.
25 Ausnahmen von diesem Grundsatz finden sich in § 62 Abs. 1 und 4 sowie § 122g Abs. 2 UmwG, vgl. KöKo UmwG/*Dauner-Lieb* Einl. A Rn. 35 sowie in Fn. 24.
26 Zur Bedeutung und Reichweite des Bestandsschutzes von Umwandlungen *Kort* AG 2010, 230 ff.
27 Vgl. hierzu und zu den nachfolgenden Gliederungspunkten ausführlich: Hdb PersGes/*Bärwaldt/Wisniewski* § 10 Rn. 28 ff.
28 Hdb PersGes/*Bärwaldt/Wisniewski* § 10 Rn. 29.
29 Ausnahme: § 133 Abs. 2 S. 2 UmwG für die Abspaltung und Ausgliederung.
30 Hdb PersGes/*Bärwaldt/Wisniewski* § 10 Rn. 30. Vgl. § 23 UmwG (Verschmelzung), § 125 S. 1 i. V. m. § 23 UmwG und § 133 Abs. 2 UmwG (Spaltung) und § 204 UmwG (Formwechsel). Bei der Vermögensübertragung tritt an die Stelle des Anspruchs nach § 23 UmwG ein Anspruch auf Barabfindung, vgl. § 176 Abs. 3, § 176 Abs. 3, § 176 Abs. 3, § 176 Abs. 3, § 176 Abs. 3, § 176 Abs. 2 S. 4 UmwG sowie § 177 Abs. 2 S. 2 UmwG.
31 Ausnahmen bzw. Besonderheiten gelten für die Vermögensübertragung, vgl. § 176 Abs. 2 S. 1 UmwG sowie § 177 Abs. 2 S. 2 UmwG.
32 Vgl. § 5 Abs. 1 Nr. 7 UmwG (Verschmelzung), § 126 Abs. 1 Nr. 7 UmwG (Spaltung), § 194 Abs. 1 Nr. 5 UmwG (Formwechsel).

III. Gläubiger

Eine weitere Personengruppe, deren Schutz das UmwG bezweckt, sind die Gläubiger der an der Umwandlung beteiligten Rechtsträger. 16

Dies leuchtet vor allem für diejenigen Umwandlungsarten ein, die mit einer Vermögensübertragung verbunden sind. Für diese Fälle stellt das UmwG sicher, dass den Gläubigern der beteiligten Rechtsträger die vor der Durchführung der Umwandlungsmaßnahme haftende Vermögensmasse auch noch nach deren Durchführung zur Verfügung steht.[33] Dies gewährleistet das UmwG auf unterschiedliche Weise, etwa durch Rechte auf **Sicherheitsleistung** bei Verschmelzungen[34] sowie eine neben die Sicherheitsleistung tretende **gesamtschuldnerische Haftung** bei Spaltungen.[35] Dieser Gläubigerschutz gilt kraft gesetzlicher Verweisung im Wesentlichen auch bei der Vermögensübertragung.[36] Darüber hinaus finden bei Verschmelzungen bzw. Spaltungen zur Neugründung bestimmte gläubigerschützende **Gründungsvorschriften** Anwendung.[37] 17

Beim Formwechsel bleibt die Zusammensetzung des Vermögens und damit die entsprechende Haftungsmasse des beteiligten Rechtsträgers dagegen zwar unverändert, jedoch unterliegt der Rechtsträger fortan einem **neuen Haftungsregime**. Vor etwaigen negativen Konsequenzen werden Gläubiger des formwechselnden Rechtsträgers – je nach Art des Formwechsels – durch Rechte auf Sicherheitsleistung,[38] die Anwendbarkeit der Gründungsvorschriften[39] bzw. eine **Schadensersatzhaftung** der Vertretungs- und Aufsichtsorgane des formwechselnden Rechtsträgers[40] geschützt. 18

IV. Arbeitnehmer

Arbeitnehmer der beteiligten Rechtsträger werden durch das UmwG sowohl in **individueller** als auch in **kollektivrechtlicher** Hinsicht geschützt. Zum einen wird das individuelle Arbeitsverhältnis in seinem Bestand geschützt, indem nach Maßgabe von § 324 UmwG für Verschmelzung, Spaltung und Vermögensübertragung die Regeln über den **Betriebsübergang** (§ 613a BGB) gelten.[41] Zum anderen werden auch (betriebliche und unternehmerische) **Mitbestimmungsrechte** geschützt: Bestehende Betriebsräte sind durch **Zuleitung** des Umwandlungsvertrages bzw. -plans[42] bzw. -beschlusses[43] rechtzeitig von der beabsichtigten Umwandlung zu informieren.[44] Bei Fortbestehen des übertragenden Rechtsträgers bleibt die unternehmerische Mitbestimmung von der Umwandlungsmaßnahme grundsätzlich unberührt bzw. besteht sogar trotz Wegfalls ihrer Voraussetzungen befristet fort.[45] Fer- 19

---

33 Hdb PersGes/*Bärwaldt/Wisniewski* § 10 Rn. 31.
34 Vgl. § 22 Abs. 1 S. 1 UmwG.
35 Vgl. § 133 UmwG.
36 Vgl. § 176 Abs. 1 i. V. m. § 22 UmwG, deren praktische Bedeutung jedoch gering ist, da die öffentliche Hand Schuldner ist und daher eine Glaubhaftmachung der Gefährdung der Forderungserfüllung in der Regel scheitern wird, hierzu: Lutter UmwG/*H. Schmidt*, § 176 Rn. 26; zur gesamtschuldnerischen Haftung bei der Teilübertragung vgl. § 177 Abs. 1 i. V. m. § 133 UmwG und die Ausführungen bei Lutter UmwG/*H. Schmidt*, § 177 Rn. 12.
37 § 36 Abs. 2 UmwG bzw. § 135 Abs. 2 UmwG.
38 § 204 UmwG i. V. m. § 22 UmwG.
39 § 197 UmwG.
40 § 205 UmwG.
41 Dies gilt wegen der Identität des Rechtsträgers freilich nicht für den Formwechsel, vgl. Lutter UmwG/*Joost* § 324 Rn. 14; BAG DB 2000, 1966 (für den Fall der formwechselnden Umwandlung nach §§ 301 bis 304 UmwG).
42 § 5 Abs. 3 UmwG (Verschmelzung); § 126 Abs. 3 UmwG (Spaltung); § 176 Abs. 1 i. V. m. § 5 Abs. 3 UmwG bzw. § 177 Abs. 1 i. V. m. § 126 Abs. 3 UmwG (Vermögensübertragung).
43 § 194 Abs. 2 UmwG (Formwechsel).
44 Im Rahmen der grenzüberschreitenden Verschmelzung erfolgt die Information der Betriebsräte dagegen durch Zugänglichmachung des Verschmelzungsberichts (§ 122e S. 2 i. V. m. § 63 Abs. 1 Nr. 4 UmwG).
45 Vgl. § 325 UmwG. Für den Formwechsel enthält § 203 UmwG eine abschließende Sonderregelung.

ner sind in der Umwandlungsdokumentation Angaben zu den Folgen der Umwandlungsmaßnahme für die Arbeitnehmer und ihre Vertretungen verpflichtend.[46]

F. Gang der Darstellung

20 Die folgenden Kapitel beschränken sich auf die Darstellung möglicher Streitigkeiten in Zusammenhang mit den verschiedenen Umwandlungsarten.[47] Bei der Darstellung wird die Baukastentechnik des UmwG nachvollzogen, d. h. der Schwerpunkt der Darstellung liegt im Bereich möglicher Streitigkeiten im Rahmen der Verschmelzung (§ 127), während für die weiteren Umwandlungsarten der Spaltung (§ 128), des Formwechsels (§ 129) und der Vermögensübertragung (§ 130) nur praxisrelevante bzw. verfahrensbezogene Abweichungen von den Regelungen zur Verschmelzung bzw. Besonderheiten dargestellt werden. Innerhalb jedes Kapitels erfolgt eine Untergliederung anhand der zuvor dargestellten drei Phasen einer Umwandlung.

---

46 § 5 Abs. 1 Nr. 9 UmwG (Verschmelzung); § 126 Abs. 1 Nr. 11 UmwG (Spaltung); § 176 Abs. 1 i. V. m. § 5 Abs. 1 Nr. 9 UmwG bzw. § 177 Abs. 2 i. V. m. § 126 Abs. 1 Nr. 11 UmwG (Vermögensübertragung); § 194 Abs. 1 Nr. 7 UmwG (Formwechsel); § 122c Abs. 2 Nr. 4 und 10 UmwG (grenzüberschreitende Verschmelzung).

47 Für eine vertiefte Auseinandersetzung mit Fragen des materiellen Umwandlungsrechts sei auf die umfangreiche (Kommentar-) Literatur und Rechtsprechung verwiesen.

§ 127 Streitigkeiten im Rahmen der Verschmelzung (§§ 2 ff. UmwG)

Übersicht

	Rdn.
A. Überblick: Das Rechtsschutzsystem im Rahmen der Verschmelzung	1
I. Arten der Verschmelzung, § 2 UmwG	1
II. Phasen des Verschmelzungsvorgangs und Rechtsschutzmöglichkeiten	3
1. Vorbereitungsphase	4
2. Beschlussphase	7
3. Anmeldungs- und Vollzugsphase	9
B. Rechtsschutzmöglichkeiten in der Vorbereitungsphase der Verschmelzung	11
I. Verschmelzungsvertrag, §§ 4 ff. UmwG	11
1. Rechtsnatur	11
2. Form des Verschmelzungsvertrages	12
3. Vertragsinhalt	13
4. Rechtsschutz gegen mangelhaften Verschmelzungsvertrag	15
II. Der Verschmelzungsbericht, § 8 UmwG	19
1. Inhaltliche Anforderungen	20
2. Entbehrlichkeit des Verschmelzungsberichts	22
3. Rechtsschutz gegen mangelhaften Verschmelzungsbericht	23
a) Mangelhaftigkeit	24
b) Korrektur/Heilung	26
c) Rechtsfolge	27
III. Verschmelzungsprüfung/Prüfungsbericht, §§ 9 ff. UmwG	29
1. Inhaltliche Anforderungen	30
2. Entbehrlichkeit der Verschmelzungsprüfung und/oder des Prüfungsberichts	32
3. Rechtsschutz gegen mangelhafte(n) Verschmelzungsprüfung bzw. Prüfungsbericht	33
a) Schadensersatzansprüche	34
b) Auswirkungen auf den Verschmelzungsbeschluss	35
IV. Zuleitung an Betriebsräte, § 5 Abs. 3 UmwG	36
C. Rechtsschutzmöglichkeiten in der Beschlussphase der Verschmelzung	39
I. Anfechtungsklage	42
1. Allgemeines	42
2. Zulässigkeit der Anfechtungsklage	43
a) Rechtsschutzinteresse	43
b) Klageausschluss im Anfechtungsprozess	45
3. Begründetheit der Anfechtungsklage	48
a) Aktivlegitimation	49
b) Passivlegitimation	51
aa) Grundsatz	51
bb) Insbesondere § 28 UmwG: Passivlegitimation des übertragenden Rechtsträgers	52

	Rdn.
c) Klagefrist, § 14 Abs. 1 UmwG	54
aa) Rechtsnatur	55
bb) Erfasste Klagearten	56
cc) Erfasste Rechtsträger	59
dd) Nachschieben von Anfechtungsgründen	60
d) Formelle Beschlussmängel	61
aa) Allgemeines	61
bb) Insbesondere: Mängel des Verschmelzungsvertrages	64
cc) Relevanzerfordernis	66
e) Materielle Beschlussmängel	67
aa) Allgemeines	67
bb) Insbesondere: Sachliche Rechtfertigung der Verschmelzung	68
II. Nichtigkeitsklage	70
1. Allgemeines	70
2. Insbesondere: Klagefrist gemäß § 14 Abs. 1 UmwG	72
3. Nichtigkeitsgründe	73
III. Allgemeine Feststellungsklage	75
1. Beschlüsse von Personenhandelsgesellschaften und e. V.	76
2. Klagen Dritter gegen den Verschmelzungsbeschluss	77
IV. Wirkungen einer erhobenen Klage	79
V. Wirkungen der Eintragung der Verschmelzung, § 20 UmwG	80
VI. Spruchverfahren, §§ 1 ff. SpruchG	82
1. Anwendungsbereich	85
2. Antragsberechtigung	86
3. Antrag	88
D. Rechtsschutzmöglichkeiten in der Anmeldungs- und Vollzugsphase der Verschmelzung	90
I. Registerverfahren, §§ 16 ff. UmwG	90
II. Freigabeverfahren, § 16 Abs. 3 UmwG	92
1. Allgemeines	93
2. Zulässigkeit	95
a) Zuständigkeit	96
b) Statthaftigkeit des Antrags	97
c) Insbesondere: Prozessvollmacht	99
d) Sonstige Voraussetzungen	101
3. Glaubhaftmachung vorgebrachter Tatsachen	103
4. Mündliche Verhandlung	105
5. Streitwert, Gebühren und Kosten	106
6. Begründetheit	108
a) Unzulässigkeit der Klage, § 16 Abs. 3 S. 3 Nr. 1 Alt. 1 UmwG	109

	Rdn.		Rdn.
b) Offensichtliche Unbegründetheit der Klage, § 16 Abs. 3 S. 3 Nr. 1 Alt. 2 UmwG	110	7. Entscheidung/Rechtsmittel	123
		8. Schadensersatz	124
		9. Exkurs: Besonderer Schadensersatzanspruch nach § 25 UmwG	128
aa) Rechtsmissbräuchliche Klagen gegen den Verschmelzungsbeschluss	112	a) Umwandlungsspezifische Organhaftung nach § 25 Abs. 1 UmwG	128
bb) Bestätigungsbeschluss	113	b) Fiktion des Fortbestehens, § 25 Abs. 2 UmwG	129
c) Bagatellquorum, § 16 Abs. 3 S. 3 Nr. 2 UmwG	114	c) Besonderer Vertreter, § 26 UmwG	130
d) Vorrangiges Vollzugsinteresse, § 16 Abs. 3 S. 3 Nr. 3 UmwG	118	III. Weitere Rechtsschutzmöglichkeiten	132
aa) Überwiegendes Vollzugsinteresse	119	E. **Sonderfragen: Prozessuale Auswirkungen der Verschmelzung**	134
bb) Schwere des Rechtsverstoßes	122		

A. Überblick: Das Rechtsschutzsystem im Rahmen der Verschmelzung

I. Arten der Verschmelzung, § 2 UmwG

1 Nach dem Baukastenprinzip des UmwG bildet die **Verschmelzung** den **Grundfall** einer Umwandlung.[1] Rechtsträger können nach der Legaldefinition in § 2 UmwG unter Auflösung ohne Abwicklung verschmolzen werden:
– im Wege der Aufnahme durch Übertragung des Vermögens eines oder mehrerer übertragender Rechtsträger(s) als Ganzes auf einen anderen (bereits bestehenden) übernehmenden Rechtsträger (**Verschmelzung durch Aufnahme**) oder
– im Wege der Neugründung durch Übertragung der Vermögen zweier oder mehrerer übertragender Rechtsträger jeweils als Ganzes auf einen neuen, von ihnen dadurch gegründeten übernehmenden Rechtsträger (**Verschmelzung durch Neugründung**).

2 Als Gegenleistung für die Vermögensübertragung im Wege der Verschmelzung erhalten die Anteilsinhaber des/der übertragenden Rechtsträger(s) grundsätzlich **Anteile** bzw. **Mitgliedschaftsrechte** am übernehmenden Rechtsträger.[2]

II. Phasen des Verschmelzungsvorgangs und Rechtsschutzmöglichkeiten

3 Nachfolgend wird kurz der Inhalt der einzelnen Phasen des Verschmelzungsvorgangs sowie die jeweils in Betracht kommenden Rechtsbehelfe dargestellt, die sodann unter lit. B. – D. ausführlich erläutert werden.

1. Vorbereitungsphase

4 Wie bereits ausgeführt,[3] stehen am Beginn des Verschmelzungsvorgangs die Vorbereitung und Verhandlung der rechtlichen Verschmelzungsdokumentation sowie die organisatorische Vorbereitung der Versammlungen der Anteilsinhaber der beteiligten Rechtsträger.

5 Ein besonderer Fokus liegt in dieser Phase des Verschmelzungsverfahrens auf der Erstellung des Verschmelzungsberichtes durch die Vertretungsorgane jeder an der Verschmelzung beteiligten Rechtsträger (vgl. § 8 UmwG). Ferner muss für jeden übertragenden Rechtsträger eine Schlussbilanz auf-

---

1 Semler/Stengel/*Semler/Stengel* Einleitung A Rn. 52. Vgl. auch die empirische Studie von *Bayer/Schmidt/Hoffmann* Der Konzern 2012, 225 ff. über Verschmelzungen unter Beteiligung von deutschen Kapitalgesellschaften im Zeitraum nach Inkrafttreten des 2. UmwÄndG.
2 Ausnahmen bestehen für Kapitalgesellschaften, vgl. §§ 54 Abs. 1 S. 3, 68 Abs. 1 S. 3 UmwG; zu weiteren Ausnahmen vgl. KöKo UmwG/*Simon* § 2 Rn. 90 ff.
3 Vgl. § 126 Rdn. 12.

gestellt und gegebenenfalls geprüft werden.[4] In zeitlicher Hinsicht muss darauf geachtet werden, dass die Vertretungsorgane der beteiligten Rechtsträger den Antrag auf gerichtliche Bestellung der Verschmelzungsprüfer (vgl. § 10 UmwG) mit ausreichendem Vorlauf stellen.[5] **Wesentlicher Teil** dieser Phase ist aber die Verhandlung und der Abschluss eines **Verschmelzungsvertrages** durch die vertretungsberechtigten Organe der beteiligten Rechtsträger. Der Verschmelzungsvertrag bzw. dessen Entwurf ist spätestens einen Monat vor Fassung der Verschmelzungsbeschlüsse in den Versammlungen der Anteilsinhaber der beteiligten Rechtsträger den zuständigen Betriebsräten der beteiligten Rechtsträger zuzuleiten (vgl. § 5 Abs. 3 UmwG).

Eine besondere Form des Rechtsschutzes ist in dieser Phase der Verschmelzung nicht vorgesehen. Mängel des **abgeschlossenen** Verschmelzungsvertrages können mit der allgemeinen Feststellungsklage geltend gemacht werden[6] bzw. können sich auf die Ordnungsmäßigkeit der Verschmelzungsbeschlüsse auswirken, die gegebenenfalls mit den auf Basis des Beschlussmängelrechts zur Verfügung stehenden Klagen angegriffen werden können.[7]

2. Beschlussphase

Der Abschluss des Verschmelzungsvertrages liegt grundsätzlich ausschließlich in der Hand der vertretungsberechtigten Organe der beteiligten Rechtsträger. Über das rechtliche Schicksal der Verschmelzung entscheiden jedoch die jeweiligen Anteilsinhaber der beteiligten Rechtsträger. Diese müssen dem Verschmelzungsvertrag jeweils zustimmen (so genannter **Verschmelzungsbeschluss**, § 13 Abs. 1 S. 1 UmwG).[8] Bis zu einem positiven Votum der Anteilsinhaber ist der Verschmelzungsvertrag schwebend unwirksam.[9] Neben dem Verschmelzungsbeschluss beschließen die Anteilsinhaber gegebenenfalls auch über weitere zur Durchführung der Verschmelzung erforderliche Maßnahmen, z. B. über eine etwaige Kapitalerhöhung beim übernehmenden Rechtsträger.[10]

Primärer Rechtsbehelf im Rahmen der Beschlussphase ist die gegen die Wirksamkeit des Verschmelzungsbeschlusses gerichtete **Anfechtungs- oder Nichtigkeitsklage**.[11] Darüber hinaus kann es in dieser Phase des Verschmelzungsverfahrens aber auch zu Streitigkeiten zwischen den Anteilsinhabern und den an der Verschmelzung beteiligten Rechtsträgern über das **Umtauschverhältnis** ihrer Anteile (vgl. § 5 Abs. 1 Nr. 3 UmwG) sowie über die Höhe einer etwaig anzubietenden **Barabfindung** (vgl. § 29 UmwG) kommen. Für solche Streitigkeiten sieht das UmwG für betroffene Anteilsinhaber grundsätzlich den Rechtsbehelf des **Spruchverfahrens** nach §§ 15 Abs. 1, 34 UmwG i. V. m. den Regeln des SpruchG vor.[12]

---

4 Gemäß § 17 Abs. 2 S. 2 UmwG gelten für die Schlussbilanz die Vorschriften über Jahresbilanz und deren Prüfung entsprechend. § 17 Abs. 2 UmwG statuiert keine eigenständige Verpflichtung zur Prüfung der Schlussbilanz, vgl. Widmann/Mayer/*Widmann* § 24 Rn. 142.
5 Gegen die Entscheidung des Gerichts ist nach § 10 Abs. 4 UmwG i. V. m. §§ 58 ff. FamFG die Beschwerde statthaft. Zu den Einzelheiten Kallmeyer/*Müller* § 10 Rn. 24 ff.
6 Siehe auch Rdn. 16.
7 Vgl. unter Rdn. 64 f.
8 Die zeitliche Abfolge von Abschluss des Verschmelzungsvertrages und Fassung der Verschmelzungsbeschlüsse ist nicht zwingend. Aus § 4 Abs. 2 und § 13 Abs. 3 S. 2 UmwG ergibt sich vielmehr, dass auch der Entwurf eines Verschmelzungsvertrages Gegenstand eines Verschmelzungsbeschlusses sein kann. Der später abgeschlossene Vertrag muss aber dem Vertragsentwurf inhaltlich entsprechen, anderenfalls wäre der Vertrag nicht vom Verschmelzungsbeschluss gedeckt, vgl. Schmitt/Hörtnagl/Stratz/*Stratz* § 4 Rn. 24.
9 KöKo UmwG/*Simon* § 13 Rn. 1.
10 §§ 55, 69 UmwG.
11 Siehe hierzu Rdn. 42 ff.
12 Vgl. hierzu Rdn. 82 ff. und zum Spruchverfahren allgemein §§ 131 ff.

3. Anmeldungs- und Vollzugsphase

9 Liegen mit den Verschmelzungsbeschlüssen sämtliche Voraussetzungen für die Wirksamkeit des Verschmelzungsvertrages vor, sind die vertretungsberechtigten Organe der beteiligten Rechtsträger verpflichtet, die Verschmelzung zur Eintragung in das jeweilige Handelsregister der beteiligten Rechtsträger **anzumelden**.[13] Die Verschmelzung wird mit **Eintragung** im Handelsregister des übernehmenden bzw., im Falle der Verschmelzung zur Neugründung, des neuen Rechtsträgers wirksam (§ 20 Abs. 1 bzw. § 20 Abs. 1 i. V. m. § 36 Abs. 1 S. 2 UmwG).[14]

10 Bei der Anmeldung der Verschmelzung zur Eintragung in das Handelsregister haben die jeweils vertretungsberechtigten Organe der beteiligten Rechtsträger gemäß § 16 Abs. 1 UmwG zu erklären, dass eine Klage gegen die Wirksamkeit des jeweiligen Verschmelzungsbeschlusses nicht oder nicht fristgemäß erhoben bzw. dass eine solche Klage rechtskräftig abgewiesen oder zurückgenommen worden ist (so genanntes **Negativattest**). Liegt ein solches Negativattest nicht vor und haben die klageberechtigten Anteilsinhaber auch nicht durch notariell beurkundete Verzichtserklärung auf eine Klage gegen die Wirksamkeit des Verschmelzungsbeschlusses verzichtet, darf die Verschmelzung nicht eingetragen werden (so genannte **Registersperre**). Zur Überwindung der Registersperre steht der betroffenen Gesellschaft das – in der Praxis höchst relevante – **Freigabe- bzw. Unbedenklichkeitsverfahren** (im Folgenden nur **Freigabeverfahren**) zur Verfügung.[15]

B. Rechtsschutzmöglichkeiten in der Vorbereitungsphase der Verschmelzung

I. Verschmelzungsvertrag, §§ 4 ff. UmwG

1. Rechtsnatur

11 Der Verschmelzungsvertrag ist ein **schuldrechtlicher Vertrag** mit schwerpunktmäßig **organisationsrechtlicher Wirkung**. Er führt zu einer Neuordnung der Strukturen der beteiligten Rechtsträger, der Rechtsverhältnisse der Anteilsinhaber untereinander und im Verhältnis zum übernehmenden Rechtsträger.[16]

2. Form des Verschmelzungsvertrages

12 Der Verschmelzungsvertrag bedarf unabhängig von der Rechtsform der beteiligten Rechtsträger der **notariellen Beurkundung**,[17] anderenfalls ist er nichtig.[18] Da auch der Verschmelzungsbeschluss, besondere Zustimmungserklärungen einzelner Anteilsinhaber und etwaige Verzichtserklärungen notariell zu beurkunden sind,[19] kann eine Beurkundung aus **Kostengründen** in einer Urkunde erfolgen.[20] Die Vorlage einer solchen (einheitlichen) Urkunde beim Registergericht wird zu Recht als zulässig angesehen.[21]

---

13 Kallmeyer/*Zimmermann* § 16 Rn. 6.
14 Vgl. auch OLG Naumburg NJW-RR 1998, 178 (179).
15 Siehe hierzu Rdn. 92 ff. Gegen eine Zwischen- bzw. Ablehnungsverfügung des Registergerichts ist die Beschwerde nach §§ 58 ff. FamFG sowie die Rechtsbeschwerde zum Oberlandesgericht nach §§ 70 ff. FamFG statthaft.
16 Semler/Stengel/*Schröer* § 4 Rn. 4 f.
17 Die Vertretungsorgane der beteiligten Rechtsträger können sich nach einhelliger Meinung durch rechtsgeschäftlich Bevollmächtigte vertreten lassen, wobei die Vollmacht nicht der notariellen Beurkundung bedarf, vgl. statt vieler Lutter UmwG/*Drygala* § 4 Rn. 9 und § 6 Rn. 7. Umfassend zu Vollmachten bei Umwandlungsvorgängen *Melchior* GmbHR 1999, 520 ff.
18 Kallmeyer/*Zimmermann* § 6 Rn. 1; vgl. zur Problematik der Auslandsbeurkundung von Verschmelzungsverträgen die Ausführungen bei Lutter UmwG/*Drygala* § 6 Rn. 8 ff.
19 Vgl. §§ 13 Abs. 3 S. 1, 8 Abs. 3 S. 2, 9 Abs. 3 UmwG.
20 Kallmeyer/*Zimmermann* § 6 Rn. 3.
21 OLG Karlsruhe NJW-RR 1998, 903 f..

3. Vertragsinhalt

In § 5 UmwG ist der gesetzliche **Mindestinhalt** eines jeden Verschmelzungsvertrages normiert. Hiernach sind im Verschmelzungsvertrag u. a. anzugeben: 13
- Umtauschverhältnis der Anteile und – gegebenenfalls – Höhe der baren Zuzahlung (Nr. 3);
- Verschmelzungsstichtag (Nr. 6);
- Sonderrechte (Nr. 7);
- Vorteile für sonstige Beteiligte (Nr. 8); und vor allem
- Folgen der Verschmelzung für Arbeitnehmer und ihre Vertretungen (Nr. 9).

Zusätzlich sind gegebenenfalls rechtsformspezifische Sonderregelungen und die Spezialregelung zum Verschmelzungsplan bei einer grenzüberschreitenden Verschmelzung zu beachten (vgl. §§ 40, 45b, 46, 57, 80, 110, 122c UmwG). Neben diesen obligatorischen Vertragsinhalten kann der Verschmelzungsvertrag auch **fakultative Bestimmungen** enthalten (z. B. Kündigungsrechte und Rücktrittsvorbehalte).[22] 14

4. Rechtsschutz gegen mangelhaften Verschmelzungsvertrag

Ist der Verschmelzungsvertrag unvollständig oder unrichtig, so kann die Unwirksamkeit des Verschmelzungsbeschlusses, dessen wesentlicher Bestandteil der Verschmelzungsvertrag ist, im Wege der Klage geltend gemacht werden.[23] 15

Unabhängig davon, wie sich die Mangelhaftigkeit des Verschmelzungsvertrages auf den Verschmelzungsbeschluss auswirkt, besteht aber auch die Möglichkeit, Mängel des Verschmelzungsvertrages unmittelbar im Wege der **allgemeinen Feststellungsklage** nach § 256 ZPO geltend zu machen.[24] 16

Hingegen dürfte für ein Vorgehen gegen den Verschmelzungsvertrag im Wege des **einstweiligen Rechtsschutzes** kein Raum bestehen. Solange der Verschmelzungsbeschluss nicht gefasst wurde, ist der Verschmelzungsvertrag nicht wirksam.[25] Ein Rechtsschutzbedürfnis für einstweiligen Rechtsschutz besteht daher nicht.[26] 17

Denkbar ist ein Verfahren des einstweiligen Rechtsschutzes nach den §§ 935 ff. ZPO lediglich, soweit es um die Anmeldung und Eintragung der Verschmelzung zum/im Handelsregister geht. Da im Hinblick auf die Eintragung der Verschmelzung bei Erhebung einer Anfechtungs- oder Nichtigkeitsklage gegen den Verschmelzungsbeschluss jedoch eine Registersperre besteht,[27] dürfte keine Gefahr einer Benachteiligung bestehen, die einen einstweiligen Rechtsschutz rechtfertigen könnte. Vielmehr muss der beklagte Rechtsträger die Initiative ergreifen und das Freigabeverfahren, das dem einstweiligen Verfügungsverfahren ähnelt, betreiben.[28] 18

II. Der Verschmelzungsbericht, § 8 UmwG

Der Verschmelzungsbericht dient der vorbereitenden Unterrichtung der Anteilsinhaber der beteiligten Rechtsträger, die über die Verschmelzung zu beschließen haben. Diese sollen durch eine ausführ- 19

---

22 Vgl. zu weiteren fakultativen Bestimmungen Kallmeyer/*Marsch-Barner* § 5 Rn. 62.
23 Siehe Rdn. 64 f.
24 OLG Karlsruhe WM 1991, 1759 (1763); Kallmeyer/*Marsch-Barner* § 5 Rn. 66 und § 20 Rn. 39.
25 § 13 Abs. 1 S. 1 UmwG.
26 Gegen die Möglichkeit des einstweiligen Rechtsschutzes gegen Verschmelzungsverträge dürfte auch sprechen, dass das System Beschlussfassung – Beschlussmängelklage – Negativattest – Freigabeverfahren anderen Formen des einstweiligen Rechtsschutzes vorgeht, vgl. *Kort* NZG 2007, 169 (171) und BB 2005, 1577 (1579 ff.).
27 Vgl. § 16 Abs. 2 S. 2 UmwG.
28 Spindler/Stilz/*Würthwein* § 243 Rn. 280.

liche Vorabinformation über alle für die Verschmelzung maßgebenden Umstände in Kenntnis gesetzt werden, um so eine sachgerechte Abstimmungsentscheidung treffen zu können.[29]

1. Inhaltliche Anforderungen

20 Nach der Legaldefinition in § 8 Abs. 1 UmwG haben die Vertretungsorgane jedes an einer Verschmelzung beteiligten Rechtsträgers[30] einen ausführlichen schriftlichen Bericht zu erstatten, in dem die Verschmelzung, der Verschmelzungsvertrag bzw. sein Entwurf im Einzelnen und insbesondere das Umtauschverhältnis der Anteile oder die Angaben über die Mitgliedschaften beim übernehmenden Rechtsträger sowie die Höhe einer ggf. anzubietenden Barabfindung ausführlich rechtlich und wirtschaftlich erläutert und begründet werden (**Verschmelzungsbericht**). Auf besondere Schwierigkeiten bei der Bewertung der Rechtsträger sowie auf die Folgen der Verschmelzung für die Beteiligung der Anteilsinhaber ist hinzuweisen (vgl. § 8 Abs. 1 S. 2 UmwG), Unternehmensgeheimnisse brauchen unter den Voraussetzungen des § 8 Abs. 2 UmwG nicht offenbart zu werden.

21 Die Bestimmung **inhaltlicher Mindestanforderungen** an einen Verschmelzungsbericht ist schwierig[31] und kann an dieser Stelle nicht geleistet werden. Die Rechtsprechung orientiert sich bei der Festlegung des Mindestinhalts am Normzweck des § 8 Abs. 1 UmwG, einem vernüftig denkenden Anteilsinhaber als Entscheidungsgrundlage für dessen Abstimmungsverhalten[32] ein möglichst umfassendes Bild der rechtlichen und wirtschaftlichen Bedeutung der Verschmelzung zu vermitteln.[33] Der Verschmelzungsbericht muss somit eine **plausible Entscheidungsgrundlage** darstellen[34] und die **rechtlichen und wirtschaftlichen Konsequenzen** der Verschmelzung ausführlich und transparent erläutern. Zum Berichtsgegenstand gehört aus diesem Grund auch die technische Erläuterung der Verschmelzung als solcher. Insbesondere hat der Bericht sich zu etwaigen Synergieeffekten, marktspezifischen Besonderheiten sowie steuer- und haftungsrechtlichen Folgen zu äußern.[35]

2. Entbehrlichkeit des Verschmelzungsberichts

22 Ein Verschmelzungsbericht ist **entbehrlich**, wenn alle Anteilsinhaber der an der Verschmelzung beteiligten Rechtsträger auf seine Erstellung in notariell zu beurkundenden Erklärungen verzichten (§ 8 Abs. 3 S. 1 Alt. 1 UmwG) bzw. im Falle eines *upstream merger*, wenn der übernehmende Rechtsträger sämtliche Anteile des übertragenden Rechtsträgers hält (§ 8 Abs. 3 S. 1 Alt. 2 UmwG).[36]

3. Rechtsschutz gegen mangelhaften Verschmelzungsbericht

23 Gegen einen mangelhaften Verschmelzungsbericht kann **nicht unmittelbar** vorgegangen werden. Wie im Folgenden darzustellen sein wird, können sich Mängel des Verschmelzungsberichts jedoch auf den Verschmelzungsbeschluss auswirken und daher im Rahmen von **Beschlussmängelklagen** eine Rolle spielen.[37]

---

29 Kallmeyer/*Marsch-Barner* § 8 Rn. 1.
30 Eine gemeinsame Berichterstattung durch die Vertretungsorgane ist zulässig, vgl. § 8 Abs. 1 S. 1 Hs. 2 UmwG.
31 Vgl. Kallmeyer/*Marsch-Barner* § 8 Rn. 6.
32 OLG Jena NJW-RR 2009, 182 (183). Ein Detaillierungsgrad, der es den Anteilsinhabern ermöglicht, alle Einzelheiten der Verschmelzung zu verstehen, ist also nicht gefordert, vgl. OLG Saarbrücken ZIP 2011, 469 (470).
33 OLG Saarbrücken ZIP 2011, 469 (470); OLG Jena NJW-RR 2009, 182; LG Mannheim AG 2014, 589 ff. (zum Formwechsel).
34 OLG Frankfurt a. M. WM 2012, 1955 (1957 f.); KöKo UmwG/*Simon* § 8 Rn. 18 m. w. N.
35 OLG Saarbrücken ZIP 2011, 469 (470).
36 Darüber hinaus ist ein Verschmelzungsbericht für eine an der Verschmelzung beteiligte Personengesellschaft in den Fällen des § 41 UmwG entbehrlich. Zur umstrittenen Frage der analogen Anwendbarkeit von § 41 UmwG auf andere personalistisch geprägte Gesellschaften KöKo UmwG/*Simon* § 8 Rn. 65.
37 Vgl. Rdn. 62.

B. Rechtsschutzmöglichkeiten in der Vorbereitungsphase der Verschmelzung § 127

a) Mangelhaftigkeit

Genügt der Verschmelzungsbericht den zuvor dargestellten[38] inhaltlichen Anforderungen nicht, d. h. ermöglicht der Verschmelzungsbericht den Anteilsinhabern die **Plausibilitätskontrolle** der Verschmelzung nicht, ist er mangelhaft.[39] Anzunehmen ist eine Mangelhaftigkeit des Verschmelzungsberichtes etwa, wenn: 24

– Informationen und Darstellungen, die für eine Plausibilitätskontrolle erforderlich sind,[40] im Verschmelzungsbericht unvollständig sind, gänzlich fehlen oder inhaltlich falsch sind; oder
– Art und Weise der Darstellung der Informationen so ungeordnet und unverständlich ist, dass den Anteilsinhabern eine Plausibilitätskontrolle nicht möglich ist.[41]

Richtigerweise wird darauf hingewiesen, dass kein Mangel des Verschmelzungsberichtes vorliegt, wenn Anteilsinhaber sich in der Anteilsinhaberversammlung durch gezielte Fragen ein weitergehendes Bild verschaffen können, solange gewährleistet ist, dass der Verschmelzungsbericht und nicht erst die zusätzlich erteilten Informationen die Anteilsinhaber in die Lage versetzen, eine Plausibilitätskontrolle vornehmen zu können.[42] 25

b) Korrektur/Heilung

Aus den vorstehenden Ausführungen folgt umgekehrt, dass eine **Heilung** eines mangelhaften Verschmelzungsberichts durch mündliche Information in der Anteilsinhaberversammlung nicht möglich ist.[43] Die **Korrektur** eines fehlerhaften Verschmelzungsberichts ist dagegen unter Beachtung der schriftlichen Form und der jeweiligen Fristvorgaben für die Zuleitung an die Anteilsinhaber[44] jederzeit möglich.[45] 26

c) Rechtsfolge

Ist der Verschmelzungsbericht mangelhaft, können die Anteilsinhaber – wie bereits erwähnt – nicht isoliert gegen den Verschmelzungsbericht vorgehen.[46] Vielmehr führt die Mangelhaftigkeit des Verschmelzungsberichts grundsätzlich zur Fehlerhaftigkeit des Verschmelzungsbeschlusses und eröffnet damit die Möglichkeit einer **Klage gegen** die **Wirksamkeit** des **Verschmelzungsbeschlusses**.[47] Zutreffend wird angenommen, dass ein objektiv urteilender Anteilsinhaber einer Verschmelzung nicht zustimmen würde, wenn der Verschmelzungsbericht fehlerhaft ist, d. h. ihm eine Plausibilitätsprüfung der Verschmelzung nicht ermöglicht,[48] und dass daher der Zustimmungsbeschluss zur Verschmelzung auf dem Informationsmangel beruht.[49] Für diese Informationsmängel kann für die Anteilsinha- 27

---

38 Vgl. vorstehend unter Rdn. 20 f.
39 KöKo UmwG/*Simon* § 8 Rn. 66.
40 Maßgeblich ist die ex-ante Sicht im Zeitpunkt der Berichterstattung, KöKo UmwG/*Simon* § 8 Rn. 67. Vgl. aber § 64 Abs. 1 S. 2 und 3 UmwG zur Unterrichtungspflicht des Vorstands einer an einer Verschmelzung beteiligten AG über wesentliche Vermögensveränderungen. Zur Nachtragsberichterstattung *Marsch-Barner* FS Maier-Reimer, S. 425 ff.
41 KöKo UmwG/*Simon* § 8 Rn. 66 ff.
42 KöKo UmwG/*Simon* § 8 Rn. 69 f.
43 LG Köln DB 1988, 542; LG München I AG 2000, 87 (88); Lutter/Winter/*Lutter/Drygala* § 8 Rn. 56 m. w. N.
44 Z. B. §§ 47, 62 Abs. 3 UmwG.
45 KöKo UmwG/*Simon* § 8 Rn. 73.
46 Vgl. Rdn. 23. Fehlt ein an sich erforderlicher Verschmelzungsbericht gänzlich, stellt dies ein Eintragungshindernis dar, OLG Bamberg NZG 2012, 1269.
47 KöKo UmwG/*Simon* § 8 Rn. 75.
48 BGHZ 107, 296 (307) – Kochs-Adler; BGH WM 1990, 2073 (2075) – SEN; KöKo UmwG/*Simon* § 8 Rn. 76 f.
49 KöKo UmwG/*Simon* § 8 Rn. 76 f. (m. w. N. zur Frage, ob auf die Kausalität des Informationsfehlers abzustellen ist); Lutter UmwG/*Drygala* § 8 Rn. 59.

ber eines übertragenden Rechtsträgers allerdings ein **Klageausschluss** nach §§ 14 Abs. 2, 34 UmwG zum Tragen kommen.

28 Hinsichtlich der Reichweite dieses Klageausschlusses für die Anteilsinhaber eines übertragenden Rechtsträgers bei der Fehlerhaftigkeit **bewertungsrelevanter Informationen** im Verschmelzungsbericht ist nach herrschender Meinung in der Literatur und Rechtsprechung wie folgt zu differenzieren:
- Berichtsmängel, die das **Umtauschverhältnis** betreffen, können im Wege der Klage gegen den Verschmelzungsbeschluss gerügt werden;
- **abfindungsbezogene** Berichtsmängel können gemäß §§ 32, 34 S. 2 UmwG lediglich im Spruchverfahren geltend gemacht werden.[50]

III. Verschmelzungsprüfung/Prüfungsbericht, §§ 9 ff. UmwG

29 Der Verschmelzungsbericht soll die Anteilsinhaber lediglich in die Lage versetzen, die Verschmelzung einer Plausibilitätsprüfung zu unterziehen. Die Kontrolle der inhaltlichen Richtigkeit,[51] insbesondere der korrekten und angemessenen Bewertung des Umtauschverhältnisses, ist Aufgabe des Verschmelzungsprüfers.[52]

1. Inhaltliche Anforderungen

30 Ziel der Prüfung des Verschmelzungsvertrages bzw. dessen Entwurfes durch **unabhängige sachverständige Prüfer**[53] ist vor allem der Schutz der Anteilsinhaber der an der Verschmelzung beteiligten Rechtsträger.[54]

31 Der Verschmelzungsvertrag ist zunächst daraufhin zu prüfen, ob er den gesetzlichen Anforderungen genügt, der Vertrag also nach den allgemeinen (§§ 5 Abs. 1, 29, 37 UmwG) und rechtsformspezifischen Maßstäben[55] **inhaltlich vollständig** ist und die in ihm enthaltenen Angaben sachlich **richtig** und **widerspruchsfrei** sind.[56] Hauptaufgabe der Verschmelzungsprüfung ist aber die Prüfung der **Angemessenheit** des vorgeschlagenen **Umtauschverhältnisses** der Anteile und einer etwaigen **Barabfindung**. Die Verschmelzungsprüfer haben über das Ergebnis ihrer Prüfung einen – gegebenenfalls gemeinsamen – schriftlichen Bericht (**Prüfungsbericht**) zu erstatten (§ 12 Abs. 1 UmwG).[57]

2. Entbehrlichkeit der Verschmelzungsprüfung und/oder des Prüfungsberichts

32 Da die Prüfung der Verschmelzung und ein entsprechender Prüfungsbericht dem Schutz der Anteilsinhaber der an der Verschmelzung beteiligten Rechtsträger dienen, sind sie **entbehrlich**, wenn alle Anteilsinhaber der an der Verschmelzung beteiligten Rechtsträger auf die Prüfung und/oder die Erstellung des Prüfungsberichts in notariell zu beurkundenden Erklärungen **verzichten** (§ 9 Abs. 3 bzw. § 12 Abs. 3 jeweils i. V. m. § 8 Abs. 3 S. 1 Alt. 1 UmwG). Die Verschmelzungsprüfung und die Erstellung des Prüfungsberichts sind weiter nicht erforderlich im Falle des ***upstream merger***, wenn der übernehmende Rechtsträger sämtliche Anteile des übertragenden Rechtsträgers hält (§ 9 Abs. 2 UmwG sowie § 12 Abs. 3 i. V. m. § 8 Abs. 3 S. 1 Alt. 2 UmwG).[58]

---

50 Zur Übertragbarkeit der MEZ- und Aqua Butzke-Rechtsprechung des BGH (BGHZ 146, 179 ff.; BGH ZIP 2001, 412 ff.) ausführlich Lutter UmwG/*Drygala* § 8 Rn. 61 und KöKo UmwG/*Simon* § 8 Rn. 80 ff., jeweils m. w. N.
51 Der Verschmelzungsbeschluss bedarf keiner sachlichen Rechtfertigung, vgl. unter Rdn. 68.
52 OLG Saarbrücken ZIP 2011, 469 (470).
53 Vgl. § 10 UmwG zum Bestellungsverfahren und § 11 UmwG zur Stellung und Verantwortlichkeit der Verschmelzungsprüfer.
54 Statt vieler: Semler/Stengel/*Zeidler* § 9 Rn. 2 f.
55 Vgl. hierzu die Aufzählung bei KöKo UmwG/*Simon* § 9 Rn. 16.
56 KöKo UmwG/*Simon* § 9 Rn. 16 ff.; Semler/Stengel/*Zeidler* § 9 Rn. 25 ff.; Lutter UmwG/*Dygala* § 12 Rn. 3.
57 Zu den inhaltlichen Anforderungen an den Prüfungsbericht, Lutter UmwG/*Drygala* § 12 Rn. 3 ff.
58 Detailliert zur Erforderlichkeit einer Verschmelzungsprüfung KöKo UmwG/*Simon* § 9 Rn. 4 ff.

3. Rechtsschutz gegen mangelhafte(n) Verschmelzungsprüfung bzw. Prüfungsbericht

Ist die Verschmelzungsprüfung und/oder der Prüfungsbericht mangelhaft,[59] ist hinsichtlich der Rechtsfolgen und des Rechtsschutzes wie folgt zu differenzieren: 33

a) Schadensersatzansprüche

Im Falle eines schuldhaften Verstoßes gegen die Verpflichtung zur gewissenhaften und unparteiischen Prüfung oder gegen das Verbot der unbefugten Verwendung oder Offenbarung von Geschäfts- und Betriebsgeheimnissen sind die Verschmelzungsprüfer nach den allgemeinen Grundsätzen der Haftung von Abschlussprüfern **schadensersatzpflichtig** (vgl. § 11 Abs. 2 S. 1 UmwG i. V. m. § 323 HGB). Diese Verantwortlichkeit und mögliche Schadensersatzverpflichtungen bestehen gemäß § 11 Abs. 2 S. 2 UmwG nicht nur gegenüber den an der Verschmelzung beteiligten Rechtsträgern, sondern auch gegenüber deren **Anteilsinhabern**.[60] Dieser Anspruch kann von den betroffenen Gesellschaften bzw. ihren Anteilsinhabern nach allgemeinen Grundsätzen im Wege der **Leistungsklage** geltend gemacht werden. 34

b) Auswirkungen auf den Verschmelzungsbeschluss

Ebenso wie beim Verschmelzungsbericht können sich Fehler im Rahmen des Prüfungsberichts auf den **Verschmelzungsbeschluss** auswirken und die **Möglichkeit einer Klage gegen dessen Wirksamkeit** begründen. Diese Möglichkeit ist dann gegeben, wenn ein erforderlicher Prüfungsbericht vollständig fehlt oder ein erstellter Prüfungsbericht erheblich unvollständig oder mangelhaft ist, d. h. nicht den Anforderungen des § 12 UmwG entspricht,[61] und die Anteilsinhaber bei Kenntnis der wahren Sachlage der Verschmelzung nicht zugestimmt hätten.[62] Sind diese Voraussetzungen gegeben, führt dies bei Verschmelzungsbeschlüssen von Kapitalgesellschaften zur Anfechtbarkeit und bei Verschmelzungsbeschlüssen von Personengesellschaften zur Nichtigkeit.[63] Richtige Klageart ist hierfür bei Kapitalgesellschaften die Anfechtungs- bzw. bei Personengesellschaften die Feststellungsklage.[64] 35

IV. Zuleitung an Betriebsräte, § 5 Abs. 3 UmwG

Gemäß § 5 Abs. 3 UmwG ist der Verschmelzungsvertrag bzw. dessen Entwurf dem zuständigen Betriebsrat jedes beteiligten Rechtsträgers spätestens einen Monat[65] vor der Versammlung der Anteilsinhaber, in der der Verschmelzungsbeschluss gefasst werden soll, zuzuleiten. 36

Die Verletzung der Verpflichtung zur (rechtzeitigen) Zuleitung ist dadurch sanktioniert, dass die rechtzeitige Zuleitung an die jeweils zuständigen Betriebsräte durch alle an der Verschmelzung beteiligten Rechtsträger gemäß § 17 Abs. 1 UmwG als **Eintragungsvoraussetzung** gegenüber dem Handelsregister nachzuweisen ist.[66] Kann ein solcher Nachweis nicht erbracht werden, wird das Handelsregister die **Eintragung** der Verschmelzung **ablehnen.** 37

Wurde ein Verschmelzungsbeschluss unter Verletzung der Zuleitungspflicht gefasst, so kann der Betriebsrat hiergegen nicht auf Feststellung der Nichtigkeit des Verschmelzungsbeschlusses klagen. Für 38

---

59 Erteilt der Verschmelzungsprüfer das Testat nicht bzw. nur eingeschränkt, hat dies keine unmittelbare Auswirkung. Die Zustimmung zur Verschmelzung durch die Anteilsinhaberversammlung dürfte in diesen Fällen aber wohl unrealistisch sein, Lutter UmwG/*Winter* § 12 Rn. 14.
60 Kallmeyer/*Müller* § 11 Rn. 18 ff.
61 OLG Frankfurt a. M. WM 2012, 1955 (1958); Schmitt/Hörtnagl/Stratz/*Stratz* § 12 Rn. 31.
62 Lutter UmwG/*Drygala* § 12 Rn. 15.
63 Kallmeyer/*Müller* § 12 Rn. 19; Lutter UmwG/*Drygala* § 12 Rn. 15.
64 Vgl. im Detail sogleich unter Rdn. 42 ff. und Rdn. 75 ff.
65 Zur Berechnung der Monatsfrist vgl. Kallmeyer/*Willemsen* § 5 Rn. 77.
66 Schmitt/Hörtnagl/Stratz/*Stratz* § 5 Rn. 106; KöKo UmwG/*Hohenstatt/Schramm* § 5 Rn. 247.

eine solche Klage fehlt es dem Betriebsrat an der **Parteifähigkeit**, weswegen eine von ihm erhobene Feststellungsklage bereits unzulässig wäre.[67]

C. Rechtsschutzmöglichkeiten in der Beschlussphase der Verschmelzung

39 Streitigkeiten im Zusammenhang mit dem Verschmelzungsbeschluss[68] der Anteilsinhaber der an der Verschmelzung beteiligten Rechtsträger bilden einen Schwerpunkt der umwandlungsrechtlichen Streitigkeiten. Das UmwG enthält keine Regelungen dazu, wann ein Verschmelzungsbeschluss der Anteilsinhaber fehlerhaft ist. Vielmehr richten sich Zulässigkeit und Begründetheit von Klagen gegen den Verschmelzungsbeschluss nach den für den jeweiligen Rechtsträger geltenden **rechtsformspezifischen Vorschriften und Grundsätzen** über **Beschlussmängelklagen**.[69]

40 Die **richtige Klageart** gegen den Verschmelzungsbeschluss der Anteilsinhaber hängt somit von der **Rechtsform des betroffenen Rechtsträgers** ab. Handelt es sich um eine AG oder um eine GmbH, kommen abhängig von der Schwere des Fehlers entweder die Anfechtungs- oder Nichtigkeitsklage in Betracht.[70] Dasselbe gilt für Beschlüsse anderer Kapitalgesellschaften ebenso wie für die Beschlüsse einer eingetragenen Genossenschaft sowie eines Versicherungsvereins auf Gegenseitigkeit.[71] Bei der Beurteilung, ob ein Verschmelzungsbeschluss fehlerhaft und die hiergegen gerichtete Anfechtungsklage begründet ist, wird zusätzlich differenziert zwischen formellen und materiellen Beschlussmängeln.[72]

41 Bei den übrigen verschmelzungsfähigen Rechtsträgern (Personengesellschaften und eingetragene Vereine) erachtet die überwiegende[73] Ansicht fehlerhafte Beschlüsse als stets nichtig. Der richtige Rechtsbehelf ist in diesen Fällen die allgemeine Feststellungsklage nach § 256 ZPO (**Nichtigkeitsfeststellungsklage**).[74]

I. Anfechtungsklage

1. Allgemeines[75]

42 Die Anfechtungsklage gegen einen Verschmelzungsbeschluss der Anteilsinhaber einer Kapitalgesellschaft ist keine spezifisch umwandlungsrechtliche Klage. Ihre Zulässigkeit und Begründetheit rich-

---

67 Vgl. OLG Naumburg NZA-RR 1997, 177 (178).
68 Eines Verschmelzungsbeschlusses bedarf es nicht für übernehmende AG/KGaA, die mindestens 90 % des Stamm- oder Grundkapitals einer übertragenden Kapitalgesellschaft halten, vgl. §§ 62 Abs. 1 S. 1, 78 S. 1 UmwG; darüber hinaus ist nach § 62 Abs. 4 UmwG ein Verschmelzungsbeschluss auch beim übertragenden Rechtsträger nicht mehr erforderlich, wenn es sich bei diesem um eine 100 %-ige Tochtergesellschaft einer übernehmenden AG handelt.
69 Dabei ist zu beachten, dass diese sehr disparat sind, weshalb eine allgemein gültige Darstellung große Schwierigkeiten bereitet, vgl. KöKo UmwG/*Simon* § 14 Rn. 6.
70 Für die GmbH: BGHZ 11, 231 (236); 51, 209 (210); 97, 28 (31); 101, 113 (116); Rowedder/Schmidt-Leithoff/*Koppensteiner/Gruber* § 47 GmbHG Rn. 94; Lutter/Hommelhoff/*Bayer* Anh. § 47 GmbHG Rn. 1; für eine Gleichstellung der GmbH mit den Personengesellschaften Zöllner/Noack ZGR 1989, 525 (532 ff.); einschränkend Ulmer/Habersack/Löbbe/*Raiser* Anh. § 47 GmbHG Rn. 10 ff. Für die AG vgl. §§ 243 ff. AktG.
71 Lutter UmwG/*Drygala* § 13 Rn. 46.
72 Vgl. statt vieler GroßkommAktG/*K. Schmidt* § 243 Rn. 5; *Hüffer/Koch* § 243 Rn. 11, 20; Scholz/*K. Schmidt* § 45 Rn. 36; MüKo HGB/*Enzinger* § 119 Rn. 95 ff.
73 BGHZ 59, 369 (372); Soergel/*Hadding* § 32 Rn. 40 (für den Verein); Baumbach/Hopt/*Hopt* § 119 Rn. 31 (für die OHG); a. A. GroßkommAktG/*K. Schmidt* § 241 Rn. 37 ff., der sich für die Anwendung der Anfechtungsklage auch auf diese Rechtsformen ausspricht.
74 BGH NJW 1999, 3113 (3114); Lutter UmwG/*Drygala* § 13 Rn. 61; Lutter UmwG/*Decher* § 14 Rn. 4; hierzu sogleich unter Rdn. 75 ff.
75 Ziel der Anfechtungsklage ist die Nichtigerklärung des Verschmelzungsbeschlusses (vgl. z. B. § 241 Nr. 5 AktG), es handelt sich also um eine Gestaltungsklage mit *inter-omnes* Wirkung, Spindler/Stilz/*Dörr* § 246 AktG Rn. 2. Näher hierzu zu § 8 Rdn. 2 ff.

C. Rechtsschutzmöglichkeiten in der Beschlussphase der Verschmelzung § 127

tet sich daher nach den **rechtsformspezifischen Voraussetzungen**[76] der Beschlussanfechtung unter Beachtung möglicher Besonderheiten beim jeweiligen Rechtsträger.[77] Nachfolgend wird daher lediglich auf umwandlungsspezifische Besonderheiten und Abweichungen eingegangen. Für die allgemeinen Grundsätze der Beschlussanfechtung wird auf die jeweiligen Darstellungen in den Spezialkapiteln verwiesen.[78]

2. Zulässigkeit der Anfechtungsklage

a) Rechtsschutzinteresse

Wie jede Klage setzt auch die Anfechtungsklage gegen einen Verschmelzungsbeschluss ein **allgemeines Rechtsschutzinteresse** des Klägers voraus. Darüber hinaus ist **kein besonderes Rechtsschutzbedürfnis** des Klägers für die Anfechtungsklage gegen einen Verschmelzungsbeschluss erforderlich.[79] Nach zutreffender Rechtsprechung ist die Anfechtungsklage ein in die Hände des klagenden Anteilsinhabers gelegtes Kontrollinstrument zur Sicherstellung gesetz- und rechtmäßigen Organhandelns.[80] Das Rechtsschutzinteresse für eine solche Klage ergibt sich bereits aus dem Ziel des Anteilsinhabers, einen objektiv rechtmäßigen Zustand herzustellen.[81] 43

Das **Rechtsschutzinteresse** für die Anfechtungsklage des Anteilsinhabers **entfällt nicht** etwa wegen des Wirksamwerdens der Verschmelzung **durch Handelsregistereintragung**.[82] Im Falle der Eintragung der Verschmelzung nach einem von dem betreffenden Rechtsträger erfolgreich geführten Freigabeverfahren folgt dies aus einem möglichen **Schadensersatzanspruch** des Anteilsinhabers aus § 16 Abs. 3 S. 10 UmwG. Zutreffend muss dies aber auch für die Eintragung der Verschmelzung unter Missachtung der Registersperre gelten.[83] Bei verfrühter bzw. fehlerhafter Eintragung der Verschmelzung kommen ferner Amtshaftungsansprüche des Anteilsinhabers in Betracht,[84] die ebenfalls dessen Rechtsschutzinteresse rechtfertigen können. 44

b) Klageausschluss im Anfechtungsprozess

§ 14 Abs. 2 UmwG und § 32 UmwG beschränken das Klagerecht der Anteilsinhaber des **übertragenden** Rechtsträgers. Danach kann eine Klage dieser Anteilsinhaber gegen den Verschmelzungsbeschluss nicht darauf gestützt werden, dass: 45

– das **Umtauschverhältnis** der Anteile **zu niedrig bemessen ist** oder die Mitgliedschaft bei dem übernehmenden Rechtsträger kein ausreichender Gegenwert für die Anteile oder die Mitgliedschaften bei dem übertragenden Rechtsträger ist;[85] bzw.

---

76 Vgl. §§ 243 ff. AktG für die AG. Die §§ 243 ff. AktG gemäß § 278 Abs. 3 AktG für die KGaA, gemäß § 36 Abs. 1 VAG für den VVaG sowie nach herrschender Meinung analog für die GmbH: BGH NJW 2003, 2314; BGHZ 51, 209, 210 f.; KöKo UmwG/*Simon* § 14 Rn. 12 f.
77 Bspw. die Erhebung eines Widerspruchs zu Niederschrift des Notars bei der aktienrechtlichen Anfechtungsklage, § 245 Nr. 1 AktG.
78 Siehe §§ 8 Rdn. 2 ff., 19 Rdn. 57 ff.
79 OLG Stuttgart NZG 2004, 463 (464) zur Ausgliederung; offen gelassen von OLG Hamburg NZG 2004, 729 (731) zur Verschmelzung.
80 OLG Stuttgart NZG 2004, 463 (464).
81 BGH NJW 1989, 2689 (2691).
82 Kallmeyer/*Marsch-Barner* § 16 Rn. 51; Lutter UmwG/*Decher* § 16 Rn. 38; Lutter UmwG/*Grunewald* § 28 Rn. 3; so wohl auch BGH NZG 2007, 714 (715); vgl. zur Spaltung zuletzt KG Berlin, Urt. v. 17.9.2009 – 23 U 15/09; OLG Stuttgart NZG 2004, 463 (464); Schmitt/Hörtnagl/Stratz/*Hörtnagl* § 131 Rn. 115.
83 OLG Hamburg NZG 2004, 729 (731); Lutter UmwG/*Decher* § 16 Rn. 38.
84 OLG Hamburg NZG 2004, 729 (731); jüngst OLG Hamm Urt. v. 25.04.2014 – 11 U 70/04 nach Zurückverweisung durch BGH NZG 2006, 956 (957) und Kallmeyer/*Meister/Klöcker* § 202 Rn. 56 zur vergleichbaren Situation beim Formwechsel.
85 Vgl. zu der umstrittenen Frage, ob der Klageausschluss des § 14 Abs. 2 UmwG sich auch auf die Rüge unzureichender Information bezieht KöKo UmwG/*Simon* § 14 Rn. 39 ff.; dies jedenfalls verneinend Kallmeyer/*Marsch-Barner* § 14 Rn. 14.

– die angebotene **Barabfindung** zu niedrig bemessen oder diese im Verschmelzungsvertrag nicht oder nicht ordnungsgemäß angeboten worden ist.

46 Eine unter Berufung auf eine der vorgenannten Rügen erhobene Anfechtungsklage ist **unzulässig**.[86] Der Kläger wird mit diesen Rügen in das **Spruchverfahren**[87] verwiesen (§§ 15 Abs. 1, 34 UmwG).[88]

47 Der Klageausschluss gilt **ausschließlich für den Verschmelzungsbeschluss** und bezieht sich nur auf Rügen der Anteilsinhaber des **übertragenden Rechtsträgers**. Eine analoge Anwendung auf die Anteilsinhaber des **übernehmenden** Rechtsträgers ist nach zutreffender Ansicht ausgeschlossen.[89]

3. Begründetheit der Anfechtungsklage

48 Eine Anfechtungsklage gegen den Verschmelzungsbeschluss ist begründet, wenn der Kläger anfechtungsbefugt ist, die Anfechtungsklage gegen den richtigen Beklagten und fristgerecht erhoben wurde[90] und der angefochtene Verschmelzungsbeschluss aufgrund von Verfahrensmängeln (**formelle Beschlussmängel**) oder wegen seines Inhalts (**materielle Beschlussmängel**) das Gesetz, die Satzung bzw. den Gesellschaftsvertrag verletzt.[91]

a) Aktivlegitimation

49 Zur Anfechtung des Verschmelzungsbeschlusses der Anteilsinhaberversammlung sind grundsätzlich[92] die **Anteilsinhaber des betroffenen Rechtsträgers** befugt, sofern sie bei Klageerhebung und im Zeitpunkt der letzten mündlichen Verhandlung Anteilsinhaber sind.[93] Etwaige rechtsformspezifische Besonderheiten (z. B. das für die in der Hauptversammlung erschienenen Aktionäre gemäß § 245 Nr. 1 AktG geltende Widerspruchserfordernis)[94] und Anfechtungsberechtigte (z. B. gemäß § 245 Nr. 4 und 5 AktG) sind zu beachten.

50 Etwaig von der Verschmelzung betroffene **Dritte** (z. B. ein Betriebsrat)[95] sind zur Anfechtung des Verschmelzungsbeschlusses der Anteilsinhaberversammlung **nicht befugt**, statthafte Klageart ist in diesen Fällen die allgemeine Feststellungsklage.[96]

---

86 Lutter UmwG/*Decher* § 14 Rn. 5; Kallmeyer/*Marsch-Barner* § 14 Rn. 13; KöKo UmwG/*Simon* § 14 Rn. 44; Schmitt/Hörtnagl/Stratz/*Stratz* § 32 Rn. 3; a. A. Semler/Stengel/*Gehling* § 14 Rn. 34.
87 Zum Spruchverfahren siehe §§ 96 ff.
88 Nach teilweise in der Literatur vertretener Ansicht soll eine Ausnahme von diesem Rügeausschluss dann gelten, wenn die mangelhafte Berechnung auf ein kollusives Verhalten der beteiligten Organe zurückzuführen ist, das den Tatbestand der vorsätzlichen, sittenwidrigen Schädigung nach § 826 BGB erfüllt, Widmann/Mayer/*Heckschen* § 14 Rn. 54; Schmitt/Hörtnagl/Stratz/*Stratz* § 14 Rn. 37; a. A. Kallmeyer/*Marsch-Barner* § 14 Rn. 13; Lutter UmwG/*Decher* § 14 Rn. 16.
89 BGHZ 112, 9 (19) zu § 352c AktG; OLG Stuttgart AG 2003, 456 (457); Lutter UmwG/*Decher* § 14 Rn. 20.
90 Kallmeyer/*Marsch-Barner* § 14 Rn. 2.
91 Vgl. Semler/Stengel/*Gehling* § 14 Rn. 6, der allerdings unrichtigerweise das Fehlen eines Rügeausschlusses auch zur Voraussetzung der Begründetheit erhebt.
92 Vgl. die Ausführungen zur Klagebefugnis in den jeweiligen Spezialkapiteln §§ 8 Rdn. 4 ff., 19 Rdn. 64 ff.
93 Semler/Stengel/*Gehling* § 14 Rn. 6.
94 Für die Anfechtungsbefugnis bei Gesellschafterbeschlüssen einer GmbH besteht Einigkeit darüber, dass § 245 AktG nicht anzuwenden ist und für die Anfechtungsbefugnis kein Widerspruch zu Protokoll der Gesellschafterversammlung erklärt worden sein muss, BGHZ 76, 154 (159) zu § 245 Nr. 4 AktG; Scholz/*K.Schmidt* § 45 Rn. 139; Baumbach/Hueck/*Zöllner* Anh. § 47 GmbHG Rn. 136. Siehe § 19 Rdn. 64; vgl. auch Michalski/*Römermann* Anh. § 47 GmbHG Rn. 388 ff. mit Hinweisen zu weiteren Anfechtungsbefugten.
95 OLG Naumburg DB 1997, 466 f. (zum Formwechsel); Semler/Stengel/*Simon* § 5 Rn. 98 m. w. N. in Fn. 282.
96 Kallmeyer/*Marsch-Barner* § 14 Rn. 6; Lutter UmwG/*Decher* § 14 Rn. 7. Vgl. auch Rdn. 77 f.

C. Rechtsschutzmöglichkeiten in der Beschlussphase der Verschmelzung § 127

b) Passivlegitimation

aa) Grundsatz

Richtiger Beklagter der Anfechtungsklage gegen einen Verschmelzungsbeschluss ist grundsätzlich (vgl. aber nachstehend unter bb)) der Rechtsträger, dessen Anteilsinhaber den angefochtenen Beschluss gefasst haben.[97] **51**

bb) Insbesondere § 28 UmwG: Passivlegitimation des übertragenden Rechtsträgers

Gemäß § 28 UmwG ist die Klage gegen die Wirksamkeit des Verschmelzungsbeschlusses eines übertragenden Rechtsträgers nach Wirksamwerden der Verschmelzung durch Eintragung der Verschmelzung in das Handelsregister des übernehmenden Rechtsträgers gegen den übernehmenden Rechtsträger zu richten.[98] Nach zutreffender Ansicht hat § 28 UmwG lediglich **klarstellende Funktion**, da die Gesamtrechtsnachfolge in § 20 UmwG auch die Passivlegitimation des übertragenden Rechtsträgers erfasst.[99] **52**

Dem Wortlaut nach betrifft § 28 UmwG nur die Frage der Passivlegitimation bei **Unwirksamkeitsklagen** (d. h. Anfechtungs- und Nichtigkeitsklagen) gegen den Verschmelzungsbeschluss. Nach herrschender Meinung und Rechtsprechung gilt diese Bestimmung aber auch für **sonstige Klagen** gegen den übertragenden Rechtsträger.[100] Im Bereich der Unwirksamkeitsklagen unterteilt sich der Anwendungsbereich von § 28 UmwG wie folgt: **53**

– **Klageerhebung nach Wirksamwerden:** Der Anwendungsbereich der Norm betrifft primär den Fall der Erhebung einer Unwirksamkeitsklage nach Wirksamwerden der Verschmelzung. Wird die Verschmelzung vor Ablauf der Monatsfrist des § 14 Abs. 1 UmwG[101] eingetragen und damit wirksam, so ist eine noch mögliche Klage gegen den Verschmelzungsbeschluss nunmehr gegen den übernehmenden Rechtsträger zu richten. Allerdings bleibt weiterhin das Landgericht am Sitz des übertragenden Rechtsträgers örtlich zuständig.[102] Aufgrund der kurzen Frist des § 14 Abs. 1 UmwG dürften solche Klagen in der Praxis nur selten vorkommen.[103]

– **Klageerhebung vor Wirksamwerden:**[104] § 28 UmwG ist aber auch anwendbar, wenn eine Unwirksamkeitsklage gegen den Verschmelzungsbeschluss des übertragenden Rechtsträgers bereits vor Wirksamwerden der Verschmelzung erhoben worden ist.[105] Grundsätzlich hindert eine solche Klage wegen der in § 16 Abs. 2 S. 2 UmwG angeordneten Registersperre das Wirksamwerden der Verschmelzung, da die vertretungsberechtigten Organe der beteiligten Rechtsträger das Negativattest nach § 16 Abs. 2 S. 1 UmwG nicht abgeben können. Die Unwirksamkeitsklage kann daher im Regelfall weiter gegen den übertragenden Rechtsträger fortgeführt werden, so dass es einer Anwendung von § 28 UmwG nicht bedarf.[106] In Ausnahmefällen kann eine Verschmelzung jedoch trotz erhobener Klage wirksam werden. Der in der Praxis wohl bedeutsamste Fall dürfte

---

97 Spindler/Stilz/*Dörr* § 246 AktG Rn. 25; für die GmbH gilt § 246 Abs. 2 S. 1 AktG analog, vgl. BGH NJW 1981, 1041 f.; OLG Hamm GmbHR 1985, 119; Michalski/*Römermann* Anh. § 47 GmbHG Rn. 486.
98 Im Falle der Verschmelzung zur Neugründung tritt an die Stelle des übernehmenden Rechtsträgers der neue Rechtsträger (§§ 36 Abs. 1, 28 UmwG).
99 KöKo UmwG/*Simon* § 28 Rn. 2; Semler/Stengel/*Kübler* § 28 Rn. 2; a. A. Widmann/Mayer/*Vossius* § 28 Rn. 1.
100 LG München I DB 1999, 628; KöKo UmwG/*Simon* § 28 Rn. 13 m. w. N. in Fn. 24.
101 Hierzu sogleich unter Rdn. 54 ff.
102 OLG Düsseldorf AG 1957, 279; KöKo UmwG/*Simon* § 28 Rn. 6 m. w. N.
103 Kallmeyer/*Marsch-Barner* § 28 Rn. 5; KöKo UmwG/*Simon* § 28 Rn. 4 m. w. N. in Fn. 5.
104 Umfassend hierzu: KöKo UmwG/*Simon* § 28 Rn. 10 ff.
105 Zu der Anwendung des § 28 UmwG auf weitere Klagen und damit zusammenhängenden Fragen des Rechtsschutzbedürfnisses vgl. KöKo UmwG/*Simon* § 28 Rn. 13 ff.
106 KöKo UmwG/*Simon* § 28 Rn. 4 m. w. N. in Fn. 10.

ein **Freigabebeschluss** nach § 16 Abs. 3 UmwG sein.[107] In diesem Fall ist das Klageverfahren nach § 28 UmwG gegen den übernehmenden Rechtsträger fortzusetzen.[108]

c) Klagefrist, § 14 Abs. 1 UmwG

54 Das UmwG sieht in § 14 Abs. 1 UmwG für die Erhebung von Klagen gegen die Wirksamkeit eines Verschmelzungsbeschlusses eine **rechtsformunabhängige Monatsfrist** vor.

aa) Rechtsnatur

55 Bei der Monatsfrist des § 14 Abs. 1 UmwG handelt es sich um eine **materiell-rechtliche Ausschlussfrist**,[109] für die allein die §§ 186 ff. BGB gelten.[110] Die Frist kann daher durch Satzung/Gesellschaftsvertrag weder verlängert noch verkürzt werden.[111] Die Einhaltung der Frist prüft das Gericht als Einwendung von Amts wegen.[112] Im Fall der **Versäumung** der Klagefrist erfolgt eine **Abweisung** der Klage als **unbegründet**.[113]

bb) Erfasste Klagearten

56 Die Monatsfrist in § 14 Abs. 1 UmwG dient der Verfahrensbeschleunigung und Rechtssicherheit des Verschmelzungsverfahrens: Die an der Verschmelzung beteiligten Rechtsträger sollen möglichst schnell Klarheit über die Bestandskraft der Verschmelzungsbeschlüsse und darüber erhalten, ob im Rahmen der Handelsregisteranmeldung der Verschmelzung das Negativattest gemäß § 16 Abs. 2 S. 1 UmwG abgegeben werden kann.[114]

57 Aus diesem Gesetzeszweck ergibt sich, dass § 14 Abs. 1 UmwG für **alle Klagearten gegen die Wirksamkeit von Verschmelzungsbeschlüssen** der beteiligten Rechtsträger gilt.[115] Ob ein Verschmelzungsbeschluss als anfechtbar oder als nichtig angegriffen wird, ist ohne Belang. Entscheidend ist allein, ob die in Rede stehende Klage der Abgabe des Negativattests gemäß § 16 Abs. 2 UmwG entgegensteht.[116]

58 Da sie keinen Einfluss auf die Abgabe des Negativattests gemäß § 16 Abs. 2 S. 1 UmwG haben, sind folgende Klagearten **nicht** von § 14 Abs. 1 UmwG **erfasst:**
– Klagen, die sich gegen **andere Beschlüsse der Anteilsinhaber** richten (z. B. Kapitalerhöhungsbeschlüsse), auch wenn ein Zusammenhang mit der Verschmelzung besteht.[117] Bei diesen Beschlüssen sind allerdings etwaige allgemeine, rechtsformspezifische Klagefristen zu beachten.[118]

---

107 Andere Konstellationen sind eine verzögerte Zustellung der Klage (OLG Hamburg NZG 2004, 729 (730)), ein unrichtiges oder verfrühtes Negativattest nach § 16 Abs. 2 S. 1 UmwG (Lutter UmwG/*Grunewald* § 28 Rn. 2) oder ein angefochtener Klageverzicht (Schmitt/Hörtnagl/Stratz/*Stratz* § 28 Rn. 5).
108 OLG Hamburg NZG 2004, 729 (730); LG München I NZG 1999, 674 (675).
109 LG München I DB 2005, 1731 (1732); Lutter UmwG/*Decher* § 14 Rn. 8.
110 Lutter UmwG/*Decher* § 14 Rn. 7; so auch Semler/Stengel/*Gehling* § 14 Rn. 23; vgl. zur Fristberechnung Kallmeyer/*Marsch-Barner* § 14 Rn. 3.
111 Semler/Stengel/*Gehling* § 14 Rn. 22.
112 Semler/Stengel/*Gehling* § 14 Rn. 26.
113 OLG Düsseldorf ZIP 2001, 1717 (1718) zu § 195 Abs. 1 UmwG; OLG Frankfurt WM 1984, 209 (211) zu § 246 Abs. 1 UmwG.
114 Lutter UmwG/*Decher* § 14 Rn. 2; Semler/Stengel/*Gehling* § 14 Rn. 22; KöKo UmwG/*Simon* § 14 Rn. 2 (»*§ 14 Abs. 1 und § 16 Abs. 2 UmwG sind daher immer im Zusammenhang zu sehen.*«).
115 KöKo UmwG/*Simon* § 14 Rn. 8; Kallmeyer/*Marsch-Barner* § 14 Rn. 6; Lutter UmwG/*Decher* § 14 Rn. 6; Semler/Stengel/*Gehling* § 14 Rn. 22.
116 KöKo UmwG/*Simon* § 14 Rn. 8.
117 Kallmeyer/*Marsch-Barner* § 14 Rn. 8; Lutter UmwG/*Decher* § 14 Rn. 7. Für eine analoge Anwendung des § 14 Abs. 1 UmwG fehlt es an einer planwidrigen Regelungslücke, KöKo UmwG/*Simon* § 14 Rn. 18.
118 Lutter UmwG/*Decher* § 14 Rn. 7.

C. Rechtsschutzmöglichkeiten in der Beschlussphase der Verschmelzung § 127

– (Allgemeine Feststellungs-) **Klagen** nicht am Rechtsträger beteiligter bzw. nicht zu den Vertretungsorganen gehörender **Dritter** gegen den Verschmelzungsbeschluss.[119]

cc) Erfasste Rechtsträger

Die Monatsfrist des § 14 Abs. 1 UmwG gilt **rechtsformunabhängig**. Erfasst sind Klagen der Anteilsinhaber folgender Rechtsträger: AG,[120] SE,[121] KGaA,[122] GmbH,[123] VVaG,[124] eG,[125] Personenhandelsgesellschaften[126] sowie e. V.[127] 59

dd) Nachschieben von Anfechtungsgründen

Die Klagefrist gemäß § 14 Abs. 1 UmwG hat nicht nur Bedeutung für die Erhebung der Anfechtungsklage als solcher, sondern auch für die Möglichkeit, **Anfechtungsgründe nachzuschieben**. Nach Ablauf der Anfechtungsfrist erstmalig geltend gemachte Anfechtungsgründe sind nach ständiger Rechtsprechung **präkludiert**.[128] Entscheidend ist, ob die geltend gemachte Rüge in ihrem **tatsächlichen Kern** vor Fristablauf in das Verfahren eingeführt worden ist.[129] Ist dies der Fall, wird berichtigender oder ergänzender Tatsachenvortrag bis zur Grenze der Klageänderung als zulässig angesehen.[130] 60

d) Formelle Beschlussmängel

aa) Allgemeines

Formelle Mängel eines Verschmelzungsbeschlusses können sich im Rahmen der Vorbereitung und der Durchführung der Anteilsinhaberversammlung ergeben.[131] Für beide Verfahrensstadien gilt, dass sich formelle Mängel entweder aus der Verletzung umwandlungsspezifischer Besonderheiten oder aus der Verletzung allgemeiner gesetzlicher und satzungs-/gesellschaftsvertragsrechtlich fixierter Regelungen über die Vorbereitung und Durchführung von Anteilsinhaberversammlungen des jeweiligen Rechtsträgers ergeben können. Nachstehend werden lediglich überblicksartig **umwandlungsspezifische Besonderheiten** dargestellt.[132] 61

---

119 KöKo UmwG/*Simon* § 14 Rn. 19 (unter zutreffendem Hinweis auf das *argumentum e contrario* aus § 16 Abs. 2 S. 2 UmwG); Lutter UmwG/*Decher* § 14 Rn. 7; *Rettmann* S. 61 f.; *Schöne* DB 1995, 1317 (1321); a. A. Goutier/Knopf/Tulloch/*Bermel* § 14 Rn. 6.
120 Für die AG statuiert § 14 Abs. 1 UmwG als *lex specialis* eine Monatsfrist für die Nichtigkeitsklage, KöKo UmwG/*Simon* § 14 Rn. 12.
121 Art. 9 Abs. 1 lit. c (ii) SE-VO.
122 Vgl. § 278 Abs. 3 AktG.
123 Schmitt/Hörtnagl/Stratz/*Stratz* § 14 Rn. 19. Vgl. für die ansonsten umstrittene Frage der Klagefrist bei Anfechtungsklagen gegen Gesellschafterbeschlüsse einer GmbH bereits § 19 Rdn. 60 ff.
124 Schmitt/Hörtnagl/Stratz/*Stratz* § 14 Rn. 27; § 36 S. 1 VAG.
125 Vgl. § 51 GenG; die Monatsfrist des § 14 UmwG gilt auch für die Nichtigkeitsfeststellungsklage, KöKo UmwG/*Simon* § 14 Rn. 15; Schmitt/Hörtnagl/Stratz/*Stratz* § 14 Rn. 18.
126 Kallmeyer/*Marsch-Barner* § 14 Rn. 11; Schmitt/Hörtnagl/Stratz/*Stratz* § 14 Rn. 23.
127 KöKo UmwG/*Simon* § 14 Rn. 16; Schmitt/Hörtnagl/Stratz/*Stratz* § 14 Rn. 25.
128 OLG Düsseldorf NZG 1999, 565 (566); für die Parallelvorschrift des § 195 UmwG beim Formwechsel: BGH NZG 2005, 722 (724); vgl. auch NJW 1993, 400; NZG 1998, 314 (316) zu der Parallelnorm des § 246 Abs. 1 AktG.
129 OLG Düsseldorf NZG 1999, 565 (566); zu § 246 Abs. 1 AktG vgl. BGH NJW 1993, 400; NZG 1998, 314 (316); zu § 195 UmwG vgl. OLG Düsseldorf NZG 2002, 191 (192); vgl. aus der Literatur Kallmeyer/*Marsch-Barner* § 14 Rn. 5; Kallmeyer/*Meister/Klöcker* § 195, Rn. 17 (zum Formwechsel); Lutter UmwG/*Decher* § 14 Rn. 11; Semler/Stengel/*Gehling* § 14 Rn. 29.
130 MüKo AktG/*Hüffer* § 246 Rn. 46.
131 Semler/Stengel/*Gehling* § 14 Rn. 7; Lutter UmwG/*Drygala* § 13 Rn. 49 macht drei potentielle Fehlerquellen aus.
132 Vgl. im Übrigen §§ 8 Rdn. 126 ff., 19 Rdn. 10 ff. für allgemeine rechtsformspezifische Regelungen.

62 Im Rahmen der **Vorbereitung** der Anteilsinhaberversammlung können sich Mängel etwa ergeben aus:[133]
– Fehlern bzw. dem gänzlichen Fehlen eines erforderlichen Verschmelzungsberichts;[134]
– Fehlern in bzw. dem gänzlichen Fehlen einer erforderlichen Verschmelzungsprüfung und/oder eines Prüfungsberichts;[135]
– Fehlern des Verschmelzungsvertrages; und
– fehlender Übersendung bzw. Auslegung übersendungs- bzw. auslegungspflichtiger Unterlagen.[136]

63 Im Rahmen der **Durchführung** der Anteilsinhaberversammlung liegt der Schwerpunkt möglicher Fehlerquellen in der Verletzung der umwandlungsspezifischen Regelungen über die Durchführung der Anteilsinhaberversammlung des jeweiligen Rechtsträgers:
– Fehlende oder unvollständige Zugänglichmachung von u. a. Verschmelzungsvertrag, -bericht und Prüfungsbericht;[137]
– fehlende oder fehlerhafte Erläuterung des Verschmelzungsvertrages durch die vertretungsberechtigten Organe;[138] und
– Fehler bei der Durchführung der Abstimmung der Anteilsinhaber (z. B. fehlende Sonderbeschlüsse[139]).

bb) Insbesondere: Mängel des Verschmelzungsvertrages

64 Ist der Verschmelzungsvertrag **unvollständig oder unrichtig**, bildet er keine ausreichende Informationsgrundlage für den Verschmelzungsbeschluss der Anteilsinhaber. In diesem Fall ist der Verschmelzungsbeschluss anfechtbar.[140] Eine Anfechtbarkeit wegen Unvollständigkeit liegt grundsätzlich vor, wenn einer der Mindestinhalte des Verschmelzungsvertrages gemäß § 5 Abs. 1 UmwG fehlt.[141]

65 Nach herrschender Meinung gilt dieser Grundsatz[142] jedoch nicht für fehlende, unvollständige oder unrichtige Angaben über die Auswirkungen der Verschmelzung für die Arbeitnehmer und ihre Vertretungen gemäß § 5 Abs. 1 Nr. 9 UmwG.[143] Nach dieser zutreffenden Ansicht haben diese Angaben keinen Regelungs-, sondern lediglich **Berichtscharakter** und dienen dem Schutz und der Information der Arbeitnehmer und ihrer Vertretungen und nicht dem Schutz der Anteilsinhaber.[144]

---

133 Vgl. hierzu und zu weiteren formellen Beschlussmängeln Semler/Stengel/*Gehling* § 14 Rn. 8 ff.
134 Vgl. hierzu Rdn. 19 ff.
135 Vgl. hierzu Rdn. 29 ff.
136 Vgl. §§ 47, 49 UmwG (GmbH), §§ 63, 64 UmwG (AG; KGaA, vgl. § 78 UmwG), §§ 82, 83 UmwG (eG), §§ 111 und 112 UmwG (VVaG).
137 § 64 Abs. 1 S. 1 UmwG (für AG, SE, KGaA).
138 § 64 Abs. 1 S. 2 UmwG (für AG, SE, KGaA).
139 § 65 Abs. 2 S. 2 UmwG (für AG, SE, KGaA).
140 Zu § 361 AktG: BGHZ 82, 188 (196 ff.); OLG Hamburg ZIP 2004, 906 (909); KöKo UmwG/*Simon* § 5 Rn. 245; Kallmeyer/*Marsch-Barner* § 5 Rn. 66; Lutter UmwG/*Drygala* § 5 Rn. 157; *Rettmann* S. 21 f.; a. A. Semler/Stengel/*Gehling* § 14 Rn. 12 (materieller Beschlussmangel, unter – unzutreffendem – Verweis auf OLG Hamburg ZIP 2004, 906 ff.). Vgl. auch unter Rdn. 74 zur Nichtigkeitsklage wegen Fehlerhaftigkeit des Verschmelzungsvertrages.
141 Semler/Stengel/*Schröer* § 5 Rn. 126.
142 Vgl. zur Wirkung einer salvatorischen Klausel bei fehlendem, unvollständigem oder unrichtigem Mindestinhalt des Vertrages Semler/Stengel/*Gehling* § 14 Rn. 12 unter Berufung auf BGH NZG 2005, 722 (724).
143 Lutter UmwG/*Drygala* § 5 Rn. 156 m. w. N.; a. A. noch *Drygala* ZIP 1996, 1365 (1366 f.); *Engelmeyer* DB 1996, 2542 (2544); *Rettmann* S. 37 f.
144 Zu etwaigen Rechten der Arbeitnehmer und ihrer Vertretungen wegen fehlender, unvollständiger oder unrichtiger Angaben gemäß § 5 Abs. 1 Nr. 9 UmwG vgl. Rdn. 77.

cc) Relevanzerfordernis[145]

Eine auf einen Verfahrensfehler gestützte Anfechtungsklage gegen einen Verschmelzungsbeschluss ist nach ständiger **Rechtsprechung des BGH** nur dann erfolgreich, wenn dem geltend gemachten Verfahrensverstoß eine **Relevanz für** das **Beschlussergebnis** zukommt.[146] Bei Verletzungen des Informationsrechts wird indes in aller Regel eine solche Relevanz zu bejahen sein, da das Teilnahme- und Mitwirkungsrecht der Anteilsinhaber beeinträchtigt wird.[147]

66

e) Materielle Beschlussmängel

aa) Allgemeines

Ein **materieller Beschlussmangel** liegt vor, wenn der Inhalt eines Verschmelzungsbeschlusses gegen das Gesetz oder die Satzung bzw. den Gesellschaftsvertrag verstößt.[148] Dabei können sich Verstöße gegen gesetzliche Vorschriften sowohl aus Verstößen gegen die für den jeweiligen Rechtsträger allgemein geltenden Vorschriften ergeben[149] als auch aus Verstößen gegen spezifisch umwandlungsrechtliche Bestimmungen.[150] Letztere sind beispielsweise möglich, wenn:
– ein nicht verschmelzungsfähiger Rechtsträger beteiligt ist;[151]
– die eingeschränkten Möglichkeiten der Verschmelzung bestimmter Rechtsträger nicht beachtet werden;[152] oder
– sich der Verschmelzungsbeschluss nicht auf einen abgeschlossenen Verschmelzungsvertrag oder dessen Entwurf bezieht.[153]

67

bb) Insbesondere: Sachliche Rechtfertigung der Verschmelzung

Immer wieder beschäftigt die Rechtsprechung der Gesichtspunkt der **sachlichen Rechtfertigung** eines Verschmelzungsbeschlusses.[154] Als **unternehmerische Grundentscheidung**[155] unterliegt der Verschmelzungsbeschluss nach zutreffender herrschender Meinung in Rechtsprechung und Literatur grundsätzlich **keiner Inhaltskontrolle** auf seine sachliche Rechtfertigung.[156] Ein Verschmelzungsbeschluss wird folglich gerichtlich grundsätzlich nicht daraufhin überprüft, ob überhaupt, mit wem, in welchem Umfang und zu welchen Bedingungen eine Verschmelzung durchgeführt werden soll.[157] Dies folgt bereits aus der Systematik und den besonderen Instrumenten des UmwG, die

68

---

145 Zum Erfordernis der Relevanz vgl. Semler/Stengel/*Gehling* § 14 Rn. 10; sowie § 8 Rdn. 139 ff.; § 19 Rdn. 102 ff.
146 BGH NZG 2005, 77 (79); BGH NJW 2002, 1128 (1129).
147 Spindler/Stilz/*Würthwein* § 243 AktG Rn. 87; Baumbach/Hueck/*Zöllner* Anh. § 47 GmbHG Rn. 127.
148 Semler/Stengel/*Gehling* § 14 Rn. 11; Kallmeyer/*Marsch-Barner* § 14 Rn. 7.
149 Vgl. hierzu die Ausführungen in den jeweiligen Spezialkapiteln.
150 Semler/Stengel/*Gehling* § 14 Rn. 11.
151 Vgl. bereits zum *numerus clausus* der umwandlungsfähigen Rechtsträger unter § 126 Rdn. 4.
152 Z. B. § 99 Abs. 2 UmwG für Vereine; § 105 UmwG für genossenschaftliche Prüfungsverbände; § 109 UmwG für VVaG und § 120 UmwG für die Verschmelzung von Kapitalgesellschaften mit dem Vermögen eines Alleingesellschafters.
153 Semler/Stengel/*Gehling* § 14 Rn. 12.
154 OLG Frankfurt a. M. NJOZ 2006, 870 (879 ff.) »T-Online«; OLG Düsseldorf AG 2003, 578 (579) zum Formwechsel.
155 Kallmeyer/*Marsch-Barner* § 8 Rn. 8.
156 Str. vgl. OLG Frankfurt a. M. NJOZ 2006, 870 (879); OLG Düsseldorf AG 2003, 578 (579) zum Formwechsel; Kallmeyer/*Zimmermann* § 13 Rn. 12; Semler/Stengel/Gehling § 13 Rn. 23; differenzierend Lutter UmwG/*Drygala* § 13 Rn. 38 ff. Ausführlich zur Inhaltskontrolle Widmann/Mayer/*Heckschen* § 13 Rn. 163.11 ff.
157 Lutter UmwG (4. Aufl.)/*Lutter/Drygala* § 13 Rn. 37.

grundsätzlich einen ausreichenden Schutz der Interessen der Minderheit der Anteilseigner gewährleisten.[158]

69 Eine generelle materielle Kontrolle von Verschmelzungsbeschlüssen auf Erforderlichkeit, Geeignetheit und Verhältnismäßigkeit folgt auch nicht etwa aus der gesellschaftsrechtlichen **Treuepflicht** bzw. der Missbrauchskontrolle.[159] Allerdings kann in **Ausnahmefällen** ein Verstoß gegen die gesellschaftsrechtliche Treuepflicht bzw. der Missbrauchseinwand die Anfechtbarkeit des Verschmelzungsbeschlusses begründen. Dies ist beispielsweise dann der Fall, wenn die Verschmelzung bei verständiger Würdigung in **funktionswidriger Weise** eingesetzt wird, um eine Schmälerung der Rechtsstellung der übrigen Anteilsinhaber zu erreichen.[160] Das Vorliegen einer solchen Funktionswidrigkeit wurde von der Rechtsprechung etwa erwogen für Konstellationen, in denen eine Umwandlung zum Zwecke des Börsengangs erfolgt, um in den Genuss des Emissionserlöses zu kommen, und die Umwandlung bei niedrigerem Börsenkurs alsbald wieder rückgängig gemacht wird, d. h. wenn Kapitalmarktschwankungen zu Lasten der Minderheitsaktionäre gezielt ausgenutzt werden.[161]

II. Nichtigkeitsklage

1. Allgemeines

70 Bei besonders schwerwiegenden formellen oder materiellen Mängeln des Verschmelzungsbeschlusses einer Kapitalgesellschaft kann im Wege der Klage dessen **Nichtigkeit** geltend gemacht werden. Dabei handelt es sich nach h. M. um eine besondere Form der **Feststellungsklage** mit der Maßgabe, dass das Nichtigkeitsurteil ein Feststellungsurteil mit *inter-omnes* Wirkung ist (vgl. § 249 Abs. 1 i. V. m. § 248 Abs. 1 AktG).[162]

71 Auch für die Nichtigkeitsklage gegen einen Verschmelzungsbeschluss gilt, dass sich deren Zulässigkeit und Begründetheit nach den für den jeweiligen Rechtsträger geltenden **allgemeinen Vorschriften** richtet (vgl. § 249 AktG), die teilweise durch Vorschriften aus dem Umwandlungsrecht ergänzt oder überlagert werden.[163] Nachfolgend werden daher nur **umwandlungsspezifische Besonderheiten** dargestellt. Im Übrigen wird auf die entsprechenden allgemeinen Ausführungen zur Nichtigkeitsklage an anderer Stelle dieses Buches verwiesen.[164]

2. Insbesondere: Klagefrist gemäß § 14 Abs. 1 UmwG

72 Wie bereits zuvor[165] dargestellt, gilt die Monatsfrist des § 14 Abs. 1 UmwG für alle Unwirksamkeitsklagen gegen einen Verschmelzungsbeschluss und damit auch für die **grundsätzlich nicht fristgebundene** Nichtigkeitsklage.[166] Eine nicht fristgerecht erhobene Nichtigkeitsklage gegen einen Verschmelzungsbeschluss einer Kapitalgesellschaft ist daher **unbegründet**.

---

158 OLG Saarbrücken ZIP 2011, 469 (470); OLG Hamm ZIP 1999, 798 (801); OLG Düsseldorf ZIP 1999, 793 (794); Semler/Stengel/*Gehling* § 13 Rn. 23 (u. a. qualifizierte Mehrheitserfordernisse, Verschmelzungsbericht, Verschmelzungsprüfung, Barabfindungsangebot).
159 OLG Frankfurt a. M. NJOZ 2006, 870 (880).
160 BGH NZG 2005, 722 (723) »Feldmühle« zum Formwechsel; Semler/Stengel/*Gehling* § 13 Rn. 24; eine erhöhte Treubindung nehmen an Lutter/Winter/*Lutter/Drygala* § 13 Rn. 39.
161 Vgl. OLG Frankfurt a. M. NJOZ 2006, 870 (881) – im Ergebnis abgelehnt.
162 OLG Düsseldorf ZIP 1997, 1153 (1155).
163 Z. B. § 14 UmwG.
164 Für die AG § 8 Rdn. 233 ff.; für die GmbH § 19 Rdn. 1 ff.; für die e. G. § 69 Rdn. 5 ff.
165 Vgl. hierzu Rdn. 56 ff.
166 Spindler/Stilz/*Dörr* § 249 AktG Rn. 27.

3. Nichtigkeitsgründe

Eine Nichtigkeitsklage ist begründet, wenn ein **Nichtigkeitsgrund i. S. d. § 241 AktG** vorliegt. Der Katalog des § 241 Nr. 1 bis 6 AktG ist abschließend[167] und gilt unter leichten strukturellen Anpassungen entsprechend für die GmbH.[168] Es wird insoweit auf die rechtsformspezifischen Ausführungen in diesem Buch verwiesen.[169]

Umwandlungsspezifische Nichtigkeitsgründe[170] i. S. d. § 241 AktG hat die Rechtsprechung beispielsweise anerkannt, wenn:
– die Mindestangaben nach § 5 Abs. 1 Nr. 1–3 UmwG im Verschmelzungsvertrag fehlen;[171] oder
– die Vor- und Nachteile einer Verschmelzung durch den Verschmelzungsbeschluss einseitig zu Lasten des übernehmenden Rechtsträgers verteilt sind.[172]

III. Allgemeine Feststellungsklage

Eine dritte mögliche Klageart gegen den Verschmelzungsbeschluss ist die **allgemeine Feststellungsklage** (§ 256 ZPO). Diese kommt bei Verschmelzungsbeschlüssen von Personenhandelsgesellschaften, eingetragenen Vereinen und rechtsformübergreifend für Klagen Dritter gegen einen Verschmelzungsbeschluss in Betracht.

1. Beschlüsse von Personenhandelsgesellschaften und e. V.

Nach ganz herrschender Meinung in Rechtsprechung und Literatur ist dem Recht der Personenhandelsgesellschaften die Qualifizierung fehlerhafter Gesellschafterbeschlüsse als anfechtbar fremd. Fehlerhafte Gesellschafterbeschlüsse von Personenhandelsgesellschaften sind daher stets nichtig.[173] Klagebefugt ist jeder Gesellschafter. Richtige Klageart ist die allgemeine Feststellungsklage, wobei sich das Feststellungsinteresse des Gesellschafters bereits aus dessen Gesellschafterstellung ergibt. Einzige **umwandlungsspezifische Besonderheit**[174] ist die Geltung der **Monatsfrist** des § 14 Abs. 1 UmwG, da Klagen auf Feststellung der Nichtigkeit von Verschmelzungsbeschlüssen von Personenhandelsgesellschaften die Abgabe des Negativattests nach § 16 Abs. 2 S. 1 UmwG sperren.[175] Auch hier führt daher eine Fristversäumnis zur Unbegründetheit der Feststellungsklage. Dasselbe gilt für die auf Feststellung der Nichtigkeit gerichtete allgemeine Feststellungsklage gegen den Verschmelzungsbeschluss eines e. V.[176]

2. Klagen Dritter gegen den Verschmelzungsbeschluss

Die allgemeine Feststellungsklage ist schließlich rechtsformübergreifend die einzige[177] statthafte Klageart gegen einen Verschmelzungsbeschluss für außenstehende Dritte (z. B. Gläubiger, Arbeitneh-

---

167 Spindler/Stilz/*Würthwein* § 241 AktG Rn. 8.
168 Michalski/*Römermann* Anh. § 47 GmbHG Rn. 64 m. w. N.
169 Vgl. § 8 Rdn. 233 ff.; § 19 Rdn. 10 ff.
170 Vgl. zu weiteren Nichtigkeitsgründen von Umwandlungsbeschlüssen die Aufzählung bei Widmann/Mayer/*Heckschen* § 13 Rn. 163.4 f.
171 OLG Frankfurt a. M. WM 1999, 322; KG, WM 1999, 323; vgl. zu der Sonderkonstellation der Geltendmachung der Nichtigkeit von Sonderbeschlüssen bei Fehlen des Umwandlungsbeschlusses LG Hamburg AG 1996, 281 und darüber hinaus die weitere Sonderkonstellation in LG Mühlhausen DB 1996, 1967.
172 LG Mühlhausen DB 1996, 1967.
173 Vgl. für Einzelheiten zur Feststellungsklage gegen fehlerhafte Gesellschafterbeschlüsse von Personenhandelsgesellschaften unter § 34 Rdn. 20, 34; § 42 Rdn. 8, 10; § 51 Rdn. 9, 11; § 61 Rdn. 5.
174 Feststellungsklagen gegen Gesellschafterbeschlüsse der Personenhandelsgesellschaft sind nicht fristgebunden, vgl. BGH NJW 1999, 3113 (3114).
175 Vgl. hierzu bereits unter Rdn. 54 ff.
176 KöKo UmwG/*Simon* § 14 Rn. 16; Schmitt/Hörtnagl/Stratz/*Stratz* § 14 Rn. 25.
177 Zum Spezialitätsverhältnis von Nichtigkeitsklage zur allgemeinen Feststellungsklage BGHZ 70, 384 (388); *Rettmann* S. 40.

mer).[178] Allgemeinen Feststellungsklagen außenstehender Dritter dürfte es allerdings häufig an einem Feststellungsinteresse mangeln.[179]

78 Da allgemeine Feststellungsklagen außenstehender Dritter jedoch keine Auswirkungen auf die Abgabe des Negativattests nach § 16 Abs. 2 S. 1 UmwG haben,[180] findet die umwandlungsspezifische **Klagefrist** des § 14 Abs. 1 UmwG für diese Klagen **keine Anwendung**.[181]

IV. Wirkungen einer erhobenen Klage

79 Ist eine Klage gegen die Wirksamkeit des Verschmelzungsbeschlusses erhoben worden, können die Vertretungsorgane der beteiligten Rechtsträger das Negativattest nicht abgeben.[182] Als Folge ordnet § 16 Abs. 2 S. 2 UmwG eine sog. **Registersperre** an. Diese bezieht sich auf alle Unwirksamkeitsklagen i. S. v. § 14 UmwG, d. h. auf Anfechtungs- und Nichtigkeitsklagen sowie auf allgemeine Feststellungsklagen,[183] soweit es sich bei der allgemeinen Feststellungsklage nicht um die eines Dritten handelt. Ein Wirksamwerden der Verschmelzung wird daher grundsätzlich **bis zum rechtskräftigen Abschluss** des Prozesses blockiert.[184] Diese Blockade kann mit dem **Freigabeverfahren** nach § 16 Abs. 3 UmwG überwunden werden.[185]

V. Wirkungen der Eintragung der Verschmelzung, § 20 UmwG

80 Mit Eintragung der Verschmelzung in das Register des übernehmenden Rechtsträgers wird die Verschmelzung wirksam, und es treten die in § 20 Abs. 1 UmwG geregelten Rechtsfolgen ein. Für eine umfassende Darstellung der einzelnen Rechtsfolgen der Eintragung sei auf die einschlägige Kommentarliteratur verwiesen.[186] Einzig die Wirkung der Heilung nach § 20 Abs. 1 Nr. 4 UmwG sowie die Unbeachtlichkeit von Verschmelzungsmängeln nach der Eintragung gemäß § 20 Abs. 2 UmwG sollen hier wegen ihrer Auswirkungen auf den Rechtsschutz kurz erläutert werden.

81 Die Eintragung der Verschmelzung in das Handelsregister der beteiligten Rechtsträger hat zur Folge, dass **Formmängel** bei der Beurkundung des Verschmelzungsvertrages sowie etwaiger Zustimmungs- oder Verzichtserklärungen einzelner Anteilsinhaber **geheilt** werden (vgl. § 20 Abs. 1 Nr. 4 UmwG).[187] Ferner lassen sonstige Mängel der Verschmelzung die Wirkung der Eintragung unberührt (vgl. § 20 Abs. 2 UmwG), können jedoch weiterhin Grundlage anderer Ansprüche sein, die aus der Mangelhaftigkeit einzelner im Hinblick auf die Verschmelzung vorgenommener Rechtshandlungen resultieren.[188] Unabhängig von der Schwere des Verschmelzungsmangels kommt ein Anspruch auf **Entschmelzung**, d. h. auf Rückgängigmachung der Verschmelzung, nach herrschender

---

178 Vgl. schon unter Rdn. 50.
179 Lutter UmwG/*Drygala* § 5 Rn. 158 (jedenfalls für die Fälle, in denen die Verschmelzung wirksam geworden ist und ein betroffener Dritter gemäß §§ 25 f. UmwG unmittelbar auf Schadensersatz klagen kann). Zum Schadensersatzanspruch nach § 25 UmwG vgl. auch unter Rdn. 128 ff.
180 Vgl. hierzu bereits unter Rdn. 58.
181 Lutter UmwG/*Decher* § 14 Rn. 7; KöKo UmwG/*Simon* § 14 Rn. 19.
182 Zu den Folgen eines unrichtigen oder verfrühten Negativattests vgl. die Ausführungen zu § 28 UmwG in Rdn. 53 mit Fn. 107.
183 Kallmeyer/*Marsch-Barner* § 16 Rn. 23.
184 Semler/Stengel/*Schwanna* § 16 Rn. 21.
185 Vgl. hierzu Rdn. 92 ff.
186 Vgl. hierzu nur Schmitt/Hörtnagl/Stratz/*Stratz* § 20 Rn. 1 ff.; Semler/Stengel/*Kübler* § 20 Rn. 5 ff. und aus der jüngeren Rechtsprechung BGH AG 2013, 634 sowie OLG Frankfurt a. M. NZG 2012, 596 ff.
187 Zur Reichweite des Bestandschutzes *Kort* AG 2010, 230 ff.; Lutter UmwG/*Drygala* § 5 Rn. 158 weist jedoch zutreffend darauf hin, dass das Registergericht von Amts wegen eine (formelle) Prüfung des Verschmelzungsvertrages durchführt und die Eintragung der Verschmelzung bei offensichtlichen Mängeln verweigern wird, so dass der Heilungswirkung nur für nicht beurkundete Nebenabreden Bedeutung zukommt.
188 Schmitt/Hörtnagl/Stratz/*Stratz* § 20 Rn. 125.

Meinung nicht in Betracht.[189] Gleiches gilt für eine Amtslöschung nach § 398 FamFG.[190] Möglich bleibt eine Klage auf Schadensersatz aus §§ 25, 26 UmwG, die einer in diesem Stadium des Verschmelzungsvorgangs erhobenen Klage auf Feststellung der Mangelhaftigkeit des Verschmelzungsvertrages das Feststellungsinteresse nehmen dürfte.[191]

VI. Spruchverfahren, §§ 1 ff. SpruchG

Wie bereits gezeigt, kann eine Klage gegen die Wirksamkeit eines Verschmelzungsbeschlusses des **übertragenden Rechtsträgers** nicht darauf gestützt werden, dass: 82
– das Umtauschverhältnis der Anteile zu niedrig bemessen ist oder dass die Mitgliedschaft beim übernehmenden Rechtsträger kein ausreichender Gegenwert für die Anteile oder die Mitgliedschaft beim übertragenden Rechtsträger ist (§ 14 Abs. 2 UmwG); bzw.
– das Barabfindungsangebot zu niedrig bemessen oder die Barabfindung im Verschmelzungsvertrag nicht oder nicht ordnungsgemäß angeboten worden ist (§ 32 UmwG).

§ 15 Abs. 1 UmwG und § 34 UmwG legen daher als zwingende Korrelate zu § 14 Abs. 2 UmwG bzw. § 32 UmwG fest, dass die Anteilsinhaber des übertragenden Rechtsträgers ihren Anspruch auf **wirtschaftlichen Ausgleich** durch bare Zuzahlung bzw. gerichtliche Nachprüfung der Barabfindung im **Spruchverfahren** geltend zu machen haben.[192] 83

Die folgenden Ausführungen behandeln die Besonderheiten des Spruchverfahrens bezogen auf umwandlungsrechtliche Sachverhalte. Im Übrigen, insbesondere hinsichtlich der Details zu wesentlichen Fragen der **Unternehmensbewertung**, kann auf die ausführliche Darstellung zum Spruchverfahren verwiesen werden.[193] 84

1. Anwendungsbereich

Wie bereits erwähnt, findet das Spruchverfahren gemäß § 1 Nr. 4 SpruchG in den Fällen der Verschmelzung Anwendung, wenn die Anteilsinhaber des übertragenden Rechtsträgers eine **bare Zuzahlung** wegen eines falschen Umtauschverhältnisses nach § 15 Abs. 1 UmwG verlangen. Darüber hinaus kommt das Spruchverfahren auch dann zur Anwendung, wenn ein Anteilsinhaber gerichtlich geltend zu machen beabsichtigt, dass eine im Verschmelzungsvertrag oder in dessen Entwurf bestimmte **Barabfindung**, die ihm nach § 29 UmwG anzubieten war, zu niedrig bemessen oder nicht ordnungsgemäß angeboten worden sei und er eine Anpassung der Barabfindung erreichen möchte. 85

2. Antragsberechtigung

Antragsberechtigt sind nach § 3 S. 1 Nr. 3 SpruchG im Spruchverfahren zur Bestimmung der Zuzahlung oder der Barabfindung anlässlich einer Verschmelzung von Rechtsträgern die in den §§ 15 Abs. 1, 34 UmwG (für grenzüberschreitende Verschmelzungen auch die in §§ 122h, 122i) bezeichneten Anteilsinhaber. Bei einem Verfahren zur Bestimmung einer baren Zuzahlung nach § 15 Abs. 1 86

---

189 OLG Hamburg RNotZ 2008, 37 ff.; OLG Frankfurt a. M. ZIP 2003, 1607 f.; BayObLG AG 2000, 130 f.; aus der Literatur z. B. KöKo UmwG/*Simon* § 20 Rn. 52 m. w. N.; vgl. zur anderen Ansicht, die einen Anspruch auf Entschmelzung bei schweren Mängeln annimmt, beispielsweise Widmann/Mayer/*Vossius* § 20 Rn. 376.
190 OLG Hamburg RNotZ 2008, 37 (40); OLG Frankfurt a. M. ZIP 2003, 1607 (1608), jeweils zu § 144 Abs. 2 FGG; KöKo UmwG/*Simon* § 20 Rn. 52.
191 Lutter UmwG/*Drygala* § 5 Rn. 158; Kallmeyer/*Marsch-Barner* § 20 Rn. 39.
192 KöKo UmwG/*Simon* § 15 Rn. 1. Beim übernehmenden Rechtsträger sind Anfechtungsklagen hingegen auch statthaft, wenn sie sich gegen das Umtauschverhältnis bzw. die Höhe des Barabfindungsangebots richten; der Klageausschluss nach § 14 Abs. 2 UmwG bzw. § 32 UmwG ist insoweit weder direkt noch analog anwendbar, KöKo UmwG/*Simon* § 15 Rn. 33 sowie § 32 Rn. 3, jeweils m. w. N.
193 Vgl. §§ 131 ff.

UmwG sind dies alle Anteilsinhaber des übertragenden Rechtsträgers, selbst dann, wenn sie dem Umwandlungsbeschluss zugestimmt haben.[194]

87 Bei einem Verfahren zur Bestimmung der angemessenen Barabfindung sind grundsätzlich ebenfalls alle Anteilsinhaber des übertragenden Rechtsträgers antragsberechtigt, allerdings nur sofern diese gegen den zugrunde liegenden Verschmelzungsbeschluss **Widerspruch** eingelegt haben.[195] Nach überwiegender Ansicht ist zudem erforderlich, dass der den Antrag stellende Anteilsinhaber gegen den Verschmelzungsbeschluss gestimmt hat.[196]

3. Antrag

88 Wendet sich der Anteilsinhaber gegen die Richtigkeit des Umtauschverhältnisses, so hat er seinen Antrag im Spruchverfahren auf Festsetzung eines Ausgleichs durch bare Zuzahlung zu richten. Geht es ihm um die Nachprüfung der Barabfindung, richtet sich der Antrag auf Festsetzung der angemessenen Barabfindung.[197]

89 Der Antrag ist innerhalb der **Antragsfrist** des § 4 Abs. 1 Nr. 4 SpruchG, d. h. binnen drei Monaten seit dem Tag, an dem die Eintragung der Verschmelzung im Handelsregister bekannt gemacht worden ist, zu stellen und ist mindestens mit den in § 4 Abs. 2 SpruchG bezeichneten Angaben zu begründen. Darzulegen ist hiernach mindestens:
– der Antragsgegner;
– die Antragsberechtigung;
– die Art der Strukturmaßnahme und der vom Gericht zu bestimmenden Kompensation;
– konkrete Einwendungen gegen die Angemessenheit der Kompensation oder ggf. gegen den als Grundlage für die Kompensation ermittelten Unternehmenswert, soweit dieser sich aus den nach § 7 Abs. 3 SpruchG vorgelegten Unterlagen ergibt; und
– die Zahl der vom Antragsteller gehaltenen Anteile.

D. Rechtsschutzmöglichkeiten in der Anmeldungs- und Vollzugsphase der Verschmelzung

I. Registerverfahren, §§ 16 ff. UmwG

90 In den §§ 16 ff. UmwG ist das Registerverfahren bei Verschmelzungen hinsichtlich des Ablaufs und der einzureichenden Unterlagen detailliert geregelt. Nach § 16 Abs. 1 UmwG sind die **Vertretungsorgane der beteiligten Rechtsträger** zur Anmeldung[198] bei dem jeweils zuständigen Registergericht des Sitzes ihres Rechtsträgers berechtigt und verpflichtet.[199]

91 Erlässt das Registergericht eine Zwischenentscheidung[200] oder weist das Registergericht den Eintragungsantrag zurück, kann hiergegen mit der Beschwerde zum Landgericht[201] und – falls dies im Be-

---

194 MüKo AktG/*Kubis* § 3 SpruchG Rn. 6 m. w. N.
195 Vgl. §§ 29 Abs. 1 S. 1, 122i Abs. 1 S. 1 UmwG; MüKo AktG/*Kubis* § 3 SpruchG Rn. 6 m. w. N.
196 Lutter/*Mennicke* Anhang I SpruchG § 3 Rn. 6; Lutter/*Grunewald* § 29 Rn. 11; MüKo AktG/*Kubis* § 3 SpruchG Rn. 6; Simon/*Leuering* § 3 SpruchG Rn. 32; a. A. Spindler/Stilz/*Drescher* § 3 SpruchG Rn. 10 und (wohl) KöKo SpruchG/*Wasmann* § 3 Rn. 14.
197 Lutter/*Mennicke* Anhang I SpruchG § 1 Rn. 6.
198 Kallmeyer/*Zimmermann* § 16 Rn. 3.
199 Nach § 16 Abs. 1 S. 2 UmwG ist das Vertretungsorgan des übernehmenden Rechtsträgers berechtigt, die Verschmelzung auch zur Eintragung in das Register des Sitzes jedes der übertragenden Rechtsträger anzumelden.
200 In Handelsregistersachen macht § 58 Abs. 1 Hs. 2 i. V. m. § 382 Abs. 4 S. 2 FamFG eine Ausnahme von der ansonsten grundsätzlich nur möglichen Beschwerde gegen erstinstanzliche Endentscheidungen.
201 §§ 58 ff. FamFG.

schluss des Landgerichts zugelassen wurde – in weiterer Instanz mit der Rechtsbeschwerde zum OLG[202] vorgegangen werden.

II. Freigabeverfahren, § 16 Abs. 3 UmwG

Wegen seiner **enormen praktischen Bedeutung** wird der Fokus in den folgenden Ausführungen allerdings dem Freigabeverfahren gewidmet. 92

1. Allgemeines

Der in der umwandlungsrechtlichen Praxis wohl **relevanteste Rechtsbehelf** ist das Freigabeverfahren nach § 16 Abs. 3 UmwG. Dabei handelt es sich um einen **eigenständigen Rechtsbehelf** in Form eines **summarischen Verfahrens** neben dem eigentlichen Hauptsacheverfahren.[203] 93

Die Bedeutung des Freigabeverfahrens folgt aus der **faktischen Blockadewirkung** einer Klage gegen den Verschmelzungsbeschluss: Im Falle der Erhebung einer Klage[204] gegen den Verschmelzungsbeschluss können die Vertretungsorgane des betroffenen Rechtsträgers im Rahmen der Handelsregisteranmeldung nicht das nach § 16 Abs. 2 S. 1 UmwG geforderte **Negativattest** abgeben. Als Folge ordnet § 16 Abs. 2 S. 2 UmwG an, dass die Verschmelzung nicht in das Handelsregister des betroffenen Rechtsträgers eingetragen werden kann (so genannte **Registersperre**). Durch einen gerichtlichen Beschluss im Freigabeverfahren,[205] durch den festgestellt wird, dass die Erhebung der Anfechtungsklage der Eintragung nicht entgegensteht, kann das Negativattest ersetzt und die Registersperre überwunden werden.[206] 94

2. Zulässigkeit

Soweit nicht in § 16 Abs. 3 UmwG abweichend geregelt,[207] gelten für das Freigabeverfahren die **Vorschriften der ZPO** für das Verfahren vor den Landgerichten im ersten Rechtszug entsprechend.[208] 95

a) Zuständigkeit

Die **sachliche, örtliche** und **funktionale** Zuständigkeit für das Freigabeverfahren ergibt sich aus § 16 Abs. 3 S. 7 UmwG. Danach entscheidet über einen Antrag im Freigabeverfahren ein Senat des **Oberlandesgerichts**, in dessen Bezirk der betroffene Rechtsträger seinen Sitz hat. Eine Übertragung der Entscheidung auf den Einzelrichter ist gemäß § 16 Abs. 3 S. 8 Hs. 1 UmwG ausgeschlossen. 96

---

202 §§ 70 ff. FamFG.
203 Schmitt/Hörtnagl/Stratz/*Stratz* § 16 Rn. 36. Das Freigabeverfahren geht zurück auf die Rechtsprechung des BGH zu den sog. räuberischen Aktionären, dort hatte der BGH eine Durchbrechung der Registersperre zugelassen, wenn die Klage von vornherein keine Erfolgsaussichten hatte, vgl. BGHZ 112, 9 ff.
204 Hiervon erfasst sind alle Unwirksamkeitsklagen i. S. v. § 14 UmwG, also Anfechtungs- und Nichtigkeitsklagen sowie Klagen auf Feststellung der Unwirksamkeit des Beschlusses, vgl. Kallmeyer/*Marsch-Barner* § 16 Rn. 23.
205 Die Förderung der Verschmelzung ist in der Regel Nebenpflicht des Verschmelzungsvertrages und beinhaltet daher auch die Verpflichtung der Vertretungsorgane, die Erfolgsaussichten eines Freigabeverfahrens zu prüfen und bei hinreichenden Erfolgsaussichten ein solches auch einzuleiten, vgl. Kallmeyer/*Marsch-Barner* § 16 Rn. 36.
206 § 16 Abs. 1 S. 1 UmwG »Der Erklärung nach Absatz 2 Satz 1 steht es gleich, wenn ...«.
207 Vgl. z. B. § 16 Abs. 3 S. 2 Hs. 1 UmwG (Streitwertbemessung nach § 247 AktG) und § 16 Abs. 3 S. 8 Hs. 2 UmwG (Entbehrlichkeit einer Güteverhandlung).
208 § 16 Abs. 3 S. 2 Hs. 3 UmwG

b) Statthaftigkeit des Antrags

97 Das Freigabeverfahren ist als **Antragsverfahren** ausgestaltet und unterliegt der **Dispositionsmaxime**. Eine **Antragsbefugnis** steht einzig dem im Hauptsacheverfahren beklagten Rechtsträger zu.[209] Werden die Verschmelzungsbeschlüsse **mehrerer an der Verschmelzung beteiligter Rechtsträger** angegriffen, so ist es für die Überwindung der Registersperre notwendig, dass **alle** betroffenen Rechtsträger einen Freigabeantrag stellen.[210]

98 Da der Freigabebeschluss nach § 16 Abs. 3 UmwG das Negativattest nach § 16 Abs. 2 S. 1 UmwG ersetzt, ist ein Freigabeverfahren auch nur gegen solche Klagen **statthaft**, die die Vertretungsorgane der beteiligten Rechtsträger hindern, im Rahmen der Handelsregisteranmeldung ein Negativattest abzugeben. Dies sind alle Klagen, auf die sich auch die Klagefrist des § 14 Abs. 1 UmwG erstreckt, mithin alle **Unwirksamkeitsklagen** von Anteilsinhabern (Anfechtungs-, Nichtigkeits- und allgemeine Feststellungsklagen)[211] gegen den Verschmelzungsbeschluss. **Unstatthaft** ist das Freigabeverfahren grundsätzlich bei Klagen Dritter gegen den Verschmelzungsbeschluss und Klagen gegen andere, im Zusammenhang mit der Verschmelzung stehende Beschlüsse (beispielsweise gegen einen Kapitalerhöhungsbeschluss).[212] Von diesem Grundsatz gibt es jedoch zwei **Ausnahmen:**
– Schreibt das Registergericht einer Klage, die an sich keine **Registersperre** auslöst, **fälschlicherweise** eine solche Wirkung zu und lehnt es deshalb die Handelsregistereintragung der Verschmelzung ab, ist ein Freigabeverfahren ebenfalls statthaft. Im Rahmen des Freigabeverfahrens muss das OLG dann auch entscheiden, ob die erhobene Klage gegen den Verschmelzungsbeschluss die Registersperre nach § 16 Abs. 2 S. 2 UmwG auslöst.[213]
– Eine **weitere Ausnahme** besteht nach richtiger Ansicht für den Fall der Anfechtung eines **Kapitalerhöhungsbeschlusses** zur Durchführung der Verschmelzung. Anders als bei einer regulären Kapitalerhöhung, deren Eintragung trotz Anfechtung das Registergericht nach pflichtgemäßen Ermessen zu prüfen hat,[214] stehen Kapitalerhöhung und Verschmelzung nach der Konzeption des UmwG in **untrennbarem Zusammenhang**. Daher dehnt die herrschende Meinung den Anwendungsbereich des Freigabeverfahrens jedenfalls dann auf den zugrundeliegenden Kapitalerhöhungsbeschluss aus, wenn beide Beschlüsse **kumulativ** angefochten werden.[215] Teilweise wird vertreten, dass das Freigabeverfahren auch gegen eine **isolierte** Anfechtung des Kapitalerhöhungsbeschlusses zur Durchführung der Verschmelzung statthaft sei.[216] Mit der Einführung des aktienrechtlichen Freigabeverfahrens gemäß § 246a AktG dürfte sich diese Streitfrage zumindest für übernehmende Rechtsträger in der Rechtsform der AG, KGaA und SE erledigt haben.[217]

---

209 Lutter UmwG/*Decher* § 16 Rn. 39. Zur Vertretung einer antragstellenden AG im Freigabeverfahren OLG Frankfurt a. M. WM 2012, 1955 (1956).
210 Kallmeyer/*Marsch-Barner* § 16 Rn. 36.
211 KöKo UmwG/*Simon* § 16 Rn. 50.
212 KöKo UmwG/*Simon* § 16 Rn. 51 und 25.
213 Kallmeyer/*Marsch-Barner* § 16 Rn. 38.
214 Entscheidet sich das Registergericht gegen eine Eintragung, setzt es das Eintragungsverfahren nach § 381 FamFG aus.
215 BGH NZG 2007, 714 (715); OLG Hamm Der Konzern 2005, 374 (376); Kallmeyer/*Marsch-Barner* § 16 Rn. 55; Lutter/*Winter/J. Vetter* § 55 Rn. 81; KöKo UmwG/*Simon/Nießen* § 55 Rn. 45; Semler/Stengel/*Reichert* § 55 Rn. 28.
216 Semler/Stengel/*Schwanna* § 16 Rn. 22; KöKo UmwG/*Simon/Nießen* § 55 Rn. 45; Lutter/*Winter/J. Vetter* § 55, Rn. 81; a. A. Kallmeyer/*Zimmermann* § 16 Rn. 55.
217 Vgl. Kallmeyer/*Marsch-Barner* § 16 Rn. 55; KöKo UmwG/*Simon* § 69 Rn. 43; a. A. Semler/Stengel/*Diekmann* § 69 Rn. 30, der trotz der Existenz von § 246a AktG ein Freigabeverfahren nach § 16 Abs. 3 UmwG durchführen will.

D. Rechtsschutzmöglichkeiten in der Anmeldungs- und Vollzugsphase der Verschmelzung § 127

c) Insbesondere: Prozessvollmacht

Gemäß § 16 Abs. 3 S. 2 UmwG i. V. m. § 82 ZPO gilt die für das Hauptsachverfahren erteilte **Prozessvollmacht** auch für das Freigabeverfahren.[218] Dies ist von erheblicher praktischer Bedeutung, da hierdurch einer vielfach praktizierten **Verzögerungstaktik** der Boden entzogen wurde. Vor Änderung des § 16 Abs. 3 UmwG konnte die Durchführung eines Freigabeverfahrens dadurch verzögert werden, dass die Anfechtungskläger ihre Aktien auf eine Gesellschaft mit Sitz im Ausland übertrugen und ihre inländischen Anwälte ausschließlich zur Führung des Anfechtungsprozesses, nicht jedoch zur Durchführung des Freigabeverfahrens bevollmächtigten. Aufgrund der **Selbstständigkeit** des Freigabeverfahrens führte dies dazu, dass eine Zustellung des Freigabeantrags an die im Ausland ansässige Gesellschaft vorgenommen werden musste, was oft zu erheblichen Zeitverzögerungen führte.

99

Mit der Einfügung des § 16 Abs. 3 S. 2 UmwG i. V. m. § 82 ZPO kann nunmehr der Freigabeantrag auch an die Prozessbevollmächtigten des Anfechtungsprozesses zugestellt werden. § 82 ZPO begrenzt zudem die Möglichkeit, die Prozessvollmacht im Außenverhältnis zu beschränken, und gilt auch bei mehreren Prozessbevollmächtigten (§ 16 Abs. 3 S. 2 UmwG i. V. m. § 84 ZPO), so dass die Zustellung wirksam auch an nur einen der Prozessbevollmächtigten erfolgen kann.

100

d) Sonstige Voraussetzungen

Der Freigabeantrag kann erst gestellt werden, wenn eine Klage gegen die Wirksamkeit des Verschmelzungsbeschlusses erhoben worden ist. Gemeint ist damit nicht die Anhängigkeit der Klage, sondern deren **Rechtshängigkeit** i. S. d. § 253 Abs. 1 i. V. m. § 261 Abs. 1 ZPO.[219]

101

Die Stellung eines Freigabeantrags ist **nicht fristgebunden.** Eine Antragsstellung mehrere Monate nach Kenntnis von der Erhebung einer gegen einen Verschmelzungsbeschluss gerichteten Klage kann sich aber nach neuerer Rechtsprechung negativ auf die **Begründetheit** des Antrags auswirken.[220]

102

3. Glaubhaftmachung vorgebrachter Tatsachen

Der Antragsteller hat die Tatsachen, auf deren Grundlage der Beschluss nach § 16 Abs. 3 S. 3 UmwG ergehen kann, konkret darzulegen[221] und glaubhaft zu machen,[222] d. h. es gilt nicht das Strengbeweisverfahren der ZPO. Der Antragsteller darf sich aller sofort verfügbaren Beweismittel bedienen.[223] Von praktischer Bedeutung ist insbesondere die Möglichkeit der **Glaubhaftmachung** durch eidesstattliche Versicherung.

103

Bestreitet der Antragsgegner die vom Antragsteller vorgebrachten Tatsachen und verteidigt er sich nunmehr mit eigenem Tatsachenvortrag, steht auch ihm die Möglichkeit der Glaubhaftmachung zu.[224]

104

4. Mündliche Verhandlung

Über den Freigabeantrag entscheidet das OLG in der Regel aufgrund einer **mündlichen Verhandlung.** In Anlehnung an das Verfahren über einstweilige Verfügungen in der ZPO[225] ist auch im Freigabeverfahren eine mündliche Verhandlung nach § 16 Abs. 3 S. 4 UmwG in dringenden Fällen

105

---

218 LG Münster NZG 2006, 833 (noch zur alten Rechtslage); Kallmeyer/*Marsch-Barner* § 16 Rn. 47.
219 LG Freiburg AG 1998, 536 (537); Kallmeyer/*Marsch-Barner* § 16 Rn. 37.
220 OLG München ZIP 2010, 84: Die Antragstellung über 4 Monate nach der Kenntnis von der Erhebung einer Klage steht dem vorrangigen Vollzuginteresse des Antragstellers entgegen; a. A. OLG Frankfurt NZG 2010, 824 (826); dagegen auch *Lorenz/Pospiech* BB 2010, 2515 (2519).
221 OLG Frankfurt ZIP 1997, 1291 (1292); LG Hanau ZIP 1995, 1820 (1821).
222 § 16 Abs. 3 S. 6 UmwG.
223 § 294 Abs. 1 und 2 ZPO, z. B. präsente Zeugen.
224 KöKo UmwG/*Simon* § 16 Rn. 64.
225 §§ 935 ff. ZPO.

entbehrlich. Eine solche **Dringlichkeit** ist in der praktischen Handhabung jedoch eher die **Ausnahme**.[226] Wird die mündliche Verhandlung dennoch im Einzelfall für entbehrlich erachtet, so ist dem Antragsgegner jedenfalls rechtliches Gehör in Form der Gelegenheit zur **schriftlichen Stellungnahme** zu gewähren.[227]

5. Streitwert, Gebühren und Kosten

106 Kraft ausdrücklicher Anordnung in § 16 Abs. 3 S. 2 UmwG findet die anfechtungsrechtliche Vorschrift des § 247 AktG über die **Streitwertfestsetzung** und die Streitwertspaltung auf das Freigabeverfahren entsprechende Anwendung. Dies bedeutet, dass das Gericht den Streitwert nach **billigem Ermessen** unter Berücksichtigung aller Umstände, insbesondere der Bedeutung der Sache für die Parteien, bestimmt.[228]

107 Für das Freigabeverfahren wird eine 1,5-fache **Gerichtsgebühr** erhoben.[229] Für die beteiligten Rechtsanwälte fällt eine **Verfahrensgebühr** von 0,75 an,[230] bei vorzeitiger Beendigung reduziert sich diese Gebühr auf 0,5.[231] Zusätzlich wird eine 0,5-**Terminsgebühr** ausgelöst.[232]

6. Begründetheit

108 Ein Freigabebeschluss nach § 16 Abs. 3 S. 1 UmwG hat zu ergehen, wenn die Voraussetzungen einer der in § 16 Abs. 3 S. 3 Nr. 1 bis 3 UmwG **abschließend**[233] geregelten Tatbestände erfüllt sind.

a) Unzulässigkeit der Klage, § 16 Abs. 3 S. 3 Nr. 1 Alt. 1 UmwG

109 Das OLG hat durch Beschluss festzustellen, dass die Erhebung der Klage gegen den Verschmelzungsbeschluss der Eintragung der Verschmelzung nicht entgegensteht, wenn die Klage gegen den Verschmelzungsbeschluss **unzulässig** ist. Dabei hat das Gericht die Unzulässigkeit – anders als bei der offensichtlichen Unbegründetheit[234] – **abschließend** zu prüfen.[235] Zwar ist in diesem Fall auch der Rechtsstreit in der Hauptsache entscheidungsreif, ein Freigabeverfahren ist aber dennoch sinnvoll, weil die Hauptsacheentscheidung rechtsmittelfähig ist und mit dem Freigabebeschluss eine durch ein etwaiges Rechtsmittelverfahren verursachte Eintragungsverzögerung verhindert wird.[236] Richtigerweise wird man aber davon auszugehen haben, dass nur **unbehebbare Zulässigkeitsmängel** einen Freigabebeschluss nach § 16 Abs. 3 S. 3 Nr. 1 Alt. 1 UmwG rechtfertigen können.[237]

b) Offensichtliche Unbegründetheit der Klage, § 16 Abs. 3 S. 3 Nr. 1 Alt. 2 UmwG

110 Eine Freigabe der Eintragung der Verschmelzung hat auch zu erfolgen, wenn die Klage gegen den Verschmelzungsbeschluss **offensichtlich unbegründet** ist. Nach älterer Rechtsprechung war eine of-

---

226 Vgl. z. B. OLG Frankfurt NJW-RR 1996, 417 (419): Durchführung einer mündlichen Verhandlung würde zu hohen Zins- und Steuerverlusten führen, weil die Eintragung der Verschmelzung erst nach dem Ende des Geschäftsjahres erfolgen könnte. KöKo UmwG/*Simon* § 16 Rn. 62.
227 KöKo UmwG/*Simon* § 16 Rn. 62; OLG München ZIP 2005, 615 (616).
228 Limmer/*Limmer* Teil 2 Rn. 477.
229 GKG Anlage 1 Nr. 1641.
230 Nr. 3325 VV RVG.
231 Nr. 3337 VV RVG.
232 Nr. 3332 VV RVG.
233 Kallmeyer/*Marsch-Barner* § 16 Rn. 40.
234 Dazu sogleich Rdn. 110 ff.
235 Lutter UmwG/*Decher* § 16 Rn. 42; Kallmeyer/*Marsch-Barner* § 16 Rn. 40; Schmitt/Hörtnagl/Stratz/*Stratz* § 16 Rn. 54.
236 Lutter UmwG (4. Aufl.)/*Bork* § 16 Rn. 20.
237 LG Darmstadt AG 2006, 127 (128) *obiter; Brander/Bergmann* FS Bezzenberger, 59 (63); a. A. Kallmeyer/*Marsch-Barner* § 16 Rn. 40; *Kösters* WM 2000, 1921 (1925); Lutter UmwG/*Decher* § 16 Rn. 42; *Sosnitza* NZG 1999, 965 (968).

D. Rechtsschutzmöglichkeiten in der Anmeldungs- und Vollzugsphase der Verschmelzung **§ 127**

fensichtliche Unbegründetheit anzunehmen, wenn die Unwirksamkeitsklage gegen den Verschmelzungsbeschluss zweifelsfrei keine Erfolgsaussichten hatte. Dies war beispielsweise bei solchen Klagen der Fall, die von vorneherein unschlüssig oder unbegründet waren[238] bzw. deren Unbegründetheit ohne weiteres erkennbar war.[239] Maßgeblich war somit die leichte Erkennbarkeit und der für diese Prüfung erforderliche, vergleichsweise geringe Zeitaufwand.

Nach **neuerer Rechtsprechung**[240] ist für die Annahme einer offensichtlichen Unbegründetheit im Sinne von § 16 Abs. 3 S. 3 Nr. 1 Alt. 2 UmwG auf das **Maß an Sicherheit** abzustellen, mit dem sich das **Ergebnis** der Klage gegen den Verschmelzungsbeschluss **prognostizieren** lässt. Das Ergebnis der sachlichen und rechtlichen Beurteilung muss so eindeutig sein, dass eine andere Beurteilung **nicht oder kaum vertretbar** erscheint.[241] Ein für die Prüfung dieser Frage gegebenenfalls erforderlicher großer Aufwand spielt dabei keine Rolle. Das Gericht hat daher auch im Freigabeverfahren den Streitstoff in **rechtlicher Hinsicht** grundsätzlich **vollständig** zu prüfen.[242] Demgegenüber kann der Annahme einer offensichtlichen Unbegründetheit der Klage entgegenstehen, dass die Sachentscheidung von einer umfangreichen Beweisaufnahme abhängig ist, es sei denn, die Beweisaufnahme könnte sofort (vgl. § 294 Abs. 2 ZPO) in einer etwaigen mündlichen Verhandlung erfolgen.[243]

111

aa) Rechtsmissbräuchliche Klagen gegen den Verschmelzungsbeschluss

Rechtsmissbräuchlich erhobene Klagen gegen Verschmelzungsbeschlüsse sind nach ständiger Rechtsprechung als unbegründet abzuweisen[244] und führen daher ebenfalls zur offensichtlichen Unbegründetheit i. S. d. § 16 Abs. 3 S. 3 Nr. 1 Alt. 2 UmwG.[245]

112

bb) Bestätigungsbeschluss[246]

Eine Besonderheit bei der Prüfung der offensichtlichen Unbegründetheit im Freigabeverfahren kann sich daraus ergeben, dass dieses Verfahren mit einem von der Hauptversammlung des betroffenen Rechtsträgers gefassten **Bestätigungsbeschluss** (beispielsweise nach § 244 AktG) zusammentrifft. Wird dieser Bestätigungsbeschluss ebenfalls angefochten, spricht viel dafür, dass das Gericht im Freigabeverfahren die Prüfung auf die Erfolgsaussichten der Anfechtung des Bestätigungsbeschlusses erstrecken muss.[247] In diesem Fall muss der Antragsteller die Tatsachen glaubhaft machen, die eine Rechtmäßigkeit des Bestätigungsbeschlusses begründen. Sollte ihm diese Glaubhaftmachung nicht gelingen, besteht für den Antragsteller die Gefahr, dass er im Freigabeverfahren unterliegt, weil das Gericht die offensichtliche Unbegründetheit der Klage gegen den Verschmelzungsbeschluss verneint.[248]

113

---

238 BGH WM 1990, 1372 (1377); OLG Hamm ZIP 1999, 798 (799).
239 OLG Frankfurt ZIP 1997, 1291.
240 OLG Jena NJW-RR 2009, 182; vgl. auch OLG Frankfurt a. M. AG 2006, 249 (250); OLG Düsseldorf DB 2006, 2223 (2223 f.).
241 Kallmeyer/*Marsch-Barner* § 16 Rn. 41 mit umfassenden Rechtsprechungsnachweisen in Fn. 1.
242 KöKo UmwG/*Simon* § 16 Rn. 73; zahlreiche Nachweise zur Rechtsprechung bei Lutter UmwG/*Decher* § 16 Rn. 46 ff.
243 Lutter UmwG/*Decher* § 16 Rn. 44; Kallmeyer/*Marsch-Barner* § 16 Rn. 41; vgl. auch OLG Düsseldorf ZIP 1999, 793; LG Duisburg NZG 1999, 564.
244 BGHZ 107, 296 (311); 112, 9 (24); BGH ZIP 1990, 168 (171).
245 OLG Frankfurt NJW-RR 1996, 417 (418).
246 Detailliert zum Zusammentreffen von Freigabeverfahren und Bestätigungsbeschluss: KöKo UmwG/*Simon* § 16 Rn. 76 ff.; *Rieckers* BB 2005, 1348 ff.
247 KöKo UmwG/*Simon* § 16 Rn. 79; *Rieckers* BB 2005, 1348 (1351).
248 KöKo UmwG/*Simon* § 16 Rn. 79.

c) Bagatellquorum, § 16 Abs. 3 S. 3 Nr. 2 UmwG

114 Nach § 16 Abs. 3 S. 3 Nr. 2 UmwG hat das Gericht die Eintragung der Verschmelzung auch dann freizugeben, wenn der Hauptsachekläger nicht binnen einer Woche nach Zustellung des Freigabeantrags durch Urkunden nachgewiesen hat, dass er seit Bekanntmachung der Einberufung der Anteilsinhaberversammlung, die über die Verschmelzung beschlossen hat, einen **anteiligen Betrag**[249] am gezeichneten Kapital von mindestens **1.000 Euro** hält (so genanntes **Bagatellquorum**). Das Bagatellquorum gilt für die AG, KGaA und die SE, nicht jedoch für die **GmbH** und andere, nicht börsenorientierte Rechtsformen.[250]

115 Das Bagatellquorum muss **von jedem Kläger gesondert** erreicht und nachgewiesen werden. Eine Zusammenlegung der Beteiligungen mehrerer Kläger reicht zum Erreichen des Quorums wegen des insoweit eindeutigen Wortlauts des § 16 Abs. 3 S. 3 Nr. 2 UmwG nicht aus.[251] Der **Nachweis** über die Mindestbeteiligung hat binnen einer Woche nach Zustellung des Freigabeantrags durch Urkunden, die den Anforderungen der §§ 415, 416 ZPO genügen,[252] gegenüber dem Gericht zu erfolgen.[253] Hierfür ausreichend ist zum Beispiel eine entsprechende **Bankbestätigung**.[254] Der Nachweis des Anteilsbesitzes nach § 123 Abs. 3 S. 3 AktG reicht allerdings nicht aus, da dieser nur den Anteilsbesitz zum **Record Date** bestätigt.[255]

116 Umstritten ist, ob der Nachweis des Bagatellquorums entsprechend § 592 ZPO entbehrlich ist, sofern und soweit dessen Erreichen **unstreitig** ist. Nach herrschender Meinung soll dies jedoch nicht der Fall sein, da es sich beim Nachweis des Bagatellquorums um eine **materielle Voraussetzung** des Freigabeverfahrens handelt.[256] In der Praxis empfiehlt es sich für den Antragsteller, den Mindestanteilsbesitz soweit möglich stets mit Nichtwissen zu bestreiten. Dies ist selbst dann möglich, wenn der Anteilsbesitz im Hauptsacheverfahren zwischen den Parteien unstreitig ist. Da es sich bei Freigabe- und Hauptsacheverfahren um voneinander unabhängige Verfahren handelt, ist **unterschiedlicher Sachvortrag** in beiden Verfahren möglich.[257]

117 Klagen von Anteilsinhabern, die das Bagatellquorum nicht erfüllen, werden im Freigabeverfahren **materiell nicht berücksichtigt.** Das Hauptsacheverfahren bleibt hiervon selbstverständlich unberührt. Der Antragsteller muss sich daher mit solchen Klagen in der Antragsschrift nicht auseinandersetzen. Wird das Hauptsacheverfahren nur von einem Kläger betrieben und erreicht dieser das Quorum nicht, hat dies zur Folge, dass das Gericht über den Freigabeantrag nur aufgrund der Antragsschrift des Antragstellers und gegebenenfalls ergänzender Aufklärungen entscheidet. Sind in der Hauptsache **mehrere Kläger** beteiligt, erreichen aber nicht alle jeweils das Bagatellquorum, so kann das Hauptsacheverfahren der im Freigabeverfahren nicht zu berücksichtigenden Kläger bis zur Ent-

---

249 Der anteilige Betrag errechnet sich aus Multiplikation des Nennbetrags bzw. bei Stückaktien des auf die Einzelaktie entfallenden anteiligen Betrags mit Aktienanzahl, OLG Stuttgart AG 2013, 604 (605) und AG 2010, 89 (90), jeweils zu § 246a AktG.
250 Kallmeyer/Marsch-Barner § 16 Rn. 41a.
251 Vgl. die anderslautenden Formulierungen in §§ 122 Abs. 1 S. 1, Abs. 2; 142 Abs. 2 S. 1; 148 Abs. 1 S. 1; 248 Abs. 2 S. 3 AktG.
252 OLG Frankfurt NZG 2010, 824 (826).
253 Kallmeyer/Marsch-Barner § 16 Rn. 41b; vgl. zur insoweit wortgleichen Vorschrift des § 246a AktG Spindler/Stilz/Dörr § 246a AktG Rn. 26.
254 Die ausstellende Bank muss sich nicht zur Unterrichtung des Gerichts über Veränderungen des Beteiligungsbesitzes verpflichten, vgl. OLG Saarbrücken ZIP 2011, 469 (470).
255 Kallmeyer/Marsch-Barner § 16 Rn. 41b.
256 KG AG 2011, 170 (171); OLG Hamm, AG 2011, 826 (827); OLG Nürnberg, ZIP 2012, 2052 (2053 ff.) insoweit unter Aufgabe von OLG Nürnberg NZG 2011, 150; Reichard NZG 2011, 292 (293); Hüffer/Koch § 246a Rn. 20 m.w.N; a. A. z. B. OLG Frankfurt a. M. WM 2012, 1955 (1956).
257 OLG Nürnberg NZG 2011, 150.

D. Rechtsschutzmöglichkeiten in der Anmeldungs- und Vollzugsphase der Verschmelzung § 127

scheidung über den Freigabeantrag gemäß § 148 ZPO ausgesetzt werden,[258] um die Wirkungen des § 249 ZPO herbeizuführen.[259]

d) Vorrangiges Vollzugsinteresse, § 16 Abs. 3 S. 3 Nr. 3 UmwG

Ebenfalls ein Instrument, um missbräuchlichen Klagen entgegenzuwirken, ist die Möglichkeit eines Freigabebeschlusses bei **vorrangigem Vollzugsinteresse** des Antragstellers. Danach kann eine Registersperre trotz voraussichtlicher oder gar zweifelsfreier Begründetheit der Hauptsacheklage aufgrund einer Interessenabwägung unter Berücksichtigung wirtschaftlicher Überlegungen überwunden werden.[260] Das Gericht hat sich hierbei an einem **zweistufigen Prüfungsaufbau** zu orientieren: 118

aa) Überwiegendes Vollzugsinteresse

Auf der **ersten Stufe** hat es den Nachteilen der an der Verschmelzung beteiligten Rechtsträger und deren Anteilsinhabern, wenn eine Eintragung der Verschmelzung unterbleibt, die Nachteile für die Antragsgegner durch ein vorzeitiges Wirksamwerden der Verschmelzung gegenüberzustellen. Überwiegt das Vollzugsinteresse das Aufschubinteresse, folgt sodann auf der **zweiten Stufe** die Prüfung, ob ein besonders schwerer Rechtsverstoß vorliegt, der einem Freigabebeschluss entgegensteht. 119

Für die erste Stufe der Prüfung hat der Antragsteller die sich aus der Verzögerung der Eintragung ergebenden **wirtschaftlichen Nachteile** und deren Überwiegen gegenüber den Nachteilen für die Antragsgegner darzulegen. Im Gegensatz zur früheren Fassung des § 16 Abs. 3 UmwG[261] kommt es auf die Wesentlichkeit der Nachteile nicht mehr an, so dass auch nicht ganz unbedeutende wirtschaftliche Nachteile in die Abwägung einzubeziehen sind. Unter den Begriff des Nachteils fallen auch wirtschaftliche Vorteile des Antragstellers, die sich aus der Verschmelzung ergeben und die im Falle einer verzögerten Eintragung der Verschmelzung unterbleiben.[262] Dabei sind die Nachteile für die beteiligten Rechtsträger und deren Anteilsinhaber nicht isoliert, **sondern insgesamt** zu betrachten.[263] Als wirtschaftliche Nachteile kommen z. B. in Betracht: 120

- die Kosten einer Wiederholung der Hauptversammlung oder Zinseffekte;[264]
- das Nichterreichen angestrebter Synergie- und Rationalisierungseffekte;[265]
- steuerliche Nachteile;[266]
- der Verlust von Geschäftschancen;[267]
- die Verunsicherung von Geschäftspartnern;[268]
- die mögliche Abwanderung qualifizierten Personals;[269] oder
- die Gefahr eines Ansehensverlustes im Markt.[270]

Auf der Seite der **Antragsgegner** ist für die Beurteilung des Aufschubinteresses neben den wirtschaftlichen Interessen der an der Verschmelzung beteiligten Rechtsträger und ihrer – nicht klagenden – 121

---

258 Hierzu und zum Vorstehenden umfassend Kallmeyer/*Marsch-Barner* § 16 Rn. 41a.
259 Unterbrechung von Fristen und deren Neubeginn nach Beendigung der Aussetzung; Unwirksamkeit von in Ansehung der Hauptsache vorgenommenen Prozesshandlungen während der Aussetzung.
260 Kallmeyer/*Marsch-Barner* § 16 Rn. 42.
261 Die Vorschrift des § 16 UmwG wurde durch das Gesetz zur Umsetzung der Aktionärsrechterichtlinie (ARUG) in wesentlichen Punkten geändert.
262 OLG Hamm, NZG 2014, 581 (582 f.).
263 Hierzu und zum Vorstehenden Kallmeyer/*Marsch-Barner* § 16 Rn. 45.
264 Bericht des Rechtsausschusses, BT-Drucks. 16/13098, S. 42.
265 OLG Düsseldorf ZIP 1999, 793 (798); OLG Stuttgart DB 2003, 33 (35); OLG Hamm NZG 2014, 581 (582 f.) und Der Konzern 2005, 374 (379).
266 OLG Frankfurt ZIP 1996, 379 (381); OLG Düsseldorf ZIP 1999, 793 (798); OLG Düsseldorf ZIP 2001, 1717 (1720).
267 OLG Frankfurt ZIP 2003, 1654 (1657).
268 OLG Stuttgart ZIP 1997, 75 (77); OLG Düsseldorf ZIP 1999, 793 (798).
269 OLG Hamm Der Konzern 2005, 374 (379).
270 OLG Düsseldorf ZIP 1999, 793 (798).

Anteilsinhaber auch der Umfang der Beteiligung der Antragsgegner am Rechtsträger in die Abwägung einzubeziehen.[271] Bei Anteilsinhabern mit nur geringer Beteiligung wird die Abwägung der beiderseitigen Nachteile schwerlich zu ihren Gunsten ausgehen.[272]

bb) Schwere des Rechtsverstoßes

122　Ergibt die Abwägung ein überwiegendes Vollzugsinteresse, ist gemäß § 16 Abs. 3 S. 3 Nr. 3 UmwG auf der zweiten Prüfungsstufe zu untersuchen, ob ein **besonders schwerer Rechtsverstoß** vorliegt. Auf dieser Prüfungsstufe hat der **Antragsgegner** darzulegen und glaubhaft zu machen, dass einer Freigabe der Eintragung ein besonders schwerer Rechtsverstoß entgegensteht. Nach der Begründung des Rechtsausschusses muss es sich um Verletzungen **elementarer Rechte** der Anteilsinhaber handeln, die durch Schadensersatz nicht angemessen kompensiert werden können, eine Umsetzung des Verschmelzungsbeschlusses für die Rechtsordnung also **unerträglich** erscheinen lassen.[273] Beispielhaft werden genannt:[274] Die Beschlussfassung in einer bewusst durchgeführten »**Geheimversammlung**«, absichtliche Verstöße gegen das Gleichbehandlungsgebot und die Treuepflicht mit schweren Folgen und das **völlige Fehlen der notariellen Beurkundung** bei der börsennotierten AG. Die bisher hierzu ergangene Rechtsprechung orientiert sich an diesen vom Gesetzgeber aufgestellten Leitlinien.[275] Bei der Beurteilung eines besonders schweren Rechtsverstoßes hat das Gericht im jeweiligen **Einzelfall** die Bedeutung der verletzten Norm sowie die Art und den Umfang des konkreten Verstoßes zu bewerten.[276] Dabei ist hinsichtlich der Bedeutung der Norm auch die Unterscheidung zwischen nichtigen, anfechtbaren, durch Eintragung heilbaren und bestätigungsfähigen Beschlüssen zu beachten.[277] Zutreffend wird darauf verwiesen, dass sich pauschale Gewichtungen (z. B. Nichtigkeitsgründe schließen einen Freigabebeschluss stets aus) verbieten.[278]

7. Entscheidung/Rechtsmittel

123　Unabhängig davon, ob eine mündliche Verhandlung stattgefunden hat oder nicht, entscheidet das Gericht zwingend durch **Beschluss** (§ 16 Abs. 3 S. 1 UmwG). Der Beschluss soll spätestens drei Monate nach Antragstellung ergehen; etwaige Verzögerungen sind durch unanfechtbaren Beschluss zu begründen (§ 16 Abs. 3 S. 5 UmwG). Gegen den Beschluss des Gerichts gibt es kein Rechtsmittel, er ist **unanfechtbar** (§ 16 Abs. 3 S. 9 UmwG).

8. Schadensersatz

124　Gibt das Gericht die Eintragung der Verschmelzung im Verfahren nach § 16 Abs. 3 UmwG frei und wird die Verschmelzung daraufhin in das Handelsregister eingetragen, ist diese **bestandskräftig**.[279] Erweist sich der Verschmelzungsbeschluss im Hauptsacheverfahren dennoch als anfechtbar bzw. nichtig, ist der Rechtsträger, der den Freigabebeschluss erwirkt hat, gemäß § 16 Abs. 3 S. 10 UmwG verpflichtet, dem Antragsgegner den Schaden zu ersetzen, der diesem aus einer auf dem Freigabebeschluss beruhenden Handelsregistereintragung der Verschmelzung entstanden ist.

271　Kallmeyer/*Marsch-Barner* § 16 Rn. 44.
272　Bericht des Rechtsausschusses, BT- Drucks. 16/13098, S. 42.
273　*Lorenz/Pospiech* BB 2010, 2515 (2520); Kallmeyer/*Marsch-Barner* § 16 Rn. 46a.
274　Bericht des Rechtsausschusses, BT- Drucks. 16/13098, S. 42.
275　Vgl. OLG Hamm NZG 2014, 581 (583) und AG 2011, 624; KG Berlin AG 2010, 497 (499); OLG Saarbrücken NZG 2011, 358 (360).
276　Kallmeyer/*Marsch-Barner* § 16 Rn. 46b; OLG Hamm AG 2011, 624 tendiert dazu, in der Umgehung des § 57 AktG (Verbot der Einlagenrückgewähr) einen besonders schweren Rechtsverstoß im Sinne des § 16 Abs. 3 S. 3 Nr. 3 UmwG zu sehen.
277　KG AG 2010, 497 (499); *Lorenz/Pospiech* BB 2010, 2515 (2520).
278　KöKo UmwG/*Simon* § 16 Rn. 95.
279　Siehe Rdn. 80 f.

Voraussetzung dieses **Schadensersatzanspruchs** aus § 16 Abs. 3 S. 10 UmwG ist nur, dass die Verschmelzung aufgrund des Freigabebeschlusses wirksam geworden ist und die Klage in der Hauptsache dennoch erfolgreich gewesen ist. Auf ein **Verschulden** des das Freigabeverfahren betreibenden Rechtsträgers bzw. seiner Organe kommt es nicht an.[280] 125

Ersatzfähig sind alle Schäden, die kausal durch den Vollzug der Verschmelzung entstanden sind. Dabei richtet sich die Schadensberechnung nach den **§§ 249 ff. BGB**, wobei **Naturalrestitution** insoweit **ausgeschlossen** ist, als der Antragsgegner/Kläger nicht die Entschmelzung verlangen kann (§ 16 Abs. 3 S. 10 Hs. 2 UmwG). Neben den Verfahrenskosten des Freigabeverfahrens kann sich ein Schaden für die Anteilsinhaber des übernehmenden Rechtsträgers auch aus einem Verstoß gegen den Grundsatz eines angemessenen Umtauschverhältnisses der Anteile ergeben,[281] denn diesen steht im Hinblick auf diese Frage ein Spruchverfahren nicht zur Verfügung.[282] 126

Der Anspruch auf Schadensersatz ist gegen den Rechtsträger zu richten, der den Freigabebeschluss erwirkt hat. Handelt es sich bei diesem um einen übertragenden Rechtsträger, kann der Anspruch trotz Wirksamkeit der Verschmelzung weiterhin realisiert werden, da der übertragende Rechtsträger für diesen Anspruch als **fortbestehend** gilt (§ 25 Abs. 2 UmwG).[283] 127

9. Exkurs: Besonderer Schadensersatzanspruch nach § 25 UmwG

a) Umwandlungsspezifische Organhaftung nach § 25 Abs. 1 UmwG

Gemäß § 25 Abs. 1 S. 1 UmwG sind die Mitglieder des Vertretungsorgans und, sofern vorhanden, des Aufsichtsorgans eines übertragenden Rechtsträgers als Gesamtschuldner zum Ersatz des Schadens verpflichtet, den der übertragende Rechtsträger, seine Anteilsinhaber oder seine Gläubiger durch die Verschmelzung erleiden. Es handelt sich hierbei um eine **eigene Anspruchsgrundlage** und nicht lediglich einen deklaratorischen Verweis auf aus anderen Normen resultierende Ansprüche.[284] Die Besonderheit dieses Anspruchs liegt darin, dass er über die Haftung der Organe nach allgemeinen gesellschaftsrechtlichen Grundsätzen hinaus geht, indem er abweichend von der üblicherweise bestehenden Organhaftung nicht nur der Gesellschaft (z. B. § 43 GmbHG, §§ 93, 116 AktG), sondern auch Gläubigern und Anteilsinhabern der übertragenden Gesellschaft einen **unmittelbaren Anspruch** gegen die vorgenannten **Organe** einräumt.[285] 128

b) Fiktion des Fortbestehens, § 25 Abs. 2 UmwG

Mit Eintragung der Verschmelzung in das Handelsregister am Sitz des übernehmenden Rechtsträgers erlischt der übertragende Rechtsträger. Etwaige Schadensersatzansprüche des übertragenden Rechtsträgers müssten vom übernehmenden Rechtsträger als Gesamtrechtsnachfolger des übertragenden Rechtsträgers geltend gemacht werden, wodurch jedoch Alt-Gläubiger und Alt-Anteilsinhaber des übernehmenden Rechtsträgers begünstigt würden, da Ersatzleistungen dann dem Vermögen des übernehmenden Rechtsträgers zufließen würden.[286] Daher **fingiert** § 25 Abs. 2 S. 1 UmwG das **Fortbestehen** des übertragenden Rechtsträgers für die Ansprüche des übertragenden Rechtsträgers gegen Organmitglieder nach § 25 Abs. 1 UmwG, für Ansprüche des übertragenden Rechtsträgers 129

---

280 KöKo UmwG/*Simon* § 16 Rn. 109; Kallmeyer/*Marsch-Barner* § 16 Rn. 54.
281 KöKo UmwG/*Simon* § 16 Rn. 111.
282 Siehe § 15 Abs. 1 UmwG.
283 Kallmeyer/*Marsch-Barner* § 16 Rn. 54.
284 KöKo UmwG/*Simon* § 25 Rn. 1.
285 Widmann/Mayer/*Vossius* § 25 Rn. 2; KöKo UmwG/*Simon* § 25 Rn. 1; Kallmeyer/*Marsch-Barner* § 25 Rn. 1; Schmitt/Hörtnagl/Stratz/*Stratz* § 25 Rn. 2; a. A. Lutter UmwG/*Grunewald* § 25 Rn. 28; kritisch Semler/Stengel/*Kübler* § 25 Rn. 1.
286 Semler/Stengel/*Kübler* § 25 Rn. 1; KöKo UmwG/*Simon* § 25 Rn. 2.

gegen Dritte sowie für Ansprüche Dritter gegen den übertragenden Rechtsträger, die sich nach allgemeinen Vorschriften aus der Verschmelzung ergeben.[287]

c) Besonderer Vertreter, § 26 UmwG

130 § 25 Abs. 2 UmwG fingiert nur das Fortbestehen des übertragenden Rechtsträgers. Nicht erfasst von der Fiktion sind dessen Organe, die nach Wirksamwerden der Verschmelzung nicht mehr fortbestehen.[288] Daher bedarf die Geltendmachung der vorgenannten Ansprüche für den übertragenden Rechtsträger und – entgegen dem Wortlaut des § 26 Abs. 1 UmwG – die Abwehr dieser Ansprüche gegen den übertragenden Rechtsträger eines **besonderen Vertreters**.[289] Nach Durchführung des in § 26 UmwG vorgesehenen Verfahrens[290] ist es Aufgabe des besonderen Vertreters, die Ansprüche nach seinem Ermessen gerichtlich oder außergerichtlich für den übertragenden Rechtsträger geltend zu machen bzw. den übertragenden Rechtsträger gegen diese Ansprüche zu verteidigen.

131 Für die Verteilung des aus der Anspruchsverfolgung erzielten Erlöses schreibt § 26 Abs. 3 S. 1 UmwG eine vorrangige Befriedigung der Gläubiger des übertragenden Rechtsträgers vor, soweit diese nicht bereits durch den übernehmenden Rechtsträger Befriedigung oder Sicherheit erlangt haben. Ein hiernach etwaig verbleibender Erlös ist unter den Anteilsinhabern des übertragenden Rechtsträgers zu verteilen (§ 26 Abs. 3 S. 2 UmwG).

III. Weitere Rechtsschutzmöglichkeiten

132 Eine **Anfechtung der Eintragung** der Verschmelzung ist aufgrund der eindeutigen Vorschrift des § 383 Abs. 3 FamFG nicht möglich. Ein entsprechender Antrag kann aber u. U. in eine Anregung zu einem **Amtslöschungsverfahren** umgedeutet werden.[291]

133 Hat der Verschmelzungsvertrag durch den Verschmelzungsbeschluss Wirksamkeit erlangt,[292] resultiert aus ihm die **Pflicht der Vertretungsorgane**, die Verschmelzung zur Eintragung in das Handelsregister anzumelden.[293] Erfüllen die Vertretungsorgane diese Pflicht nicht, haben die beteiligten Rechtsträger[294] grundsätzlich die Möglichkeit, eine Leistungsklage gerichtet auf Verurteilung zur Vornahme der Anmeldung zu erheben.[295] Die Vollstreckung eines auf diesem Wege erstrittenen Titels erfolgt nach § 894 S. 1 ZPO, so dass die Anmeldung mit Rechtskraft des Urteils als vorgenommen gilt.[296] Darüber hinaus haften die Organe bei Verletzung der Anmeldepflicht der Gesellschaft gegenüber für einen etwaig entstandenen Schaden,[297] der klageweise geltend gemacht werden kann.

---

287 KöKo UmwG/*Simon* § 25 Rn. 2; Widmann/Mayer/*Vossius* § 25 Rn. 7.
288 Widmann/Mayer/*Vossius* § 25 Rn. 48.
289 Widmann/Mayer/*Vossius* § 26 Rn. 2, 12 und 16; in diesem Sinne wohl auch KöKo UmwG/*Simon* § 26 Rn. 4 und Rn. 12.
290 Die vollständige Darstellung des gesamten Verfahrens kann im Rahmen dieses Exkurses nicht geleistet werden. Hierzu sei auf die zahlreiche Kommentarliteratur verwiesen, vgl. z. B. KöKo UmwG/*Simon* § 26 Rn. 8 ff.
291 BayObLG WM 1985, 480; Semler/Stengel/*Schwanna* § 19 Rn. 11.
292 § 13 Abs. 1 S. 1 UmwG.
293 Kallmeyer/*Zimmermann* § 16 Rn. 6.
294 Da der übernehmende Rechtsträger nach § 16 Abs. 1 S. 2 UmwG selbst berechtigt ist, die Anmeldung der Verschmelzung zum Register des übertragenden Rechtsträgers vorzunehmen, fehlt einer Leistungsklage des übernehmenden Rechtsträgers gegen den übertragenden Rechtsträger auf Vornahme der Anmeldung das Rechtsschutzbedürfnis, vgl. KöKo UmwG/*Simon* § 4 Rn. 31.
295 Anspruchsberechtigt sind nur die beteiligten Rechtsträger untereinander, die dabei von ihren Vertretungsorganen vertreten werden. Ansprüche der Anteilsinhaber aus dem Verschmelzungsvertrag bestehen dagegen grundsätzlich nicht, KöKo UmwG/*Simon* § 4 Rn. 35.
296 Semler/Stengel/*Schröer* § 4 Rn. 46; umfassend zu den Einzelheiten bei der Vollstreckung der zur Eintragung erforderlichen Rechtshandlungen, vgl. KöKo UmwG/*Simon* § 4 Rn. 30 ff.
297 §§ 43 Abs. 2, 46 Nr. 8 GmbHG; §§ 93 Abs. 2, 112, 147 AktG; Kallmeyer/*Marsch-Barner* § 4 Rn. 22.

E. Sonderfragen: Prozessuale Auswirkungen der Verschmelzung

Die Wirksamkeit der Verschmelzung und das Erlöschen des übertragenden Rechtsträgers haben folgende Auswirkungen auf Zivilprozesse, an denen der übertragende Rechtsträger beteiligt werden soll bzw. ist/war:[298] 134

- Die noch nicht erfolgte **Zustellung** einer gegen einen übertragenden Rechtsträger gerichteten Klage erfolgt an den übernehmenden Rechtsträger;[299]
- **anhängige Prozesse** werden nach Erlöschen des übertragenden Rechtsträgers jedenfalls bei anwaltlicher Vertretung **analog §§ 239, 246 Abs. 1 ZPO** ohne Unterbrechung mit dem übernehmenden Rechtsträger **fortgeführt**, sofern keine Aussetzung beantragt wird;[300] die im Hinblick auf die Gesamtrechtsnachfolge unzutreffende Bezeichnung der Partei kann gemäß § 319 ZPO berichtigt werden;[301]
- **rechtskräftige Entscheidungen** wirken für bzw. gegen den übernehmenden Rechtsträger;[302]
- für die Zwangsvollstreckung bedarf es der **Umschreibung des Titels** für bzw. gegen den übernehmenden Rechtsträger (§ 727 ZPO).[303]

---

[298] Vgl. auch unter § 128 Rdn. 35.
[299] OLG Hamburg ZIP 2004, 906 (907).
[300] BGH ZIP 2004, 92 (93); OLG München DB 1989, 1918; Stein/Jonas/*Roth* § 246 ZPO Rn. 9; *Stöber* NZG 2006, 574 (575); a. A. Lutter/*Grunewald* § 20 Rn. 44; Semler/Stengel/*Kübler* § 20 Rn. 55; KöKo UmwG/*Simon* § 20 Rn. 32, die einen gesetzlichen Parteiwechsel annehmen.
[301] BGH GmbHR 2004, 182 (183); NJW 2002, 1430.
[302] § 325 Abs. 1 ZPO.
[303] OLG München DB 1989, 1918; OLG Frankfurt BB 2000, 1000 zur Aufspaltung.

§ 128 Streitigkeiten im Rahmen der Spaltung (§§ 123 ff. UmwG)

Übersicht

	Rdn.
A. Überblick: Das Rechtsschutzsystem im Rahmen der Spaltung	1
I. Arten der Spaltung, § 123 UmwG	1
II. Phasen der Spaltung und Rechtsschutzmöglichkeiten	3
1. Vorbereitungsphase	4
2. Beschlussphase	5
3. Anmeldungs- und Vollzugsphase	7
B. Rechtsschutzmöglichkeiten in der Vorbereitungsphase der Spaltung	8
I. Spaltungsvertrag, § 126 UmwG / Spaltungsplan, § 136 UmwG	8
II. Spaltungsbericht, § 127 UmwG	11
III. Spaltungsprüfung/Prüfungsbericht, § 125 S. 1 i. V. m. §§ 9 ff. UmwG	12
IV. Zuleitung an Betriebsräte, § 126 Abs. 3 UmwG	13
C. Rechtsschutzmöglichkeiten in der Beschlussphase der Spaltung	14
I. Anfechtungsklage	15
1. Allgemeines	15
2. Zulässigkeit der Anfechtungsklage	16
a) Rechtsschutzinteresse	16

	Rdn.
b) Rügeausschluss nach § 125 S. 1 i. V. m. § 14 Abs. 2 UmwG	17
3. Begründetheit der Anfechtungsklage	20
a) Passivlegitimation	21
aa) Grundsatz	21
bb) Insbesondere: Passivlegitimation des übertragenden Rechtsträgers (§ 125 S. 1 i. V. m. § 28 UmwG)	22
b) Formelle Beschlussmängel	23
c) Materielle Beschlussmängel	24
II. Nichtigkeitsklage	25
III. Allgemeine Feststellungsklage	26
IV. Wirkungen einer erhobenen Klage	27
V. Wirkungen der Eintragung der Spaltung, § 131 UmwG	28
VI. Spruchverfahren, §§ 1 ff. SpruchG	29
D. Rechtsschutzmöglichkeiten in der Anmeldungs- und Vollzugsphase der Spaltung	32
I. Registerverfahren	32
II. Gerichtlicher Rechtsschutz	33
E. Sonderfragen: Prozessuale Auswirkungen der Spaltung	35

A. Überblick: Das Rechtsschutzsystem im Rahmen der Spaltung

I. Arten der Spaltung, § 123 UmwG

1 Unter dem Oberbegriff der Spaltung fasst das UmwG **drei Spaltungsarten** zusammen: Die **Aufspaltung**, die **Abspaltung** und die **Ausgliederung** (vgl. die Legaldefinitionen in § 123 Abs. 1–3 UmwG), die jeweils zur Aufnahme oder zur Neugründung durchgeführt werden können.[1] § 124 UmwG enthält eine Aufzählung derjenigen Rechtsträger, die als übertragender bzw. übernehmender Rechtsträger an einer Spaltung beteiligt sein können.[2]

2 Wie bereits erwähnt, folgt das UmwG dem so genannten Baukastenprinzip, d. h. die Verschmelzung ist im Zweiten Buch (§§ 2–122l UmwG) ausführlich geregelt und für die weiteren Umwandlungsarten enthalten die folgenden Bücher nur noch Besonderheiten bzw. Abweichungen von den Verschmelzungsvorschriften[3] und verweisen im Übrigen auf die verschmelzungsrechtlichen Regelungen. Für die im dritten Buch des UmwG geregelte **Spaltung** bildet § 125 S. 1 UmwG die **zentrale Verweisungsnorm** in das Verschmelzungsrecht.

---

[1] Gemäß § 123 Abs. 4 UmwG kann ein einheitlicher Spaltungsvorgang teilweise zur Aufnahme und teilweise zur Neugründung durchgeführt werden. Vgl. zur Zulässigkeit weiterer Kombinationsmöglichkeiten, KöKo UmwG/*Simon* § 123 Rn. 28 ff.

[2] Vgl. zur Umwandlungsfähigkeit der Unternehmergesellschaft (haftungsbeschränkt) Lutter UmwG/*Teichmann* § 124 Rn. 2; *Meister* NZG 2008, 767 f. sowie BGH NZG 2011, 666 ff. (Unzulässigkeit der Neugründung einer UG durch Abspaltung) sowie § 126 Rdn. 9.

[3] Eine Ausnahme bildet der Formwechsel, der umfassend im Fünften Buch geregelt wird (§§ 190–304 UmwG).

A. Überblick: Das Rechtsschutzsystem im Rahmen der Spaltung § 128

II. Phasen der Spaltung und Rechtsschutzmöglichkeiten

Auch der Spaltungsvorgang kann in **drei Phasen** unterteilt werden. 3

1. Vorbereitungsphase

Ebenso wie bei der Verschmelzung steht auch am Beginn eines Spaltungsvorgangs die Vorbereitung 4 und Verhandlung der rechtlichen Spaltungsdokumentation sowie die organisatorische Vorbereitung der Versammlungen der Anteilsinhaber der beteiligten Rechtsträger, im Rahmen derer die Spaltungsbeschlüsse gefasst werden. Soweit nicht im Dritten Buch des UmwG abweichend geregelt, sind die **Vorschriften über die Verschmelzung** entsprechend **anwendbar** (§ 125 S. 1 UmwG). Abweichende Regelungen enthält das Spaltungsrecht z. B. für den Inhalt des Spaltungs- und Übernahmevertrages bei der Spaltung zur Aufnahme (vgl. § 126 UmwG).[4] Bei der Spaltung zur Neugründung tritt nach § 136 S. 2 UmwG an die Stelle des Spaltungsvertrages der so genannte Spaltungsplan. Eine Vereinfachung erfährt die Ausgliederung, bei der – anders als bei der Aufspaltung und Abspaltung – eine Prüfung nach §§ 9–12 UmwG nicht stattfindet (§ 125 S. 2 UmwG).[5] Auch im Rahmen der Spaltung können Mängel des Spaltungsvertrages grundsätzlich isoliert mit der allgemeinen Feststellungsklage geltend gemacht werden bzw. sich auf die Wirksamkeit des Spaltungsbeschlusses auswirken.[6]

2. Beschlussphase

Der Spaltungsvertrag wird von den vertretungsberechtigten Organen der beteiligten Rechtsträger ge- 5 schlossen. Ebenso wie bei der Verschmelzung treffen die Anteilsinhaber der beteiligten Rechtsträger aber die endgültige Entscheidung über die Spaltung, und der Spaltungsvertrag ist bis zu einem positiven Votum der Anteilsinhaber der beteiligten Rechtsträger (so genannter **Spaltungsbeschluss**) schwebend unwirksam.[7] Mangels entsprechender Sonderregelungen im UmwG bilden die **allgemeinen Beschlussmängelklagen** auch im Rahmen der Spaltung die primären Rechtsbehelfe für die Geltendmachung von Mängeln der Beschlussphase. Streitigkeiten zwischen den Anteilsinhabern eines übertragenden Rechtsträgers und den an der Spaltung beteiligten Rechtsträgern über das **Umtauschverhältnis** der im Rahmen der Spaltung zu gewährenden Anteile bzw. über die Höhe einer etwaig anzubietenden **Barabfindung** sind wie im Rahmen der Verschmelzung in das **Spruchverfahren** verwiesen (§ 125 S. 1 i. V. m. § 15 Abs. 1 bzw. § 34 UmwG).[8]

Eine **wesentliche Ausnahme** von diesem Grundsatz besteht für die **Ausgliederung**. Da im Rahmen 6 der Ausgliederung eine Anteilsgewährung nur an den übertragenden Rechtsträger und nicht an dessen Anteilsinhaber erfolgt, gilt für diese weder der Rügeausschluss nach § 14 Abs. 2 UmwG noch können die Anteilsinhaber gemäß § 15 Abs. 1 UmwG eine Verbesserung des Umtauschverhältnisses bewirken.[9] Mangels Anteilsgewährung an die Anteilsinhaber des übertragenden Rechtsträgers kommt bei der Ausgliederung auch eine (alternativ zu gewährende) Barabfindung und deren Kontrolle nicht in Betracht.

---

4 Im Rahmen der Ausgliederung wird der Spaltungs- und Übernahmevertrag abweichend als Ausgliederungs- und Übernahmevertrag bezeichnet, vgl. § 131 Abs. 1 Nr. 3 S. 3 UmwG. Zur Vereinfachung wird diese Differenzierung nachfolgend nicht übernommen und einheitlich vom »Spaltungsvertrag« gesprochen.

5 Vgl. zur Geltung der allgemeinen und speziellen Bestimmungen des UmwG im Rahmen der Spaltung die ausführlichen Übersichten bei Lutter UmwG/*Teichmann* § 125 Rn. 4 ff. und Semler/Stengel/*Stengel* § 125 Rn. 11 ff.

6 Vgl. unten unter Rdn. 10.

7 Lutter UmwG/*Priester* § 126 Rn. 96; Semler/Stengel/*Schröer* § 126 Rn. 13. Eine Ausnahme besteht für den Spaltungsplan, der lediglich von den vertretungsberechtigten Organen des übertragenen Rechtsträgers aufgestellt und von dessen Anteilsinhaberversammlung beschlossen wird (vgl. § 136 UmwG).

8 Schmitt/Hörtnagl/Stratz/*Hörtnagl* § 125 Rn. 18.

9 § 125 S. 1 UmwG; KöKo UmwG/*Simon* § 125 Rn. 14 ff. (zu Recht kritisch); Schmitt/Hörtnagl/Stratz/*Hörtnagl* § 125 Rn. 18; hierzu ausführlich bei Rdn. 18 f.

3. Anmeldungs- und Vollzugsphase

7 In der **Anmeldungs- und Vollzugsphase** wird das Verschmelzungsrecht im Wesentlichen nur dadurch modifiziert, dass die Eintragungsreihenfolge umgekehrt wird: Bei der Spaltung hat die Eintragung in das Handelsregister zuerst in das Register des Sitzes jedes der übernehmenden Rechtsträger zu erfolgen, bevor die Eintragung in das Handelsregister des Sitzes des übertragenden Rechtsträgers vorgenommen werden darf. Die Spaltung wird erst mit Eintragung in das Handelsregister des übertragenden Rechtsträgers wirksam. Dementsprechend wird auch die wechselseitige Mitteilungspflicht der Registergerichte durch § 130 Abs. 2 UmwG an diese Eintragungsreihenfolge angepasst. Im Übrigen existieren für die Anmeldungs- und Vollzugsphase der Spaltung keine erheblichen Abweichungen von der Verschmelzung.[10] Wesentlicher **Rechtsbehelf** in der Vollzugsphase ist auch für die Spaltung das **Freigabeverfahren** zur Überwindung einer möglichen Registersperre (§ 125 S. 1 i. V. m. § 16 Abs. 3 UmwG).[11]

B. Rechtsschutzmöglichkeiten in der Vorbereitungsphase der Spaltung

I. Spaltungsvertrag, § 126 UmwG/Spaltungsplan, § 136 UmwG

8 Der Spaltungsvertrag, der von den vertretungsberechtigten Organen der beteiligten Rechtsträger in vertretungsberechtigter Anzahl abgeschlossen wird,[12] hat in erster Linie körperschaftliche, aber auch schuldrechtliche Wirkung.[13] Bei der Spaltung zur Neugründung tritt der Spaltungsplan nach § 136 UmwG als **einseitige, nicht empfangsbedürftige Willenserklärung**[14] an die Stelle des Spaltungsvertrages.

9 Auch der Spaltungsvertrag bedarf unabhängig von der Rechtsform der beteiligten Rechtsträger der notariellen Beurkundung (§ 125 S. 1 i. V. m. § 6 UmwG). Er muss mindestens die in § 126 Abs. 1 UmwG genannten Angaben enthalten. Bei der Erstellung des Spaltungsvertrages ist besonderes Augenmerk auf die genaue Bezeichnung der im Rahmen der Spaltung zu übertragenden Vermögensgegenstände zu legen.[15]

10 Die **Fehlerhaftigkeit** bzw. **Unvollständigkeit** des Spaltungsvertrages führt zur **Anfechtbarkeit bzw. Nichtigkeit** des Spaltungsbeschlusses, dessen wesentlicher Bestandteil der Spaltungsvertrag ist, und kann mit den entsprechenden für den jeweiligen beteiligten Rechtsträger geltenden Rechtsbehelfen gerügt werden.[16] Wie bei der Verschmelzung[17] dürfte unabhängig von den Auswirkungen der Mangelhaftigkeit des Spaltungsvertrages auf den Spaltungsbeschluss auch eine **Feststellungsklage** nach § 256 ZPO zur Feststellung der Mangelhaftigkeit des Spaltungsvertrages in Betracht kommen.[18] Ein Vorgehen gegen den Spaltungsvertrag im **einstweiligen Rechtsschutz** dürfte hingegen ausscheiden, da der Spaltungsvertrag bis zur Fassung der Spaltungsbeschlüsse schwebend unwirksam ist und nach Beschlussfassung die allgemeinen Rechtsbehelfe zur Verfügung stehen.[19]

---

10 Allerdings sind in der Vollzugsphase einzelne Besonderheiten zu beachten, wie bspw. die zusätzliche Anmeldebefugnis des Vertretungsorgans jedes der übernehmenden Rechtsträger in § 129 UmwG, die Nichtgeltung des § 16 Abs. 1 UmwG sowie die Vorschrift des § 137 UmwG bei der Anmeldung und Eintragung in Fällen der Spaltung zur Neugründung.
11 Kallmeyer/*Kallmeyer/Sickinger* § 125 Rn. 21; Semler/Stengel/*Stengel* § 125 Rn. 5, 7, 9.
12 Semler/Stengel/*Schröer* § 126 Rn. 7; vgl. aber Fn. 7 zum Spaltungsplan.
13 Semler/Stengel/*Schröer* § 126 Rn. 6.
14 KöKo UmwG/*Simon/Nießen* § 136 Rn. 4 m. w. N.
15 Instruktiv: Schmitt/Hörtnagl/Stratz/*Hörtnagl* § 126 Rn. 60 ff.; BAG DB 2013, 999 f. (zur Bezeichnung von Haustarifverträgen); vgl. zur Bezeichnung von Grundstücken im Spaltungsvertrag BGH ZIP 2008, 600 ff. sowie jüngst KG ZIP 2014, 1732 ff.
16 Vgl. zur Verschmelzung § 127 Rdn. 15 ff. und 64 ff. und nachstehend Rdn. 23.
17 Siehe § 127 Rdn. 16.
18 Vgl. zum Verschmelzungsvertrag Kallmeyer/*Marsch-Barner* § 20 Rn. 39 und § 5 Rn. 66.
19 Vgl. auch die Ausführungen zur Verschmelzung in § 127 Rdn. 17.

II. Spaltungsbericht, § 127 UmwG

Gemäß § 127 UmwG haben die Vertretungsorgane jedes der an einer Spaltung beteiligten Rechtsträger einen ausführlichen schriftlichen Bericht zu erstatten, in dem die Spaltung, der Spaltungsvertrag bzw. dessen Entwurf im Einzelnen und bei Auf- und Abspaltung insbesondere das Umtauschverhältnis der Anteile oder die Angaben über die Mitgliedschaften bei den übernehmenden Rechtsträgern, der Maßstab für deren Aufteilung sowie die Höhe einer etwaig anzubietenden Barabfindung rechtlich und wirtschaftlich erläutert und begründet werden (**Spaltungsbericht**). Hinsichtlich des Inhalts, einer möglichen **Entbehrlichkeit** des Spaltungsberichtes sowie des **Rechtsschutzes gegen einen mangelhaften Spaltungsbericht** kann auf die Ausführungen zur Verschmelzung verwiesen werden.[20]

III. Spaltungsprüfung/Prüfungsbericht, § 125 S. 1 i. V. m. §§ 9 ff. UmwG

Auch der Spaltungsvertrag bzw. dessen Entwurf ist grundsätzlich von einem oder mehreren sachverständigen Prüfern zu prüfen (§ 125 S. 1 i. V. m. § 9 Abs. 1 UmwG). Eine **Prüfung der Spaltung**, deren inhaltliche Anforderungen sich grundsätzlich nicht von den Anforderungen an eine Verschmelzungsprüfung unterscheiden, **entfällt** in denselben Fällen wie die Prüfung der Verschmelzung und aufgrund gesetzlicher Anordnung im Falle der Ausgliederung (vgl. § 125 S. 2 UmwG).[21] Hinsichtlich des **Rechtsschutzes gegen einen mangelhaften bzw. fehlenden Prüfungsbericht** kann auf die Ausführungen zur Verschmelzung verwiesen werden.[22]

IV. Zuleitung an Betriebsräte, § 126 Abs. 3 UmwG

Der Spaltungsvertrag bzw. dessen Entwurf ist gemäß § 126 Abs. 3 UmwG spätestens einen Monat vor der Versammlung der Anteilsinhaber, die über die Spaltung beschließen soll, dem zuständigen Betriebsrat der an der Spaltung beteiligten Rechtsträger zuzuleiten. Die **rechtzeitige Zuleitung** des Spaltungsvertrages ist **Eintragungsvoraussetzung** für die Spaltung. Mangels Parteifähigkeit des Betriebsrats scheidet eine Beschlussmängelklage des Betriebsrats gegen den Spaltungsbeschluss, mit der ein Verstoß gegen die Zuleitungspflicht gerügt wird, aus.[23]

C. Rechtsschutzmöglichkeiten in der Beschlussphase der Spaltung

Wie bereits im Rahmen der Verschmelzung erwähnt, richten sich Zulässigkeit und Begründetheit von Klagen der Anteilsinhaber gegen einen Umwandlungs- (hier: Spaltungs-) Beschluss nach den für den jeweiligen Rechtsträger geltenden **rechtsformspezifischen Vorschriften**. Die Ausführungen in § 127 gelten daher im Rahmen der Spaltung entsprechend.[24] Soweit bei Klagen gegen den Spaltungsbeschluss Besonderheiten zu beachten sind, werden diese im Folgenden dargestellt.

I. Anfechtungsklage

1. Allgemeines

Ebenso wie die Anfechtungsklage gegen einen Verschmelzungsbeschluss ist auch die Anfechtungsklage gegen einen Spaltungsbeschluss **keine spezifisch umwandlungsrechtliche Klage**. Zulässigkeit und Begründetheit der Anfechtungsklage gegen Spaltungsbeschlüsse richten sich vielmehr nach den jeweiligen rechtsformspezifischen Voraussetzungen der Beschlussanfechtung unter Beachtung der Besonderheiten des jeweiligen Rechtsträgers.[25]

---

20 Vgl. § 127 Rdn. 22 ff.
21 Vgl. KöKo UmwG/*Simon* § 125 Rn. 9 f. zur umstrittenen Frage der Spaltungsprüfung bei der Abspaltung einer 100 %-igen Tochtergesellschaft auf ihre Muttergesellschaft.
22 Vgl. § 127 Rdn. 33 ff.
23 OLG Naumburg NZA-RR 1997, 177 (178) zum Formwechsel.
24 § 127 Rdn. 39 ff.
25 Vgl. § 127 Rdn. 42 zur Verschmelzung.

2. Zulässigkeit der Anfechtungsklage

a) Rechtsschutzinteresse

16 Das für eine Anfechtungsklage gegen einen Spaltungsbeschluss notwendige **allgemeine Rechtsschutzinteresse** des Klägers[26] entfällt bei Wirksamwerden der Spaltung durch Handelsregistereintragung ebenso wenig wie bei der vergleichbaren Situation der Verschmelzung.[27] Im Falle der Eintragung der Spaltung nach einem erfolgreichen Freigabeverfahren folgt dies aus dem möglichen Bestehen eines Schadensersatzanspruchs aus § 125 S. 1 i. V. m. § 16 Abs. 3 S. 10 UmwG. Ebenso muss dies aber auch für die Eintragung der Spaltung unter Missachtung der Registersperre gelten.[28] Bei verfrühter bzw. fehlerhafter Eintragung der Spaltung kommen ferner Amtshaftungsansprüche in Betracht.[29]

b) Rügeausschluss nach § 125 S. 1 i. V. m. § 14 Abs. 2 UmwG

17 Besonderheiten ergeben sich für den **Anwendungsbereich** des **Rügeausschlusses** beim übertragenden Rechtsträger gemäß § 125 S. 1 i. V. m. § 14 Abs. 2 UmwG. Unproblematisch ist die Anwendbarkeit des Rügeausschlusses für **Auf- und Abspaltungen**; Anfechtungsklagen gegen den Spaltungsbeschluss des übertragenden Rechtsträgers[30] können daher nicht auf ein unangemessenes Umtauschverhältnis der Anteile gestützt werden oder darauf, dass die Mitgliedschaft in dem übernehmenden Rechtsträger keinen ausreichenden Gegenwert für die Beteiligung am übertragenden Rechtsträger darstellt.[31] Die betroffenen Anteilsinhaber sind insoweit vielmehr auf das **Spruchverfahren** verwiesen (§ 125 S. 1 i. V. m. § 15 Abs. 1 UmwG).

18 Anders als bei einer Auf- bzw. Abspaltung existiert bei einer **Ausgliederung** jedoch kein Umtauschverhältnis, da eine Gewährung von Anteilen an dem übernehmenden Rechtsträger als Gegenleistung für die Vermögensübertragung nicht an die Anteilsinhaber des übertragenden Rechtsträgers, sondern an den übertragenden Rechtsträger selbst erfolgt.[32] Aus diesem Grund findet bei der Ausgliederung weder der Rügeausschluss des § 14 Abs. 2 UmwG noch das Spruchverfahren gemäß § 15 Abs. 1 UmwG Anwendung.[33]

19 Umstritten ist jedoch die **Rechtsfolge** dieser Unanwendbarkeit. Nach einer Ansicht im Schrifttum soll die Anfechtung des Ausgliederungsbeschlusses des übertragenden Rechtsträgers dennoch nicht auf eine unzureichende Gegenleistung gestützt werden können.[34] Würde man dieser Ansicht folgen, hieße dies jedoch, dass bei der Ausgliederung mangels Anwendbarkeit des Spruchverfahrens für die Anteilsinhaber des übertragenden Rechtsträgers kein Schutz vor einer unzureichenden Gegenleistung bestünde. Vorzugswürdig ist wegen dieser potentiellen Schutzlücke daher die Ansicht, die als Ausgleich für die Unanwendbarkeit des Spruchverfahrens das **Wiederaufleben des Anfechtungsrechts** der Anteilsinhaber des übertragenden Rechtsträgers zur Rüge einer etwaigen Unangemessenheit des Umtauschverhältnisses bejaht.[35]

---

26 Vgl. hierzu die Ausführungen zur Verschmelzung in § 127 Rdn. 43 f.
27 Zuletzt KG Berlin, Urteil v. 17.09.2009 – 23 U 15/09; OLG Stuttgart NZG 2004, 463 (464); so wohl auch BGH NZG 2007, 714 (715) zur Verschmelzung; Kallmeyer/*Marsch-Barner* § 16 Rn. 51.
28 OLG Hamm DB 2004, 1143.
29 Jüngst OLG Hamm Urt. v. 25.04.2014 – 11 U 70/04 nach Zurückverweisung durch BGH NZG 2006, 956 (jeweils zum Formwechsel); vgl. auch OLG Hamburg NZG 2004, 729 (731) (zur Verschmelzung).
30 Beim übernehmenden Rechtsträger ist dies hingegen möglich, vgl. § 127 Rdn. 47 zur Verschmelzung.
31 Kallmeyer/*Kallmeyer/Sickinger* § 125 Rn. 18; vgl. zu der umstrittenen Frage, ob der Klageausschluss des § 14 Abs. 2 UmwG sich auch auf die Rüge unzureichender Information bezieht KöKo UmwG/*Simon* § 14 Rn. 39 ff.
32 Vgl. § 123 Abs. 3 UmwG; KöKo UmwG/*Simon* § 125 Rn. 15.
33 KöKo UmwG/*Simon* § 125 Rn. 15 (auch zur berechtigten Kritik an dieser Regelung).
34 Semler/Stengel/*Stengel* § 125 Rn. 9.
35 OLG Stuttgart NZG 2004, 463 (467); KöKo UmwG/*Simon* § 125 Rn. 16 m. w. N.

3. Begründetheit der Anfechtungsklage

Eine Anfechtungsklage gegen einen Spaltungsbeschluss ist begründet, wenn sie sich gegen den richtigen Beklagten richtet, fristgerecht erhoben wurde[36] und der angefochtene Spaltungsbeschluss aufgrund von **Verfahrensmängeln** (formelle Beschlussmängel) oder **wegen seines Inhalts** (materielle Beschlussmängel) das Gesetz oder die Satzung bzw. den Gesellschaftsvertrag verletzt. 20

a) Passivlegitimation

aa) Grundsatz

Richtiger Beklagter einer Anfechtungsklage gegen einen Spaltungsbeschluss ist der **betroffene Rechtsträger**, dessen Anteilsinhaber den betreffenden Spaltungsbeschluss gefasst haben. 21

bb) Insbesondere: Passivlegitimation des übertragenden Rechtsträgers (§ 125 S. 1 i.V. m. § 28 UmwG)

Eine Besonderheit besteht bei der Spaltung jedoch für den Anwendungsbereich von § 125 S. 1 i. V. m. § 28 UmwG. Diese Norm wird im Rahmen der Verschmelzung nur deshalb benötigt, weil der übertragende Rechtsträger mit Wirksamwerden der Verschmelzung erlischt und das Vermögen des übertragenden Rechtsträgers mit allen Rechten und Pflichten auf den übernehmenden Rechtsträger übergeht (vgl. § 20 Abs. 1 Nr. 1 UmwG). Zu einem Erlöschen des übertragenden Rechtsträgers kommt es bei der Spaltung jedoch nur bei der **Aufspaltung**, die daher den **einzigen Anwendungsfall** von § 28 UmwG im Rahmen der Spaltung bildet.[37] Im Übrigen kann auf die Ausführungen zur Verschmelzung verwiesen werden.[38] 22

b) Formelle Beschlussmängel

Im Rahmen der formellen Beschlussmängel kann grundsätzlich auf die Ausführungen zur Verschmelzung verwiesen werden.[39] Zu beachten ist allerdings, dass für Spaltungen teilweise **besondere Verfahrensvorschriften** gelten, wie beispielsweise für die Erstellung des Spaltungsberichts nach § 127 UmwG. Überdies sind bestimmte Verfahrensvorschriften aus dem Verschmelzungsrecht bei Spaltungen nicht anwendbar.[40] Dies gilt zum Beispiel für die Entbehrlichkeit einer Spaltungsprüfung bei der Ausgliederung nach §§ 9 bis 12 UmwG (vgl. § 125 S. 2 UmwG), für die Entbehrlichkeit eines Ausgliederungsberichts bei der Ausgliederung aus dem Vermögen eines Einzelkaufmanns[41] und für die nur ausnahmsweise bestehende Erforderlichkeit eines Ausgliederungsberichts bei der Ausgliederung aus dem Vermögen rechtsfähiger Stiftungen.[42] **Wesentlicher formeller Beschlussmangel** ist auch im Spaltungsrecht die **Unvollständigkeit bzw. Unrichtigkeit des Spaltungsvertrages** und die daraus folgende mangelhafte Informationsgrundlage der Anteilsinhaber.[43] 23

c) Materielle Beschlussmängel

Ein materieller Beschlussmangel liegt vor, wenn der Inhalt des Spaltungsbeschlusses gegen das Gesetz oder die Satzung bzw. den Gesellschaftsvertrag des jeweils betroffenen Rechtsträgers verstößt. Bei 24

---

36 Vgl. § 127 Rdn. 56 ff. zum Anwendungsbereich von § 14 Abs. 1 UmwG.
37 KöKo UmwG/*Simon* § 125 Rn. 31.
38 Vgl. § 127 Rdn. 52 ff.
39 § 127 Rdn. 61 ff.
40 Einen tabellarischen Überblick zu den anwendbaren Normen des Verschmelzungsrechts geben Semler/Stengel/*Stengel* § 125 Rn. 11.
41 §§ 153, 158 UmwG; zur Teil-Ausgliederung des Privatvermögens eines Einzelkaufmanns auch OLG Brandenburg ZIP 2013, 2361.
42 § 162 Abs. 1 UmwG.
43 Vgl. § 127 Rdn. 64 f. zum Verschmelzungsvertrag.

den genannten Vorschriften kann es sich sowohl um die für den jeweiligen Rechtsträger geltenden **allgemeinen** als auch um **spezifisch umwandlungsrechtliche** Vorschriften handeln.[44]

II. Nichtigkeitsklage

25 Zur Geltendmachung **besonders schwerwiegender** formeller oder materieller **Mängel** des Spaltungsbeschlusses einer Kapitalgesellschaft steht den betroffenen Anteilsinhabern die **Nichtigkeitsklage** zur Verfügung. Für die Nichtigkeitsklage gegen den Spaltungsbeschluss gelten die zur Verschmelzung gemachten Ausführungen entsprechend,[45] allerdings unter Beachtung des **eingeschränkten Rügeausschlusses** bei der **Ausgliederung**.[46] Insbesondere ist auch hier die Fristbindung der ansonsten nicht fristgebundenen Nichtigkeitsklage gemäß § 125 S. 1 i.V.m § 14 Abs. 1 UmwG zu beachten.

III. Allgemeine Feststellungsklage

26 Auch im Rahmen der Spaltung bildet die **allgemeine Feststellungsklage** die zutreffende Klageart bei fehlerhaften Spaltungsbeschlüssen von Personenhandelsgesellschaften, eingetragenen Vereinen und – rechtsformübergreifend – für Klagen Dritter gegen den Spaltungsbeschluss.[47]

IV. Wirkungen einer erhobenen Klage

27 Die Erhebung einer Anfechtungs-, Nichtigkeits- oder allgemeinen Feststellungklage[48] gegen einen Spaltungsbeschluss hat die bereits im Rahmen der Verschmelzung dargestellte Registersperre (§ 125 S. 1 i. V. m. § 16 Abs. 2 S. 2 UmwG) zur Folge, die mit dem **Freigabeverfahren** überwunden werden kann (§ 125 S. 1 i. V. m. § 16 Abs. 3 UmwG).[49]

V. Wirkungen der Eintragung der Spaltung, § 131 UmwG

28 Die Eintragung der Spaltung in das Handelsregister der beteiligten Rechtsträger führt dazu, dass **Formmängel** bei der Beurkundung des Spaltungsvertrages und etwaiger Zustimmungs- oder Verzichtserklärungen einzelner Anteilsinhaber **geheilt** werden (vgl. § 131 Abs. 1 Nr. 4 UmwG).[50] Sonstige Mängel der Spaltung lassen die Wirkungen der Spaltung nach Eintragung unberührt (vgl. § 131 Abs. 2 UmwG).[51]

VI. Spruchverfahren, §§ 1 ff. SpruchG

29 Eine Klage gegen die Wirksamkeit eines **Auf- bzw. Abspaltungsbeschlusses** eines übertragenden Rechtsträgers kann nicht darauf gestützt werden, dass:
– das Umtauschverhältnis der Anteile zu niedrig bemessen ist oder dass die Mitgliedschaft beim übernehmenden Rechtsträger kein ausreichender Gegenwert für die Anteile oder die Mitgliedschaft beim übertragenden Rechtsträger ist;[52] bzw.
– das Barabfindungsangebot zu niedrig bemessen oder die Barabfindung im (Auf- bzw. Ab-) Spaltungsvertrag nicht oder nicht ordnungsgemäß angeboten worden ist.[53]

---

44 Vgl. § 127 Rdn. 67 ff. zur Verschmelzung.
45 Vgl. § 127 Rdn. 70 ff.
46 Vgl. oben Rdn. 17 f.
47 Vgl. ausführlich § 127 Rdn. 75 ff. zur Verschmelzung.
48 Mit Ausnahme von allgemeinen Feststellungsklagen Dritter gegen einen Spaltungsbeschluss.
49 Vgl. § 127 Rdn. 79.
50 Vgl. § 127 Rdn. 81.
51 Vgl. zu den Auswirkungen der Bestandskraft der eingetragenen Spaltung auf den Rechtsschutz KöKo UmwG/*Simon* § 131 Rn. 58 ff. und § 20 Rn. 44 ff.
52 § 125 S. 1 i. V. m. § 14 Abs. 2 UmwG.
53 § 125 S. 1 i. V. m. § 32 UmwG.

Die Anteilsinhaber sind mit diesen Rügen vielmehr kraft gesetzlicher Anordnung in das **Spruchver-** 30
fahren verwiesen.[54] Es kann somit auf die Ausführungen zum Spruchverfahren bei Verschmelzungen[55] sowie auf die allgemeinen Ausführungen zum Spruchverfahren[56] verwiesen werden.

Wie bereits erwähnt, ist der Anwendungsbereich des Spruchverfahrens in Fällen der **Ausgliederung** 31
nicht eröffnet.[57]

D. Rechtsschutzmöglichkeiten in der Anmeldungs- und Vollzugsphase der Spaltung

I. Registerverfahren

Für das Registerverfahren bei Spaltungen gelten die Vorschriften der Verschmelzung mit den dort 32
geregelten umwandlungsspezifischen Modifikationen entsprechend.[58]

II. Gerichtlicher Rechtsschutz

Bei allen Zwischenentscheidungen oder der Ablehnung des Eintragungsantrags stehen die **Be-** 33
schwerde zum Landgericht und die **Rechtsbeschwerde** zum OLG offen.[59]

Im Fall der Erhebung einer Beschlussmängelklage gegen den Spaltungsbeschluss ist **primärer** 34
Rechtsbehelf in diesem Verfahrensstadium jedoch das **Freigabeverfahren**, das im Rahmen der Darstellung der Verschmelzung bereits behandelt wurde.[60]

E. Sonderfragen: Prozessuale Auswirkungen der Spaltung

Im UmwG existieren keine ausdrücklichen Regelungen über die Auswirkungen eines Umwand- 35
lungsvorgangs auf Prozessrechtsverhältnisse. Nach Rspr. und h. M. in der Literatur ist für die Beurteilung solcher Auswirkungen vielmehr auf die Bestimmungen und Grundsätze des **allgemeinen Zivilprozessrechts** zurückzugreifen.[61] In Abhängigkeit u. a. von der in Rede stehenden Spaltungsart und der Prozessbeteiligung müssen hier zahlreiche Unterschiede beachtet werden, die in der folgenden tabellarischen Übersicht vereinfacht dargestellt werden:[62]

---

54 § 125 S. 1 i. V. m. § 15 Abs. 1 bzw. § 34 UmwG.
55 § 127 Rdn. 82 ff.
56 §§ 131 ff.
57 Vgl. hierzu und zur Rechtsfolge bereits unter Rdn. 17 ff.
58 Einen systematischen Überblick gibt Lutter UmwG/*Teichmann* § 125 Rn. 2 ff.
59 Z. B. LG Essen NZG 2002, 736 zum alten Recht bei Ablehnung der Spaltung zu Null.
60 Vgl. § 127 Rdn. 92 ff.
61 Ein Rückgriff auf allgemeine umwandlungsrechtliche Grundsätze der partiellen Gesamtrechtsnachfolge kommt nicht in Betracht, da diese nur das Aktiv- und Passivvermögen erfassen und Prozessrechtsverhältnisse als Teil eines Verfahrens nicht unter den Vermögensbegriff fallen, BGH NJW 2001, 1217 ff.; BFH BFHE 209, 29 ff.; *Bork/Jacoby* ZHR 167 (2003), 440 (441 f.); Lutter UmwG/*Teichmann* § 131 Rn. 83 m. w. N.; Semler/Stengel/*Kübler* § 131 Rn. 10; a. A. KöKo UmwG/*Simon* § 131 Rn. 39; Widmann/Mayer/ *Vossius* § 131 Rn. 131 und Fn. 4.
62 Weiterführend u. a. *Bork/Jacoby* ZHR 167 (2003), 440 ff.; *Düwell* NZA 2012, 761 ff.; *Stöber* NZG 2006, 574 ff.

§ 128

	Aktivprozess	Passivprozess
Abspaltung/ Ausgliederung	Zuweisung der Forderung im Spaltungsvertrag an **übertragenden** Rechtsträger: **Keine Auswirkungen** auf Prozessrechtsverhältnisse (keine Rechtskrafterstreckung, keine Titelumschreibung erforderlich).	Zuweisung der Verbindlichkeit im Spaltungsvertrag an **übertragenden** Rechtsträger: – **Keine unmittelbare Auswirkung** auf anhängige Passivprozesse (keine Rechtskrafterstreckung, keine Titelumschreibung);[63] – mit Wirksamwerden der Spaltung ist mit dem übernehmenden Rechtsträger ein gesamtschuldnerischer Schuldner hinzugekommen (§ 133 Abs. 1 UmwG), so dass eine **Klageerweiterung** auf den übernehmenden Rechtsträger möglich ist.[64]
	Zuweisung der Forderung im Spaltungsvertrag an **übernehmenden** Rechtsträger: – **Fortführung** des Aktivprozesses durch **übertragenden** Rechtsträger (gesetzliche **Prozessstandschaft**, § 265 Abs. 2 ZPO);[65] – Möglichkeit der **Nebenintervention** durch **übernehmenden** Rechtsträger (§ 265 Abs. 2 S. 3 ZPO);[66] – **Rechtskrafterstreckung** gemäß § 325 Abs. 1 ZPO[67] und **Titelumschreibung** gemäß § 727 Abs. 1 ZPO.[68]	Zuweisung der Verbindlichkeit im Spaltungsvertrag an **übernehmenden** Rechtsträger: – **Fortführung** des Passivprozesses durch **übertragenden** Rechtsträger (gesetzliche **Prozessstandschaft**, § 265 Abs. 2 ZPO);[69] – Möglichkeit der **Nebenintervention** durch **übernehmenden** Rechtsträger (§ 265 Abs. 2 S. 3 ZPO);[70] – **Rechtskrafterstreckung** gemäß § 325 Abs. 1 ZPO[71] und **Titelumschreibung** gemäß § 727 Abs. 1 ZPO.[72]

---

63 Vgl. hierzu BGH WM 1974, 395; WM 1989, 1219 (1221) zu §§ 325, 727 ZPO; Semler/Stengel/*Maier-Reimer/Seulen* § 133 Rn. 61.
64 Semler/Stengel/*Kübler* § 131 Rn. 10; Semler/Stengel/*Maier-Reimer/Seulen* § 133 Rn. 61.
65 OLG Hamburg, BB 2010, 2706; Kallmeyer/*Kallmeyer/Sickinger* § 131 Rn. 19; Lutter UmwG/*Teichmann* § 131 Rn. 85 (mit Zustimmung des Prozessgegners ist auch eine Übernahme des Verfahrens durch den übernehmenden Rechtsträger möglich); Semler/Stengel/*Kübler* § 131 Rn. 10; *Stöber* NZG 2006, 574 (576). Ein Klageantrag ist auf Leistung an den übernehmenden Rechtsträger umzustellen, Bork/*Jacoby* ZHR 167 (2003), 440; Lutter UmwG/*Teichmann* § 131 Rn. 85; *Stöber* NZG 2006, 574 (576).
66 Kallmeyer/*Kallmeyer/Sickinger* § 131 Rn. 19; Semler/Stengel/*Kübler* § 131 Rn. 10.
67 Kallmeyer/*Kallmeyer/Sickinger* § 131 Rn. 19; KöKo UmwG/*Simon* § 131 Rn. 36; Lutter UmwG/*Teichmann* § 131 Rn. 85; *Stöber* NZG 2006, 574 (576).
68 Kallmeyer/*Kallmeyer/Sickinger* § 131 Rn. 19; Lutter UmwG/*Teichmann* § 131 Rn. 85; *Stöber* NZG 2006, 574 (576).
69 BGH NJW 2001, 1217 ff.; BFH BFHE 209, 29 ff.; Limmer/*Limmer* Teil 3 Rn. 371; Lutter UmwG/*Schwab* § 133 Rn. 162; Semler/Stengel/*Maier-Reimer/Seulen* § 133 Rn. 133; a.A. Bork/*Jacoby* ZHR 167 (2003), 440 (451); *Stöber* NZG 2006, 574 (575).
70 BGH NJW 2001, 1217 (1218); Lutter UmwG/*Teichmann* § 131 Rn. 86.
71 Schmitt/Hörtnagl/Stratz/*Hörtnagl* § 131 Rn. 90; Lutter UmwG/*Schwab* § 133 Rn. 157, 162.
72 Lutter UmwG/*Schwab* § 133 Rn. 157, 162; Semler/Stengel/*Maier-Reimer/Seulen* § 133 Rn. 63; Schmitt/Hörtnagl/Stratz/*Hörtnagl* § 131 Rn. 90.

E. Sonderfragen: Prozessuale Auswirkungen der Spaltung § 128

	Aktivprozess	Passivprozess
Aufspaltung	– Wirksamwerden der Aufspaltung führt zu Erlöschen des **übertragenden** Rechtsträgers (§ 131 Abs. 1 Nr. 2 UmwG) und zu **Parteiwechsel kraft Gesetzes**;[73] – bei anwaltlicher Vertretung[74] **Fortführung** anhängiger Aktivprozesse ohne Unterbrechung mit dem **übernehmenden** Rechtsträger, dem die Forderung im Spaltungsvertrag zugewiesen ist (analog §§ 239, 246 ZPO),[75] aber: Aussetzungsantrag möglich;[76] – **Rechtskrafterstreckung** gemäß § 325 Abs. 1 ZPO und **Titelumschreibung** gemäß § 727 Abs. 1 ZPO.[77]	– Wirksamwerden der Aufspaltung führt zu Erlöschen des **übertragenden** Rechtsträgers (§ 131 Abs. 1 Nr. 2 UmwG) und **Parteiwechsel kraft Gesetzes**;[78] – bei anwaltlicher Vertretung[79] **Fortführung** anhängiger Passivprozesse ohne Unterbrechung mit dem **übernehmenden** Rechtsträger, dem die Verbindlichkeit im Spaltungsvertrag zugewiesen ist (analog §§ 239, 246 ZPO),[80] aber: Aussetzungsantrag möglich;[81] – **Rechtskrafterstreckung** gemäß § 325 Abs. 1 ZPO und **Titelumschreibung** gemäß § 727 Abs. 1 ZPO;[82] – ein nach Aufspaltung gegen einen übernehmenden Rechtsträger, dem die Verbindlichkeit im Spaltungsvertrag zugewiesen ist, erworbener Titel wirkt nicht gemäß § 325 Abs. 1 ZPO gegen einen anderen übernehmenden Rechtsträger; eine Titelumschreibung gemäß § 727 Abs. 1 ZPO kommt nicht in Betracht.[83]

---

[73] Kallmeyer/*Kallmeyer/Sickinger* § 131 Rn. 19; Lutter UmwG/*Teichmann* § 131 Rn. 84; Lutter UmwG/*Schwab* § 133 Rn. 163.

[74] Eine vom übertragenden Rechtsträger erteilte Prozessvollmacht besteht gemäß § 86 ZPO mit Wirkung für den übernehmenden Rechtsträger fort, Lutter UmwG/*Teichmann* § 131 Rn. 84; Semler/Stengel/*Kübler* § 131 Rn. 10.

[75] Rechtsprechung und die wohl herrschende Meinung in der Lehre setzen die Aufspaltung mit dem Tod einer natürlichen Person gleich, mit der Folge, dass ein Rechtsstreit bis zur Wiederaufnahme unterbrochen ist, BGH NZG 2004, 611 f.; vgl. Limmer/*Limmer* Teil 3 Rn. 371 m. w. N. Relevant wird dieser Meinungsstreit wegen § 246 Abs. 1 ZPO allerdings nur, wenn für den übertragenden Rechtsträger kein Prozessvertreter bestellt ist, KöKo/*Simon* § 131 Rn. 37.

[76] KöKo/*Simon* § 131 Rn. 37; Semler/Stengel/*Maier-Reimer/Seulen* § 133 Rn. 64.

[77] Kallmeyer/*Kallmeyer/Sickinger* § 131 Rn. 19.

[78] Lutter UmwG/*Teichmann* § 131 Rn. 86; Lutter UmwG/*Schwab* § 133 Rn. 163.

[79] Vgl. Fn. 74.

[80] Vgl. Fn. 75.

[81] Vgl. Fn. 76.

[82] OLG Frankfurt BB 2000, 1000 f.; Lutter UmwG/*Teichmann* § 131 Rn. 84; Semler/Stengel/*Maier-Reimer/Seulen* § 133 Rn. 65.

[83] Anders nur bei Klageerweiterung, Semler/Stengel/*Maier-Reimer/Seulen* § 133 Rn. 64.

§ 129 Streitigkeiten im Rahmen des Formwechsels (§§ 190 ff. UmwG)

Übersicht

		Rdn.				Rdn.
A.	Überblick: Das Rechtsschutzsystem im Rahmen des Formwechsels	1		a)	Passivlegitimation	22
I.	Das Wesen des Formwechsels	1		b)	Formelle Beschlussmängel	23
II.	Gesetzesaufbau	3			aa) Mangelbehaftete Beschlussfassung	23
III.	Phasen des Formwechsels und Rechtsschutzmöglichkeiten	5			bb) Mangelbehafteter Umwandlungsbericht	24
	1. Vorbereitungsphase	6		c)	Materielle Beschlussmängel	25
	2. Beschlussphase	7			aa) Insbesondere: Verstoß gegen § 194 Abs. 1 Nr. 7 UmwG	26
	3. Anmeldungs- und Vollzugsphase	9			bb) Sachliche Rechtfertigung für den Formwechselbeschluss	27
B.	Rechtsschutzmöglichkeiten in der Vorbereitungsphase des Formwechsels	11		d)	Klagefrist, § 195 Abs. 1 UmwG	29
I.	Umwandlungsbericht, § 192 UmwG	11	II.		Nichtigkeitsklage	30
II.	Formwechselprüfung	13	III.		Allgemeine Feststellungsklage	31
III.	Zuleitung an Betriebsräte, § 194 Abs. 2 UmwG	13a	IV.		Wirkungen einer erhobenen Klage	32
			V.		Wirkungen der Eintragung des Formwechsels, § 202 UmwG	33
C.	Rechtsschutzmöglichkeiten in der Beschlussphase des Formwechsels	14				
I.	Anfechtungsklage	15	VI.		Spruchverfahren, §§ 1 ff. SpruchG	34
	1. Zulässigkeit	16	D.		Rechtsschutzmöglichkeiten in der Anmeldungs- und Vollzugsphase des Formwechsels	35
	a) Rechtsschutzinteresse	17				
	b) Klageausschluss nach § 195 Abs. 2 UmwG	19	E.		Sonderfragen: Prozessuale Auswirkungen des Formwechsels	37
	2. Begründetheit der Anfechtungsklage	21				

A. Überblick: Das Rechtsschutzsystem im Rahmen des Formwechsels

I. Das Wesen des Formwechsels

1 Im Gegensatz zu den anderen Umwandlungsarten des UmwG (Verschmelzung, Spaltung, Vermögensübertragung) handelt es sich beim Formwechsel[1] um eine Form der Umwandlung, die sich **ohne** einen **Vermögensübergang** vollzieht. An einem Formwechsel ist dementsprechend auch nur ein einziger Rechtsträger beteiligt. Der Formwechsel ist die einzige **identitätswahrende Umwandlungsart.** Charakteristisch für den Formwechsel sind:[2]
- **Wirtschaftliche Identität**: Sie beruht darauf, dass der an dem Rechtsträger beteiligte Personenkreis vor und nach dem Formwechsel fast ausnahmslos identisch ist und eine Übertragung des Vermögens oder eines Teils davon nicht stattfindet,[3] das Unternehmen des formwechselnden Rechtsträgers sich also nicht ändert;[4] und
- **rechtliche Identität**: Sie entspricht der wirtschaftlichen Identität[5] und zeigt sich vor allem in der Kontinuität der Firma des formwechselnden Rechtsträgers (§ 200 UmwG), der Mitgliedschaft an dem formwechselnden Rechtsträger sowie von Rechten Dritter (vgl. § 202 Abs. 1 Nr. 2 UmwG).[6]

---

1 Vgl. zur Zulässigkeit des »grenzüberschreitenden« Formwechsels EuGH v. 12.7.2012 – Rs C-378/10 (»Vale«), ZIP 2012, 1394 ff. und OLG Nürnberg NZG 2014, 349 ff.
2 Kallmeyer/*Meister/Klöcker* § 190 Rn. 6; vgl. ausführlich zur Identitätsthese KöKo UmwG/*Petersen* § 202 Rn. 2 ff.
3 Schmitt/Hörtnagl/Stratz/*Stratz* § 190 Rn. 6.
4 Lutter UmwG/*Decher/Hoger* § 190 Rn. 1.
5 Schmitt/Hörtnagl/Stratz/*Stratz* § 190 Rn. 6.
6 Lutter UmwG/*Decher/Hoger* § 190 Rn. 1.

Allerdings führt der Formwechsel auch dazu, dass die rechtlichen Beziehungen des Rechtsträgers neuer Rechtsform zu den Gesellschaftern und die Rechtsverhältnisse der Gesellschafter untereinander neuen Regelungen unterliegen (**Diskontinuität der Rechtsordnung**).[7]

II. Gesetzesaufbau

Wie für jede Umwandlungsart gilt auch für den Formwechsel zunächst das (nur aus einem Paragraphen bestehende) Erste Buch des UmwG. Dagegen ist das **Baukastenprinzip** des UmwG für den Formwechsel von eher untergeordneter Bedeutung, denn das Fünfte Buch des UmwG enthält eine selbständig ausformulierte, eigenständige und in sich weitgehend **geschlossene Regelung**, die nur selten und nur bei vergleichbarer Sach- und Rechtslage auf Einzelvorschriften des Verschmelzungsrechts verweist.[8]

Das Fünfte Buch selbst ist in zwei Teile gegliedert, von denen der Erste Teil (§§ 190–213 UmwG) **rechtsformübergreifend** allgemeine Vorschriften, die für alle Arten des Formwechsels gelten, und der Zweite Teil (§§ 214–304 UmwG) **rechtsformspezifische Sondervorschriften** enthält.

III. Phasen des Formwechsels und Rechtsschutzmöglichkeiten

Der Formwechsel kann in die von der Verschmelzung und Spaltung bereits bekannten **drei Phasen** eingeteilt werden (siehe § 126 Rdn. 12).[9]

1. Vorbereitungsphase

Die Vorbereitung des Formwechsels erfordert die Berücksichtigung aller Gesichtspunkte, die für die spätere Beschlussfassung der Anteilsinhaber von Bedeutung sind. Es ist zunächst die **Formwechselberechtigung** des betreffenden Rechtsträgers[10] und die Zulässigkeit der angestrebten Rechtsform nach Maßgabe des UmwG zu prüfen.[11] Darüber hinaus hat das Vertretungsorgan des formwechselnden Rechtsträgers einen **Umwandlungsbericht** zu erstellen, in dem der Formwechsel und insbesondere die künftige Beteiligung der Anteilsinhaber an dem Rechtsträger neuer Rechtsform rechtlich und wirtschaftlich zu erläutern und zu begründen sind.[12] Gegebenenfalls sind bestimmte Prüfpflichten zu beachten.[13] Schließlich hat die **Einberufung und Ladung zur bzw. die Durchführung der Anteilsinhaberversammlung** unter Beachtung der für den formwechselnden Rechtsträger geltenden gesetzlichen und satzungsmäßigen/gesellschaftsvertraglichen Bestimmungen sowie einiger umwandlungsspezifischer Vorschriften[14] zu erfolgen.[15]

2. Beschlussphase

Die Änderung der Rechtsform eines Rechtsträgers stellt eine **strukturprägende Grundlagenentscheidung** dar[16] und erfordert daher einen Beschluss der Anteilsinhaber des formwechselnden Rechtsträgers (**Formwechselbeschluss**).[17] Die Anteilsinhaberversammlung kann ihre hierzu bestehende Zuständigkeit[18] weder durch Satzung bzw. Gesellschaftsvertrag noch durch eigenständigen

---

7 Lutter UmwG/*Decher/Hoger* § 190 Rn. 2.
8 Kallmeyer/*Meister/Klöcker* § 190 Rn. 2.
9 Eine weitere Untergliederung der Vorbereitungsphase ist zu finden bei Semler/Stengel/*Stengel* § 190 Rn. 12 ff.
10 § 191 Abs. 1 UmwG.
11 §§ 191 Abs. 2, 214, 225a, 272 und 291 UmwG.
12 § 192 UmwG.
13 Vgl. unten Rdn. 13.
14 §§ 216, 230 bis 232, 238, 239, 251, 260, 261, 274, 283, 292 UmwG.
15 Semler/Stengel/*Stengel* § 190 Rn. 19.
16 KöKo UmwG/*Petersen* § 193 Rn. 2.
17 § 193 Abs. 1 UmwG.
18 § 193 Abs. 1 S. 2 UmwG.

Beschluss auf andere Gesellschaftsorgane übertragen.[19] Möglich ist es dagegen, die für eine Beschlussfassung benötigte **Mehrheit**[20] satzungsmäßig/gesellschaftsvertraglich zu bestimmen.[21]

8 Die Rechtsschutzmöglichkeiten gegen einen mangelbehafteten Formwechselbeschluss entsprechen denjenigen bei der Verschmelzung, d. h. etwaige Mängel sind im Wege einer **Unwirksamkeitsklage** (Anfechtungs-, Nichtigkeits-, und allgemeine Feststellungsklage)[22] geltend zu machen. Welche Mängel die Anfechtbarkeit bzw. die Unwirksamkeit eines Formwechselbeschlusses begründen und welche Klage gegen einen mangelbehafteten Formwechselbeschluss statthaft ist, richtet sich nach den für den formwechselnden Rechtsträger jeweils geltenden **rechtsformspezifischen Vorschriften**.[23]

3. Anmeldungs- und Vollzugsphase

9 Ist durch die Anteilsinhaberversammlung die neue Rechtsform des Rechtsträgers beschlossen worden, folgt aus § 198 Abs. 1 UmwG die Pflicht,[24] die neue Rechtsform bei dem Handelsregister, in dem der formwechselnde Rechtsträger eingetragen ist, anzumelden.[25]

10 Für die Pflicht der jeweils anmeldepflichtigen Personen zur Abgabe des **Negativattests**, die **Registersperre** und die Möglichkeit zur Durchführung eines **Freigabeverfahrens** verweist § 198 Abs. 3 UmwG auf die Vorschriften aus dem Verschmelzungsrecht.[26] Unter Rechtsschutzgesichtspunkten ist daher das **Freigabeverfahren** auch beim Formwechsel der **praxisrelevanteste Rechtsbehelf** in der Vollzugsphase.

B. Rechtsschutzmöglichkeiten in der Vorbereitungsphase des Formwechsels

I. Umwandlungsbericht, § 192 UmwG

11 Der **Umwandlungsbericht** nach § 192 UmwG muss eine **ausreichende Informationsgrundlage** für die Anteilsinhaber zur Vorbereitung auf die Anteilsinhaberversammlung darstellen. Das bedeutet, dass er neben bestehenden allgemeinen Einsichts- und Unterrichtungsrechten den Anteilsinhabern zusätzliche Informationen zur Verfügung stellen muss, die für die Entscheidung über den Formwechsel von Relevanz sind.[27] Darüber hinaus hat er einen Entwurf des Formwechselbeschlusses zu enthalten.[28] Seiner Funktion als Informationsgrundlage entsprechend ist ein Umwandlungsbericht allerdings **nicht erforderlich**, wenn am formwechselnden Rechtsträger nur ein **Anteilsinhaber** beteiligt ist oder alle Anteilsinhaber in notariell zu beurkundenden Erklärungen auf dessen Erstellung **verzichten**.[29]

---

19 Kallmeyer/*Zimmermann* § 193 Rn. 3; Semler/Stengel/*Bärwaldt* § 193 Rn. 8.
20 Vgl. §§ 217, 225c, 233, 240–242, 252, 262, 275, 284, 293 UmwG.
21 Vgl. bspw. §§ 217 Abs. 1 S. 2 und 3, 233 Abs. 2 S. 2, 233 Abs. 3 S. 2, 240 Abs. 1 S. 2, 240 Abs. 3 S. 2 UmwG.
22 Kallymeyer/*Meister/Klöcker* § 195 Rn. 9.
23 Kallemeyer/*Meister/Klöcker* § 194 Rn. 63, § 195 Rn. 6.
24 Die anmeldepflichtigen Personen ergeben sich aus den rechtsformspezifischen Vorschriften des § 222 UmwG (Personengesellschaften), § 225c UmwG (Partnerschaftsgesellschaften), §§ 235, 246, 254 UmwG (Kapitalgesellschaften), § 265 UmwG (eG), §§ 278, 286 UmwG (Verein) und § 296 UmwG (VVaG).
25 Eine Abweichung von diesem Grundsatz kann sich ergeben, wenn der formwechselnde Rechtsträger noch nicht in einem Register eingetragen ist (§ 198 Abs. 2 S. 1 UmwG), wenn sich durch den Formwechsel die Art des für den Rechtsträger maßgeblichen Registers ändert (§ 198 Abs. 2 S. 2 Alt. 1 UmwG) oder wenn eine mit dem Formwechsel verbundene Sitzverlegung die Zuständigkeit eines anderen Registergerichts begründet (§ 198 Abs. 2 S. 2 Alt. 2 UmwG). In den letzten beiden Fällen hat eine Anmeldung zur Eintragung aber weiterhin zusätzlich bei dem Register zu erfolgen, in dem der formwechselnde Rechtsträger eingetragen ist (§ 198 Abs. 2 S. 3 UmwG).
26 § 16 Abs. 2, 3 UmwG; vgl. ergänzend die Ausführungen unter § 127 Rdn. 92 ff.
27 KöKo UmwG/*Petersen* § 192 Rn. 2.
28 § 192 Abs. 1 S. 3 UmwG.
29 § 192 Abs. 2 S. 1 UmwG; vgl. zu weiteren Fällen der Entbehrlichkeit die rechtsformspezifischen Vorschriften der §§ 215, 225b UmwG.

Mängel des Umwandlungsberichts können zur **Fehlerhaftigkeit des Formwechselbeschlusses** und damit zu dessen Anfechtbarkeit führen.[30]

II. Formwechselprüfung

Grundsätzlich ist eine **Prüfung** des Formwechsels nach dem UmwG **nicht erforderlich**. Vereinzelt sehen die Bestimmungen zum Formwechsel aber besondere Prüfungen vor,[31] deren Unterlassen sich auf die Wirksamkeit des Formwechselbeschlusses auswirken kann.[32]

III. Zuleitung an Betriebsräte, § 194 Abs. 2 UmwG

Der Entwurf des Formwechselbeschlusses ist gemäß § 194 Abs. 3 UmwG spätestens einen Monat vor der Versammlung der Anteilsinhaber, die über den Formwechsel beschließen soll, dem zuständigen Betriebsrat des formwechselnden Rechtsträgers zuzuleiten. Die **rechtzeitige Zuleitung** des Formwechselbeschlusses ist **Eintragungsvoraussetzung** für den Formwechsel. Mangels Parteifähigkeit des Betriebsrates scheidet eine Beschlussmängelklage des Betriebsrats gegen den Formwechselbeschluss, mit der ein Verstoß gegen die Zuleitungspflicht gerügt wird, aus.[33]

C. Rechtsschutzmöglichkeiten in der Beschlussphase des Formwechsels

Das Beschlussmängelrecht ist für den Formwechsel im UmwG ebenso wenig geregelt wie für die anderen Umwandlungsarten. Es richtet sich dementsprechend nach den für den formwechselnden Rechtsträger geltenden **rechtsformspezifischen Vorschriften**, die durch das UmwG lediglich an einigen Stellen[34] modifiziert werden.[35]

I. Anfechtungsklage

Die Anwendung rechtsformspezifischer Vorschriften führt dazu, dass sich der Erfolg einer Anfechtungsklage gegen den Formwechselbeschluss einer formwechselnden AG oder GmbH nach den §§ 243 ff. AktG beurteilt,[36] im Fall der Anfechtung eines Formwechselbeschlusses einer GmbH freilich nur in analoger Anwendung.[37] Ergänzend zu den folgenden Ausführungen kann daher auf die allgemeine Darstellung der Anfechtungsklage[38] und die Erläuterungen im Rahmen der Verschmelzung[39] verwiesen werden.

---

30 Vgl. hierzu sogleich unter Rdn. 24.
31 Angemessenheit der Barabfindung nach § 208 i. V. m. § 30 Abs. 2 UmwG; Gründungsprüfung beim Formwechsel in eine AG oder KGaA, § 220 Abs. 3 S. 1 UmwG i. V. m. § 33 Abs. 2 AktG; Sachgründungsbericht beim Formwechsel einer Personenhandelsgesellschaft in eine GmbH, §§ 219, 220 Abs. 2 UmwG i. V. m. § 5 Abs. 4 S. 2 GmbHG.
32 So führt bspw. die unterbliebene Prüfung der Angemessenheit der Barabfindung im Falle der § 208 i. V. m. § 30 Abs. 2 UmwG zur Anfechtbarkeit des Umwandlungsbeschlusses bei Kapitalgesellschaften, vgl. LG Heidelberg DB 1996, 1768 (1769), bzw. zur Nichtigkeit bei Personengesellschaften, vgl. Kallmeyer/*Müller* § 208 Rn. 10 und § 30 Rn. 22.
33 OLG Naumburg NZA-RR 1997, 177 (178).
34 § 195 Abs. 1 UmwG (einmonatige Klagefrist); § 195 Abs. 2 UmwG (Rügeausschluss).
35 Semler/Stengel/*Bärwaldt* § 193 Rn. 32.
36 Für die KGaA gelten über § 278 Abs. 3 AktG, für den VVaG über § 36 Satz 1 VAG die aktienrechtlichen Vorschriften ebenfalls. Für die eingetragene Genossenschaft vgl. § 51 GenG.
37 Siehe zur analogen Anwendung § 19 Rdn. 1 (zur Nichtigkeitsklage); BGH NJW 2003, 2314; BGHZ 51, 209, (210 f.); KöKo UmwG/*Simon* § 14 Rn. 12 f.
38 Vgl. § 8 Rdn. 1 ff.
39 Vgl. § 127 Rdn. 42 ff.

1. Zulässigkeit

16 Die **Zulässigkeit** einer Anfechtungsklage gegen die Wirksamkeit eines Formwechselbeschlusses weicht im Grundsatz nicht von der Zulässigkeit von Anfechtungsklagen gegen andere Umwandlungsmaßnahmen ab. Daneben sind folgende Gesichtspunkte zu beachten:

a) Rechtsschutzinteresse

17 Ebenso wie im Rahmen der Verschmelzung und Spaltung ist auch für die Anfechtungsklage gegen einen Formwechselbeschluss lediglich ein **allgemeines** und **kein besonderes Rechtsschutzinteresse** des Klägers erforderlich.[40]

18 Das Rechtsschutzinteresse entfällt nicht durch die Eintragung des Formwechsels im Handelsregister. Im Falle der Registereintragung nach einem erfolgreichen **Freigabeverfahren** folgt dies aus einem möglichen Schadensersatzanspruch aus § 198 Abs. 3 i. V. m. § 16 Abs. 3 S. 10 UmwG. Des Weiteren sind Ansprüche gegen das Vertretungsorgan und – soweit vorhanden – den Aufsichtsrat des formwechselnden Rechtsträgers nach § 205 Abs. 1 UmwG und gegebenenfalls Ansprüche aus **Amtshaftung** nach § 839 Abs. 1 S. 1 BGB i. V. m. Art 34 GG bei fehlerhafter oder verfrühter Eintragung möglich.[41]

b) Klageausschluss nach § 195 Abs. 2 UmwG

19 Der Regelung des § 14 Abs. 2 UmwG vergleichbar kann gemäß § 195 Abs. 2 UmwG die Anfechtung eines Formwechselbeschlusses nicht auf die Unangemessenheit des Umtauschverhältnisses gestützt werden.[42]

20 Umstritten ist dagegen, ob die Anfechtung des Formwechselbeschlusses auf eine **unzureichende Erläuterung** des Beteiligungsverhältnisses im Umwandlungsbericht gestützt werden kann.[43] Entgegen abweichenden Stimmen in der Literatur[44] wird man richtigerweise die Rechtsprechung des BGH zum Ausschluss von Klagen gegen Umwandlungsbeschlüsse, die auf eine Verletzung von Informations-, Auskunfts- oder Berichtspflichten im Zusammenhang mit der gemäß § 207 UmwG anzubietenden Barabfindung gestützt werden,[45] anwenden müssen. Anteilsinhaber sind daher mit der Rüge der unzureichenden Erläuterung des Beteiligungsverhältnisses im Umwandlungsbericht in das **Spruchverfahren** zu verweisen.[46]

2. Begründetheit der Anfechtungsklage

21 Eine Anfechtungsklage gegen einen Formwechselbeschluss ist begründet, wenn sich die Anfechtungsklage gegen den richtigen Beklagten richtet, fristgerecht erhoben wurde und der Formwechselbeschluss aufgrund von **Verfahrensmängeln** (formelle Beschlussmängel) oder **wegen seines Inhalts** (materielle Beschlussmängel) das Gesetz, die Satzung bzw. den Gesellschaftsvertrag verletzt.

---

40 Vgl. § 127 Rdn. 43 f. (zur Verschmelzung) sowie § 128 Rdn. 16 (zur Spaltung).
41 Jüngst OLG Hamm Urt. v. 25.04.2014 – 11 U 70/04 nach Zurückverweisung durch BGH NZG 2006, 956; vgl auch Kallmeyer/*Meister/Klöcker* § 202 Rn. 56.
42 Vgl. § 127 Rdn. 45 ff. zur Verschmelzung. KöKo UmwG/*Petersen* § 195 Rn. 14 verweist aber zutreffend auf die geringe praktische Relevanz des § 195 Abs. 2 UmwG.
43 Für einen Ausschluss Kallmeyer/*Meister/Klöcker* § 195 Rn. 30 und § 192 Rn. 63; dagegen Lutter UmwG/*Decher/Hoger* § 195 Rn. 18.
44 Semler/Stengel/*Bärwaldt* § 195 Rn. 28.
45 BGH NJW 2001, 1425.
46 Kallmeyer/*Meister/Klöcker* § 192 Rn. 63 und § 195 Rn. 30.

a) Passivlegitimation

Eine Besonderheit ergibt sich für die **Passivlegitimation**. Nach der Eintragung des Formwechsels in das Handelsregister besteht der formwechselnde Rechtsträger gemäß § 202 Abs. 1 Nr. 1 UmwG in der beschlossenen neuen Rechtsform. Dementsprechend ist auch die Gesellschaft neuer Rechtsform die richtige Beklagte im Anfechtungsprozess.[47] Wird der Formwechsel trotz anhängiger Anfechtungsklage (etwa aufgrund eines erfolgreichen Freigabeverfahrens oder einer verfrühten Eintragung) im Handelsregister eingetragen und damit wirksam, kann dies dazu führen, dass der Anfechtungsprozess gegen eine Gesellschaft, deren rechtsformspezifisches Recht eine Anfechtungsklage nicht vorsieht, zulässig bleibt und weitergeführt werden kann.[48]

22

b) Formelle Beschlussmängel

aa) Mangelbehaftete Beschlussfassung

Ein ordnungsmäßiger Formwechselbeschluss erfordert die Beachtung der **rechtsformspezifischen Verfahrensvorschriften**, die für die Vorbereitung und Durchführung der Beschlussfassung der Anteilsinhaber des formwechselnden Rechtsträgers gelten.[49] Darüber hinaus sind auch die für die jeweilige Rechtsform einschlägigen **umwandlungsspezifischen Vorschriften** zu beachten.[50] Die Rechtsprechung hat die Anfechtbarkeit des Formwechselbeschlusses z. B. bei folgenden Verfahrensverstößen bejaht:

23

– Fehlende Bekanntmachung des Wortlauts von Formwechselbeschluss und der neuen Satzung bei der Einladung zur Hauptversammlung;[51]
– fehlerhafte Bezeichnung der zukünftigen Komplementärin in der Einladung zur Hauptversammlung einer AG, die über den Formwechsel der Gesellschaft in eine KG beschließen sollte;[52] und
– Verletzung der Auskunftsansprüche der Aktionäre durch unzureichenden Inhalt bzw. Nichtvorlage des Prüfungsberichts zur Angemessenheit der Barabfindung[53] und zur Bilanzposition »offene Rückstellungen«.[54]

bb) Mangelbehafteter Umwandlungsbericht

Inhaltliche Mindestanforderungen für einen Umwandlungsbericht können nicht generell festgelegt werden, da diese abhängig sind vom typisierten rechtsformspezifischen Informationsstand der Anteilsinhaber. Ähnlich wie bei der Verschmelzung[55] muss der Umwandlungsbericht den Anteilsinhabern auch beim Formwechsel eine **plausible Entscheidungsgrundlage** liefern.[56] Im Gegensatz zur Verschmelzung gibt es beim Formwechsel aber keinen Prüfungsbericht,[57] so dass die **inhaltlichen Anforderungen** an den Umwandlungsbericht beim Formwechsel im Vergleich zu denjenigen an einen Verschmelzungsbericht in aller Regel **ausgeprägter** sind.[58] Der Umwandlungsbericht muss den Formwechsel als solchen, den Inhalt des Umwandlungsbeschlusses und die künftige Beteiligung der Anteilsinhaber an dem Rechtsträger rechtlich und wirtschaftlich erläutern und begründen.[59] Anzugeben sind die **unternehmerischen Ziele**, die dem Formwechsel zugrunde liegen und die Gründe,

24

---

47 MüKo AktG/*Hüffer* § 246 Rn. 52.
48 Spindler/Stilz/*Dörr* § 246 Rn. 28; MüKo AktG/*Hüffer* § 246 Rn. 52.
49 Vgl. hierzu die jeweilige rechtsformspezifische Spezialliteratur.
50 §§ 216, 230 bis 232, 238, 239, 251, 260, 261, 274, 283, 292 UmwG.
51 LG Hanau ZIP 1996, 422 (423) zum Formwechsel einer AG in eine GmbH.
52 LG Wiesbaden AG 1999, 47.
53 LG Heidelberg DB 1996, 1768 (1769) für den Formwechsel einer AG in eine GmbH.
54 LG Heidelberg DB 1996, 1768 (1770) für den Formwechsel einer AG in eine GmbH.
55 Vgl. § 127 Rdn. 21.
56 Kallmeyer/*Meister/Klöcker* § 192 Rn. 12.
57 BGHZ 107, 296, 303; KöKo UmwG/*Petersen* § 192 Rn. 2.
58 KöKo UmwG/*Petersen* § 192 Rn. 2 und 7.
59 LG Mannheim AG 2014, 589 (590); Happ/*Happ* Muster 11.01 Anm. 4.8 ff.; Limmer/*Limmer* Teil 4 Rn. 66.

warum der Formwechsel ein geeignetes Mittel zur Zielerreichung ist. Darüber hinaus hat sich der Umwandlungsbericht anhand des konkreten Einzelfalls mit anderen in Frage kommenden Strukturmaßnahmen als Alternative zum Formwechsel auseinanderzusetzen und die Gründe aufzuzeigen, warum die Vorteile des Formwechsels im Vergleich zu den anderen Strukturmaßnahmen überwiegen.[60] Dennoch dürfte eine Fehler-, bzw. Mangelhaftigkeit des Umwandlungsberichtes nur dann anzunehmen sein, wenn er aus der Sicht eines verständigen Anteilsinhabers eine **Plausibilitätsprüfung nicht mehr ermöglicht**; ein fehler-, bzw. mangelhafter Umwandlungsbericht führt grundsätzlich dazu, dass auch der Formwechselbeschluss fehler-, bzw. mangelbehaftet ist.[61]

c) Materielle Beschlussmängel

25 Im Rahmen der Anfechtungsklage kann ein Formwechselbeschluss auch auf geltend gemachte **inhaltliche Mängel** hin überprüft werden. Ein solcher Mangel liegt vor, wenn der Inhalt des Formwechselbeschlusses gegen das **Gesetz oder die Satzung bzw. den Gesellschaftsvertrag** verstößt.

aa) Insbesondere: Verstoß gegen § 194 Abs. 1 Nr. 7 UmwG

26 Ob die Anfechtungsklage eines Anteilsinhabers auch darauf gestützt werden kann, dass die Arbeitnehmer über den Formwechsel nach § 194 Abs. 1 Nr. 7 UmwG unzutreffend informiert wurden, ist umstritten. Teilweise wird dies mit der Begründung verneint, die Norm diene nicht dem Schutz der Anteilsinhaber, sondern dem der Arbeitnehmer.[62] Die **Rechtsprechung** bejaht jedoch eine auf die Verletzung von § 194 Abs. 1 Nr. 7 UmwG gestützte Anfechtbarkeit, da ein Wechsel der Rechtsform aus arbeitsrechtlicher Sicht nicht nur für die Arbeitnehmer von Belang sein kann, sondern die Angaben i. S. v. § 194 Abs. 1 Nr. 7 UmwG auch die Interessen der Anteilsinhaber berühren, beispielsweise weil sich die anwendbaren Regeln über die unternehmerische Mitbestimmung ändern. Darüber hinaus spreche auch der Zweck der Anfechtungsklage als Instrument zur Kontrolle der Gesetz- und Rechtmäßigkeit des Organhandelns einer Kapitalgesellschaft[63] für die Möglichkeit, die Anfechtung auch auf einen Inhaltsmangel nach § 194 Abs. 1 Nr. 7 UmwG stützen zu können.[64]

bb) Sachliche Rechtfertigung für den Formwechselbeschluss

27 Es ist in Rechtsprechung und Literatur überwiegend anerkannt, dass ein Formwechselbeschluss **keiner sachlichen Rechtfertigung** bedarf.[65]

28 Umstritten ist allerdings, ob sich aus den Grundsätzen des Rechtsmissbrauchs in den Fällen der Kombination von Formwechsel und Squeeze-out ein Inhaltsmangel des Formwechselbeschlusses mit der Folge seiner Anfechtbarkeit ergeben kann.[66] **Teile der Literatur** sprechen sich für eine Rechtsmissbräuchlichkeit des Formwechselbeschlusses für den Fall aus, dass der Formwechsel ausschließ-

---

60 LG Mannheim AG 2014, 589 (590) m. w. N.
61 LG Mannheim AG 2014, 589 (590); KöKo UmwG/*Simon* § 8 Rn. 66 und Rn. 75 ff., der dies beim Verschmelzungsbericht annimmt, wenn die für eine Plausibilitätsprüfung erforderlichen Informationen oder Darstellungen fehlen, nicht ausreichend oder inhaltlich falsch sind.
62 Lutter/*Decher*/*Hoger* § 195 Rn. 19; Semler/Stengel/*Bärwaldt* § 194 Rn. 30; Kallmeyer/*Willemsen* § 5 Rn. 57 ff. (zur Verschmelzung).
63 OLG Stuttgart NZG 2004, 463 (464).
64 Vgl. auch Lutter UmwG (4. Aufl.)/*Lutter*/*Drygala* § 13 Rn. 44 (zur Verschmelzung); anders nunmehr Lutter UmwG/*Drygala* § 13 Rn. 50.
65 OLG Stuttgart AG 2008, 464 (465); OLG Düsseldorf AG 2003, 578; OLG Düsseldorf NZG 2002, 191 (193); vgl. auch BGH NZG 2006, 905 f. zu § 327a AktG; Lutter/*Decher*/*Hoger* § 193 Rn. 9; Kallmayer/ *Zimmermann* § 193 Rn. 10; KöKo UmwG/*Petersen* § 193 Rn. 2; Semler/Stengel/*Bärwaldt* § 193 Rn. 17; a. A. *Wiedemann* ZGR 1980, 147 (157); in der Tendenz auch Martens, FS Fischer S. 437 (446).
66 Emmerich/Habersack/*Habersack* § 327a AktG Rn. 29; Spindler/Stilz/*Singhof* § 327a Rn. 27; *Krieger* BB 2002, 53 (62); *Habersack* ZIP 2001,1230 (1234 f.); MüKo AktG/*Grunewald* § 327a Rn. 24; krit. hierzu Schäfer/Dette NZG 2009, 1 (6); a. A. *Pluskat* NZG 2007, 725 (727); offen gelassen von OLG Stuttgart AG 2008, 464 (465).

lich zur Vorbereitung eines Squeeze-out dient.[67] Die **Rechtsprechung** tendiert dagegen dazu, den Vollzug eines Formwechsels mit dem Ziel eines **aktienrechtlichen Squeeze-out** nicht zur Annahme eines rechtsmissbräuchlichen Verhaltens ausreichen zu lassen.[68] Gleiches gilt für den **umwandlungsspezifischen Sqeeze-out nach § 62 Abs. 5 UmwG**.[69] In der jüngsten Rechtsprechung wird ausgeführt, dass dem Gesetzgeber bei der Einführung des umwandlungsspezifischen Squeeze-out die Möglichkeit des Formwechsels und dessen Bedeutung im Hinblick auf die Annahme von Rechtsmissbrauch bekannt gewesen seien. Dennoch habe er keine Anforderungen an die Art und Weise der Entstehung der übernehmenden Gesellschaft gestellt. Dies rechtfertige die Beurteilung des Formwechsels als eine legitime Gestaltungsmöglichkeit zur Erreichung eines umwandlungsspezifischen Squeeze-out. Darüber hinaus sei jedenfalls der Formwechsel einer übernehmenden Gesellschaft zum Zwecke des umwandlungsspezifischen Squeeze-out auch deshalb nicht rechtsmissbräuchlich, weil der von diesem Squeeze-out betroffene Minderheitsaktionär diese Position von Anfang an inne habe und er daher stets mit Veränderungen zu rechnen habe.[70] Vor dem Hintergrund dieser Rechtsprechung und Stimmen in der Literatur[71] ist eine Rechtsmissbräuchlichkeit des Formwechsels zum Zwecke der Vorbereitung eines (aktienrechtlichen oder umwandlungsspezifischen) Squeeze-out in aller Regel nicht anzunehmen.

d) Klagefrist, § 195 Abs. 1 UmwG

Für den Formwechsel normiert § 195 Abs. 1 UmwG eine **Monatsfrist** für die Erhebung der Anfechtungsklage. Die Klagefrist des § 195 Abs. 1 UmwG ist – ebenso wie die Klagefrist aus § 14 Abs. 1 UmwG – eine **materiell-rechtliche Ausschlussfrist**.[72] 29

II. Nichtigkeitsklage

Besonders schwerwiegende formelle oder materielle Mängel eines Formwechselbeschlusses einer Kapitalgesellschaft können die betroffenen Anteilsinhaber mit der Nichtigkeitsklage rügen. Für die Nichtigkeitsklage gegen einen Formwechselbeschluss sind – mit Ausnahme der **Fristbindung nach § 195 Abs. 1 UmwG** der ansonsten nicht fristgebundenen Nichtigkeitsklage – im Verhältnis zu den allgemeinen Bestimmungen betreffend Nichtigkeitsklagen keine Besonderheiten zu beachten. Es gelten daher die zur Verschmelzung gemachten Ausführungen entsprechend.[73] 30

III. Allgemeine Feststellungsklage

Die allgemeine Feststellungsklage ist auch beim Formwechsel die statthafte Klageart, soweit die Fehlerhaftigkeit von Umwandlungsbeschlüssen bei Personenhandelsgesellschaften und eingetragenen Vereinen gerügt wird und – rechtsformübergreifend – Dritte gegen den Formwechselbeschluss vorzugehen beabsichtigen.[74] 31

---

67 Emmerich/Habersack/*Habersack* § 327a AktG Rn. 29; Spindler/Stilz/*Singhof* § 327a Rn. 27; *Krieger* BB 2002, 53 (62); *Habersack* ZIP 2001,1230 (1234 f.); MüKo AktG/*Grunewald* § 327a Rn. 24.
68 OLG Hamburg BB 2008, 2199 (2200) mit Anm. *Wilsing/Ogorek* (zur Verschmelzung).
69 OLG Hamburg AG 2012, 639 ff.
70 Vgl. zum Ganzen OLG Hamburg AG 2012, 639 ff.; vgl. weiterführend zu der umstrittenen Frage einer sachlichen Rechtfertigung und einer Missbrauchskontrolle beim umwandlungsspezifischen Squeeze-out nach § 62 Abs. 5 UmwG: *Goslar/Mense* GWR 2011, 275; *Heckschen* NJW 2011, 2390 (2392 ff.); *Keller/Klett* GWR 2010, 415; *Mayer* NZG 2012, 561 (563 f.); *Simon/Merkelbach* DB 2011, 1317 (1321 f.); *Stephanblome* AG 2012, 814 (815 ff.); *Wagner* DStR 2010, 1629 (1634 ff.).
71 *Päcki* ZGR 2011, 776 (801 f.); *Kiefner/Brügel* AG 2011, 525 (534 f.); *Mayer* NZG 2012, 561 (563 f.).
72 KöKo UmwG/*Petersen* § 195 Rn. 9; Kallmeyer/*Meister/Klöcker* § 195 Rn. 16; zur Fristberechnung vgl. KöKo UmwG/*Petersen* § 195 Rn. 10. Vgl. im Übrigen § 127 Rdn. 54 ff.
73 Vgl. § 127 Rdn. 70 ff.
74 Vgl. ausführlich § 127 Rdn. 99 ff. zur Verschmelzung.

IV. Wirkungen einer erhobenen Klage

32 Die Wirkungen einer erhobenen Klage richten sich gemäß § 198 Abs. 3 i. V. m. § 16 Abs. 2 und 3 UmwG grundsätzlich nach den bereits im Rahmen der Verschmelzung dargestellten Grundsätzen.[75] Die anmeldepflichtigen Personen des formwechselnden Rechtsträgers haben daher bei der Anmeldung zu erklären, dass eine Klage gegen den Formwechselbeschluss nicht oder nicht fristgemäß erhoben oder eine solche Klage rechtskräftig abgewiesen oder zurückgenommen worden ist (**Negativattest**). Eine Unwirksamkeitsklage hat demnach gemäß §§ 198 Abs. 3 i. V. m. § 16 Abs. 2 S. 2 UmwG eine **Registersperre** zur Folge und blockiert das Wirksamwerden des Formwechsels bis zum rechtskräftigen Abschluss des Prozesses, da das geforderte Negativattest nicht abgegeben werden kann. Zur Überwindung dieser Blockadewirkung steht das **Freigabeverfahren** nach § 198 Abs. 3 i. V. m. § 16 Abs. 3 UmwG zur Verfügung.[76]

V. Wirkungen der Eintragung des Formwechsels, § 202 UmwG

33 Mit der Eintragung des Formwechsels im Handelsregister werden Mängel der notariellen Beurkundung des Formwechselbeschlusses sowie etwaiger erforderlicher Zustimmungs- oder Verzichtserklärungen einzelner Anteilsinhaber nach § 202 Abs. 1 Nr. 3 UmwG **geheilt**. Alle sonstigen formellen und inhaltlichen Mängel des Formwechselbeschlusses lassen die Wirkungen der Eintragung unberührt, § 202 Abs. 3 UmwG; der eingetragene Formwechsel genießt **Bestandschutz**.[77] Unwirksamkeitsklagen, die nach Eintragung des Formwechsels gestützt auf einen Mangel der Beurkundung erhoben werden, sind unbegründet, bereits anhängige Klagen werden durch die Eintragung nachträglich unbegründet.[78] Eine auf Mängel i. S. d. § 202 Abs. 3 UmwG gestützte Klage kann dagegen im Hinblick auf mögliche Schadensersatzansprüche gemäß § 198 Abs. 3 i. V. m. § 16 Abs. 3 S. 10 UmwG weitergeführt werden.[79]

VI. Spruchverfahren, §§ 1 ff. SpruchG

34 Der Kläger wird im Prozess gegen einen Formwechselbeschluss nicht mit der Rüge gehört, die im Beschluss bestimmten Anteile an dem Rechtsträger neuer Rechtsform seien zu niedrig bemessen oder die Mitgliedschaft bei diesem sei kein ausreichender Gegenwert für die Anteile oder die Mitgliedschaften bei dem formwechselnden Rechtsträger.[80] Aus diesem Grund können die Anteilsinhaber, deren Klagerecht insoweit nach § 195 Abs. 2 UmwG ausgeschlossen ist, einen etwaigen Anspruch gegen den Rechtsträger auf bare Zuzahlung im **Spruchverfahren** geltend machen.[81] Auf die entsprechenden Ausführungen zum Spruchverfahren bei Verschmelzungen[82] und auf die allgemeinen Ausführungen zum Spruchverfahren[83] wird verwiesen.

D. Rechtsschutzmöglichkeiten in der Anmeldungs- und Vollzugsphase des Formwechsels

35 Eine Unwirksamkeitsklage gegen einen Formwechselbeschluss führt gemäß § 198 Abs. 3 i. V. m. § 16 Abs. 2 S. 2 UmwG zur **Registersperre**, die mit dem **Freigabeverfahren** überwunden werden kann.

36 Die bisherige Spruchpraxis zu § 198 Abs. 3 i. V. m. § 16 Abs. 3 UmwG legt wohl **höhere Hürden** für den Erfolg eines Freigabeverfahrens gegen einen Formwechselbeschluss an, als dies bei anderen

---

75 § 127 Rdn. 92 ff.
76 Hierzu sogleich unter Rdn. 35 f. sowie die Ausführungen zur Verschmelzung in § 127 Rdn. 92 ff.
77 Kallmeyer/*Meister*/*Klöcker* § 202 Rn. 56.
78 Kallmeyer/*Meister*/*Klöcker* § 202 Rn. 52.
79 Kallmeyer/*Meister*/*Klöcker* § 202 Rn. 57.
80 § 195 Abs. 2 UmwG.
81 § 196 UmwG, § 1 Nr. 4 SpruchG.
82 § 127 Rdn. 82 ff.
83 §§ 131 ff.

Umwandlungsarten der Fall ist.[84] Dies dürfte seinen Grund darin haben, dass es dem betroffenen Rechtsträger bei einem Formwechsel – von den Fällen offensichtlicher Unzulässigkeit oder Unbegründetheit einmal abgesehen – regelmäßig schwerer fallen dürfte, die bei der Beurteilung des überwiegenden Vollzugsinteresses zu berücksichtigenden wirtschaftlichen Nachteile darzulegen.[85]

E. Sonderfragen: Prozessuale Auswirkungen des Formwechsels

Wesensmerkmal des Formwechsels ist das Fortbestehen der **Identität des formwechselnden Rechtsträgers**.[86] Dies hat zur Folge, dass die prozessualen Auswirkungen bei einem Formwechsel nicht so vielschichtig sind wie bei den anderen Umwandlungsarten: 37

- Anhängige Aktiv- und Passivprozesse werden ohne Unterbrechung gemäß § 239 ZPO fortgeführt;[87] eine Rechtsnachfolge gemäß § 265 ZPO liegt nicht vor;[88]
- es liegt **kein Fall der Klageänderung** nach § 263 ZPO vor; es hat lediglich eine Rubrumsberichtigung zu erfolgen[89] (andere Rechtsform und gesetzliche Vertretung[90]);
- wird der Formwechsel vor **Rechtshängigkeit** eines Aktivprozesses wirksam, klagt der Rechtsträger neuer Rechtsform aber fälschlicherweise noch unter seiner alten Rechtsform, hat dies keine Auswirkung auf seine **Parteifähigkeit**. Erforderlich ist lediglich eine Berichtigung der falschen Parteibezeichnung;[91]
- existiert bereits ein **vollstreckbarer Titel**, bleibt dieser für und gegen den formwechselnden Rechtsträger wirksam. Eine Titelumschreibung nach § 727 ZPO ist nicht erforderlich. Der veränderten Rechtsform wird durch einen **Klauselvermerk** auf der vollstreckbaren Ausfertigung Rechnung getragen.[92]

---

84 OLG Frankfurt ZIP 1997, 1291; OLG Karlsruhe EWiR 1998, 469 (mit Anm. *Bayer*): fehlender Bericht über die Prüfung der Barabfindung führt nicht zwingend zu Anfechtungsrecht und damit auch nicht zu offensichtlicher Unbegründetheit der Klage; LG Hanau ZIP 1995, 1820; vgl. auch KöKo UmwG/*Petersen* § 198 Rn. 18; Lutter UmwG/*Decher/Hoger* § 198 Rn. 52; erfolgreich war dagegen ein Verfahren vor dem OLG Düsseldorf NZG 2002, 191.
85 Lutter UmwG/*Decher/Hoger* § 198 Rn. 52: keine gewichtigen Synergieeffekte, keine erheblichen konkreten Kostennachteile; vgl. speziell zur Registersperre bei der Umwandlung einer AG in eine GmbH *Veil* ZIP 1996, 1065.
86 Vgl. bereits oben unter Rdn. 1.
87 Kallmeyer/*Meister/Klöcker* § 202 Rn. 15; Lutter UmwG/*Decher/Hoger* § 202 Rn. 41.
88 Kallmeyer/*Meister/Klöcker* § 202 Rn. 15.
89 OLG Köln ZIP 2004, 238 (239).
90 Lutter UmwG/*Decher/Hoger* § 202 Rn. 41; Kallmeyer/*Meister/Klöcker* § 202 Rn. 15; vgl. BGH NZG 2004, 186 (187) zur Rubrumsberichtigung bei einer Verschmelzung. Die dort gemachten Ausführungen dürften im Rahmen des Formwechsels entsprechend gelten.
91 OLG Köln ZIP 2004, 238.
92 OLG Köln ZIP 2004, 238 (240).

# 130 Streitigkeiten im Rahmen der Vermögensübertragung (§§ 174 ff. UmwG)

Übersicht

	Rdn.			Rdn.
A. Arten der Vermögensübertragung und praktische Bedeutung	1	I.	Vermögensvollübertragung, §§ 176, 178, 180–183, 185–187, 188 UmwG	6
B. Rechtsschutzmöglichkeiten bei der Vermögensübertragung	5	II.	Vermögensteilübertragung, §§ 177, 179, 184, 189 UmwG	9

A. Arten der Vermögensübertragung und praktische Bedeutung

1 Die Vermögensübertragung gemäß § 174 ff. UmwG ist die Umwandlungsart mit der **geringsten Praxisbedeutung**.[1] Dies liegt zuvorderst an der begrenzten Zahl der Rechtsträger, die an einer Vermögensübertragung beteiligt sein können. Gemäß § 175 UmwG ist eine Vermögensübertragung (Voll- oder Teilübertragung) lediglich möglich:
– Von einer Kapitalgesellschaft auf den Bund, ein Land, eine Gebietskörperschaft oder einen Zusammenschluss von Gebietskörperschaften; oder
– zwischen Versicherungsunternehmen (Versicherungsvereine auf Gegenseitigkeit, öffentlich-rechtliche Versicherungsunternehmen und Versicherungsaktiengesellschaften).

2 Zum anderen erklärt sich die geringe praktische Bedeutung der Vermögensübertragung damit, dass sich Versicherungsunternehmen anstelle der Vermögensübertragung bevorzugt des Instituts der Bestandsübertragung (§§ 14, 44 VAG), das im Vergleich zur Vermögensübertragung wesentlich geringere Anforderungen enthält,[2] oder der Verschmelzung gemäß §§ 109 ff. UmwG bedienen. Soweit ersichtlich, hat sich die Rechtsprechung bislang nur in einem Rechtsstreit mit einer Vermögensübertragung beschäftigen müssen.[3]

3 Die Vermögensübertragung ist gemäß § 174 UmwG in Form der **Vollübertragung** und der **Teilübertragung** möglich. Ihrem Wesen nach entspricht die Vollübertragung der Verschmelzung und die Teilübertragung der Spaltung. Entsprechend sieht § 174 Abs. 2 UmwG für die Teilübertragung die Formen der **aufspaltenden**, **abspaltenden** und **ausgliedernden Teilübertragung** vor.

4 Nach der gesetzlichen Konzeption soll die Vermögensübertragung als **Auffangtatbestand** für Vorgänge dienen, die mit der Verschmelzung oder Spaltung vergleichbar sind, bei denen es wegen der Struktur der beteiligten Rechtsträger jedoch nicht zu einem Anteilstausch kommen kann.[4] Folgerichtig sieht die Vermögensübertragung als Gegenleistung für die Vermögensübertragung keine Anteils- oder Mitgliedschaftsgewährung an die Anteilsinhaber des übertragenden Rechtsträgers vor; an diese ist vielmehr eine **Gegenleistung** zu bewirken, die gerade **nicht in Anteilen oder Mitgliedschaften** besteht.[5]

B. Rechtsschutzmöglichkeiten bei der Vermögensübertragung

5 Nach der gesetzgeberischen Konzeption der Vermögensübertragung ist hinsichtlich des Rechtsschutzes gegen Vermögensübertragungsbeschlüsse zu unterscheiden zwischen der Vermögensvollübertragung und der Vermögensteilübertragung.

---

1 Anschaulich mit Zahlenmaterial Semler/Stengel/*Fonk* § 174 Rn. 10.
2 Semler/Stengel/*Fonk* § 174 Rn. 10; KöKo UmwG/*Leuering* § 174 Rn. 4; vgl. zur Bestandsübertragung nach § 14a VAG ausführlich Semler/Stengel/*Koerfer* Anhang § 119 Rn. 1 ff.
3 OLG Schleswig, Urt. v. 2.4.2009 – 5 U 15/08.
4 Semler/Stengel/*Fonk* § 174 Rn. 2: Vermögensübertragung als »Ersatzrechtsinstitut«.
5 Anders als bei der Ausgliederung nach § 123 Abs. 3 UmwG kann bei der ausgliedernden Teilübertragung eine solche Gegenleistung auch dem übertragenden Rechtsträger gewährt werden.

B. Rechtsschutzmöglichkeiten bei der Vermögensübertragung § 130

I. Vermögensvollübertragung, §§ 176, 178, 180–183, 185–187, 188 UmwG

Das Umwandlungsrecht verweist für die **Vermögensvollübertragung** grundsätzlich auf das Verschmelzungsrecht.[6] Daher kann für die Streitigkeiten im Rahmen der Vermögensvollübertragung auf die Darstellung der Streitigkeiten bei der Verschmelzung verwiesen werden.[7] Klagen gegen den Übertragungsbeschluss beurteilen sich daher nach den jeweiligen **rechtsformspezifischen Voraussetzungen** der Beschlussanfechtung unter Beachtung der Besonderheiten des jeweiligen Rechtsträgers. Als mögliche Klagearten kommen die **Anfechtungs- und Nichtigkeitsklage** bzw. die **allgemeine Feststellungsklage** in Betracht.[8]   6

Eine Klage gegen den Übertragungsbeschluss eines übertragenden Rechtsträgers kann auch im Rahmen der Vermögensübertragung nicht darauf gestützt werden, die Gegenleistung sei zu niedrig bemessen.[9] Hierfür ist, ebenso wie für die Bemessung der bei der Vermögensübertragung vorgesehenen Barabfindung für Sonderrechte,[10] das **Spruchverfahren** eröffnet.[11] So hat sich auch die Rechtsprechung im – soweit ersichtlich – bislang wohl einzigen Verfahren gegen einen Übertragungsbeschluss mit der Rüge der Verletzung von Informationsrechten der Anteilsinhaber im Zusammenhang mit der zu gewährenden Gegenleistung beschäftigt. Das OLG Schleswig hat den Kläger in entsprechender Anwendung der ständigen Rechtsprechung zum Formwechsel mit dieser Rüge in das Spruchverfahren verwiesen.[12]   7

Im Rahmen der Vollzugsphase ist bei der Vermögensvollübertragung durch die entsprechende Anwendung des § 16 Abs. 3 UmwG auch die Möglichkeit der Durchführung eines **Freigabeverfahrens** eröffnet.   8

II. Vermögensteilübertragung, §§ 177, 179, 184, 189 UmwG

Bei der Vermögensteilübertragung findet das **Spaltungsrecht** entsprechende Anwendung.[13] Als statthafte Klagearten gegen einen Teilübertragungsbeschluss kommen somit erneut **Anfechtungs-, Nichtigkeits- und allgemeine Feststellungsklage** in Betracht. Es kann auf die Darstellung zu den Streitigkeiten im Rahmen der Spaltung verwiesen werden.[14]   9

Eine zu niedrige Gegenleistung bzw. Barabfindung ist im **Spruchverfahren** zu rügen. Allerdings ist für die **ausgliedernde Teilübertragung** eine **Ausnahme** zu beachten: Durch die Verweisung auf § 125 S. 1 UmwG, der seinerseits die §§ 14 Abs. 2, 15, 29 bis 34 UmwG von der Anwendung auf die Ausgliederung ausnimmt, kann eine Klage des übertragenden Rechtsträgers gegen den Übertragungsbeschluss auf eine zu niedrig bemessene Gegenleistung gestützt werden.[15] Im Rahmen der Vollzugsphase kommt schließlich wiederum die Durchführung eines **Freigabeverfahrens** in Betracht.   10

---

6 §§ 176 Abs. 1, 178 Abs. 1, 180 Abs. 1, 186 S. 1, 188 Abs. 1 UmwG.
7 Vgl. § 127.
8 Besonders hingewiesen sei an dieser Stelle auf die anwendbaren öffentlich-rechtlichen Vorschriften im Falle der Beteiligung eines öffentlich-rechtlichen Rechtsträgers, §§ 176 Abs. 4, 178 Abs. 2 und 3, 180 Abs. 2, 188 Abs. 2 und 3 UmwG.
9 Vgl. §§ 14 Abs. 2, 32 UmwG.
10 §§ 176 Abs. 2 S. 4, 178 Abs. 2, 180 Abs. 2, 186 S. 1, 188 Abs. 2 UmwG.
11 § 1 Nr. 4 SpruchG; KöKo UmwG/*Leuering* § 176 Rn. 10.
12 OLG Schleswig, Urt. v. 2.4.2009 – 5 U 15/08.
13 § 177 Abs. 1, 179 Abs. 1, 184 Abs. 1, 189 Abs. 1 UmwG.
14 Vgl. § 128.
15 KöKo UmwG/*Leuering* § 177 Rn. 8.

Teil 7 Spruchverfahren

§ 131 Überblick über das Spruchverfahren

Bei aktienrechtlichen Strukturmaßnahmen wie einem Beherrschungs- und Gewinnabführungsvertrag, einem Squeeze out oder Umwandlungen wird regelmäßig in das Aktieneigentum der hiervon betroffenen Aktionäre eingegriffen. Damit derartige Maßnahmen mit dem Eigentumsschutz aus Art. 14 Abs. 1 GG in Einklang stehen, muss den Aktionären eine angemessene Kompensation für den Eingriff zugestanden werden.[1] Um auch den Erfordernissen eines effektiven Rechtsschutzes Genüge zu tun, ist der Gesetzgeber gehalten gewesen, ein Verfahren zur Verfügung zu stellen, das diesen Anforderungen gerecht wird.[2] Diesem Zweck dient das Spruchverfahren, für das mit dem am 1.9.2003 in Kraft getretenen Spruchverfahrensgesetz[3] eine eigenständige Verfahrensordnung geschaffen wurde, welche die bisherigen Einzelregelungen im Aktien- und Umwandlungsrecht ablöste. 1

Mit der Einführung des Spruchverfahrensgesetzes verbunden war die Zielsetzung einer spürbaren Verkürzung der als im Durchschnitt zu lange empfundenen Verfahrensdauer unter Beibehaltung der Elemente, die sich in der zuvor entwickelten Praxis bewährt hatten. Dieses Ziel sollte namentlich durch die Veränderung der Rolle des Sachverständigen zur Vermeidung flächendeckender Gesamtgutachten durch gezielte Beurteilung von Einzelfragen, durch die Einführung von Verfahrensförderungspflichten bei gleichzeitiger Rückführung des Amtsermittlungsgrundsatzes sowie durch eine Neugestaltung der Kostenvorschriften erreicht werden.[4] 2

Im Rahmen einer vom Bundesministerium der Justiz und für Verbraucherschutz im Jahr 2014 in Auftrag gegebenen Evaluation des Spruchverfahrensgesetzes führte eine Analyse der seit dem Jahr 2009 beim LG München I (zuständig für den gesamten OLG-Bezirk München) anhängig gewordenen Spruchverfahren (bis zum 31.1.2015 insgesamt 40 neue Verfahren) zu dem Ergebnis, dass eine Verkürzung der Verfahrensdauer sehr wohl zu beobachten ist. Von diesen Verfahren konnten bis zum 8.12.2014 insgesamt 22 Verfahren durch Vergleich oder Beschluss in erster Instanz beendet werden. 27 dieser Verfahren fielen auf den Zeitraum bis zum 31.12.2012, von denen bis zum 31.1.2015 über 75 % in erster Instanz abgeschlossen wurden.[5] In 12 dieser Verfahren kam es zu einer Erhöhung der Kompensation. 3

---

1 BVerfGE 100, 289 (300 ff.) – DAT/Altana für den Beherrschungs- und Gewinnabführungsvertrag; BVerfG ZIP 2007, 1261 (1262) – Edscha AG; AG 2008, 27 für den Squeeze out.
2 BVerfG NJW 2001, 279 – Moto Meter.
3 Art. 1 des Gesetzes zur Neuordnung des gesellschaftsrechtlichen Spruchverfahrens (Spruchverfahrensneuordnungsgesetz) vom 12.6.2003, BGBl. I S. 383; zur Entwicklung der Spruchverfahren vgl. KöKo SpruchG/*Riegger* Einl. Rn. 4–47; Simon/*Simon* Einf. Rn. 17–48.
4 BT-Drucks. 15/371 S. 11 f.; eine kritische Würdigung, inwieweit dies gelungen ist, findet sich bei *Engel/Puszkajler* BB 2012, 1687 ff., die auf einer Praxisumfrage bei mit Spruchverfahren befassten Kammervorsitzenden beruht.
5 Die von Lorenz (AG 2012, 284 ff.) konstatierte durchschnittliche Verfahrensdauer von nahezu 7 Jahren kann für den Bereich des LG München I selbst unter Einschluss der Beschwerdeinstanz jedenfalls aktuell nicht (mehr) bestätigt werden. Andererseits liegt beim LG München I die Zahl der Antragsteller im Durchschnitt deutlich höher als bei 26 Antragstellern. Bei den Verfahren seit 2009, bei denen die Antragsfrist bereits abgelaufen ist, lag die Zahl der Antragsteller zwischen 14 und 272, im Durchschnitt bei 72. Ein Verfahren aus dem Jahr 2008 weist 300 Antragsteller auf.

§ 132 Streitigkeiten im Zusammenhang mit dem Spruchverfahren

Übersicht

		Rdn.
A.	Verfahrensgrundsätze	1
B.	Anwendungsbereich	3
I.	Delisting	5
II.	Faktischer Beherrschungsvertrag	8
III.	Übernahmerechtlicher Squeeze out und Angebote nach WpÜG	9
IV.	Übertragende Auflösung	10
V.	Vertragskonzernierte GmbH	11
VI.	Mehrstimmrechte	12
VII.	Zeitlicher Anwendungsbereich	13
C.	Zulässigkeit von Anträgen	14
I.	Zuständiges Gericht	14
II.	Antragsberechtigung	20
	1. Antragsberechtigung nach § 3 S. 1 SpruchG	20
	2. Maßgeblicher Zeitpunkt für die Antragsberechtigung	23

		Rdn.
	3. Nachweis der Antragsberechtigung	25
	4. Beteiligtenwechsel	27
III.	Antragsfrist und Antragsbegründung	28
	1. Antragsfrist	28
	2. Begründung des Antrags	36
IV.	Antragsgegner	42
D.	Der gemeinsame Vertreter	43
I.	Allgemeines	43
II.	Rechte und Pflichten des gemeinsamen Vertreters	49
III.	Besonderheiten der §§ 6 a bis 6 c SpruchG	53
E.	Die mündliche Verhandlung	55
I.	Vorbereitung	55
II.	Mündliche Verhandlung	60

A. Verfahrensgrundsätze

1 Das Spruchverfahren ist ein echtes Streitverfahren der freiwilligen Gerichtsbarkeit.[1] Aufgrund der Verweisung in § 17 Abs. 1 SpruchG auf § 26 FamFG ist es zunächst zwar geprägt vom Amtsermittlungsgrundsatz und nicht von dem den streitigen Zivilprozess beherrschenden **Beibringungsgrundsatz**, wonach es Aufgabe der Parteien ist, dem Gericht den Tatsachenstoff zu unterbreiten, den dieses der Entscheidung zugrunde legt.[2] Aufgrund der Annäherung der Regelungen im Spruchverfahrensgesetz an den streitigen Zivilprozess, was sich vor allem an den Präklusionsvorschriften in § 10 SpruchG zeigt, wird teilweise davon ausgegangen, der Amtsermittlungsgrundsatz werde hier ausgeschlossen oder jedenfalls eingeschränkt[3]; andererseits wird vertreten, die bisherige Pflicht zur Amtsermittlung bestehe fort, weshalb das Gericht auch nicht gerügten Fehlern bei der Bewertung nachgehen müsse.[4] Die besseren Gründe werden gerade wegen des Willens des Gesetzgebers, eine flächendeckende Neubegutachtung zu vermeiden, für die vermittelnde Ansicht sprechen, wonach die Amtsermittlung unterstützend neben den Vortrag der Beteiligten tritt und es durch die Erhebung zulässiger Rügen zu einer Beschränkung des Streitstoffes kommt.[5]

2 Das Spruchverfahren ist – anders als die klassischen Verfahren der freiwilligen Gerichtsbarkeit – von der **Dispositionsmaxime** geprägt, weil die Beteiligten selbst über die Einleitung eines Verfahrens und dessen Gegenstand entscheiden, wie vor allem das Antragserfordernis einschließlich der Notwendigkeit einer Begründung, die Regelungen über den Vergleich sowie die Befugnis zur Antragsrücknahme zeigen.[6]

---

[1] Vgl. nur Emmerich/Habersack/*Emmerich* Vor § 1 SpruchG Rn. 5; Hüffer/*Koch* Anh § 305 § 1 SpruchG Rn. 3 und § 17 SpruchG Rn. 2; Lutter/*Krieger/Mennicke* § 17 SpruchG Rn. 1.
[2] Hierzu Zöller/*Greger* vor § 128 Rn. 10.
[3] Für Ausschluss *Büchel* NZG 2003, 793 (798 f.); für Einschränkung KöKo AktG/*Puszkajler* vor §§ 7 bis 11 SpruchG Rn. 25; Lutter/*Krieger/Mennicke* § 17 SpruchG Rn. 1.
[4] Emmerich/Habersack/*Emmerich* § 10 SpruchG Rn. 13; vgl. auch *Meilicke/Heidel* DB 2003, 2267 (2273).
[5] So Simon/*Winter* vor § 7 Rn. 15–18; *Winter/Nießen* NZG 2007, 13 (15 ff.).
[6] Simon/*Winter* vor § 7 Rn. 19; Semler/Stengel/*Volhard* § 17 SpruchG Rn. 1; Lutter/*Krieger/Mennicke* § 11 SpruchG Rn. 14 und § 17 SpruchG Rn. 1.

B. Anwendungsbereich

§ 1 SpruchG regelt enumerativ den sachlichen Anwendungsbereich über die Bestimmung der Angemessenheit der Kompensation bei folgenden Maßnahmen: 3
– Nr. 1: Ausgleich für außenstehende Aktionäre und Abfindung außenstehender Aktionäre bei Beherrschungs- und Gewinnabführungsverträgen gem. §§ 304, 305 AktG
– Nr. 2: Abfindung ausgeschiedener Aktionäre bei der Eingliederung von Aktiengesellschaften gem. § 320b AktG[7]
– Nr. 3: Barabfindung von Minderheitsaktionären, deren Aktien durch Beschluss der Hauptversammlung auf den Hauptaktionär übertragen wurden (§ 327a bis § 327 f. AktG) einschließlich des verschmelzungsrechtlichen Squeeze out auf der Basis von § 62 Abs. 5 UmwG
– Nr. 4: Zuzahlung an Anteilsinhaber oder der Barabfindung von Anteilsinhabern anlässlich der Umwandlung von Rechtsträgern einschließlich der grenzüberschreitenden Umwandlung (§§ 15, 34, 122h, 122i, 176 bis 181, 184, 186, 196 oder 212 UmwG)[8]
– Nr. 5: Zuzahlung an Anteilsinhaber oder Barabfindung von Anteilsinhabern bei der Gründung oder Sitzverlegung einer Societas Europaea – SE (§§ 6, 7, 9, 11 und 12 SEAG)
– Nr. 6: Zuzahlung an Mitglieder bei der Gründung einer Europäischen Genossenschaft (§ 7 SCE-Ausführungsgesetz).

Diese Aufzählung ist nach dem Willen des Gesetzgebers nicht abschließend gedacht, so dass es 4
zu einer analogen Anwendung der Vorschriften des Spruchverfahrensgesetzes kommen kann, wenn ein ähnlicher Sachverhalt zu beurteilen ist, wie er den im Gesetz geregelten Fällen zugrunde liegt.[9]

I. Delisting

Unter Fortführung der Rechtsprechung des BGH[10] wurde von der ganz überwiegend in Rechtsprechung und Literatur vertretenen Auffassung[11] davon ausgegangen, dass beim **regulären Delisting** auf Antrag des Emittenten – also dem vollständigen Rückzug vom regulierten Markt – das Spruchverfahren statthaft sein sollte.[12] Das Bundesverfassungsgericht entschied hierzu, der Widerruf der Börsenzulassung für den regulierten Markt auf Antrag des Emittenten berühre grundsätzlich nicht den Schutzbereich des Eigentums des Aktionärs im Sinne des Art. 14 Abs. 1 GG; das für den Fall eines vollständigen Rückzugs von der Börse im Wege einer Gesamtanalogie zu anderen gesellschaftsrechtlichen Strukturmaßnahmen (§§ 305, 320b, 327b AktG, 29, 207 UmwG) verlangte, gerichtlich überprüfbare Pflichtangebot der Gesellschaft oder ihres Hauptaktionärs an die übrigen Aktionäre, deren Aktien zu erwerben, halte sich aber in den verfassungsrechtlichen Grenzen richterlicher Rechtsfort- 5

---

7 Die Eingliederung spielt seit der Einführung des Squeeze out im Sinne der §§ 327a ff. AktG in der Praxis nahezu keine Rolle mehr.
8 Hierzu näher oben § 127 Rdn. 82 ff., insb. 85.
9 BT-Drucks. 15/838 S. 16; Spindler/Stilz/*Drescher* § 1 SpruchG Rn. 16; Schmidt/Lutter/*Klöcker* § 1 SpruchG Rn. 15; *Büchel* NZG 2003, 793 (794); a. A. *Krämmer/Theiß* AG 2003, 225 (241).
10 BGHZ 153, 47 (53 ff.) – Macrotron; gesellschaftsrechtlich setzt das Delisting danach einen Beschluss der Hauptversammlung sowie ein Kaufangebot mit einem angemessenen Kaufpreis an die Aktionäre voraus.
11 BGHZ 177, 131 (134 f.); KG AG 2008, 295 (297); OLG Zweibrücken AG 2007, 913 (914); OLG Koblenz NJW-RR 2008, 552 (553); LG München I AG 2009, 918 (924); LG Köln AG 2009, 835 f.; Simon/*Simon* § 1 Rn. 43; Spindler/Stilz/*Drescher* § 1 SpruchG Rn. 17; Heidel/*Weingärtner* § 1 SpruchG Rn. 7; *Hüffer* (10. Aufl.)§ 305 Anh § 1 SpruchG Rn. 7; Lutter/*Krieger/Mennicke* § 1 SpruchG Rn. 14; Schmidt/Lutter/ *Klöcker* § 1 SpruchG Rn. 16.
12 Zum Downgrading – also dem Wechsel vom regulierten Markt in besonders ausgestaltete Segmente des Freiverkehrs wie den M:access an der Bayerischen Börse oder den Entry Standard an der Frankfurter Wertpapierbörse – siehe die Vorauﬂ. § 97 Rdn. 6, wo eingehend dargestellt wurde, dass und warum in diesen Fällen ein Spruchverfahren nicht statthaft sein konnte.

bildung.[13] In Anwendung dieser verfassungsrechtlichen Grundsätze änderte der II. Zivilsenat seine Rechtsprechung und geht nunmehr davon aus, im Falle des Widerrufs der Zulassung der Aktien zum Handel in einem regulierten Markt auf Veranlassung der Gesellschaft gebe es für die Aktionäre keinen Anspruch auf eine Barabfindung; es bedarf weder eines Beschlusses der Hauptversammlung noch eines Pflichtangebots.[14] Aus den einfachrechtlichen Vorschriften der §§ 207, 29 Abs. 1 S. 1 1. Hs. UmwG, 243 Abs. 2 AktG oder einer Gesamtanalogie zu §§ 305, 320b, 327b AktG, 29, 207 UmwG kann die Pflicht zu einem Hauptversammlungsbeschluss und einem Kaufangebot nicht abgeleitet werden. Der BGH gewährt den Schutz der Minderheitsaktionäre ausschließlich über die Vorschrift des § 39 Abs. 2 S. 2 BörsG, dem dann aber drittschützende Wirkung zugesprochen werden muss.

Angesichts dieser Ausgangslage kann es für Fälle, bei denen das Delisting von der Gesellschaft nach der Entscheidung des BGH vom 8.10.2013 eingeleitet wird, kein Spruchverfahren mehr geben, weil es keinen Beschluss einer Hauptversammlung gibt und folglich keine Vergleichbarkeit mit den in § 1 SpruchG genannten Strukturmaßnahmen besteht.[15]

6 Wie mit zum Zeitpunkt des Beschlusses des II. Zivilsenats bereits rechtshängigen Spruchverfahren umzugehen ist, wird nicht einheitlich beurteilt,[16] wobei es sich um eine Frage der Statthaftigkeit und folglich der Zulässigkeit eines Spruchverfahrens handelt. Entscheidend für die Beurteilung muss sein, inwieweit die Antragsteller in diesen Verfahren Vertrauensschutz auf den Fortbestand der Rechtsprechung zu Macrotron haben können, nachdem es sich um einen Fall der unechten Rückwirkung handelt, bei der weitere Umstände hinzutreten müssen, um von einer unzumutbaren Härte für zumindest eine Seite der Verfahrensbeteiligten auszugehen.[17] Die besseren Gründe sprechen für die Unstatthaftigkeit auch laufender Spruchverfahren. Entscheidend gegen die Annahme eines schutzwürdigen Vertrauens auf den Fortbestand der Rechtsprechung spricht der Umstand, dass es wegen des Verbots der reformatio in peius nicht zu einer Verringerung der in einem bestandskräftigen Hauptversammlungsbeschluss festgelegten Kompensation kommen kann. Selbst wenn es in den Bekanntmachungen zu der Einberufung zu Hinweisen auf ein Spruchverfahren kommt, kann daraus kein vertraglicher Anspruch auf Fortsetzung des Spruchverfahrens abgeleitet werden, weil in der Bekanntmachung der Einberufung bereits keine Willenserklärung dergestalt gesehen werden kann, dass ein Spruchverfahren auf vertraglicher oder quasi-vertraglicher Grundlage fortgeführt werden kann. Zudem stehen Verfahren vor staatlichen Gerichten nicht zur Disposition der Beteiligten.[18]

7 Erfolgt das Delisting nicht auf Antrag des Emittenten, sondern wird die Börsenzulassung gem. § 39 Abs. 1 BörsG wegen des geringen Anteils der in Streubesitz befindlichen Aktien widerrufen, so wird davon auszugehen sein, dass ein Spruchverfahren nicht statthaft ist, weil es dann an der Verkehrsfähig-

---

13 BVerfG WM 2012, 1378 ff.; zu dieser Entscheidung *Kiefner/Gillessen* AG 2012, 645 ff.; *Heldt/Royé* AG 2012, 660 ff.
14 BGH NJW 2014, 147 ff. – Frosta; ebenso LG München I ZIP 2014, 1429 (1430 f.); *Wasmann/Glock* DB 2014, 105 ff.; *Paschos/Klaaßen* AG 2014, 33 ff.; *Glienke/Röder* BB 2014, 899 ff.; *Arnold/Rothenberg* DStR 2014, 150 ff.; kritisch demgegenüber *Habersack* JZ 2014, 147 ff.; zu Überlegungen de lege ferenda Bayer ZIP 2015, 853 ff.
15 Hüffer/*Koch* § 305 Anh. § 1 SpruchG Rn. 7; Heidel/*Weingärtner* § 1 SpruchG Rn. 8; *Schockenhoff* ZIP 2013, 2429 (2433); *Winter/Keßler* Der Konzern 2014, 69 (72); *Wasmann/Glock* DB 2014, 105 (108 f.); *Paschos/Klaaßen* AG 2014, 33 (36)
16 Gegen die Statthaftigkeit OLG Düsseldorf ZIP 2015, 123 (124); OLG München AG 2015, 277 (278 f.); OLG Stuttgart AG 2015, 321 (322 ff.); 326 (328 ff.); LG München I ZIP 2014, 1429 (1431 f.); *Schockenhoff* ZIP 2013, 2429 (2433); *Winter/Keßler* Der Konzern 2014, 69 (73 f.); *Wasmann/Glock* DB 2014, 105 (108); *Wieneke* NZG 2014, 22 (25); *Arnold/Rothenberg* DStR 2014, 150 (154 f.); Wasmann BB 2015, 340; a. A. LG Stuttgart ZIP 2014, 2346; *Lochner/Schmitz* AG 2014, 489 ff.; *Goette* in FS Stilz, 2014, 159 ff.
17 Allgemein zu den Möglichkeiten einer rückwirkenden Änderung der Rechtsprechung BVerfG, 12.6.1986 – 2 BvL 5/80, BVerfGE 72, 302 (326); BVerfGE 126, 369 (395)
18 Darauf weisen vor allem *Winter/Keßler* Der Konzern 2014, 69 (73) hin.

keit der Aktie fehlt und damit am Grund für ein Spruchverfahren.[19] Wenn der Widerruf wegen Verletzung der Pflichten des Emittenten aus der Zulassung folgt, kann ein Spruchverfahren nicht stattfinden, weil es gerade an jeder Entscheidung von Organen der Gesellschaft fehlt; der Schutz von Aktionären kann dann allenfalls über Schadensersatzpflichten nach allgemeinem Zivilrecht erfolgen.

II. Faktischer Beherrschungsvertrag

Umstritten ist, ob auf einen faktischen Beherrschungsvertrag die Vorschriften des Spruchverfahrens analoge Anwendung finden können. Die überwiegend vertretene Auffassung lehnt dies ab, weil es an einer Gesetzeslücke und einer Vergleichbarkeit der Sachverhalte fehlt. Auch ohne Beherrschungsvertrag kann es zu einer Beherrschung im Verhältnis zweier Unternehmer kommen; hierfür sieht das Gesetz mit § 317 Abs. 1 AktG eine Regelung vor, die gerade nicht auf ein mit §§ 304, 305 AktG vergleichbares Regelungsmodell hinausläuft, sondern darauf, dass das herrschende Unternehmen die beim beherrschten Unternehmen im Einzelnen entstehenden Nachteile ausgleichen muss.[20] 8

III. Übernahmerechtlicher Squeeze out und Angebote nach WpÜG

§ 1 Nr. 3 SpruchG nennt nur den aktienrechtlichen Squeeze out nach §§ 327a ff. AktG als Anlass für ein Spruchverfahren. Daneben besteht die Möglichkeit aufgrund der durch das Übernahmerichtlinie-Umsetzungsgesetz geschaffenen Vorschriften der §§ 39a, 39b WpÜG die Möglichkeit eines übernahmerechtlichen Squeeze out, bei dem indes keine Verweisung auf die Regelungen über das Spruchverfahren erfolgte. Die h. M.[21] vertritt daher – insbesondere auch unter Hinweis auf die Gesetzgebungsmaterialien – die Ansicht, im Anwendungsbereich der §§ 39a, 39b WpÜG finde ein Spruchverfahren nicht statt. Eine Überprüfung der Angemessenheit des Übernahmeangebots nach § 29 WpÜG, des Pflichtangebots nach § 35 WpÜG oder eines Kaufangebots nach § 10 WpÜG ist nicht mittels Spruchverfahrens möglich, weil das Angebot selbst noch keine Strukturmaßnahme ist und die Kontrollerlangung alleine noch nicht das Aktieneigentum beeinträchtigen kann.[22] Die nach den Vorgaben der §§ 39a, 39b WpÜG ermittelte und überprüfbare Abfindung genügt den verfassungsrechtlichen Anforderungen; die eine hohe Akzeptanz durch den betroffenen Markt voraussetzende, zusätzlich mindestens den Börsenkurs garantierende und bei Fehlen eines funktionierenden Marktes auf eine Unternehmensbewertung abstellende Regelung in § 39a Abs. 3 Satz 2 WpÜG sichert dem Aktionär eine angemessen Abfindung, die dem Verkehrswert der Aktie entspricht.[23] 9

IV. Übertragende Auflösung

Im Falle einer Vermögensübertragung gem. § 179a AktG auf den Mehrheitsaktionär und einer anschließenden Auflösung der Gesellschaft kann nach der wohl noch h. M.[24] das Spruchverfahrens- 10

---

19 KöKo SpruchG/*Wasmann*, 1. Aufl., § 1 Rn. 30; *Wasmann* WM 2004, 819 (820); a. A. Spindler/Stilz/*Drescher* § 1 SpruchG Rn. 17.
20 OLG München ZIP 2008, 1330 (1331 f.); in diese Richtung auch OLG Schleswig NZG 2008, 868 (874); Simon/*Simon* § 1 Rn. 53; Spindler/Stilz/*Drescher* § 1 SpruchG Rn. 22; Hüffer/*Koch* Anh § 305 § 1 SpruchG Rn. 6; Schmidt/Lutter/*Klöcker* § 1 SpruchG Rn. 21; *Balthasar* NZG 2008, 858 (860); a. A. *Hirte/Schall* Der Konzern 2006, 243 (246 ff.).
21 OLG Celle AG 2010, 456 f.; OLG Stuttgart ZIP 2009, 1059 (1060); Schmidt/Lutter/*Klöcker* § 1 SpruchG Rn. 24; Spindler/Stilz/*Drescher* § 1 SpruchG Rn. 26; Bürgers/Körber/*Ederle/Theusinger* § 1 SpruchG Rn. 2; Heidel/*Heidel/Lochner* § 39a WpÜG Rn. 54.
22 Spindler/Stilz/*Drescher* § 1 SpruchG Rn. 26; Heidel/*Weingärtner* § 1 SpruchG Rn. 14; KöKo AktG/*Wasmann* Rn. 41; Semler/Stengel/*Volhard* § 1 SpruchG Rn. 5; *Lappe/Stafflage* BB 2002, 2185 (2191 f.); a. A. de lege ferenda *Verse* ZIP 2004, 199 (206 f.).
23 So ausdrücklich BVerfG WM 2012, 1374, 1375 ff.
24 OLG Zweibrücken NZG 2005, 935 (936 f.); BayObLGZ 1998, 211 (213 ff.); Spindler/Stilz/*Drescher* § 1 SpruchG Rn. 19; Simon/*Simon* § 1 Rn. 49 ff.; KöKo AktG/*Wasmann* § 1 Rn. 32–34; zweifelnd Schmidt/Lutter/*Klöcker* § 1 SpruchG Rn. 20; a. A. MüKo AktG/*Stein* § 179a Rn. 86; Spindler/Stilz/*Holzborn* § 179a Rn. 44; Hüffer/*Koch* § 179a Rn. 22; *Hoffmann* in FS Stilz, 2014, 267 (280 f.); *Wolf* ZIP 2002,

gesetz nicht angewandt werden. Zur Begründung wird vor allem darauf verwiesen, dass der Aktionär auch nach der Veräußerung Aktionär bleibe, weshalb das Anteilseigentum nicht beeinträchtigt werde, und er keinen Anspruch auf eine Abfindung oder einen Ausgleich habe; gegen eine Veräußerung unter Wert bestehe hinreichender Rechtsschutz über die Anfechtungsklage. Für diese Ansicht dürften wohl auch die vom BGH im Zusammenhang mit dem Delisting angesprochenen Argumente sprechen, nachdem es hier gerade nicht um eine Beeinträchtigung des Aktieneigentums geht und Schutz über die Anfechtungsklage gegeben ist.

V. Vertragskonzernierte GmbH

11 Liegt ein Beherrschungs- und Gewinnabführungsvertrag mit einer **abhängigen GmbH** vor, ist umstritten, inwieweit zum Schutz der außenstehenden Gesellschafter von einem Einstimmigkeitserfordernis oder von einer analogen Anwendung von §§ 304, 305 AktG ausgegangen werden muss.[25] Wählt man zum Schutz der Minderheitsgesellschafter den Weg über die Anwendung der aktienrechtlichen Vorschriften über den Beherrschungs- und Gewinnabführungsvertrag, wird zumindest teilweise die analoge Anwendung der Regelungen des Spruchverfahrensgesetzes mit durchaus beachtlichen Gründen befürwortet.[26]

VI. Mehrstimmrechte

12 Bei der Abschaffung von Mehrstimmrechten findet das Spruchverfahrensgesetz aufgrund der ausdrücklichen Verweisung in § 5 Abs. 5 EGAktG Anwendung, wenn es um die Überprüfung der Angemessenheit des gem. § 5 Abs. 3 S. 2 und Abs. 4 S. 2 EGAktG zu gewährenden Ausgleichs geht.

VII. Zeitlicher Anwendungsbereich

13 Zeitlich ist der Anwendungsbereich des Spruchverfahrensgesetzes nur dann eröffnet, wenn alle Anträge nach dem Inkrafttreten am 1.9.2003 eingegangen sind. Ist nur ein Antrag vor diesem Datum bei Gericht eingegangen, sind aufgrund der Überleitungsvorschrift in § 17 Abs. 2 SpruchG die zuvor gültigen Verfahrensregelungen aus §§ 306 AktG a. F., 306 ff. UmwG a. F. anwendbar.[27] Mit dem Inkrafttreten des FamFG am 1.9.2009 kam es zu einer Änderung auch der Vorschriften über das Spruchverfahren. Diese Neuregelungen finden aufgrund der Übergangsregelung in Art. 111 FGG-RG nur dann Anwendung, wenn das Spruchverfahren in erster Instanz nach dem Inkrafttreten des FamFG eingeleitet wurde.

C. Zulässigkeit von Anträgen

I. Zuständiges Gericht

14 Die **sachliche** und **örtliche Zuständigkeit** richtet sich nach § 2 Abs. 1 S. 1 SpruchG. Danach ist das Landgericht ausschließlich[28] zuständig, in dessen Bezirk der Rechtsträger, dessen Anteilsinhaber antragsberechtigt sind, seinen Sitz hat, wobei der Satzungssitz der Gesellschaft und nicht etwa ein Ver-

---

153 (157 ff.); *Lutter/Leinkogel* ZIP 1999, 261 (265 f.); offen Emmerich/Habersack/*Emmerich* § 1 SpruchG Rn. 11.

25 Zum Streitstand Baumbach/Hueck/*Zöllner* SchlAnhKonzernR Rn. 54 und 62.

26 Simon/*Simon* § 1 Rn. 39 f.; Emmerich/Habersack/*Emmerich* § 1 SpruchG Rn. 14; Heidel/*Weingärtner* § 1 SpruchG Rn. 19; Scholz/*Emmerich* Anh § 13 Rn. 162; Ulmer/*Casper* Anh. § 77 Rn. 215; *Hoffmann* in FS Stilz, 2014, 267 (280 f.); a. A. KöKo AktG/*Wasmann* § 1 Rn. 37; Lutter/Hommelhoff/*Lutter* Anh zu § 13 Rn. 69 mit der Gewährung von Rechtsschutz ausschließlich über die Anfechtungsklage.

27 BayObLGZ 2004, 200 (202 ff.); NZG 2006, 33 f.; Simon/*Winter* § 1 Rn. 21; Spindler/Stilz/*Drescher* § 17 SpruchG Rn. 4; KöKo AktG/*Roßkopf* § 17 Rn. 12. Umstritten ist dabei, ob auch ein vor dem 1.9.2003 gestellter unzulässiger Antrag zur Anwendbarkeit des alten Verfahrensrechts führen kann; zum Streitstand Spindler/Stilz/*Drescher* § 17 SpruchG Rn. 4.

28 Schmidt/Lutter/*Klöcker* § 2 SpruchG Rn. 1, 2; Spindler/Stilz/*Drescher* § 2 SpruchG Rn. 3.

C. Zulässigkeit von Anträgen § 132

waltungssitz oder der Ort einer Niederlassung entscheidend ist.[29] Demgemäß ist für die örtliche Zuständigkeit abzustellen auf den Sitz der beherrschten Gesellschaft beim Beherrschungs- und Gewinnabführungsvertrag, der eingegliederten Gesellschaft bei der Eingliederung, der die Aktien mittels Squeeze out übertragenden Gesellschaft, der umgewandelten Gesellschaft oder des übertragenden Rechtsträgers in Umwandlungsfällen sowie der Sitz der sich verschmelzenden deutschen Gesellschaft bzw. Genossenschaft bei der Gründung einer SE oder einer SCE.[30]

Sind mehrere Landgerichte zuständig, was nur bei einem Doppelsitz möglich sein kann, oder sind bei verschiedenen Landgerichten Spruchverfahren anhängig, die in einem sachlichen Zusammenhang stehen, so findet § 2 Abs. 1 FamFG entsprechende Anwendung; dies bedeutet, dass das zeitlich zuerst angerufene Gericht für die Entscheidung zuständig ist. Besteht Streit oder Ungewissheit über das zuständige Gericht nach § 2 Abs. 1 S. 2 SpruchG, so findet aufgrund von § 2 Abs. 1 S. 3 SpruchG die Vorschrift des § 5 FamFG entsprechende Anwendung, so dass das zuständige Gericht durch das nächsthöhere gemeinsame Gericht bestimmt wird.[31] 15

Aufgrund der Regelung in § 71 Abs. 4 GVG können die Landesregierungen bzw. die Landesjustizverwaltungen die Zuständigkeit auf ein Landgericht übertragen, wobei dies dann auch für die Fälle gelten muss, in denen das Spruchverfahrensgesetz analog angewandt wird.[32] Hiervon haben die Länder Baden-Württemberg, Bayern, Hessen, Mecklenburg-Vorpommern, Niedersachsen, Nordrhein-Westfalen, Rheinland-Pfalz und Sachsen Gebrauch gemacht.[33] 16

Seit dem Inkrafttreten des FGG-RG am 1.9.2009 richtet sich die **funktionelle Zuständigkeit** nach den Regelungen in §§ 95 Abs. 2 Nr. 2, 71 Abs. 2 Nr. 4 lit. e GVG, womit die eine ausschließlich funktionelle Zuständigkeit beinhaltende Regelung von § 2 Abs. 2 SpruchG a. F. aufgehoben wurde. Aufgrund dieser Regelung wird davon auszugehen sein, dass eine ausschließliche Zuständigkeit der Kammer für Handelssachen nicht mehr angenommen werden kann, weil nach § 96 Abs. 1 GVG der Rechtsstreit vor der Kammer für Handelssachen nur dann verhandelt wird, wenn der »Kläger« dies in der »Klageschrift« beantragt und eine ausschließliche Zuständigkeit der Kammer für Handelssachen in der Neuregelung nicht gesehen werden kann.[34] Auf Antrag der Antragsgegnerseite hat indes in Anwendung von §§ 96, 98 Abs. 1 GVG eine Verweisung von der Zivilkammer an die Kammer für Handelssachen zu erfolgen.[35] 17

Die **internationale Zuständigkeit** folgt der örtlichen Zuständigkeit und besteht somit am Sitz der Gesellschaft, sofern keine verdrängende Sonderregelung eingreift.[36] Denkbar ist dabei vor allem 18

---

29 Schmidt/Lutter/*Klöcker* § 2 SpruchG Rn. 2; Spindler/Stilz/*Drescher* § 2 SpruchG Rn. 4; Simon/*Simon* § 2 Rn. 2.
30 Zu Einzelheiten vor allem bei der Umwandlung und der Gründung einer SE und SCE Spindler/Stilz/*Drescher* § 2 SpruchG Rn. 5.
31 Diese Entscheidung kann nur das Landgericht herbeiführen, an das das Verfahren abgegeben wurde; den Antragstellern fehlt für einen derartigen Antrag das Rechtsschutzbedürfnis – vgl. Spindler/Stilz/*Drescher* § 2 SpruchG Rn. 18.
32 Spindler/Stilz/*Drescher* § 2 SpruchG Rn. 6; KöKo SpruchG/*Wasmann*, 1. Aufl., § 2 Rn. 20; Simon/*Simon* § 2 Rn. 2; OLG Koblenz NZG 2007, 720 für die Beschwerde.
33 Eine detaillierte Zusammenstellung der einzelnen Regelungen der Länder unter Angabe der Rechtsverordnungen der Länder findet sich beispielsweise bei Spindler/Stilz/*Drescher* § 2 SpruchG Rn. 6 und Heidel/*Weingärtner* § 2 SpruchG Rn. 4 Fn. 12. Im Einzelnen sind folgende Landgerichte zuständig: LG Mannheim, LG Stuttgart (Baden-Württemberg); LG München I, LG Nürnberg-Fürth (Bayern); LG Frankfurt (Hessen); LG Rostock (Mecklenburg-Vorpommern); LG Hannover (Niedersachsen); LG Köln, LG Düsseldorf, LG Dortmund (Nordrhein-Westfalen); LG Koblenz, LG Frankenthal (Rheinland-Pfalz); LG Leipzig (Sachsen).
34 LG München I NZG 2010, 392, 520 Ls; Schmidt/Lutter/*Klöcker* § 2 SpruchG Rn. 14.
35 LG München I NZG 2010, 392 und 520 Ls; in diese Richtung nunmehr auch Hüffer/*Koch* Anh § 305 § 2 SpruchG Rn. 5; für eine Verweisung auch von Amts wegen Spindler/Stilz/*Drescher* § 2 SpruchG Rn. 19.
36 LG München I NZG 2009, 143 (148); Hüffer/*Koch* Anh § 305 § 2 SpruchG Rn. 3; Spindler/Stilz/*Drescher* § 2 SpruchG Rn. 7; Schmidt/Lutter/*Klöcker* § 2 SpruchG Rn. 3; Simon/*Simon* § 2 Rn. 22.

das Eingreifen der EuGVVO. Indes wird ganz überwiegend davon ausgegangen, dass insoweit die Zuständigkeit der deutschen Gerichte begründet werden kann, wobei als Argumentationsansatz namentlich auf den Gerichtsstand der Erfüllungsortes gem. Art. 5 Nr. 1a EuGVVO oder auf Art. 22 Nr. 2 EuGVVO über den Gerichtsstand für Beschlussmängelklagen abgestellt wird.[37]

19 § 2 Abs. 2 S. 1 Nr. 1–Nr. 8 SpruchG regelt, in welchen Fällen der Vorsitzende einer Kammer für Handelssachen kraft Gesetzes alleine entscheiden kann. Darüber hinaus kann er gem. § 2 Abs. 2 S. 2 SpruchG im Einverständnis mit allen Beteiligten auch im Übrigen an Stelle der Kammer entscheiden.

II. Antragsberechtigung

1. Antragsberechtigung nach § 3 S. 1 SpruchG

20 Die Vorschrift des § 3 SpruchG betrifft die Antragsberechtigung für ein Spruchverfahren in Abhängigkeit von der jeweiligen Strukturmaßnahme.[38] Antragsberechtigt sind demzufolge:
– Beim Beherrschungs- und Gewinnabführungsvertrag jeder außenstehende Aktionär (3 S. 1 Nr. 1 SpruchG); dies sind grundsätzlich alle Aktionäre der Gesellschaft mit Ausnahme des anderen Vertragsteils, wobei dem anderen Vertragsteil die Aktionäre gleichgestellt werden, deren Vermögen wirtschaftlich mit dem Vermögen des anderen Vertragsteils eine Einheit bildet oder deren Erträge dem anderen Vertragsteil oder denen die Erträge des anderen Vertragsteils zufließen.[39] Der Antragsberechtigung steht nach h. M. nicht entgegen, wenn der Aktionär in der Hauptversammlung dem Beschluss zugestimmt hat; aus dem Widerspruchserfordernis in § 29 Abs. 1 S. 1 UmwG für den Fall der Verschmelzung im Wege der Aufnahme durch einen Rechtsträger anderer Rechtsform oder beim kalten Delisting kann kein allgemeiner Rechtsgrundsatz abgeleitet werden.[40]
– Bei der Eingliederung und dem Squeeze out jeder Aktionär, der durch diese Maßnahme seine Aktionärsstellung verloren hat (§ 3 S. 1 Nr. 2 SpruchG).
– Bei Maßnahmen nach dem Umwandlungsgesetz jeder Anteilsinhaber, der in den in § 1 Nr. 4 SpruchG angeführten Vorschriften des Umwandlungsgesetzes bezeichnet ist[41]; dabei sind insbesondere die Vorgaben aus § 29 UmwG mit dem Widerspruchserfordernis zu beachten, die die Antragsberechtigung einschränken.
– Bei der Gründung oder Sitzverlegung einer SE jeder Anteilsinhaber, der in den in § 1 Nr. 5 SpruchG angeführten Vorschriften des SEAG bezeichnet ist.[42]
– Bei der Gründung einer Europäischen Genossenschaft jedes in § 7 SCE-Ausführungsgesetz genannte Mitglied (§ 3 S. 1 Nr. 5 SpruchG); damit ist jedes Mitglied der deutschen Genossenschaft antragsberechtigt, sofern die Voraussetzungen von Art. 29 Abs. 3 S. 1 SCE-VO[43] erfüllt sind; demgemäß müssen die anderen sich verschmelzenden Genossenschaften in Mitgliedstaaten, in denen es kein Spruchverfahren gibt, bei der Zustimmung zum Verschmelzungsplan erklären, es zu akzeptieren, dass die Mitglieder der betreffenden sich verschmelzenden Genossenschaft auf ein solches Verfahren rekurrieren können; ein Widerspruch muss nicht erklärt werden.[44]

---

37 Für Art. 5 Nr. 1a EuGVVO Simon/*Simon* § 2 Rn. 26; Bürgers/Körber/*Ederle/Theusinger* Anh § 306/§ 2 SpruchG Rn. 6; *Nießen* NZG 2006, 441 (442 ff.); für Art. 22 Nr. 2 EuGVVO Spindler/Stilz/*Drescher* § 2 SpruchG Rn. 7; KöKo AktG/*Wasmann* § 2 Rn. 15; Hüffer/*Koch* Anh § 305 § 2 SpruchG Rn. 3.
38 Zur Antragsberechtigung beim (heute nicht mehr zulässigen) Spruchverfahren im Falle eines Delisting siehe die Vorauﬂ.
39 Spindler/Stilz/*Veil* § 304 Rn. 17 ff. unter Hinweis auf die Regierungsbegründung zu § 295; Schmidt/Lutter/*Stephan* § 304 Rn. 64 ff.; Hüffer/*Koch* § 304 Rn. 2 f.
40 KöKo AktG/*Wasmann* § 3 Rn. 3; Simon/*Simon* § 3 Rn. 16; Spindler/Stilz/*Drescher* § 3 SpruchG Rn. 6; BayObLGZ 2002, 56 (62) zum alten Recht.
41 Hierzu im Einzelnen oben § 127 Rdn. 86 f.
42 Zu Einzelheiten vor allem Spindler/Stilz/*Drescher* § 3 SpruchG Rn. 12 und 13; Schmidt/Lutter/*Klöcker* § 3 SpruchG Rn. 20; Simon/*Leuering* § 3 Rn. 42.
43 Verordnung (EG) Nr. 1435/2003 des Rates vom 22. Juli 2003 ABL. EG 2003 Nr. L 207 S. 1–24.
44 Spindler/Stilz/*Drescher* § 3 SpruchG Rn. 16.

Bei den Mehrstimmrechten muss jeder betroffene Aktionär als antragsbefugt angesehen werden, der entsprechend der Regelung in § 5 Abs. 4 S. 2 EGAktG Widerspruch zur Niederschrift erklärt hat.   21

Eine Nebenintervention ist im Spruchverfahren für die nicht selbst als Antragsteller beteiligten Aktionäre – beispielsweise nach Versäumung der Antragsfrist – nicht möglich, weil deren Interessen durch den gemeinsamen Vertreter wahrgenommen werden und dies auch dem Zweck der Zulässigkeitsvoraussetzungen vor allem bei der Antragsfrist zuwiderlaufen würde.[45] Den Anteilsinhabern des die Kompensation schuldenden Unternehmens wird ebenfalls keine Befugnis zur Nebenintervention zukommen, weil sie bei einer Erhöhung nur in ihren wirtschaftlichen Interessen berührt sind, die indes kein rechtliches Interesse im Sinne des § 66 ZPO begründen.[46]

Im Spruchverfahren wird eine gewillkürte Verfahrensstandschaft, bei der ein fremdes Recht in eigenem Namen geltend gemacht wird, als zulässig angesehen und steht einer Antragsberechtigung nicht entgegen.[47] Allerdings muss dabei die Frist des § 4 Abs. 1 S. 1 Abs. 2 S. 1 SpruchG beachtet werden; dies bedeutet, dass die Offenlegung der Geltendmachung eines fremden Rechts innerhalb der Antragsfrist erfolgen muss.[48]   22

2. Maßgeblicher Zeitpunkt für die Antragsberechtigung

Als maßgeblicher Zeitpunkt der Antragsberechtigung kann bei der Eingliederung und dem Squeeze out nur auf das Wirksamwerden der Maßnahme abgestellt werden, also jeweils die Eintragung des entsprechenden Beschlusses der Hauptversammlung gem. §§ 320 a S. 1 bzw. 327 e Abs. 3 S. 1 AktG, weil erst durch diese Eintragung der Rechtsverlust eintritt; danach ist nur der ehemalige Aktionär antragsbefugt, der im Zeitpunkt der Eintragung Aktionär war.[49] Nicht geregelt hat der Gesetzgeber den maßgeblichen Zeitpunkt beim verschmelzungsrechtlichen Squeeze out, bei dem zwei Zeitpunkte möglich erscheinen – die Eintragung des Squeeze out-Beschlusses im Register der übertragenden Gesellschaft, deren Aktien betroffen sind oder die Eintragung im Register des Sitzes der übernehmenden Gesellschaft. Auch wenn der Wortlaut von § 3 S. 1 Nr. 2 SpruchG für die Eintragung im Handelsregister der übertragenden Gesellschaft sprechen könnte, zeigt die Systematik des Gesetzes, dass zwingend auf die Eintragung des Verschmelzungsbeschlusses im Handelsregister der übernehmenden Gesellschaft abgestellt werden muss; erst mit diesem Akt verliert der Minderheitsaktionär in der übertragenden Gesellschaft nach § 62 Abs. 5 S. 1 und S. 7 UmwG die Stellung als Aktionär, was für das Spruchverfahren der zentrale Anknüpfungspunkt ist.[50]   23

Bei allen anderen Fällen des Spruchverfahrens ist die Antragsberechtigung gemäß der ausdrücklichen gesetzlichen Anordnung in § 3 S. 2 SpruchG nur gegeben, wenn der Antragsteller zum Zeitpunkt der Antragstellung Anteilsinhaber ist; abzustellen ist somit auf den Eingang bei Gericht.[51] Angesichts dieses klaren Wortlauts fehlt die Antragsberechtigung auch dann, wenn der Antragsteller aufgrund der Eintragung eines Squeeze out-Beschlusses im Handelsregister im Zeitpunkt des Eingangs des Antrags bei Gericht seine Aktionärsstellung verloren hatte.[52]   24

---

45 OLG Frankfurt ZIP 2006, 300; OLG Stuttgart NZG 2007, 237 (238); LG Frankfurt AG 2005, 544 (545); KöKo SpruchG/*Wasmann*, 1. Aufl., Vorb. §§ 1 ff. Rn. 14; Heidel/*Weingärtner* § 3 SpruchG Rn. 5.
46 Heidel/*Weingärtner* § 3 SpruchG Rn. 5; zweifelnd KöKo SpruchG/*Wasmann*, 1. Aufl., Vorb. §§ 1 ff. Rn. 14; allgemein zu den Voraussetzungen des rechtlichen Interesses z. B. Zöller/*Vollkommer* § 66 Rn. 8 ff., insb. Rn. 9.
47 LG München I Der Konzern 2010, 196 (197); *Klöcker/Frowein* § 3 Rn. 30; KöKo AktG/*Wasmann* § 3 Rn. 28; *Büchel* NZG 2003, 793 (795).
48 LG München I Der Konzern 2010, 196 (197).
49 Schmidt/Lutter/*Klöcker* § 3 SpruchG Rn. 8; Spindler/Stilz/*Drescher* § 3 SpruchG Rn. 5; Simon/*Leuering* § 3 Rn. 26 f.; KöKo AktG/*Wasmann* § 3 Rn. 8.
50 LG München I, Beschl. v. 28.5.2014 – 5HK O 22657/12
51 Zur Antragsberechtigung in den Fällen des nicht mehr statthaften Spruchverfahrens beim Delisting vgl. die Voraufl.
52 So OLG München ZIP 2012, 1180.

3. Nachweis der Antragsberechtigung

25 Aufgrund von § 3 S. 3 SpruchG kann der Nachweis der Stellung als Aktionär gegenüber dem Gericht ausschließlich durch Urkunden geführt werden. Fraglich ist dabei, ob als Urkunden nur die Aktie selbst oder das Original eines Depotauszugs angesehen werden können oder ob auch die Vorlage nicht geschwärzter Kopien genügt, solange die Echtheit nicht bezweifelt wird.[53] Im Streitfall ist jeder Aktionär jedenfalls gut beraten, umgehend das Original der Bankbescheinigung oder den Depotauszug vorzulegen. Bei einem Squeeze out wird die vielfach vorgelegte Ausbuchungsbescheinigung nicht zwingend ausreichend sein, weil die Ausbuchung banktechnisch erst nach der Eintragung erfolgt und ein Handel danach möglich ist.[54]

26 Bei Namensaktien ist der Nachweis durch die Vorlage eines Auszugs aus dem Aktienregister zu erbringen, weil der Normzweck dieser Vorschrift auch bei der Beurteilung der Antragsbefugnis maßgeblich ist. Zwar hat die Eintragung in das Aktienregister keine konstitutive Wirkung, es wird aber eine unwiderlegbare gesetzliche Vermutung für die Aktionärseigenschaft der eingetragenen Person begründet, die sich auf die Ausübung aller mitgliedschaftlichen Rechte bezieht. Das Spruchverfahren hat seinen Anlass aber nun gerade in dem mitgliedschaftlichen Verhältnis des Aktionärs zu der Gesellschaft, die Namensaktien ausgegeben hat.[55] Der Aktionär hat einen Anspruch auf Auskunft aus § 67 Abs. 6 AktG, wobei diese Vorschrift auch dann zu gelten hat, wenn der Aktionär infolge eines Squeeze out oder auch der Eingliederung im Zeitpunkt, in dem er den Auszug benötigt, nicht mehr Aktionär ist.

4. Beteiligtenwechsel

27 Veräußert ein Aktionär nach der Antragstellung seine Aktien, so hat dies auf das Spruchverfahren keinen Einfluss, weil insoweit die Vorschrift des § 265 Abs. 2 ZPO analoge Anwendung finden wird. Der veräußernde Aktionär bleibt mithin Beteiligter des Spruchverfahrens; ein Beteiligtenwechsel findet nicht statt.[56] Im Falle des Todes einer der Antragsteller kommt es nicht zu einer Unterbrechung des Verfahrens, da das Spruchverfahren von Amts wegen geführt wird; vielmehr wird es durch die Erben als Gesamtrechtsnachfolger fortgeführt.[57] Ebenso wenig kommt es zu einer Unterbrechung bei der Eröffnung des Insolvenzverfahrens über das Vermögen eines der Beteiligten, insbesondere des Antragsgegners.[58]

III. Antragsfrist und Antragsbegründung

1. Antragsfrist

28 Die Einleitung eines Spruchverfahrens ist fristgebunden. Der Antrag kann gem. § 4 Abs. 1 S. 1 SpruchG in den Fällen von § 1 SpruchG nur binnen **drei Monaten** seit dem Tag gestellt werden,

---

[53] Für die Vorlage des Originals unter Hinweis auf §§ 415 ff. ZPO analog Simon/*Leuering* § 3 Rn. 62; OLG Hamburg NZG 2004, 45; LG Frankfurt a. M. AG 2005, 666; Schmidt/Lutter/*Klöcker* § 3 SpruchG Rn. 31; weniger streng OLG Frankfurt DB 2005, 2626 (2628), wonach eine per Telefax übermittelte Bankbescheinigung genügen soll; Spindler/Stilz/*Drescher* § 3 SpruchG Rn. 20.

[54] Spindler/Stilz/*Drescher* § 3 SpruchG Rn. 20.

[55] OLG Frankfurt NZG 2006, 667 (669); OLG Hamburg NZG 2004, 45; KG AG 2000, 364; LG München I Der Konzern 2010, 196 f.; Beschl. v. 19.12.2014 – 5HK O 20316/09; Simon/*Leuering* § 3 Rn. 13; KöKo AktG/*Wasmann* § 3 Rn. 27; Heidel/*Weingärtner* § 3 SpruchG Rn. 15; Schmidt/Lutter/*Klöcker* § 3 SpruchG Rn. 34; *Hüffer/Koch* Anh § 305 § 3 SpruchG Rn. 7; *Lieder* NZG 2005, 159 ff.; *Leuering* EwiR 2003, 1165; a. A. wenig überzeugend *Dißlars* BB 2004, 1293.

[56] Spindler/Stilz/*Drescher* § 3 SpruchG Rn. 24; Heidel/*Weingärtner* § 3 SpruchG Rn. 6; Bürgers/Körber/ *Ederle/Theusinger* Anh § 306/§ 3 SpruchG Rn. 16; *Tomson/Hammerschmitt* NJW 2003, 2572 (2574); *Büchel* NZG 2003, 793 (795); *Wasmann* WM 2004, 819 (822).

[57] Spindler/Stilz/*Drescher* § 3 SpruchG Rn. 26.

[58] Spindler/Stilz/*Drescher* § 3 SpruchG Rn. 27; Klöcker/Frowein § 11 Rn. 31; a. A. KöKo AktG/*Puszkajler* § 11 Rn. 57.

C. Zulässigkeit von Anträgen § 132

an dem die entsprechenden Eintragungen bekannt gemacht wurden.[59] Dabei ist beim Beherrschungs- und Gewinnabführungsvertrag, der Eingliederung, dem Squeeze out sowie den Maßnahmen nach dem Umwandlungsgesetz auf die Bekanntmachung der Eintragung in das Handelsregister im elektronischen Informations- und Kommunikationssystem der Landesjustizverwaltungen abzustellen. Bei der Umwandlung ist auf die Bekanntmachung durch das Handelsregister des übernehmenden Rechtsträgers abzustellen,[60] wobei dies auch für den verschmelzungsrechtlichen Squeeze out gelten muss. Liegt eine grenzüberschreitende Verschmelzung vor, so sind für die Bekanntmachung die Vorschriften des Staates maßgeblich, dessen Recht die übertragende oder neue Gesellschaft unterliegt. Bei den Maßnahmen der Gründung oder Sitzverlegung einer SE ist ebenso wie bei der Gründung einer Europäischen Genossenschaft auf die Vorschriften des Sitzstaates abzustellen.

Bei der Frist des § 4 Abs. 1 S. 1 SpruchG handelt es sich nicht nur um eine Verfahrensfrist, deren Versäumung eine Zurückweisung des Antrags als unzulässig zur Folge hat, sondern auch um eine **materiell-rechtliche Ausschlussfrist**, bei der eine Verlängerung nicht möglich ist.[61] Rügen von Antragstellern, die erstmals nach dem Ende der Antragsfrist erhoben werden, müssen daher bei der Überprüfung der Angemessenheit der Kompensationsleistung unberücksichtigt bleiben; zulässig bleibt eine Konkretisierung einer innerhalb der Frist erhobenen Rüge.[62] 29

Zweifelhaft ist angesichts dieser Rechtsnatur auch, ob **Wiedereinsetzung in den vorigen Stand** zu gewähren ist, wenn die Frist unverschuldet versäumt wurde. Dies wird vor allem wegen der Regelung in § 4 Abs. 2 S. 2 Nr. 4 S. 2 SpruchG abzulehnen sein. Danach kann lediglich die Antragsbegründungsfrist verlängert werden, wenn der Antragsteller glaubhaft macht, dass er im Zeitpunkt der Antragstellung aus Gründen, die er nicht zu vertreten hat, über die in § 7 Abs. 3 genannten Unterlagen nicht verfügte.[63] 30

Die Frist selbst berechnet sich nach den Vorgaben der § 17 Abs. 1 SpruchG, § 16 Abs. 2 FamFG, § 222 Abs. 1 und Abs. 2 ZPO, §§ 187 bis 193 BGB. Somit wird bei der Berechnung der Frist der Tag nicht mitgerechnet, in welchen das Ereignis oder der Zeitpunkt fällt – die Frist beginnt mithin am Tag nach der maßgeblichen Bekanntmachung und endet unter Anwendung von § 188 Abs. 2 und Abs. 3 BGB; erfolgte die Bekanntmachung der Eintragung am 14. 1., so beginnt die Frist am 15. 1. zu laufen und endet am 14.4.; fällt das Fristende auf einen Samstag, Sonntag oder gesetzlichen Feiertag, so endet die Frist gem. § 222 Abs. 2 ZPO am nachfolgenden Werktag. 31

Ein vor Fristbeginn eingereichter Antrag ist als unzulässig anzusehen, weil es am Rechtsschutzbedürfnis fehlen wird; mit Erreichen der Antragsfrist wird er im Falle seiner Weiterverfolgung indes zulässig, sofern er bis dahin noch nicht vom Gericht zurückgewiesen wurde.[64] 32

---

59 Zur Antragsfrist beim nicht mehr statthaften Spruchverfahren im Falle eines Delisting vgl. die Voraufl.
60 LG München I, Beschl. v. 11.2.2011 – 5HK O 22816/09; Simon/*Leuering* § 4 Rn. 24; Spindler/Stilz/*Drescher* § 4 SpruchG Rn. 3; Heidel/*Weingärtner* § 4 SpruchG Rn. 4; Semler/Stengel/*Volhard* § 4 SpruchG Rn. 3
61 Schmidt/Lutter/*Klöcker* § 4 SpruchG Rn. 2 und 11; Hüffer/*Koch* AktG Anh § 305 § 4 SpruchG Rn. 2.
62 Heidel/*Krenek* § 7 SpruchG Rn. 15; Lutter/*Krieger/Mennicke* § 4 SpruchG Rn. 16; Bürgers/Körber/*Ederle/Theusinger* Anh § 306/§ 4 SpruchG Rn. 12; Hüffer/*Koch* AktG, 10. Aufl., Anh § 305 § 4 SpruchG Rn. 9; a. A. Emmerich/Habersack/*Emmerich* § 4 SpruchG Rn. 13; KöKo AktG/*Puszkajler* Vorb. §§ 7 bis 11 SpruchG Rn. 24; Hüffer/*Koch* § 4 Rn. 9.
63 OLG Frankfurt NZG 2009, 1225; OLG Düsseldorf NZG 2005, 719 f.; KöKo AktG/*Wasmann* § 4 Rn. 4; Hüffer/*Koch* AktG Anh § 305 § 4 SpruchG Rn. 2; Spindler/Stilz/*Drescher* § 4 SpruchG Rn. 12; Semler/Stengel/*Volhard* § 4 SpruchG Rn. 1; a. A. für den Fall des Vorliegens weiterer zulässiger Anträge LG Dortmund AG 2005, 308 (309).
64 BayObLGZ 2004, 346 (353); OLG Frankfurt NZG 2006, 153; LG München I, Beschl. v. 28.4.2015 – 544 O 13475/01; KöKo AktG/*Wasmann* § 4 Rn. 7; Spindler/Stilz/*Drescher* § 4 SpruchG Rn. 6; Semler/Stengel/*Volhard* § 4 SpruchG Rn. 6.

33 In den Fällen des § 2 Abs. 1 S. 2 und S. 3 SpruchG (Doppelsitz und sachlicher Zusammenhang; gerichtliche Bestimmung der Zuständigkeit), wird die Frist aufgrund der ausdrücklichen Anordnung in § 4 Abs. 1 S. 2 SpruchG durch Einreichung bei jedem zunächst zuständigen Gericht gewahrt.

34 Nicht einheitlich beurteilt wird die Frage, ob der Antrag innerhalb der Frist beim zuständigen Gericht eingehen muss. Die ganz überwiegend vertretene Auffassung[65] geht allerdings davon aus, dass – entgegen der Auffassung des BGH[66] zur Rechtslage vor dem Inkrafttreten des Spruchverfahrensgesetzes – eine analoge Anwendung von § 281 Abs. 2 S. 3 ZPO nicht in Betracht komme. Aus der Regelung in § 4 Abs. 1 S. 2 SpruchG müsse der Schluss gezogen werden, dass in allen anderen Fällen der Einreichung bei einem von Beginn an unzuständigen Gericht eine Fristwahrung nicht angenommen werden könne. Da das zuständige Gericht innerhalb der Frist von drei Monaten ohne größere Schwierigkeiten zu ermitteln sei, zwinge auch die Eigentumsgarantie aus Art. 14 Abs. 1 GG zu keiner anderen Beurteilung.

35 Eine abweichende Regelung gilt für die **Mehrstimmrechte**, bei denen aufgrund der Vorschrift des § 5 Abs. 4 S. 2 EGAktG eine Frist von zwei Monaten seit dem Tag der Bekanntmachung der Satzungsänderung im Handelsregister nach § 10 HGB zu beachten ist.

2. Begründung des Antrags

36 Der Antrag ist aufgrund der Vorschrift des § 4 Abs. 1 SpruchG zu begründen. Damit soll nach dem Willen des Gesetzgebers verhindert werden, dass einzelne Antragsteller ohne jede sachliche Erläuterung ein aufwendiges und kostenintensives Überprüfungsverfahren in Gang setzen können.[67]

37 Aufgrund von § 4 Abs. 2 S. 2 Nr. 1 SpruchG muss die Begründung den oder die sich aus § 5 SpruchG ergebenden **Antragsgegner** bezeichnen, wobei dies unter Angabe der Firma oder des Namens bei natürlichen Personen und des Sitzes und Wohnortes zu erfolgen hat.[68] Wird der Antragsgegner falsch bezeichnet und ist dies auch nicht im Wege einer zulässigen Auslegung zu korrigieren[69], so muss davon ausgegangen werden, dass der Antrag unzulässig und nicht unbegründet ist[70]. Dies ergibt sich aus der Überlegung, dass es sich beim Spruchverfahrensgesetz um ein reines Verfahrensgesetz handelt und dem Umstand, dass auch andere Begründungsdefizite – wie beispielsweise eine unzureichende Begründung der Unangemessenheit der Kompensation – nach dem Willen des Gesetzgebers zur Unzulässigkeit des Antrags[71] führen.

38 Weiterhin muss der Antragsteller in seinem Antrag die **Antragsberechtigung** darlegen. Dabei war lange Zeit umstritten, ob der Antragsteller neben der Darlegung der Antragsberechtigung auch den Nachweis innerhalb der Antragsfrist führen muss. Jedenfalls für die Praxis hat der BGH mit seinem Beschluss vom 25.6.2008[72] für Klarheit gesorgt – der Antragsteller muss danach seine Stellung

---

65 OLG München ZIP 2010, 369 f.; OLG Frankfurt ZIP 2009, 2408; OLG Düsseldorf NZG 2005, 719; Simon/*Leuering* § 3 Rn. 32; Hüffer/*Koch* Anh § 305 § 4 SpruchG Rn. 5; KöKo AktG/*Wasmann* § 4 Rn. 6; Semler/Stengel/*Volhard* § 4 SpruchG Rn. 7; a. A. Spindler/Stilz/*Drescher* § 4 SpruchG Rn. 9; Heidel/*Weingärtner* § 4 SpruchG Rn. 12; *Kallrus* MDR 2009, 607 (608 ff.).
66 BGHZ 166, 329 (333 ff.); die Übertragbarkeit auf das SpruchG ließ der BGH aber ausdrücklich offen.
67 BT-Drucks. 15/371 S. 13.
68 KöKo AktG/*Wasmann* § 4 Rn. 11; Spindler/Stilz/*Drescher* § 4 SpruchG Rn. 18; Simon/*Leuering* § 4 Rn. 36.
69 Hierzu Simon/*Leuering* § 4 Rn. 36.
70 LG München I ZIP 2010, 1995 (1996) für den Fall der Bezeichnung der Aktiengesellschaft und nicht des Hauptaktionärs in einem Spruchverfahren; KöKo AktG/*Wasmann* § 5 Rn. 2; Klöcker/Frowein § 5 Rn. 1; MüKo AktG/*Volhard* § 9 Rn. 7; Emmerich/Habersack/*Emmerich* § 4 Rn. 7 und § 5 SpruchG Rn. 1; *Bungert*/Mennicke BB 2003, 2021 (2026 f.); *Lamb*/Schluck-Amend BB 2003, 1259 (1261); a. A. KöKo AktG/*Puszkajler* § 11 Rn. 11; MüKo AktG/*Kubis* § 4 SpruchG Rn. 13; Lutter/*Krieger*/Mennicke § 4 SpruchG Rn. 11).
71 BT-Drucks. 15/371 S. 22.
72 BGHZ 177, 131 (136 ff.); OLG Stuttgart ZIP 2004, 1907 ff.; OLG Frankfurt DB 2005, 2626 f.; OLG Düs-

als Aktionär innerhalb der Anspruchsbegründungsfrist lediglich darlegen, nicht auch nachweisen. Zur Begründung wird vor allem auf den Wortlaut des § 4 Abs. 2 S. 2 Nr. 2 SpruchG hingewiesen, der von Darlegung und damit nur von der Darstellung eines Sachverhalts spricht; auch setzt sich der BGH zur Begründung eingehend mit der Entstehungsgeschichte auseinander. Ebenso wird ganz maßgeblich darauf verwiesen, dass die Gegenauffassung den Zugang zu den Gerichten nicht unerheblich erschweren würde und dass vom Gesetz eingeräumte Fristen bis zu ihrer Grenze ausgenutzt werden dürfen; dies wäre nicht möglich, wenn der Antragsteller erst den Eingang bei Gericht erfragen und dann noch die Depotbescheinigung seiner Bank einholen müsste.

Weiterhin muss der Antrag Angaben zur **Art der Strukturmaßnahme** und der vom Gericht zu bestimmenden **Kompensation** enthalten. Dabei wird eine rein abstrakte Bezeichnung der Maßnahme nicht genügen[73] – regelmäßig wird es genügen, wenn der Beschluss der Hauptversammlung mit dem zentralen Inhalt beschrieben wird und dabei auch die gewährte Kompensation angegeben wird. Gibt es unterschiedliche Kompensationsmöglichkeiten – wie Ausgleich und Abfindung beim Beherrschungs- und Gewinnabführungsvertrag oder Barabfindung und Abfindung in Aktien –, so muss im Antrag angegeben werden, welche der beiden denkbaren Möglichkeiten zum Verfahrensgegenstand gemacht werden, ohne dass es aber jeweils einer Bezifferung bedarf.[74] 39

Die zentrale Vorschrift hinsichtlich des Inhalts der Antragsbegründung enthält § 4 Abs. 2 S. 2 Nr. 4 S. 1 SpruchG. Danach muss sie **konkrete Einwendungen** gegen die Angemessenheit der Kompensation nach § 1 SpruchG oder gegebenenfalls gegen den als Grundlage für die Kompensation ermittelten Unternehmenswert enthalten, soweit hierzu Angaben in den in § 7 Abs. 3 SpruchG genannten Unterlagen enthalten sind. Für die danach zu stellenden Anforderungen ist auf die vom Gesetzgeber beabsichtigte Funktion der Vorschrift abzustellen, die Überprüfung der Unternehmensbewertung auf die vorgebrachten Rügen zu beschränken. Dabei darf aber nicht vernachlässigt werden, dass der Gesetzgeber es unterließ, das Spruchverfahren vollständig aus der amtswegigen Prüfung zu lösen und beabsichtigt war, pauschale und schemenhafte Bewertungsrügen auszuschließen. Zu fordern ist daher, dass die vorgebrachten Einwendungen sich auf solche Umstände oder Bewertungsparameter beziehen, die für die Bestimmung der angemessenen Kompensation für die im Streit stehende Strukturmaßnahme rechtlich von Relevanz sein können.[75] Eine Überspannung der Anforderungen an eine hinreichend konkrete Bewertungsrüge verbietet sich – ungeachtet der in jüngster Zeit deutlich detaillierteren Berichte zur Bewertung – auch angesichts des strukturellen Ungleichgewichts der Information zwischen der Gesellschaft und dem Antragsgegner einerseits und dem außenstehenden Aktionär als Antragsteller andererseits. Allerdings genügt es nicht, wenn pauschal auf die Bewertungsrügen anderer Aktionäre Bezug genommen wird.[76] 40

Die Antragsbegründung soll weiterhin die **Zahl der vom Antragsteller gehaltenen Aktien** angeben. Dabei handelt es sich um eine Sollbestimmung, die bei Nichtbeachtung nicht zur Unzulässigkeit des 41

---

seldorf ZIP 2005, 1369 f.; Semler/Stengel/*Volhard* § 3 SpruchG Rn. 12; Bürgers/Körber/*Ederle/Theusinger* Anh § 306/§ 3 SpruchG Rn. 17; Spindler/Stilz/*Drescher* § 3 SpruchG Rn. 20; Emmerich/Habersack/*Emmerich* § 3 SpruchG Rn. 14; MüKo AktG/*Kubis* § 4 SpruchG Rn. 15; Heidel/*Weingärtner* § 3 SpruchG Rn. 16; a. A. OLG Hamburg AG 2004, 622 obiter; KöKo AktG/*Wasmann* § 3 Rn. 26; Lutter/*Krieger/Mennicke* § 3 SpruchG Rn. 9 und § 4 SpruchG Rn. 12; Bungert/Mennicke BB 2003, 2021 (2025).

73 Schmidt/Lutter/*Klöcker* § 4 SpruchG Rn. 20; Lutter/*Krieger/Mennicke* § 4 SpruchG Rn. 14; auch Spindler/Stilz/*Drescher* § 4 SpruchG Rn. 20.

74 Spindler/Stilz/*Drescher* § 5 SpruchG Rn. 20; KöKo SpruchG/*Wasmann*, 1. Aufl., § 4 Rn. 13.

75 BGH NZG 2012, 191 (194); OLG Frankfurt NZG 2006, 674 f.; LG München I Der Konzern 2010, 251 (252 f.); LG München I ZIP 2013, 1664, 1665; Beschl. v. 28.5.2014 – 5HK O 22657/12; Beschl. v. 26.11.2013 – 5HK O 6680/10. Danach werden auch vergleichsweise pauschale Rügen zu einem überhöhten Basiszinssatz und einem fehlerhaft zu hoch ermittelten Risikozuschlag als noch ausreichend angesehen werden müssen; deutlich strenger sind in den Anforderungen KG NZG 2008, 469 (470); Lutter/*Krieger/Mennicke* § 4 SpruchG Rn. 19; Wittgens NZG 2007, 853 (854 ff.).

76 KG NZG 2008, 469 (470); Lutter/*Krieger/Mennicke* § 4 SpruchG Rn. 19; KöKo AktG/*Wasmann* § 4 Rn. 17.

Antrags führt, sondern Auswirkungen bei der nach § 31 Abs. 2 RVG erfolgenden Ermittlung des Geschäftswerts der Gebühren des Verfahrensbevollmächtigten.[77]

IV. Antragsgegner

42 In § 5 SpruchG wird der Antragsgegner bestimmt – übergeordnetes Prinzip ist dabei entsprechend dem Grundgedanken des Gesetzes, dass der aufgrund der Strukturmaßnahme Zahlungspflichtige im Spruchverfahren als Antragsgegner anzusehen ist.[78] Demgemäß bestimmt sich der Antragsgegner wie folgt:
- beim Beherrschungs- und Gewinnabführungsvertrag ist es die herrschende Gesellschaft (§ 5 Nr. 1 SpruchG)
- bei der Eingliederung ist es die Hauptgesellschaft, in die eingegliedert wird, unabhängig davon, ob die Hauptgesellschaft selbst wiederum eine abhängige Gesellschaft ist oder nicht[79] (§ 5 Nr. 2 SpruchG)
- beim Squeeze out ist es der Hauptaktionär (§ 5 Nr. 3 SpruchG)
- bei den Umwandlungsfällen sind es die übernehmenden oder neuen Rechtsträger oder der Rechtsträger neuer Rechtsform (§ 5 Nr. 4 SpruchG)
- bei der Gründung oder Sitzverlegung einer SE ist es die SE selbst; eine Ausnahme gibt es nur im Anwendungsbereich von § 9 SEAG beim Antrag auf Verbesserung des Umtauschverhältnisses bei der Gründung einer Holding-SE, der sich gegen die deutsche, die Gründung anstrebende Gesellschaft richtet (§ 5 Nr. 5 SpruchG)
- bei der Gründung der SCE ist es die neu entstandene Europäische Genossenschaft (§ 5 Nr. 6 SpruchG).

Bei Mehrstimmrechten ist der Antrag gegen die Gesellschaft zu richten, die Schuldnerin des Ausgleichsanspruchs ist.[80]

D. Der gemeinsame Vertreter

I. Allgemeines

43 Nach § 6 Abs. 1 S. 1 SpruchG bestellt das Gericht den Antragsberechtigten, die nicht selbst Antragsteller sind, zur Wahrung ihrer Rechte frühzeitig einen gemeinsamen Vertreter, der die Stellung eines gesetzlichen Vertreters hat. Das Gericht hat die Bestellung des gemeinsamen Vertreters gem. § 6 Abs. 1 S. 4 SpruchG im elektronischen Bundesanzeiger bekanntzumachen; sind in der Satzung der Gesellschaft oder vergleichbaren Statuten noch andere Blätter oder elektronische Informationsmedien für die öffentlichen Bekanntmachungen bestimmt, so hat das Gericht die Bestellung auch dort bekannt zu machen.

44 **Voraussetzung für die Bestellung** eines gemeinsamen Vertreters ist das Vorliegen zumindest eines zulässigen Antrags sowie der Umstand, dass zumindest ein Aktionär der Gesellschaft nicht als Antragsteller beteiligt ist.[81] Wenn beim Beherrschungs- und Gewinnabführungsvertrag sowohl der Ausgleich als auch die Abfindung als unangemessen gerügt werden, so ist regelmäßig nur ein gemeinsamer Vertreter zu bestellen, wie einem Umkehrschluss des § 6 Abs. 1 S. 2 SpruchG zu entnehmen ist. Die Bestellung unterschiedlicher Personen zum gemeinsamen Vertreter für den Ausgleich und die Abfindung hat der Gesetzgeber mit der Neuordnung des Spruchverfahrens aufgegeben, weil

---

77 Spindler/Stilz/*Drescher* § 4 SpruchG Rn. 24; MüKo AktG/*Kubis* § 4 SpruchG Rn. 24; *Wasmann* WM 2004, 819 (824).
78 Zum Antragsgegner beim nicht mehr statthaften Spruchverfahren nach einem Delisting siehe die Voraufl.
79 Spindler/Stilz/*Drescher* § 5 SpruchG Rn. 6.
80 Schmidt/Lutter/*Klöcker* § 5 SpruchG Rn. 9; Semler/Stengel/*Volhard* § 5 SpruchG Rn. 3; Simon/*Leuering* § 5 Rn. 12; *Wasmann* WM 2004, 819 (824).
81 MüKo AktG/*Kubis* § 6 SpruchG Rn. 3; KöKo AktG/*Wasmann* § 6 Rn. 25; Semler/Stengel/*Volhard* § 6 SpruchG Rn. 7.

D. Der gemeinsame Vertreter § 132

durch diese Maßnahme das Spruchverfahren wesentlich vereinfacht und verbilligt werden kann und alle Antragsteller letztlich das Ziel verbindet, Leistungen von der betreffenden Gesellschaft zu erhalten.[82]

Hinsichtlich des **Zeitpunkts der Bestellung** wird zu beachten sein, dass erst nach Eingang der Antragserwiderung definitiv feststehen wird, inwieweit ein zulässiges Spruchverfahren eingeleitet wurde; daher ist der gemeinsame Vertreter regelmäßig erst nach Eingang der Erwiderung des Antragsgegners und nicht schon nach dem Eingang von Anträgen im Anschluss an den Ablauf der Antragsfrist zu bestellen, weil sich erst dann sicher feststellen lässt, ob die Voraussetzungen für die Bestellung gegeben sind.[83] Haben alle Antragsteller, die zulässige Anträge gestellt haben, diese vor der Bestellung zurückgenommen, wird davon auszugehen sein, dass die Bestellung eines gemeinsamen Vertreters unterbleiben muss, weil das Verfahren dann beendet ist; aus § 6 Abs. 3 S. 1 SpruchG ergibt sich nichts anderes, weil diese Vorschrift davon ausgeht, dass der gemeinsame Vertreter bereits bestellt ist.[84] 45

In § 6 Abs. 1 SpruchG werden keine Vorgaben für die **Qualifikation** des gemeinsamen Vertreters gemacht. Es muss sich dabei nach überwiegend vertretener Auffassung um eine natürliche Person handeln.[85] Hinsichtlich der notwendigen fachlichen Befähigung werden dabei vor allem Rechtsanwälte und/oder Wirtschaftsprüfer sowie sonstige Angehörige wirtschaftsberatender Berufe in Betracht kommen; auch Richter, die Erfahrungen in Spruchverfahren gesammelt haben, können bestellt werden, sofern die dienstrechtlichen Voraussetzungen erfüllt sind.[86] 46

Gegen den Bestellungsbeschluss steht auch den außenstehenden Aktionären das **Rechtsmittel** der Beschwerde seit dem 1.9.2009 nicht mehr zu, weil nach § 58 Abs. 1 FamFG gegen Zwischenentscheidungen ein Rechtsmittel nur mehr gegeben ist, wenn es ausdrücklich zugelassen wurde, was hinsichtlich der Bestellung des gemeinsamen Vertreters nicht geschah.[87] Der Antragsgegner könnte sich – wenn überhaupt – allenfalls darauf berufen können, die Bestellung sei nicht erforderlich gewesen, nachdem er die Kosten zu tragen hat.[88] Den Antragstellern konnte und kann ein Beschwerderecht schon deshalb nicht zugesprochen werden, weil sie durch die Bestellung nicht in ihren Rechten berührt werden.[89] 47

---

82 BT-Drucks. 15/371 S. 14; konkrete Umstände im Sinne des § 6 Abs. 1 S. 2 UmwG, die zur Bestellung mehrerer gemeinsamer Vertreter führen, werden nur ganz vereinzelt auftauchen, die regelmäßig nur bei der Verschmelzung mehrerer übertragender Rechtsträger auftreten werden – so ausdrücklich MüKo AktG/*Kubis* § 6 SpruchG Rn. 4 – oder wenn mehrere Spruchverfahren zu mehreren Strukturmaßnahmen verschiedener Gesellschaften aufgrund sachlichen Zusammenhangs gem. § 2 Abs. 1 S. 2 SpruchG in einem Verfahren verbunden werden – vgl. Spindler/Stilz/*Drescher* § 3 SpruchG Rn. 7; Lutter/*Krieger*/Mennicke § 6 SpruchG Rn. 5.
83 Dies entspricht beispielsweise der Praxis beim LG München I; in diese Richtung auch Spindler/Stilz/*Drescher* § 6 SpruchG Rn. 4; teilweise wird auch vertreten, die Bestellung solle bereits erfolgen, da dies bereits nach dem Ende der Antragsfrist sinnvoll sei; vgl. MüKo AktG/*Kubis* § 6 SpruchG Rn. 6.
84 Emmerich/Habersack/*Emmerich* § 6 SpruchG Rn. 4; Spindler/Stilz/*Drescher* § 3 SpruchG Rn. 5; Simon/*Leuering* § 6 Rn. 6; Semler/Stengel/*Volhard* § 6 SpruchG Rn. 7; a. A. KöKo AktG/*Wasmann* § 6 Rn. 26; Klöcker/Frowein § 6 SpruchG RN. 8.
85 Emmerich/Habersack/*Emmerich* § 6 SpruchG Rn. 7; Spindler/Stilz/*Drescher* § 6 SpruchG Rn. 8; Schmidt/Lutter/*Klöcker* § 6 SpruchG Rn. 4; Klöcker/Frowein § 6 Rn. 4; a.A. MüKo AktG/*Kubis* § 6 SpruchG Rn. 5; KöKo AktG/*Wasmann* § 6 Rn. 28.
86 Schmidt/Lutter/*Klöcker* § 6 SpruchG Rn. 4; Heidel/*Weingärtner* § 6 SpruchG Rn. 1; Simon/*Leuering* § 6 Rn. 15.
87 Spindler/Stilz/*Drescher* § 6 SpruchG Rn. 12; Schmidt/Lutter/*Klöcker* § 6 SpruchG Rn. 9; a. A. in Anwendung von § 280 ZPO analog mit beachtlichen Gründen *Preuß* NZG 2009, 961 (965) insbesondere auch unter Hinweis auf eine mangelnde Abstimmung des FGG-RG mit Prinzipien der außerhalb des FamFG geregelten Streitverfahren der freiwilligen Gerichtsbarkeit.
88 Heidel/*Weingärtner* § 6 SpruchG Rn. 5; Spindler/Stilz/*Drescher* § 6 SpruchG Rn. 12.
89 BayObLGZ 1975, 305 (306 f.); Heidel/*Weingärtner* § 6 SpruchG Rn. 5; Spindler/Stilz/*Drescher* § 3 SpruchG Rn. 12.

48 Auch wenn es das Spruchverfahrensgesetz nicht ausdrücklich regelt, muss dem bestellenden Gericht wegen der Befugnis zum »actus contrarius« auch die Möglichkeit eingeräumt werden, den gemeinsamen Vertreter durch Beschluss **abzuberufen**, wenn dies aus wichtigem Grund wegen einer nicht sachgerechten Wahrnehmung seiner Aufgaben im Interesse der außenstehenden Aktionäre oder auch wegen des Fortfalls der Notwendigkeit seiner Bestellung erforderlich ist.[90]

II. Rechte und Pflichten des gemeinsamen Vertreters

49 Die zentrale Aufgabe des gemeinsamen Vertreters besteht in der Wahrung der **Rechte all der außenstehenden Aktionäre**, die selbst keinen Antrag gestellt haben. Aufgrund der Regelung in § 6 Abs. 1 S. 1 SpruchG hat er die Stellung eines gesetzlichen Vertreters und kann folglich alle Rechte wahrnehmen, die auch ein Antragsteller hat – dazu gehört namentlich die Beeinflussung des gerichtlichen Verfahrens durch das Stellen von Anträgen und vor allem auch das Recht, auch nach Rücknahme der Anträge aller Antragsteller das Verfahren selbstständig aufgrund von § 6 Abs. 3 S. 1 SpruchG nach pflichtgemäßem Ermessen fortzuführen. Ebenso kann er für die außenstehenden Aktionäre einen gerichtlichen oder außergerichtlichen Vergleich abschließen.[91]

50 Umstritten ist, inwieweit der gemeinsame Vertreter befugt ist, Einwendungen zu erheben, die von den Antragstellern **nicht innerhalb der Antragsfrist** vorgebracht wurden. Mit der h. M.[92] wird davon auszugehen sein, dass der gemeinsame Vertreter nicht an das Vorbringen der anderen Beteiligten gebunden ist. Eine Einschränkung und die Reduzierung der Stellung des gemeinsamen Vertreters auf eine Rolle als »Verfahrenswächter« wird dessen Aufgabe nicht gerecht. Er kann das Verfahren auch nach Rücknahme der Anträge weiter betreiben und verfügt damit über eine starke Stellung. Dann aber ist es gerechtfertigt, ihm auch die Möglichkeit zu eröffnen, weitere Kritikpunkte und Einwendungen vorzubringen. Man mag hierin einen Akt der übertriebenen Fürsorge sehen, andererseits wird dies im Interesse einer gerechten Entscheidung hinzunehmen sein. Anderenfalls wäre auch die Regelung des § 7 Abs. 4 S. 2 SpruchG nicht recht verständlich, wonach auch der Gemeinsame Vertreter Einwendungen vorbringen darf innerhalb der Frist auf die Erwiderung des Antragsgegners. Indes werden die Beschränkungen, die für neue Einwendungen der Antragsteller nach Ablauf der Frist des § 4 Abs. 1, Abs. 2 S. 1 SpruchG bestehen, in gleicher Weise auch für den gemeinsamen Vertreter zu gelten haben; dies bedeutet, dass er nach Ablauf der ihm gesetzten Frist in Anwendung des Rechtsgedankens des § 4 Abs. 1, Abs. 2 S. 1 SpruchG mit grundlegend neuen Bewertungsrügen ebenfalls ausgeschlossen sein wird.

51 Bei der Wahrnehmung seiner Aufgaben ist der gemeinsame Vertreter **unabhängig** und damit nicht an Weisungen gebunden; er ist ihnen gegenüber auch nicht auskunfts- und rechenschaftspflichtig.[93] Allerdings trifft ihn die Pflicht zur Wahrung der Rechte der außenstehenden Aktionäre mit der Folge, dass er ihnen gegenüber zum Schadensersatz verpflichtet sein kann, wenn er das ihm zur Wahrneh-

---

90 BayObLGZ 1991, 358 (359 f.); Simon/*Leuering* § 6 Rn. 20; KöKo AktG/*Wasmann* § 6 Rn. 32; Schmidt/Lutter/*Klöcker* § 6 SpruchG Rn. 15; Spindler/Stilz/*Drescher* § 6 SpruchG Rn. 13; Emmerich/Habersack/*Emmerich* § 6 SpruchG Rn. 7. Nach dem Wortlaut des § 58 Abs. 1 FamFG könnte dieser Beschluss nicht einmal durch den gemeinsamen Vertreter angegriffen werden; mit Blick darauf, dass es aber für ihn eine das Verfahren beendende Entscheidung ist, wird eine teleologische Reduktion von § 58 Abs. 1 FamFG ernsthaft in Erwägung zu ziehen sein.
91 Semler/Stengel/*Volhard* § 6 SpruchG Rn. 14; MüKo AktG/*Kubis* § 6 SpruchG Rn. 13; Schmidt/Lutter/*Klöcker* § 6 SpruchG Rn. 18 f.
92 OLG Celle AG 2007, 865; Schmidt/Lutter/*Klöcker* § 6 SpruchG Rn. 19; Simon/*Leuering* § 6 Rn. 36; Simon/*Winter* § 7 Rn. 35; Semler/Stengel/*Volhard* § 6 SpruchG Rn. 14; Emmerich/Habersack/*Emmerich* § 6 SpruchG Rn. 11; KöKo AktG/*Puszkajler* § 7 Rn. 29; Büchel NZG 2003, 793 (797); *Puszkajler* Der Konzern 2006, 256 f.; a. A. Heidel/*Weingärtner* § 6 SpruchG Rn. 13; Lutter/*Krieger/Mennicke* § 4 SpruchG Rn. 16 und § 6 SpruchG Rn. 10; *Weingärtner* Der Konzern 2005, 694 f.; offen gelassen in LG München I, Beschl. v. 21.6.2013 – 5HK O 19183/09.
93 OLG München NZG 2010, 1233 (1235); KöKo AktG/*Wasmann* § 6 Rn. 21; Heidel/*Weingärtner* § 6 SpruchG Rn. 9.

mung seiner Rechte eingeräumte Ermessen schuldhaft fehlerhaft ausübt. Dabei wird diese Schadensersatzpflicht allgemein bejaht, auch wenn die Herleitung im Einzelnen unterschiedlich erfolgt, wobei die überwiegend vertretene Auffassung[94] von einem gesetzlichen Geschäftsbesorgungsverhältnis ausgeht und daher §§ 280 Abs. 1, 311 Abs. 3 BGB als Anspruchsgrundlage anzunehmen sind; eine Sonderverbindung wird sich aus dem Bestellungsbeschluss ableiten lassen.

Die **Vergütung** des gemeinsamen Vertreters richtet sich nach § 6 Abs. 2 S. 1 SpruchG. Er kann vom Antragsgegner in entsprechender Anwendung des RVG den Ersatz seiner Auslagen und eine Vergütung für seine Tätigkeit verlangen, wobei mehrere Antragsgegner als Gesamtschuldner haften. Die Vergütung wird aufgrund von § 6 Abs. 2 S. 2 SpruchG vom Gericht festgesetzt, wobei aufgrund von § 2 Abs. 2 Nr. 5 SpruchG durch den Richter und nicht durch den Rechtspfleger entschieden wird und der Beschluss einen Vollstreckungstitel gegen den Antragsgegner darstellt.[95] Ausschlaggebend für die Höhe der Vergütung ist aufgrund der eindeutigen gesetzlichen Anordnung in § 6 Abs. 1 S. 3 SpruchG der gerichtlich festgesetzte Geschäftswert für die Gerichtsgebühren. Zu den ersatzfähigen Auslagen zählen in erster Linie Porto-, Schreib- und Reisekosten sowie eventuell anfallende Übersetzungskosten.[96] 52

III. Besonderheiten der §§ 6a bis 6c SpruchG

Besonderheiten gelten für die Bestellung der gemeinsamen Vertreter in den Fällen der **Gründung einer SE und einer Europäischen Genossenschaft** sowie bei der **grenzüberschreitenden Verschmelzung** entsprechend den Regelungen in §§ 6a bis 6c SpruchG. Zum einen wird der gemeinsame Vertreter hier nur auf Antrag einer der in diesen Vorschriften genannten Personen bestellt. Zum anderen unterscheidet sich die Aufgabe erheblich – anders als bei § 6 Abs. 1 SpruchG soll der gemeinsame Vertreter die Interessen der Anteilsinhaber der sich verschmelzenden oder die Gründung anstrebenden Gesellschafter wahrnehmen und das Umtauschverhältnis bzw. die angebotene Abfindung verteidigen; demgemäß findet auch die Vorschrift des § 6 Abs. 3 S. 1 AktG keine Anwendung, weil in dem Fall der Antragsrücknahme durch die deutschen Anteilsinhaber für die Wahrung der Rechte der ausländischen Anteilsinhaber kein Bedürfnis mehr besteht.[97] 53

Fraglich ist, ob er **gesetzlicher Vertreter** ist. Da der Gesetzgeber indes auf eine klarstellende Regelung wie in § 6 Abs. 1 2. Hs. SpruchG verzichtet hat, sprechen die besseren Gründe für eine Ablehnung der Stellung als gesetzlicher Vertreter. In jedem Fall ist er aber als formell Beteiligter zur Einreichung von Schriftsätzen, zur Teilnahme an mündlichen Verhandlungen und zur Antragstellung im Verfahren befugt.[98] 54

E. Die mündliche Verhandlung

I. Vorbereitung

Der Ablauf im Vorfeld der mündlichen Verhandlung ist im Wesentlichen durch die Regelungen in § 7 Abs. 1 bis Abs. 4 SpruchG vorgegeben: 55

---

[94] Simon/*Leuering* § 6 Rn. 32; Semler/Stengel/*Volhard* § 6 SpruchG Rn. 15; Emmerich/Habersack/*Emmerich* § 6 SpruchG Rn. 14; Schmidt/Lutter/*Klöcker* § 6 SpruchG Rn. 18; Hüffer/*Koch* Anh § 305 § 6 SpruchG Rn. 6; a. A. Spindler/Stilz/*Drescher* § 6 SpruchG Rn. 3; KöKo AktG/*Wasmann* § 6 Rn. 22 jeweils unter Beschränkung auf die Tatbestände des § 826 BGB; mangels Pflichtverletzung beim Abschluss eines Vergleichs unter Einschluss des gemeinsamen Vertreters die dogmatische Grundlage offen lassend OLG München WM 2010, 1605 (1608).
[95] Spindler/Stilz/*Drescher* § 6 SpruchG Rn. 20.
[96] Heidel/*Weingärtner* § 6 SpruchG Rn. 19.
[97] Heidel/*Weingärtner* § 6a SpruchG Rn. 6; Spindler/Stilz/*Drescher* § 6a SpruchG Rn. 2 und 3; Schmidt/Lutter/*Klöcker* § 6a SpruchG Rn. 8 und 10.
[98] Schmidt/Lutter/*Klöcker* § 6a SpruchG Rn. 9; Hüffer/*Koch* AktG Anh § 305 § 6a SpruchG Rn. 3; Bürgers/Körber/*Ederle/Theusinger* Anh § 306/§ 6a SpruchG Rn. 4; Spindler/Stilz/*Drescher* § 6a SpruchG Rn. 2; Simon/*Leuering* § 6a Rn. 15, der auch ein eigenes Antragsrecht ablehnt; a. A. in Bezug auf die Stellung als gesetzlicher Vertreter Bürgers/Körber/*Simmler*, 2. Aufl., Anh § 306/§ 6a SpruchG Rn. 4.

- Unverzügliche Zustellung der Anträge an den Antragsgegner mit Aufforderung zur Erwiderung (§ 7 Abs. 1 und Abs. 2 SpruchG) innerhalb einer Frist, die mindestens einen Monat beträgt und drei Monate nicht überschreiten soll
- Mit der Zustellung des ersten Antrags Aufforderung an den Antragsgegner zur Vorlage der im Zusammenhang mit der Strukturmaßnahme erstellten Berichte einschließlich der Prüfungsberichts des gerichtlich bestellten Prüfers (§ 7 Abs. 3 S. 1 SpruchG); weitere Unterlagen können aufgrund von § 7 Abs. 7 SpruchG ebenfalls angefordert werden – bei börsennotierten Gesellschaften bietet sich ein Chart der Börsenkursentwicklung im Zeitraum von drei Monaten vor dem maßgeblichen Zeitpunkt an; ebenfalls können die Geschäftsberichte der letzten drei Jahre vor der Hauptversammlung angefordert werden, um so eine Plausibilisierung der Planung erleichtern zu können; zudem sollte die Satzung, das Protokoll der Hauptversammlung sowie die Mitteilung angefordert werden, wann die Eintragung im Handelsregister bekannt gemacht wurde und ob es andere Gesellschaftsblätter außer dem elektronischen Bundesanzeiger gibt.
- Nach Eingang der Antragserwiderung Aufforderung an die Antragsteller und regelmäßig an den nun zu bestellenden gemeinsamen Vertreter zur Replik unter Setzung einer Frist, die mindestens einen Monat beträgt und drei Monate nicht überschreiten soll (§ 7 Abs. 4 SpruchG).[99]
- Mit der Fristsetzung zur Replik Terminierung und Ladung des oder der gerichtlich bestellten Prüfer zum Termin; dabei können auch vorläufige Hinweise zur Beurteilung bestimmter Rechtsfragen zur Zulässigkeit oder auch zu einzelnen Aspekten der Bewertung gegeben werden.[100]

56 Die eingehenden Anträge sollten vor einer weiteren Bearbeitung zu dem ältesten Verfahren hinzu verbunden werden, auch wenn das Spruchverfahrensgesetz eine § 246 Abs. 3 S. 4 AktG vergleichbare Regelung nicht kennt. Als Rechtsgrundlage wird auf § 147 ZPO analog zurückgegriffen werden können, nachdem es sich beim Spruchverfahren um ein echtes Streitverfahren der freiwilligen Gerichtsbarkeit handelt.[101]

57 Soweit seitens eines Antragstellers beantragt wird, die Antragsgegnerin möge die Arbeitspapiere der im Vorfeld der Strukturmaßnahme eingeschalteten Wirtschaftsprüfer vorlegen, wird sich dies – entgegen einer anders lautenden Feststellung in den Gesetzgebungsmaterialien[102] – nicht über § 7 Abs. 7 SpruchG begründen lassen. Die überwiegend vertretene Auffassung[103] lehnt dies bereits unter Hinweis auf § 51 b Abs. 4 WPO mit der Begründung ab, es fehle am durchsetzbaren Anspruch des Antragsgegners gegen den Wirtschaftsprüfer. Inwieweit diese Begründung wirklich tragfähig ist, erscheint fraglich. Die Lösung dieses Problems ist letztlich in der Struktur des Verfahrens zu finden. Vielfach wird es aber bereits an einer hinreichenden Begründung fehlen, warum einem Antragsteller nur mit Hilfe der Vorlage der Arbeitspapiere eine hinreichend substantiierte Rüge namentlich in Bezug auf die Planung möglich sein solle; dies muss aber in jedem Fall gefordert werden.[104]

---

99 Feste Vorgaben lassen sich für die Angemessenheit der Frist nicht setzen – bei Spruchverfahren, die teilweise mehrere 100 Antragsteller haben, wird die Frist von drei Monaten nicht angemessen sein, so dass der Vorsitzende von vornherein längere Fristen setzen kann.

100 Dies entspricht dem äußeren Ablauf beim LG München I (5. Kammer für Handelssachen) und dürfte so oder ähnlich auch bei den anderen mit Spruchverfahren befassten Gerichten ablaufen. Schon aufgrund von Art. 103 Abs. 1 GG werden alle Antragsteller einen Anspruch auf Übermittlung der Abschriften der jeweils anderen Antragsteller haben; dabei genügt eine Übermittlung en bloc nach Ablauf der Antragsfrist.

101 KöKo AktG/*Puszkajler* § 7 Rn. 11, der zu Recht auf die Vermeidung einer unübersichtlichen Aktenführung und die damit verbundene Gewährleistung eines identischen Informationsstandes aller Beteiligten verweist.

102 BT-Drucks. 15/371, S. 15.

103 Emmerich/Habersack/*Emmerich* § 7 SpruchG Rn. 8; Simon/*Winter* § 7 Rn. 58; *Bungert/Mennicke* BB 2003, 2021 (2029); Simon/*Winter* § 7 Rn. 58 auch unter Hinweis auf die von Art. 12 Abs. 1 GG geschützte Berufsfreiheit des Wirtschaftsprüfers; *Wasmann/Roßkopf* ZIP 2003, 1776 (1780); zweifelnd unter Hinweis auf § 17 Abs. 1 SpruchG i. V. m. § 26 FamFG Spindler/Stilz/*Drescher* § 7 SpruchG Rn. 9); offen gelassen LG München I, Beschl. v. 28.5.2014 – 5HK O 22657/12; Beschl. v. 26.11.2014 – 5HK O 6680/10.

104 OLG Karlsruhe AG 2006, 463 (464); LG München I ZIP 2013, 1664 Ls.; Beschl. v. 28.5.2014 – 5HK O 22657/12; Beschl. v. 26.11.2014 – 5HK O 6680/10; KöKo AktG/*Puszkajler* § 7 Rn. 57 ff., insb. 60 f.; Schmidt/Lutter/*Klöcker* § 7 SpruchG Rn. 13; Heidel/*Krenek* § 7 SpruchG Rn. 19.

Dem Antragsgegner steht aufgrund von § 7 Abs. 7 S. 2 SpruchG die Möglichkeit eines Antrags zu, dass solche Unterlagen den Antragstellern nicht zugänglich gemacht werden dürfen, wenn die Geheimhaltung aus wichtigen Gründen, insbesondere zur Wahrung von Fabrikations-, Betriebs- oder Geschäftsgeheimnissen, nach Abwägung mit den Interessen der Antragsteller, sich zu den Unterlagen äußern zu können, geboten ist. Über den Antrag entscheidet der Vorsitzende; gegen dessen Entscheidung ist gem. § 7 Abs. 7 S. 3 SpruchG die Anrufung des Gerichts möglich, dessen Entscheidung dann nicht anfechtbar ist. Da mit einem Vorgehen nach § 7 Abs. 7 S. 2 SpruchG ein erheblicher Eingriff in den Anspruch auf Gewährung rechtlichen Gehörs im Sinne des Art. 103 Abs. 1 GG verbunden ist, muss geprüft werden, ob mildere Maßnahmen in Betracht kommen wie beispielsweise die Einsichtnahme gegen eine strafbewehrte Unterlassungserklärung oder die Einschaltung von zur Verschwiegenheit verpflichteten Wissensvermittlern; erst wenn die Antragsteller mit diesen milderen Mitteln nicht einverstanden sind, kommt ein Vorgehen nach § 7 Abs. 7 S. 2 SpruchG in Betracht.[105] Da der gemeinsame Vertreter nicht mehr Rechte hat als die Antragsteller, wird auch an ihn eine Bekanntgabe nicht möglich sein.[106] Etwas anderes wird indes dann gelten, wenn alle Verfahrensbeteiligten mit einer Bekanntgabe an ihn einverstanden sind. 58

In hohem Maße problematisch ist die Verwertbarkeit von Erkenntnissen aus Unterlagen, bezüglich derer die Geheimhaltung angeordnet wurde, weil insoweit der Anspruch auf rechtliches Gehör tangiert wird. Daher wird überwiegend davon ausgegangen, es bestehe ein Verwertungsverbot zum Nachteil der Antragsteller, wenn sie sich zu bestimmten Aspekten nicht äußern konnten und sofern sie sich nicht weigerten, die Unterlassungserklärung zu unterzeichnen.[107] 59

II. Mündliche Verhandlung

Im Spruchverfahren soll das Gericht gem. § 8 Abs. 1 SpruchG aufgrund mündlicher Verhandlung entscheiden, die aufgrund von § 8 Abs. 1 S. 2 SpruchG so früh wie möglich stattfinden soll und wegen der Vorgaben aus Art. 6 Abs. 1 EMRK öffentlich ist.[108] Dabei soll das Gericht das persönliche Erscheinen der »sachverständigen Prüfer« aufgrund von § 8 Abs. 2 S. 1 SpruchG anordnen, wenn deren Anhörung nicht nach seiner freien Überzeugung entbehrlich erscheint. Zwar kann das Gericht auch eine schriftliche Stellungnahme des Prüfers gem. § 7 Abs. 6 SpruchG bzw. gem. § 8 Abs. 2 S. 3 SpruchG anordnen; im Interesse der Gewährung rechtlichen Gehörs für die Beteiligten wird dies allerdings die von § 8 Abs. 1 SpruchG vorgesehene Anhörung nicht ersetzen. 60

Die rechtliche Stellung des vom Gericht vor der Strukturmaßnahme bestellten Prüfers[109] im Termin ist ungeachtet der Formulierung im Gesetz, das ihn als »sachverständigen Zeugen« bezeichnet, unklar. Diese gesetzgeberische Einordnung ist mit der Rolle und dem Begriff des Zeugen, wie er üblicherweise definiert wird, nicht in Einklang zu bringen. Der Zeuge berichtet über eigene Wahrnehmungen; der sachverständige Zeuge unterscheidet sich vom »normalen« Zeugen ausschließlich dadurch, dass er als besonders qualifizierter Zeuge Auskunft über vergangene Tatsachen und Zustände gibt, die er aufgrund seiner besonderen Qualifikation und Sachkunde wahrgenommen hat. Vom Sachverständigen unterscheidet sich der Zeuge und folglich auch der sachverständige Zeuge dadurch, dass er bezüglich seiner Wahrnehmungen nicht ersetzbar oder austauschbar ist. Die nochmalige Bewertung ist aber je- 61

---

105 Spindler/Stilz/*Drescher* § 7 SpruchG Rn. 12; KöKo AktG/*Puszkajler* § 7 Rn. 73; Hüffer/*Koch* Anh § 305 § 7 SpruchG Rn. 9; Schmidt/Lutter/*Klöcker* § 7 SpruchG Rn. 14, der die Abgabe der strafbewehrten Unterlassungserklärung in die Abwägung einfließen lassen will; zweifelnd bezüglich der Geeignetheit derartiger Unterlassungsverpflichtungen Lutter/*Krieger/Mennicke* § 7 SpruchG Rn. 18.
106 Lutter/*Krieger/Mennicke* § 7 SpruchG Rn. 19; a. A. KöKo AktG/*Puszkajler* § 7 Rn. 69.
107 Spindler/Stilz/*Drescher* § 7 SpruchG Rn. 13; Simon/*Winter* § 7 Rn. 92; ähnlich Emmerich/Habersack/*Emmerich* § 7 SpruchG Rn. 13; für ein vollständiges Verwertungsverbot MüKo AktG/*Kubis* § 7 SpruchG Rn. 20; a. A. unter Hinweis auf die in-camera-Rechtsprechung des Bundesverfassungsgerichts BVerfGE 101, 106 (121 ff.); Lutter/*Krieger/Mennicke* § 7 SpruchG Rn. 22, die eine Verwertung zulassen wollen und die Einschränkung des Grundrechts auf rechtliches Gehör für akzeptabel halten.
108 OLG Zweibrücken ZIP 2004, 559 (560); Simon/*Winter* vor § 7 Rn. 22.
109 Die Rechtsgrundlagen sind vor allem §§ 293c Abs. 1, 320 Abs. 3, 327c Abs. 2 S. 2 AktG, 10 UmwG.

derzeit denkbar, weshalb der sachverständige Prüfer nicht als Zeuge oder sachverständiger Zeuge angesehen werden kann. Vom Sachverständigen unterscheidet er sich dadurch, dass er nicht im Auftrag des Gerichts in einem regelmäßig kontradiktorischen Verfahren tätig wird, sondern nur aufgrund der gerichtlichen Bestellung. Die Annahme, es handele sich beim Prüfer eher um einen »zeugenschaftlichen Sachverständigen« als um einen sachverständigen Zeugen, beschreibt die Funktion des Prüfers im Spruchverfahren anschaulich.[110] Letztlich wird eine Zuordnung zu einem der Beweismittel, die das Verfahren der freiwilligen Gerichtsbarkeit kennt, nicht möglich sein; der sachverständige Prüfer ist letztlich als ein Beweis- oder Erkenntnismittel sui generis[111] anzusehen.

62 Die namentlich durch die Anhörung gewonnen Erkenntnisse können zusammen mit dem Inhalt des Prüfungsberichts in der Endentscheidung ungeachtet des in §§ 17 Abs. 1 SpruchG, 26 FamFG normierten Amtsermittlungsgrundsatzes verwertet werden, ohne dass es eines weiteren Gutachtens eines gerichtlich bestellten Sachverständigen bedarf, wenn sich das Gericht die Überzeugung gebildet hat, dass die Aussagen des Prüfers eine geeignete Grundlage für die Entscheidung bilden und daher kein weiterer Aufklärungsbedarf besteht. Dies ergibt sich insbesondere aus der Erwägung, dass die Einschaltung des gerichtlich bestellten Prüfers im Vorfeld der Maßnahme dem präventiven Schutz der Anteilseigner dient und auch eine Haftung des Prüfers gegenüber den Anteilsinhabern auf Schadensersatz möglich ist.[112]

63 Soweit nach der Anhörung des gerichtlich bestellten Prüfers strittige Fragen ungeklärt bleiben, so muss das Gericht eine Beweisaufnahme durch die Einholung eines Gutachtens eines gerichtlich bestellten Sachverständigen durchführen entsprechend den Vorgaben aus § 17 Abs. 1 SpruchG, §§ 26, 30 Abs. 1 FamFG, §§ 402 ff. ZPO. Fraglich ist, ob der Prüfer auch zum Sachverständigen bestellt werden kann. Mit Blick auf die Grundüberlegungen des Gesetzgebers, wonach dies ausweislich des Regierungsentwurfs[113] möglich sein soll, werden keine grundlegenden rechtlichen Bedenken gegen diese Vorgehensweise bestehen, weil ein gesetzlicher Ablehnungsgrund in Analogie zu §§ 41 Nr. 6, 406 Abs. 1 ZPO[114] nicht angenommen werden kann.[115] Allerdings bestehen erhebliche praktische Bedenken gegen diese Vorgehensweise, weil der Prüfer in seiner nunmehrigen Rolle dann als gerichtlicher Sachverständiger gegebenenfalls seinen eigenen Prüfungsbericht korrigieren müsste; die Neigung hierzu dürfte in aller Regel nicht sehr groß sein.

---

110 So KöKo AktG/*Puszkajler* § 8 Rn. 16.
111 MüKo AktG/*Kubis* § 8 SpruchG Rn. 2; Lutter/*Krieger/Mennicke* § 8 SpruchG Rn. 6; Simon/*Winter* § 8 Rn. 12; KöKo AktG/*Puszkajler* § 8 Rn. 14 und 16; Hüffer/*Koch* Anh § 305 § 8 SpruchG Rn. 4, wo er als sachkundige Auskunftsperson bezeichnet wird.
112 OLG München Der Konzern 2007, 356 (358 f.); AG 2014, 453 (454); OLG Stuttgart AG 2007, 128 (129 f.); LG München I; ZIP 2013, 1664 Ls.; Beschl. v. 28.5.2014 – 5HK O 22657/12; Beschl. v. 29.8.2014 – 5HK O 7455/13; Simon/*Winter* § 8 Rn. 21; KöKo AktG/*Puszkajler* § 8 Rn. 32 f.; Bürgers/Körber/ *Ederle/Theusinger* Anh § 306/§ 8 SpruchG Rn. 4; a. A. *Büchel* NZG 2003, 793 (801 f.); wohl auch Emmerich/Habersack/*Emmerich* § 9 SpruchG Rn. 7.
113 BT-Drucks. 15/371 S. 15.
114 So aber KöKo AktG/*Puszkajler* § 8 Rn. 22; auch Emmerich/Habersack/*Emmerich* § 8 SpruchG Rn. 6.
115 Simon/*Winter* § 8 Rn. 18, 20; Lutter/*Krieger/Mennicke* § 8 SpruchG Rn. 10; Land/Hennings AG 2005, 380 (385); *Wittgens* AG 2007, 106 (108 f.); in diese Richtung auch Spindler/Stilz/*Drescher* § 8 SpruchG Rn. 8; auch OLG Düsseldorf NZG 2006, 758 (759) für den Abschlussprüfer.

§ 133 Gerichtliche Entscheidung und Rechtsmittel

Übersicht

	Rdn.			Rdn.
A. **Die Entscheidung**	1	B.	**Beschwerde**	9
I. Beschluss	1	I.	Zulässigkeit der Beschwerde	10
II. Vergleich	8	II.	Begründetheit der Beschwerde	17

A. Die Entscheidung

I. Beschluss

Das Gericht entscheidet aufgrund von § 11 Abs. 1 SpruchG durch einen mit Gründen zu versehenden Beschluss, der gem. § 11 Abs. 3 SpruchG den Beteiligten zuzustellen und gem. §§ 17 Abs. 1 SpruchG, 39 FamFG mit einer Rechtsbehelfsbelehrung zu versehen ist. Im Falle der Unzulässigkeit werden die Anträge als unzulässig verworfen, im Falle der Angemessenheit der Kompensation werden die Anträge als unbegründet zurückgewiesen.[1] 1

Stellt sich dagegen die Unangemessenheit der Kompensation im Spruchverfahren heraus, so muss im Tenor der Entscheidung sowohl die Art der Kompensation als auch deren Höhe genau festgelegt werden, wobei sich dies nach der materiellen Grundlage des jeweiligen Spruchverfahrensanlasses richtet. Dadurch kommt es bei Verträgen zu einer Umgestaltung des Vertrages und bei Beschlüssen der Hauptversammlung zu einer Umgestaltung des Beschlusses jeweils mit Wirkung ex tunc.[2] War vor der Einleitung des Spruchverfahrens die festgelegte Kompensation bereits durch einen gerichtlichen oder außergerichtlichen Vergleich erhöht worden, so ist für den Ausgang des Spruchverfahrens maßgeblich, ob die dergestalt erhöhte Kompensationsregelung angemessen ist oder nicht.[3] Mit Ausnahme der Fälle der Beseitigung von Mehrstimmrechten ist eine Verschlechterung der Kompensationsleistung ausgeschlossen.[4] Auch wenn sich die Pflicht zur Verzinsung unmittelbar aus dem Gesetz ergibt, geht die h. M. davon aus, auch darüber werde in dem Beschluss von Amts wegen entschieden.[5] 2

Weiterhin wird dieser Beschluss bereits auch die durch Beschluss zu treffenden Nebenentscheidungen über die Festsetzung des Geschäftswerts und die Kosten nach § 15 SpruchG enthalten. 3

Der Geschäftswert bemisst sich für Verfahren, die nach dem Inkrafttreten des 2. Kostenrechtsmodernisierungsgesetzes (2. KostRModG) am 1.8.2013 anhängig gemacht wurden, nach den Vorgaben des GNotKG; für bereits anhängige Verfahren bleiben die Vorgaben aus § 15 Abs. 1 S. 2 SpruchG gültig, ohne dass sich in der Sache etwas durch die Gesetzesänderung geändert hätte. Maßgeblich ist aufgrund von § 74 Satz 1 GNotKG der Betrag, der von allen in § 3 SpruchG genannten Antragsberechtigten nach der Entscheidung des Gerichts zusätzlich zu dem ursprünglich angebotenen Betrag insgesamt gefordert werden kann. Dabei ist gem. § 74 Satz 2 GNotKG die Zahl der außenstehenden Aktien am Ende der Antragsfrist maßgeblich. Allerdings kann dieser im Gesetz genannte Zeitpunkt nicht für den Squeeze out und die seit Einführung der §§ 327a ff. AktG nicht mehr praxis- 4

---

1 Simon/*Simon* § 11 Rn. 3 und 4; Emmerich/Habersack/*Emmerich* § 11 SpruchG Rn. 2; Spindler/Stilz/*Drescher* § 11 SpruchG Rn. 3.
2 Simon/*Simon* § 11 Rn. 4.
3 BGH NJW 2010, 2657 – Stollwerck; OLG München NZG 2007, 635; KG ZIP 2009, 1714 (1716); LG München I Der Konzern 2010, 188 (189); Beschl. v. 29.8.2014 – 5HK O 7455/14; *Luttermann* EWiR 2007, 613 (614).
4 Spindler/Stilz/*Drescher* § 11 SpruchG Rn. 3; Lutter/*Krieger/Mennicke* § 11 SpruchG Rn. 2; Köko AktG/ *Puszkajler* § 11 Rn. 14; MüKo AktG/*Kubis* § 11 SpruchG Rn. 1.
5 MüKo AktG/*Kubis* § 11 SpruchG Rn. 3; Schmidt/Lutter/*Klöcker* § 11 SpruchG Rn. 2; Heidel/*Krenek* § 11 SpruchG Rn. 3; a. A. Köko AktG/*Puszkajler* § 11 Rn. 15; Hüffer/*Koch* AktG Anh § 305 § 11 SpruchG Rn. 2 unter Hinweis darauf, dass sie kraft Gesetzes geschuldet und daher nicht Gegenstand des Spruchverfahrens seien.

relevante Eingliederung maßgeblich sein; insoweit bedarf es einer teleologischen Reduktion der Vorschrift, indem auf die Zahl der durch diese Maßnahme übergegangenen Aktien abgestellt wird.[6] Gibt es beispielsweise bei einem Squeeze out 250.000 Aktien von Minderheitsaktionären und wird die Abfindung von EUR 20,– auf EUR 23,– erhöht, beläuft sich der Geschäftswert des Spruchverfahrens auf EUR 750.000,–. Der Mindestgeschäftswert beträgt gem. § 74 Satz 1 GNotKG EUR 200.000,–, der Höchstwert ist danach auf EUR 7,5 Mio. gedeckelt. Kommt es bei einem Beherrschungs- und Gewinnabführungsvertrag zu einer Erhöhung sowohl der Abfindung als auch des Ausgleichs, so ist von dem höheren der beiden Werte auszugehen, weil Abfindung und Ausgleich nur alternativ geltend gemacht werden können und dies daher der maximal vom Antragsgegner zu zahlende Betrag ist.[7] Der Wert des Ausgleichs berechnet sich dabei auf der Basis von § 52 GNotKG, so dass bei einem auf unbestimmte Dauer abgeschlossenen Unternehmensvertrag der auf die ersten 20 Jahre entfallende Wert des Rechts maßgebend sein wird; nach § 24 Abs. 1 lit. b KostO wurde noch vom 12,5-fachen Jahreswert ausgegangen. Werden einzelne Spruchverfahrensanträge vor einer Verbindung isoliert als unzulässig verworfen und verfügen diese Aktionäre nur über einen sehr geringen Aktienanteil, wird unter dem Blickwinkel des Justizgewährungsanspruchs ein Kostenansatz von EUR 200.000,– nicht zulässig sein; in verfassungskonformer Auslegung ist dann der Rechtsgedanke des § 15 Abs. 1 RVG heranzuziehen und von einem Geschäftswert von EUR 5.000,– auszugehen.[8]

5 Die Gerichtskosten trägt gem. § 15 Abs. 2 S. 1 SpruchG regelmäßig der Antragsgegner, es sei denn, dies würde der Billigkeit nicht entsprechen, weshalb sie ganz oder teilweise den Antragstellern auferlegt werden können. Letzteres wird nur dann in Betracht kommen, wenn der Antrag offensichtlich unzulässig ist oder ein mutwilliges oder grob schuldhaftes Verhalten vorliegt, das zur Zurückweisung oder auch zur Rücknahme des Antrags geführt hat.[9] Die außergerichtlichen Kosten können aufgrund einer Anordnung des Gerichts dann ganz oder zum Teil vom Antragsgegner den Antragstellern erstattet werden, wenn dies unter Berücksichtigung des Ausgangs des Verfahrens der Billigkeit entspricht. Eine Erstattungspflicht wird regelmäßig anzunehmen sein, wenn es zu einer Erhöhung der Kompensation kommt, die Anträge mithin Erfolg haben.[10] Werden die Anträge dagegen als unbegründet zurückgewiesen, scheidet eine Kostenerstattungspflicht des Antragsgegners nicht von vornherein aus. Dies gilt vor allem dann, wenn hinreichende Erkenntnisse in Bezug auf wesentliche Parameter der Unternehmensbewertung erst durch das Spruchverfahren gewonnen werden oder die Anträge erst infolge einer geänderten Rechtsprechung keinen Erfolg haben.[11] In erster Instanz kommt eine Anordnung der Erstattungspflicht der außergerichtlichen Kosten des Antragsgegners

---

6 Spindler/Stilz/*Drescher* § 15 Rn. 8
7 OLG Stuttgart, Beschl. v. 14.2.2008, Az. 20 W 9/06; LG München I, Beschl. v. 27.6.2014 – 5HK O 7819/09; MüKo AktG/*Kubis* § 15 Rn. 5; Simon/*Winter* § 15 Rn. 27; Spindler/Stilz/*Drescher* § 15 SpruchG Rn. 5; a. A. Heidel/*Weingärtner* § 15 SpruchG Rn. 6.
8 LG München I ZIP 2010, 1995 (1997).
9 OLG München ZIP 2012, 1180 (1181); Heidel/*Weingärtner* § 15 SpruchG Rn. 16; Simon/*Winter* § 15 Rn. 64–67; Spindler/Stilz/*Drescher* § 15 SpruchG Rn. 17. Eine Unbilligkeit wurde beispielsweise verneint, weil der richtig an das Gericht erster Instanz adressierte Antrag erkennbar aufgrund eines Versehens an die Fax-Nummer des Beschwerdegerichts versandt wurde; vgl. LG München I, Beschl. v. 26.11.2014 – 5HK O 6680/10.
10 Emmerich/Habersack/*Emmerich* § 15 SpruchG Rn. 21; Heidel/*Weingärtner* § 15 SpruchG Rn. 34; a. A. auch bei nur geringen Erhöhungen wenig überzeugend ein Teil der Literatur, vgl. Lutter/*Krieger/Mennicke* § 15 SpruchG Rn. 14. Dies überzeugt schon deshalb, nicht weil eine Erhöhung der Kompensation immer nur dann erfolgen kann, wenn die Abweichung nicht unerheblich ist, was jedenfalls bis zu 5 % nicht bejaht werden kann, so dass dann die Anträge zurückgewiesen werden müssen.
11 LG München I, Beschl. v. 28.5.2014 – 5HK O 22657/12, Beschl. v. 29.8.2014 – 5HK O 7455/14 jeweils für unbegründete Anträge; ZIP 2014, 1429 (1433 f.) = AG 2014, 790 (792) zum nicht mehr statthaften Delisting; Beschl. v. 10.12. 2010 - 5HK O 11403/09 zur Festlegung des Referenzzeitraums beim Börsenkurs in Abweichung von DAT/Altana; Spindler/Stilz/*Drescher* § 15 SpruchG Rn. 20; Emmerich/Habersack/*Emmerich* § 15 SpruchG Rn. 21; eine Erstattungspflicht bei unbegründeten Anträge dagegen generell ablehnend Lutter/*Krieger/Mennicke* § 15 SpruchG Rn. 14; Schmidt/Lutter/*Klöcker* § 15 SpruchG Rn. 16.

durch die Antragsteller nicht in Betracht, weil § 81 FamFG durch die Regelung in § 15 Abs. 2 SpruchG verdrängt wird, in der die Kostenerstattung im Spruchverfahren abschließend geregelt wird und dort eine Erstattungspflicht hinsichtlich der außergerichtlichen Kosten des Antragsgegners durch die Antragsteller nicht vorgesehen ist.[12]

Die Höhe der Rechtsanwaltskosten bemisst sich nach den Vorgaben aus § 31 RVG. Allerdings hat der sich selbst vertretende Rechtsanwalt keinen Anspruch auf Kostenerstattung, weil in §§ 17 Abs. 1 SpruchG, 80 S. 2 FamFG keine dem § 91 Abs. 2 S. 3 ZPO vergleichbare Regelung genannt ist.[13] Daher wird einem Antrag nach § 31 Abs. 1 RVG regelmäßig das Rechtsschutzbedürfnis fehlen.[14] **6**

Der rechtskräftige Beschluss, der nach den Vorgaben des § 14 SpruchG bekannt zu machen ist, bedeutet nach allgemeiner Meinung[15] keinen Vollstreckungstitel; ein solcher kann nur über die Leistungsklage bei dem nach § 16 SpruchG zuständigen Gericht im streitigen Verfahren nach der ZPO erlangt werden. **7**

II. Vergleich

Seit dem Inkrafttreten des Spruchverfahrensgesetzes lässt § 11 Abs. 2 S. 2 SpruchG die Verfahrensbeendigung durch einen Vergleich ausdrücklich zu; das Gericht soll – wie im streitigen Verfahren gem. § 278 Abs. 1 ZPO – in jeder Lage des Verfahrens auf eine gütliche Einigung bedacht sein, § 11 Abs. 2 S. 1 SpruchG. Dabei kann ein Vergleich aufgrund von § 11 Abs. 2 S. 2 SpruchG entweder in mündlicher Verhandlung nach den Vorschriften des ZPO protokolliert werden oder gem. § 11 Abs. 4 SpruchG dadurch geschlossen werden, dass alle Beteiligten einen gerichtlichen Vergleichsvorschlag annehmen. Sowohl die Niederschrift als auch der Beschluss sind den Beteiligten zuzustellen, § 11 Abs. 3 und Abs. 4 S. 4 SpruchG. Enthält der Vergleich unmittelbare Zahlungsverpflichtungen und nicht nur die Feststellung einer höheren Kompensation, so ist er aufgrund der Regelung in § 11 Abs. 2 S. 3 SpruchG, § 794 Abs. 1 Nr. 1 ZPO ein Vollstreckungstitel.[16] **8**

B. Beschwerde

Aufgrund von § 12 Abs. 1 SpruchG findet gegen den Beschluss nach § 11 SpruchG die Beschwerde statt. Die durch das FGG-RG bedingten Änderungen mit der Folge der Anwendbarkeit des FamFG können nur dann zur Anwendung gelangen, wenn das Verfahren in erster Instanz ab dem 1.9.2009 eingeleitet wurde. Für die Beschwerde kommt es aufgrund der eindeutigen Regelung in Art. 111 FGG-RG nicht darauf an, wann die erstinstanzliche Entscheidung erging oder wann die Beschwerde eingelegt wurde.[17] **9**

I. Zulässigkeit der Beschwerde

Die Beschwerde ist aufgrund der über § 17 Abs. 1 SpruchG anwendbaren Vorschrift des § 63 FamFG innerhalb eines Monats ab der Bekanntgabe, die gem. § 11 Abs. 3 SpruchG durch die Zustellung des Beschlusses erfolgt, einzulegen. Dabei kann die Beschwerde gem. § 12 Abs. 1 S. 2 **10**

---

12 BGH NZG 2012, 191 (193 f.); LG München I, Beschl. v. 27.6.2014 – 5HK O 7819/09; Spindler/Stilz/*Drescher* § 15 SpruchG Rn. 21; Hüffer/*Koch* Anh § 305 § 15 SpruchG Rn. 6; Emmerich/Habersack/*Emmerich* § 15 SpruchG Rn. 21b; a. A. Simon/*Winter* § 15 Rn. 103; Lutter/*Krieger/Mennicke* § 15 SpruchG Rn. 15; Köko AktG/*Roßkopf* § 15 Rn. 62.
13 BGH NZG 2014, 352 (353); OLG München AG 2007, 411 (415 f.); Spindler/Stilz/ *Drescher* § 15 SpruchG Rn. 20; Heidel/*Weingärtner* § 15 SpruchG Rn. 25; Winter in: Simon/*Winter* § 15 Rn. 109.
14 LG München I, Beschl. v. 28.6.2013 – 5HK O 18685/11.
15 KöKo AktG/*Puszkajler* § 11 SpruchG Rn. 16; Spindler/Stilz/*Drescher* § 11 SpruchG Rn. 3; Semler/Stengel/*Volhard* § 11 SpruchG Rn. 4.
16 Spindler/Stilz/*Drescher* § 11 SpruchG Rn. 9; Heidel/*Krenek* § 11 SpruchG Rn. 17; Lutter/*Krieger/Mennicke* § 11 SpruchG Rn. 8; Hüffer/*Koch* Anh § 305 § 11 SpruchG Rn. 6. Dies erfolgt in der Praxis zum Teil bei den Kostenregelungen, wenn konkrete Zahlungsbeträge ausgewiesen werden.
17 OLG München ZIP 2010, 496.

SpruchG nur durch Einreichung einer von einem Rechtsanwalt unterzeichneten Beschwerdeschrift eingelegt werden. Die Beschwerdeschrift muss aufgrund von § 17 Abs. 1 SpruchG, § 64 Abs. 1 FamFG bei dem Gericht einzulegen, dessen Entscheidung angefochten wird.[18]

11 Beschwerdebefugt ist nach § 59 Abs. 1 FamFG jeder Verfahrensbeteiligte, dessen subjektive Rechte oder rechtlich geschützte Interessen durch die Entscheidung beeinträchtigt sind, der mithin **materiell beschwert** ist. Dies sind bei einer Erhöhung der Kompensation der Antragsgegner, aber auch die Antragsteller.[19] Weiterhin wird davon auszugehen sein, dass der gemeinsame Vertreter stets befugt ist, Beschwerde einzulegen und nicht nur dann, wenn alle Antragsteller ihre Anträge zurückgenommen haben; dabei spricht das Ziel des Gesetzgebers, eine Ungleichbehandlung der Aktionäre zu verhindern, entscheidend für eine umfassende Beschwerdebefugnis, die auch nicht davon abhängig ist, dass in der Sache entschieden wurde. Nachdem seine Funktion gerade auch in der Interessenwahrung all der Aktionäre besteht, die ein Verfahren nicht eingeleitet haben, ist vom Normzweck und der Aufgabe her das Beschwerderecht des gemeinsamen Vertreters zu bejahen, zumal die Entscheidung im Spruchverfahren inter omnes wirkt.[20]

12 Da die Antragsteller nicht verpflichtet sind, einen bestimmten Antrag zu stellen und die Anzahl der von ihm gehaltenen Aktien mitzuteilen, muss davon ausgegangen werden, dass die Vorschrift des § 61 FamFG mit dem dort geregelten Beschwerdewert von EUR 600,– in vermögensrechtlichen Angelegenheiten in Spruchverfahren nicht zur Anwendung gelangt.[21]

13 Über die Beschwerde entscheidet das Oberlandesgericht, wobei gem. § 12 Abs. 2 SpruchG den Landesregierungen bzw. den Landesjustizverwaltungen die Ermächtigung erteilt wird, die Entscheidung über die Beschwerde durch Rechtsverordnung für die Bezirke mehrerer Oberlandesgerichte einem der Oberlandesgerichte zu übertragen.[22] Von dieser Ermächtigung machten Bayern (OLG München), Nordrhein-Westfalen (OLG Düsseldorf) und Rheinland-Pfalz (OLG Zweibrücken) Gebrauch.

14 Im Falle der zeitlichen Anwendbarkeit des FamFG muss das Gericht erster Instanz gem. § 17 Abs. 1 SpruchG, § 68 Abs. 1 FamFG eine Entscheidung darüber treffen, ob der Beschwerde abgeholfen wird oder nicht, wobei die gesamte Kammer entscheiden muss, wenn kein Fall einer zulässigen Entscheidung durch den Vorsitzenden alleine vorliegt.[23] Das Abhilfeverfahren erscheint überflüssig, nachdem sich die Gerichte erster Instanz regelmäßig eingehend mit den erhobenen Rügen beschäftigen und vor allem auch keine neuen materiell-rechtlichen Aspekte angesichts des Charakters der Ausschlussfristen in § 4 Abs. 1 und Abs. 2 SpruchG vorgebracht werden können. Der Gesetzgeber sollte es baldmöglich abschaffen – da das FamFG ohnehin nur subsidiär gilt, wäre damit auch kein unerträglicher Bruch mit der sonstigen Systematik des Beschwerderechts verbunden.

15 Eine Anschlussbeschwerde ist gem. § 66 Abs. 1 FamFG auch nach Ablauf der Beschwerdefrist möglich. Dabei ist allerdings eine Anschlussbeschwerde durch einen Antragsteller oder den gemeinsamen Vertreter an die Beschwerde eines anderen Antragstellers ausgeschlossen.[24]

---

18 Diese Regelung sollte der Gesetzgeber zugunsten einer Einlegung beim Beschwerdegericht abändern.
19 Heidel/*Krenek* § 12 SpruchG Rn. 9; Spindler/Stilz/*Drescher* § 12 SpruchG Rn. 6.
20 BayObLGZ 2002, 400 (402 f.); OLG Düsseldorf AG 2009, 907 (980); Heidel/*Krenek* § 12 Rn. 9; Semler/Stengel/*Volhard* § 12 SpruchG Rn. 6; Simon/*Leuering* § 6 Rn. 38; Emmerich/Habersack/*Emmerich* § 6 SpruchG Rn. 17; Köko AktG/*Wasmann* § 6 Rn. 20; *Meilicke/Heidel* DB 2003, 2267 (2274); a. A. Heidel/*Tewes*, 3. Aufl., § 12 SpruchG Rn. 9; Spindler/Stilz/*Drescher* § 12 SpruchG Rn. 8.
21 Heidel/*Krenek* § 12 SpruchG Rn. 9a; Spindler/Stilz/*Drescher* § 12 Rn. 7; a. A. OLG München, Beschl. v. 5.5.2015 – 31 Wx 366/13; Hüffer/*Koch* § 12 Rn. 2; für eine Beschwerde im Verfahren nach §§ 39a ff. WpÜG auch OLG Frankfurt AG 2012, 635 (636 f.).
22 Eine detaillierte Zusammenstellung der Fundstellen der Regelungen der Länder findet sich beispielsweise bei Spindler/Stilz/*Drescher* § 12 SpruchG Rn. 4.
23 Spindler/Stilz/*Drescher* § 12 SpruchG Rn. 11.
24 OLG Zweibrücken AG 2005, 256 (257); OLG Stuttgart ZIP 2007, 250 (251).

Auf Zulassung findet seit dem 1.9.2009 die Rechtbeschwerde zum BGH gem. § 17 Abs. 1 SpruchG, § 70 Abs. 2 FamFG statt, die die bis dahin mögliche Divergenzvorlage an den BGH abgelöst hat.

16

II. Begründetheit der Beschwerde

Die Beschwerdeinstanz ist eine volle Tatsacheninstanz, so dass das Beschwerdegericht die angegriffene Entscheidung in vollem Umfang in tatsächlicher wie in rechtlicher Hinsicht überprüfen kann.[25] Dabei ist indes zu beachten, dass neue Bewertungsrügen dadurch nicht in das Verfahren eingeführt werden können und dass zu Recht zurückgewiesene Einwendungen auch in der zweiten Instanz ausgeschlossen bleiben.[26]

17

---

[25] Heidel/*Krenek* § 12 SpruchG Rn. 11; Emmerich/Habersack/*Emmerich* § 12 SpruchG Rn. 8.
[26] Spindler/Stilz/*Drescher* § 12 SpruchG Rn. 13; MüKo AktG/*Kubis* § 6 SpruchG Rn. 15; Heidel/*Krenek* § 12 SpruchG Rn. 11.

§ 134 Grundfragen der Unternehmensbewertung

Übersicht

		Rdn.			Rdn.
A.	Ermittlung des Unternehmenswerts	2	C.	Bedeutung weiterer Werte?	23
I.	Planung	5	I.	Liquidationswert?	23
II.	Kapitalisierungszinssatz	8	II.	Substanzwert?	24
III.	Nicht betriebsnotwendiges Vermögen	17	III.	Vorerwerbspreise?	25
B.	Bedeutung des Börsenkurses	18			

1 Die materielle Aufgabe des Spruchverfahrens liegt in der Beurteilung der Frage, ob die angebotene Kompensation für den Verlust des Aktieneigentums angemessen ist, wobei es in der Mehrzahl der Spruchverfahren um die angebotene Barabfindung beim Squeeze out oder die Abfindung beim Beherrschungs- und Gewinnabführungsvertrag geht. Dabei ist die Kompensation bei der Abfindung dann angemessen, wenn sie dem ausscheidenden Aktionär eine volle Entschädigung dafür verschafft, was seine Beteiligung an dem arbeitenden Unternehmen wert ist, die mithin dem vollen Wert seiner Beteiligung entspricht; daher ist der Grenzpreis zu ermitteln, zu dem der außenstehende Aktionär ohne Nachteil aus der Gesellschaft ausscheiden kann.[1] Diese Werte sind letztlich auch bei Strukturmaßnahmen maßgeblich, bei denen es um die Ermittlung einer Verschmelzungswertrelation geht.

A. Ermittlung des Unternehmenswerts

2 Die Ermittlung des Unternehmenswerts wird gerade wegen der Bedeutung des Art. 14 Abs. 1 GG zutreffend als Rechtsfrage behandelt, nicht als betriebswirtschaftlich zu beurteilende Sachverhaltsfrage[2]. Allerdings kann ein mathematisch exakter oder »wahrer« Unternehmenswert am Stichtag nicht festgestellt werden. Dem Gericht kommt daher die Aufgabe zu, unter Anwendung anerkannter betriebswirtschaftlicher Methoden den Unternehmenswert als Grundlage der Kompensationsleistung im Wege der Schätzung nach § 287 Abs. 2 ZPO zu ermitteln.[3] Die Ermittlung des Unternehmenswerts hat dabei stand alone, mithin so zu erfolgen, als würde das Unternehmen ohne die fragliche Strukturmaßnahme fortgeführt.[4] Deshalb dürfen auch echte Synergieeffekte, die erst durch die Strukturmaßnahme erzielt werden, in die Bewertung keinen Eingang finden.[5]

3 Die bei der Ermittlung des Unternehmenswerts vorherrschende Methode ist die **Ertragswertmethode**.[6] Danach bestimmt sich der Unternehmenswert primär nach dem Ertragswert des betriebsnotwendigen Vermögens; dieser wird ergänzt durch eine gesonderte Bewertung des nicht betriebsnotwendigen Vermögens, das regelmäßig mit dem Liquiditätswert angesetzt wird. Der Ertragswert eines

---

1 OLG München WM 2009, 1848 f.; ZIP 2007, 375 (376); MüKo AktG/*Paulsen* § 305 Rn. 72.
2 BayObLG AG 1996, 127 (128); OLG Stuttgart AG 2006, 420 (425); Simon/*Simon/Leverkus* Anh § 11 Rn. 10; Hüffer/*Koch* § 305 Rn. 17; MüKo AktG/*Paulsen* § 305 Rn. 76; KöKo AktG/*Riegger/Gayk* Anh. § 11 Rn. 1; Spindler/Stilz/*Veil* § 305 Rn. 48; a. A. OLG Frankfurt AG 1999, 231 (233), weshalb sich die Überprüfung darauf beschränke, ob ein betriebswirtschaftlich geeignetes Bewertungsverfahren angewandt sei und inwieweit die Bewertung betriebswirtschaftlichen Grundsätzen nicht widerspreche – dies dürfte mit der Wertung des Art. 14 Abs. 1 GG nur schwer vereinbar sein. Da es sich um Rechtsanwendung handelt, können die Gerichte auch nicht an die Vorgaben des IDW S 1 gebunden sein, sofern diese als nicht sachgerecht erachtet werden.
3 OLG München WM 2009, 1848 (1849); AG 2007, 287 (288); OLG Stuttgart AG 2007, 128 (130); OLG Düsseldorf WM 2009, 2220 (2224); LG München I Der Konzern 2010, 188 (189); Beschl. v. 10.12.2010 – 5HK O 11403/09; Simon/*Simon/Leverkus* Anh § 11 Rn. 11.
4 BGHZ 138, 136 (139 f.); OLG Düsseldorf ZIP 2004, 753 (757).
5 BGHZ 138, 136 (140); OLG Düsseldorf AG 2004, 324 (327); OLG Frankfurt AG 2014, 822 (825 f.); LG München I, Beschl. v. 6.3.2015 – 5HK O 662/13; Schmidt/Lutter/*Stephan* § 305 Rn. 67 f.; a. A. MüKo/*Paulsen* § 305 Rn. 137 f.; zumindest zweifelnd *Großfeld* Rn. 969.
6 Als Alternative ist die Discounted Cash Flow-Methode (DCF) anerkannt, die viel seltener zur Anwendung kommt. Diese Methode ermittelt den Wert eines Unternehmens durch die Diskontierung von Cashflows, also Zahlungsströmen; vgl. Peemöller/*Baetge/Niemeyer/Kümmel/Schulz* S. 353 ff.

A. Ermittlung des Unternehmenswerts § 134

Unternehmens wird dabei durch Diskontierung der den Unternehmenseignern künftig zufließenden finanziellen Überschüssen gewonnen, die aus den künftigen handelsrechtlichen Erfolgen abgeleitet werden. Die so beschriebene Ertragswertmethode ist in der obergerichtlichen Rechtsprechung als taugliches Mittel zur Ermittlung des Unternehmenswerts weithin anerkannt.[7]

Nicht einheitlich geklärt ist in der Rechtsprechung, wie zu verfahren ist, wenn sich zwischen dem für die Unternehmensbewertung entscheidenden Stichtag und der Entscheidung des Gerichts im Spruchverfahren der Bewertungsstandard[8] geändert hat. Teilweise wird darauf abgestellt, es müsse der jeweils neueste Standard angewandt werden, weil das Gericht bei der Schätzung des Unternehmenswerts diejenige Methode anwenden müsse, die das Bewertungsziel der Ermittlung des objektiven Unternehmenswerts am Besten erreiche, was mit der neuesten Bewertungsmethode geschehe, weil diese regelmäßig auf Erkenntnisfortschritten beruhe.[9] Die besseren Gründe sprechen indes für die Gegenauffassung, die grundsätzlich den zum Bewertungsstichtag maßgeblichen Standard heranzieht.[10] Zum einen ist zu beachten, dass sich aus Art. 170 EGBGB der allgemeine Rechtsgedanke ergibt, dass ein Schuldverhältnis dem Recht untersteht, das zu seiner Entstehung gilt. Zum anderen ergibt sich der Vorrang der zum Bewertungsstichtag gültigen Grundsätze der Unternehmensbewertung aus der Überlegung, dass sich die Abfindung – wie oben ausgeführt – nach dem Grenzpreis zu richten hat, zu dem der außenstehende Aktionär ohne Nachteil aus der Gesellschaft ausscheiden kann. Dieser letztlich als Verkehrswert des Anteils zu verstehende Grenzpreis kann sich indes nur auf der Grundlage der damals zugänglichen Erkenntnisse bilden. Grundlage der Grenzpreisbestimmung muss damit der jeweils gültige Standard sein und nicht ein zum damaligen Zeitpunkt noch unbekannter zukünftiger Standard. Somit sprechen auch Vertrauensschutzgesichtspunkte für diese Auffassung. Allerdings muss es zulässig sein, neuere und gefestigte bessere Erkenntnisse und Schätzungsmethoden nach dem Bewertungsstichtag – wie z. B. die erst seit dem IDW S1 2005 empfohlene Berechnung des Basiszinssatzes anhand der Zinsstrukturkurve – zur Plausibilisierung des berechneten Unternehmenswertes zu berücksichtigen.[11]

I. Planung

Grundlage für die Ermittlung der künftigen Erträge ist die Planung für die Gesellschaft, die auf der Basis einer Vergangenheitsanalyse vorzunehmen ist. Bei Anwendung des Ertragswertverfahrens sind die in die Zukunft gerichteten Planungen der Unternehmen und die darauf aufbauenden Prognosen ihrer Erträge allerdings nur eingeschränkt überprüfbar. Sie sind in erster Linie ein Ergebnis der jeweiligen unternehmerischen Entscheidung der für die Geschäftsführung verantwortlichen Personen. Diese Entscheidungen haben auf zutreffenden Informationen und daran orientierten, realistischen Annahmen aufzubauen, die zudem nicht in sich widersprüchlich sein dürfen. Kann die Geschäftsführung auf dieser Grundlage vernünftigerweise annehmen, ihre Planung sei realistisch, darf diese Planung nicht durch andere – letztlich auch nur vertretbare – Annahmen des Gerichts oder anderer Verfahrensbeteiligten ersetzt werden.[12] Bei der Genauigkeit der Planung wird zwischen der üblicherweise zwischen drei und fünf Jahre betragenden Detailplanungsphase (Phase I) und der ewigen Rente

---

7 OLG München WM 2009, 1848 (1849); OLG Stuttgart AG 2007, 128 (130); OLG Düsseldorf WM 2009, 2220 (2224); LG München I Der Konzern 2010, 188 (189); Beschl. v. 10.12.2010 - 5HK O 11403/09; Beschl. v. 30.3.2012 – 5HK O 11296/06; Simon/*Simon/Leverkus* Anh § 11 Rn. 11.
8 Zu nennen sind hier vor allem der IDW S1 2000, der IDW S1 2005 und der IDW S1 2008.
9 So OLG Stuttgart AG 2005, 205 (208 f.); KöKo AktG/*Riegger/Gayk* Anh. § 11 Rn. 60 ff.; Simon/*Simon/Leverkus* Anh § 11 Rn. 45; *Wasmann/Gayk* BB 2005, 955 (957).
10 BayObLG AG 2006, 41 (43); OLG München AG 2007, 411 (412); OLG Frankfurt AG 2010, 798 (800 f.); 2014, 822 (824); OLG Düsseldorf Der Konzern 2012, 260 (265); AG 2014, 817 (818); OLG Frankfurt AG 2014, 822 (824); LG München I, Beschl. v. 28.6.2012 – 5HK O 16202/03.
11 OLG Düsseldorf Der Konzern 2012, 260 (265 f.); OLG Frankfurt AG 2012, 822 (824).
12 BVerfG, NJW 2012, 3020 (3022); OLG München BB 2007, 2395 (2397); AG 2014, 453 (454); OLG Düsseldorf AG 2014, 817 (821); OLG Stuttgart AG 2006, 420 (425); 2007, 705 (706); NZG 2007, 112 (114); Der Konzern 2012, 275, 286; LG München I, Beschl. v. 19.12.2014 – 5HK O 20316/09.

(Phase II) unterschieden. In Phase I kommt es zu einer detaillierten Planung der Zukunftserfolge. Befindet sich das Unternehmen am Ende dieses Zeitraums in einem eingeschwungenen oder Gleichgewichtszustand, so werden die so ermittelten Überschüsse für die ewige Rente fortgeschrieben; alternativ wird auch die Möglichkeit gesehen, einen Durchschnittswert über die Detailplanungsphase zugrunde zu legen. Allerdings verbietet sich eine unreflektierte Übernahme der Werte der ersten Phase; auch hier werden Plausibilisierungen angestellt werden müssen, um die Begründungen für die eine oder andere Vorgehensweise zu liefern.[13]

6 Bei der Planung in Phase I und damit der Planung der künftigen finanziellen Überschüsse dürfen nur solche Ereignisse zugrunde gelegt werden, wenn deren Verursachung in die Zeit vor dem maßgeblichen Stichtag fällt und diese im Zeitpunkt der Bewertung mit genügend hoher Wahrscheinlichkeit vorauszusehen waren. Sie müssen also in der Wurzel angelegt sein; sind Maßnahmen zum Bewertungsstichtag noch nicht eingeleitet, Investitionen, Ertragschancen oder Belastungen noch nicht konkretisiert, müssen sie bei der Ermittlung der künftigen Erträge unberücksichtigt bleiben; maßgeblich ist dabei der Informationsstand, der bei angemessener Sorgfalt zum Stichtag hätte erlangt werden können.[14]

7 Bei der Ermittlung der Zukunftserfolge muss auch das Ausschüttungsverhalten der Unternehmen beachtet werden. Nachdem in der Unternehmensbewertung über lange Zeit von einer Vollausschüttungshypothese ausgegangen wurde, um so auch dem Grundsatz der Gleichbehandlung der Aktionäre gerecht zu werden, wird mittlerweile dem Umstand Rechnung getragen, dass Unternehmen ihre Überschüsse zumindest teilweise thesaurieren. Dieser Paradigmenwechsel wird mittlerweile auch bei den konkreten Bewertungsanlässen regelmäßig beachtet und nicht mehr von der Vollausschüttung ausgegangen. Dabei wird in Phase I regelmäßig vom Ausschüttungsverhalten des konkreten Unternehmens ausgegangen, während in der ewigen Rente typisierend vom durchschnittlichen Ausschüttungsverhalten der Alternativanlage ausgegangen wird.[15] Thesaurierte Gewinne unterliegen allerdings einer Steuerbelastung in Höhe von 13,1875 % – mithin des hälftigen derzeit gültigen Steuersatzes von 25 % zuzüglich Solidaritätszuschlag. Die Festlegung der Höhe dieses Steuersatzes bedarf typisierender Annahmen. Aus empirischen Studien, die es wenigstens in den Vereinigten Staaten von Amerika, wenn auch nicht für Deutschland gibt, erkennt man eine Haltedauer zwischen 25 und 30 Jahren. Auch wenn diese lange Dauer mit der Existenz von sehr langfristig engagierten Pensionsfonds zusammenhängen kann und dies für Deutschland nicht zwingend sein mag, kann es bei diesem angesetzten Steuersatz bleiben. Ohne eine typisierende Betrachtung ließe sich nämlich ein einheitlicher Unternehmenswert nicht festlegen. Die Verwendung typisierter Steuersätze ist die notwendige Folge der Ermittlung eines objektivierten Unternehmenswerts und folglich unvermeidbar.[16] Im nachhaltigen Ergebnis ist eine Thesaurierung in Höhe der Wachstumsrate zu berücksichtigen, weil das mit dem langfristig erwarteten Wachstum der Gewinn-und-Verlust-Rechnung bzw. der Überschüsse einhergehende Wachstum der Bilanz entsprechend finanziert werden muss. Demgemäß bedingt das nachhaltige Wachstum der finanziellen Überschüsse auch ein entsprechendes Wachstum der Bilanz, was entweder über Eigenkapital erfolgen kann oder aber durch Fremdkapital aufgebracht werden muss. Bei einer Finanzierung über das Eigenkapital müssen zu dessen Stärkung Erträge thesauriert werden. Die Alternative der Finanzierung über Fremdkapital würde zwangsläufig das Zinsergebnis

---

13 Peemöller/*Peemöller/Kunowski* S. 309.
14 BGH DB 1973, 563 (565); BGHZ 138, 136 (140); OLG Düsseldorf ZIP 2004, 753 (755); OLG Stuttgart Der Konzern 2012, 275, 287; OLG München, Beschl. v. 11.9.2014 – 31 Wx 278/13; Simon/*Simon/Leverkus* Anh § 11 Rn. 34 und 75; Peemöller/*Peemöller/Kunowski* S. 293.
15 OLG München, Beschl. v. 11.9.2014 – 31 Wx 278/13; LG München I, Beschl. v. 27.6.2014 – 5HK O 7819/09; Beschl. v. 29.8.2014 – 5HK O 7455/14; MüKo AktG/*Paulsen* § 305 Rn. 98; Simon/*Simon/Leverkus* Anh § 11 Rn. 91 f.
16 OLG München NJW-RR 2014, 473 (474); OLG Stuttgart AG 2013, 724 (728); 18.12.2009 – 20 W 2/08; LG München I, Beschl. v. 21.6.2013 – 5HK O 19183/09; Beschl. v. 7.5.2014 – 5HK O 21386/12; 27.6.2014 – 5HK O 7819/09; Beschl. v. 19.12.2014 – 5HK O 20316/09; Peemöller/*Kunowski/Popp* S. 1060 f.; in diese Richtung auch *Großfeld* Rn. 488 ff., insb. 491.

(negativ) beeinflussen. Ein Wachstum ohne den Einsatz zusätzlicher Mittel ist folglich nicht möglich; nachhaltiges Gewinnwachstum kommt ohne Finanzierung nicht in Betracht.[17]

II. Kapitalisierungszinssatz

Da die finanziellen Erträge erst in der Zukunft erwirtschaftet werden, die Abfindung aber bereits auf den Stichtag der Hauptversammlung, die über die Strukturmaßnahme entscheidet, ermittelt wird, müssen die künftigen Erträge abgezinst werden unter Anwendung der Formel: 8

Ertragswert = Zukunftsertrag × (1: Kapitalisierungszinssatz).[18] 9

Bei der Ermittlung des Kapitalisierungszinssatzes dürfen persönliche Ertragsteuern berücksichtigt werden. Da die finanziellen Überschüsse aus der alternativ am Kapitalmarkt zu tätigenden Anlage der persönlichen Ertragsbesteuerung der Unternehmenseigner unterliegen, ist der Kapitalisierungszinssatz unter Berücksichtigung der persönlichen Steuerbelastung zu ermitteln.[19] 10

Der Kapitalisierungszinssatz setzt sich aus drei Positionen zusammen – dem Basiszinssatz, dem Risikozuschlag und dem Wachstumsabschlag. 11

Der **Basiszinssatz** bildet eine gegenüber der Investition in das zu bewertende Unternehmen risikolose und laufzeitadäquate Anlagemöglichkeit ab. Die Ermittlung des Basiszinssatzes erfolgt anhand einer Zinsstrukturkurve von Zerobonds quasi ohne Ausfallrisiko. Dies ist methodisch sachgerecht, weil betriebswirtschaftlich gefordert wird, dass der Kapitalisierungszinssatz für den zu kapitalisierenden Zahlungsstrom hinsichtlich Fristigkeit, Risiko und Besteuerung äquivalent sein muss.[20] Die Zinsstrukturkurve stellt den Zusammenhang zwischen der Verzinsung und den Laufzeiten von auf dem Markt gehandelten Anleihen dar und gibt den Zusammenhang zwischen Verzinsung bzw. Rendite einer Anleihe und deren Laufzeit wieder. Die nach der sogenannten Svensson-Methode ermittelte Zinsstrukturkurve bildet den laufzeitspezifischen Basiszinssatz – den sogenannten Zerobond-Zinssatz – ab.[21] 12

Für die Ermittlung des Kapitalisierungszinssatzes wird der Basiszinssatz um einen **Risikozuschlag** erhöht. Dies ist erforderlich, weil sich der Basiszinssatz auf als sicher geltende festverzinsliche Anleihen bezieht, der Markt andererseits demgegenüber für die Investition in Unternehmensbeteiligungen angesichts der Unsicherheit ihrer Wertentwicklung einen Zusatznutzen (Prämien, Zuschlag) erwartet, der dieses Risiko ausgleicht. 13

Die Frage nach der richtigen Methode zur Ermittlung des Risikozuschlags wird nicht einheitlich beurteilt. Mehrheitlich wird davon ausgegangen, der Risikozuschlag könne mittels des (Tax-)CAPM (Capital Asset Pricing Model) ermittelt werden, danach wird die durchschnittliche Marktrisikoprämie[22], 14

---

17 OLG Karlsruhe, Beschl. v. 15.11.2012 – 12 W 66/06; LG München I, Beschl. v. 7.5.2014 – 5 HK O 21386/12; Beschl. v. 28.5.2014 – 5HK O 22657/12; *Dörschell/Franken/Schulte* S. 326 f.
18 Simon/*Simon/Leverkus* Anh § 11 Rn. 111; MüKo AktG/*Paulsen* § 305 Rn. 103.
19 OLG München ZIP 2006, 1722 (1725); AG 2007, 287 (290); OLG Stuttgart AG 2007, 128 (134); MüKo AktG/*Paulsen* § 305 Rn. 106.
20 OLG München ZIP 2009, 2339 (2341); AG 2007, 411 (412); BB 2007, 2395 (2396); OLG Düsseldorf der Konzern 2012, 260, 266; Peemöller/*Peemöller/Kunowski* S. 314 ff. für das Ertragswertverfahren und Peemöller/*Baetge/Niemeyer/Kümmel/Schulz* S. 379 ff. für die DCF-Methode; *Wagner/Jonas/Ballwieser/Tschöpel* WPg 2006, 1005 (1015 f.).
21 OLG München ZIP 2009, 2339 (2341); AG 2012, 749 (752);OLG Stuttgart AG 2007, 128 (133); OLG Frankfurt NZG 2012, 1382 (1383); 2013, 69 (709); OLG Düsseldorf WM 2009, 2220 (2225); OLG Karlsruhe AG 2009, 47 (50); BayObLG AG 2006, 41 (43); Peemöller/*Peemöller/Kunowski* S. 320 f.
22 Nach den Empfehlungen des IDW betrug die Marktrisikoprämie regelmäßig zwischen 4 % und 5 % nach Steuern; infolge der Finanzkrise und der seit dem deutlich gesunkenen Basiszinssätze soll aufgrund eines Schreibens des FAUB des IDW die Marktrisikoprämie nach Steuern mit Werten zwischen 5 % und 6 % angesetzt werden; eine Bindung der Rechtsprechung an diese Vorgabe kann mangels Gesetzesqualität nicht angenommen werden; zu Vor- und Nachteilen des arithmetischen und geometrischen Mittels als Basis zur Ermittlung der Marktrisikoprämie *Ruiz de Vargas* DB 2012, 813 ff.

die anhand empirischer Daten aus der langfristigen Rendite von Aktien und risikolosen staatlichen Anleihen errechnet wird, mit einem spezifischen Beta-Faktor multipliziert, der sich aus der Volatilität der Aktie des zu bewertenden Unternehmens ergibt. Zur Begründung dieses kapitalmarkttheoretischen Modells wird vor allem angeführt, bei der Feststellung des Unternehmenswertes kämen intersubjektiv nachvollziehbare Grundsätze unter Zugrundelegung von Kapitalmarktdaten zur Anwendung und es gebe kein anderes Modell, das wie das CAPM die Bewertung risikobehafteter Anlagemöglichkeiten erläutere, zumal die herkömmliche Multiplikatormethode über ein eher empirisches Fundament verfüge und auch nicht durch die theoretische Forschung unterstützt werde.[23] Der Beta-Faktor wird dabei – sofern nicht das unternehmenseigene Beta herangezogen werden kann – unter Rückgriff auf eine Peer Group vergleichbarer Unternehmen bestimmt.

15   Gegen die Anwendung dieses Modells, wie es insbesondere auch dem aktuellen Bewertungsstandard des IDW zugrunde gelegt wird, werden mit guten Gründen Bedenken erhoben. Beim (Tax-)CAPM hängt das Ergebnis ebenfalls in hohem Maße von der subjektiven Einschätzung des Bewerters ab, die zwar nicht durch die Schätzung des Risikozuschlags selbst ausgeübt wird, sondern mittelbar durch die Auswahl der Parameter für die Berechnung der Marktrisikoprämie sowie des Beta-Faktors. Die rechnerische Herleitung des Risikozuschlags täuscht darüber hinweg, dass aufgrund der Vielzahl von Annahmen bei der Berechnung nur eine scheinbare Genauigkeit erreicht wird. Besonders beim Rückgriff auf eine Peer Group muss der Bewerter eine Einschätzung vornehmen, welche Unternehmen im Einzelnen vergleichbar sind. Erhebliche Bedenken ergeben sich auch aus der Anwendung des arithmetischen Mittels zur Berechnung der Marktrisikoprämie mit einer jährlich erfolgenden vollständigen Umschichtung des Aktienportfolios. Insoweit besteht ein nicht unerheblicher Widerspruch zu der Annahme einer auf Ewigkeit angelegten Unternehmenstätigkeit.[24] Dabei können auch die Überlegungen einfließen, inwieweit sich die Risiken und die Struktur des Unternehmens vom Gesamtmarkt unterscheiden. Angesichts dessen sprechen gute Gründe dafür, die unterschiedlichen Methoden zusammenzuführen und einen Mittelwert aus den verschiedenen Werten zu bilden.[25]

16   Für den Zeitraum der ewigen Rente wird ein **Wachstumsabschlag** angesetzt, der den Kapitalisierungszinssatz der Höhe nach reduziert. Damit wird zugunsten des Aktionärs berücksichtigt, dass sich die Geldentwertung bei festverzinslichen Anleihen stärker auswirkt als bei einer Unternehmensbeteiligung; ein Unternehmen hat in der Regel die Möglichkeit, die Inflation zumindest zu einem Teil durch Preiserhöhungen auszugleichen, während die Anleihe zum Nominalwert ohne Inflationsausgleich zurückgezahlt wird. Für die Höhe des Wachstumsabschlags ist vor allem maßgeblich, ob und in welcher Weise die erwarteten Preissteigerungen an die Kunden weiter gegeben werden können; daneben sind aber auch sonstige prognostizierte Margen und Strukturänderungen zu berücksichtigen.[26] Zwar wird der Wachstumsabschlag vielfach unter der allgemeinen Inflationsrate liegen; allerdings kann daraus nicht abgeleitet werden, es komme zu einem dauerhaften Schrumpfen des Unternehmens. Neben dem preis- bzw. struktur- und mengenbedingten Wachstum muss zwingend das thesaurierungsbedingte Wachstum berücksichtigt werden.[27] Der Ansatz thesaurierungsbeding-

---

23   OLG Düsseldorf WM 2009, 2220 (2226); OLG Stuttgart AG 2010, 510 (512); NZG 2007, 112 (117); AG 2008, 510 (514 f.); Der Konzern 2012, 275, 289; OLG Karlsruhe AG 2009, 47 (51); MüKo AktG/*Paulsen* § 305 Rn. 126; Simon/*Simon/Leverkus* Anh § 11 Rn. 126 f.
24   OLG München ZIP 2009, 2339 (2341); Beschl. v. 2.4.2008 - 31 Wx 85/06; LG München I, Beschl. v. 10.12.2010 - 5HK O 11403/09; Beschl. v. 11.2.2011 - 5HK O 22816/09; *Reuter* AG 2007, 1 (5); *Großfeld* Rn. 669; Kritisch zum (Tax-)CAPM auch *Emmerich* in FS Uwe H. Schneider, 2011, S. 323 (327 f.).
25   OLG München ZIP 2009, 2339 (2342); LG München I v. 28.6.2012 - 5HK O 16202/03; Beschl. v. 28.5.2014 – 5HK O 22657/12; Beschl. v. 29.8.2014 – 5HK O 7455/14; .
26   OLG Stuttgart AG 2007, 596 (599); NZG 2007, 302 (307); AG 2008, 783 (788 f.); OLG München ZIP 2009, 2339 (2342); OLG Düsseldorf WM 2009, 2220 (2227); Peemöller/*Peemöller/Kunowski* S. 326.
27   Aus der betriebswirtschaftlichen Literatur v. a. Peemöller/*Schieszl/Bachmann/Amann* S. 634 ff.; *Tschöpel/ Wiese/Willershausen* WPg 2010, 349 ff. und 405 ff.; daran anknüpfend LG München I, Beschl. v. 27.6.2014 – 5HK O 7819/09; Beschl. v. 26.11.2014 – 5HK O 6680/10.

ten Wachstums ist angesichts der Aufgabe der Vollausschüttungshypothese konsequent. Durch die Berücksichtigung der Thesaurierung in der Ewigen Rente kann reales Wachstum begründet werden.

III. Nicht betriebsnotwendiges Vermögen

Zum nicht betriebsnotwendigen Vermögen gehören all die Vermögenswerte, die einzeln veräußert werden können, ohne die Fortführung des Unternehmens zu beeinträchtigen. Sie sind mit dem Liquidationswert anzusetzen, mithin mit einem geschätzten Veräußerungserlös, reduziert um die Tilgung zugehöriger Verbindlichkeiten sowie nach Abzug der entstehenden Unternehmenssteuern und persönlicher Steuern.[28]

17

B. Bedeutung des Börsenkurses

Bei der Bewertung börsennotierter Gesellschaften im Sinne des § 3 Abs. 2 AktG ist bei der Bemessung der Kompensation nicht nur der nach betriebswirtschaftlichen Methoden ermittelte Wert der quotalen Unternehmensbeteiligung, sondern nach der Rechtsprechung des Bundesverfassungsgerichts[29] als Untergrenze der Abfindung wegen der Wertung des Eigentumsschutzes aus Art. 14 Abs. 1 S. 1 GG der Börsenwert zu berücksichtigen, weil das Aktieneigentum durch seine Verkehrsfähigkeit geprägt ist. Dies gilt vor allem für die börsennotierte Aktie, die an der Börse gehandelt wird und dort aus dem Zusammenspiel von Angebot und Nachfrage eine Wertbestimmung erfährt. Nur bei fehlender Aussagekraft des Börsenkurses kann dieser nicht herangezogen werden – hier sind in erster Linie die Fälle zu nennen, in denen über einen längeren Zeitraum praktisch kein Handel stattfand, wenn der Aktionär bei Marktenge seine Aktien nicht zum Börsenpreis veräußern kann und wenn der Börsenpreis manipuliert worden ist.[30]

18

In Rechtsprechung und Literatur wird mit guten Gründen die Ansicht vertreten, bei Erfüllung der Voraussetzungen der Ausnahmevorschrift des § 5 Abs. 4 WpÜG-AngVO könne bei einem Squeeze out nicht auf den Börsenkurs abgestellt werden.[31] Sind in dem maßgeblichen Referenzzeitraum von drei Monaten vor der Bekanntgabe der Strukturmaßnahme allerdings über einen beträchtlichen Zeitraum Geldkurse oder mit Geldkursen vergleichbare Kurse ausgewiesen worden, kann trotz Erfüllung der Voraussetzungen aus § 5 Abs. 4 WpÜG-AngVO auf den Börsenkurs abgestellt werden. Dies bedeutet nämlich, dass wegen bestehender Kaufnachfrage die Möglichkeit für die Minderheitsaktionäre bestanden hätte, ihre Aktien in diesem Zeitraum über die Börse zu veräußern.[32]

Da aus Art. 14 Abs. 1 GG nicht abgeleitet werden kann, dass ausschließlich der Börsenkurs zum Stichtag der Hauptversammlung herangezogen werden muss, wird allgemein ein entsprechender Referenzzeitraum herangezogen. Dieser wurde vom BGH[33] zunächst mit drei Monaten vor der maßgeblichen Hauptversammlung als Stichtag angenommen. Allerdings hat der BGH mit Beschluss vom 19.7.2010[34] seine Auffassung zum Ende des maßgeblichen Referenzzeitraum aufgegeben und stellt nunmehr darauf ab, dass der zugrunde zu legende Börsenwert der Aktie grundsätzlich aufgrund eines nach Umsatz gewichteten Durchschnittskurses innerhalb einer dreimonatigen Referenzperiode vor der Bekanntmachung einer Strukturmaßnahme zu ermitteln sei. Zur Begründung verweist der BGH darauf, dass der auf die Verhältnisse zum Stichtag abstellende Gesetzeswortlaut nicht

19

---

28 Simon/*Simon*/*Leverkus* Anh § 11 Rn. 174; MüKo AktG/*Paulsen* § 305 Rn. 139.
29 BVerfGE 100, 289 (305 ff.) – DAT/Altana; BVerfG ZIP 2007, 175 (176).
30 BGHZ 147, 108 (120 ff.); ebenso OLG Stuttgart AG 2004, 43 (44).
31 OLG Frankfurt AGB 2014, 822 (827); LG Frankenthal, 13.8.2013 – 2 HK O 120/10 AktG; Spindler/Stilz/ *Singhof* § 327b Rn. 5; KöKo WpÜG/*Hasselbach* § 327b Rn. 20.
32 OLG München ZIP 2006, 1722 (1723 f.); LG München I, Beschl. v. 6.11.2013 – 5HK O 2665/12; in diese Richtung auch OLG Stuttgart AG 2008, 783, 787; GroßkommAktG/*Fleischer* § 327b Rn. 17.
33 BGHZ 147, 108 (118 ff.); ebenso bereits OLG Stuttgart ZIP 2004, 712 (713); OLG Hamburg NZG 2003, 89 (90).
34 BGH NJW 2010, 2657 (2658 ff.) – Stollwerck; ebenso OLG Stuttgart ZIP 2007, 530 (532 ff.); Der Konzern 2010, 519 (522); OLG Frankfurt NZG 2010, 664; *Tonner* FS K. Schmidt, S. 1581 (1597 ff.); nunmehr auch LG München I ZIP 2013, 1664 (1666); Beschl. v. 6.11.2013 – 5HK O 2665/12.

zwingend verlange, es müsse für die Wertermittlung in jedem Fall auf diesen Zeitpunkt abgestellt werden. Zudem verweist der BGH darauf, dass im Zeitraum vor der Hauptversammlung der Börsenkurs regelmäßig von den erwarteten Abfindungswerten wesentlich bestimmt werde und damit bei einem Ende der Referenzperiode zum Tag der Hauptversammlung nicht mehr der Verkehrswert entgolten werde. Auch stimme dieser Zeitraum mit der vergleichbaren Konstellation des § 5 Abs. 1 WpÜG-AngVO überein.

20 Eine Ausnahme wird vom BGH[35] dann gemacht, wenn zwischen der Bekanntgabe und deren Umsetzung ein längerer Zeitraum liegt, was bei einem Zeitraum von 7 $^1/_2$ Monaten bejaht wurde. Ein hinnehmbarer Zeitraum wird in jedem Fall bei einem Zeitraum von bis zu sechs Monaten zu bejahen sein, weil die Zeitspanne für die Bewertung einschließlich der Prüfung durch die gerichtlich bestellten Prüfer ebenso wie der Zeitraum zwischen Bekanntmachung der Einladung und der Hauptversammlung zu beachten sein wird.[36]

21 Ist nur ein Teil der Aktien börsennotiert, so können auch nur diese Aktien nach dem Börsenkurs bewertet werden. Bei den nicht börsennotierten Aktien besteht nicht die Möglichkeit, über den Verkauf an der Börse den wahren Verkehrswert zu realisieren. Angesichts der Unterschiede zwischen börsennotierten und nicht börsennotierten Aktien kann darin auch kein Verstoß gegen den aktienrechtlichen Gleichbehandlungsgrundsatz gesehen werden.[37] Sind bei einer Aktiengesellschaft mit Stamm- und Vorzugsaktien unterschiedliche Aktiengattungen vorhanden, die beide börsennotiert sind, so können auch unterschiedliche Werte für diese beiden Gattungen angesetzt werden,[38] was vom Grundsatz her bei der Ertragswertmethode nicht geboten ist.[39]

22 Sind Aktien ausschließlich im Freiverkehr notiert, in dem die strengen Publizitäts- und Transparenzvorschriften des WpHG nicht gelten und daher die Veröffentlichung und Auswertung kursrelevanter Informationen für die im Freiverkehr gehandelten Aktien nicht im gleichen Umfang gewährleistet sind wie in einem regulierten Markt, muss ein besondres Augenmerk darauf gelegt werden, ob ein so liquider Börsenhandel stattgefunden hat, dass die dabei erzielten Börsenpreise den Verkehrswert tatsächlich widerspiegeln. Diese müssen in dem Sinne aussagekräftig sein, dass aus ihnen als Folge der Marktbewertung der Aktie verlässlich ein typisierter Preis abgeleitet werden kann, zu dem ein Minderheitsaktionär hypothetisch hätte verkaufen können.[40]

C. Bedeutung weiterer Werte?

I. Liquidationswert?

23 Der Ansatz des Liquidationswerts geht von einer Zerschlagung des Unternehmens aus, wobei die einzelnen Vermögensgegenstände mit den im Rahmen der Auflösung des Unternehmens erwarteten Verwertungserlösen bewertet werden. Dann sind allerdings neben der Bereinigung der Schulden

---

35 BGH NJW 2010, 2657 (2660) – Stollwerck.
36 *Hasselbach/Ebbinghaus* Der Konzern 2010, 467 (473); *Decher* ZIP 2010, 1673 (1675 f.); *Bungert/Wettich* BB 2009, 2227 (2229 f.); dort auch jeweils zu weiteren (derzeit noch ungeklärten) Folgeproblemen im Zusammenhang mit der vom BGH angenommenen Ausnahme wie der Frage, ob eine Anpassung des Börsenkurses in beide Richtungen möglich ist, welcher Zeitraum dann entscheidend ist oder auf welcher Basis der Börsenkurs zu ermitteln ist.
37 OLG München, Beschl. v. 21.5.2014 – 31 Wx 517/13; LG München I, Beschl. v. 27.6.2014 – 5HK O 7819/09.
38 OLG Frankfurt AG 2014, 822 (827).
39 OLG Karlsruhe NZG 2006, 670 f.; auch OLG Düsseldorf 6.4.2011 – 26 W 2/06 (AktG); LG München I, Beschl. v. 28.3.2014 – 5HK O 18925/08.
40 OLG München NZG 2014, 1230 f., wo dies verneint wurde, weil auf zentrale Handlungen wie eine Mitteilung nach § 90 Abs. 2 AktG oder Kapitalmaßnahmen keinerlei Kursreaktionen zu verzeichnen waren; OLG Düsseldorf AG 2008, 598 (501 f.); Emmerich/Habersack/*Emmerich* § 305 AktG Rn. 46a; KöKo AktG/*Riegger/Gayk* Anh § 11 SpruchG Rn. 76; a. A. Spindler/Stilz/*Veil* § 305 Rn. 57, der generell nicht auf Börsenkurse abstellen will, wenn die Aktien ausschließlich im Freiverkehr gehandelt werden.

auch sämtliche durch die Liquidation bedingten zusätzlichen Belastungen Wert mindernd zu berücksichtigen wie beispielsweise Kosten aus der vorzeitigen Auflösung von Dauerschuldverhältnissen, Abfertigungen oder Kosten des Abwicklungsvorgangs selbst. Ist der so ermittelte Wert höher als der Ertragswert oder der Börsenkurs, wird nicht einheitlich beurteilt, ob der Liquidationswert auch dann maßgeblich ist, wenn das Unternehmen dauerhaft fortgeführt werden soll und auch keine finanzielle Notwendigkeit zur Liquidation besteht. Hier wird mit guten Gründen vermehrt angenommen, bei nicht geplanter Liquidation wäre der Liquidationswert rein hypothetisch und der Aktionär hätte keine Aussicht auf dessen Realisierung, wenn es nicht zu der Strukturmaßnahme gekommen wäre.[41]

II. Substanzwert?

Der Substanzwert, definiert als Summe von isoliert bewerteten Vermögensgegenständen abzüglich der Summe von isoliert bewerteten Schulden[42], gilt als Rekonstruktionswert, weil er die Aufwendungen erfassen soll, die nötig sind, um ein gleiches Unternehmen zu errichten; daher fehlt ihm der Bezug zu den künftigen finanziellen Überschüssen, weshalb ihm für die Unternehmensbewertung keine Bedeutung zukommen kann.[43]

24

III. Vorerwerbspreise?

Erwerbspreise, die vom Hauptaktionär an einen Dritten in sachlichem und zeitlichem Zusammenhang mit einer Strukturmaßnahme gezahlt werden, werden bei der Ermittlung des Unternehmenswerts im Spruchverfahren keine Rolle spielen. Der Preis, den ein Mehrheitsaktionär zu zahlen bereit ist, hat zu dem »wahren« Wert des Anteilseigentums in der Hand des Minderheitsaktionärs keine Beziehung, weil in ihm der Grenznutzen für den Mehrheitsaktionär zum Ausdruck kommt. Für die Möglichkeit, mit den so erworbenen Aktien ein bestimmtes Quorum zu erreichen, ist der Mehrheitsaktionär bereit, einen »Paketzuschlag« zu bezahlen. Den kann der Minderheitsaktionär nur realisieren, wenn es ihm gelingt, seine Aktien gerade an den Mehrheitsaktionär zu veräußern; hierauf hat er indes weder verfassungs- noch einfachrechtlich einen Anspruch.[44]

25

---

41 OLG Düsseldorf ZIP 2004, 753 (757 f.); AG 2008, 498 (500); 2009, 907 (909); LG München I, Beschl. v. 31.10.2014 – 5HK O 16022/07; KöKo AktG/*Riegger/Gayk* Anh. § 11 Rn. 82; a. A. BayObLG NJW-RR 1997, 34 (35); wohl auch Peemöller/*Piltz/Hannes* S. 1139.
42 Peemöller/*Simon/Maltry* S. 655; *Großfeld* Rn. 1286.
43 OLG Celle DB 1979, 1031; LG München I Der Konzern 2010, 188 (194); ZIP 2013, 1664 (1671); MüKo AktG/*Paulsen* § 305 Rn. 82; *Großfeld* Rn. 1115.
44 BVerfGE 100, 289 (306 f.) – DAT/Altana; BGH NJW 2010, 2657 (2660) – Stollwerck; OLG Frankfurt AG 2014, 822 (827); LG München I ZIP 2013, 1664 (1671); Beschl. v. 10.12.2010 – 5HK O 11403/09; Simon/*Simon/Leverkus* Anh § 11 Rn. 242; MüKo AktG/*Paulsen* § 305 Rn. 82; *Vetter* AG 1999, 569 (572); *Bode* Der Konzern 2010, 529 (530 ff.); a. A. LG Köln AG 2009, 835 (838 ff.); Emmerich/Habersack/*Emmerich* § 305 AktG Rn. 50; *Behnke* NZG 1999, 934; differenzierend Heidel/*Meilicke/Kleinertz* § 305 AktG Rn. 38.

Sachregister

Die **halbfett** gedruckten Ziffern beziehen sich auf die Kapitel, die mager gedruckten Ziffern auf die Randnummern.

Abberufung
- Aufsichtsrat, VVaG **80** 42 ff.
- Aufsichtsratsmitglieder, s. *Aufsichtsratsmitglieder, Abberufung*
- Besonderer Vertreter **6** 172 ff.
- Directors **94** 15 ff.
- Gerichtliche ~ von Abwicklern bei der AG, s. *Gerichtliche Bestellung und Abberufung von Abwicklern*
- Geschäftsführung beim Joint Venture **2** 321
- GmbH-Geschäftsführer, s. *GmbH-Geschäftsführer, Abberufung*
- Liquidatoren (GbR) **36** 21 f.
- Liquidatoren (OHG), s. *Liquidatoren (OHG), Ernennung und Abberufung*
- Vorstand, Stiftung **85** 7 ff.
- Vorstand, VVaG **80** 36 ff.
- Vorstandsmitglied, s. *Vorstandsmitglied, Abberufung*

Abfindung
- Ausschluss eines Aktionärs aus wichtigem Grund **7** 34
- Squeeze-Out **7** 46, 60
- Stiller Gesellschafter **104** 10 f.

Abfindung (GbR)
- Gesellschaftsvertragliche Regelungen **33** 39 ff.
- Gesetzliche Regelung **33** 32 ff.
- Prozessuales **33** 44

Abfindung (GmbH)
- Abfindungsbeschränkungen **16** 216 ff.
- Ausschlussklausel **16** 227 ff.
- Beweislast für die Höhe **16** 212
- Buchwertklausel **16** 230
- Fälligkeit **16** 213
- Folgen einer nachträglichen unzulässigen Benachteiligung **16** 221 ff.
- Gleichbehandlungsgrundsatz **16** 219
- Nennwertklausel **16** 231
- Statthafte Klageart **16** 214 ff.
- Substanzwertklausel **16** 232
- Zwangsausschließung **18** 44 ff.

Abfindungsanspruch
- Gesellschafterrechte (GbR) **32** 40
- Zwangseinziehung **7** 29 ff.

Abmahnung, GmbH-Geschäftsführer **20** 194

Abschlussprüfer
- Fehlerhaftigkeit der Bestellung des ersten ~ **4** 97
- Haftung, s. *Abschlussprüfer, Haftung*
- Rechtsstellung **6** 461

Abschlussprüfer, Antrag auf gerichtliche Bestellung
- Ablehnung des Prüfungsauftrags **6** 453
- Analoge Anwendung bei laufender Anfechtungsklage gegen den Wahlbeschluss des Abschlussprüfers **6** 456
- Antragsberechtigung **6** 450
- Antragsgründe **6** 452 ff.
- Anwendungsbereich **6** 449 ff.
- Fehlende Wahl des Abschlussprüfers **6** 452
- Rechtsschutz **6** 460
- Verfahren **6** 457 ff.
- Verhinderung der rechtzeitigen Prüfung **6** 455
- Voraussetzungen **6** 450 ff.
- Wegfall des Abschlussprüfers **6** 454
- Zeitpunkt der Antragstellung **6** 451

Abschlussprüfer, Antrag auf gerichtliche Ersetzung
- Antragsberechtigung **6** 424 ff.
- Antragsfrist **6** 428 f.
- Anwendungsbereich **6** 421 ff.
- Ausschlussgrund nach § 319 Abs. 2–5 HGB **6** 433
- Ausschlussgründe nach § 319a, b HGB **6** 437
- Entscheidung **6** 444 f.
- Erlöschen und Grenzen des Antragsrechts **6** 439 f.
- Ersetzungsgrund **6** 432 ff.
- Glaubhaftmachung der Mindestbesitzzeit **6** 431
- Kosten **6** 446
- Rechtsmittel **6** 447
- Verfahren **6** 441 ff.
- Verhältnis zum Verfahren nach § 318 Abs. 4 HGB **6** 421
- Verhältnis zur Anfechtungs- und Nichtigkeitsklage **6** 422
- Voraussetzungen **6** 424 ff.
- Widerspruch gegen die Wahl des Abschlussprüfers **6** 430

Abschlussprüfer, Haftung
- Gegenüber der Gesellschaft **6** 464 ff.
- Geltendmachung des Anspruchs **6** 480
- Haftende Personen **6** 479
- Haftung gegenüber Dritten **6** 482 ff.
- Haftungsbegrenzung **6** 474 ff.
- Mitverschulden der zu prüfenden Gesellschaft **6** 471 ff.
- Pflichtverletzung **6** 465 f.
- Schaden und Kausalität **6** 469 f.
- Verjährung **6** 478
- Verschulden **6** 467 f.

Abwickler, Bestellung
- Einstweilige Verfügung **10** 64
- Nachtrags-Abwickler **10** 65

Acting in concert 13 50

Sachregister

Actio pro socio 2 93 f.
- Aktiengesellschaft 3 11, 16, 4 24
- Aufsichtsrat 9 243
- Einlagepflicht 6 340 ff.
- Faktischer GmbH-Konzern 27 10
- GbR 32 50 ff.
- Joint Venture 2 328
- KG 46 12
- KG, Beirat 53 25 ff.
- KGaA 12 18, 20, 22, 35
- Nachschusspflicht 17 18 f., 60
- OHG 37 12
- Partnerschaftsgesellschaft 56 8
- Stille Gesellschaft 100 2 f.
- Treuepflichtverletzung 6 376 ff.
- Vor-GmbH 15 21
- Vorgesellschaft (AG) 4 77

Actio pro socio (GbR)
- Anwendungsfälle 29 39
- Prozessuale Aspekte 29 43 ff.
- Sonstige Fälle der Gesellschafterklage im eigenen Namen 29 46
- Subsidiarität 29 40 ff.

Actio pro socio (GmbH)
- Anwendungsfälle 14 38 ff.
- Klageantrag 14 48
- Streitigkeiten mit Geschäftsführern 14 40
- Subsidiarität 14 41 ff.
- Vollstreckung 14 76

Actio pro socio (Limited)
- Abgrenzung zu anderen Rechtsbehelfen 96 13
- Bedeutung 96 1
- Double und multiple derivative claims 96 12
- Kostentragung bei Zulassung 96 8
- Maßgeblichkeit des englischen Rechts 96 2
- Prozessführungsbefugnis 96 4 ff.
- Sonderformen 96 9 ff.
- Übernahme einer Klage der Gesellschaft 96 10
- Übernahme einer – eines Mitgesellschafters 96 11
- Voraussetzungen 96 3 ff.

Ad-hoc-Publizitätspflichten
- Grundtatbestand 13 26
- Kapitalmarktrechtliche Haftung des Emittenten 13 30

AG-Vertragskonzern
- Anspruch der Gläubiger auf Sicherungsleistung 24 26 ff.
- Ansprüche der Aktionäre und Gläubiger der abhängigen AG 24 35 ff.
- Ansprüche des herrschenden Unternehmens 24 32 ff.
- Ansprüche gegen die Organmitglieder der abhängigen AG 24 21 ff.
- Ausgleich und Abfindung gem. §§ 304, 305 AktG 24 8 ff.
- Regressanspruch des herrschenden Unternehmens gegen seinen Geschäftsleiter 24 30 f.
- Schadensersatzansprüche gegen das herrschende Unternehmen 24 11 ff.
- Treuepflicht 24 20, 40
- Verfolgungsrechte der Aktionäre und Gläubiger der abhängigen AG 24 35 ff.
- Verlustausgleichspflicht gem. § 302 AktG 24 2 f.

Akkordstörer-Fall 2 216

Aktien, Übertragung
- Abtretung 5 5 f.
- Anspruch auf Zustimmung 5 27
- Ansprüche des Erwerbers 5 47 ff.
- Ermessensreduzierung aufgrund der Börsennotierung der AG 5 37 ff.
- Indossament 5 8 f.
- Inhaberaktien 5 1 f.
- Inhalt des Anspruchs aus Zustimmungserteilung 5 44 ff.
- Klage auf Feststellung bzw. Eintragung ins Aktienregister 5 23 ff.
- Klage auf Feststellung der Unwirksamkeit der Zustimmungserteilung 5 69 ff.
- Nachträgliche Einführung der Vinkulierung 5 13 ff.
- Namensaktien 5 3 f.
- Rechtsgeschäftliche Übertragung 5 1 ff.
- Rechtsschutz bei fehlender Zustimmungsbedürftigkeit 5 23 ff.
- Schadensersatzansprüche des Erwerbers 5 54 ff.
- Schadensersatzansprüche des Veräußerers bei Verweigerung der Zustimmung 5 52 f.
- Übertragung aufgrund unwirksamer Vinkulierungsklausel 5 20 ff.
- Übertragung nach §§ 929 ff. BGB 5 7
- Verhinderung der Zustimmung 5 60 ff.
- Vinkulierte Aktien 5 10 ff.
- Zustimmungsbedürftigkeit der Übertragung 5 12 ff.
- Zustimmungserteilung 5 26 ff.

Aktiengesellschaft
- Actio pro socio 3 11, 16
- Amtsauflösung 4 171
- Amtslöschung gemäß § 395 FamFG 4 175 ff.
- Amtslöschung gemäß § 397 FamFG 4 167 ff.
- Besonderer Vertreter 3 9 f.
- Doppelvertretung 3 6 ff., 33 ff.
- Geltendmachung von Organrechten 3 13 ff.
- Gerichtsstand 3 17 ff.
- Gerichtsstand bei Doppelsitz 3 22
- Gesamtvertretung 3 3
- Interorganstreit 3 13
- Klage auf Feststellung der Nichtigkeit einzelner Satzungsbestimmungen 4 173 f.
- Klage auf Nichtigerklärung 4 163 ff.
- Klage vor unzuständigem Gericht 3 23 f.
- Organstreitigkeiten 3 12
- Parteifähigkeit 3 2
- Prozessfähigkeit 3 3 ff.
- Prozesskostenhilfe 3 45 ff.

- Rechtsfähigkeit 3 2
- Satzungsstrenge 2 35
- Schiedsvereinbarung 3 25 f.
- Vertretung 3 3 ff.
- Zeugenbeweis 3 47 ff.
- Zustellung 3 27 ff.
- Zustellungsmängel 3 42 ff.
- Zwangsvollstreckung 3 56 ff.

Aktiengesellschaft, Beendigung
- Auflösung 10 1 ff.
- Auflösungsgründe 10 3
- Auflösungsklage 10 27
- Auswirkung der Löschung auf laufende Prozesse 10 68
- Gerichtliche Auflösung 10 53
- Gerichtliche Bestellung und Abberufung von Abwicklern 10 57
- Kontinuität des Rechtsträgers 10 8
- Lehre vom Doppeltatbestand 10 5
- Liquidation 10 6
- Liquidationsloses Erlöschen 10 10
- Löschung von Amts wegen 10 44
- Nichtigkeitsklage, s. dort
- Vollbeendigung 10 4

Aktiengesellschaft, Gründung
- Bargründung 4 116 ff.
- Bestandsschutz 4 161
- Diskontinuität 4 7
- Eintragung in das Handelsregister 4 108 ff.
- Ersatzansprüche gegen Gründer 4 177 ff.
- Ersatzansprüche gegen Gründungsprüfer 4 189 ff.
- Ersatzansprüche gegen Vorstand oder Aufsichtsrat 4 185 ff.
- Fehlerhafte Gesellschaft 4 6
- Fehlerhafte Gründung 4 81 ff.
- Fehlerhaftigkeit der Satzungsfeststellung 4 83 ff.
- Grundsatz der Diskontinuität 4 7
- Haftung bei Scheitern 4 144
- Handelndenhaftung 4 150 ff.
- Identitätstheorie 4 8
- Mantelverwendung 4 2
- Nachgründung 4 192 ff.
- Nachgründungsphase 4 13
- Nachgründungsprüfung 4 14
- Sachgründung 4 122 ff.
- Scheitern der Gründung nach Entstehung der Vorgesellschaft 4 132 ff.
- Streitigkeiten über Verantwortlichkeit bei Scheitern 4 139 ff.
- Überblick 4 1 ff.
- Verlustdeckungshaftung 4 146 ff.
- Vorgesellschaft 4 8 ff., 42 ff.
- Vorgründungsgesellschaft, s. dort
- Vorgründungsstadium 4 3
- Vorratsgründung 4 16 ff.
- Vorvertrag 4 5 f.
- Wirtschaftliche Neugründung 4 16 ff.

Aktiengesellschaft, Löschung
- Aktivprozess 10 69
- Laufende Prozesse 10 68 ff.
- Parteifähigkeit 10 68
- Passivprozess 10 70
- Prozessstandschaft 10 71
- Zwangsvollstreckung 10 72

Aktionärsrechte 6 1 ff.
- Anspruch auf Bilanzgewinn 6 303 ff.
- Anspruch auf Herbeiführung eines Gewinnverwendungsbeschlusses 6 304
- Ansprüche auf Schadensersatz bei Verletzung des Teilnahmerechts 6 296 ff.
- Beteiligung am Liquidationserlös 6 314
- Bezugsrecht bei Kapitalerhöhung 6 307 ff.
- Durchsetzung rechtmäßigen Organhandelns 6 315 ff.
- KGaA 12 12
- Rückzahlungsansprüche infolge Kapitalherabsetzung 6 312 f.
- Stimmrecht 6 299 ff.
- Teilnahme an der Hauptversammlung 6 290 ff.
- Vermögensrechte 6 303 ff.

Alternative Streitbeilegungsverfahren 2 166 ff.

Altmandate, Partnerschaftsgesellschaft mit beschränkter Berufshaftung 56 20 f.

Amtsauflösung 4 171 f.

Amtsermittlungsgrundsatz
- Auskunftserzwingungsverfahren 6 50
- Steuerrecht 2 349

Amtslöschung
- Anfechtungsklage (AG), Hauptversammlungsbeschluss 8 123
- § 395 FamFG 4 175 f.
- § 397 FamFG 4 167 ff.

Anerkenntnis, Anfechtungsklage (AG), Hauptversammlungsbeschluss 8 116

Anfechtungs- und Nichtigkeitsklage
- Ausschließliche Zuständigkeit im Sitzstaat für ~ 2 85
- Bestellungsbeschluss von Sonderprüfern 6 66 ff.

Anfechtungsgründe (GmbH)
- Feststellung des Jahresabschlusses 19 108 f.
- Geschäftsführerangelegenheiten 19 113 f.
- Minderheitenschutz 19 11
- Präklusion 19 119
- Stammkapital und Gewinnverwendung 19 106 f.
- Treuepflicht 19 110
- Unzweckmäßigkeit eines Beschlusses 19 112
- Verstöße gegen die Satzung 19 115 f.
- Verstöße gegen schuldrechtliche Vereinbarungen 19 117 f.

Anfechtungsklage 2 17 f.
- Ausschluss eines Gesellschafters (GmbH) 18 95 ff.
- Hauptversammlungsbeschluss 4 200
- Rechtsmissbräuchliche ~ durch Aktionäre 6 412 ff.

Sachregister

Anfechtungsklage (AG)
- Ausschließlicher Gerichtsstand 3 18 ff.
- Bestätigungsbeschluss 8 186 ff.
- Missbräuchliche ~ 8 197 ff.
- Räuberischer Aktionär 8 197 ff.
- Spezielle ~ 8 181
- Verhältnis zur Nichtigkeitsklage 8 235 ff.

Anfechtungsklage (Formwechsel)
- Begründetheit 129 21 ff
- Formelle Beschlussmängel 129 23 ff.
- Klageausschluss 129 19 f.
- Klagefrist 129 29
- Mangelbehaftete Beschlussfassung 129 23
- Mangelbehafteter Umwandlungsbericht 129 24
- Materielle Beschlussmängel 129 25 ff.
- Passivlegitimation 129 22
- Rechtsschutzinteresse 129 17 f.
- Sachliche Rechtfertigung für den Formwechselbeschluss 129 27 f.
- Verstoß gegen § 194 Abs. 1 Nr. 7 UmwG 129 26
- Zulässigkeit 129 16 ff.

Anfechtungsklage (Genossenschaft)
- Anfechtungsbefugnis 69 14 ff.
- Gegenstand 69 10 f.
- Heilung der Anfechtbarkeit 69 13
- Ursächlichkeit bzw. Erheblichkeit des Beschlussmangels 69 12
- Wirkung 69 18
- Zuständiges Gericht 69 17

Anfechtungsklage (GmbH)
- Anfechtungsgründe, *s. dort*
- Heilung der Anfechtbarkeit bei Verfahrensmängeln 19 120
- Klageantrag 19 59
- Klagebefugnis 19 64 ff.
- Klagefrist 19 60 ff.
- Kostentragung 19 121
- Mehrheit von Klägern 19 121
- Relevanzerfordernis bei formellen Fehlern 19 102 f.
- Streitwert 19 121
- Veränderung der Gesellschafterstellung 19 65
- Verfahrensfehler bei Durchführung der Gesellschafterversammlung 19 86 ff.
- Verfahrensfehler im Vorfeld der Gesellschafterversammlung 19 68 ff.
- Verletzung des Informationsrechts 19 94 ff.

Anfechtungsklage (AG)
- Aktionäre 8 5
- Amtslöschung 8 123
- Anerkenntnis 8 116
- Anfechtungsausschluss 8 89
- Anfechtungsbefugnis 8 59 ff.
- Anfechtungsbefugnis des Vorstands 8 78 ff.
- Anfechtungsfrist 8 81 ff.
- Anfechtungsgrund 8 88
- Anfechtungsgründe, *s. Hauptversammlungsbeschluss, Anfechtbarkeit*
- Aufsichtsrat 8 12
- Beendigung 8 92 ff.
- Beendigungstatbestände 8 114 ff.
- Begründetheit 8 58
- Bekanntmachung 8 124 f.
- Beklagte 8 13 ff.
- Bestätigungsbeschluss 8 90
- Darlegungs- und Beweislast 8 52 f.
- Doppelvertretung 8 14
- Einstweiliger Rechtsschutz 8 57
- Gegenstand 8 30 ff.
- Gestaltungswirkung 8 93 ff.
- Handelsregistereintragung des Urteils 8 101
- Heilung der Nichtigkeit 8 91
- Insolvenzverwalter 8 16
- Klageantrag 8 38 ff.
- Klagebekanntmachung 8 47 ff.
- Klageerhebung 8 38 ff.
- Kläger 8 4 ff.
- Klagerücknahme 8 117 f.
- Klagezustellung 8 41 ff.
- Nebenintervenient 8 18 ff.
- Prozessrechtlich notwendige Streitgenossenschaft 8 6 f.
- Prozessvergleich 8 119 ff.
- Rechtsmittel 8 110
- Rechtsschutzbedürfnis 8 48 ff.
- Registersperre 8 54
- Statthaftigkeit 8 29 ff.
- Streitwert 8 104 ff.
- Unzulässige Verfolgung von Sondervorteilen 8 75
- Urteil 8 92
- Verfahrensbeteiligte 8 3 ff.
- Verhältnis zur Nichtigkeitsklage 8 33 ff.
- Versäumnisurteil 8 115
- Verschmelzung 8 17
- Vorstand 8 8 ff.
- Ziel 8 2
- Zulässigkeit 8 28 ff.
- Zuständigkeit 8 36

Anfechtungsklage (Rechtsmissbrauch)
- Aktienrechtsnovelle 2014 8 231 f.
- ARUG 8 200 ff.
- Bereitwilligkeit zum Vergleich 8 217 f.
- Darlegungs- und Beweislast 8 224
- Einzelfälle 8 209 ff.
- Entschließung zur Einforderung von Sonderleistungen erst nach Klageerhebung 8 221
- Erstreben der Leistung eines Aktionärs 8 222
- Geltend gemachte Anfechtungsgründe 8 219 f.
- Geringer Anteilsbesitz 8 213 f.
- Mindestquorum 8 230
- Rechtsfolgen 8 225 ff.
- Rückerstattung erhaltener Zahlungen 8 227
- Schadensersatzansprüche 8 228
- Überhöhte Kosten des Verfahrens 8 212
- UMAG 8 199
- Unbegründetheit der Anfechtungsklage 8 225 ff.

Sachregister

- Versuche der Einschränkung 8 199
- Voraussetzungen 8 205 ff.
- Wiederholtes Klagen 8 215 ff.
- Wirtschaftliche Verflechtung mehrerer Kläger 8 223

Anfechtungsklage (Spaltung)
- Begründetheit 128 20 ff.
- Formelle Beschlussmängel 128 23
- Materielle Beschlussmängel 128 24
- Passivlegitimation 128 21 f.
- Rechtsschutzinteresse 128 16
- Rügeausschluss 128 17 ff.
- Zulässigkeit 128 16 ff.

Anfechtungsklage (Verschmelzung)
- Aktivlegitimation 127 49 f.
- Begründetheit 127 48 ff.
- Formelle Beschlussmängel 127 61 ff.
- Klageausschluss 127 45 ff.
- Klagefrist 127 54 ff.
- Mängel des Verschmelzungsvertrages 127 64 f.
- Materielle Beschlussmängel 127 67 f.
- Nachschieben von Anfechtungsgründen 127 60
- Passivlegitimation 127 51 ff.
- Rechtsschutzinteresse 127 43 f.
- Sachliche Rechtfertigung der Verschmelzung 127 68 f.
- Zulässigkeit 127 43 ff.

Anfechtungsrecht, Treugeber 119 16
Anwaltszwang, Mediation 2 194
ARAG/Garmenbeck-Entscheidung 2 102
Arbeitsgerichtsverfahren
- Besonderheiten 2 333 ff.
- Zuständigkeit der Arbeitsgerichte 2 330 ff.

Atypische Stille Gesellschaft
- Kombination atypischer Merkmale 99 17
- Mehrgliedrige ~ mit Verbandscharakter 99 13 ff.
- Mit Geschäftsführungsbeteiligung des stillen Gesellschafters 99 12
- Mit Vermögensbeteiligung des stillen Gesellschafters 99 11

Aufhebung von Schiedssprüchen 2 74 ff.
Auflösung
- Fehlerhafte Vorgesellschaft (GmbH) 15 27 ff.
- GmbH & Co.KG 55 25 ff.
- Publikumsgesellschaften 55 44 f.
- Verein 79 1 ff.

Auflösungsklage (OHG)
- Anerkenntnis 44 19
- Ausscheiden von Gesellschaftern 44 14
- Beweislast 44 19
- Gesellschaft als Beklagte 44 13
- Gestaltungsklage 44 11
- Hilfsanträge 44 16
- Kein einstweiliger Rechtsschutz 44 21
- Kein Ermessen 44 20
- Klageberechtigung 44 12
- Klagefrist 44 18
- Rechtssicherheit 44 9
- Schiedsgerichtsbarkeit 44 22
- Verfahren 44 12 ff.
- Verhältnis zur Feststellungsklage 44 10
- Zuständigkeit 44 15
- Zustimmung nach § 1365 BGB 44 17

Auflösungsklage nach § 61 GmbHG
- Auflösungsgründe 21 16
- Ausschluss des Klägers 21 14
- Begründetheit 21 11 ff.
- Benachrichtigung aller Gesellschafter 21 9
- Freiwilliges Ausscheiden des klagenden Gesellschafters 21 15
- Gerichtsschutz gegen Auflösung 21 21 f.
- Gestaltungsklage 21 6
- Grundsatz 21 12
- Innergesellschaftliche Gründe 21 17
- Klagebefugnis 21 7 f.
- Mängel des Gesellschaftsvertrages 21 18
- Relevanz 21 5
- Schiedsverfahren 21 20
- Streitwert 21 10
- Subsidiarität 21 12 ff.
- Urteilswirkungen 21 19
- Vertragsanpassung 21 13
- Wirkung der Auflösung auf laufende Gerichtsverfahren 21 32
- Zwingendes Schutzrecht 21 4

Auflösungsklage nach § 94 GenG
- Abgrenzung zur Nichtigkeitsklage analog § 249 Abs. 1 S. 1 AktG 71 7
- Parteien 71 9
- Satzungsmangel 71 8
- Wirkung 71 10

Aufrechnungsverbot
- Beweislast 15 108
- Gesellschaft 15 105 ff.
- Gesellschafter 15 104

Aufsichtsbehörde
- Aufsicht bei der Anmeldung 80 10 f.
- Erlaubnis zum Geschäftsbetrieb 80 6 ff.
- Genehmigung zur Bestandsübertragung 80 12
- Laufende Aufsicht 80 12
- Verwaltungsrechtsweg 80 5

Aufsichtsrat 2 12 f.
- Actio pro socio 9 243
- Anfechtungsklage (AG), Hauptversammlungsbeschluss 8 12
- Auslagenersatzansprüche 9 233
- Besetzungsregeln 13 6
- Bestellung des ersten ~ 4 44
- Durchsetzung der Rechte des Gesamtorgans 9 235 f.
- Durchsetzung von subjektiven Organrechten 9 237 ff.
- Ersatzansprüche aus der Gründung 4 185 ff.
- Fakultativer ~ 20 200 ff.
- Fehlen eines unabhängigen Finanzexperten 13 7
- Fehlerhaftigkeit der Bestellung des ersten ~ 4 92 f.

Sachregister

- Frauenquote **13** 7
- Gerichtliche Durchsetzung der Rechte des ~ **9** 227
- GmbH **14** 18, **20** 195 ff.
- Haftung **2** 152 ff.
- Informations- und Mitwirkungsrechte **9** 234
- Klagbares Abwehrrecht des ~ **3** 14
- Klage gegen Aufsichtsratsbeschluss **9** 265 ff.
- Obligatorischer ~ **20** 203 ff.
- Vergütungsansprüche **9** 229 ff.
- Vertretung der Gesellschaft **3** 4
- Vor-GmbH **15** 20

Aufsichtsrat, Ergänzung
- Antrag **6** 222 ff.
- Antragsberechtigung eines Aktionärs **6** 223 f.
- Antragsfrist für den Aktionär **6** 225
- Entscheidung **6** 245 ff.
- Ergänzungsverfahren **6** 218 ff.
- Formelle Anforderungen für den gerichtlichen Antrag **6** 227 ff.
- Inhaltliche Anforderungen für den gerichtlichen Antrag **6** 229 ff.
- Kosten **6** 249 ff.
- Verfahren in dritter Instanz **6** 244
- Verfahren in erster Instanz **6** 237 ff.
- Verfahren in zweiter Instanz **6** 240 ff.
- Zuständiges Gericht **6** 234 ff.

Aufsichtsrat, Haftung
- Business Judgement Rule **9** 252 ff.
- Darlegungs- und Beweislast **9** 248
- Gegenüber Dritten **9** 269 ff.
- Gerichtliche Zuständigkeit **9** 247
- Haftung gegenüber der Gesellschaft **9** 244 ff.
- Haftung im Konzern **9** 264
- Haftungsausschluss **9** 261
- Klagen der Gesellschaft auf Schadensersatz **9** 244 ff.
- Pflichtverletzungen **9** 249 ff.
- Schaden **9** 260
- Schadensersatz nach §§ 116 S. 1 i. V. m. 93 Abs. 2 S. 1 AktG **9** 245 ff.
- Schädigende Einflussnahme nach § 117 Abs. 2 S. 1 AktG **9** 263
- Sorgfaltspflichtverletzung **9** 250
- Treuepflicht **9** 257 ff.
- Verjährung **9** 262
- Verschulden **9** 259
- Verschwiegenheitspflichtverletzung **9** 256 ff.

Aufsichtsrat, VVaG
- Abberufung **80** 42 ff.
- Ergänzung **80** 42 ff.
- Schadensersatz **80** 46 f.

Aufsichtsrat, Zusammensetzung
- Antrag **6** 185 ff.
- Antragsberechtigung eines Aktionärs **6** 186 f.
- Antragsfrist für den Aktionär **6** 188
- Entscheidung **6** 209 ff.
- Formelle Anforderungen für den gerichtlichen Antrag **6** 190 ff.
- Inhaltliche Anforderungen für den gerichtlichen Antrag **6** 193 ff.
- Kosten **6** 215 ff.
- Statusverfahren **6** 179 ff.
- Verfahren in dritter Instanz **6** 208
- Verfahren in erster Instanz **6** 199 ff.
- Verfahren in zweiter Instanz **6** 204 ff.
- Zuständiges Gericht **6** 195 ff.

Aufsichtsratsbeschlüsse, Nichtigkeit **8** 301

Aufsichtsratsmitglieder, Ersatzzustellung **3** 35

Aufsichtsratsmitglieder, Abberufung
- Aufsichtsrat als Kläger **9** 214 ff.
- Entsendungsberechtigter **9** 220
- Gerichtliche Abberufung aus wichtigem Grund **9** 222 ff.
- Hauptversammlung **9** 217 ff.
- § 103 AktG **9** 215 ff.

Aufwendungsersatz
- GbR **35** 62 ff.
- Gesellschafterrechte (GbR) **32** 42 ff.
- Gesellschafterrechte (KG) **49** 12
- Gesellschafterrechte (OHG) **40** 30 ff.
- KG **52** 22
- OHG **43** 33 f.
- Stille Gesellschaft **103** 13 ff., 18
- Stille Gesellschaft, Geschäftsführung **106** 14

Auseinandersetzung, Stille Gesellschaft, Auflösung **107** 21 ff.

Außergerichtliche Sanierungsvergleiche 2 215 ff.
- Akkordstörer-Fall **2** 216
- coop **2** 217

Ausfallhaftung
- Kaduzierung **7** 17
- Mitgesellschafter bei rückständigen Bareinlagen **15** 146 ff.

Ausgleichs- und Abfindungsansprüche
- AG-Vertragskonzern **24** 8 ff.
- Faktischer AG-Konzern **26** 26
- Joint-Venture-Gesellschaft gegen einen Joint-Venture-Partner **2** 326

Auskunftserzwingungsverfahren
- Amtsermittlungsgrundsatz **6** 50
- Antrag **6** 44
- Bedeutung **6** 64
- Gerichtliche Entscheidung **6** 56 ff.
- Gerichtliche Zuständigkeit **6** 43
- Kosten **6** 59
- Verhältnis zu anderen Klagen **6** 39
- Vollstreckung **6** 60 ff.
- Zwangsvollstreckung **6** 63

Auskunftspflicht, GmbH-Geschäftsführer **20** 106 ff.

Auskunftsrecht
- Nießbrauch an Gesellschaftsanteilen **124** 34
- Stille Gesellschaft, Geschäftsführung **106** 6
- Treugeber **119** 14 f.

Auskunftsrecht des Aktionärs 6 1 ff.
- Anfechtungsklage bei Verletzung **6** 34 ff.
- Angelegenheit der Gesellschaft **6** 9

Sachregister

- Auskunftsverweigerungsgründe, *s. dort*
- Beschränkung **6** 14 ff., 29 ff.
- Elektronische Teilnahme **6** 27
- Erforderlichkeitskriterium **6** 10
- Form der Auskunftserteilung **6** 11 ff.
- Gegenstand **6** 8
- Grundsatz der Mündlichkeit **6** 6, 12
- Hauptversammlung **6** 3
- Illoyale, grob eigennützige Rechtsausübung **6** 30
- Rechtsfolgen bei Verletzung **6** 33 ff.
- Rechtsmissbrauch **6** 29 ff.
- Schadensersatzpflicht **6** 36
- Schuldner **6** 7
- Sonderprüfung **6** 37
- Strafbarkeit des Vorstands **6** 37
- Übermäßige Rechtsausübung **6** 31
- Voraussetzungen **6** 2
- Vorstand **6** 7
- Widersprüchliches Verhalten **6** 32

Auskunftsverweigerungsgründe
- Anderweitige Bekanntmachung oder Beantwortung **6** 25
- Bilanzierungs- und Bewertungsmethoden **6** 21
- Kredit- und Finanzdienstleistungsinstitute **6** 24
- Nachteilszufügung **6** 18
- Steuerliche Wertansätze und Höhe der Steuern **6** 19
- Stille Reserven **6** 20
- Strafbarkeit der Auskunftserteilung **6** 22 f.

Auslagenersatz
- Aufsichtsrat **9** 233
- Vorstand, Stiftung **85** 1

Auslandsgesellschaften **2** 88
- Gründungstheorie **2** 99
- Sitztheorie **2** 99
- Zustellungserleichterungen **2** 98

Ausschließungsklage, GmbH **18** 30 ff.

Ausschluss
- Mitglied, VVaG **80** 53 ff.
- Stiller Gesellschafter **104** 5 ff.

Ausschluss eines Aktionärs
- Abfindung **7** 34
- Ausschluss aus wichtigem Grund **7** 31 ff.
- Ausschlussklage der AG **7** 34
- Gesetzlich geregelte Ausschlussverfahren **7** 1 ff.
- Kaduzierung, *s. dort*
- Zwangseinziehung, *s. dort*

Ausschluss eines Genossenschaftsmitglieds
- Ausschließungsverfahren **68** 19 f.
- Haftung bei rechtswidrigem Ausschluss **68** 24
- Rechtsschutz **68** 21 ff.
- Wichtiger Grund **68** 18

Ausschluss eines Gesellschafters (GbR)
- Einstweiliger Rechtsschutz **33** 23 ff.
- Fortsetzungsklausel **33** 7 ff.
- Grundsätzlich keine Ausschließung **33** 6
- Rechtsschutz **33** 16 ff.
- Verfahren **33** 11 ff.
- Wichtiger Grund **33** 8 ff.

Ausschluss eines Gesellschafters (GmbH)
- Anfechtungsklage **18** 95 ff.
- Auflösungsbeschluss **18** 15
- Auflösungsklage **18** 15
- Ausschließung bei wichtigem Grund, *s. Zwangsausschließung*
- Einstweiliger Rechtsschutz gegen Handelsregistereintragungen **18** 120 ff.
- Einstweiliger Rechtsschutz nach Beschlussfassung **18** 115 f.
- Einstweiliger Rechtsschutz vor Beschlussfassung **18** 110 ff.
- Nichtigkeitsklage **18** 91 ff.
- Prozessuale Besonderheiten bei wechselseitigem Ausschluss **18** 100 f.
- Wechselseitige Verfügungsanträge **18** 117 ff.
- Zuständigkeiten **18** 102 ff.

Ausschluss eines Mitglieds, EWIV **45** 27 f.

Ausschluss von Minderheitsaktionären, *s. Squeeze-Out*

Ausschlussklausel, Abfindung **16** 227 ff.

Austritt eines Gesellschafters
- GbR **33** 29 f.
- Gesellschafter (GmbH) **18** 80 ff.
- OHG **41** 16 f.
- Stiller Gesellschafter **104** 8 f.

Auszahlungsverbot **17** 71 ff.

BaFin, Mindestanforderungen an eine Compliance-Organisation **2** 116

Bagatellquorum **7** 77
- Freigabeverfahren **8** 374 ff.
- Verschmelzung **127** 114 ff.

Barabfindung
- Börsenkurs als Untergrenze **7** 47
- Ertragswert **7** 46

Bareinlage, Vor-AG **4** 47 f.

Bargründung, Handelsregistereintragung (AG) **4** 116 ff.

Bargründung (GmbH)
- Anforderung der Einlageleistungen **15** 119 f.
- Aufrechnungsverbot, *s. dort*
- Beweislast für die Einzahlung **15** 122
- Deckungshaftung bei Voreinzahlung an Vorgründungsgesellschaft **15** 116
- Einziehung im Insolvenzfall **15** 121
- Reichweite des § 19 Abs. 2 S. 1 GmbHG **15** 101
- Verbot des Hin- und Herzahlens, *s. Hin- und Herzahlen*

Barkapitalerhöhung, GmbH **16** 233 ff.

Beendigung
- Genossenschaft, Auflösung **71** 6
- GmbH & Co. KG **55** 25 ff.
- Joint Venture **2** 311 ff.
- KGaA **12** 31 ff.
- Kommanditgesellschaft **54** 1
- Mitgliedschaft VVaG **80** 50 ff.

Sachregister

- Nießbrauch an Gesellschaftsanteilen 125 1 ff.
- OHG, Auflösung 44 2
- Publikumsgesellschaften 55 44 f.
- Treuhand 120 1 ff.
- Verein 79 1 ff.

Beendigung der Aktiengesellschaft
- Auflösung 10 1 ff.
- Auflösungsgründe 10 3
- Auflösungsklage 10 27
- Auswirkung der Löschung auf laufende Prozesse 10 68
- Gerichtliche Auflösung 10 53
- Gerichtliche Bestellung und Abberufung von Abwicklern 10 57
- Kontinuität des Rechtsträgers 10 8
- Lehre vom Doppeltatbestand 10 5
- Liquidation 10 6
- Liquidationsloses Erlöschen 10 10
- Löschung von Amts wegen 10 44
- Nichtigkeitsklage, s. dort
- Vollbeendigung 10 4

Beirat 2 12 f.
- GmbH & Co.KG 55 28
- Publikumsgesellschaften 55 46

Beiratsbeschlüsse, KG 53 30 ff.
Beitragspflicht, GbR 32 56 f.
Beitrittserklärung, Genossenschaft 68 2
Berichtspflicht
- Vorstand 9 157
- Vorstandsmitglied 9 83

Beschlüsse der Generalversammlung
- Anfechtungsklage, s. dort
- Mängelarten 69 1 ff.
- Nichtigkeitsklage 69 5 ff.

Beschlussfeststellungsklage (AG)
- Begründetheit 8 321 ff.
- Bekanntmachungspflicht 8 329
- Klageantrag 8 313 f.
- Rechtsmittel 8 328
- Rechtsschutzbedürfnis 8 315 ff.
- Statthaftigkeit 8 315 ff.
- Urteilswirkung 8 326 f.
- Verfahren 8 318 ff.

Beschlussfeststellungsklage (GmbH)
- Anwendungsbereich 19 122 ff.
- Förmliche Feststellung 19 140 f.
- Klagefrist und -antrag 19 128
- Nebenintervention 19 130
- Parteien 19 129
- Rechtsschutzbedürfnis 19 136
- Streitgenossenschaft 19 130
- Vorliegen eines die Anfechtbarkeit begründenden Verfahrensfehlers 19 142
- Wirkung des Urteils 19 137
- Zuständiges Gericht 19 127

Beschlussmängel
- EWIV 45 16 ff.
- Stille Gesellschaft 105 5

Beschlussmängel (GbR)
- Abwehrrechte gegen Vollzugshandlungen 34 58 ff.
- Abweichende Vereinbarungen 34 45
- Einstweiliger Rechtsschutz 34 55 ff.
- Geltendmachung 34 32 ff.
- Heilung 34 25
- Inhaltliche Mängel 34 23
- Klagefrist 34 46 ff.
- Klagegegner 34 49 f.
- Mängel in der Stimmabgabe 34 19, 21
- Schiedsfähigkeit 34 51 ff.
- Verfahrensfehler 34 22

Beschlussmängel (KG)
- Abwehrrechte gegen Vollzugshandlungen 51 19
- Abweichende Vereinbarungen 51 16 ff.
- Einstweiliger Rechtsschutz 51 19
- Geltendmachung 51 11 ff.

Beschlussmängel (OHG) 42 8
- Abwehrrechte gegen Vollzugshandlungen 42 18
- Abweichende Vereinbarungen 42 14 ff.
- Einstweiliger Rechtsschutz 42 17
- Geltendmachung 42 9 ff.

Beschlussmängel (VVaG)
- Gerichtliche Zuständigkeit 80 28 f.
- Größerer VVaG 80 22 ff.
- Klagebefugnis 80 25 ff.
- Klagefrist 80 30
- Kleinerer VVaG 80 34
- Oberste Vertretung 80 31 ff.

Beschlussmängel der Gründerversammlung, Vorgesellschaft (AG) 4 57 f.

Beschlussmängelklagen (SE)
- Anfechtungsbefugnis 11 9
- Besonderheiten bei Anfechtungsgründen 11 18 f.
- Monistische SE 11 8
- Nichtigkeit von kompetenzübergreifenden Beschlüssen 11 16 f.
- Nichtigkeit wegen Verstoßes gegen das Prinzip der Satzungsstrenge 11 13 ff.
- Vertretung der monistischen SE 11 10
- Wahl der Aufsichts- bzw. Verwaltungsratsmitglieder 11 20

Beschwerde, Spruchverfahren
- Begründetheit 133 17
- Zulässigkeit 133 10 ff.

Besonderer Vertreter
- Abberufungsbeschluss 6 172 ff.
- Allgemeines 6 148 f.
- Beendigungsgründe 6 176
- Bestellung 3 9 f.
- Bestellung durch das Gericht 6 154 ff.
- Bestellung durch Hauptversammlungsbeschluss 6 150 ff.
- Bestellung eines neuen – durch das Gericht 6 175
- Geltendmachung der Ansprüche 6 168

Sachregister

- Informationsrechte 6 162 f.
- Pflichten 6 166 f.
- Rechtsstellung 6 159 ff.
- Rede- und Teilnahmerecht bei einer Hauptversammlung 6 164 f.

Bestätigungsbeschluss
- Anforderungen 8 187 f.
- Aussetzung bei getrennten Anfechtungsprozessen gegen Ausgangs- und Bestätigungsbeschluss 8 194
- Erledigung der Anfechtungsklage bei wirksamem Bestätigungsbeschluss 8 192
- Klageerweiterung bei Anfechtung des Bestätigungsbeschlusses 8 193
- Prozessuale Besonderheiten 8 191 ff.
- Rechtsfolge 8 189 f.
- Streitwert 8 196
- Verschmelzung 127 113

Bestellung von Abwicklern
- Einstweilige Verfügung 10 64
- Nachtrags-Abwickler 10 65

Bestellung von Nachtragsliquidatoren, Beschwerde nach § 273 Abs. 5 AktG 10 67

Beteiligung am Liquidationserlös 6 314

Beweisaufnahme
- Stiftung 81 16
- Verein 72 13 f.

Beweislast
- Auflösungsklage (OHG) 44 19
- Aufrechnungsverbot 15 108
- Gesellschafterpflichten, schuldrechtliche 6 366
- Haftung Genossenschaft 70 9
- Mitgliederversammlung, Beschlüsse 77 11
- Schadensersatz wegen unzulässiger Einflussnahme 6 405
- Wert der Sacheinlage 15 129
- Werthaltigkeit 15 145

Bezugsrecht 16 241 ff.
- Anfechtungsklage gegen Bezugsrechtsausschluss 16 248 ff.
- Leistungsklage auf Annahme der Bezugserklärung durch die Gesellschaft 16 247

Bezugsrechtsausschluss, Anfechtungsklage gegen ~ 16 248 ff.

Bieterpflichten
- Acting in concert 13 50
- Befreiung von der Pflicht zur Abgabe eines Angebots 13 53 f.
- Kontrollerwerb 13 50
- Rechtsverlust bei Unterlassen der Veröffentlichung des Kontrollerwerbs 13 55 f.

Bilanzgewinn, Anspruch des Aktionärs 6 303 ff.

Bilanzierungs- und Bewertungsmethoden, Auskunftsverweigerungsgründe 6 21

Börsenkurs, Unternehmensbewertung 134 18 ff.

Buchführungspflicht, Vorstandsmitglied 9 84

Buchwertklausel, Abfindung 16 230

Bürgschaft 2 261

Business Judgement Rule 2 127 ff.
- Auf der Grundlage angemessener Informationen 9 97
- Aufsichtsrat, Haftung 9 252 ff.
- GmbH-Geschäftsführer 20 28 ff.
- Gutgläubigkeit und frei von jeglichem Interessenwiderstreit 9 99
- Handeln zum Wohl der Gesellschaft 9 98
- UMAG 9 92 ff.
- Unternehmerische Entscheidung 9 96
- Voraussetzungen 9 95 ff.

Cash Management, Verbot der Einlagenrückgewähr 6 347

Cash-Pooling
- Hin- und Herzahlen 15 111
- Insolvenz 2 265 ff.

Centre of main interests 2 281 f.

Chief Compliance Officer 2 139 ff.

COMI 2 281 f.

Companies Act 2006, Limited 90 2

Compliance 2 96 ff.
- Aufsichtsrat 2 152 ff.
- Begriff 2 109 ff.
- Bekenntnis zur Corporate Compliance 2 148 ff.
- Berichtspflichten 2 146 f.
- Chief Compliance Officer 2 139 ff.
- Corporate-Compliance-System 2 131 ff.
- Deutscher Corporate Governance Kodex 2 111
- Dokumentation 2 146 f.
- Haftung des Aufsichtsrates 2 152 ff.
- Haftungsgefahren 2 118 ff.
- Informationssystem 2 142 ff.
- Konkrete Prüfungsanlässe 2 165
- Konzern 2 150 f.
- Organisation und Delegation 2 159 ff.
- Organisationspflicht 2 135 ff.
- Pflicht zur Einrichtung einer Compliance-Organisation 2 112 ff.
- Rechtsgrundlagen 2 112 ff.
- Risikoanalyse 2 134
- Sorgfältige Dokumentation 2 157 f.
- Straf- und bußgeldrechtliche Haftungsgefahren 2 119 f.
- Verstöße 2 144 ff.
- Zivilrechtliche Haftung 2 124

Coop 2 217

Corporate Governance 13 2

Darlegungs- und Beweislast
- Anfechtungsklage (AG), Hauptversammlungsbeschluss 8 52 f.
- Anfechtungsklage, Rechtsmissbrauch 8 224
- Aufsichtsrat, Haftung 9 248
- GmbH-Geschäftsführer, Haftung 20 18 ff.
- Vorstandsmitglied, Abberufung 9 12
- Vorstandsmitglied, Innenhaftung 9 71

1435

Sachregister

Darlehen an Aktionäre, Verbot der Einlagenrückgewähr **6** 347
Debt-equity-swap 2 218 ff.
– Insolvenz **2** 267
Deliktische Haftung
– GmbH-Geschäftsführer **20** 84 ff.
– Verdeckte Sacheinlagen **15** 140
– Verjährung **20** 89
– Vorstandsmitglied **9** 175 ff., 208
Delisting, Spruchverfahren **132** 5 ff.
Derivative claim, s. *Actio pro socio, Limited*
Destinatäre
– Anspruch auf Stiftungsleistungen **83** 3 ff.
– Begriff **83** 1
– Rechtsstellung **83** 2
– Verwaltungs- und Mitwirkungsrechte **83** 10 ff.
Deutscher Corporate Governance Kodex 2 111
Differenzhaftung, Sachgründung (GmbH) **15** 125
Directors
– Abberufungsrecht unabdingbar **94** 19 f.
– Angabe bezüglich Insichgeschäfte im deutschen Handelsregister **95** 25 ff.
– Aushebelung durch satzungsmäßige Mehrfachstimmrechte **94** 22
– Aushebelung durch shareholders'agreement **94** 21
– Beendigung des Dienstvertrages **94** 24
– Beschränkungen im Innenverhältnis **95** 6 ff.
– Bestellung zum ständigen Vertreter und Insichgeschäfte **95** 31 ff.
– De facto directors **95** 47 ff.
– De facto managing directors **95** 50
– Dienstvertrag **94** 6 ff.
– Doppelvertretung **95** 34 ff.
– Entrenched provisions und unfair prejudice **94** 23
– Formerfordernisse bei rechtsgeschäftlichem Handeln **95** 18
– Haftung beim Auftreten unter falschem Namen **95** 37 ff.
– Handeln im Sinne eines enlightened shareholder values **95** 44
– Höchstbindungsdauer **94** 7 f.
– Insichgeschäfte **95** 20
– Lückenhafte gesetzliche Regelung **94** 1
– Mustersatzung **94** 2, **95** 2
– No conflict rule **95** 34
– Organbestellung **94** 5
– Pflichten **95** 41 ff.
– Pflichtverstöße **95** 52
– Recht zur jederzeitigen Abberufung **94** 15 ff.
– Schadensersatz **94** 24
– Schutz gutgläubiger Dritter **95** 9 ff.
– Schutz gutgläubiger Dritter bei Bestellungsmängeln **94** 13 f.
– Shadow directors **95** 51
– Ultra-vires-Lehre **95** 6 ff.
– Vergütungshöhe **94** 9

– Verhältnis zur Gesellschafterversammlung **94** 3
– Vertretungsmacht **95** 1 ff.
– Zustellungsadresse **95** 55
DIS-ERGeS 2 59
Dividendenzahlungsanspruch, Leistungsklage **6** 306
Doppeltatbestand, Beendigung der Aktiengesellschaft **10** 5
Doppelvertretung
– Anfechtungsklage (AG), Hauptversammlungsbeschluss **8** 14
– Nichtigkeitsklage (AG) **8** 256
Drittgeschäfte 2 49
Due Diligence
– Abwehr durch Geschäftsführer **16** 69
– Abwehr durch Gesellschafter **16** 62 ff.
– Anspruch auf Zulassung **16** 36 ff.
– Erzwingung durch veräußerungswilligen Gesellschafter **16** 29 ff.
– Gesellschafterweisung zur Zulassung **16** 46 ff.
– Informationsanspruch gemäß § 51a GmbHG **16** 31 ff.
– Mehrheitsgesellschafter **16** 58 ff.
– Minderheitsgesellschafter **16** 56 f.
Durchgriffshaftung 2 237 ff.
– Existenzvernichtender Eingriff **2** 253 ff.
– Haftung wegen Insolvenzverschleppung **2** 259
– Sphärenvermischung **2** 244 ff.
– Unterkapitalisierung **2** 248 ff.
– Vermögensvermischung **2** 240 ff.
Durchgriffshaftung, Limited
– Anrechnung von Fehlverhalten **93** 23
– Belastung mit Gerichtskosten **93** 22
– Deutsches Recht **93** 26 ff.
– Englisches Recht **93** 2 ff.
– Existenzvernichtender Eingriff, s. *dort*
– Fallgruppen **93** 10 ff.
– Gesellschaft als Fassade **93** 13
– Keine gesellschaftsrechtliche Haftung nach deutschem Recht **93** 26
– Keine – wegen materieller Unterkapitalisierung **93** 27
– Konzernhaftung als single economic entity bzw. unit **93** 15 ff.
– Limited als agent ihrer Gesellschafter **93** 20
– Lug und Trug **93** 11
– Nachrangigkeit von Gesellschafterdarlehen in der Insolvenz **93** 9
– Salomon-Urteil **93** 2 ff.
– Sphärenvermischung **93** 13 f.
– Umgekehrter Durchgriff nach englischem Recht **93** 40 ff.
– Verdeckte gemischte Sacheinlage **93** 7 f.
– Vergleich mit Haftung nach deutschem Recht **93** 24
– Vermögensvermischung **93** 12
– Wrongful oder fraudulent trading **93** 21

Sachregister

Durchsetzungssperre
- GbR **36** 25 ff.
- OHG **44** 28

Eidesstattliche Versicherung, Vorstandsmitglieder **3** 59
Eignung, Anfechtung und Nichtigkeit des Bestellungsbeschlusses des Sonderprüfers **6** 69
Ein-Personen-Gründung, Aktiengesellschaft **4** 12
Einberufung der Hauptversammlung durch Aktionärsminderheit
- Begründetheit **6** 267 ff.
- Einstweiliger Rechtsschutz **6** 281 ff.
- Entscheidung **6** 277
- Formulierungsbeispiel **6** 272
- Kosten **6** 278
- Rechtsmissbräuchlichkeit **6** 268
- Rechtsmittel **6** 285
- Verfahren **6** 271 ff.
- Versammlungsleiter **6** 274
- Zulässigkeit **6** 253

Einladung 19 s. auch Ladung
- Bekanntmachung der Einladung **134** 20
- Einberufungsvorschriften **8** 142
- Fehlen notwendiger Angaben **16** 191
- Einladungsschreiben **9** 14 f. **19** 69 f.
- Tagesordnungspunkt **6** 172
- zur Hauptversammlung **6** 266

Einlageforderungen, Pfändung von - **3** 57 f.
Einlagen, KGaA **12** 11
Einlagenrückgewähr, Verbot, s. Verbot der Einlagenrückgewähr
Einlagepflicht
- Actio pro socio **6** 340 ff.
- Entstehung **6** 327 ff.
- Erwerber **6** 331
- Geltendmachung durch Gesellschaft **6** 329
- Gutgläubiger Erwerber **6** 335 f.
- Kapitalerhöhung **6** 337 ff.
- Keine Geltendmachung durch Gesellschafter **6** 340 ff.
- Keine Nachschusspflicht **6** 341
- KGaA **12** 11
- Namensaktien **6** 333
- Sacheinlage **6** 334
- Übernehmer/Zeichner **6** 330
- Vor-AG **4** 46 ff.

Einmann-Vor-GmbH, Parteifähigkeit **15** 15
Einstweilige Verfügung
- Anspruch auf Teilnahme an der HV **6** 292
- Gegen genehmigte Kapitalerhöhung **13** 60 ff.
- Sicherstellung der Weiterbelieferung **2** 224 ff.
- Sicherung mitgliedschaftlicher Aktionärspositionen **13** 60 ff.

Einstweiliger Rechtsschutz 2 22, **6** 281 ff.
- Anfechtungsklage (AG), Hauptversammlungsbeschluss **8** 57

- Ausschließung eines Gesellschafters, GbR **33** 23 ff.
- Ausschluss eines Gesellschafters (GmbH) **18** 110 ff.
- Beschlussmängel (GbR) **34** 55 ff.
- Beschlussmängel (KG) **51** 17
- Beschlussmängel (OHG) **42** 17
- Einberufung der Hauptversammlung durch Aktionärsminderheit **6** 281 ff.
- GbR **30** 64
- GmbH-Geschäftsführer, Abberufung **20** 146 ff.
- Handelsregistereintragung **18** 120 ff.
- Kommanditgesellschaft, Gründung **47** 22
- Liquidatoren (OHG), Ernennung und Abberufung **44** 27
- OHG, Gründung **38** 27
- Partnerschaftsgesellschaft, Gründung **57** 26
- Schiedsverfahren **2** 65 ff.
- Stille Gesellschaft, Gründung **101** 15
- Vollstreckbarerklärung **2** 71 ff.
- Vorstandsmitglied, Abberufung **9** 14
- Wechselseitige Verfügungsanträge **18** 117 ff.

Einstweiliger Rechtsschutz (AG)
- Beschlussausführung **8** 340 ff.
- Erzwingung von Abstimmungsverhalten **8** 335 ff.
- Verfahren **8** 345 ff.
- Verhinderung von Hauptversammlung oder Beschlussfassung **8** 332 ff.
- Vor der Hauptversammlung **8** 331 ff.

Einstweiliger Rechtsschutz (Gesellschafterversammlung)
- Antragsgegner **19** 162 f.
- Besonderheiten im GmbH-Gesellschafterstreit **19** 156 f.
- Durchsetzung einer Beschlussfassung **19** 170 f.
- Einwirkung auf das Abstimmungsverhalten **19** 164
- Verfügungsverfahren **19** 155 ff.
- Verhinderung einer Beschlussausführung **19** 172 f.
- Vor der Beschlussfassung **19** 159 ff.
- Zwei-Mann-GmbH **19** 166, 174

Einstweiliger Rechtsschutz (GmbH), Geschäftsführerangelegenheiten **20** 145
Einziehung von Aktien
- Anfechtung des Beschlusses **5** 72 ff.
- Anforderungen an den Einziehungsbeschluss der HV **5** 81 ff.
- Fehlende bzw. nachträglich beschlossene Satzungsregelung zur Zwangseinziehung **5** 75 ff.
- Rechtsfolgen bei Verstößen gegen § 237 Abs. 3–5 AktG im vereinfachten Verfahren **5** 84 ff.
- Satzungsregelung **5** 72 ff.
- Unzulässige Satzungsregelung zur Zwangseinziehung **5** 78 ff.

Sachregister

- Voraussetzungen der Satzungsregelung zur Zwangseinziehung **5** 81 ff.

Einziehung von Geschäftsanteilen
- Abfindung **16** 210
- Auseinanderfallen von Stammkapital und Summe der Nennbeträge **16** 201 ff.
- Einziehungsbeschluss **16** 184
- Fehlen einer Satzungsregelung **16** 186 ff.
- Klage des Gesellschafters auf Einziehung **16** 207 ff.
- Klage gegen die Einziehung **16** 182 ff.
- Mangelhafter Einziehungsbeschluss **16** 191 ff.
- Statthafte Klageart **16** 183 f.
- Verstoß gegen den Kapitalschutz **16** 198 ff.
- Zweigliedrige GmbH **16** 204 ff.

Entlastung
- Geschäftsführung (GbR) **35** 70 ff.
- Geschäftsführung (KG) **52** 23
- Geschäftsführung (OHG) **43** 36
- Stille Gesellschaft, Geschäftsführung **106** 15
- Verein, Geschäftsführung **78** 4 ff.
- Vorstand, Stiftung **85** 34 f.
- Vorstand, Verein **78** 4 ff.

Entnahmerecht, Vermögensrechte (OHG) **40** 25 ff., **49** 10

Entsprechenserklärung
- Anfechtbarkeit von Entlastungsbeschlüssen **13** 4
- Anfechtbarkeit von Wahlbeschlüssen **13** 5
- Fehlende Aktualisierung **13** 3 ff.

Entstehungszeitpunkt
- GbR **30** 30 ff.
- Kommanditgesellschaft **47** 14 ff.
- OHG **38** 13 ff.
- Partnerschaftsgesellschaft **57** 16 ff.
- Stille Gesellschaft **101** 12 f.

Ergänzung der Tagesordnung durch Aktionärsminderheit
- Antrag **6** 254 ff.
- Antragsberechtigung **6** 254 ff.
- Antragsfrist **6** 259
- Antragsgegner **6** 256
- Antragsvoraussetzung **6** 257
- Begründetheit **6** 267 ff.
- Einstweiliger Rechtsschutz **6** 281 ff.
- Entscheidung **6** 277
- Form des Antrags **6** 260
- Formulierungsbeispiel **6** 272
- Halteerfordernis **6** 264 ff.
- Insolvenzverfahren **6** 261
- Kosten **6** 278 ff.
- Rechtsmissbräuchlichkeit **6** 268
- Rechtsmittel **6** 285 ff.
- Rechtsschutzbedürfnis **6** 258
- Verfahren **6** 271 ff.
- Versammlungsleiter **6** 273 f.
- Vor-AG **6** 261
- Vorbesitzererfordernis **6** 262 f.
- Zulässigkeit **6** 253

Erklärungs- und Anzeigepflichten, Steuerrecht **2** 352 f.

Ersatzzustellung
- Aktiengesellschaft **3** 29, 32
- Aufsichtsratsmitglieder **3** 35

Erstattungsanspruch, Gesellschafterrechte (GmbH) **17** 71

Ertragswertverfahren, Unternehmensbewertung **134** 5

Erwerb eigener Aktien, Verbot der Einlagenrückgewähr **6** 349

Erwerb eigener Geschäftsanteile, GmbH-Geschäftsführer, Haftung **20** 63

ESUG 2 235
- Suhrkamp **2** 271

EU-Auslandsgesellschaften, Gründungstheorie **2** 99

EuGVO 2 82 ff.

EuInsVO 2 83, 280 f.
- Reformbestrebungen **2** 281

Europäische Aktiengesellschaft
- Anträge auf Zusammensetzung bzw. Ergänzung des Aufsichts- bzw. Verwaltungsrats **11** 22
- Beschlussmängelklagen, *s. dort*
- Dualistische **11** 5
- Monistische **11** 5
- Rechtsquellen **11** 3 ff.

Europäische Insolvenzverordnung, *s. EuInsVO*

Europäische Wirtschaftliche Interessenvereinigung (EWIV)
- Auflösung der EWIV, *s. dort*
- Ausschluss eines Mitglieds **45** 27 f.
- Beschlussmängel **45** 16 ff.
- Entstehung **45** 8 ff.
- Geschäftsführung **45** 12 ff.
- Gewinnbeteiligung **45** 20 f.
- Haftung **45** 19
- Informationsrecht **45** 22 ff.
- Nichtigkeit **45** 49 f.
- Rechtsgrundlagen **45** 3 f.
- Struktur **45** 5 ff.
- Untersagung der Tätigkeit **45** 30
- Verfahren bei Sitzverlegung **45** 29

Europäische Wirtschaftliche Interessenvereinigung, Auflösung
- Auflösungsgründe **45** 33 ff.
- Insolvenz **45** 49 f.
- Nichtigkeit **45** 53
- Tätigkeit außerhalb des erlaubten Zwecks **45** 44 f.
- Verfahren der Auflösung **45** 51 f.
- Verlust des überstaatlichen gemeinschaftsbezogenen Charakters **45** 42
- Verstoß gegen das öffentliche Interesse eines Staates **45** 48
- Verstoß gegen die Sitzregelung **45** 43
- Wichtiger Grund **45** 46 f.

Sachregister

EuZVO 2 97
Existenzvernichtungshaftung 2 253 ff.
- Aktienkonzern 28 13
- Anspruch der abhängigen GmbH gegen das herrschende Unternehmen 28 5 ff.
- Eingriffsausgleich 28 11
- Folgeschäden 28 11
- Mitwirkung GmbH-Geschäftsführer 20 87 f.
- Qualifiziert faktischer Konzern 2 255 ff.
- Sittenwidrige vorsätzliche Schädigung 28 5 ff.
- Trihotel-Entscheidung 2 257

Existenzvernichtungshaftung, Limited
- Anwendung deutschen Deliktsrechts 93 33 ff.
- Einordnung der deutschen Existenzvernichtungshaftung 93 32
- Europarechtliche Zulässigkeit 93 39
- Haftung für asset stripping nach englischem Recht 93 28 ff.

Faktischer AG-Konzern
- Ausgleichs- und Abfindungsansprüche bei Bestehen eines Gewinnabführungsvertrags 26 26
- Regressansprüche des herrschenden Unternehmens gegen die Geschäftsleiter 26 27
- Schadensersatz- und Rückgewähransprüche der abhängigen AG und ihrer Aktionäre gegen das herrschende Unternehmen 26 2 ff.
- Schadensersatzansprüche der abhängigen AG und ihrer Aktionäre gegen die Organmitglieder 26 23 ff.
- Treuepflicht 26 18 ff.
- Verfolgungsrechte der Aktionäre und Gläubiger der abhängigen AG 26 28 ff.

Faktischer Beherrschungsvertrag, Spruchverfahren 132 8

Faktischer GmbH-Konzern
- Actio pro socio 27 10
- Anwendbares Recht 27 2
- Begriff 27 1
- Ersatzanspruch der Minderheitsgesellschafter 27 11
- Regressansprüche des herrschenden Unternehmens gegen die Geschäftsleiter 27 13
- Schadensersatz- und Rückgewähransprüche der abhängigen GmbH gegen das herrschende Unternehmen 27 3 ff.
- Treuepflichtverletzung 27 3 ff.
- § 31 Abs. 1 GmbHG 27 12

Faktischer Konzern
- Begriff 9 145
- Pflichten des Vorstandsmitglieds des herrschenden Unternehmens 9 146
- Pflichten des Vorstandsmitglieds eines beherrschten Unternehmens 9 147
- Vorstandsmitglied, Außenhaftung 9 163

Fakultativer Aufsichtsrat 20 200 ff.
- Prozessfähigkeit 14 18 ff.

Falsche Angaben bei der Anmeldung, GmbH-Geschäftsführer, Haftung 20 69 ff.
Falsche Angaben im Rahmen von Kapitalerhöhungen, GmbH-Geschäftsführer, Haftung 20 76
Fassungsbeschwerde 4 112
Fehlerhafte Genossenschaft 65 14 ff.
Fehlerhafte Gesellschaft 4 6, 36 18, 30
- Fehlerhafter Vertragsschluss 30 38 ff.
- Geltendmachung des Fehlers 30 58
- Innengesellschaften 30 56
- Kein höherwertiges Interesse bei arglistiger Täuschung und Drohung 30 51 ff.
- Keine höherwertigen Interessen 30 47 f.
- Kommanditgesellschaft, Gründung 47 19
- OHG, Gründung 38 20 ff.
- Partnerschaftsgesellschaft, Gründung 57 21
- Rechtsfolge 30 57
- Schutz nicht voll Geschäftsfähiger 30 51 f.
- Stille Gesellschaft, Gründung 101 14
- Verstoß gegen Gesetz oder gute Sitten 30 49 f.
- Vollzug der Gesellschaft 30 45 f.

Fehlerhafte Gründung (AG) 4 81 ff.
- Bestellung des ersten Abschlussprüfers 4 94
- Bestellung des ersten ~ Aufsichtsrats 4 92 f.
- Fehlerhaftigkeit der Aufbringung des Grundkapitals 4 104 f.
- Fehlerhaftigkeit der Bestellung des ersten Vorstands 4 95 f.
- Fehlerhaftigkeit der Gründungsprüfung 4 99 ff.
- Fehlerhaftigkeit der Handelsregisteranmeldung 4 106 f.
- Fehlerhaftigkeit des Gründungsberichts 4 97 f.
- Feststellung der Satzung 4 84 ff.

Feststellungsklage
- Anspruch auf Teilnahme an der HV 6 293 ff.
- Formwechsel 129 31
- Negative ~ 4 197 ff., 6 42
- Organstreitigkeiten 3 15
- Spaltung 128 26
- Verschmelzung 127 75 ff.

Feststellungsklage (AG)
- Anwendungsfälle 8 295 ff.
- Außerhalb des Beschlussmängelrechts 8 302 ff.
- Beschlussmängelrecht 8 296
- Holzmüller-Entscheidung 8 303
- Nicht- oder Scheinbeschlüsse 8 299
- Nichtigkeit von Aufsichtsratsbeschlüssen 8 301
- Urteilswirkung 8 309
- Verfahren 8 307 f.

Feststellungsklage (GmbH)
- Anwendungsbereich 19 145 ff.
- Klagefrist 19 150
- Parteien 19 151 f.
- Rechtsschutzinteresse 19 148 f.
- Urteilswirkung 19 153

1439

Sachregister

Formwechsel
- Anfechtungsklage, *s. dort*
- Anmeldungs- und Vollzugsphase 129 9
- Beschlussphase 129 7 f.
- Feststellungsklage 129 31
- Formwechselprüfung 129 13
- Gesetzesaufbau 129 3 ff.
- Nichtigkeitsklage 129 30
- Prozessuale Auswirkungen 129 37
- Rechtsschutzmöglichkeiten in der Anmeldungs- und Vollzugsphase 129 35 f.
- Rechtsschutzmöglichkeiten in der Beschlussphase 129 14 ff.
- Rechtsschutzmöglichkeiten in der Vorbereitungsphase 129 11 ff.
- Spruchverfahren 129 34
- Umtausch von Aktien beim ~ 5 112 ff.
- Umwandlungsbericht 129 11 f.
- Vorbereitungsphase 129 6
- Wesen 129 1 f.
- Wirkungen der Eintragung 129 33
- Wirkungen einer erhobenen Klage 129 32
- Zuleitung an Betriebsräte 129 13

Formwechselprüfung, Formwechsel 129 13
Fortsetzungsklauseln, GbR 33 7 ff., 31 29 ff.
Frauenquote, Aufsichtsrat 13 7
Freigabeverfahren
- Abwägung von Vollzugs- und Aussetzungsinteresse 8 384 ff.
- Anwendbare Verfahrensvorschriften 8 358
- Anwendungsbereich 8 351 f.
- Bagatellschwelle 8 374 ff.
- Besondere Schwere des Rechtsverstoßes 8 381 ff.
- Beteiligte 8 360
- Eilverfahren eigener Art 8 348 ff.
- Gesellschafterbeschlüsse (GmbH) 19 180 f.
- Glaubhaftmachung 8 363
- Interessenabwägung 8 380
- Klage unzulässig oder offensichtlich unbegründet 8 369 ff.
- Mündliche Verhandlung 8 364 ff.
- Prozessbevollmächtigte 8 361
- Schadensersatz bei Erfolg der Klage nach Freigabe 8 392 ff.
- Spaltung 128 33
- Squeeze-Out 7 72 ff.
- Statthaftigkeit 8 355 ff.
- Streitwert 8 362
- Voraussetzungen der Freigabe 8 368 ff.
- Wirkung des Freigabebeschlusses 8 386 ff.
- Zuständigkeit 8 359

Freigabeverfahren (Verschmelzung)
- Bagatellquorum 127 114 ff.
- Begründetheit 127 108 ff.
- Bestätigungsbeschluss 127 113
- Entscheidung 127 123
- Glaubhaftmachung vorgebrachter Tatsachen 127 103 f.
- Mündliche Verhandlung 127 105
- Offensichtliche Unbegründetheit der Klage 127 110 ff.
- Prozessvollmacht 127 99 f.
- Rechtsmissbräuchliche Klagen gegen den Verschmelzungsbeschluss 127 112
- Rechtsmittel 127 123
- Schadensersatz 127 124 ff.
- Schadensersatzanspruch nach § 25 UmwG 127 128 ff.
- Sonstige Voraussetzungen 127 101 f.
- Statthaftigkeit des Antrags 127 97 f.
- Streitwert, Gebühren und Kosten 127 106 f.
- Unzulässigkeit der Klage 127 109
- Vorrangiges Vollzugsinteresse 127 118 ff.
- Zulässigkeit 127 95 ff.
- Zuständigkeit 127 96

Freistellung, Verein, Mitgliederrechte 75 7
Führungslose GmbH 14 9
- Zustellung 14 61

Garantie 2 261
Gemeinsamer Vertreter
- Allgemeines 132 43 ff.
- Besonderheiten der §§ 6a bis 6c SpruchG 132 53 f.
- Rechte und Pflichten 132 49 ff.

Genehmigtes Kapital, GmbH 16 237 f.
Genossenschaft
- Fehlerhafte ~ 65 14 ff.
- Gerichtsstand 64 5
- Gleichbehandlungsgebot 67 16
- Inhaltskontrolle allgemeiner Fördergeschäftsbedingungen 67 7
- Mitgliedschaftspflichten 67 14 f.
- Mitgliedschaftsrechte 67 10 ff.
- Parteifähigkeit 64 2
- Prozessfähigkeit 64 3
- Schutz des Mitglieds 67 5
- Verbandsstrafenkontrolle 67 8 f.
- Vertretung durch den Aufsichtsrat 64 4
- Vertretung durch den Vorstand 64 3

Genossenschaft, Auflösung
- Auflösungsbeschluss 71 3
- Auflösungsgründe 71 1 f.
- Auflösungsklage, *s. dort*
- Beendigung 71 6
- Rechtsfolge 71 5

Genossenschaft, Gründung
- Fehlerhafte Genossenschaft 65 14 ff.
- Vorgenossenschaft 65 10 ff.
- Vorgründungsgesellschaft 65 2 ff.

Genossenschaft, Haftung
- Beweislast 70 9
- Gegenstand 70 1
- Haftende Personen 70 2
- Haftung für Pflichtverletzungen 70 2 ff.
- Haftung gegenüber den Mitgliedern 70 7 f.

- Haftung gegenüber der Genossenschaft 70 6
- Haftungsausschluss 70 10
- Inhalt und Pflichtverletzung 70 3 ff.
- Verfahren 70 11
- Verjährung 70 12

Genossenschaft, Mitglieder
- Anspruch auf Aufnahme 68 4 f.
- Ausscheiden eines Mitglieds 68 6 ff.
- Beitrittserklärung 68 2
- Hinzutreten eines neuen Mitglieds 68 1
- Kündigung, *s. Kündigung, Genossenschaft*
- Zulassung durch die Genossenschaft 68 3

Genossenschaft, Vorgenossenschaft
- Haftung 65 11 ff.
- Vertretung 65 10

Genossenschaft, Vorgründungsgesellschaft
- Haftung 65 7 f.
- Vertretung 65 5 f.

Genossenschaftsanteile, Übertragung des Geschäftsguthabens 66 1

Gerichtliche Auflösung nach § 396 AktG 10 53

Gerichtliche Bestellung und Abberufung von Abwicklern
- Anhörung 10 61
- Anträge 10 59
- Antragsberechtigung 10 60
- Rechtsmittel 10 63
- Unternehmensrechtliches Verfahren 10 57
- Wichtiger Grund 10 58

Gerichtliche Zuständigkeit 2 83 ff.
- Aktiengesellschaft 3 17 ff.
- Anfechtungsklage (AG) 3 18 ff.
- Aufsichtsrat, Haftung 9 247
- Außen-GbR 29 48 ff.
- Beschlüsse der Generalversammlung 69 5 ff.
- Doppelzuständigkeit 3 22
- GbR 30 28 f.
- Genossenschaft 64 5
- Gesellschaften mit Doppelsitzen 3 22
- GmbH 14 52
- GmbH & Co. KG 46 13
- Innen-GbR 29 53 ff.
- KG 46 13
- Limited 88 7 ff.
- Nichtigkeitsklage 10 38
- Nießbrauch an Gesellschaftsanteilen 124 5 f.
- OHG 37 13 ff.
- Partnerschaftsgesellschaft 56 9 f.
- Stiftung 81 10 f.
- Stille Gesellschaft 100 4 ff.
- Verein 72 5 ff.
- Vorgesellschaft (AG) 4 75 f.
- VVaG 80 19

Gerichtsstandsvereinbarung 2 84

Gesamtschuldnerische Haftung, Vorstandsmitglied, Innenhaftung 9 122

Gesamtvertretung, Aktiengesellschaft 3 3

Geschäftsanteile
- Beurkundung 16 3 ff.
- Durchsetzung eines Anspruchs auf fehlerfreie Ermessensentscheidung 16 161 ff.
- Durchsetzung eines Anspruchs auf Teilung 16 155 ff.
- Einziehung, *s. dort*
- Gesellschafterliste 16 15 ff.
- GmbH & Co.KG 55 3 ff.
- Grundsatz der freien Veräußerlichkeit 16 1 f.
- Grundsatz der freien Vererblichkeit 16 19
- Gutgläubiger Erwerb 16 18, 129 ff.
- Klage auf Teilung 16 152 ff.
- Klage gegen erfolgte Teilung 16 164 ff.
- Klage gegen Zusammenlegung 16 174 ff.
- Teilung 16 135 ff.
- Vinkulierung, *s. dort*
- Zusammenlegung 16 151
- Zuständigkeit für die Teilung 16 144 ff.
- Zwangsabtretung 18 78 f.
- Zwangseinziehung, *s. dort*

Geschäftsführerhaftung
- GmbH, *s. GmbH-Geschäftsführer, Haftung*
- Vor-GmbH 15 89

Geschäftsführervergütung
- GbR 35 66 ff.
- KG 52 22
- OHG 43 35
- Stille Gesellschaft 106 14

Geschäftsführung 2 8 ff., 62 1 ff.
- EWIV 45 12 ff.
- KGaA 12 31 ff.
- Publikumsgesellschaften 55 41 ff.
- Unterbeteiligung 112 14 ff.

Geschäftsführung (GbR)
- Ausschluss von der Abstimmung 35 46 f.
- Entziehung der Geschäftsführungsbefugnis 35 49 ff.
- Ersatz der Aufwendungen gemäß §§ 713, 669, 670 BGB 35 62 ff.
- Geschäftsführer als Beklagter 35 5 ff.
- Geschäftsführer als Kläger 35 48 ff.
- Geschäftsführervergütung 35 66 ff.
- Klage auf Auskunft und Rechenschaft 35 13 ff.
- Klage auf Entlastung 35 70 ff.
- Klage auf Schadensersatz 35 7 ff.
- Klagen im Zusammenhang mit Einzelmaßnahmen der Geschäftsführung 35 77 ff.
- Vorbeugende Unterlassungsklage der nicht geschäftsführungsbefugten Gesellschafter 35 21 f.
- Widerspruchsrecht, *s. dort*
- Zustimmung bei der Willensbildung innerhalb der Geschäftsführung 35 40 ff.

Geschäftsführung (GmbH & Co.KG)
- Entziehung der Geschäftsführungsbefugnis 52 6 ff.
- Klage auf Schadensersatz 52 10 f.

Sachregister

Geschäftsführung (KG) 49 14
- Aufwendungsersatz 52 22
- Entziehung der Geschäftsführungsbefugnis 52 5 ff., 21
- Geschäftsführer als Beklagter 52 4 ff.
- Geschäftsführer als Kläger 52 20 ff.
- Geschäftsführervergütung 52 22
- Klage auf Auskunft und Rechenschaft 52 13
- Klage auf Entlastung 52 23
- Klage auf Schadensersatz 52 9 ff.
- Klagen im Zusammenhang mit Einzelmaßnahmen der Geschäftsführung 52 24
- Widerspruchsrecht, *s. dort*

Geschäftsführung (OHG) 40 38 ff.
- Aufwendungsersatz 43 33 f.
- Ausschluss von der Abstimmung 43 30
- Entziehung der Geschäftsführungsbefugnis 43 7 ff., 32
- Geschäftsführer als Beklagter 43 5 ff.
- Geschäftsführer als Kläger 43 31 ff.
- Geschäftsführervergütung 43 35
- Klage auf Auskunft und Rechenschaft 43 23
- Klage auf Entlastung 43 36
- Klage auf Schadensersatz 43 20 ff.
- Klagen im Zusammenhang mit Einzelmaßnahmen der Geschäftsführung 43 38
- Vorbeugende Unterlassungsklage der nicht geschäftsführungsbefugten Gesellschafter 43 24
- Widerspruchsrecht 43 25
- Zustimmung bei der Willensbildung innerhalb der Geschäftsführung 43 28

Geschäftsführungsmaßnahmen, Gesellschafterbeschlüsse (GbR) 34 5 ff.

Geschäftsinhaber
- Aufwendungsersatzanspruch 103 18
- Beitragspflicht des stillen Gesellschafters 103 16 f.
- Geschäftsführung und Vertretung 103 20 ff.
- Vergütungsanspruch 103 19
- Vermögensrechte 103 16 f.

Gesellschaft bürgerlichen Rechts
- Abfindung, *s. dort*
- Actio pro socio, *s. dort*
- Ausscheiden eines Gesellschafters 33 6 ff.
- Ausschließung eines Gesellschafters, *s. dort*
- Austritt eines Gesellschafters 33 29 f.
- Gerichtliche Zuständigkeit 29 47 ff.
- Gesellschafter als Beklagte 29 10 ff.
- Gesellschafterwechsel 29 24 ff.
- Hinzutreten eines neuen Gesellschafters 33 1 ff.
- Nebenintervention 29 59
- Parteifähigkeit 29 2 ff.
- Prozessfähigkeit 29 31 ff.
- Prozesskostenhilfe 29 56 f.
- Prozesspartei 29 3 ff.
- Streitverkündung 29 60 f.
- Veränderung des Gesellschafterbestandes 33 1 ff.
- Zeugenbeweis 29 62 ff.
- Zustellung 29 54 f.
- Zwangsvollstreckung 29 69 ff.

Gesellschaft bürgerlichen Rechts, Auflösung
- Ansprüche der Gesellschaft gegen die Gesellschafter 36 26 f.
- Ansprüche der Gesellschafter gegen die Gesellschaft 36 28 f.
- Ansprüche der Gesellschafter untereinander 36 30
- Auflösungsbeschluss 36 14
- Auflösungsgründe 36 3 ff.
- Auseinandersetzung 36 2
- Durchsetzungssperre 36 25 ff.
- Ernennung und Abberufung von Liquidatoren 36 21 f.
- Feststellung des Fortbestehens 36 17
- Feststellungsklage bei Auflösungsbeschluss 36 20
- Gesellschaft ohne Gesamthandsvermögen 36 4
- Gesetzliche und gesellschaftsvertragliche Auflösungsgründe 36 7
- Grundsatz der Kontinuität 36 15
- Insolvenz der Gesellschaft 36 5 f.
- Insolvenz eines Gesellschafters 36 11
- Klagen auf Mitwirkung 36 23 f.
- Kündigung durch den Pfandgläubiger 36 13
- Kündigung durch Gesellschafter 36 12
- Lehre von der fehlerhaften Gesellschaft 36 18
- Leistungsklage auf Fortsetzung 36 18
- Prozessuale Auswirkung 36 31
- Schiedsfähigkeit 36 16
- Tod eines Gesellschafters 36 10
- Unmöglichkeit 36 9
- Vereinigung aller Anteile in einer Hand 36 3
- Vermögensansprüche 36 25
- Zeitablauf 36 8
- Zweckerreichung 36 8

Gesellschaft bürgerlichen Rechts, Gründung
- Einstweiliger Rechtsschutz 30 64
- Entstehungszeitpunkt 30 30 ff.
- Fehlerhafte Gesellschaft, *s. dort*
- Klageart 30 18
- Mitglieder 30 10 ff.
- Parteien 30 19 ff.
- Rechtsschutzinteresse 30 25 ff.
- Schiedsfähigkeit 30 65
- Statusklagen 30 10 ff.
- Vorvertrag 30 2 ff.
- Zuständigkeit 30 28 f.

Gesellschafterbeschlüsse
- Gesellschafterrechte (GmbH) 17 71 ff.
- GmbH & Co.KG 55 15 ff.
- GmbH-Geschäftsführer 20 50 ff.
- Partnerschaftsgesellschaft 61 1 ff.
- Publikumsgesellschaften 55 37 ff.

Gesellschafterbeschlüsse (GbR)
- Abweichende Regelungen im Gesellschaftsvertrag 34 9 ff.

Sachregister

- Arten 34 1 ff.
- Beschlussmängel, *s. dort*
- Geschäftsführungsmaßnahmen 34 5 ff.
- Gesetzliches Leitbild 34 5 ff.
- Grundlagengeschäfte 34 2 ff.
- Mehrheitsklauseln 34 16 ff.
- Rechtsnatur 34 12 ff.
- Stimmbindungsverträge 34 26 ff.

Gesellschafterbeschlüsse (KG)
- Arten 51 2 ff.
- Beschlussmängel, *s. dort*

Gesellschafterbeschlüsse (OHG)
- Arten 42 2
- Beschlussmängel, *s. dort*

Gesellschafterbeschlüsse, Schiedsfähigkeit
- Änderung bestehender Gesellschaftsverträge 19 196 ff.
- Anforderungen 19 182 ff.
- Anpassung einer bestehenden Schiedsklausel 19 198 ff.
- DIS-ERGeS 19 192 ff.
- Für Einführung einer Schiedsklausel nötige Mehrheit 19 197
- Musterschiedsklauseln 19 191

Gesellschafterliste 16 108 ff.
- Ersuchen an das Registergericht 16 122
- Geschäftsanteile (GmbH) 16 15 ff.
- Haftungsklagen 16 123 ff.
- Klagen im Zusammenhang mit dem gutgläubigen Erwerb 16 129 ff.
- Leistungsklage auf Berichtigung 16 112
- Limited 9 1 7
- Rechtsschutz bei fehlerhafter Gesellschafterliste 16 112 ff.
- Zuordnung eines Widerspruchs zur ~ 16 115 ff.

Gesellschafterpflichten
- Einlagepflicht 6 327 ff.
- Freiwillige Leistungen 6 353 ff.
- Schuldrechtliche ~ 6 353 ff.

Gesellschafterpflichten (GbR)
- Actio pro socio 32 50 ff.
- Ansprüche aufgrund der Verletzung von Gesellschafterpflichten 32 89 ff.
- Auskunft im Rahmen des § 721 BGB 32 73
- Auskunftsanspruch gemäß §§ 713, 666 BGB 32 74
- Beitragspflicht 32 56 f.
- Informations- und Kontrollrecht gemäß § 716 BGB 32 64 ff.
- Kündigungs-, Entziehungs-, und Ausschließungsrechte 32 63
- Mitwirkung bei Geschäftsführung und Vertretung 32 60 ff.
- Nachschusspflicht i. R. d. Auseinandersetzung 32 58
- Prozessuale Aspekte 32 46 ff.
- Treuepflicht, *s. dort*
- Verwaltungsrechte und -pflichten 32 59 ff.

Gesellschafterpflichten (KG)
- Ansprüche aufgrund der Verletzung von Gesellschafterpflichten 49 29
- Kollektive Informationsansprüche 49 23 f.
- Kontroll- und Auskunftsrechte des Kommanditisten 49 17 ff.
- Kontroll- und Auskunftsrechte des Komplementärs 49 16
- Kündigungs-, Entziehungs-, und Ausschließungsrechte 49 15
- Mitwirkung bei Geschäftsführung und Vertretung 49 14
- Treuepflicht 49 26 ff.
- Übertragung der Kontrollrechte auf einen Beirat 49 25
- Vermögenspflichten 49 13
- Verwaltungsrechte und -pflichten 49 14 ff.

Gesellschafterpflichten (OHG)
- Ansprüche aufgrund der Verletzung von Gesellschafterpflichten 40 52
- Ansprüche der Gesellschaft 40 35
- Grundsätzliches 40 32 ff.
- Kontroll- und Auskunftsrechte 40 40
- Kündigungs-, Entziehungs-, und Ausschließungsrechte 40 39
- Mitwirkung bei Geschäftsführung und Vertretung 40 38 ff.
- Treuepflicht, *s. dort*
- Verwaltungsrechte und -pflichten 40 36 ff.

Gesellschafterpflichten, schuldrechtliche
- Änderung 6 364
- Beweislast 6 366
- Inhaltliche Grenzen bei Stimmbindungsverträgen 6 362
- Rechtsnatur und Durchsetzung 6 354 ff.
- Übergang 6 365
- Unvereinbarkeit einer Satzungsbestimmung mit §§ 54, 55 AktG 6 363
- Voraussetzungen der wirksamen Begründung 6 357 ff.

Gesellschafterrechte (GbR)
- Abfindungsanspruch 32 40
- Anspruch auf Auszahlung des Auseinandersetzungsguthaben 32 41
- Anspruch auf Feststellung des Rechnungsabschlusses und Auszahlung des Gewinns 32 33 ff.
- Aufwendungsersatz 32 42 f.
- Haftung ausscheidender Gesellschafter 32 30
- Haftung neu eintretender Gesellschafter 32 31
- Klage nur gegen die Außen-GbR 32 14 ff.
- Klage nur gegen Mitgesellschafter 32 19 ff.
- Klage sowohl gegen die Außen- GbR als auch gegen die Mitgesellschafter 32 26 ff.
- Passivlegitimation 32 2 ff.
- Verhältnis von Gesellschafterklage und Gesellschaftsklage 32 7 ff.

Sachregister

Gesellschafterrechte (GmbH)
- Erstattungsanspruch 17 71
- Gesellschafterausschluss 17 71 ff.
- Informationsrechte 17 20 ff.
- Nebenleistungspflichten 17 43 ff.
- Schadensersatzansprüche 17 66
- Schuldrechtlich vereinbarte Nachschusspflichten 17 59
- Schuldrechtliche Pflichten 17 50 ff.
- Sonder- und Vorzugsrechte 17 36 ff.
- Teilhabe- und Mitbestimmungsrechte 17 8 ff.
- Vermögensrechte 17 3 ff.
- Wettbewerbsverbot 17 48 f.

Gesellschafterrechte (KG)
- Anspruch auf Liquidationsguthaben 49 11
- Aufwendungsersatz 49 12
- Entnahmerecht 49 10
- Gewinnauszahlungsanspruch 49 7 ff.
- Passivlegitimation 49 2 ff.
- Verhältnis von Gesellschafterklage und Gesellschaftsklage 49 5 ff.

Gesellschafterrechte (OHG)
- Anspruch auf Liquidationsguthaben 40 29
- Aufwendungsersatz 40 30 ff.
- Entnahmerecht 40 25 ff.
- Gewinnauszahlungsanspruch 40 22 ff.
- Haftung ausscheidender Gesellschafter 40 18 f.
- Haftung neu eintretender Gesellschafter 40 20
- Klage nur gegen die OHG 40 7 ff.
- Klage nur gegen Mitgesellschafter 40 12 ff.
- Klage sowohl gegen die OHG als auch gegen die Mitgesellschafter 40 15 ff.
- Passivlegitimation 40 2 ff.
- Verhältnis von Gesellschafterklage und Gesellschaftsklage 40 5 ff.

Gesellschafterrechte und -pflichten, Publikumsgesellschaften 55 31 ff.

Gesellschafterversammlung 2 14
- Beurkundungsmängel 19 22
- Einberufungsmängel 19 11 ff.
- Fehler bei sonstigen Abstimmungsverfahren 19 17 ff.
- Gläubigerschutzvorschriften 19 27
- Verfahrensfehler bei Durchführung der ~ 19 86 ff.
- Verfahrensfehler im Vorfeld der ~ 19 68 ff.
- Verstoß gegen das Wesen der GmbH 19 26
- Verstoß gegen die guten Sitten 19 32 ff.
- Vorschriften, die im öffentlichen Interesse stehen 19 28

Gesellschafterwechsel
- Außen-GbR 29 24 ff.
- Innen-GbR 29 28 ff.
- KG 46 9
- Parteifähigkeit (OHG) 37 6

Gesellschaftsanteile, Partnerschaftsgesellschaft 58 1 ff.

Gesellschaftsanteile (GbR)
- Auflösung 31 25 ff.
- Fortsetzungsklauseln 31 29 ff.
- Nachfolgeklauseln 31 34
- Pflicht zur Zustimmung 31 15 ff.
- Tod eines Gesellschafters 39 3
- Übertragung nach §§ 413, 398 BGB 31 10 ff., 39 4
- Unwirksame Übertragung 31 20 ff.
- Vererbung von GbR-Anteilen 31 25 ff., 39 5 ff.

Gesellschaftsstatut 2 93, 99 ff.
- Limited 89 2 ff.

Gestaltungsklage, Vollstreckbarerklärung 2 77

Gewerbesteuer
- Anteilsverkäufe 2 379
- Personengesellschaften 2 377 ff.

Gewinnansprüche, Nießbrauch an Gesellschaftsanteilen 124 7 ff.

Gewinnauszahlungsanspruch
- Vermögensrechte (KG) 49 7 ff.
- Vermögensrechte (OHG) 40 22 ff.

Gewinnbeteiligung, EWIV 45 20 f.

Gläubigeraufruf 10 17

Gleichbehandlungsgebot
- Abfindung 16 219
- Genossenschaft 67 16
- Hauptversammlungsbeschluss, Anfechtbarkeit 8 157
- Verein, Mitgliederrechte 75 5

GmbH
- Actio pro socio, s. dort
- Aufsichtsrat 14 18, 20 195 ff.
- Ausfallhaftung der Mitgesellschafter bei rückständigen Bareinlagen 15 146 ff.
- Bargründung, s. dort
- Fortsetzung von Streitigkeiten nach gescheiterter Eintragung durch die unechte Vor-GmbH 15 92 ff.
- Führungslosigkeit 14 9
- Gerichtsstand 14 52 ff.
- Gesellschafterrechte, s. dort
- Gründung 15 1 ff.
- Kapitalaufbringung 15 99 ff.
- Mantel-GmbH 15 7
- Organstreitigkeiten 14 49 ff.
- Parteifähigkeit 14 2
- Prozessfähigkeit, s. dort
- Prozesskostenhilfe 14 68
- Stellung der Vor-GmbH als Vollstreckungsgläubigerin nach Entstehung der GmbH 15 90
- Übergang eines Prozesses auf die GmbH nach Eintragung 15 87 ff.
- Unechte Vor-GmbH 15 6
- Verlustdeckungshaftung 15 63
- Vertretung durch die Geschäftsführer 14 4
- Vor-GmbH 15 5
- Vorgründungsgesellschaft 15 2 ff.

Sachregister

- Vorrats-GmbH 15 7
- Zeugenbeweis 14 69 ff.
- Zustellung, *s. dort*
- Zwangsvollstreckung 14 73

GmbH & Co. KG
- Auflösung und Beendigung 55 25 ff.
- Beendigung 54 1
- Beirat 55 28
- Entziehung der Geschäftsführung 55 18 ff.
- Gerichtliche Zuständigkeit 46 13
- Geschäftsanteile 55 3 f.
- Gesellschafterbeschlüsse 55 15 ff.
- Haftung 55 21 ff.
- Informationsrechte des Kommanditisten 55 5 f.
- Prozessfähigkeit 46 10 f.
- Schadensersatz 55 21 ff.
- Treuepflicht 55 7
- Veränderung des Gesellschafterbestands 55 13 f.
- Wettbewerbsverbot 55 8 ff.
- Zeugenbeweis 46 18
- Zustellung 46 15
- Zwangsvollstreckung 46 19

GmbH & Co. KG, Parteifähigkeit
- Gesellschaft als Prozesspartei 46 3
- Gesellschafter als Beklagte 46 4 ff.
- Kommanditisten 46 5 ff.
- Komplementäre 46 4

GmbH-Geschäftsführer
- Auskunftspflicht 20 106 ff.
- Herausgabepflicht 20 90 ff.
- Unterlassungsanspruch gegen ~ 20 93

GmbH-Geschäftsführer, Abberufung
- Abgabe der Erklärung 20 159
- Aufsichtsratsbeschluss in einer mitbestimmten GmbH 20 139 ff.
- Einstweiliger Rechtsschutz nach Beschlussfassung 20 147 ff.
- Einstweiliger Rechtsschutz vor dem Abberufungsbeschluss 20 146
- Formelle Voraussetzungen 20 160 ff.
- Gesellschafterbeschluss in einer mitbestimmungsfreien GmbH 20 136 ff.
- Grundsatz der freien Abberufbarkeit und Einschränkungen 20 164 ff.
- Klage des Geschäftsführers gegen ~ 20 131 ff.
- Statthafte Klageart 20 135
- Verfahrensbeteiligte 20 141 ff.
- Weiterbeschäftigungsanspruch 20 152
- Wichtiger Grund 20 169 ff.
- Wirksamwerden der Abberufung aus wichtigem Grund 20 173 ff.
- Zugang der Erklärung 20 159
- Zuständigkeit 20 134, 155

GmbH-Geschäftsführer, Haftung
- Ansprüche der Gesellschafter gegen den Geschäftsführer 20 94 ff.
- Außenhaftung 20 110 ff.
- Business Judgement Rule 20 28 ff.
- Darlegungs- und Beweislast 20 18 ff.
- Deliktische Ansprüche Dritter 20 115 ff.
- Deliktische Ansprüche einzelner Gesellschafter 20 98 ff.
- Deliktische Haftung 20 84 ff.
- Deliktische Haftung, Verjährung 20 89
- Erwerb eigener Geschäftsanteile i. S. d. § 33 GmbHG 20 63
- Existenzvernichtender Eingriff 20 87 f.
- Falsche Angaben bei der Anmeldung 20 69 ff.
- Falsche Angaben im Rahmen von Kapitalerhöhungen 20 76
- Gem. § 826 BGB gegenüber den Gesellschaftern 20 103
- Gesellschafterbeschluss 20 50 f.
- Haftung gegenüber der Gesellschaft 20 4 ff.
- Insolvenzantragspflicht 20 77 ff.
- Kapitalerhaltung 20 58 ff.
- Kausalität 20 43 ff.
- Kollegialentscheidungen 20 44 ff.
- Pflicht zur ordnungsgemäßen Unternehmensleitung 20 25
- Pflichtverletzung 20 24 ff.
- Rechtmäßiges Alternativverhalten 20 45
- Schaden 20 42
- Sittenwidrige vorsätzliche Schädigung Dritter 20 126
- Treuepflicht 20 32
- Vergleich 20 48, 65
- Verjährung 20 49
- Verletzung der Einreichungspflicht einer Liste der Gesellschafter 20 104
- Verschulden 20 38 ff., 64
- Vertragliche Ansprüche einzelner Gesellschafter 20 96 f.
- Vertragliche und vertragsähnliche Ansprüche Dritter 20 111 ff.
- Verzicht 20 46 f., 65
- Wettbewerbsverbot 20 33 f.
- Zahlungen nach Zahlungsunfähigkeit 20 77 ff.
- Zulässigkeit einer Klage der Gesellschaft 20 11 ff.
- § 31 Abs. 6 GmbHG 20 105

GmbH-Geschäftsführer, Kündigung des Anstellungsvertrages
- Abmahnung 20 194
- Außerordentliche Kündigung 20 187
- Form 20 185
- Formelle Voraussetzungen 20 181 ff.
- Frist 20 183 f.
- Klage des Geschäftsführers gegen ~ 20 177 ff.
- Kündigungsschutz 20 189 ff.
- Materielle Voraussetzungen 20 186 ff.
- Ordentliche Kündigung 20 186
- Zuständigkeit 20 181 f.

GmbH-Gesellschafter
- Anteilserwerb 18 7 ff.
- Ausschluss eines Gesellschafters, *s. dort*

Sachregister

- Erbfolge 18 11
- Hinzutreten neuer Gesellschafter 18 6 ff.
- Veränderungen im Gesellschafterbestand 18 1 ff.

GmbH-Vertragskonzern
- Ansprüche der abhängigen GmbH gegen das herrschende Unternehmen 25 10 f.
- Ansprüche der Gesellschafter der abhängigen GmbH gegen das herrschende Unternehmen 25 12 f.
- Ansprüche der Gläubiger der abhängigen GmbH gegen das herrschende Unternehmen 25 14 f.
- Anwendbares Recht 25 5 ff.
- Begriff 25 1 ff.

Grunderwerbsteuer, Anteilsübertragungen 2 383

Grundkapital
- Fehlende Bestimmung über die Höhe des ~ 10 29
- Fehlerhaftigkeit der Aufbringung des ~ 4 104 f.

Grundlagengeschäfte, Gesellschafterbeschlüsse (GbR) 34 2 ff.

Grundsatz der Diskontinuität 4 7, 32

Gründung
- Aktiengesellschaft, s. *Aktiengesellschaft, Gründung*
- Gesellschaft bürgerlichen Rechts, s. *Gesellschaft bürgerlichen Rechts, Gründung*
- GmbH, s. *GmbH, Gründung*
- KGaA 12 10
- Kommanditgesellschaft, s. *Kommanditgesellschaft, Gründung*
- OHG, s. *OHG, Gründung*
- Publikumsgesellschaften 55 30
- Stiftung, s. *Stiftung, Gründung*

Gründungsbericht
- Fehlerhaftigkeit 4 97 f.
- Vor-AG 4 45

Gründungsprüfung, Fehlerhaftigkeit 4 99 ff.

Gründungsspezifische Pflichten, Vorstandsmitglied 9 86

Gründungstheorie 2 89, 99

Gutgläubiger Erwerb
- Geschäftsanteile (GmbH) 16 18, 129 ff.
- Limited, Gesellschaftsanteile 91 9 ff.

Haftung
- Aufsichtsrat, s. *Aufsichtsrat, Haftung*
- Beiratsmitglieder 53 64 ff.
- Erhöhung des Geschäftsanteils 66 8 ff.
- Erlöschen der Einzahlungspflicht des Veräußerers gegenüber der Genossenschaft 66 7
- Erwerber 66 3
- EWIV 45 19
- Gegenstand und Wirkung der Übertragung 66 1
- Genossenschaft, s. *Genossenschaft, Haftung*
- Genossenschaft, Vorgründungsgesellschaft 65 5 f.
- GmbH & Co.KG 55 21 ff.
- GmbH-Geschäftsführer, s. *GmbH-Geschäftsführer, Haftung*
- Handelndenhaftung, s. *dort*
- Herabsetzung des Geschäftsanteils 66 12 f.
- Nachschusspflicht des Veräußerers 66 4
- Partnerschaftsgesellschaft mit beschränkter Berufshaftung 56 17 ff., 22 ff.
- Teilweise Übertragung eines Geschäftsguthabens 66 5
- Übertragung eines negativen Geschäftsguthabens 66 6
- Unterbeteiligung 112 11 ff.
- Verfahren, Zeitpunkt und Ausschluss der Übertragung 66 2
- Vor-GmbH, s. *Vor-GmbH, Haftung*
- Vorgenossenschaft 65 10
- Vorstandsmitglied, s. *dort*
- Zerlegung von Geschäftsanteilen 66 14 f.

Haftung (GbR)
- Ausscheidende Gesellschafter 32 30
- Neu eintretende Gesellschafter 32 31

Haftung (OHG)
- Ausscheidende Gesellschafter 40 18 f.
- Neu eintretende Gesellschafter 40 20

Haftungsausschluss
- Aufsichtsrat, Haftung 9 261
- Durch Hauptversammlungsbeschluss 9 112
- Haftung Genossenschaft 70 10

Haftungsbeschränkung
- Abschlussprüfer, Haftung 6 474 ff.
- Partnerschaftsgesellschaft mit beschränkter Berufshaftung 56 17 ff.

Handelndenhaftung
- Limited 90 4 f.
- Spezifisch gesellschaftsrechtliche Haftung eigener Art 4 150 ff.
- Verbindlichkeiten der Vorgesellschaft (AG) 4 145 ff.

Handelndenhaftung (GmbH)
- Eintragung der GmbH nach Abschluss des Erkenntnisverfahrens 15 69
- Eintragung der GmbH während eines rechtshängigen Prozesses 15 63 ff.
- Handelnder als Prozessgegner 15 56 ff.
- Regressanspruch des Handelnden 15 70
- Zeitraum der Geltendmachung 15 62

Handelsregisteranmeldung
- AG, Fehlerhaftigkeit 4 106 f.
- Vorgesellschaft (AG) 4 53

Handelsregistereintragung (AG) 4 108 ff.
- Aussetzung des Eintragungsverfahrens 4 131
- Bargründung 4 116 ff.
- Beschwerde 4 113
- Eintragungsfähigkeit der Satzung 4 128
- Hin- und Herzahlen 4 126
- Ordnungsmäßigkeit 4 115
- Rechtsmittel gegen Ablehnungsbeschluss 4 113
- Rechtsmittel gegen Eintragung 4 112
- Rechtsmittel gegen Zwischenverfügung 4 113
- Sacheinlagen oder Sachübernahmen 4 126

Sachregister

- Sachgründung 4 122 ff.
- Satzung 4 128
- Verdeckte Sacheinlage 4 126

Harte Patronatserklärung 2 262

Hauptversammlung 2 14
- KGaA 12 4, 27

Hauptversammlung, Einberufung der durch Aktionärsminderheit
- Begründetheit 6 267 ff.
- Einstweiliger Rechtsschutz 6 281 ff.
- Entscheidung 6 277
- Formulierungsbeispiel 6 272
- Kosten 6 278
- Rechtsmissbräuchlichkeit 6 268
- Rechtsmittel 6 285
- Verfahren 6 271 ff.
- Versammlungsleiter 6 274
- Zulässigkeit 6 253

Hauptversammlungsbeschluss
- Anfechtung von ~ wegen Verletzung von Mitteilungspflichten 13 17
- Schiedsfähigkeit von ~ 8 396 ff.

Hauptversammlungsbeschluss, Anfechtbarkeit
- Anfechtungsausschluss für Bewertungsrügen 8 179
- Ausschluss bei Bestätigungsbeschluss 8 186 ff.
- Ausschluss der Anfechtung 8 169 ff.
- Beweislast 8 152 f.
- Beweislast für Inhaltsmängel 8 161
- Einberufung der Hauptversammlung 8 142 ff.
- Fehler bei der Durchführung der Hauptversammlung 8 146 ff.
- Fehler im Abstimmungsverfahren 8 148 ff.
- Gleichbehandlungsgebot 8 157
- Informationsmängel 8 175 ff.
- Inhaltsfehler 8 154
- Kapitalerhöhung 8 184
- Relevanz des Fehlers 8 139 ff.
- Sondervorteile 8 162 ff.
- Technische Störungen bei der elektronischen Wahrnehmung von Rechten 8 169 f.
- Treupflicht 8 158 ff.
- Verfahrensfehler 8 138 ff.
- Verletzung der Satzung 8 133
- Verletzung des Gesetzes 8 130
- Verletzung einzelner Publizitäts- und Weitergabepflichten 8 171
- Verletzung gesellschaftsrechtlicher Generalklauseln 8 156 ff.
- Verletzung konkreter Einzelvorschriften 8 155
- Verletzung von Stimmbindungsverträgen 8 137
- Vertragsverletzungen 8 136 ff.
- Verwendung des Bilanzgewinns 8 183 ff.
- Vorrang des Ersetzungsverfahrens 8 173 f.

Herausgabepflicht,
GmbH-Geschäftsführer 20 90 ff.

Hin- und Herzahlen
- Abgrenzung zur verdeckten Sacheinlage 15 109
- Cash-Pooling 15 111
- Definition 15 109
- Handelsregistereintragung (AG) 4 126
- Rückgewähranspruch 15 111

Holzmüller-Entscheidung 6 315 ff., 8 303, 17 11

IBA-Regeln 2 62

ICC-SchO 2 59

Identitätstheorie, Gründung der Aktiengesellschaft 4 8

Informations- und Kontrollrecht
- GbR 32 64 ff.
- OHG 40 40
- Stille Gesellschaft 103 25 ff.
- Unterbeteiligung 112 22 ff.

Informations- und Kontrollrecht (KG)
- GmbH & Co. KG 49 18
- Kollektive Informationsansprüche 49 23 f.
- Kommanditisten 49 17
- Komplementär 49 16
- Übertragung der Kontrollrechte auf einen Beirat 49 25

Informations- und Mitwirkungsrechte, Aufsichtsrat 9 234

Informationsmängel, Hauptversammlungsbeschluss, Anfechtbarkeit 8 175 ff.

Informationsrechte
- Antrag 17 21 f.
- Besonderer Vertreter 6 162 f.
- EWIV 45 22 ff.
- Gesellschafterrechte (GmbH) 17 20 ff.
- GmbH & Co.KG 55 5 f.
- Gründer (AG) 4 56
- Nießbrauch an Gesellschaftsanteilen 124 34
- Sachliche und funktionelle Zuständigkeit 17 23 f.
- Treugeber 119 14 f.
- Verfahren nach dem FamFG 17 26 ff.
- Verlust der Gesellschafterstellung 17 25

Informationssystem,
Corporate-Compliance-System 2 142 ff.

Inhaberaktien, Übertragung 5 1 f.

Inhaltskontrolle, Allgemeine Fördergeschäftsbedingungen 67 7

Inkompatibilität, Anfechtung und Nichtigkeit des Bestellungsbeschlusses des Sonderprüfers 6 69

Insolvenz
- Auswirkung auf laufende Verfahren 2 273
- Besonderer Gerichtsstand des Insolvenzverwalters 2 282 ff.
- Cash-Pooling 2 265 ff.
- ESUG 2 267
- EWIV 45 49 f.
- GbR 36 5 f., 11
- Gesellschaftsrechtliche Umstrukturierung 2 267
- Grenzüberschreitender Sachverhalt 2 274 ff.

Sachregister

- Inanspruchnahme der Gesellschafter aufgrund Gesellschafterstellung 2 236 ff.
- Inanspruchnahme der Gesellschafter und Dritter aufgrund vertraglicher Sicherungsrechte 2 260 ff.
- Insolvenzanfechtung 2 234, 263 ff.
- Insolvenzeröffnung 2 231 ff.
- Insolvenzplan 2 267 ff.
- Internationale Bezüge 2 280 f.
- Internationale Zuständigkeit in Anfechtungsprozessen 2 280 f.
- Minderheitenschutz 2 270
- Schiedsverfahren 2 274 f.

Insolvenz eines Gesellschafters, Stille Gesellschaft, Auflösung 107 17

Insolvenzanfechtung 2 234, 263 ff.

Insolvenzantragspflicht,
GmbH-Geschäftsführer 20 77 ff.

Insolvenzeröffnung 2 231 ff.

Insolvenzfeststellungsklagen 2 285

Insolvenzplan 2 267 ff.

Insolvenzstatut, Limited 89 6 f.

Insolvenzverschleppungshaftung 2 259
- Limited, Auflösung und Beendigung 97 9 ff.

Insolvenzverwalter
- Anfechtungsklage (AG), Hauptversammlungsbeschluss 8 16
- Besonderer Gerichtsstand des ~ 2 282 ff.
- Bindung durch Schiedsklausel 2 53

Internationale Bezüge 2 81 ff.
- Anfechtungs- und Nichtigkeitsklagen 2 85
- Anwendbares Gesellschaftsrecht 2 99 f.
- EuGVO 2 82 ff.
- Gerichtsstand 2 83 ff.
- Gerichtsstandsvereinbarung 2 84
- Gesellschaftsstatut 2 99 ff.
- Gründungstheorie 2 89, 99
- Insolvenzverfahren 2 280 f.
- Internationale Zuständigkeit 2 82 ff.
- Nebenintervention 2 95
- Nicht-EU-Gesellschaften 2 88
- Parteifähigkeit von Auslandsgesellschaften 2 89 f.
- Prozessfähigkeit von Auslandsgesellschaften 2 89
- Prozessführungsbefugnis 2 92 f.
- Prozesskostensicherheit 2 94
- Sitztheorie 2 90, 99
- Spruchverfahren 2 87
- Streitverkündung 2 95
- Zustellungsfragen 2 96 ff.

Internationale Zuständigkeit 2 82 ff.
- Anfechtungsprozesse 2 280 f.

Interorganstreit 3 13

Joint Venture
- Abberufung der Geschäftsführung 2 321
- Actio pro socio 2 328
- Andienungs- und Erwerbsrechte 2 299
- Aufsichtsrat oder Beirat 2 296
- Aufspaltung des Gemeinschaftsunternehmens 2 317
- Ausgleichs- und Abfindungsansprüche der Joint-Venture-Gesellschaft gegen einen Joint-Venture-Partner 2 326
- Ausschluss eines Joint-Venture-Partners aus wichtigem Grund 2 318
- Beendigung 2 311 ff.
- Beendigungsoptionen außerhalb vertraglicher Regelungen 2 313
- Contractual Joint Venture 2 289
- Deadlock zwischen den Gesellschaftern 2 294
- Durchsetzung von Gesellschafterrechten 2 319 f.
- Durchsetzung von Gesellschafterrechten und -pflichten 2 307 ff.
- Entziehung der Geschäftsführungsbefugnis 2 321
- Equity Joint Venture 2 289
- Erscheinungsformen 2 289 ff.
- Gesellschaftsrechtliche Erscheinungsformen des Equity ~ 2 291 ff.
- Gestuftes Eskalationsverfahren 2 297
- Joint-Venture-GbR 2 310
- Konfliktträchtigkeit 2 286 ff.
- Russian Roulette 2 300
- Schadensersatzansprüche der Joint-Venture-Gesellschaft gegen einen Joint–Venture-Partner 2 327
- Schadensersatzansprüche gegen Gesellschaftsorgane 2 322 ff.
- Texan Shoot Out 2 300
- Übertragung der Gesellschaftsanteile 2 314 ff.
- Vereinbarung von Ausschluss- und Beendigungsmechanismen 2 298 ff.
- Vereinbarung von Streitschlichtungsmechanismen 2 295 ff.
- Vertragliche Beendigungsmechanismen 2 311 f.

Kaduzierung
- Ausfallhaftung 7 17
- Feststellungsklage 7 4 ff.
- Neuausgabe von Aktien 7 18
- Rechtsfolgen des unwirksamen Ausschlusses 7 11
- Unterlassungsklage 7 9
- Voraussetzungen 7 12 ff.

Kapitalanlegermusterverfahren
- Ablauf 13 37 ff.
- Anwendungsbereich 13 35 f.
- Aussetzung aller von der Entscheidung im Musterverfahren abhängigen Individualverfahren 13 42 ff.
- Bindungswirkung des Musterentscheids 13 47
- Stellung der Beteiligten 13 44 ff.

Kapitalaufbringung
- GmbH 15 99 ff.
- Pfändung von Einlageforderungen 3 57 f.

Kapitalerhaltung
- Erstattungsanspruch 17 71 ff.
- GmbH-Geschäftsführer 20 58 ff.

Sachregister

Kapitalerhöhung (AG)
- Bezugsrecht 6 307 ff.
- Einlagepflicht 6 327 ff., 337 f.
- Einstweilige Verfügung gegen genehmigte ~ 13 60 ff.

Kapitalerhöhung (GmbH)
- Anfechtungsklage gegen den Gesellschafterbeschluss 16 257
- Aufstockung bestehender Geschäftsanteile 16 240
- Ausgabe neuer Geschäftsanteile 16 240
- Barkapitalerhöhung 16 233 ff.
- Bezugsrecht, *s. dort*
- Durchführung 16 233 ff.
- Einforderung von Einlagen 16 251 ff.
- Genehmigtes Kapital 16 237 f.
- Leistungsklage auf Einlageleistung 16 254 ff.
- Nominelle ~ 16 239
- Sachkapitalerhöhung 16 236

Kapitalgesellschaft
- Löschung 10 24
- Schiedsvereinbarung außerhalb der Satzung 2 32
- Schiedsverfahren 2 31 ff., 42, 51

Kapitalherabsetzung,
Rückzahlungsanspruch 6 312 f.

Kapitalmarktrechtliche Streitigkeiten
- Ad-hoc-Publizitätspflicht 13 26
- Anfechtung von Hauptversammlungsbeschlüssen wegen Verletzung von Mitteilungspflichten 13 17
- Bieterpflichten 13 48 ff.
- Corporate Governance 13 2
- Entsprechenserklärung 13 3
- Haftung des Emittenten 13 19
- Kapitalanlegermusterverfahren, *s. dort*
- Nichterfüllung von Stimmrechtsmitteilungspflichten 13 8
- Prospekthaftung 13 20
- Stimmrechtsverlust 13 8
- Übernahmerechtliche Pflichten 13 48 ff.
- Verhaltenspflichten der Zielgesellschaft 13 57 ff.
- Verletzung von Publizitätspflichten 13 19

KGaA
- Actio pro socio 12 9
- Aktien 12 11
- Aktionärsrechte 12 12
- Ansprüche der Gesellschaft gegen die Komplementäre 12 18
- Ansprüche der Gesellschaft gegen einen geschäftsführenden Komplementär 12 32 ff.
- Ansprüche der Gesellschaft gegen einen Kommanditaktionär 12 20
- Ansprüche der Kommanditaktionäre gegenüber Komplementären 12 21
- Ansprüche der Komplementäre gegen die Gesellschaft 12 19
- Anwendbares Recht 12 2
- Ausschluss eines Aktionärs 12 25
- Ausschluss eines persönlich haftenden Gesellschafters 12 23 f.
- Beendigung 12 36
- Einlagen 12 11
- Einlagepflicht 12 11
- Entzug der Geschäftsführungsbefugnis 12 31
- Entzug der Vertretungsbefugnis eines Komplementärs 12 31
- Feststellung des Jahresabschlusses 12 16
- Gesamtheit der Kommanditaktionäre 12 3
- Geschäftsführung 12 31 ff.
- Gründung 12 10
- Hauptversammlung 12 4, 27
- Klage auf Zustimmung der Kommanditaktionäre 12 14
- Klage auf Zustimmung der Komplementäre 12 13
- Kommanditaktionäre 12 3
- Komplementäre 12 6
- Komplementärversammlung 12 26
- Organstreit 12 8
- Parteifähigkeit 12 3
- Parteifähigkeit der Komplementäre 12 6
- Prozessuale Besonderheiten 12 1
- Vertretung der KGaA im Prozess 12 7
- Zustimmung der Kommanditaktionäre 12 14
- Zustimmung der Komplementäre 12 13

Klageart, GbR 30 18

Klageerzwingungsverfahren, Vorstandsmitglied, Innenhaftung 9 65 ff.

Klagerücknahme, Anfechtungsklage (AG), Hauptversammlungsbeschluss 8 117 f.

Kollegialentscheidungen
- GmbH-Geschäftsführer 20 44 ff.
- Vorstandsmitglied, Innenhaftung 9 110

Kommanditgesellschaft
- Actio pro socio 46 12
- Beendigung 54 1
- Gerichtliche Zuständigkeit 46 13
- Gesellschafterwechsel 46 9
- Nebenintervention 46 17
- Parteifähigkeit, *s. dort*
- Prozessfähigkeit 46 10 f.
- Prozesskostenhilfe 46 16
- Streitverkündung 46 17
- Veränderungen bei Gesellschaftern 50 1
- Zeugenbeweis 46 18
- Zustellung 46 14 f.
- Zwangsvollstreckung 46 19

Kommanditgesellschaft, Beirat
- Actio pro socio 53 25 ff.
- Anspruch der Gesellschaft 53 18 ff.
- Beiratsbeschlüsse 53 30 ff.
- Haftung der Beiratsmitglieder 53 64 ff.
- Klage eines Beiratsmitglieds auf Fassung eines bestimmten Beiratsbeschlusses 53 44 ff.
- Klage eines Gesellschafters auf Fassung eines bestimmten Beiratsbeschlusses 53 39 ff.
- Klage zur Durchsetzung/Verhinderung eines Beiratsbeschlusses 53 56 ff.
- Sonstige Handlungen des Beirats 53 61 ff.

Sachregister

- Streit mit externem Beiratsmitglied (Nichtgesellschafter) **53** 18 ff.
- Streit nur unter Gesellschaftern **53** 10 ff.
- Unterlassung eines bestimmten Beiratsbeschlusses **53** 47 ff.

Kommanditgesellschaft, Gesellschaftsanteile **48** 1 f.
- Tod eines Kommanditisten **48** 1
- Vererblichkeit **48** 1

Kommanditgesellschaft, Gründung
- Einstweiliger Rechtsschutz **47** 22
- Entstehungszeitpunkt **47** 14 ff.
- Fehlerhafte Gesellschaft **47** 19
- Mitglieder **47** 10 ff.
- Schiedsfähigkeit **47** 23
- Vorvertrag **47** 4 ff.

Kontinuität des Rechtsträgers **10** 8

Konzern
- AG-Vertragskonzern, *s. dort*
- Aufsichtsrat, Haftung **9** 264
- Compliance **2** 150 f.
- Haftung im faktischen Konzern **9** 163
- Haftung im Vertragskonzern **9** 162
- Haftung im ‒ **9** 141
- Vorstandsmitglied, Außenhaftung **9** 162 ff., 201

Kostentragung
- Actio pro socio, Limited **96** 8
- Anfechtungsklage (Gesellschafterversammlung) **19** 121
- Auskunftserzwingungsverfahren **6** 59
- Nichtigkeitsklage (Gesellschafterversammlung) **19** 55 ff.

Kraftloserklärung von Aktien
- Abhanden gekommene oder vernichtete Aktien **5** 87
- Echtheit einer im Aufgebotsverfahren vorgelegten Urkunde **5** 94 ff.
- Nichtberechtigter **5** 92 f.
- Umtausch von Aktien bei der Verschmelzung durch Aufnahme **5** 107 ff.
- Umtausch von Aktien beim Formwechsel **5** 112 ff.
- Unterlassene Einreichung zur Berichtigung oder Umtausch **5** 99 ff.
- Unterlassene Einreichung zur Zusammenlegung **5** 105 f.

Kredit- und Finanzdienstleistungsinstitute, Auskunftsverweigerungsgründe **6** 24

Krise
- Akkordstörer-Fall **2** 216
- Außergerichtliche Sanierungsvergleiche **2** 215
- Coop **2** 217
- Pfleiderer **2** 218
- Q-Cells **2** 218
- Restrukturierungsplan **2** 211
- Schuldverschreibungen **2** 218 ff.
- Sicherstellung der Weiterbelieferung durch eV **2** 224 ff.
- Zahlungsklagen **2** 211

Kündigung, Stille Gesellschaft, Auflösung **107** 7 ff.

Kündigung (GbR)
- Gesellschafter **36** 12
- Pfandgläubiger **36** 13

Kündigung des Anstellungsvertrages
- GmbH-Geschäftsführer, *s. GmbH-Geschäftsführer, Kündigung des Anstellungsvertrages*
- Vorstand, Stiftung **85** 13 ff.

Kündigung, Genossenschaft
- Außerordentliche Kündigung, § 65 Abs. 3 GenG **68** 9 ff.
- Außerordentliche Kündigung, § 67a GenG **68** 13 f.
- Ausschließung, *s. Ausschließung, Genossenschaft*
- Kündigung durch den Gläubiger **68** 15
- Ordentliche Kündigung **68** 7 f.

Kündigungs-, Entziehungs-, und Ausschließungsrechte
- KG **49** 15
- OHG **40** 39

Kuratorium **85** 43

Ladung **19** *s. auch Einladung*
- erforderliche **2** 272
- Heilung nicht ordnungsgemäßer Ladung **19** 42 ff.
- Ladung gerichtlich bestellten Prüfers **132** 55
- Ladungsfrist **8** 364 **94** 17
- Ladungsmangel **18** 93
- Nichtladung **19** 12 ff., 83
- Schutzschrift **8** 346

Legitimationsaktionär **6**
- Ausübung Auskunftsrecht **6** 2
- Ausübung Stimmrecht **8** 165
- Antragsberechtigt Auskunftsrecht **6** 45

Leistungsklage
- Anspruch auf Teilnahme an der HV **6** 292
- Verein, Mitgliederrechte **75** 4

Limited
- Allgemeiner Gerichtsstand **88** 7 ff.
- Anwendbares Recht **89** 1 ff.
- Anwendbarkeit der EuInsVO auf insolvenzrechtliche Streitigkeiten **88** 4
- Ausschließliche Zuständigkeit für gesellschaftsorganisatorische Klagen **88** 18
- Ausschließliche Zuständigkeit für Registerstreitigkeiten **88** 24
- Besonderer Gerichtsstand der Niederlassung **88** 15
- Besonderer Gerichtsstand der unerlaubten Handlung **88** 14
- Besonderer Gerichtsstand für vertragliche Streitigkeiten **88** 12 f.
- Gerichtsstandsvereinbarung **88** 16
- Gesellschaftsstatut **89** 2 ff.
- Insolvenzstatut **89** 6 f.
- Internationale Zuständigkeit nach der EuGVO **88** 2 ff.

Sachregister

- Klagemöglichkeiten vor deutschen Gerichten **88** 6 ff.
- Sitz **88** 19
- Zuständigkeiten englischer Gerichte **88** 17 ff.

Limited, Auflösung und Beendigung
- Insolvenzantragspflicht **97** 4 ff.
- Insolvenzantragsrecht **97** 3
- Insolvenzfähigkeit **97** 2
- Insolvenzverschleppungshaftung **97** 9 ff.
- Nachtragsliquidation **97** 17
- Registerstreichung **97** 16
- Verstoß gegen § 64 GmbHG **97** 13

Limited, Firma
- Anzuwendendes Firmenrecht **90** 11 f.
- Deliktischer Namensschutz **90** 41 f.
- Gleiche oder verwechslungsfähige Namen **90** 29 f.
- Goodwill **90** 31 ff.
- Haftung bei Firmenfortführung nach deutschem Recht **90** 25 ff.
- Haftungsdurchgriff wegen verbotener Firmenfortführung **90** 13 ff.
- Schutz vor Irreführung **90** 43 ff.

Limited, Geschäftsführung, *s. Directors*

Limited, Gesellschafterrechte und -pflichten
- Einberufung und Durchführung von Gesellschafterversammlungen **92** 19
- Kodifizierte Treuepflichten **92** 11 ff.
- Minderheitenschutz bei Gesellschafterbeschlüssen **92** 5 ff.
- Mitgliedschaftsrechte **92** 2 f.
- Satzung als vertragliche Grundlage **92** 1
- Treuepflichten nach common law **92** 5 ff.
- Unfair prejudice **92** 17
- Verhältnis der Klage aus unfair prejudice und derivative claim **92** 18

Limited, Gesellschaftsanteile
- Anscheinsbeweis **91** 8
- Ausgabe und Zuweisung neuer Anteile durch directors **91** 16
- CA 2006 **91** 2
- Eingeschränkter gutgläubiger Erwerb und Haftungsfolgen **91** 9 ff.
- Einsichtnahme in Gesellschafterliste **91** 7
- Schadenersatzansprüche bei Irreführung **91** 23
- Schadensersatzpflicht bei Missachtung von Bezugsrechten **91** 17
- Veräußerung von Namensanteilen und Erwerb der Gesellschafterstellung **91** 4 ff.
- Verhinderung der Eintragung durch stop notice **91** 15
- Vertragsaufhebung (rescission) bei irreführenden Angaben **91** 18 ff.
- Verweigerung der Eintragung und Vinkulierung **91** 13 f.

Limited, Gründung
- Companies Act 2006 **90** 2
- Entstehung **90** 3
- Firma, *s. dort*

- Handelndenhaftung vor Registrierung **90** 4 f.
- Reaktivierung **90** 47
- Rechtsbehelfe bei (verweigerter) Registrierung **90** 46
- Treuepflichten der Initiatoren **90** 6
- Vorratsgesellschaften **90** 47
- Wirtschaftliche Neugründung **90** 47

Liquidation
- Aufbewahrung von Büchern und Schriften **10** 66
- Beendigung der laufenden Geschäfte **10** 18
- Einziehung von Forderungen **10** 20
- Erfüllen von Verbindlichkeiten **10** 18
- Gläubigeraufruf **10** 17
- Liquidatoren, *s. dort*
- Sperrjahr **10** 17
- Stiftung **87** 11
- Umsetzung des Vermögens in Geld **10** 21
- Verfahren **10** 14 ff.
- Vorgesellschaft (AG) **4** 156 ff.

Liquidationsguthaben, Vermögensrechte (OHG) **40** 29, **49** 11

Liquidationswert, Unternehmensbewertung **134** 23

Liquidatoren
- Anmeldung des Schlusses der Liquidation **10** 24
- GbR, Ernennung und Abberufung **36** 21 f.
- Geborene ~ **10** 11
- Gerichtliche Bestellung **10** 13
- Rechtsmittel gegen Antrag auf Bestellung von ~ **21** 31
- Schlussrechnung **10** 24
- Vertretung **10** 23
- Verwaltung **10** 22
- Zeichnung der ~ **10** 17

Liquidatoren (OHG), Ernennung und Abberufung
- Antragsberechtigung **44** 25
- Einstweiliger Rechtsschutz **44** 27
- Rechtsmittel **44** 27
- Verfahren der freiwilligen Gerichtsbarkeit **44** 24
- Verhältnis zur GbR **44** 23
- Wichtiger Grund **44** 26

Löschung der Aktiengesellschaft
- Aktivprozess **10** 69
- Laufende Prozesse **10** 68 ff.
- Parteifähigkeit **10** 68
- Passivprozess **10** 70
- Prozessstandschaft **10** 71
- Zwangsvollstreckung **10** 72

Löschung der Kapitalgesellschaft **10** 24

Löschung nach § 397 FamFG
- Erledigung der Streitsache **10** 45
- Ermessen **10** 48
- Löschungsankündigung **10** 49
- Materielle Voraussetzungen **10** 46
- Rechtsbehelf gegen die Löschung **10** 51
- Verfahren **10** 47
- Verhältnis zur Nichtigkeitsklage **10** 44

Sachregister

Löschung nach §§ 394, 395, 398 und 399 FamFG 10 52

Mantel-GmbH 15 7
Mantelverwendung 4 2
Mediation
– Ablauf 2 181 ff.
– Anwaltszwang 2 194
– Arten 2 168 ff.
– Fristen 2 191 f.
– Gerichtsinterne – 2 170, 195 ff.
– Gerichtsnahe – 2 169
– Mediationsklausel 2 171 ff.
– Mediationsordnung 2 174
– Mediationsvereinbarung 2 177 ff.
– Mediatorenliste 2 168
– Nachteile 2 206 ff.
– Stärken und Schwächen 2 201 ff.
– Verjährung 2 191
– Verschwiegenheitspflicht des Mediators 2 190
– Vertraulichkeit 2 187
– Vorschlag des Gerichts 2 180
– Vorteile 2 202 ff.
Mediation, Ablauf
– Abschluss 2 186
– Bestandsaufnahme 2 183
– Bewertung 2 185
– Eröffnung 2 182
– Interessenerforschung 2 184
– Lösungssuche 2 185
– Vereinbarung 2 186
MediationsG 2 166
Mediationsklausel 2 171 ff.
– Beispiel 2 175 f.
Mediatorenliste, Außergerichtliche – 2 168
Mehrheitsklauseln, Gesellschafterbeschlüsse (GbR) 34 16 ff.
Mehrstimmrechte, Spruchverfahren 132 12
Minderheitenschutz
– Anfechtungsgründe 19 11
– Insolvenz 2 270
– Limited, Gesellschafterrechte und -pflichten 92 5 ff.
Mindestmitgliederzahl, Unterschreitung 76 4
Mitglieder
– Kommanditgesellschaft, Gründung 47 10 ff.
– Partnerschaftsgesellschaft, Gründung 57 11 ff.
Mitgliederrechte und -pflichten, VVaG 80 35
Mitgliederversammlung
– Beschlüsse, s. Mitgliederversammlung, Beschlüsse
– Einberufung 77 1 ff.
Mitgliederversammlung, Beschlüsse
– Beweislast 77 11
– Fehlerhaftigkeit 77 5 ff.
– Folgen der Fehlerhaftigkeit 77 5
– Klage 77 6 ff.
– Positive Beschlussfeststellungsklage 77 14
– Urteilswirkungen 77 12 f.
Mitgliedschaftspflichten, Genossenschaft 67 14 f.
Mitgliedschaftsrechte, Genossenschaft 67 10 ff.
Mittelbare Unternehmensbeteiligungen
– Abgrenzung 98 2
– Begriff 98 1
Mitverschulden, Stiftungsorgane 85 37
Mitverwaltungsrechte, Nießbrauch an Gesellschaftsanteilen 124 28 ff.
Mitwirkungspflichten, Steuerrecht 2 349 ff.
Nachfolgeklauseln, GbR 31 34
Nachgründung 4 192 ff.
– Ersatzansprüche gegen Mitglieder des Vorstands und des Aufsichtsrats 4 201
– Sachkapitalerhöhungen 4 196
– Umwandlungsrechtliche Vorgänge 4 196
Nachgründungsprüfung 4 14
Nachschieben von weiteren Kündigungsgründen, Vorstandsmitglied, Kündigung des Anstellungsvertrags 9 47
Nachschusspflicht
– Actio pro socio 17 18 f., 60
– GbR 32 58
– GmbH 17 12 ff.
– Partnerschaftsgesellschaft mit beschränkter Berufshaftung 56 23
– Schuldrechtlich vereinbarte – 17 59 ff.
Nachtrags-Abwickler 10 65
Namensaktien
– Übertragung 5 3 f.
– Zustimmungsbedürftigkeit der Übertragung 5 12 ff.
Namensführungspflicht, Partnerschaftsgesellschaft mit beschränkter Berufshaftung 56 24
Nebenintervention
– Anfechtungsklage (AG), Hauptversammlungsbeschluss 8 18 ff.
– GbR 29 59
– Internationale Bezüge 2 95
– KG 46 17
– Nichtigkeitsklage (Gesellschafterversammlung) 19 49
– OHG 37 18
– Partnerschaftsgesellschaft 56 13
– Positive Beschlussfeststellungsklage (Gesellschafterversammlung) 19 130
– Stille Gesellschaft 100 9
Nebenleistungspflichten, Gesellschafterrechte (GmbH) 17 43 ff.
Nebenverpflichtungen, Inhaber vinkulierter Namensaktien 6 342
Negative Feststellungsklage
– Klage auf Feststellung des Nichtbestehens des Vertragsverhältnisses durch Aktionär 4 197 ff.

Sachregister

- Negative – 6 42
- **Nennwertklausel**, Abfindung 16 231
- **Neugründung** 90
  - AG 4 1
  - PartG mbB 56 19
  - englische Limited 90 47
  - Mantel-GmbH 15 8
  - Spaltungen 126 12 ff. 128 1 ff.
  - Verschmelzung 127 1 ff.
  - wirtschaftliche 4 17 ff.
- **Nicht-EU-Auslandsgesellschaften** 2 88
  - Sitztheorie 2 99
- **Nichtigkeitsfeststellungsklage**, Aufsichtsratsbeschluss 9 265 ff.
- **Nichtigkeitsklage** 2 19 f.
  - Abmahnung 10 40
  - Ausschluss eines Gesellschafters (GmbH) 18 91 ff.
  - Beschlüsse der Generalversammlung 69 5 ff.
  - Eingetragene Aktiengesellschaft 10 28
  - Einstweilige Verfügung 10 43
  - Fehlen der Bestimmung über den Gegenstand des Unternehmens 10 30
  - Fehlende Bestimmung über die Höhe des Grundkapitals 10 29
  - Formwechsel 129 30
  - Heilung durch Satzungsänderung 10 36
  - Klageberechtigte 10 39
  - Nachträgliche Änderung des Unternehmensgegenstandes 10 34
  - Nichtigkeit der Bestimmung über den Unternehmensgegenstand 10 31
  - Nichtigkeitsgründe 10 29 ff.
  - Schiedsfähigkeit 10 38
  - Sinngemäße Anwendung der Regeln über die Beschlussanfechtungsklage 10 37
  - Spaltung 128 25
  - Tatsächliche Änderung des Unternehmensgegenstandes 10 35
  - Verschmelzung 127 70 ff.
  - Vorgeschobener Unternehmensgegenstand 10 33
  - Wirkung des Urteils 10 41 f.
  - Zuständiges Gericht 10 38
  - § 75 GmbHG 15 40
- **Nichtigkeitsklage (AG)**
  - Analoge Anwendung der Regelungen zur Nichtigkeitsklage 8 244
  - Anwendungsbereich 8 243
  - Ausschließlicher Gerichtsstand 3 18 ff.
  - Beklagte 8 255 f.
  - Doppelvertretung 8 256
  - Entsprechende Anwendung der Regelungen für Anfechtungsklagen 8 257 ff.
  - Feststellungsinteresse 8 272 ff.
  - Geltendmachung der Nichtigkeit auf andere Weise 8 287 ff.
  - Keine Einführung einer Klagefrist durch ARUG 8 264 ff.
  - Keine Klagefrist 8 263 ff.
  - Klage auf Teilnichtigerklärung 8 292
  - Kläger 8 246 ff.
  - Nach Einleitung des Anfechtungsverfahrens 8 237
  - Nach Entscheidung im Anfechtungsverfahren 8 238
  - Nachträglicher Erwerb oder Verlust der Organmitgliedschaft 8 254
  - Parteien 8 246 ff.
  - Prozessuale Sonderregeln 8 262 ff.
  - Relative Befristung 8 266 ff.
  - Scheinbeschlüsse 8 245
  - Urteilswirkung 8 281 ff.
  - Veränderungen nach Klageerhebung 8 249
  - Verbindung von Prozessen 8 275 ff.
  - Verhältnis zur Anfechtungsklage 8 235 ff.
  - Verlust der Aktionärseigenschaft während des Rechtsstreits 8 251
  - Widerklage 8 280
- **Nichtigkeitsklage (GmbH)**
  - Amtslöschung 19 24
  - Beurkundungsmängel 19 22
  - Einberufungsmängel 19 11 ff.
  - Fehler bei sonstigen Abstimmungsverfahren 19 17 ff.
  - Formelle Nichtigkeitsgründe 19 10 ff.
  - Gläubigerschutzvorschriften 19 27
  - Heilung durch Handelsregistereintragung 19 43 ff.
  - Heilung einer nicht ordnungsgemäßen Ladung 19 42
  - Heilung eines Einberufungsmangels durch Vollversammlung 19 40 f.
  - Kostentragung 19 55 ff.
  - Materielle Nichtigkeitsgründe 19 25 ff.
  - Materielle Voraussetzungen 19 9 f.
  - Nebenintervention 19 49
  - Prozessuale Voraussetzungen 19 2 ff.
  - Sonstige Nichtigkeitsgründe 19 35 ff.
  - Streitgenossenschaft 19 49
  - Streitwert 19 52 ff.
  - Verstoß gegen das Wesen der GmbH 19 26
  - Verstoß gegen die guten Sitten 19 32 ff.
  - Vorschriften, die im öffentlichen Interesse stehen 19 28
- **Nichtigkeitsklage nach § 75 GmbHG**
  - Aufforderung zur Mängelbeseitigung 21 30
  - Heilung von Nichtigkeitsgründen 21 28
  - Klagebefugnis 21 27
  - Klagefrist 21 29
  - Relevanz 21 23
  - Schiedsfähigkeit 21 24
  - Verhältnis zur Auflösungsklage 21 25 f.
  - Wirkung der Auflösung auf laufende Gerichtsverfahren 21 32
- **Nießbrauch an Gesellschaftsanteilen**
  - AG 122 7, 19

1453

Sachregister

- Anspruch auf Surrogate 124 20 ff.
- Ansprüche nach Kapitalerhöhungen 124 15 ff.
- Auskunftsanspruch 124 34
- Beendigung 125 1 ff.
- Dingliche Bestellung 122 9 ff.
- Entstehung 122 8 ff.
- Gegenstand 122 2
- Gerichtliche Zuständigkeit 124 5 f.
- Gewinnansprüche, AG 124 14
- Gewinnansprüche, GmbH 124 12 f.
- Gewinnansprüche, Personengesellschaften 124 7 ff.
- GmbH 122 6, 18
- Informationsrecht 124 34
- Intensität der Unternehmensbeteiligung 122 3
- Kausalgeschäft 122 8
- Mitverwaltungsrechte 124 28 ff.
- Passivlegitimation und Klageart 124 3
- Personengesellschaften 122 4 f., 10 ff.
- Stimmrecht in GmbH und AG 124 33
- Stimmrecht in Personengesellschaften 124 28 ff.
- Treuepflicht 124 36
- Überlassung der Ausübung des Nießbrauchs an Dritte 123 7 f.
- Verfügung in Form der Übertragung der belasteten Gesellschaftsanteile 123 6 ff.
- Verfügung über die nießbrauchsbelasteten Gesellschaftsanteile 123 1 ff.
- Verhältnis von Klage gegen Nießbrauchbesteller und Klage gegen Gesellschaft 124 4
- Vermögenspflichten gegenüber dem Nießbrauchsbesteller 124 27
- Vermögenspflichten gegenüber der Gesellschaft 124 23 ff.
- Vermögensrechte 124 3 ff.
- Zulässigkeit 122 4 ff.

Notgeschäftsführer
- GmbH 14 14
- Zustellung (GmbH) 14 63

Notvorstand, Stiftung 81 5 ff.

Obligatorischer Aufsichtsrat, Prozessfähigkeit 14 24 ff.

Öffentliche Zustellung, Zustellung (AG) 3 40 f.

OHG
- Actio pro socio 37 12
- Ausschließung eines Gesellschafters 41 2 ff.
- Austritt eines Gesellschafters 41 16 f.
- Gerichtliche Zuständigkeit 37 13 ff.
- Hinzutreten eines neuen Gesellschafters 41 1
- Nebenintervention 37 18
- Parteifähigkeit, s. dort
- Prozessfähigkeit 37 7 ff.
- Prozesskostenhilfe 37 17
- Streitverkündung 37 19
- Zeugenbeweis 37 20
- Zustellung 37 16
- Zwangsvollstreckung 37 21

OHG, Auflösung
- Auflösung durch gerichtliche Entscheidung 44 5 f.
- Auflösung nach § 133 Abs. 2 HGB 44 7
- Auflösungsgründe 44 3 ff.
- Auflösungsklage, s. dort
- Durchsetzungssperre 44 28
- Ernennung und Abberufung von Liquidatoren, s. Liquidatoren (OHG), Ernennung und Abberufung
- Prozessuale Auswirkung 44 29
- Vollbeendigung 44 2

OHG, Gründung
- Einstweiliger Rechtsschutz 38 27
- Entstehungszeitpunkt 38 13 ff.
- Fehlerhafte Gesellschaft 38 20 ff.
- Mitglieder 38 8 ff.
- Schiedsfähigkeit 38 28
- Vorvertrag 38 3 ff.

Organisationspflicht, Corporate-Compliance-System 2 135 ff.

Organmitglieder, Streitigkeiten mit ~ vor den Arbeitsgerichten 2 337 ff.

Organstreitigkeiten
- Aktiengesellschaft 3 12
- Feststellungsklage 3 15
- Geltendmachung von Organrechten 3 13 ff.
- GmbH 14 49 ff.
- Klage durch das Gesamtorgan 3 13 ff.

Partei- und Prozessfähigkeit, Vor-GmbH 15 73

Parteifähigkeit
- Aktiengesellschaft 3 2
- Außen-GbR 29 3 ff.
- Auslandsgesellschaften 2 89 f.
- Einmann-Vor-GmbH 15 15
- Genossenschaft 64 2
- GmbH 14 2
- Innen-GbR 29 19 ff.
- KGaA 12 3
- Löschung der Aktiengesellschaft 10 68
- Stiftung 81 2
- Stille Gesellschaft 100 1
- Verein 72 1 f.
- Vor-GmbH 15 13
- Vor-GmbH, unechte 15 93 ff.
- Vorgesellschaft (AG) 4 68 ff.
- VVaG 80 13

Parteifähigkeit (OHG)
- Gesellschaft als Prozesspartei 37 3 f.
- Gesellschafter als (zusätzliche) Beklagte 37 5
- Gesellschafterwechsel 37 6

Parteifähigkeit (Partnerschaftsgesellschaft)
- Gesellschaft als Prozesspartei 56 2
- Gesellschafter als zusätzliche Beklagte 56 3 f.
- Partnerwechsel 56 5

Partnerschaftsgesellschaft
- Actio pro socio 56 8
- Auflösung 63 1 f.
- Gerichtliche Zuständigkeit 56 9 f.

Sachregister

- Geschäftsführung **62** 1 ff.
- Gesellschafterbeschlüsse **61** 1 ff.
- Gesellschaftsanteile **58** 1 f.
- Liquidation **63** 2
- Nebenintervention **56** 13
- Parteifähigkeit, *s. dort*
- Prozessfähigkeit **56** 7
- Prozesskostenhilfe **56** 12
- Streitverkündung **56** 13
- Treuepflicht **59** 8
- Übertragung von Gesellschaftsanteilen nach §§ 413, 398 BGB **58** 3 f.
- Veränderung des Gesellschafterbestandes **60** 1 f.
- Vererbung von PartG-Anteilen **58** 5
- Vermögensrechte und -pflichten **59** 2 ff.
- Verwaltungsrechte und -pflichten **59** 6 f.
- Zeugenbeweis **56** 14
- Zustellung **56** 11
- Zwangsvollstreckung **56** 15

Partnerschaftsgesellschaft mit beschränkter Berufshaftung (PartG mbB)
- Altmandate **56** 20 f.
- Auflösung **63** 4
- Gründung **57** 29 ff.
- Haftung im Außenverhältnis **56** 17 ff.
- Haftung im Innenverhältnis **56** 22 ff.
- Haftungsbeschränkung **56** 17 ff.
- Nachschusspflicht bei Überschreitung der Versicherungssumme **56** 23
- Namensführungspflicht **56** 24
- Regressansprüche bei Verletzung der Pflichten im Innenverhältnis **56** 22

Partnerschaftsgesellschaft, Gründung
- Einstweiliger Rechtsschutz **57** 26
- Entstehungszeitpunkt **57** 16 ff.
- Fehlerhafte Gesellschaft **57** 21
- Mitglieder **57** 11 ff.
- PartG mbB **57** 29 ff.
- Schiedsfähigkeit **57** 27
- Vorvertrag **57** 4 ff.

Passivlegitimation, Nießbrauch an Gesellschaftsanteilen **124** 3

Personengesellschaft 2 31 ff.
- Schiedsverfahren **2** 41

Pfändung von Einlageforderungen 3 57 f.

Pfleiderer 2 218

Pflichtverletzungen
- Aufsichtsrat, Haftung **9** 249 ff.
- Vorstand, Stiftung **85** 20 ff.

Positive Beschlussfeststellungsklage, Mitgliederversammlung, Beschlüsse **77** 14

Positive Beschlussfeststellungsklage (GmbH)
- Anwendungsbereich **19** 122 ff.
- Förmliche Feststellung **19** 140 f.
- Klagefrist und -antrag **19** 128
- Nebenintervention **19** 130
- Parteien **19** 129

- Rechtsschutzbedürfnis **19** 136
- Streitgenossenschaft **19** 130
- Vorliegen eines die Anfechtbarkeit begründenden Verfahrensfehlers **19** 142
- Wirkung des Urteils **19** 137
- Zuständiges Gericht **19** 127

Primärmarktinformation
- Fehlerhafte ~ **9** 87
- Haftung nach dem WpPG wegen fehlerhafter ~ **9** 166 f.

Prospekthaftung
- Adressat **13** 21
- Umfang **13** 24
- Voraussetzungen **13** 23

Prozessfähigkeit 4 72 ff.
- Aktiengesellschaft **3** 3 ff.
- Auslandsgesellschaften **2** 89
- Fakultativer Aufsichtsrat **14** 18 ff.
- GbR **29** 31 ff.
- Genossenschaft **64** 3
- GmbH & Co. KG **46** 10 f.
- KG **46** 10 f.
- Obligatorischer Aufsichtsrat **14** 24 ff.
- OHG **37** 7 ff.
- Partnerschaftsgesellschaft **56** 7
- Stiftung **81** 3 ff.
- Verein **72** 3 f.
- Vor-GmbH **15** 14
- Vor-GmbH, unechte **15** 95 ff.
- VVaG **80** 14 ff.

Prozessfähigkeit (GmbH)
- Folgen einer unrichtigen Vertretungsbezeichnung durch die Geschäftsführer **14** 26
- Führungslose GmbH **14** 9
- Geschäftsführer vorübergehend oder dauerhaft an der Prozessführung gehindert **14** 8
- Notgeschäftsführer **14** 14
- Prozesse unter Beteiligung von Geschäftsführern als Partei **14** 6
- Prozesspfleger **14** 10
- Prozessvertreter **14** 27
- Vertretung durch den Aufsichtsrat **14** 18 ff.
- Vertretung durch die Geschäftsführer **14** 4

Prozessführungsbefugnis, Internationale Bezüge **2** 92

Prozesskostenhilfe
- Aktiengesellschaft **3** 45 ff.
- GbR **29** 56 f.
- GmbH **14** 68
- KG **46** 16
- OHG **37** 17
- Partnerschaftsgesellschaft **56** 12
- Stiftung **81** 13 ff.
- Stille Gesellschaft **100** 8
- Verein **72** 10 ff.
- Vor-GmbH **15** 24
- Vorgesellschaft (AG) **4** 78

1455

Sachregister

Prozesskostensicherheit 2 94
Prozesspfleger
– GmbH 14 10
– Zustellung (GmbH) 14 63
Prozessstandschaft, Löschung der Aktiengesellschaft 10 71
Prozessvergleich, Anfechtungsklage (AG), Hauptversammlungsbeschluss 8 119 ff.
Publikumsgesellschaften
– Auflösung und Beendigung 55 44 f.
– Beirat 55 46
– Geschäftsführung 55 41 ff.
– Gesellschafterbeschlüsse 55 37 ff.
– Gesellschafterrechte und -pflichten 55 31 ff.
– Gründung 55 30
– Veränderung des Gesellschafterbestands 50 1, 55 34 ff.
Publizitätspflichten, Verletzung 13 19

Q-Cells 2 218
Qualifiziert faktischer Konzern
– Begriff 28 2 ff.
– Existenzvernichtender Eingriff 2 255 ff.

Räuberischer Aktionär 8 197 ff.
Rechtmäßiges Alternativverhalten
– GmbH-Geschäftsführer, Haftung 20 45
– Vorstandsmitglied, Innenhaftung 9 109
Rechtsmissbrauch, Anfechtung und Nichtigkeit des Bestellungsbeschlusses des Sonderprüfers 6 69
Rede- und Teilnahmerecht bei einer Hauptversammlung, Besonderer Vertreter 6 164 f.
Redezeitbeschränkung, Anfechtbarkeit 8 147
Registersperre
– Anfechtungsklage (AG), Hauptversammlungsbeschluss 8 54
– Squeeze-Out 7 71
Registerverfahren
– Spaltung 128 32
– Verschmelzung 127 90 f.
Regressansprüche
– AG-Vertragskonzern 24 30 f.
– Faktischer AG-Konzern 26 27
– Faktischer GmbH-Konzern 27 13
– Partnerschaftsgesellschaft mit beschränkter Berufshaftung 56 22
Restrukturierungsplan 2 211
Rückgewähranspruch, Hin- und Herzahlen 15 111
Rücklage, Unternehmergesellschaft (haftungsbeschränkt) 22 17 ff.

Sacheinlagen
– Gutgläubiger Erwerber 6 335 f.
– Handelsregistereintragung (AG) 4 126
– Verbot 22 11, 34 ff.
– Vor-AG 4 50 f.

Sachgründung, Handelsregistereintragung (AG) 4 119 ff.
Sachgründung (GmbH)
– Beweislast für Wert der Sacheinlage 15 129
– Differenzhaftung gem. § 9 GmbHG 15 125
– Geltendmachung durch den Geschäftsführer 15 127
– Sacheinlagen 15 123
– Verbot verdeckter Sacheinlagen, s. Verdeckte Sacheinlagen
Sachkapitalerhöhung, GmbH 16 236
Sachwalterhaftung 9 174
Satzung
– Fehlerhafte ~ 4 161 ff.
– Fehlerhaftigkeit der Satzungsfeststellung 4 84 ff.
– Fehlerhaftigkeit einzelner Satzungsbestimmungen 4 90 f.
– Feststellung der ~ 4 84 ff., 128 ff.
– Handelsregistereintragung (AG) 4 128
Satzungsmangel, Genossenschaft 71 8
Satzungsmangel (AG)
– Fehlen einer zwingenden Satzungsbestimmung 4 129
– Gesetzeswidrigkeit einer fakultativen Satzungsbestimmung 4 129
– Gesetzeswidrigkeit einer zwingenden Satzungsbestimmung 4 129
Satzungsstrenge, Aktiengesellschaft 2 35
Schadensersatz
– Aktienbesitz als sonstiges Recht 6 407
– Aktienrechtliches Schutzgesetz 6 408
– Anfechtungsklage, Rechtsmissbrauch 8 228
– Gerichtsstand 6 416
– Gesellschafterrechte (GmbH) 17 66
– GmbH & Co.KG 55 21 ff.
– Stille Gesellschaft, Geschäftsführung 106 5
– Verein, Mitgliederrechte 75 6
– Vorstand, Stiftung 85 18 f.
Schadensersatz wegen unzulässiger Einflussnahme
– Anspruchsgegner 6 383 f.
– Aufhebung der Ersatzpflicht 6 388
– Aufsichtsrat, Haftung 9 263
– Beweislast 6 405
– Geltendmachung des Anspruchs 6 401
– Jede Art von Einfluss 6 385
– Leistungsklage 6 400 ff.
– Rechtswidrigkeit der schädigenden Einflussnahme 6 386
– Schaden 6 391 ff.
– Schadensersatzansprüche nach § 823 Abs. 1 und 2 oder § 826 BGB 6 406
– Voraussetzungen 6 382 ff.
– Vorsätzliches Handeln 6 387
Scheinbeschlüsse
– Feststellungsklage (AG) 8 299
– Nichtigkeitsklage (AG) 8 245
Schiedsfähigkeit
– Beschlussmängel (GbR) 34 51 ff.

Sachregister

– GbR **30** 65, **36** 16
– Hauptversammlungsbeschlüsse **8** 397 ff.
– Kommanditgesellschaft, Gründung **47** 23
– Nichtigkeitsklage **10** 38
– Nichtigkeitsklage nach § 75 GmbHG **21** 24
– OHG, Auflösung **44** 22
– OHG, Gründung **38** 28
– Partnerschaftsgesellschaft, Gründung **57** 27
– Stille Gesellschaft, Gründung **101** 15
Schiedsgericht, Vereinsstrafen **75** 14 ff.
Schiedsrichterauswahl **2** 63
Schiedsvereinbarung, Aktiengesellschaft **3** 25 f.
Schiedsverfahren
– Aufhebung von Schiedssprüchen **2** 74 ff.
– Auflösungsklage nach § 61 GmbHG **21** 20
– Bedeutung **2** 26
– DIS-ERGeS **2** 59
– Einstweiliger Rechtsschutz **2** 65 ff.
– Elektrim ./. Vivendi Entscheidungen **2** 276
– Flexibilität **2** 27
– Form der Schiedsvereinbarung **2** 37 ff.
– Heilung formunwirksamer Schiedsvereinbarung **2** 43
– IBA-Regeln **2** 62
– ICC-SchO **2** 59
– Insolvenzverwalter **2** 274 f.
– Institutionen **2** 59 ff.
– Kapitalgesellschaft **2** 31 ff., 42, 51
– Legitimation des Schiedsgerichts **2** 29 ff.
– Mitbeurkundungsbedürftigkeit einer Schiedsordnung **2** 39 f.
– Nachträglicher Abschluss einer Schiedsklausel **2** 45 ff.
– Objektive Schiedsfähigkeit **2** 34 ff.
– Personengesellschaft **2** 30, 41, 50
– Persönliche Reichweite der Schiedsvereinbarung **2** 50 ff.
– Sachliche Reichweite der Schiedsvereinbarung **2** 47 ff.
– Schiedsfähigkeit gesellschaftsrechtlicher Streitigkeiten **2** 33 ff.
– Schiedsrichterauswahl **2** 63
– Statutarische Streitigkeiten **2** 47 f.
– Subjektive Schiedsfähigkeit **2** 36
– Übereinkommen über die Anerkennung und Vollstreckung ausländischer Schiedssprüche (UNÜ) **2** 28, 80
– Verfahren vor den Schiedsgerichten **2** 58 ff.
– Vertraulichkeit **2** 27
– Vollstreckbarerklärung von Schiedssprüchen **2** 76 ff.
– Vollstreckung von Schiedssprüchen **2** 28
– Vorteile **2** 27 ff.
– Wahl des Schiedsortes **2** 276
Schlussrechnung
– Liquidatoren **10** 24

– Stille Gesellschaft, Auflösung **107** 22 ff.
Schuldbeitritt **2** 261
Schuldverschreibungen
– Debt-equity-swap **2** 219 ff.
– Pfleiderer **2** 218 ff.
– Q-Cells **2** 218 ff.
– Schuldverschreibungsgesetz **2** 218 ff.
Schuldverschreibungsgesetz **2** 218 ff.
– Entwicklung der Rechtsprechung **2** 216 ff.
Schwebende Geschäfte, Stille Gesellschaft, Auflösung **107** 26 f.
Sekundärmarktinformation
– Fehlerhafte ~ **9** 88
– Haftung nach dem WpHG bei fehlerhafter ~ **9** 168
Sekundärplatzierungen von Aktien, Rückgriffsanspruch des Emittenten **13** 25
Sittenwidrige Schädigung **28** 5 ff.
– Anspruch der Gesellschaft gegen Aktionäre **6** 412 ff.
– Anspruch des Aktionärs gegen andere Aktionäre **6** 410 f.
– Anspruch gegen Dritte **6** 414 ff.
– Gerichtsstand **6** 416
– Rechtsmissbräuchliche Anfechtungsklagen durch Aktionäre **6** 412 ff.
Sitz, Limited **88** 19
Sitztheorie **2** 90, 99
Sitzverlegung, EWIV **45** 29
Societas Europaea
– Anträge auf Zusammensetzung bzw. Ergänzung des Aufsichts- bzw. Verwaltungsrats **11** 22
– Beschlussmängelklagen, *s. dort*
– Dualistische **11** 5
– Monistische **11** 5
– Rechtsquellen **11** 3 ff.
Sonder- und Vorzugsrechte, Gesellschafterrechte (GmbH) **17** 36 ff.
Sonderprüfer
– Anfechtbarkeit und Nichtigkeit des Abberufungsbeschlusses **6** 70
– Anfechtung und Nichtigkeit des Bestellungsbeschlusses **6** 66 ff.
– Ansprüche der Gesellschaft gegen die betreibende Aktionärsminderheit **6** 146
– Bestellungsbeschluss **6** 66 ff.
– Eignung **6** 69
– Einsichts- und Prüfungsrecht **6** 120 ff.
– Einzelmaßnahmen des Sonderprüfers **6** 120
– Gerichtliche Bestellung, *s. Sonderprüfer, Gerichtliches Verfahren zur Bestellung*
– Gerichtliche Ersatzbestellung bei nachträglichem Wegfall **6** 105 f.
– Gerichtliches Verfahren zur Auswechslung von bestellten Sonderprüfern, *s. Sonderprüfer, Gerichtliches Verfahren zur Auswechslung*
– Haftung, *s. Sonderprüfer, Haftung*

1457

Sachregister

- Inkompatibilität 6 69
- Positive Beschlussfeststellungsklage 6 71
- Rechtsmissbrauch 6 69
- Schadensersatzprozess gegen Sonderprüfer 6 108 ff.
- Sonderprüfungsbericht, *s. dort*
- Stimmverbote 6 69
- Vergütung und Auslagen 6 130 ff.

Sonderprüfer, Gerichtliches Verfahren zur Auswechslung
- Antragsberechtigung 6 101
- Antragsfrist 6 102
- Besonderheiten 6 104
- Ersetzungsgründe 6 103

Sonderprüfer, Gerichtliches Verfahren zur Bestellung
- Antragsberechtigung 6 73
- Antragsfrist 6 77
- Berechtigungsnachweis 6 77
- Beteiligte 6 75
- Entscheidung 6 94
- Form 6 74
- Kosten 6 95
- Prüfungsgegenstand 6 81 ff.
- Rechtsbehelfe 6 96 ff.
- Rechtsmissbräuchlichkeit 6 91
- Rechtsschutzbedürfnis 6 76
- Subsidiarität 6 78 f.
- Verfahren 6 92 f.
- Vorrangige Gesellschaftsinteressen 6 90
- Zuständigkeit 6 74

Sonderprüfer, Haftung
- Beweislast 6 112
- Culpa in contrahendo 6 108
- Gegenüber Aktionären 6 115 ff.
- Haftungsbegrenzung 6 113
- Leistungsklage 6 112
- Vertrag mit Schutzwirkung zugunsten Dritter 6 115 ff.
- §§ 144 AktG i. V. m. 323 HGB 6 109 ff.

Sonderprüfung, GmbH 17 30 ff.

Sonderprüfungsbericht
- Durchsetzung der Berichtspflicht 6 142 ff.
- Nichtaufnahme von Tatsachen 6 137 ff.
- Verwendung in Folgeprozessen 6 145

Sorgfaltspflicht
- Aufsichtsrat, Haftung 9 250
- Vorstandsmitglied, Innenhaftung 9 90 f.

Spaltung
- Anfechtungsklage, *s. dort*
- Anmeldungs- und Vollzugsphase 128 7
- Arten 128 1 f.
- Beschlussphase 128 5 f.
- Feststellungsklage 128 26
- Freigabeverfahren 128 33
- Gerichtlicher Rechtsschutz 128 33 f.
- Nichtigkeitsklage 128 25
- Prozessuale Auswirkungen 128 35
- Rechtsschutzmöglichkeiten in der Anmeldungs- und Vollzugsphase 128 32 ff.
- Rechtsschutzmöglichkeiten in der Beschlussphase der Spaltung 128 14 ff.
- Rechtsschutzmöglichkeiten in der Vorbereitungsphase 128 8 ff.
- Registerverfahren 128 32
- Spaltungsbericht 128 11
- Spaltungsprüfung 128 12
- Spaltungsvertrag 128 8 ff.
- Spruchverfahren 128 29 ff.
- Vorbereitungsphase 128 4
- Wirkungen der Eintragung 128 28
- Wirkungen einer erhobenen Klage 128 27
- Zuleitung an Betriebsräte 128 13

Spaltungsbericht, Spaltung 128 11
Spaltungsprüfung, Spaltung 128 12
Spaltungsvertrag, Spaltung 128 8 ff.
Sperrjahr 10 17
Sphärenvermischung 2 244 ff.
Spruchverfahren 2 87
- Angebote nach WpÜG 132 9
- Antragsberechtigung 132 20 ff.
- Antragsfrist 132 28 ff.
- Antragsgegner 132 42
- Anwendungsbereich 132 3 ff.
- Begründetheit der Beschwerde 133 17 ff.
- Begründung des Antrags 132 36 ff.
- Beschluss 133 1 ff.
- Beschwerde 133 9 ff.
- Delisting 132 5 ff.
- Entscheidung 133 1
- Faktischer Beherrschungsvertrag 132 8
- Formwechsel 129 34
- Gemeinsamer Vertreter, *s. dort*
- Mehrstimmrechte 132 12
- Mündliche Verhandlung 132 55 ff.
- Spaltung 128 29 ff.
- Squeeze-Out 7 83 f.
- Überblick 131 1 ff.
- Übernahmerechtlicher Squeeze out 132 9
- Übertragende Auflösung 132 10
- Unternehmensbewertung, *s. dort*
- Verfahrensgrundsätze 132 1 f.
- Vergleich 133 8
- Verschmelzung 127 82 ff.
- Vertragskonzernierte GmbH 132 11
- Zeitlicher Anwendungsbereich 132 13
- Zulässigkeit der Beschwerde 133 10 ff.
- Zulässigkeit von Anträgen 132 14 ff.
- Zuständiges Gericht 132 14 ff.

Squeeze-Out
- Abfindung 7 46, 60
- Ablauf des Ausschlussverfahrens 7 39 ff.
- Anfechtungsbefugnis des Minderheitsaktionärs bei Klage gegen Hauptversammlungsbeschluss 8 66 ff.

- Anfechtungsklage 7 63
- Bagatellquorum 7 77
- Bankgarantie 7 53 f.
- Barabfindung 7 46, 60
- Beschlussmängelklage gegen den Übertragungsbeschluss 7 61 ff.
- Durchführung der Hauptversammlung 7 55
- Feststellung der Beteiligungshöhe 7 40 ff.
- Freigabeverfahren 7 72 ff.
- Inhaltsmängel 7 66 ff.
- Nichtigkeitsklage 7 62
- Rechtsfolgen 7 58 ff.
- Rechtsfolgen einer erfolgreichen Klage 7 80 ff.
- Rechtsschutz 7 61 ff.
- Registersperre 7 71
- Sachverständiger Prüfer 7 51
- Schriftlicher Bericht 7 50
- Spruchverfahren 7 83 f.
- Übertragungsbeschluss 7 56 f.
- Verfahrensmängel 7 64 f.
- Verfassungskonformität 7 36 ff.
- Verlangen des Hauptaktionärs 7 44

Statusklagen, GbR 30 10 ff.

Steuerrecht
- Amtsermittlungsgrundsatz 2 349
- Einspruchsverfahren beim Finanzamt 2 363 ff.
- Ergebnisse aus Sonder- sowie Ergänzungsbilanzen 2 378
- Erklärungs- und Anzeigepflichten 2 352 f.
- Gewerbesteuerbelastung infolge von Anteilsverkäufen 2 379
- Gewerbesteuerliche Belastungen bei Personengesellschaften 2 377 ff.
- Grunderwerbsteuer infolge von Anteilsübertragungen 2 383
- Klageverfahren 2 369 ff.
- Mitwirkungspflichten 2 349 ff.
- Persönliche Haftung für Steuerverbindlichkeiten 2 355 f.
- Präventive Maßnahmen 2 360
- Rechtsschutz 2 362 ff.
- Steuerliche Verpflichtungen und Umfang 2 348
- Straf- und ordnungswidrigkeitsrechtliche Aspekte 2 357 f.
- Untergang von Verlust- und Zinsvorträgen für Ertragsteuerzwecke 2 381 f.
- Verdeckte Gewinnausschüttungen der Gesellschaft 2 373 ff.

Stiftung
- Beweisaufnahme 81 16
- Destinatäre 83 1 ff.
- Gerichtliche Zuständigkeit 81 10 f.
- Gründung 82 1 ff.
- Klage auf Stiftungsleistungen 83 3 ff.
- Leistung des zugesicherten Vermögens 82 12
- Notvorstand 81 5 ff.
- Parteifähigkeit 81 2
- Prozessfähigkeit 81 3 ff.
- Prozesskostenhilfe 81 13 ff.
- Staatliche Anerkennung 82 8 ff.
- Stiftungsgeschäft 82 3
- Verwaltungs- und Mitwirkungsrechte 83 10 ff.
- Vorstand 81 3 f.
- Zustellung 81 12
- Zwangsvollstreckung 81 17

Stiftung, Auflösung
- Auflösung durch Hoheitsakt 87 10
- Liquidation 87 11
- Staatliche Genehmigung 87 9
- Stiftungsinterner Beschluss 87 2 ff.

Stiftung, Beschlussfassung
- Änderungen der Satzung 84 1 ff.
- Maßnahmen der Geschäftsführung 84 23
- Positive Beschlussfeststellung 84 22
- Unwirksamkeit einer Satzungsänderung 84 2 ff.

Stiftungsaufsicht
- Haftung 86 4
- Rechtsaufsicht 86 1 ff.
- Rechtsschutz 86 3

Stille Gesellschaft
- Abschluss des Gesellschaftsvertrags 99 18
- Actio pro socio 100 2 f.
- Ansprüche aufgrund der Verletzung von Gesellschafterpflichten 103 36
- Atypische ~, s. Stille Gesellschaft, atypische
- Begriffsmerkmale 99 2
- Beschlussmängeln 105 5
- Gegenstand 99 5
- Gerichtliche Zuständigkeit 100 4 ff.
- Geschäftsinhaber, s. dort
- Nebenintervention 100 9
- Parteifähigkeit 100 1
- Prozesskostenhilfe 100 8
- Rechtsnatur 99 3
- Stiller Gesellschafter, s. dort
- Stimmbindungsverträge 105 4
- Streitverkündung 100 9
- Treuepflicht 103 32 ff.
- Übertragung der Gesellschafterstellung des Geschäftsinhabers 102 1
- Übertragung der Gesellschafterstellung des stillen Gesellschafters 102 2 ff.
- Verletzung von Gesellschafterpflichten 103 36
- Wettbewerbsverbote 103 33 ff.
- Willensbildung 105 1 ff.
- Zeugenbeweis 100 10
- Zustellung 100 7
- Zwangsvollstreckung 100 11

Stille Gesellschaft, atypische
- Kombination atypischer Merkmale 99 17
- Mehrgliedrige ~ mit Verbandscharakter 99 13 ff.
- Mit Geschäftsführungsbeteiligung des stillen Gesellschafters 99 12

Sachregister

- Mit Vermögensbeteiligung des stillen Gesellschafters **99** 11

Stille Gesellschaft, Auflösung
- Atypische stille Gesellschaft **107** 28 f.
- Auflösungsgründe **107** 5 ff.
- Auseinandersetzung **107** 21 ff.
- Insolvenz eines Gesellschafters **107** 17
- Kündigung eines Gesellschafters **107** 7 ff.
- Kündigung eines Gläubigers des stillen Gesellschafters **107** 14
- Prozessuale Durchsetzung **107** 30 ff.
- Rechtsfolge der ~ **107** 1 ff.
- Schlussabrechnung **107** 22 ff.
- Schwebende Geschäfte **107** 26 f.
- Tod eines Gesellschafters **107** 15 f.
- Umwandlung **107** 19 ff.
- Veräußerung oder Einstellung des Handelsgeschäfts **107** 18

Stille Gesellschaft, Geschäftsführung
- Aufwendungsersatz **106** 14
- Auskunft und Rechenschaft **106** 6
- Einzelmaßnahmen der Geschäftsführung **106** 16 f.
- Entlastung **106** 15
- Entziehung der Geschäftsführungsbefugnis **106** 12 f.
- Geschäftsführer als Beklagter **106** 1 ff.
- Geschäftsführer als Kläger **106** 12 ff.
- Geschäftsführervergütung **106** 14
- Rechtsschutz gegen fehlerhafte Maßnahmen der ~ **106** 7 ff.
- Schadensersatz **106** 5
- Widerspruchsrecht **106** 10
- Zustimmung bei der Willensbildung innerhalb der Geschäftsführung **106** 11

Stille Gesellschaft, Gründung
- Einstweiliger Rechtsschutz **101** 15
- Entstehungszeitpunkt **101** 12 f.
- Fehlerhafte Gesellschaft **101** 14
- Gesellschafterstatus **101** 9 ff.
- Klage auf Feststellung des Vertragstyps **101** 3 ff.
- Schiedsfähigkeit **101** 15
- Vorvertrag **101** 2

Stille Reserven,
Auskunftsverweigerungsgründe **6** 20

Stiller Gesellschafter
- Abfindung **104** 10 f.
- Abfindungsanspruch des ausscheidenden ~ **103** 11
- Anspruch auf Auszahlung des Auseinandersetzungsguthabens **103** 12
- Anspruch auf Rechnungslegung und Gewinnauszahlung **103** 5 ff.
- Anspruch auf zweckentsprechenden Umgang mit der Einlage und dem Geschäftsvermögen **103** 3
- Aufwendungsersatzanspruch **103** 13 f.
- Ausschluss **104** 5 ff.
- Austritt **104** 8 f.
- Beitragspflicht **103** 16 f.
- Hinzutreten eines ~ **104** 1 ff.
- Informations- und Kontrollrechte **103** 25 ff.
- Klage auf Aufnahme bzw. unveränderte Fortführung des Geschäftsbetriebs **103** 1 f.
- Mitwirkung bei Geschäftsführung und Vertretung **103** 20 ff.
- Vergütungsanspruch **103** 15
- Vermögensrechte **103** 4 ff.

Stimmbindungsverträge
- Gesellschafterbeschlüsse (GbR) **34** 26 ff.
- GmbH **17** 61
- Stille Gesellschaft **105** 4
- Verletzung von ~ **8** 137

Stimmrecht
- Durchsetzbarkeit eines Stimmbindungsvertrags **6** 302
- Einstweilige Verfügung **6** 299
- Leistungsklage **6** 299 ff.
- Nießbrauch an Gesellschaftsanteilen **124** 28 ff.
- Treugeber **119** 10 ff.

Stimmrechtsmitteilungspflichten
- Dauer des Stimmrechtsverlusts **13** 15
- Sanktionierte Mitteilungstatbestände **13** 9 ff.
- Stimmrechtsverlust **13** 8 ff.

Stimmrechtsverlust 13 8 ff.
- Dauer **13** 15

Stimmverbote, Anfechtung und Nichtigkeit des Bestellungsbeschlusses des Sonderprüfers **6** 69

Streitgenossenschaft
- Anfechtungsklage (AG), Hauptversammlungsbeschluss **8** 6 f.
- Nichtigkeitsklage (Gesellschafterversammlung) **19** 49
- Positive Beschlussfeststellungsklage (Gesellschafterversammlung) **19** 130

Streitverkündung
- GbR **29** 60 f.
- Internationale Bezüge **2** 95
- KG **46** 17
- OHG **37** 19
- Partnerschaftsgesellschaft **56** 13
- Stille Gesellschaft **100** 9

Streitwert
- Anfechtungsklage (Gesellschafterversammlung) **19** 121
- Anfechtungsklage (Hauptversammlungsbeschluss) **8** 104 ff.
- Auflösungsklage nach § 61 GmbHG **21** 10
- Bestätigungsbeschluss **8** 196
- Freigabeverfahren **8** 362
- Freigabeverfahren (Verschmelzung) **127** 106 f.
- Nichtigkeitsklage (Gesellschafterversammlung) **19** 52 ff.

Substanzwert
- Abfindung **16** 232
- Unternehmensbewertung **134** 24

Sachregister

Suhrkamp, Insolvenz 2 271

Tagesordnung, Ergänzung durch Aktionärsminderheit
- Antrag 6 254 ff.
- Antragsberechtigung 6 254 ff.
- Antragsfrist 6 259
- Antragsgegner 6 256
- Antragsvoraussetzung 6 257
- Begründetheit 6 267 ff.
- Einstweiliger Rechtsschutz 6 281 ff.
- Entscheidung 6 277
- Form des Antrags 6 260
- Formulierungsbeispiel 6 272
- Halteerfordernis 6 264 ff.
- Insolvenzverfahren 6 261
- Kosten 6 278 ff.
- Rechtsmissbräuchlichkeit 6 268
- Rechtsmittel 6 285 ff.
- Rechtsschutzbedürfnis 6 258
- Verfahren 6 271 ff.
- Versammlungsleiter 6 273 f.
- Vor-AG 6 261
- Vorbesitzerfordernis 6 262 f.

Teilhabe- und Mitbestimmungsrechte, Gesellschafterrechte (GmbH) 17 8 ff.

Teilnahmerecht an der HV
- Ansprüche auf Schadensersatz bei Verletzung 6 296 ff.
- Einstweilige Verfügung 6 292
- Feststellungsklage 6 293 ff.
- Leistungsklage 6 292

Tod eines Gesellschafters
- GbR 36 10
- Gesellschaftsanteile (GbR) 39 3
- Stille Gesellschaft, Auflösung 107 15 f.

Treuepflicht
- Actio pro socio 6 374 f.
- AG-Vertragskonzern 24 20, 40
- Aufsichtsrat, Haftung 9 257 ff.
- Faktischer AG-Konzern 26 18 ff.
- Faktischer GmbH-Konzern 27 3 ff.
- GmbH & Co.KG 55 7
- GmbH-Geschäftsführer 20 32
- Hauptversammlungsbeschluss, Anfechtbarkeit 8 158 ff.
- Inhalt 6 368
- Limited 90 6, 92 5 ff., 11 ff.
- Nießbrauch an Gesellschaftsanteilen 124 36
- Partnerschaftsgesellschaft 59 8
- Schadensersatzansprüche wegen Verletzung 6 417 f.
- Stille Gesellschaft 103 32 ff.
- Treuepflichtverletzung gegenüber den Mitaktionären 6 376 ff.
- Treuepflichtverletzung gegenüber der AG 6 370
- Treugeber 119 17

- Unterbeteiligung 112 26
- Vorstandsmitglied 9 100 ff.

Treuepflicht (GbR)
- Feststellungsklage 32 82
- Leistungsklage 32 79 f.
- Unterlassungsklage 32 81
- Wettbewerbsverbot 32 84 ff.

Treuepflicht (KG) 49 26 ff.

Treuepflicht (OHG)
- Durchsetzung 40 42
- Wettbewerbsverbot, *s. dort*

Treugeber
- Anfechtungsrecht 119 16
- Auskunftsrecht 119 14 f.
- Informationsrecht 119 14 f.
- Stimmrecht 119 10 ff.
- Treuepflicht 119 17
- Vermögenspflichten gegenüber dem Treuhänder 119 6 ff.
- Vermögenspflichten gegenüber der Gesellschaft 119 4 f.
- Vermögensrechte 119 2 f.
- Verwaltungsrechte 119 10 ff.

Treuhand
- Auswechslung des Treugebers 118 5 f.
- Beendigung 120 1 ff.
- Begriffsmerkmale 117 1 f.
- Eingrenzung 117 1 f.
- Einzelzwangsvollstreckung in das Treugut 121 1 f.
- Entstehung 117 6 ff.
- Formerfordernisse 117 8 ff.
- Gegenstand 117 3
- Gesellschaftsrechtliche Zulässigkeit 117 5
- Insolvenz des Treuhänders 121 1 f.
- Intensität der Unternehmensbeteiligung 117 4
- Schuldrechtliche und dingliche Voraussetzungen 117 6 f.
- Treugeber, *s. dort*
- Verfügungen des Treuhänders 118 1 ff.
- Zustimmungserfordernisse 117 12

Trihotel-Entscheidung 2 257

Übereinkommen über die Anerkennung und Vollstreckung ausländischer Schiedssprüche (UNÜ) 2 28, 80

Übernahmerechtlicher Squeeze out, Spruchverfahren 132 9

Übertragende Auflösung, Spruchverfahren 132 10

Übertragung von Aktien
- Abtretung 5 5 ff.
- Anspruch auf Zustimmung 5 27
- Ansprüche des Erwerbers 5 47 ff.
- Ermessensreduzierung aufgrund der Börsennotierung der AG 5 37 ff.
- Indossament 5 8 f.
- Inhaberaktien 5 1 f.
- Inhalt des Anspruchs aus Zustimmungserteilung 5 44 ff.

1461

Sachregister

- Klage auf Feststellung bzw. Eintragung ins Aktienregister 5 23 ff.
- Klage auf Feststellung der Unwirksamkeit der Zustimmungserteilung 5 69 ff.
- nachträgliche Einführung der Vinkulierung 5 13 ff.
- Namensaktien 5 3 f.
- Rechtsgeschäftliche Übertragung 5 1 ff.
- Rechtsschutz bei fehlender Zustimmungsbedürftigkeit 5 23 ff.
- Schadensersatzansprüche des Erwerbers 5 54 ff.
- Schadensersatzansprüche des Veräußerers bei Verweigerung der Zustimmung 5 52 f.
- Übertragung aufgrund unwirksamer Vinkulierungsklausel 5 20 ff.
- Übertragung nach §§ 929 ff. BGB 5 7
- Verhinderung der Zustimmung 5 60 ff.
- Vinkulierte Aktien 5 10 ff.
- Zustimmungsbedürftigkeit der Übertragung 5 12 ff.
- Zustimmungserteilung 5 26 ff.

Umwandlung
- Ablauf 126 12
- Anteilsinhaber 126 14
- Arbeitnehmer 126 19
- Baukastenprinzip des UmwG 126 10 f.
- Geschützte Personengruppen 126 13 ff.
- Gläubiger 126 16 ff.
- Inhaber von Sonderrechten 126 15
- Stille Gesellschaft, Auflösung 107 19 ff.
- Umwandlungsarten 126 4 ff.
- Umwandlungsfähige Rechtsträger 126 7 ff.

Umwandlungsbericht, Formwechsel 129 11 f.

Unechte Vor-GmbH 15 6
- Parteifähigkeit 15 93 ff.
- Prozessfähigkeit 15 95 ff.
- Umwandlung in eine ~ nach Abschluss des Erkenntnisverfahrens 15 98

Unfair prejudice 92 17 f.

Unterbeteiligung
- Abschluss des Gesellschaftsvertrags 108 11 ff.
- Aktiv- und Passivlegitimation 112 1
- Ansprüche nach Kapitalerhöhung in der Hauptgesellschaft 112 8 ff.
- Anteile 111 1 ff.
- Auflösungsgründe 116 3 ff.
- Auseinandersetzung 116 7
- Begriffsmerkmale 108 1 ff.
- Begründung 110 1 f.
- Beiträge 112 2
- Einlagen 112 2
- Ergebnisbeteiligung des Unterbeteiligten 112 3 ff.
- Gegenstand 108 5 ff.
- Geschäftsführung 115 1
- Gesellschafterbeschlüsse 114 1
- Haftung 112 11 ff.
- Informations- und Kontrollrechte 112 22 ff.
- Intensität 108 8 ff.
- Mitwirkung an der Geschäftsführung 112 14 ff.
- Prozessuale Besonderheiten 109 1 ff.
- Rechtsfolge der Auflösung 116 1 f.
- Rechtsnatur 108 1 ff.
- Treuepflicht 112 26
- Veränderung des Gesellschafterbestandes 113 1
- Vermögensrechte und -pflichten 112 2 ff.
- Verwaltungsrechte des Unterbeteiligten in der Hauptgesellschaft 112 25
- Verwaltungsrechte und -pflichten 112 14 ff.
- Wettbewerbsverbot 112 27

Unterbilanzhaftung 4 144
- Unterlassene Offenlegung der wirtschaftlichen Neugründung 4 19 ff.
- Wirtschaftliche Neugründung 4 19 ff.

Unterkapitalisierung 2 248 ff.
- Materielle ~ 2 249 f.

Unterlassung ehrverletzender Äußerungen, Verein, Mitgliederrechte 75 8

Unterlassungsanspruch gegen Geschäftsführer, GmbH-Geschäftsführer 20 93

Unternehmensbewertung
- Börsenkurs 134 18 ff.
- Ermittlung des Unternehmenswerts 134 2 ff.
- Ertragswertverfahren 134 5
- Kapitalisierungszinssatz 134 8 ff.
- Liquidationswert 134 23
- Nicht betriebsnotwendiges Vermögen 134 17
- Planung 134 5 ff.
- Substanzwert 134 24
- Vorerwerbspreise 134 25

Unternehmensgegenstand
- Fehlen der Bestimmung über den ~ 10 30
- Heilung durch Satzungsänderung 10 36
- Nachträgliche Änderung 10 34
- Nichtigkeit der Bestimmung über den ~ 10 31
- Tatsächliche Änderung des ~ 10 35
- Vorgeschobener ~ 10 33

Unternehmensmitbestimmung, Arbeitsrechtliche Bezugspunkte bei der ~ 2 343 ff.

Unternehmensstrafrecht, Entwurf eines Gesetzes zur Einführung der strafrechtlichen Verantwortlichkeit von Unternehmen und sonstigen Verbänden – VerbStrG 2 123

Unternehmergesellschaft (haftungsbeschränkt)
- Als Konzerngesellschaft 22 26 ff.
- Gründung 22 7 ff.
- Gründung durch Verschmelzung, Aufspaltung oder Formwechsel 22 16
- Gründung im vereinfachten Verfahren 22 9
- Kapitalerhöhungen 22 32
- Rechtsformzusatz 22 7
- Reichweite des Sacheinlageverbots 22 34 ff.
- Reichweite des Volleinzahlungsgebots 22 41 f.
- Rücklage 22 17 ff.
- Sacheinlageverbot 22 11
- UG (haftungsbeschränkt) & Co. KG 22 23 ff.
- Umgehung des Thesaurierungsgebots 22 20 ff.

Sachregister

- Umwandlung in eine GmbH 22 32 f.
- Verdeckte Sacheinlagen 22 12 ff.
- Verstöße gegen das Thesaurierungsgebot 22 30
- Volleinzahlungsgebot 22 10

Unternehmergesellschaft (haftungsbeschränkt) & Co. KG 22 23 ff.

Untersagung der Tätigkeit, EWIV 45 30

Unzulässige Einflussnahme
- Anspruchsgegner 6 383 f.
- Aufhebung der Ersatzpflicht 6 388
- Aufsichtsrat, Haftung 9 263
- Beweislast 6 405
- Geltendmachung des Anspruchs 6 401
- Jede Art von Einfluss 6 385
- Leistungsklage 6 400 ff.
- Rechtswidrigkeit der schädigenden Einflussnahme 6 386
- Schaden 6 391 ff.
- Schadensersatzansprüche nach § 823 Abs. 1 und 2 oder § 826 BGB 6 406
- Voraussetzungen 6 382 ff.
- Vorsätzliches Handeln 6 387

Veränderung des Gesellschafterbestandes, Partnerschaftsgesellschaft 60 1 f.

Veränderung des Gesellschafterbestands, GmbH & Co.KG 55 13 f.

Veränderungen des Gesellschafterbestands, Publikumsgesellschaften 55 34 ff.

Veräußerung oder Einstellung des Handelsgeschäfts, Stille Gesellschaft, Auflösung 107 18

Verbandsstrafenkontrolle, Genossenschaft 67 8 f.

Verbot der Einlagenrückgewähr
- Abkauf von Anfechtungsklagen 6 350 ff.
- Cash Management 6 347
- Darlehen an Aktionäre 6 347
- Erwerb eigener Aktien 6 349
- Folgen unzulässiger Einlagenrückgewähr 6 346
- Leistungen durch Dritte 6 345
- Verträge mit Aktionären über Dienstleistungen oder Warenlieferungen 6 348
- Zahlung an Dritte 6 344

Verdeckte Gewinnausschüttungen, Steuern 2 373 ff.

Verdeckte Sacheinlagen 22 12 ff.
- Beweislast für Werthaltigkeit 15 145
- Definition 15 132
- Deliktische Haftung 15 140
- Handelsregistereintragung (AG) 4 126
- Heilung 15 137
- Keine legitimierende Wirkung der Anrechnung 15 141
- Rechtsfolgen 15 135 f.
- Rechtsschutzmöglichkeiten 15 142 ff.
- Strafrechtliche Verantwortlichkeit 15 140
- Voraussetzungen 15 132 ff.

Verein
- Allgemeiner Gerichtsstand 72 5 f.
- Auflösung und Beendigung 79 1 ff.
- Aufnahmepflicht 76 2 f.
- Besonderer Gerichtsstand 72 7
- Beweisaufnahme 72 13 f.
- Gerichtliche Zuständigkeit 72 5 ff.
- Mitgliederversammlung, s. dort
- Mitgliedsanteile 74 1 f.
- Parteifähigkeit 72 1 f.
- Prozessfähigkeit 72 3 f.
- Prozesskostenhilfe 72 10 ff.
- Sachliche Zuständigkeit 72 8
- Unterschreitung der Mindestmitgliederzahl 76 4
- Zustellung 72 9
- Zwangsvollstreckung 72 15

Verein, Geschäftsführung
- Entlastung des Vorstandes 78 4 ff.
- Klage des Vereins gegen den Vorstand aus Anstellungsverhältnis 78 1
- Klage gegen den Vorstand aus Deliktsrecht 78 2 f.
- Widerruf der Bestellung 78 7 ff.

Verein, Gründung
- Eintragung in das Vereinsregister 73 4
- Gründungsphasen 73 2
- Verweigerung der Anmeldung durch den Vorstand 73 3

Verein, Mitgliederpflichten
- Klage auf Pflichterfüllung 75 17
- Klage auf Stimmabgabe 75 18
- Vereinsstrafen, s. dort

Verein, Mitgliederrechte
- Beschlüsse, die Mitglied in seinen Rechten verletzen 75 3
- Durchsetzung 75 1 ff.
- Freistellung 75 7
- Gleichbehandlung 75 5
- Leistungsklage 75 4
- Rechtsweg bei einer Angelegenheit der inneren Ordnung 75 2
- Schadensersatz 75 6
- Unterlassung ehrverletzender Äußerungen 75 8

Vereinsregister 73 4 ff.

Vereinsstrafen
- Gerichtliche Überprüfbarkeit 75 11
- Überprüfung durch ein Schiedsgericht 75 14 ff.
- Umfang der gerichtlichen Nachprüfung 75 12 f.
- Verhängung durch ein Vereinsorgan 75 9 f.

Vergleich
- GmbH-Geschäftsführer, Haftung 20 48, 65
- Spruchverfahren 133 8
- Vorstandsmitglied, Innenhaftung 9 116

Vergütungsanspruch
- Aufsichtsrat 9 229 ff.
- Stille Gesellschaft 103 13 ff., 19
- Vorstand, Stiftung 85 2

Verhaltenshaftung 2 242

1463

Sachregister

Verjährung
- Abschlussprüfer, Haftung 6 478
- Aufsichtsrat, Haftung 9 262
- GmbH-Geschäftsführer, Haftung 20 49
- Haftung Genossenschaft 70 12
- Schadensersatzansprüche der Stiftung 85 38
- Vorstandsmitglied, Innenhaftung 9 117 ff.

Verlustausgleichspflicht,
AG-Vertragskonzern 24 2 f.

Verlustdeckungshaftung
- Innenhaftung der Gründer 4 146
- Verbindlichkeiten der Vorgesellschaft (AG) 4 145 ff.
- Vor-GmbH 15 51, 55

Vermögenspflichten, Nießbrauch an Gesellschaftsanteilen 124 23 ff.

Vermögenspflichten (GbR), Gesellschafterrechte (GbR) 32 45 ff.

Vermögenspflichten (KG) 49 13

Vermögenspflichten (OHG)
- Ansprüche der Gesellschaft 40 35
- Grundsätzliches 40 32 ff.

Vermögensrechte
- Aktionärsrechte 6 303 ff.
- Geschäftsinhaber 103 16 f.
- Gesellschafterrechte (GmbH) 17 3 ff.
- Nießbrauch an Gesellschaftsanteilen 124 3 ff.
- Stille Gesellschaft 103 4, 16 f.
- Treugeber 119 2 ff.

Vermögensrechte (GbR) 32 1 ff.

Vermögensrechte (KG) 49 1 ff.

Vermögensrechte (OHG) 40 1 ff.

Vermögensrechte und -pflichten
- Partnerschaftsgesellschaft 59 2 ff.
- Unterbeteiligung 112 2 ff.

Vermögensübertragung
- Arten 130 1 ff.
- Praktische Bedeutung 130 1 f.
- Rechtsschutzmöglichkeiten 130 5
- Vermögensteilübertragung 130 9 ff.
- Vermögensvollübertragung 130 6 ff.

Versäumnisurteil, Anfechtungsklage (AG), Hauptversammlungsbeschluss 8 115

Verschmelzung
- Anfechtungsklage, s. dort
- Anfechtungsklage (AG), Hauptversammlungsbeschluss 8 17
- Anmeldungs- und Vollzugsphase 127 9
- Arten 127 1 f.
- Beschlussphase 127 7 f.
- Feststellungsklage 127 75 ff.
- Freigabeverfahren, s. dort
- Nichtigkeitsklage 127 70 ff.
- Prozessuale Auswirkungen 127 134 ff.
- Rechtsschutzmöglichkeiten in der Anmeldungs- und Vollzugsphase 127 90 ff.
- Rechtsschutzmöglichkeiten in der Beschlussphase der Verschmelzung 127 39 ff.
- Rechtsschutzmöglichkeiten in der Vorbereitungsphase 127 11 ff.
- Registerverfahren 127 90 f.
- Spruchverfahren 127 82 ff.
- Umtausch von Aktien bei der ~ durch Aufnahme 5 107 ff.
- Verschmelzungsbericht, s. dort
- Verschmelzungsprüfung, s. dort
- Verschmelzungsvertrag, s. dort
- Vorbereitungsphase 127 4 ff.
- Weitere Rechtsschutzmöglichkeiten 127 132 f.
- Wirkungen der Eintragung 127 80 f.
- Wirkungen einer erhobenen Klage 127 79
- Zuleitung an Betriebsräte 127 36 ff.

Verschmelzungsbericht
- Entbehrlichkeit 127 22
- Inhaltliche Anforderungen 127 20 f.
- Rechtsschutz gegen mangelhaften ~ 127 23 ff.

Verschmelzungsprüfung
- Entbehrlichkeit 127 32 f.
- Inhaltliche Anforderungen 127 30 f.
- Rechtsschutz gegen mangelhafte ~ 127 33 ff.
- Schadensersatzansprüche 127 34

Verschmelzungsvertrag
- Form 127 12
- Mängel des ~ 127 64 f.
- Rechtsnatur 127 11
- Rechtsschutz gegen mangelhaften ~ 127 15 ff.
- Vertragsinhalt 127 13 f.

Verschwiegenheitspflicht
- Aufsichtsrat, Haftung 9 256 ff.
- Vorstandsmitglied 9 103

Vertragskonzern
- Pflichten der Vorstandsmitglieder 9 142
- Pflichten des Vorstandsmitglieds des herrschenden Unternehmens 9 143
- Pflichten des Vorstandsmitglieds eines beherrschten Unternehmens 9 144
- Vorstandsmitglied, Außenhaftung 9 162

Vertragskonzernierte GmbH,
Spruchverfahren 132 11

Vertretung
- Aktiengesellschaft 3 3 ff.
- Genossenschaft, Vorgründungsgesellschaft 65 5 f.
- GmbH 14 4
- Vor-GmbH 15 16 ff.
- Vorgenossenschaft 65 10

Vertretung durch den Aufsichtsrat,
Genossenschaft 64 4

Vertretung durch den Vorstand,
Genossenschaft 64 3

Verwaltungsrechte 103 20 ff.
- Treugeber 119 10 ff.

Verwaltungsrechte und -pflichten
- GbR 32 59 ff.
- KG 49 16 ff.
- OHG 40 36 ff.

Sachregister

- Partnerschaftsgesellschaft 59 6 f.
- Unterbeteiligung 112 14 ff.

Verzicht
- GmbH-Geschäftsführer, Haftung 20 46 f., 65
- Vorstandsmitglied, Innenhaftung 9 116

Vinkulierung
- Aktien 5 10 ff.
- Geschäftsanteile (GmbH) 16 8, 71 ff.
- Materiell-rechtliche Besonderheiten 16 73 ff.
- Prozessuale Besonderheiten 16 77 ff.
- Vorgehen gegen die Erteilung der Zustimmung 16 97 ff.
- Zustimmung 16 73

Volleinzahlungsgebot 22 10, 41 f.

Vollstreckbarerklärung von Schiedssprüchen 2 76 ff.

Vor-AG 4 42 ff.
- Ergänzung der Tagesordnung durch Aktionärsminderheit 6 261

Vor-GmbH 15 5
- Actio pro socio-Grundsätze 15 21
- Auflösung der fehlerhaften Vorgesellschaft 15 27 ff.
- Außergerichtliche Erklärung der Kündigung gem. § 723 Abs. 1 S. 2 und 3 Nr. 1 BGB 15 49
- Bildung und Vertretungsbefugnis des Aufsichtsrates 15 20
- Fehlende Zustimmung des Prozessgegners 15 81
- Folgen der Prozessübernahme 15 80
- Geschäftsführerhaftung 15 89
- Haftung, s. Vor-GmbH, Haftung
- Handelndenhaftung 15 56 ff.
- Inanspruchnahme des Geschäftsführers aus unerlaubter Handlung 15 23
- Mangelbehaftete Beitrittswillenserklärung 15 43 ff.
- Mangelbehafteter Gesellschaftsvertrag 15 28 ff.
- Nichtigkeitsklage gem. § 75 GmbHG 15 40
- Örtliche Gerichtszuständigkeit 15 22
- Partei- und Prozessfähigkeit 15 73
- Parteifähigkeit 15 13
- Prozessfähigkeit 15 14
- Prozesskostenhilfe 15 24
- Stellung der ~ als Vollstreckungsgläubigerin nach Entstehung der GmbH 15 90
- Übergang eines Prozesses auf die GmbH nach Eintragung 15 87 ff.
- Übergang eines Prozesses auf die ~ 15 71
- Unechte Vor-GmbH, s. Vor-GmbH, unechte
- Unechte ~ 15 6
- Vertretungsbefugnis der Geschäftsführungsorgane 15 16 ff.
- Vollstreckung in Vor-GmbH-Anteile 15 91
- Voraussetzungen für den Übergang eines Prozesses 15 74 ff.
- Wechsel der Vertretungsbefugnis 15 82
- Zustellung 15 25
- Zwangsvollstreckungsverfahren 15 26

Vor-GmbH, Haftung
- Haftung des ausscheidenden Gesellschafters 15 52 ff.
- Haftung des eintretenden Gesellschafters 15 55
- Handelndenhaftung 15 56 ff.
- Rechtsprechung 15 51
- Verlustdeckungshaftung 15 51, 55

Vor-GmbH, unechte
- Parteifähigkeit 15 93 ff.
- Prozessfähigkeit 15 95 ff.
- Umwandlung in eine ~ nach Abschluss des Erkenntnisverfahrens 15 98

Vorbelastungshaftung 4 144

Vorerwerbspreise, Unternehmensbewertung 134 25

Vorgenossenschaft
- Haftung 65 11 ff.
- Vertretung 65 10

Vorgesellschaft
- Anmeldung zum Handelsregister 4 11
- Aufbringung Grundkapital 4 11
- Bestellung des Abschlussprüfers 4 11
- Bestellung des ersten Aufsichtsrats 4 11
- Bestellung des ersten Vorstands 4 11
- Ein-Personen-Gründung 4 12
- Gesellschaft sui generis 4 9
- Grundbuchfähigkeit 4 9
- Gründung der Aktiengesellschaft 4 8 ff.
- Insolvenzfähigkeit 4 9
- Parteifähigkeit 4 9
- Rechtsfähigkeit 4 9
- Satzung 4 11
- Übernahme sämtlicher Aktien 4 11

Vorgesellschaft (AG) 4 42 ff.
- Actio pro socio 4 77
- Anmeldung zum Handelsregister 4 53
- Beschlussmängel der Gründerversammlung 4 57 f.
- Bestellung des ersten ~ 4 44
- Fehlerhaftigkeit der Aufbringung des Grundkapitals 4 104 f.
- Fehlerhaftigkeit der Bestellung des ersten Abschlussprüfers 4 94
- Fehlerhaftigkeit der Bestellung des ersten Aufsichtsrats 4 92 f.
- Fehlerhaftigkeit der Bestellung des ersten Vorstands 4 95 f.
- Fehlerhaftigkeit der Gründungsprüfung 4 99 ff.
- Fehlerhaftigkeit der Handelsregisteranmeldung 4 105 f.
- Fehlerhaftigkeit des Gründungsberichts 4 97 f.
- Fehlerhaftigkeit einzelner Satzungsbestimmungen 4 90
- Förderung des Gründungsprozesses 4 43 ff.
- Gerichtsstand 4 75 f.
- Geschäftsführungsbefugnis des Vorstands 4 59 ff.
- Gründungsbericht 4 45
- Haftung ausgeschiedener Gründer 4 160 ff.

1465

Sachregister

- Informationsrechte der Gründer 4 56
- Kündigung aus wichtigem Grund 4 136 ff.
- Leistung der Einlagen 4 46 ff.
- Liquidation 4 156 ff.
- Parteifähigkeit 4 68 ff.
- Pflicht zur Förderung der Gründung 4 54 f.
- Prozessfähigkeit 4 72 ff.
- Prozesskostenhilfe 4 79
- Regeln der fehlerhaften Gesellschaft 4 86 ff.
- Scheitern der Gründung nach Entstehung der ~ 4 132 ff.
- Übergang von Prozessen der ~ auf die AG 4 204
- Vertretungsmacht des Vorstands 4 64 ff.
- Zustellung 4 78
- Zwangsvollstreckung 4 80

Vorgründungsgesellschaft (AG) 4 20 ff.
- Aktivprozesse 4 37 ff.
- Diskontinuität 4 32
- Fehlen eines formwirksamen Vorvertrags 4 27 ff
- Feststellung der Satzung 4 22
- Grundsatz der Diskontinuität 4 32
- Passivprozesse 4 40 f.
- Verbindlichkeiten 4 30 ff.
- Vorliegen eines formwirksamen Vorvertrags 4 24 ff.

Vorgründungsgesellschaft (Genossenschaft) 65 2 ff.
- Haftung 65 7 f.
- Vertretung 65 5 f.

Vorgründungsgesellschaft (GmbH) 15 2 ff.
- GbR-Form 15 11
- OHG-Form 15 12
- Partei- und Prozessfähigkeit 15 72
- Stellung als Vollstreckungsgläubigerin nach Entstehung der Vor-GmbH 15 83 ff.

Vorrats-GmbH 15 7
Vorratsgesellschaften, Limited 90 47
Vorratsgründung, Aktiengesellschaft 4 16 ff.
Vorstand 2 8 ff.
- Anfechtungsklage (AG), Hauptversammlungsbeschluss 8 8 ff.
- Erfüllung der Berichtspflicht aus § 90 AktG 9 157
- Ersatzansprüche aus der Gründung 4 185 ff.
- Fehlerhaftigkeit der Bestellung des ersten ~ 4 95 f.
- Geschäftsführungsbefugnis des ~, Vorgesellschaft (AG) 4 59 ff.
- Klage der Aktionäre auf Tätigwerden 9 191 ff.
- Klage gegen Abberufung 9 3 ff.
- Klagen zur Durchsetzung der Rechte aus § 83 AktG 9 154 ff.
- Konkrete Handlungspflichten 9 158
- Stiftung 81 3 f.
- Unterlassungsanspruch gegen den ~ 9 151 ff.
- Vertretungsmacht, Vorgesellschaft (AG) 4 64 ff.

Vorstand, Stiftung
- Abberufung 85 7 ff.
- Auslagenersatz 85 1
- Entlastung 85 34 f.
- Feststellung der Mitgliedschaft eines Vorstandsmitglieds 85 3 ff.
- Feststellung der Nichtmitgliedschaft eines Vorstandsmitglieds 85 6
- Haftungsgrundlagen 85 39
- Klage der Stiftung gegen den ~ 85 18 ff.
- Klagen Dritter gegen den ~ auf Schadensersatz 85 41
- Kündigung des Anstellungsvertrages 85 13 ff.
- Kuratorium 85 43
- Mitverschulden 85 37
- Pflichtverletzung 85 20 ff.
- Schaden 85 36
- Schadensersatz 85 18 f.
- Vergütung 85 2
- Verjährung 85 38
- Vertreten 85 32 f.

Vorstand, Verein
- Entlastung 78 4 ff.
- Klage des Vereins gegen den ~ aus Anstellungsverhältnis 78 1
- Klage gegen den ~ aus Deliktsrecht 78 2 f.
- Widerruf der Bestellung 78 7 ff.

Vorstand, VVaG
- Abberufung 80 36 ff.
- Schadensersatz 80 39 f.

Vorstandsmitglied
- Pflichten des ~ eines beherrschten Unternehmens 9 144, 9 147
- Pflichten des ~ eines herrschenden Unternehmens 9 143, 9 146
- Pflichten im Vertragskonzern 9 142

Vorstandsmitglied, Abberufung
- Begründetheit 9 15 ff.
- Darlegungs- und Beweislast 9 12
- Einstweiliger Rechtsschutz 9 14
- Folgen einer erfolgreichen Klage 9 28
- Formelle Voraussetzungen einer Abberufung 9 16 ff.
- Grobe Pflichtverletzung 9 24
- Klage des Vorstandsmitglieds 9 3 ff.
- Klagegegner 9 6
- Materielle Voraussetzungen einer Abberufung 9 21 ff.
- Nachschieben von Widerrufsgründen 9 27
- Rechtsschutzinteresse 9 11
- Statthafte Klageart 9 7 ff.
- Streitwert 9 13
- Unfähigkeit zur ordnungsgemäßen Geschäftsführung 9 25
- Vertrauensentzug 9 26
- Wichtiger Grund 9 21 ff.
- Zuständigkeit 9 5

Sachregister

Vorstandsmitglied, Außenhaftung
- Aktienrechtliche Vorschriften als Schutzgesetz 9 181 ff.
- Deliktische Haftung 9 175 ff., 208
- Doppelschaden 9 160
- Grundsatz der Haftungskonzentration 9 159
- Haftung aus § 823 Abs. 1 BGB 9 177 ff.
- Haftung aus § 823 Abs. 2 BGB i. V. m. einem Schutzgesetz 9 180 ff.
- Haftung aus § 826 BGB 9 188
- Haftung für die Erfüllung steuerlicher Pflichten 9 205
- Haftung gem. § 25 Abs. 1 S. 1 UmwG 9 165, 9 202
- Haftung gem. § 93 Abs. 5 S. 1 AktG 9 197 ff.
- Haftung gem. § 117 Abs. 1 S. 2 AktG 9 161
- Haftung gem. § 117 Abs. 5 S. 1 AktG 9 200
- Haftung gem. § 823 Abs. 1 BGB 9 209 ff.
- Haftung gem. § 823 Abs. 2 BGB 9 211
- Haftung gem. § 826 BGB 9 212
- Haftung nach dem WpPG wegen fehlerhafter Primärmarktinformation 9 166 f.
- Haftung wegen Pflichtverletzung bei Gründung der AG 9 203
- Haftung wegen Verstoßes gegen wettbewerbs- sowie immaterialgüterrechtliche Vorschriften 9 204
- Nach dem WpHG bei fehlerhafter Sekundärmarktinformation 9 168
- Sachwalterhaftung 9 174
- Schutzgesetze 9 181 ff.
- Sonstige Vorschriften als Schutzgesetz 9 185 ff.
- Strafrechtliche Vorschriften als Schutzgesetz 9 184
- Verjährung 9 190
- Vertragliche Ansprüche 9 169, 206
- Vertragsähnliche Ansprüche 9 171, 207

Vorstandsmitglied, Innenhaftung
- Anspruchsverfolgung durch den Aufsichtsrat 9 62
- Anspruchsverfolgung durch die Hauptversammlung oder eine Aktionärsminderheit 9 64 ff.
- Anspruchsverfolgung durch einzelne Aktionäre und Gläubiger 9 70 ff.
- Begründetheit der Schadensersatzklage nach § 93 Abs. 2 AktG 74
- Begründetheit der Schadensersatzklage nach § 93 Abs. 3 AktG 9 123 ff.
- Berichtpflicht des § 90 AktG 9 83
- Buchführungspflicht des § 91 Abs. 1 AktG 9 84
- Business Judgement Rule 9 92 ff.
- Darlegungs- und Beweislast 9 71
- Einzelfälle 9 127 ff.
- Fehlerhafte Primärmarktinformation nach dem WpPG 9 87
- Fehlerhafte Sekundärmarktinformation nach dem WpHG 9 88
- Gesamtschuldnerische Haftung 9 122
- Gründungsspezifische Pflichten 9 86
- Haftung gem. § 25 UmwG 9 149
- Haftung gem. § 93 AktG 9 57 ff.
- Haftung gem. § 117 AktG 9 139 ff.
- Haftung im Konzern 9 141
- Haftung nach §§ 46, 48 AktG 9 148
- Haftungsausschluss durch Hauptversammlungsbeschluss 9 112
- Kausalität 9 108 ff.
- Klageerzwingungsverfahren gem. § 147 Abs. 1 S. 1 AktG 9 65 ff.
- Kollegialentscheidungen 9 110
- Pflichten im Zusammenhang mit der Hauptversammlung 9 85
- Pflichten im Zusammenhang mit Kapitalverlust und Insolvenzreife 9 80
- Pflichtverletzung 9 75 ff.
- Rechtmäßiges Alternativverhalten 9 109
- Schaden der Gesellschaft 9 105 ff.
- Schadensersatzklage der Gesellschaft 9 55 ff.
- Sorgfaltspflicht 9 90 f.
- Treuepflicht 9 100 ff.
- Vergleich 9 116
- Verjährung 9 117 ff., 150
- Verletzung allgemeiner Pflichten 9 89 ff.
- Verletzung ausdrücklich geregelter Pflichten 9 78 ff.
- Verschulden 9 104
- Verschwiegenheitspflicht 9 103
- Verzicht 9 116
- Zulässigkeit 9 60 ff.
- Zuständigkeit 9 60 ff.

Vorstandsmitglied, Kündigung des Anstellungsvertrags
- Abmahnung 9 40
- Begründetheit 9 35 ff.
- Formelle Voraussetzungen 9 37 ff.
- Frist des § 626 Abs. 2 BGB 9 41
- Klage des Vorstandsmitglieds 9 29 ff.
- Klagegegner 9 32
- Kündigungserklärung 9 38 f.
- Materielle Voraussetzungen 9 48 ff.
- Nachschieben von weiteren Kündigungsgründen 9 47
- Statthafte Klageart 9 33 ff.
- Wichtiger Grund i. S. v. § 626 Abs. 1 BGB 9 48 ff.
- Zulässigkeit 9 32 ff.
- Zuständigkeit 9 32, 37

Vorvertrag
- Kommanditgesellschaft, Gründung 47 4 ff.
- Partnerschaftsgesellschaft, Gründung 57 4 ff.

VVaG
- Aufsichtsbehörde, *s. dort*
- Aufsichtsrat, *s. dort*
- Ausschluss 80 53 ff.
- Beendigung der Mitgliedschaft 80 50 ff.
- Beschlussmängelstreitigkeiten, *s. dort*
- Gerichtliche Zuständigkeit 80 19
- Inhaltskontrolle von Satzungsbestimmungen 80 48

1467

Sachregister

- Mitgliederrechte und -pflichten 80 35
- Parteifähigkeit 80 13
- Prozessfähigkeit 80 14 ff.
- Vorstand, *s. dort*

Weiterbeschäftigungsanspruch, GmbH-Geschäftsführer 20 152
Wettbewerbsverbot
- GbR 32 84 ff.
- Gesellschafterrechte (GmbH) 17 48 f.
- GmbH & Co. KG 49 28
- GmbH & Co.KG 55 8 ff.
- GmbH-Geschäftsführer 20 33 ff.
- KG 49 26 ff.
- Rechtsfolgen eines Verstoßes 40 45 ff.
- Stille Gesellschaft 103 33 ff.
- Unterbeteiligung 112 27
- Weitere Ansprüche bei Verletzung 40 50 f.
- § 112 HGB 40 43 f.

Widerspruchsrecht
- Kommanditist 52 18 f.
- Komplementär 52 16 f.
- Stille Gesellschaft, Geschäftsführung 106 10

Widerspruchsrecht (GbR)
- Ausübung 35 29 ff.
- Inhalt und Umfang 35 25 ff.
- Prozessuale Durchsetzung bzw. Abwehr 35 36 ff.
- Rechtsfolge des ausgeübten Widerspruchs 35 33 ff.
- Widerspruchpflicht 35 32

Zahlungen nach Zahlungsunfähigkeit, GmbH-Geschäftsführer 20 77 ff.
Zahlungsklagen 2 211
Zeugenbeweis 3 47 ff.
- Außen-GbR 29 63 ff.
- GmbH 14 69 ff.
- GmbH & Co. KG 46 18
- Grundsatz der Waffengleichheit 3 53 ff.
- Innen-GbR 29 68
- KG 46 18
- OHG 37 20
- Partnerschaftsgesellschaft 56 14
- Stille Gesellschaft 100 10
- Zeitweise Abberufung des Vorstandsmitglieds 3 51

Zulieferer, Sicherstellung der Weiterbelieferung durch eV bei drohender Insolvenz 2 224 ff.
Zuständiges Gericht 2 83 ff.
- Aktiengesellschaft 3 17 ff.
- Anfechtungsklage (AG) 3 18 ff.
- Aufsichtsrat, Haftung 9 247
- Außen-GbR 29 48 ff.
- Beschlüsse der Generalversammlung 69 5 ff.
- Doppelzuständigkeit 3 22
- GbR 30 28 f.
- Genossenschaft 64 5
- Gesellschaften mit Doppelsitzen 3 22
- GmbH 14 52
- GmbH & Co. KG 46 13
- Innen-GbR 29 53 ff.
- KG 46 13
- Limited 88 7 ff.
- Nichtigkeitsklage 10 38
- Nießbrauch an Gesellschaftsanteilen 124 5 f.
- OHG 37 13 ff.
- Partnerschaftsgesellschaft 56 9 f.
- Stiftung 81 10 f.
- Stille Gesellschaft 100 4 ff.
- Verein 72 5 ff.
- Vorgesellschaft (AG) 4 75 f.
- VVaG 80 19

Zustellung
- Aktiengesellschaft 3 27 ff.
- GbR 29 54 f.
- GmbH & Co. KG 46 15
- Internationale Bezüge 2 96 ff.
- KG 46 14 f.
- OHG 37 16
- Partnerschaftsgesellschaft 56 11
- Stiftung 81 12
- Stille Gesellschaft 100 7
- Verein 72 9
- Vor-GmbH 15 25
- Vorgesellschaft (AG) 4 78

Zustellung (AG)
- Doppelvertretung 3 33 ff.
- Empfangsberechtigte Person 3 39
- Heilung von Zustellungsmängeln 3 44
- Öffentliche Zustellung 3 40 f.
- Vertretung durch den Vorstand oder den Aufsichtsrat 3 28
- Vertretung durch Vorstand und Aufsichtsrat gemeinschaftlich 3 33 ff.
- Zustellungsmängel 3 42 ff.

Zustellung (GmbH)
- Empfangsberechtigte Person 14 64
- Führungslose GmbH 14 61
- Geschäftsführer oder Aufsichtsrat 14 56 ff.
- Heilung von Zustellungsmängeln 14 66 f.
- Notgeschäftsführer 14 63
- Öffentliche Zustellung 14 64 f.
- Prozesspfleger 14 63
- Prozessvertreter 14 63

Zwangsabtretung, Geschäftsanteile (GmbH) 18 78 f.
Zwangsausschließung (GmbH)
- Abfindung 18 44 ff.
- Ausschließungsklage 18 30 ff.
- Einschränkungen 18 19 ff.
- Gesellschafterbeschluss 18 24 ff.
- Verfügung über den Anteil 18 37
- Vertragliche Abfindungsregelungen 18 50 ff.
- Voraussetzungen 18 18
- Wichtiger Grund 18 38 ff.

– Wirksamkeit **18** 37 ff.
Zwangseinziehung
– Einschränkungen **18** 61 ff.
– Einvernehmliche Einziehung **18** 58
– Einziehungsverfahren **7** 25 ff.
– Geltendmachung des Abfindungsanspruchs **7** 29 ff.
– Gerichtliche Klärung der Wirksamkeit des Ausschlusses **7** 20 ff.
– Gesellschafterbeschluss **18** 64 ff.
– Sachlicher Grund als Voraussetzung **18** 59 f.
– Verfahren **18** 64
– Wirksamkeitsvoraussetzungen **7** 22 ff.
– Wirkung und Wirksamkeit **18** 68
Zwangsvollstreckung
– Außen-GbR **29** 70 ff.
– Auskunftserzwingungsverfahren **6** 63
– GmbH **14** 73
– GmbH & Co. KG **46** 19
– Innen-GbR **29** 77 ff.
– KG **46** 19
– Löschung der Aktiengesellschaft **10** 72
– OHG **37** 21
– Partnerschaftsgesellschaft **56** 15
– Stiftung **81** 17
– Stille Gesellschaft **100** 11
– Verein **72** 15
– Vor-GmbH **15** 26
– Vorgesellschaft (AG) **4** 80
Zwangsvollstreckung (AG)
– Abgabe einer eidesstattlichen Versicherung **3** 59 f.
– Pfändung von Einlageforderungen **3** 57 f.